༄ ཁྲག་འཛག་མི་མགོ་ལྔ་བཅུའི་དོ་ཤལ་ཅན། །རིན་ཆེན་ཐོད་སྐམ་ལྔ་ཡིས་དབུ་ལ་བརྒྱན། །
ཞིང་ལས་བྱོན་ནས་གཏོར་མ་ལེན་མཛད་པའི། །དཔལ་ལྡན་ཕྱག་དྲུག་པ་ལ་ཕྱག་འཚལ་བསྟོད། །

༄ འཇམ་པའི་བཀའ་ཉན་བསྟན་སྲུང་ནི། །དམ་ཅན་ཆོས་ཀྱི་རྒྱལ་པོ་སྟེ། །
ཞལ་གཅིག་ཕྱག་གཉིས་འཛིགས་གཟུགས་ཅན། །མགོན་པོ་ཁྱེད་ལ་ཕྱག་འཚལ་བསྟོད། །

༄ རྒྱལ་ཆེན་རྣམ་མང་ཐོས་སྲས་ནོར་མང་ལྡན། །གསེར་གྱི་ལྷུན་པོ་ལྟ་བུར་བརྗིད་ཆགས་ཤིང་། །
སྦྱིན་བྲལ་ཉེ་མ་སྐྱོང་གི་གཟི་ལྡན་པ། །འདོད་དགུའི་ཆར་འབེབས་ཁྱོད་ལ་ཕྱག་འཚལ་བསྟོད། །

༄ཞལ་གཅིག་ཕྱག་གཉིས་གཡས་པའི་རྡོ་རྗེ་ཡིས། །བསྟན་དགྲ་མ་ལུས་ཐལ་བར་བརླག་མཛད་ཅིང་། །
གཡོན་པའི་བུམ་པས་འདོད་དགུའི་དངོས་གྲུབ་སྟེར། །གནོད་སྦྱིན་ཆེན་པོ་ཁྱོད་ལ་བདག་བསྟོད་དོ། །
སེ་ར་སྨད་དང་བྲག་ཡེར་བསམ་གཏན་གླིང་། །ཆོས་མཛད་མཆོག་གི་སྲུང་མ་མཐུ་རྩལ་ཅན། །
ཐ་འོག་ཆོས་ཀྱི་རྒྱལ་པོ་འཁོར་དང་བཅས། །གཡེལ་བ་མེད་པ་རྟག་ཏུ་གྲོགས་བྱེད་ཤོག །

༄༅། །དམིགས་བརྩེ་མའི་ཆོས་སྐོར་དངོས་གྲུབ་ཀུན་འབྱུང་ཡིད་བཞིན་ནོར་གྱི་བང་མཛོད་ཅེས་བྱ་བ་བཞུགས་སོ། །

〔སྟོད་ཆ〕

རྒྱལ་དབང་བསྐལ་བཟང་རྒྱ་མཚོ་སོགས་ཀྱིས་མཛད།
ཆོས་མཛད་ངག་དབང་བཟོད་པ་རྒྱ་མཚོས་བསྒྲིགས།

མི་རིགས་དཔེ་སྐྲུན་ཁང་།

གླེང་གཞི།

༄༅། །ཐུབ་པའི་དབང་པོ་སྨྲ་སྒྲུབ་ཐོགས་མེད་ཞབས། །ཨ་ཏི་ཤ་དང་བློ་བཟང་གྲགས་པ་སོགས། །
དབང་བརྒྱུད་མན་ངག་ཟབ་མོ་སྩོལ་མཛད་པའི། །དྲིན་ཅན་བླ་མ་རྣམས་ལ་གུས་པའི་འདུད། །
ཤེས་རབ་སྟེར་ལ་རལ་གྲི་མཁའ་ལ་འཕྱུར། །སྙིང་རྗེ་ས་ཡོངས་གང་པད་ཕྲེང་ཕྱག་ན་གནས། །
ཕ་རོལ་བདུད་དཔུང་འཇོམས་མཛད་རྡོ་རྗེ་འཛིན། །འཕགས་མཆོག་རིགས་གསུམ་མགོན་ལ་གུས་ཕྱག་འཚལ། །
ལུང་རྟོགས་རྒྱལ་བསྟན་གསོ་བའི་ཆོས་སྡེ་ཆེ། །སེར་སྨད་འདུས་མང་སྤྱི་གཙུག་རལ་པའི་ཁྲིར། །
ཞབས་མཐིལ་རིན་ཆེན་གཉིས་པའི་དཔལ་སྤྲིན་ཏེ། །ཕྱག་ཡངས་རིང་དུ་བརྐྱངས་པའི་རྣམ་ཐར་རྨད། །
སྡེ་དེའི་ཆོས་ཚུལ་སྐྱོང་བའི་མཛད་བཟང་ལ། །ངག་དབང་རྒྱལ་མོ་ཡིས་ཀྱང་བསྐྲུན་མིན་པའི། །
ཆོས་ལྡན་བྱ་བར་བཟོད་མཆོག་གོ་བསྒོམས་པ། །བསྐལ་པ་རྒྱ་མཚོའི་བར་དུ་ཞབས་བརྟན་ཤོག །
དེ་ཡི་ཐུགས་བསྐྱེད་ལྷ་ཆེན་རལ་གློང་ལས། །གཙུག་ལག་གཏྲཱའི་བུ་མོ་སྣེག་པའི་ཉམས། །
འདི་ན་མངོན་པར་དགེས་པའི་མཆོད་ཡོན་གྱིས། །དཔྱོད་ལྡན་ཡིད་ལ་འོད་སྣང་རྒྱས་གྱུར་ཅིག །
འབྲི་གློག་བྱ་བ་ལས་ཀྱི་འཁོར་ལོ་སྟེ། །ལུང་གི་བསྟན་པ་གསོ་བའི་སྨན་མཆོག་ཉིད། །
ཚུལ་འདིས་ཆོས་ལྡན་ཁ་བ་དཀར་པོའི་ལྗོངས། །ཡོངས་སུ་འགེངས་པའི་དགེ་ལེགས་ཉམས་མེད་ཤོག
ལྷག་བསམ་འོ་མའི་མདངས་དང་ཟླ་བའི་བཞིན། །རྣམ་པར་དཀར་བའི་ལང་ཚོ་མ་ཉམས་པ། །
གང་གི་ཡིད་ལ་བཤད་སྒྲུབ་རྒྱལ་བའི་བསྟན། །སྙིང་པོ་རིན་ཆེན་མི་ཉམས་གོང་འཕེལ་ཤོག །

ཅེས་ཚིགས་སུ་བཅད་པ་དུ་མས་མདུན་བསུས་ནས་གང་གླེང་བར་བྱ་བ་ནི་འདི་ལྟ་སྟེ། ཕྱོགས་བཅུའི་རྒྱལ་བ་ཀུན་གྱི་ཐུགས་མཁྱེན་པའི་ཡེ་ཤེས་ཀྱི་ཕུང་པོ་མཐའ་དག་གཟུགས་ཅན་སྒྱུ་མ་ཆེན་པོའི་རྣམ་པར་རོལ་པ། ཆོས་ཕུང་བརྒྱད་ཁྲི་བཞི་སྟོང་གི་སྙིང་པོ་མ་ལུས་པར་མི་འཛིགས་པའི་སྤོབས་པ་མཆོག་གིས་རྒྱས་བཏབ་སྟེ། རིས་མེད་འགྲོ་བ་ཡོངས་ལ་ལན་དང་གྲགས་པ་སོགས་ལ་མི་ལྟ་བར་སྩོལ་བར་མཛད་པའི་བདག་ཉིད་ཆེན་པོ། སྙིགས་མའི་དུས་འདིར་མཚན་ཙམ་བརྗོད་པར་དཀའ་བ་རྡོན་གྱི་སྐད་དུ་མཚན་ནས་སྨོས་ན་ཁམས་གསུམ་འགྲོ་བའི་རེ་བསྐོངས་ཤར་ཙོང་ཁ་པ་ཆེན་པོ་བློ་

བཟང་གྲགས་པའི་དཔལ་ཞེས་གསུང་གི་སྟན་པའི་བ་དན་སྲིད་པ་གསུམ་ན་གཡོ་བ་གང་གི་བླ་མའི་རྣལ་འབྱོར་ཉམས་སུ་ལེན་པའི་མན་ངག་གི་རིམ་པ་རྣམས་དང་། རྗེ་བདག་ཉིད་ཆེན་པོ་ལ་བརྟེན་པའི་རྣལ་འབྱོར་གྱི་སྒོ་ནས་བསྟན་པ་རྒྱས་པ་དང་། འགྲོ་བ་བདེ་བའི་ཐབས་སྣ་ཚོགས་སྟོན་གྱི་སྐྱེས་ཆེན་དམ་པ་རྣམས་ཀྱིས་ཕྱག་ལེན་མི་འདྲ་བ་ཇི་སྙེད་ཅིག་མཆིས་པ་རྣམས་ཕྱོགས་གཅིག་ཏུ་བསྒྲིགས་པའི་དམིགས་བརྩེ་མའི་ཆོས་སྐོར་རིན་པོ་ཆེ་འདི་ཉིད་རྒྱལ་བའི་བསྟན་པ་སྤྱི་དང་། བྱེ་བྲག་རི་བོ་དགེ་ལུགས་པའི་གཅེས་ནོར་བླ་ན་མ་མཆིས་པ་ཞིག་ལགས། དེར་མ་ཟད་སངས་རྒྱས་ཀྱི་གོ་འཕང་སྒྲུབ་པ་ལ་དད་པ་དང་ཤེས་རབ་གཙོ་ཆེ་བས་རྗེ་བཙུན་འཇམ་དཔལ་དབྱངས་ལྟ་བུ་ལ་བརྟེན་ན་ཆེ་གསལ་མྱུར་ཟབ་སོགས་ཀྱི་ཤེས་རབ་གང་སྒྲུབ་པ་ཐོག་མེད་དུ་འཕེལ་བས་རྗེ་རིན་པོ་ཆེ་ནི་རྗེ་བཙུན་འཇམ་དཔལ་དབྱངས་དང་ངོ་བོ་དབྱེར་མེད་པ་སྟོན་གྱི་དཔེ་ཚན་ལྟ་བུ་ཡིན་པ། སངས་རྒྱས་གཅིག་གི་སྤྲུལ་པ་ཡིན་ན་སངས་རྒྱས་ཐམས་ཅད་ཀྱི་སྤྲུལ་པ་ཡིན་དགོས་པར་སངས་རྒྱས་ཐམས་ཅད་ཆོས་ཀྱི་དབྱིངས་སུ་རོ་གཅིག་པའི་རྒྱུ་མཚན་ནོ། དེའི་ཕྱིར་རྗེ་བཙུན་འཇམ་དཔལ་དབྱངས་ཀྱིས་སྤྲུལ་པ་ཡིན་ན་སྤྱན་རས་གཟིགས་དང་གསང་བདག་གི་སྤྲུལ་པ་ཡང་ཡིན་དགོས་ཏེ་མཁྱེན་བརྩེ་ནུས་གསུམ་གང་ཟག་གཅིག་གི་རྒྱུད་ལ་སྐྱེ་བ་ལས་ཁ་བྲལ་དུ་མི་རུང་བ་སྒྲུབ་པའི་དུས་སུ་ཡང་འཕགས་པ་རིགས་གསུམ་མགོན་པོ་དང་རྗེ་བདག་ཉིད་ཆེན་པོ་དེ་ཉིད་ངོ་ཆུ་གཅིག་འདྲེས་སུ་སྒྲུབ་པ་ལས་ལོག་སུ་སྒྲུབ་པ་མེད། དམིགས་བརྩེ་མ་ཞེས་པའི་ཚིག་ནི་ས་གསུམ་ན་འགྲན་པའི་ཟླ་དང་བྲལ་བའི་མཁས་པ་ཆེན་པོ་གཉིས་གཅིག་གིས་གཅིག་ལ་ཕར་འཕུལ་ཚུར་འཕུལ་གྱིས་བསྟོད་པ་ངོ་མཚར་བ་ཞིག་ལྷག་པར་དགའ་ལྡན་འབྲེལ་བའི་གསོལ་འདེབས་དམིགས་བརྩེ་མ་འདི་ལྟ་བུ་ཉིས་སུ་བླང་ན་ནད་གདོན་བར་ཆད་ཐམས་ཅད་བཟློག་པ་འདུལ་ནག་པས་བེ་ཉར་བ་ལ་བཀའ་བསྐོས་པ་ལྟ་བུའི་བྱིན་རླབས་ཀྱི་ཚན་ཁ་ཆེ་བ་དང་། མཐར་ཐུག་དགའ་ལྡན་ཞིང་ཁམས་སུ་སྐྱེ་བ། ཚེ་རབས་ཀུན་ཏུ་རྗེ་བླ་མས་རྗེས་སུ་འཛིན་པ་སོགས་ཀྱི་དགོས་པ་ཁྱད་པར་ཆེ་བས་སྔོན་བྱོན་མཁས་པ་གོང་མ་རྣམས་ཀྱིས་གསུངས་རྒྱུན་དམིགས་བརྩེ་མའི་ཆོས་བསྐོར་གྱི་པོ་ཏི་གཉིས་སེ་རའི་མཁན་རིན་པོ་ཆེ་རྒྱན་ཡེ་ཤེས་བཟུམས་པ་ལགས་ཀྱིས་སེར་སྨད་ཆོས་མཛད་རིན་པོ་ཆེ་དགེ་དབང་བཟོད་པ་རྒྱ་མཚོ་མཆོག

ལ་གནང་ནས་རིན་པོ་ཆེ་གང་ཉིད་ནས་དཔེ་རྒྱུན་འདི་པར་དུ་བསྒྲིགས་པའི་དགོངས་པ་དེ་ཕྱོགས་སུ་བབས་ནས་སྨུམ་ཟད་མར་མེ་ལྟ་བུའི་རྗེའི་བསྟན་པ་འདི་ཇི་སྲིད་འཁོར་བ་མ་སྟོང་གི་བར་དུ་བསྲིངས་ཐུབ་ན་ཅི་མ་རུང་སྙམ་པ་དང་། ལྷག་པར་འཕགས་པ་རིགས་གསུམ་མགོན་པོ་དང་ངོ་བོ་དབྱེར་མ་མཆིས་པའི་རྗེ་བདག་ཉིད་ཆེན་པོ་དེ་ཉིད་ལ་མི་ཕྱེད་པའི་དད་གུས་བརྟན་པོ་ཐོབ་པའི་འཁོར་དམན་སྐལ་མཉམ་དོན་གཉེར་བ་རྣམས་དང་། དགོན་སྡེ་ཁག་ན་བཞུགས་པའི་ཐོས་བསམ་ལྷུར་ལེན་གནང་མཁན་གྱི་དགེ་འདུན་རྣམས་པ། ཆོས་དང་རིག་གཞུང་གི་ཚོགས་སྡེ་ཁག་ཏུ་བཞུགས་པའི་མཁས་དང་ཉམས་ཞིབ་གནང་མཁན་དང་ཉོས་ལེན་གནང་མཁན་འགའ་ཞིག་ལ་དཔེ་རྒྱུན་དཀོན་པས་དབང་གིས། ཐོས་པ་མེད་པའི་སྙོམས་པ་དེ། །འབད་ཀྱང་དུད་འགྲོའི་སྐྱབ་ཐབས་ལྟ་བུའི་དཔེ་དོན་དུ་མ་མ་ཟད་འཛིག་རྟེན་འདི་ཡིས་བྱ་བ་ཙུང་ཟད་ཞིག་ལའང་སློབ་དཔོན་ནི་རྒྱུས་ཡོད་མཁས་པ་ཞིག་བརྟེན་དགོས་ལ། སྐྱེ་བ་གཏན་གྱི་འདུན་མ་འདི་ལྟ་བུ་སྒྲུབ་པ་ལ་ཞེན་ཆེ་བའི་ལམ་སྟོན་དགེ་བའི་བཤེས་གཉེན་མཁས་པ་ཞིག་གམ་ཁུངས་དག་པའི་དཔེ་ཆ་སོགས་ལ་བརྟེན་པ་མེད་ན་གྲོང་པོ་སྨུམ་གྱི་ཐུལ་ཀྱང་མར་ཀོག་སྨུམ་གྱིས་མི་ཐུལ་བ་སོགས་ལོ་བརྒྱར་བསྒྲུབ་ཀྱང་སྦྱོང་བ་གང་ཡང་ཐོན་མི་ཐུབ་པས་དེས་ན་དཔལ་འབྱོར་རིན་ཆེན་ཚང་བའི་ཁ་བ་རི་པ་རྣམས་ཀྱིས་གཙོས་འགྲོ་བ་ཀུན་ལ་ཕན་ཕྱིར་པར་དུ་བསྒྲིགས་པས་དེའི་མ་ཕྱི་ལའང་གོང་འོག་ཀུན་ན་མི་གསལ་བ་ཡིག་ནོར་དང་བསྐྱུངས་ཡིག་སོགས་ཤིན་ཏུ་མང་བ་མ་ཟད་ལས་ཚིགས་བཅུ་གཅིག་ནག་འགྲོས་སུ་བཀོད་པ་ཞེས་པའི་མ་ཕྱིའི་ཤོག་གྲངས་བརྒྱད་པ་དང་དགུ་པའི་མཐུད་མཚམས། དགུ་པ་དང་བཅུ་པའི་མཐུད་མཚམས་སུ་ཚིག་མི་འདྲ་བའམ་མ་ཚང་བ་མ་ཕྱི་གཞན་ནས་གོ་བསྡུར་ཐུབ་པ་བཟོ་ཁུལ་བགྱིས་པས་ནོར་འཁྲུལ་མི་ཉུང་བ་མཆིས་པས་མཁས་པ་དག་ནས་དཔྱད་པར་ཚལ། དེང་ཆར་འཛམ་གླིང་ཐོག་མི་རྣམས་ལྟོ་གོས་ཙམ་ཀྱི་ཡིད་མི་ཆིམ་པར་རང་རང་གི་མེས་པོའི་རིག་དངོས་ཤུལ་བཞག་ལ་སྲུང་སྐྱོབ། རིག་གནས་གཞན་གྱི་དགེ་མཚན་བསྡོགས་ཏེ་ཟླ་ན་མེད་པའི་རིག་གཞུང་དང་། དུས་རབས་གསར་པའི་ཚན་རིགས་དང་ཆེ་སྲོག་གི་བདེ་ཐང་གང་གི་ཐད་ལ་གསོས་སྨན་འབུལ་བའི་སྦྱོར་བ་ལ་བརྩོན་བཞིན་མཆིས། དེ་དག་གིས་སྙོམ་པ་ཆུ་འདོད་ཙམ་ལས་མཐར་ཐུག་གི་འབྲས་བུ་ཏིལ་ཙམ་སྨིན་མི་ཐུབ།

དེ་འདྲའི་ཁྲོད་དུ་རང་ཅག་བོད་ཀྱི་དམ་པའི་ལེགས་བཤད་དག་ལ་ནི་མགྲིན་བཏེག་གི་མི་ཉམས་གོང་འཕེལ་ཉམས་པ་སོར་ཆུད་བྱེད་པ་ནི་ཁ་བ་རི་པ་ཡོངས་ཀྱིས་མ་བསྐྱལ་དང་བླང་གི་འགན་འཁྲི་དོར་དུ་མི་རུང་བ་ཞིག་གོ གོང་ཞུས་དགེ་མཚན་དེ་དག་ལ་དམིགས་ཏེ་ལོ་གཉིས་ཙམ་རིང་ལ་གཙོ་བོ་སེར་སྨད་ཆོས་མཛོད་རིན་པོ་ཆེ་ངག་དབང་བཟོད་པ་རྒྱ་མཚོ་མཆོག་གི་སྐུའི་ངལ་བར་མི་འཛེམས་པར་ཕྱག་ཡང་རིང་དུ་བརྒྱངས་པའི་ཐོག་དམིགས་བཅེ་མའི་ཆོས་སྐོར་དངོས་སྒྲུབ་ཀུན་འབྱུང་ཡིད་བཞིན་ནོར་གྱི་བང་མཛོད་ཞེས་བྱ་བ་པོད་གཉིས་པར་སྒྲུན་གནང་ཐོག་སླར་ཡང་སྔོན་བྱོན་སྐྱེས་བུ་དམ་པ་རྣམས་ཀྱིས་གསུང་དུ་མ་རུབ་བསྡུས་བགྱིས་ནས་པོད་གཅིག་བསྒྲིགས་ཏེ་པོད་གསུམ་ཐོན་ཐུབ་པའི་འདུན་པ་ཆེ་བཞིན་ལག ཞུ་དག་པས་འདི་གའི་མ་ཕྱི་མི་གསལ་བ་དང་། གཞུང་ཆེན་མོར་སློབ་གཉེར་མ་བྱུང་བས་རྐྱེན་གྱིས། ནོར་བ་དང་ཆད་ལྷག་མི་ཉུང་བ་མཆིས་པས་མཁས་དབང་བློ་ལྡན་གཟིགས་པ་པོ་རྣམས་ཀྱི་སྤྱན་སྔར་བཟོད་པར་གསོལ་ལོ། །

བསྒྲིགས་པ་པོ་ཆོས་མཛོད་རིན་པོ་ཆེ། ཡིག་འདྲུག་པ། བློ་བཟང་སྨིན་པ། བློ་བཟང་བསྟན་པ། ངག་དབང་བློ་གྲོས། ངག་དབང་དམ་ཆོས། ངག་དབང་འཕྲིན་ལས། ངག་དབང་མཁས་བཙུན། དགེ་བསྙེན་ངག་དབང་མཁས་བཙུན། ཨ་སྒྲོན། ཞུ་དག་པ། ཚུལ་ཁྲིམས་རྒྱ་མཚོ། འཇིགས་མེད་རྒྱ་མཚོ། འཕྲིན་ལས་རྒྱ་མཚོ། སེར་བྱེས་དགེ་འདུན་དཀོན་མཆོག བསྟན་འཛིན་བཟོད་པ། རྒྱུ་སྦྱོར་བ་ཀྲོའུ་ཧྲེའི་ཡི་ངག་དབང་སྨིན་པ། ངག་དབང་སྒྲོལ་མ་རྣམས་པས་ངལ་བ་འཛེམས་མེད་ཀྱིས་དུས་ཡུན་རིང་པོར་དཀའ་སྤྱད་གནང་བར་སྙིང་ཐག་པ་ནས་ཐུགས་རྗེ་ཆེ་ཞུ་བ་ལགས།། །

ལན་ཀྲོའུ་རྡོ་སྐྱ་ལུང་བྲག་ཡེར་བསམ་གཏན་གླིང་དཔེ་སྙིང་འཚོལ་བསྡུ་ཁང་གིས།། །
རབ་བྱུང་བཅུ་བདུན་པའི་ལྕགས་ཡོས་ས་ག་ཟླ་བའི་ཡར་ཚེས་བཅོ་ལྔ་ཉིན།། །

དཀར་ཆག

༄༅། །འཇམ་མགོན་བླ་མ་ཙོང་ཁ་པ་ཆེན་པོ་ལ་དམིགས་བརྩེ་མའི་སྨྲོ་ནས་གསོལ་འདེབས་ཀྱི་མངོན་རྟོག་དང་བྱང་ཆུབ་ལམ་རིམ་གྱི་དོན་དང་འབྲེལ་བའི་བསྟོད་པ་བཞུགས་སོ། །

༄། །གང་གི་བ་སྤུའི་ཆ་ཤས་ཕྲ་མོར་ཡང་། དུས་གསུམ་སངས་རྒྱས་ཀུན་གྱི་ཡོན་ཏན་དང་། །རབ་རྫོགས་འཇམ་དཔལ་རྡོ་རྗེ་མི་ཡི་ཚུལ། །བློ་བཟང་གྲགས་པ་སྙིང་གི་ཟེའུ་འབྲུར་བཞུགས། །དེ་ལ་འདིར་མཁྱེན་བརྩེ་ནུས་གསུམ་མཐའ་དག་འཕགས་པ་རིགས་གསུམ་མགོན་པོ་དང་དབྱེར་མ་མཆིས་པ་ཁམས་གསུམ་ཆོས་ཀྱི་རྒྱལ་པོ་ཙོང་ཁ་པ་ཆེན་པོའི་གསོལ་འདེབས་ཚིག་ཉུང་ཞིང་བྱིན་རླབས་ཀྱི་མཚན་མ་ཤིན་ཏུ་ཆེ་བ་དམིགས་བརྩེ་མར་གྲགས་པས། གསོལ་བ་འདེབས་པའི་སྔོན་དུ་གསོལ་བ་འདེབས་ཡུལ་གསལ་འདེབས་པ་ནི། གནས་ཡིད་དུ་འོང་བར་ཕྱག་བདར་དང་མཆོད་རྫས་རྟེན་དགྲམ་པ་སོགས་སྔོན་དུ་འགྲོ་བས། སྭ་བྷཱ་ཝའི་སྔགས་བརྗོད་པས་ཆོས་དང་གང་ཟག་འཁོར་འདས་ཐམས་ཅད་རང་གི་མཚན་ཉིད་ཀྱིས་གྲུབ་པ་རྡུལ་ཙམ་ཡང་མེད་པའི་སྟོང་པར་བསམ། སྟོང་པའི་ངང་ལས་རང་གི་སྤྱི་བོར་སེང་གེའི་ཁྲི་ཡངས་ཤིང་རྒྱ་ཆེ་བར་པད་མ་དང་ཉི་ཟླའི་གདན་བརྩེགས་པའི་སྟེང་དུ་ཆུ་ལས་ཆུ་ལྦུར་རྡོལ་བ་བཞིན་ཧྲཱིཿདམར་སེར་ལས་རལ་གྲི་ཡུ་བ་ཧྲཱིཿས་མཚན་པ། དེ་ལས་འོད་འཕྲོས་པས་འཕགས་པ་མཆོད། རིགས་དྲུག་གི་སྡུག་བསྔལ་སྦྱངས། ཚུར་འདུས་དེ་ཡོངས་སུ་གྱུར་པ་ལས་རྒྱལ་བ་ཙོང་ཁ་པ་ཆེན་པོ་སྐུ་མདོག་དཀར་ལ་དམར་བའི་མདངས་ཆགས་པ་མཛེས་ཤིང་ཡིད་དུ་འོང་བ་ཞི་ཞིང་འཛུམ་པ། ཕྱག་གཉིས་ཐུགས་ཀར་ཆོས་འཁོར་གྱི་ཕྱག་རྒྱའི་མཐེབ་སྲིན་གྱིས་ཨུཏྤ་ལའི་ཡུ་བ་ནས་བཟུང་བའི་འདབ་མ་སྟོན་ཐད་ཁ་བྱེ་བའི་གཡས་སྟེང་མི་ཤེས་པའི་འཆིང་བ་མཐའ་དག་བཅད་པའི་བརྡར་ཤེས་རབ་ཀྱི་རལ་གྲི་དང་། གཡོན་སྟེང་ཤེས་རབ་ཀྱི་ཕ་རོལ་ཏུ་ཕྱིན་པའི་གླེགས་བམ་བསྣམས་པ། དབུ་ལ་པཎ་ཞྭ་གསེར་གྱི་མདོག་ཅན་གསོལ་ཞིང་སྐུ་ལ་ཆོས་གོས་རྣམ་གསུམ་གསོལ་བ། ཞབས་རྡོ་རྗེའི་སྐྱིལ་ཀྲུང་གིས་བཞུགས་པ། དེའི་སྤྱི་བོར་ཧྲཱིཿལས་རྗེ་བཙུན་འཇམ་དཔལ་དབྱངས་དམར་སེར་གཡས་ཤེས་རབ་རལ་གྲི་དང་། གཡོན་ཤེར་ཕྱིན་གྱི་གླེགས་བམ་ཐུགས་ཀར་བསྣམས་པ་གཞོན་

ནུའི་སྐུ་ཅན་དབུ་ལ་ཟུར་ཕུད་ལྔས་བརྒྱན་པ། མགྲིན་པར་ཧཱུྃཡིས་སྤྲུན་རས་གཟིགས་དཀར་པོ་ཕྱག་དང་པོ་གཉིས་ཐུགས་ཀར་ཐལ་མོ་སྦྱར་བ་གཡས་འོག་མས་ཤེལ་ཕྲེང་དང་གཡོན་འོག་མས་པད་མ་འཛིན་པ། དབུ་སྐྲ་རལ་པ་ཐོར་ཚུགས་སུ་བཅིངས་ཤིང་ཁྲི་གཅན་ས་ལའི་པགས་པས་ནུ་མ་གཡོན་པ་བཀབ་པ། གཉིས་ཀའང་དབུ་རྒྱན། སྙན་རྒྱན། མགུལ་རྒྱན། ཕྱག་ཞབས་ཀྱི་གདུ་བུ་སོགས་རིན་པོ་ཆེའི་རྒྱན་དང་དར་གྱི་ན་བཟའ་གསོལ་བ། ཞབས་རྡོ་རྗེའི་སྐྱིལ་ཀྲུང་གིས་པད་ཟླའི་སྟེང་དུ་བཞུགས་པ། ཐུགས་ཀར་པད་ཉིའི་སྟེང་དུ་ཧཱུྃ་ལས་ཕྱག་རྡོར་མཐིང་ནག་གཡས་རྡོ་རྗེ་འཕྱར་ཞིང་གཡོན་སྡིགས་མཛུབ་ཐུགས་ཀར་མཛད་པ། སྨྲ་ར་དང་སྨིན་མ་དང་དབུ་སྐྲ་དམར་སེར་འབར་བ། རིན་པོ་ཆེ་དང་སྦྲུལ་གྱི་རྒྱན་ཅན། དར་སྟོན་གྱི་སྟོད་གཡོགས་དང་སྟག་ལྤགས་ཀྱི་ཤམ་ཐབས་གསོལ་བ་ཞབས་གཡས་བསྐུམ་གཡོན་བརྐྱང་གིས་མེ་དཔུང་འབར་བའི་དབུས་ན་བཞུགས་པ། དེའི་སྤྱི་བོར་ཨོཾ་དཀརཔོ། མགྲིན་པར་ཨཱཿདམར་པོ། ཐུགས་ཀར་ཧཱུྃ་སྔོན་པོས་མཚན་པ། ཐུགས་ཀའི་ཧཱུྃ་ལས་འོད་འཕྲོས་པས་རང་བཞིན་གྱི་གནས་ནས་འཇམ་མགོན་བླ་མ་ལ་བླ་མ་ཡི་དམ་སངས་རྒྱས་བྱང་སེམས་དཔའ་བོ་མཁའ་འགྲོ་ཆོས་སྐྱོང་གི་ཚོགས་དང་བཅས་པས་བསྐོར་བ་བཛྲ་ས་མ་ཛཿ ས་སྤྱན་དྲངས། ཛཿ ཧཱུྃ་བཾ་ཧོཿ ས་གཉིས་སུ་མེད་པར་བསྟིམ་པས་དེ་ཉིད་སྐྱབས་གནས་ཀུན་འདུས་པའི་བདག་ཉིད་དུ་གྱུར་པར་མོས་ཤིང་། ཚུ་གཉིས་ཉེར་སྤྱོད། རོལ་མོ། འདོད་ཡོན་སྣ་ལྔ། བཀྲ་ཤིས་རྫས་རྟགས། ཡན་ལག་བདུན་པ་སོགས་ཕུལ་རྗེས། གང་གི་བློ་གྲོས་བཟང་པོའི་མཁའ་དབྱིངས་ལ། །ཐམས་ཅད་མཁྱེན་པའི་ཉི་མ་རྟག་འཆར་ཞིང་། །སྙན་གྲགས་བ་དན་དཀར་པོ་སྲིད་གསུམ་ན། །རབ་མཛེས་སྟོན་པ་ཁྱོད་ལས་གཞན་མ་དམིགས། །མཁྱེན་དང་སྤོབས་པ་འཇམ་དབྱངས་གཞོན་ནུ་བཞིན། །བྱམས་དང་སྙིང་རྗེ་གྲུ་འཛིན་བདག་པོ་དངོས། །ནུས་མཐུ་གསང་བའི་མཛོད་འཛིན་ཁྲོ་རྒྱལ་ཏེ། །རིགས་གསུམ་ཀུན་འདུས་ཁྱོད་ལ་གསོལ་བ་འདེབས། །ཆུང་འབྲིང་ཆེན་པོའི་སྐྱེས་བུ་གསུམ་གྱི་ལམ། །ཟབ་དང་རྒྱ་ཆེ་ཤིང་རྟ་ཆེན་པོ་ལས། །ཉེར་བརྒྱུད་ཆེ་བ་བཞི་དང་ལྡན་པའི་སྲོལ། །མ་རྟོགས་པ་དང་ལོག་པར་རྟོག་པའི་དྲི། །ཀུན་བྲལ་སྟོན་མེད་ལེགས་བཤད་པད་དཀར་ཀ། །ཁྱོད་དྲིན་ཉི་མའི་འོད་ཀྱིས་ཕྱེ་བ་ན། །ཉན་བཤད་སྒྲུབ་ཅི་མྱང་བའི་སྐལ་ལྡན་གྱི། །བུང་བ་དེ་དག་སྨིན་གྲོལ་ཡང་རྩེ་རྒྱས། །འདི་ཕྱིའི་ལེགས་ཚོགས་ཐལ་

པའི་རིན་པོ་ཆེ། །ལྷ་ཞོག་རྣམ་གྲོལ་ནོར་བུ་དབང་གི་རྒྱལ། །འདྲེན་མཆོག་རྒྱ་མཚོ་ཉིད་ལ་རག་ལས་ཕྱིར། །བློ་ལྡན་སུ་དག་ཁྱོད་ལ་བརྟེན་མི་བགྱིད། །རྙེད་པར་དཀའ་བ་དལ་དང་འབྱོར་བ་བཅུ། །རབ་ཚང་དོན་ཆེན་རྟེན་བཟང་རྙེད་དུས་འདིར། །ཁྱོད་གསུང་ཆ་ཤས་ཕྲ་མོ་འཛིན་པའམ། །ཐོས་པ་ཡིས་ཀྱང་དོན་ལྡན་བགྱིད་སྙམ་སེམས། །ཆུ་བུར་བཞིན་དུ་མི་རྟག་འཇིག་སླ་བའི། ། རྟེན་འདི་སྟོབས་ལྡན་འཆི་བདག་དགྲ་བོ་ཡིས། །གཟུང་ཚེ་སྐྱོབ་འོས་མགོན་པོ་གང་ཉིད་དང་། །དམ་པའི་ཆོས་གཉིས་ལྷན་ཅིག་འཛིན་རྟེན་དེར། །ཁོར་ཡུག་མེ་ལྕེ་འབར་བས་དཀྲིགས་གྱུར་ཅིང་། །གཏུམ་དྲག་གཤིན་རྗེས་མནར་བའི་ཚ་དམྱལ་དང་། །བུ་ཡུག་དང་འདྲེས་རླུང་གིས་བཏབ་པ་ལས། ། ཤ་རུས་ཚལ་པ་བརྒྱར་གས་གྲང་བའི་དམྱལ། །རྟག་ཏུ་བཀྲེས་སྐོམ་ངལ་བའི་ཡི་དྭགས་དང་། །བླུན་རྨོངས་གཞན་དབང་གྱུར་པའི་དུད་འགྲོ་སོགས། །གནས་ངན་གཡང་སར་མངོན་ཕྱོགས་ལུས་ཅན་རྣམས། །སྐྱོབ་ཅིང་མངོན་མཐོའི་བདེ་ལ་སྦྱོར་བའི་མགོན། །ཚོགས་གཉིས་སྤུངས་རྟོགས་མཐར་ཕྱིན་སངས་རྒྱས་དང་། ། འགོག་ལམ་འཕགས་པའི་མངོན་རྟོགས་དམ་པའི་ཆོས། །རིག་གྲོལ་དགེ་འདུན་དཀོན་ཅོག་མ་ལུས་པ། །འདུས་པའི་བདག་ཉིད་ཁྱོད་ལས་སུ་ཞིག་རྙེད། །དགེ་དང་མི་དགེའི་འབྲས་བུ་བདེ་སྡུག་ཏུ། ། ཡོངས་སྨིན་དཀར་དང་གནག་པའི་ལས་འབྲས་དག །བསམས་ཚེ་སྟོན་ཆད་སྡུག་བསྔལ་རྒྱུ་ཁོ་ན། ། སྒྲུབས་པས་ངན་འགྲོའི་གཡང་དུ་ངེས་པར་ལྟུང་། །དེ་ཕྱིར་སྔོན་བསགས་སྡིག་ལྟུང་འགྱོད་སྡོམ་སོགས། །ཤུགས་དྲག་བཤགས་པའི་སྟོབས་ཀྱིས་ལེགས་སྦྱངས་ཕྱིར། །སྐྱོན་ཟད་ཡོན་ཏན་མ་ལུས་རབ་རྫོགས་པའི། །མགོན་ཁྱོད་ཁོ་ན་རྟེན་དུ་ངེས་པ་ཐོབ། །ངན་སོང་ལྷ་ཡི་མི་ཡི་གནས་ན་ཡང་། །ཕུན་ཚོགས་འབྱོར་པས་དབུལ་བའི་སྡུག་བསྔལ་དང་། །དཔལ་ལས་ཉམས་པར་དོགས་དང་བྲལ་བ་དང་། །བསྲུང་བའི་སྡུག་བསྔལ་ཡིད་ལ་ལྷག་པར་ལྕི། །ལྷ་ཡི་རྟེན་ཀྱང་འཆི་འཕོ་འོག་ལྟུང་དང་། །འདུ་བྱེད་ཕུང་པོའི་ཁུར་གྱིས་ནོན་པས་ན། །འཇིག་རྟེན་མཆོད་འོས་ཚངས་དབང་སོགས་ལ་ཡང་། །བདེ་བའི་གོ་སྐབས་ཆ་ཙམ་ག་ལ་ཞིག །དེ་ལྟར་སྲིད་པའི་དོང་དུ་ཐོག་མེད་ནས། ། ཡན་ལག་བཅུ་གཉིས་འཁྲུལ་འཁོར་གཞན་དབང་གིས། །ཟོ་ཆུན་འཁྱུན་བཞིན་གནོད་པ་བརྒྱས་གཙེས་པར། །གཟིགས་ནས་དེ་འཁོར་བའི་འཆིང་བ་རིང་ནས་བཅད། །ཇོ་བོ་རབ་བརྟན་ཚུལ་ཁྲིམས་གསེར་གྱི་གཞིར། །ཏིང་འཛིན་

རིན་ཆེན་གཞལ་མེད་ལྷུན་ཆགས་ཡངས། །ཟག་མེད་ཤེས་རབ་སྣང་བ་རྟག་གསལ་དབུས། །ཁྱོད་ཐུགས་ཐར་པའི་བདེ་ལས་མི་གཡོ་བརྙེས། །སྙིང་རྗེ་ལ་སོགས་རྒྱུ་ཚོགས་མ་ཚང་མེད། །འདུས་པའི་ཛིང་བུ་ལས་སྐྱེས་སེམས་བསྐྱེད་ཀྱི། །པད་དཀར་གཞོན་ནུས་ཁྱོད་ཐུགས་གཏམས་པའི་མཐུས། །རྒྱལ་དང་རྒྱལ་སྲས་སུས་ཀྱང་འགྲན་དུ་མེད། །ངག་གིས་བགྲང་བ་ལས་འདས་བསྐལ་པའི་བར། །སར་གནས་རྒྱལ་སྲས་དཔའ་བོ་ཐམས་ཅད་ཀྱི། །ཕྱིན་དྲུག་སྤྱོད་པ་གང་ཡིན་ཅི་འདྲ་བ། །བདག་གིར་བཟུང་བའི་སྙིང་སྟོབས་གོ་ཆ་སྲ། །འདུ་བྱེད་བརྒྱད་དང་སེམས་གནས་རྣམ་པ་དགུར། །གོམས་སྟོབས་རླུང་གིས་བྱིང་སོགས་ཉེས་པ་ལྔའི། །སྒྲིབ་གཡོག་ཆུ་འཛིན་མཐར་བསྐྲད་ཤིན་སྦྱངས་ཀྱི། །ཁྱོད་ཐུགས་ཞི་གནས་གཡོ་མེད་སྟོ་སངས་མར། །མཐའ་བྲལ་དབུ་མའི་གནས་ལུགས་ཉེར་འཇལ་བའི། །ལྷག་མཐོང་ཉི་མའི་གཟི་བྱིན་ཆེར་འབར་བས། །སྒྲིབ་གཉིས་མུན་པ་མཐའ་དག་དྲུང་ཕྱུང་སྟེ། །རྫོགས་པའི་སངས་རྒྱས་ས་ལ་མངོན་དབང་བསྒྱུར། །མཁོ་བའི་དངོས་པོ་ཐམས་ཅད་ཡོངས་གཏོང་ཞིང་། །འཇིག་རྟེན་ཆོས་ཀྱི་ཚུལ་ལུགས་སྙན་པར་སྨྲ། །དོན་སྤྱོད་དོན་དང་མཐུན་པའི་བསྡུ་དངོས་བཞིས། །འགྲོ་ཀུན་བདེ་བ་མཆོག་གི་འགྲོན་དུ་བསུས། །ཐ་མལ་སྣོད་བཅུད་ཀུན་རྟོག་འཁྲུལ་སྣང་བཅས། །སྦྱོང་བྱེད་བསྐྱེད་དང་རྫོགས་པའི་རྣལ་འབྱོར་རིམ། ། མཐར་ཕྱིན་ཟུང་འཇུག་ཁ་སྦྱོར་བདུན་ལྡན་གྱི། །རྡོ་རྗེ་འཛིན་པ་ཁྱོད་ལས་གཞན་དུ་མེད། །དེ་ཕྱིར་འཁོར་བའི་གཙོང་རོང་གཏིང་ཟབ་པར། །ལྷུང་ཞིང་ཉོན་མོངས་སྲིན་བུ་བརྒྱ་ཕྲག་གིས། །ལུས་ཟོས་ངན་སོང་སྡུག་བསྔལ་གནག་དཀའ་བ། །སྨོང་བར་མངོན་དུ་ཕྱོགས་པའི་ཉམ་ཐག་བདག །མགོན་པོ་ཁྱོད་ལ་གཏན་གྱི་སྐྱབས་གསོལ་ན། །སྲི་དང་བྲེ་བྲག་འཁོར་བའི་སྡུག་བསྔལ་མེ། །རབ་བསིལ་ཐུགས་རྗེའི་ཆུ་ཀླུང་ཤུགས་དྲག་གིས། །གཞིལ་ཏེ་ཟླ་མེད་བདེ་བའི་དགའ་སྟོན་སྟོལ། །མི་རྟག་ལ་སོགས་འདུ་ཤེས་ཡང་དག་དང་། །སེམས་བསྐྱེད་ཕྱིན་དྲུག་རིམ་པ་གཉིས་ལ་སོགས། །མདོ་སྔགས་ས་ལམ་བགེགས་མེད་མཐར་ཕྱིན་ཏེ། །རྫོགས་པའི་སངས་རྒྱས་མྱུར་དུ་འཐོབ་བྱིན་རློབས། །ཞེས་བྱང་ཆུབ་ལམ་གྱི་རིམ་པའི་གནད་མདོར་བསྡུས་དང་སྦྱར་བའི་བསྟོད་པ་འདི་དང་། གཞན་ཡང་བསྟོད་པ་དང་གསོལ་འདེབས་ཐུགས་རྗེ་བསྐུལ་བ་སོགས་བློས་གང་ཕྱོགས་བྱ་ཞིང་། གཙོ་བོར་མདུན་གྱི་བླ་མ་རིགས་གསུམ་ཀུན་འདུས་ཀྱི་ངོ་བོར་མོས་ཏེ་དམིགས་བརྩེ་མར་ཚིག་སྒྲིལ་དང་། དེ་དག་གི་སྐབས་སྐུ་གསུང་

ཐུགས་ཀྱི་བྱིན་རླབས་ཞུ་བ་དང་ཧིང་ངེ་འཛིན་གྱི་དབང་བཞི་ལེན་པ་མཇུག་བླ་མ་སྤྱི་གཙུག་ནས་སྤྱན་དྲངས་སྙིང་གར་བད་མའི་སྟེང་དུ་འབྲལ་བ་མེད་པར་བཞུགས་པར་བསམ་པ་སོགས་ནི་བླ་མའི་ཞལ་དང་། རྗེ་ཉིད་ཀྱིས་མཁས་གྲུབ་ཆོས་རྗེར་སྩལ་བའི་བླ་མའི་རྣལ་འབྱོར་གྱི་ཟིན་བྲིས་དང་། དམིགས་བརྩེ་མའི་ཊཱིཀྐ་ཚིག་དོན་རབ་གསལ་སོགས་ལས་ཤེས་པར་བྱའོ། །འདིར་འབད་དགེ་མཐུས་བདག་གཞན་འགྲོ་བ་ཀུན། །རྒྱལ་བ་གཉིས་པས་རྟག་ཏུ་མི་བྲལ་བར། །རྗེས་གཟུང་བླང་དོར་གནས་ལ་ཇི་བཞིན་དུ། །ཞུགས་ཏེ་གསང་གསུམ་ཡོན་ཏན་ཀུན་འགྲུབ་ཤོག །ཅེས་འཇམ་མགོན་བླ་མ་ཙོང་ཁ་པ་ཆེན་པོར་དམིགས་བརྩེ་མའི་སྙན་ནས་གསོལ་བ་འདེབས་པའི་ཚེ་རྟེན་གསལ་འདེབས་ཀྱི་མངོན་རྟོགས་དང་། བྱང་ཆུབ་ལམ་རིམ་གྱི་དོན་དང་འབྲེལ་བའི་བསྟོད་པ་འདི་ལྷ་བུ་དགོས་ཞེས་མཚན་སྙིག་མཁན་ཟུར་ཡོན་གྲགས་པ་གྲ་སློབ་འགགས་བསྐུལ་བ་ལྟར་རྒྱལ་བ་གཉིས་པའི་བསྟན་པ་ལ་དེང་དུས་ཚིག་ཙམ་གྱིས་གུས་པར་སྨྲ་བ་ངག་དང་མི་འདྲ་བར་གཏིང་ནས་ཡིད་ཆེས་ཀྱི་དད་པ་ཙུང་ཟད་ཐོབ་པའི་ཤཱཀྱའི་དགེ་སློང་བློ་བཟང་བསྐལ་བཟང་རྒྱ་མཚོས་དགའ་ལྡན་ཕོ་བྲང་གི་གཟིམ་ཆུང་དགའ་ལྡན་སྣང་གསལ་དུ་སྦྱར་བའི་ཡི་གེ་པ་ནི་དྲུང་ཡིག་ངག་དབང་འཇམ་དབྱངས་སོ། །

༄༅། །དགེ་ལྡན་བཀའ་བརྒྱུད་རིན་པོ་ཆེའི་ཟབ་ལམ་བརྒྱུད་པའི་རྣམ་པར་ཐར་པ་མདོར་བསྡུས་གཏེར་གྱི་ཁ་བྱང་ལྷ་བུ་བཞུགས་སོ། །

༄༅། །ན་མོ་གུ་རུ་མཉྫུ་གྷོ་ཥ་ཡ། བསླུ་མེད་བླ་མ་མཆོག་གསུམ་ཞབས་སེན་འོད། །ཉིན་བྱེད་བརྒྱའི་ཐྲེང་བའང་སྨྲི་ར་བཅིངས་ཏེ། །དགེ་ལྡན་བཀའ་བརྒྱུད་དམ་པ་དེ་དང་དེའི། །ཕྱག་མཚན་ཇི་ལྟར་ཐོན་ཚུལ་མདོར་བསྡུས་བརྗོད། །འདིར་རྒྱལ་བ་དབེན་ས་པ་ཆེན་པོའི་བཀའ་བརྒྱུད་ཚུ་མགོ་གངས་ལ་ཐུག་པ་ལྟ་བུའི་ཐུན་མོང་དང་ཐུན་མོང་མ་ཡིན་པའི་ཇི་ལྟར་བརྒྱུད་པའི་རིམ་པ་བརྗོད་པར་བྱ་སྟེ། དེ་ཡང་། ཐུན་མོང་བ་ནི། བཀའ་གདམས་གསར་རྙིང་ཐམས་ཅད་མི་མཐུན་པ་མེད་པའི་ཐོག་མ་ནི། ཐུབ་དབང་རྡོ་རྗེ་འཆང་ནས། རྒྱལ་ཚབ་དམ་པ་བྱམས་མགོན། སློབ་དཔོན་འཕགས་པ་ཐོགས་མེད་སོགས་ལ་བརྒྱུད་པའི་རྒྱ་ཆེན་སྤྱོད་པ་དང་། རྗེ་བཙུན་འཇམ་དབྱངས། ཤིང་རྟ་ཆེན་པོ་ཀླུ་སྒྲུབ་སོགས་ལ་བརྒྱུད་པའི་ཟབ་མོ་ལྟ་བ་དང་། ཏཻ་ལོ་ནཱ་རོ་སོགས་ལ་བརྒྱུད་པའི་ཉམས་ལེན་བྱིན་རླབས་བརྒྱུད་པ་རྣམས་ཡོངས་སུ་རྫོགས་པ་ཇོ་བོ་རྗེ་དཔལ་མར་མེ་མཛད་ཡེ་ཤེས་ལ་མངའ་ཞིང་། དེ་ནས་ཀྱང་གཞུང་གདམས་ངག་སོ་སོར་གྱེས་པ་ལས། རྗེ་ཐམས་ཅད་མཁྱེན་པས་ལྷོ་བྲག་གྲུབ་ཆེན་ནམ་མཁའ་རྒྱལ་མཚན་དང་། བཀའ་གདམས་ཀྱི་གདམས་པའི་མཛོད་འཛིན་པ་གྲྭ་སྒོར་མཁན་ཆེན་ཆོས་སྐྱབས་བཟང་པོ་གཉིས་ལ་བཞུགས་པའི་གདམས་ངག་མཐའ་དག་ལེགས་པར་གསན་པ་ལྟར། ལམ་རིམ་གསོལ་འདེབས་ལམ་མཆོག་སྒོ་འབྱེད་ཇི་ལྟ་བ་བཞིན་ཡིན་ལ། དེ་དག་གི་སྙིང་པོའི་ཉེ་བར་བརྒྱུད་པ་ནི། ཉེ་བརྒྱུད་གསོལ་འདེབས་དངོས་གྲུབ་སྙེ་མ་ལྟར་དང་། ཐུན་མོང་མ་ཡིན་པའི་སྙན་བརྒྱུད་སྨྱུལ་པའི་གླེགས་བམ་དང་བཅས་པའི་བརྒྱུད་པ་ནི། རྗེ་བཙུན་འཇམ་དབྱངས་ཀྱི་དྲུང་དུ་རྗེ་ཐམས་ཅད་མཁྱེན་པ་ཙོང་ཁ་པ་ཆེན་པོས་ལེགས་པར་གསན་པ་ཡིན་ནོ། །དེས་ན། རྗེ་རྒྱལ་བ་གཉིས་པའི་རྣམ་པར་ཐར་པ་ཐུན་མོང་བ་དང་། གསང་བའི་རྣམ་པར་ཐར་པ་རགས་པ་ཙམ་ནི་

མཁས་གྲུབ་ཐམས་ཅད་མཁྱེན་པས་མཛད་པ་ཡོངས་སུ་གྲགས་པ་ལས་ལྷག་པ་སྤྱོར་མེད་མོད། འོན་ཀྱང་རྣམ་ཐར་དད་པའི་འཇུག་ངོགས་སུ། བདག་ཉིད་ཆེན་པོ་མཚན་བརྗོད་པར་དཀའ་བ་འདི་ནི་བསྐལ་པ་དཔག་ཏུ་མེད་པའི་སྔ་རོལ་ནས། ས་བཅུ་ཡོངས་སུ་རྫོགས་པར་མཛད་དེ། མ་དག་པའི་འཛིག་རྟེན་གྱི་ཁམས་རྣམས་སུ་ཡང་། ལ་ལ་ལ་ནི་འཁོར་ལོས་བསྒྱུར་བ་དང་། ལ་ལ་ལ་ནི་ཁམས་ཀྱི་རྒྱལ་པོ་དང་། འགའ་ཞིག་ཏུ་ནི་བརྒྱ་བྱིན་དང་། ཚངས་པའི་གཟུགས་དང་། དེ་བཞིན་དུ་བྱང་ཆུབ་སེམས་དཔའ་ཁྱིམ་པ་དང་། རབ་ཏུ་བྱུང་བའི་ཚུལ་ལ་སོགས་པ་གདུལ་བྱ་དང་འཚམས་པའི་སྐུའི་རྣམ་པར་འཕྲུལ་པ་དཔག་ཏུ་མེད་པ། ཇི་ལྟར་ནམ་མཁའི་ལམ་ལས་ཟླ་བའི་དཀྱིལ་འཁོར་གཅིག་ཉིད་ཀྱིས། སའི་སྟེང་དུ་ཆུ་སྣོད་ཐ་དད་པ་ཞིག་གི་ནང་དུ་ཅིག་ཅར་རང་གི་གཟུགས་བརྙན་སྟོན་པ་དེ་བཞིན་དུ་འབད་རྩོལ་མེད་པར་ཉེ་བར་བསྟན་པ་ལས། བདག་ཅག་རྣམས་ལ་ནི། ཨུ་བུ་ཅག་རང་དང་འགྲོ་བ་རིས་མཐུན་པར་སྐྱེ་བ་བཞེས་པའི་དགེ་བའི་བཤེས་གཉེན་ཉིད་ཀྱི་རྣམ་པར་བསྟན་པས་དོན་མཛད་དོ་ཞེས་བྱ་བར་ཁོང་དུ་ཆུད་པར་བྱ་བ་ཡིན་པ་གོར་མ་ཆག་སྟེ། འདི་ལ་བདག་ཉིད་ཡིད་ཆེས་པར་བྱ་བའི་ལོ་རྒྱུས་ཀྱི་གཏན་ཚིགས་གཏམ་དུ་གླེང་བའང་ཐོས་སོ། །དེ་ལྟ་མོད་ཀྱིས་ཚུལ་དེ་ནི་སྐྱེ་བ་ཕལ་མོ་ཆེ་དག་གིས་འཕམ་པར་བྱ་དཀའ་བའི་གནས་ཡིན་པའི་ཕྱིར་དང་། བདག་ཅག་དད་པ་དང་བསམ་པའི་སྟོབས་དམན་པ་དག་གི་རང་བཞིན་དང་སྐལ་བ་ཇི་ལྟ་བུ་ཡིན་པ་ཉེ་བར་གཟིགས་པའི་དབང་གིས། །བདག་ཉིད་ཀྱང་དོན་འདི་ཞལ་གྱིས་འཆེས་པར་མི་མཛད་པའི་ཕྱིར། གནས་འདི་ནི་གསང་བར་བགྱི་བར་མི་ནུས་སོ། །ཞེས་གསུངས་པ་ལྟར། བདག་ཅག་ལྟ་བུས་རང་སྟོབས་ཀྱིས་དེ་ནི་འདི་དག་སྨྲ་བར་ག་ལ་ནུས། འོན་ཀྱང་། རྗེ་བཙུན་བྱམས་མགོན་གྱིས། ཇི་ལྟར་སྤྲིན་གློག་ཉོར་བུ་ཉི་ཟླ་ལ། །བརྟེན་ནས་མིག་དང་ལྡན་པ་བལྟ་བ་བཞིན། །དེ་བཞིན་དོན་ཆེན་ཆོས་སྤྱོབས་འོད་མཛད་པ། ཐུབ་ལ་བརྟེན་ནས་འདི་ནི་རབ་ཏུ་བཤད། །ཅེས་གསུངས་པ་ལྟར། རྒྱལ་བ་ཐམས་ཅད་ཀྱི་ཡབ་རྗེ་བཙུན་འཇམ་པའི་དབྱངས་དང་། མཐུ་སྟོབས་ཀྱི་དབང་ཕྱུག་དཔལ་ལྡན་གསང་བའི་བདག་པོའི་བཀའ་འགྱུར་བ་མེད་པ་ཡང་དག་པས་བསྟན་པ་བཞིན་ཙུང་ཟད་བརྗོད་ན། དེ་ཡང་། བླ་མ་རྫོགས་ལྡན་འཇམ་དཔལ་རྒྱ་མཚོ་ལ། རྗེ་བཙུན་འཇམ་པའི་དབྱངས་ཀྱི་སྐུ་དང་གསུང་གི་སྣང་བ་

རྒྱུན་ཆགས་སུ་འབྱུང་བ་ཡོད་པ་ལྟར། རྗེ་བླ་མའི་མཛད་པ་རྣམ་ཐར། སྐུ་ཚེ་སྔོན་མའི་རབས་འཆང་རྒྱ་བའི་མཛད་པ་ཇི་ལྟར་སྔོན་སོགས་ཡང་ཡང་གསོལ་བ་བཏབ་ནས་ཞུས་པ་ན། བཀའ་ལས། སྔོན་བསྐལ་པ་གྲངས་མེད་དཔག་ཏུ་མེད་པའི་སྔ་རོལ་དུ། དེ་བཞིན་གཤེགས་པ་དབང་པོའི་ཏོག་བྱ་བ་འཇིག་རྟེན་དུ་བྱུང་སྟེ། འཁོར་ཚོགས་རྒྱ་མཚོའི་དབུས་སུ་ཐེག་པ་མཆོག་ཏུ་གྱུར་པ་རྡོ་རྗེའི་ཐེག་པའི་ཆོས་ཀྱི་འཁོར་ལོ་བསྐོར་བར་མཛད་དོ། །དེའི་ཚེ། རྗེ་བདག་ཉིད་ཆེན་པོ་འདི་ཉིད་རྗེ་བཙུན་འཇམ་དབྱངས་ཀྱི་སྲས་ཀྱི་ཐུ་བོ། གཟུངས་དང་། སྤོབས་པ་དང་། མངོན་པར་ཤེས་པ་དང་། ཏིང་ངེ་འཛིན་དང་། བདེན་གཉིས་མངོན་སུམ་དུ་གཟིགས་པ་དག་པའི་ཡེ་ཤེས་ལ་སོགས་པ་ཡོན་ཏན་བསམ་གྱིས་མི་ཁྱབ་པ་དང་ལྡན་པར་གྱུར་ཏོ། །དེ་ནས། རྗེ་བཙུན་འཇམ་དབྱངས་འཁོར་དང་བཅས་པ་དེ་བཞིན་གཤེགས་པ་དབང་པོའི་ཏོག་རྡོ་རྗེའི་ཐེག་པའི་ཆོས་འཁོར་བསྐོར་བའི་མདུན་སར་གཤེགས་ཤིང་བཞུགས་པ་ན། བཅོམ་ལྡན་འདས་རྒྱལ་བ་དབང་པོའི་ཏོག་གིས་ཚངས་པའི་དབྱངས་ཀྱིས། བྱང་ཆུབ་སེམས་དཔའ་གང་དག་མ་དག་པའི་ཞིང་ཁམས་གྲངས་མེད་པ་རྣམས་སུ། ཟབ་མོ་དབུ་མའི་ལམ་དང་འབྲེལ་བའི་རྡོ་རྗེའི་ཐེག་པའི་ལམ་བཟང་ལུས་དང་སྲོག་ལ་མ་ལྟ་བར་རྒྱས་པར་བྱེད་པ་དེ་ནི། རྒྱལ་སྲས་རྣམས་ཀྱི་རླབས་ཆེན་སྤྱོད་པ་རྒྱ་མཚོའི་རབ་དང་། ཕུལ་དང་། མཆོག་ཏུ་གྱུར་པའི་ཞེས་སེང་གེའི་སྒྲ་བསྒྲགས་པ་ན། བདག་ཉིད་ཆེན་པོ་འདི་སྙིང་སྟོབས་ཆེས་ཆེར་རྒྱས་པས། འཁོར་ཚོགས་རྒྱ་མཚོའི་དབུས་སུ་བཞེངས་ཏེ། ཞུམ་པ་མེད་པའི་སྒྲ་དབྱངས་ཀྱིས། དེ་ནས་བཙམས་ཏེ། ལུས་དང་སྲོག་ལ་མི་ལྟ་བར་མ་དག་པའི་ཞིང་གྲངས་མེད་པར་ཟབ་མོ་དབུ་མའི་ལམ་དང་འབྲེལ་བའི་རྡོ་རྗེའི་ཐེག་པའི་ལམ་བཟང་རྒྱས་པར་བྱའོ་ཞེས། དེ་བཞིན་གཤེགས་པ་དབང་པོའི་ཏོག་སོགས་ཕྱོགས་བཅུའི་རྒྱལ་བ་སྲས་བཅས་དཔང་དུ་བཞག་སྟེ་དམ་བཅས་ཤིང་བདེན་པའི་ཚིག་གི་སྒྲ་དབྱངས་བསྒྲགས་སོ། །དེའི་ཚེ། དེ་བཞིན་གཤེགས་པ་དབང་པོའི་ཏོག་སོགས་ཕྱོགས་བཅུའི་སངས་རྒྱས་ཐམས་ཅད་ཀྱིས། ལེགས་སོ། །ཁྱོད་ནི་བྱང་ཆུབ་སེམས་དཔའ་སྙིང་སྟོབས་ཆེན་པོའོ་ཞེས་དབུགས་དབྱུང་ཞིང་། དེ་ནས་བཟུང་སྟེ་སངས་རྒྱས་ཀྱི་ཞིང་ཐམས་ཅད་དུ་འང་བདག་ཉིད་ཆེན་པོ་དེའི་མཚན། བྱང་ཆུབ་སེམས་དཔའ་སྙིང་སྟོབས་ཆེན་པོར་གྲགས་སོ། །དེ་ནས་རྒྱལ་བ་

དབང་པོའི་རྟོག་སྒྲུ་ལས་འོད་ཟེར་གྱི་ཚོགས་བྱེ་བ་དཔག་ཏུ་མེད་པ་འགྱེད་ཅིང་། ཞལ་འཛུམ་པ་དང་ལྡན་པས། ཁྱོད་ཀྱིས་ཇི་ལྟར་དམ་བཅས་པ་བཞིན་དུ། དེང་ནས་བཟུང་སྟེ། མ་དག་པའི་ཞིང་ཁྲུངས་མེད་པ་རྣམས་སུ་མདོ་སྔགས་ཀྱི་དམ་ཆོས་རྒྱས་པར་བྱས་ཏེ། མཐར་གྱིས་ངོ་མཚར་རྨད་བྱུང་བཀོད་པའི་ཞིང་དུ། དེ་བཞིན་གཤེགས་པ་སེང་གེའི་ང་རོ་ཞེས་བྱ་བའི་རྫོགས་པའི་སངས་རྒྱས་སུ་འགྱུར་རོ་ཞེས་ལུང་བསྟན་པར་མཛད་དོ། །ཞེས་རྗེ་བཙུན་འཇམ་པའི་དབྱངས་ཀྱིས། བླ་མ་རྟོགས་ལྡན་འཇམ་དཔལ་རྒྱ་མཚོ་ལ་རྒྱས་པར་གསུངས་ཏེ། གསང་བའི་བདག་པོ་ཕྱག་ན་རྡོ་རྗེས། འཚང་ནམ་རྒྱ་ངས་མི་སྟོན། འཇམ་དབྱངས་ཀྱིས་སྟོན་པར་འགྱུར་རོ། །ཞེས་གསུངས་པ་ཡང་འདི་ལ་དགོངས་པ་ཡིན་ནོ། །གཏན་ཚིགས་འདི་དག་ལས་ནི། རྗེ་བླ་མ་འདི་ཉིད་བསྐལ་པ་མང་པོའི་སྔོན་ནས། བླ་ན་མེད་པའི་བྱང་ཆུབ་མངོན་དུ་མཛད་པར་ངེས་ཏེ། བདེ་གཤེགས་དབང་པོའི་ཏོག་ཁྱོན་པའི་དུས། བླ་མེད་ཀྱི་སྔགས་ལམ་ལ་གནས་པར་གྲུབ་པ་གང་ཞིག །སོ་སྐྱེ་རང་བཞིན་པ་ཡང་དབང་བཞི་ཐོབ་ལ་དམ་ཚིག་དང་སྡོམ་པ་མ་ཉམས་ན། བསྒོམ་པ་སོགས་མ་བྱས་ཀྱང་། སྙིགས་དུས་ཀྱི་སྐྱེ་བ་བཅུ་དྲུག་ཙམ་ལ་ངེས་པར་རྡོ་རྗེ་འཆང་འཐོབ་པར་རྒྱུད་སྡེ་རྣམས་སུ་གསུངས་པས་འགྱུར་མེད་ལུང་རིགས་ཀྱིས་གྲུབ་པའི་ཕྱིར། དེ་བཞིན་དུ། གསང་བའི་བདག་པོ་ཕྱག་ན་རྡོ་རྗེས་ཀྱང་རྗེ་བླ་མའི་ཐུན་མོང་དང་ཐུན་མོང་མ་ཡིན་པའི་རྣམ་ཐར་རྒྱས་པར་གསུངས་ཤིང་། །དེ་དག་གི་སྙིང་པོ། དེ་བཞིན་གཤེགས་པ་དབང་པོའི་ཏོག་གི་ལུང་བསྟན་དང་མཐུན་པ་མདོར་བསྡུས་ནི། གསང་འདོན་ལས་ཀྱི་རྡོ་རྗེ་ལ། །སྔོན་ནས་ལས་ཀྱིས་འབྲེལ་བ་ཡི། །བློ་བཟང་གྲགས་པ་འདི་ཉིད་ནི། །སངས་རྒྱས་ཀུན་གྱི་སྤྲུལ་པ་སྟེ། །པཎ་ཆེན་ཀྲུང་གི་ལུས་བཟུང་ནས། །མདོ་དང་སྔགས་ཀྱི་དོན་བཤད་ཅིང་། །ངེས་པ་ཁོ་ནར་འཚང་རྒྱའོ། །རྒྱ་གར་རྒྱ་ནག་བལ་པོ་དང་། །དབུས་གཙང་མདོ་ཁམས་ཡུལ་ཕྱོགས་སུ། ། སྐྱེ་བ་བཟུང་གིན་འགྲོ་ཀུན་རྣམས། །ཐར་པའི་ལམ་ལ་འདྲེན་པར་བྱེད། །འཇམ་པའི་དབྱངས་ནི་ལྷག་པའི་ལྷ། །དབྱངས་ཅན་མ་ནི་ལས་རྒྱ་སྟེ། །ངེས་པ་ཁོ་ནར་བྱང་ཆུབ་པའི། །འཕགས་པའི་སློབ་མ་འདུ་བར་བྱེད། །ལུས་འདི་བོར་ནས་དགའ་ལྡན་དུ། །བྱམས་པའི་དྲུང་འགྲོ་ཆོས་ཉན་འགྱུར། །འཇམ་དཔལ་སྙིང་པོ་ཞེས་བྱ་བ། །སེམས་ཅན་ཀུན་ལ་བརྩེ་བར་བལྟ། །དེ་ནི་ས་བཅུའི་མཐར་ཕྱིན་ཏོ།

།ཞེས་གསུངས་ཤིང་། ཁྱད་པར་དུ། ང་ལག་ན་རྡོ་རྗེས་ཀྱང་མ་ཧེ་ཤྭ་ར་ཀཱིརྟི་ཤྲཱི་ཡོན་ཏན་གྱི་མཐའ་རྟོགས་པར་མི་ནུས་གསུངས། དེས་ན། འཕགས་པ་ཕྱག་ན་རྡོ་རྗེ་ནི། དོན་དངོས་པོའི་གནས་ཚོད་ལ། སྐལ་པ་གྲངས་མེད་པའི་སྔ་རོལ་ནས་སངས་རྒྱས་པར་བཤད་ལ། དེས་ཀྱང་རྗེ་ཐམས་ཅད་མཁྱེན་པའི་ཡོན་ཏན་གྱི་མཐའ་མི་རྟོགས་པར་གསུངས་པ་ལ། རྣམ་དཔྱོད་དང་ལྡན་པས་ཚུལ་བཞིན་བསམ་པར་བྱའོ། འགོས་ལོ་ཐམས་ཅད་མཁྱེན་པས་ཀྱང་། རྗེ་བཙུན་དེའི་བཀའ་དྲིན་ལས། ཞལ་མ་མཐོང་ཞིང་། ས་ཕྱོགས་རིང་ན་གནས་པའི་རབ་ཏུ་བྱུང་བ་དག་ཀྱང་། དྲས་དྲབ་མ་དང་གདིང་ལྷུང་ལ་སོགས་པའི་ཡོ་བྱད་བསྒྲེལ་བ་དང་། ཕྱི་རོལ་ཡང་སྤུད་མ་སྤྲང་ས་ཏེ། ཟླ་གམ་གྱོན་པ་དང་། ཞྭ་ཁ་དོག་ཀྱང་གསེར་མདོག་ལྟ་བུ་བྱེད་པ་འདི་ཡིན་ནོ། །འདི་དག་ནི་ཐུན་མོང་དུ་སྣང་བའི་ཚེ་བ་ཙམ་ཞིག་བརྗོད་པ་སྟེ། གསང་བའི་བདག་པོ་ཕྱག་ན་རྡོ་རྗེས། མཁན་ཆེན་ལས་ཀྱི་རྡོ་རྗེ་ལ་བཀའ་སྩལ་བའི་ཡི་གེ་ལས། ང་ལག་ན་རྡོ་རྗེས་ཀྱང་མ་ཧེ་ཤྭ་ར་ཀཱིརྟི་ཤྲཱིའི་ཡོན་ཏན་གྱི་མཐའ་རྟོགས་པར་མི་ནུས་སོ་གསུངས། ཚད་མ་ལས་ནི། འདིའི་ཕྱི་མ་ལ་དགའ་ལྡན་དུ། བྱང་ཆུབ་སེམས་དཔའ་འཇམ་དཔལ་སྙིང་པོར་འགྱུར་རོ། ཞེས་བྱ་བ་དང་། མ་འོངས་པ་ན། དེ་བཞིན་གཤེགས་པ་སེང་གེའི་ང་རོར་འགྱུར་རོ་ཞེས་བྱ་བ་དག་ལ། ཡིད་འཕྲོག་པ་མེད་པས་བསམས་ན། ཤིན་ཏུ་མཛེ་བའི་ས་ལ་བཞུགས་པ་ཞིག །འདིར་སེམས་ཅན་གྱི་དོན་དུ་བྱོན་ནོ་ཞེས་བྱ་བར་ངེས་སོ། །ཞེས་གསུངས་པ་ནི། བསྔགས་བཅད་བརྟར་བའི་གསེར་དང་མཚུངས་པ་རྣམ་པར་དཔྱོད་པས་ལེགས་པར་བརྟག་པའི་གསུང་ངོ་།

དེ་ཡང་། རྗེ་བཙུན་འཇམ་པའི་དབྱངས་ཀྱིས་གསུངས་པའི་ལུང་བསྟན་གསང་བའི་མེ་ལོང་ལས་ནི། བྱ་རྒོད་ཕུང་པོའི་རི་ར། སྟོན་པ་སངས་རྒྱས་ལ་ཀླུའི་རྒྱལ་པོ་མ་དྲོས་པས་དུང་ཕུལ་བ་རེ་ཞིག་ཆོས་དུང་མཛད། དེ་རྗེས་སྟོན་པ་འཁོར་བཅས་ཁ་ཆེར་ཐེབས་དུས། ད་ལྟའི་སློབ་མ་དགེ་སློང་བཟླའི་ངང་ལྡན་འདི། བོད་གདོང་དམར་གྱི་ཡུལ་དུ། བློ་བཟང་གྲགས་ཞེས་བྱ་བའི་དགེ་སློང་དུ་གྱུར་ནས། ཤེས་རབ་ཀྱི་ཕ་རོལ་ཏུ་ཕྱིན་པ་དང་། མདོ་སྔགས་ཟུང་དུ་འབྲེལ་བའི་བསྟན་པ་རྒྱས་པར་བྱེད་པ་འོང་གསུངས་ཏེ། ཀུན་དགའ་བོ་ལ་བཀའ་སྩལ་ནས། ཀུན་དགའ་བོས་སྔར་གྱི་དུང་བསྣམས་ནས་རྫུ་འཕྲུལ་གྱིས་བྱོན། འབྲོག་རི་བོ་ཆེར་གཏེར་དུ་སྦས། གཏེར་བདག་ཚོགས་བདག་ལ་བཅོལ་བ་

སྤྲེའུའི་གཟུགས་སུ་ཡོད། དེའི་དུས། ལྷ་ས་ནས་རྒྱང་གྲགས་འདི་ཙམ་ན་དགེ་ལྡན་འབྱུང་ཚུལ་གསལ་བར་གསུངས། དེ་རྗེས་པདྨའི་དང་ལྡན་གྱི་སློབ་མ་དགེ་སློང་བདེ་བའི་འབྱུང་གནས་འདི་ཡང་། བོད་དུ་དགེ་བ་ལ་འདུན་པ་རྒྱ་མཚོའི་མཐའ་ཅན་གྱི་དགེ་སློང་དུ་གྱུར་ཏེ། བློ་བཟང་གྲགས་པའི་བསྟན་པ་སྤེལ། ཞེས་སོགས་ལུང་བསྟན་མང་དུ་གསུངས། གཞན་ཡང་། རྗེ་བཙུན་གྱི་གསུང་ནས། ཉིད་རང་གི་བསྟན་པ་ལ་དབུས་གཙང་གི་མཚམས་སུ་བདུད་ཀྱི་རྒྱལ་པོ་སྟོབས་ཤིན་ཏུ་ཆེ་བས་གནོད་པར་བྱེད། །བདུད་དགེ་སློང་གི་ཆ་བྱད་བཟུང་ནས། ཤེར་ཕྱིན་གྱི་དོན་ཉམས་སུ་ལེན་པའི་དགེ་སློང་རྣམས་དང་རྒྱལ་བློན་གྱི་བར་དུ། འདི་ཆོས་མིན་ལོག་པའོ་ཞེས་དབྱེན་བཙུགས་ནས་དོན་བཞིན་ཉམས་སུ་ལེན་པའི་དགེ་སློང་རྣམས་ལ་སྡང་བར་འགྱུར། འོན་ཀྱང་། སྤྲུལ་པས་བྱིན་གྱིས་བརླབས་པས་ཞི་བར་འགྱུར་གསུངས། གཞན་ཡང་ཤུ་ཆུང་བ་དགེ་བ་ལ་འདུན་པ་བཟང་པོའི་མཐའ་ཅན་དུ་གྱུར་ནས། རང་རེའི་བསྟན་པ་ཕན་ཐོག་ཆེན་པོ་འབྱུང་། ཞེས་སོགས་དང་། ཕྱིས་གཡའ་མ་སྟག་གཟིག་གི་བྱ་འདབ་ཏུ་དགེ་འདུན་གྱི་སྡེ་རྣམ་དག་འོང་བ་དང་། གཙང་དུ་གྲགས་པ་མཐའ་ཡས་ཅེས་བྱ་བ་འབྱུང་སྟེ། དབུས་གཙང་གཉིས་ཀར་བསྟན་པ་སྤེལ། ཞེས་སོགས་རྗེ་བཙུན་འཇམ་དབྱངས་དང་རྗེ་བླ་མ་གཉིས་ཞལ་འཛོམ་ནས། བླ་མ་རྟོགས་ལྡན་འཇམ་དཔལ་རྒྱ་མཚོ་ལ། མངའ་རིས། དབུས་གཙང་མདོ་ཁམས་སོགས་སུ་བསྟན་པ་དང་། དེ་འཛིན་པའི་དམ་པ་རྣམས་དང་། དགེ་འདུན་གྱི་སྡེ་དང་། དེ་དག་གི་འཕེལ་འགྲིབ་ཇི་ལྟར་འབྱུང་ཚུལ་གསུངས་པ་ལུང་བསྟན་གསང་བའི་མེ་ལོང་དུ་བཀོད་པའི་སྤྲུལ་པའི་གླེགས་བམ་གྱི་དོན་རགས་པ་འགའ་ཞིག་མཁས་གྲུབ་ཐམས་ཅད་མཁྱེན་པ་ལ་ཡང་མངའ་ཞིང་། ཡོངས་སུ་རྫོགས་པ་སྤྲུལ་པའི་གླེགས་བམ་དང་བཅས་པ་བླ་མ་རྟོགས་ལྡན་འཇམ་དཔལ་རྒྱ་མཚོ་ལ་མངའ། དམ་པ་འདི་ནི། རྗེ་ཐམས་ཅད་མཁྱེན་པ་དང་འཁྲུངས་ཡུལ་གཅིག་ཅིང་། དམ་ཆོས་འཛིན་པའི་སྔོན་ལམ་གྲུབ་པ། བྱིས་པ་ཆུང་དུ་ནས་ཟླ་བ་སྒྲོན་མེའི་མདོ་ཐུགས་ལ་བཟུང་ནས། རྒྱུན་དུ་ཞལ་འདོན་མཛད། དགུང་ལོ་བཅོ་བརྒྱད་ལོན་ཆེ། དབུས་གཙང་དུ་བྱོན་ནས། སེ་མོ་དོ་འམ། རྒྱ་གར་ཕྱོགས་ཀྱི་དབེན་པ་ཞིག་ཏུ་བསྒྲུབ་པ་འབའ་ཞིག་བྱེད་དགོངས་པ་ལ། རྗེ་ཐམས་ཅད་མཁྱེན་པས་བདེ་བ་ཅན་དུ་རྒྱུད་བླ་གསུངས་པ་གསན་པས་པད་མཚོ་མཐོང་བའི་

ངང་པ་ལྟར། དགྱེས་ཤིང་བྱོན་ནས། ལེགས་པར་གསན་པས། རྗེ་ལྷ་བ་བཞིན་དེས་ཤིང་ཁོང་དུ་ཆུད་པ་བྱུང་གསུངས། བདག་ཉིད་འདོད་ཚུལ་ཞུས་པས། རེ་ཞིག་མདོ་སྔགས་ཀྱི་སློབ་གཉེར་གྱིས་གསུངས་པ་ལྟར། སྡེ་སྣོད་དང་རྒྱུད་སྡེ་རྣམས་ལ་མཐར་ཕྱིན་པར་མཛད། ཕྱིས་རྗེ་བཙུན་འཇམ་པའི་དབྱངས་ཀྱིས་རྗེ་ཐམས་ཅད་མཁྱེན་པ་ལ། དསུ་རྐྱེད་གདུལ་དཀའི་སེམས་ཅན་འདི་རྣམས་ལ། བཤད་པས་ཕན་ཐོགས་ཆེན་པོར་ག་ལ་འགྱུར། །དེ་བས་བསྒྲུབ་པ་ལྷུར་བླངས་དབེན་པ་སྟེན། །རང་གཞན་གཉིས་ཀ་འཚིངས་བའི་ལམ་རྟེན་ལྟམ། །ཞེས་སོགས་བསྒྲུབ་པ་ལ་བསྐུལ་བ་གསན་པས། རྗེ་རིན་པོ་ཆེ་གཙང་ནས་ཕེབས་པ་དང་། རྗེ་ཐམས་ཅད་མཁྱེན་པ་དབེན་པ་བསྟེན་ཆེ་དེ་ལས་ལྷག་པ་མེད། དེའི་ཞབས་འབྲིང་བྱེད་དགོངས་ཏེ་ཞུས་པས་རྗེ་རིན་པོ་ཆེས་ཀྱང་། རྗེ་བཙུན་འཇམ་དབྱངས་ཀྱིས། འཁོར་དག་པ་རྣམ་བརྒྱད་འཁྲིད་པའི་གནང་བ་བྱུང་བ་ལྟར། དཔོན་སློབ་དགུས་རྒྱ་གཞུང་བརྒྱུད་དེ་འོལ་ཁར་ཕེབས། དེའི་རྗོང་དཔོན་གྱིས་དད་པས་ཆ་རྐྱེན་ཅི་བཞེད་འབུལ་བར་བྱས་ཀྱང་། གང་ཡང་མ་བཞེས། རྗེ་རིན་པོ་ཆེ་དང་བླ་མ་འཇམ་དཀར་བ་གཉིས་ལ་ནན་གྱིས་ཞུས་ཏེ། དཀའ་ཐུབ་མཛད་མ་བཙུག །གཞན་ཐམས་ཅད་ཀྱིས་བཅུད་ལེན་མཛད་ཅིང་། ཁྱད་པར། བླ་མ་རྟོགས་ལྡན་པས་ནི་ལོ་གསུམ་ཙམ་དུ་ཤུག་འབྲུ་དང་མེ་ཏོག་གི་བཅུད་ལེན་ཁོ་ན་མཛད་པས། མཚན་ཡང་བླ་མ་ཤུག་འབྲུ་པར་གྲགས། དེའི་དུས། བླ་མ་འདིས། རྗེ་རིན་པོ་ཆེ་ལ་འཇམ་དབྱངས་དཔའ་གཅིག་གི་རྗེས་གནང་ལུང་སོགས་གསན་ནས། བསྒྲུབ་པ་ཅུང་ཟད་མཛད་པས། རིང་པོ་མ་ལོན་པ་ཞལ་གཟིགས། གསུང་གི་གནང་བའང་ཡང་ཡང་བྱུང་། དེའི་ཚུལ་རྗེ་ཐམས་ཅད་མཁྱེན་པ་ལ་ཞུས་ཤིང་། རྗེ་རིན་པོ་ཆེས་ཀྱང་བརྟགས་དཔྱད་སྒྲི་དང་། ཁྱད་པར། ཆོས་ཟབ་མོ་ལ་དྲི་བ་ཡང་ཡང་མཛད་པ་རྣམས་འཁྲུགས་མེད་དུ་བྱུང་བས་ཐུགས་ཡིད་ཆེས། ཕྱིས་ནི་རྗེ་ཐམས་ཅད་མཁྱེན་པ་རང་ཉིད་ལ། ལྷག་པའི་ལྷ་ཡི་དམ་མང་པོ་དང་། རྒྱན་དྲུག་མཆོག་གཉིས། གྲུབ་ཆེན་ས་ར་ཧ། ཨིནྡྲ་བྷཱུ་ཏི། ལཱུ་ཨི་པ་སོགས་གྲུབ་ཆེན་མང་པོའི་ཞལ་གཟིགས་བྱུང་བ་རྣམས་བཏང་སྙོམས་སུ་བཞག་པ་ལ། རྗེ་བཙུན་གྱིས། བླ་མ་འདི་ལ། རྗེ་བླ་མའི་ཞལ་གཟིགས་དེ་རྣམས་རང་བཞིན་པ་མ་ཡིན། ལྷག་པའི་ལྷས་བྱིན་གྱིས་བརློབ་པ་དང་། པཎ་གྲུབ་དེ་རྣམས་ཀྱི་གཞུང་ལ་བརྟེན་ནས། རང་གཞན་ལ་ཕན་ཐོགས་རྒྱ་ཆེར་

འབྱུང་བའི་རྟེན་འབྲེལ་ཡིན་པས། གསོལ་བ་ཐོབ་ཅེས་བསྐུལ་བར་མཛད། ཕྱིས་ནི་རྗེ་ལ་རང་བཞིན་དང་སྐུ་ཙུང་ཟད་མ་བདེ་བའི་སྐབས་སུ་ཡང་ངོ་མཚར་བའི་ལྟས་དང་། གཟིགས་སྣང་སྣ་ཚོགས་བྱུང་བ་རྣམས་ལ། ངེད་ཁམས་སྙོམས་མ་སྙོམས་ཀྱིས་ངེས་པ་མེད། རྟོགས་ལྡན་པ་ལ་དྲི་དགོས་གསུངས་ནས། བླ་མ་འདི་ལ་ཐུགས་ངེས་གཏིང་ནས་འཁྲུངས་པའི་དཔང་པོ་ཚད་མར་མཛད་པ་ཡིན་ནོ། །དེ་ཡང་། རྗེ་བཙུན་འཇམ་དབྱངས་གྱིས་གསང་བའི་མི་གྲངས་གསུང་པའི་དུས་སུ། རྗེ་བླ་མ་དང་རྟོགས་ལྡན་པ་མ་གཏོགས་པའི་སློབ་མ་གཞན་མེད་ཅེང་། སྐལ་ལྡན་གྱི་ལྷ་ལྔ་དྲུག་ཅེས་ཡོད་ཅེས། དེའི་ཞིང་བཀོད་ཀྱང་མཁས་གྲུབ་སངས་རྒྱས་ཡེ་ཤེས་ཀྱིས་ཞལ་བཀོད་མཛད་ནས། དབེན་དགོན་དུ་ལེགས་བྲིས་སུ་འགོད་པར་མཛད་ཡོད་དོ། །དེའི་དུས། རྗེ་རིན་པོ་ཆེའི་སྐུ་དངོས་ཀྱི་སློབ་མར་གྱུར་པའི་དམ་པ་མང་པོའི་སྐུ་སྐྱེ་སྔ་ཕྱིའི་རིམ་པ། བསྟན་པ་རྒྱས་པར་བྱེད་ཚུལ་སོགས་མཐའ་དག་རྒྱས་པར་གསུངས་ཤིང་། གསུངས་པ་ལྟར་དུ་འབད་རྩོལ་མེད་པར་འཕྲིན་ལས་ཀྱིས་འཛིན་མའི་ཁྱོན་ཐམས་ཅད་ཁྱབ་པ་ཡིན་ཏེ། དཔལ་ཡེ་བཟང་རྩེ་པའི་ཞལ་ནས། དེའི་དུས་སའི་ཁྱོན་ཐམས་ཅད་རྗེ་བཙུན་ཙོང་ཁ་པ་ཆེན་པོའི་གདུགས་དཀར་པོ་གཅིག་གིས་ཁྱབ་པར་བྱས་ཏེ་ཡོད་པ་ཡིན་གསུངས། དེའི་ཚེ་རྗེ་ཐམས་ཅད་མཁྱེན་པའི་སྐུ་གསུང་ཐུགས་ཀྱི་རྣམ་ཐར་འཛིན་ཅེང་། འཕྲིན་ལས་སྤེལ་ཞིང་རྒྱས་པར་བྱེད་པའི་དམ་པ་མང་པོས་ས་སྟེང་མ་ལུས་པ་རྒྱས་པར་གང་མོད་ཀྱང་། གོང་སྨོས་ལྟར་སྙན་བརྒྱུད་ལུང་བསྟན་རགས་པ་མཁས་གྲུབ་ཐམས་ཅད་མཁྱེན་པ་ལ་ཡང་མངའ་ཞིང་། སྙན་བརྒྱུད་ལུང་བསྟན་སྤྲུལ་པའི་གླེགས་བམ་དང་བཅས་ཡོངས་སུ་རྫོགས་པར་མངའ་བ་ནི་བླ་མ་རྟོགས་ལྡན་འཇམ་དཔལ་རྒྱ་མཚོ་ཁོ་ན་ཡིན་ཏེ། རྒྱལ་བ་བློ་བཟང་དོན་གྲུབ་ཀྱིས། ཀུན་མཁྱེན་ལེགས་པ་དོན་གྲུབ་ལ་གནང་བའི་གསུང་ཤོག་ཏུ། དེ་ཡང་རི་བོ་དགེ་ལྡན་དུ་རྟོགས་ལྡན་འཇམ་དཔལ་རྒྱ་མཚོ་དང་། སྐལ་ལྡན་གྱི་ལྷ་དུ་མ་ཞིག་གིས། རྗེ་བཙུན་འཇམ་དབྱངས་དང་རྗེ་ཉིད་ལ་ཞུས་པ་ན། རྗེ་རང་ཉིད་ཀྱི་སྐུ་སྐྱེ་སྔ་ཕྱི། རྗེ་ཉིད་ཀྱི་བསྟན་པ་ཡུན་ཇི་ཙམ་གནས། བསྟན་པ་འཛིན་པའི་སྐྱེས་བུ་ཇི་ཙམ་འབྱུང་དང་། དེ་རྣམས་ཀྱི་སྐུ་ཚེ་སྔ་ཕྱི་དང་། སྐུ་ཚེ་རིང་ཐུང་དང་། བསྟན་པའི་འཕེལ་འགྲིབ་དང་བསྟན་པ་བསྟན་འཛིན་དང་བཅས་པ་ལ་དགྲ་ཇི་ལྟ་བུ་འབྱུང་། དེ་གང་ཟག་ཇི་ལྟ་བུ་ཞིག་གིས་ཐབས་གང་

གིས་འདུལ། བསྟན་པ་བསྟན་འཛིན་དང་བཅས་པ་ལ་དད་ཅིང་མཐུན་རྐྱེན་སྒྲུབ་པར་བྱེད་པའི་སྦྱིན་བདག་ཛི་ལྷ་བུ་འབྲུང་བ་ལ་སོགས་པའི་ལུང་བསྟན་དང་། གཞན་ཡང་རྗེ་བཙུན་འཇམ་དབྱངས་དང་རྗེ་ཉིད་ཀྱིས་གསུངས་པའི་སྙན་བརྒྱུད་ཀྱི་མན་ངག་ཁྱད་པར་ཅན་ཞུས་ནས་ཡོད་པ་ནི། རྟོགས་ལྡན་འཇམ་དཔལ་རྒྱ་མཚོ་ཁོ་ན་གཅིག་ཉིད་ཡིན་ཅིང་། གཞན་སུ་ལ་ཡང་མན་ངག་དང་ལུང་བསྟན་ཡོངས་སུ་རྫོགས་པ་མེད་ལ། མཁས་གྲུབ་ཐམས་ཅད་མཁྱེན་པ་ལ་ཟུར་ཙམ་ཟུར་ཙམ་ལས། སློང་པོའི་ཉམས་ལེན་མན་ངག་ལུང་བསྟན་དང་བཅས་པའི་སྙན་བརྒྱུད་ཀྱི་གདམས་པ་ཡོངས་སུ་རྫོགས་པ་མེད་དོ། །པཎ་ཆེན་ཆོས་ཀྱི་རྒྱལ་མཚན་གྱིས་ཀྱང་། མཁས་གྲུབ་རྗེ་ཉིད་ལ་གདམས་པ་འདིའི་མན་ངག་དང་ལུང་བསྟན་ཟུར་ཙམ་ཟུར་ཙམ་ཡོད་པ་རྣམས་ཞུས་ཤིང་། ཁྱད་པར་རྟོགས་ལྡན་འཇམ་དཔལ་རྒྱ་མཚོ་ཉིད་ལ་སྙན་བརྒྱུད་དང་ལུང་བསྟན་ཡོངས་སུ་རྫོགས་པ་ཞུས་སོ། །བླ་མ་འདི་ནི་འཇམ་དབྱངས་དང་རྗེ་བླ་མའི་གསང་བ་ཀུན་གྱི་མཛོད་འཛིན་ཅིང་། ལུང་དང་མངོན་པར་རྟོགས་པའི་ཡོན་ཏན་བསམ་གྱིས་མི་ཁྱབ་པ། ཚེ་འདིར་སྐུ་གསུམ་མངོན་དུ་མཛད་ནུས་པའི་རྟོགས་པ་ཁྱད་པར་ཅན་མངའ་བ་ཡིན་ཏེ། རི་བོ་དགེ་ལྡན་གྱི་གདན་སར་ཐེབས་པའི་ཚེ། ཚེ་འདིར་རྣལ་འབྱོར་དབང་ཕྱུག་ཤ་བ་རི་པའི་རྣམ་ཐར་སྐྱོང་བསམ་ཡོད་ནའང་། རྗེ་བླ་མའི་གདན་སར་འགྲོ་དགོས་ཞར་ཅེས་གསུངས་པར་གྲགས་ཤིང་། གནས་རྙིང་ཆོས་རྗེ་ཀུན་དགའ་བདེ་ལེགས་པས་ཀྱང་། ཁོ་བོ་གནས་རྙིང་པའི་རིགས་སུ་སྐྱེས་སྙམ་པའི་ང་རྒྱལ་མེད། བ་སོ་ཆོས་རྗེའི་སློབ་མ་ཡིན་སྙམ་པའི་ང་རྒྱལ་ནི་ཡོད་ཅེས་གསུངས་པ་ཡང་དོན་དང་ལྡན་པའི་གཏམ་ཡིན་ནོ། །པཎ་ཆེན་ཆོས་ཀྱི་རྒྱལ་མཚན་གྱིས་ཀྱང་། སྣོད་ལྡན་གྱི་གང་ཟག་གསུམ་མ་གཏོགས། གཞན་སུ་ལ་ཡང་མ་གསུངས་ཤིང་། གསུམ་པོ་དེ་ལ་ཡང་། ཚེ་འདིའི་བྱ་བ་བློས་བཏང་བའི་སྣོད་ལྡན་གྱི་སློབ་མ་རེ་རེ་གཉིས་གཉིས་ཙམ་བྱུང་ན་གདམས་པ་འདི་ཤོད། གཞན་སུ་ལ་ཡང་ཡོད་པའི་གཏམ་ཙམ་ཡང་མ་སྨྲ་ཞེས། ཡི་དམ་མཁའ་འགྲོ་ཆོས་སྐྱོང་དཔང་བཙུགས་ཀྱི་བཀའ་རྒྱ་ཤིན་ཏུ་དམ་པ་མཛད། བདག་གིས་ཀྱང་རྗེ་བཙུན་ཆོས་ཀྱི་རྡོ་རྗེའི། ཟུང་དུ་གདམས་ངག་འདི་ཡོངས་སུ་རྫོགས་པར་ཞུས་པའི་དུས་སུ། རྗེ་བླ་མ་ཉིད་ཀྱི་གསུང་ནས། གདམས་པ་འདི་སུ་ལ་ཡང་མ་སྨྲ་གསུང་བ་སོགས་བཀའ་རྒྱ་ཤིན་ཏུ་དམ་པ་ཡོད། ཅེས་དང་།

ཡང་བདག་གི་བླ་མ་ལ་ཡང་བདག་གྲོགས་མཆོད་གསུམ་ཙམ་གྱིས་འདི་ཉིད་ཞུ་བའི་དུས་སུ་ཡང་། བདག་གསུམ་ག་དང་། ཁྱེད་པར་བདག་ལ་བཙུན་ཆུང་ན་གཞོན་པ་དང་། ཁ་ཡོད་པའི་སྐབས་ཀྱི་འདི་ཉིད་སྨྲས་པ་འོང་པས། སུ་ལ་ཡང་ཡོད་པའི་གཏམ་ཙམ་ཡང་མ་སླ་གསུང་པའི་སྐབས་ཀྱིས་ཅེས་སོགས་གསུངས་པ་ལྟར། པཎ་ཆེན་ཆོས་ཀྱི་རྒྱལ་མཚན་ལ་ཡོངས་སུ་གྲགས་པ་དང་མ་གྲགས་པའི་ སྨྲས་པའི་སློབ་མ་བསམ་གྱིས་མི་ཁྱབ་པ་ཡོད་པའི་ནང་ནས། གྲུབ་པའི་དབང་ཕྱུག་རྡོ་རྗེ་མཆེད་གསུམ་དུ་གྲགས་པ་རྗེ་བཙུན་ཆོས་ཀྱི་རྡོ་རྗེ་སོགས་གསུམ་ལ་གནང་ནས་བཀའ་རྒྱས་བཏབ། རྗེ་བཙུན་ཆོས་ཀྱི་རྡོ་རྗེས་ཀྱང་། རྒྱལ་བ་བློ་བཟང་དོན་གྲུབ་སོགས་སློབ་མ་མཆོག་གསུམ་ལ་གནང་ནས་བཀའ་རྒྱས་བཏབ། སྤྲུལ་པའི་གླེགས་བམ་རྒྱལ་བ་བློ་བཟང་དོན་གྲུབ་ཀྱི་ཕྱག་ཏུ་གཏད་ནས། ཕྱག་རྒྱ་དམ་པོས་བཅིངས། གྲུབ་པའི་དབང་ཕྱུག་ཉིད་ཀྱིས་སུ་ལ་ཡང་བརྗོད་མེད་དུ་སྦས་པའི་ངང་ནས། བསམ་གྲུབ་རྩེའི་ཞོལ་དུ་ཞག་གཅིག་བཞུགས་སྐབས། བེ་ཅོན་ཐོགས་པའི་བུད་མེད་སྔོན་མོ་ཞིག་གིས། སང་བཀྲ་ཤིས་ལྷུན་པོར་དཔལ་འབྲས་རྡོ་རྗེའི་སྐྱེ་བ་དང་ཕྲད་པར་འགྱུར་བས། སྐྱེ་ས་བུ་ཁྲིད་རང་ལ་ཡོད་པའི་ཡོན་ཏན་ཟུར་ཙམ་དེ་ལ་སྨྲས་པས་ཆོག་གོ །ཞེས་ཟེར་བ་རྨིས་པས། སང་ཉིན་ཤར་རྩེར་ཕེབས། ཀུན་མཁྱེན་ལེགས་པ་དོན་གྲུབ་དང་ཞལ་མདོན་དུ་ཕྱུར་ཙམ་ནས་ཐུགས་ཡིད་གཅིག་ཏུ་འདྲེས། ཕན་ཚུན་ཆོས་ཀྱང་གསན་རེ་ས་མཛད། དེ་ལྟ་བུའི་དམ་པ་གཉིས་ཐོག་མར་ཞལ་མཇལ་ནས་ཐུགས་གཙུགས་པའི་ཚེ། ཀུན་མཁྱེན་ལ་འགའ་ཞིག་གིས། འདི་ནི་དབེན་ས་སྒྲོན་པར་གྲགས་པས་འདི་འདྲའི་མཐོང་བྱ་མི་རིགས་ཞུས་པས། ཀུན་མཁྱེན་གྱིས། མི་འཚང་རྒྱ་བར་མངོན་དུ་ཕྱོགས་འདུག་པ་ལ། དེ་འདྲ་མ་ཟེར་གསུངས་ཤིང་། ཡོན་ཏན་བསྔགས་པ་དང་མཐུན་པར། གཉིས་མེད་བདེ་བ་ཆེན་པོའི་ལྷ་ལམ་དུ། སྣང་སྟོང་ལྷ་ཡི་འཁོར་ལོའི་རོལ་པ་འཛིན། ཟུང་འཇུག་གཞལ་མེད་ཁང་དུ་མངོན་ཕྱོགས་པའི། གསུམ་ལྡན་རྡོ་རྗེ་འཛིན་ལ་གསོལ་བ་འདེབས། རྣམ་མང་ལྷ་ཡི་འཁོར་ལོའི་གཞལ་ཡས་སུ། །ལྷན་སྐྱེས་བདེ་སྟོང་གར་གྱི་རོལ་པ་འཛིན། །ཟུང་འཇུག་གཞལ་མེད་ཁང་དུ་མངོན་ཕྱོགས་པའི། །གསུམ་ལྡན་རྣལ་འབྱོར་ཆེ་ལ་གསོལ་བ་འདེབས། ཅེས་སོགས་ཀྱི་བསྟོད་པ་ཡང་མཛད་དོ། །དེ་དུས་དང་ཕྱིས་ཀུན་མཁྱེན་ལེགས་པ་དོན་གྲུབ་ཀྱིས་སྙན་བརྒྱུད་དང་

ལུང་བསྟན་ལ་བརྟེན་པའི་དྲི་བ་སོགས་མང་པོ་མཛད་པའི་ལན་དུ་ཅུང་ཟད་ཅུང་ཟད་གསུངས་ཤིང་ཡི་གེར་ཡང་ཆུང་བསྡུས་བཀོད་ནས་གནང་། རྗེ་གྲུབ་པའི་དབང་ཕྱུག་དེ་ཉིད་ཀྱིས། སྐལ་ལྡན་གྱི་གདུལ་བྱ་མང་པོ་ལ་སྙན་བརྒྱུད་ཀྱི་གདམས་པ་སྩལ་ཅིང་། ཁྱད་པར་རྒྱལ་བ་བློ་བཟང་དོན་གྲུབ་རང་ཉིད་ཀྱི་རྒྱལ་ཚབ། དོན་གྱི་སྙད་དུ་མཚན་ནས་སྨོས་ཏེ། བདག་གི་མཁན་པོ་རིན་པོ་ཆེ་མཁས་གྲུབ་སངས་རྒྱས་ཡེ་ཤེས་ལ་དགེ་ལྡན་བཀའ་བརྒྱུད་ཀྱི་གདམས་པ་རྣམས་རྒྱས་པར་གནང་། བདག་གི་བླ་མ་འདི་ནི། ལུང་དང་མངོན་པར་རྟོགས་པའི་ཡོན་ཏན་བསམ་གྱིས་མི་ཁྱབ་པ་བརྙེས་པ་ཡིན་ཏེ། ཐུན་མོང་བའི་རྣམ་ཐར་ནི་མཁས་གྲུབ་གསུམ་གྱི་རྣམ་པར་ཐར་བར་གསལ་ཞིང་། གསང་བའི་རྣམ་ཐར་ནི། འཕྲུལ་དུ་གཞན་ལ་མ་སྟོན་ཅིག་ཅེས་གསུངས་པས། དེར་འགོད་མ་བདེ། དེ་ནི་དུས་ཀུང་རིང་པོ་སོང་བས། ཅུང་ཟད་བརྗོད་པ་འདི་ལྟར། རྗེ་འདི་ཉིད་དང་པོར་རྗེ་གྲུབ་པའི་དབང་ཕྱུག་གི་དྲུང་དུ་བཞུགས། ཐུན་མོང་བའི་ལམ་རིམ་གྱི་སྙན་བརྒྱུད་གསན། རྩེ་གཅིག་ཏུ་ཉམས་བཞེས་མཛད་པས། བླ་བ་དྲུག་བདུན་ལ་བཤེས་གཉེན་བསྟེན་ཚུལ་ནས་ཞི་ལྷག་ཟུང་འབྲེལ་གྱི་བར་གྱི་ཉམས་རྟོགས་ཁྱད་པར་ཅན་ཐུགས་ལ་འཁྲུངས། །ཁྱད་པར་རྗེ་བློ་བཟང་དོན་གྲུབ་ལ་བསྙེན་རྒྱབ་ཞུས་ནས། དཔལ་རྡོ་རྗེ་འཇིགས་བྱེད་ཀྱི་བསྙེན་བསྒྲུབ་མཛད་པས། དཔལ་རྡོ་རྗེ་འཇིགས་བྱེད་ཀྱི་རྟེན་བརྟེན་པའི་དཀྱིལ་འཁོར་ཡོངས་སུ་རྫོགས་པའི་ཞལ་གཟིགས། ཕྱིས་དབེན་དགོན་རྩེ་ར་དེའི་རིམ་གཉིས་ཀྱི་རྣལ་འབྱོར་ཉམས་སུ་བཞེས་ཆེ། འཇིགས་བྱེད་ཞལ་ཕྱག་ཡོངས་རྫོགས་ལ་ཡུམ་རྡོ་རྗེ་རོ་ལངས་མ་དམར་མོས་འཁྱུད་པ་ཡང་ཡང་གཟིགས། དེ་བཞིན་དུ་དཔལ་འདུས་པ་ཞི་སྡང་རྡོ་རྗེ་ཡུམ་བཅས་གཡས་བསྐྱུམས་གཡོན་བརྐྱངས་བཞེངས་པའི་རྣམ་པས་ཞལ་བྱུས་ན། བྱིན་གྱིས་བརླབས་པའི་ཉམས་ཤར་གསུང་། དེ་བཞིན་དུ། མགོན་པོ་ཕྱག་དྲུག་པ། ཆོས་རྒྱལ་ཕྱི་ནང་གསང་གསུམ། དཔལ་ལྡན་ལྷ་མོ་རྣམ་པ་གསུམ་ལ་སོགས་པས་ཞལ་བསྟན། འཕྲིན་ལས་བསྒྲུབ་པར་ཞལ་གྱིས་བཞེས་སོ། །ཁར་སྐབས་གཅིག་ཏུ་དམ་སེལ་ལ་བརྟེན། དྭང་སྔོང་གི་གནོད་པའི་རྣམ་པ་ཅུང་ཟད་བྱུང་བ་ན། ཕྱག་རྡོར་གཏུམ་པོའི་བསྙེན་བསྒྲུབ་མཛད་པས། བཅོམ་ལྡན་འདས་རྡོ་རྗེ་གཏུམ་པོ་སྐུ་དང་གཟི་བརྗིད་ཤིན་ཏུ་ཆེ་བ་ཞིག་གི་གནས་ལྷ་ལས། ཁྱུང་རིགས་ལྔ་བྱུང་ནས། བདག་ཉིད་ཆེན་པོའི་གནས་ལྟར་

ཞུགས་པས། ནད་དེ་ཙ་བ་ནས་དག་པ་བྱུང་གསུང་། སྤྱོད་ལམ་ཐམས་ཅད་དུ་ཐུན་མོང་དང་ཐུན་མོང་མ་ཡིན་པའི་བདེ་སྟོང་གི་ཏིང་ངེ་འཛིན་ལས་མི་གཡེལ་བའི་ངང་ནས། བླ་མ་ལྷའི་རྣལ་འབྱོར་ཁོར་ཡུག་ཏུ་མཛད་པས་རྩ་བའི་བླ་མའི་སྣང་བ་དང་ནི་རྨི་ལམ་དུ་ཡང་འབྲལ་བ་མེད་ཅེས་བཀའ་ལས་ཐོས་སོ། །དེ་ལྟ་བུའི་བདག་ཅག་གི་འདྲེན་པ་དེ་ཉིད་ལ་སྙན་བརྒྱུད་ཟབ་ལམ་གྱི་གདམས་པ་རྫོགས་པར་མངའ་ཞིང་། སྤྲུལ་པའི་གླེགས་བམ་ཐུག་ཏུ་བཞུགས་སམ་ཞེས་ཞུས་ཚེ། རྗེ་གྲུབ་པའི་དབང་ཕྱུག་ལ་ཞུས་པ་ཡིན་ཡང་། དུས་ལ་བབ་ཅིང་སྐལ་བ་དང་ལྡན་ན་ནི། ངེད་ཀྱིས་སྦས་པ་མེད། ཅི་བདེན་ཡོད་པས་བལྟས་ཆོག། གཞན་དུ་ན། སྤྲུལ་པའི་གླེགས་བམ་ཡིན་པས་མཐོང་དཀའ་གསུངས་ནས་མ་གནང་ཞེས་གསུང་ཡང་། སྔར་གྱི་དམ་པ་མང་པོའི་རྣམ་ཐར་དང་། དུས་ཀྱི་ཁྱད་པར་དང་། མ་འོངས་པ་ན་དུས་འགྱུར་ལྡོག །བསྟན་པ་སྤྱི་སྒེར་འཕེལ་འགྲིབ་དར་རྒྱུས་འབྱུང་ཚུལ་ཞུས་ཚེ། ལུང་བསྟན་གསང་བའི་མེ་ལོང་ན་འདི་ལྟར་ཡོད་ཅེས། ཡོངས་སུ་མ་གྲགས་པའི་ལུང་བསྟན་གྱི་ཚིག་མ་ཉམས་པ་ཐོགས་མེད་དུ་གསུང་པས་ཕལ་ཆེར་ཐུགས་ལའང་བཞུགས་འདྲ་སེམས་སོ། །དེ་ལྟར་དགེ་ལྡན་བཀའ་བརྒྱུད་ཅེས་གྲགས་པའི། །ཟབ་ལམ་རིན་ཆེན་ཕྲེང་བ་སྤེལ་ལེགས་པ། །མཁས་གྲུབ་དམ་པ་རྣམས་ཀྱི་ཕྱག་སོར་གྱི། །པད་འདབ་མཛེས་པའི་རྒྱན་དུ་བཀོད་པའི་ཚུལ། །གཏེར་གྱི་ཁ་བྱང་ལྟ་བུའི་མདོར་བསྡུས་འདི། །འདི་ནང་ཆོས་བརྒྱད་བྱ་བ་རིང་དོར་ནས། །རི་ཁྲོད་འཛིན་པའི་དམ་པ་མང་པོ་ཡིས། །བསྐུལ་ཆེ་ཆོས་ཀྱི་རྒྱལ་མཚན་ཞེས་བྱས་སྦྱར། །ཡི་གེ་པ་ནི་དགེ་ཚུལ་བློ་བཟང་དབང་རྒྱལ་ལོ།། བཀྲ་ཤིས།།

༄༅། །རྫོ་བོ་ཤཱཀྱ་མུ་ནེའི་སྤྱན་སྔར་སྟོང་མཆོད་འབུལ་ཚུལ་བཞུགས་སོ། །

ན་མོ་གུ་རུ་མུ་ནི་ཨི་ནྡྲ་ཡ། བཙོ་མའི་གསེར་མདོག་ལྷམ་མེར་འབར་བས་ཡོན་ཏན་ཚོགས་རྣམས་རྒྱས་པར་མཛད། གཡས་པ་ས་གནོན་ཕྱག་རྒྱ་མཛད་པས་ལྷ་བུའི་བདུད་ལས་རྒྱལ་མཛད་ཅིང་། གཡོན་པ་མཉམ་བཞག་ལྷུང་བཟེད་བདུད་རྩི་ས་ལྷག་མའི་བདུད་རྣམས་རབ་བཅོམ་སྟེ། མཆོག་མཐུན་དངོས་གྲུབ་བདེ་བླག་སྩོལ་མཁས་ཤཱཀྱའི་རྒྱལ་པོས་བདག་སྐྱོངས་ཤིག ཅེས་མཆོད་པར་བརྗོད་དེ། རྫོ་བོ་ཤཱཀྱ་མུ་ནེའི་སྤྱན་སྔར་སྟོང་མཆོད་འབུལ་བའི་ཚོ་ག་མདོར་བསྡུས་སྤྲོ་བར་བྱའོ། དེ་ཡང་གནས་ཁང་ཕྱི་ནང་ལེགས་པར་བྱས་ཤིང་། བ་བྱུང་དང་དྲི་བཟང་པོས་ཆག་ཆག་བཏབ་པར། ཐུབ་པའི་དབང་པོའི་སྐུང་བརྟན་སོགས་རྟེན་རྣམས་ལེགས་པར་བཀྲམས་པའི་སྐུ་མདུན་དུ། སྟེགས་བུ་ཁེབས་ལྡན་གྱི་དབུས་སུ་མཆེའི་ཁར་བུམ་རྫས་ཉེར་ལྔ་དང་དྲི་བཟང་བཏབ་པའི་ཆུས་གསུམ་གཉིས་བཀང་ས་པའི་བུམ་པ་དར་སེར་པོའི་མགུལ་ཆིངས་ཅན་བཞག དེ་ཡང་མཆོད་གཏོར་དང་། གསོལ་འདེབས་སམ་གཟུངས་སྔགས། ཕྱག་བསྐོར་རྣམས་རེ་རེ་ནས་གྲངས་སྟོང་རེ་ཚང་བ་ལ་སྟོང་མཆོད་ཅེས་ཐ་སྙད་མཛད་པ་ཡིན་པས། གཡོ་མེད་ཅིང་གཙང་སྦྲ་དང་ལྡན་པས་ཆུ་གཉིས་ཉེར་སྤྱོད་དང་བཅས་པ་གང་འཚོགས། ལྷ་བཤོས་དང་། མར་མེ། བདུག་སྤོས། དཀར་མངར་གསུམ་དང་རིན་སྣ་སྨན་སྣ་བསྲེས་པའི་གཏོར་རི་ལ་བཅས་སོ་སོ་ནས་སྟོང་ཕྲག་རེ། གཞན་ཆོས་གོས། ལྷུང་བཟེད། འཁར་གསིལ་ལ་སོགས་པ་མཆོད་རྫས་ཀྱི་བྱེ་བྲག་ཅི་འབྱོར་པ་ལེགས་པར་བཤམ། བསྟུན་ལྷ་བཤོས་སྟོང་ཚང་བར་བྱས་ཏེ་གཞན་རྣམས་སྐབས་སྦྱར་བྱས་ཆོག བྱམ་པའི་མདུན་དུ་རྫོ་བོར་འབུལ་རྒྱུའི་ཞལ་ཟས་རྒྱ་མཚོ་མ་དང་། དེའི་མཐའ་སྐོར་འཁྱེར་སྒྲིགས་གང་ཅུང་དུ་མཆོད་རྫས་རྣམས་དང་། ཆོས་སྐྱོང་། རིགས་དྲུག གཞི་བདག་གསུམ་གྱི་གཏོར་མ། བདག་བསྐྱེད་ཀྱི་མཆོད་པ་རྣམས་ལེགས་པར་བཤམ། ལུས་རི་ལ་པོའམ་ཡན་ལག་ལྔ་ལེགས་པར་བཀྲུས་ཏེ་གོས་བཙང་མ་བགོས། ཤ་ཆང་སྐྱོག་བཙོང་སྤངས་ཏེ་དཀར་ཟོར་ལ་གནས་པ་དང་། རྒྱུད་ཉོན་མོང་པས་མ་སྦགས་ཤིང་། ངེས་འབྱུང་བྱང་སེམས་སོགས་དང་ལྡན་པར་བྱས་ལ། གྲུབ་ན་ཐེག་ཆེན་གསོ་སྦྱོང་གི་སྡོམ་པའང་ལེན། མཐྱལ། ཁྲུས་ཆས། རོལ་ཆ་རྣམས་ཀྱང་མདུན་དུ་ཚང་བར་བྱས་ལ་ཚུལ་དང་ལྡན་པར་འཁོད་དེ། སྐྱབས་འགྲོ་སེམས་བསྐྱེད་བདེ་ལམ་ལྟར་རམ། ཚིག་རིས་གཞན་བརྗོད་པ་གང་རུང་ཡང་རྒྱུད་དང་འདྲས་ངེས་པར་བྱ། དེ་ནས། མཆོག་བདེན་རྒྱལ་བ་སྲས་བཅས་བྱིན་རླབས་དང་། ཞེས་པ་ནས། མཆོད་སྤྲིན་རྒྱ་མཚོས་གང་ཞིང་སྤྱོད་གྱུར་ཅིག ཅེས་པའི་བར་

སྨན་སྦྱང་ལྟར་ལ། པདྨ་སེང་ཁྲིར་རྒྱལ་བ་སྲས་བཅས་རྣམས། ཞེས་པ། སེང་ཁྲི་པད་ཟླར་ཐུབ་དབང་འཁོར་བཅས་རྣམས། ཞེས་ཚིག་བསྒྱུར་བྱས་ལ། ས་གཞི། ཁང་བཟང་། གདན་ཁྲི། མཆོད་པ་བཅས་བྱིན་རླབས་བྱ། མཆོད་སྤྲིན་གྱི་གཟུངས་ལན་གསུམ་བརྗོད་ནའང་ལེགས་ཚོགས་ཆེ་སྟེ་སྔོན་འགྲོའི་རིམ་པའོ། དེ་ནས་དངོས་གཞི་ལ་བདག་བསྐྱེད་ནི། སྭ་བྷཱ་ཝས་སྟོང་པར་སྦྱངས། སྟོང་པའི་ངང་ལས། སེང་གེ་ཆེན་པོ་བརྒྱད་ཀྱིས་བཏེག་པའི་རིན་པོ་ཆེའི་ཁྲི་མཐོ་ཞིང་ཡངས་པའི་སྟེང་དུ་སྣ་ཚོགས་པདྨ་དང་ཟླ་བའི་དཀྱིལ་འཁོར་གྱི་སྟེང་དུ་རང་གི་སེམས……ཉིད་ཨ་དཀར་པོ་ཧཱུཾ་སེར་པོས་མཚན་པ་ལས་འོད་ཟེར་འཕྲོས། དོན་གཉིས་བྱས། འདུས་ཡོངས་སུ་གྱུར་པ་ལས། རང་ཉིད་ཛོ་བོ་ཤཱཀྱ་མུ་ནེ་སྐུ་མདོག་སེར་བཙོ་མ་ལྟ་བུ། དབུ་གཙུག་ཏོར་དང་ལྡན་པ། ཞལ་གཅིག་ཕྱག་གཉིས་ཀྱིས་གཡས་ས་གནོན་དང་གཡོན་མཉམ་གཞག་གི་སྟེང་ན་བདུད་རྩིས་གང་བའི་ལྷུང་བཟེད་བསྣམས་པ། སྐུ་ལ་ཆོས་གོས་ངུར་སྨྲིག་གི་མདོག་ཅན་གསུམ་མཛེས་པར་གསོལ་བ། མཚན་དཔེས་བརྒྱན་པའི་དྭངས་གསལ་འོད་ཀྱི་རང་བཞིན་ཅན། སྐུ་ལས་སྐྱེས་པའི་འོད་ཀྱི་ཕུང་པོའི་དབུས་ན་ཞབས་གཉིས་རྡོ་རྗེའི་སྐྱིལ་ཀྲུང་གིས་བཞུགས་པའི་སྤྱི་བོར་ཨོཾ་དཀར་པོ། མགྲིན་པར་ཨཱཿདམར་པོ། ཐུགས་དཀར་ཧཱུཾ་སྔོན་པོ། ལྟེ་བར་སྭཱ་སེར་པོ། གསང་བར་ཧཱ་ལྗང་གུ། ཐུགས་ཀའི་ཧཱུཾ་ལས་འོད་ཟེར་འཕྲོས་པས། བསྒོམས་པ་དང་འདྲ་བའི་ཡེ་ཤེས་པ་ལ་སངས་རྒྱས་དང་བྱང་ཆུབ་སེམས་དཔའི་ཚོགས་ཀྱིས་བསྐོར་བ་སྤྱན་དྲངས། དམ་ཚིག་པ་ལ་ཐིམ་པས་དབྱེར་མི་ཕྱེད་པར་གྱུར། མཆོད་པ་རྣམས་ཨ་མྲི་ཏས་བསངས། སྭ་བྷཱ་ཝས་སྦྱངས། སྟོང་པའི་ངང་ལས། ཨོཾ་ལས་རིན་པོ་ཆེའི་སྣོད་ཡངས་ཤིང་རྒྱ་ཆེ་བ་རྣམས་ཀྱིས་ནང་དུ་ཨོཾ་འོད་དུ་ཞུ་བ་ལས་བྱུང་བའི་མཆོད་ཡོན། ཞབས་བསིལ། མེ་ཏོག བདུག་སྤོས། མར་མེ། དྲི་ཆབ། ཞལ་ཟས། རོལ་མོ་རྣམས་རང་བཞིན་སྟོང་པ། རྣམ་པ་མཆོད་རྫས། བྱེད་ལས་དབང་པོ་དྲུག་གི་སྤྱོད་ཡུལ་དུ་ཟག་པ་མེད་པའི་བདེ་བ་ཁྱད་པར་ཅན་བསྐྱེད་པར་གྱུར། ཨོཾ་ཨརྒྷཾ་ཨཱཿ ཧཱུཾ། ནས། ཤབྡ་ཨཱཿ ཧཱུཾ་གིས་བར་ཕྱག་རྒྱ་དང་བཅས་པས་བྱིན་གྱིས་བརླབས།

ཨོཾ་ཨརྒྷཾ་པྲ་ཏཱི་ཙྪ་ཡེ་སྭཱ་ཧཱ། ནས། ཤབྡ་པྲ་ཏཱི་ཙྪ་ཡེ་སྭཱ་ཧཱ། ཞེས་པའི་བར་གྱི་མཆོད། ཕུན་ཚོགས་དགེ་ལེགས་སོགས་ཀྱིས་བསྟོད། རང་གི་སྙིང་གར་ཟླ་བའི་སྟེང་དུ་ཨོཾ་དཀར་པོ་ཧཱུཾ་སེར་པོས་མཚན་པའི་མཐར། ཨོཾ་

ཨུ་ནི་ཨུ་ནི་མཧཱ་ཨུ་ནི་ཤཱཀྱ་ཨུ་ན་ཡེ་སྭཱཧཱ། ཞེས་པས་བསྐོར་བ་ལ་དམིགས་ཏེ་ཅི་འགྲུབ་བཟླས་རྗེས། དགེ་བ་འདི་ཡིས་མྱུར་དུ་བདག ཤཱཀྱ་ཨུ་ནི་འགྲུབ་གྱུར་ནས། ཞེས་སོགས་ཀྱིས་བསྔོ་སྨོན་བྱའོ། དེ་ནས། སྤྱོས་རོལ་དང་བཅས། ཐུགས་རྗེས་རྗོད་པའི་དུས་ཀྱི་འདུལ་བྱ་རྣམས། རྣམ་གྲོལ་ལམ་ལ་འགོད་མཛད་འགྲོ་བའི་མགོན། ཐུབ་པ་མཆོག་དང་གནས་བརྟན་ཆེན་པོ་རྣམས། འཁོར་དང་བཅས་པ་གནས་འདིར་གཤེགས་སུ་གསོལ། ཞེས་སྤྱན་དྲངས། ཁྲུས་ཀྱི་ཁང་པ་ནས། ཧླ་རེ་བྲིས་པ་དེར། ཞེས་པའི་བར་དང་། ཇི་ལྟར་བལྟམས་པ་སོགས་དང་། དེ་དག་སྐུ་ལ་སོགས་བྱ། རྒྱས་པར་སྦྱིན་ཆ་བརྒྱུད་ཀྱི་བླ་མ་སོགས་ལ་ཚིག་རིས་ཅི་རིགས་པས་གོ་རིམ་མ་འཁྲུལ་བར་ཁྲུས་གསོལ་བ་སོགས་བྱའོ། དེ་ནས་གཞལ་ཡས་ཁང་གི་ནང་དུ་སེང་གེ་ཆེན་པོ་བརྒྱད་ཀྱིས་བཏེག་པའི་རིན་པོ་ཆེའི་ཁྲི་མཐོ་ཞིང་ཡངས་པའི་སྟེང་དུ་ཇོ་བོ་ཤཱཀྱ་ཨུ་ནི་ཞེས་པ་ནས། རྡོ་རྗེ་སྐྱིལ་ཀྲུང་གིས་བཞུགས་པ། དེའི་གཡས་གཡོན་དུ་མཆོག་ཟུང་དང་། མཐའ་བསྐོར་དུ་འཕགས་པའི་གནས་བརྟན་བཅུ་དྲུག་སོགས་སྐྱབས་གནས་མ་ཚང་བ་མེད་པ་རང་དང་སེམས་ཅན་ཐམས་ཅད་ལ་ཤིན་ཏུ་དགྱེས་པའི་ཉམས་དང་བཅས་ཏེ་ཞུགས་པར་གྱུར་བར་བསམས། དེ་ནས། གང་གི་དྲིན་གྱིས་བདེ་ཆེན་གནས། ཞེས་སོགས་དང་བཅས་རྒྱས་པར་སྦྱིན་ཆ་བརྒྱུད་ཀྱི་བླ་མ་རྣམས་དང་། ཡི་དམ་སངས་རྒྱས། དམ་ཆོས། ཐེག་པ་ཆེ་ཆུང་གི་དགེ་འདུན། དཔའ་བོ་མཁའ་འགྲོ། ཆོས་སྐྱོང་དང་བཅས་པ་ལ་གོ་རིམ་འཛོལ་མེད་ཀྱི་ཕྱག་བྱ། བསྡུ་ན། རབ་འབྱམས་གསུང་རབ་སོགས་དང་། ཇི་སྙེད་སུ་དག་ནས། བདག་གིས་བསྟོད་ཅེས་པའི་བར་བཏང་རྗེས། རིན་ཆེན་སེམས་མཆོག་གཟུང་བར་བྱ་བའི་ཕྱིར། ཞེས་པ་ནས། ངེས་པར་ཀུན་ཏུ་འབྱུང་གྱུར་ཅིག ཅེས་པའི་བར་ཡང་སྦྱིན་བྱས་ལ། མེ་ཏོག་དམ་པ་ནས། ཕྱིར་བསྡོད། ཞེས་པའི་བར་གྱི་ཡན་ལག་བདུན་པ་བྱ། དེ་ནས་མཎྜལ་ཕུལ་རྗེས། དོན་ཆེན་པོ་གསུམ་སོགས་ཀྱི་གསོལ་འདེབས་བྱ། སྨོན་ཡོན་ཏན་གཞིར་གྱུར་མ་དང་། ལམ་རིམ་བསྡུས་དོན་སྐབས་གསུམ་པ། རྟེན་འབྲེལ་བསྟོད་པ་རྣམས་ཀྱང་ཅི་རིགས་བྱའོ། དེ་ནས། ཚོགས་ཞིང་ཐམས་ཅད་ཀྱི་སྐུའི་ཆ་ལས་བདུད་རྩིའི་རྒྱུན་དཔག་ཏུ་མེད་པ་བབས་པས་བུམ་པ་གང་བར་བསམས་ལ། ཕུན་ཚོགས་དགེ་ལེགས་ནས། ཤཱཀྱའི་རྒྱལ་པོའི་ཞབས་ལ་གསོལ་བ་འདེབས། ཞེས་པའི་བར་གང་འགྲུབ་བྱའོ། སྟོང་མཆོད་དངོས་ནི། ཐལ་མོ་སྦྱར་ཏེ་མགོ་དུད་པའི་སྒོ་ནས། ཕུན་ཚོགས་ནས། གསོལ་བ་འདེབས། ཞེས་པའི་རྗེས་སུ། ཐུབ་དབང་མཆོག་ལ་སྒོ་གསུམ་གུས་ཕྱག་འཚལ། དངོས་བཤམས་ཡིད་སྤྲུལ་མཆོད་པ་མ་ལུས་འབུལ། ཐོག་མེད་ནས་བསགས་སྡིག་ལྟུང་ཐམས་ཅད་བཤགས། སྐྱེ་འཕགས་

དགེ་བ་རྣམས་ལ་རྗེས་ཡི་རང་། འགྲོ་ལ་ཆོས་འཁོར་མ་ལུས་བསྐོར་དུ་གསོལ། གཟུགས་སྐུ་མྱ་ངན་མི་འདའ་རྟག་པར་བཞུགས། དགེ་ཀུན་ཁྱོད་ཀྱིས་རྗེས་སུ་འཛིན་པ་དང་། བསྟན་པ་རྒྱས་ཤིང་རྫོགས་བྱང་ཐོབ་ཕྱིར་བསྔོ། ཞེས་ནན་ཏན་དུ་བྱ། དེ་ཡང་སྨྲ་བ་པོ་བཅུ་ཡོད་ན། དེ་ལྟ་བུ་བརྒྱ་ཕྲག་གཅིག་བྱས་པས་སྟོང་འགྲོ་ཞིང་། འོག་ཏུ་ཡང་བཅུའི་དབང་དུ་བྱས་ནས་འཆད་ཀྱང་། སྨྲ་བ་པོ་མང་ཉུང་ལ་དཔགས་ནས་བརྩི་དགོས་ལ། ཕྱག་སྟོང་དང་བསྐོར་བ་སྟོང་སྨྲ་བ་པོས་མ་ལྡོགས་ན་གཞན་བྱེད་དུ་བཅུག་ཀྱང་རུང་ངོ་། གཏོར་རིལ་སྟོང་བྱིན་གྱིས་བརླབས་ཏེ་འབུལ་བའི་སྣོད་གཙང་མ་བཅུར་རིལ་བུ་བཅུ་རེ་བླུག་པ་ཆུ་དང་སྦྲར་ལ། དཀོན་མཆོག་གསུམ་གྱི་བདེན་པ་དང་། སངས་རྒྱས་དང་བྱང་ཆུབ་སེམས་དཔའ་ཐམས་ཅད་ཀྱི་བྱིན་གྱིས་རླབས་དང་། ཚོགས་གཉིས་ཡོངས་སུ་མངའ་ཐང་ཆེན་པོ་དང་། ཆོས་ཀྱི་དབྱིངས་རྣམ་པར་དག་ཅིང་བསམ་གྱིས་མི་ཁྱབ་པའི་སྟོབས་ཀྱིས།མཆོད་སྦྱིན་གྱི་གཏོར་མ་འདོད་པའི་ཡོན་ཏན····ལྔ་དང་ལྡན་པ་དྭངས་ཤིང་ཐོགས་པ་མེད་པ་ནམ་མཁའ་དང་མཉམ་པས་མགྲོན་ཐམས་ཅད་ལ་ཟད་པ་མེད་པའི་བདེ་བ་ཁྱད་པར་ཅན་སྐྱེ་བར་གྱུར་ཅིག ཅེས་བྱིན་གྱིས་བརླབས་ལ། ན་མཿ སརྦ་ཏ་ཐཱ་ག་ཏ་སོགས་བཅུ་རེས་བསྔོས་ལ་དབྱངས་རོལ་བྱ། བདུད་རྩི་རྒྱ་མཚོའི་མཆོད་གཏོར་འདི། ཐུབ་དབང་འཁོར་དང་བཅས་ལ་འབུལ། བདག་སོགས་ཚོགས་གཉིས་ཡོངས་རྫོགས་ནས། སངས་རྒྱས་ཐོབ་པར་མཛད་དུ་གསོལ། ཞེས་བརྗོད་ལ་གཏོར་མ་བཤལ། སླར་ཡང་སྔར་བཞིན་ལན་དགུ་བྱའོ། ཆོས་སྐྱོང་གི་གཏོར་མ་ཡང་སམ་བྷ་ར་བདུན་གྱི་བསྔོས་ལ། བདུད་རྩི་རྒྱ་མཚོའི་མཆོད་གཏོར་འདི། ཆོས་སྐྱོང་འཁོར་དང་བཅས་ལ་འབུལ། བཞེས་ནས་འགལ་རྐྱེན་ཀུན་ཞི་ཞིང་། མཐུན་རྐྱེན་འགྲུབ་པའི་འཕྲིན་ལས་མཛོད། ཅེས་དང་། རིགས་དྲུག་གི་གཏོར་མ་ཡང་སམ་བྷ་ར་བདུན་གྱིས་བསྔོས་ལ། བདུད་རྩི་རྒྱ་མཚོའི་གཏོར་མ་འདི། མཁའ་མཉམ་མ་རྒན་ཀུན་ལ་བསྔོ། སོ་སོའི་སྡུག་བསྔལ་དང་བྲལ་ནས། མྱུར་དུ་སངས་རྒྱས་ཐོབ་གྱུར་ཅིག ཅེས་དང་། གཞི་བདག་གི་གཏོར་མ་ཡང་སམ་བྷ་ར་བདུན་གྱིས་བསྔོས་ལ། བདུད་རྩི་རྒྱ་མཚོའི་གཏོར་མ་འདི། གཞི་བདག་སྲི་དང་གནས་འདི་ཡི། བདག་པོ་མཐུ་ཆེན་ཀུན་ལ་བསྔོ། བསམ་དོན་འགྲུབ་པའི་སྟོང་གྲོགས་མཛོད། ཅེསབསྔོའོ། དེ་ནས་མཇུག་གི་རིམ་པ་ལ། ༈ ཐུགས་རྗེ་བསྐུལ་བ་ནི། མཉམ་མེད་ཤཱཀྱ་མུ་ནེས་གཙོ་མཛད་པའི་སྐྱབས་གནས་ཐམས་ཅད་དགོངས་སུ་གསོལ། དེང་ཁྱེད་རྣམས་ལ་དད་གུས་ཆེན་པོས་ཕྱག་མཆོད་བགྱིས་པ་སོགས་དུས་གསུམ་སྐྱེ་འཕགས་ཐམས་ཅད་ཀྱི་དགེ་བའི་མཐུ་ནུས་ལ་བརྟེན་ནས། ཇི་ལྟར

སྨོན་གྱི་དེ་བཞིན་གཤེགས་པ་རྣམས་ཀྱིས་ཐུགས་བསྐྱེད་དང་། བྱང་ཆུབ་སེམས་དཔའི་སྤྱོད་པ་རླབས་པོ་ཆེ་ལ་བསླབས་པ། སྨོན་ལམ་ཆེན་པོ་གྲངས་མེད་པ་བཏབས་པ། ཁྱད་པར་དུ་ཡང་མཉམ་མེད་ཤཱཀྱའི་རྒྱལ་པོས་སྙིགས་མ་ལྔ་ཆེས་ཆེར་བདོ་བའི་འགྲོ་ཚོགས་ལ་དགོངས་ཏེ་ཐུགས་བསྐྱེད······དང་སྨོན་ལམ་དཔག་ཏུ་མེད་པ་བཏབས་པ་ཐམས་ཅད་བདག་ཅག་རྣམས་ལ་མངོན་གསུམ་དུ་འགྲུབ་པར་བྱིན་གྱིས་བརླབ་ཏུ་གསོལ། རྒྱལ་བསྟན་སྤྱི་དང་། ཁྱད་པར་ཞྭ་སེར་གྱི་བསྟན་པ་དར་ཞིང་རྒྱས་ལ་ཡུན་རིང་དུ་གནས་པར་གྱུར་ཅིག བསྟན་འཛིན་ཐམསཅད་སྐུ་ཚེ་རིང་ཞིང་མཛད་འཕྲིན་རྒྱས་པར་གྱུར་ཅིག དགེ་འདུན་རྣམས་ཀྱང་ཐུགས་མཐུན་ཁྲིམས་གཙང་བཤད་སྒྲུབ་ཡར་ཟླ་ལྟར་རྒྱས་པར་གྱུར་ཅིག བསྟན་པའི་སྦྱིན་བདག་སོགས་འགྲོ་བ་ཐམས་ཅད་ཀྱི་འགལ་རྐྱེན་ཞི་ཞིང་། མཐུན་རྐྱེན་ཐམས་ཅད་བདེ་བླག་ཏུ་འགྲུབ་པར་གྱུར་ཅིག འདི་ནས་ཤི་འཕོས་མ་ཐག་དག་པའི་ཞིང་དུ་ཐར་མེད་དུ་བགྲོད་དེ་མྱུར་དུ་འཚང་རྒྱ་བར་གྱུར་ཅིག དཀར་ཕྱོགས་སྐྱོང་བའི་ལྷ་ཀླུ་གཞི་བདག་ཐམས་ཅད་ཀྱང་མཐུ་སྟོབས་དང་གཟི་བརྗིད་ཕུན་སུམ་ཚོགས་ཤིང་། བསྟན་དང་བསྟན་འཛིན་སོགས་ཚུལ་བཞིན་དུ་སྐྱོང་བ་ལ་མི་གཡེལ་བར་གྱུར་ཅིག ཅེས་སྨོན་ལམ་གདབ། གཏང་རག་ནི། མཆོད་པ་ཁ་གསོས་ཏེ་བྱིན་རླབས་བྱས་ལ། ཕྱག་མཆོད་ཀྱི་བར་དུ་མཆོད་འབྲེང་ཚིགས་བཅད་ཅི་རིགས་སམ། ཕྱོགས་འབུལ་ཅམ་གང་རུང་དང་བཅས། ཇི་སྙེད་སུ་དག་ནས། བཟློའོ། ཞེས་པའི་བར་ཡན་ལག་བདུན་པ་བྱ། དགེ་བ་བསྔོ་བ་ནི། བཟང་པོ་སྤྱོད་པ་ལ་སོགས་པའི་སྨོན་ལམ་རྒྱས་བསྡུས་སྐབས་སྦྱར་བྱ། ཚོགས་ཁ་བསྐང་བ་ནི། ལྷག་པ་དང་ནི་སོགས་ཚིགས་བཅད་མང་ཉུང་འདོད་སྦྱར་བྱ། བརྟན་བཞུགས་ནི། རྟེན་ཡོད་ན། འདིར་ནི་གཟུགས་དང་སོགས་དང་། མེད་ན། རང་གནས་སུ་གཤེགས་པའམ། མཐའ་ནས་རིམ་བཞིན་གཙོ་བོར་བསྡུས་ཏེ་རང་ལ་ཐིམ་པས་བྱིན་གྱིས་བརླབས་པར་བསམ་པ་གང་རུང་བྱ། ཤིས་བརྗོད་ནི། ཕུན་སུམ་ཚོགས་པ་མངའ་བ་སོགས་སམ། བསྡུ་ན། ཉིན་མོ་བདེ་ལེགས་མ་ཅམ་བྱ་ཞིང་། མེ་ཏོག་གི་ཆར་དབབ་པར་བྱའོ། དེ་ནས་ཐུན་གྱི་མཚམས་སུ་ཡང་མཆོད་པ་བསྟུ་གཤོམ་དང་། བྱམས་པའི་ཆུས་རང་གཞན་ལ་ཕན་གདགས་པ། དབང་པོའི་སྒོ་སྡོམ་པ་དང་ཟས་ཀྱི་ཚོད་རིག་པ། ཉམས་སུ་བླང་བྱའི་ཚིག་དོན་ལ་སྒྲོ་འདོགས་གཅོད་པ་སོགས་སྒོ་གསུམ་བག་དང་ལྡན་པས་དལ་རྟེན་ལ་སྙིང་པོ་བླང་བར་འཚལ་ལོ། མཉན་ན་ཚིག་རྣམས་འཛིན་པའི་བློ་གྲོས་བྲལ། བསམས་ན་དོན་རྣམས་གོ་བའི་སྐབས་ཀྱིས་དབེན། བསྒོམས་ན་རྒྱུད་ལ་སྐྱེ་བའི་མཐུས་གཏུགས་སྐབས། ཞིང་གི་མཐུ་ལ་བརྟེན་པ་

ཀུན་ནས་བསྡུགས། ཚུལ་འདི་ཞིང་མཐུན་བརྟེན་པའི་ཐབས་ཀུན་གྱི། ཕུལ་དང་རྩེ་མོར་གྱུར་པར་ལེགས་རིགས་ནས། སྒོ་གསུམ་བརྟན་པ་བསྐྱེད་པའི་སྐལ་ལྡན་རྣམས། ཚོགས་ཟུང་མྱུར་དུ་རྫོགས་ལས་གཞན་མི་འགྱུར། དེ་ཕྱིར་བསོད་ནམས་དཔུང་ལྡན་སྐྱེ་བོའི་ཚོགས། བསམ་སྦྱོར་རྣམ་པར་དག་པས་ཉམས་ཡོངས་ལ། ཀུན་མཁྱེན་རྒྱལ་བའི་ས་དེར་བསྙེགས་ནས་ཀྱང་། མཁའ་མཉམ་མ་རྒན་མཐའ་དག་འདྲེན་པར་མཛོད། ཅེས་པ་འདི་ཡང་པའི་སེ་ཕྱག་རྫོར་རྒྱལ་པོ་དང་ལྡན་ནས་བསྐུལ་འཕྲིན་འབྱོར་དོར་ཤཱཀྱའི་དགེ་སློང་བློ་བཟང་དཔལ་ལྡན་བསྟན་པའི་ཉི་མ་ཕྱོགས་ལས་རྣམ་རྒྱལ་དཔལ་བཟང་པོས་སྦྱར་བའོ།།

༄༅། །དགའ་ལྡན་ལྷ་བརྒྱ་མའི་ཚིག་རིས་དང་བསྟུན་པའི་དམིགས་རྣམ་སྐྱོང་ཚུལ་སྐལ་ལྡན་ཐར་ལམ་སྒོ་འབྱེད་ཅེས་བྱ་བ་བཞུགས་སོ།།

༈ དུས་གསུམ་རྒྱལ་ཀུན་གསུང་གསང་གཅིག་བསྡུས་གནད། །སྐལ་ལྡན་ཐར་ལམ་བགྲོད་པའི་སྒོ་གཅིག་པུ། །ཟབ་མོའི་ལམ་གྱི་སྲོག་ཤིང་སྙན་བརྒྱུད་མཆོག །ཚིག་དོན་ཇི་ལྟར་ནུས་བཞིན་བཤད་པར་བྱ། །སྲིད་པའི་ཕུན་ཚོགས་བདེ་ལ་ཞེན་མེད་ཅིང་། །དལ་འབྱོར་རྟེན་བཟང་དོན་ལྡན་བྱ་བའི་ཕྱིར། །གཏན་གྱི་འདུན་མ་སྒྲུབ་ལ་བརྩོན་པ་ཡི། །ཤེས་ལྡན་གང་དག་དྭང་བའི་ཤུགས་ཀྱིས་ཉོན། །དེ་ལ་འདིར་དྲི་མེད་རྒྱལ་བའི་གསུང་རབ་ཀུན་གྱི་ཉིང་ཁུ། །དགེ་ལྡན་སྙན་བརྒྱུད་ཀྱི་མན་ངག་བླ་མའི་རྣལ་འབྱོར་དགའ་ལྡན་ལྷ་བརྒྱ་མར་གྲགས་པ་འདི་ཉིད་ཇི་ལྟར་ཉམས་སུ་ལེན་པའི་ཚུལ་ས་བཅད་སོགས་རྒྱས་བཤད་ཀྱི་སྤྲོས་པ་དོར་ཏེ་ལས་དང་པོ་བ་རྣམས་ཀྱིས་ཚིག་རིས་དང་བསྟུན་པའི་དམིགས་རྣམ་སྐྱོང་བདེ་བར་གོ་སླའི་ཚུལ་དུ་བཀོད་པ་ལ། ཐོག་མར། རང་ཉིད་ཀུན་སློང་རྣམ་པར་དག་པའི་ངང་ནས་ད་རེས་རྟེན་བཟང་ཐོབ་པ་འདི་ཉིད་ལ་ཕྱིན་ཆད་ངན་འགྲོའི་སྡུག་བསྔལ་སོགས་མྱོང་མི་དགོས་ཤིང་། དེ་ལྟ་ཤི་ཡང་མི་འགྱོད་པའི་ཆོས་རྣམ་དག་ཅིག་བྱ་དགོས་པ་ལ། དེ་ལྟ་བུ་ནི་རྗེ་བླ་མའི་རིགས་གསུམ་གཅིག་བསྡུས་ཀྱི་བདག་ཉིད་དུ་གསོལ་བ་འདེབས་པའི་རྣལ་འབྱོར་འདི་ཉིད་མདོ་སྔགས་ལམ་གྱི་རྩ་བར་འདུག་པས་ཉམས་སུ་ལེན་པར་བྱ་སྙམ་དུ་བསམ། རང་ཉིད་ཀྱང་ཁ་རི་རབ་ལ་ཕྱོགས་པར་མོས་པའི་སྟེང་གི་ནམ་མཁར་རྗེ་བཙུན་གྱི་ཆོས་སྟོན་པའི་མདུན་ས་ཡིད་དགའ་ཆོས་འཛིན་གསེར་གྱི་ས་གཞི་ལ་བཻཌཱུརྱའི་མིག་མང་རིས་སུ་བྲིས་པ། ཉེས་པའི་སྐྱོན་ཀུན་དང་བྲལ་ཞིང་མཐོང་བ་ཙམ་གྱིས་དགའ་བདེའི་དཔལ་ཡོན་ཅིག་ཅར་དུ་སྟོན་པའི་ཀུན་དགའ་ར་བའི་དབུས་སུ་སེངྒེས་བཏེག་པའི་རིན་པོ་ཆེའི་ཁྲིའི་སྟེང་དུ་རྗེ་བཙུན་བྱམས་པ་མགོན་པོ་སྐུ་མདོག་གསེར་བཙོ་མ་ལྟ་བུ་བཟང་པོའི་འདུག་སྟངས་ཀྱིས་ཞབས་རང་ལ་ཕྱོགས་པར་བཞུགས་པའི་མཐའ་

སྐོར་ན་རྗེ་བླ་མ་ཡབ་སྲས་དང་། རྡོ་འབྲོམ་སོགས་འཁོར་ཚོགས་རྒྱ་མཚོ་ས་བསྐོར་བ་གསལ་བཏབ་བཅིང་། རང་ཡང་གནས་དེར་སླེབས་ནས་༈རྗེ་བཙུན་གྱི་ཆོས་གསུངས་པའི་སྒྲ་དབྱངས་རྣ་བས་ལྷང་ལྷང་དུ་ཐོས་བྱུང་སྙམ་པ་དང་། རྗེ་བཙུན་གྱི་ཐུགས་གསང་དཔལ་བེ་ཙ་ཁྲ་སེང་ངེ་བའི་ནང་ན་རྗེ་བླ་མ་སྐུ་མདོག་དཀར་ལ་དམར་བའི་མདངས་ཅན་ལ་ཆོས་གོས་རྣམ་གསུམ་མཛེས་པར་གསོལ་བ། ཕྱག་གཉིས་ཆོས་འཁོར་གྱི་ཕྱག་རྒྱས་ཨུཏྤལའི་ཡུ་བ་བཟུང་བའི་འདབ་མ་སྟེང་གཡས་གཡོན་གྱི་ཐད་ཀར་ཁ་ཕྱེ་བའི་སྟེང་ན། ཤེས་རབ་ཀྱི་རལ་གྲི་དང་། ཤེར་ཕྱིན་གྱི་གླེགས་བམ་བསྣམས་པ། ༈ཞབས་རྡོ་རྗེའི་སྐྱིལ་ཀྲུང་གིས་བཞུགས་པའི་གཡས་གཡོན་ན་རྒྱལ་ཚབ་རྗེ་དབུ་ཙུང་ཟད་དུད་པ་དང་། མཁས་གྲུབ་རྗེ་འཁྱིངས་བག་གི་ཉམས་ཅན་གཡས་ཆོས་འཆད་དང་། གཡོན་མཉམ་གཞག་གི་སྟེང་ན་གླེགས་བམ་བསྣམས་པ་མངོན་སུམ་དུ་བཞུགས་འདུག་སྙམ་པར་གསལ་ལེགས་པར་བཏབ་ཅིང་། དེ་ལྟ་བུའི་རྗེ་བླ་མའི་ཡོན་ཏན་དྲན་བཞིན་པ་དང་བཅས་གདུང་ཤུགས་དྲག་པོས་རྗེ་ལྟ་རི་སྙེད་ཤེས་བྱའི་གནས་ཚུལ་ཀུན་ལ་མི་ཐོགས་པའི་མཁྱེན་པ་མངའ་བ་ཁམས་གསུམ་ཆོས་ཀྱི་རྒྱལ་པོ་རྗེ་བླ་མ་བློ་བཟང་གྲགས་པ་ཁྱེད་ཉིད་སྲས་ཀྱི་ཐུ་བོ་གཉིས་དང་བཅས་པ་བདག་གི་མགོན་སྐྱབས་དང་དཔུང་གཉེན་དམ་པར་གནས་འདིར་གཤེགས་སུ་གསོལ་སྙམ་པ་དང་བཅས། དགའ་ལྡན་ལྷ་བརྒྱའི་ཞེས་སོགས་ཤློ་ཀ་གཅིག་བརྗོད་ཅིང་སྤྱན་དྲངས་པས། ༈རྗེ་བཙུན་བྱམས་པའི་ཐུགས་ཀ་ནས་འོ་གསར་སྤྲུངས་པ་ལྟ་བུའི་སྤྲིན་དཀར་འཕྱོ་བའི་སྟེ་མོར་སྐྱབས་གནས་ཀུན་འདུས་ཀྱི་བདག་ཉིད་རྗེ་ཡབ་སྲས་གསུམ་སྐད་ཅིག་གིས་བྱོན་པར་མོས། དེ་ལྟར་སྤྱན་དྲངས་པ་དེ་ཉིད་ལ་ཡན་ལག་བདུན་གྱི་ཚོགས་གསོག་པའི་ཕྱིར་ཐོག་མར་མྱུར་ན་ལས་མི་འདའ་བར་གསོལ་བའདེབས་པ་ནི། མདུན་གྱི་དྲང་ཐད་ཀྱི་ནམ་མཁའི་ངོས་སུ་སེང་ཁྲི་དབུས་མ་མཐོ་བ་དང་། གཡས་གཡོན་གཉིས་ཅུང་ཟད་དམའ་བའི་སྟེང་དུ་པདྨ་དང་ཟླ་བའི་གདན་ལ་རྗེ་ཡབ་སྲས་གསུམ་དགྱེས་པའི་ཉམས་ཀྱིས་བཞུགས་པ་ལ། བདག་དང་བདག་འདྲའི་འགྲོ་བ་ཉོན་མོངས་པ་འཁོར་བའི་རྒྱ་མཚོར་བྱིང་བ་རྣམས་དེ་ལས་སྒྲོལ་བའི་ཕྱིར་བདག་བློ་དད་པའི་བསོད་ནམས་ཀྱི་ཞིང་ས་མཆོག་དང་། རྒྱལ་བསྟན་དྲི་མ་མེད་པ་རྣམས་བཤད་དང་སྒྲུབ་པའི་སྒོ་ནས་དར་ཞིང་རྒྱས་པར་བྱ་བའི་སླད་དུ་བསྐལ་བརྒྱར་མི་གཡོ་བར་

བརྟན་པར་བཞུགས་སུ་གསོལ་ལོ་སྙམ་ནས། མདུན་གྱི་ནམ་མཁར་× ཞེས་བརྗོད། གཉིས་པ་ཕྱག་འཚལ་བ་ནི། མཁྱེན་པའི་བློ་གྲོས་གཅིག་གིས་བདེན་གཉིས་ཤེས་བྱའི་ཁྱོན་ཀུན་མངོན་སུམ་དུ་གཟིགས་པའི་ཐུགས་དང་། གསུང་དབྱངས་གཅིག་གིས་མདོ་སྔགས་ཀྱི་གནད་མཐའ་དག་གང་འདུལ་གདུལ་བྱའི་སོ་སོར་དང་འཚམས་པར་འདོམས་པས་སྐལ་ལྡན་ཀུན་གྱི་རྣ་བའི་རྒྱན་དུ་གྱུར་པའི་གསུང་དང་། ཚོགས་གཉིས་མཐའ་ཡས་དཔག་ཏུ་མེད་པས་བསྐྲུན་པའི་མཚན་དཔེ་གསལ་རྫོགས་ཀྱི་གྲགས་པའི་དཔལ་ཆེན་པོས་ལྷམ་མེར་མཛེས་པའི་སྐུ་སྟེ། དེ་ལྟར་སྐུ་མཐོང་བ་དང་། གསུང་ཐོས་པ་དང་། ཐུགས་དྲན་པ་ཙམ་གྱིས་དོན་ཆེན་པོ་བདེ་བླག་ཏུ་སྟེར་བའི་དཔལ་དང་ལྡན་པ་དེ་ལ་ལུས་ངག་ཡིད་གསུམ་གུས་པས་ཕྱག་འཚལ་ལོ་སྙམ་ནས། ཤེས་བྱའི་ཁྱོན་ཀུན་ × ཞེས་བརྗོད། གསུམ་པ་མཆོད་པ་འབུལ་བ་ནི། རང་གིས་དངོས་སུ་བཤམས་པའི་མཆོད་ཡོན་སོགས་དང་། ཡིད་ཀྱིས་སྤྲུལ་པའི་མཆོད་པའི་ཚོགས་ནམ་མཁའི་ཁྱོན་གང་བ། བདག་པོས་མ་བཟུང་བའི་རྒྱ་མཚོ། སྨན་དང་། ནགས་ཚལ་སོགས་མདོར་ན་མཉེས་བྱེད་ཀྱི་མཆོད་པའི་བྱེ་བྲག་མ་ཚང་བ་མེད་པ་མཐའ་དག་བློས་བླངས་ཏེ་བསོད་ནམས་ཀྱི་ཞིང་མཆོག་དམ་པ་ཁྱོད་ལ་མཆོད་པ་འབུལ་ལོ་བསམ་ལ། ཡིད་འོང་མཆོད་ཡོན་ × ཞེས་བརྗོད་པས། མཆོད་པ་རྣམས་དགྱེས་བཞིན་བཞེས་ཏེ་ཐུགས་རྒྱུད་ལ་བདེ་བ་ཁྱད་པ་ཅན་འཁྲུངས་པས་མཉེས་པར་བསམ། བཞི་པ་བཤགས་པ་ནི། རང་གིས་གང་ཞིག་སྔོ་ཐོག་མེད་ནས་བསགས་པའི་ལུས་ངག་ཡིད་གསུམ་གྱི་སྒོ་ནས་སྡིག་པ་མི་དགེ་བ་བཅུ་སོགས་བགྱིས་པ་ཐམས་ཅད་དང་། ཁྱད་པར་སོ་ཐར་བྱང་སེམས་གསང་སྔགས་ཏེ་སྡོམ་པ་གསུམ་གྱི་བཅས་པ་ལས་འགལ་བའི་སྡིག་སྒྲིབ་ཇི་སྙེད་མཆིས་པ་ཐམས་ཅད་སྙིང་ཐག་པ་ནས་འགྱོད་པ་དྲག་པོ་དང་བཅས་བཤགས་ཤིང་། སླད་ནས་མི་བགྱིའོ་སྙམ་པའི་སྡོམ་སེམས་དང་བཅས། གང་ཞིག × ཞེས་བརྗོད་པས་བཤགས་ཡུལ་རྣམས་ཀྱི་སྐུ་ལས་འོད་འཕྲོས་རང་གི་ལུས་ངག་ཡིད་གསུམ་ལ་འཕོག་པས་སྡིག་སྒྲིབ་ཐམས་ཅད་སངས་ཏེ་དག་པའི་མོས་པ་བྱ། ལྔ་པ་རྗེས་སུ་ཡི་རང་བ་ནི། དུས་སྙིགས་མ་འདིར་ཐོས་བསམ་སྒོམ་གསུམ་ལ་གཡེལ་མེད་དུ་བརྩོན་ཞིང་། འཇིག་རྟེན་ཆོས་བརྒྱད་ཀྱིས་གོས་པ་ཐ་མོ་ཙམ་མེད་པར་ཡོངས་སུ་སྤངས་ཤིང་དལ་འབྱོར་དོན་ཡོད་བྱས་པས།

མགོན་པོ་ཁྱོད་ཀྱི་མཛད་བཟང་རླབས་པོ་ཆེ་རྣམས་ལ་བསམ་པ་རྣམ་པར་ཐག་པས་རྗེས་སུ་ཡི་རང་ལ། བདག་ཉིད་ཀྱང་འདི་ལྟ་བུའི་རྗེས་སུ་འབྲང་ནུས་པར་ཤོག་ཅིག་སྙམ་ནས། སྙིགས་མའི་དུས་འདིར་ × ཞེས་བརྗོད། ༈དྲུག་པ་ཆོས་འཁོར་བསྐོར་བ་བསྐུལ་བ་ནི། རྗེ་བཙུན་བླ་མ་དམ་པ་ཡབ་སྲས་ཁྱེད་རྣམས་ཀྱི་ཆོས་ཀྱི་སྐུ་བདེ་སྟོང་དབྱེར་མེད་པའི་ཡེ་ཤེས་ཀྱི་མཁའ་དབྱིངས་སུ་མཁྱེན་པ་དང་བརྩེ་བའི་སྤྲིན་འཁྲིགས་པ་ལས། ཟབ་པ་དང་རྒྱ་ཆེ་བའི་ཆོས་ཀྱི་ཆར་པ་བདག་སོགས་གདུལ་བྱའི་མོས་ངོ་དང་འཚམས་པར་རྒྱུན་མི་ཆད་པར་དབབ་ཏུ་གསོལ་སྙམ་པས། རྗེ་བཙུན་བླ་མ་ × ཞེས་བརྗོད་ཅིང་། དེ་རྗེས་ཚིག་རིས་དང་བསྟུན་ནས། ཐུགས་དག་པ་དོན་གྱི་འོད་གསལ་དང་། །སྐུ་དག་པ་སྒྱུ་མའི་སྐུ་སྟེ་སྐུ་ཐུགས་ཟུང་དུ་འཇུག་པའི་ལོངས་སྤྱོད་རྫོགས་པའི་སྐུ་ལ་ནམ་ཡང་གཡོ་བ་མི་མངའ་ཡང་། ཐ་མལ་པ་བདག་ཅག་རྣམས་ཀྱི་སྣང་ངོར་འཚམས་པའི་སྤྲུལ་སྐུའི་བཀོད་པ་མ་ཐུན་སྣང་དུ་གྲུབ་པ་འདི་ཉིད་སྲིད་མཐའི་བར་དུ་ནུབ་པ་མེད་པར་བརྟན་པར་བཞུགས་སུ་གསོལ་བ་དང་བཅས། རྣམ་དག་འོད་གསལ་དབྱིངས་ལས་བཞེངས་པ་ཡི། × ཞེས་བརྗོད། བདུན་པ་བསྔོ་བ་ནི། བདག་གིས་ལམ་ཟབ་མོ་བསྒོམས་པ་འདིས་མཚོན་དུས་གསུམ་དུ་བསགས་པ་དང་། གསོག་འགྱུར་གྱི་དགེ་ཚོགས་ཅི་མཆིས་པ་ཐམས་ཅད་སྤྱིར་རྒྱལ་བསྟན་ཡུན་དུ་གནས་ཤིང་རྒྱས་པ་དང་། མཁའ་ཁྱབ་ཀྱི་འགྲོ་བ་ཀུན་ལ་ཕན་པ་བླ་ན་མེད་པ་འབྱུང་བའི་ཐབས་དང་། ཁྱད་པར་རྗེ་བླ་མའི་མདོ་སྔགས་ཀྱི་བསྟན་པ་རིན་པོ་ཆེ་འདི་ཉིད་ཕྱོགས་དུས་གནས་སྐབས་ཐམས་ཅད་དུ་གྲུབ་མཐའ་གཞན་གྱི་བསྲེ་ལྷད་སོགས་མི་མཐུན་པའི་སྐྱོན་གྱིས་གོས་པ་མེད་ཅིང་། ཉི་མ་ལྟར་གསལ་བར་བྱེད་ནུས་པའི་རྒྱུར་ཡོངས་སུ་བསྔོ་བར་བགྱིའོ་སྙམ་པས། བདག་གིས་× ཞེས་བརྗོད། དེ་ལྟར་གསོལ་བ་བཏབ་ནས་དངོས་གྲུབ་ཞུ་བ་ནི། དམི་ཊ་པའི་མཐའ་དང་བྲལ་བའི་འགྲོ་བ་རྣམས་ལ་མི་བཟོད་པའི་བརྩེ་བའི་གཏེར་ཆེན་པོ་མངའ་བ་སྤྱན་རས་གཟིགས་དང་། ཆགས་ཐོགས་དམན་གསུམ་གྱི་སྒྲིབ་པའི་དྲི་མ་དང་བྲལ་བའི་མཁྱེན་པའི་དབང་པོ་འཇམ་པའི་དབྱངས། ཉོན་མོངས་པ་སོགས་བདུད་བཞིའི་དཔུང་མཐའ་དག་ཅིག་ཅར་དུ་བཅོམ་པའི་རྒྱལ་བའི་ཐུགས་བདེ་སྟོང་གཉིས་སུ་མེད་པའི་ཡེ་ཤེས་འཛིན་པ་པོ་ནི་གསང་བའི་བདག་པོ་སྟེ་རིགས་གསུམ་གྱི་མགོན་པོ་དེ་དག་ཡོན་ཏན་དེ་ལྟར་

མངའ་བ་ལ་གཞན་གྱིས་འགྲན་པའི་ཟླ་དང་བྲལ་བ་དེ་དང་མཚུངས་པར་གངས་ཅན་གྱི་ལྗོངས་འདིར་ཡང་མཁས་པ་རྣམས་ཀྱི་ནང་ནས་མདོ་སྔགས་གང་གི་སྐབས་སུ་ཡང་རྗེ་བླ་མ་ཉིད་དང་འགྲན་པའི་ཟླ་སུས་ཀྱང་ནུས་པ་མ་མཆིས་པས། མཁས་གྲུབ་ཡོངས་ཀྱི་གཙུག་གི་རྒྱན་གྱུར་བློ་བཟང་གྲགས་པའི་དཔལ་ཁྱོད་ཉིད་ལ་གསོལ་བ་འདེབས་ཞེས་པ་ཕྱི་སྒྲུབ་དང་། གོང་དུ་བཤད་པའི་རིགས་གསུམ་གྱི་ཡོན་ཏན་དེ་དག་རྗེ་ཉིད་ལ་ལྡན་པའི་སྒོ་ནས་གསོལ་བ་འདེབས་པ་ནང་སྒྲུབ། དེ་ལྟར་བུའི་རིགས་གསུམ་གྱི་མགོན་པོ་རྣམས་ཀྱང་ངོ་བོ་རྗེ་ལས་གཞན་དུ་མ་མཆིས་ཤིང་། རྗེ་བླ་མ་ཉིད་སྐྱབས་གནས་ཀུན་འདུས་ཀྱི་བདག་ཉིད་དུ་མོས་ཏེ་གསོལ་བ་འདེབས་པ་གསང་སྒྲུབ་སྟེ། དེ་ཡང་། གསོལ་བ་ནི་ཞུ་བ་དང་། འདེབས་པ་ནི་འབུལ་བ་ཡིན་པས་ཞུ་བ་འབུལ་བ་ཡིན་ཅིང་། ཇི་ལྟར་ཞུ་ན། བདག་གི་འདི་ཕྱིར་རེ་ལྟོས་རྗེ་ཉིད་ལས་གཞན་དུ་མེད་པས། བདག་སོགས་འགྲོ་བ་མཐའ་དག་འཁོར་བའི་སྡུག་བསྔལ་དང་། ཉོན་མོངས་པའི་འཆིང་བ་ལས་གྲོལ་ཏེ། ཡོན་ཏན་ལྡན་རྫོགས་ཁྱོད་རང་ལྟ་བུར་བྱིན་གྱིས་བརླབ་ཏུ་གསོལ། ཞེས་པ་ཡིན་པས། དེ་ལྟ་བུའི་གསོལ་འདེབས་ཤུགས་དྲག་དང་བཅས་རྒྱུན་དུ་ཉམས་ལེན་གྱི་སྙིང་པོར་འབད་པ་ནི་འདི་ཕྱིའི་ལེགས་ཚོགས་ཀུན་གྱི་རྩ་བར་གྱུར་པ་ཡིན་ནོ། འདིར་བསྟན་པའི་བདུད་རྩི་འབེབས་སྦྱངས་དང་། གཞན་ཡང་མ་དག་པ་འབྱིད་པ་དང་། མི་ཤེས་པ་བསལ་བ་སོགས་ཀྱི་ཞལ་ཤེས་དང་། དམིགས་སྐོར་ནི་ཁོ་བོས་གཞན་དུ་བཤད་ཡོད་པས་དེ་དག་ལས་ཤེས་པར་བྱའོ། ཟབ་ལམ་སྔོན་བརྒྱུད་མན་ངག་རྒྱ་མཚོ་ལས། །རྒྱུ་ཐིགས་ཙམ་ཞིག་ཁོ་བོའི་བློ་གྲོས་ཀྱི། །རྣམ་དཔྱོད་ཀུ་ཤས་བླངས་ཏེ་སྐལ་ལྡན་དག །མི་ཤེས་དྲི་མ་འབྱིད་ཕྱིར་འདི་འཐོར་རོ། འདིར་འབད་དགེ་བས་ཚེ་རབས་ཀུན་ཏུ་བདག །འཇམ་མགོན་ཞལ་བཟང་ངོམས་མེད་ལོངས་སྤྱོད་ནས། །གསུང་གསང་སྙིང་རྩེས་ཡིད་ཀྱི་བུང་བའི་ཚོགས། །སྤྱོས་ཏེ་རྫོགས་བྱང་མཁའ་དབྱིངས་བགྲོད་ནུས་ཤོག །ཅེས་པ་འདི་ནི་གམ་བཅར་དྲུང་རམ་པ་བློ་བཟང་དཔལ་ལྡན་ནས་བསྐུལ་ངོར་ལ་ཤྲཱ་ཀུའི་དགེ་སློང་བློ་བཟང་ཐུབ་བསྟན་ཆོས་ཀྱི་ཉི་མ་དགེ་ལེགས་རྣམ་རྒྱལ་དཔལ་བཟང་པོས་མེ་སྤྲེལ་སྨིན་ཟླའི་འདུལ་ཚེས་ཉེར་ལྔ་ཉིན་འཕྲུལ་མར་སྦྱར་བ་དགེ་ལེགས་འཕེལ། །ཡི་གེ་པ་ནི་བློ་བཟང་འཇིགས་མེད་ཅན་ནོ།

༄༅། །དགའ་ལྡན་ལྷ་བརྒྱ་མའི་འཁྲིད་མན་ངག་གི་ཡང་ཞུན་བཞུགས་སོ། །

༄༅། །ན་མོ་གུ་རུ་བྷྱཿ བྱམས་མགོན་ཐུགས་རྗེའི་ཆུ་འཛིན་སྟུག་པོ་ལས། །ལེགས་འོངས་དབྱར་གྱི་རྔ་གསང་བློ་བཟང་གྲགས། །བྱིན་རླབས་བདུད་རྩིའི་གྲུ་ཆར་འབེབས་བཞིན་དུ། །བདག་བློ་འཛིན་མའི་ནམ་མཁར་རྟག་ཏུ་ཞུགས། དེ་ཡང་འཇམ་དཔལ་རྩ་རྒྱུད་སོགས་བཀའ་གཏེར་དུ་མ་ནས་ལན་ཅིག་མིན་པར་ཡང་ནས་ཡང་དུ་ལུང་གིས་ཟིན་པ་ཁམས་གསུམ་ཆོས་ཀྱི་རྒྱལ་པོ་ཤར་ཙོང་ཁ་པ་ཆེན་པོ་བློ་བཟང་གྲགས་པ་ཞེས་སྙན་པའི་དབྱར་རྔ་སྲིད་པ་གསུམ་ན་ཆེས་ཆེར་སྒྲོག་པ་དེ་ཉིད་བསྙེན་ཅིང་མཆོད་པའི་ཚུལ་ལ། གོང་མར་རྗེ་བཙུན་འཇམ་དབྱངས། དེས་རྗེ་རིན་པོ་ཆེ། དེས་མཁས་གྲུབ་རྗེ། དེ་ནས་བ་སོ་ཆོས་རྒྱན། དེ་ནས་རིམ་བཞིན་བརྒྱུད་པ་ཟམ་མ་ཆད་པར་རྡོ་རྗེ་འཆང་ཆེན་པོ་རྗེ་བཙུན་བློ་བཟང་དཔལ་ལྡན་ཡེ་ཤེས་ཀྱི་བར་ལེགས་པར་བརྒྱུད་པ་ཟབ་གནད་ཁྱད་པར་ཅན་བྱིན་རླབས་ཀྱི་ཚན་ཁ་ཆེ་བའི་དབེན་ས་སྙན་བརྒྱུད་ཀྱི་རྗེ་ཉིད་ཀྱི་བླ་མའི་རྣལ་འབྱོར་དང་། ཡང་རྗེ་བཙུན་འཇམ་དབྱངས། དེས་རྗེ་ཤེས་རབ་སེངྒེ། དེས་འདུལ་ནག་པ་དཔལ་ལྡན་བཟང་པོ། དེ་ནས་རིམ་བཞིན་རྒྱུད་ཆེན་སངས་རྒྱས་རྒྱ་མཚོའི་བར་ཞལ་ནས་ཞལ་དང་། སྙན་ནས་སྙན་དུ་བརྒྱུད་པ་ལས། རྒྱུད་ཆེན་སངས་རྒྱས་རྒྱ་མཚོས་དགའ་ལྡན་ལྷ་བརྒྱ་མར་གྲགས་པའི་ཚིག་འདི་གསར་རྩོམ་མཛད་ཅེས་འཇམ་དབྱངས་བཞད་པ་རྡོ་རྗེའི་ཞལ་ལས་དངོས་སུ་ཐོས། དེ་ནས་རྗེ་བཙུན་ཤྲཱིའི་མཚན་ཅན་གྱི་བར་ལེགས་པར་བརྒྱུད་པ་ཟབ་གནད་དུ་མའི་གཏེར་མཛོད་སྙན་རྒྱུད་ཀྱི་མན་ངག……དགའ་ལྡན་ལྷ་བརྒྱ་མར་གྲགས་པ་སོགས་ལས་འདིར་ནི། དགའ་ལྡན་ལྷ་བརྒྱ་མའི་རྣལ་འབྱོར་གྱི་དམིགས་རིམ་སྐྱོང་ཚུལ་ཏེ། ཞིང་གི་བཀོད་པ་ཡིད་ལ་བྱ་ཞིང་གསལ་འདེབས་ཚུལ་སོགས་རྒྱས་པར་ནི། རྡོ་རྗེ་འཆང་ཆེན་པོ་རྗེ་བཙུན་བློ་བཟང་དཔལ་ལྡན་ཡེ་ཤེས་ཀྱིས་མཛད་པའི་ཁྲིད་ཡིག་དང་། རྒྱལ་བ་བསྐལ་བཟང་རྒྱ་མཚོའི་ཁྲིད་ཡིག་སོགས་ལས་ཤེས་དགོས། འདིར་ནི་ཉམས་ལེན་གྱི་རིམ་པ་མདོར་བསྡུས་ཙམ་ཞིག་འདྲི་བ་ལ། བླ་མ་ཡི་དམ་མཁའ་འགྲོའི་ཚོགས་ཀྱིས་གནང་བ་སྩོལ་ཅིག།

དེ་ནས་ན་རྗེ་ཉིད་རྣལ་འབྱོར་དུ་བྱ་ཚུལ་ལ། བྱ་རྒྱུད་དང་འབྲེལ་བ་དང་། བླ་མེད་ཀྱི་ལུགས་གཉིས་ལས། འདིར་ཕྱི་མ་ལྟར་བྱ་སྟེ། འདི་ལ་བླ་མེད་ཀྱི་གནད་དུ་མ་ཚང་བའི་ཕྱིར། དེ་ནས་ན་མན་ངག་འདི་ཉམས་སུ་ལེན་པ་ལ་བླ་མེད་ཀྱི་དབང་གིས་རྒྱུད་སྨིན་པ་ཞིག་དགོས་གསུངས་སོ། །དེ་ནས་ན་འདི་འཆད་པ་ལ་གསུམ། སྔོན་འགྲོ་དངོས་གཞི་རྗེས་ཀྱི་བྱ་བའོ། དང་པོ་ནི། གནས་ཁང་བྱི་དོར་བྱ་བ། རྟེན་བཀྲམས་པ་སོགས་ནི་ཁྲིད་ཡིག་རྣམས་ལས་གསུངས་པ་བཞིན་བྱས་རྗེས་རང་ཉིད་ཁ་བྱང་ལྟས་སམ་མོས་པས···ལེགས་པར་འཁོད་དེ། རང་གི་སྨིན་མཚམས་མདུན་གྱི་ནམ་མཁར་སེང་གེའི་ཁྲིའི་གདན་ལ་རྗེ་ཡབ་སྲས་གསུམ་ལམ་སྟེ་གསལ་བཏབ་ནས། བདག་འདི་ཕྱི་བར་དོའི་འཇིགས་པ་ཐམས་ཅད་ལས་བསྐྱབ་ཏུ་གསོལ་སྙམ་དུ། བླ་མ་ལ་སྐྱབས་སུ་མཆིའོ། །སངས་རྒྱས་ལ×། ཆོས་ལ་×། དགེ་འདུན་ལ×། རྒྱལ་བ་ཙོང་ཁ་པ་ཆེན་པོའི་ལྷ་ཚོགས་འཁོར་དང་བཅས་པ་རྣམས་ལ་སྐྱབས་སུ་མཆིའོ། །དཔལ་མགོན་དམ་པ་ཆོས་སྐྱོང་བའི་སྲུང་མ་ཡེ་ཤེས་ཀྱི་ལྷ་×། ཡན་གསུམ་བརྗོད། སངས་རྒྱས་ཆོས་ཚོགས་ལན་གསུམ། མར་གྱུར་སེམས་ཅན་ཐམས་ཅད་ཀྱིས་ཚད་མེད་བཞི་བསྒོམས་པས། ཚོགས་ཞིང་རྣམས་འོད་དུ་ཞུ་ནས་རང་ལ་ཐིམ། བྱིན་གྱིས་བརླབས་པར་བསམ། གཉིས་པ་དངོས་གཞི་ནི། རང་དགའ་ལྡན་དུ་དངོས་སུ་སླེབས་པའམ། རང་གི་མདུན་གྱི་རྣམ་མཁར་དགའ་ལྡན་གྱི་ཞིང་གི་བཀོད་པ་ལམ་སྟེ་གསལ་བཏབ་ཀྱང་ཐུབ་གསུང་། རང་གི་མདུན་གྱི་ནམ་མཁར་དགའ་ལྡན་ཡིད་དགའ་ཆོས་འཛིན་གྱི་དབུས་སུ་སེང་ཁྲི་པད་ཉི་ཟླ་བའི་གདན་ལ་རྗེ་བཙུན་བྱམས་མགོན་བཟང་པོའི་འདུག་སྟངས་ཀྱིས་བཞུགས་པ། གཡས་སུ་ཇོ་བོ་རྗེ། གཡོན་དུ་རྗེ་རིན་པོ་ཆེ། དགེ་སློང་གི་དགེ་འདུན་སངས་རྒྱས་བྱང་ཆུབ་སེམས་དཔའ་ལྷའི་བུའི་འཁོར་ཚོགས་ཀྱིས་བསྐོར་བའི་དབུས་ན་ལྷམ་མེར་བཞུགས་པའི·······ཐུགས་ཀ་གསེར་གྱི་གདན་པ་ཕྱིས་པ་ལྟ་བུ་ལ་དཔལ་གྱི་བེའུ་རིས་ཀྱི་དྷྲི་མིག་མཛེས་ཤིང་ཡིད་དུ···འོང་བའི་ནང་དུ་སྤྲིན་དཀར་པོ་ཞོ་གསར་སྤྱངས་པ་ལྟ་བུ་དབུས་མཐོ་ཞིང་མཐའ་གཉིས་ཙུང་ཟད······དམའ་བ། དབུས་ཀྱི་སྟེང་ན་ཁམས་གསུམ་ཆོས་ཀྱི་རྒྱལ་པོ་ཤར་ཙོང་ཁ་པ་ཆེན་པོ་སྐུ་མདོག་དཀར་ལ་དམར་བའི་མདངས་ཆགས་པ། ཞལ་འཛུམ་བག་དང་ལྡན་པ། ཞལ་གྱི་དཀྱིལ་འཁོར་ཤིན་ཏུ་རྒྱས་ཤིང་། སྐུ་ལ་ཆོས་གོས་རྣམ་གསུམ་དང་། །དབུ་ལ་གསེར་གྱི་པཎ་ཞྭ་སྔ་རིང་མཛེས་པར་གསོལ་བ།

ཐུགས་ཀར་ཕྱག་གཉིས་ཆོས་འཁོར་གྱི་ཕྱག་རྒྱ་མཛད་པའི་མཐེབ་མཛུབ་ཀྱིས་ཨུཏྤ་ལའི་ཡུ་བ་ནས་བཟུང་བའི་འདབ་མ་སྙན་གཡས་གཡོན་དུ་གྲེས་པའི་གཡས་ཀྱི་སྟེང་ན་ཤེས་རབ་ཀྱི་རལ་གྲི་གཡོན་གྱི་སྟེང་ན་ཤེར་ཕྱིན་གྱི་གླེགས་བམ་བསྣམས་ཤིང་། ཞབས་རྡོ་རྗེ་སྐྱིལ་ཀྲུང་གིས་བཞུགས་པ། གཡས་སུ་རྒྱལ་ཚབ་རིན་པོ་ཆེ། གཡོན་དུ་མཁས་གྲུབ་རྗེ་གཡས་ཆོས་འཆད། གཡོན་གླེགས་བམ་བསྣམས་པ། གླེགས་བམ་འདི་གསུམ་རང་གང་ལ་ཉིས་ལེན་བྱེད་པའི་ཆོས་སུ་མོས་ན་དོན་མྱུར་དུ་རྒྱུད་ལ་སྐྱེ་བ་སོགས་དགོས་པ་དུ་མ་ཡོད་གསུངས་པ་ནི་ཞལ་ཤེས་སོ། དེ་ལྟར་གསལ་ལེགས་པར་ཐེབས་པ་དང་། རྗེ་ཡབ་སྲས་གསུམ་ལ་མོས་གུས་དྲང་དྲུང་བའི་ངང་ནས། བདག་ཅག་རྣམས་ཀྱིས་ཚོགས་གསོག་པའི་ཞིང་དུ་ད་ལྟ་ཉིད་དུ་གཤེགས་སུ་གསོལ་སྙམ་དུ་སྤྱན་འདྲེན་པ་ནི། དགའ་ལྡན་ལྷ་བརྒྱའི་མགོན་གྱི་ཐུགས་ཀ་ནས། ཞེས་སོགས་བརྗོད་པས་རྗེ་ཡབ་སྲས་གསུམ་རྗེ་བཙུན་གྱི་ཐུགས་ཀ་ནས་ཚུར་སྤྲིན་དཀར་པོ་དེས་ལྗོངས་སྟེ་བཏེག་ནས། རང་གི་མདུན་གྱི་ནམ་མཁར་དགྱེས་བཞིན་བྱོན་པར་བསམ། ཡན་ལག་བདུན་པ་འབུལ་བ་ལ། དང་པོ་མྱ་ངན་ལས་མི་འདའ་བར་གསོལ་བ་ནི། རང་གི་སྙིང་ག་ནས་སྐད་ཅིག་གིས་སེང་ཁྲིའི་གདན་གསུམ་སྤྲོད་ནས་མདུན་གྱི་ནམ་མཁར་ཕྱུལ་བས། རྗེ་ཡབ་སྲས་གསུམ་དགྱེས་བཞིན་བསྐལ་པའི་བར་བཞུགས་པར་བསམ། མདུན་གྱི་ནམ་མཁར་ཞེས་སོགས་འདོན། གཉིས་པ་ཕྱག་འཚལ་བ་ནི། རང་ལུས་བྱེ་བ་ཕྲག་བརྒྱ་སོགས་སྤྲུལ། ལུས་ངག་ཡིད་གསུམ་གྱི་སྒོ་ནས་ཕྱག་འཚལ་བར་མོས་ཏེ། ཤེས་བྱའི་ཁྱོན་ཀུན་འཇལ་བའི་བློ། ཞེས་སོགས་བྱ། གསུམ་པ་མཆོད་པ་འབུལ་བ་ནི། དངོས་བཤམས་ཡིད་སྤྲུལ་གྱི་མཆོད་སྤྲིན་ནམ་མཁའ་གང་སྤྲོས་ནས། ཡིད་འོང་མཆོད་ཡོན་ཞེས་སོགས་བྱ། བཞི་པ་སྡིག་ལྟུང་བཤགས་པ་ནི། སྔར་བྱས་རྣམས་བཤགས་ཤིང་། ཕྱིན་ཆད་སྡོམ་སྙམ་པའི་སྒོ་ནས༑ གང་ཞིག་ཐོག་མེད་དུས་ནས་བསགས་པ་ཡི། ཞེས་སོགས་བྱ། ལྔ་པ་རྗེས་སུ་ཡི་རང་ནི། རྗེ་བླ་མའི་ཐུན་མོང་དང་ཐུན་མོང་མིན་པའི་མཛད་པ་རྣམས་བསམས་པའི་སྒོ་ནས། སྙིགས་མའི་དུས་འདིར། ཞེས་སོགས་བྱ། དྲུག་པ་ཆོས་འཁོར་བསྐོར་བར་གསོལ་བ་ནི། བདག་ཅག་རྣམས་ལ་ཟབ་པ་དང་རྒྱ་ཆེའི་ཆོས་འཁོར་བསྐོར་དུ་གསོལ་སྙམ་དུ། །རྗེ་བཙུན་བླ་མ་དམ་པ་ཁྱེད་རྣམས་ཀྱིས། ཞེས་སོགས་བྱ། ཆེས་ཐུན་མོང་མིན་པའི་བཏྟན་བཞུགས་ནི། རྣམ་དག་འོད་

གསལ་ཞེས་སོགས་བརྗོད། བསྔོ་བའི་ཡན་ལག་ནི། རང་གཞན་གྱི་རྗེ་སྙེད་བསགས་པའི་དགེ་ཚོགས་ཀྱི་མཐུས་བསྟན་པའི་སྙིང་པོ་རྗེ་རིན་པོ་ཆེའི་བསྟན་པ་ཕྱོགས་དུས་ཀུན་ཏུ་དར་ཞིང་རྒྱས་པར་སྨོན་ཏེ། བདག་གིས་རྗེ་སྙེད་ཅེས་སོགས་རྣམས་སེམས་མ་ཡེངས་པར་དམིགས་པ་ཡིད་ལ་བྱེད་བཞིན་བསྔོད་པ་དུ་མ་འདོན་ནོ། །བསྡུ་ན་སྐབས་འདིར་མཎྜལ་རྒྱས་བསྡུས་ཅི་རིགས་ཕུལ་ནས། དཔལ་ལྡན་རྩ་བའི། ཞེས་སོགས་བརྗོད་ནས། དམིགས་བཅས་མ་འདྲེན་བཞིན་གསོལ་བ་བཏབ། རྒྱས་པར་སྦྱོ་ན། རྗེ་སྙེད་སུ་དག་མ་སོགས་བདུན་རྣམ་དག་རྒྱས་པར་ཕུལ། མཎྜལ་ཡང་རྒྱས་པར་ཕུལ་རྗེས།འདིའི་བླ་བརྒྱུད་གསོལ་འདེབས་བྱ། དཔལ་ལྡན་ས་གསུམ་མའི་མཆོག་གི་དངོས་གྲུབ་བརྙེས་ལ་གསོལ་བ་འདེབས་ཀྱི་བར་བྱས་ནས། དཔལ་ལྡན་རྩ་བའི་བླ་མ་རིན་པོ་ཆེ། ཞེས་སོགས་གསོལ་བ་བཏབ་པས། རྗེ་ཡབ་སྲས་གསུམ་གྱི་ཐུགས་ཀ་ནས་འོད་དཀར་པོ་ཕྲ་དྭངས་ལྷ་བུ་གསུམ་སྐྱ་ཐལ་ཏེ་བྱུང་། རང་གི་སྤྱི་བོའི་ཐད་དུ་འོད་གསུམ་རྩ་བ་གཅིག་ཏུ་སོང་ནས་སྤྱི་བོའི་དབུ་མའི་ཡས་སྣར་ཐུག །དེ་ནས་སེམས་མ་ཡེངས་པར་སྙིང་ཐག་པ་ནས། དམིགས་བཅས་མ་འདྲེན་བཞིན་པར་གསོལ་བ་བཏབ་བས། དེ་གསུམ་གྱི་ཐུགས་ཀ་ནས་ཇོ་བོ་ཐུགས་བདེ་སྟོང་གི་ཡེ་ཤེས་རྣམ་པ་བདུད་རྩི་དཀར་པོའི་རྒྱུན་སྐྱ་ཞམ་ཞམ་བུ་གུའི་ནང་བརྒྱུད་རྐྱ་ཧྥིའི་ཡས་སྣ་ནས་ཞུགས་ལུས་ཀྱི་ནང་གང་སྡིག་སྒྲིབ་མི་གཙང་བ་ཐམས་ཅད་སྦྱངས་པར་བསམ། ཡང་དམིགས་བཅས་མ་བགྲངས་པས་བདུད་རྩི་དམར་སེར་གྱི་རྒྱུན་བབས། ལུས་ཀྱི་ནང་གང་མི་ཤེས་པའི་སྨོངས་མུན་ཐམས་ཅད་མུན་ཁུང་དུ་ཉི་འོད་ཞུགས་པ་ལྟར་གསལ······བར་བསམས། འདི་ནི་མ་དག་འཁྲུད་དང་མི་ཤེས་བསལ། ཞེས་པའི་དོན། དེ་ནས། སྐུ་ཡིས་ཆེ་ཞིང་གསུང་གིས་གསལ། །ས་བོན་སྒྱུར་ལ་ཕྱག་མཚན་ཟབ། །གླེགས་བམ་རལ་གྲི་གླེགས་རལ་གྱིས། །འཆད་དང་རྩོད་དང་རྩོམ་པའོ། །ཞེས་པའི་དོན་དམིགས་པ་ཡིད་ལ་བྱ་ཚུལ་དང་བཅས་ཁྲིད་ཡིག་རྣམས་ལས་རྒྱས་པར་གསུངས་འདུག་པས། དེ་དག་ལས་ཤེས་པར་བྱ་ཞིང་། འདིར་ནི་ཉེ་བར་མཁོ་བ་འགའ་ཞིག་བརྗོད་ན། མགོན་པོ་འཇམ་དབྱངས་ཀྱིས། ཞི་བ་དཀར་པོ་པད་དཀར་འཛིན། ཞེས་སོགས་གསུངས་པ་ལྟར་གྱི་ཞི་རྒྱས་དབང་དྲག་གི་དངོས་གྲུབ་ལུ་ཚུལ་ནི། ཡང་དམིགས་བཅས་མ་བགྲངས་ནས། རྗེ་ཡབ་སྲས་གསུམ་གྱི་ཐུགས་ཀ་ནས་ལྷ་མོ་དཀར་མོ་བུམ་པ་བདུད་རྩིས་གང་བ་

ཐོཊ་པ་དཔག་མེད་སྤྲོས་པ་རྣམས་ཀྱིས་རང་གི་སྤྱི་བོར་བདུད་རྩི་དཀར་པོའི་རྒྱུན་ཆུ་རྦབ་ཀྱི་ཚུལ··· དུ་མར་བླུག །དེ་དང་དུས་མཉམ་དུ་རྗེ་རིན་པོ་ཆེའི་སྤྱི་བོའི་འཇམ་དཔལ་གྱི་ངོ་བོ་ཨོཾ་ཡིག་དཀར་པོ་ལས་ཀྱང་བདུད་རྩི་དཀར་པོའི་རྒྱུན་བབས། ཚངས་བུག་ནས་ཞུགས་ལུས་ཀྱི་ནང་གང་། ཐོག་མེད་ཀྱི་སྡིག་སྒྲིབ་མི་གཙང་བ་ནད་གདོན་ཕྱི་ནང་གི་བར་གཅོད་ཐམས་ཅད་སྦྱངས་པར་བསམས། ཡང་དེ་གསུམ་གྱི་ཐུགས་ཀ་ནས་ལྷ་མོ་སེར་མོ་བུམ་པ་སེར་པོ་ཐོགས་པ་དཔག་མེད་སྤྲོས། དེ་རྣམས་ཀྱིས་སྤྱི་བོར་བདུད་རྩི་སེར་མོ་ཆུ་རྦབ་ཀྱི་ཚུལ་དུ་མར་བླུག །དེ་དང་དུས་མཉམ་དུ་རྗེ་རིན་པོ་ཆེའི་མཁྱེན་པའི་སྤྱན་རས་གཟིགས་ཀྱི་ངོ་བོ་ཨཱཿལས་བདུད་རྩི་སེར་པོའི་རྒྱུན་ཚངས་བུག་ནས་ཞུགས། ལུས་ཀྱི་ནང་གང་སྡིག་སྒྲིབ་སྦྱངས། ཚེ་དང་བསོད་ནམས་ལུང་རྟོགས་ཀྱི་ཡོན་ཏན་རྣམས་རྒྱས་པར་བསམ། ཡང་དམིགས་བརྩེ་མ་འདོན་ཞིང་གསོལ་བ་བཏབ་པས། །རྗེ་ཡབ་སྲས་གསུམ་གྱི་ཐུགས་ཀ་ནས་ལྷ་མོ་དམར་མོ་ལྕགས་ཀྱུ་དང་ཞགས་པ་ཐོགས་པ་དཔག་མེད་སྤྲོས། དེ་རྣམས་ཀྱིས་དབང་དུ་བསྡུ་འདོད་ཀྱི་མི་ནོར་ཟས། རྒྱལ་བློན་ལྷ་ཀླུ་གཡོག་འཁོར་སོགས་རང་དབང་མེད་པར་བཀུག་ནས་རང་གི་མདུན་དུ་འཁོར་བར་བསམ། ཡང་གསོལ་བ་བཏབ་པས། ཕྱག་རྡོར་གྱི་ངོ་བོ་ཐུགས་ཀའི་ཧཱུྃ་ལས་གཤིན་རྗེའི་གཤེད་སཊ་ཁྲོ་བོའི་ཚཊ་དཔག་ཏུ་མེད་པ་སྤྲོས། རང་ལ་གནོད་པའི་དགྲ་བགེགས་ཐམས་ཅད་ཆར་བཅད་པར་བསམ། ཡ་མ་རཱ་ཛ་སོགས་དྲག་ཏུ་བཟླ་བོ། །ཡང་ནད་ཞི་བར་འདོད་ན། བད་ཀན་ནད་ལ་བདུད་རྩི་སྔོན་པོ་ཡང་ཞིང་བསིལ་བ་དང་། མཁྲིས་ནད་ལ་བདུད་རྩི་དཀར་པོ་བསིལ་བ་དང་། རླུང་ནད་ལ་བདུད་རྩི་མར་ཁུ་ལྟ་བུ་སྣུམ་པ་དང་། གཟའ་དང་ཀླུ་ནད་སོགས་ཞི་བར་འདོད་ན། རྗེ་ལ་གསོལ་བ་ཕུར་ཚུགས་སུ་བཏབ་ཅིང་། དམིགས་བརྩེ་མ་བཟླས་པས། དེ་གསུམ་གྱི་ཐུགས་ཀ་ནས་འོད་ཟེར་སྤྲོས་གནོད་བྱེད་གང་ཡིན་དེ་བཀུག་ནས་མདུན་དུ་འཁོད་པ་ལ། རྗེའི་ཐུཊ་ནས་སྤྲོས་པའི་འོད་ཟེར་འཕོག་པས་དེ་དག་གི་སྡུག་བསྔལ་དང་གདུག་རྩུབ་གཟའ་དང་ཀླུ་ཡི་དུག··· སོཏ་ཞི། བྱང་ཆུབ་ཀྱི་སེམས་དང་ལྡན། རྗེ་ལ་གུས་པ་དུང་དུང་བྱེད་བཞིན་པར་རང་གནས་སུ་སོང་བར་བསམ། ཡང་གཟའ་ནད་ལ་ཐུཏ་ཀ་ནས་བདུད་རྩི་གཟིའི་མདོག་ཅན་དང་། ཁྱད་པར་དུ་ཕྱག་ན་རྡོ་རྗེ་མེ་རབ་ཏུ་འབར་བའི་རང་བཞིན་ཅན་དཔག་མེད་སྤྲོས་པ་ལུས་ལ་དྲག་ཆར་བཞིན་བབས་པས་

གདོན་དེ་ལྷག་མེད་དུ་ཞི་བར་བསམ། རང་དང་གཞན་སྣང་འདོད་ན། ཐུགས་ཀ་ནས་སྤྲོས་པའི་འོད་ཟེར་དང་བདུད་རྩི་ཕྲ་མོའི་རང་བཞིན་གྱིས་ལུས་ཀྱི་ཤ་སྐྱི་པགས་མཚམས་ཁྱབ་པས་སྣང་བ་ཆེན་པོར་བསམ། རང་དང་ནད་དང་ནད་བདག་གསུམ་མི་དམིགས་པར་བསམས་ན་སྟོང་ཉིད་སྣང་བ་བླ་ན་མེད་ཅེས་པའི་སྣང་བའི་དོན་དུ་འགྱུར་རོ། །གཞན་ཡང་རྗེ་སྨན་ཁང་པའི་མན་ངག་བཞིན་འཁོར་ལོ་ལ་བརྟེན་པའི་འདིའི་ལས་ཚོགས་བསྒྲུབ་ཚུལ་ཡང་ཡོད། མདོར་ན་རང་རྗེ་བླ་མར་གསལ་བའི་ངང་ནས་འདིའི་བསྙེན་པ་ཚད་དུ་ཕྱིན་པ་ཞིག་སོང་ན། ལས་ཚོགས་བཅུ་གཅིག་སོཏ་གཤིན་རྗེའི་འཁྲུལ་འཁོར་ལས་བཤད་པའི་ལས་རབ་འབྱམས་མི་འགྲུབ་བྱ་བ་གང་ཡང་མེད་གསུང་། དེ་ནས་དམིགས་བརྩེ་མ་ལྔ་སྐོར་དྲུག་སྐོར་སོགས་ཅི་མང་བཟླས་རྗེས་དངོས་གྲུབ་རྣམས་ཞུས། བླ་མ་སྙིང་དབུས་སུ་གདན་འདྲེན་པའི་ཚུལ་ནི། རང་གི་ཀྲུ་ཧྲིའི་ནང་དུ་སྙིང་བློས་ཁ་གྱེན་ལ་བསླངས་ཏེ་པདྨ་འདབ་བརྒྱད་ཀྱི་ལྟེ་བར་བླ་གདན་དང་བཅས་པ་གསལ་བཏབ། དེ་ནས་མདུན་གྱི་རྗེ་ཡབ་སྲས་གསུམ་ལ་དམིཏ་ཏེ། དཔལ་ལྡན་རྩ་བའི་བླ་མ། ཞེས་སོགས་ཀྱིས་གསོལ་བ་བཏབ་པས། སྲས་གཉིས་རྗེ་ལ་ཐིམ། ཁྲི་ཡང་རྗེའི་སེང་ཁྲི་ལ་ཐིམ། དེ་ཡང་རྗེ་རིན་པོ་ཆེ་ལ་ཐིམ། ཡང་དཔལ་ལྡན་རྩ་བའི་ཞེས་སོགས་བརྗོད་པས། རྗེ་རིན་པོ་ཆེ་དགྱེས་བཞིན་མར་རང་གི་སྤྱི་བོར་བྱོན། དབུ་མའི་ནང་བརྒྱུད་སྙིང་པད་མ་འདབ་བརྒྱད་ཀྱི་སྟེང་རང་གི་ཤིན་ཏུ་ཕྲ་བའི་རླུང་སེམས་ཀྱི་ངོ་བོར་བྱོན་བཞིན་དུ་བཞུཏ། ཤིན་ཏུ་ཕྲ་བའི་རླུང་སེམས་བླ་མའི་སྐུར་ཤར་བ་དེ་དངོ་སྣམ་ང་རྒྱལ་དང་གསལ་སྣང་འདོན། འདི་ལ་སྤྱུཏ་ཀྱི་ཟབ་གནད་དུ་མ་ཡང་གསུང་། དེ་ནས་པདྨ་ཁ་ཟུམ་སྟེ་ཕྱིར་ཨ་ར་པ་ཙ་དང་། དམིཏ་བརྩེ་མས་བཅིངས་ཏེ། སྙིང་གའི་བླ་མའི་སྐུའི་བཀོད་པ་འཆི་ཁ་ཚུན་ཆོད་མི་བསྒྱུ། འཆི་དུས་རང་སེམས་བླ་མའི་ངོ་བོ་སྤྱི་བོ་ནས་དག་ཞིང་དུ་འཕོ་བའི་མན་ངག་ཐུན་མོང་མིན་པའང་ཡོད་དོ། །སྤྱན་འདྲེན་གྱི་སྐབས་སྤྲིན་ཧྲེ་ཕྲ་ཧྲེ་ཕྲར་སོང་བ་མ་ཆད་པ་རྗེ་བཙུན་གྱི་ཐུཏ་ཀར་ཟུག་པ་འདི་ལ་སྤྱུགས་ཀྱི་ཟབ་གནད་ཁྱད་པར་ཅན་ཞིག་ཡོད་གསུང་། འདི་རྗེ་དགེ་བཤེས་ཐོགས་མེད་ཀྱི་གསུང་ལས། དེ་འཕོ་བའི་མན་ངག་ཡོད་པ་ལ་དགོངས་སམ་གསུང་། གསུམ་པ་རྗེས་ཀྱི་བྱ་བ་ནི། དེ་ནས། དེང་ནས་བརྩམས་ཏེ་ཚེ་རབས་ཀུན་ཏུ་བདག །ཅེས་སོགས་བཟང་པོ་སྤྱོད་པ་སོགས་བསྔོ་བ་སྨོན་ལམ་གང་

འགྲུབ་བྱ། ཐུན་རྗེས་མ་རྣམས་ལ་སྙིང་བསྡུ་ཁ་ཕྱེ་ཞིང་སྙིང་གའི་བླ་མ་དམ་ཚིག་སེམས་དཔའ་ལ། ཐུན་རྗེས་མའི་བླ་མ་ཡེ་ཤེས་སེམས་དཔའི་ཚུལ་གྱིས་སྤྱི་བོ་ནས། དབུ་མའི་ལམ་བརྒྱུད་སྙིང་གའི་བླ་མ་ལ་ཐིམ། ཡང་ལུས་སྐུ་བསྡུས་པ་ལྟར་ཁ་ཟུམ་པ་སོགས་སྔར་བཞིན་བྱའོ། །དེ་ལྟར་དགའ་ལྡན་ལྷ་བརྒྱ་མའི་ཁྲིད་མན་ངག་གི་ཡང་ཞུན་ཞེས་བྱ་བ་ནི། གཞན་གྱིས་བསྐུལ་ངོར། མཁན་ཆེན་རྡོ་རྗེ་འཆང་ཆེན་པོ་རྗེ་བཙུན་བློ་བཟང་དཔལ་ལྡན་ཡེ་ཤེས་ལས་འདིའི་ཟབ་ཁྲིད་ཀྱི་བཀའ་དྲིན་ལེ་ཊ་བར་ཐོབ་པ་མགོན་པོ་གང་དེའི་གསུང་སྒྲོས་ཀྱི་ཆ་ཤས་འདུ་གསུམ་པ་འཁོས··· མེད་ཤྲཱི་ལའི་མིང་གིས་དབེན་གནས་ཐུབ་སྒྲུ་སེང་གེ་ཕུག་ཏུ་མཚམས་ནང་ཁོངས་སུ་གྲུབ་པ་ཆེན་པོས་བྲིས། སྨྲས་པ། རྒྱལ་ཀུན་གསང་གསུམ་གཅིག་བསྡུས་རྗེ་ཡིག་གཟུགས། །བྱམས་ཆེན་མི་ཡིས་བཞུ་བླུགས་བློ་བཟང་གྲགས། །བསྙེན་སྒྲུབ་ཟབ་ལམ་རྣལ་འབྱོར་ཡང་ཞུན་གྱི། །དམིགས་རིམ་སྐྱོང་ཚུལ་མདོར་བསྡུས་ཙུང་ཟད་བྲིས། །འདིས་མཚོན་དུས་གསུམ་རྣམ་དཀར་ཕུང་པོའི་མཐུས། །སྐྱེ་འཕྲེང་ཀུན་ཏུ་བློ་བཟང་ཞི་ཁྲི་ཡིས། །རྗེས་བཟུང་རིམ་གཉིས་ལམ་གྱི་དགའ་སྟོན་ལ། །སྤྱོད་པའི་སྐལ་བཟང་གདུལ་བྱར་བདག་འགྱུར་ཤོག། དགེའོ།།

༄༅། །རྗེ་རིན་པོ་ཆེར་དཔལ་དུས་ཀྱི་འཁོར་ལོའི་རིམ་གཉིས་ཀྱི་སྒོ་ནས་བསྐྱོད་པ་ཀ་ལིའི་ཕྲེང་བར་བསྒྲིགས་པ་ཟབ་དོན་གསལ་བའི་ཉི་མ་བཞུགས་སོ།། །

༄༅། །ཀ་དག་རང་བཞིན་གདོད་ནས་སྟོང་པའི་ཆོས་ཀྱི་དབྱིངས་ལས་ནམ་ཡང་གཡོ་བའི་གོ་སྐབས་རྣམ་པ་དང་བྲལ་ཡང་། །ཁ་དོག་ལ་སོགས་རྟེན་འབྲེལ་གཟུགས་ཅན་བདེ་བ་ཆེན་པོའི་ཡེ་ཤེས་རང་རྩལ་ལྷ་སྐུར་ཡོངས་སུ་རོལ་བ་ལས། །ག་བུར་ལྟར་དཀར་བྱང་ཆུབ་སེམས་རྒྱུན་འབབས་དང་འཛག་པའི་ལུགས་འབྱུང་ལུགས་ལྡོག་དགའ་བཞིའི་ལྷན་སྐྱེས་བདེར་རོལ་བས། །ང་ཡིར་འཛིན་པའི་ཕྲ་མོའི་རྣམ་རྟོག་མཚན་མས་རབ་དབེན་བློ་བཟང་གྲགས་ཞེས་སྙན་པའི་གྲགས་པས་ཁྱབ་དེར་འདུད། །ཙ་ཙོ་ཀུན་ཏུ་རྒྱུ་བའི་འཁྲུལ་བའི་རླུང་སེམས་སྦྱང་སླད་བདུད་རྩིའི་གནས་སུ་སྐུ་ཡི་ཐིག་ལེར་རབ་དམིགས་ནས། །ཆ་ལྡན་ཕྱི་རོལ་ཡུལ་ལ་འཇུག་པའི་ཤེས་ལྔའི་བཙོན་པའི་སྲིན་སྤྲའི་ཚོགས་རྣམས་ཡུལ་གཞན་རྒྱུ་བའི་གནས་བཀག་སྟེ། །ཛ་དང་རོ་བཞིན་རྩེ་གཅིག་ཨ་ཤ་ཧཾ་ ཀླིའི་དབུས་སུ་འཆིང་བ་སོར་བསྡུད་རྣལ་འབྱོར་ཟབ་མོར་རབ་གཞོལ་བས། །ཉ་རྒྱས་ཟླ་དང་སྒྲ་གཅན་ཉི་མ་དུ་བ་ལ་སོ་བཅུ་ཕྲག་ཧ་རྣམས་མངོན་གྱུར་འདྲེན་པ་ཁྱོད་ལ་འདུད། །ཏ་མ་ལ་སོགས་ཀུན་གསལ་དབུས་སུ་བཞུ་བ་ཇི་བཞིན་ཕྱི་རོལ་སྣོད་བཅུད་མཐའ་ནས་རིམ་གྱིས་ཡོངས་བསྡུས་ཏེ།། ཐ་མལ་རྟོག་པས་འཆིང་བ་མེད་པར་དཔྲལ་བའི་རྩ་འཁོར་དབུས་ཀྱི་ཧཾ་ཀླིའི་ཡར་སྣེའི་ནང་དུ་རང་གི་སེམས། །ཀ་དུང་དྲན་ཤེས་ཀྱི་བས་རབ་བཟུང་རྩེ་གཅིག་དམིགས་པའི་ཡན་ལག་གསུམ་ལྡན་ཉིད་འཛིན་རྩལ་རབ་ཡོངས་དག་པས། །ན་འཆི་ལ་སོགས་རྒྱུད་པའི་དཔུང་བཅོམ་མངོན་ཤེས་ལྔ་ལྡན་ཟབ་མོའི་རྟོགས་པ་མངོན་གྱུར་ཟླ་བྲལ་ཁྱོད་ལ་འདུད། །པ་ར་མི་ཏའི་བསྒྲོད་ཅིག་ལམ་ཟབ་རླུང་ངག་དབྱེར་མེད་མི་ཕྱེད་རྡོ་རྗེ་གསུམ་གྱི་མདངས་སུ་ལེགས་ཤར་རྣམས། །ཕ་རོལ་བྱིང་རྒོད་མཚན་མ་དང་བྲལ་ལྟེ་བའི་འཁོར་ལོའི་དབུ་མའི་ལམ་དུ་འཇུག་གནས་ལྡང་བའི་ཤུགས་ཀྱིས་ནི། །

བ་མོའི་མདངས་ལྟར་རབ་དྭང་ཡིད་ཀྱི་བརྗོད་བྲལ་སྦྲགས་དང་ལྡན་ཅིག་སྐྱེང་འོག་ཁ་སྦྱར་བུམ་ཅན་ཡོངས་བཟུང་བས། །མ་ལུས་ལས་རླུང་དབུ་མར་ཚུད་ལས་འདུ་བྱེད་ཕུང་པོ་རླུང་ཁམས་སྒྲིབ་བྲལ་ངོ་བོར་ཡོངས་དག་ཕྱིད་ལ་འདུད། །ཙ་ཏུར་འཁོར་ལོའི་ལྟེ་བར་ཧྲུ་ཏྲིའི་དབུས་སུ་སྒྲོག་ཕུར་ཅིག་ཏུ་བསྡུས་ལས་ཐིག་ལེའི་གཟུགས་རབ་ལེགས་བསྒོམས་ནས། །ཚྭ་རི་ག་གཏུམ་མོའི་རབ་འབར་ཞུགས་ཀྱིས་སྤྱི་བོའི་ཟླ་བ་བཞུ་བས་ཡས་བབ་མས་བརྟན་དགའ་བཞིར་མཉམ་རོལ་བས། །ཛ་ཛོར་གཡེང་བའི་ཀུན་རྟོག་བཅོམ་སྟེ་རླུང་སེམས་འཇུག་པ་གཅིག་ཏུ་གནས་པའི་བྱང་སེམས་གཡོ་མེད་དབུ་མའི་ནང་། །ཤ་ལེར་འཛིན་པས་ཉོན་མོངས་ཡོངས་དག་ཚོར་བའི་ཕུང་པོ་མཉམ་ཉིད་ཡེ་ཤེས་ངོ་བོར་སྦྱར་མཛད་ཕྱིད་ལ་འདུད། །ཝ་བཞིན་སྤྱི་བོར་རབ་ཏུ་གནས་པའི་ཟླ་བའི་གཟུགས་ཀྱི་ཐིག་ལེ་གཅིག་ཉིད་གཏུམ་མོའི་མེ་ཡིས་རབ་སྦྱངས་ཤིང་། །ཟ་ཟེར་མིན་པའི་ལས་དང་ཡེ་ཤེས་ཕྱག་རྒྱ་ཆེ་ལས་འཛག་དང་གཡོ་དང་མི་གཡོའི་བདེ་བ་ཆེན་པོ་ཉིད། །འ་ཕུར་འབྱུང་ཕྱིར་སྟོམས་པར་ཞུགས་ལས་མཆོག་ཏུ་མི་འགྱུར་ལྷན་སྐྱེས་བདེ་ཆེན་སྟོང་ཉིད་མཛེས་མས་རྣམ་འབྱེད་པའི། །ཡ་མཚན་སྟོང་གཟུགས་རྣམ་བཅས་ངོ་བོར་ཡོངས་བཞེངས་དང་པོའི་སངས་རྒྱས་མ་ལུས་འགྲོ་བའི་མགོན་པོ་ཕྱིད་ལ་འདུད། །ར་ལྟར་གྱེང་པའི་མཚན་འཛིན་བག་ཆགས་ལས་རླུང་ཉིས་ཁྲི་ཆིག་སྟོང་དྲུག་བརྒྱའི་ཀུན་རྟོག་ཡོངས་སུ་སྦྱངས་པའི་ཕྱིར། །ལ་ཕུར་བདེ་སྟོང་ཟུང་འཇུག་ཡེ་ཤེས་མཉམ་པར་སྦྱར་ལས་འདོ་མེད་ཐིག་ལེས་དྲུག་ལྡན་འཁོར་ལོ་ཡོངས་གང་ཞིང་། །ཤ་བ་རི་སོགས་གྲུབ་མཆོག་ཀུན་གྱི་ཐུགས་བཅུད་ཉིང་ཁུ་གསང་ཆེན་དོན་གྱིའོ་དགསལ་ལྷན་སྐྱེས་ཡོངས་འཆར་བས། །ས་ཆེན་བཅུ་གཉིས་རྟོགས་པ་ཀུན་བགྲོད་སྐུ་བཞི་མངོན་གྱུར་ཅོང་ཁ་པ་ཞེས་སྙིགས་དུས་འགྲོ་བའི་སྐྱབས་ཕྱིད་འདུད། །ཧ་ཅང་ཟབ་ལམ་དུས་ཀྱི་འཁོར་ལོའི་ཡན་ལག་དྲུག་གི་རྣལ་འབྱོར་ཏིང་འཛིན་དབང་བསྒྱུར་གྲུབ་མཆོག་མངའ་བརྙེས་ཚུལ། །ཨ་སོགས་གསལ་བྱེད་སུམ་ཅུས་སྒྲོ་དྲངས་གང་ཕྱིད་སྟོད་ཚིགས་དབྱངས་ཅན་ཕངས་འགྲོའི་རྒྱུད་མང་བསྐུལ་བའི་དགེ་ཚོགས་མཐུས། འགྲོ་རྣམས་ཀུན་རྟོག་བཞོན་པའི་རླུང་ཚོགས་གཡས་གཡོན་ཟླ་ཉིའི་རྒྱུ་བ་བཀག་སྟེ་འགྱུར་མེད་མཆོག་གི་བདེ་བ་ཆེས། །སྟོང་ཉིད་མཛེས་མའི་ལང་ཚོར་རབ་འབྱུད་རྣམ་བཅས་རྣམ་མེད་གཉིས་སུ་མེད་པའི་དང་

པོའི་སངས་རྒྱས་མཆོག་ཐོབ་ཤོག ། ཅེས་པ་འདི་ཉིད་འཇམ་མགོན་བླ་མ་ཙོང་ཁ་པར་སྙིང་ནས་དད་ལྡན་ཤཱཀྱའི་དགེ་སློང་བློ་བཟང་ཐུབ་བསྟན་ཆོས་ཀྱི་ཉི་མ་དགེ་ལེགས་རྣམ་རྒྱལ་དཔལ་བཟང་པོས་བླ་བྲང་རྒྱལ་མཚན་མཐོན་པོའི་གཟིམ་ཆུང་ཁམས་གསུམ་ཟིལ་གནོན་དུ་སྦྱར་བའོ། །དགེ་ལེགས་འཕེལ།

༄༅། །བདག་ཅག་རྣམས་ཀྱི་འདྲེན་པ་བློ་བཟང་གྲགས་པའི་དཔལ་ཞེས་ མཚན་ལྡན་སྐྱེ་བ་ལྔ་པའི་སྒྲ་ཡིས་ཡིད་ཅན་མ་རིག་པའི་གཉིད་ ལས་སློང་བར་མཛད་པ་གང་ལ་ཟབ་ལམ་མཐར་ཕྱུག་ཡན་ ལག་དྲུག་གི་ཏིང་འཛིན་པ་མཐར་སོན་པའི་ཚུལ་ལས་ བརྩམས་ཏེ་ཀ་བ་ཤད་ཀྱི་སྒོ་ནས་བསྟོད་པ་ ཟུང་འཇུག་འདྲེན་པའི་ཤིང་རྟ་ ཞེས་བྱ་བ་བཞུགས་སོ། །

༄༅། །ཀ་དག་ཆོས་དབྱིངས་མཛེས་མའི་ལང་ཚོར་མི་འགྱུར་བདེ་ཆེན་གཞོན་ནུའི་རྩེད་འཛོར་
རྟག་རོལ་བས། །ཁ་སྦྱོར་བདུན་ལྡན་སྟོང་གཟུགས་གྲུབ་མཆོག་སྒྲ་ཕབ་རང་བཞིན་ཁྱབ་བདག་དང་
པའི་སངས་རྒྱས་ཉིད། །ག་ཤལ་ལ་སོགས་རིན་ཆེན་རྒྱན་སྤྲངས་རྣམ་གསུམ་དུར་སྒྲིག་དྲང་སྲོང་
རྒྱལ་མཚན་རྟག་འཆར་བ། །ང་ཡི་འདྲེན་མཆོག་ཙོང་ཁ་པ་ཞེས་གྲགས་སྙན་སྲིད་གསུམ་ཁྱོན་ཡངས་
དོག་པོར་བྱེད་དེར་འདུད། །ཅ་ཅོའི་སྒྲ་སོགས་ཕྱིར་རོལ་ཡུལ་འཇུག་དབང་ཤེས་ཟག་བཅས་གཡོ་
བར་བྱེད་པའི་ཧྣ་རཾ་ཧྣ། །ཆ་ཤས་ཙམ་ཡང་གཡས་གཡོན་ཟླ་ཉིར་རྒྱུ་བ་བཀག་སྟེ་ཨ་ཝ་དྷཱུ་ཏིར་སྡུད་
པའི་ཐབས། །ཇ་རི་ལ་ལྟ་བུའི་མིག་འབྲས་གྱེན་ཕྱོགས་སྣ་ཡི་ཐིག་ལེར་བརྩེ་གཅིག་གཡོ་མེད་ཏིང་
འཛིན་གྱིས། །ཉ་རྒྱས་ཟླ་སོགས་རྟགས་བཅུ་མངོན་འགྱུར་སྟོང་གཟུགས་སྒྱུ་མའི་རོལ་གར་ཅི་ཡང་
འཆར་དེར་འདུད། །ཏ་མ་ལ་ཚོགས་ཀུན་གསལ་དབྱིངས་སུ་ཞུ་བ་ཇི་བཞིན་ཀུན་རྟོག་གཡོ་བྱེད་
སྤྲིན་སྤྲའི་ཚོགས། །ཐ་མལ་སྒོ་ལྔའི་དབང་ཤེས་བཞོན་པའི་སྤྲོས་པ་ཀུན་ཆད་དྷཱུ་ཏིར་ཡོངས་ཐིམས་
སྟོང་གཟུགས་དཔལ། །ད་དུང་གྲུབ་ཟིན་བརྟན་བྱེད་ཏིང་འཛིན་ཡན་ལག་ལྔ་ལྡན་གོམས་པ་ཡོངས་སུ་

རྫོགས་པ་ལས། །ན་འཆི་ལ་སོགས་འབྱུང་འགྱུར་དངོས་ཀུན་ཐ་རགས་གསལ་གཟིགས་མངོན་ཤེས་ཐོགས་མེད་མངའ་དེར་འདུད། །པ་ར་མི་ཏའི་དགོངས་ཟབ་བཅུད་བསྡུས་རླུང་དག་དབྱེར་མེད་འཇུག་དང་གནས་དང་ལྡང་བའི་རྩལ། །ཕ་མཐའ་བརྗོད་བྲལ་ཡི་གེ་གསུམ་གྱིས་མདངས་སུ་ལེགས་ཤར་རྡོ་རྗེ་བཟླས་དང་ལྡེ་བ་ཡི། །བ་གམ་དབུས་སུ་སྲོག་ཐུར་སྙེང་འོག་སྣ་ཡི་སྒོ་ནས་རྒྱ་ཧྲིར་ནང་བཀྱུད་རིམ་དྲངས་ཏེ། །མ་ལུས་རླུང་ཚོགས་གོང་བུར་གཅིག་བསྡུས་ཁ་སྦྱར་སྲོག་རྩོལ་ཧིང་འཛིན་པ་མཐར་སོན་དེར་འདུད། །ཙ་འཁོར་དབུས་སུ་སྲོག་རྩོལ་བསྒོམས་པས་རླུང་ཚོགས་རྒྱ་ཧྲིར་གནས་པའི་རིང་དུ་གོམས་པ་ལས། །ཚ་རེག་གཏུམ་མོའི་རབ་འབར་ཞུགས་ཀྱིས་སྤྱི་བོའི་བྱང་སེམས་ཀུནྡ་ལྷར་དཀར་བཞུ་བའི་རྒྱུན། །ཛ་རེ་སྙེང་འོག་རིམ་གྱིས་བགྲོད་པས་ཡས་བབས་མས་བརྟན་དགའ་བཞི་བསྐྱེད་མཐར་སྟོང་གཟུགས་སྐུ། །ཝ་ལེར་ཡིད་དོར་དངོས་སུ་ལྡང་བས་དུས་མིན་འཆི་སོགས་བདུད་ཚོགས་ཉམས་པར་མཛད་དེར་འདུད། །ཞ་བ་མེད་པའི་བརྟན་པ་ཐོབ་པར་ནོར་བུའི་དབུས་སུ་བྱང་སེམས་འཕོ་མེད་འཛིན་ནུས་པས། །ཟ་ཟེར་མིན་པའི་ཕྱག་ཆེན་རྗེས་ཆགས་གཏུམ་མོའི་མེ་ཡིས་བྱང་སེམས་བཞུ་བས་མིག་གཡོའི་བདེ། །འ་འུར་གཉིས་སྣང་སྤྲོས་པ་ཀུན་བཅད་ཆོས་དབྱིངས་མཇེས་མར་འབྱུད་པའི་ཡེ་ཤེས་མཉམ་སྦྱོར་ལས། །ཡ་མཚན་སྟོང་གཟུགས་དུས་འཁོར་ཡབ་ཡུམ་དངོས་སུ་བཞེངས་ཏེ་འདོད་དགུར་དབང་བསྒྱུར་མཛད་དེར་འདུད། །རྭ་བའི་ལྗོངས་འདིར་སྟོན་ཆད་གཞན་གྱིས་རོ་མྱང་མ་གྱུར་ཁྲུ་རྩལ་གཙུག་ཏོར་ནོར་བུའི་རྩེར། །ལ་ཝུར་བཟུང་སྐྱེ་འགོ་མེད་བདེ་སྟོང་སྐུ་ཐུགས་དངོས་གཅིག་ཧིང་འཛིན་ཡན་ལག་མངོན་གྱུར་ཅིང་། །ཤ་རྣུས་འདུས་བཅས་བེམ་ཆོས་ཟད་ཕྱིར་འགྱུར་མེད་ཐིག་ལེར་དྭག་ལྡན་འཁོར་ལོའི་རིམ་གང་ནས། །ས་བཅུ་རིམ་བགྲོད་ཤེས་ཉོན་ཀུན་ཟད་བདེ་ཆེན་ལྷུན་རྫོགས་སྐུ་བཞི་མངོན་དུ་གྱུར་དེར་འདུད། །ཧ་ཅང་འགྲོ་ལ་བརྩེ་བའི་དབང་གིས་སླར་ཡང་གདྲའི་རྟུལ་སྐྱེད་སྤྲུལ་བསྒྱུར་སྣ་ཚོགས་པ། །ཨ་དོན་གསུང་གི་སྒྲ་དབྱངས་གཅིག་ཉིད་མོས་བསམ་དང་མཚུངས་གང་འདུལ་འགྲོ་ལ་མདོ་སྔགས་དོན། །འདོད་སྨྲ་མཛད་རྣམས་འདྲེན་ཀུན་འདུས་གང་ལ་ཡན་ལག་དྲུག་གི་ཧིང་འཛིན་མངོན་བརྙེས་ཚུལ་འདི་ཡིས། བསྟོད་པའི་དགེ་བས་འགྲོ་ཀུན་ལམ་བཟང་འདི་དང་འབྲལ་མེད་དང་པོའི་སངས་རྒྱས་དཔལ་ཐོབ་ཤོག །ཅེས་

རྒྱལ་ཀུན་ཡབ་གཅིག་རྗེ་བཙུན་བསྟན་པའི་འཁོར་ལོ་གསུམ་ལྡན་རྡོ་རྗེ་འཛིན་པའི་རྣམ་པར་རོལ་ཅིང་ཧྣེ་ཏའི་ཕྱོ་ཛྙ་འདིར་གསང་ཆེན་སྒྲི་དང་། །ཁྱད་པར་དུས་ཀྱིས་འཁོར་ལོའི་ལམ་བཟང་འཛིན་ཅིང་སྤེལ་བར་ཟླ་བ་བཟང་པོ་དང་མཚུངས་པར་དང་པོའི་སངས་རྒྱས་རང་ཉིད་ཀྱིས་དབུགས་དབྱུང་མཛད་པའི་བདག་ཅག་རྣམས་ཀྱི་འདྲེན་པ་བློ་བཟང་གྲགས་པའི་དཔལ་ཞེས་མཚན་ལྡན་སྐྱེ་བ་ལྔ་པའི་སྨྲ་ཡིས་ཡིད་ཅན་མ་རིག་པའི་གཉིད་ལས་སློང་བར་མཛད་པ་གང་ལ་ཟབ་ལམ་མཐར་ཕྱུག་ཡན་ལག་དྲུག་གི་ཏིང་འཛིན་པ་མཐར་སོན་པའི་ཚུལ་ལས་བརྩམས་ཏེ་ཀ་བཤད་ཀྱི་སྒོ་ནས་བསྒྲོད་པ་ཟུང་འཇུག་འཛིན་པའི་ཤིང་རྟ་ཞེས་བྱ་བ་འདི་ནི་ཤཱཀྱའི་དགེ་སློང་རིག་པ་འཛིན་པ་བློ་བཟང་ཐུབ་བསྟན་ཆོས་ཀྱི་ཉི་མ་དགེ་ལེགས་རྣམ་རྒྱལ་ཞེས་བགྱི་བས་རྗེ་བླ་མའི་གསང་གསུམ་ཅི་དང་། །ཕྱི་ཐག་དུས་ཀྱི་འཁོར་ལོའི་ལམ་བཟང་ཕྱོགས་མཐར་རྒྱས་ཤིང་འགྲོ་ཀུན་རྡོ་རྗེ་རྣལ་འབྱོར་ལ་བརྟེན་ནས་ཐེམ་ཆོས་ཀུན་སྤྱངས་མཆོག་མི་འགྱུར་ཁ་སྦྱོར་བདུན་ལྡན་ཀྱི་དཔལ་ལ་སྤྱོར་བར་འཁོར་བའི་རྒྱུར་གྱུར་ཅིག །དགེ་ལེགས་འཕེལ། །

༄༅། །རྗེ་རིན་པོ་ཆེ་རིགས་གསུམ་གཅིག་འདུས་ཀྱི་སྒོ་ནས་གསོལ་བ་འདེབས་ཚུལ་སྨོན་ཚིག་དང་བཅས་པ་བཞུགས་སོ། །

༄༅། །རྒྱལ་ཀུན་མཁྱེན་རབ་ཧཱུྃ༔ ཡིག་ཞུན་མའི་གཟུགས། །དམར་སེར་འོད་ཀྱི་ཕུང་པོ་ལྷམ་མེ་བ། བསྟན་པའི་འཁོར་ལོ་ཧུར་སྒྲིག་གཟུགས་འཛིན་པ། །བློ་བཟང་གྲགས་པའི་ཞབས་ལ་གསོལ་བ་འདེབས། །འགྲོ་བ་ཀུན་ལ་མ་གཅིག་བུ་ཇི་བཞིན། །བརྩེ་ཆེན་སྙིང་རྗེའི་གཞན་དབང་གྱུར་པ་ཡི། ། ཕྱག་ན་པད་དཀར་འཆང་དངོས་བློ་བཟང་གྲགས། །ཐུགས་རྗེའི་བདག་ཉིད་མཆོག་ལ་གསོལ་བ་འདེབས། །གཉྲའི་རྡུལ་གྲངས་ཇི་སྙེད་རྒྱལ་ཀུན་གྱི། །མཐུ་སྟོབས་དབང་པོར་དབང་བསྒྱུར་ཟབ་གསང་གི །ཆོས་ཕུང་རྒྱ་མཚོའི་མཛོད་འཛིན་གསང་བའི་བདག །དབྱེར་མེད་བློ་བཟང་གྲགས་ལ་གསོལ་བ་འདེབས། །མགོན་ཁྱོད་རིགས་གསུམ་ཀུན་འདུས་བདག་ཉིད་དུ། །རྩེ་གཅིག་མོས་པས་སྙིང་ནས་གསོལ་འདེབས་ན། །ཟབ་གསལ་མྱུར་བའི་བློ་གྲོས་སྤོབས་པ་མཆོག །མ་ལུས་ད་ལྟ་ཉིད་དུ་སྩོལ་དུ་གསོལ། །ཁྱད་པར་བློ་བཟང་ཐུབ་པའི་རིང་ལུགས་མཆོག །གྲགས་བསྟན་ཆོས་ཀྱི་ཉི་མ་འོད་པོ་ཆེ། །དགེ་ལེགས་རྣམ་པར་རྒྱལ་མཛད་བསྐལ་བརྒྱའི་བར། །ཞབས་བརྟན་ཆོས་ཀྱི་སྒྲ་དབྱངས་ཕྱོགས་བརྒྱར་སྒྲོགས། །བདག་ཀྱང་རྣམ་དཔྱོད་ཐོས་བསམ་གྲུར་ཞུགས་ཤིང་། །ངལ་མེད་བརྩོན་པའི་རླུང་གིས་ཉེར་བསྐྱོད་པས། །མདོ་སྔགས་གཞུང་ལུགས་རྒྱ་མཚོར་རབ་བརྒལ་ནས། །ཁྲི་མེད་དགོངས་དོན་ནོར་མཆོག་ལོན་པར་ཤོག །ཅེས་འཇམ་མགོན་ཆོས་ཀྱི་རྒྱལ་པོ་དང་རིགས་གསུམ་མགོན་པོ་དབྱེར་མེད་ཀྱི་གསོལ་འདེབས་ཐོག་ངོས་ཀྱི་མིང་གྲྭ་ཚང་བའི་སྨོན་ཚིག་བཅས་རྒྱུན་འཁྱེར་ཁ་ཏོན་དུ་བགྱིས་ཆོག་པ་ཞིག་དགོས་ཞེས་དད་ལྡན་བསྟན་འཛིན་རྒྱ་མཚོ་ནས་བསྐུལ་མ་བྱུང་བ་བཞིན་ཤཱཀྱའི་དགེ་སློང་བློ་བཟང་ཐུབ་བསྟན་ཆོས་ཀྱི་ཉི་མ་དགེ་ལེགས་དཔལ་བཟང་པོས་སྦྱར་བའོ། །དགེ་ལེགས་འཕེལ། །

༄༅། །ཟབ་ལམ་སྙན་བརྒྱུད་ཀྱི་མན་ངག་དགའ་ལྡན་ལྷ་བརྒྱ་མའི་བསྙེན་ཡིག་རྣའི་དོ་ཤལ་ཞེས་བྱ་བ་བཞུགས་སོ། །

༄༅། །བློ་གྲོས་བཟང་པོས་རབ་འབྱམས་དཀྱིལ་འཁོར་ཚོགས། །སྤྲོ་སྡུའི་བྱེད་པོ་ཁྱབ་བདག་འཁོར་ལོའི་མགོན། །ཙོང་ཁ་པ་ཞེས་གྲགས་སྙན་སྲིད་གསུམ་གྱི། །ཕྲིན་ཡངས་དོགས་པོར་བྱེད་མཛད་ལ་བཏུད་ནས། །གང་དེའི་བླ་མའི་རྣལ་འབྱོར་མདོ་སྔགས་ཀྱི། །གཞུང་ལུགས་རྒྱ་མཚོའི་ཉིང་ཁུ་ཐེག་པ་མཆོག །བསྒྲོད་གཅིག་ལམ་ཟབ་ཉམས་སུ་ལེན་པའི་ཚུལ། །བསྙེན་ཡིག་མདོར་བསྡུས་རིན་ཆེན་དོ་ཤལ་སྤེལ། །འདིར་བླ་མའི་རྣལ་འབྱོར་དགའ་ལྡན་ལྷ་བརྒྱ་མ་དང་འབྲེལ་བའི་མདུན་བསྐྱེད་ཀྱི་སྒོ་ནས་བསྙེན་པ་ཇི་ལྟར་བྱ་བའི་ཚུལ་མདོར་བསྡུས་ཏེ་འཆད་པར་བྱེད་པ་ལ། །སྦྱོར་དངོས་མཇུག་གསུམ་ལས། །དང་པོ་ནི། བསྙེན་མཚམས་སུ་ཞུགས་པའི་ཉིན་སྔ་བར་ལངས་ཏེ་གནས་ཁང་བྱི་དོར། ཇེ་བླ་མའི་སྐུ་གསུང་ཐུགས་ཀྱི་རྟེན་དགྲམ་པ། གནས་མལ་བདེ་བར་བཤམས་པ། མཐོ་རྒྱལ་ཆེན་དུ་བསྐྱེད་དེ་མཚམས་བཅད་པ། མཆོད་པ་མཛེས་པར་བཀོད་པ་སོགས་དམ་པའི་ཕྱག་བཞེས་ལྟར་འདུ་བགྱིས་ཏེ། རང་སེམས་ལ་ལེགས་པར་བརྟགས་ཏེ་མི་དགེ་བའི་བློ་རྣམས་ལ་མགོ་གནོན་དང་བཅས་རྒྱུད་ལ་འདྲེས་མེད་དུ་བཅད། དགེ་སེམས་དང་ཀུན་སློང་ཁྱད་པར་ཅན་གྱི་ངང་ནས། སྐྱབས་འགྲོ་སེམས་བསྐྱེད་ཚད་མེད་བཞི་སོགས་ལ་ནན་ཏན་དུ་འབད། གཉིས་པ་དངོས་གཞི་ནི། རྒྱུ་མཚན་དང་དགོས་པ་ཁྱད་པར་ཅན་གྱི་ཕྱིར་རབ་འཇིགས་བྱེད་བདག་བསྐྱེད་ཡོངས་རྫོགས་སམ། མ་མཐའང་རང་ཉིད་སྐད་ཅིག་གི་ཞེས་སོགས་འཇིགས་བྱེད་དཔའ་གཅིག་དཀྲོང་བསྐྱེད་བྱ་ཞིང་། མཆོད་པ་བྱིན་རླབས་བྱ་རྒྱུད་སྤྱི་འགྲེའམ། ཡང་ན་ངོ་བོ་ཡེ་ཤེས་ལ་རྣམ་པ་ནང་མཆོད་དང་མཆོད་རྫས་སོ་སོའི་ཞེས་སོགས་བླ་མཆོད་ལྟར་བྱ། དེའི་རྗེས་སུ་དམ་ཚིག་པ་བསྐྱེད་པ་ནི། ཚིག་རིས་ལྟར་དམིགས་རྣམས་འདྲེས་པར་བྱེ་བའི་སྒོ་ནས། ཨོཾ་སྭ་བྷཱ་ཝ་ཤུདྡྷ་སརྦ་དྷརྨཱཿསྭ་བྷཱ་ཝ་ཤུདྡྷོ྅ཧཾ། ཆོས་ཐམས་ཅད་རང་བཞིན་གྱིས་གྲུབ་པས་སྟོང་པའི་སྟོང་པ་ཉིད་དུ་གྱུར། སྟོང་པའི་ངང་ལས་རང་གི་མདུན་གྱི་ནམ་མཁའི་དབྱིངས་སུ་སེང་ཁྲི་པད་ཟླ་ཉི་མའི་དཀྱིལ་འཁོར་གྱི་སྟེང་དུ་ཧཱུྃ་ལས་རལ་གྲིའི་ཡུ་བར་ཧཱུྃས་མཚན་པ་དེ་ལས་འོད་ཟེར་འཕྲོས། འཕགས་པ་མཆོད། སེམས་ཅན་

གྱི་དོན་བྱས། ཚུར་འདུས་ཡོངས་སུ་གྱུར་པ་ལས་སྐྱབས་ཀུན་འདུས་ཞལ་དྲིན་ཅན་བླ་མ་ཁམས་གསུམ་འགྲོ་བའི་མགོན་པོ་ཤར་ཙོང་ཁ་པ་ཆེན་པོ་སྐུ་མདོག་དཀར་ལ་དམར་བའི་མདངས་ཅན་ལ་ཆོས་གོས་རྣམ་གསུམ་དང་། དབུ་ལ་པཎ་ཞྭ་གསེར་གྱི་མདོག་ཅན་སྣེ་རིང་གསོལ་བ། ཕྱག་གཉིས་ཆོས་འཁོར་གྱི་ཕྱག་རྒྱས་མཛེས་པའི་མཐེབ་མཛུབ་ཀྱིས་ཨུཏྤ་ལའི་ཡུ་བ་བཟུང་བའི་འདབ་མ་སྙན་གཡས་གཡོན་གྱི་ཐད་ཀར་ཁ་བྱེ་བའི་སྟེང་ན་ཤེས་རབ་ཀྱི་རལ་གྲི། ཤེར་ཕྱིན་གྱི་གླེགས་བམ་བསྣམས་པ། ཞི་ཞིང་འཛུམ་པའི་ཉམས་ཅན། ཞབས་རྡོ་རྗེ་སྐྱིལ་ཀྲུང་གིས་བཞུགས་པ། གཡས་གཡོན་དུ་སེང་ཁྲི་པད་ཟླའི་གདན་བཅས་ཐུང་ཟད་དམའ་བ་ལ་རྒྱལ་ཚབ་རྗེ་དབུ་དུད་པ་དང་། མཁས་གྲུབ་འགྲིངས་པའི་ཉམས་ཅན་གཉིས་ཀའང་ཕྱག་གཡས་ཆོས་འཆད་དང་། གཡོན་མཉམ་གཞག་གི་སྟེང་ན་གླེགས་བམ་བསྣམས་པ། རྡོ་རྗེ་སྐྱིལ་མོ་ཀྲུང་གིས་བཞུགས་པའི་དབུས་ཀྱི་རྗེ་བླ་མའི་དཔྲལ་བར་འཛམ་པའི་དབྱངས་སྐུ་མདོག་དམར་སེར་གཡས་རལ་གྲི་འཕྱར་ཞིང་། གཡོན་ཨུཏྤ་ལའི་སྟེང་གླེགས་བམ་འཛིན་པ། གཞོན་ནུའི་ཆ་ལུགས་ཅན་རིན་པོ་ཆེའི་རྒྱན་གྱིས་བརྒྱན་པ། མགྲིན་པར་སྤྱན་རས་གཟིགས་སྐུ་མདོག་དཀར་པོ་ཞལ་གཅིག་ཕྱག་བཞིའི་དང་པོ་གཉིས་ཐུགས་ཀར་ཐལ་མོ་སྦྱར་ཞིང་། འོག་མ་གཉིས་ཀྱིས་ཤེལ་འཕྲེང་དང་པདྨ་བསྣམས་པ། རི་དྭགས་ཀྱི་པགས་པས་ནུ་མ་བཀབ་ཅིང་དར་གྱི་ན་བཟའ་གསོལ་བ། དེ་གཉིས་ཀའང་ཞབས་རྡོ་རྗེ་སྐྱིལ་ཀྲུང་གིས་བཞུགས་པ། ཐུགས་ཀར་ཕྱག་ན་རྡོ་རྗེ་སྐུ་མདོག་མཐིང་ག་གཡས་རྡོ་རྗེ་དང་། གཡོན་སྡིགས་མཛུབ་མཛད་པ་ཁྲོ་བོའི་ཉམས་རྗོགས་ཤིང་། ཞབས་གཡས་བསྐུམས་གཡོན་བརྐྱངས་པའི་གར་སྟབས་ཀྱིས་བཞུགས་པ། དེ་རྣམས་ཀྱི་སྤྱི་བོར་ཨོཾ། མགྲིན་པར་ཨཱཿ ཐུགས་ཀར་ཧཱུྃ། ཐུགས་ཀའི་ཧཱུྃ་ལས་འོད་ཟེར་འཕྲོས་པས་དག་པའི་ཞིང་མཆོག་དགའ་ལྡན་གྱི་གནས་ནས་རྗེ་བླ་མ་ལ་སངས་རྒྱས་བྱང་སེམས་དཔག་ཏུ་མེད་པས་བསྐོར་བ་སྤྱན་དྲངས། དགའ་ལྡན་ལྷ་བརྒྱའི་མགོན་གྱི་ཐུགས་ཀ་ནས། ཞེས་སོགས་སློ་ཀ་གཅིག་བརྗོད། མཐར་ཛཿཧཱུྃ་བཾ་ཧོཿ དམ་ཚིག་པ་དང་གཉིས་སུ་མེད་པར་གྱུར། དེ་ནས། མདུན་གྱི་ནམ་མཁར་སེང་ཁྲི་པད་ཟླའི་སྟེང་། ཞེས་སོགས་དཔལ་བྱས་བརྗོད་ཅིང་། གསལ་བྱེད་ཤོག། ཅེས་པའི་མཚམས་འདིར་མཆོད་ཚུལ་རྒྱས་བསྡུས་ཅི་རིགས་དབུལ། རྗེ་བླ་མའི་ཐུགས་ཀའི་ཧཱུྃ་ཡིག་གི་ཀླད་ཀོར་ནང་དུ་ཨཾ་དང་། འཛམ་དབྱངས་ཀྱི་ཐུགས་ཀར་དྷཱིཿ སྤྱན་རས་

གཟིགས་ཀྱི་ཐུགས་ཀར་ཧཱུྃ༔ཕྱག་ན་རྡོ་རྗེའི་ཐུགས་ཀར་ཧཱུྃ༔བཅས་ཀྱི་མཐར་དམིགས་བརྩེ་མས་བསྐོར་བ་ལས་འོད་ཟེར་འཕྲོས། རྒྱལ་བ་སྲས་བཅས་ཀྱི་སྐུ་གསུང་ཐུགས་ཀྱི་བྱིན་རླབས་རྣམས་བསྡུས་ཏེ་སྔགས་འཕྲེང་ལ་ཐིམ། དེ་ལས་འོད་ཟེར་སྤྲུབས་སྟོང་གི་རྣམ་པ་ཅན་སྤྱི་བོར་ཟུགས་པའི་ནང་བརྒྱུད་དེ་བདུད་རྩི་སྣ་ལྔ་འོད་ཟེར་དང་བཅས་པའི་རྒྱུན་བབ། རང་གཞན་སེམས་ཅན་ཐམས་ཅད་ཀྱི་སྤྱི་བོ་ནས་ཞུགས། ལུས་ཀྱི་ནང་ཐམས་ཅད་གང་། སྡིག་སྒྲིབ་ཉེས་ལྟུང་གི་ཚོགས་ཐམས་ཅད་ལུས་ཀྱི་བ་སྤུའི་བུ་ག་ནས་དུད་ཁུ་དང་སོལ་ཁུའི་རྣམ་པར་ཕྱིར་དེད་པས། ལུས་དྭངས་གསལ་འོད་ཀྱི་རང་བཞིན་དུ་གྱུར་ཅིང་། རྗེ་བླ་མའི་སྐུ་གསུང་ཐུགས་ཀྱི་བྱིན་རླབས་མཐའ་དག་རང་རྒྱུད་ལ་ཞུགས་སོང་སྙམ་པའི་མོས་པ་བརྟན་པོ་དང་བཅས་དམིགས་བརྩེ་མ་ཅི་མང་བཟླ། འདིར་ལས་དང་པོ་པ་ལ་མགོ་ཕྱིར་མ་དག་པ་འབྲུད་པའི་དམིགས་སྐོར་བསྟན་ཅིང་། མི་ཤེས་པ་བསལ་བ་སོགས་བགྱི་བར་འདོད་ན་གཞན་ལས་ཤེས་པར་བྱ།

གསུམ་པ་མཇུག་ཏུ་ཇི་ལྟར་བྱ་བ་ནི། ཡིག་བརྒྱས་ལྷག་ཆད་ཁ་བསྐང་། མཚམས་འདིར་མཆོད་གཏོར་འབུལ་བར་འདོད་ན། ཧླཱིཿཧྲཱིཿསངས། སྭ་བྷཱ་ཝས་སྦྱངས། སྟོང་པའི་ངང་ལས་ཨོཾ་ལས་རིན་པོ་ཆེའི་སྣོད་ཡངས་ཤིང་རྒྱ་ཆེ་བའི་ནང་དུ་གཏོར་མ་ཐུལ་དུ་བྱུང་བའི་ལྷ་རྫས་སུ་གྱུར། རྗེ་བླ་མའི་ཐུགས་འོད་ཟེར་གྱི་སྤྱན་དྲངས་གཏོར་མའི་བཅུད་དྲངས་ཏེ། གསོལ་བར་གྱུར་པར་བསམ་ལ། ཨོཾ་གུ་རུ་བཛྲ་དྷ་ར་སུ་མ་ཏི་ཀཱིརྟི་ས་པ་རི་ཝ་ཨི་དཾ་སོགས་ཀྱིས་དབུལ། དཔལ་ལྡན་ས་གསུམ་མས་བསྟོད། ལུས་ངག་ཡིད་གསུམ་ཞེས་སོགས་ཡན་ལག་བདུན་པ་མདོར་བསྡུས་དང་། མཎྜལ་བསྡུས་པ་ཕུལ་ཏེ་དོན་ཆེན་གསུམ་གྱི་སྒོ་ནས་གསོལ་བ་འདེབས་པ་ཡོན་ཏན་གཞི་གྱུར་མ་བརྗོད་ཅིང་ཚིག་དོན་ལྟར་བྱིན་རླབས་འཇུག་པར་གསོལ་བ་བཏབ་པས། རྗེ་བླ་མའི་སྐུ་གསུང་ཐུགས་ཀྱིས་བྱིན་རླབས་ཐམས་ཅད་བདུད་རྩི་དཀར་དམར་མཐིང་གསུམ་གྱི་རྣམ་པར་བྱོན་ཏེ། རང་གི་ལུས་ངག་ཡིད་གསུམ་ལ་ཐིམ་པས་སྒོ་གསུམ་བྱིན་གྱིས་བརླབས་ཤིང་། སྐྱེས་བུ་གསུམ་དང་ཟབ་ལམ་གྱི་རིམ་པ་ཁྱད་པར་ཅན་རང་རྒྱུད་ལ་སྐྱེས་པའི་ནུས་པ་མཐུ་ཅན་དུ་གྱུར་སོང་སྙམ་པའི་མོས་པ་བརྟན་པོ་བྱ། དེ་ལྟར་ཐུན་གསུམ་མམ་བཞིར་བཅད་དེ་རྗེས་མའི་མཐར། དཔལ་ལྡན་རྩ་བའི་ཞེས་སོགས་ལན་གསུམ་མམ། བདུན་གྱི་སྒོ་ནས་གསོལ་བ་བཏབ་པས། སྲས་གཉིས་སེང་ཁྲི་དང་བཅས་པ་གཙོ་བོར་ཐིམ། དེ་ཡང་རང་གི་སྤྱི་བོར་བྱོན་པ་ལ། ཁྱོད་ནི་བླ་མ་ཞེས་སོགས་ཀྱི་གསོལ་བ་ཕྱུར་བཙུགས་སུ་ལན་གསུམ་བཏབ་ཅིང་མཇུག་ཏུ། དཔལ་ལྡན་རྩ་བའི་བླ་མ་ཞེས་སོགས་ལན་ཅིག་བརྗོད་པས་རང་གི་སྤྱི་བོའི་ཚངས་བུག་ཏན་གྱིས་བྱེ་བའི་ནང་དུ་ཞུགས། དབུ་མའི་ལམ་བརྒྱུད་སྙིང་ག་པདྨ་འདབ་བརྒྱད་རྣམ་པའི་དཀྱིལ་དུ་མཐེབ་སོར་གྱི་ཚད་ཙམ་དུ་བྱོན། རང་སེམས་དང་ངོ་བོ་དབྱེར་མེད་དུ་གྱུར་སོང་སྙམ་པ་དང་། པདྨ་དེ་ཁ་ཙུབ་ཀྱིས་ཟུམ་སྟེ་མཐར་དམིགས་བརྩེ་མའི་སྔགས་ཀྱིས་བསྐོར་བར་གྱུར་པའི་མོས་པ་བགྱིས་ཏེ་ཁ་ཟས་དང་། ཉལ་ལྡང་གི་རྣལ་འབྱོར་སོགས་ལ

བརྗོད་པར་བྱའོ། སླས་པ། རྒྱལ་ཀུན་དུས་གསུམ་མཆོད་ལས་དྲིན་ཅན་རྗེའི། །བ་སྤུ་གཅིག་ཙམ་མཆོད་པ་བསོད་ནམས་ཚོགས། །ཟླ་ན་འཕགས་པ་གསུངས་ཕྱིར་དེ་ལྟའི་ཚུལ། །ཉམས་སུ་ལེན་འདི་འང་ཨེ་མ་སྐལ་བ་བཟང་། །འདིར་འབད་ལེགས་བྱས་རྣམ་དཀར་དགེ་བའི་ཚོགས། །གཅིག་ཏུ་བསྡུས་ལས་འགྲོ་ཀུན་རྗེ་བླ་མས། །འབྲལ་མེད་རྗེས་བཟུངས་སྙིང་པོའི་ལམ་བཟང་མཆོག །གཅིག་ཏུ་སྤྱོད་དེ་རྫོགས་བྱང་སར་བགྲོད་ཤོག །ཅེས་པ་འདི་ཡང་མདུན་གཡོག་དྲུང་རམ་པ་བློ་བཟང་དཔལ་ལྡན་ནས་བསྐུལ་ངོར་ཤཱཀྱའི་རིང་ལུགས་འཛིན་པ་བློ་བཟང་ཐུབ་བསྟན་ཆོས་ཀྱི་ཉི་མ་དགེ་ལེགས་རྣམ་རྒྱལ་དཔལ་བཟང་པོས་གོང་མའི་གསུང་ལས་བཏུས་ཏེ་བྲིས་པ་དགེ་ལེགས་འཕེལ། །

༄༅། །དམིགས་བརྩེ་མའི་ཚིག་འགྲེལ་མི་རྟོག་འཕྲེང་མཛེས་ཞེས་བྱ་བ་བཞུགས་སོ། །

ན་མོ་གུ་རུ་མཉྫུ་གྷོ་ཥ་ཡ། འགྲོ་ཀུན་སྒྱུ་མ་ལྟ་བུར་མཁྱེན་ནས་བདེན་པར་ཞེན་པའི་དམིགས་པ་མེད་པའི་བརྩེ་བའི་འབྱུང་གནས་གཏེར་ཆེན་སྤྱན་རས་གཟིགས་དབང་ཕྱུག །མཐའ་དག་ཤེས་བྱའི་གནས་ལ་རྨོངས་པའི་དྲི་མ་མེད་པར་ཇི་བཞིན་མཁྱེན་པའི་དབང་པོར་གྱུར་པ་འཇམ་པའི་དབྱངས་དང་དབྱེར་མེད་ཅིང་། །མ་ལུས་ཆོས་ཀུན་གཟིགས་ལ་འགྲན་པའི་ཟླས་དབེན་གངས་ཅན་བོད་ཀྱི་མཁས་པའི་གཙུག་རྒྱན་མདོ་སྔགས་ཙོང་ཁ་ལས་འཁྲུངས་པ། །ཟླ་མེད་བླ་མ་བློ་བཟང་གྲགས་པའི་དཔལ་ཞེས་མཚན་གསོལ་གང་དེའི་ཞབས་ལ་གསོལ་བ་འདེབས་སོ་མཆོག་དང་ཐུན་མོང་དངོས་གྲུབ་སྩོལ། །དེ་ལ་འདིར་རྗེ་བཙུན་ཙོང་ཁ་པ་ཆེན་པོའི་གསོལ་འདེབས་ཀྱི་གཙོ་བོ་དང་སྙིང་པོར་གྱུར་པ་དམིགས་བརྩེ་མ་ཞེས་གྲགས་པའི་ཚིག་དོན་འཆད་པ་ལ་གཉིས། སྔོན་དུ་འགྲོ་བ་དང་། སྐབས་ཀྱི་དོན་ནོ། །དང་པོ་ནི། རྗེ་བླ་མ་ཉིད་ངེས་དོན་དུ་རྗེ་བཙུན་འཇམ་དབྱངས་དང་ངོ་བོ་དབྱེར་མེད་པའི་ཕྱིར་ཡོན་ཏན་བསམ་གྱིས་མི་ཁྱབ་པ་ནི་གཞིར་བཅས་ལ། དེར་མ་ཟད་ལྷོ་བྲག་གྲུབ་ཆེན་གྱི་ཉམས་སྣང་ལ་ལུང་བསྟན་དུ་བྱམས་པའི་སྤྲུལ་པར་བསྟན་ཅིང་། རྒྱལ་བ་དབེན་ས་པས་སྟོན་པའི་སྤྲུལ་པར་བཤད་པས་མཐའ་གཅིག་ཏུ་ངེས་དཀའོ། །སྐུ་ཚེ་འདི་ལའང་ཐ་མལ་བའི་དགེ་སློང་རྣམ་དག་གི་ཚུལ་བཟུང་ནས་ཐོས་བསམ་སྒོམ་གསུམ་འཆད་རྩོད་རྩོམ་གསུམ་གྱི་འཛད་པས་ནི། འཕགས་ཡུལ་གྱི་མགོན་པོ་ཀླུ་སྒྲུབ་དང་། དཔལ་ལྡན་ཟླ་བ་ལྟ་བུ་མ་གཏོགས། དེ་ལས་གཞན་པའི་མཁས་གྲུབ་ཐམས་ཅད་ཀྱང་ཟིལ་གྱིས་མནན་པར་གྱུར་ན། བོད་ཀྱི་མཁས་གྲུབ་རྣམས་ལྟ་ཅི་སྨོས་པ་སོགས་རྣམ་ཐར་ལས་ཤེས་དགོས་སོ། །དེ་ཡང་རང་བཞིན་དྲང་པོར་བརྗོད་པ་ཡིན་གྱི། སྙན་ངག་པས་ཕུལ་བྱུང་རབ་རྟོག་གི་རྒྱན་དུ་བྱས་པ་ལྟ་བུ་ཙུད་ཆེན་པོས་བརྗོད་པ་ནི་མ་ཡིན་ནོ། །གསོལ་འདེབས་འདི་ནི། རྗེའི་གསུང་འབུམ་ཐོར་བུ་ལས། དྲི་མེད་མཁྱེན་པའི་དབང་པོ་འཇམ་པའི་དབྱངས། །ཚད་མེད་བརྩེ་བའི་གཏེར་ཆེན་སྤྱན་རས་གཟིགས། །གངས་ཅན་མཁས་པའི་གཙུག་རྒྱན་རེད་

མདའ་བ། །གཞོན་ནུ་བློ་གྲོས་ཞབས་ཀྱི་པད་མོར་འདུད། །ཐར་འདོད་བུང་བ་བདག་ཀྱང་བསྐྱང་དུ་གསོལ། །ཞེས་འབྱུང་ལ། དེ་ཉིད་རྗེས་རང་གི་བླ་མ་རྗེ་བཙུན་རེད་མདའ་བ་ལ་ཕུལ་བས། ཁོང་གིས་བསྟོད་པ་འདི་ང་ལ་མི་འོས། ཁྱོད་ཉིད་ལ་འོས་སོ་ཞེས་གསུངས་ནས་རྗེ་བླ་མ་སླར་ཕུལ་བས། འབྲི་བའི་ཚེ་ཚད་མེད་ཅེས་པ་ནི་དམིགས་མེད་དང་། རེད་མདའ་བའི་དོན་རྗེ་ཉིད་ལ་བསྒྱུར་བ་ཡིན་ཞེས་གསུངས་རྒྱུན་དུ་གྲགས་པ་ལྟར་རོ། །གཉིས་པ་ལ་གཉིས། ཚིག་དོན་དང་། དེ་ལ་མཐའ་ཅུང་ཟད་དཔྱད་པའོ། །དང་པོ་ནི། སྙིང་རྗེ་ལ་སེམས་ཅན་ལ་དམིགས་པའི་སྙིང་རྗེ། ཆོས་ལ་དམིགས་པའི་སྙིང་རྗེ། དམིགས་མེད་ཀྱི་སྙིང་རྗེ་དང་གསུམ་ཡོད་པའི་དང་པོ་ནི། དམིགས་ཡུལ་སེམས་ཅན་མི་རྟག་པ་དང་བདེན་མེད་སོགས་ཀྱི་རྣམ་པ་མ་ཤར་བར་སྡུག་བསྔལ་ལས་སྐྱོབ་འདོད་ཀྱི་སྙིང་རྗེ་དང་། གཉིས་པ་ནི། སེམས་ཅན་མི་རྟག་པ་དང་རང་རྐྱ་ཐུབ་པའི་རྫས་ཡོད་ཀྱིས་སྟོང་པ་ལྟ་བུས་ཁྱད་པར་དུ་བྱས་ནས་སྡུག་བསྔལ་ལས་སྐྱོབ་འདོད་ཀྱི་སྙིང་རྗེ་དང་། གསུམ་པ་ནི། སེམས་ཅན་བདེན་མེད་ཀྱི་རྣམ་པ་ཤར་བའི་སྒོ་ནས་སྡུག་བསྔལ་ལས་སྐྱོབ་འདོད་ཀྱི་སྙིང་རྗེ་སྟེ། དེ་གསུམ་ལས་ཕྱི་མ་མཆོག་སྟེ་དེའི་དབང་དུ་བྱས་ན། དམིགས་ཡུལ་སྡུག་བསྔལ་ཅན་གྱི་སེམས་ཅན་རང་བཞིན་གྱིས་སྟོང་པར་ངེས་པ་སྔོན་དུ་བཏང་ནས། དེ་ལྟར་རང་བཞིན་མེད་པའི་སེམས་ཅན་འདི་རྣམས་སྡུག་བསྔལ་མཐའ་དག་ལས་བསྒྲལ་བར་བྱའོ་སྙམ་པའི་ཚུལ་གྱིས་བདེན་འཛིན་གྱི་དམིགས་པའི་གཏད་སོ་མེད་པའི་བརྩེ་བ་སྙིང་རྗེ་ཆེན་པོའི་འབྱུང་གནས་ཡིན་པས་ན་གཏེར་ཆེན་པོ་སྟེ། ཡོན་ཏན་དེ་དག་དང་ལྡན་པ་སྤྱན་རས་གཟིགས་དབང་ཕྱུག་དང་མཚུངས་ཤིང་། དེར་མ་ཟད། རྗེ་ལྟ་རྡེ་སྙེད་ཀྱིས་བསྡུས་པའི་ཤེས་བྱ་མཐའ་དག་མངོན་སུམ་དུ་གཟིགས་པ་ལ་འགྲིབ་པའི་དྲི་མ་ཕྲ་མོ་ཙམ་ཡང་མེད་པར་རྗེ་བཞིན་གསལ་བར་མཁྱེན་པའི་དབང་པོ་གཙོ་བོ་འཇམ་པའི་དབྱངས་དང་དབྱེར་མེད་ལ། མདོ་རྒྱུད་ཀྱི་གཞུང་དོན་མཐའ་དག་དང་ཁྱད་པར་གངས་ཅན་འདིར་སྔོན་བྱོན་པའི་མཁས་གྲུབ་སུས་ཀྱང་རྟོགས་པར་མ་ནུས་པའི་ཟབ་དོན་རྗེ་བཞིན་དུ་གཟིགས་པས། འཛམ་གླིང་གི་མཁས་དབང་དུ་མ་དང་ཁྱད་པར་བོད་ཡུལ་གངས་ཅན་ཁྲོད་ཀྱི་མཁས་པ་མ་ལུས་པའི་སྤྱི་བོས་འདུད་པར་བྱེད་པས་ན། དེའི་གཙུག་རྒྱན་ནོར་བུ་ལྟ་བུར་གྱུར་པའི་ཤར་ཙོང་ཁ་པ་སྟེ་ཙོང་ཁའི་ཡུལ་དུ་འཁྲུངས་པའི་ཡུལ་

མེད་སྟེ། དེ་ཡང་རི་ཙོང་ཙོང་ཡོད་པ་དང་། ཙོང་འདེབས་པའི་ཡུལ་དུ་ཁྲུངས་པའི་བཤད་པ་གཉིས་སོ། །ཆོས་རྗེ་དོན་གྲུབ་རིན་ཆེན་གྱི་དྲུང་དུ་རབ་ཏུ་བྱུང་བའི་ཚེ་མཚན་བློ་བཟང་གྲགས་པའི་དཔལ་ཞེས་གསོལ་བ་གང་དེའི་ཡོན་ཏན་ཁྱད་པར་ཅན་རྣམས་དྲན་པའི་སྒོ་ནས་སྐུའི་དམའ་ཕྱོས་ཞབས་ཀྱི་པད་མོ་ལ་གུས་པས་གསོལ་བ་འདེབས་སོ། །ཞེས་པ་ནི་དངོས་ཀྱི་དོན་ནོ། །གཉིས་པ་མཐའ་དཔྱད་པ་ལ། འོ་ན། རེད་མདའ་བར་ཕུལ་བའི་ཚེ་ཚད་མེད་བརྩེ་བའི་ཞེས་གསུངས་པ་དང་། འདིར་དམིགས་མེད་ཅེས་འབྱུང་བའི་ཁྱད་པར་ཅི་ལྟར་ཞེ་ན། ཁ་ཅིག དེའི་ཚད་མེད་ཅེས་སྨོས་པ་ནི། ཚད་མེད་བཞིའི་ནང་ཚན་གྱི་སྙིང་རྗེ་ཚད་མེད་ཡིན་ལ། འདིར་ནི་དམིགས་མེད་ཀྱི་སྙིང་རྗེ་ཡིན་ཞེས་གསུངས། གཞན་དག་ན་རེ་དེ་ནི། སེམས་ཅན་གྱི་གྲངས་ཚད་བཟུང་བར་མི་ནུས་པ་ལ་དམིགས་པས་ཚད་ཅེས་པ་སྟེ། འདིར་དམིགས་མེད་ཅེས་པའི་དོན་ཀྱང་དེའོ་ཞེས་ཟེར་ཡང་། རང་ལུགས་ནི། ཚིག་དོན་གྱི་སྐབས་སུ་བཤད་པ་བཞིན་ཡིན་ལ། འོན་ཀྱང་རྗེའི་གསུང་ཉིད་ལས་ཚད་ཅེས་འབྱུང་བ་ནི། སེམས་ཅན་ཚད་མེད་པ་ལ་དམིགས་པའི་དོན་ཡིན་པ་ལ་ཉེའོ། །དྲི་མེད་ནི་ཉོན་མོངས་དང་ཤེས་བྱའི་སྒྲིབ་པའི་དྲི་མ་མེད་པའི་དོན་དུ་སྦྱོར་བཤད་དུ་རུང་ཡང་འདིར་འཁྲུལ་བ་དང་རྨོངས་པའི་དྲི་མ་མེད་པ་ལ་འཆད་པ་སྐབས་སུ་བབ་པར་སྣང་ངོ་། །ཡང་འདིར་རྗེ་ལ་བསྟོད་པའི་སྐབས་སུ་སྤྱན་རས་གཟིགས་དང་འཇམ་དབྱངས་ལ་བསྟོད་པ་ལྟ་བུ་བྱུང་བ་ནི་མ་འབྲེལ་ལོ་སྙམ་ན། སྐྱོན་མེད་དེ། དེའི་དོན་ནི་སྔར་བཞིན་ཡིན་པར་མ་ཟད། གསོལ་འདེབས་འདི་ནི་སྤྱན་རས་གཟིགས་འཇམ་དབྱངས་རྗེ་བླ་མ་གསུམ་གྱི་ཐུན་མོང་བའི་གསོལ་འདེབས་སུ་བྱས་ན་ནང་མི་འགལ་ལ། ཚིག་རྐང་གཉིས་པ་དང་གསུམ་པས་ཤུགས་ལ་ནུས་པ་ཕྱག་རྡོར་དང་འདྲ་བར་བསྟན་ཞེས་བཤད་པ་ལྟར་ན། རྗེ་བླ་མ་ཉིད་རིགས་གསུམ་མགོན་པོ་དང་དབྱེར་མ་མཆིས་པའི་སྒོ་ནས་བསྟོད་པ་དང་། སྤྱན་རས་གཟིགས་ནི་སྙིགས་མའི་འགྲོ་བ་སྤྱི་དང་ཁྱད་པར་བོད་ཁམས་ལ་ཆོས་སྲིད་གཉིས་ཀྱི་སྒོ་ནས་ལྷག་པར་བཀའ་དྲིན་ཆེ་བ་དང་། འཇམ་པའི་དབྱངས་ནི་སེམས་ཅན་སྤྱི་དང་བོད་ཁམས་ལ་ཆོས་ཀྱི་བཀའ་དྲིན་ལྷག་པར་ཆེ་ཞིང་། སྤྱན་རས་གཟིགས་ཀྱི་མཚན་བརྗོད་ན་ཕན་ཡོན་ཤིན་ཏུ་ཆེ་བ་ནི། མདོ་སྡེ་ཟ་མ་ཏོག། སྡོང་པོ་བཀོད་པ། སྤྱན་རས་གཟིགས་ཀྱི་རྒྱུད་མདོ་སྡེ་པད་དཀར་སོགས་ལས་འབྱུང་ཞིང་། འཇམ་

དབྱངས་ཀྱི་མཚན་བརྗོད་ན་ཕན་ཡོན་ལྷག་པར་ཆེ་བ་ནི། མཚན་བརྗོད་དང་། དཀོན་བརྩེགས་སོགས་ལས་བཤད་ཅིང་། དེ་ཡང་ཕོང་རྣམ་གཉིས་ཀྱི་མཚན་ནས་གྲུས་པས་བརྗོད་པའི་ཕན་ཡོན་ནི། སངས་རྒྱས་འབུམ་གྱི་མཚན་བརྗོད་པ་དང་འདྲ་བར་བཤད་དེ། དགོས་པ་དེ་ལྟ་བུར་གཟིགས་ནས་འདིར་དེ་གཉིས་ཀྱི་མཚན་སྨོས་པར་གསོལ་ལོ། །དེས་ན་གསོལ་འདེབས་འདི་ནི་རྗེའི་གསོལ་འདེབས་གཞན་ལས་ཁྱད་པར་དུ་འཕགས་པས་བྱིན་རླབས་འབྱུང་བའི་སྒོ་གཞན་དང་མི་འདྲའོ། །དེའི་ཕྱིར་རྗེ་ཉིད་ལ་གསོལ་བ་འདེབས་པས་ནི་གཙོ་བོར་འདི་ལ་ཉམས་ལེན་བྱ་ཞིང་། བསམ་པ་འཛིན་ཤེས་ན་རིགས་གསུམ་མགོན་པོ་ལའང་གསོལ་འདེབས་ཀྱི་གོ་ཆོད་པ་སྔར་སྨོས་པ་དེས་འགྲུབ་པ་ཡིན་ནོ། །སྨྲས་པ། །ཡེ་ཤེས་རང་གཟུགས་བརྟན་པའི་འཁོར་ལོ་ཉིད། །ཟུར་ཕུད་དོར་ནས་གངས་ཅན་འཛིན་མ་འདིར། །ངུར་སྨྲིག་ཐོལ་ལ་བརྟེན་ནས་ཐུབ་བསྟན་གྱི། །ཤིང་རྟའི་སྲོལ་འབྱེད་རྗེ་བཙུན་བླ་མ་རྒྱལ། །གང་དེའི་གསོལ་འདེབས་ཡིད་བཞིན་ནོར་བུ་མཆོག །ཚིག་འགྲེལ་རྒྱལ་མཚན་རྩེ་མོར་བཏེགས་ཟིན་གྱི། །ལེགས་བཤད་འདོད་དགུ་དོན་གཉེར་བློ་ལྡན་དག །མཆོད་སྦྱིན་ཆེད་དུ་དགའ་བས་ད་འདུས་ཤིག། དེ་ལས་ཐོབ་པའི་རྣམ་དཀར་དགེ་བའི་རྩ། །ཅུང་ཟད་མཆིས་པ་དེ་ཡང་ཆེ་རབས་ཀུན། །རྒྱལ་བའི་ལུང་རྟོགས་བསྟན་པ་མ་ལུས་དང་། །ཡབ་རྗེ་བླ་མའི་དམ་ཆོས་འཛིན་ཕྱིར་བསྔོ། །ཞེས་དམིགས་བརྩེ་ཚིག་འགྲེལ་མེ་ཏོག་འཕྲེང་མཛེས་ཞེས་བྱ་བ་འདི་ནི། རང་གི་སློབ་མ་འགའ་ཞིག་གིས་བསྐུལ་བས་རྐྱེན་བྱས་ཏེ། ཤཱཀྱའི་དགེ་སློང་བཤད་སྒྲུབ་མིང་ཅན་རང་ཉིད་ཀྱིས་ཀྱང་དད་པས་སྦྱར་བའོ། །མངྒ་ལཾ། །

༄༅། །དམིགས་བརྩེ་མའི་རི་ལ་སྒྲུབ་དང་འབྲེལ་བའི་ཆར་འབེབས་ཀྱི་ལས་ཚོགས་ཕན་བདེའི་འབྱུང་གནས་ཞེས་བྱ་བ་བཞུགས་སོ། །

ན་མོ་གུ་རུ་མཉྫུ་གྷོ་ཥ་ཡ། རྒྱལ་བ་ཀུན་གྱི་མཁྱེན་བརྩེའི་ཕུང་པོ་ཉིད། །རྒྱལ་བའི་དམ་ཆོས་མ་ལུས་འཛིན་པའི་ཕྱིར། །རྒྱལ་སྲས་གཞོན་ནུའི་གང་གྱིས་རྣམ་རོལ་བ། །རྒྱལ་བའི་གདུང་འཚོབ་བཙོང་ཁ་པ་དེར་འདུད། གང་དེའི་གསང་བའི་འཕྲིན་ལས་ཞེས་གྲགས་པ། །དངོས་གྲུབ་ཆར་ཆེན་འབེབས་པའི་ཐབས་ཀྱི་མཆོག །རི་ལ་སྒྲུབ་ཆོ་ག་ཕན་བདེ་འབྱུང་བའི་གནས། །དམ་པའི་མན་ངག་ཇི་བཞིན་བཤད་པར་བྱ། དེ་ལ་རྗེ་བཙུན་བཙོང་ཁ་པ་ཆེན་པོའི་གསོལ་འདེབས་ཀྱི་སྙིང་པོ་དམིགས་བརྩེ་མའི་ལས་ཚོགས་ཆར་འབེབས་བྱེད་ཚུལ་སོགས་རིམ་པ་བཅུ་གཅིག་སྣང་བ་ལས། དང་པོ་ཆར་འབེབས་ཀྱི་ལས་ཚོགས་བསྒྲུབ་པ་ལ་གཉིས། རི་ལ་བུ་སྒྲུབ་པ་དང་། ལས་ལ་སྦྱར་བའོ། །དང་པོ་ནི། གནས་གཙང་མར་རྗེ་བླ་མའི་སྐུ་སོགས་རྟེན་བཀྲམ། ཆར་འབེབས་གཙོ་བོར་བྱེད་ན་ཀླུ་རྫི་སོགས་དང་མ་འདྲེས་པའི་སྨན་སྣ་ཚོགས་དང་ར་དཀར་དང་བ་དམར་གྱི་འོ་མ་གྲོ་ཟན་དང་སྦྱར་བའི་རི་ལ་བུ་ཅི་ཙམ་འདོད་པར་བྱས་ལ། ན་བཟའ་གུར་གུམ་སོགས་ཀྱིས་སེར་པོར་བྱ་བའམ། ཡང་ན་མཚལ་གྱིས་དམར་པོར་བསྒྱུར་ནས། ཟངས་བུམ་གྱི་ནང་དུ་བླུག བུམ་པ་གསུམ་སོགས་བྱེད་ཆེ་གཅིག་ཏུ་སྣང་བཞིན་བྱ་ལ། གཞན་རྣམས་སུ་མ་ཧེ་རི་ལ་བུར་འགྲོ་བའི་རྫས་རྣམས་བསྲེར་རུང་ཞིང་། ཐུ་མ་ཀླུའི་དོན་དང་། གཞན་རྣམས་སྒྲིབ་བདག་སོགས་ཀྱི་ཆེད་དུ་དགོས་སོ། །གང་ལྟར་ཡང་རི་ལ་བུ་ཀླུག་པའི་བུམ་པ་རྣམས་དར་དམར་གྱིས་ཁ་བཅིངས་ཏེ་སྟེགས་མཐོན་པོའི་ཁར་བཀོད་ལ། མཐར་མཆོད་པ་ཅི་འབྱོར་བཤམ་ཞིང་གཙང་སྦྲ་འཐོན་པར་བྱའོ། །དེ་ནས་སྒྲུབ་པ་པོ་རྣམས་འཁོད་དེ། སྐྱབས་འགྲོ་སེམས་བསྐྱེད་ཚད་མེད་པ་ནི་སྤྱི་དང་མཐུན་པར་བྱ་བདག་མདུན་གཉིས་ཀྱི་དང་པོ་བདག་བསྐྱེད་ལ་རྒྱས་བསྡུས་གཉིས་ལས། བསྡུས་པ་ནི། རང་ཉིད་སྐད་ཅིག་གིས་རྗེ་བཙུན་བཙོང་ཁ་པ་ཆེན་པོའི་སྐུར་གསལ་བར་གྱུར་བར་བསམས་ལ་མཆོད་པ་རྣམས་ཐུན་མོང་དུ། ཨ་ཀྲོ་ཏས་བསང་ངས། སྭ་བྷཱ་ཝས་སྦྱངས། སྟོང་པའི་ངང་ལས་བྷྲཱུཾ་ལས་བྱུང་བའི་རིན་པོ་ཆེའི་སྣོད་ཡངས་ཤིང་རྒྱ་ཆེ་བ་རྣམས་ཀྱི་ནང་དུ་རང་རང་གི་མིང་ཡིག་དང་པོ་ཐིག་ལེ་བརྒྱན་པ་ཞུ་བ་ལས་བྱུང་བའི་ཀུན་དུ་བཟང་པོའི་མཆོད་སྤྲིན་ས་དང་བར་

སྣང་གི་ཁྲོན་ཐམས་ཅད་གང་བར་གྱུར། ཨོཾ་ཨཱཿཧཱུྃ། ལན་གསུམ་གྱིས་སམ། ཡང་ན་ཀུན་རིག་ཆེ་དཔག་མེད་ལྷ་བུའི་མཆོད་པ་བཞིན་སོ་སོར་བྱིན་བརླབ་བྱ། ཚོགས་ཞིང་བྱེད་ན། རང་གི་ཐུགས་ཀའི་ཧཱུྃ་ལས་འོད་ཟེར་འཕྲོས། རང་བཞིན་གྱི་གནས་ནས་ཆོས་ཀྱི་རྒྱལ་པོ་ཙོང་ཁ་པ་ཆེན་པོ་ལ་བླ་མ་ཡི་དམ་སངས་རྒྱས་བྱང་སེམས་དཔའ་བོ་མཁའ་འགྲོ་ཆོས་སྐྱོང་སྲུང་མའི་ཚོགས་ཀྱིས་བསྐོར་བ་ཨོཾ་བཛྲ་ས་མཱ་ཛཿམ་ལུས་སེམས་ཅན་སོགས་ཚིགས་བཅད་གཅིག་དང་། ཕུན་ཚོགས་བདེ་ལེགས་སོགས་དང་། རྣམ་དག་ཆོས་ཀྱི་དབྱིངས་སོགས་དང་། ཐུགས་རྗེའི་བདག་ཉིད་སོགས་ཀྱིས་སྤྱན་དྲངས་ནས། བདག་དང་འགྲོ་ལ་སོགས་ཀྱིས་བཞུགས་སུ་གསོལ་ཏེ། ཁྲུས་གསོལ་རྒྱས་བསྡུས་ཅི་རིགས་སམ། ཡང་ན་བཟང་སྤྱོད་སོགས་ནས་འབྱུང་བའི་ཡན་ལག་བདུན་པ་ཙམ་མམ། ཨོཾ་གུ་རུ་བུདྡྷ་བོ་དྷི་ས་ཏྭ་ས་པ་རི་ཝཱ་ར་ཨརྒྷཾ་སོགས་ཀྱིས་མཆོད་པར་བྱའོ། །བསྟེན་དེ་ས་ཚོག་ལ། ཙུང་ཟད་རྒྱས་པར་བྱེད་ན། སྭ་བྷཱ་ཝས་སྦྱངས། སྟོང་པའི་ངང་ལས། ཡཾ་ལས་རླུང་དང་ཨ་ལས་ཟླ་བའི་དཀྱིལ་འཁོར་གྱི་སྟེང་དུ་ཧྲཱིཿཡིག་དམར་སེར། དེ་ལས་འོད་ཟེར་འཕྲོས། དོན་གཉིས་བྱས། འདུས་ཡོངས་སུ་གྱུར་པ་ལས། རང་ཉིད་ངོ་བོ་ཆོས་ཀྱི་རྒྱལ་པོ་ཙོང་ཁ་པ་ཆེན་པོ་ལ་རྣམ་པ་རྗེ་བཙུན་འཇམ་པའི་དབྱངས་སྐུ་མདོག་དམར་སེར་ཞལ་གཅིག་ཕྱག་གཉིས་པ། བཅུ་དྲུག་ལོན་པའི་ན་ཚོད་ཅན། ཕྱག་གཡས་ཤེས་རབ་རལ་གྲི་འཕྱར་ཞིང་། གཡོན་པའི་མཐེབ་སྲིན་གྱིས་ཨུཏྤ་ལའི་ཡུ་བ་ནས་བཟུང་བའི་འདབ་མ་སྙན་གྱི་ཐད་དུ་ཁ་ཕྱེ་བའི་སྟེང་ན་ཤེར་ཕྱིན་གྱི་གླེགས་བམ་བསྣམས་པ། རལ་པའི་ཟུར་ཕུད་ལྔ་དང་ལྡན་ཞིང་། རིན་པོ་ཆེའི་དབུ་རྒྱན་ལ་སོགས་པ་རིན་པོ་ཆེའི་རྒྱན་སྣ་ཚོགས་པས་སྤྲས་པ། འོད་ཀྱི་ཕུང་པོའི་དབུས་ན་ཞབས་རྡོ་རྗེའི་སྐྱིལ་ཀྲུང་གིས་བཞུགས་པའི་སྤྱི་བོར་ཨོཾ་དཀར་པོ། མགྲིན་པར་ཨཱཿདམར་པོ། ཐུགས་ཀར་ཧཱུྃ་སྔོན་པོ། །དེ་ལས་འོད་ཟེར་འཕྲོས། རང་བཞིན་གྱི་གནས་ནས་རྗེ་བཙུན་ཙོང་ཁ་པ་དང་རྗེ་བཙུན་འཇམ་པའི་དབྱངས་དབྱེར་མ་མཆིས་པ་ལ་སངས་རྒྱས་དང་བྱང་ཆུབ་སེམས་དཔའི་ཚོགས་ཀྱིས་བསྐོར་བ་ཨོཾ་བཛྲ་ས་མཱ་ཛཿཛཿཧཱུྃ་བཾ་ཧོཿགཉིས་སུ་མེད་པར་གྱུར། སླར་ཡང་ཐུགས་ཀའི་ཧཱུྃ་ལས་འོད་ཟེར་འཕྲོས། དབང་གི་ལྷ་རྣམས་སྤྱན་དྲངས། ཁྱེད་རྣམས་ཀྱིས་བདག་ལ་མངོན་པར་དབང་བསྐུར་དུ་གསོལ། ཞེས་པ་ནས། ཆུའི་ལྷག་མ་སྤྱི་གཙུག་ཏུ་གནས་པ་ཡོངས་སུ་གྱུར་པ་ལས་མི་བསྐྱོད་པས་དབུ་བརྒྱན་པར་གྱུར་བར་བསམས་ལ། བསྟུན། ཨོཾ་ཨཱཪྻ་མཉྫུ་ཤྲཱི་ས་པ་རི་ཝཱ་ར་

ཨརྒྷཾ་ནས་ཤབྡའི་བར་གྱིས་མཆོད་ཅིང་རྒྱས་པར་ན་ཚིགས་བཅད་དང་སྦྱར། གཞོན་ནུའི་ཚ་ལུགས་སོགས་ཀྱིས་བསྟོད་ལ། རང་གི་ཐུགས་ཀའི་ཟླ་གདན་གྱི་སྟེང་དུ་དྷཱིཿཡིག་གི་མཐར་སྔགས་འཕྲེང་གིས་བསྐོར་བ་ལས་འོད་ཟེར་འཕྲོས། སེམས་ཅན་ཐམས་ཅད་ཀྱི་མི་ཤེས་པའི་མུན་པ་བསལ། རྒྱལ་བ་སྲས་བཅས་ཀྱི་མཁྱེན་རབ་ཐམས་ཅད་བསྡུས་ནས་རང་ཉིད་ལ་ཐིམ་པར་གྱུར་བར་བསམས་ལ། ཨོཾ་ཨ་ར་པ་ཙ་ན་དྷཱིཿཞེས་བརྒྱ་སྟོང་སོགས་བཟླ། མཐར་ཡིག་བརྒྱ་བརྗོད་ཅིང་། ཕྱིར་བཞིན་མཆོད་བསྟོད་བྱའོ། །གཉིས་པ་མདུན་བསྐྱེད་ལ། རི་ལ་བུ་ལྟར་བསྐྱེད་མི་བསྐྱེད་པའི་ཚུལ་གཉིས་སྣང་བ་ལས། འདིར་བསྐྱེད་པའི་ལུགས་ལྟར་བྱ་སྟེ། བུམ་པ་ཨ་མྲྀ་ཏས་བསངས། སྭ་བྷཱ་ཝས་སྦྱངས། སྟོང་པའི་ངང་ལས། བུམ་པ་གཉིས་སོགས་ཡོད་ན། ཧཱུྃ་ཧཱུྃ་ལས་བྱུང་བའི་རིན་པོ་ཆེའི་བུམ་པ་མཚན་ཉིད་ཐམས་ཅད་དང་ལྡན་པའི་ནང་དུ་རི་ལ་བུ་རྣམས་སྐད་ཅིག་གིས་རྗེ་བཙུན་འཇམ་པའི་དབྱངས་དང་ངོ་བོ་དབྱེར་མི་ཕྱེད་པའི་ཆོས་ཀྱི་རྒྱལ་པོ་ཙོང་ཁ་པ་ཆེན་པོ་སྐུ་མདོག་དཀར་ལ་དམར་བའི་མདངས་ཅན། ཞལ་གཅིག་ཕྱག་གཉིས་ཆོས་འཁོར་གྱི་ཕྱག་རྒྱ་མཛད་པས་ཡུ་བ་ནས་བཟུང་བའི་ཨུཏྤ་ལའི་སྟེང་ན་ཤེས་རབ་ཀྱི་རལ་གྲི་དང་ཤེར་ཕྱིན་གྱི་གླེགས་བམ་བསྣམས་པ། པན་ཞྭ་དང་ཆོས་གོས་རྣམ་གསུམ་གསོལ་ཞིང་། འོད་ཀྱི་ཕུང་པོའི་དབུས་ན་ཞབས་རྡོ་རྗེའི་སྐྱིལ་ཀྲུང་གིས་བཞུགས་པ་རྣམས་སུ་གྱུར། དེ་ཐམས་ཅད་ཀྱི་སྤྱི་བོར་ཨོཾ་དཀར་པོ། ནས་སྔོན་པོ། ཐུགས་ཀའི་ཧཱུྃ་གིས་འོད་ཟེར་འཕྲོས། རང་བཞིན་གྱི་གནས་ནས་ཆོས་ཀྱི་རྒྱལ་པོ་ཙོང་ཁ་པ་ཆེན་པོ་ལ་སངས་རྒྱས་དང་བྱང་ཆུབ་སེམས་དཔའི་ཚོགས་ཀྱིས་བསྐོར་བ་སྤྱན་དྲངས། ངོ་མཚར་རྨད་བྱུང་བཀོད་པའི་འཇིག་རྟེན་ནས། སོགས་དང་། ཆོས་རྣམས་རང་བཞིན་འགྲོ་འོང་སོགས་དང་། ཨོཾ་གུ་རུ་སུ་མ་ཏི་ཀཱིརྟི་ས་པྲ་རི་ཝཱ་ར་ཨེ་ཧྱ་ཧི་བཛྲ་ས་མ་ཡ་ཛཿ ཛཿ ཛཿཧཱུྃ་བཾ་ཧོཿ། གཉིས་སུ་མེད་པར་གྱུར། གོང་དུ་བདག་བསྐྱེད་རྒྱས་པ་བྱས་ན་འདིར་ཡང་མཆོད་པ་བྱིན་གྱིས་བརླབས། རབ་འབྱམས་རྒྱ་མཚོ་སོགས་སམ། ཆོས་དབྱིངས་རྣམ་དག་སོགས་དང་། ཆུ་བོ་གངྒཱའི་སོགས་གང་རུང་གི་མཇུག་ཏུ། ཨོཾ་གུ་རུ་སུ་མ་ཏི་ཀཱིརྟི་ས་པྲ་རི་ཝཱ་ར་ཨརྒྷཾ་ནས་ཤབྡ་པྲ་ཏཱི་ཙྪའི་བར་གྱིས་མཆོད། རྒྱས་པར་ན་འདོད་ཡོན་ལྔ་སོགས་འབུལ་ཡང་རུང་། དེ་ནས་ས་གསུམ་མ། གསང་བའི་རྣམ་ཐར། རྣམ་དག་གངས་རི་མ། ཙོང་ཁ་བརྒྱད་ཅུ་སོགས་ཅི་རིགས་ཀྱིས་བསྟོད་གསོལ་བྱས་པའི་མཐར། མ་ཎི་རི་ལ་སྒྲུབ་ནས་འབྱུང་བའི་རྒྱལ་བའི་སྲས་པོ་ཞེས་སོགས་ལ་ཚིག་ཐད་ཙུང་ཟད་བསྒྱུར་ཏེ་བརྗོད་ན་ལེགས་པས་འདི་ལྟར། རྒྱལ་བ་ཀུན་དངོས་

རྗེ་བཙུན་བཙོང་ཁ་པ། །གདུང་ཤུགས་དྲག་པོས་ཐུགས་རྗེའི་རྒྱུད་བསྐུལ་ན། །དམ་རྫས་རིལ་བུ་འདི་ལ་བྱིན་བརླབས་ལ། །འགྲོ་རྣམས་སྨིན་ཅིང་གྲོལ་བར་མཛད་དུ་གསོལ། །ཚེ་གཅིག་གསོལ་བ་བཏབ་པའི་བྱེད་པོ་ཡིས། །ཐུགས་ཀའི་ཧཱུྃ་ལས་འོད་ཟེར་ཚོགས་འཕྲོས་ཏེ། །རྒྱལ་བ་སྲས་བཅས་ཉན་རང་ལ་སོགས་པ། །སྐྱབས་གནས་ཀུན་གྱི་བྱིན་རླབས་ནུས་མཐུའི་ཚོགས། །འོད་དང་འོད་ཟེར་བདུད་རྩིའི་ཆུ་རྒྱུན་དང་། །རྗེ་བཙུན་སྐུ་ཡི་རྣམ་པར་ཐོགས་མེད་བསྡུས། །རིལ་བུ་གང་དེར་གསལ་ལ་དབྱེར་མེད་པར། །གཅིག་ཏུ་འདྲེས་ནས་བྱིན་གྱིས་བརླབས་པར་གྱུར། །ཅེས་ལན་གསུམ་མམ་གཅིག་བརྗོད་དེ། དམིགས་བརྩེ་མ་ཅི་ནུས་བགྲང་། བར་སྐབས་སུ་སྔར་གྱི་གསོལ་འདེབས་དེ་རྣམས་ཅི་རིགས་བྱས་ནའང་ཕུན་སུམ་ཚོགས་པར་འགྱུར་རོ། །འདི་ལ་རིལ་སྒྲུབ་གཙོ་བོ་བྱེད་ན་རབ་བྱེ་བའམ་ས་ཡ། འབྲིང་འབུམ་ཕྲག་བཞི། ཐ་མ་འབུམ་ཕྲག་གཅིག་བྱ་དགོས་སོ། །མཐར་ཡིག་བརྒྱ་ལན་གསུམ་དང་། ཕྱགས་མཆོད་ཙམ་མམ། མེ་ཏོག་དམ་པ་སོགས་ཀྱི་མཆོད་ལ། བློ་གྲོས་ཁང་བཟང་སོགས་ཀྱིས་བསྟོད། མ་རྟེད་སོགས་ཀྱིས་བཟོད་གསོལ་དང་། བདག་དང་འགྲོ་ལ་སོགས་ཀྱིས་བརྟན་བཞུགས་དང་ཤིས་བརྗོད་བྱའོ། །གྲོལ་བའི་ཉིན་གྱི་མཇུག་ཏུ། ཆང་པ་ཐམ་གཉིས་ལ། རིལ་བུ་རྗེ་བཙུན་བླ་མར་གསལ་བ་རྣམས། །འོད་ཞུ་གཉིས་སུ་མེད་པར་བྱིན་གྱིས་རློབས། །ཞེས་གསོལ་བ་བཏབ་པས་རིལ་བུ་བླ་མའི་རྣམ་པར་བཞུགས་པ་འོད་དུ་ཞུ་ནས་རིལ་བུ་སོ་སོའི་རྣམ་པ་ཅན་དུ་གྱུར་ཅེས་བརྗོད་ཅིང་བསམ། འདིར་ནི་གཟུགས་དང་ལྡན་ཅིག་ཏུ། སོགས་དང་། སུ་པྲ་ཏིཥྛ་བརྟན་བཞུགས་སོགས་བྱ། ཆོས་སྐྱོང་དང་གཞི་བདག་གི་གཏོར་མ་ཡང་སྤྱི་ལྟར་འབུལ་རུང་ངོ་། །

གཉིས་པ་ལ་ནི། རས་དཀར་པོ་ལ། དམིགས་མེད་སོགས་རྐང་པ་དང་པོ། །ལྗང་ཁུ་ལ། དྲི་མེད་སོགས་རྐང་པ་གཉིས་པ། དམར་པོ་ལ། གངས་ཅན་སོགས་དང་རྐང་པ་གསུམ་པ། སྔོན་པོ་ལ། བློ་བཟང་སོགས་རྐང་པ་བཞི་པ་རྣམས་གསེར་སོགས་རིན་པོ་ཆེའམ། མཚལ་དྲི་སྣན་སོགས་དང་སྦྱར་བས་དབུ་ཅན་དུ་འབྲི་ཞིང་། ལྷག་ཆད་སོགས་དང་བྲལ་བར་བྱའོ། །ཡང་སྔོན་པོ་ལྟ་ལ། དམིགས་བརྩེ་མ་ཡོངས་རྫོགས་དང་། གླུ་དབང་། སེ་ནྡྲའི་སྒྲའི་གཟུངས་དང་། རིགས་གསུམ་མགོན་པོའི་སྙིང་པོ། །གླུའི་གཟུངས་གཞན་དང་། ཁྱད་པར་ཨོཾ་ནཱ་ག་ཕུཿཕྲ་ཏེ་བཛྲ་དུཧྐེ། མི་ལི་མི་ལི། ཧཱུྃ་ཧཱུྃ་ཕཊ་ཕཊ། ཧ་རི་ཤ་ཡ་ཧ་རི་ཤ་ཡ། ཆར་དྲག་ཏུ་ཕོབ། མྱུར་དུ་ཕོབ། སྣ་ར་ཡ། ཧྲཱིཿ ཧྲཱིཿ ཧྲཱིཿཕོབ་མྱུར་དུ་ཕོབ། ཨོཾ་བཛྲ་སུ་མེ་ནི་ཏེ་མི་ལི་སྭཱཧཱ། ཆར་དྲག་ཏུ་ཕོབ། མྱུར་དུ་ཕོབ། ཞེས་པ་རྣམས་སྔར་ལྟར་བྲིས་ལ། བསྐྱེད་པ་ནི། ཨ་མྲྀ་ཏས་བསངས། སྟོང་པའི་ངང་ལས་སྐད་ཅིག་གིས་རྗེར་དར་དང་པོ་དཀར་ལྗང་དམར་སྔོན་པོ་བཞིན་དུ་ཡེ་ཤེས་ཀྱི་ཁྱུང་དཀར་པོ། ཁྱུང་

ཁྲ་བོ། ཁྱུང་དམར་པོ། ཁྱུང་ལྗང་སྔོན་བཞི། ཕྱག་གཡས་ན་རིམ་པ་བཞིན་དུ་འཁོར་ལོ། རིན་ཆེན། པདྨ། རལ་གྲི་དང་། གཡོན་ན་རང་རང་གི་ཁ་དོག་ཅན་གྱི་སྦྲུལ་བཟུང་ནས་ཞལ་དུ་གསོལ་བ། ནཱ་དང་མཆུ་སྡེར་རྣོ་ཞིང་། སྐུ་དཀར་ཕྱོགས་པ་རྣམས་ཇེ་ས་སུ་འཛིན་པ་དང་ནག་ཕྱོགས་པ་རྣམས་ཚར་གཅོད་པར་བྱེད་པའི་བདག་ཉིད་ཅན་དུ་གྱུར། གཞན་རྣམས་ནི་ སྐད་ཅིག་གིས་ཇེ་བླ་མ་ལ་སྐུ་དབང་གི་རྒྱལ་པོ་དང་། རིགས་གསུམ་གྱི་མགོན་པོ། སངས་རྒྱས་བྱང་སེམས་ཉན་རང་སྲུང་མའི་ཚོགས་ཀྱིས་བསྐོར་བར་གྱུར་བའི་སྤྱི་བོར་ཨོཾ་ནས་ཐུགས་ཀའི་ཧཱུྃ་ལས་འོད་ཟེར་འཕྲོས། རང་འདྲའི་ཡེ་ཤེས་པ་རྣམས་སྤྱན་དྲངས། ཛཿཧཱུྃ་བཾ་ཧོཿགཉིས་སུ་མེད་པར་གྱུར། ཨོཾ་བཛྲ་ཨརྒྷཾ་སོགས་ཀྱིས་མཆོད་ལ། ཕྱག་བྱར་སོགས་ཀྱིས་བསྟོད། དེ་རྣམས་ཀྱི་ཐུགས་ཀ་ནས་འོད་ཟེར་འཕྲོས་རྒྱལ་བ་སྲས་བཅས་སོགས་ཀྱི་བྱིན་རླབས་ཐམས་ཅད་འོད་ཀྱི་རྣམ་པར་བསྡུས་ནས་དེ་དག་གི་ཐུགས་ཀར་ཐིམ་པར་གྱུར་བར་བསམ། དམིགས་བཅེ་མ་དང་། ཏདྱ་ཐཱ། ཨོཾ་ཏ་ཐཱ་ག་ཏ་ཧྲ་ག་ཕཊ། ནཱ་ག་ནཱ་རེ་ཤྭ་ར་ཨ་ཧྲིཊྲ་ན་ཨ་ཧྲིཊྲ་ཏེ་སྭཱཧཱ་དང་། ཨོཾ་ཨཱཿཧྲཱི་སིདྡྷ་ནཱ་ད་ཧཱུྃ་ཕཊ་དང་། རིགས་གསུམ་གྱི་སྙིང་པོ་དང་། ཨོཾ་པཀྲི་སྭཱཧཱ་དང་། ཨོཾ་ནཱ་ག་ཕྲུཿསོགས་ཀྱི་འབུལ་བར་མཐར་ཀླུ་རྣམས་འོད་དུ་ཞུ་ནས་བྲིས་པའི་རྣམ་པར་བསམ། དེ་ནས། ཆུ་གཟའ་ཆུ་སྐར་སོགས་འཛོམ་པའི་དུས་སུ། ཆུ་འགོར་འགྲོ་བའི་ཆེ་རང་ཇེ་བླ་མར་བསྒོམས་དམིགས་བཅེ་མ་འདོན་ཞིང་འགྲོ །སློབ་འཕྲུལ་ལ་སྐྱབས་འགྲོ་བྱས་པ། ཇེ་བླ་མར་གསལ་བཞིན་པར་དམིགས་བཅེ་མ་གང་འགྲུབ་བཟླས་ཏེ། རང་གི་ཐུགས་ཀའི་ཧཱུྃ་ལས་འོད་ཟེར་འཕྲོས། སྐུ་ཆེན་བརྒྱད་ལ་སོགས་པ་ཀླུའི་ཚོགས་རྣམས་མ་ལུས་པ་གནས་འདིར་སྤྱན་དྲངས། ནཱ་ག་ནཱ་རྡྷ་ས་པ་རི་ཝཱ་ར་ཨརྒྷཾ་སོགས་ཀྱིས་མཆོད་དམ། སྔོན་ཀླུ་གཏོར་རྒྱས་བསྡུས་གང་རུང་གཏོང་། ཀླུའི་སྔགས་བཟླ་བར་འདོད་ན། ཨོཾ་ནཱ་ག་ནཱ་ཛ་བ་སུ་ཀི་ཕྲུཿསྭཱཧཱ། ཨོཾ་ནཱ་ག་ནཱ་རྡྷ་ཀརྐོ་ཊ་ཡ་ཕྲུཿསྭཱཧཱ། ཨོཾ་ནཱ་ག་ནཱ་རྡྷ་ཤང་པཱ་ལ་ཡ་ཕྲུཿསྭཱཧཱ། ཨོཾ་ནཱ་ག་པྲ་ཏི་པོ་ལ་སྭཱཧཱ། ཨོཾ་ནཱ་ག་ནཱ་རྡྷ་ཨ་ན་ནྟ་ཡ་ཕྲུཿསྭཱཧཱ། ཨོཾ་ནཱ་ག་ནཱ་རྡྷ་ཏཀྵ་ཀཱ་ཡ་ཕྲུཿསྭཱཧཱ། ཨོཾ་ནཱ་ག་ནཱ་རྡྷ་ཀུ་ལི་ཀཱ་ཡ་ཕྲུཿསྭཱཧཱ། ཨོཾ་ནཱ་ག་ནཱ་རྡྷ་པདྨ་ལ་ཕྲུཿསྭཱཧཱ། ཨོཾ་ནཱ་ག་ནཱ་རྡྷ་མཧཱ་པདྨ་ཡ་ཕྲུཿསྭཱཧཱ། ཞེས་པ་ཀླུ་རྒྱལ་རྣམས་ཀྱི་སྔགས་དང་། ཨོཾ་ནཱ་ག་ཀུ་ལ་པཏྟི་ཤཱིརྟེ་སྭཱཧཱ། ཨོཾ་ནཱ་ག་པྲ་ཏི་པོ་ལ་སྭཱཧཱ། ཨོཾ་ནཱ་ག་པྲ་ཛྙཱ་ཕུ་ཏེ་བ་སྭཱཧཱ། ཨོཾ་ཏ་ཐཱ་ག་ཏེ་ཧཱིཿཏ་ཧཱུྃ་སྭཱཧཱ། ཞེས་ཀླུ་རིགས་བཞིའི་སྔགས་རྣམས་དང་། ཨོཾ་ནཱ་ག་ཕྲུཿསོགས་གང་ཅི

ནུས་བཟློག། །དེ་ནས་འདི་སྐད་དུ། ཀླུའི་རྒྱལ་པོ་དགའ་བོ་དང་གཙུག་ན་རིན་ཆེན་ལ་སོགས་པ་རྒྱལ་རིགས་རྗེ་རིགས་བྲམ་ཟེའི་རིགས་གདོལ་པའི་རིགས་སུ་གྱུར་པའི་ཀླུའི་རིགས་རྣམས་ཐམས་ཅད་ཉོན་ཅིག ཅེས་བརྗོད་ནས་དུང་ལན་གསུམ་འབུད། ཐོ་འདིར་བདག་ཅག་ཁྱེད་རྣམས་ལ་ངོ་བསྟོ་བ་དང་། ཁོན་འཚོལ་བ་སོགས་གནོད་པའི་ཆེད་དུ་འོང་བ་མ་ཡིན་གྱི། འཛམ་བུའི་གླིང་དུ་ཆར་དགོན་པས། ཁྱེད་རྣམས་ལ་ཆར་སློང་དུ་འོངས་པ་ཡིན། ཡུལ་ཁམས་འདི་དག་ཏུ་ཆར་ཆེན་པོའི་རྒྱུན་མྱུར་དུ་ཕོབ་ལ། ལོ་ཏོག་དང་རྩི་བཅུད་རྒྱས་པར་མཛོད་ཅིག ཅེས་ལན་གསུམ་བརྗོད་ཅིང་དམིགས་བརྩེ་མ་འདོན། ཕྱོགས་ཕྱོགས་སུ་མཚམས་ཕོ་དང་དེའི་ནང་གི་ཕྱོགས་བཞིར་ཕོ་བཞི་བཙིགས་པ་ལ་དར་ཅོག་དཀར་པོ་སོགས་བཞི་མདུན་ནས་གཡས་བསྐོར་གྱིས་བཙུགས་ལ་སྔར་ལྟར་ཁྲུང་བཞིར་བསྐྱེད། ཨོཾ་བཛྲ་ག་ཏྲ་ ཅེས་མཆོད་གཏོར་ཕུལ་ཏེ། ཡེ་ཤེས་ཀྱི་ཁྲུང་བཞི་པོ་ཁྱེད་རྣམས་ཀྱིས་ཀླུ་འགོ་འདིར་གནས་པའི་ཀླུ་རྣམས་གཞན་དུ་མི་འགྲོ་བར་བསྲུང་བ་དང་། ཆར་པའི་བར་ཆད་བྱེད་པ་རྣམས་ཞི་བར་མཛོད་ཅིག ཅེས་འཕྲིན་ལས་བཅོལ། དར་ཅོག་གཞན་ལྷ་ཀླུ་འགོའི་སྟེང་དང་མཚམས་བཞིར་བཙུགས་ཏེ། སྔར་བསྒྲུབ་པའི་སྐབས་བཞིན་ཡིད་ཀྱིས་གསོལ་བཏབ་ལ། རྗེ་བཙུན་ཙོང་ཁ་པ་ཆེན་པོ། བདེ་གཤེགས་ཀླུ་དབང་གི་རྒྱལ་པོ། རྗེ་བཙུན་སེངྒེའི་སྒྲ། འཕགས་པ་རིགས་གསུམ་གྱི་མགོན་པོ་སོགས་རྒྱལ་བ་སྲས་དང་བཅས་པ་རྣམས་ཀྱིས་ཡུལ་འདིར་ཆར་ཆེན་པོ་མྱུར་ཕོབ་ཅིག ཅེས་གསོལ་བ་གདབ། གཞི་བདག་གི་གཏོར་མ་བཏང་ལ་འཕྲིན་ལས་བཅོལ། བསངས་བཏང་སྟེ་ཆར་འབེབས་འདོད་དོན་ཞུ། དེ་ནས་སྔར་བསྒྲུབས་པའི་རི་ལ་བུ་དང་བཅས་པའི་བུམ་པ་དེ་ཡིན་ན་རབ། མེད་ན། ཀླུ་སྨན་གྱི་རྫས་ལས་གྲུབ་པའི་རི་ལ་བུ་བརྒྱ་རྩ་བརྒྱད་དང་ལྡན་པའི་བུམ་པ་གསར་དུ་བསྒྲུབས་ནས། ཀླུ་འགོའི་ནང་དུ་བརྟན་པོ་འོང་བར་བྱས་ནས་བཞག གྲུབ་ན་དེའི་སྟེང་དུ་རྗེའི་སྐུ་རབ་གནས་ཅན་ཞིག་ཀྱང་བཞུགས་སུ་བཙུག་སྟེ་དར་རས་ཀྱི་གུར་བླ་རེ་ཡོལ་བ་སོགས་ཀྱིས་ལེགས་པར་བརྒྱན། མཐར་མཆོད་པ་ཅི་འབྱོར་བཤམས་ལ། སྒྲུབ་པ་པོ་རྣམས་འཁོད་དེ། སྐྱབས་འགྲོ་སོགས་བྱས་ནས། རང་ཉིད་སྐད་ཅིག་གིས་རྗེ་བླ་མར་བསྐྱེད། མདུན་གྱི་ནམ་མཁར་ཆོས་ཀྱི་རྒྱལ་པོ་བཙོང་ཁ་པ་ཆེན་པོ་ལ་སངས་རྒྱས་དང་བྱང་ཆུབ་སེམས་དཔའ་ཉན་རང་སྲུང་མའི་ཚོགས་ཀྱིས་བསྐོར་ནས་བཞུགས་པར་མོས་ཏེ། རང་གི་ཐུགས་ཀ་ནས་འོད་ཟེར་འཕྲོས། མདུན་གྱི་རྗེ་རིན་པོ་ཆེ་འཁོར་རྣམས་དང་ཕྱོགས་བཅུའི་རྒྱལ་བ་སྲས་བཅས་རྣམས་ལ་ཕོག དེ་རྣམས་ཀྱི་ཐུགས་ཀ་ནས་འོད་ཟེར་འཕྲོས། ཀླུའི་ཚོགས་རྣམས་ལ་ཕོག་པས། དེ་དག་གི་གནོད་པ་དང་སྡིག་སྒྲིབ་ཐམས་ཅད་སྦྱངས་ཏེ། བྱམས་

པའི་སེམས་དང་ལྡན་པར་བྱས་ནས་མཁའ་སྤྲིན་གྱི་ཕུང་པོ་འཁྲིགས་པ་ལས་ཆར་གྱི་རྒྱུན་འབེབས་པར་བསམས་པ་དང་། ཡང་དེ་རྣམས་ཀྱི་ཐུགས་ཀ་ནས་འོད་འཕྲོས། ཆར་འབེབས་པ་ལ་བར་དུ་གཅོད་པའི་རིགས་དང་། ཐན་པའི་འབྲས་བུ་སྨོང་འགྱུར་གྱི་ལས་ངན་པ་ཐམས་ཅད་དག་པར་གྱུར་ཅེས་བརྗོད་ཅིང་བསམ་པ་སོགས་བྱེད་པའི་ཚུལ་གྱིས་དམིགས་བརྩེ་མ་བཟླ། གྲོགས་འགའ་ཞིག་གིས་སྤྲིན་ཆེན་པོ་དང་མཚུ་སྣེ་ལྔ་སོགས་འདོན་པ་དང་། བརྒྱ་རྩ། འབྱུང་བཞི། ཀླུ་གཏོར། ཆ་གསུམ། ལན་ཆགས་གཏོར་མ་གཏོང་བ་དང་། ཆོས་སྐྱོང་ལ་གཏོར་འབུལ་ཁྲུས་གསོལ་སོགས་ཀྱང་གང་ཐུབ་བྱ་ཆར་འབེབས་ཀྱི་རིང་ལ་གནས་དེར་འཐབ་འཁྲུག་མི་བྱེད་ཅིང་མི་གྲིབ་ཅན་སོགས་དང་། ཤ་ཆང་སྒོག་བཙོང་ཐ་མ་ཁ་སོགས་ལ་འཛེམ་དགོས་པར་བཤད། དེ་ཡང་བྱེད་པ་པོ་རྣམས་ཀྱིས་ཁྲལ་བབས་པ་ལྟ་བུ་རང་རྐྱེད་བག་གི་བསམ་པ་ཙམ་མ་ཡིན་པར་ཕན་པའི་སེམས་དང་དད་པ་ཤུགས་དྲག་པོས་དེ་ལྟར་བསྒྲུབ་པར་འབད་ན། ཞག་གསུམ་དང་། མ་མཐའང་ཞག་བདུན་ཙམ་ཆད་དུ་ངེས་པར་འབེབ་ཅེས་གསུང་ངོ་། །དེ་ནས་ཕྱིར་ལོག་པར་འདོད་པའི་ཚེ་དཀོན་མཆོག་ལ་མཆོད་པ་དང་། ལྷ་ཀླུ་སོགས་ལ་བཏང་རག་གི་ཚུལ་དུ་བསངས་གཏོང་། བུམ་པའི་ནང་གི་རིལ་བུ་ཐམས་ཅད་དམ། འགའ་ཞིག་ཆུ་འགོའི་ནང་དུ་བླུག་ལ་བྱ་ཁྱི་སོགས་ཀྱིས་མི་ཟ་བར་བྱ་ཞིང་། དར་ཅོག་རྣམས་བསྡུ་པོ་རྣམས་བསྐྱེ་ལ་ཏེ་ཤིས་བརྗོད་ཀྱང་བྱའོ། །སྨྲས་པ། རབ་འབྱམས་

རྒྱལ་བའི་ཡབ་གཅིག་འཇམ་པའི་དབྱངས། །རབ་དཀར་གངས་རིའི་ལྗོངས་སུ་བསྟན་འགྲོའི་དོན། །
རབ་མང་ཉེ་བར་བསྒྲུབ་ཕྱིར་མངོན་ཕྱོན་པ། །རབ་མཆོག་རྗེ་བཙུན་བླ་མར་སྙར་ཕྱག་འཚལ། །གང་
དེའི་གསང་བའི་འཕྲིན་ལས་ཆར་འབེབས་ཚུལ། །དམ་པའི་མན་ངག་དང་བསྟུན་རང་གི་བློས། །སྦྱར་
ལས་ནོངས་གྱུར་ཉེས་རྣམས་འགྱོད་འཆགས་ཤིང་། །དགེ་ཀུན་གཞན་ལ་ཕན་པའི་ཆེད་དུ་བསྔོ། །

ཞེས་པ་འདི་ནི། ཕྱོགས་འདིར་བསྟན་པའི་མངའ་བདག་ཀོཨུ་ཤྲི་ནང་སོ་ཡེ་ཤེས་ཀྱིས་གཞན་ཕན་སྤྱི་དང་། ཁྱད་པར་དུ་རྗེ་བླ་མའི་བསྟན་པ་དར་བ་དང་། འཕྲིན་ལས་ཆར་འབེབས་ཀྱི་ཆེད་དང་། ཕྱིས་འབྱུང་དུ་ཡང་ཕན་འདོད་ཀྱི་དགོངས་པས། ཆར་འབེབས་ལ་གཙོ་བོར་དམིགས་པའི་རི་ལ་བསྒྲུབ་མཛད་པར་བརྩོན་པའི་ཚེ། འདི་ལྟ་བུ་ཞིག་ཞེས་བསྐུལ་བ་ལྟར། ཤཱཀྱའི་དགེ་སློང་བཤད་སྒྲུབ་མིང་ཅན་གྱིས། དམིགས་བརྩེ་མའི་ཆར་འབེབས་ཀྱི་ལས་ཚོགས་སྔོན་བྱུང་བ་འགའ་དང་། རྗེ་བཙུན་ལྕང་སྐྱ་ཞབས་དྲུང་གིས་མཛད་པའི་ཆར་འབེབས་ཀྱི་དཔེ་ཚོགས་རྣམས་གོ་བསྡུར། མ་ཧེ་རི་ལ་བསྒྲུབ་སོགས་ནས་ཀྱང་ལེགས་ཆས་ཟུར་བརྒྱན་ཅིང་བཀོད་པ་སྟེ། འདི་འབྲི་བའི་འགོ་འཛུགས་པ་དང་ཆར་འབེབས་པའི་རྟེན་འབྲེལ་འགྲིག་པས་གཞན་ལའང་ཕན་པར་འགྱུར་སྙམ་དུ་སེམས་སོ།། །། བཀྲ་ཤིས།།

༄༅། །རྗེ་བླ་མའི་རྣལ་འབྱོར་གྱི་སྒོ་ནས་དམིགས་བརྩེ་མ་ལ་བརྟེན་པའི་ཆར་འབེབས་བྱ་ཚུལ་བཞུགས་སོ།།

ན་མོ་གུ་རུ་མཉྫུ་གྷོ་ཥ་ཡ། འདིར་འཇམ་མགོན་རྒྱལ་བའི་དབང་པོ་རྗེ་བཙུན་ཙོང་ཁ་པ་ཆེན་པོའི་རྣལ་འབྱོར་གྱི་སྒོ་ནས་དམིགས་བརྩེ་མ་ལ་བརྟེན་པའི་ཆར་འབེབས་བྱ་ཚུལ་ལ་སྦྱོར་འགྲོ། དངོས་གཞི། མཇུག་གསུམ། དང་པོ་ནི། གནས་ཁང་བྱི་དོར་བྱ་ཞིང་རྗེ་བླ་མའི་བྲིས་འབུར་གྱི་སྐུ་གང་ཡང་རུང་བའི་མདུན་དུ་མཆོད་རྫས་རྣམས་གཙང་ཞིང་ཀྱི་དོམ་པ་བཤམས། རང་ཉིད་སྟན་བདེ་བ་ལ་འཁོད་དེ། དགེ་སེམས་ཁྱད་པར་ཅན་གྱི་ངང་ནས། མདུན་དུ་སྐྱབས་ཡུལ་གསལ་བཏབ་ལ། བླ་མ་ལ་སྐྱབས་སུ་མཆིའོ། སངས་རྒྱས་ལ་སྐྱབས་སུ་མཆིའོ། ཆོས་ལ་སྐྱབས་སུ་མཆིའོ། དགེ་འདུན་ལ་སྐྱབས་སུ་མཆིའོ། ཞེས་དམིགས་པ་དང་བཅས་ཏེ་སྐྱབས་འགྲོ་བཞི་སྐོར་ལན་གསུམ་བྱ། དེ་ནས་སངས་རྒྱས་ཆོས་ཚོགས་མ་ལན་གསུམ་གྱི་སེམས་བསྐྱེད། ཚད་མེད་བཞི་བསྒོམས། ཚོགས་ཞིང་ནི། རང་གི་སྤྱི་བོར་སེངྒེ་ཆེན་པོ་བརྒྱད་ཀྱིས་བཏེགས་པའི་རིན་པོ་ཆེའི་ཁྲིའི་སྟེང་དུ་སྣ་ཚོགས་པདྨ་དང་ཟླ་བའི་གདན་ལ་སྐྱབས་ཡུལ་མ་ལུས་པ་འདུས་པའི་བདག་ཉིད། རྗེ་བླ་མ་ཙོང་ཁ་པ་ཆེན་པོ་སྐུ་མདོག་དཀར་ལ་དམར་བའི་མདངས་ཆགས་པ། ཞལ་འཛུམ་པའི་ཉམས་དང་ལྡན་ཞིང་། ཕྱག་གཉིས་ཆོས་འཁོར་གྱི་ཕྱག་རྒྱས་ཨུཏྤ་ལའི་ཡུ་བ་ནས་བཟུང་བའི་འདབ་མ་སྣ་ཡ་གཡས་གཡོན་གྱི་ཐད་ཀར་ཁ་བྱེ་བའི་སྟེང་དུ། གཡས་སུ་ཤེས་རབ་ཀྱི་རལ་གྲི་མེ་འབར་བ་དང་། གཡོན་དུ་ཤེར་ཕྱིན་གྱི་གླེགས་བམ་བསྣམས་པ། དབུ་ལ་པཎ་ཞྭ་གསེར་གྱི་མདོག་ཅན་གསོལ་བ། སྐུ་ལ་ཆོས་གོས་ངུར་སྨིག་གི་མདོག་ཅན་གསུམ་མཛེས་པར་གསོལ་བ། ཞབས་རྡོ་རྗེ་སྐྱིལ་མོ་ཀྲུང་གིས་བཞུགས་པའི་སྤྱི་བོར་ཨོཾ་དཀར་པོ། མགྲིན་པར་ཨཱཿདམར་པོ། ཐུགས་ཀར་ཧཱུྃ་སྔོན་པོ། ཐུགས་ཀའི་ཧཱུྃ་ལས་འོད་ཟེར་འཕྲོས་པས་རང་བཞིན་གྱི་གནས་ནས་ཆོས་ཀྱི་རྒྱལ་པོ་ཙོང་ཁ་པ་ལ་སངས་རྒྱས་དང་བྱང་ཆུབ་སེམས་དཔའི་ཚོགས་ཀྱིས་བསྐོར་བ་སྤྱན་དྲངས། ཛཿ ཧཱུྃ་བཾ་ཧོཿ གཉིས་སུ་མེད་པར་གྱུར། གང་གི་དྲིན་གྱི་བདེ་ཆེན་གནས་ཞེས་སོགས་ཀྱིས་ཕྱག་དང་། དངོས་བཤམས་ཡིད་སྤྲུལ་མཆོད་པ་མ་ལུས་འབུལ། ཐོག་མེད་ནས་བསགས་སྡིག་ལྟུང་ཐམས་ཅད་བཤགས། སྐྱེ་འཕགས་དགེ་བ་

རྣམས་ལ་རྗེས་ཡི་རང་། འཁོར་བ་མ་སྟོང་བར་དུ་ལེགས་བཞུགས་ནས། འགྲོ་ལ་ཆོས་ཀྱི་འཁོར་ལོ་བསྐོར་བ་དང་། བདག་གཞན་དགེ་རྣམས་བྱང་ཆུབ་ཆེན་པོར་བསྔོ། ཞེས་ཡན་ལག་བདུན་པ་བྱ། སྤྱི་བོའི་རྗེ་བླ་མའི་ཐུགས་ཀར་ཉི་མའི་དཀྱིལ་འཁོར་གྱི་སྟེང་དུ་ཧྲཱིཿ ཡིག་གི་མཐར་མཚན་སྔགས་ཀྱིས་བསྐོར་བ་ལ་ དམིགས་ཏེ། བདུད་རྩི་འབེབས་སྦྱངས་ཀྱི་དམིགས་པ་དང་བཅས་ཏེ། ཨོཾ་ཨཱཿ གུ་རུ་བཛྲ་དྷ་ར་སུ་མ་ཏི་ཀཱིརྟི་སིདྡྷི་ཧཱུྃ་ཧཱུྃ། ཞེས་ཅི་འགྲུབ་བཟླ། དཔལ་ལྡན་རྩ་བའི་བླ་མ་རིན་པོ་ཆེ། བདག་གི་སྙིང་གར་པདྨའི་སྟེང་བཞུགས་ལ། བཀའ་དྲིན་ཆེན་པོའི་སྒོ་ནས་རྗེས་བཟུང་སྟེ། སྐུར་དུ་ཁྲིད་རང་ལྷ་བུར་བྱིན་གྱིས་རློབས། ཞེས་བརྗོད་པས་རྗེ་བླ་མ་དགྱེས་བཞིན་དུ་རང་ལ་ཐིམ་པར་བསམ་ལ། བདག་བསྐྱེད་ནི། སྭ་བྷཱ་ཝས་སྟོང་པར་སྦྱངས། སྟོང་པའི་ངང་ལས་སྣ་ཚོགས་པདྨ་དང་ཟླ་བའི་གདན་ལ་རང་གི་སེམས་ཉིད་ཧྲཱི་ལས་རྗེ་བླ་མ་ཙོང་ཁ་པ་ཞེས་པ་ནས། ཛཿ ཧཱུྃ་བཾ་ཧོཿ གཉིས་སུ་མེད་པར་གྱུར། ཞེས་པའི་བར་གོང་ལྟར་བརྗོད། རང་གི་སྙིང་ག་ནས་སྤྲོས་པའི་མཆོད་པའི་ལྷ་མོ་རྣམས་ཀྱིས་མཆོད་པར་གྱུར་པར་བསམ་ལ། ཨོཾ་ཨཱཿ གུ་རུ་སུ་མ་ཏི་ཀཱིརྟི་ས་པ་རི་ཝཱ་ར་ཨརྒྷཾ་ནས་ཤབྡའི་བར་གྱིས་མཆོད། རྒྱལ་བའི་མཁྱེན་བརྩེ་ནུས་པ་ཀུན། གཅིག་བསྡུས་ངུར་སྨྲིག་རྣམ་རོལ་བ། འཇམ་མགོན་བློ་བཟང་གྲགས་པ་ལ། སྒོ་གསུམ་གུས་པས་ཕྱག་འཚལ་བསྟོད། ཞེས་པས་བསྟོད་ལ། དམིགས་པ་དང་བཅས་ཏེ་དམིགས་བརྩེ་མ་བརྒྱ་སྟོང་སོགས་ཅི་འགྲུབ་བཟླས་པའི་མཐར་སྔར་ལྟར་མཆོད་བསྟོད་བྱས་ལ། དགེ་བ་འདི་ཡིས་མྱུར་དུ་བདག བླ་མ་སངས་རྒྱས་འགྲུབ་གྱུར་ནས། འགྲོ་བ་གཅིག་ཀྱང་མ་ལུས་པ། དེ་ཡི་ས་ལ་འགོད་པར་ཤོག ཅེས་དགེ་བ་བསྔོ། དེ་ནས་བུམ་པ་གས་ཆག་མེད་པ་མཚན་ཉིད་དང་ལྡན་པའི་ནང་དུ་ཀླུ་སྨན་པག་ཕྱེ་དང་བསྲེས་པ་བ་དམར་མོ་དང་ར་དཀར་མོའི་འོ་མས་སྦྲུས་ཏེ་རིལ་བུ་ལུག་རིལ་ཙམ་བརྒྱ་རྩ་བརྒྱད་བྱས་ཏེ་སླུག་ལ། སྟེགས་ཀྱི་ཁར་བཀོད་མདུན་དུ་མཆོད་རྫས་རྣམས་བཤམས་ནས་རིལ་བུ་རྣམས། ཨ་མྲྀ་ཏས་བསངས། སྭ་བྷཱ་ཝས་སྦྱངས། སྟོང་པའི་ངང་ལས་སྣ་ཚོགས་པདྨ་དང་ཟླ་བའི་གདན་ལ་ཧྲཱིཿ ལས་རྗེ་བླ་མ་ཙོང་ཁ་པ་ཆེན་པོ་ཞེས་པ་ནས། ཛཿཧཱུྃ་བཾ་ཧོཿ གཉིས་སུ་མེད་པར་གྱུར། ཞེས་པའི་བར་ཚིགས་ཞེང་ལྟར་བརྗོད། དེ་ནས་མཆོད་པ་ཨ་མྲྀ་ཏས་བསངས། སྭ་བྷཱ་ཝས་སྦྱངས། སྟོང་པའི་ངང་ལས་ཨོཾ་ལས་བྱུང་བའི་རིན་པོ་ཆེའི་སྣོད་ཡངས་ཤིང་རྒྱ་ཆེ་རྣམས་ཀྱི་ནང་དུ་ཨོཾ་ཡིག་འོད་དུ་ཞུ་བ་ལས་བྱུང་བའི་མཆོད་རྫས་རྣམས་དྭངས་ཤིང་ཐོགས་པ་མེད་པ་ནམ་མཁའ་དང་མཉམ་པར་

གྱུར། ཨོཾ་ཨཀྐཱ་ཨཱཿཧཱུྃ་ནས་པཱདྱ་ཨཱཿཧཱུྃ་གིས་བར་བྱིན་གྱིས་བརླབས། རང་གི་ཐུགས་ཀའི་ཧཱུྃ་ལས་སྤྲོས་པའི་མཆོད་པའི་ལྷ་མོ་རྣམས་ཀྱིས་མཆོད་པར་གྱུར། ཨོཾ་ཨཱཿ གུ་རུ་སུ་མ་ཏི་ཀཱིརྟི་ས་པ་རི་ཝཱ་རེ་ཨཀྐཱ་ནས། པཱདྱེའི་བར་གྱི་མཆོད། རྒྱལ་བའི་མཁྱེན་བརྩེ་སོགས་ཀྱིས་བསྟོད། རྒྱས་པར་བྱེད་ན་དཔལ་ལྡན་ས་གསུམ་མ་འདོན། ཐུགས་ཀར་ཧྲཱིཿདཀྱིལ་གྱི་སྟེང་དུ་ཧྲཱིཿ ཡིག་གི་མཐར་དམིགས་བརྩེ་མས་བསྐོར་བ་ལས་འོད་ཟེར་འཕྲོས། རྒྱལ་བ་སྲས་བཅས་མཆོད་དེ། དེ་རྣམས་ཀྱི་སྐུ་གསུང་ཐུགས་ཀྱི་བྱིན་རླབས་རྣམས་འོད་ཟེར་གྱི་རྣམ་པར་བསྡུས་ནས་ས་བོན་ཡིག་འབྲུ་ལ་ཐིམ། དེ་ལས་བདུད་རྩིའི་རྒྱུན་བབས་པས་བདག་དང་འགྲོ་བ་རྣམས་ཀྱི་སྡིག་སྒྲིབ་སྦྱངས། གནས་སྐབས་དང་མཐར་ཐུག་གི་བདེ་ལེགས་ཕུན་གསུམ་ཚོགས་པ་ལ་བགོད་པར་བསམ་ལ། རི་ལ་བྱ་རྣམས་རེ་རེ་ལ་དམིགས་བརྩེ་མ་རབ་བརྒྱ་རྩ་འབྲིང་ཉེར་གཅིག་ཐམ་བདུན་བཟླས་མཐར། རི་ལ་བྱ་རྫེ་བླ་མར་གསལ་བ་འོད་དུ་ཞུ་ནས་རི་ལ་བྱའི་རྣམ་པར་གྱུར། ཞེས་བརྗོད། དེ་ནས་བུམ་པ་ཁ་ལེགས་པར་བཅད་ལ་དར་དམར་གྱི་བཏུམ་པར་བྱ། ཡང་རིན་པོ་ཆེའམ་ལྷ་རྫི་སོགས་ཀྱིས་མ་གོས་པའི་བཟང་སླན་དང་མཆལ་སོགས་སོགས་ཀྱིས་དར་རམ་རས་དཀར་པོ་ལ། དམིགས་མེད་བརྩེ་བའི་གཏེར་ཆེན་སྤྱན་རས་གཟིགས། སེར་པོ་ལ། དྲི་མེད་མཁྱེན་པའི་དབང་པོ་འཇམ་པའི་དབྱངས། དམར་པོ་ལ། གངས་ཅན་མཁས་པའི་གཙུག་རྒྱན་ཙོང་ཁ་པ། ལྗང་ཁུ་ལ། བློ་བཟང་གྲགས་པའི་ཞབས་ལ་གསོལ་བ་འདེབས། ཞེས་པ་རྣམས་དབུ་ཅན་དུ་བྲིས། ཡང་གོས་སྔོན་པོ་ལ་དབུས་སུ་དམིགས་བརྩེ་མ་ཡོངས་རྫོགས་དང་། སྟེང་དུ་ཀླུ་དབང་རྒྱལ་པོའི་གཟུངས། གཡས་སུ་ཨ་ར་པ་ཙ། གཡོན་དུ་མ་ཎི་དང་བཛྲ་ཱ་ཎི། འོག་ཏུ། ཨོཾ་ན་ག་བྷྱཿ བྲ་ཧི་བཛྲ་ཧུཎྜེ། མི་ལི། མི་ལི། ཧཱུྃ་ཧཱུྃ་ཕཊ་ཕཊ། ན་རི་ཤ་ཡ། ན་རི་ཤ་ཡ། ཆར་དྲག་ཏུ་ཕོབ། མྱུར་དུ་ཕོབ། ས་ར་ཡ། ཧྲོཿཧྲོཿཧྲོཿཕོབ། མྱུར་དུ་ཕོབ། ཨོཾ་བཛྲ་བྷུ་མེ་ཉེ་མི་ལི་སྭཱཧཱ། ཆར་དྲག་ཏུ་ཕོབ། མྱུར་དུ་ཕོབ། ཅེས་པ་བྲིས་ལ། དར་ལྗོན་ཁུ་པོ་སྦྱ་ཀླུ་ཕྱས་སྦྱངས། སྟོང་པའི་ངང་ལས་སྐད་ཅིག་གིས་དང་པོ་བཞི་རིམ་པ་བཞིན་ཡེ་ཤེས་ཀྱི་ཁྲུང་དཀར་པོ་གཡས་འཁོར་ལོ། ཁྲུང་སེར་པོ་གཡས་རིན་པོ་ཆེ། ཁྲུང་དམར་པོ་གཡས་པདྨ། ཁྲུང་ལྗང་གུ་གཡས་རལ་གྲི་འཛིན་པ། གཡོན་རྣམས་ཀྱིས་རང་རང་གི་མདོག་ཅན་གྱི་སྦྲུལ་བཟུང་ནས་ཞལ་དུ་གསོལ་བ། ཉ་དང་མཆུ་སྲེར་ཤིན་ཏུ་རྣོ་བ། ཀླུ་དཀར་ཕྱོགས་པ་རྣམས་རྗེས་སུ་འཛིན་ཅིང་། ནག་ཕྱོགས་པ་རྣམས་ཚར་གཅོད་པའི་མཐུ་སྟོབས་གཟི་བརྗིད་ཕུན་སུམ་ཚོགས་པའི་བདག་ཉིད་ཅན་དུ་གྱུར་ཅིང་།

གཞན་རྣམས་རྗེ་བླ་མ་ལ་བཅོམ་ལྡན་འདས་ཀླུ་དབང་རྒྱལ་པོ་དང་། རིགས་གསུམ་མགོན་པོ་སོགས་སངས་རྒྱས་བྱང་སེམས་ཉན་རང་བསྲུང་མའི་ཚོགས་ཀྱིས་སྐོར་བའི་རྣམ་པ་ཅན་དུ་གྱུར་པའི་སྤྱི་བོར་ཨོཾ། མགྲིན་པར་ཨཱཿ ཐུགས་ཀར་ཧཱུྃ་གིས་མཚན་པར་གྱུར། ཐུགས་ཀའི་ཧཱུྃ་ལས་འོད་ཟེར་འཕྲོས། བསྒོམས་པ་དང་འདྲ་བའི་ཡེ་ཤེས་པ་སྤྱན་དྲངས། ཛཿ ཧཱུྃ་བཾ་ཧོཿ རང་རང་གི་དམ་ཚིག་པ་དང་གཉིས་སུ་མེད་པར་གྱུར། ཨོཾ་ཨཱརྒྷཾ་པྲ་ཏཱིཙྪ་ཧཱུྃ་སྭཱཧཱ། སོགས་ཀྱིས་མཆོད། ཕྱག་བྱར་འོས་པ་ཐམས་ཅད་ལ། ཞེས་སོགས་ཀྱིས་བསྟོད། དེ་རྣམས་ཀྱི་ཐུགས་ཀ་ནས་འོད་ཟེར་འཕྲོས་སྐྱེ་མཆོག་གསུམ་ཐམས་ཅད་ཀྱི་བྱིན་རླབས་རྣམས་འོད་ཟེར་གྱི་རྣམ་པར་བཀུག་ནས་ཐིམ་པར་བསམ་ལ། དར་ལྕོག་སྔོན་པོའི་རྩེར་ཀྱི་དམིགས་བརྩེ་མ་དང་། ཀླུ་དབང་སོགས་ཀྱི་སྔགས་རྣམས་ཅི་འགྲུབ་བཟླ། མཐར། ལྷ་རྣམས་འོད་དུ་ཞུ་ནས་བྲིས་པའི་ཡིག་འབྲུའི་རྣམ་པར་གྱུར་པར་བསམ། གཉིས་པ་ཆར་འབེབས་དངོས་གཞིའི་དུས་སུ། གཟའ་སྐར་གྱི་ཁམས་ཆུ་སོགས་འཛོམས་པའི་ཉིན། རྗེ་བླ་མའི་སྐུ་བརྙན་དང་། བུམ་པ་དང་དར་ལྕོག་དང་མི་རྐང་གི་གླིང་བུ་སོགས་ཁྱེར་ཏེ་ཀླུ་གནས་པའི་ཆུ་མིག་གི་ཁར་འགྲོ་ཆེ། རང་ཉིད་རྗེ་བླ་མར་གསལ་ལ་དམིགས་བརྩེ་མ་འདོན་ཞིང་སོང་ནས་ཕར་དྲག་པོ་གསུམ་བརྗོད་ལ། རང་གི་ཐུགས་ཀའི་ཧཱུྃ་ལས་འོད་ཟེར་འཕྲོས་པས། ཀླུའི་རྒྱལ་པོ་དགའ་བོ་དང་ཉེ་དགའ་བོ་དང་། འཇོག་པོ་དང་། པདྨ་དང་། པདྨ་ཆེན་པོ་དང་། སྟོབས་རྒྱུ་དང་། མཐའ་ཡས་དང་། རིགས་ལྡན་དང་། དུང་སྐྱོང་དང་། ནག་པོ་ཆེན་པོ་དང་། གོ་ཨུ་ཏ་མ་དང་། འཛིན་པ་ལག་མང་དང་། རྒྱ་མཚོ་དང་། རྒྱ་མཚོ་དང་ཆེན་པོ་དང་། སོགས་མ་མེད་པ་དང་། མ་དྲོས་པ་དང་། བ་སུ་ཀི་དང་། ཤ་ཏྲུ་ཊ་དང་། གཞན་ཡང་ཀླུ་རྒྱལ་རིགས་དང་། བྲམ་ཟེའི་རིགས་དང་། རྗེ་རིགས་དང་། དམངས་རིགས་དང་། གདོལ་པའི་རིགས་དང་། གཞན་ཡང་ཀླུ་ཕྲ་མོ་ཇི་སྙེད་པ་ཐམས་ཅད་འདིར་ཚོགས་ཤིག འདིར་འདུས་ཤིག ཞེས་མི་རྐང་ལན་གསུམ་འབུད། དེར་ཀླུ་ཐམས་ཅད་སྤྲིན་འཁྲིགས་པ་བཞིན་དུ་འདུས་པ་དང་། རྒྱ་མཚོ་ཆེན་པོ་བཞི་དང་། ཆུ་བོ་ཆེན་པོ་བཞི་ལ་སོགས་པ་ཡང་དེ་རྣམས་ཀྱི་ལུས་འཁྲིལ་ནས་འདུས་པར་བསམ་ཤིང་། རང་གི་ཐུགས་ཀ་ནས་འཕྲོས་པའི་འོད་ཟེར་གྱི་མཐའ་བསྐོར་ནས་གང་དུའང་འགྲོ་དབང་མེད་པར་བསམ་ལ། འདི་སྐད་ཅེས་བརྗོད་དོ། འདིར་ཚོགས་པའི་ཀླུའི་རྒྱལ་པོ་ཆེན་པོ་ནས་བཟུང་སྟེ་ཀླུ་ཕྲ་མོར་གནས་པ་ཚུན་ཆད་ཉོན་ཅིག ཁྱེད་

རྣམས་ལ་ཕོག་ཐུག་ཏུ་འགྲོ་བའི་ལས་ཙུང་ཟད་ཀྱང་བྱེད་དུ་འོངས་པ་མ་ཡིན་གྱི། འཛམ་བུའི་གླིང་གི་ཡུལ་ཕྱོགས་སྤྱི་དང་ཁྱད་པར་དུ་ས་ཕྱོགས་འདིར་ཕན་པའི་འཇིགས་པ་ཆེན་པོ་ལས་འགྲོ་བ་རྣམས་སྐྱོབས་པའི་ཕྱིར་དུ་ཆར་སློང་དུ་འོངས་པ་ཡིན་པས་འཛམ་བུའི་གླིང་འདིར་ཆར་ཆེན་པོ་དྲག་ཏུ་ཕོབ་ཅིག ཁྱད་པར་དུ་ས་ཕྱོགས་འདིར་མྱུར་དུ་ཕོབ་ཅིག འདི་ནི་ཐུབ་དབང་རྡོ་རྗེ་འཆང་བློ་བཟང་གྲགས་པའི་དཔལ་གྱི་བཀའ་ཡིན་པས་འདི་ལས་འགལ་ན་མགོ་བོ་ཨ་རྫ་ཀའི་ཏོག་པ་བཞིན་དུ་འགས་པར་འགྱུར་རོ། གལ་ཏེ་ཚུལ་བཞིན་དུ་བསྒྲུབ་ན་ལོངས་སྤྱོད་ཀྱི་དཔལ་ཕུན་སུམ་ཚོགས་པ་རྟག་ཏུ་མཛད་པ་མེད་པར་འགྱུར་རོ། ཇི་སྲིད་ཆར་མ་བབས་ཀྱི་བར་དུ་ཕྱོགས་གཞན་དུ་མ་འགྲོ་ཞིག ཅེས་བརྗོད་ལ། ཉེ་རིང་འཚམ་པར་ཕྱོགས་བཞིར་ཐོ་བཞི་བརྩིགས་ལ། ཤར་གྱི་ཐོའི་འགྲམ་དུ་ཐིན་ལ། དམིགས་མེད་བརྩེ་བའི་གཏེར་ཆེན་སྤྱན་རས་གཟིགས། ཞེས་བརྗོད་པས། དེ་ཉིད་ཡོངས་སུ་གྱུར་པ་ལས་ཤར་གྱི་ཐོ་རྣམ་པར་སྣང་མཛད་ཀྱི་ངོ་བོ་ཁྱུང་དཀར་པོར་གྱུར། ལྷོའི་ཐོའི་འགྲམ་དུ་སོང་སྟེ། དྲི་མེད་མཁྱེན་པའི་དབང་པོ་འཇམ་པའི་དབྱངས། ཞེས་བརྗོད་ལ། དེ་ཉིད་ཡོངས་སུ་གྱུར་པ་ལས་ལྷོའི་ཐོ་རིན་ཆེན་འབྱུང་ལྡན་གྱི་ངོ་བོ་ཁྱུང་སེར་པོར་གྱུར། ནུབ་ཀྱི་ཐོའི་འགྲམ་དུ་ཐིན་ཏེ། གངས་ཅན་མཁས་པའི་གཙུག་རྒྱན་ཙོང་ཁ་པ། ཞེས་བརྗོད་ལ། དེ་ཉིད་ཡོངས་སུ་གྱུར་པ་ལས་ནུབ་ཀྱི་ཐོ་འོད་དཔག་མེད་ཀྱི་ངོ་བོ་ཁྱུང་དམར་པོར་གྱུར། བྱང་གི་ཐོའི་འགྲམ་དུ་ཐིན་ཏེ། བློ་བཟང་གྲགས་པའི་ཞབས་གསོལ་བ་འདེབས། ཞེས་བརྗོད་ལ། དེ་ཉིད་ཡོངས་སུ་གྱུར་པ་ལས་བྱང་གི་ཐོ་དོན་ཡོད་གྲུབ་པའི་ངོ་བོ་ཁྱུང་ལྗང་ཁུར་གྱུར་པར་བསམ་ལ། ཁྱུང་རིགས་བཞིས་ཀླུ་མགོ་ལ་གནས་པའི་ཀླུ་རྣམས་གཞན་དུ་མི་འགྲོ་བ་དང་ཆར་འབེབས་པའི་གནོད་པ་བཟློག་པའི་འཕྲིན་ལས་མཛད་པར་བསམ། སྔར་གྱི་དར་ལྕོག་ལྔ་པོ་ཆུ་མིག་གི་སྟེང་དང་འཚམས་བཞིར་བཙུགས་ལ་བསྒྲུབ་སྐབས་ལྟར་གསལ་བཏབ་ལ་འཕྲིན་བཅོལ་བྱ། དེ་ནས་བུམ་པ་ཆུའི་ནང་དུ་ཕྱེད་མི་མངོན་པ་སྦ་ཞིང་། དེ་དང་ཉེ་རིང་འཚམ་པར་རས་ཀྱང་དཀར་པོ་ཞིག་གི་ནང་དུ་རྗེ་བླ་མའི་སྐུ་བརྙན་གྱི་མདུན་དུ་མཆོད་པ་སྣ་ལྔ་དང་གཏོར་མ་ལ་སོགས་པ་ལེགས་པར་བཤམས། ཡུལ་དེའི་གཞི་བདག་ལ་བསངས་དང་མཆོད་པ་ཕུལ། ཆར་འབེབས་པའི་གྲོགས་ནན་ཏན་བཅོལ། སྐྱབས་འགྲོ་ནས་བཟུང་སྟེ་དམིགས་བརྩེ་མ་བཟླ་བའི་བར་བདག་བསྐྱེད་དང་མདུན་བསྐྱེད་སྐུ་འདྲ་ལ་དམིགས་ཏེ་སྔར་བཞིན་བྱས་ལ། དམིགས་བརྩེ་མ་བཟླ་བའི་སྐབས་དམིགས་པ་ནི། རང་ཉིད་རྗེ་བླ་མར་གསལ་བའི་ཐུགས་ཀ་

ནས་འོད་ཟེར་གླུའི་ཚོགས་ཀྱི་གྲངས་དང་མཉམ་པར་སྤྲོས་འོད་ཟེར་རེ་རེའི་སྣེ་མོ་ལ་རྗེ་བདག་ཉིད་ཆེན་པོའི་སྐུ་རེ་རེ་སྤྲོས། གླུ་རེ་རེའི་སྤྱི་བོར་བཞུགས། སྐུ་ལས་བདུད་རྩི་སྣ་ལྔ་འོད་ཟེར་དང་བཅས་པའི་རྒྱུན་བབས། གླུ་རྣམས་ལ་ཀྱི་ལུས་ལ་ཞུགས་པས་སྡིག་སྒྲིབ་དང་ཞེ་སྡང་དང་། བྱེ་ཚན་དང་། མཁའ་ལྡིང་ལ་སོགས་པའི་འཇིགས་པ་ཐམས་ཅད་དག ལུས་སེམས་ཐམས་ཅད་བདེ་བས་གང་། རྗེ་བླ་མ་ལ་ལུས་ཀྱི་སྒོ་ནས་ཕྱག་དང་། ངག་གི་སྒོ་ནས་གསོལ་འདེབས། ཡིད་ཀྱི་སྒོ་ནས་སྐྱབས་འགྲོ་བྱེད་པར་བསམ། སླར་ཡང་རང་ཉིད་རྗེ་བླ་མར་གསལ་བ་དང་། གླུ་རྣམས་ཀྱི་སྤྱི་བོར་བཞུགས་པའི་རྗེ་བླ་མ་རྣམས་ཀྱི་ཐུགས་ཀ་ནས་འོད་ཟེར་གྱི་ཚོགས་དཔག་ཏུ་མེད་པ་སྤྲོས། འཇིག་རྟེན་གྱི་ཁམས་ཐམས་ཅད་ཁྱབ། སེམས་ཅན་ཐམས་ཅད་ལ་ཕོག་པས་དེ་རྣམས་ཀྱི་ལུས་ངག་ཡིད་གསུམ་གྱི་སྡིག་སྒྲིབ་སྤྱི་དང་། ཁྱད་པར་དུ་ཀླུ་གེ་ལ་ལོངས་སྤྱོད་འགྱུར་གྱི་སྡིག་སྒྲིབ་ཐམས་ཅད་བྱང་ཞིང་དག བདེ་སྐྱིད་དང་ལྡན་པར་བསམ། སླར་ཡང་འོད་ཟེར་འཕྲོས་གླུ་རྣམས་ལ་ཕོག་པས་དེ་རྣམས་དགའ་བ་དང་། སྤྲོ་བ་དང་བཅས་ཏེ་རང་རང་གི་རྫུ་འཕྲུལ་སྣ་ཚོགས་པ་དང་བཅས་ནམ་མཁའ་ལ་འཕགས་ཤིང་ལུས་ལས་སྤྲིན་སྣ་ཚོགས་པ་སྤྲོས། གནོད་པ་མེད་པའི་འབྲུག་སྒྲ་དང་བཅས་ཏེ་ཆར་གྱི་རྒྱུན་ལྷ་བརྒྱ་འཇིག་རྟེན་གྱི་ཁམས་རྣམས་སུ་བབས་ལོ་ཏོག་རྣམས་རྒྱས་པར་བསམ་ལ། དམིགས་བརྩེ་མ་ཅི་མང་བཟླ། ཡང་སྐབས་འགར། རང་གི་ཐུགས་ཀ་ནས་འོད་ཟེར་འཕྲོས། མདུན་གྱི་རྗེ་བླ་མ་ལ་ཕོག དེའི་ཐུགས་ཀའི་འོད་ཟེར་གྱིས་ཕྱོགས་བཅུའི་སངས་རྒྱས་བྱང་སེམས་ཉན་རང་བསྲུང་མའི་ཚོགས་ལ་ཕོག དེ་ལས་འོད་ཟེར་འཕྲོས་པ་ལས། ནམ་མཁར་སྤྲིན་གྱི་ཕུང་པོ་ཆེན་པོ་འཁྲིགས་པ་ལས་ཆར་རྒྱུན་བབས་པས་རྩི་བཅུད་ལོ་ཏོག་སོགས་རྒྱས་པར་གྱུར་པར་བསམ། ཡང་མདུན་གྱི་རྗེ་བླ་མ་དང་སངས་རྒྱས་བྱང་སེམས་ཀྱི་ཐུགས་ཀ་ནས་འོད་ཟེར་འཕྲོས་ཏེ་བུམ་པའི་ནང་གི་རི་ལ་བུ་རྣམས་ལ་ཐིམ། རི་ལ་བུ་ལས་ཀྱང་བདུད་རྩི་འོད་ཟེར་དང་བཅས་པ་དཔག་ཏུ་མེད་པ་བབས་ཏེ་གོང་ལྟར་གླུ་རྣམས་ཀྱི་སྡིག་སྒྲིབ་ནད་སོགས་སྦྱངས་ཏེ་ཆར་གྱི་རྒྱུན་འབྱུང་བའི་དམིགས་པ་བྱ། ཐུན་མཚམས་སུ། ཚེ་རབས་ཀུན་ཏུ་རྒྱལ་བ་ཙོང་ཁ་པས། ཞེས་སོགས་ཀྱི་སྨོན་ལམ་གདབ། ཐུན་རྗེས་མ་རྣམས་ཀྱི་སྐབས་སུའང་གོང་དུ་བཤད་པ་ལྟར། སྐྱབས་འགྲོ་ནས་བཟུང་། སྨོན་ལམ་གདབ་པའི་བར་བྱ། གཞན་ཡང་། ཨོཾ་ཀླཱྀ་ཀླཱྀ། ཞེས་གླུ་སྟུད་པའི་སྔགས་དང་། ཨོཾ་ན་མོ་བྷ་ག་ཝ་ཏེ་ཤཱཀྱ་རཱ་ཛཱ་ཡ། ཏ་ཐཱ་ག་ཏཱ་ཡ། ཨརྷ་ཏེ། སམྱག་སཾ་

བྷཉྫ་ཡ། ཏཏྲ་སྭཱ། ཨོཾ་ཙ་ར་ཙ་ར། ཚིན་དྷ་ཚིན་དྷ། བཛྲེ་ཤེ་ལ་ཧི་ང་ཡེ་སྭཱ་ཧཱ། ཞེས་སྤྲིན་བསྡུད་པའི་སྔགས་དང་། ཨོཾ་ཏུཎྜེ་མི་ལེ་མི་ལེ་སྭཱ་ཧཱ། ཞེས་སྤྲིན་འཛིན་པའི་སྔགས་ཏེ་འདི་རྣམས་ཐུན་མཐུག་རྣམས་སུ་བཟླ་ཞིང་། སྐབས་སྐབས་སུ་གླུ་གཏོར་དང་། ཆ་གསུམ། ལན་ཆགས་གཏོར་མ། འབྱུང་བཞིའི་གཏོར་མ་རྣམས་བསྔོ་ཞིང་། སྤྲིན་ཆེན་པོའི་མདོ་གློག་པ་སོགས་རྒྱབ་ཆོས་ཀྱང་བྱ། ཆར་པ་སྤྲིན་རླུང་གིས་གཏོར་བ་ཡིན་པས་རླུང་གནོན་ཀྱང་གཞན་ནས་འབྱུང་བ་ལྟར་བྱེད། སྤྲིན་འདུ་ཞིང་ཆར་འབབས་པ་མི་འདོད་ན་བགེགས་ཡིན་པས། ཨོཾ་སུ་རུ་སུ་རུ་མཧཱ་ཀྲོ་དྷ་ཧཱུྃ། པེ་ཧེ་པེ་ཧེ་པོ་ཏ་ཡ་ཧཱུྃ་ཕཊ་སྭཱ་ཧཱ། བ་ཏ་ཡ་བ་ཏ་ཡ། དྷ་རི་ཤ་ཡེ། དྷ་རི་ཤ་ཡ་ཕཊ་སྭཱ་ཧཱ། དྷ་རི་ཤ་ཡ་ཧཱུྃ་དྷ་ཡ་ཨུ་ཙ་ཏ་ཡ་ཕཊ། བཟླས་ན་ཆར་འབེབས་པར་འགྱུར་རོ། འདིའི་སྐབས་ཐ་མ་ཁ་སོགས་མི་གཙང་བའི་རིགས་དང་། ཞ་མཐིང་འོན་ལོང་སོགས་ཀྱི་རིགས་ལ་མཚམས་ནང་དུ་འཛེམས་པ་སོགས་གལ་ཆེའོ། གསུམ་པ་མཇུག་ཏུ་དེ་ལྟར་བྱས་པས་ཞག་བདུན་ཙམ་ལ་ཆར་ལེགས་པར་འབེབས་པར་འགྱུར་ཞིང་། ཞག་བདུན་སོང་བ་དང་ཐོའི་ཁྱུང་རྣམས་གཤེགས། ཐོ་རྣམས་བསྐྱེལ་ལ་ལས་རྗེས་མི་མངོན་པར་བྱ་ཞིང་། གང་སེར་མ་སོགས་བདེ་ལེགས་ཤིས་བརྗོད་ཀྱིས་མཐའ་བརྒྱན་པར་བྱའོ། ཞེས་རྗེ་བླ་མའི་རྣལ་འབྱོར་གྱི་སྒྲོན་ས་དམིགས་བརྩེ་མ་ལ་བརྟེན་པའི་ཆར་འབེབས་བྱ་ཚུལ་འདི་ཡང་། དགའ་ལྡན་ཆོས་གླིང་གི་མཁན་པོ་དགེ་བའི་བཤེས་གཉེན་འཇམ་དབྱངས་དཔལ་ལྡན་གྱིས་ལྷ་དར་ཟམ་ཐོ་བཅས་པ་བསྐུལ་བ་ལྟར། ཤཱཀྱའི་བཙུན་པ་བློ་བཟང་རྒྱལ་མཚན་སེངྒེས་སྦྱར་བའི་ཡི་གེ་པ་ནི་མཛོད་པ་ཆོས་རྗེའི་ཚ་བོ་བསྟན་པ་རྒྱལ་མཚན་གྱིས་བགྱིས་པ་འདིས་ཀྱང་འཇམ་མགོན་རྒྱལ་བའི་བསྟན་པ་དར་ཞིང་། འགྲོ་ཀུན་བདེ་སྐྱིད་ཕུན་སུམ་ཚོགས་པ་དང་ལྡན་པར་གྱུར་ཅིག །པར་འདི་གློག་གི་འཇམ་དབྱངས་བཀྲ་ཤིས་དང་། སྙིང་གར་གཉིས་ཀྱི་རྒྱུ་སྦྱོར་བསྐྲུན་པའི་དགེས། བདག་གཞན་འགྲོ་ཀུན་འཇམ་མགོན་བླ་མ་ཡིས། རྗེས་བཟུང་སྐུ་གསུམ་གོ་འཕང་མྱུར་ཐོབ་ཤོག །

༄༅། །རྗེ་བླ་མ་ལ་བརྟེན་པའི་གསོལ་འདེབས་དམིགས་བརྩེ་མའི་སྒོ་ནས་ཆུ་སྒྲུབ་བྱ་ཚུལ་དངོས་གྲུབ་ཆར་འབེབས་ཞེས་བྱ་བ་བཞུགས་སོ། །

༄༅། །ན་མོ་གུ་རུ་མཉྫུ་གྷོ་ཥཱ་ཡ། འདིར་རྒྱལ་བ་ཀུན་གྱི་ཡབ་གཅིག་རྗེ་བཙུན་འཇམ་དཔལ་དབྱངས་ངུར་སྨྲིག་གར་གྱི་རྣམ་པར་རོལ་པ་རྗེ་བཙུན་ཙོང་ཁ་པའི་གསོལ་འདེབས་དམིགས་བརྩེ་མའི་སྒོ་ནས་ཆུ་སྒྲུབ་བྱ་ཚུལ་དགོད་པར། བདག་བདུན་གཉིས་ལས། དང་པོ་བདག་བསྐྱེད་བསྒོམ་པའི་ཚུལ་ལ་སྔོན་འགྲོ་དངོས་གཞི་མཇུག་གསུམ་ལས། ཐོག་མར་སྐྱབས་འགྲོ་ནི། མདུན་གྱི་ནམ་མཁར་སྐྱབས་ཡུལ་རྣམས་གསལ་བཏབ་སྟེ། བླ་མ་ལ་སྐྱབས་སུ་མཆིའོ། །སངས་རྒྱས་ལ་སྐྱབས་སུ་མཆིའོ། །ཆོས་ལ་སྐྱབས་སུ་མཆིའོ། །དགེ་འདུན་ལ་སྐྱབས་སུ་མཆིའོ། །ཁམས་གསུམ་ཆོས་ཀྱི་རྒྱལ་པོ་ཤར་ཙོང་ཁ་པ་ཆེན་པོའི་ལྷ་ཚོགས་འཁོར་དང་བཅས་པ་རྣམས་ལ་སྐྱབས་སུ་མཆིའོ། །དཔལ་མགོན་དམ་པ་ཆོས་སྐྱོང་བའི་སྲུང་མ་ཡེ་ཤེས་ཀྱི་སྤྱན་དང་ལྡན་པ་རྣམས་ལ་སྐྱབས་སུ་མཆིའོ། །ལན་གསུམ་གྱིས་སྐྱབས་འགྲོ་དང་། སངས་རྒྱས་ཆོས་དང་ཚོགས་ཀྱི་མཆོག་རྣམས་ལ། ཞེས་སོགས་ཀྱིས་སེམས་བསྐྱེད། སེམས་ཅན་ཐམས་ཅད་བདེ་བ་དང་ ཞེས་སོགས་ཀྱིས་ཚད་མེད་བཞི་བསྒོམ། གཉིས་པ་དངོས་གཞི་ཚོགས་ཞིང་མཆོད་པ་དང་བདག་བསྐྱེད་གཉིས་ལས། དང་པོ་ནི། རང་གི་སྤྱི་བོར་སེངྒེ་ཆེན་པོ་བརྒྱད་ཀྱིས་བཏེགས་པའི་རིན་པོ་ཆེའི་ཁྲི་མཐོ་ཞིང་ཡངས་པའི་སྟེང་ཁར་སྣ་ཚོགས་པད་ཟླ་ཉི་མའི་དཀྱིལ་འཁོར་གྱི་གདན་ལ། རྩ་བརྒྱུད་ཀྱི་བླ་མ་ཡི་དམ་དཔའ་བོ་མཁའ་འགྲོ་ཆོས་སྐྱོང་སྲུང་མ་སྐྱབས་ཡུལ་ཐམས་ཅད་འདུས་པའི་བདག་ཉིད་རྡོ་རྗེ་འཆང་བློ་བཟང་གྲགས་པ་སྐུ་མདོག་དཀར་ལ་དམར་བའི་མདངས་ཆགས་པ། ཞལ་གྱི་དཀྱིལ་འཁོར་ཤིན་ཏུ་འཛུམ་ཞིང་སྤྱན་དཀྲུས་རིང་བ། སྐུ་ལ་ཆོས་གོས་ངུར་སྨྲིག་གསུམ་མཛེས་པར་གསོལ་བ། དབུ་ལ་པཎ་ཞྭ་གསེར་གྱི་མདོག་ཅན་སྣེ་རིང་གསོལ་བ། ཕྱག་གཉིས་ཆོས་འཁོར་གྱི་ཕྱག་རྒྱས་ཨུཏྤ་ལའི་ཡུ་བ་ཐུགས་ཀར་བཟུང་བའི་འདབ་མ་སྙན་གྱི་ཐད་དུ་ཁ་བྱེ་བའི་སྟེང་དུ་ཤེས་རབ་ཀྱི་རལ་གྲི་དང་བརྒྱད་སྟོང་པའི་གླེགས་བམ་བསྣམས་པ། ཞབས་རྡོ་རྗེ་སྐྱིལ་ཀྲུང་གྱིས་

བཞུགས་པ། འོད་ཟེར་གྱི་ཚོགས་ཞིང་ཁམས་ཀུན་འགེངས་པར་འཕྲོས་པས། ཞིང་ཁམས་ཐམས་ཅད་སྐུ་ལ་སྣང་ཞིང་། སྐུས་ཞིང་ཁམས་ཐམས་ཅད་ཁྱབ་པའི་བདག་ཉིད་ཅན་དུ་བཞུགས་པའི། སྤྱི་བོར་ཨོཾ་དཀར་པོ། མགྲིན་པར་ཨཱཿ དམར་པོ། ཐུགས་ཀར་ཧཱུྃ་སྔོན་པོ། ཐུགས་ཀའི་ཧཱུྃ་ལས་འོད་ཟེར་འཕྲོས་པས་རང་བཞིན་གྱི་གནས་ནས་ཆོས་ཀྱི་རྒྱལ་པོ་ཙོང་ཁ་པ་ཆེན་པོ་ལ་སངས་རྒྱས་དང་བྱང་ཆུབ་སེམས་དཔའི་ཚོགས་ཀྱིས་བསྐོར་བ་སྤྱན་དྲངས། ཛཿ ཧཱུྃ་བཾ་ཧོཿ གཉིས་སུ་མེད་པར་གྱུར། གང་གི་དྲིན་གྱིས་བདེ་ཆེན་ནི། སྐད་ཅིག་ཉིད་ལ་འཆར་བ་གང་། བླ་མ་རིན་ཆེན་ལྟ་བུ་ཡི། རྡོ་རྗེ་ཅན་ཞབས་པད་ལ་འདུད། ཞེས་དང་། དམིགས་མེད་བརྩེ་བའི་གཏེར་ཆེན་སྤྱན་རས་གཟིགས། ཅེས་སོགས་ཀྱིས་ཕྱག་དང་། དངོས་བཤམས་ཡིད་སྤྲུལ་མཆོད་པ་མ་ལུས་འབུལ། །ཐོག་མེད་ནས་བསགས་སྡིག་ལྟུང་ཐམས་ཅད་བཤགས། །སྐྱེ་འཕགས་དགེ་བ་རྣམས་ལ་རྗེས་ཡི་རང་། །འཁོར་བ་མ་སྟོང་བར་དུ་ལེགས་བཞུགས་ནས། །འགྲོ་ལ་ཆོས་ཀྱི་འཁོར་ལོ་བསྐོར་བ་དང་། །བདག་གཞན་དགེ་རྣམས་བྱང་ཆུབ་ཆེན་པོར་བསྔོ། ཞེས་ཡན་ལག་བདུན་པ་བྱ། དེ་ནས་མཎྜལ་ཕུལ་ལ། ཐུགས་ཀར་ཉི་མའི་དཀྱིལ་འཁོར་གྱི་སྟེང་དུ་ཧྲཱིཿ ཡིག་གི་མཐར་མཚན་སྔགས་ཀྱིས་བསྐོར་བ་ལས་བདུད་རྩིའི་རྒྱུན་བབས། ལུས་ཀྱི་ནང་གང་། སྡིག་སྒྲིབ་དག དབང་བཞི་ཐོབ། སྐུ་བཞི་མངོན་དུ་གྱུར་པའི་ནུས་པ་བཞག་པར་གྱུར་བར་བསམ་ལ། ཨོཾ་ཨཱཿ གུ་རུ་བཛྲ་དྷ་ར་སུ་མ་ཏི་ཀཱིརྟི་སིདྡྷི་ཧཱུྃ། ཞེས་པ་ཇི་ལྟར་རིགས་པར་བཟླས་རྗེས། དགེ་བ་འདི་ཡིས་མྱུར་དུ་བདག ཅེས་སོགས་དང་། དཔལ་ལྡན་རྩ་བའི་བླ་མ་རིན་པོ་ཆེ། བདག་གི་སྙིང་གར་པདྨོའི་གདན་བཞུགས་ལ། །བཀའ་དྲིན་ཆེན་པོའི་སྒོ་ནས་རྗེས་བཟུང་སྟེ། །མྱུར་དུ་ཁྱེད་རང་ལྟ་བུར་བྱིན་གྱིས་རློབས། ཞེས་གསོལ་བ་བཏབ་པས། བླ་མ་ལྷ་བདག་ཉིད་ལ་དགྱེས་བཞིན་དུ་ཐིམ་པར་བསམ་མོ། གཉིས་པ་བདག་བསྐྱེད་ནི། རང་ཉིད་སེངྒེ་ཆེན་པོ་བརྒྱད་ཀྱིས་བཏེགས་པའི་རིན་པོ་ཆེའི་ཁྲི་མཐོ་ཞིང་ཡངས་པའི་ཞེས་པ་ནས། ཛཿ ཧཱུྃ་བཾ་ཧོཿགཉིས་སུ་མེད་པར་གྱུར་ཞེས་པའི་བར་སྔར་བཞིན་བརྗོད། མཆོད་པ་ཨ་མྲྀ་ཏས་བསངས། སུ་བྷཱ་ཝས་སྦྱངས། སྟོང་པའི་ངང་ལས་ཨོཾ་ལས་བྱུང་བའི་རིན་པོ་ཆེའི་སྣོད་ཡངས་ཤིང་རྒྱ་ཆེ་བ་རྣམས་ཀྱི་ནང་དུ་ཨོཾ་ཡིག་འོད་དུ་ཞུ་བ་ལས་བྱུང་བའི་མཆོད་རྫས་རྣམས་དྭངས་ཤིང་ཐོགས་པ་མེད་པ་ནམ་མཁའ་དང་མཉམ་པར་གྱུར། ཨོཾ་ཨརྒྷཾ་ཨཱཿཧཱུྃ་ནས་ཤབྡ་ཨཱཿཧཱུྃ་གི་བར་བྱིན་གྱིས་བརླབས། རང་གི་ཐུགས་ཀའི་ཧཱུྃ་

ལས་སྦྱོར་བའི་མཆོད་པའི་ལྷ་མོ་རྣམས་ཀྱིས་མཆོད་པར་གྱུར། ཨོཾ་གུ་རུ་སུ་མ་ཏི་ཀཱིརྟི་ས་པ་རི་ཝཱ་ར་ཨརྒྷཾ་ནས་ཤབྡ་པྲ་ཏིཙྪ་སྭཱཧཱ་བར་གྱིས་མཆོད། རྒྱལ་བ་ཀུན་གྱི་མཁྱེན་བརྩེ་མ་ལུས་པ། །གཅིག་ཏུ་བསྡུས་པ་རྗེ་བཙུན་འཇམ་པའི་དབྱངས། །ངུར་སྨྲིག་གར་རོལ་བློ་བཟང་གྲགས་པའི་དཔལ། །གསོལ་བ་འདེབས་སོ་བྱིན་གྱིས་བརླབ་ཏུ་གསོལ། །ཞེས་བསྟོད། རང་ཉིད་རྗེ་བླ་མར་གསལ་བའི་ཐུགས་ཀར་ཉི་མའི་དཀྱིལ་འཁོར་གྱི་སྟེང་དུ་ཧཱུཾཿཡིག་དམར་སེར། དེའི་མཐའ་སྐོར་དུ་དམིགས་བརྩེ་མས་བསྐོར་བ་ལས་འོད་ཟེར་འཕྲོས་འགྲོ་བའི་དོན་བྱས། སླར་འདུས་ཐུགས་ཀའི་ས་བོན་ལ་ཐིམ་པར་གྱུར། དམིགས་བརྩེ་མ་ཅི་མང་བཟླ། བསྙེན་ཚད་ནི་འབུམ་ཕྲག་གསུམ་མོ། དེ་ནས་མཇུག་ཏུ། དགེ་བ་འདི་ཡིས་མྱུར་དུ་བདག །བླ་མ་སངས་རྒྱས་འགྲུབ་གྱུར་ནས། །འགྲོ་བ་གཅིག་ཀྱང་མ་ལུས་པ། །ཁྱེད་ཀྱི་ས་ལ་འགོད་པར་ཤོག །ཅེས་དང་སྔར་བཞིན་ཨརྒྷཾ་སོགས་ཀྱིས་མཆོད། བསྟོད་པས་བསྟོད། ༈ །གཉིས་པ་མདུན་བསྐྱེད་སྒྲུབ་པ་ནི། རིན་པོ་ཆེ་ལས་གྲུབ་པའི་བུམ་པ་མཚན་ཉིད་དང་ལྡན་པ། མགུལ་ཆིངས་དང་བཅས་པའི་ནང་དུ་དྲི་བཟང་གི་ཆུས་སུམ་གཉིས་ཙམ་བཀང་བའི་སྟེང་དུ་གཟུངས་ཐག་རྡོ་རྗེ་དང་བཅས་པ་བཞག་ལ། བུམ་པ་ཨ་མྲྀ་ཏས་བསངས། སྭ་བྷཱ་ཝས་སྦྱངས། སྟོང་པའི་ངང་ལས་བྷྲཱུཾ་ལས་བྱུང་བའི་རིན་པོ་ཆེའི་བུམ་པ་དཀར་པོ། ལྟོ་བ་ཆེ་བ། མགྲིན་པ་རིང་བ། མཆུ་འཕྱང་བ། ཁ་གཡེལ་བ། མཚན་ཉིད་ཐམས་ཅད་དང་ལྡན་པའི་ནང་དུ། སེ་ཏྲཱ་ཆེན་པོ་བརྒྱད་ཀྱིས་བརྟེགས་པའི་རིན་པོ་ཆེའི་ཁྲི་མཐོ་ཞིང་ཡངས་པའི་སྟེང་དུ་སྣ་ཚོགས་པད་ཟླ་ཉི་མའི་དཀྱིལ་འཁོར་གྱི་གདན་ལ་རྗེ་རྗེ་འཆང་བློ་བཟང་གྲགས་པ་ཞེས་པ་ནས། མཆོད་བསྟོད་ཀྱི་བར་བདག་བསྐྱེད་བཞིན་བྱ་ཞིང་སྒྲུབ་བསྟོད་པའི་སྐབས་དཔལ་ལྡན་ས་གསུམ་མ་འདོན། དེ་ནས། རང་གི་ཐུགས་ཀ་ནས་ས་བོན་དང་གསོལ་འདེབས་ཀྱི་ཡི་གེ་ལས་འོད་ཟེར་འཕྲོས་གཟུངས་ཐག་ལ་འཁྲིལ་ཏེ་སོང་བས་བུམ་ནང་གི་བླ་མ་ལྷའི་ཐུགས་རྒྱུད་བསྐུལ། བདག་མདུན་གྱི་ཐུགས་ཀའི་ས་བོན་གསོལ་འདེབས་ཀྱི་ཡི་གེ་དང་བཅས་པ་ལས་འོད་ཟེར་དཔག་ཏུ་མེད་པ་འཕྲོས། བདག་ཅག་སྨིན་པའི་བདག་པོ་དང་ཡུལ་ཕྱོགས་ཀྱི་སྐྱེ་འགྲོ་དང་། སྣོད་བཅུད་ཀྱི་འཇིག་རྟེན་ཐམས་ཅད་ལ་ཕོག་པས། སྟེང་གདོན་གཟའ་དང་རྒྱུ་སྐར། འོག་གདོན་ཀླུ་དང་ས་བདག། བར་གདོན་བཙན་དང་རྒྱལ་པོའི་གནོད་པ་དང་། དུས་མ་ཡིན་པའི་འཆི་བ། ཕ་རོལ་གྱི་རྣད་འདྲེ་ཐོད་གཏོང་། མི་དང་མི་མ་ཡིན་གྱི་བསམ་སྦྱོར་ངན་པ་ལས་བྱུང་བའི་ཉེར་འཚེ་མི་མཐུན་པའི་ཕྱོགས་ཐམས་ཅད་དང་། སྣོད་ཀྱི་མ

དག་པ་ཐམས་ཅད་སྦྱངས། སྣོད་བཅུད་ཀྱི་དཔལ་དང་འབྱོར་པ་ཕུན་སུམ་ཚོགས་པ་ཐམས་ཅད་རྒྱས་པར་གྱུར། ཡང་འོད་ཟེར་འཕྲོས་ཏེ་ཕྱོགས་བཅུའི་བླ་མ་རྒྱལ་བ་སྲས་བཅས་ཀྱི་བྱིན་རླབས་ནུས་མཐུ་ཐམས་ཅད་འོད་ཟེར་ཁ་དོག་སྣ་ཚོགས་པ་དང་སྐུ་གཟུགས་ཡིག་འབྲུ་ཕྱག་མཚན་བཀྲ་ཤིས་པའི་རྫས་རྟགས་ལ་སོགས་པའི་རྣམ་པར་བཀུག་ཏེ་ས་བོན་སྔགས་འཕྲེང་ལ་ཐིམ། དེ་ལས་བདུད་རྩིའི་རྒྱུན་དཔག་ཏུ་མེད་པ་བབས་ཏེ་བུམ་པའི་ཆུ་ལ་ཐིམ་པར་གྱུར་པར་བསམ་ལ་དམིགས་བརྩེ་མ་བརྒྱ་སྟོང་ཁྲི་སོགས་བཟླ། མཇུག་ཏུ་མཆོད་བསྟོད་མདོར་བསྡུས་བྱས་ལ། གང་ཡང་བདག་བློ་སོགས་དང་། མ་རྟེད་ཡོངས་སུ་སོགས་ཀྱིས་ཚོངས་པ་བཤགས། འདིར་ནི་གཟུགས་དང་ལྡན་ཅིག་ཏུ་ཞེས་སོགས་ཀྱིས་བརྟན་བཞུགས་བྱ། དགེ་བ་འདི་ཡིས་མྱུར་དུ་བདག །བླ་མ་སངས་རྒྱས་འགྲུབ་གྱུར་ནས། །འགྲོ་བ་གཅིག་ཀྱང་མ་ལུས་པ། །དེ་ཡི་ས་ལ་འགོད་པར་ཤོག དེ་ལྟར་ཀུན་མཁྱེན་མཉམ་མེད་ཙོང་ཁ་པའི། །གོ་འཕང་མཆོག་དེ་མངོན་དུ་བྱ་བའི་ཕྱིར། །བླ་མའི་རྣལ་འབྱོར་བསྐྱེད་པའི་རིམ་པར་བཅས། །བསྒོམས་པས་དེ་དོན་མངོན་དུ་འགྱུར་བར་ཤོག །ཁྱད་པར་ཁྱེད་ཀྱི་ཆོས་སྐུ་དང་མཚུངས་པའི། །སྟོང་ཉིད་དང་ལས་རབ་མཛེས་མཚན་དཔེའི་སྐུ། །དཀར་གསལ་ཆོས་མཆོད་རལ་གྲི་གླེགས་བམ་ཅན། །བསྒོམས་པས་ཁྱོད་སྐུ་མངོན་དུ་འགྱུར་བར་ཤོག །སྐུ་གསུང་ཐུགས་ཀྱི་རྡོ་རྗེ་ཡི་གེར་བཅས། ། གནས་གསུམ་དག་ཏུ་བརྟན་པར་བརླབས་པ་ལས། །འབད་རྩོལ་མེད་པར་རླུང་སེམས་མ་ལུས་པ། །དྷུ་ཏིའི་ནང་དུ་བསྡུས་པའི་དཔལ་ཐོབ་ཤོག །གསོལ་འདེབས་རྒྱལ་པོའི་ཚིགས་སུ་བཅད་པ་ཡི། །བསྙེན་སྒྲུབ་པ་མཐར་ཕྱིན་པ་ལེགས་བསྐྱངས་ནས། །ལས་ཚོགས་འདིས་མཚོན་རབ་འབྱམས་ལས་ཀུན་རྣམས། །མ་ལུས་བསྒྲུབ་ལ་ཐོགས་པ་མེད་པར་ཤོག །ཁྱད་པར་ཐུབ་དབང་རྡོ་རྗེ་འཆང་དབང་དང་། །རྩ་བའི་བླ་མའི་བར་གྱི་ངོ་བོ་ཉིད། །བློ་བཟང་གྲགས་པའི་དཔལ་མཆོག་ཁྱོད་ཀྱིས་ནི། །ཚེ་རབས་ཀུན་ཏུ་འབྲལ་མེད་རྗེས་འཛིན་ཤོག །ཚེ་ཡི་མཐར་ཡང་བློ་བཟང་གྲགས་པའི་དཔལ། །ཡིད་འོང་མཆོད་སྤྲིན་སྟན་པའི་རོལ་མོ་བཅས། །བུ་བུ་ཚུར་ཤོག་དགའ་ལྡན་གནས་འགྲོ་ཞེས། །གསུང་གིས་དབུགས་དབྱུང་དངོས་སུ་ཐོབ་པར་ཤོག །རྣམ་དག་བསམ་པས་ཚུལ་འདིར་འབད་པ་ལས། །བྱུང་བའི་དགེ་བས་མཐའ་ཡས་འགྲོ་བ་རྣམས། །སྐྱེ་ཞིང་སྐྱེ་བར་བློ་བཟང་ཞི་ཁྲི་ཡིས། །འབྲལ་བ་མེད་པར་རྗེས་སུ་འཛིན་གྱུར་ཅིག

ཞེས་བརྗོད། ཐུན་རྗེས་མ་རྣམས་ཀྱི་སྐབས་སུ་བདག་བསྐྱེད་གོང་ལྟར་ལ། མདུན་བསྐྱེད་ཀྱི་ཚེ་སྔར་ཡོད་གསལ་འདེབས་ཀྱི་ཚུལ་དུ་བསྒྲུབས། གྲོལ་རྒྱུའི་ཉིན། མཆོད་བསྟོད་ཀྱི་མཇུག་ཏུ། བུམ་ནང་གི་བླ་མ་ལྷའི་སྐུ་བདུད་རྩིའི་རང་བཞིན་དུ་ཞུ་ནས་བུམ་པའི་ཆུ་དང་དབྱེར་མེད་དུ་གྱུར། ཞེས་བརྗོད་ལ་རང་གཞན་ཀུན་གྱིས་ལོངས་སྤྱོད་པར་བྱའོ། །ཤིས་བརྗོད་ནི། ཆེ་བའི་ཆེ་མཆོག་སྟོན་པ་བླ་ན་མེད། ཅེས་སོགས་ཀྱིས་མཐའ་བརྒྱན་པར་བྱའོ། །རྗེ་བླ་མ་ལ་བརྟེན་པའི་གསོལ་འདེབས་དམིགས་བརྩེ་མའི་སྒོ་ནས་ཚ་སྒྲུབ་བྱ་ཚུལ་དངོས་གྲུབ་ཆར་འབེབས་ཞེས་བྱ་བ་འདི་ཡང་འདི་གའི་མཆོད་དཔོན་འཛམ་དབྱངས་བློ་གསལ་གྱིས་ལྷ་དར་བཅས་བསྐུལ་བ་ལྟར། ༄ ཤཱཀྱའི་བཙུན་པ་བློ་བཟང་རྒྱལ་མཚན་སེངྒེས། བདག་བསྐྱེད་ཀྱི་སྐོར་ལ་བྲི་བསྟན་ཙུང་ཟད་མ་གཏོགས། སྐྱབས་མགོན་པཎ་ཆེན་བློ་བཟང་དཔལ་ལྡན་ཡེ་ཤེས་ཀྱིས་མཛད་པ་ལྟར་དང་། མདུན་བསྐྱེད་སྒྲུབ་ཚུལ་ཁྲུངས་ཐུབ་ཀྱི་ཡིག་ཆ་རིགས་འདྲ་གཞན་ལ་དཔེར་བྱས་ཏེ་རང་བཟོའི་དྲི་མས་མ་བསླད་པར་བཀོད་པའི། ཡི་གེ་པ་ནི་མཛོད་པ་ཆོས་རྗེའི་ཚ་བོ་བསྟན་པ་རྒྱལ་མཚན་གྱིས་བགྱིས་པ་ཛ་ཡནྟུ། ༈ཐུན་མཚམས་སུ་གཏོར་མ་འབུལ་བར་འདོད་ན་ཟླུམ་གཏོར་དཀར་པོ་རྒྱན་ལྡན་ཞིག་དང་། ཆོས་རྒྱལ་གྱི་གཏོར་མ་ཡོངས་གྲགས་ལྟར་བྱས་ལ། ཨ་མྲྀ་ཏས་སངས། སྭ་བྷཱ་ཝས་སྦྱངས། སྟོང་པའི་ངང་ལས་བྷྲཱུྃ་ལས་རིན་པོ་ཆེ་སྣོད་ཡངས་ཤིང་རྒྱ་ཆེ་བའི་ནང་དུ་གཏོར་མ་ཁ་དོག་དྲི་རོ་ནུས་པ་ཕུན་སུམ་ཚོགས་པ་ཟག་མེད་ཀྱི་བདེ་བ་ཁྱད་པར་ཅན་བསྐྱེད་པའི་ནུས་ལྡན་དུ་གྱུར། ཨོཾ་ཨཿཧཱུྃ། ལན་གསུམ་རྗོད། རྗེ་བླ་མའི་ལྗགས་འོད་ཟེར་གྱི་སྦུ་གུས་དྲངས་ཏེ་གསོལ་བར་གྱུར་བར་བསམ་ལ། ཨོཾ་ཨཿགུ་རུ་བཛྲ་དྷ་ར་སུ་མ་ཏི་ཀཱིརྟི་ཨི་དམ་བ་ལིཾ་ཏ་ཁ་ཁ་ཁཱ་ཧི་ཁཱ་ཧི། ཞེས་ལན་གསུམ་གྱིས་འབུལ། སྒྲུབས་ཐབས་ལྟར་མཆོད་མདོར་བསྡུས་བྱ། ཆོས་རྒྱལ་གྱི་གཏོར་འབུལ་ནི། རང་གི་ཐུགས་ཀའི་ས་བོན་ལས་འོད་ཟེར་འཕྲོས་པས་ལྷོ་ཕྱོགས་རི་མ་པ་བདུན་གྱི་ས་འོག་ནས་ལས་ཀྱི་གཤིན་རྗེ་འཁོར་དང་བཅས་པ་སྐད་ཅིག་གིས་སྤྱན་དྲངས། མདུན་དུ་བཞུགས་པར་གྱུར། དམ་ཅན་ཆོས་ཀྱི་རྒྱལ་པོའི་ལྗགས་འོད་ཟེར་གྱི་སྦུ་གུས་གཏོར་མའི་བཅུད་དྲངས་ཏེ་གསོལ་བར་གྱུར་བར་བསམ། ཨོཾ་ཀཱ་ལ་རཱུ་པ་ས་པ་རི་ཝཱ་ར་ཨི་དམ་བ་ལིང་ཏ་ཁ་ཁ་ཁཱ་ཧི་ཁཱ་ཧི། ཞེས་པ་ལན་གསུམ་གྱིས་དབུལ། ཨོཾ་ཀཱ་ལ་རཱུ་པ་ས་པ་རི་ཝཱ་ར་ཨརྒྷཾ་ནས་ཤབྡའི་བར་མཆོད། འཛམ་དཔལ་བཀའ་ཉན་བསྟན་སྲུང་ནི། ཞེས་སོགས་ཀྱིས་བསྟོད། སྦྱིན་འཆི་བདག་མ་འདོན། བཛྲ་མུཿས་ཆོས་རྒྱལ་འཁོར་བཅས་གཤེགས་གསོལ་བྱ། ཅེས་པ་འདི་ནི་དམིགས་བརྩེ་མའི་ཚ་སྒྲུབ་ཁོ་བོས་སྦྱར་བའི་ཆ་ལག་ཏུ་ཉེ་ཆར་འདི་ཀའི་བར་ཡིག་པ་དད་ལྡན་དགེ་སློང་དགེ་འདུན་ཆོས་འཛིན་གྱིས་བསྐུལ་ངོར། ༄ཤཱཀྱའི་བཙུན་པ་བློ་བཟང་རྒྱལ་མཚན་སེངྒེས་སྦྱར་བ་ཛ་ཡནྟུ། །

༄༅། །དགའ་ལྡན་ལྷ་བརྒྱ་མ་དང་འབྲེལ་བར་མཆོད་པ་འབུལ་ཚུལ་གྱི་འདོན་འགྲིག་བཞུགས་སོ།། །

ན་མོ་གུ་རུ་སུ་མ་ཏི་ཀཱིརྟི་ཡ། འདིར་བླ་མའི་རྣལ་འབྱོར་དགའ་ལྡན་ལྷ་བརྒྱ་མ་དང་འབྲེལ་བར་ཡོན་ཆབ་སོགས་ཏེ་འབྱོར་བའི་མཆོད་པ་ཕུལ་ཏེ་སེམས་བསྐྱེད་དུ་ཚུལ་གྱི་ལག་ལེན་འདོན་བསྒྲིགས་སུ་འགོད་པ་ལ་ཁྲུས་སོགས་གཙང་སྦྲ་དང་ལྡན་པས་ཀུན་སློང་རྣམ་པར་དག་པ་གསལ་བཏབ་སྟེ། མཆོད་འབུལ་གྱི་ལས་ལ་འཇུག་བཞིན། ན་མོ་གུ་རུ་བྷྱཿ ན་མོ་བུདྡྷཱ་ཡཿ ན་མོ་དྷརྨཱ་ཡཿ ན་མོ་སངྒྷཱ་ཡཿ ཞེས་ལན་གསུམ་མམ་བདུན་དང་། བླ་མ་ལ་སྐྱབས་སུ་མཆིའོ། སངས་རྒྱས་ལ་×། ཆོས་ལ་×། དགེ་འདུན་ལ་×། ཁམས་གསུམ་ཆོས་ཀྱི་རྒྱལ་པོ་ཙོང་ཁ་པ་ཆེན་པོའི་ལྷ་ཚོགས་འཁོར་དང་བཅས་པ་རྣམས་ལ་ཕྱག་འཚལ་ལོ། མཆོད་དོ་སྐྱབས་སུ་མཆིའོ། ཁྲིད་ཡིག་སོགས་ནས་འབྱུང་བ་ལྟར་གྱི་དམིགས་པ་དང་བཅས། དགའ་ལྡན་ལྷ་བརྒྱའི་ཞེས་པ་ནས་གསལ་བྱེད་ཤོག ཅེས་པའི་བར་དལ་བུས་བརྗོད། སྐབས་འདིར་སྦྱོར་ན། དཔལ་ལྡན་ས་གསུམ་མ། རྣམ་དག་གང་རི་ཨ་གསང་བའི་རྣམ་ཐར་སོགས་རྣམ་ཐར་གསོལ་འདེབས་ཅི་རིགས་ཀྱང་འདོན་ལ་ལོང་མེད་ཚེ་མ་བཏོན་ཀྱང་ཆོག མཆོད་པ་ཕུལ་ཟིན་གྱི་བར་ལ་དམིགས་བཅས་མ་གཏང་འགྲོ་དལ་བུས་འདོན་ཞིང་། མཆོད་པ་བཤམས་གྲུབ་ནས། ཚེ་རབས་ཀུན་ཏུ་རྒྱལ་བ་ཙོང་ཁ་པས། །ཞེས་སོགས་ཚིགས་བཅད་གཅིག་བརྗོད། དེ་ནས་སྔར་མཛད་མ་དང་། ལོང་ཡོད་ཚེ་བརྒྱངས་བསྐུལ་མའམ། མིན་ཀྱང་། ཧཱུྃ་བླ་མ་མཆོག་དང་དཀྱིལ་འཁོར་ཞེས་སོགས་ཆོས་རྒྱལ་གྱི་བཀའ་བཞུགས་པ། སྟོབས་ཆེན་གཤིན་རྗེའི་རྒྱལ་པོ་ཞེས་སོགས་དང་། བླ་མ་མགོན་པོ་དབྱེར་མེད་ལ། །ཞེས་སོགས་ལན་གསུམ། དགེ་བ་འདི་ཡིས་ཚེ་རབས་ཀུན་ཏུ་བདག །ཅེས་པ་ནས། བླ་མ་མགོན་པོ་གཡེལ་མེད་སྐྱོབ་གྱུར་ཅིག །སྐྱབ་གྲོགས་ཡོད་ཚེ་མཆོད་རོལ་དང་བཅས་མཆོད་པའི་སྤྲིན་གཟུངས་བདུན་ནམ་ཉེར་གཅིག་སོགས་ཅི་འགྲུབ་བརྗོད། དཀོན་མཆོག་གསུམ་གྱི་བདེན་པ་དང་། སངས་རྒྱས་དང་བྱང་ཆུབ་སེམས་དཔའ་ཐམས་ཅད་ཀྱི་བྱིན་གྱི་རླབས་དང་། ཚོགས་གཉིས་ཡོངས་སུ་རྫོགས་པའི་མངའ་ཐང་ཆེན་པོ་དང་། ཆོས་ཀྱི་དབྱིངས་རྣམ་པར་དག་ཅིང་བསམ་གྱིས་མི་ཁྱབ་པའི་སྟོབས་ཀྱིས་ཕྱོགས་བཅུ་ན་བཞུགས་པའི་རྒྱལ་བ་སྲས་དང་བཅས་པ་ཐམས་ཅད་ཀྱི་སྤྱན་སྔར་བྱང་ཆུབ་སེམས་དཔའ་འཕགས་པ་ཀུན་ཏུ་བཟང་པོ་དང་། འཇམ་པའི་དབྱངས་ལ་སོགས་པའི་རྣམ་པར་འཕྲུལ་པ་ལས་བྱུང་བའི་མཆོད་པའི་སྤྲིན་གྱི་

ཕུང་པོ་བསམ་གྱིས་མི་ཁྱབ་པ་ཟད་མི་ཤེས་པ་ནམ་མཁའ་དང་མཉམ་པ་འབྱུང་བར་གྱུར་ཅིག། གཞན་ཡང་ལྷ་དང་མི་ཡི་ཡུལ་ན་ཡོད་པའི་འདོད་པའི་ཡོན་ཏན་ལྔ་དང་བདེ་བའི་ཡོ་བྱད་མཁོ་དགུ་བཟང་དགུ་ཕུན་སུམ་ཚོགས་པ་མ་ཚང་བ་མེད་པ་ཇི་སྙེད་ཅིག་མཆིས་པ་ཐམས་ཅད་འབྱུང་བར་གྱུར་ཅིག སངས་རྒྱས་ཐམས་ཅད×། བླ་མ་སངས་རྒྱས་བླ་མཆོག།×།ཕུན་ཚོགས་དགེ་ལེགས་×། དམིགས་མེད་བརྩེ་བའི་×ཙོང་ཁ་པ། དཔལ་ལྡན་བླ་མའི་ཞབས་ལ་ཕྱག་འཚལ་ལོ། །དབེན་པར་བསྟན་པ་ཡོངས་རྫོགས་སྐྱེས་བུ་གསུམ། །སྨད་བྱུང་གུས་དྲག་བརྩོན་པས་ཉམས་བཞེས་པས།། བྱམས་བརྩེ་བྱང་ཆུབ་སེམས་ཀྱི་གཏེར་ཁ་རྗོལ། །རྒྱལ་སྲས་སེམས་དཔའ་ཆེན་པོར་×། །བློ་བཟང་རྒྱལ་བ་གཉིས་པ་ཙོང་ཁ་པའི། །མདོ་སྔགས་ལེགས་པར་བཤད་པའི་དགའ་སྟོན་གྱིས། །སྙིགས་དུས་འགྲོ་བ་ཚིམ་མཛད་དགེ་བའི་བཤེས། །འཕྲིན་ལས་དར་ཞིང་རྒྱས་ལ་×། །འཇམ་མགོན་བློ་བཟང་རྒྱལ་བ་གཉིས་པ་ཡི། །མདོ་སྔགས་བསྟན་པའི་རྒྱལ་མཚན་བཤད་སྒྲུབ་ཀྱིས། །འཛིན་ལ་སྨད་བྱུང་སྨོན་པའི་མཐུ་གྲུབ་པ། །སྐལ་བཟང་རྒྱ་མཚོའི་མགོན་ལ་×། །བློ་བཟང་རྒྱལ་བའི་བསྟན་པའི་སྙིང་པོ་མཆོག །འདོམས་མཛད་སྨྲ་བའི་དབང་ཕྱུག་འཁོར་ལོའི་མགོན། །ཚུལ་ཁྲིམས་གསུམ་སོགས་ལུང་རྟོགས་ཡོན་ཏན་གྱི། །ཕུན་ཚོགས་དཔལ་དང་ལྡན་ལ་×། །བློ་བཟང་རྣམ་འདྲེན་ཀུན་དངོས་ཙོང་ཁ་པའི། །སྨད་བྱུང་འཕྲིན་ལས་ཡོངས་ཀྱི་རབ་དང་ཕུལ། །དྲི་བྲལ་མདོ་རྒྱུད་བསྟན་པ་སྤེལ་བའི་གཉེན། །སྐལ་བཟང་རྒྱ་མཚོའི་མགོན་ལ་×། །གང་གི་བདག་ལ་རིག་པ་བསླབ་པ་དང་། །མདོ་རྒྱུད་བསྟན་བཅོས་མན་ངག་རྗེས་བསྟན་ཅིང་། །བསླབ་པ་སྡུལ་དང་དབང་བསྐུར་བྱིན་རླབས་པའི། ། དངོས་བརྒྱུད་བླ་མ་རྣམས་ལ×། །ཐུགས་རྗེའི་བདག་ཉིད་རྩ་བརྒྱུད་བླ་མ་དང་། །ཡི་དམ་ལྷ་ཚོགས་སྐྱབས་གནས་དཀོན་མཆོག་གསུམ། །དཔའ་བོ་མཁའ་འགྲོ་ཆོས་སྐྱོང་སྲུང་མའི་ཚོགས། །བསླུ་མེད་སྐྱབས་གནས་རྣམས་ལ་×། །གསང་བ་འདུས་པ་བདེ་མཆོག་ཧེ་རུ་ཀ །དཔལ་ཆེན་རྡོ་རྗེ་འཇིགས་བྱེད་ལ་སོགས་པའི། །གྲངས་མེད་རྒྱུད་སྡེ་བཞི་ཡི་འཁོར་ལོའི་ཚོགས། །ཡི་དམ་ལྷ་ཚོགས་རྣམས་ལ×། །མཚན་ལེགས་རིན་ཆེན་གསེར་བཟང་མྱ་ངན་མེད། །ཆོས་བསྒྲགས་མངོན་མཁྱེན་སྨན་བླ་ཤཱཀྱ་ཐུབ། །རྒྱ་ཆེན་སྨོན་ལམ་ཡོངས་སུ་རྫོགས་པ་ཡི། །བདེ་བར་གཤེགས་པ་བརྒྱད་ལ×། །མཐུན་

པའི་སྨོན་ལམ་དགེ་ཚོགས་རྨད་བྱུང་ཞིང་། །སྤྱོད་པ་སྤྱོད་ཚེ་ནམ་ཡང་མཆེད་གྱུར་ལ། །བསྐལ་བཟང་གཅིག་ལ་མཛད་པ་མཐར་ཕྱིན་པའི། །རྫོགས་པའི་སངས་རྒྱས་སྟོང་ལ×། །མགོན་པོ་ཐུགས་རྗེ×ཚོགས་མཆོག་དགེ་འདུན་ལ་ཕྱག་འཚལ། །ཕྱག་བྱར་འོས་པ× མཆོག་ཏུ་དད་པས་ཕྱག་འཚལ་ལོ། །འདི་རང་གི་རྒྱ་བའི་བླ་མ་ནས་བརྒྱུད་པའི་མཆོད་པའི་ཕྱག་བཞེས་ལྟར་གྱི་ཕྱག་འཚལ་གྱི་ཚིགས་བཅད་བཀོད་པ་ཡིན་ལ། རང་གང་མོས་ཀྱི་བླ་མའི་གསོལ་འདེབས་གཞན་བཅུག་ཀྱང་ཆོག དེ་ནས་ཇི་སྙེད་སུ་དག་ཅེས་པ་ནས་ཆེན་པོར་བསྔོ། མཎྜལ་རྒྱས་པའམ། བསྡུ་ན་ས་གཞི་མ་དང་། བདག་གཞན་མ་སོགས། ཨི་དཾ་གུ་རུ་སོགས་བརྗོད། དོན་ཆེན་པོ་གསུམ་གྱི་གསོལ་འདེབས་ལམ་ཁྲིད་སོགས་ནས་འབྱུང་བ་ལྟར་རམ། ཡང་ན། སྐྱབས་གནས་ཀུན་འདུས་ཆོས་ཀྱི་རྒྱལ་པོ་ཙོང་ཁ་པ་ཆེན་པོ་ལ་གསོལ་བ་འདེབས་སོ། བདག་གི་བློ་ཆོས་སུ་འགྲོ་བར་བྱིན་གྱིས་བརླབ་ཏུ་གསོལ། ཆོས་ལམ་དུ་འགྲོ་བར×། ལམ་ལ་བར་ཆད་མི་འབྱུང་བར×། དགེ་བའི་བཤེས་གཉེན་སངས་རྒྱས་དངོས་སུ་མཐོང་བའི་དད་པ་དང་། ངེས་འབྱུང་གི་བསམ་པ་བཅོས་མ་མ་ཡིན་པས་ཀུན་ནས་བསླངས་པའི་བྱམས་སྙིང་རྗེ་བྱང་ཆུབ་ཀྱི་སེམས་རྒྱུད་ལ་སྐྱེ་བར×། ཟབ་མོའི་སྟོང་པ་ཉིད་ཀྱི་ལྟ་བ་རྣམ་པར་དག་པ་རྒྱུད་ལ་སྐྱེ་བར×། ལམ་རིམ་པ་གཉིས་ཀྱི་རྣལ་འབྱོར་ཟབ་མོ་མྱུར་དུ་རྒྱུད་ལ་སྐྱེ་བར་བྱིན་གྱིས་བརླབ་ཏུ་གསོལ། སྨོན་འཇུག་གི་སེམས་བསྐྱེད་ལེན་པའི་དམིགས་རྣམ་གསལ་བ་དང་བཅས། སངས་རྒྱས་བྱང་ཆུབ་སེམས་དཔའ་ཀུན། །བདག་ལ་དགོངས་པ་མཛད་དུ་གསོལ། །ཇི་ལྟར་སྔོན་གྱི་བདེ་གཤེགས་ཀྱིས། །བྱང་ཆུབ་ཐུགས་ནི་བསྐྱེད་པ་དང་། །བྱང་ཆུབ་སེམས་དཔའི་བསླབ་པ་ལ། །དེ་དག་རིམ་བཞིན་གནས་པ་ལྟར། །བདག་ཀྱང་འགྲོ་ལ་ཕན་དོན་དུ། །བྱང་ཆུབ་སེམས་ནི་བསྐྱེད་པ་དང་། །བྱང་ཆུབ་སེམས་དཔའི་བསླབ་པ་ལ། །རིམ་པ་བཞིན་དུ་བསླབ་པར་བགྱི། །ཞེས་ལན་གསུམ་བརྗོད་མཐར་སྡོམ་པ་ཐོབ་པའམ་སོར་ཆུད་པར་བསམ། དེ་ནས་སེམས་བསྐྱེད་ཀྱི་ཕན་ཡོན་དྲན་པའི་སྒོ་ནས་སྤྲོ་བ་བསྐྱེད་པའི་ཚིག དེང་དུས་བདག་ཚེ་འབྲས་བུ་ཡོད། །མི་ཡི་སྲིད་པ་ལེགས་པར་ཐོབ། །དེ་རིང་སངས་རྒྱས་རིགས་སུ་སྐྱེས། །སངས་རྒྱས་སྲས་སུ་ད་གྱུར་ཏོ། །ད་ནི་བདག་གིས་ཅི་ནས་ཀྱང་། །རིགས་དང་མཐུན་པའི་ལས་བརྩམས་ཏེ། །སྐྱོན་མེད་བཙུན་པའི་རིགས་འདི་ལ། །རྙོག་པར་མི་འགྱུར་དེ་ལྟར་བྱ། །བདག་གིས་དེ་རིང་སྐྱོབ་པ་ཐམས་ཅད་ཀྱི། །སྤྱན་སྔར་འགྲོ་བ་བདེ་གཤེགས་ཉིད་དང་ནི། །བར་དུ་བདེ་ལ་མགྲོན་

དུ་བོས་ཞིན་གྱིས། །ལྷ་དང་ལྷ་མིན་ལ་སོགས་དགའ་བར་གྱིས། །ཞེས་དང་། བྱང་ཆུབ་སེམས་མཆོག་རིན་པོ་ཆེ། ཞེས་སོགས་དང་། སྟོང་ཉིད་ལྟ་བ་རིན་པོ་ཆེ། ཞེས་སོགས་དང་། ཁྲིམས་ཀྱི་ཚུལ་ཁྲིམས་སྐྱོན་མེད་ཅིང་། ཞེས་སོགས་དང་། འཇམ་དཔལ་དཔའ་བོ་ཞེས་སོགས་ཤློ་ཀ་གཉིས་བརྗོད། བྱིན་རླབས་དང་དངོས་གྲུབ་ཞུ་བའི་བསམ་པས། ཡོན་བ་སོགས་དལ་བྱུས་གཤེགས་བཞིན་ཡོན་ཏན་གཞིར་གྱུར་མ་དང་ལམ་རིམ་སྨོན་ལམ་འདོན་ཞིང་། སྨྲོན་དགེ་ལྡན་བསྟན་འབར་མ་སོགས་གང་མོས་ཀྱི་བསྔོ་སྨོན་གཞན་ཡང་བརྗོད་དེ་བསགས་སྦྱང་ལས་བྱུང་བའི་དགེ་རྩ་རྣམས་ཆུད་མི་ཟ་བའི་གཏེར་དུ་བསྒྲུབ་པར་བྱའོ། ཞེས་དགའ་ལྡན་ལྷ་བརྒྱ་མ་དང་འབྲེལ་བར་མཆོད་པ་བྱ་ཚུལ་གྱི་ལག་ལེན་མདོར་བསྡུས་འདི་ནི། དོན་གཉེར་ཅན་འགའ་ཞིག་ནས་བསྐུལ་བར་བརྟེན་མང་པོ་ལ་ཕན་ཆེ་བར་མཐོང་སྟེ། རོང་ཆེན་སྤྲུལ་མིང་བ་བློ་བཟང་འཕྲིན་ལས་ཀྱིས་སྦྱར་བ་ཛཡནྟུ།།

༄༅། །རིགས་གསུམ་སྤྱི་སྒྲུབ་ཀྱི་སྒྲུབ་ཐབས་ངག་འདོན་དུ་བཀོད་པ་བྱིན་རླབས་ཆར་འབེབས་ཞེས་བྱ་བ་བཞུགས་སོ། །

ན་མོ་གུ་རུ་སུ་མ་ཏི་ཀཱིརྟི་ཡ། འདིར་རིགས་གསུམ་སྤྱི་སྒྲུབ་ཀྱི་རྣལ་འབྱོར་བླ་མའི་ཕྱག་བཞེས་ལྟར་ཉམས་སུ་ལེན་པ་ལ། ཐོག་མར་ས་གཞི་བྱིན་རླབས་དང་མཆོད་པའི་སྤྲིན་གཟུངས་ལན་གསུམ་བརྗོད། བདག་དང་འགྲོ་བ་ཞེས་པ་ནས། འཕགས་པའི་དགེ་འདུན་རྣམས་ལ་སྐྱབས་སུ་མཆིའོ། ཁམས་གསུམ་ཆོས་ཀྱི་རྒྱལ་པོ་ཐུབ་དབང་རྡོ་རྗེ་འཆང་། རྗེ་བཙུན་བློ་བཟང་གྲགས་པའི་ལྷ་ཚོགས་འཁོར་དང་བཅས་པ་རྣམས་ལ་སྐྱབས་སུ་མཆིའོ།དཔལ་མགོན་དམ་པ་ཆོས་སྐྱོང་བའི་སྲུང་མ་ཡེ་ཤེས་ཀྱི་སྤྱན་དང་ལྡན་པ་རྣམས་ལ་སྐྱབས་སུ་མཆིའོ། ཞེས་སོགས་ལན་གསུམ་གྱིས་སྐྱབས་འགྲོ། སངས་རྒྱས་ཆོས་ཚོགས་མ་ལན་གསུམ་གྱིས་སེམས་བསྐྱེད། ཚད་མེད་བཞི་དང་བཅས་པ་སྒོམས། ཁྱད་པར་མ་སེམས་ཅན་ཐམས་ཅད་ཀྱི་དོན་དུ་མྱུར་བ་མྱུར་བར་ཡང་དག་པར་རྫོགས་པའི་སངས་རྒྱས་ཀྱི་གོ་འཕང་ཐོབ་པར་བྱ། དེའི་ཕྱིར་དུ་ལམ་ཟབ་མོ་བླ་མ་ལྷའི་རྣལ་འབྱོར་ཉམས་བླང་བར་བགྱིའོ། ཞེས་པ་ལན་གསུམ་གྱིས་ཁྱད་པར་གྱི་སེམས་བསྐྱེད་བསྒོམ། དགའ་ལྡན་ལྷ་བརྒྱའི་ཞེས་པ་ནས། གསལ་བྱེད་ཤོག ཅེས་པའི་བར་དང་། མཎྜལ་རྒྱས་བསྡུས་ཅི་རིགས་ཕུལ་ལ་དོན་ཆེན་པོ་གསུམ་གྱིས་གསོལ་བ་ལན་གསུམ་གདབ། དངོས་གྲུབ་ཀུན་འབྱུང་ཐུབ་དབང་རྡོ་རྗེ་འཆང་། ཞེས་སོགས་དམིགས་བརྩེ་མ་དགུ་སྐོར་ལན་གསུམ་གྱིས་གསོལ་བ་བཏབ། དཔལ་ལྡན་རྩ་བའི་བླ་མ་རིན་པོ་ཆེ། བདག་གི་སྤྱི་བོར་པད་ཟླའི་སྟེང་བཞུགས་ལ། ཞེས་པ་ནས། སྐལ་ཏུ་གསོལ། རང་གི་སྤྱི་བོར་སེངྒེ་ཆེན་པོ་བརྒྱད་ཀྱིས་བཏེགས་པའི་རིན་པོ་ཆེའི་ཁྲི་མཐོ་ཞིང་ཡངས་པའི་སྟེང་ཁར་སྣ་ཚོགས་པད་ཟླ་ཉི་མའི་དཀྱིལ་འཁོར་གྱི་གདན་ལ་མཉམ་མེད་ཐུབ་པའི་དབང་པོ་ནས་དྲིན་ཅན་རྩ་བའི་བླ་མའི་བར་གྱི་བླ་མ་ཡི་དམ། སངས་རྒྱས་བྱང་སེམས། དཔའ་བོ་མཁའ་འགྲོ་ཆོས་སྐྱོང་སྲུང་མ་ཐམས་ཅད་འདུས་པའི་བདག་ཉིད་ཐུབ་དབང་རྡོ་རྗེ་འཆང་བློ་བཟང་གྲགས་པ་སྐུ་མདོག་དཀར་ལ་དམར་བའི་མདངས་ཆགས་པ། ཞལ་གྱི་དཀྱིལ་འཁོར་ཤིན་ཏུ་འཛུམ་ཞིང་སྤྱན་དཀྱུས་རིང་བ། སྐུ་ལ་ཆོས་གོས་ངུར་སྨྲིག་གསུམ་མཛེས་པར་གསོལ་བ། དབུ་ལ་པཎ་ཞྭ་གསེར་གྱི་མདོག་ཅན་སྦེ་རིང་གསོལ་བ། ཕྱག་གཉིས་ཆོས་འཁོར་གྱི་ཕྱག་རྒྱས་ཨུཏྤ་ལའི་ཡུ་བ་

ཐུགས་དཀར་བཟུང་བའི་འདབ་མ་སྟན་གཡས་གཡོན་གྱི་ཐད་དུ་ཁ་ཕྱེ་བའི་སྟེང་དུ་ཤེས་རབ་ཀྱི་རལ་གྲི་དང་བརྒྱད་སྟོང་པའི་གླེགས་བམ་བསྣམས་པ། ཞབས་རྡོ་རྗེ་སྐྱིལ་ཀྲུང་གིས་བཞུགས་པ། འོད་ཟེར་གྱི་ཚོགས་ཞིང་ཁམས་ཀུན་འགེངས་པར་འཕྲོས་པས་ཞིང་ཁམས་ཐམས་ཅད་སྐུ་ལ་སྣང་ཞིང་། སྐུས་ཞིང་ཁམས་ཐམས་ཅད་ཁྱབ་པའི་བདག་ཉིད་ཅན་དུ་བཞུགས་པའི་སྤྱི་བོའི་རྩ་འཁོར་གྱི་དབུས་སུ་པད་ཟླའི་གདན་ལ་འཇམ་དབྱངས་དམར་སེར་གཡས་ཤེས་རབ་ཀྱི་རལ་གྲི་དང་གཡོན་ཕྲག་བརྒྱ་པའི་གླེགས་བམ་བསྣམས་པ། མགྲིན་པའི་རྩ་འཁོར་གྱི་དབུས་སུ་པད་ཟླའི་གདན་ལ་སྤྱན་རས་གཟིགས་དབང་ཕྱུག་སྐུ་མདོག་དཀར་པོ་ཤེལ་ལྟར་དྭངས་ཤིང་དྲི་མ་མེད་པ་ཞལ་གཅིག་ཕྱག་བཞི་པ་ཕྱག་དང་པོ་གཉིས་ཐུགས་ཀར་ཐལ་མོ་སྦྱར་བ། གཡས་འོག་མས་ཤེལ་ཕྲེང་དང་གཡོན་འོག་མས་པདྨ་དཀར་པོ་འདབ་མ་བརྒྱད་པ་འཛིན་པ། ཐུགས་ཀའི་རྩ་འཁོར་གྱི་དབུས་སུ་པད་ཉིའི་གདན་ལ་ཕྱག་ན་རྡོ་རྗེ་སྐུ་མདོག་མཐིང་ག་གཡས་རྡོ་རྗེ་ཕྲག་གོང་དུ་འཕྱར་ཞིང་། གཡོན་ཐུགས་ཀར་སྡིག་མཛུབ་མཛད་པ། སྦྲུལ་བརྒྱད་དང་ཁྲོ་བོའི་རྒྱན་གྱིས་བརྒྱན་པ། སྟག་གི་པགས་པའི་ཤམ་ཐབས་ཅན་ཞབས་གཉིས་བརྐྱང་བསྐུམས་སྟབས་ཀྱིས་བཞུགས་པར་གྱུར། རྗེ་བླ་མའི་སྤྱི་བོར་ཨོཾ་དཀར་པོ། མགྲིན་པར་ཨཱཿ དམར་པོ། ཐུགས་ཀར་ཧཱུྃ་སྔོན་པོ། ཐུགས་ཀའི་ཧཱུྃ་ལས་འོད་ཟེར་འཕྲོས་པས་རང་བཞིན་གྱི་གནས་ནས་ཆོས་ཀྱི་རྒྱལ་པོ་ཙོང་ཁ་པ་ཆེན་པོ་ལ་སངས་རྒྱས་དང་བྱང་ཆུབ་སེམས་པའི་ཚོགས་ཀྱིས་བསྐོར་བ་སྤྱན་དྲངས། ཛཿ ཧཱུྃ་བཾ་ཧོཿ གཉིས་སུ་མེད་པར་གྱུར། གང་གི་དྲིན་གྱི་བདེ་ཆེན་ཉིད། སྐད་ཅིག་ཉིད་ལ་འཆར་བ་གང་། བླ་མ་རིན་ཆེན་ལྟ་བུ་ཡི། རྡོ་རྗེ་ཅན་ཞབས་པད་ལ་འདུད། ཅེས་ཕྱག་དང་། དངོས་བཤམས་ཡིད་སྤྲུལ་མཆོད་པ་མ་ལུས་འབུལ། ཐོག་མེད་ནས་བསགས་སྡིག་ལྟུང་ཐམས་ཅད་བཤགས། སྐྱེ་འཕགས་དགེ་བ་རྣམས་ལ་རྗེས་ཡི་རང་། འཁོར་བ་མ་སྟོང་བར་དུ་ལེགས་བཞུགས་ནས། འགྲོ་ལ་ཆོས་ཀྱི་འཁོར་ལོ་བསྐོར་བ་དང་། བདག་གཞན་དགེ་རྣམས་བྱང་ཆུབ་ཆེན་པོར་བསྔོ། གླིང་བཞི་རི་རབ་ཉི་ཟླ་རིན་ཆེན་བདུན། རིན་ཆེན་མཎྜལ་ཀུན་བཟང་མཆོད་པའི་ཚོགས། བློ་ཡིས་བླངས་ནས་དཀོན་མཆོག་གསུམ་ལ་འབུལ། ཐུགས་རྗེས་བཞེས་ནས་བྱིན་གྱིས་བརླབ་ཏུ་གསོལ། ཨི་དཾ་གུ་རུ་རཏྣ་མཎྜལ་ཀཾ་ནི་རྱཱ་ཏ་ཡ་མི། དཔལ་ལྡན་བླ་

མའི་རྣམ་པར་ཐར་པ་ལ། ཞེས་སོགས་དང་། བདག་སོགས་རྣམས་ཀྱི་ཆོས་དང་མཐུན་པའི་དོན། ཞེས་སོགས་གང་རིགས་ཀྱིས་གསོལ་བ་བཏབ། འཇམ་དབྱངས་དང་སྤྱན་རས་གཟིགས་གཉིས་ཀྱི་ཐུགས་ཀར་ཟླ་གདན་ལ་ཧྲཱིཿ ཡིག་དང་ཧྲཱིཿ ཡིག ཕྱག་རྡོར་དང་རྗེ་བླ་མའི་ཐུགས་ཀར་ཉི་གདན་ལ་ཧཱུྃ་ཡིག་དང་ཧྲཱིཿ ཡིག་རྣམས་རིམ་པར་འཁོད་པའི་མཐར་རིགས་གསུམ་ལ་རང་རང་གི་གཟུངས་སྔགས་དང་། རྗེ་བླ་མའི་ཐུགས་ཀའི་ཧྲཱིཿ ཡིག་གི་མཐར་མཚན་སྔགས་དང་དམིགས་བརྩེ་མའི་བསྐོར་བ་ལས་བདུད་རྩིའི་རྒྱུན་བབས་རང་གི་ལུས་ཀྱི་ནང་གང་། སྒྲིབ་བཞི་དག དབང་བཞི་མངོན་དུ་གྱུར་པའི་ནུས་པ་བཞག་པར་གྱུར། རིགས་གསུམ་མགོན་པོའི་གཟུངས་དང་དམིགས་བརྩེ་མ་རྗེའི་མཚན་སྔགས་བཅས་ཉེར་གཅིག་བཟླས་རྗེས། དགེ་བ་འདི་ཡིས་མྱུར་དུ་བདག བློ་བཟང་ཞེས་སོགས་དང་། ཡོན་ཏན་གཞིར་གྱུར་མས་ལམ་ཡོངས་རྫོགས་ཀྱི་བྱིན་རླབས་ཤུ། དཔལ་ལྡན་རྩ་བའི་བླ་མ་རིན་པོ་ཆེ། བདག་གི་སྙིང་གར་པདྨོའི་སྟེང་བཞུགས་ལ། བཀའ་དྲིན་ཆེན་པོས་སྒོ་ནས་རྗེས་བཟུང་སྟེ། མྱུར་དུ་ཁྱེད་རང་ལྟ་བུར་བྱིན་གྱིས་རློབས། ཞེས་གསོལ་བ་བཏབ་པས་བླ་མ་ལྷ་བདག་ཉིད་ལ་དགྱེས་བཞིན་ཐིམ་པས་རང་ཉིད་སེངྒེ་ཆེན་པོ་བརྒྱད་ཀྱིས་བཏེགས་པའི་རིན་པོ་ཆེའི་ཁྲི་མཐོ་ཞིང་ཡངས་པའི། ཞེས་པ་ནས། ཛཿ ཧཱུྃ་བཾ་ཧོཿ གཉིས་སུ་མེད་པར་གྱུར། བདག་བསྐྱེད་ཀྱི་མཆོད་པ་བླ་མེད་ལྟར་བྱིན་གྱིས་བརླབས། ཨོཾ་གུ་རུ་བཛྲ་དྷརྨ་ར་སུ་མ་ཏི་ཀཱིརྟི་ས་པྟ་རི་ཕ་ར་ཨརྒྷཾ་པྲ་ཏཱིཙྪ་ཧཱུྃ་སྭཱཧཱ། ནས་ཤབྡའི་བར་གྱི་མཆོད། གཞོན་ནུའི་ཆ་ལུགས་འཆང་བ་པོ། ཞེས་སོགས་དང་། སྨིན་གྱིས་མ་གོས་སྐུ་མདོག་དཀར། ཞེས་སོགས་དང་། ལྗང་ལོ་ཅན་གྱི་གནས་མཆོག་དམ་པ་ནས། ཞེས་སོགས་དང་། རྒྱལ་བ་ཐམས་ཅད་གཅིག་བསྡུས་རྡོ་རྗེ་འཆང་། གདུལ་བྱའི་དོན་དུ་བཤེས་གཉེན་ཚུལ་འཛིན་པ། བློ་བཟང་གྲགས་པའི་དཔལ་ཞེས་ས་གསུམ་གྱི། སྐྱེ་དགུའི་འདྲེན་པ་མཆོག་ལ་ཕྱག་འཚལ་ལོ། ཞེས་པས་བསྟོད། བཟླས་པ་བྱ་བ་ནི། འཇམ་དབྱངས་དང་སྤྱན་རས་གཟིགས་གཉིས་ཀྱི་ཐུགས་ཀར། ཞེས་པ་ནས། དམིགས་བརྩེ་མས་བསྐོར་བ་ལས་བདུད་རྩི་འོད་ཟེར་དང་བཅས་པའི་རྒྱུན་བབས། རང་གི་ལུས་ཀྱི་ནང་གང་། ནད་གདོན་སྡིག་སྒྲིབ་བག་ཆགས་དང་བཅས་པ་བྱང་ཞིང་དག འོད་ཟེར་ཕྱིར་འཕྲོས། སྣོད་བཅུད་ཀྱི་ཉེས་སྐྱོན་ཐམས་ཅད་སྦྱངས། ཕྱོགས་བཅུའི་རྒྱལ་བ་སྲས་བཅས་ལ་མཉེས་པའི་མཆོད་པ་ཕུལ། དེ་དག་གི་སྐུ་གསུང་ཐུགས་ཡོན་ཏན་འཕྲིན་ལས་ཀྱི་བྱིན་རླབས་དང་

ནུས་མཐུ་ཐམས་ཅད་བདུད་རྩི་འོད་ཟེར་དང་བཅས་པའི་རྣམ་པར་སྨིན་དྲངས་ཏེ་ཐུགས་འཕྲེང་ས་བོན་དང་བཅས་པ་ལ་ཐིམ་པར་གྱུར། ཐུར་ལྷུར་རིགས་གསུམ་གྱི་གཟུངས་དང་། དམིགས་བརྩེ་མ་མཚན་ཐུགས་བཅས་བརྒྱ་སྟོང་སོགས་ཅི་འགྲུབ་བཟླས་རྗེས། དགེ་བ་འདི་ཡིས་ཞེས་པ་ནས་འགོད་པར་ཤོག དེ་ལྟར་ཀུན་མཁྱེན་མཉམ་མེད་ཙོང་ཁ་པའི། གོ་འཕང་མཆོག་དེ་མངོན་དུ་བྱ་བའི་ཕྱིར། བླ་མའི་རྣལ་འབྱོར་བསྐྱེད་པའི་རིམ་པ་བཅས། བསྒོམས་པས་དེ་དོན་མངོན་དུ་འགྱུར་བར་ཤོག ཁྱད་པར་ཁྱེད་ཀྱི་ཆོས་སྐུ་དང་མཚུངས་པའི། སྟོང་ཉིད་དང་ལས་རབ་མཛེས་མཚན་དཔེའི་སྐུ། དཀར་གསལ་ཆོས་སྤྱོད་རལ་གྲི་གླེགས་བམ་ཅན། བསྒོམས་པས་ཁྱེད་སྐུ་མངོན་དུ་འགྱུར་བར་ཤོག སྐུ་གསུང་ཐུགས་ཀྱི་རྡོ་རྗེ་ཡི་གེར་བཅས། གནས་གསུམ་དག་ཏུ་བརྟན་པར་བརླབས་པ་ལས། འབད་རྩོལ་མེད་པར་རླུང་སེམས་མ་ལུས་པ། དྷཱུ་ཏིའི་ནང་དུ་བསྡུས་པའི་དཔལ་ཐོབ་ཤོག གསོལ་འདེབས་རྒྱལ་པོ་ཚིགས་སུ་བཅད་པ་ཡིས། བསྙེན་སྒྲུབ་ཕ་མཐར་ཕྱིན་པ་ལེགས་བསྐྱངས་ནས། ལས་ཚོགས་བཅུ་གཅིག་ལ་སོགས་ལས་རབ་འབྱམས། མ་ལུས་སྒྲུབ་ལ་ཐོགས་པ་མེད་པར་ཤོག ཁྱད་པར་ཐུབ་དབང་རྡོ་རྗེ་འཆང་དབང་ནས། རྒྱ་བའི་མའི་བར་གྱི་ངོ་བོ་ཉིད། བློ་བཟང་གྲགས་པའི་དཔལ་མཆོག་ཁྱོད་ཀྱིས་ནི། ཚེ་རབས་ཀུན་ཏུ་འབྲལ་མེད་རྗེས་འཛིན་ཤོག ཚེ་ཡི་མཐར་ཡང་བློ་བཟང་གྲགས་པའི་དཔལ། ཡིད་འོང་མཆོད་སྤྲིན་ལྡན་པའི་རོལ་མོར་བཅས། བུ་བུ་ཚུར་ཤོག་དགའ་ལྡན་གནས་འགྲོ་ཞེས། གསུང་གི་དབུགས་དབྱུང་དངོས་སུ་ཐོབ་པར་ཤོག རྣམ་དག་བསམ་པས་ཚུལ་འདིར་འབད་པ་ལས། བྱུང་བའི་དགེ་བས་མཐའ་ཡས་འགྲོ་བ་ཀུན། སྐྱེ་ཞིང་སྐྱེ་བར་བློ་བཟང་ཞི་ཁྲོ་ཡིས། འབྲལ་བ་མེད་པར་རྗེས་སུ་འཛིན་གྱུར་ཅིག ཡིག་བརྒྱ་དང་། གང་ཡང་བདག་བློ་ཞེས་སོགས་ཀྱིས་ནོངས་པར་བཟོད་པར་གསོལ། བདག་ལ་དངོས་གྲུབ་ཅེས་སོགས་དང་། རང་རྗེ་བླ་མར་གསལ་བ་འོད་དུ་ཞུ་ནས་ཐུགས་ཀའི་ཧཱུྃ་ལ་ཐིམ། ཧཱུྃ་གི་ཞབས་ཀྱུ་ཨུ་ནི་ཧ་ལ། ཧ་ཧའི་མགོ་བོ་ལ། མགོ་བོ་ཟླ་ཚེས་ལ། ཟླ་ཚེས་ཐིག་ལེ་ལ། ཐིག་ལེ་ནཱ་ད་ལ། ནཱ་ད་ཡང་མི་དམིགས་པའི་སྟོང་པར་གྱུར། སྟོང་པའི་ངང་ལས་རང་ཉིད་རྗེ་བཙུན་ཙོང་ཁ་པ་ཆེན་པོའི་སྐུར་གསལ་བའི་སྤྱི་བོར་ཨོཾ། མགྲིན་པར་ཨཱཿ ཐུགས་ཀར་ཧཱུྃ་གིས་མཚན་པར་གྱུར། ཞེས་བརྗོད་ནི། རབ་ཡངས་ནམ་མཁའ་ཏིལ་གང་བུ་བཞིན། ཡོངས་སུ་གང་བའི་བློ་བཟང་གྲགས་

པའི་དཔལ། ཁ་ཅིག་མེ་ཏོག་སྣ་ཚོགས་ཆར་འབེབས་ཤིང་། ལ་ལ་བཀྲ་ཤིས་གདངས་སྙན་གླུ་རུ་ལེན། གཞན་དག་བགེགས་དཔུང་འཇོམས་པའི་འཕྲིན་ལས་ཀྱིས། ཁྱེད་ལ་རྟག་ཏུ་དཔལ་ནས་བརྗོད་ནས་ནི། ཤིས་པར་གྱིས་ལ་ཡིད་བདེ་སྐྱིད་ཅིག་དང་། ཤིས་བརྗོད་ཕྲེང་བ་བདག་གི་བསྒྲགས་པར་བྱ། རྨད་བྱུང་མཚན་དཔེའི་དཔལ་འབར་ལོངས་སྤྱོད་རྫོགས། ཁ་སྦྱོར་བདེ་སྟོང་རོ་ལ་རྟག་རོལ་ཅིང་། དམིགས་མེད་ཐུགས་རྗེས་ཞི་བའི་མཐའ་སྤངས་པ། བློ་བཟང་ཡན་ལག་བདུན་ལྡན་ལ་ཕྱག་འཚལ། གསང་བ་ཀུན་གྱི་བདག་པོ་དགེ་ལེགས་དཔལ། ཆོས་ཀྱི་རྒྱལ་མཚན་ཆོས་ཀྱི་རྡོ་རྗེ་དང་། བློ་བཟང་དོན་གྲུབ་ཆོས་ཀྱི་རྒྱལ་མཚན་སོགས། རྩ་བ་བརྒྱུད་པའི་བླ་མ་མཆོག་རྣམས་ལ། དགེ་མཚན་རྗེ་སྙིང་མཆིས་པའི་བཀྲ་ཤིས་དེས། ཁྱེད་རྣམས་རྗེ་བཞིན་ལམ་མཆོག་འདི་ཉིད་ལས། བློ་བཟང་རྡོ་རྗེ་འཆང་དབང་མྱུར་ཐོབ་ནས། འགྲོ་ཀུན་ཚུལ་དེར་འགོད་པའི་བཀྲ་ཤིས་ཤོག ཆོས་ཀྱི་ཕུང་པོ་བརྒྱད་ཁྲི་བཞི་སྟོང་གི སྙིང་པོ་གཅིག་ཏུ་བསྡུས་པའི་བསྟོད་པའི་རྒྱལ། གང་གི་ཉམས་ལེན་རིམ་པ་ཐམས་ཅད་ཀྱི། བཀྲ་ཤིས་བྱེ་བ་ཆར་དུ་ཕབ་ཏུ་གསོལ། ནམ་མཁའི་ཁྱོན་ལྟར་ཡངས་པའི་ཞིས

སོགས་བྱའོ། ཐུན་མཚམས་སུ་ཡང་གང་སྣང་བླ་མའི་སྐུ་གསུང་ཐུགས་ཀྱི་རྣམ་རོལ་ཏུ་བལྟ་བའི་རྣལ་འབྱོར་དང་མ་བྲལ་བའི་ངང་ནས་སྤྱོད་ལམ་ཐམས་ཅད་དོན་ལྡན་དུ་བྱ་བའི་ཚུལ་ཁྲིད་ཡིག་རྣམས་ནས་འབྱུང་བ་ལྟར་ཉམས་སུ་བླང་བར་བྱའོ། འདི་ཡིས་དགེ་བས་འཇམ་མགོན་བླ་མ་ལྷས། རྣམ་པ་ཀུན་ཏུ་འབྲལ་མེད་རྗེས་བཟུང་སྟེ། ཟབ་མོ་བླ་མའི་རྣལ་འབྱོར་ཉེ་ལམ་ལ། བརྟེན་ནས་ཟུང་འཇུག་གོ་འཕང་མྱུར་ཐོབ་ཤོག ཅེས་རྗེ་བླ་མ་རིགས་གསུམ་སྤྱི་སྒྲུབ་ཀྱི་རྣལ་འབྱོར་ངག་འདོན་དུ་བྱ་ཚུལ་འདི་ནི་ཚུལ་འདིའི་ཉམས་ལེན་ལྟར་བྱ་བ་དག་ལ་ཕན་ཕྱིར། བཙུན་གཟུགས་བློ་བཟང་འཕྲིན་ལས་ཀྱིས་བླ་མའི་ཕྱག་བཞེས་བཞིན་བཀོད་པ་སྙོད་མིན་ལ་གསང་བར་བྱ་བའི་གཉེར་ཁ་དམ་ཅན་ཆོས་ཀྱི་རྒྱལ་པོས་མཛོད། སརྦ་མངྒ་ལཾ།

༄༅། །སྲིད་རྒྱུད་ལུགས་ཀྱི་དགའ་ལྡན་ལྷ་བརྒྱ་མའི་འཕོ་ཁྲིད་འདོན་ཆོག་བཅས་བསྐུལ་བཟང་དགའ་ལྡན་བགྲོད་པའི་ཐེམ་སྐས་ཞེས་བྱ་བ་བཞུགས་སོ། །

བསྟན་པའི་འཁོར་ལོ་རྒྱལ་ཀུན་ཡེ་ཤེས་གར། མི་ཡི་རོལ་གྱིས་སྙིགས་མཐའི་འགྲོ་བ་ལ། ཚང་ལ་མ་ནོར་ལམ་བཟང་གསལ་མཛད་པ། རྒྱལ་བ་གཉིས་པ་ཙོང་ཁ་པ་ལ་འདུད། མགོན་པོ་ཁྱོད་ཀྱི་སྟན་བརྒྱུད་བདུད་རྩིའི་རོར། སྤྱོད་པའི་བསྐུལ་བཟང་དགའ་ལྡན་མཁའ་སྤྱོད་དུ། བདེ་བླག་བགྲོད་པའི་གདམས་ཟབ་སྙིང་པོའི་གནད། འབྲི་བ་ཆོས་བདག་རྣམས་ཀྱིས་གནང་བ་སྩོལ། འདིར་རྗེ་བཙུན་ཆོས་ཀྱི་རྒྱལ་པོ་ཙོང་ཁ་པ་ཆེན་པོའི་སྟན་བརྒྱུད་ཀྱི་མན་ངག་དགའ་ལྡན་འཕོ་ཁྲིད་ཐུན་མོང་མ་ཡིན་པ་དམིགས་བརྩེ་མ་འབུམ་གྱི་བཀའ་རྒྱ་ཅན་གྱི་ཟབ་གནད་མཐར་ཕྱུག་པའི་སྙིང་པོར་བསྡུས་ཏེ་ཉམས་སུ་བཞེས་ཚུལ་འདོན་ཆོག་དང་། དམིགས་རྣམ་དཀྱུས་སྦྲགས་སུ་ཉུང་ངུའི་ཚིག་གི་ལམ་ནས་གཟིགས་བདེར་འགོད་པ་ལ། འདུན་པས་སྦྱང་བ་དང་། ལས་ལ་སྦྱང་བ་གཉིས་ལས། དང་པོ་ནི། སྟན་བདེ་བ་ལ་ལུས་གནད་དང་ལྡན་པས་འཁོད་དེ་འདི་ལྟར་བསམ་པར་བྱའོ། རང་ཉིད་འཁོར་བ་འདིར་སྐྱེ་ཤིའི་འཁྲུལ་འཁོར་རྒྱུན་མི་ཆད་པའི་སྡུག་བསྔལ་དྲག་པོས་འཁོར་བ་ཐོག་མ་མེད་པ་ནས་ད་བར་རབ་ཏུ་མནར་ལ། ད་དུང་ཡང་ད་རེས་དལ་འབྱོར་གྱི་རྟེན་བཟང་པོ་ཐོབ་པའི་སྐབས་འདིར་བཙན་ས་ཟིན་པ་ཞིག་བྱེད་མ་ནུས་ན་སླར་ཡང་རིགས་དྲུག་གི་སྐྱེ་གནས་ཀུན་ཏུ་རང་དབང་མེད་པར་ལས་ཉོན་གྱི་ཞགས་པ་དམ་པོས་རྟག་ཏུ་བཅིངས་ཏེ་ཚ་གྲང་བཀྲེས་སྐོམ། ངལ་འཇིགས་བཀོལ་སྤྱོད་སྐྱེ་རྒ་ན་འཆི་སོགས་སྡུག་བསྔལ་མི་བཟད་པའི་ཚོར་བ་དྲག་པོ་སུ་མཐའ་མེད་པ་མྱོང་བཞིན་འཁོར་བ་མཐའ་མེད་དུ་འཁྱམས་དགོས་པ་བྱུང་ན་ཅི་རང་དྲག་སྙམ་དུ་སྐྱོ་ཤས་དང་། བདག་གི་འདི་ལས་ངེས་པར་ཐར་བར་བྱའོ་སྙམ་དུ་ངེས་འབྱུང་དང་། དེ་ཡང་རང་གཅིག་པུ་ཙམ་མིན་པར་སེམས་ཅན་ཐམས་ཅད་ཀྱང་རང་ཉིད་བཞིན་འཁོར་བ་མཐའ་མེད་དུ་འཁྱམས་པ་ཤ་སྟག་མ་ཟད། སྤྱོད་འཇུག་ལས། སྡུག་བསྔལ་འདོར་འདོད་སེམས་ཡོད་ཀྱང་། སྡུག་བསྔལ་ཉིད་ལ་མངོན་པར་རྒྱུགས། བདེ་བ་འདོད་ཀྱང་གཏི་མུག་པས། རང་གི་བདེ་བ་དགྲ་ལྟར་འཇོམས། ཞེས་གསུངས་པ་ལྟར་ཉོན་མོངས་པའི་གདོན་གྱིས་ཡིད་དཀྲུགས་པས་རང་དབང་མེད་པར་བླང་དོར་གོ་ལོག་ཏུ་སྤྱོད་ཅིང་སྡུག་བསྔལ་མི་བཟད་པ་ལ་རང་གིས་འབབ་པས་འཇུག གཏན་གྱི་འདུན་མ་དང་འཇིག་རྟེན་ཕྱི་མའི་མཐའ་ལ་མཆོ་བསམ་ཙམ་ཡང་མེད་པ་ཤིན་ཏུ་འཁྱལ་པ་དྲག་པོས་སྐྱོས་ཏེ་སྡུག་བསྔལ་གྱི་རྒྱུ་འབབ་ཞིག་ལ་ཤིན་ཏུ་ཡང་བར་སྤྱོད་པའི་འགྲོ་བ་འདི་རྣམས་སྙིང་རེ་རྗེ། འདི་དག་ཀྱང་བདག་གི་ཚེ་རབས་སྔ་མ་རྣམས་སུ་མ་མ་བྱས་པ་གཅིག་ཀྱང་མེད། མའི་སྡུག་བསྔལ་སེལ་བའི་ཁུར་བུ་ལ་བབས་པ་ལྟར་བདག་གི་མ་ཉམ་ཐག་པ་འདི་རྣམས་བདེ་བ་ཐམས་ཅད་དང་ལྡན་ཞིང་སྡུག་བསྔལ་ཐམས་ཅད་དང་བྲལ་བ་ཞིག་བདག་གིས་བྱ། དེ་ཡང་ད་ལྟ་བདག

ལ་དེ་ལྟ་བུའི་ནུས་པ་མེད། ནུས་པ་སུ་ལ་ཡོད་ན་ཡང་དག་པར་རྫོགས་པའི་སངས་རྒྱས་ལ་ཡོད་པས་དེས་ན་བདག་གིས་མ་སེམས་ཅན་ཐམས་ཅད་ཀྱི་དོན་དུ་རྫོགས་པའི་སངས་རྒྱས་ཀྱི་གོ་འཕང་མྱུར་དུ་ཐོབ་པ་ཞིག་བྱའོ། དེ་ལ་ཡང་ལམ་མ་ནོར་བར་སྟེན་པའི་བཤེས་གཉེན། ཚུལ་བཞིན་ཉམས་སུ་ལེན་པའི་གྲོགས། གང་དུ་ཉམས་སུ་ལེན་པའི་གནས། ཉམས་སུ་བླང་བྱའི་ཆོས་སོགས་ལེགས་པར་འཛོམས་པ་གལ་ཆེ་ཞིང་། དེ་ནི་དགའ་ལྡན་ཡིད་དགའ་ཆོས་འཛིན་ལས་ལྷག་པ་མེད་པས་འདི་ནས་འཕོས་མ་ཐག་ཞིང་དེར་སྐྱེས་ཏེ་བྱམས་མགོན་སྲས་དང་བཅས་པའི་གསུང་གི་བདུད་རྩི་ལ་ལོངས་སྤྱོད་ནས་ཟུང་འཇུག་རྡོ་རྗེ་འཆང་གི་གོ་འཕང་མྱུར་དུ་ཐོབ་པར་བྱ་དེའི་ཆེད་དུ་ཟབ་ལམ་འཕོ་བའི་གདམས་པ་ཉམས་སུ་བླང་བར་བྱའོ་སྙམ་དུ་དགེ་སེམས་ཁྱད་པར་ཅན་གྱི་ངང་ནས། མདུན་གྱི་ནམ་མཁར་པདྨ་འདབ་མ་བཞི་པ་ཡངས་ཤིང་རྒྱ་ཆེ་བའི་ལྟེ་བར་བླ་མ་དང་གཉིས་སུ་མེད་པའི་བྱམས་མགོན་ལ་རྗེ་ཡབ་སྲས་སོགས་ཀྱིས་བསྐོར་བ་དང་། མདུན་གྱི་འདབ་མར་ཡི་དམ་རྒྱུད་སྡེ་བཞིའི་ལྷ་ཚོགས། གཡས་ཀྱི་འདབ་མར་སངས་རྒྱས། གཡོན་གྱི་འདབ་མར་ཐེག་པ་གསུམ་གྱི་དགེ་འདུན་དང་། དཔའ་བོ་མཁའ་འགྲོ། ཆོས་སྐྱོང་ཡེ་ཤེས་པའི་ཚོགས། རྒྱབ་ཀྱི་འདབ་མར་དེ་རྣམས་ཀྱི་ཐུགས་རྒྱུད་ལ་མངའ་བའི་རྟོགས་པའི་ཆོས་རྣམས་པོ་ཏིའི་རྣམ་པར་ཤར་བ་བྲག་རི་ལྟར་བརྩེགས་པ་རྣམས་གསལ་གདབ། རང་གི་མཐའ་སྐོར་དུ་རིགས་དྲུག་གི་སེམས་ཅན་ཐམས་ཅད་སའི་ཐིག་པ་ལྟར་འཁོད་པར་མོས་ནས། རང་གཞན་ཐམས་ཅད་སྲིད་ཞིའི་འཇིགས་པ་ལས་ད་ལྟ་ཉིད་དུ་བསྐྱབ་ཏུ་གསོལ་སྙམ་པའི་གདུང་ཤུགས་དྲག་པོའི་ངང་ནས་འདི་ལྟར། རང་གི་ཐུགས་ཀ་ནས་འོད་ཟེར་འཕྲོས་ཚོགས་ཞིང་ནམ་མཁའ་གང་བ་སྤྱན་དྲངས་མདུན་གྱི་ནམ་མཁར་བཞུགས་པར་གྱུར། བདག་དང་འགྲོ་བ་ནམ་མཁའི་མཐའ་དང་མཉམ་པའི་སེམས་ཅན་ཐམས་ཅད་དུས་རྟག་པར་བླ་མ་ལ་སྐྱབས་སུ་མཆིའོ།སངས་རྒྱས་ལ་སྐྱབས་སུ་མཆིའོ། ཆོས་ལ་སྐྱབས་སུ་མཆིའོ། དགེ་འདུན་ལ་སྐྱབས་སུ་མཆིའོ། ལན་གསུམ། བདག་གིས་སེམས་ཅན་ཐམས་ཅད་མུ་མཐའ་མེད་པའི་འཁོར་བ་སྡུག་བསྔལ་གྱི་རྒྱ་མཚོ་ཆེན་པོ་འདི་ལས་བསྒྲལ་ཏེ་བླ་ན་མེད་པའི་བྱང་ཆུབ་ཀྱི་སྙིང་པོ་ལ་འགོད་པར་བགྱི། དེའི་ཕྱིར་དུ་ཟབ་ལམ་འཕོ་བའི་གདམས་པ་ཉམས་སུ་བགྱིའོ། ལན་གསུམ་གྱིས་སྐྱབས་འགྲོ་སེམས་བསྐྱེད་ནན་ཏན་དུ་བྱས་རྗེས། སྐྱབས་ཡུལ་རྣམས་རང་གི་སྙིང་མཚམས་ནས་ཐིམ་པས་རྒྱུད་བྱིན་གྱིས་བརླབ་པར་གྱུར་པར་བསམ།དངོས་གཞི་བླང་བར་ལ་ཐོག་མར་རླུང་རོ་འབུད་པ། ལུས་ཀྱི་སྟོང་ར། རྩའི་སྟོང་ར་རྣམས་གལ་ཆེ་བས་དང་པོ་རླུང་རོ་འབུད་པ་ནི། ལུས་རྣམ་སྣང་གི་ཆོས་བདུན་ལྡན་དུ་འཁོད་དེ་ལུས་ཀྱི་དབུས་གཡས་གཡོན་གཉིས་ནས་བརྩེས་པའི་དབུས་དྲང་ཐད་རྒྱབ་མདུན་གཉིས་ནས་བརྩེས་པའི་ཚད་ཟད་རྒྱབ་ལ་ཉེ་བར་རྩ་དབུ་མ་སྦོམ་ཟླ་སྦ་ལྷུག་འབྲིང་པོ་ཞེས་པ་མཐེའུ་ཆུང་ཙམ་ལུས་ཀྱི་གཞུང་ཤིང་གི་ཚུལ་དུ་ཡོད་པའི་ཡར་སྣེ་སྤྱི་བོ་ནས་མར་གུག་སྟེ་སྙིང་མཚམས་སུ་ཟུག་པ། མར་སྣེ་ལྟེ་འོག་སོར་བཞིའི་མཚམས་སུ་སླེབས་པ། དེའི་གཡས་སུ་རོ་མ་དམར་པོ།གཡོན་དུ་རྐྱང་མ་དཀར་པོ་གཉིས་སྦོམ་ཟླ་སྒྲོ་སོག་ཙམ། ཡར་སྣེ་སྤྱི་བོ་ནས་མར་

ཀྱུག་སྟེ་སྣ་བུག་གཉིས་ལ་ཐུག་པ། མར་སྣེ་དབུ་མ་ལས་ཙུང་ཟད་རིང་བར་གནས་པ་གསལ་བཏབ། དེ་ནས་རྐྱང་མའི་མར་སྣེ་རོ་མའི་ནང་དུ་ཕུ་དུང་བཙུག་པ་ལྟར་མོས། ལག་པ་གཉིས་ཀྱི་སྲིན་ལག་གིས་སྣ་བུག་གཡས་བཀག དལ་བུས་རླུང་སྣ་བུག་གཡོན་ནས་རྔུབ་ཅིང། སྣ་བུག་གཡོན་བཀག་སྟེ་གཡས་ནས་འབུད་པ་ལན་གསུམ།ཡང་རོ་མའི་མར་སྣེ་རྐྱང་མར་བཙུག་པར་མོས་ལ་ལག་གཡོན་སྲིན་ལག་གིས་སྣ་བུག་གཡོན་བཀག་རླུང་སྣ་བུག་གཡས་ནས་རྔུབ་ཅིང་གཡོན་ནས་འབུད་པ་ལན་གསུམ། རོ་རྐྱང་གཉིས་ཀའི་མར་སྣེ་དབུ་མར་བཙུག་པར་མོས་ལ། སྣ་བུག་གཉིས་ཀ་ནས་རྔུབ་ཅིང་གཉིས་ཀ་ནས་འབུད་པ་ལན་གསུམ། དེ་དག་གི་སྐབས་ལ་ལས་ངན་སྡིག་སྒྲིབ་མི་དགེ་བའི་རྟོག་པ་བག་ཆགས་དང་བཅས་པ་རླུང་དང་མཉམ་དུ་སངས་ཀྱིས་སོང་བར་བསམ། འདི་སྐབས་སྔར་རང་གི་སྙིང་གར་བཀོད་པའི་རྗེ་བླ་མ་དང་བཅས་པ་ཆེད་གཉེར་གྱིས་གསལ་འདེབས་པ་དང་། ཉེར་བསྡུ་སྦྱོང་སྦྱང་སོགས་མི་བྱེད་པ་བཏང་སྙོམས་སུ་མི་དམིགས་པར་འཇོག་གོ གཉིས་པ་ལུས་ཀྱི་སྦྱོང་ར་ནི་སྔར་གྱི་ཙ་གསུམ་མི་དམིགས་པར་དེ་ལྟར་ལས་ངན་སོགས་སྦྱངས་པས་རང་ལུས་ཤ་ཁྲག་བརྗོས་བཅས་མིན་པར་ཕུམ་ཕུས་བཏབ་པའམ། ཤེལ་བུམ་ནང་དུ་མར་མེ་འབར་བ་ལྟར་སྟོང་སང་དེ་བ་དྭངས་གསལ་འོད་ཀྱི་རང་བཞིན་ཅན་དུ་བསྒོམ། གསུམ་པ་རྩའི་སྦྱོང་ར་ནི། དེ་ལྟར་ལུས་སྟོང་སང་དེ་བ་དེའི་དབུས་དྭང་པོར་རྩ་དབུ་མ་ཁྲུད་ཆོས་བཞི་ལྡན་སྦོམ་ཕྲ་སྦྲ་ལྷུགས་ཙམ་རག་དུང་མགོ་མཇུག་ལོག་པ་ལྟར་ཡང་སྣེ་རྗེ་ཚེར་སོང་བ་ཚངས་བུག་ཏུ་རྒྱ་མཐོངས་ཁ་ཕྱེ་བ་ལྟར་ བུ་གུ་དཀར་ཐལ་ལེ་ཡོད་པ། མར་སྣེ་ལྟེ་འོག་སོར་བཞིའི་ཐད་འོད་ཟེར་སྐྱ་ཆིལ་ལེ་བ་ཞིག་གིས་དམ་པོར་བཀག་པ་ཡང་ཡང་གསལ་འདེབས་པ་ནི་རྩའི་སྦྱོང་རའོ། དེ་ལྟར་སྦྱོང་པ་གཉིས་པོ་འདི་ཤིན་ཏུ་གལ་ཆེ་བས་ནན་ཏན་དུ་སྦྱོང་དགོས། དེ་ནས་སྙིང་ཁའི་ཐད་ཀྱི་དབུ་མ་དེའི་ནང་དུ་རྒྱུན་པར་རང་གི་དགའ་ལྡའི་རྣལ་འབྱོར་སྐབས་སྙིང་དབུས་སུ་བསྐྱེད་བསྒོམ་ཡང་ཡང་བྱས་པའི་རྗེ་བླ་མ་ཤིན་ཏུ་ཐྲ་བའི་རླུང་སེམས་དང་དབྱེར་མེད་དུ་ཡོད་པ་དེ་ཉིད་གསལ་བཏབ། ཐུགས་ཀྱི་དགྲིས་དཀྲོལ། པདྨ་བུམ་སྐྱ་ཁ་བྱེ་བར་བསམ་སྟེ་རང་ལུས་སྟོང་སང་། དེ་དབུས་རྩ་དབུ་མ། དེ་ནས་རང་སེམས་རྗེ་བླ་མ་དབྱེར་མེད་རྣམས་ལ་ཡིད་ཡང་གོམས་སུ་བཞུག དེ་ནས་འཕོ་བའི་གཞུང་གསལ་འདེབས་ནི། རང་ཉིད་གང་དུ་ཕྱོགས་པའི་སྟེང་གི་ནམ་མཁའི་དབྱིངས་སུ་དགའ་ལྡན་གྱི་ཞིང་ཁམས། དེའི་དབུས་སུ་ཕོ་བྲང་རྒྱལ་མཚན་མཐོན་པོ། དེའི་མདུན་དུ་ཡིད་དགའ་ཆོས་འཛིན་སོགས་དགའ་ལྡའི་ཁྲིད་ཀྱི་སྐབས་ལྟར་གསལ་གདབ། ཡིད་དགའ་ཆོས་འཛིན་གྱི་དབུས་སུ་སེངྒེས་བཏེག་པའི་རིན་པོའི་ཆེའི་ཁྲིའི་སྟེང་དུ་རང་གི་རྩ་བའི་བླ་མ་དང་རྒྱལ་བ་ཙོང་ཁ་པ་དབྱེར་མེད་རྗེ་བཙུན་བྱམས་མགོན་བཟང་པོའི་འདུག་སྟངས་ཀྱིས་བཞུགས་པ་སྐུ་མདོག་གསེར་གྱི་ལྷུན་པོ་ལ་ཉི་མ་འབུམ་གྱིས་འཁྱུད་པ་ལྟ་བུ། ཕྱག་གཉིས་ཐུགས་ཀར་ཆོས་འཁོར་གྱི་ཕྱག་རྒྱ་མཛད་པས་ཀླུ་ཤིང་གི་མེ་ཏོག་སྡོང་བུ་དང་བཅས་པ་གཡས་ཀྱི་སྟེང་ན་འཁོར་ལོ་དང་གཡོན་གྱི་སྟེང་ན་རི་ལ་བ་སྤྱི་བླུགས་ཀྱིས་མཚན་པ་འཛིན་པ་མཆོག་གི་སྤྲུལ་སྐུའི་ཆ་བྱད་ཅན། སྐུ་ལ་ཆོས་གོས་ངུར་སྨིག་གསུམ་མཛེས་པར་གསོལ་བ། མཚན་བཟང་པོ་སུམ་ཅུ་རྩ་གཉིས་དང་། དཔེ་བྱད་བཟང་པོ་བརྒྱད་ཅུས་སྤྲས་པ། གཟི་བརྗིད་ཉི་མ་འབུམ་ལས་ལྷག་པ། དགྱེས་པའི་འཛུམ་དཀར་དང་ལྡན་པའི་སྤྱན་གྱིས་གཟིགས་པ། ཐུགས་ཀར་དཔལ་ནེ་ཙུའི་རི་མོ་ཐྲ་སེང་ངེ་བའི་ནང་དུ་རྗེ་བླ་མ་ཡབ་སྲས་གསུམ་བཞུགས་པ། རྗེ་བཙུན་གྱི་འཁོར་དུ་ཡང་ཉེ་བའི་སྲས་ཆེན་བརྒྱད། རྗེ་

བླ་མའི་རྣམ་རོལ་རྒྱལ་སྲས་འཇམ་དཔལ་སྙིང་པོ། རྗེ་བོ་རྗེའི་རྣམ་རོལ་ནམ་མཁའ་དྲི་མ་མེད་པ་སོགས་དག་པའི་འཁོར་ཚོགས་རྒྱ་མཚོ་ལྷ་བུའི་དབུས་སུ་ཆོས་ཀྱི་སྒྲ་དབྱངས་ལྷང་ལྷང་གསུང་བ་གསལ་འདེབས་པ་དང་བཅས། རང་གི་མདུན་གྱི་ཐད་དྲང་མཁའ་དབྱིངས་སུ། སྟེང་ཕྱོགས་དགའ་ལྡན་མཁའ་སྤྱོད་ཞིང་ཁམས་ཆེ། དེ་དབུས་པོ་བྲང་རྒྱལ་མཚན་མཐོན་པོ་ཞེས། ཆོས་ཀྱིས་མཐོ་བའི་ཁང་བཟང་ཁྱད་འཕགས་མདུན། ཡིད་དགའ་ཆོས་འཛིན་ཀུན་དགའ་ར་བར་ནི། རིན་ཆེན་སེང་ཁྲི་པད་ཟླའི་གདན་སྟེང་དུ། རྩ་བའི་བླ་མ་རྗེ་བཙུན་མི་ཕམ་མགོན། གསེར་རི་ལྟར་བརྗིད་ཆོས་འཁོར་ཕྱག་རྒྱ་ཅན།དེ་ཡི་ཐུགས་ཀར་དཔལ་གྱི་བེ་ཅུའི་ནང་། རྒྱལ་བའི་དབང་པོ་རྗེ་བཙུན་ཙོང་ཁ་པ། སྲས་ཀྱི་ཐུ་བོ་གཉིས་དང་བཅས་པ་ཡི། མཐའ་སྐོར་འཁོར་ཚོགས་རྒྱ་མཚོས་བསྐོར་བར་གྱུར། མདུན་གྱི་ནམ་མཁར་སེང་ཁྲི་པད་ཟླའི་སྟེང་། བྱམས་མགོན་རྗེ་བཙུན་བླ་མ་ཡབ་སྲས་བཅས། བདག་ཅག་བསོད་ནམས་ཞིང་གི་དམ་པ་རུ། འཁོར་བ་མ་སྟོང་བར་དུ་བཞུགས་སུ་གསོལ། ཤེས་བྱའི་ཁྱོན་ཀུན་འཇལ་བའི་བློ་གྲོས་ཐུགས། ཞེས་པ་ནས། བསྟན་པའི་སྙིང་པོ་རིང་དུ་གསལ་བྱེད་ཤོག བར་དགའ་ལྷའི་རྣལ་འབྱོར་ལྟར་དང་། ས་གཞི་སྤོས་ཀྱིས་བྱུགས་ཤིང་མེ་ཏོག་བཀྲམ། རི་རབ་གླིང་བཞི་ཉི་ཟླས་བརྒྱན་པ་འདི། དགའ་ལྡན་ཞིང་དུ་དམིགས་ཏེ་ཕུལ་བ་ཡིས། འགྲོ་ཀུན་དགའ་ལྡན་ཞིང་ལ་སྤྱོད་པར་ཤོག ཅེས་ཡན་ལག་བདུན་པ་མཎྜལ་དང་བཅས་པ་དམིགས་རྣམ་རྒྱུད་དང་འབྲེལ་ངེས་སུ་བསྐྱང་། མཚམས་འདིར་སྨོན་འཕོ་བའི་འགལ་རྐྱེན་སེལ་ཞིང་མཐུན་རྐྱེན་འགྲུབ་པ་དང་། ཁྱད་པར་ད་ལྟ་ཉིད་དུ་དགའ་ལྡན་ཆོས་ཀྱི་ཕོ་བྲང་དུ་ཐོགས་པ་མེད་པར་དྲང་དུ་གསོལ་སྙམ་པ་དང་བྱམས་མགོན་རྒྱལ་སྲས་རྒྱ་མཚོའི་ཚོགས་དང་བཅས་པའི་ཞལ་མཐོང་། གསུང་གི་བདུད་རྩིར་སྤྱོད་པའི་སྐལ་ལྡན་ཤུགས་དྲག་པོས་དམིགས་བརྩེ་མ་ཅེ་རིགས་ཀྱིས་གསོལ་བ་བཏབ། བྱམས་མགོན་སྲས་བཅས་ཀྱི་སྐུ་ལས་བདུད་རྩིའི་རྒྱུན་བབས་ནད་གདོན་དུ་སྐྱེ་འགྱུར་གྱི་ལས་ངན་སྡིག་སྒྲིབ་དང་། དགེ་བ་ཡིན་ཡང་དག་ཞིང་དུ་སྐྱེ་བ་ལ་གེགས་བྱེད་མཐའ་དག་ལྷག་མེད་དུ་སྦྱངས། སླར་ཡང་བདུད་རྩིའི་རྒྱུན་བབས། དེར་སྐྱེ་བའི་མཐུན་རྐྱེན་མ་ཚང་བ་མེད་པའི་རྟོགས་པ་ཕུན་སུམ་ཚོགས་པ་ཐོབ་པར་བསམ། དེ་ནས་རང་གཞན་སེམས་ཅན་ཐམས་ཅད་སྤྱིར་འཁོར་བ་དང་། ཁྱད་པར་ངན་སོང་གསུམ། མདོར་ན་རིགས་དྲུག་གང་དུ་སྐྱེས་ཀྱང་སྡུག་བསྔལ་གྱི་རང་བཞིན་ཁོ་ན་ལས་མ་འདས་པའི་དེ་ལས་ཐར་འདོད་ཀྱི་བློ་ཤུགས་དྲག་པོ་དང་། ཞིང་མཆོག་ཡིད་དགའ་ཆོས་འཛིན་དུ་སྐྱེས་ནས་བྱམས་མགོན་སྲས་བཅས་ཀྱི་ཞལ་འཇལ། གསུང་གི་བདུད་རྩིར་སྤྱད་ནས་མ་རྒན་སེམས་ཅན་ཐམས་ཅད་ཀྱི་དོན་དུ་མྱུར་དུ་འཚང་རྒྱ་ཐུབ་པ་ཞིག་བྱའོ་སྙམ་དུ། ཞིང་དེར་འགྲོ་འདོད་ཀྱི་འདུན་པ་དྲག་པོ་དང་། དེར་བགྲོད་པའི་ཐབས་ཟབ་མོ་ནི་གདམས་ངག་འདི་ཁོ་ན་དང་། འདི་ལ་བརྟེན་ནས་ངེས་པར་བགྲོད་ནུས་སོ་སྙམ་དུ་ཡིད་ཆེས་ཀྱི་དད་པ། འཁོར་བའི་གནས་ལུས་ལོངས་སྤྱོད་གང་ལ་ཡང་ཆགས་ཞེན

མེད་པའི་ཞེས་བཅད་དྲུག་པོའི་ངང་ནས། རང་ལུས་སྟོང་རའི་དབུས་རྩ་དབུ་མའི་ནང་རང་སེམས་རྗེ་བླ་མར་གསལ་བ་ཕ་རི་ནས་ཚུ་རིར་བལྟ་བ་ལྟ་བུ་མ་ཡིན་པར་རང་སེམས་ཞུགས་པ་བཞིན་བྱས། དེས་རྩ་དབུ་མའི་ནང་ནས་ཡར་བལྟས་པས་རྗེ་བཙུན་གྱི་ཐུགས་ཀར་གསེར་གྱི་མཆྲུལ་ཕྱེས་པ་ལ་ཉེ་མ་ཐོག་པ་ལྟར་སེར་ལྷག་གེ་མཐོང་། རྗེ་བཙུན་གྱིས་ཀྱང་མར་གཟིགས་ཏེ་བུ་ཁྱོད་དགའ་ལྡན་མཁའ་སྤྱོད་ཀྱི་ཞིང་འདིར་མྱུར་དུ་ཤོག་ཅེས་གསུངས་ལྷང་ལྷང་ཐོན་པ་དང་། ཐུགས་ཀ་ནས་སྤྲིན་དཀར་སྦུབས་ཅན་ཕུ་དུང་ལྟ་བུ་ཞིག་བརྒྱངས་པའི་མར་སྣེ་དང་། རང་གི་དབུ་མའི་ཡར་སྣེའི་ཚངས་བུག་སྤྲེལ་བའི་སྦུབས་ནས་རྗེ་བཙུན་གྱི་ཐུགས་ཀ་གསེར་གྱི་མཆྲུལ་ཕྱེས་པ་ལྟ་བུ་མཐོང་བས་སྤྲིན་སྦུབས་ལ་ལམ་གྱི་འདུ་ཤེས། ལམ་དེ་ལ་རང་ཉིད་འགྲོ་བའི་འདུ་ཤེས། སོང་ནས་བྱམས་མགོན་དང་རྗེ་བླ་མའི་ཐུགས་རང་སེམས་དབྱེར་མེད་དུ་བསྲེ་བའི་འདུ་ཤེས་གསུམ་དང་། མདོར་ན་སྐྱིད་སྡུག་ལེགས་ཉེས་རྗེ་ལྟར་གྱུར་ཀྱང་རྗེ་བཙུན་ཡབ་སྲས་མ་གཏོགས་བདག་ལ་སྐྱབས་དང་མགོན་དང་རེ་ས་གཞན་ན་མེད་པས་བདག་ད་ལྟ་ཉིད་དུ་དགའ་ལྡན་ཆོས་ཀྱི་ཕོ་བྲང་མི་ཕམ་རྒྱལ་བའི་ཐུགས་ཀར་དྲང་དུ་གསོལ་སྙམ་པའི་གདུང་ཤུགས་དྲག་པོའི་སྙིང་ཁོང་རུས་པའི་གཏིང་ནས་གསོལ་བ་འདི་ལྟར་གདབ་པར་བྱའོ།

སྟེང་དགའ་ལྡན་ལྷ་བརྒྱའི་མགོན་པོ་མཆོག རྗེ་མི་ཕམ་ཆོས་ཀྱི་བླ་མ་དང་། དབྱེར་མེད་པའི་འདྲེན་མཆོག་ཐམས་ཅད་མཁྱེན། ཕ་བློ་བཟང་གྲགས་པ་ཡབ་སྲས་ལ། ཡིད་རྩེ་གཅིག་གུས་པས་གསོལ་བ་འདེབས། ལམ་ཟབ་མོ་འཕོ་བའི་རྣལ་འབྱོར་གྱིས། ཞིང་དགའ་ལྡན་མཁའ་སྤྱོད་གནས་མཆོག་དེར། དུས་ད་ལྟ་ཉིད་དུ་བགྲོད་པ་དང་། རྗེ་བླ་མ་ཡབ་སྲས་ཞལ་མཐོང་ཞིང་། གསུང་བདུད་རྩིའི་དགའ་སྟོན་སྤྱོད་པ་ལས། ལམ་ཟབ་མོའི་རྟོགས་པ་མཐར་ཕྱིན་ནས། མཆོག་མྱུར་དུ་ཐོབ་པར་བྱིན་གྱིས་རློབས། ཕ་ཁྱོད་ཀྱི་ཐུགས་རྗེའི་ལྕགས་ཀྱུ་ཡིས། འོད་སྦུ་གུའི་ལམ་ལས་སྐད་ཅིག་ལ། རྗེ་མི་ཕམ་ཆོས་ཀྱི་མདུན་ས་དེར། དུས་ད་ལྟ་ཉིད་དུ་དྲང་དུ་གསོལ། ལམ་འཕོ་བ་འབྱོངས་པར་བྱིན་གྱིས་རློབས།

ཞེས་གདུང་ཤུགས་དྲག་པོས་གསོལ་བ་ལན་གསུམ་བཏབ་པའི་རྗེ་བཙུན་གྱི་ཐུགས་ཀའི་རྗེ་ཡབ་སྲས་ཀྱི་ཐུགས་ཀ་ནས་འོད་ཟེར་དམར་པོ་ལྕགས་ཀྱུ་ལྟ་བུ་རེ་སྤྲོས་ཏེ་གཅིག་ཏུ་གྱུར་པ་འོད་ཀྱི་སྦུ་གུ་དེའི་ནང་ནས་རང་སེམས་རྗེ་བླ་མར་གསལ་བའི་སྙིང་གར་བཏབ་ཇི་ཁབ་ལེན་གྱིས་ལྕགས་འདྲེན་པ་ལྟར་དྲང་བར་མོས། སྔར་གྱི་འདུ་ཤེས་གསུམ་ལྡན་གྱི་ངང་ནས། ལུས་གནད་མ་འཕྱུག་པར་རྐང་ལག་གི་མཐེབ་མོ་རྣམས་བསྐུམས་ཏེ་ཉ་བཞི་བསྒྲིམས་པས་འོག་རླུང་དྲག་ཏུ་འཐེན་པས་ཀྱང་བཏེག་སྟེ། ཧིཀ་ཅེས་སྒྲ་དེ་ཆེར་བརྗོད་པས་ཚངས་བུག་ཏུ་རིག་ཙམ་བྱུང་ད་ཐུགས་མར་འཇོག་པ་དང་། ཀ་ཞེས་སྔོམ་གྱི་བ་ཐག་གློད་པ་ལྟར་སྔར་གྱི་རང་གནས་སུ་མར་ཕབ། ཧིཀ་ཅེས་ཡར་འཕངས་དུས་མྱུར་བ་དང་། ཀ་ཞེས་མར་འབེབས་དུས་དལ་བ་དགོས། དེ་ཡང་ཧི་ཞེས་པ་རྒྱང་ཡར་དྲངས་པའི་སྒྲ་དང་། ཀ་ཞེས་པའི་དམིགས་རྟེན་ཚངས་བུག་ལ་རེག་པའི་ཐག་སྒྲ་ལྟ་བུར་གོ་དགོས། དེ་ལྟར་ཐུན་རེ་ལ་འཕང་འབེབས་ལན་ལྔའམ། བདུན་ནམ། ཉེར་གཅིག བརྒྱ་སོགས་གང་མོས་བྱེད་གསུངས་ཀྱང་། ཉེར་གཅིག་ལ་ཚན་པ་གསུམ་བྱ་བ་ཐུག་ལེན་

ཏུ་ཡོད། དེ་ཡང་ཉེར་གཅིག་རེའི་མཚམས་སུ་སྔར་གྱི་གསོལ་འདེབས་ལན་གསུམ་རེ་བྱ། དེ་ནས་མཐུན་འཛོག་ཁར་དྷི་ཀ་ཅེས་ཚངས་བུག་ཏུ་དྲངས། ཕཊ་དྲག་པོས་ཚངས་བུག་ནས་ཐོན་ཏེ་བྱམས་མགོན་གྱི་ཐུགས་ཀར་སིབ་ཀྱིས་ཐིམ་པས་རང་སེམས་རྗེ་བཙུན་གྱི་ཐུགས་བདེ་སྟོང་ཆོས་ཀྱི་སྐུ་དང་དབྱེར་མེད་འདྲེས་པར་བསམས་ལ་དར་ཅིག་མཉམ་པར་བཞག ཀ་ཞེས་སྙིང་རླུང་མཐུན་པས་རང་སེམས་རྗེ་བླ་མའི་རྣམ་པར་ཐུགས་ཀ་ནས་ཐོན་ཏེ་འོད་ཀྱི་སྦུབས་ནས་ཧྲིལ་གྱིས་རང་གནས་སུ་ཕབ། ཡང་དྷི་ཀ་ཅེས་ཚངས་བུག་དང་ཕཊ་ཅེས་ཐུགས་ཀར་འཕང་བ་དང་། མར་འབེབས་པ་སོགས་ལན་གསུམ་བྱ། ཐ་མའི་ཚེ་རང་སེམས་རྗེ་བླ་མར་གསལ་བ་སྙིང་གར་བཞུགས། **དཔལ་ལྡན་རྩ་བའི་བླ་མ་རིན་པོ་ཆེ། བདག་གི་སྙིང་ཁར་པདྨའི་སྟེང་བཞུགས་ལ།** ཞེས་སོགས་བརྗོད་དེ་བྱམས་མགོན་རྗེ་ཡབ་སྲས་ཀྱི་སྐུ་ལས་རང་འདྲ་ཆད་དེ་སྙིང་ཁའི་རྗེ་བླ་མ་ལ་ཐིམ། བསྡུ་ཁ་ཅུབ་ཀྱིས་འདུས། ཐུགས་ཀྱིས་དགེ་བ་སོགས་དགའ་ལྡན་གཞུང་ལྟར་བྱ། འོད་ཟེར་དང་སྤྲིན་སྦུབས་ཐུགས་ཀ་ནས་ཆད་པ་བདུད་རྩི་གསེར་ཞུན་མའི་རྣམ་པར་ཞུ་ནས་དབུ་མའི་ནང་ཐམས་ཅད་ཁེངས། ཚངས་བུག་རྡོ་རྗེའི་རང་བཞིན་གྱི་འོད་སྟོན་པོས་བཀག་པར་བསམས་ན་ཚེ་རིང་བའི་རྟེན་འབྲེལ་དུ་འགྱུར་གསུང་། མཇུག་ཏུ་བསྔོ་སྨོན་གྱི་རྒྱས་འདེབས་པ་གལ་ཆེ་ཞིང་། བྱམས་པས་དམ་བཅས་པའི་གཟུངས། བྱམས་སྨོན་སོགས་དང་། བསྟུ་ན་དེ་ལྟར་དངོས་གྲུབ་མ་ལུས་འབྱུང་བའི་གནས། རྗེ་བཙུན་བླ་མ་མཆོད་ཅིང་གསོལ་བཏབ་མཐུས། སྐྱེ་བ་ཀུན་ཏུ་འཇམ་དབྱངས་བླ་མ་ཡི། མཉེས་བཞིན་རྗེས་སུ་འཛིན་པ་ཉིད་གྱུར་ཅིག རིན་ཆེན་དུ་མ་ལས་གྲུབ་དགའ་ལྡན་ཞིང་། ངོ་མཚར་བྱེ་བའི་དབུས་ན་མི་ཕམ་མགོན། ལེགས་པར་བསྒྲིམས་པས་རྣམ་དག་ཞིང་འགྲུབ་ཞིང་། ཚེ་འཕོས་མོད་ལ་གནས་དེར་སྐྱེ་བར་ཤོག རྗེ་བཙུན་ཐུགས་ཀ་ནས་འཕྲོས་སྤྲིན་དཀར་ཡུག བརྒྱུད་པའི་སྒོ་མོར་བླ་མ་སྲས་དང་བཅས། སྤྱན་དྲངས་ཡན་ལག་བདུན་གྱིས་ཚོགས་བསགས་པས། བདག་རྒྱུད་བདེ་བླག་ཉིད་དུ་སྨིན་པར་ཤོག དུས་གསུམ་རྒྱལ་བའི་མཁྱེན་བརྩེ་ནུས་པ་རྣམས། ཟུང་འཇུག་སྤྲུལ་སྐུར་ཤར་བའི་རྣམ་འདྲེན་གང་། རིགས་གསུམ་ངོ་བོ་ཐག་བཅད་གསོལ་བཏབ་མཐུས། མཆོག་མཐུན་དངོས་གྲུབ་མ་ལུས་མྱུར་ཐོབ་ཤོག ཁྱད་པར་དག་པ་ཡེ་ཤེས་བདུད་རྩིའི་རྒྱུས། སྒོ་གསུམ་སྡིག་སྒྲིབ་མི་ཤེས་ཀུན་འཁྲུད་ཅིང་། འཆད་རྩོད་རྩོམ་སོགས་མཐའ་ཡས་ཤེས་བྱ་ལ། བློ་གྲོས་མགོན་པོ་འཇམ་དབྱངས་མཚུངས་པར་ཤོག འདི་སྣང་འགག་ཆེ་འདའ་ཀའི་རྣལ་འབྱོར་གྱིས། དགའ་ལྡན་མཁའ་སྤྱོད་གནས་སུ་བགྲོད་ནས་དེ། བློ་བཟང་རྒྱལ་བ་ཡབ་སྲས་ཞལ་མཐོང་ཞིང་། གསུང་གི་བདུད་རྩིའི་དགའ་སྟོན་སྤྱོད་པར་ཤོག བྱང་ཤར་ངོ་མཚར་རྨད་བྱུང་བཀོད་པའི་ཞིང་། རྣམ་འདྲེན་སེངྒེའི་ང་རོའི་ཞབས་དྲུང་དུ།

འཁོར་གྱི་ཐོག་མར་སྐྱེ་ས་ནས་མདོ་སྔགས་ལ། ཐོས་བསམ་བསྒོམས་པས་རྟག་ཏུ་འདའ་བར་ཤོག མདོར་ན་སྐྱེ་ཞིང་སྐྱེ་བ་ཐམས་ཅད་དུ། རྗེ་བཙུན་བློ་བཟང་གྲགས་པ་ཡབ་སྲས་དང་། མི་འབྲལ་རྒྱལ་བའི་ཆོས་ཚུལ་ཀུན་བཟུང་ནས། བསྟན་དང་འགྲོ་བའི་དོན་ཆེན་ལྷུར་ལེན་ཤོག ཅེས་སོགས་བསྔོ་བ་དང་སྨོན་ལམ་གྱི་རྒྱས་འདེབས་ནན་ཏན་བྱ། དེ་ལྟར་སྦྱངས་པས་སྤྱི་གཙུག་ཟ་བ་དང་འཕིག་པ་འཇག་མ་ཚུགས་པ་སོགས་གནད་ཆེ་བ་བྱེད་ཀྱང་དེ་ཙམ་ལ་ངེས་པ་ཅི་ཡང་མེད། དམིགས་པ་གང་ཡང་མེད་པར་ཏེ་ཀ་ཁོན་བྱས་ཀྱང་སྤྱི་བོ་སྐྲང་བ་སོགས་འབྱུང་བར་གསུངས། གཙོ་བོ་དམིགས་རྣམ་ལ་འདྲིས་ཤིང་ཉམས་འོག་ཏུ་ཚུད་པར་བྱས་ཏེ་དུས་ཐ་མར་ལས་ལ་སྦྱོར་བའི་ཚེ་ལག་ལེན་ལ་འགེལ་ཐུབ་ངེས་སུ་སྦྱོང་བ་གནད་ཆེ། དེ་ལྟར་སྦྱངས་ཟིན་ནས་རྒྱུན་དུ་དམིགས་པ་བསྐྱང་དྲངས་ན་འཕོ་རབ་ཚེ་ཐུང་ཞེས་དམིགས་པའི་གནད་ཀྱིས་ཚེ་ལ་གནོད་པས་འཁྲིད་དམིགས་མ་རྗེས་ཙམ་བྱས་པས་མཐུས། རྒྱུན་དུ་དགའ་ལྡན་གྱི་ཞིང་གི་རྣམ་པ་ཡང་ཡང་ཡིད་ལ་བྱེད་པ་དང་། སྐྱེ་བ་གཞན་གྱིས་བར་མ་ཆོད་པར་དེར་འཕོ་འདོད་དྲག་པོ་དང་། དགེ་རྩ་ཐམས་ཅད་དེར་སྐྱེ་ས་ནས་རྗེ་བཙུན་གྱི་སྲས་ཀྱི་ཐུ་བོར་རྗེས་སུ་བཟུང་བའི་རྒྱུར་བསྔོས་ན། རང་གི་དགེ་རྩས་ཉེར་ལེན་དང་བྱམས་མགོན་སྲས་བཅས་ཀྱི་ཐུགས་རྗེ་བྱིན་རླབས་ཀྱིས་ལྷན་ཅིག་བྱེད་རྐྱེན་བྱས་ཏེ་ངེས་པར་སྐྱེ་ནུས། ལྷག་པར་རྒྱུན་དུ་རང་སེམས་རྗེ་བླ་མ་དང་། དགའ་ལྡན་གྱིས་ཐུགས་ཀ་འོད་ཟེར་རམ་ཕྱིན་དཀར་གྱིས་འབྲེལ་བར་བསམས་པ་ཡང་ཡང་བྱེད་པ་ཤིན་ཏུ་གནད་ཆེའོ། གཉིས་པ་ལས་ལ་སྦྱོར་བ་ནི། འཆི་བའི་དུས་ལ་མ་བབས་པར་འཕོ་བ་བྱས་ན། ཕུང་པོ་སངས་རྒྱས་ལྷ་བདག་ཉིད། དེ་ལ་བརླས་བྱེད་བརྒྱད་པ་ཡིན། ཞེས་པའི་དོན་ལྟར་རིགས་ལྷ་ལ་སོགས་པའི་ལྷ་བསད་པའི་ཉེས་པ་འབྱུང་བར་གསུངས་པ་འཆི་ལྟས་མ་བྱུང་བར་འཕོ་བ་མི་བྱེད། འཆི་ལྟས་བྱུང་ནས་ཀྱང་དེ་མ་ཐག་འཕོ་བ་མི་བྱེད་པར་འཆི་བ་བླུ་བའི་ཐབས་ལ་སྒོ་སྣ་ཚོགས་ནས་འབད། དེ་ལྟར་འབད་ཀྱང་འཆི་ལྟས་མ་ལྡོག་ན་གནད་གཅོད་ཀྱིས་མ་ཟིན་གོང་དུ་འཕོ་ཐུབ་ན་ལེགས་ཤིང་། དེ་ཡང་ཚེ་འདིར་ཆགས་ཞེན་ཕྲ་མོ་ཙམ་ཡང་མེད་པ་ཤིན་ཏུ་གལ་ཆེ་སྟེ། འཕོ་བའི་ཉམས་ལེན་ཡོད་ཀྱང་འཆི་ཁར་ཆགས་ཞེན་བྱུང་ན་བྱ་ནམ་མཁར་འཕུར་བའི་རྐང་པ་རྡོ་ལ་བཏགས་པ་དང་འདྲ་བར་གསུངས་པས། ཟས་གོས་གནས་མལ། གཉེན་ཉེ་དུ། འཁོར་མཛའ་བཤེས། ལུས་ལོངས་སྤྱོད་གང་ལ་ཡང་ཆགས་ཞེན་མི་བྱ་བར། འདི་དག་ཐམས་ཅད་ཀྱིས་ཀྱང་བདག་དོར། བདག་གིས་ཀྱང་འདི་དག་ཐམས་ཅད་འདོར་ངེས་པས་ཆགས་པས་ཅི་ཕན་སྙམ་པ་དང་། དག་ཞིང་དུ་སྐྱེས་ནས་གནས་ལུས་ལོངས་སྤྱོད་ད་ལྟའི་འདི་བས་བརྒྱ་འགྱུར་སྟོང་འགྱུར་གྱིས་ལྷག་པ་ཡོད་པས་འདི་དག་ལ་ཆགས་པས་ཅི་བྱ་སྙམ་པ་དང་འཁོར་བའི་བདེ་འབྱོར་གང་ལ་ཡང་ཡིད་བརྟན་དུ་རུང་བའི་སྙིང་པོ་མེད་ཚུལ་བསམ་པ་སོགས་སྒོ་སྣ་ཚོགས་ནས་ཆགས་ཞེན་ཕྲ་མོ་ཚུན་ཆད་འགོག་ཅི་ཐུབ་བྱ། དོར་རྫས་རྣམས་དགེ་ཚོགས་སུ་གཏོང་བ་སོགས་ཚོགས་གསོག་སྒོ་དུ་མ་ནས་འབད། དགེ་རྩ་རྣམས་དགའ་ལྡན་དུ་སྐྱེ་ས་ནས་མྱུར་དུ་ཟུང་འཇུག་ཐོབ་པའི་རྒྱུར་བསྔོ། སྔར་བསགས་སྡིག་ལྟུང་རྣམས་ལ་བཤགས་པ་སྒོ་སྣ་ཚོགས་ནས་འབད། ལྷག་པར་གསང་སྔགས་ཀྱི་དབང་ཆེན་ཐོབ་པ་རྣམས་ཀྱིས་དབང་བསྐྱར་ནས་ཞུ་བའམ། བདག་འཇུག་ལེན་པ་ལ་སོགས་པའི་སྒོ་ནས་བྱང་སྡོམ་དང་སྔགས་སྡོམ་སོར་ཆུད་པར་བྱེད། བསྔོ་བ་དང་སྨོན་ལམ་གྱིས་མཚམས་སྦྱོར་

ནན་ཏན་བྱས་ཧེ་ས་སྣང་བཞིན་འཕོ་བའི་དམིགས་པ་རྣམས་སྦྱོང་ཞིང་མི་འདུ་བའི་ཁྱད་པར་ཧྲིག་ཅེས་རྣམ་ཤེས་རྗེ་བླ་མར་གསལ་བ་བྱམས་མགོན་གྱི་ཐུགས་ཀའི་རྗེ་བླ་མའི་ཐུགས་ཀར་འཕང་སྒཀ་ཞེས་མར་མི་འབེབས་པར་སླར་དམིགས་རྟེན་གསར་བ་ཞིག་གསལ་བཏབ་ནས་ཡང་ཐུགས་ཀར་འཕངས་པ་ཤ་སྟག་དབུགས་ཀྱི་གྱུར་བ་མ་ཆད་བར་བརྒྱུད་མར་ཉམས་སུ་བླང་། དྲན་པ་མི་གསལ་དུ་སོང་ན་སྐྱེ་བུ་དམ་པ་སོགས་ལམ་འདི་ཉམས་སུ་ལེན་པ་ཞིག་གམ། མིན་ཀྱང་གྲོགས་དམ་ཚིག་གཙང་མས་རྣ་ཁུང་ནས་ཚིག་གསལ་འདེབས་བྱེད་པ་སོགས་ནན་ཏན་དུ་ཉམས་སུ་བླང་ན་དེ་ས་པར་དགའ་ལྡན་མཁའ་སྤྱོད་ཡིད་དགའ་ཆོས་འཛིན་དུ་རྗེ་བཙུན་མི་ཕམ་མགོན་དང་། རྒྱལ་བ་ཙོང་ཁ་པ་ཡབ་སྲས་ཀྱི་ཞབས་དྲུང་དུ་སྐྱེ་ས། དངོས་སུ་ཆོས་ཉན་པའི་སྐལ་བ་ཅན་དུ་གྱུར་ནས་རིང་པོར་མི་ཐོགས་པར་ཟུང་འཇུག་རྡོ་རྗེ་འཆང་གི་གོ་འཕང་ཐོབ་པར་འགྱུར་རོ། འཇམ་མགོན་སྨན་བརྒྱུད་ལས་འོངས་གདམས་ཟབ་འདི། སྐལ་བཟང་དགའ་ལྡན་བགྲོད་པའི་ཐེམ་སྐས་ཏེ། སྡིག་ཅན་བཙན་ཐབས་འཚང་རྒྱའི་སྒྱུར་ལམ་དང་། ལམ་ངན་གཡང་ས་འགོག་པའི་རྟ་བའང་ཡིན། གབ་དཀྲུགས་འཁོར་དང་ཞལ་ལས་ཤེས་དགོས་སོགས། གནད་ཀུན་ཕྱོགས་གཅིག་བསྡུག་མཆོག་ཏུ་བཀོད་པས། ཉེས་པའི་སྐྱོན་དང་རང་བཟོའི་ལྷད་མེད་པར། མཐའ་ཡས་སྐལ་བཟང་སྐྱེ་བོར་ཉེད་དུ་གྱུབ། འདི་ལས་རབ་དཀར་དགེ་ཚོགས་གང་ཐོབ་དེས། མི་དབང་མཆོག་དང་བདག་དང་འགྲོ་ཀུན་ཀྱང་། དགའ་ལྡན་ཞིང་དུ་རྒྱལ་སྲས་ཐུ་བོ་རུ། སྐྱེ་ནས་ཟུང་འཇུག་རྒྱལ་ས་སྨྱུར་ཟིན་ཤོག དེ་ལྟར་དགའ་ལྡན་ལྷ་བརྒྱ་མ་ལ་བརྟེན་པའི་འཕོ་བའི་གདམས་པ་ཉམས་སུ་ལེན་ཚུལ་སྐལ་བཟང་དགའ་ལྡན་བགྲོད་པའི་ཐེམ་སྐས་ཞེས་བྱ་བ་འདི་ནི། སྲིད་ཞིའི་མགོན་གཅིག་རྣམ་འདྲེན་ཤཱཀྱ་ན་བསྟན་པའི་བཀའི་མདུན་བློན་ཞོལ་ཁང་པ་རྗེ་རྒྱལ་བ་གཉིས་པའི་བསྟན་པ་ལ་མི་ཕྱེད་པའི་ཐུགས་དད་ཕུལ་དུ་བྱུང་བ་མཆོག་གསུམ་བླ་མར་འཛིན་པ་དོན་གྲུབ་ཕུན་ཚོགས་ཀྱི་ཉམས་བཞེས་སུ་དགོས་ཚུལ་གསུངས་པ་ལྟར། སྨན་བརྒྱུད་མན་ངག་གི་གཏེར་མཛོད། རྗ་བའི་བླ་མ་ཟུང་འཇུག་རྡོ་རྗེ་འཆང་སྐུ་འབུམ་ཆེ་ཤོས་རིན་པོ་ཆེ་བློ་བཟང་བྱང་ཆུབ་བསྟན་པའི་སྒྲོན་མེ་དཔལ་བཟང་པོའི་ཞལ་སྔ་ནས་ལམ་འདིའི་མན་ངག་ཞལ་ཤེས་དང་བཅས་པ་ལེགས་པར་ཐོས་པའི་བཙུན་གཟུགས་བྱམས་པ་བསྟན་འཛིན་འཕྲིན་ལས་རྒྱ་མཚོར་འབོད་པས། མན་ངག་ཁོང་ན་སྦས་པ་རྣམས་གསལ་བར་ཕྱེ། འཐོར་བ་རྣམས་ཕྱོགས་གཅིག་ཏུ་བསྡུས། ཞལ་ཤེས་གནད་ཀྱིས་ཟུར་བརྒྱན། འཇུག་པ་བདེ་ཁྱད་འདོན་ཆོག་དང་དམིགས་རྣམ་དཀྱུས་གཅིག་ཏུ་སྦྲགས་ཏེ། བཀོད་པ་འདི་ཡང་བགྲང་ཡས་འགྲོ་བ་སྒྲོལ་བའི་དེད་དཔོན་དུ་གྱུར་ཅིག། དགེ་ལེགས་འཕེལ། །

༄༅། །ཁམས་གསུམ་ཆོས་ཀྱི་རྒྱལ་པོ་ཙོང་ཁ་པ་ལ་སྟོང་མཆོད་འབུལ་བའི་ཆོ་ག་ཟླ་ཤེལ་གསལ་བའི་འཕྲི་ཤིང་ཞེས་བྱ་བ་བཞུགས་སོ། །

༄༅། །ན་མོ་གུ་རུ་ཀྵ་རམཛྙ་སུ་མ་ཏི་ཀཱིརྟི་ཤྲི་ཡ། དམིགས་མེད་སྙིང་རྗེའི་གཏེར་གྱུར་སྤྱན་རས་གཟིགས། །རྒྱལ་ཀུན་མཁྱེན་རབ་གཅིག་བསྡུས་འཇམ་དཔལ་དབྱངས། །མཐུ་སྟོབས་དབང་ཕྱུག་གསང་བདག་རྡོ་རྗེ་འཛིན། །རིགས་གསུམ་ཀུན་འདུས་བླ་མར་གུས་བཏུད་ནས། དེ་ཉིད་མཆོད་ཆོག་ཟླ་ཤེལ་འཕྲི་ཤིང་བྱིན། །མདོ་རྒྱུད་གཞུང་ལུགས་ཟབ་གནད་རོལ་བའི་མཚོ། དཔྱོད་གསུམ་དག་པའི་རིགས་ལམ་མན་ཧྣ་རས། །བསྒྲུབས་སྐྱེས་འཕྲིན་ལས་བདུད་རྩིའི་འོད་ཅན་བསྐྲུན། །དེ་ཡང་སྙིགས་མའི་དུས་འདིར་མཁས་བཙུན་བཟང་གསུམ་དང་། གཞན་ཕན་འཕྲིན་ལས་སོགས་ཆ་གང་ནས་ཀྱང་ཕུལ་བཅས་རྒྱལ་བའི་ཚོགས་ཀྱི་སྙིང་ སྟོབས་ཆེན་པོ་ཞེས་བསྔགས་པ་དོན་ལ་གནས་པའི་རྒྱལ་བ་གཉིས་པ་ཤར་ཙོང་ཁ་པ་བློ་བཟང་གྲགས་པའི་དཔལ་ལ་སྟོང་མཆོད་འབུལ་བའི་ཚུལ་ལ་གསུམ། སྔོན་འགྲོ། དངོས་གཞི། མཇུག་གི་རིམ་པའོ། །དང་པོ་ལ། གནས་ཁང་བྱི་དོར་བྱས་ཏེ་རྗེ་ཡབ་སྲས་ཀྱི་སྐུ་བརྟན་སོགས་སྐུ་གསུང་ཐུགས་རྟེན་རྣམས་ལེགས་པར་བཀྲམ་པའི་མདུན་དུ་སྟེགས་བུ་ཁེབས་ལྡན་གྱི་སྟེང་དུ་མཎྜིའི་ཁར་བུམ་པ་མཚན་ལྡན་དར་སེར་པོའི་མགུལ་མཆིང་ཅན་གྱི་ནང་དུ་བྱ་རྒྱུད་བུམ་རྫས་དང་དྲི་བཟང་གི་ཆུས་སུམ་གཉིས་བཀང་བ······བཞག དེའི་མདུན་དུ་འབུལ་གཏོར་དཀར་ཟླུམ་རྒྱན་སྤྲས། མཐའ་བསྐོར་དུ་བདག་བསྐྱེད་མཆོད་པ་ཚར་གཅིག་དང་། མདུན་བསྐྱེད་མཆོད་པ་ཚར་ཉེར་གཅིག་སོགས་ཅི་འབྱོར། ཆོས་སྐྱོང་སོགས་ལ་འབུལ་རྒྱུའི་ཏོག་གསུམ་དང་། གཞན་ཡང་འདོད་ཡོན་ལྔ། འཕན་གདུགས་རྒྱལ་མཚན། བཀྲ་ཤིས་རྟགས་རྫས། རྒྱལ་སྲིད་སྣ་བདུན། ཉེ་རིང་བདུན། ཆོས་གོས་གསུམ་དང་། ལྷུང་བཟེད་མཁར་གསིལ་སོགས་དང་། དཀར་གསུམ་མངར་གསུམ་དང་མར་དཀར་གྱིས་སྦྲུས་པའི་ལྷ་བཤོས་སྟོང་། གཏོར་རིལ་དང་སྤོས་མར་མེ་རྣམས་སྟོང་ཚར་རེ་ཚང་བའི་མཆོད་པ་གཡོ་མེད་བཀོད་མཛེས་སུ་མཤམས། བསྒྲུབ་པ་པོ་རྣམས་ཕྱི་ནང་གི་ཁྲུས་དང་གཙང་སྦྲ་ལ་གནས་ཤིང་། ཁྲུས་ཆབ། མཎྜལ། འབུལ་དཀྱིལ་གྱི་རོལ་ཆ་རྣམས་འདུ་བྱས་ཏེ་གྲལ་ལ་འཁོད། ཐེག་ཆེན་གསོ་སྦྱོང་ལེན་པའི་དུས་སོར་ངེས་པར་བྱས་ལ་སྐྱབས་སེམས་ཚད་མེད་བཞི་སྒོམ་པ་སྔོན་ཏུ་བཏང་སྟེ། བླ་མའམ་རྟེན་གྱི་དྲུང་དུ་ཕྱག་གསུམ་འཚལ། མཎྜལ་

ཕྱུལ་ཏེ། སྡོམ་པ་ལེན་པའི་ཀུན་སློང་ཚང་བར་བྱས་ལ། ཕྱོགས་བཅུ་ན་བཞུགས་པའི་སངས་རྒྱས་དང་བྱང་ཆུབ་སེམས་དཔའ་ཐམས་ཅད་བདག་ལ་དགོངས་སུ་གསོལ། ཇི་ལྟར་སྔོན་གྱི་དེ་བཞིན་གཤེགས་པ་དགྲ་བཅོམ་པ་ཡང་དག་པར་རྫོགས་པའི་སངས་རྒྱས་རྟ་ཅང་ཤེས་ལྟ་བུ། གླང་པོ་ཆེན་པོ། བྱ་བ་བྱས་ཤིང་བྱེད་པ་བྱས་པ། ཁུར་བོར་བ། རང་གི་དོན་རྗེས་སུ་ཐོབ་པ། སྲིད་པ་ཀུན་དུ་སྦྱོར་བ་ཡོངས་སུ་ཟད་པ། ཡང་དག་པའི་བཀའ། ལེགས་པར་རྣམ་པར་གྲོལ་བའི་ཐུགས། ལེགས་པར་རྣམ་པར་གྲོལ་བའི་ཤེས་རབ་ཅན་དེ་དག་གིས། སེམས་ཅན་ཐམས་ཅད་ཀྱི་དོན་གྱི་ཕྱིར་དང་། ཕན་པར་བྱ་བའི་ཕྱིར་དང་། གྲོལ་བར་བྱ་བའི་ཕྱིར་དང་། མུ་གེ་མེད་པར་བྱ་བའི་ཕྱིར་དང་། ནད་མེད་པར་བྱ་བའི་ཕྱིར་དང་། བྱང་ཆུབ་ཀྱི་ཕྱོགས་ཀྱི་ཆོས་རྣམས་ཡོངས་སུ་རྫོགས་པར་བྱ་བའི་ཕྱིར་དང་། བླ་ན་མེད་པ་ཡང་དག་པར་རྫོགས་པའི་བྱང་ཆུབ་ངེས་པར་རྟོགས་པར་བྱ་བའི་ཕྱིར་གསོ་སྦྱོང་ཡང་དག་པར་མཛད་པ་དེ་བཞིན་དུ་བདག་མིང་འདི་ཞེས་བགྱི་བས་ཀྱང་། དུས་འདི་ནས་བཟུང་སྟེ། ཇི་སྲིད་སང་ཉི་མ་མ་ཤར་གྱི་བར་དུ། སེམས་ཅན་ཐམས་ཅད་ཀྱི་དོན་གྱི་ཕྱིར་དང་། ཕན་པར་བྱ་བའི་ཕྱིར་དང་། གྲོལ་བར་བྱ་བའི་ཕྱིར་དང་། མུ་གེ་མེད་པར་བྱ་བའི་ཕྱིར་དང་། ནད་མེད་པར་བྱ་བའི་ཕྱིར་དང་། བྱང་ཆུབ་ཀྱི་ཕྱོགས་ཀྱི་ཆོས་རྣམས་ཡོངས་སུ་རྫོགས་པར་བྱ་བའི་ཕྱིར་དང་། བླ་ན་མེད་པ་ཡང་དག་པར་རྫོགས་པའི་བྱང་ཆུབ་ངེས་པར་རྟོགས་པར་བྱ་བའི་ཕྱིར་གསོ་སྦྱོང་ཡང་དག་པར་བླང་བར་བགྱིའོ། ཞེས་ལན་གསུམ། བསྲུང་བྱ་རྣམས་ལེགས་པར་བསྲུང་བར་བྱའོ་སྙམ་པས། དེང་ནས་སྲོག་གཅོད་མི་བྱ་ཞིང་། །གཞན་གྱི་ནོར་ཡང་བླང་མི་བྱ། འཁྲིག་པའི་ཆོས་ཀྱང་མི་སྤྱོད་ཀྱང་། །རྫུན་གྱི་ཚིག་ཀྱང་མི་སྨྲའོ། སྐྱོན་ནི་མང་པོ་ཉེར་བརྟེན་པའི། །ཆང་ནི་ཡོངས་སུ་སྤང་བར་བྱ། །ཁྲི་སྟན་ཆེ་མཐོ་མི་བྱ་ཞིང་། །དེ་བཞིན་དུས་མ་ཡིན་པའི་ཟས། །དྲི་དང་ཕྲེང་བ་རྒྱན་དང་ནི། །གར་དང་གླུ་སོགས་སྤང་བར་བྱ། །ཇི་ལྟར་དགྲ་བཅོམ་རྟག་ཏུ་ནི། །སྲོག་གཅོད་ལ་སོགས་མི་བྱེད་ལྟར། །དེ་བཞིན་སྲོག་གཅོད་ལ་སོགས་སྤང་། །བླ་མེད་བྱང་ཆུབ་མྱུར་ཐོབ་ཤོག །སྡུག་བསྔལ་མང་འཁྲུགས་འཇིག་རྟེན་འདི། །སྲིད་པའི་མཚོ་ལས་སྒྲོལ་བར་ཤོག ཅེས་ལན་གཅིག་བྱ། ཨོཾ་ཨ་མོ་གྷ་ཤཱི་ལ་སཾ་བྷ་ར། བྷ་ར་བྷ་ར། མཧཱ་ཤུདྡྷ་སཏྭ་པདྨ་བི་བྷཱུ་ཥི་ཏ་བྷུ་ཛ། དྷ་ར་དྷ་ར། ས་མནྟ་ཨ་བ་ལོ་ཀི་ཏེ་ཧཱུྃ་ཕཊ་སྭཱ་ཧཱ། ཞེས་ཉེར་གཅིག་བཟླས་རྗེས། ཁྲིམས་ཀྱི་

ཚུལ་ཁྲིམས་སྐྱོན་མེད་ཅིང་། །ནས་ཚུལ་ཁྲིམས་པ་རོལ་ཕྱིན་རྫོགས་ཤོག དེ་ནས་སྐྱབས་ཡུལ་རྣམས་གསལ་བཏབ་ནས་སྐྱབས་འགྲོ་བྱ་བ་ནི། བདག་དང་འགྲོ་བ་ནམ་མཁའི་མཐའ་དང་མཉམ་པའི་སེམས་ཅན་ཐམས་ཅད་བླ་མ་ལ་སྐྱབས་སུ་མཆིའོ། །སངས་རྒྱས་ལ་སྐྱབས་སུ་མཆིའོ། །ཆོས་ལ་སྐྱབས་སུ་མཆིའོ། །དགེ་འདུན་ལ་སྐྱབས་སུ་མཆིའོ། །ཁྱད་པར་ཁམས་གསུམ་ཆོས་ཀྱི་རྒྱལ་པོ་ཙོང་ཁ་པ་ཆེན་པོའི་ལྷ་ཚོགས་འཁོར་དང་བཅས་པ་རྣམས་ལ་སྐྱབས་སུ་མཆིའོ། །ཞེས་ལན་གསུམ་དང་། བདག་དང་སྣང་བ་ཐམས་ཅད་ཆོས་ཀྱི་དབྱིངས་ཀྱི་རང་བཞིན་ཡིན་པ་ལ་དེ་ལྟར་མ་རྟོགས་པའི་སེམས་ཅན་ཐམས་ཅད་བདེ་བ་དང་བདེ་བའི་རྒྱུ་དང་ལྡན་པར་གྱུར། སྡུག་བསྔལ་དང་སྡུག་བསྔལ་གྱི་རྒྱུ་དང་བྲལ་བར་གྱུར། སྡུག་བསྔལ་མེད་པའི་བདེ་བ་དང་མི་འབྲལ་བར་གྱུར། བདེ་སྡུག་གི་རྒྱུ་ཉེ་རིང་ཆགས་སྡང་གཉིས་དང་བྲལ་བའི་བཏང་སྙོམས་ལ་གནས་པར་གྱུར་ཅིག །མ་སེམས་ཅན་ཐམས་ཅད་ཀྱི་དོན་དུ་རྫོགས་པའི་སངས་རྒྱས་ཀྱི་གོ་འཕང་ཐོབ་པར་བྱ། དེའི་ཕྱིར་དུ་ཁམས་གསུམ་ཆོས་ཀྱི་རྒྱལ་པོ་ཙོང་ཁ་པ་ཆེན་པོའི་ལྷ་ཚོགས་འཁོར་དང་བཅས་པ་རྣམས་ལ་ཕྱག་མཆོད་ཕུལ་དམ་བསྐུལ་བའི་ལམ་གྱི་རིམ་པ་ལ་འཇུག་པར་བགྱིའོ། །ལན་གསུམ། དེ་ནས་གནས་དང་ཁང་བཟང་གདན་ཁྲི་མཆོད་པ་བྱིན་རླབས་ཏེ་བྱིན་རླབས་བཞི་སྔོན་དུ་གྲགས་པ་ནི། མཆོག་བདེན་རྒྱལ་བ་སྲས་བཅས་བྱིན་རླབས་དང་། །ཚོགས་གཉིས་མངའ་ཐང་ཆོས་དབྱིངས་དག་པའི་མཐུས། ། ཞིང་འདི་བདེ་བ་ཅན་ལྟར་སྟོད་བཅུད་ཀྱི། །སྲིད་ཞིའི་ཕུན་ཚོགས་འདོད་དགུས་འབྱོར་གྱུར་ཅིག །རིན་ཆེན་ས་གཞི་ལྗོན་ཤིང་རྒྱ་མཚོས་བརྒྱན། །གསེར་དངུལ་མུ་ཏིག་ཕྱེ་མ་དགྲམ་བུར་བརྡལ། །མེ་ཏོག་གཅལ་བཀྲམ་ཅན་དན་དྲི་བསུང་ལྡང་། །ལྷ་མིའི་ལོངས་སྤྱོད་ཀུན་བཟང་མཆོད་པས་ཁྱབ། །དེར་ནི་ཡིད་འོང་ནོར་བུའི་ཕོ་བྲང་དབུས། །པདྨ་སེང་ཁྲི་རྗེ་བཙུན་སྲས་བཅས་རྣམས། །བཞུགས་ནས་གཟུངས་རིག་མོས་སྟོབས་ཀྱིས་བསྐྱུན་པའི། །མཆོད་སྤྲིན་རྒྱ་མཚོས་གང་ཞིང་སྤྱོད་གྱུར་ཅིག །ཨོཾ་ན་མོ་བྷ་ག་ཝ་ཏེ་བཛྲ་སཱ་ར་པྲ་མརྡ་ནི། ཏ་ཐཱ་ག་ཏཱ་ཡ། ཨརྷ་ཏེ། སམྱཀ་སཾ་བུདྡྷཱ་ཡ། ཏདྱ་ཐཱ། ཨོཾ་བཛྲེ་བཛྲེ། མཧཱ་བཛྲེ། མཧཱ་ཏེ་ཛ་བཛྲེ། མཧཱ་བིདྱཱ་བཛྲ། མཧཱ་བོ་དྷི་ཙིཏྟ་བཛྲེ། མཧཱ་བོ་དྷི་མཎྜོ་པ་ས་ཀྲ་མ་ཎ་བཛྲེ་སརྦ་ཀརྨ་ཨ་ཝ་ར་ཎ་བི་ཤོ་དྷ་ན་བཛྲེ་སྭཱ་ཧཱ། ཞེས་མཆོད་པའི་སྤྲིན་གཟུངས་ལན་གསུམ་དང་། དཀོན་མཆོག་གསུམ་གྱི་བདེན་པ་དང་། སངས་རྒྱས་དང་བྱང་ཆུབ་སེམས་

དཔའ་ཐམས་ཅད་ཀྱི་བྱིན་གྱིས་རླབས་དང་། ཚོགས་གཉིས་ཡོངས་སུ་རྫོགས་པའི་མངའ་ཐང་ཆེན་པོ་དང་། ཆོས་ཀྱི་དབྱིངས་རྣམ་པར་དག་ཅིང་བསམ་གྱིས་མི་ཁྱབ་པའི་སྟོབས་ཀྱིས་དེ་བཞིན་དུ་གྱུར་ཅིག ཅེས་བདེན་སྟོབས་ལན་གསུམ་བརྗོད་པའི་བར་སྔོན་འགྲོའི་རིམ་པའོ། །གཉིས་པ། དངོས་གཞི་ལ་གསུམ། བདག་བསྐྱེད་བསྒོམས་ཏེ་བཟླས་པ་བྱས། མདུན་བསྐྱེད་སྤྱན་དྲངས་ཏེ་སྟོང་མཆོད་འབུལ་བ། གཏོར་མ་ཕུལ་ཏེ་འདོད་དོན་གསོལ་ཞིང་ཐུགས་རྗེ་བསྐུལ་བའི་རིམ་པ་དང་གསུམ། དང་པོ་ནི། ཨོཾ་སྭ་བྷཱ་ཝ་ཤུདྡྷ་སརྦ་དྷརྨཱ་སྭ་བྷཱ་ཝ་ཤུདྡྷོ྅ཧཾ། སྟོང་པ་ཉིད་དུ་གྱུར། སྟོང་པའི་ངང་ལས་པཾ་ལས་པདྨ་དང་ཨ་ལས་ཟླ་བའི་དཀྱིལ་འཁོར་གྱི་སྟེང་དུ་རང་གི་སེམས་ཉིད་ཧྲཱིཿཡིག་དམར་སེར་ལས་རལ་གྲི་ཧྲཱིཿཡིག་དམར་སེར་གྱིས་མཚན་པ། དེ་ལས་འོད་འཕྲོས། འཕགས་པ་མཆོད། སེམས་ཅན་གྱི་དོན་བྱས། ཚུར་འདུས། ཡོངས་སུ་གྱུར་བ་ལས་རང་ཉིད་རྒྱལ་བ་ཀུན་གྱི་ངོ་བོ་ཁམས་གསུམ་ཆོས་ཀྱི་རྒྱལ་པོ་ཤར་ཙོང་ཁ་པ་ཆེན་པོ་སྐུ་མདོག་དཀར་གསལ……མཛེས་པའི་འཛུམ་ཞལ་དང་ལྡན་པ། སྐུ་ལ་ཆོས་གོས་ངུར་སྨྲིག་གི་མདོག་ཅན་གསུམ་མཛེས་པར་གསོལ་ཞིང་། དབུ་ལ་པཎ་ཞྭ་གསེར་གྱི་མདོག་ཅན་གྱི་རྩེ་རིང་གསོལ་བ། ཞལ་གྱི་དཀྱིལ་འཁོར་ཤིན་ཏུ་འཛུམ་ཞིང་ཟླ་བ་ཉ་ཡོངས་སུ་གང་བ་ལྟ་བུ། ཕྱག་གཉིས་ཆོས་འཁོར་གྱི་ཕྱག་རྒྱ་སྟེང་འོག་ཏུ་མཛད་པའི་མཐེབ་སྲིན་གྱིས་ཨུཏྤལའི་ཡུ་བ་བཟུང་བའི་འདབ་མ་སྙན་གཡས་གཡོན་གྱི་ཐད་དུ་ཁ……ཕྱེ་བའི་སྟེང་ན་ཤེས་རབ་ཀྱི་རལ་གྲི་དང་། ཤེར་ཕྱིན་གྱི་གླེགས་བམ་བསྣམས་པ། ཞབས་གཉིས་རྡོ་རྗེའི་སྐྱིལ་ཀྲུང་གིས་བཞུགས་པའི་སྤྱི་བོར་ཨོཾ་ལས་འཁོར་ལོ་དཀར་པོའི་ལྟེ་བར་ཨོཾ་གྱིས་མཚན་པ། མགྲིན་པར་ཨཱཿལས་པདྨ་དམར་པོའི་ལྟེ་བར་ཨཱཿས་མཚན་པ། ཐུགས་ཀར་ཧཱུྃ་ལས་རྡོ་རྗེ་སྔོན་པོའི་ལྟེ་བར་ཧཱུྃ་གིས་མཚན་པ། ཐུགས་ཀའི་ཧཱུྃ་ལས་འོད་ཟེར་འཕྲོས་པས་སྒྲོམ་པ་དང་འདྲ་བའི་ཡེ་ཤེས་པ་ལ་སངས་རྒྱས་དང་བྱང་ཆུབ་སེམས་དཔའི་ཚོགས་ཀྱིས་བསྐོར་བ་དགའ་ལྡན་གྱི་གནས་ནས……སྤྱན་དྲངས། ཛཿཧཱུྃཿབཾཿཧོཿརང་དང་གཉིས་སུ་མེད་པར་གྱུར། མཆོད་པ་རྣམས་ཨ་མྲྀཏས་བསངས། སྭ་བྷཱ་ཝས་སྦྱངས། སྟོང་པའི་ངང་ལས་ཨོཾ་ལས་རིན་པོ་ཆེ་ལས་གྲུབ་པའི་སྣོད་ཡངས་ཤིང་རྒྱ་ཆེ་བ་རྣམས་ཀྱི་ནང་དུ་ཨོཾ་འོད་དུ་ཞུ་བ་ལས་བྱུང་བའི་མཆོད་ཡོན། ཞབས་བསིལ། མེ་ཏོག བདུག་སྤོས། མར་མེ། དྲི་ཆབ། ཞལ་ཟས། རོལ་མོ་རྣམས་རང་བཞིན་སྟོང་པ། རྣམ་པ་མཆོད་རྫས། བྱེད་ལས་དབང་པོ་

དྲུག་གི་སྤྱོད་ཡུལ་དུ་ཟག་པ་མེད་པའི་བདེ་བ་ཁྱད་པར་ཅན་བསྐྱེད་པར་གྱུར། ཨོཾ་ཨཱརྒྷཾ་ཨཱཿཧཱུྃ། དེ་བཞིན་དུ། པཱདྱཾ། པུཥྤེ། དྷཱུཔེ། ཨཱ་ལོ་ཀེ། གནྡྷེ། ནཻ་ཝི་དྱ། ཤབྡ་ཨཱཿཧཱུྃ། ཞེས་བྱིན་གྱིས་བརླབས། ཨོཾ་གུ་རུ་སུ་མ་ཏི་ཀཱིརྟི་ས་པ་རི་ཝཱ་ར་ཨརྒྷཾ་པྲ་ཏི་ཙྪ་ཡེ་སྭཱ་ཧཱ། ནས། ཤབྡ་པྲ་ཏི་ཙྪ་ཡེ་སྭཱ་ཧཱ། ཞེས་པའི་བར་གྱིས་མཆོད། རྣམ་དཀར་གངས་རིའི་ལྗོངས་བཟང་འདིར། །རྣམ་དག་རྒྱལ་བའི་བསྟན་པ་མཆོག །རྣམ་པ་ཀུན་ནས་སྤེལ་མཛད་པ། །རྣམ་འདྲེན་གཉིས་པར་གྲུས་ཕྱག་འཚལ། ཅེས་བསྟོད། རང་གི་སྙིང་གར་བླ་བའི་དཀྱིལ་འཁོར་གྱི་ལྟེ་བར་ཧཱུྃཿཡིག་གི་མཐའ་སྐོར་དུ་དམིགས་བཅེ་མའམ། ཨོཾ་ཨཱཿགུ་རུ་སུ་མ་ཏི་ཀཱིརྟི་སིདྡྷི་ཧཱུྃ་ཧཱུྃ། ཞེས་པའི་སྔགས་ཀྱིས་བསྐོར་བར་བསམས་ལ་སྒྲོ་བསྡུའི་དམིགས་པ་དང་བཅས་ཏེ་བཟླབ་བཟླས་ལ། དགེ་བ་འདི་ཡིས་མྱུར་དུ་བདག །བླ་མ་སངས་རྒྱས་འགྲུབ་གྱུར་ནས། །སོགས་བརྗོད་པར་བྱའོ། །གཉིས་པ་མདུན་བསྐྱེད་སྤྱན་དྲངས་ཏེ་སྟོང་མཆོད་འབུལ་བ་ནི། སྤོས་རོལ་དང་བཅས། གསེར་མདོག་ཅན་ཞེས་བྱ་བའི་འཛིག་རྟེན་ན། །དེ་བཞིན་གཤེགས་པ་གཡོ་བ་མེད་པ་ཡི། །སྐྱེས་བུ་ཆེན་པོ་འཇམ་པའི་དཔལ་གང་དང་། །དཔེར་མེད་བློ་བཟང་གྲགས་པ་གནས་འདིར་གཤེགས། །དངོས་སྟོབས་རིག་པའི་དབང་ཕྱུག་རྒྱལ་ཚབ་རྗེ། །མདོ་སྔགས་བསྟན་པའི་བདག་པོ་དགེ་ལེགས་དཔལ། །གསུང་སྐྱེས་མཁས་གྲུབ་དུ་མའི་ཚོགས་དང་བཅས། །བདག་ཅག་བསོད་ནམས་ཞིང་དུ་གཤེགས་སུ་གསོལ། །རྩ་བརྒྱུད་བླ་མ་ཡི་དམ་ལྷ་ཚོགས་དང་། །དཀོན་མཆོག་གསུམ་དང་དཔའ་བོ་མཁའ་འགྲོ་དང་། །ཆོས་སྐྱོང་ཚོགས་བཅས་དུས་གསུམ་སྐྱབས་གནས་ཀུན། །སྤྱན་བདྲེན་མཆོད་པའི་གནས་འདིར་གཤེགས་སུ་གསོལ།། ཞེས་སྤྱན་དྲངས་ལ་སྐུ་ཁྲུས་གསོལ་བ་ནི། སྐུ་ཁྲུས་གསོལ་བར་ཞུ། གང་འདིར། ནས། ཁྲུས་འདི་གསོལ་བར་བགྱིའོ། །ཁྲུས་ཀྱི་ཁང་པ། ནས། བླ་རེ་བྲིས་པ་དེར། །ཇི་ལྟར་བལྟམས་པ། ནས། སྐུ་ཁྲུས་གསོལ། ཨོཾ་སརྦ་ཏ་ཐཱ་ག་ཏཱ་ཨ་བྷི་ཥེ་ཀ་ཏ་ས་མ་ཡ་ཤྲཱི་ཡེ་ཧཱུྃ། རྒྱལ་བའི་སྐུ་གསུང་། ནས། དག་གྱུར་ཅིག ཨོཾ་སརྦ×ཤྲཱི་ཡེ་ཧཱུྃ། དེ་བཞིན་གཤེགས་དང་ཞེས་སོགས་དང་། ཆུ་བོ་དྲུག་གི་ཞེས་སོགས་དང་། འདི་ནི་ཁྲུས་མཆོག་ཞེས་སོགས་དང་། དེ་དག་སྐུ་ལ་ནས། སྐུ་ཕྱིའོ། ཨོཾ་ཧཱུྃ་ནས་བི་ཤུདྡྷ་ན་ཡེ་སྭཱ་ཧཱ། དེ་ནས་སྟོང་གསུམ་ཀུན་ཏུ་དྲི་དང་ལྡང་བ་ཡི། སྲབ་འཇམ་ཡང་པ×རྒྱལ་བ་མཆན་དཔེའི་×སྐུ་ལུས་ཐོབ་པར་ཤོག །འཛམ་མགོན་བླ་མ་འཁོར་དང་བཅས་རྣམས་ལ། །ཆོས་གོས་གསུམ་དང་ལྷུང་བཟེད་གསིལ་བྱེད་

སོགས། །དགེ་སློང་རྣམས་ལ་ཐུབ་པས་བསྔགས་པ་ཡི། །ཉུང་མ་ཐུན་མཆོད་རྫས་འདི་དག་ཕུལ་བ་ཡིས། །བསྟན་པ་རིན་ཆེན་ཕྱོགས་བཅུར་རྒྱས་པ་དང་། །འཇིག་རྟེན་བདེ་ལེགས་ཆེན་པོས་ཁྱབ་པ་དང་། །ལྷར་བཅས་འགྲོ་བའི་གཙུག་གི་རྒྱན་གྱུར་པའི། །སྐྱབས་བཅུ་མངའ་བའི་གོ་འཕང་ཐོབ་པར་ཤོག །དེ་ནས་དགེ་ལྡན་སྟན་བརྒྱུད་ཀྱི་མན་ངག་ལས་ཡན་ལག་བདུན་པའི་བཞུགས་གསོལ་སྔོན་ལ་འབྱུང་ཞིང་དེ་ཡང་སྐབས་འདིའི་བཞུགས་གསོལ་དང་ཕྱོགས་འཐུས་ཀྱིས། སྣང་ཡང་མདུན་དུ་སེར་ཁྲི་པད་ཟླའི་སྟེང་། རྗེ་བཙུན་བླ་མ་དགྱེས་པའི་འཛུམ་དཀར་ཅན། །བདག་བློ་དད་པའི་བསོད་ནམས་ཞིང་མཆོག་ཏུ། །བསྟན་པ་རྒྱས་ཕྱིར་བསྐལ་བརྒྱར་བཞུགས་སུ་གསོལ། །ཞེས་རྗེ་བླ་མ་འཁོར་བཅས་ཁྲུས་ཁང་ནས་སྤྱན་དྲེ་གཞལ་ཡས་ཁང་དུ་བཞུགས་པར་བསམ་ལ། གཞལ་ཡས་ཁང་གི་དབུས་སུ་སེང་གེའི་ཁྲིའི་སྟེང་དུ་པད་ཟླའི་གདན་ལ་རྒྱལ་བ་ཀུན་གྱི་ངོ་བོ་ཁམས་གསུམ་ཆོས་ཀྱི་རྒྱལ་པོ། ཞེས་པ་ནས། ཞབས་གཉིས་རྡོ་རྗེ་སྐྱིལ་ཀྲུང་གིས་བཞུགས་པའི་སྐུ་ཕོར་སྤྱན་རས་གཟིགས། མཁྱེན་པར་འཇམ་དབྱངས། ཐུགས་ཀར་ཕྱག་ན་རྡོ་རྗེ་སྟེ་རིགས་གསུམ་ཀུན་འདུས་ཀྱི་བདག་ཉིད་དུ་གྱུར། གཡས་སུ་རྒྱལ་ཚབ་དར་མ་རིན་ཆེན་འདུད་པའི་ཚུལ་དང་། གཡོན་དུ་དགེ་ལེགས་དཔལ་བཟང་འགྱིང་བའི་ཚུལ་ཅན་གཉིས་ཀ་འང་ཕྱག་གཡས་ཆོས་འཆད་དང་། གཡོན་མཉམ་བཞག་གི་སྟེང་ན་གླེགས་བམ་བསྣམས་པ། སྐུ་མདོག་དཀར་ལ་དམར་བའི་མདངས་ཆགས་པ། འཛུམ་པའི་ཞལ་ཅན། ཆོས་གོས་རྣམ་གསུམ་དང་པཎ་ཞྭ་གསེར་གྱི་མདོག་ཅན་གྱིས་མཛེས་པ། ཞབས་རྡོ་རྗེའི་སྐྱིལ་ཀྲུང་གིས་བཞུགས་པ། མཐའ་སྐོར་དུ་རྒྱ་ཆེན་སྤྱོད་བརྒྱུད། ཟབ་མོ་ལྟ་བརྒྱུད། ཉམས་ལེན་བྱིན་རླབས་བརྒྱུད། གཞན་ཡང་དབང་བསྐུར་རྒྱུད་བཤད་མན་ངག་གཞུང་བའི་དངོས་བརྒྱུད་ཀྱི་བླ་མ་རྣམས་དང་། དེ་རྣམས་ཀྱི་མཐར་རྒྱུད་སྡེ་བཞི་དང་འབྲེལ་བའི་ཡི་དམ་ལྷ་ཚོགས། སངས་རྒྱས་བྱང་སེམས། དཔའ་བོ་མཁའ་འགྲོ་སྐྱེས་བུ་གསུམ་གྱི་ཆོས་སྐྱོང་ལ་སོགས་པའི་བཀའ་སྡོད་སྲུང་མའི་ཚོགས་དང་ཐམས་ཅད་རང་རང་གི་གདན་ལ་བཞུགས་པ། དེ་དག་གི་ཕྱི་རོལ་ཕོ་བྲང་གི་མཚམས་རྣམས་དང་སྒོ་བཞིར་ཕྱོགས་སྐྱོང་བཅོ་ལྔ་དང་རྒྱལ་ཆེན་སྡེ་བཞི་རྣམས…… བཞུགས་ཤིང་ཚོགས་ཞིང་ཐམས་ཅད་གྱིས་པའི་ཚུལ་གྱིས་རང་དང་སེམས་ཅན་ཐམས་ཅད་ལ་གཟིགས་ཏེ་བསྲུང་བ་དང་བྱིན་གྱིས་རློབས་པའི་དགོངས་པ་ཅན་དུ་བཞུགས་པར་གྱུར། པར་གསལ་གདབ་པར་བྱའོ།

དེ་ནས་ཕྱག་འཚལ་བའི་ཡན་ལག་སོགས་ནི། ཚོགས་ཞིང་རྣམས་ཀྱི་ཡོན་ཏན་དང་བཀའ་དྲིན་དྲན་པའི་དད་གུས་དྲག་པོའི་སྒོ་ནས་ཕྱག་དང་བཅས། གང་གི་དྲིན་གྱིས་བདེ་ཆེན་ཉིད། །སྐད་ཅིག་ལ་འཆར་བ་གང་། །བླ་མ་རིན་ཆེན་ལྟ་བུའི་སྐུ། །རྡོ་རྗེ་ཅན་ཞབས་པད་ལ་འདུད། །ཤེས་བྱའི་ཁྱོན་ཀུན་འཇལ་བའི་བློ་གྲོས་ཐུགས། །སྐལ་བཟང་རྣ་བའི་རྒྱན་གྱུར་ལེགས་བཤད་གསུང་། །གྲགས་པའི་དཔལ་གྱིས་ལྷམ་མེར་མཛེས་པའི་སྐུ། །མཐོང་ཐོས་དྲན་པ་དོན་ལྡན་ལ་ཕྱག་འཚལ། །གངས་ཅན་ཞིང་རྟའི་སྲོལ་འབྱེད་ཙོང་ཁ་པ། །དངོས་སློབས་རིགས་པའི་དབང་ཕྱུག་རྒྱལ་ཚབ་རྗེ། །མདོ་སྔགས་བསྟན་པའི་བདག་པོ་མཁས་གྲུབ་རྗེ། །རྒྱལ་བ་ཡབ་སྲས་གསུམ་ལ་ཕྱག་འཚལ་ལོ། །རྒྱ་ཆེན་སྤྱོད་པའི་བརྒྱུད་ལ་ཕྱག་འཚལ་ལོ། །ཟབ་མོ་ལྟ་བའི་བརྒྱུད་ལ་ཕྱག་འཚལ་ལོ། །ཉམས་ལེན་བྱིན་རླབས་བརྒྱུད་ལ་ཕྱག་འཚལ་ལོ། །བརྒྱུད་པའི་བླ་མ་རྣམས་ལ་ཕྱག་འཚལ་ལོ། །གང་གིས་བདག་ལ་རིག་པ་བསླབ་པ་དང་། །མདོ་རྒྱུད་བསྟན་བཅོས་མན་ངག་རྗེས་བསྟན་ཅིང་། །བསླབ་པ་མནོས་དང་དབང་བསྐུར་བྱིན་རླབས་པའི། །དངོས་བརྒྱུད་བླ་མ་རྣམས་ལ་ཕྱག་འཚལ་ལོ། །བདེ་ཆེན་ཆོས་ཀྱི་དབྱིངས་ལས་གཟུགས་ཀྱི་སྐུར། །ཞི་ཁྲོའི་རྣམ་འགྱུར་མ་ངེས་སྣ་ཚོགས་ཀྱིས། །དུས་ལྡན་རྣལ་འབྱོར་དངོས་གྲུབ་ཆར་བཞིན་དུ། །འབེབས་མཛད་ཡི་དམ་ལྷ་ཚོགས་རྣམས་ལ་འདུད། ། མགོན་པོ་ཐུགས་རྗེ་ཆེ་ལྡན་པ། །ཐམས་ཅད་མཁྱེན་པའི་སྟོན་པ་པོ། །བསོད་ནམས་ཡོན་ཏན་རྒྱ་མཚོའི་ཞིང་། །དེ་བཞིན་གཤེགས་ལ་ཕྱག་འཚལ་ལོ། །དག་པས་འདོད་ཆགས་བྲལ་བར་གྱུར། །དགེ་བས་ངན་སོང་ལས་གྲོལ་ཞིང་། །གཅིག་ཏུ་དོན་དམ་མཆོག་གྱུར་པ། །ཞི་གྱུར་ཆོས་ལ་ཕྱག་འཚལ་ལོ། །གྲོལ་ནས་གྲོལ་བའི་ལམ་ཡང་སྟོན། །བསླབ་པ་དག་ལ་རབ་ཏུ་གནས། །ཞིང་གི་དམ་པ་ཡོན་ཏན་ལྡན། །དགེ་འདུན་ལ་ཡང་ཕྱག་འཚལ་ལོ། །སྟོན་ཆེ་རྡོ་རྗེ་འཆང་གི་སྤྱན་སྔ་རུ། །ཆོས་བཞིན་སྒྲུབ་པར་མཛད་པའི་གང་ཟག་ལ། །བུ་བཞིན་སྐྱོང་བར་ཞལ་གྱིས་ལེགས་བཞེས་པ། །རྡོ་རྗེ་ཆོས་སྐྱོང་རྣམས་ལ་ཕྱག་འཚལ་ལོ། །ཕྱག་བྱར་འོས་པ་ཐམས་ཅད་ལ། །ཞིང་རྡུལ་ཀུན་གྱི་གྲངས་སྙེད་ཀྱི། །ལུས་བཏུད་པ་ཡིས་རྣམ་ཀུན་དུ། །མཆོག་ཏུ་དད་པས་ཕྱག་འཚལ་ལོ། །དེ་ནས་མཆོད་པ་ནི། ཡན་ལག་བརྒྱད་ལྡན་ལྷ་ཡི་གཙྭ་སོགས། །ཕྱོགས་དུས་ཀུན་ན་མཆོད་ཡོན་ཅི་མཆིས་པ། །འཇམ་མགོན་བླ་མ་འཁོར་བཅས་མཉེས་ཕྱིར་འབུལ། །བཞེས་ནས་བདག་ལ་

དངོས་གྲུབ་སྩལ་དུ་གསོལ། །ཤིན་ཏུ་རྣམ་དག་དྲི་མེད་ཡིད་འོང་བའི། །ཕྱོགས་དུས་ཀུན་ན་ཞབས་བསིལ་×འཇམ་མགོན་×བཞེས་ནས་×འདབ་སྟོང་རབ་རྒྱས་པདྨ་དཀར་པོ་སོགས། །ཕྱོགས་དུས་ཀུན་ན་མེ་ཏོག་×འཇམ་མགོན་×བཞེས་ནས་×མ་ལ་ཡ་ཡི་ཙན་དན་དྲི་ལ་སོགས། །ཕྱོགས་དུས་ཀུན་ན་བདུག་སྤོས་×འཇམ་མགོན་×བཞེས་ནས་×ཤུན་པ་ཀུན་སེལ་རྩི་བཅུད་སྦྲོན་མེ་སོགས། །ཕྱོགས་དུས་ཀུན་ན་སྣང་གསལ་×འཇམ་མགོན་×བཞེས་ནས་×ཙན་དན་གུར་ཀུམ་དྲིས་བསྒོས་སྤོས་ཆུ……སོགས། ཕྱོགས་དུས་ཀུན་ན་དྲི་ཆབ་×འཇམ་མགོན་×བཞེས་ནས་×དཀར་གསུམ་མངར་གསུམ་བདུད་རྩིའི་ཟས་ལ་སོགས། །ཕྱོགས་དུས་ཀུན་ན་ཞལ་ཟས་×འཇམ་མགོན་×བཞེས་ནས་×ཡན་ལག་དུག་ལྡན་ལྷ་ཡི་བསིལ་སྣན་སོགས། །ཕྱོགས་དུས་ཀུན་ན་རོལ་མོ་×འཇམ་མགོན་×བཞེས་ནས་×གཟུགས་བརྙན་ཀུན་གསལ་རིན་ཆེན་བཻ་ཌཱུར་སོགས། །ཕྱོགས་དུས་ཀུན་ན་གཟུགས་མཆོག་×འཇམ་མགོན་×བཞེས་ནས་×དཔག་བསམ་ལས་འབྱུང་བརྗོད་བྲལ་དབྱངས་ལ་སོགས། །ཕྱོགས་དུས་ཀུན་ན་སྒྲ་སྙན་×འཇམ་མགོན་×བཞེས་ནས་×ཡིད་འོང་ཙན་དན་དཀར་པོའི་དྲི་ལ་སོགས། །ཕྱོགས་དུས་ཀུན་ན་དྲི་མཆོག་×འཇམ་མགོན་×བཞེས་ནས་×སྟོང་གསུམ་སྙིང་པོ་ཚངས་གནས་བདུད་རྩི་སོགས། །ཕྱོགས་དུས་ཀུན་ན་རོ་མཆོག་×འཇམ་མགོན་×བཞེས་ནས་×སྲུབ་འཇམ་པཉྩ་ལི་ཀཱའི་གོས་ལ་སོགས།། ཕྱོགས་དུས་ཀུན་ན་རེག་མཆོག་×འཇམ་མགོན་×བཞེས་ནས་×འཇིག་རྟེན་འདི་ཡི་ཕུན་སུམ་ཚོགས་པའི་མཆོག །རིན་ཆེན་བདུན་དང་བཀྲ་ཤིས་རྟགས་རྫས་སོགས། །འཇམ་མགོན་བླ་མ་འཁོར་བཅས་མཉེས་ཕྱིར་འབུལ། །བཞེས་ནས་བདག་ལ་དངོས་གྲུབ་བསྩལ་དུ་གསོལ། །རྒྱས་པར་སྦྱིན་སྦྱོད་འཇུག་ལས་འབྱུང་བའི། །རིན་ཆེན་སེམས་དེ་གཟུང་བར་བྱ་བའི་ཕྱིར། །དེ་བཞིན་གཤེགས་པ་རྣམས་དང་དམ་པའི་ཆོས། །དཀོན་མཆོག་དྲི་མ་མེད་དང་སངས་རྒྱས་སྲས། །ཡོན་ཏན་རྒྱ་མཚོ་རྣམས་ལ་ལེགས་པར་མཆོད། །མེ་ཏོག་འབྲས་བུ་ཇི་སྙེད་ཡོད་པ་དང་། །སྨན་གྱི་རྣམ་པ་གང་དག་ཡོད་པ་དང་། །འཇིག་རྟེན་རིན་ཆེན་ཇི་སྙེད་ཡོད་པ་དང་། །ཆུ་གཙང་ཡིད་དུ་འོང་བ་ཅི་ཡོད་དང་། །རིན་ཆེན་རི་བོ་དང་ནི་དེ་བཞིན་དུ། །ནགས་ཚལ་ས་ཕྱོགས་དབེན་ཞིང་ཉམས་དགའ་དང་། །ལྗོན་ཤིང་མེ་ཏོག་རྒྱན་སྤྲས་སྤུད་པ་དང་། །ཤིང་གང་འབྲས་བཟང་ཡལ་ག་དུད་པ་དང་། །ལྷ་སོགས་འཇིག་རྟེན་ལ་ཡང་དྲི་དང་ནི། །

སྤྱོས་དང་དཔག་བསམ་ཤིང་དང་རིན་ཆེན་ཤིང་། །མ་རྨོས་འཁྲུངས་པའི་ལོ་ཏོག་རྣམ་པ་དང་། གཞན་ཡང་མཆོད་པར་འོས་པའི་རྒྱན་རྣམས་ནི། །མཚོ་དང་རྫིང་བུ་པད་མས་བརྒྱན་པ་དག །དང་བ་ཤིན་ཏུ་སྐད་སྙན་ཡིད་འོང་ལྡན། །ནམ་མཁའ་རབ་འབྱམས་ཁམས་ཀྱི་མཐས་གཏུགས་པར། །ཡོངས་སུ་བཟུང་བ་མེད་པ་དེ་དག་ཀུན། བློ་ཡིས་བླངས་ནས་ཐུབ་པ་སྐྱེས་ཀྱི་མཆོག སྲས་དང་བཅས་པ་རྣམས་ལ་ལེ་ཊ་འབུལ་ན། །ཡོན་གནས་དམ་པ་ཐུགས་རྗེ་ཆེ་རྣམས་ཀྱིས། བདག་ལ་བརྩེར་དགོངས་བདག་གི་འདི་དག་བཞེས། །བདག་ནི་བསོད་ནམས་མི་ལྡན་བཀྲེན་ཆེན་ཏེ། །མཆོད་པའི་ནོར་གཞན་བདག་ལ་ཅང་མ་མཆིས། །དེས་ན་གཞན་དོན་དགོངས་པའི་མགོན་གྱིས་འདི། །བདག་གི་དོན་སླད་ཉིད་ཀྱི་མཐུས་བཞེས་ཤིག །རྒྱལ་དང་དེ་སྲས་རྣམས་ལ་བདག་གིས་ནི། །བདག་གི་ལུས་ཀུན་གཏན་དུ་དབུལ་བར་བགྱི། །སེམས་དཔའ་མཆོག་རྣམས་བདག་ནི་ཡོངས་བཞེས་ཤིག །གུས་པས་ཁྱེད་ཀྱི་འབངས་སུ་མཆི་བར་བགྱི། །བདག་ནི་ཁྱེད་ཀྱིས་ཡོངས་སུ་བཟུང་བས་ན། །སྲིད་ན་མི་འཇིགས་སེམས་ཅན་ཕན་པར་བགྱིད། །སྔོན་གྱི་སྡིག་ལས་ཡང་དག་འདའ་བགྱིད་ཅིང་། །སྡིག་པ་གཞན་ཡང་སླན་ཆད་མི་བགྱིད་དོ། །ཁྲུས་ཀྱི་ཁང་པ་ཤིན་ཏུ་དྲི་ཞིམ་པ། །ཤེལ་གྱི་ས་གཞི་གསལ་ཞིང་འཚེར་བ་བསྟར། །རིན་ཆེན་འབར་བའི་ཀ་བ་ཡིད་འོད་ལྡན། །མུ་ཏིག་འོད་ཆགས་བླ་རེ་བྲེས་པ་དེར། །དེ་བཞིན་གཤེགས་དང་དེ་ཡི་སྲས་རྣམས་ལ། །རིན་ཆེན་བུམ་པ་མང་པོ་སྤོས་ཀྱི་ཆུ། །ཡིད་འོང་ལེ་ཊ་པར་བཀང་བ་གླུ་དང་ནི། །རོལ་མོར་བཅས་པ་དུ་མས་སྐུ་ཁྲུས་གསོལ། །དེ་དག་སྐུ་ལ་མཚུངས་པ་མེད་པའི་གོས། །གཙང་ལ་དྲི་རབ་བསྒོས་པས་སྐུ་ཕྱིའོ། །དེ་ནས་དེ་ལ་ཁ་དོག་ལེགས་བསྒྱུར་བའི། །ན་བཟའ་ཤིན་ཏུ་དྲི་ཞིམ་དམ་པ་འབུལ། །གོས་བཟང་སྲབ་ལ་འཇམ་པ་སྣ་ཚོ་ཊ་དང་། །རྒྱན་མཆོག་བརྒྱ་ཕྲག་དེ་དང་དེ་དག་གིས། །འཕགས་པ་ཀུན་ཏུ་བཟང་དང་འཇམ་དབྱངས་དང་། །འཇིག་རྟེན་དབང་ཕྱུག་སོགས་ལ་བརྒྱན་པར་བགྱི། །སྟོང་གསུམ་ཀུན་ཏུ་དྲི་ངད་ལྡང་བ་ཡི། །དྲི་མཆོག་རྣམས་ཀྱིས་ཐུབ་དབང་རྣམས་ཀྱི་སྐུ། །གསེར་སྦྱངས་བཙོ་མ་ཕྱི་དོར་བྱས་པ་ལྟར། །འོད་ཆགས་འབར་བ་དེ་དག་བྱུག་པར་བགྱི། ། ཐུབ་དབང་མཆོད་གནས་མཆོག་ལ་ཡིད་འོང་བའི། །མེ་ཏོག་མནྡཱ་ར་དང་པདྨ་དང་། །ཨུཏྤལ་ལ་སོགས་ཕྲེང་བ་ཀྱང་བསྣམས་ནས་ཀྱང་། …

རིན་ཆེན་སྒྲོན་མེ་རྣམས་ཀྱང་དབུལ་བར་བགྱི། །ས་གཞི་བསྐུར་བ་སྤོས་ཀྱིས་བྱུག་པ་དེར། །མེ་ཏོག་ཡིད་འོང་སིལ་མ་དགྲམ་པར་བགྱི། །གཞལ་མེད་པོ་བྲང་བསྐོད་དབྱངས་ཡིད་འོང་ལྡན། །སྒྲ་ཧིག་རིན་ཆེན་རྒྱན་འཕྱང་མཛེས་འབར་བ། །དཔག་གཡས་ནམ་མཁའི་རྒྱན་གྱུར་དེ་དག་ཀྱང་། །ཐུབ་རྗེའི་རང་བཞིན་ཅན་ལ་དབུལ་བར་བགྱི། །རིན་ཆེན་གདུགས་མཛེས་གསེར་གྱི་ཡུ་བ་ཅན། །ཁོར་ཡུག་རྒྱན་གྱི་རྣམ་པ་ཡིད་འོང་བརྒྱན། །དབྱིབས་ལེགས་བལྟ་ན་སྡུག་པ་བསྐྱེད་བ་ཡང་། །རྟག་ཏུ་ཐུབ་དབང་རྣམས་ལ་དབུལ་བར་བགྱི། །དེ་ལས་གཞན་ཡང་མཆོད་པའི་ཚོགས། །རོལ་མོ་དབྱངས་སྙན་ཡིད་འོང་ལྡན། །སེམས་ཅན་སྡུག་བསྔལ་སིམ་བྱེད་པའི། །སྤྲིན་རྣམས་སོ་སོར་གནས་གྱུར་ཅིག །དམ་ཆོས་དཀོན་མཆོག་ཐམས་ཅད་དང་། །མཆོད་རྟེན་རྣམས་དང་སྐུ་གཟུགས་ལ། །རིན་ཆེན་མེ་ཏོག་ལ་སོགས་ཆར། །རྒྱུན་མི་འཆད་པར་འབབ་པར་ཤོག །ཇི་ལྟར་འཇམ་དབྱངས་ལ་སོགས་པས། །རྒྱལ་བ་རྣམས་ལ་མཆོད་མཛད་པ། །དེ་བཞིན་བདག་གིས་དེ་བཞིན་གཤེགས། །མགོན་པོ་སྲས་དང་བཅས་རྣམས་མཆོད། ། ཡོན་ཏན་རྒྱ་མཚོ་རྣམས་ལ་བདག །བསྟོད་དབྱངས་ཡན་ལག་རྒྱ་མཚོས་བསྟོད། །བསྟོད་དབྱངས་སྙན་སྤྲིན་དེ་དག་ལ། ངེས་པར་ཀུན་ཏུ་འབྱུང་གྱུར་ཅིག །ཅེས་པའང་འདོན། དེ་ནས། ཡིད་འོང་མཆོད་ཡོན་སྣ་ཚོགས་མེ་ཏོག་དང་། ། ནས། བསྟན་པའི་སྙིང་པོ་རིང་དུ་གསལ་བྱེད་ཤོག །ཅེས་ཡན་ལག་བདུན་པ་ཕུལ། མཎྜལ་འབུལ་བ་ནི། ཨོཾ་བཛྲ་བྷཱུ་མི་ཨཱཿཧཱུྃ། དབང་ཆེན་གསེར་གྱི་ས་གཞི་ནས་འདི་ཉིད་ཁམས་གསུམ་ཆོས་ཀྱི་རྒྱལ་པོ་ཙོང་ཁ་པ་ཆེན་པོའི་ལྷ་ཚོགས་འཁོར་དང་བཅས་····རྣམས་ལ་×××གསོལ། ས་གཞི་སྤོས་ཀྱིས་སོགས་དང་། འདོད་གསོལ་ནི། །ཁམས་གསུམ་ཆོས་ཀྱི་རྒྱལ་པོ་ཙོང་ཁ་པ་ཆེན་པོའི་ལྷ་ཚོགས་འཁོར་དང་བཅས་པ་རྣམས་བདག་ལ་དགོངས་སུ་གསོལ། ཁྱེད་རྣམས་ལ་མཁྱེན་པའི་ཡེ་ཤེས། བརྩེ་བའི་ཐུགས་རྗེ། མཛད་པའི་འཕྲིན་ལས་བསམ་གྱིས་མི་ཁྱབ་པ་མངའ་བ་ལགས་པས། སྤྱིར་སངས་རྒྱས་ཀྱི་བསྟན་པ་རིན་པོ་ཆེ་དར་ཞིང་རྒྱས་པ་དང་། བསྟན་འཛིན་དམ་པ་རྣམས་སྐུ་ཁམས་བཟང་ཞིང་འཕྲིན་ལས་རྒྱས་པ་དང་། འཇིག་རྟེན་གྱི་ཁམས་ཐམས་ཅད་དུ་ཆར་ཆུ་དུས་སུ་འབབ་པ། ལོ་ཕྱུགས་རྟག་ཏུ་ལེགས་པ་ནད་དང་འཁྲུག་པ་མུ་གེ་མེད་ཅིང་བཀྲ་ཤིས་བདེ་ལེགས་ཕུན་སུམ་ཚོགས་པ་འབྱུང་བ་དང་། སེམས་ཅན་ཐམས་ཅད་བདེ་སྐྱིད་དང་ལྡན་ཞིང་བྱང་ཆུབ་

སེམས་གཉིས་འབྱོང་པ་དང་། མཐར་ཐུག་རྫོགས་པའི་སངས་རྒྱས་ཀྱི་གོ་འཕང་ཐོབ་པར་བྱིན་གྱིས་རླབས་ཏུ་གསོལ། བླ་མའི་ཞབས་བརྟེན་ལ། ཁྱད་པར་དཔལ་ལྡན་བླ་མ་དམ་པ་ཆེ་གེ་མོའི་ཞལ་སྔ་ནས་ཀྱི་ཞབས་པད་བརྟན་ཅིང་རྣམ་པར་དཀར་བའི་མཛད་འཕྲིན་མཐའ་དག་ཟླ་བ་ཡར་གྱི་ངོ་བཞིན་དུ་གོང་···འཕེལ་ཏུ་རྒྱས་པར་བྱིན་གྱིས་བརླབ་ཏུ་གསོལ། ཞེས་དང་། དགེ་འདུན་གྱི་སྡེའི་ཞབས་བརྟན་ལ། ཁྱད་པར་དུ་ཡང་དགེ་འདུན་གྱི་སྡེ་སྤྱི་དང་བྱེ་བྲག་ཞ་སེར་རིང་ལུགས་འཛིན་པ་རྣམས་ཐུགས་མཐུན་ཞིང་ཁྲིམས···གཙང་བའི་ངོས་ནས་བཤད་སྒྲུབ་ཀྱི་བྱ་བ་མཐའ་དག་གོང་ནས་གོང་དུ་འཕེལ་བར་བྱིན་གྱིས·········བརླབས་ཏུ་གསོལ། མོ་ཧྲིག་ལ། རྒྱལ་ཁམས་སྤྱི་དང་ཡུལ་འདིར་ནད་སེར་བཙའ་ཐན་སོགས་མི་འབྱུང་བར་ལོ་འབྲས་དུས་སུ་སྨིན་པར×སྦྱིན་བདག་ལ། སྦྱིན་པའི་བདག་པོའི་ཚེ་བསོད་དཔལ་འབྱོར་རིགས་རྒྱུད་སོགས་ལེགས་ཚོགས་ཐམས་ཅད་དབྱར་དུས་ཀྱི་ཆུ་མཚོ་བཞིན་དུ་འཕེལ་བར×གསོལ། ཞེས་འདོད་གསོལ་སྐབས་སྦྱར་ལན་གསུམ་བྱ། དེའི་མཚན་དེ་གཞན་ལ་ཡང་སྦྱོར་ལུགས་ཤེས་པར་བྱའོ། །དེ་ནས། དཔལ་ལྡན་ས་གསུམ་ ཞེས་པ་ནས། ལྡོག་པར་མ་གྱུར་ཅིག །ཅེས་བྱ། བྱམས་པ་སྒྲུབ་པ་ནི། ཚོགས་ཞིང་ཐམས་ཅད་ཀྱི་སྐུའི་ཆ་ལས་བདུད་རྩིའི་རྒྱུན་དཔག་མེད་ཏུ་མེད་པ་བབས་པས་བུམ་པ་གང་བར་གྱུར། ཞེས་བརྗོད་ལ། དམིགས་བརྩེ་མ་ཅི་འགྲུབ་བཟླ་བར་བྱའོ། །སྟོང་མཆོད་དངོས་ལ། ཐལ་མོ་སྦྱར་ཏེ་མགོ་བོ་བཏུད་པ་དང་བཅས། དམིགས་བརྩེ་མའི་མཇུག་ཏུ། །བླ་མ་ལྷ་ལ་སྒོ་གསུམ་གུས་ཕྱག་འཚལ། །དངོས་བཤམས་ཡིད་སྤྲུལ་མཆོད་པ་མ་ལུས་འབུལ།། ཐོག་མེད་ནས་བསགས་སྡིག་ལྟུང་ཐམས་ཅད་བཤགས། སྐྱེ་འཕགས་དགེ་བ་རྣམས་ལ་རྗེས་ཡི་རང་། །འགྲོ་ལ་ཆོས་འཁོར་མ་ལུས་བསྐོར་དུ་གསོལ། །གཟུགས་སྐུ་མྱ་ངན་མི་འདའ་རྟག་པར་བཞུགས། །དགེ་ཀུན་ཁྱེད་ཀྱིས་རྗེས་སུ་འཛིན་པ་དང་། །བསྟན་པ་རྒྱས་ཤིང་རྫོགས་བྱང་ཐོབ་ཕྱིར་བསྔོ། ཞེས་དམིགས་པ་དང་དང་བཅས་བརྗོད། དེ་ཡང་སྒྲུབ་པ་པོ་བཅུ་ཕྲག་གིས་སྟོང་འགྲོ་ཞིང་། སྒྲུབ་པ་པོའི་མང་ཉུང་ལ་དཔག་ཏེ་བརྩི་ཚུལ་ཤེས་དགོས་ལ། ཕྱག་དང་སྐོར་བ་སྟོང་རེ་སྒྲུབ་པ་པོས་མ་ལོང་ན་གཞན་ལ་བྱེད་དུ་བཅུག་ཀྱང་རུང་ངོ་། །ཐུན་བཞིར་བྱེད་ན་ཐུན་ཕྱི་མ་རྣམས་སུ་མཆོད་པ་ཁ་གསོས་ཏེ་སྤོས་མར་མེ་རྣམས་སྤར་ལ། བྱིན་རླབས་བཞི་སྐོར་གྱི་འཁོར་མདུན་བསྐྱེད་སྤྱན་འདྲེན་ནས་འཇུག་ཅིང་། གཞན་རྣམས་སྔ་མ་ཇི་ལྟ་བ་བཞིན་ལ། ས་གསུམ་མའི་ཚབ་ཏུ། ཐུན་གཉིས་པ་ལ། རྟོགས་བརྗོད་བདུན་ལེགས་མ་དང་། འཇམ་དབྱངས་བསྟོད་པ་དོན་གཉིས་ལྷུན་གྲུབ། གསུམ་པ་བསྡུས་དོན། བཞི་པ་ལ་ཡོན་ཏན་གཞི་གྱུར་མ་འདོན་ཞིང་། དེ་ཡང་བསྡུས་

དོན་གྱིས། རྣལ་འབྱོར་ངས་ཀྱང་×ཐར་འདོད་ཁྱེད་ཀྱང་×ཞེས་པའི་རྐང་པ་གཉིས་ལ། རྗེ་བཙུན་བླ་མས་ཉམས་ལེན་དེ་ལྟར་མཛད། །བདག་ཀྱང་དེ་བཞིན་སྐྱོང་བར་བྱིན་གྱིས་རློབས། །ཞེས་དང་། མདུན་ལེགས་མའི། ཚུལ་འདི་ར་བསམ་བཞིན་སོགས་ཚིག་རྐང་གཉིས་ལ། ཚུལ་དེ་ར་དགོངས་ནས་མདུན་མ་ཆེས་ལེགས་པའི།། རྣམ་ཐར་བདག་ཀྱང་སྐྱོང་བར་བྱིན་གྱིས་རློབས། ཞེས་པ་བསྒྱུར་ནས་འདོན་ནོ། །གསུམ་པ་གཏོར་མ་ཕུལ་ཏེ་འདོད་དོན་གསོལ་ཞིང་ཐུགས་རྗེ་བསྐུལ་བ་ནི། སྟོད་གཙང་མ་རྣམས་སུ་གཏོར་རིལ་རྣམས་ཚུ་དང་སྦྲུར་བ་བཤམས་ལ། བྱིན་གྱིས་བརླབ་ཚུལ་ནི། དཀོན་མཆོག་གསུམ་གྱི་བདེན་པ་དང་། སངས་རྒྱས་དང་བྱང་ཆུབ་སེམས་དཔའ་ཐམས་ཅད་ཀྱི་བྱིན་གྱིས་རླབས་དང་། ཚོགས་གཉིས་ཡོངས་སུ་རྫོགས་པའི་མངའ་ཐང་ཆེན་པོ་དང་། ཆོས་ཀྱི་དབྱིངས་རྣམ་པར་དག་ཅིང་བསམ་གྱིས་མི་ཁྱབ་པའི་སྟོབས་ཀྱིས་མཆོད་སྦྱིན་གྱི་གཏོར་མ་འདོད་པའི་ཡོན་ཏན་ལྔ་དང་ལྡན་པ་དྭངས་ཤིང་ཐོགས་པ་མེད་པ་ནམ་མཁའ་དང་མཉམ······པས་མགྲོན་ཐམས་ཅད་ལ་ཟག་པ་མེད་པའི་བདེ་བ་ཁྱད་པར་ཅན་བསྐྱེད་པར་གྱུར་ཅིག །ཅེས་བདེན་སྟོབས་བརྗོད་ལ། ན་མཿསརྦ་ཏ་ཐཱ་ག་ཏ་ཨ་བ་ལོ་ཀི་ཏེ་ཨོཾ་སམ་བྷ་ར་སམ་བྷ་ར་ཧཱུྃ། ཞེས་བཟློ་ཐེངས་བཅུར་བྱེད་ན་ལན་བཅུ་རེ་དང་། དེ་མིན་སྟོང་མཆོད་སྐབས་ལྟར་སྒྲུབ་པ་པོ་དང་བཤམས་པ་གཤེགས་ཀྱི་གྲངས་ལ་དཔག་སྟེ་ཤེས་དགོས་སོ། །དེ་ནས་དབྱངས་རོལ་དང་བཅས། བདུད་རྩིའི་རྒྱ་མཚོའི་མཆོད་གཏོར་མ་འདི། །རྗེ་བཙུན་ཡབ་སྲས་གསུམ་ལ་སོགས། །འཕགས་ཚོགས་ཀུན་ལ་གུས་པས་འབུལ། །བཞེས་ནས་བསྟན་འཛིན་ཞབས་པད་བརྟན། །ཞྭ་སེར་བསྟན་པ་ཕྱོགས་བཅུར་རྒྱས། །བསྟན་པའི་སྦྱིན་བདག་མངའ་ཐང་དར། །བདག་སོགས་ཚོགས་གཉིས་ཡོངས་རྫོགས་ཀྱི། །སངས་རྒྱས་ཐོབ་པར་མཛད་དུ་གསོལ། ཞེས་སྔ་མ་གཞག་ཏེ་སྔར་བཤམས་པ་སོགས་བྱའོ། །ཆོས་སྐྱོང་གི་གཏོར་མ་ཡང་སམ་བྷ་ར་བདུན་གྱི་བསྔོས་ལ། བདུད་རྩིའི་རྒྱ་མཚོའི་མཆོད་གཏོར་འདི། །ཕྱག་དྲུག་རྣམ་སྲས་ཆོས་རྒྱལ་དང་། །ཆོས་སྲུང་ཁྱད་པར་ཅན་རྣམས་དང་། །ཚངས་དང་རྒྱལ་ཆེན་ཕྱོགས་སྐྱོང་བ། །གཙང་རིས་ལྷ་དང་བཅས་ལ་འབུལ། །བཞེས་ནས་བདག་སོགས་འཁོར་བཅས་ཀྱི། །འགལ་རྐྱེན་བར་ཆད་ཀུན་སེལ་ཞིང་། །མཐུན་རྐྱེན་འགྲུབ་པའི་འཕྲིན་ལས་མཛོད། །ཅེས་དང་། རིགས་དྲུག་གི་གཏོར་མ་ཡང་། སམ་བྷ་ར་བདུན་གྱིས་བསྔོས། བདུད་རྩིའི་རྒྱ་མཚོའི་གཏོར་མ་འདི། །མཁའ་མཉམ་འགྲོ་བ་ཀུན་ལ་བསྔོ། །སོ་སོའི་སྡུག་བསྔལ་དང་བྲལ་ནས། །སངས་

རྒྱས་སྨྱུར་དུ་ཐོབ་གྱུར་ཅིག །ཅེས་དང་། གཞི་བདག་གི་གཏོར་མ་ཡང་། སམ་ཧྲ་ར་བདུན་གྱིསབདུན་གྱིས་བསྔོས་ལ། །བདུད་རྩིའི་རྒྱ་མཚོའི་གཏོར་མ་འདི། །གཞི་བདག་སྤྱི་དང་གནས་འདི་ཡི། །བདག་པོ་མཐུ་ཆེན་ཀུན་ལ་བསྔོ། །བསམ་དོན་འགྲུབ་པའི་སྟོང་གྲོགས་མཛོད། །ཅེས་བསྔོ་བར་བྱའོ། །དེ་ནས་འདོད་དོན་གསོལ་བ་ནི། སྐུ་གསུམ་ཡེ་ཤེས་ལྷ་ལྷན། །རབ་འབྱམས་དཀྱིལ་འཁོར་ཀུན་གྱི། །ཁྱབ་བདག་རྡོ་རྗེ་འཆང་དབང་། །དབྱེར་མེད་བློ་བཟང་གྲགས་པ། །དྲིན་ཅན་རྩ་བའི་བླ་མ། །སྙིང་ནས་གསོལ་བ་འདེབས་སོ།། ཐུགས་རྗེའི་སྤྱན་གྱིས་གཟིགས་ལ། །བདག་དང་མ་རྒན་འགྲོ་རྣམས། །འདི་དང་ཕྱི་མ་བར་དོའི། །འཇིགས་པ་ཀུན་ལས་སྐྱོབ་ལ། །མཆོག་དང་ཐུན་མོང་དངོས་གྲུབ། །འདོད་དགུ་ཆར་བཞིན་ཕོབ་མཛོད། །བླ་མ་མཁྱེན་བླ་མ་མཁྱེན་བླ་མ་མཁྱེན། །བདེ་གཤེགས་གཞན་གྱིས་སྤངས་པ། །རྙོད་དུས་འགྲོ་བའི་འདྲེན་མཆོག །མཉམ་མེད་ཤཱཀྱའི་རྒྱལ་པོ། །དབྱེར་མེད་×སྙིང་ནས་×ཐུགས་རྗེའི་×བདག་དང་×འདི་དང་×འཇིགས་པ×མཆོག་དང་×འདོད་དགུ×བླ་མ་མཁྱེན་×བྱང་ཕྱོགས་རྨོངས་པའི་མུན་ཁྲོད། །བདག་ཅག་མགོན་མེད་རྣམས་ཀྱི། །བསླུ་མེད་མགོན་དང་སྐྱབས་ཅིག །རྗེ་བཙུན་བློ་བཟང་གྲགས་པ། །དྲིན་ཅན་རྩ་བའི་བླ་མ། །སྙིང་ནས་××××མཁྱེན། ཕན་བདེའི་འབྱུང་གནས་བསྟན་པ། །མིང་ཙམ་ལྷག་མར་གྱུར་ཚེ། །བསླབ་གསུམ་ལུང་རྟོགས་དམ་ཆོས། །རྒྱས་མཛད་བློ་བཟང་གྲགས་པ། །དྲིན་ཅན་རྩ་བའི་བླ་མ། །སྙིང་ནས་××××མཁྱེན། མཚན་ཙམ་ཐོས་པ་ཡིས་ཀྱང་། །མནར་མེད་དམྱལ་བའི་མེ་ལྕེ། །བཙོའི་ཆལ་ལྟར་བསིལ་མཛད། ཀུན་མཁྱེན་བློ་བཟང་གྲགས་པ། །བཀའ་དྲིན་གསུམ་ལྡན་བླ་མ། །སྙིང་ནས་××××མཁྱེན། །ཁྱོད་ཞབས་དྲན་པའི་མོད་ལ། །སྡུག་བསྔལ་མདའ་ཆར་དྲག་པོ། །ཕུན་ཚོགས་ནོར་བུའི་ཆར་དུ། །བསྒྱུར་མཛད་ཐམས་ཅད་མཁྱེན་པ། །རྗེ་བཙུན་རྩ་བའི་བླ་མ། །སྙིང་ནས་××××མཁྱེན། །བདག་ཅག་ཡུན་རིང་འཁོར་བ། །སྡུག་བསྔལ་རྒྱ་མཚོ་ཆེན་པོར། །འབྱམས་ཤིང་བྱིང་དཀའི་འདྲེན་བྱེད། དྲིན་ཅན་བླ་མ་རྣམས་དང་། །དབྱེར་མེད་བློ་བཟང་གྲགས་པ། །སྙིང་ནས་××××མཁྱེན། །ཐོག་མེད་དུས་ནས་ད་བར། །དུག་གསུམ་ནད་ཀྱིས་གདུངས་པ། །འཚོ་མཛད་སྨན་པའི་རྒྱལ་པོ། །དྲིན་ཅན་རྩ་བའི་བླ་མ། །རྗེ་བཙུན་བློ་བཟང་གྲགས་པ། །སྙིང་ནས་××××མཁྱེན། །སྣང་དོར་གནས་ལ་རྨོངས་པ། །མི་ཤེས་མུན་པའི་སྨག་རུམ། །སེལ་བའི་ཡེ་

ཤེས་སྒྲོན་མེ། །དྲིན་ཅན་རྩ་བའི་བླ་མ། བློ་བཟང་རྒྱལ་བའི་དབང་པོ། །སྙིང་ནས་×××མཁྱེན། ། སངས་རྒྱས་བྱང་སེམས་ཕལ་ཆེར། དག་ཞིང་གཤེགས་པའི་སྐབས་འདིར། །ཐུགས་རྗེས་རྒྱལ་བའི་མཛད་པ། །བསྐྱུན་མཛད་དཔལ་ལྡན་བླ་མ། །བློ་བཟང་རྒྱལ་བའི་དབང་པོ། །སྙིང་ནས་×××××མཁྱེན། །སངས་རྒྱས་ཀུན་གྱི་བདག་ཉིད། །ཆོས་ཕུང་བརྒྱད་ཁྲིའི་འབྱུང་གནས། །འཕགས་ཚོཪ་ཀུན་གྱི་གཙོ་བོ། །སྐྱབས་གསུམ་ཀུན་འདུས་ངོ་བོ། །དྲིན་ཅན་རྩ་བའི་བླ་མ། །བློ་བཟང་རྒྱལ་བའི་དབང་པོ། །སྙིང་ནས་××××མཁྱེན།དམྱལ་བ་ཡི་དྭགས་དུད་འགྲོ། །འཛིགས་རུང་ངན་སོང་གསུམ་གྱི། །སྡོ་འགོགས་མཐོ་རིས་ལམ་སྟོན། །དྲིན་ཅན་རྩ་བའི་བླ་མ། །བློ་བཟང་རྒྱལ་བའི་དབང་པོ། །སྙིང་ནས་××××མཁྱེན། །སྐྱེ་རྒན་འཆིའི་སྡུག་བསྔལ། །ན་གློང་འཁྲུགས་པའི་རྒྱ་མཚོའི། །ཕ་རོལ་སྒྲོལ་བའི་དེད་དཔོན། །དྲིན་ཅན་རྩ་བའི་བླ་མ། །བློ་བཟང་རྒྱལ་བའི་དབང་པོ།།སྙིང་ནས་××××མཁྱེན། །མཆོག་དང་ཐུན་མོང་དངོས་གྲུབ། །ཅི་འདོད་ཡིད་བཞིན་སྩོལ་བའི། །ཡི་དམ་སངས་རྒྱས་བྱང་སེམས། །ཀུན་འདུས་ཐམས་ཅད་མཁྱེན་པ། །དྲིན་ཅན་རྩ་བའི་བླ་མ། །བློ་བཟང་རྒྱལ་བའི་དབང་པོ། །སྙིང་ནས་×མཁྱེན། །ནག་ཕྱོཪ་བདུད་རིགས་བར་གཅོད། །དུས་མཐའི་མེ་ཡིས་ནཪ་བཞིན།། སྐད་ཅིག་ཉིད་ལ་འཇོམ་མཛད། །མཁའ་འགྲོ་ཆོས་སྐྱོང་ཀུན་འདུས། །དྲིན་ཅན་རྩ་བའི་བླ་མ། །བློ་བཟང་རྒྱལ་བའི་དབང་པོ། །སྙིང་ནས་××××མཁྱེན། ༔ ཡོངས་འཛིན་མངཔོའི་ཞལ་གྱི། །ཟབ་རྒྱས་བདུད་རྩི་འཐུངས་ཀྱང་། །སངས་རྒྱས་དངོས་སུ་མ་བལྟས། །སྐལ་ཆད་ལོག་ལྟ་མཁན་ལ། ། བླ་མས་ཐུགས་རྗེས་གཟིགས་ཤིག །སྙིང་དཀའ་དལ་འབྱོར་ཐོབ་ཀྱང་། །ཚེ་འདིའི་བྱ་བས་གཡེང་ནས། དོན་ཆེན་ཡལ་བར་ཤོར་བའི། །འདི་ཕྱི་གཉིས་མེ་བདག་ལ། །བླ་མས་ཐུགས་རྗེས་×དབྱཪ་འབྱུང་འགགས་པ་ཙམ་གྱིས། །ངན་སོང་གནས་སུ་ལྟུང་བའི། །ངང་ཚུལ་སྙིང་ནས་མ་དྲན། །སྙིང་མེད་སྨྲོན་པ་བདག་ལ། །བླ་མས་×སྡུག་བསྔལ་མི་འདོད་བཞིན་དུ། །སྡིག་པའི་ལས་ལ་ཧམས་ཤིང་།། བདེ་འདོད་དགེ་ལ་གཡེལ་བའི། །ཁྲེལ་མེད་འགལ་འདུ་མཁན་ལ། །བླ་མས་×རྒན་གཞོན་བར་མའི་གོ་རིམ། །ངེས་མེད་འཆི་བ་མཐོང་ཡང་། །ནམ་འཆི་ངེས་མེད་མ་དྲན། །རྟག་འཛིན་ཕྱི་བཤོལ་མཁན་ལ། །བླ་མས་×རྣམ་དག་སྡོམ་གསུམ་བླངས་ཀྱང་། །དྲན་ཤེས་བག་ཡོད་ལྷོད་པས། ཉེས་ལྟུང་ཆར་

བཞིན་འབབ་པ། །ངན་འགྲོའི་རྒྱུ་བསོག་བདག་ལ། །བླ་མས་×སྐྲ་བྲེག་དུར་སྒྲིག་བགོས་ཀྱང་། །ཆགས་སྡང་གཡོ་སྒྱུས་དུས་འདའ། །ཕ་སྐྱེས་སེང་ལྤགས་གྱོན་འདྲའི། །སྡིག་ཅན་བཟང་བརྫུ་མཁན་ལ། །བླ་མས་×དགེ་སྦྱོར་བྱས་པར་རློམ་ཡང་། །བག་མེད་ལེ་ལོས་འདའ་བའི། །རོ་ཉལ་རྣམ་གཡེང་མཁན་ལ། །བླ་མས་×དེང་ནས་བྱང་ཆུབ་བར་དུ། །ཕྱོད་མིན་སྐྱབས་གཞན་མེད་པས། །འདི་ཕྱི་བར་དོ་ཀུན་དུ། །བླ་མས་ཐུགས་རྗེས་གཟིགས་ཤིག །ཐབས་མཁས་ཐུགས་རྗེའི་ལྕགས་ཀྱུས། །འབྲལ་མེད་རྗེས་སུ་ཟུངས་ལ། །མཐོ་རིས་ཐར་པ་ཆེན་པོའི། །གཞལམེད་ཁང་དུ་དྲངས་མཛོད། །ཅེས་དང་། ཐུགས་རྗེ་བསྐུལ་བ་ནི། རྗེ་བཙུན་ཡབ་སྲས་ཀྱིས་གཙོ་མཛད་པའི་ཡི་དམ་མཆོག་གསུམ་བཀའ་སྲོད་དང་བཅས་པ་ཐམས་ཅད་བདག་ལ་དགོངས་སུ་གསོལ། དེང་བླ་མ་རྒྱལ་བ་སྲས་དང་བཅས་པ་ཐམས་ཅད་གདན་འཛོམ་པའི་སྤྱན་སྔར་བདག་ཅག་རྣམ་ཀྱིས་དད་པ་དང་གུས་པའི་སེམྨ་མངོན་དུ་བགྱིས······ཏེ་ཕྱག་དང་མཆོད་པ་ལ་སོགས་བསྒྲུབས་པས་མཚོན་དུས་གསུམ་སྐྱེ་འཕགས་ཐམས་ཅད་ཀྱི་དགེ······བའི་མཐུ་ནུས་ལ་བརྟེན་ནས། རི་ལྟར་སྔོན་གྱི་དེ་བཞིན་གཤེགས་པ་དགྲ་བཅོམ་པ་ཡང་དག་པར་རྫོགས་པའི་སངས་རྒྱས་རྣམས་དང་། ས་ཆེན་པོ་ལ་རབ་ཏུ་བཞུགས་པའི་བྱང་ཆུབ་སེམས་དཔའ་ཆེན་པོ་རྣམས་ཀྱིས་དང་པོར་བླ་ན་མེད་པའི་བྱང་ཆུབ་ཏུ་ཐུགས་བསྐྱེད་པ་དང་། །བྱང་ཆུབ་སེམས་དཔའི་སྤྱོད་པ་རླབས་པོ་ཆེ་ལ་སློབ་པའི་ཚེ་ནམ་མཁའི་མཐས་གཏུགས་པའི་སེམས་ཅན་ཐམས······ཅད་ལ་ཐུགས་རྗེ་ཆེན་པོས་ཉེ་བར་གཟིགས་ཏེ་ཕན་པ་དང་བདེ་བ་དང་། ཡོངས་སུ་སྐྱོབ་པའི་སླད་དུ་སྨོན་ལམ་ཆེན་པོ་འབུམ་ཕྲག་གྲངས་མེད་པ་དཔག་གིས་མི་ལང་བ་བཏབ་པ་དང་། ཁྱད་པར་བདག་གི་བླ་མ་རྗེ་བཙུན་ཙོང་ཁ་པ་ཆེན་པོས་སྔོན་བསྐལ་པ་དཔག་མེད་ཏུ་མེད་པའི་སྔ་རོལ་ནས······འགྲོ་བ་མཐའ་དག་ལ་ཐུགས་རྗེ་ཆེན་པོ་ཉེ་བར་གཟིགས་ཏེ་སྨོན་ལམ་ཆེན་པོ་དཔག་ཏུ་མེད་པ་བཏབས་པ་ཐམས་ཅད་བདག་ཅག་རྣམས་ལ་ད་ལྟ་ཉིད་དུ་མངོན་སུམ་དུ་འགྱུར་བར་བྱིན་གྱིས་བརླབ་ཏུ······གསོལ། རྒྱལ་བསྟན་སྤྱི་དང་བྱེ་བྲག་རྒྱལ་བ་བློ་བཟང་གྲགས་པའི་བསྟན་པ་རིན་པོ་ཆེ་ཕྱོགས་ཐམས་ཅད་དུ་དར་ཞིང་རྒྱས་ལ་ཡུན་རིང་དུ་གནས་པ་དང་། དེ་ཉིད་འཛིན་སྐྱོང་སྤེལ་བའི་སྐྱེས་བུ་རྣམས་ཞབས་པད་སྲིད་མཐར་བརྟན་ཅིང་མཛད་འཕྲིན་རྒྱས་པར་གྱུར་ཅིག །དགེ་འདུན་རྣམ་ཀྱང་ཐུགས་

མཐུན་པ་དང་། བསླབ་པ་གསུམ་ལ་སོགས་པའི་ལུང་རྟོགས་ཐམས་ཅད་ཡར་ངོའི་ཟླ་ལྟར་ཐུགས་རྒྱུད་ལ་སྤེལ་བར་གྱུར་ཅིག ཡུལ་ཕྱོགས་འདི་ཉིད་ལ་སོགས་པའི་རྒྱལ་ཁམས་ཐམས་ཅད་དུ་ནད་ཡམས་དམག་འཁྲུག་མུ་གེ་ལ་སོགས་པའི་ཉེར་འཚེ་ཐམས་ཅད་མིང་ཙམ་མེད་པར་གྱུར་ཅིག རྒྱལ་པོ་དང་། བློན་པོ་དང་། འབངས་རྣམས་པན་ཚུན་ཡིད་མཐུན་ཞིང་། དཀོན་མཆོག་གསུམ་བླ་མར་འཛིན་པ་དང་། དགེ་བ་བཅུའི་ལམ་ལ་རྟག་ཏུ་གནས་ཤིང་། ཚེ་དང་བསོད་ནམས་ལ་སོགས་པའི་ལེགས་ཚོགས་ཐམས་ཅད་གོང་ནས་གོང་དུ་འཕེལ་བར་གྱུར་ཅིག འདི་ནས་ཤི་འཕོས་མ་ཐག་ཏུ་སངས་རྒྱས་ཀྱི་ཞིང་ཁྱད་པར་ཅན་དུ་པདྨའི་སྙིང་པོ་ལས་བརྫུས་ཏེ་སྐྱེས་ཤིང་། སྐྱེས་མ་ཐག་ཏུ་རྣམ་འདྲེན་སེང་གེའི་ང་རོ་ལ་སོགས་པའི་ཞལ་མཐོང་། བཀའ་ནོད། ཐུགས་མཉེས་པར་བྱེད་པར་གྱུར་ཅིག །སྟོན་སངས་རྒྱས་ཀྱི་སྤྱན་སྔར་བསྟན་དང་བསྟན་འཛིན་སྲུང་ཞིང་སྐྱོང་བར་ཞལ་གྱིས་བཞེས་པའི······མཐུ་ལྡན་ཆོས་སྐྱོང་རྣམས་དང་། དཀར་ཕྱོགས་སྐྱོང་བའི་ལྷ་ཀླུ་གཞི་བདག་རྣམས་ཀྱི་སྟོབས་དང་གཟི་བརྗིད་ཕུན་སུམ་ཚོགས་ཤིང་། བསྟན་དང་། བསྟན་འཛིན། དགེ་འདུན་གྱི་སྡེ། བསྟན་པའི་སྦྱིན་བདག་དང་བཅས་བསྲུང་ཞིང་སྐྱོང་བའི་འཕྲིན་ལས་ཚུལ་བཞིན་དུ་སྒྲུབ་པར་གྱུར་ཅིག མདོར་ན་འཇིག་རྟེན་གྱི་ཁམས་ཐམས་ཅད་དུ་རྒྱལ་བའི་བསྟན་པ་རིན་པོ་ཆེ་དར་ཞིང་རྒྱས་པ་དང་། བཀྲ་ཤིས་དང་དགེ་མཚན་རྒྱ་ཆེན་པོ་འབྱུང་བར་གྱུར་ཅིག །ཅེས་བྱའོ། །སྨྲོན་ཐུགས་བཞེད་འགྲུབ་པའི་སྨོན་ཚིག་ཀྱང་སྐབས་འདིར་འདོན། གསུམ་པ་མཇུག་གི་རིམ་པ་ནི། གཏང་རག་གི་མཆོད་པ་ཁ་གསོས་ཏེ་བྱིན་གྱིས་བརླབས་ལ། ཕྱག་མཆོད་ཀྱི་བར་དུ་རྒྱལ་བ་རྒྱ་མཚོ་ལྟ་བུ་ཚིག་བཅད་ལྔ་བཅས་སམ། སྔགས་འབུལ་ཙམ་གང་རུང་དང་བཅས། ཇི་སྙེད་སུ་དག་ནས་ཕྱིར་བསྡོའོ། །ཞེས་པའི་བར་གྱི་ཡན་ལག་བདུན་པ་བྱའོ། །སྨོན་ལམ་ནི། མདུན་གྱི་འཆི་མེད་ལྷ་ལམ་མཁའ་དབྱིངས་སུ། །ཡབ་རྗེ་བླ་མ་སྲས་བཅས་ལེགས་བསྒོམས་ཤིང་། །ཕྱག་འཚལ་མཆོད་སོགས་བགྱིས་པའི་རྣམ་དཀར་གྱིས། །བྱིན་རླབས་འཇུག་པའི་འགལ་རྐྱེན་ཀུན་ཞི་ཤོག །དེ་ནས་བྱིན་རླབས་ཟབ་མོའི་བསྟོད་ཚིག་གིས། །གསོལ་བ་བཏབ་པས་རྗེ་བཙུན་ཡབ་སྲས་ཀྱི། །ཐུགས་ཀ་ནས་བྱུང་འོ་མའི་མདོག་ཅན་གྱི། །བདུད་རྩིས་མ་དག་དྲི་མ་ཀུན་མཁྲུད་ཤོག །སླར་ཡང་གསོལ་བ་བཏབ་པས་དམར་སེར་གྱི། །བདུད་རྩི་འོད་ཟེར་བཅས་པས་ལུས་གང་བས། །མི་ཤེས་རྨོངས་པའི་མུན་པ་ཀུན་

བསལ་ནས། །ཤེས་རབ་སྣང་བའི་འོད་ཀྱིས་ཁྱབ་པར་ཤོག །དེ་ལས་ཤེས་རབ་ཚོགས་ལ་སྤྱར་བ་དང་། །ཟབ་དང་འཆད་རྩོད་རྩོམ་པའི་བློ་གྲོས་ཀྱིས། །འགྲོ་བའི་ཡིད་ཀྱི་མུན་པ་སེལ་བ་ལ། །རྗེ་བཙུན་མཁྱེན་པའི་གཏེར་དང་མཚུངས་པར་ཤོག །མཁའ་དབྱིངས་བཞུགས་པའི་རྗེ་བཙུན་བླ་མ་མཆོག །སྤྱི་བོ་ནས་བརྒྱུད་སྙིང་དབུས་རྡོ་རྗེའི་དབུས། །ལེགས་བྱོན་རང་སེམས་བླ་མ་དབྱེར་མེད་དུ། །འབྲེལ་ནས་སྒོ་གསུམ་བྱིན་རླབས་འཇུག་པར་ཤོག །འདི་སྣང་འགག་ཚེ་འདའ་ཁའི་རྣལ་འབྱོར་གྱིས། །དགའ་ལྡན་མཁའ་སྤྱོད་གནས་སུ་བགྲོད་ནས་ནི། །བློ་བཟང་རྒྱལ་བ་ཡབ་སྲས་ཞལ་མཐོང་ཞིང་། གསུང་གི་བདུད་རྩིའི་དགའ་སྟོན་སྤྱོད་པར་ཤོག །ནམ་ཞིག་སྐྱབས་མགོན་ཡབ་རྗེ་བླ་མ་མཆོག །ངོ་མཚར་རྨད་བྱུང་བཀོད་མཛེས་འཛིག་རྟེན་དུ། །རྒྱལ་བའི་མཛད་པ་ཉེ་བར་སྟོན་པའི་ཚེ། །འཁོར་གྱི་ཐོག་མ་ཉིད་དུ་འགྱུར་བར་ཤོག །དེ་ཚེ་རྒྱལ་བ་དེ་ཡི་ཐུགས་དབུས་ཀྱི། །མཆོད་སྡོང་མཐོང་བའི་མོད་ལ་ཐེག་མཆོག་གི །ལམ་བཟང་མངོན་དུ་བྱེད་པའི་དབང་རྣོན་གྱི། །གདུལ་བྱའི་མཆོག་ཏུ་བདག་ནི་འགྱུར་བར་ཤོག །དེར་མ་སོན་པའི་ཚེ་རབས་ཀུན་ཏུ་ཡང་། རྒྱལ་བ་ཡབ་སྲས་རྣམས་ཀྱི་རྗེས་བཟུང་ཞིང་། །བསྟན་དང་མཇལ་ནས་ལེགས་བཤགས་གསུང་རབ་ལ། །ངོམས་པ་མེད་པའི་ཐོས་པ་བྱེད་པར་ཤོག །གཞན་ཡང་བཟང་པོ་སྤྱོད་པ་སོགས་རྒྱས་བསྡུས་སྐབས་དང་བསྟུན་པར་བྱའོ། །དེ་ནས་ཚིག་ཆད་ལྷག་བསྐང་བ་ནི། མ་འབྱོར་བ་དང་ཉམས་པ་དང་། །གང་ཡང་བདག་རྨོངས་བློ་ཡིས་ནི། །བགྱིས་པ་དང་ནི་བགྱིད་སྐུལ་གང་། །དེ་ཡང་བཟོད་པར་མཛད་དུ་གསོལ། །སེར་སྣའི་དབང་གྱུར་མི་མཁས་པས། །མཆོད་པ་ངན་ཞིང་བཤམས་ཉེས་པ། །མགོན་པོ་ཐུགས་རྗེ་ལྡན་པས། །དེ་ཡང་བཟོད་པར་མཛད་དུ་གསོལ། །བག་མེད་སྤྱོད་པ་མ་དག་པས། །མདོ་ལས་བྱུང་བའི་ཚོ་ག་བཞིན།།མ་ཚོགས་འཁྲུལ་བ་ཅི་མཆིས་པ། །དེ་ཡང་བཟོད་པར་མཛད་དུ་གསོལ། །ལྷག་པ་དང་ནི་ཆད་པ་དང་། །ཆོ་གའི་ཡན་ལག་ཉམས་པ་དང་། །བདག་གི་བརྗེད་ངེས་ཅི་མཆིས་པ། །དེ་ཡང་བཟོད་པར་མཛད་དུ་གསོལ། །ཞེས་བཟོད་པར་གསོལ། རྟེན་ཡོད་ན། ཨོཾ་སྲིད་ནམ་མཁའི་མཐའ་དང་མཉམ་པའི་སེམས་ཅན་གྱི་ཁམས་རྣམས་མི་གནས་པའི་མྱ་ངན་ལས་འདས་པའི་ས་ལ་མ་བཞག་གི་བར་དུ་རྒྱལ་བ……རྣམས་མྱ་ངན་ལས་མི་འདའ་བར་བརྟན་པར་བཞུགས་སུ་གསོལ། །བྱེ་བྲག་ཏུ་ཡང་སྐུ་གསུང་ཐུགས་

ཀྱི་རྟེན་འདི་རྣམས་འབྱུང་བ་བཞིའི་གནོད་པས་མ་ཞིག་གི་བར་དུ་རྟེན་འདི་རྣམས་ལ་བརྟན་པར……བཞུགས་སུ་གསོལ། ཨོཾ་སུ་པྲ་ཏིཥྛ་བཛྲ་ཡེ་སྭཱ་ཧཱ། ཞེས་ལན་གསུམ་མམ། བསྡུ་ན། འདིར་ནི་གཟུགས་དང་ལྷན་གཅིག་ཏུ། །ཞེས་སོགས་ཀྱིས་མཆོག རྟེན་མེད་ན། ཨོཾ་ཁྱེད་ཀྱིས་སོགས་ཀྱིས་གཤེགས་སུ་གསོལ་བའམ་ཚོགས་ཞིང་རྣམས་མཐའ་ནས་རིམ་གྱིས་གཙོ་བོར་བསྡུས་ཏེ་རང་ལ་ཐིམ་པས་བྱིན་གྱིས་བརླབས་པར་བསམ་པ་གང་མོས་བྱའོ། །ཤིས་པ་བརྗོད་པ་ནི། རབ་ཡངས་ནམ་མཁའ་ཏིལ་གྱི་གང་བུ་བཞིན། །ཡོངས་སུ་གང་བ་བློ་བཟང་གྲགས་པའི་དཔལ། །ཁ་ཅིག་མེ་ཏོག་སྣ་ཚོགས་ཆར་འབེབས་ཤིང་། །ལ་ལ་བཀྲ་ཤིས་གདངས་སྙན་གླུ་རུ་ལེན། །གཞན་དག་བགེགས་དཔུང་འཇོམས་པའི་འཕྲིན་ལས་ཀྱིས། །ཁྱེད་ལ་རྟག་ཏུ་དཔལ་གནས་མཛད་པ་འདི། །ཤིས་པར་གྱིས་ལ་ཡིད་བདེ་བསྐྱེད་ཅིག་དང་། །ཤིས་བརྗོད་འཕྲེང་བ་བདག་གིས་བསྒྲག་པར་བྱ། །རྨད་བྱུང་མཚན་དེའི་དཔལ་འབར་ལོངས་སྤྱོད་རྫོགས། །ཁ་སྦྱོར་བདེ་སྟོང་རོ་ལ་རྟག་རོལ་ཅིང་། །དམིགས་མེད་ཐུགས་རྗེས་ཞི་བའི་མཐའ་སྤངས་པ། །བློ་བཟང་ཡན་ལག་བདུན་ལྡན་ལ་ཕྱག་འཚལ། །གསང་བ་ཀུན་གྱི་བདག་པོ་དགེ་ལེགས་དཔལ། །ཤེས་རབ་སེང་གེ་དཔལ་ལྡན་བཟང་པོ་དང་། །ཆོས་ཀྱི་རྒྱལ་མཚན་ཆོས་ཀྱི་རྡོ་རྗེ་སོགས། །རྩ་བ་བརྒྱུད་པའི་བླ་མ་མཆོག་རྣམས་ལ། །དགེ་མཚན་ཇི་སྙེད་མཆིས་པའི་བཀྲ་ཤིས་དེས། །ཁྱེད་རྣམས་ཇི་བཞིན་ལམ་མཆོག་འདི་ཉིད་ལས། །བློ་བཟང་རྡོ་རྗེ་འཆང་དབང་སྒྱུར་ཐོབ་ནས། །འགྲོ་ཀུན་ཚུལ་དེར་འགོད་པའི་བཀྲ་ཤིས་ཤོག །ཆོས་ཀྱི་ཕུང་པོ་བརྒྱད་ཁྲི་བཞི་སྟོང་གི། །སྙིང་པོ་གཅིག་ཏུ་བསྡུས་པའི་བསྟོད་པའི་རྒྱལ། །གང་གི་ཉམས་ལེན་རིམ་པ་ཐམས་ཅད་ཀྱིས། །བཀྲ་ཤིས་དགེ་མཚན་རྒྱ་མཚོས་ཁྱབ་གྱུར་ཅིག །ཚུལ་དེར་སྤྱོད་པའི་འཕགས་པའི་གང་ཟག་དང་། །ལམ་ལ་ཞུགས་དང་སོ་སོའི་སྐྱེ་བོ་ཡི། །དགེ་འདུན་དཀོན་མཆོག་ཇི་སྙེད་མཆིས་པ་ཡིས། །བཀྲ་ཤིས་བྱེ་བ་ཆར་དུ་ཕབ་ཏུ་གསོལ། །བསྟན་པའི་དཔལ་འགྱུར་×××བཀྲ་ཤིས་ཤོག །ནམ་མཁའི་ཁྱོན་ལྟར་ཡངས་པའི་ཕོ་བྲང་མཆོག །ཅེས་སོགས་ཀྱིས་ཤིས་པ་བརྗོད་ཅིང་མེ་ཏོག་གི་ཆར་དབབ་པར་བྱའོ། འདིར་སྐབས་པ། དམར་སེར་ཐུན་མཚམས་གསར་བའི་ལང་ཚོ་ཡེ་ཤེས་རོལ་གྱིའི་འཁྲུལ་འཆང་བ།མཐོན་མཐིང་ཟུར་ཕུད་མཛེས་པ་ཡོངས་བཏང་མ་སྨད་ཚངས་སྤྱོད་བརྟུལ་ཞུགས……ཀྱིས། །དུས་མཐར་རྒྱལ་བའི་མཛད་སྤྱོད་མ་ལུས་བདག་ཉིད་གཅིག་པུས་ཁུར་བཞེས་པ། །བློ་བཟང་

གྲགས་པའི་དཔལ་ཞེས་རིཏྣ་གསུམ་འདུས་པའི་ཟ་མ་ཏོག་གང་གི། རྨད་བྱུང་འཕྲིན་ལས་འོད་ཀྱི་གདེངས་ཀའི་ལྟེམས། །སྲིད་ཞིའི་རྒྱུད་སྲུན་གཞིལ་དང་ལྡན་གཅིག་ཏུ། །རྒྱལ་བསྟན་པུཎྜ་རཱི་ཀའི་ཚལ་ཡངས་པོར། །དགེ་ལེཏྣ་ཟླེལ་མདངར་རྫོགས་པའི་ཆོ་ག་མཁན། །དམ་པའི་བསྐུལ་ཚིག་སྣ་ཚོགས་ཤིང་རྟ་ཡིས། །ལྷག་བསམ་ཀུན་གསལ་ལམ་དུ་དྲངས་པའི་དགེས། །འབྲེལ་ཐོབ་ཚང་ལ་མ་ནོར་རིང་ལུགས་མཆོག །ཕྱོགས་དུས་ཀུན་ཏུ་དར་ཞིང་རྒྱས་གྱུར་ཅིག། ||ཅེས་ཁམས་གསུམ་འགྲོ་བའི་བླ་མ་ཤར་ཙོང་ཁ་པ་ཆེན་པོ་ལ་སྟོང་མཆོད་འབུལ་བའི་ཆོ་ག་ཀླུ་ཤེལ་གསར་བའི་འབྲི་ཤིང་ཞེས་བྱ་བ་འདི་ནི་འཇམ་མགོན་བསྟན་པའི་········མཛེས་རྒྱན་ཁྲི་ཐོག་པ་བསོད་གྲགས་སྤྲུལ་པའི་སྐུ་རིན་པོ་ཆེ་འཇིགས་མེད་བསོད་ནམས་རྒྱ་མཚོས། སློབ་མའི་ལི་སྐུ་ཁྲིད་པར་ཅན་དང་། གསེར་བརྒྱའམ། བཀྲ་ཤིས་པའི་ལྷ་རྫས་བཅས་ནན་ཏུ་བསྐུལ་ངོར། །ཞུ་སེར་རིང་ལུགས་འཛིན་པ་སྐལ་བཟང་ཐུབ་བསྟན་དབང་ཕྱུག་གིས་འཕར་བྱེད་ཅེས་པ་ལྕགས་མོ་གླང་གི་ལོའི་ཆོ་འཕྲུལ་ཟླ་བའི་དཀར་ཕྱོགས་ཀྱི་རྒྱལ་བ་གཉིས་པ་དབེན་གནས་ཟུར་·····རྩེར་སྦྱར་བའི་ཡི་གེ་པ་ནི་དགེ་སློང་དཀོན་མཆོག་བླ་བཟོ།

༄༅། །དམིགས་བརྩེ་མའི་ཁྲིད་ཡིག་ལེགས་ཚོགས་ཀུན་འབྱུང་ཞེས་བྱ་བ་བཞུགས་སོ། །

༄༅། །ཨོཾ་ཨཱཿགུ་རུ་བཛྲ་ཛྙཱ་ན་སུ་མ་ཏི་ཀཱིརྟི་སིདྡྷི་ཧཱུྃ་ཧཱུྃ། འདིར་དམིགས་བརྩེ་མའི་ཁྲིད་བཤད་པ་ལ། བསྟོད་པའི་དམིགས་རིམ་དང་གསོལ་བ་གདབ་པའི་དམིགས་རིམ་མོ། དང་པོ་ལ། རྗེ་བླ་མ་སྤྱན་རས་གཟིགས་ཀྱི་སྤྲུལ་པར་བསྟོད་པ་ནི། སངས་རྒྱས་ཀུན་གྱི་ཐུགས་རྒྱུད་ཀྱི་བརྩེ་བ་ཆེན་པོ་ཉིད་སེམས་ཅན་ཐམས་ཅད་སྡུག་བསྔལ་ལས་སྐྱོབ་པའི་ཆེད་དུ་འཕགས་པ་སྤྱན་རས་གཟིགས་སུ་གྱུར་པ་ལས་སླར་ཡང་བླ་མའི་རྣམ་པར་སྤྲུལ་པའི་རྗེ་ཙོང་ཁ་པ་སྙམ་དུ་བསམ་པའི་སྒོ་ནས། དམིགས་མེད་བརྩེ་བའི་གཏེར་ཆེན་སྤྱན་རས་གཟིགས། ཞེས་བརྗོད། འཇམ་པའི་དབྱངས་ཀྱི་སྤྲུལ་པར་བསྟོད་པ་ནི། སངས་རྒྱས་ཀུན་གྱི་ཐུགས་རྒྱུད་ཀྱི་ཤེས་བྱ་ཐམས་ཅད་མཁྱེན་པའི་ཡེ་ཤེས་ཉིད་སེམས་ཅན་ཐམས་ཅད་ཀྱི་རྒྱུད་ལ་ཀུན་གྱི་རྩ་བ་མ་རིག་པའི་མུན་པ་སེལ་ཞིང་ཤེས་རབ་ཀྱི་སྣང་བ་སྩོལ་བའི་ཆེད་དུ་རྗེ་བཙུན་འཇམ་དབྱངས་སུ་གྱུར་པ་ལས་སླར་ཡང་བླ་མའི་རྣམ་པར་སྤྲུལ་པའི་རྗེ་ཙོང་ཁ་པ་སྙམ་དུ་བསམ་པའི་སྒོ་ནས། དྲི་མེད་མཁྱེན་པའི་དབང་པོ་འཇམ་པའི་དབྱངས། ཞེས་བརྗོད། ཕྱག་རྡོར་གྱིས་སྤྲུལ་པར་བསྟོད་པ་ནི། སངས་རྒྱས་ཀུན་གྱི་ཐུགས་རྒྱུད་ཀྱི་འཕྲིན་ལས་ཐམས་ཅད་ཐོགས་པ་མེད་པར་སྒྲུབ་ནུས་པའི་ནུས་མཐུ་ཉིད་འགྲོ་བ་ཀུན་ལ་གནོད་པར་བྱེད་པའི་གདོན་བགེགས་ཀྱི་རིགས་དང་བདུད་ཀྱི་སྡེ་མཐའ་དག་འཇོམས་པའི་ཆེད་དུ་ཕྱག་ན་རྡོ་རྗེར་གྱུར་པ་ལས། སླར་ཡང་བླ་མའི་རྣམ་པར་སྤྲུལ་པའི་རྗེ་ཙོང་ཁ་པ་སྙམ་དུ་བསམ་པའི་སྒོ་ནས། བདུད་དཔུང་མ་ལུས་འཇོམས་མཛད་གསང་བའི་བདག །ཅེས་བརྗོད། མཁས་གྲུབ་ཀུན་གྱི་གཙུག་རྒྱན་དུ་གྱུར་པར་བསྟོད་པ་ནི། རིགས་གསུམ་མགོན་པོའི་སྤྲུལ་པ་དེ་ཉིད་རང་ཅག་རྣམས་ལ་ཕན་པའི་ཆེད་དུ་ལུང་རྟོགས་ཀྱི་ཡོན་ཏན་ཐམས་ཅད་ཡོངས་སུ་རྫོགས་པའི་བླ་མའི་རྣམ་པར་སྤྲུལ་ནས། བསྟན་འགྲོའི་དོན་མཐའ་དག་བོད་ཀྱི་ལྷ་ཆེན་སུས་ཀྱང་བསྒྲུན་དུ་མེད་པར་མཛད་པའི་རྗེ་ཙོང་ཁ་པ་སྙམ་དུ་བསམ་པའི་སྒོ་ནས། གངས་ཅན་མཁས་པའི་གཙུག་རྒྱན་ཙོང་ཁ་པ། །ཞེས་བརྗོད་པར་བྱའོ། །

གཉིས་པ་གསོལ་བ་གདབ་པའི་དམིགས་རིམ་ནི། བློ་བཟང་གྲགས་པའི་དཔལ་ཞེས་པའི་མཚན་ངག་ཏུ་བརྗོད་ཅིང་གསོལ་བ་བཏབ་པ་ཙམ་གྱིས་ཀྱང་སྡུག་བསྔལ་ཀུན་སེལ་ཞིང་བདེ་ལེགས་ཐམས་ཅད་སྩོལ་བའི་རྗེ་བླ་མ་ཁྱོད་ཐུགས་རྗེས་གཟིགས་ལ་བྱིན་གྱིས་བརླབ་ཏུ་གསོལ་སྙམ་དུ་བསམ་པའི་སྒོ་ནས། བློ་བཟང་གྲགས་པའི་ཞབས་ལ་གསོལ་བ་འདེབས། །ཞེས་བརྗོད་དོ། སྤྱིར་གསོལ་བ་གདབ་པའི་དོན་ནི་སྐྱབས་སུ་གཟུང་བ་ཡིན་པས། བསྡུ་ན། རྗེ་ཙོང་ཁ་པ་ཆེན་པོ་ཁྱེད་རང་མཁྱེན་སྙམ་དུ་ཡིད་རྩེ་གཅིག་ཏུ་གཏད་པ་ཡིན་ལ། ཙུང་ཟད་སྤྲོ་ན། འདི་ཕྱི་བར་དོའི་འཇིགས་པ་མཐའ་དག་ལས་སྐྱོབ་པ་དང་། གནས་སྐབས་དང་མཐར་ཐུག་གི་འདོད་དོན་ལེགས་ཚོགས་ཐམས་ཅད་ཡིད་བཞིན་དུ་འགྲུབ་པ་ཞིག་རྗེ་བླ་མ་ཁྱེད་རང་མཁྱེན་སྙམ་པ་དང་། སྡིག་སྒྲིབ་སྡུག་བསྔལ་བག་ཆགས་དང་བཅས་པ་ཐམས་ཅད་བྱང་ཞིང་དག་ནས་ལུང་རྟོགས་ཀྱི་ཡོན་ཏན་ཡོངས་སུ་རྫོགས་པ་ཞིག་རྗེ་བླ་མ་མཁྱེན་སྙམ་པ་དང་། བདག་སོགས་ནམ་མཁའི་མཐའ་དང་མཉམ་པའི་སེམས་ཅན་ཐམས་ཅད་རྡོ་རྗེ་འཆང་གི་གོ་འཕང་རིན་པོ་ཆེ་མྱུར་བ་ཉིད་དུ་ཐོབ་པ་ཞིག་སྐྱབས་གསུམ་ཀུན་འདུས་ཀྱི་ངོ་བོ་རྗེ་བཙུན་བླ་མ་ཁྱེད་རང་མཁྱེན་མཁྱེན་སྙམ་པ་ལྷ་བུ་སྤྱིར་བཏང་གི་དམིགས་པ་དང་། ཡོན་བདག་འཁོར་དང་བཅས་པའི་ནད་གདོན་བར་ཆད་མི་མཐུན་པའི་ཕྱོགས་ཐམས་ཅད་ཉེ་བར་ཞི་ཞིང་། ཚེ་བསོད་སོགས་དཔལ་འབྱོར་ལེགས་པའི་ཕྱོགས་ཐམས་ཅད་བསམ་བཞིན་དུ་འགྲུབ་པར་བྱིན་གྱིས་བརླབ་ཏུ་གསོལ་སྙམ་པ་ལྟ་བུ་དམིགས་བསལ་བསྒྱུར་དགོས་པ་ཡང་ཡོད་པས། གསོལ་བ་གདབ་པའི་དམིགས་པ་ནི་འདི་རྣམས་ཀྱིས་རིགས་བསྒྲེས་ཏེ་ཤེས་པར་བྱའོ། །འདི་ལྟར་དམིགས་ནས་ཡིད་ལ་བྱེད་ཅིང་ཚིག་མ་ཉམས་པར་ཡིད་ཆེས་པའི་དད་པས་བཟླས་ན་གང་འདོད་ཀྱི་ཕན་ཡོན་འཐོབ་པར་ཐེ་ཚོམ་མེད་པས་ཅི་ནུས་ཀྱིས་ཉམས་སུ་ལེན་པར་བྱོས་ཤིག །ཅེས་དམིགས་བརྩེ་མའི་ཁྲིད་

ཡིག་ལེགས་ཚོགས་ཀུན་འབྲུབ་ཅེས་པ་འདི་ནི། མ་ཧེ་ནྡྲའི་མིང་ཅན་གྱིས་བླ་མ་དམ་པ་རྣམས་ཀྱི་མན་ངག་ཇི་ལྟ་བ་བཞིན་དུ་བྲིས་པའོ། །འདིས་ཀྱང་ཆེ་རབས་ཐམས་ཅད་དུ་འཇམ་མགོན་བླ་མས་རྗེས་སུ་འཛིན་པར་གྱུར་ཅིག།

༄༅། །དམིགས་བརྩེ་མའི་དམིགས་རིམ་ཚིག་དོན་དང་བཅས་པའི་རྣམ་བཤད་དངོས་གྲུབ་ཀུན་འབྱུང་ཞེས་བྱ་བ་བཞུགས་སོ། །

༄ ཁམས་གསུམ་ཆོས་ཀྱི་རྒྱལ་པོ་རྗེ་བཙུན་བླ་མ་ཙོང་ཁ་པ་ཆེན་པོའི་གསོལ་འདེབས་དམིགས་བརྩེ་མའི་དམིགས་རིམ་ཚིག་དོན་དང་བཅས་པའི་རྣམ་བཤད་དངོས་གྲུབ་ཀུན་འབྱུང་ཞེས་བྱ་བ། རྒྱལ་བ་ཀུན་གྱི་ངོ་བོ་རྗེ་བཙུན་བླ་མ་ཙོང་ཁ་པ་ཆེན་པོ་དང་། རྗེ་བཙུན་ཙོང་ཁ་པའི་རྣམ་འཕྲུལ་དྲིན་ཅན་རྩ་བརྒྱུད་ཀྱི་བླ་མ་རྣམས་ལ་གུས་པས་ཕྱག་འཚལ་ཞིང་སྐྱབས་སུ་མཆིའོ། ཚེ་རབས་ཐམས་ཅད་དུ་རྗེས་སུ་གཟུང་དུ་གསོལ། །རབ་འབྱམས་རྒྱལ་བ་མཐའ་དག་སྤྱི་མཛོད་རྒྱལ་བ་ཐུབ་དབང་རྡོ་རྗེ་འཆང་། །རབ་འབྱམས་རྒྱལ་བའི་མཛད་པ་ཀུན་འཛིན་རྒྱལ་སྲས་ཚུལ་བཟུང་རིགས་གསུམ་མགོན། རབ་འབྱམས་རྒྱལ་བའི་མཁྱེན་བརྩེའི་བདག་ཉིད་རྒྱལ་བ་གཉིས་པ་ཙོང་ཁ་པ། །ངོ་བོ་དབྱེར་མེད་ཁྱེད་ལ་སྙིང་ནས་དད་ཅིང་གུས་པས་སྐྱབས་སུ་མཆི། །འཇམ་པའི་དབྱངས་དངོས་འཇམ་མགོན་བླ་མ་ཡིས། །རྗེས་འཇུག་གདུལ་བྱ་རྗེས་སུ་གཟུང་བའི་སླད། །དངོས་གྲུབ་རྩ་བར་དངོས་སུ་བྱིན་བརླབས་པའི། །དམིགས་བརྩེ་མ་ཡི་དམིགས་རིམ་ཚིག་དོན་འགྲེལ། །དེ་ལ་འདིར་འཇམ་མགོན་རྒྱལ་བ་གཉིས་པའི་ཐུགས་རྗེ་བསྐུལ་ཞིང་མཆོག་དང་ཐུན་མོང་གི་དངོས་གྲུབ་མ་ལུས་པ་བདེ་བླག་ཏུ་སྩོལ་བའི་གསོལ་འདེབས་བྱིན་རླབས་ཤིན་ཏུ་ཆེ་བར་དམིགས་བརྩེ་མ་ཞེས་ཡོངས་སུ་གྲགས་པ་དེ་ཉིད་གང་བཤད་པར་བྱ་བའི་ཆོས་སོ། །དེ་ལ་གང་གིས་མཛད་པའི་ཁུངས་བཤད་པ། དམིགས་བརྩེ་མའི་དམིགས་རིམ་དངོས་བཤད་པ། ཕན་ཡོན་བཤད་པ་དང་གསུམ་ལས། དང་པོ་ལ། ཐུན་མོང་བའི་དབང་དུ་བྱས་པ་དང་། ཐུན་མོང་མ་ཡིན་པའི་དབང་དུ་བྱས་པ་གཉིས་སོ། །དང་པོ་ནི། ཐོག་མར་རྗེ་རིན་པོ་ཆེས་རང་གི་བླ་མ་རྗེ་བཙུན་རེད་མདའ་བའི་གསོལ་འདེབས་སུ་མཛད་པ་ཡིན་ཏེ། དེ་ཡང་རྗེའི་གསུང་འབུམ་དུ་བཞུགས་པ་ནི། དྲི་མེད་མཁྱེན་པའི་དབང་པོ་འཇམ་པའི་དབྱངས། །

ཚད་མེད་བརྩེ་བའི་གཏེར་ཆེན་སྤྱན་རས་གཟིགས། །གངས་ཅན་མཁས་པའི་གཙུག་རྒྱན་རེད་མདའ་བ། །གཞོན་ནུ་བློ་གྲོས་ཞབས་ཀྱི་པདྨོར་འདུད། །ཐར་འདོད་བུང་བ་བདག་ཀྱང་བསྐྱང་དུ་གསོལ། །ཞེས་འབྱུང་ངོ་། །དེ་ནས་ཕྱིས་བླ་མ་རེད་མདའ་བས་གསོལ་འདེབས་དེ་གཟིགས་ནས་ང་ལ་འདི་ལྟར་དུ་བསྟོད་མི་རུང་། ཆོས་རྗེ་བློ་བཟང་གྲགས་པ་ཉིད་ལ་འོས་གསུངས་ནས་ཚིག་ཟུར་འགའ་ཞིག་བསྒྱུར་ནས་རྗེ་རིན་པོ་ཆེའི་བསྟོད་པར་མཛད་དོ། །དེའི་ཚེ་རྗེ་བཙུན་འཇམ་པའི་དབྱངས་ཀྱིས་ཀྱང་། རྗེ་རིན་པོ་ཆེའི་སློབ་མ་རྣམས་དང་རྗེས་འཇུག་གི་གདུལ་བྱ་རྣམས་ལ་ཕན་པའི་ཆེད་དུ་གསོལ་འདེབས་འདི་སྐད་ཡང་བཀའ་སྩལ་ཞིང་བྱིན་གྱིས་བརླབས། དེའི་རྒྱུ་མཚན་གྱིས་བླ་མའི་རྣལ་འབྱོར་མཁས་གྲུབ་ཚིག་བརྒྱད་དང་། བ་སོ་ཚིག་བརྒྱད། དགའ་ལྡན་ལྷ་བརྒྱ་མ་སོགས་དམིགས་བརྩེ་མ་དང་འབྲེལ་བའི་བླ་མའི་རྣལ་འབྱོར་རྣམས་ནི་དངོས་སུ་རྗེ་རིན་པོ་ཆེ་རང་ཉིད་ཀྱིས་སློབ་མ་རྣམས་ལ་གནང་བ་དེས་ཀྱང་། བླ་བརྒྱུད་དུ་རྗེ་བཙུན་འཇམ་དབྱངས་ལས་བརྒྱུད་པར་མཛད་པའི་རྒྱུ་མཚན་ཡང་དེ་ཡིན་ནོ། །དེ་ལྟར་ན་དམིགས་བརྩེ་མ་འདི་ནི་རྗེ་རིན་པོ་ཆེ་དང་རྗེ་བཙུན་རེད་མདའ་བ་རྗེ་བཙུན་འཇམ་པའི་དབྱངས་གསུམ་ཀས་གསུང་གཅིག་ཏུ་མཛད་པ་ཡིན་ནོ། །

གཉིས་པ་ནི། རྗེ་རིན་པོ་ཆེའི་ཐུགས་རྒྱུད་ཀྱི་བདེ་སྟོང་དབྱེར་མེད་ཀྱི་ཡེ་ཤེས་ཉིད་གསོལ་འདེབས་ཀྱི་སྒྲའི་རྣམ་པར་ཤར་བ་ཡིན་ཏེ། དཔེར་ན་སངས་རྒྱས་བཅོམ་ལྡན་འདས་རྣམས་ཀྱི་སྙིང་པོ་དང་ཉེ་སྙིང་སོགས་ཀྱི་སྔགས་རྣམས་ལྷ་དེ་དང་དེའི་ཡེ་ཤེས་ཀྱི་རྣམ་འཕྲུལ་ཡིན་པ་བཞིན་ནོ། །དེ་ཡང་ཟུར་ཙམ་ཞིག་བརྗོད་པ་ལ་གསུམ་ལས། དང་པོ་ཡེ་ཤེས་ལྔའི་དབང་དུ་བྱས་པ་ནི། རྗེའི་ཐུགས་རྒྱུད་ཀྱི་མེ་ལོང་ཡེ་ཤེས་སྒྲའི་རྣམ་པར་ཤར་བ་ནི་དམིགས་མེད་ཅེས་སོགས་རྐང་པ་དང་པོ། མཉམ་ཉིད་ཡེ་ཤེས་ནི་དྲི་མེད་ཅེས་སོགས་རྐང་པ་གཉིས་པ། སོར་རྟོགས་ཡེ་ཤེས་ནི་གངས་ཅན་སོགས་རྐང་པ་གསུམ་པ། བྱ་སྒྲུབ་ཡེ་ཤེས་ནི་བློ་བཟང་སོགས་རྐང་པ་བཞི་པོ། ཤོ་ལོ་ཀ་འདི་སྤྱིར་ཚོགས་པ་ནི་ཆོས་དབྱིངས་ཡེ་ཤེས་ཀྱི་ངོ་བོ་ཡིན་ཞིང་། རྐང་པ་ལྔ་པའི་དབང་དུ་བྱས་ན་རྐང་པ་རེ་རེ་ཡེ་ཤེས་རེ་རེའི་ངོ་བོའོ། །དེ་ལྟར་ཡིན་པའི་རྒྱུ་མཚན་ནི། རྗེ་རིན་པོ་ཆེས་ཐུན་མོང་བ་སྐྱེས་བུ་གསུམ་གྱི་ལམ་ལ་ཐུགས་སྦྱངས་ནས། ཐུན་མོང་མ་ཡིན་པ་བསྐྱེད་རྫོགས་ཀྱི་ལམ་ཉམས་སུ་བཞེས་པས།

གཞིའི་དུས་ཀྱི་རྩ་ནང་གི་ཁམས་དཀར་པོ་ཉིད་ལས་འབྲས་དུས་ཀྱི་རྣམ་པར་སྣང་མཛད་ཀྱི་ངོ་བོར་སངས་རྒྱས་པ་ཡིན་ཞིང་། རྣམ་སྣང་ནི་མེ་ལོང་ཡེ་ཤེས་ཀྱི་རྣམ་འཕྲུལ་ཡིན་པ་དང་། གསོལ་འདེབས་ཀྱི་ཚིག་རྐང་དང་པོ་ཡང་ཡེ་ཤེས་དེའི་རྣམ་འཕྲུལ་ཡིན་པས་སོ། །དེ་ཡང་ཅུང་ཟད་སྤྲོ་ན། ཁམས་དཀར་པོ་ལས་རྣམ་སྣང་གི་ངོ་བོར་འཚང་རྒྱ་བའི་རྒྱུ་མཚན་ནི། ཁམས་དཀར་པོ་ནི་གཟུགས་ཀྱི་ཕུང་པོའི་གཞི་རྟེན་ས་བོན་ཡིན་ལ། རྣམ་སྣང་ནི་གཟུགས་ཕུང་རྣམ་པར་དག་པའི་རང་བཞིན་ཡིན་པས་སོ། །རྣམ་སྣང་མེ་ལོང་ཡེ་ཤེས་ཀྱི་རྣམ་འཕྲུལ་ཡིན་པའི་རྒྱུ་མཚན་ནི། རྒྱལ་བ་བློ་བཟང་དོན་གྲུབ་ཀྱིས། མེ་ལོང་ཡེ་ཤེས་ཆེན་པོའི་རོལ་པ་ལས། །ཀུན་ཁྱབ་བུདྡྷའི་རིགས་ཀྱི་སྐུར་བསྟན་ནས། །ཞེས་གསུངས་པ་ལྟར་ཡིན་ཞིང་། གཏི་མུག་རྣམ་པར་དག་ནས་མེ་ལོང་ལྟ་བུའི་ཡེ་ཤེས་སྐྱེ་བ་སོགས་དང་སྦྱར་ནས་བཤད་རྒྱུ་ཡང་ཡོད་དོ། །གསོལ་འདེབས་ཀྱི་ཚིག་རྐང་དང་པོ་ནི་ཡེ་ཤེས་དེའི་རང་བཞིན་དུ་ཅིས་ཤེས་ཞེ་ན། དམིགས་བརྩེ་མའི་སྔོ་ནས་ཆར་འབེབས་བྱེད་པའི་ཚེ། དམིགས་མེད་ལས་ཁྱུང་དཀར་པོ། དྲི་མེད་ལས་ཁྱུང་སེར་པོ། གངས་ཅན་ལས་ཁྱུང་དམར་པོ། བློ་བཟང་ལས་ཁྱུང་ནག་པོ་བསྐྱེད་པ་ནི་རིམ་པ་བཞིན་ཆུ་ས་མེ་རླུང་གི་ངོ་བོ་ཡིན་ཞིང་། གཟའ་ནད་གསོ་བའི་ཟ་ཡིག་གི་སྐབས་སུ། སའི་དུག་ལ་གངས་ཅན། མེའི་དུག་ལ་དམིགས་མེད། ཆུའི་དུག་ལ་བློ་བཟང་། རླུང་གི་དུག་ལ་དྲི་མེད་སོགས་ཚིག་རྐང་རེ་རེ་ཟ་ཡིག་ཏུ་བྱས་པ་དང་། རྣམ་སྣང་གི་སྒྲུབ་གཞི་ཁམས་དཀར་པོ་ནི་ཆུའི་ཁམས་ཡིན་པ་རྣམས་བརྟགས་པ་ལས་ཤེས་སོ། །དེ་བཞིན་དུ་རྐང་པ་རེ་རེ་ནས་ཡེ་ཤེས་རེ་རེའི་ངོ་བོར་འཛོག་པའི་རྒྱུ་མཚན་ཡང་ཤེས་པར་བྱའོ། །གཉིས་པ་རིགས་ལྔའི་དབང་དུ་བྱས་པ་ནི། དམིགས་མེད་ནི་རྣམ་སྣང་གི་ངོ་བོ། དྲི་མེད་ནི་རིན་འབྱུང་། གངས་ཅན་ནི་འོད་དཔག་མེད། བློ་བཟང་ནི་དོན་གྲུབ། ཤེ་ལོ་ཀ་ཚོགས་པ་ནི་མི་བསྐྱོད་པའི་ངོ་བོ་ཡིན་ནོ། །གསུམ་མ་ཚད་མེད་བཞིའི་དབང་དུ་བྱས་པ་ནི། དམིགས་མེད་ནི་སྙིང་རྗེའི་ངོ་བོ། དྲི་མེད་ནི་བྱམས་པ། གངས་ཅན་ནི་དགའ་བ། བློ་བཟང་ནི་བཏང་སྙོམས་ཚད་མེད་ཀྱི་ངོ་བོ་ཡིན་ནོ། །གཞན་ཡང་གསང་འདུས་ཀྱི་རྫོགས་རིམ་དུ། རྣམ་སྣང་གི་རྣམ་སྣང་། རྣམ་སྣང་གི་རིན་འབྱུང་སོགས་རིགས་རེ་རེ་ལ་ལྔ་ལྔར་འབྱེད་པའི་ཚུལ་བཤད་པ་ལྟར་འདིར་ཡང་དེ་ལྟར་དུ་ཕྱེ་བ་སོགས་མང་དུ་ཡོད་དོ། །དེའི་ཕྱིར་གསོལ་འདེབས་འདི་

བཟླས་པས་གཏི་མུག་སོགས་ཉོན་མོངས་དུག་ལྔ་དག་ནས། མེ་ལོང་ཡེ་ཤེས་སོགས་ཀྱི་ཡེ་ཤེས་ལྔ་ཐོབ་པ་དང་། ཕུང་པོ་ལྔའི་དྲི་མ་དག་ནས་སངས་རྒྱས་རིགས་ལྔས་བྱིན་གྱིས་བརླབ་པ་དང་། འབྱུང་བ་བཞིའི་གནོད་པ་དང་ནད་གདོན་སོགས་ཀྱི་གནོད་པ་སེལ་ཞིང་དེ་དག་གིས་མི་ཚུགས་པ་སོགས་ཀྱི་ཟབ་གནད་ཤིན་ཏུ་མང་བས། སྙིང་ནས་དོན་དུ་གཉེར་བ་དག་གིས་ནི་རྒྱུད་དོན་མན་ངག་དུ་ཤར་བའི་དགེ་བའི་བཤེས་གཉེན་ཚུལ་བཞིན་དུ་བསྟེན་ནས་ཉམས་དུ་བླངས་བའི་གདམས་ངག་གིས་རང་གཞན་གྱི་དོན་གཉིས་སྒྲུབ་པ་ལ་འབད་པར་བྱའོ། །དེ་དག་ནི་རང་བཟོར་སྨྲས་པ་མ་ཡིན་གྱི། རྗེ་བཙུན་འཇམ་པའི་དབྱངས་ཀྱིས་གསུངས་པའི་སྙན་རྒྱུད་ཀྱི་མན་ངག་སྟེ། དོན་འདི་རྒྱལ་བ་བློ་བཟང་དོན་གྲུབ་དང་པཎ་ཆེན་ཐམས་ཅད་མཁྱེན་པ་བློ་བཟང་ཆོས་ཀྱིས་རྒྱལ་མཚན་སོགས་ཀྱིས་ཟུར་ཙམ་ཟུར་ཙམ་ཞིག་གསུངས་ཤིང་། པཎ་ཆེན་ཐམས་ཅད་མཁྱེན་པ་བློ་བཟང་དཔལ་ལྡན་ཡེ་ཤེས་ཀྱིས་གསལ་བར་བཤད་འདུག་གོ །དེ་ལྟར་ན་དམིགས་བརྩེ་མ་འདི་ནི་ཕྱོགས་བཅུའི་སངས་རྒྱས་ཐམས་ཅད་ཀྱིས་དགོངས་པ་གཅིག་ཏུ་བྱིན་གྱིས་བརླབས་པའི་བཀའ་ཡིན་ལ། བླ་མཆོད་བདེ་སྟོང་དབྱེར་མེད་མར། བླ་མ་ཡི་དམ་མཆོག་གསུམ་ཆོས་སྐྱོང་དང་བཅས་པ་ཐམས་ཅད་ཀྱི་ཐུགས་རྒྱུད་བསྐུལ་བའི་ཆེད་དུ་གསོལ་འདེབས་འདི་བཟླ་བར་གསུངས་པ་དང་། འདི་བཟླས་པས་ཚོགས་ཞིང་ཐམས་ཅད་ལས་བདུད་རྩི་འབེབས་སྦྱང་བྱེད་པ་སོགས་ལ་བརྟགས་ནའང་སངས་རྒྱས་ཐམས་ཅད་ཀྱི་སྙིང་པོ་ལྟ་བུ་ཡིན་པ་ཤེས་ནུས་སོ།། ༎ རྩ་བའི་ས་བཅད་གཉིས་པ་དམིགས་བརྩེ་མའི་དམིགས་རིམ་དངོས་བཤད་པ་ལ། མི་འདྲ་བའི་ཁྱད་པར་དང་དམིགས་རིམ་དངོས་སོ། །དང་པོ་ལ། དམིགས་མེད་བརྩེ་བའི་གཏེར་ཆེན་སྤྱན་རས་གཟིགས། །དྲི་མེད་མཁྱེན་པའི་དབང་པོ་འཇམ་པའི་དབྱངས། །གངས་ཅན་མཁས་པའི་གཙུག་རྒྱན་ཙོང་ཁ་པ། །བློ་བཟང་གྲགས་པའི་ཞབས་ལ་གསོལ་བ་འདེབས། །ཞེས་ཡོངས་གྲགས་ཚིག་རྐང་བཞི་པ་དང་། །དམིགས་མེད་བརྩེ་བའི་གཏེར་ཆེན་སྤྱན་རས་གཟིགས། །དྲི་མེད་མཁྱེན་པའི་དབང་པོ་འཇམ་པའི་དབྱངས། །བདུད་དཔུང་མ་ལུས་འཇོམས་མཛད་གསང་བའི་བདག །གངས་ཅན་མཁས་པའི་གཙུག་རྒྱན་ཙོང་ཁ་པ། །བློ་བཟང་གྲགས་པའི་ཞབས་ལ་གསོལ་བ་འདེབས། །ཞེས་རྐང་པ་ལྔ་པ་དང་། དམིགས་མེད་བརྩེ་བའི་གཏེར་ཆེན་སྤྱན་རས་གཟིགས། དྲི་

མེད་མཁྱེན་པའི་དབང་པོ་འཇམ་པའི་དབྱངས། །བདུད་དཔུང་མ་ལུས་འཇོམས་མཛད་གསང་བའི་བདག །བསྟན་པའི་བདག་པོ་ཐུབ་པ་བཅོམ་ལྡན་འདས། །གངས་ཅན་མཁས་པའི་གཙུག་རྒྱན་ཙོང་ཁ་པ། །བློ་བཟང་གྲགས་པའི་ཞབས་ལ་གསོལ་བ་འདེབས། །ཞེས་རྐང་པ་དྲུག་དང་། དབེན་ས་སྙན་རྒྱུད་ལས་འབྱུང་བ། དངོས་གྲུབ་ཀུན་འབྱུང་ཐུབ་དབང་རྡོ་རྗེ་འཆང་། །དམིགས་མེད་བརྩེ་བའི་གཏེར་ཆེན་སྤྱན་རས་གཟིགས། །དྲི་མེད་མཁྱེན་པའི་དབང་པོ་འཇམ་པའི་དབྱངས། །བདུད་དཔུང་མ་ལུས་འཇོམས་མཛད་གསང་བའི་བདག །གངས་ཅན་མཁས་པའི་གཙུག་རྒྱན་བློ་བཟང་གྲགས། །སྐྱབས་གནས་ཀུན་འདུས་བླ་མ་སངས་རྒྱས་ལ། །ཤུགས་དྲག་དང་བའི་ཡིད་ཀྱིས་གསོལ་བ་འདེབས། །བསམ་དོན་གེགས་མེད་འགྲུབ་པར་བྱིན་གྱིས་རློབས། །ཞེས་པ་དང་། རྐང་པ་ཐ་མ། རང་གཞན་སྨིན་ཅིང་གྲོལ་བར་བྱིན་གྱིས་རློབས། །ཞེས་འབྱུང་བ་རྣམས་སུ་ཡོད་དོ། །གཉིས་པ་ལ། སྒྲུ་ནོར་བུའི་མཐོང་འཛིན་ལ་བརྟེན་ནས་ཕྱི་སྒྲུབ། གསུང་ཉི་མ་སྣང་བྱེད་ལ་བརྟེན་ནས་ནང་སྒྲུབ། །ཐུགས་གསང་བ་མཐོང་འཛིན་ལ་བརྟེན་ནས་གསང་སྒྲུབ་ཀྱི་སྒྲུབ་ཚུལ་དང་། དེ་རེ་རེ་ལ་གསུམ་གསུམ་དུ་ཕྱེ་བས་དགུ་སྐོར་དུ་བྱེད་པ་སོགས་ཡོད་ཀྱང་། འདིར་ནི་ཕྱི་མཚུངས་པ་གསལ་བྱེད། ནང་ཡོན་ཏན་དེ་ལྡན། གསང་བ་ངོ་བོ་དབྱེར་མེད་གསུམ་གྱི་སྒོ་ནས་བཤད་པར་བྱའོ། །དེ་ཡང་དང་པོ་ལ། འབྲུ་སྦྱོན་པའི་སྒོ་ནས་དམིགས་རིམ་ཡིད་ལ་བྱེད་ཚུལ་བསྟན་པ་དང་། དཀའ་གནས་ཞོགས་སུ་བཤད་པ་གཉིས། དང་པོ་ནི། བྱང་ཆུབ་སེམས་དཔའ་ཐམས་ཅད་ཀྱི་ནང་ནས་དམིགས་པ་མེད་པའི་བརྩེ་བ་ཆེན་པོའི་གཏེར་ཆེན་པོ་མངའ་བ་ལ་འཕགས་པ་སྤྱན་རས་གཟིགས་འགྲན་ཟླ་དང་བྲལ་བ་དང་། འཁྲུལ་བའི་དྲི་མ་མེད་པར་ཤེས་བྱ་ཐམས་ཅད་མངོན་སུམ་དུ་མཁྱེན་པའི་ཤེས་རབ་མཆོག་ཏུ་གྱུར་པ་མངའ་བས་མཁྱེན་པའི་དབང་པོར་གྱུར་པ་ལ་རྗེ་བཙུན་འཇམ་པའི་དབྱངས་ཉིད་བྱང་སེམས་ཐམས་ཅད་ཀྱི་ནང་ནས་འགྲན་ཟླ་དང་བྲལ་བ་ཡིན་པ་དང་མཚུངས་པར། བོད་ཀྱི་མཁས་པ་སྔ་ཕྱི་བྱོན་པ་ཇི་སྙེད་ཡོད་པ་ཐམས་ཅད་ཀྱི་ནང་ནས་མདོ་སྔགས་གང་གི་སྐབས་སུ་ཡང་རྗེ་ཙོང་ཁ་པ་ཉིད་འགྲན་ཟླ་མེད་པའི་མཁས་པ་ཆེན་པོ་ཡིན་པས། མཁས་པའི་ཡོན་ཏན་གྱི་སྒོ་ནས་གངས་ཅན་གྱི་མཁས་པའི་ཚོགས་ཐམས་ཅད་ཀྱི་གཙུག་གི་རྒྱན་དུ་གྱུར་པ། མདོ་སྨད་ཙོང་ཁའི་ཡུལ་དུ་སྐུ་འཁྲུངས་པ། ཆོས་རྗེ་

དོན་གྲུབ་རིན་ཆེན་གྱི་དྲུང་དུ་རབ་ཏུ་བྱུང་བའི་ཚེ་བློ་བཟང་གྲགས་པ་ཞེས་མཚན་གསོལ་བ་དེའི་ཞབས་ཀྱི་པདྨོ་ལ་གུས་པས་བཏུད་དེ་གསོལ་བ་འདེབས་སོ། །བདག་ཀྱང་ཁྱེད་རང་ལྟ་བུར་མཁས་པའི་ཡོན་ཏན་ཕུལ་དུ་ཕྱིན་པ་ཐོབ་པར་བྱིན་གྱིས་བརླབ་ཏུ་གསོལ། །སྙམ་དུ་བསྒོམ་པ་ནི་རྗེ་བླ་མའི་ཕྱི་སྒྲུབ་ཡིན་ནོ། །གཉིས་པ་ནི། དམིགས་མེད་ཅེས་པ་ནི་རང་བཞིན་གྱིས་གྲུབ་པར་མི་འཛིན་པའི་དོན་ནོ། །དེ་ཡང་ཅུང་ཟད་བཤད་ན། རང་བཞིན་གྱིས་གྲུབ་པ་ཞེས་བྱ་བ་ནི་གཞན་ལ་མ་ལྟོས་པར་རང་གཅིག་པུར་ཚུགས་ཐུབ་ཏུ་གྲུབ་པའི་དོན་ཡིན་ཞིང་། རང་ཅག་གིས་ཀྱང་དེ་ལྟར་དུ་གྲུབ་པར་འཛིན་བཞིན་པ་ཡིན་ནོ། །དེ་ཉིད་ཐ་སྙད་ལྟ་བུ་ལ་མཚོན་ན། མ་བརྟགས་པའི་ཚེ་ཐ་སྙད་ཐའི་ནང་ནས་བྱུང་ཞིང་ཤིང་དང་པགས་པ་སོགས་གང་ལ་ཡང་མ་ལྟོས་པར་སྒྲ་རང་ཉིད་ཚུགས་ཐུབ་ཏུ་གྲུབ་པ་ལྟ་བུར་སྣང་སོད། ཤིང་པགས་སོགས་ལ་མ་ལྟོས་པའི་སྒྲ་དེ་གལ་ཏེ་ཡོད་ན་དེ་དག་སོ་སོར་བསལ་བའི་རྗེས་སུ་སྒྲ་དེ་འདིར་ཞེས་སྟོན་རྒྱུ་ཞིག་ཡོད་དགོས་པ་ལས་དེ་མི་རྙེད་དོ། །འོན་ཀྱང་ཐ་དེ་བརྡུང་བ་ལས་སྒྲ་འབྱུང་བ་ནི་མངོན་སུམ་དུ་ཐོས་པ་བཞིན་ཡིན་པས་ཐ་སྙད་གཏན་མེད་ནི་མ་ཡིན་ནོ། །དེ་བཞིན་དུ་རང་ཅག་གིས་ང་ང་ཞེས་རྒྱུན་དུ་འཛིན་པའི་ང་ཟེར་བ་དེ་ཅི་འདྲ་ཞིག་ཡིན། དེ་མགོ་ནས་རྐང་མཐིལ་གྱི་བར་གང་ན་ཡོད་ཅེས་བཙལ་ན་ང་མི་རྙེད་དོ། །འོན་ཀྱང་ང་གཏན་མེད་མ་ཡིན་ཏེ། ང་ཟས་གོས་ལ་སྤྱོད་པ་དང་ང་འགྲོ་འདུག་བྱེད་པ་སོགས་མངོན་སུམ་དུ་མཐོང་བའི་ཕྱིར་རོ། །དོན་འདི་ནི་ཆོས་ཐམས་ཅད་ལ་མཚུངས་པ་ཡིན་པས་དོན་བཙལ་ན་ཐམས་ཅད་མི་རྙེད་ལ། རྟེན་འབྲེལ་ཙམ་དུ་ནི་ཐམས་ཅད་ཡོད་པ་ཡིན་ནོ། །དེའི་ཕྱིར་རང་བཞིན་གྱིས་མེད་པ་ངེས་ནས། དེ་ལྟར་དུ་མི་ཤེས་པར་སྡུག་བསྔལ་མྱོང་བའི་སེམས་ཅན་རྣམས་ལ་བརྩེ་བའི་སྙིང་རྗེ་ནི་དམིགས་མེད་ཀྱི་བརྩེ་བ་ཡིན་ནོ། །སྟོང་ཉིད་ཅེས་པ་ཡང་རང་བཞིན་གྱིས་མེད་པའི་དོན་ཡིན་ཞིང་། རང་ཅག་རྣམས་ཀྱིས་འདི་མི་ཤེས་པར་རང་བཞིན་གྱིས་ཡོད་པར་འཛིན་པས་ཆགས་སྡང་སོགས་སྐྱེས་ནས་ལས་སྣ་ཚོགས་བསགས་ཏེ་འཁོར་བར་འཁོར་བ་ཡིན་ལ། མཁས་པ་རྣམས་ཀྱི་རང་བཞིན་གྱིས་མེད་པར་ངེས་ཤིང་བསྒོམས་པས་འཁོར་བ་ལས་གྲོལ་ནས་ཡོན་ཏན་དཔག་ཏུ་མེད་པ་ཐོབ་པ་ཡིན་ནོ། །དེས་ན་དོན་འདི་ཤེས་པ་ཤིན་ཏུ་གལ་ཆེ་བས་བློ་ལྡན་རྣམས་ཀྱིས་གཞུང་ཆེན་མོ་རྣམས་འབད་པས་བསླབ་

པར་བྱའོ། །སྤྱན་རས་གཟིགས་ཞེས་པ་ནི་སྤྱན་གྱི་ཆ་ཐམས་ཅད་ཀྱིས་གཟིགས་པའི་དོན་དུ་འཇམ་དབྱངས་བཞད་པའི་རྣམ་ཐར་ལས་བཤད་དོ། །རྗེ་རིན་པོ་ཆེས་མཁས་པའི་ཡོན་ཏན་གྱི་སྒོ་ནས་བོད་ཀྱི་མཁས་པ་ཐམས་ཅད་ཀྱི་གཙུག་རྒྱན་དུ་གྱུར་པའི་རྒྱུ་མཚན་ནི། སྔོན་གྱི་མཁས་པ་རྣམས་ཀྱིས་མཛད་པའི་བསྟན་བཅོས་དང་། རྗེའི་གསུང་རབ་རྣམས་གུང་བསྒྲིགས་ནས་བལྟས་ན་ཤིན་ཏུ་གསལ་བར་ཡོད་ལ། དེ་ཡང་རྗེའི་རྣམ་ཐར་དད་པའི་འཇུག་ངོགས་ལས། བདག་ཉིད་ཆེན་པོ་འདིས་ཀྱང་། མདོ་སྡེ་དང་རྒྱུད་སྡེའི་དགོངས་པ་འགྲེལ་བའི་བསྟན་བཅོས་ཤིན་ཏུ་མང་པོ་འདི་ཙམ་ཞིག་མཛད་པ་ཐམས་ཅད་ལའང་། བདག་ཅག་གི་དགེ་བའི་བཤེས་གཉེན་གྱི་གསུང་ཡིན་པ་རྒྱུ་མཚན་དུ་ཉེ་བར་བཀོད་པའི་རང་གི་ཡིན་པའི་འདུ་ཤེས་སྤྲོ་འདོགས་པ་དང་། ཡིད་ཕྲག་དོག་གི་དུག་ཆུས་ཆེད་སྦྱོས་པས་སྐྱོན་གདགས་པར་འདོད་པ་འབའ་ཞིག་གི་སེམས་ཀྱིས་སྐྱུར་བ་འདེབས་པ་གཉིས་ཀ་སྤངས་ཏེ། དྲི་མ་མེད་པའི་རིགས་པའི་ལམ་ནས་འོངས་པའི་བློས་ཇི་ཙམ་ལེགས་པར་བརྟགས་ཀྱང་། རྒྱུད་སྡེ་གོང་འོག །ཐེག་པ་ཆེ་ཆུང་། གྲུབ་པའི་མཐའ་སོ་སོ་ལ་སོགས་པ་གང་ཡིན་པ་དེའི་གཞུང་ལུགས་དེ་དང་དེ་ལས་ཕྱི་རོལ་ཏུ་གྱུར་བར་ལུང་དང་རིགས་པ་འདིས་མངོན་ནོ། །ཞེས་བྱ་བའམ། ལུགས་དེ་ཉིད་གཞིར་བྱས་པ་ལའང་། དང་ཚིག་འགལ་བའི་ཉེས་པ་འདི་ལྟ་བུས་རེག་གོ །ཞེས་བྱ་བའི་དྲི་ཙམ་ཡང་བརྟག་པར་མི་ནུས་པ་མངོན་སུམ་གྱིས་གྲུབ་པ་འདི་ཉིད་འདིའི་རིགས་པ་ཡང་དག་པ་ཡིན་ནོ། །དེའི་ཕྱིར་ཚུལ་འདི་ནི་ཇི་འདྲ་བའི་མཁས་པ་རྨད་དུ་བྱུང་བ་གྲགས་པའི་བ་དན་གྱིས་མཛེས་པར་བྱས་པ་སྔོན་བྱོན་པའི་ཆེན་པོ་དག་ལའང་རང་རང་གི་གཞུང་ལུགས་ལ་རྣམ་པར་དཔྱད་ན། ལུགས་དེ་ཉིད་གཞིར་བྱས་པ་ལའང་དང་ཚིག་འགལ་བའི་ཉེས་པ་ལན་ཅིག་མ་ཡིན་པར་འབབ་པ་དག་མཐོང་བ་ལས་ན། བདག་ཉིད་ཆེན་པོ་འདིའི་བློ་གྲོས་དང་མཁྱེན་རབ་རྨད་དུ་བྱུང་བ་ལ་བསྔགས་པར་བརྗོད་པའི་བཤེས་གཉེན་ནི་སྔོན་ཆད་གངས་རིའི་ཁྲོད་འདིར་ལན་ཅིག་ཀྱང་མ་བྱོན་པ་ཉིད་དུ་ཁོ་བོས་ཡིད་ཆེས་པའི་ཚད་མས་གྲུབ་པ་ཡིན་ནོ། །ཞེས་དང་། པཎ་ཆེན་ཐམས་ཅད་མཁྱེན་པ་བློ་བཟང་དཔལ་ལྡན་ཡེ་ཤེས་པའི་ཞལ་སྔ་ནས་ཀྱིས་ཀྱང་། རྗེ་བདག་ཉིད་ཆེན་པོ་འདིས་ནི་བླ་མ་མགོན་པོ་འཇམ་པའི་དབྱངས་ཀྱི་མན་ངག་ལ་བརྟེན་ནས། དེ་བཞིན་གཤེགས་པའི་བཀའ་རྣམས་ཀྱི་

ཡང་རྟེ། ཤེར་ཕྱིན་གྱི་མདོ་སྡེ་རྣམས་ཀྱི་དགོངས་དོན། དཔལ་མགོན་འཕགས་པ་ཀླུ་སྒྲུབ་དང་སློབ་དཔོན་སངས་རྒྱས་བསྐྱངས། དཔལ་ལྡན་ཟླ་བ་གྲགས་པ་རྣམས་ཀྱི་མན་ངག་ལ་བརྟེན་ནས་སྣང་བས་ཡོད་མཐའ་སེལ་ཞིང་། སྟོང་པས་མེད་མཐའ་སེལ་བའི་སྟོང་ཉིད་ཀྱི་གནད་མཐར་ཐུག་པ་ཕྱིན་ཅི་མ་ལོག་པར་གཏན་ལ་ཕབ་པར་མཛད་པས་སྟོང་ཕྱོགས་རྣམ་པར་དག་པ་དེ་ལ་བརྟེན་ནས། སྲིད་པའི་ཕྱོགས་རྣམས་ཀྱང་རྣམ་པར་དག་པར་གྱུར་པས་རྗེ་སྐྱེད་པ་སྟོན་པ་ལ་མཁས་པ་ཡང་དེས་ཞེས་ལ། དེས་ན་གངས་ཅན་གྱི་མཁས་པ་སུས་ཀྱང་བསྐྱུན་དུ་མེད་པ་ཡིན་ནོ། །དེ་ཡང་ཚད་མ་དང་དབུ་མར་ལ་སོགས་པའི་གཞུང་ལུགས་ཀུན་ལ་རྗེ་འདི་ཉིད་ཀྱིས་རྣམ་བཤད་མཛད་པ་དང་། རྒྱ་ཆེར་འགྲེལ་པ་དང་། མཐའ་ན་ཟིན་བྲིས་སུ་མཛད་པ་ཚུན་ཆད་ཀྱི་ཚིག་དོན་གྱི་ཆ་ཕྲ་མོ་ལ་ཡང་རྟོག་གེ་པ་མཐའ་དག་གིས་འབད་པས་བསྙིམས་ཀྱང་གླགས་མི་རྙེད་པ་ནི་ཕྱོགས་བཅུའི་རྒྱལ་བ་སྲས་དང་བཅས་པ་ཐམས་ཅད་དགོངས་པ་གཅིག་གིས་གཟིགས་པ་ཡིན་ནོ། །དེས་ན་མཁས་པ་ཁ་ཅིག་གིས། རྗེ་བདག་ཉིད་ཆེན་པོའི་ལེགས་བཤད་གསེར་འཕྲེང་དང་། རྣམ་བཤད་དགོངས་པ་རབ་གསལ། རྩ་ཤེའི་ཊཱི་ཀ་ཆེན་དང་གསལ་སྒྲོན། རྣམ་གཞག་རིམ་པའི་རྣམ་བཤད་ལ་སོགས་པ་ལ་ཕན་ཚུན་གསུང་མི་མཐུན་པ་ཡོད་ཚུལ་ཟེར་བ་སོགས་ནི་རང་གིས་རང་ཉིད་གསལ་བར་བྱེད་པ་སྟེ་གསུང་དེ་དག་ལ་མཁས་པས་ཞིབ་ཏུ་བརྟགས་ན་ཅུང་ཟད་ཀྱང་མི་འགལ་བར་སྣང་ཞིང་། གསེར་འཕྲེང་གི་དགོངས་པ་ནི། བོད་སྔ་རབས་པ་རྣམས་ཀྱི་འདོད་པ་དགག་པའི་ཆེད་ཉིད་དུ་སྩོལ་བར་མཛད་པ་ཡིན་པའི་ཕྱིར། ཞེས་གསུངས་པ་ལྟར་རོ། །གཉིས་པ་ནང་ཡོན་ཏན་དེ་ལྡན་གྱི་སྒོ་ནས་བཤད་པ་ལའང་གཉིས་ལས། དང་པོ་ནི། དམིགས་མེད་བརྩེ་བའི་གཏེར་ཆེན་པོ་རྗེ་འི་ཐུགས་རྒྱུད་ལ་མངའ་བ་ནི་སྤྱན་རས་གཟིགས་ཀྱི་ཐུགས་རྒྱུད་ལ་ཇི་ཙམ་མངའ་བ་དང་འདྲ་ལ། དྲི་མེད་མཁྱེན་པའི་ཡོན་ཏན་ནི་མཁྱེན་རབ་ཀྱི་དབང་ཕྱུག་རྒྱལ་བའི་སྲས་པོ་འཇམ་པའི་དབྱངས་ཀྱི་ཐུགས་རྒྱུད་ལ་ཇི་ཙམ་ཡོད་པ་དང་མཚུངས་ཤིང་། དེ་ལྟར་ཐབས་ཤེས་ཡོངས་སུ་རྫོགས་པའི་རྟོགས་པའི་ཡོན་ཏན་དང་ལྡན་པའི་སྒོ་ནས་གངས་ཅན་གྱི་མཁས་པ་དང་གྲུབ་པའི་སྐྱེ་ས་བུ་ཐམས་ཅད་ཀྱི་གཙུག་རྒྱན་དུ་གྱུར་པའི་རྗེ་ཙོང་ཁ་པ་བློ་བཟང་གྲགས་པའི་དཔལ་གྱི་ཞབས་ལ་གསོལ་བ་འདེབས་སོ། །བདག་ཀྱང་ཁྱེད་རང་ལྟ

བྱུར་སྒྲུབ་པ་ལྷུར་བླངས་ནས་རྫོགས་པའི་ཡོན་ཏན་ཁྱད་པར་ཅན་ཐོབ་པར་བྱིན་གྱིས་བརླབ་ཏུ་གསོལ། །སྐུམ་དུ་བསྒོམ་པ་ནི་རྡོ་རྗེ་ཟླ་མའི་ནང་སྒྲུབ་པོ། །གཉིས་པ་ནི། དམིགས་མེད་སོགས་ཀྱི་དོན་གཞན་རྣམས་སྔར་ལྟར་ལ། ཡང་ན་དམིགས་མེད་ཀྱི་དོན་ནི་བསམ་གྱིས་མི་ཁྱབ་པའི་དོན་དུ་བཤད་པའང་ཡོད། གཏེར་ཆེན་པོ་ཞེས་པ་ནི། སེམས་ཅན་འགའ་ཞིག་ལ་བརྩེ་ལ་འགའ་ཞིག་ལ་མི་བརྩེ་བ་ལྟ་བུ་མ་ཡིན་པར་སེམས་ཅན་ཐམས་ཅད་ལ་བརྩེ་ཞིང་། དུས་ཀྱང་རེས་འགའ་ལྟ་བུ་མིན་པར་དུས་རྟག་ཏུ་རྒྱུན་མི་འཆད་པར་བརྩེ་བར་མཛད་པས་དེ་ལྟར་དུ་བསྟོད་པའོ། །དེ་ཡང་རྗེའི་ཐུགས་རྒྱུད་ཀྱི་སྙིང་རྗེ་ཆེན་པོ་སྤྱན་རས་གཟིགས་ཀྱི་སྙིང་རྗེ་དང་མཚུངས་པའི་ཚུལ་ནི། པཎ་ཆེན་རིན་པོ་ཆེས་མཛད་པའི་དམིགས་བརྩེ་མའི་ལས་ཚོགས་བཅུ་གཅིག་གི་དོན་ཞིབ་ཏུ་བཤད་པ་ལས། འཕགས་པ་སྤྱན་རས་གཟིགས་དེ་ནི་དུས་རྟག་ཏུ་སེམས་ཅན་སྡུག་བསྔལ་གྱིས་མནར་བ་ལ་མི་བཟོད་པའི་སྙིང་རྗེ་ཆེན་པོའི་སྤྱན་རས་ཀྱིས་གཟིགས་པ་ལྟར། རྗེ་བདག་ཉིད་ཆེན་པོ་འདིས་ཀྱང་སྔོན་དེ་བཞིན་གཤེགས་པ་དབང་པོ་ཏོག་གི་དྲུང་དུ། འཇམ་པའི་དབྱངས་རྒྱལ་བའི་སྲས་འཁོར་རྒྱ་མཚོ་ལྟ་བུ་དང་བཅས་ཏེ་གཤེགས་པ་ན། དེ་བཞིན་གཤེགས་པ་དབང་པོའི་ཏོག་གིས། འཁོར་རྒྱ་མཚོ་ལྟ་བུ་དེ་དག་ལ་རིགས་ཀྱི་བུ་ཁྱེད་རྣམས་ཀྱི་ཁྲོད་ན་མ་དག་པའི་ཞིང་རྣམས་སུ་སེམས་ཅན་སྡུག་བསྔལ་གྱིས་མནར་བ་ལ་སྙིང་རྗེ་ཆེན་པོས་ཀུན་ནས་བསླངས་ཏེ་སྙིགས་དུས་ཀྱི་ཚེ་ཐུང་གཅིག་ལ་རྫོགས་པའི་སངས་རྒྱས་ཀྱི་གོ་འཕང་སྟེར་བར་བྱེད་པ་ཟབ་མོ་དབུ་མའི་ལྟ་བ་དང་སྔགས་ཀྱི་ལམ་ཟུང་དུ་འབྲེལ་བ་འདི་སུ་ཞིག་གིས་རྒྱས་པར་བྱེད་ནུས་ཞེས་སེང་གེའི་དབྱངས་ཀྱིས་བཀའ་སྩལ་པ་ན། བྱང་ཆུབ་སེམས་དཔའི་དཀྱིལ་འཁོར་གྱི་ཚོགས་རྒྱ་མཚོ་ལྟ་བུའི་དབུས་ནས་རྗེ་འདི་ཉིད་བྱང་ཆུབ་སེམས་དཔའ་གཟུངས་དང་སྙིང་སྟོབས་ཕུན་སུམ་ཚོགས་པར་གྱུར་པ་དེ་ཉིད་བཞེངས་ཏེ་ཚུལ་དེ་ནི་བདག་གི་རྒྱས་པར་བྱེད་ནུས་སོ་ཞེས་མི་འཇིགས་པའི་གསུང་གིས་ཞལ་གྱིས་བཞེས་པ་ན། ཕྱོགས་བཅུའི་སངས་རྒྱས་ཐམས་ཅད་ཀྱིས། ལེགས་སོ། །ཁྱོད་ནི་བྱང་ཆུབ་སེམས་དཔའ་སྙིང་སྟོབས་ཆེན་པོའོ། །ཞེས་བསྟགས་པ་རྒྱ་ཆེར་མཛད་ཅིང་། དེ་ནས་བརྩམས་ཏེ་ཐུགས་རྗེ་ཆེན་པོ་ལྷག་པར་བསྐྱེད་ནས་མ་དག་པའི་ཞིང་རྣམས་སུ་དབུ་མའི་ལྟ་བ་དང་སྔགས་ཀྱི་ལམ་ཟུང་དུ་འབྲེལ་བའི་ཐེག་པ་ཆེན་པོའི་

ལམ་རྒྱས་པར་མཛད་པས་ན། འཕགས་པ་སྤྱན་རས་གཟིགས་དང་ཐུགས་རྗེ་དཔེའི་སྒོ་ནས་མཚུངས་ཤིང་། དེ་བཞིན་དུ་དོན་གྱི་སྒོ་ནས་ཀྱང་མཚུངས། ཞེས་གསུངས་པ་ལྟར་རོ། མཁྱེན་རབ་འཇམ་པའི་དབྱངས་དང་མཚུངས་པ་ནི། པཎ་ཆེན་རིན་པོ་ཆེའི་གསུང་དེ་ཉིད་ལས། ཤེས་བྱ་ཇི་ལྟ་བ་དང་ཇི་སྙེད་པ་ཐམས་ཅད་དྲི་མ་མེད་པའི་མཁྱེན་རབ་རྣོན་པོས་གནས་ཚུལ་མ་ལུས་པ་མ་འདྲེས་པ་སོ་སོར་ཕྱེ་སྟེ་གཟིགས་ཤིང་གདུལ་བྱ་རྣམས་ལ་འདོམས་པར་མཛད་ཅིང་། དེ་ལྟ་བུའི་མཁྱེན་རབ་ནི་འཇམ་པའི་དབྱངས་དང་མཚུངས་ལ། ཞེས་པ་དང་། གཞན་ཡང་རྟོགས་པའི་ཡོན་ཏན་དཔག་ཏུ་མེད་པ་མངའ་བ་ནི་གསང་བའི་རྣམ་ཐར་རིན་ཆེན་སྙི་མ་སོགས་ལས་གསུངས་པ་མང་ངོ་། །དེ་ལྟ་བུའི་ཡོན་ཏན་གྱིས་མཁས་པའི་གཙུག་རྒྱན་དུ་གྱུར་ཚུལ་ནི། པཎ་ཆེན་རིན་པོ་ཆེས། བཙུན་པའི་ཡོན་ཏན་གྱི་སྒོ་ནས་འདུལ་བ་འཛིན་པ་ཐམས་ཅད་ལས་ཁྱད་པར་དུ་འཕགས་པ་ཡིན་ཏེ། རྗེ་བདག་ཉིད་ཆེན་པོ་མ་བྱོན་པའི་སྔ་རོལ་ཏུ་བོད་ཀྱི་འདུལ་བ་འཛིན་པ་ཐམས་ཅད་ཀྱིས་གདིང་བ་དང་ལྷུང་བཟེད་ཀྱང་ངོ་ཤེས་པར་དཀའ་བར་གྱུར་པ་ལ། རྗེ་བདག་ཉིད་ཆེན་པོ་འདིས་འདུལ་བའི་ཕྱག་ལེན་གྱི་ཆ་ཤིན་ཏུ་ཕྲ་བ་ཚུན་ཆད་ཀྱང་གསལ་བར་མཛད་པས་ད་ལྟར་གྱི་དུས་སུ་རང་ཅག་ལྟ་བུས་སྔོན་གྱི་འདུལ་འཛིན་ཆེན་པོ་རྣམས་ཀྱི་ཞབས་རྡུལ་གྱི་ཆ་ཤས་ཀྱང་ནོན་པར་མི་ནུས་ཀྱང་། དེ་དག་གིས་བཤད་པར་མ་ནུས་པའི་ཆ་མང་པོ་ཞིག་ལག་ལེན་ལ་ཐེབས་པ་འདི་ར་གདའ། བཟང་པའི་ཡོན་ཏན་གྱི་སྒོ་ནས་གྲུབ་པའི་དབང་ཕྱུག་ཐམས་ཅད་ཟིལ་གྱིས་གནོན་པའི་ཡོན་ཏན་མངའ་ཚུལ་ནི། རྗེ་འདི་མ་བྱོན་པའི་སྔ་རོལ་ཏུ་གྲུབ་ཐོབ་ཕལ་ཆེ་བ་ཞིག་སྲིད་རྩེ་དང་ཕྱོགས་གཅིག་པའི་ཏིང་ངེ་འཛིན་ལ་བསྒྲིད་རྫོགས་ཀྱི་ཏིང་ངེ་འཛིན་དུ་ངོམས་པར་མཛད་ཅིང་། གཞན་དང་གཞན་དག་ཧྭ་ཤང་གི་ཏིང་ངེ་འཛིན་ལ་རྫོགས་རིམ་གྱི་ལམ་མཐོན་པོར་བཞེད་པས་ཚེ་གཅིག་ལ་སངས་རྒྱས་ཀྱི་གོ་འཕང་ཐོབ་པ་ནི་མ་བྱུང་ལ། རྗེ་འདིས་ནི་འཕགས་པ་ཡབ་སྲས་ལྟ་དང་། རྒྱ་གར་གྱི་གྲུབ་ཆེན་རྣམས་ཀྱི་གཞུང་ལ་བརྟེན་ནས་སྙིགས་དུས་ཀྱི་ཚེ་ཐུང་འདི་ཉིད་ལ་རྡོ་རྗེ་འཆང་གི་གོ་འཕང་ཐོབ་པའི་ཐབས་རྣམས་རྒྱུད་སྡེ་རིན་པོ་ཆེ་རྣམས་སུ་དེ་བཞིན་གཤེགས་པས་ཇི་ལྟར་བཀའ་སྩལ་པ་བཞིན་གཟིགས་ཏེ་ཉམས་སུ་བཞེས་པ་ལ་བརྟེན་ནས་སྐུ་ཚེ་འདི་ཉིད་ལ་རྡོ་རྗེ་འཆང་གི་གོ་འཕང་མངོན་དུ་མཛད་པར་མ་ཟད།

འཁོར་གྱི་ཚོགས་ཀྱང་གྲངས་ལས་འདས་པ་ཞིག་གྲུབ་པ་མཆོག་གི་སར་གཤེགས་པ་ཡིན་ནོ། །དེས་ན་བཟང་བའི་ཡོན་ཏན་གྱི་སྒོ་ནས་ཁྱད་པར་དུ་འཕགས་པའང་དེས་འགྲུབ་སྟེ། མཁས་པ་ཐམས་ཅད་ཀྱིས་མཁས་པའི་ཡོན་ཏན་གྱི་སྒོ་ནས་ཀྱང་སྐུའི་བ་སྤུའི་བུ་གཅིག་རེར་ཡང་འགྲན་པར་མི་ནུས། བཙུན་པ་རྣམས་ཀྱིས་བཙུན་པའི་ཡོན་ཏན་གྱི་སྒོ་ནས་བ་སྤུའི་བུ་གཅིག་རེར་ཡང་འགྲན་པར་མི་ནུས། བཟང་པ་རྣམས་ཀྱིས་བཟང་བའི་ཡོན་ཏན་གྱི་སྒོ་ནས་བ་སྤུའི་བུ་གཅིག་རེར་ཡང་འགྲན་པར་མི་ནུས་པ་ཡིན་ནོ། །ཞེས་དང་། རྒྱལ་དབང་ལྔ་པས་མཛད་པའི་དམིགས་བརྩེ་མའི་ཊཱི་ཀཱ་ཚིག་དོན་རབ་གསལ་ལས། དེ་ཙམ་གྱིས་མཁས་པ་ཐམས་ཅད་ཀྱི་གཙུག་ན་མངོན་པར་མཐོ་བར་མི་འགྱུར་ཏེ། བཀའ་གདམས་ཀྱི་སྐུ་མཆེད་གསུམ་དང་གླང་ཤར་སོགས་བདག་པས་ གཞན་གཅེས་འཛིན་པའི་སེམས་དཔའ། ལྕེ་འབྲོག་མར་མི་སོགས་སྐུ་ཆེ་དེའམ་བར་དོར་ཟུང་འཇུག་བརྙེས་པའི་གྲུབ་ཐོབ། ས་ཛོག་བུ་སོགས་གནས་ལྔ་རིག་པ་མཁྱེན་པའི་མཁས་པ་མཐའ་ཀླས་ལ་བྱུང་བས་སོ་ཞེ་ན། རིག་པ་དེ་ནི་འཇུག་པ་མ་ཡིན་ཏེ། བཤད་མ་ཐག་པའི་མཁས་གྲུབ་དེ་དག་ཕྱོགས་གཅིག་ཏུ་བསྡོམས་ན་དམ་པ་འདིའི་ཡོན་ཏན་དང་མཚུངས་ནའང་རེ་རེ་བཞིན་ནས་དོད་མེ་སྙོམས་པའི་རྒྱུ་མཚན། བསྟན་པ་སྔ་དར་ལ་ལོ་པཎ་རྒྱལ་བློན་བྱང་ཆུབ་སེམས་དཔའ་དང་། ཕྱི་དར་ལ་བཀའ་གདམས་གོང་མ་སོགས་རྒྱལ་བའི་སྲས་པོ་དེ་རྣམས་ཀྱི་བྱང་ཆུབ་སེམས་ལས་ལྷག་པ་བླ་མ་འདི་ལ་མི་མངའ་ཡང་། འདི་ཉིད་ཀྱི་ཐ་སྙད་དང་གསང་སྔགས་ཡོངས་སུ་རྫོགས་པ་དེ་དག་ལ་མེད་པས་སོ། །དེ་བཞིན་དུ་སྔ་དར་གྱི་རྗེ་འབངས་ཉེར་ལྔ་དང་། ཕྱི་དར་གྱི་ལོ་ཆེན་འབྲོག་མི། དཀར་པོ་རྣམ་གསུམ་མར་མི་སོགས་གྲུབ་པའི་དབང་ཕྱུག་དེ་དག་གི་བསྐྱེད་རྫོགས་ཀྱི་ཡོན་ཏན་གྱི་ཆ་ནས་ཕན་ཚུན་སྙོམས་ནའང་སོ་སོ་ཐར་པའི་སྡོམ་པ་གསུམ་གྱི་ཚུལ་ཁྲིམས་དང་གྲུབ་མཐའ་རྣམ་བཞིའི་བཞེད་གཞུང་སྒྲ་ཚད་སོགས་ཤེས་བྱ་ཇི་སྙེད་པའི་ཡོན་ཏན་གྱི་ཆ་ནས་མཆོག་དམན་ཡོད་དེ། །དེ་བཞིན་དུ་ས་ཛོག་ཤར་བ་བུ་སྟོན་སོགས་གནས་ལྔ་རིག་པ་མཁྱེན་པ་རྣམས་ཀྱིས་ཐོས་བསམ་ལ་སྒྲོ་འདོགས་བཅད་པའི་ཆ་ནས་ཁྱད་པར་མེད་ཀྱང་བླ་མ་མགོན་པོ་འཇམ་དཔལ་དབྱངས་ཀྱི་བཀའ་དྲིན་ལ་བརྟེན་ནས་དཔལ་མགོན་འཕགས་པ་ཀླུ་སྒྲུབ་ཀྱི་ཐུན་མོང་མ་ཡིན་པའི་བཞེད་པ་དངོས་བསྟན་སྟོང་ཉིད་ཀྱི་ལྟ་བ་དང་། དཔལ་གསང་བ་

འདུས་པའི་སྐྱུ་ལུས་སོགས་གནད་གསང་ཟབ་མོ་སྟོན་ཆད་མཁས་པ་དང་གྲུབ་པ་རྣམས་ཀྱི་མཁྱེན་པའི་ཡུལ་དུ་མ་འཚལ་བ་མཐའ་དག་དམ་པ་འདི་ཉིད་ཀྱིས་གཏན་ལ་འབེབས་པར་མཛད་པ་མངོན་སུམ་དུ་གྲུབ་པ་འདི་ཡིན་ནོ། །ཞེས་གསུངས་པ་ལྟར་རོ། །གསུམ་པ་གསང་བ་ལྷག་པའི་ལྷ་དང་ངོ་བོ་དབྱེར་མེད་ཀྱི་ཚུལ་བཤད་པ་ལ། དམིགས་རིམ་མདོར་བསྟན་པ། དཀའ་གནས་ལོགས་སུ་བཤད་པ། འགྲོས་དོན་འགའ་བཤད་པ་དང་གསུམ་ལས། དང་པོ་ནི། རྒྱལ་བ་ཐམས་ཅད་ཀྱི་བརྩེ་བ་གཅིག་ཏུ་བསྡུས་པའི་ངོ་བོ་ལྟར་ཤར་བ་ནི་འཕགས་པ་སྤྱན་རས་གཟིགས་ཡིན་ལ། རྗེ་འདི་ཡང་དེ་དང་ངོ་བོ་གཅིག་ཡིན་པས་རྒྱལ་བ་ཐམས་ཅད་ཀྱི་སྙིང་རྗེའི་བདག་ཉིད་ཡིན་ཅིང་། རྒྱལ་བ་ཐམས་ཅད་ཀྱི་མཁྱེན་རབ་གཅིག་ཏུ་བསྡུས་པའི་ངོ་བོ་ནི་རྗེ་བཙུན་འཇམ་དབྱངས་ཡིན་ལ། རྗེ་འདི་རྗེ་བཙུན་འཇམ་དབྱངས་ཉིད་མིའི་རྣམ་པར་བསྟན་པ་ཡིན་པས་རྒྱལ་བ་ཐམས་ཅད་ཀྱི་མཁྱེན་པའི་ངོ་བོ་ཡིན་པ་དང་། སངས་རྒྱས་ཐམས་ཅད་ཀྱི་མཐུ་ནུས་གཅིག་ཏུ་བསྡུས་པའི་ངོ་བོ་ལྟར་ཤར་བ་ནི་དཔལ་གསང་བའི་བདག་པོ་ཡིན་ལ། རྗེ་འདི་ཡང་དེ་དང་ངོ་བོ་གཅིག་ཡིན་པས། རྒྱལ་བ་ཀུན་གྱི་མཐུ་སྟོབས་ཀྱི་བདག་ཉིད་དུ་འང་གྲུབ་ལ། དེ་ལྟར་རིགས་གསུམ་གྱི་ངོ་བོ་རྗེ་ཙོང་ཁ་པ་བློ་བཟང་གྲགས་པའི་ཞབས་ལ་གསོལ་བ་འདེབས་སོ། །བདག་ཀྱང་ཁྱེད་རང་ལྷ་བུར་ལྷག་པའི་ལྷ་རིགས་གསུམ་མགོན་པོའི་མཁྱེན་བརྩེ་ནུས་གསུམ་གྱི་ཡོན་ཏན་ཐམས་ཅད་ཐོབ་པར་བྱིན་གྱིས་བརླབ་ཏུ་གསོལ། །སྐུམ་དུ་བསྒོམ་པ་ནི་རྗེ་བླ་མའི་གསང་སྒྲུབ་སྟེ། འདིར་དམིགས་བརྩེ་མ་བཞི་སྐོར་སྟེ་ཚིག་རྐང་ལྔ་པ་འདོན་ནོ། །གཉིས་པ་ལ། རྗེ་རིན་པོ་ཆེ་སྤྱན་རས་གཟིགས་ཀྱི་སྤྲུལ་པ་ཡིན་པའི་རྟགས་མཚན་བྱུང་བ་ནི། རྣམ་ཐར་ཟུར་འདེབས་ལེགས་བཤད་ཀུན་འདུས་ལས། དེ་ནས་བྱ་ལོ་ཟླ་བ་དང་པོའི་ཚེས་བཅུའི་ནུབ་མོ་ཡུམ་གྱི་མནལ་ལམ་དུ་དགེ་འདུན་ལ་སོགས་པའི་ཕོ་མོ་བསམ་གྱིས་མི་ཁྱབ་པ། རྒྱལ་མཚན་དང་། ཧ་བོ་ཆེ་ལ་སོགས་པ་རོལ་མོའི་བྱེ་བྲག་མཐའ་ཡས་པ་བཟུང་སྟེ། སྤྱན་རས་གཟིགས་འབྱོན་པ་ལ་བསུ་བ་བྱེད་ཟེར་གྱིན་འདུག་པས། ཕྱོགས་ཀུན་དུ་ངས་བལྟས་ཀྱང་མ་མཐོང་། རྗེས་ལ་བལྟས་པས། སྤྲིན་གྱི་ཐད་དུ་གསེར་སྐུ་རི་བོ་ཙམ་ལ། འོད་ཟེར་ཉི་མ་ལྟར་ཕྱོགས་ཐམས་ཅད་དུ་འགྱེ་བ། ཆོས་ཀྱི་སྒྲ་དབྱངས་དང་བཅས་པ་ཞིག་ལྷའི་བུ་དང་བུ་མོ་ཡིན་ཟེར་བའི་ཚ་ལུགས་ཕུན་སུམ་ཚོགས་པ་དུ་

མས་བསྐོར་བ་ཞིག་མར་མར་བབས་བྱུང་བས། གསེར་སྐུ་དེ་ཇེ་ཆུང་ཇེ་ཆུང་ལ་སོང་། སྤྱི་གཙུག་གི་ཐར་ཙམ་དུ་སླེབ་པའི་ཚེ་མཐོ་གང་ཙམ་ཞིག་ཏུ་མཛེས་པར་བྱུང་ནས་ལུས་ལ་ཐིམ། དེའི་འཁོར་རྣམས་དང་། བསུ་མི་རྣམས་ཀྱང་རང་ལ་ཐིམ་པར་མཐོང་བས། རང་ལ་ཕྱག་དང་བསྐོར་བ་དང་། མཆོད་པ་བགྱི་ཤིས་བརྗོད་པ་སོགས་རྨིས། ཞེས་གསུངས་པ་ལྟར་རོ། །འཇམ་དབྱངས་ཀྱི་སྤྲུལ་པ་ཡིན་པ་ནི། རྣམ་ཐར་ཟུར་འདེབས་ལས། སྤྲེའུ་ལོའི་མཇུག་ཏུ་ཡབ་ཀྱི་མནལ་ལམ་དུ། རྒྱ་ནག་རི་བོ་རྩེ་ལྔ་ནས་འོངས་ཟེར་བའི་བཙུན་པ་མེ་ཏོག་གི་འཕྲེང་བ་དུ་མ་སྤེལ་བའི་ཆོས་གོས་དང་། སུམ་ཅུ་རྩ་གསུམ་གྱི་ཞིང་ལོ་ཡིན་ཟེར་བ་དང་སེར་པོ་འདྲ་བའི་ཤམ་ཐབས་ཅན། པོ་ཏི་ཁྱེར་བ་ཞིག་བྱུང་ནས། ང་ཁྱེད་ལ་གནས་ཤིག་གཡར་བ་ཡིན་ཟེར་ནས། ཁང་ཐོག་ན་མཆོད་ཁང་ཞིག་ཡོད་པའི་ནང་དུ་སོང་བའི་སྣང་བ་བྱུང་བས། ཡབ་དེ་མཚན་བརྗོད་ཁོ་ན་ཞལ་འདོན་མཛད་ཅིང་ཡོད་པས། འཇམ་དབྱངས་ཀྱི་རྣམ་སྤྲུལ་ཡིན་སྙམ་པ་བྱུང་སྐད། ཅེས་དང་། འཁྲུངས་པའི་ནང་པར་ཡུལ་དེ་ན་བླ་མ་སྔགས་མཚན་ཉིད་ཀྱི་ཡོན་ཏན་རྒྱ་ཆེན་པོ་དང་ལྡན་ཞིང་། ཁྱད་པར་དུ་རྡོ་རྗེ་འཇིགས་བྱེད་ལ་གྲུབ་པ་བརྙེས་པ་དོན་གྲུབ་རིན་ཆེན་ཞེས་བྱ་བ་ཞིག་ཡོད་པ་དེས་གསོལ་རས་དང་། བདུད་རྩི་རིལ་བུ་བསྲེས་པའི་རིལ་བུ། བསྲུང་མདུད། རྟེན་འབྲེལ་བསྒྲིགས་པར་དགོངས་ཏེ། རྡོ་རྗེ་འཇིགས་བྱེད་ཀྱི་བྲིས་སྐུ་བྱིན་རླབས་ཅན་གཅིག་དང་། བུ་ཆུང་བསྐྱང་ལུགས་ཀྱི་ཡི་གེ་ལ་སོགས་པ་ཉེ་གནས་ཚུལ་ཁྲིམས་དང་ལྡན་པ་ཞིག་ལ་བསྐུར་ནས་བྱུང་སྟེ། བླ་མ་དེས་ཐུགས་མཁྱེན་གྱིས་མཁྱེན་པར་འདུག །ཕྱིས་རྒྱུ་མཚན་ཞུས་པས། ངས་རྨི་ལམ་དུ་རྡོ་རྗེ་འཇིགས་བྱེད་དང་མཇལ་བས་གསོལ་བ་བཏབ། ཁྱད་པར་དུ་ཞལ་ཡང་ཡང་བསྟན་དུ་གསོལ་ཞེས་ཞུས་པས། སང་ཕོད་དུ་ཙམ་ལུང་པ་འདིའི་མདའ་རུ་ཡོང་། དེ་བར་དུ་བདེ་བར་གྱིས་གསུངས་པས། དེ་གང་ཡིན་དཔྱད་པའི་ཕྱིར་ཏིང་ངེ་འཛིན་ལ་མཉམ་པར་བཞག་པས། ཁྱེད་ཀྱི་བུར་འདུག་པ་ཐེགས་པ་ཡིན་གསུང་། ཞེས་གསུངས་པ་ལྟར་འཇམ་དབྱངས་ཞི་ཁྲོའི་སྤྲུལ་པ་ཡིན་པའི་རྟགས་གསལ་བར་བྱུང་ངོ་། །ཕྱག་རྡོར་གྱི་སྤྲུལ་པ་ཡིན་པ་ནི། དེ་ཉིད་ལས། ཡབ་ཀྱི་མནལ་ལམ་དུ་ལྷུང་ལོ་ཅན་ནས་ཕྱག་ན་རྡོ་རྗེས་འཕངས་སམ་སྙམ་པའི་གསེར་གྱི་རྡོ་རྗེ་འབར་བ་ཞིག་ཡུམ་ལ་ཐིམ་པ་རྨིས་པས། བུ་སྟོབས་ལྡན་ཞིག་སྐྱེ་བ་ཡིན་ནམ་ཞེས་

གླེང་ས་སོ། །ཞེས་པ་ལྟར་དང་། གཞན་ཡང་ཞུས་ལན་སྣང་མཆོག་བདུད་རྩིའི་ཕྲེང་བ་ལས། ཡང་གསང་བའི་བདག་པོ་ལ། ལས་ཀྱི་རྡོ་རྗེས་ཞུས་པ། མ་ཧི་ཧྣ་དྲ་ཕྱི་འདིའི་རྒྱུད་ཚོད་གང་ལགས། འཚང་ནམ་རྒྱ། ཡི་དམ་གང་གིས་རྗེས་སུ་བཟུངས། སྐྱེ་བ་ཕྱ་མ་གར་འཁྲུངས་ཞུས་པས། གསང་བའི་བདག་པོའི་ཞལ་ནས། བློ་བཟང་གྲགས་པ་འདི་ནི་ཚོགས་གཉིས་རྒྱ་ཆེན་པོ་བསགས་པའི་གང་ཟག་ཡིན་ཏེ། སྐྱེ་བ་ཕྱ་མ་སྐྱེ་བ་བདུན་གྱི་བར། པཎྜི་ཏའི་ཚུལ་བསྟན་ནས་སེམས་ཅན་གྱི་དོན་མཛད། འདི་ཁའི་སྐྱེ་བ་ཕྱ་མ་ཁ་ཆེའི་གྲིབ་སྟན་གྱི་ཡུལ་དུ་པཎྜི་ཏ་མ་ཧི་ཧྣ་དྲ་ཕྱི་ཞེས་བྱ་བར་སྐུ་འཁྲུངས་ཏེ་ཕུན་སུམ་ཚོགས་པའི་འཁོར་ལྔ་བརྒྱ་འདུས། སོ་སོ་སྐྱེ་བོའི་སྣང་ངོར་སྦྱོར་ལམ་ལ་གནས་པར་གྲགས། ཁོ་བོ་ཕྱག་ན་རྡོ་རྗེས་ཀྱང་འདིའི་ཡོན་ཏན་དཔག་པར་མི་ནུས་ཤིང་། ལྷག་པའི་ལྷ་ཕྱི་ནང་གི་ལྷ་མོས་རྗེས་སུ་བཟུངས་ཤིང་། རིགས་གསུམ་མགོན་པོས་ཀྱང་རྗེས་སུ་བཟུངས་ཏེ། ལྷག་པའི་ལྷ་ཡིན། འཚང་ནམ་རྒྱ་ངས་མི་སྟོན། འཇམ་དཔལ་དང་སྤྱན་རས་གཟིགས་ཀྱིས་ལུང་སྟོན་པར་འགྱུར་རོ། །མཐོང་ཐོས་དྲན་རེག་གསུམ་གྱི་ཕན་ཡོན་ཐོབ་པའི་གང་ཟག་ཡིན་པས། ཁོའི་རྒྱུད་ཚོད་གཞན་གྱིས་རྟོགས་པར་མི་ནུས་སོ། །ཞེས་དང་། རྗེ་འཇམ་དབྱངས་བཞད་པས་མཛད་པའི་རྡོ་རྗེ་འཇིགས་བྱེད་ཀྱི་ཆོས་འབྱུང་ལས། ཐུན་མོང་བའི་དབང་དུ་བྱས་ན། རྗེ་རིན་པོ་ཆེ་འདིས་སྟོན་པ་སངས་རྒྱས་ལ་མཇལ་བ་ནས། སྐུ་འདི་ཡན་ཆད་སྐྱེ་བ་བཅུ་བདུན་སོང་སྟེ། བླ་མ་དབུ་མ་པ་ལ་འཇམ་དབྱངས་ཀྱིས་གསུངས་པ་ལས། རྗེ་འདི་སྟོན་པའི་དྲུང་དུ་མཇལ་བ་ནས། ད་ལྟ་ཡན་ཆད་ལ་སྐུའི་སྐྱེ་བ་བཅུ་བདུན་སོང་བ་ལ། རྒྱ་གར་དུ་པཎྜི་ཏ་ཆེ་བ་གསུམ་དང་ཆུང་བ་གཉིས། བོད་དུ་འདི་མ་གཏོགས་པའི་བཤེས་གཉེན་གྱི་སྐུ་སྐྱེ་གསུམ་བླངས་པ་ལ། གཅིག་ནི་པཎྜི་ཏར་བགྲང་དུ་རུང་ཞིང་། བསྟན་པ་ལ་ཕན་ཤིན་ཏུ་ཆེ་བ་ཞིག་ཏུ་འཁྲུངས་གསུངས། ཞེས་དང་། པཎྜི་ཏར་བགྲང་དུ་རུང་བའི་སྤྲུལ་པ་ནི། དེ་ཉིད་ལས། ཕྱིས་གྲུབ་ཆེན་ཕྱག་རྡོར་བ་དང་། དཔལ་མོ་རབ་བཟང་གི་ཉམས་ལ་རྫོག་ལོ་ཆེན་པོ་ཡིན་ཟེར། ཞེས་དང་། ཡང་ཕྱག་ན་རྡོ་རྗེའི་ལུང་བསྟན་ལས། བློ་བཟང་གྲགས་པ་འདི་ཉིད་ནི། །སངས་རྒྱས་ཀུན་གྱི་སྤྲུལ་པ་སྟེ། །ཞེས་དང་། འཇམ་དཔལ་རྩ་རྒྱུད་ལས། ང་ནི་མྱ་ངན་འདས་འོག་ཏུ། །ས་ཡི་སྙིང་འདི་སྟོངས་པ་ན། །ཁྱོད་ཉིད་བྱིས་པའི་གཟུགས་ཅན་གྱིས། །སངས་རྒྱས་མཛད་པ་བྱེད་པར་

འགྱུར། །ཞེས་པ་ལ་སོགས་པ་མདོ་རྒྱུད་བསྟན་བཅོས་རྣམས་ལས་ལུང་བསྟན་པ་ཤིན་ཏུ་དོ་མཚར་བ་ཆེས་མང་ངོ་། །དེས་ན་སངས་རྒྱས་ཀྱི་མཛད་པ་མཛད་པའི་སྒོ་ནས་གངས་ཅན་གྱི་མཁས་གྲུབ་ཐམས་ཅད་ཀྱི་གཙུག་རྒྱན་དུ་གྱུར་པ་ཡང་ཡིན་ཏེ། སྤྱིར་སངས་རྒྱས་རྣམས་འཇིག་རྟེན་དུ་འབྱོན་པ་ནི་ཆོས་ཀྱི་འཁོར་ལོ་བསྐོར་བ་སོགས་གང་ལ་གང་ཕན་གྱི་མཛད་པས་གདུལ་བྱ་རྣམས་མངོན་མཐོ་ངེས་ལེགས་ཀྱི་ལམ་ལ་འགོད་པའི་ཆེད་དུ་ཡིན་ལ། རྗེ་རིན་པོ་ཆེས་ནི་དེ་ཐམས་ཅད་མཛད་པས་སོ། དེ་ཡང་རྒྱས་པར་ནི་རྣམ་ཐར་ཆེ་ཆུང་སོགས་ལས་ཤེས་པར་བྱ་ལ། འདིར་མཚོན་ཙམ་བརྗོད་ན། རྗེ་རིན་པོ་ཆེ་འདི་ནི་རྒྱལ་བའི་བསྟན་པ་ཆེས་ཆེར་ཉམས་པའི་དུས་སུ་བྱོན་ནས། ནོར་འཁྲུལ་གྱིས་བསླད་པ་རྣམས་དག་པར་མཛད། ཉུབ་པ་རྣམས་གཞི་ནས་བཙུགས། འཇམ་དབྱངས་ཆོས་སྐོར་དང་དམིགས་བརྩེ་མ་ལ་སོགས་པ་སྔོན་མ་བྱུང་བ་མང་པོ་ཞིག་གསར་དུ་ཕྱེ། དག་པར་མཛད་པའི་རིང་ལུགས་དྲི་མ་མེད་པ་འདི་ཉིད་ནམ་ཡང་མི་ནུབ་པའི་ཆེད་དུ་ལེགས་པར་བཤད་པའི་བསྟན་བཅོས་མང་དུ་བརྩམས། རྒྱལ་བ་ཤཱཀྱ་ཐུབ་པ་དངོས་དང་དབྱེར་མ་མཆིས་པའི་ཇོ་བོ་རིན་པོ་ཆེའི་དྲུང་དུ་བླ་མ་མཆོག་གསུམ་ཐམས་ཅད་ལ་མཆོད་བསྟོད་གསོལ་འདེབས་སྨོན་ལམ་དང་བཅས་པའི་སྤྲོལ་བཏོད། དགའ་ལྡན་འབྲས་སྤུངས་སེ་ར་བཀྲ་ཤིས་ལྷུན་པོ་རྒྱུད་སྟོད་སྨད་སོགས་རྗེའི་མཛད་འཕྲིན་ལས་གྲུབ་པའི་ཆོས་སྡེ་ཆེན་པོ་རྣམས་སུ་རབ་ཏུ་བྱུང་བ་ཁྲི་ཕྲག་དུ་མས་ཚུལ་ཁྲིམས་རྣམ་པར་དག་པ་བསྲུང་ཞིང་ཐོས་བསམ་བསྒོམ་པ་དང་འཆད་རྩོད་རྩོམ་པ་རྣམ་པར་དག་པས་རང་གཞན་གྱི་དོན་ཐམས་ཅད་ཡོངས་སུ་རྫོགས་པར་སྒྲུབ་པར་དགེ་འདུན་གྱི་སྡེ་ཆེན་པོ་བཙུགས། དེ་དག་གི་སྤྲོལ་བཟང་པོ་ཕྱོགས་ཀུན་དུ་དར་བས་དགོན་སྡེ་གྲངས་མེད་པ་རྣམས་སུ་སྨོན་ལམ་གྱི་ཚོགས་དང་། ཐོས་བསམ་བསྒོམ་པ་སོགས་བྱེད་པའི་ཕྱག་ལེན་ས་སྟེང་ཁྱབ་པར་གྱུར། དེར་མ་ཟད་སྐུ་མྱ་ངན་ལས་འདས་པའི་ཚུལ་བསྟན་པའི་མཛད་པས་ཀྱང་གདུལ་བྱ་དཔག་ཏུ་མེད་པའི་དོན་མཛད་བཞིན་པ་ནི་དགའ་ལྡན་ལྔ་མཆོད་ཆེན་མོ་ཞེས་ཡོངས་སུ་གྲགས་པ་དང་། སྐུ་འཁྲུངས་པའི་སར་ཙནྡན་དཀར་པོའི་ཤིང་ལོ་མ་རྣམས་ལ་རྒྱལ་བ་སེང་གེའི་ང་རོའི་སྐུ་གསེར་གྱིས་བྲིས་པ་ལྟ་བུ་དང་། ཤིང་ཤུན་ལ་ཡིག་འབྲུ་མང་པོ་གསལ་བར་བྱུང་བ་སྐྱེ་ས་པས་རྟེན་བྱས་ནས་སྐུ་འབུམ་གྱི་ཆོས་སྡེ་ཆེན་པོ

ཚགས་པ་སོགས་བསྟན་འགྲོའི་དོན་དཔག་ཏུ་མེད་པ་རྒྱུན་མ་ཆད་པར་འབད་མེད་ལྷུན་གྲུབ་ཏུ་འབྱུང་བ་སྐྱེ་བོ་ཐམས་ཅད་ལ་མངོན་སུམ་དུ་སྣང་བ་འདི་ནི་སྟོན་པ་ཤཱཀྱའི་རྒྱལ་པོའི་བསྟན་པ་ཇི་ལྟར་དར་ཞིང་གནས་པ་དང་མཚུངས་པས་རྗེ་ཙོང་ཁ་པ་ལ་རྒྱལ་བ་གཉིས་པ་ཞེས་པ་ཡང་དོན་དང་མཐུན་པ་ཡིན་ནོ། །དེའི་ཕྱིར་བོད་ཀྱི་བླ་མ་དམ་པ་གཞན་སུའི་ཡང་བརྩམས་པའི་བསྟན་བཅོས། བཙུགས་པའི་ལུགས་སྲོལ་དགོན་སྡེ། གཞན་ལ་ཕན་ཐོགས་པའི་མཛད་པ་འཕྲིན་ལས་རྣམས་རྗེ་ཙོང་ཁ་པའི་རིང་ལུགས་ལྟར་བྱུང་བ་གཅིག་ཀྱང་མེད་པ་ནི་ཀུན་གྱིས་ཤེས་པ་ལྟར་ཡིན་ལ། དེར་མ་ཟད་རྒྱ་གར་གྱི་བླ་མ་རྣམས་ལའང་གཞན་ཕན་གྱི་འཕྲིན་ལས་འདི་ལྟར་ཆེ་བ་ནི་མ་བྱུང་འདུག་གོ །འདི་དག་ནི་རང་ཕྱོགས་ལ་ཆགས་ཞེན་གྱིས་བཟང་བར་འཛིན་པ་དང་། གཞན་ཕྱོགས་ལ་སྡང་བས་ངན་པར་སྨྲས་པ་མ་ཡིན་གྱི། རྗེ་ཙོང་ཁ་པའི་ཐུགས་རྗེ་དང་སྨོན་ལམ་བདེན་པའི་བྱིན་རླབས་ཀྱིས་གཞན་དོན་རྒྱ་ཆེན་པོ་གྲུབ་པ་རྣམས་དྲང་པོར་བརྗོད་པ་ཡིན་ནོ། །དེས་ན་དམིགས་བརྩེ་མ་འདི་ནི་རྗེའི་ཕྱི་ནང་གསང་བའི་རྣམ་ཐར་ཐམས་ཅད་དྲན་པའི་སྒོ་ནས་བསྟོད་པའི་གསོལ་འདེབས་ཡིན་པས་དོན་ཤིན་ཏུ་རྒྱ་ཆེ་ལ། གཞན་ཡང་། སྙིང་རྗེས་རྒྱ་ཆེ་བའི་ལམ། ཤེས་རབ་ཀྱིས་ཟབ་མོའི་ལམ་སྟོན་པ་དང་། སྒྱུ་ལུས་འོད་གསལ་ཟུང་འཇུག་བསྟན་པའི་དོན་དང་སྦྱར་བ་ཡང་ཡོད་པས་བདག་ལྟ་བུས་དམིགས་བརྩེ་མའི་དོན་གྱི་ཆ་རགས་རིམ་ཙམ་ཡང་བཤད་ནུས་པ་མ་ཡིན་པར་སྣང་སྟེ། བློ་ལྡན་དག་གིས་ཞིབ་ཏུ་བསམ་པར་བྱའོ། །གསུམ་པ་འགྲོས་དོན་ནི། དམིགས་བརྩེ་མའི་དམིགས་རིམ་ལ། གོང་དུ་བཤད་པའི་ཕྱི་ནང་གསང་བ་གསུམ་ཀ་རིམ་ཅན་དུ་བྱས་ཀྱང་ཆོག་ལ། རང་གི་གང་མོས་ཀྱི་དམིགས་རིམ་གཅིག་གིས་བསྒོམས་ཀྱང་ཆོག་ཅིང་། རྗེ་བླ་མ་གདོད་ནས་སངས་རྒྱས་ཟིན་པ་ཡིན་ཀྱང་གདུལ་བྱའི་དོན་དུ་སྐུ་ཚེ་འདིར་གསན་བསམ་ལ་འབད་ནས་མཁས་པའི་མཆོག་ཏུ་གྱུར་པ་དང་། བསྒོམ་སྒྲུབ་ལ་འབད་ནས་གྲུབ་པའི་མཆོག་ཏུ་གྱུར་པའི་རྗེ་རིན་པོ་ཆེ་ལ་གསོལ་བ་འདེབས་སོ། །བདག་ཀྱང་ཁྱེད་རང་ལྟ་བུར་བྱིན་གྱིས་རློབས་སྙམ་དུ་གསུམ་ཀ་བསྲེས་པའི་ཚུལ་གྱིས་བསྒོམས་ནའང་རུང་མོད་ཀྱང་། བླ་མ་རྣམས་ཀྱི་ཕྱག་ལེན་ལ་གསང་སྒྲུབ་བསྒོམ་པ་མང་ངོ། །ཡང་ཕྱི་སྒྲུབ་ཀྱི་སྐབས་ལྟར་དམིགས་བརྩེ་མ་གསུམ་སྐོར་བཟླས་ཀྱང་དམིགས་རིམ་གསང་སྒྲུབ་ལྟར་

བྱེད་ཐུབ་ངོ་། །རྗེ་བླ་མ་གང་དུ་བསྒོམ་པའི་གནས་ནི། བླ་མའི་རྣལ་འབྱོར་དང་འབྲེལ་ན་སོ་སོའི་ལུགས་བཞིན་བྱ་ལ། མ་འབྲེལ་ན་རང་གི་སྤྱི་བོ་སོགས་སུ་སྐད་ཅིག་གིས་བཞུགས་པར་བསམ་པའམ། ཁྲིམས་སྐུ་སོགས་ལ་རྗེ་བླ་མ་དངོས་སུ་བསམ་པའམ། ཕྱོགས་གང་འདོད་དུ་བཞུགས་པར་བསམ་པའམ་། དགའ་ལྡན་གྱི་གནས་སུ་བསམ་པ་རྣམས་གང་བྱས་ཀྱང་ཐུབ་ཞིང་། སྐུའི་རྣམ་པ་གསལ་མ་བཏབ་པར་དམིགས་བརྩེ་མ་བཟླས་ཀྱང་ཆོག་གོ །བདུད་རྩི་འབེབ་སྦྱང་མི་བྱེད་ཀྱང་ཐུབ་ཞིང་། ལས་མཐུན་གྱི་བདུད་རྩི་འབེབ་སྦྱང་སོགས་བྱེད་པའང་ཡོད་དོ། །སྐུ་མདོག་ཕྱག་མཚན་སོགས་སྒྲིར་བཏང་ལ་ཡོངས་གྲགས་དང་མཐུན་པར་བསྒོམ་པས་རྗེ་བླ་མས་སྐྱེ་བ་ཀུན་ཏུ་རྗེས་སུ་གཟུང་བ་སོགས་ཀྱི་ཟབ་གནད་ཡོད་ཅིང་། དམིགས་བསལ་བསྒྱུར་དགོས་པ་ནི་འཇམ་དབྱངས་ཞི་ཁྲོ་སྒྲུབས་སྒྲུབ་ཀྱི་མན་ངག་ལྟར་རོ། །དམིགས་བརྩེ་མའི་གྲངས་ནི་སྒྲུབ་བསྙེན་གྱི་དབང་དུ་བྱས་ན། རབ་ས་ཡ། འབྲིང་འབུམ་ཕྲག་གསུམ། ཐ་མ་འབུམ་ཕྲག་གཅིག་སྟེ་འོན་ཀྱང་མཚན་མའི་བསྙེན་པ་སོགས་ཐུགས་ཕྱོགས་དང་འདྲ་བས་ངེས་པ་མེད་དོ།། །།རྩ་བའི་ས་བཅད་གསུམ་པ་ཕན་ཡོན་ནི། གོང་དུ་ཟུར་ཙམ་བརྗོད་པ་ལྟར་དང་། གཞན་ཡང་། རྒྱལ་དབང་ཐམས་ཅད་མཁྱེན་པས་མཛད་པའི་དམིགས་བརྩེ་མའི་ཚིག་དོན་མདོར་བསྡུས་ལག་བཅངས་སུ་བཀོད་པ་ལས། གསོལ་བ་རྩེ་གཅིག་ཏུ་འདེབས་པར་བྱེད་ན་ཐུན་མོང་དང་ཐུན་མོང་མ་ཡིན་པའི་དངོས་གྲུབ་རྣམ་པ་གཉིས་འབད་མེད་ལྷུན་གྲུབ་ཏུ་འབྱུང་བ་ལས། དང་པོ་ཐུན་མོང་ནི་རང་གཞན་གྱི་ལུས་སོགས་ལ་སྡོན་ལས་འཕྲུལ་རྐྱེན་གྱི་ནད་གདོན་མ་རུངས་པ་ཀུན་ཞི་ཞིང་། བྱང་ཆུབ་སྒྲུབ་པའི་ས་ལམ་ལ་བར་དུ་གཅོད་པའི་ཚོགས་དང་བྲལ་ནས་སྤངས་རྟོགས་ཁྱད་པར་ཅན་མྱུར་དུ་རྒྱུད་ལ་སྐྱེ་བའི་རྒྱུ་དང་། ས་ཕྱོགས་གང་ན་ཆར་གྱིས་ཐོངས་པ་ལ་ཆར་འབེབས་པ་དང་། སད་བཟློག་པ། བཙའ་བསྲུང་བ། ནོར་སྒྲུབ་སོགས་ལས་ཚོགས་གཞན་ལས་ཟབ་ཅིང་མྱུར་བ་ཁྱད་པར་དུ་འཕགས་པ་དཔེར་ཀྱི་གང་བུ་ལྟར་མང་ལ། ཐུན་མོང་མ་ཡིན་པ་མཆོག་གི་དངོས་གྲུབ་ནི་སྙིགས་དུས་ཀྱི་མིའི་ཚེ་ཐུང་གཅིག་གི་ཡུན་ལ་ཁ་སྦྱོར་ཡན་ལག་བདུན་ལྡན་ཟུང་འཇུག་རྡོ་རྗེ་འཆང་ཆེན་པོའི་གོ་འཕང་བརྙེས་པར་གདོན་མི་ཟ་བས་བཅོས་མིན་གྱི་དད་པ་བརྟན་པོ་དང་བརྩོན་པ་དྲག་པོས་གསོལ་བ་འདེབས་པར་འཚལ་ཞིང་། ཞེས་

དང་། བཀའ་འགྱུར་བས་མཛད་པའི་དམིགས་བརྩེ་མའི་འགྲེལ་བ་ལས། སྤྱིར་མཚན་ཉིད་དང་ལྡན་པའི་རྡོ་རྗེ་སློབ་དཔོན་ལ་བསྟོད་ཅིང་གསོལ་བ་བཏབ་པའི་ཕན་ཡོན་བསམ་གྱིས་མི་ཁྱབ་ཐོབ་པར་གསུངས། ཁྱད་པར་སྔན་རྒྱུད་མན་ངག་ལས་བྱུང་བ་ལྟར་ཐུན་མོང་མ་ཡིན་པའི་བླ་མའི་རྣལ་འབྱོར་དང་བཅས་ཏེ་དམིགས་བརྩེ་མའི་དོན་གོང་དུ་བཤད་པ་ལྟར་དྲན་བཞིན་པས་གསོལ་བ་བཏབ་ན། ཕྱག་རྒྱ་ཆེན་པོ་མཆོག་གི་དངོས་གྲུབ་སྐྱིགས་དུས་ཀྱི་ཚེ་ཐུང་གཅིག་ལ་ཐོབ་པར་འགྱུར་ན་དངོས་གྲུབ་གཞན་ལྟ་ཅི་སྨོས། འཕྲལ་དུ་ཡང་ཚེ་རིང་བ་དང་། ནད་མེད་པ་དང་། བསོད་ནམས་རྒྱས་པ་དང་ཕྱི་ནང་གི་བར་ཆད་གང་གིས་ཀྱང་མི་ཚུགས་པ་དང་། ལོངས་སྤྱོད་འཕེལ་ཞིང་སྙན་གྲགས་རྒྱས་པ་དང་། མཚོན་ཆའི་གནོད་པས་མི་ཚུགས་པ་སོགས་ཕན་ཡོན་བརྗོད་ཀྱིས་མི་ལང་ཞིང་བསམ་གྱིས་མི་ཁྱབ་པར་གསུངས་སོ། །ཞེས་དང་། རྗེ་བཙུན་དགེ་དབང་བྱམས་པའི་ཞལ་སྔ་ནས་ཀྱིས། ཀླུ་དང་གཟའ་དང་རྒྱལ་འགོང་གསུམ་གྱིས་སྲོག་སྙིང་ཕུལ། རྗེས་འབྲངས་དང་འཁོར་ལ་མི་གནོད་པའི་དམ་བཅའ་ཕུལ། ཞེས་དང་། གྲུབ་མཆོག་འཇམ་དཔལ་རྒྱ་མཚོས་མཛད་པའི་དགའ་ལྡན་ལྷ་བརྒྱ་མའི་འཁྲིད་ཡིག་ལས། དེ་ལྟ་བུའི་དོན་ཤེས་ཤིང་ཡིད་ལ་དྲན་པས་གསོལ་བ་བཏབ་ན། དམིགས་བརྩེ་མ་འདོན་ཐེངས་རེ་རེ་ལའང་དེ་གསུམ་ཀའི་དོན་ཚང་བས་ན། ལྷག་པའི་ལྷ་དེ་གསུམ་ལའང་གསོལ་བ་བཏབ་པ་དང་། ཡིག་དྲུག་སོགས་གཟུངས་སྔགས་བཟླས་པ་དང་། གཞན་ཡང་ཕྱོགས་བཅུའི་སངས་རྒྱས་ཐམས་ཅད་ལ་གསོལ་བ་བཏབ་པ་སོགས་ཀྱི་མཐར་ཐུག་གི་ཕན་ཡོན་ཚད་མེད་པ་ཐོབ་པར་གསུངས་ཤིང་། གཞན་ཡང་། སྤྱིར་དམིགས་བརྩེ་མ་ལ་བརྟེན་ནས་གནས་སྐབས་ཀྱི་ཕན་ཡོན་ཡང་བསམ་གྱིས་མི་ཁྱབ་པ་ཐོབ་པ་མངོན་སུམ་གྱིས་གྲུབ་པ་ལྟར་ཡིན་མོད། ཁྱད་པར་དུ་འང་འདུལ་ནག་པ་དཔལ་ལྡན་བཟང་པོ་ཞེས་པ་རྡོ་རྗེ་འཛིགས་བྱེད་ཀྱི་གྲུབ་པ་ཐོབ་པའི་བླ་མ་དེ་ཉིད་སྲད་ཀྱི་ཕུར་སྒྲུབ་པ་མཛད་ཅིང་བཞུགས་པའི་ཚེ། སྲད་ཀྱི་ནང་ན་ཁྲིམ་བདག་ཤིན་ཏུ་འབྱོར་ལྡན་ཞིག་ལ་བསམ་ཡས་ཀྱི་རྒྱལ་པོ་དཔེ་ཧར་གྱི་གནོད་པས་ཁྲིམ་གྱི་མི་མང་པོ་འགྲུམ་ཞིང་། ཁྱད་པར་དུ་འང་ཤིན་ཏུ་གཅེས་པའི་བུ་ཞིག་ནད་ཀྱིས་མནར་ཞིང་རྒྱལ་འགོང་ཕོག་ཏུ་ཞུགས་ནས། ཐབས་ཅི་བྱས་ཀྱང་མ་ཕན་པར་འཆི་བ་ལ་ཐུག་པ་ན། ཐུགས་རྗེ་འབགའ་ཞིག་གིས་རང་རེའི་ཕུ་ཡ་གིར་ཕྱུག་པ་ཞིག་ན

སྐབས་འགར་བཙུན་པ་ཞིག་དང་། སྐབས་འགར་གཡག་ཤིན་ཏུ་འཇིགས་སུ་རུང་བ་ཞིག་སྟོད་འདུག་པས་ཡིད་ཀྱང་མི་ཆེས་པ། དེ་འདྲའི་བཙུན་པ་དེ་ལ་ཐབས་ཤིག་ཨེ་ཡོད་དྲིས་ན་ཟེར་བ་བཞིན་དུ་ཁྲིམ་བདག་གིས། འདུལ་ནག་པའི་དྲུང་དུ་ཕྱིན་ནས་ཕྱག་བྱས་ཏེ། རྒྱུ་མཚན་རྣམས་བསྙད་དེ། དེའི་ཐབས་ཁ་ཅིས་ཀྱང་ཁྲིམ་དུ་ཕེབས་པར་གསོལ་བ་བཏབ་པས། བླ་མས། ངེད་ཅི་ཡང་མི་ཤེས་པའི་བཙུན་རྐྱན་ཞིག་ཡིན་དེ་འདྲའི་ཐབས་འདྲ་གང་ནས་ཤེས། ཤེས་གསུངས་ནས། ཞལ་གྱིས་མ་བཞེས་ཀྱང་། །ཁྲིམ་བདག་གིས་ནན་ཆེར་གསོལ་བ་བཏབ་པས། འོ་ན། ཁྱེད་དེ་ཙམ་ནན་ཏན་ཆེ་ན་ངེད་ཀྱིས་ཕན་མི་ཕན་བརྟག་དགོས་པས་རེ་ཞིག་ངེད་ཀྱི་ཐེང་བ་འདི་དང་ལྷམ་འདི་དང་གདིང་བ་འདི་རྣམས་ཁྱེར་ལ། རྒྱལ་འགོང་ཁོག་ཏུ་ཞུགས་པའི་ཚེ་གདིང་བ་འདི་སྐར་ཁུང་དུ་གཡོགས། ལྷམ་འདི་གཉིས་སྒོའི་གཡས་གཡོན་དུ་ཐོགས། ཐེང་བ་འདི་རེ་རེ་ནས་ཁྲིམ་དེའི་ཕུག་པ་གང་ཡོད་དུ་རྒྱུག་ཞོག །དེ་ལྟར་བྱས་པ་ན་གདོན་དེ་སྐད་ངན་འདོན་ཞིང་འཇིགས་པའི་སྐད་ཟེར་བ་འོང་། དེ་བྱུང་ན་ངེད་ལ་སྐད་ཆ་གྱིས། དེ་ལ་མ་འཇིགས་ན་ངེད་ཀྱིས་ཕན་མི་ཐོགས་གསུངས་ནས་བཏང་། ཁྲིམ་བདག་གིས་གདོན་དེ་ཁོག་ཏུ་ཞུགས་འཕྲལ་བླ་མས་གསུངས་པ་བཞིན་དུ་བྱས་པས། གདོན་དེ་སྐད་ཀྱི་ང་རོ་ཆེན་པོས། འདིར་འོང་དྲག་པས་ང་གནས་འགྲོ། །སྟེང་གི་སྐར་ཁུང་ནི་རྡོ་རྗེ་འཇིགས་བྱེད་ཀྱིས་བཀག་འདུག །སྒོའི་གཡས་གཡོན་ན་སྲིན་པོ་རལ་གྲི་ཐོགས་པ་འཇིགས་སུ་རུང་བ་གཉིས་ཀྱིས་བསྲུང་འདུག། གཞན་ཡང་བུ་ག་ཐམས་ཅད་ནི་བཙུན་པའི་དམག་གིས་བསྐོར་འདུག ཅེས་དུ་བ་ན། བླ་མ་མྱུར་དུ་སྤྱན་དྲངས། དེར་བླ་མས་ཁྱོད་ལ་འཇིགས་པ་འདི་ལྟ་བུ་བྱུང་བ་ལ་མ་བཟོད་པ་འདི་ལྟར་ན་སེམས་ཅན་གཞན་གྱི་ཚེ་སྲོག་ལ་གནོད་པ་ཅི་ཁྱོལ་བྱེད་པ་སྙིང་རེ་རྗེ། ད་ལྟ་དེ་རིང་ནས་ཁྱོད་ཀྱིས་སྐྱེ་འགྲོ་ལ་གནོད་པ་མི་བྱེད་པའི་དམ་བཅའ་གྱིས། དེ་མིན་སྐད་ཅིག་གིས་བརླག་པར་བྱའོ་གསུངས་པས། གདོན་ན་རེ། དེ་ལྟར་ན་ངེད་སྐྱེ་འགྲོའི་ཤ་ཁྲག་གིས་འཚོ་བ་ལས་ཟས་སྐོམ་མི་རྙེད་པས་ངེད་ཅག་ལའང་སྙིང་རྗེ་ཅུང་ཟད་འཚལ་ཟེར་བ་ལ། འོ་ན། ཁྱོད་རང་དམིགས་བརྩེ་མ་འདོན་མཁན་སུ་ལའང་གནོད་འཚེ་མི་བྱེད་པའི་དམ་བཅའ་གྱིས་གསུངས་ལ། དེ་ལྟར་བྱས་ནའང་ནུབ་ཛ་ལནྡྷ་ནས་ཤར་ཕྱོགས་རྒྱ་མཚོ་ཆེན་པོའི་མཐར་ཐུག་པར་དམིགས་བརྩེ་མ་འདོན་

མཁན་གྱིས་མ་ཁྲིབ་པ་ཞིག་མི་འདུག་པས། ངེད་རྣམས་ཀྱིས་ཟས་སྐོམ་མི་རྙེད་ཅེས་ཟེར་བ་ལ། ད་འོ་ན་ཁྱོད་ཀྱིས་དེ་རིང་ནས་བླ་མའི་རྣལ་འབྱོར་འདི་དང་འབྲེལ་ནས་དམིགས་བརྩེ་མ་འདོན་པ་སུ་ལའང་གནོད་འཚེ་ཙུང་ཟད་ཀྱང་མི་བགྱིད་པའི་མནའ་བོར། དེ་མིན་སྐུར་དུ་བཀླག་པར་བྱའོ་གསུངས་པས། དེ་ནས་བླ་མས་ཇི་སྐད་གསུང་བ་བཞིན་དུ་འཚལ་ལོ་ཞེས་བྲོ་བོར་ཞིང་བཀའ་བསྒོས་པར་གྲགས། དེ་བས་ན་བླ་མའི་རྣལ་འབྱོར་འདིའི་ཉམས་ལེན་དང་སྦྲེལ་ནས་དམིགས་བརྩེ་མ་འདོན་པ་སུ་ལའང་སྡེ་བརྒྱད་སྤྱི་དང་། ཁྱད་པར་དཔེ་ཧར་ལ་སོགས་པའི་རྒྱལ་འགོང་གིས་གནོད་པར་མི་ནུས་པར་འདུག །ཅེས་བླ་མ་དག་གསུང་ངོ་། །ཞེས་གསུངས་ཏེ་འདི་ནི་དམིགས་བརྩེ་མ་དང་དགའ་ལྡན་ལྷ་བརྒྱ་མ་གཉིས་ཀའི་ཕན་ཡོན་ཡིན་ནོ། །སླས་པ། གསུང་རབ་ཀུན་གྱི་སྙིང་པོ་ གཅིག་བསྡུས་གསུང་མཆོག་ཚད་བྱུང་གསོལ་འདེབས་འདིའི། །ཚིག་དོན་ཤེས་ཤིང་དད་པའི་སྒོ་ནས་ཚིག་ཟུར་མ་ཉམས་བཟླས་བྱེད་ན། །མི་འདོད་སྡུག་བསྔལ་སྡིག་སྒྲིབ་ལ་སོགས་མི་མཐུན་རྐྱེན་ཀུན་བྱང་ནས། །ཡིད་ལ་གང་བསམ་ཕན་བདེ་མཐའ་དག་ཡིད་བཞིན་འགྲུབ་པར་གདོན་མི་ཟ། །དེ་སྐད་སྐྱིད་སྡུག་ལེགས་ཉེས་སྐབས་ཀུན་དུ། །འགྲོ་འཆག་ཉལ་འདུག་སྤྱོད་ལམ་གང་བྱེད་ཀྱང་། ། སྐྱབས་ཀུན་ངོ་བོ་འཇམ་མགོན་བླ་མ་ལ། །བློ་ཕུགས་གཏད་དེ་གསོལ་བ་གདབ་པར་རིགས། །ཉིད་ཀྱི་མཚན་ཙམ་བརྗོད་དང་དྲན་པས་ཀྱང་། །སྡིག་པའི་ལས་ཀྱི་འབྲས་བུས་མནར་བ་ཀུན། །ཕུན་ཚོགས་བདེ་བའི་དཔལ་རབ་འབྱོར་གྱུར་ནས། །རྒྱལ་བའི་གོ་འཕང་ཐོབ་པར་གསུངས་པས་ན། །གསོན་ནའང་འཇམ་མགོན་བླ་མ་བསྒོམ་ཞིང་སྡོད། །ཤི་ནའང་འཇམ་མགོན་བླ་མ་བསྒོམ་ཞིང་འཆི། །གང་འབྱུང་འཇམ་མགོན་བླ་མ་མཁྱེན་སྙམ་དུ། །ཡང་ཡང་དྲན་པ་གསོ་ཞིང་གསོལ་བ་ཐོབ། །འཇམ་མགོན་གསུང་གི་གནད་དོན་ཤིན་ཏུ་ཟབ། །བདག་ནི་བློ་དམན་ཐོས་པ་ཤིན་ཏུ་ཙུང་། །དེ་སྐད་ནོར་འཁྲུལ་ཉེས་པ་ཅི་མཆིས་པ། །བརྩེ་ལྡན་དམ་པ་རྣམས་ལ་སྙིང་ནས་བཤགས། །དེ་ལྟར་ཡང་མཐའ་འཁོབ་སོག་ཡུལ་འདིར། །བཤེས་གཉེན་དམ་པ་བསྟེན་པ་ཉིན་སྐར་ཙམ། །བསྟེན་ཀྱང་ཐོས་བསམ་འབད་པ་དེ་བས་དཀོན། །ཙུང་ཟད་ཤེས་ཀྱང་སྒྲུབ་པ་ཤིན་ཏུ་དཀོན། །དེ་ཕྱིར་འཁོར་སློབ་འགའ་ལ་ཕན་ཆེད་དང་། འབྲེལ་ཚད་མཐའ་དག་འཇམ་མགོན་བླ་མ་ཡིས། །འབྲལ་མེད་རྗེས་སུ་འཛིན་པའི་རྒྱུར་གྱུར་

ཅིག །སྙམ་དུ་སྨོན་པའི་ཡིད་ཀྱིས་ཚིག་ཏུ་བསྡེབས། །ཚེ་རབས་ཀུན་ཏུ་རྒྱལ་བ་ཙོང་ཁ་པས། །ཐེག་མཆོག་བཤེས་གཉེན་དངོས་སུ་མཛད་པའི་མཐུས། །རྒྱལ་བས་བསྔགས་པའི་ལམ་བཟང་དེ་ཉིད་ལས། །སྐད་ཅིག་ཙམ་ཡང་ལྡོག་པར་མ་གྱུར་ཅིག །ཅེས་དམིགས་བརྩེ་མའི་དམིགས་རིམ་ཚིག་དོན་དང་བཅས་པའི་རྣམ་བཤད་དངོས་གྲུབ་ཀུན་འབྱུང་ཞེས་བྱ་བ་འདི་ནི་རྗེ་བཙུན་ཙོང་ཁ་པའི་རིང་ལུགས་དྲི་མ་མེད་པ་དང་མཇལ་བའི་མིང་ཙམ་གྱི་སྐལ་པ་བཟང་པོ་ཐོབ་པ། བཙུན་ཆུང་མ་ཏི་བྷ་དྲའི་མིང་ཅན་གྱིས་ལེགས་སྨོན་གྱི་བསམ་པས་ཀུན་ནས་བསླངས་ཏེ་རང་ལོ་ཞེ་ལྔ་པ་ཤིང་····འབྲུག་ལོའི་ཧོར་ཟླ་དང་པོའི་ཚེས་གཅིག་གི་ཉིན་ནས་མགོ་བཙམས་ཏེ། བླ་མ་དམ་པ་རྣམས་ཀྱི་ཞལ་གྱི་མན་ངག་ཇི་ལྟ་བ་བཞིན་དུ་བསྒྲིགས་པའི་ཡི་གེ་པ་ནི་ཉུ་བོ་དགེ་སློང་བསྟན་པ་ཡར་འཕེལ་ལོ། །འདིས་ཀྱང་བདག་སོགས་འགྲོ་བ་ཐམས་ཅད་འཇམ་མགོན་བླ་མ་ཙོང་ཁ་པ་ཆེན་པོས་ཚེ་རབས་ཐམས་ཅད་དུ་དགྱེས་བཞིན་དུ་རྗེས་སུ་འཛིན་པའི་རྒྱུར་གྱུར་ཅིག། །།མངྒ་ལཾ།།

༄༅། །རྗེ་ཡབ་སྲས་ཀྱི་བསྟོད་པ་བཞུགས་སོ། །

༄༅། །ན་མོ་གུ་རུ། རྒྱལ་བས་གསུངས་པའི་མདོ་རྒྱུད་ཀུན་གྱི་དོན། །མཐའ་དག་ཕྱོགས་གཅིག་དྲིལ་ནས་འགལ་མེད་དུ། །སྒྲུབ་པའི་རྣམ་དག་ལམ་བཟང་གསལ་མཛད་པ། །མཚུངས་མེད་ཙོང་ཁ་པ་ལ་ཕྱག་འཚལ་ལོ། །གང་ལའང་མ་སྦྱངས་ཐ་མལ་རང་ག་བས། །ཐོག་མར་གང་ནས་འཇུག་པའི་ཉམས་ལེན་ནས། །མི་སློབ་ཟུང་འཇུག་བར་གྱི་ལམ་རིམ་རྣམས། །མ་ལུས་མ་ནོར་བསྟན་ལ་ཕྱག་འཚལ་ལོ། །བསྟན་འགྲོའི་དོན་ཉིད་དགོངས་པ་འབའ་ཞིག་གིས། །ཡིད་ཆེས་ལུང་དང་དྲི་མེད་རིགས་པ་ཡིས། །ལེགས་བསྒྲུབས་བཀའ་རྩོམ་མང་པོ་སྩོལ་མཛད་པ། །བསྟན་འགྲོའི་གཉེན་གཅིག་ཁྱོད་ལ་ཕྱག་འཚལ་ལོ། །རབ་འབྱིང་ཐ་མའི་གདུལ་བྱ་ཐམས་ཅད་ལ། །གང་གིས་ཕན་པར་འབྱུང་བའི་ལེགས་བཤད་མཆོག །གསལ་ཞིང་ཚང་བར་འདོམས་མཛད་འགྲོ་ཀུན་གྱི། །བཤེས་གཉེན་གཅིག་པུ་ཁྱེད་ལ་ཕྱག་འཚལ་ལོ། །ཐུན་མོང་སྣང་ངོར་བསྟན་པའི་སྤྲུལ་པའི་སྐུ། །བསྟུས་པའི་རྗེས་སུའང་མཁས་གྲུབ་རིན་པོ་ཆེས། །མཆོད་འབུལ་གསོལ་བ་བཏབ་པའི་སྐབས་རྣམས་སུ། །ཡང་ཡང་དངོས་སུ་བྱོན་ལ་ཕྱག་འཚལ་ལོ། །དེ་ཡང་སྐབས་ཤིག་རྗེ་ཉིད་རང་ཚུལ་གྱིས། །གསེར་གྱི་དྲ་བ་དྲིལ་དུ་རིན་ཆེན་རྒྱན། །དུ་མས་སྤྲས་པའི་གླང་ཆེན་བཅིབས་ནས་བྱོན། །བསྟན་པ་སྤེལ་བར་བསྐུལ་ལ་ཕྱག་འཚལ་ལོ། །ནོར་བུ་མུ་ཏིག་སོགས་ཀྱིས་སྤྲས་པའི་ཁྲི། །ལྷ་བུ་མང་པོས་བཏེགས་པའི་སྟེང་བཞུགས་པ། །དངོས་སུ་བྱོན་ནས་མདོ་སྔགས་དཀའ་གནད་སོགས། །དམ་ཆོས་མང་དུ་གསུངས་ལ་ཕྱག་འཚལ་ལོ། །དམར་སེར་མདོག་ཅན་རལ་གྲི་གློགས་བམ་བསྣམས། །ཐོར་ཚུགས་རིན་ཆེན་རྒྱན་ལྡན་སེམས་དཔའི་ཚུལ། །འཇིགས་རུང་སེང་གེ་དཀར་པོ་ཆིབས་བྱོན་ནས། །ཞལ་གདམས་མང་དུ་བསྩལ་ལ་ཕྱག་འཚལ་ལོ། །སྐུ་མདོག་དམར་པོ་རྣལ་འབྱོར་ཆ་ལུགས་ཅན། །རལ་གྲི་ཐོད་པ་བཟུང་ཞིང་སྟག་ལ་ཆིབས། །གྲུབ་ཆེན་བརྒྱད་ཅུས་བསྐོར་ནས་དགྱེས་བཞིན་བྱོན། །བསྟན་འགྲོའི་གནས་ཚུལ་བསྟན་ལ་ཕྱག་འཚལ་ལོ། །སྤྲིན་དཀར་དབུས་སུ་རང་གི་རྣམ་པར་བྱོན། །རྗེ་ཉིད་གང་དུ་བཞུགས་པའི་ཞིང་ཁམས་དང༌། །ཕྱི་མར་དངོས་སུ་མཇལ་བ་ལ་སོགས་པའི། །རྗེས་སུ་འཛིན་ཚུལ་གསུངས་ལ་ཕྱག་འཚལ་ལོ། །དེ་ལྟར་འཇམ་མགོན་བླ་མ་གཤེགས་ནས་ཀྱང༌། །ལན་ལྔ་མཇལ་སོགས་རྨད་བྱུང་རྣམ་ཐར་ཅན། །ཀུན་མཁྱེན་སྨྲ་

བའི་ཉི་མ་དགེ་ལེགས་དཔལ། །མཁས་གྲུབ་རིན་པོ་ཆེ་ལ་ཕྱག་འཚལ་ལོ། །ཡབ་སྲས་གཉིས་ཀྱི་དཔག་མེད་མཛད་པ་ལས། །ཆ་ཕྲན་ཙམ་ཞིག་དྲན་ནས་བསྟོད་པའི་དགེས། །འགྲོ་ཀུན་དམ་པའི་བཤེས་ཀྱིས་རྗེས་བཟུང་ཞིང་། །དེ་ཡི་གདམས་པའི་སྣོད་དུ་འགྱུར་བར་ཤོག །བདག་ཀྱང་དེང་ནས་གནས་སྐབས་ཐམས་ཅད་དུ། །འཇམ་མགོན་ཡབ་སྲས་གཉིས་དང་མི་འབྲལ་ཞིང་། །ཞལ་མཐོང་གསུང་ཐོས་བཀའ་བཞིན་སྒྲུབ་པ་ཡིས། །རང་གཞན་དོན་གཉིས་ཡོངས་སུ་རྫོགས་གྱུར་ཅིག ། ༄མཁས་གྲུབ་རྗེའི་རྣམ་ཐར་གཟིགས་པ་ལྷ་ལྡན་ལས་གསུངས་པ་ལྟར་ ༄རྗེ་ཡབ་སྲས་གཉིས་ལ་བསྟོད་པའི་ཚུལ་འདི་ནི་གྱི་ན་པ་ཚུལ་ཁྲིམས་ཀྱིས་བྲིས་པ་དགེ་ལེགས་འཕེལ་བར་གྱུར་ཅིག །

༄༅། །དམིགས་བརྩེ་མ་ལ་བརྟེན་ནས་སྦྱིན་སྦྱོང་བྱ་ཚུལ་མདོར་བསྡུས་བཞུགས་སོ། །

ཐོག་མར་སྐྱབས་འགྲོ་སེམས་བསྐྱེད་བྱ་བ་ལ། བདག་སོགས་འགྲོ་བ་ནམ་མཁའི་མཐའ་དང་མཉམ་པའི་སེམས་ཅན་ཐམས་ཅད་དཔལ་ལྡན་བླ་མ་དམ་པ་རྣམས་ལ་སྐྱབས་སུ་མཆིའོ། །སངས་རྒྱས་བཅོམ་ལྡན་འདས་རྣམས་ལ×། དམ་པའི་ཆོས་རྣམས་ལ×། འཕགས་པའི་དགེ་འདུན་རྣམས་ལ×། ཁྱད་པར་ཁམས་གསུམ་ཆོས་ཀྱི་རྒྱལ་པོ་ཙོང་ཁ་པ་ཆེན་པོ་ཡབ་སྲས་བརྒྱུད་པ་དང་བཅས་པ་རྣམས་ལ×། ཆོས་སྐྱོང་སྲུང་མ་ཡེ་ཤེས་ཀྱི་སྤྱན་དང་ལྡན་པ་རྣམས་ལ×། སངས་རྒྱས་ཆོས་ཚོགས་མ། ཚད་མེད་བཞི། ལྷང་དོར་གནས་རྣམས་མ་རིག་འཐུག་པོས་བསྒྲིབས། །ཞེས་པ་ནས་ཡིད་ལ་སྨོན་པ་འགྲུབ་པའི་དབང་པོ་རྒྱ། །འཕོངས་པའི་གཉེན་གཅིག་འཇམ་མགོན་བློ་བཟང་གྲགས། །དར་མ་རིན་ཆེན་མཁས་གྲུབ་དགེ་ལེགས་དཔལ། །ཡབ་སྲས་ཀུན་ལ་སྙིང་ནས་གསོལ་འདེབས་ན། །དཔག་མེད་བསྐལ་པར་བདག་ཅག་རྣམས་ཀྱི་ཕྱིར། །ཞེས་པ་ནས་འདིར་གཤེགས་ཤིག། དགའ་ལྡན་ལྷ་བརྒྱའི་མགོན་གྱི་ཐུགས་ཀ་ནས། །ཞེས་པ་ནས་གསལ་བྱེད་ཤོག། དཔལ་ལྡན་ས་གསུམ་འགྲོ་བའི་མིག་གཅིག་བུ། །ཞེས་པ་ནས་མཆོག་གི་དངོས་གྲུབ་བརྩེས་ལ་གསོལ་བ་འདེབས། །གདུང་བའི་འོ་དོད་འབོད་དོ་བརྩེ་བས་དགོངས། །ཐུགས་བསྐྱེད་བདེན་པའི་དུས་ལ་བབ་ལགས་ན། །མགོན་པོ་ཁྱོད་ཀྱི་གཟུངས་ཀྱི་ཕན་ཡོན་ཀུན། །དེང་འདིར་བདག་ལ་མངོན་སུམ་བསྟན་དུ་གསོལ། །མི་ཤེས་དབང་གིས་བྱས་པའི་ཉེས་པ་དང་། །ཉིན་རེ་བཞིན་དུ་མཆེད་པ་འཕེལ་ཁའི་འགྲོ། །རྣམ་སྨིན་མི་བཟང་ལྷུང་བའི་ངོ་བོ་ཀུན། །ལྷག་མེད་བྱང་ཞིང་དག་པར་བྱིན་གྱིས་རློབས། །དཀོན་མཆོག་གསུམ་གྱི་དཀོར་དང་ཁྱད་པར་དུ། །དགེ་འདུན་འདུ་སྒོ་གསོན་གཤིན་དད་ཟས་སོགས། །མི་མདག་ལྷ་བུར་སྤྱད་པའི་ཉེས་པ་ཀུན། །ལྷག་མེད་བྱང་×། །བླ་མ་རྡོ་རྗེ་སྤྱན་དང་མཆོག་གསུམ་རྟེན། །ཕ་མ་ལ་སོགས་ཞིང་དང་བསམ་སྦྱོར་མཐུག། །མཐུ་ཆེན་ཤུགས་དྲག་ཉེས་པ་གང་བགྱིས་རྣམས། །ལྷག་མེད×། །ཐུགས་རྗེ་ཚད་མེད་བླ་མ་རྡོ་རྗེ་འཆང་། །བྱིན་རླབས་མཚུངས་མེད་བླ་མ་རྡོ་རྗེ་འཆང་། །སྐྱབས་གནས་བསྡུ་

མེད×། །བཀའ་དྲིན་འཁོར་མེད×། །ལས་འབྲས་བླང་དོར་བསྟན་ནས་ངན་སོང་གི །སྡོ་འཕར་གཅོད་མཛད×། །བསླབ་གསུམ་བདེན་པ་བཞི་ཡི་འཇུག་ལྡོག་གིས། །ཐར་པར་འཁྲིད་མཛད་བླ་མ ×། །ཐབས་ཤེས་གྲུང་དུ་འགྲེལ་བའི་ལམ་བཟང་གིས། །སྲིད་ཞིའི་འཇིགས་སྒྲོལ་བླ་མ ×། །དབང་དང་དམ་ཚིག་རིམ་གཉིས་རྣལ་འབྱོར་གྱིས། །ཚེ་འདིར་མཆོག་སྩོལ་བླ་མ ×། །མཆོག་དང་ཐུན་མོང་དངོས་གྲུབ་ཀུན་གྱི་གཏེར། །གནས་སྐབས་མཐར་ཐུག་ཡོངས་ཀྱི་སྐྱབས་གཅིག་པུ། །རྒྱལ་བ་ཀུན་ལས་ལྷག་པའི་བཀའ་དྲིན་ཅན། །ཁྱོད་མིན་སྐྱབས་གཞན་ནམ་ཡང་མི་འཚོལ་བའི། །སྤྲུལ་པའི་གར་བརྒྱ་བདེ་ཆེན་རོ་གཅིག་ཏུ། །སྟུད་མཛད་རྡོ་རྗེ་འཆང་ཆེན་བླ་མ་མཁྱེན། །ཞེས་དང་། དྲིན་ཅན་ཕ་མ་མནར་ཞིང་སྡུག་ཏུ་བཅུག། ཞོན་བཀལ་བྱས་པའི་སེམས་ཅན་བསད་ཅིང་བཅོད། །ཚོང་དང་ཁེ་སྤོག་ལས་ལ་ཐམས་ཅད་འབད། །ལྟ་བ་ལོག་པས་དགེ་རྩ་ཐམས་ཅད་བཅོམ། །དུས་ངན་སེམས་ཅན་དམྱལ་བར་འགྲོ་ངེས་ལ། །མགོན་པོ་ཁྱོད་ཀྱིས་མྱུར་དུ་ཐུགས་རྗེ་གཟིགས། །ཁྱེད་ཀྱི་བསྟན་པ་འདི་དང་མཇལ་ན་ཡང་། །བཤད་སྒྲུབ་གང་གིས་སྙིང་པོ་མ་ལོན་པར། །ཡིད་བཞིན་ནོར་བུའི་གླིང་ནས་སྟོང་ལོག་ཏུ། །འགྲོ་བ་རྣམས་ལ་ཁྱེད་ཀྱིས་ཐུགས་རྗེ་གཟིགས། །མདོར་ན་སྐྱེ་ཞིང་སྐྱེ་བ་ཐམས་ཅད་དུ། །མགོན་པོ་ཁྱོད་ཀྱིས་འབྲལ་མེད་རྗེས་བཟུང་ནས། །སྐུ་གསུང་ཐུགས་ཀྱི་གསང་བ་ཀུན་འཛིན་པའི། །སྲས་ཀྱི་ཐུ་བོར་འགྱུར་བར་བྱིན་གྱིས་རློབས། །ཞེས་གསོལ་བ་བཏབ་ནས། །འཇམ་འགོན་ཡབ་སྲས་གསུམ་གྱི་ཐུགས་ཀ་ནས། །ཕོན་པའི་འོད་ཀྱི་སྦུ་གུའི་ལམ་བརྒྱུད་དེ། །བདུད་རྩིའི་རྒྱུན་བབ་སྤྱི་གཙུག་ནས་ཞུགས་ཏེ། །སྡིག་སྒྲིབ་ཉེས་ལྟུང་མ་ལུས་སྦྱངས་པར་གྱུར། །དེ་ནས་དམིགས་བརྩེ་མ་གང་མང་བཟླས། མཐུལ་ཕྱུལ་ཏེ་ལམ་རིམ་ཤར་སྒོམ་དང་། དེང་ནས་བཟུང་སྟེ་ཚེ་རབས་ཀུན་ཏུ་བདག། ཅེས་པ་ནས། འགྲོ་བའི་འདྲེན་པ་བགྱིད་པར་བྱིན་གྱིས་རློབས། །ཁྱོད་ནི་བླ་མ་ལན་གསུམ། དཔལ་ལྡན་རྩ་བའི་བླ་མ། ལན་གསུམ། དམིགས་པ་ཁྲིད་ཡིག་ལྟར་རོ། །དགེ་བ་འདི་ཡིས་སྐྱེ་བ་ཐམས་ཅད་དུ། །ཞེས་པ་ནས། མཛད་དུ་གསོལ། །དགེ་ལྡན་བསྟན་པ་རྒྱས་པའི་སྨོན་ལམ། རྗེའི་བསྟན་པ་དང་མཇལ་བའི་སྨོན་ལམ། འཇམ་དཔལ་དཔལ་བོ་མ་དང་དུས་གསུམ་གཤེགས་པའི་མ་སོགས་བྱའོ། །ཞེས་བཀའ་དྲིན་འཁོར་མེད་ཞང་སྟོན་ཆོས་ཀྱི་རྒྱལ་པོ་བསྟན་པ་རྒྱ་མཚོ་དཔལ་བཟང་པོ་

གཟུགས་སྐུ་ཆོས་དབྱིངས་སུ་བསྡུ་སྐབས་ཟླ་བ་བཞི་པའི་བཙོ་ལྔ་ལ་ཞལ་ཆེམས་ལྟ་བུར་གསུང་གི་ཐ་མར་གསུང་རྩོམ་འདི་བསྒྲུལ་བའོ།།　　སརྦ་མངྒ་ལཾ།།

༄༅། །དམིགས་བརྩེ་མ་བཟླ་ཚུལ་སྙིང་པོ་བཅུད་འདུས་བཞུགས་སོ། །

༄༅། །བསྟན་པའི་བདག་པོ་ཐུབ་དབང་རྡོ་རྗེ་འཆང་། །གངས་ཅན་བསྟན་འགྲོའི་གཉེན་གཅིག་བློ་བཟང་གྲགས། །སངས་རྒྱས་ཀུན་དངོས་རྩ་བའི་བླ་མ་ལ། །གསོལ་བ་འདེབས་སོ་བྱིན་གྱིས་བརླབ་ཏུ་གསོལ། །དེ་ལ་འདིར་བླ་མའི་རྣལ་འབྱོར་ལ་བརྟེན་ནས་དལ་འབྱོར་ལ་སྙིང་པོ་ལེན་པའི་ཚུལ་འགོད་པར་བྱའོ། །དེ་ལ་རྗེ་བླ་མ་ལ་བརྟེན་པའི་བླ་མའི་རྣལ་འབྱོར་དགའ་ལྡན་ལྷ་བརྒྱ་མར་གྲགས་པ་འདི་ནི་སྔགས་དུས་གཏོར་བགེགས་ཀྱི་བར་ཆད་སེལ་བ་ལ་མཆོག་ཏུ་བསྔགས་ཤིང་ཚེ་གདོང་བདེ་བས……ཐོག་མར་འདིའི་སྟེང་ནས་ཉམས་སུ་ལེན་ཚུལ་འགོད་པ་ལ། གུང་ཐང་འཇམ་པའི་དབྱངས་ཀྱི་གཞུང་བསྲིང་དུ་བདེ་ལམ་གྱི་མན་ངག་ལྟར་སྐྱབས་འགྲོའི་ཚོགས་ཞིང་བཀོད་པ་སྟོང་མཆོད་ཀྱི་དབུར་བྲིས་ཡོད་པ་ལྟར་བྱས་ཏེ། སྐྱབས་སེམས་གནད་དུ་འགྲོ་ངེས་བྱ། བརྒྱུད་འདེབས་འདོན་ན་ཁ་སྐོང་རེ་རེ་ཙམ་དགོས། མཆོད་པ་བྱིན་རླབས་ཀྱི་སྐབས་རང་གི་ཁང་པ་དེའི་ནང་ན་ཡོད་པའི་བཅའ་ལག ཐན་དོང་ཚེ་གཅིག་ཡན་ཆད། ཁ་དར་གཅིག་ཡན་ཆད་ཀྱི་ལོངས་སྤྱོད། བཟའ་བཏུང་། གྱོན་པ་སོགས་གང་ཡོད་དང་། དུས་གསུམ་གྱི་དགེ་རྩ་དང་བཅས་པ་དམིགས་འོག་ཏུ་ཚུད་པར་བྱས་ནས། དེ་དག་ཐམས་ཅད་ཀུན་ཏུ་བཟང་པོའི་མཆོད་པའི་སྤྲིན་རྒྱ་མཚོ། སྒྲ་ཙམ་ཁྱོན་ལ་དུས་གསུམ་ཚད་སྙེད་ཀྱི་ཞེས་པ་ལྟར། དུས་གསུམ་ཕྱོགས་བཅུའི་ནམ་མཁའི་མཐའ་དང་མཉམ་པ། མཆོད་པ་རེ་རེ་ཡང་བརྟན་གཡོ་གང་ལ་བསམ་ཀྱང་དེ་གཅིག་པོ་མ་གཏོགས་གཞན་གང་ཡང་མེད་པ་ལྟ་བུ། ཕན་ཚུན་གོ་མི་འགོག་པ། དུས་འཁོར་བ་ཇི་སྲིད་དུ་གནས་པ་དེ་ལྟ་བུར་གྱུར་པ་བསམས་ཏེ། མཆོད་པའི་སྤྲིན་གཟུངས་དང་། བདེན་སྟོབས་བརྗོད། འདི་ལྟར་བྱས་ན། འདི་ལ་རོ་མི་ཞིམ་པ་རོ་མཆོག་སྟོང་། ཞེས་པ་ལྟར་དང་། བཀྲ་ཤིས་རྫས་བརྒྱད་ཀྱི་ལོ་རྒྱུས་ལྟར། བཀྲ་ཤིས་པའི་རྫས་སུ་འགྱུར་ཞེས་ཡབ་རྗེ་བླ་མས་གསུང་། དེ་ལྟར་བྱས་ན་དགེ་སློང་གི་རྣམ་བརྟག་གི་གོ་ཡང་ཆོད་པར་མ་ཟད་ཐེག་པ་ཆེན་པོའི་ལུགས་ཀྱི་བསླབ་པ་བསྲུང་ཚུལ་ཁྱད་པར་ཅན་ཞིག་ཡིན་ཞེས་ཐུགས་སྨྲས་གནས་བརྟན་ཆེན……

པོས་བདག་ལ་གསུང་། དེ་ལྟར་བྱས་ནས་རང་གིས་ཡོངས་སྤྱོད་ནའང་སྡིག་པ་འདག་པའི་ཐབས་སུ་
སོང་ཚོག་པ། དེ་བཞིན་གཤེགས་པའི་ལྷག་མ་ནི། སྡིག་པ་རྣམ་པར་ཞི་ཕྱིར་གསོལ། ཞེས་པས་ཀྱང་
ཤེས་ཞེས་གསུང་ཐང་འཇམ་པའི་དབྱངས་ཀྱིས་གསུང་འདུག སྟོང་མཆོད་ལྟར་སྤྱན་འདྲེན་ཞུ། འདི་
འདྲའི་སྐབས་རྣམ་པ་ཐམས་ཅད་མཁྱེན་པའི་ཡེ་ཤེས་ཀྱིས་གཟིགས་ཏེ་ངའི་མགོན་དུ་བྱོན་ཡོད་སྙམ་
དུ་བློས་ཐག་ཆོད་པ་ཞིག་ཤིན་ཏུ་གལ་ཆེ། མཆོད་ཕྲེང་ཡང་སྟོང་མཆོད་ལྟར་རྒྱས་པར་ཕུལ།འདི་
སྐབས་བླ་མ་ནི་བསོད་ནམས་ཀྱི་ཞིང་ཐམས་ཅད་ཀྱི་མཆོག་ཡིན་ཚུལ་དྲན་ན་ལེགས། མི་དྲན་ན་དུས་
གསུམ་ཕྱོགས་བཅུའི་རྒྱལ་བ་ཐམས་ཅད་ལས། ནས སྐྱབས་མགོན་ཐུགས་རྗེ་ཅན་ལ་དབུལ་བར་
བགྱི། ཞེས་བརྗོད། བཤགས་པ་མན་ཆད་དགའ་ལྡན་ལྷ་བརྒྱ་མ་ལྟར་བྱས་པས་ཆོག་པར་བྱས།
གསུང་རྒྱུན་ལྟར་དཔལ་ལྡན་ས་གསུམ་མ་བཏོན་ནས་རྣམ་ཐར་དྲན་པའི་དད་པ་ཅི་སྐྱེ་གང་སྐྱེ་ལ·······
འབད། དེ་དྲན་བཞིན་པར་དམིགས་བརྩེ་མ་བརྒྱ། མཇུག་ཏུ་མཇལ་རྒྱས་བསྡུས་གང་རུང་ཕུལ།
རྗེ་ཡབ་སྲས་ཀྱི་སྙིང་དུ་ལམ་རིམ་བླ་བརྒྱུད་གསལ་བཏབ་ཀྱང་ཆོག མིན་ཀྱང་རུང་སྟེ་ལམ་རིམ་
ཉམས་མགུར་དཔལ་བྱུས་འདོན། གསུང་རབ་ཀུན་གྱི་སྙིང་པོ་བསྡུ་བསྡུ་བ། ཞེས་སོགས་སྐབས་ཆོས་
ཀྱི་ཕུང་པོ་ཐམས་ཅད་ཉམས་སུ་ལེན་རྒྱུ་བྱུང་བ་འདི་སྐལ་བ་བཟང་སྙམ་དུ་སྤྲོ་བ་བསྐྱེད། རྣལ་འབྱོར་
ངས་ཀྱང་ཉམས་ལེན་དེ་ལྟར་བྱས། །ཐར་འདོད་ཁྱེད་ཀྱང་དེ་བཞིན་བསྐྱངས་འཚལ་ལོ། ཞེས་རྗེ་བླ་
མས་གསུང་པར་བསམ་སྟེ། དེའི་ལན་དུ། དེ་ལྟར་ཐུས་པར་བླ་མ་ལྷག་པའི་ལྷའི། །ཐུགས་རྗེ་བདུད་
རྩིའི་ཆུ་ཡིས་བྱིན་གྱིས་རློབས། ཞེས་གྱུང་ཐང་གསུང་འདིས་གསོལ་བ་བཏབ་སྟེ་བདུད་རྩི་འབེབས་
སྦྱངས་བྱ་ཞིང་། རྗེ་ཉིད་ཙམ་དུ་མ་ཟད་ཐུབ་དབང་ནས་རྩ་བའི་བླ་མའི་བར་དང་། མདོར་ན་རྒྱལ་བ་
སྲས་བཅས་ཀྱིས་དགེ་བའི་བཤེས་གཉེན་བསྟེན་པའི་ཚུལ་དེ་ལྟར་དུ། བདག་གི་རྒྱུད་ལ་སྐྱེ་བར་
བྱིན་གྱིས་བརླབ་ཏུ་གསོལ་སྙམ་དུ་འཛིག་སྒོམ་ཙུང་ཟད་བྱ། དེ་ནས་རིམ་པ་བཞིན་དེ་ལྟར་བྱས་ཏེ།
སྦྱིན་པ་འགྲོ་བའི་འགོར་སེམས་བསྐྱེད་ཀྱི་དམིགས་རྣམ་གསལ་འདེབས་ཆེད་བླ་མཆོད་ཀྱི་ཉམ་ཐག····
འགྲོ་བ་འདི་ཀུན། ཞེས་པ་ནས། ལྷུར་ལེན་བྱེད་པར་བྱིན་གྱིས་རློབས་ཞེས་པའི་བར་རམ། །ཡང་ན།
དེང་ནས་བཟུང་སྟེ་བྱང་ཆུབ་སྙིང་པོའི་བར་ཞེས་སོགས་ཡོངས་འཛིན་རིན་པོ་ཆེའི་གསུང་བཏོན་ཏེ་

བྱམས་སྙིང་རྗེའི་དམིགས་རྣམ་གསལ་གང་ཐེབ་བྱ། རྗེའི་གསུང་གི་རྗེས་སུ་ཟློས་པར་མོས་ཏེ། བླ་མ་སངས་རྒྱས་བྱང་ཆུབ་སེམས་དཔའ་ཀུན་ཞེས་སོགས་ལན་གསུམ་བརྗོད་དེ་སེམས་བསྐྱེད། དེང་དུས་བདག་ཆེ་སོགས་ཀྱིས་དགའ་བ་བསྒོམ། འདི་སྐབས། དེང་སང་ཉན་ཐོས་ཀྱི་བསམ་པ་ལྷ་ཙེ་ཆེ་ཕྱི་མ་དོན་གཉེར་ཙམ་ཡང་དཀའ་བའི་དུས་འདིར་ཐེག་པ་ཆེན་པོར་སེམས་བསྐྱེད་རྒྱུ་བྱུང་བ་སྐལ་བ་བཟང་སླམ་དུ་བསམ་ཞིང་། མི་ཡི་སྲིད་པ་ལེགས་པར་ཐོབ། ཅེས་པས་ངེས་པར་མི་ལུས་དོན་ལྡན་དུ་བྱས་པར་གསུངས་པ་རེད་ཅེས་གནས་བརྟན་རིན་པོ་ཆེ་ནས་གསུང་། དེ་སྐབས་ལམ་རིམ་ཆེན་མོ་ནས་གསུངས་པའི་དཔག་མེད་བཞི་ལྡན་ཡང་དྲན་ན་ལེགས། སྨིན་པ་འགྲོ་བའི་འཁོར། སྨིན་པའི་ཉམས་ལེན་གྱི་ཆེད། བདག་གི་ལུས་དང་དེ་བཞིན་ལོངས་སྤྱོད་དང་ཞེས་སོགས་ཐུན་དྲུག་རྣལ་འབྱོར་ནས་གསུངས་པ་དང་། བློ་སྦྱོང་རྨ་བྱ་དུག་འཇོམས་ཀྱི་སྨོན་ལམ། བདག་གི་སྟོན་པ་སངས་རྒྱས་བཅོམ་ལྡན་འདས། ཞེས་པ་ནས། མར་གྱུར་འཁོར་བའི་གནས་ནས་འདྲེན་ནུས་ཤོག ལུས་སྦྱིན་སྐབས་འདོན་པ་དེ་བཏོན་ནས་རང་གི་སྟོན་པའི་སྐྱེས་རབས་ལ་ཡིད་སྨོན་བྱས་ན་ཤིན་ཏུ་ལེགས་སོ། །ཚུལ་ཁྲིམས་པར་ཕྱིན་སྐབས་སྡོམ་གསུམ་བསྡུ་བགྲངས་དང་། མ་མཐའ། སོ་ཐར་བྱང་སེམས་རྡོ་རྗེ་ཐེག་པ་ཡི་ཞེས་པའི་ཚིགས་བཅད་དེ་བཏོན་ན་ལེགས། དེ་ནས་རིམ་པར་ཞི་ལྷག་གི་སྐབས་སོགས་སུ། ལམ་རིམ་དང་། དབུ་མའི་གཞུང་རྣམས་ཡིད་ལ་དྲན་ཙམ་རེ་བྱས་ནས་རྗེ་ཉིད་ཀྱིས་གསུངས་པ་ལ་ལན་འབུལ་ཚུལ་སོགས་གོང་ལྟར་བྱས་ན་ཡིད་འཁྲུལ་བ་ལ་ཁྱད་པར་ཤིན་ཏུ་ཆེའོ། །དེ་ནས་བདེ་གསང་འཇིགས་གསུམ་གང་རུང་གི་སྨོན་ལམ་རེ་རེས་མོས་ཀྱིས་བཏོན་ན་ལེགས་པས། གསང་འདུས་ཀྱི་ཐུན་མོང་ལམ་སྦྱངས་སྔོན་དུ་གྱུར་པ་ན་ཞེས་པ་མན་ཆད་དང་། བདེ་མཆོག་ལ། ཐུན་མོང་ལམ་སྦྱངས་སྔོན་དུ་གྱུར་པ་ན། དབང་བཞི་བསྐུར་བས་ཞེས་པ་མན་སྦྱར། དྲིལ་བུ་ལུགས་ཀྱི་སྨོན་ལམ་ལྕང་སྐྱ་གོང་མའི་གསུང་ན་ཡོད་པ་དེ་ལ་གུང་ཐང་རིན་པོ་ཆེའི་ལུས་དཀྱིལ་མཆན་འགྲེལ་དུ་ཁ……སྐོང་བསྟན་པ་ལྟར་དང་། འཇིགས་བྱེད་ལ། དེ་ལྟར་ཁྲོ་བོ་མའི་བུམ་དབང་ལྷ་ཡི་ཆུ་བོའི་ཞེས་པ་མན་དང་། རྣམ་དག་ཡིད་ཀྱི་ལ། རྣམ་དག་དབང་བཞིའི་ཆུ་བོས་སྒོ་གསུམ་གྱིས། ཞེས་པ་ནས་འདོན། འདི་དག་གི་ཚེ་རྗེའི་ལེགས་བཤད་རྣམས་དང་། ཁྲིད་རྒྱུན་གྱི་མན་ངག་ནས་འབྱུང་བ་ལྟར་

ཐུན་ཏེ་གཤཱ་ཀྲ་སྦྱངས་དང་གསོལ་འདེབས་བདུད་བརྩི་འབེབས་སྦྱངས་བཅས་བྱ། ཁྲོད་ནི་བླ་མ་ལན་གསུམ་གྱིས་ཕུར་རྩུམྦ་གསོལ་འདེབས་དང་གཞུང་བསྲིང་ལྟར་དབང་བཞི་བླང་། དེང་ནས་བཟུང་སྙེ་བྱང་ཆུབ་སྙིང་པོའི་བར། །འཇམ་མགོན་བླ་མ་བློ་བཟང་གྲགས་པ་ལས། །ལྷག་པའི་རེ་ས་གཞན་དུ་མི་འཚོལ་བས། །ཕ་རྗེས་བུ་ཡིས་ཟིན་པར་བྱིན་གྱིས་རློབས། ཞེས་ཡོངས་འཛིན་གསུང་འདིས་ལན་གསུམ་གསོལ་བ་བཏབ། དཔལ་ལྡན་རྩ་བའི་བླ་མ་མན་ཆད་སྟོང་མཆོད་དང་གཞུང་བསྲིང་ལྟར་ལ། དེང་བརྟམས་མ། ལམ་རིམ་སྨོན་ལམ། ཡབ་རྗེ་བླ་མས་བདག་ལ་སྩལ་བའི་རྗེའི་བསྟན་པར་མཇལ་བའི་སྨོན་ལམ། རྨད་བྱུང་སྲས་བཅས་རྒྱལ་བའི་བྱིན་རླབས་དང་། ཞེས་སོགས་ཀྱིས་བདེན་སྟོབས་བརྗོད། སྡེ་སྣོད་གསུམ་དང་ཞེས་སོགས་ཀྱིས་ཤིས་བརྗོད་བྱ། འདི་ལྟར་བྱས་ན། རྗེ་ཉིད་ཀྱིས། དེ་ལྟར་རྒྱུ་དང་འབྲས་བུའི་ཐེག་ཆེན་གྱི། ནས དལ་འབྱོར་ཐོབ་པ་དོན་དང་ལྡན་པར་བྱས། ཞེས་གསུངས་པ་ལྟར། ཐུན་དེ་ལ་ངེས་པར་དལ་འབྱོར་སྙིང་པོ་ལོན་པ་ཡིན། བྱང་ཆུབ་ཀྱི་སེམས་དང་། དམ་པའི་ཆོས་འཛིན་པ་དང་། སྟོང་པ་ཉིད་ལ་མོས་པ་རྣམས་ཕན་ཡོན་ཤིན་ཏུ་ཆེ་བར་རང་རེའི་ཡིག་ཆར་མདོ་ལུང་དྲངས་ནས་གསུངས་ཡོད་པ་དེ་དག་ཀྱང་ཚང་བས་འདི་ལས་ལྷག་པའི་ཉམས་ལེན····བྱ་ཐབས་ལས་དང་པོ་པ་ལ་མེད་དོ། །ལམ་རིམ་ཉམས་མགུར་གྱི་སྙེང་ནས་ལམ་ཁྲིད་སྐྱོང་ཚུལ་གྱི་སྐབས་ཏེ་དང་པོའོ། །༧ སྐབས་འགའ་རེ་ར་འདིའི་ལུགས་ཀྱི་ཚོགས་ཞིང་གསལ་འདེབས་ཟིན་བྲིས་ན་ཡོད་པ་ལྟར་རམ། གསལ་འདེབས་མེད་ཀྱང་ཚིག་གསུངས་པས་གང་ལྟར་སྐྱབས་སེམས་དང་། མཆོད་པ་བྱིན་རླབས་བྱ་འདོད་ན་སྔར་ལྟར་དང་། མེད་ཀྱང་ཚོག འདི་རྣམས་སྙིང་ཕྱོགས་དགའ་ལྡན་ཞིང་མཆོག་ཏུ་ཞེས་པ་ནས་བཟུང་། སྤྱན་འདྲེན། བཞུགས་གསོལ། མཆོད་འབུལ་བཅས་ལྷ་བརྒྱ་མའི་གཞུང་ལྟར་བྱ། མཆོད་ཕྲེང་རྒྱས་པ་བཞག གཞུང་བསྲིང་ལྟར་བྱས་ཡོད་ན་ལྟུང་བཤགས་དང་། དེ་མིན་ཚེ། ཨུ་རུ་ལགས། བླ་མ་རྡོ་རྗེ་འཛིན་པ་ཆེན་པོ་ཞེས་པ་ནས། སོ་སོར་ཐར་པའི་སྡོམ་པ་དང་འགལ་བའི་ཉེས་པ། ཕམ་པ་བཞི་དང་། ལྷག་མ་བཅུ་གསུམ་དང་། སྤང་ལྟུང་སུམ་ཅུ་དང་། ལྟུང་བྱེད་འབའ་ཞིག་པ་དགུ་བཅུ་དང་། སོ་སོར་བཤགས་པ་བཞི་དང་། ཉེས་བྱས་བརྒྱ་དང་བཅུ་གཉིས་ཏེ་ལྟུང་བ་སྡེ་ལྔའི་སྡེར་གཏོགས་པའི་དངོས་གཞིའི་ལྟུང་བ་དང་། སྦྱོར་བའི་ལྟུང་བ་དང་།

སྦྱོར་བ་སྦྱོར་བའི་ལྟུང་བ། བསླབ་བྱ་དང་འགལ་བའི་ཉེས་བྱས་དང་། དེ་དག་ལ་སེམས་མ་བསྲུང་བའི་ཉེས་པ་དཔག་ཏུ་མེད་པ་བྱུང་བ་དང་། གཞན་ཡང་གཞི་བཅུ་བདུན་ཞེས་པ་ནསXབྱུང་བ་དང་། བྱང་ཆུབ་སེམས་དཔའི་བསླབ་བྱ་དང་འགལ་བའི་ཉེས་པ་རྩ་བའི་ལྟུང་བ་བཅོ་བརྒྱད་དང་ཉེས་བྱས་ཞེ་དྲུག་ལ་སོགས་ཚུལ་ཁྲིམས་གསུམ་དང་། ཕྱིན་དྲུག་གི་མི་མཐུན་ཕྱོགས་སུ་གྱུར་པའི་ཉེས་པ་དཔག་ཏུ་མེད་པ་བྱུང་བ་དང་། རྡོ་རྗེ་ཐེག་པའི་དམ་ཚིག་དང་འགལ་བའི་ཉེས་པ། རྩ་བའི་ལྟུང་བ་བཅུ་བཞི་དང་། སྦོམ་པོ་བརྒྱད་དང་། རིགས་ལྔ་སོ་སོའི་དམ་ཚིག་བཅུ་དགུ་དང་། གཞན་ཡང་བཟའ་བ་དང་། བསྲུང་བ་དང་། བསྙེན་པའི་དམ་ཚིག་ལས་འདས་པའི་ཉེས་པ་དང་། དུས་ཀྱི་འཁོར་ལོའི་ལུགས་ཀྱི་ཐུན་མོང་མ་ཡིན་པའི་དམ་ཚིག་ལས་འདས་པའི་ཉེས་པ་དཔག་ཏུ་མེད་པ་བྱུང་བ་དང་། གཞན་ཡང་ཕ་དང་མ་ལ་མ་གུས་པ་དང་། ཞེས་པ་ནས། སེམས་ཅན་ལ་གནོད་པའི་ལས་བགྱིས་པ་དང་། དད་གཉེན་གྱི་དཀོར་ལ་བག་མེད་དུ་ལོངས་སྤྱད་པ་སོགས། མདོར་ན་མཐོ་རིས་དང་ཐར་པའི་གེགས་སུ་གྱུར་ཅིང་འཁོར་བ་དང་ངན་སོང་གི་རྒྱུར་གྱུར་པའི་ཉེས་ལྟུང་གི་ཚོགས་ཅི་མཆིས་པ་ཐམས་ཅད་བླ་མ་རྡོ་རྗེ་འཛིན་པ་ཆེན་པོ་ལ་སོགས་པ་ཕྱོགས་བཅུ་ན་བཞུགས་པའི་སངས་རྒྱས་དང་བྱང་ཆུབ······སེམས་དཔའ་ཐམས་ཅད་དང་། དགེ་འདུན་བཙུན་པ་ཡེ་ཤེས་སུ་གྱུར་པ། སྤྱན་དུ་གྱུར་པ། དཔང་དུ་གྱུར་པ། ཚད་མར་གྱུར་པ། མཁྱེན་པས་གཟིགས་པ་དེ་དག་གི་སྤྱན་སྔར་མཐོལ་ལོ། །འཆགས་སོ། །མི་འཆབ་བོ། །མི་སྦེད་དོ། །སླན་ཆད་ཀྱང་གཅོད་ཅིང་སྡོམ་པར་བགྱིད་ལགས་སོ། །མཐོལ་ཞིང་བཤགས་ན་བདག་བདེ་བ་ལ་རེག་པར་གནས་པར་འགྱུར་གྱི། མ་མཐོལ་མ་བཤགས་ན་དེ་ལྟར་མི་འགྱུར་བ་ལགས་སོ། །ཞེས་པ་ལན་གསུམ་དང་། བླ་མ་ལྷ་ཡི་སྤྱན་སྔ་རུ་ཞེས་སོགས་བརྗོད་ཀྱང་ཆོག གང་ཞིག་ཐོག་མེད་ལན་ཅི་ཐུབ་ཀྱིས་རྣམ་པར་སུན་འབྱིན་པའི་སྟོབས་གསལ་བཏབ་དེ་མན་འདྲ······རྣམ་དག་གངས་རི་མའམ། བསྟོད་པ་དོན་ལྡན་སོགས་སྦྱོར་ན་བྱ། དེ་ནས་དམིགས་བརྩེ་མ་དྲུག་སྐོར་ཚར་ཁ་ཤས་དང་། མི་ཤེས་དབང་གིས་བཅས་པའི་ཉེས་པ་དང་། །ཉིན་རེ་བཞིན་དུ་མཆེད་པ་འཕེལ་ཁའི་འགྲོ། །རྣམ་སྨིན་མི་བཟད་ལྟུང་བའི་ངོ་བོ་ཀུན། །ལྷག་མེད་བྱང་ཞིང་དག་པར་བྱིན་གྱིས་རློབས། །དཀོན་མཆོག་གསུམ་གྱི་དཀོར་དང་ཁྱད་པར་དུ། །དགེ་འདུན་འདུ་སྣ་གསོན་གཤིན་དད་ཟས་སོགས། །

མི་མདག་ལྷ་བུར་སྨྲད་པའི་ཉེས་པ་ཀུན། །ལྷག་མེད་x བླ་མ་རྡོ་རྗེའི་སྤྱན་དང་མཆོག་གསུམ་རྟེན། །ཕ་མ་ལ་སོགས་ཞིང་དང་བསམ་སྦྱོར་མཇུག །མཐུ་ཆེན་ཤུགས་དྲག་ཉེས་པ་གང་བགྱིས་རྣམས། །ལྷག་མེད་x ཞེས་གསོལ་བ་བཏབ་སྟེ་རྟེན་གྱི་སྟོབས་གསལ་བཏབ། འཇམ་མགོན་ཡབ་སྲས་ནས་ཉེས་ལྟུང་སྡིག་སྒྲིབ་ཐམས་ཅད་སྦྱང་བར་གྱུར། ཞེས་དམིགས་བརྩེ་མ་བཞི་སྐོར་བཟླ། ཉེར་གཅིག་རེ་ལྷ་བུའི་མཚམས་ནས་ཉམ་ཐག་ང་རོས་འོ་དོད་འབོད་x བསྐྱབ་ཏུ་གསོལ། ཞེས་པ་དང་། ཡང་མཚམས་སུ། བདག་ནི་སྡིག་པ་མ་བྱུང་བར། །སྔོན་དུ་འགུམ་པར་འགྱུར་དུ་མཆི། །ཇི་ལྟར་འདི་ལས་ངེས་ཐར་བར། །མྱུར་བའི་ཚུལ་གྱིས་བསྐྱབ་ཏུ་གསོལ། ཞེས་པ་དང་། དངོས་གྲུབ་འབྱུང་གནས་རྗེ་བཙུན་བླ་མ་རྣམས། །སྐུ་བཞིའི་ཞེས་པ་ནས། ཇི་སྙེད་འགལ་བ་མ་ལུས་མཐོལ་ལོ་བཤགས། །འབྲེལ་བྲལ་ཚང་ལ་མ་ནོར་ཁྲིད་ཀྱི་བསྟན། །ཟབ་ཅིང་རྒྱ་ཆེའི་དེ་ཉིད་མ་རྟོགས་པར། །ལྟར་སྣང་ལམ་གྱི་རྗེས་སུ་ཞུགས་པ་སོགས། །རྨོངས་པའི་སྤྱི་བརྟོལ་བགྱིས་རྣམས་མཐོལ་ལོ་བཤགས། ཞེས་གསུང་ཐང་རིན་པོ་ཆེས་བསྟན་པ་འདི་དང་། གང་ཞིག་མཐོང་བ་ལྟ་ཞོག་ཐོས་ན་ཡང་། །སྙིང་ལ་འཇིགས་བསྐྱེད་སྐྱེ་ནི་གཡའ་བ་ཡི། །དམྱལ་བ་ཡི་དྭགས་དུད་འགྲོ་ལྷ་མིན་གྱི། །གཡང་ས་ཆེན་པོ་དག་ཏུ་ལྟུང་འགྱུར་བའི། །དམ་པས་སྨད་པའི་མི་བཟད་སྡིག་པའི་ལས། །ཐོག་མེད་དུས་ནས་བསགས་དང་བསོག་འགྱུར་བའི། །གཡང་ས་ཆེན་པོར་མངོན་ཕྱོགས་ཉམ་ཐག་བདག །ངན་འགྲོའི་འཇིགས་ལས་སྐྱོབ་པའི་དུས་ལ་བབས། །ཞེས་དང་། རྣམ་དག་བསླབ་པ་ཁྲེལ་མེད་སེམས་ཀྱིས་བྲལ། །དམ་པས་སྨད་པའི་ལས་ལ་འཇིགས་མི་བྱེད། །ཁྲིམས་འཆལ་དགེ་སྦྱོང་ཤ་ཚུགས་ཅན་བདག་ལ། །ཐུགས་རྗེས་གཟིགས་ཤིག་འཇམ་མགོན་བློ་བཟང་གྲགས། །ཞེས་པ་འདི་རྣམས་གང་རིགས་རེ་བརྗོད་དེ་ལྟར་གྱི་སྟོབས་རྣམས་ལ་ཤུགས་བསྐྱེད། །འདི་ཙམ་དུས་ན་འདི་ནས་འཆི་འཕོ་ཞིང་། ཞེས་པ་འདི་ཡང་བརྟན་ན་ཤིན་ཏུ་ཡིད་འཕྲུལ་བ་ཞིག་ཡིན། དེ་ནས་རྗེ་བླ་མའི་ཐུགས་ཀར་ཟླ་གདན་ལ་ཐུབ་པའི་དབང་པོ། དེའི་ཐུགས་ཀར་ཟླ་གདན་ལ་རྡོ་རྗེ་འཆང་དཀར་པོ་ཡུམ་བཅས། དེའི་ཐུགས་ཀར་ཟླ་གདན་ལ་ཧཱུྃ་དཀར་པོ་ཐིག་ལེ་ལ་མཾ་དམར་སེར་གྱིས་མཚན་པའི་མཐར། དམིགས་བརྩེ་མ་དང་། ཡི་གེ་བརྒྱ་པས་བསྐོར་བར་དམིགས་ཏེ་འོད་ཀྱི་སྨྱུ་གུའི་ལམ་ནས་བདུད་རྩི་འབེབས་སྦྱངས་དང་བཅས་དངོས་གྲུབ

ཀུན་འབྱུང་མ་གཅིག་ཙམ་དང་། ཡིག་བརྒྱ་ཙི་ཐུབ་བཟླ། དེ་ནས་མཎྜལ་ཕུལ་ཡོན་ཏན་གཞིར་གྱུར་མ་ལུ་བུས་ལམ་ལ་ཤར་སློམ་བྱས་རྗེས། བྱང་སྡོམ་འཛིན་པ་སྔར་ལྟར་བྱ། ཕྱུར་ཚུགས་གསོལ་འདེབས་མན་ཆད་སྔ་མ་ལྟར་བྱས་ཏེ། སྙིང་ཁར་ཚུར་ཕྱོན་རང་གི་སེམས་ཉིད་དང་དབྱེར་མི་ཕྱེད་པའི་སྐལ་བཟང་མངོན་དུ་གྱུར། དེ་ལྟར་གསོལ་བ་བཏབ་པས་དགྱེས་བཞིན་དུ། ཞེས་སོགས་དང་། དེང་བརྩམས་མའམ། མིན་ཡང་དགེ་བ་འདི་ཡིས་སྐྱེ་བ་ཐམས་ཅད་དུ། ཞེས་པ་ངེས་ཅན་དུ་འདོན། ཐོག་མ་མེད་ནས་དུག་གསུམ་དབང་གྱུར་ཏེ། །བླ་མ་མཆོག་གསུམ་དྲིན་ཅན་ཕ་མ་དང་། །ཉམ་ཐག་འགྲོ་ལ་གནོད་འཚེ་བགྱིས་པ་སོགས། །མི་བཟད་སྡིག་པའི་ཚོགས་རྣམས་བྱང་གྱུར་ཅིག །སྡོམ་གསུམ་བཅས་པའི་མཚམས་ལས་འདས་ཤིང་འགལ། །ངད་ཟས་གཤིན་ཟས་བག་མེད་སྤྱད་པ་སོགས།། ཉེས་ལྟུང་དྲི་མ་མ་ལུས་བྱང་གྱུར་ཏེ། །མཐོ་རིས་ཐར་བའི་ཐེམ་སྐས་བགྲོད་གྱུར་ཅིག །ཅེས་སྨོན་ལམ་བཏབ་ནས་ཤིས་བརྗོད་མདོར་བསྡུས་བྱའོ། །སྒྲིབ་སྦྱོང་ལ་ཆེད་དུ་དམིགས་པའི་སྐབས་ཏེ་གཉིས་པའོ། །༈ ཡང་སྔར་ལྟར་རྒྱས་བསྡུས་ཅི་རིགས་ཀྱི་སྒོ་ནས་ཡན་ལག་བདུན་པ་ཡན་ཆད་རྫོགས་པར་བྱས་ཏེ། བརྩེ་ལྡན་ཁྱེད་ཀྱི་མཁྱེན་རབ་འོད་ཟེར་གྱིས། ཞེས་དང་། ཐོས་བསམ་སྒོམ་པའི་ཤེས་རབ་འཕེལ་དུ་གསོལ། ཞེས་སོགས་ཀྱིས་གསོལ་བ་བཏབ། འཇམ་མགོན་ཡབ་སྲས་གསུམ་གྱི་ཐུགས་ཀ་ནས། ཞེས་སོགས་གཞུང་བཤད་ལྟར་ལ། དམིགས་སྐོར་རེ་རེའི་མཚམས་སུ་དམིགས་བརྩེ་མ་ཙི་ཐུབ་བཟླ། གང་རྩལ་དུ་འདོན་འདོད་པ་དེ་ལ་ཆེད་དུ་གཉེར་ནས་མང་དུ་བཟླ། བྱིན་རླབས་ཉེ་བརྒྱུད་ཀྱི་བླ་མ་རྣམས་རྗེའི་སྟེང་དུ་མཐོ་བརྩེ་ཐུ་སུ་བསམ་སྟེ།མཁྱེན་སྲིད་མ་འདོན་ཅིང་རྗེའི་གསོལ་... འདེབས་ཀྱི་མཚམས་ནས་དམིགས་བརྩེ་མ་བཟླས་ཀྱང་ཆོག་རྗེ་བླ་མའི་འཁོར་སྐུ་ཕྱོགས་ཀྱི་གསོལ་འདེབས་གང་རུང་སྦྱར་ན་རང་རེའི་བྱིན་རླབས་ཉེ་བརྒྱུད་དེ་ཡིན་ཞེས་ཡབ་རྗེ་བླ་མས་གསུང་།...... མཇུག་ཏུ། འཇིག་རྟེན་འཇིག་རྟེན་འདས་ཞེས་པ་མན་ཆད་དང་། བྱང་སྡོམ་འཛིན་པ་སོགས་བྱས་རྗེས། དེ་ལྟར་མཁའ་དབྱིངས་མ་དང་། བརྟེན་ནས་འབྱུང་བའི་དེ་ཉིད་གསལ་མཛད་པ། ཞེས་སོགས་ཀྱིས་སྨོན་ལམ་བཏབ་ན་ཤེས་རབ་སྒྲུབ་ཚུལ་འདི་ལས་ལྷག་པ་མེད་དོ། །ཤེས་རབ་གཙོ་བོར་སྒྲུབ་ཚུལ་གྱི་སྐབས་དེ་གསུམ་པའོ། །༈ ཡང་བླ་མའི་རྣལ་འབྱོར་སྔར་ལྟར་བྱས་ཏེ་དམིགས་བརྩེ་མ་བཟླ་

སྐབས་ཧེ་བླ་མའི་དཔྲལ་བར་སྤྱན་རས་གཟིགས་ཕྱི་སྒྲུབ་ཕྱག་བཞི་པ། དེའི་ཐུགས་ཀར་སྤྱན་རས་གཟིགས་ནང་སྒྲུབ། རྣལ་འབྱོར་རྒྱུད་ནས་གསུངས་པའི་རྡོ་རྗེ་ཆོས་དཀར་དམར་ཕྱག་གཡོན་རྡོ་རྗེ་པདྨའི་སྡོང་བུ་དཀར་བརྟེན་ཅིང་། གཡས་རྡོ་རྗེ་ཁུ་ཚུར་གྱི་མཐེབ་འཛུབ་གཉིས་ཀྱིས་སྙིང་ཁར་རྡོ་རྗེ་པདྨའི་འདབ་མ་ཁ་འབྱེད་པར་མཛད་པ། དེའི་ཐུགས་ཀར་སྤྱན་རས་གཟིགས་གསང་སྒྲུབ་རྒྱལ་བ་རྒྱ་མཚོ། ཕྱག་གཡས་སྲུ་ཧིག་གི་ཕྲེང་བ་འདྲེན་ཞིང་ཕྱག་གཡོན་ཨུཏྤལ་བསྣམས་པས་ཡུམ་གསང་བ་ཡེ་ཤེས་ཀྱི་མཁའ་འགྲོ་མ་དམར་མོ་ཊམ་རུ་དང་ཐོད་ཁྲག་འཛིན་པ་ལ་འཁྱུད་པ། མཇིན་པར་བྱ་རྒྱུད་ཀྱི་འཇམ་དབྱངས་དམར་སེར། དེའི་ཐུགས་ཀར་རྣལ་འབྱོར་རྒྱུད་ཀྱི་འཇམ་དབྱངས་ཡེ་ཤེས་སེམས་དཔའ་ཞལ་དྲུག་པ། ཤར་ཞལ་སྔོ། ལྷོ་སེར། ནུབ་དམར། བྱང་ལྗང་། སྟེང་ཞལ་དཀར་པོ་གཉིས་བརྩེགས་པ། སྟོན་ཀའི་ཟླ་བའི་མདོག་ཅན། ཕྱག་གཡས་པས་ཨུཏྤལ་དམར་པོ་དང་། གཡོན་པས་སྟོན་པོའི་རྩ་བ་བཟུང་ནས་མཉམ་བཞག་མཛད་པའི་ཨུཏྤ་ལའི་སྟེང་ན་ཤེར་ཕྱིན་གྱི་པོ་ཏི་རེ་རེ་ཡོད་པ། སྐྱིལ་ཀྲུང་གིས་བཞུགས་པ། དེའི་ཐུགས་ཀར་འཇམ་དབྱངས་ནང་སྒྲུབ་དམར་སེར་རལ་གྲི་དང་གླེགས་བམ་འཛིན་པས་ཡུམ་དབྱངས་ཅན་མ་གླེགས་རལ་ཅན་ལ་འཁྱུད་པ། ཐུགས་ཀར་ཕྱག་རྡོར་ཕྱི་སྒྲུབ་གོས་སྔོན་ཅན། དེའི་ཐུགས་ཀར་རྣལ་འབྱོར་རྒྱུད་ཀྱི་ཕྱག་རྡོར་འཆི་བདག་འཛོམས་པ་དཀར་པོ་རྡོར་དྲིལ་འཛིན་ཅིང་སྐྱིལ་ཀྲུང་གིས་བཞུགས་པ། དེའི་ཐུགས་ཀར་བླ་མེད་ཀྱི་ཕྱག་རྡོར་འཁོར་ཆེན་ཞལ་གསུམ་ཕྱག་དྲུག་པ་མཐིང་དཀར་དམར་བའི་ཞལ་གསུམ། ཕྱག་དང་པོ་གཉིས་ཀྱིས་རྡོ་རྗེ་དང་སྡིག་འཛུབ། བར་པ་གཉིས་ཀྱིས་ཐལ་མོ་རྗེབ་ཅིང་ཡུམ་ལ་འཁྱུད་པ། ཐ་མ་གཉིས་ཀྱིས་སྦྲུལ་གདུག་པ་ཅན་ཞལ་དུ་གསོལ་བ་ཡུམ་མཛེས་ལྡན་མ་སྔོན་མོ་གྲི་ཐོད་འཛིན་པས་འཁྱུད་པ་གསལ་བཏབ། འདི་ལ་སྤྱན་རས་གཟིགས་དཔྲལ་བ་དང་། མཇིན་པར་བཀོད་པ་གཉིས་འདུག་པས་ཁྱད་མེད་འདྲ། དགུ་སྐོར་བཀའ་རྒྱ་དམ་པས་ཧེ་བཞིན་མི་ཤེས་པར་གསུངས་ལ་སྤྱན་རས་གཟིགས་ནང་སྒྲུབ་ལ་ཀུན་རིག་གི་རྡོ་རྗེ་ཆོས་བཀོད་ཆོག་པར་ཡབ་ཧེ་བླ་མས་གསུངས་འདུག་ལ། དེའི་རི་སླ་འགྲེ་བྱས་ན་འཇམ་དབྱངས་ལ་ཡང་ཀུན་རིག་གི་རྡོ་རྗེ་རྣོན་པོ་བཀོད་ན་ཆོག་གམ་སྙམ། འཇམ་དཔལ་གསང་ལྡན་དང་། འཆི་བདག་འཛོམ་པ་གཉིས་རྣལ་འབྱོར་རྒྱུད་ཀྱི་དཀྱིལ་འཁོར་ཆེན་པོར་

ཡོངས་སུ་གྲགས་པ་ཡིན་པས་དེ་གཉིས་བཀོད་ན་ཚིག་གམ་ཞེས་མཁན་པོ་སྤྲུལ་པའི་སྐུ་རིན་པོ་ཆེར···· ཞུས་པས་དེ་ལོས་ཚིག་གསུང་པའི་རྗེས་སུ་འབྲང་བ་ཡིན་གྱི། བློ་བཟོ་བྱས་པ་མིན་ནོ། །ཐུགས་ཀར་ཐོགས་ཐེང་བཀོད་ན་དམིགས་པ་འཆར་དཀའ་བས་སོ་སོའི་སྐུ་ལ་དམིགས་ཏེ། མ་ཧེ་དང་། ཨ་ར་པ་ཙ་དང་། བཛྲ་པདྨ་ཧེ་བཟླ། སོ་སོའི་ཐུགས་བཟླ་ཐུབ་ན་ལེགས། འཇམ་དབྱངས་ཕྱི་སྒྲུབ་ལ་འཇམ་དཀར་བཀོད་ནས་དེའི་ཐུགས་བཟླས་ཀྱང་ཚོག །མཇལ་དང་། ཞིང་མཆོག་དམ་པ་རྗེ་བཙུན་བླ་མ་ལ། ཞེས་པ་མན་ཆད་བླ་མཆོད་ལྟར་བྱས་ཏེ། ལུས་དང་ལོངས་སྤྱོད་ཀྱི་འཁོར་བྱང་སྡོམ་འཛིན། བླ་མ་སྙིང་དབུས་སུ་སྤྱན་དྲངས་ནས། བདེ་བའི་རྡོ་རྗེའི་གསུང་གི་སྨོན་ལམ་སྟོང་མཆོད་ན་ཡོད་པ་འདོན་ནོ། །དགུ་སྐོར་གྱི་སྐབས་ཏེ་བཞི་པའོ། །༧ ཡང་ན། ང་ཡི་བླ་མ་བློ་བཟང་གྲགས་པ་དེ། །དགའ་ལྡན་གནས་སམ་བདེ་བ་ཅན་ལ་སོགས། །དག་པའི་ཞིང་ཁམས་གང་ན་བཞུགས་ཀྱང་རུང་། །བདག་གི་མགོན་དུ་བརྩེ་བས་འདིར་གཤེགས་ཤིག ཅེས་པ་འདི་གནས་བརྟན་རིན་པོ་ཆེ་དང་། རྒྱུད་ཆེན་བློ་བཟང་དོན་འགྲུབ་པ་གཉིས་ཀ་ལས་ཐོས་པས་ཡབ་རྗེ་བླ་མའི་གསུང་རྒྱུན་ཡིན་འདུག ཡང་ན། འཇམ་པའི་དབྱངས་ཀྱི་གསུང་ལ་ཚིག་བསྒྱུར་བ། དམིགས་མེད་སྙིང་རྗེས་འགྲོ་ཀུན་སྲིད་མཚོ་ལས།། སྒྲོལ་བའི་ཐུགས་བསྐྱེད་དམ་བཅའ་ཉེར་དགོངས་ཏེ། །དགའ་ལྡན་ཞིང་ནས་འཇམ་མགོན་བློ་བཟང་གྲགས། །སྲས་དང་བཅས་པ་གནས་འདིར་གཤེགས་སུ་གསོལ། ཞེས་གསོལ་བ་བཏབ། དགའ་ལྡན་ལྷ་བརྒྱའི་མན་ཆད་གཞུང་ལྟར་ལ། དམིགས་བརྩེ་མ་བཟླ་སྐབས། ཐུབ་དབང་རྗེས་སུ་གྱུས་པས་སློབ་པའི་ཚེ། །རླབས་ཆེན་སྤྱོད་པ་རྫོགས་པར་བྱེད་པའི་གེགས། །སྐལ་བ་ངན་པའི་རྗེས་འགྲོ་བདུད་ཀྱི་ལས། །བར་དུ་གཅོད་པའི་མིང་ཡང་མེད་པར་ཤོག ཅེས་དང་། དཔོན་སློབ་རྣམས་ཀྱི་ཞེས་དང་། བདག་གི་བྱང་ཆུབ་སྒྲུབ་ལ་བར་གཅོད་པའི། ནས་སྦྱར་དུ་ཞི་བར་མཛོད། ཅེས་མཚམས་མཚམས་སུ་གསོལ་བ་འདེབས་ཤིང་། བདུད་རྩིའི་རྒྱུན་གྱིས་སྡིག་སྒྲིབ་རྣམས་དུད་ཁུ་དང་སོལ་ཁུ། ནད་ཀྱི་རིགས་རྣག་ཁྲག་དང་། ཆང་པ་སྦྲ་དམར། གདོན་བགེགས་རྣམས་སྡོམ་དང་སྡིག་པ་སོགས་ཀྱི་རྣམ་པར་ཕྱིར་ཐུད། ཕྱག་རྡོར་དང་རྗེའི་སྐུ་ལས་གང་ལ་གང་མཚམས་ཀྱི་སྤྲུལ་པ་དཔག་ཏུ་མེད་པ་སྤྲོས་ཏེ་བར་ཆད་རྣམས་ཚར་བཅད་ཅིང་བསྲེག་པར་བསམ། བླ་མ་དྲག་པོ་རྡོ་རྗེ་འཇིགས་བྱེད་དེ། །སྐད་

ཅིག་ཙམ་ཞིག་ཡིད་ལ་དྲན་པས་ཀྱང་། །དུག་གསུམ་བདུད་དཔུང་ཐལ་བར་བརླག་བྱེད་པའི། །འདྲེན་མཆོག་བློ་བཟང་གྲགས་པ་ལ་གསོལ་བ་འདེབས། ཞེས་རྒྱལ་བ་དབེན་ས་པ་ཆེན་པོས་མཛད་པ་འདི་རྐྱེན་དང་བར་ཆད་ཟློག་པ་ལ་མཆོག་ཏུ་གསུངས་པས་འདི་ཡང་བཟླ། མཇུག་ཏུ། བཤེས་ལ་མི་གུས་དལ་འབྱོར་རྒྱུད་གཟན་ཅིང་ཞེས་གཞུང་བསྲིང་ན་ཡོད་པ་ལྟ་བུས་ལམ་རིམ་ཤར་སྒོམ་དང་། བྱང་ཆུབ་སེམས་བཟུང་དང་། སྙིང་དབུས་སུ་སྤྱན་དྲངས་ཏེ་བཞུགས་པ། དེའི་ཐུགས་ཀ་ནས་འོད་ཟེར་འཕྲོས། ལུས་ཀྱི་ཕྱི་ནང་བར་གསུམ་ཐམས་ཅད་ཁྱབ། ཤ་སྐྱི་པག་མཚམས་ཐམས་ཅད་རྡོ་རྗེ་རྡུལ་ཕྲ་རབ་ཀྱི་རང་བཞིན་གྱིས་བར་མཚམས་མེད་པར་གཏམས་པས་བར་ཆད་གང་གིས་ཀྱང་མི་ཚུགས་པའི……བསྲུང་བ་ཆེན་པོས་བྱིན་གྱིས་བརླབ་པར་གྱུར། སླར་ཡང་འོད་ཟེར་འོག་ཏུ་འཕྲོས་པས་རྡོ་རྗེ་ས་གཞི་ནས་ཕྱོགས་བཅུར་འཕྲོ་བར་གྱུར། ཞེས་པ་འདི་ཐུགས་སྲས་རྣམ་པ་གཉིས་ཀ་ལས་ཐོས་པས་ཡབ་རྗེ་བླ་མའི་གསུང་རྒྱུན་ཡིན་པར་འདུག མཇུག་ཏུ་བསྔོ་སྨོན་སོགས་གང་རིགས་བྱའོ། །བར་ཆད་སེལ་བ་གཙོ་བོར་བྱས་པའི་སྐབས་ཏེ་ལྔ་པའོ། ། ༧ དེ་དག་གང་ཡིན་ཀྱང་དཀྱུས་གཅིག་ཁོ་ན་བྱེད་མི་དགོས་པས། མཆོད་ཕྲེང་། བཤགས་པ། ཆོས་སྤྱོད། ལམ་རིམ་གཤར་སྦྱངས། སྨོན་ལམ་སོགས་ཡོང་སྐབས་དང་བསྟུན་པས་ཚིག་གོ གོང་དུ་དཀྱུས་ལ་བྲིས་ན་ཉིག་འགྲོ་བས་ཚིགས་བཅད་འགའ་རེ་འདིར་འགོད་པར་བྱའོ། །སྐྱེ་དགུའི་ཕན་བདེ་མ་ལུས་འབྱུང་བའི་གནས། །དུས་གསུམ་རྒྱལ་བའི་ལུང་རྟོགས་བསྟན་པའི་བཅུད། །བློ་བཟང་འཇམ་དཔལ་སྙིང་པོའི་མདོ་སྔགས་ཀྱི། །བསྟན་པ་ཕྱོགས་བཅུར་འཕེལ་བར་བྱིན་གྱིས་རློབས། ཞེས་པ་འདི་དང་། བདག་གི་མིང་ཙམ་བརྗོད་དང་དྲན་པས་ཀྱང་། །སྡིག་པའི་ལས་ཀྱི་འབྲས་བུས་མནར་བ་ཀུན། །ཕུན་ཚོགས་བདེ་བའི་དཔལ་རབ་འབྱོར་གྱུར་ནས། །ཐེག་མཆོག་བགྲོད་པའི་ཐེམ་སྐས་འཛེགས་གྱུར་ཅིག །ཅེས་གསུངས་སྔོན་གྱི་ཐུགས་དམ་ཞལ་བཞེས་བཞིན། བདག་ལ་བདེན་པ་མངོན་སུམ་བསྟན་དུ་གསོལ། ཞེས་དང་། ལས་ཀྱིས་སྡིགས་མའི་དུས་སུ་སྐྱེ་ས་པ་བདག །ཕྱི་ནང་རྐྱེན་ངན་བར་ཆད་ཟུ་འཛིང་པས། །མགོན་མེད་སྐྱབས་བྲལ་གྱུར་པ་འདི་དགོངས་ལ། །དམན་ལ་ལྷག་པར་བརྩེ་ཚོད་ཐུགས་རྗེ་གཟིགས། ཞེས་དང་། བླ་མ་རྒྱུད་འདོད་ཀྱི་ཡོངས་འཛིན་མང་པོའི་ཞལ་གྱི། ཞེས་པ་མན་ཆད་བཏོན་ན་ཤིན་ཏུ་ཡིད་འཕྲུལ་བ་ལ་

ཁྱད་ཆེ་བས་འདི་དག་གང་རིགས་རེ་མཚམས་མཚམས་སུ་བརྗོད། སེམས་བསྐྱེད་ཀྱི་སྐབས་སུ། ཐོག་མར། རྗེ་བཙུན་འཇམ་པའི་དབྱངས་ཉིད་སྔོན་འཁོར་ལོས་བསྒྱུར་བའི་རྒྱལ་པོ་ནམ་མཁའ་ཞེས་བྱ་བར་གྱུར་པའི་ཚེ། དེ་བཞིན་གཤེགས་པ་འབྲུག་སྒྲ་དབྱངས་ཀྱི་རྒྱལ་པོའི་སྤྱན་སྔར་བྱང་ཆུབ་མཆོག་ཏུ་ཐུགས་བསྐྱེད་དེ། བྱང་ཆུབ་སེམས་དཔའི་སྤྱོད་པ་ལ་བསླབ་ཚུལ་ཆེས་བསམ་གྱིས་མི་ཁྱབ་པ་དང་། བདག་ཅག་གི་སྟོན་པ་ཉིད་བྲམ་ཟེ་རྒྱ་མཚོའི་རྡུལ་ཞེས་བྱ་བར་གྱུར་པའི་ཚེ། དེ་བཞིན་གཤེགས་པ་རིན་ཆེན་སྙིང་པོའི་སྤྱན་སྔར་བདག་ཅག་རྣམས་ཀྱི་དོན་དུ་ཐུ༹་བསྐྱེད་ཚུལ་བློའི་ཡུལ་ལས་འདས་པ་དང་། རྗེ་བླ་མ་ཉིད་རྒྱལ་སྲས་སྙིང་སྟོབས་ཆེན་པོར་གྱུར་པའི་ཚེ། རྒྱལ་བ་དབང་པོའི་ཏོག་གི་སྤྱན་སྔར་ཐུགས་བསྐྱེད་པ་སོགས། མདོར་ན་རྒྱལ་དང་རྒྱལ་བའི་སྲས་པོ་རྣམས་ཀྱིས་བྱང་ཆུབ་ཏུ་ཐུགས་བསྐྱེད་དེ་སྤྱོད་པ་ལ་བསླབ་པ་དེ་བཞིན་དུ། བདག་གིས་ཀྱང་བྱང་ཆུབ་མཆོག་ཏུ་སེམས་བསྐྱེད་པར་བགྱིའོ། ཞེས་བརྗོད་ཅིང་བསམ་ན་སེམས་ཡང་ཡུད་དུ་མི་འགྲོ་བ་ལ་ཁྱད་ཆེ་བས། བདག་འཇུག་གི་སྡོམ་བཟུང་གི་སྐབས་སུ་ཡང་འདི་ལྟར་བྱས་ན་བཟང་སྙམ་ནས། བདག་གིས་ནི་དེ་ལྟར་བྱས་སོ། །དེ་ནས་སྐྱབས་གནས་ཀུན་འདུས་ཀྱི་ངོ་བོ་བླ་མ་རྡོ་རྗེ་འཆང་ལ་གསོལ་བ་འདེབས་སོ། །བདག་གི་བློ་ཆོས་སུ་འགྲོ་བར་བྱིན་གྱིས་རློབས། ཞེས་པ་ནས་བྱིན་ཅི་མ་ལོག་པའི་བློ་སྣ་མཐའ་དག་རྒྱུད་ལ་སྐྱེ་བར་བྱིན་གྱིས་བརླབ་ཏུ་གསོལ། ཁྱད་པར་དུ་ཀུན་རྫོབ་དང་དོན་དམ་པའི་བྱང་ཆུབ་ཀྱི་སེམས་རིན་པོ་ཆེ་རྣམ་པ་གཉིས། སངས་རྒྱས་དང་བྱང་ཆུབ་སེམས་དཔའ་ཐམས་ཅད་ཀྱི་ཐུགས་རྒྱུད་ལ་ཇི་ལྟར་མངའ་བ། བླ་མ་དགེ་བའི་བཤེས་གཉེན་ཡབ་སྲས་བརྒྱུད་པ་དང་བཅས་པའི་ཐུགས་རྒྱུད་ལ་ཇི་ལྟར་འཁྲུངས་པ་དེ་བཞིན་དུ་བདག་གི་རྒྱུད་ལ་ད་ལྟ་ཉིད་དུ་སྐྱེ་ས་པར×སྐྱིད་སྡུག་མཐོ་དམན་སྐྱེ་ཤ་ན་འཆིའི་གནས་སྐབས་ཐམས་ཅད་དུ་བྱང་ཆུབ་ཀྱི་སེམས་རིན་པོ་ཆེ་རྣམ་པ་གཉིས་མི་བརྗེད་པར×རྐྱེན་བཟང་ངན་ཅི་བྱུང་ཡང་ཆོས་འདི་འཕེལ་བའི་གྲོ༹་སུ་འཁྱེར་ནུས་པར་བྱིན་གྱིས×གསོལ་ཞེས་ཡབ་རྗེ་བླ་མའི་གསུང་འདི་བཏོན་ན་ཤིན་ཏུ་ལེགས་སོ། །རིགས་གསུམ་གྱི་ཐུགས་བརླ་སྐབས། སྐྱབས་གནས་ཀུན་འདུས་བླ་མ་ལྷག་པའི་ལྷ། །བླ་མ་སྤྱན་རས་གཟིགས་ལ་གསོལ་བ་འདེབས། །གཅེས་འཛིན་འགོང་པོའི་དབང་དུ་མི་འགྲོ་བར། །བྱང་ཆུབ་སེམས་གཉིས

འགྱོངས་པར་བྱིན་གྱིས་རློབས། ཞེས་གསོལ་བ་བཏབ་སྟེ།ཐུགས་རྗེ་ཆེན་པོའི་གཟུངས་རིང་ཐུང་དང་མ་ཎི་བཟླ། བཅོ་ལྡན་ཁྲིད་ཀྱི་སོགས་བརྗོད་དེ་ཨ་ར་པ་ཙ་སོགས་དང་། ཁྱོད་ནི་མཐུ་སྟོབས་བདག་པོར་རྒྱལ་བས་བསྔགས། །ཚུལ་དེ་རིག་ནས་རེ་བ་འཆའ་བ་འདི་ས། །རྨད་བྱུང་དད་པའི་སྨྱུ་གུ་སྤེལ་སླད་དུ། །ཉིད་ཀྱི་མཐུ་རྩལ་མངོན་སུམ་བསྟན་དུ་གསོལ། ཞེས་རྗེ་རིན་པོ་ཆེའི་གསུང་འདི་བཏོན་ནས་ཕྱག་རྡོར་གྱི་སྔགས་བཟླ་བར་བྱའོ། །ཕྱག་ཆེན་གྱི་ཁྲིད་སྐྱོང་བར་འདོད་ན། དཔལ་ལྡན་རྩ་བའི་འཁོར། དངོས་གྲུབ་གཏེར་ཆེན་བླ་མ་རྡོ་རྗེ་འཆང་། ཞེས་སོགས་གུང་ཐང་རིན་པོ་ཆེའི་གསུང་འདི་སྨྲར་བར་བྱའོ། །མཇུག་ཏུ་བཟང་སྤྱོད་རེ་འདོན་ཐུབ་ན་ཆེས་ཕུན་སུམ་ཚོགས་པའོ།།

རྗེའི་བསྟན་པར་མཇལ་བའི་སྨོན་ལམ་གྱི་སྐབས། རྗེ་བླ་མ་ཉིད་ཀྱི་བྱང་ཆུབ་ལམ་རིམ་ཆེ་ཆུང་དང་། དེའི་དོན་བཞིན་དུ་གཙང་རྒྱུད་དང་། དབུས་རྒྱུད་ཀྱི་ལམ་ཁྲིད་རྒྱུན་ནས་ཇི་ལྟར་འབྱུང་བ་ལྟར་དང་། ལེགས་བཤད་སྙིང་པོ། རྩ་ཤེས་དང་འཇུག་པའི་རྣམ་བཤད་ཆེན་མོ་གཉིས། ལྷག་མཐོང་ཆེ་ཆུང་སོགས་དབུ་མའི་གཞུང་གི་བཀའ་རྩོམ་རྣམས་དང་། དེའི་རྗེས་འབྲང་ཀུན་མཁྱེན་བླ་མའི་ཡིག་ཆ་སོགས་དང་། དེ་དག་གི་དོན་བཞིན་གྱི་ཟབ་མོ་དབུ་མའི་ལྟ་བ་དང་། འདུལ་ཊཱི་ཀ་རིན་ཆེན་ཕྲེང་བ། བསླབ་བྱ་ཆེན་མོ་སོ་ཐར་འདུལ་བའི་གཞུང་དང་། དེའི་དགོངས་པ་བཞིན་ཚུལ་ཁྲིམས་རྣམ་པར་དག་པས་བསྟན་པའི་གཞི་རྩ་ཚུགས་པ་དང་། ཐར་ལམ་གསལ་བྱེད་སོགས་ཀྱི་དགོངས་པ་བཞིན་བདེན་བཞིའི་སྣང་དོར་དང་། ལེགས་བཤད་གསེར་གྱི་ཕྲེང་བ་དང་། རྣམ་བཤད་སྙིང་པོ་རྒྱན་སོགས་ནས་འབྱུང་བ་ལྟར། ཡུལ་མཁྱེན་པ་གསུམ། ལམ་སྦྱོར་བ་བཞིས་ཉམས་སུ་བླང་སྟེ། འབྲས་བུ་ཆོས་སྐུ་སྒྲུབ་ཚུལ་རྣམ་འདྲེན་མི་ཕམ་པའི་དགོངས་པ་ལྟར་དང་། རྣམ་བཤད་གཉིས་ཀྱི་དགོངས་པ་ལྟར་ཚད་མ་རྣམ་འགྲེལ་གྱི་སྟོན་པ་ཚད་མའི་སྐྱེས་བུ་དང་། བསྟན་པ་རྣམ་དག་ཏུ་སྒྲུབ་ཚུལ་དང་། གསང་བ་འདུས་པའི་རྩ་རྒྱུད་ཀྱི་འགྲེལ་པ་བཞི་སྦྲགས་དང་། སྔགས་ཀྱི་ཐུ་བོའི་བསྐྱེད་རིམ་དངོས་གྲུབ་རྒྱ་མཚོ། རྗེ་རང་གི་ལེགས་བཤད་འགྲན་ཟླ་མེད་པ་རིམ་ལྔ་གསལ་བའི་སྒྲོན་མེ་སོགས་འདུས་པའི་སྐོར་དང་། བདེ་མཆོག་རྩ་རྒྱུད་ཀྱི་འགྲེལ་ཆེན།བསྐྱེད་རིམ་འདོད་འཇོ། རྫོགས་རིམ་དངོས་གྲུབ་སྙེ་མ། སྔགས་དོན་ལྟ་བའི་མིག་འབྱེད་སོགས་བདེ་མཆོག་གི་སྐོར་དང་། མཁས་གྲུབ་ཆོས་ཀྱི་རྒྱལ་པོའི་ཊཱི་ཀ་ཆེན་

སོགས་དུས་ཀྱི་འཁོར་ལོའི་སྐོར། རྗེ་རང་གི་སྒྲུབ་ཐབས་གཉིས་དང་། མཁས་གྲུབ་རྗེའི་བསྐྱེད་རིམ་ཆེན་མོ་སོགས་རྡོ་རྗེ་འཇིགས་བྱེད་ཀྱི་སྐོར། དེ་དག་གི་རིམ་གཉིས་ཀྱི་དམར་ཁྲིད་སྙད་རྒྱུད་དང་དབེན་ས་ནས་ཇི་ལྟར་འབྱུང་བ་བཞིན་དང་། མདོར་ན་མདོ་སྔགས་ཀྱི་ལམ་ཡོངས་སུ་རྫོགས་པ་ཐུན་གཅིག་ཏུ་གཤར་སྦྱངས་བྱས་པ་ཙམ་ཡང་། གཞན་གྱི་བསྟན་པའི་ཆ་ཤས་རེ་ལ་ཆེ་གང་པོར་འབད་པས་བསྒྲུན་དུ་མེད་པ་འདི་དང་མི་འབྲལ་བར་གྱུར་ཅིག་སྙམ་པ་དང་། ལུགས་བཟང་འདི་ཉིད་ཕྱོགས་དུས་ཀུན་ཏུ་སྤེལ་བ་ལ་སའི་སྟེང་ན་འགྲན་པའི་ཟླ་མེད་པར་གྱུར་ཅིག་སྙམ་དུ་སྨོན་ལམ་གྱི་…ཚིག་རིས་དང་སྦྱར་ནས་ལེགས་པར་བརྗོད་ན་བཀའ་རྩོམ་པོ་ཏི་བཅུ་དགུ་པོའི་དོན་ཉམས་སུ་བླང་…བཡིན་ནོ། །སྒྲོམ་ཚུལ་ལ་མང་དུ་གསུངས་པའི་ནང་ནས། འདི་སྨོན་ལམ་གྱི་རྣམ་པས་སྒྲོམ་ཚུལ་ཡིན་པར་ཤེས་དགོས་སོ། །བསྐལ་པ་བྱེ་བ་གང་གི་མཚན་ཙམ་ཡང་། །རྙེད་པར་དཀའ་བ་འཇམ་མགོན་བླ་མའི་བསྟན། །སྐྱེ་ཞིང་སྐྱེ་བར་འཛིན་སྐྱོང་སྤེལ་བ་ལ། །འཇམ་པའི་དབྱངས་དང་སྙིང་སྟོབས་ཆེ་བཞིན་ཤོག ཅེས་པ་འདི་བདག་གིས་བརྩམས་པ་ཡིན་ཀྱང་བརྗོད་ན་འགལ་བ་མེད་སྙམ་མོ། །རྣམ་ཐར་དད་པའི་འཇུག་ངོགས་ཀྱི་མཇུག་ཏུ། དགེ་བ་འདི་ཡིས་སྐྱེ་བ་ཐམས་ཅད་དུ། །གང་གི་མཚན་ཡང་བསྐལ་བར་རྙེད་དཀའ་བ། །ཐེག་མཆོག་དགེ་བའི་བཤེས་ཁྱོད་ཞབས་ཀྱི་རྡུལ། །འབྲལ་མེད་གཙུག་ཕུད་རྒྱན་དུ་བསྟེན་པར་ཤོག །དེར་ནི་སྒོ་གསུམ་བྱ་བ་ཀུན་གྱིས་ཀྱང་། །ཁྱོད་མཉེས་འབའ་ཞིག་བགྱིད་པ་ལྟར་བླང་སྟེ། །དེ་ཡི་མཐུ་ལས་ཐུགས་ཀྱི་བཅུད་ཕྱུང་བ། །ཁྱོད་གསུང་བདུད་རྩིའི་རོ་ཡིས་འཚོ་བར་ཤོག ། ཅེས་གསུངས་པ་འདི་ཐུགས་སྨོན་རྣམ་པར་དག་པས་གནང་བ་ཡིན་པས་བརྗོད་ན་ཆེས་བསམ་གྱིས་མི་ཁྱབ་པོ། །མཇུག་ཏུ་ཐུབ་ན་མགོན་ཆོས་སོགས་ལ་གཏོར་འབུལ་དང་། དེང་ནས་ཇི་སྲིད་བྱང་ཆུབ་སྙིང་པོའི་བར། །བློ་བཟང་རྒྱལ་བའི་ལུང་རྟོགས་དམ་ཆོས་ཀུན། །འཛིན་སྐྱོང་སྤེལ་བའི་འགལ་རྐྱེན་ཀུན་ཞི་ཞིང་། །མཐུན་རྐྱེན་ཡིད་བཞིན་འགྲུབ་པར་མཛད་དུ་གསོལ།། ཞེས་འཕྲིན་ལས་བཅོལ། ཤམ་ཟླ་བའི་སྨོན་ལམ་འདིའི་མཇུག་ཏུ་བརྗོད་ན་ལེགས་པར་པཎ་ཆེན་རིན་པོ་ཆེས་གསུངས་སོ། །འདི་དག་ནི་རྒྱུན་དུ་ཉམས་ལེན་བྱེད་ཚུལ་གྱི་དབང་དུ་བྱས་པ་ཡིན་ལ། སྒྲིབ་སྦྱོང་ལྟ་བུ་ལ་ཆེད་དུ་གཉེར་ནས་མཚམས་ལྟ་བུ་བྱེད་འདོད་ན། དེ་ཁོ་ན་རྩལ་དུ་བཏོན་ཏེ། དམིཊ་

བརྩེ་མ་དང་། ཡིག་བརྒྱ་རྟགས་མ་བྱུང་གི་བར་དུ་འབད་པར་བྱའོ། །ཤེས་རབ་སྒྲུབ་ན་དེ་བཞིན་དུ་ཐུན་བཅད་ནས་འབད་ན་ངེས་པར་སྐྱེད་ཐོན་པར་འགྱུར་རོ། །རྐྱེན་སེལ་ལྷ་བུར་དེ་ལྟར་འབད་དེ་འབུམ་གསུམ་ཙམ་བཏོན་ན་ངེས་པར་ཕན་ཐོགས་པར་མངོན་སུམ་གྱིས་གྲུབ་པོ། །ཟ་ཡིག་དང་བསྲུང་འཁོར་སོགས་ཀྱང་ལག་ལེན་བྱས་ན་བཟང་མོད་ཀྱང་དེང་སང་ཤེས་མཁན་མི་སྣང་ངོ་། །རང་གི་བླ་མའི་གསོལ་འདེབས་ཀྱང་བཏོན་ན་ཆོག་ཀྱང་ཕྱོགས་ལྷུངས་སུ་གོ་བར་དོགས་ནས་མ་བྲིས་ལ། རྗེ་བླ་མ་དང་ངོ་བོ་གཅིག་རྩལ་སེམས་ལ་འཆར་བ་ཤིན་ཏུ་གལ་ཆེའོ། །བླ་མ་མཆོད་པ་ལྟར་རམ། ལྷ་བརྒྱ་མའི་གཞུང་བཤིད་ལྟར་རམ། མཁན་པོ་རིན་པོ་ཆེ་ངག་དབང་ཐུབ་བསྟན་རྒྱ་མཚོས་མཛད་པའི་བསྙེན་ཡིག་སོགས་གང་གི་སྟེང་ནས་ཉམས་སུ་བླངས་ཀྱང་ཁྱད་པར་མེད་དོ། །རྣམ་དཔྱོད་དང་ལྡན་པ་དག་གིས་ནི་རྗེའི་བསྟོད་འགྲེལ་ལ་གཟིགས་ན་ལེགས་ལ། འདིའི་ཟིན་བྲིས་དང་། གུང་ཐང་རིན་པོ་ཆེའི་འདིའི་ཟབ་གནད་དང་། བདག་གི་དམིགས་བརྩེ་མའི་འགྲེལ་ཆེན་སོགས་ལ་བལྟ་དགོས་ཀྱང་། དེ་ཅུང་ཟད་ཀྱུམ་དཀའ་བས་དང་པོའི་ལུས་མདོར་བསྟན་ལྷ་བུ་དེ་དང་། བླ་མཆོད་ཁྲིད་ཡིག་ན་ཡོད་པ་ཅུང་ཟད་དོགས་བདེ་བས། དེ་དག་གང་རུང་གི་སྟེང་ནས་མན་ངག་གི་གནད་ཚང་བ་ལ་འབད་དགོས་སོ། །རྣམ་བཤད་དགོངས་པ་རབ་གསལ་ལས། ད་རེས་རིན་པོ་ཆེའི་གླིང་དུ་ཕྱིན་པ་འདི་སྟོང་ལོག་ཏུ་མི་འགྲོ་བ་ལ་འབད་པར་བྱོས་ཤིག ཅེས་རང་ཅག་ལ་ཐུགས་བརྩེ་བས་བཀའ་སྩལ་བ་བཞིན་དུ་མཚན་མོ་མུན་ནག་གི་སློག་རྡུམ་ནས་གློག་འཁྱུག་པ་བཞིན་དུ་སྐད་ཅིག་ཙམ་ལ་རྗེ་བླ་མའི་བསྟན་པ་འདི་འདྲ་དང་མཇལ་ཡང་། ཤི་མ་ཐག་ཏུ་འཁོར་བ་མཐའ་མེད་ཀྱི་མུན་ནག་གི་གློང་དུ་ནག་ཐོམ་གྱིས་འགྲོ་དགོས་པས་རྩལ་འདི་བསམ་ནས་ཉི་མ་རེ་རེ་ཡིན་ཀྱང་བག་ཆགས་ཅི་ཐེབ……ལ་འབད་པར་བྱ་དགོས་སོ་ཞེས་ཐལ་མོ་སྦྱར་ནས་གསོལ་བ་འདེབས་སོ། །འདིའི་ཟབ་ཁྲིད་བཀའ་དྲིན་མཉམ་མེད་སྐལ་བརྒྱུད་རྒྱ་མཚོའི་མངའ་བདག་ཡབ་རྗེ་བླ་མ་དཀོན་མཆོག་རྒྱལ་མཚན་པ་ལས་ཞིབ་རྒྱས་ལན་གཉིས་མནོས་ཤིང་། མགོན་པོ་དེ་ཉིད་ཀྱི་ཐུགས་སྲས་འཕགས་པའི་གནས་བརྟན་ཆེན་པོ་ཤེས་རབ་རྒྱ་མཚོ་པ་ལས་ཚར་གཅིག་མནོས་པས་ན་གོང་དུ་ཡབ་རྗེ་བླ་མ་ཞེས་པ་དང་།……གནས་བརྟན་ཆེན་པོ་ཞེས་པ་ནི་ཡབ་སྲས་དེ་གཉིས་ལ་གོ་བར་བྱའོ། །དེ་ཡང་ཇི་སྐད་དུ། འཇམ་

དབྱངས་བླ་མའི་ཞིང་གི་བསྟན་བཅོས་ལས། ལམ་ཁར་སྐྱེས་པའི་ཞིང་ཕྱུང་དེ། །བྱིས་པའི་རྡོ་ཆར་འབེབས་པའི་རྒྱུ། །གསུངས་པ་ལྟར་ངན་སྨྲས་ཀྱི་ཆར་འབེབས་པའི་རྒྱུ་ལས་མ་འདས་པས། རང་ཉིད་རྡོ་ཚ་སྟེ་ད་སྔ་ཡན་མ་བྲིས་པ་ཡིན་ཀྱང་། ད་ནི་རྒན་པོའི་མཐར་ཐུག་པས་རེ་གཉིས་ལ་ཡིན་ཀྱང་ཕན་པའི་རྒྱུར་ཨེ་འགྱུར་སྙམ་དུ་ཚེགས་ལ་མ་འཛེམ་པར་བྲིས་སོ། །གལ་ཏེ་འཕྱོ་སློད་བྱས་ན་ཡང་།། ཐུར་སེལ་ཐུར་དུ་ལོག་པའི་རང་སྒྲ་དང་། །གྱེན་རྒྱུ་གྱེན་དུ་ལོག་པའི་སྐྱུག་པ་གཉིས། །ལྷན་ཅིག་འཕྱོ་སློད་དབྱངས་སུ་གྱེར་ན་ཡང་། །ལུང་སྟོང་བྲག་ཆ་ཙམ་དུ་ངས་མི་བརྩི། །ཞེས་སྨྲ་རོ། །སྨྲས་པ། ཐུབ་པའི་དབང་པོ་ཐུགས་རྗེ་ཅན་དེ་ཉིད། །བྲམ་ཟེ་རྒྱ་མཚོའི་རྡུལ་དུ་འཁྲུངས་པའི་ཚེ། །རང་ཅག་རྣམས་ལ་ཆེས་ཆེར་བརྩེ་བ་ཡིས། །ཐུགས་སྨོན་མཛད་པའི་ཚུལ་དེ་བསམ་གྱིན་དད། །སྙིང་སྟོབས་ཆེན་པོས་དབང་པོའི་ཏོག་གི་རྡུང་། །ཐུཿབསྐྱེད་དམ་བཅའ་མཛད་པའི་བདེན་པའི་མཐུ། །མངོན་དུ་གྱུར་པའི་འཛམ་མགོན་ལུཿབཟང་འདི། །བློ་ལྡན་རྣམས་ཀྱི་འཇུག་རྡོགས་གཅིག་པུ་ལགས། །འདི་འདྲའི་མཚན་ཙམ་ཐ་བར་ཐོས་པ་ཡང་། །སངས་རྒྱས་ཀུན་དངོས་འཇམ་དབྱངས་བཞད་པའི་རྗེ།། ཡབ་སྲས་རྣམས་ཀྱི་ཐུགས་རྗེ་ཁོ་ན་སྟེ། །ཕན་མཛད་དེ་ཡི་བཞེད་པ་འགྲུབ་གྱུར་ཅིག །སྙིགས་མ་ལས་ཀྱང་ཆེས་ཆེར་སྙིཿམའི་དུས། །མཐའ་འཁོབ་ལས་ཀྱང་ཡང་འཁོབ་ཡུལ་ངན་འདིར། །སྐྱེས་ཀྱང་ཅུང་ཟད་བསྟན་ལ་ཡིད་ཆེས་པའི། །ཚུལ་འདི་བསམ་ནས་འབད་པས་འདི་བྲིས་སོ། །ཚུལ་འདིར་ཞུགས་ལ་ཐོགས་མེད་མཐུ་ལྡན་པ། །བླ་མ་འཇིགས་མཛད་ཁྲོ་བོའི་དབང་པོ་དང་། །ཕྱག་དྲུག་མགོན་དང་ཆོས་ཀྱི་རྒྱལ་པོས་ཀྱང་། །གཡེལ་བ་མེད་པར་རྟག་ཏུ་གྲོགས་བྱེད་ཤོག །ཅེས་གསོལ་འདེབས་

དམིགས་བརྩེ་མ་བཟླ་ཚུལ་གྱི་མན་ངག་སྙིང་པོའི་བསྡུས་ཞེས་བྱ་བ་འདི་ནི། ཞང་ལའི་དཀའ་བཅུ་རི་མ་ཐོན་གྱི་ཐ་མ་སྙིགས་དུས་ཀྱི་དགེ་སློང་བསྟན་པ་རྒྱ་མཚོས་ཉི་མ་བྱང་བགྲོད་ཀྱི་ཡར་ཚེས་ཀྱི་འཕེལ་བ་གསར་དུ་ཚུགས་པའི་ཉིན་དུ་བཙུགས་ཏེ་སྦྱར་བའི་ཡི་གེ་པ་ནི་རང་གི་ལག་གཡོག་ཚུལ་བཞིན་དུ་སྒྲུབ་པའི་སློབ་བུ་ལུང་རྟོཿརྒྱ་མཚོས་བགྱིས་པ་འདི་ཡང་རྗེ་བླ་མའི་ཐུགས་སྨོན་འགྲུབ་པའི་…རྒྱུར་གྱུར་ཅིག །

༄༅། །དམིགས་བརྩེ་མའི་བསྙེན་ཡིག་མདོར་བསྡུས་བཞུགས་སོ། །

ན་མོ་གུ་རུ། དམིགས་བརྩེ་མའི་བསྙེན་པ་བྱེད་ཚུལ་གྲུང་ཐང་རིན་པོ་ཆེའི་གསུང་ན་ཡོད། ངའི་སྟོང་མཆོད་ཀྱི་ནང་ན་གྲུང་ཐང་རིན་པོ་ཆེའི་གསུང་ཐམས་ཅད་བཀོད་ཡོད། འདི་ལ་གཏོར་མ་ལས་རྒྱུ་དང་། ཛ་ཧུང་རྒྱུ་མེད། རང་འགའི་མཆོད་པ་བཤམས་ན་ཆོག འདིའི་ལུགས་ཀྱི་ཚོགས་ཞིང་ཟིན་བྲིས་ན་ཡོད་པ་ལྟར་བྱས་ན་ཆོག སྟོང་མཆོད་འགོའི་འདི་ཡིན་ནའང་ཆོག བརྒྱུད་འདེབས་འདོན་ན་ཁ་སྐོང་ཨ་ལགས་ཚང་གི་གསོལ་འདེབས་གཅིག་གིས་ཆོག མཆོད་པ་བྱིན་རླབས་སྐབས། རང་གི་ལོངས་སྤྱོད་ཡོ་བྱད་དུས་གསུམ་གྱི་དགེ་རྩ་དང་བཅས་པ་བྱིན་གྱིས་བརླབ་པར་བསམ་ན་ཆོག །རྒྱ་གང་ཆེ་བསམ་ན་ལྷག་པར་བཟང་། མཆོད་ཕྲེང་རྒྱས་པ་དེ་ཐུབ་དུས་ཐོན། མ་ཐུབ་དུས་ཡིད་འོང་མཆོད་ཡོན་གྱིས་ལོས་ཆོག ས་གསུམ་མའི་མཇུག་ཏུ། ཕྱི་སྒྲུབ་ལ་དང་པོ་རྒྱ་ཆེན་ཐོས་པ་མང་དུ་བཙལ། ཞེས་པ་འདི་ཐོན་ལ་བསམ་བློ་ཐོང་། དམིགས་བརྩེ་མ་ཚར་གཅིག་གམ་གསུམ་ཙམ་ཐོན། ནང་སྒྲུབ་ལ་དེ་ལྟར་རྒྱུ་དང་འབྲས་བུ་ཞེས་པ་དེ་ཐོན་ལ། ཡང་གསོལ་འདེབས་གཉིས་གསུམ་ཐོན། གསང་སྒྲུབ་ལ་བདུད་དབྱུང་མ་ལུས་བསྣུན་ནས་བཞི་སྐོར་གཅིག་གཉིས་དང་། དངོས་གྲུབ་ཀུན་འབྱུང་སོགས་ཀྱང་ཐོན། འཇམ་མགོན་ཡབ་སྲས་གསུམ་གྱི་ཐུགས་ཀ་ནས་ཞེས་པ་ནས། སྤྱང་བར་གྱུར་ཅེས་དམིགས་བརྩེ་མ་བཟླ། ཉེར་གཅིག་གམ། ལྔ་བཅུའམ། བརྒྱ་ལྔ་བུའི་མཚམས་སུ། ཡབ་རྗེ་བླ་མའི་སྐུ་ཚེ་ཕྲེང་རྒྱུད་ཀྱི། །ཐུགས་བསྐྱེད་སྨོན་ལམ་རྣམ་དཀར་མཛད་ཕྲིན་རྣམས། །མཐའ་དབུས་རིས་མེད་སྐྱེ་བོའི་ཤེས་རྒྱུད་ལ། མྱུར་དུ་འཇུག་པའི་འཕྲིན་ལས་མཛད་དུ་གསོལ། ཞེས་མཛོད་གེ་ཚང་གི་གསུང་འདིས་གསོལ་བ་ཐོབ། སྐབས་རེར། ཁྱད་པར་བདུད་རྩི་དུག་ཏུ་འབྱུལ་བ་ཡི། །ལོག་པར་རྟོག་པའི་བློ་ཅན་མཐའ་དག་གི །ཡིད་ཀྱི་ཞེ་སྡང་སྦྱོར་བའི་མེ་ཞི་ནས། །རིང་པོར་མི་ཐོགས་གུས་པས་འདུད་གྱུར་ཅིག །ཅེས་པ་འདི་ཐོན། སྐབས་རེར། མ་རུང་ཡུལ་དུས་སྙིགས་མའི་འགྲོ་འདི་ལ། །བརྩེ་བས་མ་བཟོད་ཡབ་རྗེ་མཆོག་དེ་ཡིས། །གྲངས་རིང་བསྐལ་བར་དགོངས་པའི་ཐུགས་ཀྱི་འབྲས། །བཞེད་པ་ལྟར་དུ་ལྷུན་གྱིས་གྲུབ་པར་མཛོད། །ཅེས་དང་། ཡང་ཀུན་མཁྱེན་མཆོག་སྤྲུལ་

མཐོང་བ་དོན་ལྡན་རྗེའི། །འཕྲིན་ལས་གེགས་སྒྱུར་གདུལ་བྱའི་ཞེས་རྒྱུད་ཀྱི། །མ་དད་ལོག་ལྟ་ཕྲག་དོག་ཐེ་ཚོམ་སོགས། །ཞི་བའི་འཕྲིན་ལས་མྱུར་དུ་འགྲུབ་པར་མཛོད། །ཅེས་གསོལ་བ་ཐོབ། དེ་ནས་མཇལ་མདོར་བསྡུས་ཕྱུལ། ཡོན་ཏན་གཞིར་གྱུར་མ་ལྟ་བུས་ཞར་སློམ་གྱིས། དེ་ནས། དཔལ་ལྡན་རྩའི་བླ་མ་སོགས་སྟོང་མཆོད་ལྟར་གྱིས་ལ། དེང་བརྩམས་མ་ཐོན། འདི་ནི་ཐུན་གཅིག་གི་རིམ་པའམ། དགོས་དོན་ཁྱད་པར་ཅན་ཡིན་ལ། ཐུན་ཕྱི་མའམ། ཉིན་ཕྱི་མ་རྣམས་ལ་དམིགས་བརྩེ་མའི་འཁོར་རྣམ་དག་གངས་རི་མའམ། བསྟོད་པ་དོན་ལྡན་སོགས་འདོན་ཐུབ་ན་ཐོན། མ་ཐུབ་ན་མི་དགོས། རང་གི་སྒྲིབ་སྦྱོང་ལ་ཆེད་དུ་དམིགས་ན་བླ་མ་ལྷ་ཡི་སྤྱན་སྤྱ་རྡུ་སོགས་ཐོན། འཇམ་མགོན་ཡབ་སྲས་ནས་ཉེས་ལྟུང་སྡིག་སྒྲིབ་ཐམས་ཅད་སྦྱངས་པར་གྱུར། ཞེས་བསྒྱུར་ཏེ་ཐོན། མཚམས་མཚམས་སུ། གང་ཞིག་ཐོག་མེད་དང་། ཡང་ན། རྣམ་དག་བསླབ་པ་ཁྲིལ་མེད་སེམས་ཀྱིས་དྲལ། །དམ་པས་སྨད་པའི་ལས་ལ་འཇིགས་མི་བྱེད། །ཁྲིམས་འཆལ་དགེ་སློང་ཤ་ཚུགས་ཅན་བདག་ལ། །ཐུགས་རྗེས་གཟིགས་ཤིག་འཇམ་མགོན་བློ་བཟང་གྲགས། ཞེས་དང་། ཡང་ཉམ་ཐག་ང་རོས་འོ་དོད་འབོད། །སྡིག་ཅན་བདག་ལ་བསྐྱབ་ཏུ་གསོལ། །ཞེས་པ་འདི་ཚོ་མཚམས་མཚམས་སུ་ཐོན་ལ་གསོལ་འདེབས་དྲག་ཏུ་གྱིས། ཐུགས་ཀའི་ཐུབ་དབང་རྡོ་རྗེ་འཆང་ལ་དམིགས་ཏེ་དངོས་གྲུབ་ཀུན་འབྱུང་མ་དང་། མི་ཤེས་དབང་གིས་བྱས་པའི་ཉེས་པ་དང་། ཉིན་རེ་བཞིན་དུ་མཆེད་པ་འཕེལ་ཁའི་འགྲོ། །རྣམ་སྨིན་མི་བཟད་ལྟུང་བའི་ངོ་བོ་ཀུན། །ལྷག་མེད་བྱང་ཞིང་དག་པར་བྱིན་གྱིས་རློབས།། དཀོན་མཆོག་གསུམ་གྱི་དཀོར་དང་ཁྱད་པར་དུ། །དགེ་འདུན་འདུ་སྒོ་གསོན་གཤིན་དད་ཟས་སོག།། མི་མདག་ལྟ་བུར་སྤྱད་པའི་ཉེས་པ་ཀུན། །ལྷག་མེད་བྱང་ཞིང X བླ་མ་རྡོ་རྗེ་སྤྱན་དང་མཆོག་གསུམ་ཧེན། །ཕ་མ་ལ་སོགས་ཞིང་དང་བསམ་སྦྱོར་མཐུག། མཐུ་ཆེན་ཤུགས་དྲག་ཉེས་པ་གང་བགྱིས་རྣམས། །ལྷག་མེད་Xརློབས། ཞེས་བརྗོད་ལ། ཐུབ་དབང་གི་ཐུགས་ཀའི་རྡོ་རྗེ་འཆང་རྡོར་སེམས་དཀར་པོ་ཡབ་ཡུམ་དུ་གྱུར་པའི་ཐུགས་ཀར་ཟླ་གདན་ལ་ཧཱུྃ་ཡིག་དཀར་པོ་ཐིག་ལེ་ལ་མཾ་དམར་སེར་གྱིས་མཚན་པའི་མཐའ་སྐོར་དུ་དམིགས་བརྩེ་མ་དང་ཡི་གེ་བརྒྱ་པས་བསྐོར་བ་ལས་བདུད་རྩི·······འབེབས་སྦྱང་རྡོར་སེམས་བསྒོམ་བཟླས་ཀྱི་སྐབས་ལྟར་བྱས་ཏེ་ཡིག་བརྒྱ་ཅི་འགྲུབ་ཐོན། དེ་ནས།

མཇལ་དང་། འཇིག་རྟེན་འཇིག་རྟེན་འདས་པའི་དགེ་ལེགས་ཀྱི། །ཞེས་སོགས་བརྗོད་ནས་འཇུག་བསྡུ་ལུགས་སྔར་ལྟར་དང་། དེ་ལྟར་མཁའ་དབྱིངས་མ་ཐོན། ཡང་སྐབས་རེ་ར་དམིགས་བརྩེ་མ་བཟླས་པའི་མཇུག་ཏུ་མཇལ་རྒྱས་པར་ཕུལ་ལ། ཕུན་ཚོགས་དགེ་ལེགས་ཞེས་སོགས་ལམ་རིམ་བསྡུས་དོན་དཔལ་བྱུས་ཡིད་འཁྲུལ་ངེས་སུ་ཐོན། རྣམ་འགྱུར་ངས་ཀྱང་ཉམས་ལེན་དེ་ལྟར་བྱས།། ཐར་འདོད་ཁྱོད་ཀྱང་དེ་བཞིན་བསྐྱངས་འཚལ་ལོ། །ཞེས་བླ་མས་གསུང་པར་བསམ་ལ། དེའི་ལན་དུ། དེ་ལྟར་ནུས་པར་བླ་མ་ལྷག་པའི་ལྷའི། །ཐུགས་རྗེ་བདུད་རྩིའི་རྒྱུ་ཡིས་བྱིན་གྱིས་རློབས་ཞེས་གྱང་ཐང་རིན་པོ་ཆེ་ནས་བསྟན་པ་འདི་ཞུས་པར་བསམ་སྟེ། བདུད་རྩི་འབེབས་སྦྱངས་དང་བཅས་དམིགས་བརྩེ་མ་རེ་གཉིས་ཙམ་ཐོན། སྨིན་པ་འགྲོ་བའི་འགོར་སེམས་བསྐྱེད་ཀྱི་དམིགས་རྣམ་གསལ་འདེབས་ཆེད་ཡོངས་འཛིན་རིན་པོ་ཆེའི་གསུང་དེའམ་བླ་མ་མཆོད་པའི་ཉམ་ཐག་འགྲོ་བ་འདི་ཀུན་ནས་བརྩོན་པ་ལྟར་ལེན་བྱེད་པར་བྱིན་གྱིས་རློབས། ཞེས་པའི་བར་འདོན་དགོས་ན་ཐོན། གང་ལྟར་ཀྱང་བླ་མ་སངས་རྒྱས་བྱང་ཆུབ་སེམས་དཔའ་ཀུན། ཞེས་སོགས་ལན་གསུམ་སེམས་རྒྱུད་ལ་འཕྲོད་ངེས་ཀྱིས་ལ། དེང་དུས་བདག་ཆེ་སོགས་ཀྱང་འདོན་དགོས། སྨིན་པ་འགྲོ་བའི་མན་ཆད་གཞུང་ལྟར་ཐོན་ལ། མཇུག་གི་སྨོན་ལམ་ལ་ལམ་རིམ་སྨོན་ལམ་དང་། བརྟེན་ནས་འབྱུང་བའི་དེ་ཉིད་གསལ་མཛད་པ་ཞེས་སོགས་ཐོན་དང་། དེ་ལས་ལྷག་པའི་ཉམས་ལེན་བྱེད་ཚུལ་མེད་བསམ།དམིགས་བརྩེ་མའི་མཚམས་མཚམས་སུ། བདག་གི་བྱང་ཆུབ་སྒྲུབ་ལ་བར་གཅོད་པའི། །ནས་སྒྱུར་དུ་ཞི་བར་མཛོད་ཅེས་དང་། ཐུབ་དབང་རྗེས་སུ་གྲུས་པས་སློབ་པའི་ཚེ། །རླབས་ཆེན་སྤྱོད་པ་རྫོགས་པར་བྱེད་པའི་གེགས། །སྐལ་བ་ངན་པའི་རྗེས་འགྲོ་བདུད་ཀྱི་ལས། །བར་དུ་གཅོད་པའི་མིང་ཡང་མེད་པར་ཤོག ཅེས་དང་། ལས་ཀྱིས་སྙིགས་མའི་དུས་སུ་སྐྱེས་པ་བདག །ཕྱི་ནང་རྐྱེན་ངན་བར་ཆད་རུ་འཛིང་བས། །མགོན་མེད་སྐྱབས་བྲལ་གྱུར་པ་འདི་དགོངས་ལ། །དམན་ལ་ལྷག་པར་བརྩེ་ཁྱོད་ཐུགས་རྗེས་གཟིགས། ཞེས་པ་འདི་གང་བྱུང་རེ་མཚམས་སུ་ཐོན་དང་། ཨ་ཐུར་གལ་ཆེ་སྙམ། ཤེས་རབ་སྒྲུབ་པར་བྱེད་ན། དམིགས་སྐོར་བདུན་པོ་གཞུང་ལྟར་ཐོན་ལ། རེ་རེའི་མཚམས་སུ་གསོལ་འདེབས་གང་མང་གྱིས། ལམ་རིམ་བསྡུས་དོན་གྱི་མཚམས་མཚམས་ནས་དམིགས་བརྩེ་མ་གང་ཐུབ་རེ་

བཏོན་ཏེ་ཐུན་གཅིག་ལ་གྲངས་ཅི་ཙམ་འདོན་པ་དེས་རྫོགས་པར་བྱས་ནའང་ཆོག་དེ་ལྟར་བྱེད་ན།…… རྒྱུན་དུ་སྟོབས་བཞི་ཚང་བར་བརྟེན་པ་གཅེས། །རྒྱལ་འབྱོར་ངས་ཀྱང་སོགས་སྔར་ལྟར་གྱིས་ལ། མཚམས་འདིར་ཡིག་བརྒྱ་བཏོན་ན་ཡང་ཡོས་ཆོག སྐབས་འགའ་རེར། གནས་གསུམ་གྱི་རིགས་གསུམ་མགོན་པོ་ལ་དམིགས་ཏེ། དེ་དག་གི་གཟུངས་བཏོན་ནའང་ཆོག དེ་ལ་ཐུགས་རྗེ་ཆེན་པོའི་གཟུངས་རིང་དང་། ཨ་ར་པ་ཙ། འཇམ་དབྱངས་དཀར་པོའི་སྔགས། ཕྱག་རྡོར་གྱི་སྔགས་གང་རིགས་སོགས་བཏོན་ཆོག་ལ། དམིགས་པ་ཁྲིད་ཡིག་ལྟར་གྱིས། ཉི་མ་རེ་ལྟ་བུར་ཨ་ལགྣ་མཁན་པོ་ཚང་གི་གསུང་ལྟར་བཏོན་ན་ཡང་ཆོག བར་བར་ལ་གཞུང་བསྲིང་ལྟར་བཏོན་ན་ཡང་ཆོག གཅིག་ཁོ་ན་ཡིན་དགོས་པའི་ངེས་པ་མེད། འདི་ལ་དཀྱིལ་འཁོར་གྱི་བསྙེན་པ་ལྟར་ངེས་ཅན་དུ་ལས་རུང་འགྲོ་དགོས་པ་མིན། ལས་ཚོགས་བྱེད་ན་འབུམ་ཐྲག་གཅིག་འདོན་དགོས་གསུང་། ཅི་ཐུབ་རེ་བཏོན་ནས་རང་གི་སེམས་དག་པ་གལ་ཆེ། མཚམས་ནས་གྲོལ་ཏེ་སྔར་ཡང་བཏོན་ན་ཡང་ཆོག གྲངས་གཙོ་བོར་བྱས་ན་ཁྲུར་ལྟ་བུར་སོང་ནས་སྒྲ་དག་པ་ཞིག་མི་ཡོང་འདུག ཨ་ལགས་ཚང་གི་གསུང་ན་སྒྲིབ་སྦྱིན་ཀྱང་འདུག་མོད་ཀྱང་ངེས་ཅན་དུ་མི་དགོས། ནམ་ཐུབ་དུས་ཞིག་ལ་ཕྱུལ་ན་བཟང་མ་གཏོགས་ཅི་ཡོད། དམིགས་བརྩེ་མའི་འགྲེལ་པ་དང་། བླ་མཆོད་ཁྲིད་ཡིག་སོགས་ལ་བལྟས་ན་བཟང་། ཨ་ལགས་དཔལ་མང་རིན་པོ་ཆེས་བདག་ལ་གནང་བའི་སྨོན་ལམ་སྟོང་མཆོད་མཇུག་ན་ཡོད་པ་དེ་ཐུན་རེ་རེ་བཞིན་དུ་ཐོན། རྗེ་བླ་མའི་ལེགས་བཤད་རྣམས་ཀྱི་མིང་ཡིད་ལ་དྲན་པར་བྱས་ནས། འདི་དག་དང་མི་འབྲལ་བར་གྱུར་ཅིག་སྙམ་དུ་སྨོན་ལམ་དེའི་ཐད་ཁ་ཐད་ཁར་དྲན་ཐུབ་ན་གསུང་འབུམ་ཡོངས་རྫོགས་ཉམས་སུ་བླང་པའི་གོ་ཆོད་པ་རེད། འདི་དག་སྙིགས་མའི་དུས་འདིར་ཤིན་ཏུ་གལ་ཆེ་བར་བསམ་ནས་བྲིས་པ་ཡིན་པས་ལག་ལེན་དུ་ཐེབ་པ་མཛོད། འདི་འདྲ་བྲིས་པ་ལ་ཕྱ་སོར་འཕྲ་སྐྱོད་བྱེད་མཁན་ཡང་བྱུང་བས་ཧ་ཅང་ངང་མ་སྐྱིལ་ན་ལར་སྐམ་པ་དེ་ཐུར་ལ་ཟུངས། །

༄༅། །སྲད་རྒྱུད་ལུགས་ཀྱི་བླ་མའི་རྣལ་འབྱོར་དགའ་ལྡན་ལྷ་བརྒྱ་མའི་ཟབ་ཁྲིད་གནང་སྐབས་ཀྱི་གསུང་བཤད་ཟིན་བྲིས་དགའ་ལྡན་ཞིང་དུ་བགྲོད་པའི་སྐུར་ལམ་ཞེས་བྱ་བ་བཞུགས་སོ། །

རྗེ་བཙུན་བླ་མ་དམ་པ་ཐུགས་རྗེ་ཆེན་པོ་དང་ལྡན་པ་རྒྱལ་ཚབ་མི་ཕམ་པ་དང་དབྱེར་མ་མཆིས་པའི་ཞབས་ཀྱི་པདྨོ་ལ་དུས་ཐམས་ཅད་དུ་ཕྱག་འཚལ་ཞིང་སྐྱབས་སུ་མཆིའོ། བརྩེ་བ་ཆེན་པོས་ཚེ་རབས་ཀུན་ཏུ་རྗེས་སུ་གཟུང་དུ་གསོལ། འདིར་ངེས་པ་དོན་གྱི་འདྲེན་མཆོག་མཚུངས་ཟླ་མ་མཆིས་པ། བཀའ་དྲིན་མཉམ་མེད་ཁྱབ་བདག་འཁོར་ལོའི་མགོན་པོ་རྡོ་རྗེ་འཆང་མཻ་ཏྲི་ཤཱ་ས་ན་ཛྙ་ར་ཀརྨ་ས་ར་སིདྡྷིའི་ཞལ་སྔ་ནས་སྲད་རྒྱུད་ལུགས་ཀྱི་ཟབ་ལམ་བླ་མའི་རྣལ་འབྱོར་དགའ་ལྡན་ལྷ་བརྒྱ་མའི་ཟབ་ཁྲིད་གནང་སྐབས་ཀྱི་ཟིན་བྲིས་མདོར་བསྡུས་ཙམ་བྲི་བ་ལ། ཐོག་མར་ཤེར་སྙིང་བདུད་ཟློག་དགའ་ལྡ། དམིགས་བརྩེ། དཔལ་ལྡན་རྩ་བའི་ལན་གསུམ། མཎྜལ། རྗེ་ཉིད་ནས་དབུ་བསྐུལ་གྱིས་སངས་རྒྱས་ཆོས་ཚོགས་ལན་གསུམ། དེ་ནས་འདི་སྐད་ཅེས་སྩལ་བ་ཐོས་ཏེ། འོ་མར་གྱུར་ནམ་མཁའི་མཐའ་དང་མཉམ་པའི་སོགས་ཀུན་སློང་ཀུན་སྤྱོད་སྤྱི་ལྟར་གསུངས་ནས། གང་གསན་པར་བྱ་བའི་ཆོས་ནི། འདིར་དགའ་ལྡན་སྙན་བརྒྱུད་ཀྱི་མན་ངག་ལས་བྱུང་བའི་སྲད་རྒྱུད་ལུགས་ཀྱི་ཟབ་ལམ་བླ་མའི་རྣལ་འབྱོར་དགའ་ལྡན་ལྷ་བརྒྱ་མ་ཞེས་ཡོངས་སུ་གྲགས་པ་འདི་ཉིད་ཡིན་པས། དེ་ལ་འཇམ་མགོན་ཙོང་ཁ་པ་ཆེན་པོའི་གསུང་ལས། དེ་ནས་འདི་ཕྱིའི་ལེགས་ཚོགས་ཇི་སྙེད་པའི། །རྟེན་འབྲེལ་ལེགས་པར་འགྲིགས་པའི་རྩ་བ་ནི། །ལམ་སྟོན་བཤེས་གཉེན་དམ་པ་འབད་པ་ཡིས། །བསམ་དང་སྦྱོར་བས་ཚུལ་བཞིན་བསྟེན་པ་རུ། །མཐོང་ནས་སྲོག་གི་ཕྱིར་ཡང་མི་གཏོང་བར། །བཀའ་བཞིན་སྒྲུབ་པའི་མཆོད་པའི་མཉེས་པར་བྱེད། །ཅེས་དང་། ཡོན་ཏན་ཀུན་གྱི་གཞིར་གྱུར་དྲིན་ཅན་རྗེ། །ཚུལ་བཞིན་བསྟེན་པ་ལམ་གྱི་རྩ་བ་རུ། །ལེགས་པར་མཐོང་ནས་འབད་པ་དུ་མ་ཡིས། །གུས་པ་

ཆེན་པོས་བརྟེན་པར་བྱིན་གྱིས་རློབས། །ཞེས་གསུངས་པ་ལྟར་རང་ཅག་རྣམས་ཀྱི་ལུང་རྟོགས་ཡོན་ཏན་ཀུན་གྱི་འབྱུང་གནས་ནི་རྩ་བའི་བླ་མ་ཉིད་ཡིན་ཅིང་། འདི་ཕྱིའི་ལེགས་ཚོགས་ཀུན་གྱི་རྩ་བ་ཡང་བླ་མ་བསྟེན་ཚུལ་ཁོ་ན་ལ་རག་ལས་པ་དང་། ཐར་པ་དང་ཐམས་ཅད་མཁྱེན་པ་གང་འདོད་ཀྱང་དང་པོ་བཤེས་གཉེན་བསྟེན་ཚུལ་གྱི་འགོ་འཛུགས་འདི་ནས་མ་ནུབ་གས་པ་ཞིག་བྱ་དགོས་ཏེ། ཇོ་བོ་ཆེན་པོ་དང་འབྲོམ་རིན་པོ་ཆེ་སོགས་ཀྱང་འགྲོ་དོན་རྒྱ་ཆེན་པོ་བྱུང་བ་དེ་དགེ་བའི་བཤེས་གཉེན་ཚུལ་བཞིན་དུ་བསྟེན་པ་ལས་བྱུང་བ་རེད། རྒྱལ་སྲས་གཞོན་ནུ་འོད་དང་། ཇོ་མོ་ལ་རྣམས་ཀྱི་རྣམ་ཐར་དུ་གསལ་བ་ལྟར་བཤེས་གཉེན་ཚུལ་བཞིན་དུ་བསྟེན་ནས་ས་ལམ་མངོན་པོར་གཤེགས་པ་ཡིན། ཕར་ཕྱིན་ཐེག་པ་འཆང་རྒྱ་བ་ལ་གྲངས་མེད་གསུམ་གྱི་ཚོགས་བསགས་དགོས་ཀྱང་། བྱང་ཆུབ་སེམས་དཔའ་རྟག་ཏུ་ངུས་སེམས་དཔའ་ཆེན་པོ་ཆོས་འཕགས་ལ་དཀའ་སྤྱད་ཚད་མེད་པས་བཤེས་གཉེན་བསྟེན་ཚུལ་ཚུལ་བཞིན་བྱས་ནས་བསྟེན་པས་ཚོགས་ལམ་ནས་ས་བརྒྱད་པའི་བར་དུ་ལོ་ཁ་ཤས་ཙམ་ལས་མ་འགོར་བར་ཕེབས་པ་ལྟར། དགེ་སྦྱོར་ཐམས་ཅད་ཀྱི་སྲོག་གཅིག་པུ་ནི་བླ་མའི་རྣལ་འབྱོར་འདི་རང་ཡིན་པས་འདི་ཉིད་ཉམས་སུ་ལེན་དགོས། ས་ལམ་གྱི་རྟོགས་པ་དང་། མཆོག་དང་ཐུན་མོང་གི་དངོས་གྲུབ་ཐམས་ཅད་ཀྱི་འབྱུང་གནས། གེགས་སེལ་བོགས་འདོན་སོགས་གང་ལའང་བླ་མའི་རྣལ་འབྱོར་འདི་ཉིད་ནི་ལམ་གྱི་གཞུང་ཤིང་དམ་སྲོག་ཤིང་ལྟ་བུ་ཡིན། རྗེ་ཙོང་ཁ་པ་ཆེན་པོས་ཀྱང་། ཉན་ན་ཚིག་མི་ཟིན། བསམས་ན་དོན་མི་གོ བསྒོམས་ན་རྒྱུད་ལ་མི་སྐྱེ་བའི་བློའི་མཐུ་ཞན་ཏུ་ཆུང་བའི་དུས་སུ་ཞིང་གི་མཐུ་ལ་བརྟེན་པ་མན་ངག་ཡིན། ཞེས་གསུངས་པ་ལྟར་ཐོས་བསམ་སྒོམ་པ་སོགས་བྱེད་པའི་ཚེ་ཚིག་བློ་ལ་མི་ཟིན་པ་དང་། དོན་མི་གོ་བ་དང་། རྒྱུད་ལ་མི་སྐྱེ་བ་སོགས་ལམ་དུ་མི་འགྲོ་བ་གང་བྱུང་ཡང་། དེ་དག་གནད་དུ་འགྲོ་བའི་མན་ངག་གི་རྒྱལ་པོ་ནི་བླ་མར་བརྟེན་པ་ཁོ་ན་ཡིན་པས། དེས་ན་བླ་མའི་རྣལ་འབྱོར་ཉམས་སུ་ལེན་ཅིང་། བླ་མར་གསོལ་བ་འདེབས་པ་སོགས་ལ་རྩེ་གཅིག་ཏུ་འབད་དགོས་ཏེ། པཎ་ཆེན་ཆོས་རྒྱན་གྱིས། ཞིང་མཆོག་དམ་པ་རྗེ་བཙུན་བླ་མ་ལ། སོགས་དང་། མགོན་པོ་ཀླུ་སྒྲུབ་ཀྱིས་ཀྱང་། འདི་ནི་རང་བྱུང་བཅོམ་ལྡན་འདས། ལྷག་པའི་ལྷ་ནི་གཅིག་པུ་ཉིད། མན་ངག་རབ་ཏུ་སྟེར་བའི་ཕྱིར། རྡོ་རྗེ་སློབ་དཔོན་དེ་བས་

ལྷག ཅེས་གསུངས། དེ་ཡང་དཔེར་ན། ཉི་མའི་འོད་ཟེར་དང་སྒྲུ་བ་གཉིས་ཀ་འཛོམས་ཀྱང་། མེ་ཤེལ་ལྡན་ཅིག་བྱེད་རྐྱེན་མེད་ན་སྒྲུ་བ་ལ་མེ་ཟེན་མི་ནུས་པ་ལྟར་སངས་རྒྱས་ཐམས་ཅད་ཀྱི་འཕྲིན་ལས་རྒྱ་ཆེ་ཡང་བླ་མ་མེད་ན་རང་ཅག་ཐ་མལ་པའི་རྒྱུད་ལ་བྱིན་རླབས་འཇུག་པའི་ཐབས་མེད། དེའི་ཕྱིར་སངས་རྒྱས་དང་རང་གཉིས་ཀྱི་བར་ན་དགེ་བའི་བཤེས་གཉེན་གྱི་རྣམ་པར་བསྟན་ནས་སངས་རྒྱས་ཀྱི་སར་འཁྲིད་པར་མཛད་པས་བླ་མ་ཡི་དམ་སངས་རྒྱས་ཐམས་ཅད་ཀྱི་བྱིན་རླབས་འཇུག་པའི་སྒོ་ཉི་ཤོས་ནི་བླ་མ་ཁོ་ན་ཡིན། སྤྱིར་སངས་རྒྱས་ཐམས་ཅད་ཆོས་ཀྱི་དབྱིངས་སུ་རོ་གཅིག་ཀྱང་གདུལ་བྱ་གང་ལ་གང་འདུལ་གྱི་ཐབས་སུ་ཐ་མལ་པ་སོགས་ཀྱི་རྣམ་པར་བསྟན་པ་སྟེ། ཡབ་སྲས་འཛལ་བའི་མདོ་ལས། །བརྒྱ་བྱིན་ཚངས་པའི་ཆ་བྱད་དང་། ལ་ལར་བདུད་ཀྱི་ཆ་བྱད་ཀྱིས། སེམས་ཅན་རྣམས་ཀྱི་དོན་མཛད་དེ། འཇིག་རྟེན་རྣམས་ཀྱིས་རྟོགས་མི་ནུས། བུད་མེད་ཆ་བྱད་སྤྱོད་པ་མཛད། དུད་འགྲོའི་སྐྱེ་གནས་རྣམས་ནའང་གདའ། ཞེས་དང་། འདོད་ཆགས་མི་མངའ་ཆགས་པའི་ཚུལ།འཇིགས་པ་མ་ལགས་འཇིགས་པ་ལྟར། ཞེས་སོགས་ནས། རྣམ་པར་འཕྲུལ་པ་སྣ་ཚོགས་ཀྱིས། སེམས་ཅན་རྣམས་ནི་འདུལ་བར་མཛད། ཅེས་གསུངས་པ་ལྟར་གདུལ་བྱ་རང་རང་གི་བློ་ངོར་དང་འཚམས་པའི་སྤྲུལ་པ་སྣ་ཚོགས་པར་བསྟན་པ་ཡིན། འོ་ན་བླ་མ་སངས་རྒྱས་ཀྱི་སྤྲུལ་པ་ཡིན་ན་སངས་རྒྱས་ཀྱི་མཛད་པ་གང་མཛད་སྙམ་ན། ཇི་སྐད་དུ་ཚོམས་ལས། ཐུབ་རྣམས་སྡིག་པ་ཆུ་ཡིས་མི་འཁྲུ་ཞིང་། འགྲོ་བའི་སྡུག་བསྔལ་ཕྱག་གིས་མི་སེལ་ལ། ཉིད་ཀྱི་རྟོགས་པ་གཞན་ལ་སྤོ་མིན་ཏེ། ཆོས་ཉིད་བདེན་པ་བསྟན་པས་གྲོལ་བར་མཛད། ཅེས་དང་། རྗེ་ཐམས་ཅད་མཁྱེན་པས། མཛད་པ་ཀུན་ལས་གསུང་གི་ནི། མཛད་པ་མཆོག་ཡིན་ཞེས་སངས་རྒྱས་ཀྱི་མཛད་པ་ཐམས་ཅད་ཀྱི་མཆོག་ནི་གསུང་གི་མཛད་པ་ཡིན་པརགསུངས་པ་ལྟར། སངས་རྒྱས་ཀྱིས་སྡིག་པ་ཆུས་འཁྲུ་བ་སོགས་མཛད་དུ་མེད་པར་དམ་པའི་ཆོས་ཀྱི་བདེན་པ་ཟབ་མོ་བསྟན་ནས་འགྲོ་བ་རྣམས་སངས་རྒྱས་ཀྱི་སར་འཁྲིད་པར་མཛད་པས། དེ་ནི་མདོ་སྔགས་ཡོངས་རྫོགས་ཀྱི་ལམ་ཚང་ལ་མ་ནོར་བ་བསྟན་ནས་གདུལ་བྱ་སྨིན་གྲོལ་ལ་འགོད་པར་མཛད་པ་འདི་ཉིད་ཡིན། འོ་ན་དེ་ལྟར་ཡིན་ན་བླ་མ་སངས་རྒྱས་དངོས་སུ་མཐོང་དགོས་པ་ལ་དེ་ལྟར་མི་མཐོང་བས་སངས་རྒྱས་ཀྱི་སྤྲུལ་པ་མིན་ཞེ་ན། རང་རེ་

ཉོན་མོངས་པའི་བག་ཆགས་ངན་པ་དབང་བཙན་པས་སངས་རྒྱས་དངོས་སུ་མཐོང་བ་ལྟ་ཞོག　བླ་མའི་མཛད་སྤྱོད་ལ་ཡོན་ཏན་དུ་མཐོང་བ་ཆེས་དཀོན་པར་སྣང་ལ། དེ་ཡང་སྤྱན་སྔ་བློ་གྲོས་རྒྱལ་མཚན་གྱིས། །རང་རེའི་ལས་ཀྱི་སྒྲིབ་པའི་ཆེ་ཚོད་ལ། །བླ་མ་མི་རུ་མཐོང་བ་དཀའ་ཚད་ཡིན། །ཁྱི་དང་བོང་བུར་མ་མཐོང་བསོད་ནམས་ཆེ། །གང་ལ་མོས་གུས་བགྱིས་ཤིག་ཤཱཀྱའི་སྲས། །ཞེས་གསུངས་པ་ལྟར་རང་རེའི་བློ་ངོ་དང་འཚམས་པའི་བླ་མའི་རྣམ་པར་བསྟན་པ་འདི་ལྟར་མཐོང་ཐུབ་པ་འདི་ཡང་ཤིན་ཏུ་སྐལ་བ་བཟང་བས། ད་ལྟ་དལ་འབྱོར་གྱི་མི་ལུས་ཐོབ། སངས་རྒྱས་ཀྱི་བསྟན་པ་དང་འཛལ། ཐེག་པ་ཆེན་པོའི་དགེ་བའི་བཤེས་གཉེན་དང་ཕྲད། དེའི་ནང་ནས་ཀྱང་འཇམ་མགོན་བླ་མ་ཙོང་ཁ་པ་ཆེན་པོའི་མདོ་སྔགས་ཟུང་དུ་འབྲེལ་བའི་བསྟན་པའི་སྙིང་པོ་དྲི་མ་མེད་པ་དང་ལན་གཅིག་ཙམ་འཛལ་བའི་སྐབས་འདིར་དལ་བའི་རྟེན་ལ་སྙིང་པོ་ཁྱད་པར་ཅན་ལོན་པ་ཞིག་ཅི་ནས་ཀྱང་བྱ་དགོས། སྙིང་པོ་དེ་ཡང་ད་ལྟ་ཉིད་ནས་མ་བླངས་ན་ཚེ་འདི་ཡུན་རིང་དུ་མི་གནས་པ་དང་། ཕྱིས་སུ་སླར་དལ་འབྱོར་གྱི་མི་ལུས་ཐོབ་པ་དང་སངས་རྒྱས་ཀྱི་བསྟན་པ་དང་མཛལ་བ་ཡང་ཤིན་ཏུ་དཀའ། ཁྱད་པར་རྗེ་ཙོང་ཁ་པ་ཆེན་པོའི་མདོ་སྔགས་ཀྱི་བསྟན་པ་དང་ནི་མཛལ་མི་སྲིད་པ་ལྟ་བུ་ཡིན་པས་ད་རེས་སྟབས་ལེགས་ཀྱིས་ཆོས་སྒྲུབ་པའི་ཆ་རྐྱེན་ཕུན་སུམ་ཚོགས་པ་འདི་ལྟར་འཛོམས་པའི་ཚེ་ཐེག་པ་ཆེན་པོའི་དགེ་བའི་བཤེས་གཉེན་ཚུལ་བཞིན་དུ་བསྟེན་ནས་ཆོས་གཤའ་མ་ཞིག་ཉམས་སུ་སྒྲུབ་རན་པ་ཡིན། དེས་ན་སངས་རྒྱས་ཐམས་ཅད་ཆོས་ཀྱི་དབྱིངས་སུ་རོ་གཅིག་ཅིང་། དེ་གང་ལ་གང་འདུལ་གྱི་རྣམ་པར་བསྟན་པ་ལ། ད་ལམ་རང་འདུལ་བའི་ཕྱིར་བླ་མའི་རྣམ་པར་བསྟན་པ་རེད། བླ་མའི་རྣམ་པར་བསྟན་པའི་དགོས་པ་ཡང་། རང་ལས་མཐོ་བའི་རྣམ་པར་བསྟན་ན་ནི་རང་གིས་མི་མཛལ་ལ། རང་ལས་དམའ་བར་བསྟན་ན་ནི་རང་ཡིད་མི་ཆེས་པས་ད་རེས་རང་ལ་བླ་མ་ཐ་མལ་པའི་རྣམ་པར་བསྟན་པ་འདི་ཐབས་མཁས་རྨད་དུ་བྱུང་བ་ཡིན་པས་ན། བླ་མ་དང་སངས་རྒྱས་དབྱེར་མེད་དུ་བལྟས། བླ་མ་སངས་རྒྱས་ཐམས་ཅད་ཀྱི་ཡེ་ཤེས་ཀྱི་རང་གཟུགས་ཡིན་པ་ལ་ངེས་ཤེས་སྐྱེད་ནས། དེ་ནས་ལྷག་པའི་ལྷ་དང་ཡི་དམ་གང་བསྒོམས་ཀྱང་བླ་མའི་རྣམ་འཕྲུལ་དུ་བལྟ་བ་མ་གཏོགས་བླ་མ་ལས་ལོགས་སུ་གྱུར་བའི་ལྷག་པའི་ལྷའམ། ཡི་དམ་གྱི་ལྷ་ཇི་འདྲ་ཞིག

བསྒོམ་པོ་བྱས་ཀྱང་དངོས་གྲུབ་གང་ཡང་མི་འབྱུང་བར་གསུངས་པ་ལྟ་གཞན་གང་ལ་སྦྱར་ཀྱང་འདྲ་བ་ཡིན་ཏེ། ལམ་རིམ་ཆེན་མོ་ལས་ཀྱང་། དེ་ལྟར་ན་བླ་མའི་རྣལ་འབྱོར་ཞེས་ཡོངས་སུ་གྲགས་པའི་གདམས་པའང་སྔར་བཤད་པ་ལྟར་གོ་དགོས་ཀྱི། དམིགས་པ་ཐུན་རེ་ཙམ་ལ་སྦྱངས་པས་ནི་གར་ཡང་མི་ཕྱིན་ལ། ཞེས་གསུངས་པ་ལྟར་དང་། དེར་མ་ཟད་རྗེ་ཙོང་ཁ་པ་ཆེན་པོ་འདི་ཉིད་ནི་ཕྱིར་སངས་རྒྱས་ཐམས་ཅད་ཀྱི་ཡེ་ཤེས་ཀྱི་རང་གཟུགས། རིགས་གསུམ་ཀུན་འདུས་ཀྱི་བདག་ཉིད་ཆེན་པོ་ཡིན་ཞིང་། ལྷག་པར་རྗེ་བཙུན་འཇམ་དཔལ་དབྱངས་དངོས་ཡིན་ཏེ། སྟོན་པ་རང་ཉིད་ཀྱིས་འཇམ་དཔལ་རྩ་རྒྱུད་ལས། ང་ནི་མྱ་ངན་འདས་འོག་ཏུ། ས་ཡི་སྙིང་འདི་སྟོངས་པ་ན། ཁྱོད་ཉིད་བྱིས་པའི་གཟུགས་ཅན་གྱིས། སངས་རྒྱས་མཛད་པ་བྱེད་པར་འགྱུར། ཅེས་སྟོན་པ་མྱ་ངན་ལས་འདས་པའི་འོག་ཏུ་ས་སྙིང་འདིར་སངས་རྒྱས་ཀྱི་བསྟན་པས་སྟོངས་པར་གྱུར་པ་ན། རྗེ་བཙུན་འཇམ་དབྱངས་ཁྱོད་ཉིད་བྱིས་པ་ཐ་མལ་པའི་ཚུལ་གྱིས་སངས་རྒྱས་ཀྱི་མཛད་པ་མཛད་དེ་མདོ་སྔགས་ཀྱི་བསྟན་པ་རྒྱས་པར་འགྱུར་བར་ལུང་བསྟན་པ་ཡིན། དེ་ལ་ཁ་ཅིག་གིས། འཇམ་དབྱངས་ལ་ལུང་བསྟན་པ་རྗེ་ཙོང་ཁ་པ་གཅིག་པུ་ཡིན་མི་དགོས་ཏེ། ས་སྐྱ་པཎྜི་ཏ་སོགས་ཀྱང་འཇམ་དབྱངས་ཀྱི་སྤྲུལ་པ་ཡིན་པས་ལུང་བསྟན་དེ་རྗེའི་ལུང་བསྟན་དུ་མི་འགྱུར་སྙམ་ན། རྗེའི་ལུང་བསྟན་རྩོད་མེད་དུ་གྲུབ་སྟེ། གོང་གི་འཇམ་དཔལ་རྩ་རྒྱུད་ཀྱི་ལུང་དེའི་འགྲེལ་ནས། དེ་ཚེ་དགོན་ཆེན་རབ་དགའ་བ། ཞེས་སོགས་ཀྱིས་དགོན་གནས་དང་། ཆོས་ལུགས་ཇི་ལྟར་འབྱུང་ཚུལ་གྱི་མཚན། རྗེའི་ཐུགས་སྲས་སློབ་མའི་ཐུ་བོ་ཕལ་ཆེ་བ་དང་བཅས་གསལ་བར་ལུང་བསྟན་པས་ན་རྗེ་ཙོང་ཁ་པ་ཆེན་པོའི་ལུང་བསྟན་ཡིན་པར་སུས་ཀྱང་བསྙོན་མེད་དུ་གྲུབ་ཟིན་པ་ཡིན། དེར་མ་ཟད་བཀའ་གདམས་གླེགས་བམ་ཕ་ཆོས་ལས། བདག་གི་སྤྲུལ་པ་དམ་པ་གཅིག རེས་འགའ་དགེ་སློང་ཉིད་དུ་སྤྲུལ། ཞེས་སོགས་ཀྱི་རྗེ་བཙུན་འཇམ་དབྱངས་དགེ་སློང་གི་གཟུགས་སུ་སྤྲུལ་པ་རྗེ་བླ་མ་དང་། ཡིག་འབྲུའི་གཟུགས་སུ་སྤྲུལ་པ་སྐྱ་འབུམ་ཙནྡན་གྱི་ལོ་མར་ཨ་ར་པ་ཙ་སོགས་རང་བྱོན་ཡོད་པ་དེ་ཡིན། གཞན་ཡང་སློབ་དཔོན་པདྨ་དང་། མ་ཅིག་ལབ་སྒྲོན། དཔལ་ལྡན་ཟླ་བའི་དབུ་མ་འཇུག་པ། བྱམས་པའི་མདོ་སྡེ་རྒྱན་སོགས་མདོ་རྒྱུད་བཀའ་གཏེར་དུ་མ་ནས་ལུང་བསྟན་ཚུལ་དགེ་ལྡན་གྱི་རྣམ་ཐར་

ཆོས་འབྱུང་རྣམས་སུ་མཁས་གྲུབ་ཚད་ལྡན་མང་པོས་གསལ་བར་གསུངས་ཡོད། མཁས་པ་ལ་ལས། མདོ་རྒྱུན་གྱི་དེ་ལྟར་བློ་བཟང་སོགས་དང་། འཇུག་པའི་བློ་བཟང་ཉི་མའི་སོགས་རྗེའི་ལུང་བསྟན་དུ་མི་འཐད་དེ། དེ་གཉིས་ཀྱི་འབྲེལ་པ་གང་ནས་ཀྱང་མ་བཤད་གསུངས་མཁན་ཡོད་ཀྱང་། འདི་འདྲའི་ཚིག་རེ་རེ་ལ་འང་འགྲེལ་མང་དུ་འགྲོ་ཞིང་། མཚན་སྒྲ་གསལ་བ་དང་། སྟོང་ཉིད་ཁོང་དུ་ཆུད་ཅིང་གྲོལ་ལུགས། སྐྱེ་བོའི་དབུས་ན་ཉི་མ་བཞིན་དུ་ལྷམ་ཚུལ་ཆ་ཐམས་ཅད་ནས་སྤོན་ཚད་བོད་འདིར་རྗེ་ཙོང་ཁ་པ་དང་མཚུངས་པ་དེ་འདྲ་སུ་ཡང་མ་བྱུང་འདུག་པས་ན་རྗེ་བླ་མའི་ལུང་བསྟན་ཉིད་ལས་གཞན་དུ་འོས་མེད་དོ། རྗེའི་རྣམ་ཐར་ཆེན་མོ་སོགས་ལས་གསུངས་པ་ལྟར་གཏེར་ཡིག་ཁ་ཤས་སུ་རྗེ་རིན་པོ་ཆེ་ལེགས་སྐར་གྱི་སྐྱེ་བ་ཡིན་ཚུལ་བཤད་པ་ཡོད་ཀྱང་། སློབ་དཔོན་པདྨས་མ་གསུངས་པ་སློབ་དཔོན་ཆེན་པོ་རང་ཉིད་ཀྱིས། འཇམ་དབྱངས་སྤྲུལ་པ་གདུལ་བྱ་བསྟན་པའི་བདག མདོ་སྔགས་བསྟན་འཛིན་བློ་བཟང་གྲགས་པ་འབྱུང་། ཞེས་སོགས་ལུང་བསྟན་པ་ལས་ཤེས། གཙོ་བོ་ནི་སངས་རྒྱས་ཀྱི་མཛད་པ་མཛད་པ་ཉིད་ཀྱིས་དཔག་ནུས་ཏེ། རྗེ་ཙོང་ཁ་པ་མ་བྱོན་གོང་བོད་འདིར་སངས་རྒྱས་ཀྱི་བསྟན་པ་ཧ་ཅང་ཉམས་དམས་ཏེ། ཐང་གོས་སོགས་ཀྱི་ཀ་རིང་ཀ་ཐུང་དང་། གདིང་བ་གྱོན་རྒྱུ་དང་བཏིང་རྒྱུ་གང་ཡིན་ཙམ་ཡང་མི་ཤེས་པ་ལྟ་ཅི། སྡང་བྱ་དང་བླང་བྱ་ཟེར་བ་ཡང་གང་ཡིན་ངོ་མ་ཤེས་པར་གྱུར་པ་ན། རྗེ་རིན་པོ་ཆེས་འདུལ་བ་ཀཱ་རི་ཀཱ་ནས་བཟུང་། གསང་སྔགས་ཀྱི་སྐུ་འོད་ཟུང་དུ་འཇུག་པའི་བར་གྱི་ཐུབ་བསྟན་ཡོངས་རྫོགས་ལ་མ་རྟོགས་ལོག་རྟོག་གི་དྲི་མ་མཐའ་དག་བསལ་བར་མཛད། ལྷག་པར་འདུལ་བའི་བསྟན་པ་རྣམ་པར་དག་པ་གཞི་ནས་གསོ་བར་མཛད་ཚུལ། གསང་སྔགས་ལའང་སྒྲུ་ལུས་སོགས་ནས་ཤིང་རྟའི་སྲོལ་གསར་དུ་ཕྱེས་ཚུལ། ལྟ་བ་ཡང་འཕགས་ཡུལ་གྱི་ཤིང་རྟ་ཆེན་པོ་ཀླུ་སྒྲུབ་ཀྱི་དགོངས་དོན་ཇི་ལྟ་བ་བཞིན་བཀྲལ་བར་མཛད་པ་སོགས་མདོར་ན་ལྟ་སྒོམ་སྤྱོད་གསུམ་གང་གི་སྒོ་ནས་ཀྱང་འགྲན་ཟླ་དང་བྲལ་བ་ཡིན། མཁས་པ་གཞན་རྣམས་ཕྱོགས་རེ་བར་གྱུར་ནས་ཁ་ཅིག་འདུལ་བ་ལ་མཁས་ཀྱང་སྔགས་ལ་ཆེར་མི་མཁས་པའི་ཚུལ་དང་། ཁ་ཅིག་སྔགས་ལ་མཁས་ཀྱང་ལྟ་བ་ལ་ཆེར་མི་མཁས་པའི་ཚུལ་བསྟན་པ་ལྟ་བུ་སྣ་ཚོགས་ཡོད་ཀྱང་། རྗེ་ཙོང་ཁ་པ་ནི་མདོ་སྔགས་མཐའ་དག་ལ་འཁྲུལ་པའི་དྲི་མ་ཙམ་ཟད་ཙམ་ཡང་

མེད་པར་མདོ་སྔགས་ཀྱི་ལམ་ཚང་ལ་མ་ནོར་བའི་བསྟན་པའི་སྙིང་པོའི་སྒྲོལ་ལེགས་པར་ཕྱེས་ཏེ་རྒྱལ་བསྟན་དར་རྒྱས་སུ་མཛད་པས། རྗེའི་བསྟན་པ་འདི་ལ་བཀའ་གདམས་གོང་མ་རྣམས་དང་། ས་སྐྱ། བཀའ་བརྒྱུད། རྙིང་མ་སོགས་གཞན་ལ་མེད་པའི་ཁྱད་ཆོས་ཟབ་རྒྱས་མང་དུ་ཡོད། དེ་ལ་དགོངས་ནས་གྲུབ་མཐའ་གཞན་ཕྱོགས་ཀྱི་མཁས་པ་ཆེན་པོ་སྟག་ཚང་ལོ་ཙཱ་བས་རྗེ་ཐམས་ཅད་མཁྱེན་པ་ལ་བསྟོད་པ་ཕུལ་བ་ལས་ཀྱང་། ཁ་ཅིག་འདུལ་བ་གཙོར་བྱས་གསང་སྔགས་སྤང་ས། གཞན་དག་སྔགས་ལ་མོས་བློས་འདུལ་བ་འགོག རྒྱལ་བའི་བསྟན་པ་མཐའ་དག་འགལ་དུ་མེད། རྫོགས་པར་ཉམས་སུ་ལེན་མཁས་ཁྱོད་ལ་འདུད། ཅེས་དང་། ལ་ལ་སྤྱོད་པ་ཞིབ་མོས་ལྟ་བ་འགོག ཁ་ཅིག་ལྟ་བ་མཐོན་པོས་སྤྱོད་པ་འདོར། ལྟ་སྤྱོད་ཟུང་འབྲེལ་གྲོགས་སུ་ཤར་ནས་ནི། དོན་འདི་ལྷག་པར་འདོམས་པ་ཁྱོད་ལ་འདུད། ཅེས་དང་། མདོ་སྔགས་མཐའ་དག་ཁྱད་པར་རྡོ་རྗེ་ཐེག རྒྱུད་སྡེ་མཐའ་དག་ཁྱད་པར་བླ་མེད་དོན། རིམ་གཉིས་མཐའ་དག་ཁྱད་པར་སྒྱུ་ལུས་ལ། སྟོན་མེད་ལེགས་བཤད་གཏེར་ཆེན་ཁྱོད་ལ་འདུད། ཅེས་སོགས་དང་། གཞན་ཡང་ཀརྨ་པ་མི་བསྐྱོད་རྡོ་རྗེ་དང་། བོ་དོང་པཎ་ཆེན་ཕྱོགས་ལས་རྣམ་རྒྱལ་སོགས་ཀྱང་རྗེ་ཙོང་ཁ་པའི་མཛད་པ་རྣམ་ཐར་དང་ལེགས་བཤད་ཀྱིས་ཐུགས་ཡིད་ཕྲོགས་ཏེ་བསྟོད་བསྔགས་རྒྱ་ཆེར་མཛད་ཚུལ། འདི་ལྟ་བུའི་བསྟན་པ་དང་འཇལ་བའི་ཚེ་འཇལ་བ་གོ་ཆོད་པ་ཞིག་ཅིས་ཀྱང་བྱེད་དགོས། དེའི་ཚུལ་ཡང་ཚེ་འདིའི་ལྟོ་གོས་གཏམ་གསུམ་གྱི་ཞེན་པ་བློས་བཏང་། འདོད་ཆུང་ཆོག་ཤེས་འཕགས་པའི་རིགས་བཞི་ལ་གནས་ནས་གྲྭ་སའི་ཆོས་ར་སོགས་ལ་ཞུགས་ཏེ་ཡབ་རྗེ་རྒྱལ་བ་གཉིས་པའི་བསྟན་པའི་སྙིང་པོ་དྲི་མ་མེད་པ་ལ་ཐོས་བསམ་སྒོམ་གསུམ་བྱས་ནས་སངས་རྒྱས་ཀྱི་གོ་འཕང་བསྒྲུབ་དགོས། གང་ལྟར་ཡང་རྗེ་རིན་པོ་ཆེ་ནི་རྗེ་བཙུན་འཇམ་དཔལ་དབྱངས་ཉིད་བསམ་བཞིན་དུ་མིའི་རྣམ་པར་བྱོན་པ་ཡིན། དེར་མ་ཟད། སངས་རྒྱས་གཅིག་གི་སྤྲུལ་པ་ཡིན་ན་སངས་རྒྱས་ཐམས་ཅད་ཀྱིས་སྤྲུལ་པ་ཡིན་དགོས་པར་སངས་རྒྱས་ཐམས་ཅད་ཆོས་ཀྱི་དབྱིངས་སུ་རོ་གཅིག་པའི་རྒྱུ་མཚན་གྱིས་ཡིན་ལ། དེའི་ཕྱིར་འཇམ་དཔལ་དབྱངས་ཀྱི་སྤྲུལ་པ་ཡིན་ན་སྤྱན་རས་གཟིགས་དང་གསང་བདག་གི་སྤྲུལ་པ་ཡིན་དགོས་ཏེ། མཁྱེན་བརྩེ་ནུས་གསུམ་གང་ཟག་གཅིག་གི་རྒྱུད་ལ་བཞག་པ་ལས་ཁ་བྲལ་བ་མི་སྲིད་པའི་ཕྱིར། དེས་ན་རྗེ་ཙོང་

ཁ་པ་ཆེན་པོ་ནི་རྣམ་ཐར་དང་སྒྲུབ་ཐབས་གསོལ་འདེབས་ཐམས་ཅད་གཞན་གྱི་འདྲ་ཆོས་སྦྱར་བ་ལྟ་བུ་མ་ཡིན་པར་ཕྱི་ནང་གསང་གསུམ་གྱི་རྣམ་པར་ཐར་པ་རྒྱ་མཚོ་ལྟ་བུ་དག་ལས་གསལ་བ་ལྟར་ངོ་བོ་ཡང་རིགས་གསུམ་མགོན་པོ་ཉིད་ཡིན། སྒྲུབ་པའི་དུས་སུ་ཡང་འཕགས་པ་རིགས་གསུམ་མགོན་པོ་གཅིག་ཏུ་འདུས་པའི་བདག་ཉིད་དུ་སྒྲུབ་ཅིང་། གསོལ་འདེབས་ཀྱང་དེ་བཞིན་དུ་ངེས་པའི་དོན་ལ་གསོལ་བ་འདེབས་པ་ཡིན། སྤྱིར་སྟོན་པ་ཤཱཀྱ་ཐུབ་པ་དང་། རྗེ་ཙོང་ཁ་པ། རང་གི་རྩ་བའི་བླ་མ་རྣམས་ངོ་བོ་གཅིག་རང་ཏེ། རང་གི་བླ་མ་འདི་ཉིད་སྔ་དུས་གདུལ་བྱ་རྣམས་རྒྱུད་སྨིན་ནས་གྲོལ་ཆོག་ཆོག་ཏུ་ཡོད་པའི་སྐབས་སངས་རྒྱས་མཆོག་གི་སྤྲུལ་སྐུ་མཚན་བཟང་དཔེ་བྱད་ཀྱིས་བརྒྱན་པའི་སྐུར་སྤྲུལ་ནས་སྟོན་པ་ཤཱཀྱ་ཐུབ་པའི་རྣམ་པར་བྱོན། དེ་ནས་དུས་རིང་ཞིག་སོན་པ་ན་འགྲོ་བ་རྣམས་རིམ་བཞིན་རྒྱུད་རྗེ་སྙིགས་སུ་སོང་བའི་སྐབས་པཎ་གྲུབ། ལོ་ཙཱ། རྒྱལ་བློན་སོགས་དང་། རྗེ་ཙོང་ཁ་པ་ཆེན་པོའི་རྣམ་པར་བསྟན། སྔར་དུས་ཀྱི་རྗེ་ཙོང་ཁ་པ་དེ་ཉིད་དེང་སང་སྙིགས་མ་ལྷ་ལྷག་པར་བདོ་བའི་དུས་འདིར་རང་གི་རྩ་བའི་བླ་མའི་རྣམ་པར་བསྟན་པས་དེ་གཉིས་ངོ་བོ་དབྱེར་མེད་དུ་བསྒོམས་ནས་གསོལ་བ་འདེབས་པ་ནི་ལེགས་པའི་ཡོན་ཏན་ཐམས་ཅད་ཀྱི་གཞི་རྩ། མཆོག་ཐུན་དངོས་གྲུབ་ཀུན་གྱི་འབྱུང་གནས། བླ་མའི་རྣལ་འབྱོར་ཐམས་ཅད་ཀྱི་རབ་དང་མཆོག་ཏུ་གྱུར་པ་ཡིན། རྗེའི་སྙན་བརྒྱུད་ཀྱི་བླ་མའི་རྣལ་འབྱོར་དེ་ལ་རྒྱས་འབྲིང་བསྡུས་གསུམ་ཡོད་པ། གསང་སྔགས་ཀྱི་ཉམས་ལེན་དང་སྦྱར་བ་དབེན་ས་སྙན་བརྒྱུད་ཀྱི་བླ་མའི་རྣལ་འབྱོར་བླ་མ་མཆོད་པ་དང་། སྨད་རྒྱུད་ལུགས་ཀྱི་བླ་མའི་རྣལ་འབྱོར་དགའ་ལྡན་ལྷ་བརྒྱ་མ། ཟབ་མོའི་ལྟ་བ་དང་འབྲེལ་བའི་བླ་མའི་རྣལ་འབྱོར་མཁས་གྲུབ་ཆེག་བརྒྱུད་དུ་གྲགས་པ་སྟེ་གསུམ་ལས། བླ་མཆོད་དགའ་ལྷ་གཉིས་ཀ་རྗེའི་སྙན་བརྒྱུད་ཡིན་ཡང་། དབེན་ས་སྙན་བརྒྱུད་དུ་མ་གསུངས་པའི་མན་ངག་སྨད་རྒྱུད་ལུགས་ལ་མང་དུ་གསུངས་པ་ཡོད། ཕྱི་མ་འདི་རྗེ་རིན་པོ་ཆེས་སློབ་མ་གཞན་འགའ་རེ་ལ་གནང་ཡང་། གཙོ་བོ་ནི་སྨད་ཀྱི་བླ་མ་རྗེ་ཤེས་རབ་སེང་གེ་ལ་སྙན་བརྒྱུད་དུ་གནང་བ་ནས་བཟུང་རྒྱུད་ཆེན་སངས་རྒྱས་རྒྱ་མཚོའི་བར་སྨད་རྒྱུད་ཀྱི་བླ་མ་རྣམས་ལ་སྙན་བརྒྱུད་བར་མ་ཆད་པར་རིམ་བཞིན་བྱུང་བས་སྨད་རྒྱུད་ལུགས་སུ་གྲགས། འདུལ་ནག་པ་དཔལ་ལྡན་བཟང་པོ་སོགས་ལ་གདམས་པ་འདིའི་

བཀའ་བབས་ཀྱང་ཤིན་ཏུ་སྨས་ཆོས་སུ་མཛད་ཅིང་། རྒྱུད་ཆེན་སངས་རྒྱས་རྒྱ་མཚོས་དགའ་ལྡྷ་འདི་ཚིགས་བཅད་དུ་བསྒྲིགས་ཏེ་ཁྲབ་གདལ་དུ་དར་བར་མཛད། བླ་མའི་རྣལ་འབྱོར་འདི་གསུམ་ཀའི་གདམས་པའི་འགོ་རྗེ་ཙོང་ཁ་པ་ཆེན་པོ་ཉིད་ལ་ཐུག བླ་མ་མཆོད་པ་སྟུགས་དང་བྲེལ་བས་སྟུགས་ཀྱི་དབང་ཁྲིད་མ་ཐོབ་པས་ཉམས་སུ་ལེན་མི་ཆོག་ཅིང་། མཁས་གྲུབ་ཚིག་བརྒྱུད་ཀྱང་ལྷ་ཁྲིད་མ་ཐོབ་པས་ཉམས་སུ་ལེན་པ་མེད་ལ། དགའ་ལྷ་འདི་ནི་མཆོག་དམན་སེར་སྐྱ་ཀུན་གྱིས་ཉམས་སུ་ལེན་ཆོག་པ་དང་། འཕྲིན་ལས་ཁྲབ་གདལ་ཆེ་ཞིང་། བྱིན་རླབས་ཀྱི་ཚན་ཀ་ཆེ་བ། འཁྲེར་བདེ་བ། ས་ཕྱོད་དང་། ཟབ་གནད་ཀྱང་ཤིན་ཏུ་ཆེ་བ་བཅས་ད་ལམ་འདིར་འབྲིང་པོའི་དབང་དུ་བྱས་ཏེ་དགའ་ལྡན་ལྷ་བརྒྱ་མའི་ཟབ་ཁྲིད་འབུལ་བ་ཡིན། འདིའི་ལུང་ཁྲིད་ཀྱི་བརྒྱུད་པ་ཡང་དགའ་ལྡྷའི་ཁྲིད་ཡིག་དངོས་གྲུབ་ཀུན་འབྱུང་འདི་ཉིད་དང་། མཁན་ཆེན་རྡོ་རྗེ་འཆང་ཉིད་ཀྱི་གསུང་ལམ་གཙོའི་གཞུང་བསྲུངས་པའི་ཁྲིད་ཡིག་ལེགས་བཤད་སྒྲོན་མེ། དགའ་ལྷ་རྩ་ཚིག་བཅས་ཀྱི་སྟེང་ནས་བདག་གི་རྩ་བའི་བླ་མ་སྒོ་མང་མཁན་ཆེན་རྡོ་རྗེ་འཆང་སོགས་མཁས་གྲུབ་དུ་མའི་ཞལ་སྔ་ནས་མན་ངག་ཟབ་གནད་ཡོངས་སུ་རྫོགས་པ་ལེགས་པར་ཐོབ། དགའ་ལྷ་འདི་ཡང་སྙན་བརྒྱུད་ཐུན་མོང་མ་ཡིན་པ་ཡིན་པས་མཁན་ཆེན་རྡོ་རྗེ་འཆང་གིས་དགའ་ལྷ་རྩ་ཚིག་གི་ལྟག་ལུང་གནང་སྐབས་ཀྱང་། དགའ་ལྡན་སྙན་བརྒྱུད་ཀྱི་མན་ངག་ལས་བྱུང་བའི་བླ་མའི་རྣལ་འབྱོར་དགའ་ལྡན་ལྷ་བརྒྱ་མ་ཞེས་སྟོན་པ་མཛད་དེ་གསུང་གིན་ཡོད། དགའ་ལྷ་དང་འབྲེལ་བར་གསོལ་འདེབས་དམིགས་བརྩེ་མ་འདི་ཉམས་སུ་བླངས་ན་ཆོས་སྒྲུབ་པའི་བར་ཆད་སྲི་དང་། སྡེང་གདོན་དང་འོག་གདོན་གྱི་གནོད་པ་ཐམས་ཅད་ཟློག་པ་དང་། ལྷག་པར་བྱམས་སྙིང་རྗེ་བྱང་ཆུབ་ཀྱི་སེམས་དང་ཟབ་མོ་དབུ་མའི་ལྟ་བ་སོགས་མཆོག་ཐུན་མོང་གི་དངོས་གྲུབ་སྒྲུབ་པའི་གསོལ་འདེབས་ཀྱི་མཆོག་དང་། གེགས་སེལ་བོགས་འདོན་ཐམས་ཅད་ཀྱི་རྒྱལ་པོ་ལྟ་བུ་ནི་དམིགས་བརྩེ་མ་འདི་ཡིན། ཐ་ན་བར་གདོན་རྒྱལ་པོ་སོགས་ཀྱི་གནོད་པ་ཐ་མོ་ཙུན་ཆད་ཀྱང་ཞི་བར་ནུས་པ་འདུལ་ནག་པས་བེ་ཉར་ལ་དགའ་ལྷ་དང་འབྲེལ་བའི་དམིགས་བརྩེ་མའི་གསོལ་འདེབས་ཉམས་སུ་ལེན་མཁན་ལ་གནོད་པ་བྱེད་མི་ཆོག་པར་བཀའ་བསྒོས་པ་དང་། དེས་མཆོན་ནས་ཉེར་འཚེ་ཀུན་བསྲུང་བར་ནུས་པ་དང་། ཕྱི་མར་དགའ་ལྡན་དུ་སྐྱེ་

ག ཚེ་རབས་ཀུན་ཏུ་རྗེ་བླ་མས་རྗེས་སུ་འཛིན་པ་སོགས་ཀྱི་དགོས་པ་ཁྱད་པར་ཅན་མང་དུ་ཡོད་གསུངས། འདི་ཉམས་སུ་ལེན་པ་ལ་སྟོན་འགྲོ། དངོས་གཞི། རྗེས་ཀྱི་རིམ་པ་གསུམ་ལས། དང་པོ་ནི་སྐྱབས་འགྲོ་སེམས་བསྐྱེད་བྱ་བ་ཡིན། དེ་ལ་ཐོག་མར་གནས་ཁང་བྱི་དོར་བྱས་ལ་རྗེ་ཡབ་སྲས་གསུམ་དང་། རང་གི་བླ་མ། ཐུབ་པའི་དབང་པོ་སོགས་གཙོ་བོར་གྱུར་པའི་སྐུ་གསུང་ཐུགས་ཀྱི་རྟེན་དཀྲམ། མཆོད་པ་གཡོ་མེད་པར་བཅལ་ལ་བཀོད་པ་མཛེས་པར་བཤམ། མ་མཐའ་ཆུ་ཡན་ཆད་ནས། སྤོས། མཆོད་མེ། ཞལ་ཟས་སོགས་གང་རྙེད་བརྙས་བཅོས་མ་ཡིན་པར་ཅི་འབྱོར་ཕུལ་ན་ཚེ་འཇིག་འདི་ལའང་བསོད་ནམས་ཀྱི་ཆེན་པོ་འབྱུང་བས་དེ་དང་། དེ་ལྟར་མ་བྱུང་ཡང་སྒྲུབ་པའི་མཆོད་པ་ངེས་པར་ཕུལ་ན་འགྱུར་ཁྱད་ཀྱང་དེ་ཆེ་བ་ཡིན། ལུས་འདུག་ལུགས་བརྒྱད་དམ་སྤྱོད་ལམ་གང་བདེར་འཁོད་པ་འདི་རྣམས་སྦྱོར་ཆོས་ཀྱི་ཁྲིད་ལས་བྱུང་བ་ལྟར་དང་། དེ་ནས་དགེ་སེམས་ཁྱད་པར་ཅན་གསལ་འདེབས་པ་ལ། སྤྱིར་ཆོས་གང་བྱེད་ཀྱང་ལམ་དུ་འགྲོ་མི་འགྲོ་ཐོག་མའི་ཀུན་སློང་འདི་ལ་རག་ལས། ཉན་རང་དང་བྱང་སེམས་རྣམས་ཐེག་ཆེན་ཐེག་དམན་གྱི་ཁྱད་པར་ཡང་ཐབས་ཀྱི་ཆ་ནས་ཀུན་སློང་བྱང་ཆུབ་སེམས་ཀྱི་རྒྱ་ཟིན་མ་ཟིན་གྱིས་བྱུང་བས། ཀུན་སློང་ལེགས་པར་བཅོས་ཏེ་རབ་མི་དགེ་བ་ཡང་དགེ་བར་བསྒྱུར་ཐུབ་པ་དང་འབྲིང་གིས་ལུང་མ་བསྟན་རྣམས་དགེ་བར་བསྒྱུར་ཐུབ་པ། ཐ་མར་ཡང་དགེ་བའི་ལས་ཐུན་བུ་བྱས་པ་རྣམས་དགེ་བར་འགྲོ་བ་ཞིག་དགོས། ཚོགས་ཆོས་ཏྭ་འགྲིམས་པ་སོགས་འགྲོ་འཆག་ཉལ་འདུག་གང་གི་སྐབས་སུ་ཡང་ཀུན་སློང་འདི་གཙོ་ཆེ་བ་ཡིན། ཚེ་འདིའི་སྙིང་བཀུར་སྙན་གྲགས་སོགས་ཆོས་བརྒྱད་ཀྱི་དབང་དུ་མ་སོང་བར་བློ་ཁ་ནང་དུ་ཕྱོགས་ཏེ་དགེ་བ་རྣམ་པར་དག་པ་ཞིག་སྒྲུབ་དགོས། ད་ལྟ་མི་ཁོམ་པའི་སྐྱོན་དང་བྲལ་ནས་རྒྱལ་བ་ཙོང་ཁ་པ་ཆེན་པོའི་བསྟན་པ་ལམ་ཡོངས་རྫོགས་ཚང་ལ་མ་ནོར་པ་དང་མཇལ་བའི་སྐབས་འདིར་ཆོས་གཤའ་མ་ཞིག་བྱེད་ན་ལག་ཏུ་ལེན་ཆོག་ཆོག་ཡོད་པས་ད་རེས་དལ་འབྱོར་དོན་ལྡན་ཡོད་པ་ཞིག་ཅིས་ཀྱང་བྱེད། དཔེར་ན་ལུང་པ་འདིའི་མི་མཐོ་དམན་དྲག་གཞན་རྣམས་ལ་བརྟག་དཔྱད་ཞིབ་ཏུ་བྱས་ན་རང་ལ་ད་རེས་དལ་འབྱོར་ཚང་བ་འདི་ངོས་ཟིན་ཡོང་། དེའི་དོན་ཡང་གཞན་གྱིས་ཚེ་འདིའི་དོན་བྱེད་པ་མཐོང་ནས་ད་ལྟ་སྐབས་ལེགས་ཀྱིས་བདག

དེ་ལྟ་བུ་མ་བྱུང་བ་འདི་སྐལ་བ་བཟང་སྟབས་དུ་ཚེ་འདིའི་དབང་དུ་མ་སོང་བར་ཆོས་སྒྲུབ་འདོད་ཀྱི་བློ་བསྐྱེད་དགོས། ཚེ་འདིའི་ཆགས་ཞེན་དང་དགྲ་འདུལ་གཉེན་སྐྱོང་ལ་མཁས་པ་ནི་དུད་འགྲོ་ལ་ཡང་ཡོད་དེ། སྤྲང་བྱ་རོག་དང་འུག་པ། རྨིགས་པ་དང་སྦྲུལ། སྦྲུ་ཀ་དང་ཕོ་རོག གཡག་ལུ་བ་དང་རྭ་ཅན་རྣམས་འཐབ་པའི་ལོ་རྒྱུས་བཀའ་གདམས་པའི་གསུང་སྒྲོས་ཐོག་མའི་བློ་སྦྱོང་སོགས་ལས་བྱུང་བ་ལྟར་དང་། གཞན་ཡང་དུད་འགྲོ་གཞན་གྱིས་བུ་སྐྱོང་ལུགས་དང་། ཁྱི་བས་འབྲུ་དང་གྲོ་མ་སོགས་དང་། སྦྲང་མས་སྦྲང་རྩི་གསོག་པ་སྩུན་ཚད་དུད་འགྲོ་ཤིན་ཏུ་མཁས་པ་ཡོད། དེས་ན་དགྲ་འདུལ་གཉེན་སྐྱོང་ལ་དགའ་བར་མི་བྱ་བར་དུད་འགྲོ་ལས་ཁྱད་ཞུགས་པ་ཞིག་བྱ་དགོས། ཚེ་འདི་ལ་ཆོས་གཤའ་མ་ཞིག་བསྒྲུབ་པར་མ་བྱུས་ན་ཕྱིས་ནས་དལ་འབྱོར་ཤིན་ཏུ་རྙེད་དཀའ་བ་དང་། མི་ཁོམ་པའི་གནས་སུ་སྐྱེ་ས་ན་ཆོས་བྱེད་མི་ཤེས་ཤིང་། མི་ནུས་པར་འདུག་པས་ད་རེས་ཚེ་འདིར་ཆོས་གཤའ་མ་ཞིག་བྱས་ན་དལ་འབྱོར་ལ་སྙིང་པོ་ལོན་པ་རེད། དེ་ཡང་ཁ་ནས་བཤད་མཁས་པ་ཙམ་མ་ཡིན་པར་བྱང་ཆུབ་ལམ་གྱི་རིམ་པའི་སྒོ་ནས་སྐྱེས་བུ་གསུམ་གྱི་ལམ་གྱི་རིམ་པའི་ཉམས་མྱོང་རྒྱུད་ཐོག་ཏུ་འགེལ་བ་ལ་ལག་ལེན་ཐེབས་པ་ཞིག་དགོས། ད་ལྟ་མི་གཞན་ཤི་བར་མཐོང་ན་སྙིང་རྗེ་བ་ལྟར་བྱེད་ཀྱང་། ཉིན་གཅིག་འཆི་རེས་རང་ལ་བབས་པའི་དུས་ཤིག་ངེས་པར་འོང་བས་དེ་དུས་འགྱོད་མི་དགོས་ཙམ་ཞིག་ད་ལྟ་རང་བྱེད་རན། འཆི་བ་མི་རྟག་པ་དེ་ཡང་ནམ་ཡོང་ངེས་པ་མེད་པ། ཡང་ན་ད་ལྟ། ཡང་ན་དོ་ནུབ་ཙམ་ལ་འང་འཆི་ཨེ་ཡོང་མི་ཤེས། བསམ་བློ་ཞིབ་ཏུ་བཏང་ན་མི་གཞན་མང་པོས་ལས་ཀ་ལས་འཁྱོལ་དང་སྐད་ཆ་ཤོད་འཁྱོལ་ཚང་མ་བཅན་ཆོད་དུ་བཞག་སྟེ་གློ་བུར་གློ་བུར་དུ་ཐོག་བབས་པ་ལྟར་འཆི་བ་མི་རྟག་པའི་དབང་དུ་འགྲོ་བ་མང་དུ་འདུག་ན། རང་ལའང་དེ་འདྲ་མི་ཡོང་བའི་ངེས་པ་མེད། ང་རང་ཚོ་ལ་དེ་འདྲའི་འཆི་སྟབས་པ་མེད་པ་འདི་འཆི་བ་མི་རྟག་པ་མ་དྲན་པས་ལན། ཐ་ན་རང་གི་ཤག་ཏུ་རྩམ་པ་རྒྱལ་པ་གང་ཡོད་ན་དེ་དང་རང་གཉིས་ཀྱང་སྔོན་དུ་གང་འགྲོ་ཆ་གཏན་ནས་མེད། སྟོན་པ་ཐུགས་རྗེ་ཅན་གྱིས་ཀྱང་སྐུ་མྱ་ངན་ལས་འདའ་ཁར། འདུས་བྱས་ཐམས་ཅད་ནི་མི་རྟག་སྟེ། འདི་ནི་དེ་བཞིན་གཤེགས་པའི་གསུང་གི་ཐ་མའོ། ཞེས་གསུངས་པ་རེད། དེ་བཞིན་དུ་རང་ཅག་ཀྱང་ཞོགས་པ་ལྡང་བ་ནས་འཆི་བ་མི་རྟག་པས་རྒྱུད་བསྐུལ་ཏེ་ད་ལྟ་ཉིད་དུ་

ཆོས་ཕོ་ན་བྲ་སྙམ་དུ་འཕེན་པ་བཏང་བ་ལས་འཛིག་རྟེན་ཁྱིམ་པའི་ཀུན་སློང་ལྟར་ཞོགས་པ་ཡར་ལངས་མ་ཐག་ནས་རྙེད་བཀུར་སྙན་གྲགས། དགྲ་འདུལ་གཉེན་སྐྱོང་སོགས་ཚེ་འདི་དོན་གཉེར་གྱི་དབང་དུ་སོང་བ་དེ་འདྲ་མིན་པ་ཞིག་དགོས། རྗེ་གུང་ཐང་པས། ཆོས་ཀྱི་སྒོ་འབྱེད་རྣམ་དག་ཐོས་པ་ཡིན། ཆོས་ཀྱི་སྙིང་པོ་བྱང་ཆུབ་ལམ་རིམ་ཡིན། ཆོས་སུ་སོང་ཚད་འདི་སྣང་ཞེན་ལོག་ཡིན། ཆོས་ལ་ཆོས་བཞིན་སྤྱོད་པར་གྱིས་ཤིག་ཨང་། ཞེས་གསུངས་པ་ལྟར་རང་ཅག་གིས་ཆོས་ཐོས་བསམ་སྒོམ་གསུམ་དང་། ཐ་ན་ཀློག་བཀླག་པ་ཙམ་ཚད་ཆོས་སུ་སོང་བའི་ཚད་དམའ་མཐའ་འང་། འཆི་བ་མི་རྟག་པ་དྲན་ནས་ཚེ་འདི་སྣང་གི་ཀུན་སློང་ངན་པ་དེས་མ་བསླད་པ་ཞིག་ལ་བྱེད། ལྷ་ཆོས་ལུས་དང་ཡན་ལག་འདྲ། ནམ་དགོས་རང་གི་དྲུང་ན་ཡོད། གསུངས་པ་ལྟར་རང་གིས་བྱུང་ན་ཆོས་ལག་ལེན་ཞེས་པ་རང་གི་ཉེ་འགྲམ་ན་ཡོད། ཆོས་ཚིགས་བཅད་གཅིག་དང་། རྟགས་གསལ་ཁྱབ་མཐའ་གཅིག་ཙམ་ལ་ཡང་ཁ་ཕྱིར་བལྟས་སུ་མ་སོང་བར་བྱེད་ན་གཞུང་དེ་ཉིད་ལ་དཔྱད་སྒོམ་བྱས་པར་འགྲོ། ཁྲིད་སྐོར་གཅིག་གི་ངེས་པ་རྙེད་ཀྱང་དེའི་རྟོགས་པ་སྐྱེས་པ་ཡིན། དཔྱད་པ་རེ་རེ་རྫོགས་པ་ནའང་རྟོགས་པ་རེ་རེ་རྒྱུད་ལ་སྐྱེས་པ་ཡིན། རྩོད་པ་རྩོད་སྐབས་ཀྱང་ངན་སེམས་གཡོ་སྒྱུ་ངན་སྦྱུས་སོགས་མ་ཡིན་པར་རྒྱལ་བའི་གསུང་རབ་ཀྱི་དགོངས་པའི་གནད་རྣམས་རང་རྒྱུད་ལ་སློབ་པར་བྱེད་དགོས། ཐ་ན་འགྲོ་འཆག་ཉལ་འདུག་གི་ཀུན་སྤྱོད་བཟང་ངན་གང་གི་སྒོ་ནས་ཀྱང་སྒྲུབ་པ་ཉམས་ལེན་གྱི་གནད་ཆོལ་རྒྱུ་ཡོད། གུང་ཐང་འཇམ་དཔལ་དབྱངས་ཀྱིས། ཆོས་བྱེད་ཀྱི་སང་ཉིན་འཆར་གྱི་བར། འཆི་དུས་ཀྱི་དེ་རིང་སླེབ་ཉེན་ཆེ། ད་རང་མགོ་རང་གི་མ་བསྐོར་བར། ཆོས་བྱེད་ན་དེ་རིང་ཉིད་ནས་གྱིས། ཞེས་གསུངས་པ་ལྟར། དེ་རིང་གི་ཁ་རྟོན་ཙམ་ཚད་ཀྱང་ཁྲལ་འགེལ་བ་ལྟ་བུ་མ་ཡིན་པར་རབ་ཀྱིས་མ་དྲིན་ཅན་འདི་རྣམས་འཁོར་བ་དང་ངན་སོང་གི་འཇིགས་པ་ལས་སྒྲོལ། ཐར་པ་དང་ཐམས་ཅད་མཁྱེན་པའི་གོ་འཕང་མྱུར་དུ་དགོད་སྙམ་པ་དང་། དེ་ལྟར་མ་བྱུང་ཡང་བྱང་སེམས་བཅོས་མ་ཙམ་ཚད་གསལ་ཐེབས་པ་ངེས་པར་དགོས། དེ་ལྟ་བུའི་སྙིང་པོ་ལྡན་པའི་ཕྱིར་དུ་དགའ་ལྡན་སྙན་བརྒྱུད་ཀྱི་བླ་མའི་རྣལ་འབྱོར་དགའ་ལྡན་ལྷ་བརྒྱ་མ་འདི་ཉིད་ཉམས་སུ་ལེན་སྙམ་པ་བྱེད། དེ་ནས་ལམ་ལོག་པ་མུ་སྟེགས་པ་ལས་ཁྱད་པར་དུ་བྱེད་པ་སྐྱབས་འགྲོ་བྱ་བ་ལ། རང་གི་

མདུན་གྱི་ཐད་དྲང་གི་སོགས་ལྟར་དབུས་སུ་སྟོན་པ། གཡས་གཡོན་དུ་འཇམ་དབྱངས་སོགས་ལམ་རིམ་ཚོགས་ཞིང་ལྟར་གྱི་སྐྱབས་ཡུལ་དང་སྐྱབས་འགྲོའི་རྒྱུ་གཉིས་གསལ་འདེབས་པ་ཁོ་བོས་སྨྲར་ལམ་ནས་ཁ་བསྐངས་ཏེ་གསར་དུ་བསྒྲིགས་པའི་དགའ་ལྡན་རྣལ་འབྱོར་རྒྱས་པ་སྔན་བརྒྱུད་ལུགས་འདི་ནང་བཞིན་བྱེད་པ་མན་ངག་ཆ་ཚང་བ་ཡིན། ལམ་དམན་པ་ཉན་རང་ལ་ཁྱད་པར་དུ་བྱེད་པའི་སེམས་བསྐྱེད་ལ། སེམས་ཅན་གྱི་དོན་དུ་སངས་རྒྱས་སྒྲུབ་འདོད་ཀྱི་བློས། སངས་རྒྱས་ཆོས་ཚོགས་མ་དང་། སེམས་བསྐྱེད་འབྲས་བུ་ལམ་བྱེད་སོགས་བྱ། སྐྱབས་སེམས་གཉིས་སེམས་སེམས་བྱུང་གི་ཁྱད་པར་ཙམ་ལས་དམིགས་རྣམ་འདྲ། སྔར་གོང་དུ་སེམས་བསྐྱེད་ཟིན་ཀྱང་འདིར་ཚད་མེད་བཞི་བསྒོམ་པ་སེམས་བསྐྱེད་ཀྱི་གེགས་སེལ་སོགས་འདོན་ཡིན། ཚད་མེད་བཞི་ལྡན་སྦྱོར་ཆོས་ལྟར་རྒྱས་པར་བྱེད། ཁྱད་པར་གྱི་སེམས་བསྐྱེད་བསྒོམ་པ་ཐུག་ལེན་ལ་ཡོད་ཅིང་། དེ་ཡང་དགའ་ལྡན་སྙན་བརྒྱུད་ཀྱི་མན་ངག་དང་སྦྱར་ཏེ་བསམས་པ་འདི་གནད་ཡིན། འདིའི་སྦྱར་བ་གཉིས་ནི། མདོ་ལུགས་ལྟར་བསྐལ་ཆེན་གྲངས་མེད་གསུམ་གྱི་ཚོགས་བསགས་པ་ལ་མ་བལྟོས་པར་གསང་སྔགས་ཀྱི་རྒྱུད་སྡེ་འོག་མ་ལ་བརྟེན་ནས་ཚེ་གཅིག་ལུས་གཅིག་ལ་འཚང་རྒྱ་བ་སྦྱར་བ་དང་པོ་དང་། དེ་ལས་ཀྱང་སྦྱར་བ་སྔགས་བླ་མེད་ཀྱི་ལམ་ལ་བརྟེན་ནས་ཚེ་ཐུང་གཅིག་ལ་འཚང་རྒྱ་བ་སྦྱར་བ་གཉིས་པའི་དོན། ཡང་ན། སྤྱིར་གསང་སྔགས་བླ་མེད་ལ་བརྟེན་ནས་སྙིགས་དུས་ཀྱི་ཚེ་ཐུང་གཅིག་ལ་འཚང་རྒྱ་བ་སྦྱར་བ་དང་པོ་དང་། དེ་ལས་ཀྱང་ཆེས་སྦྱར་བ་དགའ་ལྡན་སྙན་བརྒྱུད་ཀྱི་མན་ངག་ལ་བརྟེན་ནས། བླ་མའི་རྣལ་འབྱོར་ལམ་གྱི་སྲོག་ཤིང་དུ་བྱས། ཡི་དམ་གསང་བདེ་འཇིགས་གསུམ་ཡ་མ་བྲལ་བར་ཉམས་སུ་བླངས་ན་ལོ་གསུམ་ཕྱོགས་གསུམ་ཙམ་ལ་འཚང་རྒྱ་བ་སྦྱར་བ་གཉིས་པའི་དོན་ཡིན། སྐྱབས་ཡུལ་རྣམས་འོད་སེར་པོའི་རྣམ་པར་སྙིན་མཚམས་ནས་ཐིམ་པར་མོས་དགོས་གསུངས། གཉིས་པ་དངོས་གཞི་ལ་གསུམ། ཚོགས་ཞིང་སྤྱན་འདྲེན་པ། དེ་ལ་ཡན་ལག་བདུན་པ་མཎྜལ་དང་བཅས་པ་འབུལ་བ། གསོལ་བ་བཏབ་ནས་དངོས་གྲུབ་ཞུ་བའོ། དང་པོ་བླ་མ་ཚོགས་ཀྱི་ཞིང་དུ་སྤྱན་འདྲེན་པ་ནི། དགའ་ལྡན་ལྷ་བརྒྱའི་ཞེས་སོགས་ཏེ། ད་ལམ་འདིར་དགའ་ལྡན་ལྷ་བརྒྱ་མའི་རྣལ་འབྱོར་ལ་རྗེ་བླ་མ་དགའ་ལྡན་ནས་སྤྱན་འདྲེན་དགོས་པ་སྦྱིར་ངེས་པའི་དོན

སངས་རྒྱས་ཐམས་ཅད་ཐུགས་རྒྱུད་གཅིག་པས་རྗེ་བླ་མ་གང་དུ་མ་བཞུགས་པའི་སངས་རྒྱས་ཀྱི་ཞིང་ཁམས་མེད་པས་རྗེ་བཙུན་བྱམས་པའི་རྣམ་འཕྲུལ་ཡང་ཡིན་པར་འཐད་ལ། ལྷག་པར་ཤྲཱི་ཐུབ་གྲུབ་ཆེན་ལ་གསང་བདག་གིས་སང་ཉིན་མགོན་པོ་བྱམས་པ་ལ་བསླབ་བཏུས་ཞུས་ཞེས་ལུང་བསྟན་པ་དེའི་སང་ཉིན་རྗེ་རིན་པོ་ཆེ་ཐེབས་པ་དང་། མཇལ་བའི་ཚེ་ཡང་ཤྲཱི་ཐུབ་པས་རྗེ་རིན་པོ་ཆེ་རྒྱལ་བ་བྱམས་པ་དངོས་སུ་གཟིགས་པ་སོགས་གསང་བའི་རྣམ་ཐར་ལས་གསུངས་པ་ལྟར་རྗེ་ཙོང་ཁ་པ་ཆེན་པོ་རྗེ་བཙུན་བྱམས་པ་དང་ཡང་ཐུགས་རྒྱུད་གཅིག་ཅིང་། མཁས་གྲུབ་ཐམས་ཅད་མཁྱེན་པས་ཀྱང་། རྒྱལ་བའི་སྨྲེན་སྟར་བྱང་ཆུབ་སྙིང་པོ་བླངས། དགའ་ལྡན་གནས་སུ་འཇམ་དཔལ་སྙིང་པོར་གྲགས། ཁ་བ་ཅན་འདིར་བློ་བཟང་གྲགས་པའི་དཔལ། རྒྱལ་སྲས་ཐུ་བོ་ཁྱོད་ལ་གསོལ་བའདེབས། ཞེས་གསུངས་པ་ལྟར་ཐུན་མོང་འདུལ་བྱའི་སྣང་ངོར་ཡང་རྗེ་བླ་མ་དགའ་ལྡན་དུ་བཞུགས་ཚུལ་བསྟན། དེར་མ་ཟད་བསྐལ་བཟང་སངས་རྒྱས་སྟོང་ཐམས་ཅད་དགའ་ལྡན་ནས་འཛམ་གླིང་དུ་འབྱོན་ཞིང་། རྗེ་བླ་མ་ནི་རྣམ་འདྲེན་བཅུ་གཅིག་པ་དེ་བཞིན་གཤེགས་པ་སྨྲིན་ལེགས་ཡིན། དེ་དགའ་ལྡན་དུ་བཞུགས་པས་རྒྱུ་མཚན་དེས་ཀྱང་རྗེ་བླ་མ་དགའ་ལྡན་ནས་སྨྲིན་འདྲེན་པ་དང་། ཡང་ཟབ་མོ་དབུ་མའི་ལྟ་བ་དང་འབྲེལ་བའི་གསང་སྔགས་ཉམས་སུ་ལེན་པ་རྣམས་རྨད་བྱུང་བཀོད་པའི་ཞིང་དུ་སྐྱེ་སླ་ཞིང་། རྗེའི་བསྟན་པ་ལ་ཐོས་བསམ་སྒོམ་གསུམ་བྱེད། ལམ་རིམ་ཉམས་སུ་ལེན་པ་དང་། དགའ་ལྡན་དང་འབྲེལ་བའི་དམིགས་བརྩེ་མ་ཉམས་སུ་ལེན་མཁན་རྣམས་དགའ་ལྡན་ཡིད་དགའ་ཆོས་འཛིན་དུ་སྐྱེ་སླ་བས་དེའི་ཕྱིར་ཡང་དགའ་ལྡན་ནས་སྨྲིན་འདྲེན་པ་ཡིན། འདིར་སྔགས་དང་འབྲེལ་བས་ཐོག་མར་རང་ལྷར་བསྐྱེད་དང་སྔོད་བཅུད་སྦྱང་བསྒྱུར་སོགས་བྱེད། མཆོད་རྫས་བྱིན་རླབས་ཀུན་བཟང་མཆོད་པའི་སྤྲིན་གྱི་ཕུང་པོར་གྱུར། ཅེས་པའི་ཀུན་བཟང་མདོ་སྔགས་གཉིས་མི་འདྲ། མདོ་ལུགས་ཀྱི་ཀུན་བཟང་ནི་བྱང་སེམས་ཀུན་ཏུ་བཟང་པོ་སྟེ། དེའི་ཐུགས་ཀའི་ཐལ་མོ་སྦྱར་བའི་བར་གྱི་ནོར་བུ་ལས་འོད་ཟེར་དང་། ཀུན་བཟང་། མཆོད་སྤྲིན་སོགས་མུ་མེད་དུ་སྤྲོ་བ་དང་། སྔགས་ལུགས་ཀྱི་ཀུན་བཟང་ནི་བདེ་སྟོང་གཉིས་མེད་ཀྱི་ཡེ་ཤེས་ལ་བྱེད་པས། བདེ་སྟོང་གི་ཡེ་ཤེས་དེ་ཉིད་མཆོད་སྤྲིན་གྱི་རྣམ་པར་ཤར་བར་མོས་པ་ཡིན། དེ་ནས་ཚོགས་ཞིང་དམ་ཚིག་པ་གསལ་འདེབས་

པ་ལ། མདུན་དུ་ཀུན་བཟང་མཆོད་སྤྲིན་ཞེས་སོགས་སྔོན་བརྒྱུད་ཞལ་ཤེས་གསར་བསྒྲིགས་ལྟར་ལས། རྗེ་བླ་མ་སྐུ་མདོག་དཀར་ལ་དམར་བའི་མདངས་ཆགས་པ་ནི་ཐབས་ཤེས་ཟུང་འཇུག་གམ། བདེ་སྟོང་ཟུང་འཇུག་མཚོན་ཏེ། སྐུ་མདོག་དཀར་པོ་ནི་ཤིན་ཏུ་ཕྲ་བའི་རླུང་སེམས་ལས་བཞེངས་པའི་ལོངས་སྐུ་དང་པོའི་མགོན་པོ་སྒྱུ་ལུས་མཚོན་པས་ཐབས་བདེ་བ་ཆེན་པོ་དང་ཤེས་རབ་སྟོང་པ་ཉིད་ཟུང་དུ་འཇུག་པ་ལ་མཉམ་པར་སྦྱོར་བ་མཚོན། ཕྱག་གཉིས་ཆོས་འཁོར་གྱི་ཕྱག་རྒྱས་མདོ་སྔགས་ཟུང་འབྲེལ་གྱི་ཆོས་སྟོན་པའམ། རྟག་ཆད་ཀྱི་མཐའ་དང་བྲལ་བའི་ཟབ་མོ་དབུ་མའི་ལྟ་བ་སྟོང་པ་དང་རྟེན་འབྱུང་གཅིག་གྲོགས་སུ་གཅིག་འགྲོ་བའི་ཆོས་སྟོན་པར་མཚོན། གཡས་གཡོན་དུ་ཨུཏྤལ་ཆུས་པས་ཐུགས་རྒྱུད་བྱམས་སྙིང་རྗེས་རྟག་ཏུ་བརླན་པ། གཡས་རལ་གྲིས་གདུལ་བྱའི་རྒྱུད་ཀྱི་མ་རིག་པའི་འཆིང་བ་གཅོད་པའི་བརྡའ་དང་། འཇམ་དབྱངས་ཀྱི་རྣམ་རོལ་ ཡིན་པ་ཡང་བསྟན། གཡོན་གླེགས་བམ་གྱིས་ལམ་ཡོངས་རྫོགས་འདུལ་བྱའི་རྒྱུད་ལ་སྐྱེད་པར་མཚོན། འདིའི་གླེགས་བམ་ལ་ཤེར་ཕྱིན་བརྒྱད་སྟོང་པ་གསལ་དགོས་པར་གསུངས་ཀྱང་། སྤྱིར་རང་གིས་དབུ་མར་འདུལ་མཛོད། ལམ་རིམ་སོགས་གང་ལ་ཤེས་འདོད་ཞུགས་པ་དེ་གླེགས་བམ་དུ་གསལ་འདེབས་ཆོག་པའང་གསུང་རྒྱུན་ཡིན། དབུ་ལ་པཎ་ཞྭ་གསེར་གྱི་མདོག་ཅན་གསོལ་བས་བསྒྲིགས་བཅད་བཟང་བའི་གསེར་སྒྲུང་བཙོ་མ་ལྟར་བསྲེ་ལྷད་མ་ཞུགས་ཤིང་། འགྲེལ་པའི་ཚ་ཕྲ་མོ་ཙམ་ཡང་མེད་པའི་རྗེའི་བསྟན་པ་དྲི་མ་མེད་པ་འདི་མཚོན། དབུ་ཞྭའི་རྩེ་མོ་རྣོ་བས་ཕྲ་ཞིང་མཛངས་པའི་བློ་གྲོས་ཀྱིས་གསུང་རབ་ཀྱི་དགོངས་དོན་འབྱེད་པ་དང་། རྩེ་མོ་མཐོ་བས་ལྟ་བ་ལ་ཡ་མཐའ་མེད་པར་མཚོན། ཆོས་གོས་རྣམ་གསུམ་གྱིས་འདུལ་བའི་བསྟན་པ་དྲི་མ་མེད་པ་དར་རྒྱས་སུ་མཛད་པ། ཞབས་རྡོ་རྗེ་སྐྱིལ་ཀྲུང་མཛད་པས་སྐྱིལ་ཀྲུང་བཞི་ལྡན་གྱི་སྒོ་ནས་ཟུང་འཇུག་མངོན་དུ་མཛད་པ་མཚོན། རྗེ་རིན་པོ་ཆེ་ནི་གཙོ་བོར་འཇམ་དབྱངས་ཀྱི་སྤྲུལ་པར་བསྟན་པས་དེའི་ཐུགས་ཀར་རྗེ་བཙུན་འཇམ་དབྱངས་འཇམ་དཔལ་ཡེ་ཤེས་སེམས་དཔའ་སོགས་གང་མོས་དང་། རྗེའི་གཡས་སུ་སྤྱན་རས་གཟིགས་ཀྱི་རྣམ་སྤྲུལ་རྒྱལ་ཚབ་རྗེ་སྐུ་ཙུང་ཟད་བགྲེས་པའི་ཉམས་ཅན། བྱམས་སྙིང་རྗེ་བྱང་ཆུབ་ཀྱི་སེམས་ཀྱིས་ཐུགས་རྒྱུད་བརླན་པས་སྤྱན་དཀྲུས་འཛུམ་ཞིང་རྗེ་ལ་དབུ་ཙུང་ཟད་

འདུད་པའི་རྣམ་པ་ཅན། རྒྱལ་ཚབ་རྗེ་ཕྱག་ན་ལམ་རིམ་ཆུང་བའི་གླེགས་བམ་བསྣམས་པ་གསལ་དགོས་ཚུལ་གསུང་རྒྱུན་ལ་ཡོད། དེའི་ཐུགས་ཀར་སྤྱན་རས་གཟིགས། རྗེའི་གཡོན་དུ་གསང་བདག་གི་རྣམ་རོལ་མཁས་གྲུབ་ཐམས་ཅད་མཁྱེན་པ་སྐུ་གཞོན་ནུའི་རྣམ་པ་ལ་ཅུང་ཟད་ཁྲོས་པའི་ཉམས་ཅན་སྤྱན་ཧ་རེ་བ་གཟིགས་པ་སྨིན་མཚམས་སུ་ཁྲོ་གཉེར་གསུམ་ཡོད་པ། རྗེའི་བསྟན་པ་ལ་མ་རྟོགས་པ་དང་། ལོག་རྟོག ལོག་སྨྲ། རྒོལ་ངན་གྱི་རིགས་མཐའ་དག་འཇོམས་པའི་ཚུལ་དུ་རྟོད་པའི་འགྱིང་ཉམས་དང་ལྡན་པ། དེའི་ཐུགས་ཀར་ཕྱག་རྡོར། རྗེ་ཡབ་སྲས་གསུམ་གའི་རིགས་གསུམ་མགོན་པོའི་ཐུགས་ཀར་རྡོ་རྗེ་འཆང་ངོ་། རྡོ་རྗེ་འཆང་གསུམ་ཀའི་ཐུགས་ཀར་ཏིང་ངེ་འཛིན་སེམས་དཔའ་ཧཱུྃ་སྔོན་པོ་སྟེ་སེམས་དཔའ་སུམ་བརྩེགས་ཅན། ཡབ་སྲས་གསུམ་ག་བཅར་ལེབ་དང་ལྷེར་བཟོའི་རྣམ་པ་ཅན་མ་ཡིན་པའི་སྐུ་དངོས་གནས་པ་ལ་ཐུགས་ཀྱི་ཡོན་ཏན་ཟབ་མེད་ཡེ་ཤེས་ཀྱི་སྟེ་ཚན་ཉེར་གཅིག་སོགས་དང་། གསུང་གིས་གདུལ་བྱ་ལ་ཆོས་སྟོན་པའི་གསུང་དབྱངས་སྒྲོག་བཞིན་པ། སྐུ་ལས་སེམས་ཅན་གྱི་དོན་དུ་སྤྲུལ་པ་གྲངས་མེད་པ་གསར་དུ་ཕར་སྤྲོ་བ་དང་། དོན་མཛད་ཟིན་གྱི་སྤྲུལ་པ་གྲངས་མེད་པ་ཚུར་སྡུད་པའི་སྤྲུལ་བསྡུར་སྣ་ཚོགས་རྒྱུན་མི་ཆད་དུ་མཛད་བཞིན་པ། ཞིང་ཁམས་ཐམས་ཅད་སྐུ་ལ་སྣང་ཞིང་། སྐུས་ཞིང་ཁམས་ཐམས་ཅད་ལ་ཁྱབ་པ་སོགས་གསང་བ་བསམ་གྱིས་མི་ཁྱབ་པའི་རྣམ་ཐར་གང་ནུས་དྲན་ཏེ་དམ་ཚིག་པ་གསལ་གདབ་དེ་ནས་ཡེ་ཤེས་པ་སྤྱན་འདྲེན་པ་ལ། རང་ཁ་བྱང་ལ་ཕྱོགས་པའམ་ཕྱོགས་པར་མོས་ཏེ་སྔན་བརྒྱུད་ཚིག་ལྷུག་གསར་བསྒྲིགས་ལྟར་དགའ་ལྡན་གྱི་ཞིང་གསལ་འདེབས་པ་ནི། འདི་ནས་བྱང་ཕྱོགས་སུ་རི་རབ་ཀྱི་རྩེ་མོར་སུམ་ཅུ་རྩ་གསུམ། དེའི་སྟེང་བར་སྣང་ལ་སྤྲིན་གྱིས་བརྟེན་པའི་གཞི་ལ་འཐབ་བྲལ་གྱི་བདག་པོ་ཨ་སུ་ལུན་རྣའི་ལྷའི་གནས། དེའི་སྟེང་ལྷའི་བུ་རབ་དགའ་ལྡན་གྱི་ལྷ་གནས་དང་། དེ་ལས་ཡོགས་ཤིག་ཏུ་དགའ་ལྡན་ཡིད་དགའ་ཆོས་འཛིན་གྱི་ཞིང་གྲོང་ལས་དགོན་པའི་ཚུལ་དུ་ཡོད་ཅིང་། དེ་ཆགས་ཚུལ་ཡང་སེ་ར་འབྲས་སྤུངས་ལྟར་ཐད་ཀར་ཆགས་པ་མ་ཡིན་པར། དགའ་ལྡན་གྱི་ལྷ་གནས་བྱིངས་ལས་རྒྱང་གྲགས་གཅིག་ཙམ་གྱི་ནམ་མཁའ་ལ་འཕགས་པར་རྗེ་བཙུན་བྱམས་པ་མགོན་པོའི་ཐུགས་བསྐྱེད་དང་སྨོན་ལམ་གྱི་མཐུ་ལས་གྲུབ་པའི་དག་པའི་ཞིང་མཆོག་དགའ་ལྡན་

ཡིད་དགའ་ཆོས་འཛིན། ས་གཞི་ཐམས་ཅད་རིན་པོ་ཆེ་ལས་གྲུབ་ཅིང་། རིན་པོ་ཆེའི་ལྗོན་ཤིང་སྣ་ཚོགས་པས་གང་བ། ཡན་ལག་བརྒྱད་ལྡན་གྱི་མཚོ་དང་རྫིང་བུ་སོགས་དུ་མ་ཡོད་པ་ལ་ཆུ་བྱ་སྣ་ཚོགས་སྐད་སྙན་པར་སྒྲོག་པ། རི་བོ་ལྗོན་ཤིང་སོགས་ལས་ཀྱང་གང་འདོད་ཡིད་བཞིན་འབྱུང་བ་སོགས་ཡོན་ཏན་དུ་མས་བརྒྱན་པའི་དབུས་སུ་རྗེ་བཙུན་བྱམས་པ་མགོན་པོ་བཞུགས་པའི་ཕོ་བྲང་རྒྱལ་མཚན་མཐོན་པོ་ཞེས་"བྱ་བ་རྒྱ་ཁྱོན་མཐའ་དང་མུ་མེད་པ། ཕོ་བྲང་དེའི་མདུན་དུ་རྗེ་བཙུན་གྱིས་ཆོས་གསུང་སའི་ཀུན་དགའ་ར་བ་ཡིད་དགའ་ཆོས་འཛིན་ཞེས་པའང་རྒྱ་ཁྱོན་དཔག་ཚད་དུ་མ་ཡོད་ཅིང་གསེར་གྱི་ས་གཞི་ལ་བཻཌཱུརྱའི་མིག་མང་རིས་སུ་བྲིས་པ། མནན་ན་ནེམ་ཞིང་བཏེགས་ན་སྤར་བྱེད་པ། དྲི་བཟང་པོའི་ངད་ལྡང་བའི་རིན་པོ་ཆེའི་མེ་ཏོག་སྣ་ཚོགས་དང་། མཚོ་དང་རྫིང་བུ་སོགས་ལ་སྤྱིལ་བའི་བྱ་སྣ་ཚོགས་པས་བདེན་བཞི་ལ་སོགས་པའི་ཆོས་ཀྱི་གསུངས་དབྱངས་ཟབ་མོའི་མགྲིན་གླུ་ངར་དིར་དུ་སྒྲོག་བཞིན་པ་སོགས་དེ་ལྟ་བུའི་སངས་རྒྱས་ཀྱི་ཞིང་གི་ཡོན་ཏན་ཕུན་སུམ་ཚོགས་པ་དང་ལྡན་པའི་དཀྱིལ་དུ་སེངྒེ་ཆེན་པོ་བརྒྱད་ཀྱིས་བཏེགས་པའི་རིན་པོ་ཆེའི་ཁྲི་མཐོ་ཞིང་ཡངས་པའི་སྟེང་དུ་རྗེ་བཙུན་བྱམས་པ་མགོན་པོ་སྐུ་མདོག་ཉི་མ་འབུམ་གྱི་གཟི་བརྗིད་དང་ལྡན་པ། ཞབས་གཉིས་བཟང་པོའི་བཞུགས་སྟངས་ཀྱིས་ཞལ་འཛམ་གླིང་དུ་ཕྱོགས་ནས་བཞུགས་པ། དབུ་ལ་བླ་མའི་ངོ་བོ་བྱང་ཆུབ་མཆོད་རྟེན་ཡོད་པ། ཕྱག་གཉིས་ཐུགས་ཀར་ཆོས་འཁོར་གྱི་ཕྱག་རྒྱས་ཀླུ་ཤིང་གི་སྡོང་བུ་བསྣམས་པའི་གཡས་ཀྱི་འདབ་སྟེང་དུ་གསེར་གྱི་འཁོར་ལོ་དང་། གཡོན་གྱི་འདབ་སྟེང་དུ་རི་ལ་བ་སྤྱི་བླུགས་མཚན་པ། སྐུ་སྟོད་ལ་ལྷ་རྫས་ཀྱི་གོས་ཀྱི་སྟོད་གཡོགས་དང་། སྐུ་སྨད་ལ་ལྷའི་པཉྩ་ལི་ཀའི་ཤམ་ཐབས། དབུ་ལ་རིན་པོ་ཆེའི་ཕྲོག་ཞུ་མཛེས་པར་གསོལ་བ། བསྐལ་བཟང་སངས་རྒྱས་སྟོང་ལས་རྣམ་འདྲེན་དྲུག་པ་ཕན་ཚད་ལ་འཛམ་གླིང་འདིར་བྱོན་འགྱུར་རྡོ་པོ་རྗེ་དང་། བུ་སྟོན་རིན་ཆེན་གྲུབ། ལྷོ་བྲག་གྲུབ་ཆེན། རྗེ་ཙོང་ཁ་པ་ཆེན་པོ་སོགས་རྣམ་འདྲེན་ལྔ་པའི་འཁོར་གྱི་ཚུལ་དུ་བཞུགས་པའི་སྐྱེ་བ་གཅིག་ཐོགས་ཀྱི་བྱང་ཆུབ་སེམས་དཔའ་ལྷའི་བུའི་རྣམ་པར་རོལ་པའི་དག་པའི་འཁོར་ཚོགས་གྲངས་མེད་པས་བསྐོར་བ་ལ་ཤེར་ཕྱིན་གྱི་མདོའི་གསུང་དབྱངས་ལྷང་ལྷང་སྒྲོག་བཞིན་པ་ཞིག་གསལ་གདབ། བྱམས་མགོན་གྱི་བཞུགས་སྟངས་སོགས་

ལའང་རྟེན་འབྲེལ་གྱི་གནད་ཆེན་པོ་ཡོད། དེ་ཡང་བྱམས་མགོན་ཉིད་བསྐལ་བཟང་རྣམ་འདྲེན་འདིའི་རྗེས་མ་རྣམ་འདྲེན་ལྔ་པ་ལ་འཛམ་གླིང་འདིར་འབྱོན་པའི་རྟེན་འབྲེལ་དུ་ཞལ་རང་རེའི་འཛམ་བུའི་གླིང་པ་ལ་ཕྱོགས་ནས་བཞུགས་པ། འཛམ་གླིང་དུ་བྱོན་པ་དེ་ཡང་ནམ་ཞིག་ཕར་ཚད་ཅམ་ནས་འབྱོན་པ་ལྔ་བུ་མ་ཡིན་པར་དུས་རིང་པོར་མི་ཐོགས་པར་མྱུར་བ་ཉིད་དུ་འབྱོན་པའི་བརྡར་ཡང་བཞེངས་ཅོག་ཅོག་ལྟར་བཟང་པོའི་བཞུགས་སྟངས་མཛད་པ་ཡིན། ཕྱག་གཉིས་ཐུགས་ཀར་ཆོས་འཁོར་གྱི་ཕྱག་རྒྱ་མཛད་པས་འཛམ་གླིང་འདིར་འབྱོན་པ་ཅམ་དུ་མ་ཟད། ཆོས་ཀྱི་འཁོར་ལོ་བསྐོར་བའི་བརྡར་མཚོན་དང་། ཀླུ་ཤིང་གི་སྡོང་བུ་བསྣམས་པ་ནི། ཕྱིར་སངས་རྒྱས་རྣམས་མངོན་པར་རྫོགས་པར་སངས་རྒྱས་པའི་ཚེ་བྱང་ཆུབ་ཀྱི་ཤིང་རེ་ལ་སྐུ་རྒྱབ་བརྟེན་ནས་འཚང་རྒྱ་བའི་ཚུལ་བསྟན་ཅིང་། བདག་ཅག་གི་སྟོན་པ་ཐུབ་པ་རྗེ་ཙན་ནི། བྱང་ཆུབ་ཀྱི་ཤིང་ཨ་ཤྭཏྠ་ཞེས་པའི་དྲུང་དུ་མངོན་པར་སངས་རྒྱས་པའི་ཚུལ་བསྟན་ལ། དེ་བཞིན་དུ་རྗེ་བཙུན་བྱམས་པ་མགོན་པོ་ཉིད་མ་འོངས་པ་ན་རྒྱ་གར་རྡོ་རྗེ་གདན་དུ་སངས་རྒྱས་པའི་ཚེ་བྱང་ཆུབ་ཀྱི་ཤིང་ཀླུ་ཤིང་ལ་སྐུ་རྒྱབ་བརྟེན་ནས་འཚང་རྒྱ་རྒྱུའོ། ཞེས་པའི་བརྡར་མཛད། སྡོང་བུ་གཡས་ཀྱི་སྟེང་དུ་གསེར་གྱི་འཁོར་ལོས་མཚན་པ་ནི། འཛམ་གླིང་དུ་མངོན་པར་སངས་རྒྱས་ནས་ནམ་ཞིག་ཆོས་འཁོར་བསྐོར་བ་ལྟ་བུ་མིན་པར། ཆོས་ཀྱི་འཁོར་ལོ་དེ་ཡང་དུས་མྱུར་བ་ཉིད་དུ་བསྐོར་བ་ཡིན་གསུང་བའི་བརྡའ་མཚོན་དང་། སྡོང་བུ་གཡོན་རི་ལ་བས་མཚན་པ་ནི། ཕྱིར་འཕགས་ཡུལ་ན་རྒྱལ་རིགས། བྲམ་ཟེའི་རིགས། རྗེ་འུ་རིགས། དམངས་རིགས་ཏེ་རིགས་བཞི་ཡོད་ཀྱང་རྗེ་འུ་རིགས་དང་དམངས་རིགས་གཉིས་སུ་སངས་རྒྱས་སུ་མི་བལྟམས་པར་རྒྱལ་རིགས་དང་བྲམ་ཟེའི་རིགས་གང་བཙུན་པ་ཞིག་ལ་བལྟམས་པས། སྟོན་པ་ཤཱཀྱ་ཐུབ་པ་རྒྱལ་པོ་ཟས་གཙང་མའི་སྲས་ཏེ་རྒྱལ་རིགས་སུ་སྐུ་འཁྲུངས་ལ། རྒྱལ་བ་བྱམས་པ་ནི་བྲམ་ཟེའི་རིགས་བཙུན་པའི་དུས་སུ་འབྱོན་ཏེ་བྲམ་ཟེའི་རིགས་ཀྱི་རྒྱལ་པོའི་མདུན་ན་འདོན་གྱི་སྲས་སུ་སྐུ་བལྟམས་པར་གསུངས་པས་ན། སྤྱི་བླུགས་ནི་བྲམ་ཟེ་རྣམས་ཀྱི་ཕྱག་མཚན་ལྟ་བུ་ཡིན་པས་མ་འོངས་པ་ན་འཚང་རྒྱ་བའི་ཚེ་ཡང་རི་ལ་བ་སྤྱི་བླུགས་ཕྱག་མཚན་དུ་ཐོགས་པའི་བྲམ་ཟེའི་རིགས་སུ་སྐུ་འཁྲུངས་པའི་མཚོན་བྱེད་དུ་སྡོང་བུ་གཡོན་ནས་རི་ལ་བ་སྤྱི་བླུགས་བསྣམས

པ་ཡིན་གསུངས། དབུ་ལ་རིན་པོ་ཆེ་ཕྲག་ཞུ་གསོལ་བ་ནི། སྟོན་པ་བཅོམ་ལྡན་འདས་ཀྱིས་འདུལ་བྱའི་དོན་དུ་འཛམ་གླིང་ན་གཤེགས་པའི་ཚེ་དགའ་ལྡན་དུ་རྗེ་བཙུན་བྱམས་མགོན་ལ་རིན་པོ་ཆེའི་ཕྲག་ཞུ་སྤྱི་བོར་བཅིངས་ཏེ་རྒྱལ་ཚབ་ཏུ་མངའ་གསོལ་བ་ན་ལྷ་རྣམས་དགའ་བའི་སེམས་ཀྱིས་དམ་པ་ཏོག་དཀར་པོ་མ་བཞུགས་ཀྱང་དེང་ཙམ་རྣམས་ཐམ་མ་སོང་ཞེས་བགྲོ་གླེང་བྱེད་པ་ཞིག་བྱུང་སྟེ། མཚན་ལ་ཡང་མ་ཐམ་པ་ཞེས་གསོལ་བ་རེད། དགའ་ལྡན་གྱི་ཞིང་བཀོད་ཡིད་ལ་བྱས་པའི་ཞིང་དེར་སྐྱེ་བའི་རྒྱུར་ཡང་འགྲོ། སྔར་ཞུས་པ་ལྟར་རྗེ་བཙུན་གྱི་གསུང་རང་གིས་ལྟང་ལྟང་ཐོས་པའི་ཉམས་དང་། རྒྱལ་བ་བྱམས་པ་ཡང་ཕྱོགས་བཅུར་སྤྲུལ་པ་སྣ་ཚོགས་འགྱེད་བཞིན་པར་བསམ་དགོས། དེའི་ཐུགས་ཀར་མདོན་རྒྱན་ལས། དཔལ་གྱི་བེའུ་དང་བཀྲ་ཤིས་ནི། སངས་རྒྱས་དཔེ་བྱད་བཟང་པོར་བཞེད། ཅེས་གསུངས་པའི་དཔེ་བྱད་བརྒྱད་ཅུའི་ནང་ཚན་ཐུགས་ཀ་དཔལ་གྱི་བེའུ་ཟ་མིག་གི་རི་མོ་ཁྲ་སེང་དེ་བ། དེ་ཡང་བུག་པ་དང་འབུར་གོང་སོགས་མེད་པར་མེ་ལོང་ལ་གཟུགས་བརྙན་ཤར་བ་བཞིན་ཡོད་པའི་ནང་དུ་རྗེ་ཡབ་སྲས་གསུམ་བཞུགས་པར་མོས། གསེར་གྱི་གདན་པ་ཕྲེས་པ་ཞེས་ཤ་གཏུབ་སའི་སྟང་ལེབ་ཕྲེས་ཏེ་དོས་ཤིན་ཏུ་འཛམ་པོར་བྱས་པ་ལ་དཔེར་མཛད། དེ་ནས་རྗེ་ཡབ་སྲས་རྣམས་བདག་གི་མགོན་སྐྱབས་དང་དཔུང་གཉེན་དུ་བྱོན་ན་ཅི་མ་རུང་སྙམ་དུ་དགའ་ལྡན་ལྷ་བརྒྱ་མ་འདོན། ལྷ་བརྒྱ་ཞེས་པ་ལྷ་བརྒྱ་ཐམ་པ་ལ་ངེས་གཟུང་མི་བྱེད་པར་སེམས་ཅན་ཡོད་དགུ་ཟེར་བ་ལྟར་ཏ་ཅང་མང་བའི་ཚིག་ཡིན། མགོན་ཞེས་པ་ལྷ་བརྒྱ་ཕྲག་མང་པོའི་མགོན་དུ་བཞུགས་པ་ལ་གསུངས།། དེའི་ཐུགས་ཀ་ནས་རབ་ཏུ་དཀར་བའི་མདོག་ཅན་ཞོ་གསར་པ་སྤྱངས་པ་འདྲ་བའི་ཆུ་འཛིན་ཏེ་སྤྲིན་དཀར་པོ་རྣམ་བུ་བརྒྱངས་པ་ལྟ་བུ་ཞིག་ཐོལ་གྱིས་བྱུང་སྟེ་སྤྲིན་ཕུང་འབུར་བུ་གསུམ་དུ་དོད་པའི་དབུས་སུ་རྗེ། གཡས་སུ་རྒྱལ་ཚབ། གཡོན་དུ་མཁས་གྲུབ་བཅས་རང་གི་བླ་མ་དང་གཉིས་སུ་མེད་པའི་ཁམས་གསུམ་ཆོས་ཀྱི་རྒྱལ་པོ་ཀུན་མཁྱེན་ཙོང་ཁ་པ་བློ་བཟང་གྲགས་པའི་དཔལ་སྲས་ཀྱི་ཐུ་བོ་གཉིས་ཀྱི་འཁོར་དང་བཅས་པ་བདག་གིས་སྤྱན་འདྲེན་པའི་གནས་འདིར་གཤེགས་སུ་གསོལ། ཞེས་པའོ། སྤྱན་འདྲེན་གྱི་ཚིག་བརྗོད་པའི་ཚེ་སྐྱེས་བུས་ལག་པ་བརྐྱངས་བསྐུམས་ཙམ་གྱི་ཡུན་ལ་རང་གི་མདུན་གྱི་ནམ་མཁར་བྱོན་པར་མོས། འདིའི་སྐབས་

ཕྱོགས་བཅུའི་ཞིང་རབས་འབྱམས་ནས་ཀྱང་སངས་རྒྱས་ཐམས་ཅད་རྗེ་ཡབ་སྲས་གསུམ་གྱི་རྣམ་པར་སྤྲུལ་དྲངས་ཏེ་དམ་ཚིག་པ་ལ་ཐིམ་པར་བསམ་དགོས། སྤྱན་འདྲེན་པའི་དགོས་པ་ཡང་། གདུལ་བྱ་བློ་རབ་ཀྱིས་ཆོས་ཀྱི་དབྱིངས་ལས་སྤྲུལ་སྐུར་བཞེངས་ཚོག་ཚོག་ཡོད་ཀྱང་བློ་དམན་རྣམས་ལ་སྤྱན་མ་འདྲེན་ན་སངས་རྒྱས་ཡོད་མེད་ཀྱི་ཐེ་ཚོམ་ཆེ་བས། དེས་ན་སྤྱན་འདྲེན་པ་ཡིན་གསུངས། གཉིས་པ་ཡན་ལག་བདུན་པ་མཎྜལ་དང་བཅས་པ་འབུལ་བ་ལ། ཐོག་མར་ཡན་ལག་བདུན་གྱི་སྒོ་ནས་ཚོགས་བསགས་སྒྲིབ་སྦྱང་བྱེད་པ་ཡིན། དེ་ཡང་རྟོགས་པའི་ཡོན་ཏན་རྒྱུད་ལ་སྐྱེ་བ་ལ་རྒྱུད་སྨིན་དགོས། དེ་ལ་ཚོགས་བསགས་སྒྲིབ་སྦྱང་བྱ་དགོས། བསགས་སྦྱང་གི་གནད་བསྡུས་པ་ནི་ཡན་ལག་བདུན་པ་འདི་ཡིན། ས་ཆེན་པོ་ལ་གནས་པའི་བྱང་སེམས་རྣམས་ཀྱིས་སྤྲུལ་པ་བརྒྱ་སྟོང་མང་པོས་ཡན་ལག་བདུན་པ་ལ་སོགས་པའི་སྒོ་ནས་བསགས་སྦྱང་ཚད་མེད་པ་དེ་ལྟར་མཛད་ན་རང་ཅག་རྣམས་ལྟ་ཅི་སྨོས་ཏེ་ཚོགས་བསགས་སྒྲིབ་སྦྱང་ལ་འབད་དགོས། དེ་ལ་ཡན་ལག་བདུན་ལས། ཚེ་ག་གཞན་ལ་བཞུགས་གསོལ་གྱི་ཡན་ལག་རྗེས་ལ་ཡོད་ཀྱང་འདིར་སྔོན་དུ་ལེན་པའི་གནད་འགག དཔེར་ན། ནད་པ་ཚབས་ཆེན་གྱིས་སྨན་པ་གདན་འདྲེན་ཚེ། ཐོག་མར་ནད་གསོ་བའི་སྨན་པ་དེ་གདན་ལ་བཞུགས་པར་གསོལ་བ་ལྟར་རང་གིས་ཐོས་བསམ་སྒོམ་གསུམ་དང་བསགས་སྦྱང་སོགས་གང་བྱེད་ཀྱང་བཤེས་གཉེན་བསྟེན་ཚུལ་ལྟར་རང་གི་དོན་དུ་བླ་མ་ཡུན་རིང་དུ་བཞུགས་པ་ཞིག་དགོས་པས་དེ་ལྟར་གསོལ་བ་བཏབ་པ་ཡིན། དེ་ཡང་། མདུན་གྱི་ནམ་མཁར་སེང་ཁྲི་པད་ཟླའི་སྟེང་། ཞེས་སོགས་ཏེ། རང་གི་མདུན་གྱི་ནམ་མཁར་སྔར་ཞུས་པ་ལྟར་རྗེ་བླ་མ་ཡབ་སྲས་གསུམ་རང་ལ་ཐུགས་ལེན་ཏུ་མཉེས་པའི་ཚུལ་གྱིས་མངོན་སུམ་དུ་བཞུགས་པ་གསལ་འདེབས། ཚིགས་བཅད་ཀྱི་དོན་ལྟར་གསོལ་བ་བཏབ་པས་ཞལ་གྱིས་བཞེས་པར་བསམ་གསུང་། གཉིས་པ་ཕྱག་འཚལ་བའི་ཡན་ལག་ནི། ཤེས་བྱའི་ཁྱོན་ཀུན་ཞེས་སོགས་ཏེ། དེ་ལ་ལུས་ཀྱིས་ཕྱག་འཚལ་བ། ངག་གིས་བསྟོད་དབྱངས་བརྗོད་པ། ཡིད་ཀྱིས་དེའི་དོན་དྲན་པ་སྟེ་ལུས་ངག་ཡིད་ཀྱི་ཕྱག་ཡིན། ཕྱག་གི་སྐད་དོད་ནམ་ཞེས་པ་རབ་ཏུ་འདུད་པ་དང་། གུས་པ་དང་། ཉེ་བར་བསྙེན་པ་སོགས་ལ་འཇུག་པས་ལུས་ཀྱིས་གུས་པ་བྱས་ཚད་ལུས་ཀྱི་ཕྱག་ཏུ་འགྲོ་ཞིང་། གཙོ་བོ་ནི་པཉྩ་ཆེན་ན་རོའི་

ཕྱག་བཞེས་ལུས་ཐམས་ཅད་ས་ལ་ཕབ་པའི་བརྐྱང་ཕྱག་དང་། ཡན་ལག་ལྔ་ས་ལ་རེག་པའི་བསྐུམ་ཕྱག་གམ་འདུད་པའི་ལས་ཕྱག་གཉིས་ཡིན། གསོ་སྦྱོང་སྐབས་འདུལ་བའི་ལས་ཕྱག་རང་འཚལ་དགོས། སྐབས་འདིར་ཁྲིལ་བ་ཆེ་ཆེ་ཐལ་མོ་སྦྱར་ཙམ་བྱ། འདིའི་ཚིགས་བཅད་རེ་རེས་ཐུགས་གསུང་སྐུ་ལ་རིམ་བཞིན་བསྟོད། ཤེས་བྱའི་ཁྱོན་ཀུན་འཇལ་ཞེས་པ་ཐུགས་དང་དང་ཤེས་བྱ་མཉམ་པའི་དོན་ཡིན་ཏེ། དཔེར་ན་སྣམ་བུ་འདོམ་གང་འདོམ་གྱིས་འཇལ་བ་ན་སྣམ་བུ་ཡང་མི་ལྷག་ལ། འདོམ་ཡང་མི་ལྷག་པ་བཞིན་བྱང་སེམས་འཕགས་པས་ཀྱང་ཤེས་བྱ་ཇི་ལྟ་བ་ལ་མཉམ་པར་བཞག་སྐབས་ཇི་སྙེད་པའི་ཆོས་མི་གཟིགས་ལ། སྔགས་འོས་བསྔགས་བསྟོད་ལས། ཁྱོད་འབའ་ཞིག་གི་ཡེ་ཤེས་ཀྱིས། ཤེས་བྱ་མཐའ་དག་ཁྱབ་ལགས་ཀྱི། ཁྱོད་ལས་གཞན་པ་ཐམས་ཅད་ཀྱི། ཤེས་བྱ་ཁོ་ན་ལྐོག་པ་ལགས། ཞེསགསུངས་པ་ལྟར་སངས་རྒྱས་འཕགས་པ་མ་གཏོགས་གཞན་ཐམས་ཅད་ཤེས་བྱ་རྒྱ་ཆེ་ལ་ཤེས་པ་རྒྱ་ཆུང་བ་ཡིན་ཡང་། སངས་རྒྱས་པོ་ནའི་ཡོན་ཏན་ལ་ཤེས་བྱའི་ཁྱོན་ཐམས་ཅད་རེས་འཇོག་མེད་པར་བདེན་གཉིས་ཅིག་ཅར་དུ་གཟིགས་ཤིང་། མཁྱེན་པས་འཇལ་བའི་ཚེ་ཤེས་བྱ་གཅིག་ཀྱང་ལྷག་པ་མེད་པར་ཐམས་ཅད་ལ་ཁྱབ་ཅིང་། ཁྲིད་ཡིག་དངོས་གྲུབ་ཀུན་འབྱུང་དུ། ཤེས་བྱའི་ཁྱོན་ཀུན་ཡངས་པའི་བློ་གྲོས་ཐུགས། ཞེས་གསུངས་པ་ཤེས་བྱ་ཇི་ལྟ་བ་དང་ཇི་སྙེད་པའི་ཆོས་ཐམས་ཅད་མཁྱེན་པའི་གྲ་ཟུར་གཅིག་ཏུ་གྱུ་དོག་མེད་པར་ཆུད་པ་ལ་སྦྱར་བས་སྔ་མ་ལས་ཀྱང་འདི་བསྟོད་པ་རྒྱ་ཆེ་རུ་སོང་བས་ན། དེ་ལྟ་བུའི་བློ་གྲོས་ཡངས་པའི་ཐུགས་དང་ལྡན་པ་ལ་བསྔགས་པ་བརྗོད་པ་ནི་ཐུགས་ལ་བསྟོད་པ་ཡིན། ཤེས་བྱ་ཇི་ལྟ་བ་ནི་དོན་དམ་དང་། ཇི་སྙེད་པ་ནི་ཀུན་རྫོབ་པ། དེ་ཡང་གཞི་གཅིག་ལ་སྦྱར་ན། ཀ་བ་ལྟ་བུའི་སྟེང་གི་སྟོང་ཉིད་ནི་ཇི་ལྟ་བ་དང་། ཇི་སྙེད་པ་ནི་དེའི་སྟེང་གི་ཀུན་རྫོབ་དེ་ཡིན། དེས་ཆོས་ཐམས་ཅད་ལ་རིགས་འགྲེ། སྐལ་བཟང་ཞེས་པ་བྱང་སེམས་དང་། དེའི་ཟླ་བའི་རྒྱན་དུ་གྱུར་པ་ཐེག་ཆེན་གྱི་ཆོས་ལ་བྱེད། འདིར་ཚིག་རེས་ལྟར་ན། སྐལ་བ་བཟང་པོ་དང་ལྡན་པའི་གདུལ་བྱ་རྣམས་ཀྱི་ཟླ་བའི་རྒྱན་ཏེ་གདུལ་བྱ་རང་རང་གི་བློ་དང་ཁམས་དང་བསམ་པ་དང་མཐུན་པར་བསྟན་པས་ཟླ་བའི་བདུད་རྩི་ལྟ་བུའི་ལེགས་པར་བཤད་པའི་གསུང་ལ་ཟླ་བའི་རྒྱན་གྱུར་ཅེས་གསུངས་པ་ཡིན། འདི་ཡང་སངས་རྒྱས་པོ་ནའི་ཁྱད་ཆོས་ཏེ།

སངས་རྒྱས་ཀྱི་གསུང་གི་བརྗོད་པ་གཅིག་གིས་ལྷ། མི། ཀླུ། དྲི་ཟ་སོགས་སེམས་ཅན་རང་རང་གི་སྐད་དུ་གོ་ནུས། ཤེར་ཕྱིན་སྐོར་དགུ་ཡང་གསུང་ཐེངས་གཅིག་ལ་རང་རང་གི་གོ་ལུགས་ཀྱིས་རྒྱས་འབྲིང་བསྡུས་པ་དགུ་བྱུང་བ་ཡིན། དཔེ་ཆ་ཞིག་ལ་རྗེ་ཙོང་ཁ་པའི་ལེགས་བཤད་འདི་ལྷ་བུ་རྒྱ་བོད་གང་དུ་ཡང་མ་བྱུང་བས། ལྟག་ཚང་ལོ་ཙཱ་བས་ཀྱང་སྐུ་ཚེའི་སྟོད་དུ་རྗེ་ལ་འགལ་བའི་ཁུར་ཆེན་བཅོ་བརྒྱད་ཀྱི་དགག་པ་བཏང་ཡང་། སྐུ་ཚེའི་སྨད་ལ་གསེར་ཕྲེང་སོགས་རྗེའི་ལེགས་བཤད་རྣམས་གཟིགས་པས་ཐུགས་ཁྲོགས་ཏེ་བསྟོད་པ་ཕུལ་ཚུལ་སྔར་གོང་དུ་ཞུས་པ་ལྟར་ཡིན། རྗེའི་རྗེའི་ལེགས་བཤད་རེ་རེ་ཡང་བོད་ཀྱི་མཁས་པ་སྟོང་ཕྲག་མང་པོ་འཛོམས་ནས་རྩོམ་ཡང་ལེགས་ཆ་དེ་དང་མཉམ་པ་མི་འབྱུང་། བོ་དོང་ཕྱོགས་ལས་རྣམ་རྒྱལ་ཞེས་པ་མཆོད་རྟེན་ལ་སྐོར་བ་མཛད་ཞོར་ཕྱོགས་བཞིར་དྲུང་ཡིག་བཞི་བཞག། བསྟན་བཅོས་ཆེན་པོ་བཞི་རེ་དུས་གཅིག་ཏུ་རྩོམ་སྟེ་གསུང་འབུམ་ལའང་བསྟན་འགྱུར་གྱི་ཚོད་ཙམ་ཡོད་པའི་མཁས་པ་ཆེན་པོ་ཡིན་ཡང་། ཕྱིས་རྗེ་རིན་པོ་ཆེས་མཛད་པའི་རྟེན་འབྲེལ་བསྟོད་པ་སློང་མོ་བ་ཞིག་གིས་བཞུགས་སྒོའི་ཕྱི་ལོག་ནས་བཏོན་པ་གསན་སྐབས་འདི་ཀླུ་སྒྲུབ་ཀྱི་གསུང་རང་ཡིན་འདུག་སྙམ་པ་ན། འོག་ཏུ། ཀླུ་སྒྲུབ་གཞུང་ལུགས་ཀུན་དའི་ཚལ། ཞེས་པ་ཐོན་པས། ཀླུ་སྒྲུབ་མིན་པར་འདུག། དཔལ་ལྡན་ཟླ་བ་ཡིན་ནམ་སྙམ་པ་ན། དཔལ་ལྡན་ཟླ་བའི་ལེགས་བཤད་ཀྱི། ཞེས་སོགས་ཡོད་པ་གསན་པས་དེ་ཡང་མིན་པར་ཐག་ཆོད། དེ་ནས་མར་ཐེབས་ནས་སློང་མོ་བ་ཁོ་རང་ལ་དྲིས་པར། ཆོས་རྗེ་བློ་བཟང་གྲགས་པའི་གསུང་ཡིན་ཟེར་བས་དད་པ་ཕྱོག་ཏུ་མེད་པ་འཁྲུངས་ཏེ་བོད་དུ་རྗེ་རིན་པོ་ཆེ་འཛལ་བར་ཐེབས་པ་ན་བསོད་ནམས་ཀྱིས་མཇལ་མ་ཐུབ་ཀྱང་། གསེར་དངུལ་མང་པོ་དགའ་ལྡན་གསེར་སྡོང་རིན་པོ་ཆེའི་རྒྱུར་ཕུལ་ནས་སྨོན་ལམ་ཤུགས་དྲག་མཛད་པ་སོགས་ཀྱི་རྣམ་ཐར་ངོ་མཚར་ཅན་ཡོད། འདི་དག་ཀྱང་སྐལ་བཟང་རྣ་བའི་རྒྱན་དུ་གྱུར་ཚུལ་ཡིན། གྲགས་པའི་དཔལ་ནི་མཚན་བཟང་དཔེ་བྱད་ཀྱི་གཟི་བརྗིད་འབར་བ་སྟེ་སུས་འཇལ་ཀྱང་མཛེས་ཤིང་ཕུན་སུམ་ཚོགས་པའི་སྐུ་རྒྱལ་བ་ཀུན་གྱི་ཡབ་གཅིག་འཇམ་དཔལ་དབྱངས་སུ་མོས། འདི་ཡང་ཐུན་མོང་བ་ལྟར་ན་དམ་ཆོས་འདུལ་བའི་ཚུལ་ཁྲིམས་རྣམ་པར་དག་པས་གཞན་ཁྲིམས་འཆལ་སོགས་ཟིལ་གྱིས་གནོན་པའི་སྙན་གྲགས་ཀྱིས་ལྷམ་

མེར་མཛེས་པ་ལ་བྱེད་པ་འགྲོས་ལོ་ཡེ་བཟང་རྩེ་པ་སོགས་ཀྱིས་དོན་དང་ལྡན་པའི་བསྡུགས་བརྗོད་མཛད་པ་ལྟར་ཡིན། ཐུན་མོང་མ་ཡིན་པ་ནི་ཞིང་ཁམས་ཐམས་ཅད་སྐུ་ལ་སྣང་ཞིང་སྐུས་ཞིང་ཁམས་ཐམས་ཅད་ལ་ཁྱབ་པ་སྟེ། དེ་ཡང་། ཡེ་ཤེས་ཇི་སྙེད་ཁྱབ་གྱུར་པ། སྐུ་ཡིས་ཀྱང་ནི་དེ་སྙེད་ཁྱབ། ཅེས་གསུང་པ་ལྟར་ཤེས་བྱས་གར་ཁྱབ་ལ་མཁྱེན་པས་ཁྱབ་ཅིང་། མཁྱེན་པས་གར་ཁྱབ་ལ་སྐུས་ཁྱབ། འདི་སྐུ་ཐུགས་གཉིས་ཟུང་དུ་འཇུག་པའི་ཟུང་འཇུག་པའི་ཡོན་ཏན་ཡིན། ཞིང་ཁམས་ཐམས་ཅད་སྐུ་ལ་སྣང་བ་ཡང་སྐུའི་བ་སྤུའི་བུ་ག་རེ་རེའི་ནང་དུ་སངས་རྒྱས་ཀྱི་ཞིང་ཁམས་རེ་རེ་ཡོད་པ། དེ་དག་ཀྱང་ལ་ལར་སྐུ་བལྟམས་པ། ལ་ལར་སངས་རྒྱས་པ། ལ་ལར་བདུད་བཏུལ་བ། ལ་ལར་ཆོས་འཁོར་བསྐོར་བ་སོགས་མཛད་པ་བཅུ་གཉིས་ཀྱི་རྣམ་པར་རོལ་བཞིན་པ། དེ་ལྟ་བུའི་རྗེ་བླ་མའི་གསང་གསུམ་གྱི་ཡོན་ཏན་མཐོང་ཐོས་དྲན་པའི་ཚེ་ཡང་རྡོ་རྗེ་གསུམ་ཐོབ་པ་སོགས་ཀྱི་བག་ཆགས་ཁྱད་པར་ཅན་རེ་འཇོག་པའི་དོན་དང་ལྡན་པ་དེ་ལ་ཕྱག་འཚལ་ལོ། ཞེས་པ་ཡིན། ཕྱག་ཅེས་པ་ཆོས་ཐམས་ཅད་རང་བཞིན་མེད་པའི་ཕྱག་རྒྱ་གཅིག་ཏུ་འདུ་བ་དང་། སྔགས་ལ་སྦྱར་ན་ཕྱག་ནི་བདེ་སྟོང་གཉིས་སུ་མེད་པའི་ཡེ་ཤེས་ལ་བྱ་སྟེ། དཔེར་ན་རྒྱལ་པོའི་ཐམ་ག་ལྟ་བུ་གཞན་སུས་ཀྱང་བསྒྱུར་དུ་མེད་པ་བཞིན་དུ་ཆོས་ཐམས་ཅད་ཀྱི་གནས་ལུགས་སྟོང་པ་ཉིད་ལ་ཡུལ་ཕྱག་རྒྱ་ཆེན་པོ་དང་། དེ་རྟོགས་པའི་བློ་ལྡན་སྐྱེ་ས་ཀྱི་བདེ་བ་ཆེན་པོའི་ཡེ་ཤེས་ནི་ཡུལ་ཅན་ཕྱག་རྒྱ་ཆེན་པོ་ཡིན། འཚལ་ཞེས་པ་ནི་དེ་ལྟ་བུའི་ཕྱག་རྒྱའི་དོན་དེ་བདག་གིས་རྟོགས་པར་འཚལ་ལམ་རྟོགས་པར་འདོད་ཅེས་པ་དང་། གཞན་ཡང་སྐབས་ཐོབ་ཏུ་སྦྱར་ཆོག འདིར་ཐུགས་ལ་བསྟོད་པ་སྦོན་དུ་བྱུང་བ་འཇམ་དབྱངས་ཀྱི་དབང་དུ་བྱས། དེའི་རྒྱུ་མཚན་དང་པོར་ཐུགས་ཀྱི་བྱིན་རླབས་ཞུགས་ཏེ་ཆོས་རབ་ཏུ་རྣམ་འབྱེད་ཀྱི་ཤེས་རབ་སོགས་སྐྱེད་ཕྱིར་ཡིན། འཛིགས་བྱེད་ལ་དྲི་ཆབ་སྔོན་དུ་འོང་བ་ཡང་དོན་དེ་དང་འདྲ་གསུངས། གསུམ་པ་མཆོད་པའི་ཡན་ལག་ནི། ཡིད་འོང་མཆོད་ཡོན་ཞེས་སོགས་གསུངས་ཏེ། བསོད་ནམས་ཀྱི་ཚོགས་གསོག་པ་ལ་མཆོད་པ་རྒྱ་ཆེན་པོ་བྱེད་དགོས། དེ་ཡང་དཔེར་ན། འཛིག་རྟེན་ན་ལོ་ཏོག་བཏབ་སའི་ཞིང་ས་བཟང་པོ་ཞིག་ལོ་གཅིག་སྟོང་པར་བཞག་ན་ཐང་ས་སེམས་ཆེན་པོ་བྱེད་ན། དུས་བཞི་ཐམས་ཅད་དུ་རྒྱུན་ཆད་མེད་པར་བསོད་ནམས་ཀྱི་ས་བོན་གདབ

ཚོགས་པའི་ཞིང་ས་བླ་ན་མེད་པ་སྟོང་པར་བཞག་ན་ལྷ་ཅི་སྨོས་པས་མཆོད་པ་འབུལ་བ་ལ་རྟག་ཏུ་བརྩོན་དགོས། ཞིང་ཁྱད་པར་ཅན་ལ་མཆོད་པ་ཆུང་ངུ་རེ་ཕུལ་བས་ཀྱང་འབྲས་བུ་རྒྱ་ཆེན་པོ་འབྱུང་བ་འཁོར་སྐྱུར་ང་ལས་ཉུ་དང་། ཀོ་ས་ལའི་རྒྱལ་པོའི་སྟོན་བྱུང་བཅས་སྨྲས། བསོད་ནམས་ཀྱི་ཞིང་མཆོག་ནི་བླ་མ་ཡིན། གྲྭ་རྐྱང་འཁོས་དམན་ལྷ་བུ་ཡིན་ཡང་མཆོད་པ་འབུལ་བ་ལ་རང་གི་དད་པས་ཐོགས་པ་མ་གཏོགས་མཆོད་རྫས་ཀྱིས་ལག་ཐོགས་པ་མེད། རང་ལ་དད་པ་ཡོད་ན་སྤྱོད་འཇུག་ལས་གསུངས་པ་ལྟར་བདག་པོས་བཟུང་དང་མ་བཟུང་བའི་འཛིག་རྟེན་ཁམས་ཀྱི་མཆོད་རྫས་ཡིད་དུ་འོང་བ་ཡོད་ཚད་རང་གི་བློས་བླངས་ན་འབུལ་ཆོག འཁོར་པ་ཆེན་པོ་ཚོས་རང་ལ་འཁོར་པ་ཡོད་བཞིན་དུ་མི་འབུལ་བའམ་དམན་ས་ནས་ཕུལ་ན་བསོད་ནམས་ཀྱི་ཚོགས་གསོག་མི་ཐུབ་ཅིང་། བསོད་ནམས་ཉམས་པའི་རྒྱུར་འགྱོ། རང་གི་མཆོད་པའི་རྒྱུ་གང་བཟང་བཟང་ནས་འབུལ་དགོས། མར་མེ་ལ་སྣང་གསལ་ཞེས་འོད་ཕུལ་བ་ཡིན་པས་མར་ཁ་ཚ་ལྷ་བུ་ཡོད་ཀྱང་སྐྱོན་ཆུང་། ཞལ་ཟས་སོགས་ལ་ཁ་ཚ་རྡུལ་སྤུངས་སོགས་མེད་པ་ངེས་པར་དགོས། འཁོར་པ་གཞན་མེད་ན། བསིལ་ཞིམ་ཡང་འཇམ་དྭངས་ལ་དྲི་མ་མེད། ལྟོ་བ་མགྲིན་པར་མི་གནོད་བརྒྱད་ལྡན་ཆུ། ཞེས་པ་ལྟར་བོད་ཀྱི་ཆུ་ཡན་ལག་བརྒྱད་ལྡན་ཡིན་པས་ཡོན་ཆབ་ཙམ་ཕུལ་ནའང་ཕན་ཡོན་བརྒྱད་ཡོད། རྗེ་སྒྲུབ་ཁང་པ་དགེ་ལེགས་རྒྱ་མཚོ་སྐུ་ཚེའི་སྟོད་བྱ་བཏང་མཛད་ནས་བཞུགས་སྐབས་སྐུ་ལ་ན་བཟའ་བཞེས་རྒྱུ་ཙམ་ཡང་མེད་ཀྱང་ཡོན་ཆབ་ཉིན་ལྟར་དུས་གསུམ་དུ་ཏིང་མེད་པར་རང་གི་གསོལ་ཞལ་ཆུར་བསྒྲུས་ཏེ་འབུལ་མཛད། ཤར་རྒྱ་གར་གྱི་རྒྱལ་པོ་ཆེན་པོ་ཆོས་སྦྱིན་པ་གཏོང་བ་ན་སྦྱིན་པའི་ཁང་པ་བརྩིགས། དེར་རྒྱལ་པོ་རང་ཉིད་བྱོན་ནས་ལག་བསྟར་ཏེ་སྦྱིན་པ་བཏང་བ་ལྟར་ཡོན་ཆབ་འབུལ་སྐབས་ཀྱང་སྦྱིན་པ་ལག་ལེན་གྱི་ཁྱད་པར་ཞེས་ཕུལ་བའི་ཕན་ཡོན་འབུལ་མཁན་རང་ཉིད་ལ་འབྱུང་བས་རང་གིས་ལག་བསྟར་ནས་འབུལ་དགོས། ཇོ་བོ་ཆེན་པོ་སྐུ་བགྲེས་པའི་སྐབས་ཀྱང་ཡོན་ཆབ་རང་གིས་ཕྱག་བསྟར་ནས་ཕུལ་མཛད་པས། སློབ་མ་ཚོས་ཨ་ཏི་ཤ་འོ་བརྒྱལ་བ་འདུག ངེད་ཚོས་འབུལ་ཆོག་པས། ཇོ་བོའི་ཞལ་ནས། འོ་ན་ངའི་ལྟོ་ཟ་རྒྱུ་དེ་འང་ཇོ་བོ་འོ་བརྒྱལ་བར་འདུག་པས་ངེད་ཚོའི་ཟ་ཟེར་བ་ཡིན་ནམ་གསུངས། དེ་ལྟར་སངས་མ་རྒྱས་བར་དུ་ཚོགས

བསགས་སྒྲིབ་སྦྱོང་བྱེད་དགོས། གོང་དུ་ཞུས་པ་ལྟར་སར་གནས་ཀྱི་བྱང་སེམས་རྣམས་ཀྱང་ལུས་སྟོང་ཕྲག་དུ་མར་སྤྲུལ་ཏེ་སངས་རྒྱས་ཀྱི་ཞིང་མང་པོར་བྱོན་ནས་བསགས་སྦྱོང་མཛད། སང་ཐོ་རང་འཚང་རྒྱ་རྒྱུའི་བྱང་སེམས་དེས་ཀྱང་དོ་ནུབ་བླ་མ་ཚོགས་ཀྱི་ཞིང་དུ་སྤྱན་དྲངས་ནས་ཚོགས་བསགས་མཛད་པ་ཡིན། བསོད་ནམས་ཆུང་ཆུང་ནས་མནངས་ཆུང་མི་བྱེད་པར་སྤྲོས་ཆང་གཅིག་ཡན་ཆད་འབུལ་གང་ཐུབ་བྱེད། དགེ་བཤེས་ཕྱུ་ཆུང་བས་དང་པོར་སྤང་སྤྲོས་ཕུལ་བ་ནས་བསོད་ནམས་འཕེལ་ཏེ་མཐར་ཨ་ག་རུ་ལ་སོགས་པ་གསེར་སྲང་མང་པོས་ཉོས་ནས་ཕུལ་རྒྱུ་བྱུང་བར་གསུང་ཚུལ། མཆོད་པ་དངོས་སུ་རྒྱ་ཆེ་ཆུང་གང་ཡོད་ཀྱང་ཡིད་ཀྱི། མདོ་ཕལ་པོ་ཆེ་ལས་གསུངས་པའི། མཆོད་ཡོན་ཕལ་ཆེར་མཆོད་ཡོན་བླ་ན་དང་། ཞེས་སོགས་ལྟར་ས་དང་བར་སྣང་ནམ་མཁའི་ཁྱོན་ཐམས་ཅད་གང་བར་མོས་ཏེ་ཕུལ་ན་དེའི་ཚོད་ཀྱིས་བསོད་ནམས་ཀྱི་ཚོགས་རྫོགས་ཚབས་ཆེ། མཆོད་ཡོན་གྱི་བླ་ན་སོགས་མ་ག་རྷ་བཟང་མོའི་གཏམ་རྒྱུད་ལས་བྱུང་བ་ལྟར་མོས། ཡིད་འོང་ཀུན་ལ་སྦྱར་བ་ཡིན། དེ་ལྟ་བུའི་མཆོད་པ་དངོས་སུ་བཤམས་པ་དང་ཡིད་ཀྱིས་སྤྲུལ་པའི་མཆོད་པའི་སྤྲིན་གྱི་ཕུང་པོ་འདི། རྗེ་ཆོས་རྒྱན་གྱིས། ཞིང་མཆོག་དམ་པ་རྗེ་བཙུན་བླ་མ་ལ། སོགས་གསུངས་པ་ལྟར་གདུལ་བྱའི་བསོད་ནམས་ཀྱི་ཞིང་དུ་གྱུར་པའི་སྐྱབས་གནས་ཀུན་འདུས་ཀྱི་བླ་མ་ཁྱེད་ལ་ཐུགས་དགྱེས་པའི་སླད་དུ་མཆོད་པར་འབུལ་ལོ། ཞེས་པ་ཡིན། སྐབས་འདིར་མཐུལ་རྒྱས་པར་ཕུལ་ཀྱང་ཆོག ཆུ་གཉིས་ཉེར་སྤྱོད་སོགས་འབུལ་བ་བླ་ན་ཡོད་པའི་མཆོད་པ་རང་གི་སྙིང་གནས་རྡོ་རྗེ་མཆོད་ལྷ་སྤྲོས་ཏེ་ཀུན་བཟང་མཆོད་སྤྲིན་ཕུལ་བ་བླ་ན་མེད་པའི་མཆོད་པ་སྟེ་དེ་གཉིས་ཀ་ཕྱིའི་མཆོད་པ། ཤ་ལྔ་དང་བདུད་རྩི་ལྔ་སོགས་སྦྱངས་རྟོགས་སྤར་གསུམ་བྱས་ཏེ་ཕུལ་བ་ནང་མཆོད། པདྨ་ཅན་སོགས་སྤྲོས་ཏེ་ཐུགས་ཀའི་རྡོ་རྗེ་འཆང་གི་ཡུམ་ལ་ཐིམ་ཞིང་། དེ་གཉིས་ཡབ་ཡུམ་སྙོམས་འཇུག་གི་དགའ་བས་རོལ་པར་མོས་པ་གསང་མཆོད། དེ་ལ་བརྟེན་ནས་ཚོགས་ཞིང་གི་ཐུགས་རྒྱུད་ལ་བདེ་སྟོང་གི་ཡེ་ཤེས་ཁྱད་པར་ཅན་འཁྲུངས་པར་མོས་པ་དེ་ཁོ་ན་ཉིད་ཀྱི་མཆོད་པ་ཡིན། དེ་དག་དབང་བཞིའི་ལམ་དང་འབྲེལ་བས་དགོས་པ་ཆེ་གསུངས། བཞི་པ་བཤགས་པའི་ཡན་ལག་ནི། གང་ཞིག་ཐོག་མེད་ཅེས་སོགས་གསུངས། བཤགས་པ་འདི་ཤིན་ཏུ

གནད་ཆེ་སྟེ། ཚེ་འདི་ཕྱི་ཀུན་ཏུ་མི་བདེ་བ་བྱུང་ཚད་སྔར་སྡིག་པ་བྱས་པའི་འབྲས་བུ་ཡིན། རང་རེ་སྡོམ་པ་ལེན་རྒྱུ་གང་ཡོད་བླངས་ཀྱང་བསྲུང་རྒྱུ་སྟེ་གཅིག་ཀྱང་དཀའ། དགེ་སློང་ལྟ་བུ་ཡིན་ན་ཉིན་རེ་ལ་སོ་ཐར་གྱི་ལྟུང་བ་སྟོང་ཕྲག་ཙམ་འབྱུང་། བྱང་སེམས་དང་སྔགས་ཀྱི་ལྟུང་བ་ནི་ཆར་འབབས་པ་བཞིན་འབྱུང་ཞེས་ཉེས་དམིགས་ཀྱང་ཤིན་ཏུ་ཆེ། དེ་དག་བཤགས་པ་མ་བྱས་ན་དམྱལ་བར་འཕེན་ངེས་པས་བཤགས་པ་ནན་ཏན་བྱེད་པ་གལ་ཆེ། སྤྱིར་དམྱལ་བའི་རྒྱུ་ལ་སྐད་གྲགས་ཡོད་པའི་སྡིག་པ་མི་དགོས། དགེ་སྡིག་གང་བྱས་ཀྱང་རྒྱུ་ཆུང་ངུ་ལས་འབྲས་བུ་ཆེན་པོ་འབྱུང་སྟེ། དཔེར་ན་ཕྱིའི་རྒྱུ་འབྲས་འཕེལ་ཆེ་བ་ཁམ་སྡོང་ལྟ་བུ་མཚོན་ན། རྒྱུ་ས་བོན་ཁམ་ཚིག་ཆུང་ངུ་ཞིག་ལས་མེད་ཀྱང་། འབྲས་བུ་ཁམ་བུའི་སྡོང་པོ་དང་ཡལ་ག་ལོ་མ་མེ་ཏོག་འབྲས་བུ་རྣམས་ལོ་རེ་བཞིན་ཟད་པ་མེད་པར་འཕེལ་བ་དངོས་སུ་མཐོང་རྒྱུ་ཡོད་པ་ལོ་ཏོག་སོགས་གཞན་ལའང་འདྲ། ཕྱིའི་རྒྱུ་འབྲས་འཕེལ་ཆེ་བ་དེ་བཞིན་དུ་ནང་གི་རྒྱུ་འབྲས་ཀྱང་འཕེལ་ཆེ་བ། གཞན་ལ་སྨྲེ་ཝ་དང་སྨོད་པ་འདྲ་ཟེར་བ་དང་། ཁྲེ་རྒན་ཟེར་བ་ཙམ་གྱིས་ཀྱང་དེ་དང་དེའི་སྐྱེ་བ་ལྔ་བརྒྱ་ལེན་དགོས་པར་མདོ་སྡེ་སོགས་ནས་འབྱུང་བ་ལྟར་མཆུ་འགྱུལ་ཙམ་བྱས་པས་ཀྱང་ངན་སོང་དུ་ཐེབ་ཀྱིས་ནོན་པ་ཡོད། དགེ་བ་ཡང་དེ་བཞིན་འཕེལ་ཆེ་བ་དགེ་སློང་མ་དཀར་མོ་སོགས་ཀྱི་སྔོན་བྱུང་བཅས་སྟ་ལྷ། ད་ལྟ་དེད་ཚོས་ཉིན་རེ་བཞིན་ངན་སོང་གི་རྒྱུ་མང་པོ་བསྒྲུབ་བཞིན་པ་འདི་ལ་བསམས་ན་དེ་རིང་གཅིག་པུའི་སྡིག་པས་ཀྱང་ངན་སོང་གསུམ་དུ་བསྐལ་པ་མང་པོར་སྐྱེ་བའི་རྒྱུ་བསྒྲུབས་པ་ཡིན། རང་ཅག་ལ་སྡིག་པའི་ངོས་ནས་བལྟས་ན་རྒྱལ་པོའི་བང་མཛོད་དང་འདྲ་བས་དེ་དག་བཤགས་པ་མ་བྱས་ན་ཕྱི་མར་ངན་སོང་རང་དུ་འགྲོ་བར་ཐག་ཆོད། སྡིག་པ་ལ་སྐྱོན་མ་གཏོགས་ཡོན་ཏན་གཞན་མེད་ཀྱང་བཤགས་ནས་འདག་རྒྱུ་ཡོད་པ་དེ་སྡིག་པའི་ཡོན་ཏན་ཡིན་པས་བཤགས་པ་རྒྱུན་རིང་ཤུགས་དྲག་གནད་སྨིན་ཞིག་བྱུང་ན་སྡིག་པ་སྟོབས་ཆེན་ཡང་འདག་ནུས་པ་སོར་ཕྲེང་ཅན་དང་། མ་སྐྱེས་དགྲ། བྲམ་ཟེའི་ཁྱེའུ་མཐོང་ལྡན་རྣམས་ཀྱི་ལོ་རྒྱུས་བཅས་གསུངས་དེང་སང་དགེ་བ་བྱེད་མཁན་ལ་གྲ་མི་འགྲིགས་པ་མང་པོ་བྱུང་ན། ཁ་ཅིག་གིས་ཁོས་རྣམ་དཀར་ཆོས་ཕྱོགས་དེ་ཙམ་བྱེད་པ་ལ་དེ་འདྲ་ཡོང་མདོག་ཁ་པོ་མེད་པས་དགེ་སྡིག་གི་ལས་འབྲས་ཅང་མེད་པ་འདྲ་ཟེར་ཡང་། དེ་ལས་འབྲས་

ངེས་པར་ཡོད་པའི་རྟགས་ཡིན་ཏེ། ཆོས་བྱེད་ལ་བཀྲ་མི་ཤིས་པ་མང་པོ་བྱུང་བ་དེ་ཚེ་རབས་སྔོན་མའི་སྡིག་པའི་འབྲས་བུ་ད་ལྟ་སྨིན་ནས་དགེ་འབྲས་རྣམས་ཕྱི་མར་སྨིན་པའི་རྟགས་ཡིན་པས་དགའ་སྤྲོ་བྱ། སྡིག་པ་བྱེད་མཁན་ལ་ལམ་འགྲོ་ཆེན་པོ་ཡོད་པ་ནི་དེ་ལས་ལྡོག་པ་ཡིན་པས་འཇིགས་སྐྲག་དང་བཤགས་སྡོམ་སོགས་བྱ་དགོས། བཤགས་པ་སྟོབས་ཆེ་ཆུང་གིས་སྡིག་པ་འདག་ཚབས་ཆེ་ཆུང་དེ་བཞིན་འབྱུང་། སྤྱིར་ཚེ་འདི་ལ་བཤགས་པ་ཤུགས་དྲག་ཤིན་ཏུ་སྟོབས་ཆེན་གཅིག་བྱ་དགོས། དེ་ཡང་དཔེར་ན། མི་ཚང་བུ་ལོན་ཆེན་པོ་ཡོད་པ་ཞིག་གིས་བུ་ལོན་གསར་པ་མ་བླངས་བུ་ལོན་རྙིང་པ་ཚང་མ་ཕར་སྤྲོད་ཐབས་བྱས་ན་བུ་ལོན་སོད་པའི་དུས་ཡོང་བ་ལྟར་ཐོག་མེད་ནས་བསགས་པའི་སྡིག་པ་རྣམས་རྨི་ལམ་ན་སྡིག་པ་དག་པའི་རྟགས་ཡང་ཡང་མ་བྱུང་བར་དུ་བཤགས་པ་བྱེད། འདི་རང་ཅག་གི་ལག་ལེན་ལ་ལྷོ་བྲག་གྲུབ་ཆེན་དང་། རྗེ་ཐམས་ཅད་མཁྱེན་པའི་རྣམ་ཐར་ལྟར་གཙོ་བོར་ལྟུང་བཤགས་དང་འབྲེལ་བའི་བརྐྱངས་ཕྱག་བྱེད་པ་དེ་རང་བཟང་། སྡིག་པ་དག་པའི་རྟགས་བསྐུལ་བྱེད་ཀྱི་གཟུངས་ལས་བྱུང་བ་ལམ་རིམ་ཆེན་མོ་སོགས་ལས་གསུང་། དེ་ནས་ཉིན་རེ་བཞིན་དགོང་མོ་ཉལ་ཁར་རྡོར་སེམས་བསྒོམ་བཟླས་དང་འབྲེལ་བའི་ཡིག་བརྒྱ་ཉེར་གཅིག་རེ་དང་། ལྟུང་བཤགས་ལྔ་བུའི་སྒོ་ནས་བཤགས་པ་གནད་སྨིན་རེ་བྱས་ན་དེའི་ཉིན་མོའི་སྡིག་པ་འཕེལ་ཁ་ཆད་འགྲོ། དེ་ལྟར་སྡིག་པ་ཉིན་བྱུང་བ་ནུབ་བཤགས།ནུབ་བྱུང་བ་ནངས་པར་བཤགས་ཏེ་སྡིག་ལྟུང་དང་ཞག་ཏུ་མི་འགྲོགས་པ་བྱེད། བཤགས་པ་སྟོབས་ཆེན་ཡོང་བ་ལ་གཉེན་པོ་སྟོབས་བཞི་ཚང་དགོས། དེ་ལ་རྟེན་གྱི་སྟོབས་ནི་སྐྱབས་སེམས་བྱེད་པ་ལ་བྱ་སྟེ། གང་ལ་རྟེན་ནས་སྡིག་པ་ལས་ལྡང་བའི་རྟེན་ཞིག་ལ་འཇོག་ཅིང་། སྡིག་པ་ཕལ་ཆེར་སངས་རྒྱས་དང་སེམས་ཅན་གཉིས་ལ་བརྟེན་ནས་བྱུང་བས་སངས་རྒྱས་ལ་བརྟེན་པའི་སྡིག་པ་སྐྱབས་འགྲོའི་སྒོ་ནས་སྦྱང་། སེམས་ཅན་ལ་བརྟེན་པའི་སྡིག་པ་སེམས་བསྐྱེད་ཀྱི་སྒོ་ནས་སྦྱངས་དགོས་པས་རང་ལུགས་ལ་རྟེན་གྱི་སྟོབས་སྐྱབས་སེམས་བྱེད་པ་ཉིད་ཡིན། རྣམ་པར་སུན་འབྱིན་པའི་སྟོབས་ནི་འགྱོད་སེམས་བྱེད་པ་སྟེ། དཔེར་ན། མི་བཞིས་དུག་དང་འདྲེས་པའི་ཁ་ཟས་མཉམ་དུ་ཟོས་ནས། གཅིག་ཤི། གཅིག་ཤི་ལ་ཁད་དུ་གྱུར། གཅིག་ན་ནས་ཡོད་ན། ཅིག་ཤོས་མ་ན་བ་དེ་ལ་འགྱོད་པ་གཏན་མི་བཟད་པ་འོང་བ་ལྟར་སྔར་སྡིག

པ་བྱས་པའི་སེམས་ཅན་གྲངས་མེད་པ་ཞིག་ནས་འགའ་ད་ལྟ་དམྱལ་བ་སོགས་སུ་སྐྱེ་ས་ཏེ་སྡུག་བསྔལ་མྱོང་བཞིན་པ་དང་། འགའ་ཞིག་སྐྱེ་ཆོག་ཆོག་ཏུ་ཡོད་པ་ལ། བདག་ཀུང་སྔར་བསགས་པའི་སྡིག་པ་ལ་བཤགས་པ་གནད་སྨིན་ཞིག་མ་བྱུང་ན་དེ་འདྲའི་ངན་སོང་དུ་སྐྱེ་ངེས་སུ་ཐག་ཆོད་པར་བསམས་ནས་སྔར་སྡིག་པ་བྱས་པ་ལ་འགྱོད་གདུང་ཤུགས་དྲག་ཏུ་སྐྱེ་ས་པ་ཡིན། གཉེན་པོ་ཀུན་སྤྱོད་ཀྱི་སྟོབས་ནི། སྤྱིར་སྡིག་པ་འདག་ཕྱིར་དགེ་བ་བྱས་ཚད་གཉེན་པོ་ཀུན་སྤྱོད་ཀྱི་སྟོབས་སུ་འགྲོ་ཡང་། གཙོ་བོར་འདི་ལ་དྲུག་གསུངས་པ་ལམ་ཁྲིད་ལས་བྱུང་བ་ལྟར་འདིར་ཡང་ཡིག་བརྒྱ་དང་ལྟུང་བཤགས་འདོན་པ་སོགས་ལ་བྱེད། ཉེས་པ་ལས་སླར་ལྡོག་པའི་སྟོབས་ནི། ཕྱིན་ཆད་སྲོག་ལ་བབ་ཀྱང་ངན་སོང་དུ་སྐྱེ་བའི་རྒྱུ་སྡིག་པ་མི་དགེ་བ་དེ་འདྲ་གཏན་ནས་མི་བྱེད་སྙམ་དུ་སྡོམ་སེམས་བྱེད་པ་ཡིན། སྟོབས་བཞི་ནས་གལ་ཆེ་ཤོས་རྣམ་པར་སུན་འབྱིན་པའི་སྟོབས་ཡིན། དེའི་འགྱོད་སེམས་བྱེད་པ་དེ་ཡོད་ན་སྟོབས་གཞན་རྣམས་རང་ཤུགས་ཀྱིས་འབྱུང་། དགའ་ལྡ་གསར་བསྒྲིགས་ལྟར། ཀྱེ་མ་བདག་ནི་འཁོར་བ་ཐོག་མེད་ནས། ཞེས་སོགས་ཀྱིས་འགྱོད་གདུང་བསྐྱེད་ཅིང་ཐུགས་རྗེ་བསྐུལ་བ་སྔོན་དུ་བཏང་། དེ་ནས་བཤགས་པ་དངོས་གཞི་བྱ་བ་གནད་ཡིན། དེའི་ཕྱིར་བདག་གིས་ཐོག་མེད་ནས་བསགས་པའི་སྒོ་གསུམ་གྱི་སྡིག་པ་ཅི་བགྱིས་ཐམས་ཅད་ཡིད་ཡུལ་དུ་བྱས་ཏེ། སྡིག་པ་འབྱུང་བའི་སྒོ་ལུས་ངག་ཡིད་གསུམ་གྱིས་མི་དགེ་བ་སྔར་ཅི་བགྱིས་པ་སྤྱི་དང་། ཁྱད་པར་རང་ཅག་རབ་ཏུ་བྱུང་བ་སོགས་ལ་ཆེད་དུ་བསྔགས་ཀྱི་སྡོམ་གསུམ་གྱི་བཅས་པ་དང་འགལ་བའི་ཕམ་ལྷག་ལྟུང་བྱེད་སོར་བཤགས་ཉེས་བྱས་རྩ་ལྟུང་སྡོམ་པོ་ཕྱོགས་མཐུན་དང་བཅས་པ་སྟེ་བཤགས་བྱའི་སྡིག་པ་ངོས་བཟུང་ནས། དེ་དག་སྙིང་ཐག་པ་ནས་འགྱོད་པ་དྲག་པོས་སྡོམ་སེམས་དང་ལྡན་པའི་སྒོ་ནས་བཤགས་པ་ཡིན། སོ་སོ་བཤགས་ཞེས་པ་སྤྱིར་སོ་ཐར་ལ་བརྟེན་པའི་ཉེས་པ་དུས་འབྲེལ་གསོ་སྦྱོང་གི་སྒོ་ནས་མཁན་སློབ་དགེ་འདུན་དང་བཅས་པའི་སྤྱན་སྔར་བཤགས། བྱང་སྡོམ་གྱི་དེ་བླ་མ་རྒྱལ་བ་སྲས་བཅས་ཀྱི་སྤྱན་སྔར་བཤགས། སྔགས་ཀྱི་དེ་བླ་མ་དཀྱིལ་འཁོར་བའི་ལྷ་ཚོགས་དང་བཅས་པའི་དྲུང་དུ་དབང་བླང་བ་སོགས་ཀྱིས་བཤགས་དགོས་པར་གསུངས་ཡོད། ཁ་ཅིག་གིས་བཤགས་པ་བྱས་ཀྱང་སྡིག་པ་མི་འདག་སྙམ་ན་དེ་གཉེན་པོ་ལ་ཡིད་མི་ཆེས་པའི་ལོག་ལྟ

ཡིན། སྡིག་པ་ཡོད་གསུངས་པ་དང་། བཤགས་པ་འདུག་ཡོང་གསུངས་པ་གཉིས་ཀ་སངས་རྒྱས་ཀྱིས་གསུངས་པ་བདེན་མཉམ་ཡིན། འདིའི་སྐབས་ཀྱང་སྡོམ་གསུམ་གྱི་བཅས་འགལ་རྣམས་དྲན་ཡུལ་དུ་བྱས་ནས་བཤགས་སྡོམ་ཤུགས་དྲག་ཏུ་བྱས་པས་སྡིག་ལྟུང་རྣམས་ལྷག་མེད་དུ་དག་པའི་མོས་པ་བྱེད། མཇུག་ཏུ་སྡིག་པའི་འཁོར་གསུམ་མི་དམིགས་པའི་རྒྱས་བཏབ་ན་སྡིག་པ་འདག་པ་ལ་ཤིན་ཏུ་སྟོབས་ཆེ། མཚམས་འདིར་རྡོར་སེམས་བསྒོམ་བཟླས་བྱས་ཀྱང་ཆོག   དེ་བྱེད་ན་ཞལ་ཤེས་ལྟར་རྗེ་བླ་མ་སེམས་དཔའ་སུམ་བརྩེགས་སུ་གསལ་བའི་ཐུགས་ཀའི་རྡོ་རྗེ་འཆང་དེ་ཉིད་རྡོར་སེམས་སུ་གྱུར། དེ་ལ་རྡོར་སེམས་དཔག་མེད་ཆད་དེ་རང་དང་སེམས་ཅན་ཐམས་ཅད་ཀྱི་སྤྱི་བོར་རྡོར་སེམས་རེ་བཞུགས་པ་རྣམས་ལས་བདུད་རྩི་འབེབ་སྦྱང་བྱེད་པ་སོགས་རྡོར་སེམས་བསྒོམ་བཟླས་ཀྱི་དམིགས་པ་གང་ཡོད་སྦྱར། ཡིག་བརྒྱ་ཉེར་གཅིག་སོགས་བཟླ། རྡོར་སེམས་བསྒོམ་བཟླསའདི་གནད་སྨིན་བྱུང་ན་དབང་བཞི་བྱིན་རླབས་ཀྱི་གོ་ཡང་ཆོད། འདི་དག་གི་སྐབས་རྣམས་སུ་ཚོགས་ཞིང་གི་བླ་མ་རང་ལ་ཐུགས་ཤིན་ཏུ་དགྱེས་པར་བསམས་པ་གནད་ཡིན་གསུངས། ལྔ་པ་རྗེས་སུ་ཡི་རང་བའི་ཡན་ལག་ནི། སྙིགས་མའི་དུས་འདིར་ཞེས་སོགས་ཏེ། རྗེས་སུ་ཡི་རང་འདི་བྱང་ཆུབ་སེམས་དཔའི་ཉམས་ལེན་ཡིན། གཞན་གྱིས་དགེ་བ་བྱས་པ་ལ་ཕྲག་དོག་དང་འགྲན་སེམས་མི་བྱེད་པར་རྗེས་སུ་ཡི་རང་བྱ་དགོས། བྱང་སེམས་སདང་པོ་བ་ལྷ་བུའི་དགེ་རྩ་ལ་ཡི་རང་བྱས་ན། རང་རེས་ལོ་སྟོང་ཕྲག་མང་པོར་ཕྱག་མཆོད་བྱས་པ་བས་ཕན་ཡོན་ཆེ། རྒྱུད་ཚོད་དམའ་བས་མཐོ་བ་ལ་ཡི་རང་བྱས་ན་དགེ་རྩ་ཕྱེད་ཙམ་དང་། མཉམ་པས་མཉམ་པ་ལ་ཡི་རང་བྱས་ན་དགེ་རྩ་མཉམ་པ། མཐོ་བས་དམའ་བ་ལ་ཡི་རང་བྱས་པས་དགེ་རྩ་ལྷག་པར་ཐོབ། སྤྱིར་གང་ཟག་ལྟའི་དགེ་རྩ་ལ་ཡི་རང་བྱ་ཆོག་ཀྱང་། སྐབས་འདིར་རྗེ་ཙོང་ཁ་པ་ཆེན་པོའི་གསང་བ་གསུམ་གྱི་ཡོན་ཏན་ལ་རྗེས་སུ་ཡི་རང་བྱེད་པ་ཡིན། བླ་མའི་རྣམ་ཐར་བསྐྱག་པའི་ཚེ་ཡང་རྗེས་སུ་ཡི་རང་གིས་བདག་གིས་ཀྱང་འདི་ལྟ་བུའི་རྗེས་སུ་སློབ་ནུས་པར་ཤོག་སྙམ་པ་དང་། དེ་བཞིན་གཤེགས་པས་ཐུར་སྐུ་ཞུས་སྤྲིན་པར་བཏང་བ་ལྟ་བུ་རང་གིས་ད་ལྟ་མི་ནུས་པ་ཡང་མཐར་དེ་ལྟར་ནུས་པར་ཤོག་སྙམ་དུ་གསོལ་བ་འདེབས་ཤིང་། སྨོན་ལམ་ཚུན་ཆད་བརྒྱག་དགོས། སྙིགས་མའི་དུས་འདིར་ཐལ་ཆེར་

མདོ་སྔགས་ཀྱི་གཞུང་ལ་ཕྱོགས་རེ་བར་སོང་། ཐོས་བསམ་སྒོམ་གསུམ་ཡ་བྲལ་དུ་སོང་ནས་སེམས་མི་རྟོག་པ་རྐྱང་རྐྱང་བསྒོམ་པ་ལས་ཐོས་བསམ་མི་དགོས་ཟེར་བ་སོགས་མང་དུ་བྱུང་ཡང་། ཐོས་པ་ནི་མིག་དང་འདྲ་བས་དེ་མེད་ན་སྒྲུབ་པ་ཉམས་སུ་ལེན་པ་མི་ཤེས་ཤིང་། ཐོས་པ་བྱས་ཀྱང་སྒྲུབ་པ་མ་བྱས་ན་མི་ཡོང་སྟེ། ལྷས་བྱིན་དང་ལེགས་སྐར་སོགས་དང་འདྲ། རྗེ་ཙོང་ཁ་པ་ཆེན་པོ་ནི་དེ་ལྟ་བུ་མིན་པར་མཁས་གྲུབ་ཚད་མའི་གཞུང་ལ་དབང་པོར་མཛད་དེ་མདོ་སྔགས་གང་ཐད་ནས་ཕྲ་རགས་ཐམས་ཅད་ལ། རྗེ་ཉིད་ཀྱིས། ངོམས་པ་མེད་པའི་ཐོས་པ་བྱེད་པར་ཤོག ཅེས་གསུངས་པ་ལྟར་ཐོས་བསམ་རྒྱ་ཆེར་མཛད་པས་པར་ཕྱིན། དབུ་ཚད། འདུལ་མཛོད། རྒྱུད་སྡེ་བཞི་སོགས་ཀྱི་གསུང་རབ་དགོངས་འགྲེལ་དང་བཅས་པ་ཐུགས་སུ་མ་ཆུད་པ་མེད། འདི་དག་གི་ཁུངས་ཀྱང་རྟོགས་བརྗོད་འདུན་ལེགས་མའི་སྐབས་དང་པོའི་ནང་དུ་གསུངས་པ་ལྟར་ཐོས་པའི་ཡོན་ཏན་དོ་ཟླ་མེད་པར་མཛད། དེར་མ་ཟད་ཐོས་དོན་ལ་དཔྱད་པ་ཞིབ་མོར་གནང་བའང་རྗེ་བླ་མ་འདི་ལྟ་བུ་སྔོན་ཆད་མ་བྱུང་ལ། རྗེས་སུ་ཡང་འབྱུང་མི་ཐུབ་པ་ཡིན་ཏེ། བར་དུ་གཞུང་ལུགས་ཐམས་ཅད་གདམས་པར་འཆར་བ་ལྟར་ཐོས་བསམ་མཛད་པའི་གཞུང་ཐམས་ཅད་དཔྱད་པ་ཞིབ་ཏུ་མཛད་པ་ལ་བརྟེན་ནས་གསུང་རབ་མ་ལུས་གདམས་ངག་ཏུ་ཤར་ཏེ་ཐོས་བསམ་ཡ་མ་བྲལ་བར་ཉམས་སུ་བཞེས་པའི་ཚུལ་རྟོགས་བརྗོད་ཀྱི་སྐབས་གཉིས་པར་བལྟས་པར་ཤེས། དེ་ལྟར་ཐོས་པའི་དོན་གསུང་རབ་གདམས་ངག་ཏུ་ཤར་ཡང་ཐུགས་ཚིམ་ཞིང་ངོམས་པ་མེད་པར་རྗེ་བཙུན་འཇམ་དཔལ་དབྱངས་ཀྱི་བཀའ་བཞིན་འོལ་དགའ་ཆོས་ལུང་སོགས་སུ་དགུང་ལོ་སུམ་ཅུ་སོ་དྲུག་ནས་བཟུང་ཐོས་བསམ་སྒོམ་གསུམ་ཡ་མ་བྲལ་བར་བསྟན་པ་དང་གཞན་དོན་ཁོ་ན་ཐུགས་ཉམས་སུ་བཞེས་ཏེ་དཔོན་སློབ་དགུ་པོ་བྱ་བྲལ་ལ་ཕྱིན། དཀའ་སྤྱད་ཚད་མེད་པ་གནང་ནས་ཞལ་སློབ་རྣམས་ཀྱིས་བཅུད་ལེན་ཡང་མཛད། རྟོགས་ལྡན་འཇམ་དཔལ་རྒྱ་མཚོས་ཤུག་འབྲུའི་བཅུད་ལེན་གནང་བས་བླ་མ་ཤུག་འབྲུ་བ་ཞེས་གྲགས་པའང་བྱུང་། སྒྲུབ་པ་སྙིང་པོའི་ཉམས་ལེན་ལ་རྩེ་གཅིག་ཏུ་གཞོལ་བར་མཛད་པས་སངས་རྒྱས་བྱང་སེམས་མང་པོའི་ཞལ་གཟིགས། ཁྱད་པར་རྗེ་བཙུན་འཇམ་དཔལ་དབྱངས་ཀྱིས་རྗེ་བླ་མའི་དངོས་ཀྱི་དགེ་བའི་བཤེས་གཉེས་མཛད་དེ་མདོ་སྔགས་ཀྱི་གནད་མཐའ་དག་རྒྱུན་དུ་

གསུངས་ཤིང་། དགའ་ལྡན་སྙན་བརྒྱུད་སྤྲུལ་པའི་གླེགས་བམ་དང་བཅས་པ་གནང་། སྤྲུལ་པའི་གླེགས་བམ་དུ་མདོ་སྔགས་ཀྱི་ཟབ་གནད་ཐམས་ཅད་དང་། ལུང་བསྟན་ཡང་མང་པོ་ཡོད་ཀྱང་རང་ཅག་ཐ་མལ་པས་མི་མཐོང་། གསུང་རབ་ཀྱི་དོན་མཁས་པ་སྔ་མས་ཐག་མ་ཆོད་པ་རྣམས་ཀྱང་རྗེ་འདིས་ཐག་བཅད། སྔར་ཁ་ཅིག་གིས་མཐོང་མ་མཐོང་བུ་ལ་དྲིས། ཐག་ཆོད་མ་ཆོད་རྗེ་ལ་དྲིས་ཞེས་ཟེར་བ་བྱུང་ཚུལ། བུ་ཞེས་པ་བུ་སྟོན་རིན་ཆེན་གྲུབ་ཡིན་གསུངས། རྗེའི་གསུང་རབ་རྣམས་ལ་བོད་འདིར་ལྟ་ཞོག རྒྱ་གར་གྱི་མཁས་པ་ཐོགས་མེད་སྐུ་མཆེད་སོགས་ཀྱི་གཞུང་གིས་ཀྱང་དོ་ས་མེད་དེ། དེ་དག་གིས་གཞུང་ཕྱོགས་རེ་ཙམ་ལས། མདོ་སྔགས་ཡོངས་རྫོགས་ཀྱི་སྒྲོལ་བརྗོད་པ་མེད་པའི་ཕྱིར། རྗེ་བླ་མ་འདི་ངེས་པའི་དོན་དུ་འཇམ་དཔལ་དབྱངས་དངོས་ཡིན་ཀྱང་གདུལ་བྱ་ཐུན་མོང་བའི་སྣང་ངོར་ཡང་ས་ལམ་གྱི་འགྲོད་པ་སངས་རྒྱ་ཁ་མའི་ས་མཚམས། ཟུང་འཇུག་བསྙེས་པའི་སྔགས་ཀྱི་སྤྱོད་པ་མཛད་ཆོག་ཆོག་གི་བར་དུ་ཐེབས་ཀྱང་རྗེས་འཇུག་བུ་སློབ་དང་བསྟན་པ་ལ་སྨིན་འབྱུང་བར་དགོངས་ནས་སྐུ་ཚེ་དེ་ལ་སྔགས་ཀྱི་སྤྱོད་པ་སོགས་མ་མཛད་པར་འཆི་བ་འོད་གསལ་གྱི་སྐབས་སུ་བར་དོ་ལོངས་སྤྱོད་རྫོགས་པ་སྒྱུ་མའི་སྐུར་བཞེངས་ཏེ་ཟུང་འཇུག་གི་གོ་འཕང་བསྙེས་པའི་ཚུལ་བསྟན་པ་ཡིན། རྟོགས་བརྗོད་ཀྱི་སྐབས་གསུམ་པར་སྒྲུབ་པ་ཉམས་སུ་བླངས་ཚུལ་མདོ་ཙམ་ལས་མ་གསུངས་ཀྱང་། ཉམས་ལེན་གྱི་རིམ་པ་རྣམས་རྗེའི་ཉམས་མགུར་དུ་བསྟན་པ་ཡོངས་རྫོགས་ཉམས་སུ་བླངས་ནས་སྒྲུབ་པ་སྙིང་པོར་གཤོལ་ཚུལ་ཟབ་རྒྱས་གསུངས་ཤིང་། རྟོགས་བརྗོད་འདུན་ལེགས་མ་རྗེ་བླ་མའི་ཐོས་བསམ་མཛད་པའི་རྣམ་ཐར། ལམ་རིམ་བསྡུས་དོན་ནམ་ལམ་རིམ་ཉམས་མགུར་སྒྲུབ་པ་ཉམས་སུ་བཞེས་པའི་རྣམ་ཐར་ཡིན་པས་དེ་གཉིས་སྦྲགས་དགོས། དེས་ན་བསྟན་པ་ཐམས་ཅད་འགལ་མེད་དུ་རྟོགས་པ་དང་། གསུང་རབ་མ་ལུས་གདམས་ངག་ཏུ་འཆར་བའམ་རྗེ་རིན་པོ་ཆེ་ལ་བྱུང་། ཟབ་མོ་དབུ་མའི་ལྟ་བ། གསང་སྔགས་ཀྱི་སྒྱུ་ལུས་སོགས་སྔོན་ཆད་མཁས་པ་སུས་ཀྱང་གསལ་བ་མ་ཐུབ་པ་མང་པོ་རྗེ་བླ་མ་འདིས་གསལ་བར་མཛད། རྗེའི་རྣམ་ཐར་ཐུན་མོང་མ་ཡིན་པ་འདི་རྣམས་ཡིན། མདོ་སྔགས་ཀྱི་བསྟན་པ་ཡོངས་སུ་རྫོགས་པ་ལ་ཐོས་བསམ་སྒོམ་གསུམ་དང་། གཞན་དག་དེ་ལ་བཀྲི་བ། གསུང་འབུམ་ཚུན་ཆད་ལའང་བསྟན་འགྲོའི་

དོན་ཁོ་ན་མཛད་པས་རླབས་ཆེན་གྱི་མཛད་པ་ཡང་དེ་ལ་བྱེད། དེ་ལྟ་བུའི་ཐོས་པ་སོགས་ལ་མ་བརྟེན་པར་རི་ཁྲོད་ལྟ་བུར་བསྡད་ཀྱང་སྡུགས་འདྲ་བགྲང་ན་མ་གཏོགས་དམིགས་བཅེ་མ་ཙམ་གྱི་དོན་ཡང་གོ་མི་ནུས། ཐོས་པ་དེ་ཡང་ལག་ལེན་གྱིས་སྒྲུབ་པ་སྙིང་པོར་གནོལ་བ་ཞིག་མ་བྱུང་ན་སྤྲང་པོས་གཏེར་གྱི་ཁ་བྱང་སྐྱེ་ལ་བཏགས་ནས་བསྐྱགས་པ་དང་མཚུངས་གསུངས། དཔེར་ན་རིགས་ལམ་པ་ཚོས། སྨྱུ་གུ་ཆོས་ཅན། བདེན་པར་མེད་དེ། རྟེན་འབྲེལ་ཡིན་པའི་ཕྱིར། ཞེས་བརྗོད་པ་ལྟ་བུ་ཡང་ཚིག་ཙམ་མ་ཡིན་པར་རིགས་པ་ཡང་དག་གི་ལམ་ནས་དྲངས་ཏེ་དོན་གྱིས་བརྗོད་པ་ཞིག་དགོས། བདག་གིས་བླ་མ་ཙོ་ནེ་རིན་པོ་ཆེས། རྣམ་མཁྱེན་ཟེར་བའི་སྐབས་སུ་ན་ནག་སྒྲུར་ཞིག་སེམས་ལ་ཤར་ན་བཟོ་ལྟ་མེད་གསུངས། ཐོས་དོན་དེ་གོམས་པ་ཞིག་བྱུང་ན་རྟོགས་པ་ཡང་དེས་སྐྱེ་འོང་། འཚང་རྒྱ་བ་ལ་ཐོས་བསམ་སྒོམ་གསུམ་ཡ་མ་བྲལ་བ་དགོས་པ་འདི་བཀའ་གདམས་གསར་རྙིང་གི་ཁྱད་ཆོས་ཡིན། རང་ཅག་རྣམས་ཀྱིས་ཀྱང་ཅི་ནུས་ཐོས་བསམ་སྒོམ་གསུམ་ཡ་མ་བྲལ་བ་བྱེད། དེ་ཡང་དང་པོར་ཐོས་པའི་གནས་སྐབས་ནས་སྒྲུབ་པ་ཉམས་སུ་ལེན་རྒྱུའི་དོན་དེ་ལ་ཐོས་བསམ་བྱེད། གང་ཐོས་བསམ་བྱས་པའི་དོན་དེ་སྒྲུབ་པ་ཉམས་ལེན་བྱེད་དགོས་པ་ཡིན། འདིར་མང་ཐོས་སྒྲུབ་ལ་བརྟོན་ཞེས་པ་རྗེ་རིན་པོ་ཆེའི་རྣམ་ཐར་གྱི་བསྟོམས་ལྟ་བུ་ཡིན་པས་འདིའི་ཁོངས་ནས་རྗེའི་རྣམ་ཐར་ཡོངས་རྫོགས་ཀྱི་དོན་སྟོན། ཚིག་འདི་གནད་དགག་ཏུ་ཅང་ཆེ། སྒྲུབ་པ་ལ་བརྟོན་ལུགས་ཀྱང་རྗེ་ས་པཎ་གྱིས། བསྒོམ་ན་ཐོས་པ་མི་དགོས་ཞེས། ལྷུན་པོ་བློ་རྒྱ་ཆུང་ངུ་སྨྲ། ཐོས་པ་མེད་པའི་སྒོམ་པ་ནི། འབད་ཀྱང་དུད་འགྲོའི་སྒྲུབ་ཐབས་ཡིན། ཞེས་དང་། ཐོས་པ་མེད་པའི་སྒོམ་པ་དེ། ལག་རྡུམ་བྲག་ལ་འཛེགས་པ་འདྲ། ཞེས་པ་ལྟ་བུར་མ་སོང་བར་མདོ་རྒྱུད་དགོངས་འགྲེལ་དང་བཅས་པ་ལ་ཐོས་བསམ་རྒྱ་ཆེན་པོ་གནང་བའི་དོན་རྩེ་གཅིག་ཏུ་སྒྲུབ་པ་སྙིང་པོར་མཛད་དེ་ཆོས་སྤྱོད་བཅུ་པོ་རྣམས་ཀྱང་ཟུང་འབྲེལ་དུ་ཉམས་སུ་བཞེས་པ་ཡིན། མདོར་བསྡུ་ན། རྗེའི་མཛད་པ་རྣམ་ཐར་གང་ལའང་ཚེ་འདི་སྣང་ལ་ཞེན་པའི་ཆོས་བརྒྱད་ནག་པོ་དང་། རང་གཅེས་འཛིན་གྱིས་བསླད་པའི་ཆོས་བརྒྱད་ཁྲ་བོ་དང་། སྟོང་ཉིད་མ་རྟོགས་པའི་བྱང་ཆུབ་སེམས་དཔའ་རྣམས་ལ་འདི་འབྱུང་བའི་བདེན་པའི་དངོས་པོར་འཛིན་པའི་དངོས་ཞེན་གྱིས་བསླད་པ་ཆོས་བརྒྱད་དཀར་པོ་སྟེ་ཆོས་

བརྒྱད་དཀར་ནག་ཁྲ་གསུམ་གང་གིས་ཀྱང་མ་བསླད་པར་མཛད་ཆེན་བཞི་དང་། བསྟན་བཅོས་འགྲན་ཟླ་དང་བྲལ་བ་མང་པོ་བརྩམས་པ་དང་། ཐུབ་བསྟན་ཡོངས་རྫོགས་ཚང་ལ་དྲི་མ་མེད་པའི་སྒོལ་གསར་ཏུ་བཙུགས་པ་སོགས་དལ་འབྱོར་དོན་ཡོད་བྱེད་པའི་མཛད་པ་རླབས་ཆེན་སྤྱི་དང་། ཁྱད་པར་རྗེ་རིན་པོ་ཆེ་མ་བྱོན་གོང་བོད་ཀྱི་མཁས་པ་སྨྲ་མ་སུས་ཀྱང་ཇི་བཞིན་མ་ཕྱེད་པའི་ཟབ་མོ་ཡང་དག་པའི་ལྟ་བའི་བསྟན་པ་ཉི་མ་ཤར་བ་ལྟར་གསལ་བར་མཛད་པ་སོགས་ཀྱི་བཀའ་དྲིན་དྲན་ནས་རྗེས་སུ་ཡི་རང་བྱེད་ཅིང་། བདག་ཀྱང་དེ་ལྟ་བུའི་རྣམ་ཐར་འཁྱོངས་པར་བྱིན་གྱིས་བརླབ་ཏུ་གསོལ་སྙམ་པ་བྱ། ད་དུང་རྒྱས་པར་བྱེད་ན་རྗེའི་རྣམ་ཐར་དང་སྦྲར་ནས་འཆད་ན་ཡི་རང་ཆེན་པོ་སྐྱེ་ཚབས་ཆེ་ཡང་ཧ་ཅང་རྒྱས་པས་དེ་ཙམ་གྱི་ཆོག་པར་ཞུས་གསུངས། དྲུག་པ་ཆོས་འཁོར་བསྐོར་བར་བསྐུལ་བའི་ཡན་ལག་ནི། རྗེ་བཙུན་བླ་མ་དམ་པ་སོགས་ཏེ། སྤྱིར་རང་གི་ཞིང་རྒྱུད་ཡོངས་སུ་དག་ན་དེ་བཞིན་གཤེགས་པའི་གསང་གསུམ་གི་སྣང་བ་འབད་མེད་ལྷུན་གྲུབ་ཏུ་འབྱུང་ཡང་། ཆོས་འཁོར་བསྐོར་བར་བསྐུལ་བ་གནད་ཤིན་ཏུ་ཆེ་སྟེ། ཆོས་འཁོར་ལ་ལུང་རྟོགས་གཉིས་ལས། རྟོགས་པའི་ཆོས་འཁོར་ནི་རྟོགས་པའི་ཡོན་ཏན་གང་ཟབ་གཅིག་དང་གཅིག་གི་རྒྱུད་དུ་འཕོ་བ་ལ་བྱེད་ཅིང་། དེ་ལུང་གི་ཆོས་འཁོར་བསྐོར་བ་ལ་རག་ལས། དེ་ཡང་གསོལ་བ་འདེབས་པ་ལ་རག་ལས་པ་ཡིན། འདིར་རྗེའི་ཐུགས་ཆོས་སྐུའི་ནམ་མཁའ་ལ་དཔེར་བྱས་ནས། མཁྱེན་པ་དང་བརྩེ་བའི་ཆུ་འཛིན་ཏེ་སྤྲིན་འཁྲིགས་པ་ལས་འདུལ་བྱ་རྣམས་ཀྱི་བློ་ཡི་འཛིན་མ་སྟེ་ས་གཞིར་གང་ལ་གང་འདུལ་གྱི་ཟབ་པ་དང་རྒྱ་ཆེ་བའི་ཆོས་ཀྱི་ཆར་པ་འབད་མེད་ལྷུན་གྲུབ་ཏུ་དབབ་ཏུ་གསོལ་ཞེས་པ་ཐུན་མོང་བ་དང་། ཐུན་མོང་མ་ཡིན་པ་ལྟར་ན་མཁྱེན་པ་སྟོང་ཉིད་རྟོགས་པའི་ཤེས་རབ་དང་། བརྩེ་བ་བདེ་བ་ཆེན་པོའི་ཡེ་ཤེས་ཏེ། སྙིང་རྗེའི་སྐད་དོད་ཀ་རུ་ཎཱ་ཞེས་པ་བདེ་འགོག་ལ་འཇུག་ཅིང་། དེ་བདེ་བ་ཆེན་པོའི་ཡེ་ཤེས་ལའང་བསྒྱུར་དུ་རུང་བ་གྲུབ་ཆེན་ས་ར་ཧས། སྙིང་རྗེ་དང་བྲལ་སྟོང་པ་ཉིད་དུ་ཞུགས་པས། ཞེས་གསུངས་པའི་དགོངས་པ་ཡིན། དེ་ལྟར་བདེ་སྟོང་གི་ཡེ་ཤེས་དེ་ཉིད་རྟེན་བརྟེན་པའི་དཀྱིལ་འཁོར་གྱི་འཁོར་ལོ་མཐའ་ཡས་པའི་རྣམ་པར་སྤྲོས་པ་སྤྲིན་གྱི་གཟུགས་སུ་བཀོད་ནས། གདུལ་བྱའི་འཛིན་མ་སྟེ་གདུལ་བྱ་ས་གཞི་ཡིན་རྒྱུ་ལྟ་བུ་བྱས་སྟེ་དབང་བཞི་སོགས་

ཀྱིས་གདུལ་བྱའི་རྒྱུད་སྨིན་པར་བྱས་པའི་ཞིང་སར། མདོ་ལྟར་ན། ཐབས་ཀྱི་ཆ་གསུངས་པ་རྣམས་རྒྱ་ཆེ་བ་དང་། ཤེས་རབ་ཀྱི་ཆ་རྣམས་ཟབ་པ། སྔགས་ལ། རྒྱུད་སྡེ་འོག་མར་རྒྱ་ཆེ་བ་མཚན་བཅས། ཟབ་པ་མཚན་མེད། རྒྱུད་སྡེ་གོང་མ་བླ་མེད་ལྟར་ན་རྒྱ་ཆེ་བ་བསྐྱེད་རིམ། ཟབ་པ་རྫོགས་རིམ་སྟེ་དེ་ལྟ་བུའི་ཟབ་རྒྱས་ཀྱི་ཆོས་ཆར་དབབ་ཏུ་གསོལ་ཞེས་པ་ཡིན། འདིར་ཆོས་སྐུ་ནམ་མཁའི་གཟུགས་སུ་བཀོད་པ་སོགས་གཟུགས་ཅན་གྱི་རྒྱན་དུ་མཛད། འདིའི་སྐབས་བློས་ལྷོགས་ན་གསེར་འཁོར་རྩེ་བས་སྟོང་དང་ལྡན་པ་ཞིག་ཕུལ་བར་མོས་ཏེ་མདོ་སྔགས་སྤྱི་བྱེ་བྲག་གི་ཆོས་འཁོར་བསྐོར་བའི་གསོལ་བ་སྟར་ལྟར་གདབ། དེ་ལྟར་ཆོས་ཀྱི་འཁོར་ལོ་བསྐོར་བ་ནི་ཆར་པ་དང་འདྲ་བ་སྟེ། ས་གཞི་དང་འདྲ་བའི་གདུལ་བྱའི་རྒྱུད་ལ་ཟབ་པ་དང་རྒྱ་ཆེ་བའི་ཆོས་ཆར་དབབ་པས་སྐུ་གསུམ་གྱི་ལོ་ཏོག་སྨིན་པར་འགྱུར་བས། དེའི་ཕྱིར་ཆོས་འཁོར་བསྐོར་བར་བསྐུལ་བ་ཡིན་གསུངས། དགའ་ལྡན་འདི་ཉིད་ཀྱི་གཞུང་ནས་གསུངས་པའི་བཞུགས་གསོལ་གྱི་ཡན་ལག་གོང་དུ་སོང་ཟིན་ཀྱང་། ཕུར་ལྕོག་ངག་དབང་བྱམས་པས་གསར་བསྣན་མཛད་པའི་སྣམ་དག་འོད་གསལ་མ་མཚམས་འདིར་བཏོན་ཀྱང་ཆོག་གསུངས། བདུན་པ་བསྔོ་བའི་ཡན་ལག་ནི། བདག་གིས་ཇི་སྙེད་ཅེས་སོགས་གསུངས། འདི་ཡང་ཤིན་ཏུ་གལ་ཆེ་སྟེ། བསྔོ་བ་མ་བྱས་ན་ཁོང་ཁྲོ་རེ་རེས་ཀྱང་བསྐལ་པ་བརྒྱ་སྟོང་དུ་བསགས་པའི་དགེ་རྩ་འཇོམས་པར་སྤྱོད་འཇུག་དང་འཇུག་པ་སོགས་ལས་གསུངས་པ་ལྟར་དང་། བསྔོ་བ་བྱས་ན་བླ་མེད་བྱང་ཆུབ་མ་ཐོབ་བར་དུ་མི་མཛད་དེ། བློ་གྲོས་རྒྱ་མཚོས་ཞུས་མདོར། ཇི་ལྟར་རྒྱ་མཚོ་ཆེ་ནང་ཆུ་ཐིགས་ལྷུང་། ཞེས་སོགས་ལྟར། དཔེར་ན། ཆུ་ཟངས་གང་ལ་འོ་མ་བྱུར་མ་གང་བླུགས་ནས་རོ་གཅིག་ཏུ་འདྲེས་པ་ལྟར་ཡིན། བཀའ་གདམས་བློ་སྦྱོང་ལས། ཐོག་མཐའ་གཉིས་ལ་བྱ་བ་གཉིས། ཞེས་གསུངས་པ་ལྟར་དགེ་རྩ་གང་བྱས་ཀྱང་ཐོག་མར་ཀུན་སློང་བཙོས་པ་དང་། མཇུག་ཏུ་བསྔོ་སྨོན་བྱེད་པ་འདི་གཉིས་གལ་ཆེ། བསྔོ་བྱའི་རྫས་ཤིག་ངོས་བཟུང་ནས་སྨོན་ལམ་འདེབས་པ་ནི་བསྔོ་སྨོན་གཉིས་ཀ་ཡིན། བསྔོ་བྱའི་རྫས་མེད་ན་སྨོན་ལམ་ལས་བསྔོ་བ་མིན། བསྔོ་བ་ལས་གང་དུ་བསྔོ་བ། ཚུལ་ཇི་ལྟར་བསྔོ་བ། བསྔོ་བའི་ངོ་བོ། བསྔོ་བའི་དཔང་པོ་སོགས་དང་། དེ་དག་ལ་བདེན་ཞེན་བཀག་ཚུལ་རྣམས་ལམ་ཁྲིད་ལས་ཤེས་དགོས་པར་གསུངས། དགེ་རྩ་ནི་གསེར་རྡོག་རྡོག་ལྟ

བུ་དང་། བསྔོ་སྨོན་ནི་བཟོ་བྱས་པ་དང་འདྲ་བས། རང་གི་དགེ་རྩ་དེ་བསྔོ་བྱའི་རྗེས་སུ་བཟུང་ནས་མཐར་ཐུག་གི་སྨོན་གནས་རྣམས་སུ་འདུན་པ་དྲག་པོས་བསྔོ། སྤྱིར་བསྔོ་བའི་ཡུལ་ལ། ཕྱག་འཚལ་བ་དང་མཆོད་ཅིང་བཤགས་པ་དང་། སོགས་ལྟར་རྫོགས་བྱང་དུ་བསྔོ་བ་དང་། རྒྱལ་སྲས་སྨོན་ལམ་གཙྪའི་ཀླུང་རྣམས་ནི། སོགས་ལྟར་དམ་ཆོས་འཛིན་པའི་རྒྱུར་བསྔོ་བ། སྟོན་པ་བླ་ན་མེད་པའི་བསྟན་པ་དང་། སོགས་ལྟར་ཚེ་རབས་ཐམས་ཅད་དུ་བླ་མས་རྗེས་སུ་འཛིན་པའི་རྒྱུར་བསྔོ་བ་སྟེ་གསུམ་ལས། འདིར་ནི་བསྔོ་སྨོན་གྱི་མཆོག་ཏུ་གྱུར་པ་དམ་ཆོས་འཛིན་པའི་རྒྱུར་བསྔོ་བ་ཡིན། དེ་ཡང་བདག་གི་རྗེ་བླ་མ་ཚོགས་ཞིང་དུ་སྤྱན་དྲངས་པ་དང་། ཡན་ལག་བདུན་པ་ཕུལ་བ། གསོལ་བ་འདེབས་པ་སོགས་དུས་གསུམ་དུ་བསགས་པའི་དགེ་བའི་རྩ་བ་ཇི་སྙེད་ཅིག་མཆིས་པ་ཐམས་ཅད་རྗེད་བཀུར་སྙན་གྲགས་སོགས་ཀྱི་དབང་དུ་མ་ཡིན་པར་སེམས་ཅན་རྣམས་ལ་གང་ལ་གང་ཕན་པར་སྤྱོད་འཇུག་སྨོན་ལམ་ལས་གསུངས་པ་བཞིན་འགྱུར་བ། སྤྱིར་སངས་རྒྱས་ཀྱི་བསྟན་པ་དང་། ཁྱད་པར་དུ་ཡང་རྗེ་ཙོང་ཁ་པ་བློ་བཟང་གྲགས་པའི་དཔལ་གྱི་བསྟན་པ་ལྟ་སྒོམ་སྤྱོད་གསུམ། མཁས་བཙུན་བཟང་གསུམ་སོགས་བསྟན་པའི་སྙིང་པོ་དྲི་མ་མེད་པ་འདི་ཉིད་ཡུན་རིང་དུ་གསལ་བྱེད་ཤོག ཅེས་པའོ། སྤྱིར་ས་དགེ་རྙིང་མ་ཀར་འབྲུག་སོགས་སངས་རྒྱས་ཀྱི་བསྟན་པ་ཡིན་པ་ཙམ་མཚུངས་ཀྱང་། རྫོགས་བརྗོད་འདུན་ལེགས་མ་ལས་གསུངས་པ་ལྟར། དང་པོ་རྒྱ་ཆེན་ཐོས་པ་མང་དུ་བཙལ་བ་ནས་བཟུང་སྟེ་ཆང་བཏུང་ཐོ་ཅོ་སོགས་སྤྱོད་ངན་གྱི་དྲི་ཙམ་ཡང་མི་མངའ་བར་བསླབ་པ་གསུམ་གྱི་རྒྱུད་དུལ་བའི་སྒོ་ནས་ཟུང་འཇུག་གི་གོ་འཕང་བསྐྱེས་པའི་བར་ཁྱད་ཆོས་མཚུངས་ཟླ་མེད་པ་ཡོད་པས་འདིར་ཡང་བསྟན་པའི་སྙིང་པོ་ཞེས་གསུངས་པ་རེད། བསྟན་པའི་སྙིང་པོ་དེ་ལའང་ཟབ་རྒྱས་དང་། སྙིང་པོའི་སྙིང་པོ། སྙིང་པོའི་ཡང་སྙིང་། དེའི་ཡང་ཡང་སྙིང་རྣམས་སུ་ཡོད་པ་ལས། རྒྱ་ཆེ་བའི་བསྟན་པའི་སྙིང་པོ་བྱང་སེམས་དང་། རྒྱུད་སྡེ་འོག་མའི་མཚན་བཅས། ཟབ་མོའི་བསྟན་པའི་སྙིང་པོ་སྟོང་པ་ཉིད་དང་། རྒྱུད་སྡེ་འོག་མའི་མཚན་མེད། སྙིང་པོའི་སྙིང་པོ་ལ་རྒྱ་ཆེ་བའི་སྙིང་པོའི་སྙིང་པོ་བླ་མེད་ཀྱི་བསྐྱེད་རིམ་དང་། ཟབ་མོའི་དེ་རྫོགས་རིམ། རྒྱ་ཆེ་བའི་སྙིང་པོའི་ཡང་སྙིང་སྒྱུ་ལུས་དང་། ཟབ་མོའི་དེ་འོད་གསལ། དེའི་ཡང་ཡང་སྙིང་སྒྱུ་འོད་ཟུང་དུ་འཇུག་པ་མི་སློབ་ཟུང་

འཇུག་གི་ལམ་གྱི་རིམ་པ་རྣམས་སྤྱིར་སེམས་ཅན་ཐམས་ཅད་དང་། ཁྱད་པར་རང་རྒྱུད་ལ་གསལ་བར་བྱེད་ནུས་པར་ཤོག་སྙམ་པ་དང་། ནམ་གཞག་རྒྱུན་དུ་འང་རྗེ་རིན་པོ་ཆེའི་གསུང་ལམ་རིམ་ཆེ་ཆུང་། དྲང་ངེས་ལེགས་བཤད་སྙིང་པོ་སོགས་དང་། སྔགས་རིམ་ཆེན་མོ། གསང་འདུས་བདེ་མཆོག་སོགས་ཀྱི་རྒྱུད་འགྲེལ་དང་རིམ་གཉིས་སྐོར་རྣམས་ལྟོད་ལྟོད་བྱས་ཏེ་ཚར་ཉི་ཤུ་སུམ་ཅུ་ཙམ་བཀླགས་ནས། གསུང་གི་གསང་བ་ཤིན་ཏུ་ཟབ་ཅིང་ཕྲ་བ་རྟོགས་དཀའ་བ་ཡོད་པ་དེ་དག་ཀྱང་ཕྱིན་ཅི་མ་ལོག་པར་སྒྲུར་དུ་རྟོགས་ནུས་པའི་གསོལ་འདེབས་ཤུགས་དྲག་བྱེ་དགོས་གསུངས། ཡན་ལག་བདུན་པོ་རྣམས་ཉོན་མོངས་དུག་ལྔའི་གཉེན་པོར་འགྲོ་ལུགས། སོ་སོའི་ལག་རྗེས་འཛོག་ཚུལ་རྒྱས་པར་སྨྱལ། དེ་ནས་སྦྱོར་ཆོས་ཀྱི་མན་ངག་འདིར་སྦྱར་ནས་མཎྜལ་ཕུལ་ལ་དོན་ཆེན་པོ་གསུམ་གྱི་གསོལ་འདེབས་བྱ། མཎྜལ་གྲངས་གསོག་བྱེད་ན་སངས་རྒྱས་ཆོས་ཚོགས་མ་དང་ས་གཞི་སྤོས་བྱུགས་སྦྲགས་ཏེ་ཚོམ་བུ་བདུན་མ་ཉིད་གྲངས་གསོག དེ་རྣམས་ཀྱིས་སྦྱོར་ཆོས་ཀྱང་ཚང་། རྒྱས་པར་ན། དོན་ཆེན་པོ་གསུམ་གྱི་གསོལ་འདེབས་མཇུག་ཏུ་དཔལ་ལྡན་ས་གསུམ་མ། མཆོག་གི་དངོས་གྲུབ་བརྙེས་ལ་གསོལ་བ་འདེབས། ཞེས་པའི་བར་འདོན། དེང་བཅས་མས་མན་ཆད་མཇུག་སྨོན་གྱི་སྐབས་སུ་སྦྱར་བའི་ཕྱག་བཞེས་ཀྱང་ཡོད་གསུངས། གསུམ་པ་གསོལ་བ་གདབ་ཅིང་བྱིན་རླབས་ཞུ་བ་ལ་གསུམ་ལས། དང་པོ་དབང་བཞི་བྱིན་རླབས་ཀྱི་ཚུལ་དུ་ཞུ་བ་ནི་དམིགས་བརྩེ་མའི་སྒོ་ནས་གསོལ་བ་འདེབས་པ་ཡིན། དེ་ཡང་བཀའ་གདམས་གླེགས་བམ་ལས། རེས་འགའ་གསོལ་འདེབས་དབྱངས་ཀྱི་གཟུགས། ཞེས་རྗེ་བཙུན་འཇམ་དབྱངས་གསོལ་འདེབས་ཀྱི་གཟུགས་སུ་སྤྱུལ་བར་གསུངས་པ་ནི་དམིགས་བརྩེ་མ་འདི་ཉིད་ཡིན་པས་འདི་བྱིན་རླབས་ཀྱི་ཚན་ཀ་ཤིན་ཏུ་ཆེ། དེ་ལའང་སྙན་བརྒྱུད་ལུགས་དང་། དབེན་ས་སྙན་བརྒྱུད་ལུགས་སོ་སོར་དམིགས་བརྩེ་མ་བཞི་སྐོར། ལྷ་སྐོར་སོགས་མན་ངག་གི་འདོན་ཚུལ་མི་འདྲ་བ་མཐའ་ཡས་པར་བཞུགས་པ་ལས། དམིགས་བརྩེ་མ་རང་རང་གི་འདོན་ལུགས་ལ་རང་རང་གི་མན་ངག་ཉམས་སུ་ལེན་ཚུལ་རེ་དང་ལས་ཚོགས་རེ་ཡོད། བླ་མཆོད་སྐབས་དམིགས་བརྩེ་མ་དགུ་སྐོར་དང་། དགའ་ལྡའི་སྐབས་འདིར་ལྷ་སྐོར་བྱེད། འདིའི་སྙན་བརྒྱུད་ཐུན་མོང་མ་ཡིན་པར་སྐུ་ནོར་བུ་མཛོད་འཛིན། གསུང་ཉི་མ་སྣང་བྱེད། ཐུགས་

གསང་བ་མཛོད་འཛིན་གྱི་སེམས་དཔའ་སུམ་བརྩེགས་དཀྱུ་སྐོར་གསལ་གདབ་ཅིང་དབང་བཞི་དང་སྦྲགས་ནས་བྱེད་དགོས་པས། དེ་ལ་རྗེ་རིན་པོ་ཆེའི་སྤྱི་བོར་འཇམ་དབྱངས་ཀྱི་ནང་གསང་གསུམ་བཀོད་པ་སྐུ་ཚོར་བུ་མཛོད་འཛིན་ལ་བརྟེན་ནས་རྗེ་བླ་མའི་ཕྱི་སྒྲུབ། མགྲིན་པར་སྤྱན་རས་གཟིགས་ཀྱི་ནང་གསང་གསུམ་བཀོད་པ་གསུང་ཉི་མ་སྦྱང་བྱེད་ལ་བརྟེན་ནས་རྗེ་བླ་མའི་ནང་སྒྲུབ། ཐུགས་ཀར་ཕྱག་རྡོར་ཀྱི་ནང་གསང་གསུམ་བཀོད་པ་ཐུགས་གསང་བ་མཛོད་འཛིན་ནམ་རྗེ་བླ་མའི་གསང་སྒྲུབ་ཡིན། འཇམ་དབྱངས་ཀྱི་ནང་གསང་གསུམ་འཇམ་དབྱངས་ཆོས་བསྐོར་ལས་བྱུང་བ་ལྟར་དང་། སྤྱན་རས་གཟིགས་ཀྱི་སྒྲུབ་ཕྱག་བཞི་པ། ནང་སྒྲུབ་ཀུན་རིག་ལས་བྱུང་བའི་རྡོ་རྗེ་ཆོས། གསང་སྒྲུབ་ནི་སྤྱན་རས་གཟིགས་རྒྱལ་བ་རྒྱ་མཚོ་ཡིན། ཕྱག་རྡོར་ཀྱི་སྒྲུབ་གོས་སྔོན་ཅན་དང་། ནང་སྒྲུབ་ཕྱག་གཡས་གསེར་གྱི་རྡོ་རྗེ་འཕྱར་ཞིང་། གཡོན་དྲིལ་བུ་དཀུར་བརྟེན་པ་ལ་སྤྱི་མགྲིན་སྙིང་ཁ་ལྟེ་བ་གསང་གནས་རྣམས་སུ་ཧཱུྃ་དཀར་སེར་དམར་ལྗང་སྔོན་པོ་རྣམས་གསལ་བ་ལས་ཧཱུྃ་རིགས་ལྔ་དཔག་མེད་འཕྲོ་བའི་ཕྱག་རྡོར་གཏུམ་པོ་ཧཱུྃ་ལྔ། གསང་སྒྲུབ་ཕྱག་རྡོར་འཁོར་ལོ་ཆེན་པོ་ཡིན། དེ་ལྟར་གསལ་བཏབ་ནས་དམིགས་བརྩེ་མའི་སྒོ་ནས་གསོལ་བ་གདབ་དགོས་པས། འདི་ལ་གསུམ། ཕྱི་མཚུངས་པ་གསལ་བྱེད། ནང་ཡོན་ཏན་དེ་ལྡན། གསང་བ་ལྷག་པའི་ལྷ་དང་ངོ་བོ་དབྱེར་མེད་གསོལ་བ་གདབ་པའོ། དང་པོ་ནི། སྤྱིར་འདི་མན་གྱི་དམིགས་སྐོར་རྣམས་དང་། དབང་བཞི་བྱིན་རླབས་སོགས་ཀྱང་བདག་གིས་དགའ་ལྡན་མན་ངག་གསལ་རྗེན་ལྷུག་པར་བཀོད་པའི་ཚོ་གའི་ཚིག་ཏུ་གསལ་བ་ལྟར་ལ། ལམ་གྱི་སྙིང་པོ་སྟོང་ཉིད་རྟོགས་པའི་མཁྱེན་པ་དང་། དེ་སྙིང་རྗེའི་སྙིང་པོ་ཅན་དུ་བྱེད་པའི་ཕྱིར་དམིགས་མེད་སོགས་སམ། ཡང་ཕྲང་པ་དང་པོར་རྒྱ་ཆེ་བ་དང་། གཉིས་པ་དང་གསུམ་པར་ཟབ་མོའི་ལམ་གྱི་གནད་ཚང་ཚུལ་གསུང་། ཕྱོགས་བཅུའི་རྒྱལ་སྲས་ཐམས་ཅད་ཀྱི་ཁྲིད་ན་སྙིང་རྗེ་དང་། མཁྱེན་རབ་དང་། མཐུ་སྟོབས་ནུས་པ་ཕུན་གསུམ་ཚོགས་པ་འཕགས་པ་རིགས་གསུམ་མགོན་པོ་དང་མཚུངས་པ་སུ་ཡང་མེད་པ་བཞིན་དུ་གངས་ཅན་མཁས་པ་ཐམས་ཅད་ཀྱི་ཁྲིད་ན་ཤེས་བྱ་རིག་པའི་གནས་མཐའ་དག་ལ་མཁས་པ་རྗེ་ཙོང་ཁ་པ་དང་མཚུངས་པ་སུ་ཡང་མེད་པས། བདག་ཀྱང་མཁས་པ་ལུང་གི་ཡོན་ཏན་ཐམས་ཅད་དང་ལྡན་པ་བླ་མ་ཁྱེད་རང་

ལྷ་བུར་བྱིན་གྱིས་བརླབ་ཏུ་གསོལ་སྙམ་དུ་མང་ཐོས་ལུང་གི་ཡོན་ཏན་དྲན་པའི་སྒོ་ནས་གསོལ་བ་འདེབས་པ་རྗེ་བླ་མའི་ཕྱི་སྒྲུབ་ཡིན། ཁ་ཅིག་གིས། རྗེའི་མཚན་ཙོང་ཁ་པ་ཞེས་པར་དྲི་དན་པའི་སྒོག་བཙོང་གི་རིགས་དཔེར་བྱས་ནས་ངན་སྨྲས་སྨྲར་འདེབས་བརྗོད་པ་ཡོད་ཀྱང་། དེ་ལྟ་མིན་པ་དོན་དུ་རྗེ་འདི་ཉིད་སྐུ་འཁྲུངས་ཡུལ་གྱི་ལུང་པའི་མིང་ཙོང་ཁ་ལུང་དང་། ཆུ་ལ་ཙོང་ཆུ། རི་ལ་འང་ཙོང་ཁའི་སྐྱེ་རི་མཐོན་པོ་ཞེས་བཏགས་པ་སོགས་ཡོད་པ་ལྟར་འཁྲུངས་ཡུལ་གྱི་ལུང་པའི་མིང་འབྲེལ་མཚན་གྱི་ཟུར་དུ་ཐོགས་ནས་རྗེ་ཙོང་ཁ་པ་ཞེས་གསོལ་བ་ཡིན་གསུངས། གཉིས་པ་ནི། ཕྱོགས་བཅུའི་རྒྱལ་བ་ཐམས་ཅད་འཕྲིན་རྗེ། མཁྱེན་རབ། མཐུ་སྟོབས་ཇི་ཙམ་མངའ་བ་དེ་ཙམ་ཞིག་འཕགས་པ་རིགས་གསུམ་མགོན་པོ་ལ་མངའ། དེ་གསུམ་ལ་མཁྱེན་བརྩེ་ནུས་པ་ཇི་ཙམ་མངའ་བ་དེ་ཙམ་ཞིག་རྒྱལ་བ་ཙོང་ཁ་པ་ལ་མངའ་བས་ན། གདུལ་བྱ་མཁས་པ་ཐམས་ཅད་ཀྱི་དབུས་ན་ཚུལ་བཞིན་བསྒྲུབ་པ་རྫོགས་པའི་ཡོན་ཏན་འགྲན་ཟླ་མེད་པ་ནི་རྗེ་བླ་མ་ཁྱོད་ཉིད་ཡིན་པས། བདག་ཀྱང་གྲུབ་པ་རྫོགས་པའི་ཡོན་ཏན་ཀུན་དང་ལྡན་པ་བླ་མ་ཁྱེད་རང་ལྟ་བུར་བྱིན་གྱིས་རློབས་སྙམ་དུ་གསོལ་བ་འདེབས་པ་རྗེ་བླ་མའི་ནང་སྒྲུབ་ཡིན་གསུངས། གསུམ་པ་ནི། ཕྱོགས་བཅུའི་སངས་རྒྱས་ཐམས་ཅད་ཀྱི་སྙིང་རྗེ་དང་། མཁྱེན་རབ། མཐུ་སྟོབས་གཅིག་ཏུ་བསྡུས་པ་ནི་རིགས་གསུམ་མགོན་པོ་ཡིན་ལ། དེ་གསུམ་མིའི་རྣམ་པར་ཤར་བ་རྗེ་ཙོང་ཁ་པ་ཆེན་པོ་ཡིན་པས་རྗེ་བླ་མ་ཁྱོད་ཉིད་ལ་གསོལ་བ་འདེབས་སོ། བདག་ཀྱང་ཁྱེད་རང་ལྟ་བུར་བྱིན་གྱིས་རློབས་སྙམ་པས་གསོལ་བ་འདེབས་པ་རྗེ་བླ་མའི་གསང་སྒྲུབ་ཡིན་གསུངས། དེ་ལྟར་ཕྱི་ནང་གསང་གསུམ་ལས་དང་པོ་ནི་རིགས་གསུམ་མགོན་པོ་ལ་ཡོན་ཏན་ཇི་ཙམ་མངའ་བ་བཞིན་བོད་གངས་ཅན་གྱི་ལྗོངས་འདིར་རྗེ་བླ་མ་ལ་འང་ལུང་གི་ཡོན་ཏན་དེ་ཙམ་མངའ་བས་རྗེ་འདི་རིགས་གསུམ་མགོན་པོ་དང་འདྲ་བ། གཉིས་པ་ནི་ཕྱི་ལུང་གི་ཡོན་ཏན་མཚུངས་པ་ཙམ་མ་ཟད་ནང་རྟོགས་པའི་ཡོན་ཏན་ཡང་རིགས་གསུམ་མགོན་པོ་དང་མཉམ་པའི་དོན་ཏེ། དེ་གསུམ་གྱི་རྟོགས་པའི་ཡོན་ཏན་མཐའ་དག་རྗེ་འདི་ཉིད་ལ་ལྡན་པ་དང་། གསུམ་པ་ནི་རྗེ་བླ་མ་རིགས་གསུམ་མགོན་པོ་དང་དབྱེར་མེད་དུ་བལྟ་བ་ཡིན་པས་བསྟོད་པ་རིམ་བཞིན་ཆེ་རུ་སོང་བ་ཡིན། སངས་རྒྱས་ཐམས་ཅད་ཡོན་ཏན་གྱི་གཙོ་བོ་མཁྱེན་བརྩེ་ནུས་གསུམ་ཡ་བྲལ་གྱིས་སེམས་

ཅན་གྱི་དོན་མཛད་ཐབས་མེད་པས། དེ་གསུམ་གྱི་ངོ་བོ་རིགས་གསུམ་གྱི་རྣམ་པར་ཤར་བར་དེ་ཉིད་བླ་མ་གཅིག་གི་ངོ་བོར་འདུས་པའི་བདག་ཉིད་རྗེ་འདི་ཡིན་པས་དེ་ཡིན་པ་ལ་ཡིན་པར་བལྟས་ནས་གསོལ་བ་བཏབ་ན་རིགས་གསུམ་གྱི་བྱིན་རླབས་མྱུར་དུ་འཇུག་པའི་གནད་ཡོད། ཆོས་རྗེ་དོན་རིན་པར་འཛིགས་མཛད་རྡོ་རྗེས་ལུང་བསྟན་ཚུལ། ཡབ་ཡུམ་ལ་མནལ་ལྟས་བྱུང་ཚུལ། གསང་བ་ལྷག་པའི་ལྷ་དང་ངོ་བོ་དབྱེར་མེད་ཡིན་ཚུལ་སོགས་གསང་བའི་རྣམ་ཐར་ལྟར་རྒྱས་པར་སྤེལ་ཏེ་རྗེ་འདི་འཇམ་དཔལ་ཞི་ཁྲོ་སོགས་རིགས་གསུམ་གྱི་བདག་ཉིད་ཡིན་པ་ཡང་དེ་དག་གིས་ཤེས། བླ་མའི་རྣལ་འབྱོར་གཞན་དང་མི་འདྲ་བར་རྗེ་འདི་ལ་རིགས་གསུམ་སྤྱི་སྒྲུབ་ཀྱི་བླ་མའི་རྣལ་འབྱོར་བྱུང་བ་ཡང་དེས་ཡིན། དེ་དག་གིས་རྗེ་ཙོང་ཁ་པ་ཆེན་པོ་རིགས་གསུམ་གྱི་བདག་ཉིད་དུ་མོས་ནས་གསོལ་བ་འདེབས་པ་དེ་སོང་ནས། གཉིས་པ་བཀའ་བབས་ཀྱི་འཕྲིན་ལས་ཤེས་རབ་ཁྱད་པར་ཅན་གྱི་བྱིན་རླབས་ཞུ་བ་ནི། རྗེ་རིན་པོ་ཆེ་ཞལ་བཞུགས་དུས་དམིགས་བརྩེ་མ་ལ་ལས་ཚོགས་བརྒྱ་རྩ་སོགས་ཡོད་ཀྱང་ཕྱིས་ནུབ་ནས་མ་བཞུགས། རྗེས་སུ་རྗེ་སྟོན་ཁང་པ་ལ་དག་སྣང་བྱུང་བའི་ལས་ཚོགས་བཅུ་གཅིག་སོགས་ལས་ཚོགས་གང་ཡོད་ཚུར་བསྡུས་ནས་དམིགས་བརྩེའི་བེ་ཙ་བུམ་ནང་དུ་ཡོད། དམིགས་བརྩེ་མ་འདི་ལ་བརྟེན་ནས་ཞི་རྒྱས་དབང་དྲག་གི་འཕྲིན་ལས་བསྒྲུབ་ཚུལ་ཆེས་མང་ཞིང་། འདིར་སྐབས་སུ་བབས་པ་སངས་རྒྱས་ཀྱི་གོ་འཕང་སྒྲུབ་པ་ལ་གལ་ཆེ་ཤོས་སུ་གྱུར་པ་ཤེས་རབ་ཀྱི་ལས་ཚོགས་སྒྲུབ་པ་ཡིན། ཐོས་བསམ་སྒོམ་གསུམ་སོགས་དང་། ཐར་པ་དང་ཐམས་ཅད་མཁྱེན་པའི་གོ་འཕང་སྒྲུབ་པ་སོགས་གང་ལའང་དད་པ་དང་ཤེས་རབ་འདི་ཉིད་གཙོ་ཆེ། སྤྱིར་ཤེས་རབ་ནི་སྐྱེས་ཐོབ་ཀྱི་ཡོན་ཏན་ཡིན་ཡང་ལྷ་དང་བླ་མ་ལ་བརྟེན་ནས་ཀྱང་བསྒྲུབ་ཏུ་ཡོད་པས་འཆད་རྩོད་རྩོམ་པ་སོགས་གང་གི་སྐབས་ཀྱང་བླ་མ་དང་ལྷག་པའི་ལྷ་ལ་གསོལ་བ་འདེབས་པ་གནད་ཡིན། རྗེའི་ཐུགས་ཀའི་འཇམ་དབྱངས་ནི། རང་གི་ལྷ་བ་བསྒོམ་པ་དང་འཆད་པ་གཙོ་བོར་བྱེད་ན་འཇམ་དཔལ་གཞོན་ནུར་གྱུར་པ། རྩོད་པ་དང་རྩོམ་པ་གཙོ་བོར་བྱས་ན་འཇམ་དབྱངས་ཨ་ར་པ་ཙ་ན་གསལ་འདེབས། དེའི་ཐུགས་ཀར་ཧཱུྃ་མཾ་གྱིས་མཚན་པའི་མཾ་ཡིག་འཇམ་དཔལ་རྩ་རྒྱུད་དུ། ནྲྀ་ལྡན་དང་པོར་ཡི་གེ་མ། ཞེས་སཾ་སྐྲི་ཏའི་སྐད་ཀྱི་རྗེ་རིན་པོ་ཆེའི་མཚན་གྱི་ཐོག་མའི་མིང་

ཡིག་དང་པོ་གསལ་བར་ལུང་བསྟན་པའི་ཐུན་མོང་མ་ཡིན་པའི་ས་བོན་ཡིན། ཤེས་རབ་བསྒྲུབ་ཚུལ་དངོས་ལ་འཇམ་དབྱངས་ཆོས་སྐོར་ལས། མ་དག་འཁྲུད་དང་མི་ཤེས་བསལ། ཞེས་སོགས་ལྟར་དམིགས་སྐོར་གཉིས་ལས། དང་པོ་མ་དག་པ་འཁྲུས་པའི་དམིགས་པ་ནི། རྗེ་ཡབ་སྲས་གསུམ་གྱི་ཐུགས་ཀ་ནས་འོད་དཀར་པོའི་སྨྱུ་གུ་གྲོ་སོག་ཙམ་ཕྱུ་དུང་བརྒྱངས་པ་ལྟ་བུ་བྱུང་བ་མཐོ་གང་ཙམ་གྱི་མཚམས་ནས་གཅིག་ཏུ་འབྲེལ་བའི་ནང་བརྒྱུད་བདུད་རྩི་འོད་ཟེར་དང་བཅས་པའི་རྒྱུན་བབས་པས་ཐོག་མེད་བསགས་པའི་ནད་གདོན་སྡིག་སྒྲིབ་སྤྱི་དང་། ཁྱད་པར་ཤེས་རབ་རླབས་ཆེ་བསྒྲུབ་པ་ལ་བར་དུ་གཅོད་པའི་མི་མཐུན་ཕྱོགས་ཐམས་ཅད་རྣག་ཁྲག་དང་ཆུ་སེར། སྦལ་ལྡིང་སྡིག་སྦྲུལ་སོགས་ཀྱི་རྣམ་པར་ཕྱིར་ཐོན་ནས་ལྷག་མེད་དུ་དག ཕྱིར་ཐོན་པ་དེ་ཡང་གཏོར་མ་དང་གླུད་སོགས་ཀྱི་རྣམ་པར་བསྒྱུར་ཏེ། ས་འོག་ནས་འཆི་བདག་གཤིན་རྗེ་གླང་དམར་པོའི་རྣམ་པར་གནས་པ་ཁ་གདང་ངེར་ཡོད་པའི་ཁར་བྱིན་པས་ཁོ་ངོམས་ཤིང་ཚིམས་ནས་ཁ་ཕར་བསྐོར་ནས་བསྡད་སོང་སྙམ་དུ་བསམ་ན་འཆི་བླུ་དང་ཚེ་སྒྲུབ་ཀྱི་མཆོག་ཏུ་འགྱུར་གསུངས། ས་གཞི་ཡང་གས་པ་སོགས་མེད་པར་སྲ་ཞིང་བརྟན་པར་གྱུར་པར་མོས་ན་རྟེན་འབྲེལ་གྱི་གནད་ཡོད། མ་དག་པ་འཁྲུད་པ་ལ་བདུད་རྩི་དཀར་པོ་དང་། མི་ཤེས་པ་བསལ་བའི་སྐབས་བདུད་རྩི་དམར་སེར་བྱེད། མ་དག་འཁྲུད་པའི་དམིགས་པ་འདི་སྐུལ་དུ་བཏོན་ན་ཡིག་བརྒྱ་བཟླ་བ་སོགས་ཀྱི་བཤགས་པའི་གོ་ཡང་ཆོད་གསུངས། གཉིས་པ་མི་ཤེས་པ་བསལ་བ་ལ་དམིགས་སྐོར་བདུན་ལས། དང་པོ་སྐུའི་སྒོ་ནས་ཤེས་རབ་རླབས་ཆེ་བསྒྲུབ་པ་ནི། རྗེ་ཡབ་སྲས་གསུམ་གྱི་ཐུགས་ཀ་ནས་ཐུགས་རྒྱུད་ཀྱི་ཆེ་བའི་མཁྱེན་རབ་ཐམས་ཅད་བདུད་རྩི་དམར་སེར་གྱི་རྣམ་པར་བྱུང་བས་ལུས་གང་། བདུད་རྩིའི་རྡུལ་ཕྲ་རབ་རྣམས་ཀྱང་འཇམ་དབྱངས་ཀྱི་སྐུའི་རྣམ་པ་ཟིལ་པ་ཕྲོམ་མེར་ཡོད་པ་ལས་འོད་ཟེར་འཕྲོས། ཕྱོགས་བཅུའི་སངས་རྒྱས་རྣམས་ཀྱི་མཁྱེན་རབ་ཐམས་ཅད་རྗེ་བཙུན་འཇམ་དབྱངས་ཀྱི་སྐུའི་རྣམ་པར་སྤྱན་དྲངས་ནས་རང་གི་ལུས་ལ་ཐིམ་པས། རྗེ་རིན་པོ་ཆེས་ཞིང་མཆོག་སྒོ་འབྱེད་ལས་གསུང་པ་ལྟར་བླང་དོར་གྱི་གནས་རྣམས་རང་སྟོབས་ཀྱིས་འབྱེད་ནུས་པའི་ཤེས་རབ་རླབས་ཆེ་བ་ཐོབ་པར་མོས། གཉིས་པ་གསུང་གི་སྒོ་ནས་ཤེས་རབ་གསལ་བ་བསྒྲུབ་པ་ལ། སྤྱིར་འདི་དག་གི་སྐབས་

ཤེས་རབ་རང་རང་གི་མི་མཐུན་ཕྱོགས་སྦྱང་ཚིག་པ་མན་ངག་ཡིན་པས། འདི་དང་འོག་མ་ལྔ་འང་ཐོག་མར་མ་དག་པ་འཁྲུད་པའི་དམིགས་པར་སྔོན་དུ་བྱ་དགོས། འདིར་དམིགས་པ་གཞན་སྔར་ལྟར་ལ། ཤེས་རབ་གསལ་བ་སྒྲུབ་པ་ལ་གེགས་བྱེད་ཀྱི་དྲི་མ་སྦྱང་། རྗེ་ཡབ་སྲས་ཀྱི་གསལ་བའི་མཁྱེན་རབ་ཐམས་ཅད་བདུད་རྩི་འོད་ཟེར་གྱི་རྣམ་པར་བྱུང་བ་དང་། བདུད་རྩིའི་རྡུལ་རྣམས་ཨ་ར་པ་ཙའི་ཡིག་འབྲུའི་རྣམ་པར་གསལ་བ་སོགས་ནས། ཀུན་བྱང་གི་ཆོས་རྣམས་ཀུ་ཤའི་རྩེ་ལྟར་འདྲེས་པར་འབྱེད་ནུས་པའི་ཤེས་རབ་གསལ་བ་ཐོབ་པར་མོས། གསུམ་པ་ཐུགས་ས་བོན་གྱི་སྒོ་ནས་མྱུར་བའི་ཤེས་རབ་སྒྲུབ་པ་ལ། དེའི་གེགས་བྱེད་སྦྱང་། རྗེ་ཡབ་སྲས་ཀྱི་ཐུགས་ཀ་ནས་མྱུར་བའི་མཁྱེན་རབ་ཐམས་ཅད་བདུད་རྩི་འོད་ཟེར་གྱི་རྣམ་པར་བྱུང་བས་ལུས་གང་། བདུད་རྩིའི་རྡུལ་རྣམས་དྷཱིཿ ཧཱུྃ་གིས་མཚན་པ་དང་། མཾ་ཧཱུྃ་གིས་མཚན་པའི་རྣམ་པར་གནས་པ། དེ་ཡང་མཾ་ཧཱུྃ་གི་སྐད་ཀོར་དུ་འགོད་པ་མན་ངག་ཡིན་གསུངས། མ་རྟོགས་པ་དང་ལོག་པར་རྟོག་པ་དང་ཐེ་ཚོམ་གྱི་བསམ་པ་སྐྱེ་ས་མ་ཐག་ཏུ་མ་ལུས་པར་འགོག་ནུས་པའི་ཤེས་རབ་མྱུར་བ་ཐོབ་པར་མོས། བཞི་པ་ཕྱག་མཚན་གྱི་སྒོ་ནས་ཟབ་པའི་ཤེས་རབ་སྒྲུབ་པ་ལ། དེའི་མི་མཐུན་ཕྱོགས་སྦྱང་། རྗེ་ཡབ་སྲས་ཀྱི་ཟབ་པའི་མཁྱེན་རབ་ཐམས་ཅད་བདུད་རྩི་འོད་ཟེར་དང་བཅས་པའི་རྣམ་པ་བྱུང་བས་ལུས་གང་། བདུད་རྩིའི་རྡུལ་རྣམས་གླེགས་རལ་གྱི་རྣམ་པ་སོགས་སྔར་ལྟར་ལ། གསུང་རབ་ཀྱི་ཚིག་དོན་ལ་གཏུགས་པ་མེད་པར་འཇུག་པའི་ཤེས་རབ་ཟབ་པ་ཐོབ་པར་མོས། ལྔ་པ་གླེགས་བམ་གྱི་སྒོ་ནས་འཆད་པའི་ཤེས་རབ་སྒྲུབ་པ་ནི། གཞན་སྔར་བཞིན་ལ། འཆད་པའི་ཤེས་རབ་ལ་བར་དུ་གཅོད་པའི་དྲི་མ་སྦྱང་། གང་འཆད་རྒྱུའི་གཞུང་དེ་དང་དེའི་གླེགས་བམ་གྱི་རྣམ་པས་ལུས་གང་བ་དང་། སངས་རྒྱས་ཐམས་ཅད་ཀྱི་འཆད་པའི་མཁྱེན་རབ་ཐམས་ཅད་གླེགས་བམ་གྱི་རྣམ་པར་སྤྱན་དྲངས་ནས་ཐིམས་པས་འཆད་པ་ལ་ཐོགས་པ་མེད་པ་སློབ་དཔོན་ཀླུ་སྒྲུབ་དང་ཐོགས་མེད་ལྟ་བུར་གྱུར་པར་མོས། འདིའི་སྐབས་གླེགས་བམ་དང་མཉམ་དུ་ལས་ཀྱི་རིགས་ཀྱི་ཕྱག་མཚན་སྣ་ཚོགས་རྡོ་རྗེ་གསལ་བཏབ་ན་འདུལ་བྱའི་རྒྱུད་ལ་ཕན་ཐོགས་ཤིན་ཏུ་ཆེ་བ་མྱོང་གྲུབ་ཡིན་གསུངས། དྲུག་པ་རལ་གྲིའི་འཁོར་ལོའི་སྒོ་ནས་རྩོད་པའི་ཤེས་རབ་སྒྲུབ་པ་ལ། དེའི་མི་མཐུན་ཕྱོགས་སྦྱང་བ་སྔར་ལྟར། བདུད་རྩིའི་

རྩུལ་རྣམས་རལ་གྲིའི་འཁོར་ལོའི་རྣམ་པར་ཡོད་པ་ལས་འོད་འཕྲོས། རལ་གྲིའི་འཁོར་ལོ་ནི་རལ་གྲི་གཅིག་དབུས་སུ་གྲིན་འཁྲེང་གི་ཡུ་བའི་མཚམས་སུ་ཟླ་གདན་ལ་ཧཱུཾཿ ཡིག་དང་། ལྟེ་བའི་སྣོ་ངའི་ཐེ་ཙུ་སྦྲུག་ཁ་ལྟ་བུར་ཨ་ཡོང་གི་འབྲུད་མོས་བསྐོར་བ་ནས་ཕྱིར་ཐོན་ཏེ་འཁྲུལ་ནས་འཁོར་ཚོག་པའི་རལ་གྲི་ལེབ་ཉལ་དྲུག་ལ་མ་རེག་ཙམ་དུ་ཟླ་གདན་ཨོཾ་ཨ་ར་པ་ཙ་ན་སྟེ་ཡིག་འབྲུ་དྲུག་གིས་མཚན་པ། སངས་རྒྱས་ཐམས་ཅད་ཀྱི་རྟོད་པའི་མཁྱེན་རབ་རྣམས་རལ་གྲིའི་འཁོར་ལོའི་རྣམ་པར་སྤྱན་དྲངས་ནས་ཐིམས་པས་རྟོད་པ་ལ་ཐོགས་པ་མེད་པ་ཕྱོགས་གླང་ཆོས་གྲགས་ལྟ་བུར་གྱུར་པའི་མོས་པ་བྱེད། རྟོད་པའི་ཚེ་རལ་གྲིའི་འཁོར་ལོ་གཡས་སྐོར་དུ་མྱུར་བར་འཁོར་བས་ཕྱིར་རྒོལ་གྱི་སྨོངས་པའི་དྲྭ་བ་གཅོད་པར་བསམ་ཚུལ། ཡང་རྟོད་པ་བྱེད་སྐབས་འཁོར་ལོ་གཡོན་སྐོར་ཏུ་དྲག་ཏུ་འཁོར་བས་ཕ་རོལ་པོའི་ལྕེ་དུམ་བུར་གཅོད་པ་སོགས་ཞེ་དྲག་གི་དམིགས་པའི་ཁྱད་པར་བྱུར་ཡོད་ཀྱང་། འཁོར་ལོ་གཡོན་ཏུ་འཁོར་བའི་དྲག་པོའི་དམིགས་པ་འདི་ཕྱི་རོལ་པ་ལྟ་བུ་ལས་ནང་པས་ནང་པར་རྟོད་སྐབས་མི་རུང་བ་ཡིན་གསུང་། བདུན་པ་རྟོམ་པའི་ཤེས་རབ་སྒྲུབ་པ་ལ། རྟོམ་པ་ལ་བར་དུ་གཅོད་པའི་གེགས་བྱེད་སྤྱུངས། བདུད་རྩིའི་རྩུལ་རྣམས་མི་ཤེས་པ་རྟིབ་རྟིབ་གཅོད་པའི་རལ་གྲིའི་འཁོར་ལོ་དང་། ཚིག་སྦྱོར་ཕུན་སུམ་ཚོགས་པ་སྟོན་པའི་གླེགས་བམ་སྟེ་གླེགས་རལ་གཉིས་ཀའི་རྣམ་པར་གནས་པ་ལས་འོད་ཟེར་འཕྲོས། ཕྱོགས་བཅུའི་སངས་རྒྱས་ཀྱི་རྟོམ་པའི་མཁྱེན་རབ་ཐམས་ཅད་གླེགས་བམ་དང་རལ་གྲིའི་འཁོར་ལོའི་རྣམ་པར་སྤྱན་དྲངས་ནས་ཐིམས་པས་རྟོམ་པ་ལ་ཐོགས་པ་མེད་པ་སློབ་དཔོན་དཔའ་བོ་དང་། ཆོས་རྒྱལ་དགེ་བའི་དབང་པོ་ལྟ་བུར་གྱུར་པར་མོས། ཡང་། སྙིང་ཁར་འཇམ་དབྱངས་དང་། ལྕེ་ལ་དབྱངས་ཅན་མ་བཀོད་ཚུལ་སོགས་ཀྱང་གསུངས། དེ་ལྟར་ཤེས་རབ་སྒྲུབ་སྐོར་བདུན་ཀ་དཀྱུས་གཅིག་ཏུ་སྒྲུབ་པ་མ་ལྕོགས་ན་འདི་ཚང་མ་མཉམ་དུ་སྒྲུབ་པ་ངེས་ཅན་དུ་མི་དགོས་པས་རྟོད་པའི་ཤེས་རབ་ལྟ་བུ་སྐབས་སུ་བབས་པའི་དམིགས་སྐོར་གང་འདོད་པ་གཅིག་སྒྲུབ་ཀྱང་ཆོག དགའ་ལྷ་འདིའི་སྒོ་ནས་ཤེས་རབ་སྒྲུབ་ན་ཁྱད་ཤིན་ཏུ་ཆེ་སྟེ། བླ་མ་རྡོ་རྗེ་འཆང་ཉིད་ནས་དགུང་ལོ་བཅུ་གྲངས་སྐབས་ཞིག་འདིའི་སྟེང་ནས་བླ་གཅིག་ཙམ་བསྒྲུབས་པས་ཤེས་རབ་གང་འདོད་དུ་འཕེལ་བར་བྱུང་བ་མྱོང་གྲུབ་ཡིན་གསུངས།

འཛིགས་བྱེད་ཀྱི་ཞི་ཁྲོ་སྒྲུབ་སྒྲུབ་སོགས་ཆེས་ཤིན་ཏུ་ཟབ་ཅིང་སྨུར་ཡང་བར་གཅོད་ཀྱང་ཏ་ཅང་ཆེ་ལ། འདི་ནི་བླ་མའི་རྣལ་འབྱོར་དང་འབྲེལ་བའི་བར་ཆད་ཆུང་ཞིང་། ཟབ་སྨུར་གྱི་ཁྱད་ཆོས་ཚང་བ་བཅས་འདིའི་སྒོ་ནས་ཤེས་རབ་སྒྲུབ་པ་གནད་ཆེ། བདུད་རྩི་འབེབ་སྦྱང་སྐབས་ཀྱི་བདུད་རྩི་དང་འོད་ཟེར་གཉིས་བདེ་སྟོང་གཉིས་མཚོན། བདུད་རྩི་སྣ་ལྔ་འོད་ཟེར་དང་བཅས་པས་ཉོན་མོངས་ལྔ་སྦྱོང་བ་དང་། ཡེ་ཤེས་ལྔ་ཐོབ་ཚུལ་སོགས་འདི་དག་གི་མཚོན་དོན་ཡང་རྒྱ་ཆེ། གོང་གི་རིགས་གསུམ་མགོན་པོ་ཕྱི་ནང་གསང་གསུམ་རྗེ་ཡབ་སྲས་གསུམ་ཀའི་གནས་གསུམ་དུ་བསྒོམ་པ་དང་། ཡང་ལུགས་གཅིག་ལ་རྗེ་ལ་འཇམ་དབྱངས་ཕྱི་ནང་གསང་གསུམ་དང་། དེ་བཞིན་རྒྱལ་ཚབ་ལ་སྤྱན་རས་གཟིགས། མཁས་གྲུབ་རྗེ་ལ་ཕྱག་རྡོར་ཕྱི་ནང་གསང་གསུམ་གསལ་བ་དང་། ཡང་། གསང་བདེ་འཇིགས་གསུམ་བཀོད་ནས་དེ་དག་གི་ཐུགས་བཟླ་བ་དང་། རིགས་གསུམ་ཞི་ཁྲོའི་ལས་ཚོགས་སོགས་ལས་ཚོགས་རྣམས་ཀྱང་སྒྲུབ་ཆོག གཞན་ཡང་ནད་རིགས་ཞི་བ་སོགས་ཀྱི་དམིགས་པ་ཁ་བསྒྱུར་ཚུལ་པཎ་ཆེན་དཔལ་ལྡན་ཡེ་ཤེས་ཀྱི་གསུང་ལས་ཚོགས་ཁ་ཚར་ཅན་སོགས་སུ་འང་ཡོད། རང་ལ་འཛིགས་པ་བྱུང་བ་ལྟ་བུའི་ཚེ་རྗེ་བླ་མའི་སྐུ་བས་སྤྱིན་གྱི་ཕྱག་རྒྱའི་འོག་ཏུ་རང་ཚུད་པའི་མོས་པ་བྱ་བ་སོགས་དམིགས་བཅེ་མ་འདི་ལ་དམིགས་སྐོར་དང་མན་ངག་མི་འདྲ་བ་མཐའ་ཡས་པ་བཞུགས་པས་དམིགས་བརྩེ་མའི་བེ་ཙ་བུམ་ནང་དུ་འཁོད་པའི་དགའ་ལྡན་ཁྲིད་ཀྱི་སྐོར་སོགས་ཞིབ་པར་བླ་མ་མཉེས་པའི་ཞལ་ལས་ཤེས་དགོས་པ་ཡོད་གསུངས། དེ་ནས་ཐུན་མོང་མ་ཡིན་པའི་དམིགས་སྐོར་ལྔའི་སྐབས་ཚིག་རེ་དང་དམིགས་པ་རེ་སྒྲུབ་ནས་བྱེད་པ་སོགས་ཀྱང་དམ་པ་གོང་མའི་མན་ངག་བཞིན་ཁོ་བོའི་ཚོག་སྒྲིགས་ཀྱི་ཡིག་ཆུང་ལྟར་བྱ། དམིགས་སྐོར་ཐ་མའི་དམིགས་པ་དང་སྒྲུབ་ཏེ་འབུམ་ཕྲག་གཅིག་བཟླས་ན་རྗེ་བླ་མས་ཞལ་གཟིགས་པ་འཇམ་དབྱངས་བཞད་པའི་རྡོ་རྗེའི་གསུང་རྒྱུན་ཡིན། བློ་བཟང་གྲགས་པའི་ཞབས་ལ་ཞེས་པའི་བར་དེར་མཚམས་བཞག་ནས། རྗེ་རིན་པོ་ཆེ། འཇམ་དབྱངས་དམར་སེར། རྩ་བའི་བླ་མའི་རྣམ་པ་རྣམས་རེ་ས་མོས་ཀྱིས་གང་གསལ་བ་དེ་ལ་སེམས་གཟུང་། གསོལ་བ་འདེབས་ཞེས་འདོད་པ་གསོལ་བ་ཡིན། དམིགས་རིམ་དང་པོ་ནས་ལྔ་པའི་བར་གྱི་མི་འདྲ་བའི་ཁྱད་པར་རྣམས་བློ་ལ་ངེས་

པར་བྱས་ཏེ་དམིགས་པ་བྱེད། དམིགས་སྐོར་ལྔ་པའི་དམིགས་པ་དང་སྦྲགས་ཏེ་དམིགས་བརྩེ་མ་འབུམ་བཟླ་བའི་དབང་དུ་བཏང་ན། ཐུན་དང་པོ་ལ་གོང་གི་དམིགས་པ་ལྔ་ལས་སྔ་མ་བཞི་པོ་ལན་རེ་བྱས་ཏེ། དེ་ནས་དམིགས་པ་ལྔ་པ་འདི་ཤ་སྟག་བྱེད་བཞིན་གྲངས་གསོག མ་མཐའ་དམིགས་པ་འདི་དང་སྦྲགས་ནས་དམིགས་བརྩེ་མ་ལན་བདུན་རེ་ངེས་པར་འདོན་དགོས་གསུངས། གསུམ་པ་ལམ་ཡོངས་རྫོགས་ལ་བྱིན་རླབས་སྦྱངས་ཞུས་ཀྱི་ཚུལ་དུ་ཞུ་བ་ནི། ལམ་ཡོངས་རྫོགས་ཀྱི་ཤར་སྒོམ་བྱེད་པར་གསུངས་པས་ཡོན་ཏན་གཞི་གྱུར་མ་ལྷ་བུའམ། ཡང་ན། ཁོ་བོའི་དགའ་ལྡན་རྒྱས་པར་ཤར་སྒོམ་བྱ་ཚུལ་ཚིགས་བཅད་གསར་རྩོམ་ཡོད་པ་འདིའི་སྟེང་ནས་བྱ། རབ་ལམ་རིམ་སོགས་ལ་སྦྱོང་བ་བརྟོན། མ་མཐའ་འདི་ལྟ་བུའི་སྒོ་ནས་ཤར་སྒོམ་མདོར་བསྡུས་རེ་བྱས་ན་ལམ་ཡོངས་རྫོགས་ལ་བག་ཆགས་འཛོག་ཐུབ་པའི་ཁྱད་ཡོད། དེ་ལྟར་མ་ལྷོགས་ན། ཐོས་བསམ་སྒོམ་པའི་ཤེས་རབ་འཕེལ་དུ་གསོལ། ཞེས་སོགས་ཚིགས་བཅད་གཉིས་བརྗོད་དེ་ཙུང་ཟད་བསྡུས་པའི་ཚུལ་དུ་བྱས་ཆོག་གསུངས། གསུམ་པ་ཚོགས་ཞིང་བསྡུ་བ་ནི། ཚོགས་ཞིང་གཞན་གསལ་བཏབ་ཡོད་ན་དེ་རྣམས་དང་སྲས་གཉིས་བཅས་རྗེ་རིན་པོ་ཆེ་ལ་ཐིམ། འཁོར་གཞན་གསལ་མེད་ན་སྲས་གཉིས་རྗེ་ལ་ཐིམ། སེང་ཁྲི་པད་ཟླ་སོགས་ཀྱང་རྗེའི་སེང་ཁྲི་པད་ཟླ་ལ་ཐིམ། རང་གི་ལུས་ཀྱི་དབུས་སུ་རྩ་དབུ་མ་དང་། སྙིང་པདྨ་འདབ་བརྒྱད་དུ་གསལ་བ་ལ། དཔལ་ལྡན་རྩ་བའི་གསོལ་འདེབས་དང་པོའི་ཚེ་རྗེ་བླ་མ་རྗེ་ཆུང་རྗེ་ཆུང་གིས་མཐར་རྒྱ་སྲན་ཙམ་དུ་གྱུར་པ་སྙིང་པདྨ་འདབ་བརྒྱད་ཀྱི་དབུས་སུ་བྱོན་ཏེ་པདྨ་བུམ་སྐྱ་ཁ་བསྡུ་བ་སོགས་བྱེད་པ་ནི་ཐུན་མོང་བ་དང་། འདིའི་སྟེང་ཐུན་མོང་མ་ཡིན་པ་ནི། སྲས་ཀྱི་ཐུ་བོ་གཉིས་རྗེ་བླ་མའི་སྐུ་དཔུང་གཡས་གཡོན་གྱི་ཐད་ནས་ཐིམས་པ་རྗེའི་ཕྱག་གི་པད་སྡོང་གཡས་གཡོན་གྱི་སྟེང་དུ་སྤྱན་རས་གཟིགས་དང་ཕྱག་རྡོར་དུ་གྱུར་པའི་རྗེ་རིགས་གསུམ་མར་གསལ་བ་དཔལ་ལྡན་རྩ་བའི་སོགས་ཀྱི་གསོལ་འདེབས་ལན་དང་པོའི་ཚེ་རང་གི་སྤྱི་བོར་བྱོན་ཏེ་རང་དང་ཁ་བལྟ་ཕྱོགས་མཐུན་པར་བཞུགས། རང་གི་སྙིང་རྩ་འདབ་བརྒྱད་ཀྱི་ཚུལ་དུ་གསལ་བ་ལྷུང་ནང་དུ་འདུ་བ་ལ་པན་ཕྱིར་རྩ་དབུ་མའི་ནང་དུ་ཡོད་པར་བསམ། འདིར་དཔལ་ལྡན་ཞེས་པ་སྔགས་ཀྱི་ཆོས་སྐད་ཐུན་མོང་མ་ཡིན་པ་སྟེ་སྐྱེ་འོད་ཟུང་འཇུག་གི་དཔལ་དང་ལྡན་པ་ལ་བྱེད།

དཔལ་ལྡན་རྩ་བའི་ཡན་གཉིས་པའི་སྐབས་རྗེ་བླ་མའི་ཁྲི་པད་ཚངས་བུག་ནས་སྙིང་ཁའི་རྩ་འདབ་ལ་དབྱེར་མེད་དུ་ཐིམས་པ་པདྨ་འདབ་བརྒྱད་དུ་གྱུར། ཟླ་ཉིའི་གདན་ཀྱང་སྙིང་ཁའི་མི་ཤིགས་པའི་ཐིག་ལེ་སྙིང་དཀར་འོག་དམར་ཁ་སྦྱོར་གྱི་རྣམ་པ་ཅན་ལ་ཐིམས་པས་ཉི་ཟླའི་གདན་དུ་གྱུར། རྗེ་བླ་མ་ཡང་དབུ་མའི་ནང་ནས་མར་བྱོན་ཏེ་ཐིག་ལེའི་དབུས་སུ་རང་གི་རླུང་སེམས་ཧཱུྃ་ཡིག་དཀར་ལ་དམར་བའི་མདངས་ཅན་དུ་གསལ་བ་དེ་ལ་ཐིམ། དེ་འོད་དུ་ཞུ་ནས་ཤིན་ཏུ་ཕྲ་བའི་གཙུག་མའི་རླུང་དེས་ཉེར་ལེན་དང་། བླ་མའི་སྐུ་དེས་ལྷན་ཅིག་བྱེད་རྐྱེན་བྱས་པ་ལ་བརྟེན་ནས་ཤིན་ཏུ་ཕྲ་བའི་རླུང་དེ་སྐུ་དག་པ་སྒྱུ་མའི་སྐུ་རྗེ་བླ་མ་སྐུ་མདོག་དཀར་ལ་དམར་བའི་མདངས་ཆགས་པའམ། སྐུ་མདོག་དཀར་པོར་བཞེངས་ཀྱང་ཆོག འདི་དཀར་པོར་བྱེད་པ་སྒྲུབ་གཞི་སྲོག་འཛིན་གྱི་རླུང་ཁ་དོག་དཀར་བས་ཡིན། ཤིན་ཏུ་ཕྲ་བའི་སེམས་དེས་ཉེར་ལེན་དང་། བླ་མའི་ཐུགས་དེས་ལྷན་ཅིག་བྱེད་རྐྱེན་བྱས་པ་ལ་བརྟེན་ནས་ཤིན་ཏུ་ཕྲ་བའི་སེམས་དེ་ཐུགས་དག་པ་བདེ་ཆེན་འོད་གསལ་ཆོས་ཀྱི་སྐུར་གྱུར། རླུང་དེའི་གདངས་ཤིན་ཏུ་ཕྲ་བའི་ངག་དེས་ཉེར་ལེན་དང་། བླ་མའི་གསུང་དེས་ལྷན་ཅིག་བྱེད་རྐྱེན་བྱས་པ་ལ་བརྟེན་ནས་ཤིན་ཏུ་ཕྲ་བའི་ངག་གསུང་རྡོ་རྗེར་གྱུར། དེ་ལྟར་བླ་མ་ཡི་དམ་རང་སེམས་གསུམ་ངོ་བོ་དབྱེར་མི་ཕྱེད་པའི་སྐུ་ཐུགས་ཟུང་འཇུག་དེ་ས་པ་ལྷ་ལྡན་འབྲས་དུས་ཀྱི་ལོངས་སྐུ་དངོས་དེ་ངའོ་སྙམ་དུ་ང་རྒྱལ་བྱ་བ་སྒྱུ་ལུས་ནང་ལྟང་གི་དམིགས་པ་སྐྱོང་ཚུལ། སྐབས་འདིའི་སྒྱུ་ལུས་པའི་སྐུ་གསང་བདེ་འཇིགས་གསུམ་གང་ལ་མོས་པ་དེར་བཞེངས་ཀྱང་ཆོག བླ་མཆོད་སྐབས་རྡོ་རྗེ་འཆང་དུ་བཞེངས་པ་ཡིན། བདེ་མཆོག་ཏུ་བཞེངས་ན་ཡུམ་སྐུ་མདོག་དམར་པོ་བྱེད་དགོས་པ་བདེ་མཆོག་གི་སྒོས་ཆོས་ཡིན། ད་དུང་འདི་ལ་བརྟེན་ནས་འོད་གསལ་དང་སྒྱུ་ལུས་བསྒྲུབ་ཚུལ། རྡོ་རྗེའི་བཟླས་པ། བསྲེ་བ་སྐོར་དགུ་སོགས་ཀྱང་སྦྱར་དུ་རུང་། འོན་ཀྱང་སྦྱར་ཚེས་ན། ཙ་ཏའི་ཡུལ་དུ་ཕྱིན་པ་ན། རྐང་གཉིས་པ་ལ་མིར་མི་རྩི། ཞེས་པ་ལྟར་འགྱུར་དུ་དོགས་པས་རེ་ཞིག་དེ་ཙམ་གྱིས་ཆོག་པར་ཞུས་གསུངས། དགའ་ལྡན་གྱི་ཞིང་ནས་བྱམས་མགོན་གྱི་ཐུགས་ཀའི་རྗེ་བླ་མ་དང་རང་གི་སྙིང་ཁའི་བླ་མའི་བར་སྤྲིན་དཀར་པོའི་ཐག་པ་ཕྲ་མོ་མ་ཆད་པར་རྒྱུན་དུ་གསལ་འདེབས་པ་འཕོ་བའི་མན་ངག་ཟབ་གནད་ཅན་ཡིན། དེ་ནས་དཔལ་ལྡན་རྩ་བའི་ཡན་གསུམ་པ་

བརྗོད་དེ་སྙིང་པདྨ་འདབ་བརྒྱད་ཁ་ཟུམ་པའི་ཕྱི་ནས་དམིགས་བརྩེ་མ་དང་སྔགས་ཕྲེང་གི་ཐག་པས་དཀྲི་བ་སོགས་ཚོག་སྒྲིགས་ལྟར་བྱ། སྙིང་གི་རྩེ་མོར་རྡོ་རྗེ་རྩེ་ལྔ་པ་ཕྱེད་པ་ཤིན་ཏུ་ལྗི་བ་རི་རབ་ལྟ་བུས་ལྗི་ཡོར་གྱིས་མནན་པར་བསམ་ན་སྙིང་རླུང་མི་འཇུག་པའི་ཁྱད་ཡོད། བར་ཆད་སྲུང་བའི་ཕྱིར་སྙིང་པདྨ་བུམ་སྐུ་དང་རྩ་དབུ་མའི་བར་སྟོང་སྒྲི་གཙུག་མན་ཐམས་ཅད་ཀྱང་དམིགས་བརྩེ་མ་དང་། ཨ་ར་པ་ཙ་དང་ཨཧྲཱིཥྚྲཱི་ཧེའི་སྔགས་ཀྱིས་ཁེངས་ཏེ་བུག་སྟོང་སྦྲ་མོ་ཙམ་ཡང་མེད་པར་བསམ། དེ་ནས་རྒྱལ་མཆོག་བསྐལ་བཟང་གི་དགའ་ལྡན་ཁྲིད་ཡིག་ཏུ་གསུངས་པའི་དགའ་ལྡན་ལྷ་བརྒྱ་མའི་སྨོན་ལམ། དེ་ལྟར་དངོས་གྲུབ་མ་ལུས་ཞེས་སོགས་ཡོད་པ་འདི་བརྗོད། གཞན་ཡང་། དཔལ་ལྡན་ས་གསུམ་མའི་སྨོན་ལམ་དེང་བརྩམས་དང་། ཚེ་རབས་ཀུན་ཏུ་སོགས། ལམ་རིམ་སྨོན་ལམ། དགེ་ལྡན་བསྟན་པ་རྒྱས་པའི་སྨོན་ལམ་སོགས་བསྔོ་སྨོན་གྱི་རྒྱས་འདེབས་ནན་ཏན་བྱ་གསུངས། དེ་ནས་ཐུན་མཚམས་སུ་འང་བཟའ་བཏུང་གི་ཚེ་ཁ་ཟས་རྣམས་བདུད་རྩིར་བྱིན་བརླབས་ཏེ་སྙིང་ཁའི་རྗེ་བླ་མ་ལ་ཕུལ་བར་མོས། ཆོས་གོས་རྣམ་གསུམ་སོགས་གྱོན་པ་ཡང་སྙིང་ཁའི་བླ་མ་ལ་ཕུལ་བར་བསམ། སྒོ་གསུམ་གྱི་བྱ་བ་གང་བྱས་ཐམས་ཅད་སྙིང་ཁའི་རྗེ་བླ་མ་དེ་ཉིད་དཔང་པོའི་ཚུལ་དུ་བྱེད་པ་དང་། མི་གཞན་གྱིས་རང་ལ་ཕྱག་འཚལ་བ་ལྟ་བུའི་ཚེ་འང་སྙིང་ཁའི་རྗེ་བླ་མ་ལ་འཚལ་བར་མོས་པ། གཞན་ལ་ཕར་ཕྱག་དབང་གནང་བ་དང་། བཀའ་བསྒོ་བྱེད་པ། སྲུང་མདུད་སྦྱིན་པ་ཚུན་ཆད་སྙིང་ཁའི་རྗེ་བླ་མའི་ཡིན་སྙམ་པ་བྱས་ན་རང་གཞན་གྱི་ཚོགས་རླབས་པོ་ཆེ་རྫོགས་ཤིང་། མ་མཐའ་བསོད་ནམས་ཟད་ཡོང་སྙམ་པའི་སྙིང་ཚུང་ཚུང་ཡང་བྱེད་མི་དགོས། དགེ་སྦྱོར་ཐམས་ཅད་ཀྱི་སྲོག་གཅིག་པུ་བླ་མའི་རྣལ་འབྱོར་འདི་ལྟ་བུ་ཉམས་སུ་བླངས་ན་གཏན་གྱི་འདུན་མ་རླབས་པོ་ཆེ་མྱུར་དུ་འགྲུབ་ཅིང་། ལྷག་པར་དགའ་ལྡན་ལྷ་བརྒྱ་མའི་བླ་མའི་རྣལ་འབྱོར་འདི་ནི་ཤིན་ཏུ་ལག་ཏུ་བླང་བདེ་ལ། བླ་མའི་མན་ངག་དང་སྦྱར་བའི་ཟབ་གནད་ཀྱང་ཁྱད་པར་ཅན་ཡོད་པས་རང་ཅག་རྣམས་ཀྱིས་ཅིས་ཀྱང་འདི་ལ་བརྩོན་པ་དྲག་པོའི་སྒོ་ནས་ཉམས་སུ་བླངས་ཏེ་དལ་འབྱོར་གྱི་རྟེན་ལ་སྙིང་པོ་མཆོག་ཏུ་ལོན་པ་ཞིག་ངེས་པར་བྱེད་དགོས་པ་ཡིན། དེ་ལྟ་བུའི་གདམས་པ་ཡང་ཁྲིད་ཡིག་དངོས་གྲུབ་ཀུན་འབྱུང་འདི་གཞི་སྟེང་དུ་བདག་གི་དྲིན་རྩ་བའི་བླ་མ་དོན་གྱི་སྐད་དུ་མཚན་ནས

སྨོས་ཏེ་མཚན་བརྗོད་པར་དཀའ་བ་སྒོ་མང་མཁན་ཆེན་རྡོ་རྗེ་འཆང་མཁྱེན་རབ་བསྟན་པ་ཆོས་འཕེལ་དཔལ་བཟང་པོའི་ཞལ་སྔ་ནས་ཁྲིད་རྒྱུན་དང་མན་ངག་ཞལ་ཤེས་ཡོངས་སུ་རྫོགས་པ་ལེགས་པར་ཐོབ། གཞན་དུ་དགའ་ལྡན་རང་གི་རྩ་ཚིག་གི་སྙིང་ནས་ཀྱང་བཀྲ་ཤིས་ལྷུན་པོའི་ཐོས་བསམ་གླིང་མཁན་པོ་རིན་པོ་ཆེ། ལུང་རྟོགས་ཀྱི་ཡོན་ཏན་སྤྱི་དང་། ཁྱད་པར་དུ་ཟབ་མོའི་ལྟ་བའི་སྒོ་ནས་གྲུབ་པའི་གོ་འཕང་མཐོན་པོར་གཤེགས་པའི་བདག་ཉིད་ཆེན་པོར་གྱུར་པ་རྗེ་བའི་བླ་མ་འཇམ་དཔལ་དཀོན་མཆོག་ཆོས་འཕེལ་གྱི་ཞལ་སྔ་ནས་ཟབ་ཁྲིད་མན་ངག་རྣམས་ལེགས་པར་ཐོབ་པ་ཡིན་གསུངས། གང་ཞུས་པ་དེ་དག་ཚང་མས་ཕྱག་ལེན་ལ་ཐེབས་པ་ཞིག་ཅེས་ཀྱང་ནས་བཀའ་དྲིན་སྐྱོང་བར་ཞུ། བདག་གིས་ཇི་སྙེད་བསགས་པའི་དགེ་བ་འདིས། ཞེས་སོགས་དགེས་བཞིན་དུ་འདོམས་པར་མཛད་དོ། དེ་ནས་སློབ་མ་རྣམས་ཀྱི་ཕྱག་བཞེས་ལྟར་མཎྜལ་ཚིགས་བཅད་དང་བཅས་པ་དང་། བླ་སློབ་ལྷན་ཅིག་པས་རིང་འབད་མ། མདོར་ན་དཔལ་ལྡན་བླ་མའི། ཆོས་ཀྱི་རྒྱལ་པོ། བདག་དང་གཞན་གྱི་སོགས་གསུངས་ནས་བསྔོ་བ་དང་འགྲོ་བའི་དོན་དུ་ཐུགས་སྨོན་རྒྱ་ཆེན་པོའི་བཀའ་དྲིན་སྩལ་ཏོ། དེ་ལྟར་དགའ་ལྡན་ལྷ་བརྒྱ་མའི་གསུང་བཤད་བརྗེད་བྱང་འདི་ནི། ཕ་བླ་མ་བཀའ་དྲིན་འཁོར་མེད་ཆེན་པོ་དེ་ཉིད་ཀྱི་དྲུང་ནས་ཟབ་རྒྱས་གདམས་པའི་བདུད་རྩི་མོད་མི་དམའ་བའི་སྐལ་བཟང་ཐོབ་ཀྱང་། བརྗེད་ངེས། སྨྲ་ལས། དོན་མིན་རྣམ་གཡེང་དུ་མའི་ཁུར་གྱིས་དུབ་པ་འདུན་གྲྭ་སུཏྲིའི་མིང་ཅན་གྱིས། རྣམ་འདྲེན་དམ་པ་ཉིད་ལས་འདིའི་ཟབ་ཁྲིད་ལན་ཁ་ཡར་ཉན་པའི་ཟིན་ཐོ་ལས་རང་བཟོ་མེད་པར། རབ་བྱུང་བཅུ་དྲུག་པའི་མེ་ཕག་ལོ་ལྷ་ལྟུ་དགའ་ཚལ་དུ་བྲིས་པ། དྲིན་ཅན་བླ་མ་རྡོ་རྗེ་འཆང་གིས་ཆེ་རབས་ཀུན་ཏུ་དགྱེས་བཞིན་རྗེས་སུ་འཛིན་ཅིང་། བཀའ་བཞིན་སྒྲུབ་པའི་མཉེས་མཆོད་ཁོ་ནར་གཞོལ་ནུས་པའི་རྒྱུར་གྱུར་ཅིག། འགྲོ་དོན་འཕེལ། དགེའོ།།

༄༅། །དགའ་ལྡན་ལྷ་བརྒྱ་མ་དང་འབྲེལ་བའི་དམིགས་བརྩེ་མའི་དོན་ཐབས་རགས་བསྡུས་ཙམ་ཞིག་འགྲོགས་པ་དབྱོད་ལྡན་བཅེས་ནོར་ཞེས་བྱ་བ་བཞུགས་སོ། །

༄༅། །བློ་གཏེར་མི་ཟད་རྒྱལ་ཀུན་བསྐྱེད་པའི་ཡབ། །མཁས་བཙུན་བཟང་པོའི་མཛོད་འཛིན་བློས་གར་གྱིས། །ཐུབ་བསྟན་སྤེལ་བའི་གྲགས་སྙན་འགྲན་པའི་ཟླ། །སྲིད་འདིར་རྟེད་མིན་རྒྱལ་བ་གཉིས་པར་འདུད། །མགོན་དེའི་རྨད་བྱུང་མཛད་པ་ཀུན་གྱི་དཔྱིད། །ཟབ་གསང་ཟུང་འབྲེལ་བསྟན་པའི་ཡང་སྙིང་འདི། །སྐལ་ཚོགས་ཐབས་ཀྱིས་འཛིན་སྐྱོང་སྤེལ་མཛད་པ། །དགེ་ལྡན་མཁས་གྲུབ་ཚོགས་ལ་ཕྱག་བགྱིའོ། །བརྒྱད་ཁྲི་བཞི་སྟོང་ཆོས་ཀྱི་སྒྲ་སྙན་པོ། །རྒྱུད་མངས་ཟློལ་གྱིས་སྒྲོགས་པའི་འཇོ་སྒེག་ཅན། །ཚངས་པའི་སྲས་ཡོད་སྙིང་ནས་འདུད་དོ་ཀྱེ། །དོན་བཟང་སྟེབས་ལེགས་སྙན་འཛེབས་སྒྲ་དབང་སྩོལ། །འདི་ན་འཕྲལ་ཡུན་འདུན་མ་ལེགས་པའི་གཞི། །རྒྱལ་བ་དགྱེས་པའི་ལམ་བཟང་འགྲུབ་འདོད་པའི། །དབྱོད་ལྡན་སྐྱེས་བུའི་འཇུག་སྒོ་མ་ནོར་བ། །བཤེས་གཉེན་དམ་པ་བསྟེན་ལས་གཞན་ཡོད་མིན། །དེ་ཡང་གདུལ་བྱའི་མོས་འབྲེལ་སྣ་ཚོགས་ཀྱི། །དད་པ་འཇུག་པའི་བྱེ་བྲག་མཐའ་ཡས་ཀྱང་། །རང་རེའི་བཀའ་བརྒྱུད་གོང་མ་རིམ་བྱོན་གྱིས། །ཐུགས་དམ་སྙིང་པོར་མཛད་པའི་གདམས་ངག་མཐིལ། །དགའ་ལྡན་ལྷ་བརྒྱ་མ་ཞེས་རབ་གྲགས་པ། །བླ་མའི་རྣལ་འབྱོར་ཀུན་གྱི་ཡང་རྩེ་འདི། །ཚིག་སྒྲོར་ཙམ་ཡང་དོན་ཟབ་རྒྱ་ཆེ་ཞིང་། །བྱིན་རླབས་མྱུར་ཁྱད་ཆེ་བའི་རྒྱུ་མཚན་མང་།། དེ་ཕྱིར་རང་མཐོང་ཁེངས་པས་སྙིང་རུལ་བའི། །བླུན་པོ་ཤེས་རློམ་ཅན་ལ་འདི་མི་དགོས། །གཅིག་ཆོག་གདམས་པའི་རྒྱལ་པོར་ཡིད་རྟོན་པའི། །རྣམ་དབྱོད་ཅན་ལ་སྙིང་གི་འདུད་རྩི་སྤེལ། །དེ་ཡང་དགའ་ལྡན་ལྷ་བརྒྱ་མར་གྲགས་པའི་བླ་མའི་རྣལ་འབྱོར་འདི་ནི། རྒྱལ་བ་ཐམས་ཅད་ཀྱི་མཁྱེན་རྩེ་དུས་གསུམ་གཅིག་ཏུ་འདུས་པའི་ངོ་བོ་༧འཇམ་མགོན་ཙོང་ཁ་པ་ཡབ་སྲས་ལ་ཕྱོགས་བཅུའི་སྐྱབས་གནས་ཞི་ཁྲོ་རབ་འབྱམས་མཐའ་དག་གིས་བསྐོར་བ་སྤྱན་དྲངས་ཏེ། ཚོགས་བསགས་པ་

དང་སྦྲིབ་པ་སྦྱངས་བའི་གནད་བསྡུས་པ་ཡན་ལག་བདུན་པ་འབུལ་ཞིང་། དམིགས་བརྩེ་མའི་སྒོ་ནས་གསོལ་བ་འདེབས་པའི་རྣལ་འབྱོར་ཉམས་སུ་ལེན་ཚུལ་ཡིན་པས། མན་ངག་གི་རྒྱུད་ལེགས་པར་ཐོབ་ཅིང་། ༄རྗེ་བླ་མ་ལ་ཁ་ཙམ་ཚིག་ཙམ་མིན་པར་སྙིང་ཐག་པ་ནས་དད་པ་དང་ལྡན་པ་དག་གིས་ཚུལ་འདི་ཉིན་རེ་བཞིན་མ་ཆག་པར་ཉམས་སུ་བླངས་ནས་སངས་རྒྱས་ཐམས་ཅད་ཀྱི་བྱིན་རླབས་རང་རྒྱུད་ལ་དུས་གཅིག་དུ་འཇུག་པ་དང་། འདིའི་སྒོ་ནས་ཞི་རྒྱས་དབང་དྲག་གི་ལས་སྣ་ཚོགས་སྒྲུབ་ཚུལ་ཡང་ཡོད་པས། གཞན་ཕྱོགས་ལ་གྲགས་པའི་བྱ་སླ་ཚིགས་ཆུང་གི་གདམས་ངག་ལས་ཆེས་ཁྱད་པར་དུ་འཕགས་པའི་བྱིན་རླབས་མྱུར་ཞིང་མཐའ་བཟང་བ་དང་ཁྱངས་བཙུན་པ་ཡིན་ནོ། །དེས་ན་འདིར་དགའ་ལྡན་ལྷ་བརྒྱ་མ་དང་འབྲེལ་བའི་བླ་མའི་རྣལ་འབྱོར་འདོན་ཐབས་ཀྱི་རིམ་པར་བསྒྲིགས་ཏེ་རགས་བསྡུས་ཙམ་ཞིག་བརྗོད་པ་ལ། གདམས་ངག་འདི་གང་ནས་འབྱུང་བའི་ཁུངས་འགོད་པ་དང་། ཇི་ལྟར་ཉམས་སུ་ལེན་པའི་ཚུལ། ཉམས་སུ་བླངས་པའི་ཕན་ཡོན་བརྗོད་པ་དང་གསུམ། དང་པོ་ནི། གདམས་པ་འདི་སྙན་བརྒྱུད་ཀྱི་མན་ངག་ལས་བྱུང་བ་ཡིན་ལ། སྙན་བརྒྱུད་ཀྱི་མན་ངག་ཅེས་པའི་དོན་ནི། ལྷག་པའི་ལྷ་གང་ཡང་རུང་བ་ཞིག་གི་ཞལ་གཟིགས་ཤིང་། གསུང་ཐོས་པའི་གང་ཟག་ཁྱད་པར་ཅན་ལ་ལྷག་གདམས་ངག་གང་ཡང་རུང་བ་གསུངས་པ། དེ་འདྲ་བའི་གདམས་པ་དེ་ཁྲིམ་ཆོས་སུ་མི་གྲགས་པར་སྐལ་ལྡན་གྱི་སློབ་མ་སྣོད་རུང་གཅིག་ལ་སྙན་ཁུང་དུ་ཐུས་ཆོས་སུ་བཤད། དེ་ནས་རིམ་བཞིན་སྐལ་ལྡན་སྣོད་རུང་ཤ་སྟག་ལ་སྙན་ནས་སྙན་དུ་བརྒྱུད་པ་མ་གཏོགས་ཡི་གེར་འགོད་དུ་མི་རུང་བའི་ཟབ་ཆོས་འགངས་ཆེ་བ་ཞིག་ལ་སྙན་བརྒྱུད་ཀྱི་མན་ངག་ཟེར་བ་ཡིན་གསུངས། དགའ་ལྡན་ལྷ་བརྒྱ་མ་འདི་སྙན་བརྒྱུད་ཀྱི་མན་ངག་ལས་བྱུང་ཚུལ་ནི། ཐོག་མར་རྗེ་བཙུན་འཇམ་པའི་དབྱངས་ཀྱིས་རྗེ་བླ་མ་ལ་གསུངས། ༄རྗེ་བླ་མས་རྟོགས་ལྡན་འཇམ་དཔལ་རྒྱ་མཚོ་ལ་ཐུས་ཆོས་སུ་གནང་། རྟོགས་ལྡན་པ་ལས་མཁས་གྲུབ་ཐམས་ཅད་མཁྱེན་པས་གསན། མཁས་གྲུབ་རྗེས་བ་སོ་ཆོས་རྒྱན་ལ་གནང་། བ་སོ་པས་གྲུབ་ཆེན་ཆོས་ཀྱི་རྡོ་རྗེ་ལ་གནང་། གྲུབ་ཆེན་ཆོས་ཀྱི་རྡོ་རྗེས་མཇལ་ལུས་བརྙེས་ནས་གནས་ངེས་མེད་དུ་བཞེངས་པར་རེ་ཞིག་གི་བར་དུ་སྙན་བརྒྱུད་ཀྱི་མན་ངག་སྟེར་བའི་སྣོད་ལྡན་མ་བྱུང་། སྐབས་ཞིག་ན་གཙང་དབེན་དགོན་གྱི་ཤར་

ཕྱོགས་ཧ་ཅང་ཐག་མི་རིང་བའི་ས་ཆར། བྲག་སྐུ་རྡོ་རྗེའི་ཕོ་བྲང་དུ་དབེན་ས་བློ་བཟང་དོན་གྲུབ་ཟབ་མོའི་རྣལ་འབྱོར་ལ་རྩེ་གཅིག་ཏུ་ཐུགས་དམ་མཛད་བཞིན་བཞུགས་དུས། གྲུབ་ཆེན་ཆོས་རྡོ་རྗེས་མན་ངག་སྙོ་སྐྱེ་ལ་གྱི་ཚུལ་དུ་ཕེབས་པར་དབེན་ས་པས་དག་པའི་སྣང་བར་མཇལ་ཏེ། སྙན་བརྒྱུད་ཀྱི་མན་ངག་ཡོངས་རྫོགས་གསན། དེ་ནས་དབེན་ས་པ་ནས་རིམ་བཞིན་བརྒྱུད་པ་ལ་དབེན་ས་སྙན་བརྒྱུད་དང་། མཁས་གྲུབ་ཐམས་ཅད་མཁྱེན་པ་ནས་རྗེ་བཙུན་ཤེས་རབ་སེངྒེ་ལ་བརྒྱུད། དེ་ནས་རིམ་བཞིན་སྤེལ་བ་ལ་དཔལ་ལྡན་སྨད་བརྒྱུད་ཞེས་ཚན་པ་གཉིས་སུ་གྲགས་པ་ལས་སྨད་བརྒྱུད་པའི་མཁས་གྲུབ་ཆེན་པོ་རྒྱུད་ཆེན་སངས་རྒྱས་རྒྱ་མཚོས་བླ་མ་ལྷག་པའི་ལྷ་རྩེ་གཅིག་ཏུ་གསོལ་བ་བཏབ་པས་བཀའ་རྒྱ་གྲོལ་ཏེ་ཡི་གེར་བཀོད་ཚོག་པའི་གནང་བ་སྩོལ་བས། ཚིགས་བཅད་དུ་སྡེབས་ནས་ཡི་གེར་བཀོད། དེ་ནས་བཟུང་དགའ་ལྡན་ལྷ་བརྒྱ་མ་ཞེས་གྲགས་ཆེ་ཞིང་ཡོངས་ལ་དར་བ་འདི་ཡིན་ནོ། །སྤྱིར་དགའ་ལྡན་སྙན་བརྒྱུད་ཀྱི་མན་ངག་ཅེས་ཡོངས་ལ་གྲགས་ཆེ་བ་དབེན་ས་སྙན་བརྒྱུད་གཙོ་ཆེ་ལ། དགའ་ལྡན་ལྷ་བརྒྱ་མ་འདི་དང་པོར་སྙན་བརྒྱུད་ཁོ་ནར་བཞུགས་པ་ཕྱིས་སུ་ཡི་གེར་བཀོད་མཁན་ནི་སྨད་བརྒྱུད་པའི་བླ་མ་ཞིག་གིས་མཛད་པའི་རྒྱུ་མཚན་གསལ་ཆེད་ཙམ་སྨོས་སོ། གཉིས་པ་རྗེ་ལྷར་ཉམས་སུ་ལེན་ཚུལ་ནི། ཐོ་རངས་སྔ་བར་བླངས་ཏེ་གནས་ཁང་བྱི་དོར་བྱས་ཤིང་འོས་པའི་ཕྱོགས་སུ་སྟེགས་མཐོན་པོའི་སྟེང་དུ་སྐུ་གསུང་ཐུགས་ཀྱི་རྟེན་སྤྱི་དང་། ཁྱད་པར་རྗེ་བླ་མ་ཡབ་སྲས་ཀྱི་སྐུ་བྲིས་འབུར་གང་རིགས་བཀྲར་བསྟེ་དང་བཅས་པར་བཞུགས་སོ་གསོལ། དེའི་མདུན་དུ་མཆོད་པའི་རྣམ་གྲངས་གཙང་ཞིང་ཡིད་དུ་འོང་བ་རྒྱ་ཆེར་བཤམས། རང་ཉིད་གདན་བདེ་བ་ལ་འཁོད་དེ། དགེ་སེམས་ཁྱད་པར་ཅན་གྱི་དང་ནས་སྐྱབས་འགྲོ་སེམས་བསྐྱེད་ཡིད་ཁྲུལ་ངེས་ཞིག་སྔོན་དུ་བཏང་། དེ་ནས་རང་ཉིད་དགའ་ལྡན་ཡིད་དགའ་ཆོས་འཛིན་དུ་རྫུ་འཕྲུལ་གྱིས་སྐད་ཅིག་ཉིད་ལ་སླེབ་ནས་རྗེ་བླ་མ་ཡབ་སྲས་ལ་ཕྱག་འཚལ་ཏེ། དེང་སང་འཛམ་བུ་གླིང་དུ་སྙིགས་མ་ལྔའི་རྒྱུད་པ་ཆེས་ཆེར་དར་ནས་འགྲོ་བ་རྣམས་ཤིན་ཏུ་ཉམས་ཐག་པའི་སྐབས་ལགས་པས་བདག་ཅག་རྣམས་ཀྱི་མགོན་སྐྱབས་དཔུང་གཉེན་མཛད་པའི་སླད་དུ་འཛམ་བུ་གླིང་དུ་ཅིས་ཀྱང་མྱུར་དུ་བྱོན་པར་ཞུ་ཞེས་སྙན་གསན་འབུལ་ནས་མར་འོངས་ཏེ་རང་གི་གདན་ལ་འཁོད་

པའི་མོས་པ་བྱ། དེ་ནས་ཚོགས་ཞིང་སྤྱན་དྲངས་པ་ནི། དགའ་ལྡན་ལྷ་བརྒྱའི་མགོན་གྱི་ཐུགས་ཀ་ནས། །ཞེས་པ་ནས། སྲས་དང་བཅས་པ་གནས་འདིར་གཤེགས་སུ་གསོལ། །ཞེས་པའི་པར་ཤོ་ལོ་ག་གཅིག་གི་དོན་ཡོད་ལ་དྲན་བཞིན་པའི་ངང་ནས་དལ་བུས་འདོན། འདིའི་སྐབས་སུ་དགའ་ལྡན་ཡིད་དགའ་ཆོས་འཛིན་གྱི་ཞིང་གི་གཙོ་བོ་རྒྱལ་བ་མི་ཕམ་པའི་ཐུགས་ཀ་ནས་སྤྲིན་དཀར་དར་ཐག་རྒྱངས་པ་འདྲ་བའི་སྟེ་མོ་རང་གི་མདུན་གྱི་ཐད་དྲང་གི་ནམ་མཁའི་དབྱིངས་མཐོ་དམའ་འཚམ་པར་ཞོ་གསར་སྐྱུངས་པ་ལྟ་བུའི་དབྱིབས་སུ་ཆགས་པ་དེའི་དབུས་ན་སེང་ཁྲིའི་སྟེང་དུ་རྗེ་བླ་མ། གཡས་སུ་རྒྱལ་ཚབ་དར་མ་རིན་ཆེན། གཡོན་དུ་མཁས་གྲུབ་དགེ་ལེགས་དཔལ་བཟང་བཅས་ཡབ་སྲས་གསུམ་བྱོན་ཏེ། རང་ལ་ཤིན་དུ་དགྱེས་པའི་ཉམས་ཀྱིས་གཟིགས་བཞིན་བཞུགས་པར་བསམ། དེ་ནས་ཡན་ལག་བདུན་པ་འབུལ་བ་ནི། མདུན་གྱི་ནམ་མཁར་སེང་ཁྲི་ཞེས་སོགས་ཀྱི་སྐབས་སུ་རྗེ་བླ་མ་ཡབ་སྲས་ལ་བདག་ཅག་བསོད་ནམས་བསགས་པའི་ཞིང་དུ་བསྐལ་པ་རྒྱ་མཚོའི་བར་དུ་ཞིང་འདི་ཁོ་ནར་བརྟན་པར་ཞུགས་ཞེས་གསོལ་བས་ཞལ་གྱིས་གཞེས་པར་བསམ། །ཤེས་བྱའི་ཁྱོན་ཀུན་ཞེས་སོགས་ཀྱིས་ཕྱག་འཚལ་བའི་ཡན་ལག་དང་། །ཡིད་འོང་མཆོད་ཡོན་ཞེས་སོགས་ཀྱིས་མཆོད་པའི་ཡན་ལག། གང་ཞིག་ཐོག་མེད་དུས་ནས་ཞེས་སོགས་ཀྱིས་བཤགས་པའི་ཡན་ལག ། སྙིགས་མའི་དུས་འདིར་ཞེས་སོགས་ཀྱིས་རྗེས་སུ་ཡི་རང་བའི་ཡན་ལག །རྗེ་བཙུན་བླ་མ་ཞེས་སོགས་ཀྱིས་ཆོས་འཁོར་བསྐོར་བར་བསྐུལ་བའིཡན་ལག །བདག་གི་ཇི་སྙེད་བསགས་པའི་ཞེས་སོགས་ཀྱིས་བསྔོ་བའི་ཡན་ལག་ཏེ་བདུན་རྣམ་དག་འབུལ། འདིར་ཡན་ལག་བདུན་པ་སོ་སོའི་དམིགས་རིམ་དང་། གཞུང་གི་ཚིག་དོན་བླ་མའི་ཞལ་ཤེས་ཀྱིས་བརྒྱན་ཏེ་ཞིང་ཏུ་འགྲེལ་ན་བློ་སྐྱེད་ཆེ་ཞིང་ཡིད་འཕྲུལ་ངེས་ཞིག་ཡོད་པ་འདུག་ཀྱང་ཡི་གེ་མེད་པར་ཕྱུར་པས་བྲིས་མ་སྤྱོབས། དེ་ནས་མནྡལ་རྒྱས་པ་ཚར་གཅིག་གམ་གསུམ་སོགས་ཀྱིས་མཆོན་གྲངས་མང་ཉུང་ཤོང་སྐབས་དང་བསྟུན་ནས་འབུལ་ཏེ། དཔལ་ལྡན་ས་གསུམ་འགྲོ་བའི་མིག་གཅིག་བུ། །ཞེས་པ་ནས། མཆོག་གི་དངོས་གྲུབ་བརྩེས་ལ་གསོལ་བ་འདེབས། ཞེས་པའི་པར་གྱིས་༄རྗེ་བླ་མའི་རྨད་དུ་བྱུང་བའི་རྣམ་པར་ཐར་པ་སྨོན་ཡུལ་དུ་བྱས་ཏེ་གསོལ་བ་ཤུགས་དྲག་བཏབ། མཚམས་འདིར་དམིགས་བརྩེ་མ་

བརྒྱ་སྟོང་ཁྲི་འབུམ་སོགས་ཐུན་གཅིག་ལ་ཇི་ཙམ་ནུས་པ་བཟླས། དམིགས་བརྩེ་མ་འདྲེན་སྐབས་༸རྗེ་བླ་མ་ཡབ་སྲས་གསུམ་གྱི་ཐུགས་ཀ་ནས་འོད་དཀར་པོ་སྨྱུག་སྦུབས་ལྟ་བུ་གྲོ་སོག་ཙམ་པ་ཞིག་ཐོན་པའི་སྣེ་མོ་གཅིག་ཏུ་གྱུར་པའི་རྩེ་མོ་ཚངས་བུག་ཏུ་ཐུག་པའི་ཁོང་སྟོང་ནས་བདུད་རྩི་དཀར་པོའི་རྒྱུན་བབས། ལུས་ཀྱི་ནང་ཐམས་ཅད་གང་། ཚེ་རབས་ཐོག་མེད་ནས་བསགས་པའི་ལས་ངན་སྡིག་སྒྲིབ་སྦྱངས། ཚེ་བསོད་དཔལ་འབྱོར་ལུང་རྟོགས་ཡོན་ཏན་ཐམས་ཅད་འཕེལ་ཞིང་རྒྱས་པའི་མོས་པ་སྒྲི་དང་། འདུད་རྩི་འབེབས་སྦྱངས་ཀྱི་དམིགས་པ་བྱེ་བྲག་པ་ནི། ཚེ་འཕེལ་བ་དང་། ཤེས་རབ་འཕེལ་བ་དང་། ནོར་འཕེལ་བ། ཕྱི་རོལ་གདོན་བགེགས་སྟེང་འོག་བར་གསུམ་གྱི་གནོད་པ་ཞི་བ་དང་། ནང་གི་འབྱུང་ཁམས་མ་སྙོམས་པའི་ནད་རིགས་སོ་སོའི་གཉེན་པོར་འགྲོ་བའི་དམིགས་པ་ཁ་སྦྱོར་ཚུལ་མང་དུ་ཡོད་པས་ཞིབ་ཏུ་ངེས་པར་བྱས་ནས་སྐབས་སུ་གང་བབས་འདོང་མས་ལྟར་བྱ། མཐུག་ཏུ། དེང་ནས་བཙམས་ཏེ་ཚེ་རབས་ཀུན་ཏུ་བདག །ཞེས་པ་ནས། ཆོས་དང་བཀྲ་ཤིས་འཕེལ་བར་མཛད་དུ་གསོལ། ཞེས་པའི་བར་འདོན། ཚོགས་ཞིང་ཉེར་བསྡུ་བྱ་བ་ནི། དཔལ་ལྡན་རྩ་བའི་བླ་མ་རིན་པོ་ཆེ། ཞེས་པ་ནས། སྐུ་གསུང་ཐུགས་ཀྱི་དངོས་གྲུབ་སྩལ་དུ་གསོལ། ཞེས་ཚར་གསུམ་གྱི་དང་པོའི་ཚེ། རྗེ་ཡབ་སྲས་ཀྱི་མཐའ་སྐོར་དུ་བཞུགས་པའི་སྐྱབས་གནས་ཐམས་ཅད་འོད་དུ་ཞུ་ནས་ཡབ་སྲས་གསུམ་གྱི་ཐུགས་ཀར་ཐིམ། གཉིས་པའི་སྐབས་སྲས་གཉིས་འོད་དུ་ཞུ་བ་རྗེ་བླ་མའི་ཐུགས་ཀར་ཐིམ། གསུམ་པའི་ཚེ་༸རྗེ་བླ་མ་སྐྱབས་གནས་ཀུན་འདུས་ཀྱི་བདག་ཉིད་ཅན་དེ་ཉིད་བཞུགས་ཁྲི་དང་བཅས་པ་མཐེ་བོང་ཙམ་དུ་གྱུར་བ་སྤྱི་བོའི་ཚངས་བུག་ནས་རྩ་དབུ་མ་བརྒྱུད་ནས་མར་བྱོན་རང་གི་སྙིང་པདྨ་འདབ་བརྒྱད་ཀྱི་དབྱིབས་སུ་ཡོད་པའི་ལྟེ་བར་བྱོན་ཏེ་བྱང་ཆུབ་མ་ཐོབ་བར་དུ་རང་སེམས་དང་དབྱེར་མེད་དུ་བཞུགས་པར་བསམ་ཞིང་སྙིང་ཁའི་འདབ་མ་ཟུམ་པའི་ནང་ལོགས་སུ་འོད་ཟེར་སྣ་ལྔའི་ཞལ་ཞལ་དང་། ཕྱི་རོལ་ནས་དམིགས་བརྩེ་མ་གསེར་གྱི་མདོག་ཅན་གྱིས་དཀྲིས་ཞིང་། རྩེ་མོར་རྡོ་རྗེ་ཕྱེད་པ་ཏོག་ལྟ་བུས་གནོན་པར་བསམ། རྩ་དབུ་མའི་ཁོང་སྟོང་ཚངས་བུག་གི་བར་འོད་ཟེར་དཀར་པོས་གང་བར་མོས་པ་བརྟན་པར་བྱའོ། མཚམས་འདིར་ཐུགས་རྗེ་བསྐུལ་བའི་གདུང་དབྱངས་གསོལ་འདེབས་བྱེད་པར་སྤྲོ་ན།

ཁོ་བོས་སོགས་སུ་བྲིས་ཡོད་པ་བཞིན་བྱའོ། གསུམ་པ་འདི་ལྟར་ཉམས་སུ་བླངས་པའི་ཕན་ཡོན་ནི། དགའ་ལྡན་ལྷ་བརྒྱ་མ་དང་འབྲེལ་བའི་དམིགས་བརྩེ་མའི་ཉམས་ལེན་ལ་འབད་ཅིང་། ༄རྗེ་བླ་མ་ལ་རྒྱུན་དུ་གསོལ་བ་བཏབ་ན། སངས་རྒྱས་ཐམས་ཅད་ཀྱི་བྱིན་རླབས་མྱུར་ཏུ་འཇུག་པས། སྡིག་སྒྲིབ་མང་པོ་བདེ་བླག་ཏུ་དག་པ་དང་། ས་ལམ་གྱི་རྟོགས་པ་རྒྱུད་ལ་མྱུར་དུ་སྐྱེ་བའི་སྣོད་རུང་དུ་འགྱུར་བ་དང་། སྐྱེ་བ་ཕྱི་མ་རྣམས་སུ་དགའ་ལྡན་ཡིད་དགའ་ཆོས་འཛིན་དང་། བདེ་བ་ཅན་སོགས་རྗེ་བླ་མ་གང་དུ་བཞུགས་པའི་ཞིང་ཁམས་སུ་སྐྱེས་ནས་ཞལ་འཛལ་གསུང་ཐོས་པ་དང་། །གཞན་ཡང་རྗེ་བླ་མའི་བསྟན་པ་དང་མཇལ་བའི་རྟེན་བཟང་པོ་འཐོབ་སྟེ། རྗེ་བླ་མའི་སྤྲུལ་པའི་བཀོད་པ་གང་ཡང་རུང་བ་ཞིག་དགེ་བའི་བཤེས་གཉེན་གྱི་རྣམ་པར་མཇལ་ནས་རྗེས་སུ་བཟུང་བ་སོགས་བརྗོད་ཀྱིས་མི་ལང་། དེར་མ་ཟད་དམིགས་བརྩེ་མའི་ཉམས་ལེན་ལ་འབད་མཁན་གྱི་གང་ཟག་དེ། ཤེས་རབ་ཆེ་ཞིང་སྤོབས་པ་མྱུར་བ་དང་། ཐུར་ཐོས་པའི་ཆོས་རྣམས་བརྗེད་པར་མི་འགྱུར་བ་དང་། མ་ཐོས་པའི་ཆོས་རྣམས་ཀྱི་དོན་དམ་ཐུགས་ཀྱིས་ཤེས་པ་དང་། གསུང་རབ་མང་པོའི་དོན་ལ་གོ་བ་རྗེ་བཟང་དུ་འགྲོ་བ་དང་། རྒྱུད་ལ་ཡོན་ཏན་དེ་ཙམ་མེད་ཀྱང་གཞན་ལ་ཕན་ཐོགས་ཆེ་བ་དང་། གར་འགྲོ་གར་བཞུགས་ཀྱི་གནས་སུ་བཀྲ་ཤིས་ཤིང་བྱིན་རླབས་ཆེ་བ་དང་། ས་བདག་ཀླུ་གཉན་སྟེང་འོག་བར་གསུམ་གྱི་གདོན་བགེགས་མི་མ་ཡིན་འབྱུང་པོ་མ་རུང་བ་རྣམས་ཀྱིས་གནོད་པར་མི་ནུས་པ་དང་། དཀར་ཕྱོགས་པའི་ལྷ་ཀླུ་ལྷ་ཅི་སྨོས། འཇིག་རྟེན་ལས་འདས་པའི་སྲུང་མ་ཆེན་པོ་རྣམས་ཀྱིས་ཀྱང་ལས་མ་བཅོལ་བར་གྲོགས་མཛད་པ་དང་། དར་རྒྱུད་ཅུང་ཞིང་ཚེ་རིང་བ་དང་། འདིའི་སྒྲུབ་པ་པོ་ལ་འདི་ཕྱིའི་གནས་སྐབས་ཀུན་ཏུ་བཀའ་བསྲུང་དམ་ཅན་ཆོས་ཀྱི་རྒྱལ་པོས་ལུས་དང་གྲིབ་མ་བཞིན་དུ་གྲོགས་ནས་འཕྲིན་ལས་སྒྲུབ་པ་སོགས་ཕན་ཡོན་མཐའ་ཡས་སོ། མཇུག་ཏུ། ཚེ་རབས་ཀུན་ཏུ་རྒྱལ་བ་ཞེས་སོགས་ཀྱིས་མཐའ་བརྒྱན་པར་བྱའོ། ད་ལྟར་ན་བློ་གྲོས་དང་ལྡན་པ་རྣམས་ཀྱིས་མཉམ་མེད་རི་བོ་དགེ་ལུགས་པའི་ཐུན་མོང་མ་ཡིན་པའི་ཆོས་སྐལ། བྱིན་རླབས་གཞན་ལས་མྱུར་ཁྱད་ཆེ་ཞིང་ཉམས་སུ་བླངས་བདེ་བ་དང་། ཕུགས་སུ་མི་བསླུ་བའི་གདམས་པ་ཟབ་མོ་ཐུགས་དམ་མཛད་པར་བཞེད་ན། ༄དགའ་ལྡན་ལྷ་བརྒྱ་མ་དང་འབྲེལ་བའི་དམིགས་བརྩེ་མའི་རྣལ་འབྱོར་ལ་བརྩོན་

པར་བྱ་ཞིང་། ༧རྗེ་བླ་མ་ཙོང་ཁ་པ་ཆེན་པོ་ལ་དུས་རྟག་ཏུ་གསོལ་བ་བཏབ་པ་ཉིད་འདི་ཕྱིའི་ལེགས་ཚོགས་ཐམས་ཅད་ཀྱི་རྩ་བ་བླ་ན་མེད་པ་ཡིན་ནོ། །འདིར་སྨྲས་པ། རྒྱལ་ཀུན་མཛད་པ་མ་ལུས་ཡོངས་སྡོམ་ཀྱང་། །གང་གི་ཞབས་རྡུལ་ཙམ་ལའང་བསྒྲུན་མིན་པ། །འཇམ་མགོན་ཙོང་ཁ་པ་ཞེས་མཚུངས་མེད་དེ། །ཕྲིན་དྲན་གདུང་བས་མི་མནར་དཔྱོད་ལྡན་སུ། ཅི་སྟེ་ཞེ་ན་རྩོད་ལྡན་སྙིགས་མ་ལྔའི། །མི་ཟད་རྒུད་པའི་སྡུག་རྡུམ་འཕེབས་པའི་ནང་། །ཆེ་བ་བཞི་ལྡན་གདམས་པའི་ཉིན་བྱེད་ཀྱི། །སྣང་བ་སྟོལ་པའི་བྱེད་པོ་ཡིན་ཕྱིར་རོ། །གཞལ་མེད་བཀའ་དྲིན་ཕུང་པོའི་ཆ་ཤས་ཙམ། །བྱང་ཆུབ་ཐོབ་ཀྱང་གསོས་བར་མི་ནུས་པས། །ཐབས་གཞན་མ་རྙེད་འགའ་ཡིས་ཁྲིད་པོ་ནར། །གསོལ་བཏབ་རྐྱེན་དུ་སྒྱུར་སྙམ་འདི་བྱས་སོ། །བཤེས་གཉེན་དམ་པའི་ཞལ་གྱི་མན་ངག་ལས། །རང་བློས་གར་ཟིན་འདིར་ནི་བཀོད་མོད་ཀྱི། །སྨོངས་རྡུལ་དབང་གིས་རང་བཟོ་གང་བཞུགས་པ། །མཁས་རྣམས་སྤྱན་སྔར་འཆགས་སོ་ཐུགས་ཡངས་མཛོད། །གལ་ཏེ་དོན་ལ་འགལ་མིན་འགྲིག་པའི་ཆ། །ཙུང་ཟད་མཆིས་ན་དེ་ཡང་སྒོ་གསུམ་གྱི། །རྣམ་པར་དཀར་བའི་དགེ་རྩ་ཇི་སྙེད་དང་། །ལྷན་ཅིག་འཇམ་མགོན་མཉེས་པའི་མཆོད་པར་འབུལ། །འདིར་འབད་ལས་འབྱུང་དགེ་བའི་ཆར་གཏོགས་དེས། །བདག་ལ་ཕན་དང་གནོད་པའི་འགྲོ་བ་ཀུན། །ཚེ་རབས་ཀུན་ཏུ་འཇམ་མགོན་བསྟན་དང་འཇལ། །ཆོས་ཀྱི་འདུད་རྩིས་མྱུར་དུ་རྒྱུད་སྨིན་ཤོག །ཅེས་དཀའ་ལྡན་ལྷ་བརྒྱ་མ་དང་འབྲེལ་བའི་བླ་མའི་རྣལ་འབྱོར་གྱི་ཕན་ཡོན་རགས་བསྡུས་ཙམ་ཞིག་འགྲེལ་པ་དཔྱོད་ལྡན་བཅེས་ནོར་ཞེས་བྱ་བ་འདི་……ནི། དགེ་སློང་བཀྲ་ཤིས་བདེ་ལེགས་ཀྱིས་བསྐུལ་ངོར། ཨུ་རང་དབུས་ཤོག་པ་ཡན་ཤཱཀྱའི་དགོན་པ ༧ བཀྲ་ཤིས་གླིང་གི་ལྷ་རམས་པ་ཞབས་དྲུང་བློ་བཟང་བསྟན་པའི་རྒྱལ་མཚན་གྱིས་སྦྱར་བའོ། །

༄༅། །རྗེ་བླ་མ་ཙོང་ཁ་པ་ཆེན་པོ་ལ་ཐུགས་རྗེ་སྐུར་བར་བསྐུལ་བའི་གདུང་དབྱངས་རྒྱངས་འབོད་ང་རོ་ཞེས་བྱ་བ་བཞུགས་སོ། །

༄༅། །ཞིང་ཕྱོགས་བཅུའི་རྒྱལ་བ་མ་ལུས་པའི། །ཐུགས་མཁྱེན་བརྩེ་ནུས་ཀུན་གཅིག་བསྡུས་དཔལ། །དྲིན་འཁོར་མེད་སྐྱབས་མཆོག་འགྲོ་བའི་མགོན། །རྗེ་བླ་མ་ཡབ་སྲས་གནས་འདིར་གཤེགས། །ལུས་ཁྱོད་ཞབས་ཡན་ལག་མཆོག་གིས་བཀུར། །ངག་ཁྱོད་མཚན་ཐོས་པའི་དབྱངས་གླུ་ལེན། །ཡིད་ཁྱོད་སྐུ་དྲན་པའི་མོས་གུས་ཀྱིས། །རྗེ་བླ་མར་སྙིང་ནས་ཕྱག་བགྱིའོ། །སྟོང་སྟོང་གསུམ་ཡོངས་གང་མཆོད་པའི་རྫས། །བཅུད་བདག་གཞན་རྣམ་དཀར་དགེ་རྩ་ཀུན། །སེམས་སེར་སྣས་མ་བཅིངས་འཕངས་མེད་པར། །རྗེ་བླ་མ་མཉེས་པའི་མཆོད་པར་འབུལ། །བློ་མ་རིགས་འཁྲུལ་བའི་དབང་གྱུར་ཏེ། །སྡིག་མི་དགེ་ཇི་སྙེད་བསགས་པ་ཀུན། །རྗེ་བླ་མའི་སྤྱན་སྔར་འགྱོད་པས་བཤགས། །གྲངས་མཐའ་མེད་འཛིག་རྟེན་ཁམས་རྣམས་སུ། །སྐུ་སྤྲུལ་པའི་བློས་གར་སྣ་ཚོགས་ཀྱིས། །ཡོངས་འགྲོ་བའི་དོན་ལ་མི་ངལ་བ། །རྗེ་བླ་མའི་མཛད་པར་བདག་ཡི་རངས། །གནས་འཁོར་བ་མཚན་མོའི་སྨག་རུམ་ཁྲོད། །ལས་དབང་གིས་ཀྱི་ནར་འཁྱམས་པ་ཀུན། །དཔལ་ཕུན་ཚོགས་ཐར་པའི་ལམ་བགོད་ཕྱིར། །རྗེ་བླ་མས་ཆོས་ཀྱིས་འཁོར་ལོ་བསྐོར། །རིགས་དྲུག་གི་ལུས་ཅན་མ་ལུས་པ། །སྤངས་རྟོགས་པ་མཐར་ཕྱིན་གོ་འཕང་མཆོག །དུས་ནམ་ཞིག་མ་ཐོབ་དེ་སྲིད་དུ། །རྗེ་བླ་མ་དགྱེས་བཞིན་བཞུགས་སུ་གསོལ། །མགོན་ཁྱོད་ཉིད་དྲན་པའི་གདུང་ཤུགས་ཀྱིས། །ཚུལ་འདི་ལྟར་བགྱིས་པའི་དགེ་རྩ་གང་། །མ་འགྲོ་ཀུན་བདེ་བས་འཚོ་བ་དང་། །རྗེ་བླ་མའི་བསྟན་པ་རྒྱས་ཕྱིར་བསྔོ། །དཔལ་སྟོབས་བཅུ་མངའ་བའི་སར་གཤེགས་རྣམས། །ཡོངས་ལྷ་མའི་འདྲེན་པར་མཚུངས་མེད་ཀྱང་། །སྐྱབས་གཞན་གྱིས་ཡལ་བོར་སྙིགས་འགྲོའི་མགོན། །རྗེ་བླ་མ་ཁྱོད་འདྲ་གཞན་ཡོད་མིན། །རྒྱ་བོད་ཀྱི་ཡུལ་ལྗོངས་སོ་སོ་རུ། །ཚད་ལྡན་གྱི་མཁས་གྲུབ་མང་མཆིས་ཀྱང་། །དཔག་དཀའ་བའི་རྣམ་ཐར་གཙང་མ་

ཡིས། །རྗེ་བླ་མ་ཁྱོད་ཉིད་བླ་ན་འཕགས། །སྐུ་ཆོས་གོས་ངུར་སྨྲིག་གསོལ་བས་མཛེས། །གསུང་ལེགས་བཤད་ལྷང་ལྷང་སྒྲོགས་པས་སྙན། །ཐུགས་དྲན་ཤེས་བག་ཡོད་བསྟེན་པས་དུལ། །རྗེ་བླ་མ་འདུལ་འཛིན་གཙུག་གི་རྒྱན། །རྒྱུད་ཉེས་པས་མ་གོས་བསླབ་ཁྲིམས་གཙང་། །ཐུགས་གཡོ་མེད་ཏིང་འཛིན་དམིགས་པ་གསལ། །དོན་གནས་ལུགས་གཟིགས་པའི་མཁྱེན་རབ་རྫོགས། །རྗེ་བླ་མ་བསླབ་གསུམ་འཛིན་པའི་མཆོག །རང་བདེ་དགེ་ཐམས་ཅད་གཞན་ལ་གཏོང་། །གཞན་སྡུག་བསྔལ་མ་ལུས་བདག་གིར་བླངས། །མ་འགྲོ་ཀུན་སྲོག་ལས་གཅེས་པར་འཛིན། །རྗེ་བླ་མ་རྒྱལ་སྲས་རྣམས་ཀྱི་དཔྱིད། །ཕྱི་ཞི་ཞིང་དུལ་བའི་དཔལ་གྱིས་བརྗིད། །ནང་བྱང་ཆུབ་སེམས་ཀྱི་བདུད་རྩིས་བརླན། །གསང་སྔགས་ཀྱི་ཟབ་ལམ་རྫོགས་པ་མཐོ། །རྗེ་བླ་མ་རིགས་འཛིན་ཡོངས་ཀྱི་མགོན། །གཞི་གཉུག་མའི་སེམས་ཀྱི་རང་ཞལ་གཟིགས། །ལམ་འཁྲུལ་པ་ཟད་པས་དབྱིངས་རིག་བསྲེས། །འབྲས་ཟུང་འཇུག་གོ་འཕང་མངོན་དུ་གྱུར། །རྗེ་བླ་མ་བསླུ་མེད་གཏན་གྱི་སྐྱབས། །གནས་འདི་རུ་གསུམ་ལྡན་རྡོ་རྗེ་འཛིན། །ཡུལ་དུ་མར་པཎ་གྲུབ་རྒྱལ་བློན་ཚུལ། །ཞིང་གཞན་དུ་སྣ་ཚོགས་ཟློས་གར་མཁན། །རྗེ་བླ་མ་འགྲན་ཟླ་ཀུན་དང་བྲལ། །ཕྱོན་ཐུབ་པའི་དབང་པོ་ཞལ་བཞུགས་དུས། །སྐུ་དངོས་ཀྱི་གདུལ་བྱ་སྨིན་པར་མཛད། །ལར་ལྔ་བརྒྱ་ཐ་མར་ཉེ་བའི་ཚེ། །རྗེ་བླ་མ་ཁྱོད་ཀྱིས་ཞིང་འདི་བཟུང་། །གཞི་འདུལ་བའི་ཁྲིམས་ལ་དག་ཐེར་མཛད། །གཞུང་མདོ་སྔགས་ལམ་གྱི་རིམ་པ་འཆད། །དཔལ་མཉམ་མེད་དགེ་ལྡན་སྲོལ་བཟང་བཙུགས། །རྗེ་བླ་མའི་བཀའ་དྲིན་བསམ་མི་ཁྱབ། །ཆུབ་གངས་ཅན་བོད་ཀྱི་ཞིང་ཁམས་ནས། །ཤར་རྒྱ་མཚོའི་མཐའ་ལ་ཉེ་བའི་བར། །ཞྭ་སེར་གྱི་བསྟན་པས་ཡོངས་ཁྱབ་པ། །རྗེ་བླ་མའི་མཀའ་དྲིན་ཁོ་ན་ལགས། །ད་དུས་ཀྱི་སྙིགས་མའི་མཐའ་ལ་ཉེ། །སྐྱབས་སྐྱེས་ཆེན་ཕལ་ཆེར་ཞིང་གཞན་ཞུལ། །གཡོ་ཁྲམ་ཅན་མང་པོས་ཡུལ་ཁམས་གང་། །རྗེ་བླ་མ་ཐུགས་དགོངས་དུས་ལ་བབ། ཞིང་དགའ་ལྡན་ཆོས་ཀྱི་ཕོ་བྲང་ནས། །སྐྱབས་མི་ཕམ་མགོན་པོའི་ཐུགས་ཀྱི་སྲས། །ཕ་འཇམ་དཔལ་སྙིང་པོ་བཀའ་དྲིན་ཅན། །རྗེ་བླ་མ་བདག་གི་སྙིང་གསོལ་དགོངས། །གོས་ངུར་སྨྲིག་ཅན་གྱིས་བསྟན་པ་དཀྲུགས། །ཏོག་དཀར་དམར་ཅན་གྱིས་ཁྲིམས་སྲོལ་བཤིག །མི་ཕལ་ཆེར་ངན་པའི་རྗེས་སུ་འབྲངས། །རྗེ་བླ་མ་ཐུགས་རྗེས་སྐྱུར་བར་དགོངས། །ཆོས་འཆད་ཉན་འཕེལ་བགེགས་བླ་མས་བྱེད།

འབངས་འགྲོ་བའི་བདེ་སྐྱིད་དཔོན་པོས་འཕྲོག །སྙོམས་ཆུང་ཆུང་མི་རྣམས་རང་དབང་བྲལ། །རྗེ་བླ་མ་ཐུགས་རྗེས་སྐུར་བར་དགོངས། །ཆོས་མི་ཤེས་བླ་མའི་ལས་ཁུར་འཛིན། །ཁྲིམས་མི་ཤེས་དཔོན་པོའི་གོ་སར་བསྡད། །ལས་རྒྱུ་འབྲས་སྤངས་བླངས་ལོག་པར་སྤྱོད། ། རྗེ་བླ་མ་ཐུགས་རྗེས་སྐུར་བར་དགོངས། །འབྲེལ་མེད་ཀྱི་བཤད་གདམས་བླ་མས་སྒྲོགས། །ཚུལ་མིན་གྱི་དབྱེ་ཁྲལ་དཔོན་པོས་བཀོས། །ཡར་སྐྱིད་ཀྱི་མི་རྣམས་སྡུག་ལ་སྦྱོར། །རྗེ་བླ་མས་ཐུགས་རྗེས་སྐུར་བར་དགོངས། །ཆོས་ཕྱོགས་ཀྱི་གཏམ་ལ་ལྷག་པའི་ཁྱུ། །འཁྲུག་ལོང་གི་གཏམ་ལ་སྨྲ་བའི་དབང་། །འགྱུར་ལྡན་གྱི་ངོ་སོ་ཁྱེར་མཁན་ལ། །རྗེ་བླ་མ་ཐུགས་རྗེ་སྐུར་བར་དགོངས། །འཁོར་ལྡན་པོའི་ཁྲིད་དུ་རང་བསྟོད་སྨྲ། ཚོགས་མཁས་མང་དབུས་སུ་གཞན་སྐྱོན་སྒྲོགས། །ཚུལ་འདི་འདུས་བསྟན་ལ་ཕན་པར་རློམ། །རྗེ་བླ་མ་ཐུགས་རྗེས་སྐུར་བར་དགོངས། །སྙོམས་གང་ཆུང་ཀུན་གྱི་བྲན་དུ་བཀོལ། །དབང་སུ་ཆེས་ཀུན་གྱི་ནོར་འཕྲོག་བྱེད། །ལས་རྒྱུ་འབྲས་རྩིས་མེད་དེ་རྣམས་ལ། །རྗེ་བླ་མ་ཐུགས་རྗེས་སྐུར་བར་དགོངས། །ཕྱིའི་རྣམ་འགྱུར་ཉམས་ལེན་པ་ཡི་གཟུགས། །ནང་ཐག་དོག་གནོད་སེམས་གཞན་ལས་མཐོ། །དུས་ངན་གྱི་བཤེས་གཉེན་ཐོལ་འཛིན་པར། །རྗེ་བླ་མ་ཐུགས་རྗེས་སྐུར་བར་དགོངས། །རང་སྡུག་བསྔལ་ཕྲ་མོའང་བཟོད་མི་ཐུབ། །གཞན་རྡུངས་རྡེག་ལས་ལ་ཅིར་མི་སེམས། །དེང་སང་གི་དཔོན་པོའི་བྱེད་ལུགས་ལ། །རྗེ་བླ་མ་ཐུགས་རྗེས་སྐུར་བར་དགོངས། །རབ་བྱུང་གི་ཡོ་བྱད་ཁྲིམ་པས་དབང་། །ཁྲིམ་གྲོང་གི་གཡོག་པོ་གྲྭ་པས་བྱེད། །སྐྱབས་མཆོག་གསུམ་རྩིས་མེད་བོར་བ་འདི། རྗེ་བླ་མ་ཐུགས་རྗེས་སྐུར་བར་དགོངས། །ཚིག་སྙམ་པོ་རེ་གཉིས་སྨྲ་ཤེས་ཀྱང་། །དོན་སྣ་གཅིག་ཉམས་སུ་མི་ལེན་པར། །གཞན་འདྲེན་པར་རློམ་པའི་སྙིང་ཁམས་ཅན། །རྗེ་བླ་མ་ཐུགས་རྗེས་སྐུར་བར་དགོངས། །གནས་དབེན་པར་སྡོད་པའི་ཡུས་ཆེ་ཡང་། །སེམས་ཙུང་ཟད་མ་དུལ་གྱོང་པོར་སོང་། །མཐར་ཀུན་དང་འཁོན་གྲས་བྱེད་མཁན་ལ། །རྗེ་བླ་མ་ཐུགས་རྗེས་སྐུར་བར་དགོངས། ཁྲིམས་བཙན་པོ་གཞན་ལ་སྨྲ་མཁས་ཀྱང་། །རང་ཁྲིམས་དང་འགལ་བ་འབའ་ཞིག་བྱེད། ། དུས་ངན་གྱི་དཔོན་པོའི་གྲགས་ཅན་ལ། །རྗེ་བླ་མ་ཐུགས་རྗེས་སྐུར་བར་དགོངས། །ཉིན་རེ་བཞིན་གནམ་སའི་འགྱུར་ལྡོག་མང་། །ཟླ་རེ་བཞིན་གཏམ་ངན་གསར་འཕྲུད་གླེང་། །ལོ་རེ་བཞིན་སྐྱེ་འགྲོའི་བདེ་སྐྱིད་

འགྲིབ། །རྗེ་བླ་མ་ཐུགས་རྗེས་མྱུར་བར་དགོངས། །དུས་སྙིགས་མ་ཞེས་སུ་རབ་གྲགས་ཀྱང་། སེམས་སྙིགས་མའི་བྱེད་ལས་ཕོ་ནར་སྣང་།མི་ཕོ་བོའི་ཚིག་འདི་བདེན་མི་བདེན། །རྗེ་བླ་མ་དཔང་པོར་གྱུར་ཅིག་གྱུ། །སྐྱབས་བསླུ་མེད་མཁྱེན་བརྩེའི་མངའ་བདག་གིས། །སྤྱིར་འཛམ་གླིང་བསྟན་འགྲོ་ཡོངས་ལ་གཟིགས། །སྒོས་རང་རེའི་ཡུལ་འདིར་སྤྲུལ་པ་འགྱེད། །རྗེ་བླ་མ་རེ་བའི་འབྲས་བུ་སྩོལ། །སྡོད་འཛིག་རྟེན་བཀྲ་ཤིས་བྱིན་ཆགས་ཤོག །བཙུད་སེམས་ཅན་མ་ལུས་བདེ་གྱུར་ཅིག ། བསྟན་སྲིད་ཀྱི་དགེ་མཚན་འཕེལ་བར་ཤོག །རྗེ་བླ་མས་རྟག་ཏུ་སྐྱོངས་གྱུར་ཅིག །བདག་ལས་ངན་སྡིག་ཅན་ཐ་མལ་བ། །ཆོས་ཕྱོགས་ལ་དུད་འགྲོར་ཁྱད་མེད་པས། །རང་བློ་ཡི་ནུས་པས་སྨྲ་བ་མིན། ། ཡུམ་རྗེ་བཙུན་འཕགས་མའི་དྲིན་ལས་སོ། །མི་བདག་ལ་དངོས་དང་བརྒྱུད་པའི་སྐྱོན། །ཕན་གནོད་ཀྱི་འབྲེལ་བ་ཐོགས་པ་ཀུན། །སྐྱབས་རྗེ་བཙུན་སྒྲོལ་མ་བཞུགས་པའི་གནས། །ཞིང་གྲུ་འཛིན་ཞིང་དུ་མཇལ་བར་ཤོག །དེར་རྗེ་བཙུན་འཕགས་མའི་འཛུམ་ཞལ་མཐོང་། །གསུང་བདུད་རྩིའི་བཙུད་ཀྱིས་འཚོ་བ་ལས། །ཡིད་དམ་ཚིག་གཅིག་པའི་གྲོགས་སུ་འབྲེལ། །དཔལ་བླ་མེད་ཁང་བཟང་མཉམ་འགྲོད་ཤོག། །ཅེས་འཇམ་མགོན་བླ་མ་ཙོང་ཁ་པ་ཆེན་པོ་ལ་ཐུགས་རྗེ་མྱུར་བར་བསྐུལ་བའི་གདུང་དབྱངས་རྒྱངས་འབོད་ང་རོ་ཞེས་བྱ་བ་འདི་ནི། ཨ་རང་དབུས་ཤོག་ཞབས་དྲུང་བློ་བཟང་བསྟན་པའི་རྒྱལ་མཚན་གྱིས་ཆུ་མོ་གླང་ལོའི་ཧོར་ཟླ་གསུམ་པའི་ཡར་ངོའི་སྐབས་ཤིག་ཏུ་རང་གི་ལས་ངན་འཁྲུལ་ངོར་ཤར་བའི་སྣང་ཚུལ་ལྷུག་པར་སྨྲས་པའོ། །

༄༅། །དམིགས་བརྩེ་མའི་དར་ལྕོག་བྱ་ཚུལ་བཞུགས་སོ། །

༄༅། །ན་མོ་གུ་རུ་སུ་མ་ཏི་ཀཱི་རྟི་ཡ། དེ་ཡང་རིན་པོ་ཆེ་འམ་མཆིལ་སོགས་ལ་ཀླུ་རྩི་སོགས་ཀྱིས་མ་གོས་པའི་བཟང་སྣན་དང་དྲི་བཟང་སྦྱར་བས། དར་རས་སོགས་སྔོན་པོ་ལ་དམིགས་བརྩེ་མ་ཡོངས་རྫོགས་དང་། ཏཏྲ་སྭཱ། ཨོཾ་ནཱ་ག་རཱ་ཛ་ཤཱ་རེ་ཨ་རྟི་ཊི་ན་ཨ་རྟི་ཊཱ་ཏེ་སྭཱ་ཧཱ། ཞེས་དང་། ཨོཾ་ཨ་ར་པ་ཙ་ན་དྷཱིཿ ཨོཾ་མ་ཎི་པདྨེ་ཧཱུཾ། ཨོཾ་བཛྲ་པཱ་ཎི་ཧཱུཾ་ཕཊ། ཅེས་དང་སྔོན། ཀླུ་ལ་བདེ་བ་སྦྱིན་པའི་གཟུངས་སོགས་དབུ་ཅན་དུ་བྲི། སུ་བླཱ་ཕྱས་སྦྱངས། སྟོང་པའི་ངང་ལས་དར་ལྕོག་འདི་ཉིད་རྗེ་རིན་པོ་ཆེ་ལ་བཅོམ་ལྡན་འདས་ཀླུ་དབང་རྒྱལ་པོ་དང་རིགས་གསུམ་མགོན་པོ་སོགས་སངས་རྒྱས་བྱང་སེམས་ཉན་རང་བསྲུང་མའི་ཚོགས་ཀྱིས་བསྐོར་བའི་རྣམ་པ་ཅན་དུ་གྱུར་པའི་སྤྱི་བོར་ཨོཾ། མགྲིན་པར་ཨཱཿ ཐུགས་ཁར་ཧཱུཾ་གིས་མཚན་པར་གྱུར། ཐུགས་ཀའི་ཧཱུཾ་ལས་འོད་ཟེར་འཕྲོས། བསྒོམ་པ་དང་འདྲ་བའི་ཡེ་ཤེས་པ་རྣམས་སྤྱན་དྲངས་ཛཿཧཱུཾ་བཾ་ཧོཿ རང་རང་གི་དམ་ཚིག་པ་དང་གཉིས་སུ་མེད་པར་གྱུར། ཨོཾ་ཨརྒྷཾ་པྲ་ཏཱིཙྪ་ཧཱུཾ་སོགས་ཀྱིས་མཆོད། ཕྱག་བྱར་འོས་པ་སོགས་ཀྱིས་བསྟོད། དེ་རྣམས་ཀྱི་ཐུགས་ཀ་ནས་འོད་ཟེར་འཕྲོས་ཏེ་མཆོག་གསུམ་ཐམས་ཅད་ཀྱི་བྱིན་བརླབས་ཐམས་ཅད་འོད་ཟེར་གྱི་རྣམ་པར་བཀུག་ནས་ཐིམ་པར་གྱུར་པར་བསམ་ལ། དམིགས་བརྩེ་མ་དང་། གོང་གི་སྔགས་རྣམས་བཟླ། རྒྱ་མགོའི་སྟེང་དུ་བཙུགས་ལ། འོག་ཏུ་བྱུང་བའི་དུས་གསུམ་སངས་རྒྱས་ཐམས་ཅད་ཀྱི་ཞེས་སོགས་བརྗོད། ཐོག་མར་རང་གི་སྤྱོད་གནས་སུ་སྒྲུབས་པ་ཡིན་ན། གོང་གི་བཟླས་པའི་མཇུག་ཏུ། ལྷ་རྣམས་འོད་དུ་ཞུ་ནས་བྲིས་པའི་ཡིག་འབྲུའི་རྣམ་པར་གྱུར་བར་བསམ། དེ་ནས་གང་འདོད་ཀྱི་རྒྱ་འགོར་བཙུགས་ལ། དར་ལྕོགས་འདི་ཉིད་རྗེ་རིན་པོ་ཆེ་བཅོམ་ལྡན་འདས་ཀླུ་དབང་རྒྱལ་པོ་དང་རིགས་གསུམ་མགོན་པོ་སོགས་སངས་རྒྱས་བྱང་སེམས་ཉན་རང་སྲུང་མའི་ཚོགས་ཀྱིས་བསྐོར་བའི་རྣམ་པ་ཅན་དུ་གྱུར། ཅེས་གསལ་བཏབ་ལ། དུས་གསུམ་སངས་རྒྱས་ཐམས་ཅད་ཀྱི་ངོ་བོ་རྗེ་བཙུན་ཙོང་ཁ་པ་ཆེན་པོ། བདེར་གཤེགས་ཀླུ་དབང་རྒྱལ་པོ། འཕགས་པ་རིགས་གསུམ་མགོན་པོ་སོགས་ཡེ་ཤེས་སྤྱན་ལྡན་རྣམས་ཀྱིས་ཀླུ་དང་ས་བདག་གི་ནད་དང་སྡུག་བསྔལ་ཐམས་ཅད་ཞི་ཞིང་། དེས་མཐུས་ཡུལ་ཕྱོགས་སུ་བཀྲ་ཤིས་དང་བདེ་ལེགས་འབྱུང་བར་བྱིན་གྱིས

བརླབ་ཏུ་གསོལ། ཅེས་གསོལ་བ་བཏབ་བ་ཅིང་། དེ་རྣམས་ཀྱི་སྐུ་ལས་བདུད་རྩི་དང་འོད་ཟེར་མཐའ་ཡས་པ་བྱུང་སྟེ་གནས་དེ་དང་ཕྱོགས་བཅུའི་གླུ་རྣམས་ལ་ཕོག་པས་དེ་དག་གི་ནད་དང་སྡིག་སྒྲིབ་ཐམས་ཅད་སྦྱངས་ཏེ། དགའ་བདེ་དཔག་ཏུ་མེད་པ་ཐོབ། དེའི་མཐུས་ཡུལ་ཕྱོགས་ཀྱི་སྐྱེ་འགྲོ་ཕན་བདེའི་དཔལ་ལ་འགོད་པར་བསམ། གཏན་དུ་འཛུགས་རྒྱུ་ཡིན་ན། ཛཱི་སྲིད་མེ་དང་ཆུ་དང་ནི། ཞེས་སོགས་བརྗོད། སངས་རྒྱས་བསྟན་ལ་དད་གྱུར་པའི། །དགའ་བོ་ཉེར་དགའ་ལ་སོགས་པ།ཞེས་སོགས་ཀྱིས་སྨོན་ལམ་བཏབ། དགོས་པ་ཁྱད་པར་བའི་ཚེད་དུ་རེ་ཞིག་འཛུགས་ན། བྲི་བཟླས་ཀྱི་ཚེ་དམིགས་བསལ་གྱི་སྟུགས་དང་། །གསོལ་གདབ་ཀྱི་ཚེ། ཁྱད་པར་དུ་ཡུལ་ཕྱོགས་འདིར་ཆར་ཆེན་པོ་མྱུར་དུ་འབབ་པར་བྱིན་གྱིས་བརླབ་ཏུ་གསོལ། ཞེས་པ་ལྟ་བུ་སྐབས་དང་སྦྱར། ཛཱི་ཙམ་དགོས་པ་གྲུབ་རྗེས། དར་ལྷོག་གི་མདུན་དུ་མཆོད་པ་བཤམས་ཏེ་བྱིན་གྱིས་བརླབས། །སྔར་བཞིན་ཕུལ་བའི་རྗེས་སུ། ཡེ་ཤེས་པ་རྣམས་རང་བཞིན་གྱི་གནས་སུ་གཤེགས། དམ་ཚིག་པ་རྣམས་བྲིས་པའི་སྟུགས་དང་དབྱེར་མེད་པར་གྱུར་པར་བསམ། དར་ལྷོག་རྣམས་ཕྱིས་ཀྱང་ཉེ་བར་མཁོ་བས་ཚག་བྱ་བའམ། རང་གི་སྒྲུབ་ཁང་སོགས་ལ་བཙུག་ཀྱང་ཆོག་པར་གསུང་། སླར་གནས་གཞན་དུ་འཛུགས་པའི་ཚེ། རབ་གནས་བསྐྱར་ཏེ་འཛུགས་པ་སོགས་སྔར་བཞིན་བྱ། འདི་ནི་རྗེ་བླ་མའི་གསང་སྒྲུབ་ཀྱི་ལས་ཚོགས་ལས་འབྱུང་བའི་གདམས་པ་ཁྱད་པར་ཅན་ཡིན་ནོ། །ཅེས་པ་འདི་ནི་མཁས་པའི་དབང་པོ་ཆོས་རྗེ་ངག་དབང་རྡོ་རྗེས་མཛད་པ་ཡིན་ནོ། །

༄༅། །འཛམ་མགོན་བླ་མ་དགྱེས་པའི་མཆོད་སྤྲིན་བཞུགས་སོ། །

བློ་ཆེན་ཡེ་ཤེས་མེ་ལོང①མི་ཡི་སྐུ། །བཟང་པོའི་སྨྲ་བ་དག་མཐར་གཏུགས་པའི་གསུང་། །གྲགས་
སྙན་སྟོབས་བཅུའི་རྒྱལ་ལ་འཁྲིལ་བའི་ཐུགས། །པ་ཏུ②ཡོངས་ཀྱི་གཙུག་རྒྱན་བློ་བཟང་གྲགས། །
གང་བློ་ཤེས་བྱའི་ཕ་མཐའ་ལ་སོང་བས། །ལམ་བཟང་མཐར་ཐུག་རང་གིར་བགྱིས་པའི་ཞལ། །ཟླ་
གྲགས③ཀྱིས་ཀྱང་བཟོད་པའི་ཉམས་ཐྲ་བས། །སྟོན་པ་ཟླ་མེད་ཟས་གཙང་སྲས་སུ་སེམས། །
རྒྱལ་བའི་གསུང་རབ་རབ་ཏུ་རྟོགས་དཀའ་བ། །ཕྲ་ཞིབ་ལེགས་བཤད་བཤད་པའི་མཐིལ་ཕྱིན་པས། །
མངོན་སུམ་ཉིད་མཛད་མཛད་པ་ཟླ་མེད་དུ། །འཛམ་གླིང་རིགས་སྨྲ་སྨྲ་བས་ནོར་འཛིན་མཛེས། །
འདི་ནས་དུས་རིང་ཞིག་ན་མགོན་པོ་འདིས། །རང་རེའི་དོན་དུ་དམ་བཅའ་རྡོ་རྗེའི་ཁུར། །མི་འཛི་ཏ་
བཞི་ལྡན④བཟུང་བའི་མཚན་གྱི་དབྱངས། །རྒྱལ་ཀུན་དགྱེས་པའི་རོལ་མོར་གྱུར་པ་ཐོས། །དེ་
སྐད་སྲིད་པའི་དོ་ར་ཡངས་པོ་རུ། །ཟབ་གསང་ཟུང་འཇུག⑤གདན་ལ་རྟེན་པའི་གར། །གཞན་དང་
མི་མཉམ་ས་བཅུའི་སེམས་དཔའ་ཡང་། །ང་སྐྱམ⑥བཏང་བའི་སོམ་ཉིའི་ལམ་ལ་བརྟེན། །ཨེ་མ་དེ་
ལྟའི་ངོ་མཚར་བརྒྱའི། །རྩ་བའི་གནས་ཀྱི་ཆེ་བ་ཡིས། །མཁྱེན་པ་དོན་ལྡན་བྱ་བའི་ཕྱིར། །བྱམས་པ་
གླིང་ལ་ཆེད་དུ་བརྫོད། །འཛམ་དབྱངས་གཞོན་ནུའི་ལྟེ་བའི་མཚལ⑦། །འགྲམ་པའི་ཐིག་ལེར་
བཀླུམས་པའི་ཡུལ། །ཅོང་ཁའི་མིང་གི་ཡིག་འབྲུ་ཀྱང་། །ཕྱོགས་ཀྱི་རྣ་བའི་བཅུད་ལེན་བྱེད། །
ཛགས་སངས་རྒྱས་དང་དེ་ཡི་སྲས། །དྲང་སྲོང་གསུམ་རིག་སྨྲ་རྣམས་ཀྱིས། །ལུང་བསྟན་མེ་ཏོག
འདབ་སྟོང་བ། །ཆར་དུ་བསྟེལ་བས་བདུད་སྡེ་འཛིགས། །ཙནྡན་ཡི་ལོ་མ་ལ། །ཀུན་གཟིགས་སེ་ཏྲི་ང་
རོའི་སྐུ། །འབུམ་ཕྲག་བསེ་རུ⑧རང་བྱོན་པ། །གསེར་གྱི་མཆོད་སྡོང་སྙིང་པོར་བཞུགས། །འདི་
འདྲ་བསྐལ་པ་དང་པོ་ནས། །བློ་བཟང་རྒྱལ་བ་མ་གཏོགས་པ། །སུ་ལ་བྱུང་དང་འབྱུང་འགྱུར་ཞེས། །
བརྒྱ་བྱིན་མིག་སྟོང་ལྡན་པས་འཚོལ། །མི་ཕམ་ནམ་མཁའི་མཐོང་སར་གནས་པ་ཡང་། །རང་གི་ཚེ་
སྲིད་འཚོར་དུ་དོགས་པའི་བློས། །སྣང་བརྟན་རྣམ་པར་བརྫུས་ཏེ་འཁོད་པ་ལས། །བྱམས་པ་གླིང་
ཞེས་གྲགས་པ་དོན་དང་མཐུན། །མ་རྒྱལ་བ་ལས་རྒྱལ་བར་འགོད་པ་ལའང་། །འདི་ལྟའི་ཐག་པ་དོག

པ་ཅི་ཞིག་ཅེས། །སྐྱེ་བོས་ཡ་ག་སྒྲོག་པས⑨ངོ་ཉོངས་ནས། །ལེགས་པ་རྒྱ་མཚོའི་བགྱི་བ་ཡིན་ནོ་ཡི། །དབང་པོའི་རྟག⑩གིས་ལེགས་སོ་སྒྲོན་པའི་དར། །ཆེ་བར་འཆང་བའི་སྙིང་སྟོབས་ཆེན་པོ་ལ།། གནམ་སའི་དཔྱད་པའི་དྭངས་མ་མ་ལུས་པ། །མིས་པོ་ཚངས་པས་བསྒྲིགས་པ་བཞིན་དུ་བཀྲ། །ས་ལ་དཔལ་འབྱོར་རབ་རྒྱས་པནྩའི་གདན། །གནམ་ལ་མི་མཐུན་རྣམ་གནོན་འཁོར་ལོའི་གུར། །ཡོཏ་ལ་ཐུན་ཚོགས་འགུགས་བྱེད་ཤེས་པའི་རྟགས། །ཡུལ་ལ་དགེ་བཅུ་མཆོག་གི་མཚན་མ་བཞི། །ལུཏ་ཀྱི་སླ་བ་ལས་ཀྱང་ལྷག་གོ་ཞེས། །དམ་པ་ཉི་མའི་བློ་ཅན་མང་པོ་ཡིས། །སྙན་དགའོར་བུའི་ཕྲེང་བ་རིང་པོ་བསྟར། །མིག་གི་འཇུག་པ་ཉོ་བར་གྱིས་ལ་ལྟོས། །སྟོད་ཀྱི་ཁྱད་པར་ཐེལ་དུ་བརྩེགས་པས(11) ཁོར་ཡུག་རི་བོའི་ཁོངས་མཛེས་ཀྱང་། །ནང་ན་སྲིད་ཞིའི་ལེགས་ལམ་མེད་ཆེ་བུམ་པ་བཅུད་ཀྱིས་སྟོངས་པ་བཞིན། །ཡ་རབས་སྐྱེ་བོའི་ཡི་གར་མི་འོང་མི་བསྔགས་ཚེར་མ་ཚལ་དུ་འཕེལ། །རང་གི་ཕན་བདེ་བ་མོའི་དཔལ་ཡང་རིང་དུ་མི་གནས་ཉུབ་པར་འགྱུར། །མཐོང་གྲོལ (12) སྐུ་ཡི་གཟུགས་སྣང་འབུམ་བཀྲ་གྲཏ་པ་དོན་ལྡན་བྱམས་པ་གླིང་། །ལུང་རིགས་སེངྒེའི་ང་རོ་གཟེངས་མཐོ་བྱམས་པའི་གཞུང (13) འཛིན་རྣམ་དཔྱོད་ཅན། །སྟོང་ཕྲག་དུ་མས་རྟག་པར་སྐྱོང་ཞིང་བཤད་སྒྲུབ་ཆོས་ཀྱི་ཆར་འཛོ་བ། །གདོང་ལྔའི (14) དབྱངས་དང་མི་ཕམ་མགོན་མཚུངས་མཚན་གྱི་དོན་དུ་ཁོ་བོས་འཁྲུམས། །ཚར་གཅོད་རྗེས་འཛིན་ཀུན་ཤེས་རིག་པ(15)དྲི་བྲལ་གསེར་གཞིའི་ཁྲོན་ཡངས་པོར། །གུས་རྟག་བརྩོན་པའི(16)ཆུ་ཀླུང་རབས་མེད་ཟབ་རྒྱས་བྱེ་མ་འགྲེམ་བཞིན་ཙལ། །གསོག་གསོབ(17) མ་ལགས་རིཏ་ལམ་རྙེན་པོའི་གློག་ལྟེ་འཁྱུག་པས་མཁའ་དབྱིངས་མཛེས། །དེ་ཕྱིར་དེ་ལ་ཤེས་རབ་རྒྱ་མཚོ་འཇམ་དཔལ་དགྱེས་པས་སྙིང་ནས་བསྟཏ། །ཕ་རོལ་ཐལ་བས་སྨྲུན་འབྱིན་རལ་གྲིའི་ཆར། །རང་གི་ཞེ་འདོད་སྒྲུབ་ངག་བདུད་རྩིའི་རྒྱུན། །རྟགས་ལམ་རྗེས་དཔག་རྟོག་བྲལ་མངོན་སུམ་གྱི། །དགག་གཞག་ཐ་ཞིབ་ཚད་མའི་རིགས་ལམ་གཙང་། །ཡུལ་དང་སྦྱོར་བ་འབྲས་བུའི་དངོས་པོ་བརྒྱད (18)། །ཟབ་མདོའི་སྦས་དོན་བདུན་ཙུས(19)མཚོན་པའི་ཚུལ། །མངོན་སུམ་རབ་གསལ་ནོར་བུའི་མེ་ལོང་མཆོག །འཕགས་སེང (20) དྲིལ་བའི་འདྲེན་དབང་ཚར་དུ་དངར། །ཀླུ་ཡི་གསུང་རབ་རིགས་ཚོགས་སྣང་བའི་གཏེར། །ཟླ་བའི་གཞུང་ལུགས་ཉི་མས་བསྒྱུར་བ་ལ། །འཁོར་བའི་སྲོག་རྩ་གཅོད་

པའི་རྣམ་དཔྱོད་ཅན། །བློ་བཟང་སྨྲ་བའི་སེང་ཆེན་དགྱེས་པ་མང་། །ཕྲ་ཞིབ་མངོན་པའི་མཛོད་དང་
འདུལ་བའི་མདོར། །གངས་ཅན་ཡོངས་ལ་གྲགས་པའི་སྤྱི་དོན་དང་། །གསེར་མདོག་ཅོད་པན་འཆང་
བའི་མཐའ་དཔྱོད་གཉིས21། །ཟུང་འབྲེལ་བརྒལ་བརྟག་འཕྲུལ་གྱི་ཆོས་གྲྭ་མཛེས། །ནམ་ཡང་
གནད་ཀྱི་ཐིག་ལས་མི་འཛུར་བར། །ཕོ་སྟོབས་སྟོང་གསུམ་ཤོང་བའི་སྣོད་དུ་སྐྱེ། །དབང་པོའི་བབ
དང་འཚམ་པའི་འཕྲུལ་འདེགས་ཅན། །འཆད་པའི་ཀ་བའི་ཐུབ་བསྟན་ཁང་བཟང་བཀུར། །ལུང་ཙམ
སྐྱ་བས་སུ་བཟུང་བ་མ་ལགས་པར། །རྟོག་གེའི་གསང་ཚིག་གཞན་དང་མ་འདྲེས་པས། །མ་རིག
འཁྲུལ་བའི་དུག་ཤིང་དྲུངས་འབྱིན་པ། །རྩོད་ངག་རྒྱན་དྲུག་དགྱེས་པའི་རོལ་མོ་མཚར། །མདོ་སྔགས
ཐ་སྙད་སྡེ་བཞིའི་དོན་བཟང་ལ། །ཚིག་གི་སྦྱོར་བ་ཡིད་འོང་དཔའ་བོའི་མགྲིན། །གངས་ཀྱི་རི་ནས
གཏྲ་འབབ་པའི་ཉམས། །རྩོམ་པའི་རྒྱལ་རྫོགས་ངེས་དོན་དམ་པ་མང་། །འདོད་ཡོན་ལམ་བྱེད་སྦྱོག
གི་གནད། །བདེ་སྟོང་གསང་བའི་ཐིག་ལེ་ལ། །རྗེ་ཡི་དགོངས་པའི་གཟེར་ཐེབས་པའི། །རིག་འཛིན
ནོར་བུའི་ཕྲུ་ཚོགས་འཁྲིགས། །སྐྱོངས་པ་དཀར་པོའི་རི་དྭགས་ཀུན། །ཁམས་དུ་བསྐྱེད་པའི་ཤར
རྩ22། །མི་ཤིགས་རྡོ་རྗེའི་རྣལ་འབྱོར23གྱི། །བ་ཤད་སྒྲུབ་ལྷུར་ལེན་དུས་འཁོར་པ། །གསོ་བྱ་གསོ
བྱེད་གསོ་ཚུལ་ཀུན། །ཡིད་ལས་སྐྱེས་ཀྱིས་དྲིས་པའི་ལན། །ཡན་ལག་ཉེར་བཞིར་ལྷང་དེ་བས། །
ཕན་བདེའི་མཆོག་སྦྱིན་འཚོ་བྱེད་པ། །མི་འཛིགས་མ་འདྲེས24ཁ་བའི་རྡུལ་བརྩེགས་གཏོ་ཏམ25གངས
ཀྱི་རི་བོ་ལས། །ལེགས་པར་འོངས་པའི་ལུང་རྟོགས་ཆུ་རྒྱུན་བྱེ་བ་ཕྲག་བརྒྱ་གཡས་འཁྱིལ་ཞིང་། །མང
ཐོས་བློ་ལྡན་དང་དུར་ཁྲི་ཕྲག་རིགས་པའི་མགྲིན་རྫ་འཁྲོལ་བ་ཅན། །ཡན་ལག་བརྒྱད་ལྡན་ཆོས་ཀྱི
རྒྱ་མཚོ་མཐོང་གྲོལ་སྐུ་འབུམ་བྱམས་པ་གླིང་། །འཛམ་དཔལ་སྙིང་པོའི་ཐུགས་བསྐྱེད་རྨད་བྱུང་དག
གསལ་ས་ལེ་སྦྲམ་གྱི་གཞིར། །རིག་གྲོལ་རིན་ཆེན་འདུས་པའི་ལྷུན་པོ་གཞན་ཕན་གླིང་བཞིས26
ཀུན་ནས་བསྐོར། །ལྷ་དང་བླ་མའི་ཉི་ཟླ་རབ་གསལ་དགེ་ལེགས་འོད་སྣང་ཕྱོགས་བཅུར་འགྲོ། །ཆོས་བུ
བདུན་ལྡན་ཆོས་ཀྱི་མཐྱལ་ཐོས་གྲོལ་སྐུ་འབུམ་བྱམས་པ་གླིང་། །དངོས་བཅས་ཁྲིམས་ཀྱི་རྩ་བ་རབ
བརྟན་མདོར་བསྡུས་ཡལ་གའི་འཁོར་ལོ་ཡངས། །ལྷག་པར་སྡོམ་པ་གོང་མའི27གྲིབ་བསིལ་ཕྱོགས
ཀྱི་ཐ་གྲུ་ཡངས་པོར་ཁྱབ། །ཐེག་གསུམ་འབྲས་བུའི་མེ་ཏོག་ཡིད་འོང་ཕན་བདེའི་ཉིང་ཁུར་འཛུམ་སྒྲོ

བའི། །འདབ་མ་སྟོང་ལྡན་ཆོས་ཀྱི་ལྗོན་ཤིང་དྲན་གྲོལ་སྐྱུ་འབུམ་བྱམས་པ་གླིང་། །རྒྱལ་བའི་སྐུ་དང་ཡིག་འབྲུ་སོགས། །རང་བྱོན་སྣང་བ་དཔག་མེད་ཀྱིས། །མཐོང་ཐོས་དྲན་རེག་དོན་ལྡན་དུ། །མཁའ་ཁྱབ་སྐྱེ་རྒུའི་ཡིད་དབང་འགུགས། །དེ་ཕྱིར་ལོ་ཟླའི་ལམ་ནས་ཀྱང་། །མཇལ་བའི་བསོད་ནམས་ལ་ཕྲེད་པ། །དད་ལྡན་སྐྱེ་བོའི་འགྲོ་འདུ་ནི། །ཆུ་གཉེར་ལྷ་བུར་ཟད་པ་མེད། །རྒྱབ་ལ་བྲིས་པོའི་ཁུར་ལྕི་ཞིང་། །གདོང་ལ་རྡུལ་ཆུ་འཛག་བཞིན་དུ། །འདི་ལ་འཇུག་པའི་བྲོ་འཁྲིགས་པས། །གཞན་ན་ཕྱུག་ཡུལ་མེད་དམ་ཅི། །དེ་ལྟ་མོད་ཀྱི་མེ་ཏོག་ལ། །བུང་བ་རྣམ་པར་འཕོར་བ་དང་། །རབ་ཏུ་རྗེ་བའི་ཁབ་ལེན་གྱིས། །ལྕགས་ཕྱེ་འདྲེན་པར་སུ་ཞིག་ཆོམ། །ཕལ་ཆེར་གླིག་པའི་མིག་སྟོང་བགྲད། །ལ་ལ་བསམ་གཏན་ཁང་བུར་རྣས། །གཞན་དག་བྱ་བ་ལས་ཀྱིས་བྲེལ། །འཁོར་ལོ་གསུམ་ལྡན28བྱམས་པ་གླིང་། །ཕྱི་ན་བཀྲ་ཤིས་དགེ་མཚན་ཁྲི་ཕྲག་དཀྲིགས། །ནང་ན་རྟེན་གསུམ་སྐར་མའི་ཚོགས་ལ་འགྲན། །གསང་བ་ཆོས་སྤྱོད་འཕགས་ཡུལ་ན་ལནྡྲ29། །ཕྱི་ནང་གསང་བའི་ཟླ་བྲལ་བྱམས་པ་གླིང་།། སྲིད་ཀྱི་དཔལ་འབྱོར་མིག་སྐྱུའི30གྲོང་ལ་འཁྱུ། །ཐོས་བསམ་སྒོམ་པས་ལྷའི་བུའི་སྙིང་ཁ་འགས། །བླང་དོར་གནས་ལ་ལུང་གི་ཞུ་བ31བཞིན། །དེ་དཔེ་འཚོལ་སླད་ཚངས་པས་གདོང་མང་སྤྲུལ། །བླང་དོར་མཁས་པས་ལས་བཞི་འགལ་མེད་སྒྲུབ། །ཀུན་ཀྱང་འདུས་སྡེ་སྡེལ་བའི་ཐབས་སུ་ཤར། །གོང་མའི་དགོངས་པ་ལེགས་པར་སྐྱེད་པས་བདེ། །ཉིས་སྐྱོན་ཆེན་པོའི་སྒོ་ཡང་དང་གིས་འགག །ཆེ་བ་བཞི་ལྡན་སྐྱུ་འབུམ་བྱམས་པ་གླིང་། །ལམ་གྱི་རིམ་པ་ཡིན་མིན་དོཏྟ་སོ་ལོ། །གཞུང་ནི་གཟུཏྟ་ཀྱི་ཕྱིར་ན་མི་འཐད་ཅེས། །གཏན་འབེབས་དཔེ་རྟ་དབྱེའི་མེ་ལོང་སྨྲ། །འདོད་རྒྱུའི་ཆུ་བོ་ཕྱོགས་དང་ཕྱོཏྟ་མཚམས་ནས། །མཆོད་པའི་ཡོན་དུ་རྒྱུན་ཆད་མེད་པར་འབབ། །བྱུད་བསྐྱེགས་ཐབ་གསུམ32འཁྲིག་གི་གོས་ཙོག་ཏུ། །སྲིད་པའི་བཀའ་གདམས་སྐྱེ་ས་བུ་བགྲང་ལས་འདས། །འཛམ་གླིང་ས་ཡི་ཉི་ཟླ་ཟུང་གཅིག་རྒྱལ་བ་དྲུག་དང་པཎ་ཆེན་གཉིས33། །ཟབ་ཟད་ཐུགས་ཀྱི་གསང་བ་ཟབ་མོས་དངོས་སུ་གཤེགས་ཤིང་བྱིན་བརླབས་པ། །མ་བཅོས་རང་བྱུང་ལྷ་ཡི་སྐྱུ་འབུམ་མི་ཕམ་བྱམས་པ་གླིང་ལས་གཞན། །འདི་ན་སུ་ཞིག་སྙམ་དུ་སེམས་ཧེ་ཀུན་གསལ་གླིག་གི་སྒྲོན་མེར་བགྲོས། །ཕྱོན་གྱི་དབང་ཕྱོགས་འཛིན་མའི་ཚངས་ཆེན་ཏྭ་མིང་རྒྱལ་རབས་རྣམ་གསུམ་དང་། །མན་ཧུའི་སྟོབས་ཀྱི་འཁོར་

ཕོས་བསྒྱུར་བ་འགྱུར་བའི་གྲངས་ཀྱིས་མཐོར་བཏེགས་ཏེ། །མི་མཐུན་བདུད་ལས་རྒྱལ་བའི་རྒྱལ་
མཚན་བཀྲ་ཤིས་འབུམ་འབོད་ལྷ་ཡི་ལུང་། །རི་མ་པར་བབས་པའི་སོར་རི་ས་མ་མཉམ་མིག་གི་
བདུད་རྩིར་འདི་ན་འཁྱིལ། །འདི་ཡང་གཞན་ན་མེད་པའི་ཆོས། །འཇམ་མགོན་ཆོས་ཀྱི་རྒྱལ་པོའི་
བྱིན། །ཧྲག་ཏུ་དྲན་པ་མངོན་གྱོས་ལ། །ཕྱི་ནང་གསང་བའི་གསོལ་འདེབས་འབུངས། །མ་དག་འཁྲུད་
དང་མི་ཤེས་བསལ། །བརྒྱུད་ཁྲི་བཞི་སྟོང་གདམས་པའི་མཛོད། །དེ་ན་དེ་དང་འདིར་འདི་ཞེས། །
གཞན་ལ་འགྲམ་ཆུ་ཅིའི་ཕྱིར་ལྟང་། །རང་ཉིད་ཧ་ལ་ཞོན་བཞིན་དུ། །ཧ་ཉིད་བཙྟེད་པར་གྱུར་པ་ཞེས།།
དཔལ་མགོན་ཀླུ་ཡིས་བཟླས་པའི་ལུང་། །འདིར་ཡང་བསམ་པར་བྱ་བའི་རིགས། །གནས་འདིའི་ཆེ་
བ་རེ་རེ་ཡང་། །བདག་ལྟའི་སྨྲ་བས་ག་ལ་ལང་། །རྟ་རྟེ་ཕྲ་མོའི་ཐེལ་བ་ཙམ། །རང་གི་དད་པའི་
གསོས་སུ་བླངས། །དེ་ལྟར་རྨད་བྱུང་བཀོད་པའི་ཞིང་34དབང་སེ་རྡེ་ང་རོའི་མཚན་དཔེའི་སྐུ། །
འབུམ་ཕྲག་རྣམ་བཀྲ་མཐོང་བ་དོན་ལྡན་བྱང་ཆུབ་ལྡོན་པའི་ཆེ་བ་ཅན། །བྲླ་མགོན་འཇམ་དབྱངས་
དགོངས་པ་གཅིག་མཐུན་ཐུགས་རྗེའི་ངོ་མཚོ་བསྐྱིལ་པའི་གླིང་། །ཆེད་བརྗོད་མེ་ཏོག་ཕྲེང་བས་ཉེར་
མཆོན་རྣམ་དཀར་ཟླ་བའི་མདངས་འདྲ་དེས། །སྲི་འདིར་བློ་གསལ་པདྨའི་འཁྲི་ཤིང་བཤད་སྒྲུབ་
སྤྲང་རྩིའི་བཅུད་ཀྱིས་གཏམས། །ཐོས་བསམ་སྒོམ་པའི་རྐང་དྲུག་བགྲང་ཡས་འཕུར་ལྡིང་གློས་གར་
ཅི་ཡང་རྩེ་ན། །པན་ཚུན་མཛའ་ཞིང་མཛངས་པའི་འཆད་རྩོམ་ཕྱོགས་ཀྱི་འཁོར་ལོར་བརྡལ་བ་ལས།།
དྲི་ཟའི་ན་ཆུང་ཁེངས་པ་ཐུང་དུར་ཞི་བའི་ལམ་བཟང35སྟེན་པར་སྨོན། །མཐའ་དབང་ཀུན་ན་མ་
རྣམས་བདེ་སྐྱིད་ལུང་རྟོགས་རྒྱལ་བསྟན་དམ་པས་སྐྱོངས། །སྡུག་སེང་རྣམས་ཀྱང་མཆོན་བསྐལ་མི་
འཛིན་མཐུན་འགྲིག་ཆེན་པོའི་དབྱིངས་ལ་རོལ། །འཛམ་གླིང་རྒྱལ་ཁབ་བྱེ་བའི་རྩེར་སོན་མ་ཧླ་ཅི་
ནའི་ཆབ་སྲིད་འཕེལ། །འདི་སྨྲ་པོ་ཡང་ཡེགས་ཀྱིས་མི་ནོངས་དོན་གཉིས་ལག་རྩེར་སྨིན་གྱུར་ཅིག །
ཅེས་མཁས་གྲུབ་བྱེ་བའི་བསྟི་གནས་མདོ་སྨད་བྱང་ཕྱོགས་སའི་ཐིག་ལེ་དཔལ་ཀྱི་ཆོས་གྲྭ་ཆེན་པོ·····
སྐུ་འབུམ་བྱམས་པ་གླིང་ལ་མངོན་པར་བསྟེགས་པའི་རབ་ཏུ་བྱེད་པ་འཇམ་མགོན་བླ་མ་དགྱེས······
པའི་མཆོད་སྤྲིན་ཞེས་བྱ་བ་འདི་ནི། མིང་གོ་སྲིད་ལོ་སོ་གཉིས་པ་རབ་རྒྱལ་ཆུ་ལུག་ཟླ་བ་བརྒྱད་པའི་
དཀར་ཕྱོགས་ཀྱི་བཟང་པོ་དང་པོར་སྐུ་འབུམ་དུ་སོན་སྐབས་དེ་གའི་གྲྭ་རིགས་དང་བརྩོན་བློ་གྲོས་

ཀྱི་ནོར་ལྡན་བྱང་ཆུབ་གྲགས་པས་བསྐུལ་བའི་ངོར། །བོ་མིང་ཀྱིན་ཛུའི་བཀའ་ལུང་གིས་ཛུ་ཙུ་ཧ་ཏོ་སོན་ཧེ་ཧེའི་ཁྲན་སེར་བསྡུགས་པ་ཤཱཀྱའི་དགེ་སློང་ཤེས་རབ་རྒྱ་མཚོ་འཇམ་དཔལ་དགྱེས་པའི་བློ·····གྲོས་ཀྱིས་སྦྱར་བ་ཛ་ཡནྟུ། །མཆན་འགྲེལ།①ཡེ་ཤེས་མེ་ལོང་། འཇམ་པའི་དབྱངས་ཀྱི་མཚན་གྱི་རྣམ་གྲངས། ②པ་ཏྲ། མཁས་པ། ③ཟླ་གྲགས། རྒྱ་གར་གྱི་སློབ་དཔོན་ཟླ་བ་གྲགས་པ་སྟེ། རྗེ་འདིའི་ལོ་རྒྱུས་མདོར་བསྡུས་ཀུན་མཁྱེན་འཇིགས་མེད་དབང་པོས་མཛད་པའི《ཙནྡྲ་གོ་མིའི་ལོ་རྒྱུས》ཀྱི་མཆན་རྟགས་ཨང(11)ལ་གཟིགས། ④མི་འཇིགས་པའི་ལྡན། སངས་རྒྱས་ཀྱི་གོ་འཕང་སྟེ། མི་འཇིགས་པ་བཞི་ནི། རྒྱལ་དབང་བདུན་པ་སྐལ་བཟང་རྒྱ་མཚོའི《ལྷུང་སྒྲ་རོལ་པའི་རྡོ་རྗེའི་ཞུ་འཕྲིན་གྱི་ལན་དུ་བསྟལ་བ》ཞེས་པའི་མཆན་རྟགས་ཨང(11)ལ་གཟིགས།⑤ཟབ་གསང་ཟུང་འཇུག ཟབ་མོ་ཕར་ཕྱིན་ཐེག་པ་དང་གསང་བ་རྡོ་རྗེ་ཐེག་པ་ཟུང་དུ་འབྲེལ་བ། ⑥ང་སྙམ་ངའོ་སྙམ་པའི་ང་རྒྱལ། ⑦ལྟེ་བའི་མཚལ། ལྟེ་ཁྲག ⑧འབུམ་ཕྲག བསེ་རུ། བསེ་རུ་ནི་གཅིག་གི་མིང་སྟེ། འབུམ་ཕྲག་བསེ་རུ་ནི་འབུམ་ཕྲག་གཅིག་ཅེས་པའོ། ⑨ཡ་ག་སྒྲོག་པ། འཕྱ་སྨོད་བྱེད་པའམ་ཚིག་རྩུབ་སྨྲ་བ། ⑩དབང་པོའི་རྟོག སངས་རྒྱས་ཤིག་གི་མཚན་ཏེ་བདེ་གཤེགས་དབང་པོའི་རྟོག(11)སྟོད་ཀྱི་ཁྱད་པར་ཟིལ་དུ་བརྗེགས་པ། སྟོད་ཀྱི་བཀོད་པ་ལྷ་ཁང་དང་གཙུག་ལག་ཁང་ཁྱད་པར་ཅན་རྣམས་པན་ཚུན་འགྲན་བཞིན་དུ་མངོན་པར་བཞེངས་པ་ཞེས་པའི་དོན། (12)མཐོང་གྲོལ། མཐོང་བ་ཙམ་གྱིས་ཐར་པའི་གོ་འཕང་ཐོབ་པ།(13)བྱམས་པའི་གཞུང་། བྱམས་ཆོས་སྡེ་ལྔའམ་ཕར་ཕྱིན་གྱི་གཞུང་། (14)གདོང་ལྔ། སྤྱིར་རི་དྭགས་རྒྱལ་པོ་སེང་གེ་ལ་འཇུག འདིར་ཟུར་ཕུད་ལྔ་ལྡན་འཇམ་དབྱངས་སྨྲ་བའི་སེང་གེའོ། ། (15)ཚར་གཅོད་རྗེས་འཛིན་ཀུན་ཤེས་རིག་པ། རིག་པའི་གནས་ལྔ་ལ་གོ་བ་སྟེ། 《མདོ་སྡེ་རྒྱན》ལས། རིག་པའི་གནས་ལྔ་དག་ལ་བརྩོན་པར་མ་བྱས་ན། །འཕགས་མཆོག་གིས་ཀྱང་ཐམས་ཅད་མཁྱེན་པ་འཐོབ་མི་འགྱུར། །དེ་བས་གཞན་དག་ཚར་བཅད་རྗེས་སུ་གཟུང་ཕྱིར་དང་། །བདག་ཉིད་ཀུན་ཤེས་བྱ་ཕྱིར་དེ་ལ་དེ་བརྩོན་བྱ། །ཞེས་གསུངས་པ་ལྟར་གཞན་དག་ཚར་བཅད་པའི་རིག་པ་ནི་སྒྲ་དང་ཚད་མ། རྗེས་སུ་འཛིན་པའི་རིག་པ་ནི་བཟོ་དང་གསོ་བ། རང་ཉིད་ཀུན་ཤེས་པའི་རིག་པ་ནི་ནང་དོན་རིག་པ་ཡིན་པར་བསྟན་པའོ། ། (16)གུས་རྟག་བརྩོན་པ། རྟག་སྦྱོར་དང་གུས་སྦྱོར་གྱི་བརྩོན་འགྲུས་གཉིས་ཏེ། དུས་རྟག་ཏུ་སྐྱོ་ངལ་མེད་པར་བརྩོན་པ་ནི་རྟག་སྦྱོར་གྱི་བརྩོན་འགྲུས་དང་། ཤུགས་དྲག་གིས་བསྒྲུབས་པ་ནི་གུས་སྦྱོར་གྱི་བརྩོན་འགྲུས་སོ། ། (17)གསོག་གསོབ། བཅོས་མའམ་སྙིང་པོ་མེད་པའི་དོན། (18)ཡུལ་དང་སྦྱོར་བ་འབྲས་བུའི་དངོས་པོ་བརྒྱད། ཤེས་རབ་ཀྱི་ཕ་རོལ་ཏུ་ཕྱིན་པའི་དོན་གྱི་སྙིང་པོ་སྟེ། 《མངོན་རྟོགས་རྒྱན》ལས། ཤེས་རབ་ཕ་རོལ་ཕྱིན་པ་ནི། །དངོས་པོ་བརྒྱད་ཀྱིས་ཡང་དག་བཤད། །རྣམ་ཀུན་མཁྱེན་ཉིད་ལམ་ཤེས་ཉིད། །དེ་ནས་ཐམས་

ཅན་ཤེས་པ་ཉིད། །རྣམ་ཀུན་མངོན་རྫོགས་རྟོགས་པ་དང་། །རྩེ་མོར་ཕྱིན་དང་མཐར་གྱིས་པ། །སྐད་ཅིག་གཅིག་མངོན་རྫོགས་བྱང་ཆུབ། །ཆོས་ཀྱི་སྐུ་དང་དེ་རྣམས་བརྒྱད། །ཅེས་གསུངས་པ་ལྟར་ཡུལ་རྣམ་མཁྱེན་དང་། ལམ་ཤེས། གཞི་ཤེས་ཏེ་མཁྱེན་གསུམ། རྣམ་རྫོགས་སྦྱོར་བ་དང་། རྩེ་སྦྱོར། མཐར་གྱིས་སྦྱོར་བ། སྐད་ཅིག་མའི་སྦྱོར་བ་སྟེ་སྦྱོར་བ་བཞི། འབྲས་བུ་ཆོས་སྐུ་སྟེ་བརྒྱད་དོ། །(19) ཟབ་མདོའི་སྐབས་དོན་བདུན་ཅུ། ཟབ་མོའི་མདོ་ཤེར་ཕྱིན་དངོས་པོ་བརྒྱད་ཀྱི་དོན་ལ་ནང་གསེས་ཀྱི་དབྱེ་བ་བདུན་ཅུ་ཡོད་དེ། མཁྱེན་གསུམ་མཚོན་བྱེད་ཀྱི་ཆོས་སུམ་ཅུ་དང་། སྦྱོར་བཞི་མཚོན་བྱེད་ཀྱི་ཆོས་སོ་དྲུག་དང་། ཆོས་སྐུ་མཚོན་བྱེད་ཀྱི་ཆོས་བཞི་སྟེ་བསྡོམས་པས་བདུན་ཅུའོ། །(20) འཕགས་སེང་། ཕྱར་རྒྱ་གར་གྱི་སློབ་དཔོན་སེང་གེ་བཟང་པོ་སྟེ། ཤེར་ཕྱིན་མངོན་རྟོགས་རྒྱན་གྱི་འགྲེལ་བ་དོན་གསལ་དང་བརྒྱད་སྟོང་འགྲེལ་ཆེན་མཛད་མཁན། རྒྱ་གར་ཤེར་ཕྱིན་སྨྲ་བའི་སློབ་དཔོན་ནོ། ། 21མཐའ་དཔྱོད་གཉིས། སྒོ་མང་བ་དང་རྗེ་བཙུན་པའི་མཐའ་དཔྱོད་གཉིས། 22ཤར་ཟླ། རི་དྭགས་ཀྱི་རྒྱལ་པོ་བསེ་ཁ་སྒོའི་མིང་།དེར་རྐང་བརྒྱད་པ་ཞེས་བཤད་དེ། རྐང་བ་བཞི་གྱེན་དུ་ཕྱོགས་པས་སྟེང་རྐང་ཅན་དང་གྲེན་མིག་ཅན་ཞེས་ཀྱང་བཤད།དེ་རྩལ་སྟོབས་ཤིན་ཏུ་ཆེ་བས་སེང་གེ་ཡང་འཇོམས་ནུས་པར་གྲགས། 23རྡོ་རྗེའི་རྣལ་འབྱོར། མཆོག་གི་དང་པོའི་སངས་རྒྱས་ལ་སོགས་པ་རྩ་བའི་རྒྱུད་རྒྱས་པ་ཐམས་ཅད་དུ་དགོངས་པ་གཅིག་དང་དབྱངས་གཅིག་གིས་དངོས་སུ་བསྟན་པའི་དོན་མཆོག ཕྱག་རྒྱ་ཆེན་པོའི་རྣལ་འབྱོར་སྦྱོར་བ་ཡན་ལག་དྲུག་པ་ཞེས་བྱ་བ་འདི་རྫོགས་པའི་རིམ་པ་ཐམས་ཅད་ཀྱི་མཐར་ཐུག་གི་སྐྱེ་ལ་སོ་ཟབ་ལམ་རྡོ་རྗེའི་རྣལ་འབྱོར་དུ་གྲགས་པའོ། ། 24མི་འཇིགས་མ་འདྲེས།དེ་བཞིན་གཤེགས་པའི་མི་འཇིགས་པ་བཞི་དང་མ་འདྲེས་པའི་ཆོས་བཅོ་བརྒྱད་ལ་གོ་དགོས་སོ། ། 25གོ་ཏམ།སྟོན་པ་ཤཱཀྱ་ཐུབ་པའི་རིགས་རུས་ཀྱི་མིང་སྟེ། དེ་ཡང་ཡུལ་གྲུ་འཛིན་དུ་རྒྱལ་པོ་བརྒྱ་ཐམ་པ་བྱུང་བའི་མཐའ་མ་རྣ་བ་ཅན་གྱི་བུ་གོ་ཏམ་དང་བྷ་ར་དྭ་ཛ་གཉིས་ལས། གོ་ཏམ་རབ་ཏུ་བྱུང་སྟེ་ལོ་མའི་སྤྱིལ་བུ་ཡིད་དུ་འོང་བའི་བསམ་གཏན་གྱི་ཁང་བར་གནས་པའི་ཚེ། གཡོ་ཅན་པཛྙའི་རྩ་ལག་དང་བཟང་མོ་དགའ་མགུར་སྤྱོད་པའི་དུས་ལས་ཡོལ་བས།བཟང་མོ་བསད་པའི་རལ་གྲི་ཁྲག་ཅན་ལོ་མའི་སྤྱིལ་བུའི་ཉེ་འདབས་སུ་བོར་བའི་རྐྱེན་གྱིས་གོ་ཏམ་གསལ་ཤིང་ལ་བསྐྲོན་པའི་དུས། དྲང་སྲོང་མདོག་ནག་གི་རྫུ་འཕྲུལ་གྱིས་གྲུ་ཆར་གྱི་ཐིགས་པ་དང་། དྲི་གཞོན་ལུས་ལ་རེག་པའི་རྐྱེན་གྱིས་འདོད་པའི་གནས་རྗེས་སུ་དྲན་པའི་ཡིད་ཀྱི་ཤེད་ཏུས་དྲངས་ཏེ། ཁམས་ཀྱི་དྭངས་མ་གཉིས་ལྷན་ཅིག་ཏུ་ལྷུང་བ་ལས་སྒོང་གཉིས་སུ་གྱུར་པ་ཉི་འོད་ཀྱིས་བསྐྱངས་ཤེང་ཁྱེའུ་གཉིས་བུ་རམ་གྱི་ཤིང་གསེབ····ཏུ་ཞུགས་པས་མིང་ལ་ཉི་མའི་གཉེན་དང་བུ་རམ་ཤིང་པ་ཞེས་གྲགས་སོ། །བུ་རམ་ཤིང་པའི་བརྒྱུད་ལ་རྒྱལ་པོ་བརྒྱ་བྱུང་བའི་མཐའ་མ་འཕགས་སྐྱེས་པོ། དེའི་བུ་རྒྱུད་ཅིག་ཆུ་བོ་གངྒཱའི་འགྲམ་དུ་མིང་སྲིང་ལྷན་ཅིག་ཏུ་འདུས་པ་ལས་ཤཱཀྱའི་བརྒྱུད་ཅེས་པ

བྱུང་ངོ། །དེ་བས་སྟོན་པ་ཤཱཀྱ་ཐུབ་པའི་མཚན་གྱི་རྣམ་གྲངས་ལ་གཽ་ཏ་མ་དང་། ཉི་མའི་གཉེན། བུ་རམ་ཤིང་པ་ཞེས་གྲགས་སོ། །26གཞན་ཕན་གླིང་བཞི། རི་རབ་ལྷུན་པོའི་ཕྱོགས་བཞི་རྒྱ་མཚོར་ཆགས་པའི་གླིང་བཞི་མཆོག་བྱེད་ཀྱི་དཔེར་བྱས་ཏེ། བརྗོད་པར་འདོད་པའི་དཔེ་ཅན་སྐུ་འབུམ་གསེར་སྟོང་ཆེན་མོའི་མཐའ་བཞིར་བཞེངས་པའི་གྲྭ་ཚང་བཞི་སྟེ་མཚན་ཉིད་གྲྭ་ཚང་དཔལ་ལྡན་བཤད་སྒྲུབ་གླིང་དང་། རྒྱུད་པ་གྲྭ་ཚང་དཔལ་ལྡན་གསང་སྔགས་བདེ་ཆེན་གླིང་། སྨན་པ་གྲྭ་ཚང་གསོ་རིག་དར་རྒྱས་གཞན་ཕན་ནོར་བུ་གླིང་། དུས་འཁོར་གྲྭ་ཚང་རིགས་ལྡན་བློ་གསལ་གླིང་བཅས་སྟོན་པའོ། །27སྡོམ་པ་གོང་མ། བྱང་སེམས་ཀྱི་སྡོམ་པ་དང་སྔགས་ཀྱི་སྡོམ་པ། 28འཁོར་ལོ་གསུམ་ལྡན། ཀློག་པ་ཐོས་བསམ་གྱི་འཁོར་ལོ་དང་། སྤོང་བ་བསམ་གཏན་གྱི་འཁོར་ལོ། བྱ་བ་ལས་ཀྱི་འཁོར་ལོ་བཅས་གསུམ་དང་ལྡན་པ། 29ཉྭ་ལྕྭ། པཎ་ཆེན་བློ་བཟང་ཆོས་རྒྱན་གྱིས་མཛད་པའི《ཞི་བ་ལྷའི་རྟོགས་བརྗོད》ཀྱི་མཆན་ཏྲགས་ཨང25ལ་གཟིགས། 30མིག་སྐྱ་ཁོར་ལྷའམ་རྣམ་སྲས། 31ལུང་གི་ཞུ་བ། འདུལ་བ་ལུང་སྡེ་བཞིའི་ཡ་གྱལ་ཞིག 32བུད་བསྐྱེགས་ཐབ་གསུམ། མི་གྲལ་ལས་བུད་པ། ཁྱི་གྲལ་ལ་བསྐྱེགས་པ། ལྷ་གྲལ་ཐབ་པ་བཅས་གསུམ། 33རྒྱལ་བ་དྲུག་དང་པཎ་ཆེན་གཉིས། རྒྱལ་དབང་ཐམས་ཅད་མཁྱེན་པ་ཐེངས་དྲུག་དང་། པཎ་ཆེན་རིན་པོ་ཆེ་ཐེངས་གཉིས་ཐེབས་པ་ཞེས་པའོ། །34རྨད་བྱུང་བཀོད་པའི་ཞིང་། ངོ་མཚར་རྨད་བྱུང་བཀོད་པའི་ཞིང་ཁམས་ཏེ་རྗེ་ཙོང་ཁ་པ་ཆེན་པོ་རྒྱལ་བ་སེང་གེའི་ང་རོ་སངས་རྒྱས་པའི་གནས། 35ཞི་བའི་ལམ་བཟང་། ཞི་བ་མྱང་འདས་ཀྱི་གོ་འཕང་དོན་དུ་གཉེར་བ་རྣམས་བགྲོད་པའི་ལམ་གཅིག་པུ་ཟབ་མོ་རྟེན་ཅིང་འབྲེལ་བར་འབྱུང་བའི་ལམ། །

༄༅། །དཔལ་མཉམ་མེད་རི་བོ་དགེ་ལྡན་པའི་སྟོན་པ་བསྟན་པ་
བསྟན་འཛིན་དང་བཅས་པ་ཚད་མར་སྒྲུབ་པའི་སྒོ་ནས་
བསྟོད་ཅིང་གསོལ་བ་གདབ་པའི་ཚུལ་སྐལ་བ་
བཟང་པོའི་ཉིན་བྱེད་འདྲེན་པའི་སྐྱ་རེངས་
ཞེས་བྱ་བ་བཞུགས། །

༄༅། །སྟོན་པ་ཚད་མ་རྗེ་བཙུན་ཙོང་ཁ་པ། །བསྟན་པ་ཚད་མ་དགེ་ལྡན་ལུང་རྟོགས་ཆོས། ། བསྟན་འཛིན་ཚད་མ་དགེ་ལྡན་མཁས་རྣམས་ལ། །རྒྱུ་མཚན་ཚད་མ་དྲན་པས་ཕྱག་འདི་བགྱི། ། ཆགས་ན་ལྷ་ལ་ཆགས་ཀྱང་མི་གྲོལ་ལ། །ཞེན་ན་ཆོས་ལ་ཞེན་ཀྱང་འཆིང་བའི་ཕྱིར། །ཞེན་དང་སྤོངས་པས་མ་ཡིན་དོན་གནས་ཀྱི། །ངང་ཚུལ་འདི་དག་དྲན་པས་སྐྱབས་སུ་མཆི། །རྒྱལ་བ་དབང་པོའི་རྟོག་གེ་སྤྱན་སྔ་རུ། །རྒྱལ་སྲས་སྙིང་སྟོབས་ཆེན་པོར་གྱུར་པ་དང་། །བྲམ་ཟེའི་ཁྱེའུར་གྱུར་ཚེ་སྨོན་པའི་དྲུང་། །སེམས་མཆོག་བསྐྱེད་ནས་སྐྱེ་བ་བཅུ་བདུན་རྗེས། །རྒྱལ་བས་ལུང་བསྟན་དུས་ལ་བབ་པ་ན། །མདོ་སྨད་ཙོང་ཁར་མེ་མོ་བྱ་མཁས་གྲུབ་ལུགས་ཚུ་རྟར་སངས་རྒྱས་ལོ་དེ་ནས་ཉིས་སྟོང་ཉིས་བརྒྱ་སོ་ལྔ་འདས་ཤིང་སོ་དྲུག་པ་རབ་བྱུང་དྲུག་པའི་ལོ་བཅུ་དགུ་པ་ཡི་ལོར། །རིགས་གསུམ་མགོན་དང་འཇིགས་མཛད་རྣམ་རོལ་གྱི། །ལྷས་དང་བཅས་ཏེ་འཁྲུངས་སར་སྐུ་གཟུགས་དང་། །ཡིག་འབྲུ་རང་བྱོན་ཅན་དན་ལྗོན་པ་འཁྲུངས། །ལོ་གསུམ་ལོན་ཆེ་ཡོངས་རྫོགས་དགེ་བསྙེན་དང་། །དགུང་ལོ་བརྒྱད་པར་རབ་བྱུང་དགེ་ཚུལ་སྒྲུབ། །བཅུ་དྲུག་བར་དུ་མཁན་པོ་ལ་བརྟེན་ནས། །མདོ་སྔགས་བཀའ་ལུང་མན་ངག་མང་དུ་བཞེས། །བཅུ་བདུན་བཞེས་ཆེ་བོད་ཡུལ་དབུས་སུ་བྱོན། །མཁན་པོ་ཚུལ་རིན་པ་ལས་བསྙེན་རྫོགས་མཛད། །སློན་འཇུག་བྱང་ཆུབ་མཆོག་ཏུ་ཐུགས་བསྐྱེད་ཅིང་། །རྒྱུད་སྡེའི་སྙིང་པོ་སྨིན་བྱེད་དབང་ཐོབ་ནས། །ཚུལ་ཁྲིམས་ཕུང་པོ་རྫོགས་ལ་ཕྱག་འཚལ་ལོ། །བཀའ་བསྟན་མཐའ་དག་འཚང་

རྒྱུའི་ཆ་རྐྱེན་དུ། །གསལ་བར་མཛད་བྱེད་བྱོན་པའི་དགོས་དོན་མཆོག །སྒྲུབ་ལ་རང་གིས་བསྟན་པ་ཡོངས་རྫོགས་ལ། །ངེས་པ་སྙིང་པའི་རྒྱ་ཆེན་ཐོས་པ་ཞིག །དགོས་པར་གཟིགས་ནས་མི་ཕམ་ཆོས་རྗེ་དང་། །རྒྱན་དྲུག་མཆོག་གཉིས་དཔལ་ལྡན་སངས་རྒྱས་བསྐྱངས། །ལེགས་ལྡན་ཡབ་སྲས་ཟླ་གྲགས་ཞི་བ་ལྷ། །བློ་བརྟན་གྲོལ་སྡེ་སེངབཟང་ཞབས་ལ་སོགས། །འཕགས་ཡུལ་ཤིང་རྟ་ཆེན་པོའི་གཞུང་རྣམས་དང་། །ཁྱད་པར་དབུ་ཚད་གཞུང་ལ་ལེགས་སྦྱངས་ཏེ། །ཐེ་ཚོམ་ཆོད་པར་མཛད་ལ་ཕྱག་འཚལ་ལོ། །སོ་བཞི་ལོན་ཚེ་མཁས་གྲུབ་དུ་མ་ལས། །རྒྱུད་སྡེ་དུ་མའི་དབང་ལུང་མན་ངག་དང་། ཕྱག་ལེན་མཐའ་དག་གསན་ཅིང་དག་ཐེར་མཛད། །བྱ་རྒྱུད་སྤྱི་དང་བྱེ་བྲག་རྒྱུད་རྣམས་དང་། །རྣམ་སྣང་མངོན་བྱང་དེ་ཉིད་བསྡུས་པ་དང་། །ཁྱད་པར་འདུས་པ་བདེ་དགྱེས་དུས་འཁོར་གྱི། །རྒྱུད་དོན་མཐའ་དག་ལེགས་པར་གཏན་ལ་ཕབ། །ཉེ་བརྒྱུད་ཐུན་མོང་མིན་པའི་སྐོར་རྣམས་དང་། །བརྒྱུད་པ་མི་འདྲའི་གདམས་པ་དུ་མ་དང་། །ཐུན་མོང་རིག་གནས་ཀུན་ཀྱང་མང་དུ་གསན། །བཀའ་དང་བསྟན་བཅོས་འགྱུར་རོ་ཅོག་ལ་ཡང་། །གཟིགས་རྟོག་མཛད་ནས་ལུང་གི་ཡོན་ཏན་གྱི། ཕ་རོལ་སོན་པར་མཛད་ལ་ཕྱག་འཚལ་ལོ། །སོ་དྲུག་ལོན་ཚེ་རྗེ་བཙུན་བཀས་བསྐུལ་བཞིན། །དག་པ་རྣམ་བརྒྱད་བཅས་ཏེ་བསྒྲུབ་པ་ལ། །བྱོན་ནས་བསགས་སྦྱངས་རྒྱ་ཆེར་མཛད་པ་དང་། །རྒྱལ་སྲས་སྤྱོད་ལ་སྦྱངས་པས་སྙིང་སྟོབས་རྒྱས། །འཕགས་ཡུལ་པཎ་གྲུབ་སངས་རྒྱས་བྱང་སེམས་དང་། །ལྷ་མཆོག་དུ་མའི་སྐུ་ཡི་རྒྱལ་མཚན་གཟིགས། །ཟླ་བ་ལྔའི་རིང་བྱང་ཆུབ་ལམ་རིམ་ལ། །རྩལ་འདོན་མཛད་པས་པར་ཕྱིན་གདམས་པར་ཐར། །མདོ་དང་སྡེ་བདུན་བརྗོད་དོན་ཐེག་གཉིས་ཀྱི། །ལམ་གྱི་རིམ་པར་རིགས་པའི་ལམ་ནས་འདྲིལ། །ས་རྒྱན་སྒྲུར་བའི་མན་ངག་ལ་བརྟེན་ནས། །མི་ཕམ་རྒྱལ་བའི་གཞུང་དང་རྗེས་འབྲང་གི །གཞུང་ཀུན་ཉམས་ལེན་གདམས་པར་ཤར་བ་དང་། །བསླབ་བཏུས་ལ་བརྟེན་ཀླུ་སྒྲུབ་ལུགས་ཀྱི་གཞུང་། །དབུ་མའི་བརྗོད་དོན་ཉམས་ལེན་གདམས་པར་ཤར། །པཎ་ཆེན་སངས་རྒྱས་གསང་བའི་མན་ངག་གིས། །བྱ་སྤྱོད་རྣལ་འབྱོར་རྒྱུད་ཀྱི་གནད་རྣམས་དང་། །ཀླུ་སྒྲུབ་ཡབ་སྲས་ཟླ་བའི་མན་ངག་གིས། །འདུས་པའི་གནད་དོན་ཉམས་ལེན་གདམས་པར་ཤར། །དེ་མཐུས་བདེ་དགྱེས་དུས་འཁོར་ལ་སོགས་པའི། །རྒྱུད་སྡེ་དུ་མའི་གནད་དོན་གདམས་དག་གི །

མཆོག་ཏུ་ཤར་བར་མཛད་ལ་ཕྱག་འཚལ་ལོ། །དཀྱུང་ལོ་སོ་བརྒྱད་པ་ནས་ང་གསུམ་པར། །མདོ་སྔགས་ཡོངས་རྫོགས་ཉམས་ལེན་ལ་གཞོལ་བས། །ཉམས་རྟོགས་ཚད་མ་རྒྱུད་ལ་ལེགས་འཁྲུངས་ཤིང་། །ཁྱད་པར་ཀླུ་སྒྲུབ་གྲུབ་ཆེན་སངས་རྒྱས་བསྐྱངས། །ཟླ་བས་བཞེད་པའི་ལྟ་བའི་དབྱིངས་པ་རྫོགས། །རྒྱུད་དང་གྲུབ་ཆེན་གཞུང་གིས་བསྟན་ཚོད་ང་བརྒྱད་པར་སྔགས་ཀྱི་རྟོགས་པ་རྫོགས་པར་འཇམ་དབྱངས་གསུངས་ཀྱི། །བདེ་སྟོང་ཁྱད་པར་ཅན་གྱི་རྟོགས་པའང་འཁྲུངས། །འཇམ་པའི་ང་གསུམ་པར་རྡོ་རྗེས་བུམ་ཆུ་སྨུལ་བ་དང་། །འཇམ་པའི་ང་ལྔ་པར་དབྱངས་ཀྱིས་སྤྲུལ་པའི་གླེགས་བམ་སྨུལ། །ཞིང་སྐྱེས་པོ་ཉ་མོ་རྣམས་གྲོགས་མཛད་ཅིང་། །མཁའ་འགྲོའི་མཁའ་འགྲོ་མ་རྣམས་གླུ་ལེན་པ་གསན་ནས་ཉིང་འཛིན་པེར་ལེགས་མ་དང་། དཔྱིད་ཀྱི་རྒྱལ་མོའི་གླུ་དབྱངས་སུ་བཀུག་པ་ཡིན་ལ། རྒྱུད་དབྱངས་འདི་ཡང་མཁའ་འགྲོས་ཚིག་མི་ཐོས་པའི་དབྱངས་མང་པོ་བྱེད་པ་གཟིགས་ནས་བཀུལ་བ་ཡིན་ཞེས་རྒྱུད་ཆན་རྣམས་ཀྱི་ངག་རྒྱུན་དུ་གྲགས་ཆེ་བ་ད་ལྟའི་བར་དུ་ཡོད་པ་བདེན་པར་མངོན། འདི་འི་དོན་གྱིས་ཉམས་ལེན་ཆེར་མ་བྱུང་ཡང་ཕྱག་ལེན་མ་ཉམས་པར་བྱས་པ་བྱིན་བརླབས་སྦྱར་བ་ཞེས་འཇམ་དབྱངས་བཞད་པའི་འཇིགས་བྱེད་ཆོས་འབྱུང་ལས་གསུངས་གླུ་དབྱངས་ལེན་པའང་གསལ་ལེར་གསན། །དག་པའི་གཟིགས་སྣང་ཉིད་འཛིན་ཐུན་གཅིག་ལའང་། །འབྱམས་སུ་ཀླས་ཤིང་འཛིགས་མཛད་མ་ཧེའི་ཞལ། །སྐྱུ་ལ་ཐིམ་ཞིང་དབྱེར་མེད་གཅིག་ཏུའདྲེས། །སྨིན་བསྲེག་མཛད་སར་ཁབ་བབ་མི་ནུས། །རབ་གནས་མཛད་ཚེ་དམ་ཡེ་དབྱེད་མེད་འདྲེས། །ཕ་བོང་བསྒྲིལ་དང་ཀླུང་འཚུབ་བྱུང་བ་ན། །བསྡིགས་མཛུབ་གཅིག་གིས་བཟློག་པར་མཛད་པ་སོགས། །གྲུབ་རྟགས་རྫུ་འཕྲུལ་བསམ་ལས་འདས་པའང་བསྟན། །བསྟན་བསྲུང་རྒྱ་མཚོས་བཞེད་དོན་ཀུན་སྒྲུབ་ཅིང་། །ཁྱད་པར་དམ་ཅན་ཆོས་ཀྱི་རྒྱལ་པོ་དང་། །ཀླུ་ཙ་པྲ་ལས་སྐྱུ་གཡོག་སྒྲུབ་པ་དང་། །གདུག་ཅན་གནོད་བྱེད་ཀླུ་མལ་གྲོ་གཞི་ཡིན། །རྒྱལ་ཆེན་པ། གཟའ་བརྒྱད། ཤ་ཟ་སྟེ་གནོད་བྱེད་བཞི་བསྒྲལ། འདི་དུས་རྩ་བའི་རྡོ་རྗེ་སློབ་མ་དང་བཅས་བར་ཆད་སེལ་ཐབས་མཛད་པའི་སློབ་མ་བདུན་ནི་དག་པ་རྣམ་བརྒྱད་ལས་དཔལ་ལྡན་བཟང་པོ་བ་འདས་པས་གཞན་བདུན་ཡིན་ནམ་ཟེར་བསྒྲལ་ཏེ་བར་ཆད་བསལ། །འཇམ་དཔལ་དབྱངས་ཀྱིས་ཡང་ཡང་ཞལ་གཟིགས་ཤིང་། རྒྱུན་དུ་གདམས་ངག་འདོམས་ལ་ཕྱག་འཚལ་ལོ། །དགེ་སྦྱོང་ཚས་དང་བསྟོད་པ་མཛད་པ་རྣམས། །རྗེང་ཕྱིའི་བྲམས་པར་ཕུལ་ཏེ་འདུལ་བའི་བསྟན། །སྤེལ་བའི་རྟེན་འབྲེལ་བསྒྲིགས་ཏེ་ལག་ལེན་ཡན། །དག་ཐེར་མཛད་ཅིང་བྱང་སེམས་གསང་སྔགས་

གྱི། །བཅས་མཚམས་སྟོན་པའི་ལེགས་བཤད་མང་སྤེལ་ཏེ། །ཐེག་ཆེན་བསྟན་པའི་རྒྱང་ཡང་ལེགས་པར་གསོས། །དུས་གཅིག་གཞུང་ཆེན་བཅོ་ལྔའི་དབུ་ཚུགས་ཏེ། །རང་དང་འགྲེལ་པའི་སྙིང་ནས་ཞིབ་བཤད་མཛད། །གཞན་ཡང་འཕགས་ཡུལ་མཁས་པའི་གཞུང་རྣམས་དང་། །བྲིད་པར་ཆད་མའི་གཞུང་འབྲིད་ལམ་རིམ་དང་། །རྒྱུད་སྡེའི་དུ་མའི་གཞུང་དང་མན་ངག་གནད། །མཁས་པ་གཞན་གྱིས་བཤད་པ་བརྒྱ་ཚར་བས། །ལན་རེ་ཙམ་ཡང་བྲིད་འཕགས་ལེགས་བཤད་ཀྱིས། །མཁས་མང་དགྱེས་པར་མཛད་ལ་ཕྱག་འཚལ་ལོ། །གནས་སྙིང་རམ་དིང་ས་སྐྱ་རྩེད་ཐང་སོགས། །བཤད་གྲྭ་རྣམས་སུ་གྲྭ་སྐོར་མཛད་པའི་ཚེ། །བརྒྱལ་བརྟན་རིགས་པས་གོལ་བའི་སྤོབས་པ་བཙོམ། །གྲུབ་མཐའི་ཆགས་སྡང་ནམ་ཡང་མི་མཛད་པས། །གང་དང་རྩོད་པ་འཛུགས་པ་མ་བྱུང་ཡང་། །མཁས་པར་གྲགས་པ་དུ་མའི་གཞུང་རྣམས་ཀྱི། །ཡོག་པར་འཆད་པའི་ཆ་རྣམས་སྤུན་དབྱུང་ཞིང་། །གང་གི་གསུང་ལ་མཁས་པས་དཔྱད་ན་ཡང་། །གཞན་དུ་གཡོ་བ་སྤྱངས་ལ་ཕྱག་འཚལ་ལོ། །རྗེ་བོའི་འདྲ་སྐུར་གསོལ་བ་མང་བཏབ་པས། །མཚན་མ་རྟེན་ནས་བྱང་ཆུབ་ལམ་རིམ་བརྩམས། །གསེར་གྱི་འཕྲེང་བས་མཁས་མང་ཡིད་འཕྲོག་ཅིང་། །གསེར་སྦྱངས་ཡི་གེ་གཟིགས་པས་དོགས་གནས་ཀུན། །ལྷག་མེད་བསལ་ཏེ་རིག་པའི་རྒྱ་མཚོ་སྤེལ། །མཁས་མང་དུ་མས་མ་གཟིགས་ཟབ་གནད་ཀུན།། ལེགས་པར་བཤད་པའི་སྙིང་པོ་ལ་སོགས་དང་། རྡོ་རྗེ་འཆང་གི་གསང་སྔགས་ལམ་རིམ་དང་། །བདེ་གསང་སྐོར་གྱི་གཞུང་མང་སྤེལ་བ་རྣམས། །ཀུན་ཀྱང་བསྟན་འགྲོར་ཕན་པའི་མཚན་མ་གཟིགས། རྗེ་བཙུན་གསུང་གིས་བསྐུལ་བ་ཤ་སྟག་ལས། །གངས་ལྗོངས་མཁས་གྲུབ་སུས་ཀྱང་མ་ཐོན་པའི། །དཀའ་གནད་གསལ་བར་མཛད་ལ་ཕྱག་འཚལ་ལོ། །རབ་བྱུང་བདུན་པའི་ས་མོ་གླང་ལོར་ཚོ་འཕྲུལ་མཆོད་པ་མཛད། །ལྷ་ལྡན་སྨོན་ལམ་ཆེན་མོ། །རྫིང་ཕྱི་ཞིག་གསོས། དགའ་ལྡན་གྲུབ་མཆོད་ཆེན་མོ། །གཉལ་གྱི་ལྷུང་ར་ཆེན་མོ་སྟེ་བཞི་ལ་མཛད་ཆེན་བཞིར་གྲགས། རྒྱལ་བའི་ལུང་བཞིན་དགའ་ལྡན་གླིང་རྗེ་བོའི་དྲུང་དུ་མར་མེ་ཟན་སྦྲིལ་ཐེ་ལམ་བརྟག་པ་གསུམ་གྱིས་དགོན་གནས་བརྟག་པ་མཛད་བཏབ་ནས། །འདུས་སྡེ་འཛུགས་ཤིང་རྟེན་བཞེངས་ཞིག་གསོས་སོགས། །ས་སྐྱོང་སྐྱོངས་ཚེ་རྒྱལ་བའི་མཛད་པ་བསྒྲུབ། །ཁྲིམས་འཆལ་ལོག་སྤྱོད་ཡང་དག་ལམ་ལ་སྦྱོར། །བརྒྱུད་འཛིན་ཚེ་གཅིག་ཟུང་འཇུག་ས་ལ་བཀོད། །རྒྱལ་བསྟན་ད་དུང་ལོ་སྟོང་

བསིངས་པ་སོགས། །བསྟན་འགྲོའི་དོན་ཆེན་བསམ་འདས་མཛད་པ་དང་། །སྟེའུ་གདོང་གོང་མ་ལ་སོགས་དབུས་གཙང་གི །ཆེ་རྒྱ་རྣམས་དང་ཡུད་ལོ་ཆེན་པོས་ཀྱང་། །བཀུར་སྟི་མཛད་ཀྱང་ཁེངས་དྲེགས་མི་མངའ་ཞིང་། ཐང་ལྷ་ཞོགས་ལྷ་ལ་སོ་ཊ་དཀར་ཕྱོགས་ལྷས། །ཞབས་ཏོག་འཕྲིན་ལས་བསྒྲུབ་ཅིང་གུས་པས་བསྟེན། རེ་གསུམ་ཕག་ཡོར་སྤྱང་འདས་ལྟར་བསྟན་ནས། །སྤྱོད་པར་གཤེགས་ལ་ཀུནྡེ་ན་ཐ་ཞེས། །ཉེར་བཞིའི་ཡུལ་དུ་བརྟུལ་ཞུགས་རྣམ་རོལ་གྱིས། །ཞི་བ་སྤྲས་པ་ལ་སོགས་གྲུབ་པའི་ཚོགས། །བགྲང་ཡས་འཕེལ་བར་མཛད་ཅིང་ད་ལྟའང་། །འཕགས་པའི་ཡུལ་གྱི་ཕྱི་ནང་གླ་སློ་ཀུན། །ཐམས་ཅད་འཛིགས་ཤིང་པན་ཆེན་དགེ་འདུན་གྲུབ་ཀྱི་རྣམ་ཐར་དུ་རྗེ་བླ་མ་སྐུ་གཤེགས་པའི་གཏམ་གསན་པ་ན་སྤྱོད་པ་ལ་གཤེགས་སམ་སྙམ་པ་ཐུགས་ལ་འབྲུངས་ཚུལ་དང་། དེ་ལ་གོ་རྒྱུའི་གནད་ཆེན་པོ་ཡོད་པར་གསུངས། ཤཱཀྱ་པའི་ལམ་ཡིག་ཏུ། རྗེ་བཙུན་ཏཱ་ར་ན་ཐའི་བླ་མ་གྲུབ་ཆེན་བུདྡྷ་གུཔྟ་ན་ཐ་དང་། པཎྜི་ཏ་ཤུནྟ་བཛྲ་སོགས་ཀྱང་རྗེ་བླ་མ་བརྟུལ་ཞུགས་སྤྱོད་པའི་སྐུའི་རྣམ་རོལ་དེ་ཉིད་ཀྱི་དངོས་སློབ་ཡིན་ཞིང་ཀླུ་སྒྲུབ་ཡབ་སྲས་ཀྱི་རྗེས་འབྲངས་ཡིན་པར་གསུངས་པ་ལ། །རྗེ་ཏཱ་ར་ན་ཐའི་སྐུ་མདུན་དུ་རྒྱུད་ཆེན་སངས་རྒྱས་པ་ལ་ཕྱག་མཛད་པའི་པཎྜི་ཏ་དེ་ཤུནྟ་བཛྲ་དང་། །ལྷ་སར་པཎ་ཆེན་བློ་བཟང་ཆོས་རྒྱན་དང་མཇལ་ཏེ་ཕན་ཚུན་ཆོས་འབྲེལ་མཛད་པའི་ཇོ་གི་དེ་གྲུབ་ཆེན་བུདྡྷ་གུཔྟ་ན་ཐ་དེ་ཉིད་ཡིན་པར་གསུངས། ཤིན་ཏུ་གུས་པར་བྱེད། །

གཞན་ཡང་བར་དོ་ཡོངས་སྐྱུར་བཞེངས་པ་དང་། །དགའ་ལྡན་གནས་སུ་འཇམ་དཔལ་སྙིང་པོ་དང་། རྨང་བྱུང་བཀོད་པར་སེ་ཏྲེའི་ང་རོའི་སྐྱུར། །དུས་གཅིག་བསྟན་ཏེ་ད་ལྟའང་འཚོ་བཞེས་ཤིང་། །མཁའ་སྤྱོད་སོགས་སུ་སྤྲུལ་པའི་རྣམ་རོལ་དང་། །གཞན་དུ་རྒྱལ་བློན་དགེ་སློང་ཕལ་པ་དང་། །བྱ་དང་རི་དྭགས་ཅིར་ཡང་སྤྲུལ་པའི་གར། །གངྒཱའི་རྡུལ་སྙེད་འབུམས་གླུས་རོལ་བ་ཡིས། །ཆོས་དབྱིངས་འགོངས་པར་བཞུགས་ཤིང་མ་འོངས་དུས། །སངས་རྒྱས་སྤྱན་ལེགས་ཡེ་ཤེས་དབང་པོ་དང་། ཡེ་ཤེས་འབྱུང་གནས་འོད་དུ་འཚང་རྒྱ་བར། །ལུང་བསྟན་བརྙེས་པ་ཁྱོད་ལ་ཕྱག་འཚལ་ལོ། །

དེ་ལྟར་ལོ་ཉི་ཤུར་རྒྱ་ཆེན་ཐོས་པ་བཅལ་བ་དང་། ཐོས་དོན་ལོ་བཅུ་དྲུག་ཏུ་གདམས་པའི་མཆོག་ཏུ་ཐར་བ་དང་། ཤར་རྣམས་སྒྲུབ་པ་ལྟུར་ལེན་མཛད་པ་ཡིས། །སྒོང་བཅུ་གཅིག་བསྟན་འགྲོའི་དོན་སྟོབས་ཀྱིས་དྭངས་འཕྲུ་ཊ་མེད་གཟེར་ཐེབས་པས། །གང་གི་གསུངས་རབ་རྣམས་ནི་གླན་ཀའི་གནས། །རྟུལ་ཅམ་མེད་པར་མངོན་སུམ་གྱིས་གྲུབ་པ། །ཚད་མའི་སྐྱེས་བུ་མཆོག་ལ་ཕྱག་འཚལ་ལོ། །ཁྱོད་ཀྱི་ཡོན་

ཏན་རྗེ་བཙུན་འཇམ་དབྱངས་དང་། །གསང་བདག་གིས་ཀྱང་བསམ་མི་ཁྱབ་གསུངས་ཕྱིར། །རྨོངས་པའི་སྐྱེ་བོ་རྣམས་ལ་སྨོས་ཅི་འཚལ། །འོན་ཀྱང་གཙོ་བོ་རྒྱལ་བའི་གསུང་རབ་ཀུན། །ཐུགས་སུ་ཆུད་ཅིང་གཞི་ལམ་འབྲས་བུའི་གནད། །དངོས་སྟོབས་རིགས་པས་གཏན་ལ་ཕབ་པ་འདིས། །ངེས་པར་ཚད་མའི་སྐྱེ་ས་བུར་བསྙོན་མེད་གྲུབ། །གངས་རིའི་ལྗོངས་སུ་རང་རང་གྲུབ་མཐའི་སྲོལ། །ཕྱི་ནས་རང་རྒྱུ་ཐུབ་པ་མང་ཡོད་ཀྱང་། །སངས་རྒྱས་བྱོན་པ་ལྟ་བུར་གྱུར་བ་ཁྱོད། །རྒྱལ་བ་བྱམས་པས་ལུང་བསྟན་བཞིན་དུ་གྱུར། །ཁྱོད་ལ་སྐྱབས་གསོལ་རྒྱུ་མཚན་འདིར་བས་ཀྱི། །ཁྱོད་དང་ཞལ་འདྲིས་མ་མཆིས་འདི་ཕྱིན་ཞེས། །བདག་ལ་ནོར་སྐལ་མ་བཞག་གཞན་རྣམས་ནི། །བདག་གི་ཕ་མར་གནོད་པ་མ་མཛད་དོ། །དེ་ལྟ་མོད་ཀྱི་ཚུལ་འདི་རྟོག་གེའི་གཏམ། །ངེས་པའི་དོན་དུ་རྡོ་རྗེ་འཆང་དབང་དང་།། རིགས་གསུམ་མགོན་དང་རྗེ་བཙུན་བྱམས་མགོན་དང་། །འཇིགས་མཛད་དཔའ་བོ་མཆོག་གི་རྣམ་རོལ་ཏུ། །ཡིད་ཆེས་གཏན་ཚིགས་ཆེན་པོས་གྲུབ་མིན་ནམ། །ཐུན་མོང་དོར་ཡང་བསྟན་འཛིན་ཆེན་པོའི་ཚུལ། །འདི་ཙམ་མ་ཡིན་དགེ་སློང་བྱིས་པ་དང་། །སྤྲང་སློང་བྱོལ་སོང་ཡིག་འབྲུ་གསོལ་འདེབས་དབྱངས། །སྣ་ཚོགས་གཟུགས་ཀྱི་རྣམ་རོལ་ཇི་སྙེད་པ། །འཇིག་རྟེན་ཁམས་ན་བྱུང་དང་འབྱུང་གྱུར་དང་། །བསྟན་གནས་བར་དུ་སྤྲུལ་པ་དམ་པའི་ཚུལ། ཡང་ཡང་བྱོན་པ་དེ་དང་དེར་ཕྱག་འཚལ། །སྐུ་གཤེགས་རྗེས་སུའང་སྲས་ཀྱི་ཐུ་བོ་ལ། གླང་དཀར་པོ་ཡན་ལག་བདུན་ལྡན་མཆེ་བ་དྲུག་ཡོད་པ་གསེར་གྱི་རྔ་བ་དང་གཡེར་ཁས་སྤྲས་པ་ཆེན་བཅིབས་ནས་ཤར་གྱི་ཆ་ལུགས་སུ་བྱོན་ཏེ་དབུགས་དབྱུང་མཛད། །ལྷ་བུ་མང་པོས་བརྟེགས་པའི་གསེར་གྱི་ཁྲིར། །བཞུགས་པ་བྱོན་ནས་དཀའ་གནད་མདུད་པ་དགྲོལ། །སེ་རྒྱ་དཀར་པོ་འཇིགས་སུ་རུང་བ་རྒྱན་ལྡན་ལ་ཆིབས་དམར་སེར་མདོག །གླེགས་རལ་བསྣམས་ཤིང་སེམས་དཔའི་ཚུལ་གྱིས་བྱོན། །ང་ཡི་གསུང་རབ་གྲུས་པས་ཉམས་བླངས་ན། །སངས་རྒྱས་ལག་ན་ཡོད་མོད་ཕྱགས་ཀྱི་སྐོར། །རྒྱས་པར་གྱིས་དང་མྱུར་དུ་འཕྲད་དོ་གསུངས། །འཇིགས་རུང་སྟག་ཆིབས་རྣལ་འབྱོར་སྤྱན་དང་ཤངས་ཆེ་བ། རལ་པ་དམར་པོའི་ཐོར་ཅོག་ལ་དར་སྔོན་གྱིས་བརྒྱན་པ། རུས་རྒྱན་གསོལ་བ། འཛུམ་ཞིང་བཀྲག་ཆེ་བ་ཆ་ལུགས་ཅན། །སྐུ་མདོག་དམར་པོ་རལ་གྲི་འཕར་བ་ནམ་མཁར་འཕྱུར་བ་ཐོད་པ་བདུད་རྩིས་གང་བ་ཐུགས་ཀར་བསྣམས། །འཕགས་ཡུལ་གྲུབ་ཆེན་བརྒྱད་བཅུས་བསྐོར་ནས་བྱོན། །ང་ཉིད་དྲན་ན་ང་ཡི་ལེགས་

བ་ཤད་ལྷོས། །མཁའ་སྤྱོར་འགྲོ་བའི་འདུན་པ་ཐོངས་ཞེས་གསུངས། །སྤྲིན་དཀར་དབུས་སུ་སྔར་གྱི་རབ་བྱུང་ཚ་ལུ་ཏ་སུ། །བྱོན་ནས་རི་བོ་རྩེ་ལྔར་ད་ལྟ་ཐལ་ཆེར་ཆིང་ལང་ཆོ་ཨུ་ཟེར་བའི་དགོན་པར་བཞུགས་པ་འདྲ་ཞེས་ལྷུང་སྐུ་རོལ་པའི་རྡོ་རྗེས་གསུངས་མཛད་ལ་ལོ་གསུངས། །དེ་རྣམས་ལ་མཁས་གྲུབ་རྗེའི་གཞི་ཊཱ་པ་རྣམ་ལྷ་ཟེར། གཞན་ཡང་རང་གཞན་སྐྱེ་ས་མཆོག་དུ་མ་ལ། །ཞལ་བསྟན་གདམས་པ་སྩལ་བའང་མང་བས་ན། །དུས་ཀྱི་མཐར་ཡང་བྱིན་བརླབས་འདུག་ཆེ་ཞིང་། །མ་འོངས་མི་ཡི་མཁའ་སྤྱོད་ཤ་སྨྲ་ལས། །ཉིད་ཀྱི་སྐུ་གདུང་རིན་ཆེན་ཆོས་རྒྱལ་ཟེར་བའི་ཨ་ཙརྱ་ཞིག་གིས། །གདན་དྲངས་དེ་ལ་ཞུགས་ནས་གྲུབ་ཐོབ་ཚུལ། །བཟུང་ནས་བོད་དུ་བསྟན་འགྲོའི་དོན་ཆེན་མཛད། །ཁྱོད་ཀྱི་གསོལ་འདེབས་ཙམ་ཡང་འཕྲུལ་ཡུན་གྱི། །གེགས་སེལ་ཐོགས་འབྱིན་ཐབས་སུ་ཆེས་བསྔགས་པས། །བྱིན་བརླབས་གཏེར་ཆེན་ཁྱོད་ལ་ཕྱག་འཚལ་ཞིང་། །དེང་ནས་བྱང་ཆུབ་བར་དུ་སྐྱབས་སུ་མཆི། །སྲིད་དང་ཞི་བ་སྣང་གསུམ་རྒྱུད་པ་ལས། །སྒྲོལ་པའི་སྟོན་པ་མཛོན་ཅིག་ཐུགས་རྗེ་ཅན། །ཁྱོད་སྐུ་མིག་གི་ཡུལ་དུ་མི་འབྲལ་ཞིང་། །ཁྱོད་གསུང་རྣ་བའི་ཡུལ་དུ་འདུ་འབྲལ་མེད། །ཁྱོད་ཐུགས་ཡིད་དང་གཅིག་ཏུ་འདྲེས་གྱུར་ཏེ། །ཁྱོད་ཀྱི་རྣམ་ཐར་སྐྱོང་བར་ནུས་གྱུར་ཅིག །སྟོན་པ་ཚད་མ་རྒྱལ་བ་ཙོང་ཁ་པ་ཆེན་པོ་ལ་བསྟོད་པ་སྟེ་དང་པོའོ། །

༄ སྡེ་སྣོད་གསུམ་དང་འགལ་མེད་ལེགས་གནས་པའི། །ལྷ་སྒོམ་སྤྱོད་གསུམ་སྐྱོན་དང་བྲལ་བ་དང་། །དེ་ཡང་ཐར་པ་སྒྲུབ་དང་རྗེས་མཐུན་པ། །དེ་ནི་སངས་རྒྱས་བསྟན་པ་སྐྱོན་མེད་ལགས། །ཁྱད་པར་ཐབས་ཤེས་ཟུང་འབྲེལ་སྟོན་པ་ཉིད། །ཐེག་ཆེན་བསྟན་པར་འཛོག་བྱེད་ཁྱད་པར་ཆོས། །ལུང་ཆོས་སྡེ་སྣོད་གསུམ་དུ་ངེས་པས་ན། །རྟོགས་པའི་བསྟན་པའང་བསླབ་པ་གསུམ་དུ་ངེས། །དགེ་ལྡན་ལུགས་འདིར་གཞུང་དང་གདམས་ངག་གཉིས། །སོ་སོར་མི་འབྱེད་མདོ་སྡེས་བསླབ་གསུམ་དང་། །འདུལ་བས་ཚུལ་ཁྲིམས་མངོན་པས་ཤེས་རབ་དང་། །ཁྱད་པར་ཐེག་པ་ཆེན་པོའི་སྡེ་སྣོད་ལས། །ས་དང་པར་ཕྱིན་བདག་མེད་རྒྱས་པར་ཤེས། །རིག་འཛིན་སྔགས་ཀྱི་སྡེ་སྣོད་རྣམ་གསུམ་གྱིས། །ཆགས་བཅས་བསླབ་པ་གསུམ་གྱི་རྣམ་བཞག་ཤེས། །དེ་ཕྱིར་བསྟན་པ་སྤྱི་དང་ཐེག་ཆེན་གྱི། །མདོ་སྔགས་བསྟན་པར་འཛོག་བྱེད་མཚན་ཉིད་རྫོགས། །ཅང་མེད་ཡོད་མིན་མེད་མིན་བཟོ་མེད་སོགས། །མ་ཡིན་གདགས་གཞིའི་ངོས་ནས་བདེན་པ་ཁེགས། །གདགས་གཞིའི་སྟེང་དུ་བར་བཏགས་ཚད་

གྲུབ་ཅིང་། །སྟོང་དང་རྟེན་འབྱུང་ཟབ་ཚུལ་གྲོགས་གྱུར་པས། །ཐོས་བྱས་ཉི་ཚེ་མ་ཡིན་ཁྱབ་པའི་སྟོང་། །མཚན་ཉིད་ཀུན་རྫོགས་ལྷ་བའི་གདེངས་དང་ལྡན། །རྣམ་རྟོག་དགག་དང་མ་བཅོས་གནས་ཆ་ཙམ། །འཕངས་སྣང་སྒྲོད་རབ་ཁམས་འདུས་ཉམས་ཙམ་སོགས། །མ་ཡིན་བྱིང་བ་སྒོམ་དུ་མ་འཁྲུལ་ལ། །བྱིང་རྨུགས་གཉིས་དང་འགྲོ་རྒོད་དམིགས་བྱེད་ཅིང་། །དྲན་ཤེས་དཔྱད་འཛོག་རྣམ་དབྱེ་ལེགས་ཤེས་པས། །སེམས་ཀྱི་གནས་ཐབས་སྦྱོང་བའི་འདུ་བྱེད་ཀྱིས། །གནས་ཆ་གསལ་རང་ལྡན་པར་སྒྲུབ་པ་ལས། །ཞི་ལྷག་སྒྲུབ་ཚུལ་གྲུབ་ཚད་གོ་རིམ་དང་། །སྦྱོང་རྟགས་སྐྱེ་ཚུལ་ཇི་བཞིན་ལེགས་ཕྱེད་ཅིང་། །ཕྱི་ནང་གཉིས་དང་ཐེག་པ་གོང་འོག་གཉིས། །མདོ་སྔགས་ཏིང་འཛིན་ཁྱད་པར་ལེགས་ཕྱེད་པའི། །སྒོམ་པ་རྣམ་དག་ཏིང་འཛིན་གདེངས་རང་ལྡན། །གོང་མར་བསྔད་ནས་བཅས་པ་ཕྲ་མོ་རྣམས། །ཁྱད་གསོད་མི་མཛད་འདུལ་ཁྲིམས་ལེགས་བསྲུངས་པས། །ཕྱི་རོལ་ཀུན་སྤྱོད་རྣམ་པར་དག་གྱུར་ཏེ། །ནང་དུ་བྱང་སེམས་སྔགས་ཀྱི་བཅས་ཁྲིམས་རྣམས། །ཚུལ་བཞིན་བསྲུངས་པས་སྤྱོད་པ་རྣམ་པར་དག །དགེ་ལྡན་རྫོགས་པའི་ཆོས་འཁོར་ལ་ཕྱག་འཚལ། །རྒྱུད་སྡེའི་རྣམ་བཞག་དབང་དང་ཁྱད་པར་དུ། །སྟོང་པ་ཙམ་དང་བདེ་སྟོང་ཙམ་མིན་པར། །བརྟེན་གཉིས་ཟུང་འཇུག་དོན་ལ་རོ་སྤྱོད་པའི། །གཞི་བའི་དབང་གིས་སྨིན་པར་བྱེད་པ་དང་། །དམ་ཚིག་བསྙེན་པ་དཀྱིལ་འཁོར་ལས་རིམ་སོགས། །ཀུན་ལ་གོལ་བའི་མཐའ་བྲལ་རྣམ་པར་དག །རྫོགས་རིམ་རྒྱུད་པར་འབབ་མིན་མངལ་སྐྱེས་དང་། །སྦྱོར་བའི་སྦྱང་གཞི་སྦྱོང་བྱེད་སྦྱངས་འབྲས་གསུམ། །ལེགས་སྦྱར་ཕྱི་དང་ལུས་དཀྱིལ་བསྐྱེད་རིམ་གྱིས། །རྫོགས་རིམ་ཡོངས་རྫོགས་སྐྱེ་བའི་རྒྱུད་སྨིན་ཅིང་། །ངེས་དོན་ཙམ་དང་ལྷ་ཡི་རྣལ་འབྱོར་དང་། །ངེས་དོན་ཟུང་འབྲེལ་ནམ་མཁའ་སྟོང་སངས་དང་། །བདེ་ཆེན་སྦྱོར་མིན་བདེ་གསལ་མི་རྟོག་ཙམ། །མ་ཡིན་ཁ་སྦྱོར་བདུན་ལྡན་རི་ཊ་འདྲའི་རྒྱུ། །མ་དག་ལུས་འདི་གཉེན་པོས་དོར་བྱས་ཏེ། །ཚེ་འདིར་སྒྲུབ་པའི་རྫོགས་རིམ་མཚན་ཉིད་རྫོགས། །སྒྱུ་ལུས་གསལ་མིན་མ་ཡིན་ལྷ་ཡི་སྐུ། །སྣང་སྟོང་ཙམ་མིན་ཕྱི་ནང་རྐྱེན་གཉིས་ཀྱིས། །སྒྲུབ་གཞི་རླུང་ལས་སྒྱུ་ལུས་གྲུབ་པ་དང་། །ཕྱག་རྒྱ་བརྟག་ཐབས་དབབ་ལྡོག་དགྲམ་པ་དང་། །བདེ་སྟོང་ཙམ་མིན་བྱང་སེམས་རྡུ་ཏི་ནས། །འབབ་མིན་བཟུང་བཟློག་བགྲམ་ཚུལ་དམིགས་ཕྱེད་ཅིང་། །རྒྱུད་སྡེའི་འོག་མའི་ཟབ་གསལ་གཉིས་མེད་

ཀྱིའང་། ཟབ་མོར་མི་རུང་སྟོང་པ་ལྟ་ཞོག་གི །རགས་པའི་བདག་མེད་ཙམ་དང་རང་རྒྱུད་དང་། །
རྣམ་རིག་ཙམ་ཞིག་གིས་ཀྱང་མ་ཚིམ་པར། །ཕྲ་བའི་སྟོང་པར་སྦྱར་བའི་བདེ་བ་ཆེས། ཆེ་ཐུང་ཡུན་
ལ་ཤེས་སྒྲིབ་ཕྲ་མོའི་ཆ། །ཟད་པར་བྱེད་ཅིང་རྒྱལ་བའི་ཆོས་ཀྱི་སྐུའི། །ཉེར་ལེན་ཐུན་མོང་མིན་པ་
སྒྲུབ་པ་དང་། །བདེན་གཉིས་ཟུང་འཇུག་སྒྲུབ་པའི་གནད། །ཡོངས་རྫོགས་གསང་སྔགས་
ལམ་གྱི་ཕོ་ལག་རྫོགས། །ཕྱི་ནང་གཞན་གསུམ་སྦྱོར་བའི་ཐབས་མཁས་ཀྱིས། །རྣམ་བཅས་རྣམ་མེད་
ཕྱག་རྒྱའི་བདེ་བ་ཆེར། །དཀྱིལ་རྒྱུད་རོལ་པས་བགྲང་བྱ་བཅུ་གཉིས་ཡུན། །སྟོང་གཟུགས་ཕྱག་ཆེན་
གྲུབ་པའི་ཆོ་ག་རྫོགས། །མདོར་ན་རྒྱུད་དང་གྲུབ་ཆེན་གཞུང་དོར་ནས། །མན་ངག་སྣ་རེས་ཡན་ལག་
མ་རྫོགས་པའི། །ཁྲིད་ཧྲགས་ཕྲ་མོ་ཙམ་གྱིས་ཚིམ་མིན་ཞིང་། །རྒྱུད་དོན་མ་རྫོགས་རྣམ་སྨིན་མི་བཟད་པའི།།
ལོག་སྤྱོད་དོར་ནས་སྤྱོས་མེད་སྤྱོད་པའི་སྐབས། །སྨིན་དང་མ་སྨིན་རིམ་པས་ལག་ལེན་དུ། །
འདེབས་ཚུལ་ཤེས་པས་གོལ་བའི་མཐའ་ལས་གྲོལ། །དེ་ཡང་རྩ་རྒྱུད་རྣམས་སུ་སྨྲས་པའི་དོན། །
བཤད་པའི་རྒྱུད་ཀྱིས་གསལ་བར་གྲུབ་ཆེན་གྱི། །གཞུང་གིས་ལེགས་པར་འབྱེད་ལས་ཐོན་པ་ཡི། །
རྣམ་ཐར་དག་པའི་གསང་ལམ་ཡོངས་སུ་རྫོགས། །དེ་དག་ཀུན་ཀྱང་བརྒྱུད་པའི་གདམས་ངག་གིས།།
གཞུང་བསྒྲོད་ལམ་གྱི་ངོ་བོ་གྲངས་ངེས་དང་། །གོ་རིམ་སྦྱོང་བ་སྐྱེ་ཚུལ་གེགས་སེལ་དང་། །ཐོགས་
འགྲིབ་གོལ་ས་གཅོད་ལུགས་འབྲས་བུའི་ཚུལ། །གསལ་བར་གཏན་ལ་ཕབ་སྟེ་གཞུང་ལུགས་ཀུན།།
གདམས་པར་འཁྱེར་བ་ལས་འོངས་ཉམས་ལེན་ལྷུན། །དགེ་ལྡན་གསང་སྔགས་དམ་ཆོས་ལ་ཕྱག་
འཚལ། །མདོར་ན་ལྷ་སྒོམ་སྤྱོད་པ་རྣམ་པར་དག །ཀུན་སྤྱོད་འདུལ་བ་ཉམས་ལེན་གསང་སྔགས་
སྤྱོད། །རྒྱུ་ཡི་ཐེག་པའི་སྙིང་པོ་སྟོང་ཉིད་དང་། །འབྲས་བུའི་ཐབས་ཀྱི་བདེ་ཆེན་མཉམ་སྦྱོར་བས།།
ཆོས་ཕུང་བརྒྱད་ཁྲིའི་ཉིང་ཁུ་སྐུ་གསུམ་གྱི། །གོ་འཕང་བདེ་བླག་སྟེར་བའི་ཟབ་ཁྱད་ཅན། །དགེ་ལྡན་
མདོ་སྔགས་ཆོས་འཁོར་ལ་ཕྱག་འཚལ། །གང་ལ་སྦྱངས་པས་དྲང་ངེས་གསུང་རབ་ཀུན། །འགལ་
མེད་གང་ཟག་གཅིག་གི་ཉམས་ལེན་གྱི། །གདམས་པར་འཆར་བས་རྒྱལ་བའི་དགོངས་པ་མཆོག
།རྙེད་ནས་ཆོས་སྤོང་ཉེས་སྤྱོད་འགག་གྱུར་པ། །ཁྱད་ཆོས་ལྔ་ལྡན་ བཤད་བྱ་ཁྱད་པར་དུ་འཕགས་པ་འཇམ་
དབྱངས་ཀྱིས་གསུངས་པའི་ལམ་གྱི་གཙོ་བོ་གསུམ་ལ་ཇོ་བོ་རྗེའི་སྐྱེས་བུ་གསུམ་གྱི་མན་ངག་གིས་བརྒྱན་པ། འཆད་ཚུལ་ལམ་གྱི་

གོལ་ས་བཅད་ནས་ངོ་བོ་མཚོན་པ། །གོ་རིམ་མ་འཛོལ་བ། གྲངས་ལྷག་ཆད་མེད་པ། དཔལ་རྒྱུད་ལ་བསྐོར་བའི་དམིགས་རྣམ་གྱི་རིམ་པ་སྦྱོང་ཐོག་ཏུ་འཁྲིད་ཚུལ་སོགས་ལམ་གྱི་ལུས་སྤྱི་དང་ཡན་ལག་སོ་སོ་ལ་སྦྱོན་གྱི་བཀའ་གདམས་པའི་སྙིང་མཆོག་དམ་པ་གཞན་གྱིས་མ་ཐོན་པའི་ཐུན་མོང་མ་ཡིན་པའི་ཁྱད་པར་དང་ལྡན་པ། བསྐྱལ་བ་པོ་མཁན་ཆེན་ཟླ་ལ་ཕུ་བ་དང་། །པོ་ཆེན་སྐྱབས་མཆོག་དཔལ་བཟང་། །འབྲི་ཁུང་ཆོས་རྗེ་ལ་སོགས་པ། །གནས་ཁྱད་པར་དུ་འཕགས་པ་ནཱ་རོ་པ། འཁོར་ཁྱད་པར་དུ་འཕགས་པ་སྲས་ཀྱི་ཐུ་བོ་གཉིས་སོགས་སྐྱེ་ས་བུ་ཆེན་པོ་རྣམས་སོ། །བྱང་ཆུབ་ལམ་རིམ་དང་། རྒྱུད་སྡེ་རྣམ་བཞིའི་ལམ་གྱི་ལུས་རྫོགས་པ། །གསལ་བྱེད་གསང་ཆེན་ལམ་གྱི་རིམ་པ་དང་། །རྒྱུད་འགྲེལ་གསལ་སྒྲོན་སྒྲུབ་དོན་ཀུན་གསལ་སོགས། །མདོ་སྔགས་སྤྱི་དང་ཁྱད་པར་རྡོ་རྗེའི་ཐེག །རྒྱུད་སྡེ་མཐའ་དག་ཁྱད་པར་བླ་མེད་དོན།། རིམ་གཉིས་སྤྱི་དང་ཁྱད་པར་སྒྱུ་ལུས་ལ། །སྟོན་མེད་ལེགས་གསུང་དམ་ཆོས་ལ་ཕྱག་འཚལ། །ཧེ་ཀ་རྣམས་དང་རིགས་ལྡན་རྗེ་འབྲུལ་གྱིས། །གང་གི་བུདྡྷ་པ་རྣམས་ཞུ་ལར། །ཀླུང་ས་ཏེ་གཞན་ཕན་འཕྲིན་ལས་ཆེར་རྒྱས་ཤིང་། །རྒྱ་གར་ཤར་ཕྱོགས་དེ་ཝི་ཀོ་ཊི་དང་། །ར་ཁད་ཡུལ་དང་ལྷོ་ནུབ་འགྲོ་ལྡིང་ཡུལ། །ལྷོ་ཕྱོཾ་བེཏྟ་ན་གར་སོགས་ན། །གྲུབ་པ་རྣམས་དང་ཞིང་གི་རྣལ་འབྱོར་མ། །པཎྜི་ཏ་རྣམས་གང་ལ་འཆད་ཉན་དང་། །དེ་ཡི་ཉམས་རྟོགས་བརྩེས་པའང་གྲངས་ལས་འདས། །ངོ་མཚར་རྩེར་སོན་གསུང་མཆོག་ལ་ཕྱག་འཚལ། །སྟོད་སྨད་འདུལ་བའི་སྡོམ་རྒྱུན་བཤད་སྒྲོལ་དང་། །བཀའ་གདམས་སྙིང་མའི་ལམ་རིམ་བློ་སྦྱོང་དང་། །རྫོག་ལོ་ནས་བརྒྱུད་གཞུང་མང་བཤད་པའི་སྒྲོལ། །མར་འགོས་ནས་བརྒྱུད་གསང་བ་འདུས་པ་དང་། །རྭ་འབྲོ་ཤོང་སོགས་ལས་བརྒྱུད་དུས་འཁོར་དང་། །ས་ཆེན་ཡབ་སྲས་ལས་བརྒྱུད་བདེ་དགྱེས་དང་། །དམར་ནས་བརྒྱུད་པའི་གསང་བདག་འཁོར་ཆེན་དང་། །རྭ་སྐྱོ་ཞང་ནས་བརྒྱུད་པའི་གཤེད་སྐོར་དང་། །བུ་ལུགས་རྒྱུད་སྡེའི་དབང་དང་བཤད་སྒྲོལ་སོགས། །གཞུང་བཤད་གདམས་པ་ཟབ་མོ་མཐའ་ཡས་དང་། །བཀའ་བརྒྱུད་གདམས་པའི་སྙིང་པོ་ཕྱག་ཆེན་དང་། །ན་རོ་ཏ་དང་ནི་གུའི་ཆོས་དྲུག་དང་། །ཞི་བྱེད་གཅོད་དང་ལམ་འབྲེར་རོ་སྙོམས་སོགས། །རྣམ་མང་གྲུབ་མཐའི་ཆོས་ཀྱི་སྙིང་པོ་རྣམས། །བསྡེབས་བཅད་བརྡར་བའི་ཚུལ་གྱིས་གནས་པ་དང་། །མར་མེའི་ཡུན་ལ་བསྟན་དགྲ་གསོད་པ་སོགས། །མངོན་སྤྱོད་ཞི་རྒྱས་དབང་དགུག་ལས་རབ་འབྱམས། །སྒྲུབ་པའི་མན་ངག་རྣམས་དང་སྒྲ་སྨན་སོགས། །ཐ་སྙད་རིགས་གནས་

རྣམས་དང་ཁྱད་པར་དུ། །སྔོན་རྒྱུད་འཇམ་དབྱངས་དང་རྗེས་གསུངས་པའི་སྤྲུལ་པའི་གླེགས་བམ་ལ་སོགས་པ། །ཀུན་དང་ཐུན་མོང་ཐུན་མོང་མ་ཡིན་པའི། །མདོ་སྔགས་ཟབ་རྒྱས་ཆུ་བོ་ཀུན་འདུས་པའི། །དགེ་ལྡན་ཆོས་ཀྱི་རྒྱ་མཚོར་གུས་ཕྱག་འཚལ། །ཁྱད་པར་མདོ་སྔགས་གཉིས་དང་ཐེག་པ་གཉིས། །སྣང་སྟོང་གཉིས་དང་འདུལ་བ་གསང་སྔགས་གཉིས། །འགལ་བ་ལྟར་སྣང་ཀུན་ཀྱང་འགལ་མེད་དུ། །གྲུ་བཞིར་འདོམས་པའི་གསུང་མཆོག་ལ་ཕྱག་འཚལ། །ཡོ་ཏིའི་གྲངས་མང་ཙམ་ལ་བླུན་ཞེན་གྱི། །ངོ་བསྟོད་ཙམ་མིན་ལེགས་བཤད་གཞན་དང་གཞན། །མང་ཞིག་མཆིས་མོད་མདོ་དང་རྒྱུད་སྡེ་དང་། །དགོངས་འགྲེལ་ཆེན་མོས་ཁོག་ཕུབ་མཐའ་བཅད་པས། །ཞི་གཙང་རྟག་ཐུབ་བག་ཆགས་འཛོག་ནུས་པའི། །རྒྱུ་འདིས་ཁྱོད་གསུང་གཙོ་བོར་ཅེས་མི་བཟུང་། །དཀྱིལ་འཁོར་བདག་པོས་ཨ་ཏི་ཤ་ཡི་རྗེས། །སྔགས་དོན་རྫོགས་པར་རྟོགས་པ་མ་བྱུང་བས། །འདི་ཡི་བདག་པོ་ཁྱོད་ཀྱིས་གྱིས་ཤིག་ཅེས།། གནང་བས་ཆོས་ཀྱི་རྒྱལ་པོར་གྱུར་པའི་མཐུས། །ཁྱོད་བསྟན་བཀའ་བབས་གཞན་ལས་མངོན་འཕགས་ཤིང་། །གདུལ་བྱར་སྨན་པའི་འཕྲིན་ལས་བསམ་མི་ཁྱབ། །བཀའ་སྒྲོལ་འདི་ཡི་གནད་དོན་ལེགས་ཤེས་པས། །བླ་མ་མི་ལ་རྒོད་ཚང་པ་སོགས་ཀྱི། །ཕྱེད་ཙམ་སྒྲུབ་པ་བྱས་ནའང་འཕགས་ཡུལ་གྱི། །གྲུབ་ཆེན་འདྲ་བ་ངེས་པར་འོང་བ་དང་། །ལོ་གསུམ་ཕྱོགས་གསུམ་ཡུན་ལ་འཚང་རྒྱ་ཞེས། །བསྔགས་པའི་ཚུལ་འདི་བསམ་ཞིང་གུས་ཕྱག་འཚལ། །ད་ལྟའི་དུས་སུའང་འདི་ཡི་སྒྲོལ་བསྒྱུར་བས། །གྲུབ་འབྲས་མངོན་གྱུར་མང་ཞིག་བྱོན་བཞིན་པ། །ཀུན་ལ་མངོན་སུམ་ཉིད་དུ་གསལ་བ་དང་། །བློ་དང་བསོད་ནམས་དམན་པས་ཕྱོགས་འདིར་ནི། །ཡིད་ཆེས་རྒྱུ་མཚན་བརྟན་པོ་སྐྱེད་དཀའ་མོད། །ཉོངས་ཞེན་གྱིས་ཀྱང་འཇུག་པ་ཆེས་མང་བས། །དུས་ཀྱི་མཐར་ཡང་འཕྲིན་ལས་བསམ་མི་ཁྱབ། །དགེ་ལྡན་ལུང་རྟོགས་ཆོས་ལ་ཕྱག་འཚལ་ཞིང་། །དེང་ནས་བྱང་ཆུབ་བར་དུ་སྐྱབས་སུ་མཆི། །སྲིད་དང་ཞི་བ་སྣང་གསུམ་རྒྱུད་པ་ལས། །སྒྲོལ་བའི་སྐྱབས་དངོས་དམ་པ་མཛད་དུ་གསོལ། །ཡབ་རྗེའི་བསྟན་ལ་ཡིད་ཆེས་སྐྱེད་གྱུར་ནས། །འཛིན་སྐྱོང་སྤེལ་ལ་ཟླ་བྲལ་བློ་གྲོས་ཀྱིས། །སྙིང་རྗེ་ཆེན་པོས་མཐའ་དབུས་དུས་ཀྱི་མཐར། །སྤེལ་བས་ཡུན་དུ་བསྲིངས་པ་ནུས་གྱུར་ཅིག །བསྟན་པ་ཚད་མ་དགེ་ལྡན་ལུང་རྟོགས་ཀྱི་འཁོར་ལོ་ལ་བསྟོད་པ་སྟེ་གཉིས་པའོ། ། ༈ །འཇམ་མགོན་རྒྱལ་བའི་བཀའ་སྒྲོལ་

རྗེས་ཞུགས་པས། །མདོ་སྔགས་ལམ་གྱི་རྟོགས་པ་མཆོག་བརྙེས་ཤིང་། །འཆད་རྩོད་རྩོམ་པས་སྤེལ་ཞིང་སྐྱོང་མཛད་པའི། །མཁས་གྲུབ་བརྒྱུད་ཡས་བྱོན་ལ་ཕྱག་འཚལ་ལོ། །རྗེ་བཙུན་རེ་ད་མདའ་བ་གཞོན་ནུ་བློ་གྲོས་མཁན་ཆེན་ཕྱག་རྡོར་བ་ནམ་མཁའ་རྒྱལ་མཚན། །དབུ་མ་པ་བརྩོན་འགྲུས་སེངྒེ་དང་བྲ་གོར་མཁན་ཆེན་ཆོས་སྐྱབས་བཟང་པོ་སྟེ། །བླ་མ་ཆོས་འབྲེལ་གསན་པ་རྣམ་བཞི་དང་། །ཚ་ཁོ་ངག་དབང་གྲགས་པ་མདོ་སྟོད་གྲགས་པ་བློ་གྲོས་དང་། །རྨ་ན་ཤྲི་ཤུང་སྟོན་དང་ དགེ་བཤེས་ཤ་སྟོན་སྟེ། །སྤུ་ཚར་བྱ་བྲལ་མ་ཐེབས་གོང་གི་བུ་ཆེན་བཞི་དང་འཇམ་དཀར་བའཇམ་དཔལ་ཆོས་བཟང་དམ་དཔལ་ལྡན་བཟང་པོ་བ། ༈ གནས་བརྟན་བྱང་སེང་གནས་བརྟན་ཤར་པ་རིན་ཆེན་རྒྱལ་མཚན་དང་། །༈ གནས་བརྟན་བཟང་སྐྱོང་པ་སྟེ་དབུས་པ་རྣམ་བཞི་དང་། ༈ རྟོགས་ལྡན་པའཇམ་དཔལ་རྒྱ་མཚོ་དང་དགེ་བཤེས་ཤེས་རབ་གྲགས་པ། དགེ་བཤེས་འཇམ་དཔལ་བཀྲ་ཤིས་དགེ་བཤེས་དཔལ་སྐྱོང་སྟེ། །མདོ་སྨད་བཞི་བཅས་དག་པ་རྣམ་བརྒྱད་བདུད་སྡེའི་གཉེན་པོ་ཅེས། །ཕྱི་ཚར་སློབ་མ་བརྒྱད་ལ་ཕྱག་འཚལ་ལོ། །དར་མ་རིན་ཆེན་རྒྱལ་ཚབ་རྗེ་འདུལ་འཛིན་གྲགས་བྱང་སེམས་འབྲི་ཁུང་བ་རྒྱན་ཏེ། །སྲས་ཀྱིས་ཐུ་བོ་གཉིས་རྒྱལ་ཚབ་རྗེ་དང་མཁས་གྲུབ་རྗེ་གཉིས་ཀྱིས་དགེ་ལྡན་བསྟན་པའི་ཀྲང་འཛུཏ་པར་མཛད་ཅེས་གྲུབ་མཐའ་ཤེལ་གྱི་མེ་ལོང་ལས་གསུངས་པ། དང་། ༈ཞང་ཐུགས་ཀྱི་སྲས་གཅིགདགེ་འདུན་གྲུབ་པ། མཁས་གྲུབ་ཆེན་པོ་དགེ་ལེཏ་དཔལ་བའི་ཞབས། །འཇམ་དབྱངས་ཆོས་རྗེ་བཀྲ་ཤིས་དཔལ་ལྡན་ ༈མཚུངས་མེད་ཆོས་རྗེ་ཀུང་རུ་རྒྱལ་མཚན་བཟང་པོ་དང་། །ཤེར་རབ་སེང་གེ་བ་དང་དགེ་འདུན་གྲུབ་པ་སྟེ། སྲས་ཀྱི་ཐུ་བོ་གཉིས་དང་འཇམ་དཀར་བ་གསུམ་ལ་གསང་བདག་གིས་ལུང་བསྟན་པའི་འཁོར་ཁྱད་པར་དུ་འཕཏ་པ་གསུམ་ཞེས་སེ་ར་རྗེ་བཙུན་པས་གསུངས། འཕྲིན་ལས་མཁའ་མཉམ་བུ་ཆེན་རྣམ་བཞི་དང་། །དཀོན་མཆོག་ཚུལ་ཁྲིམས་ཆོས་རྗེ་གསང་ཕུ་བ༈ གསང་ཕུ་བ་རྒྱལ་དབང་ཁ་ཆེ་ཞབས། །གཉལ་གྲོད་རིན་ཆེན་བསམ་གྲུབ། ༈ མཁྱེན་རབ་དབང་ཕྱུག་གྲཏ་པ་བཟང་པོ་བ། ༈ གཉལ་ཆེན་ཤེར་རབ་རྒྱལ་མཚན༈ རྟོར་སྟོན་ནམ་མཁའ་དཔལ། །ཆོས་རྗེ་བློ་གྲོས་ཆོས་སྐྱོང་༈ བ་སོ་ཆོས་ཀྱི་རྒྱལ་མཚན། །༈ཆོས་རྗེ་དཔལ་ལྡན་སེང་གེ་སྨྲ་ཐང་བ་རབ་མཆོག་པ་སྟེ་དབུས་གཙང་གི །བསྟན་པའི་སྒྲོན་མེ་བཅུ་ལ་ཕྱག་འཚལ་ལོ། །བྱང་སེམས་ཤཱཀྱ་བསོད་ནམས་ར་སྒྲེང་ག༈བྱང་སེམས་ཞེས་ཐམས་ཅད་ལ་སྒྲུར་ནས། བྱང་སེམས་ཀུན་དགའ་བཟང་པོ་དང་། ༈ བློ་གྲོས་རྒྱལ་མཚན་བདེ་མོ་ཐར་པ། ༈ ཚུལ་ཁྲིམས་དཔལ་བཟང་དང་། ༈ གཞོན་ནུ་རྒྱལ་

མཆོག ༈རྒྱལ་མཚན་གྲགས་བཟང་སྟེ། །གཞན་དོན་ལྷུན་གྱིས་གྲུབ་པའི་སེམས་དཔའ་དྲུག །བྱང་
དར་མ་དང་། ༈ བྱམས་ཆེན་ཆོས་རྗེ་ཤཱཀྱ་ཡེ་ཤེས་སྟེ། །མི་དབང་གཙུག་ན་མཛེས་ པའི་དེ་ཤྲཱི་རྣམ་གཉིས
དང་། ༈ མ་ཅིག་དཔོན་པོ་ནམ་མཁའ་དཔལ་༈ ཡར་རྒྱབ་དཔོན་པོ་བསོད་ནམས་རྣམ་རྒྱལ་སྟེ། །རྒྱ་ཆེན་མང་
ཐོས་དཔོན་སྲས་གཉིས་ལ་ཕྱག་འཚལ་ལོ། །༈ ཞ་ལུ་ཐེག་ཆེན་བཀྲ་ཤིས་རྒྱམ་མཚོ་༈ཆོས་རྗེ་ཞ་ལུ་པ་ཐེག་ཆུང་
ལེགས་པ་རྒྱལ་མཚན་ཏེ། །སྤྲངས་བའི་ཡོན་ཏན་ འཛིན་པའི་ཐེག་ཆེ་ཆུང་གཉིས་དང་། །༈ བློ་གྲོས
སྲས་སྲིད་པ་རིན་ཆེན་སེང་གེ །༈ ཞང་ཞུང་ཆོས་དབང་གྲགས་པ་སྟེ། །རྣམ་དཔྱོད་ཕྱུལ་དུ་བྱུང་བའི་མཁས
པ་གཉིས། །སྟོད་མངའ་རིས་ཤེར་བཟང་༈སྨད་ཚབ་མདོ་ཤེར་བཟང་དང་། །གུ་གེ་ངག་དབང་གྲགས་པ
ལྷོ་པ་རྒྱལ་མཚན་སེང་གེ །ཀླུ་མ་དཔལ་ལྡན་ཤེས་རབ་༈ འདན་མ་ཡོན་ཏན་དཔལ་བ་སྟེ། །བསྟན་པ
ཕྱོགས་མཐར་སྐྱོང་བའི་དར་ཆེན་དྲུག །འགོས་ལོ་གཞོན་ནུ་དཔལ་༈སྟག་ལུང་ལོ་ཙྪ་སྟེ། །སྐད
གཉིས་སླ་བ་གཉིས་ལ་ཕྱག་འཚལ་ལོ། །རིན་པོ་ཆེ་ཞེས་ཐམས་ཅད་ཀྱི་མགོར་སྦྱར་དཔལ་ལྡན་བཟང་པོ
༈བསོད་ནམས་བཟང་པོ་དང་། །བྱང་ཆུབ་རྡོ་རྗེ༈ བསོད་ནམས་རྒྱལ་མཚན་ནམ་ཉེར་གཉིས་པ་ཞབས། །
འབྲི་ཁུང་དོན་གྲུབ་རྒྱལ་པོ།༈སྟག་ལུང་བཀྲ་ཤིས་དཔལ་འོད་དེ། །ས་སྐྱོང་ཆོས་རྗེ་དྲུག་ལ་ཕྱག་འཚལ་ལོ།
འབྲོམ་བཙུན་ཤེར་འབྱུང་བློ་གྲོས ༈ རྒྱལ་བ་རིན་ཆེན་བསམ་གྲུབ་དང་། །བྱང་གླིང་པ་གྲགས་པ་རིན་ཆེན
༈ མངའ་རིས་བསོད་ནམས་རིན་ཆེན་དང་། །འཇམ་དབྱངས་རིན་ཆེན་རྒྱལ་མཚན ༈ གུ་གེ་སངས
རྒྱས་རྒྱལ་མཚན། །འཇམ་དབྱངས་རིན་ཆེན་གྲགས་པ། ༈ རྒྱལ་སྲས་བདེ་འབྱུང་སྟེ། གསུང་རབ་མང་
དུ་མཁྱེན་པའི་བསྟན་འཛིན་བརྒྱད། །མདོ་སྨད་འོད་ཟེར། ༈ མདོ་སྨད་པ་ བསོད་ནམས་ཤེས་རབ། ༈ མདོ
སྨད་པ་ལེགས་བཟང་དང་། །རོང་པ་ལྷོ་ནག་པ་སྟེ་དྲུང་པ་ལྷུགས་ནག་པ་ཡང་ཟེར། མདོ་རོང་མཁས་པ་བཞི། །
སྤྲེ་ཞིང་བྱང་ཆུབ་དཔལ་བ། ༈ རིན་ཆེན་དཔལ་བ་སྟེ།མཁའ་སྤྱོད་གྲུབ་པའི་གདུང་བརྒྱུད་རྣམ་གཉིས
དང་། །སྐྱེས་མཆོག་སྨོན་ལམ་མཐའ་ཡས། ༈ རེ་མི་འབབ་པ་སྟེ་བསོད་ནམས་རིན་ཆེན། སྐྱེས་བུ་ཡ་མཚན
གཉིས་ལ་ཕྱག་འཚལ་ལོ། །སྨྱན་སྤྱ་ཞེས་ཐམས་ཅད་ཀྱི་མགོར་སྦྱར། སྨྱན་སྤྱ་ཀུན་དགའ་བློ་གྲོས། ༈ གཞོན་ནུ
འོད་༈ བློ་གྲོས་རྒྱན་མཚན་པ།༈ དཔལ་བཟང་བ་དང་། ༈ ནམ་མཁའ་རྒྱལ་མཚན། ༈ བསོད་ནམས་ལྷུན་གྲུབ
དང་། རིན་ཆེན་རྒྱལ་མཚན༈ རིན་ཆེན་འཕེལ་ཏེ་སྐྱེ་དགུ་ཡི། གཙུག་རྒྱན་སྨྱན་སྤྱ་བརྒྱད་ལ་ཕྱག

འཚལ་ལོ། །མཛེས་པ་དཔལ་རང་གུང་ཐང་ཆོས་རྗེ་ ༈ ཉན་པོ་ཤཱཀྱ་རྒྱལ་མཚན་དང་། །༈ དཔལ་ལྡན་དོན་གྲུབ་སྟག་ཤ་གུ་ཤྲི། ༈ ཡེ་ཤེས་དཔལ་བ་ཧེ་ཝུ་ར་བ་ཆོས་རྗེ་སྟེ། །ཁྲི་སྟེང་མཛེས་པའི་བླ་ཆེན་རྣམ་བཞི་དང་། སྤྱོད་མོ་ལུང་མཁན་ཆེན་ཆོས་རྒྱལ་དཔལ་བཟང་། ཕག་མོ་གྲུ་པའི་མཁས་ཆེན་རྒྱལ་བཟང་པ། མཁན་ཆེན་ཀུན་དགའ་རྡོར་རྗེ། སྤྱན་གཡས་མཁན་ཆེན་བྱང་ཆུབ་དཔལ་བ་སྟེ། །ཚོགས་པ་སྐྱོང་བའི་མཁན་པོ་རྣམ་བཞི་དང་། །ཆེན་པོ་གྲགས་པ་བཟང་པོ། ཆེན་པོ་དགས་པོ་འོད་ཟེར་སེང་གེ། ཆེན་པོ་བློ་གྲོས་འཕེལ། །ཆེན་པོ་ཀུན་དགའ་རྒྱལ་མཚན། ཆེན་པོ་བཀྲ་ཤིས་རྒྱལ་མཚན་སྟེ། །སྤྱི་དཔོན་ཁྲ་མོའི་ཆེན་པོ་ལྔ་དང་ནི། གདན་ས་ཐེལ་གྱི་ཆོས་སྒོ་པ་འཇམ་དབྱངས་ཁ་ཆེ་ཤུ་རྫ་ཤྲཱི།འབྲི་གུང་ཆོས་སྒོ་པ་བཀྲ་ཤིས་རིན་ཆེན་སྟེ། །དབང་བསྐུར་ཆོས་སྒོ་གཉིས་ལ་ཕྱག་འཚལ་ལོ། །སློབ་དཔོན་བརྩོན་འགྲུས་གྲགས་པ་དང་སློབ་དཔོན་ལེགས་ལྡན་པ།། སློབ་དཔོན་སྟག་ལ་བ་བྱང་ཆུབ་རྒྱལ་མཚན། །སློབ་དཔོན་བྱང་ཆུབ་དཔལ་བ་སྟེ། །འཆད་ཉན་རྒྱལ་མཚན་བསྐྱེད་པའི་སློབ་དཔོན་བཞི། །བཀའ་བཅུ་དར་མ་བཟང་པོ་ ༈འབའ་སེར་བཀའ་བཅུ་པ། །བཀའ་བཅུ་པ་ཅོ་ཙ་ཡོན་ཏན་རྒྱལ་མཚན་༈བཀའ་བཅུ་པ་ལྷུ་བ་ལེགས་པ་དཔལ་ཏེ། །རིགས་པ་སྨྲ་བའི་བཀའ་བཅུ་རྣམ་བཞི་དང་། །བཀའ་བཞི་པ་མཐིལ་ཚུང་དོན་ཡོད། ༈ བཀའ་བཞི་པ་བྲག་དགོན་རིན་ཆེན་དཔལ། །༈ བཀའ་བཞི་པ་རྒྱལ་བ་རིན་ཆེན་ཆོས་རྒྱལ། ༈ བཀའ་བཞི་པ་གྱི་རེ་སངས་རྒྱས་དབང་ཕྱུག། སྟག་ཕུ་བཀའ་བཞི་པ་སངས་རྒྱས་བཟང་པོ། ༈ བཀའ་བཞི་པ་གཡག་སྡེ་བསོད་ནམས་བཟང་པོ་། གྲོ་ས་བཀའ་བཞི།༈མཚུར་ཕུ་བཀའ་བཞི་པ། །བཀའ་བཞི་ཆོས་སེང་།༈བཀའ་བཞི་པ་གྲགས་པ་རྒྱལ་མཚན་སྟེ། །ཚིག་དོན་འཛིན་པའི་བཀའ་བཞི་བཅུ་དང་ནི། ༈ རྫོ་གདན་ཟླ་བ་བློ་གྲོས། ༈ རྫོ་གདན་བསོད་ནམས་ལྷུན་གྲུབ་དང་། །རྫོ་གདན་ལེགས་རིན་པ། ༈གོང་པོ་རྫོ་གདན་སྟེ། །བརྟུལ་ཞུགས་འཛིན་པའི་རྫོ་གདན་རྣམ་བཞི་དང་། །གནས་བརྟན་ཆོས་བཟང་།གནས་བརྟན་ཞེས་ཀུན་ལ་སྒྲུར། ༈ རྒྱལ་སྟེངས་པ་དོན་གྲུབ་དཔལ། །རྒྱ་མ་བ་དགེ་འདུན་རྒྱལ་ཕ་འོད་ཟེར་བཀྲ་ཤིས་དང་། ༈ གཞོན་ནུ་སངས་རྒྱས། ༈ ཀུན་དགའ་འབུམ་པ་སྟེ། །ཚུལ་ཁྲིམས་རྣམ་པར་དག་པའི་གནས་བརྟན་དྲུག །ཀུ་ཅོད་རྟོགས་ལྡན་སངས་རྒྱས་དཔལ་བཟང་དང་། །རྟོགས་ལྡན་ནམ་མཁའ་ཤེ་རེ་༈རྟོགས་ལྡན་རྐོང་ཕྱུག་གྲགས་པ་འབྱུང་གནས། ༈ རྟོགས་ལྡན་རལ་ཞིག་པ། ༈བུ་ལེ་བ་ནམ་མཁའ་རྒྱལ་མཚན་ཏེ། །ཆེ་སློས་བཏང་རྟོགས་ལྡན་ལྔ་ལ་ཕྱག་འཚལ་ལོ། །ལྷ་གཟིགས་

གྲགས་པ་རྒྱ་མཚོ། ༄ རྒྱ་སྟོན་བློ་བཟང་ཆོས་རྗེ་གྲགས་པ། ༄ དྲུང་གཞོན་ནུ་དཔལ་བ། ༄ མཁན་པོ་བསམ་རྒྱལ་བ། །བླ་མ་གསེར་ཐུབ་པ། །༄ ཡང་སྟེངས་རིན་པོ་ཆེ། ༄ ཞི་བློ་དབོན་པོ། ༄ དྲུང་ནམ་མཁའ་བ་དང་། །མགོན་པོ་བྱང་ཆུབ། ༄བླ་མ་བསོད་ནམས་རིན་ཆེན་དང་། །དྲུང་ཆོས་འཕགས་བ་དང་། ༄ བླ་མ་ཤཱཀ་རིན་པ། བླ་མ་ཟླ་བ་བཟང་པོ། །བླ་མ་ཆོས་རྒྱལ་མཚན། རྒྱ་ར་སངས་རྒྱས་ཡེ་ཤེས། འདུལ་འཛིན་བློ་གྲོས་སྦས། འཕྲ་འོད་ཡོན་ཏན་རྒྱ་མཚོ། སྨར་ཐང་མཁན་ཆེན་བསོད་ནམས་མཆོག་གྲུབ་དང་། ཟུལ་ཕུ་བ་མཁན་ཆེན་དཀོན་མཆོག་དཔལ་བཟང་། ༄ རྒྱལ་བ་གྲགས་པ་བཀྲ་ཤིས་དང་། །བླ་མ་ཀུན་བཟང་རིན་ཆེན། བླ་མ་བསོད་དབང་དང་། འཇམ་དབྱངས་རྡོར་རིན་ ༄རྒྱ་མ་ཀུན་དགའ་བློ་གྲོས་དང་། །ཆོས་རྗེ་རྒྱལ་མཚན་གྲགས་བཟང་། བྱ་བཏང་རིན་ཆེན་བཟང་། །གཙང་པ་བློ་བཟང་པ་སོགས་ཞལ་སློབ་ཀྱི། །སྐྱེས་མཆོག་དམ་པ་རྣམས་ལ་ཕྱག་འཚལ་ལོ། དེ་དག་ལས་འཆད་ཉན་གྱི་སློབ་དཔོན་བཞི་མ་གཏོགས། རྒྱ་ར་སངས་ཡེ་ཡན་ཆོས་འབྱུང་ཡིད་ཀྱི་མཛེས་རྒྱན་ལྟར་དང་། འདུལ་འཛིན་བློ་སྦས་མན་ཤེལ་གྱི་མེ་ལོང་ལྟར་བྲིས་པ་ཡིན་ལ། །ཟང་ཟན་ནི་རིང་པ་འཆི་མེད་རབ་རྒྱས་ཀྱིས་མཛད་པའི་རྗེའི་རྣམ་ཐར་གསེར་གྱི་མཆོད་སྡོང་ལས་དངོས་སློབ་རྣམས་ཀྱི་གྲངས་འདྲེན་ཚུལ་གོང་དང་མི་འདྲ་བ་བྱུང་། ཆོས་འབྲེལ་ཐོབ་པ་ཙམ་ལ་བསམས་ན། རོང་སྟོན་ཤཱཀྱ་རྒྱལ་མཚན་དང་། ངོར་པ་ཆོས་རྗེ་ཀུན་དགའ་བཟང་པོ་གཉིས་ཀྱང་བགྲང་དུ་རུང་བར་བཤད་ཆེ། དེ་ལས་ཉུང་ཟད་བསྡུས་པ་བྱེད་ན། གོང་གི། མཁས་གྲུབ་བགྲང་ཡས་བྱོན་ལ་ཕྱག་འཚལ་ལོ། །ཞེས་པའི་འགྲེལ། ཆོས་འབྲེལ་གསན་པའི་བླ་མ་རྣམ་བཞི་དང་། །སྲས་ཀྱི་ཐུ་བོ་གསུམ་དང་བར་ཚར་གྱི། །རལ་པ་རྣམ་བརྒྱད་སྤུ་ཚར་བུ་ཆེན་བཞི། །སྔན་རྒྱུད་ཆུ་འགྲོ་འཛིན་པའི་ཆོས་རྗེ་གསེར་ཁྲི་གསུམ། །རྗེ་ཤར་བསྟན་པའི་གསལ་བྱེད་རྣམ་གཉིས་དང་། འཕྲིན་ལས་མཁའ་མཉམ་སྲས་ཆེན་བདུན་དང་ནི། །དབུས་གཙང་བསྟན་པའི་སྒྲོན་མེ་རྣམ་པ་འཇམ་དབྱངས་བདུན། །གཞན་དོན་ལྷུན་གྱིས་གྲུབ་པའི་སེམས་དཔའ་བདུན། །མི་དབང་གཙུག་ན་མཛེས་པའི་ཧེ་ཤྲཱི་གསུམ། །མང་ཐོས་མཁས་པ་བཞི་དང་ལོ་ཆེན་གཉིས། །བསྟན་པ་ཕྱོགས་མཐར་སྐྱོང་བའི་དར་ཆེན་བརྒྱད། །ས་སྐྱོང་ཆོས་རྗེ་དྲུག་དང་བླ་ཆེན་བརྒྱད། །མང་དུ་མཁྱེན་པའི་བསྟན་འཛིན་བཅུ་གཉིས་དང་། །མཁའ་སྤྱོད་གྲུབ་པའི་གདུང་རབས་རྣམ་པ་གཉིས། །སྐྱེས་བུ་དོ་མཚར་ཅན་གཉིས་ཆེན་པོ་བདུན། །སྐྱེ་དགུའི་བླ་མ་སྤྱན་ལྔ་བརྒྱད་དང་ནི། །གཞུང་ལུགས་སྨྲ་བའི་དཀའ་ཆེན་བཅུ་བཞི་དང་། །སྦྱངས་པའི་ཡོན་ཏན་བརྟུལ་

ཞུགས་འཛིན་པའི་ཛོ་བོ་སྟན་གཅིག་བཞི། །ཚུལ་ཁྲིམས་རྣམ་པར་དག་པའི་གནས་བརྟན་དྲུག །ཟབ་མོའི་རྟོགས་ལྡན་ལྔ་སོགས་ཞལ་སློབ་ཀྱི། །ཞེས་པ་མན་ཐུར་བཞིན་སྦྱར། གྲངས་འདྲེན་ཚུལ་འདིར་བླ་མ་འགའ་ཞིག་ལན་གཉིས་ཟློས་པའང་ཡོད་མོད། དགོས་དབང་གིས་ཡིན་པར་མངོན། རྒྱས་བསྡུས་གང་ལྟར་ཡང་། གོང་གི་འགྲོ་ནས། བློ་གྲོས་བརྟན་པ་སློན་ལམ་དཔལ་བ་ལེགས་པའི་བློ་གྲོས་སོགས། །གསེར་ཁྲི་པ་དང་ཆོས་སྡེའི་མཁན་བརྒྱུད་སོགས། དགེ་ལྡན་བཤད་སྒྲོལ་འཛིན་པའི་མཁས་རྣམས་དང་། །སྒྲུབ་བརྒྱུད་དབེན་ས་སྨད་རྒྱུད་བླ་རབས་སོགས། །དགེ་ལྡན་སྔགས་ཀྱི་བསྟན་འཛིན་བགྲང་ཡས་དང་། །འཇའ་ལུས་གྲུབ་བརྙེས་རྡོ་རྗེ་མཆེད་གསུམ་སོ༔ །འདི་གསུམ་ནི་བ་སོ་ཆོས་ཀྱི་རྒྱལ་མཚན་གྱི་སློབ་མ་སྨན་རྒྱུད་སྤྲུལ་པའི་གླེ་ཊ་བམ་ལ་བརྟེན་ནས་འཇའ་ལུས་བརྙེས་པ་སྟེ། གྲུབ་ཆེན་ཆོས་ཀྱི་རྡོ་རྗེ། སྟོད་ལུང་པ་དཔལ་ལྡན་རྡོ་རྗེ། ཁམས་པ་རིན་ཆེན་རྡོ་རྗེ་དང་གསུམ་མོ། །ཕྱི་མ་འདིའི་མཚན་རྡོ་རྗེ་དཔལ་ཞེས་པའང་སྣང་། རྒྱལ་དབང་ལྔ་པ་ཆེན་པོས་ཚེ་དབང་རྡོ་རྗེ་སྲོག་ཤིང་གི་ལོ་རྒྱུས་སུ།གྲུབ་ཆེན་ཆོས་རྡོ་རྗེ་ཞང་སྟོད་པ་སྟམ་ཛ་མོ་ལྷ་རིའི་པདྨ་ཕུག་ཏུ་བཞུགས། །སྟོད་ལུང་པ་དཔལ་ལྡན་རྡོ་རྗེ་གྲིབ་ཀྱི་རྒྱ་བྲག་རྡོ་རྗེ་བརྩེགས་པའི་གཞལ་ཡས་སུ་བཞུགས། ཁམས་པ་ཡེ་ཤེས་རྡོ་རྗེ་འཕན་ཡུལ་འཛོག་པོའི་ཕུའི་དབེན་གནས་སུ་བཞུགས་ཤིང་། འཆི་མེད་རྡོ་རྗེའི་སྐུ་སྐལ་ལྡན་གྱིས་བལྟར་མི་སྣང་བར་གསུངས།དཔལ་ལྡན་རྡོ་རྗེ་འབྲས་སྤུངས་ཀྱི་དབེན་དགོན་དགེ་འཕེལ་གྱི་གནས་སུ་བཞུགས་པར་བཤད་པའང་ཡོད། སྒྲུབ་རྒྱུད་སྐྱེད་པའི་སྐྱེས་མཆོག་བགྲང་ཡས་པ། །ཀུན་ལ་སྒོ་གསུམ་དང་བས་ཕྱག་འཚལ་ལོ། །སྤྱིར་ཀྱི་དགེ་ལྡན་བསྟན་འཛིན་རྗེ་སྟེད་དང་། །ཁྱད་པར་རྒྱལ་བའི་དབང་པོ་ཡབ་སྲས་ཟུང་། །རྣམ་འདྲེན་རྗེ་བཙུན་དམ་པའི་མགོན་པོ་དང་། །ལྕང་སྐྱ་མཆོག་དང་རྒྱལ་བ་འཕ་ཊ་པ་ལྷ། །འཇམ་དབྱངས་བཞད་པའི་རྡོ་རྗེ་ཡབ་སྲས་སོ༔ །དགེ་ལྡན་མཁས་གྲུབ་རྣམས་ལ་ཕྱག་འཚལ་ལོ། །འགའ་ཡིས་མདོ་ཕྱོགས་བཤད་རྒྱུན་སྐྱོང་བ་དང་། །འགའ་ཡིས་དགེ་ལྡན་གསང་སྔགས་སྤེལ་བར་མཛད། །འགའ་ཡིས་རང་གཞན་རྩོལ་བ་དན་པ་བཅོམ། །འགའ་ཡིས་ལེགས་བཤད་རྩོམ་པས་བསྟན་པ་སྤེལ།། ལ་ལས་མདོ་སྔགས་ལམ་བཟང་སྒྲུབ་རྒྱུད་སྤེལ། །ལ་ལས་བཤད་གྲྭ་སྒྲུབ་སྡེ་སྐྱོང་ཞིང་འཛུགས། །ལ་ལས་ཡུལ་གྱི་རྒྱལ་པོ་བསྟན་ལ་འཇུད། །ལ་ལས་མཐའ་འཁོབ་སྐྱེ་བོའི་དོན་ཆེན་མཛད། །ལ་ལས་བསྟན་དགྲ་བདེ་ཆེན་དབྱིངས་སུ་འདྲེན། །ལ་ལས་དེ་ཀུན་གཅིག་ཕུས་སྒྲུབ་པར་མཛད། །དད་དང་ཡི་རངས་སྨོན་པའི་གནས་གྱུར་པ། །དགེ་ལྡན་བསྟན་འཛིན་རྣམས་ལ་ཕྱག་འཚལ་ལོ། །ཡོན་ཏན

གཞི་མ་བསྲུང་སྲོམ་གཙོ་བོར་མཛད། །གཞུང་ལུགས་ཀུན་ལ་ཕྱོགས་རིས་མེད་པར་སྦྱངས། །ཀུན་ཀྱང་ཉམས་ལེན་གནད་དུ་བསྒྲིལ་ནས་སྒྲུབ། །ལག་རྗེས་ཉོན་མོངས་གཞོམ་ཞིང་ཡས་འཛེགས་བསྒྲོད། །ནང་དུ་རིམ་གཉིས་རྫོགས་པའི་ཀློང་རྡོལ་ཡང་། །ཕྱི་རོལ་འདུལ་བའི་ལག་ལེན་ལས་འབྲས་བསྒྱུར། །མཆོག་སྐྱིད་གནད་ཚང་ཡི་དམ་གཙོ་བོར་བྱེད། །བསྲུང་མ་ཡེ་ཤེས་པ་ལ་གཙོ་བོར་བསྟེན།། རང་གཞན་བསྟན་འགྲོར་སྨན་པའི་སྤྱོད་པས་འདའ། །སྔར་བྱོན་ད་ལྟ་བཞུགས་དང་འབྱོན་འགྱུར་གྱི། །དགེ་ལྡན་བསྟན་འཛིན་ཚོགས་ལ་ཕྱག་འཚལ་ཞིང་། །དེང་ནས་བྱང་ཆུབ་བར་དུ་སྐྱབས་སུ་མཆི། །སྲིད་དང་ཞི་བ་སྣང་གསུམ་རྒྱུད་པ་ལས། །སྐྱོལ་བའི་ཟླ་གྲོགས་དམ་པ་མཛད་དུ་གསོལ། །བསྟན་འཛིན་དམ་པའི་སྐྱེས་མཆོག་ཀུན་ལ་ཡང་། །སྙིང་ནས་གུས་མོད་ཡབ་རྗེའི་ལུགས་བཟང་ནི། །མཐོང་ནས་དེ་ཚུལ་བསྐྱང་བའི་སྐྱེས་མཆོག་རྣམས། །གཙོ་བོར་ལྷུར་ལེན་གུས་པ་ཅིས་མི་སྐྱེ། །བློ་བཟང་གང་དུ་བལྟམས་དང་བཞུགས་པ་དང་། །གྲུབ་པ་བརྙེས་དང་ཞབས་ཀྱིས་བཅགས་པ་དང་། །ཆོས་འཁོར་བསྐོར་དང་བདུད་རྣམས་བཏུལ་བ་དང་། །ཟག་མེད་དབྱིངས་གཟིམས་གནས་དང་སྐུ་གདུང་དང་། །རིང་བསྲེལ་སྐུ་བརྙན་གསུང་རབ་གླེགས་བམ་སོགས། །གང་ན་བཞུགས་པ་ཀུན་ལ་ཕྱག་འཚལ་ཞིང་། །བློ་བཟང་བཤད་སྒྲུབ་སྤེལ་བའི་འདུས་ཚོགས་དང་། །གནས་གཞི་མཆོད་རྟེན་རྣམས་ལའང་གུས་ཕྱག་འཚལ། །འཇམ་མགོན་གསུང་རབ་ཐོས་བསམ་སྒོམ་སྒྲུབ་དང་། །འབྲི་དང་འཆད་སྤེལ་སྐུ་བཞེངས་ཕྱག་བསྐོར་དང་། །མཚན་མཆོག་འཛིན་ཅིང་གསོལ་འདེབས་ཀློས་པ་སོགས། །ཀུན་ལ་གུས་ཤིང་དགའ་བས་ཡི་རང་ངོ་། །བདག་ནི་དགེ་ལྡན་མཁས་གྲུབ་ཚད་ལྡན་རྗེས། །ཚུལ་བཞིན་སློབ་ནུས་སྐལ་བཟང་མཆོག་ཐོབ་ནས། །བགྲང་ཡས་འགྲོ་བ་མྱུར་བར་འདྲེན་པའི་བློས།། རྒྱལ་སྲས་རིག་འཛིན་སྤྱོད་པ་སྒྲུབ་པར་ཤོག །བསྟན་འཛིན་ཚད་མ་དགེ་ལྡན་པའི་སྐྱེས་བུ་དམ་པ་རྣམས་ལ་བསྟོད་པ་སྟེ་གསུམ་པའོ། །དགེ་ལྡན་སྟོན་པ་བསྟན་པ་བསྟན་འཛིན་བཅས། །ཀུན་ལ་སྣང་ཡང་གུས་པས་ཕྱག་འཚལ་ལོ། །ཁྱེད་ཀྱི་གསུང་རབ་ཀློག་འདོན་སེམས་སྒོམ་སོགས། །བགྱིས་རྣམས་ཀུན་བཟང་མཆོད་པར་སྨོས་ཏེ་འབུལ། །དགེ་ལྡན་ཆོས་བརྒྱུད་ལྷ་བསྲུང་བཅས་པ་ལ། །དམ་ཚིག་སེལ་ཞུགས་མ་གུས་བགྱིས་ཀུན་བཤགས། །དགེ་ལྡན་རྣམ་ཐར་མཆོག་ལ་ཡི་རང་ངོ་། །དགེ་

ལྷན་མདོ་སྔགས་ཆོས་འཁོར་བསྐོར་བར་བསྐུལ། །དགེ་ལྡན་བསྟན་པ་རྒྱས་ཕྱིར་བརྟན་པར་བཞུགས། །དགེ་ཀུན་དགེ་ལྡན་བསྟན་པ་རྒྱས་ཕྱིར་བསྔོ། །གང་གི་བསྔགས་པ་ད་དུང་བརྗོད་འདོད་ཀྱང་། །བདག་གི་བློ་ཚོད་དེ་ཙམ་ཉིད་དུ་གྱུར། །རྒྱུ་འདི་ས་གང་ལ་ཆོས་ཀྱི་རྗེས་འབྲང་བའི། །ཡིད་ཆེས་དད་པ་སྐྱེ་བར་ཐུགས་རྗེས་གཟིགས། །བདག་ནི་ཁྱེད་དང་མཇལ་བའི་སྐལ་ཆད་ནས། །རྒྱང་ནས་ཕྱག་འཚལ་འོ་དོད་འབོད་པ་འདི། །རྒྱང་རིང་ཐག་ཉེ་མི་མངའ་མགོན་པོ་ཁྱོད། །ལྷང་ངེར་གསན་ཅིང་གསལ་ལེར་དགོངས་ཧེ་མཚོ། །ཁྱོད་ཀྱི་གྲུབ་མཐའ་ཆེས་ཆེར་དཔག་དཀའ་སྟེ། །བློ་ཆུང་བདག་བློར་ཤོང་བ་མི་གདའ་བས། །དགེ་ལྡན་གྲལ་དུ་ད་དུང་བདག་མ་ཆུད། །ཀྱེ་ཧུད་སྨོངས་པའི་སྡུག་བསྔལ་འདི་འདྲ་བ། །ཨ་ཧོ་བློ་དང་བསོད་ནམས་དམན་གྱུར་ན། །ཅི་འདྲ་ཡིས་ཀྱང་ཅི་ཡང་ཕྱུར་མེད་དེ། །ཁྱོད་གསུང་ལེགས་བཤད་འདི་ཙམ་ཐོས་ལགས་ཀྱང་། །ཡིད་ལ་གོས་པ་ད་དུང་མི་གདའོ། །ཁྱོད་ཀྱི་བསྟན་པའི་དེ་ཉིད་རྟོགས་གྱུར་ཚེ། །རྗེ་འདྲའི་ཉམས་སུ་དགའ་མོད་ཚུལ་དེ་ནི། །བོར་ཀན་བློ་ཅན་བདག་ལ་རྒྱང་རིང་བས། །དགའ་ལྡན་མཁའ་སྤྱོད་ཞིང་ནས་ཐུགས་རྗེས་གཟིགས། །རྗེ་བཙུན་ཡབ་སྲས་རྣམས་ཀྱི་ཞབས་ཟིན་ནས། །ལུས་ཀྱིས་བསྙེན་བཀུར་སྐལ་བས་དབེན་པ་བདག་ངག་གིས་བསྙེན་བཀུར་འདི་དག་དགྱེས་བཞེས་ཏེ། །བཀའ་བཞིན་སྒྲུབ་ནུས་བཀའ་དྲིན་དེང་སྐོལ་མཛོད།། ཁྱོད་ཀྱི་རྗེས་སུ་སློབ་སློན་བག་ཆགས་ཙམ། །ཙུང་ཟད་བདོག་མོད་རྐྱེན་ངན་འཇོམས་པ་ལས། །རྐྱེན་བཟང་འཛོམ་དུས་བྱུང་བ་མི་གདའ་བས། །དགག་སྒྲུབ་སྤང་བླང་གཏོལ་དང་བདག་བྲལ་ཏོ། །མགོན་སྐྱབས་གཞན་པ་ཡོད་སྙམ་བཙལ་བཙལ་ནས། །རིང་ཞིག་ལོན་མོད་ད་བར་མ་རྙེད་ནས། །ད་ནི་ཁྱེད་ལ་བྱུས་བཙུགས་ཐལ་སྦྱར་ཏེ། །མགོ་བཅད་པང་སྐྱུར་ཚུལ་གྱིས་སྐྱབས་སུ་མཆི། །འགྲོ་མང་ལྷ་ཞིག་དྲིན་ཅན་ཕ་མ་ཡང་། །སྡུག་ལ་སྦྱར་ལས་དྲིན་ལན་ལྡོན་མ་ནུས། །སངས་རྒྱ་ལྷ་ཞིག་མི་གཞི་བཅོས་པ་ཙམ། །མ་ནུས་གཉིས་མེད་སེམ་ཀྲིར་བདག་གྱུར་ཏོ། །ཆོས་བྱེད་དུས་ཞིག་ཡོང་སྙམ་ཉིན་བཞིན་ཡང་། །བསྒྲུབས་ཀྱང་ད་བར་མ་རྙེད་འདི་ལྟ་ན། །ལེགས་ལམ་བསྒྲོད་པའི་རེ་བ་ཆད་འདྲ་བས། །ཅི་དྲག་རྗེ་བཙུན་ཡབ་སྲས་ཐུགས་རྗེ་ཅན། །ཁྱོད་ཀྱི་བྱིན་མཐུས་མི་འགྲུབ་ཅི་ཡང་མེད། །བདག་ཀྱང་གསོལ་བ་མི་ཞུང་བཏབ་མོད་ཀྱང་། །ད་དུང་དོན་འདོད་གྲུབ་པ་ཡོངས་མ་གྱུར། །སྔོན་ལས་སྨིན་པར་ཅི་བྱེད་

མེད་དེ་གདའ། །འདོད་པའི་ཆོས་ཕྱོགས་སྣང་བ་ཉིན་བཞིན་ཡལ། །མི་འདོད་འགལ་རྐྱེན་དུ་མ་ཉིན་
བཞིན་ལྡང་། །ཅི་བྱའི་གཏོལ་བྲལ་ངང་ལ་ཚེ་ཡང་སོང་། །རྗེས་འཇུག་ཡང་ཐ་ལ་ནི་ཐུགས་རྗེས་གཟིགས།
ཁྱོད་གསུང་ཇི་བཞིན་སྒྲུབ་པ་མ་གྱུར་ཞིང་། །ཁོ་ཐག་ཆོད་པའི་གསོལ་བཏབ་མ་ནུས་པར། །ཁྱོད་ལ་
ཡུས་པས་སྙན་བཙེར་གཏོང་མ་མཆིས། །ཁྱེད་ཀྱིས་དམ་པ་སྐུལ་དུ་མེད་པའང་བདེན། །འོན་ཀྱང་
རང་ཉིད་འགྱེལ་བའི་བྱིས་པ་འགས། །ཉེས་མེད་པ་ལ་ཡུས་བས་དུ་བ་བཞིན། །རང་བྱས་ལས་ཀྱིས
འདི་འདྲར་འགྱུར་ལགས་ཀྱང་། །རྗེ་བཙུན་ལས་གཞན་མགོན་སྐྱབས་སུ་ལ་གསོལ། །མཐོག་ཆུང་ཚེ་
འདིའི་ཚེ་ཐབས་མི་གསོལ་གྱི། །ཁྱོད་ཀྱི་བསྟན་ལ་སློབ་པར་ཉེར་མཁོ་བའི། །འཚོག་ཆས་གནས་དང་
ཚེ་དང་བཤེས་གཉེན་དང་། །གྲོགས་དང་རྣམ་འབྱེད་ཤེས་རབ་འཚོ་ཆས་རྣམས། །ཚེ་དང་ཟུངས་
ཟད་སྤུ་རོལ་འབབ་མེད་དུ། །ངང་གིས་འགྲོར་པའི་བྱིན་བརླབས་དེང་སྩོལ་ནས། །ཁྱོད་ཀྱི་གྲུབ་
མཐའ་སྐྱོང་བར་ཐུགས་རྗེས་གཟིགས། །འོན་ཏེ་ཅི་ཡང་མི་ཤེས་བདག་འདྲ་བའི། །བསམ་འཁྱེར་ལ་
ནི་ངེས་པ་མི་གདའ་བས། །བདག་ལ་ཅི་ཞིག་ལེགས་ཤིང་འཕྲོད་པ་དེ། །མགོན་ཁྱོད་ཐུགས་རྗེ་ཁོ་ན་
ལས་ནི་འབྱུང་། །བདག་སེམས་རང་བཞིན་འོད་གསལ་ཆེས་ཡངས་པར། །ཁྱེད་ཀྱི་གསང་གསུམ་
འཕྲིན་ལས་འཇུག་པར་ནི། །ཐོགས་རྡུགས་ཅི་ཡང་མ་མཆིས་དེ་ལྟ་ནའང་། །འཕྲིན་ལས་དུས་ལ་བབ་
མིན་མ་འཚལ་བས། །ཁྱོད་ལ་ཐུབ་ཚོད་བགྱིད་པ་ཇི་ལྟར་རུང་། །འོན་ཏེ་ཁྱོད་ཀྱི་ཐུགས་རྗེ་བསམ་མི་
ཁྱབ། །གསང་གསུམ་ནུས་མཐུ་གང་ལའང་ཐོགས་པ་མེད། །དད་མོས་ཙུང་ཟད་ཙམ་ཡང་མཐུ་ནུས་
ཆེ། །རྟེན་འབྱུང་ཚོགས་པས་མི་སྲིད་ཅི་ཡང་མེད། །འདི་ལ་རེ་འོ་དུས་ལ་བབ་སྲིད་ན། །ལེགས་ལམ་
དྲང་པོར་བཙུད་པར་ཐུགས་རྗེས་གཟིགས། །བརྩེ་ལྡན་ཀུན་མཁྱེན་མཆོག་གིས་མཁྱེན་བཞིན་དུ། །
མི་ཤེས་ཅལ་ཅོལ་མང་པོས་ཅི་ཞིག་བྱ། །གནས་སྐབས་གང་ལེགས་འདམ་ཁའང་བདག་མ་ཤེས། །དེ་
ཕྱིར་ཡིད་སྨོན་ཚུལ་བཞིན་རྫོགས་མཛད་དམ། །འདི་ཕྱི་གཉིས་མེད་སྡུག་གྲིར་འཆིར་བཅུག་གམ། །
ཅི་མཛད་ཁྱེད་མཁྱེན་དེ་ཡིས་ཁོ་བོ་ཆེམ། །ཁྱེད་ཀྱི་གྲུབ་མཐའ་ཇེ་ཉམས་འགྱུར་གྱིས་དོགས། །
བདག་ཀྱང་ཡུན་རིང་སྡོད་པའི་ཁོམ་པ་མེད། །ད་བར་བག་ཆགས་གདེངས་ལྡན་བཞག་པའང་མེད། །
སླད་ནས་མཇལ་བར་འགྱུར་རམ་མ་འགྱུར་གྲང་། །ལེགས་རུང་ཉེས་རུང་ཚེ་འདི་ཕལ་ཆེར་ཐལ། །

ཕྱི་མར་དགའ་ལྡན་མཁའ་སྤྱོད་ཞིང་དུ་བདག །རྗེ་བཙུན་ཡབ་སྲས་ཉིད་དང་མཇལ་མཛོད་ཅེས། །གུས་ཕྱག་བཙལ་ཞིང་བཙལ་ཞིང་གསོལ་བ་འདེབས། །ཚེ་འདིར་དངོས་ཉམས་ལྟ་ཞོག་རྨི་ལམ་དུའང་། །ཕྱིད་ཞལ་མཇལ་བའི་རེ་བ་མེད་འདྲ་བས། །གང་འཚམ་ཐབས་ཀྱི་སྤྲུལ་པ་དེང་བཀྱེ་ནས། །ཉམ་ཐག་བདག་ཅག་རྗེས་སུ་བཟུང་དུ་གསོལ། །ཆ་ཙམ་ཤེས་རློམ་བདག་ཅག་འདི་འདྲ་ན། །ཅི་ཡང་མི་ཤེས་སེམས་ཅན་ཅི་འདྲ་ན། །དྲིན་ཅན་ཕ་མས་ཐོག་དྲངས་འགྲོ་འདི་ཀུན། །གཏན་དུ་བདེ་སྐྱིད་མཆོག་ལ་སྦྱོར་མཛད་ཆེ། །ཁོ་བོ་གཅིག་པུར་ཇི་ལྟར་མཛད་ཀྱང་སླ། །ཚུལ་འདི་དགོངས་པར་མཛོད་ཅེས་གསོལ་བ་འདེབས། །བདག་འདྲ་བློ་ཆུང་ཉམས་ལེན་མེད་པ་ལ། །འདི་ཀུན་ཞེ་ནས་འཁྲུལ་པས་ག་ལ་ཡིན། །ངད་དང་དུང་སེམས་དེ་ཙམ་ཐོན་པའང་མེད། །འབད་པ་བསྐྱེད་ཆེ་རླུང་འཁྲུགས་སེམས་ཀྱང་སྐྱོར། །དེ་ཕྱིར་ཐུགས་རྒྱུད་འཁྲུལ་རེ་མ་མཆིས་ཀྱང་། །ཚིག་ཙམ་འདི་ཡང་བརྩེ་བས་གསན་དུ་གསོལ། །འདི་མཐུས་བློ་བཟང་རྒྱལ་བསྟན་ཕྱོགས་དུས་ཀུན། །བཤད་དང་སྒྲུབ་པས་ཆེས་ཆེར་གསལ་བ་དང་། །སྐྱེ་བོ་ཀུན་ཀྱང་འཛམ་མགོན་བསྟན་པ་ལ། །ཡིད་ཆེས་རྙེད་ནས་གུས་པས་འཇུག་པར་ཤོག །དེའང་བསྟན་པ་དང་མཇལ་མ་མཇལ་ནི་བསྟན་པ་ལ་ཞུགས་མ་ཞུགས་ལ་ཐེར། བསྟན་པ་ལ་ཞུགས་མ་ཞུགས་ནི་དཀོན་མཆོག་གསུམ་པ་སྐྱབས་སུ་སོང་མ་སོང་གི་སྒོ་ནས་འཇོག །ཅེས་པ་ལྟར་སྤྱི་ལ་དེ་ལྟར་ཡིན་ཕྱིན། །ཁྱེ་བྲག་རྗེའི་བསྟན་པ་དང་མཇལ་མ་མཇལ་དང་། དེ་ལ་ཞུགས་མ་ཞུགས་ནི་སྤྱིར་གྱི་སྐྱབས་གནས་ལ་སྐྱབས་སུ་སོང་མ་སོང་གིས་འཇོག་དགོས་པར་གྲུབ་ལ། གངས་ཅན་གྱི་ལྗོངས་སུ་ཆོས་ལུགས་མང་པོ་ཞིག་དར་སོད་ཀྱང་། །དེང་སང་ལ་ཆ་ཚང་ལ་བསྲེ་ལྷད་མེད་པ་ནི་རྗེ་བླ་མའི་བསྟན་པ་འདི་ཉིད་ཡིན་པར་གྲགས་ཤིང་གྲུབ་པས་ན། འདི་འདྲ་དང་མཇལ་རྒྱུ་བྱུང་བའི་སྐབས་འདིར་མ་མཇལ་བར་ལུས་ན་ཆུའི་འགྲམ་དུ་སྐོམ་པས་ཤི་བ་ལས་ཀྱང་ཐུ་བར་འདུག་སོད། དགེ་ལྡན་མཚན་ཉིད་པའི་གྲལ་དུ་ཚུད་པ་ལ་རྗེ་བླ་མའི་གྲུབ་མཐའི་དེ་ཉིད་རང་པ་ཙམ་ཡན་ཆད་ཤེས་ནས་གཞན་དུ་མི་སླུ་བ་ཞིག་དགོས་ནའང་། རང་ལ་དེ་འདྲ་ཡོང་བའི་རེ་བ་ག་ལ་ཡོད་གཤིས། སྨོན་ལམ་གྱི་ཡུལ་དུ་བྱ་དགོས་པས། དེ་ལ་ཡང་རྗེ་བླ་མ་ལམ་གང་ནས་བྱོན་པའི་ཚུལ་དང་། །རྗེའི་བསྟན་པའི་ཡོད་པ་འཕོལ་གཏོན་ཙམ་མིན་པའི་སྤྱི་ཁོག་ཡོངས་སུ་རྫོགས་པ་བློར་

འཇིགས་པ་ཞིག་མེད་མི་རུང་དུ་འདུག་པས་འདི་ཙམ་ཞིག་བརྗོད་གསོལ་སུ་བསམ་སྟེ། འབྱུང་འགྱུར་བྱུང་ཟིན་ལྷ་བུར་རམ་འབྲས་བུ་ལམ་བྱེད་ལྷ་བུར་རང་ཉིད་དགེ་ལྡན་རྗེས་འཇུག་ཏུ་ཁས་འཆེ་བའི་འགོས་དོན་རིམ་གྱིས་དོད་པའི་རྟེན་འབྱུང་ཙམ་དུ། །སྐར་ཆེན་གྱི་བཙུན་གཟུགས་སུ་དགབར་རྡོ་རྗེས་དམ་པ་གོང་མ་རྣམས་ཀྱི་གསུང་ལས་བཏུས་ཏེ་བསྒྲིགས་པ་འདིས་ཀྱང་རང་གཞན་ཐམས་ཅད་རྗེ་བླ་མའི་བསྟན་པའི་དེ་ཉིད་ཤེས་ནས་ཚུལ་བཞིན་དུ་སློབ་ནུས་པའི་རྒྱུར་གྱུར་ཅིག །

༄ འདིའི་བསྡུས་དོན་འགོད་ན། །འདི་ལ་གསུམ། །མདོར་བསྟན་པ་སྟོན་པ་ཚད་མ་སོགས་སོ་དང་། །རྒྱས་པར་བཤད་པ་དང་། གསོལ་བ་བཏབ་པའོ། གཉིས་པ་ལ་གསུམ། །སྟོན་པ་ཚད་མ་རྒྱལ་བ་ཙོང་ཁ་པ་ཆེན་པོ་ལ་ཕྱག་འཚལ་ཞིང་ཡོན་ཏན་ཤེས་པ་སོགས་ཁྱད་པར་བཞིའི་སྒོ་ནས། སྐྱབས་སུ་འགྲོ་བ་དང་། བསྟན་པ་ཚད་མ་དགེ་ལྡན་པའི་ལུང་རྟོགས་ཀྱི་ཆོས་ལ་ཕྱག་འཚལ་ཞིང་སྐྱབས་སུ་འགྲོ་བ་དང་། བསྟན་འཛིན་ཚད་མ་དགེ་ལྡན་པའི་སྐྱེས་བུ་དམ་པ་རྣམས་ལ་ཕྱག་འཚལ་ཞིང་སྐྱབས་སུ་འགྲོ་བའོ། དང་པོ་ནི། འདིར་རྗེ་བླ་མ་ཉིད་ལམ་གང་ནས་བྱོན་པའི་ཚུལ་ལུགས་འབྱུང་གི་ཚུལ་དུ་དངོས་སུ་བསྟན་ནས། ཤུགས་ལ་ལུགས་བཟློག་གི་ཚུལ་གྱིས་དེ་ལྟར་བྱོན་པའི་ཤེས་བྱེད་བསྟན་པའི་སྒོ་ནས་ཚད་མར་སྒྲུབ་འདོད་པ་སྟེ། འདི་ལ་བཞི། རྗེ་བླ་མའི་སྐུ་ཆེ་བའི་ཡོན་ཏན་དྲན་ཚུལ་ཙམ་ཟད་སྤྲོས་ཏེ་བཤད་པ་དང་། རྣམ་ཐར་གྱི་སྟོམ་འཕྲོས་དང་བཅས་པ་དང་། སྐྱབས་སྟོན་པ་པོར་ཁས་བླངས་པའི་སྒོ་ནས་སྐྱབས་སུ་འགྲོ་བ་དང་། དེའི་རྗེས་སུ་སློབ་པའི་ཕྱིར་སྨོན་པས་མཚམས་སྦྱོར་བའོ། དང་པོ་ནི། རྗེ་ཉིད་ཀྱིས་ཀྱང་བྱང་ཆུབ་ལམ་རིམ་དུ། ཇོ་བོ་རྗེའི་རྣམ་ཐར་ཆེདས་གསུམ་གྱིས་འཆད་པར་མཛད་པ་བཞིན། བྱིན་རླབས་གཏེར་ཆེན་སོགས། ཁྱོད་སྐུ་མིག་གི་སོགས་འདིར་ཡང་ས་བཅད་དང་པོ་དོར་བ་མ་གཏོགས། །བཤད་ཐབས་གཞན་ཕལ་ཆེར་དེ་ལ་གཙོ་བོར་བརྟེན་ནས་བྱ་སྟེ། དེ་ལྟར་ན་འདི་ལ་གཉིས། རང་ཉིད་ཀྱིས་ཡོན་ཏན་བཀླེས་པའི་ཚུལ་དང་། རྒྱུ་དེས་བསྟན་པ་ལ་བྱ་བ་མཛད་པའི་ཚུལ་ལོ། །དང་པོ་ལ་གཉིས། ཡོན་ཏན་ཐམས་ཅད་ཀྱི་གཞི་མ་སྡོམ་པའི་ཚུལ་ཁྲིམས་རྒྱལ་བ་དབང་པོའི་སོགས། བཞེས་པའི་ཚུལ་དང་། ཡོན་ཏན་བཀླེས་པའི་ཚུལ་དངོས་སོ། །གཉིས་པ་འདི་ལ་གཉིས། །མང་དུ་མཁྱེན་པ་ལུང་གི་ཡོན་ཏན་བཀླེས་པའི་ཚུལ་དང་། །ཚུལ་བཞིན་སྒྲུབ་པ་རྟོགས་པའི་

ཡོན་ཏན་བརྩེས་པའི་ཚུལ་ལོ། །དང་པོ་ལ་གཉིས། ཐོས་པས་སྒྲོ་འདོགས་བཅད་པའི་ཚུལ་དང་།
བསམས་པས་གདམས་པར་ཤར་བའི་ཚུལ་ལོ། དང་པོ་ལ་གཉིས། མཚན་ཉིད་ཐེག་པའི་གཞུང་
ལུགས་སྤྱི་དང་ཁྱད་པར་བཀའ་བསྟན་མཐའ་དག་སོགས་དབུ་ཚད་ལ་ཐོས་པ་མཛད་ཚུལ། སྔགས་སོ་བཞི་
ཡོན་ཆེ་སོགས་ཀྱི་ཐེག་པ་ལ་ཐོས་པ་མཛད་ཚུལ་ལོ། གཉིས་པ་ལ་དྲུག། མངོན་རྟོགས་རྒྱན་གྱི་སོ་དྲུག་ཡོན་
ཆེ་སོགས་བརྗོད་དོན་གདམས་པར་ཤར་ཚུལ་དང་། ཚད་མའི་མདོ་སྡེ་བདུན་སོགས་གཞུང་གདམས་པར་
ཤར་ཚུལ་དང་། བྱམས་ཆོས། གཞན་ས་རྒྱན་སྦྱར་བའི་སོགས།རྗེས་འབྲངས་དང་བཅས་པ་གདམས་པར་
ཤར་ཚུལ་དང་། དབུ་མའི་བསླབ་བཏུས་ལ་བརྟེན་སོགས།གཞུང་རྣམས། གདམས་པར་ཤར་ཚུལ་དང་།
རྒྱུད་སྡེ་འོག་མ་གསུམ་གྱི་བརྗོད་པཎ་ཆེན་སངས་རྒྱས་སོགས།དོན་གདམས་པར་ཤར་ཚུལ་དང་། །བླ་མེད་ཀྱི་
རྒྱུད་གླུ་སྒྲུབ་ཡབ་སྲས་སོགས།དོན་གདམས་པར་ཤར་ཚུལ་ལོ།གཉིས་པ་ལ་གསུམ། མདོ་སྔགས་ཀྱི་ཉམས་
རྟོགས་འཁྲུངས་ཚུལ་སྤྱིར་དགུང་ལོ་སོ་བརྒྱད་སོགས།བསྟན་པ་དང་། བྱེ་བྲག་ཏུ་དབུ་མའི་ལྟ་བ་ཁྱད་པར་
ཅན་ཁྱད་པར་གླུ་སྒྲུབ་སོགས་བརྩེས་པའི་ཚུལ་དང་། ཐུན་མོང་མ་ཡིན་པའི་བདེ་སྟོང་རྒྱུད་དང་གྲུབ་ཆེན་སོགས།
གི་ཏིང་ངེ་འཛིན་བརྩེས་ནས་རྫུ་འཕྲུལ་དང་ནུས་མཐུ་ལ་དབང་འགྱུར་བའི་ཚུལ་ལོ། །གཉིས་པ་
བསྟན་པ་ལ་བྱ་བ་མཛད་པའི་ཚུལ་ལ་གཉིས། བསྟན་པའི་རྨང་བཙུགས་དགེ་སྦྱོང་ཚས་དང་སོགས་པའི་
ཚུལ་དང་། མཁས་པའི་བྱ་བ་གསུམ་གྱིས་འཕེལ་རྒྱས་སུ་མཛད་ཚུལ་འཕྲོས་དང་བཅས་པའོ།
གཉིས་པ་འདི་ལ་གསུམ། འཆད་པའི་སྒོ་ནས་དུས་གཅིག་གཞུང་ཆེན་སོགས་མཛད་ཚུལ།རྩོད་པའི་སྒོ་ནས་
གནས་སྙིང་ངམ་རིང་སོགས་མཛད་ཚུལ། རྩོམ་པའི་སྒོ་ནས་ཇོ་བོའི་འདྲ་སྐུར་སོགས་མཛད་ཚུལ་ལོ། གཉིས་པ་
རྣམ་ཐར་གྱི་སྡོམ་འཕྲོས་དང་བཅས་པ་ལ་ལྔ། དངོས་དེ་ལྟར་རྒྱ་ཆེན་སོགས་ དང་།ཕྱོགས་ལྷུང་དོར་ཏེ་ཁྱོད་
ཀྱི་ཡོན་ཏན་སོགས་གཞན་དུ་མི་སླ་བའི་སྒོ་ནས་སྐྱབས་སུ་བཟུང་བ། སྐུ་གཤེགས་ནས་ཀྱང་སྐལ་ལྡན་སྐུ་
གཤེགས་རྗེས་སུ་འབང་སོགས་རྗེས་སུ་བཟུང་ཚུལ་འཕྲོས་དང་བཅས་པ། མ་འོངས་པ་ན་མ་འོངས་མི་ཡི་སོགས་རྗེ་
ཉིད་རང་གི་སྐུ་གདུང་ལ་སྨར་ཞུགས་ནས་བསྟན་འགྲོའི་དོན་མཛད་ཚུལ་ཁྱོད་ཀྱི་གསོལ་འདེབས་སོགས་རྗེ་
ཉིད་ཀྱི་མཚན་ནས་བརྗོད་དེ་གསོལ་བ་འདེབས་པའང་དོན་ཆེ་ཚུལ་ལོ། དེའང་རྣམ་དག་གངས་རི་
མ་ལས་འབྱུང་བ་ལྟར་རྗེ་བླ་མས་དང་པོར་བྱང་ཆུབ་ཏུ་སེམས་བསྐྱེད། བར་དུ་ཚོགས་བསགས།

མཐར་འཚང་རྒྱ་ཚུལ་དང་སྦྱར་བའི་བསྡུས་དོན་བྱས་ཀྱང་ཚོག་ལ། མཁྱེན་བརྩེ་ནུས་གསུམ་དང་སྦྱར་བའི་བསྡུས་དོན་བྱས་ཀྱང་ཚོག་མོད། འདིར་ནི་ལམ་མ་ནོར་བར་འཁྲིད་པའི་བཤེས་གཉེན་གྱི་དབང་དུ་བྱས་ཏེ། གོང་འོག་ བསྒྲིགས་པས་རྗེ་བླ་མ་གངས་ཅན་གྱི་མཁས་པ་ཡོངས་ཀྱི་གཙུག་རྒྱན་དུ་བསྒྲུབས་ནས་གཞན་དུ་མི་སླ་བའི་སྒོ་ནས་སྐྱབས་སུ་བཟུང་སྟེ། རྗེའི་བསྟན་པ་ལ་འཇུག་པའི་ཚུལ་གཙོ་བོར་བྱས་པ་ཡིན་ནོ། ༈ །གཉིས་པ་བསྟན་པ་ཚད་མ་དག་ལྡན་ལུང་རྟོགས་ཀྱི་ཆོས་ལ་ཕྱག་འཚལ་ཞིང་སྐྱབས་སུ་འགྲོ་བ་ལ་བརྒྱད། བསྟན་པ་སྐྱོན་མེད་ངོས་བཟུང་ནས་རྗེའི་བསྟན་པ་ལ་དེའི་སྡེ་སྣོད་གསུམ་དང་སོ་ཐར་མཚན་ཉིད་ཚང་ཚུལ། བྱེ་བྲག་ཏུ་རྟོགས་པའི་ཆོས་འཁོར་ལ་བསྟོད་པ། ལུང་གི་ཆོས་འཁོར་ལ་བསྟོད་པ། རྣམ་པར་དག་པའི་སྟོད་སྨད་འདུལ་བའི་སོགས་ཆོས་ཀུན་འདིར་འདུ་ཚུལ། རྗེའི་པོ་ཏིའི་གྲངས་མང་སོགས་ གསུང་གི་ཉིང་དགོས་སྐྱབས་ནས། གཞན་དུ་མི་སླ་བའི་སྒོ་ནས་སྐྱབས་སུ་བཟུང་བ། འགྲུབ་ན་སྨྱུར་ཞིང་ཟབ་པའི་ཁྱད་དཀྱིལ་འཁོར་བདག་པོས་སོགས་པར། དུས་ཀྱི་མཐར་ཡང་འཕྲིན་ལས་ད་ལྟའི་དུས་སུ་འང་སོགས་ཀྱི་འཇུག་པ་ཆེ་བའི་ཁྱད་པར། སྐྱབས་ཡང་རྗེའི་བསྟན་ལ་སོགས་དངོས་སུ་ཁས་བླངས་པའི་སྒོ་ནས་སྐྱབས་སུ་འགྲོ་བའོ། གཉིས་པ་ལ་གསུམ། སྤྱིར་ལྟ་སྒོམ་སྤྱོད་གསུམ་སྐྱོན་མེད་དང་ལྡན་ཚུལ། བྱེ་བྲག་ཏུ་གསང་སྔགས་ཀྱི་བསྟན་པ་སྐྱོན་མེད་དང་ལྡན་ཚུལ། བསྟན་པ་ཐམས་ཅད་འགལ་མེད་གཅིག་ཏུ་འཆར་བའི་ཉམས་རྟོགས་དང་ལྡན་ཚུལ་གྱིས་དོན་བསྡུ་མདོར་ན་ལྟ་སྒོམ་སོགས་ བའོ། དང་པོ་ལ་གསུམ། ལྟ་བ་རྣམ་དག་དང་ལྡན་ཅང་མེད་ཡོད་མིན་སོགས་ཚུལ། སྒོམ་པ་རྣམ་དག་དང་ལྡན་རྣམ་རྟོག་དགག་སོགས་ཚུལ། སྤྱོད་པ་རྣམ་དག་དང་ལྡན་གོང་མར་བསྟོད་ནས་སོགས་ཚུལ་ལོ། གཉིས་པ་ལ་བཞི། སྤྱིར་རྒྱུད་སྡེའི་རྣམ་བཞག་སོགས་བསྟོད་པ་དང་། བྱེ་བྲག་ཏུ་སྒྱུ་ལུས་གསལ་མིན་སོགས་སྒྱུ་འོད་ཟུང་གསུམ་ལ་བསྟོད་པ། ཕྱི་ནང་གཞན་གསུམ་སོགས་ཕྱི་ནང་གཞན་གསུམ་སྦྱོར་བའི་ཉམས་རྟོགས་ལ་བསྟོད་པ། དོན་མདོར་ན་རྒྱུད་དང་སོགས་བསྡུ་བའོ། གསུམ་པ་ལུང་གི་ཆོས་འཁོར་ལ་བསྟོད་པ་ལ་གསུམ། ཕར་ཕྱིན་རྗེ་ཉིད་ཀྱི་གསུང་རབ་ཐེག་པའི་ལམ་གྱི་ལུས་རྫོགས་པར་སྟོན་པ་གང་ལ་སྦྱངས་པས་སོ་ཐར་བྱང་ཆུབ་ལམ་རིམ་དང་། རྒྱུད་སྡེ་རྣམ་བཞི་སོགས་རྡོ་རྗེ་ཐེག་པའི་ལམ་གྱི་ལུས་རྫོགས་པར་སྟོན་པ་གསང་སྔགས་ཀྱི་ལམ་རིམ་སོགས་ལ་བསྟོད་པ། རྗེའི་རྣམས་དང་སོགས་ ཤཱཀྱ་ལ་སོགས་སུ་འཕྲིན་ལས་

རྒྱས་པའི་ཚུལ་ལ་བསྟོད་པའོ། ༈ གསུམ་པ་བསྟན་འཛིན་ཚད་མ་དགེ་ལྡན་པའི་སྐྱེས་དམ་པ་རྣམས་ལ་ཕྱག་འཚལ་ཞིང་སྐྱབས་སུ་འགྲོ་བའི་ཚུལ་ལ་གསུམ། དངོས་དང་། ཞར་ལ་ཕྱག་འོས་ཀུན་ལ་ཕྱག་འཚལ་ཞིང་ཡི་རངས་བསྔོམ་པ་སྣོ་བཟང་གང་དུ་སོགས་དང་། དེ་དག་གི་རྗེས་སུ་སློབ་པའི་ཕྱིར་སྨོན་པས་མཚམས་སྦྱར་བདག་ནི་དགེ་ལྡན་སོགས་བའོ། དང་པོ་ལ་གཉིས། སྤྱིར་འཇམ་མགོན་རྒྱལ་བའི་སོགས་བསྟོད་པ་དང་།ཁྱད་ཟད་སྤྲོས་ཏེ་བསྟོད་པའོ། གཉིས་པ་འདི་ལ་དྲུག། རྗེའི་དངོས་སློབ་རྣམས་ལ་རྗེ་བཙུན་གཞོན་སྣོ་སོགས་ཕྱག་འཚལ་བ་དང་།ཡང་སྣོ་གྲོས་བརྟན་པ་སོགས་སློབ་བརྒྱུད་འཛིན་རྣམས་ལ་ཕྱག་འཚལ་བ་དང་།ཕྱིས་སུ་བྱོན་པའི་ཕྱིས་ཀྱི་དགེ་ལྡན་སོགས་བསྟན་འཛིན་རྣམས་ལ་ཕྱག་འཚལ་བ་དང་། བསྟན་འཛིན་དེ་དག་གིས་རྗེའི་བསྟན་པ་ལ་བྱ་བ་མཛད་པའི་ཚུལ་འགའ་ཡི་མདོ་ཕྱོགས་སོགས་ལས་བརྗམས་ཏེ་བསྟོད་པ་དང་། དེ་དག་ཡོན་ཏན་གཞི་མ་སོགས་གི་མཛད་སྤྱོད་ཀྱི་སྟོམ་སློས་པའི་སྨོན་ནས་ཕྱག་འཚལ་ཞིང་སྐྱབས་སྒྲུབ་པའི་ཟླ་གྲོགས་སུ་ཁས་བླང་བའི་སྨོན་ནས་སྐྱབས་སུ་འགྲོ་བ་དང་། སྤར་ཞེན་བསྟན་འཛིན་དམ་པའི་སོགས་སྤྲང་ས་ཏེ་གཞན་དུ་མི་སྨྲ་བའི་ཚུལ་ལོ། ༈ རྩ་བའི་གསུམ་པ་གསོལ་བ་བཏབ་པའི་ཚུལ་ལ་གཉིས། ཡན་ལག་བདུན་པས་དགེ་ལྡན་བསྟོད་པ་སོགས་ལམ་སྦྱང་བ་དང་། གསོལ་བ་གང་གི་བསྔགས་པ་སོ་སོར་བཏབ་པ་དངོས་སོ། །གཞན་ཡང་དེ་དག་གིས་རྗེ་བླ་མའི་ཐུགས་ཀྱི་ཡོན་ཏན་དྲན་ཚུལ་དང་། གསུང་གི་ཡོན་ཏན་དྲན་ཚུལ་ནི་གོ་སླ་བར་ཟད་ལ། སྐུའི་ཡོན་ཏན་དྲན་ཚུལ་ནི་སྡོམ་པ་གསུམ་གྱི་བརྟུལ་ཞུགས་ལ་གནས་ཚུལ་དྲན་པ་ཉིད་ཀྱིས་གྲུབ་ལ། འཕྲིན་ལས་ཀྱི་ཡོན་ཏན་དྲན་ཚུལ་ནི་བསྟན་པ་ལ་བྱ་བ་མཛད་ཚུལ་དང་། གསུང་ལས་སྐྱེས་པའི་སྲས་མཆོག་བགྲང་ཡས་བྱོན་ཚུལ་གྱིས་གྲུབ་སྟེ། དེས་མཚོན་ཁྱད་པར་ཤེས་པ་སོགས་བཞིའི་སྨོན་ནས་སྐྱབས་སུ་འགྲོ་ཚུལ་དངོས་ཤུགས་ཅི་རིགས་ཀྱིས་གྲུབ་པ་སོགས་སྦྱོར་བས་ཚོག་གོ། ཅེས་པའང་རྗེ་ཕ་གིཉྫས་མཛད།

༄༅། །དམིགས་བརྩེ་མའི་སྔོ་ནས་སྨན་གྱི་རིལ་བུ་དང་ གླུ་སྨན་གྱི་རིལ་བུ་ཅི་རིགས་སྒྲུབ་ཚུལ་བཞུགས་སོ།།

༄༅། །ན་མོ་གུ་རུ། ཧེ་བླ་མ་ཅོང་ཁ་པ་ཆེན་པོའི་གསང་སྒྲུབ་ཀྱི་ལས་ཚོགས་ལས་འབྱུང་བ་ལྟར་ནད་ལ་ཕན་པའི་སྨན་གྱི་རིལ་བུའམ། །གླུ་ལ་ཕན་པའི་གླུ་སྨན་གྱི་རིལ་བུ་ཅི་རིགས་སྒྲུབ་པར་འདོད་པས། སྨན་གྱི་རིལ་བུ་ཡིན་ན་གཞུང་བཞིན་ཚད་ལྡན་དུ་བྱས་པ་དང་། །གླུ་སྨན་ཡིན་ན། །ཞིབ་མོར་བཏགས་པའི། ཕྱེ་མ་གྲོ་ཟན་དང་སྦྲུར་བ་བ་དམར་མོ་དང་ར་དཀར་མོའི་འོ་མས་སྦྲུས་ཏེ་ལུག་རིལ་ཙམ་བརྒྱ་རྩ་བརྒྱད་ལ་སོགས་པ་ཅི་རིགས་བྱ། དེ་གཉིས་གང་ཡིན་ཀྱང་ཟངས་གཞོང་དཀར་ཡོལ་སོགས་སྣོད་གཙང་མའི་ནང་དུ་བླུགས། སྙིགས་མཐོན་པོའི་སྟེང་དུ་བཞག་པའི་མཐའ་མཆོད་པས་བསྐོར། སྐྱབས་སེམས་སྔོན་དུ་བཏང་། སྭ་བྷཱ་ཝས་སྟོང་པར་སྦྱངས། །སྟོང་པའི་ངང་ལས་སེང་ཁྲི་པད་ཟླ་xའགོད་པར་ཤོག །ཅེས་བརྗོ་སྔོན་བྱ། དེ་ནས་རིལ་བུ་རྣམས་བསང་སྦྱངས། སྟོང་པའི་ངང་ལས་རིལ་བུ་རྣམས་xརིལ་བུ་རྣམ་པར་གྱུར་བར་བསམ་ཞིག་གྲངས་མང་པོར་བྱེད་ན། ཐིག་མར་ས་བོན་ཕྱག་མཚན་སོགས་ལས་བསྐྱེད་ཅིང་། ཕྱི་མ་རྣམས་ལ་སྤྱར་ཡོད་གསལ་འདེབས་ཀྱི་ཚུལ་དུ་བསྐྱེད། མཇུག་ཏུ་འོད་ཞུ་བྱ། དེ་ནས་སྨན་གྱི་རིལ་བུ་ཡིན་ན་གུས་ཤིང་གཙང་སྦྲ་དང་ལྡན་པས་ཚགས་བྱས་ཏེ་ནད་པ་ལ་ཕན་གདགས་པར་བྱ་ཞིང་། གླུ་རིལ་ཡིན་ན་གླུ་གཏོར་སོགས་དང་འབྲེལ་བའམ། མིན་ཡང་ རུང་སྟེ་རིལ་བུ་རྣམས་ཡོངས་རྫོགས་སམ། ཙུང་ཟད་བླང་བ་ཆུ་མགོའི་ནང་དུ་བླུག་ལ་བྱ་ཁྲིས་མི་ཟ་བར་བྱ་ཞིང་། རིལ་བུ་འདི་ཉིད་གླུ་རྣམས་ཀྱི་ནད་ཐམས་ཅད་གསོ་ཞིང་ཕྱིན་ཆད་མི་འབྱུང་བར་བྱེད་པའི་གསོས་སྨན་གྱི་བདུད་རྩིའི་རྣམ་པར་རྟག་ཏུ་གནས་པས་རང་དང་ཡུལ་ཕྱོགས་ལ་ཡིད་དགའ་བས་དངོས་གྲུབ་སྨིན་པར་བསམ་ལ་བརྗོ་སྔོན་བྱ། འདི་ཡང་བཙུན་གཟུགས་ངག་དབང་རྡོ་རྗེས་སོ།།

༄༅། །དགའ་ལྡན་ལྷ་བརྒྱ་མའི་ཁྲིད་ཡིག་མདོར་བསྡུས་བཞུགས་སོ། །

༄༅། །རྒྱལ་ཀུན་མཁྱེན་རབ་གཅིག་བསྡུས་འཇམ་པའི་དབྱངས། །མི་ཡི་ཐོལ་གྱི་རྣམ་རོལ་ཙོང་ཁ་པ། །མཆོག་གསུམ་མ་ལུས་འདུས་པའི་ངོ་བོ་རུ། །མོས་ཏེ་གསོལ་བ་འདེབས་པའི་རིམ་པ་ནི། གནས་ཁང་བྱི་དོར་ལེགས་པར་བྱས་ལ་བྱང་གི་ཕྱོགས་སུ་འཇམ་མགོན་བླ་མའི་བྲིས་སྐུ་ལ་སོགས་པའི་རྟེན་···ལེགས་པར་བཤམས། དེའི་མདུན་དུ་ཆུ་གཉིས་སྔོན་དུ་འགྲོ་བའི་ཉེར་སྤྱོད་ལ་སོགས་པའི་ཅི་འབྱོར་བའི་མཆོད་པ་ལེགས་པར་བཤམས། །རང་གི་མལ་འོག་ཏུ་ས་དཀར་གྱི་གཡུང་དྲུང་ཆོས་འཁོར་རིས་སུ་བྲིས་པ་དང་། རྡྭ་དུར་བའི་སྟེང་དུ་འབོལ་སྟན་རྒྱབ་ཅུང་ཟད་མཐོ་ལ་མདུན་དམའ་བ་བཤམ་ཏེ་དེ་ཉིད་ལ་ལག་པ་གཡོན་པས་རེག་ནས། ཨོཾ་བཛྲ་ཨཱཿས་ན་ཧཱུཾ།ཞེས་བརྗོད་དེ་རྡོ་རྗེའི་གདན་དུ་མོས། དེ་ཉིད་ཀྱི་སྟེང་དུ་བག་མེད་པའི་འདུག་ཚུལ་མ་ཡིན་པའི་སྐྱིལ་ཀྲུང་ཕྱེད་པ་ལ་སོགས་པས་འཁོད་དེ། བགེགས་གཏོར་ཕྱག་ལེན་བཞིན་དུ་བཏང་བའི་རྗེས་སུ་སྔོའི་ཕྱི་རོལ་དུ་མཐོ་བཞི་བརྩིགས་པ་ལ་དེ་ཉིད་རྒྱལ་པོ་ཆེན་པོ་བཞིར་མོས་ཏེ་མཆོད་གཏོར་ཕུལ་ནས། བླ་མའི་རྣལ་འབྱོར་བསྒོམ་པ་ལ་བར་གཅོད་མི་འབྱུང་བའི་འཕྲིན་ལས་བཅོལ། དེ་ནས་ཀུན་སློང་འཆོས་པ་ནི། ཚེ་འདི་དང་འཁོར་བའི་ཕུན་ཚོགས་ཙམ་སྒྲུབ་པའི་ཆེད་མ་ཡིན་པར། སེམས་ཅན་ཐམས་ཅད་ཀྱི་དོན་དུ་རྫོགས་པའི་སངས་རྒྱས་ཀྱི་གོ་འཕང་རིན་པོ་ཆེ་ཅི་ནས་ཀྱང་ཐོབ་པར་བྱ། དེའི་ཕྱིར་དུ་ཟབ་ལམ་བླ་མའི་རྣལ་འབྱོར་ཉམས་སུ་བླང་བར་བགྱིའོ་སྙམ་དུ་བྱང་ཆུབ་ཀྱི་སེམས་བསྐྱེ་དུང་དེ་བའི་ངང་ནས། རང་གི་སྨིན་མཚམས་ཀྱི་ཐད་ཀྱི་མདུན་གྱི་ནམ་མཁར་སེང་ཁྲི་པད་ཟླའི་གདན་ལ་རང་གི་དྲིན་ཅན་རྩ་བའི···བླ་མ་དང་དབྱེར་མེད་པའི་རྗེ་ཡབ་སྲས་གསུམ་དང་། དེ་ཉིད་ཀྱི་མཐའ་སྐོར་དུ་སངས་རྒྱས་བྱང་སེམས། དཔའ་བོ་མཁའ་འགྲོ། ཆོས་སྐྱོང་བསྲུང་མའི་ཚོགས་དང་བཅས་པ་གསལ་ལེགས་པར་བཏབ་ལ་འདི་ལྟར་བསམ་སྟེ་ཐོག་མ་མེད་པ་ནས་སྲིད་རྩེ་ནས་མནར་མེད་ཀྱི་བར་གྱི་འཁོར་བ·········འདིར་སྡུག་བསྔལ་སྣ་ཚོགས་པ་ཞིག་མྱོང་འདུག་ཏུ་ཟིན་ཀྱང་། ད་དུང་སྡུག་བསྔལ་གྱི་གཏིང་མཐའ་མཐོང་བ་ནི་མི་འདུག་པས། དེས་ན་ད་རེས་ཆོས་ལྡན་གྱི་རྟེན་བཟང་པོ་ལན་གཅིག་ཙམ་རྙེད་པའི་

དུས་འདིར་ཁམས་གསུམ་གྱི་འཁོར་བ་འདི་ལས་གྲོལ་བའི་བླ་མ་སངས་རྒྱས་ཀྱི་གོ་འཕང་ཞིག་ཐོབ་པར་མ་བྱས་ན་སླར་ཡང་འཁོར་བ་སྤྱི་དང་། ཁྱད་པར་ངན་འགྲོའི་སྡུག་བསྔལ་མཐའ་ཡས་པ་ཞིག་མྱོང་དགོས་པ་ལས་འོས་མི་འདུག་དེས་ན་སྡུག་བསྔལ་དེ་དག་ལས་སྐྱོབ་པའི་ནུས་པ་མདུན་ན་……བཞུགས་པའི་བླ་མ་དཀོན་མཆོག་གསུམ་ལ་ཡོད་པས་བདག་གཞན་སེམས་ཅན་ཐམས་ཅད་འཁོར་…བ་སྤྱི་དང་བྱེ་བྲག་གི་སྡུག་བསྔལ་ལས་སྐྱོབ་ཏུ་གསོལ་སྙམ་པའི་འདུན་པ་དང་བཅས་པའི་སྒོ་ནས།…རང་གིས་སྐྱབས་འགྲོའི་ཚིག་བརྗོད་པ་དང་མཉམ་དུ་ཚེ་འདིའི་ཕ་མས་ཐོག་དྲངས་པའི་མཁའ་ཁྱབ་ཀྱི་སེམས་ཅན་ཐམས་ཅད་རང་ཉིད་ཀྱི་མཐའ་སྐོར་དུ་འཁོད་པར་མོས་ནས་དེ་དག་གིས་ཀྱང་མགྲིན་གཅིག་ཏུ་སྐྱབས་འགྲོའི་ཚིག་ཤུར་ཆེསྨ་ཧེ་བརྗོད་པར་མོས་ལ། བླ་མ་ལ་སྐྱབས་སུ་མཆིའོ། །སངས་རྒྱས་ལ་སྐྱབས་སུ་མཆིའོ། །ཆོས་ལ་སྐྱབས་སུ་མཆིའོ། །དགེ་འདུན་ལ་སྐྱབས་སུ་མཆིའོ། །ཞེས་པའི་སྐྱབས་འགྲོ་ལན་གསུམ་བརྗོད་དེ། དེ་དག་གི་སྐབས་སུ་དམིགས་པ་ནི། བླ་མ་ལ་སོགས་པའི་སྐྱབས་ཡུལ་དེ་དང་དེའི་སྐུ་ལས་བདུད་རྩིའི་རྒྱུན་བབས། ཐོག་མེད་ནས་བསགས་པའི་སྡིག་སྒྲིབ་སྤྱི་དང་། ཁྱད་པར་དུ་སྐྱབས་ཡུལ་དེ་དང་དེའི་བསླབ་བྱ་དང་འགལ་བའི་ཉེས་པ་ཐམས་ཅད་བྱང་ཞིང་དག་དེ་དང་དེའི་སྐྱབས་འོག་ཏུ་ཚུད་སོང་སྙམ་པའི་མོས་པ་བྱེད། དེ་ནས་སྐྱབས་འགྲོ་མདོར་བསྡུས་ནི། སངས་རྒྱས་ཆོས་དང་ཚོགས་ཀྱི་མཆོག་རྣམས་ལ། །བྱང་ཆུབ་བར་དུ་བདག་ནི་སྐྱབས་སུ་མཆི། ཞེས་ལན་གསུམ་བརྗོད་པའི་སྐབས་སུ། སྐྱབས་ཡུལ་སྤྱིའི་སྐུ་ལས་བདུད་རྩི་འབེབས་སྦྱོང་གི་དམིགས་པ་བྱེད་པ་དང་། དེ་ནས་སེམས་བསྐྱེད་པ་ནི་བདག་གིས་དུས་གསུམ་དུ་བསགས་པའི་དགེ་བའི་མཐུ་ལ་བརྟེན་ནས། སེམས་ཅན་ཐམས་ཅད་ཀྱི་དོན་དུ་རྫོགས་པའི་སངས་རྒྱས་ཀྱི་གོ་འཕང་ཐོབ་པར་ཤོག་སྙམ་དུ་སྨོན་སེམས་དང་། དེའི་ཆེད་དུ་རྒྱལ་སྲས་ཀྱི་སྤྱོད་པ་རྣམས་ལ་ཚུལ་བཞིན་དུ་བསླབ་པར་བྱའོ་སྙམ་པའི་སྒོ་ནས། བདག་གི་སྦྱིན་སོགས་བགྱིས་པའི་བསོད་ནམས་ཀྱིས། །འགྲོ་ལ་ཕན་ཕྱིར་སངས་རྒྱས་འགྲུབ་པར་ཤོག། ཅེས་ལན་གསུམ་བརྗོད་དེ་སེམས་བསྐྱེད། དེ་ནས་མ་གྱུར་སེམས་ཅན་ཐམས་ཅད། ཞེས་སོགས། ཚད་མེད་བཞི་བདུད་རྩི་འབེབས་སྦྱངས་ཀྱི་དམིགས་པ་དང་བཅས་ཏེ་རྒྱུད་དང་འདྲེས་ངེས་པར་བསྒོམ། དེ་ནས་ཚོགས་ཞིང་བསྡུ་བ་ནི། རྗེ་བླ་མའི་སྐུ་ལས་འོད་ཟེར་

འཕྲོས། སྲས་ཀྱི་བུ་མོ་ལ་གཉིས་ལ་སོ་ཊ་པའི་ཞི་ཁྲི་རབ་འབྱམས་གཞན་ཐམས་ཅད་འོད་དུ་ཞུ་ནས་རྗེ་བླ་མ་ལ་ཐིམ།རྗེ་བླ་མ་འོད་དམར་སེར་གྱི་ཧཱུྃ་པར་གྱུར་ནས་རང་གི་སྙིང་གར་ཐིམ་པས་རྒྱུད་བྱིན་གྱིས་བརླབས་པའི་མོས་པ་བྱ། དེ་ནས་ཚོགས་ཞིང་གསལ་འདེབས་པ་ནི། འཛམ་བུ་གླིང་འདིའི་བྱང་ཕྱོགས་སུ། རིའི་རྒྱལ་པོ་རི་རབ་ཀྱི་སྟེང་དུ་སུམ་ཅུ་རྩ་གསུམ་པའི་གནས། དེའི་སྟེང་གི་བར་སྣང་ལ་འཐབ་བྲལ་བའི་ལྷའི་གནས། དེའི་སྟེང་གི་བར་སྣང་ལ་དགའ་ལྡན་གྱི་གནས་ཡོད་པར་མོས། དགའ་ལྡན་གྱི་གནས་བྱིངས་ལས་གྲོང་ལས་དགོན་པའི་ཚུལ་དུ་འཕགས་པར། རྗེ་བཙུན་བྱམས་མགོན་གྱི་ཕོ་བྲང་རྒྱལ་མཚན་མཐོན་པོ། དེ་ཉིད་ཀྱི་མདུན་ཕྱོགས་སུ་རྗེ་བཙུན་གྱིས་ཆོས་གསུང་པའི་ཀུན་དགའ་རྭ་བ། ཡིད་དགའ་ཆོས་འཛིན་དེ་གཉིས་ཀའང་རྒྱ་རིན་པོ་ཆེ་སྣ་ཚོགས་ལས་གྲུབ་པ། ཉེ་ཟླའི་འོད་ཀྱང་ཟིལ་གྱིས་གནོན་པ་ལྟ་བུ། ཕོ་བྲང་ཀུན་དགའ་རྭ་བའི་ཕྱོགས་མཚམས་རྣམས་སུ་རིན་པོ་ཆེ་སྣ་བདུན་ལས་གྲུབ་པའི་དཔག་བསམ་གྱི་ཤིང་དང་། ཡན་ལག་བརྒྱད་ལྡན་གྱི་ཆུས་གང་བའི་རིན་པོ་ཆེའི་རྫིང་བུ་ལ་སོགས་པ་མཐོང་བ་ཙམ་གྱིས་ཡིད་ཀྱི་གདུང་བ་མ་ལུས་པ་ཞི་བར་བྱེད་པའི་སྟོད་ཀྱི་ཡོན་ཏན་མཐའ་ཡས་པ་དང་ལྡན་པ། ཕོ་བྲང་ཀུན་དགའ་རྭ་བའི་དབུས་སུ་སེང་ཁྲི་རིན་པོ་ཆེ་སྣ་བདུན་ལས་གྲུབ་པའི་སྟེང་དུ་ལྷའི་རས་གཙོད་ཁྲ་བརྒྱ་སྟོང་དུ་མས་གཡོགས་ཤིང་། རིན་པོ་ཆེའི་རྒྱན་འཕྲུལ་བསམ་གྱིས་མི་ཁྱབ་པ་འབྱུང་བ། དེའི་སྟེང་དུ་རྗེ་བཙུན་བྱམས་པ་མགོན་པོ་སྐུ་མདོག་གསེར་གྱི་རི་བོ་ལ་ཉི་འོད་བྱེ་བས་འཕྲུད་པ་ལྟ་བུ་སྐུའི་བ་སྤུའི་ཁུང་བུ་རེ་རེར་སངས་རྒྱས་ཀྱི་ཞིང་གྲངས་མེད་པ། དེ་རེ་རེར་ཡང་སངས་རྒྱས་བྱང་སེམས་གྲངས་མེད་པ་བཞུགས་པ། སྐུ་ལས་འོད་ཟེར་དུ་མ་སྤྲོས་པའི་སྣེ་མོ་ལས་སངས་རྒྱས་བྱང་སེམས་གྲངས་མེད་པ་སྤྲོས་ཏེ་མཛད་པ་བཅུ་གཉིས་ལ་སོགས་པའི་ཚུལ་རྒྱུན་མི་འཆད་དུ་སྟོན་བཞིན་པ། དེ་ཉིད་ཀྱི་མཐའ་སྐོར་དུ་ཇོ་བོ་ཡབ་སྲས་རྗེ་བླ་མ་བསྐལ་པ་བཟང་པོ་འདི་ལ་འབྱོན་འགྱུར་གྱི་སངས་རྒྱས་སྟོང་བྱང་ཆུབ་སེམས་དཔའི་ཚུལ་བཟུང་བ་ལ་སོགས་པ་ཕྱོགས་བཅུ་ནས་འདུས་པའི་དགེ་བའི་འཁོར་དཔག་ཏུ་མེད་པའི་དབུས་སུ་ཐེག་པ་ཆེན་པོའི་ཆོས་རྒྱུན་མི་འཆད་དུ་སྟོན་པར་མཛད་པ། རང་ཉིད་ཀྱང་དགའ་ལྡན་གྱི་གནས་དེར་སླེབས་ནས་སྟོད་བཅུད་ཀྱི་ཡོན་ཏན་རྣམས་མངོན་སུམ་དུ་མཐོང་ཞིང་། རྗེ་བཙུན་གྱིས་ཆོས་གསུངས་

པའི་སྒྲ་རྣ་བའི་ལམ་དུ་ལྷང་ལྷང་ཐོས་པའི་མོས་པ་ནན་ཏན་བྱེད་པ་ནི་སྐྱེ་བ་ཕྱི་མ་དགའ་ལྡན་གྱི······གནས་དེར་སྐྱེ་བའི་ཐབས་མཆོག་ཏུ་གྱུར་བ་ཡིན། དེའི་དང་ནས་རྗེ་བཙུན་བྱམས་མགོན་གྱི་ཐུཊ་ཀ་གསེར་གྱི་མེ་ལོང་ཕྱིས་པ་ལྟ་བུ་དཔལ་གྱི་གཙུའི་དྭ་མིག་ཁྲ་སེང་དེ་བའི་ནང་དུ་སྤྲིན་དཀར་པོ་གཡོ་བའི་སྟེང་རྗེ་ཡབ་སྲས་གསུམ་བཞུཊ་པར་མོས་ནས། རྗེ་ཡབ་སྲས་རྣམས་བདག་གི་བསོད་ནམས་ཀྱི་ཚོགས་གསོག་པའི་ཞིང་དུ་རང་གི་མདུན་གྱི་ནམ་མཁའི་གནས་འདིར་བྱོན་ན་ཅི་མ་རུང་སྙམ་པའི་འདུན་པ་དང་བཅས་ཏེ། དགའ་ལྡན་ལྷ་བརྒྱའི་མགོན་གྱི་ཐུགས་ཀ་ནས། ཞེས་སོགས་ཤློཀ་གཅིག་གི་སྒོ་ནས་སྤྱན་དྲངས་པས། རྗེ་བཙུན་གྱི་ཐུགས་ཀའི་སྤྲིན་དཀར་པོ་དེ་ཉིད་སྣམ་བུ་བཏང་བ་བཞིན་དུ་སྐྱུ་ནར་ཏེ་བྱུང་ནས་སྤྲིན་གྱི་མཐུག་རྗེ་ཕྲ་རྗེ་ཕྲར་སོང་ནས་རྗེ་བཙུན་གྱི་ཐུགས་ཀར་ཐུག་པའི་མོས་པ་བྱ། སྤྲིན་གྱི་སྟེ་མོར་རང་གི་སྨིན་མཚམས་ཀྱི་ཐད་ཀྱི་མདུན་གྱི་ནམ་མཁར་རྗེ་བདག་ཉིད་ཆེན་པོ་སྐུ་མདོག་དཀར་གསལ་དགྱེས་པའི་འཛུམ་ཞལ་འཛྲོ་བ། ཞལ་གཅིག་ཕྱག་གཉིས་ཐུགས་ཀར་ཆོས་འཁོར་གྱི་ཕྱག་རྒྱ་མཛད་པས་མཐེབ་སྲིན་གྱིས་ཨུཏྤ་ལའི་ཡུ་བ་བཟུངས་ཏེ་འདབ་མ་གཉིས་སྙན······གཡས་གཡོན་གྱི་ཐད་དུ་ཁ་བྱེ་བའི་གཡས་ཀྱི་སྟེང་དུ་ཤེས་རབ་ཀྱི་རལ་གྲི་དང་གཡོན་གྱི་སྟེང་དུ····དུས་གསུམ་གྱི་སངས་རྒྱས་ཐམས་ཅད་ཀྱི་ཡུམ་ཤེས་རབ་ཀྱི་ཕ་རོལ་ཏུ་ཕྱིན་པའི་གླེགས་བམ་བསྣམས་པ། སྐུ་ལ་ཆོས་གོས་ངུར་སྨྲིག་གི་མདོག་ཅན་གསུམ་དང་། དབུ་ལ་པཎ་ཞྭ་གསེར་གྱི་མདོག་ཅན་སྣེ་རིང་གསོལ་བ། ཞབས་རྡོ་རྗེ་སྐྱིལ་ཀྲུང་གིས་བཞུགས་པས་གཡས་ཕྱོགས་སུ་རྒྱལ་ཚབ་རྗེ་སྐུ་ཚུང་ཟད་འདུད་པའི་རྣམ་པ་ཅན་དང་གཡོན་དུ་མཁས་གྲུབ་རྗེ་སྐུ་འགྱིང་སྟབས་སུ་བཞུཊ་པ། སྲས་གཉིས་ཀ་ཞལ་གཅིག་ཕྱག་གཉིས། གཡས་ཆོས་འཆད་དང་གཡོན་མཉམ་གཞག་གི་ཕྱག་རྒྱ་ཅན། སྐུ་མདོག་ན་བཟའ་ལ་སོཊ་པ་རྣམས་རྗེ་བླ་མ་དང་མཚུངས་པ་གསལ་ལེགས་པར་བཏབ། དེ་ཉིད་ཀྱི་མཐའ་སྐོར་དུ་སཧྡུས་བྱང་སེམས་ལ་སོགས་པས་བསྐོར་བ་གསལ་འདེབས་པའམ། ཡང་ན་རྗེ་ཡབ་སྲས་གསུམ་སྐྱབས་གསུམ་ཀུན་འདུས་ཀྱི་ངོ་བོར་མོས་ཀྱང་ཆོག་པས་ཕྱི་མ་འདི་ལ་ཀུན་འདུས་ནོར་བུ་ལུགས་ཞེས་གྲགས། རྗེ་རིན་པོ་ཆེ་བྱམས་མགོན་གྱི་ཐུཊ་ཀ་ནས་སྤྱན་འདྲེན་པའི་རྒྱུ་མཚན་ནི། ལྷོ་བྲག་ཕྱག་རྫོར་དང་མཇལ་བའི་སྐབས་སུ་རྗེ་རིན་པོ་ཆེ་རྗེ་བཙུན་བྱམས་མགོན་དུ་གཟིགས་པ་དང་།

སྐུ་ཚེ་འདིའི་ཕྱི་མ་དགའ་ལྡན་གྱི་གནས་སུ་གཤེགས་པ་ལ་སོགས་པའི་དབང་དུ་མཛད་པ་ཡིན། དེ་ལྟར་ཚོགས་ཞིང་གསལ་བཏབ་ནས་ཡན་ལག་བདུན་པ་འབུལ་བ་ལ། ཐོག་མར་སྨྲ་དན་ལས་མི་འདའ་བར་གསོལ་བ་འདེབས་པ་ནི། རང་གི་སྙིང་ཁ་ནས་རིན་པོ་ཆེ་ལས་གྲུབ་པའི་སེང་ཁྲི་ཡངས་ཤིང་རྒྱ་ཆེ་བ་མཐོ་དམའ་གསུམ་སྤྲོས་ནས་རྗེ་ཡབ་སྲས་གསུམ་ལ་ཕུལ་བས་དབུས་མཐོ་བའི་སྟེང་དུ་རྗེ·······རིན་པོ་ཆེ་དང་གཡས་གཡོན་གཉིས་སུ་སྲས་ཀྱི་ཐུ་བོ་གཉིས་རང་གི་བསོད་ནམས་ཀྱི་ཚོགས་གསོག་པའི་རྟེན་དུ་བརྟན་པར་བཞུགས་པར་མོས་ཏེ། མདུན་གྱི་ནམ་མཁའ་སེང་ཁྲི་པད་ཟླའི་སྟེང་ཞེས་སོགས་ཚིག་བཅད་གཅིག་བརྗོད་པའི་རྗེས་ཕྱག་འཚལ་བ་ནི། རང་གི་ལུས་འཇིག་རྟེན་ཁམས་ཀྱི་རྡུལ་གྱི་གྲངས་དང་མཉམ་པ་སྤྲུལ་ནས་ཕྱག་འཚལ་བར་མོས་པ་ནི། ལུས་ཀྱི་ཕྱག་དང་། ལུས་རེ་རེར་ཡང་མགོ་དཔག་ཏུ་མེད་པ་མགོ་རེ་རེར་ཡང་ཁ་དཔག་ཏུ་མེད་པ། ཁ་རེ་རེར་ཡང་ལྕེ་དཔག་ཏུ་མེད་པ་སྤྲུལ་ཏེ། རྗེ་ཡབ་སྲས་རྣམས་ཀྱི་སྐུ་གསུང་ཐུགས་ཀྱི་ཡོན་ཏན་བརྗོད་པ་ངག་གི་ཕྱག་དང་། ཚོགས་ཞིང་རྣམས་སྐྱོན་ཀུན་ཟད་ཡོན་ཏན་ཀུན་ལྡན་གྱི་ངོར་མོས་ཏེ་དད་པའི་ཤུགས་དྲག་པོ་བསྐྱེད་པ་ལ···ཡིད་ཀྱི་ཕྱག་སྟེ། སྒོ་གསུམ་གྱི་སྒོ་ནས་ཕྱག་འཚལ་བར་མོས་ནས། ཤེས་བྱའི་ཁྱོན་ཀུན་འཇལ་བའི་བློ་གྲོས་ཐུགས། ཞེས་སོགས་ཚིགས་བཅད་གཅིག་བརྗོད། དེ་ནས་མཆོད་པ་འབུལ་བ་ནི། རང་གི་དངོས་སུ་བཤམས་པའི་མཆོད་པ་རྣམ་ལྔ་དང་། གཞན་ཡང་འཇིག་རྟེན་གྱི་ཁམས་ན་བདག་པོས་བཟུང་བ་དང་མ་བཟུང་བའི་དཀོན་མཆོག་གི་མཆོད་པར་འོས་པ། མེ་ཏོག་དང་། སྤོས་དང་། རིན་པོ་ཆེ་དང་། ཆུ་གཙང་། ལྗོན་ཤིང་ལ་སོགས་པ་ཇི་སྙེད་གཅིག་ཡོད་པ་ཐམས་ཅད་བསམ་པ་ཐག་པ་ནས་ཕུལ་བས་ཐུགས་རྒྱུད་ལ་ཟག་མེད་ཀྱིས་དེ་བ་ཁྱད་པར་ཅན་སྐྱེས་པར་མོས་ཏེ། ཡིད་འོང་མཆོད་ཡོན་སྣ་ཚོགས་མེ་ཏོག་དང་། ཞེས་སོགས་ཤློ་ཀ་གཅིག་བརྗོད། དེ་རྗེས་བཤགས་པའི་ཡན་ལག་ནི། རང་གི་སྔར་བྱས་ཀྱི་ཉེས་པ་ལ། དུག་ཁོང་དུ་སོང་བ་ལྟ་བུའི་འགྱོད་སེམས་དྲག་པོ་དང་། ཕྱིན་ཆད་སྲོག་ལ་བབས་ཀྱང་མི་བྱེད་སྙམ་པའི་སྡོམ་སེམས་ལ་སོགས་པ་གཉེན་པོ་སྟོབས་བཞི་ཚང་བའི་སྒོ་ནས། གང་ཞིག་ཐོག་མེད་དུས་ནས་བསགས་པ་ཡིས། ཞེས་སོགས་བརྗོད། རྗེས་སུ་ཡི་རང་བའི་ཡན་ལག་ནི། རང་གཞན་སྐྱེ་འཕགས་ཐམས་ཅད་ཀྱིས་བསགས་པའི་དགེ་བའི་ཚོགས་སྤྱི་དང་། ཁྱད་པར་དུ་རྗེ་ཡབ་

སྲས་རྣམ་གདངས་ཅན་གྱི་ལྗོངས་འདིར་བྱོན་ནས། རྒྱལ་བའི་བསྟན་པའི་སྲོལ་ཕྱུབ་པ་རྣམས་གསར་དུ་བཙུགས། གནས་པ་རྣམས་རྒྱས་པར་མཛད། མ་རྟོགས་པ་དང་ལོག་པར་རྟོགས་པ་དང་ཐེ་ཚོམ་གྱི་དྲི་མ་རྣམས་བསལ་ཏེ་རྒྱལ་བའི་བསྟན་པ་རིན་པོ་ཆེ་གདངས་ཅན་གྱི་ལྗོངས་འདིར་ད་ལྟའི་བར་དུ་རྒྱས་པར་མཛད་པའི་ཚུལ་རྣམས་ལ་སྙིང་ཐག་པ་ནས་རྗེས་སུ་ཡི་རང་བའི་དགའ་བ་བསྒོམ་པ་དང་བཅས་ཏེ། སྙིགས་མའི་དུས་འདིར་མང་ཐོས་སྒྲུབ་ལ་བརྩོན། ཞེས་སོགས་བརྗོད། ཆོས་འཁོར་བསྐོར་བར་བསྐུལ་བ་ནི། རང་གི་ལུས་ཞིང་ཐམས་ཅད་ཀྱི་རྡུལ་གྱི་གྲངས་དང་མཉམ་པར་སྤྲུལ་པའི་ལག་ཏུ་གསེར་གྱི་འཁོར་ལོ་རྩེ་བས་སྟོང་དང་ལྡན་པ་རེ་རེ་ཐོགས་ཏེ། རྗེ་ཡབ་སྲས་རྣམས་ལ་ཟབ་པ་དང་རྒྱ་ཆེ་བའི་ཆོས་ཀྱི་འཁོར་ལོ་བསྐོར་བར་གསོལ་བ་བཏབ་པར་མོས་ཏེ། རྗེ་བཙུན་བླ་མ་དམ་པ་ཁྱེད་རྣམས་ཀྱི། ཞེས་སོགས་བརྗོད། རྣམ་དག་འོད་གསལ་དབྱིངས་ལས་བཞེངས་པ་ཡིས། ཞེས་སོགས་ཀྱི་སྐབས་སུ། བསྐལ་བརྒྱའི་བར་དུ་མྱ་ངན་ལས་མི་འདའ་བར་བཞུགས་པར་གསོལ་བ་བཏབ་པས། ཞལ་གྱིས་བཞེས་པའི་མོས་པ་བྱེད། བསྔོ་བའི་ཡན་ལག་ནི། བླ་མའི་རྣལ་འབྱོར་བསྒོམ་པའི་དགེ་བ་འདིས་མཚོན་དུས་གསུམ་དུ་བསགས་པའི་དགེ་རྩ་ཐམས་ཅད་སྤྱིར་རྒྱལ་བའི་བསྟན་པ……འཛིག་རྟེན་དུ་དར་ཞིང་རྒྱས་ལ་ལུས་ཅན་ཀུན་ལ་ཕན་བདེ་བླ་ན་མེད་པ་འབྱུང་བ་དང་། ཁྱད་པར་དུ་འཇམ་མགོན་སྟོན་བརྒྱུད་ཀྱི་གདམས་པ་རྣམས་འཛིག་རྟེན་གྱི་ཁམས་ཐམས་ཅད་དུ་དར་ཞིང་རྒྱས…ལ་ཡུན་རིང་དུ་གནས་པའི་རྒྱུར་བསྔོའོ་སྙམ་པའི་འདུན་པ་དང་བཅས་ཏེ། བདག་གིས་ཇི་སྙེད་བསགས་པའི་དགེ་བ་འདིས། ཞེས་སོགས་བརྗོད། དེ་ལྟར་ཡན་ལག་བདུན་པ་ཕུལ་ནས།མཎྜལ་རྒྱས་བསྡུས་ཇི་ལྟར་རིགས་པ་ཕུལ་ཏེ། དམིགས་བརྩེ་མའི་སྒོ་ནས་གསོལ་བ་འདེབས་པ་ལ། ཁྲི་མཚུངས་པ་གསལ་བྱེད། ནང་ཡོན་ཏན་དེ་ལྡན་གསང་བ་ལྷག་པའི་ལྷའི་ངོར་མོས་ཏེ་གསོལ་བ་འདེབས་པ་གསུམ་ལས། དང་པོ་ནི། བྱང་ཆུབ་སེམས་དཔའ་རྣམས་ཀྱི་ནང་ནས།དམིགས་པ་མེད་པའི་བརྩེ་བ་སྙིང་རྗེ་ཆེན་པོ་ཕྱུལ་དུ་བྱུང་བ་ནི་སྤྱན་རས་གཟིགས་དང་། དྲི་མ་དང་བྲལ་བའི་མཁྱེན་པ་ཕྱུལ་དུ་བྱུང་བ་ནི། རྗེ་བཙུན་འཇམ་པའི་དབྱངས་ཡིན་ལ། དེ་གཉིས་དང་རྗེ་རིན་པོ་ཆེ་མཁྱེན་པ་དང་བརྩེ་བ་མཚུངས་པ་ཡིན་སྙམ་དུ་གསོལ་བ་འདེབས་པ་དང་། གཉིས་པ་ནི། སྤྱན་རས་གཟིགས་ཀྱི་ཐུགས

རྒྱུད་ལ་མངའ་བའི་བརྩེ་བ་སྙིང་རྗེ་ཆེན་པོ་དང་། འཇམ་པའི་དབྱངས་ཀྱི་ཐུགས་རྒྱུད་ལ་མངའ་བའི་མཁྱེན་རབ་ཐམས་ཅད་རྗེ་རིན་པོ་ཆེའི་ཐུགས་རྒྱུད་ལ་མངའ་བ་ཡིན་སྙམ་པའི་སྒོ་ནས་གསོལ་བ་འདེབས་པ་དང་། གསུམ་པ་ནི། སྙིང་རྗེ་ཆེན་པོའི་བདག་ཉིད་སྤྱན་རས་གཟིགས་དང་། མཁྱེན་རབ་ཀྱི་དབང་ཕྱུག་འཇམ་པའི་དབྱངས་དང་། མཐུ་སྟོབས་ཀྱི་བདག་པོ་ཕྱག་ན་རྡོ་རྗེ་སྟེ། རིགས་གསུམ་མགོན་པོ་ཐུགས་རྒྱུད་གཅིག་ཏུ་བསྡུས་པའི་ངོ་བོ་མི་ཡི་རྣམ་པར་ཤར་བའི་ལྷ་སྟེ། རྗེ་རིན་པོ་ཆེ་ཡང་འཇམ་དཔལ་རྩ་རྒྱུད་ལས། རྗེ་བཙུན་འཇམ་པའི་དབྱངས་ཀྱི་ངོ་བོ་བཤད་པས་ན། རིགས་གསུམ་ཀ་འདུས་པའི་ངོ་བོ་ཡིན་སྙམ་དུ་མོས་ཏེ། དམིགས་བརྩེ་མ་ལན་གསུམ་ཙམ་བརྗོད་དེ་གསོལ་བ་བཏབ་པས་རྗེ་ཡབ་སྲས་གསུམ་དགྱེས་ཏེ། ཐུགས་ཀ་ནས་འོད་ཟེར་དཀར་པོ་ཤུ་ཐུང་ལྟ་བུ་རེ་རེ་སྤྲོས་པའི་སྣེ་མོ་གཅིག་ཏུ་གྱུར་ནས་རང་གི་ཚངས་བུག་ལ་ཟུག་པའི་ནང་བརྒྱུད་དེ། ངོ་བོ་ཡེ་ཤེས་ལ་རྣམ་པ་བདུད་རྩི་དཀར་པོའི་རྒྱུན་བྱུང་། ལུས་ཀྱི་ནང་གང་། སྡིག་སྒྲིབ་དང་ནད་གདོན་ཐམས་ཅད་དབང་པོའི་སྒོ་དང་བ་སྤུའི་བུ་ག་རྣམས་ནས་དུད་ཁུ་དང་སོལ་ཁུའི་རྣམ་པར་ཕྱིར་ཐོན། ལུས་ཤེལ་སྡོང་རྡུལ་ཕྱིས་པ་བཞིན་དུ་དག་པར་མོས་པ་ནི། མ་དག་འབྱེད་པའི་དམིགས་པ་ཡིན། མི་ཤེས་པ་སྦྱོང་བའི་དམིགས་པ་ནི། སླར་ཡང་དམིགས་བརྩེ་མ་གསུམ་ཙམ་བརྗོད་པས་བདུད་རྩི་དམར་སེར་གྱི་རྒྱུན་བྱུང་ལུས་ཀྱི་ནང་གང་མི་ཤེས་པའི་རྨོངས་པ་ཐམས་ཅད་སྦྱངས་པའི་མོས་པ་བྱེད། འདི་གཉིས་འོག་གི་དམིགས་སྐོར་ཐམས་ཅད་ཀྱི་མགོར་སྦྱར་བར་བྱའོ། དེ་ནས་སྐུ་ཡིས་ཆེ་ལ་གསུང་གིས་གསལ། །ས་བོན་སྨུར་ལ་ཕྱག་མཚན་ཟབ། །གླེགས་བམ་རལ་གྲི་གླེགས་རལ་གྱིས། །འཆད་དང་རྩོད་དང་རྩོམ་པའོ། །ཞེས་གསུངས་པ་ལྟར། སླར་ཡང་དམིགས་བརྩེ་མ་ལན་གསུམ་གྱི་སྒོ་ནས་གསོལ་བ་བཏབ་པས་བདུད་རྩི་དམར་སེར་གྱི་རྒྱུན་བྱུང་ལུས་ཀྱི་ནང་གང་། བདུད་རྩིའི་རྡུལ་ཕྲ་རགས་ཐམས་ཅད་རྗེ་བཙུན་འཇམ་དབྱངས་དང་རྗེ་རིན་པོ་ཆེའི་སྐུའི་རྣམ་པར་གྱུར། ལུས་ཀྱི་ནང་གི་ལྷ་སྐུ་དེ་དག་ལས་འོད་ཟེར་འཕྲོས་པས་མི་ཤེས་པའི་རྨོངས་པ་ཐམས་ཅད་སྦྱངས། འོད་ཟེར་བ་སྤུའི་སྒོ་ནས་ཕྱིར་སྤྲོས་པས་སེམས་ཅན་ཐམས་ཅད་ཀྱི་སྡིག་སྒྲིབ་དང་མི་ཤེས་པའི་མུན་པ་བསལ་ཏེ། རྗེ་བཙུན་འཇམ་དབྱངས་ཀྱི་གོ་འཕང་ལ་བཀོད། སངས་རྒྱས་སྲས་བཅས་ཀྱི་མཁྱེན་རབ་ཐམས་ཅད་རྗེ་བཙུན་འཇམ་

དབྱངས་དང་། ཧེ་རི་ན་པོ་ཆེའི་སྐུའི་རྣམ་པར་སྤྱན་དྲངས། རང་གི་ལུས་ལ་ཐིམ་པས་ཤེས་རབ་རླབས་ཆེ་བ་ཐོབ་བྱུང་སྙམ་པའི་མོས་པ་བྱེད། གསུང་གི་སྒོ་ནས་ཤེས་རབ་གསལ་བ་སྒྲུབ་ཚུལ་ནི། སླར་ཡང་དམིཊ་བརྩེ་མ་ལན་གསུམ་བརྗོད་པས། གོང་གི་མ་དག་འབྲེད་པ་དང་། མི་ཤེས་སྦྱོང་བའི་དམིགས་པ་སྟོན་དུ་བཏང་ནས། བདུད་རྩིའི་རྒྱུན་ཐམས་ཅད་ཨ་ར་པ་ཙ་ན་དང་། དམིགས་བརྩེ་མའི་རྣམ་པར་གྱུར། ལུས་ཀྱི་ནང་གང་མི་ཤེས་པའི་རྨོངས་པ་སྦྱངས། འོད་ཟེར་བ་སྤུའི་སྒོ་ནས་ཕྱིར་སྤྲོས། སེམས་ཅན་ཐམས་ཅད་འཇམ་པའི་དབྱངས་ཀྱི་གོ་འཕང་ལ་བཀོད། སངས་རྒྱས་སྲས་བཅས་ཀྱི་མཁྱེན་བརྩེའི་ནུས་པ་ཐམས་ཅད་ཨ་ར་པ་ཙ་ན་དང་། དམིགས་བརྩེ་མའི་རྣམ་པ་སྤྱན་དྲངས་ཏེ་རང་གི་ལུས་ལ་ཐིམ་པས། ཤེས་རབ་གསལ་བ་ཐོབ་བྱུང་སྙམ་པའི་མོས་པ་བྱེད། དེ་བཞིན་དུ་དམཊ་བརྩེ་མའི་སྒོ་ནས་གསོལ་བ་བཏབ་པས་བདུད་རྩི་ཐམས་ཅད་ཧྲཱིཿཡིག་གི་རྣམ་པར་བྱུང་ནས། ཤེས་རབ་ཆེ་བ་ཐོབ་པ་དང་། གླེཊ་བཾ་སོགས་ཕྱག་མཚན་གྱི་རྣམ་པར་བྱུང་བས་ཆོས་འཆད་པ་ལ་ཐོཊ་པ་མེད་པའི་ཤེས་རབ་དང་། བདུད་རྩིའི་རྒྱུན་རལ་གྲིའི་རྣམ་པ་འབྱུང་ནས་རྩོད་པ་ལ་ཐོཊ་པ་མེད་པ་དང་། བདུད་རྩི་ཐིམས་ཅད་གླེགས་རལ་གཉིས་ཀའི་རྣམ་པར་བྱུང་བས་བསྟན་བཅོས་རྩོམ་པ་ལ་ཐོཊ་པ་མེད་པའི་ཤེས་རབ་ཐོབ་པའི་མོས་པ་བྱེད་པ་སོགས་གོང་གི་རིགས་འགྲེ། གཞན་ཡང་བད་ཀན་གྱི་ནད་ཞི་བ་གཙོ་བོར་བྱེད་ན་བདུད་རྩི་ཁ་དོག་སྔོན་པོ་བསིལ་བའི་རང་བཞིན་ཅན་དང་། རླུང་གི་ནད་ལ་བདུད་རྩི་མར་ཁུའི་མདོག་ཅན་དང་། མཁྲིས་པའི་ནད་ལ་བདུད་རྩི་ཁ་དོག་དཀར་པོ་བསིལ་བའི་རྣམ་པ་ཅན་འབེབས་པ་སོགས་རྒྱལ་བ་བསྐལ་བཟང་རྒྱ་མཚོ་དང་། པཎ་ཆེན་དོ་རྗེ་འཆང་སྐུ་གོང་མས་མཛད་པའི་དགའ་ལྡན་ལྷ་བརྒྱ་མའི་འཁྲིད་ཡིག་རྣམས་ལས་བཤད་པ་ལྟར་ཉམས་སུ་བླང་བར་བྱའོ། །དེ་ལྟར་ཐུན་དངོས་གཞི་ལ། རྒྱས་པར་བྱེད་ན་དཔལ་ལྡན་ས་གསུམ་མའི་མཆོག་གི་དངོས་གྲུབ་བརྙེས་ལ་གསོལ་བ་འདེབས། ཞེས་པའི་མཚམས་སུ། གོང་དུ་བཤད་པ་ལྟར་གྱི་དགའ་ལྡན་ལྷ་བརྒྱ་མའི་ཁྲིད་དམིགས་རིམ་དང་བཅས་ཉམས་སུ་བླངས་རྗེས། དེང་ནས་བཟུམས་ཏེ་ཚེ་རབས་ཀུན་ཏུ་བདག །ཅེས་སོགས་བརྗོད་པའི་ཚེ། ཐེག་ཆེན་ཐུན་མོང་བ་དང་ཐུན་མོང་མ་ཡིན་པ་ཕྱཊ་ཀྱི་ལམ་རིམ་པ་གཉིས་རྒྱུད་ལ་སྐྱེ་བའི་ཕྱིར་དུ། ཚིག་དོན་དང་མཐུན་པར་གསོལ་བ་འདེབས་

ཤིང་། བདུད་རྩི་འབེབས་སྦྱངས་ཀྱི་དམིགས་པ་བྱས་ལ།མཐར་ཐུན་བསྔོ་ཚུལ་ནི། དཔལ་ལྡན་རྩ་བའི་བླ་མ་རིན་པོ་ཆེ། ཞེས་སོགས་བརྗོད་པ་དང་དུས་མཉམ་དུ་ཚོགས་ཞིང་གཞན་གསོལ་བ་བཏབ་ཡོད་ན་དེ་དག་དང་སྲས་གཉིས་རྗེ་བླ་མ་ལ་ཐིམ། གདན་རྣམས་ཀྱང་རྗེ་བླ་མའི་སེང་ཁྲི་པད་ཟླ་དང་བཅས་པ་ལ་ཐིམ། ཡང་དཔལ་ལྡན་རྩ་བའི་བླ་མ་ཞེས་སོགས་བརྗོད་པ་དང་མཉམ་དུ་རྗེ་རིན་པོ་ཆེའི་སེང་ཁྲི་པད་ཟླ་དང་བཅས་པ་རང་གི་སྤྱི་བོར་བྱོན། །རང་གི་སྙིང་དམིགས་པས་གྱེན་དུ་སློང་སྟེ་པདྨ་འདབ་བརྒྱད་ཀྱི་རྣམ་པར་གྱུར་པ་ལ་སེང་ཁྲི་པད་ཟླ་དང་བཅས་པ་ཐིམ་པས་སླར་ཡང་པདྨ་འདབ······བརྒྱད་ཀྱི་ཟུམ་པར་གྱུར། ཡང་དཔལ་ལྡན་རྩ་བའི་བླ་མ། ཞེས་སོགས་བརྗོད་པ་དང་། རྗེ་བླ་མ་རང་གི་སྤྱི་བོ་ནས་ཞུགས་ཏེ། སྙིང་གའི་པདྨའི་ལྟེ་བར་རང་གི་ཤིན་ཏུ་ཕྲ་བའི་རླུང་སེམས་དང་དབྱེར་མེད་དུ་བཞུགས། སྙིང་གའི་པདྨ་འདབ་མ་སྐྱུ་ལ་བསྡུས་པ་བཞིན་དུ་ཨུབ་སྟེ་བསྡུས་པའི་རྩེ་མོར་རྡོ་རྗེ་ནག་པོ་རྩེ་ལྔ་པ་ཤིན་ཏུ་ལྷེ་བའི་རྣམ་པ་ཅན་གྱིས་མནན་པར་བསམ། སྙིང་པད་ཀྱི་ནང་འོད་ཟེར་སྣ་ལྔས་ཞལ་བ་བྱས་པ་ལྟ་བུ་དང་། ཕྱིར་དམིགས་བརྩེ་མ་དང་། ཨ་ར་པ་ཙ་ནའི་སྔགས་ཕྲེང་གིས་བཅིངས་པར་བསམ། མཇུག་ཏུ་བཟང་པོ་སྤྱོད་པ་ལ་སོགས་པའི་བསྔོ་བ་སྨོན་ལཾ་གྱི་རྒྱས་འདེབས་ཤིང་། ཐུན་མཚམས་སུ་ཡང་གང་སྣང་ཐམས་ཅད་རྗེ་བླ་མའི་གསང་བ་གསུཾ་གྱི་རྣམ་རོལ་ཏུ་མོས་ཤིང་ཁ་ཟས་བྱེད་པའི་ཚེ་བཟའ་བཏུང་བདུད་རྩིར་བྱིན་གྱིས་བརླབས་ཏེ་སྙིང་ཀའི་བླ་མ་ལྷ་ལ་མཆོད་པའི་ཚུལ་དུ་ལོངས······སྤྱོད་པ་དང་། ཐུན་ཕྱི་མ་རྣམས་ལ་དཔལ་ལྡན་ས་གསུམ་མ་སོགས་བཞག་ནས་དགའ་ལྡན་ལྷ་བརྒྱ་མ་རྒྱང་པ་བརྗོད་རུང་ཞིང་། སྙིང་གའི་བླ་མ་ལྷའི་སྣང་བ་དང་མ་ཤི་ཙུན་ཆད་དུ་འབྲལ་དུ་མི་རུང་བས་ཐུན་ཕྱི་མའི་བསྔོ་ཚིག་བྱེད་པའི་སྐབས། སྙིང་གའི་སྔགས་ཕྲེང་དཀྲོལ་ཏེ། སྙིང་གའི་རྗེ་བླ་མ་ལ་ཚོགས་ཞིང་གི་རྗེ་བླ་མ་ཡེ་ཤེས་སེམས་དཔའི་ཚུལ་དུ་ཐིམ་པའི་མོས་པ་བྱེད། དམིགས་བརྩེ་མའི་བསྙེན་པ་བྱེད་པའི་ཚེ། རང་ཉིད་རྗེ་བླ་མའི་སྐུར་བསྒོམས་ནས། བསྙེན་པའི་གྲངས་ཚད་གསོག་ཚེ་པཎ་ཆེན་རྡོ་རྗེ་འཆང་སྐུ་གོང་མས་མཛད་པའི་དམིགས་བརྩེ་མའི་ལས་ཚོགས་ལས་བཤད་པ་ལྟར་ཉམས···སུ་ལེན་པའམ། གོང་དུ་བཤད་པ་ལྟར་དགའ་ལྡན་ལྷ་བརྒྱ་མའི་ཁྲིད་དམིགས་བསྐྱངས་པའི་སྔོ་ནས་བསྙེན་པ་བྱས་ཀྱང་རུང་བས་དེ་གཉིས་གང་བྱེད་ཀྱང་བསྙེན་པའི་གྲངས་ཚད་དམིགས་བརྩེ་མ་འབུམ་

ཐུག་གསུཾ་བཟླ་དགོས་སོ། དེ་ལྟ་བུའི་ཚུལ་གྱིས་ཉཾས་སུ་བླངས་ན་ཚེ་འདིར་སྨ་ཏ་ར་ལ་སོགས་པའི་སྡེ་བརྒྱད་ཀྱི་གནོད་པས་མི་ཚུགས་ཤིང་། ཤེས་རབ་ཆེ་གསལ་མྱུར་བ་ལ་སོགས་པ་ཐོབ་པ་དང་། ཚེ་རབས་ཕྱི་མར་དགའ་ལྡན་གྱི་གནས་སུ་སྐྱེ་བ་སོགས་ཕན་ཡོན་མཐའ་ཡས་པ་ཞིག་གསུངས་ཤིང་། ཁྱད་པར་དུ་གསོལ་འདེབས་འདེབས་དམིགས་བཅས་མ་གྲགས་པ་འདི་ཉིད་རྒྱུད་སྡེ་ནས་བཤད་པའི་གསང་སྔགས་ཟབ་དགུ་ལས་ཀྱང་ལྷག་པས་ན་འདི་ལ་བརྟེན་ནས་ཞི་རྒྱས་དབང་དྲག་གི་ལས་རབ་འབྱམས་དུ་མ་ཞིག་ཀྱང་……འགྲུབ་པར་གསུངས་སོ། དེ་ལྟར་བགྱིས་པའི་རྣམ་དཀར་ཟླ་ཟེར་གྱིས། །འགྲོ་བའི་སྙིང་མུན་མ་ལུས་ཞི་བ་དང་། །ཐུབ་བསྟན་ཀུནྡའི་ཚལ་ཀུན་རབ་རྒྱས་ཏེ། །ས་གསུམ་དགེ་ལེགས་སྣང་བས་ཁྱབ་གྱུར་ཅིག །ཅེས་པ་འདི་ཡང་རྒྱལ་བའི་རི་མ་གྲོ་བ་ཆེན་པོ་བློ་བཟང་རྒྱལ་མཚན་གྱིས་བསྐུལ་བ་ལ་བརྟེན་ནས། ཤཱཀྱའི་དགེ་སློང་བསྟན་འཛིན་མིང་ཅན་གྱིས་བགྱིས་པའོ། །མངྒ་ལཾ། །

༄༅། །འཇམ་མགོན་རྒྱལ་བ་གཉིས་པ་ཙོང་ཁ་པ་ལ་གསོལ་བ་འདེབས་ཤིང་ཐུགས་རྗེ་བསྐུལ་བ་བྱིན་རླབས་ཀྱི་ཆར་གཡོ་བའི་སྤྲིན་ཕུང་། །

ན་མོ་གུ་རུ་མཉྫུ་གྷོ་ཥཱ་ཡེ། ཞིང་ཕྱོགས་བཅུ་དུས་གསུམ་རྒྱལ་ཀུན་གྱི། །ཐུགས་མཁྱེན་བརྩེ་ནུས་པ་གཅིག་བསྡུས་ནས། །དེང་གསུམ་ལྡན་མཁན་པོའི①སྐུར་སྟོན་པ། །རྗེ་རྒྱལ་བ་བློ་བཟང་གྲགས་པའི་ཞབས། །སྔོན་ཐུགས་དམ་ཇི་ལྟར་བཅས་པ་བཞིན། །རྒྱུད་མ་དག་འགྲོ་བ་འདྲེན་སླད་དུ། །ཆེས་སྙིགས་དུས་ཐེག་ཆེན་བཤེས་གཉེན་ཚུལ། །རྗེ་རྒྱལ་བ་བློ་བཟང་གྲགས་པའི་ཞབས། ལམ་ཟབ་རྒྱས་དཀའ་གནད་ཀུན་བཀྲོལ་ནས། །བཀའ་མདོ་རྒྱུད་གདམས་པར་ངོ་སྤྲོད་དེ། །ཕྱོགས་གོལ་སའི་དྲི་མ་རྒྱང་བསྲིངས་པ། །རྗེ་རྒྱལ་བ་བློ་བཟང་གྲགས་པའི་ཞབས། །སྔོན་རྒྱལ་བ་དབང་པོ་རྟོག②གི་དུང་། །ཆོས་ཟབ་དོན་སྤེལ་བར་ཞལ་བཞེས་ལྟར། །ཞིང་མ་དག་ཀུན་ཏུ་རྒྱས་མཛད་པ། །རྗེ་རྒྱལ་བ་བློ་བཟང་གྲགས་པའི་ཞབས། །ཆོས་བརྒྱད་ཁྲི་བཞི་སྟོང་སྙིང་པོའི་བཅུད། །བཀའ་མདོ་སྔགས་ཟུང་འབྲེལ་ལམ་བཟང་གིས། །སླར་ཐུབ་བསྟན་ཉི་ལྟར་གསལ་མཛད་པ། །རྗེ་རྒྱལ་བ་བློ་བཟང་གྲགས་པའི་ཞབས། །དབྱིངས་སྤྲོས་བྲལ་བདེ་ཆེན་ངང་ཉིད་ལས། །སྐུ་ཞི་ཁྲོ་མ་ངེས་འགྱུར་མས་ཀླས་པ། །རྒྱུད་གང་འཚམ་འཆར་བའི་གློས་གར་མཁན། །རྗེ་རྒྱལ་བ་བློ་བཟང་གྲགས་པའི་ཞབས། །ཞིང་དག་པ་འོག་མིན་པོ་བྲང③དུ། །སྲས་ས་བཅུ་སེམས་དཔའི④འཁོར་ཚོགས་དབུས། །དཔལ་ཁ་སྦྱོར་བདུན་ལྡན⑤རྡོ་རྗེ་འཛིན། །རྗེ་རྒྱལ་བ་བློ་བཟང་གྲགས་པའི་ཞབས། །ཞིང་རབ་འབྱམས་རྒྱ་མཚོ⑥དཔག་མེད་དུ། །སྐུ་བལྟམས་ཤིང་མངོན་པར་བྱང་ཆུབ་སོགས། །དཔལ་བཅུ་གཉིས་མཛད་པའི⑦གློས་གར་མཁན། །རྗེ་རྒྱལ་བ་བློ་བཟང་གྲགས་པའི་ཞབས། །མགོན་རྣམ་འདྲེན་རྒྱལ་བ་ཀུན་གྱི་ཡབ། །ལྷ་ངག་གི་དབང་ཕྱུག་འཇམ་པའི་དཔལ། །གོས་དུར་སྨྲིག་ཚུལ་འཛིན་ཙོང་ཁ་པ། །རྗེ་རྒྱལ་བ་བློ་བཟང་གྲགས་པའི་ཞབས། །དཔལ་གཤིན་རྗེའི་གཤེད་པོའི་སྐུར་བཞེངས་ཏེ། །དགྲ་ཕྱི་ནང་གསང་བའི་

གཤིན་རྗེ་འདུལ། །ལྷ་དྲག་པོ་འཇིགས་མཛད་རྡོ་རྗེའི་ཚུལ། །རྗེ་རྒྱལ་བ་བློ་བཟང་གྲགས་པའི་ཞབས། །ཆོས་སྤྱི་དར་བོད་ཀྱི་བསྟན་འགྲོའི་མགོན། །དཔལ་མཐུ་སྟོབས་ནུས་པའི་མངའ་བདག་ཆེ། །མཚན་སྙན་པར་གྲགས་པ་པད་མ་འབྱུང་⑧། །རྗེ་རྒྱལ་བ་བློ་བཟང་གྲགས་པའི་ཞབས། །ཡར་བཤད་སྒྲུབ་བསྟན་པ⑨ཉམ་དམས་ཚེ། །རྗེ་ཐུབ་བསྟན་འདྲེས་བསླད་ལེགས་བསལ་ནས། །ཆོས་བཀའ་གདམས་སྲོལ་བཙུགས་ཨ་ཏི་ཤ ⑩། །རྗེ་རྒྱལ་བ་བློ་བཟང་གྲགས་པའི་ཞབས། །སྔོན་ཐུབ་པའི་སྤྲུན་སྤྱར་པདྨའི་མཚན། །མགོན་མི་ཕམ་མདུན་སར་འཇམ་དཔལ་སྙིང་། །བོད་གངས་ཅན་ལྗོངས་འདིར་ཙོང་ཁ་པ། །རྗེ་རྒྱལ་བ་བློ་བཟང་གྲགས་པའི་ཞབས། །བློ་དྲི་བྲལ་མཁས་བཙུན་བཟང་གསུམ་འཛོམས། །མཚན་སྙན་པར་གྲགས་པས་ས་བཅུར་ཁྱབ། །དཔལ་མཛད་འཕྲིན་བཟང་པོས་འགྲོ་ཀུན་འདྲེན། །རྗེ་རྒྱལ་བ་བློ་བཟང་གྲགས་པའི་ཞབས། །མཆོག་ཐུན་མོང་དངོས་གྲུབ་མ་ལུས་པ། །དུས་སྙིགས་མའི་ཚེ་ཐུང་སྐད་ཅིག་ལ། །དོན་བདེ་བླག་སྩོལ་མཛད་བླ་མ་དངོས། །རྗེ་རྒྱལ་བ་བློ་བཟང་གྲགས་པའི་ཞབས། །རིགས་ཀུན་ཁྱབ་བདག་པོ་རྡོ་རྗེ་འཛིན། །བདེ་གསལ་སྟོང་ཡེ་ཤེས་འབྱུང་གནས་དངོས།།ལྷ་ཡི་དམ་མཁའ་འགྲོའི་ངོ་བོ་ཉིད། །རྗེ་རྒྱལ་བ་བློ་བཟང་གྲགས་པའི་ཞབས། །དཔལ་ངེས་པ་ལྔ་ལྡན་ལོངས་སྤྱོད་རྫོགས(11)། །དབྱིངས་སྤྲོས་བྲལ་བདེ་ཆེན་ཆོས་སྐུ་དང་། །རྒྱུད་གང་ལ་གང་འདུལ་སྤྲུལ་པའི་སྐུ། །རྗེ་རྒྱལ་བ་བློ་བཟང་གྲགས་པའི་ཞབས། །སྤངས་རྟོགས་པ་མཐར་ཕྱིན་རྫོགས་སངས་རྒྱས།།ཆོས་འགོག་ལམ་འཕགས་པའི་དགེ་འདུན་དང་། །བགེགས་ཀུན་འཇོམས་རྡོ་རྗེ་སྲུང་མ་ཉིད། །རྗེ་རྒྱལ་བ་བློ་བཟང་གྲགས་པའི་ཞབས། །མགོན་ཁྱོད་ཀྱི་རྗེས་སུ་སློབ་འདོད་བདག །ཚེ་འདི་སྣང་བློ་བྲིད་དབང་དུ་སོང་། །རྒྱུད་དུག་གསུམ་དྲག་པོས་རྒྱུན་དུ་བསླད། །འབངས་བདག་རྒྱུད་སྨུར་དུ་བྱིན་གྱིས་རློབས། །དུས་དེང་ནས་བྱང་ཆུབ་སྙིང་པོའི་བར། །མགོན་ཁྱོད་མིན་རེ་ས་གཞན་མི་འཚོལ། །ཕ་བྱམས་བརྩེ་ཐུགས་རྗེའི་ལྕགས་ཀྱུ་ཡིས། །གནས་འཁོར་བའི་གཙོང་རོང་ཆེ་ནས་དྲོངས། །ད་དུས་དང་གནས་སྐབས་ཐམས་ཅད་དུ། །རྗེ་ཁྱོད་ཞབས་སྤྱི་བོའི་རྒྱན་དུ་བསྟེན། །གསུང་ཟབ་རྒྱས་བདུད་རྩིའི་ཉིང་ཁུས་འཚོ། །བཀའ་ཚུལ་བཞིན་བསྒྲུབ་པར་སྙིང་ནས་སློན། །ཚེ་འདི་སྣང་གྲོགས་དང་ཞེན་ཐག་བཅད། །གནས་ཁམས་གསུམ་མེ་འོབས་ལྟར་མཐོང་ནས། །རྒྱུད་བསླབ་གསུམ་ནོར་གྱི་མཛོད་

འཛིན་པར། །ཐུགས་བརྩེ་བས་མྱུར་དུ་བྱིན་གྱིས་རློབས། །སྤོང་ཐོག་མ་མེད་ནས་ད་ལྟའི་བར། །རང་གཅེས་པར་འཛིན་པའི་གདོན་གྱིས་བརླམས། །ད་གཞན་ཕན་སེམས་ཀྱིས་རྒྱུད་ཐུག་པར། །ཐུགས་བརྩེ་བས་མྱུར་དུ་བྱིན་གྱིས་རློབས། །དབྱིངས་བདག་མེད་རྟོགས་པའི་མཚོན་རྣོན་གྱིས། །དགྲ་བདག་འཛིན་འགོང་པོའི་སྲོག་རྩ་གཅོད། །ལམ་སྟོང་ཉིད་སྙིང་རྗེ་སྙིང་པོ་ཅན། །དུས་མྱུར་དུ་རྟོགས་པར་བྱིན་གྱིས་རློབས། །རྒྱུད་སྨོད་རྡུང(12)དབང་གིས་སྨིན་བྱས་ཏེ། །གཞི་དམ་ཚིག་སྡོམ་པ་སྲོག་དང་བསྡོས། །མཆོག་བསྐྱེད་རྫོགས་ཟབ་མོའི་རྣལ་འབྱོར(13)གྱིས། །ཚེ་འདི་ལ་གྲོལ་བར་བྱིན་གྱིས་རློབས། །མགོན་སྲས་བཅས་རྒྱལ་བའི་མཛད་པའི་ཁུར། །བདག་སྙིང་སྟོབས་དཔུང་པས་ལེགས་བཏེགས་ཏེ། །མ་མཁའ་མཉམ་འགྲོ་ཀུན་སྒྲོལ་བ་ལ། །རྗེ་ཁྱེད་རང་ལྟ་བུར་བྱིན་གྱིས་རློབས། །དུས་དེང་ནས་ཚེ་རབས་ཐམས་ཅད་དུ། །རྗེ་ཁྱོད་ཀྱི་བསྟན་པ་འཛིན་པ་ལ། །སྲོག་ལན་བརྒྱར་འདོར་ཡང་མི་ཞུམ་པར། །ཡིད་དམ་བཅའ་བརྟན་པོ་བགྱིད་པར་སྨོན། །བདག་འདི་སྐད་འགག་པར་གྱུར་པ་ན། །རིགས་ཚོ་འབྲང་ཕུན་སུམ་ཚོགས་པ་རུ། །རྟེན་ཆོས་ལྡན་ཚངས་སྤྱོད་ལུས་བཟུང་སྟེ། །རྗེ་ཁྱོད་ཀྱི་རྣམ་ཐར་སྐྱོང་བར་ཤོག །གཞུང་མདོ་སྔགས་ཀུན་ལ་རིས་མེད་སྦྱང་། །གང་ཐོས་དོན་ཉམས་སུ་ལེན་པ་ལ། །གེགས་འགལ་རྐྱེན་མིང་ཡང་མི་གྲག་ཅིང་། །གྲོགས་མཐུན་རྐྱེན་ཚང་བར་བྱིན་གྱིས་རློབས།། དགེ་འདི་མཚོན་ལེགས་བྱས་གཏྣའི་རྒྱུན། །འཕྲུལ་དཔལ་འབྱོར་འཇམ་རླབས་ཇོམ་བཞིན་དུ། །དུས་རིང་མིན་ཟུང་འཇུག་འགྲུབ་པའི་གེགས། །ཡིད་ཐ་མལ་སྣང་ཞེན་སྦྱོང་གྱུར་ཅིག །ཅེས་འཇམ་མགོན་རྒྱལ་བ་གཉིས་པ་ཙོང་ཁ་པ་ལ་གསོལ་བ་འདེབས་ཤིང་ཐུགས་རྗེ་བསྐུལ་བ་བྱིན་རླབས་གྱུ······ཆར་གཡོ་བའི་སྤྲིན་ཕུང་ཞེས་བྱ་བ་འདི་ནི། །དད་པས་མཚམས་སྦྱར་ཏེ་སྨོམ་ལས་པ་དབྱངས་ཅན་དགའ་བའི་བློ་གྲོས་སུ་འབོད་པས་སུག་བྲིས་སུ་བགྱིས་པའོ། །མཆན་འགྲེལ། ① གསུམ་ལྡན་མཁན་པོ། སྡོམ་པ་གསུམ་དང་ལྡན་པའི་མཁན་པོའམ། ཡང་ན་སྡོམ་པ་གསུམ་བསྲུང་བའི་མཁན་པོ། ② རྒྱལ་བ་དབང་པོ་རྟོག སངས་རྒྱས་ཤིག་གི་མཚན། ③འོག་མིན་ཕོ་བྲང་། འོག་མིན་ནི་བསམ་གཏན་བཞི་པ་ལ་སྤྲིན་མེད་དང་། བསོད་ནམས་སྐྱེས། འབྲས་བུ་ཆེ། མི་ཆེ་བ། མི་གདུང་བ། གྱ་ནོམ་སྣང་བ། ཤིན་ཏུ་མཐོང་། འོག་མིན་བཅས་གནས་རིས་བརྒྱད་ཡོད་པ་ལས་བརྒྱད་པ་ཡིན་ལ། གནས་འདིར་སྐྱེས་པའི་ལྷ་ནི་གཟུགས་ཁམས་ཀྱི་མཐར་ཐུག་ཅིང་། དེ་ཡན་ཆད་གཟུགས་ཅན་གཞན་མེད་པས་ཀུན་གྱི་གོང་དུ་གྱུར་པའམ།

ཡང་ན་གནས་གཞན་དང་འབྲེལ་བ་ལ་འདི་ལས་ཡོན་ཏན་ལྷག་པ་གོང་ན་མེད་པས་ན་འོག་མིན་ཞེས་བྱ་ལ། འདི་ལ་རྡུལ་ཕྲ་རབ་བསགས་པའི་གཟུགས་ཀྱི་མཐར་ཐུག་པ་ཡིན་པས་བསགས་མཐའ་བ་ཞེས་ཀྱང་བྱའོ། མི་ཆེ་བ་ནས་འོག་མིན་གྱི་བར་འཕགས་པ་རྣམས་ཁོ་ན་དེར་སྐྱེ་ས་པས་གནས་གཙང་མར་གྲགས་ཤིང་། འོག་མིན་དེ་ལོངས་སྐུའི་གནས་ཡིན་པར《ལང་ཀར་གཤེགས་པ》སོགས་མདོ་དང་། སྔགས་རྒྱུད་འགའ་ཞིག་ལས་གསུངས་པས་དགོངས་པ་ཕྱོགས་གཅིག་ཏུ་མཛོད་ཞིང་། 《ས་སྡེ》ལས། དེའི་གོང་དུ་དབང་ཕྱུག་ཆེན་པོའི་གནས་ཞེས་པ་ས་བཅུའི་དབང་ཕྱུག་རྣམས་སྐྱེ་བའི་གནས་ཤིག་ཡིན་པར་ཡང་བཤད་དོ། །④ས་བཅུའི་སེམས་དཔའ། བྱང་ཆུབ་སེམས་དཔའ་ས་བཅུ་པ་པ་ལ་ཟེར། དེ་ཡང་ས་བཅུ་པ་ནི་ཆོས་ཀྱི་སྤྲིན་ཞེས་བྱ་སྟེ། ཡེ་ཤེས་ཀྱི་ཕ་རོལ་ཏུ་ཕྱིན་པ་རྫོགས་པས་དཔེར་ན་སྤྲིན་ཆེན་པོ་ལས་ཆར་བབ་ན་འགྲོག་དགོན་ལས་ཀྱང་ལོ་ཏོག་འཁྲུངས་པ་དང་འདྲ་བར་ཡེ་ཤེས་དང་ཐུགས་རྗེ་སྤྲིན་ལྟ་བུས་སེམས་ཅན་གྱི་སེམས་དགོན་དུང་ལྟ་བུ་ལ་ཆོས་ཀྱི་ཆར་པ་བབ་ནས་ལོ་ཏོག་དགེ་བ་འཁྲུངས་ཤིང་འཕེལ་བས་ན·······ཆོས་ཀྱི་སྤྲིན་ཞེས་བྱའོ། །⑤ཁ་སྦྱོར་བདུན་ལྡན། རྡོ་རྗེ་འཆང་། ⑥ཞིང་རབ་འབྱམས་རྒྱ་མཚོ། དེ་ཡང་སྟོང་ཆེན་པོ་བྱེ་བ་ཕྲག་བརྒྱ་རབ་འབྱམས་མཚམས་སྦྱོར་གྱི་འཇིག་རྟེན། དེ་བྱེ་བ་ཕྲག་བརྒྱ་རབ་འབྱམས་རྒྱུད་ཀྱི་འཇིག་རྟེན། དེ་བྱེ་བ་ཕྲག་བརྒྱ་རབ་འབྱམས་རྒྱ་མཚོའི་འཇིག་རྟེན་ཟེར། ⑦བཅུ་གཉིས་མཛད་པ། སངས་རྒྱས་ཤཱཀྱ་ཐུབ་པའི་མཛད་པ་བཅུ་གཉིས་ཏེ། ཞང་ཞུང་ཆོས་དབང་གྲགས་པས་མཛད་པའི《ལོ་ཙྪ་བ་རིན་ཆེན་བཟང་པོའི་རྣམ་ཐར》གྱི་མཆན་རྟགས་ཨང34ལ་གཟིགས། ⑧བདུད་མ་འབྱུང་། སློབ་དཔོན་པདྨ་འབྱུང་གནས་ཏེ། གཏེར་ཡིག《མཆོད་རྟེན་ཆེན་པོ་བྱ་རུང་ཁ་ཤོར་གྱི་ལོ་རྒྱུས་ཐོས་གྲོལ་ཆེན་མོ》ཞེས་པའི་མཆན་རྟགས③ལ་གཟིགས། ⑨བཤད་སྒྲུབ་བསྟན་པ། དམ་པའི་ཆོས་འཆད་ཉན་བྱེད་པ་དང་། ཐོས་བསམ་གྱིས་གདམས་པར་ཤར་བའི་ཆོས་དོན་སྒོམ་སྒྲུབ་ཀྱིས་ཉམས་སུ་ལེན་པའོ། །⑩ཨ་ཏི་ཤ དཔལ་ལྡན་ཨ་ཏི་ཤ་སྟེ། 《བཀའ་གདམས་བུ་ཆོས་ཇོ་སྤྱོད་ལ་གཟིགས། (11)ངེས་པ་ལྔ་ལྡན་ལོངས་སྤྱོད་རྫོགས། སངས་རྒྱས་ཀྱི་ལོངས་སྐུ་སྟེ། ངེས་པ་ལྔ་ནི། ཞུ་ཆེན་ཚུལ་ཁྲིམས་རིན་ཆེན་པའི《དཔལ་ས་སྐྱ་ངག་དབང་ཀུན་དགའ་བློ་གྲོས་སངས་རྒྱས་བསྟན་པའི་རྒྱལ་མཚན་པར་ཕྱུལ་བའི་ཞུ་ཡིག》གི་མཆན་རྟགས་ཨང(16)ལ་གཟིགས། (12)སྤྱོད་ཙུང་། སོ་ཐར་གྱི་སྡོམ་པའི་སྤྱོད་དང་ལྡན་པ་ནི། སྡོམ་པའི་མི་མཐུན་ཕྱོགས་འགལ་རྐྱེན་བར་ཆད་ཀྱི་ཆོས་བཞི་དང་བྲལ་བ་ཞིག་དགོས་ཏེ། ཁྱད་པར《སུམ་བརྒྱ་པ》ལས། སློབ་དཔོན་ལ་གུས་ཚུལ་ཁྲིམས་ཡང་དག་དང་། །བསམ་གཏན་དང་ནི་དོན་ལ་རྟག་བརྩོན་དང་། །ཁྲིམས་ཤེང་དུལ་ལ་བཟོད་དང་ལྡན་པ་ནི། །སྡོམ་བརྩོན་གནས་པའི་ཆོས་པར་ཤེས་པར་བྱ། །ཞེས་གསུངས་པ་ལྟར་རོ། །བྱང་སེམས་ཀྱི་སྡོམ་པའི་སྤྱོད་དུ་གྱུར་པ་ནི། ཐེག་པ་ཆེན་པོའི་སྡེ་སྣོད་དང་དགེ་བའི་བཤེས་གཉེན་ལ་དད་པ། སེམས་ཅན་ལ་སྙིང་བརྩེ་བ། ཟབ་ཅིང་རྒྱ་ཆེ་བ་རྟོགས་པའི་བློ་གྲོས་དང་ལྡན་པ། བསྡུ་དངོས་བཞི་དང་ཕར་ཕྱིན་དྲུག་ལ་སོགས་པ་སྤྱད་པ་རྒྱ་

ཆེན་པོ་ལ་མི་ཞུམ་པར་བཟོད་པ། རང་ཉིད་ཁོ་ནས་ཞིང་དེའི་གོ་འཕང་ཙམ་དོན་དུ་མི་གཉེར་ཞིང་སེམས་ཅན་ཐམས་ཅད་བསྒྲལ་བ་ལ་དགའ་བ། བརྩོན་འགྲུས་རྒྱུན་མི་ཆད་པ་དང་ལྡན་ཅིང་ཟབ་མོ་སྟོང་པ་ཉིད་ཀྱི་དོན་ཐོས་ན་སེམས་ལ་དགའ་བ་སྐྱེ་བ་ནི་རིགས་སད་པའི་རྟགས་ཡིན་པར་གསུངས། གསང་སྔགས་ཀྱི་སྨིན་གྲོལ་སྤྱིན་པའི་སྣོད་དུ་རུང་བ་ནི། བཤད་མ་ཐག་པ་དེ་དག་གི་སྟེང་དུ། བླ་མ་ལ་ཤིན་ཏུ་གུས་པ། ཟབ་མོའི་ལྟ་སྤྱོད་ལ་སོགས་པ་གསང་ཐུབ་པ། གསང་སྔགས་དོན་ལ་ཐེ་ཚོམ་མེད་ཅིང་དེ་ཉིད་རྟོགས་པའི་བློ་རྒྱ་ཆེ་བ། སྲུང་བླང་གི་དམ་ཚིག་དང་སྒྲུབ་པ་ལ་བརྩོན་ནུས་པ་རྣམས་སུ་ཅི་རིགས་པར་འདུ་ལ། བསྡུས་རྒྱུད་དང་བཤད་རྒྱུད་རྡོར་ཕྲེང་སོགས་ལས་ནི་རྒྱ་ཆེར་གསུངས་སོ། །(13)བསྐྱེད་རྫོགས་ཟབ་མོའི་རྣལ་འབྱོར། སྔགས་ལམ་གྱི་ཟབ་མོ་བསྐྱེད་རིམ་དང་རྫོགས་རིམ་གཉིས་ཉམས་སུ་ལེན་པ།

༄༅། །གསོལ་འདེབས་ཀྱི་རྒྱལ་པོ་དམིགས་བརྩེ་མའི་འགྲེལ་པ་ རྗེ་བླ་མའི་ངོ་མཚར་གསལ་བའི་མེ་ལོང་ ཞེས་བྱ་བ་བཞུགས་སོ། །

༄༅། །རྒྱལ་བ་ཀུན་གྱི་ངོ་བོ་ཁམས་གསུམ་ཆོས་ཀྱི་རྒྱལ་པོ་ཙོང་ཁ་པ་ཆེན་པོའི་ཞབས་ཀྱི་པདྨོ་ལ་གུས་པས་ཕྱག་འཚལ་ཞིང་སྐྱབས་སུ་མཆིའོ། །དུས་དང་རྣམ་པ་ཐམས་ཅད་དུ་བདག་ལ་ཐུགས་བརྩེ་བར་མཛད་དུ་གསོལ། སྤངས་རྟོགས་རྒྱལ་བ་ཀུན་དང་དང་གཅིག་ཀྱང་། །ཆེར་སྙིགས་དུས་མཐར་ཐུབ་བསྟན་སྙིང་པོའི་སྲོག །འཁྲུལ་མེད་འཛིན་སྐྱོང་སྤེལ་བའི་འཕྲིན་ལས་ཀྱིས། །ཆེས་ལྷག་འཇམ་དཔལ་སྙིང་པོར་གུས་པས་འདུད། །རྣམ་དག་འདུལ་ཁྲིམས་གཙང་མའི་ཡུ་བ་ཅན། །རླབས་ཆེན་རྒྱལ་སྲས་སྤྱོད་པའི་ཤམ་བུ་གཡོ། །གསང་ཆེན་རྡོ་རྗེ་ནོར་བུའི་ཏོག་མཛེས་པའི། །དགེ་ལྡན་བསྟན་པའི་རྒྱལ་མཚན་དེར་ཕྱག་འཚལ། །བློ་བཟང་རྒྱལ་བའི་གསུང་གི་གསང་བའི་མཛོད། །བཤད་དང་སྒྲུབ་པའི་མཛད་པས་སྐྱོང་མཛད་པའི། །མཁས་དང་གྲུབ་པའི་རྣམ་རོལ་འབྱམས་ཀླས་པ། །དམ་པའི་སྐྱེས་མཆོག་ཡོངས་ལ་ཕྱག་བགྱིའོ། །བློ་བཟང་འཇམ་དཔལ་རྡོ་རྗེ་ཁྲོ་བོའི་གར། །དཔལ་ལྡན་དུས་དགྲའི་དབང་པོ་འཇིགས་མཛད་ལྷ། །གང་དང་རོ་གཅིག་རྣམ་པ་ཐ་དད་པའི། །བཀའ་སྐྱོང་ཉི་མའི་བུ་ཡིས་བདག་སྐྱོངས་ཤིག །རྟོགས་དཀའ་གསོལ་འདེབས་རྒྱལ་པོའི་རྡོ་རྗེའི་ཚིག །ཇི་བཞིན་འབྱེད་པའི་བློ་གྲོས་མ་ཐུབ་དམན་པའི། །རང་གི་དང་ཚུལ་མཐོང་ཆེ་ཕྱི་ཕྱིར་ཡང་། །ཚུལ་འདིར་ངལ་བ་བསྟེན་ལ་གུས་པར་གྱུར། །དེ་ཡང་འཇམ་དཔལ་རྩ་རྒྱུད་དང་། བཀའ་གདམས་གླེགས་བམ་སོགས་དང་། ཆོས་རྒྱལ་སྲོང་བཙན་སྒམ་པོ། སློབ་དཔོན་པདྨ་འབྱུང་གནས། མ་ཅིག་ལབ་སྒྲོན་སོགས་ཀྱི་ལུང་གིས་ཟིན་ཅིང་། ངེས་པའི་དོན་དུ་རིགས་གསུམ་མགོན་པོ་དང་། རྒྱལ་བ་ཐམས་ཅད་ཀྱི་མཁྱེན་བརྩེ་ནུས་གསུམ་གྱི་རྣམ་རོལ་རྗེ་བླ་མ་རྒྱལ་བ་ཙོང་ཁ་པ་ཆེན་པོའི་ཐུཏ་རྒྱུད་བསྐུལ་ཏེ་གནས་སྐབས་གེགས་སེལ་བོགས་འབྱིན་དང་མཐར་ཐུག་ཟུང་འཇུག་རྡོ་རྗེའི་སྐུ་ཡང་སྒྲུབ་

ཏུ་ཡོད་པའི་གསོལ་འདེབས་ཀྱི་རྒྱལ་པོ་དམིགས་བརྩེ་མར་གྲགས་པ་རྒྱུད་ཀྱི་གསང་སྔགས་ཟབ་དགུ་དང་མཚུངས་པའི་བྱིན་བརླབས་ཀྱི་ཚན་ཀ་ཆེ་བར་ཚད་ལྡན་དུ་མས་བསྔགས་པའི་ཉིད་ཀྱི་དོན་ཡིད་ལ་བྱས་ཏེ་ཉམས་སུ་ལེན་པ་ལ་གསུམ། འབྱུང་ཁུངས་བསམ་པ་དང་། དོན་ཡིད་ལ་བྱེད་ཚུལ། ཕན་ཡོན་བསམ་པའོ། །དང་པོ་ལ་གཉིས་ཀྱི་ཐུན་མོང་བའི་དབང་དུ་བྱས་ན། ཐོག་མར་རྗེ་བླ་མས། དྲི་མེད་མཁྱེན་པའི་དབང་པོ་འཇམ་པའི་དབྱངས། །ཚད་མེད་བརྩེ་བའི་གཏེར་ཆེན་སྤྱན་རས་གཟིགས། །གངས་ཅན་མཁས་པའི་གཙུག་རྒྱན་རེད་མདའ་བ། །གཞོན་ནུ་བློ་གྲོས་ཞབས་ཀྱི་བརྙོར་འདུད། །ཐར་འདོད་བུང་བ་བདག་ཀྱང་བསྐྱང་དུ་གསོལ། །ཞེས་རང་གི་བླ་མ་རེད་མདའ་བའི་གསོལ་འདེབས་སུ་མཛད་པ་ལ། །ཕྱིས་སུ་བླ་མ་རེད་མདའ་བས་གཟིགས་ནས་ང་ལ་འདི་ལྟར་དུ་བསྟོད་མི་རུང་། ཆོས་རྗེ་བློ་བཟང་གྲགས་པ་ཉིད་ལ་འོས་གསུང་ནས་རྗེ་བླ་མའི་གསོལ་འདེབས་སུ་བསྒྱུར་བར་མཛད་དོ། །དེའི་ཚེ་རྗེ་བཙུན་འཇམ་པའི་དབྱངས་ཀྱིས་ཀྱང་གསོལ་འདེབས་འདི་ཉིད་སྔར་ཡང་བཀའ་སྩལ་ཞིང་བྱིན་གྱིས་བརླབས། །དེའི་རྒྱུ་མཚན་གྱིས་བླ་མའི་རྣལ་འབྱོར་མཁས་གྲུབ་ཆིག་བརྒྱུད་མ་དང་། བ་སོ་ཆིག་བརྒྱུད། དགའ་ལྡན་ལྷ་བརྒྱ་མ་སོགས་དམིགས་བརྩེ་མ་དང་འབྲེལ་བའི་བླ་མའི་རྣལ་འབྱོར་རྣམས་ནི་དངོས་སུ་རྗེ་བླ་མ་རང་གིས་གནང་བ་ཡིན་ཀྱང་། བརྒྱུད་རིམ་འཛིན་པའི་ཚེ་འཇམ་དབྱངས་ནས་བརྒྱུད་པར་མཛད་པ་ཡིན་པར་བཤད། དེ་ལྟར་ན་དམིགས་བརྩེ་མ་འདི་ནི་རྗེ་བཙུན་འཇམ་དབྱངས། བླ་མ་རེད་མདའ་བ། རྗེ་ཐམས་ཅད་མཁྱེན་པ་གསུམ་གྱིས་མགྲིན་གཅིག་གིས་བཀའ་སྩལ་བ་ཡིན་ནོ། །ཐུན་མོང་མ་ཡིན་པ་ལྟར་ན། བཀའ་གདམས་གླེགས་བམ་ལས། རེས་འགའ་གསོལ་འདེབས་དབྱངས་ཀྱི་གཟུངས། ཅེས་པའི་གསོལ་འདེབས་ནི་དམིགས་བརྩེ་མ་འདི་ཉིད་ཡིན་པར་མཛད་པ་ལྟར་རྒྱལ་བའི་ཡེ་ཤེས་ལྔ་སྦྲའི་གཟུགས་སུ་ཤར་བ་ཡིན་ལ། དེ་ལྟར་ན་རྒྱལ་བའི་སྐུ་ཐུགས་ངོ་བོ་གཅིག་ཡིན་པས་རིགས་ལྔའི་རྣལ་རོལ་ཏུ་ཡང་གྲུབ་པས། དེ་ཡང་མེ་ལོང་ལྟ་བུ་ཡེ་ཤེས་དང་རྒྱལ་བ་རྣམ་སྣང་སྦྲའི་རྣམ་པར་ཤར་བ་ཁྲང་པ་དང་པོ། མཉམ་ཉིད་ཡེ་ཤེས་དང་རིན་འབྱུང་ཁྲང་པ་གཉིས་པ། སོར་རྟོག་ཡེ་ཤེས་དང་འོད་དཔག་མེད་ཁྲང་པ་གསུམ་པ། བྱ་སྒྲུབ་ཡེ་ཤེས་དང་དོན་གྲུབ་ཁྲང་པ་བཞི་པ། ཆོས་དབྱིངས་ཡེ་ཤེས་དང་མི་བསྐྱོད་པ་སྦྱིའི་

ཚོགས་པར་ཤར་བ་ཡིན་ནོ། །དེ་ལྟར་སྨྲ་ར་ཚོག་པའི་རྒྱུ་མཚན་ཡང་། འདི་ཉིད་ཀྱི་ཆར་འབེབས་ཀྱི་ལས་ཚོགས་སུ། རྐང་པ་དང་པོ་ལས་ཕྲིན་དཀར་པོ། གཉིས་པ་ལས་ཕྲིན་སེར་པོ། གསུམ་པ་ལས་ཕྲིན་དམར་པོ། བཞི་པ་ལས་ཕྲིན་ནག་པོ་བསྐྱེད་པར་བཤད་པས་འགྲུབ་ལ། དེ་བཞིའང་རིམ་པ་བཞིན་ཆུ་ས་མེ་རླུང་གི་དག་ཆ་ཡིན་པས་རིམ་བཞིན་ཚད་མེད་བཞིའི་ངོ་བོར་ཡང་གྲུབ་པས། དེ་ལྟར་ན་རྐང་པ་དང་པོ་སྙིང་རྗེ། གཉིས་པ་བྱམས་པ། གསུམ་པ་དགའ་བ། བཞི་པ་བཏང་སྙོམས་ཚད་མེད་ཀྱི་ངོ་བོ་ཡིན་ནོ། །དེ་དག་ནི་བློ་བཟོ་བྱས་པ་མིན་གྱི། །འོག་ཏུ་འབྱུང་བ་ལྟར་ཐུན་མོང་མ་ཡིན་པའི་དོན་འཆད་ཚུལ་གྱིས་ཤེས་ནུས་སོ། །དེ་ལྟར་ན་དམིགས་བརྩེ་མ་འདི་ཉིད་ཕྱོགས་བཅུའི་སངས་རྒྱས་ཐམས་ཅད་ཀྱིས་དགོངས་པ་གཅིག་གིས་བྱིན་གྱིས་བརླབས་པའི་གསང་སྔགས་ལྟ་བུ་ཡིན་ལ། བླ་མའི་རྣལ་འབྱོར་གྱི་མན་ངག་རྣམས་སུ་ཚོགས་ཞིང་ཐམས་ཅད་ཀྱི་ཐུགས་རྒྱུད་བསྐུལ་བའི་ཐབས་སུ་གསོལ་འདེབས་འདི་བཟླ་བར་གསུངས་པ་དང་། འདི་བཟླས་པས་ཚོགས་ཞིང་ཐམས་ཅད་ལས་བདུད་རྩི་འབེབ་སྤྲུངས་སོགས་བྱེད་པས་ན། བླ་མ་ཡི་དམ་སངས་རྒྱས་བྱང་སེམས་མཁའ་འགྲོ་ཆོས་སྐྱོང་ཐམས་ཅད་ཀྱི་བྱིན་བརླབས་སྤྱུད་བྱེད་ཀྱི་སྙིང་པོ་དང་ཉེ་སྙིང་ལྟ་བུར་གྱུར་པ་ཡིན་ནོ། །གཉིས་པ་ལ་སྤྱིའི་རྣམ་བཞག་དང་། དོན་ཡིད་ལ་བྱེད་ཚུལ་དངོས་གཉིས་ཀྱི་དང་པོ་ནི། དམིགས་བརྩེ་མ་འདི་ཉིད་ལ་སྲད་རྒྱུད་ལུགས་དང་། དབེན་ས་ལུགས་གཉིས་ཡོད་ལ། དེ་ཡང་སྲད་རྒྱུད་ཅེས་པ་རྗེ་བླ་མའི་དཔོན་སློབ་རྣམས་ཀྱི་ནང་ནས་གསང་བ་འདུས་པའི་བཀའ་བབས་པས་གསང་སྔགས་ཀྱི་བདག་པོར་གྱུར་པ་མཁས་གྲུབ་ཤེས་རབ་སེངྒེ་ཞེས་དངོས་སློབ་གཞན་ལ་མེད་པའི་མན་ངག་ཞལ་ཤེས་ཡི་གེ་མེད་པ་མང་པོ་ཞིག་ཡོད་པ་དེ་ཉིད་ལ། རྗེ་བླ་མས་གསང་སྔགས་ཀྱི་བསྟན་པ་གཏད་པས་གཙང་དུ་བྱོན་ཏེ་འདུལ་ནག་པ་དཔལ་ལྡན་བཟང་པོར་ཞལ་ཏ་མཛད་ནས་གཡག་ཤི་ལུང་པར་ཡང་འབོད་པ་སྲད་ཀྱི་ལུང་པའི་ཕུར། སྲད་དགའ་ལྡན་པོ་བྲང་དུ་རྒྱུད་གྲྭ་ཚུགས་པ་དེ་ལ་གཙང་སྟོད་རྒྱུད་པའམ་སྲད་རྒྱུད་པ་ཞེས་གྲགས་པས། དེའི་ལུགས་ལ་ཡོངས་གྲགས་རྐང་པ་བཞི་པ་འདི་ཉིད་གཙོ་བོར་མཛད་སྣང་སྟེ། གསང་སྒྲུབ་ཀྱི་ལས་ཚོགས་བཅུ་གཅིག་པོ་ཐམས་ཅད་འདིའི་སྒོ་ནས་མཛད་པས་སོ། །ཚིག་རྐང་བཞི་པ་འདི་ཉིད་ཀྱི་ཉམས་ལེན་ལ་ཕྱི་མཚུངས་

པ་གསལ་བྱེད་དམ་གསལ་ལྡན། ནང་ཡོན་ཏན་དེ་ལྡན། གསང་བ་ལྷག་པའི་ལྷ་དང་དབྱེར་མེད་དུ་གསོལ་བ་འདེབས་ཚུལ་གསུམ་དང་། ཕྱི་མ་ལ་སྐུ་ནོར་བུ་མཚོད་འཛིན། གསུང་ཉི་མ་སྣང་བྱེད། ཐུགས་གསང་བ་མཚོད་འཛིན་ཏེ་གསུམ་དང་། དེ་རེ་རེ་ལའང་ནང་གསེས་ཀྱིས་ཕྱི་ནང་གསང་བ་གསུམ་རེ་ར་ཕྱེ་བས་གསོལ་བ་འདེབས་ཚུལ་ལ་དགུ་བསྐོར་ཞེས་ཐ་སྙད་བྱེད་ཅིང་། ནོར་བུ་མཚོད་འཛིན་སོགས་གསུམ་ནི་རིམ་བཞིན་སྤྱན་རས་གཟིགས། འཇམ་དབྱངས། ཕྱག་རྡོར་གསུམ་ལ་བཤད། དེ་གསུམ་རྗེ་བླ་མའི་གནས་གསུམ་དུ་བཀོད་པའི་ཚེ་སྤྱི་བོར་སྤྱན་རས་གཟིགས། མགྲིན་པར་འཇམ་དབྱངས་གསལ་འདེབས་པར་ཁྲི་ནམ་བཟང་བ་སོགས་ཀྱི་གསུང་རྒྱུན་ལས་འབྱུང་ལ། སྤྱི་བོར་འཇམ་དབྱངས། མགྲིན་པར་སྤྱན་རས་གཟིགས་བཀོད་པ་རྒྱལ་དབང་ལྔ་པ་ཆེན་པོ་སོགས་ཀྱིས་གསུངས། ཡོངས་གྲགས་འདི་ལ་གསུམ་བསྐོར་ཞེས་བྱ་བ། དེའི་སྟེང་དུ་ཕྱག་རྡོར་བསྣན་པ་ལ་བཞི་སྐོར། རིགས་གསུམ་གྱི་སྟེང་དུ་ཐུབ་དབང་བསྣན་པས་ལྔ་སྐོར། རྡོ་རྗེ་འཆང་བསྣན་པས་དྲུག་སྐོར་དུ་བྱེད་པའི་ཞལ་ཤེས་ཀྱང་མཆིས། ཡང་རི་བོ་དགེ་ལྡན་དུ་རྗེ་བཙུན་འཇམ་དབྱངས་དང་རྗེ་བླ་མས་གསུངས་པའི་སྙན་རྒྱུད་ཁྱད་པར་ཅན་སྤྲུལ་པའི་གླེགས་བམ་གྱིས་གཙོས་པའི་མདོ་སྔགས་ཀྱི་བསྟན་པའི་སྙིང་པོ་རྣམས་རྫོགས་ལྡན་པ་དང་མཁས་གྲུབ་རྗེ་ནས་བརྒྱུད་པ་དབེན་ས་པ་ཡབ་སྲས་ཀྱི་བར་དུ་བྱོན་པ་ལ་དབེན་ས་སྙན་བརྒྱུད་ཅེས་བྱ་བས། དེའི་ལུགས་ཀྱིས་དངོས་གྲུབ་ཀུན་འབྱུང་མ་ཉིད་ལ་མཛད་དེ་གྲགས་ཆེའོ། །དེ་དག་ལས་ཡོངས་གྲགས་ཚིག་རྐང་བཞི་པ་འདིའི་དབང་དུ་བྱས་ན། རྒྱལ་སྲས་ཐམས་ཅད་ཀྱི་ནང་ནས་བརྩེ་བ་འགྲན་ཟླ་དང་བྲལ་བ་སྤྱན་རས་གཟིགས་དང་། མཁྱེན་རབ་འགྲན་ཟླ་དང་བྲལ་བ་འཇམ་དབྱངས་ཡིན་པ་དང་མཚུངས་པར། གངས་ཅན་མཁས་པའི་ཁྲོད་ན་མདོ་སྔགས་གང་ལ་ཡང་མཁྱེན་པ་འགྲན་ཟླ་དང་བྲལ་བ་རྗེ་བླ་མ་ཉིད་དོ་ཞེས་སྤྱི་མ་གཉིས་དཔེར་བཟུང་ནས་གཙོ་བོར་མཁས་པའི་ཡོན་ཏན་གྱི་སྒོ་ནས་གསོལ་བ་འདེབས་པ་ལ་ཕྱི་མཚུངས་པ་གསལ་བྱེད་ཀྱི་སྒོ་ནས་གསོལ་བ་འདེབས་པ་དང་རྗེ་བླ་མའི་ཕྱི་སྒྲུབ་ཅེས་ཀྱང་བྱ། སྤྱན་རས་གཟིགས་ཀྱི་ཐུགས་རྒྱུད་ལ་རྗེ་ལྟར་མངའ་བའི་སྙིང་རྗེ་དང་། འཇམ་དབྱངས་ཀྱི་ཐུགས་རྒྱུད་ལ་རྗེ་ལྟར་མངའ་བའི་མཁྱེན་རབ་རྗེ་བླ་མའི་ཐུགས་རྒྱུད་ལ་ཡང་མངའོ་ཞེས་གྲུབ་པའི་ཡོན་ཏན་གྱི་སྒོ་ནས་གསོལ་བ་

འདི་བས་པ་ལ་ནང་ཡོན་ཏན་དེ་ལྡན་གྱི་སྒོ་ནས་གསོལ་བ་འདེབས་པ་དང་རྗེ་བླ་མའི་ནང་སྒྲུབ་ཅེས་བྱ། རྒྱལ་བ་ཐམས་ཅད་ཀྱི་མཁྱེན་བརྩེ་ནུས་གསུམ་བཞིན་ལག་གི་རྣམ་པར་ཤར་བ་རིགས་གསུམ་མགོན་པོ་ཡིན་ཞིང་། དེ་གསུམ་དང་རྗེ་བླ་མ་ངོ་བོ་གཅིག་ལ་ཕྱོག་པ་ཐ་དད་པ་ཙམ་དུ་ངེས་ནས་གསོལ་བ་འདེབས་པ་ལ་གསང་བ་ལྷག་པའི་ལྷ་དང་ངོ་བོ་དབྱེར་མེད་དུ་གསོལ་བ་འདེབས་པ་དང་རྗེ་བླ་མའི་གསང་སྒྲུབ་ཅེས་བྱ། གཉིས་པ་དོན་ཡིད་ལ་བྱེད་ཚུལ་དངོས་ལ། ཚིག་གི་དོན་ཡིད་ལ་བྱེད་ཚུལ། ཐུན་མོང་མ་ཡིན་པའི་དོན་ཡིད་ལ་བྱེད་ཚུལ། ལམ་གྱི་གོ་རིམ་དང་གནད་གཙོ་ཆེ་བ་རྣམས་བསྟན་ཚུལ་བསམ་པའོ། །དང་པོ་ལ། ཀང་པ་དང་པོ་གཉིས་ཀྱི་དོན་མདོར་བསྡུས་ཏེ་ཡིད་ལ་བྱེད་ཚུལ་དང་། ཀང་པ་གསུམ་པའི་དོན་ཙུང་ཟད་ཕྱེ་སྟེ་བསམ་པ་དང་། ཀང་པ་བཞི་པའི་དོན་ཡིད་ལ་བྱེད་ཚུལ་དང་གསུམ་གྱི་དང་པོ་ནི། ཕྱི་ནང་གསང་བ་སོ་སོར་སྒྲུབ་ཚུལ་འཁྲིད་ཡིག་རྣམས་སུ་གསལ་བས། འདིར་གསུམ་གདུགས་གཅིག་ཏུ་བྱས་ནས་ཉམས་སུ་ལེན་པ་ལ། དེ་ཡང་དམིགས་པ་མེད་པའི་བརྩེ་བའི་ངོ་བོ་ནི། དཔེར་ན་བུ་གཅིག་པའི་མ་དེས་བུ་དེ་ལ་ཐབས་གང་འདྲ་ཞིག་བྱས་ན་སྡུག་བསྔལ་མེད་ཅིང་བདེ་བར་གནས་པར་འགྱུར་སྙམ་དུ་རྒྱུན་དུ་སེམས་བཞིན་པར་ཡོད་པ་ལ། བློ་བུར་དུ་བུ་དེ་ནད་དྲག་པོ་ཞིག་གིས་ཐེབས་ན། མ་དེས་ཉིན་མོའི་བཟའ་བཏུང་དང་། མཚན་མོའི་གཉིད་མི་སེམས་པར་ཅི་བྱ་གཏོལ་དང་བྲལ་ཞིང་རང་ན་བ་ལས་ཀྱང་ལྷག་པར་སེམས་ཁྲལ་གྱིས་གདུངས་ཏེ། བུ་དེ་ནད་མ་སོས་ཀྱི་བར་ནད་འདི་དང་བྲལ་བ་ནམ་མཐོང་བར་འགྱུར་ན་སྙམ་དུ་བརྩེ་དུང་ཚད་ལས་འདས་པ་བྱེད་པ་ལྟར། རྒྱལ་བ་རྣམས་འགྲོ་བ་མཐའ་དག་འཁོར་བ་སྤྱི་དང་བྱེ་བྲག་སོ་སོའི་སྡུག་བསྔལ་གྱིས་མནར་བ་དང་། དེར་མ་ཟད་ཉན་རང་བདག་ཉིད་ཆེན་པོ་རྣམས་ཀྱང་བརྩེ་མེད་དང་འཛིགས་སྲིད་ཀྱི་སྒྲིབ་པ་དང་བཅས་ཤིང་། སར་གནས་ཀྱི་སེམས་དཔའ་རྣམས་ཀྱང་གོང་མ་གོང་མའི་ངོ་སྐལ་གྱི་སྒྲིབ་པ་དང་བཅས་པར་གཟིགས་ནས། དེ་དག་ལ་མི་བཟོད་པའི་ཐུགས་རྗེ་ཆེན་པོ་དུས་རྟག་ཏུ་མངའ་བ་ནི་བསྟོད་པ་བརྒྱ་ལྔ་བཅུ་པ་ལས། འགྲོ་བ་འདི་དག་ཐམས་ཅད་ནི། །ཁྱད་མེད་ཉོན་མོངས་རྣམས་ཀྱིས་བཅིངས། །ཁྱོད་ནི་འགྲོ་བའི་ཉོན་མོངས་དག །དགྲོལ་སླད་ཡུན་རིང་ཐུགས་རྗེས་བསྡམས། །ཞེས་གསུངས་པ་ལྟར་ཡིན་ལ། དེ་ཡང་རྟག་བརྟན་བདེན་པ་བར་དམིགས་པ

ལྷ་བུ་མ་ཡིན་པར་དབུ་མ་ལ་འཇུག་པ་ལས། འགྲོ་བ་གཡོ་བའི་ཆུ་ཡི་ནང་གི་ཟླ་བ་ལྟར། །གཡོ་དང་རང་བཞིན་ཉིད་ཀྱིས་སྟོང་པར་མཐོང་བ་ཡི། །ཞེས་པ་ལྟར་ལུས་ཅན་མཐའ་དག་གི་ལས་དཀར་ནག་གི་གཟུགས་བརྙན་ཆུ་ཟླ་ལྟར་སྣང་ཡང་། རང་བཞིན་གྱི་སྟོང་པས་ཁྱད་པར་དུ་བྱས་པའི་སྒོ་ནས་བརྩེ་བར་མཛད་དེ། དེ་འདྲ་ལ་དམིགས་པ་མེད་པའི་བརྩེ་བའམ་དམིགས་མེད་ལ་དམིགས་པའི་སྙིང་རྗེ་ཞེས་ས་བདུན་པ་མན་ཆད་ལ་རྒྱུན་ཆགས་སུ་མི་འབྱུང་བའི་བརྩེ་བ་ཁྱད་པར་ཅན་ཡིན་ནོ། །དེ་ལྟ་བུའི་སྙིང་རྗེ་ཁྱད་པར་ཅན་གྱི་སྒོ་ནས་འགྲན་ཟླ་དང་བྲལ་བ་ནི་འཕགས་པ་སྤྱན་རས་གཟིགས་ཉིད་ཡིན་ཏེ། ཡོངས་སུ་གྲགས་པ་ལྟར་རོ། །དེ་དང་ཚུལ་མཚུངས་པར་རྗེ་བླ་མ་ཉིད་སྐུང་ཚོད་ལ་དགུང་ལོ་བཅུ་བདུན་ནས་སོ་ལྔའི་བར་མདོ་སྔགས་རིག་གནས་ཐམས་ཅད་ལ་སྦྱངས་པར་མཛད་པས་འཆད་པ་དང་རྩོད་པ་དང་རྩོམ་པ་ལ་དབང་འབྱོར་བའི་མཁས་པའི་ཡོན་ཏན་འགྲན་ཟླ་དང་བྲལ་བ་བརྙེས་ཤིང་། དེ་ལྟར་མཁས་པར་སྦྱངས་པ་ཙམ་ལ་མ་བཞག་པར། དགུང་ལོ་སོ་དྲུག་གི་ཚེ་འཇམ་དབྱངས་ཀྱིས་ལུང་བསྟན་པ་ལྟར་འཁོར་དག་པ་རྣམ་བརྒྱད་འཁྲིད་དེ་འོལ་དགའ་ཆོས་ལུང་དུ་བྱ་བྲལ་ལ་ཐོན་པ་ནས་བཟུང་། དགུང་ལོ་ང་གསུམ་གྱི་བར་དབེན་པའི་གནས་དུ་མར་སྒྲུབ་པ་ལྟར་མཛད་པས་མདོ་སྔགས་ཀྱི་ཉམས་རྟོགས་མཐའ་ཡས་པ་འཁྲུངས་ཚུལ་གསང་བའི་རྣམ་ཐར་དུ་གསལ་བ་ལྟར་ལ། ཁྱད་པར་མདོ་སྨད་ཕལ་པོ་ཆེ་ལ་གཟིགས་རྟོག་མཛད་ཅིང་བྱམས་སྙིང་རྗེ་བྱང་ཆུབ་ཀྱི་སེམས་དང་རྒྱལ་སྲས་ཀྱི་སྤྱོད་པ་རྣམས་ལ་ཐུགས་སྦྱངས་པར་མཛད་པས། ཞལ་ནས། མདོ་སྡེ་ནས་འབྱུང་བའི་རྒྱལ་སྲས་ཀྱི་སྙིང་སྟོབས་དང་སྤྱོད་པ་གང་རླབས་ཆེ་ཆེ་རྣམས་ལ་རེ་རེ་ནས་དམིགས་ཕུག་གིན་སྦྱོང་བའི་དམིགས་རྣམ་ནར་མར་བསྒྲེན་པས། དང་པོར་ཙུང་དཀའ་ཙམ་བྱུང་ཡང་ཕྱིས་ལེགས་པར་གོམས་ནས་འབད་རྩོལ་མི་དགོས་པར་རང་ཤུགས་ཀྱིས་རྒྱལ་སྲས་ཀྱི་སྙིང་སྟོབས་དང་སྤྱོད་པ་རྨད་དུ་བྱུང་བ་ཧི་འདྲའི་དཔག་དཀའ་བ་ཞིག་ལའང་ཞུམ་པ་ནམ་ཡང་མི་སྐྱེ་ཞིང་། སྤྲོ་དགའི་ཤུགས་དྲག་པོ་ངང་གིས་འཇུག་པ་ཞིག་བྱུང་ཞེས་གསུངས་ཤིང་། དེར་མ་ཟད་སྐུ་ཚེ་སྔ་མ་ཞིག་ཏུ་སྟོན་པ་སངས་རྒྱས་ལ་བྲམ་ཟེ་ཁྱེའུར་གྱུར་པས་ཤེལ་དཀར་གྱི་འཕྲེང་བ་ཕུལ་ཏེ་བྱམས་སྙིང་རྗེ་བྱང་ཆུབ་ཀྱི་སེམས་བསྐྱེད་པར་མཛད། དེ་ཉིད་ཕྱིས་བསྙེན་རྫོགས་མཛད་པ་དགེ

སློང་བརྒྱའི་ངད་ལྡན་ལ། སྟོན་པས་མ་དྲོས་པས་ཞུས་པའི་ཆོས་དུང་གཏང་སྟེ་འགོག་པར་རི་ར་གཏེར་དུ་སྦས་ན་དགའ་ལྡན་གྱི་ཚོགས་དུང་དུ་འགྱུར་བར་ལུང་བསྟན་ཚུལ་ལང་གཤེགས་རྒྱ་ནག་འགྱུར་ལས་གསུངས་པ་ཐུན་མོང་བའི་དབང་དུ་བྱས་པ་དང་། ཐུན་མོང་མ་ཡིན་པ་ལྟར་རྒྱལ་བ་དབང་པོའི་ཏོག་གི་སྤྱན་སྔར་རྒྱལ་སྲས་ཀྱི་འཁོར་མཐའ་ཀླས་པའི་ནང་ནས་རྡོ་རྗེ་ཉིད་གཅིག་ཞུས་མ་དག་པའི་ཞིང་རྣམས་སུ་ཟབ་མོའི་ལྟ་བ་དང་འབྲེལ་བའི་གསང་སྔགས་ཀྱི་ལམ་རྒྱས་པར་བྱེད་པའི་སྨོན་ལམ་དང་དམ་བཅའ་མཛད་པས་སྙིང་སྟོབས་ཆེན་པོ་ཞེས་བསྔགས་པར་མཛད་པ་སོགས་འཕགས་པ་སྤྱན་རས་གཟིགས་ཀྱི་ཐུགས་རྒྱུད་ལ་མངའ་བ་འདྲ་བའི་སྙིང་རྗེ་ཆེན་པོའི་གཏེར་དུ་གྱུར་ཚུལ་གྱི་གཏན་ཚིགས་མཐའ་ཀླས་སོ། །དེ་ཡང་མདོ་ཕྱོགས་རྒྱང་པའི་ལུགས་ཀྱི་སྙིང་རྗེ་གཞན་དོན་དངོས་སུ་བྱེད་མི་ནུས་པའི་བསམ་པ་བཟང་པོ་ཙམ་དེ་ལྟ་བུ་ཁོ་ན་མ་ཡིན་པར། ཐུན་མོང་མ་ཡིན་པའི་སྙིང་རྗེ་ལྷན་སྐྱེས་ཀྱི་བདེ་བ་ཆེན་པོ་བཞིན་ལག་གི་རྣམ་པར་བཞེངས་ནས་འགྲོ་དོན་དངོས་སུ་བྱེད་ནུས་པ་དེ་ལྟ་བུ་རྒྱུད་སྡེ་ནས་བཤད་ཚོད་ལྟར་ཐུགས་རྒྱུད་ལ་འཁྲུངས་ཤིང་། ལམ་དུས་ཀྱི་ཉམས་རྟོགས་དེ་ཉིད་གོང་དུ་འཕེལ་བ་ལས་མཐར་ཐུག་གི་བརྩེ་བ་ཐུན་ཚོགས་བརྙེས་པས། རྒྱལ་བ་ཐམས་ཅད་ཀྱི་སྙིང་རྗེའི་བདག་པོར་གྱུར་པའི་ཚུལ་ཡང་། རྗེ་བླ་མ་ཉིད་རྗེ་བཙུན་འཇམ་དབྱངས་ཀྱི་རྣམ་རོལ་ཡིན་པར་ཡོངས་ལ་གྲགས་ཤིང་། དེ་ལྟར་ན་བཀའ་གདམས་གླེགས་བམ་ལས་རིགས་གསུམ་མགོན་པོ་ངོ་བོ་གཅིག་ལ་ལྡོག་པ་ཐ་དད་པར་གསུངས་པས། རྗེ་བླ་མ་ཉིད་སྤྱན་རས་གཟིགས་ཀྱི་རྣམ་རོལ་ཡིན་པའང་གྲུབ་པར་མ་ཟད། སྐུ་བལྟམས་པའི་དུས་ཀྱི་ཡུམ་གྱི་མནལ་ལྟས་བྱུང་ཚུལ་གྱིས་མཚོན། ལུང་རིགས་ཚད་མ་གཞན་གྱིས་ཀྱང་སྤྱན་རས་གཟིགས་དང་ངོ་བོ་གཅིག་པར་སྒྲུབ་དུ་ཡོད་དོ། དེ་དག་གིས་རྐང་པ་དང་པོའི་དོན་ཕྱི་མཚུངས་པ་གསལ་བྱེད། ནང་ཡོན་ཏན་དེ་ལྟར། གསང་བ་ལྷག་པའི་ལྷ་དང་ངོ་བོ་དབྱེར་མེད་དུ་སྒྲུབ་ཚུལ་གསུམ་ཀ་དཀྱུས་གཅིག་ཏུ་ཉམས་སུ་ལེན་ཚུལ་གྲུབ་པ་ཡིན་ནོ། །རྐང་པ་གཉིས་པའི་དོན་ལ། རྒྱལ་བ་རྣམས་ཀྱི་མཁྱེན་པའི་ཡེ་ཤེས་ཀྱི་ངོ་བོ་ནི། དཔེར་ན་ལག་མཐིལ་དུ་སྐྱུ་རུ་ར་སྔོན་པོ་བཞག་པ་གང་ནས་བལྟས་ཀྱང་ལག་པའི་མཐིལ་གྱི་རི་མོ་སྐྱུ་རུ་རའི་ཕྱི་ནང་མཐའ་དག་དང་བཅས་པ་གསལ་བར་འཆར་བ་བཞིན། ཐམས་

ཅན་མཁྱེན་པའི་ཡེ་ཤེས་ཀྱིས་ཀྱང་། ཤེས་བྱ་ཇི་ལྟ་བ་དང་ཇི་སྙེད་པ་ཐམས་ཅད་མངོན་ལྐོག་དང་། མང་ཉུང་དང་། ཉེ་རིང་ཇི་ལྟར་གནས་ཀྱང་དུས་གཅིག་ལ་མ་འདྲེས་པར་མངོན་སུམ་དུ་མཁྱེན་པ་ནི། བདེན་གཉིས་ལས། མཁྱེན་པའི་ཡེ་ཤེས་གཅིག་གིས་ཀྱང་། །ཤེས་བྱ་དཀྱིལ་འཁོར་ཀུན་ཁྱབ་ཅན། །ཞེས་པ་ལྟར་ཡིན་པ། དེ་ཡང་སེམས་ཀྱི་སྟེང་གི་ཉོན་མོངས་པ་དང་ཤེས་བྱའི་སྒྲིབ་པ་མཐའ་དག་སླར་མི་འབྱུང་བར་བྱས་པའི་ཚུལ་གྱིས་ཟད་ནས་མེད་ཅིང་། དེའི་དབང་གིས་མ་རིག་བག་ཆགས་ཀྱི་ས་དང་ཟག་མེད་ལས་ཀྱིས་བསྐྱེད་པའི་འཁོར་བ་ཕྲ་མོ་རྒྱུན་ཆད་གཏན་དུ་ཟད་པའི་སྤངས་པ་མཐར་ཐུག་ཡེ་ཤེས་རང་དང་ངོ་བོ་གཅིག་པའི་ཚུལ་དུ་གཟིགས་པ་ཡིན་ལ། དེ་ལས་ལྷག་པའི་གཟིགས་ཚུལ་དང་མཁྱེན་ཚུལ་མེད་པའང་ཡིན་ནོ། །དེ་ལྟ་བུའི་མཁྱེན་པ་མཐར་ཐུག་པ་ནི་སངས་རྒྱས་ཐམས་ཅད་ལ་ཐུན་མོང་དུ་ཡོད་ནའང་། སྨོན་ལམ་དང་བཀའ་བབས་ཀྱི་དབང་གིས་འཁོར་གྱི་དབུས་སུ་རྟེན་འབྱུང་ཟབ་མོའི་ཆོས་སྟོན་པ་ལ་མཁྱེན་རབ་འགྲན་ཟླ་དང་བྲལ་བ་ནི་རྗེ་བཙུན་འཇམ་དབྱངས་ཉིད་ཡིན་ཞིང་། དེ་དང་ཚུལ་མཚུངས་པར་རྗེ་བླ་མ་ཉིད་སྔར་དྲངས་པ་བཞིན་རྒྱལ་བ་དབང་པོའི་ཏོག་གི་སྤྱན་སྔར་དམ་བཅས་པ་བཞིན་མ་དག་པའི་ཞིང་ཁམས་རྣམས་སུ་ཟབ་མོའི་ལྟ་བ་དང་གསང་སྔགས་ཟུང་དུ་འབྲེལ་བའི་སྲོལ་ཕྱེ་བ་ལ་རྒྱལ་སྲས་རྒྱ་མཚོའི་ནང་ན་འགྲན་ཟླ་དང་བྲལ་ཞིང་། སྐུ་ཚེ་འདིར་ཡང་སྣང་ཚོད་ལ་རྗེ་བཙུན་འཇམ་དབྱངས་ཀྱིས་བཤེས་གཉེན་མཛད་ནས་མདོ་སྔགས་ཀྱི་གསུང་རབ་དགོངས་འགྲེལ་དང་བཅས་པ་དང་། སྡེ་སྣོད་དང་གྲུབ་མཐའ་རབ་འབྱམས། རིག་པའི་གནས་ཀུན་ལ་མཁྱེན་རབ་འགྲན་ཟླ་དང་བྲལ་བར་གྱུར་ཚུལ་གོང་འོག་ཏུ་བརྗོད་པ་ལྟར་ཡིན་ལ། དེའང་ཐོས་པ་རྒྱ་མཚོའི་ཕ་རོལ་ཏུ་ཕྱིན་པ་ཙམ་མ་ཡིན་པར་དགུང་ལོ་སོ་དྲུག་གི་ཚེ་སྒྲུབ་པ་ལ་ཕྱིན་ནས་ལོ་བཞི་ཙམ་སོང་བ་ན། རྟོགས་བརྗོད་འདུན་ལེགས་མ་ལས་གསུངས་པ་ལྟར་གསུང་རབ་ཐམས་ཅད་གདམས་ངག་ཤར་བར་མཛད་ལ། དེ་ལྟར་གཞུང་དང་གདམས་ངག་ལ་བསམ་པའི་ཤེས་རབ་ཐོགས་མེད་དུ་རྒྱས་པ་ན། དེ་དོན་ཐུབ་ཉམས་བཞེས་ལ་ལྷུར་མཛད་པས་སྒོམ་བྱུང་གིས་མཁྱེན་རབ་མཐའ་མེད་དུ་རྒྱས་ཤིང་། ཁྱད་པར་འགྲེལ་པ་བུདྡྷ་པཱ་ལི་ཏ་གཞིར་རྟོག་མཛད་པས་སྟོང་པ་རྟེན་འབྱུང་དང་། རྟེན་འབྱུང་སྟོང་པའི་དོན་དུ་གཟིགས་ནས་ལྟ་བའི་

གནད་ལ་སྦྱར་དང་མི་འདྲ་བའི་ཐུགས་ངེས་ཆེན་པོ་འཁྲུངས། དེ་ཡང་བུདྡྷ་པྲ་ལི་ཏ་གཟིགས་སྐབས། རྩ་ཤེས་རབ་བྱེད་བཅོ་བརྒྱད་པའི། རྟེན་ནས་འབྱུང་བ་མེད་པ་ཡི། ཞེས་སོགས་ཀྱི་ཐད་ཀྱི་འགྲེལ་པར་གཟིགས་ནས་སྟོང་ཉིད་གསར་དུ་རྟོགས་པའི་ཚུལ་མཛད་པ་ཡིན་འདྲ། རྩ་ཤེ་ཊཱི་ཀ་ཆེན་དུ་ལུང་དེ་ལན་མང་པོ་འདྲེན་པའང་མཛད་འདུག་ཅེས་ལྗུང་སྐྱ་རོལ་བའི་རྡོ་རྗེས་གསུངས། གཞན་ཡང་ཐུན་མོང་དང་ཐུན་མོང་མ་ཡིན་པའི་རྟོགས་པ་ཁྱད་པར་ཅན་རྒྱུད་སྟེ་ནས་བཤད་ཚོད་ལྟར་རྗེ་བཙུན་གྱིས་རྗེ་བཞིན་གཟིགས་ནས་རྗེ་སྐད་གདམས་པ་དེ་ཁོ་ན་བཞིན་གྱི་ཉམས་རྟོགས་མངའ་བས་ན། རྗེ་བླ་མ་ཉིད་རྗེ་བཙུན་ལ་རྗེ་ལྟར་མངའ་བ་འདྲ་བའི་མཁྱེན་པའི་ཡོན་ཏན་དང་ལྡན་པར་གྲུབ་པོ། །དེ་ལྟར་དུ་གྲགས་ཤིང་གྲུབ་པར་མ་ཟད། རྗེ་བདག་ཉིད་ཆེན་པོ་འདི་ཉིད་རྗེ་བཙུན་འཇམ་དབྱངས་དང་གཉིས་སུ་མེད་པར་འཇམ་དཔལ་རྩ་བའི་རྒྱུད་དུ་རྒྱལ་བ་རང་ཉིད་ཀྱིས་ལུང་བསྟན་པ་གྲགས་ཆེ་ཞིང་། སྐུ་བལྟམས་པའི་ཆེ་ཡབ་ཀྱི་མནལ་ལྟས་བྱུང་ཚུལ། ཆོས་རྗེ་དོན་གྲུབ་རིན་པོ་ཆེ་ལ་མནལ་ལམ་དུ་ལུང་བསྟན་བྱུང་ཚུལ་རྣམ་ཐར་དུ་གསལ་བས་མཆོན་ཚད་མའི་ལུང་རིགས་གཞན་གྱིས་ཀྱང་སྒྲུབ་ནུས། དེ་ལྟར་ན། སློབ་དཔོན་ཞི་བའི་ཡེ་ཤེས་ཀྱིས་གསུངས་པ་ལྟར་རྗེ་བླ་མ་ཉིད་ངེས་པའི་དོན་དུ་དུས་གསུམ་གྱི་རྒྱལ་བ་ཀུན་གྱི་ཡོངས་འཛིན་མཛད་པའི་ཡབ་དང་། དེ་དག་གི་གསུང་གི་གསང་མཛོད་སྤེལ་བའི་སྲས་དང་། ཤར་ཕྱིན་གྱི་རང་བཞིན་དུ་གྱུར་པས་ཡུམ་དུ་ཡང་གྱུར་ཚུལ་སོགས་གསང་བ་མཆོག་གི་ངང་ཚུལ་བསམ་གྱིས་མི་ཁྱབ་པ་མངའ་བོ་སྙམ་དུ་ངེས་ནས་དད་པ་བསྒོམ་པས་ཀྲང་པ་གཉིས་པས་བསྟན་པའི་ཕྱི་མཚུངས་པ་གསལ་བྱེད། ནང་ཡོན་ཏན་དེ་ལྡན། གསང་བ་ལྷག་པའི་ལྷ་དང་ངོ་བོ་དབྱེར་མེད་དུ་སྒྲུབ་ཚུལ་གསུམ་ཀ་དཀྱུས་གཅིག་ཏུ་ཉམས་སུ་ལེན་ཚུལ་གྲུབ་པ་ཡིན་ནོ། །རྒྱལ་བ་བསྐལ་བཟང་རྒྱ་མཚོ་དང་། འཇམ་དབྱངས་བདེ་བའི་རྡོ་རྗེ་སོགས་ཀྱི་འབྲིད་ཡིག་ཏུ། ཕྱི་ནང་གཉིས་ཀྱི་སྐབས་གསང་བདག་དང་མ་སྦྱར་ཞིང་། གསང་སྒྲུབ་ཀྱི་སྐབས་ཁོ་ནར་སྦྱར་བར་མཛད་པས། དེ་ལྟར་བྱེད་ཚེ། གསང་བདག་དང་རྗེ་བླ་མ་ངོ་བོ་གཅིག་པར་སྒྲུབ་ཚུལ་ཙམ་འོག་ནས་འབྱུང་བ་ཉིད་སྦྱར་བས་འགྲུབ་ལ། ཀུན་གཟིགས་ལྔ་པ་ཆེན་པོས། ཀྲང་པ་སྔ་མ་གཉིས་ཀྱི་ཐུགས་ལས་གསང་བདག་དང་སྦྱར་བའང་བསྟན་པར་མཛད་ནས་ཕྱི་ནང་གསང་གསུམ་ཀའི་

སྐབས་གསང་བདག་དང་སྨྲ་བར་གསུངས་པ་ལྟར་བྱེད་ན། མཐུ་སྟོབས་ཀྱི་ཡོན་ཏན་མཚོན་ན། སྤྱོད་འཇུག་གི་སྨོན་ལམ་གྱི་ལེའུ་ལས་གསུངས་པ་ལྟར་དམྱལ་བའི་སེམས་ཅན་རྣམས་བརྒྱ་ལམ་ན་དགེ་བའི་ལས་ཀྱི་མཐུ་དང་བྱང་ཆུབ་སེམས་དཔའི་རྫུ་འཕྲུལ་དང་། ཐབས་མཁས་ཀྱི་མཐུས། དེ་དག་གི་མེ་ཞི་བ་དང་དང་རླུང་བསིལ་བ་གཡོ་བ་ལྟ་བུའི་གོ་སྐབས་གྱུར་མ་ཐག །དེའི་མོད་ལ་དེ་དང་དེའི་ཐད་དུ་རྫུ་འཕྲུལ་གྱིས་སྐད་ཅིག་ལ་བྱོན་ནས། སེམས་ཅན་རང་རང་གི་ལས་དང་སྐལ་བ་ཇི་ལྟ་བའི་ཚོ་འཕྲུལ་དང་། དབུགས་དབྱུང་བའི་ཐབས་ཚུལ་སྟོན་པ་སོགས་ཀྱི་སྒོ་ནས་དམྱལ་བ་ནས་དྲངས་སྟེ་མངོན་མཐོ་ངེས་ལེགས་ལ་འགོད་ནུས་པ་དེ་མཐུ་སྟོབས་ཀྱི་ཡོན་ཏན་ཡིན་པས། མདོ་སྡེ་རྒྱན་ལས། རྫུ་འཕྲུལ་གྱི་མངོན་ཤེས་སོགས་ལ་མཐུའི་ཐ་སྙད་ཀྱིས་གསུངས་སོ། །དཔལ་གསང་བའི་བདག་པོ་ཉིད་དེ་ལྟ་བུའི་མཐུ་སྟོབས་དང་གསང་སྔགས་དང་རིག་སྔགས་ཐམས་ཅད་ཀྱི་བདག་པོར་རྒྱལ་བ་ཐམས་ཅད་ཀྱིས་དབང་བསྐུར་བས་མཐུ་སྟོབས་འགྲན་ཟླ་དང་བྲལ་བ་དཔེར་ན། ཕྱག་ན་རྡོ་རྗེས་ཕྱག་གི་རྡོ་རྗེ་ས་ལ་བཞག་པ་ན་རྒྱལ་པོ་མ་སྐྱེ་སྡགྲ་ཞེས་པ་གོ་ཆ་དཔལ་ལྡན་བསྐོན་པའི་གླང་པོ་ཆེ་ལག་པ་ཡ་གཅིག་གིས་བཏེག་ནུས་པ་དེས་འདེགས་ཀྱང་བསྒུལ་བར་མ་ནུས། ལྷའི་དབང་པོ་བརྒྱ་བྱིན་ལག་པ་གཡས་པས་ཐགས་བཟང་རི་ས་ཀྱི་ཤིང་རྟ་དཔག་ཚད་བདུན་བརྒྱ་པའང་འཛིན་ནུས་པ་དེས་ཀྱང་བསྒུལ་བར་མ་ནུས། མོའུ་གལ་གྱི་བུ་སྟོང་གསུམ་གྱི་སྟོང་ཆེན་པོའི་འཇིག་རྟེན་གྱི་ཁམས་འཛམ་བུ་མོ་གཅིག་གིས་བསྐྲེ་བཟློག་བྱེད་ནུས་ཤིང་། ལག་པ་ཡ་གཅིག་གིས་རི་རབ་གླང་ནེ་ཚངས་པའི་འཇིག་རྟེན་གྱི་བར་འཕེན་པར་ནུས་པ་དེས་ཀྱང་བསྒུལ་བར་མ་ནུས་པར་གསང་བ་བསམ་གྱིས་མི་ཁྱབ་པའི་མདོ་ལས་གསུངས་པ་ལྟ་བུས་མཚོན་ནུས་ལ། དེ་ཉིད་དཔེར་བཟུང་ནས་རྗེ་བླ་མ་ཉིད་སྣང་ཚོད་ལ་མཁས་པར་མཁྱེན་པའི་ཡོན་ཏན་འགྲན་ཟླ་དང་བྲལ་བར་གྲགས་ཤིང་གྲུབ་པ་གོང་འོག་ཏུ་བརྗོད་པ་ལྟར་དང་། དེ་ལྟར་མཁས་པར་སྦྱངས་ཡང་རང་གཞན་ལ་ཉེར་འཚེ་བྱུང་བའི་ཚེ་ཐབས་རྟགས་ཤིང་གཞན་ལས་སྐྱབས་འཚོལ་བ་དང་། སྡུག་བསྔལ་དང་ལེན་དང་། གཏོང་ལེན་བསྒོམ་པ་ལྟ་བུ་ལས་འཕྲུལ་ལ་ཕྱིར་བཟློག་མི་ནུས་པ་ལྟ་བུ་མ་ཡིན་པར། མཐུ་སྟོབས་ཀྱི་རང་རྟགས་མངོན་མཚན་ཅན་སྟོན་པར་མཛད་པའང་ཡོད་དེ། དགུང་ལོ་འདུན་གྱི་ཚེ་བདུད་རིགས་ཀྱི་

འབྱུང་པོ་མི་བསྲུན་པར་བཞིས་མཐོ་ཚམས་པའི་ཚེ། ཤཱཀྱའི་རྒྱལ་པོ་ཞལ་གཟིགས་པ་རང་ཉིད་ལ་བསྐྱིམ་པར་མཛད་ནས། ལས་གཤིན་དང་ཀླུ་ཏྲ་ཕླ་ལ་བཀོལ་ཏེ་ནག་པོའི་སྡེ་རྣམས་ཚར་བཅད་པས་རྣམ་པར་རྒྱལ་བའི་གྲགས་པ་རྒྱས་པ་དང་། གྲིའི་ལྷག་གི་རི་གཟར་པོ་དེ་ནས་ཕ་བོང་ཆེན་པོ་རྣམས་འགྲེལ་ཏེ་དགེ་འདུན་རྣམས་སྐྲག་པ་དང་། ཚའི་ཕྱོགས་ནས་རླུང་ཆེན་པོ་གནམ་ས་འབྲེལ་བ་ཙམ་བྱུང་བ་གཉིས་ཀ་ལ་སྡིགས་མཛུབ་གཏད་པ་ཙམ་གྱིས་ལོག་པར་རྟོགས་ལྡན་པས་མཛད་པའི་རྣམ་ཐར་ཟུར་འདེབས་སུ་གསུངས་པ་དང་། ལས་ཀྱི་གཤིན་རྗེ་འཕྲུལ་གྱི་སྐུ་གཡོག་ཏུའང་བཀོལ་བར་མཛད་པ་སོགས་མཐུ་སྟོབས་ཀྱི་མཛད་པ་བསམ་གྱིས་མི་ཁྱབ་ཅིང་། སྐུ་དངོས་ཀྱིས་མ་ཟད་སྐུའི་དོན་གྱི་གསལ་བཏབ་ནས་གསོལ་འདེབས་ཐོས་པ་ཙམ་གྱིས་ཀྱང་། རྫས་སྔགས་འཁོར་ལོ་སོགས་ལ་མ་ལྟོས་པར་སྡེ་བརྒྱད་སྤྱི་དང་། ཁྱད་པར་དཔེ་ཧར་སོགས་རྒྱལ་འགོང་གི་གནོད་པས་མི་ཚུགས་པར་གསུངས་པས་མཚོན། དཔལ་གསང་བའི་བདག་པོའི་མཐུ་སྟོབས་དང་འདྲ་བའི་ནུས་མཐུ་རྗེ་འདི་ཉིད་ལ་མངའ་ཞིང་། དེ་ཡང་སྔགས་སྒྲུབ་ནས་འཕྲུལ་གྱི་ནུས་པ་ཐོབ་པ་ལྟ་བུ་མ་ཡིན་པར་དངོས་པོའི་གནས་ཚོད་ལ་གསང་བདག་དང་ངོ་བོ་གཅིག་པ་ནི། གོང་དུ་དྲངས་པའི་བཀའ་གདམས་གླེགས་བམ་གྱི་ལུང་དང་། ཡབ་ཀྱི་མནལ་ལྟས་བྱུང་ཚུལ་སོགས་ཤེས་བྱེད་དང་། འགྲོ་བ་སྐྱོབ་པའི་རྒྱུ་གསུམ་ཡ་མ་བྲལ་བའི་རིགས་པས་ཀྱང་སྒྲུབ་ནུས། དེ་དག་གིས་རྐང་པ་སྔ་མ་གཉིས་ཀྱི་ཤུགས་བསྟན་ཕྱི་ནང་གསང་གསུམ་སྒྲུབ་ཚུལ་ལམ། སྒེར་དུ་གསང་སྒྲུབ་ཀྱི་སྐབས་གསང་བདག་དང་སྦྱར་བའི་དོན་ཉམས་སུ་ལེན་ཚུལ་གྲུབ་པ་ཡིན་ནོ། །དེ་ལྟར་ན་ཕྱི་སྒྲུབ་ཀྱི་སྐབས། སྤྱན་རས་གཟིགས་དང་འཇམ་དབྱངས་གཉིས་དང་རྗེ་བླ་མ་རྒྱུད་ཐ་དད་པ་ལྟར་བྱས་ཤིང་། མཁྱེན་བརྩེའི་ཡོན་ཏན་གཉིས་ཀྱང་དེ་གཉིས་ཀྱི་ཡོན་ཏན་ལ་སྦྱར་ནས། དེ་གཉིས་དཔེར་བཟུང་སྟེ་རྗེ་བླ་མའི་མཁས་པའི་ཡོན་ཏན་ཅན་པ་ཡིན་ཏེ། དངོས་གཞི་རྗེ་བླ་མ་ལ་གསོལ་བ་འདེབས་པའི་སྐབས་ཡིན་པ་ལ། དངོས་ཟིན་ལ་རྒྱུ་མཚན་གང་ཡང་མ་སྦྱར་བར་རྒྱལ་སྲས་དེ་གཉིས་སློས་ཤིང་། མཁྱེན་བརྩེའི་ཡོན་ཏན་གཉིས་ཀྱང་དེ་གཉིས་ཀྱི་ཡིན་པ་ལྟར་བྱས་པའི་ཚིག་གི་ནུས་པ་ལས་ཡིན་ནོ། །དེ་ཡང་བརྩེ་བ་ལ་སྤྱན་རས་གཟིགས། མཁྱེན་པ་ལ་འཇམ་དབྱངས། མཁས་པ་ལ་རྗེ་བླ་མ་ཉིད་དོ་ཞེས་སྤྱིར་སློས་པ་ལྟ་བུ་སྟེ།

དཀར་བ་ལ་ཟླ་བ། དམར་བ་ལ་པདྨ། སྔོ་བ་ལ་ཨུཏྤལ་ལོ་ཞེར་བ་བཞིན་ནོ། །འདི་ནི་སྙན་ངག་མེ་ལོང་ལས། པདྨས་ཚངས་པ་མཆོག་ཏུ་བསྐྱེད། །ཟླ་བ་བདེ་འབྱུང་གཙུག་གིས་འཛིན། །དེ་དག་ཁྱོད་གདོང་མཚུངས་ཞེས་པ། །དེ་ནི་བསྔགས་པའི་དཔེར་བརྗོད་དོ། །ཞེས་པ་དང་དབྱིབས་མཚུངས་པའང་ཡིན་ནོ། །ནང་སྒྲུབ་ཀྱི་སྐབས། རྗེ་བླ་མ་རྒྱལ་སྲས་དེ་གཉིས་དང་རྒྱུད་ཐ་དད་པ་ལྟར་བྱས་པ་སྔར་དང་འདྲའང་། བརྩེ་བའི་གཏེར་ཆེན་དང་མཁྱེན་པའི་དབང་པོ་གཉིས་རྗེ་བླ་མ་རང་ལ་སྦྱར་ནས། རྒྱལ་སྲས་དེ་གཉིས་དཔེར་བཟུང་བ་ལྟར་བྱས་ཏེ། རྗེ་བླ་མའི་ཐབས་ཤེས་ཡོངས་སུ་རྫོགས་པའི་གྲུབ་པའི་ཡོན་ཏན་དྲན་པ་ཡིན་ཏེ། རྗེ་བླ་མའི་ཡོན་ཏན་དྲན་པ་སྐབས་སུ་བབས་པས། མཁྱེན་བརྩེ་གཉིས་ཀྱི་ཡོན་ཏན་གང་ལ་མངའ་བའང་རྗེ་བླ་མ་ལ་སྦྱར་དགོས་པ་དང་། ཡོན་ཏན་དེ་གཉིས་ཚོད་རྗེ་ཙམ་མངའ་བའི་དཔེར་རྒྱལ་སྲས་དེ་གཉིས་སྨོས་པ་ལྟར་བྱས་པའི་ནུས་པ་ལས་ཡིན་ནོ། །དེ་ཡང་རྗེ་བླ་མ་ཉིད་བརྩེ་བའི་གཏེར་དུ་གྱུར་པ་ལ་སྤྱན་རས་གཟིགས་སོ། །མཁྱེན་པའི་དབང་པོར་གྱུར་པ་ལ་འཇམ་པའི་དབྱངས་སོ་ཞེས་རྗེ་བླ་མ་ལ་བྱེ་བྲག་ཏུ་བྱས་པ་སྟེ། དཔེར་ན། །ཟླ་བ་འདི་དཀར་བ་ནི་དུང་ངོ་། །སྔོར་མོ་ནི་མཐུལ་ལོ་ཞེར་བ་བཞིན་ནོ། །འདི་ནི་སྙན་ངག་མེ་ལོང་ལས། ཁྱོད་ནི་ཟབ་པ་རྒྱ་མཚོ་སྟེ། །བརླིང་བ་ཉིད་ཀྱིས་རི་བོ་ཡིན། །འཛིག་རྟེན་རྣམས་ལ་འདོད་པ་ནི། །སྟེར་ཕྱིར་དཔག་བསམ་ཤིང་འབྱུང་ངོ་། །ཞེས་པ་འདི་རྒྱུའི་གཟུགས་ཅན་གྱི་རྒྱན་དུ་བཤད་པ་དང་ཚུལ་འདྲའོ། །

གསང་སྒྲུབ་ཀྱི་སྐབས། ཁྱད་གཞི་ཁྱད་ཆོས་གཉིས་ཀ་རྗེ་བླ་མ་ལ་སྦྱར་བས། རིགས་གསུམ་གྱི་ལྷའི་ངོ་བོར་བསྒྲུབ་པ་སྟེ། དངོས་ཟིན་ལྟར་བྱས་པས་འགྲུབ་ལ། དེ་ཡང་རྗེ་བླ་མ་ཁྱོད་ནི་བརྩེ་བའི་གཏེར་ཆེན་སྤྱན་རས་གཟིགས་སོ། །མཁྱེན་པའི་དབང་པོ་འཇམ་དཔལ་དབྱངས་སོ། མཐུ་སྟོབས་ཀྱི་བདག་པོ་གསང་བདག་གོ །ཞེས་པ་སྟེ། དཔེར་ན། གསེར་བུམ་པ་འདི་གསེར་ལས་བྱས་པའོ། །མདོག་སེར་པོའོ། །འོད་འཚེར་བའོ། །ཞེར་བ་བཞིན་ནོ། །དེ་ལྟར་ན། དམིགས་བརྩེ་མ་འདི་ཉིད་ལ་ཕྱི་ནང་གསང་གསུམ་གྱི་དོན་ཚང་བར་བྱས་པ་ནི་འདོད་པས་སྦྱར་བ་ཙམ་མ་ཡིན་པར་ཚིག་གི་ནུས་པ་ལས་ལེགས་པར་ཐོན་པ་ཡིན་ནོ། །དེ་ཡང་སངས་རྒྱས་ཀྱི་གོ་འཕང་སྒྲུབ་བྱེད་ཀྱི་ཐབས་ལ་ཐུན་མོང་མ་ཡིན་པ་གཉིས་དང་། ཐུན་མོང་བ་ལ་རྒྱ་ཆེ་བ་དང་ཟབ་མོའི་ལམ་གྱི་རིམ་པ་གཉིས་ལས། རྒྱ་ཆེ་བའི་

ལམ་གྱི་སྙིང་པོ་ཐབས་བྱང་ཆུབ་ཀྱི་སེམས་སྐྱེ་བ་ལ་སྙིང་རྗེའི་ལྷ་སྤྱན་རས་གཟིགས་དང་། ཟབ་མོའི་ལམ་གྱི་སྙིང་པོ་ཤེས་རབ་སྟོང་ཉིད་རྟོགས་པའི་ལྟ་བ་རྒྱུད་ལ་སྐྱེ་བ་ལ། ཤེས་རབ་ཀྱི་ལྷ་འཇམ་དབྱངས་དང་། ཐུན་མོང་མ་ཡིན་པ་སྔགས་ཀྱི་རྟོགས་པ་སྐྱེ་བ་དང་། ལམ་གྱི་བར་ཆད་སེལ་བ་ལ་མཐུ་སྟོབས་ཀྱི་དབང་ཕྱུག་གསང་བའི་བདག་པོ་ལ་གསོལ་བ་འདེབས་པ་གལ་ཆེ་ཞིང་། རང་རེ་ལ་མདོ་སྔགས་ཀྱི་ལམ་ཡོངས་སུ་རྫོགས་པ་ཇི་ལྟ་བ་བཞིན་སྟོན་པར་མཛད་པ་པོ་རྗེ་བླ་མ་ཡིན་པས། དེ་རྣམས་དབྱེར་མེད་དུ་བྱས་ཏེ་གསོལ་བ་འདེབས་པ་ནི་གནད་ཆེན་པོ་དང་ལྡན་པ་ཡིན་ནོ། །གཉིས་པ་རྐང་པ་གསུམ་པའི་དོན་ཡིད་ལ་བྱེད་ཚུལ་ནི། རྗེ་བླ་མ་གངས་ཅན་གྱི་མཁས་པ་ཀུན་གྱི་གཙུག་རྒྱན་དུ་འགྱུར་ཚུལ་མཐའ་ཆོད་པར་མི་ཤེས་ན། རང་གི་སྟོན་པ་རྗེ་བླ་མའི་ཐུན་མོང་དང་ཐུན་མོང་མ་ཡིན་པའི་ཆེ་བ་མི་ཤེས་ཤིང་། འདི་རྟོགས་པ་ལ་བོད་ཀྱི་མཁས་པ་སོ་སོའི་བཞེད་སྲོལ་དང་། རྗེ་བླ་མའི་བཀའ་སྲོལ་གྱི་ཁྱད་པར་ཤེས་དགོས་པ་ལ་དོན་ཤིན་ཏུ་རྒྱ་ཆེའོ། །སྤྱིར་ཡུལ་དེ་ཚད་མར་སྒྲུབ་པ་ལ་ལྟོས་པ་ཞིག་ལ་ལྟོས་ཏེ་ཚད་མར་སྒྲུབ་པ་དཔེར་ན། ཕྱི་པའི་སྟོན་པ་སོགས་ཀྱི་ངང་ཚུལ་ཤེས་ནས་རང་གི་སྟོན་པ་ཚད་མར་སྒྲུབ་པ་དང་། ཐེག་དམན་གྱི་གནས་ཚུལ་ལྟོག་པ་བཟུང་རྟོག་གི་སྐབས་ནས་འབྱུང་བ་ལྟར་ཤེས་ནས་ཐེག་པ་ཆེན་པོ་ཚད་མར་སྒྲུབ་པ་དང་། དེ་བཞིན་དུ་ཕར་ཕྱིན་ཐེག་པ་ལ་ལྟོས་ནས་སྔགས་དང་། རྒྱུད་སྡེ་འོག་མ་འོག་མ་ལ་ལྟོས་ནས་གོང་མ་གོང་མ་ཁྱད་པར་དུ་བསྒྲུབས་ནས་འཇུག་པ་ཆོས་ཀྱི་རྗེས་འབྲངས་སྤྱིའི་ལུགས་ཡིན་ཞིང་། དེ་ལྟ་མ་ཡིན་པར་ཀུན་ལ་སྙོམས་པར་བཟུང་ན་གཉིས་ལ་ཞེན་པའི་དཔེ་བཞིན་རང་གི་འདོད་པའི་ཡུལ་ལ་བློ་བཀལ་བའི་དད་པ་ཐུན་མོང་མ་ཡིན་པ་མི་སྐྱེ་བས། ཚད་ཐུབ་ཀྱི་དམ་པ་རྣམས་ཀྱང་རང་རང་གི་དགེ་བའི་བཤེས་གཉེན་གྱི་རྣམ་ཐར་འཆད་པའི་ཚེ་ལྟོས་ས་ཞིག་ལས་ཁྱད་པར་དུ་འཕགས་པའི་ཚེ་བརྗོད་ཀྱིས་ཚད་མར་སྒྲུབ་པར་མཛད་ལ། དེ་ལ་ཡང་མི་འདྲ་བ་མང་དུ་ཡོད་དེ།དཔེར་ན། མཁས་གྲུབ་ཐམས་ཅད་མཁྱེན་པས། རྗེ་བླ་མ་སྔ་རབས་པ་རྣམས་ལས་ཁྱད་པར་དུ་འཕགས་པར་ཚད་མ་གསུམ་གྱི་སྒོ་ནས་ཚད་མར་བསྒྲུབས་པ་དང་། གྲུབ་དབང་ཆོས་ཀྱི་ཉི་མས་ཐམས་ཅད་མཁྱེན་པ་རོལ་པའི་རྡོ་རྗེ་བླ་ཆེན་གཞན་ཕལ་ཆེ་བ་རྣམས་ལས་ཁྱད་པར་འཕགས་ཚུལ་གྱི་སྒོ་ནས་ཚད་མར་བསྒྲུབས་པ་དང་། རྗེ་ཡེ་ཤེས་རྒྱལ་མཚན་

གྱིས་བྱ་བྲལ་གྲུབ་དབང་གི་གསང་བའི་རྣམ་པར་ཐར་པ་འཆད་པའི་ཚེ་ སྣགས་རིམ་ཆེན་མོ་སོགས་ཀྱི་ལུང་གིས་ཚད་མར་བསྒྲུབས་པས་མཚན་མཐའ་ཀླས་ཤིང་། འདིར་ནི་རྗེ་བླ་མ་གངས་ཅན་མཁས་པའི་གཙུག་རྒྱན་ཞེས་དམ་བཅའ་ཙམ་སྨོས་པའི་ཤུགས་ལ་རྒྱ་གར་གྱི་པཎ་གྲུབ་ཆེན་པོ་རྣམས་དང་མཚུངས་པར་སྒྲུབ་འདོད་པ་སྟེ། རྗེ་བླ་མ་ཚད་མར་སྒྲུབ་ཚུལ་རྒྱད་དུ་བྱུང་བའོ། །དེས་ན་འདིའི་དོན་མཐའ་ཆོད་པར་ཤེས་པ་ལ། བོད་སྔ་རབས་པའི་མཁས་པ་སྤྱི་དང་སོ་སོའི་བཞེད་སྲོལ་དང་། རྗེ་བླ་མའི་བཀའ་སྲོལ་གྱི་རྣམ་བཞག་མ་འདྲེས་པར་ཤེས་ནས་མཆོག་དམན་གྱི་ཁྱད་འབྱེད་ཚུལ། དེའི་ཡན་ལག་ཏུ་སྔ་རབས་པ་རྣམས་ཀྱི་ཆོས་ལུགས་འཐད་ལྡན་རྣམས་དགེ་ལྡན་རྣམས་པའི་བཀའ་སྲོལ་འདིར་འདུ་ཚུལ། དེ་དག་གི་སྟེང་དུ་ཁྱད་ཆོས་ཐུན་མོང་མ་ཡིན་པ་ཇི་ལྟར་ཡོད་ཚུལ། གཞན་རྣམས་ཀྱང་ཐད་ཀར་དོན་དུ་འགྱུར་ཚུལ་ཤེས་ནས་སྤང་ཞེན་དང་འཁྲུ་སྨོད་མི་རུང་བའི་རྒྱུ་མཚན་རྣམས་འོས་སྤྱི་ཙམ་ཡན་ཆད་ཤེས་དགོས་ལ། དེས་ན་འདི་ལ་གསུམ། རྗེ་བླ་མ་སྔ་རབས་པའི་མཁས་པ་རྣམས་ཀྱི་གཙུག་རྒྱན་དུ་འགྱུར་ཚུལ་དང་། དེའི་ཡན་ལག་ཏུ་གལ་ཆེ་བ་འགའ་ཞིག་བརྗོད་པ་དང་། འཕྲོས་དོན་དུ་རྗེ་བླ་མའི་བསྟན་པ་ངོས་བཟུང་ནས་ཇི་ལྟར་སློབ་ཚུལ་ལོ། །དང་པོ་ནི། དེ་ཡང་གླང་དར་གྱིས་བསྣུབས་པ་བསྣུབས་རྗེས་ཇོ་བོ་རྗེ་བོད་དུ་མ་བྱོན་གོང་དུ་ཨ་ཙ་ར་དམར་པོ་དང་། པཎྜི་ཏ་ཤམ་ཐབས་སྔོན་པོ་ཅན་སོགས་དང་། བོད་སྔ་རབས་པ་འགའ་ཞིག་གིས་སྔགས་ལ་བསྙད་བཏགས་པའི་ཆོས་ལོག་དར་བར་བྱས་པས། ལྷ་སྤྱོད་རྣམ་དག་འཛིན་པ་ཉུང་ཞིང་། སྦྱོར་སྒྲོལ་གྱི་སྤྱོད་སྤྱོད་མང་དུ་བྱུང་བ་ལ། ལྷ་བླ་མ་ཡེ་ཤེས་འོད། ཕོ་བྲང་ཞི་བ་འོད། ལོ་ཆེན་རིན་ཆེན་བཟང་པོ་སོགས་ཀྱིས་ཆོས་ལོག་སུན་འབྱིན་གྱི་ཡི་གེ་བཀྲམས་པས་ཀྱང་ཕན་པ་མ་བྱུང་བར། ཇོ་བོ་རྗེ་བྱོན་ནས་བསྟན་པ་ལ་དག་ཐེར་མཛད་ཐུབ་པ་བྱུང་བ་བཞིན། རྗེ་བླ་མའི་འཕྲིན་ལས་རྒྱས་པའི་གོང་ཙམ་དུ། རྗེ་རང་གི་བླ་མ་རེད་མདའ་བ་ཆེན་པོ། གཡག་ཕྲུག་སངས་རྒྱས་དཔལ་བ་ཐང་། པཎ་ཆེན་བྱམས་གླིང་པ་ཆེན་པོ། ལོ་ཆེན་སྐྱབས་མཆོག་དཔལ་བཟང་། ལོ་ཆེན་ནམ་མཁའ་བཟང་པོ། ཉ་དབོན་ཀུན་དགའ་དཔལ་བ་སོགས་མཁས་པའི་དབང་པོ་མཐའ་ཡས་པ་བཞུགས་བཞིན་དུ་འདུལ་བའི་བསྟན་པ་ཉམས་དམས་པར་གྱུར་པ་རྗེ་བླ་མས་གཞི་ནས་གསོས་པར་མཛད་ཚུལ་དང་། མགོན་པོ་ཀླུ་སྒྲུབ་ཀྱིས་ཇི་ལྟར་

བཞེད་པའི་ལྷ་བ་དང་། ཚུལ་གཉིས་ཀྱི་མདོའི་དྲང་ངེས་ཀྱི་ཁྱད་པར་ཟབ་ཅིང་གཏིང་མི་དཔོག་པ་རྣམས་དང་། པ་རྒྱུད་ཀྱི་སྒྱུ་ལུས་མ་རྒྱུད་ཀྱི་འོད་གསལ། དབང་བཞི་པའི་ལམ་ཟུང་འཇུག་སོགས་གདུལ་བྱའི་སྐལ་པས་མཁས་པ་ཕལ་མོ་ཆེས་མ་དགོངས་པ་ལྟར་མཛད་པ་རྣམས་ལ་མ་རྟོགས་པ་དང་ལོག་པར་རྟོག་པའི་དྲི་མ་རྣམས་བསལ་ཏེ། རྒྱལ་བའི་བསྟན་པ་ལ་རྒྱལ་བ་ཉིད་དང་མཚུངས་པའི་བྱ་བ་མཛད་པས། གངས་ཅན་མཁས་པ་སྤྱི་ཁྱབ་ཀུན་ལས་ཁྱད་པར་དུ་འཕགས་པའི་ཚུལ་རྣམ་ཐར་དད་པའི་འཇུག་ངོགས། གྲུབ་མཐའ་ཤེལ་གྱི་མེ་ལོང་། བསྟོད་པ་དོན་ལྡན་གྱི་འགྲེལ་པ་སོགས་ལས་ཤེས་པར་བྱ་ལ། འདིར་ནི་བོད་ཀྱི་གྲུབ་མཐའ་སོ་སོའི་མཁས་པ་རྣམས་ཀྱི་གཙུག་རྒྱན་དུ་གྱུར་ཚུལ་མདོ་ཙམ་བརྗོད་ན། འཛམ་གླིང་གི་ཁམས་རྣམས་སུ་སོ་སོ་སྐྱེ་བོ་རྟོག་གེ་པ་རྣམས་ཀྱིས་རང་རང་གི་བློས་བྱས་ཀྱིས་བཞག་པའི་གྲུབ་མཐའི་ཚུལ་དང་། ཐུབ་པ་སངས་རྒྱས་བཅོམ་ལྡན་འདས་ཀྱི་ཐུགས་བསྐྱེད་འཕྲིན་ལས་ལས་བྱུང་བའི་རྣམ་པར་དག་པའི་གྲུབ་པའི་མཐའ་ཡང་བཀྲུང་ལས་འདས་པས་ན། དེ་དག་གི་སྤྲོལ་ཕྱེ་ཞིང་འཛིན་པའི་མཁས་པ་མཐའ་དག་གི་གཙུག་རྒྱན་དུ་འགྱུར་ཚུལ་སུས་ཀྱང་དཔག་པར་དཀའ་བས་འཛམ་བུ་གླིང་གི་ཡུལ་གྱི་བྱེ་བྲག རྒྱལ་བསྟན་དར་བའི་ཡུལ་གྱི་གཙོ་བོ། བོད་ཁ་བ་ཅན་གྱི་མཁས་པ་རྣམས་ཀྱི་གཙུག་གི་རྒྱན་དུ་འགྱུར་ཚུལ་གྱི་ཆེ་བའི་ཡོན་ཏན་དྲན་པའི་ཆེད་དུ་གངས་ཅན་ཞེས་ཁྱད་པར་དུ་བྱས་པ་ཡིན་ནོ། གངས་ཅན་ཞེས་པའང་དབུས་གཙང་གི་ཕྱོགས་ཁོ་ན་ལ་མི་ཟེར་གྱི། ཡུལ་གྲུ་རྒྱ་ཆེ་བ་ཞིག་སྟེ། དེ་ཡང་འཛམ་གླིང་ཡུལ་གྱི་དབུས་རྡོ་རྗེ་གདན་ནས་བྱང་ཕྱོགས་སུ་དཔག་ཚད་དྲུག་ཅུ་ཙམ་ནས་བོད་ཀྱི་སྡེ་ཟིན་ཅིང་། དེ་ལ་ནང་གསེས་ཀྱིས་སྟོད་སྨད་བར་གསུམ་དུ་ཕྱེ་བའི་སྟོད་མངའ་རིས་སྐོར་གསུམ་ནི། སྤུ་རང་། མང་ཡུལ། ཟངས་དཀར་གསུམ་སྐོར་གཅིག འཆི། ན་གསུལ་ཏེ་གསུམ་སྐོར་གཅིག ཞང་ཞུང་། ཁྲི་ཏེ་སྟོད་སྨད་གསུམ་སྐོར་གཅིག་ཏུ་བྱེད། བར་དབུས་གཙང་རུ་བཞི་ནི། ཕྱར་དབུས་ལ། དབུ་རུ། གཡོན་རུ་གཉིས། གཙང་ལ་གཡས་རུ། རུ་ལག་གཉིས་ཟེར་ཡང་། ཆོས་རྒྱལ་གོ་ཤི་ཏན་གྱིས་ཁྲི་སྐོར་བཅུ་གསུམ་དབང་དུ་བསྡུས་ཏེ་རྒྱལ་དབང་རིན་པོ་ཆེར་ཕུལ་ཕྱིན་ལ། གཡས་རུ། གཡོན་རུ། སྦུས་རུ། གཙང་རུ་བཞིར་བྱེད་དོ། །སྨད་མདོ་ཁམས་སྒང་དྲུག་ནི། ཟལ་མོ་སྒང་། ཚ་བ་སྒང་། སྨར་ཁམ་སྒང་། སྤོ་འབོར་

སྣང་། དམར་ཛ་སྣང་། མི་ཉག་ར་བ་སྣང་དང་དྲུག་ལ་བྱེད། དེ་དག་ལ་བོད་ཆོལ་ཁ་གསུམ་དུ་འདང་གྲགས་ཏེ། མངའ་རིས་གུང་ཐང་ནས་སོག་ལ་སྐྱ་བོ་ཡན་དབུས་གཙང་ཆོས་ཀྱི་ཆོལ་ཁ། དེ་ནས་རྨ་ཆུ་ཁྱུག་པ་མདོ་སྟོད་ཡན་མིའི་ཆོལ་ཁ། དེ་ནས་རྒྱའི་མཆོད་རྟེན་དཀར་པོ་ཡན་མདོ་སྨད་རྟའི་ཆོལ་ཁར་བྱེད། དེ་ཐམས་ཅད་ལ་སྤྱིར་རས་གཟིགས་ཀྱི་འདུལ་ཞིང་ཁ་བ་ཅན་གྱི་རྒྱལ་ཁམས་ཞེས་ཟ་མ་ཏོག་བཀོད་པ་སོགས་མདོ་སྡེ་དུ་མར་གསུངས་ལ། གངས་ཅན་ཞེས་འདོགས་པའི་རྒྱུ་མཚན་ཡང་། གངས་རི་འི་དབང་པོ་འོ་དེ་གུང་རྒྱལ། གངས་རི་འི་དམག་དཔོན་རྨ་ཆེན་སྤོམ་ར། གངས་རི་འི་བློན་པོ་གཉན་ཆེན་ཐང་ལྷ་སོགས་གངས་ཆེན་བརྒྱད་ཀྱིས་སྐྱོ་བ་པའི་ཡུལ་ལྗོངས་ལ་ཟེར། དེས་ན་རྨ་ཆེན་གངས་ཀྱི་གཙོ་བོ་ཞིག་ཡིན་པས། མདོ་སྨད་གངས་ཅན་གྱི་ཡུལ་དུ་གཏོགས་ཤིང་། མདོ་ཁམས་ནི་སྟོན་ཆོས་རྒྱལ་གྱི་དུས་སུ་རྒྱ་བོད་ཀྱི་སོ་མཚམས་སོགས་སུ་བཞག་པ་ལས་མཆེད་པ་ཡིན་པས་སྐད་རིགས་ལའང་བརྡའ་རྙིང་ལ་འགྱུར་བ་མང་ཞིང་། དེའི་དབང་གིས་དབུས་གཙང་ལ་བོད་དང་། མདོ་ཁམས་ལ་བོད་ཆེན་པོར་གྲགས་པ་ཙམ་ལས་གཉིས་ཀ་གངས་ཅན་དུ་འདྲ་བ་དཔེར་ན། ཟན་ཤིའི་བྱང་ཕྱོགས་ཀྱི་རྒྱུད་ལ་རྒྱ་ནག་དང་། མན་ཧེད་སོགས་ལྷོ་རྒྱུད་ལ་རྒྱ་ནག་ཆེན་པོར་གྲགས་པས་གཉིས་ཀ་རྒྱ་ནག་ཏུ་འདྲ་བ་བཞིན་ནོ། །དེ་ལྟ་བུའི་གངས་ཅན་གྱི་ཡུལ་སྟོད་སྨད་བར་གསུམ་དུ་བྱོན་པའི་མཁས་པ་དང་གྲུབ་པའི་སློབ་དཔོན་སོ་སོས་བྱེ་བའི་གྲུབ་པའི་མཐའ་ཇི་སྙེད་བྱུང་བ་མཐའ་དག་སྒྲོ་སྐུར་མེད་པར་ཤེས་ནས། དེ་ཐམས་ཅད་ལས་རྗེ་བླ་མའི་བཀའ་སྲོལ་ཁྱད་པར་དུ་འཕགས་ཚུལ་སྟོང་ཞེན་ཙམ་མ་ཡིན་པར་ངེས་པ་སྐྱེད་པ་ཞིག་བྱུང་ན། རྗེ་བླ་མ་གངས་ཅན་མཁས་པའི་གཙུག་རྒྱན་དུ་གྲུབ་པར་འགྱུར་གྱི། དེ་འདྲ་མ་ཡིན་ན་ཧ་སྐད་སྨྲ་བ་འདོད་པ་ཙམ་དུ་འགྱུར་རོ། །དེའི་ཕྱིར་གྲུབ་མཐའ་ཤེལ་གྱི་མེ་ལོང་ལས། འདི་ན་གྲུབ་མཐའ་མི་གཙིག་པ། །སོ་སོའི་རྣམ་དབྱེ་མ་ཤེས་པར། །གཞན་གྱི་ཆོས་དང་གང་ཟག་ལ། །སྡང་ཞུགས་དབང་གིས་སྨོད་བྱེད་ཅིང་། །རང་གི་གྲུབ་མཐའ་ཁྱད་འཕགས་པའི། །རྒྱུ་མཚན་གང་ཡང་མ་ངེས་པར། །རྨོངས་ཞེན་ཙམ་གྱིས་ཆོག་འཛིན་པ། །འགྲོ་བཞི་ཡི་དབང་ཕྱུར་མང་། །ཞེས་སོ། །དེ་ཡང་། གངས་ཅན་གྱི་ལྗོངས་སུ་འཕགས་ཡུལ་གྱི་པཎ་གྲུབ་ལ་གཏུགས་པ་དང་མ་གཏུགས་པའི་མཁས་པ་དང་གྲུབ་པའི་སྐྱེས་བུ་དམ་པ་བགྲང་ལས་འདས་པ་

བྱོན་པ་ལས། འགའ་ཞིག་ནི་སངས་རྒྱས་བྱང་སེམས་ཀྱི་རྣམ་འཕྲུལ་དང་།འགའ་ཞིག་ནི་གཞུང་ལུགས་རྒྱ་མཚོའི་ཕ་རོལ་ཏུ་བྱོན་པ་དང་། འགའ་ཞིག་ནི་གྲུབ་པའི་གོ་འཕང་མཐོན་པོར་གཤེགས་པ་དང་། འགའ་ཞིག་ལ་དེ་ཐམས་ཅད་ཚང་བའང་ཡོད་པ་དེ་དག་གིས་རང་རང་གི་མཁྱེན་རབ་དང་ཉམས་མྱོང་གིས་རྣམ་པར་དཔྱད་པའི་སྲོལ་མི་འདྲ་བ་དང་། དེ་དག་ལ་མངའ་བའི་མདོ་ཕྱོགས་ཀྱི་བཤད་པ་དང་། སྔགས་ཕྱོགས་ཀྱི་གདམས་པ་མཐའ་ཡས་ཤིང་། རྗེ་བླ་མའི་མདོ་སྔགས་ཀྱི་གསུང་རབ་ནས་འབྱུང་བའི་ལེགས་བཤད་གཞན་དང་ཐུན་མོང་མ་ཡིན་པའང་མཐའ་ཡས་པས། དེ་ཐམས་ཅད་རེ་རེ་བཞིན་ནས་བླར་སྤྱོད་དུ་སྦྱར་ཏེ། མཆོག་དམན་གྱི་ཁྱད་འབྱེད་པ་དཀའ་བར་མ་ཟད་དེ་རིགས་ཐུན་མོང་དུ་བསྟུད་པ་དགག་བྱ་ཆེ་བས། རྗེ་ཡབ་སྲས་ཀྱིས་ཀྱང་ཕྱོགས་སྔ་སྙྲ་བ་པོའི་སྤུའི་ཡང་མཚན་ནས་སྨོས་ཏེ་དགག་བཞག་མཛད་སྲོལ་མེད་པ་བཅས། འདིར་ཙུང་ཟད་མཐའ་ཆོད་པའི་ཡན་ལག་ཏུ་གྲུབ་མཐའ་དེ་དག་གི་ཁུངས་སྨོས་པའི་སྒོ་ནས། སོ་སོའི་ལྟ་བའི་བཞེད་ཚུལ་དང་ཆོས་ཀྱི་སྙིང་པོ་དང་གཙོ་བོར་གྱུར་བ་གང་ཡིན་ལས་བརྟ་སྨྲ་སྟེ། ལྟོས་ས་ལྟོས་འཛོག་གི་སྒོ་ནས་མཆོག་དམན་གྱི་ཁྱད་འབྱེད་ཚུལ་རགས་རི་མ་ཙམ་གྱི་དབང་དུ་བགྱིས་ན། དེ་ཡང་བོད་དུ་བསྟན་པ་སྔ་དར་དང་ཕྱི་དར་ཞེས་སངས་རྒྱས་ཀྱི་བསྟན་པ་བྱུང་རིམ་གཉིས་ཀྱི་སྔ་མ་ནི་ཆོས་རྒྱལ་སྲོང་བཙན་སྒམ་པོའི་དུས་བསྟན་པའི་སྲོལ་གཏོད་པ་ནས་བཟུང་། རྒྱལ་པོ་གླང་དར་མས་བསྟན་པ་བསྣུབས་ཀྱི་བར་ལ་ཟེར། ཕྱི་མ་ནི། དེ་རྗེས་མདོ་སྨད་ནས་བླ་ཆེན་དགོངས་པ་རབ་གསལ་གྱིས་བསྟེན་རྫོགས་མཛད་པར་བརྟེན། བོད་ནས་ཀླུ་མེས་ཚུལ་ཁྲིམས་ཤེས་རབ་སོགས་མི་བཅུས་བླ་ཆེན་ལས་བསྙེན་རྫོགས་སྒྲུབ་པ་བོད་དུ་བྱོན་ནས་བསྟན་པ་སྤེལ་བས་བསྟན་པའི་མེ་རོ་སྨད་ནས་གསོས། །ལྷ་བླ་མ་ཡེ་ཤེས་འོད་ཀྱི་དུས་སུ་ལོ་ཙྪ་བ་རིན་ཆེན་བཟང་པོས་སྔོན་ནས་གསོས། །དེ་དག་ལ་བསྟན་པ་ཕྱི་དར་ཟེར་ཞིང་། བསྟན་པ་སྔ་དར་དང་ཕྱི་དར་གྱི་རྣམ་བཞག་ནི་སྔོམ་རྒྱུན་དང་འདུལ་བའི་ལག་ལེན་དར་ཚུལ་གྱི་སྒོ་ནས་བཞག་པ་ཡིན་པར་བཤད་དོ། །དེ་ལྟར་བསྟན་པ་སྔ་ཕྱིར་དར་བའི་སྐབས་ཆོས་ལུགས་མི་འདྲ་བའི་སྲོལ་ཕྱེ་ཞིང་། འཆད་སྤེལ་མཛད་པའི་སྐྱེས་མཆོག་དུ་མ་ཞིག་བྱོན་པས། དེ་དག་ནས་བྱུང་བའི་གྲུབ་པའི་མཐའ་མི་འདྲ་བ་མང་པོ་ཞིག་ཡོད་པ་རྣམས་ནི། འཕགས་ཡུལ་གྱི་གྲུབ

མཐའ་སྨྲ་བ་ལྟར་ལྟ་བའི་སྒོ་ནས་མིང་བཏགས་པའི་ངེས་པ་མེད་པར་བྱེ་སྨྲའི་སྡེ་པ་བཅོ་བརྒྱད་ལྟར་ཡུལ་གྱི་མིང་དང་སློབ་དཔོན་གྱི་མིང་ལས་བཏགས་པ་ཡང་ཡོད་ལ། གདམས་པའི་མིང་གིས་བཏགས་པའང་ཡོད་དེ། དཔེར་ན། ས་སྐྱ་པ། ཇོ་ནང་པ། ཤངས་པ། འབྲི་གུང་པ། ཞེས་པ་ལྟ་བུ་ཡུལ་གྱི་སྒོ་ནས་མིང་བཏགས་པ་མང་ཞིང་། ཀརྨ་པ། བུ་ལུགས་པ་ཞེས་པ་ལྟ་བུ་སློབ་དཔོན་གྱི་སྒོ་ནས་མིང་བཏགས་པ་དང་། བཀའ་གདམས་པ། རྫོགས་ཆེན་པ། ཕྱག་ཆེན་པ། ཞི་བྱེད་པ་ཞེས་པ་ལྟ་བུ་གདམས་པའི་སྒོ་ནས་མིང་བཏགས་པ་ལྟ་བུའོ། །དེ་ཡང་གངས་ཅན་ལྗོངས་སུ་གྲུབ་མཐའི་སྲོལ་མི་འདྲ་བ་མང་ཙམ་བྱུང་འདུག་ཀྱང་། ཉི་ཚེ་བ་འགའ་ཞིག་སྡེ་ཚན་གཅིག་ཏུ་བྱས་པས་དགྲུར་ཡོད་པའི་དོན་ལུགས་པ་ནི་འདིར་སྐབས་སུ་མ་བབ་ཅིང་། རྗེ་བླ་མ་ཉིད་གཞན་ཆོས་ལུགས་པ་བརྒྱད་ཀྱི་དགེ་ལྡན་པ་མ་གཏོགས་པའི་མཁས་པ་རྣམས་ཀྱི་གཙུག་རྒྱན་དུ་གྱུར་ཚུལ་བསམ་པ་སྐབས་སུ་བབས་པས། འདི་ལ་བདུན་ཏེ། རྙིང་མ་བ་དང་། བཀའ་གདམས་པ་དང་། བཀའ་བརྒྱུད་པ་དང་། ཞི་བྱེད་པ་དང་། ས་སྐྱ་པ་དང་། ཇོ་ནང་པ་དང་། གྲུབ་མཐའ་ཉི་ཚེ་བ་འགའ་ཞིག་གི་མཁས་པའི་གཙུག་རྒྱན་དུ་འགྱུར་ཚུལ་ལ། དང་པོ་ནི། མདོ་ཕྱོགས་ལ་གསར་རྙིང་གི་དབྱེ་བ་མ་བྱུང་བས། གསང་སྔགས་ཀྱི་བསྟན་པ་དར་ཚུལ་གྱི་སྒོ་ནས་གསར་རྙིང་གི་རྣམ་བཞག་བྱེད་ལ། དེ་ལའང་བཤད་ཚུལ་མི་འདྲ་བ་ཡོད་ཀྱང་གྲགས་ཆེ་བ་ནི། པཎ་ཆེན་སྨྲྀ་ཏི་བྱོན་པ་ཡན་ཆད་དུ་བསྒྱུར་བའི་རྒྱུད་རྣམས་ལ་གསང་སྔགས་རྙིང་མ་དང་། ལོ་ཙྪ་བ་རིན་ཆེན་བཟང་པོ། འབྲོག་མི། འགོས་ལོ། །མར་པ་སོགས་ཀྱིས་བསྒྱུར་བ་ཕྱིན་ཆད་དུ་གསར་མའི་ཐ་སྙད་བྱེད་དོ། །དེ་ཡང་རྒྱལ་པོ་སྲོང་བཙན་གྱི་དུས་རྒྱ་གར་ནས་སློབ་དཔོན་ཀུ་ས་ར་དང་། བྲམ་ཟེ་ཤཾ་ཀ་ར། བལ་པོའི་སློབ་དཔོན་ཤཱི་ལ་མཉྫུ་སོགས་སྤྱན་དྲངས་ནས་རྒྱུད་ཀྱི་ཆ་ལག་མང་དུ་བསྒྱུར་བ་དང་། ཆོས་རྒྱལ་སྲོང་བཙན་སྒམ་པོས་ཐུགས་རྗེ་ཆེན་པོའི་བསྐྱེད་རྫོགས་ཀྱི་གདམས་པ་རྒྱ་ཆེར་གསུངས་ཤིང་ཉམས་སུ་ལེན་པ་ཡང་མང་དུ་བྱུང་བ་བཤད་པས་རྙིང་མའི་ཆོས་དེ་དུས་ནས་བྱུང་ཞིང་། མངའ་བདག་ཁྲི་སྲོང་གི་དུས་སློབ་དཔོན་པདྨ་དང་། སྔགས་འཆང་ཧཱུྃ་ཀཱ་ར། བི་མ་ལ་མི་ཏྲ། སངས་རྒྱས་གསང་བ། ཤཱནྟི་གརྦྷ་སོགས་རྒྱ་གར་གྱི་པཎྜི་ཏ་མང་པོ་བྱོན་ནས་དབང་དང་གདམས་ངག་ཅི་རིགས་བཤད་ལ། གསང་བ་འདུས་པ་དང་། ཟླ་གསང་ཐིག་ལེ་སོགས་ཏནྟྲ་སྡེ་བཅོ་བརྒྱད་

ཀྱང་དར། ལོ་ཆེན་བཻ་རོ་ཙ་ན། གཉགས་ཀུ་མ་ར། ཟ་རིན་ཆེན་མཆོག །གཉུབས་སངས་རྒྱས་ཡེ་ཤེས་སོགས་ཀྱིས་ཀུན་བྱེད་རྒྱལ་པོ། །མདོ་དགོངས་འདུས། སྒྱུ་འཕྲུལ། སྒྲུབ་སྡེ་བརྒྱད་ཀྱི་སྐོར་རྣམས་བསྒྱུར་ཏེ་དར་བར་མཛད་དོ། །དེས་ན་གསང་སྔགས་རྙིང་མའི་ཆོས་དར་ཆེ་བ་ནི་སློབ་དཔོན་དེ་དག་དང་། གཙོ་བོར་སློབ་དཔོན་པདྨ་སམྦྷ་ཝ་ནས་བྱུང་བ་ཡིན་ལ། དེས་ན་དངོས་དགུ་རུའི་རྗེས་འབྲང་ཁོ་ན་ལ་རྙིང་མ་པ་ཞེས་འབོད་པ་ནི་སྐྱི་མེད་སྨྲས་ལ་ཐོགས་པ་ཡིན་ནོ། །དེས་ན་འགའ་ཞིག་གིས་སློབ་དཔོན་པདྨས་བོད་དུ་ཟླ་བ་ཁ་ཤས་ལས་མ་བཞུགས་ཤིང་། དེའི་རིང་ལའང་ལྷ་སྲིན་འདུལ་བ་དང་བསམ་ཡས་ཀྱི་རབ་གནས་མཛད་པ་ཙམ་ལས་ཆོས་མང་དུ་མ་གསུངས། སློབ་དཔོན་ཕྱིར་གཤེགས་རྗེས། ཤུ་སྟེགས་པ་ཞིག་སློབ་དཔོན་དུ་བརྫུས་ནས་མགོ་ལ་རྒོད་སྒྲོ་གཙུགས་པ་སོགས་དེང་སང་ཨོ་རྒྱན་ཟ་ཧོར་མར་གྲགས་པ་འདིའི་ཆ་བྱད་དུ་འོངས་ནས་རྙིང་ཆོས་སྔ་ཚོགས་དར་བར་བྱས་སོ་ཟེར་བ་ནི་ཆགས་སྡང་གི་གཏམ་དང་། ཡང་འགའ་ཞིག་གིས་རྙིང་ཆོས་རྣམས་གུ་རུ་ཆོས་དབང་ཞེས་བྱས་པ་ཡིན། ཨོ་རྒྱན་ཟ་ཧོར་མར་གྲགས་པ་འདི་ཡང་ཁོང་གི་ཆ་བྱད་ཡིན་ཟེར་བའང་གུ་རུ་ཆོས་དབང་དུས་ཀྱི་གཏེར་སྟོན་ཡིན་པ་མ་ཤེས་པའི་བབ་ཅོལ་ཡིན་པར་གསུངས། རྙིང་མའི་ལུགས་ལ་ཐེག་པ་རིམ་པ་དགུའི་རྣམ་བཞག་བྱེད་དེ། ཉན་ཐོས་རང་རྒྱལ་བྱང་སེམས་ཏེ་ཐུན་མོང་གི་ཐེག་པ་གསུམ།ཀྲི་ཡ་ཨུ་པ་ཡོ་ག་སྟེ་གསང་སྔགས་ཀྱི་ཕྱིའི་ཐེག་པ་གསུམ། བསྐྱེད་པ་མཧཱ་ཡོ་ག །ལུང་ཨ་ནུ་ཡོ་ག །རྫོགས་པ་ཆེན་པོ་ཨ་ཏི་ཡོ་ག་སྟེ་ནང་གི་ཐེག་པ་བླ་ན་མེད་པ་གསུམ་བཅས་དགུའོ། །བརྒྱུད་པའི་རིམ་པ་ལ། རྒྱལ་བ་དགོངས་བརྒྱུད། རིག་འཛིན་བརྡའ་བརྒྱུད། གང་ཟག་སྙན་བརྒྱུད་གསུམ་དང་། ཡང་བཀའ་བབས་ལུང་བསྟན་གྱི་བརྒྱུད་པ། ལས་འཕྲོ་གཏེར་གྱི་བརྒྱུད་པ། སྨོན་ལམ་གཏད་རྒྱའི་བརྒྱུད་པ་སྟེ་དྲུག་གི་རྣམ་བཞག་ཀྱང་བྱེད་དོ། །ཡང་ལུགས་འདི་ལ་རིང་བརྒྱུད་བཀའ་མ། ཉེ་བརྒྱུད་གཏེར་མ། ཟབ་མོ་དག་སྣང་གི་བརྒྱུད་པ་སྟེ་གསུམ་དུ་ཡང་འབྱེད་པའི་བཀའ་མ་ལ། སྒྱུ་འཕྲུལ་གསང་བ་སྙིང་པོའི་སྐོར་དང་། འདུས་པ་མདོ་ཞེས་པ་ན་རྒྱུད་ཀུན་འདུས་རིག་པའི་མདོ་དང་། བཤད་རྒྱུད་མདོ་དགོངས་འདུས་གཉེར་དང་། རྫོགས་པ་ཆེན་པོ་སེམས་ཕྱོགས་ཏེ། དེ་གསུམ་ལ་མདོ་སྒྱུ་སེམས་གསུམ་ཞེས་བྱ་རྫོ་རྗེ་ཞབས་དང་། རྫོགས་པ་ཆེན་པོ་སྙིང་ཐིག །མཁའ་

འགྲོ་སྙིང་ཏིག་རྣམས་ཀྱང་བཀའ་མའི་སྐོར་ཡིན་ལ། ཡི་དམ་གྱི་ལྷའི་གཙོ་བོ་ནི། སྒྲུབ་པ་བཀའ་བརྒྱད་དུ་གྲགས་པ་སྟེ། འཇམ་དཔལ་སྐུ། པདྨ་གསུང་། ཡང་དག་ཐུགས། བདུད་རྩི་ཡོན་ཏན། ཕུར་པ་འཕྲིན་ལས་རྣམས་ལ་འཇིག་རྟེན་ལས་འདས་པའི་སྡེ་ལྔ་ཟེར་ཞིང་། དེ་ལྔ་ལ་རྒྱུད་སོ་སོ་ཡང་ཡོད་ལ། ཕུར་པའི་རྩ་རྒྱུད་ཀྱི་དུམ་བུ་ཞིག་རྒྱ་དཔེ་ལས་ས་པཎ་གྱིས་བསྒྱུར་བ་ཞིག་ཀྱང་སྣང་ངོ་། །མ་མོ་རྦོད་གཏོང་། དམོད་པ་དྲག་སྔགས། འཇིག་རྟེན་མཆོད་བསྟོད་རྣམས་ལ་འཇིག་རྟེན་པའི་སྡེ་གསུམ་ཞེས་གྲགས་ལ། དེ་དག་ནི་སློབ་དཔོན་པདྨས་བོད་ཀྱི་ལྷ་འདྲེ་གདུག་པ་ཅན་བཏུལ་བ་རྣམས་ལ་དབང་བསྐུར་ཏེ་དམ་ཚིག་ལ་བཞག་ནས་རིས་སུ་བཅད་པའི་སྡེ་གསུམ་པོ་འཇིག་རྟེན་ལ་ཕན་གདགས་པའི་རྩ་ལག་ཏུ་སྒྲུབ་པའི་ཐབས་ཀྱི་རིམ་པ་བསྟན་པ་སྟེ། སྤྱོད་རྒྱུད་འཇིག་རྟེན་པའི་དཀྱིལ་འཁོར་དག་དང་རྣམ་བཞག་མཚུངས་པ་ཡིན་གསུང་། དེ་དག་ལས་ཡང་ཕུར་གཉིས་ས་སྐྱའི་ཕྱོགས་དང་། པདྨ་གསུང་གི་ནང་ཚན་རྟ་མགྲིན་གསང་སྒྲུབ་དང་ཡང་གསང་གཉིས་ད་ལྟ་རང་རེ་དགེ་ལུགས་ཕྱོགས་སུ་དར་ཆེ་བར་བྱུང་ངོ་། །དེ་ས་ན་སྔར་དར་མས་བསྟན་པ་བསྣུབས་པའི་དུས་སུ་ཡང་། གསང་སྔགས་རྙིང་མ་ནི་རྒྱུན་མ་ཆད་པར་གནས་པར་མངོན་ནོ། །རྙིང་མའི་ཆོས་ཀྱི་སྙིང་པོར་གྱུར་པ་ནི་མན་ངག་རྫོགས་པ་ཆེན་པོར་གྲགས་པ་སྟེ། དྲིན་དང་བྲལ་བའི་ད་ལྟའི་རིག་པ་གསལ་སྟོང་རྗེན་པ་འདི་ལ་རྫོགས་པ་ཆེན་པོ་ཞེས་བྱ་ཞིང་། དེའི་སྒྲ་བཤད་ཀྱང་། སྣང་སྲིད་འཁོར་འདས་ཀྱིས་བསྡུས་པའི་ཆོས་ཐམས་ཅད་རིག་པ་སྟོང་པ་འདིའི་ནང་དུ་རྫོགས་པས་རྫོགས་པ་དང་། དེ་ལས་ལྷག་པའི་འཁོར་བ་ལས་གྲོལ་བའི་ཐབས་གཞན་མཆོག་ཏུ་འགྱུར་བ་མེད་པས་ན་ཆེན་པོ་ཞེས་པ་ཡིན་པར་བཤད། རྫོགས་ཆེན་པ་ནང་གསེས་ཀྱིས་དབྱེ་ན། སེམས་སྡེ། ཀློང་སྡེ། མན་ངག་གི་སྡེ་གསུམ་ལས། དང་པོ་གཉིས་བཻ་རོ་ཙ་ན་དང་། ཕྱི་མ་བི་མ་ལ་མི་ཏྲ་ནས་བརྒྱུད་པའི་མན་ངག་ཡིན་འདུག །གཞན་ཡང་། ངོ་བོ་ཀ་དག །རང་བཞིན་ལྷུན་གྲུབ། ཐུགས་རྗེ་ཀུན་ཁྱབ་གསུམ་གྱི་ཐ་སྙད་བྱེད་དེ། ཐོག་མའི་གནས་ལུགས་གཞི་སྐྱེ་བ་མེད་པའི་སྟོང་པ་ལ་ངོ་བོ་ཀ་དག་དང་། སྟོང་པ་ཉིད་དེའི་མདངས་འགག་པ་མེད་པ་དེ་ལ་རང་བཞིན་ལྷུན་གྲུབ་དང་། དེའི་རྩལ་དག་མ་དག་ཅིར་ཡང་འཆར་བ་ལ་ཐུགས་རྗེ་ཀུན་ཁྱབ་ཅེས་བྱ་ཞིང་། དང་པོ་ལ་རིག་སྟོང་དབྱེར་མེད། གཉིས་པ་ལ་གསལ་སྟོང་དབྱེར་མེད། གསུམ་

པ་ལ་སྣང་སྟོང་དབྱེར་མེད་ཀྱི་ཐ་སྙད་མཛད། འདོར་ན་ད་ལྟའི་རང་གི་རིག་པ་དྲི་མ་མེད་པ་གསལ་སྟོང་འཛིན་མེད་འདི་ཁ་ཡན་དུ་གློད་ཅིང་། རྣམ་རྟོག་སྣང་བ་གནས་འགྱུ་གང་ལ་འང་བཟང་ངན་དགག་སྒྲུབ་མི་བྱ་བར་རིག་སྟོང་རྗེན་པར་སྐྱོང་བ་འདི་རྫོགས་ཆེན་སྒོམ་ཚུལ་གྱི་སྙིང་པོ་སློབ་དཔོན་ཆེན་པོའི་དགོངས་བཅུད་བླ་ན་མེད་པ་ཡིན་ནོ་ཞེས་བཤད། དེ་ལྟ་ན་ཡང་རྒྱལ་པོ་ཁྲི་སྲོང་ལྡེ་བཙན་གྱི་དུས་ཀྱི་ལྟ་སྤྱོད་རྣམས་ཁྲི་སྲོང་གི་ལུང་གིས་མཁན་པོ་བོ་དྷི་སཏྭའི་ལུགས་བཞིན་དུ་གྱིས་ཤིག་པའི་ཁྲིམས་བསྒྲགས་པར་བཤད་པས། དེ་དུས་ཀྱི་ལྟ་བ་ནི་གླུ་སྒྲུབ་ལུགས་ཀྱི་ལྟ་བ་ལས་མ་འདས་ཤིང་། མཁན་ཆེན་ཞི་བ་འཚོ་དང་སློབ་དཔོན་པདྨ་གཉིས་ཀའི་སློབ་མ་ལོ་ཆེན་ཡེ་ཤེས་སྡེའི་ལྟ་བའི་བརྗེད་བྱང་དུ། རྣལ་འབྱོར་སྤྱོད་པའི་དབུ་མ་རང་རྒྱུད་པའི་ལུགས་ཇི་ལྟ་བ་བཞིན་བྱས་སྣང་ངོ་། །ཞེས་དང་། དེའི་ཕྱིར་བསྟན་པ་སྔ་དར་ལ་སེམས་ཙམ་པའི་ལུགས་འཛིན་པའི་པཎྜི་ཏ་འགའ་ཞིག་ཀྱང་བྱོན་མོད་ཀྱང་། གཙོ་བོ་ནི་ཞི་བ་འཚོ་དང་ཀ་མ་ལ་ཤཱི་ལའི་ལུགས་ཡིན་པས་དབུ་མ་རང་རྒྱུད་པའི་ལྟ་བ་ཉིད་དར་སོ་ཆེ་བར་སྣང་ངོ་། །ཞེས་ལྕང་སྐྱ་ཐམས་ཅད་མཁྱེན་པའི་གྲུབ་མཐའི་རྣམ་བཞག་ཏུ་གསུངས་སོ། །གོང་ལྟར་ཡང་རྫོགས་ཆེན་པའི་ལྟ་བ་འདི་རྩ་བ་རྣམ་དག་ཡིན་ཀྱང་ཕྱིས་སུ་སྣད་ཞུགས་པ་ཡིན་པར་རྗེ་བླ་མས་གསུང་ཚུལ་ཇོ་གདན་བསོད་ནམས་ལྷུན་གྲུབ་དང་། ལྷུ་ལ་བཀའ་བཅུ་པས་མཛད་པའི་རྗེ་བླ་མའི་རྣམ་ཐར་དུ་བཤད་ཡོད་པར་སྣང་ལ། རྗེའི་བུ་ཆེན་འགའ་ཞིག་དང་། ཕྱིས་ཀྱི་རང་རེའི་ཚད་ལྡན་འགའ་ཞིག་སོགས་གྲུབ་མཐའི་རིས་མེད་ཀྱི་དམ་པ་དུ་མས་སྙིང་ཆོས་འགའ་ཞིག་ཉམས་བཞེས་འཆད་སྤེལ་ཡིག་འཛིན་ག་ཅི་རིགས་མཛད་པའང་ཡོད་པས། ཆོས་ལུགས་དེའི་རང་ལོག་ནས་རྣམ་དག་ཞིག་ཡིན་པར་ནི་ངེས་པས། སྣད་ཞུགས་པ་ཙམ་གྱིས་འདི་ནི་ལོག་པའི་ཆོས་སོ་ཞེས་སྐུར་པ་འདེབས་པ་མི་རུང་སྟེ། གཡའ་ཞུགས་པའི་གསེར་ལ་འདི་ནི་ར་གན་ནོ་ཞེས་ཟེར་མི་རུང་བ་དང་མཚུངས་སོ། །དེས་ན་དེ་ལྟ་བུའི་རྣམ་དབྱེ་མ་ཤེས་པར་གསང་སྔགས་སྙིང་མ་དང་སློབ་དཔོན་པདྨའི་མཚན་སྨོས་པ་ཙམ་གྱིས་སྐྱུག་བྲོ་བྱེད་པ་དག་སྣང་བ་ནི་ཡ་ང་བའི་གནས་སུ་མཐོང་ངོ་། །རང་ཕྱོགས་ཀྱི་མཁས་པ་འགའ་རེ་ས་རྫོགས་ཆེན་པ་དང་ཕྱག་རྒྱ་པ་དང་ས་སྐྱ་པ་སོགས་ཀྱི་ལྟ་སྒོམ་ལ་དགག་པ་མཛད་པ་ལྟར་སྣང་བ་ནི། དེ་དག་གི་ཕྱོགས་བཟུང་ནས་ནོར་བར་སྨྲ

བ་འགའ་རེ་ལ་མིང་གི་ཐ་སྙད་དེ་དག་དང་བསྟུན་ནས་དགག་པ་བྱས་པ་མ་གཏོགས། དེ་དག་གི་རྩ་བའི་ཆོས་ལུགས་ལ་དགག་པ་བྱས་པ་མ་ཡིན་པར་གུང་ཐང་རིན་པོ་ཆེས་རྗེ་བླ་མའི་བསྟོད་པ་དོན་ལྡན་གྱི་འགྲེལ་པར་གསུངས་སོ། །གཏེར་མ་ནི།སློབ་དཔོན་ཆེན་པོ་སོགས་ཚད་མའི་སྐྱེས་བུ་འགའ་ཞིག་གིས་མ་འོངས་པའི་གདུལ་བྱའི་དོན་དུ་མཆོག་ཐུན་གྱི་དངོས་གྲུབ་སྒྲུབ་པའི་གདམས་པ་མང་པོ་གནས་དུ་མར་གཏེར་དུ་སྦས་ཏེ་རྒྱུད་མི་ཟ་བར་བྱིན་གྱིས་བརླབས་ཤིང་གཏེར་བསྲུང་ལ་གཉེར་དུ་གཏད། སྐལ་ལྡན་ལས་འཕྲོ་ཅན་དང་འཕྲད་པའི་སྨོན་ལམ་བཏབ། དུས་ནམ་གྱི་ཚེ་འདོན་པ་དང་། དུས་དེར་འདོན་རན་པའི་ལུས་དང་མཚན་མ་ཇི་ལྟར་བྱུང་ཚུལ། གཏེར་སྟོན་གང་གིས་འདོན་པ་དེའི་མིང་རུས་མཚན་རྟགས་དང་བཅས་པ་གཏེར་གྱི་ཁ་བྱང་དུ་བཏབ། ནམ་ཞིག་གནས་དུས་གང་ཟག་ཐམས་ཅད་མ་ནོར་བར་འཛོམ་པ་ན་གཏེར་དེ་ཐོན་ནས་རང་གིས་ཉམས་སུ་ལེན་པ་དང་སྐལ་ལྡན་གཞན་ལ་སྤེལ་བ་ལ་གཏེར་ཆོས་ཞེས་གྲགས་སོ། སྤྱིར་གཏེར་ཆོས་རྒྱ་གར་དུའང་བྱུང་ཞིང་། བོད་དུ་གྲུབ་མཐའ་གཞན་ལའང་ཡོད་པར་མ་ཟད། རྗེ་བོས་རྒྱལ་པོའི་བཀའ་ཆེམས་གཏེར་ནས་བཞེས་པ་དང་། རྗེ་བླ་མས་འགོག་པ་རི་ནས་གཏེར་བཞེས་པ་སོགས་ཡོད་པས། གཏེར་ཆོས་ཐམས་ཅད་སྙིང་མའི་ཆོས་སུ་མ་ངེས་ལ། གཏེར་སྟོན་བརྫུས་མ་འགའ་ཞིག་ཀྱང་ཡོད་མོད། པཎ་བཀའི་ཐང་ཡིག་ནས་ལུང་བསྟན་པའི་སངས་རྒྱས་བླ་མ་ནས་བདེ་ཆེན་གླིང་པའི་བར་དང་། ལུང་ཚད་ལྡན་གཞན་གྱིས་ཟིན་པ་དང་མ་ཟིན་པའི་མྱོང་གྲོལ་གྱི་གཏེར་སྟོན་མང་པོ་ཙམ་བྱུང་བ་བཅས་ཆོས་རྒྱལ་དབང་པོའི་སྡེས་མཛད་པའི་གཏེར་སྟོན་བརྒྱ་རྩའི་གསོལ་འདེབས་སུ་བྱུང་བ་ལྟར་ལ། ད་ལྟ་མཆོག་དམན་ཀུན་ལ་ཕན་པའི་ཁྲབ་བརྡལ་ཆེ་བ་སྨན་གྱི་རྒྱུད་བཞི་སོགས་གསོ་དཔྱད་སྐོར་མང་པོ་ཞིག་ཀྱང་གཏེར་སྟོན་གྲྭ་པ་མངོན་ཤེས་འཆར་གྱིས་གཏེར་ནས་བཏོན་པའི་གཏེར་ཆོས་ཡིན་པར་བཤད། ཟབ་མོ་དག་སྣང་གི་བརྒྱུད་པ་ནི། སྐྱེས་བུ་དམ་པ་འགའ་ཞིག་ལ་ཡི་དམ་ལྷས་དངོས་སུ་གནང་བའི་གདམས་པ་རྣམས་ལ་ཟེར་ཞིང་། འདི་ཡང་གྲུབ་མཐའ་ཐམས་ཅད་ལ་ཡོད་དོ། །སྤྱིར་རྙིང་མ་ལ་སྔོན་དུས་སུ་གྲུབ་པའི་གོ་འཕང་མཐོན་པོར་ཕྱིན་ཅིང་། ཚེའི་རིག་འཛིན་བརྙེས་པའང་མང་དུ་བྱོན་ལ། ཞི་འཚོ་ཡབ་སྲས་ཀྱི་ལྟ་སྤྱོད་འཛིན་པ་དང་། སྔ་དར་གྱི་དུས་སུ་བསྒྱུར་བའི་ཤེར་ཕྱིན་སོགས་མདོ་

ཕྱོགས་ལའང་མཁས་པ་མང་དུ་བྱོན་པར་ངེས་ཤིང་། ཕྱིས་ཀྱི་སྙིང་མའི་ཁྲིད་དུའང་ཀློང་ཆེན་རབ་འབྱམས་པ་དང་། ལོ་ཆེན་རྣམ་ཤྲཱི་སོགས་མདོ་སྔགས་གསར་རྙིང་ཀུན་ལ་མཁས་ཤིང་། རྟོགས་པ་མཐོང་དུ་གྱུར་བའི་གྲུབ་པའི་རིག་འཛིན་ཆེན་པོ་མང་དུ་བྱོན་མོད། བསྟན་པ་ཡོངས་རྫོགས་ཀྱི་གནད་འཁྲུལ་པ་མེད་པར་གཏན་ལ་ཕབ་པ་རྗེ་བླ་མ་འདི་ལྟ་བུ་མ་བྱུང་བར་སྣང་སྟེ། དེ་ཡང་སློབ་དཔོན་ཆེན་པོ་པདྨ་ཀ་རས། དང་པོ་དལ་འབྱོར་རྙེད་དཀའ་དང་། །འཆི་བ་མི་རྟག་ནན་ཏན་བསྒོམ། །དཀར་ནག་ལས་ཀྱི་འབྲས་བུ་དང་། །འཁོར་བའི་ཉེས་དམིགས་དག་ལ་བསམ། །ཐོག་པའི་ལམ་ལས་ལྡོག་པའི་ཕྱིར། །དཀོན་མཆོག་གསུམ་ལ་སྐྱབས་སུ་འགྲོ། །མཁའ་མཉམ་འགྲོ་ལ་ཚད་མེད་པའི། །སྙིང་རྗེས་བྱང་ཆུབ་སེམས་བསྐྱེད་བྱ། །ཞེས་སྐྱེས་བུ་གསུམ་གྱི་ལམ་ལ་མཐར་ཆགས་སུ་བློ་སྦྱངས་དགོས་པར་གསུངས་ཤིང་། །ཕྱི་ལྟར་མན་ངག་མདོ་སྡེའི་ལུགས་སུ་སྤྱད། །རྒྱུ་འབྲས་སྤང་བླང་ཞིབ་པའི་དགོས་པ་ཡོད། །ནང་ལྟར་གསང་སྔགས་ཐུན་མོང་གཞུང་ལྟར་སྤྱད། །བསྐྱེད་རྫོགས་དོན་དང་འབྲེལ་བའི་དགོས་པ་ཡོད། །གསང་བ་གསང་ཆེན་ཨ་ཏིའི་ལུགས་སུ་སྦྱར། །ཚེ་གཅིག་འོད་སྐུར་གྲོལ་བའི་དགོས་པ་ཡོད། །ཞེས་ཕྱི་མདོ་སྡེའི་ལུགས་ལྟར་འདུལ་བའི་བཅས་པ་དང་ལས་འབྲས་ཀྱི་རྣམ་བཞག་ལ་བླང་དོར་ཚུལ་བཞིན་དུ་བྱེད་པ་དང་། ནང་གསང་སྔགས་ཀྱི་རྒྱུད་སྡེ་སྤྱི་དང་མཐུན་པར་བསྐྱེད་རྫོགས་ཀྱི་རྣལ་འབྱོར་གྱིས་གཞུང་བསྲང་དགོས་པ་དང་། གསང་བ་གསང་ཆེན་ཨ་ཏི་ཡོ་གས་རྙོ་སྨྱུར་གྱི་ཟབ་ཁྲིད་འདོན་པ་སུམ་སྒྲིལ་དུ་དགོས་པར་གསུངས་པ་ལྟར། དེ་ལྟར་ན་རྗེ་བླ་མས་སྐྱེས་བུ་གསུམ་གྱི་ལམ་རིམ་དང་། འདུལ་བའི་བཅས་མཚམས། རྒྱུད་སྡེ་སྤྱི་དང་མཐུན་པའི་བསྐྱེད་རྫོགས་ཀྱི་སྐོར་ལ་སྟོན་མེད་པའི་ལེགས་བཤད་སྤེལ་བར་མཛད་པས། གསར་རྙིང་ཐུན་མོང་བའི་སྐོར་ལ་སུས་ཀྱང་མ་ཐོན་པའི་དག་ཐེར་མཛད་པར་ནི་ཚོད་མེད་དུ་འགྲུབ་ལ། དངོས་བསྟན་ལ་རྙིང་མ་བའི་ཐུན་མོང་མ་ཡིན་པའི་སྐོར་རྣམས་བཏང་སྙོམས་སུ་མཛད་འདུག་ཀྱང་། དོན་གྱིས་དེ་དག་གི་གནད་འགག་གཙོ་ཆེ་བ་རྣམས་ལ་དག་ཐེར་མཛད་པར་སོང་བ་མང་དུ་ཡོད་པར་དཔོག་ནུས་ལ། ཁྱད་པར་དུ་གོང་དུ་བརྗོད་པ་བཞིན་བསྟན་པ་སྔ་དར་གྱི་དུས་སུ་གཙོ་བོར་བྱེད་པའི་དབུ་མ་རང་རྒྱུད་པའི་ལྟ་གྲུབ་ལ་དག་ཐེར་མཛད་པ་མངོན་སུམ་གྱིས་གྲུབ་པ་ན། རྗེ་བླ་མ་ཉིད་

རྫོགས་ཆེན་པའི་མཁས་པ་རྣམས་ཀྱི་གཙུག་རྒྱན་གྲུབ་པའོ། །གཉིས་པ་བཀའ་གདམས་པའི་བསྟན་པ་ལ་དག་ཐེར་སོགས་ཇི་ལྟར་མཛད་པའི་ཚུལ་ནི། བླ་མ་གོང་མ་རྣམས་བཀའ་གདམས་པ་ཞེས་པའི་སྒྲ་བཤད་ལ་མི་འདྲ་བ་འགའ་གསུངས་ཀྱང་། རྗེ་བླ་མས་རྒྱལ་བའི་བཀའ་ལས་ཡི་གེ་ན་གཅིག་ཀྱང་བཞག་ཏུ་མེད་པར་གདམས་ངག་ཏུ་གོ་བ་ཉིད་བཀའ་གདམས་ཞེས་པའི་དོན་ཡིན་པར་བཞེད་དེ། དེ་སྣ་རྒྱལ་བའི་བཀའ་སྡེ་སྣོད་གསུམ་གྱི་དོན་ཐམས་ཅད་ཨ་ཏི་ཤའི་གདམས་པ་སྐྱེས་བུ་གསུམ་གྱི་ལམ་རིམ་དུ་བསྡུས་ནས་ཉམས་སུ་ལེན་པས་ན་འཀའ་གདམས་པ་ཞེས་བྱའོ། །ལུགས་སྲོལ་རྨད་དུ་བྱུང་བ་འདི་ཉིད་ཇོ་བོ་ཆེན་པོ་དཔལ་ལྡན་ཨ་ཏི་ཤ་ནས་དབུ་བརྙེས། འབྲོམ་རིན་པོ་ཆེས་སྲོལ་ཕྱེ། སྐུ་མཆེད་གསུམ་གྱིས་རྒྱས་པར་མཛད། གླང་ཤར་གཉིས་དང་བྱ་ཡུལ་བ་སོགས་ཀྱིས་དེ་ལས་ཀྱང་རྒྱས་པར་མཛད་པ་ཡིན་གསུང་། དེ་ལ་ཇོ་བོ་ཡབ་སྲས་ཀྱི་སྐུ་ཆེ་བའི་རྣམ་པར་ཐར་པ་ནི་གྲགས་ཆེ་ལ། ལྷོ་བྲག་མར་པ་ཡང་ཇོ་བོའི་སློབ་མར་གྱུར་ཅིང་། དེའི་རྗེས་འཇུག་མཉམ་མེད་དྭགས་པོ་ལྷ་རྗེ། ཕག་མོ་གྲུབ་པ། འབྲི་གུང་པ། ཀརྨ་དུས་གསུམ་མཁྱེན་པ། སྟག་ལུང་པ་སོགས་བཀའ་བརྒྱུད་པ་རྣམས་དང་། གཞན་ཡང་འཛམ་དབྱངས་ས་པཎ་རྗེས་འབྲངས་དང་བཅས་པ་དང་། རྗེ་བླ་མས་ཀྱང་བཀའ་གདམས་པའི་ལུགས་སྲོལ་གཞིར་བཞག་མཛད་པས་གངས་ལྗོངས་ཀྱི་ཆོས་ལུགས་རྣམ་པར་དག་པ་ཕལ་ཆེ་བ་བཀའ་གདམས་ལ་གཏུགས་པ་སོགས་བཀའ་སྲོལ་འདིའི་འཕྲིན་ལས་ཤིན་ཏུ་རྒྱ་ཆེའོ། །བཀའ་གདམས་པའི་ཆོས་ཀྱི་རྣམ་གྲངས་ནི། སྤྱིར་རྒྱལ་བའི་གསུང་རབ་ལ་སྤོང་ལེན་མི་བྱེད་པར་ཐམས་ཅད་གང་ཟག་གཅིག་འཚང་རྒྱ་བའི་ཆ་རྐྱེན་དུ་འཁྱེར་བ་བཀའ་གདམས་པའི་ཁྱད་ཆོས་ཡིན་པས། བཀའ་གདམས་སུ་མ་འདུས་པའི་ཆོས་མེད་ནའང་། ཡོངས་སུ་གྲགས་པ་ལ་གཞུང་དང་གདམས་ངག་གཉིས་སམ་མན་ངག་དང་གསུམ་དུ་ཡང་ཕྱེ་བའི་དང་པོ་ལ། ཇོ་བོའི་བདེན་གཉིས་ལ་འཇུག་པ་སོགས་ལྟ་བ་གཙོ་བོར་སྟོན་པ་དང་། སྤྱོད་བསྡུས་སྒྲོན་མེ་སོགས་སྤྱོད་པ་གཙོ་བོར་སྟོན་པ་དང་། ལྟ་སྤྱོད་ཟུང་འབྲེལ་དུ་སྟོན་པ་བྱང་ཆུབ་ལམ་སྒྲོན་ཏེ་གསུམ་དང་། གདམས་ངག་ལ་ཡང་གསུམ་སྟེ། ལྟ་བ་སྟོན་པ་སྤྱན་སྔ་བའི་བདེན་བཞིའི་འཁྲིད་དང་། ཕུ་ཆུང་བའི་རྟེན་འབྲེལ་གྱི་འཁྲིད་སོགས་དང་། སྤྱོད་པ་སྟོན་པ་བློ་སྦྱོང་གི་གདམས་པ་དང་། ལྟ་སྤྱོད་ཟུང་འབྲེལ་དུ་སྟོན་པ་སྐྱེས་བུ

གསུམ་གྱི་ལམ་རིམ་སྟེ། དེའི་གཞུང་ནི་བྱང་ཆུབ་ལམ་སྒྲོན་ཡིན་ལ། འདི་ལ་ཇོ་བླ་མས། ཇོ་བོས་མཛད་པའི་གཞུང་མང་དུ་ཡོད་ཀྱང་རྩ་བ་ལྟ་བུ་ཡོངས་སུ་རྫོགས་པ་ནི་ལམ་སྒྲོན་ཡིན་ཏེ། མདོ་སྔགས་གཉིས་གའི་གནད་བསྡུས་ནས་སྟོན་པས་བརྗོད་བྱ་ཡོངས་སུ་རྫོགས་པ་དང་། སེམས་འདུལ་བའི་རིམ་པ་གཙོ་བོར་བྱས་པས་ལག་ཏུ་བླང་བདེ་བ་དང་། ཤིང་རྟ་ཆེན་པོ་གཉིས་ཀྱི་ལུགས་ལ་མཁས་པའི་བླ་མ་གཉིས་ཀྱི་གདམས་པས་བརྒྱན་པས་ལུགས་གཞན་ལས་ཁྱད་པར་དུ་འཕགས་པའོ། །ཞེས་བསྔགས་པ་ཆེ་བར་མཛད་དོ། །མན་ངག་ནི། ཇོ་བོ་ཡབ་སྲས་ཀྱི་གསང་ཆོས་བཀའ་གདམས་སྤྲུལ་པའི་གླེགས་བམ་ཉིད་ཡིན་ལ། མན་ངག་དེ་ནི་ཇོ་བོ་ཆེན་པོས་ཡེར་པ་ལྷ་རི་སྙིང་པོའི་མགུལ་དུ་ཁུ་རྔོག་འབྲོམ་གསུམ་ལ་གནང་བ་སྟེ། ཕ་འབྲོམ་སྟོན་པ་རིན་པོ་ཆེས་ཞུས་པ་ལ་ཕ་ཆོས་དང་། བུ་རྔོག་ལེགས་པའི་ཤེས་རབ་དང་ཁུ་སྟོན་བརྩོན་འགྲུས་གཡུང་དྲུང་གཉིས་ཀྱིས་ཞུས་པ་ལ་བུ་ཆོས་སུ་གྲགས། འདིའི་ཉམས་ལེན་ནི་ཇེས་དྲན་ལྔ་སྟེ། སྐྱབས་གནས་བླ་མ་དྲན་པར་མཛོད། །ལུས་ནི་ལྷ་ཡི་རང་བཞིན་ཏེ། སྔགས་ནི་བཟླས་བརྗོད་རྒྱུན་པར་མཛོད། །འགྲོ་བ་མ་ལུས་ཕ་མར་སོམས། སེམས་ཀྱི་གནས་ལུགས་སྟོང་པར་དགོད། །ལྷ་པོ་དེ་ཡི་སྐྱ་བར་ནས། །དགེ་རྩ་ཐམས་ཅད་དག་པར་མཛོད། །ཅེས་པའོ། །སྙིང་པོར་གྱུར་པ་ནི་ཐིག་ལེ་བཅུ་དྲུག་གི་ཉམས་ལེན་ཉིད་ཡིན་ལ། ཉམས་སུ་བླངས་པའི་ཡོན་ཏན་ནི། འདུལ་བ་ནས་རྡོ་རྗེ་ཐེག་པའི་བར་སྟན་ཐོག་གཅིག་ཏུ་ཉམས་སུ་ལེན་པ་ལ་མཁས་པ། ལྷ་བ་མཐོ་ལ་སྤྱོད་པ་ཞིབ་པ་ཞིག་འབྱུང་གསུངས། ལྷ་ནི་བཞི་སྟེ། ཐུབ་པ། སྤྱན་རས་གཟིགས། སྒྲོལ་མ། མི་གཡོ་བའོ། །ཆོས་ནི་སྡེ་སྣོད་གསུམ་སྟེ། དེ་རྣམས་ཚང་བ་ལ་ལྷ་ཆོས་བདུན་ལྡན་ཞེས་བྱའོ། །གཞན་ཡང་བཀའ་གདམས་གོང་མ་རྣམས་གསང་སྔགས་ལ་དམ་དོག་ཤིན་ཏུ་ཆེ་བར་མཛད་པ་མ་གཏོགས་སྔགས་རྒྱུད་སྡེ་བཞི་ཀའི་སྐོར་མཐའ་ཡས་པའང་བཀའ་སྩོལ་འདི་ལ་མངའོ། །དེ་དག་ལས་སྐྱེས་བུ་གསུམ་གྱི་ལམ་རིམ་གྱི་ཁོངས་སུ་གོང་གི་ལྷ་སྒྲུབ་ཀྱི་གཞུང་དང་གདམས་ངག་ཐམས་ཅད་འདུས་ཤིང་། སྡེ་སྣོད་གསུམ་དང་རྒྱུད་སྡེ་བཞིའི་ཡི་གེ་ན་གཅིག་ཀྱང་མ་ལུས་པར་གང་ཟག་གཅིག་གི་ཉམས་ལེན་དུ་དྲིལ་ནས་འཁྲིད་པའི་གདམས་པའི་རྒྱལ་པོ་སྟེ། འདི་ཉིད་ཇོ་བོ་ཡབ་སྲས་ནས་དགོན་པ་བ་དང་། འབྲོམ་ནས་སྤྱན་སྔ་བ་སོགས་ལ་བརྒྱུད་པ་ལ་བཀའ་གདམས་གདམས་ངག་པ

ཞེས་པ་དང་། འབྲོམ་ནས་པོ་ཏོ་བ་དང་། དེ་ནས་ཤར་བ་དང་དོལ་བ་གཉིས་ལ་བརྒྱུད་པ་ལ་བཀའ་གདམས་གཞུང་པ་ཞེས་གྲགས་པ་གཉིས་དང་། གཞན་ཡང་ཇོ་བོས་ནག་འཚོ་ལ་གནང་བ། དེའི་སློབ་མ་ལག་སོར་བ་ལ་བརྒྱུད་པའི་ལམ་རིམ་གྱི་ཡིག་ཆའང་མང་དུ་ཡོད་ལ། ཡང་ཇོ་བོས་གསང་ཕུ་བ་ལ་གནང་བ། དེའི་ཐུགས་སྲས་གྲིན་ལས་པའམ་གྲོ་ལུང་པས་མཛད་པའི་བསྟན་རིམ་ཆེ་ཆུང་དང་། པོ་ཏོ་བའི་གསུང་སྒྲོས་དཔེ་ཆོས་དང་བེའུ་བུམ་སྔོན་པོ་སོགས་མཐའ་ཡས་པ་ཡོད་པ་ཐམས་ཅད་ཀྱང་གསུང་རབ་དགོངས་འགྲེལ་དང་བཅས་པའི་རྗེས་སུ་འབྲང་བ། དམ་པ་བརྒྱུད་པའི་མན་ངག་གིས་བརྒྱན་པ། མཁས་པ་མགུ་བའི་འཇུག་དོགས་རྨད་དུ་བྱུང་བ་ཤ་སྟག་ཏུ་བཞུགས་ནའང་རྗེ་བླ་མའི་ལམ་རིམ་ཆེ་ཆུང་འདི་དག་ལ་ལམ་གྱི་ལུས་ཡོངས་སུ་རྫོགས་པའི་གྲངས་དང་གོ་རིམ། ད་ལྟ་རྒྱུད་ལ་བསྒྲོར་ནས་སྒྲོང་ཐོག་ཏུ་འཁྲིར་ཚུལ་སོགས་ལམ་གྱི་ལུས་སྤྱི་དང་ཡན་ལག་སོ་སོ་ལ་སྤྱི་མ་རྣམས་ཀྱིས་མ་ཐོན་པའི་ཐུན་མོང་མ་ཡིན་པའི་ཁྱད་པར་ཆེན་པོ་ཡོད་པར་རྣམ་ཐར་དད་པའི་འཇུག་དོགས་ལས་བྱུང་ཞིང་། ཡོངས་སུ་གྲགས་པའི་དཔེ་ཆོས་དང་བེའུ་བུམ་དང་ལམ་རིམ་ཆེ་ཆུང་སོགས་བལྟས་ན་མཁས་པར་མ་སྦྱངས་པ་རྣམས་ཀྱིས་ཀྱང་འོལ་སྤྱི་ཙམ་མཚོན་ནུས། ཁྱད་པར་དུ་ཇོ་བོའི་དངོས་སློབ་ཇོ་གདོང་ལོ་ཡབ་སྲས་ཀྱིས་ཞི་འཚོ་ཡབ་སྲས་ཀྱི་ལུགས་དང་མཐུན་པ་ཤེས་ཚོ་བའི་ལྟ་བའི་རྣམ་བཞག་མཛད་ཅིང་། གསེར་གླིང་པ་ནས་བརྒྱུད་པའི་བློ་སྦྱོང་འགའ་ཞིག་གི་ལྟ་བའི་འགྲོས་ནི་སེམས་ཙམ་པ་རྣམ་བརྫུན་པ་དང་མཐུན་པ་ཡོད་ཀྱང་། བཀའ་གདམས་པའི་ཁུངས་གཏུགས་ས་ཇོ་བོ་ཡབ་སྲས་དང་། སྐུ་མཆེད་གསུམ་གྱི་ལྟ་བ་མཐར་ཐུག་ཟླ་གྲགས་ལུགས་ཀྱི་ལྟ་བ་དང་། གསང་འདུས་ཀྱིས་གཙོས་པའི་གསང་སྔགས་སྐོར་ལ་རྗེ་བླ་མའི་ལེགས་བཤད་ལྟ་བུ་བཀའ་གདམས་པ་སྔ་མ་རྣམས་ལ་མ་བྱུང་བར་ངེས། དེ་ཡང་རྗེ་བླ་མས་མཁས་པའི་རྒྱལ་བཤད་པོ་ནས་ཡིག་འཇོག་མཛད་པ་ལྟ་བུ་མ་ཡིན་པར། སྒྲུབ་པ་ལ་བྱོན་ནས་བླ་བ་ལྷའི་རིང་བྱང་ཆུབ་ལམ་རིམ་གྱི་ཉམས་ལེན་ལ་རྒྱལ་དུ་འདོན་པར་མཛད་པས་མངོན་རྟོགས་རྒྱན་མདོ་དང་བཅས་པའི་བརྗོད་བྱ་བརྗོད་བྱེད་མཐའ་དག་བྱང་ཆུབ་ལམ་རིམ་གྱི་གདམས་པར་ཤར་ཞིང་། ད་དུང་རྭ་སྒྲེང་དུ་བྱོན་ནས་ཇོ་བོའི་སྐུ་འདྲ་དབུ་ཡོན་མར་གསོལ་བ་བཏབ་པས་བྱང་ཆུབ་ལམ་གྱི་རིམ་པའི་བླ་མ་བརྒྱུད་པ་དང་།

ཁྱད་པར་ཇོ་བོ་ཡབ་སྲས་རྣམས་ཀྱི་ཞལ་གཟིགས་ཤིང་། བྱིན་གྱིས་བརླབས་ཏེ་གསུང་གི་དབྱུགས་དབྱུང་སྐུལ་བ་ལ་བརྟེན་ནས་ལམ་རིམ་ཆེ་ཆུང་མཛད་པ་ཡིན་ལ། དེ་ཡང་སྔ་རབས་པའི་གསུང་རྒྱུན་དོར་ནས་གསར་པ་ཞིག་བཟོས་ཏེ་བཤད་སྒྲོལ་སྔ་མ་རྣམས་བསྒྱུབས་པར་མཛད་པ་ལྟ་བུ་མ་ཡིན་པར། གྲོ་ལུང་པའི་བསྟན་རིམ་མཆོད་རྗེས་སྣ་ཚོགས་ཀྱི་བསྒྲུ་བ་དང་བཅས་གདན་དྲངས་ཏེ་ཞིབ་གཟིགས་མཛད་ཅིང་། དེ་ཉིད་ལ་གཞི་བླངས་ཏེ་མཛད་པས་ན། བཀའ་གདམས་སྔ་མའི་བཞེད་སྲོལ་བཟང་པོ་ཉུབ་ལ་ཁད་པ་སླར་གསོས། གོ་དཀའ་བ་རྣམས་གསལ་དུ་བཏང་། བསླད་ཞུགས་པ་རྣམས་དག་པར་མཛད་པས་ཆེས་ཆེར་རྒྱས་པར་མཛད་པ་ཡིན་ཞིང་། འདི་ཙམ་དུ་མ་ཟད་རྗེའི་གསུང་རྩོམ་གཞན་རྣམས་ཀྱང་འདི་འདྲ་ཞིག་ཏུ་ཡོད་ཚུལ་ནི་རྗེའི་གསུང་རབ་སོ་སོའི་མཇུག་ཏུ་ཇི་ལྟར་བརྩམས་ཚུལ་གྱི་མཛད་བྱང་རྣམས་སུ་གསལ་བ་ལྟར་རོ། །དེ་ལྟར་ན་རྗེ་བླ་མ་ཉིད་གངས་ཅན་གྱི་བཀའ་གདམས་པའི་མཁས་པ་རྣམས་ཀྱི་གཙུག་རྒྱན་གྱི་ནོར་བུར་གྱུར་པ་ཡིན་ནོ།། ༄ གསུམ་པ་བཀའ་བརྒྱུད་པ་ལ་ཇི་ལྟར་མཛད་ཚུལ་ནི། བཀའ་བབས་ཀྱི་གདམས་པའི་བརྒྱུད་འཛིན་ཡིན་པས་བཀའ་བརྒྱུད་པ་ཞེས་བྱ་སྟེ། དེ་ཡང་མཻ་ཏྲི་པ་དང་ནཱ་རོ་པའི་ལུགས་ནི་གུ་མ་དང་། སུ་ཁ་སིདྡྷི་ཏེ་ཡེ་ཤེས་ཀྱི་མཁའ་འགྲོ་མ་གཉིས་སོགས་ལས་བྱུང་བའི་བཀའ་བབས་ཀྱི་གདམས་པ་རྣམས་མཁས་གྲུབ་ཁྱུང་པོ་རྣལ་འབྱོར་ལ་མངའ་ཞིང་། རྡོ་རྗེ་འཆང་ནས་ཏཻ་ལོ་ནཱ་རོའི་བར་དུ་བྱོན་པའི་བཀའ་བབས་བཞིའི་གདམས་པ་ལྷོ་བྲག་མར་པ་ལ་མངའ་བས། དེ་གཉིས་ཀྱི་ཆོས་བརྒྱུད་འཛིན་པ་རྣམས་ལ་བཀའ་བརྒྱུད་པ་ཞེས་བྱ་བས། བཀའ་བརྒྱུད་པའི་རྩ་བ་གཉིས་སོ། །དེའི་སྔ་མ་ལ་ཤངས་པ་བཀའ་བརྒྱུད་དུ་གྲགས་ཏེ། དེ་ཡང་མཁས་གྲུབ་ཁྱུང་པོ་ཉིད་ལོ་ལྔ་བཅུ་ཙམ་གྱི་རིང་རྒྱ་བལ་བོད་གསུམ་དུ་བྱོན་བཞུད་མཛད་ནས་རྒྱ་བལ་གྱི་མཁས་པ་དང་གྲུབ་ཐོབ་བརྒྱ་དང་ལྔ་བཅུ་ཙམ་བསྟེན་ནས་གཞུང་དང་གདམས་ངག་མཐའ་ཡས་པ་མཁྱེན། སྐུ་ལུས་ཀྱི་བཀོད་པ་བརྒྱ་རྩ་བརྒྱད་ཅིག་ཅར་སྟོན་པ་དང་། རི་བྲག་ལ་ཐོགས་མེད་དུ་བཞུད་པ་སོགས་གྲུབ་པའི་རྣམ་པར་ཐར་པ་ཡ་མཚན་པ་མང་ལ། ཁྱུང་པོ་ཉིད་གཡས་རུ་ཤངས་སུ་བྱོན་ནས་དགོན་པ་བརྒྱ་རྩ་བརྒྱད་བཏབ་པ་ཕྱིན་ཆད་ཤངས་པ་བཀའ་བརྒྱུད་དུ་གྲགས། གྲྭ་པ་རྣམས་ཁྲི་ཚོ་བརྒྱད་འདུས། རྨོག་ལྕོག་པ་སོགས་བུ་ཆེན་ཡང་མང་། ཁོང་གི་སློབ

བརྒྱུད་འགྲོ་མགོན་སངས་རྒྱས་སྟོན་པ་ཡན་ཆད་ལ་བརྒྱུད་པ་རིན་ཆེན་བདུན་བརྒྱུད་ཟེར། དེ་ནས་ཆོས་བརྒྱུད་འཛིན་མཁན་ལ་བསམ་སྤྱིངས་པ་དང་འཇིག་པ་གཉིས་སུ་གྱེས་པའི་ནང་ཚན་འཇིག་ཆེན་བྱམས་པ་དཔལ་ལས་རྗེ་བླ་མས་ཀྱང་ནི་གུ་ཆོས་དྲུག་སོགས་ཤངས་ཆོས་འགའ་ཞིག་གསན་ཅིང་ཉམས་བཞེས་མཛད་པས་ཉམས་རྟོགས་ཁྱད་པར་ཅན་འཁྲུངས་ཚུལ་རྣམ་ཐར་དུ་གསལ་བ་ལྟར་དང་། འཇིག་ཆེན་པའི་སློབ་བརྒྱུད་ཨུས་ཆེན་ནམ་མཁའ་རྣལ་འབྱོར་པ་ལ་མཁས་གྲུབ་རྗེས་རྒྱུད་སྡེ་ལྔའི་དབང་དང་། ནི་གུའི་ཆོས་དྲུག་ཆ་ལག་དང་བཅས་པ་དང་། བཀའ་བསྲུང་མགོན་པོ་ཕྱག་དྲུག་པའི་ཆོས་སྐོར་གསན་ཏེ་བསྲུང་མའི་གཙོ་བོར་མཛད་པ་སོགས་གདམས་པའི་སྲོལ་འཛིན་མཐའ་ཡས་པ་བྱོན་ཞིང་། རྒྱལ་བ་དགེ་འདུན་གྲུབ་པ་དང་། རྗེ་དགེ་འདུན་རྒྱ་མཚོ་སོགས་རང་རེའི་དམ་པ་གོང་མ་རྣམས་ཀྱིས་ཤངས་ཆོས་ཀྱི་སྐོར་ཆེད་གཏད་ཀྱིས་གསན་པའང་མང་བ་སྣང་། ལུགས་འདིའི་ཆོས་ཀྱི་གཙོ་བོར་གྱུར་བ་ནི། ཀྱེ་རྡོར། གསང་འདུས། བདེ་མཆོག །མནྟྲ་མ་ཡ། རྡོ་རྗེ་འཇིགས་བྱེད་དེ་རྒྱུད་སྡེ་ལྔའི་སོ་སོའི་དབང་དང་། ལྷ་ཀ་བསྐྱོམས་པའི་རིགས་བསྡུས་ཀྱི་དབང་། འཁྲིད་ཀྱི་སྐོར་ལ། རྩ་བ་ཕྱག་རྒྱ་ཆེན་པོ། སྡོང་པོ་ནི་གུ་ཆོས་དྲུག །ཡལ་ག་ལམ་འཁྱེར་རྣམ་གསུམ། མེ་ཏོག་མཁའ་སྤྱོད་དཀར་དམར། འབྲས་བུ་འཆི་མེད་འཁྲུལ་མེད་གྲགས་པ་རྣམས་གཙོ་ཆེ་ལ། དེའི་ཕྱག་ཆེན་ནི་གཏུ་མར་གྲགས་པ་སྐྱེ་ཁྱུང་པོས་རྒྱ་གར་ནས་ཐེབས་པའི་དུས་སུ་ཕྱག་ཆེན་གྱི་རྩ་ཚིག་ཉིད་གསེར་གྱིས་བྲིས་ནས་བདེ་བ་དང་སྟོང་པ་གཏུ་ཁ་སྦྱོར་བཞིན་དབྱེར་མེད་དུ་བསྒོམས་པས་འོད་གསལ་མངོན་དུ་བྱེད་པའི་གདམས་པ་ཡིན་པས། དེ་མཚོན་བྱེད་དུ་ཙནྡན་དཀར་དམར་གྱི་གཏུའི་ནང་དུ་བཙུག་སྟེ་གཅེས་སྤྲས་ཀྱིས་མགུལ་དུ་བཏགས་ནས་བྱོན་པས་དེ་ལྟར་གྲགས་ཤིང་། དེའི་ཁྲིད་ཚུལ་ལ། སྔོན་འགྲོ་རང་བབས་རྣམ་གསུམ། དངོས་གཞི་སྐྱོན་བཞི་རང་གྲོལ། མཐར་ཐུག་སྐུ་བཞི་རང་ཤར་ཞེས་པའི་ས་བཅད་གསུམ་གྱིས་འཆད་པར་མཛད་ལ། གདམས་པའི་ངོ་བོ་དྲུག་པོ་བཀའ་བརྒྱུད་པའི་ཕྱག་ཆེན་དང་གནད་གཅིག་པར་རང་རེའི་བླ་མ་དམ་པ་རྣམས་བཞེད་དེ། དེ་ལྟར་ཁྱུང་པོའི་ལྟ་བ་ནི་གྲུབ་ཆེན་མི་ཏྲི་པའི་བཞེད་སྲོལ་འཛིན་པར་མངོན་ནམ་སྙམ་མོ། །ཆོས་དྲུག་ནི། གཏུམ་མོ་བདེ་དྲོད་རང་འབར། སྒྱུ་ལུས་ཆགས་སྡང་རང་གྲོལ། འོད་གསལ་གཏི་མུག་རང་སངས། རྨི་ལམ་

གཉིད་འཁྲུལ་རང་དག །འགོ་བ་མ་བསྒོམས་འཚང་རྒྱ། བར་དོ་རྒྱལ་བ་ལོངས་སྐུ་ཞེས་པ་དྲུག་གོ། དེ་ལ་རྒྱལ་དབང་དགེ་འདུན་རྒྱ་མཚོ་རྗེ་བླ་མའི་བཞེད་སྲོལ་དང་མཐུན་པའི་འཁྲིད་ཡིག་རྒྱས་བསྡུས་གཉིས་ཀྱང་མཛད་པར་སྣང་ལ། དུས་ཕྱིས་སུ་རྗེ་བཙུན་དམ་པ་ཀུན་དགའ་སྙིང་པོས་ཤངས་ཆོས་བདག་གིར་མཛད་དེ་ཉམས་བཞེད་འཆད་སྤེལ་མཛད་ཅིང་། རྒྱུད་སྡེ་ལྔ་རིགས་བསྡུས་དང་སོ་སོའི་སྒྲུབ་ཐབས་མཐའ་དཔྱོད་དང་བཅས་པ་དང་རིགས་བསྡུས་ཀྱི་དཀྱིལ་ཆོག །ཞི་གྱུ་བདེ་མཆོག་ལྷ་ལྔའི་སྒྲུབ་དཀྱིལ་དང་། ཕྱག་ཆེན་དང་ཆོས་དྲུག་གི་འཁྲིད་ཡིག་རྒྱས་བསྡུས་ལྷན་ཐབས་དང་བཅས་པ་དང་། སྒྲུ་ལུས་དབང་མོ་ཆེ་སོགས་དབང་བཀའ་བྱིན་རླབས་རྣམས་ཀྱི་ཡི་གེ་སོགས་མང་དུ་མཛད་པ་རྣམས་ཤངས་པའི་ཡིག་སྙིང་སོར་བཞག་ལས། ཇོ་ནང་པའི་ལྷ་བའི་བསྲེས་བསླད་གང་ཡང་མ་མཛད་པར་སྣང་བ་ནི་བཀའ་དྲིན་ཆེ་བར་སེམས་སོ། །གཞན་ཡང་ལུགས་འདི་ལ་ཕྱག་རྫོར་དང་རྣམ་འཇོམས་མི་གཡོ་བ་ཕག་མོ་གསང་སྒྲུབ་སོགས་དང་། སྐྱེ་ར་སྐད་ལུགས་ཀྱི་སྨྱུན་རས་གཟིགས་དང་ཧ་མགྲིན་སོགས་ཆོས་བཀའ་དང་གདམས་པའི་སྐོར་ཡང་མང་ངོ་། དྭགས་པོ་བཀའ་བརྒྱུད་ནི། གྲུབ་དབང་མར་པ་ཆོས་ཀྱི་བློ་གྲོས་ཀྱིས་རྒྱ་གར་དུ་ལན་གསུམ། བལ་པོར་ལན་བཞི་བྱོན་ནས་པཎ་ཆེན་ནཱ་རོ་པ། མངའ་བདག་མཻ་ཏྲི་པ། དཔལ་ཞི་བ་བཟང་པོ་སོགས་མཁས་གྲུབ་ཀྱི་བླ་མ་བརྒྱ་རྩ་བརྒྱད་ལ་གཏུགས་ཏེ་རྣལ་འབྱོར་ཕ་མའི་རྒྱུད་ཀྱི་བཤད་པ་གདམས་ངག་ལག་ལེན་དང་བཅས་པ་མཁྱེན། ཕྱག་རྒྱ་ཆེན་པོའི་རྟོགས་པ་མཐར་ཐུག་བརྙེས་ཤིང་། སློབ་མའི་གཙོ་བོ་ཀ་ཆེན་བཞིར་གྲགས་པ་བྱུང་བའི་ནང་ནས་བཤད་རྒྱུད་ཀྱི་བཀའ་བབས་གསུམ་གྱི་ཡ་གྱལ་མཚུར་སྟོན་དབང་གི་རྡོ་རྗེ་ལས་བརྒྱུད་པའི་གསང་འདུས་ཀྱིདབང་དང་རྒྱུད་ཀྱི་བཤད་པ་དང་། སྒྲུབ་པའི་བཀའ་བབས་རྗེ་མི་ལ་ནས་བརྒྱུད་པའི་ནཱ་རོ་ཆོས་དྲུག་སོགས་བུ་སྟོན་ཞབས་དང་རྒྱལ་བ་ཙོང་ཁ་པ་ཆེན་པོས་ཀྱང་གསན་པས་འཕྲིན་ལས་རྒྱ་ཆེ་ཞིང་། རྗེ་མི་ལ་ལ་སློབ་མ་ཉི་མ་ལྟ་བུའི་དྭགས་པོ་ལྷ་རྗེ། ཟླ་བ་ལྟ་བུའི་རས་ཆུང་བ་གཉིས་བྱུང་བའི་རས་ཆུང་བས་རྒྱ་གར་ནས་ལུས་མེད་མཁའ་འགྲོའི་ཆོས་སྐོར་གྱི་ལྷན་མ་སྤྱན་དྲངས། རས་ཆུང་སྙན་བརྒྱུད་ཀྱི་སྒོ་ནས་འགྲོ་དོན་བསྐྱངས། སྒམ་པོ་པ་དང་དྭགས་པོ་ལྷ་རྗེ་ནི་བཀའ་གདམས་པའི་ལམ་རིམ་དང་རྗེ་མི་ལའི་ཕྱག་ཆེན་སོགས་མན་ངག་མཐའ་ཡས་

པའི་གཏེར་དུ་གྱུར་ཅིང་། གྲུབ་པའི་དབང་ཕྱུག་མཆོག་ཏུ་གྱུར་པ་དེ་ཉིད་ལས་བརྒྱུད་པ་ལ་དྭགས་པོ་བཀའ་བརྒྱུད་ཅེས་བྱ་ལ། དེ་ལ་ཡང་ནང་གསེས་ཀྱིས་ཕྱེ་ན། ཀརྨ་བཀའ་བརྒྱུད་དང་། དེ་བཞིན་དུ། ཕག་གྲུ་དང་། ཚལ་པ་དང་། འབྲི་གུང་དང་། འབྲུག་པ་དང་། སྟག་ལུང་དང་། འབབ་རོམ་དང་། གཡའ་བཟང་དང་། ཁྲོ་ཕུའི་བཀའ་བརྒྱུད་རྣམས་སོ་སོར་གྱེས་སོ། །བཀའ་བརྒྱུད་པའི་གདམས་པའི་སྒྲོལ་འཛིན་དམ་པ་དེ་ཐམས་ཅད་ཀྱང་མང་དུ་མཁྱེན་པ་ལུང་གི་ཡོན་ཏན་མཐའ་ཡས་ཤིང་། ཕྱག་རྒྱ་ཆེན་པོའི་རྟོགས་པ་མཐར་ཐུག་བརྙེས་པས་སེ་རྡོ་དཀར་མོ་སྲབ་མེད་དུ་འཕྱོ་བའི་བརྟུལ་ཞུགས་གྲུབ་པ། བསྟན་པ་ལ་བྱ་བ་མཛད་པའི་འབྲས་རྟགས་སུ་མཁས་གྲུབ་ཀྱི་སློབ་མ་མཐའ་ཡས་པ་བྱུང་ཚུལ་སོ་སོའི་རྣམ་ཐར་དུ་གསལ་ཞིང་། དྭགས་པོ་བཀའ་བརྒྱུད་ལ་ནང་གསེས་ཀྱིས་དགུར་གྱེས་པ་དེ་དག་འབྱུང་ཁུངས་མཐར་ཐུག་མར་པ་དང་མི་ལ་རྣམས་ལྟ་བ་ཐལ་འགྱུར་བ་ཡིན་ལ། འོན་ཀྱང་དེ་དག་གིས་གདུལ་བྱའི་རྒྱུད་ཚོད་ལ་གཟིགས་ནས་སེམས་ཙམ་པ་དང་མཐུན་པའི་གདམས་ངག་འདོགས་པའང་ཡོད་མོད། མར་པ། མི་ལ། སྒམ་པོ་པ། དེ་དག་གི་སློབ་མ་ཕག་གྲུ། འབྲི་གུང་སྐྱུར། གླིང་རས་པ། དུས་གསུམ་མཁྱེན་པ། སྟག་ལུང་པ་སོགས་ལྟ་བའི་བཞེད་པ་མཐུན་ཅིང་། སྣང་ཕྱོགས་རྟེན་འབྲེལ་ལ་གཙིགས་ཆེ་བ་དང་། སོ་སོར་རྟོག་པའི་ཤེས་རབ་ཀྱི་དཔྱད་པ་མི་འདོར་བའི་ལུགས་ཡིན་ཀྱང་དེ་དག་གི་གསུང་འབུམ་རྣམས་སུ་སློབ་མ་མཁས་མི་མཁས་དུ་མའི་ཟིན་བྲིས་མང་པོ་འདུག་པ་ལ་ཡིད་བརྟན་མེད་པར་ལྟུང་སྐྱ་ཐམས་ཅད་མཁྱེན་པས་གསུངས་སོ། །བཀའ་བརྒྱུད་གོང་མ་དེ་དག་གི་ཆོས་ཀྱི་སྙིང་པོ་ཕྱག་ཆེན་གྱི་ཉམས་ལེན་ཏེ། དེ་ལ་མདོ་སྔགས་ཀྱི་དབྱེ་བས་གཉིས་བཞེད་པའི་སྔ་མ་ནི། སེམས་ཀྱི་ངོ་བོའི་སྟེང་དུ་རྩེ་གཅིག་ཏུ་འཛིན་པའི་མི་རྟོག་པ་བསྒོམས་ཏེ་གནས་པ་བསྒྲུབས། དེ་ལྟར་གནས་པའི་སེམས་གསལ་རིག་དེ་ལུས་ཀྱི་ཕྱི་ནང་གང་ན་འདུག་སོགས་ཀྱི་སེམས་འཚོལ་རྒྱབ་པས་སེམས་ཀྱི་ངོ་བོ་མ་རྙེད་པས་བདེན་མེད་དུ་ངེས་པའི་ཚེ། བདེན་མེད་ངེས་ཁྱད་པར་དུ་བྱས་པའི་སེམས་ཀྱི་ངོ་བོའི་སྟེང་དུ་འཛོག་པ་སྟོང་ཉིད་མ་ཡིན་དགག་གི་ཚུལ་དུ་བསྒོམ་པ་ཡིན་ཞེས་བཞེད། སྔགས་ལུགས་ཀྱི་ཕྱག་ཆེན་ནི། རླུང་དབུ་མར་ཞུགས་གནས་ཐིམ་གསུམ་བྱས་པ་ལས་བྱུང་བའི་བདེ་ཆེན་གྱི་འོད་གསལ་ལ་བཞེད་དེ། དེ་ནི་གྲུབ་པ་སྡེ་བདུན

དང་། སྙིང་པོ་སྐོར་གསུམ་གྱི་བརྗོད་བྱའི་གཙོ་བོ། །བླ་མེད་ཀྱི་རྒྱུད་སྡེ་མཐའ་དག་གི་སྙིང་པོའི་ཡང་སྙིང་པོ་ཡིན་ལ། དེ་བསྒོམ་པ་ལ་ཐོག་མར་གཉུག་སེམས་མངོན་དུ་བྱེད་དགོས་ཤིང་། དེ་ལ་རླུང་ཐིམ་དགོས་པས་གཉུག་སེམས་ཀྱི་ངོ་བོ་གཏན་ལ་ཕབ་སྟེ། དེའི་སྟེང་དུ་བཞག་པས་རླུང་དབུ་མར་ཞུགས་གནས་ཐིམ་གསུམ་བྱུང་། དེའི་སྟོབས་ཀྱིས་གཏུམ་མོ་འབར་བའི་ཞུ་བ་དེས་དྲངས་པའི་དགའ་བཞི་སྐྱེས་ཏེ་གཉུག་སེམས་བདེ་བའི་ངོ་བོར་སྐྱེ། དེ་ཉིད་ཡུལ་སྟོང་པ་ཉིད་དང་སྦྱར་བའི་བདེ་སྟོང་ལ་རྩེ་གཅིག་ཏུ་བཞག་པས། སོས་སྤྱོད་ཀྱི་ངོ་བོ་སེམས་ལ་རྩེ་གཅིག་ཏུ་དམིགས་པས་རྩེ་གཅིག་ཞེས་པ་སོས་སྤྱོད་ཀྱི་ངོ་བོ། །སེམས་སྤྲོས་བྲལ་དུ་རྟོགས་པས་སྤྲོས་བྲལ་ཞེས་པ་མཐོང་ལམ་གྱི་ངོ་བོ། །སྣང་སེམས་རོ་གཅིག་ཏུ་རྟོགས་པས་རོ་གཅིག་ཞེས་པ་ས་གཉིས་པ་ནས་བདུན་པའི་བར་གྱི་ངོ་བོ། །མཚན་བཅས་ཀྱིས་བསྒོམ་དུ་མེད་པས་སྒོམ་མེད་ཅེས་པ་དག་ས་སོགས་ཀྱི་ངོ་བོ་སྟེ་རྣལ་འབྱོར་བཞི་རིམ་གྱིས་བགྲོད་པས་མཆོག་སྒྲུབ་པར་གསུངས་སོ། །བཀའ་བརྒྱུད་གོང་མ་རྣམས་ཀྱིས་ལས་དང་པོ་པས་ཕྱག་ཆེན་གྱི་རྟོགས་པ་རྒྱུད་ལ་སྐྱེ་བ་ལ་ཡན་ལག་ཏུ་མ་ཞིག་དགོས་པར་གཟིགས་ནས་འཁྲིད་ལུགས་ཀྱི་རྣམ་གྲངས་མང་པོ་ཞིག་མཛད་དེ། སྒམ་པོ་པའི་ལྷན་ཅིག་སྐྱེས་སྦྱོར། འབྲི་གུང་པའི་ལྔ་ལྡན། གཙང་པ་རྒྱ་རས་ཀྱིས་འཁྲིད་ཆེན་བརྒྱད། རས་ཆུང་པས་གཏེར་དུ་སྦས་པའི་རོ་སྙོམས་སྐོར་དྲུག །འབྲུག་པ་ཆོས་རྗེ་གོད་ཚང་བ་མགོན་པོ་རྡོ་རྗེའི་སློབ་མ་རྒྱལ་བ་ཡང་དགོན་པའི་ཆོས་རྣམས་འདོམས་པའི་སྒོ་ནས་འཁྲིད་པར་མཛད་དོ། །དེ་ལྟ་ནའང་རྗེ་བླ་མས་གསང་འདུས་ཀྱིས་གཙོས་པའི་རྒྱུད་སྡེ་བཞིའི་ལམ་དང་འབྲས་བུའི་རྣམ་བཞག་ལ་གཞན་ལས་ཁྱད་ཐོན་པའི་ལེགས་བཤད་མང་དུ་མཛད་པ་དང་། ཁྱད་པར་སེམས་ཀྱི་ཀུན་རྫོབ་པའི་གནས་ཚུལ་ལ་དམིགས་པའི་རྩེ་གཅིག་པ་སྒྲུབ་ཚུལ་ལག་རྗེས་ཇི་ལྟར་བྱུང་ཚུལ་དང་བཅས་གནད་འགག་དྲིལ་བ་ལམ་རིམ་ཆུང་ངུར་གསུངས་ཤིང་། དེའི་སྟེང་དུ་སེམས་ཀྱི་དོན་དམ་པའི་གནས་ཚུལ་གཏན་ལ་ཕབ་སྟེ། སེམས་གསལ་རིག་ཙམ་གྱི་སྤྲོས་བཤད་བཀག་པའི་ལྟ་བ་མཐར་ཐུག་མངའ་བདག་མི་ཏྲི་པ་དང་པཎ་ཆེན་ནཱ་རོ་པ་སོགས་བཀའ་བརྒྱུད་པའི་ཁུངས་གཏུགས་སར་གྱུར་པ་དེ་དག་གི་བཞེད་སྲོལ་གསལ་བར་ཕྱེ་བ་འདི་ལྟ་བུ་སྔ་མ་རྣམས་ལ་མ་བྱུང་བས། དེ་ལྟར་ན་རྗེ་བླ་མ་ཉིད་གངས་ཅན་

གྱི་བཀའ་བརྒྱུད་པའི་མཁས་པ་རྣམས་ཀྱི་གཙུག་རྒྱན་དུ་གྲུབ་པ། །བཞི་པ་ཞི་བྱེད་པ་ལ་ཇི་ལྟར་མཛད་པ་ནི། གདམས་པའང་ཉིད་ཀྱི་སྙིང་པོ་ཤེར་ཕྱིན་གྱི་ཉམས་ལེན་གྱིས་སྲིད་ཞིའི་སྡུག་བསྔལ་ཐམས་ཅད་ཞི་བར་བྱེད་ཅིང་། གནས་སྐབས་སུ་ཚེ་འདིར་ལུས་དམན་པར་གྱུར་པ་དང་། ནད་བུ་ཅན་དང་། དབུལ་ཕོངས་དང་།མི་མ་ཡིན་གྱིས་གཙེས་པ་རྣམས་འཕྲལ་དུ་ཞི་བར་བྱས་ནས་རྣལ་འབྱོར་ལ་སྒྲོད་བཟོད་པར་བྱེད་པས། དམ་ཆོས་སྡུག་བསྔལ་ཞི་བྱེད་ཅེས་བྱ། འདིའི་ཁུངས་ནི། རྒྱ་གར་ལྷོ་ཕྱོགས་ཀྱི་གྲུབ་ཆེན་ཕ་དམ་པ་སངས་རྒྱས་ནས་བྱུང་བ་ཡིན་ཞིང་། གྲུབ་ཆེན་དེ་ཉིད་ནི། ཟླ་མ་གསེར་གླིང་པ། ཨིནྡྲ་བྷུ་ཏི། མགོན་པོ་ཀླུ་སྒྲུབ་སོགས་གྲུབ་ཐོབ་པོ་མོ་ལྔ་བཅུ་རྩ་བཞིའི་གདམས་པ་མངའ་ཞིང་། ཡི་དམ་གྱི་ལྷ་བཅུ་གཉིས་སོགས་དང་། མཁའ་སྤྱོད་ཀྱི་ཟླ་མ་སོ་དྲུག་གི་ཞལ་གཟིགས། རལ་གྲི་མིག་སྨན་སོགས་ཐུན་མོང་གི་དངོས་གྲུབ་དང་། མཆོག་གི་གོ་འཕང་བརྙེས་པ་དེ་ཉིད་བོད་དུ་ལན་ལྔ་བྱོན་པ་ལས། ལྔ་པའི་དུས་རྒྱ་ནག་ཏུ་ཡང་བྱོན། གདམས་པ་འདིའི་སྒོ་ནས་སྐལ་ལྡན་མཐའ་ཡས་པ་སྨིན་གྲོལ་ལ་འགོད་པར་མཛད་ལ། ཞི་བྱེད་པའི་ཆོས་ཀྱི་སྙིང་པོ་ནི། ཤེར་ཕྱིན་རྒྱས་འབྲིང་བསྡུས་གསུམ་གྱི་དོན་ཉམས་སུ་ལེན་ཚུལ་བཀའ་བབས་དྲུག་གི་དོན་གྱི་བཅུད་བསྡུས་ནས་སྟོན་པ་ཤེས་རབ་ཀྱི་ཕ་རོལ་ཏུ་ཕྱིན་པའི་ལམ་གྱི་རིམ་པ་བྱ་བ་ཉིད་ཡིན་ཞིང་། ཕྱིས་ཀྱི་ཡིག་ཆ་རྣམས་སུ་ངེས་པ་མེད་ཀྱང་། དམ་པ་རང་གི་ལྟ་བ་ནི་ཀླུ་སྒྲུབ་ཀྱི་ལུགས་ཡིན་པར་བཤད། གྲུབ་མཐའ་འདི་ལ་སྔོན་དུས་སུ་གྲུབ་པ་བརྙེས་པའི་སྐྱེས་བུ་དམ་པ་བགྲང་ལས་འདས་པ་བྱོན་འདུག་ཅིང་། གཅོད་ཡུལ་གྱི་གདམས་པའང་ཕོག་མར་དམ་པ་སངས་རྒྱས་ལས་བྱུང་ཞིང་ཞི་བྱེད་ཀྱི་ཡ་གྱལ་ཡིན་ལ། གཅོད་ཅེས་བྱ་བའི་སྒྲ་དོན་ནི། གདམས་པའི་བྱེད་ལས་ཀྱི་སྒོ་ནས་བཏགས་པ་སྟེ། བྱམས་སྙིང་རྗེ་བྱང་ཆུབ་ཀྱི་སེམས་ཀྱིས་རང་དོན་ཡིད་བྱེད་གཅོད།སྟོང་ཉིད་ཀྱི་ལྟ་བས་འཁོར་བའི་རྩ་བ་གཅོད། ཐུན་མོང་གིས་བདུད་བཞི་གཅོད་པས་དེ་སྐད་དུ་བཏགས་ལ། ཡང་སྤྱོད་ཅེས་ཀྱང་བྱ་སྟེ། རྒྱལ་བའི་སྲས་ཀྱི་ཉམས་ལེན་ཐབས་ཤེས་ཀྱི་ལམ་ལ་སྤྱོད་པས་ན་དེ་ལྟར་དུ་གྲགས་སོ། །གདམས་པ་འདི་ཉིད་ཡེ་ཤེས་ཀྱི་མཁའ་འགྲོ་མ་མི་མོའི་ཚུལ་བཟུང་བ་མ་ཅིག་ལབ་སྒྲོན་གྱིས་རྒྱ་ཆེར་སྤེལ་བར་སྤེལ་བར་མཛད་པས་བོད་ཡུལ་ཐམས་ཅད་ཁྱབ་པར་གྱུར་ཞིང་། ད་ལྟ་ཡང་གྲུབ་མཐའ་སོ་སོ

ལ་གཏོད་ཀྱི་སྐོར་མང་ལ། རྗེ་བླ་མ་ལ་རྗེ་བཙུན་འཇམ་པའི་དབྱངས་ཀྱིས་སྐུལ་བའི་འཇམ་དབྱངས་ཆོས་སྐོར་དུ་རྗེ་བཙུན་ཁྲོས་མ་ནག་མོའི་ཕྱིན་རླབས་དང་གཏོད་ཀྱི་མན་ངག་བཞུགས་པ་རྒྱལ་བ་དབེན་ས་པ་ནས་རིམ་པར་བརྒྱུད་དེ་དེང་སང་རང་ཕྱོགས་སུ་ཡང་དར་རྒྱས་ཆེ་བ་འདིའོ། །གཏོད་ཀྱི་གདམས་པའི་ངོ་བོ་ནི། ཤེས་རབ་ཀྱི་ཕ་རོལ་ཏུ་ཕྱིན་པ་སྔགས་དང་རྗེས་སུ་མཐུན་པར་སྤྱོད་པ་སྟེ། ཁུངས་ནི་ཡུམ་རྒྱས་འབྲིང་བསྡུས་གསུམ་དང་ཁྱད་པར་མདོ་སྡུད་པ་ཡིན་པར་མཁས་གྲུབ་ཐམས་ཅད་དགོངས་པ་མཐུན་ཞིང་།ལྟ་བ་ནི་འདིའི་བརྒྱུད་འཛིན་རྣམས་ཀྱི་ཡིག་ཚར་ངེས་པ་མེད་ཀྱང་། མ་ཅིག་རང་གི་ལྟ་བ་ཐལ་འགྱུར་བ་ཡིན་པར་བཤད། དེས་ན་རྗེ་བླ་མ་འདི་ཉིད་ཀྱིས་ཡུམ་ཤེས་རབ་ཀྱི་ཕ་རོལ་ཏུ་ཕྱིན་པའི་མན་ངག་མངོན་རྟོགས་རྒྱན་གྱི་གཞུང་འགྲེལ་དང་། དེའི་ཡང་སྙིང་བྱང་ཆུབ་ལམ་རིམ་གྱི་གདམས་པ་སྤྱི་དང་ཁྱད་པར་ལྟ་བའི་སྐོར་རྣམས་ཞི་བྱེད་པའི་གདམས་པའི་ཁུངས་མཐར་ཐུག་ཀླུ་སྒྲུབ་དང་ཐོགས་མེད་གཉིས་དགོངས་པ་བཞིན་གསལ་བར་མཛད་ཅིང་། རྗེས་འབྲངས་འགའ་ཞིག་གིས་དམ་པ་སངས་རྒྱས་དང་མ་གཅིག་རང་གི་ལྟ་བ་ཇི་བཞིན་འཆད་མི་ཤེས་པའང་། དེ་དག་གི་རྩ་བའི་སློབ་དཔོན་དང་བརྒྱུད་འཛིན་ཆེན་པོ་རྣམས་ཀྱིས་རྗེ་བླ་མས་གཏན་ལ་ཕབ་པ་ལྟ་བུ་གསལ་བར་ཕྱེ་བའི་གཞུང་མ་མཛད་པའི་དབང་གིས་ཡིན་འདྲ་བས། དེས་ན་རྗེ་བླ་མ་ཉིད་གངས་ཅན་གྱི་ཞི་བྱེད་པའི་མཁས་པ་རྣམས་ཀྱི་གཙུག་རྒྱན་དུ་གྲུབ་པོ། །ལྔ་པ་ས་སྐྱ་པའི་གྲུབ་མཐའ་ལ་ཇི་ལྟར་མཛད་པའི་ཚུལ་ནི། འོད་གསལ་ལྷ་ལས་ཆད་པ་འཁོན་གྱི་རིགས་ལས་བྱོན་པ་དཀོན་མཆོག་རྒྱལ་པོས། དཔོན་པོ་རིའི་ས་དཀྲས་དབུས་ཀྱི་ཡོགས་སུ་དགོན་པ་བཏབ་པ་ཕྱིན་ཆད་ནས་ས་སྐྱ་བ་ཞེས་གྲགས་ཤིང་། དེ་ཉིད་ཀྱི་རིགས་སྲས་ས་ཆེན་ཀུན་དགའ་སྙིང་པོ། དེའི་སྲས་སློབ་དཔོན་བསོད་ནམས་རྩེ་མོ་དང་། རྗེ་བཙུན་གྲགས་པ་རྒྱལ་མཚན་འདི་གཉིས་ལ་རྗེ་བཙུན་མཆེད་གཉིས་ཟེར། ཡང་རྗེ་བཙུན་གྲགས་པའི་གཅུང་དཔལ་ཆེན་འོད་པོ་ཞེས་པའི་སྲས་ས་པཎ་ཀུན་དགའ་རྒྱལ་མཚན་དང་། དེ་ཉིད་ཀྱི་གཅུང་ཟངས་ཚ་བསོད་ནམས་རྒྱལ་མཚན་གྱི་སྲས་འགྲོ་མགོན་ཆོས་རྒྱལ་འཕགས་པ་བློ་གྲོས་རྒྱལ་མཚན་གཉིས་ལ་ཆོས་རྗེ་ཁུ་དཔོན་ཟེར་ཞིང་། དེ་ལྔ་ལ་ས་སྐྱ་གོང་མ་ལྔ་ཞེས་གྲགས་པ་ལ། སྔ་མ་གསུམ་ལ་དཀར་པོ་རྣམ་གསུམ་དང་། ཕྱི་མ་གཉིས་ལ་དམར་པོ་

རྣམ་གཉིས་ཟེར་ཞིང་། དེའི་སྐེང་དུ་འཇམ་དབྱངས་དཀོན་མཆོག་རྒྱལ་མཚན་དང་བདུན་ལ་འཇམ་དབྱངས་ས་སྐྱ་བདུན་བརྒྱུད་ཅེས་གྲགས། དེ་དག་ཀུང་མདོ་སྔགས་ཐ་སྙད་རིག་གནས་ལ་མཁས་ཤིང་། ཡི་དམ་གྱི་ལྷས་རྗེས་སུ་བཟུང་བ། གྲུབ་པའི་གོ་འཕང་མཐོན་པོར་ཐྱོན་པ་ཤ་སྟག་ཡིན་ནོ། །ས་སྐྱ་པའི་བསྟན་འཛིན་བགྲང་གིས་མི་ལང་བ་ཐྱོན་པའི་ནང་ནས་གཙོ་ཆེ་བ་ནི། མདོ་ཕྱོགས་ཀྱི་བསྟན་འཛིན་གཡག་ཕྲུག་སངས་རྒྱས་དཔལ་དང་། རོང་སྟོན་སྨྲ་བའི་སེངྒེ་སྟེ་གཡག་རོང་གཉིས་དང་། རེད་མདའ་བ་གཞོན་ནུ་བློ་གྲོས་སོགས་དང་། སྔགས་ཕྱོགས་ཀྱི་བསྟན་འཛིན་ངོར་རྫོང་གཉིས་ཞེས་བྱུང་བའི་སྔ་མ་ནི། ངོར་པ་ཀུན་དགའ་བཟང་པོ་དང་། ཕྱི་མ་ནི་རྫོང་པ་ཀུན་དགའ་རྣམ་རྒྱལ་གཉིས་ཡིན་ལ། རྫོང་པ་ལ་སྔ་ཕྱི་གཉིས་ལས། རྫོང་ཆུང་བ་སྔགས་འཆང་གཟུངས་ཀྱི་དཔལ་བ་སློབ་བརྒྱུད་བཅས་དང་། ཤུས་སྤྲད་པ་རྡོ་རྗེ་རྒྱལ་མཚན་སློབ་བརྒྱུད་བཅས་ལ་རྫོང་པ་སྔ་རབས་པའམ་ཤུས་སྤྲད་པ་ཟེར། ཐེག་ཆེན་ཆོས་རྗེ་ཀུན་དགའ་བཀྲ་ཤིས་སོགས་དང་། རྡོ་རྗེ་གདན་པ་ཐུ་སྟོན་ཀུན་དགའ་རྣམ་རྒྱལ་སོགས་ལ་རྫོང་པ་ཕྱི་རབས་པའམ་གོང་དཀར་བ་ཟེར། ཕྱིས་སུ་ཚར་ཆེན་བློ་གསལ་རྒྱ་མཚོ་ཐྱོན་ཏེ། ངོར་རྫོང་གི་གདམས་པ་མ་ལུས་པ་དང་། དེ་དག་ལ་མ་གྲགས་པར་གདུང་བརྒྱུད་ཁོ་ན་ལ་མངའ་བའི་སྙན་བརྒྱུད་ཀྱི་སྐོར་རྣམས་བདག་ཆེན་བློ་གྲོས་རྒྱལ་མཚན་དང་། རྡོ་རིང་པ་ཀུན་བཟང་ཆོས་ཀྱི་ཉི་མ་ལ་གསན་ཏེ་ཉམས་བཞེས་མཛད་པས་རྟོགས་པ་ཐུལ་དུ་བྱུང་བ་བརྙེས། འཇམ་དབྱངས་མཁྱེན་བརྩེའི་དབང་ཕྱུག་སོགས་བརྒྱུད་འཛིན་དམ་པའི་སྐྱེས་མཆོག་ཀུང་མང་དུ་ཐྱོན། དེ་ལྟར་ཚར་ཆེན་ནས་བརྒྱུད་པ་དེ་ལ་ས་སྐྱ་ཚར་གྱི་རྣ་བར་མ་གྲགས་པའི་གསང་ཆེན་སློབ་བཤད་ཀྱི་མན་ངག་ཚར་ལུགས་ཞེས་གྲགས་སོ། །དེ་ལྟར་དཔལ་ལྡན་ས་སྐྱ་པ་ལ་སྤྱིར་མདོ་སྔགས་ཀྱི་ཆོས་ཀྱི་རྣམ་གྲངས་མཐའ་ཡས་པ་དང་། རྒྱུད་སྡེ་བཞིའི་དབང་དང་རྒྱུད་ཀྱི་བཤད་པ། མན་ངག་ལས་ཚོགས་བགྲང་ལས་འདས་པ་ལྟ་བུ་ཡོད་པ་ལས། ཆོས་ཀྱི་སྙིང་པོ་ནི་གསུང་ངག་རིན་པོ་ཆེ་ལམ་འབྲས་བུ་དང་བཅས་པ་སྟེ། དངོས་གཞི་དགྱེས་པ་རྡོ་རྗེའི་རིམ་གཉིས་ཡན་ལག་དང་བཅས་པའི་ཉམས་ལེན་གྱི་རིམ་པ་ལ། སྟོན་འགྲོ་སྣང་གསུམ་གྱི་སྐབས་སུ་ཐུན་མོང་བའི་ལམ་གྱི་རིམ་པའང་ཆ་ཚང་བ་འབྱུང་བས་མདོ་སྔགས་ཡོངས་རྫོགས་ཀྱི་ལམ་ཚང་ལ་མ་ནོར་བའོ། །རྗེ་བླ་མས་

ལམ་འབྲས་ཀྱི་སྐོར་བླ་མ་དམ་པ་བསོད་ནམས་རྒྱལ་མཚན་གྱི་ཕྱག་ལེན་བཞིན་སྨྱུན་སྤྲ་གྲགས་པ་བྱང་ཆུབ་ལ་སློབ་རྒྱུས་སུ་གསན་ཅིང་དབང་དོན་ལམ་གྱི་རིམ་པར་བསྒྲིགས་པའི་ཚུལ་ཉིད་ལ་བསྟུགས་བརྗོད་ཤིན་ཏུ་ཆེ་བར་མཛད་ལ། གཞན་ཡང་། ཆོས་རྗེ་དོན་གྲུབ་རིན་ཆེན་དང་། རྗེ་བཙུན་རེད་མདའ་བ། བླ་མ་དམ་པ་བསོད་ནམས་རྒྱལ་མཚན། བླ་མ་རྡོ་རྗེ་རིན་ཆེན་སོགས་དང་། ཁྱུང་ལྷས་པ་དང་ཆོས་ཀྱི་དཔལ་བ་སོགས་བུ་སྟོན་རིན་པོ་ཆེའི་བུ་ཆེན་རྣམས་ལས་ས་ལུགས་ཀྱི་དབང་དང་རྒྱུད་བཤད་མན་ངག་མང་པོ་ཞིག་གསན་ནས་ཉམས་བཞེས་དག་ཐེར་འཆད་སྤེལ་སོགས་མཛད་ཅིང་། ཁྱད་པར་འཁོར་ལོ་བདེ་མཆོག་གི་བཤད་སྒྲུབ་ཉམས་པ་སླར་གསོས་ཏེ་དར་ཞིང་རྒྱས་པར་མཛད་པའི་བཀའ་དྲིན་བསྐལ་ཏོ། །ས་སྐྱ་པའི་ཐུན་མོང་མ་ཡིན་པའི་ལྟ་བ་ནི། ལམ་འབྲས་ཀྱི་ལྟ་བ་གསལ་སྟོང་འཛིན་མེད་དམ། འཁོར་འདས་དབྱེར་མེད་ཀྱི་ལྟ་བ་ཞེས་བྱ་བ་དེ་ཉིད་ཡིན་ཅིང་། དེའི་རྣམ་བཞག་ལ་མདོ་སྔགས་ཀྱི་དབྱེ་བ་གཉིས་དང་། མདོ་ལུགས་པའང་ཀློ་སྒྲུབ་དང་། བྱམས་པའི་རྗེས་འབྲང་གི་མན་ངག་གཉིས་སུ་དབྱེ་བ་སོགས་ཀྱི་སྦྱོར་པ་མང་ཡང་། སྔགས་ལུགས་ཀྱི་ལྟ་བ་ནི། སེམས་ཀྱི་གནས་ལུགས་རྟོགས་པའི་ལྟ་བ་ཡིན་པས། དེ་ལ་སྒྲོང་བ་འདོན་པ་ལ་ཁྱད་གཞི་སེམས་ངོས་ཟིན་དགོས་པས་ཐོག་མར་སེམས་བཙལ་ཏེ་གསལ་སྟོང་ཟུང་འཇུག་ཏུ་ངོ་སྤྲད། དེའི་ནང་ནས་གཉུག་མ་ཡེ་ཤེས་ལྷན་སྐྱེས་ཀྱི་སེམས་མཇུབ་ཚུགས་སུ་ངོས་བཟུང་། དེའི་དོན་བསྒོམ་པས་ཉམས་སུ་བླངས་ཏེ། སེམས་འཁྲུལ་འབྱམས་སུ་མི་འཚོད་པར་ཅི་སྣང་ཡེ་ཤེས་ཀྱི་རོལ་པར་འཆར་བ་དང་། འཁྲུལ་སྣང་ཤར་སྲིད་ནའང་ལྟ་བའི་དྲན་འདུན་གྱིས་ཆབ་རོམ་ཆུར་ཞུ་བ་ལྟར། འཁྲུལ་སྣང་ཐམས་ཅད་ཡེ་ཤེས་ཙམ་དུ་འཆར་བར་བྱེད་པ་ནི། གསང་ཆེན་སློབ་བཤད་ལུགས་ཀྱི་ལྟ་བའི་བཞེད་ཚུལ་ལོ། །ཞེས་གྲུབ་མཐའ་ཤེལ་གྱི་མེ་ལོང་ལས་གསུངས་སོ། །རྗེ་བླ་མས་ཀྱི་ཇོར་ལམ་འབྲས་ས་སྐྱ་པ་ལ་རྣམ་པར་དག་པ་ཡོད་པས་དག་ཐེར་མི་དགོས་པར་གསུངས་ཀྱང་དེའི་ལྟ་བའི་སྐོར་ལ་དག་ཐེར་མཛད་པ་དང་། ས་སྐྱ་པའི་ནང་ན་འདུས་པ་དང་དབུ་མ་ལ་མཁས་པ་རྗེ་བཙུན་རེད་མདའ་བས་ཀྱང་རྗེ་བླ་མ་ལ་ལྟ་བའི་གནད་དྲི་གཏུགས་མཛད་པར་བཤད་ཅིང་། ས་སྐྱའི་བསྟན་འཛིན་ཆེན་པོ་གཡག་པས་ཀྱང་རྗེ་ཉིད་ལ་དྲང་ངེས་ཀྱི་སྐོར་ལ་དྲི་བ་མཛད་པར་བརྟེན་ལེགས་བཤད་སྙིང་པོ་ལྟུགས་རྩོམ་

མཛད་པར་གྲགས་ལ། བདེ་མཆོག་གི་སྐོར་ས་ཕྱོགས་ལ་དར་ཆེ་བ་ཡོད་ཀྱང་། སྒྲུབ་ཐབས་བདེ་ཆེན་གསལ་བར། ཕྱོགས་འདིའི་སྒྲུབ་ཐབས་དབང་པོ་འདི་སྒྱུར་བས། ཞེས་ས་ཞལ་སོགས་བོད་ཀྱི་མཁས་པ་རྣམས་ཀྱི་བདེ་མཆོག་གི་སྒྲུབ་སྐོར་སོགས་ལས་ཁྱད་ཐོན་པའི་ལེགས་བཤད་སྤེལ་བ་སོགས་ནས། ཇེ་བླ་མ་འདི་ཉིད་གངས་ཅན་གྱི་ས་སྐྱ་པའི་མཁས་པ་རྣམས་ཀྱི་གཙུག་རྒྱན་དུ་གྲུབ་པོ།།

དྲུག་པ་ཇོ་ནང་པའི་གྲུབ་མཐའ་ལ་ཇི་ལྟར་མཛད་ཚུལ་ནི་ཇོ་མོ་ནང་ཞེས་པའི་ས་ཆར་བཏབ་པའི་དགོན་པ་ཀུན་མཁྱེན་དོལ་བུ་པ་བཞུགས་ནས་གྲུབ་མཐའ་འདི་སྤེལ་བས། དེ་དག་གིས་བརྒྱུད་འཛིན་རྣམས་ལ་ཇོ་ནང་པ་ཞེས་གྲགས་ཤིང་། གྲུབ་མཐའ་འདིའི་རྩ་བའི་ཁུངས་ནི། ཡུ་མོ་མི་བསྐྱོད་རྡོ་རྗེ་གྱིས་རབ་ཏུ་བྱུང་བའི་མཚན་དད་པའི་རྒྱལ་པོ་ཞེས་པ་མངོན་ཤེས་རྫུ་འཕྲུལ་མངའ་ཞིང་། དུས་ཀྱི་འཁོར་ལོའི་མན་ངག་ལ་བརྟེན་ནས་རྟོགས་པ་བརྙེས་པ་དེ་ལས་བྱུང་བ་སྟེ། ཁོང་གིས་དུས་ཀྱི་འཁོར་ལོའི་སྦྱོར་དྲུག་བསྒོམས་པས་སྟོང་གཟུགས་ཀྱི་ལྷ་སྐུའི་རྣམ་པ་ནང་ནས་ཤར་བས་རྗེན་བྱས་ཏེ། གཞན་སྟོང་གི་ལྟ་བ་དུས་འཁོར་གྱི་འཁྲིད་དང་བསྲེས་ནས་སྐོག་ཆོས་སུ་བཤད་པ་རི་མ་གྱིས་དོལ་བུ་བ་ཤེས་རབ་རྒྱལ་མཚན་ལ་བྱུང་། འདི་ཉིད་གསུང་རབ་ལ་མཁྱེན་པ་རྒྱས་པས་མཁས་པའི་གྲགས་པ་ཆེ་ཞིང་། ཡི་དམ་གྱི་ལྷ་དུ་མའི་ཞལ་གཟིགས་པ་དང་། སྐུའི་བཀོད་པ་གསུམ་དུས་ཅིག་ཆར་དུ་སྟོན་པ་དང་། མཆིམས་བློ་བཟང་གྲགས་པས་སྤྱན་རས་གཟིགས་སུ་གཟིགས་པ། དེ་ནས་ནམ་མཁའ་བྱང་ཆུབ་ཀྱིས་འཇམ་པའི་དབྱངས་སུ་གཟིགས་པ་སོགས་ངོ་མཚར་བའི་ལོ་རྒྱུས་མང་། སྔར་ཀུན་མཁྱེན་ཆོས་སྐུ་འོད་ཟེར་དང་མཁས་བཙུན་ཡོན་ཏན་རྒྱ་མཚོ་སོགས་ལས་མདོ་སྔགས་ཀྱི་ཆོས་མང་དུ་གསན་ཞིང་དཔེ་མེད་པའི་ཉམས་མྱོང་འཁྲུངས་པ་ཡིན་ཀྱང་། སྐུ་འབུམ་མཐོང་གྲོལ་ཆེན་མོ་བཞེངས་པ་ནས་བཟུང་སྔར་གྱི་གྲུབ་མཐའ་འགྱུར་ཏེ་ངེས་དོན་རྒྱ་མཚོ་ཆ་ལག་དང་བཅས་པ་མཛད། སློབ་མ་བསམ་གྱིས་མི་ཁྱབ་པ་བྱོན་ཞིང་། ཐུགས་སྲས་ཀྱི་གཙོ་བོ་ལོ་ཙྪ་བ་བློ་གྲོས་དཔལ་དང་། ས་བཟང་མ་ཏི་པཎ་ཆེན་གཉིས་ཡིན་ལ། ཕྱོགས་ལས་རྣམ་རྒྱལ་བ་དང་། ཉ་དབོན་ཀུན་དགའ་དཔལ་སོགས་འཕྲིན་ལས་སྐྱོང་བའི་མཁས་པ་མང་དུ་བྱོན། དེའི་ལྟ་བའི་འདོད་ཚུལ་ནི། ཆོས་ཐམས་ཅད་ཀྱི་ཡིན་ལུགས་དོན་དམ་པའི་བདེན་པ་དེ་རྟག་བརྟན་ཐེར་ཐུག་པ། ཀུན་གཞི་ལ་

རྣམ་ཤེས་དང་ཡེ་ཤེས་གཉིས་སུ་ཡོད་པའི་ཡེ་ཤེས་ཡིན་ཅིང་། དོན་དམ་ཆོས་ཉིད་ཀྱི་དཀོན་མཆོག་གསུམ་དང་། བརྟན་གཡོ་ཀུན་ལ་ཁྱབ་པའི་དབྱིངས་རིག་དབྱེར་མེད་ཀྱི་ལྷ་ཚོགས་དང་། བདེ་གཤེགས་སྙིང་པོ་དང་། རང་བཞིན་གནས་རིགས་དང་། རྒྱུད་སྡེར་གསུངས་པའི་རིགས་བརྒྱ་སོགས་དང་དོན་གཅིག་ལ། དེ་ཉིད་གཞི་འབྲས་དབྱེར་མེད་ཀྱི་རྒྱུད་དུ་བཞུགས་པས། གཞི་ལ་རྟག་ཏུ་བཞུགས་ཀྱང་རྣམ་ཤེས་ལ་གཏན་ནས་མི་སྣང་ཞིང་། གནས་ཚུལ་དེ་ལྟར་ཡིན་པ་དེ་ཉིད་རྣལ་འབྱོར་དྲུག་གི་རིམ་པས་ཉམས་སུ་བླངས་པས་འབྲས་བུ་ཆོས་ཉིད་ཀྱི་སྐུ་མངོན་དུ་འགྱུར་བར་བཞེད་ཅིང་། གསེར་འོད་དང་དེ་བཞིན་གཤེགས་པའི་སྙིང་པོའི་མདོ་སོགས་དང་། རྒྱུད་བླ་ཕྱ་འགྲེལ། ཆོས་དབྱིངས་བསྟོད་པ་སོགས་ཀྱི་དགོངས་དོན་ཡིན་པར་བཞེད་དོ། །ཀུན་མཁྱེན་དོལ་བུ་པ་ནི་བསམ་གྱིས་མི་ཁྱབ་པའི་སྐྱེས་བུ་དམ་པ་ཡིན་པར་ཀུན་ལ་གྲགས་ཤིང་གྲུབ་པས། དགོངས་གཞི་དང་དགོས་པ་ཁྱད་པར་ཅན་ཡོད་པར་ངེས་ཀྱང་། གྲུབ་མཐའི་འདོད་ཚུལ་སྒྲས་ཟིན་ཚོད་ལ་ནི་མཁས་པ་རྣམས་དགག་པ་དང་ཟུར་ཟ་མང་དུ་མཛད་དེ། དེ་ཡང་གཞི་ལམ་འབྲས་བུའི་རྣམ་བཞག་འགའ་ཞིག་ནི་སུ་སྟེ་ཊ་པའི་ཐུན་མོང་མ་ཡིན་པའི་འདོད་ཚུལ་དང་མཚུངས་པ་དང་། གཞན་སྟོང་གི་ཤེས་བྱེད་དུ་དྲངས་པའི་ལུང་རྣམས་ཀྱང་དྲང་དོན་དུ་འགྲེལ་དགོས་པ་ཞ་སྟག་ཡིན་པས། ཚད་ལྡན་གྱི་ཁུངས་མེད་ཅིང་རང་མལ་ནས་རྩོལ་བའི་གསོར་མི་རུང་བའི་ལྟ་ངན་ཐ་ཚད་ཡིན་ཞེས་མཁས་གྲུབ་གཞན་དུ་མ་དང་། བུ་སྟོན་ཡབ་སྲས། རྗེ་བཙུན་རེད་མདའ་བ། རྗེ་ཡབ་སྲས་སོགས་ཀྱིས་འབད་པས་འགོག་པར་མཛད་ལ། ལ་ལས་ཇོ་ནང་པའི་ལྟ་བ་འདི་སེམས་ཙམ་པ་དང་མཐུན་པར་མ་ཟད་དུས་འཁོར་འགྲེལ་བཅས་ཀྱི་དགོངས་པ་ཡིན་པ་དང་། སྔགས་ལུགས་ཀྱི་ཕྱག་ཆེན་གྱི་གནད་ཀྱང་འདི་དང་མཐུན་ཞེས་འདོད་པ་ནི་ཤིན་ཏུ་མི་འཐད་པར་གསུངས། དེས་ན་ཇོ་ནང་པའི་ལྟ་བའི་འདོད་ཚུལ་ནི་དངོས་ཚོད་ལ་དེ་ལྟར་ཡིན་ཀྱང་། དེ་ནས་བརྒྱུད་པའི་དུས་འཁོར་གྱི་བཤད་སྲོལ་དང་། རྒྱུད་སྡེ་དུ་མའི་དབང་དང་རྗེས་གནང་མན་ངག་སོགས་མཁས་པ་རྣམས་བསྔགས་བརྗོད་མཛད་ཅིང་། རྗེ་བླ་མས་ཀྱང་དོལ་བུ་བའི་སློབ་མ་ཕྱོགས་རྒྱལ་བ་ལ་དུས་འཁོར་དང་། དེའི་སློབ་མ་ཉ་དབོན་ཀུན་དགའ་དཔལ་ཞེས་གྲགས་པའི་མཁས་པ་ཆེན་པོ་དེ་ལ་བར་ཕྱིན་གསན་པར་ཐུགས་

ཚིམ་པའི་བསྔགས་བརྗོད་མཛད་པར་སྣང་ལད་ལྷ་རང་ཕྱོགས་ལ་ཀུན་མཁྱེན་ཇོ་ནང་པ་ཤེས་རབ་རྒྱལ་མཚན་ཡབ་སྲས་དེ་དག་ལས་བརྒྱུད་པའི་དུས་ཀྱི་འཁོར་ལོ་དང་རྡོ་རྗེ་ཕྲེང་བའི་དབང་ལ་སོགས་པའི་ཆོས་རྒྱུན་འགངས་ཆེ་བའང་མང་དུ་བཞུགས་པས་ན། མཁས་པའི་དབང་པོ་རྣམས་ཀྱིས་ཕྱོགས་དེའི་ལྟ་བའི་འདོད་ཚུལ་ཁོ་ན་ལ་དམིགས་ཕུག་པའི་དགག་སྒྲུབ་ཉམས་འཆར་གྱི་གསུང་མང་དུ་བྱོན་པའི་རྗེས་ཟློས་བྱས་ཏེ་སུ་ཧུང་གིས་ངན་སླས་བྱས་ན་ཟླ་མ་སྐྱེས་བུ་དམ་པ་ལ་བརྟེན་པའི་སྡིག་པ་ཚབས་པོ་ཆེ་གསོག་ཉེན་ཆེ་བས།བདག་ལྟ་བུས་བག་ཡོད་བྱེད་པར་རིགས་ལ། འོན་ཀྱང་ཐམས་ཅད་ལ་དག་སྣང་སྦྱོང་ཁྱུལ་གྱིས་རང་ལུགས་ཀྱི་རྐང་བ་འཛུགས་ས་གང་ཡང་མ་རྙེད་པར་ཚོམ་མེ་སྡོད་པ་དེས་གང་ཡང་མ་ཕྱིན་པས་གང་ཟག་ལ་དག་སྣང་གི་ངོས་ནས། དེ་རིགས་ལ་མཁས་པ་རྣམས་དགག་སྒྲུབ་མཛད་ཚུལ་ལ་ལྟ་རྟོག་བྱས་ཏེ་རྣམ་པར་དག་པའི་ལུགས་སྲོལ་གྱི་ཕྱོག་ཕྱོགས་ལ་ཡིད་ཕྱོགས་པའི་མཐའ་འགོག་པ་ཡང་འབད་པར་བྱ་བའི་གནས་སོ། །རྗེ་བླ་མའི་འདི་ཉིད་དུས་ཀྱི་འཁོར་ལོའི་བཤད་སྒྲུབ་སྤེལ་བ་ལ་ཆོས་རྒྱལ་ཟླ་བ་བཟང་པོ་བྱོན་པ་དང་འདྲ་བར་དཀྱིལ་འཁོར་གྱི་བདག་པོས་བསྔགས་བརྗོད་མཛད་པ་དང་། ལྷག་པར་སེམས་འགྲེལ་སྐོར་གསུམ་གྱི་དཀའ་གནས་རྣམས་དང་ལྟ་བའི་སྐོར་ལ་ལོག་རྟོག་གསལ་ཏེ་རྒྱུད་ཀྱི་དགོངས་པ་མཐའ་ཆོད་པར་གསལ་བར་མཛད་པ་ལྟ་བུ་དེ་དག་ལ་ཐུན་མོང་དུ་མེད་པས་ན། གངས་ཅན་གྱི་ཇོ་ནང་པའི་མཁས་པ་རྣམས་ཀྱི་གཙུག་རྒྱན་དུ་གྲུབ་པོ། བདུན་པ་གྲུབ་མཐའ་ཉི་ཚེ་བ་འགའ་ཞིག་ནི། དེ་ཡང་གིང་ནི་ཀླུ་པ་ལས་བརྒྱུད་པའི་ཕྱག་ཆེན་གྱི་གདམས་པ་དང་། ཁ་རག་སྒོམ་ཆུང་བ་དབང་ཕྱུག་བློ་གྲོས་ཀྱིས་བྱང་ཆུབ་སེམས་སྦྱོང་ཞེས་བྱ་བ་ཨ་ར་ནས་སྤྱ་སྒོམ་ལ་བརྒྱུད་པའི་སེམས་ཕྱོགས་ཀྱི་གདམས་པ་དང་ཇོ་བོ་རྗེའི་བློ་སྦྱོང་གི་གདམས་པའི་ཆུ་བོ་གཉིས་གཅིག་ཏུ་དྲིལ་བའི་གདམས་པ་ཁ་རག་སྐོར་གསུམ་དུ་གྲགས་པ་སོགས་གདམས་པ་སྣ་ཚོགས་པ་དང་། ཀོ་བྲག་པ་བསོད་ནམས་རྒྱལ་མཚན། པོ་དོང་ཕྱོགས་ལས་རྣམ་རྒྱལ། སངས་རྒྱས་གཉིས་པ་བུ་སྟོན་ཞབས། ལྷོ་བྲག་ཕྱག་རྡོར་བའི་ཆོས་ལུགས་རྣམས་ལ་གྲུབ་མཐའ་ཉི་ཚེ་བ་ཞེས་ཤེལ་གྱི་མེ་ལོང་ལས་སྤྱི་ཚན་གཅིག་ཏུ་མཛད་ལ། དེ་དག་ལས་འགའ་ཞིག་ནི་དེང་སང་དར་རྒྱུས་མེད་ཅིང་། པོ་དོང་ཕྱོགས་ལས་རྣམ་རྒྱལ་ལམ་འཛིགས་

མེད་གྲགས་པ་སོགས་མཚན་གྱི་རྣམ་གྲངས་གཞན་ཡང་ཡོད་པ་དེ་ཉིད་མཁས་པའི་གྲགས་པས་ཁྱབ་ཅིང་། ཡི་དམ་གྱི་ལྷ་དུ་མ་དང་ལྷག་པར་དབྱངས་ཅན་མས་རྗེས་སུ་བཟུང་བ། རྡོ་རྗེ་སེམས་དཔས་བསྐུལ་ནས་པོ་ཏི་བརྒྱུར་ཡོངས་པ་ཙམ་བརྩམས་པ་ངེས། རང་རྐང་གི་ཆོས་ལུགས་འཆད་སྤྱེལ་མཛད་པས་བོ་དོང་པའི་གྲུབ་མཐའ་ཞིག་བྱུང་ནའང་ད་ཅང་འཕེལ་རྒྱས་ཡུན་རིང་མ་བྱུང་བ་འདྲ་ཞེས་ཤེལ་གྱི་མེ་ལོང་ལས་གསུངས། བུ་སྟོན་ཞབས་ནི་དང་པོར་ཁྲི་ཕུ་བཀའ་བརྒྱུད་ཀྱི་བསྟན་འཛིན་ཆེན་པོ་ཡིན་ཀྱང་། མཁས་པར་སྦྱངས་པའི་ཕྱག་རྗེས་རང་རྐང་གི་གྲུབ་མཐའ་བཟུང་ནས་འཆད་སྤྱེལ་མཛད་པས། ཞ་ལུ་བའི་གྲུབ་མཐའ་འམ་བུ་ལུགས་པ་ཞེས་གྲགས། ལྷོ་བྲག་ནམ་མཁའ་རྒྱལ་མཚན་ཞེས་དཔལ་གསང་བའི་བདག་པོ་དང་དབྱེར་མེད་པ་དེ་ཉིད་ནི་བཀའ་གདམས་པའི་ལམ་རིམ་དང་། གསང་བདག་ཉིད་ལས་གསན་པའི་ཟབ་ཆོས་རྣམས་གཅིག་ཏུ་དྲིལ་ནས་འཆད་སྤྱེལ་མཛད་པས། ལྷོ་བྲག་གྲུབ་མཐའ་ཞེས་ཐ་སྙད་མི་བྱེད་ཀྱང་འབུར་དུ་དོད་པའི་ཆོས་ལུགས་ཞིག་ནི་ཡིན་པར་ཤེལ་གྱི་མེ་ལོང་ལས་གསུངས། དེ་དག་ལས་ཆོས་རྗེ་བུ་སྟོན་ཞབས་ནི་སངས་རྒྱས་གཉིས་པར་གྲགས་པའི་མཁས་གྲུབ་ཆེན་པོ་ཡིན་ཞིང་། རྗེ་བླ་མས་ཀྱང་བུ་ལུགས་ཀྱི་དབང་དང་བཤད་པ་མང་དུ་གསན་ཅིང་། ཁོང་གི་མདོ་སྔགས་ཀྱི་གཞུང་གི་ལེགས་ཆ་རྣམས་ལ་ཆ་འཛོག་མཛད་པའང་མང་ལ། ལྷོ་བྲག་གྲུབ་ཆེན་ནི་དཔལ་གསང་བའི་བདག་པོས་རྗེས་སུ་བཟུང་སྟེ་ཟབ་རྒྱས་ཀྱི་གདམས་པའི་གཏེར་མཛོད་དུ་གྱུར་བ་ཡིན་ཞིང་། རྗེ་བླ་མས་ཀྱང་རིགས་ཀྱི་ཅོད་པཎ་དུ་བརྟེན་ཏེ་བྱང་ཆུབ་ལམ་རིམ་སོགས་ཆོས་བཀའ་མང་དུ་གསན་ཏེ་བཀའ་དྲིན་ཆེ་བའི་བླ་མར་མཛད་པ་ཡིན་མོད། དེ་ལྟ་ནའང་ཁོང་དག་གི་གསུང་དང་། རྗེ་བླ་མའི་གསུང་རབ་གཉིས་བལྟས་ན་ཁྱད་པར་ཆེན་པོ་ཡོད་པར་མཁས་པའི་དབང་པོ་རྣམས་ཀྱིས་གསུངས་སོ། །གྲུབ་མཐའི་སྡེ་ཚན་ཕྱི་མའི་མཁས་པ་དེ་རྣམས་ནི། ཕལ་ཆེར་ཕྱག་ཆེན་དང་། བཀའ་གདམས་པའི་ལམ་རིམ་བློ་སྦྱོང་གི་གཞུང་བསྒྲངས་པ་ཙི་རིགས་པར་སྣང་བས། གོང་དུ་བརྗོད་པ་རྣམས་ཀྱིས། རྗེ་བླ་མ་ཉིད་གངས་ཅན་གྱི་གྲུབ་མཐའ་ཉི་ཚེ་བའི་མཁས་པ་རྣམས་ཀྱི་གཙུག་རྒྱན་དུ་འགྲུབ་བོ། །དེ་ཡང་སྙན་ངག་མེ་ལོང་ལས། རིགས་དང་བརྩོན་འགྲུས་ཐོས་སོགས་ཀྱིས། །དགྲ་བོ་ལ་ཡང་བསྔགས་བྱས་ནས། །དེ་ལས་རྒྱལ་

ཕྱིར་འདྲེན་པ་ནི། །ཁྱད་འཕགས་བརྗོད་པའང་བདག་དགའ་སྐྱེས། །ཞེས་པ་དང་ཚུལ་མཚུངས་པར། རྗེ་བླ་མ་ཉིད་གང་ལས་ཁྱད་པར་དུ་འཕགས་པའི་ཕྱོགས་ས་བོད་ཀྱི་མཁས་པ་རྣམས་དང་། དེ་དག་གི་ཆོས་ལུགས་དག་གི་ཆེ་བ་སྒྲོ་སྐུར་མེད་པར་གོང་དུ་མཚོན་ཙམ་གསལ་བ་བཞིན་བརྗོད་རྗེས། གཟོད་རྗེ་བླ་མ་ཉིད་དེ་དག་གི་གཙུག་རྒྱན་དུ་འགྱུར་ཚུལ་བརྗོད་ན། དོན་དང་མཐུན་པའི་བརྗོད་ཚུལ་དུ་འགྱུར་གྱི། རྒྱུ་མཚན་ཁྱད་པར་ཅན་འགོད་རྒྱུ་མེད་པར་རང་རེའི་རྗེ་བླ་མ་འདྲ་བ་གཞན་སུ་ཡོད། གཞན་ཕྱོགས་ཀྱི་ཆོས་དང་གང་ཟག་ལ་མ་ཚང་བའི་གནས་ཅི་ཡོད། ཅེས་ཁ་འཛིངས་དང་ཚིག་ངན་ཟློ་བ་ཙམ་གྱིས་གང་ཡང་མི་ཕྱིན་ཞིང་། རང་ཉིད་སུན་འབྱིན་པར་འགྱུར་བ་དང་། ཆོས་སྤོང་དང་གང་ཟག་ཁྱད་པར་ཅན་ལ་སྐུར་འདེབས་སུ་ཡང་འགྱུར་ལ། དེ་མ་ཟད་གལ་སྲིད་གཞན་ཕྱོགས་པ་རྣམས་ལ་རྣམ་པར་དག་པའི་ཆོས་ལུགས་དང་། མཁས་ཤིང་གྲུབ་བརྙེས་ཁྱད་པར་ཅན་སུ་ཡང་མེད་པ་ཞིག་ཡིན་ན། དེ་དག་ལས་ཁྱད་པར་དུ་འཕགས་ཚུལ་ཙམ་བརྗོད་པས། རྗེ་བླ་མ་གངས་ཅན་མཁས་པའི་གཙུག་རྒྱན་དུ་སྒྲུབ་ནུས་པར་མི་འགྱུར་ཞིང་། ང་ཡི་ཕ་བུད་མེད་རྣམས་ལས་མཆོག་གོ་ཟེར་བ་དང་འདྲ་བར།རྗེ་བླ་མ་ལ་དོན་གྱིས་སྨད་པར་འཛེ་བའི་ཉེན་ཡོད་དོ། །དེའི་ཕྱིར་འདིར་ཡང་སྤྱིར་མཁས་པ་ཙམ་གྱི་ཆེ་བརྗོད་མ་སྨོས་པར། མཁས་ཚུལ་ཁྱད་པར་བའི་ཡོན་ཏན་དེ་འདྲ་སྟོན་བཞེད་ནས། གངས་ཅན་མཁས་པའི་གཙུག་རྒྱན་ཞེས་ཁྱད་པར་དུ་བྱས་པ་ཡིན་ནོ། །གོང་དུ་བརྗོད་པ་དེ་ལྟར་རྗེ་བླ་མ་གངས་ཅན་གྱི་མཁས་པའི་གཙུག་རྒྱན་དུ་སྒྲུབ་པའི་ཞར་ལ་བོད་ཀྱི་མཁས་པ་སོ་སོའི་ལྟ་གྲུབ་ཀྱི་ཁྱད་པར་རགས་རིམ་ཙམ་ཡན་ཆད་ཤེས་པ་ལ་དགོས་པ་མང་དུ་ཡོད་དེ། ལྕང་སྐྱ་རིན་པོ་ཆེའི་གྲུབ་མཐའི་རྣམ་བཞག་ལས། དེ་ལྟར་བདག་གིས་གངས་རིའི་ལྗོངས་ཀྱི་ལྟ་བའི་ཁྱད་པར་མདོ་ཙམ་བརྗོད་པ་འདི་ནི་གཞན་ལས་ཁྱད་ཐོན་པར་མེད་པ་དང་། ཕྱོགས་ལྷུང་དང་གྲགས་འདོད་ཀྱིས་ཀུན་ནས་བསླང་བ་མ་ཡིན་གྱི། མཁས་པ་དང་མི་མཁས་པ་དུ་མའི་སྐུར་བར་བྱ་བའི་གནས་མིན་པ་ལ་སྐུར་བ་དང་། ལུགས་མི་མཐུན་པའི་དུ་མའི་ཐ་སྙད་ཐམས་ཅད་གཅིག་ཏུ་བསྲེས་པ་དག་གིས་དྲི་མ་མེད་པའི་གཞུང་དྲི་མ་དང་བཅས་པར་བྱེད་པ་རྣམས་ལ་ཕན་པར་བསམ་པ་དང་། ཁྱད་པར་དུ་རྗེ་བླ་མ་ཡབ་སྲས་ཀྱིས་ཤིང་རྟ་ཆེན་པོ་རྣམས་ཀྱི་ལུགས་ལ་འཁྲུལ་པའི་དྲི་མ་མཐའ་

དག་དང་བྲལ་བ་མ་འདྲེས་པར་ཕྱེ་བ་འདི་ལ་རིགས་པའི་ལམ་ནས་དྲངས་པའི་དང་བ་བཙོས་མ་མ་ཡིན་པ་དང་ལྡན་པ་རྣམས་ལ་ཡིད་དགའ་བ་ཆེས་ཆེར་བསྐྱེད་པར་བྱེད་པ་དང་། བག་ཆགས་བཟང་པོ་ཅན་རྣམས་ལ་དྲི་མ་མེད་པའི་ལམ་མཆོག་ཏུ་གྱུར་པ་ནི་རྗེ་རྒྱལ་བ་གཉིས་པའི་རིང་ལུགས་འདི་ཉིད་ཡིན་නོ་ཞེས་མཚོན་པར་བྱ་བའི་ཕྱིར་དུ་སྨྲས་པ་ལགས་སོ། །ཞེས་གསུངས་པ་ཉིད་ཀྱིས་ཤེས་ནུས་སོ། །རྒྱལ་དབང་ལྔ་པ་ཆེན་པོས་མཛད་པའི་དམིགས་བརྩེ་མའི་ཊཱིཀྐ་ལས། རྗེ་བླ་མ་ལ་སྐུ་ཚེ་འདིའི་ཆེད་བརྗོད་མང་དུ་མཛད་པའི་མཐར། དེ་ཙམ་གྱིས་མཁས་པ་ཐམས་ཅད་ཀྱི་གཙུག་ན་མངོན་པར་མཐོ་བར་མི་འགྱུར་ཏེ། བཀའ་གདམས་ཀྱི་སྐུ་མཆེད་གསུམ་དང་གླང་ཤར་སོགས་བདག་པས་གཞན་གཅེས་པར་འཛིན་པའི་སེམས་དཔའ། ལྗེ་འབྲོག་མར་མི་སོགས་སྐུ་ཚེ་དེའམ་བར་དོར་ཟུང་འཇུག་བརྙེས་པའི་གྲུབ་ཐོབ། ས་རྗེ་ཏུ་སོགས་གནས་ལྔ་རིག་པ་མཁྱེན་པའི་མཁས་པ་མཐའ་ཀླས་པ་བྱུང་བས་སོ་ཞེ་ན། རིགས་པ་དེ་ནི་འཇུག་པ་མ་ཡིན་ཏེ། །བཤད་མ་ཐག་པའི་མཁས་གྲུབ་དེ་དག་ཕྱོགས་གཅིག་ཏུ་བསྡོམས་ན་དམ་པ་འདིའི་ཡོན་ཏན་དང་མཚུངས་ནའང་། རེ་རེ་བཞིན་ནས་དོད་མི་སྙོམས་པའི་རྒྱུ་མཚན། བསྟན་པ་སྔ་དར་ལ་ལོ་པཎ་རྒྱལ་བློན་བྱང་ཆུབ་སེམས་དཔའ་དང་། ཕྱི་དར་ལ་བཀའ་གདམས་གོང་མ་སོགས་རྒྱལ་བའི་སྲས་པོ་དེ་རྣམས་ཀྱི་བྱང་ཆུབ་སེམས་ལས་ལྷག་པ་འདི་ལ་མི་མངའ་ཡང་། འདི་ཉིད་ཀྱི་ཐ་སྙད་དང་གསང་སྔགས་ཡོངས་སུ་རྫོགས་པ་དེ་དག་ལ་མེད་པས་སོ། །དེ་བཞིན་དུ་སྔ་དར་གྱི་རྗེ་འབངས་ཉེར་ལྔ་དང་། ཕྱི་དར་གྱི་ལོ་ཆེན་འབྲོག་མི། དཀར་པོ་རྣམ་གསུམ་མར་མི་སོགས་གྲུབ་པའི་དབང་ཕྱུག་དེ་དག་གི་བསྐྱེད་རྫོགས་ཀྱི་ཡོན་ཏན་གྱི་ཆ་ནས་ཕན་ཚུན་སྙོམས་ནའང་། སོ་སོར་ཐར་པའི་སྡོམ་པ་གསུམ་གྱི་ཚུལ་ཁྲིམས་དང་། གྲུབ་མཐའ་རྣམ་བཞིའི་བཞེད་གཞུང་། སྒྲ་ཚད་སོགས་ཤེས་བྱ་རིག་སྟོད་པའི་ཡོན་ཏན་གྱི་ཆ་ནས་མཆོག་དམན་ཡོད་དོ། །དེ་བཞིན་དུ་ས་རྗེ་ཤོད་དབང་སོགས་གནས་ལྔ་རིག་པ་མཁྱེན་པ་རྣམས་ཀྱིས་ཐོས་བསམ་ལ་སྒྲོ་འདོགས་བཅད་པའི་ཆ་ནས་ཁྱད་པར་མེད་ཀྱང་། བླ་མ་མགོན་པོ་འཇམ་དཔལ་དབྱངས་ཀྱི་བཀའ་དྲིན་ལ་བརྟེན་ནས། དཔལ་མགོན་འཕགས་པ་ཀླུ་སྒྲུབ་ཀྱི་ཐུན་མོང་མ་ཡིན་པའི་བཞེད་པ་དངོས་བསྟན་སྟོང་ཉིད་ཀྱི་ལྟ་བ་དང་། དཔལ་གསང་བ་འདུས་པའི་སྐྱེ་ལུས་སོགས་གནད་གསང་ཟབ་མོ་

སྔོན་ཆད་མཁས་པ་དང་གྲུབ་པ་རྣམས་ཀྱི་མཁྱེན་པའི་ཡུལ་དུ་མ་འཚལ་བ་པ་མཐའ་དག་དམ་པ་འདི་ཉིད་ཀྱིས་གཏན་ལ་འབེབས་པར་མཛད་པ་མངོན་སུམ་གྱིས་གྲུབ་པ་འདི་འོ། །ཞེས་གསུངས་ནས་ཏེ། སྤྱི་ལྡོག་ནས་དེ་ལྟར་ཡིན་པ་དོན་ལ་གནས་མོད་ཀྱང་། ནང་གསེས་ཀྱི་གནད་འགག་རྣམས་གསལ་བར་མཛད་ཚུལ་ལ་ཐུན་མོང་མ་ཡིན་པའི་ཁྱད་པར་དུ་མ་ཡོད་པས། པཎ་ཆེན་ཐམས་ཅད་མཁྱེན་པ་དཔལ་ལྡན་ཡེ་ཤེས་ཀྱིས་ཀུན་གཟིགས་ལྷ་བའི་ལུང་དེ་དྲང་དོན་དགོངས་པ་ཅན་དུ་འགྲེལ་བར་མཛད་དོ། །གཞན་ཡང་བོད་ཀྱི་གྲུབ་མཐའ་སོ་སོའི་མཁས་པ་རྣམས་ཀྱི་རྣམ་ཐར་སོགས་རེ་རེ་ནས་བལྟ་རྒྱུ་བྱུང་དཀའ་ཞིང་། དེ་དག་གིས་སྤེལ་བའི་བསྟན་བཅོས་དེང་སང་ཐུབ་པ་དང་མ་མཇལ་བའང་སྲིད་པས། དེ་དག་གིས་རྗེ་བླ་མའི་ལེགས་བཤད་ལྟ་བུ་གཏན་མ་མཛད་པར་ཁ་ཚོན་ཆོད་དཀའ་བ་ལྟ་བུ་དང་། མཁས་པ་ནང་པན་ཚུན་དགག་བཞག་མཛད་ཀྱང་རང་རང་སོ་སོ་ལ་སྒྲུབ་བྱེད་ཡོད་ཅིང་། དེར་མ་ཟད་དགེ་ལྡན་པ་ནང་པན་ཚུན་ཀྱང་དགག་སྒྲུབ་མཛད་པ་མངོན་སུམ་གྱིས་གྲུབ་པས་ན། རྗེ་བླ་མས་སྔ་རབས་པ་སྤུན་འདྲེན་གྱི་དགག་བཞག་མང་དུ་མཛད་པ་ཙམ་གྱིས་མཆོག་དམན་གྱི་ཁྱད་པར་འབྱེད་དཀའ་བ་ལྟ་བུ་དང་། རྗེ་བླ་མ་ལ་ལྷག་པའི་ལྷ་དུ་མས་ཆེད་བརྗོད་དང་གསུང་གི་གནང་བ་སྐུལ་བ་སོགས་ཀྱི་ལོ་རྒྱུས་མང་ཀྱང་། སྔ་རབས་པ་དེ་དག་ལའང་ལྷའི་ཞལ་གཟིགས་ཤིང་རྟོགས་པའི་གློང་རྟོལ་བའང་མང་བས། ལྷའི་གསུང་གི་སྣང་བ་ཇི་ལྟ་བ་ཐོབ་པ་སོགས་ཀྱི་ཞིབ་ཆ་རང་རེ་ལ་ལྐོག་ཏུ་གྱུར་པས། རྗེ་བླ་མའི་རྣམ་ཐར་དང་གསུང་གི་གླེགས་བམ་ཙམ་མཇལ་བས་ཀུན་གྱི་ཚད་འཇལ་བ་དཀའ་བ་ལྟ་བུར་རྣམ་རྟོག་ལ་འཆར་སྲིད་ནའང་། རྒྱུ་མཚན་དེ་འདྲ་ཙམ་བཀོད་པས་རྗེ་བླ་མ་གངས་ཅན་མཁས་པའི་གཙུག་རྒྱན་དུ་སྒྲུབ་དཀའ་བར་མི་འགྱུར་ཏེ། དེ་དག་དང་རྣམ་ཐར་དང་ཕྱག་རྗེས་སོགས་རང་རེ་ལྟ་བུ་ལ་ལྐོག་ཏུ་གྱུར་ནའང་། ལྐོག་ཏུ་མ་གྱུར་པའི་དཔང་པོ་དེ་ལྟ་བུ་མཆིས་ཏེ། དཀར་ཆག་ཐོའི་ཡིག་ཆུང་ལས། དཀྱིལ་འཁོར་གྱི་བདག་པོས་ཨ་ཏི་ཤ་འདས་ནས་བོད་དུ་རྡོ་རྗེ་ཐེག་པའི་ལམ་གྱི་གནད་མ་ལུས་པར་རྟོགས་པ་གཞན་མ་བྱུང་བས། ད་ཕྱིན་ཀྱིས་འདིའི་བདག་པོ་གྱིས་ཤིག་ཅེས་རྡོ་རྗེ་ཐེག་པའི་བསྟན་པ་གཏད་པས་རང་ཉིད་ཆོས་ཀྱི་རྒྱལ་པོར་གྱུར་ཏེ་ཞེས་གསུངས་ཤིང་། ཨ་ཏི་ཤ་ནི་གྲུབ་དབང་མར་པ་དང་། ལོ་ཆེན་རིན་ཆེན་བཟང་པོ་

སོགས་ཀྱི་སྐུ་དུས་སུ་བྱོན་པས། དེ་ཕྱིན་གྱི་མཁས་ཤིང་གྲུབ་པའི་དབང་པོ་གངས་ཀྱི་སེང་གེ་ལྷ་བུ་བསམ་གྱིས་མི་ཁྱབ་པ་བྱོན་པ་དེ་ཐམས་ཅད་མདོ་རྒྱུད་ཀྱི་གནད་མི་མཐྱེན་པ་ག་ལ་ཡིན་ཀྱང་། དཔྱད་པ་རྗོགས་ཚུལ་ལ་ཁྱད་པར་ཡོད་པ་དཔེར་ན་ལྷ་བའི་རྣམ་བཞག་ཐལ་ཆེར་རེད་མདའ་བ་དང་རྗེ་བླ་མའི་བཞེད་པ་གཅིག་ཀྱང་། སྣང་བས་ཡོད་མཐའ་དང་སྟོང་པས་མེད་མཐའ་སེལ་ཞིང་སྟོང་པ་ཉིད་རྒྱུ་འབྲས་སུ་འཆར་བའི་ཚུལ་རྗེ་བླ་མའི་ཐུན་མོང་མ་ཡིན་པ་ཡིན་ཞེས་ལྕང་སྐྱ་རིན་པོ་ཆེས་གསུངས་པ་ལྟ་བུས་མཚོན་ནུས་ལ། སྔོན་གྱི་དམ་པ་དེ་དག་གི་གསུང་རབ་རྣམས་མ་མཇལ་ཤིང་། མཇལ་ཡང་ཆོས་མིག་མ་ཐོབ་པ་རྣམས་མཆོག་དམན་གྱི་ཁྱད་བྱེད་པར་དཀའ་ནའང་། དེ་དག་གི་བཞེད་ཚུལ་གཙོ་ཆེ་བ་རྣམས་རྗེ་བླ་མ་རང་ཉིད་ཀྱིས་གཟིགས་པ་དང་། མཁས་པ་གཞན་གྱིས་གཞུང་དུ་བཀོད་པ་སོགས་ལས་ཀྱང་མ་འདྲེས་པར་མཁྱེན་ནས་དགག་སྒྲུབ་མཛད་ཚུལ་རྗེ་རང་གི་གསུང་ལས་གསལ་ལ། དགག་སྒྲུབ་ཀྱི་ནུས་པ་སུ་ཆེའང་བལྟས་པས་ཤེས་སོ། །རྗེ་རང་གི་གསུང་ལས་ཀྱང་ཤེས་ཏེ། ལེགས་བཤད་སྙིང་པོ་ལས། གཞུང་ལུགས་མང་ཐོས་རིགས་པའི་ལམ་དུའང་། །ངལ་བ་མང་བསྟེན་མངོན་པར་རྟོགས་པ་ཡི། །ཡོན་ཏན་ཚོགས་ཀྱིས་མི་དམན་དུ་མས་ཀྱང་། །འབད་ཀྱང་རྟོགས་པར་མ་གྱུར་གནས་དེ་ནི། །ཤིན་ཏུ་བརྩེ་བའི་བསམ་པས་བདག་གིས་བཤད། །ཅེས་དང་། མཐའ་དཔྱོད་སྨྲ་གྲུ་ལས།སྔོན་ཆད་ཕྱོགས་འདིར་མངོན་དུ་མ་གྱུར་བའི། །ཚིག་དོན་བདུད་རྩིས་གང་བའི་བུམ་པ་རྙེད། །ཅེས་དང་། རྗོགས་རིམ་དངོས་གྲུབ་སྒོ་མར་ཡང་། སྔོན་ཆད་ཕྱོགས་འདིར་རྩ་བཤད་ཀྱི། །རྒྱུད་སྡེས་ལེགས་པར་མ་བཀྲལ་བ། །བདག་གིས་བརྩོན་པ་ཆེན་པོ་ཡིས། །རིང་དུ་འབད་ལས་རྙེད་གྱུར་པ། །ཞེས་དང་། རྟོགས་བརྗོད་ལས། བྱང་ཕྱོགས་འདི་ན་ཚད་མའི་གཞུང་ལུགས་ལ། །སྨྲ་ངས་དང་མ་སྨྲ་ངས་དུ་མ་མགྲིན་གཅིག་ཏུ། །མདོ་དང་སྡེ་བདུན་ཀུན་ལ་བྱང་ཆུབ་ཏུ། །བགྲོད་པའི་ཉམས་ལེན་རིམ་པ་ཡོད་མིན་ཟེར། །ཞེས་སོགས་ཀྱིས་ཀྱང་དཔོག་ནུས། གཞན་ཕྱོགས་ལ་རྣམ་པར་དག་པའི་ཆ་ཡོད་ན་རྗེ་བླ་མས་རང་སོར་བཀོད་པ་དཔེར་ན། ས་སྐྱ་པའི་ཀྱེ་རྡོར་ལ་དག་ཟེར་མཛད་མི་དགོས་པར་གསུངས་པས་མཚོན། སུ་ལའང་ཕྱོགས་ལྷུང་གི་སྡང་ཞེན་མེད་པ་གཙམ་དགོན་གཞོན་ལྷ་བུའི་བློ་མ་ཚང་བ་ཀུན་གྱིས་ཀྱང་བསྒྲགས་པ་ལྟར་རོ། །རྗེ་བླ་མས་གངས་ཅན་གྱི་

གྲགས་པ་ཅན་གྱི་མཁས་གྲུབ་དུ་མའི་དྲུང་དུ་མདོ་སྔགས་ཀྱི་བཤད་དཀའ་དང་གདམས་ངག་དེ་ཙམ་མཁྱེན་ཅིང་དགོངས་མོད་ཀྱང་། ད་དུང་གསུང་རབ་སྤྱི་དང་། ཁྱད་པར་དབུ་མ་དང་སྔགས་ཀྱི་སྐོར། བྱེ་བྲག་ཏུ་གསང་འདུས་དང་བདེ་མཆོག་གི་སྐོར་རྣམས་ལ་སྒྲོ་འདོགས་ཆོད་པའི་ཕྱིར་དུ་རྒྱ་གར་དུ་འབྱོན་པར་བཞེད་དེ་དཔྱད་གཞི་ཆེ་བ་དེས་སོ། །རྗེ་བླ་མས་རྒྱ་གར་གྱི་པཎ་གྲུབ་ཆེན་པོ་རྣམས་ལ་གཏུགས་པའི་ལོ་ཙཱ་བ་ཡིན་ཚད་དང་། དེ་དག་གི་གདམས་པའི་བརྒྱུད་འཛིན་ཡིན་ཚད་ཀྱི་རྗེས་སུ་མི་འབྲངས་པར་རྒྱལ་བའི་མདོ་རྒྱུད་དང་། པཎ་གྲུབ་ཆེན་པོ་རྣམས་ཀྱི་གཞུང་རང་ལ་གཏུགས་པར་མཛད་པའི་རྒྱུ་མཚན་ཡང་། ལྕང་སྐྱ་ཐམས་ཅད་མཁྱེན་པའི་གྲུབ་མཐའ་ལས། སྤྱིར་བོད་ཀྱི་ལོ་ཙཱ་བ་རྒྱ་གར་གྱི་མཁས་པ་རྩོད་མེད་ལ་གཏུགས་པ་རྣམས་ཀྱིས་ཀྱང་། མཁས་པ་དེ་དང་དེའི་ལྟ་བའི་བཞེད་པ་རྩད་བཅད་པའི་ངེས་པ་མི་ལྡན་ལ། རྩད་བཅོད་ཀྱང་པཎ་གྲུབ་དེ་དག་གིས་དྲི་བ་པོའི་བློ་ངོར་འཚམས་པའི་ལྟ་སྒོམ་གྱི་གནད་གཅིག་སྟོན་པ་མ་གཏོགས་རང་གིས་མཁྱེན་ཚད་དེ་ལ་བཤད་པའི་ངེས་པ་མི་འདུག་སྟེ། ཚུལ་འདི་ནི་ཐེག་པ་ཆེན་པོའི་བཤེས་གཉེན་བཟང་པོ་དག་གི་ངང་ཚུལ་ཡིན་གྱི། ཞེས་གསུངས་པས་ཤེས་ནུས་ལ། རྒྱུ་མཚན་འདིས་ཀྱང་རྗེ་བླ་མའི་གསུང་རབ་ལ་འཁྲུལ་པ་ཡོད་ཐབས་མེད་པ་གདོན་མི་ཟའོ། །ཡི་དམ་ལྷའི་ཞལ་གཟིགས་ཤིང་གསུང་གི་སྣང་བ་དང་ལུང་བསྟན་བརྙེས་པའི་དམ་པ་བགྲང་ལས་འདས་ནའང་། ལྷ་དེ་དག་གིས་བཤེས་གཉེན་མཛད་ཚུལ་ལ་ཁྱད་པར་ཡོད་པ་དཔེར་ན། བླ་མ་དབུ་མ་པ་ཞེས་རྟོགས་ལྡན་གངས་ཀྱི་སེངྒེ་ལྟ་བུ་དེ་ཉིད་སྣང་ཚོད་ལ་རྗེ་བླ་མ་ལས་ཀྱང་སྔར་ནས་རྗེ་བཙུན་འཇམ་དབྱངས་ཀྱི་སྐུ་དང་གསུང་གི་སྣང་བ་ནར་མར་ཡོད་པ། རྗེ་བླ་མས་ཀྱང་ཆ་འཇོག་མཛད་པའི་ཡ་མཚན་ཅན་དེ་ལྟ་བུ་ལའང་། རྗེ་བཙུན་གྱིས་གདུལ་བྱའི་རྒྱུད་ཚོད་དང་བསྟུན་པ་ཙམ་ལས་མ་གསུངས་ཤིང་། རྗེ་བླ་མ་ལ་གང་གསུངས་སྒྲ་དྲང་ཐད་དུ་གསུངས་པ་བཞིན་ནོ། །དེ་ལྟར་རྗེ་བླ་མ་ཉིད་ལུང་གི་ཡོན་ཏན་གྱིས་གངས་ཅན་མཁས་པའི་གཙུག་རྒྱན་དུ་གྱུར་པར་མ་ཟད། དགུང་ལོ་སོ་དྲུག་ནས་ང་གསུམ་པའི་བར་ཐུགས་དམ་ཉམས་བཞེས་ལྷུར་མཛད་པས་མདོ་སྔགས་ཀྱི་ཉམས་རྟོགས་མཐའ་ཡས་པ་རྒྱ་གར་གྱི་གྲུབ་ཆེན་རྣམས་དང་འདྲ་བ་ཐུགས་རྒྱུད་ལ་འཁྲུངས་ཤིང་། སངས་རྒྱས་བྱང་སེམས་དང་། པཎ་གྲུབ་མཐའ་ཡས་པ་ཞལ་

གཟིགས་ཏེ་བྱིན་གྱིས་རློབ་པ་སོགས་ཐུན་མོང་དང་ཐུན་མོང་མ་ཡིན་པའི་གྲུབ་པ་ཁྱད་པར་ཅན་བརྙེས་པ་ནི་གསང་བའི་རྣམ་ཐར་སོགས་ལུང་ཚད་མས་གྲུབ་ཅིང་། དེ་ལྟ་ནའང་ཕྱོགས་ལས་རྣམ་པར་རྒྱལ་བའི་གྲུབ་པའི་སྤྱོད་པ་སྟོན་མི་ཐུབ་པ་ལྟ་བུ་ནི་མིན་ཏེ། རྗེ་བླ་མའི་སྐུའི་བཀོད་པ་གཅིག་ལ་རྒྱ་གར་གྲུབ་ཆེན་གྱི་རྣམ་པ་གཅིག་ཀྱང་མཆིས། དེ་ལྟར་ན་རྗེ་བླ་མ་ཉིད་གཞུང་བྱེད་པ་པོ་ཙམ་མ་ཡིན་པར་རྟོགས་པའི་དབང་ཕྱུག་མཆོག་ཏུ་གྲུབ་པོ། །གལ་ཏེ་རིན་ཆེན་ལྟ་བུའི་གང་ཟག་དབང་རྣོན་ཁྱད་པར་ཅན་དབང་ཕྱུག་མི་ལ་རས་པ་ལྟ་བུས་ཀྱང་རྟོགས་པ་ཁྱད་པར་ཅན་བརྙེས་པ་ལོ་དེ་ཙམ་གྱི་རིང་དཀའ་སྤྱད་དྲག་པོས་སྒྲུབ་པ་འབའ་ཞིག་མཛད་དགོས་བྱུང་སྣང་བ་ལ། རྗེ་བླ་མས་སྒྲུབ་པ་ལ་ཕྱིན་ཡང་སྒྲུབ་ཚུགས་དེ་ཙམ་མི་མཛད་པར་མ་ཟད། གསན་སྦྱོང་འཆད་སྤེལ་སོགས་མཛད་རྒྱུ་དེ་ཙམ་མང་བའི་གསེབ་ནས་རྟོགས་པ་མངོན་པོར་ཕྱིན་པ་ཇེ་བདེན་སྙམ་ན། རྒྱུ་འབྲས་ཀྱི་ཁྱད་པར་ལ་བསམ་ན་དེ་ལྟ་བུའི་བློ་མི་བདེ་བ་བྱ་མི་དགོས་ཏེ། དེ་ཡང་མདོ་སྡེ་རྒྱན་ལས་གསུངས་པ་ལྟར་ཐོས་བསམ་སྒོམ་གསུམ་སྔ་མ་ལས་ཕྱི་མ་ཕྱི་མ་འབྱུང་བའི་རྒྱུ་འབྲས་ཀྱི་འབྲེལ་བ་གྲུབ་པའི་རྒྱུ་མཚན་གྱིས། སྔ་མ་སྔ་མ་ཇི་ཙམ་པ་དེའི་ཚོད་ཀྱིས་ཕྱི་མ་ཕྱི་མ་དེ་ཙམ་པ་འབྱུང་བའི་འབྲེལ་བ་གྲུབ་པས། དེ་ལྟར་ན་རྗེ་བླ་མས་གོང་དུ་བརྗོད་ཟིན་པ་ལྟར་མདོ་རྒྱུད་མཐའ་ཡས་པ་དང་། འཕགས་བོད་ཀྱི་མཁས་པ་དུ་མའི་བཞེད་སྲོལ་མ་འདྲེས་པར་མཁྱེན་ཅིང་། དེའང་རྟོགས་བརྗོད་འདུན་ལེགས་མ་སོགས་ལས་གསུངས་པ་ལྟར་མཁྱེན་ཚུལ་རྨད་དུ་བྱུང་བའི་སྒོ་ནས་གཟིགས་ནས་གཟིགས་པ་ལྟར་སྒྲུབ་པ་ལྟར་མཛད་པའི་རྒྱུ་ཚོགས་ཁྱད་པར་བའི་བྱེད་པ་ལས། འབྲས་བུ་ལྟ་སྒོམ་སྤྱོད་གསུམ་དང་། བཙུན་པ་དང་བཟང་པོའི་ཡོན་ཏན་དཔག་པར་དཀའ་བ་བརྙེས་ཤིང་། ཡོན་ཏན་གང་བརྙེས་པ་ཐམས་ཅད་གཞན་ལས་ཁྱད་པར་དུ་འཕགས་པར་གྲུབ་ལ། དེའང་རྒྱུ་མཚན་དེ་ཙམ་ལ་བརྟེན་པའི་རྣམ་རྟོག ཡོང་བ་འབའ་ཞིག་བརྒྱུད་པ་ཙམ་གྱིས་མ་ཡིན་པར་མངོན་སུམ་ཚད་མས་འགྲུབ་པའི་འབྲས་རྟགས་རྗེ་བླ་མའི་མདོ་སྔགས་ཀྱི་གསུང་རབ་འདི་དག་གིས་གྲུབ་པ་ཡིན་ནོ། །བརྗོད་པ་རྣམ་དག་གི་རྟགས་ཀྱིས་མཁྱེན་པ་རྣམ་དག་དཔོག་པ་རིགས་པའི་དབང་ཕྱུག་གི་ལུགས་སོ། །ཇི་སྐད་སྨོས་པའི་ཁྱད་ཆོས་དེ་དག་གྲུབ་མཐའ་གཞན་ལ་སྲིད་ཙམ་གྱི་མཐའ་སུས་ལེགས་མོད་ཀྱང་། ཐུན་མོང་དུ་མི་ལྡན་

པས་ཁྱད་པར་དུ་འཕགས་པར་གསུངས་ཏེ། དཔེར་ན་པར་ཕྱིན་མཐའ་དཔྱོད་ལས། དེའི་སྤྱི་དོན་ལ་དེ་འདྲ་བའི་ལུགས་རེ་གཉིས་ཡོད་ཀྱང་། སློབ་ཆེན་པོ་མ་གནོད་པ་ལ་ཤིང་རྟའི་སྲོལ་མི་རུང་བའི་ཕྱིར། དཔེར་ན་ལམ་ཆུང་དུ་ཡོད་ཀྱང་ཤིང་རྟ་ཆེན་པོའི་འགྲོ་ལམ་དུ་མི་འཛོག་པ་བཞིན་ནོ། །ཞེས་གསུངས་པ་བཞིན་ནོ། །གཞན་ཡང་བོད་ཀྱི་རྩ་བའི་ཆོས་ལུགས་ཕལ་ཆེར་རྣམ་པར་དག་ཅིང་། དེ་དག་ལ་བརྟེན་ནས་གྲུབ་པ་མཆོག་བརྙེས་པའི་སྐྱེས་བུ་དམ་པ་བགྲང་ལས་འདས་པ་བྱོན་ལ། དེ་དག་གི་རྒྱུད་ཚོད་སུས་དཔག་པར་ནུས། འོན་ཀྱང་ལེགས་བཤད་ཀྱི་རྩོམ་པ་སྤེལ་ཚུལ་གྱི་ཁྱད་འབྱེད་པ་མཁས་པ་བཞེད་པ་ཡིན་ཏེ། ལེགས་བཤད་གསེར་འཕྲེང་ལས། སློབ་དཔོན་སྐྱ་མཆེད་དང་ཕྱོགས་གླང་ལྷ་བུ་རྣམས་ལྷ་ཞོག །གང་ཟག་ཕལ་པར་གྲགས་པ་རྣམས་ལ་ཡང་འདིས་འདི་རྟོགས། འདིས་འདི་ལས་མ་རྟོགས་ཞེས་རང་དབང་དུ་རྒྱུད་ཚོད་བཟུང་བར་ག་ལ་ནུས། དེ་ལྟ་ན་ཡང་དེ་དག་གི་གཞུང་ལུགས་ནས་བཤད་ཚོད་ནི། རྣམ་རིག་ཙམ་དུ་བཀྲལ་ནས་དེ་ཉིད་དབུ་མའི་དོན་དུ་འཆད་པར་རྒྱ་བོད་ཀྱི་མཁས་པ་ཕལ་མོ་ཆེ་ལ་གྲགས་ཤིང་གྲགས་པ་ལྟར་ཡང་སྣང་སྟེ། དཔེར་ན་བླ་མ་ཤཱནྟི་པས་རྣམ་རིག་ཙམ་ཉིད་དབུ་མར་བཤད་པའི་སྟེང་ནས་ཀླུ་སྒྲུབ་དང་ཐོགས་མེད་དགོངས་པ་གཅིག་པར་བཤད་པ་དབུ་མ་རྒྱན་རྩ་འགྲེལ་དང་། སེམྦྷ་གསལ་སྦྱོར་འདི་ཉིད་གཞིས་ལ་གྲུབ་ཅིང་། དེའི་སྟེང་དུ་གཟུང་འཛིན་མེད་པ་དབུ་མར་འཆད་པ་ཤེར་ཕྱིན་མན་ངག་ལྷ་བུ་ཡིན་པས། དེ་དག་ཏུ་ལྟོས་ཤིག་ཅེས་པ་ལྟར་རོ། །དེ་ལྟར་ཇེ་བླ་མ་གངས་ཅན་མཁས་པའི་གཙུག་གི་རྒྱན་དུ་དགེ་ལྡན་པ་ཁོ་ནས་སྒྲོགས་པ་མིན་གྱི། ཇེ་ཉིད་ཀྱི་བླ་མ་རེད་མདའ་བ་ཆེན་པོ། །སྟག་ཚང་བ། བོ་དོང་བ་ཆེན་པོ་སོགས་ཀྱིས་ཀྱང་བསྟོད་བརྗོད་མཛད་ཚུལ་ཡོངས་སུ་གྲགས་པ་ལྟར་རོ། །ཇེ་རྡུང་བཞད་པའི་རྡོ་རྗེས། ཇེ་བླ་མ་ལ་བསྟོད་པ་མཛད་པ་ན། ཞྭ་སེར་གྱི་རིང་ལུགས་འཛིན་པ་གཅིག་པུའི་སྟོན་པར་མི་བཟུང་གི །བསྟན་པ་ཐམས་ཅད་ཀྱི་བདག་པོ། །རྒྱལ་བ་ཐམས་ཅད་ཀྱི་བདག་ཉིད། འགྲོ་བ་ཐམས་ཅད་ཀྱི་མགོན་པོ། །ས་གསུམ་ན་འགྲན་ཟླ་དང་བྲལ་བ་ཡིན་ནོ། །ཞེས་དང་། འཇམ་མགོན་བླ་མ་ཙོང་ཁ་པ་ཆེན་པོའི་རིང་ལུགས། གདན་ས་ལས་མིང་གྲས་ཏེ་དགེ་ལུགས་སམ། ཞྭའི་ཁྱད་པར་ལས་བཏགས་ཏེ་ཞྭ་སེར་གྱི་བསྟན་པ་ཞེས་ཕྱོགས་ལྷུང་གི་བསམ་པས་རི་ས་སུ་བྱེ་སྟེ་ཁོལ་བུ་ཉི་ཚེ་བའི་

བསྟན་པར་ཕྱུད་ཅིང་བཟུང་བ་མ་གཏོགས། ཉེ་མའི་གཉེན་གྱི་བསྟན་པ་ཀུན་གྱི་སྙིང་པོར་དུ་གྲུབ་པ་འདི་ཉིད་ཡིན་པས། ཞེས་གསུངས་ཏེ། རྗེ་བླ་མའི་བསྟན་པའི་དེ་ཉིད་མཁྱེན་པའི་གསུང་དུ་མངོན་ལ། ཁོང་གིས་རྗེ་བླ་མའི་བཞེད་སྲོལ་དང་རྙིང་མའི་ཆོས་ལུགས་བསྲེས་པའི་ཡིག་ཆ་མང་དུ་མཛད་པ་དང་། ཕག་གྲུའི་རྒྱུད་འཛིན་ཆོས་རྗེ་བསོད་ནམས་རྒྱལ་མཚན་གྱིས། བཀའ་བརྒྱུད་གོང་མའི་ཆོས་དྲུག་གི་གདམས་པ་རྙིང་མ་དང་། རྗེའི་བཞེད་སྲོལ་གྱི་ཆོས་དྲུག་གསར་མའི་གདམས་པ་གཉིས་ཀ་བསྲེས་པའི་ཡིག་ཆ་མཛད་འདུག་པ་ནི། འཕྲལ་སྣང་ལ་ཕན་ཚུན་བསྲེས་པས་ཕལ་པའི་བློ་ངོར་མ་བདེ་བ་ལྟར་སྣང་ཡང་། རང་གར་བསྲེས་པ་ལྟ་བུ་མ་ཡིན་པའི་ཕྱུགས་ཀྱི་དགོངས་ལུགས་ངོ་མཚར་བ་ཞིག་སྲིད་དེ། ཇི་ལྟར་ན་ཚུལ་དེས་གཞན་ཕྱོགས་པ་རྣམས་རྗེའི་བསྟན་པ་ལ་ཁ་དྲང་བའི་ཆེད་ཡིན་པའང་སྲིད་མོད། གཙོ་བོ་ནི་རྗེ་བླ་མ་བཞེད་སྲོལ་ཉིད་རྒྱལ་བའི་དགོངས་པ་ཇི་ལྟ་བར་གནས་པས། བསྟན་པའི་བདག་པོའི་བཀའ་དང་འདྲ་བར་ཀུན་གྱིས་དེ་ཁོ་ན་ཡིད་ཆེས་པའི་ཁུངས་སུ་བཟུང་དགོས་སྙམ་དུ་དགོངས་པ་ཡིན་འདྲ་སྟེ། དེ་དག་གིས་རྗེ་བླ་མའི་བཞེད་སྲོལ་ལ་ཚུར་གཞན་ཞིག་ནས་བསྲེས་པར་མི་སྣང་གི །གཞན་ཞིག་ལ་ཕར་རྗེ་བླ་མའི་མན་ངག་གིས་བརྒྱན་པ་ཤས་ཆེ་བར་སྣང་བས་སོ་སྙམ་པ་ནི་ཚོངས་པའི་རྣམ་རྟོག་རེ་ས་དགའ་བ་ཙམ་མོ། །གཉིས་པ་དེ་དག་གི་ཡན་ལག་ཏུ་གལ་ཆེ་བ་འགའ་ཞིག་བརྗོད་པ་ལ་གསུམ། བཀའ་སྲོལ་འདིར་ཞུགས་པས་ཉམས་རྟོགས་སྐྱེ་སླ་བའི་ཚུལ། གྲུབ་མཐའ་གཞན་ཕྱོགས་པ་རྣམས་ཀྱི་གདམས་པའི་སྙིང་པོ་བཀའ་སྲོལ་འདིར་འདུ་ཚུལ། གཞན་ཕྱོགས་ཀྱི་ཆོས་དང་གང་ཟག་ལ་འཕྱ་སྨོད་མི་རུང་བའི་ཚུལ་ལོ། །དང་པོ་ནི། དེ་ལྟར་རྗེ་བླ་མ་ཉིད་མཁས་ཤིང་གྲུབ་པའི་དབང་ཕྱུག་ཏུ་གྱུར་མོད། །དེ་ཉིད་ཀྱིས་སྲོལ་ཕྱེ་བའི་རྗེས་སུ་ཞུགས་པས་མཁས་པའི་ཁྱུ་མཆོག་ཏུ་གྱུར་པ་ཇི་ཙམ་བྱོན་པའང་འདྲི་མི་དགོས་ཀྱི། དབང་ཕྱུག་མི་ལ་རས་པ་ལྟ་བུའི་རྟོགས་པ་ཕུལ་ཕྱིན་བརྙེས་པ་ཇི་ཙམ་བྱོན་ཞེས་དྲིས་ན། རྗེ་བླ་མའི་གསུང་ལས་སྐྱེས་པའི་ཞལ་སློབ་ཡི་དམ་ལྷ་དུ་མའི་ཞལ་གཟིགས་ཤིང་། མདོ་སྔགས་ཀྱི་རྟོགས་པ་ཕུལ་ཕྱིན་བརྙེས་པའི་དམ་པ་མཐའ་ཀླས་པ་བྱོན་ཚུལ་རྣམ་ཐར་དང་ཆོས་འབྱུང་རྣམས་སུ་གསལ་ལ། དེ་དག་གི་སྐྱེ་བརྒྱུད་དང་བརྒྱུད་འཛིན་མཁས་ཤིང་གྲུབ་པ་བརྙེས་པའི་རྗོད་བྲལ་གྱི་དམ་པ་ད་ལྟའི་བར་དུ་བྱོན་བཞིན་པ་འདི་

ཉིད་ཀྱིས་ཤེས་ནུས་ཏེ། དགེ་ཆོས་ནས་བྱུང་བའི་རྗེ་གུ་སྣ་གོང་གི་དགེ་བཞེན་ནོ། །འོན་ཀྱང་རྗེ་བླ་མའི་བཀའ་སྲོལ་འདི་ལ་ཐུན་མོང་གི་སྣང་ངོར་བསྟན་པའི་གཞི་མ་འདུལ་བའི་ཀུན་སྤྱོད་ལ་གནས་ཤིང་། ནང་དུ་གསང་སྔགས་ཀྱི་རྟོགས་པའི་གློང་རྡོལ་བས། མངོན་ཤེས་རྫུ་འཕྲུལ་སོགས་དབང་འབྱོར་ཡང་ཕྱིར་མི་མངོན་པར་སྦེད་པར་མཛད་ཅིང་། གྲུབ་རྟགས་སོགས་ཆེར་མི་སྟོན་པར་མཛད་མོད་ཀྱང་། ཡོངས་སུ་གྲགས་པའི་གྲུབ་པའི་རྟགས་མཚན་ཅན་མ་བྱུང་བ་མ་ཡིན་ཏེ། གྲུབ་ཆེན་ཆོས་རྡོ་རྗེ། སྟོད་ལུང་བ་དཔལ་ལྡན་རྡོ་རྗེ། ཁམས་པ་རིན་ཆེན་རྡོ་རྗེ་སྟེ། བ་སོ་ཆོས་རྒྱན་གྱི་སློབ་མ་རྡོ་རྗེ་མཆེད་གསུམ་ཞེས་འཇའ་ལུས་འཆི་མེད་ཀྱི་རིག་འཛིན་བརྙེས་པའི་རྩོད་བྲལ་གྱི་གྲུབ་ཆེན་གསུམ་བྱོན་འདུག་པས་སོ། །དེ་ལྟར་ན་རྗེ་བླ་མའི་བཀའ་སྲོལ་འདི་ཉིད་ལ་གཞུང་ལུགས་དང་རྟོག་གེ་ལ་མགོ་སྨྱོས་པ་ཙམ་མ་ཡིན་པར་གྲུབ་པའི་རྟགས་མཚན་ཅན་མང་དུ་བྱོན་པ་ཡིན་ནོ། །འོན་ཀྱང་སྐྱེས་བུ་དམ་པ་ཁྱད་པར་ཅན་ཉུང་ཤས་ཙམ་བྱུང་བ་རེ་ཞིག་བཞག་ནས། བདག་ཅག་ལྟ་བུའི་གདུལ་བྱ་སྤྱི་ཁྱབ་ཀྱི་དབང་དུ་བྱས་ཏེ་དཔྱད་པ་སྐབས་སུ་བབ་པས། བཀའ་སྲོལ་འདི་ལ་སྦྱངས་པས་གཞན་ཕྱོགས་སུན་འབྱིན་པ་ལ་ཐོར་པ་ཅན་གྱི་སྙན་གྲགས་ཐོབ་ནུས་མོད། །དེའི་ཚོད་ཀྱིས་རྟོགས་པའི་ཁྱད་པར་འཐོབ་པ་ལ་ཁྱད་མ་ཞུགས་ན། གཏན་ལ་ཕབ་ལུགས་ཁྱད་ཞུགས་པ་ཙམ་གྱི་ངལ་འབད་ཁོ་ནས་ཅི་བྱ། མཉམ་མེད་རི་བོ་དགེ་ལྡན་པ་ཞེས་ངོམ་ས་བྱེད་ན། རྟོགས་པའི་ཁྱད་པར་འཐོབ་པ་གཞན་ལས་སྒྱུར་བ་དང་། མི་འཕྲུགས་པ་དང་། བརྟན་ཚུགས་པ་ཞིག་ཡོད་པའི་སྒོ་ནས་ངོམ་ས་བྱེད་དགོས་ཀྱི། དེ་ལྟ་མ་ཡིན་ན་ཐ་སྙད་སྦྱོར་ཚུལ་ལ་མཁས་པ་ཙམ་གྱིས་རྗེ་བླ་མ་གངས་ཅན་གྱི་མཁས་པའི་གཙུག་རྒྱན་དུ་ཇི་ལྟར་འགྱུར་སྙམ་ན། རྗེ་བླ་མའི་བཀའ་སྲོལ་འདི་ལ་བརྟེན་ནས་རང་ངོས་ནས་ཉམས་ལེན་བགྱིད་ནུས་ན་སྔོན་གྱི་གྲུབ་རྟགས་ཅན་རྣམས་ཀྱི་དཀའ་སྤྱད་སྒྲུབ་ཚུལ་དེ་ཙམ་ལ་མ་ལྟོས་པར་གཞན་དང་མི་འདྲ་བའི་རྟོགས་པ་ཁྱད་པར་ཅན་སྐྱེད་པ་ལ་དཀའ་བ་མེད་དེ། དཀར་ཆག་ཐོའི་ཡིག་ཆུང་ལས། རང་རེའི་རྗེ་རིན་པོ་ཆེའི་གདམས་པའི་གནད་ཐམས་ཅད་ལེགས་པར་ཤེས་ཤིང་། ལམ་སྤྱིའི་གོ་བ་ལེགས་པར་ཆགས་པ་ཞིག་གིས་ཚེ་འདི་ལ་ལྟོས་པ་མེད་པར་ཁ་བཤད་དང་རྣམ་གཡེང་གིས་ཡིད་མ་འཕྲོག་པར་བྱས་ཏེ། སྔོན་གྱི་བླ་མ་མིད་ལ་དང་། རྒོད་ཚང་བ་ལ་སོགས་པ

མང་པོ་ཞིག་གི་ཕྱེད་ཙམ་གྱི་སྒྲུབ་པ་སྙིང་པོར་བྱས་ན་རྒྱུད་སྡེ་དང་མཐུན་པའི་ལམ་རྒྱུད་ལ་སྐྱེ་བ་རྒྱ་གར་གྱི་གྲུབ་ཆེན་འདྲ་བ་འོང་བ་ལ་ཐེ་ཚོམ་མེད་པ་ཡིན། ཞེས་དང་། རྗེ་བླ་མའི་གདམས་ངག་ལ་མི་ལ་རས་པ་ལྟ་བུའི་དཀའ་སྤྱད་བགྱིད་ནུས་ན་ལོ་གསུམ་ཕྱོགས་གསུམ་གྱིས་ངེས་པར་སངས་རྒྱས་ནུས་པར་དམ་པ་གོང་མ་རྣམས་གསུངས་སོ། །དེ་ལྟ་བུ་ཡོད་པའི་རྒྱུ་མཚན་ཡང་། མདོ་རྩ་བ་ལས། བསམས་པས་ལྡང་བ་ལས་ལྡང་གི །ཚད་པའི་ལས་ཀྱིས་ནི་མ་ཡིན་ནོ། །ཞེས་པ་དང་ཚུལ་མཚུངས་པར། ཉམས་རྟོགས་བཟང་བ་ནི་སྒྲུབ་ཚུགས་བཟང་བ་ཙམ་གྱིས་མ་ཡིན་པར། གང་ཞིག་ཉམས་སུ་བླང་བྱའི་རིམ་པ་གནད་ལ་ཕབ་ལུགས་ལས་ཡིན་ཏེ།རིན་པོ་ཆེ་གསུམ་གྱི་གཏམ་གྱི་སྦྱོར་བ་ལས། སླ་བའི་ཕྲུ་མཆོག་འཕགས་པ་ཡབ་སྲས་དང་། །ཤོག་སླ་ཚར་གཅོད་ཕྱོགས་གླང་གྲགས་པ་ལས། ། ཞེས་པ་ནས། ཡང་དག་བརྟན་པོ་འཛིན་མི་ནུས། །ཞེས་དང་། ཚད་མའི་ལམ་བསྒྲིགས་ལས། རྣམ་གྲོལ་དོན་གཉེར་ལས་དང་པོ་པའི་དབང་དུ་བྱས་ན། ཚད་མའི་མཚན་ཉིད། དབྱེ་བའི་ངོ་བོ། གྲངས་ངེས། སྤྱོད་ཡུལ།འབྲས་བུ་རྣམས་དང་། ཁྱད་པར་རྗེས་དཔག་གི་རྟེན་གཏན་ཚིགས་དང་། དེ་འཕེན་པའི་ཐལ་འགྱུར་དང་། ཚུལ་གསུམ་སྟོན་པའི་སྒྲུབ་ངག་རྣམས་མཐའ་ཚོད་པར་གཏན་ལ་འབེབས་མཛད་དེ། དེ་ཡང་རྣམ་བཞག་དེ་རྣམས་ལ་ཇི་ཙམ་མཁས་པ་དེ་ཙམ་དུ་ཡང་དག་པའི་དོན་ལ་ཚད་མས་དྲངས་པའི་ངེས་པ་ཐུལ་ཆེ། དེ་ཇི་ཙམ་ཆེ་བ་ཙམ་དུ་ཕྱིན་ཅི་ལོག་གི་སྒྲོ་འདོགས་རྣམས་སེལ་བ་ཐུལ་ཆེ། དེ་ཆེ་བ་ཙམ་དུ་ཐར་པ་དང་ཐམས་ཅད་མཁྱེན་པ་ལ་ཇེ་ཉེར་འགྱུར་བ་ཡིན་ཏེ། ཞེས་དང་། ལམ་གྱི་རྩ་བ་བཤེས་གཉེན་བསྟེན་ཚུལ་ནས་ཞི་ལྷག་གི་བར་རྣམས་གཞུང་གི་ཆ་འདི་དང་འདིས་བསྟན་ཚུལ། དེའི་གོ་རིམ་ངེས་ཚུལ་ཙམ་དུ་མ་ཟད། དེ་འདྲའི་ལམ་གྱི་ཆ་རེ་རེ་ལ་ཡང་གཞུང་གིས་བསྟན་པའི་རིགས་པ་ཇི་སྙེད་པའི་སྟོབས་ཀྱིས་ངེས་པ་འདྲེན་ཐུབ་པ་གཅིག་དགོས་པར་སྣང་ལ། དེ་ནི་རྡོ་རྗེ་ཐེག་པའི་ལམ་དུ་འཇུག་ན་ཡང་དགོས་ཏེ། དེའི་ཐུན་མོང་མ་ཡིན་པའི་ལམ་དབང་དང་། དམ་ཚིག་དང་། སྡོམ་པ་དང་། མཚན་བཅས་དང་། མཚན་མེད་ཀྱི་རྣལ་འབྱོར་དང་། རིམ་གཉིས་ཡན་ལག་དང་བཅས་པ་རྣམས་ཀྱི་གོ་རིམ་གྲངས་ངེས། སོ་སོའི་དོན་ལ་ངེས་པ་འདྲེན་མི་ནུས་ན། ལམ་དེ་རྣམས་ལ་རྒྱལ་བ་དགྱེས་པའི་གོ་བ་ཡང་མི་རྙེད་ན་སྒོང་བ་ལྟ་ཅི་སྨོས་པས། རྡོ་རྗེ་ཐེག་པའི་

ལམ་ལ་ལེགས་པར་སློབ་འདོད་ནའང་དྲི་མ་མེད་པའི་རིགས་ལམ་འདི་གདོན་མི་ཟ་བར་བཙལ་དགོས་སོ། །ཞེས་གོ་བ་ཇི་ཙམ་ཁྱད་ཞུགས་པ་བཞིན་གྱིས་སྦྱོང་བ་ཁྱད་ཞུགས་པར་གསུངས་སོ། །དེས་ན་རྗེ་བླ་མའི་མདོ་སྔགས་ཀྱི་གསུང་རབ་རྣམས་ཐད་ཀ་ཐད་ཀའི་མདོ་རྒྱུད་ལ་གཏུགས་ཤིང་། འཕགས་པ་ཡབ་སྲས་དང་། ཕྱོགས་གླང་ཡབ་སྲས་སོགས་ཀྱི་རིགས་པ་དང་། གྲུབ་པའི་དབང་ཕྱུག་ཆེན་པོ་རྣམས་ཀྱི་ཉམས་མྱོང་གི་རིགས་པའི་འཕྲུལ་གྱིས་ངོ་སྤྲོད་པར་མ་ཟད། དེ་དག་གི་གཞུང་ལུགས་རྣམས་གདམས་ངག་ཏུ་ཤར་བའི་སྒོ་ནས་གཏན་ལ་ཕབ་པར་མཛད་པའི་དབང་གིས། བཀའ་སྩོལ་འདིའི་གདམས་པའི་གནད་ཤེས་ནས་ཉམས་སུ་ལེན་ནུས་ན། ཉམས་རྟོགས་སྐྱེ་བ་མྱུར་བ་དང་བརྟན་ཚུགས་པ་འོང་བ་ནི། ལམ་རིམ་ཆེན་མོ་ལས། ཡང་དག་པའི་ལུང་གི་དོན་དྲི་མ་མེད་པའི་རིགས་པས་རྙེད་པའི་གོ་བ་གཏིང་ཚུགས་པ་ལས་སྐྱེས་པའི་སྦྱོང་བ་ཡིན་པས་བག་ཆགས་ཤིན་ཏུ་བརྟན་པ་ཡིན་ནོ། །ཞེས་དང་། ཚད་མའི་ལམ་བསྒྲིགས་ལས། འདི་རྣམས་ལ་གཞི་བགྲིས་ལ་ལྷན་ཅིག་བྱེད་རྐྱེན་ཚང་བའི་སྒོ་ནས་རྣམ་འགྲེལ་མཛད་པའི་རིགས་ལམ་ལ་སྦྱོང་ཤིག་དང་། རེ་ཞིག་ན་ཚེ་རབས་མང་པོར་ལམ་ལ་སྦྱངས་པའི་སྦྱོང་བ་ཐ་མ་ཐ་མ་རྣམས་ཀྱིས་སེ་གོལ་ཏོག་པའི་ཡུན་ཙམ་གྱི་ལམ་གྱི་གོ་བ་ལ་ཡང་བསྐྱུན་པར་མི་ནུས་ན།སྦྱོང་བ་ལ་ལྟ་སྨོས་ཀྱང་ཅི་དགོས་པར་འགྱུར་པའི་སྐབས་ཤིག་འོང་བར་སྣང་ངོ་། ཞེས་གསུངས་པ་ལྟར་ཡིན་ལ། དེའི་རྒྱུ་མཚན་གྱིས་རྗེ་བླ་མས་དབུ་ཚད་ལ་གཙོ་བོར་མཛད་ཅིང་། དབུ་ཚད་ཀྱི་རིགས་པའི་སྒོ་དང་པོར་རྗེ་རེ་ད་མདའ་བ་ལས་རྙེད་པས་འདི་ཉིད་འགྲན་ཟླ་མེད་པའི་བླ་མའི་གཙོ་བོར་མཛད་ཚུལ་རྣམ་ཐར་ལས་འབྱུང་སྟེ། དཔྱད་གཞི་ཆེ་བ་ཡིན་ནོ། །ཁྱད་པར་དུ་ཆོས་གཟུགས་ཀྱི་སྐུའི་ཉེ་རྒྱུ་ཐུན་མོང་མ་ཡིན་པ་པའི་རྒྱུད་ཀྱི་གཙོ་བོ་གསང་བ་འདུས་པ་དང་། མ་རྒྱུད་ཀྱི་གཙོ་བོ་བདེ་མཆོག་གཉིས་ལ་སྒྲུབ་པའི་གནད་ཀྱིས་འཚང་རྒྱ་བ་ལ་ཆེས་མྱུར་བ་ཡིན་ཏེ། དཀར་ཆག་ཐོའི་ཡིག་ཆུང་ལས། རྗེ་འདིས་རང་ཉིད་ལམ་གང་ནས་རྡོ་རྗེ་འཆང་གི་སར་གཤེགས་ཤིང་། གདུལ་བྱ་སྐལ་བ་དང་ལྡན་པ་དག་ཀྱང་ལམ་དེ་ནས་འཁྲིད་པར་མཛད་པའི་སྲོལ་ཐུན་མོང་མ་ཡིན་པའི་གཙོ་བོ་ནི། རྒྱལ་བའི་གསུང་རབ་ཐམས་ཅད་ཀྱི་མཐར་ཐུག་པའི་ཡང་རྩེ་དཔལ་གསང་བ་འདུས་པ་དང་། མ་རྒྱུད་ཐམས་ཅད་ཀྱི་གཙོ་བོ་དང་སྙིང་པོར་གྱུར་བ་

བྱིན་བརླབས་ཀྱི་གཏེར་དཔལ་འཁོར་ལོ་སྡོམ་པ་གཉིས་ཡིན་ནོ། །ཞེས་གསུངས་པ་ལྟར་ཡིན་ལ། བྱེ་བྲག་ཏུ་དུས་ཀྱི་འཁོར་ལོ་ལས་སྦྱོང་གཞི་སྦྱོང་བྱེད་ཀྱི་སྐོར་རྣམས་ཕྱི་ནང་གཞན་གསུམ་གྱུར་ཏེ་ཚད་དབྱེབས་དང་གྲངས་རྩིས་ཀྱི་རིགས་པས་གཏན་ལ་ཕབ་ཚུལ་ཞིབ་པ་དང་། ཁམས་དྲུག་སོགས་ཆོས་ཐམས་ཅད་ལ་རང་རང་གི་ཕྱོགས་སུ་གྲགས་པའི་ས་བོན་སྦྱོར་བ་སོགས་ཀྱི་གནད་ལས་དབང་པོ་རབ་ལོ་གསུམ་ཕྱོགས་གསུམ་སོགས་ལ་སངས་རྒྱས་པར་ཀུན་མཁྱེན་འཇམ་དབྱངས་བཞད་པའི་གྲུབ་མཐའ་རྣམ་བཤད་དུ་གསུངས་ཏེ། གཏན་ལ་ཕབ་ལུགས་ཇི་ཙམ་ཁྱད་ཞུགས་པ་དེ་ཙམ་དུ་རྟོགས་པ་སླ་ལུགས་ཁྱད་ཞུགས་པ་ཡིན་ནོ། དེས་ན་བཀའ་གདམས་གོང་མ་རྣམས་སྐྱེས་བུ་ཆུང་ངུའི་ལམ་རིམ་ལ་ལོ་གསུམ་གྱི་ཁོངས་སུ་སྦྱོང་བ་ཐོན་ན་པོ་སྐྱེས་པོ་ཡིན་གསུངས་ཀྱང་། རྗེ་བླ་མའི་གསུང་གི་ལམ་རིམ་ལ་རྒྱུ་ཚོགས་ཚང་བའི་ཉམས་ལེན་བགྱིད་ནུས་ན་དེ་བས་ཀྱང་མྱུར་བར་སྦྱོང་བ་སྐྱེ་ནུས་པར་ངེས་སོ། །བོད་ཀྱི་མཁས་པའི་ཁྲོད་ན་མདོ་རྒྱུད་དབང་པོར་བཟུང་སྟེ་ལུང་རིགས་དྲི་མ་མེད་པས་འདོམས་པར་མཛད་པའི་སྐྱེས་བུ་དམ་པ་བསམ་གྱིས་མི་ཁྱབ་པ་ཇི་སྙེད་གཅིག་བྱོན་མོད་ཀྱང་། རྒྱལ་སྲས་ཀུན་གྱི་ནང་ན་འཇམ་དཔལ་དབྱངས་ཉིད་མཁྱེན་རབ་འགྲན་ཟླ་བྲལ་བར་གྲགས་པ་བཞིན་མདོ་སྔགས་ཀྱི་དགོངས་དོན་མཁྱེན་པ་དང་འདོམས་པ་ལ་ཁྱད་པར་མེད་ཀྱང་མཁྱེན་ཚུལ་དང་འདོམས་ཚུལ་ལ་ཁྱད་པར་ཡོད་པའི་གནས་ལ། ཚད་མ་མདོ་དང་སྡེ་བདུན་གྱི་བརྗོད་དོན་རིམ་པར་བསྒྲིགས་པ་དང་། གསང་བ་འདུས་པའི་སྒྱུ་ལུས་སྒྲུབ་ཚུལ་དང་། སྟོང་པ་རྟེན་འབྱུང་གི་དོན་དུ་འཆར་ཚུལ་སོགས་རྗེ་བླ་མས་གསལ་བར་ཕྱེ་བ་འདྲ་བ་ཞིག་སྔར་མ་བྱུང་བ་རྗེ་རང་གི་གསུང་དང་རྣམ་ཐར་དད་པའི་འཇུག་ངོགས་སོགས་སུ་གསལ་བ་བཞིན་ཡིན་པས། དེ་ལྟར་ན་བདག་ལྟ་བུས་མདོ་རྒྱུད་དང་རིགས་པའི་གཞུང་གོང་དུ་སྨོས་པ་དེ་དག་ལ་སྦྱངས་ཏེ་གསུང་རབ་ཀྱི་དོན་ལ་རིགས་པའི་ལམ་ནས་དྲངས་པའི་ངེས་པ་སྐྱེད་པའི་སྐལ་བས་ཕོངས་ཀྱང་། རྗེ་བླ་མས་དེ་དག་གི་རིགས་པའི་ལམ་ནས་འདོམས་པའི་གསུང་རབ་ལ་ཐོས་བསམ་གྱི་འབད་པ་བགྱིད་པའི་སྐལ་དབང་ག་ལ་སྲིད་གྱུར་ན། སྐལ་མཉམ་གཞན་གྱིས་ལོ་ཟླར་འབད་པས་སྐྱེད་པའི་གོ་བ་ཚེགས་མེད་པར་སྐྱེད་ནུས་པར་ངེས་ཏེ། རྒྱུ་མཚན་དེ་དག་གི་ཕྱིར་ན་རྗེ་བླ་མ་ཉིད་གདུལ་བྱ་མཐོ་དམན

དཀྱུས་མ་ཀུན་ལ་ཉམས་རྟོགས་སྐྱོང་བར་མཁས་པས། དེ་ལ་བརྟེན་ནས་རྗེས་འཇུག་རྣམས་ཀྱིས་རྟོགས་པ་མངོན་པོར་འཛེགས་པ་ལ་དཀའ་བ་མེད་པའི་སྒོ་ནས་ཀྱང་། རྗེ་བླ་མ་ཉིད་གངས་ཅན་མཁས་པའི་གཙུག་རྒྱན་དུ་གྲུབ་པོ། །གཞལ་སྲིད་བསོད་ནམས་ཀྱིས་མི་འཚུན་པའི་དབང་གིས་རྗེ་བླ་མའི་གསུང་ལ་བརྟེན་ཀྱང་གོ་སྒྲོང་ཁྱད་པར་ཅན་མི་སྐྱེ་བ་སྲིད་མོད་ཀྱང་། རྗེ་རེད་མདའ་བའི་ཞལ་ནས། ངེད་དང་པོ་སློབ་གཉེར་བྱེད་དུས་དབུ་མའི་དཔེ་ཆ་ཞིག་འདུག་ཅེས་ནོར་མི་ཆེ་བར་བྱེད་པ་ལས། དེང་སང་རྩེ་ས་སུ་བྱེད་པ་འདི་ཁོ་བོས་བསྟན་པ་ལ་བྱ་བ་བྱས་པ་ཡིན། ཞེས་གསུངས་ན། དེང་སང་གི་བདག་ཅག་ལྟ་བུས་ཀྱང་དབུ་མའི་གཞུང་ལ་རྩེ་ས་བྱེད་པ་འདི་ལྟ་བུ་འགངས་ཆུང་བ་མ་ཡིན་ཞིང་། དེས་མཚོན་ནས་མདོ་སྔགས་གང་གི་ཆ་ནས་འགངས་ཤིན་ཏུ་ཆེ་བ་རྣམས་ལ་བག་ཆགས་འཛོག་རྒྱུ་ཡོད་པ་འདི་ནི་རྗེ་བླ་མ་ཁོ་ནའི་བཀའ་དྲིན་ཡིན་པས། རྗེ་ཡེ་ཤེས་རྒྱལ་མཚན་གྱིས། རང་ཅག་ལ་ཆོས་སྟོན་པའི་བླ་མ་རྗེ་རིན་པོ་ཆེ་ལས་ལྷག་པ་མེད་གསུངས་ཏེ། གནད་མཁྱེན་པའི་གཏམ་མོ། །དེས་ན་རྗེ་བླ་མ་ཉིད་བཀའ་དྲིན་གྱི་ངོས་ནས་ཀྱང་གངས་ཅན་གྱི་མཁས་པ་རྣམས་ལས་བཀའ་དྲིན་ཆེ་བ་ཡིན་ནོ། །གཉིས་པ་གྲུབ་མཐའ་གཞན་ཕྱོགས་པ་རྣམས་ཀྱི་གདམས་པའི་སྙིང་པོ་བཀའ་སྲོལ་འདིར་བསྡུ་ཚུལ་ནི། དེ་ཡང་ལྟོས་ས་ལྟོས་འཛོག་གི་སྒོ་ནས་བོད་ཀྱི་གྲུབ་མཐའ་གཞན་ཐམས་ཅད་ལས་རྗེ་བླ་མའི་བཞེད་སྲོལ་མཆོག་ཏུ་གྱུར་པ་ཡིན་ཀྱང་། ཆོས་ལུགས་དེ་དག་ལ་ཐར་པ་དང་ཐམས་ཅད་མཁྱེན་པ་སྒྲུབ་པའི་ཐབས་ཡོད་པ་མི་འགལ་པ་ནི། དཔེར་ན་རང་རྒྱུད་པ་མན་ཆད་ལས་ཐལ་འགྱུར་པ་དང་། ཐེག་དམན་ལས་ཐེག་ཆེན་དང་། ཕར་ཕྱིན་ལས་སྔགས་ཀྱི་ཐེག་པ་མཆོག་ཏུ་བཤད་ཀྱང་། འོག་མ་དེ་དག་ལ་བྱང་ཆུབ་སྒྲུབ་པའི་ཐབས་མེད་པ་མིན་པ་བཞིན་ནོ། །དེ་ལྟར་ན་གྲུབ་མཐའ་དང་ཐེག་པ་འོག་མ་རྣམས་གོང་མ་གོང་མའི་སྨིན་བྱེད་དང་། འོག་མའི་ཐུན་མོང་བའི་སྐོར་རྣམས་ཡར་ལྡན་དང་ཉམས་ལེན་ཚུལ་གྱིས་འདུ་དགོས་པ་ལྟར། བོད་ཀྱི་གྲུབ་མཐའ་དེ་དག་གི་གདམས་པའི་སྙིང་པོ་རྣམས་བཀའ་སྲོལ་འདིར་འདུ་དགོས་ཏེ། དེ་ལྟ་མ་ཡིན་ན་རང་ལུགས་ཀྱི་མན་ངག་རྣམས་བརྒྱུད་པ་གོང་མའི་མན་ངག་གི་ཁུངས་མེད་པར་འགྱུར་བ་དང་། རྣམ་པར་དག་པའི་གདམས་པ་ཡོངས་རྫོགས་ཀྱི་གནད་མ་ཚང་བ་སོགས་སུ་འགྱུར་རོ། །དེས་ན་རྗེ་བླ་མའི་ལྟ་སྒོམ་གྱི་

མན་ངག་འདིར་ཕྱག་རྒྱ་བ་དང་། རྫོགས་ཆེན་པ་སོགས་ཀྱི་ལྟ་སྒོམ་གྱི་གནད་རྣམས་རྫོགས་པར་ཚང་ཚུལ་པཎ་ཆེན་ཆོས་ཀྱི་རྒྱལ་པོས་མཛད་པའི་ཕྱག་ཆེན་རྩ་བ་ལས། ལྷན་ཅིག་སྐྱེས་སྦྱོར་གཙོ་མ། །ཞེས་པ་ནས། དཔྱད་ན་དགོངས་པ་གཅིག་ཏུ་བབ། །ཞེས་གསུངས་པ་ལྟར་ལ། གཞན་ཡང་སྟོང་འདུལ་དང་སྔགས་འདུལ་བར་གགས་པ་དེ་རྣམས་ཀྱི་འདུལ་བའི་སྡོམ་རྒྱུན་དང་བཤད་པ་དང་ལག་ལེན། བཀའ་གདམས་པའི་ལམ་རིམ་དང་བློ་སྦྱོང་དང་། རྡོག་ལོ་ཡབ་སྲས་ནས་བརྒྱུད་པའི་མངོན་པ་དང་ཕར་ཕྱིན་དབུ་ཚད་ཀྱི་བཤད་སྲོལ། མར་འགོས་སོགས་ཀྱི་གསང་འདུས། རྔོ་ནང་པའི་དུས་འཁོར། ས་སྐྱ་པའི་དགྱེས་རྡོར་དང་བདེ་མཆོག །དམར་ཆོས་རྒྱལ་ནས་བརྒྱུད་པའི་འཁོར་ཆེན། ར་སྒྲོ་ཞང་གསུམ་གྱི་འཇིགས་བྱེད། བུ་ལུགས་ཀྱི་རྒྱུད་སྡེ་བཞིའི་དབང་དང་རྒྱུད་ཀྱི་བཤད་པ། བཀའ་བརྒྱུད་པའི་ཕྱག་ཆེན། ནཱ་རོ་ནི་གུའི་ཆོས་དྲུག །ཞི་བྱེད་པའི་གཅོད་སོགས་གྲུབ་མཐའ་གཞན་དག་གི་ཆོས་ཀྱི་སྙིང་པོ་ སྤར་སློས་པ་དང་མ་སློས་པ་མཐའ་ཡས་པ་ཞིག་མ་རྫོགས་ལོག་རྟོག་གིས་མ་སྨགས་པའི་གཙང་སིང་ངེ་བ་བཀའ་སྲོལ་འདི་ལ་མངའ་ཞིང་། དེ་དག་གི་ཟབ་པར་བྱེད་པའི་གདམས་པ་ཕྲ་མོ་རྣམས་ཀྱང་རྗེ་བླ་མའི་མན་ངག་གི་ཟུར་རེ་རེ་ལ་ཚང་ནས་ཡོད་ཚུལ་དཔེར་ན། རྗེ་ཡེ་ཤེས་རྒྱལ་མཚན་གྱི་བླ་འབྲིད་ལས། སྔོན་གྱི་དམ་པ་རྣམས་ཀྱི་སྙིད་སྡུག་ལམ་འཁྱེར་ཞེས་པ་དང་། ཐུག་ཐྲད་ལམ་ཁྱེར་ཞེས་པ་དང་། ཆོས་བརྒྱད་མགོ་སྙོམས་ཞེས་པ་དང་། རོ་སྙོམས་ཞེས་པ་དང་།ཕུང་པོ་གཟན་སྐྱུར་ཞེས་པ་དང་། ཤ་ཁྱེར་ཁྲག་ཁྱེར་ཞེས་པ་ལ་སོགས་པའི་རྐྱེན་ངན་ལམ་སློང་གི་གདམས་པའི་མིང་གི་རྣམ་གྲངས་མང་དུ་གསུངས་པ་ཐམས་ཅད་འདིར་ལྷག་དང་བཅས་ཚང་བར་ཡོད་པས། རྗེ་ཐམས་ཅད་མཁྱེན་པའི་རྗེས་སུ་ཞུགས་པའི་གདུལ་བྱ་རྣམས་ཀྱིས་རང་རང་གི་ངོས་ནས་ཉམས་ལེན་བྱ་ཤུས་ན་ཉམས་ལེན་གྱིས་ཕོངས་པ་གང་ཡང་མེད་དོ། །ཞེས་གསུངས་པས་མཚོན་ཤུས་སོ། །དེའང་བོད་ཀྱི་མཁས་གྲུབ་གོང་མ་དེ་དག་གི་གསུང་ཚོད་ལ་ཐ་སྙད་སྦྱོར་ཚུལ་ཉམས་སྐྱོང་གི་བརྡས་བཅིངས་པ་སོགས་སྣ་ཚོགས་པ་ཡོད་པ་དང་། སྤྱགས་ལ་དམ་དོག་ཆེ་བས་གོ་དཀའ་བར་བྱུས་པ་དཔེར་ན། འབྲོག་མིས་གདན་གྱི་སྐད་དོད་པེ་ཐ་ཞེས་པ་གདན་དང་གནས་དང་རིགས་སོགས་ལ་འཇུག་པ་ལ་དགོངས་ནས། གཤེགས་པ་གཤེགས་མའི་གདན། སེམས་དཔའ་

སེམས་མའི་གདན། ཁྲོ་བོ་ཁྲོ་མོའི་གདན་ཏེ་གདན་གསུམ་ཚང་བའི་རྡོ་རྗེ་སློབ་དཔོན་ཞེས་ཐ་སྙད་མཛད་པའང་ཡོད་ལ། བོད་ཀྱི་སྒོམ་ཆེན་པ་རྣམས་ཀྱི་གསུང་གི་སྒྲ་སྒྲོས་གྲུབ་ཆེན་མི་ཏྲི་ཛོ་ཀི་སོགས་ཀྱི་གསུང་ལས་ཀྱང་འབྱུང་ཞིང་། གོང་མ་རྣམས་ཀྱི་ཉམས་མྱོང་གི་གསུང་སྒྲོས་འགའ་ཞིག་རང་རེས་མན་ངག་ཏུ་བྱེད་པ་དཔེར་ན། དགེ་ལྡན་ཕྱག་ཆེན་གྱི་སྐབས་བཀའ་བརྒྱུད་གོང་མའི་སེམས་ཀྱི་བཞག་ཐབས་དྲུག་ལ་རྩིས་པོ་ཆེར་མཛད་ཅིང་དེ་ཉིད་སེམས་གནས་དགུ་དང་སྦྱར་བའི་བཤད་པ་ཡོད་པས་ཐུན་མོང་དང་ཐུན་མོང་མ་ཡིན་པའི་སྐབས་བྱེད་དགོས་པ་མང་དུ་སྣང་ཞིང་། སྔ་འགྱུར་གྱི་མདོ་རྒྱུད་དུ་མར་བློ་ཟད་ཆོས་ཟད་ཅེས་འབྱུང་བའི་དོན། དྲི་མ་སེམས་ཀྱི་རང་བཞིན་ལ་མ་ཞུགས་པ་དང་། རང་བཞིན་གྱིས་འོད་གསལ་བ་དང་། དོན་དམ་པར་སྲིད་ཞི་རོ་གཅིག་པ་རྣམས་ཀྱི་གོ་དོན་དང་གཅིག་ཡིན་པར་ཀུན་མཁྱེན་འཇམ་དབྱངས་བཞད་པའི་རྡོ་རྗེའི་གྲུབ་མཐའ་ཆེན་མོར་གསུངས་ལ། སྤྱན་སྔ་བློ་གྲོས་རྒྱལ་མཚན་དང་རྒྱལ་བ་བསྐལ་བཟང་རྒྱ་མཚོས་སྙིང་མའི་རྒྱུད་ཚིག་འགའ་ཞིག་དང་མན་ངག་སྐོར་འགའ་ཞིག་གསར་མ་དང་དགོངས་དོན་གཅིག་པར་གསུངས་འདུག་པ་སོགས་ནས།བཟ་ཚད་མི་འདྲ་བ་ཙམ་གྱིས་དོན་འགལ་བ་ཁོ་ནར་མ་ངེས་ལ། མཁས་གྲུབ་དམ་པ་རྣམས་ཀྱི་དགོངས་པ་ཟབ་པས། དེ་དག་གི་གསུང་གི་དངོས་ཟིན་དོན་གཞུང་ལུགས་དང་མཐུན་མི་མཐུན་ཅི་རིགས་ཡོད་ནའང་། རྣལ་འབྱོར་པའི་ཉམས་མྱོང་ལ་རིགས་པའི་དཔྱད་པ་མི་འཇུག་པར་གསུངས་པས། དེ་དག་གི་དགོངས་པ་འཚོལ་བའི་ཚེ་ཉམས་མྱོང་དང་མི་བསྟུན་པར། ལུང་རིགས་ལ་བརྟེན་པའི་རྟོག་གེའི་དཔྱད་པ་ཁོ་ནས་དེ་དག་གི་དགོངས་ཚོད་ཇི་ལྟར་ཡིན་ཚུལ་དང་། རྗེ་བླ་མའི་བཞེད་ཚུལ་དང་དགོངས་པ་གཅིག་ཏུ་འབབ་ཚུལ། གང་ཞིག་གང་དུ་འདུ་ཚུལ་རྣམས་རྟོགས་དཀའ་བས། དེས་དོན་ལུང་རིགས་ལ་མཁས་ཤིང་། །ཉམས་མྱོང་ཅན་གྱི་རྣལ་འབྱོར་པས་དཔྱད་ན་དགོངས་པ་གཅིག་ཏུ་འབབ། །ཅེས་ལུང་དང་རིགས་པ་ཉམས་མྱོང་གསུམ་གྱིས་དཔྱད་དགོས་པར་གསུངས་སོ། །ཕྱིར་ཡང་རིགས་པའི་དཔྱད་ཚུལ་རྣམས་གདམས་ངག་ཏུ་འཆེར་ཤེས་པ་དགོས་ཀྱི། རྟོག་གེ་ཙམ་ལ་ཞེན་དྲགས་ན་གོལ་ཤོར་གྱི་ཉེན་ཆེ་སྟེ། རིན་པོ་ཆེ་གསུམ་གྱི་གཏམ་གྱི་སྙོར་བ་ལས། འདི་ན་རིགས་གཞུང་གཉིས་ལ་རབ་སྦྱངས་ཀྱང་། །ཤར་དུ་འགྲོ་འདོད་

ཐུབ་ཏུ་འགྲོ་བ་དང་། ཟླ་འོད་ཟོག་པས་ཡི་དྭགས་བསྲེག་པ་བཞིན། །རིགས་གཞུང་ཉིད་ལ་བརྟེན་པའི་ལོག་རྟོག་གིས། །བློ་མིག་ཡང་དང་ཡང་དུ་བསླད་པའི་མཐུས། །འདི་ཕྱིའི་དགེ་ལེགས་ཀུན་འཇོམས་ཡུན་རིང་དུ། །ཡང་དག་ལྟ་ལས་ཕྱིར་ཕྱོགས་འགྱུར་བའི་རྒྱུ། །ཆེས་ཆེར་བརྟན་པོ་གསོག་པ་མང་དུ་སྣང་། །ཞེས་སོ། །དེས་ན་ལུང་རིགས་ཉམས་སྐྱོང་གསུམ་གྱིས་དཔྱོད་ཤེས་པའི་སྒོ་ནས་གཞན་ཕྱོགས་ཀྱི་དམ་པ་རྣམས་ཀྱི་གསུང་ལ་བལྟས་ཏེ། དེ་དག་གི་གདམས་པའི་སྙིང་པོ་རྣམས་དངོས་སམ་བརྒྱུད་ལས་ཅི་རིགས་ཀྱི་སྒོ་ནས་རྗེ་བླ་མའི་གདམས་ངག་གི་ཆ་ཤས་གང་དང་གང་དུ་འདུ་ཚུལ་ཤེས་ན། རྗེ་བླ་མ་ཉིད་གངས་ཅན་གྱི་མཁས་པའི་གཙུག་རྒྱན་དུ་གྱུར་ཚུལ་ལ་ངེས་པ་ཆེས་ཆེར་སྐྱེད་པའི་སྒོ་ཆེན་པོར་འགྱུར་ཞིང་། རྗེའི་རིང་ལུགས་ལས་གཞན་དུ་དྲང་དུ་མི་རུང་བའི་ངེས་པ་སྐྱེད་པ་དང་། རྣམ་གྲངས་མང་པོ་སོ་སོར་ཉམས་སུ་ལེན་མི་དགོས་པར་ཉམས་ལེན་གྱི་གནད་གཅིག་ཏུ་སྲིལ་ཤེས་པས་མན་ངག་ལ་ནང་བྱུན་ཚུད་པར་འགྱུར་ཏེ། འབད་པས་གོ་བ་བཙལ་དགོས་པའི་གནས་ཡིན་ནའང་། བདག་ལྟ་བུ་ལ་ཆེས་སྐལ་དོན་དུ་འགྱུར་བས་སྨོན་ལམ་གྱི་ཡུལ་དུ་བྱ་བར་འོས་པ་ཁོ་ནའོ། །འོན་ཀྱང་རྗེ་བཙུན་འཇམ་པའི་དབྱངས་ཀྱིས་དམ་ཅན་ཆོས་ཀྱི་རྒྱལ་པོ་ནང་སྒྲུབ་ཉིད་དབེན་ས་སྙན་རྒྱུད་ཀྱི་བསྲུང་མར་བཀའ་བསྒོས་དམ་བཞག་མཛད་པ་ཡིན་པས། སྙན་རྒྱུད་འདི་ལ་བསྲེ་བསླད་བྱས་ན་དམ་ཅན་ཆོས་རྒྱལ་གྱི་ཐུགས་དང་འགལ་བས་མི་ཤེས་པ་དང་། གནོད་པ་ངེས་པར་འབྱུང་བར་གསུངས་སོ། །དེ་མིན་ཆོས་ལུགས་འཐད་ལྡན་རྣམས་རང་ལུགས་ཀྱི་གདམས་ངག་ཏུ་འདུ་ཚུལ་ཤེས་ཀྱང་རང་བསྟན་ལ་ལྷད་མ་བཙུག་པ། མཆོག་དམན་གྱི་ཁྱད་པར་འབྱེད་ཤེས་ཀྱང་གཞན་ལ་དག་སྣང་མ་ལྷོད་པ་རྣམས་བློ་ངོར་འགལ་མེད་དུ་འདུ་བའི་བློ་ཡངས་པོ་ཞིག་གལ་ཆེའོ། །མདོར་ན་རྗེ་བླ་མའི་རྗེས་འཇུག་རྣམས་ཀྱིས། བདག་ཅག་གི་ཚད་མའི་སྟོན་པ་རྗེ་བདག་ཉིད་ཆེན་པོ་འདི་ཉིད་ཁྱད་པར་དུ་འཕགས་པའོ་ཞེས་པ་ཙམ་མ་ཡིན་པར། རྣམ་པར་ཐར་པའི་གཙོ་བོ་གང་ཡིན་ངོས་བཟུང་ནས། དེ་ཉིད་གཞན་དང་མ་འདྲེས་པའི་ཁྱད་ཆོས་སུ་བསྒྲུབ་ཏེ། དེ་ཉིད་ལས་བརྩམས་ཏེ་གསོལ་བ་འདེབས་དགོས་ཀྱི། དེ་ལྟར་མ་ཡིན་པར་མཛད་པའི་ཆ་ཤས་ཙམ་དང་། གཞན་དང་ཐུན་མོང་བའི་ཡོན་ཏན་ཙམ་དྲན་ཐུབ་པ་ཙམ་ལས་མ་བྱུང་ན། བདག་གི་ཕ་ཟ་ཤིང་འཁྲུང་བ་ཤེས་སོ་ཟེར་

བ་དང་འདྲ་བར་འགྱུར་བས། དེས་ན་རྗེ་བླ་མ་འདིའི་རྣམ་ཐར་གྱི་གཙོ་བོ་ནི། རྗེ་བཙུན་འཇམ་དབྱངས་ཀྱིས། །རྗེའི་རྣམ་ཐར་བསམ་གྱིས་མི་ཁྱབ། རྣམ་ཐར་གྱི་གཙོ་བོ་ཆོས་རབ་ཏུ་རྣམ་འབྱེད་ཀྱིས་ཆོས་ཟབ་མོ་ཐམས་ཅད་ཐུགས་སུ་ཆུད་ཅིང་། དངོས་སྟོབས་ཀྱི་རིགས་པས་གཞི་ལམ་འབྲས་བུ་ཐམས་ཅད་ཐུགས་སུ་ཆུད་པ་འདི་ཡིན་ཞེས་གསུངས་པ་ལྟར་ཡིན་ཅིང་། ཐུགས་སུ་ཆུད་ཚུལ་ཇི་ཙམ་པའང་། ཐམས་ཅད་མཁྱེན་པ་རོལ་པའི་རྡོ་རྗེའི་གྲུབ་མཐའི་རྣམ་བཞག་ལས། རྗེ་བཙུན་འདི་ཉིད་ཀྱིས་འདུལ་བའི་ཕྱག་ལེན་ཕྲ་མོ་ཡན་ཆད་ནས་གྲུབ་པའི་མཐའ་ཆེན་པོ་རྣམས་ཀྱི་བར་དང་། ཞེས་པ་ནས། བཤད་སྒྲུབ་ཀྱི་བསྟན་པ་གཉིས་ཆར་འཛིན་ཅིང་སྤེལ་བར་མཛད་པའི་རྣམ་པར་ཐར་པ་འདི་ལྟ་བུ་ནི་སྔོན་བྱོན་པའི་གངས་ཅན་གྱི་མཁས་གྲུབ་སུ་ལའང་མེད་པར་མ་ཟད། རྒྱ་གར་འཕགས་པའི་ཡུལ་གྱི་འཕགས་པ་ཀླུ་སྒྲུབ་ལྟ་བུ་ལའང་འདི་བས་ལྷག་པ་ཡོད་ཐབས་མེད་པར་རིགས་པའི་ཚུལ་དྲི་མ་མེད་པས་གྲུབ་པ་ཡིན་ནོ། །ཞེས་གསུངས་པ་ལྟར་རོ། །དེ་ལྟར་ན། གངས་ཅན་མཁས་པའི་གཙུག་རྒྱན་ཙོང་ཁ་པ། ཞེས་པའི་ཚིག་རྐང་གཅིག་པོ་དེ་ཉིད་དེ་ལྟ་བུའི་དཔྱད་གཞི་འགངས་ཆེ་བ་ཡིན་ནོ། །བདག་ལྟ་བུ་ལ་སུ་ཆེ། སུ་དྲག་གི་ཆ་རྒྱུས་ག་ལ་ཡོད་ཀྱང་། ཚད་མར་གྱུར་པའི་དམ་པ་རྣམས་ཀྱིས་རྗེ་བླ་མ་འདི་ལྟ་བུ་སྔོན་ཆད་གངས་ཅན་གྱི་ཡུལ་དུ་གཅིག་ཀྱང་མ་བྱུང་བར་ཐག་བཅད་ནས་གསུངས་པ་འདི་ཙམ་རྒྱུ་མཚན་དུ་བཟུང་བ་མ་མཐར་བྱས་ཏེ། ཚད་མའི་སྟོན་པ་འདི་ལྟ་བུའི་རྗེས་འཇུག་གི་ཡང་ཐར་ཆུད་པ་ཙམ་འདི་ཡང་རྨད་དུ་བྱུང་བའི་སྐལ་པའོ་ཞེས་ཡང་ཡང་དགའ་བ་བསྐྱེད་ཅིང་བཅང་འཇུས་བྱ་བར་རིགས་པ་ཁོ་ནའོ། །གསུམ་པ་གཞན་ཕྱོགས་ཀྱི་ཆོས་དང་གང་ཟག་ལ་འཕྱ་སྨོད་མི་རུང་བའི་ཚུལ་བསམ་པ་ནི། དེ་ལྟར་རང་གི་སྟོན་པ་དང་བསྟན་པ་ལ་རྒྱུ་མཚན་ཤེས་པའི་དད་པ་བཅའ་དགོས་ནའང་དགག་སྒྲུབ་དང་མཆོག་དམན་གྱི་ཁྱད་འབྱེད་ཚུལ་འདི་རིགས་ལ་བརྟེན་ནས། མཚམས་མ་ཕྱེད་པའི་དབང་གིས་གཞན་གྱི་ཆོས་དང་གང་ཟག་ལ་སྐྱུར་པ་འདེབས་ཉེན་ཆེ་བས་གཟབ་པར་བྱ་བའི་གནས་ཡིན་ཏེ། དམ་པ་དེ་དག་གི་གསུང་ཚོད་ཇི་འདྲ་ཡོད་ཀྱང་དགོངས་ཚོད་ཇི་འདྲ་ཡོད་དཔག་པར་མི་ནུས་པ་དཔེར་ན། རྗེ་མར་པ་དང་མི་ལའི་ལྟ་བ་ཐལ་འགྱུར་པ་ཡིན་ཀྱང་གདུལ་བྱ་འགའ་ཞིག་ལ་སེམས་ཙམ་ལུགས་ཀྱི་ངོ་སྤྲོད་མཛད་པའང་ཡོད་པར་གསུངས་པས།

མཁས་གྲུབ་གོང་མ་དེ་དག་གི་གདམས་པའི་ཡི་གེ་འགའ་རེ་མཐོང་ཞིང་ཐོས་པས། དེ་དག་གི་དགོངས་ཚོད་ལོན་པ་དཀའ་བའི་ཚུལ་ལྟུང་སྐྱེ་ཐམས་ཅད་མཁྱེན་པའི་གྲུབ་མཐའི་རྣམ་བཞག་ལས། དེ་དག་ཀྱང་བསྟན་པ་སྤྱི་འི་རྣམ་བཞག་གི་བསྟན་བཅོས་རྩོམ་པ་མིན་ཕྱིན་ཐད་ཀ་ཐད་ཀའི་ཞུ་བ་པོ་དེའི་བློ་ངོ་དང་འཚམས་པའི་ལྷ་སྒོམ་སྤྱོད་པ་རེ་གསུངས་པ་མ་གཏོགས། གྲུབ་ཆེན་དེ་དག་གི་ཤེས་ཚད་མཐའ་དག་མི་དེ་ལ་བཤད་དགོས་དོན་མེད་པ་དབང་པོ་རྟུལ་པོས་ཀྱང་ཤེས་ནུས་སོ། །ཞེས་གསུངས་པ་ལྟར་རོ། །ཁྱད་པར་དུ་གོང་དུ་བརྗོད་ཟིན་པ་ལྟར་ལྟ་བའི་སྐོར་ལ། ཇོ་ནང་པ་དང་སྟག་ཚང་པ་ལྷ་བུའི་བཤད་ལུགས་སྐོར་ཤིང་དཀའ་བ་ལྟ་བུ་འགའ་ཞིག་མ་གཏོགས་གྲུབ་མཐའ་གཞན་རྣམས་ཀྱི་རྩ་བའི་སློབ་དཔོན་རྣམས་ལྟ་བའི་ངོ་སྤྲོད་བྱེ་མདོའི་ལུགས་ལྟར་མཛད་སྐད་མི་འདུག་ཅིང་། སེམས་ཙམ་ལུགས་ཀྱི་གདུལ་བྱའི་དབང་གིས་འགའ་རེ་ལས་མེད་ལ། གཙོ་བོར་རྣལ་འབྱོར་སྤྱོད་པའི་རང་རྒྱུད་པ་དང་། དེ་ལས་ཀྱང་ཐལ་འགྱུར་བའི་ལུགས་གཙོ་བོར་མཛད་སྣང་བ་དང་། ཕྱོགས་ཕྱོགས་ཀྱི་དབང་དུ་བྱས་ནའང་། རྙིང་མ་པ་རྣམས་སོ་ཐར་འགྲེལ་ཆེན་བམ་ལྔ་དང་། ཤེར་སྙིང་གི་འགྲེལ་ཆེན་མཛད་པ་པོ་པཎ་ཆེན་བི་མ་ལ་མི་ཏྲ་དང་། སློབ་དཔོན་པདྨ་སོགས་དང་། ས་སྐྱ་པ་རྣམས་གྲུབ་ཆེན་བིར་ཝ་པ་སོགས་དང་། བཀའ་བརྒྱུད་པ་རྣམས་ནཱ་རོ་མི་ཏྲི་པ་དང་། ཞི་བྱེད་པ་རྣམས་པ་དམ་པ་སངས་རྒྱས་དང་། ཇོ་ནང་པའི་དུས་འཁོར་ལྷ་བུ་ནི་ཁ་ཆེ་པཎ་ཆེན་ཟླ་བ་མགོན་པོ་ལ་གཏུགས་པར་སྣང་བས་ཁུངས་དག་པར་ཡོད་ནའང་། དམ་པ་དེ་དག་གིས་གདུལ་བྱའི་དབང་གིས་གདམས་པའི་ངོ་སྤྲོད་མཛད་ལུགས་འགའ་ཞིག་གཞུང་ཆེན་མོའི་དངོས་ཟིན་དང་མི་མཐུན་པ་དང་། བར་སྐབས་ཞིག་ནས་ཧྲིས་འབྲང་འགའ་ཞིག་གིས་ནོར་བར་སླ་བ་དང་། ལུགས་སྣ་ཚོགས་གཅིག་ཏུ་བསྲེས་པ་སོགས་ཀྱིས་ལྷད་བཙུག་པའང་ཡོད་མོད་ཀྱང་། དེ་དག་རྒྱུ་མཚན་དུ་བཟུང་ནས་གཞན་ཕྱོགས་ཀྱི་ཆོས་དང་བླ་མ་ལ་འབྲུ་སྐྱོན་སོགས་བྱར་མི་རུང་སྟེ། སྐྱབས་འགྲོའི་བསླབ་བྱར་ཆོས་འདི་བའི་རྟགས་ཙམ་འཛིན་པ་ཡན་ཆད་ལ་གཤེ་སྐུར་བྱར་མི་རུང་བར་གསུངས་ཤིང་། ངན་སོང་སྦྱོང་རྒྱུད་ལས། ཐུ་སྟེགས་ཅན་ལ་སྨད་བྱས་ན། །རྣམ་པར་སྣང་མཛད་རིང་བའི་རྒྱུ། །ཞེས་དང་། བ་རྡེ་ལྟས་ཀྱང་། རང་དང་གཞན་གྱི་གྲུབ་པའི་མཐའ། །ཆོས་ལ་སྨོད་པ་དྲུག་པ་ཡིན། །ཞེས་པ་ལྟར་ཕྱི་

རོལ་པ་ལའང་སྣང་དུ་མི་རུང་བར་གསུངས་ན། གཞན་ཕྱོགས་ཀྱི་མཁས་གྲུབ་དམ་པ་རྣམས་པར་ཞོག །དེ་དག་གི་རྗེས་འབྲངས་སངས་རྒྱས་གཅིག་གི་རྗེས་འཇུག་གིས་བསྟུས་པ་རྣམས་ལ་སྣང་ཞིང་སྨོད་དུ་མི་རུང་བ་ལྟ་ཅི་སྨོས་ཤིང་། དེ་ལྟར་ཉེས་དམིགས་ཆེ་བས་ཐུགས་སྐྲག་ནས་མཁས་གྲུབ་ཐམས་ཅད་མཁྱེན་པས་དམ་བཅའ་འདི་མཛད་དེ། གསུང་རབ་ཀྱི་དོན་ལ་ལོག་པར་རྟོག་པ་འགོག་པའི་ཡན་ལག་མ་གཏོགས་པར། བཤེས་གཉེན་སུ་ལ་ཡང་མི་བསྟུགས་པ་ཙུང་ཟད་ཀྱང་མི་སྨྲ་ཞིང་། ཡོན་ཏན་སྒྲོགས་པ་ལྷུར་ལེན་པ་དང་། ཞེས་པ་ནས། སྙིང་ནས་དགའ་བའི་བློ་སྦྱོང་བ་ནི་དམ་བཅའ་བ་དགུ་པའོ། །ཞེས་སོ། །དེ་དག་ལ་དགོངས་ནས་རང་ཕྱོགས་ཀྱི་དམ་པ་རྣམས་རང་ལུགས་ཀྱི་ལྟ་བའི་རྣམ་བཞག་ལ་མཐའ་དཔྱོད་པའི་ཡན་ལག་ཏུ། དེ་དག་གི་ལྟ་བའི་འདོད་ཚུལ་ལ་བྲུར་ཟ་མཛད་པའི་ཚེ་ཡང་འཛིགས་ཞུམ་མཛད་པ་དཔེར་ན། ལྕང་སྐྱ་ཐམས་ཅད་མཁྱེན་པའི་ལྟ་མགུར་དུ། ཁྱེད་ཅག་གཞུང་ལུགས་ལ་སྦྱངས་པ་ཆུང་རྣམས། །ཐ་སྙད་སྦྱོར་ཚུལ་ཞིག་མ་མཁྱེན་ཡིན་སྲིད། །ཁོ་བོ་ཁྱེད་ཅག་ལ་མ་གུས་མ་ལགས། །ཕོག་ཐུག་བྱུང་ན་ནི་བཟོད་པར་མཛོད་ཅིག །ཅེས་གསུངས་པ་ལྟ་བུའོ། །དེར་མ་ཟད་གྲུབ་མཐའི་ཕྱོགས་ཞེན་བྱས་ཆེ། གནས་སྐབས་སུ་ཡང་རང་གཞན་གཉིས་ཀའི་སེམས་བསྲེག་ཅིང་འཁོན་འགྲུས་ཞུགས་པས། དེ་དག་གི་ཆོས་བདག་རྣམས་ཀྱིས་ཀྱང་གོ་ལོང་བསྟམས་པས་མི་ཤེས་པ་མི་གཏོང་བའི་ངེས་པ་མེད་དེ། རང་རེ་རྣམས་རྗེའི་བསྟན་པ་ལ་འཁྲུ་བ་རྣམས་ཚར་གཅོད་ཅིག་བར་དུས་རྒྱུན་དུ་བསྐུལ་ནད་བྱེད་བཞིན་པ་འདིས་དཔེས་ནུས་སོ། །དེས་ན་ཕྱག་ཆེན་འགྲེལ་པ་ཡང་གསལ་སྒྲོན་མེར་ཡང་། གཞན་ཕྱོགས་ཀྱི་ལྟ་བའི་འདོད་ཚུལ་བཀོད་པའི་མཇུག་ཏུ། འཕགས་པའི་སྐྱེ་བོ་རྣམས་ཀྱི་མཛད་པ་རྣམ་ཐར་སོ་སོ་སྐྱེ་བོ་རྣམས་ཀྱི་ཡུལ་ལས་འདས་ཤིང་། ཆོས་དང་སྐྱེས་བུ་དམ་པ་ལ་བརྙེན་པའི་སྡིག་པ་ཤིན་ཏུ་མི་བཟད་པས། ཕྱོགས་འཛིན་གྱི་སྟར་ཞུགས་དོར་ནས་དག་སྣང་ནོར་བུའི་འོད་ཀྱིས་ཁྱབ་པར་མཛད་དུ་གསོལ། །ཞེས་གསུངས་པ་ཉིད་སྙིང་ལ་བཅང་བར་བྱ་བའི་གདམས་པའོ། །དེ་ལྟར་ཆོས་ལུགས་ཐམས་ཅད་ལ་གུས་པ་བསྐྱེད་དགོས་ན། རང་ཕྱོགས་གཞན་ཕྱོགས་ཀྱི་རྣམ་དབྱེ་མི་རུང་བར་མི་འགྱུར་རོ་ཞེ་ན། མི་འགྱུར་ཏེ། གཙོ་བོར་གནས་ཤིང་ཤེས་རབ་དང་ལྡན་པས་གཞན་ཕྱོགས་ལ་གུས་པ་བསྐྱེད་པ་ཉིད་རང་ལུགས་

ལ་ངེས་ཤེས་སྐྱེད་པའི་གྲོགས་སུ་འགྱུར་གྱི། །གེགས་སུ་མི་འགྱུར་ལ། གཞན་དུ་ན་དབུ་མ་སྙིང་པོ་ལས། ཕྱོགས་སུ་ལྷུང་བས་སེམས་གདུངས་པས་ཞི་བ་ནམ་ཡང་རྟོགས་མི་འགྱུར། །ཞེས་པའི་ཉེས་དམིགས་འབྱུང་བའི་སྐབས་ཡོད་པར་མ་ཟད། མི་བདེན་པ་ཞིག་ལ་ཤགས་འགྲེད་མཁས་པས་ཀྱལ་ཙེ་ཐུབ་བྱེད་དུ་རེ་བ་ལྟ་བུར་གྱུར་པ་དང་། རྣམ་པ་གཅིག་ཏུ་རྗེ་བླ་མ་གངས་ཅན་གྱི་མཁས་པའི་གཙུག་རྒྱན་མ་ཡིན་པར་ བླུན་པོའི་གཙུག་རྒྱན་དུ་བྱེད་པར་འགྱུར་དུ་དོགས་སོ། །དེས་ན་རྗེ་བླ་མས་ཀྱང་། བླུ་སྒྲུབ་ཀྱི་ལུགས་ཉིད་ངེས་དོན་མཐར་ཐུག་ཏུ་ཐུགས་ངེས་ཆེན་པོ་འཁྲུངས་ཀྱང་། སེམས་ཅམ་པ་དང་རང་རྒྱུད་པའི་གཞུང་ལུགས་ཀུན་ལ་གཏིང་ནས་གུས་པ་མཛད་ཚུལ་ལེགས་བཤད་སྙིང་པོར་བཀའ་སྩལ་པ་ཡིན་ནོ། །དེ་ལྟར་ན། གངས་ལྗོངས་མཁས་གྲུབ་དབང་པོ་མཆོག་རྣམས་ཀྱི།། བཞེད་སྲོལ་ཀུན་ལ་སྙིང་ནས་གུས་མོད་ཀྱང་། །འཇམ་གླིང་རྒྱན་གྱུར་ཤིང་རྟ་ཆེ་རྣམས་དང་། །རྒྱུད་དོན་མངོན་གཟིགས་གྲུབ་ཆེན་དུ་མ་ཡིས། །བཀྲལ་བ་ཇི་བཞིན་རྒྱལ་བའི་མདོ་རྒྱུད་ཀྱི། །གནད་ཀུན་འགལ་མེད་གདམས་པར་ངོ་སྤྲོད་པའི། །འཁྲུལ་མེད་ལམ་སྲོལ་གང་ལ་མཆིས་གྱུར་པ། །བློ་བཟང་ལུགས་བཟང་གཙོ་བོར་མི་འཛིན་སུ། །ཞེས་བློའི་གཏིང་ནས་མི་བདེ་བ་མེད་པར་དེ་སྐད་དུ་ཤོད་ཐུབ་པ་བྱུང་ན་གཟོད་འགྲིག་ཡོང་འདུག། །དེ་ཡང་གཞུང་ལུགས་སོ་སོའི་ཁྱད་པར་མ་འདྲེས་པར་ཤེས་ནས་རང་ལུགས་ལ་ངེས་པ་བརྩལ་བའི་རིགས་ཅན་ཞིག་དང་། སྒོམ་པ་རིན་ཆེན་བླ་མ་ལ་ཇོ་བོ་གཅིག་གིས། བུ་རངས་གཞོན་ཆུང་འདི་ལ་གདམས་ངག་གཅིག་མོ་ཉན་ནམ་ཟེར་བས། དེ་ཐུགས་ལ་ངས་འཛམ་བུའི་གླིང་ན་དཀོན་པ་ཇོ་བོ་རྗེ་ལྟ་བུའི་གདམས་ངག་སྒོམ་དུ་ཡོད་བ་ལ། འདི་སྐད་ཟེར་བ་སྨམ་ནས་མ་རངས་པ་དང་། ཕུ་ཆུང་བས། ང་ནི་ད་རྒྱ་གར་ནས་པཎྜིཏ་གཅིག་བྱོན་ཀྱང་ཆོས་མི་ཉན། ཇོ་བོ་དང་མཇུན་ན་ཉན་མི་དགོས། མི་མཇུན་ན་ཉན་པ་ལ་དགོས་པ་མེད་པས། ནམ་ཀྱང་མི་ཉན་གསུང་བ་བཞིན། རང་གི་ལུགས་དེ་ཉིད་ལ་གཅིག་ཏུ་ཡིད་ཆེས་པས་འཇུག་པའི་རིགས་ཅན་ཞིག་དང་། ཡང་རྗེ་བཙུན་ཡེ་ཤེས་རྒྱལ་མཚན་གྱིས། དཔེ་ཆ་གང་བྱུང་ལ་བལྟས་ན་ད་ལྟ་ལྟ་བ་སྙིགས་མའི་སྐབས་འདིར་བློ་སྣ་ཕྱིན་ཙེ་ལོག་ཏུ་འགྲོ་བས་གང་རུང་རུང་ལྟ་མི་ཉན་གསུང་བ་ལྟར། བློ་སྣ་འགྱུར་གྱི་དོགས་ནས་གང་བྱུང་ལ་བལྟ་བ་ཙམ་ཡང་མི་བྱེད་པའི་རིགས་ཅན་ཏེ་གསུམ་ཡོད་

པར་སེམས་པས། དེ་ལྟར་ན་དང་པོ་བློ་གྲོས་ཆེ་བ་རྣམས་ཀྱི་ལུགས་ཡིན་པས་ཆེས་ཁྱད་པར་དུ་འཕགས་ཤིང་། གཉིས་པ་གཙོ་བོར་དབང་པོ་འབྲིང་གི་ལུགས་དང་། ཐ་མ་ལས་དང་པོ་པ་རྣམས་ལ་ཉེན་མེད་ཅིང་འཇུག་པ་བདེ་བར་སྣང་ངོ་། །གང་ལྟར་ཡང་དེང་སང་བློ་དམན་པས་རྒྱ་ཆེན་པོའི་གནས་མཐའ་དག་རྩད་བཅད་ན་ནི་ད་ལྟའི་ཚེ་ཐུང་གི་ཡུན་ལ་མི་རྫོགས་པས། རྗེ་བོ་ཆེན་པོས། ཚེ་ནི་ཡུན་ཐུང་ཤེས་བྱའི་རྣམ་པ་མང་། །ཚེ་ཡི་ཚད་ཀྱང་ཇི་ཙམ་མི་ཤེས་པས། །ངང་པ་ཆུ་ལས་འོ་མ་ལེན་པ་ལྟར། །རང་གི་འདོད་པ་དང་དུ་བླང་བར་བྱ། །ཞེས་པ་ལྟར་ངེས་པ་བཅལ་ལུགས་བློ་ཚོད་དང་བསྟུན་པ་རེ་བྱས་ནས་རྒྱ་ཆེན་པོ་རྣམས་སྨོན་ལམ་གྱི་ཡུལ་དུ་བྱས་ནས། དངོས་ཀྱི་ལག་ལེན་དུ་རྗེ་བླ་མའི་མདོ་སྔགས་ཀྱི་ལམ་གྱི་སྙིང་པོ་རྣམས་ལ་བག་ཆགས་ཅི་ཐེབས་བྱ་བ་ཉིད་གནད་ཆེ་བར་སེམས་སོ། །གསུམ་པ་འཕྲོས་དོན་དུ་རྗེ་བླ་མའི་བསྟན་པ་ངོས་བཟུང་ནས་ཇི་ལྟར་སློབ་ཚུལ་ནི། དེ་ལྟར་རྗེ་བདག་ཉིད་ཆེན་པོ་བཤད་སྒྲུབ་གཉིས་ཀའི་སྒོ་ནས་གངས་ཅན་གྱི་མཁས་པ་ཀུན་གྱི་གཙུག་རྒྱན་དུ་གྲུབ་པའི་ཤུགས་ཀྱིས། རྗེ་བླ་མའི་འཀའ་སྲོལ་ཉིད་གངས་ཅན་གྱི་ཆོས་ལུགས་ཀུན་ལས་ཁྱད་པར་དུ་འཕགས་པར་གྲུབ་པས། དེ་ལྟར་ན་མང་དུ་བཤད་པའི་སྙིང་པོ་རྗེ་བླ་མའི་བསྟན་པའི་སྤྱི་བབ་ཇི་ལྟ་བུ་དང་། དེ་ལ་ཇི་ལྟར་སློབ་ཚུལ་ངོས་འཛིན་དགོས་པས། དེ་ཡང་སྤྱིར་སངས་རྒྱས་ཀྱི་བསྟན་པ་སྐྱོན་མེད་ཡིན་མིན་ནི། ལྟ་སྒོམ་སྤྱོད་གསུམ་སྐྱོན་དང་བྲལ་བ་ཡོད་མེད་ཀྱི་ངོས་ནས་འཇོག་ལ། ལྟ་སྒོམ་སྤྱོད་གསུམ་ལ་སྐྱོན་ཡོད་མེད་ནི་རིགས་པས་གནོད་མི་གནོད་ལ་མི་བྱེད་ཀྱི། ཐར་བ་སྒྲུབ་པ་དང་རྗེས་སུ་མཐུན་མི་མཐུན་གྱིས་ཡིན་ནོ། །དེ་ལྟ་བུའི་ལྟ་སྒོམ་སྤྱོད་གསུམ་སྟོན་པའི་གསུང་རབ་རྣམས་སྡེ་སྣོད་གསུམ་ཁོ་ནར་འདུས་ལ། དེ་གསུམ་གྱི་བརྗོད་བྱའང་བསླབ་པ་གསུམ་དུ་མ་འདུས་པ་གཅིག་ཀྱང་མེད་དོ། །དེའི་ཕྱིར་རྒྱལ་བས་ཇི་སྙེད་གསུངས་པ་ཐམས་ཅད་ཉམས་ལེན་གྱི་དུས་སུ་མི་མཁོ་བ་སྙ་གཅིག་ཀྱང་མེད་པས། ཐེག་པ་ཐ་དད་བསྟན་པ་རྣམས་མ་ཐར་ཐེག་ཆེན་ལ་གཞོལ་ཞིང་། དྲང་ངེས་སྣ་ཚོགས་སུ་གསུངས་པ་ཐམས་ཅད་མཐར་དགོངས་པ་གཅིག་ཏུ་འབབ་བོ།། རྒྱུ་མཚན་དེས་ན་འདུལ་བ་ཀླུ་རི་གནས་གསང་བ་འདུས་པའི་བར་གྱི་གསུང་རབ་དགོངས་འགྲེལ་དང་བཅས་པ་ཐམས་ཅད་གང་ཟག་གཅིག་གིས་འཚང་རྒྱ་བའི་ཆ་རྐྱེན་ཁོ་ན་ཡིན་ནོ། །དེ་ལྟ་བུའི་

བསྟན་པ་ཡོངས་རྫོགས་ལ་སློབ་པ་ཞིག་བྱེད་ན་ཐོས་བསམ་སྒོམ་པའང་ཡོངས་སུ་རྫོགས་པ་ཞིག་བྱེད་དགོས་པས། ཐེག་པ་གོང་འོག་དང་འདུལ་བ་དང་སྔགས་ཀུན་ལ་ཕྱོགས་རིས་མེད་པར་གཉན་དུ་འགྲོ་བའི་ཐོས་པ་བཙལ་ཞིང་། ཐོས་པའང་སྒྲུབ་པའི་དོན་དུ་ཡིན་པས་སྒོམ་པས་ཉམས་སུ་ལེན་པའི་གདམས་ངག་ཏུ་དྲིལ་ཞིང་། ཁྱད་པར་སྔགས་ཀྱི་སྐོར་རྣམས་རྩ་བཤད་སྦྱར་ཏེ་རྒྱུད་དོན་མན་ངག་ཏུ་ཤར་བའི་བསམ་པའི་ཤེས་རབ་བསྐྱེད། དེ་ལྟར་གཏན་ལ་ཕབ་པའི་དོན་ལྷ་སྒོམ་སྤྱོད་གསུམ་དུ་ཁྲིལ་ཏེ་ཉམས་སུ་བླངས་བས་རྡོ་རྗེ་འཆང་གི་སར་བགྲོད་ནུས་པ་བྱུང་ན། གང་ཟག་དེ་ལ་རྒྱལ་བའི་བསྟན་པ་ཡོངས་རྫོགས་ཀྱི་ལག་ལེན་ཚད་ལྡན་བྱུང་བ་ཡིན་ལ། རྗེ་བླ་མའི་བསྟན་པ་ཡང་དེ་དག་ལས་ཉི་ཚེ་ཞིག་ཁོལ་བུར་འདོན་པ་དང་། འདོད་པས་རྒྱ་བསྐྱེད་པའི་ལྷག་ཞེན་སྤངས་ཏེ་ཚང་ལ་མ་ནོར་བ་སྟན་ཐོག་གཅིག་ཏུ་ཉམས་སུ་ལེན་ཚུལ་གཞན་དུ་གོལ་བའི་མཐའ་རྣམ་པར་བཅད་པས་རྒྱལ་བའི་དགོངས་པ་ཇི་ལྟ་བར་གནས་ཏེ། དེ་ཡང་བཀའ་སྲོལ་འདིའི་ཐུན་མོང་བའི་ལྟ་སྒོམ་སྤྱོད་གསུམ། ཐུན་མོང་མ་ཡིན་པ་རྡོ་རྗེ་ཐེག་པའི་དབང་དང་དམ་ཚིག་ལས་འབྲས་ཀུན་ལ་འཁྲུལ་པའི་དྲི་མ་དང་བྲལ་བ་རྒྱལ་བ་ཉིད་ཀྱི་དགོངས་པ་ཇི་བཞིན་བར་ཡོད་ཚུལ་ཞིབ་པར་རྗེ་རང་གི་གསུང་དང་། མཁས་པའི་དབང་པོ་རྣམས་ཀྱི་ལེགས་བཤད་རྣམས་སུ་གསལ་ཞིང་། འདིར་མདོ་ཙམ་གྱི་དབང་དུ་བགྱིས་ན། བཀའ་སྲོལ་འདིའི་ལྟ་བའམ་ཤེས་རབ་ཀྱི་བསླབ་པ་ནི། དགག་བྱ་ཁྱད་པར་གསུམ་ལྡན་ལྟ་བུ་ཁྲབ་ཚུང་བ་མིན་པས་རྟག་པ་མཐའ་ལས་གྲོལ། སྣང་བས་ཡོད་མཐའ་དང་། སྟོང་པས་མེད་མཐའ་བསལ་བས་རྣམ་བཞག་ཐམས་ཅད་གཞན་ངོ་ཙམ་དུ་བསྐྱུ་ལ་བའི་དགག་བྱ་ཁྱབ་ཆེས་པ་མིན་པས་ཆད་མཐའ་ལས་གྲོལ་བའི་དབུ་མའི་ལྟ་བ་ཀླུ་སྒྲུབ་ཡབ་སྲས་ཀྱི་དགོངས་པ་ཇི་ལྟ་བ་དང་། སྒོམ་མམ་ཏིང་ངེ་འཛིན་གྱི་བསླབ་པ་ཡང་། བྱིང་རྨུགས་མ་བྱེད་ཅིང་། བྱིང་བ་བསགས་པ་ལྟ་བུ་མ་ཡིན་པའི་ཏིང་ངེ་འཛིན་སྐྱོན་མེད་སྒྲུབ་ཚུལ་རྒྱལ་བ་མ་ཕམ་པ་ཡབ་སྲས་ཀྱི་དགོངས་པ་ཇི་ལྟ་བ་དང་། སྤྱོད་པའམ་ཚུལ་ཁྲིམས་ཀྱི་བསླབ་པ་ལ་སྡོམ་པ་གསུམ་གྱི་དགག་སྒྲུབ་གནང་གསུམ་གྱི་བཅས་མཚམས་ཕྲ་ཞིང་ཞིབ་པ་དང་། སོ་ཐར་པ་ལ་སྔགས་ཀྱི་བཅས་པ། སྔགས་པ་ལ་སོ་ཐར་གྱི་བཅས་པ་འགལ་མེད་ཟུང་འབྲེལ་དུ་བསྲུང་བ་ཀླུ་སྒྲུབ་ཡབ་སྲས་ཀྱི་དགོངས་པ་ཇི་ལྟ་བ་དང་།

ཕྱོགས་རེ་བ་དང་རགས་པ་ཙམ་གྱིས་མ་ཚིམ་པར་ཀུན་ལ་ཞིབ་ཏུ་སྦྱངས་པས་མཁས་པ། ཐོས་དོན་རྒྱུད་ལ་སྦྱར་བས་བསླབ་པ་གསུམ་གྱིས་རྒྱུད་དུལ་ཞིང་ཞི་བས་བཙུན་པ། མཛད་པ་ཐམས་ཅད་ཆོས་བརྒྱད་དཀར་ནག་ཁྲ་གསུམ་གྱིས་མ་བསླད་པར་བསྟན་འགྲོའི་དོན་དུ་བསྒྱུར་བ་སྟེ་མཁས་བཙུན་བཟང་གསུམ་དང་། དྲང་ངེས་ཀྱི་གསུང་རབ་སྒྲས་ཟིན་མི་མཐུན་ཡང་གདུལ་བྱའི་བསམ་པའི་དབང་ཙམ་ལས་འགལ་བ་མེད་པ་དང་། དེ་ཐམས་ཅད་གང་ཟག་གཅིག་གི་ཉམས་ལེན་དུ་འཁྱེར་ཚུལ་གྱི་གདམས་པར་ཤར་བ་དང་། ཐབས་སྣ་ཚོགས་ཀྱིས་འབྲས་བུ་མཐར་ཐུག་གི་སར་བགྲི་བས་རྒྱལ་བའི་དགོངས་པ་བདེ་བླག་ཏུ་རྟོགས་པ། དེའི་སྟོབས་ཀྱིས་ཐེག་པ་གསུམ། བཤད་སྒྲུབ། གཞུང་དང་མན་ངག །མདོ་སྔགས་གཉིས་སོགས་རིས་སུ་བཅད་པའི་ཆོས་སྤོང་གི་ཉེས་སྤྱོད་ཆེན་པོ་འགག་པ་སྟེ་ཆེ་བ་བཞི་ནི་ལམ་རིམ་ཙམ་དུ་མ་ཟད། དོན་ལ་ནང་བྱན་ཆུད་པ་ཞིག་གིས་དཔྱད་ཚེ་རྗེའི་གསུང་རབ་ཐམས་ཅད་ལ་ཚང་བ་དང་། སྡེ་སྣོད་གསུམ་གྱིས་ཚད་ཉན་ཚུལ་མཐུན་གྱི་སྒོ་ནས་ལུང་གི་བསྟན་པ་འཛིན་པ་དང་། ལམ་བསླབ་པ་གསུམ་གྱི་ཉམས་ལེན་ཕྱག་ལེན་དུ་ཐེབས་པས་མཁས་གྲུབ་གཉིས་འཛོམ་གྱི་རྣམ་པར་ཐར་བར་ཤར་བ་དང་། བཤད་རྒྱུད་རྡོ་རྗེ་འཕྲེང་བའི་རེ་བཞི་པ་དང་། རྡོ་རྗེ་གུར་གྱི་བརྒྱད་པར་གསུངས་པ་བཞིན་གྱི་འདུལ་བའི་ཀུན་སྤྱོད་ལ་གནས་པས་བསྟན་པ་སྤྱིའི་སྲོལ་ག་སྐྱོང་ཞིང་། ནང་གསང་སྔགས་ཐུན་མོང་མ་ཡིན་པའི་ཉམས་ལེན་གྱིས་སྨུར་ཁྱད་འདོན་པས་འདུལ་བ་དང་སྔགས་ཟུང་འབྲེལ་དང་། འགྲེལ་ཆེན་དྲི་མེད་འོད་སོགས་ལས་གསུངས་པ་ལྟར་མདོ་ཕྱོགས་ཀྱི་སྙིང་པོ་མཐའ་བྲལ་གྱི་ལྟ་བ་དང་། སྔགས་བླ་མེད་ཀྱི་ཕྱི་ནང་གི་ཐབས་ལམ་ལ་བརྟེན་པའི་བདེ་བ་ཆེན་པོ་གཉིས་ཡུལ་ཡུལ་ཅན་དུ་སྦྱོར་བ་ཆོས་ཕུང་བརྒྱད་ཁྲི་བཞི་སྟོང་གི་སྙིང་པོ་མདོར་བསྡུས་པའི་ལམ་སྐྱོང་བས་མདོ་སྔགས་ཟུང་དུ་འབྲེལ་བ་སྟེ། རྗེ་བླ་མའི་བསྟན་པའི་སྤྱི་བབ་ནི་དེ་ལྟ་བུ་ཡིན་ནོ། །དེ་ཡང་། རྗེ་བླ་མས་མཁས་པའི་རྒྱལ་བྱས་ཏེ་བརྒྱུད་པའི་ཁུངས་མེད་པར་དཔེ་ཆ་ཁོ་ནས་སློབ་དཔོན་བཅོལ་བ་ལྟ་བུ་མ་ཡིན་པར། བཀའ་གདམས་པ་དང་ས་སྐྱ་པ་དང་། བུ་ལུགས་པ་སོགས་ཀྱི་གྲགས་པ་ཅན་གྱི་མཁས་ཤིང་གྲུབ་བརྙེས་དུ་མའི་ཞལ་ལས་བྱོན་པའི་གདམས་ངག་གིས་གཞུང་བསྒྲངས། ད་དུང་མན་ངག་དེ་དག་གིས་གཞུང་ཆེན་མོའི་དགོངས་པ་བཅལ། ཐུབ་པའི་གསུང་དྲི་མ་

མེད་པ་རྣམས་ཁུངས་སུ་བཟུང་ས། འཕགས་ཡུལ་གྱི་ཤིང་རྟ་ཆེན་པོ་རྣམས་ཀྱི་གཞུང་ཆེན་མོ་རྣམས་ཀྱིས་མདོ་རྒྱུད་ཀྱི་དགོངས་པ་ལྷུག་པར་བཀྲལ། དཔྱད་པ་གསུམ་གྱིས་དག་པར་མཛད་པས་ཇི་ཙམ་བརྟག་པ་བཞིན་གྱིས་ཚིག་དོན་བློ་ལ་འཆར་བདེ་ཞིང་། འཁྲུལ་པའི་གོ་སྐབས་མི་འཇུག་པར་མཛད་པས། བཤད་པའི་རྩལ་ཁོ་ནས་མ་ཡིན་པར་རང་ཤུགས་ཀྱིས་གདམས་ངག་རྣམས་གཞུང་ལ་རྟེན་གྱིས་འཁྲིལ་ཤིང་གཞུང་ཆེན་མོ་རྣམས་རང་བབས་ཀྱིས་གདམས་ངག་ཏུ་འཆར་བར་བྱེད་པ། ལུགས་འདིའི་ཁྱད་ཆོས་ཡིན་ལ། དེ་ཉིད་རྗེ་བླ་མ་གངས་ཅན་གྱི་མཁས་པའི་གཙུག་རྒྱན་དུ་བྱེད་པའི་བྱེད་ཆོས་ཡིན་གྱི། པོ་ཏི་གྲངས་མང་བརྩམས་པ་ཙམ་རྗེའི་ཁྱད་ཆོས་མིན་ཏེ། རྗེ་བླ་མ་ལས་ཀྱང་བརྩམས་ཆེ་བ་བུ་སྟོན་ཞབས་དང་བོ་དོང་པཎ་ཆེན་ལྟ་བུ་ཡོད་པས་སོ། །དེས་ན་རྗེ་བླ་མའི་བསྟན་པ་ལ་སློབ་པའི་ཚུལ་ཡང་དེ་དག་གིས་ཤེས་ནུས་ལ། མདོར་བསྡུ་ན་མདོ་སྔགས་སེང་གེ་འཛིང་བསྟོལ་གྱིས་གཞུང་བསྒྲངས། དབུ་ཚད་སེང་གེ་འཛིང་བསྟོལ་གྱི་རིགས་པས་མཐའ་བཅད། འདུལ་བ་དང་སྔགས་ཀྱི་ཉམས་ལེན་སྟོབས་མཚུངས་སུ་འཇུག་པའི་ལག་ལེན་སྐྱོང་བ་སྟེ། ཚུལ་དེ་ལ་རྒྱུ་ཚོགས་གསུམ་སྒྲིལ་གྱི་ཉམས་ལེན་རྒྱུན་བསྲིངས་པར་སྐྱོང་ནུས་ན། ནམ་ཞིག་དཔྱད་པ་རྫོགས་པ་ན་སྟར་སྐྱེ་མ་སྐྱོང་བའི་གོ་བ་ཐུན་མོང་མ་ཡིན་པ་སྐྱེས་ནས། རྗེ་བླ་མ་ལ་ཚད་མའི་སྐྱེས་བུར་ཡིད་ཆེས་པ། ཆོས་ལ་མི་བསླུ་བའི་འཇུག་ངོགས་སུ་ཡིད་ཆེས་པ། རང་ཉིད་ལ་ཉམས་མྱོང་སྐྱེས་པས་ཡིད་ཆེས་པ་སྟེ། ཡིད་ཆེས་གསུམ་ལྡན་གྱི་སློ་ནས་རྒྱལ་བ་བསྐལ་བཟང་རྒྱ་མཚོས། དམར་སེར་ཡེ་ཤེས་ལུས་ཅན་ལ་འཁྲུ་བའི། །བྱེད་པོ་བློ་བཟང་གྲགས་པའི་ལེགས་བཤད་ཚུལ། །མ་རྟོགས་ལོག་རྟོག་ཐེ་ཚོམ་འཆིང་བའི་དྲི། །བཀྲུས་ནས་རྣམ་འབྱེད་བཞིན་རས་དཀར་མ་པའི་ཚེ། །སྙིང་ལ་མངོན་འདོད་རྒྱས་པའི་ཡིད་ཆེས་ཀྱིས། །ཕྱོགས་གཞན་དགའ་བའི་མཛའ་བ་ཡོངས་སུ་བཏང་། །ཞེས་པ་ལྟར་རྗེ་བླ་མའི་རིང་ལུགས་ལ་གཞན་དུ་མི་སླུ་བའི་དད་པ་ཁྱད་པར་ཅན་རྙེད་ནས་དུས་རིང་པོ་ལ་མི་ལྡོས་པར་ལམ་གྱིས་ཆོད་པ་ལ་དཀའ་བ་མེད་པའི་དུས་ཞིག་འོང་བར་ངེས་ཏེ། དེ་ལྟ་བུ་བྱུང་ན་གཟོད་མཉམ་མེད་རི་བོ་དགེ་ལྡན་པ་ཞེས་ཀུན་ལས་གཟེངས་མཐོ་བའི་མིང་དོན་ཁྱད་པར་ཅན་གང་ཟག་དེ་ལ་བྱུང་བ་ཡིན་ནོ། །དེ་ལྟར་ན་ཆོས་མཉམ་མེད་དགེ་ལྡན་པའི་བཀའ་སྲོལ་ཡིན་པས་མཆོག་གི །རྗེས་འཇུག

རང་ཉིད་དགེ་ལྡན་པའི་བཙུན་པ་དང་སྔགས་པ། མཁས་པ་དང་ཀུ་སུ་ལུ་བའི་གཞི་མཐུན་པ་ཞིག་བྱུང་ན་རྗེ་བླ་མའི་དགོངས་པ་རྫོགས་པ་དང་། ཕ་རྗེས་བུས་བསྙེགས་པ་དང་། རྗེ་བླ་མའི་བསྟན་པ་ལ་སློབ་ཚུལ་རྫོགས་པར་འགྱུར་གྱི། བག་ཆགས་འཛོག་པ་མ་གཏོགས་ཉམས་རྟོགས་ལ་རེ་བ་མེད་པ་ལྟ་བུས་ཐོས་པ་རྒྱང་པ་ཙམ་ལ་མི་ཚེ་བསྐྱལ་བ་དང་། ཉམས་ལེན་ལ་རེ་བ་བཞག་ནས་ཕྱག་བསྐོར་སྐྱོག་འདོན་ཙམ་བྱེད་པ་དང་། འདུལ་བ་ཁོན་ལ་ཞེན་ནས་སྔགས་དོར་བ་དང་། ཐུན་མོང་བའི་ལམ་དོར་ནས་སྔགས་ཕྱོགས་ལ་འབད་པ་དང་། སྤྱོད་རྒྱུད་ཀྱི་ཉམས་ལེན་མེད་པས་སྔགས་ལ་རེ་བ་མེད་སྐམ་ནས་གཏན་དུ་དོར་བ་སོགས་ནི་རྗེ་བླ་མའི་བསྟན་པ་ཡོངས་རྫོགས་ལ་ཞུགས་པ་མ་ཡིན་ནོ། །

དེས་ན་བཀའ་སྲོལ་འདི་ལ་བརྟེན་ནས་ལམ་སྣ་ཟིན་ངེས་པ་ཞིག་བྱེད་འདོད་ན། རྗེ་ཡབ་སྲས་ཀྱི་གསུང་རབ་ལ་ཁ་ཕྱིར་བལྟས་ཀྱི་ཐོས་པ་ཙམ་གྱི་སྟེང་ནས་ཉམས་ལེན་ལ་ཨུ་ཚུགས་བྱས་པ་ཙམ་གྱིས་མི་འགྲུབ་ལ། དེས་མ་གྲུབ་ན་ཆོས་ལ་འཁང་ར་བྱེད་པ་ནི་ཆོས་སྤྱོང་གི་ལས་སུ་གསུངས་པས། དེས་ན་བརྒྱུད་ལྡན་དམ་པའི་བཤེས་ཀྱི་དྲུང་ནས་བྱང་ཆུབ་ལམ་རིམ་དང་བློ་སྦྱོང་གི་གདམས་པ་རབ་བཞི་བཤད་ཀྱི་འཁྲིད་ཚུལ་ལྟར་རྒྱས་པར་ཉན་ཅིང་། རྗེ་ཕུར་བུ་ལྕོག་པས། ལམ་རིམ་གྱི་འཁྲིད་ཚར་བདུན་གསན་པས་གཟོད་འབྲེལ་བསྒྲིགས་ཤེས་པ་ཙམ་བྱུང་གསུངས་པས། རབ་ཚར་མང་དུ་ཉན་དགོས་ལ། བློས་ལྕོགས་ན་ལམ་གྱི་འགངས་གཞོག་པའི་ཡན་ལག་ཏུ་མངོན་རྟོགས་རྒྱན་དང་རྣམ་འགྲེལ་གྱི་བཤད་པ་སོགས་ཉན་རྗེས། རྒྱུ་ཚོགས་ཚང་བའི་ཉམས་ལེན་བསྐྱངས་པས་རབ་བྱང་ཆུབ་སེམས་ལ་རྩོལ་མེད་ཀྱི་མྱོང་བ་སྐྱེད་པ། འབྲིང་རྩོལ་བཅས་ཀྱི་མྱོང་བ་ཐོབ་པ། མ་མཐའ་ཡང་ཡིད་འགྱུར་གྱི་མྱོང་བ་ཐོབ་པ་ཞིག་བྱུང་ན་གཟོད་གསང་སྔགས་ལ་འཇུག་རན་པས། འདི་པའི་ལུགས་ཀྱིས་མདོ་གསང་གཉིས་ལ་གཙོ་བོར་སྦྱངས་དགོས་ཤིང་། དེ་ཡང་དཀར་ཆག་ཐོའི་ཡིག་ཆུང་ལས་འབྱུང་བ་ལྟར་གོ་བ་ཡོངས་སུ་རྫོགས་པ་ཆགས་པའི་སློབ་ཚུལ་ཐུན་མོང་བ་དང་། བསྐྱེད་རྫོགས་ལ་མྱོང་བ་བསྐྱེད་ནས་ལམ་སྣ་ཟིན་ངེས་པའི་སློབ་ཚུལ་ཐུན་མོང་མ་ཡིན་པ་གཉིས་ཡོད་ཚུལ་དང་། བདེ་གསང་གཉིས་ལ་སློབ་ཚུལ་གྱི་གོ་རིམ་ཉན་བཤད་ཐུན་མོང་མ་ཡིན་པ་བྱེད་ཚུལ་རྣམས་སྙན་བརྒྱུད་ཐུན་མོང་མ་ཡིན་པའི་ཕྱག་བཞེས་བཞིན་ཚུལ་ལྡན་བྱེད་ཐུབ་ན་ལམ་སྣ་ངེས་པར་ཟིན་

ནུས་པར་གསུངས་ཏེ། ཞིབ་པར་མཁས་གྲུབ་རིན་པོ་ཆེའི་དཀར་ཆག་ཐོའི་ཡིག་ཆུང་དང་། རྒྱལ་བ་བསྐལ་བཟང་རྒྱ་མཚོའི་གསན་ཡིག་དང་། མཁས་གྲུབ་ཆོས་ཀྱི་རྗེ་རྗེའི་མཁའ་སྤྱོད་མའི་སྤྱི་དོན་སོགས་ལས་ཤེས་པར་བྱའོ། །རྗེ་བླ་མའི་གསུང་རབ་ལ་ཐོས་སྦྱངས་ཇི་ལྟར་བྱེད་པའི་ཚུལ་ཡང་། རྗེའི་གསུང་རབ་ལ་ལེགས་པར་དཔྱོད་ཤེས་ན་སྒྲོ་འདོགས་མི་ཆོད་པ་གང་ཡང་མེད་པར་ལུང་སྐྱོར་ལ་པའི་རྗེ་རྗེས་གསུངས་པས། གཞན་གང་ལས་ཀྱང་རྗེའི་གསུང་ཉིད་བལྟ་བ་དང་སེམས་པ་གལ་ཆེ་ཞིང་། དེས་གལ་ཏེ་མ་གོ་བ་ལྟན་རང་ཉིད་ཀྱིས་ལན་པ་ཤེས་ནས། ཚོགས་གསོག་སྒྲིབ་སྦྱོང་དང་སྨྲགས་ནས་ད་དུང་རྗེ་ཉིད་ཀྱི་གསུང་ལ་ཡང་ཡང་དཔྱད་དགོས་ཀྱི། རྗེའི་གསུང་རབ་དོར་ནས་གཞན་ཞིག་ལ་གཙོར་འདོན་བྱེད་མི་རུང་བར་གསུངས་པས་རྗེས་འཇུག་གི་ཡིག་ཆ་རྣམས་ཚད་མར་བྱས་ནས། དེར་མི་གསལ་བ་རྣམས་རྗེའི་གསུང་ལ་ཁོལ་བུར་བལྟ་བ་དང་། རྗེའི་གསུང་ལ་དགོངས་པ་ལེན་ཅི་ཐུབ་བྱེད་པ་ལྟ་བུ་མ་ཡིན་པར། །རྗེའི་གསུང་གིས་གཞི་བཟུང་། གོ་དཀའ་བ་རྣམས་རྗེས་འབྲང་གི་ཡིག་ཆ་རྣམས་ལ་བལྟས་ཏེ། རྗེའི་དགོངས་པར་སོན་པ་ལྟན་བླང་བར་བྱ་ཞིང་། དེ་ཡང་རྗེའི་གསུང་རབ་རྣམས་འཕྲུལ་དུ་གོ་དཀའ་བ་ལྟར་མི་སྣང་མོད་ཀྱང་གསུང་གི་ཟུར་རེ་རེའི་ཡང་དགོངས་པའི་གཏིང་ཤིན་ཏུ་ཟབ་པས། ཇི་ཙམ་དཔྱད་པ་དེ་ཙམ་གྱིས་ལོག་རྟོག་མང་པོ་ལྡོག་པ་དང་། སྔར་མ་རྟོགས་པ་དུ་མ་གསར་དུ་རྟོགས་པར་འགྱུར་པས།མཁས་གྲུབ་ཐམས་ཅད་མཁྱེན་པ་ལྟ་བུས་ཀྱང་ལན་རེ་གཉིས་གཟིགས་པ་ཙམ་གྱིས་རྗེའི་དགོངས་པའི་གཏིང་མི་དཔོགས་པར་གསུངས་ཏེ། དེ་ཉིད་ཀྱིས་སངས་རྒྱས་དཔལ་བའི་དྲིས་ལན་ལས། རྗེ་རྒྱལ་བ་གཉིས་པ་འདི་ཉིད་ཀྱི་བཞེད་པ་ཇི་ལྟ་བ་ཤེས་པར་འདོད་ན་ནི། སྔགས་དང་ཕ་རོལ་ཏུ་ཕྱིན་པ་ལས་བརྩམས་པའི་གསུང་རབ་ཆེ་ཆུང་། དཀྱིལ་འཁོར་གྱི་ཆོ་ག་ཕྲ་མོ་གཅིག་ནས་བརྩམས་ཏེ་དབུ་མ་ལ་སོགས་པའི་བསྟན་བཅོས་ཆེན་མོ་རྣམས་དང་། འདུས་པ་ལ་སོགས་པའི་རྒྱུད་སྡེ་ཆེན་མོ་རྣམས་གང་གི་སྐབས་སུའང་། ཁོ་བོའམ་གཞན་ཡང་རུང་མཁས་པའམ་མི་མཁས་པ་ཡང་རུང་སྟེ། རྗེས་འཇུག་དག་གིས་ཡི་གེར་བྱས་པའི་ལྷན་ཐབས་སམ། ཟིན་བྲིས་སམ། དཀྱིལ་འཁོར་གྱི་ཆོ་གའམ། དཀའ་གནས་སམ་ཚིག་དོན་གཏན་ལ་འབེབས་པའི་ཡི་གེ་རྒྱས་པར་བཀོད་པའམ། སྤྱོར་ཞག་ཐལ་འཕྲེད་ཆོག །ངག་འདོན་

ལ་སོགས་པ་ཇི་ལྟ་བུ་ཞིག་སྨྲ་བ་དེ་དག་གི་ནང་ན་འདུག་པ་ཙམ་ལ་ཡིད་བརྟན་པར་མི་བྱ་སྟེ། བདག་ཅག་རང་གིས་དང་པོར་རྗེའི་དགོངས་པར་སོན་ཏོ་སྙམ་དུ་ཡིད་ལ་བསམས་ནས་ཡི་གེར་བྲིས་པ་དག་ལའང་། ཞག་རེ་བཞིན་དུ་བློ་གྲོས་ཀྱི་འཇུག་པ་དབྱར་གྱི་ཆུ་བོ་ལྟར་གོང་ནས་གོང་དུ་ཁྱད་ཞུགས་པར་འགྱུར་བ་དེ་དང་དེའི་གནས་སྐབས་དག་ཏུ་ཐེས་བརྟགས་པ་ན། བླ་མ་དང་གཞུང་ལུགས་ཀྱི་དགོངས་པར་མ་སོན་པ་ཅི་རིགས་པར་རང་གི་ཡི་གེ་སྔ་མ་དག་ལ་འོང་བ་སྲིད་པས་གྲུབ་པའི་ཕྱིར་དང་། གཞན་དག་གིས་ཡི་གེར་བཀོད་པ་དག་ལའང་བརྟགས་པ་ན། ཚུལ་དེ་ལྟ་བུ་འགའ་ཞིག་ལ་ཆེས་མང་བ་དང་། འགའ་ཞིག་ལ་ཅི་རིགས་པར་ཁོ་བོས་གནོད་མི་ཟ་བར་མཐོང་བའི་ཕྱིར་དང་། རྒྱ་བོད་ཀྱི་མཁས་པ་ཉེ་ཟླ་ལྟ་བུ་འགའ་ཞིག་གི་རྣམ་པར་བཞག་པའང་ཁོ་བོ་ཅག་གི་རིགས་པ་དྲི་མ་མེད་པའི་འཇུག་པ་ཐོགས་པ་མེད་པས་རྣམ་པར་དཔྱད་པ་ན་བྱེ་མའི་ཆང་བུ་ལྟར་འགྱུར་བ་དུ་མ་ཞིག་འབྱུང་ན། ད་ལྟའི་གང་ཟག་ཉན་པ་པོ་བྲག་ཆའི་སྒྲ་ཙམ་གྱི་རྗེས་སུ་འབྲང་བ་ཁ་ཡར་ཙམ་གྱི་ཚིག་འབའ་ཞིག་གིས་བསླུས་པར་བྱ་བ་དག་གང་ཡང་རུང་བའི་སྨྲ་བ་ཙམ་ལ་ཡིད་བརྟན་དུ་རུང་བ་ལྟ་སྨོས་ཀྱང་ཅི་དགོས་པའི་ཕྱིར་རོ། །དེ་བས་ན་ལན་རེ་ལན་གཉིས་ཀྱི་མགོ་བར་རློམ་པ་ཙམ་ལ་ཚོག་ཤེས་མི་བྱ་བར་རྗེ་རང་ཉིད་ཀྱི་གསུང་རབ་མཐའ་དག་གི་གོང་འོག་ལ་སོགས་པ་ཕན་ཚུན་སྦྱར་ཞིང་། གསུང་གི་ཟུར་རེ་ས་ཀྱང་རྟོགས་དཀའ་བའི་གནས་དུ་མ་སྟོན་ནུས་པ་དག་ལ་ཞིབ་ཏུ་སེམས་པ་དང་། ཁོ་བོ་ལ་སོགས་པ་རྗེས་འཇུག་དག་གིས་ཡི་གེར་བྱས་པ་ཇི་འདྲ་ཞིག་ཡིན་ཀྱང་། རྗེའི་གསུང་རབ་དང་དངོས་སུ་འགལ་བའམ། ལུགས་ཀྱིས་འགལ་བ་གནོད་མི་ཟ་བར་དེ་ལྟ་བུ་ཡོད་མེད་གཟུ་བོའི་བློས་ཚིག་སྤྱི་ཙམ་གྱི་རྗེས་སུ་མ་འབྲངས་པར་དཔྱད་པ་ན་གང་འགལ་བ་དེ་དག་མཆིལ་མའི་ཐལ་བ་ལྟར་དོར་བར་བྱ་ཞིང་། གང་ལ་བརྟེན་ནས་རྗེའི་དགོངས་དོན་མ་རྟོགས་པ་རྟོགས་པ་དང་།རྟོགས་པ་ལའང་ངེས་པ་ཁྱད་པར་དུ་སྐྱེར་བ་དང་། དགོས་པའི་མཐའ་ཆོད་པའི་ཡན་ལག་ཏུ་འགྱུར་བ་ཞིག་འདུག་ན་གང་ཟག་ལ་རྟོན་པ་མ་ཡིན་པར། དོན་ལ་རྟོན་པའི་བློ་ནས་བླང་བར་བྱ་སྟེ། དེ་ལྟར་བྱས་ན་ཉི་མ་རེ་རེ་བཞིན་ཆད་དུ་བྱུང་བའི་དོན་དུ་མ་ཁོང་དུ་ཆུད་པ་དང་། དམ་པའི་སྐྱེ་བོའི་གྲངས་སུ་བགྲང་བར་བྱ་བ་ཉིད་དུ་འགྱུར་རོ། །ཞེས་གང་གསུངས་པ་ལྟར་རོ། །འདི་དག་ནི་

སྐབས་དོན་ལས་འཕྲུམས་པ་ལྟར་སོང་མོད་ཀྱང་། འཕྲོས་དོན་ཙམ་དུ་འབྲེལ་བར་བསམས་ནས་འདིར་བརྗོད་པའོ། །གསུམ་པ་རྐང་པ་བཞི་པའི་དོན་ཡིད་ལ་བྱེད་ཚུལ་ནི། རྒྱ་གར་དབུས་ནས་བྱང་དུ་དཔག་ཚད་བརྒྱ་བརྒྱལ་བ་ན་ས་སྐྱ་ཡོད་ཅིང་། དེ་ནས་བྱང་དུ་དཔག་ཚད་བརྒྱ་ལྷག་བརྒྱལ་ཆེ་མདོ་སྨད་ཀྱི་སྡེ་ཟིན་ལ། མདོ་སྨད་ཀྱི་ཡུལ་ལྗུང་ཆེན་རྨ་ཆུ་ས་ཕྱོགས་གཉིས་སུ་བཅད་པའི་ལྷོ་རྒྱུད་དང་། བྱང་རྒྱུད་གཉིས་སུ་ཡོད་པའི་བྱང་རྒྱུད་ཀྱི་སའི་ཆ་ཙོང་ཁའི་ཡུལ་དུ་འཁྲུངས་པས་ཙོང་ཁ་པ་ཞེས་མཚན་གསོལ་ཞིང་། དགུང་ལོ་བརྒྱད་པའི་དུས་ཆོས་རྗེ་དོན་གྲུབ་རིན་ཆེན་ལས་རབ་བྱུང་དང་དགེ་ཚུལ་གྱི་སྡོམ་པ་བཞེས་ཚེ་བློ་བཟང་གྲགས་པ་ཞེས་མཚན་གསོལ་བར་མཛད་དེ། དེ་ཡང་རབ་བྱུང་སྒྲུབ་སྐབས་མིང་བརྗེ་ཚུལ་ལུགས་གཉིས་ལས། བོད་ཀྱི་འདུལ་འཛིན་རྣམས་མཁན་པོའི་མིང་གི་མཐའ་ཅན་འདོགས་པར་མཛད་ནའང་། དེ་དང་མི་བསྟུན་པར་རྒྱ་གར་བའི་ལུགས་ཀྱིས། བློ་གྲོས་ཞི་བ་འབྱུང་གནས་སྦས། །དཔལ་བཟང་གྲགས་པ་ཡོད་སྨྲའོ། །ཞེས་སྨྲ་པའི་མཐའ་ཅན་དུ་འདོགས་པ་དང་བསྟུན་པར་མཛད་པ་ནི་འཇམ་དཔལ་རྩ་རྒྱུད་ལས་རྗེའི་མཚན་སྒྲ་ལུང་བསྟན་ཚུལ་དང་མཐུན་པས་དོན་དུ་རྒྱལ་བ་ཉིད་ཀྱིས་མཚན་དེ་ལྟར་བཏགས་པ་ལྟ་བུ་ཡིན་ལ། དེས་ན་མཚན་དེ་ལྟར་གསོལ་བ་ནི་འདུལ་བ་རང་སྐད་ཀྱི་སྲོལ་བསྐྱངས་བ་ཙམ་ལས་རྒྱུ་མཚན་གཞན་མེད་པ་ལྟ་བུ་མ་ཡིན་པར་དོན་ཆེན་པོ་ཅན་ཡིན་པས། གྲུབ་དབང་འཇམ་དབྱངས་བདེ་བའི་རྡོ་རྗེས་མཛད་པའི་འཁྲིད་ཡིག་ཏུ། བློ་གྲོས་ཀྱི་རྣམ་དབྱེད་རབ་ཏུ་ཡངས་ལ་བཟང་བས་བློ་བཟང་ཞེས་ས་གསུམ་ན་སྙན་པར་གྲགས་པས། བློ་བཟང་གྲགས་པ། ཞེས་པའི་དོན་དང་མཐུན་པ། ཞེས་འགྲེལ་རྒྱག་པ་ནི་ཡིག་དོན་ཙམ་ལ་དགོངས་པ་ལྟ་བུ་མ་ཡིན་པར་གཞུང་ཆེན་མོའི་དགོངས་དོན་དང་འབྱོར་བའི་ལེགས་པར་བཤད་པ་སྟེ། མདོ་སྡེ་རྒྱན་ལས། དེ་ལྟར་བློ་བཟང་སྐྱོ་བ་མེད་ལྡན། ཞེས་པའི་བློ་བཟང་གི་དོན་ཆོས་རྣམས་ཀྱི་རང་སྤྱིའི་གནས་ལུགས་ཕྱིན་ཅི་མ་ལོག་པར་འཆད་ཤེས་པའི་དོན་དུ་བཤད་པ་དང་། འཇུག་པ་ལས། བློ་བཟང་བདེན་རང་བཞིན། ཞེས་དང་། བློ་བཟང་ཉི་མས། ཞེས་བྱུང་བའི་བློ་བཟང་ཞེས་པ་གཉིས་ཀྱི་དོན་རི་མ་བཞིན་བདེན་པ་ཕྲ་རགས་ལ་མཁས་པའི་ལྷག་པའི་ཤེས་རབ་དང་། རྟེན་འབྱུང་གི་དེ་ཁོ་ན་ཉིད་རྟོགས་པའི་བློ་བཟང་བ་ལ་བཤད་འདུག་པས། དོན་དུ་ཐུ་མ་བརྗོད་བྱེད་

དང་། ཕྱི་མ་གཉིས་བརྗོད་བྱ་ལ་མཁས་པའི་བློ་གྲོས་བཟང་བའི་དོན་དུ་སྣང་ལ། ཡང་མདོ་སྡེ་རྒྱན་ལས། སྣན་པར་རབ་གྲགས། ཞེས་བྱུང་བའི་དོན། མཁས་བཙུན་ལ་སོགས་པར་སྙན་པར་གྲགས་པས་ཚིག་བཟུང་བར་འོས་པ་ཞེས་བཤད་པ་དང་མཐུན་ཞིང་། འཇམ་དཔལ་རྩ་རྒྱུད་ཀྱི་ལུང་བསྟན་དུ། བསྟན་པའི་གཟུགས་བརྙན་ཡིད་དུ་འོང་། །བྱེད་པ་འགྱུར་བ་ཐེ་ཚོམ་མེད། །ཅེས་དང་། སྔགས་དང་རྒྱུད་ལ་མངོན་བརྩོན་པ། གྲགས་པ་འཛིན་པར་ཤེས་པར་བྱ། །ཞེས་པའི་དོན་དང་ཡང་འགྲོར་བར་སྣང་བས་སོ། །ཐུན་མོང་མ་ཡིན་པའི་དབང་དུ་བྱས་ན། མཚན་བརྗོད་ལས། བློ་གྲོས་བཟང་། ཞེས་དང་། གྲགས་པའི་བཀྲ་ཤིས་ཞེས་བྱུང་བའི་དོན་རྒྱལ་བ་དགེ་འདུན་རྒྱ་མཚོས་མཛད་པའི་འགྲེལ་པར། སྔ་མ་དུག་ལྔ་སྤངས་ནས་ཡེ་ཤེས་ལྔའི་ངོ་བོར་གྱུར་པའི་བདེ་ཆེན་གྱི་ཡེ་ཤེས་དང་། ཕྱི་མ་སྔགས་ཀྱི་སྤྱོར་ལམ་ལ་བཤད་པས། དེ་བཞིན་དུ་བཤད་ནས། བློ་བཟང་ཞེས་པ་གནས་ཚོད་ཀྱི་ཡོན་ཏན་དང་། གྲགས་པ་ཞེས་པ་སྣང་ཚོད་ཀྱི་ཡོན་ཏན་ལ་སྦྱར་ན། གྲགས་པ་ཞེས་པའི་ཚིག་གི་དོན་དང་མཐུན་ཞིང་། གསང་བདག་གིས་རྗེའི་ལུང་བསྟན་དུ། སོ་སོ་སྐྱེ་བོའི་སྣང་ངོར་སྦྱོར་ལམ་ལ་གནས་པར་གྲགས། ཞེས་དང་། རྗེ་བླ་མ་གྲགས་ཚོད་ལ་བར་དོར་མཆོག་གི་གོ་འཕང་བརྙེས་པ་དང་ཡང་འགྲིག་འདྲ་སྙོད། དེ་ལྟར་བཀྲལ་ཚོག་མིན་རྩད་བཅད་པའི་གཞིའོ། །རྗེ་བླ་མའི་གསང་མཚན་གྱི་དབང་དུ་བྱས་ན། དོན་ཡོད་རྡོ་རྗེ་ཞེས་པ་ཡིན་པར་རྗེ་ཉིད་ཀྱི་གསུང་ལས་འབྱུང་ཞིང་། དེ་ནི་དོན་གྲུབ་ཀྱི་རིགས་ཀྱི་གསང་མཚན་ཡིན་ལ། དོན་ཡོད་ཅེས་པ་སྒྲོན་གསལ་ལས་གསུངས་པ་ལྟར་དོན་ཡོད་པར་གྲུབ་པ་ཞེས་པའི་ཟུར་གཅིག་ཡིན་ཞིང་། དེའི་དོན་ཡང་འདུས་པའི་རྒྱུད་ལེའུ་བཅུ་བདུན་པར། རྒྱལ་བ་རྡོ་རྗེ་འཆང་ལ་རིགས་ལྔའི་སྒོ་ནས་བསྟོད་པའི་དོན་གྲུབ་ཀྱི་སྐབས། དོན་ཡོད་རྡོ་རྗེ་རྫོགས་སངས་རྒྱས་ཞེས་བྱུང་བའི་དོན་ཡོད་རྡོ་རྗེའི་དོན་སྒྲོན་གསལ་ལས། དོན་ཡོད་པའི་ཡེ་ཤེས་རབ་ཏུ་སྤྲོལ་བས་ན་དོན་ཡོད་རྡོ་རྗེ་ཞེས་གསུངས་པ་ལྟར་རོ། །དེ་ནི་དོན་དུ་སློབ་དཔོན་ཆེན་པོས་མཚན་གསོལ་བ་ལྟ་བུ་སྟེ། དེ་ཉིད་ཀྱི་ལུང་བསྟན་དུ། གསང་མཚན་ལས་རབ་རྡོ་རྗེ་བདེ་བ་རྩལ། ཞེས་འབྱུང་བ་དང་མཐུན་པས་སོ། །དེར་མ་ཟད། གངས་ཅན་མཁས་པའི་གཙུག་རྒྱན་ཞེས་པ། འཇམ་དཔལ་རྩ་རྒྱུད་ཀྱི། སངས་རྒྱས་མཛད་པ་བྱེད་པར་འགྱུར། །ཞེས་དང་། ཁ་བ་ཅན་ནང་ཡོད་པ་

ཡིན། །ཞེས་པའི་རྒྱུད་ཚིག་གི་དོན་བཀོད་པ་ལྟ་བུ་དང་། རྐང་པ་གཉིས་པའང་། ཁྱོད་ནི་ཁྲིས་པའི་གཟུགས་ཅན་གྱིས། །ཞེས་པའི་དོན་བཀོད་པ་ལྟ་བུར་སྣང་བས། གསོལ་འདེབས་ཀྱི་རྒྱལ་པོ་འདི་ཉིད་རྒྱུད་ཚིག་དེ་དག་གི་དོན་འགྲེལ་ལྟ་བུར་ཡང་གནས་ཏེ་འཕྲོས་སོ། །དེ་ལྟར་རྗེ་བླ་མ་ཉིད་ཆེས་ཆེར་བཀུར་བའི་ཡུལ་ཡིན་པས་མཚན་ནས་བརྗོད་པར་དཀའ་ནའང་། སངས་རྒྱས་བྱང་སེམས་གཞན་གྱི་མཚན་བརྗོད་པ་ལ་ཕན་ཡོན་ཆེན་པོ་ཡོད་པ་ལྟར་རྗེ་བླ་མའི་མཚན་བརྗོད་པ་ལ་ཕན་ཡོན་ཆེན་པོ་འབྱུང་བར་མ་ཟད། གདུང་བའི་ཤུགས་ཆེས་པས་རྗེ་བླ་མ་ཙོང་ཁ་པ་བློ་བཟང་གྲགས་པ་ཞེས་པོས་ནས་ཇི་ལྟར་བྱ་བའང་རྗེ་བླ་མ་ཉིད་གསོལ་བ་བཏབ་མ་བཏབ་དང་། དད་པའི་ཤུགས་ཆེ་ཆུང་ལ་གཟིགས་པ་མེད་ཀྱང་། ཇི་སྐད་དུ་དབུ་མ་ལ་འཇུག་པ་ལས། སེམས་ཉིད་ཀྱིས་ནི་སེམས་ཅན་འཇིག་རྟེན་དང་། །སྣོད་ཀྱི་འཇིག་རྟེན་ཤིན་ཏུ་སྣ་ཚོགས་དགོད། །ཞེས་པ་ལྟར། ཁྲིན་བརླབས་འཇུག་མི་འཇུག་དང་། ཆེ་ཆུང་སོགས་གདུལ་བྱའི་དད་གདུང་ལ་ལྟོས་པས་མཆོན། ཆོས་ཐམས་ཅད་སེམས་ཀྱི་འཕྲུལ་ཡིན་པས། རྒྱུན་གྱི་ཁ་འདོན་ཚད་ཀྱིས་དོགས་པ་ཙམ་དང་། ཡིད་མི་འཁྲུལ་པའི་ཡམ་མེ་པ་ཙམ་མ་ཡིན་པར་ཡོན་ཏན་དེ་ལྟ་བུས་ཡིད་འཕྲོག་པའི་དད་པ་དང་། ཞེ་ནས་དགའ་བའི་ཡི་རང་བ་དང་། བཀའ་དྲིན་དྲན་པའི་གུས་པ་དང་། དེ་ལྟ་བུར་བདག་ཀྱང་གྱུར་ན་སྙམ་པའི་གདུང་བ་རྣམས་འགྲན་བཞིན་པས་རང་ཉིད་བདེ་བའི་ཐབས་ཙམ་ཡང་མི་ཤེས་པའི་བླུན་པ་འདི་འདྲར་གྱུར་པ་ལ་ཨང་སྙམ་དུ་རང་དམའ་བར་བཟུང་ནས་ཞུམ་ཞིང་། སྨོངས་ཆེན་འདི་ཀའི་ཨུར་ཤེ་སོང་ན་ད་ལྟ་བས་ཀྱང་འཇིགས་པའི་གནས་བྱུར་མི་རུང་བ་ཞིག་ཡོད་གྲང་སྙམ་དུ་ཡིད་མི་བདེ་ནག་པོ་རེ་བ་དང་བཅས། རྗེ་བླ་མ་ལ་མགོན་པོར་བཀུར་བའི་ཚུལ་གྱིས་སྐྱིའི་དམའ་ཤོས་ཞབས་ཀྱི་མཐིལ་ལ་མགོ་བོ་གཏུགས་ཅིང་ཕུས་མོ་ས་ལ་བཙུགས་ནས། འདོད་པའི་འབྲས་བུས་ཕོངས་པས་ཡི་ཆད་ཅིང་སྐྱབས་མེད་པའི་ཚུལ་གྱིས། རྗེ་བླ་མ་ལ་རེ་ལྟོས་ཆེན་པོས་ཡང་ནས་ཡང་དུ་ཞལ་ལ་བལྟ་ཞིང་བལྟ་ཞིང་གསོལ་བ་འདེབས་པ་སྟེ། ཞུ་བ་འབུལ་ཞེས་པ་ཡིན་པས་ཕྱི་སྒྲུབ་ལྟར་ན། བདག་ཀྱང་ཁྱེར་རང་ལྟ་བུར་མཁས་པའི་ཡོན་ཏན་ཕུལ་དུ་ཕྱིན་པ་ཐོབ་པར་བྱིན་གྱིས་བརླབ་ཏུ་གསོལ། །ཞེས་དང་། ནང་སྒྲུབ་ལྟར་ན། བདག་ཀྱང་ཁྱེད་རང་ལྟ་བུར་སྒྲུབ་པ་ལྟར་བླངས་ནས་ཐབས་ཤེས་ཡོངས་

སུ་རྫོགས་པའི་ཡོན་ཏན་ཁྱད་པར་ཅན་ཐོབ་པར་བྱིན་གྱིས་བརླབ་ཏུ་གསོལ། ཞེས་དང་། གསང་སྒྲུབ་ལྟར་ན། བདག་ཀྱང་ཁྱེད་རང་ལྟ་བུར་རིགས་གསུམ་མགོན་པོའི་མཁྱེན་བརྩེ་ནུས་གསུམ་གྱི་ཡོན་ཏན་ཐོབ་པར་བྱིན་གྱིས་བརླབ་ཏུ་གསོལ། །ཞེས་ཞུ་དགོས་སོ། །ཁམས་བྱ་མང་པོ་ཡིད་ལ་བྱེད་མི་ནུས་པས་སྟབས་བདེ་བྱེད་ན། གདོད་ནས་སངས་རྒྱས་ཟིན་ཀྱང་གདུལ་བྱའི་དོན་དུ་སྐུ་ཚེ་འདིར་གསན་བསམ་ལ་འབད་ནས་མཁས་པའི་མཆོག་ཏུ་གྱུར་བ་དང་། བསྒོམ་སྒྲུབ་ལ་འབད་པས་གྲུབ་པའི་མཆོག་ཏུ་གྱུར་ཞིང་། རིགས་གསུམ་གྱི་ལྷའི་ངོ་བོར་སངས་རྒྱས་པ་རྗེ་ཙོང་ཁ་པ་ཆེན་པོ་ལ་གསོལ་བ་འདེབས་སོ། །བདག་ཀྱང་ཁྱེད་རང་ལྟ་བུར་བྱིན་གྱིས་བརླབ་ཏུ་གསོལ། །ཞེས་པ་ཙམ་གྱིས་ཀྱང་ཆོག་ལ། །སྤྱིར་བླ་མ་རྣམས་ཀྱི་ཕྱག་ལེན་ལ་གསང་སྒྲུབ་བསྒོམ་པ་མང་བར་བཤད་དོ། གཉིས་པ་ཐུན་མོང་མ་ཡིན་པའི་དོན་ཡིད་ལ་བྱེད་ཚུལ་ལ། རྐང་པ་དང་པོའི་ཐུན་མོང་མ་ཡིན་པའི་དོན་ནི། ཕྱི་ལྟར་ན་ཆུའི་ཁམས་དང་། ནང་ལྟར་ན་སྐུ་རྡོ་རྗེ་རྣམ་སྣང་གི་སྒྲུབ་གཞི་ཀུནྡ་ལྟ་བུའི་ལུས་དང་། གསང་བ་ལྟར་ན་དཔལ་རྣམ་པར་སྣང་མཛད་ཀྱི་བདག་ཉིད་དུ་བཞུགས་པ་ཡིན་ཏེ། དེ་ཡང་རྗེ་བླ་མ་སྟོན་གཞི་དུས་སུ་རྣམ་སྣང་གི་སྒྲུབ་གཞི་འཁོར་ལོ་བཞིའི་གནས་སུ་ཆུའི་ཁམས་ལ་བརྟེན་ནས་གནས་པ་དེ་ཉིད་ལ་ལམ་དུས་སུ་གནད་དུ་བསྣུན་ཏེ་བསྒོམ་པས། འབྲས་དུས་སུ་ཀུནྡ་ལྟ་བུའི་བྱང་ཆུབ་ཀྱི་སེམས་ལས་མེ་ལོང་ལྟ་བུའི་ཡེ་ཤེས་ཀྱི་བདག་ཉིད་རྒྱལ་བ་རྣམ་སྣང་གི་ངོ་བོར་སངས་རྒྱས་པ་ཡིན་ལ། ཁམས་དཀར་པོ་ལས་རྣམ་སྣང་དུ་ཚང་རྒྱ་བའང་། ཁམས་དཀར་པོ་ནི་གཟུགས་ཀྱི་ཕུང་པོའི་གཞི་རྟེན་ཡིན་ཞིང་། གཟུགས་ཕུང་དག་པའི་དག་ཆ་རྣམ་སྣང་དུ་ཤར་བའི་རྒྱུ་མཚན་གྱིས་ཡིན་ནོ། །དེ་ལྟར་ནི་ཚིག་རྐང་དང་པོས་ཐུན་མོང་མ་ཡིན་པའི་ཡོན་ཏན་དེའི་སྒོ་ནས་བསྟོད་པ་ཡིན་ནོ། །རྐང་པ་དང་པོའི་དངོས་ཟིན་གྱི་སྤྱན་རས་གཟིགས་ཉིད་སོར་རྟོག་ཡེ་ཤེས་ཀྱི་རྣམ་རོལ་པདྨའི་རིགས་ཀྱི་ལྷ་ཡིན་ཀྱང་། འདིར་མེ་ལོང་ཡེ་ཤེས་ཀྱི་བདག་ཉིད་རྣམ་སྣང་ལ་སྦྱར་བ་ཐུན་མོང་དང་ཐུན་མོང་མ་ཡིན་པའི་ཁྱད་པར་ཡིན་པར་མ་ཟད། རྡོ་རྗེའི་ཚིག་འདི་ལྟ་བུ་རེ་རེས་ཀྱང་དོན་མི་འདྲ་བ་མང་པོ་སྟོན་པར་འགལ་བ་མེད་དོ། །ཚིག་རྐང་གཉིས་པའི་དོན་ནི། ཕྱི་ལྟར་ན་སའི་ཁམས་དང་། ནང་ལྟར་ན་ཡོན་ཏན་རྡོ་རྗེ་རིན་འབྱུང་གི་སྒྲུབ་གཞི་ཚོར་ཕུང་གི་ངོ་བོ་དང་། གསང་བ་ལྟར་ན་

མཉམ་ཉིད་ཡེ་ཤེས་ཀྱི་ངོ་བོ་རིན་ཆེན་འབྱུང་ལྡན་གྱི་བདག་ཉིད་དུ་བཞུགས་པའོ། །ཚིག་རྐང་གསུམ་པའི་དོན་ནི། ཕྱི་ལྟར་ན་མེའི་ཁམས་དང་། ནང་ལྟར་ན་གསུང་རྡོ་རྗེ་འོད་དཔག་མེད་ཀྱི་སྒྲུབ་གཞི་གཏུམ་མོའི་མེ་དང་། གསང་བ་ལྟར་ན་སོར་རྟོག་ཡེ་ཤེས་ཀྱི་བདག་ཉིད་འོད་དཔག་མེད་ཀྱི་ངོ་བོར་བཞུགས་པའོ། ཚིག་རྐང་བཞི་པའི་དོན་ནི། ཕྱི་ལྟར་ན་རླུང་དང་ནམ་མཁའི་ཁམས་ནང་ལྟར་ན་འཕྲིན་ལས་རྡོ་རྗེ་དོན་གྲུབ་ཀྱི་སྒྲུབ་གཞིའི་རླུང་དང་། གསང་བ་ལྟར་ན་བྱ་སྒྲུབ་ཡེ་ཤེས་ཀྱི་བདག་ཉིད་དོན་ཡོད་གྲུབ་པའི་ངོ་བོར་བཞུགས་པའོ། རྐང་པ་བཞི་ཀ་ཚོ་ཊ་པ་ནི་ཆོས་དབྱིངས་ཡེ་ཤེས་ཀྱི་བདག་ཉིད་ཐུ་ཊ་རྡོ་རྗེ་མི་བསྐྱོད་པའི་ངོ་བོར་བཞུ་ཊ་པར་བསྟན། དེ་དག་ནི་པཎ་ཆེན་ཐམས་ཅད་མཁྱེན་པ་དཔལ་ལྡན་ཡེ་ཤེས་ཀྱིས་གསལ་བར་ཕྱེ་བ་ཇི་ལྟ་བར་བཀོད་ལ། དེའི་ཤེས་བྱེད་དུ་རྒྱལ་བ་བློ་བཟང་དོན་གྲུབ་བམ་འཇམ་དབྱངས་ཀྱིས་སྤྲུལ་བའི་གསང་མཚན་རྣལ་འབྱོར་པ་བདེ་ཆེན་རོལ་པ་རྡོ་རྗེས། མེ་ལོང་ཡེ་ཤེས་ཆེན་པོའི་རོལ་པ་ལས། །ཀུན་ཁྱབ་བུདྡྷའི་རིགས་ཀྱི་སྐྱུར་བསྟན་ནས། །ཞེས་སོགས་ཡེ་ཤེས་ལྔ་ཀ་ལ་སྦྱར་ནས་གསུངས་པ་འདི་ཉིད་དྲངས་འདུག་ཅིང་། གོང་དུ་དྲངས་པའི་ལས་ཚོགས་སྒྲུབ་ཚུལ་གྱི་གནད་ལས་ཀྱང་དེ་ལྟར་འཆད་དུ་རུང་བར་གྲུབ་ལ། གཞན་ཡང་། གཟའ་བཅོས་སྐབས་དུག་སོ་སོ་ལ་ཚིག་རྐང་སོ་སོའི་བཟའ་ཡིག་སྦྱེར་བར་གསུངས་པ་དང་། ཟག་ཆིངས་ཀྱི་སྐབས་སུ་ཚིག་རྐང་རེ་རེས་ཟག་པ་འཆིང་ལུགས་མི་འདྲ་བ་གསུངས་པ་དང་། གྲིབ་བསྲུང་གི་བཟའ་ཡིག་རྣམས་སྔ་རྫོ་ལ་སོགས་པར་བཟའ་ལུགས་ནི་འདྲ་བ་གསུངས་པ་རྣམས་ཀྱི་དགོངས་པ་ཐུན་མོང་མ་ཡིན་པ་བཙལ་བར་བྱའོ། །དེ་དག་གིས་རྗེ་བླ་མ་རྒྱལ་བ་རིགས་ལྔ་དང་། གོང་གི་གསང་སྒྲུབ་ཀྱིས་རིགས་གསུམ་གྱི་ངོ་བོར་བསྟན་པས། དེས་ན་དམ་པ་རིགས་བརྒྱ་དང་། གསང་ཆེན་རིགས་གཅིག་གི་ངོ་བོར་སངས་རྒྱས་པ་ཡང་གྲུབ་ལ། བདེ་མཆོག་ལྟར་ན། ཡུལ་ཉེར་བཞིའི་དཔའ་བོ་དཔའ་མོ་འདུས་པའི་ངོ་བོར་སངས་རྒྱས་པའང་། དེ་དག་གི་སྒྲུབ་གཞི་རྗེ་བླ་མ་རང་གི་སྐུ་ལུས་ལ་རང་ཆས་སུ་ཡོད་པ་ལ་གནད་དུ་བསྣུན་པས་དག་པ་མཐར་ཕྱིན་པའི་ལམ་མངོན་དུ་མཛད་པས་ཤེས་ནུས། དེ་ལྟ་བུའི་དོན་ཟབ་ཏེ་དམིགས་བརྩེ་མ་བཟླས་པས་འབྱུང་བ་སོ་སོ་ལ་བརྟེན་པའི་ལས་རབ་འབྱམས་འགྲུབ་ཅིང་། ཉོན་མོངས་དུག་ལྔ་དག་ནས་ཡེ་ཤེས་ལྔ་ཐོབ་པ་དང་།

ཕུང་པོ་ལྔའི་དྲི་མ་དག་ནས་རྒྱལ་བ་རིགས་ལྔས་བྱིན་གྱིས་བརླབ་པ་དང་། གནས་སྐབས་འབྱུང་བ་བཞིའི་གནོད་པ་དང་ནད་གདོན་སེལ་ཞིང་། དེ་དག་གིས་མི་ཚུགས་པ་སོགས་ཀྱི་ཕན་ཡོན་འབྱུང་ངོ་། གསུམ་པ་ལམ་གྱི་གོ་རིམ་དང་གནད་གཙོ་ཆེ་བ་རྣམས་བསྟན་ཚུལ་ལ། གསོལ་འདེབས་ཀྱི་རྒྱལ་པོ་འདིས་གོང་དུ་བརྗོད་ཟིན་པ་ལྟར་རྗེ་བླ་མའི་རྣམ་པར་ཐར་པ་གཙོ་ཆེ་བ་རྣམས་ཚང་བར་བསྟན་པས། དེའི་ཤུགས་ཀྱིས་རྗེས་འཇུག་གདུལ་བྱའི་ཉམས་ལེན་གྱི་རིམ་པ་ཆ་ཚང་བར་སྟོན་པ་ལས་འོས་མེད་པས། དེ་ལྟར་ན་བརྩེ་བ་དང་མཁྱེན་པ་ཞེས་ཉམས་ལེན་བྱ་རྒྱུའི་ཐབས་ཤེས་ཁྱད་ཅན་གཞི་ལྡོག་ནས་བསྟན་ལ། སྙིང་རྗེའི་ཁོངས་སུ་སྐྱེས་བུ་གསུམ་གྱི་ལམ་གྱི་རིམ་པ་རྒྱུ་དང་འབྲས་བུ་ཅི་རིགས་པའི་ཚུལ་གྱིས་འདུ་བར་ལམ་རིམ་ཆེན་མོར་རྒྱས་པར་བསྒྲུབས་པ་བཞིན་ཡིན་པས། ཀྱང་པ་དང་པོས་བརྩེ་བ་སྙིང་རྗེ་ཆེན་པོས་མཚོན་པའི་རྒྱུ་ཆེ་བའི་ལམ་རིམ་དང་། དེའི་སྙིང་པོ་ལམ་དུས་ཀྱི་དག་མ་དག་གི་སྒྱུ་ལུས། ཡང་སྙིང་འབྲས་བུ་གཟུགས་ཀྱི་སྐུ་ཡང་བསྟན། སྤྱོད་འཇུག་ལས། ཡན་ལག་འདི་དག་ཐམས་ཅད་ནི། །ཐུབ་པས་ཤེས་རབ་དོན་དུ་གསུངས། །ཞེས་པ་ལྟར་ཤེས་རབ་ཀྱི་ཕར་ཕྱིན་གྱི་ཁོངས་སུ་སྤྱོད་ཕྱོགས་ཐབས་ཀྱི་སྐོར་རྣམས་ཡན་ལག་གི་ཚུལ་གྱིས་འདུ་བས། ཀྱང་པ་གཉིས་པས་ཤེས་རབ་ཁྱད་པར་ཅན་ཟབ་མོའི་ལམ་གྱི་རིམ་པ་དང་། དེའི་སྙིང་པོ་ལམ་དུས་ཀྱི་དཔེ་དང་དོན་གྱི་འོད་གསལ། ཡང་སྙིང་བདེ་སྟོང་དབྱེར་མེད་ཡེ་ཤེས་ཆོས་སྐུ་རྣམས་བསྟན་པ་ཡིན་ཏེ། ཀྱང་པ་དང་པོ་གཉིས་རེ་རེས་ཕྱི་ནང་གསང་གསུམ་དུ་སྒྲུབ་ཚུལ་རེ་རེ་བསྟན་པའི་ཤུགས་ཀྱིས་གྲུབ་བོ། །དེར་མ་ཟད་མངོན་རྟོགས་རྒྱན་ལས། ཤེས་པས་སྲིད་ལ་མི་གནས་ཤིང་། །སྙིང་རྗེས་ཞི་ལ་མི་གནས་དང་། །ཞེས་པ་ལྟར། སྙིང་རྗེ་རྐྱང་པ་བསྒོམས་ན་ཞི་བའི་མཐར་ལྷུང་བ་འགོག་ནུས་ཀྱང་སྲིད་པའི་མཐར་ལྷུང་བར་འགྱུར་བ་དང་། སྟོང་པ་རྐྱང་པ་བསྒོམས་ན་སྲིད་པའི་མཐར་ལྷུང་བ་འགོག་ནུས་ཀྱང་། ཞི་བའི་མཐར་ལྷུང་བ་འགོག་མི་ནུས་པས།ཕན་ཚུན་གཅིག་གིས་གཅིག་ལ་བོགས་འདོན་པ་དང་། གེགས་སེལ་བྱ་དགོས་པའི་ཚུལ་ཡང་ཀྱང་པ་དང་པོ་གཉིས་སྦྲེལ་བས་བསྟན། ཡང་མདོ་ཕྱོགས་ཀྱི་ཐབས་ཤེས་གཉིས་སངས་རྒྱས་ཀྱི་རྒྱུ་བྱེད་པ་ཙམ་མ་གཏོགས་གཞན་དོན་དངོས་སུ་བྱེད་པའི་བཞིན་ལག་གི་དབྱེབས་སུ་ཤར་བ་མེད་པས། ནང་སྒྲུབ་ཀྱི་སྐབས་རྗེ་བླ་མའི་ཐབས་ཤེས་ཀྱི་

རྫོགས་པ་རྒྱལ་སྲས་གཉིས་ཀྱི་མཁྱེན་བརྩེ་དང་མཚུངས་པ་ཙམ་བསྟན། སྔགས་ཀྱི་སྐབས་སུ་ཤེས་རབ་ཁྱད་པར་ཅན་གྱིས་ལྷན་ཅིག་བྱེད་རྐྱེན་དང་། སྙིང་རྗེ་ཁྱད་པར་ཅན་གྱིས་ཉེར་ལེན་བྱས་ནས་འཇའ་ལུས་རྡོ་རྗེ་སེམས་དཔའི་སྐུར་དངོས་སུ་བཞེངས་ནས་འགྲོ་དོན་དངོས་སུ་མཛད་པས་ན། གསང་སྔགས་ཀྱི་སྐབས་ལྟའི་ངོ་བོར་བསྟན། ཡང་ཕྱི་ནང་གསང་གསུམ་དུ་སྒྲུབ་ཚུལ་གྱི་རིམ་པ་ལས། དང་པོར་བསྒོམ་བྱའི་དོན་ལ་ཐོས་བསམ་གྱིས་སྒྲོ་འདོགས་གཅོད། བར་དུ་ཐབས་ཤེས་ཟུང་འབྲེལ་དུ་ཉམས་སུ་ལེན། མཐར་མཁྱེན་བརྩེ་ནུས་གསུམ་མཐར་ཕྱུག་པར་སོན་པའི་འབྲས་བུ་མངོན་དུ་བྱེད་ཚུལ་རྣམས་འབྲེལ་ཆགས་པར་བསྟན། ཡང་ནང་དང་གསང་སྒྲུབ་ཀྱི་རིམ་པས་མདོ་ཕྱོགས་ཀྱི་ལམ་ལ་སྔགས་ཀྱི་བསྐྱོན་པ་འདེབས་དགོས་ཚུལ་དང་། མདོ་སྔགས་ལ་འཇུག་པའི་གོ་རིམ་ཀྱང་བསྟན། ཡང་རྐྱང་པ་དང་པོ་གཉིས་ཀྱིས་བརྩེ་བ་དང་མཁྱེན་པ་རིམ་བཞིན་བསྟན་པའི་ཤུགས་ལས། དང་པོར་སྙིང་རྗེ་བསྒོམ་པ་སྔོན་དུ་བཏང་ནས། ཕྱིས་ཡང་དག་པའི་ལྟ་བ་འཚོལ་བ་གདུལ་བྱ་སྤྱིའི་དབང་དུ་བྱས་པའི་ལམ་གྱི་གོ་རིམ་ཀྱང་བསྟན། གཞི་ལ་རང་ཆས་སུ་ཡོད་པའི་ཁམས་དྲུག་དབང་དུ་བྱས་ཏེ་རྒྱལ་བ་རིགས་ལྔར་སྒྲུབ་བྱེད་ལམ་དང་འབྲས་བུའི་རྣམ་བཞག་ཀྱང་ཐུན་མོང་མིན་པའི་དོན་འཆད་ཚུལ་ལས་བསྟན་ཏེ། རྗེ་སྐྱེད་བར་སྦྱོར་བས་ཚོག་གོ །དེ་ལྟར་ན་དམིགས་བརྩེ་མ་འདི་ཉིད་མདོ་སྔགས་ཀྱི་གསུང་རབ་ཐམས་ཅད་ཀྱི་དགོངས་བཅུད་གཅིག་ཏུ་འཁྱིལ་བའི་ཆོས་ཀྱི་རྒྱ་མཚོ་ཆེན་པོ་ཡིན་ནོ། །གསུམ་པ་ཕན་ཡོན་བསམ་པ་ནི། དེ་ལྟར་དོན་དྲན་བཞིན་པས་གསོལ་བ་བཏབ་ན། དམིགས་བརྩེ་མ་འདོན་ཐེངས་རེ་ལའང་འཕགས་པ་རིགས་གསུམ་མགོན་པོ་ལ་གསོལ་བ་བཏབ་པ་དང་། དེ་དག་གི་གསང་སྔགས་བཟླས་པ་དང་འདྲ་བའི་ཕན་ཡོན་འབྱུང་བ་དང་། དེར་མ་ཟད་རིགས་གསུམ་མགོན་པོ་ཉིད་སངས་རྒྱས་ཐམས་ཅད་ཀྱི་མཁྱེན་བརྩེ་ནུས་གསུམ་གྱི་རྣམ་རོལ་ཡིན་པས། ཕྱོགས་བཅུའི་སངས་རྒྱས་ཐམས་ཅད་ལ་གསོལ་བ་འདེབས་པར་ཡང་འགྱུར་ལ། ཐུན་མོང་མ་ཡིན་པའི་དོན་དྲན་པས་ཕན་ཡོན་ཇི་ལྟ་བུ་འབྱུང་ཚུལ་གོང་དུ་བརྗོད་ཟིན་ཅིང་། རང་གཞན་གྱི་སྔོན་ལས་འཕྲུལ་རྐྱེན་གྱི་ནད་གདོན་དང་། བྱང་ཆུབ་སྒྲུབ་པའི་བར་གཅོད་ཞི་བར་བྱེད་པའི་ཐབས་གཟའ་བཅོས་དང་། ཛག་ཆེངས་མཆོད་བསྔུང་སོགས་དང་། ཡུལ་ཁམས་བདེ་བར་བྱེད་

པའི་ཐབས་ཆར་འབེབས། སེར་བསྲུང་སོགས་ཀྱི་ལས་ཚོགས་ཇི་སྙེད་ཅིག་ཀྱང་འདི་ལ་བརྟེན་ནས་སྒྲུབ་ཏུ་ཡོད་ཅིང་། བླ་མ་བྱམས་པ་ཅན་ཞེས་པ་འཇམ་དབྱངས་ཆོས་རྗེའི་དངོས་སློབ་ཡིན་ཅིང་། འབྲས་སྤྱངས་གདན་རབས་གཉིས་པ་ཆོས་རྗེ་དཔལ་ལྡན་སེངྒེ་ལ་ཡང་གཏུགས་པ་དཔལ་མགོན་ཞལ་གྱི་བཀའ་བབ་པའི་གྲུབ་ཐོབ་ཞིག་སྟེ། ཆོས་སྐྱོང་དབུང་ལ་ཁུར་ནས་མ་རུངས་པ་རྣམས་ལ་ཐོགས་པར་བྱེད་ཅིང་། ལྷུང་གི་རྒྱལ་འབྱོར་གྱི་ནུས་པས་མདུང་རྟོན་གྱི་རྩེ་མོར་འཕུར་ཏེ་སྐྱི་ལ་དཀྱུང་དང་གྲུབ་ཆེན་བརྒྱད་ཅུའི་ཆ་བྱད་བྱེད་པས་མདུང་རྩེ་རས་པར་གྲགས། ཕྱོགས་ཕྱོགས་སུ་ཁྲིམ་བསྐུས་ནས་དམིགས་བརྩེ་མ་ཐོན། སུས་མ་བཏོན་པའི་ཁར་གཟའ་ནད་ཐོང་ཟེར་ནས་དེ་དུས་མ་བཏོན་ན་ངེས་པར་འབྱུང་བ་སྟེ། རིན་སྤུངས་སུ་ཡང་དེ་ལྟར་བསྒྲགས་ཀྱང་། སྡེ་པ་རིན་སྤུངས་པས་མ་བཏོན་པས་ཁ་ཡོན་སོང་བ་སུས་བཅོས་ཀྱང་མ་ཕན་པར། མདུང་རྩེ་རས་པ་དམིགས་བརྩེ་མས་ནད་མང་དུ་བཅོས་པའི་གྲགས་པ་ཚོར་ནས་བོས་པས། ཁྱོད་ཀྱིས་དེ་དུས་དམིགས་བརྩེ་མ་བཏོན་ནམ་གསུང་པར། མ་བཏོན་ཞུས་པས། ངོ་ན་ད་ཐོན་ཅིག །དྲག་འགྲོ། དེ་མིན་མི་གྲག་གསུང་པ་བཞིན་བཏོན་མ་ཐག་དྲག །ཡང་དམིགས་བརྩེ་མ་ཐོན་དང་མཚོན་གྱིས་མི་ཆོད་ཅེས་གྲོད་བུ་སོགས་ལ་སྡུགས་བཏབ་ན་གྲིས་ཆོད་མི་སྲིད་ཅེས་གྲགས། དེ་ཉིད་ཀྱིས་མཛད་པའི་དམིགས་བརྩེ་མའི་ལས་ཚོགས་ཀྱི་ཡིག་ཆ་ཡོད་ལ། དེང་དུས་ཀྱི་ལས་ཚོགས་བཅུག་ཅིག་འདི་དམིགས་བརྩེ་མའི་ལས་ཚོགས་བརྒྱ་པའི་ནང་ནས་བཀོལ་བ་ཡིན་པར་འཇམ་དབྱངས་བཞད་པའི་རྡོ་རྗེས་འཇིགས་བྱེད་ཆོས་འབྱུང་ལས་གསུངས། ཁྱད་པར་དུ་འདིའི་སྒྲུབ་བྱའི་གཙོ་བོ་ནི། རྗེ་བླ་མའི་གསུང་རབ་ཀྱི་དོན་ཤེས་ནས་ཚེ་འདིར་མཆོག་སྒྲུབ་པའི་ཐབས་ཀྱི་གཙོ་བོ་ཆོས་རབ་ཏུ་རྣམ་འབྱེད་ཀྱི་ཤེས་རབ་ཡིན་པས། ཆེ་གསལ་ཟབ་མྱུར་དང་། འཆད་རྩོད་རྩོམ་གསུམ་གྱི་ཤེས་རབ་སྒྲུབ་ཚུལ་སྨད་དུ་བྱུང་བ་རྣམས་ཡོད་ལ། ལམ་ཡོངས་རྫོགས་ཀྱི་ཉམས་ལེན་དང་འབྲེལ་ནས་ཟུང་འཇུག་སྒྲུབ་པའི་ཟབ་གནད་ཀྱང་མཆིས་ཤིང་། རང་གིས་ལམ་བསྒོམ་པའི་གེགས་སེལ་བོགས་འདོན་དང་། གཞན་རྗེས་སུ་འཛིན་པའི་ཐབས་ཞི་རྒྱས་དབང་དྲག་གི་འཕྲིན་ལས་ཀྱི་རིམ་པའང་ཇི་སྙེད་ཅིག་སྒྲུབ་ཏུ་མཆིས། མན་ངག་དང་ལྡན་པས་རྒྱུད་སྡེ་རྣམས་ནས་འབྱུང་བའི་ལས་ཚོགས་ཇི་སྙེད་པའང་འདི་དང་སྦྱར་

ནས་སྒྲུབ་ཆོག་མོད། གྱུ་ཆོས་མ་དུ་འཇུག་མི་རུང་བས་ཚད་ལྡན་ཞིག་ལ་གཏུགས་ཏེ་ཞུན་ཐར་བཅད་པ་གལ་ཆེ་གསུང་། རྗེ་བླ་མའི་སྐུའི་བཀོད་པ་གཅིག་ལ། རྒྱ་གར་གྲུབ་ཆེན་གྱི་རྣམ་པ་རལ་གྲི་དང་ཐོད་པ་འཛིན་ཅིང་སྟག་ལ་ཆིབས་པ་ཞིག་ཀྱང་ཡོད་པས། དེའི་སྒོ་ནས་ཉམས་ལེན་བྱ་ཚུལ་ཀྱང་ཡོད་པར་ངེས་སོ། །དམིགས་བརྩེ་མ་ཉིད་བྱིན་བརླབས་བསམ་གྱིས་མི་ཁྱབ་ནའང་། ཆོས་ཐམས་ཅད་རྟེན་འབྲེལ་ལ་ལྟོས་པས། ལས་ལ་སྦྱོར་ཚུལ་གྱི་ཟབ་གནད་དང་མ་འཕེབ་པར་ལས་འགྲུབ་དཀའ་བ། དཔེར་ན་ཆར་འབེབས་ཀྱི་ལས་ཚོགས་དང་མ་འབྲེལ་བའི་དམིགས་བརྩེ་མ་རྐྱང་པ་བཟླས་པ་ཙམ་གྱིས་འཕྲལ་དུ་ཆར་འབེབས་པ་དཀའ་བ་བཞིན་ཡིན་པས། རྗེ་བླ་མའི་འཕྲིན་ལས་བསྐྱལ་ཐབས་ཀྱི་མན་ངག་མི་སྒྲུབ་པར། དམིགས་བརྩེ་མ་རང་རྐྱང་གིས་ལས་སྒྲུབ་ཏུ་རེ་ཞིང་། དེས་མ་གྲུབ་ན་ལྷ་དང་ཆོས་ཀྱིས་བསླུས་པར་གོ་ནས། མོ་བོན་པ་འགའ་ཞིག་གི་དྲུང་དུ་ཐལ་མོ་སྦྱར་ཏེ་རེ་ལྟོས་ཞུ་བ་སོགས་ཀྱིས་རང་གི་སྐྱབས་གནས་མིང་ཙམ་དུ་འགྱུར་ཞིང་། ཡི་ཆད་དང་ལོག་ལྟ་སྐྱེ་བའི་རྒྱུར་འགྲོ་ཉེན་ཆེ་ལ། ལས་དང་པོ་བས་ཀྱང་ལས་སྦྱོར་རྗེས་མཐུན་པ་ཡན་ཆད་སྒྲུབ་ཏུ་ཡོད་པས། བཤད་ཚོད་ལྟར་འབྱུང་དཀའ་བ་རྒྱུ་མཚན་དུ་བྱས་ནས་ལས་སྦྱོར་རྣམས་ནུས་ལྡན་པོ་ནའི་བྱ་རྒྱུ་ཙམ་དུ་བསམ་པར་བྱ་བ་མ་ཡིན་ནོ། །རྗེ་བླ་མ་ལ་དད་པ་ཆེ་བའི་ཚོང་པ་ཞིག་ཉོ་ཚོང་བྱེད་པ་ན་འཕེན་ཕྱིར་བྱུང་བའི་ཚེ། དམིགས་བརྩེ་མ་འདོན་ནས་རྗེ་བླ་མ་ལ་གསོལ་བ་འདེབས་རེས་ཀྱིས་ཁོའི་འདོད་པ་བཞིན་གྲུབ་ཟེར་ཏེ། གཞན་ལས་ཁེ་གྲུབ་པ་རྗེ་བླ་མའི་བྱིན་བརླབས་མ་ཡིན་ཀྱང་། ལྷ་དང་ཆོས་ཀྱི་ནུས་མཐུ་མི་བསླུ་བའི་རྟགས་ཡིན་པས། འཕྲལ་གྱི་རྐྱེན་སེལ་དང་འདོད་དོན་ཐུན་ཚེགས་འགྲུབ་པ་ལ་དམིགས་བརྩེ་མས་ཕན་འདོགས་མེད་པ་ག་ལ་ཡིན། ལས་སྦྱོར་དང་སྦྲགས་ན་དམིགས་བརྩེ་མས་མི་འགྲུབ་པ་གང་ཡང་མེད་པས་རང་བསྟན་གྱི་བདག་པོ་ཉིད་ལ་བརྟེན་ནས་མཆོག་སྒྲུབ་པས་ཐུན་མོང་ཞར་ལ་འགྲུབ་པ། ཐུན་མོང་སྒྲུབ་པས་མཆོག་ཞར་ལ་འགྲུབ་པ་འདི་ལྟ་བུ་བྱ་རྒྱུ་རང་ལ་ཡོད་པ་བཞག་ནས། ཐབས་གཞན་ལ་རེ་བ་ནི་དམ་པ་རྣམས་ཀྱི་ཐུགས་སྐྱོ་བའི་གནས་ཡིན་ཏེ། གྲུབ་དབང་ཆོས་ཀྱི་ཉི་མས། དགེ་ལྡན་པ་ཞེས་འུད་ཀྱིས་བསྙེམས་ན་ཡང་། །སྨན་བརྒྱུད་གདམས་པའི་རང་ནོར་རྣམ་གཡེངས་ཀྱིས། །ཀུན་པོར་བསྐྱུར་ཏེ་གཞན་གྱི་མན་ངག་གི །འཆིང་བུ་འཚོལ་བའི་

བསྟན་འཛིན་འབྱུང་ཡང་མཐོང་། །ཞེས་གསུངས་པ་ལྟར་རོ། །མཁས་གྲུབ་རིན་པོ་ཆེའི་གསང་རྣམ་ལས། རྗེ་བླ་མ་རི་བོ་རྩེ་ལྔར་དགེ་སློང་རྡོ་རྗེ་འཛིན་པ་སྟོང་བརྒྱད་བརྒྱ་རེ་ཙམ་ལ་སྤྱ་ཏྲི་དབུ་མ་དང་ལམ་རིམ། ཕྱ་ཏྲི་གསང་བདེ་འཇིགས་གསུམ་གྱི་བསྐྱེད་རྫོགས་གསུང་གིན་བཞུགས་ཡོད་པར་གསུངས་ཤིང་། རི་བོ་རྩེ་ལྔའི་གནས་འདིར་བཞུགས་ཀྱི་ངེས་པ་ཆེར་མེད་ཀྱང་། ད་ལྟའི་སྐབས་ཆེང་ལང་ཚོ་ཙུ་ཛེར་པའི་ཧྭ་ཤང་གི་དགོན་པར་བཞུགས་པ་ཡིན་འདྲ་ཞེས་ལྟུང་སྐྱ་རོལ་པའི་རྡོ་རྗེས་གསུངས་པས། རང་རེ་དང་ས་ཐག་ཉེ་བའི་འབྲེལ་ཆེ་ཞིང་། ཀུན་གཟིགས་ལྔ་པའི་དམིགས་བརྩེ་མའི་ཏེ་ཀཱར། ལྷག་པར་རྒྱ་ཧོར་གྱི་ཡུལ་ཁམས་སུ་བྱིན་བརླབས་ཀྱི་ཚན་ཁ་ཆེ་བ་ཁོ་བོས་གོང་དུ་བསྒྲོད་སྐབས་ཀྱང་ཉམས་སུ་མྱོང་བས། ཞེས་པ་ལྟར། ཕྱོགས་འདིར་རྗེ་བླ་མའི་བྱིན་བརླབ་ཀྱི་འཇུག་པ་གཞན་དང་མི་འདྲ་བར་ངེས་པས། དེས་ན་རང་བསྟན་གྱི་བདག་པོ་རྗེ་བླ་མ་དང་། གསོལ་འདེབས་དམིགས་བརྩེ་མའི་རང་བཞིན་ནམ་དེ་ཉིད་ཤེས་པའི་སྒོ་ནས་སྲིད་རྒྱུད་དང་དབེན་ས་ལུགས་ཀྱི་བླ་མའི་རྣལ་འབྱོར་དང་། དམིགས་བརྩེ་མ་ལ་འབད་པས་རང་གཞན་ལ་ཕན་བདེའི་དཔལ་འབྱོར་རྒྱས་པར་བྱའོ། །རྗེ་བཙུན་བླ་མ་བློ་བཟང་གྲགས་པ་ཞེས། །མ་རྟོགས་དུས་ན་མཁས་བཙུན་བཤེས་གཉེན་ཞིག །རྟོགས་ན་རྒྱལ་བའི་མཁྱེན་བརྩེ་ནུས་གསུམ་བདག །བརྟན་གཡོའི་རྣམ་རོལ་གང་འདུལ་སྙེད་དུ་འཆར། །གསོལ་འདེབས་རྒྱལ་པོ་དམིགས་བརྩེ་མ་ཉིད་ཀྱང་། །མ་རྟོགས་སུས་ཀྱང་རྫོམ་ནུས་འདྲ་བ་ཞིག །རྟོགས་ན་རྒྱལ་བའི་ཡེ་ཤེས་ལྷ་ཡི་གདངས། །ཟབ་དགུའི་གཞུང་མཚོན་གསང་བའི་སྔགས་ཚིག་ཡིན། །དེ་ཕྱིར་འཇམ་མགོན་རྗེ་དང་གསོལ་འདེབས་འདིའི། །རང་བཞིན་ཤེས་ནས་ཉམས་སུ་ལེན་ནུས་ན། །སྐྱིད་རྫོའི་གསེར་ལ་ད་གཟོད་དེ་ཤེས་བཞིན། །ཀུན་གོ་གཅིག་ཆོག་རྒྱལ་པོའི་ལམ་རྙེད་སྙམ། །བསྟན་འཛིན་དམ་པའི་སྐྱེས་མཆོག་སུ་ལ་ཡང་། །དག་སྣང་འབྱོངས་པའི་དད་གུས་མི་ལྡོག་ཀྱང་། །དེ་དག་ལས་འོངས་ལུགས་སྲོལ་ཐ་དད་པའི། །མཆོག་དམན་ཕྱེད་པར་འབྱེད་པའི་མཚམས་ཞིག་མཆིས། །ཀུན་ནས་མངོན་འཕགས་དགེ་ལྡན་ལུགས་ཡིན་ཞེས།། མངོན་རློམ་ཅན་གྱིས་བསླེམས་པ་ཙམ་མིན་ཏེ། །གཟུར་གནས་བློ་ཡིས་ལེགས་པར་དཔྱོད་ཤེས་ན།། བདེན་རྫུན་ཁོང་ནས་ངེས་པའི་ཉམས་ཤིག་འཆར། །དགེ་ལྡན་བཀའ་སྲོལ་ཕྱེད་པར་འཕགས་མོད་

ཀྱང་། །རང་ཉིད་དགེ་ལྡན་གྲུབ་མཐའ་མ་བསྐྱངས་ན། །རང་བསྟན་ཁྱད་ཆོས་སྐྱོང་བར་མི་ནུས་པས།།
ཚུལ་འདི་ཡང་ཡང་བསམ་པར་བྱ་བའི་གནས། །འདུལ་ཁྲིམས་གཙང་མའི་ཀུན་སྤྱོད་འཁྲུལ་མེད་
འཆང་། །ཕར་ཕྱིན་ཐེག་པའི་ལམ་གྱིས་གཞུང་བསྲངས་ཏེ། །གསང་སྔགས་ལམ་གྱིས་མྱུར་ཁྱད་
འདོན་མཁས་པ། །དེ་ལ་དགེ་ལྡན་པ་ཞེས་མཁས་རྣམས་གསུངས། །མདོ་སྔགས་གཉིས་དང་གཞུང་
དང་གདམས་ངག་གཉིས། །སྣང་སྟོང་གཉིས་དང་སྔགས་དང་འདུལ་བ་གཉིས། །འགལ་བ་ལྟར་སྣང་
ཀུན་ཀྱང་དོན་གཅིག་ཏུ། །འཆར་བ་ལུགས་མཆོག་འདི་ཡི་མཁས་ཁྱད་ཡིན། །དེ་ལྟའི་གཞན་དང་མ་
འདྲེས་ཟབ་ཁྱད་རྣམས། །བསོད་ནམས་ཆེར་བསགས་ལུང་རིགས་ལ་སྦྱངས་ཤིང་། །ཉམས་མྱོང་
ཅན་རྣམས་ཁོ་ནའི་ཡུལ་ཡིན་གྱི། །ཐ་སྙད་ཙམ་གྱིས་གོ་ལུགས་ག་ལ་རྫོགས། །དེ་ཕྱིར་འཇམ་མགོན་
བླ་མའི་གདམས་དོན་ལ། །རྒྱུ་ཚོགས་ཀུན་ཚང་རིང་དུ་འདྲིས་བྱས་ན། །ནམ་ཞིག་དཔྱད་པ་རྫོགས་
ཆེ་བསམ་འདས་ཀྱིས། །དགའ་བ་ལན་བརྒྱར་སྐྱོང་ལ་ཟེ་ཚོམ་བྲལ། །སྟོན་པ་གཅིག་གི་བསྟན་པས
བསྡུས་པ་ཡི། །ཆོས་ལུགས་གཞན་རྣམས་སྤང་བས་མི་སྤོང་ཀྱང་། །འཇམ་མགོན་བསྟན་པའི་དེ་ཉིད་
རྟོགས་གྱུར་ནས། །གཞན་ལ་དགའ་བློ་གཏད་བ་ཅི་ཞིག་འགལ། །ငེས་པར་གྲུབ་བརྙེས་སྐྱེས་མཆོག
ཏུ་མའི་ཞབས། །བསྟེན་པས་གདམས་པའི་མཛོད་ལ་དབང་འགྱུར་བ། །དྲན་དབང་མཆོག་གིས་
འཇམ་མགོན་བླ་མ་ཛེའི། །བཀའ་སློལ་ཁྱད་པར་ཚིག་ཙམ་མ་ཡིན་པར། །ཞིབ་དཔྱོད་དགོས་ཞེས་
འདོམས་པར་མཛད་པའི་སྐད། །འདི་ཡི་ཚིག་དོན་ཅི་ནུས་བརྗོད་ཅིག་ཅེས། །གསུང་གིས་ཡང་ཡང་
བསྐུལ་མ་མཛད་པ་ཉིད། །མ་ལུས་དྲན་པའི་རྐྱེན་བཟང་ཉིད་དུ་གྱུར། །མཐོང་ཚད་ཀུན་ལས་གཡབས་
པའི་ཡི་གེའི་ཕྲུད། སྤེལ་བ་ཁྲིལ་དགོད་ཡུལ་དུ་གྱུར་སྲིད་ཀྱང་། །བཟང་པོའི་བག་ཆགས་གཞོག་པའི་
ཆ་རྐྱེན་ཏུ། །གྱུར་ཆེ་དེ་ཉིད་ཁོ་ནས་བདག་ཡིད་ཆེམ། །ཞྭ་སེར་བསྟན་དང་མཇལ་ཡང་སྟོན་ཆད་དུ། །
ཚིག་ཙམ་ཁོ་ནས་མགོ་སྐོར་དང་དུ་ཐལ། །ད་ནི་དོན་གྱི་ཁྱད་པར་ཉམས་མྱོང་བའི། །སྐལ་བཟང་
མངོན་དུ་གྱུར་ན་ཨེ་མ་ཧྨད། །འདིར་འབད་མཐུ་ཡིས་སྐྱེ་བའི་འཕྲེང་བ་རུ། །འཇམ་མགོན་ལུགས་
བཟང་འདི་དང་མི་འབྲལ་ཞིང་། །ཀུན་ལས་མངོན་འཕགས་ཁྱད་ཆོས་མངར་པོའི་རོས། །མྱོས་པའི་
དགའ་བ་མཆོག་ལ་རྟག་སྤྱོད་ཤོག །འོ་མཚོའི་འཛིང་ལས་མར་གྱི་ཉིང་ཁུ་བཞིན། །ཐུབ་བསྟན་སྙིང་

པོ་འཇམ་མགོན་རྒྱལ་བའི་བསྟན། །བཤད་དང་སྒྲུབ་པའི་འཕྲིན་ལས་མཐའ་མེད་པས། །སྲིད་པའི་མཐར་ཡང་མི་ཉམས་རྒྱས་གྱུར་ཅིག །བློ་བཟང་རྒྱལ་བའི་རྗེས་སུ་བཞུགས་པ་ཀུན། །རང་སྒྲོལ་དྲི་མེད་དྲང་པོར་སྲོང་བ་དང་། །བསྟན་འགྲོའི་དོན་ཆེན་སྒྲུབ་པར་དཔའ་བ་ཡིས། །རྒྱལ་ཁམས་ཡོངས་སུ་བདེ་སྐྱིད་དར་བར་ཤོག །རང་བསྟན་ཁྱད་པར་སྤྱོད་པས་ཤེས་གྲུབ་ནས། །ལུགས་མཆོག་འདི་ལས་གཞན་དུ་མི་སྨྲ་བའི། །ངེས་པ་རྙེད་ནས་མདོ་སྔགས་ལམ་བཟང་པོར། །དཀྲུས་ཐོག་ཚོད་ལ་དཔའ་བའི་གདེངས་ཐོབ་ཤོག །འདིར་ནི་འཁྲུལ་པར་སྨྲ་བའི་ནོངས་པ་ཀུན། །དགེ་ལྡན་ཆོས་དང་བརྒྱུད་པར་སེལ་ཞུགས་སོགས། །ཐོག་མེད་ནས་བསགས་སྡིག་ལྟུང་ཕུང་པོར་བཅས། །ལྷག་མེད་སྐད་ཅིག་ཉིད་དུ་བྱང་གྱུར་ཅིག །བློ་བཟང་གསང་གསུམ་བྱིན་བརླབ་གཟི་བྱིན་གྱིས། །མི་ཤིགས་སེམས་ཀྱི་རྡོ་རྗེ་དྭངས་བའི་འོད། །ཁྱབ་བདག་འཇམ་དཔལ་རྡོ་རྗེའི་ལང་ཚོ་གསར། །འཇུམ་པའི་བཞིན་རས་མཛེས་པ་སྨྱུར་ངོམས་ཤོག །དབེན་པའི་སྒྲུབ་གནས་བག་ཕེབས་ཡིད་འོང་བར། །འཁྲུལ་བྲལ་དགེ་ལྡན་མདོ་སྔགས་སྙན་བརྒྱུད་ལམ། །སྒྲུབ་པའི་མཐུན་རྐྱེན་ཀུན་ཚང་ཕྱི་ནང་གི །བདུད་ཀྱི་མི་བཟི་བསམ་དོན་སྨྱུར་འགྲུབ་ཤོག །བློ་བཟང་རྒྱལ་བསྟན་སྤེལ་ལ་ལྷ་བྲལ་བར། །རྒྱལ་བས་བྱིན་རླབས་ཨ་ཧྲི་ཥི་ཙྪའི་ཚུལ། །བདག་གི་སྤྱི་བོའི་གཙུག་ནས་དབང་སྒྲིན་པས། །ཁམས་གསུམ་དབུགས་འབྱིན་སྐྱོང་པོར་བདག་གྱུར་ཅིག །

༄༅། །དགའ་ལྡན་ལྷ་བརྒྱ་མ་དང་འབྲེལ་བའི་འཕོ་བ་ཐུན་མོང་མ་ཡིན་པ་དང་བརྒྱུད་ཡིག་བཞུགས་སོ། །

ན་མོ་གུ་རུ་མཉྫུ་གྷོ་ཥཱ་ཡ། འདིར་དགའ་ལྡན་ལྷ་བརྒྱ་མ་དང་འབྲེལ་བའི་འཕོ་བ་ཐུན་མོང་མ་ཡིན་པ་ནི། ཚོགས་ཞིང་བསྡུས་ཏེ། རང་གི་ལུས་ཀྱི་དབུས་སུ་རྩ་དབུ་མ་སྦྲ་ལྤགས་ཙམ་མར་སྣ་ལྟེ་འོག་དང་ཡར་སྣ་ཚངས་བུག་ཏུ་སླེབས་པ་ཕྱི་དཀར་ལ་ནང་དམར་བ། སྙིང་ག་མན་ཆད་གང་བ་དང་ཡན་ཆད་སྟོང་པའི་རྣམ་པ་ཅན་གྱི་མཚམས་སུ། པདྨ་དམར་པོ་དང་ཟླ་བའི་གདན་ལ་རང་སེམས་རྗེ་བཙུན་བླ་མར་གསལ་བཏབ་ལ་དེ་ས་ཡར་ལྷས་པས། སྟེང་གི་ནམ་མཁར་དགའ་ལྡན་ཡིད་དགའ་ཆོས་འཛིན་གྱི་བྱམས་པའི་ཐུགས་ཀ་ནས་སྤྲིན་དཀར་སྦུབས་ཅན་ཕུ་ཐུང་ལྟ་བུ་ཞིག་བརྒྱངས་པའི་མར་སྣེ་དང་། རང་གི་དབུ་མའི་ཡར་སྣེའི་ཚངས་བུག་འབྲེལ་བའི་སྦུབས་ནས་བྱམས་མགོན་གྱི་ཐུགས་ཀ་གསེར་གྱི་མཆུལ་ཕྱིས་པ་ལྟ་བུ་མཐོང་བས། སྤྲིན་སྦུབས་ལ་ལམ་གྱི་འདུ་ཤེས་དང་། ལམ་དེ་ལ་རང་ཉིད་འགྲོ་བའི་འདུ་ཤེས་དང་། སོང་ནས་བྱམས་མགོན་ཐུགས་ཀ་དང་རང་སེམས་དབྱེར་མེད་དུ་བསྲེ་བའི་འདུ་ཤེསདང་ལྡན་པས། རྒྱལ་བའི་རྒྱལ་ཚབ་མི་ཕམ་ཆོས་ཀྱི་རྗེའི། ཐུགས་རྗེའི་ལྷུགས་དཀྱུས་བདག་ཉིད་ཉེར་དྲངས་ཏེ། བདེ་ཆེན་འོད་གསལ་ཐུགས་དང་བདག་གི་སེམས། དབྱེར་མེད་གཅིག་ཏུ་འདྲེས་པར་བྱིན་གྱིས་རློབས། ཞེས་ལན་གསུམ་གསོལ་བ་བཏབ་པས། རྗེ་བཙུན་གྱི་ཐུགས་ཀ་ནས་འོད་ཟེར་དམར་པོ་ལྕགས་ཀྱུ་ལྟ་བུ་ཞིག་བྱུང་བ་རང་ཉིད་རྗེ་བླ་མར་གསལ་བའི་སྙིང་གར་བཏབ་སྟེ·····དྲངས་པར་བསམ་ལ། འོག་རླུང་དྲག་ཏུ་འཐེན་པ་དང་མཉམ་དུ་ཧིཀ་བརྗོད་དེ་སྤྱི་བོར་ཐོན་ཙམ་བྱས་ལ། ཀ་བརྗོད་དེ་རང་གནས་སུ་འབེབས་པ་ལན་ཉེར་གཅིག་པ་ཚན་པ་གསུམ་སོགས་ཀྱིས་སྦྱངས་རྗེས་སྤྲིན་སྣེ་ཐུགས་ཀ་ནས་ཆད་པ་འདུད་རྩེར་གྱུར་པའི་དབུ་མའི་ནང་ཁྱེངས་པར་བསམ་རྗེས·····པད་འདབ་ཟུམ་པ་སྡུགས་འཕྲེང་གིས་བཅིངས་པ་ལ། སྨོན་ལམ་གྱི། བློ་གྲོས་མགོན་པོ་འཇམ་དབྱངས་དང་མཇུངས་ཤོག །ཅེས་པའི་མཇུག་ཏུ། འདི་སྐད་འགག་ཆེ་འདའ་བའི་རྣལ་འབྱོར་གྱིས། དགའ་ལྡན་མཁའ་སྤྱོད་གནས་སུ་བགྲོད་ནས་ནི། བློ་བཟང་རྒྱལ་བ་ཡབ་སྲས་ཞལ་མཐོང་ཞིང་། གསུང་གིས

བདུད་རྩིའི་དགའ་སྟོན་སྤྱོད་བར་ཤོག །བྱང་ཤར་ངོ་མཚར་རྨད་བྱུང་བཀོད་པའི་ཞིང་། ཞེས་སོགས་དགྱེས་ལ་འཇུག་ཅིང་། ལས་སྦྱོར་དངོས་ཀྱི་ཚེ། རང་སེམས་རྗེ་བླ་མར་གསལ་བ་སྐར་མདའ་འཕངས་པ་བཞིན་དུ་རྗེ་བཙུན་གྱི་ཐུགས་བདེ་སྟོང་དང་རོ་གཅིག་ཏུ་འདྲེས་པ་ལ་དར་གཅིག་མཉམ་པར་བཞག་རྗེས་ཐུགས་ཀ་ནས་ཧཱུྃཿཡིག་གི་རྣམ་པར་ཐོན་ཏེ། མདུན་དེར་བཞུའི་སྦུབས་སུ་ལྷའི་བུ་རྣམ་དཔྱོད་ཕུན་སུམ་ཚོགས་པ་ཞིག་ཏུ་སྐྱེས་ནས་རྗེ་བཙུན་གྱི་ཞལ་མཇལ་ཞིང་གསུང་གི་བདུད་རྩི་ལ་ལོངས་སྤྱོད་པའོ། ཞེས་པ་འདི་ཡང་དགེ་སློང་རྣམ་ཧྲ་དྲུས་གསུང་བཞིན་ཟིན་བྲིས་སུ་བགྱིས་པའོ། ། ༄ འདིའི་རྒྱུད་པ་ནི། རྗེ་བཙུན་འཇམ་དཔལ་དབྱངས། རྗེ་ཐམས་ཅད་མཁྱེན་པ་བློ་བཟང་གྲགས་པ། རྗེ་ཤེས་རབ་སེང་གེ །འདུལ་ནག་པ་དཔལ་ལྡན་བཟང་པོ། འཇམ་དབྱངས་དགེ་འདུན་འཕེལ། རྒྱུད་ཆེན་བཀྲ་ཤིས་འཕགས་པ། རྒྱུད་ཆེན་བསམ་གྲུབ་རྒྱ་མཚོ། རྒྱུད་ཆེན་བརྟོན་འགྲུས་འཕགས། རྒྱུད་ཆེན་རྡོ་རྗེ་བཟང་པོ། རྒྱུད་ཆེན་སངས་རྒྱས་རྒྱ་མཚོ། རྒྱུད་ཆེན་དཀོན་མཆོག་རྒྱ་མཚོ། རྒྱུད་ཆེན་དཀོན་མཆོག་ཡར་འཕེལ། ཁྲི་ཆེན་ངག་དབང་བློ་གྲོས་རྒྱ་མཚོ། འཇམ་དབྱངས་བཞད་པའི་རྡོ་རྗེ། ཕང་སག་པ་དངོས་གྲུབ་རྒྱ་མཚོ། གྲུབ་མཆོག་འཇམ་དཔལ་རྒྱ་མཚོ། ཁྲི་ཆེན་ངག་དབང་མཆོག་ལྡན། རྒྱལ་མཆོག་བསྐལ་བཟང་རྒྱ་མཚོ། པཎ་ཆེན་བློ་བཟང་དཔལ་ལྡན་ཡེ་ཤེས། ཡོངས་འཛིན་དམ་པ་འགྲོང་རྩེ་བ་བློ་བཟང་ཚུལ་ཁྲིམས་དཔལ་བཟང་པོ། ཀུ་གེ་པ་བློ་བཟང་བསྟན་འཛིན་དཔལ་བཟང་པོ་གཉིས་ཀ་ནས་བདག་རྣམ་ཧྲ་དྲུས་ཞུས་སོ། ཡང་ན་ཕང་སག་པ་དངོས་གྲུབ་རྒྱ་མཚོ་ནས། གྲུབ་དབང་དོན་ཡོད་མཁས་གྲུབ། རྗེ་བཙུན་ངག་དབང་བྱམས་པ། ཡོངས་འཛིན་པཎྜི་ཏ་ཡེ་ཤེས་རྒྱལ་མཚན། རྗེ་བཙུན་བདེ་ཆེན་པ་ཡེ་ཤེས་སྙིན་པའི་ཞལ་སྔ་ནས་ཐོས་སོ། ། བཀྲ་ཤིས། །

༄༅། །མཉམ་མེད་དགའ་ལྡན་པའི་སྙན་བརྒྱུད་ཐུན་མོང་མ་ཡིན་པའི་ཚེ་ཁྲིད་ཀྱི་བླ་མ་བརྒྱུད་པའི་གསོལ་འདེབས་འཆི་མེད་མཆོག་སྦྱིན་ཞེས་བྱ་བ་བཞུགས་སོ། །

༄༅། །བདེ་ལྡན་ཞིང་གི་མགོན་པོ་ཚེ་དཔག་མེད། །དུས་གསུམ་རྒྱལ་བའི་དབང་པོ་བློ་བཟང་གྲགས།། གསང་ཆེན་རྒྱུད་སྡེའི་མཛོད་འཛིན་ཤེར་སེང་ཞབས། །གསོལ་བ་འདེབས་སོ་འཆི་མེད་དངོས་གྲུབ་སྩོལ། །རིམ་གཉིས་མཐར་ཕྱིན་འདུལ་འཛིན་དཔལ་ལྡན་བཟང་། །མཁྱེན་བརྩེའི་མངའ་བདག་འཇམ་དབྱངས་དགེ་འདུན་འཕེལ། །རྒྱུད་སྡེ་རྒྱ་མཚོའི་མཐར་སོན་བཀྲ་ཤིས་འཕགས། །གསོལ་བ་འདེབས་སོ་འཆི་མེད་དངོས་གྲུབ་སྩོལ། །དོན་གཉིས་མཐར་ཕྱིན་བསམ་གྲུབ་རྒྱ་མཚོའི་སྡེ། །མདོ་སྔགས་བསྟན་པའི་བདག་པོ་བཙོན་འགྲུས་འཕགས། །མཁས་དང་གྲུབ་པའི་དབང་ཕྱུག་རྡོ་རྗེ་བཟང་། །གསོལ་བ་འདེབས་སོ་འཆི་མེད་དངོས་གྲུབ་སྩོལ། །མན་ངག་གཏེར་གྱུར་སངས་རྒྱས་རྒྱ་མཚོའི་མཚན། །གྲུབ་མཆོག་དམ་པ་དཀོན་མཆོག་རྒྱ་མཚོའི་དཔལ། །སྐུ་གསུམ་མངོན་གྱུར་དཀོན་མཆོག་ཡར་འཕེལ་ཞབས། །གསོལ་བ་འདེབས་སོ་འཆི་མེད་དངོས་གྲུབ་སྩོལ། །ལུང་རིག་སྨྲ་བ་བློ་བཟང་ཆོས་ལྡན་དཔལ། བཟང་པོའི་ཞབས་སོགས་དྲིན་ཅན་བླ་མ་དང་། །མཆོག་གསུམ་སྲུང་མ་བཅས་པ་ཐམས་ཅད་ལ། ། གསོལ་བ་འདེབས་སོ་འཆི་མེད་དངོས་གྲུབ་སྩོལ། །དུས་མིན་འཆི་སོགས་ཉེར་འཚེ་ཀུན་ཞི་ཞིང་། ། ཚེ་རིང་ནད་མེད་ཕུན་ཚོགས་འབྱོར་པ་རྒྱས། །ཚེ་རབས་ཀུན་དུ་ཆོས་ལྡན་རྟེན་བརྒྱུད་ནས། །འགྲོ་ཀུན་དོན་དུ་ཀུན་མཁྱེན་སྒྱུར་ཐོབ་ཤོག །ཅེས་མཉམ་མེད་དགའ་ལྡན་པའི་སྙན་བརྒྱུད་ཐུན་མོང་མ་ཡིན་པའི་ཚེ་ཁྲིད་ཀྱི་བླ་མ་བརྒྱུད་པའི་གསོལ་འདེབས་འཆི་མེད་མཆོག་སྦྱིན་ཞེས་བྱ་བ་འདི་ནི་དད་པ་དང་གཏོང་བའི་རྒྱན་གྱིས་མཛེས་པའི་ཏར་ཆེན་བྱམས་པ་བཀྲ་ཤིས་གང་གི་འདི་ལྟ་བུ་ཞིག་དགོས་ཞེས་བསྐུལ་བ་ལྟར་བན་ཚུང་གི་ན་པ་ངག་དབང་བློ་བཟང་ཆོས་ལྡན་དཔལ་བཟང་པོས·········འཇམ་དབྱངས་གོང་མའི་རྒྱལ་ཁབ་ཆེན་པོ་པེའི་ཅིང་གི་བོད་ཆོས་ཁང་དུ་གྲགས་པར་སྨྲ་བའི་ཡི་གེ་པ་ནི་གསུང་རབ་ལ་ལྷ་བའི·······རྣམ་དཔྱོད་ཡངས་པའི་དགེ་ཚུལ་བསྟན་འཛིན་ནོ། འདིས་ཀྱང་རྒྱལ་བ་བློ་བཟང་གྲགས་པའི་བསྟན་པ་རིན་པོ་ཆེ་ཕྱོགས་དུས་ཐམས་ཅད་དུ་དར་ཞིང་རྒྱས་ལ་ཡུན་རིང་དུ་གནས་པར་གྱུར་ཅིག །

༄༅། །འཇམ་མགོན་ཙོང་ཁ་པ་ཆེན་པོའི་ངོ་མཚར་རྨད་དུ་བྱུང་བའི་རྣམ་ཐར་གསེར་ཞུན་ཐིགས་པ་ཞེས་བྱ་བ་བཞུགས་སོ། །

༄༅། །ཨོཾ་བདེ་ལེགས་སུ་གྱུར་ཅིག །ཀུན་ཁྱབ་ཞིང་མགོན་མཁྱེན་རབ་འོད་ཀྱི་མདངས། ཧཱུྃ་ཡིག་གཟུར་སུ་འཁྱིལ་བ་ལས་འཁྲུངས་པ། །འཇམ་དཔལ་དབྱངས་གང་དུར་སྨིག་འཛིན་པའི་གར། །ཀུན་མཁྱེན་ཙོང་ཁ་པ་དེ་རྒྱལ་གྱུར་ཅིང་། །ཤིས་བརྗོད་པདྨ་དཀར་པོའི་མེ་ཏོག་འདི། །དད་པའི་སྙིམ་པས་གཏོར་དང་ཆབས་གཅིག་པར། །ངོ་མཚར་གཏམ་གྱི་འབྱུང་ཁུངས་གླེང་སླད་དུ། །མགྲིན་ལམ་ཡངས་པར་བྱས་པས་སྤྱོན་བསྔུས་ཏེ། །ཐུབ་པའི་གསུང་རབ་ཟབ་ཡངས་རྒྱ་གཏེར་ལས། །ཤེར་ཕྱིན་དགོངས་དོན་ཡིད་བཞིན་དབང་གི་རྒྱལ། །རྣམ་དཔྱོད་བློ་ཡིས་ལེགས་པར་དྲངས་མཛད་པ། །དེད་དཔོན་མཁས་པའི་ཚོགས་ཀྱི་མདུན་ས་འདིར། ༈ །བདག་ཉིད་ཆེན་པོ་འཇམ་མགོན་བླ་མ་ཡི། །གསང་གསུམ་རྨད་དུ་བྱུང་བའི་མཛད་འཕྲིན་མཐའ། སར་གནས་འཕགས་ཆེན་རྣམས་ཀྱི་འང་ཡུལ་མིན་ན། །ཚུར་མཐོང་སྐྱེ་བོས་བརྗོད་ནུས་ག་ལ་ཡིན། །འོན་ཀྱང་ཀུན་གསལ་དབྱིངས་སུ་འཕུར་བའི་བྱ། །རང་ནུས་ཚོད་ཀྱིས་ཅུལ་ནས་འཕོད་པ་བཞིན། །འདིར་ནི་བློ་སྟོབས་ཐྲ་མོས་དཔོག་ཚོད་ཙམ། །དགའ་དང་སྤྲོ་བས་ཅུང་ཟད་གསོལ་བ་ནི། ༈ །དེ་ཡང་མཁས་ཁྱབ་འགྲོ་བ་མ་ལུས་པའི། །སྐྱོབ་པ་བླ་མེད་ཀུན་མཁྱེན་ཙོང་ཁ་པ། །བློ་བཟང་གྲགས་པའི་དཔལ་ཞེས་ས་གསུམ་ན། །སྟོན་པའི་བ་དན་གཡོ་བ་དེ་ཉིད་ཀྱིས། །བསྐལ་པ་དཔག་མེད་འདས་པ་སྔོན་གྱི་དུས། །བདེ་གཤེགས་འབྲུག་སྒྲ་དབྱངས་ཀྱི་རྒྱལ་པོའི་དྲུང་། །དང་པོར་ཐུགས་བསྐྱེད་ཞིང་བཟུང་ཚོགས་གཉིས་ཀྱིས། །རླབས་ཆེན་སྤྱོད་པ་ཡོངས་སུ་རྫོགས་པའི་མཐར། །རྡུལ་དང་བྲལ་བ་ཞེས་བྱའི་ཞིང་ཁམས་སུ། །རྣམ་འདྲེན་ཀུན་དུ་གཟིར་པར་སངས་རྒྱས་ཏེ། །ངན་སོང་རྒྱུན་གཅོད་མཐོ་རིས་ལམ་ཡངས་ཕྱེ། །སྐལ་ལྡན་བགྲང་ཡས་བླ་མེད་ཐར་པར་དྲངས། །དེ་ནས་རབ་འབྱམས་སྤྲུལ་པའི་བཀོད་པ་ཡིས། །སྲིད་པ་ཉམ་པའི་འགྲོ་རྣམས་

འདྲེན་པའི་སྙད། །དཔག་པར་དཀའ་བའི་མཛད་པ་བྱེ་བ་བརྒྱས། །བཞེད་རྒྱུར་རོལ་བའི་ངོ་མཚར་བརྗོད་མི་ལང་། །ནམ་ཞིག་དུས་ན་སྔོན་བྱུང་འཇིག་རྟེན་མགོན། །རྒྱལ་བ་དབང་པོའི་ཧོག་གི་སྤྱན་སྔ་རུ། །མཐའ་ཡས་ཡོན་ཏན་མཛོད་ལ་དབང་བསྒྱུར་པའི། །སར་གནས་དཔའ་བོ་ཆེན་པོར་འཁྲུངས་པའི་ཚེ། །མཐའ་བྲལ་ཟབ་མོ་ལྟ་བའི་ཡང་རྩེ་དང་། །གསང་སྔགས་རྡོ་རྗེ་ཐེག་པ་ཟུང་འབྲེལ་གྱི། །ལམ་བཟང་དྲི་མེད་མ་དག་ཞིང་རྣམས་སུ། །མ་འོངས་དུས་ན་བདག་གིས་རྒྱས་བྱ་ཞེས། །ཞུམ་དང་འཇིགས་པ་མེད་པའི་གསུང་དབྱངས་ཀྱིས། །རླབས་ཆེན་དམ་བཅའ་བདག་གིར་མཛད་པ་ན། །རྒྱལ་བ་རྣམས་ཀྱིས་བསྔགས་པའི་མེ་ཏོག་ཐོར། །རྒྱལ་སྲས་སྙིང་སྟོབས་ཆེན་པོའི་མཚན་ཡང་བསྒྲགས། ། དེ་ནས་བསྐལ་པ་མང་པོར་ཕྱོགས་བཅུ་ཡི། །ཞིང་ཁམས་དུ་མར་འགྲོ་བའི་ཕན་བདེའི་གཞི། །ཡང་དག་ལམ་བཟང་འཛིན་སྐྱོང་སྤེལ་གསུམ་གྱི། །རྨད་བྱུང་མཛད་པས་རོལ་བ་མཐའ་ཡང་ཡས། །སླར་ཡང་ཆེར་སྙིགས་ལྔ་བརྒྱའི་ཐ་མ་ལ། །བདག་ཉིད་ཆེ་དེའི་སྔོན་གྱི་ཐུགས་སྨོན་དང་། །རྒྱ་བོད་མཁས་གྲུབ་དུ་མའི་ལུང་བསྟན་རྣམས། །ཐོག་དུ་ཁེལ་བའི་དུས་ལ་བབ་པ་ན། །མདོ་སྨད་ཞེས་སུ་གྲགས་པའི་ནོར་འཛིན་གྱི། །བྱེ་བྲག་བཙོང་ཆུའི་འགྲམ་དུ་གཞི་ཆགས་པ། །གླུ་འབུམ་དགེ་དང་ཤིང་བཟའ་ཨ་ཆོས་ཀྱི། ཁྱིམ་དེར་དགེ་བའི་མཚན་ལྟས་དུ་མར་བཅས། །འཇམ་མགོན་རྒྱལ་བ་གཉིས་པའི་སྐུ་འཁྲུངས་ཏེ། ཐུབ་པའི་བསྟན་ལ་ཐུབ་དབང་གཉིས་པ་ཞིག །དུས་མཐར་སླར་ཡང་བྱོན་པའི་ངོ་མཚར་གཏམ། །ལྷ་རྣམས་ཀུན་གྱིས་འོག་མིན་བར་དུ་བསྒྲགས། །གཞོན་ནུའི་དུས་ནས་སྐུ་ཕྲེང་དུ་མ་རུ། །མཁས་གྲུབ་རིམ་པར་བརྒྱུད་པའི་མངོན་མཚན་རྟགས། །མཆོག་དམན་བར་མ་ཀུན་གྱི་ཐུན་སྣང་དུ། །ཡོངས་སུ་སྤྱོད་པའི་སྐལ་བཟང་ཉམས་སུ་མྱོང་། །དེ་ནས་རིང་པོར་མ་ལོན་སྐབས་ཞིག་ན། །ཆོས་རྗེ་དོན་གྲུབ་རིན་ཆེན་ཞལ་སྔ་ནས། །རིགས་ཀྱི་ཅོད་པན་དམ་པར་བཞེས་པ་ལས། །གསན་བཞེས་ཐོག་མའི་རྟེན་འགྱུར་སྒོ་འཕར་ཕྱེ། །དགུང་ལོ་གསུམ་པར་གྲུབ་དབང་ཀརྨ་པ། །རོལ་བའི་རྡོ་རྗེ་དགེ་བསྙེན་སྡོམ་པ་ཕུལ། །ཀུན་དགའ་སྙིང་པོ་ཞེས་བྱའི་མཚན་གསོལ་བ། །བོད་སྐྱོང་སྤྲུལ་པའི་རྒྱལ་པོའི་ལུང་བསྟན་མཐུན། །དགུང་ལོ་བཅུ་བདུན་བཞེས་ཚེ་བོད་དུ་ཕེབས། །མཁས་བཙུན་བཟང་གསུམ་འཛོམ་པའི་ངོ་མཚར་གྱིས། །རྒྱལ་བསྟན་སྤེལ་བའི་མ་ཐུ་གྲུབ་ཤ་སྟག་གི །ཐེག་མཆོག་བཤེས་གཉེན་དུ་མའི་ཞབས

ལ་གཏུགས། །མདོ་རྒྱུད་བསྟན་བཅོས་དགོངས་འགྲེལ་མཐའ་དག་ལ། །ཕྱོགས་རེ་ར་མ་སོང་ཐོས་བསམ་མཐའ་རུ་ཕྱིན། །དབང་ལུང་ཟབ་ཁྲིད་མན་ངག་གསན་བྱའི་སྐོར། །ཆོས་རྒྱུན་གང་བཞུགས་མ་ལུས་ཐུགས་སུ་ཆུད། །སྐབས་ཤིག་འཇམ་དཔལ་དབྱངས་ཀྱི་བཀས་བསྐུལ་ཏེ། །ཐུགས་སྲས་དག་པ་རྣམ་བརྒྱད་སྐུ་འཁོར་བཅས། །འོལ་ཁ་ཆོས་ལུང་རྫིང་ཕྱི་མེ་ཏོག་ཐང་། །གར་ཕུག་འོ་དེ་གུང་རྒྱལ་ལ་སོགས་པ། །ལྷོ་རྒྱུད་གནས་ཆེན་རྣམས་སུ་སྒྲུབ་པ་མཛད། །ཐུགས་ལ་བརྟགས་པའི་དགོངས་ཟབ་ཡོངས་སུ་སྨིན། །གྲུབ་པའི་གོ་འཕང་མཐོན་པོའི་ཡང་རྩེར་གཤེགས། །ཡོངས་རྫོགས་ཐུབ་བསྟན་མངའ་བདག་ཆེན་པོར་བཞེངས། །སྔོན་བྱོན་མཁས་གྲུབ་སྲུས་ཀྱང་མ་ཐོན་པའི། །ལུང་རིག་བློ་བའི་ཁྲུངས་ལྡན་ལེགས་བཤད་གསར། །མདོ་སྔགས་ལམ་གྱི་རིམ་པ་ལ་སོགས་པ། །སྐལ་ལྡན་ཐར་འདོད་ཡོངས་ཀྱི་གཅེས་ནོར་སྤེལ། །ཐུགས་སྲས་སློབ་མ་ཡང་སློབ་རིམ་བྱོན་གྱིས། །རྒྱུད་འཛིན་ཆོས་སྡེ་ཆེ་ཆུང་གྲངས་མེད་བཏབ། །དེ་ནས་རིམ་བརྒྱུད་དགེ་ལྡན་བསྟན་པའི་སྲོལ། །ཤར་ཕྱོ་ཊ་ནོར་འཛིན་ཡོངས་ཁྱབ་འདི་ཙམ་བྱུང་། །ངེས་པའི་དོན་དུ་རྗེ་བཙུན་འཇམ་དཔལ་དབྱངས། །ངུར་སྨྲིག་འཛིན་པའི་ཟོལ་བསྟེན་ཡིན་ནའང་། །ཐུན་མོང་སྣང་ངོར་སྐུ་ཆེ་དུ་མ་ཏུ། ། མཁྱེན་པའི་གཏེར་གྱིས་རྗེས་སུ་བཟུང་བའི་མཐུས། །མདོ་རྒྱུད་རིག་གནས་མང་དུ་མཁྱེན་པ་དང་། ། ཚུལ་བཞིན་སྒྲུབ་པ་རྫོགས་པའི་ཡོན་ཏན་རྣམས། །ཚིགས་མེད་ཐུགས་སུ་ཆུད་པས་འཛམ་གླིང་འདིར། །མཁས་གྲུབ་ཡོངས་ཀྱི་གཙུག་གི་རྒྱན་དུ་གྱུར། །རྒྱ་གར་པཎ་གྲུབ་ཡི་དམ་ལྷག་པའི་ལྷའི། །སྐུ་དང་གསུང་གི་སྣང་བ་མངོན་སུམ་དུ། །དག་པའི་སྣང་བར་ཡང་ཡང་གཟིགས་པ་ནི། །རྩོལ་བའི་ཤུགས་ལ་ལྟོས་མེད་ལྷུན་གྱིས་གྲུབ། །བསིལ་ལྡན་སྣ་ལའི་སྨན་ལྗོངས་གཙོར་བྱས་པའི། །ས་ཆེན་ཁྱོན་འདིར་དགེ་ལྡན་རིང་ལུགས་ཀྱིས། །ཁྱབ་གདལ་བཀོད་པ་འཇམ་མགོན་བླ་མ་ཡི། །མཛད་པ་ཀུན་གྱི་དཔྱིད་དུ་གྱུར་བ་ལགས། །ཞིང་འདིར་བདག་ཉིད་ཆེན་པོའི་སྐུ་དངོས་ཀྱི། །གདུལ་བྱ་བགྲང་ཡས་སྨིན་གྲོལ་ལ་བཀོད་ནས། །ཧོར་ཟླ་བཅུ་པའི་ཉེ་ཤུ་ལྔ་ཡི་ཉིན། །སྐུ་ཡི་བཀོད་པ་མི་མངོན་དབྱིངས་སུ་བསྡུས། །དེ་ནས་དགའ་ལྡན་ཡིད་དགའ་ཆོས་འཛིན་དུ། །འཇམ་དཔལ་སྙིང་པོ་ཞེས་གྲགས་འཇམ་མགོན་སྲས། ཐེག་མཆོག་ཆོས་ཀྱི་བདུད་རྩི་དགའ་སྟོན་ལ། །དགྱེས་དགུར་རྩེན་ཅིང་རོལ་བའི་སྐབས་ལགས་སོ། །འཇམ་

མགོན་བདག་ཉིད་ཆེན་པོའི་གསང་གསུམ་གྱི། །ཡོན་ཏན་མི་ཟད་རྒྱ་མཚོ་ལྟ་བུ་ལས། །ཆུ་ཐིགས་ཙམ་ཞིག་ཡིད་བཞིན་ནོར་བུ་ཡི། །ཆོས་ཚོགས་ཉུང་ངུ་རང་བློའི་རྣམ་ཐར་ཕྲ

མོའི་ཚོད་ཙམ་བརྗོད་པ་ཡང་། །ཐོས་བསམ་ནོར་ལྡན་མཉེས་པའི་མཆོད་པར་འབུལ། །སྨོན་རབས

དམ་པའི་རྣམ་པར་ཐར་པ་ཡི། །རྗེས་སུ་བཞུགས་པའི་འདུན་པ་ཆེག་སྒྲིལ་ཏེ། །ཐུགས་སྨོན་ཟབ་མོའི་

རིམ་པ་རྒྱ་གང་ཆེར། །བརྩེ་བས་གཟིགས་པ་མཁྱེན་མཁྱེན་མཁྱེན་ལགས། །ཅེས་འཇམ་མགོན་ཙོང་ཁ

པ་ཆེན་པོའི་ངོ་མཚར་རྨད་དུ་བྱུང་བའི་རྣམ་པར་ཐར་པ་རྒྱ་མཚོ་ལྟ་བུ་ལས་ཆུ་ཐིག་ཙམ་ཞིག

ཚིགས་སུ་བཅད་པའི་དབྱངས་ཀྱིས་བརྗོད་པ་གསེར་ཞུན་ཐིགས་པ་ཞེས་བྱ་བ་འདི་ནི། ཨུ་རང་

དབུས་ཤོག་ལྔ་ཡན་ཤ༢ཀྵའི་དགོན་པ་བཀྲ་ཤིས་ཆོས་གླིང་གི་མཚན་ཉིད་གྲྭ་ཚང་གི་དབུ་མཛད་རབ

འབྱམས་པ་བློ་བཟང་དཔལ་འབྱོར་གྱིས་བསྐུལ་ངོར། ལྷ་རམས་པ་ཞབས་དྲུང་བློ་བཟང་བསྟན་པའི་

རྒྱལ་མཚན་གྱིས་སྦྱར་བའོ། །མཁྱེན་×། །ཕར་ཕྱིན་ལྷོན་མོའི་ལྷ་མཆོད་དུས་བཟང་གི་སྤྱི་ཚོགས་

དང་པོར་ཚོགས་སྒྲིགས་རྒྱུའི་རྗེའི་རྣམ་ཐར་འབྱུང་ཁུངས་མདོར་བསྡུས་ལགས། །

༄༅། །དགའ་ལྡན་ལྷ་བརྒྱ་མའི་མན་ངག་ཤིན་ཏུ་གསང་བ་སྙིང་པོ་ཀུན་ནོར་ཞེས་བྱ་བཞུགས་སོ། །

༄༅། །ན་མོ་གུ་རུ་སུ་མ་ཏི་ཀཱིརྟི་ཡ། འདིར་དཔལ་ལྡན་སྨད་རྒྱུད་པའི་སྔན་རྒྱུད་ལས་བྱུང་བའི་བླ་མའི་རྣལ་འབྱོར་དགའ་ལྡན་ལྷ་བརྒྱ་མའི་ཞལ་ཤེས་ཀྱི་མན་ངག་འགའ་ཞིག་འགོད་པ་ལ། རྗེ་བླ་མའི་ཐུགས་ཀར་འཇམ་དབྱངས་དཀར་པོ། རྒྱལ་ཚབ་རྗེའི་ཐུགས་ཀར་སྤྱན་རས་གཟིགས་ཕྱག་བཞི་པ། མཁས་གྲུབ་རྗེའི་ཐུགས་ཀར་ཕྱག་རྡོར་གོས་སྔོན་ཅན་དང་། ལྷ་ཚོགས་རྣམས་ཀྱི་གནས་གསུམ་དུ་འབྲུ་གསུམ་གྱི་མཚན་པ་བཅས་གསལ་བཏབ་ལ། སྤྱན་འདྲེན་པ་དང་ཡན་ལག་བདུན་པ་འབུལ་བ་རྣམས་བྱས་རྗེས། མཎྜལ་གྲངས་གསོག་ཕུལ། དེ་ནས་དམིགས་བརྩེ་མ་ཡོངས་གྲགས་ལྟར་རམ། དངོས་གྲུབ་ཀུན་འབྱུང་ཐུབ་དབང་རྡོ་རྗེ་འཆང་། །རྒྱལ་བའི་རྒྱལ་ཚབ་མི་ཕམ་བྱམས་པ་མགོན། །དམིགས་མེད་བརྩེ་བའི་གཏེར་ཆེན་སྤྱན་རས་གཟིགས། །དྲི་མེད་མཁྱེན་པའི་དབང་པོ་འཇམ་པའི་དབྱངས། །བདུད་དཔུང་མ་ལུས་འཇོམས་མཛད་གསང་བའི་བདག །གངས་ཅན་མཁས་པའི་གཙུག་རྒྱན་བློ་བཟང་གྲགས། །དཔལ་ལྡན་བླ་མའི་ཞབས་ལ་གསོལ་བ་འདེབས། །རང་གཞན་སྨིན་ཅིང་གྲོལ་བར་བྱིན་གྱིས་རློབས། །ཞེས་ལན་མང་དུ་གསོལ་བ་འདེབས་ཤིང་། །དངོས་གྲུབ་ཞུ་བའི་དམིགས་པ་བྱ་ཚུལ་འབྲིད་ཡིག་ལས་བྱུང་བ་ལྟར་བྱ། བསྡུ་ན། དེ་ལྟར་ཤུགས་དྲག་གསོལ་བ་བཏབ་པའི་མཐུས། །སྐྱབས་གསུམ་ཀུན་འདུས་བླ་མ་ཡབ་སྲས་དང་། ཐུགས་ཀའི་འཕགས་མཆོག་རིགས་གསུམ་མགོན་པོ་ཡི། ཐུགས་ཀ་ནས་སྦྱོར་འོད་ཟེར་སྨྱུ་གུ་རྣམས། །རྩེ་མོ་འདྲེས་ཏེ་རང་གི་སྤྱི་བོ་ཡི། །ཚངས་པའི་བུ་གནས་རྩ་དབུ་མའི་བུག་སྟོང་རྒྱུད། །བདུད་རྩིའི་རྒྱུན་བབས་སྤྱི་བོ་ནས་ཞུགས་པས། །སྡིག་སྒྲིབ་འགལ་རྐྱེན་ཚོགས་ཀུན་སྦྱང་བར་གྱུར། །ཞེས་མ་དག་འབྲིད་པ་སྔོན་དུ་བཏང་ནས། །ཤེས་རབ་སྒྲུབ་པར་འདོད་ན། །སྐྱབས་ཡུལ་བླ་མ་ལྷ་ཡི་ཐུགས་ཀ་ནས། །སྦྱོར་བའི་སྐུ་དང་ཕྱག་འཕྲེང་ལ་སོགས་དང་། །ཕྱག་མཚན་གླེགས་བམ་རལ་གྲི་འཁོར་ལོ་སོགས། །རང་ཉིད་ལ་ཐིམ་ཤེས་རབ་རྒྱས་པར་གྱུར། །ཞེས་དང་། གཞན་ཡང་ནད་གདོན་སེལ་བ་དང་། ལས་གཞི་སྒྲུབ་པའི་དམིགས་ནམ་སྐྱོང་ཚུལ་ནི། མ་དག་པ་འབྲིད་ཚུལ་གོང་ལྟར་ལ། ཚ་བའི་ནད་ཀྱི་རིགས་ལ། ཁྱད་པར་འོད་དང་བདུད་རྩི་བསིལ་བའི་རྒྱུན། བབས་པས་སྡོ་གསུམ་མི་མཐུན་ཕྱོགས་ཀུན་དང་། བྱེ་བྲག་ཚ་བའི་ནད་རིགས་མ་ལུས་སྦྱངས། །

གཏན་གྱི་བདེ་བའི་དཔལ་ལ་རོལ་བར་གྱུར། །ཅེས་དང་། གྲང་བའི་ནད་ལ། ཚ་བའི་རྒྱུན། ཞེས་དང་། གྲང་བའི་ནད་རིགས་ཞེས་པ་མ་གཏོགས་འདྲ། །དམིགས་གསལ། རླུང་། མཁྲིས། བད་ཀན། སྙིང་གྲིབ། གྲིབ་དང་མི་གཙང་བ་སོགས་ལ་རིམ་པ་བཞིན། ཁྱད་པར་འོད་དང་བདུད་རྩི་དམར་པོའི་རྒྱུན། །ཞེས་དང་། སེར་པོའི་རྒྱུན། ལྗང་ཁུའི་རྒྱུན། གཟིའི་མདོག་ཅན། དྲི་བསུང་། ཞེས་དང་། བྱེ་བྲག་རླུང་གི་ནད་རིགས་མ་ལུས་སྦྱངས། །དེ་བཞིན་དུ། མཁྲིས་པའི། བད་ཀན། སྙིང་གྲིབ། །གྲིབ་དང་མི་གཙང་བ་སོགས་སྦྱངས། །ཞེས་དང་། དེ་བཞིན་དུ་དུག་གི་ནད་ལྟ་བུ་ལ། བདུད་རྩི་སྔོན་པོ་སྟེ་སྐབས་ཐོབ་ཀྱིས་ཁ་བསྒྱུར་བྱ་ཞིང་། གདོན་བགེགས་དང་གཙན་གཟན་ཆོམ་རྐུན་སོགས་པ། ཁྱད་པར་འོད་ཟེར་མེ་ཡི་ཕུང་པོའི་ཚོགས། །སྤྲོས་པས་གདོན་བགེགས་གཙན་གཟན་ཆོམ་རྐུན་སོགས། །གནོད་བྱེད་མི་དང་མི་མིན་འབྱུང་པོའི་ཚོགས། །བསྐྲད་དེ་གཏན་བདེའི་དཔལ་ལ་བཀོད་པར་གྱུར། །ཅེས་སྦྱར། གཞན་ཡང་ལས་བཞི་ལས། ཞི་བ་ལ། ཁྱད་པར་འོད་དང་བདུད་རྩི་དཀར་པོའི་རྒྱུན། བབས་པས་སྒོ་གསུམ་སྡིག་སྒྲིབ་མ་ལུས་སྦྱངས། །བྱེ་བྲག་ཉེར་འཚེའི་ཚོགས་ཀུན་རབ་ཞི་ནས། །ཞི་བའི་དངོས་གྲུབ་མ་ལུས་འགྲུབ་པར་འགྱུར། །ཅེས་དང་། རྒྱས་པ་ལ། ཁྱད་པར་འོད་དང་བདུད་རྩི་སེར་པོའི་རྒྱུན། །བབས་པས་ལེགས་ཚོགས་རྒྱས་པའི་གེགས་སྦྱངས་ཏེ། །ཚེ་བསོད་དཔལ་འབྱོར་ལུང་རྟོགས་ཡོན་ཏན་སོགས། །རྒྱས་པའི་དངོས་གྲུབ་མ་ལུས་འགྲུབ་པར་འགྱུར། །ཅེས་དང་། ཁྱད་པར་ཚེ་རིང་བར་འདོད་ན། ཁྱད་པར་བླ་མ་ལྷ་ཡི་ཐུགས་ཀ་ནས། །ཡེ་ཤེས་བདུད་རྩིས་ལེགས་གཏམས་འཆི་མེད་ཀྱི། །བུམ་པའི་ཚོགས་སྤྲོས་རང་ཉིད་ལ་ཐིམ་པས། །རིག་འཛིན་འཆི་མེད་དངོས་གྲུབ་ཐོབ་པར་འགྱུར། ཅེས་དང་། དབང་ལ། ཁྱད་པར་འོད་དང་བདུད་རྩི་དམར་པོའི་རྒྱུན། བབས་པས་ཉོན་མོངས་འདོད་ཆགས་སྒྲིབ་པ་སྦྱངས། །སྲིད་ཞིའི་དཔལ་འབྱོར་དབང་དུ་འདུ་བ་སོགས། །དབང་གི་དངོས་གྲུབ་མ་ལུས་འགྲུབ་པར་འགྱུར། ཅེས་དང་། དབང་གི་དགུག་པ་ལ་ནི། །ཁྱད་པར་སྐྱབས་ཡུལ་རྣམས་ཀྱི་ཐུགས་ཀ་ནས། །རབ་དམར་འོད་ཟེར་རྣོན་པོའི་ཚོགས་བཅས་པ། །སྤྲོས་པས་འདོད་དགུ་ཉེར་བཀུག་རང་ཉིད་ལ། །ཐིམ་པས་ཁམས་གསུམ་དབང་དུ་འདུ་བར་གྱུར། །ཅེས་དང་། །དྲག་པོ་ལ། ཁྱད་པར་འོད་དང་བདུད་རྩི་སྔོན་པོའི་རྒྱུན། །བབས་པས་ཕྱི་ནང་ཉེར་འཚེའི་ཚོགས་ཀུན་སྦྱངས། །བྱེ་བྲག་གནོད་བྱེད་རྦད་ནས་གཅོད་པ་སོགས། །དྲག་པོའི་དངོས་གྲུབ་མ་ལུས་འགྲུབ་པར་གྱུར། །དམིགས་གསལ་དགྲ་བགེགས་བསྒྲལ་བར་

འདོད་ན། །ཁྱད་པར་འཇམ་མགོན་ལྷ་ཚོགས་ཐུགས་ཀ་ནས། །འཆི་བདག་ལས་གཤིན་ཡུམ་མཆོག་ཙ་མུཎྜི། །ཕོ་བརྒྱད་མོ་བརྒྱད་གཤིན་རྗེའི་ཚོགས་སྤྲོས་ཏེ། །གནོད་བྱེད་དགྲ་བགེགས་གཏན་ནས་བརླག་པར་གྱུར། །ཅེས་དང་། ཡང་གཞན་གྱི་བར་ཆད་སེལ་དགོས་པ་བྱུང་ན། ཁྱད་པར་སྐྱབས་གསུམ་ཀུན་འདུས་བླ་མ་ལྷའི། །ཐུགས་ཀ་ནས་སྤྲོས་དྲག་རྒྱུབ་འོད་ཟེར་གྱིས། །གནོད་བྱེད་ཚར་བཅད་མེ་འོད་གུར་ཁང་དུ། །སྒྲིབ་བྱེ་བཙུད་པས་རྣམ་ཀུན་བསྲུང་བར་གྱུར། ཅེས་སོགས་གང་ལ་གང་འཚམས་ཀྱི་དམིགས་པ་ཁ་བསྒྱུར་བྱ། དེ་ཡང་རང་གནས་སྲུའི་སྐབས། ཨོཾ་ཨཱཿགུ་རུ་བཛྲ་ཧླ་ར་སུ་མ་ཧེ་ཀི་ཧེ་སི་ཧྲི་ཡ་མནྟྲ་ཀ་ཧཱུྃ་ཕཊ། བཛྲ་རཀྴ་རཀྴ་སྭཱཧཱ། ཞེས་དང་། དྲག་པོ་ལ། ཨོཾ་ཧྲཱིཿཥྚྲིཿཤེ་ཀྲི་ཏྲ་ན་ན་ཧཱུྃ་སརྦ་ཤ་ཏྲུཾ་སྭཱ་ར་ཡ་ཕཊ། ཅེས་དང་། དབང་ལ། ཨོཾ་ཡ་མནྟ་ཀ་ཧཱུྃ་ཆེ་གེ་མོ་ཀྵ་ཤི་ཀུ་རུ་ཧོཿ བཏགས་པ་དང་། རྒྱས་པ་ལ་མཚན་སྔགས་ལ། ཨ་ཡུཿཔུཎྱེ་ཛྙཱ་ན་པུཥྚིཾ་ཀུ་རུ་ཨོཾ། ཞེས་དང་། ཞི་བའི་ལས་སྦྱོ་ལ། ཨོཾ་མ་ཧེ་པདྨེ་ཧཱུྃ་བར་ཆད་མི་མཐུན་པའི་ཕྱོགས་ཐམས་ཅད་ཤཱནྟིཾ་ཀུ་རུ་ཡེ་སྭཱཧཱ། ཞེས་དང་། སྟེང་གྲིབ་དང་མི་གཙང་བ་དང་གདོན་བགེགས་ཀྱི་གནོད་པ་ལ། །ཨོཾ་བཛྲ་ཙཎྜ་མཧཱ་རོ་ཥ་ཎ་ཧཱུྃ་ཕཊ་ནད་གདོན་དམིགས་ཀྱིས་བསལ་བ་དེ་བཟློག་ནས་ཤཱནྟིཾ་ཀུ་རུ་ཡེ་སྭཱཧཱ། ཞེས་དང་། ཤེས་རབ་སྒྲུབ་པ་ལ། ཨོཾ་ཨཱཿཀྲཱི་དྷཱིཾ་ན་མཿཔྲཛྙཱ་ཛྙཱ་ན་པུཥྚིཾ་ཀུ་རུ་ཨོཾ། ཞེས་སོགས་སྐབས་སུ་གང་བབས་ཀྱི་སྔགས་གཞམ་བུ་ཅན་གཙོ་བོར་བཟླ་ཞིང་། སྤྱིར་ཐུན་མོང་དུ་དམིགས་བརྩེ་མ་ཉིད་ལ་ཚིག་དྲིལ་དུ་འབད་པ་དང་། རེ་ཞིག་མ་དག་འཁྲུད་པའི་དམིགས་པ་ཉིད་ལ་ཅལ་དུ་འདོན་པ་གནད་ཡིན་ནོ། དེ་ལྟར་ཐུན་མོང་དང་ཐུན་མོང་མ་ཡིན་པའི་མན་ངག་གི་གནད་མཐར་ཐུག་པ་རྣམས་བླ་མའི་ཞལ་ལས་ཤེས་པར་བྱའོ། །ཐུན་མཐར་བླ་མཆོད་ཚོག་ལས་འབྱུང་བ་ལྟར་ཏིང་ངེ་འཛིན་གྱི་དབང་བླང་བ་དང་། ལམ་ཡོངས་རྫོགས་བཤར་བསྒོམ་བྱ། དཔལ་ལྡན་བླ་མའི་ཞེས་སོགས་བརྗོད་ལ། རྩ་དབུ་མའི་ནང་སྙིང་གའི་ཐད་དུ་རང་གི་སྙིང་ཀློས་གྱེན་དུ་བསྐྱང་ནས་ཆལ་པ་བརྒྱད་དུ་གྱེས་པའི་དབུས་སུ་རྗེ་བླ་མ་སྤྱན་དྲངས་སོགས་འཁྱིད་ཡིག་ལྟར་བྱས་ལ། སྙིང་པདྨ་སྡོངས་སྐུ་ལྟར་བྱས་པའི་ནང་འོད་ཟེར་སྣ་ལྷུས་ཞལ་ཞལ་བྱས་པའི་ཕྱི་དམིགས་བརྩེ་མ་དང་། ཨོཾ་ཨཱཿཀྲཱི་དྷཱིཾ་ན་མ་སུ་མ་ཏེ་ཀཱིརྟི་ཤྲཱི་ཧྲ་དྲ་ཨ་ཛེ་ཏྲཾ་ན་ཨ་ཛེ་ཏྲི་ཏེ་ཀུ་བནྡྷ། ཞེས་པའི་ཐུགས་འཕྲེང་གིས་བཅིངས་པ་ལ། ཕྱི་ནང་གི་བར་ཆད་མི་འཇུག་པའི་ཕྱིར་དུ་གཤིན་རྗེའི་གཤེད་ཀྱི་ང་རོ་རྡོ་རྗེ་ནག་པོ་རྩེ་ལྔ་པ་བྱེད་པའི་ཧཱུྃ་ཡིག་ལྔ་ཡིས་མཐའ་བར་བསམ་ཞིང་། རྡོ་རྗེ་བསྒོམ་པ་འདིས་བྱས་ཀྱང་རུང་། དབུ་མའི་ཡར་སྣེ་འགགས་ནས་ནང་འོད་ཟེར་སྣ་ལྷུས་ཞལ་ཞལ་བྱ་བར་མཁས་གྲུབ་ཚིག་བརྒྱད་ལས་འབྱུང་། རྗེས་བསྔོ་སྨོན་བྱ། ཐུན་རྗེས་མའི་འཇུག་གི་གསོལ་འདེབས་ལན་གསུམ་གྱི་དང་པོའི་ཚེ་རྩ་དབུ་མའི་ཡར་སྣེ་ཕྱེ། གཉིས་པའི་ཚེ་སྙིང་ཀའི་ཐུགས་འཕྲེང་དཀྲོལ་ནས་པད་

འདབ་རྣམས་སྤུར་ལྷུར་གྱིས། གསུམ་པའི་ཚེ་སྤྱི་བོའི་བླ་མ་སྙིང་ཀའི་བླ་མ་ལ་ཐིམ་པར་བསམ་མོ། ། ༈ འདིའི་སྔོན་ནས་འགྲོ་བའི་མན་ངག་བསྒོམ་པར་འདོད་ན། འདི་ལ་གཉིས་ལས། ཐོག་མར་འགྲོ་བ་སྦྱང་བ་ནི། བདག་གིས་ལམ་འདི་ལ་བརྟེན་ནས་ཚེ་འདིར་བླ་མ་ལྷའི་གོ་འཕང་མངོན་དུ་བྱེད་ན་ལེགས་མོད། དེ་ལྟར་མ་གྲུབ་པར་འཆི་དགོས་བྱུང་ཀྱང་འགྲོ་བའི་མན་ངག་ལ་བརྟེན་ནས་དགའ་ལྡན་མཁའ་སྤྱོད་དུ་འཕོས་ཏེ་འཇམ་མགོན་ཡབ་སྲས་ལས་གདམས་ངག་ཐོབ་ནས་མ་རྣམས་ཀྱི་དོན་དུ་སྐུ་བཞི་ཐོབ་པར་བྱའོ་སྙམ་པ་དང་། དགའ་ལྡན་གྱི་ཞིང་ཁམས་ནས་བྱམས་མགོན་འཁོར་ཚོགས་དང་། ཁྱད་པར་རྒྱལ་བ་ཐམས་ཅད་ཀྱི་མཁྱེན་བརྩེ་ནུས་གསུམ་གྱི་བདག་ཉིད་རྗེ་ཡབ་སྲས་རྣམས་གསལ་བཏབ་ལ། དེ་ཉིད་ཀྱི་གསང་གསུམ་གྱི་ཡོན་ཏན་སྤྱི་དང་། ཁྱད་པར་སྙིགས་དུས་ཀྱི་འགྲོ་བ་རྣམས་ལ་ཐུགས་རྗེ་དང་བཀའ་དྲིན་ཆེ་ཚུལ་དང་། རང་རེ་སྐལ་དམན་གྱི་བློ་ངོར་འཚམས་པའི་དགེ་བའི་བཤེས་གཉེན་འདི་རྣམས་ཐབས་སྣ་ཚོགས་ཀྱིས་ཐར་ལམ་ལ་བཀྲི་བར་མཛད་པ་འདི་དག་ཀྱང་རྗེ་བླ་མའི་སྤྲུལ་པ་ཡིན་པ་དང་། ཟབ་རྒྱས་ཀྱི་ཆོས་འདི་ལྟ་བུ་ལ་ལོངས་སྤྱོད་རྒྱུ་བྱུང་བ་འདི་འང་རྗེ་བླ་མའི་ཐུགས་རྗེ་དང་བྱིན་བརླབས་འབབ་ཞིག་ཡིན་པར་ངེས་པ་འདྲོངས་ནས། ད་ལྟ་རྗེ་ཡབ་སྲས་རྣམས་གང་ན་དངོས་སུ་མཇལ་རྒྱུ་མ་བྱུང་ནའང་ཡིད་ཡུལ་དུ་མངོན་སུམ་པ་ལྟ་བུར་སྤྱན་དྲངས་ནས་མཆོད་པ་མཉེས་པར་བྱས་ཏེ། མཐར་རང་སེམས་དང་བསྲེས་པའི་མཐུ་ལས་སྦྱར་བ་ཉིད་དུ་ཟུང་འཇུག་ཆེན་པོའི་མངོན་དུ་བྱ་འདོད་ཀྱི་འདུན་པ་བསྐྱེད་དེ། བླ་མའི་རྣལ་འབྱོར་གསོལ་འདེབས་དང་བཅས་ལེགས་པར་གྲུབ་རྗེས། སླར་ཡང་མཇལ་ལན་མང་དུ་ཕྱུལ་ནས་འགྲོ་བ་འབྱོངས་པའི་གསོལ་འདེབས་དང་། ལམ་ཡོངས་རྫོགས་ལ་བཤར་སྒོམ་ཀྱང་བྱ། མཇུག་གི་གསོལ་འདེབས་ལན་གསུམ་གྱི་དང་པོའི་ཚེ་སྲས་གཉིས་རྗེ་ལ་ཐིམ། གཉིས་པའི་སྐབས་སུ་རྗེ་རང་གི་སྤྱི་བོར་བྱོན། རང་གི་ལུས་ཀྱི་དབུས་སུ་རྩ་གསུམ་གསལ་བཏབ་ཅིང་། ཁྱད་པར་རྩ་དབུ་མའི་མར་སྣ་ལྟེ་འོག་ཏུ་ཞབས་ལྕུག་གི་ཚུལ་དུ་ཡོད་པ། ཡར་སྣེ་ཚངས་བུག་ཏུ་ཁ་གདང་རེ་ཡོད་པ་ནས་རྗེ་བླ་མའི་བཞུགས་ཁྲི་གདན་བཅས་ཞུགས་ཏེ་རང་གི་སྙིང་དང་འདྲེས་སྙིང་འདབ་བརྒྱད་ཀྱི་དབུས་ན་རང་སེམས་ཐིག་ལེ་དཀར་པོ་རྒྱ་སྲན་ཙམ་དཀར་འཚིལ་ལེ་འཕར་ལ་ཁད་པ་འཕུར་ལ་ཁད་པ་ཙམ་པ་དེས་སྤྱི་བོའི་རྗེ་བླ་མ་མཐོང་ནས། ད་ལྟ་ཉིད་དུ་དེའི་ཐུགས་ཀར་འགོ་འདམ་འགོ་འདམ་སྙམ་པའི་ངང་ལས། །སྐྱབས་གསུམ་ཀུན་འདུས་ཀྱི་ངོ་བོ་མི་ཕམ་བླ་མ་འཇམ་མགོན་བློ་བཟང་གྲགས་པའི་དཔལ་གྱི་ཞབས་ཀྱི་པདྨོ་ལ་གུས་པ་ཆེན་པོས་ཕྱག་འཚལ་ལོ། །མཆོད་དོ་སྐྱབས་སུ་མཆིའོ། ། བདག་འདི་ནས་ཤི་འཕོས་མ་ཐག་དགའ་ལྡན་གྱི་གནས་སུ་དྲང་དུ་གསོལ། ཞེས་པ་དང་། གཞན་ཡང་མཚན་ཐུགས་དང་། རིགས་གསུམ་མགོན་པོའི་གཟུངས། བྱམས་པས་དམ་བཅས་པའི་གཟུངས་རྣམས་མང་དུ་བརྗོད་ཅིང་གསོལ་བ་བཏབ་པས་ཞལ་གྱིས་བཞེས་པར་བསམ། སླར་ཡང་མོས་གུས་དྲག་པོས་གསོལ་བ་བཏབ་པས། རྗེ་བླ་མའི་ཐུགས་ཀ་ནས་འོད་ཟེར་ལྕགས་

ཀྱིའི་དབྱིབས་ཅན་བྱུང་། རང་སེམས་ཐིག་ལེ་ལ་རེག་ཙམ་བྱས་པས་གྱེན་དུ་འཕར་བ་དང་མཉམ་དུ་འོག་རླུང་གྱེན་དུ་འཐེན། ཧིཀ་བརྗོད་པས་ཐིག་ལེ་དེ་ཉིད་རྗེ་བླ་མའི་སྤྱི་ལ་ཀྱང་ལ་རེག་ཙམ་བྱས། །ཡང་རླུང་ཆམ་ལ་ཕབ་སྟེ་ཀཱ་ཞེས་བརྗོད་པས་སྙིང་ཀར་དབབ། དེ་ལྟར་ལན་མང་དུ་སྦྱངས་ཤིང་། གསོལ་འདེབས་ལན་གསུམ་པ་བརྗོད་པའི་ཚེ། སྤྱི་བོའི་བླ་མ་དེ་ཉིད་སྙིང་ཀའི་ཐིག་ལེ་ལ་ཐིམ་པས་རྗེ་བླ་མའི་སྐུར་གྱུར་པར་བསམ་ལ་ཨ་མ་ར་ཎི་ཛི་མང་བཟླས་པས། རྗེ་བླ་མའི་སྐུ་ལས་འཆི་མེད་ཀྱི་བདུད་རྩི་འབབ་པས་ལུས་ཐམས་ཅད་གང་། སྡིག་སྒྲིབ་སྤྱི་དང་ཁྱད་པར་ཚེ་ཐུང་འགྱུར་གྱི་སྡིག་སྒྲིབ་ཐམས་ཅད་སྦྱངས། འཆི་མེད་ཚེའི་དངོས་གྲུབ་ཐོབ་པར་བསམ། མཇུག་ཏུ་བད་འདབ་ཁ་བསྡུས་པ་སོགས་སྔར་བཞིན་བྱ། འབྱོངས་པའི་རྟགས་སུ་སྤྱི་གཙུག་ཟ་བ་དང་འཕྲིག་པ་སོགས་འབྱུང་ཞིང་། ཁྱད་པར་དན་སོང་ལ་མི་འཛིགས་པའི་གདེངས་ཐོབ་པ་དང་། བླ་མའི་ལྷའི་སྣང་བ་དང་མི་འབྲལ་བ་ནི་གནད་དུ་སོང་བའི་རྟགས་སོ། །གཉིས་པ་ལས་ལ་སྦྱར་བ་ནི། །ངེས་པའི་འཆི་ལྟས་བྱུང་བའི་ཚེ་ཡོ་བྱད་གང་ཡོད་དགེ་ཕྱོགས་སུ་བཏང་། ཁྱད་པར་འཆི་བ་ལ་འཇིགས་སྐྲག་དང་འགྱོད་པ་མེད་པར་བུ་ཕ་ཁྱིམ་དུ་འགྲོ་བ་ལྟ་བུའི་དགའ་སྤྲོ་བསྐྱེད། ཁྲུས་བྱས་ཏེ་གདིང་བའམ་གདན་གསར་པ་བཏིང་། ཆོས་གོས་ཀྱིས་གཡོགས། འཕོ་རྫས་སྤྱི་གཙུག་བྱུགས། གཞན་རྣམས་སྔར་བཞིན་ལ། མཐར་སྤྱི་བོའི་རྗེ་བླ་མའི་ཐུགས་ཀ་ནས་སྤྲོས་པའི་འོད་ཟེར་ལྕགས་ཀྱུས་རང་སེམས་ཐིག་ལེར་གསལ་བ་ལ་བཏབ་པར་མོས་པ་དང་མཉམ་དུ་འོག་རླུང་དྲག་ཏུ་འཐེན་ཅིང་། ཧྲཱི་བ་སྐལ་ཚིགས་ལ་སྦྱར། ཧིག་དྲག་ཏུ་རྒྱབ་པས་ཐིག་ལེ་དེ་ཉིད་སྤྱི་གཙུག་ཏུ་ཐོན། །སྤྱི་བོའི་བླ་མའི་ཐུགས་ཀར་འཐིམ་པ་དང་། རྗེ་བླ་མ་དེ་ཉིད་སྐར་མདའ་འཕངས་པ་བཞིན་དགའ་ལྡན་མཁའ་སྤྱོད་ཀྱི་གནས་སུ་མི་ཕམ་རྒྱལ་བའི་ཐུགས་ཀར་གཤེགས་པར་མོས། དེའི་གནས་སྐབས་སུ་ཐེ་ཚོམ་དང་ཡིད་གཉིས་མ་བྱེད་པར་ཐོགས་མེད་དུ་འཕོ་བའི་འདུན་པ་བྱེད་དགོས་སོ། །གཞན་ལ་འཕོ་བ་འདེབས་ཚུལ་ཡང་ཕལ་ཆེར་གོང་གིས་རིགས་འགྲེ། འདིའི་མན་ངག་གི་སྐོར་ཞིབ་ཅིང་ཕྲ་བ་རྟོགས་པར་དཀའ་ལ། གོལ་ས་ཆེ་བའི་གནད་འགག་མང་དུ་ཡོད་པ་རྣམས་བརྒྱུད་ལྡན་བླ་མའི་ཞལ་ལས་ཤེས་དགོས་སོ། །དེའང་འཕོ་བའི་མན་ངག་ཡོད་པའི་སློམ་འཆི་བ་ལ་མ་རེངས་པར་རྟེན་བཟང་ཡུན་དུ་གནས་པའི་ཐབས་ལ་འབད་དགོས་པས། ཚེ་སྒྲུབ་པའི་ཐབས་གོང་དུ་བརྗོད་པ་ལྟར་རམ། འཆི་བདག་གཤིན་རྗེའི་གཉེན་པོའི་ལྷ་འཇིགས་བྱེད་སེར་པོ་ལྷ་བུའི་ཚེ་སྒྲུབ་ལ་འབད་པས་རིང་པོར་འཚོ་བའི་དགའ་སྟོན་ལ་རོལ་བར་བྱའོ། །ཞེས་པ་འདི་ཡང་སྔར་བཙུན་དགའ་དབང་བ་སུ་དམ་པའི་གསུང་བཞིན་སྙིང་པོར་དྲིལ་ཏེ་བཀོད་པའོ། །མན་ངག་ཟབ་མོ་འདི་ཉིད་དབང་མ་ཐོབ་པ་དང་། དམ་སྡོམ་ཡལ་བར་དོར་ནས་ཉམས་འཆར་གྱི་ཚུལ་དུ་མང་པོ་ཐོས་ལོ་བྱེད་པ་རྣམས་ལ་ཤིན་ཏུ་གསང་དགོས་པར་བཤད་འདུག་གོ །

༄༅། །ཁམས་གསུམ་ཆོས་ཀྱི་རྒྱལ་པོ་ཙོང་ཁ་པ་ཆེན་པོ་སོགས་ལ་སྟོད་མཆོད་འབུལ་ཚུལ་རྣམས་ཕྱོགས་གཅིག་ཏུ་བསྒྲིགས་པ་བཞུགས་སོ། །

ན་མོ་གུ་རུ་སུ་མ་ཏི་ཀཱིརྟི་ཡེ། རྒྱལ་བ་རང་ཉིད་དངོས་སུ་བྱོན་ནས་ཀྱང་མཐུན་འགྱུར་ཙམ་ཞིག་མ་གཏོགས་པ། རྒྱལ་བའི་ལམ་བཟང་གཞན་ན་ཡོད་ཅེས་གསུང་དུ་མེད་པའི་ཐམས་ཅད་མཁྱེན། རྒྱལ་བ་གཉིས་པ་ཙོང་ཁ་པ་ལ་དངོས་པོ་ཀུན་གྱིས་ལེགས་བཏུད་ནས། རྒྱལ་དེར་སྟོད་མཆོད་འབུལ་བའི་ཚོ་ག་རྒྱལ་ཀུན་དགྱེས་སྐྱེད་འདི་ལྟ་སྟེ། འདིར་སྐྱབས་གཉིས་བྱང་ཞིང་ཚོགས་གཉིས་རྫོགས་ནས། མ་རྒན་ཐམས་ཅད་ཀྱི་དོན་དུ་བླ་ན་མེད་པའི་བྱང་ཆུབ་ཐོབ་པར་འདོད་པས། ཁམས་གསུམ་ཆོས་ཀྱི་རྒྱལ་པོ་ཙོང་ཁ་པ་ཆེན་པོར་སྟོད་མཆོད་འབུལ་ཚུལ་ལ་གཉིས། ཐུན་གྱི་ངོ་བོ་དང་། ཐུན་མཚམས་སུ་ཇི་ལྟར་བྱ་བའོ། དང་པོ་ལ་གསུམ། སྔོན་འགྲོ། དངོས་གཞི། མཇུག་གི་རིམ་པའོ། དང་པོ་ནི། གནས་ཁང་བྱི་དོར་ལེགས་པར་བྱས་ལ། བ་བྱུང་དང་དྲི་བཟང་གིས་ཆག་ཆག་གདབ་ཅིང་། མེ་ཏོག་སིལ་མ་དཀྲམ། རྗེ་དང་སྲས་ཀྱི་ཐུ་བོ་གཉིས་ཀྱི་སྣང་བརྙན་སོགས་སྐུ་གསུང་ཐུགས་རྟེན་རྣམས་ལེགས་པར་བཀྲམ་པའི་སྐུ་མདུན་དུ། སྟེགས་བུ་ཁེབས་ལྡན་གྱི་དབུས་སུ་མཆོད་པའི་ཁར་བུམ་པ་དར་སེར་པོའི་མགུལ་འཆིང་དང་ལྡན་པར་བྱ་རྒྱུད་ནས་བཤད་པའི་བུམ་རྫས་ཉེར་ལྔ་དང་བཅས་དྲི་བཟང་གི་ཆུས་གསུམ་གཉིས་ཙམ་བཀང་ས་པ་བཞག དེ་ཡང་མཆོད་གཏོར་དང་། གསོལ་འདེབས་སམ་གཟུངས་སྔགས། ཕྱག་བསྐོར་བ་བཅས་རེ་རེ་ནས་སྟོང་ཕྲང་ས་ཚང་བ་ལ་སྟོད་མཆོད་ཅེས་ཐ་སྙད་མཛད་པ་ཡིན་པས། དཀར་གསུམ་མངར་གསུམ་དང་རིན་ཆེ་སྨན་ཆེ་བསྲེས་པའི་ལྷ་བསོས་དང་གཏོར་རི་ལ་སྟོད་རེ་ངེས་པར་ཚང་དགོས་ཤིང་། གཞན་རྣམས་ཀྱང་སྟོད་ཚར་སོགས་རྒྱས་པར་ཕྱོགས་ན་རབ། དེ་མིན་ཅི་ཕྱོགས་བྱས་ལ་གཡོ་མེད་ཅིང་གཙང་སྦྲ་དང་ལྡན་པའི་ཆུ་གཉིས་ཉེར་སྤྱོད་དང་བཅས་པ། གཞན་ཡང་རོལ་ཆ། གདུགས། རྒྱལ་མཚན། བ་དན། ཆོས་གོས། ལྷུང་བཟེད། འཁར་གསིལ། བཀྲ་ཤིས་རྟགས་རྫས། རྒྱལ་སྲིད་སྣ་བདུན། ཉེ་རིན་བདུན། བསིལ་ཡབ། ཇ་ཡབ་སོགས་མཆོད་རྫས་ཀྱི་བྱེ་བྲག་གང་འབྱོར་བཤམ་མོ། བཤམ་ཚུལ་ཡང་བྱམས་པའི་མདུན་དུ་རྗེ་ལ་འབུལ་རྒྱུའི་ཞལ་ཟས་རྒྱ་མཚོ་མ་དང་། དེའི་མཐའ་སྐོར་རམ་འཕྲེང་སྒྲིགས་གང་འོས་སུ་བདག་མདུན་གྱི་མཆོད་པ་སོགས་མཆོད་རྫས་རྣམས་དང་། ཆོས་སྐྱོང་། རིགས་དྲུག བཞི་བདག་གི་གཏོར་མ་བཅས་བཀོད་པས་མཛེས་པར་བཤམ། ལུས་རི་ལ་པོའམ་ཡན་ལག་ལྔ་ལེགས་པར་བཀྲུས་ཏེ་གོས་གཙང་མ་གྱོན་པ་དང་། ཤ་ཆང་སྒོག་བཙོང་སོགས་སྤངས་ཏེ་ཟས་དཀར་སྟོར་ལ་

བརྟེན་པ་དང་། རྒྱུད་ཉོན་མོངས་པས་མ་སྨགས་པར་ལམ་གྱི་གཙོ་བོ་རྣམ་གསུམ་སོགས་དང་ལྡན་པར་བྱ་བ་སྟེ། ཕྱི་ནང་གསང་བའི་ཁྲུས་གསུམ་དང་ལྡན་པར་བྱའོ། ཐེག་ཆེན་གསོ་སྦྱོང་གི་སྡོམ་པ་ལེན་ཆེ་རྗེ་བཙུན་བློ་བཟང་ཆོས་ཀྱི་རྒྱལ་མཚན་དང་། རྒྱལ་མཆོག་ལྔ་པའམ་བདུན་པའི་གསུང་སོགས་གང་འོས་ཀྱིས་ལེན། མཎྜལ། ཁྲུས་ཆས། རོལ་ཆ་རྣམས་ཀྱང་མདུན་དུ་ཚང་བར་བྱས་ལ། ཚུལ་དང་མཐུན་པའི་སྤྱོད་ལམ་གྱིས་འཁོད་ནས། སྐྱབས་འགྲོ་སེམས་བསྐྱེད་རྒྱུད་དང་འདྲེས་ངེས་བྱས་རྗེས། མཆོག་བདེན་རྒྱལ་བ་སྲས་བཅས་བྱིན་རླབས་དང་། ཚོགས་གཉིས་མངའ་ཐང་ཆོས་དབྱིངས་དག་པའི་མཐུས། ཞིང་འདི་བདེ་བ་ཅན་ལྟར་སྟོད་བཅུད་ཀྱི། སྲིད་ཞིའི་ཕུན་ཚོགས་འདོད་རྒུས་འབྱོར་གྱུར་ཅིག རིན་ཆེན་ས་གཞི་ལྗོན་ཤིང་ཆུ་མཚོས་བརྒྱན། གསེར་དངུལ་མུ་ཏིག་བྱེ་མ་གྲམ་བུར་བརྡལ། མེ་ཏོག་བཅལ་བཀྲམས་ཅན་དན་དྲི་བསུང་ལྡང་། ལྷ་མིའི་ལོངས་སྤྱོད་ཀུན་བཟང་མཆོད་པས་ཁྱབ། དེར་ནི་ཡིད་འོང་ནོར་བུའི་ཕོ་བྲང་དབུས། པདྨ་སེང་ཁྲིར་རྗེ་བཙུན་སྲས་བཅས་རྣམས། བཞུགས་ནས་གཟུངས་རིག་མོས་སྟོབས་ཀྱིས་བསྐུན་པའི། མཆོད་སྤྲིན་རྒྱ་མཚོས་གང་ཞིང་སྤྱོད་གྱུར་ཅིག ཅེས་ས་གཞི། ཁང་བཟང་། གདན་ཁྲི། མཆོད་པ་བཅས་བྱིན་གྱིས་རློབ་པ་ལ་བྱིན་རླབས་བཞི་སྐོར་དུ་གྲགས་པ་བྱས་ལ། ཨོཾ་ན་མོ་བྷ་ག་ཝ་ཏེ་བཛྲ་སཱ་ར་པྲ་མརྡ་ནེ། ཏ་ཐཱ་ག་ཏཱ་ཡ་ཨརྷ་ཏེ་སམྱཀྶཾ་བུདྡྷཱ་ཡ། ཏདྱ་ཐཱ། ཨོཾ་བཛྲེ་བཛྲེ། མཧཱ་བཛྲེ། མཧཱ་ཏེ་ཛ་བཛྲེ། མཧཱ་བིདྱཱ་བཛྲེ། མཧཱ་བོ་དྷི་ཙིཏྟ་བཛྲེ། མཧཱ་བོ་དྷི་མཎྜོ་པ་སཾ་ཀྲ་མ་ཎ་བཛྲེ་སརྦ་ཀརྨ་ཨཱ་ཝ་ར་ཎ་བི་ཤོ་དྷ་ནེ་བཛྲེ་སྭཱཧཱ། ཞེས་མཆོད་སྤྲིན་གྱི་གཟུངས་ལན་གསུམ་བརྗོད་པར་བྱའོ། ༈ གཉིས་པ་དངོས་གཞི་ལ་དྲུག བདག་བསྐྱེད། སྤྱན་འདྲེན་ཁྲུས་གསོལ། བཞུགས་གསོལ་གསལ་གདབ། ཡན་ལག་བདུན་པས་ཚོགས་གསོག བུམ་སྒྲུབ། སྟོང་མཆོད་དངོས་འབུལ་བའོ། དང་པོ་ནི། ཨོཾ་སྭ་བྷཱ་ཝ་ཤུད་དྷཿསརྦ་དྷརྨཱ་སྭ་བྷཱ་ཝ་ཤུདྡྷོ྅ཧཾ། སྟོང་པ་ཉིད་དུ་གྱུར། སྟོང་པའི་ངང་ལས། ཡཾ་ལས་པདྨ་དང་། ཨ་ལས་ཟླ་བའི་དཀྱིལ་འཁོར་གྱི་སྟེང་དུ་རང་གི་སེམས་ཉིད་ཧྲཱིཿ ཡིག་དམར་སེར་ལས་རལ་གྲི་ཧྲཱིཿ ཡིག་དམར་སེར་གྱིས་མཚན་པ། དེ་ལས་འོད་འཕྲོས། འཕགས་པ་མཆོད། སེམས་ཅན་གྱི་དོན་བྱས། ཚུར་འདུས། ཡོངས་སུ་གྱུར་པ་ལས། རང་ཉིད་རྒྱལ་བ་ཀུན་གྱི་ངོ་བོ་ཁམས་གསུམ་ཆོས་ཀྱི་རྒྱལ་པོ་ཤར་ཙོང་ཁ་པ་ཆེན་པོ་སྐུ་མདོག་དཀར་གསལ་མཛེས་པའི་འཛུམ་ཞལ་དང་ལྡན་པ། སྐུ་ལ་ཆོས་གོས་ངུར་སྨྲིག་གི་མདོག་ཅན་གསུམ་མཛེས་པར་གསོལ་ཞིང་། དབུ་ལ་པཎ་ཞྭ་གསེར་གྱི་མདོག

ཅན་སྟེ་རིང་གསོལ་བ། ཞལ་གྱི་དཀྱིལ་འཁོར་ཤིན་ཏུ་འཛུམ་ཞིང་། ཟླ་བ་ཉ་ཡོངས་སུ་གང་བ་ལྟ་བུ། ཕྱག་གཉིས་ཆོས་འཁོར་གྱི་ཕྱག་རྒྱ་སྙིང་འོག་ཏུ་མཛད་པའི་མཐེབ་སྲིན་གྱིས་ཨུཏྤ་ལའི་ཡུ་བ་བཟུང་བའི་འདབ་མ་སྙན་གཡས་གཡོན་གྱི་ཐད་དུ་ཁ་བྱེ་བའི་སྟེང་ན་ཤེས་རབ་ཀྱི་རལ་གྲི་དང་། ཤེར་ཕྱིན་གྱི་གླེགས་བམ་བསྣམས་པ། ཞབས་གཉིས་རྡོ་རྗེའི་སྐྱིལ་ཀྲུང་གིས་བཞུགས་པའི་སྤྱི་བོར་ཨོཾ་ལས་འཁོར་ལོ་དཀར་པོའི་ལྟེ་བར་ཨོཾ་གྱིས་མཚན་པ། མགྲིན་པར་ཨཱཿ ལས་པདྨ་དམར་པོའི་ལྟེ་བར་ཨཱཿམཚན་པ། ཐུགས་ཀར་ཧཱུྃ་ལས་རྡོ་རྗེ་སྔོན་ལྟེ་བར་ཧཱུྃ་གིས་མཚན་པ། ཐུགས་ཀའི་ཧཱུྃ་ལས་འོད་ཟེར་འཕྲོས་པའི་བསྒོམས་པ་དང་འདྲ་བའི་ཡེ་ཤེས་པ་ལ་སངས་རྒྱས་དང་བྱང་ཆུབ་སེམས་དཔའི·····ཚོགས་ཀྱིས་བསྐོར་བ་དགའ་ལྡན་གྱི་གནས་ནས་སྤྱན་དྲངས། ཛཿཧཱུྃ་བཾ་ཧོཿ རང་དང་གཉིས་སུ་མེད་པར་གྱུར། མཆོད་པ་རྣམས་ཨ་མྲི་ཏས་བསངས། སྭ་བྷཱ་ཝས་སྦྱངས། སྟོང་པའི་ངང་ལས་ཨོཾ་ལས་རིན་པོ་ཆེ་ལས་གྲུབ་པའི་སྣོད་ཡངས་ཤིང་རྒྱ་ཆེ་བ་རྣམས་ཀྱི་ནང་དུ་ཨོཾ་འོད་དུ་ཞུ་བ་ལས་བྱུང་བའི་མཆོད་ཡོན། ཞབས་བསིལ། མེ་ཏོག བདུག་སྤོས། མར་མེ། དྲི་ཆབ། ཞལ་ཟས། རོལ་མོ་རྣམས་རང་བཞིན་སྟོང་པ། རྣམ་པ་མཆོད་རྫས། བྱེད་ལས་དབང་པོ་དྲུག་གི་སྤྱོད་ཡུལ་དུ་ཟག་མེད་པའི་བདེ་བ་ཁྱད་པར་ཅན་བསྐྱེད་པར་གྱུར། ཨོཾ་ཨརྒྷཾ་ཨཱ་ཧཱུྃ། དེ་བཞིན་དུ། པཱ་དྱཾ། པུཥྤེ། དྷཱུ་པེ། ཨཱ་ལོ་ཀེ གནྡྷེ། ནཻ་ཝི་དྱེ། ཤབྡ་ཨཱཿཧཱུྃ། ཞེས་བྱིན་གྱིས་བརླབ། ཨོཾ་གུ་རུ་སུ་མ་ཏི་ཀཱིརྟི་ས་''པ་རི་ཝཱ་ར་ཨརྒྷཾ་པྲ་ཏཱིཙྪ་ཡེ་སྭཱཧཱ། ནས། ཤབྡ་པྲ་ཏཱིཙྪ་ཡེ་སྭཱཧཱ། ཞེས་པའི་བར་གྱིས་མཆོད། རྣམ་དཀར་གངས་རིའི་ལྗོངས་བཟང་འདིར། རྣམ་དག་རྒྱལ་བའི་བསྟན་པ་མཆོག རྣམ་པ་ཀུན་ནས་སྤེལ་མཛད་པ། རྣམ་འདྲེན་གཉིས་པར་གུས་ཕྱག་འཚལ། ཞེས་བསྟོད། རང་གི་སྙིང་གར་ཟླ་དཀྱིལ་གྱི་ལྟེ་བར་ཧྲཱིཿཡིག་གི་མཐའ་བསྐོར་དུ་དམིགས་བཟླ་མཐའ་ཨོཾ་ཨཱཿགུ་རུ་སུ་མ་ཏི་ཀཱིརྟི་སིདྡྷི་ཧཱུྃ་ཧཱུྃ། ཞེས་མཚན་སྔགས་ཀྱིས་བསྐོར་བ་ལ་དམིགས་ནས་སྤྲོ་བསྡུའི་དམིགས་པ་དང་བཅས་ཅི་འགྲུབ་བཟླས་རྗེས། དགེ་བ་འདི་ཡིས་མྱུར་དུ་བདག །བླ་མ་སངས་རྒྱས་ཞེས་སོགས་བརྗོད་པར་བྱའོ། གཉིས་པ་སྤྱན་འདྲེན་ཁྲུས་གསོལ་ནི། སྤོས་རོལ་དང་བཅས། ངོ་མཚར་རྨད་བྱུང་བཀོད་པའི་འཛིག་རྟེན་ནས། །བདེ་གཤེགས་སེང་གེའི་ང་རོ་སྒྲོལ་བའི་སྐུ། །ཆོས་ཀྱི་རྒྱལ་པོ་ཀུན་མཁྱེན་བློ་བཟང་གྲགས། །

སྙིགས་དུས་འགྲོ་བ་འདྲེན་ཕྱིར་གཤེགས་སུ་གསོལ། །དངོས་སློབས་རིགས་པའི་དབང་ཕྱུག་རྒྱལ་ཚབ་རྗེ། །མདོ་སྔགས་བསྟན་པའི་བདག་པོ་དགེ་ལེགས་དཔལ། །གསུང་སྐྱེས་མཁས་གྲུབ་དུ་མའི་ཚོགས་དང་བཅས། །བདག་སོགས་བསོད་ནམས་ཞིང་དུ་གཤེགས་སུ་གསོལ། །རྩ་བརྒྱུད་བླ་མ་ཡི་དམ་ལྷ་ཚོགས་དང་། །དཀོན་མཆོག་གསུམ་དང་དཔའ་བོ་མཁའ་འགྲོ་དང་། །ཆོས་སྐྱོང་ཚོགས་བཅས་དུས་གསུམ་སྐྱབས་གནས་ཀུན། །སྤྱན་འདྲེན་མཆོད་པའི་གནས་འདིར་གཤེགས་སུ་གསོལ། །ཞེས་སྤྱན་དྲངས་པ་ལྟར་རྫུ་འཕྲུལ་གྱིས་བྱོན་པ་ལ། ཁྲུས་ཀྱི་ཁང་པ་ཞེས་པ་ནས། བླ་རེ་བྲིས་པ་དེར། ཞེས་པའི་བར་དང་། ཇི་ལྟར་བལྟམས་པ་སོགས་དང་། དེ་དག་སྐུ་ལ་ཞེས་སོགས་མདོར་བསྡུས་སམ། སྤྱན་རྩ་བརྒྱུད་ཀྱི་བླ་མ་སོགས་ལ་ཚིགས་བཅད་ཅི་རིགས་པས་གོ་རིམ་མ་ནོར་བར་ཁྲུས་གསོལ་རྗེས། སྟོང་གསུམ་ཀུན་ཏུ་སོགས་ཀྱིས་དྲི་བཟང་གི་བྱུག་པ་དང་། སྲབ་འཇམ་ཡང་བ་སོགས་ཀྱིས་སྤྲུལ་སྐུ་རྣམས་ལ་ཆོས་གོས་གསུམ་སོགས་དང་། ལོངས་སྐུ་རྣམས་ལ་སྟོད་གཡོགས་སྨད་གཡོགས་སོགས་དང་། རྒྱལ་བ་མཚན་དཔེའི་སོགས་ཀྱིས་ལོངས་སྐུ་རྣམས་ལ་རྒྱན་ཕྲུལ་བར་བསམ་པར་བྱའོ། ༈ གསུམ་པ་བཞུགས་གསོལ་གསལ་གདབ་ནི། བགྲང་ཡས་འགྲོ་བའི་བློ་མཆོར་དེ་སྙེད་ཀྱི། །བཀོད་པ་བྱེ་བ་ཕྲག་བརྒྱའི་བླ་སྣང་ཅན། །རྗེ་བཙུན་བླ་མ་འཁོར་དང་བཅས་པ་ཀུན། །བདག་སོགས་དོན་ཕྱིར་ཐུགས་བརྩེས་བཞུགས་སུ་གསོལ། །ཞེས་གསོལ་བས་འཁོར་བཅས་ཁྲུས་ཁང་ནས་བྱོན་ཏེ་གཞལ་ཡས་ཁང་དུ་བཞུགས་པར་བསམས་ལ། གཞལ་ཡས་ཁང་གི་དབུས་སུ་སེངྒེའི་ཁྲིའི་སྟེང་དུ་པད་ཟླའི་གདན་ལ་རྒྱལ་བ་ཀུན་གྱི་ངོ་བོ་ཁམས་……གསུམ་ཆོས་ཀྱི་རྒྱལ་པོ་ཞེས་པ་ནས་རྡོ་རྗེ་སྐྱིལ་ཀྲུང་གིས་བཞུགས་པ། ཞེས་པའི་བར་དང་། གཡས་སུ་རྒྱལ་ཚབ་དར་མ་རིན་ཆེན་འདུད་པའི་ཚུལ་དང་། གཡོན་དུ་མཁས་གྲུབ་དགེ་ལེགས་དཔལ་བཟང་འཁྲིང་བའི་ཚུལ་ཅན། གཉིས་ཀའང་ཕྱག་གཡས་ཆོས་འཆད་དང་། གཡོན་མཉམ་བཞག་གི་སྟེང་ན་གླེགས་བམ་བསྣམས་པ། སྐུ་མདོག་དཀར་ལ་དམར་བའི་མདངས་ཆགས་པ། འཛུམ་པའི་ཞལ་ཅན། ཆོས་གོས་རྣམ་གསུམ་དང་། པཎ་ཞྭ་གསེར་གྱི་མདོག་ཅན་གྱིས་མཛེས་པ། ཞབས་རྡོ་རྗེ་སྐྱིལ་ཀྲུང་གིས་བཞུགས་པ། མཐའ་བསྐོར་དུ་རྒྱ་ཆེན་སྤྱོད་བརྒྱུད། ཟབ་མོ་ལྟ་བརྒྱུད། ཉམས་ལེན་བྱིན་རླབས་བརྒྱུད། གཞན་ཡང་དབང་བསྐུར་རྒྱུད་བཤད་མན་ངག་གནང་བའི་དངོས་བརྒྱུད་ཀྱི་བླ་མ་རྣམས་དང་། དེ་རྣམས་ཀྱི་མཐར་རྒྱུད་སྡེ་བཞི་དང་འབྲེལ་བའི་ཡི་དམ་ལྷ་ཚོགས། སངས་རྒྱས།

བྱང་སེམས། ཉན་རང་། དཔའ་བོ་མཁའ་འགྲོ་སྐྱེ་ས་བུ་གསུམ་གྱི་ཆོས་སྐྱོང་ལ་སོགས་པའི་བཀའ་སྡོད་སྲུང་མའི་ཚོགས་དང་བཅས་པ་ཐམས་ཅད་རང་རང་གི་གདན་ལ་བཞུགས་པ། དེ་དག་གི་ཕྱི་རོལ་ཏུ་ཕོ་བྲང་གི་ཕྱོགས་མཚམས་རྣམས་དང་སྒོ་བཞིར་ཕྱོགས་སྐྱོང་བཅོ་ལྔ་དང་། རྒྱལ་ཆེན་སྡེ་བཞི་རྣམས་བཞུགས་ཤིང་། ཚོགས་ཞིང་ཐམས་ཅད་དགྱེས་པའི་ཚུལ་གྱིས་རང་དང་སེམས་ཅན་ཐམས་ཅད་ལ་གཟིགས་ཏེ་བསྲུང་བ་དང་སྐྱོབ་པ་དང་བྱིན་གྱིས་རློབས་པའི་དགོངས་པ་ཅན་དུ་བཞུགས་པར་གྱུར་པར་གསལ་གདབ་པར་བྱའོ། བཞི་པ་ཡན་ལག་བདུན་པས་ཚོགས་གསོག་པ་ནི། ཚོགས་ཞིང་རྣམས་ཀྱི་ཡོན་ཏན་དང་བཀའ་དྲིན་དྲན་པའི་དད་གུས་དྲག་པོའི་སྒོ་ནས་རང་གཞན་ཐམས་ཅད་ཀྱི་ལུས་ངག་བགྲང་ཡས་པས་ཕྱག་སོགས་བྱེད་པར་མོས་ལ། གང་གི་དྲིན་གྱིས ×གདངས་ཅན་ཤིང་རྟའི་ ×རྒྱ་ཆེན་སྤྱོད་པའི་ ×གང་གིས་བདག་ལ་ ×སྟོན་པ་བླ་མེད་ ×སྤོན་ཚེ་རྡོ་རྗེ་ ×ཐུག་བྱུར་འོས་པ་ ×ཞེས་སམ། འདི་ལས་རྒྱས་ཙམ་བྱེད་ན་མཆོད་ཚིག་དཔག་བསམ་དབང་པོར་སློ་ཙམ་བསྟན་པ་ལྟར་སོགས་ཅི་རིགས་བྱས་ལ། རྗེ་སྙིང་སུ་དག་ནས། བདག་གིས་བསྟོད། ཅེས་པའི་བར་བཏང་ས་རྗེས། རིན་ཆེན་སེམས་མཆོག་གཟུང་བར་བྱ་བའི་ཕྱིར། ནས། ངེས་པར་ཀུན་ཏུ་འབྱུང་གྱུར་ཅིག ཅེས་པ་ཡང་སྦྱོན་བྱས་ཏེ། མི་ཏོག་དམ་པ་ནས། ཕྱིར་བསྡོའོ། ཞེས་ཡན་ལག་བདུན་པ་དབུལ། དེ་ནས་མནྜལ་ཚོམ་བུ་ཉེར་གསུམ་མ་སོགས་གང་རིགས་ཕུལ་ལ། འདོད་གསོལ་བྱེད་ན། བཞེས་སུ་གསོལ། ཞེས་པའི་མཇུག་ཏུ། བཞེས་ནས་བསྟན་འཛིན་གྱི་སྐྱེ་ས་ཆེན་དམ་པ་རྣམས་ཞབས་པད་སྲིད་མཐར་བརྟན་ཅིང་། མཛད་འཕྲིན་རྒྱས་པར་བྱིན་གྱིས་བརླབ་ཏུ་གསོལ། དགེ་འདུན་གྱི་སྡེ་སྤྱི་དང་། ཁྱད་པར་ཞྭ་སེར་གྱི་རིང་ལུགས་འཛིན་པ་ཐམས་ཅད་ཐུགས་མཐུན། ཁྲིམས་གཙང་བཤད་སྒྲུབ་འཆད་ཉན་འཕེལ་བར་བྱིན ×འཇིག་རྟེན་གྱི་ཁམས་སྤྱི་དང་། བྱེ་བྲག་ཞྭ་སེར་བསྟན་པའི་སྦྱིན་བདག་རྣམས་ཀྱི་མི་ནོར་ཕྱུགས་གསུམ་དར་ཞིང་རྒྱས་པར་བྱིན ×བདག་གིས་བྱང་ཆུབ་སྒྲུབ་པའི་འགལ་རྐྱེན་ཐམས་ཅད་ཞི་ཞིང་། ངེས་འབྱུང་། བྱང་སེམས། ཡང་དག་པའི་ལྟ་བ། རིམ་པ་གཉིས་ཀྱི་རྣལ་འབྱོར་དང་བཅས་པ་ཆེ་འདི་ཉིད་ལ་མཐར་ཕྱིན་ཏེ། མ་རྒན་སེམས་ཅན་ཐམས་ཅད་རྫོགས་པའི་བྱང་ཆུབ་ལ་བདེ་བླག་ཏུ་འགོད་ནུས་པར་བྱིན ×ཞེས་དང་། དམིགས་བསལ་ཅན་ཡོད་ན། ཆེས་ཁྱད་པར་དུ་ཡང་དཔལ་ལྡན་བླ་མ་དམ་པ་མཆན་ནས་སློས་དང་ཞལ་སྔ་ནས་ཀྱི་ཞབས་པད་སྲིད་མཐར་བརྟན་ཅིང་། མཛད་པ་འཕྲིན་ལས

རྒྱས་པར་བྱིན་ ×ཞེས་དང་། ཐུགས་ཀྱི་དགོངས་པ་ཡོངས་སུ་རྫོགས་པར་བྱིན་ ×ཞེས་མཆོག་གི་སྤྲུལ་སྐུ་འབྲུལ་བྲལ་སྨུར་དུ་འབྱོན་པར་བྱིན་ × ཞེས་དང་། རྒྱལ་ཁམས་སྤྱི་དང་ཡུལ་འདིར་ནད་སེར་བཙའ་ཐན་སོགས་མི་འབྱུང་བར་བྱིན་ × ཆེ་དང་བསོད་ནམས་དཔལ་འབྱོར་རིགས་བརྒྱུད་ལ་སོགས་པའི་ལེགས་ཚོགས་ཐམས་ཅད་འཕེལ་བར་བྱིན་×ཚེ་འདས་ཆེ་གེ་མོའི་སྡིག་སྒྲིབ་བྱང་ཞིང་ཚོགས་གཉིས་རྫོགས་པར་བྱིན་ × ཞེས་སོགས་སྨིན་བདག་སོགས་ལའང་སྦྱོར་ལུགས་ཤེས་པར་བྱས་ལ་ལན་གསུམ་སོགས་སྐབས་སྦྱར་ཏེ་གཅིག་ཏུ་བྱ། གཞན་ཡང་སྨྲོན། ཡོན་ཏན་གཞིར་གྱུར་མ་དང་། ལམ་རིམ་བསྡུས་དོན། རྟོགས་བརྗོད་མདུན་ལེགས་མ། དཔལ་ལྡན་ས་གསུམ་མ་སོགས་ཀྱང་འདོན་ཅིང་། བསྡུས་དོན་འདོན་ན། རྣལ་འབྱོར་ངས་ཀྱང་ ×ཐར་འདོད་ ×ཞེས་པའི་རྐང་པ་གཉིས། རྗེ་བཙུན་བླ་མས་ཉམས་ལེན་དེ་ལྟར་མཛད། བདག་ཀྱང་དེ་བཞིན་སྐྱོང་བར་བྱིན་གྱིས་རློབས། ཞེས་དང་། མདུན་ལེགས་མའི། ཚུལ་འདི་བསམས་ཤིང་ ×བཀའ་དྲིན་ ×ཞེས་པ་གཉིས། ཚུལ་དེར་དགོངས་ནས་མདུན་མ་ཆེས་ལེགས་པའི། རྣམ་ཐར་བདག་ཀྱང་སྐྱོང་བར་བྱིན་གྱིས་རློབས། ཞེས་པ་ལྟ་བུར་བསྒྱུར་ན་བདེ་བར་མངོན་ནོ། ལྟ་པ་བུམ་སྒྲུབ་ནི། ཚོགས་ཞིང་ཐམས་ཅད་ཀྱི་སྐུའི་ཆ་ལས་བདུད་རྩིའི་རྒྱུན་དཔག་ཏུ་མེད་པ་བབས་པས་བུམ་པ་གང་བར་གྱུར། ཅེས་བརྗོད་ཅིང་བསམ་ལ། དམིགས་བརྩེ་མ་ཅི་འགྲུབ་བཟླ་བར་བྱའོ། དྲུག་པ་སྟོང་མཆོད་དངོས་འབུལ་བ་ནི།ཐལ་མོ་སྦྱར་ཏེ་མགོ་དུད་པའི་སྒོ་ནས། དམིགས་བརྩེ་མ་ལན་རེའི་མཇུག་ཏུ། བླ་མ་ལྷ་ལ་སྒོ་གསུམ་གུས་ཕྱག་འཚལ། །དངོས་བཤམས་ཡིད་སྤྲུལ་མཆོད་པ་མ་ལུས་འབུལ། །ཐོག་མེད་ནས་བསགས་སྡིག་ལྟུང་ཐམས་ཅད་བཤགས། །སྐྱེ་འཕགས་དགེ་བ་རྣམས་ལ་རྗེས་ཡི་རང་། །འགྲོ་ལ་ཆོས་འཁོར་མ་ལུས་བསྐོར་དུ་གསོལ། །གཟུགས་སྐུ་སྨྱ་ངན་མི་འདའ་རྟག་པར་བཞུགས། །དགེ་ཀུན་ཁྱོད་ཀྱིས་རྗེས་སུ་འཛིན་པ་དང་། །བསྟན་པ་རྒྱས་ཤིང་རྫོགས་བྱང་ཐོབ་ཕྱིར་བསྔོ། །ཞེས་དམིགས་པ་དང་བཅས་བརྗོད། དེ་ཡང་སྒྲུབ་པོ་བཅུ་ཡོད་ན་དེ་ལྟ་བུ་བརྒྱ་ཐག་གཅིག་བྱས་པས་སྟོང་འགྲོ་ཞིང་། འོག་ཏུའང་བཅུའི་དབང་དུ་བྱས་ནས་འཆང་རྒྱུ་ཡིན་ཞིང་སྒྲུབ་པ་པོ་མང་ཉུང་ལ་དཔག་སྟེ་བརྩི་ཚུལ་ཤེས་དགོས་ལ། ཕྱག་སྟོང་དང་། བསྐོར་བ་སྟོང་སྒྲུབ་པ་པོས་མ་ལྕོགས་ན་གཞན་བྱེད་དུ་བཙུག་ཀྱང་རུང་ཞིང་། གཏོར་རི་ལ་སྟོང་བྱིན་གྱིས་བརླབས་ནས་འབུལ་ཚུལ་ནི། སྟོད་གཙང་མ་བཙུར་གཏོར་རི་ལ་བཙུ་རེ་བླུག་པ་ཚུ་དང་སྦྱར་ལ། དཀོན་མཆོག་གསུམ་གྱི་བདེན་པ་དང་། སངས་རྒྱས་དང་བྱང་ཆུབ་སེམས་དཔའ་ཐམས་ཅད་ཀྱི་བྱིན་

གྱིས་རླབས་དང་། ཚོགས་གཉིས་ཡོངས་སུ་རྫོགས་པའི་མངའ་ཐང་ཆེན་པོ་དང་། ཆོས་ཀྱི་དབྱིངས་རྣམ་པར་དག་ཅིང་བསམ་གྱིས་མི་ཁྱབ་པའི་སྟོབས་ཀྱིས། མཆོད་སྦྱིན་གྱི་གཏོར་མ་འདོད་པའི་ཡོན་ཏན་ལྔ་དང་ལྡན་པ་དྭངས་ཤིང་ཐོགས་པ་མེད་པ་ནམ་མཁའ་དང་མཉམ་པས་མགྲོན་ཐམས་ཅད་ལ་ཟག་པ་མེད་པའི་བདེ་བ་ཁྱད་པར་ཅན་བསྐྱེད་པར་གྱུར་ཅིག ཅེས་བདེན་སྟོབས་ཀྱིས་བྱིན་གྱིས་བརླབས་ལ། ན་མཿ སརྦ་ཏ་ཐཱ་ག་ཏ་ཨ་ཝ་ལོ་ཀི་ཏེ་ཨོཾ་སམ་བྷ་ར་སམ་བྷ་ར་ཧཱུྃ། ཞེས་པ་ལན་བཅུ་རེས་བསྔོས་ལ་དབྱངས་རོལ་དང་བཅས། བདུད་རྩིའི་རྒྱ་མཚོའི་མཆོད་གཏོར་འདི། རྗེ་བཙུན་ཡབ་སྲས་གསུམ་ལ་སོགས། འཕགས་ཚོགས་ཀུན་ལ་གུས་པས་འབུལ། བཞེས་ནས་བསྟན་འཛིན་ཞབས་པད་བརྟན། ཞྭ་སེར་བསྟན་པ་ཕྱོགས་བཅུར་རྒྱས། བསྟན་པའི་སྦྱིན་བདག་མངའ་ཐང་དར། བདག་སོགས་ཚོགས་གཉིས་ཡོངས་རྫོགས་ཀྱི། སངས་རྒྱས་ཐོབ་པར་མཛད་དུ་གསོལ། ཞེས་བརྗོད་དེ་གཏོར་མ་རྣམས་བཤལ། སྔར་ཡང་སྨྲར་བཞིན་བཤམ་པ་སོགས་ལན་དགུའི་བར་དུ་བྱའོ། ཆོས་སྐྱོང་གི་གཏོར་མ་ཡང་། སམ་བྷ་ར་བདུན་གྱིས་བསྔོས། བདུད་རྩིའི་རྒྱ་མཚོའི་གཏོར་མ་འདི། །ཕྱག་དྲུག་རྣམ་སྲས་ཆོས་རྒྱལ་སོགས། །ཆོས་སྲུང་ཁྱད་པར་ཅན་རྣམས་དང་། །ཚངས་དབང་རྒྱལ་ཆེན་ཕྱོགས་སྐྱོང་བ། །གཙང་རིས་ལྷ་དང་བཅས་ལ་འབུལ། །བཞེས་ནས་བདག་སོགས་འཁོར་བཅས་ཀྱི། །འགལ་རྐྱེན་བར་གཅོད་ཀུན་སེལ་ཞིང་། མཐུན་རྐྱེན་འགྲུབ་པའི་འཕྲིན་ལས་མཛོད། །ཅེས་དང་། རིགས་དྲུག་གི་གཏོར་མ་ཡང་།སམ་བྷ་ར་བདུན་གྱིས་བསྔོས། བདུད་རྩིའི་རྒྱ་མཚོའི་གཏོར་མ་འདི། །མཁའ་མཉམ་འགྲོ་བ་ཀུན་ལ་བསྔོ། །སོ་སོའི་སྡུག་བསྔལ་དང་བྲལ་ནས། །སངས་རྒྱས་མྱུར་དུ་ཐོབ་གྱུར་ཅིག །ཅེས་དང་། གཞི་བདག་གི་གཏོར་མ་ཡང་། སམ་བྷ་ར་བདུན་གྱིས་བསྔོས། བདུད་རྩིའི་རྒྱ་མཚོའི་གཏོར་མ་འདི། །གཞི་བདག་སྤྱི་དང་གནས་འདི་ཡི། བདག་པོ་མཐུ་ཆེན་ཀུན་ལ་བསྔོ། །བསམ་དོན་འགྲུབ་པའི་སྟོང་གྲོགས་མཛོད། །ཅེས་བསྔོ་བར་བྱའོ། གསུམ་པ། མཇུག་གི་རིམ་པ་ལ། དྲུག་ལས། དང་པོ་ཐུགས་རྗེ་བསྐུལ་བ་ནི། རྗེ་བཙུན་ཡབ་སྲས་གསུམ་གྱིས་གཙོ་མཛད་པའི་བླ་མ་ཡི་དམ་མཆོག་གསུམ་བཀའ་སྲུང་དང་བཅས་པ་ཐམས་ཅད་བདག་ལ་དགོངས་སུ་གསོལ། དེང་བླ་མ་རྒྱལ་བ་སྲས་དང་བཅས་པ་གདན་འཛོམས་པའི་སྤྱན་སྔར་བདག་ཅག་རྣམས་ཀྱིས་དད་པ་དང་གུས་པའི་སེམས་མངོན་དུ་བཀྱེས་ཏེ་ཕྱག་དང་མཆོད་པ་ལ་སོགས་པ་བསྒྲུབས་པས་མཚོན་དུས་གསུམ་སྐྱེ

འཕགས་ཐམས་ཅད་ཀྱི་དགེ་བའི་མཐུ་ནུས་ལ་བརྟེན་ནས། ཇི་ལྟར་སྔོན་གྱི་དེ་བཞིན་གཤེགས་པ་དགྲ་བཅོམ་པ་ཡང་དག་པར་རྫོགས་པའི་སངས་རྒྱས་རྣམས་དང་། ས་ཆེན་པོ་ལ་རབ་ཏུ་བཞུགས་པའི་བྱང་ཆུབ་སེམས་དཔའ་སེམས་དཔའ་ཆེན་པོ་རྣམས་ཀྱིས་དང་པོར་བླ་ན་མེད་པའི་བྱང་ཆུབ་ཏུ་ཐུགས་བསྐྱེད་པ་དང་། བྱང་ཆུབ་སེམས་དཔའི་སྤྱོད་པ་རླབས་པོ་ཆེ་ལ་སློབ་པའི་ཚེ་ནམ་མཁའི་མཐས་གཏུགས་པའི་སེམས་ཅན་ཐམས་ཅད་ལ་ཐུགས་རྗེ་ཆེན་པོས་ཉེ་བར་གཟིགས་ཏེ་ཕན་པ་དང་བདེ་བ་དང་། ཡོངས་སུ་སྐྱོབ་པའི་སླད་དུ་སྨོན་ལམ་ཆེན་པོ་འབུམ་ཕྲག་གྲངས་མེད་པ་དཔག་གིས་མི་ལང་བ་བཏབས་པ་དང་། ཁྱད་པར་བདག་གི་བླ་མ་རྗེ་བཙུན་ཙོང་ཁ་པ་ཆེན་པོས་སྔོན་བསྐལ་པ་དཔག་ཏུ་མེད་པའི་སྔ་རོལ་ནས་འགྲོ་བ་མཐའ་དག་ལ་ཐུགས་རྗེ་ཆེན་པོས་ཉེ་བར་གཟིགས་ཏེ་སྨོན་ལམ་ཆེན་པོ་དཔག་ཏུ་མེད་པ་བཏབས་པ་ཐམས་ཅད་བདག་ཅག་རྣམས་ལ་ད་ལྟ་ཉིད་དུ་མངོན་སུམ་དུ་འགྲུབ་པར་བྱིན་གྱིས་བརླབ་ཏུ་གསོལ། རྒྱལ་བསྟན་སྤྱི་དང་བྱེ་བྲག་རྒྱལ་བ་བློ་བཟང་གྲགས་པའི་བསྟན་པ་རིན་པོ་ཆེ་ཕྱོགས་ཐམས་ཅད་དུ་དར་ཞིང་རྒྱས་ལ་ཡུན་རིང་དུ་གནས་པ་དང་། དེ་ཉིད་འཛིན་སྐྱོང་སྤེལ་བའི་སྐྱེས་བུ་རྣམས་ཞབས་པད་སྲིད་མཐར་བརྟན་ཅིང་མཛད་འཕྲིན་རྒྱས་པར་གྱུར་ཅིག དགེ་འདུན་རྣམས་ཀྱང་ཐུགས་མཐུན་པ་དང་། བསླབ་པ་གསུམ་ལ་སོགས་པའི་ལུང་རྟོགས་ཐམས་ཅད་ཡར་ངོའི་ཟླ་བ་ལྟར་ཐུགས་རྒྱུད་ལ་སྤེལ་བར་གྱུར་ཅིག ཡུལ་ཕྱོགས་འདི་ཉིད་ལ་སོགས་པའི་རྒྱལ་ཁམས་ཐམས་ཅད་དུ་ནད་ཡམས་དམག་འཁྲུག་མུ་གེ་ལ་སོགས་པའི་ཉེར་འཚེ་ཐམས་ཅད་མིང་ཙམ་མེད་པར་གྱུར་ཅིག རྒྱལ་པོ་དང་། བློན་པོ་དང་། འབངས་རྣམས་ཕན་ཚུན་ཡིད་མཛའ་ཞིང་། དཀོན་མཆོག་གསུམ་བླ་མར་འཛིན་པ་དང་། དགེ་བ་བཅུའི་ལམ་ལ་རྟག་ཏུ་གནས་ཤིང་། ཚེ་དང་བསོད་ནམས་ལ་སོགས་པའི་ལེགས་ཚོགས་ཐམས་ཅད་གོང་ནས་གོང་དུ་འཕེལ་བར་གྱུར་ཅིག འདི་ནས་ཤི་འཕོས་མ་ཐག་ཏུ་སངས་རྒྱས་ཀྱི་ཞིང་ཁྱད་པར་ཅན་དུ་པདྨའི་སྙིང་པོ་ལས་བརྫུས་ཏེ་སྐྱེས་ཤིང་། སྐྱེས་མ་ཐག་ཏུ་རྣམ་འདྲེན་སེངྒེའི་ང་རོ་ལ་སོགས་པའི་ཞལ་མཐོང་། བཀའ་ནོད། ཐུགས་མཉེས་པར་བྱེད་པར་གྱུར་ཅིག སྔོན་སངས་རྒྱས་ཀྱི་སྤྱན་སྔར་བསྟན་དང་བསྟན་འཛིན་བསྲུང་ཞིང་སྐྱོང་བར་ཞལ་གྱིས་བཞེས་པའི་མཐུ་ལྡན་ཆོས་སྐྱོང་རྣམས་དང་། དཀར་ཕྱོགས་སྐྱོང་བའི་ལྷ་ཀླུ་

གཞི་བདག་རྣམས་ཀྱི་སྟོབས་དང་གཟི་བརྗིད་ཕུན་སུམ་ཚོགས་ཤིང་། བསྟན་དང་། བསྟན་འཛིན་དགེ་འདུན་གྱི་སྡེ། བསྟན་པའི་སྦྱིན་བདག་དང་བཅས་པ་སྲུང་ཞིང་སྐྱོང་བའི་འཕྲིན་ལས་ཚུལ་བཞིན་དུ་སྒྲུབ་པར་གྱུར་ཅིག མདོར་ན་འཇིག་རྟེན་གྱི་ཁམས་ཐམས་ཅད་དུ་རྒྱལ་བའི་བསྟན་པ་རིན་པོ་ཆེ་དར་ཞིང་རྒྱས་པ་དང་། བཀྲ་ཤིས་དང་དགེ་མཚན་རྒྱ་ཆེན་པོ་རྟག་ཏུ་འབྱུང་བར་གྱུར་ཅིག ཅེས་ཐུགས་རྗེ་བསྐུལ་ཞིང་སྨོན་ལམ་གདབ་པར་བྱའོ། གཉིས་པ་གཏང་རག་གི་མཆོད་པ་ནི། མཆོད་པ་ཁ་གསོས་ཏེ་བྱིན་རླབས་བྱས་ལ། ཕྱག་མཆོད་ཀྱི་བར་དུ་མཆོད་འབྲེང་ཚིགས་བཅད་ཅི་འགབ་སྤྲགས་བཅས་སམ། སྤྲགས་འབུལ་ཙམ་གང་རུང་དང་བཅས། རྗེ་སྙིང་སུ་དག་ནས། ཕྱིར་བསྡོའོ། ཞེས་པའི་བར་གྱིས་ཡན་ལག་བདུན་པ་བྱ་བའོ། གསུམ་པ་དགེ་བ་བསྔོ་བ་ནི། བཟང་པོ་སྤྱོད་པ་ལ་སོགས་པའི་སྨོན་ལམ་དང་། བསྟན་པ་རྒྱས་པའི་སྨོན་ལམ་སོགས་སྐབས་སྦྱར་བྱ་ཞིང་། བསྡུ་ན། འཇམ་དཔལ་དཔའ་བོས་སོགས་སོ་སོ་ཀ་དང་། རྨད་བྱུང་སྲས་བཅས་མ་བཅས་ཀྱིས་ཀྱང་མཆོག་ལ། བསྐུལ་བ་པོའི་འདོད་པ་ལྟར་ན། ཚེ་རབས་ཀུན་ཏུ་རྒྱལ་བ་ཙོང་ཁ་པས། །འབྲལ་མེད་རྗེས་འཛིན་ཁྱད་པར་བྱང་ཤར་གྱི། །རྨད་བྱུང་བཀོད་པར་འཁོར་གྱི་ཐོག་མ་རུ། །སྐྱེ་ས་ནས་སེ་རྣྲིའི་ང་རོ་མཉེས་བྱེད་ཤོག །ཅེས་པའང་བྱའོ། བཞི་པ་ཚོགས་ཁ་བསྐང་བ་ནི། མ་འགྲོར་པ་དང་×དུས་ངན་སེམས་ཅན་×སེར་སྣའི་དབང་གྱུར་×བག་མེད་སྤྱོད་པ་×ལྷག་པ་དང་ནི་×རྣམས་ཀྱིས་བཟོད་པར་གསོལ་ཞིང་། བསྡུ་ན་སོ་སོ་ཀ་རྗེས་མ་གཅིག་ཕུས་ཀྱང་ཆོག་གོ ལྷ་པ་བརྟན་བཞུགས་བྱ་བ་ནི། རྟེན་ཡོད་ན། ཕྱོགས་བཅུ་ན་བཞུགས་པའི་སངས་རྒྱས་དང་བྱང་ཆུབ་སེམས་དཔའ་ཐམས་ཅད་བདག་ལ་དགོངས་སུ་གསོལ། རྗེ་སྲིད་ནམ་མཁའི་མཐའ་དང་མཉམ་པའི་སེམས་ཅན་གྱི་ཁམས་རྣམས་མི་གནས་པའི་མྱ་ངན་ལས་འདས་པའི་ས་ལ་མ་བཞུགས་གི་བར་དུ་རྒྱལ་བ་རྣམས་མྱ་ངན་ལས་མི་འདའ་བར་བརྟན་···པར་བཞུགས་སུ་གསོལ། བྱེ་བྲག་ཏུ་ཡང་སྐུ་གསུང་ཐུགས་ཀྱི་རྟེན་འདི་རྣམས་འབྱུང་བ་བཞིའི་གནོད་པས་མ་ཞིག་གི་བར་དུ་རྟེན་འདི་རྣམས་ལ་བརྟན་པར་བཞུགས་སུ་གསོལ།······ ཨོཾ་སུ་པྲ་ཏིཥྛ་བཛྲ་ཡེ་སྭཱ་ཧཱ། ཞེས་ལན་གསུམ་མམ། བསྡུ་ན། འདིར་ནི་གཟུགས་དང་ལྷན་ཅིག་ཏུ། །ཞེས་སོགས་ཀྱིས་ཆོག རྟེན་མེད་ན། ཚོགས་ཞིང་གཤེགས་སུ་གསོལ་བའམ། མཐའ་ནས་རིམ་གྱིས་གཙོ་བོར་བསྡུས་ཏེ་རང་ལ་ཐིམ་པས་བྱིན་གྱིས་བརླབས་པར་གྱུར་པར་བསམས་པ་གང་རིགས་བྱའོ། དྲུག་པ་ཤིས་བརྗོད་ནི། ཕུན་གསུམ་ཚོགས་པ་མང་འ་བ་གསེར་གྱི་རི་བོ་འདྲ། ཞེས་སོགས་སམ། ཉིན་མོ་བདེ་ལེགས་སོགས་ཀྱིས་ཤིས་པ་བརྗོད་ཅིང་མེ་ཏོག་གི་ཆར་དབབ

པར་བྱའོ། ༈ གཉིས་པ་ཐུན་མཚམས་སུ་ཇི་ལྟར་བྱ་བ་ནི། མཆོད་པ་རྣམས་གསར་དུ་བཙེ་བའམ། ཞལ་གསོ་བྱེད་པ་དང་། བུམ་པའི་ཆུས་རང་གཞན་ལ་ཕན་གདགས་པ་དང་། དབང་པོའི་སྒོ་སྡོམ་པ་དང་། ཟས་ཀྱི་ཚོད་རིག་པ་དང་། དངོས་གཞིའི་ལམ་གྱི་ངོ་བོ་དང་གྲངས་ངེས་སྟོན་པའི་གཞུང་ལ་བལྟ་རྟོག་བྱེད་པ་དང་། ཁྱད་པར་སྣང་གྲག་རིག་གསུམ་བླ་མ་ལྷའི་གསང་གསུམ་གྱི་རྣམ་རོལ་དུ་ལྟ་བ་དང་། ཞག་སྦྲེལ་དུ་བྱེད་ན་མི་ཉལ་བར་རྣལ་འབྱོར་ལ་བརྩོན་ཅིང་། ཉལ་བའི་ཚེ་ཡང་དོན་ལྡན་དུ་བྱེད་པའི་རིམ་པ་ལ་བརྩོན་པར་བྱའོ། གཞན་ཡང་ཐུན་དངོས་གཞིའི་སྐབས་མ་དག་པ་འཁྲུད་པ་དང་དངོས་གྲུབ་བདུད་ཞུ་བ། དབང་བཞི་བྱིན་རླབས་ཀྱི་ཚུལ་དུ་ཞུ་བ་བཅས་ཀྱང་འདོད་ན་གནང་ཤེས་པར་བྱས་ལ་བྱའོ། སྨྲས་པ། གང་དག་དག་པའི་བསམ་སྦྱོར་ལེགས་ལྡན་པས།། མཁའ་སྟོང་སྟོང་གཟུགས་གྲངས་ལྡན་མཆོད་པའི་ཚོགས། །ལྷ་ལམ་ལམ་གྱིས་བཀངས་ཏེ་འབུལ་བྱེད་ན། །དེ་ལས་ལས་བཟང་གསོག་ཐབས་གཞན་ན་གང་། །ཅི་སྐད་ཅེ་ན་རྒྱ་བོད་བོད་ཆེན་གྱི། །སྐྱེས་ཆེན་དུ་མས་བླ་མཆོད་མཆོད་ཚོགས་ཀྱི། །མཆོག་དང་རབ་ཏུ་ཕུལ་དུ་དུ་མར་གསུངས། །དེ་ཕྱིར་ཚུལ་འདིར་འབད་ཕྱིན་ཕྱིན་དྲུག་རྫོགས། །རྫོགས་པའི་སངས་རྒྱས་ཐོབ་པའི་ཐབས་མཆོག་འདི། ། འདི་ཕྱིར་བདེ་འདོད་ཡོངས་ལ་ཕན་ཆེད་བྲིས། །བྲིས་པའི་དགེ་བས་མཁའ་མཉམ་མ་རྒན་ཀུན། །ཀུན་མཁྱེན་སངས་རྒྱས་སྐུར་དུ་ཐོབ་གྱུར་ཅིག །ཅེས་པ་འདི་ཡང་ཨ་པ་ཀ་ཁ་སག་གི་སོགས་དད་ལྡན་ཞབས་དྲུང་དགོན་མཆོག་མཁྱེན་རབ་ཀྱིས་བསྐུལ་བའི་ངོར་ཤཱཀྱའི་དགེ་སློང་བློ་བཟང་དཔལ་ལྡན་བསྟན་པའི་ཉི་མ་ཕྱོགས་ལས་རྣམ་དཔལ་བཟང་……པོས་སྦྱར་བའོ།།

༄༅། །དམིགས་བརྩེ་མའི་དམིགས་རིམ་བཞུགས་སོ། །

༄༅། །དམིགས་མེད་འབྲས་བུ་ཆོས་སྐུ་བརྩེ་བ་སྙིང་རྗེས་ཏེ་གཞི་དུས་ཀྱི་ཀུན་རྫོབ་སེམས་བསྐྱེད། ལམ་དུས་དོན་དམ་སེམས་བསྐྱེད་གཉིས་ཀྱིས་འབྲས་བུ་ཆོས་སྐུ་འགྲུབ་པས་ན། གཏེར་ཆེན་པོ་སྟེ་དེའི་ངོ་བོ་ནི་སྤྱན་རས་གཟིགས་སོ། །སྤྱན་རས་གཟིགས་དང་མཚུངས་ཚུལ་དབང་པོའི་ཏོག་གི་དྲུང་དུ་ཐུགས་བསྐྱེད་པ། གངས་ཅན་མཁས་པའི་གཙུག་རྒྱན་དུ་གྱུར་ཚུལ། མཁས་པས་ཟམཁས་པ་རྣམས། བཙུན་པས་ཟའདུལ་འཛིན་རྣམས། བཟང་པོས་གྲུབ་དབང་རྣམས་ཀྱི་གཙུག་རྒྱན་དུ་འགྱུར་ཚུལ་ལོ། །དང་པོ་ཧྲཱི་ལྷ་བ་སྔོན་པས× ཧྲཱི་སྙེད་པ་སྔོན་པས་× ཉྀ པཎ་ཆེན་དཔལ་ཡེའི་གསུང་དམིགས་བརྩེ་མའི་ཐུན་མོང་མ་ཡིན་པའི་དོན་ནི། དམིགས་མེད་× ཚིག་རྐང་དང་པོས། ཕྱི་ལྟར་ན་རྒྱ་ཁམས་དང་། དེ་ལ་བརྟེན་ནས་ལས་རབ་འབྱམས་བསྒྲུབ་ནུས་པ་དང་། ནང་དང་གསང་བ་ལྟར་ན། སྐུ་རྡོ་རྗེ་རྣམ་སྣང་གི་བདག་ཉིད་ཀུན་ད་ལྷ་བུའི་ལུས་དང་། རྣམ་སྣང་གི་ངོ་བོར་བཞུགས། རྗེས་ཀྱང་སྔོན་གཞི་དུས་རྣམ་སྣང་གི་སྒྲུབ་གཞི་འཁོར་ལོ་བཞིའི་གནས་སུ་རྒྱ་ཁམས་ལ་བརྟེན་ནས་གནས་པ། ལམ་དུས་སུ་དེ་ལ་གནད་དུ་བསྣུན་ནས་འབྲས་དུས་རྣམ་སྣང་ངོ་བོར་སངས་རྒྱས་པའི་ཕྱིར། དྲི་མེད་མཁྱེན་× ཚིག་རྐང་གཉིས་པ་འདིས། ཕྱི་ལྟར་ན་ས་ཁམས་དང་། ནང་ལྟར་ན་རིན་འབྱུང་སྒྲུབ་གཞིར་ཚོར་ཕུང་། གསང་བ་ལྟར་ན་དེ་མཐར་ཕྱིན་པའི་རིན་འབྱུང་། ཚིག་རྐང་གསུམ་པས། ཕྱི་ལྟར་ན་མེ་ཁམས། ནང་ལྟར་ན་གཏུམ་མོའི་ངོ་བོ། གསང་བ་ལྟར་ན་འོད་དཔག་མེད་ཀྱི་བདག་ཉིད། ཚིག་རྐང་བཞི་པས། ཕྱི་ལྟར་ན་རླུང་དང་ནམ་མཁའི་རླུང་། ནང་ལྟར་ན་དོན་གྲུབ་ཀྱི་སྒྲུབ་གཞི་རླུང་དང་། གསང་བ་ལྟར་ན་དོན་ཡོད་གྲུབ་པའི་བདག་ཉིད་དོ། ཤཱཀ་སྤྱིར་ཚོགས་པ་ནི། རིགས་དྲུག་པ་མི་བསྐྱོད་པའི་ངོ་བོར་བཞག་པར་བྱའོ། །འདིར་ས་རྒྱ་མེ་རླུང་གི་དབྱེ་བའི་བཤད་པ་ནི། ལས་ཚོགས་རྣམས་ལས་ཆར་འབེབ་སྐབས་ཚིག་རྐང་རེ་རེར་དཀར། སེར། དམར། ནག་པོ། ཁྱུང་ཁ་དོག་མི་འདྲ་བར་བསྐྱེད་པ་དང་། ཛག་འཆིང་སྐབས་ཚིག་རྐང་རེ་རེས་ཛག་པ་འཆིང་ལུགས་མི་འདྲ་བ། བཟའ་ཡིག་སྐབས་སྤྲ་ཧྲཱི་སོགས་པར་བཟའ་ལུགས་མི་འདྲ་བའི་དགོངས་པ་ཐུན་མིན་དེ་

ཡིན་ཞེས་གསུངས། བད་ཀན་ཤས་ཆེ་ན། བདུད་རྩི་ལྡང་ཁུའི་ཚོགས། མཁྲིས་པ་ཤས་ཆེ་ན། བདུད་རྩི་སེར་པོ། རླུང་ཤས་ཆེ་ན། བདུད་རྩི་དམར་པོ། ཉམས་གྲིབ་སོགས་ཀྱི་གཉེན་པོར། བདུད་རྩི་གཟིའི་མདོག་ཅན། གྲིབ་ཐོག་སོགས་ཀྱི་གཉེན་པོར། བདུད་རྩི་བསངས་ཀྱི་དྲི་དང་ལྡང་པ། །གཅན་གཟན་དང་སྲིན་པོ་སོགས་ཀྱི་གཉེན་པོར། བདུད་རྩི་མེའི་ཤུང་པོ་འདྲ་བ། དུག་གི་གཉེན་པོར། བདུད་རྩི་སྔོནཔོ། མདོར་ན་ཚ་བའི་རིགས་ལ། བདུད་རྩི་བསིལ་བ་དང་། གྲང་བའི་རིགས་ལ་བདུད་རྩི་ཚ་དང་ཅན་དུ་བསྒོམ་པར་བྱའོ། །དགའ་ལྟར། ཕྱག་འཚལ་སྐབས་ཐུགས་སྟོན་ལ་ཡོད་པ་ནི། འཇིགས་བྱེད་ཀྱི་དྲི་ཆབ་སྟོན་ལ་ཡོད་པ་དང་འདྲ་བར། འཇམ་དབྱངས་ཐུགས་ཀྱི་ངོ་བོ་ཡིན་པའི་ཆ་ནས་ཡིན། སྐལ་བཟང་རྣ་བའི་རྒྱན་ཞེས་པ་ནི། བྱང་ཆུབ་སེམས་པ་སྟེ། རིགས་མོས་འདྲི་བའི་སྐབས་དང་མཚུངས་སོ། །སྨན་པར་གྲགས་པ་ནི། མི་སྨན་པ་མཐའ་དག་ཟད་པ་ལ་ཟེར་བས་སངས་རྒྱས་ཉིད་ཀྱི་ཁྱད་ཆོས་ཏེ། མོ་འགལ་བུ་སོགས་ལའང་གནས་ངན་ལེན་གྱི་དྲི་མའི་མི་སྨན་བརྗོད་དུ་ཡོད་པའི་ཕྱིར། དམིགས་མེད་× བློས་ཚད་དུ་མ་དམིགས་པའི་ཀུན་རྫོབ་སེམས་བསྐྱེད་ཀྱི་གཏེར་ཆེན་སྤྱན་རས་གཟིགས། དྲི་མེད་× སེམས་བསྐྱེད་ནས་རྒྱལ་སྲས་ཀྱི་སྤྱོད་པར་ཐེག་དམན་གྱི་དྲི་མ་མེད་ཅིང་། དོན་དམ་སེམས་བསྐྱེད་ཀྱིས་དབང་པོ་འཇམ་དབྱངས། ལམ་གྱི་རྩ་བ་བཤེས་གཉེན་བསྟེན་ཚུལ་གྱི་མཆོག་ཏུ་གྱུར་པས། གངས་ཅན་གྱི་གྲུབ་མཐའ་སྨྲ་བའི་གཙུག་རྒྱན། ལམ་རིམ་ལ་བློ་སྦྱངས། ཐེག་ཆེན་ལམ་བཟང་རྒྱུད་ལ་འཁྲུངས། འཁོར་བ་ཐོག་མཐའ་མེད་པར་གྲགས་པས་ཁྱབ། དམིགས་བརྩེ་མ་གསུམ་སྐོར། ཨེ་ཡིག་ཐབས་ཀྱི་ཆ། དྲང་དོན་ཀུན་རྫོབ་བདེན་པ། སེམས་ཅན་ལ་ཕྱོགས་རེའི་དམིགས་པ་མེད་པར་རྒྱ་ཆེ་བའི་སྤྱོད་པ་བརྩེ་བ་སྙིང་རྗེའི་གཏེར་ཆེན་གཟུགས་སྐུ་སྤྱན་རསགཟིགས། ཝཾ་ཡིག་ཤེས་རབ་ཀྱི་ཆ་དོན་དམ་རྟོགས་པར་བདེན་གྲུབ་ཀྱི་དྲི་མ་མེད་པར་ཟབ་མོ་སྟོང་ཉིད་མཁྱེན་པའི་དབང་པོ་ཆོས་སྐུའི་བདག་ཉིད་འཇམ་དཔལ་དབྱངས། གངས་ཅན་གྱི་ཆོས་ལུགས་ས་དགེ་ཀར་རྙིང་ཀུན་གྱི་མཁས་པའི་གཙུག་རྒྱན་རང་དོན་ཡིད་བྱེད་མེད་པའི་བློ་ཀུན་རྫོབ་སེམས་བསྐྱེད་དང་། ལྟ་བ་བཟང་པོ་གཉིས་ཟུང་འབྲེལ་དུ་ཐུགས་ལ་འཁྲུངས་ནས་ས་གསུམ་ན་གྲགས་པས་ཁྱབ། དམིགས་བརྩེ་མ་བཞི་སྐོར། འཁོར་བ་སྡུག་བསྔལ་གྱི་སྡུག་བསྔལ་བའི་འགྲོ་དྲུག་

ལ་མཚན་མའི་དམིགས་པ་མེད་པར་དམིགས་པའི་སྙིང་རྗེ། ཐེག་ཆེན་འདུལ་བའི་སྡེ་སྣོད་ཀྱི་གཙོ་བོ་བརྩེ་བའི་གཏེར་ཆེན་པདྨའི་རིགས་ཀྱི་གཙོ་བོ་སངས་རྒྱས་དཀོན་མཆོག་གསུང་རྡོ་རྗེ་སྤྲུལ་སྐུ་སྤྱན་རས་གཟིགས་འཁོར་བར་འགྱུར་བའི་སྡུག་བསྔལ་གྱིས་མནར་བའི་འགྲོ་བ་སོགས་ཆོས་ཀུན་བདེན་གྲུབ་ཀྱི་དྲི་མ་མེད་པར་མཁྱེན་པའི་ཆོས་ལ་དམིགས་པའི་སྙིང་རྗེ། ཐེག་ཆེན་མངོན་པའི་སྡེ་སྣོད་ཀྱི་གཙོ་བོ། དེ་བཞིན་གཤེགས་པའི་རིགས་ཀྱི་དབང་པོ་དོན་དམ་པའི་ཆོས་དཀོན་མཆོག་སྐུ་རྡོ་རྗེ། ཆོས་སྐུ་འཇམ་པའི་དབྱངས་ཁམས་གསུམ་དུ་ཁྱབ་པ་འདུ་བྱེད་ཀྱི་སྡུག་བསྔལ་གྱི་རང་བཞིན་བདུད་བཞིའི་དཔུང་མ་ལུས་པ་སྟོང་པ་ཉིད་དུ་གཟིགས་ཤིང་། འཇོམས་པར་མཛད་པ་སེམས་ཅན་ལ་དམིགས་པའི་སྙིང་རྗེ་ཅན། གསང་བ་སྔགས་དང་། མདོ་སྡེའི་སྡེ་སྣོད་སྤྱོད་པ་པོ། རྡོ་རྗེའི་རིགས་ཀྱི་བདག་པོ་ཐེག་ཆེན་དགེ་འདུན་གྱི་གཙོ་བོ། ཐུགས་རྡོ་རྗེ། ལོངས་སྐུ་ཕྱག་ན་རྡོ་རྗེ། གངས་ཅན་གྱི་མཁས་པ་རྒྱུད་སྡེ་བཞི་དང་། ཕྱི་ཉན་ཐོས་ནང་གསང་སྔགས་འཛིན་པའི་གཙུག་རྒྱན་འཆད་རྩོད་རྩོམ་པའི་བློ་མཁས་བཙུན་བཟང་པོ་ཕྱི་ནང་གསང་བའི་ཡོན་ཏན་གྱི་གྲགས་པ་དུས་གསུམ་དུ་ཁྱབ···པ། ལྷ་སྐོར། སྡུག་བདེན་རྣམ་སྨིན་སྤྱོད་པ་པོར་དམིགས་ནས། བརྩེ་བས་གཞན་དོན་སྐྱང་བྱ་སྦྱོང་བའི་གཏེར་ཆེན་ཞི་བ་སྤྲུལ་སྐུ་སྤྱན་རས་གཟིགས་ཀུན་འབྱུང་བདེན་པ་རྒྱུ་མཐུན་འབྲས་བུ་སོགས···རྒྱུ་འབྲས་ལ་དྲི་མ་མེད་པར་མཁྱེན་པའི་རང་དོན་རྟོགས་པ་མཐར་ཐུག་པའི་དབང་པོ་རྒྱས་པ། ངོ་བོ་ཉིད་སྐུའི་རང་བཞིན་འཇམས་དབྱངས། ལམ་བདེན་བདག་འབྲས་ལ་བར་དུ་གཅོད་པའི་བདུད་དཔུང་མ་ལུས་པ་འཇོམས་ཤིང་། རང་གཞན་དོན་སྤང་རྟོགས་ཕུན་ཚོགས་མཛད་པོ་དྲག་པོ་ལོངས་སྐུ་གསང་བའི་བདག ཐེག་ཆེན་འགོག་བདེན་འཛིན་ཅིང་། དབང་འབྲས་ཀྱི་དངོས་གྲུབ་ཀུན་འབྱུང་བའི་སྤངས་རྟོགས། དབང་ལས་ཡེ་ཤེས་ཆོས་སྐུ་ཐུབ་དབང་རྡོ་རྗེ་འཆང་། གངས་ཅན་ཡུལ་དུ་བདེན་བཞི་དང་། ལས་བཞི་ལ་མཁས་པ་མ་ལུས་པའི་གཙུག་རྒྱན་སྐུ་བཞིའི་བདག་ཉིད་ཙོང་ཁ་པ་བདེན་བཞི་གཟིགས་པའི་བློ་རྒྱུ་འབྲས་རྣམ་བཞི་མཁྱེན་པའི་བཟང་པོ་མི་འཇིགས་བཞི་ལྡན་གྱི་གྲགས········པས་ཁྱབ་པ། དྲུག་སྐོར། ང་རྒྱལ་སེར་སྣ་ཚོར་ཕུང་གཙོ་ཆེ་བའི་གདུལ་བྱ་ལ། དངོས་གྲུབ་མཉམ་ཉིད་ཡེ་ཤེས་ཀུན་འབྱུང་བའི་རིན་འབྱུང་ཐུབ་དབང་རྡོ་རྗེ་འཆང་དང་། འདོད་ཆགས་འདུ་ཤེས་ཅན་

གྱི་སེམས་ཅན་ལ་དམིགས་མེད་བརྩེ་བའི་སོར་རྟོགས་ཡེ་ཤེས་ཀྱི་གཏེར་ཆེན་སྣང་བ་མཐའ་ཡས་སྤྱན་རས་གཟིགས་གཏི་མུག་གཟུགས་ཕུང་ཅན་ལ་དྲི་མེད་མཁྱེན་པ་རྒྱས་པར་མཛད་པའི་ཆོས་དབྱིངས་ཡེ་ཤེས་ཀྱི་དབང་པོ་རྣམ་སྣང་འཇམས་དབྱངས་ཞེ་སྡང་རྣམ་ཤེས་ཀྱི་ཕུང་པོ་ཅན་ལ་ཕྱོགས་མཐུན་བདུད་དཔུང་འཇོམས་ཤིང༌། མེ་ལོང་ཡེ་ཤེས་འཛིན་པ་མི་བསྐྱོད་པའི་ངོ་བོ་གསང་བདག་ཕྲག་དོག་འདུ་བྱེད་ཅན་ལ་འཕྲིན་ལས་བྱ་གྲུབ་ཡེ་ཤེས་ཀུན་འགྲུབ་དོན་འགྲུབ་ཀྱི་ངོ་བོ་རྗེ་བཙུན་སྒྲོལ་མ་ཡུམ་གདོང་དམར་གཉྫ་ཅན་ཡུལ་དུ་ཕུང་ལྷ་ལ་མཁས་པ་དབང་ལྷ་བསྐུར་བའི་གཙུག་རྒྱན་ཙོང་ཁ་པ། ཉོན་མོངས་ལྔ་སྦྱངས་པའི་བློ་ཡེ་ཤེས་ལྔ་བཟང་པོར་ཤར་བ་རིགས་ལྔའི་རྣམ་འཕྲུལ་དུ་གྲགས་པ། བདུན་སྐོར། ཡང་ཡང་ཉིང་མཚམས་སྦྱོར་བ་དང༌། ལེ་ལོའི་གཉེན་པོར་དངོས་གྲུབ་སྒྲོ་སེམས་ཀུན་འབྱུང་བའི་བརྩོན་འགྲུས་མཆོག་དང་ལྡན་པ་ཐུབ་པའི་དབང་པོ་ཡང་ཡང་མཐོ་དམན་དུ་འགྱུར་བ་རྣམ་གཡེངས་ཅན་གྱི་གཉེན་པོར། རྩེ་གཅིག་པའི་ཏིང་ངེ་འཛིན་སྟོན་པ། དུས་ཀུན་བསམ་གཏན་པར་ཕྱིན་ལ་གནས་པ་རྡོ་རྗེ་འཆང༌། རྨོངས་མི་ཤེས་པ་ཚུལ་འཆལ་ཅན་ལ་ཕྱོགས་རེའི་དམིགས་པ་མེད་པར་ཚུལ་ལྡན་བསྲུང་བར་བཀོད་པའི་བརྩེ་བའི་ཚུལ་ཁྲིམས་ཀྱི་གཏེར་ཆེན་སྤྱན་རས་གཟིགས། ངེས་པ་མེད་པའི་སྡུག་བསྔལ་སེར་སྣ་ཅན་ལ་དྲི་མ་མེད་པར་གཏོང་བའི་མཁྱེན་པ་སྦྱིན་པའི་དབང་པོ་འཇམ་པའི་དབྱངས། ཡང་ཡང་དོར་བ་ཁོང་ཁྲོའི་བདུད་དཔུང་འབྲུགས་པ་མ་ལུས་པ་འཇོམས་ཤིང༌། མི་འབྲུགས་པར་མཛད་པ་བཟོད་ལྡན་གསང་བའི་བདག་པོ། གྲོགས་མེད་སྡུག་བསྔལ་རྨོངས་པ་ཅན་ལ། འཕྲིན་ལས་ཀྱི་གཙོ་བོ་རྣམ་འབྱེད་ཀྱི་ཤེས་རབ་ལས་ཀུན་གྲུབ་པའི་ཤེས་རབ་ཕ་རོལ་ཕྱིན་མ་རྗེ་བཙུན་སྒྲོལ་མ་ཡུམ། སྡུག་བསྔལ་གངས་ཅན་གྱི་ཡུལ་དུ་ཕར་ཕྱིན་དྲུག་ལ་མཁས་པའི་གཙུག་རྒྱན་ཙོང་ཁ་པ་བཏང་བསྲུང་སོགས་ཀྱི་བློ་ལྡན། བསྡུ་བའི་དངོས་པོ་བཟང་པོས་སྐྱེ་ཀུན་ཏུ་གྲགས་པ། བརྒྱད་སྐོར། མཐོ་རིས་ཀྱི་ཡོན་ཏན་དབང་ཆེ་བའི་དངོས་གྲུབ་འཕགས་ནོར་དད་པ་བྱང་ཆུབ་ཡན་ལག་བརྩོན་འགྲུས་ཀུན་འབྱུང་རྟ་མཆོག་ལྷར་གཤེགས་པ་ཐུབ་པའི་དབང་མཐོ་རིས་སྐྱེས་པའི་མཆོག་འཕགས་ནོར་ཏིང་ངེ་འཛིན་ཤིན་སྦྱངས་ཡན་ལག་ལྡན་པ་དམག་དཔོན་མཆོག་གྱུར་རྡོ་རྗེ་འཆང༌། མཐོ་རིས་དམིགས་མེད་ཁ་དོག་ཅན་འཕགས་ནོར་ཐོས་པའི་མཆོག

བཏང་སྒོམས་སུ་བརྩེ་བའི་གཏེར་ཆེན་ནོར་བུ་ལྷ་བུ་སྤྱན་རས་གཟིགས། མགོ་རིས་ཆེ་རིང་ཡོན་ཏན་དྲི་མེད་འཕགས་ནོར་མཁྱེན་པའི་ཤེས་རབ་དྲན་པའི་ཡན་ལག་གི་དབང་པོ་འཁོར་ལོ་ལྷ་བུ་འཇམ……དཔལ་དབྱངས། མགོ་རིས་དབང་ཕྱུག་གི་བགེགས་བྱེད་བདུད་དཔུང་དང་། འཕགས་ནོར་ཚུལ་ཁྲིམས་དང་། ཏིང་འཛིན་གྱི་ཡན་ལག་གི་སྐྱོན་མ་ལུས་འཇོམས་ཤིང་། མཐུན་ཕྱོགས་འཕེལ་མཛད་བློན་པོ་ལྷ་བུ་གསང་བའི་བདག མགོ་རིས་ཕུན་ཚོགས་འཕགས་ནོར་གཏོང་བ་དགའ་བའི་ངོ་བོ་འཇམ…དཔལ་ཁྲོས་པའི་བློས་གར་བཙུན་མོ་ལ་འཕྲུད་པ་གཤིན་རྗེ་གཤེད། མགོ་རིས་ཚིག་བཙུན་གྱི་འཕྲིན་ལས་འཕགས་ནོར་ངོ་ཁྲེལ་ཤེས་པ་ཀུན་སྤྲུལ་ཆོས་རྣམ་འབྱེད་ཀྱི་རྗེ་བཙུན་གླང་པོ་ཆེ་ལྷ་བུ་སྒྲོལ་མ…ཡུམ་རྣམ་པར་དཀར་བའི་གངས་ཅན་གྱི་མགོ་རིས་ཡོན་ཏན་བདུན་ལྡན། མཁས་པའི་གཙུག་རྒྱན་རྒྱལ་སྲིད་སྣ་བདུན་དང་ལྡན་པའི་ཙོང་ཁ་པ་བྱང་ཆུབ་ཡན་ལག་གི་བློ་ལ་འཕགས་ནོར་བཟང་པོས……གཏམས་པའི་སྙན་པའི་གྲགས་པས་ཁྱབ་པ་སྟེ། མདོ་སྡེ་རྒྱན་ལས། ས་ལ་གནས་པའི་སེམས་དཔའ་རྣམས། །འཁོར་ལོའི་བསྒྱུར་བ་དང་འདྲ་བ། །རྟག་ཏུ་རིན་བདུན་ལྷ་བུའི། །བྱང་ཆུབ་ཡན་ལག་རྣམས་ཀྱིས་བསྐོར། །ཞེས་སོ། །

༈ ༡ཐུབ་དབང་ ༢སྒྲོལ་མ་ ༣ངག་གི་དབང་ཕྱུག་དང་། ༤རྡོ་རྗེ་གདན་པ་ ༥བ་རི་ ༦སླེ་ནག་པ། ༧བཤེས་གཉེན་སློབ་པ་ ༨དྭགས་པོ་ ༩སྒོམ་ཚུལ་རྗེ།། ༡༠ཤེས་རབ་བྱང་ཆུབ་རྣམས་ལ་གསོལ་བ་འདེབས། ༡༡འདུལ་འཛིན་ ༡༢འབྲི་གུང་གླིང་པ། ༡༣དམ་ཆོས་གླིང་།། ༡༤ཆོས་ཀྱི་ཚུལ་ཁྲིམས་ ༡༥ལྷ་ལུང་ ༡༦ཐོགས་གནས་པ། ༡༧ཆོས་དབང་ ༡༨བྱང་ཆུབ་བཟང་པོ་ ༡༩མང་ག་ལ།། ༢༠བསོད་ནམས་ལྷ་དབང་རྣམས་ལ་གསོལ་བ་འདེབས། ༢༡དཔལ་ལྡན་རྒྱལ་མཚན་ ༢༢རྗེ་བཙུན་འཕྲིན་ལས་པ། ༢༣ཚར་ཆེན་ ༢༤མཁྱེན་བརྩེ་ ༢༥བསླབ་གསུམ་ ༢༦དབང་རབ་ཞབས།། ༢༧བསོད་ནམས་མཆོག་ལྡན་ ༢༨བསོད་ནམས་མཆོག་གྲུབ་དང་། ༢༩རིན་ཆེན་འཇམ་དཔལ་རྣམས་ལ་གསོལ་བ་འདེབས། ༣༠བློ་གསལ་བསྟན་འཛིན་ ༣༡ཀུན་བློ་ ༣༢ཆོས་ཉིའི་མཚན།། ༣༣བསྟན་པའི་ཉི་མ་ ༣༤ཀུན་དགའ་རིན་ཆེན་དང་། ༣༥བཛྲ་རཏྣ། ༣༦བློ་གསལ་བསྟན་སྐྱོང་རྗེ། ༣༧མཁྱེན་བརྩེའི་དབང་པོ་རྣམས་ལ་གསོལ་བ་འདེབས། ༣༨བློ་གཏེར་སྒྲ་བའི་དབང་པོ་རྒྱུད་སྡེའི་མཛོད།། ༣༩གཟིམ་འོག་བྱམས་པ་ཀུན་དགའ་བསྟན་འཛིན་མཚན། ༤༠རིགས་

ཀུན་ཁྱབ་བདག་བློ་བཟང་ཡེ་ཤེས་རྗེ། །དྲིན་ཅན་བླ་མའི་ཞབས་ལ་གསོལ་བ་འདེབས། །དེ་ལྟར་གསོལ་བ་བཏབ་པའི་ཚོགས་གཉིས་མཐུས། །འཕགས་མའི་གསང་གསུམ་གསལ་སྣང་མཐར་ཕྱིན་ཞིང་། །འོད་ཟེར་སྤྲོ་བསྡུས་མཆོག་ཐུན་འཕྲིན་ལས་དང་། །འཆི་མེད་ཡེ་ཤེས་འགྲུབ་པར་བྱིན་གྱིས་རློབས། །

༄༅། །རྗེ་བླ་མའི་བསྟན་པ་དང་མཇལ་བའི་སྨོན་ལམ་བཞུགས་སོ།། །

༄༅། །ཨོཾ་བདེ་ལེགས་སུ་གྱུར་ཅིག །ཕྱོགས་བཅུར་བཞུགས་པའི་རྒྱལ་བ་སྲས་བཅས་ཀྱིས། བདག་གིས་དུས་གསུམ་བསགས་པའི་དགེ་བ་རྣམས། །སྒྲིབ་བྱང་ཚོགས་རྫོགས་ས་ལམ་བགྲོད་པའི་རྒྱུར། །ལྷུན་གྱིས་གྲུབ་པར་བྱིན་གྱིས་རླབས་ཏུ་གསོལ། །བསྟན་པ་སྐྱོན་མེད་སྟོན་མཛད་འདྲེན་མཆོག་གི །ཆོས་ཀུན་དུས་གསུམ་འཕགས་པའི་དགེ་འདུན་རྣམས། །ཟླ་གྲོགས་དམ་པར་བཟུང་ནས་སྒྲུབ་པའི་ལམ། །བློ་བཟང་རྒྱལ་བའི་བསྟན་དང་མཇལ་བར་ཤོག །རང་གཞན་སྲིད་མཚོར་འཁྱམས་ཤིང་འཆིང་བྱེད་ཀྱི། །ལས་ཉོན་འབྲས་བཅས་སྐྱོན་མཐོང་སྐྱོ་ཤས་དང་། །ངེས་འབྱུང་བསྐྱེད་ནས་ཐར་པར་འཁྲིད་པའི་ལམ། །བློ་བཟང་རྒྱལ་བའི་བསྟན་དང་མཇལ་བར་ཤོག །ཟེ་ཆུན་འཕྲུན་ལྟར་སྡུག་བསྔལ་ཀུན་འབྱུང་གིས། །མནར་བྱེད་ལས་ཉོན་ནད་ཀུན་འཇོམས་པའི་སྨན། །སྟོང་པ་རྟེན་འབྱུང་ཟུང་དུ་འཇུག་པའི་ལམ། །བློ་བཟང་རྒྱལ་བའི་བསྟན་དང་མཇལ་བར་ཤོག །རང་ཉིད་ཡལ་བོར་མར་གྱུར་འགྲོ་བ་ཀུན། །སྡུག་བསྔལ་ཀུན་བྲལ་བདེ་ལ་འགོད་པའི་ཕྱིར། །སེམས་བསྐྱེད་ཕྱིན་དྲུག་བསམ་སྦྱོར་ཚང་བའི་ལམ། །བློ་བཟང་རྒྱལ་བའི་བསྟན་དང་མཇལ་བར་ཤོག །རྣམ་དག་སྡོམ་བརྟེན་མི་མཐུན་ཕྱོགས་ལས་བསྲུངས། །ཉམས་པ་ཕྱིར་བཅོས་ཚུལ་བཞིན་སྒྲུབ་པ་སོགས། །འདུལ་བའི་སྡེ་སྣོད་གདམས་པར་འཁྱེར་བའི་ལམ། །བློ་བཟང་རྒྱལ་བའི་བསྟན་དང་མཇལ་བར་ཤོག །ཕུང་ཁམས་སྐྱེ་མཆེད་ཀུན་བྱང་ཡུལ་ཡུལ་ཅན། །ཟག་བཅས་ཟག་མེད་བདེན་བཞིའི་གནད་ལ་མཁས། ། སྙོམས་འཇུག་དག་བྱེད་ཤེས་བཅུ་རྫོགས་པའི་ལམ། །བློ་བཟང་རྒྱལ་བའི་བསྟན་དང་མཇལ་བར་ཤོག །བརྒྱ་དང་དོན་གསུམ་སྦྱོར་བཞིའི་ཉམས་ལེན་གྱིས། །རྣམ་པ་ཀུན་མཁྱེན་གཞི་ལམ་སྦྱངས་བྱས་ཏེ། །ཞི་ལྷག་མཐར་ཕྱིན་དོན་གཉིས་སྒྲུབ་པའི་ལམ། །བློ་བཟང་རྒྱལ་བའི་བསྟན་དང་མཇལ་བར་ཤོག །རྟོག་གེའི་ཚིག་དོན་ཡང་དག་ལྟར་སྣང་གིས། །གནས་གསུམ་དོན་ལ་འཁྲུལ་བ་ཀུན་བསལ་ཏེ། །བཤད་སྒྲུབ་གོམས་པ་རབ་ཀྱི་མཐར་ཕྱིན་ལམ། །བློ་བཟང་རྒྱལ་བའི་

བསྟན་དང་མཇལ་བར་ཤོག ། རྒྱལ་ཀུན་སྐུ་གསུམ་གསང་བ་རྒྱན་གྱི་མཛོད། །བདེ་སྟོང་མཆོག་གི་རོལ་བར་སྟོམ་པའི་གནད། །ཕྱི་ནང་གཞན་གསུམ་དག་པའི་འཁོར་ལོར་མཉམ། །བློ་བཟང་རྒྱལ་བའི་བསྟན་དང་མཇལ་བར་ཤོག །ཕྱི་ནང་གསང་བའི་གཤིན་རྗེ་དྲུངས་ཕྱུང་སྟེ། །སྐྱེ་ཤི་བར་དོ་རྒྱལ་བའི་སྐུ་གསུམ་དུ། །བསྒྱུར་བའི་སྒྱུ་ལུས་འོད་གསལ་ཟུང་འཇུག་ལམ། །བློ་བཟང་རྒྱལ་བའི་བསྟན་དང་མཇལ་བར་ཤོག །མདོར་ན་མདོ་སྔགས་ལུང་རྟོགས་མ་ལུས་པ། །ཐུན་གཅིག་ལ་ཡང་གྲུ་བཞི་ལམ་མཁྱེར་ཤིང་། །འགྲན་ཟླ་ཀུན་བྲལ་བྱང་ཆེན་སྒྲུབ་པའི་ལམ། །བློ་བཟང་རྒྱལ་བའི་བསྟན་དང་མཇལ་བར་ཤོག །ཚེ་རབས་ཀུན་ཏུ་སྐྱབས་གསུམ་འདུས་པའི་དངོས། །ཐེག་མཆོག་བཤེས་གྱིས་དགྱེས་བཞིན་རྗེས་བཟུང་སྟེ། །གསུང་གི་བདུད་རྩིས་བློ་བཟང་རྒྱལ་བའི་བསྟན། །འཛིན་སྐྱོང་སྤེལ་ལ་ཟླ་དང་བྲལ་བར་ཤོག། ཅེས་པ་འདི་ནི། ལུང་དང་རིགས་པ་སྨྲ་བ་དཀའ་བཅུ་བསྟན་པ་རྒྱ་མཚོས། ཇེ་བླ་མའི་རང་ལུགས་ལ་མཆོག་ཏུ་དད་པས་བསྐུལ་བའི་ངོར། ཤརཏྣ་ཧྭ་ཛས་བྲིས་པའོ། །འདིས་ཀྱང་རྒྱལ་བའི་བསྟན་པ་ཡུན་རིང་དུ་གནས་པར་གྱུར་ཅིག། སརྦ་མངྒ་ལཾ།།

༄༅། །རྗེ་བླ་མ་ལ་བརྟེན་པའི་གཏོར་མ་གཏོང་བའི་ཚོ་ག་ཕན་བདེའི་ཆར་རྒྱུན་ཞེས་བྱ་བ་བཞུགས་སོ།

༄༅། །འདིར་རྒྱལ་བ་ཙོང་ཁ་པ་ཆེན་པོའི་སྒོ་ནས་ཆུ་གཏོར་གཏོང་བར་འདོད་པས་རིན་པོ་ཆེ་དང་སྨན་སྣ་དཀར་གསུམ་སོགས་ཀྱི་རྫས་དང་ལྡན་པའི་གཏོར་རིལ་མགྲོན་ཚན་རེ་ལ་བདུན་རེ་དང་ཆུ་གཙང་དང་བཅས་པས་གཏོར་སྣོད་བཀང་སྟེ། སྐྱབས་སེམས་སྔོན་དུ་བཏང་ནས། ཁྱད་པར་མ་སེམས་ཅན་ཐམས་ཅད་ཀྱི་དོན་དུ་ཡང་དག་པར་རྫོགས་པའི་སངས་རྒྱས་ཀྱི་གོ་འཕང་རིན་པོ་ཆེ་ཅི་ནས་ཀྱང་ཐོབ་པར་བྱ། དེའི་ཕྱིར་དུ་མཆོད་སྦྱིན་གཏོར་མའི་རིམ་པ་ལ་འཇུག་པར་བགྱིའོ། ལན་གསུམ། ཨོཾ་བཛྲ་ཨ་མྲྀ་ཏ× སྭ་བྷཱ× སྟོང་པ× སྟོང་པའི་ངང་ལས་རང་གི་སེམས་ཉིད་ཧྲཱིཿ ཡིག་དམར་སེར་ལས་འོད་འཕྲོས་དོན་གཉིས་བྱས། ཚུར་འདུས་ཡོངས་སུ་གྱུར་པ་ལས་པད་ཟླའི་སྟེང་དུ་རང་ཉིད་རྒྱལ་བ་ཙོང་ཁ་པ་སྐུ་མདོག་དཀར་ལ་དམར་བའི་མདངས་དང་ལྡན་པ། དབུ་ལ་པཎ་ཞྭ་གསེར་གྱི་མདོག་ཅན་སྣེ་རིང་དང་། སྐུ་ལ་ཆོས་གོས་ངུར་སྨིག་གསུམ་མཛེས་པར་གསོལ་བ། ཕྱག་གཉིས་ཆོས་འཁོར་གྱི་ཕྱག་རྒྱས་ཨུཏྤལའི་ཡུ་བ་འཛིན་ཅིང་འདབ་མ་སྙན་གཡས་གཡོན་གྱི་ཐད་དུ་ཁ་བྱེ་བའི་སྟེང་ན་ཤེས་རབ་ཀྱི་རལ་གྲི་དང་། ཤེར་ཕྱིན་གྱི་གླེགས་བམ་མཛེས་པ། ཞབས་རྡོ་རྗེ་སྐྱིལ་ཀྲུང་གིས་བཞུགས་པའི་སྤྱི་བོར་ཨོཾ་དཀར་པོ། མགྲིན་པར་ཨཱཿ དམར་པོ། ཐུགས་དཀར་ཧཱུྃ་སྔོན་པོས་མཚན་པར་གྱུར། ཐུགས་ཀའི་ས་བོན་ལས་འོད་ཟེར་འཕྲོས་པས། དགའ་ལྡན་གྱི་གནས་ནས་ཆོས་ཀྱི་རྒྱལ་པོ་ཙོང་ཁ་པ་སྤྱན་དྲངས། ཛཿ ཧཱུྃ་བཾ་ཧོཿ དམ་ཚིག་པ་དང་གཉིས་སུ་མེད་པར་གྱུར། ཨོཾ་གུ་རུ་སུ་མ་ཏི་ཀཱིརྟི་སིདྡྷི་ཨཀྵོ་ནས་པཱདྱཱའི་བར་གྱིས་མཆོད། རྣམ་དག་གངས་རི་མས་བསྟོད། ཨོཾ་བཛྲ་ཨ་མྲྀ་× སྟོང་པའི་ངང་ལས་ཨོཾ་ལས་རིན་པོ་ཆེའི་སྣོད་ཡངས་ཤིང་རྒྱ་ཆེ་བའི་ནང་དུ་གཏོར་མ་དྭངས་ཤིང་ཐོགས་པ་མེད་པར་བདུད་རྩིའི་རྒྱ་མཚོ་ཆེན་པོར་གྱུར། ཨོཾ་ཨཱཿཧཱུྃ། ལན་གསུམ། རང་བཞིན་བདེ་བ་ཆེན་པོའི་ཞིང་ཁམས་ནས། །རྩ་བརྒྱུད་བླ་མ་དཀོན་མཆོག་སྲིད་ཞིའི་མགྲོན། །མགོན་པོ་ཡོན་ཏན་མགྲོན་གྱི་ཚོགས་བཅས་དང་། །རང་རང་སོ་སོའི་གནས་ཡུལ་ཇི་སྙེད་ནས། །གདོན་བགེགས་ལན་ཆགས་རིགས་དྲུག་སྙིང་རྗེའི་ཚོགས། །མ་ལུས་ཐོགས་པ་མེད་པར་

འདིར་གཤེགས་ལ། །རང་རང་གང་འཚམ་དགྱེས་པའི་གདན་ལ་བཞུགས། །ཟག་མེད་བདུད་རྩིའི་གཏོར་མས་ཚིམ་པར་མཛོད། ན་མཿསརྦ་ཏ་ཐཱ་× ལན་ཅི་མང་བཟླས་ལ། བཛྲ་ཨརྒྷཾ་སོགས་ཀྱིས་མཆོད། ཕུན་ཚོགས་འདོད་ཡོན་རྒྱ་མཚོའི་གཏོར་མ་འདི། །དངོས་དང་བརྒྱུད་པའི་རྩ་བརྒྱུད་བླ་མ་དང་། ཡི་དམ་རྒྱུད་སྡེ་བཞི་ཡི་དཀྱིལ་འཁོར་ལྷ། སངས་རྒྱས་བྱང་སེམས་ཉན་རང་ཚོགས་བཅས་ཀྱིས། །བཞེས་ལ་བདག་ཅག་དཔོན་སློབ་འཁོར་དང་བཅས། །ངེས་འབྱུང་བྱང་ཆུབ་སེམས་དང་ཡང་དག་ལྟ། །རིམ་གཉིས་ལམ་གྱི་ཡོན་ཏན་མ་ལུས་པ། །མྱུར་དུ་རྒྱུད་ལ་སྐྱེ་བ་མཛད་དུ་གསོལ། སླར་ཡང་གཏོར་མ་ཁ་གསོས་ལ་སྔར་ལྟར་བྱིན་བརླབས་བྱས་ལ། ན་མཿསརྦ་ཏ་ཐཱ× སོགས་ཅི་མང་བཟླས་མཐར། བཛྲ་ཨརྒྷཾ་སོགས་ཀྱིས་མཆོད་ལ། ཕུན་ཚོགས་× དཔའ་བོ་མཁའ་འགྲོ་ཆོས་སྲུང་ཚོགས་སྤྱི་དང་། །ཁྱད་པར་མྱུར་མཛད་མགོན་པོ་ལས་གཤིན་སོགས། །འཇིག་རྟེན་འདས་དང་མ་འདས་སྲུང་ཚོགས་ཀྱིས། །བཞེས་ལ་རྣལ་འབྱོར་འཕྲིན་ལས་ཚོགས་སྤྱི་དང་། །ཞི་རྒྱས་དབང་དྲག་གང་བཅོལ་འདོད་པའི་དོན། །མཐའ་དག་འབད་པ་མེད་པར་ལྷུན་གྲུབ་ཅིང་། །སྲུང་སྐྱོབ་རྡོ་རྗེའི་ར་བ་བརྟན་པར་མཛོད། ཡང་གཏོར་རྫས་ཁ་གསོས་ལ། བྱིན་བརླབས་བྱས་སྟེ། ན་མཿསརྦ་ཏ× ཅི་འགྲུབ་བཟླས་མཐར། དེ་བཞིན་གཤེགས་པ་× སོགས་དེ་བཞིན་གཤེགས་པའི་མཚན་བརྗོད། ཕུན་ཚོགས× སྡེ་གདོན་གཟའ་དང་འོག་གདོན་ཀླུ་ས་བདག །བར་གདོན་བཙན་དང་རྒྱལ་པོ་ཐེའུ་རང་དང་། །བྱིས་པའི་གདོན་ཆེན་བཅོ་ལྔ་ལ་སོགས་པ། །གདོན་བགེགས་ གློ་བུར་ཡེ་འབྲོག་གཏོང་བ་ཡི། །གདོན་བགེགས་ལན་ཆགས་མགྲོན་གྱི་ཚོགས་ཀུན་གྱི། །བཞེས་ནས་བདག་སོགས་ཡོན་མཆོད་འཁོར་བཅས་ཀྱི། །ལན་ཆགས་ཤ་འཁོན་གནོད་པ་ཞི་བར་མཛོད། །སླར་ཡང་གཏོར་མ་ཁ་གསོས་ལ། བྱིན་བརླབས་དང་སྔགས་བརྗོད་ལ། དེ་བཞིན་གཤེགས་པ་བཞིའི་མཚན་བརྗོད་ལ། ཕུན་ཚོགས་× རིགས་དྲུག་འགྲོ་བ་སྤྱི་དང་ཁྱད་པར་དུ། །ཡི་དྭགས་ཕྱི་ནང་ཟས་སྐོམ་སྒྲིབ་པ་ཅན། །སྐྱེ་སྲིད་ལུས་མ་ཐོབ་པའི་བར་དོ་དང་། །གློ་བུར་ལྟག་དང་ཁས་ཞན་དབང་ཆུང་སོགས། །འདོད་ཡོན་གཏོར་མས་ཚིམ་ནས་སྡུག་བསྔལ་ཀུན། །ཞི་ནས་གཏན་བདེ་མཆོག་ལ་འགོད་བྱེད་པའི། །སྒྲིབ་དག་ཚོགས་རྫོགས་སངས་རྒྱས་མྱུར་ཐོབ་ཤོག །དེ་ནས་ཆུ་སྦྱིན་དང་མཇུག་ཆོག་གི་ཆོས་བཤད། བཟོད་གསོལ་གཤེགས་གསོལ་སྨོན་ལམ་སོགས། པཎ་ཆེན་ཐམས་ཅད་མཁྱེན་པའི་གཏོར་མ་བརྒྱ་རྩ་ལྟར་བྱས་ལ་མཇུག

གྲུབ་པར་བྱའོ། དེ་ལྟར་རྗེ་བླ་མ་ལ་བརྟེན་པའི་ཆུ་གཏོར་གཏོང་བའི་ཆོ་ག་འདི་ལྟ་བུ་དགོས་ཞེས་འབྲོམ་བུ་དར་རྒྱས་གླིང་གི་གྲྭ་རིགས་བཟང་རྫོང་ནས་བསྐུལ་བ་ལྟར་རྗེ་བླ་མ་ལ་བརྟེན་ནས་གཏོར་མའི་ཆོ་ག་བྱ་བའི་ཚུལ་སྔོན་ཆད་མ་མཐོང་ཡང་། ཆར་འབེབས་སོགས་ཀྱི་ཆེ་གླུ་གཏོར་དེ་ལྟར་བྱ་བ་སོགས་ལས་ཚོགས་ལས་འབྱུང་བ་སོགས་ལ་གཞིར་བྱས་ཏེ་མགྲོན་ཚན་བཞི་ཏེ་ལག་ལེན་ཁྱེར་བདེ་འདི་ཡང་། རོང་ཕ་སྤྲུལ་མིང་པ་གཉིས་མེད་སེ་རྡྷ། དགེ་སློང་བློ་བཟང་དམ་ཆོས་རྒྱ་མཚོས་དབེན་གནས་སུ་མགྱོགས་པར་བྲིས་པས་དགེ་ཞིང་ཕན་ཐོག་པར་གྱོག །བཀྲ་ཤིས།།

༄༅། །རྗེ་བླ་མ་ཙོང་ཁ་པ་ཆེན་པོ་ལ་བརྟེན་ནས་དམ་རྫས་རིལ་བུ་སྒྲུབ་པའི་ཆོ་ག་གདུང་སེལ་ནོར་བུའི་ཟླ་བ་བཞུགས་སོ།། །

༄། །ན་མོ་གུ་རུ། གང་ཞིག་རྒྱལ་བའི་ལུང་གིས་རབ་བསྔགས་དཔལ་ལྷུག་ཡོངས་ཀྱི་མཁྱེན་བརྩེ་ཀུན། །གཅིག་ཏུ་སྨིན་པ་བློ་གྲོས་རབ་བཟང་མཁས་ཚུལ་གསུམ་གྱི་གྲགས་པ་འབར། །དྲི་མེད་སློན་ལམ་རྣམ་པ་དག་པས་མཐའ་ཡས་འགྲོ་བའི་མགོན་མཛད་པ། །ཀུན་མཁྱེན་བླ་མ་མཆོག་ལ་དང་པའི་བློ་གྲོས་དེ་དག་རྟག་ཏུ་བསྟེན། མཆོག་གི་ཐུགས་རྗེ་བསྐུལ་དང་ལྡན་ཅིག་པར། བྱིན་རླབས་ཀ་དམ་པ་ཅན་གཉེར་བས་པ་ལས། འགྲོར་སྨན་བདུད་རྩིའི་གྲུབ་ཆར་འབེབས་བྱེད་པའི། །དམ་རྫས་རིལ་བུ་སྒྲུབ་པའི་ཆོ་ག་བཤད། དེ་ལ་འདིར་ཁམས་གསུམ་འགྲོ་བའི་བླ་མ་མཉམ་མེད་ཙོང་ཁ་པ་ཆེན་པོ་ཞེས་རྒྱལ་བ་ཀུན་གྱི་མཁྱེན་རབ་ཀྱི་སྙིང་པོ་གཅིག་ཏུ་རྫོགས་པ་རྗེ་བཙུན་བརྟན་པའི་འཁོར་ལོ་གསུམ་ལྡན་དགེ་བའི་བཤེས་ཀྱི་རྣམ་པར་རོལ་བ་དེ་ཉིད་ལ……བརྟེན་པའི་གཞན་ཕན་སྤེལ་བའི་འཕྲིན་ལས་ཀྱི་རིམ་པ་དུ་མ་ཞིག་ཡོད་མོད་འདིར་རྗེ་བླ་མ་ལ་བརྟེན་པའི་རིལ་བུ་བསྒྲུབ་པའི་སྔོན……འགྲོ་ཀྱི་དམ་པའི་ཐུག་བཞེས་ལྟར། ལག་ལེན་དང་ཆོ་གའི་རིམ་པ་གསལ་བར་བཀོད་པ་ལ། དེ་ཡང་ཐོག་མར་བྱིན་རླབས་ཀྱི་རྟེན་ཁྱད་པར་འཕགས་པ། ཡུངས་འབྲུ་ལྟ་བུའི་རིང་བསྲེལ་ཚད་ལྡན་ལ་གཞིར་བྱས་དུག་རིགས་དང་བཤལ་སྐྱུགས་བྱེད་པ་མ་ཡིན་པའི་བཟང་སྨན་གྱི་སྦྱོར་བས་སུ་སྦྱར་བའི་རིལ་བུ་གཙང་སྦྲ་དང་ལྡན་པས་དྲིལ་ནས་མེ་ཉིས་མ་ཐོག་པར་ལེགས་པར་སྐོམ་དུ་གཞུག་པ་ལ།……རྒྱ་མཚལ་ལས། ཁ་ཆེ་ཤ་ཁ་སོགས་ཀྱིས་མདོག་བསྒྱུར་བ། གས་ཆག་མེད་པའི་བུམ་པ་ཚད་དང་ལྡན་པ་དར་བཟང་པོའི་མགུལ་འཆིང་ཅན་གྱི་ནང་དུ་བླུགས་པའི་ཁ་དར་རས་གཙང་མས་གཡོགས་ཏེ་རྒྱས་བཏབ་པ་སོགས་བགྱིས་ཏེ་གཟུང་ཐག་བཞག །བུམ་གདན་ལ། འབྲུ་དཀར་གྱིས་པདྨ་འདབ་བརྒྱད་ལྟེ་བ་དང་བཅས་པ་བྲི། མདུན་དུ་དཀར་གསུམ་མངར་གསུམ་དང་སྦྱར་བའི་གཏོར་མ་ཟླུམ་པོ་པད་འདབ་བཞི་པ་དཀར་པོ། །སྐོར་རྒྱན་གཉིས་ཀྱི་དབུས་སུ་བཀྲ་ཤིས་རྟགས་རྫས་དང་རྟེ་ལའང་གླེགས་བམ་དང་རལ་གྲི་སོགས་རྒྱན་བཀོད་ཤིན་ཏུ་ལེགས་པར་བྱས་ལ། མཆོད་པ་ཡང་བདག་མདུན་གཉིས་ཀྱི་མཆོད་པ་དང་། གཞན་ཡང་མཆོད་པ་ཅི་འབྱོར་གཙང་སྦྲ་དང་ལྡན་པས་བཤམས་ཏེ། དངོས་གཞིའི་ཆོ་ག་ལ་འཇུག་པ་ནི། སྐྱབས་འགྲོ་དང་སེམས་བསྐྱེད་རྒྱས་པ་སྤྱི་ལྟར་བཏང་ནས། བདག་བསྐྱེད་སྒོམ་པ་ནི། ༔ ཨོཾ་སྭ་བྷཱ་ཝ་ནས་སྟོང་པའི་ངང་ལས་པདྨ་དཀར་པོ་འདབ་མ་སྟོང་ཕྲག་དང་ལྡན་པའི་ལྟེ་བར། ཨ་ལས་བྱུང་བའི་ཟླ་བའི་དཀྱིལ་འཁོར་དཀར་གསལ་དང་ལྡན་པ་ཉ་ཡོངས་

སྲུ་གང་བའི་རྣམ་པ་ཅན་གྱི་སྟེང་དུ་རང་གི་སེམས་ཉིད་ཡི་གེ་ཧྲཱིཿདམར་སེར་རིང་ཆ་ཆེག་དྲག་དང་……
བཅས་པ་ལས་བྱུང་བའི་རལ་གྲིའི་ཡུ་བ་རྡོ་རྗེ་དང་རྩེ་མོ་མེ་འབར་བ་ལ་ཧྲཱིཿ ཡིག་གི་མཚན་པ་དེ་
ལས་འོད་ཟེར་དཔག་ཏུ་མེད་པ་འཕྲོས། རྒྱལ་བ་རྣམས་མཆོད་པས་མཉེས། སེམས་ཅན་གྱི་སྡིག་
ལྟུང་སྡུག་བསྔལ་དང་བཅས་པ་སྦྱངས། འོད་ཟེར་སླར་འདུས་ཡོངས་སུ་གྱུར་པ་ལས་རང་ཉིད་རྒྱལ་
བ་ཀུན་གྱི་ངོ་བོ་ཁམས་གསུམ་ཆོས་ཀྱི་རྒྱལ་པོ་ཙོང་ཁ་པ་ཆེན་པོ་སྐུ་མདོག་དཀར་ལ་དམར་བའི་……
མདངས་ཅན་ཞལ་གྱི་དཀྱིལ་འཁོར་མཛེས་ཤིང་ཡིད་དུ་འོང་བ་ཞི་འཛུམ་དགྱེས་པའི་ཉམས་དང་……
ལྡན་པ། སྐུ་ལ་གུར་གུམ་གྱི་མདངས་དང་ལྡན་པའི་ཆོས་གོས་གསུམ་གསོལ་ཞིང་། ཕྱག་གཉིས་
ཆོས་འཁོར་གྱི་ཕྱག་རྒྱ་མཛད་པའི་མཐེབ་མཛུབ་གཉིས་ཀྱིས་ཨུཏྤལ་གཞོན་ནུའི་ཡུ་བ་འཛིན་ཅིང་།
འདབ་མ་རྣམས་སྙན་གྱི་ཐད་སོར་ཁ་བྱེ་བའི་གཡས་སུ་ཤེས་རབ་ཀྱི་རལ་གྲི་འོད་ཟེར་འབར་བས……
འགྲོ་བ་རྣམས་ཀྱི་མི་ཤེས་པའི་མུན་པ་སེལ་བར་བྱེད་པ་དང་། གཡོན་དུ་སྟོང་ཕྲག་བརྒྱ་པའི་གླེགས་
བམ་ཟབ་མོའི་དོན་གྱི་རང་སྒྲ་འགགས་མེད་དུ་སྒྲོག་པ། དབུ་ལ་པཎ་ཞྭ་གསེར་གྱི་མདོག་ཅན་རྩེ་
རིང་གསོལ་བ། ཞབས་ཟུང་རྡོ་རྗེའི་སྐྱིལ་མོ་ཀྲུང་གིས་བཞུགས་པ། མཐོང་བ་ཙམ་གྱིས་ཡིད་འཕྲོག་
པའི་སྐུ་ལས་འོད་ཟེར་དཔག་མེད་ཏུ་མེད་པ་འཕྲོ་བ་སྐུ་ལ་ཞིང་ཁམས་ཐམས་ཅད་སྣང་ཞིང་སྐུ་ཡིས……
ཞིང་ཁམས་ཐམས་ཅད་ཁྱབ་པའི་བདག་ཉིད་ཅན། ཕུང་པོ་དང་ཁམས་སྐྱེ་མཆེད་ཚིག་དང་རྩ་རྒྱུས་
པ་སྤུ་དང་བཅས་པ། རྒྱལ་བ་རྣམ་པར་སྣང་མཛད་ལ་སོགས་པའི་རིགས་ལྔ། སྤྱན་མ་ལ་སོགས་པའི་
ཡུམ་བཞི། བྱམས་པ་དང་ས་ཡི་སྙིང་པོ་ལ་སོགས་པའི་བྱང་ཆུབ་སེམས་དཔའ། དགྲ་བཅོམ་ཟག་པ་
སྤང་བ་རྣམས་ཀྱི་ངོ་བོར་གྱུར་བ་སྟེ། མདོར་ན་རྒྱལ་བ་སྲས་དང་བཅས་པ་ཐམས་ཅད་འདུས་པའི་
བདག་ཉིད་དུ་བཞུགས་པའི་སྤྱི་བོར་ཨོཾ་དཀར་པོ། །མགྲིན་པར་ཨཱཿ དམར་པོ། ཐུགས་ཀར་ཧཱུྃ་སྔོན་
པོས་མཚན་པར་གྱུར། ཐུགས་ཀའི་ཧཱུྃ་ལས་འོད་ཟེར་ལྕགས་ཀྱུ་ལྟ་བུ་དཔག་ཏུ་མེད་པར་འཕྲོས་པས་
དགའ་ལྡན་གྱི་གནས་ནས་ཁམས་གསུམ་ཆོས་ཀྱི་རྒྱལ་པོ་ཙོང་ཁ་པ་ཆེན་པོ་ལ་སངས་རྒྱས་དང་……
བྱང་ཆུབ་སེམས་དཔའི་ཚོགས་དཔག་ཏུ་མེད་པས་བསྐོར་བ་སྤྱན་དྲངས་བཛྲ་ས་མ་ཡ་ཛཿ ཛཿ ཧཱུྃ་བཾ་
ཧོཿ དམ་ཚིག་པ་དང་གཉིས་སུ་མེད་པར་གྱུར། དེ་ནས་མཆོད་པ་རྣམས། ཨོཾ་བཛྲ་ཨ་མྲྀ་ཏས་བསངས། ཨོཾ་སྭ་

བྷཱ་ཞེས་སྦྱངས། སྟོང་པ་ཉིད་དུ་གྱུར། སྟོང་པའི་ངང་ལས་ཨོཾ་ལས་རིན་པོ་ཆེ་ལས་གྲུབ་པའི་སྣོད་ཡངས་ཞིང་རྒྱ་ཆེ་བ་རྣམས་ཀྱི་ནང་དུ་ཨོཾ་འོད་དུ་ཞུ་བ་ལས་བྱུང་བའི་མཆོད་ཡོན་ནས། རོལ་མོ་རྣམས་རང་……བཞིན་བདེ་སྟོང་རྣམ་པར་མཆོད་རྫས་བྱེད་ལས་དབང་པོ་དྲུག་གི་སྤྱོད་ཡུལ་དུ་ཟག་པ་མེད་པའི་བདེ་བ་ཁྱད་པར་ཅན་བསྐྱེད་པར་གྱུར། ཨོཾ་ཨརྒྷཾ་ཨཱཿཧཱུྃ་ནས་ཤབྡ་ཨཱཿཧཱུྃ་གི་བར་གྱིས་བྱིན་གྱིས་རླབས་ལ། ཨོཾ་ཨཱཿགུ་རུ་སུ་མ་ཏི་ཀཱིརྟི་སཔ་རི་ཝཱ་ར་ཨརྒྷཾ་པྲ་ཏཱིཙྪ་ཡེ་སྭཱཧཱ། ཞེས་པ་ནས། ཤབྡ་པྲ་ཏཱིཙྪ་ཡེ་སྭཱཧཱ། ཞེས་པའི་བར་གྱིས་མཆོད། རྣམ་དག་གནས་རིའི་ཁྲོད་བས་ནས་བླ་མ་མཆོག་ལ་བདག་ཕྱག་འཚལ། ཞེས་པས་བསྟོད་ལ། རང་ཉིད་ཙོང་ཁ་པ་གསལ་བའི་ཐུགས་ཀར་ཟླ་བའི་དཀྱིལ་འཁོར་གྱི་སྟེང་དུ་ཧཱུྃཿཡིག་དམར་སེར་གྱི་མཐར་དམིགས་བརྩེ་མས་བསྐོར་བ་ལས་འོད་ཟེར་འཕྲོས་པས་འོད་ཟེར་གྱི་སྣེ་ལ་མཆོད་པའི་ལྷ་མོ……ཕྱག་ན་མཆོད་རྫས་སྣ་ཚོགས་ཐོགས་པ་དཔག་ཏུ་མེད་པ་སྤྲོས་པས་རྒྱལ་བ་སྲས་དང་བཅས་པ……ཐམས་ཅད་མཆོད་པས་མཉེས་པར་བྱས། དེ་རྣམས་ཀྱི་ཐུགས་རྗེ་དང་བྱིན་རླབས་ཐམས་ཅད་འོད་ཟེར་དང་བདུད་རྩིའི་རྣམ་པ་ཚུར་བསྡུས་ནས་རང་ལ་ཐིམ། སླར་ཡང་འོད་ཟེར་འཕྲོས་པས་སེམས་ཅན་ཐམས་ཅད་ཀྱི་སྡིག་སྒྲིབ་དང་སྡུག་བསྔལ་སྦྱངས། ཆོས་ཀྱི་རྒྱལ་པོ་ཙོང་ཁ་པ་ཆེན་པོའི་གོ་འཕང་ལ་བཀོད་འོད་ཟེར་ཚུར་བསྡུས་ནས་ཐུགས་ཁྲོད་ས་བོན་དང་བཅས་པ་ལ་བསྒོམ་པ་སོགས……སྤྲོས་བ་དང་བསྡུ་བའི་མཛད་པ་ཅན་དུ་གྱུར། ཅེས་གསལ་བཏབ་ལ་དམིགས་བརྩེ་མ་བརྒྱ་སྟོང་སོགས་ཅི་ནུས་བརྗོད་པའི་མཐར་ཡིག་བརྒྱ་ལན་གསུམ། གོང་བཞིན་མཆོད་བསྟོད་བྱས་རྗེས། དགེ་བ་འདི་ཡིས་ནས། །བློ་བཟང་གྲགས་པ་འགྲུབ་ནས། འགོད་པར་ཤོག །ཅེས་སོགས་སྨོན་ལམ་ཅི་རིགས་བརྗོད་ལ། དེ་ནས་མདུན་བསྐྱེད་རིལ་བུ་བསྒྲུབ་པ་ནི་གོང་ལྟར་མཆོད་པ་བྱིན་གྱིས་རླབས་ལ། ཨོཾ་བཛྲ་ཨ་མྲི་ཏས་བསངས། ཨོཾ་སྭ་བྷཱ་ཞེས་སྦྱངས། སྟོང་པ་ཉིད་དུ་གྱུར། སྟོང་པའི་ངང་ལས་པདྨ་དཀར་པོ་འདབ་མ་བརྒྱད་པའི་དབུས་སུ་ཧྲཱིཿཡིག་དཀར་པོ་ཡོངས་སུ་གྱུར་པ……ལས། བུམ་པ་དཀར་པོ་ལྟོ་བ་ཆེ་བ། མགྲིན་པ་རིང་བ། མཆུ་འཕྱང་བ་སོགས་མཚན་ཉིད་ཐམས་ཅད་དང་ལྡན་པ་ལྷ་རྫས་ཀྱི་དར་བཟང་པོས་མགུལ་པ་དཀྲིས་པ་དེ་ཉིད་ཕྱི་བུམ་པའི་རྣམ་པ་ནང་ལྷའི……གཞལ་མེད་ཁང་གྲུ་བཞི་སྒོ་བཞི་ལ་སོགས་པའི་བཀོད་པའི་ཁྱད་པར་ཕུན་སུམ་ཚོགས་ཤིང་མཚན་ཉིད་ཡོངས་སུ་རྫོགས་པའི་རྣམ་པ་ཅན་དུ་གྱུར་པའི་དབུས་སུ་རིལ་བུ་རྣམས་པཾ་ལས་པདྨ་དཀར་པོ་

ཞེས་པ་ནི། རྣམ་པ་ཅན་གྱི་སྙིང་དུ་ཧྲཱིཿཡིག་དམར་སེར་ཞེས་དང་། ཡོངས་སུ་གྱུར་པ་ལས་རྒྱལ་བ་ཀུན་
གྱི་ངོ་བོ། ཞེས་པ་ནས། ཐུགས་ཀར་ཧཱུྃ་སྔོན་པོས་མཚན་པར་གྱུར། ཅེས་པའི་བར་བདག་བསྐྱེད་ལྟར་ལ། དེ་ནས།
བདག་མདུན་གཉིས་ཀའི་ཧཱུྃ་ལས་འོད་ཟེར་དཔག་ཏུ་མེད་པར་འཕྲོས་པས་དགའ་ལྡན་གྱི་གནས་ནས་
བསྒོམས་པ་དང་འདྲ་བའི་ཡེ་ཤེས་པ་ཁམས་གསུམ་ཆོས་ཀྱི་རྒྱལ་པོ་ཙོང་ཁ་པ་ཆེན་པོ་ལ་སངས······
རྒྱས་དང་བྱང་ཆུབ་སེམས་དཔའི་ཚོགས་ཀྱིས་སྐོར་བ་སྤྱན་དྲངས། སྒྲུབ་པ་པོ་རྣམས་ཀྱི་སྤོས་རིང་ཐོགས་ནས་
རོལ་མོ་དབྱངས་དང་བཅས་པས། །མ་ལུས་སེམས་ཅན་×། བཅོམ་ལྡན་བསྐལ་པ་×། དེ་ཚེ་ཆོས་དབྱིངས་×
ཆོས་རྣམས་×། ཞི་ཞིང་×། ཚུར་སྤྱོན་×། འདི་ནི་གཟུགས་དང་×། སྟལ་དུ་གསོལ། ཛཿཧཱུྃ་བཾ་ཧོཿ
དམ་ཚིག་པ་དང་གཉིས་སུ་མེད་པར་གྱུར་པས་སྐྱབས་གནས་ཀུན་འདུས་ཀྱི་བདག་ཉིད་ཅན་དུ·········
གྱུར། དེ་ནས་ཁྲུས་གསོལ་གྱི་ཡོ་བྱད་རྣམས་ཚགས་སུ་ཚུད་པར་བྱས་ལ། ཁྲུས་ཀྱི་ཁང་×། ཇི་ལྟར་×། སོགས་སྔ་འགྲོ་ལྟར་
ཁྲུས་གསོལ་རྒྱས་པ་བྱས་ཏེ། དེ་དག་སྐུ་ལ་×། ཞེས་པས་སྐུ་ཕྱི་བ་དང་། སྟོང་གསུམ་ཀུན་ཏུ་×། ཞེས་དྲི་བཟང་གི་བྱུག་
པ་འབུལ། དེ་ནས་དེ་ལ་×། རྒྱན་མཆོག་བརྒྱ་ཕྲག་དེ་དང་དེ་དག་འབུལ། ཨོཾ་བཛྲ་ཨརྒྷ། ཞེས་པ་ནས་ན་
བཟའ་འབུལ། རིན་ཆེན་མཛེས་པའི་×། ལྷན་པར་ཤོག ཅེས་བུམ་པ་ཕུལ་ལ། དེ་ནས་མཆོད་པ་འབུལ་བ་ནི།
རྒྱལ་བ་རྒྱ་མཚོ་××××། ཨོཾ་ཨཱཿགུ་རུ་སུ་མ་ཏི་ཀཱིརྟི་སཔ་རི་ཝཱ་ར་ཨརྒྷཾ་པྲ་ཏཱིཙྪ་ཡེ་སྭཱཧཱ། ཞེས་པ་ནས།
ཤབྡའི་བར་སྔར་ཞིང་འདོད་ཡོན་འབུལ་བ་ཡང་། ཨེ་མ་མཆོད་པ་བླ་ན་མེད། སོགས་དང་། ཞིང་འདིར་འཁོར་ལོ་
སོགས་ཀྱིས་རྒྱལ་སྲིད་བདུན་ཕྲུགས་དང་བཅས་པས་འབུལ། རིན་ཆེན་གདུགས་དང་གསེར་× །དངོས་གྲུབ་རྣམ་
གཉིས་སྩོལ་བའི་ཕྱིར། །བླ་མ་ལྷ་ཡི་ཚོགས་ལ་འབུལ། ཨོཾ་གུ་རུ་×ཨཥྚ་མངྒ་ལཾ་པྲ་ཏཱིཙྪ་ཡེ་སྭཱཧཱ། ཞེས་
པས་བཀྲ་ཤིས་རྟགས་བརྒྱད་དང་། །ལྷ་ཡི་དབང་པོ་ལྷ་མིན་གཡུལ་རྒྱལ་ཆེ། །བཀྲ་ཤིས་ལྷ་མོ་བརྒྱད་ཀྱིས་
མཆོད་པ་ལྟར། །བླ་མ་ལྷ་ཡི་ཚོགས་དང་བཅས་པ་ལ། །བཀྲ་ཤིས་རྫས་བརྒྱད་དག་གིས་མཆོད་པར་
བྱ། ཨོཾ་གུ་རུ་×ཨཥྚ་མངྒ་ལཾ་ད་བྱ་པྲ་ཏཱིཙྪ་ཡེ་སྭཱཧཱ། ཞེས་པས་བཀྲ་ཤིས་རྫས་བརྒྱད་ཕུལ་བ་ལ་སྔར་ཡང་སྤྱི་ཞིང་ཡོང་
བྱུང་ནས་སྔོན་འཇུག་ལས་འབྱུང་བ་ལྟར་མཆོད་པའི་ཚིགས་བཅད་རྣམས་ཀྱང་འདོན་པར་བྱས་ཏེ། དེ་ལས་གཞན་ཡང་
མཆོད་པའི་ཚོགས། ཞེས་པའང་བརྗོད་ནས། ཞིང་ཁམས་འབུལ་བར་ཞུ། ཨོཾ་བཛྲ་བྷཱུ་མི། ཞེས་པ་ནས་མཎྜལ་
རྒྱས་པ་འདོད་གསོལ་གྱི་ཚིག་བཅད་གང་འོས་བཅས་པ་བརྗོད་ལ། བསྟོད་པ་བྱ་བ་ནི། དཔལ་ལྡན་ས་གསུམ་མ་དང་།

རྣམ་དག་གདངས་རིའི་ཕྲེང་བ་སོགས་གང་མོས་བཏོན་རྗེས། མདུན་བསྐྱེད་ཀྱི་རིལ་བུ་རྫེ་བླ་མར་གསལ་བའི་ཐུགས་ཀར་ཟླ་བའི་དཀྱིལ་འཁོར་གྱི་སྟེང་དུ་ཧྲཱིཿཡིག་དམར་སེར་གྱི་མཐར་ཞེས་པ་ནས་གོང་གི་བདག……བསྐྱེད་ཀྱི་སྐབས་ལྟར་ལ། འོད་ཟེར་དང་བདུད་རྩིའི་རྣམ་པར་ཚུར་བསྡུས་སྣར་ཡང་འོད་ཟེར་ཞེས་པ་ནས། མཛད་པ་ཅན་དུ་གྱུར། ཅེས་པའི་བར་དང་། དེ་ནས་དམིགས་བཅས་མ་སྟོང་ཕྲག་སོགས་ཅི་ནུས་བཟླས་རྗེས་ཡིག་བརྒྱ་ལན་གསུམ་དང་། མཆོད་བསྟོད་མདོར་བསྡུས་སོང་རྗེས་ཡིག་བརྒྱ་ལྷག་ཆད་ཁ་བསྐང་ཞིང་། གང་ཡང་བདག་བློ་ཞེས་དང་། མ་རྟོགས་ཡོངས་སུ་×། བདག་ལ་×། སྟུལ་དུ་གསོལ། དེ་ནས་བདག་བསྐྱེད་ཀྱི་ཉེར་བསྡུ་བྱ་བ་ནི། བདག་ཉིད་ལྟར་གསལ་ཐུགས་ཀ་ནས་འོད་ཟེར་གྱི་ཚོགས་སྤྲོས་སྣོད་བཅུད་ཐམས་ཅད་འོད་དུ་ཞུ་ནས་རང་ལ་ཐིམ། རང་ཡང་ལུས་སྟོད་སྨད་ནས་རིམ་གྱིས་འོད་དུ་ཞུ་བ་མེ་ལོང་ལ་ཧ་བཏབ་པ་བསྡུས་པའི་ཚུལ་གྱིས……སྙིང་ཁའི་ས་བོན་ལ་ཐིམ། དེ་ཡང་མི་དམིགས་པར་སྟོང་པ་ཉིད་དུ་གྱུར། སྟོང་པའི་ངང་ལས་སླར་ཡང་རང་ཉིད་ཁམས་གསུམ་ཆོས་ཀྱི་རྒྱལ་པོ་ཙོང་ཁ་པ་ཆེན་པོའི་སྐུར་བཞེངས་པའི་སྤྱི་བོར་ཨོཾ།……མགྲིན་པར་ཨཱཿ ཐུགས་ཀར་ཧཱུྃ་གིས་མཚན་པར་གྱུར། སྲིད་ཞི་རྣམ་དཀར་སོགས་ཀྱིས་བཀྲ་ཤིས་བརྗོད་པར་བྱའོ། །ཉུང་ཟད་ཚོ་ག་བསྡུས་པ་ལ་མོས་ན། གོང་གི་ཁྲུས་གསོལ་གྱི་སྐོར་བཞག་སྟེ་མཆོད་པ་རྣམས་ཀྱང་ཐུགས་མཆོད་བྱས་པ་ལ་བསྟོད་པ་ཡང་ཤློ་ཀ་གཅིག་ཙམ་མཛད་པས་འགྲུས་སོ། དེ་ལྟར་ཕུན་ཐུ་མ་རྣམས་ལ་འདྲ་ཞིང་དགོངས་ཕུན་གྱི་མཇུག་ཏུ་གཏོར་མ་འབུལ་དགོས་པས། དེ་ན་ཡང་མདུན་བསྐྱེད་ཀྱི་དམིགས་བཅས་མའི་རྗེས་ཡིག་བརྒྱ་ལན་གསུམ་སོང་མཚམས་སུ། ཨོཾ་བཛྲ་ཨ་མྲྀ་ཏཱ་ས་བསངས། ཨོཾ་སྭ་བྷཱ་ཝ་ས་སྦྱངས། སྟོང་པ་ཉིད་དུ་གྱུར། སྟོང་པའི་ངང་ལས་བྷྲཱུྃ་ལས་རིན་པོ་ཆེ་སྣོད་ཡངས་ཤིང་རྒྱ་ཆེ་བའི་ནང་དུ་གཏོར་མ་ལྷ་ཡི་ཞལ་ཟས་འདོད་པའི་ཡོན་ཏན་ལྔ་དང་ལྡན་པའི་སྟེང་དུ་ཨོཾ་ཨཱཿ ཧཱུྃ་གསུམ་གྱིས་མཚན་པ་ལས་འོད་ཟེར་འཕྲོས་འཁོར་འདས་ཀྱིས་བསྡུས་པའི་ཆོས་ཐམས་ཅད་ཀྱི……ལེགས་ཚོགས་རྣམས་བདུད་རྩིའི་ངོ་བོར་བསྡུས་ནས་ཡི་གེ་གསུམ་ལ་ཐིམ་དེ་ཡང་འོད་དུ་ཞུ་བ་ལས……བྱུང་བའི་གཏོར་མ་བདུད་རྩིའི་རྒྱ་མཚོ་ཆེན་པོར་གྱུར་ཨོཾ་ ཨཱཿ ཧཱུྃ་ལན་གསུམ་བརྗོད་པས་གཏོར་མ་བྱིན་གྱིས་བརླབས། རྗེ་བཙུན་བླ་མའི་ལྗགས་འོད་ཟེར་གྱི་སྦུ་གུས་གཏོར་མའི་བཅུད་ཐམས་ཅད་དྲངས་ནས་གསོལ་བར་གྱུར། ཨོཾ་གུ་རུ་སུ་མ་ཏི་ཀཱིརྟི་ཤྲཱི་བྷ་དྲ་ཨི་དཾ་བ་ལིངྟ་ཁ་ཁ་ཁཱ་ཧི་ཁཱ་ཧི། ཞེས་ལན་བདུན་གྱིས་གཏོར་མ་འབུལ། ཨོཾ་གུ་རུ་× ཨརྒྷཾ་× ཤབྡའི་བར་གྱིས་མཆོད། དཔལ་ལྡན་ས་གསུམ་མཐའ། རྣམས་

དག་གདངས་རི་སོགས་ཐོ་ཀ་གཅིག་གིས་བསྟོད་ནས་ཡིག་བརྒྱ་བཟོད་གསོལ་ཉེར་བསྡུ་སོགས་ལ་འཇུག་སྟེ་བཀྲ་ཤིས་ཀྱི་མཐར། དགའ་ལྡན་བསྟན་པ་རྒྱས་པའི་སྨོན་ལམ་སོགས་ཀྱང་བྱའོ། །དེ་ལྟ་བུའི་བུམ་བསྒྲུབ་རབ་ཞག་ཉེར་གཅིག་གམ་བདུན་སོགས་ཞག་གྲངས་ཀྱིས་བྱ་བའམ། དེ་ལྟར་མིན་ཡང་སྒྲུབ་པ་པོ་ཐམས་ཅད་ཀྱི་བཟླས་གྲངས་བསྡོམས་པས་དམིགས་བརྗེ་མ་འབུམ་ཕྲག་བཞི་ཙམ་འགྲོ་བ་ཞིག་དགོས་པར་སྣང་ངོ་། །དེ་ལྟར་བུམ་སྒྲུབ་ལེགས་པར་སོང་ནས་ཐུན་རྗེས་མའི་གཏོར་འབུལ་བཟོད་གསོལ་དང་བཅས་པ་གྲུབ་མཚམས་སུ། །བུམ་པ་ལྷ་ཡི་ཡེ་ཤེས་གཞལ་མེད་ཁང་། །གསལ་བའི་ནང་དུ་རྗེ་བཙུན་ཐམས་ཅད་མཁྱེན། །རྒྱལ་བ་གཉིས་པ་ཁམས་གསུམ་འགྲོ་བའི་མགོན། །ཁྱེད་ལ་བདག་ཅག་ཀུན་ནས་གསོལ་འདེབས་ན། །ནམ་ཡང་མི་འབྲལ་བརྟེ་བས་ལེགས་གཟིགས་ཏེ། །ངེས་འབྱུང་བྱང་ཆུབ་སེམས་དང་ཡང་དག་ལྟ། །ཁྱད་པར་རིམ་གཉིས་ལམ་གྱི་རྟོགས་པ་ཀུན། །མྱུར་དུ་སྐྱེ་བར་མཛོད་ཅིག་ཐུགས་རྗེ་ཅན། །ལམ་མ་ཐོབ་པ་འཆི་བའི་དུས་བྱེད་ཚེ། །གནད་གཅོད་འཁྲུལ་པའི་གདུང་བ་མི་འབྱུང་ཞིང་། །མགོན་ཁྱོད་སྐུ་དང་གསུང་གི་སྣང་བ་མཆོག །ཐོབ་ནས་དགའ་ལྡན་ཞིང་དེར་ཧྲོང་དུ་གསོལ། །རྗེ་བཙུན་བླ་མ་འོད་ཟེར་དམ་རྫས་ཀྱི། །རིལ་བུའི་རྣམ་པར་གྱུར་ནས་རིལ་བུ་དེ། །སྤྱོད་པ་ཙམ་གྱིས་ནད་མེད་སྐལ་དང་ནི། །འཆི་མེད་ཚེ་དང་ཤས་མེད་བཙུད་ལེན་གྱི། །ནུས་པ་སྟེར་ཞིང་ཁྱད་པར་སྒོ་གསུམ་གྱི། །ཕྱིག་ལྟུང་བག་ཆགས་ལྷག་མེད་སྦྱོང་བྱེད་ཅིང་། །ས་དང་ལམ་གྱི་རྟོགས་པ་བརྒྱུད་བྱེད་པའི། །བྱིན་རླབས་ནུས་མཐུ་བསམ་མི་ཁྱབ་གྱུར་ཅིག །ཅེས་བརྗོད་ལ་བདག་སྐྱེད་ཀྱི་ཉེར་བསྡུ་བཀྲ་ཤིས་སྨོན་ལམ་བཅས་བྱའོ། །དེ་ནས་བུམ་ནང་གི་རིལ་བུ་དངོས་གྲུབ་ཏུ་ཙུང་ཟད་ལོངས་སྤྱོད་ཅིང་དེ་འཕྲོས་རྒྱུན་དུ་མི་དང་ཁྱི་སོགས་ཀྱིས་མི་འགོམ་པར་གཙང་སྦྲ་ཞེས་དང་ལྡན་པས་ཉར་ཚགས་ལེགས་པར་འགྲོ་དོན་སྤེལ་བ་སོགས་བགྱིས་ན་ཕན་ཡོན་དང་དགོས་པ་བསམ་ཀྱིས་མི་ཁྱབ་པ་འབྱུང་བ་ཡིན་ནོ།། སྨྲས་པ། །དྲི་མེད་ཡེ་ཤེས་རྒྱལ་བའི་ཐུགས་རྗེའི་ཟླ་བ་འབུམ། །མོས་པ་ཐ་དད་ཆུ་མཚོར་དེ་སྙེད་འཆར་བ་ལས། །ངུར་སྨྲིག་འཛིན་པའི་གར་གྱིས་རོལ་པ་འགྲོ་འདིའི་མགོན།། ཙོང་ཁ་པ་ཞེས་སྙན་པའི་ཧ་ཆེན་སྲིད་ན་ལྡིར། །མཆོག་གི་འཕྲིན་ལས་རིན་ཆེན་བཻ་ཌཱུའི་སྤྲིན། །ཡང་ཡང་དཀྲིགས་ལས་བྱིན་རླབས་འདོད་དགུའི་ཆར། །འབེབས་པས་འགྲོ་རྒྱུད་ཞིང་ས་གཙང་མ་རུ། །ཕན་བདེའི་སྨྱུ་གུ་ཅིར་ཡང་བསྐྱེད་པར་བྱས། །དེ་ཕྱིར་དེ་ཡི་མཐུ་བྱིན་མཆོག །ཐུབ་པའི་གྲངས་ལྡན་མགོགས་འགྲོ་ཡིས། །ཉེར་བྲངས་དམ་རྫས་བཏྟེའི་གཉེན། །དགེ་ལེགས་འོད་ཀྱི་སྣང་བ་འབར། །དེ་

དག་སྒྲུབ་པའི་ཆོ་ག་ནི། །ཡང་དག་བཀོད་པའི་དགེ་མཚན་གྱིས། །སྐྱེ་རྒུའི་ཀུན་འབྱུང་ནད་སེལ་བྱེད། །སྨན་གྱི་བླ་མར་བདག་གྱུར་ཅིག །ཅེས་རྗེ་བླ་མ་ཁམས་གསུམ་ཆོས་ཀྱི་རྒྱལ་པོ་མཉམ་མེད་ཙོང་ཁ་པ་ཆེན་པོ་ལ་བརྟེན་ནས་དམ་ཛམ་རིལ་བུ་སྒྲུབ་པའི་ཆོ་ག་གདུང་སེལ་ནོར་བུའི་·····ཐྲ་བ་ཞེས་བྱ་བ་འདི་ནི། བཀྲ་ཤིས་ལྷ་ཕུག་དགོན་གྱི་གྲྭ་སློབ་མཛོད་ཟུར་པ་དགེ་སློང་རབ་དགས་བསྐུལ་མ་མཛད་པ་ལྟར། མཁས་གྲུབ་ཆེན་པོ་མདོ་ཁམས་བསྟན་པའི་གསལ་བྱེད་ལྷུགས་ར་ངག་དབང་པའི་རྗེས་སུ་འབྲང་ནས། རོང་ཐ་བླ་མིང་ཆོས་བརྒྱུད་འདུ་འཛིའི་མཁན་པོར་གྱུར་པ། འདུ་ཤེས་གསུམ་གྱི་ཡོན་ཏན་དང་ལྡན་པ་དེས། རྡ་ཉག་ཐེག་ཆེན་གླིང་གི་ཡང་དབེན་ཆོས་ཀྱི་ཕོ་བྲང་དུ་མགྱོགས་པར་བྲིས་པས། རང་གཞན་ཐམས་ཅད་སྐྱེ་བ་ཀུན་ཏུ་མཉམ་མེད་ཙོང་ཁ་པའི་བསྟན་པ་དང་མི་འབྲལ་ཞིང་ཟབ་རྒྱས་ཆོས་ཀྱི་བདུད་རྩི་ལ་ལོངས་སྤྱོད་པའི་རྒྱུར་གྱུར་ཅིག ། དགེའོ། །

༄༅། །རྗེ་བླ་མ་བརྟེན་པའི་འཕོ་བ་དང་། འཆི་ཁའི་མཚམས་སྦྱོར་བྱ་བའི་ཚུལ་ཧེ་ལེ་ཚན་གཉིས་བཞུགས་སོ། །

༄༅། །འདིར་རྗེ་བླ་མ་བརྟེན་པའི་འཕོ་བ་ཚིག་ཉུང་དོན་བསྡུས་ཉམས་སུ་ལེན་པ་ལ། ཐོག་མར་ཀུན་སློང་དག་པས་སྐྱབས་སུ་འགྲོ་བ་དང་སེམས་བསྐྱེད་པ་སོགས་སྔོ་ལྟར་བྱ་བ་དང་། རླུང་རོ་དགུ་ཕྱུགས་སུ་གསལ་བ་སོགས་ཞལ་ཤེས་ལྟར་སོང་བའི་རྗེས་སུ་འདི་ལྟར་བསམ་སྟེ། རང་ལུས་སྟོང་སང་ངེ་བའི་དབུས་དྭང་པོའི་ཅུང་ཟད་རྒྱབ་ཏུ་ཉེ་བར་རྩ་དབུ་མ་སྨྲ་ལྷུགས་འཕྲིང་པོ་ཙམ། ཡར་སྣེ་སྤྱི་གཙུག་དང་ཁད་མཉམ་པ་མར་སྣེ་ལྟེ་འོག་ནས་སོར་བཞི་ཙམ་དུ་བསླེབས་པ་སྟོད་སྟོམ་ལ་སྨད་རིམ་གྱིས་ཕྲ་བའི་སྙིང་ཁའི་ཐད་དུ་བླ······མའི་ཐུགས་དང་རང་སེམས་དབྱེར་མེད་པའི་ཐིག་ལེ་དཀར་པོ་སྲན་མ་ཙམ་འོད་ཀྱི་རང་བཞིན་ཅན་དུ་བསམ་པ་དང་། ཚངས་བུག་མ་གཏོགས་བུག་གཞན་རྣམས་འོད་ཀྱིས་བཀག་པ་སོས་ལ། །རང་གི་སྤྱི་བོར་སེང་ཁྲི་པད་ཟླའི་སྟེང་། བླ་མ་རྗེ་བཙུན་བྱམས་མགོན་ལེགས་གསལ་བའི། །ཐུགས་ཀའི་ཧཱུྃ་ལས་འོད་འཕྲོས་དགའ་ལྡན་གྱི། །གནས་ནས་མི་ཕམ་མགོན་པོ་སྤྱན་དྲངས་ཏེ། །དམ་ཚིག་པ་དང་དབྱེར་མེད་བརྟན་པར་གྱུར། །ཕྱག་འཚལ་མཆོད་འབུལ་སྡིག་བཤགས་རྗེས་ཡི་རང་། །ཆོས་འཁོར་བསྐོར་གསོལ་མི་འདའ་བརྟན་པ་དང་། །དགེ་ཚོགས་ཀུན་མཁྱེན་ཐོབ་པའི་རྒྱུར་གྱུར་ཅིག །ས་གཞི་སྤོས×། །རི་རབ་གླིང་×། །སངས་རྒྱས×། །བླ་མ་མཆོག་དང་དབྱེར་མེད་མི་ཕམ་མགོན། །བདག་གིས་སྐྱབས་ཀྱི་རེ་ས་ཁྱེད་ལས་གཞན། །མེད་དོ་བརྩེ་བ་ཆེན་པོས་རྗེས་འཛིན་ཏེ། །ཞིང་མཆོག་དགའ་ལྡན་གནས་སུ་དྲོང་དུ་གསོལ། །འདི་ཕྱི་བར་དོའི་འཇིགས་ལས་སྐྱབས་མཛོད་ལ། །ཐུགས་རྗེས་སྐྱོབས་ཤིག་རྗེ་བཙུན་ཐུགས་རྗེའི་གཏེར། །སྲིད་པ་སྡུག་བསྔལ་གནས་ལས་མཐར་མཛད་པའི། །བརྩེ་ཆེན་ཐུགས་རྗེས་ཡལ་བར་མ་དོར་ཞིག། ཅེས་ལན་གསུམ་མམ་བདུན་བརྗོད་ལ། སྙིང་རླུང་མནན་འོག་དྲག་ཏུ་འཐེན་པས། ཕཊ ཅེས་བརྗོད་དེ་བྱམས་མགོན་ཐུགས་ཀའི་འོད་ཟེར་ལྕགས་ཀྱུ་ལྟ་བུས་དྲངས་ལ་བསམ་སྟེ་སྤྱི་བོར་རེག་ཙམ་བྱས་པའི་དམིགས་པ་དང་། སླར་ཡང་ཀཱ་ཞེས་མར་རང་གནས་སུ་ཕབ་པ་དེ་འདྲ་ཉེར་གཅིག་གི་བར་བྱའོ། །མཇུག་ཏུ། །བྱམས་མགོན་ཐུགས་རྗེའི་གཏེར་ཆེན་དབུ་མའི་ལམ། །རྒྱུད་དེ་སྙིང་དབུས་རང་སེམས་དབྱེར་མེད་དུ། །བཞུགས་ལ་དུས་དང་གནས་སྐབས་ཐམས་ཅད······དུ། །འབྲལ་བར་མེད་པར་རྗེས་སུ་འཛིན་གྱུར་ཅིག །བྱམས་པའི་སྨོན་ལམ་སོགས་བརྗོད་པར་བྱའོ། །དེ་ལྟར་ཉམས་

སུ་ལེན་པའི་ཚུལ་དང་། མཐར་འཆི་བའི་ཚེ་ལས་ལ་སྦྱར་བ་སོགས་ཞིབ་པར་རྗེ་ཐང་སག་པའི་ཁྲིད་ཡིག་ལས་འབྱུང་བ་ལྟར་ཕྱག་ལེན་དུ་ཐེབ་པར་མཛོད་ཅིག །དེ་ལྟར་འཕོ་བ་མདོར་བསྡུས་ཉམས་སུ་ལེན་པའི་ཚུལ་ཁྱེར་བདེ་བ་འདི་ལྟར་དགོས་ཞེས་དགེ་སློང་ཆོས་འཕགས་ནས་བསྐུལ་བ་ལྟར། ~ བླ་མིང་དམ་ཆོས་རྒྱ་མཚོར་འབོད་པས་བྲིས་པའི་དགེ་བས་རང་གཞན་ཐམས་ཅད་དགའ་ལྡན་ལྷ་བརྒྱའི་མདུན་སར་ཟབ་རྒྱས་ཆོས་ཀྱི་བདུད་རྩི་ལ་ལོངས་སྤྱོད་པའི་རྒྱུར་གྱུར་ཅིག ། སརྦ་མངྒ་ལཾ།

༄ འདིར་འཕོ་བའི་ཉམས་ལེན་གྱི་དོན་ཚང་ཞིང་འཆི་བའི་མཚམས་སྦྱོར་བྱ་བའི་ཚུལ་ནི།། ༄ སངས་རྒྱས་ཆོས་ཚོགས་ལན་གསུམ། རང་གི་སྤྱི་བོར་བླ་མ་འཇམ་དཔལ་དབྱངས། །རྒྱལ་ཀུན་འདུས་པའི་བདག་ཉིད་གསལ་བ་ཡི། །ཐུགས་ལས་འོད་འཕྲོས་འཇམ་དཔལ་ཡེ་ཤེས་པ། །སྤྱན་དྲངས་དབྱེར་མེད་བརྟན་པར་བཞུགས་སུ་གསོལ། །ཕྱག་འཚལ་མཆོད་འབུལ་སྡིག་བཤགས་རྗེས་ཡི་རང་། །ཆོས་འཁོར་བསྐོར་གསོལ་མྱ་ངན་མི་འདའ་བཞུགས། །དགེ་ཚོགས་བསྔོ་ཞིང་བླ་མ་འཇམ་པའི་དབྱངས། །ཁྱེད་ལས་རེ་ས་གཞན་དུ་མེད་པས་ན། །གནད་གཅོད་འཇིགས་སྐྲག་འཁྲུལ་པའི་སྣང་བ་ལས། །སྐྱོབས་ཤིག་སྐྱོབས་ཤིག་ཐུགས་རྗེའི་སྤྱན་གྱིས་གཟིགས། །ཡང་བར་དོའི་འཕྲང་ལས་བསྒྲལ་དུ་གསོལ། །ལས་ངན་འཁོར་བའི་གནས་པས་ད་དྲོངས་ཤིག །ཅེས་གསོལ་བ་རྩེ་གཅིག་ཏུ་བཏབ་ལ། འཇམ་པའི་དབྱངས་ཀྱི་ཐུགས་ཀ་ནས་འོད་ཟེར་ལྕགས་ཀྱུ་ལྟ་བུ་བྱུང་ནས། རང་གི་རྣམ་པར་ཤེས་པ་ཐིག་ལེ་དཀར་པོ་གསལ་བ་ལ་བཏབ་སྟེ་ཐུགས་ཀར་ཐིམ་སྟེ་འཇམ་དབྱངས་དག་པའི་ཞིང་དུ་སྐར་མདའ་འཕངས་པ་ལྟར་བྱོན་པའི་མོས་པ་བྱའོ། །ཞེས་པའང་དད་ལྡན་སྦྱིན་པས་བསྐུལ་བའི་ངོར། འཆི་ཁའི་མཚམས་སྦྱོར་ཚིག་ཉུང་དོན་ཚང་དུ་རོང་ཐ་བླ་མིང་པས་བྲིས་པས་གཞན་ཐམས་ཅད་རྗེ་བཙུན་འཇམ་པའི་དབྱངས་ཀྱིས་རྗེས་སུ་འཛིན་པའི་རྒྱུན་གྱུར་ཅིག །

༄༅། །རྗེ་བཙུན་ཙོང་ཁ་པ་ལ་བརྟེན་པའི་ཆུ་མཆོད་འབུལ་ཚུལ་ལག་ཏུ་བླང་བདེ་བཞུགས་སོ། །

༄༅། །ན་མོ་གུ་རུ་བྷྱཿ བྱིན་རླབས་དགོས་འདོད་མ་ལུས་འབྱུང་བའི་གནས། །དྲིན་ཅན་བླ་མ་ཁམས་གསུམ་ཆོས་ཀྱི་རྒྱལ། །ཡབ་སྲས་བརྒྱུད་པར་བཅས་ལ་གུས་བཏུད་ནས། །ཆུ་མཆོད་བྱ་ཚུལ་ལག་ཏུ་བླང་བདེ་སྤེལ། །དེ་ལ་འདིར་ཁམས་གསུམ་ཆོས་ཀྱི་རྒྱལ་པོ་ཙོང་ཁ་པ་ལ་བརྟེན་པའི་ཆུ་མཆོད་མདོར་བསྡུས་བྱ་ཚུལ་གྱི་འཕྲིགས་རིམ་བཀོད་པ་ལ། ན་མོ་གུ་རུ་བྷྱཿ ཞེས་སོགས་འདོན་བཞིན་པར་མཆོད་ཁྲི་སོགས་ལ་བྱི་དོར་དང་། ཉིང་སོགས་ཡ་ཡོ་ཁྲ་འཁྱོག་མེད་ཅིང་ཐུབ་ཆོམ་གྱི་སྣྲ་ད་ང་བྲལ་བར་དྲང་ཞིང་གཙང་ངེ་བར་བཤྲིགས་ཤིང་བཤམས། ཆུའང་ཏ་ཅང་འགེངས་ཆེ་བ་དང་འབོ་བ་དང་མ་ཁེངས་པ་སོགས་ཀྱི་སྐྱོན་དང་བྲལ་བར་འབུལ། མཆོད་མེ་རེ་འམ་གང་འགྱོར་དང་སྤོས་རྐང་རེ་དང་བསངས་བདུག་སོགས་ལེགས་པར་བྱས་ཏེ་གཞན་གྱིས་མཐོང་ན་དང་བ འདྲེན་ངེས་སུ་བྱ་དགོས་ཤིང་ཀུན་སློང་ཆོས་བརྒྱུད་ཀྱི་དྲི་མས་མ་གོས་པ་གལ་ཆེའོ། །དེ་ནས། བླ་མ་ལ་སྐྱབས་སུ་མཆིའོ། །ཞེས་པ་ནས། དགེ་འདུན་ལ་སྐྱབས་སུ་མཆིའོ། །ཁམས་གསུམ་ཆོས་ཀྱི་རྒྱལ་པ ཤར་ཙོང་ཁ་པ་བློ་བཟང་གྲགས་པ་རྒྱལ་སྲས་རྒྱ་མཚོའི་ཚོགས་དང་བཅས་པ་རྣམས་ལ་ཕྱག་འཚལ་ལོ། མཆོད་དོ་སྐྱབས་སུ་མཆིའོ། །དགའ་ལྡན་ལྷ་བརྒྱའི་མགོན་གྱི་ཐུགས་ཀ་ནས། ཞེས་པ་ནས། བསྟན་པའི་སྙིང་པོ་རིང་དུ་གསལ་བྱེད་ཤོག །ཅེས་པའི་བར་དལ་བུས་གདངས་དང་བཅས་པའམ་མེད་ཀྱང་རུང་། ཡོང་ཡོད་དུས། དཔལ་ལྡན་ས་གསུམ་མ། མཆོག་གི་དངོས་གྲུབ་བཀྲེས་ལ་གསོལ་འདེབས་ཞེས་པའི་མཚམས་སུ་དམིགས་བརྗོད་མ་ཅི་ནུས་བཟླས་ཏེ་མཆོད་པའི་སྤྲིན་གྱི་གཟུངས། ཨོཾ་ན་མོ་བྷ་ག་ཝ་ཏེ། བཛྲ་ས་ར་པྲ་མརྡ་ནེ། ལན་གསུམ་རོལ་ཆེན་དང་བཅས། དེ་ནས། དཀོན་མཆོག་གསུམ་གྱི་བདེན་པ་དང་། ཞེས་སོགས་ཀྱི་བདེན་སྟོབས་བརྗོད། སངས་རྒྱས་ཐམས་ཅད་×། བླ་མ་སངས་རྒྱས་×། ཐུན་ཚོགས་དགེ་ལེགས་×། དམིགས་མེད་བརྩེ་བའི་×། དབེན་པར་བསྟན་པ་×། བློ་བཟང་རྒྱལ་བ་གཉིས་པ་×། འཇམ་མགོན་བློ་བཟང་×། ལེགས་བྱས་ཚོགས་གཉིས་རབ་དཀར་དགེ་ལ་འདུན། །ཆོས་མཆོག་སྙིང་པོ་རྨད་བྱུང་ཚུལ་ཁྲིམས་གཏེར། །ལུས་ཅན་རྒྱ་མཚོ་ཐར་པའི་ལམ་སྟོན་པ། །བཀའ་དྲིན་མཚུངས་མེད་ཞབས་ལ་གསོལ་བ་འདེབས། །བློ་བཟང་རྒྱལ་བའི་ཐུགས་ཀྱི་གདམས་པའི་བཅུད། །སྐྱེས་བུ་གསུམ་གྱི་ལམ་གྱི་

རིམ་པ་མཆོག །ཚུལ་བཞིན་སྒྲུབ་ལ་བརྩོན་མཛད་ཆོས་ཀྱི་རྗེ། །བློ་བཟང་ལུང་རིག་རྒྱ་མཚོར་×། གང་གིས་བདག་ལ་རིག ×××། གསང་བ་འདུས་པ་×××། དངོས་གྲུབ་འབྱུང་གནས་རྗེ་བཙུན་××། ལྷག་པའི་ལྷ་ཚོགས་རྣམས་ལ་གུས་ཕྱག་འཚལ། །མ་ཐུན་པ་དགེ་ཚོགས་སྨོན་ལམ་××× ། མཚན་ལེགས་རིན་ཆེན×××། མགོན་པོ་ཐུགས་རྗེ་××××××དགེ་འདུན་ལ་ཡང་ཕྱག་འཚལ། །ཇི་སྙེད་སུ་དག ནས། བྱང་ཆུབ་ཆེན་པོར་བསྔོ། །ཞིང་ཁམས་འབུལ་བར་ཞུ། ཞེས་པ་ནས། ཁྱད་པར་དུ་ཡང་ཁམས་གསུམ་ཆོས་ཀྱི་རྒྱལ་པོ་ཙོང་ཁ་པ་ཆེན་པོ་རྒྱལ་སྲས་རྒྱ་མཚོའི་ཚོགས་དང་བཅས་པའི་ཞབས་དྲུང་དུ་འབུལ་བར་བགྱིའོ། །ཐུགས་བརྩེ་བ་ཆེན་པོའི་སྒོ་ནས་བཞེས་སུ་གསོལ། བཞེས་ནས་བདག་སོགས་སེམས་ཅན་ཐམས་ཅད་ཀྱི་རྒྱུད་ལ་ཟབ་པ་དང་རྒྱ་ཆེ་བའི་ལམ་བཟང་ཟབ་མོའི་རྟོགས་ལ……བདེ་བླག་ཏུ་མྱུར་དུ་སྐྱེ་བར་བྱིན་གྱིས་བརླབ་ཏུ་གསོལ། ཕྱག་འཚལ་བ་དང་། ས་གཞི་མ་སྤྲེལ་མཐའམ། སངས་རྒྱས་ཆོས་ཚོགས་མ་དང་། ས་གཞི་སྤོས་ཆུགས་སྤྲེལ་མ་གང་རིགས་ཀྱིས་གྲངས་བསོག་བྱེད་དམ་མིན་ཀྱང་། ས་གཞི་མ་རྒྱང་པ་ཚར་བཅུ་གསུམ་མམ། ཉེར་གཅིག་གང་རུང་བྱེད། མཇུག་ཏུ། བདག་གཞན་ལུས་ངག་ མ་དཔལ་བྱུས་ཚར་གསུམ། ཨི་དཾ་གུ་རུ×མི། བླ་མ་སངས་རྒྱས་བྱང་ཆུབ་སེམས་དཔའ་ཀུན། །བདག་ལ་དགོངས་པར་མཛད་དུ་གསོལ། །ཇི་ལྟར་སྔོན་གྱི་བདེ་གཤེགས་ཀྱི། །སོགས་མཆོད་པའི་འདོན་བསྒྲིགས་རྗེ་གསེར་ཁང་པའི་གསུང་ལྟར་རམ། བྲེལ་དུས། སངས་རྒྱས་ཆོས་ཚོགས་མ་ལན་གསུམ་དལ་འདོན། བྱང་ཆུབ་སེམས་མཆོག ×སྟོང་ཉིད་ལྟ་བ× རིམ་གཉིས་རྟོགས་པ་× འཇམ་དཔལ་དཔའ་བོས×ཡོན་ཆབ་གཤམ་གཤེགས་སོགས་ཕྱག་ལེན་ལྟར་བྱ། །དེ་ནས་ཆོས་རྒྱལ་གྱི་བསྟོད་བརྒྱངས་བསྐུམ་མའམ། ×འཆི་བདག་མ། སྟོབས་ཆེན་མ་དང་། །གྲངས་བསོག་སོགས་བྱེད་སྐབས་ཡིན་ན་མཚན་བརྗོད་འདོན་བཞིན་ཏིང་ཕྱིས་འཇུག་ཏུ་མཆོད་གཤམ་ཏུ་བཟང་སྤྱོད་དང་། མཚན་བརྗོད་སྨོན་ལམ་སོགས་འདོན་པར་བྱའོ། སྨྲས་པ། གང་ལ་བརྩོན་པ་ལྟར་ལེན་པ། །དེ་ཡི་ཆེད་དུ་བདག་གིས་བྱས། །གང་ལ་འཇམ་མགོན་ཡབ་སྲས་ཀྱིས། །བྱིན་གྱིས་རླབས་ལ་སོམ་ཉི་ཅི། །འདི་ལས་འོང་པའི་དགེ་ཚོགས་ཀྱིས། །མཁའ་མཉམ་སྐྱེ་རྒུ་མ་ལུས་པའི། །ཉོན་པའི་མུན་པ་རིང་བསལ་ནས། །མཁྱེན་པའི་འོད་སྣང་འབར་གྱུར་ཅིག ། སརྦ་ཛ་ག་ཏཾ། ཞེས་པ་འདི་ཡང་ཆོས་རྗེར་རོ།།

༄༅། །འཇམ་མགོན་བླ་མ་བཙོང་ཁ་པ་ཆེན་པོ་ལ་ཕྱག་མཆོད་གསོལ་འདེབས་ཇི་ལྟར་བྱ་བའི་ཆོག་བསྒྲིགས་ཡིད་དགའ་ཆོས་འཛིན་དུ་བགྲོད་པའི་ཐེམ་སྐས་ཞེས་བྱ་བ་བཞུགས་སོ།།

༄༅། །ན་མོ་གུ་རུ་སུ་མ་ཏི་ཀཱིརྟི་ཡ། བློ་གྲོས་བཟང་པོའི་རྒྱ་མཐོང་དབྱིངས་སུ་རོལ། ལེགས་བཤད་ཆར་གྱིས་ཐུབ་བསྟན་ལོ་ཏོག་སྐྱུངས། །གྲགས་པའི་དབྱར་ཛ་ཕྱོགས་མཐར་སྒྲོགས་མཛད་པའི། །འཇམ་མགོན་ལྷ་དབང་ཆེན་པོས་དགེ་ལེགས་སྩོལ། །གང་དེའི་ཐུགས་རྗེ་བྱིན་རླབས་ལ་བརྟེན་ནས། དགའ་ལྡན་གནས་སུ་སྐྱེ་བ་གཟུང་བའི་ཕྱིར། །ཚོགས་གསོག་སྒྲིབ་སྦྱོང་གསོལ་འདེབས་སྨོན་ལམ་རྣམས། །ཇི་ལྟར་བྱ་བའི་ལག་ལེན་འགོད་པར་བྱ། །རྙེད་དཀའ་དོན་ཆེའི་རྟེན་བཟང་ཐོབ་དུས་འདིར། །ལྟོ་རྒྱབ་ཙམ་གྱིས་ཆོག་པར་མི་འཛིན་པར། །གོང་མའི་ཁྱད་པར་འཚོལ་བའི་སེམས་ཡོད་ན། ཐབས་མཆོག་འདི་ལ་དགའ་བཞིན་འཇུག་པར་རིགས། །འདིར་རང་ཅག་རྣམས་རྙེད་པར་དཀའ་ཞིང་རྙེད་ན་དོན་ཆེན་པོ་དང་ལྡན་པའི་དལ་འབྱོར་གྱི་རྟེན་བཟང་ཐོབ་པའི་དུས་འདིར་ཚེ་འདིའི་བདེ་བ་སྒྲུབ་པ་དང་། སྡུག་བསྔལ་སེལ་བའི་འཇུག་ལྡོག་ཙམ་གྱིས་ཆོག་པར་མི་འཛིན་པར་འཇིག་རྟེན་ཕྱི་མ་ཡན་ཆད་ཀྱི་དོན་སྒྲུབ་པའི་བསམ་པ་ཞིག་ཡོད་ན་ནི། དེང་སང་མཉན་ན་ཚིག་མི་ཟེར། བསམས་ན་དོན་མི་གོ །བསྒོམས་ན་རྒྱུད་ན་མི་སྐྱེ་བའི་ཧ་ཅང་སྙིགས་མའི་དུས་སུ་སླེབས་པས། ཞི་ལྷག་སོགས་ཡོན་ཏན་ཁྱད་པར་ཅན་སྐྱེ་བར་དཀའ་ཡང་། དགེ་མི་དགེ་འབྲས་བུ་དང་བཅས་པའི་རྣམ་དབྱེ་ལ་མཁས་པར་བྱས་ནས་འདོར་ལེན་དང་བསགས་སྦྱང་ལ་འབད་པའི་སྒོ་ནས་རང་ཉིད་ངན་སོང་དུ་མི་སྐྱེ་བར་བདེ་འགྲོའི་རྟེན་བཟང་འཐོབ་པའི་ཐབས་ཞིག་མི་བྱེད་ཀ་མེད་ལ། །དེ་ཡང་སྙིགས་མའི་དུས་སུ་ཞིང་གི་མཐུ་ལ་བརྟེན་པ་མན་ངག་ཡིན་པར་གསུངས་ཤིང་། དེའི་ནང་ནས་ཀྱང་རྗེ་བླ་མ་ནི་གདུལ་བྱ་ཐུན་མོང་བའི་སྣང་ངོར་དགའ་ལྡན་དུ་རྒྱལ་ཚབ་བྱམས་པའི་འཁོར་བྱང་ཆུབ་སེམས་དཔའ་འཇམ་དཔལ་སྙིང་པོ་ཞེས་བྱ་བར་སྐྱེ་བ་བཞེས་པ་དང་། དགེ་ལྡན་པ་རྣམས་བྱམས་ཆོས་སྡེ་ལྔ་དང་རྗེའི་གསུང་རབ་ལ་ཐོས་སོགས་བྱས་པ་དང་། དགེ་ལྡན་རིང་ལུགས་ཀྱི་འབྱུང་ཁུངས་སུ་གྱུར་པའི་དགོན་པའི་མིང་ལ་དགའ་ལྡན་ཞེས་བཏགས་ཤིང་། གྲུབ་མཐའ་སྤྱི་ལ་ཡང་དགའ་ལྡན་པ་ཞེས་བཏགས་པ་སོགས་རྒྱུ་མཚན་དུ་མའི་སྒོ་ནས་རང་ཅག་རི་བོ་དགེ་ལུགས་པའི་གྲྭ་རིགས་ཡོན་བདག་དང་བཅས་པ་རྣམས་ནི། རྗེ་བླ་མའི་ཕྱག་མཆོད་དང་འབྲེལ་བའི་བསགས་སྦྱང་དང་གསོལ་འདེབས་སྨོན་ལམ་ལ་འབད་ན་འབྲེལ་ཆེ་ཞིང་དགའ་ལྡན་དུ་སྐྱེ་རྒྱུར་བར་

མཁས་པའི་དབང་པོ་རྣམས་ཀྱིས་གསུངས་སོ། །དེས་ན་འདི་ཉིད་ཉམས་སུ་ལེན་པར་འདོད་པས། གནས་ཁང་ཕྱི་དོར་ལེགས་པར་བྱས་ལ། དྲི་བཟང་གི་ཆུས་ཆག་ཆག་གདབ། མེ་ཏོག་སིལ་མ་གཙལ་དུ་བཀྲམ། དགའ་ལྡན་ཞིང་བཀོད་དམ། རྗེ་བླ་མའི་སྐུ་བརྙན་བྲིས་འབུར་ཅི་རིགས་དང་། མདོ་སྔགས་ལམ་རིམ་གྱི་གླེགས་བམ་དང་། མཆོད་རྟེན་སོགས་སྐུ་གསུང་ཐུགས་ཀྱི་རྟེན་བཀྲམ་པའི་མདུན་དུ། ཆུ་བཞི་འམ་ཆུ་གཉིས་ཉེར་སྤྱོད། འདོད་ཡོན་ལྔ། རྒྱལ་སྲིད་སྣ་བདུན། བཀྲ་ཤིས་རྟགས་རྫས་བརྒྱད། རྒྱལ་མཚན་བ་དན། གདུགས། ལྷ་ཐྱི། ཐེ་མ་ཕུར་མ། གླ་རེ། འཕན་སོགས་ཆོས་གོས། ལྷུང་བཟེད། མཁར་བསིལ། དཀར་མངར་གྱི་བཟའ་བཅའ་གཏུང་བ་སྣ་ཚོགས་སོགས་མཆོད་པའི་ཡོ་བྱད་དངོས་དང་བཅོས་མ་གང་འབྱོར་འབད་པས་མཛེས་པར་བཤམས། རང་ཉིད་ཤ་ཆང་སྒོག་ཙོང་ཐ་མ་ཁ་སོགས་སྤངས་ཏེ་ཕྱི་ནང་གི་ཁྲུས་དང་གཙང་སྦྲ་དང་ལྡན་པས། ཁྱིམ་པ་ཡིན་ན་སོ་ཐར་གྱི་བསྙེན་གནས་སམ་ཐེག་ཆེན་གསོ་སྦྱོང་གང་རིགས་དང་། རབ་ཏུ་བྱུང་བ་རྣམས་ཐེག་ཆེན་གསོ་སྦྱོང་ལ་གནས་ན་ཕུན་སུམ་ཚོགས་པར་འགྱུར་བས། དེའི་ཚུལ་ནི། སོ་ཐར་གྱི་བསྙེན་གནས་དེ་རྟེན་གྱི་མདུན་དུ་ལེན་པའི་དམིགས་བསལ་མེད་པས། འགོག་ཚིག་ལ་མཁས་པའི་དགེ་སློང་ངམ་དགེ་ཚུལ་སོགས་གང་ཟག་ཞན་ལས་བླང་བར་བྱའོ། །ཐེག་ཆེན་གསོ་སྦྱོང་ལེན་ཚུལ། སྐྱ་རེངས་ལག་རིས་མཐོང་ཙམ་གྱི་དུས་སུ། བླ་མའམ་རྟེན་གྱི་དྲུང་དུ་ཕྱག་གསུམ་འཚལ་ནས། མཆྲུལ་ཕྱལ་ཏེ། ཕྱོགས་བཅུ་ན་བཞུགས་པའི་སངས་རྒྱས་དང་བྱང་ཆུབ་སེམས་དཔའ་ཐམས་ཅད་བདག་ལ་དགོངས་སུ་གསོལ། ཇི་ལྟར་སྔོན་གྱི་དེ་བཞིན་གཤེགས་པ་དགྲ་བཅོམ་པ་ཡང་དག་པར་རྫོགས་པའི་སངས་རྒྱས་རྟ་ཅང་ཤེས་ལྟ་བུ། གླང་པོ་ཆེན་པོ་བྱ་བ་བྱས་ཤིང་། བྱེད་པ་བྱས་པ། ཁུར་བོར་བ། རང་གི་དོན་རྗེས་སུ་ཐོབ་པ། སྲིད་པར་ཀུན་ཏུ་སྦྱོར་བ་ཡོངས་སུ་ཟད་པ། ཡང་དག་པའི་བཀའ། ལེགས་པར་རྣམ་པར་གྲོལ་བའི་ཐུགས། ལེགས་པར་རྣམ་པར་གྲོལ་བའི་ཤེས་རབ་ཅན་དེ་རྣམས་ཀྱིས། སེམས་ཅན་ཐམས་ཅད་ཀྱི་དོན་གྱི་ཕྱིར་དང་། ཕན་པར་བྱ་བའི་ཕྱིར་དང་། གྲོལ་བར་བྱ་བའི་ཕྱིར་དང་། ནད་མེད་པར་བྱ་བའི་ཕྱིར་དང་། མུ་གེ་མེད་པར་བྱ་བའི་ཕྱིར་དང་། བྱང་ཆུབ་ཀྱི་ཕྱོགས་ཀྱི་ཆོས་རྣམས་ཡོངས་སུ་རྫོགས་པར་བྱ་བའི་ཕྱིར་དང་། བླ་ན་མེད་པ་ཡང་དག་པར་རྫོགས་པའི་བྱང་ཆུབ་ལྷག་པར་རྫོགས་པར་བྱ་བའི་ཕྱིར་གསོ་སྦྱོང་ཡང་དག་པར……བླང་བར་མཛད་པ་དེ་བཞིན་དུ། བདག་མིང་འདི་ཞེས་བྱ་བས་ཀྱང་དུས་འདི་ནས་བཟུང་སྟེ་ཇི་སྲིད་སང་ཉི་མ་མ་ཤར་གྱི་བར་དུ་སེམས་ཅན་ཐམས་ཅད་ཀྱི་དོན་གྱི་ཕྱིར་དང་། ཕན་པར་བྱ་བའི་ཕྱིར་དང་། གྲོལ་བར་བྱ་བའི་ཕྱིར་དང་། ནད་མེད་པར་བྱ་བའི་ཕྱིར་དང་། མུ་གེ་མེད་པར་བྱ་བའི་ཕྱིར་

དང་། བྱང་ཆུབ་ཀྱི་ཕྱོགས་ཀྱི་ཆོས་རྣམས་ཡོངས་སུ་རྫོགས་པར་བྱ་བའི་ཕྱིར་དང་། བླ་ན་མེད་པ་ཡང་དག་པར་རྫོགས་པའི་བྱང་ཆུབ་ངེས་པར་རྟོགས་པར་བྱ་བའི་ཕྱིར་གསོ་སྦྱོང་ཡང་དག་པར······བླང་བར་བགྱིའོ། །ཞེས་ལན་གསུམ། དེང་ནས་སྲོག་གཅོད་མི་བྱ་ཞིང་། །གཞན་གྱི་ནོར་ནི་བླང་མི་བྱ། །འཁྲིག་པའི་ཆོས་ཀྱང་མི་སྤྱད་ཅིང་། །བརྫུན་གྱི་ཚིག་ཀྱང་མི་སྨྲའོ། །སྐྱོན་ནི་མང་པོ་ཉེར་བསྟེན་པའི། ཆང་ནི་ཡོངས་སུ་སྤང་བར་བྱ། །ཁྲི་སྟན་ཆེན་པོ་མི་བྱ་ཞིང་། །དེ་བཞིན་དུས་མ་ཡིན་པའི་ཟས། །དྲི་དང་འཕྲེང་བ་དང་ནི་རྒྱན། །གར་དང་གླུ་སོགས་སྤང་བར་བྱ། །ཇི་ལྟར་དགྲ་བཅོམ་རྟག་ཏུ་ནི། །སྲོག་གཅོད་ལ་སོགས་མི་བྱེད་པ། །དེ་བཞིན་སྲོག་གཅོད་ལ་སོགས་སྤང་། །བླ་མེད་བྱང་ཆུབ་ཐོབ་པར་ཤོག །སྡུག་བསྔལ་མང་འཁྲུག་འཇིག་རྟེན་རྣམས། །སྲིད་པའི་མཚོ་ལས་སྒྲོལ་བར་ཤོག །ཅེས་ལན་གཅིག་དང་། ཨོཾ་ཨ་མོ་གྷ་ཤཱི་ལ། སཾ་བྷ་ར་སཾ་བྷ་ར། བྷ་ར་བྷ་ར། མཧཱ་ཤུདྡྷ་སཏྭ། པདྨ་བི་བྷཱུ་ཥི་ཏ་བུ་ཛ། དྷ་ར་དྷ་ར། ས་མནྟ་ཨ་ཝ་ལོ་ཀི་ཏེ་ཧཱུྃ་ཕཊ་སྭཱཧཱ། ཞེས་བདུན་ནམ་ཉེར་གཅིག་བརྗོད། ཁྲིམས་ཀྱི་ཚུལ་ཁྲིམས་སྐྱོན་མེད་ཅིང་། །ཞེས་སོགས་སྨོན་ལམ་གདབ་བོ། །སྐྱབས་འགྲོ་ནི། ཕྱོགས་བཅུ་དུས་གསུམ་གྱི་ཞེས་པ་ནས། དགེ་འདུན་ལ་སྐྱབས་སུ་མཆིའོ། །ཁམས་གསུམ་ཆོས་ཀྱི་རྒྱལ་པོ་བཙོང་ཁ་པ་ཆེན་པོའི་ལྷ་ཚོགས་འཁོར་དང་བཅས་པ་རྣམས་ལ་སྐྱབས་སུ་མཆིའོ། །ཞེས་ལན་གསུམ་སོགས་དང་། སེམས་ཅན་ཐམས་ཅད་ཀྱི་དོན་དུ་རྫོགས་པའི་སངས་རྒྱས་ཐོབ་པར་བྱ། དེའི་ཆེད་དུ་ཁམས་གསུམ་ཆོས་ཀྱི་རྒྱལ་པོ་བཙོང་ཁ་པ་ཆེན་པོའི་ལྷ་ཚོགས་འཁོར་དང་བཅས་པ་རྣམས་ལ་ཕྱག་མཆོད་ཐུགས་དམ་བསྐུལ་བ་ལ་སོགས་པའི་ལམ···གྱི་རིམ་པ་ལ་གནས་པར་བྱའོ། །ཞེས་ལན་གསུམ་དང་། སེམས་ཅན་ཐམས་ཅད་བདེ་བ་དང་བདེ་བའི་རྒྱུ་དང་ལྡན་པར་བྱ། སྡུག་བསྔལ་དང་སྡུག་བསྔལ་གྱི་རྒྱུ་དང་བྲལ་བར་བྱ། སྡུག་བསྔལ་མེད་པའི་བདེ་བ་དང་མི་འབྲལ་བར་བྱ། བདེ་སྡུག་གི་རྒྱུ་ཆགས་སྡང་ཉེ་རིང་གཉིས་དང་བྲལ་བའི་བཏང་སྙོམས་ལ་གནས་པར་བྱའོ། །ཞེས་ལན་གསུམ་གྱིས་སྐྱབས་འགྲོ་སེམས་བསྐྱེད་ཚད་མེད་སྒོམ་པ་རྒྱུད་དང་འདྲེས་ངེས་པ་བྱ། ས་གཞི་སོགས་བྱིན་གྱིས་རླབས་པ་ནི། དཀོན་མཆོག་གསུམ་གྱི་བདེན་པ་དང་། སངས་རྒྱས་དང་བྱང་ཆུབ་སེམས་དཔའ་ཐམས་ཅད་ཀྱི་བྱིན་གྱིས་བརླབས་དང་། ཚོགས་གཉིས་ཡོངས་སུ་རྫོགས་པའི་མངའ་ཐང་ཆེན་པོ་དང་། ཆོས་ཀྱི་དབྱིངས་རྣམ་པར་དག་ཅིང་བསམ་གྱིས་མི་ཁྱབ་པའི་སྟོབས་ཀྱིས། ཁམས་

གསུམ་ཆོས་ཀྱི་རྒྱལ་པོ་བཙོང་ཁ་པ་ཆེན་པོའི་ལྷ་ཚོགས་འཁོར་དང་བཅས་པ་གང་དུ་སྤྱན་འདྲེན······ པའི་གནས་འདི་ཉིད་སངས་རྒྱས་ཀྱི་ཞིང་ཡོངས་སུ་དག་པ། བཅོམ་ལྡན་འདས་འོད་དཔག་མེད་ཀྱི་ཞིང་གི་བཀོད་པའི་ཡོན་ཏན་ལྟ་བུ་དང་ལྡན་པར་གྱུར་ཏེ། ས་གཞི་རིན་པོ་ཆེ་སྣ་ཚོགས་ཀྱི་རང་བཞིན་ལག་མཐིལ་ལྟར་མཉམ་པ། ཐ་གྲུ་ཆེ་བ། ཡངས་པ། རེག་ན་འཇམ་ཞིང་བདེ་བ་དྲི་མ་མེད་ཅིང་འོད་གསལ་བ། ཙན་དན་སྤྲུལ་གྱི་སྙིང་པོའི་དྲི་བསུང་དད་དང་ལྡན་པའི་ལྷའི་མེ་ཏོག་སྣ་ཚོགས་ཀྱི་གཅལ་བཀྲམ་པ། མཐའ་རིན་པོ་ཆེའི་ཕ་གུས་བརྩིགས་པ་གསེར་དང་། དངུལ་དང་། མུ་ཏིག་གི་ཕྲེ་མ་ཁྲམ་བུར་བརྫལ་བ། ཨུཏྤ་ལ་དང་། ཀུ་མུ་ད་དང་། པདྨ་འཁྲིང་ཞིང་ལྡེམ་པས་ཁེབས་པར་གྱུར་ཅིང་། ཆུ་བྱ་སྣ་ཚོགས་སྐད་སྙན་པར་སྒྲོགས་པ། དགའ་ཞིང་འཐུ་ལ་ལྡིང་བས་བརྒྱན་པའི་ཡན་ལག་བརྒྱད་དང་ལྡན་པའི་མཚོ་དང་རྫིང་དང་ལྟེང་གདག་གིས་མཛེས་པར་བྱས་པ་རིན་པོ་ཆེའི་དཔག··· བསམ་གྱི་ཤིང་ལྗོན་པ་ལྷའི་ནོར་བུ་དང་། མུ་ཏིག་གི་རྒྱན་འཕྲེང་དང་རིན་པོ་ཆེ་དཔྱངས་པ། མེ་ཏོག་གི་མགོ་ལྷོགས་དང་འབྲས་བུ་མཛེས་པར་ཆགས་པས་གཡུར་ཟ་ཞིང་ལྡེམ་པ། གསེར་གྱི་དྲིལ་བུ་གཡེར་ཁ་ཁྲོལ་བ་ལས་དམ་པའི་ཆོས་ཀྱི་སྒྲ་འབྱུང་བ་དང་ལྡན་པ་ཚར་དུ་བསྒྲེངས་པས་ལེགས···· པར་བརྒྱན་པའི་ས་གཞི་ཕུན་སུམ་ཚོགས་པ་འབྱུང་བར་གྱུར་ཅིག །དེའི་དབུས་སུ་གཞལ་མེད་ཁང་རིན་པོ་ཆེ་སྣ་བདུན་མཆོག་ཏུ་འབར་བ་བཀོད་པ། འཇིག་རྟེན་གྱི་ཁམས་དཔག་ཏུ་མེད་པ་རྒྱས་པར་འགེངས་པའི་འོད་ཟེར་ཆེན་པོ་རབ་ཏུ་འབྱུང་བ། གནས་ཐ་དད་པ་ཤིན་ཏུ་རྣམ་པར་ཕྱེ་བ་མཐའ་ཡས་པ་རྣམ་པར་གནས་པ་རྒྱ་ཡོངས་སུ་མ་ཆད་པ། ཁམས་གསུམ་ལས་ཡང་དག་པར་འདས་པའི་སྤྱོད་ཡུལ་འཇིག་རྟེན་ལས་ཡང་དག་པར་འདས་པ་དེའི་བླ་མའི་དགེ་བའི་རྩ་བ་ལས་བྱུང་བ། ཤིན་ཏུ་རྣམ་པར་དག་ཅིང་དབང་བསྒྱུར་བའི་རྣམ་པར་རིག་པའི་མཚན་ཉིད། དེ་བཞིན་གཤེགས་པའི་གནས་བྱང་ཆུབ་སེམས་དཔའི་དགེ་འདུན་དང་ལྡན་པ། ལྷ་དང་། ཀླུ་དང་། གནོད་སྦྱིན་དང་། དྲི་ཟ་དང་། ལྷ་མ་ཡིན་དང་། ནམ་མཁའ་ལྡིང་དང་། མིའམ་ཅི་དང་། ལྟོ་འཕྱེ་ཆེན་པོ་དང་། མི་དང་མི་མ་ཡིན་པ་མཐའ་ཡས་པ་རྣམ་པར་རྒྱུ་བ། ཆོས་ཀྱི་རོའི་དགའ་བ་དང་བདེ་བ་ཆེན་པོས་བརྟན་པ། སེམས་ཅན་ཐམས་ཅད་ཀྱི་དོན་ཐམས་ཅད་ཡང་དག་པར་ཐོབ་པར་བྱེད་པས་ཉེ་བར་གནས་པ། ཉོན་

སོང་བ་པའི་གནོད་པའི་དྲི་མ་ཐམས་ཅད་དང་བྲལ་བ། བདུད་ཐམས་ཅད་ཡོངས་སུ་སྤངས་པ་ཐམས་ཅད་ཀྱི་བཀོད་པ་ལས་ལྷག་པའི་དེ་བཞིན་གཤེགས་པའི་བཀོད་པའི་གནས་དྲན་པ་དང་། བློ་གྲོས་དང་རྟོགས་པ་ཆེན་པོས་ངེས་པར་འབྱུང་བ། ཞི་གནས་དང་ལྷག་མཐོང་གི་བརྗོན་པ་ཡིན་པ། རྣམ་པར་ཐར་པའི་སྒོ་སྒོང་པ་ཉིད་དང་། མཚན་མ་མེད་པ་ཉིད་དང་། སྨོན་པ་མེད་པ་ནས་འཇུག་པ། རིན་པོ་ཆེའི་པདྨའི་རྒྱལ་པོ་ཡོན་ཏན་མཐའ་ཡས་པས་བརྒྱན་པའི་བཀོད་པ་ལ་བརྟེན་པའི་གཞལ་མེད་……ཁང་ཆེན་པོ་འབྱུང་བར་གྱུར་ཅིག དེའི་དབུས་སུ་པདྨའི་གདན་རིན་པོ་ཆེའི་སེང་གེའི་ཁྲི་སྟན་ལ། ཁམས་གསུམ་ཆོས་ཀྱི་རྒྱལ་པོ་བཙོང་ཁ་པ་ཆེན་པོ་དང་། རྩ་བརྒྱུད་ཀྱི་དཔལ་ལྡན་བླ་མ་དམ་པ་རྣམས་དང་། ཕྱོགས་བཅུའི་དེ་བཞིན་གཤེགས་པ་དང་། བྱང་ཆུབ་སེམས་དཔའ་དང་། ཉན་རང་དང་འཕགས་པ་དམ་པའི་ཆོས་སྐྱོང་བ་ཐམས་ཅད་གདན་འཛོམས་པའི་བཞུགས་གནས་འཕགས་པ་སོ···སོའི་སྨོན་ལམ་ཁྱད་པར་ཅན་དང་མངའ་ཐང་དང་འཚམས་པར་གྲུབ་པ་མཛེས་པ་ཤ་སྟག་འབྱུང······བར་གྱུར་ཅིག །ཕྱི་ནང་ཀུན་ཏུ་ཡང་ཆ་རིགས་དང་འཚམ་པར་ཡང་ལྷ་དང་མིའི་ཡོ་བྱད་དམ་པ་ཞལ་ཟས་དང་ན་བཟའ་དང་། རྒྱན་དང་རོ་ལ་མོ་ལ་སོགས་པ་ཕུལ་དུ་ཕྱིན་པ་སྣ་ཚོགས་ཕུང་པོ་གསུམ་པའི་མདོ་དང་། བཟང་པོ་སྤྱོད་པའི་སྨོན་ལམ་ལས་བྱུང་བའི་མཆོད་པའི་སྤྲིན་རྒྱ་མཚོ་ཐམས་ཅད་ཀྱིས་རྒྱས་པར་གང་ཞིང་རྒྱན་སྤྲུབས་པ་དང་ལྡན་པར་གྱུར་ཅིག །འཕགས་པ་ཐམས་ཅད་ཀྱང་གདན་འཛོམས་ནས་དེ་བཞིན་དུ་བྱིན་གྱིས་བརླབས་ཤིང་བཞེས་ཏེ་ལོངས་སྤྱོད་པར་གྱུར་ཅིག ཞེས་ལན་གསུམ་དང་། ཨོཾ་ན་མོ་ཧྲ་ག་ཤ་ཏེ་བཛྲ་སཱ་ར་པྲ་མརྡ་ནེ། ཏ་ཐཱ་ག་ཏཱ་ཡ་ཨརྷ་ཏེ། སམྱཀྶཾ་བུདྡྷཱ་ཡ། ཏདྱ་ཐཱ། ཨོཾ་བཛྲེ་བཛྲེ་མཧཱ་བཛྲེ། མཧཱ་ཏེ་ཛ་བཛྲེ། མཧཱ་བི་དྱཱ་བཛྲེ། མཧཱ་བོ་དྷི་ཙིཏྟ་བཛྲེ། མཧཱ་བོ་དྷི་མཎྜོ་པ་སཾ་ཀྲ་མ་ཎ་བཛྲེ། སརྦ་ཀརྨ་ཨ་ཝ་ར་ཎ་བི་ཤོ་དྷ་ན་བཛྲེ་སྭཱཧཱ། ཞེས་ལན་གསུམ་དང་། དཀོན་མཆོག་གསུམ་གྱི་བདེན་པ་དང་སངས་རྒྱས་དང་བྱང་ཆུབ་སེམས་དཔའ་ཐམས་ཅད་ཀྱི་བྱིན་གྱིས་བརླབས་དང་།···ཚོགས་གཉིས་ཡོངས་སུ་རྫོགས་པའི་མངའ་ཐང་ཆེན་པོ་དང་། ཆོས་ཀྱི་དབྱིངས་རྣམ་པར་དག་ཅིང་བསམ་གྱིས་མི་ཁྱབ་པའི་སྟོབས་ཀྱིས་དེ་བཞིན་དུ་གྱུར་ཅིག །ཞེས་ལན་གསུམ་བརྗོད། དེ་ནས་མ་ཎྜལ་བཟང་མོའི་རྟོགས་བརྗོད་ནས་འབྱུང་བ་ལྟར་ཚོགས་ཀྱི་ཞིང་མགྲོན་གྱི་ཚུལ་དུ་སྤྱན་འདྲེན་པ་སོགས་ནི། རང་ཅག་རྣམས་ཀྱི་འདྲེན་

པ་བླ་ན་མེད་པ་ཁམས་གསུམ་ཆོས་ཀྱི་རྒྱལ་པོ་ཤར་ཙོང་ཁ་པ་ཆེན་པོ་བློ་བཟང་གྲགས་པའི་དཔལ་ཞེས་སྙན་པའི་བ་དན་ས་གསུམ་ན་རྣམ་པར་གཡོ་བ་དེ་ཉིད་གདུལ་བྱའི་དབང་གིས་ཁ་བ་ཅན་འདིར་ཞི་བར་གཤེགས་པའི་ཚུལ་བསྟན་ཀྱང་། འཛམ་བུའི་གླིང་ལས་ཀྱི་ས་པ་འདི་ནས་སྟེང་དུ་དཔག་ཚད་སུམ་འབུམ་ཉི་ཁྲི་བརྒལ་བ་ན། འདོད་པའི་ལྷ་གནས་བཞི་པ་དགའ་ལྡན་གྱི་ཕྱོགས་གཅིག་ན་གྲོང་ལས་དགོན་པའི་ཚུལ་དུ་བསྐལ་པ་བཟང་པོའི་སངས་རྒྱས་སྟོང་གི་ཐུགས་བསྐྱེད་སྨོན་ལམ་ལས་གྲུབ་པ། དེ་དག་གི་སྐྱེ་བ་མངོན་པར་སྐྱེ་བའི་མཛད་པ་བསྟན་པ་དང་སྟོན་པར་འགྱུར་བའི་གནས་མཆོག་ཡིད་དགའ་ཆོས་འཛིན་ཞེས་བྱ་བ་དག་པའི་ཞིང་གི་སྟོད་བཅུད་ཀྱི་འབྱོར་བའི་དཔལ་ཕུན་སུམ་ཚོགས་པ་མ་ཚང་བ་མེད་པས་བརྒྱན་པའི་ཞིང་འདིར། གདུལ་བྱ་ཐུན་མོང་བའི་སྣང་ངོར་བྱང་ཆུབ་སེམས་དཔའ་འཛམ་དཔལ་སྙིང་པོ་ཞེས་གྲགས་པའི་མཚན་སྙན་བདུད་རྩིའི་གཟེགས་མ་རྣ་བར་ལྷུང་བ་ཙམ་གྱིས་ཀྱང་སྐལ་ལྡན་གདུལ་བྱའི་ཡིད་ལ་ཟག་མེད་ཀྱི་དགའ་བའི་དཔལ་སྟེར་བའི་སྐྱེ་ས་བུ་དམ་པ། རྒྱལ་ཚབ་མི་ཕམ་མགོན་པོ་ལ་སོགས་པའི་སངས་རྒྱས་བྱང་སེམས་དཔག་ཏུ་མེད་པ་དང་ལྷན་ཅིག་ཐེག་པ་ཆེན་པོའི་དགའ་བདེའི་དཔལ་ལ་རོལ་བར་མཛད་པ་དང་། སྤྲུལ་པའི་བཀོད་པ་བསམ་གྱིས་མི་ཁྱབ་པས་དག་པ་དང་མ་དག་པའི་འཇིག་རྟེན་གྱི་ཁམས་མཐའ་ཡས་པའི་འགྲོ་བའི་དོན་མཛད་ཅིང་བཞུགས་པ་དེ། སེམས་ཅན་ཐམས་ཅད་ལ་ཉིན་མཚན་དུས་དྲུག་ཏུ་གཟིགས་པའི་ཐུགས་རྗེ་ཆེན་པོ་དང་སྔོན་གྱི་སྨོན་ལམ་ཁྱད་པར་ཅན་ལས་གླེངས་ཏེ། བདག་ཅག་མངའ་རིས་ཀྱི་གདུལ་བྱ་རྣམས་ཕྱག་མཚན་དུ་བཞེས་པའི་ནང་དུ་གཏོགས་ཏེ་བཀའ་དྲིན་ཐོབ་པའི་འགྲོ་མཆིས་པ་ཙམ་ལ་བརྟེན་ཏེ། ཡུལ་ཁམས་རྣམས་སུ་ཕྱི་ནང་གི་འགལ་རྐྱེན་ཞི་ཞིང་བདེ་སྐྱིད་ཕུན་སུམ་ཚོགས་པ་འབྱུང་བ་དང་། ཐུབ་བསྟན་ཉིད་ཁྲུ་ཞྭ་སེར་གྱི་རིང་ལུགས་དར་བ་དང་། བདག་ཅག་ལ་སོགས་པ་འགྲོ་བ་མང་པོ་དགའ་ལྡན་ཡིད་དགའ་ཆོས་འཛིན་དུ་འདྲེན་པའི་སླད་དུ་མགོན་སྐྱབས་དང་དཔུང་གཉེན་དུ་སྤྱན་འདྲེན་ཅིང་མཆིས་ན་མཆོད་པའི་ཚོགས་སྦྱར་བའི་པོ་བྲང་གི་དཀྱིལ་འཁོར་འདིར་གཤེགས་ཤིང་གདན་འཛོམ་པ་ཆེན་པོ་མཛད་དེ་བྱིན་གྱིས་བརླབ་པར་ཅི་གནང་། སྟོན་པ་ཐུབ་པའི་དབང་པོ་དང་མི་ཕམ་འཇམ་དཔལ་དབྱངས་ལ་སོགས་པའི་རྩ་བརྒྱུད་ཀྱི་དཔལ་ལྡན་བླ་མ་དམ་པ

རྣམས་ཀྱང་བདག་ཅག་རྗེས་སུ་བཟུང་བའི་ཐབས་མཁས་པ་མང་པོ་དང་། དངོས་བརྒྱུད་ཅི་རིགས་པར་ཆོས་ཀྱི་བཀའ་དྲིན་ཐོབ་པའི་འཕྲོ་མཆིས་པ་ཙམ་ལ་བརྟེན་ཏེ། ཡུལ་ཁམས་རྣམས་སུ་ཕྱི་ནང་གི་འགལ་རྐྱེན་ཞི་ཞིང་བདེ་སྐྱིད་ཕུན་སུམ་ཚོགས་པ་འབྱུང་བ་དང་། ཐུབ་བསྟན་ཉིད་ཁྱུ་ཞྭ་སེར་གྱི་རིང་ལུགས་དར་བ་དང་། བདག་ཅག་ལ་སོགས་པ་འགྲོ་བ་མང་པོ་དགའ་ལྡན་ཡིད་དགའ་ཆོས་འཛིན་དུ་འདྲེན་པའི་སླད་དུ་མགོན་སྐྱབས་དང་དཔུང་གཉེན་དུ་སྤྱན་འདྲེན་ཅིང་མཆིས་ན་མཆོད······པའི་ཚོགས་སྤྲུར་བའི་ཕོ་བྲང་གི་དཀྱིལ་འཁོར་འདིར་གཤེག་ཤིང་གདན་འཛོམ་པ་ཆེན་པོ་མཛད······དེ་བྱིན་གྱིས་བརླབ་བར་ཅི་གནང་། ཕྱོགས་བཅུའི་དེ་བཞིན་གཤེགས་པ་དང་། བྱང་ཆུབ་སེམས་དཔའ་དང་། ཉན་རང་དང་། འཕགས་པ་ཆོས་སྐྱོང་བ་ཐམས་ཅད་ཀྱང་ཐོན་གྱི་ཐུགས་བསྐྱེད་སྨོན་ལམ་ཁྱད་པར་ཅན་ལས་གླེངས་ཏེ། ཡུལ་ཁམས་རྣམས་སུ་ཕྱི་ནང་གི་འགལ་རྐྱེན་ཞི་ཞིང་། བདེ་སྐྱིད་ཕུན་སུམ་ཚོགས་པ་འབྱུང་བ་དང་། ཐུབ་བསྟན་ཉིད་ཁྱུ་ཞྭ་སེར་གྱི་རིང་ལུགས་དར་བ་དང་། བདག་ཅག་ལ་སོགས་པ་འགྲོ་བ་མང་པོ་དགའ་ལྡན་ཡིད་དགའ་ཆོས་འཛིན་དུ་འདྲེན་པའི་སླད་དུ་མགོན······སྐྱབས་དང་དཔུང་གཉེན་དུ་སྤྱན་འདྲེན་ཅིང་མཆིས་ན་མཆོད་པའི་ཚོགས་སྤྲུར་བའི་ཕོ་བྲང་གི······དཀྱིལ་འཁོར་འདིར་གཤེགས་ཤིང་གདན་འཛོམ་པ་ཆེན་པོ་མཛད་དེ་བྱིན་གྱིས་བརླབ་པར་ཅི······གནང་། །ཞེས་སྟོན་གསན་དབབ། སྤོས་རོལ་དབྱངས་དང་བཅས་པས། དགའ་ལྡན་ལྷ་གནས་ཡིད་དགའ་ཆོས་འཛིན་ཞེས། །ཡོངས་སུ་དག་པའི་གནས་མཆོག་དམ་པ་ནས། །རྗེ་བཙུན་འཛམ་དཔལ་སྙིང་པོ་ཙོང་ཁ་པ། །བདག་སོགས་འགྲོ་རྣམས་འདྲེན་ཕྱིར་གནས་འདིར་གཤེགས། །རྣམ་དག་ཆོས་ཀྱི་དབྱིངས་ལས་མ་གཡོས་ཀྱང་། ཐུགས་རྗེའི་སྤྱན་གྱིས་འགྲོ་ལ་ཕྱོགས་བཅུར་གཟིགས། །རྒྱལ་བ་ཀུན་གྱི་འཕྲིན་ལས་སྒྲུབ་མཛད་པའི། །དུས་གསུམ་བླ་མ་འཁོར་བཅས་གཤེགས་སུ་གསོལ། །མ་ལུས་སེམས་ཅན་ཀུན་གྱི་མགོན་གྱུར་ཅིང་། ཞེས་པ་ནས། ཡོངས་དག་འཁོར་དང་བཅས་ཏེ་གཤེགས་སུ་གསོལ། །ཞེས་ཚོགས་ཞིང་སྤྱན་དྲངས། ཁྲུས་ཀྱི་ཁང་པ་ཤིན་ཏུ་དྲི་ཞིམ་པ། །ཞེས་སོགས་ཀྱིས་ཁྲུས་ཁང་བསྐྱེད། ཇི་ལྟར་བལྟམས་པ་ཙམ་གྱིས་ནི། ཞེས་སོགས་དང་། རྒྱལ་བའི་སྐུ་ལ་ཉོན་མོངས་མི་མངའ་ཡང་། །ཞེས་སོགས་ཚིགས་བཅད་གསུམ་དང་། ཁྱེད་སྐུ་རང་བཞིན་ཡོངས་དག་པས། །ཞེས་སོགས་དང་། དེ་བཞིན་གཤེགས་དང་དེ་

ཡི་སྤྲུས་རྣམས་ལ། ཞེས་སོགས་ཀྱིས་སྐུ་ཁྲུས་གསོལ། དེ་དག་སྐུ་ལ་མཚུངས་པ་མེད་པའི་གོས། །གཙང་ལ་དྲི་རབ་བསྒོས་པས་སྐུ་ཕྱིའོ། ཞེས་སྐུ་དཕྱིའོ། སྟོང་གསུམ་ཀུན་ཏུ་དྲི་དང་ལྡན་པ་ཡི། །ཞེས་པ་ནས། བྱང་ཆུབ་སེམས་ཀྱི་རྒྱན་གྱིས་བརྒྱན་པར་ཤོག ཅེས་དྲི་ཐུགས་གོས་རྒྱན་གང་བྱམ་འབུལ་བ་ཕྱག་ལེན་བཞིན་བྱ། བདག་དང་འགྲོ་ལ་ཐུགས་བརྩེའི་ཕྱིར། ཞེས་པ་ནས། དེ་སྲིད་བཅོམ་ལྡན་བཞུགས་སུ་གསོལ། །ཞེས་གསོལ་བ་བཏབ་པས་ཚོགས་ཞིང་རྣམས་ཁྲུས་ཁང་ནས་ཚུར་བྱོན་ཏེ་གཞལ་མེད་ཁང་གི་དབུས་སུ་འདོད་དགུ་འབྱུང་བའི་དཔག་བསམ་གྱི་ཤིང་གི་རྩ་བར་སེང་གེ་ཆེན་པོ་བརྒྱད་ཀྱིས་བཏེགས་པའི་རིན་པོ་ཆེའི་ཁྲིའི་སྟེང་དུ་སྣ་ཚོགས་པདྨ་དང་ཟླ་བའི་གདན་ལ་རང་གི་དྲིན་ཅན་རྩ་བའི་བླ་མ་དང་ངོ་བོ་དབྱེར་མ་མཆིས་པའི་ཁམས་གསུམ་ཆོས་ཀྱི་རྒྱལ་པོ་ཙོང་ཁ་པ་ཆེན་པོ་སྐུ་མདོག་དཀར་ལ་དམར་བའི་མདངས་ཆགས་པ། ཞལ་འཛུམ་ཞིང་དགྱེས་པའི་ཉམས་ཅན། ཕྱག་གཉིས་ཐུགས་ཀར་ཆོས་འཁོར་གྱི་ཕྱག་རྒྱས་ཨུཏྤ་ལའི་ཡུ་བ་བཟུང་བའི་འདབ་མ་སྙན་གྱི་ཐད་དུ་ཁ་བྱེ་བའི་སྟེང་ན་ཤེས་རབ་ཀྱི་རལ་གྲི……དང་ཤེར་ཕྱིན་གྱི་གླེགས་བམ་གྱིས་མཚན་པ། སྐུ་ལ་ཆོས་གོས་རྣམ་གསུམ་དང་། དབུ་ལ་པཎ་ཞྭ་གསེར་གྱི་མདོག་ཅན་མཛེས་པར་གསོལ་བ། ཞབས་གཉིས་རྡོ་རྗེའི་དཀྱིལ་མོ་ཀྲུང་གིས་བཞུགས་པ། དེའི་སྟེང་དཔག་བསམ་གྱི་ཤིང་གི་སྙེད་པར་སེང་ཁྲི་འབྲིང་པོའི་སྟེང་དུ་པད་ཟླའི་གདན་ལ་རྗེ……བཙུན་བྱམས་མགོན་བཟང་པོའི་བཞུགས་སྟངས་མཛད་པ། ལྷའི་ཆ་ལུགས་ཅན། སྐུ་མདོག་གསེར་གཙོ་མའི་མདངས་ལྟར་རབ་ཏུ་མཛེས་པ། དབུའི་སྟེང་དུ་བླ་མ་ཐུབ་པའི་དབང་པོའི་ངོ་བོ་མཆོད་རྟེན་གྱིས་སྤྲས་པ། ཕྱག་གཉིས་ཆོས་འཁོར་གྱི་ཕྱག་རྒྱས་ཀླུ་ཤིང་གི་ཡལ་ག་ཕྲ་མོ་བཟུང་བའི་མེ་ཏོག་སྙན་གྱི་ཐད་དུ་ཁ་བྱེ་བའི་སྟེང་ན་འཁོར་ལོ་དང་སྤྱི་བླུགས་ཀྱིས་མཚན་པ། དེའི་སྟེང་དཔག་བསམ་གྱི་ཤིང་གི་སྡོད་ཀྱི་ཆར་སེང་ཁྲི་ཆུང་ངུའི་སྟེང་དུ་པད་ཟླའི་གདན་ལ་རྒྱལ་བ་ཤཱཀྱ་ཐུབ་པ་སྐུ་མདོག་གསེར་བཙོ་མ་ལྟ་བུ། དབུ་གཙུག་ཏོར་དང་ལྡན་པ། སྐུ་ལ་ཆོས་གོས་རྣམ་གསུམ་མཛེས་པར་གསོལ་བ། ཕྱག་གཡས་ས་གནོན་དང་། གཡོན་མཉམ་གཞག་གི་སྟེང་ན་བདུད་རྩིས་གང་བའི་ལྷུང་བཟེད་བསྣམས་པ། ཞབས་གཉིས་རྡོ་རྗེའི་དཀྱིལ་མོ་ཀྲུང་གིས་བཞུགས་པ། རྗེ་བླ་མའི་གཡས་སུ་རྒྱལ་ཚབ་དར་མ་རིན་ཆེན་དང་། གཡོན་དུ་མཁས་གྲུབ་དགེ་ལེགས་དཔལ་བཟང་པོ། །མཐའ་སྐོར་

དུ་དངོས་བརྒྱུད་ཀྱི་དཔལ་ལྡན་བླ་མ་དམ་པ་རྣམས་དང་། ཕྱོགས་བཅུའི་སངས་རྒྱས་དང་། བྱང་ཆུབ་སེམས་དཔའ་དང་། ཉན་རང་དང་། འཕགས་དམ་པའི་ཆོས་སྐྱོང་བ་རྣམས་དང་། སྒོ་བཞིར་རྒྱལ་པོ་ཆེན་པོ་བཞི་དང་བཅས་པ་རང་རང་གི་གདན་ལ་དགྱེས་བཞིན་དུ་བཞུགས་པར་བསམ། དེནས་བསགས་སྦྱང་གི་གནད་བསྡུས་པའི་ཡན་ལག་བདུན་པ་བྱ་བ་ནི། དམིགས་མེད་བརྩེ་བའི་གཏེར་ཆེན་སྤྱན་རས་གཟིགས། །དྲི་མེད་མཁྱེན་པའི་དབང་པོ་འཇམ་པའི་དབྱངས། །གངས་ཅན་མཁས་པའི་གཙུག་རྒྱན་ཙོང་ཁ་པ། །བློ་བཟང་གྲགས་པའི་ཞབས་ལ་ཕྱག་འཚལ་ལོ། །བདེན་གཉིས་གནས་ཚུལ་རིགས་པས་ལེགས་རྟོགས་ཤིང་། །ཐབས་ཤེས་ཟུང་འབྲེལ་ཉམས་སུ་བླངས་པའི་མཐུས། །སྐུ་གསུམ་མངོན་དུ་གྱུར་པའི་ཙོང་ཁ་པ། །དཔལ་ལྡན་བླ་མའི་ཞབས་ལ་ཕྱག་འཚལ་ལོ། །བློ་གྲོས་ཁང་བཟང་བསླབ་གསུམ་ནོར་གྱིས་ ཕྱུག །བཟང་པོའི་འཕྲིན་ལས་གདུལ་བྱའི་དཔལ་དུ་ཤར། །གྲགས་པའི་འོད་ཟེར་འཛམ་གླིང་ཕྱོགས་བཅུར་འཕྲོ། །བློ་བཟང་གྲགས་པའི་ཞབས་ལ་ཕྱག་འཚལ་ལོ། །མཁའ་མཉམ་འགྲོ་ལ་མཁྱེན་བརྩེ་ས་རབ་དགོངས་ནས། །གྲངས་མེད་གསུམ་དུ་ཚོགས་གཉིས་རབ་རྫོགས་ཏེ། །སྟོང་གསུམ་མི་མཇེད་ཞིང་གི་དཔལ་གྱུར་པ། །འདྲེན་མཆོག་ཤཱཀྱའི་ཏོག་ལ་ཕྱག་འཚལ་ལོ། །བདེ་གཤེགས་སྔ་མས་བཏང་སྙོམས་མཛད་པ་ཡི། །གྲངས་མེད་འགྲོ་ལ་བརྩེ་བས་མ་བཟོད་ནས། །ཞིང་འདིར་བྱང་ཆུབ་སྙིང་པོར་གཤེགས་འགྱུར་བ། །མི་ཕམ་ཆོས་རྗེའི་ཞབས་ལ་ཕྱག་འཚལ་ལོ། །བྱམས་པ་ཐོགས་མེད་དབྱིག་གཉེན་རྣམ་གྲོལ་སྡེ། །མཆོག་སྡེ་འདུལ་བའི་སྡེ་དང་གྲགས་པའི་དཔལ། །སེང་བཟང་ཀུ་ས་ལི་གཉིས་གསེར་གླིང་པ། །རྒྱ་ཆེན་སྤྱོད་པའི་བརྒྱུད་ལ་ཕྱག་འཚལ་ལོ། །འཇམ་དབྱངས་ཡོད་མེད་ཕྱོགས་འཛིན་ཀླུ་སྒྲུབ་དང་། ཟླ་བ་གྲགས་པ་རིགས་པའི་ཁུ་བྱུག་ཆེ། །སངས་རྒྱས་དགོངས་སྐྱོང་འཕགས་པ་ཡབ་སྲས་སོགས། །ཟབ་མོ་ལྟ་བའི་བརྒྱུད་ལ་ཕྱག་འཚལ་ལོ། །བཤད་སྒྲུབ་བསྟན་པའི་མཆོག་མངའ་ཨ་ཏི་ཤ། །བཀའ་གདམས་བསྟན་པའི་མེས་པོ་འབྲོམ་སྟོན་རྗེ། །རྣལ་འབྱོར་རྣམ་བཞི་སྐུ་མཆེད་གསུམ་ལ་སོགས། །བཀའ་གདམས་བླ་མ་རྣམས་ལ་ཕྱག་འཚལ་ལོ། །གངས་ཅན་ཤིང་རྟའི་སྲོལ་འབྱེད་ཙོང་ཁ་པ། དངོས་སྟོབས་རིག་པའི་དབང་ཕྱུག་རྒྱལ་ཚབ་རྗེ། །མདོ་སྔགས་བསྟན་པའི་བདག་པོ་མཁས་གྲུབ་རྗེ། རྒྱལ་བ་ཡབ་སྲས་གསུམ་ལ་ཕྱག་འཚལ་ལོ། །

ཤེས་རབ་སེང་གེ་འཇམ་དབྱངས་དགེ་འདུན་གྲུབ། །ཆོས་ཀྱི་རྒྱལ་མཚན་བློ་གྲོས་སྤྱན་པ་དང་། །ཆོས་ཀྱི་རྡོ་རྗེ་སྐྱབས་མཆོག་དཔལ་ལ་སོགས། །དགེ་ལྡན་མཁས་གྲུབ་རྣམས་ལ་ཕྱག་འཚལ་ལོ། །པཎ་ཆེན་བློ་བཟང་ཆོས་ཀྱི་རྒྱལ་མཚན་དང་། །ཀུན་གཟིགས་ངག་དབང་བློ་བཟང་རྒྱ་མཚོའི་སྐུ། །བློ་བཟང་ཡེ་ཤེས་བསྐལ་བཟང་རྒྱ་མཚོ་སོགས། །རྒྱལ་བ་ཡབ་སྲས་རྣམས་ལ་ཕྱག་འཚལ་ལོ། །རྗེ་བཙུན་བློ་བཟང་བསྟན་པའི་རྒྱལ་མཚན་དང་། །བསྟན་པའི་སྒྲོན་མེ་བསྟན་པའི་ཉི་མའི་ཞབས། །ཐུབ་བསྟན་དབང་ཕྱུག་ཚུལ་ཁྲིམས་འཇིགས་མེད་སོགས། །སྐྱབས་མགོན་སྐྱ་འཕྲེང་རྣམས་ལ་ཕྱག་འཚལ་ལོ། །ཡི་གེའི་ཕྱི་མོ་ཁ་འདོན་རིགས་ལམ་དང་། །བཀའ་དང་དགོངས་འགྲེལ་འཛུབ་ཁྲིད་བཤད་ལུང་དང་། །བསླབ་ལུང་ཉམས་ཁྲིད་མན་ངག་བསླབ་ཁྲིམས་སོགས། །སྩོལ་མཛད་བཤེས་གཉེན་རྣམས་ལ་ཕྱག་འཚལ་ལོ། །སངས་རྒྱས་རྣམ་གཟིགས་གཙུག་ཏོར་ཐམས་ཅད་སྐྱོབ། །འཁོར་བ་འཇིག་དང་གསེར་ཐུབ་འོད་སྲུང་དང་། །ཤཱཀྱ་ཐུབ་པ་གོཨུ་ཏམ་ལྷ་ཡི་ལྷ། །སངས་རྒྱས་དཔའ་བོ་བདུན་ལ་ཕྱག་འཚལ་ལོ། །མཚན་ལེགས་རིན་ཆེན་གསེར་བཟང་མྱ་ངན་མེད། །ཆོས་གྲགས་མངོན་མཁྱེན་སྨན་བླ་ཤཱཀྱ་ཐུབ། །རྒྱ་ཆེན་སྨོན་ལམ་ཡོངས་སུ་རྫོགས་པ་ཡི། །བདེ་བར་གཤེགས་པ་བརྒྱད་ལ་ཕྱག་འཚལ་ལོ། །གང་གི་མཚན་ཙམ་བརྗོད་དང་དྲན་པས་ཀྱང་། །མི་བཟད་སྡིག་པའི་དཔུང་ཚོགས་ཞི་གྱུར་བ། །ཤཱཀ་ཐུབ་ལ་སོགས་བདེ་གཤེགས་སོ་ལྔ་ལ། །རྩེ་གཅིག་གུས་པས་ཡིད་ཀྱིས་ཕྱག་འཚལ་ལོ། །མཐུན་པའི་དགེ་ཚོགས་སྨོན་ལམ་རྨད་བྱུང་ཞིང་། །སྤྱོད་པ་སྦྱོད་ཆེ་ནམ་ཡང་ཆེད་གྱུར་བ། །བསྐལ་བཟང་གཅིག་ལ་མཛད་པ་མཐར་ཕྱིན་པའི། །རྫོགས་པའི་སངས་རྒྱས་སྟོང་ལ་ཕྱག་འཚལ་ལོ། །ཕྱོགས་བཅུའི་འགྲོ་ལ་མཁྱེན་བརྩེ་ས་རབ་དགོངས་ནས། །ཕྱོགས་བཅུར་ཆོས་ཀྱི་འཁོར་ལོ་ལེགས་བསྐོར་ནས། །ཕྱོགས་བཅུའི་འགྲོ་ཀུན་ཡོངས་སུ་སྐྱོབ་མཛད་པའི། །ཕྱོགས་བཅུའི་སངས་རྒྱས་རྣམས་ལ་ཕྱག་འཚལ་ལོ། །སྨྲ་བསམ་བརྗོད་མེད་ཤེས་རབ་ཕ་རོལ་ཕྱིན། །མ་སྐྱེ་མི་འགག་ནམ་མཁའི་ངོ་བོ་ཉིད། །སོ་སོ་རང་རིག་ཡེ་ཤེས་སྤྱོད་ཡུལ་བ། །དུས་གསུམ་རྒྱལ་བའི་ཡུམ་ལ་ཕྱག་ཚལ་ལོ། །ཀུན་འབྱུང་སྲུན་པའི་ས་བོན་མཐར་མཛད་ཅིང་། །སྡུག་བསྔལ་ཟུག་རྔུའི་ཚ་བ་དྲུང་ནས་འབྱིན། །རྒྱལ་ཡུམ་ཤེས་རབ་ཕ་རོལ་ཕྱིན་ལ་སོགས། །ཐེག་གསུམ་དམ་པའི་ཆོས་ལ་

ཕྱག་འཚལ་ལོ། །འཇམ་དབྱངས་ཕྱག་ན་རྡོ་རྗེ་སྤྱན་རས་གཟིགས། །ས་ཡི་སྙིང་པོ་སྒྲིབ་པ་རྣམ་པར་སེལ། །ནམ་མཁའི་སྙིང་པོ་བྱམས་པ་ཀུན་ཏུ་བཟང་། །ཉེ་བའི་སྲས་ཆེན་བརྒྱད་ལ་ཕྱག་འཚལ་ལོ། །གང་ལ་དད་ཅིང་གུས་པར་བྱས་པ་རྣམས། །དགའ་ལྡན་གནས་སུ་དེ་ལ་མཇལ་གྱུར་བའི། །འཇམ་དཔལ་སྙིང་པོ་ནམ་མཁའ་དྲི་མ་མེད། ། རྡོ་མཚར་སེམས་དཔའ་གཉིས་ལ་ཕྱག་འཚལ་ལོ། །གང་ལ་སེམས་ཀྱི་དམ་པ་རིན་ཆེན་དེ། །སྐྱེ་ས་པ་དེ་ཡི་སྐུ་ལ་ཕྱག་འཚལ་ཞིང་། ། གང་ལ་གནོད་པ་བྱས་ཀྱང་བདེར་འགྲེལ་བ། །བདེ་བའི་འབྱུང་གནས་དེ་ལ་སྐྱབས་སུ་མཆི། ཟབ་མོ་རྟེན་འབྲེལ་བཅུ་གཉིས་ལེགས་བསྒོམས་པས། །རང་བྱུང་རང་སངས་རྒྱས་ཀྱི་ཡེ་ཤེས་ནི། །བརྟེན་པ་མེད་པའི་ཚུལ་གྱིས་ཐུགས་ཆུད་པའི། །འཕགས་པ་རང་རྒྱལ་རྣམས་ལ་ཕྱག་འཚལ་ལོ། །དགྲ་བཅོམ་བློ་མཆོག་དབང་པོ་ཀུན་འདུལ་བ། །བསྟན་པའི་སྲིད་དུ་ལེགས་པར་བརྟན་བཞུགས་ནས། །བསྟན་པ་འཛིན་དང་སྤེལ་དང་བསྲུང་མཛད་པའི། །དགྲ་བཅོམ་གནས་བརྟན་རྣམས་ལ་ཕྱག་འཚལ་ལོ། །སྔོན་ཆེ་བཅོམ་ལྡན་འདས་ཀྱི་སྤྱན་སྔ་རུ། །ཆོས་བཞིན་སྐྱབ་པ་བྱེད་པའི་གང་ཟག་ལ། །བར་ཆད་སྲུང་ཞིང་སྐྱོང་བར་ཞལ་ཞེས་པའི། །ཆོས་སྐྱོང་སྲུང་མ་རྣམས་ལ་ཕྱག་འཚལ་ལོ། མཐོང་དང་ཐོས་དང་དྲན་དང་རེག་རྣམས་ལ། །བདེ་ལེགས་དཔལ་སྟེར་དམ་པའི་སྐུ་གཟུགས་དང་། ཡིག་འབྲུ་མཆོད་རྟེན་གནས་གཞི་ལ་སོགས་པའི། །ཕྱག་འོས་ཀུན་ལ་གུས་པས་ཕྱག་འཚལ་ལོ། །སྟོན་པ་བླ་མེད་སངས་རྒྱས་རིན་པོ་ཆེ། །སྐྱོབ་པ་བླ་མེད་དམ་ཆོས་རིན་པོ་ཆེ། །འདྲེན་པ་བླ་མེད་དགེ་འདུན་རིན་པོ་ཆེ། །སྐྱབས་གནས་དཀོན་མཆོག་གསུམ་ལ་ཕྱག་འཚལ་ལོ། །ཇི་སྙེད་སུ་དག་ཕྱོགས་བཅུའི་འཇིག་རྟེན་ན། །ཞེས་པ་ནས། བདེ་བར་གཤེགས་པ་ཐམས་ཅད་བདག་གིས་བསྟོད། །ཅེས་ཕྱག་འཚལ། མདོ་རྒྱུད་པའི་ཚོ་གར། ཉམས་ལེན་བྱིན་བརླབ་བརྒྱད་པ་དང་། རྒྱུད་སྡེ་བཞིའི་ཡི་དམ་དང་། གནས་གསུམ་གྱི་དཔའ་བོ་མཁའ་འགྲོ་ལ་ཕྱག་འཚལ་བའི་ཚིགས་བཅད་འབྲེལ་མི་ཆེ་བས། འདིར་མ་བཀོད་ཅིང་དོན་ཚང་བས་ཆད་སྐྱོན་མེད་དོ། །ཡན་ལག་བརྒྱད་ལྡན་ལྷ་ཡི་གཏྲ་སོགས། ། ཕྱོགས་དུས་ཀུན་ན་མཆོད་ཡོན་ཅི་མཆིས་པ། །འཇམ་མགོན་བླ་མ་འཁོར་དང་བཅས་ལ་འབུལ། ། བཞེས་ནས་བདག་ལ་མཆོག་རྣམས་སྩལ་དུ་གསོལ། །ཤིན་ཏུ་རྣམ་དག་དྲི་མེད་ཡིད་འོང་བའི། ། ཕྱོགས་དུས་ཀུན་ན་ཞབས་བསིལ་ཅི་མཆིས་པ། །འཇམ་མགོན་བླ་མ་འཁོར་དང་བཅས་ལ་འབུལ། །

བཞེས་ནས་བདག་ལ་མཆོག་རྣམས་སྩལ་དུ་གསོལ། །འདབ་སྟོང་རབ་རྒྱས་པདྨ་དཀར་པོ་སོགས། ། ཕྱོགས་དུས་ཀུན་ན་མེ་ཏོག་ཅི་མཆིས་པ། །འཇམ་མགོན་བླ་མ་འཁོར་དང་བཅས་ལ་འབུལ། བཞེས་ནས་བདག་ལ་མཆོག་རྣམས་སྩལ་དུ་གསོལ། །མ་ལ་ཡ་ཡི་ཙན་དན་དྲི་ལ་སོགས། །ཕྱོགས་དུས་ཀུན་ན་བདུག་སྤོས་ཅི་མཆིས་པ། །འཇམ་མགོན་བླ་མ་འཁོར་དང་བཅས་ལ་འབུལ། །བཞེས་ནས་བདག་ལ་མཆོག་རྣམས་སྩལ་དུ་གསོལ། །མུན་པ་ཀུན་སེལ་རྩི་བཅུད་སྒྲོན་མེ་སོགས། །ཕྱོགས་དུས་ཀུན་ན་སྣང་གསལ་ཅི་མཆིས་པ། འཇམ་མགོན་བླ་མ་འཁོར་དང་བཅས་ལ་འབུལ། །བཞེས་ནས་བདག་ལ་མཆོག་རྣམས་སྩལ་དུ་གསོལ། །ཙན་དན་གུར་ཀུམ་དྲིས་བསྒོས་སྤོས་ཆུ་སོགས། ། ཕྱོགས་དུས་ཀུན་ན་དྲི་ཆབ་ཅི་མཆིས་པ། །འཇམ་མགོན་བླ་མ་འཁོར་དང་བཅས་ལ་འབུལ། །བཞེས་ནས་བདག་ལ་མཆོག་རྣམས་སྩལ་དུ་གསོལ། །དཀར་གསུམ་མངར་གསུམ་བདུད་རྩིའི་ཟས་ལ་སོགས། །ཕྱོགས་དུས་ཀུན་ན་ཞལ་ཟས་ཅི་མཆིས་པ། །འཇམ་མགོན་བླ་མ་འཁོར་དང་བཅས་ལ་འབུལ། །བཞེས་ནས་བདག་ལ་མཆོག་རྣམས་སྩལ་དུ་གསོལ། ཡན་ལག་དྲུག་ལྡན་ལྷ་ཡི་སིལ་སྙན་སོགས། །ཕྱོགས་དུས་ཀུན་ན་རོལ་མོ་ཅི་མཆིས་པ། འཇམ་མགོན་བླ་མ་འཁོར་དང་བཅས་ལ་འབུལ། །བཞེས་ནས་བདག་ལ་མཆོག་རྣམས་སྩལ་དུ་གསོལ། །གཟུགས་བརྙན་ཀུན་གསལ་རིན་ཆེན་བཻ་ཌཱུར་སོགས། །ཕྱོགས་དུས་ཀུན་ན་གཟུགས་མཆོག་ཅི་མཆིས་པ། །འཇམ་མགོན་བླ་མ་འཁོར་དང་བཅས་ལ་འབུལ། ། བཞེས་ནས་བདག་ལ་མཆོག་རྣམས་སྩལ་དུ་གསོལ། །དཔག་བསམ་ལས་བྱུང་བརྗོད་བྲལ་དབྱངས་ལ་སོགས། །ཕྱོགས་དུས་ཀུན་ན་སྒྲ་སྙན་ཅི་མཆིས་པ། །འཇམ་མགོན་བླ་མ་འཁོར་དང་བཅས་ལ་འབུལ། །བཞེས་ནས་བདག་ལ་མཆོག་རྣམས་སྩལ་དུ་གསོལ། །ཡིད་འོང་ཙན་དན་དཀར་པོའི་དྲི་ལ་སོགས། །ཕྱོགས་དུས་ཀུན་ན་དྲི་མཆོག་ཅི་མཆིས་པ། །འཇམ་མགོན་བླ་མ་འཁོར་དང་བཅས་ལ་འབུལ། །བཞེས་ནས་བདག་ལ་མཆོག་རྣམས་སྩལ་དུ་གསོལ། །སྟོང་གསུམ་སྙིང་པོ་ཚངས་གནས་བདུད་རྩི་སོགས། །ཕྱོགས་དུས་ཀུན་ན་རོ་མཆོག་ཅི་མཆིས་པ། །འཇམ་མགོན་བླ་མ་འཁོར་དང་བཅས་ལ་འབུལ། །བཞེས་ནས་བདག་ལ་མཆོག་རྣམས་སྩལ་དུ་གསོལ། །སྲབ་འཇམ་པཉྩ་ལི་ཀའི་གོས་ལ་སོགས། །ཕྱོགས་དུས་ཀུན་ན་རེག་མཆོག་ཅི་མཆིས་པ། །འཇམ་མགོན་བླ་མ་འཁོར་དང་

བཅས་ལ་འདུལ། །བཞེས་ནས་བདག་ལ་མཆོག་རྣམས་སྩལ་དུ་གསོལ། ཞེས་ཆུ་གཉིས་ཉེར་སྤྱོད་འདོད་ཡོན་ལྔ་དང་། འཇམ་བུ་ཆུ་བོའི་གསེར་ལས་ལེགས་གྲུབ་ཤིང་། །རྩི་བས་སྟོང་ལྡན་པའི་དཔག་ཚད་ལྔ་བརྒྱ་པ། །ཉི་མ་གཉིས་པ་ལྷ་བུར་མཁར་འཕགས་ཏེ། །དཔག་ཚད་འབུམ་ལམ་ཉི་མ་གཅིག་གིས་གཅོད། །དེའི་མཐུས་ནམ་མཁའི་ལམ་ལས་དཔུང་ཚོགས་བཞི། །གླིང་བཞི་ལྷ་གནས་དང་བོར་བགྲོད་བྱེད་པའི། །འཁོར་ལོ་རིན་ཆེན་ཕུལ་བས་འགྲོ་བ་ཀུན། །ཆོས་ཀྱི་སྲིད་ལ་དབང་བསྒྱུར་ཐོབ་པར་ཤོག །རིན་ཆེན་བཻ་ཌཱུརྻ་ཡི་ཟུར་བརྒྱད་ལས། །སྤྲོས་པའི་འོད་ཀྱིས་དཔག་ཚད་བརྒྱ་ཡི་བར། །མཚན་མོ་འང་ཉིན་མོ་བཞིན་དུ་སྣང་བྱེད་ཅིང་། །ཚ་བས་གདུངས་ཚེ་འོད་ཀྱིས་བསིལ་བ་སྟེར། །དེ་ནི་དུས་མིན་འཆི་དང་ནད་རྣམས་སེལ། །ཡིད་ལ་གང་བསམ་ཕལ་ཆེར་འབྱུང་འགྱུར་བའི། །ནོར་བུ་རིན་ཆེན་ཕུལ་བས་འགྲོ་ཀུན་གྱི། །ཆོས་ལྡན་རེ་བ་ཡིད་བཞིན་གྲུབ་པར་ཤོག །ཡིད་འོང་ལྷ་ན་སྡུག་པའི་བུད་མེད་ནི། །ལུས་དང་ཁ་ནས་དྲི་ཞིམ་རབ་ཏུ་འབྱུང་། །གང་གིས་རེག་ན་བདེ་བའི་མཆོག་སྟེར་ཞིང་། གླིང་དེར་བཀྲེས་སྐོམ་མྱ་ངན་སེལ་བར་བྱེད། །བུད་མེད་སྐྱོན་ལྔ་སྤངས་ཤིང་ཡོན་ཏན་ནི། །རྣམ་པ་བརྒྱད་དང་རབ་ཏུ་ལྡན་གྱུར་པའི། །བཙུན་མོ་རིན་ཆེན་ཕུལ་བས་འགྲོ་བ་ཀུན། །ཟག་མེད་བདེ་བ་ཆེ་ལ་སྤྱོད་པར་ཤོག །གཞན་ལ་མི་འཚེ་ཆོས་མ་ཡིན་པ་སྤངས། །ཡང་དག་ཐ་སྙད་ལས་ལ་སྐྱོ་བ་མེད། །ས་ཡི་བདག་པོའི་ཡིད་ལ་བསམ་པ་རྣམས། །མ་སྨྲས་པར་ཡང་ཤེས་ནས་སྒྲུབ་པར་བྱེད། །དཔུང་རྣམས་འགྲོ་དང་གནས་དང་ལྡོག་པ་ཡི། །བྱ་བ་ཀུན་ལ་རབ་ཏུ་མཁས་གྱུར་པའི། །བློན་པོ་རིན་ཆེན་ཕུལ་བས་འགྲོ་བ་ཀུན། །རྒྱལ་བའི་དགོངས་པ་ཇི་བཞིན་སྐྱོང་བར་ཤོག །ཡན་ལག་བདུན་ལྡན་གངས་ཀྱི་རི་བོ་འདྲ། །རང་བཞིན་གླང་པོ་སྟོང་གི་སྟོབས་དང་ལྡན། །ཉི་མ་གཅིག་གིས་འཛམ་གླིང་ལན་གསུམ་འཁོར། །ཅང་ཤེས་སྐྱུད་པ་ཡིས་ཀྱང་དགྲི་བར་ནུས། །གཞན་ལ་མི་གནོད་མི་འཁྲུག་དལ་གྱིས་འགྲོ། །ཕ་རོལ་སྡེ་ལས་རྒྱལ་བར་བྱེད་པ་ཡི། །གླང་པོ་རིན་ཆེན་ཕུལ་བས་འགྲོ་བ་ཀུན། །ཐེག་པ་མཆོག་གི་བཞོན་པས་འགྲོ་བར་ཤོག །མེ་ཏོག་ཀུ་མུད་བཞིན་རབ་ཏུ་དཀར། །ལྷ་ཡི་གཙུག་རྒྱན་ནོར་བུ་སོགས་ཀྱིས་བརྒྱན། །མདོག་དང་དབྱིབས་དང་བོང་ཚོད་ཕུན་སུམ་ཚོགས། །བསྒོ་ན་ཉིན་གཅིག་འཛམ་གླིང་ལན་གསུམ་འཁོར། །ལུས་ལ་ནད་མེད་གཟི་བརྗིད་ཆེན་པོ་ཅན། །ཡོངས་སུ་དལ་

བ་མེད་པའི་བཞོན་པ་ནི། །རྟ་མཆོག་རིན་ཆེན་ཕུལ་བས་འགྲོ་བ་ཀུན། རྫུ་འཕྲུལ་མཆོག་གི་ཞབས་དང་ལྡན་པར་ཤོག །རྡོ་རྗེ་རིན་ཆེན་མཐོན་ག་མཐིང་དང་། །གསེར་དང་དངུལ་དང་སྤུག་ལ་སོགས་པ་ནི། །ཟད་པ་མེད་པས་ས་ཕྱོགས་རབ་འགེངས་པ། །དེ་ཡི་འབྱོར་པ་ཤིན་ཏུ་བརྟན་པ་སྟེ། །གཡོ་དང་སྒྱུ་མེད་གཞན་ལ་གནོད་པ་མེད། །སྐྱེ་བོ་ཐམས་ཅད་རབ་ཏུ་དགའ་འགྱུར་པའི། །ཁྱིམ་བདག་རིན་ཆེན་ཕུལ་བས་འགྲོ་བ་ཀུན། །གསུང་རབ་རིན་ཆེན་མཛོད་ཀུན་འཛིན་པར་ཤོག ། ཅེས་རྒྱལ་སྲིད་སྣ་བདུན་འབུལ། མཆོད་ཆོག་ཁྱུངས་ཐུབ་རྣམས་སུ་ཉེ་བའི་རིན་ཆེན་བདུན་འབུལ་བའི་སྲོལ་ཆེར་མ་དར་བས་འདིར་མ་བཀོད་ཀྱང་འབུལ་བར་འདོད་ན། བྲག་རིའི་བླ་མར་གྲགས་པས་མཛད་པའི་ཕྱག་མཆོད་ཀྱི་ཆོག་ལས་བྱུང་བ་ལྟར་བྱའོ། །ཇི་ལྟར་སྔོན་གྱི་སངས་རྒྱས་ལ། །དཔལ་གྱི་བེའུ་གཡུང་དྲུང་འཁྱིལ། །དགེ་བའི་དོན་དུ་མངའ་བ་ལྟར། །དེ་བཞིན་བདག་གིས་འབུལ་བར་བགྱི། །ཇི་ལྟར་སྔོན་གྱི་སངས་རྒྱས་ལ། །གསེར་གྱི་འཁོར་ལོ་རྩིབས་སྟོང་ཅན། །ཚངས་པ་ཆེན་པོས་ཕུལ་བ་ལྟར། །དེ་བཞིན་བདག་གིས་འབུལ་བར་བགྱི། །ཇི་ལྟར་མདོན་གྱི་སངས་རྒྱས་ལ། །འདམ་གྱི་སྐྱོན་གྱིས་མ་གོས་པའི། །པདྨ་དཀར་པོ་ཕུལ་བ་ལྟར། །དེ་བཞིན་བདག་གིས་འབུལ་བར་བགྱི། །ཇི་ལྟར་སྔོན་གྱི་སངས་རྒྱས་ལ། །ཉོན་མོངས་བདུད་ལས་རྒྱལ་བ་ཡི། །ཆོས་ཀྱི་རྒྱལ་མཚན་ཕུལ་བ་ལྟར། །དེ་བཞིན་བདག་གིས་འབུལ་བར་བགྱི། །ཇི་ལྟར་སྔོན་གྱི་སངས་རྒྱས་ལ། །གདུགས་དཀར་གསེར་གྱི་ཡུ་བ་ཅན། །ཕུལ་བ་དེ་བཞིན་བདག་འབུལ་གྱིས། །ཅི་བདེ་བར་ནི་བཞེས་སུ་གསོལ། །ཇི་ལྟར་སྔོན་གྱི་སངས་རྒྱས་ལ། །རོ་བ་ཐམས་ཅད་རྫོགས་མཛད་པའི། །བུམ་པ་བཟང་པོ་ཕུལ་བ་ལྟར། །དེ་བཞིན་བདག་གིས་འབུལ་བར་བགྱི། །ཇི་ལྟར་སྔོན་གྱི་སངས་རྒྱས་ལ། ། སྙན་པ་ཕྱོགས་བཅུར་སྒྲོག་པ་ཡི། འབུད་དུང་གཡས་འཁྱིལ་ཕུལ་བ་ལྟར། །དེ་བཞིན་བདག་གིས་འབུལ་བར་བགྱི། །ཇི་ལྟར་སྔོན་གྱི་སངས་རྒྱས་ལ། །ཉ་བཟའ་གསེར་གྱི་ཉ་རིས་ཅན། །ཕུལ་བ་དེ་བཞིན་བདག་འབུལ་གྱིས། །ཅི་བདེ་བར་ནི་བཞེས་སུ་གསོལ། །ཞེས་བཀྲ་ཤིས་རྟགས་བརྒྱད་དང་། ཇི་ལྟར་སྔོན་གྱི་སངས་རྒྱས་ལ། །གཟུགས་ཀྱི་ལྷ་མོ་འོད་འཆང་མས། །མེ་ལོང་ཕྱག་ཏུ་ཕུལ་བ་ལྟར། །དེ་བཞིན་བདག་གིས་འབུལ་བར་བགྱི། ། ཇི་ལྟར་སྔོན་གྱི་སངས་རྒྱས་ལ། །གླང་པོ་ཆེན་པོ་ནོར་སྐྱོང་གིས། །གི་ཝང་ཕྱག་ཏུ་ཕུལ་བ་ལྟར། །དེ་བཞིན་བདག་གིས་འབུལ་བར་བགྱི། །ཇི་ལྟར་སྔོན་གྱི་

སངས་རྒྱས་ལ། །ཞིང་པའི་བུ་མོ་ལེགས་སྐྱེས་མའི། །བ་ཞོ་ཕྱག་ཏུ་ཕུལ་བ་ལྟར། །དེ་བཞིན་བདག་གིས་འབུལ་བར་བགྱི། །ཇི་ལྟར་སྔོན་གྱི་སངས་རྒྱས་ལ། །རྩ་འཚོང་ཁྱེའུ་བཀྲ་ཤིས་ཀྱིས། །དུར་བ་ཕྱག་ཏུ་ཕུལ་བ་ལྟར། །དེ་བཞིན་བདག་གིས་འབུལ་བར་བགྱི། །ཇི་ལྟར་སྔོན་གྱི་སངས་རྒྱས་ལ། །ལྷ་མཆོག་ཚངས་པ་ཆེན་པོ་ཡིས། །བིལ་བ་ཕྱག་ཏུ་ཕུལ་བ་ལྟར། །དེ་བཞིན་བདག་གི་འབུལ་བར་བགྱི། །ཇི་ལྟར་སྔོན་གྱི་སངས་རྒྱས་ལ། །ལྷ་ཡི་དབང་པོ་བརྒྱ་བྱིན་གྱིས། དུང་དཀར་གཡས་འཁྱིལ་ཕུལ་བ་ལྟར། །དེ་བཞིན་བདག་གིས་འབུལ་བར་བགྱི། །ཇི་ལྟར་སྔོན་གྱི་སངས་རྒྱས་ལ། །སྐལ་ལྡན་བྲམ་ཟེ་དཀར་རྒྱལ་གྱིས། །ལི་ཁྲི་ཕྱག་ཏུ་ཕུལ་བ་ལྟར། །དེ་བཞིན་བདག་གིས་འབུལ་བར་བགྱི། །ཇི་ལྟར་སྔོན་གྱི་སངས་རྒྱས་ལ། །གསང་བདག་ཕྱག་ན་རྡོ་རྗེ་ཡིས། །ཡུངས་དཀར་ཕྱག་ཏུ་ཕུལ་བ་ལྟར། །དེ་བཞིན་བདག་གིས་འབུལ་བར་བགྱི། ཞེས་བཀྲ་ཤིས་རྫས་བརྒྱད་འབུལ། །འཇམ་མགོན་བླ་མ་འཁོར་དང་བཅས་པ་ལ། །དགེ་སློང་རྣམས་ལ་ཐུབ་པས་བསྔགས་པ་ཡི། །ཆོས་གོས་གསུམ་དང་གསིལ་བྱེད་ཐྲང་སྣོད། །ཞེན་མེད་མ་ཆགས་བློ་ཡིས་འབུལ་བར་བགྱི། །དྲི་མེད་མཚན་ལ་སྒྲིབ་པ་མི་མངའ་ཡང་། །དད་པས་དུར་སྒྲིག་རྒྱལ་མཚན་ཕུལ་བ་ཡིས། །ནམ་མཁའི་མཐའ་དང་མཉམ་པའི་སེམས་ཅན་རྣམས། །སངས་རྒྱས་བརྟུལ་ཞུགས་མཆོག་ལ་སྤྱོད་པར་ཤོག །འཇམ་མགོན་བླ་མ་འཁོར་དང་བཅས་པ་ལ། །གསེར་གྱི་མདོག་ཅན་པཎ་ཞྭ་དྲི་མེད་འདི། །ཕུལ་བས་བདག་སོགས་འགྲོ་བ་མ་ལུས་པ། །མཐའ་བྲལ་ལྟ་བའི་ཡང་རྩེ་རྙེད་པར་ཤོག །ནམ་མཁའི་རྒྱན་གྱུར་རིན་ཐང་མེད་པའི་གོས། །སྣ་ཚོགས་དར་གྱི་ཤམ་བུ་གཡོ་བ་ཅན། །ཙན་དན་སྤྲུལ་གྱི་སྙིང་པོ་དྲིས་བསྒོས་པ། །རབ་འབྱམས་བླ་རེ་སྤྲིན་གྱིས་མཆོད་པར་བྱ། །ཞལ་ཟས་རོ་བརྒྱ་ལྡན་པའི་ཡིད་འཕྲོག་པ། ལེགས་སྦྱར་འདི་ནི་རྒྱལ་བ་སྲས་བཅས་ལ། །དད་པས་ཕུལ་བའི་འགྲོ་བ་འདི་དག་ཀུན། འབྱོར་ལྡན་ཏིང་འཛིན་ཟས་ལ་སྤྱོད་པར་ཤོག །ཁ་ཞི་བརྒྱ་རྩ་བཞིའི་ནད་རྣམས་རབ་འཇོམས་པའི། །སྨན་མཆོག་སྣ་ཚོགས་ཕུལ་བས་འགྲོ་ཀུན་གྱི། །ཉོན་མོངས་ནད་ཀུན་མ་ལུས་གསོས་གྱུར་ཏེ། །ཟག་མེད་བདེ་བའི་དཔལ་ལ་སྤྱོད་གྱུར་ཅིག །ཅེས་ཆོས་གོས་རྣམ་གསུམ་སོགས་འབུལ། མི་ཕྱོག་དད་པའི་རྩ་བ་རབ་ཏུ་བརྟན། །བག་ཡོད་ཁྲིམས་ཀྱི་སྡོང་པོ་མངོན་པར་མཐོ། །ཀྱུ་ཆེན་ཐོས་བསམ་ཡལ་ག་རབ་ཏུ་རྒྱས། །ངེས་འབྱུང་བསམ་པའི་ལོ་མ

མཛེས་པར་ཆགས། །ཡང་དག་ལྷ་བའི་འདབ་མ་རྣམ་པར་བཀྲ། །བྱང་ཆུབ་སེམས་ཀྱི་མེ་ཏོག་མངོན་
པར་བཞད། །ལམ་བཟང་འབྲས་བུ་སྨིན་པའི་དཔག་བསམ་ལྗོན། །འཇམ་མགོན་བླ་མ་འཁོར་བཅས་
མཉེས་ཕྱིར་འབུལ། །ཞེས་ཐོབ་ཐེན་པའམ་ཐོབ་འགྱུར་གྱི་སྒྲུབ་པའི་མཆོད་པ་འབུལ། རིན་ཆེན་སེམས་མཆོག་
བཟུང་བར་བྱ་བའི་ཕྱིར། །དེ་བཞིན་གཤེགས་པ་རྣམས་དང་དམ་པའི་ཆོས། །དཀོན་མཆོག་དྲི་མ་
མེད་དང་སངས་རྒྱས་སྲས། །ཡོན་ཏན་རྒྱ་མཚོ་རྣམས་ལ་ལེགས་པར་མཆོད། །ཐུབ་དབང་མཆོད་
གནས་མཆོག་ལ་ཡིད་འོང་བའི། །མེ་ཏོག་མ་མཱ་ར་དང་པདྨ་དང་། །ཨུཏྤལ་ལ་སོགས་དྲི་ཞིམ་ཐམས་
ཅད་དང་། །འཕྲེང་བ་སྤེལ་ལེགས་ཡིད་འོང་རྣམས་ཀྱིས་མཆོད། །སྤོས་མཆོག་ཡིད་འོང་དྲི་ངད་ཐུལ་
བ་ཡི། །བདུག་པའི་སྤྲིན་ཚོགས་རྣམས་ཀྱང་དེ་ལ་འབུལ། །ཞལ་ཟས་བཟའ་བཏུང་སྣ་ཚོགས་བཅས་
པ་ཡི། །ལྷ་བཤོས་རྣམས་ཀྱང་དེ་ལ་དབུལ་བར་བགྱི། །གསེར་གྱི་པདྨ་ཚར་དུ་དངར་བ་ཡི། །རིན་
ཆེན་སྒྲོན་མ་རྣམས་ཀྱང་དབུལ་བར་བགྱི། ། ས་གཞི་བདར་བ་སྤོས་ཀྱིས་བྱུགས་པ་དེར། །མེ་ཏོག་
ཡིད་འོང་སིལ་མ་བཀྲམ་པར་བགྱི། །གཞལ་མེད་ཕོ་བྲང་བསྟོད་དབྱངས་ཡིད་འོང་ལྡན། །མུ་ཏིག་
རིན་ཆེན་རྒྱན་འཕྱང་མཛེས་འབར་བ། །དཔག་ཡས་ནམ་མཁའི་རྒྱན་གྱུར་དེ་དག་ཀྱང་། །ཐུགས་
རྗེའི་རང་བཞིན་ཅན་ལ་དབུལ་བར་བགྱི། །རིན་ཆེན་གདུགས་མཛེས་གསེར་གྱི་ཡུ་བ་ཅན། འཁོར་
ཡུག་རྒྱན་གྱི་རྣམ་པ་ཡིད་འོང་ལྡན། །དབྱིབས་ལེགས་བལྟ་ན་སྡུག་པ་བསྒྲེང་བ་ཡང་། །རྟག་ཏུ་ཐུབ་
དབང་རྣམས་ལ་འབུལ་བར་བགྱི། །མེ་ཏོག་འབྲས་བུ་ཇི་སྙེད་ཡོད་པ་དང་། །སྨན་གྱི་རྣམ་པ་གང་
ཞིག་ཡོད་པ་དང་། །འཇིག་རྟེན་རིན་ཆེན་ཇི་སྙེད་ཡོད་པ་དང་། །ཆུ་གཙང་ཡིད་དུ་འོང་བ་ཅི་ཡོད་
དང་། །རིན་ཆེན་རི་བོ་དང་ནི་དེ་བཞིན་དུ། ། ནགས་ཚལ་ས་ཕྱོགས་དབེན་ཞིང་ཉམས་དགའ་དང་། །
ལྗོན་ཤིང་མེ་ཏོག་རྒྱན་འབྲས་སྤུད་པ་དང་། ཤིང་གང་འབྲས་བཟང་ཡལ་ག་དུད་པ་དང་། །ལྷ་སོགས་
འཇིག་རྟེན་ན་ཡང་དྲི་དང་ནི། །སྤོས་དང་དཔག་བསམ་ཤིང་དང་རིན་ཆེན་ཤིང་། །མ་རྨོས་འཁྲུངས་
པའི་ལོ་ཏོག་རྣམ་པ་དང་། །གཞན་ཡང་མཆོད་པར་འོས་པའི་རྒྱན་རྣམས་ནི། །མཚོ་དང་རྫིང་བུ་
པདྨས་བརྒྱན་པ་དང་། །ངང་པ་ཤིན་ཏུ་སྐད་སྙན་ཡིད་འོང་ལྡན། །ནམ་མཁའ་རབ་འབྱམས་ཁམས་ཀྱི་
མཐའ་གཏུགས་ན། །ཡོངས་སུ་བཟུང་བ་མེད་པ་དེ་དག་ཀུན། བློ་ཡིས་བླངས་ནས་ཐུབ་པ་སྐྱེས་ཀྱི་

མཆོག སྲས་དང་བཅས་པ་རྣམས་ལ་ལེགས་འབུལ་ན། །ཡོན་གནས་དམ་པ་ཐུགས་རྗེ་ཆེ་རྣམས་ཀྱིས། ། བདག་ལ་བརྩེར་དགོངས་བདག་གི་འདི་དག་བཞེས། །བདག་ནི་བསོད་ནམས་མི་ལྡན་བཀྲེན་ཆེན་ཏེ། མཆོད་པའི་ནོར་གཞན་བདག་ལ་ཅང་མ་མཆིས། །དེས་ན་གཞན་དོན་དགོངས་པའི་མགོན་གྱིས་འདི། །བདག་གི་དོན་སླད་ཉིད་ཀྱི་མཐུས་བཞེས་ཤིག །རྒྱལ་དང་དེ་སྲས་རྣམས་ལ་བདག་གིས་ནི། བདག་གི་ལུས་ཀུན་གཏན་དུ་ཕུལ་བར་བགྱི། །སེམས་དཔའ་མཆོག་རྣམས་བདག་ནི་ཡོངས་བཞེས་ཤིག །གུས་པས་ཁྱེད་ཀྱི་འབངས་སུ་མཆི་བར་བགྱི། དེ་ལས་གཞན་ཡང་མཆོད་པའི་ཚོགས། །ཞེས་པ་ནས། ངེས་པར་ཀུན་ཏུ་འབྱུང་གྱུར་ཅིག མི་ཧོག་དམ་པ་ཕྲེང་བ་དམ་པ་དང་། །ཞེས་པ་ནས། རྒྱལ་བ་ཀུན་ལ་ཕྱག་འཚལ་མཆོད་པར་བགྱི། །ཞེས་པའི་བར་དང་། ཨོཾ་བཛྲ་ཧྲཱུ་མི་ཨཱཿཧཱུཾ། དབང་ཆེན་གསེར་གྱི་ས་གཞི། ཨོཾ་བཛྲ་རེ་ཁེ་ཨཱཿཧཱུཾ། ཕྱི་ལྕགས་རི་འཁོར་ཡུག་གིས་བསྐོར་བའི། དབུས་སུ་རིའི་རྒྱལ་པོ་རི་རབ། ཤར་ལུས་འཕགས་པོ། ལྷོ་འཛམ་བུ་གླིང་། ནུབ་བ་གླང་སྤྱོད། བྱང་སྒྲ་མི་སྙན། ལུས་དང་ལུས་འཕགས། རྔ་ཡབ་དང་རྔ་ཡབ་གཞན། གཡོ་ལྡན་དང་ལམ་མཆོག་འགྲོ། སྒྲ་མི་སྙན་དང་སྒྲ་མི་སྙན་གྱི་ཟླ། ནང་གི་ཤར་དུ་གླང་པོ་རིན་པོ་ཆེ། ལྷོར་ཁྱིམ་བདག་རིན་པོ་ཆེ། ནུབ་ཏུ་རྟ་རིན་པོ་ཆེ། བྱང་དུ་བཙུན་མོ་རིན་པོ་ཆེ། ཤར་ལྷོར་དམག་དཔོན་རིན་པོ་ཆེ། ལྷོ་ནུབ་ཏུ་འཁོར་ལོ་རིན་པོ་ཆེ། ནུབ་བྱང་དུ་ནོར་བུ་རིན་པོ་ཆེ། བྱང་ཤར་དུ་གཏེར་ཆེན་པོའི་བུམ་པ། ནང་གི་ཤར་དུ་ཉི་མ། ནུབ་ཏུ་ཟླ་བ། བདག་གཞན་ལུས་ངག་ཡིད་གསུམ་ལོངས་སྤྱོད་དུས་གསུམ་དགེ་ཚོགས་བཅས། །རིན་ཆེན་མཎྜལ་བཟང་པོ་ཀུན་བཟང་མཆོད་སྤྲིན་ཚོགས་བཅས་པ། །བློ་ཡིས་བླངས་ནས་བླ་མ་ཡི་དམ་དཀོན་མཆོག་གསུམ་ལ་འབུལ། ། ཐུགས་རྗེའི་དབང་གིས་བཞེས་ནས་བདག་ལ་བྱིན་གྱིས་བརླབས་ཏུ་གསོལ། ཞེས་མཎྜལ་ཚོམ་བུ་ཉེར་གསུམ་མ་ལན་གཅིག་དང་། ཚོམ་བུ་བདུན་དང་། ས་གཞི་སྤོས་ཆུགས་མས་གྲངས་བསགས་ཏེ་ཉེར་གཅིག་ཡན་ཆད་བྱ། དེ་ནས་ཐེག་པའི་འབྲས་བུ་འཁོར་བ་སྤྱི་དང་ཁྱད་པར་དུ་ངན་སོང་གསུམ་གྱི་སྡུག་བསྔལ་དྲག་ལ་ཡུན་རིང་བ་བསྐྱེད་པའི་ཚུལ་བསམ་ལ་ཤིན་ཏུ་འཇིགས་པའི་ཡིད་ཀྱིས། དཀོན་མཆོག་གསུམ་ལ་སྐྱབས་འཆའ་བའི་བསམ་པས། གཙོ་བོ་རྒྱལ་བ་འགྲོ་བའི་མགོན། །འགྲོ་བ་སྐྱོབ་པའི་དོན་བརྩོན་པ། །སྟོབས་ཆེན་འཇིགས་པ་ཀུན་སེལ་ལ། དེ་རིང་ཉིད་ནས་སྐྱབས་སུ་མཆི། །དེ་ཡི་ཐུགས་སུ་ཆུད་པའི་ཆོས། །

འཁོར་བའི་འཇིགས་པ་སེལ་བ་དང་། །བྱང་ཆུབ་སེམས་དཔའི་ཚོགས་ལ་ཡང་། །དེ་བཞིན་ཡང་དག་སྐྱབས་སུ་མཆི། །བདག་ནི་འཇིགས་པས་རྣམ་སྐྲག་པས། །ཀུན་ཏུ་བཟང་ལ་བདག་ཉིད་འབུལ། །འཇམ་པའི་དབྱངས་ལའང་བདག་ཉིད་ཀྱིས། །བདག་གི་ལུས་འདི་དབུལ་བར་བགྱི། །ཐུགས་རྗེས་སྤྱོད་པ་མ་འཁྲུལ་བ། །སྤྱན་རས་གཟིགས་མགོན་དེ་ལ་ཡང་། །ཉམ་ཐག་ང་རོས་འོ་དོད་འབོད། །སྡིག་ཅན་བདག་ལ་བསྐྱབས་ཏུ་གསོལ། འཕགས་པ་ནམ་མཁའི་སྙིང་པོ་དང་། །ས་ཡི་སྙིང་པོ་དག་དང་ནི། །ཐུགས་རྗེ་ཆེ་མགོན་ཐམས་ཅད་ལ། །སྐྱབས་འཚོལ་སྙིང་ནས་འོ་དོད་འབོད། །གང་ཞིག་མཐོང་ནས་གཤིན་རྗེ་ཡི། །ཕོ་ཉ་ལ་སོགས་སྡང་བ་རྣམས། །སྐྲག་ནས་ཕྱོགས་བཞིར་འབྱེར་བྱེད་པ། །རྡོ་རྗེ་ཅན་ལ་སྐྱབས་སུ་མཆི། །སྔོན་ཆད་ཁྱེད་ཀྱི་བཀའ་ལས་འདས། །ད་ནི་འཇིགས་པ་ཆེ་མཐོང་ནས། །ཁྱེད་ལ་སྐྱབས་སུ་མཆི་ལགས་ཀྱི། །འཇིགས་པ་མྱུར་དུ་བསལ་དུ་གསོལ། །ཞེས་ལན་གསུམ་བརྗོད་ལ་སངས་རྒྱས་བྱང་སེམས་རྣམས་ཀྱི་ༀྣན་དུ་བདག་ཉིད་ཕུལ་ནས་དེ་དག་གི་སྐྱབས་འོག་ཏུ་ཆུད་པར་བྱ། སྡིག་པའི་འབྲས་བུ་སྡུག་བསྔལ་སྤྱོད་པའི་སེམས་ཅན་མཐའ་ཡས་པ་རྣམས་དྲན་པར་བྱས་ནས། བདག་གི་མར་གྱུར་པའི་སེམས་ཅན་འདི་དག་ཐམས་ཅད་བདེ་བ་ཐམས་ཅད་དང་ལྡན་པར་བྱ། སྡུག་བསྔལ་ཐམས་ཅད་དང་བྲལ་བ་ངེས་པར་བདག་གིས་བྱའོ། །དེའི་ཕྱིར་དུ་བདག་གིས་བླ་ན་མེད་པའི་སངས་རྒྱས་ཀྱི་གོ་འཕང་ཅི་ནས་ཀྱང་མྱུར་དུ་ཐོབ་པར་བྱའོ། ཞེས་ལན་མང་དུ་བརྗོད་ལ་བྱང་ཆུབ་ཀྱི་སེམས་ཡིད་ལ་དུངས་དུངས་པ་མང་དུ་བསྐྱེད་དོ། དེ་གཉིས་ནི་རྟེན་གྱི་སྟོབས་སོ། །དེ་ནས་རྒྱལ་བ་སྲས་བཅས་ཀྱི་སྤྱན་སྔར་ཉེས་པ་ཐམས་ཅད་བསྒྲག་ཅིང་རང་ཉིད་ཉེས་ཅན་དུ་ཁས་བླང་བའི་སྒོ་ནས་སྨོད་པའི་རྣམ་པ་ཅན་གྱི་རྣམ་པར་སུན་འབྱིན་པའི་སྟོབས་བསྒོམ་པ་ནི། སངས་རྒྱས་རྐང་གཉིས་དམ་པ་དག །ཐུགས་བརྩེ་ཐུགས་རྗེ་ལྡན་པའི་ཐུགས། །གང་དག་ཕྱོགས་བཅུའི་འཇིག་རྟེན་ན། །བཞུགས་པ་བདག་ལ་དགོངས་སུ་གསོལ། བདག་གིས་སྔོན་ཆད་སྡིག་པའི་ལས། །ཤིན་ཏུ་མི་བཟད་གང་བགྱིས་པ། །སྟོབས་བཅུའི་སྤྱན་སྔར་མཆིས་ནས་ནི། །དེ་དག་ཐམས་ཅད་བཤགས་པར་བགྱི། །ཕ་མ་དག་ཏུ་མི་འཛིན་དང་། །སངས་རྒྱས་རྣམས་སུ་མི་འཛིན་དང་། །དགེ་བ་དག་ཏུ་མི་འཛིན་པས། །སྡིག་པ་བདག་གིས་གང་བགྱིས་དང་། ། ཕྱུག་པའི་རྒྱགས་པས་དྲེགས་པ་དང་། །རིགས་དང་ལོངས་སྤྱོད་དྲེགས་པ་དང་། ། གཞོན་པའི་རྒྱགས་པས་དྲེགས་པ་ཡིས། །བདག་གིས་སྡིག་པ་གང་བགྱིས་དང་། །ཉེས་པ་དམིགས་སུ་

མ་མཐོང་བས། །ཉེས་པར་བགྱིས་པའི་ལས་དང་ནི། །ཉེས་པར་བསམ་ཞིང་ཉེས་སྨྲས་པའི། །སྡིག་ལས་བདག་གིས་གང་བགྱིས་དང་། །བྱིས་པའི་བློ་ཡིས་འཇུག་པ་དང་། །མི་ཤེས་མུན་པའི་སེམས་དང་ནི། །སྡིག་པའི་གྲོགས་པོའི་དབང་གྱུར་དང་། །ཉོན་མོངས་རྣམ་པར་འཁྲུག་སེམས་དང་། །རྩེད་མོ་དགའ་བའི་དབང་ཉིད་དང་། །མྱ་ངན་དང་ནི་ནད་དབང་དང་། །ནོར་གྱིས་མི་ཚོག་ཉེས་པ་ཡིས། །བདག་གིས་སྡིག་པ་གང་བགྱིས་དང་། །འཕགས་མིན་སྐྱེ་བོ་འདྲེ་བ་དང་། །ཕྲག་དོག་སེར་སྣའི་རྒྱུ་དང་ནི། །གཡོ་དང་དབུལ་བའི་ཉེས་པ་ཡིས། །བདག་གིས་སྡིག་པ་གང་བགྱིས་དང་། །ཕོངས་དང་རྒུད་པའི་དུས་ཀྱི་ཚེ། འདོད་པ་རྣམས་ཀྱིས་འཇིགས་རྒྱུ་དང་། །ཕྱུག་པོ་མ་ཡིན་གྱུར་པ་ཡིས། །བདག་གིས་སྡིག་པ་གང་བགྱིས་དང་། །གཡོ་བའི་སེམས་ཀྱི་དབང་ཉིད་དང་། །འདོད་དང་ཁྲོ་བའི་དབང་དག་དང་། །བཀྲེས་དང་སྐོམ་པའི་ཉེན་པ་ཡིས། །བདག་གིས་སྡིག་པ་གང་བགྱིས་དང་། །བཟའ་བ་དག་དང་བཏུང་བ་དང་། །བུད་མེད་རྒྱུ་དང་གོས་ཀྱི་ཕྱིར། །ཉོན་མོངས་གདུང་བ་སྣ་ཚོགས་ཀྱིས། །བདག་གིས་སྡིག་པ་གང་བགྱིས་དང་། །ལུས་དང་ངག་དང་ཡིད་ཀྱི་སྡིག །ཉེས་པར་སྤྱད་པ་རྣམ་གསུམ་བསགས། །འདི་འདྲའི་ཚུལ་གྱིས་གང་བགྱིས་པ། །དེ་དག་ཐམས་ཅད་བདག་འཆགས་སོ། །སངས་རྒྱས་རྣམས་དང་ཆོས་རྣམས་དང་། །དེ་བཞིན་ཉན་ཐོས་རྣམས་ལ་ཡང་། །གུས་པ་མ་ལགས་གང་བགྱིས་པ། །དེ་དག་ཐམས་ཅད་བདག་འཆགས་སོ། །གང་ཡང་རང་སངས་རྒྱས་རྣམས་དང་། །བྱང་ཆུབ་སེམས་དཔའ་རྣམས་ལ་ཡང་། །གུས་པ་མ་ལགས་བགྱིས་པ་རྣམས། །དེ་དག་ཐམས་ཅད་བདག་འཆགས་སོ། དམ་ཆོས་སྨྲ་བ་རྣམས་ལ་ཡང་། །གུས་པ་མ་ལགས་བགྱིས་པ་དང་། །ཆོས་ལའང་གུས་པ་མ་བགྱིས་པ། །དེ་དག་ཐམས་ཅད་བདག་འཆགས་སོ། །བདག་གིས་རྟག་ཏུ་མི་ཤེས་པས། །དམ་པའི་ཆོས་ནི་སྤངས་པ་དང་། །ཕ་མ་རྣམས་ལ་མ་གུས་གང་། །དེ་དག་ཐམས་ཅད་བདག་འཆགས་སོ། །བླུན་པ་དང་ནི་བྱིས་པ་དང་། །འདོད་ཆགས་ཞེ་སྡང་གཏི་མུག་དང་། །ང་རྒྱལ་དྲེགས་པས་བསྒྲིབས་བགྱིས་པ། །དེ་དག་ཐམས་ཅད་བདག་འཆགས་སོ། བདག་གིས་ཕྱོགས་བཅུའི་འཇིག་རྟེན་དུ། །སྟོབས་བཅུ་རྣམས་ལ་མཆོད་པར་བགྱི། ། བདག་གིས་ཕྱོགས་བཅུའི་སེམས་ཅན་རྣམས། །སྡུག་བསྔལ་ཀུན་ལས་གདོན་པར་བགྱི། སེམས་ཅན་བསམ་གྱིས་མི་ཁྱབ་ཀུན། །ས་བཅུ་ལ་ནི་འགོད

པར་བགྱི། །ས་བཅུ་ལ་ནི་གནས་ནས་ཀྱང་། །ཐམས་ཅད་དེ་བཞིན་གཤེགས་གྱུར་ཅིག །ཇི་སྲིད་སྡུག་བསྔལ་རྒྱ་མཚོ་ལས། །དེ་ཀུན་ཐར་བགྱིད་ནུས་སྲིད་དུ། །སེམས་ཅན་རེ་རེའི་ཕྱིར་ཡང་ནི། བསྐལ་པ་བྱེ་བར་སྤྱོད་པར་ཤོག །གསེར་འོད་དམ་པ་ཞེས་བགྱི་བ། །ལས་རྣམ་ཐམས་ཅད་བྱང་བགྱིད་པ། །ཟབ་མོ་དག་ནི་སྟོན་པ་འདི། །སེམས་ཅན་དེ་དག་བསྟན་པར་བགྱི། །གང་གིས་བསྐལ་པ་སྟོང་རྣམས་སུ། །སྡིག་པ་ཤིན་ཏུ་མི་བཟད་བགྱིས། །ལན་གཅིག་རབ་ཏུ་བཤགས་པ་ཡིས། །དེ་དག་ཐམས་ཅད་བྱང་བར་འགྱུར། །གང་གི་ལས་ཀྱི་སྒྲིབ་པ་རྣམས། །མྱུར་དུ་ཡང་དག་ཟད་འགྱུར་པ། །གསེར་འོད་དམ་པ་དགེ་བ་ཡི། །བཤགས་པ་འདི་དག་བཤགས་ནས་ནི། །རིན་ཆེན་འབྱུང་གནས་མཆོག་བཅུ་པོ། ས་བཅུ་ལ་ནི་གནས་པར་ཤོག །སངས་རྒྱས་ཡོན་ཏན་སྣང་བར་བགྱི། །སྲིད་པའི་མཚོ་ལས་བསྒྲལ་བར་བགྱི། །སངས་རྒྱས་རྒྱ་མཚོ་ཆུ་བོ་དང་། །ཡོན་ཏན་རྒྱ་མཚོ་ཟབ་མོ་དེ། །སངས་རྒྱས་ཡོན་ཏན་བསམ་ཡས་ཀྱིས། །ཐམས་ཅད་མཁྱེན་དུ་རྫོགས་པར་བགྱི། །ཏིང་འཛིན་བརྒྱ་ཕྲག་སྟོང་རྣམས་དང་། །གཟུངས་རྣམས་བསམ་གྱིས་མི་ཁྱབ་དང་། །དབང་སྟོབས་བྱང་ཆུབ་ཡན་ལག་གིས། །སྟོབས་བཅུའི་དམ་པར་འགྱུར་བར་བགྱི། །དགོངས་པའི་ཐུགས་ཀྱིས་སངས་རྒྱས་རྣམས། །བདག་ལ་རྣམ་པར་གཟིགས་སུ་གསོལ། །ཐུགས་རྗེ་ལྡན་པའི་ཐུགས་ཀྱིས་ནི། །ནོངས་པར་རབ་ཏུ་བཟུང་དུ་གསོལ། །བདག་གིས་བསྐལ་པ་བརྒྱ་རྣམས་སུ། །སྔོན་ཆད་སྡིག་པ་གང་བགྱིས་པ། །དེ་ཕྱིར་བདག་ནི་མྱ་ངན་སེམས། །ཞེང་དང་མྱ་ངན་འཇིགས་པས་གཟིར། །སྡིག་པའི་ལས་ལས་འཇིགས་པར་བྱེད། །ཡིད་ནི་རྟག་ཏུ་དམན་པར་གྱུར། །གང་དང་གང་དུ་སྤྱོད་བགྱིད་པ། །བདག་ནི་གང་དུའང་དགའ་མ་མཆིས། །སངས་རྒྱས་ཐམས་ཅད་ཐུགས་རྗེ་ལྡན། །འགྲོ་བ་ཀུན་གྱི་འཇིགས་སེལ་བས། །ནོངས་པར་རབ་ཏུ་བཟུང་དུ་གསོལ། །འཇིགས་པ་དག་ལས་བདག་ཐར་མཛོད། །བདག་གི་ཉོན་མོངས་ལས་རྣམས་ཀྱི། །དྲི་མ་དེ་བཞིན་གཤེགས་པས་གསོལ། །སངས་རྒྱས་རྣམས་ཀྱིས་བདག་ལ་ནི། །སྙིང་རྗེའི་ཆུ་ཡིས་བཀྲུ་བར་གསོལ། །སྡིག་པ་ཐམས་ཅད་བཤགས་པར་བགྱི། །སྔོན་ཆད་བདག་གིས་གང་བགྱིས་དང་། །ད་ལྟར་བདག་གིས་སྡིག་པ་གང་། །དེ་དག་ཐམས་ཅད་བདག་འཆགས་སོ། ། ནོངས་པར་བགྱིས་པའི་ལས་རྣམས་ཀུན། །སླན་ཆད་མི་བགྱིད་སྡོམ་པར་བགྱི། །བདག་གིས་ནོངས་པ་བགྱིས་པ་གང་། །སྡིག

དེ་བཅབ་པར་མི་བགྱིའོ། །ལུས་ཀྱི་ལས་ནི་རྣམ་གསུམ་དང་། །ངག་གི་རྣམ་པ་བཞི་དག་དང་། །ཡིད་ཀྱི་རྣམ་པ་གསུམ་པོ་རྣམས། །དེ་དག་ཐམས་ཅད་བདག་འཆགས་སོ། །ལུས་ཀྱིས་བགྱིས་དང་ངག་གི་ལས། །ཡིད་ཀྱིས་རྣམ་པར་བསམས་པ་དང་། །ལས་རྣམས་བཅུ་པོ་བགྱིས་པ་དག །དེ་དག་ཐམས་ཅད་བདག་འཆགས་སོ། །མི་དགེ་ལས་བཅུ་སྤངས་ནས་སུ། །དགེ་བ་བཅུ་པོ་བསྟེན་བགྱིས་ཏེ། །ས་བཅུ་ལ་ནི་བདག་གནས་བགྱི། །སྟོབས་བཅུ་མཆོག་ཏུ་འགྱུར་པར་བགྱི། །བདག་གི་སྡིག་པའི་ལས་གང་དག །མི་འདོད་འབྲས་བུ་ཐོབ་བགྱིད་པ། །སངས་རྒྱས་སྤྱན་སྔར་མཆིས་ནས་ནི། །དེ་དག་ཐམས་ཅད་བཤགས་པར་བགྱི། །འཛམ་བུའི་གླིང་འདིར་གང་དག་དང་། །འཇིག་རྟེན་ཁམས་ནི་གཞན་དག་ཏུ། །གང་རྣམས་དགེ་བའི་ལས་བྱེད་པ། །དེ་དག་ཀུན་ལ་ཡི་རང་ངོ་། །ལུས་དང་ངག་དང་ཡིད་ཀྱིས་ཀྱང་། །བདག་གིས་བསོད་ནམས་གང་གྲུབ་པ། །བདག་ནི་དགེ་བའི་རྩ་བ་དེས། །བྱང་ཆུབ་མཆོག་ལ་རེག་པར་བགྱིད། །སྲིད་འགྲོ་ཉམ་ངར་བྱིས་པའི་བློ་ཡིས་ནི། །ཤིན་ཏུ་མི་བཟད་སྡིག་པ་གང་བགྱིས་པ། །སྟོབས་བཅུ་མངའ་བའི་སྤྱན་སྔར་མཆིས་ནས་ནི། །སྡིག་པ་དེ་ཀུན་སོ་སོར་བཤགས་པར་བགྱི། །སྐྱེ་བ་ཉམ་ང་སྲིད་པ་ཉམ་ང་དག །འཇིག་རྟེན་ཉམ་ང་གཡོ་སེམས་ཉམ་ང་དང་། །ལུས་ཀྱི་སྤྱོད་པ་ཉམ་ང་སྣ་ཚོགས་ཀྱིས། །བདག་གིས་སྡིག་པ་གང་བསགས་དེ་འཆགས་སོ། །བྱིས་པ་བླུན་བྱས་ཉོན་མོངས་ཉམ་ང་དང་། །སྡིག་པའི་གྲོགས་དང་ལྡན་པའི་ཉམ་ང་དང་། །སྲིད་པའི་ཉམ་ང་འདོད་ཆགས་ཉམ་ང་བར། །ཞེ་སྡང་ཉམ་ང་གཏི་མུག་ཉམ་ང་དང་། །ངལ་བའི་ཉམ་ང་དུས་ཀྱི་ཉམ་ང་དང་། །བསོད་ནམས་སྒྲུབ་པ་ཉམ་ང་དག་གིས་ཀྱང་། །རྒྱལ་བ་ཡང་དག་མངོན་སུམ་མཆིས་ནས་ནི། སྡིག་པ་དེ་ཀུན་སོ་སོར་བཤགས་པར་བགྱི། །ཞེས་ཉེས་པ་རྣམས་བསྒྲག་པ་ལན་གསུམ་བྱའོ། །ཉེས་པ་ལས་སླར་ལྡོག་པའི་སྟོབས་ནི། ཉེས་པ་རྣམས་ཡིད་ལ་བྱས་ལ་འདི་དང་འདི་རྣམས་དེང་ནས་བཟུང་སྟེ་མི་བྱའོ་སྙམ་པའི་སྡོམ་སེམས་བསྐྱེད་པར་བྱ་སྟེ། དུས་རིང་པོ་སྲུང་ཐུབ་པ་རྣམས་ལ་དུས་དེ་ཙམ་དུ་མི་བྱ་བའི་བསམ་པ་དང་། དུས་ཐུང་དུ་ལས་མི་ཐུབ་པ་རྣམས་ལ་ཡང་ཀཱ་ཏྲ་ཡ་ནས་མཛད་པ་ལྟར་ཉིན་མཚན་རེ་རེར་ཡང་མི་བྱའོ་སྙམ་པའི་སྡོམ་སེམས་མང་དུ་བྱའོ། །གཉེན་པོ་ཀུན་ཏུ་སྤྱོད་པའི་སྟོབས་ནི། རྒྱལ་སྲས་ཞི་བ་ལྷས་དངོས་སུ་གསུངས་པ་དྲུག་དང་། གཞན་ཡང་སྡིག་པ་དག་པའི་ཐབས་སུ་དམིགས་ནས་དགེ་བའི་བྱ་བ་ལ་བརྩོན་པ་ཐམས་ཅད་གཉེན་པོ་ཀུན་ཏུ་སྤྱོད་པའི་སྟོབས་ཡིན་པར་གསུངས་པས། གཞན་རྣམས་ཐུན་མཚམས་སམ་ཐུན་ཐོགས་སུ་བྱ་ཞེས། སྐབས་འདིར་སྡིག་པ

འདུག་པའི་ཐབས་སུ་དམིགས་ལ། ཤེས་རབ་སྙིང་པོ་དང་། ལྷུང་བཤགས་ཚར་གཅིག །སྤྱི་བཤགས་ལན་གསུམ། ལུས་ཀྱི་ལས་ནི་རྣམ་པ་གསུམ། །ཞེས་དང་། ཐོག་མ་མེད་ནས་ད་ལྟའི་བར། །ཞེས་དང་། འདོད་ཆགས་ཞེ་སྡང་གཏི་མུག་དབང་གིས་ནི། ཞེས་སོགས་ཚིགས་བཅད་གསུམ་གྱིས་བཤགས་པ་བྱ། ཕྱོགས་བཅུའི་རྒྱལ་བ་ཀུན་དང་སངས་རྒྱས་སྲས། །ཞེས་སོགས་ཀྱིས་རང་གཞན་གྱི་དགེ་བ་ལ་རྗེས་སུ་ཡི་རང་བྱ། གང་རྣམས་ཕྱོགས་བཅུའི་འཇིག་རྟེན་སྒྲོན་མེ་དག །ཅེས་སོགས་ཀྱིས་བྱང་ཆུབ་ཀྱི་ཤིང་གི་དྲུང་དུ་བདུད་རྣམས་བཅོམ་ནས་རིང་དུ་མ་ལོན་པའི་རྒྱལ་བ་གཙོ་བོར་བྱས་པའི་ཕྱོགས་བཅུའི་སངས་རྒྱས་ཐམས་ཅད་ལ་ཆོས་འཁོར་བསྐོར་བར་བསྐུལ། མྱ་ངན་འདའ་སྟོན་གང་བཞེད་དེ་དག་ལ། ཞེས་སོགས་ཀྱིས་ཞིང་ཁམས་གང་ན་སྐུ་དངོས་ཀྱི་གདུལ་བྱའི་དོན་མཛད་ནས་མྱ་ངན་ལས་འདའ་བའི་མཛད་པ་སྟོན་པར་བཞེད་པའི་རྒྱལ་བ་གཙོར་བྱས་ཕྱོགས་བཅུའི་སངས་རྒྱས་ཐམས་ཅད་ལ་མྱ་ངན་ལས་མི་འདའ་བར་གསོལ་བ་བཏབ་སྟེ། ཕྱག་འཚལ་བ་དང་མཆོད་ཅིང་བཤགས་པ་དང་། །ཞེས་སོགས་ཀྱི་གོང་གི་ཡན་ལག་དྲུག་གིས་མཚོན་པའི་དགེ་རྩ་ཐམས་ཅད་གཞན་དོན་དུ་རྫོགས་བྱང་ཐོབ་ཕྱིར་བསྔོ་བར་བྱའོ། །དེ་ནས་དམིགས་པ་གསལ་བར་བྱས་ནས་མཎྜལ་ཕུལ་ཏེ་གསོལ་བ་འདེབས་པ་ནི། ཞིང་ཁམས་འབུལ་བར་ཞུ། ཞེས་པ་ནས། དབུས་སུ་ལྷ་དང་མིའི་དཔལ་འབྱོར་ཕུན་སུམ་ཚོགས་པ་མ་ཚང་བ་མེད་པའི་ཞིང་ཁམས་རྣམ་པར་དག་པ་འདི་ཉིད། ཁམས་གསུམ་ཆོས་ཀྱི་རྒྱལ་པོ་ཙོང་ཁ་པ་ཆེན་པོའི་ལྷ་ཚོགས་འཁོར་དང་བཅས་པ་རྣམས་ལ་འབུལ་བར་བགྱིའོ། །ཐུགས་རྗེས་འགྲོ་བའི་དོན་དུ་བཞེས་སུ་གསོལ། བཞེས་ནས་བདག་སོགས་སེམས་ཅན་ཐམས་ཅད་ཀྱི་རྒྱུད་བྱིན་གྱིས་བརླབ་པར་མཛད་དུ་གསོལ། །བདག་གཞན་ལུས་ངག་ཡིད་གསུམ་ནས་བྱིན་གྱིས་བརླབ་ཏུ་གསོལ། །ཨི་དཾ་གུ་རུ་རཏྣ་མཎྜལ་ཀཾ་ནི་རྱཱ་ཏ་ཡཱ་མི། ཁམས་གསུམ་ཆོས་ཀྱི་རྒྱལ་པོ་ཙོང་ཁ་པ་ཆེན་པོའི་ལྷ་ཚོགས་འཁོར་དང་བཅས་པ་རྣམས་ཀྱིས་བདག་གི་བློ་ཆོས་སུ་འགྲོ་བར་བྱིན་གྱིས་བརླབ་ཏུ་གསོལ། ཆོས་ལམ་དུ་འགྲོ་བར་བྱིན་གྱིས་བརླབ་ཏུ་གསོལ། ལམ་ལ་བར་ཆད་མི་འབྱུང་བར་བྱིན་གྱིས་བརླབ་ཏུ་གསོལ། ཕྱིན་ཅི་ལོག་གི་བློ་སྣ་མཐའ་དག་འགག་པར་བྱིན་གྱིས་བརླབ་ཏུ་གསོལ། ཕྱིན་ཅི་མ་ལོག་པའི་བློ་སྣ་མཐའ་དག་བདེ་བླག་ཏུ་སྐྱེ་བར་བྱིན་གྱིས་བརླབ་ཏུ་གསོལ། ངེས་འབྱུང་གི་བསམ་པ་བཅོས་མ་མ་ཡིན་པ་བདག་གི་རྒྱུད་ལ་མྱུར་དུ་སྐྱེ་བར་བྱིན་གྱིས་བརླབ་ཏུ་གསོལ། བྱམས་སྙིང་རྗེ་བྱང་ཆུབ་ཀྱི་སེམས་ཁྱད་པར་ཅན་བདག་གི་རྒྱུད་ལ་མྱུར་དུ་སྐྱེ་བར་བྱིན་གྱིས་བརླབ་ཏུ······

གསོལ། བདག་མེད་པའི་དེ་ཁོ་ན་ཉིད་རྟོགས་པའི་ཤེས་རབ་ཁྱད་པར་ཅན་བདག་གི་རྒྱུད་ལ་མྱུར་དུ་སྐྱེ་བར་བྱིན་གྱིས་བརླབ་ཏུ་གསོལ། ཐུན་མོང་དང་ཐུན་མོང་མ་ཡིན་པའི་ལམ་གྱི་རིམ་པ་ཁྱད་པར་ཅན་བདག་གི་རྒྱུད་ལ་མྱུར་དུ་སྐྱེ་བར་བྱིན་གྱིས་བརླབ་ཏུ་གསོལ། བླ་ན་མེད་པའི་སངས་རྒྱས་ཀྱི་གོ་འཕང་མྱུར་དུ་ཐོབ་པར་བྱིན་གྱིས་བརླབ་ཏུ་གསོལ། གནས་སྐབས་སུ་ཡང་ནད་དང་། གདོན་བགེགས་དང་། མ་ཐུ་བྱད་རྦོད་གཏོང་དང་། དུས་མ་ཡིན་པར་འཆི་བ་དང་། ཕན་ཚུན་འཐབ་པ་དང་། རྩོད་པ་དང་། འགྱེད་པ་ལ་སོགས་པའི་འགལ་རྐྱེན་བར་ཆད་ཐམས་ཅད་རབ་ཏུ་ཞི་བར་བྱིན་གྱིས་བརླབ་ཏུ་གསོལ། མཐུན་རྐྱེན་ཚེ་དང་། བསོད་ནམས་དང་། དཔལ་དང་། འབྱོར་པ་དང་། ལུང་རྟོགས་ཀྱི་ཡོན་ཏན་དང་། བཤད་སྒྲུབ་ཀྱི་བྱ་བ་རྣམས་ཡར་ངོའི་ཟླ་བ་ལྟར་འཕེལ་བར་བྱིན་གྱིས་བརླབ་ཏུ་གསོལ། འཁོར་བ་ཐོག་མ་མེད་པ་ནས་བསགས་པའི་སྡིག་སྒྲིབ་ཐམས་ཅད་མྱུར་དུ་སྦྱོང་བར་བྱིན་གྱིས་བརླབ་ཏུ་གསོལ། ཕྱིན་ཆད་སྡིག་སྒྲིབ་གསོག་པའི་འགྲོ་ཚོད་པར་བྱིན་གྱིས་བརླབ་ཏུ་གསོལ། ཚེ་རབས་ཐམས་ཅད་དུ་ངན་སོང་གསུམ་ལ་སོགས་པའི་མི་ཁོམ་པའི་གནས་སུ་ནམ་ཡང་མི་སྐྱེ་བར་བྱིན་གྱིས་བརླབ་ཏུ་གསོལ། དམ་པའི་ཆོས་སྒྲུབ་པའི་རྟེན་བཟང་བརྒྱད་མར་ཐོབ་པར་བྱིན་གྱིས་བརླབ་ཏུ་གསོལ། །མཚན་ཉིད་ཡོངས་སུ་རྫོགས་པའི་དགེ་བའི་བཤེས་གཉེན་གྱིས་རྗེས་སུ་གཟུང་བ་དང་ནམ་ཡང་མི་འབྲལ་བར་བྱིན་གྱིས་བརླབ་ཏུ་གསོལ། ཁྱད་པར་དུ་ཡང་བདག་འཆི་བའི་དུས་ལ་ཉེ་བར་བབ་པ་ན། འཇམ་མགོན་བླ་མ་བཙོང་ཁ་པ་ཆེན་པོའི་ཞལ་མངོན་སུམ་དུ་མཐོང་བའི་སྐལ་བ་དང་ལྡན་པར་བྱིན་གྱིས་བརླབ་ཏུ་གསོལ། དེའི་སྟོབས་ཀྱིས་ལུས་སེམས་ལ་སྡུག་བསྔལ་མེད་པར་དགའ་བཞིན་དུ་ཤི་འཕོས་ཏེ་དགའ་ལྡན་ཡིད་དགའ་ཆོས་འཛིན་དུ་སྐྱེ་བར······བྱིན་གྱིས་བརླབ་ཏུ་གསོལ། དེར་སྐྱེས་མ་ཐག་ཏུ་རྒྱལ་ཚབ་མི་ཕམ་མགོན་པོ་དང་། བློ་བཟང་འཇམ་དཔལ་སྙིང་པོས་རྗེས་སུ་བཟུང་བའི་སྐལ་བ་དང་ལྡན་པར་བྱིན་གྱིས་བརླབ་ཏུ་གསོལ། འཇིག་རྟེན་གྱི་ཁམས་སྤྱི་སྒོས་ཀུན་ཏུ་རིམས་ནད་དང་། འགོ་བའི་ནད་དང་། དམག་འཁྲུག་དང་། འབྱུང་བ་བཞིའི་གནོད་པ་དང་། སད་སེར་བཙའ་ཐན་སྲུ་གེའི་འཇིགས་པ་སོགས་རྒྱུད་པའི་རིགས་མཐའ་དག་མིང་ཙམ་ཡང་མི་འབྱུང་བར་བྱིན་གྱིས་བརླབ་ཏུ་གསོལ། ཆར་ཆུ་དུས་སུ་འབབ་པ་དང་། ལོ་

ཕྱུགས་རྟག་ཏུ་འཕེལ་བ་དང་། རྒྱལ་བློན་འབངས་དང་བཅས་པ་ཐམས་ཅད་ཕན་ཚུན་མཛའ་ཞིང་ཡིད་བཙུགས་པ་དང་། དཀོན་མཆོག་གསུམ་བླ་མར་འཛིན་ཅིང་དགེ་བཅུའི་ཁྲིམས་ལ་གནས་པ་དང་། གྲུབ་མཐའ་ངན་པའི་བསྙེ་ལྷད་དང་མ་འདྲེས་པའི་རྒྱལ་བསྟན་དྲི་མ་མེད་པ་ཕྱོགས་དུས་ཀུན་ཏུ་དར་ཞིང་རྒྱས་པ་སོགས་བཀྲ་ཤིས་ཀྱི་དགེ་མཚན་རྒྱ་ཆེན་པོ་རྒྱུན་མི་ཆད་དུ་འབྱུང་བར་བྱིན······གྱིས་བརླབ་ཏུ་གསོལ། ཞེས་པ་ལྟ་བུ་སྐབས་དང་སྦྱར་ནས་གསོལ་བ་བཏབ་པར་བྱ། དེ་ནས་རྟེན་འབྲེལ་བསྟོད་པ། བསྟོད་པ་ཚངས་པའི་ཅོད་པཎ། བསྟོད་སྤྲིན་རྒྱ་མཚོ། རྗེ་བོ་ཆེན་པོའི་བསྟོད་པ་རྣམས་ཇི་ལྟར་རིགས་པ་སྔོན་དུ་བཏང་ནས། རྟོགས་བརྗོད་མདུན་ལེགས་མ་འདོན་ཏེ། བཀའ་དྲིན་ཆེའོ་རྗེ་བཙུན་མཁྱེན་པའི་གཏེར། །ཞེས་པ་རེ་རེའི་མཇུག་ཏུ། ཞེས་གསུངས་དེ་བཞིན་བདག་སོགས་རྗེས་འཇུག་རྣམས། །དྲི་མེད་རྣམ་ཐར་འགྱོངས་པར་བྱིན་གྱིས་རློབས། །ཞེས་བཙུག་པར་བྱ། དེ་ནས་འཇམ་དབྱངས་ཆོས་རྗེས་མཛད་པའི་གསང་བའི་རྣམ་ཐར་གསོལ་འདེབས། འཇམ་དབྱངས་ཁ་ཆེ་པཎ་ཆེན་ཤཱཀྱ་ཤྲཱིས་མཛད་པའི་བཙོང་ཁ་བརྒྱད་ཅུ་མ། རྗེ་མཁས་གྲུབ་རིན་པོ་ཆེས་མཛད་པའི་རྣམ་དག་གངས་རི་མ། ཀུན་གཟིགས་ལྔ་པ་ཆེན་པོས་མཛད་པའི་བསྟོད་པ་དབྱིད་ཀྱི་རྒྱལ་མོའི་གླུ་དབྱངས། མཁས་པ་ཆེན་པོ་གུང་ཐང་པས་མཛད་པའི་བསྟོད་པ་དོན་དང་ལྡན་པ་སོགས་ཚིག་དོན་ཕུན་སུམ་ཚོགས་པའི་བསྟོད་པ་གསོལ་འདེབས་གང་ཤེས་དང་། གཞན་ཡང་། དཔལ་ལྡན་ས་གསུམ་འགྲོ་བའི་མིག་གཅིག་པུ། །ཞེས་པ་ནས། མཆོག་གི་དངོས་གྲུབ་བརྟེས་ལ་གསོལ་བ་འདེབས། ཞེས་པའི་བར་དང་། མཚམས་འདིར་དམིགས་བརྩེ་མ་བརྒྱ་སྟོང་སོགས་གང་མང་དང་། ཨོཾ་ཨཱཿགུ་རུ་སུ་མ་ཏི་ཀཱིརྟི་སིདྡྷི་ཧཱུྃ་ཧཱུྃ། ཞེས་པའི་མཚན་སྔགས་མང་དུ་བཟླའོ། དེང་ནས་བརྩམས་ཏེ་ཚེ་རབས་ཀུན་ཏུ་བདག །ཅེས་སོགས་བྱའོ། །ཚིག་འདིའི་སྤྱིའི་ཁོག་མདོ་ལུགས་སུ་བྱས་ཀྱང་། མཚམས་འདིར་སྔགས་དང་འབྲེལ་བའི་བསྟོད་པ་དང་མཚན་སྔགས་བཟླ་བ་ལ་འགལ་བ་མེད་དེ། ཚད་ལྡན་རྣམས་ཀྱིས་མཛད་པའི་རྗེའི་བསྟོད་པ་རྣམས་སུ་སྔགས་བཟླ་མེད་ཐུན་མོང་མ་ཡིན་པའི་ཆོས་མིང་ཙམ་བྱུང་ཡང་དོན་གསལ་བར་མ་བཤད་པས། དབང་མ་ཐོབ་པ་རྣམས་ཀྱིས་ཀྱང་འདོན་རུང་ཡིན་ལ། རྒྱལ་སྲས་ཞི་བ་ལྷས་པར་ཕྱིན་ཐེག་པའི་བྱང་ཆུབ་སེམས་དཔའི་ཉམས་ལེན་གྱི་སྐབས་སུ་དེ་བཞིན་གཤེགས་པའི་ཡིག་བརྒྱ་དང་། འོད་ཟེར་ཅན་མའི་གཟུངས་སོགས་བྱ་རྒྱུད་ནས་བཤད་པའི་སྔགས་བཟླ་བར་གསུངས་པའི་ཕྱིར་རོ། །དེ་ནས་སྤྱི་སྔགས་ཀྱི་སྒོ་ནས་ཐུགས་རྗེ་བསྐུལ་བའི་གསོལ་འདེབས་བྱ་བ་ནི། རྩ་བའི་བླ་མ་སྟོན་པ་བཅོམ་ལྡན་འདས། །རྒྱལ་ཚབ་འཇམ་མགོན་རྗེ་བོ་ཆེན་པོ་དང་། །ངོ་བོ་དབྱེར་མེད་འཇམ་མགོན་ཙོང་ཁ་པས། །བདག་སོགས་ཉམ་ཐག་འགྲོ་རྣམས་ཐུགས་

རྗེས་སྐྱོབས། །བསོད་ནམས་ཞིང་མཆོག་རྩ་བའི་བླ་མ་ལ། ། བརྟེན་ནས་སྡིག་ལྟུང་མང་ཞིང་ཆེར་བསགས་པས། །བདེ་འབྱུང་གནས་ཀྱིས་སྡུག་བསྔལ་རྒྱུར་བྱས་པ། །བདག་སོགས་སྐལ་ཆད་འགྲོ་རྣམས་ཐུགས་རྗེས་དྲོངས། །རྙེད་པར་དཀའ་བའི་དལ་འབྱོར་རྟེན་བཟང་ལ། །ཐར་པར་དཀའ་བའི་ངན་འགྲོའི་རྒྱུ་བསགས་པས། །དོན་ཆེན་ལུས་ཀྱིས་དོན་ལོག་རྒྱུར་བྱས་པ། །བདག་སོགས་གོ་ལོག་འགྲོ་རྣམས་ཐུགས་རྗེས་སྐྱོལ། །ཉམ་ཆུང་ལུས་སྲོག་རྟག་པར་འཛིན་པའི་མཐུས། །ཡུན་རིང་སྡོད་གྲབས་བྱས་ཀྱང་འཆི་བདག་གིས། །གློ་བུར་འཇོམས་ཚེ་མྱ་ངན་ཚད་མེད་པ། །མྱོང་གྱུར་བདག་སོགས་འགྲོ་རྣམས་མྱུར་དུ་སྐྱོབས། །ངན་འགྲོའི་སྡུག་བསྔལ་ཤེས་ཀྱང་མ་བསམས་པར། །སྒོ་གསུམ་བག་མེད་སྤྱོད་པས་དུས་འདས་པས། །ཕྱི་མར་འགྲོ་ས་ངན་སོང་ཁོ་ནར་ངེས། །དེ་ལས་མྱུར་དུ་སྐྱོབས་ཤིག་ཐུགས་རྗེ་ཅན། །ཁ་ནས་དཀོན་མཆོག་མཁྱེན་མཁྱེན་ཞེས་བརྗོད་ཀྱང་། །གཏིང་ནས་ཡིད་ཆེས་དད་པ་མ་སྐྱེས་པས། །ཁ་གཏིང་མི་མཚུངས་ཁོ་ནས་དུས་འདས་པ། །བདག་སོགས་མགོན་མེད་འགྲོ་རྣམས་སྐྱོབས་ཤིག་རྗེ། །བདེ་སྡུག་རང་རྒྱུ་དགེ་དང་སྡིག་པ་ལས། །ཅུང་ཟད་འཆོལ་མེད་འབྱུང་བར་ཐོས་ན་ཡང་། །བླང་དོར་ལོག་པར་སྤྱོད་པས་དུས་འདས་པ། །བདག་སོགས་སྨོངས་ཆེན་འགྲོ་བའི་སྐྱབས་མཛོད་ཅིག །སྲིད་པར་ཞེན་པ་ལོག་པའི་ངེས་འབྱུང་དང་། །བྱམས་དང་སྙིང་རྗེས་དྲངས་པའི་བྱང་ཆུབ་སེམས། །མཐའ་བྲལ་གནས་ལུགས་རྟོགས་པའི་ལྟ་བ་རྣམས། །མྱུར་དུ་རྒྱུད་ལ་སྐྱེ་བར་མཛད་དུ་གསོལ། །དེང་ནས་བརྩམས་ཏེ་བྱང་ཆུབ་མ་ཐོབ་པར། །འཇམ་མགོན་ཁྱོད་ཀྱི་འབྲལ་མེད་རྗེས་བཟུང་ནས། ལས་ཉོན་ཀུན་དཀྲིས་རྒྱུ་བ་བཅད་བྱས་ཏེ། །སྐྱེ་ཤི་བར་དོའི་འཇིགས་ལས་བསྒྲལ་དུ་གསོལ། །ངན་སོང་མི་ཁོམ་གནས་སུ་སྐྱེ་བའི་སྒོ། །གཏན་དུ་བཀག་སྟེ་དལ་འབྱོར་བཅོ་བརྒྱད་དང་། །ཐེག་མཆོག་འཁོར་ལོ་བཞི་དང་ལྡན་པའི་རྟེན། །བརྒྱུད་མར་ཐོབ་པར་བྱིན་གྱིས་བརླབ་ཏུ་གསོལ། །ཚེ་འདིར་དམ་ཆོས་སྒྲུབ་ལ་བར་གཅོད་པའི། །ནད་ཡམས་གདོན་བགེགས་དུས་མིན་འཆི་བ་དང་། །མཐུ་བྱད་རྦོད་གཏོང་འཐབ་རྩོད་འཁྲུག་ལོང་སོགས། །འགལ་རྐྱེན་ཉེར་འཚེ་མཐའ་དག་བསལ་དུ་གསོལ། །ནམ་ཞིག་འཆི་བའི་དུས་སུ་འཇམ་མགོན་ཁྱོད། །ཞལ་བཟང་སྟོན་ཅིང་དབུགས་དབྱུང་ལེགས་མཛད་དེ། །གནད་གཅོད་སྡུག་བསྔལ་གཏན་ནས་མི་མྱོང་བར། །འདུ་ཤེས་

བཅུ་གཅིག་སྒོམ་པར་མཛད་དུ་གསོལ། །ལུས་ཀྱི་མགྲོན་ཁང་གཞིན་རྗེས་འཁྱོག་བྱས་ནས། ། སེམས་ཀྱི་མགྲོན་པོ་སྐྱེ་ས་ཆེན་འདེགས་པའི་ཚེ། །འཇིགས་སྐྲག་འཁྲུལ་བའི་དབང་དུ་མ་འགྱུར་བར། །སྨྲུལ་བའི་ཕོ་ཉས་ལམ་སྣ་བསྟན་དུ་གསོལ། །རྟེན་མེད་སེམས་ཀྱི་སྐྱེ་ས་བུ་རང་ཉིད་ཀྱི། །སྔོན་བསགས་དགེ་བའི་རྟ་ལ་བཞོན་བཅུག་ནས། །མགོན་ཁྱོད་ཐུགས་རྗེའི་སྟབ་ཀྱིས་ཁ་བསྒྱུར་ཏེ། ། དགའ་ལྡན་གནས་སུ་ཁྲིད་པར་མཛད་དུ་གསོལ། །གནས་དེར་སྐྱེ་ས་མ་ཐག་ཏུ་བྱམས་མགོན་དང་། ། འཇམ་དཔལ་སྙིང་པོའི་ཞལ་བཟང་མངོན་གྱུར་ཏེ། །ཡབ་གཅིག་རང་གི་ཐུགས་ཀྱི་བཅུད་ཕྱུང་བའི། ལེགས་བཤད་བདུད་རྩིས་འཚོ་བར་མཛད་དུ་གསོལ། །གྲངས་ཡས་བསྐལ་པར་བདག་ཅག་རྣམས་ཀྱི་ཕྱིར། རྫོགས་བྱང་འདོད་པའི་དགོངས་བཞེད་མཐར་ཕྱིན་པས། །ཆེད་དུ་བྱ་བ་བདག་སོགས་ཉམ་ཐག་རྣམས། །ད་ལྟ་སྒྲོལ་བར་མཛད་པའི་དུས་ལ་བབས། །གཟིགས་ཤིག་གཟིགས་ཤིག་བདག་ཅག་དུབ་ཚུལ་གཟིགས། །དགོངས་ཤིག་དགོངས་ཤིག་སྔོན་གྱི་ཐུགས་དམ་དགོངས། །དྲོངས་ཤིག་དྲོངས་ཤིག་ངན་སོང་སྲིད་ལས་དྲོངས། །སྐྱོབས་ཤིག་སྐྱོབས་ཤིག་སྲིད་ཞིའི་འཇིགས་ལས་སྐྱོབས། བྱིས་པ་ཆུང་དུས་མ་ལ་གདུང་བ་བཞིན། །རེ་བའི་སེམས་ཀྱིས་ཁྱོད་ལ་ཡང་དང་ཡང་། །གསོལ་བ་བཏབ་ཀྱང་རྗེས་སུ་མི་འཛིན་ན། །བརྩེ་བའི་གཏེར་ཆེན་ཡིན་པར་གང་གིས་འཚོག །འཇམ་མགོན་ཁྱོད་ཀྱི་མཁྱེན་བརྩེ་ནུས་གསུམ་ལ། །གུས་པའི་སེམས་ཀྱིས་གསོལ་བ་བཏབ་ན་ཡང་། །འདོད་དོན་འགྲུབ་པའི་མཚན་རྟགས་མ་བྱུང་ན། །རྗེས་སུ་བཟུང་བར་རྒྱུ་མཚན་གང་ལས་ཞེས། །གསོལ་བ་བཏབ་ཀྱང་སྡུག་བསྔལ་ཤུགས་དྲག་གིས། །མནར་ཚུལ་སྔར་བཞིན་སོ་ན་གནས་འདུག་ན། །གང་ལས་རྒྱལ་བས་འགྲོ་རྣམས་མ་དྲངས་པའི། །རྒྱུད་པ་མེད་པར་ཁྱོད་ཀྱིས་ཅི་ཕྱིར་གསུངས། །སྐྱབས་མཆོག་ཁྱོད་ལ་གུས་པས་བརྟེན་ན་ཡང་། ། ལེགས་ཚོགས་ཁྱད་པར་གོང་དུ་མི་འཕེལ་ན། །རྒྱལ་བས་འགྲོ་ལ་འཁོར་བར་མ་མཛད་པའི། །ཕུན་ཚོགས་མེད་པར་གསུངས་པ་ཅི་ལ་དགོངས། །རང་གི་སྔོན་བསགས་ལས་ངན་སྟོབས་ཆེ་བས། །བདག་ཅག་མྱོང་འགྱུར་སྡུག་བསྔལ་མི་སེལ་ན། ། སྡིག་པ་མེད་པར་སྡུག་བསྔལ་མི་འབྱུང་བས། །ཁྱོད་ཀྱིས་འགྲོ་རྣམས་དུཿཁ་གང་ལས་སྐྱོབས། །བདག་སྔོན་དགེ་བ་སྟོབས་ལྡན་མ་བསགས་པས། །ད་ལྟ་བདག་ལ་ལེགས་ཚོགས་མི་སྟོལ་ན། །འཁོར་ལྡན་

གཞན་ལས་ནོར་སློང་མི་དགོས་བཞིན། །དགེ་ཆེན་ཡོད་ན་ཁྱོད་ལ་གསོལ་ཅི་དགོས། །བདག་སོགས་སྙིགས་དུས་ཉམ་ཐག་འགྲོ་བ་རྣམས། ཐུགས་རྗེའི་གཉེར་ཆེན་ཁྱོད་ཀྱིས་དོར་ལགས་ན། །སྟོན་ཆེ་དབང་པོའི་ཏོག་སོགས་རྒྱལ་རྣམས་ཀྱིས། །སྙིང་སྟོབས་ཆེ་ཞེས་བསྔགས་པའི་དགོས་པའང་ཅི། །འོན་ཀྱང་ཁྱོད་ཀྱི་མཁྱེན་བརྩེའི་གཉེར་མཐའ་མེད། །འཕྲིན་ལས་རླབས་ཕྲེང་དུས་ལ་མི་གཡོལ་ནའང་། །ཁ་མེད་བུ་ཆུང་གསོ་ཐབས་མེད་པ་ལྟར། །སྐལ་ཆད་བདག་ཅག་ཁོ་ནའི་སྐྱོན་དུ་ཟད། །ཡིད་འཕྲོག་འགྲོ་བ་ལྷ་བུའི་རྫུ་འཕྲུལ་གྱིས། །ཕྱོགས་བཅུའི་ཞིང་ཁམས་ཀུན་ཏུ་བཅལ་ན་ཡང་། །ཁྱོད་ལས་ལྷག་པའི་སྐྱབས་བཟང་མ་རྙེད་པས། །རེ་ས་གཞན་ན་མེད་དོ་ཐུགས་རྗེས་བཟུང་། །ཚེ་རབས་ཀུན་ཏུ་རྒྱལ་བ་ཙོང་ཁ་པས། །ཐེག་མཆོག་བཤེས་གཉེན་དངོས་སུ་མཛད་པའི་མཐུས། །རྒྱལ་བས་བསྔགས་པའི་ལམ་བཟང་འདི་ཉིད་ལས། །སྐད་ཅིག་ཙམ་ཡང་ལྡོག་པར་མ་གྱུར་ཅིག །ཅེས་གདུང་ཤུགས་དྲག་པོས་གསོལ་བ་གདབ། དེ་ནས་ལམ་རིམ་བསྡུས་དོན་ཉམས་མགུར་མར་གྲགས་པའམ། བྱིན་རླབས་དཔུང་ཞུས། །གང་ཡང་རུང་བ་ཞིག་དང་སྦྲགས་ནས་ལམ་ཡོངས་རྫོགས་ལ་ཤར་སྒོམ་བྱའོ། །དེ་ནས་བསགས་པའི་དགེ་བ་རྣམས་སྤེལ་ཞིང་མི་ཟད་པར་བྱ་བའི་ཕྱིར་བསྔོ་སྨོན་རྣམ་པར་དག་པ་ཞིག་བྱ་དགོས་པས། ཐོག་མར་གཟུངས་མདོ་ནས་བཤད་པའི་ཕན་ཡོན་རྣམས་ལ་ཡིད་ཆེས་པའི་སྒོ་ནས། བྱམས་པས་དམ་བཅའ་པའི་གཟུངས་གང་མང་བཟླས་ནས། །བྱང་ཆུབ་སེམས་དཔའི་སྨོན་ལམ་འབུམ་ཕྲག་གྲངས་མེད་པ་བཅུ་བསྡུས་པའི་སྟོམ་ཆེན་པོ་ཡིན་པས་བྱིན་རླབས་ཀྱི་ཚན་ཁ་ཤེད་ཏུ་ཆེ་བའི་ཕྱིར་བཟང་སྤྱོད་སྨོན་ལམ་དང་། དེ་ནས་བྱམས་པའི་སྨོན་ལམ། དགའ་ལྡན་ཡིད་དགའ་ཆོས་འཛིན་དུ་སྐྱེ་བའི་སྨོན་ལམ་རྣམས་སེམས་གཞན་དུ་མི་གཡེང་བར་ཚིག་དོན་དྲན་བཞིན་པའི་སྒོ་ནས་གདོན་པར་བྱ། དེ་ནས་སྨོས་ཀྱི་སྨོན་ལམ་འདི་ལྟར་གདབ་པར་བྱ་སྟེ། རང་ཅག་རྣམས་ཀྱི་དུས་གསུམ་དང་འབྲེལ་ཞིང་གཞི་གསུམ་ལས་བྱུང་བའི་དགེ་བའི་ཚོགས་ཇི་སྙེད་ཅིག་མཆིས་པ་ཐམས་ཅད་དང་། ལྔ་བརྒྱ་པ་རྣམས་ཀྱི་གཙུག་གི་ནོར་བུ་རྗེ་བཙུན་བླ་མ་ཙོང་ཁ་པ་ཆེན་པོ་ཞེས་རྣམ་པར་དཀར་བའི་སྙན་པའི་བ་དན་འཛིག་རྟེན་གསུམ་ན་གཡོ་བ་དེ་ཉིད་ཀྱིས་སྟོན་རྒྱལ་བ་དབང་པོའི་ཏོག་ལ་སོགས་པའི་སངས་···རྒྱས་དཔག་ཏུ་མེད་པའི་སྤྱན་སྔར་བདག་སོགས་སེམས་ཅན་ཐམས་ཅད་སྨིན་གྲོལ་གྱི་ལམ་བཟང་·····པོར་འགོད་པའི་དོན་དུ་ཐུགས་བསྐྱེད་དང་སྨོན་ལམ་རླབས་པོ་ཆེ་ཇི་ལྟར་བཏབ་པ་དང་། སྐུ་ཚེ་འདིར་ཡང་བཀའ་རྩོམ་ལེགས་བཤད་དུ་མར་སྨོན་ལམ་རྨད་དུ་བྱུང་བ་མཐའ་ཡས་པ་ཇི་ལྟར་བཏབ་

ཅིང་བྱིན་གྱིས་བརླབས་པའི་སྟོབས་ཕྱོགས་གཅིག་ཏུ་བསྡོམས་པའི་འོད་ཟེར་གྱི་ཕུང་པོ་ཆེན་པོས···
རང་ཅག་རྣམས་ཀྱི་འཁོར་བ་ཐོག་མ་མེད་པ་ནས་བསགས་པའི་སྡིག་སྒྲིབ་ཀྱི་མུན་ཆེན་མ་ལུས་པ····
སེལ་བར་གྱུར་ཅིག །དེའི་མཐུ་ལ་བརྟེན་ནས་བདག་འཆི་བའི་དུས་ལ་ཉེ་བར་བབ་པ་ན་འཇམ་
མགོན་བླ་མ་ཙོང་ཁ་པ་ཆེན་པོ་སྲས་ཀྱི་མཐུ་བོ་གཉིས་དང་བཅས་པ་གསལ་བར་མཐོང་སྟེ། དེ་དག་
ལ་དམིགས་པའི་དད་པ་ཤུགས་དྲག་རྒྱུན་རིང་པོ་མངོན་དུ་གྱུར་ནས་ལུས་སེམས་ལ་སྡུག་བསྔལ····
མོ་ཙམ་ཡང་མེད་པར་ཤི་འཕོས་མ་ཐག་ཏུ་བདག་ཉིད་ཆེན་པོའི་སྤྲུལ་པའི་ཕོ་ཉས་འཁྲིད་ནས་དགའ་
ལྡན་ཡིད་དགའ་ཆོས་འཛིན་གྱི་གནས་སུ་རིན་པོ་ཆེ་སྣ་བདུན་ལས་གྲུབ་པའི་པདྨའི་སྦུབས་སུ་རྫུས་
ཏེ་སྐྱེ་བ་ལེན་པར་གྱུར་ཅིག །དེ་མ་ཐག་ཏུ་རྒྱལ་ཚབ་མི་ཕམ་མགོན་པོའི་སྐུའི་འོད་ཀྱིས་པདྨའི་
འདབ་མ་ཁ་འབྱེད་པར་མཛད་པའི་ནང་ནས་ཐོན་ཏེ། བཅོམ་ལྡན་འདས་བྱམས་པ་མགོན་དང་། བྱང་
ཆུབ་སེམས་དཔའ་ནམ་མཁའ་དྲི་མ་མེད་པ་དང་། བློ་གྲོས་ཀྱི་གཏེར་ཆེན་འཇམ་དཔལ་སྙིང་པོ་
གསུམ་གྱི་སྐུ་མཚན་དང་དཔེ་བྱད་ཀྱིས་སྤྲས་པ་འཛམ་བུ་ཆུ་བོའི་གསེར་གྱི་མེ་ལོང་ཡངས་ཤིང་རྒྱ་
ཆེ་བའི་ངོས་ལ་ཉིན་བྱེད་འབུམ་ཕྲག་མཐའ་ཡས་པའི་འོད་ཟེར་དུས་གཅིག་ཏུ་ཤོག་པ་ལྟ་བུ་རྣམས····
མངོན་སུམ་དུ་མཐོང་བས། སེམས་རབ་ཏུ་དང་བའི་དགའ་བ་དང་། སྐུའི་གསང་བ་བསམ་གྱིས་མི་
ཁྱབ་པ་ལ་ཡིད་ཆེས་པའི་དད་པ་དང་། དེ་ལྟ་བུའི་སྐུ་ཐོབ་པར་འདོད་པའི་འདུན་པ་རྣམས་ཕན་ཚུན་
འགྲན་པ་བཞིན་དུ་འཕེལ་བར་གྱུར་ཅིག །དེ་དག་ལ་དམིགས་པའི་དད་པ་ཤུགས་དྲག་པོས་ཀུན་
ནས་བསླང་སྟེ་བྱམས་མགོན་འཁོར་དང་བཅས་པའི་ཞབས་ལ་མགོ་བོས་ཕྱག་འཚལ་ཞིང་། ལྷའི་མེ་
ཏོག་དང་བདུག་པ་དང་སྤོས་དང་ཕྲེང་བ་དང་། གདུགས་དང་རྒྱལ་མཚན་ལ་སོགས་པ་དངོས་སུ་
འབྱོར་བ་དང་། ཡིད་ཀྱིས་སྤྲུལ་པའི་མཆོད་པའི་སྤྲིན་གྱིས་ཕུང་པོ་བསམ་གྱིས་མི་ཁྱབ་པས་མཆོད་
པར་བྱས་ཏེ། གདམས་པ་དང་རྗེས་སུ་བསྟན་པ་མཐའ་ཡས་པ་ནོད་པར་གྱུར་ཅིག །ཁྱད་པར་དུ་ཡང་
ད་ལྟ་འཇམ་མགོན་བླ་མ་ཙོང་ཁ་པ་ཆེན་པོའི་ལེགས་བཤད་དྲི་མ་མེད་པ་རྣམ་ལ་དད་པས་ཐོས་སོ་བློ་
བྱས་པའི་རྒྱུ་རྐྱེན་བཟང་པོའི་མཐུས། བདག་ཉིད་ཆེན་པོ་འཇམ་དཔལ་སྙིང་པོས་ལྷག་པར་ཡང་
ཐུགས་བརྩེ་བའི་སྒོ་ནས་མཉེས་བཞིན་དུ་རྗེས་སུ་བཟུང་སྟེ། ཕྱར་འཛམ་བུ་གླིང་དུ་དར་བར་

མཛད་པའི་ལེགས་བཤད་རྨད་དུ་བྱུང་བ་ཐམས་ཅད་མ་ཚང་བ་མེད་པ་འདོམས་པར་གྱུར་ཅིག །དེ་རྣམས་ཀྱི་དགོངས་དོན་ཇི་ལྟ་བ་བཞིན་དུ་རྟོགས་པར་བྱེད་ཅིང་འབད་རྩོལ་ཆེན་པོའི་སྒོ་ནས་ཚུལ་བཞིན་དུ་ཉམས་སུ་ལེན་པས་སྲིད་པ་མཐའ་དག་ལ་ཞེན་པ་ལོག་པའི་ངེས་འབྱུང་དང་། བདག་པས་གཞན་གཅེས་པའི་བྱང་ཆུབ་ཀྱི་སེམས་དང་། རྟག་ཆད་ཀྱི་མཐའ་གཉིས་དང་བྲལ་བའི་ཡང་དག་པའི་ལྟ་བ་གསུམ་ཡན་ལག་དང་བཅས་པ་ལ་རྩོལ་མེད་ཀྱི་སྐྱོང་བ་ཁྱད་པར་ཅན་རྒྱུན་ཆགས་སུ་འབྱུང་བར་གྱུར་ཅིག །དེའི་སྟོབས་ཀྱིས་སྲིད་པའི་ཕུན་ཚོགས་ལ་ཆགས་ཤིང་ཞེན་པའི་བློ་དང་། རང་དོན་གཙོ་བོར་འཛིན་པའི་ཡིད་བྱེད་དང་། རྟགས་ཆད་ཀྱི་མཐར་འཛིན་པའི་ལྟ་བ་ངན་པ་རྣམས་སྐད་ཅིག་ཙམ་ཡང་མི་སྐྱེ་བར་རྒྱུན་དུ་ཐབས་ཤེས་ཁྱད་པར་ཅན་ཟུང་དུ་འབྲེལ་བའི་ལམ་བཟང་པོ་བར་མ་ཆད་པར་ཉམས་སུ་ལེན་པའི་སྒོ་ནས་སངས་རྒྱས་ཀྱི་གོ་འཕང་མྱུར་དུ་ཐོབ་སྟེ། གང་ལ་གང་འཚམ་པའི་སྤྲུལ་པའི་བཀོད་པ་བསམ་གྱིས་མི་ཁྱབ་པས་མཁའ་ཁྱབ་ཀྱི་སེམས་ཅན་ཐམས་ཅད་སྲིད་ཞིའི་རྒུད་པ་ལས་ཡོངས་སུ་སྒྲོལ་བར་གྱུར་ཅིག །གལ་ཏེ་དངོས་ཀྱི་སྐྱེ་བ་ཕྱི་མར་དགའ་ལྡན་ཡིད་དགའ་ཆོས་འཛིན་དུ་སྐྱེ་བར་མ་ནུས་ནའང་ངན་སོང་གསུམ་ལ་སོགས་པའི་མི་ཁོམ་པའི་གནས་སུ་ནམ་ཡང་མི་སྐྱེ་བར་དལ་བ་བརྒྱད་དང་འབྱོར་བ་བཅུ་ཚང་བའི་རྟེན་བཟང་པོ་བརྒྱུད་མར་ཐོབ་པར་གྱུར་ཅིག །དེ་དག་ཐམས་ཅད་ཀྱང་ཐེག་མཆོག་འཁོར་ལོ་བཞི་དང་། མཐོ་རིས་ཀྱི་ཡོན་ཏན་བདུན་དང་། རྣམ་སྨིན་གྱི་ཡོན་ཏན་བརྒྱད་ལ་སོགས་པ་ལམ་བཟང་སྒྲུབ་པའི་རྟེན་མཚན་ཉིད་ཡོངས་སུ་རྫོགས་པ་ཤ་སྟག་ཏུ་གྱུར་ཅིག །དེ་དག་གི་གནས་སྐབས་ཐམས་ཅད་དུ་འང་ཚེ་རབས་སྔ་མ་རྗེས་སུ་དྲན་པ་དང་། རྒྱལ་བའི་བསྟན་པ་ལ་རབ་ཏུ་བྱུང་སྟེ་ཚུལ་ཁྲིམས་གཙང་མ་སྲུང་བ་དང་། ཐེག་པ་ཆེན་པོའི་དགེ་བའི་བཤེས་གཉེན་མཚན་ཉིད་ཐམས་ཅད་དང་ལྡན་པས་མཉེས་བཞིན་དུ་རྗེས་སུ་འཛིན་པ་དང་། ཐུབ་བསྟན་ཉིང་ཁུ་བློ་བཟང་རྒྱལ་བའི་གསུང་རབ་དྲི་མ་མེད་པ་ལ་ཐོས་བསམ་སྒོམ་གསུམ་རྣམ་པར་དག་པ་སྒྲུབ་པའི་སྐལ་བ་མཆོག་དང་ལྡན་པ་ཤ་སྟག་ཏུ་སྐྱེ་བར་གྱུར་ཅིག །དེ་དག་ལ་བརྟེན་ནས་ཚེ་རབས་ཐམས་ཅད་དུ་གཟུངས་དང་སྤོབས་པ་དང་། སྤྱན་དང་མངོན་པར་ཤེས་པ་དང་། རྣམ་པར་མི་རྟོག་པའི་ཏིང་ངེ་འཛིན་དང་། ཆོས་རབ་ཏུ་རྣམ་པར་འབྱེད་པའི་ཤེས་རབ་རྣམ་པ་བཞི་དང་།

བྱམས་སྙིང་རྗེ་བྱང་ཆུབ་ཀྱི་སེམས་ལ་སོགས་པའི་ཡོན་ཏན་ཁྱད་པར་ཅན་རྣམས་ཐོས་པ་དང་ནམ་ཡང་མི་འབྲལ་བར་གྱུར་ཅིག །དེའི་སྟོབས་ཀྱིས་རྒྱལ་ཚབ་མི་ཕམ་མགོན་པོ་འཛམ་བུའི་གླིང་དུ་མཆོག་གི་སྤྲུལ་སྐུའི་མཛད་པ་བསྟན་པའི་ཚེ་འཁོར་གྱི་ཐོག་མར་སྐྱེ་ས་ནས་གསུང་གི་བདུད་རྩི་ལ་ངོམས་མེད་དུ་ལོངས་སྤྱོད་པར་གྱུར་ཅིག །དེའི་ཚེ་རྒྱལ་བ་བྱམས་པ་ཐུགས་རབ་ཏུ་དགྱེས་ཏེ་བསོད་ནམས་ཀྱི་ཚོགས་རབ་འབྱམས་མཐའ་ཡས་པས་མངོན་པར་གྲུབ་པའི་འཁོར་ལོའི་མཚན་གྱིས་སྤྲས་པའི་ཕྱག་གཡས་པ་བདག་གི་མགོ་ལ་བཞག་ནས་བླ་ན་མེད་པའི་བྱང་ཆུབ་མཆོག་ཏུ་ལུང་སྟོན་པར་གྱུར་ཅིག །མདོར་ན་སྐྱེ་བ་ཐམས་ཅད་དུ་འཛམ་མགོན་བླ་མ་ཙོང་ཁ་པ་ཆེན་པོས་ནམ་ཡང་འབྲལ་བ་མེད་པར་ཐེག་པ་ཆེན་པོའི་དགེ་བའི་བཤེས་གཉེན་དངོས་སུ་མཛད་དེ། རྒྱལ་བས་གསུངས་པའི་ཆོས་ཕུང་བརྒྱད་ཁྲི་བཞི་སྟོང་གི་གནད་མ་ལུས་པ་བསྡུས་པའི་གདམས་ངག་ཁྱད་པར་ཅན་ལྷུག་པར་བསྩལ་བ་ལ་བརྟེན་ནས་ས་དང་ལམ་གྱི་བགྲོད་པ་ཡིད་འགྲོག་འགྲོ་བ་ལྟར་མྱུར་དུ་མཐར་ཕྱིན་ཏེ། མ་རྒན་སེམས་ཅན་ཐམས་ཅད་ཀྱི་སྡུག་བསྔལ་གྱི་ནད་མ་ལུས་པ་སེལ་བའི་སྨན་དང་། ཕན་བདེ་མཐའ་དག་འབྱུང་བའི་གནས་ཡིད་བཞིན་གྱི་ནོར་བུ་ལྟ་བུར་གྱུར་ཅིག །སྐྱེ་བ་འདིར་ཡང་དམ་པའི་ཆོས་སྒྲུབ་པ་ལ་བར་དུ་གཅོད་པའི་འགལ་རྐྱེན་མི་མཐུན་པའི་ཕྱོགས་ཐམས་ཅད་མིང་ཙམ་ཡང་མི་འབྱུང་བར་གྱུར་ཅིག །ཚེ་དང་བསོད་ནམས་དང་། དཔལ་དང་འབྱོར་པ་ལ་སོགས་པ་ལེགས་ཚོགས་འཕེལ་བ་དང་རྗེས་སུ་མཐུན་པའི་རྒྱུ་རྐྱེན་མཐའ་དག་དཔག་བསམ་གྱི་ཤིང་གི་འབྲས་བུ་ལྟར་ལྷུན་གྱིས་འགྲུབ་པར་གྱུར་ཅིག །དེ་ལྟར་གནས་སྐབས་དང་མཐར་ཐུག་གི་འདོད་དོན་འགྲུབ་པའི་རྒྱུར་བསྔོ་བར་བྱ་བའི་དགེ་རྩ་ཐམས་ཅད་ཡུལ་ཁྱད་པར་ཅན་ལ་དམིགས་པའི་ཁོང་ཁྲོ་དང་། རྒྱུ་དང་འབྲས་བུ་ལ་སྐུར་བ་འདེབས་པའི་ལོག་ལྟ་དང་། དམ་པའི་ཆོས་སྤོང་བ་དང་། བླ་མ་དང་བྱང་སེམས་སོགས་ལ་ཁྱད་དུ་གསོད་ཅིང་ང་རྒྱལ་བསྐྱེད་པ་ལ་སོགས་པའི་སྐྱོན་གྱིས་ཅུང་ཟད་ཀྱང་མི་ཉམས་པར། དུས་གསུམ་གྱི་རྒྱལ་བ་དང་རྒྱལ་སྲས་ཆེན་པོ་རྣམས་ཀྱིས་དགེ་བའི་རྩ་བ་རྣམས་གང་དང་གང་གི་རྒྱུར་བསྔོས་ཤིང་བསྔོ་བར་འགྱུར་བའི་སྨོན་པའི་གནས་དེ་དང་དེའི་རྒྱུ་རྣམ་པར་དག་པ་ཁོ་ནར་གྱུར་ཅིག །ཅེས་སྨོན་ལམ་གདབ། བཅོམ་ལྡན་འདས་དེ་བཞིན་གཤེགས་

པ་དགྲ་བཅོམ་པ་ཡང་དག་པར་རྫོགས་པའི་སངས་རྒྱས་རྣམ་པར་སྣང་མཛད་འོད་ཀྱི་རྒྱལ་པོ་ལ······ ཕྱག་འཚལ་ལོ། །བྱང་ཆུབ་སེམས་དཔའ་སེམས་དཔའ་ཆེན་པོ་ཀུན་ཏུ་བཟང་པོ་ལ་ཕྱག་འཚལ་ལོ། ། ཏདྱ་ཐཱ། ཨོཾ་པཉྩེ་གྲི་ཡ་ཨ་ཝ་བོ་དྷ་ནི་སྭཱཧཱ། ཞེས་པའི་སྔགས་འདི་བརྗོད་ན་རང་གིས་སྨོན་ལམ་བཏབ་ཚད་འགྲུབ་པར་སྨོན་ལམ་ཡོངས་སུ་གྲུབ་པའི་མདོ་ལས་གསུངས་པས་ལན་གསུམ་མམ་བདུན་སོགས་ཇི་ལྟར་རིགས་པར་བཟླ། རྨད་བྱུང་སྲས་བཅས་རྒྱལ་བའི་བྱིན་རླབས་དང་། །རྟེན་འབྲེལ་བསླུ་བ་མེད་པའི་བདེན་པ་དང་། །བདག་གི་ལྷག་བསམ་དག་པའི་མཐུ་སྟོབས་ཀྱིས། །རྣམ་དག་སྨོན་པའི་གནས་ཀུན་འགྲུབ་པར་ཤོག །རབ་འབྱམས་ཞིང་གི་རྒྱལ་བ་བྱང་སེམས་དང་། །རང་རྒྱལ་ཉན་ཐོས་རྣམས་ཀྱི་བདེན་སྟོབས་དང་། །ནམ་ཡང་བསླུ་བ་མེད་པའི་རྟེན་འབྲེལ་མཐུས། །བདག་གི་སྨོན་ལམ་མྱུར་དུ་འགྲུབ་པར་ཤོག །སངས་རྒྱས་སྐུ་གསུམ་བརྙེས་པའི་བྱིན་རླབས་དང་། །ཆོས་ཉིད་མི་འགྱུར་བདེན་པའི་བྱིན་རླབས་དང་། །དགེ་འདུན་མི་ཕྱེད་མཐུན་པའི་བྱིན་རླབས་ཀྱིས། །ཇི་ལྟར་བཏབ་པ་སྨོན་ལམ་ལྷུན་གྲུབ་ཤོག ཅེས་ཀྱང་བྱའོ། དེ་ནས་གཏོར་མ་འབུལ་བར་འདོད་ན། དཀར་གཏོར་ཆ་བཞི་ཕྱག་ལེན་ལྟར་བཤམས་ནས། ཀུན་གཟིགས་ལྷ་པ་ཆེན་པོས་མཛད་པའི་གཏོར་མ་ཆ་བཞིའི་ཚིག་ལ་ཅིག་སྣ་ཙུང་ཟད་བཟོ་བས་ཚོག་སྟེ། དེའི་ཚུལ་ནི་འདི་ལྟར། དཀོན་མཆོག་གསུམ་གྱི་བདེན་པ་དང་། སངས་རྒྱས་དང་བྱང་ཆུབ་སེམས་དཔའ་ཐམས་ཅད་ཀྱི་བྱིན་གྱིས་རླབས་དང་། ཚོགས་གཉིས་ཡོངས་སུ་རྫོགས་པའི་མངའ་ཐང་ཆེན་པོ་དང་། ཆོས་ཀྱི་དབྱིངས་རྣམ་པར་དག་ཅིང་བསམ་གྱིས་མི་ཁྱབ་པའི་སྟོབས་ཀྱིས་ཆ་བཞིའི་གཏོར་མ་རྣམ་ལྔ་དང་མིའི་ཡོ་བྱད་དམ་པ་ཞལ་ཟས་ཕྱལ··· དུ་ཕྱིན་པ་སྣ་ཚོགས་ཀུན་ཏུ་བཟང་པོའི་མཆོད་པའི་སྤྲིན་རྒྱ་མཚོ་ཐམས་ཅད་ཀྱིས་རྒྱས་པར་གང······ ཞིང་རྒྱན་སྤྲུབས་པ་དང་ལྡན་པར་གྱུར་ཅིག །མཆོད་སྦྱིན་གྱི་ཡུལ་དུ་གྱུར་པའི་མགྲོན་རྣམས་ཀྱང་། གཤེགས་ཤིང་གདན་འཛོམ་ནས་བཞེས་ཏེ་ལོངས་སྤྱོད་པར་གྱུར་ཅིག །གཏོར་མ་དང་པོ། འདོད་ཡོན་ལྷ་ལྡན་ཟས་མཆོག་དམ་པ་འདི། །ཁམས་གསུམ་ཆོས་ཀྱི་རྒྱལ་པོ་ཙོང་ཁ་པའི། །ལྷ་ཚོགས་འཁོར་དང་བཅས་པ་ཐམས་ཅད་ལ། །འབུལ་ལོ་མཆོག་ཐུན་དངོས་གྲུབ་སྩལ་དུ་གསོལ། ། གཉིས་པ། འདོད་ཡོན་ལྡ་ལྡན་ཟས་མཆོག་དམ་པ་འདི། །བསྟན་འགྲོའི་ཕན་བདེ་ལྷ་ནས་ལྷར་སྤེལ་བའི། །བསྲུང་མ་དམ་ཅན་རྒྱ་མཚོའི་ཚོགས་རྣམས་ལ། །འབུལ་ལོ་འཕྲིན་ལས་མཐའ་དག་སྒྲུབ་པར་མཛོད། །གསུམ་པ། འདོད་

ཡོན་ལྷ་ལྷུན་ཟས་མཆོག་དམ་པ་འདི། །གདོན་བགེགས་འབྱུང་པོ་ལན་ཆགས་རྒྱུད་ལྔའི་འགྲོ། །སྙིང་རྗེའི་ཡུལ་དུ་གྱུར་པ་མ་ལུས་པ། །བསྔོས་ཚིམ་སྒྲིབ་བྱང་སངས་རྒྱས་མྱུར་ཐོབ་ཤོག །ཁཞི་པ། འདོད་ཡོན་ལྷ་ལྷུན་ཟས་མཆོག་དམ་པ་འདི། །ཡུལ་གཞི་གནས་མལ་འཚོ་བ་ཉེར་སྤྱོར་བའི། །ཡུལ་ལྷ་གཞི་བདག་འཁོར་དང་བཅས་པ་ལ། །འབུལ་ལོ་ཆོས་ལྡན་འཕྲིན་ལས་ཐོགས་མེད་སྒྲུབས། །བདག་གི་བསམ་པའི་སྟོབས་དང་ནི། །དེ་བཞིན་གཤེགས་པའི་བྱིན་སྟོབས་དང་། །ཆོས་ཀྱི་དབྱིངས་ཀྱི་སྟོབས་རྣམས་ཀྱིས། །འཕགས་པ་རྣམས་ལ་མཆོད་པ་དང་། ། སེམས་ཅན་རྣམས་ལ་བྱིན་པ་ཡི། །དོན་རྣམས་གང་དག་བསམ་པ་ཀུན། དེ་དག་ཐམས་ཅད་ཅི་རིགས་པར། །ཐོགས་པ་མེད་པར་འབྱུང་གྱུར་ཅིག །བྲེལ་དུས་གཏོར་འབུལ་མ་བྱུས་ཀྱང་ཆད་པའི་སྐྱོན་དུ་མི་འགྱུར་རོ། །གཏང་རག་གི་ཕྱག་མཆོད་ནི། ངོ་མཚར་རྨད་བྱུང་མཁྱེན་རབ་དང་པའི་མཆུས། །གཞུང་ལུགས་བཟང་དན་འོ་ཆུ་ཕྱེ་མཛད་པའི། ། མཁྱེན་པའི་གཏེར་ཆེན་འཇམ་མགོན་ཙོང་ཁ་པའི། །ལྷ་ཚོགས་འཁོར་དང་བཅས་ལ་གུས་ཕྱག་འཚལ། །ཇི་སྙེད་སུ་དག་ཞེས་པ་ནས་ཆེན་པོར་བསྔོ། ནོངས་པ་བཟོད་པར་གསོལ་བ་ནི། འཇམ་མགོན་བླ་མ་ཙོང་ཁ་པ་ཆེན་པོའི་ལྷ་ཚོགས་འཁོར་དང་བཅས་པ་རྣམས་ལ་ཕྱག་མཆོད་གསོལ་བཏབ་བྱས་པའི་སྐབས་འདིར་བདག་ཅག······དུས་ངན་པའི་སེམས་ཅན་སྤྱོད་པ་དམན་ཞིང་མ་དག་པས་མ་འཚལ་བ་དང་བག་མ་མཆིས་པའི······དབང་གིས་ལུས་ངག་ཡིད་གསུམ་གྱི་སྤྱོད་པ་ཉོན་མོངས་པ་དང་འདྲེས་པ་དང་མཆོད་པའི་དངོས་པོ······ཆུང་ཞིང་ངན་པ་དང་། གཙང་སྦྲ་མ་བྱེད་པ་དང་། ཇི་སྐད་བཤད་པའི་ཚོ་ག་བཞིན་དུ་མ་ལྕོགས་པ་ལ་སོགས་པ་འཁྲུལ་ཞིང་ནོངས་པ་ཐམས་ཅད་རྗེ་བཙུན་ཙོང་ཁ་པ་ཆེན་པོ་ལ་སོགས་པ་འཕགས་པ······ཐུགས་རྗེ་ཆེན་པོ་དང་ལྡན་པ་རྣམས་ལ་བཟོད་པར་གསོལ་ཞིང་མཆིས་ན། ཐུ་ཊ་བརྩེ་བར་དགོངས་ཏེ་བཟོད་པར་བཞེས་ཤིང་འཁྲུལ་དང་ཡུན་དུ་བདག་གི་སྒྲིབ་པར་མི་འགྱུར་བར་བྱིན་གྱིས་བརླབ······པར་ཅི་གནང་། མ་འབྱོར་བ་དང་ཉམས་པ་དང་། །གང་ཡང་བདག་རྨོངས་བློ་ཡིས་ནི། ། བགྱིས་པ་དང་ནི་བགྱིད་སྐུལ་གང་། །དེ་ཡང་བཟོད་པར་མཛད་དུ་གསོལ། །དུས་ངན་སེམས་ཅན་བསོད་ནམས་དམན། །མ་རིག་ཉོན་མོངས་དང་འདྲེས་པ། །འཕགས་པའི་ཐུགས་དགོངས་མ་རྫོགས་པ། །དེ་ཡང་བཟོད་པར་མཛད་དུ་གསོལ། །སེར་སྣའི་དབང་གྱུར་མི་མཁས་པས། །མཆོད་པ་ངན་ཞིང་

བཞམ་ཉེས་པ། །མགོན་པོ་ཐུགས་རྗེ་ཆེ་ལྡན་པས། །དེ་ཡང་བཟོད་པར་མཛད་དུ་གསོལ། །ཐག་མེད་སྤྱོད་པ་མ་དག་པས། །ཇི་སྐད་བཤད་པའི་ཚིག་བཞིན། །མ་ལྷོགས་འབྲུལ་པ་ཅི་མཆིས་པ། །དེ་ཡང་བཟོད་པར་མཛད་དུ་གསོལ། །ལྷག་པ་དང་ནི་ཆད་པ་དང་། །ཚིག་གི་ཡན་ལག་ཉམས་པ་དང་། བདག་གི་བརྗེད་ངས་ཅི་མཆིས་པ། །དེ་ཡང་བཟོད་པར་མཛད་དུ་གསོལ། དེ་ནས་མཆོད་གཤེགས་གསོལ་བྱེད་ན། སྐབ་བླའི་མདོ་ཚིག་ནས་བྱུང་བ་ལྟར་བྱ་ལ། རང་ལ་བསྡུ་བར་བྱེད་ན། བཀའ་དྲིན་མཉམ་མེད་འཇམ་མགོན་ཙོང་ཁ་པ། །བདག་གི་སྙིང་གར་པདྨའི་སྟེང་བཞུགས་ལ། །བཀའ་དྲིན་ཆེན་པོའི་སྒོ་ནས་རྗེས་བཟུང་སྟེ། །སྐུ་གསུང་ཐུགས་ཀྱི་དངོས་གྲུབ་སྩལ་དུ་གསོལ། །ཞེས་གསོལ་བ་བཏབ་པས། འཁོར་རྣམས་གཙོ་བོ་ལ་བསྡུ། འཇམ་མགོན་བླ་མ་ཙོང་ཁ་པ་ཆེན་པོ་རང་གི་སྤྱི་བོ་ནས་ཞུགས་ཏེ་སྙིང་གར་གནས་པར་བསམ་མོ། །མདོ་ཚིག་གི་སྐབས་སུ་མཆོད་གཤེགས་གསོལ་བྱ་དགོས་པ་ལྟ་བུར་སྣང་ཡང་། རྗེ་གུང་ཐང་པས་མཛད་པའི་བྱམས་པའི་མདོ་ཚིག་ལས་རང་ལ་བསྡུ་བར་གསུངས་པས་དེ་ཡང་མི་རུང་བ་མེད་དམ་སྙམ་མོ། །ཚེ་རབས་ཀུན་ཏུ་རྒྱལ་བ་ཙོང་ཁ་པས།། ཐེག་མཆོག་བཤེས་གཉེན་དངོས་སུ་མཛད་པའི་མཐུས། །རྒྱལ་བས་བསྔགས་པའི་ལམ་བཟང་དེ་ཉིད་ལས། །སྐད་ཅིག་ཙམ་ཡང་ལྡོག་པར་མ་གྱུར་ཅིག །ཞེས་དང་། གཞན་ཡང་ཡུལ་དུས་དང་མཐུན་པའི་བསྔོ་སྨོན་ཚིགས་བཅད་ཇི་ལྟར་རིགས་པར་བྱ་དགོས་ཤིང་། སྤྱི་ཞིང་ལོང་ཡོད་ན། དགེ་ལྡན་བསྟན་པ་རྒྱས་པའི་སྨོན་ལམ་དང་། བསྟན་པ་འབར་བའི་སྨོན་ལམ་གཉིས་ཀ་གང་རུང་བྱས་ཏེ། །ཕུན་སུམ་ཚོགས་པ་མངའ་བ་གསེར་གྱི་རི་བོ་འདྲ། །ཞེས་སོགས་ཤིས་བརྗོད་ཀྱིས་མཐའ་བརྒྱན་པར་བྱའོ། སླས་པ། བསོད་ནམས་ཞིང་སར་ཕྱག་མཆོད་ས་བོན་གདབ། །གསོལ་འདེབས་སྨོན་ལམ་ཆུ་གཤེར་བཟང་པོས་སྐྱོངས། །ཕོང་ཁྲིའི་སེར་བ་སྲུངས་ཤིག་བློ་གྲོས་ཅན། །ཕན་བདེའི་ལོ་ཏོག་སྨིན་པར་གོར་མ་ཆག །འདིར་འབད་ལེགས་བྱས་གཏྲའི་ཆུ་རྒྱུན་གྱིས། །འགྲོ་ཀུན་སྡིག་པའི་དྲི་མ་ཀུན་བསལ་ཏེ། །བདག་གཞན་དགེ་ཚོགས་ཀླུང་མང་ཆབས་གཅིག་པར། །ཀུན་མཁྱེན་རྒྱ་མཚོ་ཆེན་པོར་འཇུག་གྱུར་ཅིག །བདག་ཀྱང་འདི་ནས་སྐྱེས་ཆེན་འདེགས་པའི་ཚེ། །སྨོན་ལམ་སྟུབ་ཀྱིས་ཁ་ལོ་ལེགས་བསྒྱུར་པའི། །རྣམ་དག་ཁྲིམས་ཀྱི་ཧ་ལ་བཞོན་བྱས་ཏེ། །མི་ཕམ་རྒྱལ་བའི་མདུན་སར་ཕྱིན་གྱུར་ཅིག ། ཅེས་འཇམ་མགོན་བླ་མ་ཙོང་ཁ་པ་ཆེན་པོ་ལ་ཕྱག་མཆོད་གསོལ་འདེབས་བྱ་བའི་ཚིག་བསྒྲིགས་ཡིད་དགའ་ཆོས་འཛིན་དུ་བགྲོད་པའི་ཐེམ་སྐས་ཞེས་བྱ་བ་འདི་ནི། ལུགས་གཉིས་ལ་མཁས་ཤིང་། ཁྱད་པར་དུ་

ནང་རིག་པའི་སྟེ་སྣོད་ལ་ལེགས་པར་སྦྱངས་པའི་མི་དབང་ཆེན་པོ་བྱ་རེ་འིང་ཨཱཧེ་ནི་ཧྲས་ཆེན་པེས་ལེ་དགའ་ལྡན་བསྟན་སྐྱོང་ཚེ·······རིང་གིས་འདི་ལྟ་བུ་ཞིག་དགོས་ཞེས་བསྐུལ་མ་མཛད་ཅིང་། དགེ་དགོན་བསླབ་བྱའི་གླིང་གི་བླ་མ་གཞུང་ལུགས་མང་དུ་ཐོས་པའི་དགེ་བའི་བཤེས་གཉེན་གྲགས་པ་ཆོས་འཕེལ་གྱིས་ཀྱང་བསྐུལ་ཡོད་པའི་ཐོག །རང་ཉིད་མཆོག་ཏུ་དང་བས་ཀྱང་མཚམས་སྦྱར་ཏེ། མཁས་ཤིང་གྲུབ་པ་བརྙེས་པའི་བླ་མ་དུ་མའི་ཞབས་ཀྱི་རྡུལ་སྤྱི་བོས་ནོད་པ། མང་ཐོས་རིགས་སྨྲའི་གཟུགས་བརྙན་ཨསྦྱང་བཙུན་ངག་དབང་དཔལ་ལྡན་གྱིས་སྦྱར་བ་འདིས་ཀྱང་བསྟན་འགྲོ་ལ་ཕན་ཐོགས་པར་གྱུར་ཅིག །

སརྦ་མངྒ་ལཾ། །

བཀྲ་ཤིས་འབར་གྱུར་ཅིག

༄༅། །སྨད་རྒྱུད་ལུགས་ཀྱི་བླ་མའི་རྣལ་འབྱོར་དགའ་ལྡན་ལྷ་བརྒྱ་མ་དང་འབྲེལ་བར་དམིགས་བརྩེ་མའི་ལས་རིམ་གྱི་ཚོ་ག་བླ་བའི་འཁྲི་ཤིང་ཞེས་བྱ་བ་བཞུགས་སོ། །

༄༅། །ན་མོ་གུ་རུ་དེ་ཝ་བྱེ་ཏ་ཡ། རྒྱལ་ཀུན་མཁྱེན་བརྩེ་ནུས་པའི་རང་གཟུགས་སྐུ། །ངུར་སྨྲིག་ཟློས་གར་བསྒྱུར་བ་ཆོས་ཀྱི་རྗེ། །བློ་བཟང་རྒྱལ་བའི་ཞབས་སྐྱེ་ས་པ་ཛྙ་མཆོག །སྐལ་བཟང་སྐྱེ་དགུའི་གཙུག་ན་མཛེས་གྱུར་ཅིག །གང་གི་གསང་གསུམ་རྒྱ་མཚོའི་རོལ་བ་ལས། །རབ་འབྱམས་འཕྲིན་ལས་རླབས་ཕྲེང་འབུམ་གཡོ་བས། །ཕན་བདེའི་དགའ་སྟོན་སྤེལ་བའི་འདུན་པ་ཅན། །ཆོས་མཐུན་རེ་བ་སྐོང་བའི་དགེ་ལེགས་སྩོལ། ༈ དེ་ཡང་འཇམ་དཔལ་རྩ་རྒྱུད་ལས།རེས་འགའ་གསོལ་འདེབས་དབྱངས་ཀྱི་གཟུགས། ཞེས་རྒྱལ་བ་ཉིད་ནས་ལུང་བསྟན་པའི་མན་ངག་དམ་པ། དཔལ་ལྡན་སྨད་རྒྱུད་པ་ནས་འོང་བའི་བླ་མའི་རྣལ་འབྱོར་དགའ་ལྡན་ལྷ་བརྒྱ་མར་འབྲེལ་བའི་གསོལ་འདེབས་དམིགས་བརྩེ་མའི་ལས་ཚོགས་ཀྱི་རིམ་པ་མཐའ་ཡས་པ་ལས། མི་བཟོད་པའི་གཟུངས་དང་། རླུང་དང་། ཆུའི་རྐྱེན་གྱི་ནད་རིགས་ཞི་བའི་དམིགས་པ་རྒྱལ་དུ་འདོན་པའི་ཚུལ་མདོ་ཙམ་བརྗོད་པ་ལ། སྦྱོར་དངོས་མཇུག་གསུམ། དང་པོ་ལ། འདིའི་མན་ངག་རྣམས་ལེགས་པར་ཐོབ་པའི་རྟེན་སྡོམ་པ་གསུམ་ལྡན་གྱིས་གཙང་ཞིང་ཡིད་དུ་འོང་བའི་གནས་སུ་གཞུང་དང་འབྲེལ་བའི་བྲིས་ཐང་སོགས་ཀྱི་རྟེན་བཀྲམ། མཆོད་གཏོར་སོགས་ཚང་བར་བྱས་ཏེ། སྐྱབས་འགྲོ་སེམས་བསྐྱེད་ཚད་མེད་བསྒོམ་པ། ལྟུང་བཤགས་སྨྲེ་བཤགས། བསྟན་པའི་བདག་པོ་ལ་ཟབ་པ་དང་རྒྱ་ཆེ་བའི་ཡོན་ཏན་གྱི་སྒོ་ནས་བསྟོད་པ། དཔལ་ལྡན་ས་གསུམ་མ་བྱིན་རླབས་སྤྱུང་ཞུས་ཀྱིས་བློ་སྦྱངས་པ་རྣམས་ནི་སྔོན་དུ་འགྲོ་བར་གནད་དུ་ཆེའོ། །གཉིས་པ་དངོས་གཞི་ལ་གསུམ་ལས། དགའ་ལྡན་ལྷ་བརྒྱའི་སོགས་ཀྱིས་ཚོགས་ཞིང་སྤྱན་དྲངས་པ་དང་། མདུན་གྱི་ནམ་མཁར་སོགས་ཀྱིས་ཡན་ལག་བདུན་པ་གཉིས་སྔོན་དུ་བཏང་། གསུམ་པ་དངོས་གྲུབ་ཞུ་བ་ལ། གཞི་བཀོད་པ། ལས་ལ་སྦྱར་བ།

སོགས་དབྱུང་བའོ། །དང་པོ་ནི། རིགས་བརྒྱའི་ཁྱབ་བདག་དཔལ་ལྡན་རྡོ་རྗེ་འཆང་། །དུར་སྐྱིག་འཆང་བ་རྗེ་བཙུན་ཙོང་ཁ་པའི། །དཔྲལ་བར་མཁྱེན་རབ་དབང་ཕྱུག་འཇམ་དཔལ་དབྱངས། །མགྲིན་པར་སྙིང་རྗེའི་གཏེར་ཆེན་པད་དཀར་འཆང་། །ཐུགས་ཀར་བདུད་བཅོམ་གསང་བདག་འཁོར་ལོ་ཆེ། སྐྱབས་གནས་ཀུན་འདུས་འདོད་དགུའི་མཆོག་སྦྱིན་མཛོད། ཅེས་བརྗོད། གཉིས་པ་ལ་གསུམ་ལས། དང་པོ་མི་བརྗེད་པའི་གཟུངས་བསྒྲུབ་པ་ནི། སྐུ་ཡི་རྡོ་རྗེས་རང་འདྲ་འཇམ་དཔལ་དབྱངས།། སྤྲོས་པ་རང་ལ་ཞུགས་པས་སྒོ་གསུམ་དང་། །དབྱེར་མེད་རྡོ་རྗེ་གསུམ་གྱི་ངོ་བོ་ཡི། །ང་རྒྱལ་གསལ་སྣང་ཉིད་འཛིན་བརྟན་པར་འགྱུར། །ཆོས་ཀུན་ཚིག་དོན་མི་བརྗེད་དྲན་པའི་གཟུངས། །དྲི་བ་ཀུན་གྱི་ལན་ལྡོན་སྤོབས་པ་མཆོག །མྱུར་དུ་ཐོབ་ནས་ཆོས་ཀྱིས་ཡོངས་རྣམས་ལ། །ཐེག་མཆོག་དགའ་སྟོན་འགྱེད་པར་བདག་གྱུར་ཅིག །ཅེས་པའི་ཚིག་དོན་དྲན་པའི་སྒོ་ནས་རང་འཇམ་དཔལ་དུ་གསལ་བའི་ཐུགས་ཀར་ཧྲཱིཿཡིག་གི་མཐར་ཨ་ར་པ་ཙ་ནའི་སྔགས་ཕྲེང་དང་། ལྟེ་སྙིང་དུ་ཨ་ཡིག་གནས་པ་རྣམས་ལས་འོད་ཟེར་དཔག་ཏུ་མེད་པ་འཕྲོས་པའི་སྣེ་ལ་ཀུན་ཏུ་བཟང་པོའི་མཆོད་སྤྲིན་སྤྲོས་ཏེ། རྒྱལ་བ་སྲས་བཅས་མཆོད་པས་མཉེས་པར་བྱས། དེ་དག་གི་གཟུངས་སྤོབས་ཉིད་དེ་འཛིན་ལ་སོགས་པའི་ཡོན་ཏན་མ་ལུས་པ་བསྡུས་ཏེ། ཡི་གེ་རྣམས་ལ་ཐིམ་པས་འོད་ཟེར་ཆེར་འབར་ལུས་ཀྱི་ནང་ཐམས་ཅད་གང་བ་སྤྱིའི་སྒོ་ནས་ཕྱིར་སྤྲོས་ཏེ་སྣོད་བཅུད་སྦྱངས་བསྒྱུར་དང་། མི་བརྗེད་པའི་གཟུངས་སྤོབས་སོགས་ཕྱུལ་དུ་བྱུང་བའི་དམིགས་པ་དང་བཅས། ཨ་ར་པ་ཙ་ན་ཱི་ཞུས་བཟླ། མཐར་ཨ་ཡིག་དབྱུགས་ཐེང་རེ་ལ་མང་དུ་བཟླས་ཏེ་ཁོང་པར་ཞུགས་པའི་དམིགས་པ་གང་དྲག་བྱ་ཞིང་། འདི་ལྟར། གང་ཞིག་བརྟག་ཅིང་དཔྱད་པས་ཆོས་རྣམས་ཀུན། །མི་བརྗེད་བསྐལ་པའི་བར་དུ་འཛིན་ནུས་པའི། །ཚིག་དང་དོན་གྱི་གཟུངས་མཆོག་བླ་མེད་པ། །བདག་གི་ཡིད་ལ་དེ་རིང་གྲུབ་པར་ཤོག །དེ་ཡི་མཐུ་ལས་ཚེ་རབས་ཀུན་ཏུ་ཡང་། །མུ་མཐའ་ཡས་པའི་དམ་ཆོས་མ་ལུས་པ། །རྒྱལ་བའི་དགོངས་པ་ཇི་བཞིན་ལེགས་བཟུང་ནས། །རྒྱལ་བ་གཉིས་པ་ཡབ་སྲས་ལྟར་གྱུར་ཅིག །ཅེས་འདོད་གསོལ་བྱ། ༈ གཉིས་པ་བྱང་ཁོག་གི་གྲང་རླུང་ལས་གྱུར་པའི་ནད་རིགས་སེལ་བ་ནི། གསུང་གི་རྡོ་རྗེས་རང་འདྲ་འཇིགས་རྟེན་མགོན། །སྤྲོས་པ་རང་ལ་ཞུགས་པས་སྒོ་གསུམ་དང་། །དབྱེར་མེད་རྡོ་རྗེ་

གསུམ་གྱི་ངོ་བོ་ཡི། །ང་རྒྱལ་གསལ་སྣང་ཧྲིང་འཛིན་བརྟན་པར་གྱུར། །ངེས་དོན་གཙོང་ནད་བདག་འཛིན་ཚོ་འཕྲུལ་ལས། །བྱུང་བའི་དྲང་དོན་ནད་རིགས་འདི་ཉིད་ཀྱིས། །མ་ལུས་འགྲོ་བའི་གདུང་བ་ཀུན་ཞི་ནས། །གསང་བའི་དམ་པ་སྤྱོད་པའི་མཐར་སོན་ཤོག །ཅེས་པའི་ཚིག་དོན་བཞིན་རང་སྤྱན་རས་གཟིགས་སུ་གསལ་བའི་ཐུགས་ཀར་ཧྲཱིཿ ཡིག་གི་མཐར་ཡི་གེ་དྲུག་གིས་བསྐོར་བ་ལས་འོད་ཟེར་སྤྲོས་ཏེ་དོན་གཉིས་བྱེད་ཚུལ་སྔར་ལྟར་དང་། ཁྱད་པར་གཞན་གྱི་ནད་རིགས་མཐའ་དག་འོད་ཟེར་གྱིས་དྲངས་ཏེ་རང་གི་ལུས་ལ་ཞུགས། ཐུགས་ཀའི་སྟུགས་ཕྲེང་ལས་བདུད་རྩི་དཀར་པོའི་རྒྱུན་བྱུང་སྟེ་ལུས་ཀྱི་ནང་ཐམས་ཅད་གང་བས་དྲི་མ་བག་ཆགས་དང་བཅས་པ་སྦྱངས་པའི་དམིགས་པ་ལེགས་པར་བསྐྱངས་ན། ཀློ་སྦྱོང་ལས། ཡོག་གནོན་ཐམས་ཅད་གཅིག་གིས་བྱ། །ཞེས་པའི་ཉམས་ལེན་རྨད་དུ་བྱུང་བར་འགྱུར་ཞིང་། ལྷ་མཆོག་དང་འབྲེལ་བས་གནད་ཆེའོ། །བཟླས་པའི་མཐར། རྣལ་འབྱོར་དམ་ཚོས་སྒྲུབ་པའི་ཕྱི་ནང་གི །བར་ཆད་སྤྱི་དང་ཁྱད་པར་འབྱུང་འགྲུག་ནད།། འཕགས་པའི་ཐུགས་རྗེས་བསླུ་མེད་བདེན་སྟོབས་ཀྱིས། །ལྷག་མེད་བྱང་ཞིང་དག་པའི་འཕྲིན་ལས་མཛོད། །རྒྱུ་ཡི་སྡིག་ལྟུང་རྣམ་སྨིན་ཟུག་རྫུ་ཡི། །ཡོན་པ་དྲངས་ནས་གཙོད་པའི་མཚོན་ཆ་མཆོག །སྟོབས་བཞིའི་ཤུགས་འཆང་ཐབས་ཤེས་དབྱེར་མེད་པའི། །ཉོ་ངར་རལ་གྲིས་གཅུད་པ་བསལ་དུ་གསོལ། །ཅེས་འདོད་གསོལ་བྱའོ། ༄ གསུམ་པ་ཀླུ་དང་ས་བདག་ལས་བྱུང་བའི་འབྱུང་བ་ཆུ་འཁྲུགས་པའི་ནད་རིགས་སེལ་བ་ནི། ཐུགས་ཀྱི་རྡོ་རྗེས་རང་འདྲ་གསང་བའི་བདག །སྤྲོས་པ་རང་ལ་ཞུགས་པའི་སྒོ་གསུམ་དང་། དབྱེར་མེད་རྡོ་རྗེ་གསུམ་གྱི་ངོ་བོ་ཡི། །ང་རྒྱལ་གསལ་སྣང་ཧྲིང་འཛིན་བརྟན་པར་གྱུར། །ཞབས་གཉིས་བརྐྱང་བསྐུམ་མཐིང་ནག་འབར་བའི་ཞལ། །གཡས་དཀར་གཡོན་དམར་སྤྱན་ནི་གསུམ་གསུམ་ལྡན། །ཕྱག་དྲུག་རྡོ་རྗེ་གཡས་འཆང་གཡོན་སྡིགས་མཛུབ། །བར་གཉིས་ཐལ་རྗེབ་མཐའ་གཉིས་སྦྲུལ་གསོལ་འདུད། །གཟའ་དང་རྒྱུ་སྐར་བདུད་དང་གནོད་སྦྱིན་དང་། །ཀླུ་དང་ས་བདག་གནོད་པ་ཅི་མཆིས་པ། །ཁྱེད་ཀྱི་གསང་གསུམ་རྡོ་རྗེ་མེ་ཆར་གྱིས། །ད་ལྟ་ཉིད་དུ་ཐལ་མར་བརླག་པར་མཛོད། །ཅེས་རང་ལྟར་གསལ་བའི་ཐུགས་ཀར་ཉི་མའི་དཀྱིལ་འཁོར་གྱི་སྟེང་དུ། ཨོཾ་ནི་ལཱི་བ་ར་རྣཱ་ར་བཛྲ་པཱ་ཎི་ཧཱུྃ་ད་ཡ་མནྟྲ་ཀྲོ་དྷ་སདྡྷ་ཧཱུྃ་ཕཊ། ཅེས་སྙིང་པོ་ཡི་གེ་ཉེར་

གཅིག་པ་དང་། ཨོཾ་ནེ་ཡཱུཾ་བ་ར་ཧླ་ར་བཛྲ་ཡཱ་ནེ་ར་ཧླུ་བ་ཡ་ཧི་སྭཱ་ཧཱ། ཞེས་ཉེ་སྙིང་ཡི་གེ་བཅུ་བདུན་པ་
དང་། ཁྱད་པར་ཆེས་མཆོག་ཏུ་བསྟགས་པའི་རྩ་སྔགས་ནི། ཏདྱ་ཐཱ། ཛྙོ་ཛྙོ། ཝཱན་ནཱ་ག་ཨ་ཧྲི་པ་ཏ་ཡེ།
ཨི་དཾ་ནེ་ཡཾ་བ་ར་ཧྲ་ར་ཤཱ་རི་རཾ་བཛྲ་ཡཱ་ནེ་ཧྲི་ད་ཡཿ ས་མ་དྷི་ཀྲ་མ་ཐཱ། མ་ཀུ་ལ་ཨུད་སྭཱ་ཧ་ནཾ། ཧྲ་
བེ་ཀི་ཏེ། ཏདྱ་ཐཱ། བུད་དྷ་བུད་དྷ། བེ་བུད་དྷ་བེ་བུད་དྷ། མ་ཧེ་ཀྲ་མ་ཐཱ། ཏ་ར་ཏ་ར། ནཱ་གཱ་ནཱཾ། ཕྲ་ཏ་ར་
ཕྲ་ཏ་ར། སརྦ་ནཱ་གཱ་ནཱཾ། ཙྪིནྡྷ་ཙྪིནྡྷ། ནཱ་ག་ཧྲི་ད་ཡ་ནི། ཧྲེན་དྷ་ཧྲེན་དྷ། ནཱ་ག་མ་ར་ནི། བི་ཤེ་ར་ཡཾ་ཏུ།
ནཱ་ག་ཤཱུ་ནྟེ་ནྟ་ཏེ། བེ་སྥོ་ཊ་ཡ་ནཱ་ག་ན་ཡ་ན་ནི། ཏདྱ་ཐཱ། ཧཱུཾ་ཕཊ། ནཱ་ག་བེ་ད་ར་ཎ་ཡ་ཧཱུཾ་ཕཊ། ནཱ་ག་གོ་
ཏ་སྣད་ཊྚ་ཡ་ཧཱུཾ་ཕཊ། ནེ་ཡཱུཾ་བ་ས་ནཱ་ཡ་ཧཱུཾ་ཕཊ། ཨ་བྲ་ཧི་ཏ་ཏ་བཱ་ལ་ཡ་ཧཱུཾ་ཕཊ། པཱ་ར་ཀྲ་མ་ནཱ་ཡ་ཧཱུཾ་
ཕཊ། ཀྲི་ཏཱ་ནཱ་ཡ་ཧཱུཾ་ཕཊ། ཀྲི་ཏཀྵ་ཙུ་བ་ཡ་ཧཱུཾ་ཕཊ། རཾ་ཀཱ་ཊ་ཡ་ཧཱུཾ་ཕཊ། ཏྲཱ་ས་ན་ཡ་ཧཱུཾ་ཕཊ། ཀུན་ཏྲཱ་ཊ་
ཊོ་ད་སྣད་ན་ཡ་ཧཱུཾ་ཕཊ། བྲེ་ཏཱ། བེ་ཤ་ཙ། བྲེ་ནཱ་ཤ་ཀཱ་ར་ཡ་ཧཱུཾ་ཕཊ། ཡཀྵ་ཨ་བསྐྱུར། བེ་ནཱ་ཤ་ཀཱ་ར་ཡ་
ཧཱུཾ་ཕཊ། ཏ་ས་ཏ་ས། ཧྲ་ར་ཧྲ་ར། སྨ་ར་ཡ་སྨ་ར་ཡ། ན་ཤ་ཡ་ན་ཤ་ཡ། སརྦ་བི་གྷྣཱན་བེ་ནཱ་ཤ་ཀཱ་ར་ཡ་ཧཱུཾ་
ཕཊ། སརྦ་ཤ་ཏྲཱུཾ་ག་ཊ་བེ་ན་ཤ་ཀཱ་ར་ཡ་ཧཱུཾ་ཕཊ། ཧྲི་ཡཱུཾ་བ་ར་ཧྲ་ར་བཛྲ་པ་ཊི་ར་ཧླུ་པ་ཡ་ཧི་སྭཱ་ཧཱ།
ཞེས་བཟླ་ཞིང་ཐུགས་ཕྲེང་ལས་མེ་འོད་དང་ཕྱག་རྡོར་གྱི་སྐུ་སྤྲོ་བ་དང་། ཀླུ་འདུལ་ཆེད་དུ་རྟ་ཞལ་
གྱི་སྤྲིན་མཚམས་ནས་ལྕགས་ཀྱི་ཁྱུང་སྤྲོ་བ་སོགས་དམིགས་པའི་རྣམ་གྲངས་གཞན་ནས་ཤེས།
བཟླས་པའི་མཐར། འདབ་བརྒྱ་པ་དང་ཉིན་བྱེད་བདག་པོའི་སྟེང་། །ཚངས་དང་དབང་པོ་སྐྱེ་ལ་བའི་
མགོ་བོ་ན། །བརྐྱང་བསྐུམས་ཞབས་ཀྱིས་ས་གསུམ་གཡོ་མཛད་པ། །ཉི་མ་བྱེ་བའི་འོད་ཅན་ཁྱོད་ལ་
འདུད། །གཉིས་སྣང་འཁྲུལ་པའི་མུན་ཚོགས་གཞིལ་བ་ལ། །ཟླ་མེད་མཐུ་སྟོབས་ལྡན་པ་བླ་མ་ལྷའི། །
སྐུ་གསུམ་དབྱེར་མེད་ཡིད་བཞིན་དབང་གི་རྒྱལ། །བདག་གི་སྙིང་ལ་ནམ་ཡང་འབྲལ་མེད་མཛོད། །
ཁྱད་པར་ཀུན་མཁྱེན་ཡེ་ཤེས་རྒྱ་མཚོ་ཆེ། །བདེ་ལེགས་བགྲོད་པའི་དཔལ་འབྱོར་གྲུ་གཟིངས་མཆོག །
བར་ཆད་འཇིགས་པའི་ཚོགས་ཀྱིས་གཡོ་མེད་པར། །ཆོས་ལྡན་རེ་བ་ཡིད་བཞིན་འགྲུབ་པར་མཛོད། །
ཅེས་འདོད་དོན་ལ་གསོལ་བ་བཏབ། འདིར་སྙིང་པོ་འབུམ་དང་། རྩ་སྔགས་ཁྲི་རིས་ཅན་དུ་འགྲོ་བར་
བྱའོ། ༈ གསུམ་པ་ནི། མདུན་བསྐྱེད་ལ་དམིགས་ནས་དམིགས་བརྩེ་མ་བཞི་སྐོར་མང་དུ་འདོན། དེ་
ནས། དཔལ་ལྡན་དང་། བདག་གི་སྤྱི་བོ་ནས་སྐུལ་དུ་གསོལ། །ཁྱོད་ནི་བླ་མ་ནས་སྐུ་བཞི་ཐོབ་ཅིང་

རང་གི་ཚངས་བུག་ནས། །སྙིང་གི་ཟེ་འབྲུར་བརྟན་ཞིང་བྱིན་གྱིས་རློབས། །དེ་ནས་རང་ཡང་སྔར་ལྟར་གྱི་རྗེ་བླ་མའི་སྐུར་གྱུར་ཅིང་། སྙིང་དབུས་སུ་ཡེ་ཤེས་སེམས་དཔའི་ཚུལ་གྱིས་བཞུགས་པ་སྙིང་གི་པདྨ་ཁ་ཟུམ་སྟེ་གསང་བ་རྒྱ་དྲུག་གིས་རྒྱས་བཏབ་ཅིང་། དམིགས་བརྩེ་མ་གཙོ་བོར་འདོན་ལ། རིགས་གསུམ་གྱི་སྔགས་དང་། རྗེའི་མཚན་སྔགས། ཨོཾ་ཨཱཿགུ་རུ་སུ་མ་ཏི་ཀཱིརྟི་སིདྡྷི་ཧཱུྃ་ཧཱུྃ་ཞེས་པ་བཟླས་ཏེ་སྐབས་གང་ཡིན་གྱི་དམིགས་པ་སྐྱོང་ངོ་། །ཐོག་མར་མདུན་དུ་གསལ་བཏབ་པའི་རྗེ་བླ་མ་ལ་དམིགས་ཏེ་འདི་ལྟར་བཟླས་བརྗོད་བྱས་ནའང་བྱིན་རླབས་འཇུག་པའི་སྒོར་བསྔགས་པ་ལྟར་དོན་ཆེ་ཞིང་། དམིགས་རིམ་རྒྱས་པར་ཉམས་སུ་ལེན་འདོད་ན་ཁྲིད་ཡིག་དུ་མ་དང་། ཁྱད་པར་རྗེ་བསྟན་པའི་སྒྲོན་མེས་མཛད་པའི་གཞུང་བསྡུད་དང་། རྡོ་རྗེ་འཆང་དགའ་དབང་ཐུབ་བསྟན་རྒྱ་མཚོས་མཛད་པའི་བསྙེན་ཡིག་སྨིན་སྨིག་དང་འབྲེལ་བ། སྒོ་མང་བླ་མ་རྡོ་རྗེ་འཆང་ཆོས་དར་བའི་སྤྱན་སྔ་ནས་མཛད་པའི་རྒྱན་དྲུག་ཕྱག་མཆོད། འཇམ་དབྱངས་བདེ་བའི་རྡོ་རྗེས་མཛད་པའི་འདི་ཉིད་ཀྱི་བརྒྱུད་འདེབས་དང་སྨོན་ལམ། པཎ་ཆེན་ནས་མཛད་པའི་ཤེས་བརྗོད་སོགས་བསྙེན་པའི་ཆ་ལག་རྫོགས་པར་བྱས་ན། ཇི་སྐད་དུ། དངོས་གྲུབ་སློབ་དཔོན་རྗེས་འབྲང་ཞེས། །རྡོ་རྗེ་འཛིན་པ་ཉིད་གསུངས་པ། །ཞེས་པའི་དགོངས་པ་ལྟར་སྡོམ་གསུམ་དག་པའི་ལམ་གྱི་རྨང་གཞི་ཚུགས་ཏེ་འདི་ཕྱིའི་ལེགས་ཚོགས་མཐའ་དག་འགྲུབ་པའི་མན་ངག་གི་རྒྱལ་པོར་འགྱུར་རོ། །འདིར་སྨྲས་པ། མདོ་རྒྱུད་མན་ངག་རྒྱ་མཚོའི་ཐ་གློང་ལས། །ཉམས་དཔྱོད་རླུང་གིས་བསྐྱོད་པའི་བདུད་རྩིའི་ཆ། །གདུང་སེལ་བྱིན་རླབས་དད་ལྡན་དྲི་ཆབ་འདིས། །དད་འདུན་ཡིད་དབང་སིམ་པའི་དགའ་སྟོན་མཛོད། །དུས་གསུམ་རྒྱལ་བའི་ཐུགས་བཅུད་བདུད་རྩིའི་གཏེར། །ཅི་དགར་སྤྱོད་པའི་དམ་ཚིག་ཕྱག་རྒྱ་ལས། །འགོང་བའི་ཉེས་ཚོགས་ཇི་སྙེད་མཆིས་པ་ཡང་། །ཀུན་ནས་སྒྲིབ་མེད་མཆོད་ཅིག་བླ་མ་ལྷ། །དེང་ནས་ཇི་སྲིད་བྱང་ཆུབ་སྙིང་པོའི་བར། །འཇམ་མགོན་བླ་མས་དགྱེས་བཞིན་རྗེས་བཟུང་ནས། །འཕྲུལ་བྲལ་ལུགས་བཟང་སྤེལ་བའི་ལྷག་བསམ་གྱིས། །རྒྱལ་སྲས་སྙིང་སྟོབས་མཆོག་ཏུ་བདག་གྱུར་ཅིག །ཅེས་སྨད་རྒྱུད་ལུགས་ཀྱི་བླ་མའི་རྣལ་འབྱོར་དགའ་ལྡན་ལྷ་བརྒྱ་མ་དང་འབྲེལ་བའི་ལམ་རིམ་གྱི་ཆོ་ག་ཟླ་བའི་འཁྲི་ཤིང་ཞེས་བྱ་བ་འདི་ནི་དགེ་བཤེས་ལེགས་བཤད་བསྟན་འཛིན་གྱིས་བསྐུལ་ངོར། འདི་འདྲ་བྲི་བའི་མཚན་ཉིད་དང་མི་ལྡན་ཡང་རྣལ་འབྱོར་

རྨད་དུ་བྱུང་བ་འདིའི་སྒོ་ནས་འདོད་དོན་མཐའ་དག་འགྲུབ་པར་ཡིད་ཆེས་པ་ནི་ཤིན་ཏུ་རིགས་པའོ་སྙམ་པའི་ཡིད་ཀྱིས་བརྩོན་པ་བསྐྱེད་དེ་རིག་འཛིན་གཟུགས་བརྙན་སུ་རྫི་པྲ་ཤ་ཀས་བགྱི་ཤིས་ལུམ་བིའི་ཚལ་དུ་སྤྱར་བའི་ཡི་གེ་བ་ནི་ཉེ་གནས་དཔྱོད་ལྡན་སེ་རའི་མིང་ཅན་གྱིས་བགྱིས་པ་འདི་ཡང་འཛམ་མགོན་རིང་ལུགས་དྲི་མ་མེད་པ་དུས་ཀྱི་མཐར་ཡང་མི་ཉམས་པའི་རྒྱུར་གྱུར་ཅིག སུ་སྟི་ཨཱ་ཧཱུཾ། འདི་ཡང་དད་ལྡན་སྦྱིན་བདག་དཔལ་རིས་དགེ་འདུན་སྐྱབས་ཀྱིས་མཐུན་རྐྱེན་སྦྱར་ཏེ་སྐུ་འབུམ་བྱམས་པ་གླིང་དུ་པར་དུ་བསྒྲུབས་པའོ། ། ཨོཾ་སྭ་སྟི། ཕྱུལ་བྱུང་དགེ་ལ་དད་འདུན་ནོར་དང་ལྡན། །སྐྱབས་གསུམ་རིན་ཆེན་གཙུག་གི་ནོར་བུར་འཛིན། །བློ་གྲོལ་བསྟན་པའི་སྦྱིན་བདག་འཁོར་བཅས་ཀྱིས། །བཤད་སྒྲུབ་འབྱུང་གནས་སྐུ་འབུམ་བྱམས་གླིང་དུ། ཡོན་སྦྱར་པར་འདི་ལེགས་བསྒྲུབས་དགེ་ཚོགས་གྱུར། །བརྟེན་ནས་ཐུག་བསྡུལ་ཐྲ་རགས་རྒྱ་མཚོ་ལས། །བརྒྱལ་ནས་མཐོ་རིས་གོ་འཕང་རིམ་བརྒྱུད་དེ།། རྣམ་གྲོལ་རིན་ཆེན་གླིང་དུ་སྨྱུར་བགྲོད་ཤོག །

༄༅། །ཇོ་བླ་མ་ལ་བརྟེན་པའི་མཆོད་པའི་ཚོ་ག་སྐྱ་རེངས་སྣང་བ་ཞེས་བྱ་བ་བཞུགས་སོ། །

༄༅། །ན་མོ་གུ་རུ་མཉྫུ་གྷོ་ཥཱ་ཡ། དམིགས་མེད་འགྲོ་ལ་བརྩེ་བའི་གཏེར་ཆེན་སྤྱན་རས་གཟིགས་དབང་མཚན་མོའི་མགོན། །སྒྲིབ་གཉིས་དྲི་མེད་མཁྱེན་པའི་དབང་པོ་སྣང་བའི་གཏེར་ཆེན་འཇམ་པའི་དབྱངས། །གངས་ཅན་མཁས་པའི་གཙུག་གི་རྒྱན་གྱུར་ཐུབ་དབང་གཉིས་པ་ཙོང་ཁ་པ། །བློ་བཟང་གྲགས་པའི་ཞབས་པད་མཆོག་ལ་སྒོ་གསུམ་གུས་པས་གསོལ་བ་འདེབས། །རབ་འབྱམས་བརྟན་དང་གཡོ་བའི་དངོས་ཀུན་གྱི། །རྗེས་སོང་བྱུང་འཇུག་གསང་གསུམ་སྒྱུ་མའི་འཕྲུལ། །ཉན་རང་རྒྱལ་སྲས་དཔའ་བོ་མཐའ་དག་གི། སྤྱོད་ཡུལ་ལས་འདས་སོ་སོ་རང་རིག་ཡུལ། །འོན་ཀྱང་གང་ལ་དད་པའི་བུ་ག་རུ། །བྱིན་རླབས་འོད་ཀྱི་ཟེགས་མ་ཞུགས་པ་ཡིས། །དོན་གཉིས་སྣང་བའི་གཏེར་དུ་རྫོགས་བྱེད་པའི། །ཚོག་བསྒྲིག་སྐྱ་རེངས་འོད་སྣང་འདི་ན་སྤྲོ། །དེ་ལྟར་མཆོད་པར་བརྗོད་ཅིང་རྩོམ་པར་དམ་བཅའ་སྔོན་དུ་བཏང་ནས། ཇི་སྐད་དུ། ང་ནི་མྱ་ངན་འདས་གྱུར་ནས། །ས་ཡི་སྙིང་འདི་སྟོངས་པ་ན། །ཁྱོད་ཉིད་བྱིས་པའི་གཟུགས་ཀྱིས་ནི། །སངས་རྒྱས་མཛད་པ་བྱེད་པར་འགྱུར། །ཞེས་སྟོན་པ་ཐུབ་པའི་དབང་པོ་ཉིད་ཀྱིས་བཀའ་ཡང་དག་པའི་ཚད་མ་ལས་སངས་རྒྱས་ཀྱི་མཛད་····པ་བྱེད་པར་ལུང་བསྟན་པས། ངེས་པ་དོན་གྱི་རྒྱལ་བ་གཉིས་པ་ཤར་ཙོང་ཁ་པ་ཐམས་ཅད་མཁྱེན་པ་བློ་བཟང་གྲགས་པའི་དཔལ་ལ་བརྟེན་ནས་བསོད་ནམས་ཀྱི་ཚོགས་རྒྱ་ཆེན་པོ་གསོག་པའི་ཚུལ་འགོད་པ་ལ། སྦྱོར་དངོས་མཇུག་གསུམ་ལས། དང་པོ་ནི། གནས་ཁང་བྱི་དོར་བྱས་ལུགས་འདིའི་ཞིང་བཀོད་སོགས་ཇོ་བླ་མའི་སྐུ་བརྙན་གཙོ་བོར་བྱས་པའི་དཀོན་མཆོག་གི་རྟེན་བཀྲམ། གདུགས་རྒྱལ་མཚན་བླ་བྲེ་སོགས་ཀྱིས་བརྒྱན། དྲི་བཟང་གིས་སྤྲུགས་པའི་ཆུ་གཙང་། ཆུ་དང་ཐང་ལས་སྐྱེས་པའི་མེ་ཏོག དགུན་དུས་ལྷ་བུར་རིན་པོ་ཆེ་སོགས་ལས་བྱས་པའི་མེ་ཏོག་གམ། ཙམ་པ་ཀ་དང་རི་མོར་བྲིས་པའི་མེ་ཏོག་དང་འབྲུ་དཀར། ཨ་ཀར་དང་ཙནྡན་དཀར་དམར་དབུས་སྤོས་ཤུག་པ་སོགས་བདུག་པ། མར་དཀར་གྱི་མར་མེ། འབྲུ་དཀར་གྱི་ཙམ་པ་གང་ལེགས། །དཀར་གསུམ་མངར་

གསུམ་སྨན་སྣ་སྦྱར་བའི་ལྷ་བཤོས་རྒྱ་གང་ཆེ་མར་རྒྱན་གང་ལེགས་ཀྱིས་སྤྲས་པ་སོགས་ཆུ་གཉིས་ཉེར་སྤྱོད་ཚར་བརྒྱའམ་སྟོང་ངམ་ཁྲི་སོགས་གང་འབྱོར་གཙང་ཞིང་གྱ་ནོམ་པ་བཤམས། མདུན་དུ་རྡོར་དྲིལ་ཏིང་ཤག་ཛ་སྦུབ་དུང་རྒྱ་གླིང་སོགས་རོལ་མོ་འདུ་བྱས། སྒྲུབ་པ་པོ་རྣམས་ཀྱིས་ཁྲུས་དང་གཙང་སྦྲ་བྱས་ལ། ཐེག་ཆེན་གསོ་སྦྱོང་ལེན་ཐུབ་ན་ཤིན་ཏུ་ལེགས། དེ་ནས་ཐོག་མར་སྐྱབས་འགྲོ་བྱ་བ་ལ། ཚོགས་ཞིང་གསལ་གདབ་པ་ནི། མདུན་དུ་ཀུན་བཟང་མཆོད་སྤྲིན་རྒྱ་མཚོའི་དབུས།། རིན་ཆེན་ལས་གྲུབ་ཡངས་པའི་ཁྲི་སྟེང་དུ། །རྒྱབ་ལ་ཉེ་བར་འོད་འབར་ནོར་བུའི་ཁྲི། །སྣ་ཚོགས་པདྨ་ཉི་ཟླའི་གདན་བཅས་སྟེང་། །རྩ་བའི་བླ་མ་འཇམ་དཔལ་སྙིང་པོ་དང་། །དབྱེར་མེད་ཐུབ་དབང་བཙོ་མའི་གསེར་གྱི་མདོག །གཙུག་ཏོར་མཛེས་ལྷེམ་ས་གནོན་མཉམ་བཞག་མཛད། །ཞབས་གཉིས་རྡོ་རྗེ་སྐྱིལ་ཀྲུང་ཚུལ་གྱིས་བཞུགས། །གྱུར་གྱུམ་མདངས་ལྡན་ཆོས་གོས་རྣམ་གསུམ་གསོལ། །ཉིན་བྱེད་ལས་ལྷག་འོད་ཟེར་ཕྱོགས་བཅུར་འཕྲོ། །མཚན་དང་དཔེ་བྱད་གསལ་ལ་རབ་རྫོགས་པའི། །མཛེས་པའི་སྐུ་ནི་བལྟ་བའི་ཚོག་མི་ཤེས། །ཡན་ལག་དྲུག་ཅུའི་དབྱངས་དང་ལྡན་པ་ཡི། །སྙན་པའི་གསུང་ནི་ཐོས་པས་ངོམས་པ་མེད། །མཁྱེན་དང་བརྩེ་བའི་གཏེར་དུ་གྱུར་པ་ཡི། །ཟབ་ཡངས་ཐུགས་ནི་གཏིང་མཐའ་གཞལ་ལས་འདས། །ཉེས་པའི་དྲི་བྲལ་ལེགས་པའི་ཡོན་ཏན་རྫོགས། །དྲན་པ་ཙམ་གྱིས་སྲིད་ཞིའི་གདུང་བ་སེལ། །རབ་འབྱམས་ཞིང་དུ་བཅུ་གཉིས་མཛད་པ་སོགས། །གང་འདུལ་རོ་མཚར་སྤྲུལ་པ་སྣ་ཚོགས་སྟོན། །དེ་ཡི་གཡས་གཡོན་པདྨ་ཉི་ཟླའི་གདན། །བླ་མ་བརྒྱུད་པའི་གྲངས་སྙེད་ཚར་དུ་དངར། །སྟེང་དུ་གཡས་སུ་རྒྱ་ཆེན་སྤྱོད་བརྒྱུད་དང་། །གཡོན་དུ་ཟབ་མོ་ལྟ་བརྒྱུད་ཚོ་སྦྲ་རྣམས་བཞུགས། །ཐུབ་དབང་མདུན་དུ་གདན་ཁྲི་ཕུན་ཚོགས་སྟེང་། །རྩ་བའི་བླ་མ་མཛལ་དུས་རྣམ་པ་ཅན། །ཆོས་འབྲེལ་མནོས་པའི་དངོས་ཀྱི་བླ་མ་རྣམས། །པདྨ་ཉི་ཟླའི་གདན་ལ་བཞུགས་པས་བསྐོར། །ཐུབ་པའི་དབང་པོའི་རྒྱབ་ཀྱི་སྟེང་གི་ཆར། །དཔལ་ལྡན་རིགས་བརྒྱའི་ཁྱབ་བདག་རྡོ་རྗེ་འཆང་། །བྱིན་རླབས་བརྒྱུད་པའི་བླ་མ་མཆོག་རྣམས་ཀྱིས། །བསྐོར་བ་པདྨ་ཉི་ཟླ་བའི་གདན་ལ་བཞུགས། །ཐུབ་དབང་གཙོ་འཁོར་རྣམས་ཀྱི་ཕྱོགས་བཞི་རུ། །གསང་འདུས་འཇིགས་མཛད་དུས་འཁོར་ཧེ་རུ་ཀའི། །དཀྱིལ་འཁོར་ལྷ་ཚོགས་རྣམས་དང་དེ་དག་མཐར། །ཡི་དམ་སངས་རྒྱས་བྱང་

སེམས་ཉན་རང་དང་། །དཔའ་བོ་མཁའ་འགྲོ་ཆོས་སྐྱོང་སྲུང་མར་བཅས། །ཞི་ཁྲོ་རབ་འབྱམས་རང་
རང་གདན་ལ་བཞུགས། །རྡོ་རྗེ་འཆང་དབང་གཙོ་འཁོར་རྣམས་ཀྱི་མཐར། །འདུལ་མདོན་མདོ་དང་
དབང་བཤད་མན་ངག་གི །བརྒྱུད་པའི་བླ་མ་དཔག་ཏུ་མེད་པ་རྣམས། །པད་ཉི་ཟླ་བའི་གདན་ལ་
མཛེས་པར་བཞུགས། །དེ་དག་རྣམས་ཀྱི་མདུན་དུ་རང་རང་གིས། །གསུངས་པའི་དམ་ཆོས་འོད་ཀྱི་
རང་བཞིན་གྱི། །པོ་ཏིའི་རྣམ་པར་གདན་ཁྲི་བཟང་པོའི་སྟེང་། །བཞུགས་པའི་སྐྱབས་ཡུལ་ནམ་མཁའ་
གང་བ་རྣམས། །དཔག་ཡས་འོད་ཟེར་སྤྲོ་བསྡུའི་རོལ་བ་ཡིས། །རབ་འབྱམས་ཞིང་དུ་འགྲོ་བའི་དོན་
མཛད་ཅིང་། །རང་ལ་དགྱེས་པའི་ཉམས་ཀྱིས་བཞུགས་པར་གྱུར། །རང་དང་མཐའ་སྐོར་རིགས་
དྲུག་འགྲོ་བ་ཀུན། །ཐོག་མེད་ནས་བཟུང་སྲིད་པའི་རྒྱ་མཚོ་འདིར། །བཟོད་དཀའ་ཡུན་རིང་སྡུག་
བསྔལ་གྱིས་མནར་ཡང་། །ད་དུང་གཉེན་མཐའ་མདོན་པར་མི་སྣང་བས། །དེ་ཡི་སྐྱབས་ཤིག་ད་ལན་
བཙལ་དགོས་ཤིང་། །དེ་ཡང་དཀོན་མཆོག་རིན་ཆེན་རྣམ་གསུམ་ལ། །བློ་འགེལ་ནུས་ན་ནམ་ཡང་
མི་བསླུ་བས། །གདུང་ཤུགས་དྲག་པོས་སྐྱབས་སུ་འགྲོ་བར་བྱ། །བདག་དང་འགྲོ་བ་ནམ་མཁའི་
མཐའ་དང་མཉམ་པའི་སེམས་ཅན་ཐམས་ཅད་དཔལ་ལྡན་བླ་མ་དམ་པ་རྣམས་ལ་སྐྱབས་སུ་མཆིའོ། །
སངས་རྒྱས་བཅོམ་ལྡན་འདས་རྣམས་ལ་སྐྱབས་སུ་མཆིའོ། །དམ་པའི་ཆོས་རྣམས་ལ་སྐྱབས་སུ་
མཆིའོ། །འཕགས་པའི་དགེ་འདུན་རྣམས་ལ་སྐྱབས་སུ་མཆིའོ། །ཁྱད་པར་ཁམས་གསུམ་ཆོས་
ཀྱི་རྒྱལ་པོ་ཙོང་ཁ་པ་ཆེན་པོ་ཡབ་སྲས་བརྒྱུད་པ་དང་བཅས་པ་རྣམས་ལ་སྐྱབས་སུ་མཆིའོ། །ཆོས་
སྐྱོང་སྲུང་མ་ཡེ་ཤེས་ཀྱི་སྤྱན་དང་ལྡན་པ་རྣམས་ལ་སྐྱབས་སུ་མཆིའོ། །ཞེས་ལན་མང་བརྗོད་པའི་
མཐར། སྐྱབས་ཡུལ་རྣམས་ལས་བདུད་རྩིའི་རྒྱུན་བབས་པ། །བདག་སོགས་ཀུན་གྱི་སྤྱི་བོ་ནས་
ཞུགས་པས། །དེ་དག་ལ་བརྟེན་ཉེས་པའི་ཚོགས་བྱང་ཞིང་། །བྱིན་རླབས་མ་ལུས་རྒྱུད་ལ་ཞུགས་
པར་གྱུར། །ཅེས་ལན་གཅིག འབྲས་སྐྱབས་སུ་གྱུར་པའི་དཀོན་མཆོག་གསུམ་ལ་གཙོ་བོར་དམིགས་
ནས་སེམས་ཅན་ཐམས་ཅད་ཀྱི་དོན་དུ་ཐོབ་བྱར་བྱེད་པ་ཐེག་ཆེན་ཐུན་མོང་མ་ཡིན་པའི་སྐྱབས་འགྲོ་
དང་སེམས་བསྐྱེད་ཀྱི་དམིགས་རྣམ་གསལ་བཏབ་ལ། སངས་རྒྱས་ཆོས་དང་ནས་འགྲུབ་པར་ཤོག །
ཅེས་ལན་གང་མང་བརྗོད་དེ་བྱང་ཆུབ་ཏུ་སེམས་བསྐྱེད་ཅིང་སྤྱོད་པ་ཕྱིན་དྲུག་སོགས་རྒྱལ་སྲས་ཀྱི་

སྤྱོད་པ་མཐའ་དག་ལ་བསླབ་པར་བྱའོ་སྙམ་པའི་འདུན་པ་དྲག་པོ་གསལ་གདབ། མདུན་གྱི་བླ་མ་ཐུབ་པའི་དབང་པོ་ལས། །རང་འདྲ་ཆད་དེ་ཐིམ་པས་བདག་ཉིད་ནི། །ཐུབ་དབང་སྐུར་གྱུར་དེ་ཡི་འོད་ཟེར་གྱིས། །འགྲོ་ཀུན་བྱང་ཆུབ་མཆོག་ལ་བཀོད་པར་གྱུར། །ཅེས་སེམས་བསྐྱེད་འབྲས་བུ་ལམ་བྱེད་ཀྱི་ཚུལ་དུ་བསྒོམ་པ་ལན་གཅིག་བྱ། ཉེ་རིང་རིས་སུ་མ་ཆད་མ་គན་རྣམས། །སྡུག་བསྔལ་རྒྱུ་བཅས་ལས་གྲོལ་བདེ་ཐོབ་ཅིང་། །ཟག་མེད་དགའ་བས་རོལ་ན་ཅི་མ་རུང་། །དེ་བཞིན་གྱུར་ཅིག་དེ་ལྟར་བདག་གིས་བྱ། །དེ་བསྒྲུབ་ནུས་པར་བླ་མ་ལྷག་པའི་ལྷས། །བྱིན་གྱིས་རློབས་ཞེས་གསོལ་བ་བཏབ་པ་ན། །བྱིན་རླབས་བདུད་རྩིའི་རྒྱུན་གྱིས་ཆར་བབས་པས། །འགྲོ་ཀུན་ཚད་མེད་བཞི་ལ་གནས་པར་གྱུར། །ཅེས་ཚད་མེད་བཞི་བསྒོམ་པ་ལན་གསུམ་སོགས་བྱ། །བརྒྱུད་འདེབས་ནི། །རྒྱལ་ཀུན་ཡེ་ཤེས་གཅིག་བསྡུས་འཇམ་པའི་དབྱངས། །ངུར་སྨྲིག་གར་མཛད་བློ་བཟང་གྲགས་པའི་དཔལ། །གཉིས་མེད་གཉིས་སུ་སྣང་བའི་བླ་མ་ལྷར། །གསོལ་བ་འདེབས་སོ་ཐུགས་རྗེས་བརྩེར་དགོངས་ནས། །མི་ཤེས་མོངས་པའི་མུན་པ་དྲུང་ཕྱུང་སྟེ། །ལམ་བཟང་གེགས་མེད་སྐྱེ་བར་བྱིན་གྱིས་རློབས། །འཇམ་མགོན་གསུང་གི་གསང་བའི་མཛོད་འཛིན་པ། །ཤེས་རབ་སེང་གེའི་ཞབས་དང་དེ་ཡི་སྲས། །འདུལ་འཛིན་ཆེན་པོ་དཔལ་ལྡན་བཟང་པོ་ལ། །གསོལ་བ་འདེབས་སོX། །མི་ཤེསX། །ལམ་བཟང་X། །འཇམ་དཔལ་གཞོན་ནུའི་རྗེས་བཟུང་དགེ་འདུན་འཕེལ། །ཟབ་གསང་གདམས་པའི་གཏེར་མཛོད་བཀྲ་ཤིས་འཕགས། །གསང་ཆེན་བསྟན་པའི་མངའ་བདག་རྣམ་གཉིས་ལ། །གསོལ་བ་འདེབས་སོX། །མི་ཤེསX། །ལམ་བཟང་X། །མཐའ་ཡས་བསྟན་དང་འགྲོ་བའི་དཔལ་གྱུར་པ། །བསམ་འགྲུབ་རྒྱ་མཚོའི་ཞབས་དང་འདུས་པ་ཡི། །ཟབ་ལམ་མངོན་གྱུར་བརྩོན་འགྲུས་འཕགས་པ་ལ། །གསོལ་བ་འདེབས་སོX། །མི་ཤེསX། །ལམ་བཟང་X། །ནུས་པ་མཐར་སོན་རྡོ་རྗེ་བཟང་པོ་དང་། །རྣལ་འབྱོར་དབང་ཕྱུག་སངས་རྒྱས་རྒྱ་མཚོ་སྟེ། །གྲུབ་པའི་དབང་ཕྱུག་ཆེན་པོ་རྣམ་གཉིས་ལ། །གསོལ་བ་འདེབས་སོX། །མི་ཤེསX། །ལམ་བཟང་X། །སྙན་བརྒྱུད་མན་ངག་སྤེལ་བའི་བཀའ་བབས་པ། །དཀོན་མཆོག་རྒྱ་མཚོ་དཀོན་མཆོག་ཡར་འཕེལ་ཏེ། །མཁས་ཤིང་གྲུབ་བརྙེས་རྒྱུད་ཆེན་རྣམ་གཉིས་ལ། །གསོལ་བ་འདེབས་སོX། །མི་ཤེསX། །ལམ་བཟང་X། །འཇམ་དབྱངས་བླ

མ་ངག་དབང་བློ་གྲོས་ཞབས། །ཀུན་མཁྱེན་ཆེན་པོ་འཇམ་དབྱངས་བཞད་པ་སྟེ། །མཐའ་འཁོབ་བསྟན་པའི་སྒྲོན་མེ་རྣམ་གཉིས་ལ། །གསོལ་བ་འདེབས་སོX། །མི་ཤེསX། །ལམ་བཟང་X། །ཉམས་དང་རྟོགས་པ་མཐར་སོན་ཐང་སག་པ། །དངོས་གྲུབ་རྒྱ་མཚོའི་ཞབས་དང་ཡི་དམ་ལྷས། །རྗེས་བཟུང་གྲུབ་དབང་བདེ་བའི་རྡོ་རྗེ་ལ། །གསོལ་བ་འདེབས་སོX། །མི་ཤེསX། །ལམ་བཟང་X། །མཁྱེན་བརྩེའི་གཏེར་གྱུར་དགེ་འདུན་རྒྱ་མཚོ་དང་། །རིགས་ཀུན་ཁྱབ་བདག་འཇིགས་མེད་དབང་པོ་སྟེ། ། མདོ་སྔགས་བསྟན་པའི་སྲོག་ཤིང་རྣམ་གཉིས་ལ། །གསོལ་བ་འདེབས་སོX། །མི་ཤེསX། །ལམ་བཟང་X། །སྤྱངས་རྟོགས་མཐར་སོན་ཆོས་ཀྱི་ཉི་མའི་ཞབས། །འཇམ་དཔལ་དབྱངས་དངོས་བསྟན་པའི་སྒྲོན་མེ་སྟེ། །ལྗོ་བྱང་བསྟན་པའི་སྣང་བྱེད་རྣམ་གཉིས་ལ། །གསོལ་བ་འདེབསX། །མི་ཤེསX།། ལམ་བཟང་X། །རྒྱལ་བ་གཉིས་པའི་རྒྱལ་ཚབ་ནམ་མཁའ་བཟང་། །རིགས་པའི་དབང་ཕྱུག་བསོད་ནམས་དབང་གི་རྒྱལ། །མདོ་དབུས་བསྟན་པའི་སྲོལ་འཛིན་རྣམ་གཉིས་ལ། །གསོལ་བ་འདེབས་སོX། །མི་ཤེསX། །ལམ་བཟང་X། །ཐར་འདོད་མིག་གཅིག་དཀོན་མཆོག་རྒྱལ་མཚན་ཞབས། །དེ་སྲས་ཐུ་བོ་ཤེས་རབ་རྒྱ་མཚོའི་དཔལ། །རྩ་བའི་བླ་མ་ཡབ་སྲས་རྣམ་གཉིས་ལ། །གསོལ་བ་འདེབས་སོX། །མི་ཤེསX། །ལམ་བཟང་X། །ཟབ་མོ་བླ་མའི་ལམ་བཟང་ལ་བརྟེན་ནས། །བསགས་སྦྱང་ཚུལ་བཞིན་བྱས་པའི་དགེ་ཚོགས་མཐུས། །འཇམ་མགོན་བྱིན་རླབས་སྙིང་ལ་ཞུགས་པ་ཡིས། །ཐོས་བསམ་སྒོམ་པའི་བློ་གྲོས་རྒྱས་གྱུར་ཅིག །མདོ་སྔགས་ལམ་བཟང་ཉམས་སུ་ལེན་པ་ལ། །གདོན་གསུམ་འཆི་བའི་སྙིང་ཁམས་དཀྲུགས་པ་སོགས། །ཕྱི་ནང་ཉེར་འཚེའི་གཡུལ་ངོ་ལས་རྒྱལ་ཏེ། །བཤད་སྒྲུབ་བྱ་བ་གེགས་མེད་མཐར་ཕྱིན་ཤོག །འདི་སྣང་འགག་ཆེ་རྗེ་བཙུན་བླ་མ་ཡིས། །ས་མཁན་མཛད་དེ་དགའ་ལྡན་ཞིང་མཆོག་ཏུ། །སྐྱེ་ས་ནས་ཟབ་རྒྱས་གདམས་པའི་བཙུད་སྨྱང་སྟེ། །ཡང་དག་ལམ་གྱི་བགྲོད་པ་མཐར་ཕྱིན་ཤོག །ཁ་སྐོང་ཤོ་ལོ་ཀ་གསུམ་མ་གཏོགས་གུང་ཐང་རིན་པོ་ཆེས་མཛད་པའོ།། དེ་ནས། །ནམ་མཁའི་དབྱིངས་སུ་སྤྲིན་ཕུང་ཞི་བ་བཞིན། །ཚོགས་ཞིང་མཐའ་དག་ཐུབ་པའི་དབང་པོ་ལ། །བསྡུས་ཏེ་དེ་ཡང་རང་གི་སྙིང་མཚམས་ནས། །ཐིམ་པས་བྱིན་རླབས་མ་ལུས་ཐོབ་པར་གྱུར།། ཅེས་ཚོགས་ཞིང་བསྡུ། དངོས་གཞི་ལ། །མཆོད་པ་བྱིན་གྱིས་བརླབ་པ་ནི། དཀོན་མཆོག་གསུམ་གྱི་

བདེན་པ་དང་། ཆོས་དབྱིངས་རྟེན་འབྲེལ་བསླུ་བ་མེད་པའི་མཐུ་སྟོབས་ཀྱིས་མཆོད་པའི་ཡོ་བྱད་ཐམས་ཅད་ཀུན་ཏུ་བཟང་པོའི་སྨོན་པའི་མཐུ་ལས་སྐྱབས་ཡུལ་རྣམས་ལ་ཟག་པ་མེད་པའི་དགེས་པ་བསྐྱེད་པར་བྱེད་པའི་མཐུ་དང་ལྡན་པར་གྱུར། །ན་མོ་རཏྣ་ཏྲ་ཡཱ་ཡ། ཨོཾ་ན་མོ་བྷ་ག་ཝ་ཏེ། བཛྲ་སཱ་ར་པྲ་མརྡ་ནེ། ཏ་ཐཱ་ག་ཏཱ་ཡ། ཨརྷ་ཏེ་སམྱཀ་སམ་བུདྡྷཱ་ཡ། ཏ་དྱ་ཐཱ། ཨོཾ་བཛྲེ་བཛྲེ། མཧཱ་བཛྲེ། མཧཱ་ཏེ་ཛ་བཛྲེ། མཧཱ་བི་དྱཱ་བཛྲེ། མཧཱ་བོ་དྷི་ཙིཏྟ་བཛྲེ། མཧཱ་བོ་དྷི་མཎྜོ་པ་སཾ་ཀྲ་མ་ཎ་བཛྲེ། སརྦ་ཀརྨ་ཨཱ་ཝ་ར་ཎ་བི་ཤོ་དྷ་ན་བཛྲེ་སྭཱ་ཧཱ། ཞེས་མཆོད་པའི་སྤྲིན་གྱི་གཟུངས་ལན་གསུམ་བརྗོད་དེ་བྱིན་གྱིས་བརླབ།

ཐོག་མར་མགྲོན་གསལ་གདབ་པ་ནི། སྟེང་ཕྱོགས་དགའ་ལྡན་གནས་ཀྱི་བྱེ་བྲག་མཆོག །ཡིད་དགའ་ཆོས་འཛིན་རྒྱལ་བའི་མདུན་ས་ནས། །རྣམ་འདྲེན་སྟོབས་བཅུ་མངའ་བ་མི་ཕམ་མགོན། །ཉིན་བྱེད་འབུམ་གྱིས་འཁྱུད་པའི་གསེར་རི་བཞིན། །མཚན་དཔེའི་དཔལ་འབར་གཟི་བརྗིད་ལྷམ་མེ་བ། །རིན་ཆེན་རྒྱན་སྤྲས་ཆོས་འཁོར་ཕྱག་རྒྱ་ཅན། །གདོང་ལྔའི་ཁྲི་ལ་བཟང་པོའི་བཞུགས་སྟངས་མཛད། །དེ་ཡི་ཐུགས་མཚན་དཔལ་གྱི་བེ་ཏུའི་ནང་། །འཇམ་མགོན་བླ་མ་ཡབ་སྲས་ལེགས་བཞུགས་ཤིང་།། གཞན་ཡང་སར་གནས་དཔའ་བོ་གྲངས་མེད་སོགས། །འཁོར་ཚོགས་རྒྱ་མཚོས་བསྐོར་བ་ཐམས་ཅད་ཀྱང་། །བདག་སོགས་ལྷོ་གླིང་གདུལ་བྱའི་ཚོགས་རྣམས་ལ། །བརྩེ་བའི་ཐུགས་རྗེས་མངོན་པར་དགོངས་པ་ཡི། །ཉམས་འགྱུར་དང་བཅས་རྣམ་པ་གསལ་བར་གྱུར། །སྙན་གསན་འབེབས་པ་ལ་ཐལ་མོ་སྦྱར་སྤྱོས་ཐོགས་ཏེ་དད་གུས་ཆེན་པོའི་སྒོ་ནས་འདི་ལྟར། །འདི་ནས་སྟེང་ཕྱོགས་དགའ་ལྡན་ཞིང་མཆོག་ཏུ། །འཚོ་གཞིས་འགྲོ་བའི་བླ་མ་ཙོང་ཁ་པ། །བརྩེ་ལྡན་སྲས་ཀྱི་ཐུ་བོ་རྣམ་གཉིས་ལ།། རྒྱང་ནས་འོ་དོད་འབོད་དོ་བརྩེ་བས་དགོངས། །སླང་དོར་གནས་རྣམས་མ་རིག་འཐུག་པོས་བསྒྲིབས། XXXཡིད་ལ་སྨོན་པ་འགྲུབ་པའི་དཔང་པོ་རྗེ། །འཕོངས་པའི་གཉེན་གཅིག་འཇམ་མགོན་བློ་བཟང་གྲགས། །ང་ར་མ་རིན་ཆེན་མཁས་གྲུབ་དགེ་ལེགས་དཔལ། །ཡབ་སྲས་ཀུན་ལ་སྙིང་ནས་གསོལ་འདེབས་ན། །དཔག་མེད་བསྐལ་བར་བདག་ཅགXXའདིར་གཤེགས་ཤིག །མཆོད་རོལ་བྱདགའ་ལྡན་ལྷ་བརྒྱའི་མགོན་གྱིXགནས་འདིར་གཤེགས་སུ་གསོལ། །མཆོད་རོལ་བྱས་སྟེ་སྤྱོས་བསྒྲུ།མདུན་གྱི་ནམ་མཁརXབསྐལ་བརྒྱར་བཞུགས་སུ་གསོལ། །དེ་ཡང་སེང་ཁྲི་གསུམ་གྱི་དབུས་

མ་ལ། །སྐྱབས་གསུམ་ཀུན་འདུས་འཇམ་མགོན་ཙོང་ཁ་པ། །སྐུ་མདོག་དཀར་ལ་དམར་བའི་མདངས་ཆགས་ཤིང་། །ཕྱག་གཉིས་ཐུགས་ཀར་ཆོས་འཁོར་ཕྱག་རྒྱ་ཡིས། །རལ་གྲི་གླེགས་བམ་དང་བཅས་ཨུཏྤལ་བསྣམས། །དྲི་མེད་གསེར་མདོག་པཎ་ཞྭས་གཙུག་མཛེས་ཤིང་། ། ཆོས་གོས་གསུམ་གསོལ་སྐྱིལ་ཀྲུང་ཚུལ་གྱིས་བཞུགས། །དེ་ཡི་སྤྱི་བོར་སྐུ་ཡི་རྡོ་རྗེ་དངོས། །ལྷ་མཆོག་སྙིང་རྗེའི་བདག་ཉིད་སྤྱན་རས་གཟིགས། །མགྲིན་པར་གསུང་གི་རྡོ་རྗེའི་ངོ་བོ་ཉིད། །ཤེས་རབ་སྟོང་པའི་རང་བཞིན་འཇམ་པའི་དབྱངས། །ཐུགས་ཀར་ཐུགས་ཀྱི་རྡོ་རྗེའི་བདག་ཉིད་མཆོག །མཐུ་སྟོབས་ནུས་པའི་གཏེར་གྱུར་གསང་བའི་བདག །རིགས་བརྒྱ་རིགས་ལྔ་རིགས་གསུམ་ཀུན་གྱི་དངོས། །ལྷ་མཆོག་གསུམ་དང་དབྱེར་མེད་ངོ་བོ་ཉིད། །གཡས་སུ་ཆོས་ཀྱི་རྒྱལ་པོ་དར་མའི་མཚན། །ཞི་དུལ་ཉམས་ལྡན་ཆོས་འཆད་མཉམ་བཞག་མཛད། །གཡོན་དུ་སྨྲ་བའི་ཉི་མ་དགེ་ལེགས་དཔལ། །ཆོས་འཆད་མཉམ་བཞག་དང་བཅས་འགྱིང་བའི་ཉམས། །ཡབ་སྲས་གསུམ་གྱི་འོད་ཟེར་འཕྲོ་འདུ་ཡིས། །དངོས་དང་བརྒྱུད་པའི་བླ་མ་ཐམས་ཅད་དང་། ཞི་ཁྲོ་རབ་འབྱམས་ཡི་དམ་འཁོར་ལོའི་ཚོགས། །རབ་འབྱམས་རྒྱལ་དང་རྒྱལ་སྲས་མ་ལུས་པ། །དཔའ་བོ་མཁའ་འགྲོ་ཉན་རང་ཆོས་བསྲུང་ཀུན། །སྤྱན་དྲངས་བསོད་ནམས་ཞིང་དུ་བཞུགས་སུ་གསོལ། །ཇི་སྙེད་སུ་དགX། །ཤེས་བྱའི་ཁྱོན་ཀུནX། །རྒྱལ་བ་རྒྱ་མཚོX། །རིན་ཆེན་དབང་གི་རྒྱལ་པོX། །ཞིང་འདི་རིན་ཆེནX། །མེ་ཏོག་དམ་པX། །དེ་དག་གི་རོལ་མོ་རྣམས་ལ་མཆོད་བརྟུང་བྱ། ལྟུང་བཤགས་དང་། སྤྱི་བཤགས་ལན་གསུམ། གང་ཞིག་ཐོག་མེད་ཅེས་པ་ལན་གསུམ། དེ་མན་ཆད་གཞུང་ལྟར། །དཔལ་ལྡན་ས་གསུམX། །མཆོག་གི་དངོས་གྲུབ་བསྐྱེས་ལ་གསོལ་བ་འདེབས། །ཞེས་པའི་བར་དང་། དེ་ནས། འཇམ་མགོན་ཡབ་སྲས་གསུམ་གྱི་ཐུགས་ཀ་ནས། །ཐོན་པའི་འོད་ཀྱི་སྦུ་གུའི་ལམ་བརྒྱུད་དེ། །བདུད་རྩིའི་རྒྱུན་བབས་སྤྱི་བོ་ནས་ཞུགས་པས། །མི་ཤེས་རྨོངས་པའི་དྲི་མ་སྦྱངས་པར་གྱུར། །བདུད་རྩིའི་རྡུལ་རྣམས་འཇམ་དཔལ་ཞི་ཁྲོ་ཡི། །སྐུ་ཡི་རྣམ་པར་གནས་པས་ལུས་གང་སྟེ། །རབ་འབྱམས་གཞུང་དོན་འབྱེད་ལ་ཐོགས་མེད་པའི། །ཀློབས་ཆེན་ཤེས་རབ་ཐོབ་པར་བྱིན་གྱིས་རློབས། །བདུད་རྩིའི་རྡུལ་རྣམསX། །ཐུགས་ཀྱི་རྣམ་པར་གནས་པས་ལུས་གང་སྟེ། །དཀའ་གནད་ཟབ་ཞིབ་མ་འདྲེས་འབྱེད་པ་ཡི། །ཤེས་རབ་གསལ་

བ་ཐོབ་པར་བྱིནX། །བདུད་རྩིའི་རྡུལ་རྣམསX། །ས་བོན་རྣམ་པར་གནས་པས་ལུས་གང་སྟེ། །ཐེ་
ཚོམ་འཆིང་བ་འཁྲུལ་དུ་གཅོད་པ་ཡི། །ཤེས་རབ་མྱུར་བ་ཐོབ་པརX། །བདུད་རྩིའི་རྡུལ་རྣམསX།།
ཕྱག་མཚན་རྣམ་པར་གནས་པས་ལུས་གང་སྟེ། །ཟབ་མོའི་དོན་གྱི་གཏིང་མཐའ་དཔོག་པ་ཡི། །ཤེས་
རབ་ཟབ་མོ་ཐོབ་པརX། བདུད་རྩིའི་རྡུལ་རྣམས་གང་ཞིག་བཤད་བྱ་ཡི། །གླེགས་བམ་རྣམ་པར་
གནས་པས་ལུས་གང་སྟེ། །ཚིག་དོན་ཀུན་ལ་ངེས་པ་མཆོག་སྟེར་བ། །འཆད་པའི་ཤེས་རབ་ཐོབ་
པརX། །བདུད་རྩིའི་རྡུལ་རྣམས་ཤེས་རབ་རལ་གྲི་ཡི། །འཁོར་ལོའི་རྣམ་པར་གནས་པས་ལུས་གང་
སྟེ། །སྨྲ་ངན་ཚོགས་ཀྱི་སྤོབས་པ་འཇོམ་བྱེད་པ། །རྩོད་པའི་ཤེས་རབ་ཐོབ་པརX། །བདུད་རྩིའི་རྡུལ་
རྣམས་གཞུང་གི་གླེགས་བམ་དང་། །རལ་གྲིའི་རྣམ་པར་གནས་པས་ལུས་གང་སྟེ། །སྨྲ་དོན་ཕུན་
ཚོགས་བློ་གསལ་དགའ་སྐྱེད་པའི། །རྩོམ་པའི་ཤེས་རབ་ཐོབ་པར་བྱིན་གྱིས་རློབས། །དམིགས་
སྐོར་བདུན་དང་འབྲེལ་བར་དམིགས་བཅས་མ་ཎི་འབུབ་བཟླ། དམིགས་བཅས་མ་ཚར་རེ་དང་། ཡིད་
འོང་མཆོད་ཡོན་ཞེས་པ་ཚར་རེ་སྨྲགས་ཏེ་གྲངས་གསོག །ཞིང་ཁམས་འབུལ་བར་ཞུ། ཨོཾ་བཛྲ་བྷཱུ་
མX། ཞིང་ཁམས་རྣམ་པར་དག་པ་འདི་ཉིད་ཁམ་གསུམ་ཆོས་ཀྱི་རྒྱལ་པོ་ཙོང་ཁ་པ་ཡབ་སྲས་ལ་
སོགས་པ་རྩ་བརྒྱུད་ཀྱི་བླ་མ་ཡི་དམ་སངས་རྒྱས་བྱང་སེམས་དཔའ་བོ་མཁའ་འགྲོ་ཉན་རང་ཆོས·····
སྐྱོང་བསྲུང་མ་རྣམས་ལX་བགྱིའོ། །ཐུགས་རྗེསXགསོལ། ས་གཞི་མ་སོགས་བརྗོད་དེ། ཡོན་ཏན་
གཞིར་གྱུར་མ། སངས་རྒྱས་ཆོས་ཚོགས་མ་ལན་གསུམ་གྱིས་སེམས་བསྐྱེད། དེང་དུས་བདག་ཚེ་
འབྲས་བུ་ཡོད། །མི་ཡི་སྲིད་པ་ལེགས་པར་ཐོབ། །དེ་རིང་སངས་རྒྱས་རིགས་སུ་སྐྱེས། །སངས་
རྒྱས་སྲས་སུ་དུ་གྱུར་ཏོ། །ད་ནི་བདག་གིས་ཅི་ནས་ཀྱང་། །རིགས་དང་མཐུན་པའི་ལས་བརྩམས་ཏེ།།
སྐྱོན་མེད་བཙུན་པའི་རིགས་འདི་ལ། །རྙོག་པར་མི་འགྱུར་དེ་ལྟར་བྱ། །ཞེས་དགའ་བ་བསྒོམས།
དཔལ་ལྡན་རྩ་བའིX། །བདག་གི་སྤྱི་བོརX། །ལན་གཉིས་འདོན། །དཔལ་ལྡན་རྩ་བའX། །བདག་གི་
སྙིང་ཁར་པད་ཟླའིX། །ཞེས་སོགས། དེ་ལྟར་གདུང་ཤུགས་དྲག་པོས་རྩེ་གཅིག་ཏུ། །གསོལ་བ་
བཏབ་པས་སྲས་ཀྱི་ཐུ་བོ་གཉིས། །རྗེ་ལ་ཐིམ་ཞིང་དེ་ཉིད་ཚུར་བྱོན་ཏེ། །རང་ལུས་དབུས་ཀྱི་རླུང་དྷཱུ་
སྟོད་ཡངས་པའི། །ཡར་སྣ་ཐལ་གྱིས་ཕྱེ་བའི་ནང་ནས་ཞུགས། །སྙིང་གའི་པདྨའི་དབུས་སུ་རང་

སེམས་དང་། །དབྱེར་མེད་ཚུལ་གྱིས་བརྟན་པར་བཞུགས་པར་གྱུར། །དེང་ནས་ཇི་སྲིད་བྱང་ཆུབ་སྙིང་པོའི་བར། །སྐད་ཅིག་ཙམ་ཡང་འབྲལ་མེད་རྗེས་བཟུང་སྟེ། །ཕྱིན་ཅི་ལོག་གི་བློ་སྣ་ཀུན་བཀག་ནས། །ཡང་དག་ལམ་བཟང་སྐྱེ་བར་བྱིན་གྱིས་རློབས། །འདི་སྣང་འགག་ཆེ་དགའ་ལྡན་ཞིང་མཆོག་ཏུ། །མི་ཕམ་མགོན་དང་འཇམ་དཔལ་སྙིང་པོ་སོགས། །ཡབ་སྲས་ཀུན་གྱིས་དགྱེས་བཞིན་རྗེས་བཟུང་སྟེ། །ལམ་བཟང་དགའ་སྟོན་སྤྱོད་པར་བྱིན་གྱིས་རློབས། །མགོན་ཁྱོད་རྨད་བྱུང་བཀོད་པའི་ཞིང་ཁམས་སུ། །སེང་གེའི་ང་རོར་འཚང་རྒྱའི་ཚུལ་བསྟན་ཚེ། །འཁོར་དུ་སྐྱེས་ནས་ཟབ་མོའི་ལྟ་བ་དང་། །གསང་ཆེན་ལམ་བཟང་བགྲོད་པར་བྱིན་གྱིས་རློབས། །མདོར་ན་དུས་དང་གནས་སྐབས་གང་དུ་ཡང་། །བླ་མ་ཡི་དམ་དཀོན་མཆོག་གསུམ་གྱི་དངོས། །འདྲེན་པ་ཁྱོད་མིན་སྐྱབས་གཞན་མི་འཚོལ་བས། །འདུ་འབྲལ་མེད་པར་བྱིན་གྱིས་རླབས་ཏུ་གསོལ། །དེ་ལྟར་གསོལ་བ་བཏབ་པས་དགྱེས་བཞིན་དུ། །སྙིང་དབུས་བཞུགས་ཤིང་དེ་ཡི་འདབ་མ་རྣམས། །ཟུམ་པའི་ཕྱི་ནས་ཐུགས་ཀྱིས་བསྡམས་པའི་རྗེར། །མི་ཕྱེད་རྡོ་རྗེའི་རྒྱ་ཡིས་མཚན་པར་གྱུར། །དུས་གསུམ་དགེ་ཚོགས་གཅིག་ཏུ་བསྡོམས་པའི་མཐུས། །སྐྱེ་ཞིང་སྐྱེ་བར་འཇམ་མགོན་བླ་མ་དང་། །འབྲལ་མེད་བསམ་དང་སྦྱོར་བས་ལེགས་བསྟེན་ནས། །བདེ་ཆེན་མགོན་པོའི་གོ་འཕང་མྱུར་ཐོབ་ཤོག །དེང་བརྩམས་མ་འདོན་པ་ནི་ཐུན་དང་པོའོ། །ཐུན་ཕྱི་མ་རྣམས་ལ་ཕྱོགས་འགྲོའི་སྐོར་བཞག་ནས་སྐྱབས་སེམས་མདོར་བསྡུས་བྱས། མཆོད་པ་བྱིན་རླབས་ནས་བཟུང་སྔ་མ་ཇི་ལྟ་བ་བཞིན་ལ། མི་འདྲ་བའི་ཁྱད་པར་ནི། །ཐུན་གཉིས་པ་ལ་ས་གསུམ་མའི་ཚབ་ཏུ་ཧོཿ་བརྗོད་འདུན་ལེགས་དང་། དེང་བརྩམས་པའི་ཚབ་ཏུ་ཀུན་མཁྱེན་འཇིགས་མེད་དབང་པོས་མཛད་པའི་དེ་ལྟར་མཁའ་དབྱིངས་མ་འདོན། ཐུན་གསུམ་པ་ལ། རྣམ་དག་གདངས་རི་མ་དང་། མཇུག་ཏུ། མདུན་གྱི་འཆི་མེད་ལྷ་ལམ་མཁའ་དབྱིངས་སུ། །ཡབ་རྗེ་བླ་མ་སྲས་བཅས་ལེཊ་བསྒོམས་ཤིང་། །ཕྱག་འཚལ་མཆོད་སོགས་བགྱིས་པའི་རྣམ་དཀར་གྱིས། །བྱིན་རླབས་འཇུག་པའི་འགལ་རྐྱེན་ཀུན་ཞི་ཤོག །དེ་ནས་བྱིན་རླབས་ཟབ་མོའི་བསྟོད་ཚིག་གིས། །གསོལ་བ་བཏབ་པས་རྗེ་བཙུན་ཡབ་སྲས་ཀྱི། །ཐུགས་ཀ་ནས་བྱུང་འོ་མའི་མདོག་ཅན་གྱི། །བདུད་རྩིས་མ་དག་དྲི་མ་ཀུན་འཁྲུད་ཤོག །སླར་ཡང་གསོལ་བ་བཏབ་པས་དམར་སེར་གྱི། །བདུད་རྩིའི་

འོད་ཟེར་བཅས་པས་ལུས་གང་བས། །མི་ཤེས་རྨོངས་པའི་མུན་པ་ཀུན་བསལ་ནས། །ཤེས་རབ་སྣང་བའི་འོད་ཀྱིས་ཁྱབ་པར་ཤོག །དེ་ལས་ཤེས་རབ་ཆེ་གསལ་མྱུར་བ་དང་། །ཟབ་དང་འཆད་རྩོད་རྩོམ་པའི་བློ་གྲོས་ཀྱིས། །འགྲོ་བའི་ཡིད་ཀྱི་མུན་པ་སེལ་བ་ལ། །རྗེ་བཙུན་མཁྱེན་པའི་གཏེར་དང་མཚུངས་པར་ཤོག །མཁའ་དབྱིངས་བཞུགས་པའི་རྗེ་བཙུན་བླ་མ་མཆོག །སྤྱི་བོ་ནས་བརྒྱུད་སྙིང་དབུས་རྫུ་ཏིའི་དབུས། །ལེགས་བྱོན་རང་སེམས་བླ་མ་དབྱེར་མེད་དུ། །འདྲེས་ནས་སྒོ་གསུམ་བྱིན་རླབས་འཇུག་པར་ཤོག །འདི་སྣང་འགག་ཚེ་འདའ་ཁའི་རྣལ་འབྱོར་གྱིས། །དགའ་ལྡན་མཁའ་སྤྱོད་གནས་སུ་བགྲོད་ནས་ནི། །བློ་བཟང་རྒྱལ་བ་ཡབ་སྲས་ཞལ་མཐོང་ཞིང་། །གསུང་གི་བདུད་རྩིའི་དགའ་སྟོན་སྤྱོད་པར་ཤོག །ནམ་ཞིག་སྐྱབས་མགོན་ཡབ་རྗེ་བླ་མ་མཆོག །ངོ་མཚར་རྨད་བྱུང་བཀོད་མཛེས་འཛིག་རྟེན་དུ། །རྒྱལ་བའི་མཛད་པ་ཉེ་བར་སྟོན་པའི་ཚེ། །འཁོར་གྱི་ཐོག་མ་ཉིད་དུ་འགྱུར་བར་ཤོག །དེ་ཚེ་རྒྱལ་བ་དེ་ཡི་ཐུགས་དབུས་ཀྱི། །མཆོད་སྡོང་མཐོང་བའི་མོད་ལ་ཐེག་མཆོག་ག །ལམ་བཟང་མངོན་དུ་བྱེད་པའི་དབང་རྣོན་གྱི། །གདུལ་བྱའི་མཆོག་ཏུ་བདག་ནི་འགྱུར་བར་ཤོག །དེར་མ་སོན་པའི་ཚེ་རབས་ཀུན་ཏུ་ཡང་། །རྒྱལ་བ་ཡབ་སྲས་རྣམས་ཀྱིས་རྗེས་བཟུང་ཞིང་། །བསྟན་དང་མཇལ་ནས་ལེགས་བཤད་གསུང་རབ་ལ། །ངོམས་པ་མེད་པའི་ཐོས་པ་བྱེད་པར་ཤོག།

ཅེས་འཇལ་དབྱངས་བདེ་བའི་རྡོ་རྗེས་མཛད་པ་འདི་འདོན་ནོ། །ཐུན་བཞི་པར། ས་གསུམ་མའི་ཚབ་ཏུ་གཞུང་ཐང་རིན་པོ་ཆེས་མཛད་པའི་བསྟོད་པ་དོན་དང་ལྡན་པ་དང་། ཡོན་ཏན་གཞིར་གྱུར་མའི་ཚབ་ཏུ་ལམ་རིམ་བསྡུས་དོན་དང་། སྨིན་པ་འགྲོ་བའི་ཞེས་པའི་མགོར་སངས་རྒྱས་ཆོས་ཚོགས་མ་ལན་གསུམ་འདོན། མཇུག་ཏུ། དཔལ་ལྡན་ས་བའི་བླ་མ་སོགས་དང་། རྗེ་དཔལ་མང་རིན་པོ་ཆེས་མཛད་པའི་རྗེ་བསྟན་པ་དང་མཇལ་བའི་སྨོན་ལམ་འདོན་ཅིང་། དེ་ནས། སྤྱིའི་བསྟན་འབར་མ་དང་། དགེ་ལྡན་བསྟན་འབར་མ། ཆོས་རྒྱལ་མ། བདག་གཞན་བཅས་འདོན། ཞེས་བརྗོད་ནི། རབ་ཡངས་ནམ་མཁའ་ཏིལ་གྱིས་གང་བུ་བཞིན། །ཡོངས་སུ་གང་བའི་བློ་བཟང་གྲགས་པའི་དཔལ། །ཁ་ཅིག་མེ་ཏོག་སྣ་ཚོགས་ཆར་འབེབས་ཞིང་། །ལ་བཀྲ་ཤིས་གདངས་སྙན་གླུ་དབྱངས་ལེན། །གཞན་དག་བགེགས་དཔུང་འཇོམས་པའི་འཕྲིན་ལས་ཀྱིས། །ཁྱེད་ལ་རྟག་ཏུ་དཔལ་གནས་མཛད་པ་འདི། །ཞེས་པར་

གྲིས་ལ་ཡིད་བདེ་བསྐྱེད་ཅིག་དང་། །ཞེས་བརྗོད་འཕྲེང་བ་བདག་གིས་བསྒྲག་པར་བྱ། །རྨད་བྱུང་
མཚན་དཔེའི་དཔལ་འབར་ལོངས་སྤྱོད་རྫོགས། །ཁ་སྦྱོར་བདེ་སྟོང་རོ་ལ་རྟག་རོལ་ཅིང་། །དམིགས་
མེད་ཐུགས་རྗེས་ཞི་བའི་མཐའ་སྤངས་པ། །བློ་བཟང་ཡན་ལག་བདུན་ལྡན་ལ་ཕྱག་འཚལ། །གསང་
བ་ཀུན་གྱི་བདག་པོ་དགེ་ལེགས་དཔལ། །ཤེས་རབ་སེང་གེ་དཔལ་ལྡན་བཟང་པོ་དང་། །ཆོས་ཀྱི་
རྒྱལ་མཚན་ཆོས་ཀྱི་རྡོ་རྗེ་སོགས། །རྩ་བ་བརྒྱུད་པའི་བླ་མ་མཆོག་རྣམས་ལ། །དགེ་མཚན་ཇི་སྙེད་
མཆིས་པའི་བཀྲ་ཤིས་དེས། །ཁྲིད་རྣམས་ཇི་བཞིན་ལམ་མཆོག་འདི་ཉིད་ལ། །བློ་བཟང་རྡོ་རྗེ་འཆང་
དབང་སྒྱུར་ཐོབ་ནས། །འགྲོ་ཀུན་ཚུལ་དེར་འགོད་པའི་བཀྲ་ཤིས་ཤོག །ཆོས་ཀྱི་ཕུང་པོ་བརྒྱད་ཁྲི་
བཞི་སྟོང་པ། །སྙིང་པོ་གཅིག་ཏུ་བསྡུས་པའི་བསྟོད་པའི་རྒྱལ། །གང་གི་ཉམས་ལེན་རིམ་པ་ཐམས་
ཅད་ཀྱིས། །བཀྲ་ཤིས་དགེ་མཚན་རྒྱ་མཚོས་ཁྱབ་གྱུར་ཅིག །ཚུལ་དེར་སྤྱོད་པའི་འཕགས་པའི་གང་
ཟག་དང་། །ལམ་ལ་ཞུགས་དང་སོ་སོའི་སྐྱེ་བོ་ཡི། །དགེ་འདུན་དཀོན་མཆོག་ཇི་སྙེད་མཆིས་པ་
ཡིས། །བཀྲ་ཤིས་བྱེ་བ་ཆར་ཏུ་བབ་ཏུ་གསོལ། །ནམ་མཁའི་ཕྲིན་ལྟར་ཡངས་པའི་ཕོ་བྲང་མཆོག །
ཅེས་སོགས་བྱ། དེ་ཡང་རྗེ་བླ་མ་ལ་བརྟེན་པའི་བླ་མའི་རྣལ་འབྱོར་མང་ཡང་། ཉི་ཟླ་ལྟར་གྲགས་པ་ནི་དབེན་ས་སྙན་བརྒྱུད་ཀྱི་
མན་ངག་བླ་མ་མཆོད་པ་དང་། དཔལ་ལྡན་སྙད་བརྒྱུད་པའི་མན་ངག་དགའ་ལྡན་ལྷ་བརྒྱ་མར་གྲགས་པ་གཉིས་ཡིན་ལ། དེའི་ནང་ནས་
ཆོ་ག་རྗོས་བདེ་བས་འདིར་ཕྱི་མ་ལྟར་ལ། གུང་ཐང་འཇམ་པའི་དབྱངས་ཀྱིས་མཛད་པའི་གཞུང་བསྡུངས་གཞིར་བཞག་ཅིང་། །
གཞན་ཡང་རྗེ་དེ་ཉིད་ཀྱིས་མཛད་པའི་ལུགས་འདིའི་བླ་མའི་རྣལ་འབྱོར་མདོ་ཆོག་དང་འབྲེལ་བ་ཞིག་འདུག་པ་སོར་བཞག་ལ། །བར་
སྐབས་སུ་ཡིག་ཆུང་རེ་བཀོད། སྐབས་དང་འབྲེལ་བའི་ཆོས་སྐྱོང་ཁ་ཤས་བསྣན་པ་ཙམ་ཡིན་པས། བློ་ལྡན་རྣམས་ཀྱིས་ཉམས་སུ་བླང་
འོས་པ་ལགས་སོ། །སྨྲས་པ། དགེ་ལྡན་ཟབ་གསང་མན་ངག་མཛོད་འཛིན་པ། །དཔལ་ལྡན་སྙད་བརྒྱུད་པ
ཡི་མན་ངག་ལ། །འཇམ་དབྱངས་བླ་མའི་གསུང་གི་ཟུར་བརྒྱན་ཏེ། །དམ་པའི་ཞལ་ལུང་བཞིན་དུ
ཚུལ་འདི་བཀོད། །དཔེ་སྣ་མཐོང་ཚད་ལ་ལུང་དུ་མའི་རྒྱུ། །གཅིག་ཏུ་བསྲེས་པའི་ཛ་མིན་ཆུ་མིན་ལ།།
ཚིགས་བཅད་གང་ལེགས་འོ་མས་ཁ་བསྒྱུར་བའི། །ཚིག་བསྒྲིགས་བརྫུས་མ་དག་གི་དོ་ཟླ་མིན། །
འདི་ནི་བྱིན་རླབས་འཇུག་པའི་འབབས་སྟེགས་དང་། །དོན་གཉིས་ཉི་མ་འདྲེན་པའི་སྐྱ་རེངས་འོད། །
དགོས་འདོད་རེ་བ་སྐོང་བའི་ཡིད་བཞིན་ནོར། །ཐར་འདོད་ཐར་ལམ་བལྟ་བའི་དམིགས་བུའང་

ཡིན། །འདི་ཡི་དགེ་བ་ཕྲ་མོའི་ཆུ་ཐིགས་ཀྱང་། །འཇམ་དཔལ་དཔའ་བོའི་ཐུགས་བསྐྱེད་རྒྱ་མཚོ་དང་། །གཅིག་ཏུ་འདྲེས་ཏེ་མཐའ་ཡས་འགྲོ་བ་ཡི། །གདན་བདེ་མི་ཟད་མཆོག་གི་རྒྱུར་གྱུར་ཅིག །རང་རང་རྟོག་ངོར་རང་སྐྱ་ཐུབ་པ་ཙམ། །མ་ཡིན་ལུང་རིགས་ཚད་མས་གྲུབ་པ་ཡིས། །འཁྲུལ་མེད་རྒྱལ་བ་གཉིས་པའི་ལུགས་བཟང་མཆོག །ཕྱོགས་དུས་ཀུན་ཏུ་དར་ཞིང་རྒྱས་གྱུར་ཅིག །བསྟན་འཛིན་དམ་པ་མཐའ་དག་ཞབས་པད་བརྟན། །འཁོར་ལོ་གསུམ་གྱི་མཛད་འཕྲིན་ཕྱོགས་མཐར་རྒྱས།། ཁྲིམས་ལྡན་འདུས་སྡེ་དབྱར་གྱི་མཚོ་བཞིན་འཕེལ། །ལེགས་ཚོགས་ཡར་ངོའི་ཟླ་བཞིན་རྒྱས་གྱུར་ཅིག །བདག་ཀྱང་དེང་ནས་སྐྱེ་བའི་འཕྲེང་བ་རུ། །རྒྱལ་སྲས་སྙིང་སྟོབས་ཆེན་པོའི་རྣམ་ཐར་བཞིན།། མདོ་སྔགས་ཟུང་འཇུག་ལམ་འདིས་འགྲོ་བ་ཀུན། །སྒྲོལ་ལ་མཁྱེན་པའི་གཏེར་དང་མཚུངས་པར་ཤོག །ལྷག་བསམ་དག་པས་ཚུལ་འདིར་བརྩོན་པ་ན། ཚངས་དང་དབང་པོ་འཇིག་རྟེན་སྐྱོང་བ་དང་། །འཇམ་དབྱངས་བཀའ་སྡོད་ཆོས་ཀྱི་རྒྱལ་པོས་ཀྱང་། །གཡེལ་བ་མེད་པར་རྟག་ཏུ་གྲོགས་བྱེད་ཤོག །ཅེས་རྗེ་བླ་མ་ལ་བརྟེན་པའི་མཆོད་པའི་ཚོགས་སྐྱ་རེངས་སྣང་བ་ཞེས་བྱ་བ་འདི་ནི། རྒྱལ་བ་གཉིས་པའི་རིང་ལུགས་འཕེལ་རྒྱས་ཀྱི་ཆེད་དུ་དམིགས་ནས་ཞང་རིགས་ཀྱི་དགེ་སློང་བསྟན་པ་རྒྱ་མཚོས་བཀའ་གདམས་གླེགས་བམ་ལས། ས་རྟེ་བརྒྱད་ལུང་བ་ཕྱོགས་སུ་བྲིས། །ཞེས་ལུང་བསྟན་ཅིང་། ཀུན་མཁྱེན་འཇམ་དབྱངས་བཞད་པའི་རྡོ་རྗེས་མདོ་སྨད་དུ་འཆད་ཉན་གྱི་རྒྱལ་མཚན་ཐོག་མར་བསྒྲེངས་པའི་གནས་མཆོག་རྟེ་གཞུང་སྐྱིད་པའི་སྤང་ལྗོངས་མཁའ་ལྷར་ཡངས་པའི་དབུས་སུ་རྟེ་ཆུ་ཆེན་པོ་གཡས་སྐོར་དུ་འབབས་པའི་འགྲམ་ཉིད་དུ་དབུ་བརྩུགས་ཏེ། རང་གི་སྐྱེས་ཡུལ་དུ་སྦྱར་བའི་ཡི་གེ་པ་ནི་ཁོ་ཆེ་དགེ་སློང་བློ་བཟང་དགེ་འདུན་གྱིས་བགྱིས་པ་འདིས་ཀྱང་རྒྱལ་བ་ཤཱཀྱའི་རྒྱལ་པོའི་བསྟན་པའི་ཡང་སྙིང་དགེ་ལྡན་ལུགས་བཟང་དྲི་མ་མེད་པ་འདི་ཉིད་ཕྱོགས་དུས་ཀུན་ཏུ་དར་ཞིང་རྒྱས་པར་གྱུར་ཅིག །སརྦ་མངྒ་ལཾ། །

༄༅། །རྗེ་བདག་ཉིད་ཆེན་པོའི་གསོལ་འདེབས་ཁྱད་པར་ཅན་དམི་བརྩེ་མའི་ཚིག་དོན་ཅུང་ཟད་གསལ་བར་བཀོད་པ་ཟབ་དོན་སྣོ་འབྱེད་ཞེས་བྱ་བ་བཞུགས་སོ། །

༄༅། །ན་མོ་གུ་རུ་མཉྫུ་གྷོ་ཥ་ཡ། རྗེ་བཙུན་བླ་མ་དམ་པ་དམིགས་པ་མེད་པའི་ཐུགས་རྗེ་ཆེན་པོ་དང་ལྡན་པ་རྣམས་ཀྱི་ཞབས་ཀྱི་པདྨོ་ལ་གུས་པ་ཆེན་པོས་ཕྱག་འཚལ་ཞིང་སྐྱབས་སུ་མཆིའོ། བརྩེ་བ་ཆེན་པོས་དུས་དང་གནས་སྐབས་ཐམས་ཅད་དུ་རྗེས་སུ་བཟུང་ལ་བྱིན་གྱིས་བརླབ་ཏུ་གསོལ། འདིར་རྒྱལ་བ་ཐམས་ཅད་ཀྱི་མཁྱེན་བརྩེ་ནུས་གསུམ་གྱི་བདག་ཉིད་ཁམས་གསུམ་ཆོས་ཀྱི་རྒྱལ་པོ་འཇམ་མགོན་བླ་མ་ཙོང་ཁ་པ་ཆེན་པོའི་གསོལ་འདེབས་ཁྱད་པར་ཅན་བྱིན་རླབས་ཀྱི་གཏེར་ཆེན་པོ་དམིགས་བརྩེ་མར་གྲགས་པའི་དོན་ཡིད་ན་བྱས་ཏེ་ཉམས་སུ་ལེན་ཚུལ་མདོ་ཙམ་དུ་འགོད་པར་བྱ་སྟེ། དེ་ཡང་གསོལ་འདེབས་འདི་ཉིད་ནི་ཐོག་མར་རྗེ་བླ་མ་ཉིད་ཀྱིས་རང་གི་ཡོངས་འཛིན་རྗེ་བཙུན་རེད་མདའ་བ་ཆེན་པོའི་གསོལ་འདེབས་སུ་མཛད་ནས་ཕུལ་བར། ཁོང་གིས་ང་ལ་འདི་ལྟར་བསྟོད་པ་མི་འོས་ཀྱི། ཆོས་རྗེ་རིན་པོ་ཆེ་ཉིད་རང་གི་གསོལ་འདེབས་ཁོ་ནར་འོས་པ་ཡིན་གསུང་ནས་མཚན་སྒྲ་སོགས་རྗེ་བདག་ཉིད་ཆེན་པོའི་གསོལ་འདེབས་སུ་བསྒྱུར་བར་མཛད་པ་ཡིན་པར་བཤད་ཀྱང་། གསོལ་འདེབས་འདི་ཕྱོགས་འདིར་ཐོག་མར་འབྱུང་བའི་རྐྱེན་གླེང་གཞི་དེ་ལྟར་བྱུང་བ་ཙམ་མ་གཏོགས། དོན་དུ་བཀའ་གདམས་གླེགས་བམ་ལས། རེས་འགའ་གསོལ་འདེབས་དབྱངས་ཀྱི་གཟུགས། ཞེས་གསུངས་པ་ལྟར་རྒྱལ་བ་ཐམས་ཅད་ཀྱི་མཁྱེན་བརྩེ་ནུས་གསུམ་གྱི་ཡོན་ཏན་ནམ་ཡེ་ཤེས་ཉིད་གསོལ་འདེབས་ཀྱི་སྒྲའི་རྣམ་པར་ཤར་བ་ཡིན་ཞིང་། ཕྱོགས་བཅུའི་སངས་རྒྱས་ཐམས་ཅད་ཀྱིས་དགོངས་པ་གཅིག་གིས་བྱིན་གྱིས་བརླབས་པའི་རྡོ་རྗེའི་ཚིག། དོན་ཟབ་ལ་རྒྱ་ཆེ་བ། བླ་མ་ཡི་དམ་སངས་རྒྱས་བྱང་སེམས་དཔའ་བོ་མཁའ་འགྲོ་ཆོས་སྐྱོང་བསྲུང་མ་ཐམས་ཅད་ཀྱི་ཐུགས་རྒྱུད་བསྐུལ་བའི་སྙིང་པོ། རྒྱུད་ཀྱི་གསང་ཚིག་ཟབ་དགུ་ལས་ཀྱང་ལྷག་པ་ལྟ

བུའི་བྱིན་རླབས་ཀྱི་ཚན་ཁ་ཤིན་ཏུ་ཆེ་བ་ས་གསུམ་ན་རྙེད་པར་དཀའ་བ་ཞིག་ཡིན་གསུང་ངོ་། །དེ་ཡང་རྒྱུད་སྡེ་ལས་གསུངས་པའི་ཡི་དམ་ལྷའི་སྙིང་པོ་ཉེ་སྙིང་ལ་སོགས་པའི་སྔགས་རྣམས་ཀྱི་ཐོག་མཐའ་བར་ཅི་རིགས་སུ་ཐུགས་རྒྱུད་བསྐུལ་བ་དང་ལས་དང་དངོས་གྲུབ་སྒྲུབ་པའི་སྤྱིལ་ཚིག་སྐབས་ཐོབ་ཀྱིས་སྦྱར་ཚོག་པ་རྒྱུད་གསུངས་པ་པོ་ཉིད་ཀྱི་དགོངས་པ་ཡིན་པ་བཞིན་འདིར་ཡང་དེ་དང་ཚུལ་མཚུངས་པར། དམིགས་བརྩེ་མ་རྩ་བའི་ཚིག་རྐང་བཞི་པ་ཡོངས་གྲགས་འདིའི་སྙིང་དུ། ཐུན་མོང་མིན་པའི་སྔན་བརྒྱུད་ཀྱི་མན་ངག་ཞལ་ཤེས་ལས་བྱུང་བ་བཞིན་ཚིག་རྐང་ཅི་རིགས་སུ་བསྣན་ཏེ་ལྔ་སྐོར་དྲུག་སྐོར་སོགས་སུ་བྱེད་ཚུལ་མང་དུ་གསུངས་ཏེ། དེ་ལ་མཉམ་མེད་དབེན་ས་སྙན་བརྒྱུད་པ་རྣམས། དངོས་གྲུབ་ཀུན་འབྱུང་ཐུབ་དབང་རྡོ་རྗེ་འཆང་། ཞེས་སོགས་ཚིག་རྐང་དགུ་པ་ཉིད་ལ་གཙོ་བོར་མཛད་ཅིང་། ཚིག་རྐང་ལྔ་པ་དྲུག་པ་སོགས་སུ་མཛད་ཚུལ་ཡང་ཡོད་ལ། དཔལ་ལྡན་སྨད་རྒྱུད་པ་རྣམས། མཐུ་སྟོབས་ནུས་པའི་མཛོད་འཛིན་གསང་བའི་བདག །ཅེས་བསྣན་ནས་ཚིག་རྐང་ལྔ་པ་ལ་གཙོ་བོར་མཛད་ཅིང་། ཡང་། རིགས་ཀུན་ཁྱབ་བདག་རྒྱལ་བ་རྡོ་རྗེ་འཆང་། །ཞེས་དང་། བསྟན་པའི་བདག་པོ་ཐུབ་པ་བཅོམ་ལྡན་འདས། ཞེས་སོགས་སྦྱོར་ཚུལ་ཀྱང་མཆིས་ཏེ། འོན་ཀྱང་གཉིས་ཀས་ལས་ཚོགས་བཅུ་གཅིག་པོ་ཐམས་ཅད་ཡོངས་གྲགས་ཚིག་རྐང་བཞི་པའི་སྒོ་ནས་མཛད་པར་སྣང་ངོ་། །དམིགས་བརྩེ་མ་ཚིག་རྐང་བཞི་པའམ་ལྔ་པ་འདི་ཉིད་ཀྱི་ཉམས་ལེན་ལ་ཕྱི་མཚུངས་པ་གསལ་བྱེད། ནང་ཡོན་ཏན་དེ་ལྡན། གསང་བ་ལྷག་པའི་ལྷ་དང་དབྱེར་མེད་དུ་གསོལ་བ་འདེབས་ཚུལ་གསུམ་དང་། ཕྱི་མ་ལ་སྐུ་ནོར་བུ་མཛོད་འཛིན། གསུང་ཉི་མ་སྣང་བྱེད། ཐུགས་གསང་བ་མཛོད་འཛིན་ཏེ་གསུམ་དང་། དེ་རེ་རེ་ལའང་ནང་གསེས་ཀྱི་ཕྱི་ནང་གསང་བ་གསུམ་རེ་ར་ཕྱེ་བས་གསང་སྒྲུབ་དགུ་སྐོར་ཞེས་པའི་ཐ་སྙད་མཛད་ལ། ནོར་བུ་མཛོད་འཛིན་སོགས་གསུམ་ནི་རིམ་པ་བཞིན་སྤྱན་རས་གཟིགས། འཇམ་དབྱངས། ཕྱག་རྡོར་གསུམ་ལ་བཤད། དེ་གསུམ་རྗེ་བླ་མའི་གནས་གསུམ་དུ་བཀོད་ནས་གསོལ་བ་གདབ་པའི་ཚེ། གསུང་རྒྱུན་འགའ་ཞིག་ལ་སྤྱན་རས་གཟིགས་སྤྱི་བོ་དང་། འཇམ་དབྱངས་མགྲིན་པར་གསལ་འདེབས་པ་དང་། ལ་ལར་སྤྱི་བོར་འཇམ་དབྱངས། མགྲིན་པར་སྤྱན་རས་གཟིགས་བཀོད་པའི་ཚུལ་གཉིས་བྱུང་བ་སོ་སོ་ལ་རྒྱུ་མཚན་ཁྱད་

པར་ཅན་རེ་མཆིས་ཤིང་། ཕྱག་རྫོར་ཐུགས་ཀར་བཀོད་པ་ལ་མི་མཐུན་པ་མེད་པར་སྣང་། དེ་ལ་ཕྱི་ནང་གསང་གསུམ་གྱི་གོ་དོན་ཇི་ལྟ་བུ་ཞེ་ན། རྒྱལ་སྲས་ཐམས་ཅད་ཀྱི་ནང་ནས་བརྩེ་བ་འགྲན་ཟླ་དང་བྲལ་བ་སྤྱན་རས་གཟིགས་དང་། མཁྱེན་རབ་འགྲན་ཟླ་དང་བྲལ་བ་འཇམ་དབྱངས་ཡིན་པ་དང་མཚུངས་པར། གངས་ཅན་གྱི་མཁས་པའི་ཁྲོད་ན་མདོ་སྔགས་གང་ལ་ཡང་མཁྱེན་པ་འགྲན་ཟླ་དཔེ་དང་བྲལ་བ་རྗེ་བླ་མ་ཉིད་དོ་ཞེས་སྦྱར་མ་གཉིས་དཔེར་བཟུང་ནས་གཙོ་བོར་མཁས་པའི་ཡོན་ཏན་གྱི་སྒོ་ནས་གསོལ་བ་འདེབས་པ་ལ་ཕྱི་མཚུངས་པ་གསལ་བྱེད་ཀྱི་སྒོ་ནས་གསོལ་བ་འདེབས་པ་དང་རྗེ་བླ་མའི་ཕྱི་སྒྲུབ་ཅེས་ཀྱང་བྱ། སྤྱན་རས་གཟིགས་ཀྱི་ཐུགས་རྒྱུད་ལ་ཇི་ལྟར་མངའ་བའི་སྙིང་རྗེ་དང་། འཇམ་དབྱངས་ཀྱི་ཐུགས་རྒྱུད་ལ་ཇི་ལྟར་མངའ་བ་འདྲ་བའི་མཁྱེན་རབ་རྗེ་བླ་མའི་ཐུགས་རྒྱུད་ལ་ཡང་མངའོ་ཞེས་གྲུབ་པའི་ཡོན་ཏན་གྱི་སྒོ་ནས་གསོལ་བ་འདེབས་པ་ལ་ནང་ཡོན་ཏན་དེ་ལྡན་གྱི་སྒོ་ནས་གསོལ་བ་འདེབས་པ་དང་རྗེ་བླ་མའི་ནང་སྒྲུབ་ཅེས་བྱ། རྒྱལ་བ་ཐམས་ཅད་ཀྱི་མཁྱེན་བརྩེ་ནུས་གསུམ་བཞིན་ལག་གི་རྣམ་པར་ཤར་བ་རིགས་གསུམ་མགོན་པོ་ཡིན་ཞིང་། དེ་གསུམ་དང་རྗེ་བླ་མ་ངོ་བོ་གཅིག་ལ་ལྡོག་པ་ཐ་དད་པ་ཙམ་དུ་ངེས་ནས་གསོལ་བ་འདེབས་པ་ལ་གསང་བ་ལྷག་པའི་ལྷ་དང་ངོ་བོ་དབྱེར་མེད་དུ་གསོལ་བ་འདེབས་པ་དང་རྗེ་བླ་མའི་གསང་སྒྲུབ་ཅེས་བྱའོ། །དེ་ལྟ་བུའི་དོན་ཡིད་ལ་བྱས་ཏེ་ཉམས་སུ་ལེན་པའི་ཚུལ་ལ་ཕྱི་ནང་གསང་བ་སོ་སོར་སྒྲུབ་ཚུལ་ཡོད་ཀྱང་། འདིར་གསུམ་ཀ་དཀྲུས་གཅིག་ཏུ་བྱས་ནས་ཉམས་སུ་ལེན་ཚུལ་གོ་བདེ་བར་བརྗོད་ན། དམིགས་མེད་བརྩེ་བའི་གཏེར་ཆེན་སྤྱན་རས་གཟིགས། །ཞེས་པ་རྐང་པ་དང་པོའི་དོན་ནི། སྤྱིར་ན་རྒྱལ་བ་རྣམས་འགྲོ་བ་མཐའ་དག་འཁོར་བ་སྤྱི་དང་བྱེ་བྲག་སོ་སོའི་སྡུག་བསྔལ་གྱིས་མནར་བ་དང་། དེར་མ་ཟད་ཉན་རང་བདག་ཉིད་ཆེན་པོ་རྣམས་ཀྱང་བརྩེ་མེད་འཛིན་སྲིད་ཀྱི་སྒྲིབ་པ་དང་བཅས་ཤིང་། སར་གནས་ཀྱི་སེམས་དཔའ་རྣམས་ཀྱང་ས་གོང་མ་གོང་མའི་ངོ་སྐལ་གྱི་སྒྲིབ་པ་དང་བཅས་པར་གཟིགས་ནས། དེ་དག་ལ་མི་བཟོད་པའི་ཐུགས་རྗེ་ཆེན་པོ་དུས་རྟག་ཏུ་མངའ་ཞིང་། དེ་ཡང་རྟག་བརྟན་བདེན་པ་པོར་དམིགས་པ་ལྟ་བུ་མ་ཡིན་པར་ལུས་ཅན་མཐའ་དག་གི་ལས་དཀར་ནག་གི་གཟུགས་བརྙན་ཆུ་ཟླ་ལྟར་སྣང་ཡང་རང་བཞིན་གྱིས་སྟོང་པས་ཁྱད་པར་བྱས་པའི་སྒོ་ནས་བརྩེ་

བར་མཛད་པའི་དམིགས་པ་མེད་པའི་བརྩེ་བའམ་དམིགས་མེད་ལ་དམིགས་པའི་སྙིང་རྗེ་ཁྱད་པར་ཅན་གྱི་སྒོ་ནས་འགྲན་ཟླ་དང་བྲལ་བ་ནི་འཕགས་པ་སྤྱན་རས་གཟིགས་དབང་ཕྱུག་ཉིད་ཡིན་ལ། དེ་དང་ཚུལ་མཚུངས་པར་རྗེ་བླ་མས་དབེན་པའི་གནས་དུ་མར་སྒྲུབ་པ་ལྷུར་མཛད་པས་མདོ་སྔགས་ཀྱི་ཉམས་རྟོགས་མཐའ་ཡས་པ་འཁྲུངས་ཚུལ་གསང་བའི་རྣམ་ཐར་དུ་གསལ་བ་ལྟར་དང་། ཁྱད་པར་མདོ་སྡེ་ཕལ་པོ་ཆེ་ལ་གཟིགས་རྟོག་མཛད་ཅིང་བྱམས་སྙིང་རྗེ་བྱང་ཆུབ་ཀྱི་སེམས་དང་རྒྱལ་སྲས་ཀྱི་སྤྱོད་པ་རྣམས་ལ་ཐུགས་སྨྲེངས་པར་མཛད་པས། ཞལ་ནས། མདོ་སྡེ་ལས་འབྱུང་བའི་རྒྱལ་སྲས་ཀྱི་སྙིང་སྟོབས་དང་སྤྱོད་པ་གང་རླབས་ཆེ་ཆེ་རྣམས་ལ་རེ་རེ་ནས་དམིགས་ཕྱུག་གིན་སྦྱོང་བའི་དམིགས་རྣམ་ནར་མར་བསྐྱེན་པས། དང་པོར་ཅུང་དཀའ་ཙམ་བྱུང་ཡང་ཕྱིས་ལེགས་པར་གོམས་ནས་འབད་རྩོལ་མི་དགོས་པར་རང་ཤུགས་ཀྱིས་རྒྱལ་སྲས་ཀྱི་སྙིང་སྟོབས་དང་སྤྱོད་པ་སྙད་དུ་བྱུང་བ་ཇི་འདྲ་བའི་དཔག་དཀའ་བ་ཞིག་ལའང་ཞུམ་པ་ནམ་ཡང་མི་སྐྱེ་ཞིང་། སྤྱི་དགའི་ཤུགས་དྲག་པོ་ངང་གིས་འཇུག་པ་ཞིག་བྱུང་ཞེས་གསུངས་ཤིང་། དེར་མ་ཟད་སྐུ་ཚེ་སྟོ་མ་ཞིག་ཏུ་བྲམ་ཟེའི་ཁྱེའུར་གྱུར་པས་སྟོན་པ་སངས་རྒྱས་ལ་ཤེལ་དཀར་གྱི་ཕྲེང་བ་ཕུལ་ཏེ་བྱམས་སྙིང་རྗེ་བྱང་ཆུབ་ཀྱིས་སེམས་བསྐྱེད་པར་མཛད་པ་སོགས་ཐུན་མོང་བའི་དབང་དུ་བྱས་པ་དང་། ཐུན་མོང་མ་ཡིན་པ་ལྟར་ན་སྟོན་རྒྱལ་བ་དབང་པོའི་ཏོག་གི་སྤྱན་སྔར་རྒྱལ་སྲས་ཀྱི་འཁོར་མཐའ་ཀླས་པའི་ནང་ནས་རྗེ་ཉིད་གཅིག་པུས་སྙིང་རྗེ་ཕུལ་དུ་བྱུང་བའི་ཤུགས་ཀྱིས་མ་དག་པའི་ཞིང་རྣམས་སུ་ཟབ་མོའི་ལྟ་བ་དང་འབྲེལ་བའི་གསང་སྔགས་ཀྱི་ལམ་རྒྱས་པར་བྱེད་པའི་སྨོན་ལམ་དང་དམ་བཅའ་མཛད་པས་སྙིང་སྟོབས་ཆེན་པོ་ཞེས་བསྔགས་པར་མཛད་པ་སོགས་འཕགས་པ་སྤྱན་རས་གཟིགས་ཀྱི་ཐུགས་རྒྱུད་ལ་མངའ་བ་འདྲ་བའི་སྙིང་རྗེ་ཆེན་པོའི་གཏེར་དུ་གྱུར་ཚུལ་གྱི་གཏན་ཚིགས་མཐའ་ཀླས་སོ། །དེ་ཡང་མདོ་ཕྱོགས་རྐྱང་པའི་ལུགས་ཀྱི་སྙིང་རྗེ་ཙམ་མ་ཡིན་པར། ཐུན་མོང་མ་ཡིན་པའི་སྙིང་རྗེ་ལྷན་སྐྱེས་ཀྱི་བདེ་བ་ཆེན་པོ་བཞིན་ལག་གི་རྣམ་པར་བཞེངས་ནས་འགྲོ་དོན་དངོས་སུ་བྱེད་ནུས་པ་དེ་ལྷ་བུ་རྒྱུད་སྡེ་ནས་བཤད་ཚོད་ལྟར་ཐུགས་རྒྱུད་ལ་འཁྲུངས་ཤིང་། ལམ་དུས་ཀྱི་ཉམས་རྟོགས་དེ་ཉིད་གོང་དུ་འཕེལ་བ་ལས་མཐར་ཕྱག་གི་ཕྱུན་ཚོགས་བརྙེས་པས་རྒྱལ་བ་ཐམས་

ཅན་གྱི་སྙིང་རྗེའི་བདག་པོར་གྱུར་པ་ཡིན་ལ། དེར་མ་ཟད་བཀའ་གདམས་གླེགས་བམ་སོགས་ལས་རིགས་གསུམ་མགོན་པོ་ངོ་བོ་གཅིག་ལ་ལྡོག་པ་ཐ་དད་པར་གསུངས་པས། རྗེ་བླ་མ་ཉིད་སྤྱན་རས་གཟིགས་ཀྱི་རྣམ་རོལ་ཡིན་པའང་གྲུབ་པར་མ་ཟད། སྐུ་བལྟམས་པའི་དུས་ཀྱི་ཡུམ་གྱི་མནལ་ལྟས་བྱུང་ཚུལ་གྱིས་མཚོན། ལུང་རིགས་ཚད་མ་གཞན་གྱིས་ཀྱང་སྤྱན་རས་གཟིགས་དང་ངོ་བོ་གཅིག་པར་སྒྲུབ་ཏུ་ཡོད་གསུང་ངོ་། །དྲི་མེད་མཁྱེན་པའི་དབང་པོ་འཇམ་པའི་དབྱངས། ཞེས་པ་རྐང་པ་གཉིས་པའི་དོན་ནི། སྤྱིར་དེ་ལྟ་དེ་སྙེད་ཀྱི་ཤེས་བྱ་ཐམས་ཅད་དུས་གཅིག་ལ་མ་འདྲེས་པར་མངོན་སུམ་དུ་གཟིགས་པའི་མཁྱེན་པ་མཐར་ཐུག་པ་ནི་སངས་རྒྱས་ཐམས་ཅད་ལ་ཐུན་མོང་དུ་ཡོད་ནའང་། སྨོན་ལམ་དང་བཀའ་བབས་ཀྱི་དབང་གིས་འཁོར་གྱི་དབུས་སུ་རྟེན་འབྱུང་ཟབ་མོའི་ཆོས་སྟོན་པ་ལ་མཁྱེན་རབ་འགྲན་ཟླ་དང་བྲལ་བ་ནི་རྗེ་བཙུན་འཇམ་དཔལ་དབྱངས་ཉིད་ཡིན་ཞིང་། དེ་དང་ཚུལ་མཚུངས་པར་རྗེ་བླ་མ་ཉིད་སྔར་བཤད་པ་ལྟར་རྒྱལ་བ་དབང་པོའི་ཏོག་གི་སྤྱན་སྔར་དམ་བཅས་པ་བཞིན་མ་དག་པའི་ཞིང་ཁམས་རྣམས་སུ་ཟབ་མོའི་ལྟ་བ་དང་གསང་སྔགས་ཟུང་དུ་འབྲེལ་བའི་སྲོལ་ཕྱེ་བ་ལ་རྒྱལ་སྲས་རྒྱ་མཚོའི་ནང་ན་འགྲན་ཟླ་དང་བྲལ་ཞིང་། སྐུ་ཚེ་འདིར་ཡང་སྣང་ཚོད་ལ་རྗེ་བཙུན་འཇམ་དབྱངས་ཀྱིས་བཤེས་གཉེན་མཛད་ནས་མདོ་སྔགས་ཀྱི་གསུང་རབ་དགོངས་འགྲེལ་དང་བཅས་པ་དང་། སྡེ་སྣོད་དང་གྲུབ་མཐའ་རབ་འབྱམས། རིག་པའི་གནས་ཀུན་ལ་མཁྱེན་རབ་འགྲན་ཟླ་དང་བྲལ་བར་གྱུར་ལ། དེའང་ཐོས་པ་རྒྱ་མཚོའི་ཕ་རོལ་ཏུ་ཕྱིན་པ་ཙམ་མ་ཡིན་པར། དེ་དོན་སྒྲུབ་པ་ཉམས་བཞེས་ལ་ལྷུར་མཛད་པས་སྒོམ་བྱུང་གི་མཁྱེན་རབ་མཐའ་མེད་དུ་རྒྱས་ཤིང་། ཁྱད་པར་སྟོང་པ་རྟེན་འབྱུང་དང་། རྟེན་འབྱུང་སྟོང་པའི་དོན་དུ་གཟིགས་པའི་ཉམས་རྟོགས་ཁྱད་པར་ཅན་འཁྲུངས་ཚུལ་རྣམ་ཐར་དུ་གསལ་བས་མཚོན། ཐུན་མོང་དང་ཐུན་མོང་མ་ཡིན་པའི་མཁྱེན་རབ་ཁྱད་པར་ཅན་གྱི་ཉམས་རྟོགས་མངའ་བས་ན། རྗེ་བླ་མ་ཉིད་རྗེ་བཙུན་འཇམ་པའི་དབྱངས་ལ་རྗེ་ལྟར་མངའ་བ་འདྲ་བའི་མཁྱེན་པའི་ཡོན་ཏན་དང་ལྡན་པར་གྲུབ་བོ། །དེར་མ་ཟད་རྗེ་བླ་མ་ཉིད་རྗེ་བཙུན་འཇམ་པའི་དབྱངས་དང་གཉིས་སུ་མེད་པར་འཇམ་དཔལ་རྩ་རྒྱུད་དུ་རྒྱལ་བ་རང་ཉིད་ཀྱིས་ལུང་བསྟན་པ་གྲགས་ཆེ་ཞིང་། སྐུ་བལྟམས་པའི་ཚེ་ཡབ་ཀྱི་མནལ་ལྟས་བྱུང་ཚུལ་དང་། ཆོས་རྗེ་

དོན་གྲུབ་རིན་ཆེན་ལ་མནལ་ལམ་དུ་ལུང་བསྟན་བྱུང་ཚུལ་སོགས་ལུང་རིགས་ཚད་མ་གཞན་གྱིས་ཀྱང་སྒྲུབ་ཏུ་ཡོད་པར་གསུངས། དེ་ལྟར་ན་རྗེ་བླ་མ་ཉིད་ངེས་པའི་དོན་དུ་དུས་གསུམ་གྱི་རྒྱལ་བ་ཀུན་གྱི་ཡོངས་འཛིན་མཛད་པའི་ཡབ་དང་། དེ་དག་གི་གསུང་གི་གསང་མཛོད་སྤེལ་བའི་སྲས་དང་། ཤེས་ཕྱིན་གྱི་རང་བཞིན་དུ་གྱུར་པས་ཡུམ་དུའང་གྱུར་ཚུལ་སོགས་གསང་བ་མཆོག་གི་ངང་ཚུལ་བསམ་གྱིས་མི་ཁྱབ་པ་མངའ་བ་ཡིན་ནོ། །དེ་ནས་ཐུན་མོང་མ་ཡིན་པའི་མན་ངག་གིས། བདུད་དཔུང་མ་ལུས་འཇོམས་མཛད་གསང་བའི་བདག །ཅེས་སྨྲར་བའི་དོན་ལ། འཁྲིད་ཡིག་ སྔ་མ་རྣམས་སུ་ཕྱི་ནང་གཉིས་ཀྱི་སྐབས་གསང་བདག་དང་སྨྲར་མ་སྨྲར་གཉིས་སུ་མཆིས་ཀྱང་། དང་པོ་ལྟར་ན། བདུད་དང་ལྷ་སྟེགས་དང་ཕས་ཀྱི་རྒོལ་བ་མཐའ་དག་འཇོམས་པར་བྱེད་པའི་མཐུ་སྟོབས་དང་གསང་སྔགས་དང་རིག་སྔགས་ཐམས་ཅད་ཀྱི་བདག་པོར་རྒྱལ་བ་ཐམས་ཅད་ཀྱིས་དབང་བསྐུར་བས་ན་མཐུ་སྟོབས་འགྲན་ཟླ་དང་བྲལ་བ་ནི་དཔལ་གསང་བའི་བདག་པོ་ཕྱག་ན་རྡོ་རྗེ་ཡིན་ལ། དེ་དང་ཚུལ་མཚུངས་པར་རྗེ་བླ་མ་ཉིད་ཀྱང་མཐུ་སྟོབས་ཀྱི་རང་རྟགས་མངོན་མཆན་ཅན་སྟོན་པར་མཛད་པ་དཔེར་ན། རྣམ་ཐར་ལས་གསུངས་པ་ལྟར་དཀྱུང་ལོ་ལྔ་བདུན་གྱི་ཚེ་བདུད་རིགས་འབྱུང་པོ་མི་བསྲུན་པ་བཞིན་མཐོ་འཚམས་པའི་ཚེ། ཤཱཀྱའི་རྒྱལ་པོ་ཞལ་གཟིགས་པ་རང་ཉིད་ལ་བསྟིམ་པར་མཛད་ནས། ལས་གཤིན་དང་ཀླུ་ཊ་སྣ་ལ་བཀོལ་ཏེ་ནག་པོའི་སྡེ་རིགས་དཔུང་དང་བཅས་པ་ཚར་བཅད་པས་རྣམ་པར་རྒྱལ་བའི་གྲགས་པ་རྒྱས་པ་དང་། ལས་ཀྱི་གཤིན་རྗེ་འཁྲུལ་གྱི་སྐུ་གཡོག་ཏུ་བཀོལ་བར་མཛད་པ་སོགས་མཐུ་སྟོབས་ཀྱི་མཛད་པ་བསམ་གྱིས་མི་ཁྱབ་ཅིང་། སྐུ་དངོས་ཀྱིས་མ་ཟད་སྐུའི་དོན་སྤྱི་གསལ་བཏབ་ནས་གསོལ་འདེབས་ཞློས་པ་ཙམ་གྱིས་ཀྱང་། རྫས་སྔགས་འཁོར་ལོ་སོགས་ལ་མ་ལྟོས་པར་སྡེ་བརྒྱད་སྤྱི་དང་ཁྱད་པར་དཔེ་ཧར་སོགས་རྒྱལ་འགོང་གི་གནོད་པས་མི་ཚུགས་པར་གསུངས་པས་མཚོན། དཔལ་གསང་བའི་བདག་པོའི་མཐུ་སྟོབས་དང་འདྲ་བའི་ནུས་མཐུ་རྗེ་འདི་ཉིད་ལ་མངའ་ཞིང་། དེར་མ་ཟད་དངོས་པོའི་གནས་ཚོད་ལ་གསང་བདག་དང་རྡོ་པོ་གཅིག་པ་ནི་བཀའ་གདམས་གླེགས་བམ་གྱི་ལུང་དང་། ཡབ་ཀྱི་མནལ་ལྟས་བྱུང་ཚུལ་སོགས་ཤེས་བྱེད་དང་། འགྲོ་བ་སྐྱོབ་པའི་རྒྱུ་གསུམ་ཡ་མ་བྲལ་བའི་རིགས་པས་ཀྱང་སྒྲུབ་

ཉུས་པར་གསུངས་སོ། །གངས་ཅན་མཁས་པའི་གཙུག་རྒྱན་ཙོང་ཁ་པ། །བློ་བཟང་གྲགས་པའི་ཞབས་ལ་གསོལ་བ་འདེབས། །ཞེས་པ་རྐང་པ་ཕྱི་མ་གཉིས་ཀྱི་དོན་ནི། དེ་ཡང་བོད་དུ་སྔར་དར་གྱིས་བསྟན་པ་བསྣུབས་རྗེས་རྒྱ་གར་བ་འགའ་ཞིག་དང་། བོད་སྔགས་དུ་མས་སྔགས་ལ་བསྟད་བཏགས་པའི་ཆོས་ལོག་དར་བར་བྱས་པས། ལྷ་སྤྱོད་རྣམ་དག་འཛིན་པ་ཙུང་ཞིང་སྤྱོར་སྒྲོལ་གྱི་རྩིང་སྤྱོད་མང་དུ་བྱུང་བ་ལ། ལྷ་བླ་མ་ཡེ་ཤེས་འོད་སོགས་ཀྱིས་ཆོས་ལོག་སུན་འབྱིན་གྱི་ཡི་གེ་བཀྲམས་པས་ཀྱང་མ་ཕན་པར། ཇོ་བོ་རྗེ་བྱོན་ནས་བསྟན་པ་ལ་དག་ཐེར་མཛད་ཐུབ་པ་བཞིན། རྗེ་བླ་མའི་འཕྲིན་ལས་རྒྱས་པའི་གོང་ཙམ་དུ། རྗེ་བཙུན་རེད་མདའ་བ་ཆེན་པོ་སོགས་མཁས་པའི་དབང་པོ་མཐའ་ཡས་པ་བཞུགས་བཞིན་དུ་འདུལ་བའི་བསྟན་པ་ཉམས་དམས་པར་གྱུར་བ། རྗེ་བླ་མས་གཞི་ནས་གསོས་པར་མཛད་ཚུལ་དང་། བོད་ཀྱི་མཁས་པའི་ཁྲིད་ན་མདོ་རྒྱུད་དཔང་པོར་བཟུང་སྟེ་ལུང་རིགས་དྲི་མ་མེད་པས་འདོམས་པར་མཛད་པའི་སྐྱེ་ས་བུ་དམ་པ་བསམ་གྱིས་མི་ཁྱབ་པ་རེ་སྣེད་ཅིག་བྱོན་མོད་ཀྱང་། རྒྱལ་སྲས་ཀུན་གྱི་ནང་ན་རིགས་གསུམ་མགོན་པོ་ཉིད་མཁྱེན་བརྩེ་ནུས་གསུམ་འགྲན་ཟླ་དང་བྲལ་བར་གྲགས་པ་བཞིན་མདོ་སྔགས་ཀྱི་དགོངས་དོན་མཁྱེན་ཚུལ་དང་འདོམས་ཚུལ་གྱི་ཁྱད་པར་གྱིས་མགོན་པོ་ཀླུ་སྒྲུབ་ཀྱིས་ཇི་ལྟར་བཞེད་པའི་ལྟ་བ་དང་། ཚད་མ་མདོ་དང་སྡེ་བདུན་གྱིས་བརྗོད་དོན་ལམ་ཀྱི་རིམ་པར་བསྒྲིགས་པ་དང་། ཚུལ་གཉིས་ཀྱི་མདོའི་དྲང་ངེས་ཀྱི་ཁྱད་པར་ཟབ་ཅིང་གཏིང་མི་དཔོག་པ་རྣམས་དང་། ཕ་རྒྱུད་ཀྱི་སྒྱུ་ལུས། མ་རྒྱུད་ཀྱི་འོད་གསལ། དབང་བཞི་པའི་ལམ་ཟུང་འཇུག་སོགས་གདུལ་བྱའི་སྐལ་པས་མཁས་པ་ཕལ་པོ་ཆེས་མ་དགོངས་པ་ལྟར་མཛད་པ་རྣམས་ལ་མ་རྟོགས་པ་དང་ལོག་པར་རྟོག་པའི་དྲི་མ་རྣམས་བསལ་ཏེ། རྒྱལ་བའི་བསྟན་པ་ལ་རྒྱལ་བ་ཉིད་དང་མཚུངས་པའི་བྱ་བ་མཛད་པ་ལ་འགྲན་ཟླ་དང་བྲལ་བས་གངས་ཅན་མཁས་པ་སྤྱི་ཁྱབ་ཀུན་ལས་ཁྱད་པར་དུ་འཕགས་ཤིང་དེ་དག་གི་གཙུག་གི་རྒྱན་དུ་གྱུར་ཚུལ་རྣམ་ཐར་དད་པའི་འཇུག་ངོགས་དང་སྐྱབས་མགོན་ཐུའུ་བཀྭན་རྡོ་རྗེ་འཆང་གིས་མཛད་པའི་གྲུབ་མཐའ་ཤེལ་གྱི་མེ་ལོང་། ཀུན་མཁྱེན་གུང་ཐང་རྡོ་རྗེ་འཆང་ཆེན་པོས་མཛད་པའི་རྗེའི་བསྟོད་པ་དོན་ལྡན་ཙ་འགྲེལ་སོགས་ལས་ཤེས་པར་བྱ་ལ། དེ་ལྟར་རྗེ་བླ་མ་ཉིད་ལུང་གི་ཡོན་ཏན་གྱིས་གངས་ཅན་མཁས

པའི་གཙུག་རྒྱན་དུ་གྱུར་པར་མ་ཟད། དབེན་པའི་གནས་དུ་མར་ཐུགས་དམ་ཉམས་བཞེས་ལྷུར་མཛད་པས་མདོ་སྔགས་ཀྱི་ཉམས་རྟོགས་མཐའ་ཡས་པ་རྒྱ་གར་གྱི་གྲུབ་ཆེན་སློབ་མ་རྣམས་དང་འདྲ་བར་ཐུགས་རྒྱུད་ལ་འཁྲུངས་ཤིང་། སངས་རྒྱས་བྱང་སེམས་དང་པཎ་གྲུབ་མཐའ་ཡས་པ་ཞལ་གཟིགས་ཏེ་བྱིན་གྱིས་རློབ་པ་སོགས་ཐུན་མོང་དང་ཐུན་མོང་མ་ཡིན་པའི་གྲུབ་པ་ཁྱད་པར་ཅན་བརྙེས་པ་ནི་གསང་བའི་རྣམ་ཐར་སོགས་ལུང་ཚད་མས་གྲུབ་པས་ན། རྗེ་བླ་མ་ཉིད་རྟོགས་པའི་ཡོན་ཏན་གྱི་སྒོ་ནས་ཀྱང་གངས་ཅན་མཁས་པ་ཀུན་གྱི་གཙུག་གི་ནོར་བུར་གྱུར་བ་ཡིན་ནོ། །གཞན་ཡང་མདོ་སྡེ་རྒྱན་ལས་ཐོས་བསམ་སྒོམ་གསུམ་སྔ་མ་སྔ་མ་ལས་ཕྱི་མ་ཕྱི་མ་འབྱུང་བའི་རྒྱུ་འབྲས་ཀྱི་འབྲེལ་བ་གྲུབ་པའི་རྒྱུ་མཚན་གྱིས། སྔ་མ་སྔ་མ་ཅི་ཙམ་པ་དེའི་ཚོད་ཀྱིས་ཕྱི་མ་ཕྱི་མ་དེ་ཙམ་གྱི་འབྲེལ་བ་གྲུབ་པས་ན། རྗེ་བླ་མས་རྟོགས་བརྗོད་མདུན་ལེགས་མ་སོགས་ལས་གསུངས་པ་ལྟར་མདོ་རྒྱུད་མཐའ་ཡས་པ་དང་། འཕགས་བོད་ཀྱི་མཁས་པ་དུ་མའི་བཞེད་སྲོལ་མ་འདྲེས་པར་མཁྱེན་ཚུལ་རྨད་དུ་བྱུང་བའི་སྒོ་ནས་གཟིགས། གཟིགས་པ་ལྟར་སྒྲུབ་པ་ལྷུར་མཛད་པའི་རྒྱུ་ཚོགས་ཁྱད་པར་བའི་བྱེད་པ་ལས། འབྲས་བུ་ལྟ་སྒོམ་སྤྱོད་གསུམ་དང་བཙུན་པ་དང་བཟང་བའི་ཡོན་ཏན་དཔག་པར་དཀའ་བ་ཚེགས་མེད་དུ་བརྙེས་ཤིང་། ཡོན་ཏན་གང་བརྙེས་པ་ཐམས་ཅད་འཁྲུལ་མེད་ཉམས་རྟོགས་བཟང་བ་གཞན་ལས་ཁྱད་པར་དུ་འཕགས་པར་ཡང་གྲུབ་སྟེ། ཉམས་རྟོགས་བཟང་བ་ནི་སྒྲུབ་ཚུགས་བཟང་བ་ཙམ་གྱིས་མ་ཡིན་པར་གང་ཞིག་ཉམས་སུ་བླང་བྱའི་རིམ་པ་གཏན་ལ་ཕབ་ལུགས་ཀྱི་དབང་གིས་ཇི་ཙམ་ཁྱད་ཞུགས་པ་དེ་ཙམ་དུ་རྟོགས་པ་སྐྱེད་ལུགས་ཀྱང་ཞུགས་པ་ཡིན་པའི་ཕྱིར་རོ། །དེས་ན་རྗེ་བླ་མའི་རྣམ་ཐར་གྱི་གཙོ་བོ་ནི། རྗེ་བཙུན་འཇམ་དབྱངས་ཀྱིས། རྗེའི་རྣམ་ཐར་བསམ་གྱིས་མི་ཁྱབ། རྣམ་ཐར་གྱི་གཙོ་བོ་ཆོས་རབ་ཏུ་རྣམ་འབྱེད་ཀྱིས་ཆོས་ཟབ་མོ་ཐམས་ཅད་ཐུགས་སུ་ཆུད་ཅིང་། དངོས་སྟོབས་ཀྱི་རིགས་པས་གཞི་ལམ་འབྲས་བུ་ཐམས་ཅད་ཐུགས་སུ་ཆུད་པ་འདི་ཡིན། ཞེས་གསུངས་པ་ལྟར་ཡིན་ཅིང་། ཐུགས་སུ་ཆུད་ཚུལ་ཇི་ཙམ་པའང་ཐམས་ཅད་མཁྱེན་པ་རོལ་པའི་རྡོ་རྗེའི་གྲུབ་མཐའི་རྣམ་བཞག་ལ། རྗེ་བཙུན་འདི་ཉིད་ཀྱི་འདུལ་བའི་ཕྱག་ལེན་ཕྲ་མོ་ཡན་ཆད་ནས་གྲུབ་པའི་མཐའ་ཆེན་པོ་རྣམས་ཀྱི་བར་དང་། ཞེས་པ་ནས། བཤད་སྒྲུབ་ཀྱི་བསྟན་པ་གཉིས་

ཆར་འཛིན་ཅིང་སྤེལ་བར་མཛད་པའི་རྣམ་པར་ཐར་པ་འདི་ལྟ་བུ་ནི་སྔོན་བྱོན་པའི་གངས་ཅན་གྱི་མཁས་གྲུབ་སུ་ལའང་མེད་པར་མ་ཟད། རྒྱ་གར་འཕགས་པའི་ཡུལ་གྱི་འཕགས་པ་ཀླུ་སྒྲུབ་ལྟ་བུ་ལའང་འདི་ལས་ལྷག་པ་ཡོད་ཐབས་མེད་པར་རིགས་པའི་ཚུལ་དྲི་མ་མེད་པས་གྲུབ་པ་ཡིན་ནོ། །ཞེས་གསུངས་པ་ལྟར་རོ།། དེ་ལྟ་བུའི་རྗེ་བདག་ཉིད་ཆེན་པོ་དེ་ཉིད་མདོ་སྨད་ཙོང་ཁའི་ཡུལ་དུ་སྐུ་འཁྲུངས་པས་ཙོང་ཁ་པ་ཞེས་མཚན་གསོལ་ཞིང་། དགུང་ལོ་བརྒྱད་པའི་དུས་ཆོས་རྗེ་དོན་གྲུབ་རིན་ཆེན་ལས་རབ་འབྱུང་དང་དགེ་ཚུལ་གྱི་སྡོམ་པ་བཞེས་ཏེ་མཚན་བློ་བཟང་གྲགས་པ་ཞེས་གསོལ་བར་མཛད་དེ། དེ་ཡང་འཇམ་དཔལ་རྩ་རྒྱུད་ལས་རྗེའི་མཚན་སྒྲ་ལུང་བསྟན་ཚུལ་དང་མཐུན་པས་དོན་དུ་རྒྱལ་བ་ཉིད་ཀྱིས་མཚན་དེ་ལྟར་བཏགས་པ་ལྟ་བུ་ཡིན་ལ། བློ་བཟང་ཞེས་པའང་མདོ་སྡེ་རྒྱན་དུ། དེ་ལྟར་བློ་བཟང་སྐྱོ་བ་མེད་ལྡན། ཞེས་པའི་བློ་བཟང་གི་དོན་ཆོས་རྣམས་ཀྱི་རང་སྤྱིའི་གནས་ལུགས་ཕྱིན་ཅི་མ་ལོག་པར་འཆད་ཤེས་པའི་དོན་དུ་བཤད་པ་དང་། འདུག་པ་ལས། བློ་བཟང་བདེན་རང་བཞིན། ཞེས་དང་། བློ་བཟང་ཉི་མས། ཞེས་བྱུང་བའི་དོན་རིམ་པ་བཞིན་བདེན་པ་ཕྲ་རགས་ལ་མཁས་པའི་ལྷག་པའི་ཤེས་རབ་དང་། རྟེན་འབྱུང་གི་དེ་ཁོ་ན་ཉིད་རྟོགས་པའི་བློ་བཟང་བ་ལ་བཤད་འདུག་པས། དོན་དུ་ཐུ་མ་བརྗོད་བྱེད་དང་། །ཕྱི་མ་གཉིས་བརྗོད་བྱ་ལ། མཁས་པའི་བློ་གྲོས་བཟང་བའི་དོན་དུ་སྣང་ལ། གྲགས་པ་ཞེས་པ་ཡང་། མདོ་སྡེ་རྒྱན་ལས་སྙན་པར་གྲགས། ཞེས་བྱུང་བའི་དོན། མཁས་བཙུན་ལ་སོགས་པར་སྙན་པར་གྲགས་པས་ཚིག་བཟུང་བར་འོས་པ་ཞེས་བཤད་པ་དང་མཐུན་ཞིང་། འཇམ་དཔལ་རྩ་རྒྱུད་ཀྱི་ལུང་བསྟན་དུ། བསྟན་པའི་གཟུགས་བརྙན་ཡིད་དུ་འོང་། །བྱེད་པར་འགྱུར་བ་ཐེ་ཚོམ་མེད། །ཅེས་དང་། སྔགས་དང་རྒྱུད་ལ་མངོན་བརྩོན་པ། གྲགས་པ་འཛིན་པར་ཤེས་པར་བྱ། །ཞེས་པའི་དོན་དང་ཡང་འགྲོར་བར་སྣང་ངོ་། སློབ་དཔོན་ཆེན་པོའི་ལུང་བསྟན་དུ། །གསང་མཚན་ལས་རབ་རྡོ་རྗེ་བདེ་བ་རྩལ། །ཞེས་ལས་ཀྱི་རིགས་ཀྱི་མཚན་བྱུང་བ་བཞིན་རྗེ་བླ་མའི་མཚན་དོན་ཡོད་རྡོ་རྗེ་ཞེས་པ་ཡིན་པར་རྗེ་ཉིད་ཀྱི་གསུང་ལས་བྱུང་ཞིང་། དེའི་དོན་སྒྲོན་གསལ་ལས། དོན་ཡོད་པའི་ཡེ་ཤེས་རབ་ཏུ་སྟོན་པས་ན་དོན་ཡོད་རྡོ་རྗེ་ཞེས་གསུངས་པ་ལྟར་རོ། །དེ་ལྟར་རྗེ་བླ་མ་ཉིད་མཁྱེན་བརྩེ་ནུས་གསུམ་གྱི་ཡོན་ཏན་མཐར་ཕྱིན་པ་

བརྩེས་ཤིང་། གདུལ་བྱ་གཞན་ཡང་སྨིན་གྲོལ་ལ་འགོད་པའི་ཐབས་མཁས་ཐུལ་དུ་བྱུང་བ་མངའ་བའི་སྟོབས་ཀྱིས། ད་ལྟ་རང་ལ་དགེ་བའི་བཤེས་གཉེན་གྱི་རྣམ་པར་བསྟན་ནས་ཟབ་རྒྱས་ཀྱི་གདམས་པ་སྩོལ་བར་མཛད་པའི་ཚུལ་ཞིབ་ཏུ་བསམས་ནས། རྗེ་རིན་པོ་ཆེ་དང་རང་གི་རྩ་བའི་བླ་མ་གཉིས་དབྱེར་མེད་དུ་བལྟས་ཏེ་དངོས་བརྒྱུད་ཀྱི་བཀའ་དྲིན་དྲན་པའི་མོས་གུས་དང་། ཡོན་ཏན་དེ་ལྟ་བུས་ཡིད་འཕྲོག་པའི་དད་པ་དང་། ཞེ་ནས་དགའ་བའི་ཡི་རང་པ་དང་། དེ་ལྟ་བུར་བདག་ཀུང་གྱུར་ན་སྙམ་པའི་གདུང་བ་ཤུགས་དྲག་པོས། རྗེ་བླ་མ་ཉིད་ཆེས་ཆེར་བཀུར་བའི་ཡུལ་ཡིན་པས་མཆན་ནས་བརྗོད་པར་དཀའ་ནའང་། སངས་རྒྱས་བྱང་སེམས་ཀྱི་མཚན་བརྗོད་པ་ལ་ཕན་ཡོན་ཆེན་པོ་ཡོད་པ་ལྟར་རྗེ་བླ་མའི་མཚན་བརྗོད་པ་ལ་ཕན་ཡོན་ཆེན་པོ་འབྱུང་བར་མ་ཟད། གདུང་བའི་ཤུགས་ཆེས་བས་རྗེ་བླ་མ་ཙོང་ཁ་པ་བློ་བཟང་གྲགས་པ་ཞེས་བོས་ནས། བདག་ལ་མགོ་དམན་སྐྱིད་སྡུག་ལེགས་ཉེས་ཅི་བྱུང་ཡང་རེ་ས་གཞན་ན་མེད་པས་ཁྱེད་རང་མཁྱེན་སྙམ་དུ་བློ་ཐིང་ངེས་བསྐྱུར་གྱིས། རང་ཉིད་དམའ་བར་བཟུང་ནས་ཞུམ་ཞིང་། རྗེ་བླ་མ་ལ་མཐོན་པོར་བཀུར་བའི་ཚུལ་གྱིས་སྐུའི་ཆ་དམའ་ཤོས་ཞབས་ཀྱི་པདྨོ་ལ་མགོ་བོས་གཏུགས་ཏེ་ངག་ནས་འོ་དོད་འབོད་པའི་ཚུལ་གྱིས་གསོལ་བ་འདེབས་པ་སྟེ་ཞུ་བ་འབུལ་ཞེས་པ་ཡིན་ལ། ཞུ་དོན་ཀྱང་ཕྱི་ནང་གསང་བའི་སྒྲུབ་ཚུལ་དང་མཐུན་པར་བདག་ཀུང་ཁྱེད་རང་ལྟ་བུར་མཁས་པའམ་ལུང་གི་ཡོན་ཏན་ཐུལ་དུ་ཕྱིན་པ་ཐོབ་ཅིང་། ཞེས་དོན་སྒྲུབ་པ་ལྟར་བླངས་ནས་ཐབས་ཤེས་ཡོངས་སུ་རྫོགས་པའི་རྟོགས་པའི་ཡོན་ཏན་ཁྱད་པར་ཅན་ལ་མངའ་བརྙེས་ནས། མཐར་ཐུག་མཁྱེན་བརྩེ་ནུས་གསུམ་གྱི་བདག་ཉིད་རིགས་གསུམ་མགོན་པོའི་ངོ་བོར་སངས་རྒྱས་ཏེ་མཁའ་ཁྱབ་ཀྱི་སེམས་ཅན་ཐམས་ཅད་སྨིན་གྲོལ་གྱི་ལམ་ལ་འགོད་པ་སོགས་མཆོག་ཐུན་མོང་གི་དངོས་གྲུབ་མ་ལུས་པ་དེ་ བླག་ཏུ་ཐོབ་པར་བྱིན་གྱིས་བརླབ་ཏུ་གསོལ། ཞེས་ཞུ་དགོས་སོ། །དེ་དག་གི་དོན་མདོར་བསྡུ་ན། གདོད་ནས་སངས་རྒྱས་ཟིན་ཀུང་གདུལ་བྱའི་དོན་དུ་སྐུ་ཆེ་འདིར་གསན་བསམ་ལ་འབད་ནས་མཁས་པའི་མཆོག་ཏུ་གྱུར་པ་དང་། བསྒོམ་སྒྲུབ་ལ་འབད་པས་གྲུབ་པའི་མཆོག་ཏུ་གྱུར་ཞིང་། རིགས་གསུམ་གྱི་ལྷའི་ངོ་བོར་སངས་རྒྱས་པ་རྗེ་བླ་མ་ཙོང་ཁ་པ་ཆེན་པོ་ལ་གསོལ་བ་འདེབས་སོ། བདག་ཀུང་ཁྱེད་རང་ལྟ་བུར་བྱིན་

གྱིས་བརླབ་ཏུ་གསོལ། ཞེས་པ་ལྟ་བུར་འགྱུར་བས། བསམ་བྱ་མང་པོ་ཡིད་ལ་བྱེད་མ་ནུས་པ་དག་ལ་འདི་ཙམ་གྱིས་ཀྱང་ཆོག་གོ། དེ་ལ་ཕྱི་སྒྲུབ་ཀྱི་སྐབས་རིགས་གསུམ་མགོན་པོ་དང་རྗེ་བླ་མ་རྒྱུད་ཐ་དད་པ་ལྟར་བྱས་ཤིང་། མཁྱེན་བརྩེ་ནུས་གསུམ་གྱི་ཡོན་ཏན་རྣམས་ཀྱང་རིགས་གསུམ་གྱི་ཡོན་ཏན་ལ་སྦྱར་ནས། དེ་རྣམས་དཔེར་བཟུང་སྟེ་རྗེ་བླ་མའི་མཁས་པའི་ཡོན་ཏན་དྲན་པ་དང་། ནང་སྒྲུབ་ཀྱི་སྐབས། རྗེ་བླ་མ་རིགས་གསུམ་མགོན་པོ་དང་རྒྱུད་ཐ་དད་པ་ལྟར་བྱས་པ་སྔར་དང་འདྲའང་། མཁྱེན་བརྩེ་ནུས་གསུམ་རྗེ་བླ་མ་རང་ལ་སྦྱར་ནས། རྒྱལ་སྲས་རིགས་གསུམ་དཔེར་བཟུང་བ་ལྟར་བྱས་ཏེ། རྗེ་བླ་མའི་ཐབས་ཤེས་ཡོངས་སུ་རྫོགས་པའི་གྲུབ་པའི་ཡོན་ཏན་དྲན་པ་དང་། གསང་སྒྲུབ་ཀྱི་སྐབས་ཁྱད་གཞི་ཁྱད་ཆོས་གཉིས་ཀྱང་རྗེ་བླ་མ་ལ་སྦྱར་ནས། རིགས་གསུམ་ལྷའི་ངོ་བོར་བསྒྲུབ་པ་སྟེ། དེས་ན་དམིགས་བརྩེ་མ་འདི་ཉིད་ལ་ཕྱི་ནང་གསང་གསུམ་གྱི་དོན་ཚང་བར་བྱས་ཏེ་དཀྱུས་གཅིག་ཏུ་ཉམས་སུ་ལེན་ཚུལ་གྱི་གོ་དོན་ནི་དེ་ཡིན་ལ། དེ་ཡང་འདོད་པས་སྐྱུང་བ་ཙམ་མ་ཡིན་པར་རང་ཚིག་གི་སྦྱུང་བ་ལས་ལེགས་པར་ཐོབ་པར་ཡིན་ནོ། དེ་ཡང་སངས་རྒྱས་ཀྱི་གོ་འཕང་སྒྲུབ་བྱེད་ཀྱི་ཐབས་ལ་ཐུན་མོང་དང་ཐུན་མོང་མ་ཡིན་པ་གཉིས་དང་། ཐུན་མོང་བ་ལ་རྒྱ་ཆེ་བ་དང་ཟབ་མོའི་ལམ་གྱི་རིམ་པ་གཉིས་ལས། རྒྱ་ཆེ་བའི་ལམ་གྱི་སྙིང་པོ་ཐབས་བྱང་ཆུབ་ཀྱི་སེམས་སྐྱེས་པ་ལ་སྙིང་རྗེའི་ལྷ་སྤྱན་རས་གཟིགས་དང་། ཟབ་མོའི་ལམ་གྱི་སྙིང་པོ་ཤེས་རབ་སྟོང་ཉིད་རྟོགས་པའི་ལྟ་བ་རྒྱུད་ལ་སྐྱེ་བ་ལ། ཤེས་རབ་ཀྱི་ལྷ་འཇམ་དབྱངས་དང་། ཐུན་མོང་མ་ཡིན་པ་སྔགས་ཀྱི་རྟོགས་པ་སྐྱེ་བ་དང་། ལམ་གྱི་བར་ཆད་སེལ་བ་ལ་མཐུ་སྟོབས་ཀྱི་དབང་ཕྱུག་གསང་བའི་བདག་པོ་ལ་གསོལ་འདེབས་པ་གལ་ཆེ་ཞིང་། མདོ་སྔགས་ཀྱི་བསྟན་པ་དྲི་མ་མེད་པ་དེ་གངས་ཅན་འདིར་ཇི་ལྟ་བ་བཞིན་གསལ་བར་མཛད་པ་པོ་རྗེ་བླ་མ་ཡིན་ལ། རྗེ་བླ་མའི་གདམས་པ་རང་ལ་ཕྱིན་ཅི་མ་ལོག་པར་སྟོན་པར་མཛད་པ་པོ་རྩ་བའི་བླ་མ་ཡིན་པ་དང་། ལམ་གྱི་རིམ་པ་རྒྱུད་ལ་སྐྱེ་བ་ཡང་བླ་མ་ལ་རག་ལས་པས་ན་དེ་རྣམས་དབྱེར་མེད་དུ་བྱས་ཏེ་གསོལ་བ་འདེབས་པ་ཞིན་ཏུ་གནས་ཆེ་བར་གསུངས་སོ། །

གཞན་ཡང་གོང་དུ་བཤད་པ་ལྟར་དམིགས་བརྩེ་མ་འདི་ཉིད་རྒྱལ་བ་ཀུན་འདུས་ཀྱི་ཡེ་ཤེས་ལྷ་གསོལ་འདེབས་ཀྱི་ཚིག་གི་རྣམ་པར་ཤར་བ་ལས་ན། རྒྱལ་བའི་སྐུ་ཐུགས་ངོ་བོ་གཅིག་ཡིན་པས་

རྒྱལ་བ་རིགས་ལྔའི་རྣམ་རོལ་དུ་གྲུབ་ཅིང་། མཁྱེན་བརྩེ་ནུས་གསུམ་དང་སྦྱར་ན་རིགས་གསུམ་མགོན་པོ་དང་སྐུ་གསུང་ཐུགས་རྡོ་རྗེ་གསུམ་གྱི་ལྷའི་ངོ་བོར་ཡང་གྲུབ་ལ། འདིས་རྗེ་བླ་མ་ལ་མཐར་ཐུག་གི་ཡོན་ཏན་བརྗེས་པའི་སྒོ་ནས་བསྟོད་པའི་གནད་ཀྱིས་རྗེ་བླ་མ་ཉིད་རྒྱལ་བ་རིགས་ལྔ་དང་། རིགས་གསུམ་གྱི་ངོ་བོར་བསྟན་པས། དམ་པ་རིགས་བརྒྱ་དང་། གསང་ཆེན་རིགས་གཅིག་གི་ངོ་བོར་སངས་རྒྱས་པ་ཡང་འབད་མེད་དུ་གྲུབ་ལ། བདེ་མཆོག་ལྟར་ན་ཡུལ་ཉེར་བཞིའི་དཔའ་བོ་དཔའ་མོ་འདུས་པའི་ངོ་བོ་དཔལ་ཧེ་རུ་ཀར་སངས་རྒྱས་པའང་། དེ་དག་གི་སྒྲུབ་གཞི་རྗེ་བླ་མ་རང་གི་སྐུ་ལུས་ལ་རང་ཆས་སུ་ཡོད་པ་ལ་གནད་དུ་བསྣུན་པས་དག་པ་མཐར་ཕྱིན་པའི་ལམ་མངོན་དུ་མཛད་པས་ཤེས་ནུས་པས་མཚོན་གཞི་ལམ་འབྲས་གསུམ་གྱི་གནད་གསང་དང་འབྲེལ་བའི་ཐུན་མོང་མ་ཡིན་པའི་དོན་འཆད་ཚུལ་ངོ་མཚར་བ་གཞན་ཡང་མང་དུ་ཡོད་པར་སྣང་ངོ་། ཡང་གསོལ་འདེབས་ཀྱི་རྒྱལ་པོ་འདིས་ལམ་གྱི་གོ་རིམ་དང་གནད་གཙོ་ཆེ་བ་རྣམས་བསྟན་པ་ཡིན་ཏེ། དེ་ཡང་འདིས་གོང་དུ་བརྗོད་ཟིན་པ་ལྟར། རྗེ་བླ་མའི་རྣམ་པར་ཐར་པ་གཙོ་ཆེ་བ་རྣམས་ཚང་བར་བསྟན་པས། དེའི་ཤུགས་ཀྱིས་རྗེས་འཇུག་གདུལ་བྱའི་ཉམས་ལེན་གྱི་རིམ་པ་ཆ་ཚང་བར་སྟོན་པ་ལས་འོས་མེད་པས། དེ་ལྟར་ན་བརྩེ་བ་དང་མཁྱེན་པ་ཞེས་ཉམས་ལེན་བྱ་རྒྱུའི་ཐབས་ཤེས་ཁྱད་པར་ཅན་གཞི་ལྡོག་ནས་བསྟན་ལ། སྙིང་རྗེའི་ཁོངས་སུ་སྐྱེས་བུ་གསུམ་གྱི་ལམ་གྱི་རིམ་པ་རྒྱུ་དང་འབྲས་བུ་ཅི་རིགས་པའི་ཚུལ་གྱིས་འདུ་བར་ལམ་རིམ་ཆེན་མོར་རྒྱས་པར་བསྒྲུབས་པ་བཞིན་ཡིན་པས།

ཀྲང་པ་དང་པོས་བརྩེ་བ་སྙིང་རྗེ་ཆེན་པོས་མཚོན་པའི་རྒྱ་ཆེ་བའི་ལམ་རིམ་དང་། དེའི་སྙིང་པོ་ལམ་དུས་ཀྱི་དག་མ་དག་གི་སྒྱུ་ལུས། །ཡང་སྙིང་འབྲས་བུ་གཟུགས་ཀྱི་སྐུ་ཡང་བསྟན། སྤྱོད་འཇུག་ལས། ཡན་ལག་འདི་དག་ཐམས་ཅད་ནི། ཐུབ་པས་ཤེས་རབ་དོན་དུ་གསུངས། ཞེས་པ་ལྟར་ཤེས་རབ་ཀྱི་ཕར་ཕྱིན་གྱི་ཁོངས་སུ་སྤྱོད་ཕྱོགས་ཐབས་ཀྱི་སྐོར་རྣམས་ཡན་ལག་གི་ཚུལ་གྱིས་འདུ་བས། ཀྲང་པ་གཉིས་པས་ཤེས་རབ་ཁྱད་པར་ཅན་ཟབ་མོའི་ལམ་གྱི་རིམ་པ་དང་། དེའི་སྙིང་པོ་ལམ་དུས་ཀྱི་དཔེ་དང་དོན་གྱི་འོད་གསལ། ཡང་སྙིང་བདེ་སྟོང་དབྱེར་མེད་ཡེ་ཤེས་ཆོས་སྐུ་རྣམས་བསྟན་པ་ཡིན་ཏེ། ཀྲང་པ་དང་པོ་གཉིས་རེ་རེས་ཕྱི་ནང་གསང་གསུམ་དུ་སྒྲུབ་ཚུལ་རེ་རེ་བསྟན་པའི་ཤུགས་ཀྱིས་གྲུབ་

པོ། །དེར་མ་ཟད་མདོན་རྟོགས་རྒྱན་ལས། ཤེས་པས་སྲིད་ལ་མི་གནས་ཤིང་། སྙིང་རྗེ་ཞི་ལ་མི་གནས་དང་། །ཞེས་པ་ལྟར། སྙིང་རྗེ་རྒྱུད་པ་བསྒོམ་ན་ཞི་བའི་མཐར་ལྷུང་བ་འགོག་ནུས་ཀྱང་། སྲིད་པའི་མཐར་ལྷུང་བར་འགྱུར་པ་དང་། སྟོང་པ་རྒྱུད་པ་བསྒོམ་ན་སྲིད་པའི་མཐར་ལྷུང་བ་འགོག་ནུས་ཀྱང་ཞི་བའི་མཐར་ལྷུང་བ་འགོག་མི་ནུས་པས། ཕན་ཚུན་གཅིག་གིས་གཅིག་ལ་བོགས་འདོན་པ་དང་། གེགས་སེལ་བྱ་དགོས་པའི་ཚུལ་ཡང་རྐང་པ་དང་པོ་གཉིས་སྦྲེལ་བས་བསྟན། ཡང་མདོ་ཕྱོགས་ཀྱི་ཐབས་ཤེས་གཉིས་སངས་རྒྱས་ཀྱི་རྒྱུ་བྱེད་པ་ཙམ་མ་གཏོགས། གཞན་དོན་དངོས་སུ་བྱེད་པའི་བཞིན་ལག་གི་དབྱིབས་སུ་ཤར་བ་མེད་པས། ནང་སྒྲུབ་ཀྱི་སྐབས་རྗེ་བླ་མའི་ཐབས་ཤེས་ཀྱི་རྟོགས་པ་རྒྱལ་སྲས་གཉིས་ཀྱི་མཁྱེན་བརྩེ་དང་མཚུངས་པ་ཙམ་བསྟན། ཐུགས་ཀྱི་སྐབས་སུ་ཤེས་རབ་ཁྱད་པར་ཅན་གྱིས་ལྷན་ཅིག་བྱེད་རྐྱེན་དང་། སྙིང་རྗེ་ཁྱད་པར་ཅན་གྱིས་ཉེར་ལེན་བྱས་ནས་འཇའ་ལུས་རྡོ་རྗེ་སེམས་དཔའི་སྐུར་དངོས་སུ་བཞེངས་ནས་འགྲོ་དོན་མཛད་པས་ན། གསང་སྔགས་ཀྱི་སྐབས་ལྷའི་ངོ་བོར་བསྟན། ཡང་ཕྱི་ནང་གསང་གསུམ་དུ་སྒྲུབ་ཚུལ་གྱི་རིམ་པ་ལས། དང་པོར་བསྒོམ་བྱའི་དོན་ལ་ཐོས་བསམ་གྱིས་སྒྲོ་འདོགས་བཅད། བར་དུ་ཐབས་ཤེས་ཟུང་འབྲེལ་དུ་ཉམས་སུ་ལེན། མཐར་མཁྱེན་བརྩེ་ནུས་གསུམ་མཐར་ཕྱུག་པར་སོན་པའི་འབྲས་བུ་མངོན་དུ་བྱེད་ཚུལ་རྣམས་འབྲེལ་ཆགས་པར་བསྟན། ཡང་ནང་དང་གསང་སྒྲུབ་ཀྱི་རིམ་པས་མདོ་ཕྱོགས་ཀྱི་ལམ་ལ་སྔགས་ཀྱི་བསྐྱོན་པ་འདེབས་དགོས་ཚུལ་དང་མདོ་སྔགས་ལ་འཇུག་པའི་གོ་རིམ་ཀྱང་བསྟན། ཡང་རྐང་པ་དང་པོ་གཉིས་ཀྱིས་བརྩེ་བ་དང་མཁྱེན་པ་རིམ་བཞིན་བསྟན་པའི་ཤུགས་ལས། དང་པོར་སྙིང་རྗེ་བསྒོམ་པ་སྔོན་དུ་བཏང་ནས། ཕྱིས་ཡང་དག་པའི་ལྟ་བ་འཚོལ་བ་གདུལ་བྱ་སྤྱིའི་དབང་དུ་བྱས་པའི་ལམ་གྱི་གོ་རིམ་ཀྱང་བསྟན། གཞི་ལ་རང་ཆས་སུ་ཡོད་པའི་ཁམས་དྭག་གི་དབང་དུ་བྱས་ཏེ་རྒྱལ་བ་རིགས་ལྔར་སྒྲུབ་བྱེད་ལམ་དང་འབྲས་བུའི་རྣམ་བཞག་ཀྱང་ཐུན་མོང་མིན་པའི་དོན་འཆད་ཚུལ་ལས་བསྟན་ཏེ། རྗེ་སྙེད་པར་སྤྲོས་པས་ཆོག་གོ །དེ་ལྟར་ན་དམིགས་བརྩེ་མ་འདི་ཉིད་མདོ་སྔགས་ཀྱི་གསུང་རབ་ཐམས་ཅད་ཀྱི་དགོངས་བཅུད་གཅིག་ཏུ་འཁྱིལ་བའི་ཆོས་ཀྱི་རྒྱ་མཚོ་ཆེན་པོ་ཡིན་ནོ། །དེ་ལྟར་བུའི་ཚིག་དོན་ཕུན་སུམ་ཚོགས་པའི་གསོལ་འདེབས་ཟབ་མོ་

དམིགས་བརྩེ་མ་འདི་ཉིད་ཐུན་མོང་དང་ཐུན་མོང་མ་ཡིན་པའི་དོན་དྲན་བཞིན་པས་གསོལ་བ་བཏབ་པ་ན། དམིགས་བརྩེ་མ་འདོན་ཐེངས་རེ་ལའང་འཕགས་པ་རིགས་གསུམ་མགོན་པོ་ལ་གསོལ་བ་བཏབ་པ་དང་། དེ་དག་གི་གསང་ཐུགས་བརླབས་པ་དང་འདྲ་བའི་ཕན་ཡོན་འབྱུང་བ་དང་། དེར་མ་ཟད་རིགས་གསུམ་མགོན་པོ་ཉིད་སངས་རྒྱས་ཐམས་ཅད་ཀྱི་མཁྱེན་བརྩེ་ནུས་གསུམ་གྱི་རྣམ་རོལ་ཡིན་པས། ཕྱོགས་བཅུའི་སངས་རྒྱས་ཐམས་ཅད་ལ་གསོལ་བ་འདེབས་པར་ཡང་འགྱུར་ལ། ཐུན་མོང་མ་ཡིན་པའི་དོན་དྲན་ཏེ་དམིགས་བརྩེ་མ་བཟླས་པས་འབྱུང་བ་སོ་སོ་ལ་བརྟེན་པའི་ལས་རབ་འབྱམས་འགྲུབ་ཅིང་ཉོན་མོངས་དུག་ལྔ་དག་ནས་ཡེ་ཤེས་ལྔ་ཐོབ་པ་དང་། ཕུང་པོ་ལྔའི་དྲི་མ་དག་ནས་རྒྱལ་བ་རིགས་ལྔས་བྱིན་གྱིས་བརླབ་པ་དང་། གནས་སྐབས་འབྱུང་བ་བཞིའི་གནོད་པ་ནད་གདོན་སེལ་ཞིང་། དེ་དག་གིས་མི་ཚུགས་པ་སོགས་ཀྱི་ཕན་ཡོན་འབྱུང་བར་གདོན་མི་ཟ། གཞན་ཡང་འདི་ལ་བརྟེན་ནས་རང་གཞན་གྱི་སྔོན་ལས་འཕྲལ་རྐྱེན་གྱི་ཕྱི་ནང་གདོན་དང་བྱང་ཆུབ་སྒྲུབ་པའི་བར་གཅོད་ཞི་བར་བྱེད་པའི་ཐབས་གཟའ་བཅོས་དང་། ཟག་ཚིངས། མཆོད་བསྲུང་སོགས་དང་། ཡུལ་ཁམས་བདེ་བར་བྱེད་པའི་ཐབས་ཆར་འབེབས། སེར་བསྲུང་སོགས་ཀྱི་ལས་ཚོགས་དུ་མ་ཞིག་ཀྱང་སྒྲུབ་ཏུ་ཡོད་ཅིང་། ཁྱད་པར་དུ་འདིའི་སྒྲུབ་བྱའི་གཙོ་བོ་ནི། རྗེ་བླ་མའི་གསུངས་རབ་ཀྱི་དོན་ཤེས་ནས་ཚེ་འདིར་མཆོག་སྒྲུབ་པའི་ཐབས་ཀྱི་གཙོ་བོ་ཆོས་རབ་ཏུ་རྣམ་འབྱེད་ཀྱི་ཤེས་རབ་ཡིན་པས། ཚེ་གསལ་ཟབ་སྨྱུར་དང་། འཆད་རྩོད་རྩོམ་གསུམ་གྱི་ཤེས་རབ་སྒྲུབ་ཚུལ་རྨད་དུ་བྱུང་བ་རྣམས་ཡོད་ལ། ལམ་ཡོངས་རྫོགས་ཀྱི་ཉམས་ལེན་དང་འབྲེལ་ནས་ཟུང་འཇུག་སྒྲུབ་པའི་ཟབ་གནད་ཀྱང་མཆིས་ཤིང་། རང་གིས་ལམ་སྒོམ་པའི་གེགས་སེལ་བོགས་འདོན་དང་། གཞན་རྗེས་སུ་འཛིན་པའི་ཐབས་ཞི་རྒྱས་དབང་དྲག་གི་འཕྲིན་ལས་ཀྱི་རིམ་པ་སོགས་རྒྱུད་སྡེ་རྣམས་ནས་འབྱུང་བའི་ལས་ཚོགས་ཇི་སྙེད་པའང་མན་ངག་དང་ལྡན་པ་དག་གིས་འདི་དང་སྦྱར་ནས་སྒྲུབ་ཚོག་པར་གསུངས་སོ། དེ་ལྟར་ན་ལྷག་པར་དུ་ལྟ་རང་རེའི་ཕྱོགས་འདིར་རྗེ་བླ་མའི་བྱིན་རླབས་ཀྱི་འཇུག་པ་གཞན་དང་མི་འདྲ་བའི་རྟེན་འབྱུང་ཁྱད་པར་ཅན་ཞིག་ཡོད་པར་གསུངས་པས། རང་བསྟན་གྱི་བདག་པོ་རྗེ་བླ་མ་དང་གསོལ་འདེབས་དམིགས་བརྩེ་མའི་རང་བཞིན་ནས་དེ་ཉིད་

ཞེས་པའི་སྒོ་ནས་སྨྲས་རྒྱུད་དང་དབེན་ས་ལུགས་ཀྱི་བླ་མའི་རྣལ་འབྱོར་རྒྱས་བསྡུས་ཅི་རིགས་པ་དང་འབྲེལ་བར་དམིགས་བརྩེ་མའི་ཉམས་ལེན་ལ་འབད་པའི་སྒོ་ནས་རང་གཞན་གྱི་ཕན་བདེའི་ལེགས་ཚོགས་རྒྱ་ཆེར་སྤེལ་བའི་ཐབས་ལ་བརྩོན་པར་བྱའོ། །རྒྱལ་ཀུན་སྤྱི་གཟུགས་བློ་བཟང་གྲགས་པ་ཡི། །གསོལ་འདེབས་ཟབ་མོའི་གནད་དོན་རབ་གསལ་བ། །ཀུན་ལ་ཕན་ཕྱིར་ཉུང་ངུར་བསྡེབས་པ་འདིས། འཇམ་མགོན་བླ་མས་དུས་ཀུན་རྗེས་འཛིན་ཤོག །ཅེས་རྗེ་བདག་ཉིད་ཆེན་པོའི་གསོལ་འདེབས་ཁྱད་པར་ཅན་དམིགས་བརྩེ་མའི་ཚིག་དོན་ཅུང་ཟད་གསལ་བར་བཀོད་པ་ཟབ་དོན་སྒོ་འབྱེད་ཅེས་བྱ་བ་འདི་ནི། རྗེ་བླ་མ་ལ་མི་ཕྱེད་པའི་དད་པ་དང་ལྡན་ཞིང་རྣམ་དཔྱོད་ཡངས་པའི་དགེ་སློང་བློ་བཟང་འོད་ཟེར་གྱི་ནན་ཏན་དུ་བསྐུལ་བར་བརྟེན། བློ་དམན་དོན་གཉེར་ཅན་གཞན་དག་ལའང་ཕན་རེའི་བསམ་པས་ཀུན་ནས་བསླངས་ཏེ། འཇམ་མགོན་སྟོན་བརྒྱུད་ཀྱི་མན་ངག་མངའ་བའི་བླ་མ་དམ་པ་དུ་མའི་ཞབས་རྡུལ་སྤྱི་བོས་ལེན་པའི་བཙུན་གཟུགས། ༄ དམ་ཚིག་རྡོ་རྗེ་ཞེས་མཁས་གྲུབ་དམ་པའི་ལེགས་བཤད་སྙིང་པོར་དྲིལ་ཏེ་ཉེ་བར་སྦྱར་བའི་ཡི་གེ་བ་བཞི་གསོལ་དཔོན་དགེ་སློང་བསྟན་འཛིན་བཟང་པོའོ། །འདིས་ཀྱང་འཇམ་མགོན་རྒྱལ་བའི་མདོ་སྔགས་ཀྱི་རིང་ལུགས་དྲི་མ་མེད་པ་ཕྱོགས་དུས་ཀུན་ཏུ་དར་ཞིང་རྒྱས་ལ་ཡུན་རིང་དུ་གནས་པར་གྱུར་ཅིག ། དགེ་ལེགས་འཕེལ། །

༄༅། །དམིགས་བརྩེ་མའི་བསྙེན་སྒྲུབ་ལས་གསུམ་གྱི་སྤྱོམས་ཚིག་འཕྲུལ་གྱི་ལྡེ་མིག་ཅེས་བྱ་བ་བཞུགས་སོ། །

༄༅། །ན་མོ་གུ་རུ་མཉྫུ་གྷོ་ཥ་ཡ། འཇམ་མགོན་བླ་མ་ཙོང་ཁ་པར། །གུས་པས་བཏུད་ནས་དམིགས་བརྩེ་མའི། །བསྙེན་སྒྲུབ་ལས་གསུམ་བྱེད་ཚུལ་གྱི། །སྤྱོམས་ཚིག་ཙམ་ཞིག་བརྗོད་པོར་འབྲི། །དེ་ལ་རྟེན་གྱི་གང་ཟག་ནི། །མཚན་ལྡན་བཤེས་གཉེན་ལ་བརྟེན་ནས། །སྐྱེས་བུ་གསུམ་གྱི་ལམ་རིམ་གྱིས།། རྒྱུད་སྦྱངས་སྨོན་འཇུག་སེམས་བསྐྱེད་དང་། །འཇམ་དཔལ་ཞི་ཁྲོ་རྗེ་བླ་མ། །རིགས་གསུམ་སྤྱི་སྒྲུབ་དབང་རྗེས་གནས། །བླ་མའི་རྣལ་འབྱོར་བསྐྱེད་རྫོགས་ཀྱི། །ཟབ་ཁྲིད་མན་ངག་ནོད་པ་དགོས།།བསྙེན་པའི་སྔོན་འགྲོའི་རིམ་པ་ལ། །སྐྱབས་འགྲོ་ཡིག་བརྒྱ་མཎྜལ། །དམིགས་བརྩེ་མ་རྣམས་འབུམ་ཕྲག་རེ། །དམ་ཚིག་རྡོ་རྗེའི་བཟླས་པ་དང་། །མཁའ་འགྲོ་སྦྱིན་སྲེག་སྐུ་འདྲ་དང་། །སཙྪ་ཕྱག་དང་བསྐོར་བ་དང་། །ཉེ་ཝ་འདོན་སོགས་མཆོད་བཀུར་སྦྱིན། །གསུམ་གྱི་དགེ་རྩར་ཅི་ལྕོགས་འབད། །སྒྲུབ་གནས་ཁྱད་པར་ཅན་ཞིག་ཏུ། །རྟེན་གསུམ་མཆོད་གཏོར་དམ་རྫས་དང་། ཡོ་བྱད་གང་དང་གང་མཁོ་བ། །དེ་དང་དེ་ནི་སྔ་གོན་བྱའོ། །དངོས་གཞིར་སྦྱོར་བ་ཚོགས་བསག་དང་། །བསྐྱེད་རིམ་ཏིང་འཛིན་བསྒོམ་ཚུལ་དང་། །ཐུན་མཇུག་རིམ་པ་དང་གསུམ་མོ། །དང་པོར་སྔོན་འགྲོའི་སྦྱོར་བ་དང་། །སྐབས་ཀྱི་སྦྱོར་བ་རྣམ་གཉིས་ཀྱི། །དང་པོ་ཕྱི་ཡི་མཚམས་བཅད་དེ། །འཇིགས་བྱེད་ལྷ་བཅུ་གསུམ་མ་འམ། །དཔའ་བོ་གཅིག་པའི་ལས་རུང་གི །བསྙེན་པ་ཁ་སྐོང་བཅས་པར་བཏང་། །གཉིས་པ་ནང་གི་མཚམས་བཅད་དེ། །བླ་མའི་རྣལ་འབྱོར་གཞུང་བསྲུངས་བྱ། །གོང་གི་གཉིས་པར་ཡང་གཉིས་ཏེ། །ལམ་འཁྱེར་གསུམ་གྱི་ཏིང་འཛིན་དང་། །ཕྲ་རགས་རྣལ་འབྱོར་བཟླས་པ་བཅས། །གསུམ་པར་འདས་དང་མ་འདས་ལྷའི། །གཏོར་འབུལ་ཆོས་རྒྱལ་དྲུག་ཅུ་མ། །སོགས་དང་སྨོན་ལམ་ཉེར་བསྡུའོ། །དེ་ལྟར་ཐུན་བཞིའི་རིམ་པ་ཡིས། །དམིགས་བརྩེ་མ་ནི་འབུམ་ཕྲག་བརྒྱ། །རིགས་གསུམ་སྔགས་རྣམས་ས་ཡ་རེའམ། །མ་མཐའ་འབུམ་ཕྲག་བཞི་རེ་བཟླ། །ཡེ་ཤེས་འབེབས་སྔགས་འབུམ་ཕྲག་གོ །ཚོ་གའི་དག་འདོན་དམིགས་རིམ་རྣམས། །གསེར་ཏོག་རྗེ་ཡི་ཡིག་ཆར་གསལ།། ༈ དེ་ནས་སྒྲུབ་པའི་རིམ་པ་

ལ། །མེ་ལྷའི་བསྙེན་པ་བཏང་ཚུལ་དང་། །བསྙེན་སྒྲུབ་སྒྲགས་མ་བྱ་ཚུལ་གཉིས། །དང་པོར་སྔགས་གྲངས་འབུམ་ཕྲག་ནི། །བཞི་ལམ་གཅིག་བཟླས་དེའི་བཅུ་ཆའི། །སྦྱིན་སྲེག་བྱ་དགོ་གཉིས་པ་ནི། །བསྒྲུབ་གཞིའི་དཀྱིལ་འཁོར་ལ་བརྟེན་པའི། །བདག་མདུན་སྒྲགས་མའི་ཚོ་ག་ཡིས། །ཉིན་བཞིན་ཐུན་བཞིར་བཅད་པའི་སྒོས། །ཟླ་དྲུག་ཟླ་གསུམ་ཟླ་ཕྱེད་དུ། །སྔགས་གྲངས་འབུམ་ཕྲག་བཞི་བཅུ་འམ། །བཅུ་འམ་བཞིར་ནི་བཟླ་ཡང་རུང་། །བསྙེན་གྲངས་ཐེམས་པ་བཅོ་ལྔ་དང་། །འཕྲོད་པར་བྱས་ཏེ་སྤོད་ཐུན་གྱི། །བཟླས་པ་མཚན་ཐོག་ཐག་ཏུ་བྱ། །ཉི་མ་རི་རྩེར་ཤར་ཚེ་གྲོལ། །བསྒྲུབ་གཞིའི་སྐུ་ལས་དངོས་གྲུབ་ནི། །བླང་སོགས་གཞུང་གི་དཀྱུས་ན་གསལ།། ༈ དེ་ནས་ལས་ཀྱི་རིམ་པ་ལ། །འབྲུལ་འཁོར་གཏོར་མ་རྫས་སོགས་ལ། །བརྟེན་པའི་ལས་སྦྱོར་མཐའ་ཡས་ཀྱང་། །སྐབས་ཀྱི་དོན་ནི་ལྷ་དབང་དུ། །བྱ་བའི་བཅུ་ཆའི་སྦྱིན་སྲེག་སྟེ། །གཞུང་ལྟར་དབང་ལས་ཐམས་ཅད་པའི། །ཐབ་ནི་བརྩིཏ་ཤིང་རྫས་བཤམས་ནས། །འདས་དང་མ་འདས་མེ་ལྷ་ལ། །རྫས་སྔགས་སྦྱེལ་ཚིག་གསུམ་སྒྲགས་ཀྱི། །སྲེག་བླུག་མཆོད་སྦྱིན་བཅུ་ཆའི་གྲངས། །བྱེད་རྫས་མེ་ཏོག་དམར་པོས་འཛིན། །ཉིན་རེ་ལ་ནི་ཐུན་རེར་བཅད། །དང་པོ་མཚན་ཐོག་ཐག་ཏུ་ཕུལ། །གྲངས་ནི་འབུམ་ཕྲག་བཅུར་ལོངས་བྱ། །ཕྲག་ལེན་དག་འདོན་དམིགས་རིམ་ཀུན། །ཡིག་ཆའི་དཀྱུས་བཞིན་བསྒྲུབ་པ་གཅེས། །མཚམས་སྤོད་སྤང་བླང་རིམ་པ་ནི། །གཞུང་ན་གསལ་ཞིང་གཞན་དུའང་བལྟ། །མཚམ་ཀྲོལ་ཟིན་རུང་ཟབ་ཆོས་འདིའི། །ཉམས་ལེན་ཆུ་བོའི་རྒྱུན་བཞིན་དགོས། སྡོམས་ཚིག་འབྲུལ་གྱི་ལྡེ་མིག་འདིས། །མན་ངག་མཛོད་སྒོ་འབྱེད་དོ་འཚལ། །བསྙེན་སྒྲུབ་ལས་གསུམ་པ་ནོར་ལ། །སྤྱོད་པས་དོན་གཉིས་ལྷུན་གྲུབ་ཤོག །ཅེས་

དམིགས་བརྩེ་མའི་བསྙེན་སྒྲུབ་ལས་གསུམ་གྱི་སྡོམས་ཚིག་འབྲུལ་གྱི་ལྡེ་མིག་ཅེས་བྱ་བ་འདི་ནི། ཟབ་ཆོས་འདི་ཉིད་ཉམས་སུ་ལེན་ཅིང་ལོ་གསུམ་ཕྱོགས་གསུམ་གྱི་མཚམས་ལ་སྤོད་པར་མོས་པའི་རབ་འབྱམས་པ་འཆི་མེད་བློ་བ་སོགས་བུ་སློབ་ལས་དང་པོ་པ་······

འགའ་ཞིག་གི་དོན་དུ། ~ ཡུལ་དང་དུས་མཐར་ཐུང་བའི་བློ་ཆུན་བློ་སུ་ཀུ་པ་ཞིག་གིས་སྒྲུབ་ཁང་མ་ཏི་བྲག་རྫོང་གི་སར་བྲིས་པ་སྟེ། འདི་ཙམ་གྱིས་ཀྱང་བླ་མའི་གསུང་གསང་གི་འཕྲིན་ལས་མཐའ་དབུས་ཀུན་དུ་སྤེལ་བར་བྱེད་ནུས་པར་གྱུར་ཅིག ། ~ འདིའི་དགེ་ཆ་སུ་རུང་རུང་ལ་སྟོན་པར་མ་བྱེད་ཅིག །

༄༅། །དཔལ་ལྡན་སྨད་རྒྱུད་ལུགས་ཀྱི་བླ་མའི་རྣལ་འབྱོར་དགའ་ལྡན་ལྷ་བརྒྱ་མའི་ཁྲིད་ཡིག་ཉུང་ངུར་བརྗོད་པ་སྙན་བརྒྱུད་གདམས་ཀྱི་ཡང་ཞུན་བྱ་བ་བཞུགས་སོ། །

༄༅། །ལེགས་མཛད་སྣང་བ་མི་ཟད་ནམ་མཁའི་མཐར། །མངོན་སུམ་འཁྲུད་པའི་རྗེ་དགའ་འཛིན་དང་ལྡན། །བློ་བཟང་རྒྱལ་བར་གྲགས་པའི་རིན་ཆེན་གདུགས། །རབ་འབྱམས་ཞིང་དུ་བསྒྲེངས་པས་མཆོག་བྱིན་ཅིག །ཉམས་རྟོགས་སྤྲ་ན་མེད་པའི་མེ་ཏོག་དཀར། །སྐལ་བཟང་ཡིད་ཀྱི་འབྲི་ཞིང་ལས་དབྱུངས་པའི། །ཐབས་ཚུལ་དགེ་ལེགས་རྩ་བའ་དམ་པའི་བཤེས། །བསམ་སྦྱོར་དག་པས་བསྟེན་ལས་གཞན་ཡོད་མིན། །དེ་ཕྱིར་སྙན་བརྒྱུད་ལྷ་ཡི་སྐྱོར་ལས། །བཏུས་པའི་ལེགས་བཤད་མཆུ་ར་ཡི་ཚར། །ལྷག་བསམ་མ་མཐིན་ཀ་ཡི་སོར་རྩེ་ལས། །རིམ་པ་འགྲིམ་ལ་གུས་པས་སྒྲིམ་པ་ཟེད། །དེ་ཡང་། རྡོ་རྗེ་གུར་ལས། མིག་སྨན་དང་ནི་རྐང་མགྱོགས་དང་། །རལ་གྲི་ས་འོག་འགྲུབ་པ་དང་། །རིལ་བུ་དང་ནི་མཁའ་སྤྱོད་དང་། །མི་སྣང་བ་དང་བཅུད་ཀྱིས་ལེན། །གང་ཕྱིར་ཡེ་ཤེས་རྡོ་རྗེ་ཡང་། །མཉེས་པས་མྱུར་དུ་ཐོབ་པར་འགྱུར། །ཞེས་དང་། བརྟག་གཉིས་ལས། གཞན་གྱིས་བརྗོད་མིན་ལྷན་ཅིག་སྐྱེས། །གང་དུ་ཡང་ནི་མི་རྙེད་དེ། །བླ་མའི་དུས་ཐབས་བསྟེན་པ་དང་། །བདག་གི་བསོད་ནམས་ལས་ཤེས་བྱ། །ཞེས་མཆོག་དང་ཐུན་མོང་གི་དངོས་གྲུབ་ཐམས་ཅད་བླ་མའི་བཀའ་དྲིན་ཁོ་ན་ལ་བརྟེན་ནས་འབྱུང་དགོས་པར་གསུངས་ཞིང་། དེའི་གནད་ཀྱིས་སྙན་བརྒྱུད་འཛིན་པའི་བླ་མ་གོང་མ་རྣམས་ཀྱིས་གཞན་ལ་འདོམས་པའི་ཚེ་ན་ཡང་བླ་མའི་རྣལ་འབྱོར་རྩལ་དུ་བཏོན་ནས་གསུངས་ཞིང་། རང་གིས་ཉམས་སུ་ལེན་པའི་ཚེ་ན་དེ་ཉིད་ཁོ་ན་ཐུན་དམ་གྱི་མཐིལ་དང་དགེ་སྦྱོར་གྱི་སྲུམ་གཉིས····སུ་མཛད་དེ། ཡབ་རྗེ་སྐལ་ལྡན་རྒྱ་མཚོས། རི་མཐོན་པོར་གནས་པའི་སྒོམ་ཆེན་ཀུན། །དུས་ཐོག་བླ་མའི་རྣམ་འབྱོར་ལ། །ཆོས་དགེ་སྦྱོར་གྱི་སྲུམ་གཉིས་བྱེད་པ་དེ། །ཁོང་དམ་པ་སྤྲ་མའི་ཐུག་སྤྲོལ་ཡིན། །ཞེས་གསུངས་ལྟར་རོ། །དེ་ལྟར་རྩ་བའི་བླ་མ་ཁོ་ན་ལ་རེ་ལྟོས་བཅས་ཏེ་བླ་མའི་རྣམ་འབྱོར་

ཉམས་སུ་ལེན་པར་སྲིད་དབེན་གྱི་རྗེས་སུ་འབྲངས་པའི་ཡིག་ཆ་མང་དུ་ཡོད་ཀྱང་འདིར་སྲིད་རྒྱུད……ལུགས་ཀྱི་བླ་མའི་རྣལ་འབྱོར་དགའ་ལྡན་ལྷ་བརྒྱ་མའི་ཁྲིད་ལ། ཆོས་འདིའི་ལོ་རྒྱུས་དང་བརྒྱུད་པའི་རིམ་པ། ཆོས་ཉིད་ཀྱི་ཆེ་བ་དང་བླ་མའི་རྣལ་འབྱོར་གལ་ཆེ་བའི་རྒྱུ་མཚན། བསྟེན་བྱ་དགེ་བའི་བཤེས་གཉེན་དང་སྟེན་བྱེད་སློབ་མའི་མཚན་ཉིད། བསྟེན་པའི་ཕན་ཡོན་དང་མ་བསྟེན་པའི་ཉེས་དམིགས། དེས་དེ་རྗེ་ལྟར་བསྟན་པའི་ཚུལ་གྱི་ས་བཅད་སོ་སོར་བཀྲམ་ནས་དེ་རེ་རེ་ལ་འདུལ་བའི་སྡེ་སྣོད་དང་། བྱང་སེམས་ཀྱི་སྡེ་སྣོད་དང་། སྔགས་ཀྱི་སྡེ་སྣོད་ལས་བཤད་ཚུལ་མ་འདྲེས་པར་བཀོད། ཐད་གང་དུ་འང་ལུང་རིགས་ཀྱི་ཚོགས་རྒྱ་ཆེར་སྤྲོས།དོགས་པ་དཔྱོད་དགོས་པ་རྣམས་ལ་དོགས་པ་དཔྱད། ད་ལྟའི་གདུལ་བྱ་རྣམས་ཀྱིས་བསྟེན་ཚུལ་མདོར་དྲིལ་ཏེ་བཀོད་ནས་མཁས་པ་མགུ་བའི་ལེགས་བཤད་ཀྱི་གྲངས་སུ་བགྲང་འོས་པ་ཞིག་འོང་བར་མ་ཟད་དེང་སང་གི་གདུལ་བྱ……རྣམས་ལ་མཁོ་ཆེ་བར་སྣང་མོད་འདིར་ཡིག་ཚོགས་ལ་འཇིགས་པས་རེ་ཞིག་བཞག་སྟེ་གཞུང་དོན……ཙམ་དམིགས་ཕྱེད་པའི་ཡི་གེ་མདོར་དྲིལ་བ་ཞིག་འབྲི་བར་འདོད་དོ། །དེ་ལ་གསུམ། སྦྱོར་བ་དང་། དངོས་གཞི་དང་། མཇུག་གི་རིམ་པའོ། །དང་པོ་ལ་གསུམ། གནས་ཁང་བྱི་དོར་བྱས་ཏེ་སྐུ་གསུངས་ཐུགས་ཀྱི་རྟེན་བཀྲམ་པ། མཆོད་པ་གཡོ་མེད་ཅིང་བཀོད་པ་མཛེས་པར་བཤམས་པ། ཚུལ་དང་མཐུན་པའི་སྤྱོད་ལམ་གྱིས་འཁོད་དེ་སྐྱབས་འགྲོ་སེམས་བསྐྱེད་བྱ་བའོ། །དང་པོ་ནི། ཐོས་བསམ་སྒོམ་སྒྲུབ་སོགས་རྣམ་དཀར་གྱི་བྱ་བ་གང་ལ་འཇུག་ཀྱང་ཀུན་སློང་གལ་ཆེ་ཞིང་། བླ་མའི་རྣལ་འབྱོར་འདི་ལྟ་བུ་ཉམས་སུ་ལེན་པ་ལ་ཀུན་སློང་འཆོས་པ་མེད་མི་རུང་དུ་སྣང་སྟེ། དྲིས་ལན་བློ་བཟང་བཞད་པའི་སྒྲ་དབྱངས་ལས། སྒོམ་རྣམས་ཀུན་གྱི་དང་པོའི་མགོ །རྒྱ་གར་སྐད་མཚུངས་རང་རྒྱུད་ལ། །ལེགས་པར་བརྟག་པ་ཡིན་ནོ་ཞེས། །བླ་མེད་བླ་མཆོག་ཁྱོད་བཞེད། །ཅེས་དང་། རྗེ་སྐལ་ལྡན་རས་པས། ཆོས་བྱེད་ལ་ཐོག་མར་གལ་ཆེ་བར། །སེམས་ཀུན་སློང་འཆོས་པ་མེད་མི་རུང་། །ཞེས་དང་། ལམ་ཁྲིད་དགེ་ལེགས་འོད་སྣང་འགྱེད་པའི་ཉིན་བྱེད་ལས། སྦྱོར་དངོས་མཇུག་གསུམ་ཐམས་ཅད་ལ་ཡོངས་རྫོགས་ཀྱི་གནད་ཚང་བའི་ཀུན་སློང་རྣམ་པར་དག་པའི་རྩིས་ཟིན་པ་མེད་དུ་མི་རུང་། ཞེས་དང་། རྡོ་རྗེ་འཆང་བློ་བཟང་འཕྲིན་ལས་བསྟན་པ་རྒྱ་མཚོའི་གསུང་ལས། དགེ་སྦྱོར་ཐོག་མར་ཀུན་

སློང་འཚོས་པ་གཙོ། །ཞེས་གསུངས་པ་ལྟར་ཀུན་སློང་རྣམ་པར་དག་པའི་རྟེས་ཟིན་པའི་སྒོ་ནས་བླ
མ་གསེར་གླིང་པའི་རྣམ་ཐར་ལྟར་ཚོགས་ཞིང་ལ་བསྙེན་བཀུར་བ་དང་ཞིང་སྦྱོང་གི་ཉམས་ལེན་དུ……
འགྲོ་རིས་ཀྱི་དམིགས་པ་དང་བཅས་གནས་ཁང་བྱི་དོར་ལག་ཏུ་ལེན་པ་ནི། དཔེར་ན་རྒྱལ་པོ་ཆེན་
པོ་སྤྱན་འདྲེན་པ་ལ་སྔོན་དུ་གྲོང་ཁྱེར་དང་གནས་ཁང་ལ་གད་བདར་བྱེད་དགོས་པ་བཞིན་ནོ། །དེ་
ལྟར་གནས་ཁང་བྱི་དོར་བྱེད་པ་ནི། བརྒྱུད་སྟོང་འགྲེལ་ཆེན་ལས། བྱང་ཆུབ་སེམས་དཔའ་ས་
ཕྱོགས་གཙང་མར་སྐྱིལ་མོ་ཀྲུང་བྱས་ཏེ། ཞེས་གསུངས་པའི་དགོངས་པའང་ཡིན་ནོ། །དེ་ནས།
འཇམ་དཔལ་རྩ་རྒྱུད་ལས། རྐང་གཉིས་དམ་པ་སྟོན་པ་ཡི། །སྐུ་གཟུགས་མཆོད་རྟེན་དག་ཀྱང་བྱ། །
ཞེས་གསུངས་པ་ལྟར་འདིའི་ཞིང་བཀོད་སོགས་རྗེ་ཡབ་སྲས་གསུམ་གཙོ་བོར་གྱུར་པའི་སྐུ་གསུང་……
ཐུགས་རྟེན་གོ་རིམ་མ་ནོར་བར་དཀྲམ་པར་བྱ། གཉིས་པ་ནི། རྒྱུ་དང་ཀུན་སློང་གི་གཡོ་མ་འདྲེད་
པར་མཆོད་པ་གང་འབྱོར་མཐོང་བརྒྱུད་ཀྱི་ཕྱག་ལེན་ལྟར་བཤམས་པ་དེ་ཉིད་དམིགས་རྟེན་དུ་བྱས……
ནས་སྣོད་ཡངས་ཤིང་རྒྱ་ཆེ་བ། བཙུད་བཟང་ཞིང་གྱི་ནོམ་པ་ཚོགས་ཞིང་རྣམས་ཀྱིས་ནམ་མཁའ་ཇི་
སྲིད་དུ་བཞེས་ཀྱང་ཟད་དུ་མེད་པ་འོད་ཟེར་དཔག་ཏུ་མེད་པ་འཕྲོ་བ་ལས་མཆོད་པའི་རྫས་བསམ……
གྱིས་མི་ཁྱབ་པར་རབ་འབྱམས་རྒྱ་མཚོའི་ཞིང་ཁམས་འགེངས་ནུས་པ་བསམ་མོ། །འདི་དང་འབྲེལ་
བར་དམིགས་བརྟེ་མའི་བསྙེན་པ་བྱེད་པར་འདོད་ན་མཚམས་འདིར་བྱམས་སྙིང་རྗེ་བྱང་ཆུབ་ཀྱི……
སེམས་སོགས་གསལ་བཏབ་སྟེ་ཕྱི་རོལ་དུ་སོང་ནས་ལྷའི་ང་རྒྱལ་དང་བཅས་པའི་སྒོ་ནས་ཁྲི་བོ་ལ…
མཆོད་པ་དང་། བགེགས་ལ་གཏོར་མ་བྱིན་ནས་ཚིམ་པར་བྱས་ཏེ་རྒྱ་མཚོའི་ཕར་འགྲམ་དུ་བསྐྲད་
པའི་མོས་པ་བྱ། ཐོ་བཞི་ཡོད་ན་རྒྱལ་ཆེན་བཞི་དང་། ཐོ་གཅིག་ཡིན་ན་འཕགས་སྐྱེས་པོ་དང་རྗེ་བླ
མའི་བཀའ་སྲོད་ཐུན་མོང་མིན་པ་ཆོས་རྒྱལ་ཕྱི་སྒྲུབ་ལྟ་བུར་བསྐྱེད་དེ། མཆོད་པ་དང་གཏོར་མ་
ཕུལ། འདོད་དོན་ལ་གསོལ་བ་ཤུགས་དྲག་གདབ། ཡུལ་ལྷ་དང་གནས་བདག་ལའང་གཏོར་མ་
བསྔོས་ནས་བསྙེན་སྒྲུབ་ཟབ་མོ་འགྲིད་པའི་འགལ་རྐྱེན་ཞི་བ་དང་མཐུན་རྐྱེན་སྒྲུབ་པའི་ལས་བཅོལ།
ནང་དུ་འོངས་ནས། མདོ་རྩ་བར། འདུག་པའི་ཆེད་དུ་སའི་སྟེགས་བུ་དག་དང་ཁྲིའུ་ཡང་ངོ། །ཞེས་
དང་། དེར་སྟན་ནང་ཚངས་ཅན་དག་གོ །ཞེས་གསུངས་པ་ལྟར་ཁྲི་སྟན་ལུང་དང་མཐུན་པའི་སྟེང་དུ་

འཁོད་ནས་ས་གཞི་དང་གནས་ཁང་སོགས་བྱིན་རླབས་བྱས་ཏེ་རང་གི་གནས་གསུམ་དུ་ཐིག་ལེ······བཀོད་ནས་འབྲུ་གསུམ་གྱིས་བྱིན་རླབས་དང་སྲུང་འཁོར་སྒྲི་ལྟར་བྱའོ། །གསུམ་པ་ནི། ལམ་རིན་ཆེན་མོ་ལས། གནས་མལ་བདེ་བ་ལ་ལུས་དྲང་པོར་བསྲངས་ཏེ། སྐྱིལ་མོ་ཀྲུང་ངམ་སྐྱིལ་མོ་ཀྲུང་ཕྱེད་དུ་འདང་རུང་བའི་སྤྱོད་ལམ་གྱིས་འཁོད་ནས། ཞེས་དང་། ཕྱག་ཆེན་རྩ་བ་ལས། བསམ་གཏན་བདེ་བའི་སྟེགས་བུ་ལ། །ལུས་གནད་བདུན་དང་ལྡན་བྱས་ཏེ། །ཞེས་དང་། རྗེ་སྐལ་ལྡན་རྒྱ་མཚོས། བདེ་བའི་གནས་སུ་བསམ་གཏན་གྱི་སྟེགས་བུ་ལ་ལུས་རྣམ་སྣང་གི་ཆོས་བརྒྱད་དང་ལྡན་པར་བྱས་ཏེ། ཞེས་གསུངས་པ་ལྟར་ཚུལ་མཐུན་གྱི་སྤྱོད་ལམ་གྱིས་འཁོད་ནས་རྣམ་རྟོག་ངན་པ་རླུང་རོ་དགུ་ཕྱུག་ཏུ་གསལ་བ་དང་། ཁྱུག་པ་ཉེར་གཅིག་ཏུ་བགྲང་བ་སོགས་ཀྱིས་སྦྱངས་ཤིང་འཕེན་པ་ཤུགས་དྲག་དང་ལྡན་པའི་སྒོ་ནས་བདེ་ལམ་དང་འཇམ་དཔལ་ཞལ་ལུང་ལྟར་རམ་པཎྜའི་སྦྱོང་བུ་ལོ་འབྲས······སོགས་ཕུན་སུམ་ཚོགས་པའི་རྩེ་མོར་འདབ་མ་བཞི་ལྡེ་བ་དང་བཅས་པའི་དབུས་སུ་རྗེ་ཡབ་སྲས་གསུམ་དངོས་བརྒྱུད་ཀྱི་བླ་མ་རྣམས་ཀྱིས་བསྐོར་ནས་བཞུགས་པ། ཤར་གྱི་འདབ་མ་ལ་ཡི་དམ། ལྷོའི་འདབ་མ་ལ་སངས་རྒྱས། ནུབ་ཀྱི་འདབ་མ་ལ་ཆོས། བྱང་གི་འདབ་མ་ལ་དགེ་འདུན་རྣམས་མ་ཚང་བ་མེད་པའི་ཚོགས་ཞིང་གསལ་བཏབ་སྟེ་མདོ་རྒྱུད་ནས་གསུངས་པའི་རྒྱུ་དང་འབྲས་བུའི་སྐྱབས་འགྲོ་སེམས་བསྐྱེད་རྣམ་སྣ་སྔན་བརྒྱུད་ཞལ་ཤེས་ཀྱིས་ངོ་སྤྲོད་པ་ལྟར་རྒྱུད་དང་འབྲེལ་ངེས་པ་བྱ་དགོས་ཏེ། སྐྱབས་འགྲོ་རྣམ་དག་གིས་མ་ཟིན་ན་དགེ་བ་གང་བྱས་ནང་པ་སངས་རྒྱས་པའི་ཆོས་སུ་མི་འགྱུར་བ་དང་། སེམས་བསྐྱེད་མེད་ན་ཐེག་ཆེན་གྱི་ཆོས་སུ་མི་འགྱུར་བ་དང་། པཎ་ཆེན་བློ་བཟང་ཆོས་ཀྱི་རྒྱལ་མཚན་གྱིས། དང་པོ་བསྟན་དང་ཐེག་ཆེན་ལ། །འཇུག་པའི་སྒོ་དང་གཞུང་ཤིང་ཕྱིར། །ཁ་ཙམ་ཚིག་ཙམ་མ་ཡིན་པའི། །སྐྱབས་འགྲོ་སེམས་བསྐྱེད་ནན་ཏན་བྱ། །ཞེས་གསུངས་པ་ལྟར་རོ། །

གཉིས་པ་དངོས་གཞི་ལ་གསུམ། ཚོགས་ཞིང་གསལ་གདབ་པ། བསགས་སྦྱང་གི་གནད་བསྡུས་པ་ཡན་ལག་བདུན་པ་དབུལ་བ། མཎྜལ་ཕུལ་ཏེ་འདོད་པའི་དོན་ལ་གསོལ་བ་གདབ་ཅིང་བྱིན་རླབས་ཞུ་བའོ། །དང་པོ་ནི། མངོན་པ་གོང་འོག་གི་གཞུང་ལས་འབྱུང་བ་ལྟར་འཇིག་རྟེན་གྱི་ཁམས་སྤྱིའི་ཆགས་ཚུལ་ཡིད་ལ་དྲན་པར་བྱས་ཏེ་འདོད་ལྷ་རིགས་དྲུག་གི་ནང་ཚན་དགའ་ལྡན་གྱི་ལྷ་གནས་ལས···

ཡོགས་སུ་དགོན་པའི་ཚུལ་དུ་རྒྱལ་བ་མི་ཕམ་མགོན་པོའི་སྨོན་ལམ་རྣམ་དག་ལས་གྲུབ་པའི་ཞིང་ཁམས་ཡིད་དགའ་ཆོས་འཛིན་ཅེས་བྱ་བ། ཇི་སྐད་དུ། ཐམས་ཅད་མཁྱེན་པ་སྐལ་ལྡན་རྒྱ་མཚོས། ས་གཞི་མཐའ་དག་ལག་མཐིལ་ལྟར་མཉམ་ཞིང་། །རིན་ཆེན་ལས་གྲུབ་ཡངས་ཤིང་ཉམས་དགའ་བ། །དྲི་ཞིམ་པདྨས་ཡོངས་སུ་ཁེབས་པའི་ཞིང་། །དགའ་ལྡན་གནས། ཞེས་གསུངས་པ་ལྟར་དག་པའི་ཞིང་གི་ཡོན་ཏན་ཐམས་ཅད་ཡོངས་སུ་རྫོགས་པའི་དབུས་སུ་ཆོས་ཀྱི་མཐོ་བའི་ཁང་བཟང་རྒྱལ་མཚན་མཐོན་པོའི་སེ་ངྒེའི་ཁྲི་ལ་རྒྱལ་ཚབ་མི་ཕམ་མགོན་པོ་བཟང་པོའི་བཞུགས་སྟངས་ཅན་ཆོས་འཁོར་གྱི་ཕྱག་རྒྱས་གླུ་ཤིང་གི་སྡོང་བུ་འཛིན་པ། འཁོར་དུ་རྒྱལ་སྲས་ནམ་མཁའ་འདྲི་མེད་དང་རྒྱལ་བ་འཇམ་དཔལ་སྙིང་པོ་སོགས་ཀྱིས་བསྐོར་བའི་ཐུགས་ཀར་དཔལ་བེ་ཙ་ཁྲ་སིང་དེ་བའི་ནང་དུ་ཇོ་ཡབ་སྲས་བཞུགས་པ་མངོན་སུམ་དུ་མཐོང་བར་བསམ་ལ་གསོལ་བ་རྩེ་གཅིག་ཏུ་བཏབ་པས་དར་དཀར་བརྐྱངས་པ་ལྟ་བུའི་སྤྲིན་འབུར་པོ་གསུམ་རང་གི་སྨིན་མཚམས་སུ་སླེབས་པའི་དབུས་མ་ཙུང་ཟད་མཐོ་བའི་སྟེང་ན་རྗེ་བླ་མ་སྐུ་མདོག་དཀར་ལ་དམར་བ་འཛུམ་པའི་ཞལ་ཅན། ཕྱག་གཉིས་ཆོས་འཁོར་གྱི་ཕྱག་རྒྱས་ཨུཏྤལའི་ཡུ་བ་འཛིན་པ། པཎ་ཞྭ་སྔེ་རིང་གསེར་གྱི་མདོག་ཅན་དང་ཆོས་གོས་གསུམ་གསོལ་བ། ཞབས་རྡོ་རྗེ་སྐྱིལ་ཀྲུང་གིས་བཞུགས་པ། གཡས་སུ་རྒྱལ་ཚབ་རྗེ་བགྲེས་ཉམས་ཞི་དུལ་ཅན། སྤྱན་ཞི་བའི་ཚུལ་གྱིས་གཟིགས་པ། གཡོན་དུ་མཁས་གྲུབ་རྗེ་ལང་ཚོ་དར་ལ་བབ་པ། ཕས་རྒོལ་ཟིལ་གྱིས་གནོན་པའི་འགྱིང་བག་ཅན། སྤྱན་འབུར་ཚུགས་ཀྱིས་གཟིགས་པ། གཉིས་ཀས་ཆོས་འཆད་དང་གླེགས་བམ་བསྣམས་པ། དབུ་ཞྭ་སོགས་གཙོ་བོ་དང་མཚུངས་པ་གསལ་གདབ། དེ་ཡང་ཆོས་འཁོར་གྱི་ཕྱག་རྒྱ་མཛད་པས་རང་ཉིད་ནས་མདོ་སྔགས་ཟུང་འབྲེལ་དང་ཟབ་རྒྱས་ཉིས་ཚོགས་རྣམས་སུ་བཞེས་ཏེ་ཟུང་འཇུག་གི་གོ་འཕང་མངོན་དུ་བྱས་པ་ཡིན་པས་གདུལ་བྱ་ཁྱེད་ཅག་གིས་ཀྱང་གོ་འཕང་མཆོག་འདི་ཐོབ་པར་འདོད་ན་དེ་ལྟར་ཉམས་སུ་ལོངས་ཤིག་ཅེས་རང་གི་ཐུགས་རྒྱུད་ཀྱི་ཡོན་ཏན་དང་གདུལ་བྱའི་ཉམས་ལེན་གྱི་རིམ་པ་གཉིས་ཀ་མཚོན་པའམ་གོ་བར་བྱེད་པ་དེ་བཞིན་དུ་ན་བཟའ་དང་སྐུའི་ཚ་ཐྲ་མོ་དག་གི་མཚོན་དོན་ལའང་དེ་བཞིན་དུ་ཤེས་པར་བྱའོ། །དེའི་མཐའ་སྐོར་དུ་བླ་མ་ཡི་དམ་སངས་རྒྱས་བྱང་སེམས་དཔའ་བོ་མཁའ་འགྲོ་ཆོས་

སྐྱུང་བསམ་གྱིས་མི་ཁྱབ་པ་དགའ་ལྡན་ནས་རྗེ་དང་ལྷན་ཅིག་སྤྱན་འདྲེན་པའམ་རྗེའི་ཐུགས་ཀ་ནས་སྤྲོས་ཀྱང་ཆོག་ལ། ཡབ་སྲས་གསུམ་སྐྱབས་གནས་མ་ལུས་པ་འདུས་པའི་བདག་ཉིད་དུ་བསམ་པ་ཀུན་འདུས་ནོར་བུའི་ལུགས་བྱས་ཀྱང་ལེགས་སོ་ཞེས་བླ་མ་གསུང་ངོ་། །སྤྱིར་བླ་མ་བསྒོམ་པའི་གནས་ལ། ཨ་ཏྲི་ཛྙ་ནའི་རྒྱུད་ལས། དྲིན་དང་ལྡན་པའི་བླ་མ་དེ། །སྙིང་གི་དཀྱིལ་ལམ་སྤྱི་བོའི་གཙུག ཡན་ལག་མཐིལ་དུ་གང་བཀོད་པ། །སངས་རྒྱས་སྟོང་གི་ཡོན་ཏན་ཡང་། །གང་ཟག་དེ་ཡིས་འཛིན་པར་འགྱུར། །ཞེས་དང་། དྲིས་ལན་བློ་བཟང་བཞད་པའི་སྒྲ་དབྱངས་ལས། བླ་མ་གང་དུ་བསྒོམ་པའི་གནས། །མདུན་ནམ་སྤྱི་གཙུག་སྙིང་གི་དཀྱིལ། །རང་རང་མོས་པ་བཞིན་ཏུང་སྟེ། །ཞེས་དང་། རོང་སྟོན་ཆོས་ཀྱི་རྒྱལ་པོ་སྐལ་ལྡན་རྒྱ་མཚོས། བློ་གང་ལ་མོས་པའི་བླ་མ་དེ། །སྙིང་མཁའ་འམ་སྤྱི་གཙུག་གང་བདེ་བར། །ཞེས་གསུངས་པ་ལྟར་མང་དུ་མཆིས་མོད་འདིར་མདུན་གྱི་ནམ་མཁའ་ལ་གསལ་གདབ་པ་ནི། རྒྱལ་བ་ཡང་དགོན་པས།མཆོད་ཚོགས་དུས་སུ་མདུན་གྱི་མཁའ། །ཞེས་དང་། མན་ངག་སྙིང་པོའི་རྩ་ཚིག་ལས། རྒྱ་ཆེན་བསོད་ནམས་གསོག་འདོད་ཚེ། །བླ་མ་མདུན་དུ་བསྒོམས་བྱས་ནས། །མཆོད་ཚོགས་རྒྱ་མཚོས་མཆོད་པ་གཅེས། །ཞེས་གསུངས་པ་ལྟར་ཡན་ལག་བདུན་པ་ལ་སོགས་པའི་ཚོགས་གསག་པའི་ཆེད་ཡིན་ལ། མཇུག་ཏུ་སྤྱི་བོ་དང་དེའི་རྗེས་སུ་སྙིང་གར་སྤྱན་འདྲེན་པར་མཛད་པས། གལ་ཆེའི་གནས་སྐབས་ཐམས་ཅད་དུ། །བླ་མ་སྤྱི་བོར་བསྒོམས་བྱས་ནས། །ཕུར་ཚུགས་གསོལ་འདེབས་བྱེད་པ་གཅེས། །ཞེས་དང་། རྒྱལ་བ་ཡང་དགོན་པས། གསོལ་བ་འདེབས་ཚེ་སྤྱི་བོའི་གཙུག །ཅེས་པའི་མན་ངག་དང་། འདི་ཕྱི་བར་དོའི་གནས་སྐབས་སུ། །བླ་མ་སྙིང་དབུས་བསྒོམས་པ་བྱས་ཏེ། །རང་གི་སེམས་དང་བླ་མ་གཉིས། །དབྱེར་མེད་བསྲེ་བ་མན་ངག་གོ །ཞེས་དང་། རྒྱལ་བ་ཡང་དགོན་པས། རྟག་ཏུ་བླ་མ་སྙིང་གི་དབུས། །ཞེས་པའི་མན་ངག་གཉིས་ཀ་འང་ཚང་བར་མཛད་པ་ཡིན་ནོ། །གཉིས་པ་ནི། རྗེ་ཐམས་ཅད་མཁྱེན་པས། ལམ་རྒྱུད་ལ་སྐྱེ་བའི་མཐུན་རྐྱེན་ཚོཏ་བསགས་པ་དང་འགལ་རྐྱེན་སྒྲིབ་པ་སྦྱོང་བའི་ལྷན་ཅིག་བྱེད་རྐྱེན་མེད···ན་ཉེར་ལེན་གྱི་རྒྱུ་དམིགས་རྣམ་སྐྱོང་བ་ཙམ་ལ་འབད་ཀྱང་ལམ་ཞིན་ཏུ་སྐྱེ་དཀའ་བས་བསཏ་སྦྱང···གི་གནད་བསྡུས་པའི་ཡན་ལག་བདུན་པས་རྒྱུད་སྦྱང་དགོས་སོ། །ཞེས་གསུངས་པ་ལྟར་ཚོགས་

གསག་པ་ཡན་ལག་བདུན་པ་ཤིན་ཏུ་གལ་ཆེ་ཞིང་ཡན་ལག་བདུན་པ་ལ་གོ་རིམ་མི་འདྲ་བ་ཡོད་པ་ལས་འདིར་མྱ་ངན་ལས་མི་འདའ་བར་གསོལ་བ་ཐོག་མར་གདབ་པའི་རྒྱུ་མཚན་ཡང་ལེགས་ཚོར་ཀུན་གྱི་རྩ་བ་བླ་མ་ཁོ་ནར་ཐུགས་པ་ཤེས་ནས་དེ་དང་མི་འབྲལ་མེད་མི་རུང་གི་གལ་པོ་ཆེར་མཐོང་བའི་གདུང་ཤུགས་ཀྱིས་མཐར་ཐུག་གི་དོན་བྱང་ཆུབ་མ་ཐོབ་བར་རྗེ་བླ་མ་རང་གི་མགོན་དུ་མི་འབྲལ་བར་བཞུགས་པའི་གསོལ་བ་འདེབས་པ་སྙན་བརྒྱུད་ཀྱི་མན་ངག་གནད་ཆེ་བ་དང་། རྒྱུད་ལས། བཅོམ་ལྡན་འདིར་ནི་བྱོན་པ་ལེགས། །བདག་ཅག་བསོད་ནམས་སྐལ་བར་ལྡན། །ཇི་སྲིད་མཆོད་པ་བདག་བགྱིད་ན། །དེ་སྲིད་བཅོམ་ལྡན་བཞུགས་སུ་གསོལ། །ཞེས་པའི་དགོངས་པ་དང་མཐུན་པའོ། །དེ་ལ་མྱ་ངན་ལས་མི་འདའ་བར་གསོལ་བ་འདེབས་ཚུལ་ནི། གྲུབ་པའི་དབང་ཕྱུག་སྐལ་ལྡན་རྒྱ་མཚོས། རང་ལུས་དཔག་ཏུ་མེད་པ་སྤྲུལ་ནས་སངས་རྒྱས་ཐམས་ཅད་ཀྱི་སྤྱན་སྔར་སོང་ནས་ཐལ་མོ་སྦྱར་ཏེ་གདུལ་བྱ་རྣམས་ཀྱི་དོན་དུ་མྱ་ངན་ལས་མི་འདའ་བར་བཞུགས་པར་གསོལ། ཞེས་གསུངས་པ་ལྟར་འདིར་ཡང་རང་ལུས་དཔག་ཏུ་མེད་པ་སྤྲུལ་ནས་རྗེ་ཡབ་སྲས་ཀྱི་སྤྱན་སྔར་ལག་པ་ཐལ་མོ་སྦྱར་ཏེ་བདག་དང་བདག་འདྲའི་འགྲོ་བ་རྣམས་ལ་ལམ་ཕྱིན་ཅི་མ་ལོག་པར་བསྟན་ནས་སྲིད་ཞིའི་རྒུད་པ་ཐམས་ཅད་ལས་སྐྱོབ་པའི་མགོན་དང་། མདོ་སྔགས་ཟུང་དུ་འབྲེལ་བའི་བསྟན་པའི་སྙིང་པོ་དྲི་མ་མེད་པ་འདི་ཉིད་དར་ཞིང་རྒྱས་པའི་སླད་དུ་བསྐལ་པ་བརྒྱ་ཕྲག་གི་བར་དུ་མྱ་ངན་ལས་མི་འདའ་བར་བཞུགས་སུ་གསོལ་ཞེས་དོན་ཡིད་ལ་བསམ་ཞིང་མདུན་གྱི་ནམ་མཁར་ཞེས་སོགས་ཚིག་དག་ཏུ་རྗོད་བཞིན་རང་གི་སྙིང་གནས་སེ་ཧྣས་བརྟེན་པའི་རིན་པོ་ཆེའི་ཁྲི་པད་ཟླ་དང་བཅས་གསུམ་སྤྲུལ་ནས་ཕུལ་ཏེ་གསོལ་བ་བཏབ་པས་དགྱེས་བཞིན་ཞལ་གྱིས་བཞེས་པར་བསམ། ཕྱག་འཚལ་བ་ནི། བསྔགས་འོས་བསྔགས་བསྟོད་པས། ཁྱོད་འབའ་ཞིག་གི་ཡེ་ཤེས་ཀྱིས། །ཤེས་བྱ་ཐམས་ཅད་ཁྱབ་ལགས་ཀྱི། །ཁྱོད་ལས་གཞན་པ་ཐམས་ཅད་ཀྱི། །ཤེས་བྱ་ཁོ་ན་ལྐོག་པ་ལགས། །ཞེས་གསུངས་པ་ལྟར་ཤེས་བྱ་ཇི་ལྟ་བ་དང་ཇི་སྙེད་པ་ཐམས་ཅད་ལག་མཐིལ་དུ་སྐྱུ་རུ་ར་སྔོན་པ་བཞག་པ་ལྟར་ཆགས་ཐོགས་མེད་པར་མངོན་སུམ་དུ་གཟིགས་པའི་ཐུགས་ཀྱི་ཡོན་ཏན་དང་། བསྟོད་པ་བརྒྱ་ལྔ་བཅུ་པ་ལས། རེ་ཞིག་དང་པོར་ཁྱོད་ཀྱི་གསུང་། །ཉན་པ་རྣམས་ཀྱི་ཡིད་འཕྲོག་མཛད། །དེ་ནས་ཡིད་ལ་

བསམ་བགྱིས་ན། །འདོད་ཆགས་གཏི་མུག་རྣམས་ཀྱང་སེལ། །ཞེས་གསུངས་པ་ལྟར་དང་པོ་ཉིད་ནས་ཉན་པར་འོས་ཤིང་ཡིད་འཕྲོག་པར་མཛད་ལ་དོན་ཡིད་ལ་བསམླ་པས་དུག་གསུམ་སེལ་བར་བྱེད་སྟབས་སྐལ་བཟང་གདུལ་བྱའི་ཚོགས་ཀྱི་རྣ་བའི་རྒྱན་དུ་གྱུར་པའི་གསུང་གི་ཡོན་ཏན་དང་། དེ་ལ་བསྟོད་པ་ལས། ཁྱོད་སྐུ་མཚན་གྱིས་སྤྲས་གྱུར་པ། །མཛེས་སྡུག་མིག་གི་བདུད་རྩི་ནི། །སྤྲིན་མེད་སྟོན་གྱི་ནམ་མཁའ་ལ། སྐར་མའི་ཚོགས་ཀྱིས་སྤྲས་པ་འདྲ། །ཞེས་གསུངས་ལྟར་མཚན་དང་དཔེ་བྱད་ཕུན་སུམ་ཚོགས་པར་ལེགས་པར་མཛེས་པའི་སྐུའི་ཡོན་ཏན་རྣམས་རིམ་པ་བཞིན་དྲན་པ་དང་ཐོས་པ་དང་མཐོང་བའི་སྒོ་ནས་གདུལ་བྱ་རྣམས་ལ་གནས་སྐབས་དང་མཐར་ཐུག་གི་དགའ་བདེ་མི་ཤེས་པ་སྐྱེར་བར་བྱེད་པའི་ཚུལ་དྲན་བཞིན་པའི་སྒོ་ནས་ལུས་གྲངས་མེད་པ་སྤྲུལ་པ་སོ་ྟ་བཟང་སྤྱོད་ཀྱི་དམིགས་པ་ཚང་བར་བྱས་ཏེ་སྒོ་གསུམ་གྱི་ཕྱག་བྱའོ། །འདིར་ཐུགས་ཀྱི་ཡོན་ཏན་དྲན་པ་ སྔོན་དུ་བླངས་པའང་རྗེ་བཙུན་འཇམ་པའི་དབྱངས་ཀྱི་བྱིན་རླབས་འཇུག་པའི་ཚེ་ན་དང་པོར་སེམས་ལ་ཞུགས་ནས་ཡིད་ཀྱི་དབང་པོ་རྒྱས་པར་བྱེད། དེའི་སྟོབས་ཀྱིས་ངག་ལ་ཞུགས་ཏེ་སྒོ་ཡངས་པར་བྱེད། དེའི་མཐུས་ལུས་ལ་ཞུགས་ཏེ་ལུས་གཟི་བྱིན་དང་ལྡན་པར་འགྱུར་བས་དེ་ལྟ་བུའི་རྟེན་འབྲེལ་མངོན་པར་བྱ་བའི་ཕྱིར་ཡིན་ནོ། །མཆོད་པ་འབུལ་བ་ནི། ལམ་སྒྲོན་ལས། མེ་ཏོག་བདུག་སྤོས་དངོས་པོ་དག །ཅི་འབྱོར་པ་ཡིས་མཆོད་པར་བྱ། །ཞེས་གསུངས་པ་ལྟར་ཁ་དོག་དང་དབྱིབས་བཀོད་ལ་སོགས་པ་ཡིད་དུ་འོང་བའི་མཆོད་ཡོན་སྣ་ཚོགས་ནས་རོལ་མོ་སྣ་ཚོགས་པའི་བར་རང་གིས་བཤམས་པ་རྣམས་མཚོན་བྱེད་དུ་བྱས། འཇིག་རྟེན་གྱི་ཁམས་ན་ཇི་སྙེད་ཡོད་པ་ཐམས་ཅད་དམིགས་འོག་ཏུ་བཙུག བྱང་སེམས་ཀུན་ཏུ་བཟང་པོ་མཆོད་སྤྲིན་ལྟ་བུར་ཡིད་ཀྱིས་བསམས་ཏེ་དབུལ་བར་བྱ་བ་དེ་དག་ནི་མཆོད་པའི་རྫས་དང་། མཆོད་པ་དངོས་ནི་པཱུ་ཛ་ཞེས་པ་མཉེས་པ་ལ་འཇུག་པས་མཆོད་རྫས་དེ་དག་ལ་བརྟེན་ནས་སྐྱབས་ཡུལ་རྣམས་ཀྱི་ཐུགས་རྒྱུད་ལ་འབྲངས་པའི་ཟག་མེད་ཀྱི་བདེ་བ་ཁྱད་པར་ཅན་ལ་བྱ་བ་དང་། མཆོད་པའི་བསོད་ནམས་ནི། དེ་ལ་བརྟེན་ནས་སེམས་སྟེང་ལ་བཞག་པའི་འབྲས་བུ་ཕུན་སུམ་ཚོགས་པ་འབྱུང་བའི་ནུས་པ་ཞིག་ཡིན་པས་སོ་སོར་ཤེས་དགོས་ཤིང་སྨྲ་ཟེར་ཡངས་པའི་དབང་དུ་བྱས་ན་དེ་གསུམ་ག་ལ་མཆོད་པའི་སྒྲ་འཇུག་གོ །

འདི་སྐབས་ལྷོགས་ན་གཙོ་བོ་སེམས་དཔའ་སུམ་བརྩེགས་སུ་གསལ་ཏེ་མཆོད་པའང་ཀུན་ཏུ་བཟང་པོའི་བདེ་སྟོང་དབྱེར་མེད་པའི་བདག་ཉིད་ཕྱི་ནང་གསང་བ་དེ་ཁོ་ན་ཉིད་བཞི་ཆར་གྱི་མཆོད་པ་ཕུལ་ན་དབང་ལམ་འབྲས་བུ་གསུམ་གའི་སྐབས་ཀྱི་རྟེན་འབྲེལ་འགྲིགས་ཤིང་དམ་ཚིག་མཆོག་ཏུ་གྱུར་པ་སྙན་བརྒྱུད་ཀྱི་མན་ངག་ཡིན། སྡིག་པ་བཤགས་པ་ནི། སྡིག་པ་རེ་རེ་ཙམ་མིན་པར་དུས་ཐོག་མ་མེད་པ་ནས་ད་ལྟའི་བར་དུ་དུག་གསུམ་གྱིས་ཀུན་ནས་བསླངས་ཏེ་སྒོ་གསུམ་གྱིས་བསགས་པའི······རང་བཞིན་གྱི་ཁ་ན་མ་ཐོ་བ་དང་། སྔགས་བྱང་སེམས་སོ་ཐར་དང་འགལ་བའི་བཅས་པའི་ཁ་ན་མ་ཐོ་བ་རྒྱལ་བ་རྣམས་ཀྱི་རྣམ་ཀུན་གཟིགས་པའི་ཡེ་ཤེས་ཀྱི་ཡུལ་དུ་གྱུར་ཚད་སྟོབས་བཞི་ཚང་དེས···ཀྱི་བཤགས་བསྡམས་བྱེད་པ་གལ་ཆེ་སྟེ། རྒྱུད་སྡིག་ལྟུང་གིས་ཆུད་ཟོས་ན་ཉམས་རྟོགས་ཕྲ་མོ་ཡང་སྐྱེ་མི་ནུས་པའི་ཕྱིར་རོ། །དེ་སྐད་དུའང་། རྗེ་སྐལ་ལྡན་··རྒྱ་མཚོས་ངག་དབང་ཆོས་གྲགས་ལ་གདམས་པ་ལས། སྔོན་ཐོག་མེད་དུས་ནས་ད་ལྟའི་བར། །ལས་ངན་པའི་ཁུར་པོ་ཆེར་བསགས་པས། །ཉམས་རྟོགས་པ་སྐྱེ་བའི་གེགས་བྱེད་པས། །དུས་རྒྱུན་དུ་སྟོབས་བཞིས་བཤགས་བསྡམས་འཚལ། །ཞེས་གསུངས་སོ། །རྗེས་སུ་ཡི་རང་ནི། ངོ་བོ་དགའ་རྣམ་ཅན་གྱི་དང་བའི་དད་པ་ཞིག་ཡིན་ལ། གང་ལ་དགའ་བར་བྱ་བའི་ཡུལ་ནི། སློབ་ལམ་བདུན་ཅུ་པ་ལས། བདེ་གཤེགས་རང་རྒྱལ་དང་ནི་ཉན་ཐོས་དང་། །རྒྱལ་བའི་སྲས་ཀྱིས་དགེ་བ་བསགས་པ་དང་། འཇིག་རྟེན་པ་ཡི་ལེགས་པར་སྤྱད་པ་གཞན། །མ་ལུས་པ་ལ་བདག་ནི་ཡི་རང་ངོ་། །ཞེས་གསུངས་པ་ལྟར་ལ། ཁྱད་པར། དང་པོར་རྒྱ་ཆེན་ཐོས་པ་མང་དུ་བཙལ། །ཞེས་གསུངས་པ་ལྟར། རྗེ་ཐམས་ཅད་མཁྱེན་པས་དང་པོར། བཀའ་དྲིན་ཆེ་བའི་བླ་མ་བཅུ་བཞི་དང་། འགྲན་ཟླ་མེད་པའི་བླ་མ་བཞི་སོགས་མིའི་བླ་མ་བཅུ་ཕྲག་བཞི་ལ་ཉེ་བ་དང་། ཁྱད་པར་དུ་རྒྱལ་ཀུན་ཡབ་གཅིག་མཁྱེན་པའི་གཏེར་ལ་བརྟེན་ནས་མདོ་སྔགས་ཡོངས་སུ་རྫོགས་པ་ལ་ཐོས་བསམ་རྒྱ་ཆེར་གནང་བ་དང་། བར་དུ་གཞུང་ལུགས་ཐམས་ཅད་གདམས་པར་ཤར། །ཞེས་པ་ལྟར་བར་དུ་མདོ་སྔགས་ཡ་མ་བྲལ་བ་གཅིག་གྲོགས་སུ་གཅིག་འགྲོ་བའི་ཚུལ་གྱིས་ཉམས་སུ་ལེན་པའི་ཚུལ་ལ་མི་འབྲུལ་བའི་གཟེར་ཐེབས་ནས་བསྟན་པ་ཐམས་ཅད་འགལ་མེད་དུ······རྟོགས་པ་དང་། ཐ་མར་ཉིན་མཚན་ཀུན་ཏུ་ཉམས་སུ་བླངས། ཞེས་པ་ལྟར་ཐ་མར་འོལ་ཁ་བསམ་

གཏན་གླིང་དང་པོ་དེ་གུང་རྒྱལ་སོ་ཏ་དབེན་པའི་གནས་སུ་ཐོས་དོན་རྒྱུད་ལ་སྦྱོར་བའི་ཉམས་བཞེས་
བློ་ཡུལ་ལས་འདས་པ་མཛད་དེ་རྟོགས་པ་ཐམས་ཅད་ཐུགས་རྒྱུད་ལ་སྨྱུངས་པ་བཞིན་དུ་གྱུར་པ་ན་
འཆད་རྩོད་རྩོམ་པའི་སྒོ་ནས་བསྟན་འགྲོའི་དོན་སྤེལ་བ་སོགས་རྒྱལ་བ་སྲས་དང་བཅས་པའི་མཛད་
པ་ཐམས་ཅད་སྐུ་ཚེ་གཅིག་ལ་ཕྱག་ལེན་དུ་ཐེབས་པར་མཛད་ཚུལ། ཡོང་ཡོད་སྐབས་རྗེ་བཙུན་
འཇམ་པའི་དབྱངས་ཞི་ཁྲོ་སོགས་སྐུའི་བཀོད་པ་སོ་སོའི་རྒྱུ་འབྲས་ཀྱི་མཛད་པ་བཟང་ལ་རྒྱ་ཆེ་བ······
དག་དྲན་ནས་དེ་ལྟ་བུའི་མཛད་པ་ལ་ཡིད་དགའ་བར་བྱའོ། །འགྲེལ་པ་དོན་གསལ་ལས། རྗེས་སུ་ཡི་
རང་བྱེད་པས་ནི་རང་དང་གཞན་གྱི་བསོད་ནམས་བྱ་བ་མཉམ་པ་ཉིད་ཐོབ་བོ། །ཞེས་གསུངས་པ་
ལྟར་རྗེས་སུ་ཡི་རང་ནི་བསོད་ནམས་རླབས་པོ་ཆེ་ཆེ་ཏ་མེད་དུ་སྡུད་པའི་ཐབས་མཁས་བླ་ན་མེད་པ་
ཡིན་པས་དབུས་མཐར་ལས་ཚེགས་མེད་དམ་པ་ཞེས་བསྔགས་པ་ཡིན་ནོ། །ཆོས་འཁོར་བསྐོར་
བར་བསྐུལ་བ་ནི། རང་ཉིད་གསེར་གྱི་འཁོར་ལོ་རྩེ་བས་སྟོང་པ་ལག་ཏུ་ཐོགས་པའི་ཚངས་པ་ཆེན་
པོར་མོས་ཏེ། རྗེ་བླ་མའི་ཐུགས་དག་པ་གཉིས་ལྡན་གྱི་ཆོས་སྐུ་ལས་མཁྱེན་པ་དང་བརྩེ་བའི་སྒོ་ནས་
གདུལ་བྱ་རྣམས་ལ་གང་ལ་གང་འཚམས་ཀྱིས་སྐབས་འགྲོ་དང་ལས་འབྲས། ངེས་འབྱུང་དང་བསླབ་
གསུམ། བྱང་ཆུབ་ཀྱི་སེམས་དང་དབུ་མའི་ལྟ་བ། ལམ་རིམ་པ་གཉིས་སོགས་ཀྱི་ཆོས་ཀྱི་འཁོར་ལོ་
རྒྱུན་མི་འཆད་པར་བསྐོར་ཏེ། གདུལ་བྱ་རྣམས་ཀྱི་རྒྱུད་ལ་ལུང་རྟོགས་ཀྱི་ཡོན་ཏན་སྐྱེད་པར་མཛད་
དུ་གསོལ་ཞེས་གསོལ་བ་བཏབ་པས་དགྱེས་བཞིན་ཞལ་གྱིས་བཞེས་པར་བསམ་པ་ནི་མདོ་ལས།
སངས་རྒྱས་བཅོམ་ལྡན་འདས་གངྒཱའི་ཀླུང་གི་བྱེ་མ་སྙེད་དག་ལ་བཅོམ་ལྡན་འདས་ཆོས་ཀྱི་འཁོར······
ལོ་བསྐོར་དུ་གསོལ། བདེ་བར་གཤེགས་པ་ཆོས་ཀྱི་འཁོར་ལོ་བསྐོར་དུ་གསོལ། ཞེས་ཆོས་ཀྱི་འཁོར་
ལོ་བསྐོར་བར་བསྐུལ་ཞིང་གསོལ་བ་གདབ། ཅེས་གསུངས་པའི་དགོངས་པ་ཡིན་ནོ། །བསྔོ་བ་ནི།
འགྲེལ་ཆུང་དོན་གསལ་ལས། བསྔོ་བ་ཡིད་ལ་བྱེད་པས་ནི་དེ་གསེར་མགར་གྱིས་རྒྱན་བཞིན་དུ་
ཡང་དག་པར་རྫོགས་པའི་བྱང་ཆུབ་ཀྱི་ཡན་ལག་ཏུ་བྱེད་དོ། །ཞེས་གསུངས་པ་ལྟར་ཤིན་ཏུ་གལ་ཆེ་
ལ། གང་གི་ཕྱིར་དུ་བསྔོ་ན། སྡུད་པ་ལས། འགྲོ་བའི་དོན་དུ་བྱང་ཆུབ་ཕྱིར་ནི་ཐམས་ཅད་བསྔོ། །
ཞེས་པ་ལྟར་བདག་གཞན་སེམས་ཅན་ཐམས་ཅད་ཀྱིས་སྒྲིབ་གཉིས་ཟད་པར་སྤྱངས་ཏེ་བླ་ན་མེད······

པའི་བྱང་ཆུབ་མངོན་དུ་བྱ་བ་དང་། རྒྱལ་བའི་བསྟན་པ་སྤྱི་དང་ཁྱད་པར་དུ་བསྟན་པའི་སྙིང་པོ་ལམ་གྱིས་ལུས་ཡོངས་སུ་རྫོགས་པ་གདན་ཐོག་གཅིག་ཏུ་གྲུ་བཞིར་ཉམས་སུ་ལེན་པའི་ཚུལ་རྗེ་བླ་མའི་བཀའ་སྲོལ་འདི་ཉིད་འཛིག་རྟེན་གྱི་ཁམས་ཀུན་ཏུ་ཡུན་རིང་གསལ་བ་དང་། བདག་ཉིད་ནམ་མཁའ་རྗེ་སྲིད་དུ་འདི་དང་མི་འབྲལ་བར་ཐོས་བསམ་སྒོམ་པས་ཉམས་ལེག་ཏུ་བཙུད་དེ་འཆད་རྩོད་རྩོམ་པས་གཞན་རྒྱུད་ལ་གསལ་བར་ཤོག་ཅིག་སྙམ་དུ་བསྔོ་དགོས་སོ། ཡན་ལག་བདུན་པོ་འདི་རྒྱལ་སྲས་ཀྱི་སྤྱོད་པའི་སྨོན་ཆེན་པོ་ཡིན་ལུགས། བསགས་སྦྱང་གི་གནད་ཐམས་ཅད་འདིར་འདུ་ལུགས། བསྡུ་ན་བསགས་པ་དང་སྦྱང་བ་དང་སྤེལ་ཞིང་ཆུད་མི་ཟ་བའི་ཐབས་གསུམ་དུ་ཡན་ལག་བདུན་པོ་འདུ་ཚུལ་སོགས་འདིར་ཚིག་མང་བར་འགྱུར་བས་གཞུང་ཆེན་པོ་དག་ལ་བལྟས་ཏེ་ངེས་པར་ཤེས་པར་བྱ་དགོས་སོ། །གསུམ་པ་ལ་གསུམ། གསོལ་བ་འདེབས་པའི་རྟེན་དུ་མཎྜལ་དབུལ་བ། མཎྜལ་ཕུལ་ནས་འདོད་པའི་དོན་ལ་གསོལ་བ་གདབ་པ། ཐུན་མོང་དང་ཐུན་མོང་མིན་པའི་དངོས་གྲུབ་ཞུ་བའི་ཚུལ་ལོ། །དང་པོ་ནི། བླ་མ་ལྔ་བཅུ་པ་ལས། མཆོག་ཏུ་དད་པས་དུས་གསུམ་དུ། །དཀྱིལ་འཁོར་མེ་ཏོག་བཅས་ཐལ་མོས། །སྟོན་པ་བླ་མ་བསྙེན་བཀུར་ཞིང་། །ཞབས་ལ་སྤྱི་བོས་ཕྱག་བྱའོ། །ཞེས་དང་། དེའི་ཐད་ཀྱི་ཊཱི་ཀཱ་ལས།དཀྱིལ་འཁོར་ཏེ་མཎྜལ་མེ་ཏོག་གི་ཚོམ་བུ་བཀོད་པ་དང་བཅས་པ་དབུལ་བ་སྔོན་དུ་བཏང་ནས་ཐལ་མོ་སྦྱར་ཏེ་ཕྱག་བྱའོ། །ཞེས་གསུངས་པ་ལྟར་རང་གི་རྩ་བའི་བླ་མ་དང་རྗེ་ཐམས་ཅད་མཁྱེན་པ་དབྱེར་མེད་དང་མོས་ལ་མཎྜལ་ཚོམ་བུ་ཉེར་གསུམ་དང་སོ་བདུན་མ་དང་ཚོམ་བུ་བདུན་མ་སོཏ་གང་རུང་གསོལ་བ་འདེབས་པའི་ཕྱག་རྟེན་དུ་དབུལ་ལོ། །གཉིས་པ་ནི། སྒྲོན། ས་གསུམ་མའི། མཆོག་གི་དངོས་གྲུབ་བརྙེས་ལ་གསོལ་བ་འདེབས། །ཞེས་པའི་བར་ཚིག་དོན་དྲན་བཞིན་དུ་བརྗོད་པའམ་བསྡུ་ན་དམིཏ་བརྩེ་མ་རྐྱང་པའི་གསོལ་བ་འདེཏ་ལ། གསོལ་འདེབས་འདི་གནས་ཚོད་ལ། བཀའ་གདམས་གླེགས་བམ་ལས། རེས་འགའ་གསོལ་འདེབས་དབྱངས་ཀྱི་གཟུགས། །ཞེས་གསུངས་པ་ལྟར་རྗེ་བཙུན་འཇམ་པའི་དབྱངས་ཀྱི་ཡེ་ཤེས་སྒྱུ་མའི་རོལ་པ་ལས་བྱུང་བ་ཡིན་པར་མ་ཟད་སྔར་ཚོད་ལའང་རྗེ་ཉིད་ཀྱི་གསུང་འབྲེལ་མེད་ཡིན་པའི་གསུང་རྒྱུན་འདུག་པ་བཞིན་བཀའ་འབུམ་ན་ཡང་བཞུགས་པ་ལྟར་ཡིན་པས་སྔར་གནས་གང་གི་དབང་དུ

བྱས་ན་ཡང་བྱིན་རླབས་ཤིན་ཏུ་ཆེ་བས། འདིའི་སྒོ་ནས་གསོལ་བ་འདེབས་ཚུལ་ལ་གསུམ། བྱི་
མཚུངས་པ་གསལ་བྱེད་ཀྱི་སྒོ་ནས་གསོལ་བ་འདེབས་པ། ནང་ཡོན་ཏན་དེ་ལྟན་གྱི་སྒོ་ནས་གསོལ་
བ་འདེབས་པ། གསང་བ་ལྷག་པའི་ལྷ་དང་ངོ་བོ་དབྱེར་མེད་དུ་གསོལ་བ་འདེབས་པའོ། དང་པོ་ནི།
རྒྱལ་བ་ཐམས་ཅད་ལས་མཁྱེན་བརྩེ་ནུས་གསུམ་ལ་རིགས་གསུམ་མགོན་པོ་ཆེས་ལྷག་པ་བཞིན།
གངས་ཅན་མཁས་པ་ཐམས་ཅད་ལས་རྗེ་ཐམས་ཅད་མཁྱེན་པ་དེ་གསུམ་གྱིས་ཆེས་ལྷག་པར་མཚུངས···
ཚོས་སྨྲ་བའི་སྒོ་ནས་གསོལ་བ་འདེབས་པ་རྗེ་བླ་མ་ཕྱི་སྒྲུབ་ཀྱི་མན་ངག་དང་། གཉིས་པ་ནི།
འཕགས་པ་རིགས་གསུམ་མགོན་པོའི་མཁྱེན་བརྩེ་ནུས་པའི་ཡོན་ཏན་ཇི་ལྟ་བ་རྗེ་ཐམས་ཅད་མཁྱེན་
པའི་ཐུགས་ལ་མངའ་བར་བལྟས་པའི་སྒོ་ནས་གསོལ་བ་འདེབས་པ་རྗེ་བླ་མ་ནང་སྒྲུབ་ཀྱི་མན་ངག···
དང་། གསུམ་པ་ནི། དེ་གསུམ་ངོ་བོ་གཅིག་པར་སྒྲུབ་པའི་ལུང་དང་གསང་རྣམ་གྱི་ལོ་རྒྱུས། འགྲོ་
བའི་སྐབས་སུ་འགྱུར་བའི་རྒྱུའི་གཙོ་བོ་གསུམ་ཡ་མ་བྲལ་བའི་རིགས་པ་སོགས་ཀྱི་སྒོ་ནས་རིགས···
གསུམ་ངོ་བོ་དབྱེར་མེད་པར་བསམ་ནས་གསོལ་བ་འདེབས་པ་རྗེ་བླ་མ་གསང་སྒྲུབ་ཀྱི་མན་ངག་ཅེས་
སྨན་བརྒྱུད་པ་རྣམས་ཀྱིས་ཐ་སྙད་མཛད་དོ། །དེ་ལྟ་བུའི་སྒོ་ནས་གསོལ་བ་འདེབས་པའི་སྐབས་རྗེ་
བླ་མའི་གནས་གསུམ་དུ་ལྷ་གསུམ་གསལ་འདེབས་པ་དང་། རྗེ་བླ་མ་རིགས་གསུམ་ཀུན་འདུས་སུ་
མོས་པ་གང་བྱས་ཀྱང་འདྲ། ལྷ་གསལ་བཏབ་ཡོད་ན་ལྷ་སོ་སོའི་ཐུགས་ཀར་སྔགས་འཕྲེང་བཀོད་
ནས་སོ་སོའི་བཟླས་པ་བྱ་ལ། རིགས་གསུམ་འདུས་པའི་བདག་ཉིད་དུ་མོས་ན་རྗེ་བླ་མའི་གནས་སོ་
སོར་རམ་ཐུགས་ཀར་སྔགས་ཕྲེང་རིམ་བཞིན་བཀོད་ནས་བཟླས་པ་བྱས་ཀྱང་རུང་ངོ་། །དམིགས་
བརྩེ་མ་ལྟ་སྐོར་བྱེད་ན་རྗེའི་ཐུགས་ཀར་ཐུབ་དབང་བཀོད་དེ། བསྟན་པའི་བདག་པོ་ཐུབ་པ་བཅོམ་
ལྡན་འདས། །ཞེས་སྨྲར་ནས་འདོན། དྲུག་སྐོར་བྱེད་ན་རྗེའི་ཐུགས་ཀར་ཐུབ་དབང་དང་དེའི་ཐུགས་
ཀར་རྡོ་རྗེ་འཆང་བཀོད་ནས། དངོས་གྲུབ་ཀུན་འབྱུང་ཐུབ་དབང་རྡོ་རྗེ་འཆང་། །ཞེས་སྨྲར་ཏེ་གསོལ་
བ་གདབ། ཡང་རྗེའི་ཐུགས་ཀར་འཇིགས་བྱེད་བཀོད་དེ། འཇམ་དབྱངས་ཁྲོས་པའི་རློས་གར་
གཤིན་རྗེའི་གཤེད། །ཅེས་སྨྲར་ནས་བཟླ་བ་སྨན་བརྒྱུད་ཀྱི་མན་ངག་ཡིན། འདིའི་སྒོ་ནས་རང་རང་
མོས་པའི་ལྷ་གང་གི་སྔགས་བཟླ་འདོད་ཀྱང་རྗེ་བླ་མའི་སྐུ་ལ་བཀོད་དམ་མ་བཀོད་ཀྱང་རུང་སྔགས···

ཐེང་བཀོད་ནས་སྲོ་བསྲུ་དང་བཅས་བཟླས་པ་བྱས་ཆོག   གཞན་ཡང་ལུས་དཀྱིལ་དཀྱིལ་འཁོར་རྒྱལ་མཆོག་གི་དོད་ཐུབ་ཀྱི་ཉམས་ལེན་བྱེད་ཚུལ། རྗེ་བླ་མའི་སྤྱི་བོར་སྤྱན་རས་གཟིགས་ཕྱི་ནང་གསང་གསུམ། མཁྱེན་པར་འཇམ་དབྱངས་ཕྱི་ནང་གསང་གསུམ། ཐུགས་ཀར་ཕྱག་ན་རྡོ་རྗེ་ཕྱི་ནང་གསང་གསུམ་བཀོད་པའི་དགུ་སྐོར། རྗེའི་ཐུགས་ཀར་འཇམ་དབྱངས་གསུམ་དང་། རྒྱལ་ཚབ་རྗེའི་ཐུགས་ཀར་སྤྱན་རས་གཟིགས་གསུམ་དང་། མཁས་གྲུབ་རྗེའི་ཐུགས་ཀར་གསང་བདག་གསུམ་བཀོད་པའི་དགུ་སྐོར། རྗེའི་གནས་གསུམ་གར་འཇམ་དབྱངས་དགུ་ཐུག་བཀོད་པའི་དགུ་སྐོར་སོགས་སྐུ་ཉེར་བུ་མཛོད་འཛིན། གསུང་ཉི་མ་སྣང་བྱེད། ཐུགས་ཀར་གསང་བ་མཛོད་འཛིན་གྱི་ཐ་སྙད་སྦྱར་བའི་དམིགས་སྐོར། སྐུ་ཕྱི་སྒྲུབ་གསུང་ནང་སྒྲུབ་ཐུགས་གསང་སྒྲུབ་ཏུ་ཉམས་སུ་ལེན་ཚུལ་སོགས་ཁྲིད་ཡིག་ཆེན་མོ་དག་དང་། ཁྱད་པར་སྨན་བརྒྱུད་ཀྱི་མན་ངག་ཡོངས་སུ་རྫོགས་པའི་དགེ་བའི་བཤེས་གཉེན་གྱི་ཞལ་ལས་འཚོལ་དགོས་པ་ཁོ་ནར་ཡོད་དོ། །བསྙེན་པ་ལ་སྤྱོད་པ་དག་མོས་ན། སྐབས་འདིར་ཡི་གེ་རིས་གཞན་དུ་གསལ་བའི་བཟླས་དམིཊ་ཀྱི་ཚིག་སྒྲ་བཅས་སུ་འདོན་པར་བྱས་ཀྱང་འགལ་བ་མེད་མོད་སྤྲོས་པ་ལ་མི་དགའ་ན་དག་ཏུ་མ་བཏོན་ཀྱང་རུང་། ཐུན་གྱི་གྲངས་ནི། ཊིས་ལན་གློ་བཟང་བཞད་པའི་སྒྲ་དབྱངས་ལས། ཐུན་གྱི་གྲངས་ནི་ཐུན་བཞིའམ། ཉིན་དང་མཚན་མོ་ལན་གསུམ་ཞེས། ཐུན་དྲུག་དག་ཀྱང་རྒྱུད་ལས་གསུངས། ཞེས་གསུངས་པ་ལྟར་ཐུན་དྲུག་དང་ཐུན་བཞིར་ཉམས་སུ་ལེན་པ་འདམ་པར་མཛད་ཀྱང་། དེང་སང་ཐུན་བཞིར་གྲགས་ཆེ་བས་ཐུན་བཞིར་བྱེད་ཚུལ། ཛ་ལནྡྷ་རས། ཐུན་བཞིར་བྱིན་གྱིས་བརླབ་པ་ཞེས་བྱ་བ་ནི། ཐོ་རངས་དང་། ཉིན་གུང་དང་། ཕྱི་དྲོ་དང་། མཚན་མོ་སྟེ་སྒོམ་པའི་རིམ་པའོ། །ཞེས་གསུངས་པ་ལྟར་བྱའོ། །དེ་ལྟར་བགྲང་བའི་ཚེ་ཡང་སེམས་གཡེང་བས་བྱས་ན་གཞུང་ལས་བཤད་པ་ལྟར་གྱི་ཕན་ཡོན་དང······འབྲས་བུ་མི་འབྱུང་སྟེ། སྤྱོད་འཇུག་ལས། བཟླས་བརྗོད་དང་ནི་དཀའ་ཐུབ་ཀུན། །ཡུན་རིང་དུས་སུ་སྤྱད་བྱས་ཀྱང་། །སེམས་གཞན་གཡེངས་པས་བྱས་པ་ནི། །དེ་ཉིད་རིག་པས་དོན་མེད་གསུངས། །ཞེས་གསུངས་པ་ལྟར་རོ། །དེ་བས་ན་བསྙེན་པ་ཞེས་པའི་དོན་ཡང་ལྷ་དེའི་གོ་འཕང་ལ་ཉེ་བར་བྱེད་པ་ལ་བྱ་བས་འདིར་ཡང་རྗེ་ཐམས་ཅད་མཁྱེན་པའི་གོ་འཕང་ཉེ་བར་བྱེད་པའི་ཐབས་དམ་པ་ལམ་ཡོངས···

སུ་རྫོགས་པ་ཡིན་པས་དེ་ལ་འདྲིས་པར་བྱེད་པ་དང་གསོལ་བ་འདེབས་པ་གལ་ཆེ་བས་འབད་པར་བྱའོ། །དེ་ལ་གསོལ་འདེབས་ཞེས་པ་ཡང་ཞུ་བ་འབུལ་རྒྱུ་མ་ནོར་བར་ཤེས་པར་གལ་ཆེ་བས་དེའི་ཚུལ་ནི། འདི་ལྟར། ད་ནས་བཟུང་སྐྱེ་སྐྱེ་བ་དང་ཚེ་རབས་ཐམས་ཅད་དུ་རང་ཕོ་ནའི་དོན་སྒྲུབ་པ་གཙོ་བོར་བྱེད་པའི་རང་དོན་ཡིད་བྱེད་དང་། རྒྱལ་སྲས་ཀྱི་སྤྱོད་པ་བྱ་དཀའ་བ་རྣམས་ལ་སྙིང་ལུག་ཅིང་ཞུམ་པའི་བསམ་པ་དོར་ནས་བྱམས་པ་དང་སྙིང་རྗེ་དང་བྱང་ཆུབ་ཀྱི་སེམས་ཀྱི་སྒོ་ནས་བྱང་······ཆུབ་སེམས་པའི་སྤྱོད་པར་སློབ་པ་ལ་རྗེ་བཙུན་སྤྱན་རས་གཟིགས་ལྟ་བུ་དང་། སྐྱོན་ཐམས་ཅད་དང་བྲལ་བའི་ཚེ་གསལ་སྒྱུར་ཟབ་ཀྱི་ཤེས་རབ་ཀྱིས་རྒྱལ་བའི་དགོངས་པ་ཇི་བཞིན་འབྱེད་པ་ལ་རྗེ་བཙུན་འཇམ་པའི་དབྱངས་ལྟ་བུ་དང་། བྱང་ཆུབ་བསྒྲུབ་པ་ལ་བར་དུ་གཅོད་པའི་བདུད་བཞི་ཕྱ་རགས་སོ་ཊ་ཕྱི་ནང་གསང་བའི་བར་ཆད་མ་ལུས་པ་འཇོམས་པ་ལ་དཔལ་ཕྱག་ན་རྡོ་རྗེ་ལྟ་བུར་ད་ལྟ་ཉིད་དུ། སྨུར་བ་ཉིད་དུ། འདུག་ས་འདི་ཉིད་དུ་བྱིན་གྱིས་རློབས་ཤིག་སྙམ་པའི་སྒོ་ནས་དམིགས་བརྩེ་མ་བགྲང་བ་དང་། ཕྱིན་ཅི་ལོག་གི་བློ་སྣ་འགག་པ། ཡང་དག་ལམ་གྱི་རྟོགས་པ་སྐྱེ་བ། ཕྱི་ནང་གསང་བའི་བར་ཆད་ཞི་བའི་དངོས་གྲུབ་སྩོལ་ལམ་མི་སྩོལ་སྙམ་དུ་བློ་བཀལ་ཏེ་དམིགས་བརྩེ་མ་བགྲང་བ་དང་། སྐྱེ་བ་དང་ཚེ་རབས་ཐམས་ཅད་དུ་མདོ་སྔགས་ཡོངས་སུ་རྫོགས་པའི་བསྟན་པ་དྲི་མ་མེད་པ་འདི་ཉིད····དང་མཇལ་ཏེ་མགོན་པོ་ཁྱོད་ཀྱིས་དགེ་བའི་བཤེས་གཉེན་མཛད་ནས་གཞུང་ལུགས་རྒྱ་མཚོ་ལྟ་བུ་ལ་མང་དུ་ཐོས་པ་དང་། ཐོས་དོན་རིགས་པ་བཞིས་བསམ་པ་དང་། དེ་ཉིད་རྒྱུད་ལ་སྦྱར་ནས་ཉམས་སུ་བླངས་ཏེ། སྐྱབས་འགྲོ་དང་ལས་འབྲས། ངེས་འབྱུང་དང་བསླབ་གསུམ། བྱང་ཆུབ་ཀྱི་སེམས་དང་དབུ་མའི་ལྟ་བ། ལམ་རིམ་པ་གཉིས་ལ་སོགས་པའི་རྟོགས་པ་ཐམས་ཅད་མངོན་དུ་གྱུར་ཏེ་སྐལ་ལྡན་རྗེས་སུ་འཛིན་པའི་ཐབས་འཆད་པ་དང་། ལོག་སྨྲ་ཚར་གཅོད་པའི་ཐབས་རྩོད་པ་དང་། མཁས་པ་མགུ་བ་སྐྱེད་པའི་ཐབས་རྩོམ་པའི་སྒོ་ནས་བསྟན་པའི་སྙིང་པོ་འདི་ཉིད་སྤེལ་བ་དང་། ཞི་རྒྱས་དབང་དྲག་གི་འཕྲིན་ལས་བཞིའི་སྒོ་ནས་སྲུང་ས་ལ་ལུས་དང་སྲོག་ལ་ལྟོས་པ་མེད་པར་སྙིང་སྟོབས···ཕུལ་དུ་སོན་པ་མགོན་པོ་ཁྱོད་དང་འདྲ་བར་བྱིན་གྱིས་རློབས་ཤིག་སྙམ་དུ་དམིགས་བརྩེ་མ་བགྲང···བར་བྱ།འདིས་དམིགས་ཕྱེ་སྟེ་གསོལ་འདེབས་བྱེད་ཚུལ་ཇི་སྐད་གསུངས་པ་ཐམས་ཅད་འདིར་བླང···

བར་བྱ་ཡི་ཐམས་ཅད་གཞུང་གཅིག་ཏུ་ཤོད་མི་ནུས་སོ། །གྲངས་ཀྱི་བསྙེན་པ་འབུམ་དྲུག་གམ་བཞིའམ་གསུམ་དང་མ་མཐའ་འབུམ་གཅིག དུས་ཀྱི་བསྙེན་པ་ཟླ་བ་དྲུག་སོགས་དང་། མཚན་མའི་བསྙེན་པ་སྐུ་གསུང་ཐུགས་ཀྱི་སྣང་བ་དངོས་དང་ཉམས་སྣང་རྨི་ལམ་སོགས་སུ་འབྱུང་བའི་བར་དུའོ་ཞེས་འདིའི་ཡི་གེ་སྙིང་པ་དག་ལས་འབྱུང་བས་དེ་ལྟར་འབད་དོ། །གསུམ་པ་ལ་གཉིས། ཐུན་མོང་མ་ཡིན་པའི་ཤེས་རབ་ཀྱི་དངོས་གྲུབ་ཞུ་བ་དང་། ཐུན་མོང་བ་ལམ་ཡོངས་རྫོགས་ཀྱི་དངོས་གྲུབ་ཞུ་ཚུལ་ལོ། །དང་པོ་ནི། ཡབ་གཅིག་འཇམ་དཔལ་དབྱངས་ཀྱིས། མ་དག་འཁྲུད་ཅིང་མི་ཤེས་བསལ། །སྐུ་ཡིས་ཆེ་ཞིང་གསུང་གིས་གསལ། །ས་བོན་སྦྱར་བ་ཕྱག་མཚན་ཟབ། གླེགས་བམ་རལ་གྲི་གླེགས་རལ་གྱིས། །འཆད་དང་རྩོད་དང་རྩོམ་པའོ། །ཞེས་གསུངས་པ་ལྟར་མ་དག་པ་འཁྲུད་པའི་དམིགས་པ་སྔོན་དུ་འགྲོ་བས། སྐུའི་སྒོ་ནས་ཤེས་རབ་ཆེ་བ་དང་། གསུང་གི་སྒོ་ནས་གསལ་བ་དང་། ས་བོན་གྱི་སྒོ་ནས་སྦྱར་བ་དང་། ཕྱག་མཚན་གྱི་སྒོ་ནས་ཟབ་པ་དང་། གླེགས་བམ་གྱི་སྒོ་ནས་འཆད་པ་དང་། རལ་གྲིའི་སྒོ་ནས་རྩོད་པ་དང་། གླེགས་རལ་གྱི་སྒོ་ནས་རྩོམ་པའི་དངོས་གྲུབ་ཞུ་བའི་ཚུལ་སོ་སོར་འདིའི་ཁྲིད་ཡིག་ཆེན་མོ་རྣམས་སུ་ལན་གཅིག་མ་ཡིན་པར་གསུངས་ཤིང་དག་འདོན་ཙམ་ཞིག་ཁོ་བོས་ཐུན་མོང་བའི་ཞི་ཁྲོ་སྒྲུབས་སྒྲུབ་ཀྱི་ཡི་གེ་དྲི་མེད་ཤེས་རབ་མིག་འབྱེད་དུ་བཀོད་ཡོད་པས་དེ་དག་ཏུ་བལྟ་ལ་དམིགས་སྐོར་རྣམས་དཀྲུས་གཅིག་ཏུ་བྱ་ན། ཆེ་གསལ་སྦྱར་ཟབ་འཆད་རྩོད་རྩོམ་པའི་ཤེས་རབ་མཐའ་དག་སྔལ་དུ་གསོལ་སྨམ་དུ་གསོལ་བ་བཏབ་པས་རྗེ་ཡབ་སྲས་ཀྱི་སྐུ་ལས་བདུད་རྩི་དཀར་པོ་འོད་ཀྱི་སྣུ་གུ་བརྒྱུད་ནས་བབས་པ་སྤྱི་བོ་ནས་ཞུགས་ལུས་གང་ཚེ་འཁོར་བ་ཐོགས་མ་མེད་པ་ནས་བསགས་པའི་ནད་གདོན་སྡིག་སྒྲིབ་སྤྱི་དང་། ཁྱད་པར་ཆེ་གསལ་སྦྱར་བ་ལ་སོགས་པའི་ཤེས་རབ་ཀྱི་གེགས་མི་ཤེས་པ་ཐམས་ཅད་དུད་ཁུ་དང་སོལ་ཁུ་སྦལ་ལྗོང་སྡོམ་སྡིག་རྣག་ཁྲག་གི་རྣམ་པར་དེད་ནས་འོག་ཏུ་ལས་ལས་གྲུབ་པའི་འཆི་བདག་སྨིན་པོའི་གཟུགས་ཅན་ཁ་གདན་ནས་ཡོད་པའི་ཁར་སོང་བས་ཚིམ་སྟེ་ཁ་རྡོ་རྗེ་རྒྱ་གྲམ་གྱིས་བཅད་པར་བསམས་ན་ཚེ་སྒྲུབ་ལའང་དེ་ལས་ལྷག་མེད་གསུངས། དེ་ནས་སླར་ཡང་། གླང་དོར་གྱི་གནས་རྣམས་རང་སྟོབས་ཀྱིས་འབྱེད་ནུས་པའི་ཤེས་རབ་རླབས་ཆེ་བ་དང་། ཀུན་ནས་ཉོན་མོངས་པ་དང་རྣམ་པར་བྱང་བའི་ཆ་

ཤེས་སྦྲ་ཞིང་སྦྲ་བ་རྣམས་མ་འདྲེས་པར་འབྱེད་ནུས་པའི་ཤེས་རབ་གསལ་བ་དང༌། མ་རྟོགས་པ་དང་
ལོག་པར་རྟོག་པ་དང་ཐེ་ཚོམ་གྱི་བསམ་པ་སྐྱེས་མ་ཐག་འགོག་ནུས་པའི་ཤེས་རབ་མྱུར་བ་དང༌།······
གཞན་གྱིས་ཚད་གཟུང་མི་ནུས་པར་གསུང་རབ་ཀྱི་ཚིག་དོན་ལ་གཏུགས་པ་མེད་པར་འཇུག་པའི···
ཤེས་རབ་ཟབ་པ་དང༌། སྐལ་ལྡན་གྱི་གདུལ་བྱ་རྣམས་རྗེས་སུ་འཛིན་པའི་ཐབས་ལེགས་པར་བཤད་
པའི་དོན་མ་ལུས་པ་ལ་ཐོགས་པ་མེད་པའི་འཆད་པའི་ཤེས་རབ་དང༌། ལོག་པར་སྨྲ་བའི་རྒོལ་བ་
མཐའ་དག་ཚར་གཅོད་པའི་ཐབས་གསུང་རབ་ཀྱི་དོན་གཏན་ལ་འབེབས་པ་ལ་འགྲན་ཟླ་མེད་པའི·····
རྩོད་པའི་ཤེས་རབ་དང༌། མཁས་པའི་སྐྱེ་བོ་རྣམས་མགུ་བར་བྱེད་པའི་ཐབས་སྙན་དངགས་སྨྲ་བ་ལ་
མཚུངས་པ་མེད་པའི་རྩོམ་པའི་ཤེས་རབ་སྐུལ་དུ་གསོལ་སྙམ་དུ་ཡིད་ཀྱིས་བསམས་དེ་དམིགས·····
བརྩེ་མ་བརྗོད་པ་ཞིག་གསོལ་བ་ཕུར་ཚུགས་སུ་བཏབ་པས་རྗེ་ཡབ་སྲས་ཀྱི་ཐུགས་ཀ་ནས་འོད་ཀྱི··
སྨྱུ་གུ་བརྒྱུད་བདུད་རྩི་དམར་སེར་གྱི་རྒྱུན་བབས། ལུས་ཀྱི་ནང་ཐམས་ཅད་གང༌། འོད་ཟེར་གྱི་རྡུལ་
ཕྲ་རབ་ཚུན་ཚད་འཇམ་དཔལ་ཞི་དྲག་ཡབ་ཡུམ་དང་རྗེ་ཡབ་སྲས་ཀྱི་སྐུ་དང༌། ཨ་ར་པ་ཙ་དང༌། ཧྲཱཿ
ཧྲཱིཿ དང༌། སྭ་ར་སྭ་སྟི་དང༌། དམིགས་བརྩེ་མ་སོགས་གསུང་དང༌། ཧྲཱིཿ ཧྲཱི་ཧྲུཾ་མཾ་ལ་སོགས་པའི་ས་
བོན་དང༌། གྲི་གུག་རལ་གྲི་གླེགས་བམ་པི་ཝང་ལ་སོགས་པའི་ཕྱག་མཚན་དང༌། རལ་གྲིའི་འཁོར་
ལོ་རྩིབས་དྲུག་པ་དང༌། གླེགས་རལ་སྦྲེལ་བའི་རྣམ་པར་གྱུར་པས་ལུས་ཀྱི་ཕྱི་ནང་ཐམས་ཅད་གང་
བ་ལས་འོད་ཟེར་ཕྱོགས་བཅུར་འཕྲོས་རྒྱལ་བ་རྣམ་མཆོད། དེ་དག་གི་ཐུགས་རྒྱུད་ཀྱི་ཚེ་གསལ་ལ་
སོགས་ཀྱི་ཤེས་རབ་རྣམས་སྐུ་གསུང་ས་བོན་ལ་སོགས་པ་སྔར་དང་འདྲ་བའི་རྣམ་པར་སྤྱན་དྲངས···
ནས་ལུས་ཀྱི་དེ་དག་ལ་ཐིམ།དེ་དག་ལས་འོད་ཟེར་དམར་སེར་འཕྲོས་ཏེ་རང་གི་མི་ཤེས་པ་ཐམས····
ཅད་མིང་ཙམ་ཡང་མེད་པར་བསལ། དེ་ལས་ཀྱང་འོད་ཟེར་འཕྲོས་ཏེ་སེམས་ཅན་ཐམས་ཅད་ཀྱི་
རྒྱུད་ལ་རྗེ་བཙུན་འཇམ་དབྱངས་དང་མཉམ་པའི་ཤེས་རབ་སྐྱེས་པར་བསམ་མོ། །གཉིས་པ་ནི། རྗེ་
སྐལ་ལྡན་རྒྱ་མཚོས་བྱ་བཏང་གྲགས་པ་རྒྱལ་མཚན་སོགས་ལ་སྩལ་བའི་ལམ་ཁྲིད་དུ། དཔལ་ལྡན་
བླ་མ་དམ་པ་འདི་རྣམས་ལ་བསམ་པའི་སྒོ་ནས་སངས་རྒྱས་དངོས་ཀྱི་འདུ་ཤེས་བསྐྱེད་པར་བྱ་བ······
དང༌། སྦྱོར་བའི་སྒོ་ནས་ལུས་ཀྱི་ཕྱག་དང་སྐོར་བ། བསྙེན་བཀུར། ལྡང་བ། བཀུར་སྟི། རིམ་གྲོ་

སོགས་དང་། ངག་གི་སྒོ་ནས་ཡོན་ཏན་བརྗོད་པ་སོགས་དང་། ཁྱད་པར་དུ་བཀའ་བཞིན་སྒྲུབ་པའི་
མཆོད་པའི་གཙོ་བོ་དམ་པའི་ཆོས་ཟབ་མོ་ཉམས་སུ་བླངས་ཏེ་རང་གཞན་ལ་ཕན་པར་བྱའོ། །རྗེ་དེ་
ཉིད་ཀྱི་གསུང་མགུར་ལས། ལུས་དལ་བ་མེད་པར་ཞབས་ཏོག་སྒྲུབ། །ངག་སྙན་པའི་དབྱངས་ཀྱིས་
གསོལ་བ་འདེབས། །སེམས་བཀའ་དྲིན་དྲན་པའི་དད་པ་ཡིས། །བཀའ་ཆོས་ལྷུན་སྒྲུབ་པའི་མཆོད་
པ་འབུལ། །ཞེས་གསུངས་པ་ནི་བཤེས་གཉེན་བསྟེན་ཚུལ་གྱི་སྒོམ་ཆེན་པོར་སྣང་ཞིང་། དབེན་ས་
བཀའ་བརྒྱུད་པ་རྣམས་ཀྱིས་བླ་མའི་རྣལ་འབྱོར་ལམ་ཐམས་ཅད་ཀྱི་སྲོག་ཏུ་མཛད་པ་ལྟར་ལམ་རིམ······
ཆེ་ཆུང་དང་། བླ་མ་ལྔ་བཅུ་པ་རྩ་འགྲེལ་དང་། མན་ངག་སྙིང་པོའི་རྩ་ཚིག་འགྲེལ་པ་དང་བཅས་པ་
སོགས་ལས་འབྱུང་བ་ལྟར་དད་གུས་རྒྱས་པར་བསྒོམས་ཏེ་བདུད་རྩི་འབེབས་སྦྱང་དང་སྒྲུབས་པ······
བྱས་ཏེ་དད་གུས་ཀྱི་ཤུགས་མ་ཡལ་བའི་སྒོ་ནས་ཡོན་ཏན་གཞིར་གྱུར་མ་དང་ཉམས་མགུར་ལྟ་བུའི་
སྒོ་ནས་ལམ་ཡོངས་རྫོགས་ཀྱི་བྱིན་རླབས་ཡིད་འཕྲུལ་ངེས་ཞུ་ཞིང་། དེ་ཡང་བཀའ་བཞིན་སྒྲུབ
པའི་མཆོད་པ་ཐབས་མཆོག་ཏུ་ཕྱུལ་ནས་སྐབས་འདིའི་ཉམས་ལེན་རེ་རེ་ནས་བླ་མའི་རྣལ་འབྱོར་དུ་
འགྲོ་ངེས་བྱ། གཞན་ཡང་འདིའི་སྒོ་ནས་ནད་གདོན་སོགས་ཞི་བ་དང་། ཚེ་བསོད་སོགས་རྒྱས་པ་
དང་། གདུལ་བྱ་སོགས་དབང་དུ་བྱ་བ་དང་། བསྟན་དགྲ་སོགས་ཚར་གཅོད་པ་རྣམས་ལ་སྐུ་མདོག
དང་འོད་ཟེར་སོགས་བསྒྱུར་བ་དང་། གསོལ་འདེབས་བྱེད་ཚུལ་སོགས་སྤྱི་ལྟར་སྦྱོར་བས་དམིཏ
ཕྱེད་པར་བྱ་སྟེ་འདིར་ཐམས་ཅད་བྲིས་ན་ཡིག་ཚོགས་ཧ་ཅང་ཆེ་བར་འགྱུར་རོ། །སེམས་དཔའ་
སུམ་བརྩེགས་སུ་བྱས་པའི་ཐུགས་ཀའི་རྡོ་རྗེ་འཆང་ལ་བརྟེན་ནས་སྒྲིབ་བཞི་འདག་ཐུས་ཀྱི་དབང······
བཞི་བྱིན་རླབས་ཀྱི་ཚུལ་དུ་ལེན་པ་སྡུགས་སྡོམ་གསོ་བའི་ཐབས་མཆོག་ཏུ་བསྡུགས་པས་མན་ངག
ལྟར་ལག་ཏུ་ཨེ་ལོན་བལྟ་དགོས་སོ། །གསུམ་པ་མཇུག་ཏུ་ཇི་ལྟར་བྱ་བ་ནི། ཀུན་གཟིགས་ལྔ་པ་
དང་། རྒྱལ་མཆོག་བདུན་པ་དང་། དཀོན་མཆོག་འཇིགས་མེད་དབང་པོ་དང་། བདག་གི་རྩ་བའི་བླ་
མ་རྡོ་རྗེ་འཆང་དགེ་འདུན་བསྟན་འཛིན་རྒྱ་མཚོས་མཛད་པའི་འདོད་གསོལ་སོགས་དང་། དཔལ་
ལྡན་རྩ་བའི་སོགས་ཀྱིས་གསོལ་བ་བཏབ་པས་འཁོར་གསལ་བཏབ་ཡོད་ན་དེ་རྣམས་ཡབ་སྲས·······
གསུམ་དང་སྲས་གཉིས་གཙོ་བོ་ལ་ཐིམ། སེང་ཁྲི་གཉིས་ཀྱང་གཙོ་བོའི་སེང་ཁྲི་ལ་ཐིམ། སླར་ཡང་

དཔལ་ལྡན་རྩ་བའི་ཞེས་སོགས་བརྗོད་དེ་གསོལ་བ་བཏབ་པས་རྗེ་བླ་མ་སེང་ཁྲི་དང་བཅས་པ་རང་གི་སྤྱི་བོར་རྩ་དབུ་མའི་ཡར་སྣེ་རྒྱ་མཐོངས་ཁ་ཕྱེ་བ་ལྟར་ཡོད་པའི་སྟེང་དུ་སྤྱན་དྲངས། སྦྱོར། ཡན་ལག་བདུན་པ་མཇལ་དང་བཅས་པ་མདོར་བསྡུས། སྐུ་བཞིའི་བདག་ཉིད་དང་། ཁྱོད་ནི་བླ་མ་སོགས་ཀྱིས་ཕུར་ཚུགས་གསོལ་འདེབས་བྱ་ལ། མ་བྱས་ཀུང་ཆོག་གོ །དཔལ་ལྡན་རྩ་བའི་བླ་མ་རིན་པོ་ཆེ།བདག་གི་སྙིང་གར་ཞེས་གསོལ་བ་བཏབ་པས་རང་གི་ལུས་ཀྱི་གཞུང་ཤིང་གི་ཚུལ་དུ་རྩ་དབུ་མ་ཡོད་པའི་ནང་བརྒྱུད་སྙིང་པདྨ་འདབ་བརྒྱད་དུ་གྲེས་པའི་དབུས་སུ་མི་ཤིགས་པའི་རླུང་སེམས་དང་དབྱེར་མེད་དུ་དགྲེས་བཞིན་བཞུགས་པར་བསམས་ལ་སྙིང་པདྨ་འདབ་བརྒྱད་དུ་གྲེས་པ་ཁ་ཕུབས་ཀྱི་འདུས་རྫིའི་ཐུགས་ཀའི་ཧཱུྃ་ལས་འོད་ཟེར་འཕྲོས་པས་སྙིང་གི་རྩེ་མོར་མི་བསྐྱོད་པའི་རྡོ་བོ་རྡོ་རྗེ་སྔོན་པོ་ཕྱེད་པ་རི་རབ་ལས་ལྗི་བས་མནན། སླར་ཡང་ཐུགས་ཀའི་ཧཱུྃ་ལས་འོད་ཟེར་འཕྲོས་ཏེ་དབུས་ནྡའི་ནང་དུ་ཞུགས་ནས་བླ་མ་དང་མི་བསྐྱོད་པའི་ཧཱུྃ་ཡིག་གྲེན་འགྲེང་། དེ་ལས་འོད་ཟེར་འཕྲོས་ཏེ་ཕྱོགས་ཕྲེང་བ་དང་འོད་ཟེར་ཕྲེང་ཐག་གི་རྣམ་པར་ཨ་ར་པ་ཙ་ན་དམིཏ་བརྩེ་མ་དང་དབྱངས་གསལ་གྱིས་བཅིངས་ན་སྙིང་རླུང་སོགས་མི་འཇུག་པའི་དགོས་པ་ཆེ། རྒྱལ་བ་བསྐལ་བཟང་རྒྱ་མཚོས་མཛད་པའི་འདིའི་སྨོན་ལམ་དང་། བཟང་སྤྱོད་ལ་སོགས་པ་གང་མོས་ཀྱི་བསྔོ་བ་དང་སྨོན་ལམ་གྱིས་རྒྱས་འདེབས་པ་གལ་ཆེ་སྟེ། གིཧྱེ་རྡོ་རྗེ་འཆང་ཆེན་པོས། ཐ་མར་རྣམ་དག་བསྔོ་བས་རྒྱས་འདེབས་གཙོ། །ཞེས་གསུངས་པ་ལྟར་རོ། །བསྙེན་པའི་དུས་སུ་ཐུན་དང་པོ་ལ་འཛིགས་བྱེད་ཀྱི་ཚོག་རྒྱས་པ་དང་། དམིགས་པ་དང་བཅས་དགའ་ལྡན་ལྷ་བརྒྱ་མ་དང་འབྲེལ་བར་དམིགས་བརྩེ་མ་གཙོ་བོ་དང་། དེ་ཉིད་ལག་འགྲོ་ལྟུང་བའི་སྡེབ་སྦྱོར་དུ་དྲངས་པ་དང་། མཚན་སྔགས་སོགས་ཀུང་སྦྱོན་ཅི་འགྲོ་འདོན། ཚོགས་ཞིང་སྙིང་གར་སྤྱན་འདྲེན་མི་འདྲེན་འདུན་པ་དང་བསྡུན། ཚེ་རབས་ཀུན་ཏུ་མ་དང་། དེང་བརྩམས་མ་དང་། ཆོས་རྒྱལ་མ་སོགས་ཀྱིས་བསྔོ་སྨོན་བྱས་ཏེ་ཐུན་མཚམས་ལ་འཇུག །ཐུན་ཕྱི་མ་གསུམ་ལ་འཛིགས་བྱེད་སྐད་ཅིག་དགོང་བསྐྱེད་ཙམ་དང་གཞན་སྔར་བཞིན་དུ་འབད་དེ་ཐུན་མཐའ་མར་དེས་ཅན་དུ་རྗེ་བླ་མ་སྙིང་དབུས་སུ་སྤྱན་འདྲེན་བསྔོ་སྨོན་རྒྱས་པར་བྱ། ཕྱི་ཉིན་རྣམས་སུ་དེ་ལྟར་བྱས་ཏེ་སྙིང་གར་སྤྱན་འདྲེན་ཚེ་སྔར་གྱི་སྙིང་གའི་རྒྱ་བཀྲོལ་ནས་དེ་ལ་བསྟིམ

ཏེ་སླར་ཡང་རྒྱ་སྟར་བཞིན་བྱ། མཚམས་གྲོལ་བའི་ཉིན་དགེ་ལྡན་བསྟན་འབར་མ་སོགས་ཀྱི་སྒོ་ནས་བསྔོ་སྨོན་རྒྱས་པ་དང་། གྲུབ་ན་བླ་མ་ཡི་དམ་ལ་ཚོགས་ཀྱི་འཁོར་ལོ་ཕུལ་ཏེ་གྲོལ་བར་བྱ་ལ། མཚམས་ནང་དེར་རམ་གཞན་དུའང་རུང་སྐྱེ་ཚད་ལྡན་གྱི་མཁས་པའི་གསུང་ལྟར་ཁ་སྐོང་གི་སྦྱིན་སྲེག་ཀྱང་དབུལ་ལོ། །མཚམས་ཀྱི་སྐབས་སུ་སྣང་བླང་གི་རིམ་པ་ཐམས་ཅད་བླ་མེད་སྤྱི་ལྟར་བྱས་པས་ཆོག་པར་སྣང་བས་དེ་ལྟར་ཞིང་བསྙེན་པའི་ཡི་གེ་རྒྱས་པ་དམ་པ་གཞན་གྱི་གསུང་ལས་མང་དུ་འབྱུང་བ་དང་། ཐོ་ཙམ་པཎ་ཆེན་དཔལ་ལྡན་ཡེ་ཤེས་ཀྱིས་མཛད་པ་སོགས་ལ་བློ་དང་བསྟུན་ཏེ་བལྟ་བར་བྱའོ། །ཐུན་མཚམས་སུ། བླ་མའི་རྣལ་འབྱོར་སྟོན་པའི་གསུང་རབ་དགོངས་འགྲེལ་དང་བཅས་པ་ལ་བལྟ་བ་དང་། བསགས་སྦྱང་གི་སྒོ་རྣམས་ལ་འབད་པ་དང་ཟས་གོས་སོགས་ལ་ལོངས་སྤྱོད་པ་ཐམས་ཅད་བླ་མ་ལ་འབུལ་བར་བསམ་པ་དང་། ལྷ་གཞན་གྱི་བཟླས་པ་བྱ་དགོས་ནའང་སྙིང་གའི་རྗེ་བླ་མའི་ཐུགས་ཀར་སྔགས་འཕྲེང་བཀོད་ནས་བཟླ་བ་དང་། སྒོ་གསུམ་གྱིས་བླ་མ་རྗེ་ལྟར་བསྙེན་པའི་ཚུལ་དང་། གང་སྣང་ཐམས་ཅད་བླ་མའི་གསང་གསུམ་གྱི་རོལ་པར་བལྟ་བ་དང་། ནད་གདོན་གྱིས་གཙེ་བ་ན་དེ་དང་དེ་ཞི་བའི་དམིགས་པ་དང་སྲུང་འཁོར་བྱ་བ་དང་། ཁྱད་པར་དུ། མན་ངག་སྙིང་པོའི་རྩ་ཚིག་ལས། ཉོན་མོངས་འབྲུལ་སྣང་ཤར་བའི་ཚེ། །སྙིང་དབུས་བཞུགས་པའི་བླ་མ་རྗེ། །སྤྱོད་དན་འདི་ཡིས་ཐུགས་ཁྲེལ་ཞེས། །བསམས་ན་དེ་མ་ཐག་ཏུ་ཟློག །ཅེས་གསུངས་པ་ལྟར་སྒོ་གསུམ་ཚུལ་མིན་ལ་གཞོལ་བ་ལས་བཟློག་པར་བྱེད་པ་སོགས་ལམ་རིམ་ཆེ་ཆུང་དང་། བླ་མ་ལྔ་བཅུ་པ་རྩ་འགྲེལ་དང་། མན་ངག་སྙིང་པོའི་རྩ་ཚིག་དང་། དེའི་འགྲེལ་པ་སྨན་བརྒྱུད་གསང་བའི་ལྡེ་མིག་དང་། ཆོས་འདིའི་ཁྲིད་ཡིག་རྒྱས་བསྡུས་སོགས་ལ་འདྲིས་པ་ལས་ཤེས་པར་བྱའོ། །དེ་ལྟར་རྩ་བའི་བླ་མ་དང་རྗེ་ཐམས་ཅད་མཁྱེན་པ་དབྱེར་མེད་དུ་བྱས་ཏེ་རྒྱ་གར་ལྷ་གཅིག་གི་དཔེ་ལྟར་འབད་འབུངས་ཐམས་ཅད་བླ་མའི་རྣལ་འབྱོར་ལ་བརྟོད་ནས་གསོལ་བ་འདེབས་པ་དང་བསྙེན་བཀུར་བ་དང་བཀའ་བཞིན་སྒྲུབ་པ་ལ་ཆེག་དྲིལ་དུ་འབད་ན། ཡོན་ཏན་རིན་པོ་ཆེ་སྡུད་པ་ལས། བླ་མ་མཁས་པ་དག་ལ་རྟག་ཏུ་བརྟེན་པར་བྱ། །ཅིའི་ཕྱིར་ཞེ་ན་མཁས་པའི་ཡོན་ཏན་དེ་ལས་འབྱུང་། །ཞེས་གསུངས་པ་ལྟར་གནས་སྐབས་དང་མཐར་ཐུག་གི་ཡོན་ཏན་དཔག་ཏུ་མེད་པ་འབྱུང་བ་དང་། ལམ་

ཀྱི་རྟོགས་པ་ཇི་བཞིན་རྒྱུད་ལ་སྐྱེས་ཏེ་བསམ་དོན་ཐམས་ཅད་འགྲུབ་པ་དང་། ནད་གདོན་སོགས་བར་ཆད་ཐམས་ཅད་དང་གིས་ཞི་བར་འགྱུར་བ་དང་། ལྷག་པའི་ལྷ་གཞན་ལ་གསོལ་བ་བཏབ་པ་ལས་བྱིན་རླབས་མྱུར་བ་ཡིན་ཏེ་རྗེ་པའི་གྲུབ་དབང་ཕྱུག་སྐལ་ལྡན་རྒྱ་མཚོས། དུས་ད་ལྟ་རང་གི་བླ་མ་ལ། །སེམས་ཡིད་ཆེས་ཀྱིས་དད་པ་ཡོད་མཁན་ལ། །འཕྲལ་ཕྱུགས་ཀྱི་ལེགས་ཚོགས་ཐམས་ཅད་འབྱུང་། །རྒྱུད་སྨིན་ཏེ་ཉམས་དང་རྟོགས་པ་འཆར། །གང་བརྩམས་པའི་ཆོས་ལྡན་བྱ་བ་འགྲུབ། །ཅེས་དང་། གྲུབ་ཆེན་ཏེ་ལོ་པས།བོགས་འདོན་གྱི་མཆོག་གྱུར་པ། །བླ་མ་ཡིན་ནོ་ནཱ་རོ་པ། །ཞེས་དང་། ནཱ་རོ་པའི་སྤྱོད་པ་ཆོས་ཀྱི་གླུ་ལས། ཀུན་ལ་བླ་མའི་རྣལ་འབྱོར་ཞེས། །ཅི་དགུ་ཐམས་ཅད་བླ་མ་ལ། །གསོལ་བ་བཏབ་ལས་འབྱུང་བར་འདུག །ཅེས་དང་། རྡོ་རྗེ་འཆང་དགེ་འདུན་བསྟན་འཛིན་རྒྱ་མཚོས། དགེ་སྦྱོར་གང་བྱས་ལམ་དུ་འགྲོ་བའི། །གེགས་སེལ་བོགས་འདོན་གཅིག་ཏུ་དྲིལ་བ། །སྐྱབས་གནས་ཀུན་འདུས་དྲིན་ཅན་བླ་མའི། །ཐུགས་རྗེ་སྐུལ་བའི་གསོལ་འདེབས་ལགས་སོ། །ཞེས་དང་། འབྲོམ་སྟོན་པའི་ཞལ་ནས། རྟེན་གང་ལ་གསོལ་བ་བཏབ་པ་ལས་རྗེ་བོ་ལ་གསོལ་བ་བཏབ་པ་བྱིན་རླབས་ཆེ་བ་བྱུང་།ཞེས་གསུངས་པ་ལྟར། རྒྱ་བོད་ཀྱི་མཁས་པ་དང་གྲུབ་པའི་སྐྱེ་བོ་དེ་དག་གིས་བླ་མའི་རྣལ་འབྱོར་ཉམས་སུ་བླངས་པ་ལ་བརྟེན་ནས་གྲུབ་པའི་གོ་འཕང་མཐོན་པོར······ཕེབས་པ་དང་རང་གཞན་འཕྲལ་ཕྱུགས་ཀྱི་དོན་མཐའ་ཡས་པ་བསྒྲུབས་ཚུལ་རྣམ་ཐར་དང་ཆོས་འབྱུང་རྣམས་ལ་བལྟས་པས་ཤེས་ཤིང་། མདོར་ན། ཡབ་རྗེ་སྐལ་ལྡན་རས་པས། བཀའ་ཆོས་ལྡན་སྒྲུབ་པའི་མཆོད་པ་ཕུལ། །དེའི་གནད་ཀྱིས་ཏིང་འཛིན་སྒོ་བརྒྱ་ཕྱེ། །ཉམས་རྟོགས་པའི་ལོ་ཏོག་ཆེས་ཆེར་འཕེལ། །མཐར་སྐུ་གསུམ་འབྲས་བུ་ལེགས་པར་སྨིན། །ཞེས་གསུངས་པ་ལྟར་གནས་སྐབས་དང་མཐར་ཐུག་གི་དོན་ཐམས་ཅད་བླ་མའི་རྣལ་འབྱོར་ལ་བརྟེན་ནས་འགྲུབ་པར་འགྱུར་བས་བདག"ལེགས་སུ་འདོད་པ་རྣམས་ཀྱིས་ཚུལ་འདི་ལ་འབད་པར་བྱའོ། །སྨྲས་པ། དབེན་གསུམ་ཉམས་དགའི་རི་ སུལ་དུ། །ཡོངས་རྫོགས་ལམ་གྱི་ཐིལ་དངར་ལ། །ལོངས་སུ་སྤྱོད་འདོད་དེ་དང་དེས། །ལེགས་བཤད་སྦྲང་རྩིའི་ཁྲིམ་འདི་སྟེན། །བླ་མའི་ཞལ་ཤེས་གསེར་གྱི་འོག་པག་འདི། །སྒྲུབ་བརྩོན་ཟླ་བཞིན་དཔལ་མོ་སྣེག་པ་ལས། །ཉམས་རྟོགས་ལང་ཚོ་དར་བའི་གཞོན་ནུ་གང་། །མགྲིན་དུ་བསུ་

བའི་ཐབས་སུ་ཁོ་བོས་བྱས། །དགེ་བས་འཇམ་མགོན་སྙན་བརྒྱུད་དབྱར་གྱི་ཛ། །སྐྱིད་དགུའི་བསོད་ནམས་མཁའ་ལས་རང་བྱུང་དུ། །སྤྱོད་པའི་ཐར་འདོད་སྙིང་ལ་ལུང་རྟོགས་ཀྱི། །ཀུན་དགའ་ཉམས་པ་མེད་པའི་རྒྱུར་གྱུར་ཅིག །ཅེས་དཔལ་ལྡན་སྨད་རྒྱུད་ལུགས་ཀྱི་བླ་མ་འདི་རྣལ་འབྱོར་དགའ་ལྡན་ལྷ་བརྒྱ་མའི་ཁྲིད་ཡིག་ཆུང་ངུར་བརྗོད་པ་སྙན་བརྒྱུད་གཏམ་གྱི་ཡང་ཞུན་ཞེས་བྱ་བ་འདི་ནི། མང་ཐོས་སྐྱབས་ལ་གཞོལ་བའི་ཀུན་སྤངས་ཆེན་པོ་སྐྱ་གྱུའི་རི་ཁྲོད་པ་འཇམ་དབྱངས་རྒྱ་མཚོ་ནས་སྔ་ཕྱིར་བསྐུལ་མ་གནང་བའི་ཐུགས་བདུན་བཞིན་དུ། ཆོས་འདིའི་ཟབ་ཁྲིད་ཞལ་ཤེས་དང་བཅས་པ་ཡང་ཡང་ཐོབ་པའི་བཙུན་གཟུགས་འདུ་ཤེས་གསུམ་པ་འཇམ་དབྱངས་ཐུབ་བསྟན་རྒྱ་མཚོས་ཕྲིས་པ་ཛ་ཡནྟུ། །

༄༅། །རྒྱལ་བ་ཀུན་གྱི་མཁྱེན་བརྩེ་ནུས་གསུམ་གྱི་བདག་ཉིད་རྗེ་བཙུན་ཙོང་ཁ་པ་ཆེན་པོ་ལ་དམིགས་བརྩེ་མའི་གསོལ་འདེབས་དང་འབྲེལ་བའི་བླ་མའི་རྣལ་འབྱོར་དགའ་ལྡན་ལྷ་བརྒྱ་མའི་ཁྲིད་ཡིག་དངོས་གྲུབ་ཀུན་འབྱུང་ཞེས་བྱ་བ་བཞུགས་སོ། །

༄༅། །ན་མོ་གུ་རུ་མཉྫུ་གྷོ་ཥ་ཡ། སྨོན་བྲལ་དང་དུ་ཞུགས་པའི་མཁྱེན་རབ་ཀྱི། །རལ་གྲིས་འཁོར་བའི་འཆིང་རྒྱ་ཀུན་བཅད་ཀྱང་། །སྲིད་འཁྲུམས་འགྲོ་ལ་བུ་གཅིག་ལྟར་འཁྱུད་པའི། །འཇམ་མགོན་ལྷག་པའི་ལྷ་ལ་ཕྱག་འཚལ་ལོ། །གངས་ཅན་ལེགས་བྱས་སྐྱ་རེངས་ཁ་ལོ་པས། །ཉེར་བྲངས་ཐུབ་བསྟན་ཡོངས་རྫོགས་སྣང་བྱེར་གྱིས། །སྲིད་བཞིའི་རྒྱུད་ སྨུན་མཐར་མཛད་ཧ་ལྷང་ཅན། །བློ་བཟང་གྲགས་པས་བྱང་ཆུབ་བར་དུ་སྐྱོངས། །བློ་གྲོས་འཇམ་དབྱངས་གཞོན་ནུ་ལ་འཁྱུད་པའི། །རྗེས་ཆགས་སྙིང་རྗེའི་རང་གཟུགས་གྱ་འཛིན་བདག །མཐུ་སྟོབས་གསང་བ་ཀུན་འཛིན་ཁྲི་རྒྱལ་གྱི། །རིགས་གསུམ་གཅིག་ཏུ་འདུས་འདི་ཁྱད་པར་ཆོས། །རྟོག་བྲལ་ཡིད་ཀྱི་མེ་ལོང་གཙང་མའི་ངོས། །མགོན་ཁྱོད་འཀའ་དྲིན་གཟུགས་ཀྱི་སྣང་རིས་གསར། །ཡང་ཡང་ཤར་བའི་ངོ་མཚར་འདི་མཐོང་ཚེ། །ཐ་མལ་འབྲུལ་བའི་འཁོར་ལོ་ཞིག་པ་སྣམ། །དེ་ཕྱིར་སྐྱབས་ཀུན་ངོ་བོ་བླ་མ་རྗེར། །དུང་དུང་ཡིད་ཀྱིས་གསོལ་འདེབས་རྣལ་འབྱོར་རིམ། །འབྲེལ་བྲལ་དམ་པའི་ཞལ་ལུང་བླ་ན་མེད། །མཆོག་ཐུན་དངོས་གྲུབ་ཡོངས་ཀྱི་བྱེད་པོར་སྤེལ། །དེ་ཡང་འཇམ་དཔལ་རྩ་རྒྱུད་ལས། །ང་ནི་མྱ་ངན་འདས་འོག་ཏུ། །ས་ཡི་སྙིང་འདི་སྟོངས་པ་ན། །ཁྱོད་ཉིད་བྲེས་པའི་གཟུགས་ཅན་གྱིས། །སངས་རྒྱས་མཛད་པ་བྱེད་པར་འགྱུར། །དེ་ཚེ་དགོན་ཆེན་རབ་དགའ་བ། །ཁ་བ་ཅན་ནང་ཡོད་པ་ཡིན། །

ཞེས་དུས་ཀྱི་མཐར་རྗེ་བཙུན་འཇམ་དབྱངས་ཉིད་བྲིས་པ་ཐ་མལ་པའི་གཟུགས་སུ་བསྟན་ནས་སངས་རྒྱས་ཀྱི་མཛད་པ་བྱེད་པ་དང་། དེའི་ཚེ་དགོན་པའི་མིང་དགའ་ལྡན་དུ་ཐོགས་པར་གསལ་བར་ལུང་བསྟན་ལ་སོགས་མཁྱེན་བརྩེ་ནུས་གསུམ་འཕགས་པ་རིགས་གསུམ་མགོན་པོ་དང་དབྱེར་མེད་པར་ལུང་དང་རྣམ་པར་ཐར་པ་མཐའ་ཡས་པས་རྗོད་མེད་དུ་འགྲུབ་ཅིང་། མདོ་སྔགས་ཀྱི་ཐུབ་བསྟན་ཡོངས་སུ་རྫོགས་པ་ལ་མ་རྟོགས་པ་དང་། ལོག་པར་རྟོག་པ་དང་ཐེ་ཚོམ་གྱི་དྲི་མ་མཐའ་དག་རྒྱང་རིང་དུ་བསྐྲིངས་ནས་སྐལ་ལྡན་ཀུན་ལ་ཚུལ་ཇི་ལྟ་བ་བཞིན་དུ་འདོམས་པར་མཛད་པས་བསྟན་པ་འདི་ལ་སྟོན་པ་གཉིས་པ་ལྟར་གྱུར་པའི་བཀའ་དྲིན་ བླ་ན་མེད་པ་ཆོས་ཀྱི་རྒྱལ་པོ་ཙོང་ཁ་པ་ཆེན་པོ་ལ་སྐྱབས་གནས་ཀུན་འདུས་ཀྱི་བདག་ཉིད་དུ་མོས་ནས་གསོལ་བ་འདེབས་པ་དངོས་གྲུབ་ཐམས་ཅད་ཀྱི་འབྱུང་གནས་ཡིན་པར་མ་ཟད། གསོལ་འདེབས་དམིགས་བརྩེ་མར་གྲགས་པ་འདི་རྒྱུད་ཀྱི་གསང་སྔགས་ཟབ་དགུ་ལས་ཀྱང་ལྷག་པ་ལྷ་བུའི་བྱིན་རླབས་ཀྱི་ཚན་ཀ་ཆེ་ཞིང་། འདི་ལ་བརྟེན་ནས་འཕྲིན་ལས་ཀྱི་རིམ་པའང་ཇི་སྙེད་ཅིག་སྒྲུབ་ཏུ་ཡོད་པ་བཅས་གསོལ་འདེབས་འདི་དང་འབྲེལ་བའི་བླ་མའི་རྣལ་འབྱོར་ཐུན་མོང་དང་ཐུན་མོང་མ་ཡིན་པའི་རིམ་པ་སྣ་ཚོགས་པ་ལས་འདིར་སྐབས་རྒྱུད་པའི་དམ་པ་གོང་མ་མཁས་གྲུབ་ཤཱཀྱ་ཏུ་ཐོན་པ་རྣམས་ཀྱི་ཞལ་ཤེས་སྔན་བརྒྱུད་དུ་བཞུགས་པ་ལས་རིམ་གྱིས་བདག་གི་དྲིན་ཅན་རྩ་བའི་བླ་མ་ཁྱབ་བདག་རྡོ་རྗེ་སེམས་དཔའི་ངོ་བོ་ཁྲི་ཆེན་དག་དབང་མཆོག་ལྡན་པའི་ཞལ་སྔ་ནས་ལས་ལེགས་པར་ཐོས་པའི་གདམས་པ་ཁྱད་པར་ཅན་དགའ་ལྡན་ལྷ་བརྒྱ་མར་གྲགས་པའི་འདི་ཉིད་དམིགས་རིམ་སྙིང་པོར་འདྲིལ་ཞིང་ཉམས་སུ་ལེན་བདེ་བ་དང་། འདིའི་བརྒྱུད་པའི་བླ་མ་གོང་མ་འདུལ་ནག་པ་དཔལ་ལྡན་བཟང་པོས་སྲིད་ཀྱི་ནང་དུ་ཁྲིམ་བདག་ཞིག་ལ་རྒྱལ་པོ་པེ་ཧར་གྱི་གནོད་པས་མི་མང་པོ་གུམ་ཞིང་ལྷག་པར་ཤེན་ཏུ་གཅེས་པའི་བུ་ཞིག་གི་ཁོག་ཏུ་བརླམས་ནས་གནོད་པ་བྱེད་པ་བཏུལ། དེའི་ཚེ་འདུལ་ནག་པས་བཀའ་བསྒོས་པ་བཞིན་པེ་ཧར་གྱིས་བླ་མའི་རྣལ་འབྱོར་འདི་དང་འབྲེལ་བའི་དམིགས་བརྩེ་མ་འདོན་མི་ལ་བར་གཅོད་མི་བྱེད་པར་ཁྲོ་བོར་བ་ལྟར། རྣལ་འབྱོར་འདི་དང་འབྲེལ་བར་དམིགས་བརྩེ་མ་འདོན་པ་སུ་ལའང་སྐྱེ་བརྒྱུད་སྤྱི་དང་ཁྱད་པར་པེ་ཧར་སོགས་རྒྱལ་གདོན་གྱིས་གནོད་མི་ནུས་པར་

འདུག་ཅེས་གོང་མ་རྣམས་ཀྱི་གསུང་ལས་བྱུང་བ་བཞིན་བར་གཅོད་བཟློག་པ་སོགས་གེགས་སེལ་སོགས་འདོན་ཐམས་ཅད་ཀྱི་མཆོག་ཡིན་པས་འདི་ཉམས་སུ་ལེན་པ་ལ་སྤོན་འགྲོ། དངོས་གཞི། རྗེས་ཀྱི་རིམ་པ་གསུམ། དང་པོ་ནི། གཙང་ཞིང་ཡིད་དུ་འོང་བའི་གནས་སུ་དཀོན་མཆོག་གི་རྟེན་སྤྱི་དང་། ཁྱད་པར་རྗེ་བླ་མའི་བྲིས་འབུར་གྱི་སྐུ་གང་ཡང་རུང་བ་བཞུགས་པའི་སྤྱན་སྔར་མཆོད་པ་དང་མཎྜལ་སོགས་བཀོད་པས་མཛེས་པར་བཤམ། རང་ཉིད་སྟན་བདེ་བ་ལ་འཁོད་ནས་དགེ་སྦྱོར་གང་ལའང་ཀུན་སློང་གི་བསམ་པ་ལ་བརྟགས་ནས་འཚོས་པ་གལ་ཆེ་བས་ན། ཁ་ཕྱིར་བལྟས་སུ་མ་སོང་བར་ག་རེ་བདག་གིས་དལ་འབྱོར་གྱི་མི་ལུས་རང་གཞན་ཐམས་ཅད་ཀྱི་འདི་ཕྱིའི་དོན་བདེ་བླག་ཏུ་བསྒྲུབ་པར་ནུས་པ་ཡིད་བཞིན་ནོར་བུ་ལས་ཀྱང་ལྷག་པ་འདི་རྙེད། དུད་འགྲོ་ལ་སོགས་པ་ངན་སོང་རྣམས་ལྟ་ཅི། མི་ཡི་ལུས་རྙེད་པ་ཐལ་ཆེ་བ་འདི་དག་ཀྱང་ཚེ་འདི་འབའ་ཞིག་བདེ་སྐྱིད་ཀྱི་ཐབས་ཁོ་ན་བསམས་ནས་སྡིག་པ་དང་སྤྱོད་ལམ་ལུང་མ་བསྟན་གྱི་ངང་དུ་མི་ཚེ་ཟད་ནས་མཐར་ཞི་བའི་འོག་ཏུ་ངན་སོང་སུ་མཐའ་མེད་པར་སྐྱེ་དགོས་པ་འདི་རྣམས་དང་འདྲ་བར་བདག་ཀྱང་ཚེ་འདི་འི་བདེ་ཐབས་ཁོ་ན་བསམ་ན་དུད་འགྲོར་སྐྱེ་ས་པ་དང་ཁྱད་པར་མི་འདུག་པས། རྟེན་འདི་ཆུད་མ་ཟོས་པར་འདི་ཕྱི་ཐམས་ཅད་དུ་ཕན་ངེས་པའི་དམ་པའི་ཆོས་ཀྱི་སྙིང་པོ་ལོན་པ་ཞིག་བྱ་དགོས་པར་འདུག །དམ་པའི་ཆོས་བསྒྲུབ་པ་དེ་ཡང་སང་བྱ་གནངས་བྱའི་ངང་དུ་ལུས་ན། ལུས་སྲོག་ལ་ཡིད་བརྟན་གང་ཡང་མེད་པས་དེ་རིང་རང་ཡང་མི་འཆི་བའི་ངེས་པ་ཅི་ཡོད། གལ་ཏེ་དེ་རིང་ལྟ་བུར་ཤི་ན་སྔོན་སེམས་ལ་བརྟན་པ་མ་ཐོབ་པས་སྡིག་པ་དེ་ཙམ་ཞིག་བསགས། དགེ་བ་བློ་བདེ་ངེས་པ་གང་ཡང་བསགས་པ་མི་དྲན་འདུག་པས་ཅི་རང་དྲག། ཤི་བའི་འོག་ཏུ་ངན་སོང་ལོག་པའི་གནས་ཁོ་ནར་འགྲོ་བ་ལས་མ་འདས་འདུག །ད་རང་གིས་རང་སྟུག་ཏུ་མ་བཅུག་པར་ད་ལྟ་ཤི་ཡང་མི་འགྱོད་པའི་ཆོས་ཤིག་དེ་རིང་རང་ནས་བྱ་དགོས་པ་ལ། རྗེ་བཙུན་ཙོང་ཁ་པ་ཆེན་པོ་རིགས་གསུམ་གྱི་བདག་ཉིད་དུ་གསོལ་བ་འདེབས་པའི་རྣལ་འབྱོར་འདི་ཉིད་ལམ་གྱི་རྩ་བར་འདུག་པས་ཉམས་སུ་ལེན་པ་ལ་འབད་པར་བྱ་སྙམ་དུ་བསམ། དེ་ཡང་བདག་གི་འཁོར་ཀ་འདི་ལ་སྐྱི་ར་འཁོར་བ་ཁྱད་པར་ངན་སོང་གི་སྡུག་བསྔལ་ལས་ཐར་བ་ཞིག་གི་ནུས་པ་མ་མཆིས་པས། བདག་དང་ཉམ་ཐག་པའི་སེམས་ཅན་

ཐམས་ཅད་གནས་སྐབས་ཐམས་ཅད་དུ་སྐྱོབ་ནུས་པའི་ཡུལ་ཁྱད་པར་ཅན་ཞིག་ལ་བརྟེན་དགོས་པར་འདུག །དེ་ཡང་སངས་རྒྱས་སྐྱོན་ཀུན་ཟད། ཡོན་ཏན་ཀུན་ལྡན་གྱི་མགོན་པོ་ཐུགས་རྗེ་ཉེ་རིང་མེད་པ། ཞེས་བྱ་ཐམས་ཅད་གཟིགས་པ་ཡིན་པས་བདག་ནམ་ཡང་མི་བསླུ་བར་སྐྱོབ་པར་ནུས་པས་དེ་ལ་སྐྱབས་གནས་དང་སྟོན་པ་ཁྱུ། བདག་གཞན་ཐམས་ཅད་སྡུག་བསྔལ་རྒྱུ་དང་བཅས་པ་ལས་གྲོལ་བར་བྱེད་པའི་ཐབས་དངོས་ནི་དམ་པའི་ཆོས་ཁོ་ནར་འདུག་པས། དེ་སྐྱབས་དངོས་སུ་བསྟེན་པ་དང་། ཆོས་དེ་བསྒྲུབ་པའི་གྲོགས་མི་བསླུ་བ་དགེ་འདུན་ཡིན་པས་དེ་ལ་ལམ་བསྒྲུབ་པའི་ཟླ་གྲོགས་ཞུས་ནས། བདག་གིས་རང་གཞན་སེམས་ཅན་ཐམས་ཅད་ཀྱི་དོན་དུ་སྐྱབས་དཀོན་མཆོག་གསུམ་ལ་བརྟེན་པར་བྱའོ་སྙམ་དུ་བསམས་ནས། མདུན་དུ་བད་མའི་སྟོང་པོ་ཡངས་ཤིང་རྒྱ་ཆེ་བའི་ལྟེ་བར་ཟིན་ཅན་རྩ་བའི་བླ་མ་དང་དབྱེར་མེད་པའི་ཆོས་ཀྱི་རྒྱལ་པོ་ཙོང་ཁ་པ་ཆེན་པོ། གཡས་གཡོན་དུ་སྲས་ཀྱི་ཐུ་བོ་གཉིས། དེའི་མཐའ་སྐོར་དུ་དངོས་བརྒྱུད་ཀྱི་བླ་མ་ཡི་དམ་སངས་རྒྱས་བྱང་སེམས་དཔའ་བོ་མཁའ་འགྲོ་ཆོས་སྐྱོང་སྲུང་མའི་ཚོགས་ཐམས་ཅད་ཀྱིས་བསྐོར་བ་མངོན་སུམ་ལྟ་བུར་གསལ་ལེགས་པར་བཏབ། སྐྱབས་ཡུལ་དེ་རྣམས་ཀྱི་སྐུ་གསུང་ཐུགས་འཕྲིན་ལས་དང་བཅས་པའི་ཡོན་ཏན་དྲན་ནས་དད་གུས་ཤུགས་དྲག་པོ་དང་། རང་ཉིད་འཁོར་བ་སྤྱི་དང་བྱེ་བྲག་ངན་སོང་གི་སྡུག་བསྔལ་ལ་ཤིན་ཏུ་སྐྲག་པའི་བློ་དང་། སྐྱབས་ཡུལ་རྣམས་ལ་དེ་ལས་སྐྱོབ་པའི་ནུས་པ་ཡོད་པར་ཡིད་ཆེས་པའི་སྒོ་ནས་འདི་ཕྱི་བར་དོའི་གནས་སྐབས་གང་དུ་མཐོ་དམན་ཅིར་གྱུར་ཡང་བླ་མ་དཀོན་མཆོག་ཁྱེད་རྣམས་མཁྱེན་སྙམ་པ་དང་། མཐའ་སྐོར་དུ་ཕ་མ་རིགས་དྲུག་གི་སེམས་ཅན་ཐམས་ཅད་ཀྱང་འཁོད་པས་སྐྱབས་ཡུལ་རྣམས་ལེགས་པར་མཐོང་བས་རང་དང་འདྲ་བར་ཡིད་ཁྱེད་ཞེས་ཀྱི་མོས་གུས་དང་འཇིགས་སྐྲག་གི་བློ་ཤུགས་དྲག་པོས་སྐྱབས་སུ་འགྲོ་བ་དང་། རང་གིས་སྐྱབས་འགྲོའི་ཚིག་འདོན་པ་དང་མཉམ་དུ་དེ་རྣམས་ཀྱིས་ཀྱང་བཟློད་པར་མོས་ལ། བདག་དང་འགྲོ་བ་ནམ་མཁའ་དང་མཉམ་པའི་སེམས་ཅན་ཐམས་ཅད་དུས་འདི་ནས་བཟུང་སྟེ་བྱང་ཆུབ་སྙིང་པོ་ལ་མཆིས་ཀྱི་བར་དུ་དཔལ་ལྡན་བླ་མ་དམ་པ་རྣམས་ལ་སྐྱབས་སུ་མཆིའོ། །རྫོགས་པའི་སངས་རྒྱས་བཅོམ་ལྡན་འདས་རྣམས་ལ་སྐྱབས་སུ་མཆིའོ། །དམ་པའི་ཆོས་རྣམས་ལ་སྐྱབས་སུ་

མཆིའོ། །འཕགས་པའི་དགེ་འདུན་རྣམས་ལ་སྐྱབས་སུ་མཆིའོ། །ཞེས་པའི་སྐྱབས་འགྲོ་བཞི་སྐོར་ལན་གསུམ་ལ་སོགས་པར་བརྗོད། དེ་ནས། སེམས་ཅན་ཐམས་ཅད་རང་གི་ཚེ་རབས་ཐོག་མ་མང་པོར་ཕན་པ་ཚད་མེད་པས་བསྐྱངས་ཏེ་རང་གི་ཕྱིར་སྲོག་དོར་བའང་གྲངས་མེད་པ་ཞིག་བྱས་པའི་མ་ཡིན་ལུགས་དང་། ད་དེ་རྣམས་ཀྱི་སྡུག་བསྔལ་སེལ་བ་དང་བདེ་བ་བསྒྲུབ་པའི་ཁུར་བུ་བདག་ལ་བབས་མོད་ཀྱང་། དེ་རྣམས་སྐྱོབ་པའི་ནུས་མཐུ་གང་ཡང་མེད་པས་སྐྱོན་ཀུན་ཟད་ཡོན་ཏན་ཀུན་ལྡན་གྱི་སངས་རྒྱས་ཀྱི་གོ་འཕང་ཞིག་ཐོབ་ན། རང་དོན་ནས་སྤངས་རྟོགས་ཐམས་ཅད་མཐར་ཕྱིན་པའི་བདེ་བ་བླ་ན་མེད་པ་རྙེད་པ་དང་། སེམས་ཅན་རྣམས་ཀྱང་སྒྲོལ་ནུས་པར་འདུག་པས། ཅི་ནས་ཀྱང་སངས་རྒྱས་ཀྱི་གོ་འཕང་མྱུར་བ་མྱུར་བར་ཐོབ་པ་བྱའོ་སྙམ་པའི་བློ་ཤུགས་དྲག་པོ་བསྐྱེད་ནས། སངས་རྒྱས་ཆོས་ཚོགས་མ་ལྟ་བུའི་བྱང་ཆུབ་སེམས་གཟུང་གི་ཚིག་ལན་གསུམ་བརྗོད། དེ་ནས་སེམས་ཅན་རྣམས་བདེ་བས་ཕོངས་ལུགས་དང་སྡུག་བསྔལ་གྱིས་མནར་ཚུལ་བསམ་ནས་འདི་རྣམས་བདེ་བ་དང་བདེ་བའི་རྒྱུ་ཐམས་ཅད་དང་ལྡན་ན་ཅི་མ་རུང་། ལྡན་པར་གྱུར་ཅིག །ལྡན་པར་བདག་གིས་བྱའོ་སྙམ་པ་སོགས་ཀྱི་སྔོ་ནས། སེམས་ཅན་ཐམས་ཅད་བདེ་བ་དང་བདེ་བའི་རྒྱུ་དང་ལྡན་པར་གྱུར་ཅིག །སྡུག་བསྔལ་དང་སྡུག་བསྔལ་གྱི་རྒྱུ་དང་བྲལ་བར་གྱུར་ཅིག །སྡུག་བསྔལ་མེད་པའི་བདེ་བ་དང་མི་འབྲལ་བར་གྱུར་ཅིག །ཉེ་རིང་ཆགས་སྡང་གཉིས་དང་བྲལ་བའི་བཏང་སྙོམས་ལ་གནས་པར་གྱུར་ཅིག །ཅེས་པ་ལན་གསུམ་གྱིས་ཚད་མེད་བཞི་སྒོམ་མོ། །གཉིས་པ་དངོས་གཞི་ལ། ཚོགས་ཀྱི་ཞིང་སྤྱན་འདྲེན་པ་དང་། དེ་ལ་ཚོགས་བསགས་པ་དང་། གསོལ་བ་བཏབ་ནས་དངོས་གྲུབ་ཞུ་བ་གསུམ་ལས། དང་པོ་ནི། རི་རབ་ཀྱི་སྟེང་དུ་སུམ་ཅུ་རྩ་གསུམ་དང་། དེའི་སྟེང་གི་ནམ་མཁར་འཐབ་བྲལ། དེའི་སྟེང་གི་ནམ་མཁར་དགའ་ལྡན་གྱི་ལྷ་གནས་ཡོད་ཅིང་། དགའ་ལྡན་གྱི་ལྷ་བྲིངས་ཀྱི་གནས་ནས་གྲོང་ལས་དགོན་པ་ལྟར་འཕགས་པའི་ཆར། རྗེ་བཙུན་བྱམས་མགོན་གྱི་ཕོ་བྲང་རྒྱལ་མཚན་མཐོན་པོ་དང་། དེའི་མདུན་དུ་རྗེ་བཙུན་གྱིས་ཆོས་གསུངས་པའི་ཀུན་དགའ་ར་བ་ཡིད་དགའ་ཆོས་འཛིན་ཞེས་བྱ་བ་ཡོད་པར་གསུངས་པས། རང་ཁ་རི་རབ་ལ་ཕྱོགས་པར་མོས་པའི་སྟེང་གི་ནམ་མཁར་རྗེ་བཙུན་གྱི་ཞིང་ཁམས་ས་གཞི་རིན་པོ་ཆེ་སྣ་ཚོགས་ལས་གྲུབ་པ་མཉན་

ན་ནེམ་དང་བཏེག་ན་སྤར་བྱེད་པའི་མཉེན་པ་ལ། མཚོ་དང་རྫིང་བུ་དང་། འབབ་ཆུ་དང་། བསམས་པ་ཙམ་གྱིས་དགོས་འདོད་ཐམས་ཅད་རང་གི་མདུན་དུ་འབྱུང་བའི་དཔག་བསམ་གྱི་ཞིང་དང་། གཞན་ཡང་ཤིང་དང་མེ་ཏོག་གི་ཚལ་ལ་སོགས་པ་ཡིད་ལ་དྲན་པ་ཙམ་གྱིས་ཀྱང་དགའ་བ་བསྐྱེད་ནུས་པའི་དབུས་སུ་ཁང་བཟང་རྒྱལ་མཚན་མཐོན་པོ་རིན་པོ་ཆེ་སྣ་ཚོགས་ལས་གྲུབ་ཅིང་ཉི་ཟླ་ཟིལ་གྱིས་གནོན་པ་ལྟ་བུའི་འོད་ཟེར་འཕྲོ་བ། རིན་པོ་ཆེའི་དྲ་བ་དང་། དྲ་ཕྱེད་དང་། དྲིལ་བུ་དང་། ཟ་ཡབ་ལ་སོགས་པའི་རྒྱན་དུ་མ་འཕྱུར་འཕྱུལ་དུ་གཡོ་བ། དེའི་མདུན་དུ་ཡིད་དགའ་ཆོས་འཛིན་གྱི་ཀུན་དགའ་ར་བ་གསེར་གྱི་ས་གཞི་ལ་བཻ་ཌཱུར་ཡའི་མིག་མང་རིས་སུ་བྲིས་པ། དྲི་ཞིམ་ཞིང་རོ་མངར་གྱི་འབྲས་བུ་དང་ལྡན་པའི་ཤིང་དང་། ཁ་དོག་ཁྱད་པར་འཕགས་པའི་མེ་ཏོག་ལ་སོགས་པ་བལྟ་བས་མི་ངོམས་པའི་དབུས་སུ་སེང་གེ་བརྒྱད་ཀྱིས་བཏེག་པའི་རིན་པོ་ཆེའི་ཁྲི་ཡངས་ཤིང་རྒྱ་ཆེ་བའི་སྟེང་དུ་རྗེ་བཙུན་བྱམས་པ་མགོན་པོ་སྐུ་མདོག་གསེར་བཙོ་མ་ལྟ་བུ། ཉི་མ་འབུམ་དང་འདྲ་བའི་འོད་ཟེར་ཅན། རིན་པོ་ཆེའི་རྒྱན་དང་ལྷ་རྫས་ཀྱི་དར་གྱི་བཟའ་གསོལ་བ་ཞབས་གཉིས་བཟང་པོའི་འདུག་སྟངས་ཀྱིས་ཞལ་རང་ལ་ཕྱོགས་པར་བཞུགས་པའི་མཐའ་སྐོར་དུ། ཇོ་བོ་ཨ་ཏི་ཤ་དང་། རྗེ་ཡབ་སྲས་ལ་སོགས་པ་ཕྱོགས་བཅུ་ནས་འདུས་པའི་དགེ་བའི་འཁོར་ཚོགས་གྲངས་མེད་པས་བསྐོར་བ་གསལ་བཏབ་ནས་རང་ཡང་གནས་དེར་སླེབ་ནས་ཞིང་གི་ཡོན་ཏན་ཐམས་ཅད་མིག་གིས་མཐོང་བ་སྣམ་བྱེད་པ་དང་། རྗེ་བཙུན་གྱི་གསུང་ཆོས་ཀྱི་སྒྲ་རྣ་བས་ལྷང་ལྷང་བར་ཐོས་པའི་མོས་པ་ཤུགས་དྲག་པོ་ཡུན་མི་ཐུང་ཙམ་བྱ་སྟེ་དག་པའི་ཞིང་སྤྱོད་དུ་འགྲོ་བ་དང་། ཕྱི་མར་གནས་དེར་སྐྱེ་བའི་བག་ཆགས་འཇོག་པ་སོགས་ཀྱི་དགོས་པ་ཤིན་ཏུ་ཆེ། དེ་ནས་རྗེ་བཙུན་གྱི་ཐུགས་ཀ་གསེར་གྱི་གདན་པ་ཕྱེས་པ་ལྟ་བུ་ལ་དཔལ་བེ་ཅུའི་དྲ་མིག་ཁྲ་སེང་བའི་དབུས་སུ་སྤྲིན་དཀར་པོ་ལྡིང་བའི་སྟེང་ན་རྗེ་བླ་མ་སྐུ་མདོག་དཀར་ལ་དམར་བའི་མདངས་ཆགས་པ་ཕྱག་གཉིས་ཐུགས་ཀར་ཆོས་འཁོར་གྱི་ཕྱག་རྒྱ་མཛད་པ་ལས་གཡས་གཡོན་དུ་གྱེས་པའི་ཨུཏྤ་ལའི་འདབ་མ་སྙན་གྱི་ཐད་སོར་གནས་པའི་གཡས་སྟེང་ཤེས་རབ་ཀྱི་རལ་གྲི་དང་། གཡོན་སྟེང་ཤེར་ཕྱིན་གྱི་གླེགས་བམ་བསྣམས་པ། དབུ་ལ་གསེར་མདོག་གི་པཎ་ཞྭ་དང་སྐུ་ལ་ཆོས་གོས་རྣམ་གསུམ་གསོལ་བ་ཞབས་རྡོ་རྗེའི་སྐྱིལ་

ཀྱང་གིས་བཞུགས་པའི་གཡས་ཕྱོགས་རྒྱལ་ཚབ་ཐམས་ཅད་མཁྱེན་པ་དབུ་ཙུང་ཟད་འདུད་པའི་རྣམ་པ་དང་། གཡོན་ཕྱོགས་མཁས་གྲུབ་ཐམས་ཅད་མཁྱེན་པ་སྐུ་ཙུང་ཟད་འཁྱིང་བ་ལྟ་བུ། གཉིས་ཀའང་སྐུ་མདོག་དང་ན་བཟའ་སོགས་གཙོ་བོ་དང་འདྲ་བ་ལ་ཕྱག་གཡས་ཆོས་འཆད་དང་། གཡོན་མཉམ་གཞག་གི་སྟེང་ན་གླེགས་བམ་བསྣམས་པ་ཞབས་རྡོ་རྗེའི་སྐྱིལ་ཀྲུང་གིས་བཞུགས་པ་གསུམ་གསལ་ལེགས་པར་བཏབ་ཅིང་། གཞན་ཡང་བྱམས་མགོན་གྱི་ཐུགས་ཀ་ནས་འོད་ཟེར་གྱི་སྣེ་ལ་གང་འདུལ་གྱི་སྤྲུལ་པ་མུ་མེད་འཕྲོ་བ་དང་། སྤྱུད་པར་མཛད་པར་བསམ། དེ་ནས་རྗེ་བླ་མ་ལ་སྐུ་གསུང་ཐུགས་ཀྱི་ཡོན་ཏན་དྲན་པའི་དད་གུས་ཆེན་པོའི་སྒོ་ནས་བདག་གི་མགོན་སྐྱབས་དང་དཔུང་གཉེན་གྱི་སྐད་དུ་འདིར་གཤེགས་ན་ཅི་མ་རུང་སྙམ་པའི་གདུང་ཤུགས་དྲག་པོས། དགའ་ལྡན་ལྷ་བརྒྱའི་མགོན་གྱི་ཐུགས་ཀ་ནས། །རབ་དཀར་ཞོ་གསར་སྤུངས་འདྲའི་ཆུ་འཛིན་རྩེར། །ཆོས་ཀྱི་རྒྱལ་པོ་ཀུན་མཁྱེན་བློ་བཟང་གྲགས། །སྲས་དང་བཅས་པ་གནས་འདིར་གཤེགས་སུ་གསོལ། །ཞེས་སྤྱན་དྲངས་པས་བྱམས་མགོན་གྱི་ཐུགས་ཀ་ནས་སྤྲིན་དཀར་པོ་དར་བརྒྱང་པ་འདྲ་བའི་སྟེར་རྗེ་ཡབ་སྲས་གསུམ་བཞུགས་པ་རང་གི་མདུན་ཐད་ཡེར་གྱིས་བྱོན་པའི་མཐའ་སྐོར་དུ་བླ་མ་ཡི་དམ་སངས་རྒྱས་བྱང་སེམས་དཔའ་བོ་མཁའ་འགྲོ་ཆོས་སྐྱོང་སྲུང་མའི་ཚོགས་ཐམས་ཅད་ཀྱིས་བསྐོར་བ་ཁྲིམ་ཚོགས་ལྟ་བུའམ། ཡང་ན་རྗེ་ཡབ་སྲས་གསུམ་པོ་སྐྱབས་གནས་ཀུན་འདུས་ཀྱི་བདག་ཉིད་དུ་མོས་པས་ཀྱང་ཆོག་སྟེ་ཕྱི་མ་ཀུན་འདུས་ནོར་བུ་ལུགས་སོ། །དེ་ཡང་གསང་བདག་ལས་ཀྱི་རྡོ་རྗེར། ཡི་དམ་ལྷས། བྱམས་པ་ཉིད་ལ་བསླབ་བཏུས་ཞུས་ཞེས་ལུང་བསྟན་པ་ལྟར་རྗེ་ཙོང་ཁ་པར་བསླབ་བཏུས་གསན་པའི་ཚེ། གྲུབ་ཆེན་རིན་པོ་ཆེས་རྗེའི་དབུ་སྟེང་དུ་བྱམས་པ། སྐུ་དཔུང་གཡས་པར་འཇམ་དབྱངས། གཡོན་པར་ལྷ་མོ་དབྱངས་ཅན་མ་བཞུགས་པར་གཟིགས་པ་དང་། རྗེ་སྐུ་དྲུང་དུ་ཐེབས་པར་ཉེ་སྐབས། མགོན་པོ་བྱམས་པ་འབྱོན་གྱིན་ཡོད་ཟེར་བའི་ལུང་བསྟན་བྱུང་བ་སོགས་རྗེ་བླ་མ་བྱམས་པ་དང་ངོ་བོ་གཅིག་ཡིན་པ་དང་། ཐ་མལ་པའི་ངོར་སྐུ་ཚེ་དེའི་རྗེས་མ་དགའ་ལྡན་དུ་རྒྱལ་སྲས་འཇམ་དཔལ་སྙིང་པོ་ཞེས་པར་འཁྲུངས་པའི་ལུང་བསྟན་བཞིན་སྤྲུལ་པ་ཞིག་ཞིང་དེར་བྱམས་མགོན་གྱི་སྲས་ཀྱི་ཐུ་བོར་བཞུགས་པའི་ཚུལ་བསྟན་པ་སོགས་ལ་དགོངས་ནས་འདིར་རྗེ་

བཙུན་གྱི་ཐུགས་ཀ་ནས་སྤྲུན་འདྲེན་པར་མཛད་པ་ཡིན་ཞེས་གསུངས། གཉིས་པ་ནི། དེ་ལྟར་བསོད་ནམས་ཀྱི་ཞིང་སྤྱན་དྲངས་པ་ལ་ཡན་ལག་བདུན་གྱིས་ཚོགས་གསོག་པའི་ཐོག་མར་མྱུ་དན་ལས་མི་འདའ་བར་གསོལ་བ་གདབ་པ་ནི། མདུན་གྱི་ཐད་དྲང་དུ་སེང་གེའི་ཁྲི་ཡངས་ཤིང་རྒྱ་ཆེ་བ་དང་། གཡས་གཡོན་དུ་དེ་ལས་དམའ་བའི་སེང་གེའི་ཁྲིར་པདྨ་དང་ཟླ་བའི་གདན་ལ་རྗེ་ཡབ་སྲས་གསུམ་བཞུགས་པར་མོས་ནས། བདག་དང་བདག་འདྲའི་སེམས་ཅན་གླང་དོར་གྱི་གནས་ལ་མིག་ལོང་བ་ལྟ་བུ་རྣམས་ཀྱི་ལོང་ཁྲིད་དང་། ཉོན་མོངས་པའི་ནད་ཤུགས་དྲག་པོས་གཙེས་པ་རྣམས་གསོ་བྱེད་ཀྱི་སྨན་པ་དང་སྡུག་བསྔལ་གྱི་རྒྱ་མཚོ་ཆེན་པོའི་གློང་དུ་བྱིང་བ་རྣམས་འདྲེན་བྱེད་ཀྱི་མཉན་པ་ལྟ་བུར་མགོན་མེད་སྐྱབས་མེད་དུ་ལུས་པ་བདག་ཅག་གི་སྐྱབས་གནས་ཁྱེད་ལས་གཞན་སུ་ལ་རེ་བས་བདག་ཅག་གི་མགོན་དང་། མདོ་སྔགས་ཀྱི་བསྟན་པའི་གནད་དྲི་མ་མེད་པ་རྣམས་བཤད་སྒྲུབ་ཀྱིས་དར་ཞིང་རྒྱས་པའི་སླད་དུ་བསྐལ་བརྒྱར་མི་གཡོ་བར་བཞུགས་སུ་གསོལ་ལོ་སྙམ་ནས། མདུན་གྱི་ནམ་མཁར་སེང་ཁྲི་པད་ཟླའི་སྟེང་། །རྗེ་བཙུན་བླ་མ་དགྱེས་པའི་འཛུམ་དཀར་ཅན། །བདག་བློ་དད་པའི་བསོད་ནམས་ཞིང་མཆོག་ཏུ། །བསྟན་པ་རྒྱས་ཕྱིར་བསྐལ་བརྒྱར་བཞུགས་སུ་གསོལ། །ཞེས་གསོལ་བ་གདབ། འདིར་ཐོག་མར་མྱུ་ངན་ལས་མི་འདའ་བར་གསོལ་བའི་ཡན་ལག་འབྱུང་བ་ནི། ཚོགས་གསོག་པའི་ཞིང་འགྲན་ཟླ་མེད་པ་ནི་བླ་མ་ཡིན་ལ། དེ་ལ་ཚོགས་གསོག་པ་ལ་ཚོགས་ཀྱི་ཞིང་དུ་བརྟན་པར་བཞུགས་པ་ཞིག་དགོས་པས་ཐོག་མར་བརྟན་བཞུགས་ཀྱི་གསོལ་བ་གདབ་པ་ཡིན་གསུངས། ཕྱག་འཚལ་བའི་ཡན་ལག་ནི། རང་གི་ལུས་ཞིང་གི་རྡུལ་གྲངས་དང་མཉམ་པར་སྤྲུལ་པ་རྣམས་དང་སེམས་ཅན་ཐམས་ཅད་ཀྱིས་ཀྱང་ལུས་ཀྱིས་ཕྱག་འཚལ་བ་དང་ངག་གིས་བསྟོད་དབྱངས་བརྗོད་པ་དང་ཡིད་ཀྱིས་དད་གུས་ཆེན་པོས་གསོལ་བ་གདབ་པར་མོས་ནས། ཤེས་བྱ་ཐམས་ཅད་རེས་འཛིན་མ་ཡིན་པར་སྐད་ཅིག་གཅིག་གིས་དུས་ཅིག་ཅར་དུ་མངོན་སུམ་དུ་གཟིགས་པའི་ཐུགས་རྣམ་པ་ཐམས་ཅད་མཁྱེན་པ་དང་བརྗོད་པ་གཅིག་ལ་ཡང་སྐལ་ལྡན་གྱི་འགྲོ་བ་རང་རང་གི་སྐད་དང་དབང་པོར་འཚམས་པའི་ཆོས་སུ་གོ་ནས་གནས་སྐབས་དང་མཐར་ཐུག་གི་དགེ་ལེགས་སྟེར་བར་མཛད་པའི་གསུང་དང་། འཁོར་ལོས་སྒྱུར་བ་དང་། ཉན་རང་དང་སོ་སྐྱེ་པལ་

པ་ཐམས་ཅད་ཀྱི་བསོད་ནམས་བརྒྱ་འགྱུར་གྱིས་བ་སྤུ་གཅིག་འགྲུབ་པ་སོགས། བསོད་ནམས་མཐའ་ཡས་དཔག་ཏུ་མེད་པས་བསྐྲུན་པའི་མཚན་དཔེ་གསལ་རྫོགས་ཀྱི་སྐུའི་ཡོན་ཏན་རྣམས་དྲན་པར་བྱས་ལ། ཞེས་བྱའི་ཡོན་ཀུན་འཛལ་བའི་བློ་གྲོས་ཐུགས། །སྐལ་བཟང་རྣ་བའི་རྒྱན་གྱུར་ལེགས་བཤད་གསུང་། །གྲགས་པའི་དཔལ་གྱིས་ལྷམ་མེར་མཛེས་པའི་སྐུ། །མཐོང་ཐོས་དྲན་པས་དོན་ལྡན་ལ་ཕྱག་འཚལ། །ཞེས་བརྗོད། མཆོད་པའི་ཡན་ལག་ནི། མཛེས་ཤིང་ཡིད་དུ་འོང་བས་མིག་དང་མིང་ལ་དགའ་བ་བསྐྱེད་ནུས་པའི་མཆོད་པའི་ལྷ་མོ་ལག་ན་མཆོད་ཡོན། ཞབས་བསིལ། ཞལ་བསིལ། བསང་གཏོར། སིལ་མ་དང་སྤོང་པོའི་མེ་ཏོག་དྲི་ཞིམ་ཞིང་ཁ་དོག་རྣམ་པར་བཀྲ་བ། བདུག་སྤོས་ཀྱི་དུད་སྤྲིན། མུན་སེལ་གྱི་སྣང་བ། བྱུག་པའི་དྲི་ཆབ། རོ་བརྒྱ་ལྡན་པའི་བཟང་བཏུང་གི་བྱེ་བྲག །འབུད་དཀྲོལ་བརྡུང་རྒྱུད་ཀྱི་རོལ་མོའི་བྱེ་བྲག་ཐོགས་པ་བསམ་གྱིས་མི་ཁྱབ་པ་དང་། གཞན་ཡང་གཟུགས་མཛེས་པ། སྒྲ་སྙན་པ། དྲི་ཞིམ་པ། རོ་མངར་བ། རེག་བྱ་འཇམ་པའི་འདོད་ཡོན་སྣ་ལྔ་དང་། རྒྱལ་སྲིད་རིན་ཆེན་བདུན། བཀྲ་ཤིས་པའི་རྟགས་རྫས་ལ་སོགས་པ་དང་། བདག་པོས་མ་བཟུང་བའི་ཆུ་མཚོ། ནགས་ཚལ་མེ་ཏོག །སྨན་གྱི་རི་བོ་ལ་སོགས་མདོར་ན་མཉེས་བྱེད་ཀྱི་མཆོད་པའི་བྱེ་བྲག་གང་ཡང་མ་ཚང་བ་མེད་པ་དང་། རྒྱལ་བ་སྲས་བཅས་ཀྱི་ཏིང་ངེ་འཛིན་གྱི་རོལ་པ་ལས་བྱུང་བའི་ཀུན་བཟང་མཆོད་སྤྲིན་གྱི་ཚོགས་ཀྱང་བློས་བླངས་ཏེ་ཕུལ་བར་བསམ་ལ། །ཡིད་འོང་མཆོད་ཡོན་སྣ་ཚོགས་མེ་ཏོག་དང་། །དྲི་ཞིམ་བདུག་སྤོས་སྣང་གསལ་དྲི་ཆབ་དང་། །དངོས་བཤམས་ཡིད་སྤྲུལ་མཆོད་སྤྲིན་རྒྱ་མཚོ་འདི། །བསོད་ནམས་ཞིང་མཆོག་ཁྱེད་ལ་མཆོད་པར་འབུལ། །ཞེས་བརྗོད་པས་མཆོད་པ་རྣམས་བདག་གིར་བཞེས་ཏེ་ཐུགས་རྒྱུད་ལ་བདེ་བ་ཁྱད་པར་ཅན་འཁྲུངས་ཏེ་མཉེས་ཤིང་ཚིམ་པར་བསམ། བཤགས་པའི་ཡན་ལག་ནི། རང་གིས་ཐོག་མེད་ནས་འཁོར་བ་འདིར་འཁྱམས་པའི་ཚེ་རབས་སུ་བསགས་པའི་སྡིག་ལྟུང་མཐའ་ཡས་པ་ཞིག་འབྲས་བུ་སྨིན་མ་ཟིན་པར་ཡོད་པ་རྣམས་དང་། ཁྱད་པར་ཚེ་འདིར་སྡོམ་གསུམ་དང་འགལ་བའི་བཅས་རང་གི་ཉེས་ལྟུང་ཇི་སྙེད་བསགས་པ་དྲན་པའི་ཡུལ་དུ་གྱུར་པ་རྣམས་ལ་བསྒྱོ་བགྲང་བྱས་ནས། འདི་དག་དང་གཞན་ཡང་དྲན་པས་མ་ཟིན་པའང་མཐའ་ཡས་པ་ཞིག་ཡོད་པས་འདི་རྣམས་ཀྱི་འབྲས་བུ་ལ་བདག་ཕྱི་མར་

དམྱལ་བར་སྐྱེ་བ་སོགས་སྡུག་བསྔལ་ཚད་མེད་པ་སྤྱོད་དགོས་པར་མ་ཟད། ཚེ་འདི་ལ་ཡང་ཡོན་ཏན་སྐྱེ་བ་ལ་གེགས་བྱེད་པ་སོགས་ཀྱི་ཉེས་དམིགས་ཤིན་ཏུ་ཆེ་བར་འདུག་པས་ཅི་རང་དྲག་འདི་ལྟ་བུའི་སྡིག་པ་བསགས་པ་ལ་ཨང་སྐམ་པའི་འགྱོད་སེམས་དྲག་པོང་དུ་སོང་བ་ལ་འགྱོད་པ་ལྷར་ཤུགས་དྲག་པོ་དང་། ད་ཕྱིན་ཆད་འདི་འདྲའི་སྡིག་པ་མི་བགྱིད་སྙམ་པའི་སྡོམ་སེམས་ཀྱི་སྒོ་ནས། སྐྱབས་ཡུལ་རྣམས་ཀྱི་སྤྱན་སྔར་སྡིག་པ་རྣམས་མི་འཆབ་པར། གདུང་བའི་ངོ་འདོད་ཀྱིས་བཤགས་པར་མོས་ཏེ། བདག་གིས་ཐོག་མེད་དུས་ནས་བསགས་པ་ཡི། ལུས་ངག་ཡིད་ཀྱི་སྡིག་པ་ཅི་བགྱིས་དང་། །ཁྱད་པར་སྡོམ་པ་གསུམ་གྱི་མི་མཐུན་ཕྱོགས། །སླར་ནས་འགྱོད་པ་དྲག་པོས་སོ་སོར་བཤགས།། ཞེས་བརྗོད་པས། བཤགས་ཡུལ་རྣམས་ཀྱི་སྐུ་ལས་འོད་ཟེར་འཕྲོས་པ་རང་གི་ལུས་ངག་ཡིད་གསུམ་ལ་ཐོག་པས་སྡིག་སྒྲིབ་ཐམས་ཅད་ཤུན་ཁུང་དུ་ཉི་ཟེར་ཞུགས་པ་བཞིན་སངས་ཀྱིས་སྦྱངས་པའི་མོས་པ་བྱ་ལ། གཞན་སེམས་ཅན་ཐམས་ཅད་ཀྱི་སྡིག་སྒྲིབ་སྦྱོང་བའི་དམིགས་པ་བྱས་ནའང་ལེགས་པས་ཞིབ་པར་མན་ངག་ལས་ཤེས་པར་བྱ། བཤགས་ཡུལ་གསལ་བཏབ་པ་ལ་མོས་གུས་ཀྱིས་སྐྱབས་སུ་འགྲོ་བ་དང་། རང་འདྲའི་འགྲོ་བ་སྡིག་པའི་རྒྱུ་འབྲས་ལ་སྤྱོད་པ་རྣམས་ཀྱི་དང་ཚུལ་བསམས་ནས་སྙིང་རྗེ་ཤུགས་ཅན་བསྐྱེད་དེ་ཉམ་ཐག་འདི་རྣམས་ཀྱི་ཕྱིར་དུ་བདག་གིས་སངས་རྒྱས་ཀྱི་གོ་འཕང་ཞིག་ཐོབ་ན་སྙམ་པའི་བྱང་ཆུབ་ཀྱི་སེམས་དུ་རེ་བ་བསྐྱེད་པ་གཉིས་ནི་རྟེན་གྱི་སྟོབས། སྔོན་ཆད་སྡིག་པ་བྱས་པ་ལ་འགྱོད་པ་རྣམ་པར་སུན་འབྱིན་པའི་སྟོབས། སླན་ཆད་མི་བྱེད་པར་སྡོམ་པ་ཉེས་པ་ལས་སླར་ལྡོག་པའི་སྟོབས། བླ་མ་མཆོག་ཞིང་དུ་གསལ་བ་ལ་ཕྱག་འཚལ་མཆོད་འབུལ་སོགས་བགྱིས་པ་དང་། བཤགས་པའི་འཁོར་གསུམ་ལ་མི་དམིགས་པས་རྒྱས་འདེབས་པ་གཉེན་པོ་ཀུན་སྤྱོད་ཀྱི་སྟོབས་ཡིན་པས་དེ་བཞི་ཚང་བའི་སྒོ་ནས་སྡིག་པ་བཤགས་པས་ཤིན་ཏུ་སྟོབས་ཆེ་བའང་སྦྱང་བར་ནུས་པའི་ཐབས་བླ་ན་མེད་པའོ། རྗེས་སུ་ཡི་རང་བའི་ཡན་ལག་ནི། རྗེ་བླ་མའི་སྐུ་ཆེ་གཞན་དང་འདིར་ཕལ་པའི་བློས་དཔག་པར་མི་ནུས་པའི་གསང་བ་གསུམ་གྱི་མཛད་པ་རྣམས་ལྟ་ཅི། ཚུར་མཐོང་གི་བློ་རང་ག་བས་གཞལ་བར་ནུས་པའི་སྐུ་ཆེ་འདིའི་མཛད་པ་སྐུ་ན་ཕྲ་མོ་ནས་མདོ་སྔགས་ཀྱི་གཞུང་ཕྱོགས་རེ་བ་ཙམ་མ་ཡིན་པར་རྒྱུད་སྡེ་བཞི་དང་པར་ཕྱིན་

ཐེག་པའི་སྡེ་སྣོད་གསུམ་ལ་འགྲེལ་བྱེད་ཚད་མར་གྱུར་པའི་མཁས་གྲུབ་རྣམས་དང་གྲུབ་མཐའ་བཞིའི་བཞེད་སྲོལ་ཕྲ་ཞིང་ཕྲ་བ་ལའང་ཕྱུ་ཐག་ཆོད་པར་སྦྱངས་པས་མཁས་པ་གངས་ཅན་གྱི་སྟོན་ཆེན་སུས་ཀྱང་འགྲན་ཟླ་མེད་པར་གྱུར་པ་དང་། གང་ཐོས་པ་དེ་རྣམས་ཀྱང་ཐོས་ལོ་ཙམ་མ་ཡིན་པར་གཞུང་ལུགས་ཐམས་ཅད་གདམས་ངག་ཏུ་ཤར་ནས། ཐོས་དོན་མཐའ་དག་ལ་འདོར་རྒྱུ་སྤྱུ་ཙམ་ཡང་མེད་པར་སྨིན་གྲོལ་གྱི་ཐབས་ཟབ་མོར་གཟིགས་ནས་བསམ་པ་དང་བསྒོམ་པས་ཚུལ་བཞིན་སྒྲུབ་པ་ལ་བརྩོན་པ་དང་། དེ་ཡང་ཆོས་བརྒྱུད་ཀྱི་བསླད་པ་ཕྲ་མོ་ཙམ་ཡང་མ་ཞུགས་པར། བསྟན་པ་དང་གཞན་གྱི་དོན་ཁོ་ནར་ཐུགས་ཉམས་སུ་བཞེས་པས་མཆོག་དང་ཐུན་མོང་གི་དངོས་གྲུབ་ཐམས་ཅད་བརྙེས་ནས་རང་ཉིད་གྲུབ་པ་མཆོག་གི་སར་གཤེགས། སྐལ་ལྡན་གྱི་གདུལ་བྱ་ལ་བླ་མེད་ཀྱི་རིམ་པ་གཉིས་ལ་སོགས་པ་རྒྱུད་སྡེ་བཞིའི་ཐུན་མོང་མ་ཡིན་པ་དང་ཟབ་མོ་དབུ་མའི་ལྟ་བ་ལ་སོགས་པ་ཕར་ཕྱིན་ཐེག་པའི་ཐུན་མོང་བའི་ལམ་གྱི་གནད་ཐམས་ཅད་གསལ་ལ་རྫོགས་པ་གངས་ཅན་འདིར་སྔོན་ཆད་ཀྱི་མཁས་གྲུབ་སུས་ཀྱང་སྟོན་པར་མ་ནུས་པའི་ལེགས་བཤད་ཀྱིས་ལྷག་པར་བསྟན་ནས་ད་ལྟའི་བར་དུའང་མཐའ་དབུས་ཀུན་ཏུ་བསྟན་པ་ཡོངས་རྫོགས་ལ་ཕྱོགས་མཐོང་ཙམ་གྱིས་ཐོས་བསམ་བསྒོམ་པ་བྱེད་པ་འདི་ཐམས་ཅད་རྗེ་འདི་ཉིད་ཀྱི་བཀའ་དྲིན་ཡིན་པ་གཟུར་གནས་ཀྱིས་བལྟས་ན་ཤེས་པས་དེ་འདྲའི་རྣམ་པར་ཐར་པ་དྲན་པར་བྱས་ལ་སེམས་དགའ་བས་ཡི་རང་བ་དང་། བདག་གིས་ཀྱང་འདི་ལྟ་བུའི་རྣམ་མཐར་སྐྱོང་ནུས་པར་ཤོག་ཅིག་སྙམ་ནས། སྙིགས་མའི་དུས་འདིར་མང་ཐོས་སྒྲུབ་ལ་བརྩོན། །ཆོས་བརྒྱུད་སྤྱངས་པའི་དལ་འབྱོར་དོན་ཡོད་བྱེད། །མགོན་པོ་ཁྱོད་ཀྱི་རྣམ་ཐར་ཆེན་མཛད་པ་ལ། །བདག་ཅག་བསམ་པ་ཐག་པས་ཡི་རང་ངོ་། །ཞེས་བརྗོད། ཆོས་འཁོར་བསྐོར་བར་བསྐུལ་བའི་ཡན་ལག་ནི། རྗེ་ཡབ་སྲས་རྣམས་ཀྱི་ཐུགས་སྒྲིབ་པ་བག་ཆགས་དང་བཅས་པ་དག་པའི་བདེ་སྟོང་གི་འོད་གསལ་ལས་ནམ་ཡང་གཡོ་བ་མེད་བཞིན་དུ་སྔོན་གྱི་སྨོན་ལམ་དང་ཐུགས་རྗེའི་ཤུགས་ཀྱིས་གང་འདུལ་གྱི་གདུལ་བྱ་ལ་སྐུ་གསུང་ཐུགས་ཀྱི་སྣང་བ་འབད་མེད་ལྷུན་གྲུབ་ཏུ་འཆར་བས་ན། དཔེར་ན་ནམ་མཁའ་གཡའ་དག་པ་ལ་སྤྲིན་འཁྲིགས་པ་ལས་ཆར་གྱི་རྒྱུན་ས་གཞིར་འབབ་མེད་དུ་འབབ་པ་བཞིན་ཆོས་སྐུའི་མཁའ་དབྱིངས་སུ་མཁྱེན་

དང་བརྩེ་བའི་སྤྲིན་འཁྲིགས་པ་ལས་ཟབ་པ་དང་རྒྱ་ཆེ་བའི་དམ་ཆོས་ཀྱི་ཆར་བདག་ཅག་གདུལ་བྱ་རྣམས་ཀྱི་བློ་གྲོས་ཀྱི་ས་གཞིར་ཆད་མེད་དུ་དབབ་ཏུ་གསོལ་སྙམ་པས། རྗེ་བཙུན་བླ་མ་དམ་པ་ཁྱེད་རྣམས་ཀྱིས། །ཆོས་སྐུའི་མཁའ་ལ་མཁྱེན་བརྩེའི་སྤྲིན་འཁྲིགས་ནས། །ཇི་ལྟར་འཚམས་པའི་གདུལ་བྱའི་འཛིན་མ་ལ། །ཟབ་རྒྱས་ཆོས་ཀྱི་ཆར་པ་དབབ་ཏུ་གསོལ། །ཞེས་བརྗོད་ལ། འདི་དང་སྔ་དན་ལས་མི་འདྲ་བར་གསོལ་བ་གཉིས་ལ་གང་གསོལ་བ་ལྟར་ཞལ་གྱིས་བཞེས་པའི་མོས་འདུན་བྱ། བསྔོ་བའི་ཡན་ལག་ནི། བདག་གིས་ལམ་ཟབ་མོ་བླ་མའི་རྣལ་འབྱོར་བསྒོམས་པ་འདིས་མཚོན་དུས་གསུམ་བསགས་དང་བསག་བཞིན་གསོག་འགྱུར་གྱི་དགེ་ཚོགས་ཇི་སྙེད་པ་ཐམས་ཅད་སྤྱིར་བསྟན་པ་རྒྱས་པ་དང་། མཁའ་ཁྱབ་ཀྱི་འགྲོ་བ་མཐའ་དག་ལ་གང་ཕན་པའི་ཐབས་དང་། ཁྱད་པར་རྗེ་བླ་མའི་མདོ་སྔགས་ལུང་རྟོགས་ཀྱི་བསྟན་པ་དྲི་མེད་འདི་ཉིད་ཕྱོགས་དུས་གནས་སྐབས་ཐམས་ཅད་དུ་མི་མཐུན་ཕྱོགས་ཀྱི་དྲི་མས་མ་གོས་པར་ཉི་མ་བཞིན་དུ་གསལ་བར་བྱེད་ནུས་པའི་རྒྱུར་གྱུར་ཅིག་སྙམ་དུ་བསམས་ནས། བདག་གིས་ཇི་སྙེད་བསགས་པའི་དགེ་བ་འདིས། །བསྟན་དང་འགྲོ་བ་ཀུན་ལ་གང་ཕན་དང་། །ཁྱད་པར་ཆོས་ཀྱི་རྒྱལ་པོ་ཙོང་ཁ་པའི། །བསྟན་པའི་སྙིང་པོ་རིང་དུ་གསལ་བྱེད་ཤོག །ཅེས་བརྗོད་ལ་འདི་ནི་དགེ་བ་ཆུང་དུ་ཡང་རྒྱ་ཆེར་འཕེལ་ཞིང་། བྱང་ཆུབ་ཀྱི་བར་དུ་མི་འཛད་པའི་ཐབས་བླ་ན་མེད་པ་ཡིན་པར་མ་ཟད་རྒྱལ་བའི་བསྟན་པ་འཛིན་པའི་སྨོན་ལམ་འདི་ཉིད་རྒྱལ་སྲས་ཀྱི་སྨོན་ལམ་བཏབ་པ་ཇི་སྙེད་ཐམས་ཅད་དམ་ཆོས་འཛིན་པའི་སྨོན་ལམ་གྱི་ནང་དུ་འདུས་པར་གསུངས་པས་བསྔོ་བ་སྨོན་ལམ་ཐམས་ཅད་འདུས་པའི་སྡོམས་ལྟ་བུ་མཆོག་གོང་ན་མེད་པའོ། །གསུམ་པ་གསོལ་བ་བཏབ་ནས་དངོས་གྲུབ་ཞུ་བ་ནི། དམིགས་བརྩེ་མ་ཅི་འགྲུབ་ཀྱི་སྒོ་ནས་གསོལ་བ་གདབ་པར་བྱ་ལ། དེ་ཡང་བྱང་ཆུབ་སེམས་དཔའ་ཐམས་ཅད་ཀྱི་ནང་ནས་དམིགས་པ་མེད་པའི་བརྩེ་བ་ཆེན་པོའི་གཏེར་ཆེན་པོ་མངའ་བ་ལ་འཕགས་པ་སྤྱན་རས་གཟིགས་འགྲན་ཟླ་དང་བྲལ་བ་དང་། ཇི་ལྟ་ཇི་སྙེད་ཀྱི་ཤེས་བྱའི་གནས་ཐམས་ཅད་ལ་དྲི་མ་མེད་པའི་མཁྱེན་རབ། བྱང་སེམས་ཐམས་ཅད་ཀྱི་ནང་ནས་འགྲན་ཟླ་དང་བྲལ་བ་འཇམ་དཔལ་དབྱངས་ཡིན་པ་དང་མཚུངས་པར། བོད་འདིར་སྔོན་བྱོན་གྱི་མཁས་པ་ཐམས་ཅད་ཀྱི་ནང་ནས་མདོ་སྔགས་གང་གི་སྐབས་སུའང་

གཟུ་བོའི་བློས་ཞིབ་པར་བརྟགས་ན་རྗེ་འདི་ཉིད་ཀྱི་མཁྱེན་པ་དང་མཉམ་པ་སུ་ཡང་མེད་པར་ལེགས་པ་ཤོད་རྣམས་ལས་དཔགས་ཏེ་ཤེས་ནུས་པ་བཞིན་གངས་ཅན་གྱི་མཁས་པ་ཐམས་ཅད་ཀྱི་ནང་ན་འགྲན་ཟླ་མེད་པས་གཙུག་གི་རྒྱན་དུ་གྱུར་པ་ཤར་ཙོང་ཁ་པའི་ཡུལ་དུ་སྐུ་འཁྲུངས་པ་བློ་བཟང་གྲགས་པའི་དཔལ་གྱི་སྐུའི་ཆ་དམའ་ཞོས་ཞབས་ཀྱི་པད་མོ་ལ་བདག་གི་སྤྱི་བོས་བཏུད་ནས་གསོལ་བ་འདེབས་སོ་བདག་ཀུང་ཁྱེད་རང་ལྟ་བུར་མཁས་པའི་ཡོན་ཏན་ཕྱུལ་དུ་ཕྱིན་པ་ཐོབ་པར་བྱིན་གྱིས་བརླབ་ཏུ་གསོལ་སྙམ་དུ་སེམས་པ་ནི་ཕྱི་མཚུངས་པ་གསལ་བྱེད་ཀྱི་སྒོ་ནས་གསོལ་བ་གདབ་པ་རྗེ་བླ་མའི་ཕྱི་སྒྲུབ་ཡིན་ལ། གསོལ་བ་ནི་ཞུ་བ་དང་འདེབས་པ་ནི་འབུལ་བའི་དོན་ཏེ་ཞུ་བ་འབུལ་ཞེས་པའོ། །ཡང་དམིགས་པ་མེད་པའི་སྙིང་རྗེ་ཆེན་པོས་འགྲོ་ལ་རྟག་ཏུ་གཟིགས་པའི་ཡོན་ཏན་མངའ་བ་ལ་སྤྱན་རས་གཟིགས་དང་། བདེན་གཉིས་ཀྱི་ཤེས་བྱའི་གནས་ཐམས་ཅད་ལ་མཁྱེན་པ་དྲི་མ་མེད་པ་མངའ་བའི་དབང་པོར་གྱུར་པ་ལ་རྗེ་བཙུན་འཇམ་དཔལ་དབྱངས་དང་འདྲ་བ་སྟེ། མདོར་ན་སྙིང་རྗེ་དང་མཁྱེན་རབ། སྤྱན་རས་གཟིགས་དང་འཇམ་དབྱངས་ཀྱི་ཐུགས་རྒྱུད་ལ་ཇི་ལྟར་མངའ་བ་དེ་ལྟ་བུ་དང་ལྡན་པའི་རྗེ་ཙོང་ཁ་པ་ལ་གསོལ་བ་འདེབས་སོ། །བདག་ཀུང་སྒྲུབ་པ་ལྟར་བླངས་ནས་རྟོགས་པའི་ཡོན་ཏན་ཁྱད་པར་ཅན་དེ་ལྟ་བུ་ཐོབ་པར་བྱིན་གྱིས་བརླབ་ཏུ་གསོལ་སྙམ་པ་ནི་ནང་ཡོན་ཏན་དེ་ལྡན་གྱི་སྒོ་ནས་གསོལ་བ་འདེབས་པ་རྗེ་བླ་མའི་ནང་སྒྲུབ་བོ། །ཡང་རྒྱལ་བ་ཐམས་ཅད་ཀྱི་བརྩེ་བ་གཅིག་ཏུ་བསྡུས་པའི་ངོ་བོ་ལྟར་ཤར་བ་ནི་འཕགས་པ་སྤྱན་རས་གཟིགས་ཡིན་ལ། རྗེ་འདི་ཡང་དེ་དང་ངོ་བོ་གཅིག་ཡིན་པས་རྒྱལ་བ་ཐམས་ཅད་ཀྱི་སྙིང་རྗེའི་བདག་ཉིད་ཡིན་ཅིང་། རྒྱལ་བ་ཐམས་ཅད་ཀྱི་མཁྱེན་རབ་གཅིག་ཏུ་བསྡུས་པའི་ངོ་བོ་ནི་རྗེ་བཙུན་འཇམ་དབྱངས་ཡིན་ལ། རྗེ་འདི་རྗེ་བཙུན་འཇམ་དབྱངས་ཉིད་མིའི་རྣམ་པར་བསྟན་པ་ཡིན་པས་རྒྱལ་བ་ཐམས་ཅད་ཀྱི་མཁྱེན་པའི་ངོ་བོ་ཡིན་པ་དང་། སངས་རྒྱས་ཐམས་ཅད་ཀྱི་མཐུ་ནུས་གཅིག་ཏུ་བསྡུས་པའི་ངོ་བོ་ལྟར་ཤར་བ་ནི་དཔལ་གསང་བའི་བདག་པོ་ཡིན་ལ། རྗེ་འདི་ཡང་དེ་དང་ངོ་བོ་གཅིག་ཡིན་པས། རྒྱལ་བ་ཀུན་གྱི་མཐུ་སྟོབས་ཀྱི་བདག་ཉིད་དུ་འང་གྲུབ་ལ། དེ་ལྟར་རིགས་གསུམ་གྱི་ངོ་བོ་རྗེ་ཙོང་ཁ་པ་བློ་བཟང་གྲགས་པའི་སྐུའི་ཆ་དམའ་ཞོས་ཞབས་ཀྱི་པདྨོར་བདག་གི་མགོ་བོས་བཏུད་དེ་གསོལ་

བ་འདེབས་སོ། །བདག་ཀྱང་ཁྱེད་རང་ལྷ་བུར་ལྷག་པའི་ལྷ་རིགས་གསུམ་མགོན་པོའི་མཁྱེན་བརྩེ་ནུས་གསུམ་གྱི་ཡོན་ཏན་ཐམས་ཅད་ཐོབ་པར་བྱིན་གྱིས་བརླབ་ཏུ་གསོལ་སྙམ་པས། དམིགས་མེད་བརྩེ་བའི་གཏེར་ཆེན་སྤྱན་རས་གཟིགས། །དྲི་མེད་མཁྱེན་པའི་དབང་པོ་འཇམ་དཔལ་དབྱངས། །བདུད་དཔུང་མ་ལུས་འཇོམས་མཛད་གསང་བའི་བདག །གངས་ཅན་མཁས་པའི་གཙུག་རྒྱན་ཙོང་ཁ་པ། །བློ་བཟང་གྲགས་པའི་ཞབས་ལ་གསོལ་བ་འདེབས། །ཞེས་བརྗོད་པ་ནི་གསང་བ་ལྷག་པའི་ལྷ་དང་ངོ་བོ་དབྱེར་མེད་དུ་གསོལ་བ་འདེབས་པ་སྟེ་རྗེ་བླ་མའི་གསང་སྒྲུབ་ཡིན་ལ། དེ་ཡང་། བདག་ཉིད་ཆེན་པོ་འདི་མགོན་པོ་འཇམ་དབྱངས་ཡིན་པར་སྔར་དྲངས་པའི་འཇམ་དཔལ་རྩ་རྒྱུད་ཀྱི་ལུང་བསྟན་སོགས་ལས་གསལ་བར་འགྲུབ་ཅིང་། དེ་ལྟར་ན། བཀའ་གདམས་གླེགས་བམ་ལས། འཕགས་པ་རིགས་གསུམ་མགོན་པོ་ངོ་བོ་གཅིག་པར་གསུངས་པས། རྗེ་འདི་རིགས་གཞན་གཉིས་ཀྱི་རྣམ་རོལ་ཡིན་པའང་འགྲུབ་པར་མ་ཟད་གསང་བའི་རྣམ་པར་ཐར་པར་ཟུར་ཙམ་གསལ་བས་མཚོན་ཚད་མའི་ལུང་རིགས་གཞན་གྱིས་ཀྱང་སྤྱན་རས་གཟིགས་དང་གསང་བདག་དང་ངོ་བོ་གཅིག་པར་སྒྲུབ་ཏུ་ཡོད། དེ་ནི་རྗེ་བླ་མ་རིགས་གསུམ་གྱི་བདག་ཉིད་དུ་མོས་ནས་གསོལ་བ་འདེབས་པ་ཡིན་ལ། ཡང་རྗེ་འཇམ་དབྱངས་དང་། རྒྱལ་ཚབ་སྤྱན་རས་གཟིགས། མཁས་གྲུབ་གསང་བདག་གི་ངོ་བོར་མོས་ནས་དམིགས་བརྩེ་མས་གསོལ་བ་འདེབས་པའི་འཁྲིད་ཚུལ་ཀྱང་ཡོད་པར་གསུངས། དེ་ལྟར་གསོལ་བ་འདེབས་ཚུལ་གསུམ་གྱི་སྔ་མ་ནི། གཙོ་བོར་མཁས་པའམ་ལུང་གི་ཡོན་ཏན་གྱི་སྒོ་ནས་བསྟོད་པ་དང་། ཕྱི་མ་གཉིས་ནི་གྲུབ་པའམ་རྟོགས་པའི་ཡོན་ཏན་གྱི་སྒོ་ནས་པ་བསྟོད་པ་ཡིན་ལ། དེ་རྣམས་དྲན་བཞིན་པའི་སྒོ་ནས་ལེགས་པར་གསོལ་བ་བཏབ་ན་རིགས་གསུམ་མགོན་པོ་ལ་ཡང་གསོལ་བ་བཏབ་པར་འགྱུར་བ་དང་། དེ་རྣམས་ཀྱི་གཟུངས་སྔགས་ཟབ་མོ་བཟླས་པ་དང་འདྲ་བའི་ཕན་ཡོན་སོགས་ཐོབ་པར་འགྱུར་བ་གདོན་མི་ཟའོ། ཚུལ་དེ་ལྟ་བུས་གསོལ་བ་འདེབས་བཞིན་པར་དངོས་གྲུབ་ཞུ་བའི་དམིགས་པ་བྱ་ཚུལ་ནི། མ་དག་འཁྲུད་དང་མི་ཤེས་གསལ། །སྐྱུ་ཡིས་ཆེ་ཞིང་གསུང་གིས་གསལ། །ས་བོན་སྦྱར་བ་ཕྱག་མཚན་ཟབ། གླེགས་བམ་རལ་གྲི་གླེགས་རལ་གྱིས། །འཆད་དང་རྩོད་དང་རྩོམ་པའོ། །ཞེས་པའི་སྡོམས་ཚིག་ལྟར། མ་དག་པ་འཁྲུད་པའི་དམིགས་སྐོར་

སྔོན་དུ་བཏང་ནས་དངོས་གཞི་ལ། སྐུའི་སྒོ་ནས་ཤེས་རབ་ཆེ་བ། གསུང་གི་སྒོ་ནས་གསལ་བ། ཐུཏ་ས་བོན་གྱི་སྒོ་ནས་སྦྱར་བ། ཕྱག་མཚན་གྱི་སྒོ་ནས་ཟབ་པ། གླེགས་བམ་གྱི་སྒོ་ནས་འཆད་པ། རལ་གྲིའི་སྒོ་ནས་རྩོད་པ། གླེགས་རལ་གཉིས་ཀའི་སྒོ་ནས་རྩོམ་པའི་ཤེས་རབ་སྒྲུབ་ཚུལ་བདུན་ལས། དང་པོ་ནི། དེ་ལྟར་གསོལ་བ་བཏབ་པས་རྗེ་ཡབ་སྲས་གསུམ་མཉེས་ནས་ཐུགས་ཀ་ནས་འོད་དཀར་པོའི་སྦྲུ་གུ་ཕྲ་དུང་ལྟ་བུ་བརྒྱུད་པའི་སྣེ་གཅིག་ཏུ་ཕྱུར་པ་རང་གི་སྤྱི་བོའི་ཚངས་བུག་ལ་ཞུག། དེའི་ནང་བརྒྱུད་ཇོ་བོ་ཡེ་ཤེས་ལ་རྣམ་པ་བདུད་རྩི་དཀར་པོ་འོ་མའི་རྒྱུན་ལྟ་བུ་དཔག་ཏུ་མེད་པ་བབས། སྤྱི་བོ་ནས་ཞུགས་ལུས་ཀྱི་ནང་ཐམས་ཅད་གང་བས་ཆེ་རབས་ཐོག་མེད་ནས་བསགས་པའི་སྡིག་སྒྲིབ་དང་མི་ཤེས་པ་ཐམས་ཅད་དུད་ཁུ་དང་སོལ་ཁུའི་རྣམ་པ། ནད་གདོན་ཐམས་ཅད་སྦོམ་དང་སྡིག་པ་སྦལ་ལྕོང་ལ་སོགས་པའི་རྣམ་པར། ཕུ་ཆུ་ཆེན་པོས་རྡོ་སྦུར་ལ་སོགས་པ་དེད་པ་བཞིན་དུ་བ་སྤུའི་སྒོ་ཐམས་ཅད་ནས་ཕྱིར་དེད། ལུས་ཡེ་ཤེས་ཀྱི་བདུད་རྩིས་ཁྲིག་མེར་གྱིས་གང་ཞིང་གསལ་སིང་ངེ་བར་སོང་བར་བསམ། སླར་ཡང་གསོལ་བ་བཏབ་པས། སྦྲུ་གུ་ནས་འོད་ཟེར་དམར་སེར་གྱི་རྒྱུན་བབས་སྤྱི་བོ་ནས་ཞུགས་པས་ལུས་ཀྱི་ནང་ཐམས་ཅད་གང་། ཁྱད་པར་འདུད་རྩིའི་རྡུལ་ཕྲ་རབ་ཐམས་ཅད་རྗེ་བཙུན་འཇམ་དབྱངས་ཀྱི་སྐུའི་རྣམ་པས་བར་མཚམས་མེད་པར་གཏམས་པ། དེ་ཐམས་ཅད་ལས་འོད་ཟེར་འཕྲོས་པས་ཕྱོགས་བཅུའི་རྒྱལ་བ་སྲས་དང་བཅས་པའི་མཁྱེན་རབ་ཐམས་ཅད་རྗེ་བཙུན་འཇམ་དབྱངས་ཀྱི་སྐུའི་རྣམ་པ་དཔག་ཏུ་མེད་པར་སྤྱན་དྲངས། བ་སྤུའི་བུ་ག་ནས་ཞུགས། ལུས་ཀྱི་ནང་གི་འཇམ་དབྱངས་རྣམས་ལ་ཐིམས་པས་ལུས་ཀྱི་ནང་ཐམས་ཅད་ལྷ་སྐུ་འོད་ཟེར་དང་བཅས་པས་གསལ་སིང་སིང་བར་བྱས་ནས། མ་རིག་པའི་མུན་པ་དང་ཁྱད་པར་བླང་དོར་གྱི་གནས་རྣམས་རང་སྟོབས་ཀྱིས་འབྱེད་པ་ལ་རྨོངས་པ་ཐམས་ཅད་བསལ། ཤེས་བྱ་ཐམས་ཅད་ལ་བློ་གྲོས་ཀྱི་སྣང་བ་རྒྱས། ཐེ་བྲག་གསུང་རབ་ཀྱི་དགོངས་དོན་སོགས་བླང་དོར་གྱི་གནས་ཐམས་ཅད་རང་སྟོབས་ཀྱིས་འབྱེད་ནུས་པའི་ཤེས་རབ་རླབས་ཆེ་བ་ཐོབ་བྱུང་སྙམ་པའི་དམིགས་པ་མ་ཡེངས་པར་བྱ། གཉིས་པ་གསུང་གི་སྒོ་ནས་ཤེས་རབ་གསལ་བ་སྒྲུབ་པ་ལ། མ་དག་པ་འབྲུད་ཚུལ་སྔར་བཞིན་བྱས་ནས་གསོལ་བ་བཏབ། བདུད་རྩི་དམར་སེར་གྱི་རྒྱུན་བྱུང་། ལུས་ཀྱི་ནང་

ཐམས་ཅད་གང་། ཁྱད་པར་བདུད་རྩིའི་རྫུལ་ཕྲ་རབ་ཐམས་ཅད་ཨ་ར་པ་ཙ་ན་དང་། དམིགས་བརྩེ་མའི་ཡིག་འབྲུའི་རྣམ་པས་ལུས་ཀྱི་ནང་ཁྱབ། དེ་དག་ལས་འོད་ཟེར་འཕྲོས་རྒྱལ་བ་སྲས་བཅས་ཐམས་ཅད་ཀྱི་ཐུགས་རྒྱུད་ཀྱི་གསལ་བའི་ཤེས་རབ་ལ་སོགས་པའི་མཁྱེན་རབ་རྣམས། ཨ་ར་པ་ཙ་ན་དང་དམིགས་བརྩེ་མའི་ཡིག་འབྲུའི་རྣམ་པར་སྤྱན་དྲངས། ལུས་ཀྱི་ནང་གི་ཡིག་འབྲུ་རྣམས་ལ་ཐིམས་པས། ལུས་ཡིག་འབྲུ་འོད་ཟེར་དང་བཅས་པ་གང་བས་མི་ཤེས་པའི་མུན་པ་སྒྲི་བྲེ་བྲག་རྣམས་བསལ། ཀུན་བྱང་གི་ཆ་ཤས་ཕྲ་ཞིང་ཕྲ་བ་རྣམས་ཀྱང་ཀུ་ཤའི་རྩེ་ལྟར་མ་འདྲེས་པར་ཇི་ལྟ་བ་བཞིན་འབྱེད་ནུས་པའི་ཤེས་རབ་གསལ་བ་ཐོབ་བྱུང་སྙམ་དུ་བསམ། གསུམ་པ་ཐུགས་ས་བོན་གྱི་སྒོ་ནས་ཤེས་རབ་མྱུར་བ་སྒྲུབ་པ་ནི། མ་དག་པ་འབྲུད་པ་དང་གཞན་ཐམས་ཅད་སྔར་བཞིན་ལ། བདུད་རྩིའི་རྫུལ་ཕྲ་རབ་རྣམས་ཧྲཱིཿཡིག་གི་རྣམ་པ་དང་། སྤྱན་དྲངས་པའི་མཁྱེན་རབ་རྣམས་ཀྱང་ཧྲཱིཿཡིག་གི་རྣམ་པར་བསྒོམ་པའི་འོད་ཟེར་གྱིས་མི་ཤེས་པ་སྒྲི་བྲེ་བྲག་སྦྱངས། མ་རྟོགས་པ་དང་ཕྱིན་ཅི་ལོག་ཏུ་རྟོག་པ་དང་ཐེ་ཚོམ་གྱི་བློ་སྐྱེ་ས་མ་ཐག་འགོག་ནུས་པའི་ཤེས་རབ་མྱུར་བ་ཐོབ་བྱུང་སྙམ་དུ་བསམ། བཞི་པ་ཕྱག་མཚན་གྱི་སྒོ་ནས་ཟབ་པའི་ཤེས་རབ་སྒྲུབ་པ་ནི། མ་དག་པ་འབྲུད་པ་སོགས་སྔར་བཞིན་ལ། བདུད་རྩིའི་རྫུལ་ཕྲ་རབ་རྣམས་རལ་གྲི་དང་གླེགས་བམ་གྱི་རྣམ་པ་དང་། སྤྱན་དྲངས་པའི་མཁྱེན་རབ་རྣམས་ཀྱང་གླེགས་རལ་གྱི་རྣམ་པར་ཐིམས་པ་ལས་མི་ཤེས་པ་སྦྱངས། གསུང་རབ་ཀྱི་ཚིག་དོན་གང་ལ་ཡང་ཐོགས་རྡུག་མེད་ཅིང་རིགས་པ་མཐའ་ཡས་པའི་རྣམ་པར་འབྱེད་པ་འཇུག་ནུས་པའི་ཤེས་རབ་ཟབ་མོ་ཚད་བཟུང་མེད་པ་ཐོབ་བྱུང་སྙམ་དུ་བསམ། ལྔ་པ་གླེགས་བམ་གྱི་སྒོ་ནས་འཆད་པའི་ཤེས་རབ་སྒྲུབ་ཚུལ་ནི། མ་དག་པ་འབྲུད་པ་སོགས་སྔར་བཞིན་ལ། བདུད་རྩི་རྫུལ་ཕྲ་རབ་ཐམས་ཅད་གང་འཆད་རྒྱུའི་གླེགས་བམ་གྱི་རྣམ་པ་དང་། རྒྱལ་བ་སྲས་བཅས་སྔྲི་དང་བྲེ་བྲག་འཆད་པ་ལ་ཐོགས་པ་མེད་པའི་མཁས་པ་པཎྜི་ཏ་ལ་སོགས་པ་རྣམས་ཀྱི་འཆད་པའི་ཤེས་རབ་ཐམས་ཅད་སྔར་ལྟ་བུའི་གླེགས་བམ་གྱི་རྣམ་པར་སྤྱན་དྲངས་ནས་ཐིམས་པ་ལས་ལུས་ཀྱི་ནང་གླེགས་བམ་འོད་ཟེར་དང་བཅས་པས་གང་། གསུང་རབ་ཀྱི་ཚིག་དོན་ལ་རྨོངས་པའི་མི་ཤེས་པ་ཐམས་ཅད་སྦྱངས་ནས། ཚིག་དོན་ཇི་ལྟ་བ་བཞིན་ཁོང་དུ་ཆུད་ནས། གཞན་ལ་སྟོན་

ནུས་པའི་ཤེས་རབ་ཐོབ་བྱུང་སྣམ་པ་བྱེད། དྲུག་པ་རལ་གྲིའི་འཁོར་ལོའི་སྒོ་ནས་རྩོད་པའི་ཤེས་རབ་སྒྲུབ་པ་ནི། གཞན་ཐམས་ཅད་སྔར་བཞིན་ལ། བདུད་རྩིའི་རྡུལ་ཕྲ་རབ་རྣམས་རལ་གྲིའི་འཁོར་ལོ་ལྟེ་བར་རལ་གྲི་སོ་གཉིས་མ་གྲིབ་འགྲེང་གི་ཡུ་བ་གཡེར་ཁའི་ཁ་ལྷ་བུ་ནས་འཐོན་པའི་རལ་གྲིའི་རྩེ་བས་དྲུག ། དབུས་ཀྱི་རལ་གྲིའི་ཡུ་བའི་མཚམས་སུ་ཟླ་གདན་ལ་ཧྰིཿཡིག་ནང་གཉིས་ཀར་གསལ་བ་དང་། རྩེ་བས་དྲུག་གི་སྟེང་དུ་མ་རེག་ཙམ་གྱི་ཟླ་གདན་ལ་ཨོཾ་ཨ་ར་པ་ཙ་ན་ཞེས་པའི་ཡི་གེ་རེ་རེ་འམ་དམིགས་བརྩེ་མ། མཚམས་རྣམས་སུ་ཟླ་གདན་ལ་ཧྰིཿརེ་དང་བཅས་པའི་འཁོར་ལོའི་རྣམ་པར་གྱུར་བ་དང་། སྔོ་བྱེ་བྲག་གི་མཁྱེན་རབ་ཀྱང་དེ་ལྟ་བུའི་འཁོར་ལོའི་རྣམ་པར་སྤྲུན་དྲངས་ནས་ཐིམ། འཁོར་ལོ་གཡས་སྐོར་དུ་སྒྱུར་བར་འཁོར་བས་ཕས་རྒོལ་གྱི་ལོག་རྟོག་ཐམས་ཅད་འཛོམས་པ་ལ་སྤོངས་པའི་དྲ་བ་ཐམས་ཅད་བཅད། རྩོད་པ་ལ་ཐོགས་པ་མེད་པའི་ཤེས་རབ་ཁྱད་པར་ཅན་ཐོབ་བྱུང་སྣམ་པ་བྱེད། བདུན་པ་གླེགས་རལ་གཉིས་ཀའི་སྒོ་ནས་རྩོམ་པའི་ཤེས་རབ་སྒྲུབ་ཚུལ་ནི། གཞན་སྔར་བཞིན་ལ། བདུད་རྩིའི་རྡུལ་ཕྲ་རབ་རྣམས་གླེགས་བམ་དང་རལ་གྲིའི་འཁོར་ལོ་སྔར་ལྟ་བུའི་རྣམ་པ་དང་། སྔོ་དང་བྱེ་བྲག་གི་མཁྱེན་རབ་ཀྱི་ཡོན་ཏན་རྣམས་ཀྱང་དེ་འདྲའི་གླེགས་རལ་གྱི་རྣམ་པར་སྤྲུན་དྲངས་ནས་ཐིམས་པས་གང་རྩོམ་པ་ལ་སྤོངས་པའི་མི་ཤེས་པ་ཐམས་ཅད་སྦྲངས་ཤིང་རལ་གྲིས་བཅད། རྩོམ་པ་ལ་ཐོགས་མེད་ཀྱི་ཤེས་རབ་ཁྱད་པར་ཅན་ཐོབ་བྱུང་སྣམ་པ་བྱེད། དམིགས་སྐོར་བདུན་ལས་རང་གང་སྒྲུབ་འདོད་པ་དེ་ཉིད་བྱ་བ་ལས། ཐམས་ཅད་རིམ་བཞིན་བྱ་དགོས་པ་མིན་ཞིང་། གཞན་ཡང་ནད་ཞི་བའི་ཆེད་དུ་བྱེད་ན། བད་ཀན་ལ་བདུད་རྩི་སྔོན་པོ་བསིལ་བའི་རང་བཞིན་ཅན་དང་། མཁྲིས་པ་ལ་དཀར་པོ་བསིལ་བའི་རང་བཞིན་ཅན་དུ་བསྒོམ་པ་ལྟ་བུ་ནད་སོ་སོར་བདུད་རྩིའི་ཁ་དོག་དང་རེག་བྱའི་ཁྱད་པར་བསྒྱུར་བ་དང་། མགོན་པོ་འཇམ་དབྱངས་ཀྱི་བཀའ་ལས། ཞི་བ་དཀར་པོ་བད་དཀར་འཛིན། །མཆོག་སྦྱིན་སྐྱབས་སྦྱིན་ཕྱག་རྒྱ་ཅན། །བུམ་ཆུ་མེ་ལོང་ལ་སོགས་ཏེ། །ཞེས་སོགས་གསུངས་པའི་ཁ་དོག་དང་ཕྱག་མཚན་གྱི་ཁྱད་པར་སོགས་ལས་ཞི་རྒྱས་དབང་དྲག་གི་འཕྲིན་ལས་རབ་འབྱམས་ཀྱང་སྒྲུབ་ཚུལ་ཡོད་པ་བཞིན་སྐབས་སུ་གང་བབས་ཀྱི་བསྒྱུར་ཁ་ཤེས་པར་བྱས་ནས་ཉམས་སུ་ལེན་པར་བྱས་ཚོག་སྟེ། སྔར་བཀོད་པ་དེ་དག

དང་བཅས་པ་ལ་ད་དུང་རྒྱུད་དོན་མན་ངག་ཏུ་ཤར་བའི་བླ་མ་དམ་པའི་ཞལ་ལས་ཤེས་དགོས་པའི་གནད་ཀྱི་དོན་ཀུང་མང་དུ་ཡོད་པར་སྣང་ངོ་། །གསུམ་པ་མཇུག་གི་བྱ་བ་ནི། དེ་ལྟར་དམིགས་བརྩེ་མའི་སྒོ་ནས་གསོལ་འདེབས་ཇི་ཙམ་རིགས་པ་བྱས་རྗེས་སླར་ཡང་ལམ་གྱི་རིམ་པ་རྒྱུད་ལ་སྐྱེ་བའི་གསོལ་འདེབས་དམིགས་ཀྱིས་བསལ་བ་བྱེད་པར་འདོད་ན་འདི་ལྟར་བྱ་སྟེ། རྒྱལ་ཀུན་མཁྱེན་པའི་རང་གཟུགས་འཇམ་དཔལ་དབྱངས། །རིགས་དྲུག་འགྲོ་ལ་སྙིང་རྗེས་པད་དཀར་ཅན། །མཐུ་སྟོབས་མངའ་བདག་རྡོ་རྗེ་འཛིན་པའི་ལྷ། །རིགས་གསུམ་སྤྲུལ་རྡོ་རྗེ་ཙོང་ཁ་པ། །མགོན་ཁྱོད་སྐུ་གསུང་ཐུགས་གསང་ལས་འོངས་པའི། །བྱིན་མཐུས་རྡོ་རྗེ་གསུམ་དུ་བདག་བསྒྲུབ་ཅིང་། །དེང་ནས་བརྩམས་ཏེ་སྐྱེ་བ་ཐམས་ཅད་དུ། །མཉེས་བཞིན་རྗེས་སུ་འཛིན་པར་མཛད་དུ་གསོལ། །དལ་འབྱོར་ཡོན་ཏན་ཚང་བའི་རིན་ཆེན་ལུས། །རྣམ་དག་བསྟན་པའི་སྤྱོད་དང་མཇལ་དུས་འདིར། །འགྲུབ་ཀྱང་དེ་ཡི་མོད་ལ་འདོར་དགོས་པའི། །ཆོས་བརྒྱད་སྣང་ཞེན་ལྡོག་པར་བྱིན་གྱིས་རློབས། །འཆི་བདག་སྲོག་ལ་རྒོལ་བའི་ཚད་པ་དེ། །ནམ་ཡོང་ངེས་པ་མེད་པས་ཞེ་སྐྲག་ནས། །གནས་སྐབས་ཀུན་ཏུ་ཕན་ངེས་དམ་ཆོས་ལ། །བརྩོན་འགྲུས་དྲག་པོས་འབད་པར་བྱིན་གྱིས་རློབས། །མཁན་སློབ་ཡི་དམ་སྤྱན་སྔར་ཁས་བླངས་པའི། །སྡོམ་པ་གསུམ་གྱི་བཅས་མཚམས་ལ་སོགས་པ། །དཀར་ནག་ལས་རྣམས་ཕྲ་ཞིང་ཕྲ་བ་ལའང་། །བླང་དོར་ཚུལ་བཞིན་བྱེད་པར་བྱིན་གྱིས་རློབས། །ཐོག་མེད་ཞིག་ནས་རིགས་དྲུག་གནས་ངན་འདིར། །སྡུག་བསྔལ་འབའ་ཞིག་མྱོང་བའི་སྣང་ཚུལ་ལ། །གཏིང་ནས་ངེས་འབྱུང་སྐྱོ་ཤས་དྲག་པོ་ཡིས། །ཐར་པ་དོན་གཉེར་སྐྱེ་བར་བྱིན་གྱིས་རློབས། །གྲངས་མེད་སྐྱེ་བར་བདག་གི་དོན་གྱི་སླད། །སྡིག་དང་སྡུག་བསྔལ་ཐུག་རྡུས་ཆེས་མནར་བའི། །འགྲོ་རྣམས་ཕ་མར་མཐོང་ནས་སྙིང་རྗེ་དང་། །བྱང་ཆུབ་སེམས་མཆོག་འབྱོངས་པར་བྱིན་གྱིས་རློབས། །གདོད་ནས་སྤྲོས་པ་བྲལ་བའི་ཆོས་ཀྱི་དབྱིངས། །ལེགས་པར་རྟོགས་པའི་ཡང་དག་ལྟ་བ་དང་། །སྦྱིན་སོགས་བསོད་ནམས་རྒྱ་ཆེན་སྤྱད་པའི་ཚོགས། །ཟུང་འབྲེལ་ཉམས་སུ་ལེན་པར་བྱིན་གྱིས་རློབས། །ལས་རླུང་ཀུན་རྟོག་སྲིད་པའི་རྡ་བ་རྣམས། །སྦྱུར་ལམ་འཁོར་ལོའི་མཚོན་གྱིས་རབ་བཅད་ནས། །ཚེ་འདི་ཉིད་ལ་ཁྱབ་བདག་རྡོ་རྗེ་འཆང་། །སྐུ་བཞིའི་དབང་ཕྱུག་ཐོབ་པར་བྱིན་གྱི་རློབས། །ཞེས་པ་རྣམས་

དོན་དྲུག་བཞིན་པར་བརྗོད་ཅིང་བསྡུས་སྐབས་མ་བྱས་ཀྱང་ཆོག་གོ །དེ་ནས། དཔལ་ལྡན་རྩ་བའི་བླ་མ་རིན་པོ་ཆེ། །བདག་གི་སྙིང་གར་པདྨོའི་སྟེང་བཞུགས་ལ། །བཀའ་དྲིན་ཆེན་པོའི་སྒོ་ནས་རྗེས་བཟུང་སྟེ། །སྐུ་གསུང་ཐུགས་ཀྱི་དངོས་གྲུབ་སྩལ་དུ་གསོལ། །ཞེས་གསོལ་བ་བཏབ་པས། འཁོར་གསལ་བཏབ་ཡོད་ན་དེ་རྣམས་ཡབ་སྲས་གསུམ་ལ་ཐིམ་ཞིང་། སྲས་གཉིས་གཙོ་བོ་ལ་ཐིམ། དེ་གཉིས་ཀྱི་སེང་ཁྲི་ཡང་གཙོ་བོའི་ཁྲི་ལ་ཐིམ། ཡང་། དཔལ་ལྡན་རྩ་བའི་བླ་མ་རིན་པོ་ཆེ། ཞེས་སོགས་ཀྱིས་གསོལ་བ་བཏབ་པས། རྗེ་བླ་མའི་སེང་ཁྲི་པད་ཟླ་དང་བཅས་པ་རང་གི་ལུས་ཀྱི་དབུས་དྲང་ཐད་དུ་རྩ་དབུ་མ་གསལ་བཏབ་པའི་ཡར་སྣེ་ཚངས་བུག་ཏུ་ཁ་གདངས་རེར་ཡོད་པ་ནས་ཞུགས། དབུ་མའི་ནང་སྙིང་གའི་ཐད་དུ་རང་གི་སྙིང་ཀློས་གྲོན་དུ་བསླང་ནས་ཚལ་པ་བརྒྱད་དུ་གྱེས་པ་ལ་ཐིམས་པས་སྙིང་པདྨ་འདབ་བརྒྱད་ཀྱི་རྣམ་པར་གྱུར་པར་བསམ། ཡང་སྔར་བཞིན་གསོལ་བ་བཏབ་པས་རྗེ་བླ་མ་རང་དང་ཁ་བལྟ་ཕྱོགས་མཐུན་པར་སྤྱི་གཙུག་ནས་དབུ་མའི་ནང་བརྒྱུད་ཕྱིན། སྙིང་གའི་པད་མོའི་དབུས་སུ་རང་གི་རླུང་སེམས་ལ་ཐིམས་ནས་དབྱེར་མེད་དུ་འདྲེས་པ་ལས། དེ་ཉིད་རྗེ་བླ་མའི་སྐུར་གྱུར་པར་བསམས་ནས་པད་འདབ་རྣམས་སྡུངས་སྐུ་ཁ་བསྡུས་པ་ལྟར་འདུས་པའི་ནང་འོད་ཟེར་སྣ་ལྔས་ཞལ་ཞལ་བྱས་པ་ལྟ་བུའི་ཕྱིར་དམིགས་བརྩེ་མ་དང་ཨ་ར་པ་ཙ་ནའི་སྔགས་ཕྲེང་གིས་བཅིངས་པར་བསམ་པའི་རྩེར་རྡོ་རྗེ་ནག་པོ་རྩེ་ལྔ་པ་ཕྱེད་པའི་ཏོག་ལྷི་བས་མནན་པར་བསམ་ཞིང་། རྡོ་རྗེ་བསྒོམ་པ་འདི་མ་བྱས་ཀྱང་རུང་ལ་མཁས་གྲུབ་རྗེར་ཆིག་བརྒྱུད་ཀྱི་ཚུལ་དུ་གནང་བའི་བླ་མའི་རྣལ་འབྱོར་ལས། རྩ་དབུ་མའི་ཡར་སྣེ་འགགས་ནས། ནང་འོད་ཟེར་སྣ་ལྔས་ཞལ་ཞལ་བྱས་པའི་མོས་པ་བྱ་བར་ཡང་གསུངས། དཔལ་ལྡན་རྩ་བའི་བླ་མ་རིན་པོ་ཆེ། །ཞེས་སོགས་ཀྱི་གསོལ་འདེབས་ལན་ཅིག་ལས་མི་བྱེད་པ་ཡང་ཡོད་པས་གང་བདེ་བྱ། དེ་ནས་རྗེས་བསྔོ་བ་དང་སྨོན་ལམ་བྱ་བ་ནི། དེ་ལྟར་དངོས་གྲུབ་མ་ལུས་འབྱུང་བའི་གནས། །རྗེ་བཙུན་བླ་མ་མཆོད་ཅིང་གསོལ་བཏབ་མཐུས། །སྐྱེ་བ་ཀུན་ཏུ་འཇམ་དབྱངས་བླ་མ་ཡིས། །མཉེས་བཞིན་རྗེས་སུ་འཛིན་པ་ཉིད་གྱུར་ཅིག །རིན་ཆེན་དུ་མ་ལས་གྲུབ་དགའ་ལྡན་ཞིང་། །ངོ་མཚར་བྱེ་བའི་དབུས་ན་མི་ཕམ་མགོན། །ལེགས་པར་བསྒོམས་པས་རྣམ་དག་ཞིང་བསྒྲུབ་ཅིང་། །ཚེ་འཕོས་མོད་ལ་གནས་དེར་སྐྱེ་བར་ཤོག །རྗེ་

བཙུན་ཐུགས་ཀ་ནས་འཁྲོས་སྤྲིན་དཀར་ཡུག །བརྐྱང་བའི་སྣེ་མོར་བླ་མ་སྲས་དང་བཅས། །སྤྲིན་
དྭངས་ཡན་ལག་བདུན་གྱིས་ཚོགས་བསགས་པས། །བདག་རྒྱུད་བདེ་བླ་ཉིད་དུ་སྨིན་པར་ཤོག །
དུས་གསུམ་རྒྱལ་བའི་མཁྱེན་བརྩེ་ནུས་པ་རྣམས། །ཟུང་འཇུག་སྤྲུལ་སྐུར་ཤར་བའི་རྣམ་འདྲེན་གང་།
རིགས་གསུམ་ངོ་བོར་ཐག་བཅད་གསོལ་བཏབ་མཐུས། །མཆོག་ཐུན་དངོས་གྲུབ་མ་ལུས་སྩོར་ཐོབ་
ཤོག །ཁྱད་པར་དག་པ་ཡེ་ཤེས་བདུད་རྩིའི་ཆུས། །སྒོ་གསུམ་སྡིག་སྒྲིབ་མི་ཤེས་ཀུན་འཁྲུད་ཅིང་།
འཆད་རྩོད་རྩོམ་སོགས་མཐས་ཡས་ཤེས་བྱ་ལ། །བློ་གྲོས་མགོན་པོ་འཇམ་དབྱངས་མཚུངས་པར་
ཤོག །བྱུང་ཤར་ངོ་མཚར་རྨད་བྱུང་བཀོད་པའི་ཞིང་། །རྣམ་འདྲེན་སེང་གེའི་ང་རོའི་ཞབས་དྲུང་དུ།
འཁོར་གྱི་ཐོག་མར་སྐྱེ་ས་ནས་མདོ་སྔགས་ལ། །ཐོས་བསམ་བསྒོམ་པས་རྟག་ཏུ་འདའ་བར་ཤོག །
མདོར་ན་སྐྱེ་ཞིང་སྐྱེ་བ་ཐམས་ཅད་དུ། །རྗེ་བཙུན་བློ་བཟང་གྲགས་པ་ཡབ་སྲས་དང་། །མི་འབྲལ་
རྒྱལ་བའི་ཆོས་ཚུལ་ཀུན་བཟུང་ནས། །བསྟན་དང་འགྲོ་བའི་དོན་ཆེན་ལྷུར་ལེན་ཤོག །ཅེས་སོགས་
བསྔོ་བ་དང་སྨོན་ལམ་རྣམ་པར་དག་པས་མཐའ་བརྒྱན་པར་བྱ། སྙིང་གའི་བླ་མའི་སྐུའི་བཀོད་པ་
འཆི་ཁ་བར་དུ་མི་བསྒྱུ་བར་འཛོག་པས་ཐུན་རྗེས་མ་སོགས་ཀྱི་ཚེ་མདུན་གྱི་གསོལ་བ་འདེབས
ཡུལ་རིམ་གྱིས་བྱོན་པ་སྙིང་གའི་ཐུགས་འཕྲེང་གི་ཐག་པ་དཀྱིལ་ནས་པད་འདབ་རྣམས་སྟེར་ལྷོར་
གྱིས་བའི་དབུས་ཀྱི་བླ་མ་ལ་ཐིམ་པར་བསམ་ཞིང་། རྒྱུན་དུ་སྙིང་གའི་རང་སེམས་བླ་མའི་ངོ་བོར་
གསལ་བ་ཡང་ཡང་དྲན་ནས་དེ་ལ་གསོལ་བ་གདབ་པ་དང་། །ཁ་ཟས་ཀྱི་ཚེ་བཟའ་བཏུང་བདུད་རྩིར་
མོས་ནས་སྙིང་གའི་བླ་མ་ལ་ཕུལ་ནས་མཆོད་པའི་མོས་པ་བྱ་ལ། གཞན་ཡང་ཅིར་སྣང་ཐམས་ཅད
བླ་མའི་གསང་བ་གསུམ་གྱི་ངོ་བོར་བསྒོམས་ནས་གསོལ་བ་འདེབས་པ་དང་། དེ་ཐམས་ཅད་ཀྱང་
རང་གི་བློས་པར་བཏགས་པ་ཙམ་མ་གཏོགས་ཡུལ་གྱི་ངོས་ནས་གྲུབ་པ་རྡུལ་ཙམ་ཡང་མེད་པའི་ལྟ་
བས་རྒྱས་བཏབ་སྟེ་རྨི་ལམ་དང་སྒྱུ་མ་ལྟ་བུར་ཤར་བའི་ངང་ནས་དགེ་སྦྱོར་ཐམས་ཅད་ཀྱི་མཆོག
བླ་མའི་རྣལ་འབྱོར་སྦྱོང་བ་ལ་འབད་པར་བྱའོ། །སྲས་བཅས་རྒྱལ་བའི་མཁྱེན་རབ་འཆི་མེད་བཅུད།
རིངས་པར་འབྱུང་བའི་མཚན་བཟང་འདབ་བརྒྱའི་ཁ། །ལུས་ཅན་ཡོངས་ལ་མ་འདྲིས་མཛའ་བཤེས
སུ། །ཉེ་བར་འཛུམ་པའི་མགོན་གཅིག་ཙོང་ཁ་པ། །མཐའ་དང་ཐོགས་པ་ཡོངས་བྲལ་ནམ་མཁའི་

དབྱིངས། །ཕྱོགས་བཅུ་གར་ཡང་མི་འཇུག་གོ་སྐབས་ཅི། །དེ་བཞིན་འཇམ་དབྱངས་བླ་མའི་འཕྲིན་ལས་ཀྱིས། །ཉེ་བར་མ་བཟུང་ལུས་ཅན་དམིགས་སུ་མེད། །འོན་ཀྱང་དངོས་གྲུབ་བླ་མེད་འདུས་པའི་ཆབ། །དག་བྱེད་གཙྭ་གསར་པ་དེ་ཡི་སྐད། །མི་བྱེད་དད་གུས་སྐལ་ལྡན་ཤིང་རྟ་ཡི། །བརྩོན་པའི་ཚོ་ག་ལ་བལྡོས་རྟེན་འབྲེལ་མ་སླུ། །དེ་ཕྱིར་གསོལ་འདེབས་རྣལ་འབྱོར་བྱ་བའི་རིམ། །འདི་བཀོད་དགེ་བས་ཚེ་རབས་ཐམས་ཅད་དུ། །བློ་བཟང་གྲགས་པའི་བཤད་དང་སྒྲུབ་པའི་བསྟན། །བཟུང་ལ་སྐྱོང་སྤོབས་བརྩོན་པ་མི་ལྷོད་ཤོག །ཁྱད་པར་དུས་ཀྱི་མཐའ་འདིར་མདོ་སྔགས་བསྟན། །ཉན་བཤད་སྒྲུབ་པས་ཚུལ་བཞིན་གསལ་ནུས་ཤིང་། །དེ་ཡི་འགལ་རྐྱེན་མི་མཐུན་ཀུན་ཞི་ནས། །མཐུན་རྐྱེན་ལེགས་ཚོགས་ཡིད་བཞིན་ལྷུན་གྲུབ་ཤོག

།ཅེས་རྒྱལ་བ་ཀུན་གྱི་མཁྱེན་བརྩེ་ནུས་གསུམ་གྱི་བདག་ཉིད་རྗེ་བཙུན་བླ་མ་ཙོང་ཁ་པ་ཆེན་པོ་ལ་དམིགས་བརྩེ་མའི་གསོལ་འདེབས་འགྲེལ་བའི་བླ་མའི་རྣལ་འབྱོར་བྱ་ཚུལ་དགའ་ལྡན་ལྷ་བརྒྱ་མར་གྲགས་པའི་དམིགས་སྐོར་ཉམས་སུ་ལེན་ཚུལ་དངོས་གྲུབ་ཀུན་འབྱུང་ཞེས་བྱ་བ་འདི་ནི་མཚན་བརྗོད་པར་དཀའ་བའི་དྲིན་ཅན་རྩ་བའི་བླ་མ་ཁྱབ་བདག་རྡོ་རྗེ་སེམས་མཆོག་ཁྲི་ཆེན་ངག་དབང་མཆོག་ལྡན་པའི་ཞལ་སྔ་ནས་ཀྱིས་འདིའི་ཁྲིད་ཡིག་ཅིག་རྩོམས་ཤིག་བཀས་གནང་བ་དང་། བསྟན་པའི་གསལ་བྱེད་ཛ་ཡ་པཎྜི་ཏ་ཧུ་ཐོག་ཐུས་ཀྱང་བསྐུལ་མ་མཛད་པ་བཅས་རྩོམ་འདུན་གྱི་ཐོག །ཁལ་ཁ་གཡོན་ཏུ་ཐུ་ཤེ་ཡེ་གུང་རྒྱལ་མཚན་གྱི་ཤོག །དྷཱ་བླ་མ་ཨེརྟེ་ནི་དར་ཧན་ཤེ་རྟེ་གེ་ཐུ་བློ་བཟང་བསོད་ནམས་དང་། ནང་སོ་བློ་བཟང་བརྩོན་འགྲུས། དཀའ་བཅུ་བློ་བཟང་ཆོས་དབང་གསུམ་གྱིས་བླ་མའི་རྣལ་འབྱོར་འདི་གཞི་དམིགས་རིམ་སྦྱོར་དངོས་རྗེས་གསུམ་ཚང་བའི་ཁ་གསལ་ཕྱིར་བདེ་བ་ཞིག་དགོས་ཚུལ་དོན་གཉེར་ཆེན་པོས་བསྐུལ་བ་ལ་བརྟེན་ནས་འདི་གཞི་ཁྲིད་ཡིག་གྲུབ་མཆོག་འཇམ་དཔལ་རྒྱ་མཚོས་མཛད་པ་ལ་གཞི་བྱས་ཏེ་རྗེ་བླ་མའི་བསྟན་པ་ལ་ཤེས་ནས་དད་པ་ཐོབ་པའི་ཤཱཀྱའི་དགེ་སློང་བློ་བཟང་བསྐལ་བཟང་རྒྱ་མཚོས་སྨུག་བྲིས་སུ་བགྱིས་པ་འདིས་འགྲོ་བ་མཐའ་དག་ལ་ཕན་པ་རྒྱ་ཆེན་པོ་འབྱུང་བར་གྱུར་ཅིག །

༄༅། །དམིགས་བརྩེ་མའི་སྒོ་ནས་བྱབས་ཁྲུས་བྱ་ཚུལ་སྡུག་བསྔལ་ཀུན་སེལ་ཞེས་བྱ་བ་བཞུགས་སོ། །

༄༅། །ན་མོ་གུ་རུ། འདིར་དམིགས་བརྩེ་མའི་སྒོ་ནས་བྱབས་ཁྲུས་བྱ་ཚུལ་བཤད་པ་ལ། སྤྱིར་དམིགས་བརྩེ་མའི་ལས་ཚོགས་བྱེད་པ་ལ་འཇིགས་བྱེད་ཀྱི་བསྙེན་པ་སྔོན་དུ་སོང་ན་ལེགས་ཤིང་། དམིགས་བརྩེ་མའི་བསྙེན་པ་སྔོན་དུ་ངེས་པར་འགྲོ་དགོས་པས་དེའི་ཚུལ་ནི་པཎ་ཆེན་རིན་པོ་ཆེས་མཛད་པ་ལས་ཤེས་པར་བྱ། འདིར་ནི་ནད་གདོན་གྱི་གནོད་པ་སེལ་ཐབས་བྱབས་ཁྲུས་བཟའ་ཡིག་དང་བཅས་བརྗོད་པར་བྱའོ། །དེ་ལ་བུམ་པ་ཆུ་གཙང་བུམ་རྫས་ཉེར་ལྔ་བཅས་ཀྱིས་རན་པར་གང་བ་དང་། ཡོན་བདག་གི་དྲི་གླུད་སོགས་དང་། རྒྱ་ཤོག་སེར་པོ་ལ་དམིགས་བརྩེ་མ་ཚིག་རྐང་རེ་རེ་སོ་སོར་བྲིས་པ་མདུག་ནས་སྒྲིལ་བའི་བཟའ་ཡིག་སོགས་གང་དགོས་རྣམས་བཤམས། མངོན་རྟོགས་རྒྱས་པ་བསྒོམ་ན་ལེགས་ཀྱང་འདིར་བསྡུས་པའི་དབང་དུ་བྱས་ན། སྐྱབས་སེམས་སྔོན་དུ་བཏང་། རང་ཉིད་སྐད་ཅིག་གིས་རྗེ་བཙུན་ཙོང་ཁ་པ་ཆེན་པོའི་སྐུར་གསལ་བར་གྱུར་ ཅེས་བསྐྱེད། བུམ་པ་ཨ་སྲི་ཏས་བསང་སྦྱངས། སྟོང་པའི་ངང་ལས་པཾ་ལས་བྱུང་བའི་རིན་པོ་ཆེའི་བུམ་པ་དཀར་པོ་ལྟོ་བ་ཆེ་བ་མགྲིན་པ་རིང་བ་མཆུ་འབྱུང་བ་ལ་སོགས་པ་མཚན་ཉིད་ཐམས་ཅད་དང་ལྡན་པར་གྱུར། ཨོཾ་ཏྲཊེ་ཏྲཊེ་མཏྲ་ཏྲཊེ་ཡེ་སྭཱ་ཧཱ། ལྷའི་ཆུ་བོ་གངྒཱ་དང་བུམ་པའི་ཆུ་དབྱེར་མི་ཕྱེད་པར་གྱུར། བུམ་པའི་ནང་དུ་ཟླ་བའི་དཀྱིལ་འཁོར་གྱི་སྟེང་དུ་ཏྲཱཾ་ཡིག་གི་མཐའ་སྐོར་དུ་དམིགས་བརྩེ་མའི་ཡིག་འབྲུ་ཤེལ་ལྟར་འོད་འཚེར་བས་བསྐོར་བ་ལས་འོད་ཟེར་འཕྲོས། ཕྱོགས་བཅུའི་སངས་རྒྱས་དང་བྱང་ཆུབ་སེམས་དཔའ་ཐམས་ཅད་ཀྱི་བྱིན་རླབས་དང་། ཁྱད་པར་དུ་ཡང་དགའ་ལྡན་གྱི་གནས་ནས་ཆོས་ཀྱི་རྒྱལ་པོ་ཙོང་ཁ་པ་ཆེན་པོའི་སྐུ་གསུང་ཐུགས་ཀྱི་བྱིན་རླབས་ཐམས་ཅད་རྗེ་བླ་མའི་སྐུ་དང་ཕྱག་མཚན་དང་ས་བོན་ཏྲཱཾ་ཡིག་དང་། རྡོ་རྗེ་འཇིགས་བྱེད། ཕྱག་རྡོར་རྟ་མགྲིན་ལ་སོགས་པའི་རྣམ་པར་སྤྱན་དྲངས། བུམ་པའི་ནང་གི་དམིགས་བརྩེ་མ་ལ་ཐིམ་ཞིང་དེ་ལས་བདུད་རྩིའི་རྒྱུན་བབས་ནས་བུམ་པའི་ཆུ་ལ་ཐིམ་པས་དག་བྱེད་ཀྱི་བདུད་རྩིའི་རྒྱ་མཚོ་ཆེན་པོར་གྱུར་བར་བསམ་ལ་གཟུངས་ཐག

ནས་བཟུང་སྟེ་དམིགས་བརྩེ་མ་ཅི་འགྲུབ་བཟླ། མཐར་གཟུངས་ཐག་བསྡུ། ཡིག་འབྲུ་བཟླ་བ་དང་བཅས་པ་འོད་དུ་ཞུ་ནས་རྩ་ལ་ཐིམ་པར་གྱུར་བར་བསམ་ནས། ནད་པ་ལ་ཁྲུས་བྱ་ཞིང་། དམིགས་བརྩེ་མའི་མཐར། སངས་རྒྱས་ཀྱི་བདེན་པ་དང་། ཆོས་ཀྱི་བདེན་པ་དང་། དགེ་འདུན་གྱི་བདེན་པ་དང་། ཆོས་ཀྱི་རྒྱལ་པོ་ཙོང་ཁ་པ་ཆེན་པོའི་བདེན་པ་དང་། བདེན་པ་ཆེན་པོའི་བྱིན་གྱིས་རླབས་ཀྱིས་བསྒྲུབ་བྱ་འདིའི་ལུས་ངག་ཡིད་གསུམ་ལ་གནོད་པའི་སྡིག་པ་དང་སྒྲིབ་པ་ཐམས་ཅད་ཤཱནྟིཾ་ཀུ་རུ་ཡེ་སྭཱ་ཧཱ། ནད× གདོན× རིམས× ཁོན× གྲིབ× བྱད× བྱུར× སྐྱལ་པ་ངན་པ× ལྟས་ངན་པ×རྨི་ལམ་ངན་པ× མཚན་མ་ངན་པ× བཀྲ་མི་ཤིས་པ× ཉེ་བར་འཚེ་བ× དུས་མ་ཡིན་པར་འཆི་བ× སྟེང་གདོན་གཟའ་དང་རྒྱ་སྐར་སོགས་ཀྱི་གནོད་པ× བར་གདོན་བཙན་དང་རྒྱལ་འགོང་སོགས་ཀྱི་གནོད་པ× འོག་གདོན་ཀླུ་དང་ས་བདག་སོགས་ཀྱི་གནོད་པ× མདོར་ན་བར་ཆད་མི་མཐུན་པའི་ཕྱོགས་ཐམས་ཅད་ཤཱནྟིཾ་ཀུ་རུ་སྭཱ་ཧཱ། ཞེས་མང་དུ་འཁྲུས་པས། ནད་གདོན་སྡིག་སྒྲིབ་ཐམས་ཅད་དབང་པོའི་སྒོ་དང་བ་སྤུའི་བུ་ག་ཐམས་ཅད་ནས་སྡིག་པ་དང་སྨལ་ལྗོང་དང་དུག་གི་ཁྲུ་བའི་རྣམ་པར་ཐོན་ཏེ་ལུས་ཐམས་ཅད་ཤེལ་གོང་དྭལ་ཕྱིས་པ་ལྟ་བུར་གྱུར་བར་སྒོམས། ཁར་ཆུ་ཙུང་ཟད་འཛིན་ཏུ་བཅུག་ལ་རྨ་བྱའི་སྒྲོའི་ཆུན་པོ་ཐོགས་ཏེ། རྡོ་རྗེ་དང་བཅས་པའི་རྨ་བྱའི་སྒྲོའི་ཆུན་པོའི་རྩེ་མོར་ཟླ་བ་ལ་གནས་པའི་ཧྲཱི་ཡིག་དམིགས་བརྩེ་མའི་ཡིག་འབྲུ་དང་བཅས་པ་ལས་སྤྲོས་པའི་འོད་ཟེར་གྱིས་བཀྲུས་པས་མ་དག་པའི་ལྷག་མ་རྣམས་བྱབས་ཤིང་དེད་དེ་ཁའི་ནང་གི་ཆུ་ལ་ཐིམ་པར་གྱུར། དམིགས་བརྩེ་མ་བདེན་སྟོབས་སོགས་སྔར་བཞིན་ལ་ཤཱནྟིཾ་ཀུ་རུའི་ཚབ་ཏུ། ཨ་པ་ན་ཡེ་སྭར་ཧེ་ཕྱབ། ཁའི་དྲི་ཆུ་དྲི་གླུད་ཀྱི་སྟེང་དུ་འདོར་དུ་བཞུག དྲི་ཆུ་གླུད་བཅས་ནད་པ་ལ་གཡས་སུ་བསྐོར་རམ་མདུན་དུ་བཞག་ནས། ཨོཾ་ཨ་ཀཱ་རོ× ཨོཾ་ཨཱཿཧཱུྃ་ཕཊ་སྭཱ་ཧཱ། ལན་བདུན་ནམ་གསུམ་བརྗོད། སངས་རྒྱས་ཀྱི་བདེན་པ་དང་། ཆོས་ཀྱི× དགེ་འདུན་གྱི× ཆོས་ཀྱི་རྒྱལ་པོ་ཙོང་ཁ་པ་ཆེན་པོའི་བདེན× བདེན་པ་ཆེན་པོའི་བྱིན་གྱིས་རླབས་ཀྱིས་བསྒྲུབ་བྱ་འདི་ལ་གནོད་ཅིང་འཚེ་བའི་གདོན་བགེགས་ཐམས་ཅད་དྲི་ཆུ་དྲི་གླུད་འདིས་ཚིམ་པར་གྱིས་ལ་རང་རང་སོ་སོའི་གནས་སུ་སོང་ཞིག། །གལ་ཏེ་མི་འགྲོ་ན་ཁྲོ་བོ་ཡེ་ཤེས་ཀྱི་རྡོ་རྗེ་མེ་རབ་ཏུ་འབར་བ་རྣམས་ཀྱིས་བསྲེག་ཅིང་རྣམ་པར་འཇོམས་པར་གདོན་མི་ཟའོ། སུམྦྷ་ནི་བརྗོད། ཡུངས་དཀར་གྱིས་བྲབ། གུ་གུལ་གྱིས་བདུག །རོལ་མོ་དྲག་ཏུ་བྱ། དྲི་ཆུ་གླུད་བཅས་ཕྱི་རོལ་ཏུ་དོར་རོ། །དེ་ནས་བསྲུང་འཁོར་གཏོང་ཞིང་། སངས་རྒྱས་རྣམས་ནི་བདུད་ལས་རྒྱལ། །ཆོས་

ནི་ཆོས་མ་ཡིན་ལས་རྒྱལ། །དགེ་འདུན་མུ་སྟེགས་རྣམས་ལས་རྒྱལ། །དབང་པོ་ལྷ་མིན་རྣམས་ལས་རྒྱལ། ནམ་མཁའ་ལྡིང་ནི་རྒྱ་མཚོ་ལས། །རྒྱལ་ཏེ་རླུང་ནི་སྤྲིན་ལས་རྒྱལ། །རྡོ་རྗེ་ཡིས་ནི་རིན་ཆེན་ཕུག །ལྷ་རྣམས་བདེན་པར་གྲགས་པ་ལས། །ས་ཡང་བདེན་པར་རབ་ཏུ་གྲགས། །ཆུ་དང་རླུང་ནི་བདེན་པ་སྟེ། །བདེན་པ་རྒྱལ་འགྱུར་རྫུན་མ་ལགས། །བདེན་པ་དང་བདེན་པའི་ཚིག་འདི་དག་གིས་བསྒྲུབ་བྱ་འདི་ཉིད་བདུད་དང་མི་མཐུན་པའི་ཕྱོགས་ཐམས་ཅད་དང་། ཁྱད་པར་དུ་ཡང་གདོན་བགེགས་ཐམས་ཅད་ལས་རྒྱལ་ནས་ཞེན་ཏུ་བཀྲ་ཤིས་པར་གྱུར་ཅིག །དེ་ནས་ཀུ་ཤས་བུམ་ཆུ་གཏོར་ཞིང་དམིགས་བཅུ་མ་བརྗོད་པའི་མཐར། སངས་རྒྱས་ཀྱི× ཆོས་ཀྱི× དགེ་འདུན་གྱི× ཆོས་ཀྱི་རྒྱལ་པོ་ཙོང་ཁ་པ་ཆེན་པོའི་ལྷ་ཚོགས་འཁོར་དང་བཅས་པ་རྣམས་ཀྱི་བདེན་པ་དང་། བདེན་པ་ཆེན་པོའི་བྱིན་གྱིས་བརླབས་ཀྱིས་བསྒྲུབ་བྱ་འདིའི་ལུས་ངག་ཡིད་གསུམ་ལ་གནོད་པའི་ནད་གདོན་འདི་རྣམས་ཞི་བར་གྱུར་ཅིག །རབ་ཏུ་ཞི་བར་གྱུར་ཅིག །ཀུན་ཏུ་རབ་ཏུ་ཞི་བར་གྱུར་ཅིག། ཅེས་བརྗོད་ཅིང་། རང་ཉིད་རྗེ་བླ་མར་གསལ་བའི་ཐུགས་ཀ་ནས་འོད་ཟེར་དཔག་ཏུ་མེད་པ་འཕྲོས། སྒྲུབ་བྱའི་ལུས་ལ་ཕོག་པས་ནད་གདོན་དེ་དག་ཐམས་ཅད་འོག་སྒོ་ནས་ནག་འདུར་ཏེ་ཐོན། ལུས་ཞེལ་གོང་རྡུལ་ཕྱིས་པ་ལྷ་བུར་གྱུར་སོང་སྙམ་པ་དང་བཅས་ཏེ་བུམ་ཆུས་འཁྲུས་ནས་དམིགས་བཅུ་མ་བཟླས་ཏེ་ཕུ་བཏབ་པའི་བཟའ་ཡིག་སྟེར། གྲུབ་ན་མཐིང་ཤོག་བཟང་པོ་ལ་གསེར་དངུལ་གྱིས་བྲིས་པའི་དམིགས་བཅུ་མ་ལེགས་པར་རབ་གནས་ཀྱིས་ག་ཤམ་ནས་བསྒྲིལ་ཏེ་བསྲུང་རུར་ཁྲ་བོས་བྱ་ཅིངས་ནས་མགུལ་དུ་བཏགས། རྡོ་རྗེ་སློབ་མའི་སྙིང་ཁར་ཀླྃ་བ་ལ་ཧྲཱྀ་ཡིག་གི་མཐར་དམིགས་བཅུ་མས་བསྐོར་བ་ལས་འོད་ཟེར་འཕྲོས། ལུས་ཀྱི་ཤ་སྤྱི་པགས་མཚམས་ཐམས་ཅད་རྡོ་རྗེའི་རྡུལ་ཕྲ་རབ་གྱིས་ཁྱབ་པས་གདོན་བགེགས་ཀྱིས་གླགས་མི་རྙེད་པར་བསམ་ལ། དམིགས་བཅུ་མའི་མཇུག་ཏུ། སངས་རྒྱས་ཀྱི་བདེན་པ་དང་། ནས་ སྒྲིབ་པ་ཐམས་ཅད་ལས་རཀྵ་རཀྵ། ཞེས་སོགས་ཀྱིས་བསྒྲུབ་བྱའི་གནས་རྣམས་སུ་རྡོ་རྗེ་རྒྱ་གྲམ་དུ་རེག ། དེ་ནས། མཆོག་གསུམ་བསླུ་བ་མེད་པའི་བྱིན་རླབས་དང་། ཁམས་གསུམ་ཆོས་ཀྱི་རྒྱལ་པོའི་མཐུ་སྟོབས་ཀྱིས། །བསྒྲུབ་བྱ་འདི་ལ་བདག་གིས་བསྲུང་ཞིན་གྱིས། །འདི་ལ་སུས་ཀྱང་གནོད་པ་མ་བྱེད་ཅིག། བཛྲ་རཀྵ་རཀྵ། ཆེ་བའི་ཆེ་མཆོག་སྟོན་པ་བླ་ན་མེད། ཅེས་སོགས་ཀྱི་ཤིས་པ་བརྗོད་པར་བྱའོ། །འདིས་ནི་རྒྱལ་གཟེར་གྱིས་གདུངས་པ་དང་། གདོན་གྱིས་བརླབས་པ་དང་། བྱིས་པ་བྱི་གདོན་གྱིས་གཅེས་པ་དང་། གླུའི་

གདོན་གྱིས་གནོད་པ་དང་། ཟླ་མ་དང་། ཉང་སྔོང་དང་། ཀན་པོ་དང་། བརྗེད་བྱེད་དང་། སྨྱོ་བྱེད་ལ་སོགས་པའི་གདོན་བགེགས་ཀྱི་གནོད་པ་ཐམས་ཅད་ལ་ཤིན་ཏུ་ཕན་པར་གསུངས་སོ། ཅེས་པ་འདི་ཡང་པན་ཆེན་ཐམས་ཅད་མཁྱེན་པའི་དགོངས་པ་ལྟར་ཚུལ་ཁྲིམས་ཀྱིས་ཁྲིས་པ་འགྲོ་བ་ཡོངས་ལ་ཕན་ཐོགས་པར་གྱུར་ཅིག། མངྒ་ལཾ།། །

༄༅། །རྗེ་བླ་མའི་རྣལ་འབྱོར་གྱི་སྒོ་ནས་དམིགས་བརྩེ་མ་ལ་བརྟེན་པའི་ཆར་འབེབ་བྱ་ཚུལ་བཞུགས་སོ།། །

༄༅། །ན་མོ་གུ་རུ་མཉྫུ་གྷོ་ཥ་ཡ། འདིར་འཇམ་མགོན་རྒྱལ་བའི་དབང་པོ་ཙོང་ཁ་པ་ཆེན་པོའི་རྣལ་འབྱོར་གྱི་སྒོ་ནས་
དམིགས་བརྩེ་མ་ལ་བརྟེན་པའི་ཆར་འབེབ་བྱ་ཚུལ་ལ་སྔོན་འགྲོ་དངོས་གཞི། མཇུག་གསུམ། དང་པོ་ནི། གནས་ཁང་བྱི་དོར་བྱ་ཞིང་རྗེ་
བླ་མའི་བྲིས་འབུར་གྱི་སྐུ་གང་ཡང་རུང་བའི་མདུན་དུ་མཆོད་རྫས་གཙང་ཞིང་ཡིད་དུ་འོང་བ་བཤམས། རང་ཉིད་བསྟན་བདེ་བ་ལ་འདུག་
དེ། དགེ་སེམས་ཁྱད་པར་ཅན་གྱི་ངང་ནས། མདུན་དུ་སྐྱབས་ཡུལ་གསལ་བཏབ་ལ། བླ་མ་ལ་སྐྱབས་སུ་མཆིའོ། སངས་
རྒྱས་ལ་སྐྱབས་སུ་མཆིའོ། ཆོས་ལ་སྐྱབས་སུ་མཆིའོ། དགེ་འདུན་ལ་སྐྱབས་སུ་མཆིའོ། ཞེས་དམིགས་
པ་དང་བཅས་ཏེ་སྐྱབས་འགྲོ་བཞི་སྐོར་ལན་གསུམ་བྱ། དེ་ནས་སངས་རྒྱས་ཆོས་ཚོགས་མ་ལན་གསུམ་གྱི་སེམས་བསྐྱེད།
ཚད་མེད་བཞི་བསྒོམས། ཚོགས་ཞིང་ནི། རང་གི་སྤྱི་བོར་སེང་ཁྲི་ཆེན་པོ་བརྒྱད་ཀྱིས་བཏེགས་པའི་རིན་པོ་ཆེའི་
ཁྲིའི་སྟེང་དུ་སྣ་ཚོགས་པདྨ་དང་ཟླ་བའི་གདན་ལ། སྐྱབས་ཡུལ་མ་ལུས་པ་འདུས་པའི་བདག་ཉིད།
རྗེ་བླ་མ་ཙོང་ཁ་པ་ཆེན་པོ་སྐུ་མདོག་དཀར་ལ་དམར་བའི་མདངས་ཆགས་པ། ཞལ་འཛུམ་པའི་
ཉམས་དང་ལྡན་ཞིང་། ཕྱག་གཉིས་ཆོས་འཁོར་གྱི་ཕྱག་རྒྱས་ཨུཏྤལའི་ཡུལ་བ་ནས་བཟུང་བའི་
འདབ་མ་སྟོན་གཡས་གཡོན་གྱི་ཐད་ཀར་ཁ་ཕྱེ་བའི་སྟེང་དུ། གཡས་སུ་ཤེས་རབ་ཀྱི་རལ་གྲི་མེ་
འབར་བ་དང་ གཡོན་དུ་ཤེར་ཕྱིན་གྱི་གླེགས་བམ་བསྣམས་པ། དབུ་ལ་པཎ་ཞྭ་གསེར་གྱི་མདོག་ཅན་
གསོལ་བ། སྐུ་ལ་ཆོས་གོས་ངུར་སྨྲིག་གི་མདོག་ཅན་གསུམ་མཛེས་པར་གསོལ་བ། ཞབས་རྡོ་རྗེ་
སྐྱིལ་མོ་ཀྲུང་གི་བཞུགས་པའི་སྤྱི་བོར་ཨོཾ་དཀར་པོ། མགྲིན་པ་ཨཱཿདམར་པོ། ཐུགས་དཀར་ཧཱུྃ་སྔོན་
པོ། ཐུགས་ཀའི་ཧཱུྃ་ལས་འོད་ཟེར་འཕྲོས་པས་རང་བཞིན་གྱི་གནས་ནས་ཆོས་ཀྱི་རྒྱལ་པོ་ཙོང་ཁ་པ་
ལ་སངས་རྒྱས་དང་བྱང་ཆུབ་སེམས་དཔའི་ཚོགས་ཀྱིས་བསྐོར་བ་སྤྱན་དྲངས། ཛཿཧཱུྃ་བཾ་ཧོཿ གཉིས་
སུ་མེད་པར་གྱུར། གང་གི་དྲིན་གྱིས་བདེ་ཆེན་གནས་ཞེས་སོགས་ཀྱི་ཕྱག་དང་། དངོས་བཤམས་ཡིད་སྤྲུལ་
མཆོད་པ་མ་ལུས་འབུལ། །ཐོག་མེད་ནས་བསགས་སྡིག་ལྟུང་ཐམས་ཅད་བཤགས། །སྐྱེ་འཕགས་དགེ་
བ་རྣམས་ལ་རྗེས་ཡི་རང་། །འཁོར་བ་མ་སྟོང་བར་དུ་ལེགས་བཞུགས་ནས། །འགྲོ་ལ་ཆོས་ཀྱི་འཁོར་

ལོ་བསྐོར་བ་དང་། །བདག་གཞན་དགེ་རྣམས་བྱང་ཆུབ་ཆེན་པོ་བསྔོ། ཞེས་ཡན་ལག་བདུན་པ་བྱ། སྤྱི་བོའི་བླ་མའི་ཐུགས་ཀར་ཉི་མའི་དཀྱིལ་འཁོར་གྱི་སྟེང་དུ་ཧཱུྃ་ཡིག་གི་མཐར་མཚན་སྔགས་ཀྱིས་བསྐོར་བ་ལ་དམིགས་ཏེ། བདུད་རྩི་འབེབས་སྦྱངས་ཀྱི་དམིགས་པ་དང་བཅས་ཏེ། ཨོཾ་ཨཱཿགུ་རུ་བཛྲ་དྷ་ར་སུ་མ་ཏི་ཀཱིརྟི་སིདྡྷི་ཧཱུྃ་ཧཱུྃ། ཞེས་ཅི་འགྲུབ་བཟླ། དཔལ་ལྡན་རྩ་བའི་བླ་མ་རིན་པོ་ཆེ། །བདག་གི་སྙིང་གར་པདྨའི་སྟེང་བཞུགས་ལ། །བཀའ་དྲིན་ཆེན་པོའི་སྒོ་ནས་རྗེས་བཟུང་སྟེ། །སྐུར་དུ་ཁྱེད་རང་ལྷ་བུར་བྱིན་གྱིས་རློབས། ཞེས་བརྗོད་པས་རྗེ་བླ་མ་དགྱེས་བཞིན་དུ་རང་ལ་ཐིམ་པར་བསམས་ལ། བདག་བསྐྱེད་ནི། སྭ་བྷཱ་ཝས་སྟོང་པར་སྦྱངས། སྟོང་པའི་ངང་ལས་སྣ་ཚོགས་པདྨ་དང་ཟླ་བའི་གདན་ལ་རང་གི་སེམས་ཉིད་ཧཱུྃ་ལས་རྗེ་བླ་མ་ཙོང་ཁ་པ་ ཞེས་པ་ནས། ཛཿཧཱུྃ་བཾ་ཧོཿགཉིས་སུ་མེད་པར་གྱུར། ཞེས་པའི་བར་གོང་ལྟར་བརྗོད། རང་གི་སྙིང་ནས་སྤྲོས་པའི་མཆོད་པའི་ལྷ་མོ་རྣམས་ཀྱི་མཆོད་པར་གྱུར་བར་བསམས་ལ། ཨོཾ་ཨཱཿགུ་རུ་སུ་མ་ཏི་ཀཱིརྟི་ས་པ་རི་ཝཱ་ར་ཨརྒྷཾ་ཨཱཿཧཱུྃ་ནས་ཤབྡའི་བར་གྱི་མཆོད། རྒྱལ་བའི་མཁྱེན་བརྩེ་ཉུས་པ་ཀུན། །གཅིག་བསྡུས་ངུར་སྨྲིག་རྣམ་རོལ་བ། །འཇམ་མགོན་བློ་བཟང་གྲགས་པ་ལ། །སྒོ་གསུམ་གུས་པས་ཕྱག་འཚལ་བསྟོད། །ཞེས་པའི་བསྟོད་ལ། དམིགས་པ་དང་བཅས་ཏེ་དམིགས་བརྩེ་མ་བརྒྱ་སྟོང་སོགས་ཅི་འགྲུབ་བཟླས་པའི་མཐར་སྔར་ལྟར་མཆོད་བསྟོད་བྱས་ལ། དགེ་བ་འདི་ཡིས་མྱུར་དུ་བདག །བླ་མ་སངས་རྒྱས་འགྲུབ་གྱུར་ནས། །འགྲོ་བ་གཅིག་ཀྱང་མ་ལུས་པ། །དེ་ཡིས་ས་ལ་འགོད་པར་ཤོག། ཅེས་དགེ་བ་བསྔོ། དེ་ནས་བུམ་པ་གས་ཆག་མེད་པ་མཚན་ཉིད་དང་ལྡན་པའི་ནང་དུ་ཀླུ་སྨན་བག་ཕྱེ་དང་བསྲེས་པ་བ་དམར་མོ་དང་ར་དཀར་མོའི་འོ་མས་སྦྲུས་ཏེ་རི་ལ་བུ་ལུག་རི་ལ་ཙམ་བརྒྱ་རྩ་བརྒྱད་བྱས་ཏེ་བླུག་ལ། སྟེགས་ཀྱི་ཁར་བཀོད་མདུན་དུ་མཆོད་རྫས་རྣམས་བཤམས་ནས་རི་ལ་བུ་རྣམས། ཨ་མྲི་ཏས་བསངས། སྭ་བྷཱ་ཝས་སྦྱངས། སྟོང་པའི་ངང་ལས་སྣ་ཚོགས་པདྨ་དང་ཟླ་བའི་གདན་ལ་ཧཱུྃ་ལས་རྗེ་བླ་མ་ཙོང་ཁ་པ་ཆེན་པོ་ ཞེས་པ་ནས། ཛཿཧཱུྃ་བཾ་ཧོཿ གཉིས་སུ་མེད་པར་གྱུར། ཞེས་པའི་བར་ཚོགས་ཞིང་ལྟར་བརྗོད། དེ་ནས་མཆོད་པ་ཨ་མྲི་ཏས་བསངས། སྭ་བྷཱ་ཝས་སྦྱངས། སྟོང་པའི་ངང་ལས་ཨོཾ་ལས་རིན་པོའི་ཆེའི་སྣོད་ཡངས་ཤིང་རྒྱ་ཆེ་བ་རྣམས་ཀྱི་ནང་དུ་ཨོཾ་ཡིག་འོད་དུ་ཞུ་བ་ལས་བྱུང་བའི་མཆོད་རྫས་རྣམས་དྭངས་ཤིང་ཐོགས་པ་མེད་པ་ནམ་མཁའ་དང་མཉམ་པར་གྱུར། ཨོཾ་ཨརྒྷཾ་ཨཱཿཧཱུྃ་ནས་ཤབྡ་ཨཱཿཧཱུྃ་གི་བར་བྱིན་གྱིས་བརླབས། རང་གི་ཐུགས་ཀའི་ཧཱུྃ་ལས་སྤྲོས་པའི་མཆོད་པའི་ལྷ་མོ་རྣམས་ཀྱིས་མཆོད་པར་གྱུར། ཨོཾ་ཨཱཿགུ་རུ་སུ་མ་ཏི་ཀཱིརྟི་ས་པ་རི་ཝཱ་ར་ཨརྒྷཾ་ནས།

༄དྷཱུ་ཏིའི་བར་མཆོད། རྒྱལ་བའི་མཁྱེན་བརྩེ་སོགས་ཀྱིས་བསྟོད། རྒྱས་པར་བྱེད་ན་དཔལ་ལྡན་ས་གསུམ་མ་འདོན། ཐུགས་ཀར་ཟླ་དཀྱིལ་གྱི་སྟེང་དུ་ཧྲཱིཿཡིག་གི་མཐར་དམིགས་བརྩེ་མས་བསྐོར་བས་འོད་ཟེར་འཕྲོས། རྒྱལ་བ་སྲས་བཅས་མཆོད་དེ། དེ་རྣམས་ཀྱི་སྐུ་གསུང་ཐུགས་ཀྱི་བྱིན་རླབས་རྣམས་འོད་ཟེར་གྱི་རྣམ་པར་བསྡུས་ནས་ས་བོན་ཡིག་འབྲུ་ལ་ཐིམ། དེ་ལས་བདུད་རྩིའི་རྒྱུན་བབས་པས་བདག་དང་འགྲོ་བ་རྣམས་ཀྱི་སྡིག་སྒྲིབ་སྦྱངས། གནས་སྐབས་དང་མཐར་ཐུག་གི་བདེ་ལེགས་ཕུན་སུམ་ཚོགས་པ་ལ་བཀོད་པར་བསམ་ལ། རི་ལ་བུ་རྣམས་རེ་རེ་ལ་དམིགས་བརྩེ་མ་རེ་བ་བརྒྱ་རྩ་འབྲིང་ཉེར་གཅིག་ཐ་མ་བདུན་བཟླས་ལ་མཐར། རི་ལ་བུ་རྗེ་ཟླ་མར་གསལ་བ་འོད་དུ་ཞུ་ནས་རི་ལ་བུའི་རྣམ་པར་གྱུར། ཞེས་བརྗོད། དེ་ནས། བུམ་པའི་ཁ་ལེགས་པར་བཅད་ལ་དར་དམར་གྱིས་གཏུམ་པར་བྱ། ཡང་རིན་པོ་ཆེའམ་གླ་རྩི་སོགས་ཀྱིས་མ་གོས་པའི་བཟང་སྨན་དང་མཚལ་སོགས་ཀྱིས་དར་རམ་རས་དཀར་པོ་ལ། དམིགས་མེད་བརྩེ་བའི་གཏེར་ཆེན་སྤྱན་རས་གཟིགས། སེར་པོ་ལ། དྲི་མེད་མཁྱེན་པའི་དབང་པོ་འཇམ་པའི་དབྱངས། དམར་པོ་ལ། གངས་ཅན་མཁས་པའི་གཙུག་རྒྱན་ཙོང་ཁ་པ། ལྗང་ཁུ་ལ། བློ་བཟང་གྲགས་པའི་ཞབས་ལ་གསོལ་བ་འདེབས། ཞེས་པ་རྣམས་དབུ་ཅན་དུ་བྲིས། ཡང་གོས་སྔོན་པོ་ལ་དབུས་སུ་དམིགས་བརྩེ་མ་ཡོངས་རྫོགས་དང་། སྟེང་དུ་ཀླུ་དབང་རྒྱལ་པོའི་གཟུངས། གཡས་སུ་ཨ་ར་པ་ཙ། གཡོན་དུ་མ་ཏི་དང་བཛྲ་ཡཱ་ཧཱི། འོག་ཏུ། ཨོཾ་ན་ག་སུཿཔྲ་ཏེ་བཛྲ་ཏུཥྚེ། མི་ལེ། མི་ལེ། ཧཱུྃ་ཧཱུྃ་ཕཊ་ཕཊ། ཧ་རི་ཤ་ཡ། ཧ་རི་ཤ་ཡ། ཆར་དྲག་ཏུ་ཕོབ། ཤྲཱ་ར་ཡ། སྦྱོཿསྦྱོཿསྦྱོཿཕོབ། མྱུར་དུ་ཕོབ། ཨོཾ་བཛྲ་སུ་མེ་ཏེ་མི་ལི་སྭཱ་ཧཱ། ཆར་དྲག་ཏུ་ཕོབ། མྱུར་དུ་ཕོབ། ཅེས་བྲིས་ལ། དར་ལྷོག་ལྔ་པོ་སྦྱ་ཟླ་ཕྲསསྦྱངས། སྟོང་པའི་ངང་ལས་སྐད་ཅིག་གིས་དང་པོ་བཞི་རིམ་པ་བཞིན་ཡེ་ཤེས་ཀྱི་ཁྱུང་དཀར་པོ་གཡས་འཁོར་ལོ། ཁྱུང་གསེར་པོ་གཡས་རིན་པོ་ཆེ། ཁྱུང་དམར་པོ་གཡས་པདྨ། ཁྱུང་ལྗང་གུ་གཡས་རལ་གྲི་འཛིན་པ། གཡོན་རྣམས་ཀྱིས་རང་རང་གི་མདོག་ཅན་གྱི་སྦྲུལ་བཟུང་ནས་ཞལ་དུ་གསོལ་བ། ཏྭ་དང་མཆུ་སྡེར་ཤིན་ཏུ་རྣོ་བ། ཀླུ་དཀར་ཕྱོགས་པ་རྣམས་རྗེས་སུ་འཛིན་ཅིང་། ནག་ཕྱོགས་པ་རྣམས་ཚར་གཅོད་པའི་མཐུ་སྟོབས་གཟི་བརྗིད་ཕུན་སུམ་ཚོགས་པའི་བདག་ཉིད་ཅན་དུ་གྱུར་ཅིང་། གཞན་རྣམས་རྗེ་བླ་མ་ལ་བཅོམ་ལྡན་འདས་ཀླུ་དབང་རྒྱལ་པོ་དང་། རིགས་གསུམ་མགོན་པོ་སོགས་སངས་རྒྱས་བྱང་སེམས་ཉན་རང་བསྲུང་མའི་ཚོགས་ཀྱིས་སྐོར་བའི་རྣམ་པ་ཅན་དུ་གྱུར་པའི་སྤྱི་བོར་ཨོཾ། མགྲིན་པ་ཨཱཿ ཐུགས་ཀར་ཧཱུྃ་གིས་མཚན་པར་གྱུར། ཐུགས་ཀའི་ཧཱུྃ་ལས་འོད་ཟེར་འཕྲོས། བསྒོམ་པ་དང་འདྲ་བའི་ཡེ་ཤེས་པ་སྤྱན་

དྲངས། ཛཿཧཱུྃ་བཾ་ཧོཿ རང་རང་གི་དམ་ཚིག་པ་དང་གཉིས་སུ་མེད་པར་གྱུར། ཨོཾ་ཨརྒྷཾ་པྲ་ཏཱི་ཙྪ་ཧཱུྃ་སྭཱ་ཧཱ། སོགས་ཀྱི་མཆོད། ཕྱག་བྱར་འོས་པ་ཐམས་ཅད་ལ། ཞེས་སོགས་ཀྱི་བསྟོད། དེ་རྣམས་ཀྱི་ཐུགས་ཀ་ནས་འོད་ཟེར་འཕྲོས་སྟེ་མཆོག་གསུམ་ཐམས་ཅད་ཀྱི་བྱིན་རླབས་རྣམས་འོད་ཟེར་གྱི་རྣམ་པར་བཀུག་ནས······ཐིམ་པར་བསམ་ལ། དར་ལྕུག་སྔོན་པོའི་ཇོས་ཀྱི་དམིགས་བརྩེ་མ་དང་། ཀླུ་དབང་སོགས་ཀྱི་སྔགས་རྣམས་ཅི་འགྲུབ་བཟླ། མཐར། ལྷ་རྣམས་འོད་དུ་ཞུ་ནས་ཐིམ་པའི་ཡིག་འབྲུའི་རྣམ་པར་གྱུར་པར་བསམ། གཉིས་པ་ཆར་འབེབས་དངོས་གཞིའི་དུས་སུ། གཟའ་སྐར་གྱི་ཁམས་ཆུ་སོགས་འཛོམས་པའི་ཉིན། རྗེ་བླ་མའི་སྐུ་བརྙན་དང་བུམ་པ་དང་དར་ལྕུག་དང་མི་རྐང་གི་གླིང་བུ་སོགས་ཁྱེར་ཏེ་ཀླུ་གནས་པའི་ཆུ་མིག་གི་ཁར་འགྲོ་ཆེ། རང་ཉིད་རྗེ་བླ་མ་གསལ་བ་དམིགས་བརྩེ་འདོན་བཞིན་སོང་ནས་པང་དྲག་པོ་གསུམ་བརྗོད་ལ། རང་གི་ཐུགས་ཀའི་ཧཱུྃ་ལས་འོད་ཟེར་འཕྲོས་པས། ཀླུའི་རྒྱལ་པོ་དགའ་བོ་དང་ཉེ་དགའ་བོ་དང་། འཇོག་པོ་དང་། པདྨ་དང་། པདྨ་ཆེན་པོ་དང་། སྟོབས་ཀྱུ་དང་། མཐའ་ཡས་དང་། རིགས་ལྡན་དང་། དུང་སྐྱོང་དང་། ནག་པོ་ཆེན་པོ་དང་། གོ་ཙ་ཏ་མ་དང་། འཛིན་པ་ལག་མང་དང་། རྒྱ་མཚོ་དང་། རྒྱ་མཚོ་ཆེན་པོ་དང་། སོག་མ་མེད་པ་དང་། མ་དྲོས་པ་དང་། བ་སུ་ཏ་དང་། ཤ་ཎུ་ཊ་དང་། གཞན་ཡང་ཀླུ་རྒྱལ་རིགས་དང་། བྲམ་ཟེའི་རིགས་དང་། རྗེ་རིགས་དང་། དམངས་རིགས་དང་། གདོལ་པའི་རིགས་དང་། གཞན་ཡང་ཀླུ་ཕྲ་མོ་ཇི་སྙེད་པ་ཐམས་ཅད་འདིར་ཚོགས་ཤིག། འདིར་འདུས་ཤིག། ཞེས་མི་རྐང་ལན་གསུམ་འབུད། དེར་ཀླུ་ཐམས་ཅད་སྤྲིན་འཁྲིགས་པ་བཞིན་དུ་འདུས་པ་དང་། རྒྱ་མཚོ་ཆེན་པོ་བཞི་དང་། ཆུ་བོ་ཆེན་པོ་བཞི་ལ་སོགས་པ་ཡང་དེ་རྣམས་ཀྱི་ལུས་འཁྲིལ་ནས་འདུས་པར་བསམ་ཤིང་། རང་གི་ཐུགས་ཀ་ནས་འཕྲོས་པའི་འོད་ཟེར་གྱིས་མཐའ་བསྐོར་ནས་གང་དུ་འང་འགྲོ་དབང་མེད་པར་བསམ་ལ། འདི་སྐད་ཅེས་བརྗོད་དོ།། འདིར་ཚོགས་པའི་ཀླུའི་རྒྱལ་པོ་ཆེན་པོ་ནས་བཟུང་སྟེ་ཀླུ་ཕྲ་མོར་གནས་པའི་ཚུན་ཆད་ཉོན་ཅིག། ཁྱེད་རྣམས་ལ་ཡོག་ཐུག་ཏུ་འགྲོ་བའི་ལས་ཙུང་ཟད་ཀྱང་བྱེད་དུ་འོངས་བ་མ་ཡིན་གྱི། འཛམ་བུའི་གླིང་གི་ཡུལ་ཕྱོགས་སྤྱི་དང་ཁྱད་པར་དུ་ས་ཕྱོགས་འདིར་ཕན་པའི་འཇིགས་པ་ཆེན་པོ་ལས་འགྲོ་བ་རྣམས་སྐྱོབས་པའི་···ཕྱིར་དུ་ཆར་སློང་དུ་འོངས་བ་ཡིན་པས་འཛམ་བུའི་གླིང་འདིར་ཆར་ཆེན་པོ་དྲག་ཏུ་ཕོབ་ཅིག ཁྱད་པར་ཡུལ་ཕྱོགས་འདིར་སྒྱུར་དུ་ཕོབ་ཅིག །འདི་ནི་ཐུབ་དབང་རྡོ་རྗེ་འཆང་བློ་བཟང་གྲགས་པའི་དཔལ་གྱི་བཀའ་ཡིན་པས་འདི་ལས་འགལ་ན་མགོ་བོ་ཨརྫ་ཀའི་ཏོག་པ་བཞིན་དུ་འགས་པར་འགྱུར་རོ།···

གལ་ཏེ་ཚུལ་བཞིན་དུ་བསྒྲུབ་ན་ཡོངས་སྤྱོད་ཀྱི་དཔལ་ཕུན་སུམ་ཚོགས་པ་རྟག་ཏུ་མཛད་པ་མེད……པར་འགྱུར་རོ། ཇི་སྲིད་ཆར་མ་བབས་ཀྱི་བར་དུ་ཕྱོགས་གཞན་དུ་མ་འགྲོ་ཞིག ཅེས་བརྗོད་ལ། ཉེ་རིང་འཚམ་པར་ཕྱོགས་བཞིར་ཐོ་བཞི་བརྩིགས་ལ། ཤར་གྱི་ཐོའི་འགྲམ་དུ་ཕྱིན་ལ། དམིགས་མེད་བརྩེ་བའི་གཏེར་ཆེན་སྤྱན་རས་གཟིགས། ཞེས་བརྗོད་ལ། དེ་ཉིད་ཡོངས་སུ་གྱུར་པ་ལས་ཤར་གྱི་ཐོ་རྣམ་པར་སྣང་མཛད་ཀྱི་ངོ་བོ་ཁྲུང་དཀར་པོར་གྱུར། ལྷོའི་ཐོའི་འགྲམ་དུ་སོང་སྟེ། དྲི་མེད་མཁྱེན་པའི་དབང་པོ་འཇམ་པའི་དབྱངས། ཞེས་བརྗོད་ལ། དེ་ཉིད་ཡོངས་སུ་གྱུར་པ་ལས་ལྷོའི་ཐོ་རིན་ཆེན་འབྱུང་ལྡན་གྱི་ངོ་བོ་ཁྲུང་སེར་པོ་གྱུར། ནུབ་ཀྱི་ཐོའི་འགྲམ་དུ་ཕྱིན་ཏེ། གངས་ཅན་མཁས་པའི་གཙུག་རྒྱན་ཙོང་ཁ་པ། ཞེས་བརྗོད་ལ། དེ་ཉིད་ཡོངས་སུ་གྱུར་པ་ལས་ནུབ་ཀྱི་ཐོ་འོད་དཔག་མེད་ཀྱི་ངོ་བོ་ཁྲུང་དམར་པོར་གྱུར། བྱང་གི་ཐོའི་འགྲམ་དུ་ཕྱིན་ཏེ། བློ་བཟང་གྲགས་པའི་ཞབས་ལ་གསོལ་བ་འདེབས། ཞེས་བརྗོད་ལ། དེ་ཉིད་ཡོངས་སུ་གྱུར་པ་ལས་བྱང་གི་ཐོ་དོན་ཡོད་གྲུབ་པའི་ངོ་བོ་ཁྲུང་ལྗང་ཁུར་གྱུར་པར་བསམ་ལ། ཁྲུང་རིགས་བཞིས་ཀླུ་མགོ་ལ་གནས་པའི་ཀླུ་རྣམས་གཞན་དུ་མི་འགྲོ་བ་དང་ཆར་འབེབས་པའི་གནོད་པ་བཟློག་པའི་འཕྲིན་ལས་མཛད་པར་བསམས། སྔར་གྱི་དར་ལྕོག་ལྔ་པོ་ཀླུ་མིག་གི་སྟེང་དང་འཚམས་བཞིར་བཙུགས་ལ་བསྒྲུབ་སྐབས་ལྟར་གསལ་བཏབ་ལ་འཕྲིན་བཅོལ་བྱ། དེ་ནས་བུམ་པ་ཀླུའི་ནང་དུ་བྱེད་མི་མངོན་པར་སྦ་ཞིང་། དེ་དང་ཉེ་རིང་འཚམ་པར་རས་ཀྱར་དཀར་པོ་ཞིག་གི་ནང་དུ་རྗེ་བླ་མའི་སྐུ་བརྙན་གྱི་མདུན་དུ་མཆོད་པ་སྣ་ལྔ་དང་གཏོར་མ་ལ་སོགས་པ་ལེགས་པར་བཤམས། ཡུལ་དེའི་བཞི་བདག་ལ་བསངས་དང་མཆོད་པ་ཕུལ། ཆར་འབེབས་པའི་གྲོགས་ནན་ཏན་བཅོལ། སྐྱབས་འགྲོ་ནས་བཟུང་སྟེ་དམིགས་བརྩེ་མ་བཟླ་བའི་བར་བདག་བསྐྱེད་དང་མདུན་བསྐྱེད་སྐུ་འདྲ་ལ་དམིགས་ཏེ་སྔར་བཞིན་བྱས་ལ། དམིགས་བརྩེ་མ་བཟླ་བའི་སྐབས་དམིགས་པ་ནི། རང་ཉིད་རྗེ་བླ་མར་གསལ་བའི་ཐུགས་ཀ་ནས་འོད་ཟེར་ཀླུའི་ཚོགས་ཀྱི་གྲངས་དང་མཉམ་པར་སྤྲོས་འོད་ཟེར་རེ་རེའི་སྣེ་མོ་ལ་རྗེ་བདག་ཉིད་ཆེན་པོའི་སྐུ་རེ་རེ་སྤྲོས། ཀླུ་རེ་རེའི་སྤྱི་བོར་བཞུགས། སྐུ་ལས་བདུད་རྩི་ལྔ་འོད་ཟེར་དང་བཅས་པའི་རྒྱུན་བབས། ཀླུ་རྣམས་ཀྱི་ལུས་ལ་བཞུགས་པས་སྡིག་སྒྲིབ་དང་ཞེ་སྡང་དང་། བྱེ་ཚན་དང་། མཁའ་ལྡིང་ལ་སོགས་པའི་འཇིགས་པ་ཐམས་ཅད་དག །ལུས་སེམས་ཐམས་ཅད་བདེ་བས་གང་། རྗེ་བླ་མ་ལ་ལུས་ཀྱི་སྒོ་ནས་ཕྱག་དང་། ངག་སྒོ་ནས་གསོལ་འདེབས། ཡིད་ཀྱི་སྒོ་ནས་སྐྱབས་འགྲོ་བྱེད་པར་བསམས། སླར་ཡང་རང་ཉིད་རྗེ་བླ་མར་གསལ་བ་དང་། ཀླུ་རྣམས་ཀྱི་སྤྱི་བོར་བཞུགས་པའི་རྗེ་བླ་མ

རྣམས་ཀྱི་ཐུགས་ཀ་ནས་འོད་ཟེར་གྱི་ཚོགས་དཔག་ཏུ་མེད་པ་སྤྲོས། འཇིག་རྟེན་གྱི་ཁམས་ཐམས་ཅད་ཁྱབ། སེམས་ཅན་ཐམས་ཅད་ལ་ཕོག་པས་དེ་རྣམས་ཀྱི་ལུས་ངག་ཡིད་གསུམ་གྱི་སྡིག་སྒྲིབ་སྤྱི་དང་། ཁྱད་པར་དུ་ཀླུ་གེ་ལ་ཡོངས་སྤྱོད་འགྱུར་གྱི་སྡིག་སྒྲིབ་ཐམས་ཅད་བྱང་ཞིང་དག །བདེ་སྐྱིད་དང་ལྡན་པར་བསམ། སླར་ཡང་འོད་ཟེར་འཕྲོས་ཀླུ་རྣམས་ལ་ཕོག་པས་དེ་རྣམས་དགའ་བ་དང་། སྤྲོ་བ་དང་བཅས་ཏེ་རང་རང་གི་རྫུ་འཕྲུལ་སྣ་ཚོགས་པ་དང་བཅས་ནམ་མཁའ་ལ་འཕགས་ཤིང་ལུས་……ལས་སྤྲིན་སྣ་ཚོགས་པ་སྤྲོས། གནོད་པ་མེད་པའི་འབྲུག་སྒྲ་དང་བཅས་ཏེ་ཆར་གྱི་རྒྱུན་ལྷུ་བརྒྱ་འཇིག་རྟེན་གྱི་ཁམས་རྣམས་སུ་བབས་ལོ་ཏོག་རྣམས་རྒྱས་པར་བསམ་ལ། དམིགས་བརྩེ་མ་ཅི་མང་བཟླ། ཡང་སྐབས་འགར་རང་གི་ཐུགས་ཀ་ནས་འོད་ཟེར་འཕྲོས། མདུན་གྱི་རྗེ་བླ་མ་ལ་ཕོག །དེའི་ཐུགས་ཀའི་འོད་ཟེར་གྱིས་ཕྱོགས་བཅུའི་སངས་རྒྱས་བྱང་སེམས་ཉན་རང་བསྲུང་མའི་ཚོགས་ལ་ཕོག དེ་ལས་འོད་ཟེར་འཕྲོས་པ་ལས། ནམ་མཁར་སྤྲིན་གྱི་ཕུང་པོ་ཆེན་པོ་འཁྲིགས་པ་ལས་ཆར་རྒྱུན་བབས་པས་རྩི་བཅུད་ལོ་ཏོག་སོགས་རྒྱས་པར་གྱུར་པ་བསམས། ཡང་མདུན་གྱི་རྗེ་བླ་མ་དང་སངས་རྒྱས་བྱང་སེམས་ཀྱི་ཐུགས་ཀ་ནས་འོད་ཟེར་འཕྲོས་ཏེ་བུམ་པའི་ནང་གི་རི་ལ་བུ་རྣམས་ལ་ཐིམ། རི་ལ་བུ་ལས་ཀྱང་བདུད་རྩི་འོད་ཟེར་དང་བཅས་པ་དཔག་ཏུ་མེད་པ་བབས་ཏེ་གོང་ལྟར་ཀླུ་རྣམས་ཀྱི་སྡིག་སྒྲིབ་ནད་སོགས་སྦྱངས་ཏེ་ཆར་གྱི་རྒྱུན་འབྱུང་བའི་དམིགས་པ་བྱ། ཐུན་མཚམས་སུ། ཚེ་རབ་ཀུན་དུ་རྒྱལ་བ་ཙོང་ཁ་པས། ཞེས་སོགས་ཀྱི་སྨོན་ལམ་གདབ། ཐུན་རྗེས་མ་རྣམས་ཀྱི་སྐབས་སུའང་གོང་དུ་བཤད་པ་ལྟར། སྐྱབས་འགྲོ་ནས་བཟུང་། སྨོན་ལམ་གདབ་པའི་བར་བྱ། གཞན་ཡང་། ཨོཾ་ཀླཱིཾ་ཀླཱིཾ། ཞེས་ཀླུ་སྡུད་པའི་སྔགས་དང་། ཨོཾ་ན་མོ་བྷ་ག་ཝ་ཏེ་ཤཱཀྱ་ཙནྡྲ་ཡ། ཏ་ཐཱ་ག་ཏ་ཡ། ཨརྷ་ཏེ། སམྱཀྶཾ་བུདྡྷ་ཡ། ཏདྱ་ཐཱ། ཨོཾ་ཙ་ར་ཙ་ར། ཚིར་ཎ་ཚིར་ཎ། བཛྲ་ཤེ་ལ་ཏིང་ཡེ་སྭཱཧཱ། ཞེས་སྤྲིན་བསྡུད་པའི་སྔགས་དང་། ཨོཾ་ཧུཏྟེ་མི་ལེ་མི་ལེ་སྭཱཧཱ། ཞེས་སྤྲིན་འཛིན་པའི་སྔགས་ཏེ་འདི་རྣམས་ཐུན་མཐུག་རྣམས་སུ་བཟླ་ཞིང་། སྐབས་སྐབས་སུ་ཀླུ་གཏོར། ཆ་གསུམ། ཡན་ཆགས་གཏོར་མ། འབྱུང་བཞིའི་གཏོར་མ་རྣམས་བསྔོ་ཞིང་། སྤྲིན་ཆེན་པོའི་མདོ་ཀློག་པ་སོགས་རྒྱབ་ཆོས་ཀྱང་བྱ། ཆར་པ་སྲིན་རླུང་གིས་གཏོར་བ་ཡིན་པས་རླུང་གནོན་ཀྱང་གཞན་ནས་འབྱུང་བ་ལྟར་བྱེད། སྤྲིན་འདུ་ཞིང་ཆར་འབབས་མི་འདོད་ན་འགེགས་ཡིན་པས། ཨོཾ་སུ་ར་སུ་ར་མཧཱ་གྲཱི་ཧྣ་ཧཱུཾ། པི་ཏེ་པི་ཏེ་པོ་ཏ་ཡ་ཧཱུཾ་ཕཊ་སྭཱཧཱ། པ་ཏ་ཡ་པ་ཏ་ཡ། ཧྣ་རི་ཤ་ཡ། ཧྣ་རི་ཤ་ཡ་ཕཊ་སྭཱཧཱ། ཧྣ་རི་ཤ་ཡ་ཧཱུཾ་ཧྣ་ཡ་ཨུ་ཙ་ཏ་ཡ་ཕཊ། བཟླས་ན་ཆར་འབེབས་པར་འགྱུར་རོ། འདིའི་སྐབས་ཐ་མ་ཁ་སོགས་མི་གཙང་བའི་རིགས་དང་། ཞ་འཕྱེང་འོན་ལོང་སོགས་ཀྱི་རིགས་ལ་མཚམས་ནང་དུ་འཛེམས་པ་སོགས་གལ་ཆེའོ། གསུམ་པ་མཇུག་ཏུ་དེ་ལྟར་

བྱས་པས་ཞག་བདུན་ཙམ་ལ་ཆར་ལེགས་པར་འབེབས་པར་འགྱུར་ཞིང་། ཞག་བདུན་སོང་བ་དང་ཐོའི་ཁྱུང་རྣམས་གཤེགས། ཐོ་རྣམས་བསྐྱེ་ལ་ལ་ལས་ཀྱི་རྗེས་མི་མངོན་པར་བྱ་ཞིང་། གང་སེར་མ་སོགས་བདེ་ལེགས་ཤིས་བརྗོད་ཀྱི་མཐའ་བརྒྱན་པར་བྱའོ། ཞེས་རྗེ་བླ་མའི་རྣལ་འབྱོར་གྱི་སྒོ་ནས་དམིགས་བརྩེ་མ་ལ་བརྟེན་པའི་ཆར་འབེབས་བྱ་ཚུལ་འདི་ཡང་། དགའ་ལྡན་ཆོས་གླིང་གི་མཁན་པོ་དགེ་བའི་བཤེས་གཉེན་འཇམ་དབྱངས་དཔལ་ལྡན་གྱིས་ལྷ་དར་ཟམ་ཐོ་བཅས་བསྐུལ་བ་ལྟར། ཤཱཀྱའི་བཙུན་པ་བློ་བཟང་རྒྱལ་མཚན་སེང་གེ་ཡིས་སྦྱར་བའི་ཡི་གེ་པ་ནི་མཛོད་པ་ཆོས་རྗེའི་ཚ་བོ་བསྟན་པ་རྒྱལ་མཚན་གྱིས་བགྱིས་པ་འདིས་ཀྱང་འཇམ་མགོན་རྒྱལ་བའི་……

བསྟན་པ་དར་ཞིང་། འགྲོ་ཀུན་བདེ་སྐྱིད་ཕུན་སུམ་ཚོགས་པ་དང་ལྡན་པར་གྱུར་ཅིག།

༄༅། །རྗེ་བླ་མའི་རྣལ་འབྱོར་དང་འབྲེལ་བའི་དམིགས་བརྩེ་མའི་བསྙེན་པ་བྱེད་ཚུལ་མཆོག་ཐུན་དངོས་གྲུབ་ཆར་འབེབས་ཞེས་བྱ་བ་བཞུགས། །

༄༅། །ན་མོ་གུ་རུ་སུ་མ་ཏི་ཀཱིརྟི་ཡེ། འདིར་རྗེ་བླ་མ་ལ་བརྟེན་པའི་བླ་མའི་རྣལ་འབྱོར་གྱི་སྒོ་ནས་དམིགས་བརྩེ་མའི་བསྙེན་པ་བྱེད་ཚུལ་ལ། སྦྱོར་དངོས་མཇུག་གསུམ་ལས། དང་པོ་ནི། དགེ་སྦྱོར་འཕེལ་བའི་གཟའ་སྐར་དུས་ཚོད་ཤིན་དུ་བཟང་བ་ལ་གནས་ཁང་བྱི་དོར་བྱས་ཏེ་མེ་ཏོག་གཅལ་དུ་བཀྲམ། སྟེགས་རས་བཟང་པོ་སོགས་ཀྱི་གཡོག་པའི་ཁར་རྗེ་བླ་མའི་བྲིས་འབུར་གྱི་སྐུ་གང་ཡང་རུང་བ་བྱིན་ལེགས་པ་ཞིག་གིས་གཙོས་སྐུ་གསུང་ཐུགས་ཀྱི་རྟེན་བཀྲམ་པའི་མདུན་དུ་ཆུ་གཉིས་ཉེར་སྤྱོད་མཆོད་པ་དང་བཅས་པ་བཤམས། སྒྲུབ་ཁང་གི་ཕྱོགས་བཞི་འམ་སྒོ་དྲུང་དུ་ཐོ་ཞིག་རྩིགས་ཏེ་རྒྱལ་ཆེན་དུ་བསྐྱེད། གཞི་བགེགས་ལ་གཏོར་མ་སྔེར་བ་སོགས་བྱ། གདན་གྱི་འོག་དུ་དུར་བ་འདིང་བ་དང་འབྲུ་དཀར་གྱིས་གཡུང་དྲུང་ཆོས་སྐོར་དུ་བྲིས། རང་ཉིད་སྟན་བདེ་བ་ལ་ལུས་རྣམ་སྣང་གི་ཆོས་བདུན་ལྡན་གྱིས་འཁོད་དེ། དགེ་སེམས་ཁྱད་པར་ཅན་གྱི་ངང་ནས་མདུན་གྱི་ནམ་མཁར་རྗེ་ཡབ་སྲས་གསུམ་གྱིས་གཙོས། སྐྱབས་ཡུལ་རྣམས་གསལ་བཏབ་སྟེ། ངག་ཏུ། བདག་དང་འགྲོ་བ་ནམ་མཁའི་མཐའ་དང་མཉམ་པའི་སེམས་ཅན་ཐམས་ཅད་དཔལ་ལྡན་བླ་མ་དམ་རྣམས་ལ་སྐྱབས་སུ་མཆིའོ། །རྫོགས་པའི་སངས་རྒྱས་བཅོམ་ལྡན་འདས་རྣམས་ལ་སྐྱབས་སུ་མཆིའོ། །དམ་པའི་ཆོས་རྣམས་ལ་སྐྱབས་སུ་མཆིའོ། །འཕགས་པའི་དགེ་འདུན་རྣམས་ལ་སྐྱབས་སུ་མཆིའོ། །ཞེས་པ་ལན་གསུམ་བརྗོད། དམིགས་པ་ནི་རིམ་པ་བཞིན་ངོ་བོ་བླ་མའི་སྐུ་གསུང་ཐུགས་ཀྱི་བྱིན་རླབས་དང་། སངས་རྒྱས་ཀྱི་ནུས་མཐུ་དང་། སྤངས་རྟོགས་ཀྱི་ཡོན་ཏན་དང་། མཁྱེན་བརྩེ་ནུས་གསུམ་གྱི་ཡོན་ཏན་ཡིན་པ་ལ། རྣམ་པ་བདུད་རྩི་སྣ་ལྔ་འོད་ཟེར་དང་བཅས་པའི་རྒྱུན་བྱུང་། རང་གཞན་ཐམས་ཅད་ཀྱི་ལུས་སེམས་ལ་ཞུགས། ཐོག་མེད་ནས་བསགས་པའི་ནད་གདོན་སྡིག་སྒྲིབ་ཐམས་ཅད་དང་ཁྱད་

པར་བླ་མ་དཀོན་མཆོག་གསུམ་ལ་བརྟེན་པའི་སྡིག་སྒྲིབ་ཐམས་ཅད་བྱང་ཞིང་དག །ལུས་དྭངས་གསལ་འོད་ཀྱི་རང་བཞིན་ཅན་དུ་གྱུར། ཚེ་དང་བསོད་ནམས་ལུང་རྟོགས་ཀྱི་ཡོན་ཏན་ཐམས་ཅད་འཕེལ་ཞིང་རྒྱས། བླ་མ་དཀོན་མཆོག་གསུམ་གྱི་སྐྱབས་འོག་ཏུ་ཚུད་སོང་སྙམ་པ་དང་། སངས་རྒྱས་ཆོས་ཚོགས་མའི་ཚིག་རྐང་དང་པོ་གཉིས་ཀྱི་སྐབས་སུ་དམིགས་པ་བྱེད་ཚུལ་སྔ་མའི་རིགས་འགྲེ་སྦྱོར། ཚིག་རྐང་ཕྱི་མ་གཉིས་ཀྱི་སྐབས་སུ་སྨོན་འཇུག་གི་རྣམ་དབྱེ་ཕྱེད་པར་བྱས་ནས་སེམས་བསྐྱེད། ཚད་མེད་བཞི་བསྒོམ་སྐབས་སེམས་ཅན་ཐམས་ཅད་བདེ་བ་དང་བདེ་བའི་རྒྱུ་དང་ལྡན་པར་གྱུར་ཅིག །ལྡན་ན་ཅི་མ་རུང་ལྡན་པར་བདག་གིས་བྱའོ། །དེ་ལྟར་བྱེད་ནུས་པར་བླ་མ་དཀོན་མཆོག་གསུམ་གྱིས་བྱིན་གྱིས་རློབས་ཤིག །ཞེས་སོགས་རེ་རེ་འདང་སྨོན་འདུན་ལྷག་བསམ་ཐུགས་རྗེ་བསྐུལ་བ་བཞི་བཞི་ཚང་བར་བྱས་ཏེ་ཉམས་སུ་ལེན། ཁྱད་པར་གྱི་སེམས་བསྐྱེད་ནི་མ་སེམས་ཅན་ཐམས་ཅད་ཀྱི་དོན་དུ་མྱུར་བ་མྱུར་བ་ཡང་དག་པར་རྫོགས་པའི་སངས་རྒྱས་ཀྱི་གོ་འཕང་ཐོབ་པར་བྱ། དེའི་ཕྱིར་དུ་ལམ་ཟབ་མོ་བླ་མའི་རྣལ་འབྱོར་ཉམས་སུ་བླང་བར་བགྱིའོ། ། ཞེས་ལན་གསུམ་བརྗོད། དེ་ནས་སྐྱབས་ཡུལ་རྣམས་རང་གི་སྙིང་མཚམས་སུ་བསྡུའོ། །གཉིས་པ་དངོས་གཞི་ནི། འདིར་གསང་སྔགས་ལྟར་ཉམས་སུ་ལེན་པ་ཤིན་ཏུ་ལེགས་པས། རང་ཉིད་ཡི་དམ་རྡོ་རྗེ་འཇིགས་བྱེད་ལྷ་བུའི་ང་རྒྱལ་ལ་གནས་པའི་ངང་ནས་སྐུ་ལས་འོད་ཟེར་གྱི་ཚོགས་དཔག་ཏུ་མེད་པ་སྣོད་བཅུད་ཐམས་ཅད་ཁྱབ་པར་སྤྲོས། སྣོད་ཀྱི་འཇིག་རྟེན་ཐམས་ཅད་གཞལ་ཡས་ཁང་དང་། བཅུད་ཀྱི་སེམས་ཅན་ཐམས་ཅད་རྡོ་རྗེ་འཇིགས་བྱེད་ཀྱི་གོ་འཕང་ལ་བཀོད་དེ་འོད་ཟེར་རྣམས་རང་ལ་བསྡུ། དེ་ལྟར་སྣོད་བཅུད་ལ་ཐ་མལ་གྱི་སྣང་ཞེན་ལས་འདས་པའི་དག་པ་རབ་འབྱམས་འབའ་ཞིག་ཏུ་གྱུར་པར་བསམ་ལ། མཆོད་རྫས་རྣམས་ཡི་དམ་གྱི་གཞུང་བཞིན་བྱིན་གྱིས་བརླབས། དེ་ནས་ཚོགས་ཞིང་གསལ་འདེབས་ཚུལ་མདོར་བསྡུས་དགོད་ན་འདི་ལྟར། རང་ཁ་གང་དུ་བལྟ་བའི་ཕྱོགས་སུ་རི་རབ་ལྷུན་པོ་མཚན་ཉིད་ཡོངས་སུ་རྫོགས་པ། དེའི་སྟེང་དུ་སུམ་ཙུ་རྩ་གསུམ། དེའི་སྟེང་གི་ནམ་མཁར་འཐབ་བྲལ། དེའི་ནམ་མཁར་དགའ་ལྡན་གྱི་ལྷ་གནས་བྱིངས་ལས་གྲོང་ལས་དགོན་པའི་ཚུལ་དུ་འཕགས་པའི་ཆར། རྗེ་བཙུན་མི་ཕམ་མགོན་པོའི་ཕོ་བྲང་རྒྱལ་མཚན་མཐོན་པོ། ལྷའི་དབང་པོ་བརྒྱ་བྱིན་གྱི་

རྣམ་པར་རྒྱལ་བའི་ཁང་བཟང་དག་ཀྱང་ཟིལ་གྱིས་གནོན་པའི་བཀོད་པས་ཁྱད་པར་དུ་འཕགས་པ། དེའི་མདུན་དུ་རྗེ་བཙུན་གྱིས་ཆོས་གསུངས་པའི་གནས། ཡིད་དགའ་ཆོས་འཛིན་ཞེས་བྱ་བ་གསེར་གྱི་ས་གཞི་ལ་བཻཌཱུརྻའི་མིག་མང་རིས་སུ་བྲིས་པ་དེའི་ཕྱི་རོལ་ཏུ་རིན་པོ་ཆེ་དཔག་བསམ་གྱི་ལྗོན་པ་ཅི་འདོད་པའི་དངོས་པོ་འབབ་མེད་དུ་འབྱུང་བ། ལྗོན་ཤིང་དེ་དག་གི་ཡལ་འདབ་རླུང་གིས་བསྐྱོད་པ་ལས་ཀྱང་། འདུས་བྱས་ཐམས་ཅད་མི་རྟག་པ། ཟག་བཅས་ཐམས་ཅད་སྡུག་བསྔལ་བ། ཆོས་ཐམས་ཅད་སྟོང་ཞིང་བདག་མེད་པ། མྱ་ངན་ལས་འདས་པ་ཞི་བའོ། །ཞེས་ཆོས་ཀྱི་སྡོམ་བཞི་སྟོན་པའི་སྒྲ་འབྱུང་ཞིང་། བར་བར་དུ་མཚོ་དང་མེ་ཏོག་གི་དགའ་ཚལ་རྣམས་སུ་སྤྲུལ་པའི་བྱ་དང་རི་དྭགས་སྐད་སྙན་པར་སྒྲོགས་པ་མང་པོས་གང་བ། ཡིད་དགའ་ཆོས་འཛིན་དེའི་དབུས་སུ་སེངྒེ་ཆེན་པོ་བརྒྱད་ཀྱིས་བཏེགས་པའི་རིན་པོ་ཆེའི་ཁྲི་མཐོ་ཞིང་ཡངས་པའི་སྟེང་དུ་རྗེ་བཙུན་མི་ཕམ་མགོན་པོ། མཚན་དཔེའི་སྐུ་མཆོག་བལྟ་བས་ཆོག་མི་ཤེས་པ་བཟང་པོའི་བཞུགས་སྟངས་ཀྱིས་བཞུགས་པ། ཕྱག་གཉིས་ཆོས་འཁོར་གྱི་ཕྱག་རྒྱས་ཀླུ་ཤིང་གི་མེ་ཏོག་གི་སྡོང་བུ་དང་བཅས་པ་ཐུགས་ཀར་བཟུང་བའི་འདབ་མ་གཡས་གཡོན་གྱི་སྟེང་དུ། སྤྱི་བླུགས་དང་འཁོར་ལོ་འཛིན་པ། གཞལ་མེད་ནོར་བུའི་རྒྱན་དང་ལྷ་རྫས་ཀྱི་དར་གྱི་ན་བཟའ་གསོལ་བ། ཞལ་རང་རེ་འཛུམ་བུ་གླིང་པ་ལ་ཕྱོགས་པར་གཟིགས་པ། ཐུགས་ཀ་ནས་གང་ལ་གང་འདུལ་གྱི་སྤྲུལ་པའི་བཀོད་པ། ཕར་སྤྲོ་ཞིང་ཚུར་བསྡུ་བའི་མཛད་པ་མཛད་བཞིན་པ་སྤྲུལ་པའི་རྒྱལ་སྲས་དཔག་ཏུ་མེད་པའི་འཁོར་གྱིས་བསྐོར་བའི་ཐུགས་ཀ་དཔལ་བེཞུའི་དབྱིབས་ཅན་གྱི་དབུས་སུ་སྤྲིན་དཀར་པོ་ཞོ་གསར་པ་སྤུངས་པ་འདྲ་བ། དབུས་ཟུར་ཟད་མཐོ་ལ་གཡས་གཡོན་གཉིས་དམའ་བའི་སྟེང་། རྗེ་བླ་མ་ཡབ་སྲས་གསུམ་བཞུགས་པར་མོས་ཏེ། བདག་ཅག་གི་བསོད་ནམས་གསོག་པའི་ཞིང་དུ་གནས་འདིར་ད་ལྟ་ཉིད་དུ་གཤེགས་ན་ཅི་མ་རུང་སྙམ་པའི་སྒོ་ནས་དག་ཏུ། དགའ་ལྡན་ལྷ་བརྒྱའི་མགོན་གྱི་ཐུགས་ཀ་ནས། །རབ་དཀར་ཞོ་གསར་སྤུངས་འདྲའི་ཆུ་འཛིན་རྩེར། །ཆོས་ཀྱི་རྒྱལ་པོ་ཀུན་མཁྱེན་བློ་བཟང་གྲགས། །སྲས་དང་བཅས་པ་གནས་འདིར་གཤེགས་སུ་གསོལ། ཞེས་བརྗོད་དེ་སྐྱེས་བུ་སྟོབས་དང་ལྡན་པས་ལག་པ་ཕར་བརྐྱངས་ནས་ཚུར་བསྐུམ་པའི་ཡུན་ཙམ་ལ་སྐད་ཅིག་གིས་མདུན་གྱི་ནམ་

མཁར་ཕེབས་པར་མོས། དེ་ནས་ཡན་ལག་བདུན་པ་ལས་དགོས་པ་ཁྱད་པར་ཅན་གྱིས་ཐོག་མར་སྐྱ་ངན་ལས་མི་འདའ་བར་གསོལ་བ་འདེབས་པ་ནི། མདུན་གྱི་ནམ་མཁར་སེང་ཁྲི་པད་ཟླའི་སྟེང་། རྗེ་བཙུན་བླ་མ་དགྱེས་པའི་འཇམ་དཀར་ཅན། །བདག་བློ་དད་པའི་བསོད་ནམས་ཞིང་མཆོག་ཏུ། །བསྟན་པ་རྒྱས་ཕྱིར་བསྐལ་བརྒྱར་བཞུགས་སུ་གསོལ། །ཞེས་པའི་བར་བརྗོད་དེ། རང་གི་སྙིང་གནས་སེ་རྙའི་ཁྲི་ཆེ་ཆུང་གསུམ་ཕུལ་ཏེ་སྤྲིན་གྱི་སྟེང་དུ་བཀོད་པའི་ཁར་ཡབ་སྲས་གསུམ་བཞུགས་སུ་གསོལ་ཞིང་། སྤྲིན་གྱི་མཇུག་ཧེ་ཕྲར་སོང་བ་རྗེ་བཙུན་གྱི་ཐུགས་ཀར་ཐུག་པའི་མོས་པ་བྱེད་དགོས། ཡབ་སྲས་གསུམ་གྱི་སྐུའི་བཀོད་པ་གསལ་གདབ་ཚུལ་ནི། ཁྲི་དབུས་མའི་སྟེང་དུ། སྣ་ཚོགས་པདྨ་དང་ཟླ་བའི་དཀྱིལ་འཁོར་གྱི་གདན་ལ་རྗེ་བླ་མ་ཙོང་ཁ་པ་ཆེན་པོ་སྐུ་མདོག་དཀར་ལ་དམར་བའི་མདངས་ཆགས་པ། ཞལ་གཅིག་ཕྱག་གཉིས་པ། ཞལ་འཛུམ་པའི་ཉམས་དང་ལྡན་པ། ཕྱག་གཉིས་ཀྱིས་ཐུགས་ཀར་ཨུཏྤལའི་སྡོང་བུ་བཟུང་བའི་འདབ་མ་སྙན་གཡས་གཡོན་གྱི་ཐད་ཀར་ཁ་བྱེ་བའི་སྟེང་དུ། ཤེས་རབ་ཀྱི་རལ་གྲི་མེ་འབར་བ་དང་། ཤེར་ཕྱིན་གྱི་གླེགས་བམ་བསྣམས་པ། དབུ་ལ་པཎྜ་གསེར་གྱི་མདོག་ཅན་གསོལ་ཞིང་། སྐུ་ལ་ཆོས་དུར་སྨྱིག་གི་མདོག་ཅན་གསུམ་མཛེས་པར་གསོལ་བ། ཞབས་གཉིས་རྡོ་རྗེའི་སྐྱིལ་མོ་ཀྲུང་གིས་བཞུགས་པ། གཡས་ཕྱོགས་སུ་རྒྱལ་ཚབ་ཐམས་ཅད་མཁྱེན་པ་ཞི་འཛུམ་གྱི་ཉམས་དང་ལྡན་པ། རྗེ་བླ་མ་ལ་འདུད་པའི་ཚུལ་དུ་བཞུགས་པ། གཡོན་ཕྱོགས་སུ་མཁས་གྲུབ་སྨྲ་བའི་ཁྱུ་མཆོག་སྐུ་ན་དར་ལ་བབ་ཅིང་། སྤྱན་འབྱུར་ཚུགས་སུ་གཟིགས་ཤིང་རྗེ་བླ་མའི་བསྟན་པ་ལ་ལོག་པར་རྟོག་པའི་ཕས་ཀྱི་རྒོལ་བ་ཐམས་ཅད་རིགས་པ་དྲི་མ་མེད་པས་ཚར་གཅོད་དོ་ཞེས་མཆོན་པའི་བརྡར་སྐུ་འགྱིང་བའི་ཚུལ་དུ་བཞུགས་པ། གཉིས་ཀའང་པཎ་ཞྭ་དང་ཆོས་གོས་རྣམ་གསུམ་གསོལ་ཞིང་། ཕྱག་གཡས་ཐུགས་ཀར་ཆོས་འཆད་ཀྱི་ཕྱག་རྒྱ་དང་། གཡོན་མཉམ་བཞག་གི་སྟེང་ན་གླེགས་བམ་བསྣམས་པ་གསལ་འདེབས། ཕྱག་འཚལ་བའི་ཡན་ལག་ནི། ཤེས་བྱའི་ཁྱོན་ཀུན་འཇལ་བའི་བློ་གྲོས་ཐུགས། །སྐལ་བཟང་རྣ་བའི་རྒྱན་གྱུར་ལེགས་བཤད་གསུང་། །གྲགས་པའི་དཔལ་གྱིས་ལྷམ་མེར་མཛེས་པའི་སྐུ། །མཐོང་ཐོས་དྲན་པས་དོན་ལྡན་ལ་ཕྱག་འཚལ། །ཞེས་པའི་སྐབས་སུ་རང་གི་ལུས་བརྒྱ་སྟོང་དུ་སྤྲུལ་ནས། ལུས་ངག་

ཡིད་གསུམ་གྱི་སྒོ་ནས་ཕྱག་འཚལ། མཆོད་པ་འབུལ་བའི་ཡན་ལག་ནི། ཡིད་འོང་མཆོད་ཡོན་སྣ་ཚོགས་མེ་ཏོག་དང་། དྲི་ཞིམ་བདུག་སྤོས་སྣང་གསལ་དྲི་ཆབ་སོགས། །དངོས་བཤམས་ཡིད་སྤྲུལ་མཆོད་སྤྲིན་རྒྱ་མཚོ་འདི། །བསོད་ནམས་ཞིང་མཆོག་ཁྱེད་ལ་མཆོད་པར་འབུལ། ཞེས་བརྗོད་དེ་དངོས་སུ་བཤམས་པ་དང་། ཡིད་ཀྱིས་སྤྲུལ་པའི་མཆོད་པའི་བྱེ་བྲག་བསམ་གྱིས་མི་ཁྱབ་པ་དང་། གཞན་ཡང་བྱང་ཆུབ་སེམས་དཔའ་ཀུན་དུ་བཟང་པོའི་ཏིང་ངེ་འཛིན་གྱི་རོལ་པ་ལས་བྱུང་བའི་མཆོད་པའི་སྤྲིན་དང་། བདག་པོས་བཟུང་བ་དང་མ་བཟུང་བའི་སྨན་གྱི་རི་བོ་དང་། མཚོ་དང་། ནགས་ཚལ་དང་། འབབ་ཆུ་དང་། མེ་ཏོག་གི་ཚལ་ལ་སོགས་པའི་མཆོད་པ་ཕུལ་བའི་མོས་པ་བྱེད། བཤགས་པའི་ཡན་ལག་ནི། བདག་གིས་ཐོག་མེད་དུས་ནས་བསགས་པ་ཡི། །ལུས་ངག་ཡིད་ཀྱི་སྡིག་པ་ཅི་བགྱིས་དང་། །ཁྱད་པར་སྡོམ་པ་གསུམ་གྱི་མི་མཐུན་ཕྱོགས། །སྙིང་ནས་འགྱོད་པ་དྲག་པོས་སོ་སོར་བཤགས། ཞེས་བརྗོད་ཅིང་སྐབས་འདིར་སྔགས་དང་འབྲེལ་བ་ཡིན་པས་སྟོབས་བཞི་ཚང་བའི་སྒོ་ནས། སོ་ཐར་བྱང་སེམས་གསང་སྔགས་གསུམ་གའི་སྡོམ་པའི་བཅས་མཚམས་ལས་འདས་པ་སོགས་སྡིག་པ་རྣམས་བཤགས་ཏེ་བདུད་རྩི་འབེབས་སྦྱངས་སོགས་བྱ། རྗེས་སུ་ཡི་རང་གི་ཡན་ལག་ནི། སྙིགས་མའི་དུས་འདིར་མང་ཐོས་སྒྲུབ་ལ་བརྩོན། །ཆོས་བརྒྱད་སྤངས་པའི་དལ་འབྱོར་དོན་ཡོད་བྱེད། །མགོན་པོ་ཁྱོད་ཀྱི་རླབས་ཆེན་མཛད་པ་ལ། །བདག་ཅག་བསམ་པ་ཐག་པས་ཡི་རང་ངོ་། ཞེས་བླ་མའི་སྐུ་གསུང་ཐུགས་ཀྱི་གསང་གསུམ་གྱི་མཛད་པ་སྤྱི་དང་ཁྱད་པར་སྙིགས་དུས་འདིར་བསྟན་འགྲོའི་བྱ་བ་རྒྱ་ཆེ་བ་འདི་ལྟ་བུའི་མཛད་པ་བྱེད་པ་གཞན་སུས་ཀྱང་མ་མཛད་པའི་ཚུལ་ལ་སོགས་པ་རྣམས་ལ་རྗེས་སུ་ཡི་རང་གི་དགའ་བ་བསྒོམ། ཆོས་འཁོར་སྐོར་བར་བསྐུལ་བའི་ཡན་ལག་ནི། རྗེ་བཙུན་བླ་མ་དམ་པ་ཁྱེད་རྣམས་ཀྱིས། །ཆོས་སྐུའི་མཁའ་ལ་མཁྱེན་བརྩེའི་སྤྲིན་འཁྲིགས་ནས། །ཇི་ལྟར་འཚམས་པའི་གདུལ་བྱའི་འཛིན་མ་ལ། །ཟབ་རྒྱས་ཆོས་ཀྱི་ཆར་པ་དབབ་ཏུ་གསོལ། ཞེས་བརྗོད་ལ་གསེར་གྱི་འཁོར་ལོ་རྩིབས་སྟོང་དང་ལྡན་པ་ཕུལ་བའི་མོས་པ་བྱས་སྟེ་ཆོས་ཀྱི་འཁོར་ལོ་བསྐོར་བར་གསོལ་བ་འདེབས་ཤིང་། མྱ་ངན་ལས་མི་འདའ་བར་གསོལ་བ་གདབ་པ་དང་། འདི་གཉིས་ཀྱི་སྐབས་སུ་ཇི་ལྟར་གསོལ་བ་བཏབ་པ་ལྟར་ཞལ་གྱིས་བཞེས་པར་མོས་པ་བྱས་

ན་ཧེན་འབྲེལ་ལེགས་ཚོགས་ཆེ་བར་གསུངས། བསྔོ་བའི་ཡན་ལག་ནི། བདག་གིས་ཇི་སྙེད་བསགས་པའི་དགེ་བ་འདིས། །བསྟན་དང་འགྲོ་བ་ཀུན་ལ་གང་ཕན་དང་། །ཁྱད་པར་ཆོས་ཀྱི་རྒྱལ་པོ་ཙོང་ཁ་པའི། །བསྟན་པའི་སྙིང་པོ་རིང་དུ་གསལ་བྱེད་ཤོག ཞེས་པས་བསྟན་པ་དང་འགྲོ་བའི་དོན་སྤྱི་དང་། ཁྱད་པར་དུ་རྗེ་བླ་མའི་མདོ་སྔགས་བཤད་སྒྲུབ་ཀྱི་བསྟན་པའི་སྙིང་པོ་འདི་ཉིད་དར་རྒྱས་ཡུན་རིང་དུ་གནས་པའི་སྨོན་ལམ་ཤུགས་དྲག་གདབ་པོ། འདི་དག་ནི་ཚིག་དོན་གྱི་སྙིང་པོ་ཤིན་ཏུ་མདོར་བསྡུས་ཏེ་བརྗོད་པ་ཡིན་ལ་ཞིབ་པར་ནི་ཁྲིད་ཡིག་རྒྱས་པ་དག་ལས་ཤེས་པར་བྱའོ།། དེ་ནས་མཇལ་ཆོས་བུ་ཉེར་གསུམ་མ་སོགས་རྒྱས་བསྡུས་གང་རུང་ཞིག་ཕུལ་ལ། དཔལ་ལྡན་ས་གསུམ་འགྲོ་བའི་མིག་གཅིག་པུ། ཞེས་པ་ནས། མཆོག་གི་དངོས་གྲུབ་བརྩེ་ལ་གསོལ་བ་འདེབས། ཞེས་པའི་བར་རྣམ་ཐར་གསོལ་འདེབས་དལ་བུས་བརྗོད། མཚམས་འདིར་དམིགས་བརྩེ་མའི་གསོལ་འདེབས་ཀྱི་བཟླས་པ་བྱ་དགོས་པས། དམིགས་པ་གསལ་འདེབས་ཚུལ་ནི། འཕགས་མཆོག་སྤྱན་རས་གཟིགས་དང་། རྗེ་བཙུན་འཇམ་དཔལ་དབྱངས་དང་། བརྩེ་བ་སྙིང་རྗེ་ཆེན་པོ་དང་། མཁྱེན་པ་དྲི་མ་མེད་པ་གཉིས་མཚུངས་ཤིང་དེར་མ་ཟད་དེ་གཉིས་ཀྱི་ཐུགས་རྒྱུད་ལ་མངའ་བའི་མཁྱེན་བརྩེ་གཉིས་དང་ལྡན་པ་དང་། མདོར་ན་མཁྱེན་བརྩེ་ནུས་གསུམ་གྱི་སྒོ་ནས་འཕགས་མཆོག་རིགས་གསུམ་གྱི་མགོན་པོ་དང་ངོ་བོ་དབྱེར་མེད་པ་གངས་ཅན་གྱི་མཁས་པ་དང་གྲུབ་པ་ཀུན་གྱི་གཙུག་གི་རྒྱན་དམ་པར་གྱུར་བ། རྗེ་བླ་མ་བློ་བཟང་གྲགས་པའི་དཔལ་གྱི་སྐུའི་ཆ་དམའ་ཤོས་ཞབས་ཀྱི་མཐིལ་ལ་མགོ་བོས་བཏུད་དེ་གསོལ་བ་འདེབས་སོ་ཞེས་པ་བྱ་བ་སོགས་ཡིན་པས། གསོལ་བ་འདེབས་ཞེས་པའི་གསོལ་བ་ནི་ཞུ་བ་དང་། འདེབས་པ་ནི་འབུལ་བའི་དོན་ཡིན་པས་ཞུ་བ་འབུལ་ཞེས་པའི་དོན་ཡིན། དེ་ལྟར་གསོལ་བ་བཏབ་པ་ལ་བརྟེན་ནས་ཡབ་སྲས་གསུམ་གྱི་ཐུགས་ཀ་ནས་འོད་ཀྱི་སྦྲུ་གུ་གསུམ་བྱུང་བའི་སྣེ་གཅིག་ཏུ་འདྲེས་པ་རང་གི་སྤྱི་བོའི་ཚངས་བུག་ཏུ་ཐུག་དེའི་ནང་བརྒྱུད་དེ་བདུད་རྩིའི་རྒྱུན་དཔག་ཏུ་མེད་པ་བྱུང་། རང་གི་ལུས་ཀྱི་ནང་ཐམས་ཅད་གང་སྡིག་སྒྲིབ་ཐམས་ཅད་དུད་ཁུ་དང་སོལ་ཁུ་ཐམས་ཅད་ལྤགས་ལྤྱིན་དང་གདོན་བགེགས་ཐམས་ཅད་སྦྲུལ་དང་སྡིག་པའི་རྣམ་པར་དབང་བའི་སྒོ་དང་བ་སྤུའི་བུ་ག་ཐམས་ཅད་ནས་ཐོན་ཏེ་ལུས་ཤེལ་གོང་གཡའ་དག་པ

བཞིན་དུ་སངས་ཀྱི་དག་པའི་མོས་པ་བྱེད་དེ། ཐུན་རེ་རེ་ལ་དམིགས་བརྩེ་མ་བརྒྱ་སྟོང་སོགས་ཅི་འགྲུབ་བཟླ། འདིའི་སྐབས་སུ་དམིགས་བརྩེ་མ་དགུ་སྐོར་བྱེད་ཚུལ་སོགས་ཀྱི་མན་ངག་རྣམས་དང་ཆེ་གསལ་སྨུར་ཟབ་འཆད་རྟོད་རྩོམ་གསུམ་གྱི་ཤེས་རབ་འཕེལ་བ་དང་། རླུང་མཁྲིས་བད་ཀན་གྱི་ནད་ཞི་བ་དང་། ཞི་རྒྱས་དབང་དྲག་གི་ལས་འགྲུབ་པའི་དམིགས་སྐོར་ཆེས་ཤིན་ཏུ་ཟབ་པ་དང་། ཚེ་གཅིག་ལ་ཟུང་འཇུག་གི་གོ་འཕང་སྒྲུབ་པའི་མན་ངག་ཡོད་མོད་ཀྱང་། ལས་དང་པོ་བ་རྣམས་ལ་གོང་དུ་བཤད་པ་ལྟར་གྱི་ལས་སྒྲིབ་སྦྱོང་བའི་དམིགས་པ་གཙོ་ཆེ་ཞིང་འོན་ཀྱང་ཐུན་འཇོག་ཁར་འོད་ཀྱི་སྦུ་གུ་ནས་བརྒྱུད་དེ་རྡོ་རྗེ་བཙུན་འཇམ་པའི་དབྱངས་ཀྱི་མཁྱེན་རབ་ཡིན་པ་ལ་རྣམ་པ་བདུད་རྩི་དམར་སེར་གྱི་རྒྱུན་བྱུང་སྟེ་ལུས་ཀྱི་ནང་གང་མི་ཤེས་པའི་མུན་པ་ཐམས་ཅད་སྦྱངས། བཙུ་ཐུག་རིག་པའི་གནས་མཐའ་དག་ལ་བློ་གྲོས་ཐོགས་པ་མེད་པ་རྗེ་བཙུན་འཇམ་པའི་དབྱངས་དང་མཉམ་པ་ཐོབ་བྱུང་སྙམ་པའི་མོས་པ་ནན་ཏན་བྱ། དེ་ཡང་ཤེས་རབ་འཕེལ་བའི་ཆེད་དང་། ཚེ་སྒྲུབ་པ། ནོར་སྒྲུབ་པ་སོགས་ཀྱི་སྐབས་སུ། ཕྱག་གི་པོ་ཏི་དེ་ཉིད་གང་ལ་ཐོས་བསམ་བྱ་བར་དེར་དམིགས་པ། ཕྱག་གཡོན་པའི་མཐིལ་དུ་ཚེ་བུམ་དང་ནོར་བུ་འཛིན་པར་དམིགས་པ་སོགས་བླ་མ་དམ་པའི་མན་ངག་ལྟར་ཉམས་སུ་ལེན་པར་བྱའོ།། དེ་ནས་དམིགས་བརྩེ་མ་བཟླས་པའི་མཐར། དཔལ་ལྡན་རྩ་བའི་བླ་མ་རིན་པོ་ཆེ། ཞེས་པ་ནས། སྐུ་གསུང་ཐུགས་ཀྱི་དངོས་གྲུབ་སྩལ་དུ་གསོལ། ཞེས་བརྗོད་དེ་འཁོར་གཞན་གསལ་བཏབ་ཡོད་ན་དེ་དག་དང་མེད་ན་སྲས་གཉིས་གཙོ་བོ་ལ་ཐིམ། དེ་གཉིས་ཀྱི་སེང་ཁྲི་ཡང་གཙོ་བོའི་སེང་ཁྲི་ལ་ཐིམ། སླར་ཡང་སྔར་ལྟར་ཚར་གཅིག་བརྗོད་པས་གཙོ་བོའི་སེང་ཁྲི་རང་གི་སྤྱི་བོའི་ཚངས་བུག་ནས་བརྒྱུད་དེ་རང་གི་སྙིང་བློས་གྱེན་དུ་བསླང་བ་ལ་ཐིམ་ཞིང་། སྙིང་པདྨ་འདབ་བརྒྱད་ཀྱི་རྣམ་པར་གྱུར་བའི་མོས་པ་བྱེད། སླར་ཡང་སྔར་གྱི་ཚིགས་བཅད་ཚར་གཅིག་བརྗོད་དེ་རྗེ་བླ་མ་རང་གི་སྤྱི་གཙུག་ཏུ་བྱོན་རང་དང་ཁ་བལྟ་ཕྱོགས་མཐུན་པར་རྩ་ཨ་བ་དྷུ་ཏཱིའི་ནང་བརྒྱུད་དེ་ཤིན་ཏུ་ཕྲ་བའི་རླུང་སེམས་དང་ངོ་བོ་དབྱེར་མེད་དུ་གྱུར་པ་ལས་རྗེ་བླ་མ་མཐེབ་སོར་གྱི་ཚད་ཙམ་དུ་གྱུར་ཏེ་བཞུགས་པའི་མོས་པ་དང་། སྙིང་འདབ་མ་བརྒྱད་དུ་གྱེས་པ་ཚུར་བསྡུས་ཏེ། ཕྱི་རོལ་ཏུ་ཨ་ར་པ་ཙ་ནས་འཕྲེང་རྫོགས་དང་། དམིགས་བརྩེ་མས་འཕྲེང་ཐག་གི་རྣམ་པར་

དགྲེས་པའི་རྩེ་མོར་རྡོ་རྗེ་ནག་པོ་རྩེ་ལྔ་པ་ལྟེ་བས་མནན་པར་བསམ་མོ། ཐུན་བཞིར་བྱེད་ཚེ་ཐུན་དང་པོ་གསུམ་ལ་རྗེ་བླ་མ་ལས་རང་འདྲ་གཉིས་པ་རེ་ཆད་དེ་རང་གི་སྤྱི་བོར་བྱོན་ཏེ་སྙིང་གའི་པདྨའི་ཐག་པ་གྲོལ་ཏེ་ནང་གི་རྗེ་བླ་མར་ཐིམ་པར་བསམ་ལ་ཐུན་རྗེས་མར་སྤྱན་འདྲེན་གྱི་སྐབས་སྔར་ཡོད་ལ་བསྟིམ་པ་སོགས་བྱ། ཐུན་ཐ་མའི་མཐར་གོང་གི་བསྡུ་རིམ་ལྟར་བྱའོ།། མཇུག་ཏུ་ཇི་ལྟར་བྱ་བའི་རིམ་པ་ནི། དེང་ནས་བརྩམས་ཏེ་ཚེ་རབས་ཀུན་ཏུ་བདག། ཞེས་པ་ནས། སྐད་ཅིག་ཙམ་ཡང་ལྡོག་པར་མ་གྱུར་ཅིག །ཞེས་པའི་བར་ཚིག་དོན་དྲན་བཞིན་དུ་བརྗོད། ཐུན་མཚམས་སུ་འང་ཁས་བླང་བའི་དམ་ཚིག་དང་སྡོམ་པ་མིག་འབྲས་བཞིན་བསྲུང་བ་གཞིར་བཞག་སྟེ། གང་སྣང་ཐམས་ཅད་རྗེ་བླ་མའི་གསང་གསུམ་གྱི་རྣམ་རོལ་ཏུ་བལྟ་བ་ལ་བསླབ་པར་བྱ་ཞིང་བཟའ་བཏུང་གནས་མལ་སོགས་ལ་ལོངས་སྤྱོད་ཚེ་བྱིན་གྱིས་བརླབས་ཏེ་སྙིང་གའི་བླ་མ་ལ་འབུལ་བའི་ཚུལ་དུ་སྤྱད་ན་རང་གཞན་ཀུན་གྱི་ཚོགས་རྫོགས་ཤིང་ཕན་ཡོན་ཤིན་ཏུ་ཆེ་བར་གསུངས། གཞན་ཡང་ཟས་ཀྱི་ཚོད་རིག་པ་དྲན་ཤེས་དང་ལྡན་པས་དབང་པོའི་སྒོ་སྡོམ་པ་སོགས་སྤྱི་ལྟར་བྱའོ།། བསྙེན་པའི་ཚད་ནི་ལས་ཚོགས་བཅུ་གཅིག་སོགས་ཀྱི་སྔོན་དུ་བསྙེན་པ་འབུམ་ཕྲག་གསུམ་མམ། མ་མཐའ་འབུམ་ཕྲག་གཅིག་བཟླ་བར་གསུངས། གྲོལ་ཉིད་མཚམས་ཐོའི་ལྷ་གཤེགས་གསོལ་བྱེད་ཚུལ་སོགས་མཚམས་ཀྱི་སྤྱངས་བླངས་སྤྱི་ལྟར་བྱའོ།།

ཞེས་རྗེ་བླ་མའི་རྣལ་འབྱོར་དང་འབྲེལ་བའི་དམིགས་བརྩེ་མའི་བསྙེན་པ་བྱེད་ཚུལ་མཆོག་ཐུན་དངོས་གྲུབ་ཆར་འབེབས་འདི་ནི། སྨད་སོག་དགེ་སློང་བློ་བཟང་རྡོ་རྗེས་ལྷ་དར་དངུལ་སྒང་གད་གོས་བཟང་བཅས་བསྐུལ་བ་ལྟར། ༄ ཤཱཀྱའི་བཙུན་པ་བློ་བཟང་རྒྱལ་མཚན་སེངྒེས་སྦྱར་བའི་ཡི་གེ་པ་ནི་མཛོད་པ་ཆོས་རྗེའི་ཚ་བོ་བསྟན་པ་རྒྱལ་མཚན་གྱིས་བགྱིས་པ་ཛ་ཡནྟུ།།

༄༅། །ཇོ་བླ་མ་ལ་བརྟེན་པའི་འཕོ་བ་སྦྱོང་ཚུལ་འཁྱེར་བདེ་བཞུགས་སོ།།

༄༅། །ན་མོ་གུ་རུ་སུ་མ་ཏི་ཀིརྟི་ཡ། ཇོ་བླ་མ་ལ་བརྟེན་པའི་འཕོ་བ་སྦྱོང་ཚུལ་ཤིན་ཏུ་འཁྱེར་བདེ་བ་ནི། དགའ་ལྡན་དུ་སྐྱེ་བའི་འཕེན་པ་གཏོང་ན། ཞིང་དེའི་བཀོད་པ་ཡིད་ངོར་གསལ་ལེགས་པར་བཏབ་ནས། དགའ་ལྡན་ལྷ་བརྒྱ་མ་བཏང་ལ་སྤྱན་འདྲེན་བཞུགས་གསོལ་གྱི་འཕྲོད། ཇོ་བླ་མའི་ཐུགས་ཀར་ཇོ་བཙུན་བྱམས་པ་གསེར་གྱི་མདོག་ཅན་ཆོས་འཁོར་གྱི་ཕྱག་རྒྱ་མཛད་པ། དབུའི་སྟེང་དུ་བླ་མ་ཐུབ་དབང་གི་ངོ་བོ་བྱང་ཆུབ་མཆོད་རྟེན་ཡོད་པ་གསལ་བཏབ་པར་གསུངས་པ་བཞིན་བྱ། ཞིང་དེར་སྐྱེ་བ་ལ་ཚོགས་བསོག་སྒྲིབ་སྦྱོང་ལ་འབད་པ་གལ་ཆེ་བས། བསག་སྦྱང་གནད་བསྡུས་པ་ཡན་ལག་བདུན་གྲངས་གསོག་བྱ་བར་འདོད་ན། མདུན་གྱི་ནམ་མཁར་སེང་ཁྲི་པད་ཟླའི་སྟེང་། ཞེས་པ་ནས། གསལ་བྱེད་ཤོག གི་བར་ལ་གྲངས་བཟུང་། བསྡུ་བ་བྱེད་ན། ལུས་ངག་ཡིད་གསུམ་གུས་པས་ཕྱག་འཚལ་ལོ། །དངོས་བཤམས་ཡིད་སྤྲུལ་མཆོད་པ་མ་ལུས་འབུལ། །ཞེས་སོགས་ཀྱིས་གྲངས་གསོག་བྱ། མནྡལ་འབུལ་བའང་ཚོགས་གསོག་པ་ལ་ཁྱད་ཆེ་བར་མ་ཟད་ཞིང་སྦྱོང་དུའང་འགྱུར་བས་དེའང་གྲངས་གསོག་བྱ། དམིགས་བརྩེ་མ་བཟླས་རྗེས། ཇོ་བླ་མའི་ཐུགས་ཀའི་བྱམས་མགོན་གྱི་ཐུགས་ཀར་མཱཾ་ཡིག་ལ་གཟུངས་ཀྱིས་བསྐོར་བ་ལས་འོད་ཟེར་འཕྲོས། རང་གཞན་སེམས་ཅན་ཐམས་ཅད་ཀྱི་སྡིག་སྒྲིབ་སྦྱངས། ས་ལམ་གྱི་རྟོགས་པ་ཁྱད་པར་ཅན་སྐྱེ་བར་བྱིན་གྱིས་བརླབ་པར་གྱུར་བར་བསམས་ལ་གཟུངས་བཟླ། མཇུག་ཏུ་འདི་ནས་འཕོས་ཚེ་བྱམས་མགོན་གྱི་དྲུང་དུ་སྐྱེ་བ་དང་། མ་འོངས་པ་ན་ཚེ་ལོ་བརྒྱད་ཁྲིའི་དུས་བྱམས་མགོན་འཛམ་གླིང་དུ་བྱོན་པའི་ཚེ་སྲས་ཀྱི་ཐུ་བོར་འགྱུར་བའི་སྨོན་ལམ་དང་། དེ་ལྟར་ཞལ་གྱིས་བཞེས་པའི་དམིགས་པ་བྱ། དཔལ་ལྡན་རྩ་བའི་བླ་མ་རིན་པོ་ཆེ། །བདག་གི་སྤྱི་བོར་པད་ཟླའི་སྟེང་བཞུགས་ལ། × སྨྲལ་དུ་གསོལ། །ཞེས་གསོལ་བ་བཏབ་པས་ཇོ་བླ་མ་རང་གི་སྤྱི་བོར་བྱོན། །འདི་གའི་མན་ངག་གི་གཞུང་དུ་མ་བྱུང་ཡང་། མཚམས་འདིར་རམ་མ་འོངས་སྐབས་ཅི་རིགས་པར་འཕོ་འཁྲིད་ཀྱི་ཡིག་ཆ་གཞན་ནས་བྱུང་བ་བཞིན་གྱི་གསོལ་འདེབས་བྱས་ན་འབྲེལ་ཆགས་པར་སེམས་ལ་ལྷག་སྐྱོན་དུ་ཡང་མི་འགྱུར་རམ་སྙམ། རང་ཉིད་དེའི་བྱམས་མགོན་ལ་ཐིམ། དེ་ཉིད་དགའ་ལྡན་དུ་གཤེགས་པའི་ཐུགས་ཀ་ནས་ཐོན་ཏེ་པདྨའི་སྦུབས་སུ་སྐྱེ་བར་བསམ། དེ་ལྟར་དམིགས་པ་ཡང་ཡང་བྱས་པའི་མཐར། བཟང་པོ་སྤྱོད་པ་དང་། བྱམས་པའི་སྨོན་ལམ་དང་། རེས་འགའ་ཇོ་བླ་མས་མཛད་པའི་བདེ་སྨོན་དུ་བྱུང་བའི་བདག་དང་གཞན་གྱི་དུས་

གསུམ་དང་འབྲེལ་བའི་ཚོགས་གཉིས་ཀྱི་ཞེས་པ་ནས་མ་དག་ཞིང་གི་འགྲོ་བ་འདྲེན་གྱུར་ཅིག །ཞེས་པའི་བར་ལ་སྐབས་བསྟུན་གྱི་བྱིན་བརྒྱབ་སྒྲུར་བ་དང་། ཚེ་རབས་ཀུན་ཏུ་མ་དང་། རྨད་བྱུང་སྲས་བཅས་མ་བརྗོད། འབྲེལ་དུས། དགེ་བའི་རྩ་བ་འདིས་བདག་སྐྱེ་བའི་འདིའི་འོག་རོལ་ཏུ་སྐྱེ་བ་གཞན་གྱིས་བར་མ་ཆོད་པར་དགའ་ལྡན་གི་ཞིང་དུ་ཐེག་ཆེན་རིགས་ཅན་དབང་རྣོན་དུ་སྐྱེས་ནས། རྗེ་བཙུན་བྱམས་མགོན་ཡབ་སྲས་ལས་ཐེག་པ་ཆེན་པོའི་བཀའ་ལུང་གནོད་ཅིང་དེ་དོན་སྒྲུབ་པས། དྲིན་ཅན་བླ་མ་རྣམས་ཀྱི་དགོངས་པ་རྫོགས་པར་བྱེད་ཅིང་། ཕ་མ་སེམས་ཅན་ཐམས་ཅད་ཀྱི་དྲིན་ལན་འཇལ་ནུས་པར་གྱུར་ཅིག །རྨད་བྱུང་སྲས་བཅས་སོགས་བརྗོད་དེ་བདེན་བདར་བྱ། ཐུན་མཚམས་སུ་གང་དུ་སྡོད་པའི་གནས་དེ་དགའ་ལྡན་གྱི་ཞིང་ཡིན་སྙམ་པ་དང་། ཕར་དུ་འགྲོའང་དགའ་ལྡན་དུ་འགྲོ་སྙམ་པ་དང་། དགེ་བ་གང་བྱས་དེར་སྐྱེ་བའི་རྒྱུར་བསྔོའོ། །

༄༅། །སྨད་བརྒྱུད་བླ་མའི་རྣལ་འབྱོར་གྱི་སྒོ་ནས་རྒྱལ་བ་ཙོང་ཁ་པ་ཆེན་པོ་ལ་ཕྱག་མཆོད་འབུལ་བའི་ཚིག་ཞར་བྱུང་བསྙེན་པའི་ཡི་གེ་དང་བཅས་དགའ་ལྡན་ཞིང་དུ་བགྲོད་པའི་མྱུར་ལམ་ཞེས་བྱ་བ་བཞུགས་སོ། །

༄༅། །ན་མོ་གུ་རུ་ཏྲཻ་ལོ་ཀྱ་ཧྲྀམ་ཀླ་ཛ་པ་དྣ་ཝྣོ། སྨད་བརྒྱུད་བླ་མའི་རྣལ་འབྱོར་གྱི་སྒོ་ནས་ཕྱག་མཆོད་བྱ་ཚུལ་ལ། སྦྱོར་བ་སྐྱབས་སེམས་མདོར་བསྡུས་ཡོངས་གྲགས་ལྟར་རམ། །འདིའི་ཐུན་མོང་མིན་པ་ལྟར་ན། །མདུན་དུ་བདེ་སྟོང་ཡལ་འདབ་རྒྱས་པའི་རྩེར། །པདྨ་འདབ་བཞིའི་ལྟེ་བར་སེང་ཁྲིའི་སྟེང་། །རྒྱལ་བ་གཉིས་པ་འཇམ་མགོན་ཙོང་ཁ་པར། །དངོས་བརྒྱུད་བླ་མ་རྣམས་ཀྱིས་བསྐོར་ནས་བཞུགས། །ཤར་གྱི་འདབ་མར་ཡོངས་སྒྲུབ་ཡི་དམ་ལྷ། །གཡས་སུ་ལུང་ཆོས་བརྩེགས་པས་རང་སྒྲ་སྒྲོགས། །རྒྱབ་ཏུ་བྱང་སེམས་ཉན་རང་འཕགས་པའི་ཚོགས། །གཡོན་དུ་དཔའ་བོ་མཁའ་འགྲོ་ཆོས་སྐྱོང་བཅས། །སྐྱབས་གནས་བསླུ་མེད་བླ་མ་མཆོག་གསུམ་ལ། །བདག་དང་མཐའ་སྐོར་རིགས་དྲུག་སེམས་ཅན་རྣམས། །ངན་སོང་འཁོར་བའི་སྡུག་བསྔལ་ལ་འཇིགས་ཤིང་། །དེ་ལས་སྐྱོབ་པའི་ཡིད་ཆེས་ཤུགས་དྲག་པོས། །རྩ་བརྒྱུད་བླ་མ་རྣམས་ལ་སྐྱབས་སུ་འཆི། །སྟོན་པ་སངས་རྒྱས་རྣམས་ལ་སྐྱབས་སུ་འཆི། །སྐྱོབ་པ་དམ་ཆོས་རྣམས་ལ་སྐྱབས་སུ་འཆི། །འདྲེན་པ་དགེ་འདུན་རྣམས་ལ་སྐྱབས་སུ་འཆི། །ལན་གསུམ། སངས་རྒྱས་ཆོས་ཚོགས་མ་ལན་གསུམ་དང་། །སེམས་ཅན་ཐམས་ཅད་བདེ་བ་ཀུན་དང་ལྡན། །སྡུག་བསྔལ་རྒྱུ་དང་བཅས་པ་ལས་གྲོལ་ཏེ། །ཐར་བའི་བདེ་བ་མཆོག་དང་མི་འབྲལ་ཞིང་། །ཆགས་སྡང་ཞི་བའི་བཏང་སྙོམས་ལ་གནས་ཤོག །ཅེས་པའང་ལན་གསུམ། ཚོགས་ཞིང་རྣམས་ལས་བདུད་རྩིའི་རྒྱུན་བབས་པས། །རང་གཞན་འགྲོ་བའི་སྡིག་སྒྲིབ་ཀུན་སྦྱངས་ཤིང་། ། སྐྱབས་ཡུལ་ཐམས་ཅད་འོད་དུ་ལྷེམས་ཀྱིས་ཞུ། །སྙིང་མཚམས་ནས་ཞུགས་བྱིན་གྱིས་བརླབས་པར་གྱུར། །ཞེས་དང་། ༈ དངོས་གཞི་ནི། འདི་ནས་བྱང་དུ་ལྷུན་པོའི་རྩེ་མོ་ནས། །དཔག་ཚད་ཁྲི་ཕྲག་ཉེར་བཞིའི་མཐོ་བའི་མཁར། །ལྷའི་བུ་རབ་དགའ་ལྡན་གྱིས་

ཡོངས་བཟུང་བའི། །འདོད་པའི་ལྷ་གནས་བཞི་པ་དགའ་ལྡན་ལས། །གྲོང་ལས་དགོན་པའི་ཚུལ་དུ་བྱམས་མགོན་གྱི། །ཐུགས་བསྐྱེད་ཚོགས་གཉིས་ལས་འོངས་དག་པའི་ཞིང་། །འཇམ་ཞིང་སྟོམས་པའི་གསེར་གྱི་ས་གཞི་ལ། །བཻ་ཌཱུརྻ་ཡི་མིག་མངས་རིས་སུ་བྲིས། །མཚོ་དང་རྫིང་བུ་ཡིད་འོང་སྐྱེད་མོའི་ཚལ། །དགོས་འདོད་ཀུན་འབྱུང་དཔག་བསམ་ཤིང་བས་མཛེས། །རིན་ཆེན་བྱེ་མ་བརྡལ་བའི་ཆུ་བོ་རུ། །བྱ་ཚོགས་ཞི་བའི་དབྱངས་སྙན་བརྒྱུད་མར་སྒྲོགས། །དྲི་ཞིམ་མེ་ཏོག་ཚོན་བརྒྱ་བཀྲ་བ་སོགས། །སྣོད་བཅུད་ཀུན་ལས་འོད་ཀྱི་རྩེད་དགའ་འགྱེད། །ལུས་ངག་ཡིད་ལ་བདེ་དགའ་མཆོག་བསྐྱེད་པའི། །ཟག་མེད་འབྱོར་པ་ཡོངས་སུ་རྫོགས་པའི་དབུས། །ཆོས་ཀྱི་མཐོ་བའི་ཁང་བཟང་ཉམས་དགའ་བ། །རྒྱལ་མཚན་མཐོན་པོར་གྲགས་པའི་མདུན་ས་རུ། །མི་ཕམ་རྒྱལ་བའི་ཆོས་འཁོར་བསྐོར་བའི་གནས། །ནོར་བུའི་རྭ་བ་ཡིད་དགའ་ཆོས་འཛིན་དུ། །མི་འཇིགས་གདོང་ལྔས་བཏེགས་པའི་རིན་ཆེན་ཁྲིར། །རྒྱལ་བའི་ཉི་མ་བྱམས་མགོན་གསེར་འོད་འབར། །ཕྱག་གཉིས་ཐུགས་ཀར་ཆོས་འཁོར་ཕྱག་རྒྱ་ཡིས། །ཀླུ་ཤིང་འདབ་མར་འཁོར་ལོ་སྤྱི་བླུགས་བསྣམས། །དབུ་གཙུག་བྱང་ཆུབ་མཆོད་རྟེན་གྱིས་སྤྲས་ཤིང་། ། ལྷ་ཡི་དར་དང་རིན་ཆེན་རྒྱན་མང་འཛིན། །སྐྱུར་བར་འཛམ་བུ་གླིང་དུ་འབྱོན་བཞེད་པའི། །དགྱེས་ཞལ་འདིར་གཟིགས་བཟང་པོའི་བཞུགས་སྟངས་མཛད། །གཡས་སུ་ནམ་མཁའ་དྲི་མ་མེད་པ་དང་། ། གཡོན་དུ་འཇམ་དཔལ་སྙིང་པོ་རྒྱལ་བའི་སྲས། །གཞན་ཡང་ལྷའི་བུ་དྲི་མེད་འོད་ཟེར་སོགས། །ཞིང་དེར་སྐྱེ་བ་བཟུང་ནས་བཞུགས་པ་དང་། །ཕྱོགས་བཅུའི་ཞིང་ཁམས་རབ་འབྱམས་ནས་འདུས་པའི། ། དག་པའི་འཁོར་ཚོགས་དཔག་ཏུ་མེད་པ་ལ། །ཚངས་པའི་དབྱངས་ཀྱིས་ཤེར་ཕྱིན་སྟོན་པ་ཡི། ། ཐུགས་མཆན་དཔལ་གྱི་བེ་ཅུའི་དྲ་མིག་ནང་། །གསེར་གྱི་མེ་ལོང་ངོས་ལ་གཟུགས་བརྙན་བཞིན། ། འཇམ་མགོན་བླ་མ་སྐུ་ཡི་ལྟོ་བ་ཡིས། །སྐྱིལ་ཀྲུང་རྡོན་པ་ལྷ་བུའི་བརྗིད་བག་ཅན། །དཀར་ལ་དམར་བའི་མདངས་ཆགས་ཤངས་གཟེངས་མཐོ། །ཕྱག་གཉིས་ཆོས་འཁོར་ཕྱག་རྒྱས་ཨུཏྤལའི། །འདབ་མ་སྙན་གྱི་ཐད་དུ་ཕྱེ་བའི་སྟེང་། །ཤེས་རབ་རལ་གྲི་ཤེར་ཕྱིན་གླེགས་བམ་བསྣམས། །གཡས་སུ་རྒྱལ་ཚབ་དར་མ་རིན་ཆེན་ནི། །ཅུང་ཟད་བགྲེས་ཉམས་དབུ་དུད་ཞི་དུལ་ཅན། །སྐུ་ཤ་དཀར་སེར་སྨབ་ཅིང་སྤྱན་དཀྱུས་རིང་། །སྨིན་ཚུགས་འཁྲུར་ཆོས་མཐོ་ལ་

ཡིད་ཙམ་འཛུམ། །གཡོན་དུ་མཁས་གྲུབ་དགེ་ལེགས་དཔལ་བཟང་པོ། །གཞོན་ཞིང་དར་བབས་དཀར་ལ་དམར་མདངས་ཆེ། །སྨྲ་ངན་ཟིལ་གནོན་ཕྱོགས་ལས་རྣམ་རྒྱལ་བས། །སྤྱན་ནི་འབུར་ཚུགས་འཁྲིད་བག་ཉམས་ཀྱིས་བཞུགས། །སྲས་མཆོག་རྣམ་གཉིས་ཕྱག་གཡས་ཆོས་འཆད་དང་། །གཡོན་པ་མཉམ་བཞག་སྟེང་དུ་གླེགས་བམ་བསྣམས། །ཡབ་སྲས་གསུམ་གས་པཎ་ཞྭ་གསེར་མདོག་དང་། །ཆོས་གོས་གསུམ་གསོལ་རྡོ་རྗེའི་སྐྱིལ་ཀྲུང་བཅས། །སྐུ་ཡི་བ་སྤུའི་ཁུང་བུར་ཞིང་ཁམས་ཀུན། སྣང་ཞིང་སྐུ་ཡིས་ཞིང་ཁམས་ཡོངས་འགེངས་པའི། །བརྟན་གཡོ་རྣམ་པར་དག་པའི་བདག་ཉིད་ཅན།། ཞིང་བརྒྱ་འོད་ཀྱིས་འགེངས་བཞིན་ལྷམ་མེར་བཞུགས། །དེ་ལྟར་སྤྲུལ་པ་རབ་འབྱམས་རྒྱ་མཚོའི་སྤྲིན། །སྤྲོ་ཞིང་སྡུད་པའི་ངང་ནས་སྐད་ཅིག་གིས། །བྱམས་བརྩེའི་སྤྲིན་དཀར་ཐག་པ་རྟོལ་པའི་སྟེར།། བྱོན་ནས་བསོད་ནམས་ཞིང་དུ་བཞུགས་གྱུར་ཅིག ༔ །དགའ་ལྡན་ལྷ་བརྒྱའི་མགོན་གྱི་ཐུགས་ཀ་ནས། །ཞེས་པ་ནས། །བསྟན་པའི་སྙིང་པོ་རིང་དུ་གསལ་བྱེད་ཤོག །དེ་ནས་དམིགས་བརྩེ་མ་དང་། རྒྱལ་ཀུན་ཡེ་ཤེས་ལུས་ཅན་ཀུན་གཟིགས་ཉིད། །རྒྱལ་གསུང་ཆོས་ཀྱི་སྙིང་པོ་སྤེལ་བའི་སླད། །རྒྱལ་སྲས་གཟུགས་ཀྱིས་ལེགས་བཤད་འདོམས་མཁས་པ། །རྒྱལ་བ་ཀུན་དངོས་བློ་བཟང་གྲགས་པས་སྐྱོང་།། ཀུན་རྟོག་སྤྲོས་པ་ཉེར་ཞིའི་མཁའ་དབྱིངས་ལས། །ངོ་མཚར་སྒྱུ་འཕྲུལ་ཟླ་བའི་རོལ་གར་འཛུམ། །མཐའ་ཡས་ཞིང་དུ་ཅིག་ཅར་སྤྲོ་བའི་མགོན། །བློ་བཟང་རྒྱལ་བའི་དབང་པོར་གསོལ་བ་འདེབས། །ཤེལ་དཀར་རྟུལ་མང་སྤུངས་པར་འགྲན་བཟོད་པའི། །ས་སྤུངས་རིན་ཆེན་རྒྱན་གྱིས་སྤྲས་པའི་སྟེང་། ཟབ་རྒྱས་གདམས་ངག་སྟོལ་མཛད་ངུར་སྨྲིག་ཚུལ། །བློ་བཟང་རྒྱལ་བའི་དབང་པོར་གསོལ་བ་འདེབས། །ལྷ་བརྒྱའི་གཙུག་གི་མཆོད་བྱས་ནོར་བུའི་ཁྲིར། །དགེ་སློང་རྡོ་རྗེ་འཛིན་པའི་རྣམ་རོལ་གྱིས། །ཟབ་གསང་དཀའ་གནས་འདུད་བརྒྱ་འགྲོལ་མཁས་པ། །བློ་བཟང་རྒྱལ་བའི་དབང་པོར་གསོལ་བ་འདེབས། །གདོང་ལྔའི་དབང་པོ་ནོར་བུའི་རྒྱན་ལྡན་ཅིབས། །དམར་སེར་ལང་ཚོ་དར་བབས་གཞོན་ནུའི་ལུས། །འཇམ་དཔལ་དབྱངས་དངོས་སྒྲུབ་ཡོངས་ཀྱི་ལྷ། །བློ་བཟང་རྒྱལ་བའི་དབང་པོར་གསོལ་བ་འདེབས། །ནགས་ཀྱི་ཤྭན་འཛིགས་སུ་རུང་བའི་སྟེང་། །བརྟུལ་ཞུགས་སྤྱོད་འཆང་རྣལ་འབྱོར་དབང་པོའི་གཟུགས། །གྲུབ་བརྒྱའི་ཟུར་ཕུད་མཛེས་བྱེད་འཕོང་ལོའི་མགོན། །བློ་

བཟང་རྒྱལ་བའི་དབང་པོར་གསོལ་བ་འདེབས། །རབ་དཀར་སྤྲིན་གྱི་ཕུང་པོ་འཕྱུར་བའི་དབུས། །བཀའ་དྲིན་གསུམ་ལྡན་རིགས་བརྒྱའི་བྱེད་པོ་གང་། །དགྱེས་པའི་ཉམས་ཀྱིས་འབྱུང་འགྱུར་ལུང་སྟོན་པ། །བློ་བཟང་རྒྱལ་བའི་དབང་པོར་གསོལ་བ་འདེབས། །དེ་ལྟར་མི་ཕྱེད་དད་པས་གསོལ་བཏབ་མཐུས། །མ་འོངས་ཚེ་རབས་ཕྱིན་ཆད་ཐམས་ཅད་དུ། །མགོན་པོ་ཁྱོད་ཀྱིས་ཞབས་སྐྱེས་པདྨོའི་རྡུལ། །སྤྱི་བོས་ནོད་པའི་སྐལ་བཟང་མངོན་གྱུར་ཤོག །སྡེ་སྣོད་རྒྱ་མཚོའི་སྙིང་པོ་གཅིག་བསྡུས་པ། །དགེ་ལྡན་ལུགས་བཟང་དྲི་མེད་ཡིད་བཞིན་ནོར། །ཐོས་བསམ་སྒོམ་པའི་རྒྱལ་མཚན་རྩེར་མཆོད་ནས། །སྐྱེ་རྒུའི་རེ་བ་སྐོང་བའི་མཐུ་ཐོབ་ཤོག །རྒྱལ་རྣམས་དགྱེས་འཛུམ་དབྱངས་ཀྱིས་བསྔགས་པའི་གནས། །བྱང་ཆུབ་ལམ་བཟང་སྒྲུབ་པར་མངོན་ཕྱོགས་ཚེ། །ཕྱི་ནང་བདུད་སྡེའི་བར་ཆད་ཀུན་ཞི་སྟེ། །ཆོས་ལྡན་བསམ་དོན་ལྷུན་གྱིས་གྲུབ་གྱུར་ཅིག །ཕྱོགས་རིལ་དང་བཅས་མཆོད་པའི་སྤྲིན་གཟུངས་ལན་བདུན་བདེན་སྟོབས་བཅས་དང་། མཆོད་པའི་བླ་མ་བརྒྱུད་པ་སོགས་ལ་ཕྱག་འཚལ་བའི་ཚིགས་སུ་བཅད་པ། བཟང་སྤྱོད་ལས་བྱུང་བའི་ཡན་ལག་བདུན་པ། མནྜལ་རྒྱས་པ། ས་གཞི་མ་ཚར་ཉེར་ལྔ། བདག་གཞན་མ་ཚར་གསུམ། །སེམས་བསྐྱེད་འཛིན་པ། ཡོན་ཏན་གཞིར་གྱུར་མའི་སྔོ་ནས་ལམ་རིམ་ཤར་བསྒོམ་བྱེད་པ་སོགས་ཡབ་རྗེ་གསེར་ཁང་པ་ཆེན་པོའི་འདོན་བསྒྲིགས་ཇི་ལྟ་བ་བཞིན་བྱའོ། །མཇུག་ཏུ། དེ་ལྟར་གསོལ་བ་བཏབ་པས་སེང་གེའི་ཁྲི། །སྙིང་ལ་ཐིམ་པས་པདྨ་འདབ་བརྒྱད་གྱུར། །བླ་མའི་སྐུ་ཡང་མཐེབ་སོར་ཚད་ཙམ་དུ། །གྱུར་ཏེ་དབུ་མའི་ནང་བརྒྱད་སྙིང་དབུས་སུ། །དཀར་དམར་ཁམས་དང་རོ་གཅིག་ཉི་ཟླའི་སྟེང་། །རང་གི་སེམས་དང་དབྱེར་མེད་འདྲེས་པ་ལས། །ཤིན་ཏུ་ཕྲ་བའི་རླུང་སེམས་རྗེ་བླ་མར། །བཞེངས་ཤིང་སྙིང་གི་པདྨ་ཁ་ཟུམ་པའི། །རྩེ་མོ་རྡོ་རྗེ་སྔོན་པོ་ཕྱེད་པས་མཁན། །ཕྱི་ནས་ཨ་ར་པ་ཙ་དམིགས་བརྩེ་མས། །གཡས་གཡོན་དཀྲིས་པས་མི་ཤིག་རྒྱ་ཡིས་བཏབ། །འདིར་འབད་དགེ་བས་ཚེ་རབས་ཐམས་ཅད་དུ། །འཇམ་དབྱངས་བླ་མས་ཐེག་མཆོག་བཤེས་མཛད་དེ། །ཚང་ལ་མ་ནོར་བསྟན་པའི་སྙིང་པོ་ལ། །ཐོས་བསམ་སྒོམ་པ་མྱུར་དུ་མཐར་ཕྱིན་ཤོག །ཁྱད་པར་འདི་སྣང་འགག་ཚེ་དགའ་ལྡན་དུ། །སྐྱེས་ནས་མི་ཕམ་འཇམ་མགོན་མཉེས་བྱེད་ཅིང་། །མ་འོངས་ཞིང་འདིར་ཡབ་སྲས་འབྱོན་པའི་ཚེ། །གསུང་གི་བདུད་རྩི་ཐོག་མར་སྤྱོད་གྱུར་ཅིག །སྨོན་དེང་བརྒྱམས་མ་དང་། མགོན་ཁྱོད་རིགས་གསུམ་སོགས་བསྔོ་སྨོན་བྱ། ༈ དམིགས་བརྩེ་མའི་བསྙེན་པ་ལྟ་བུ་བྱེད་ན། དགའ་ལྡན་ལྷ་བརྒྱ་མའི་འཁོར་

ས་གཞི་མས་མཐུལ་ཕྱུལ་ཏེ་ཤེས་རབ་གསལ་བ་སོགས་སྐབས་སུ་བབས་པའི་དམིགས་པ་གང་རུང་གི་སྒོ་ནས་དམིགས་བརྟེ་མ་གྲངས་གསོག་དང་མཇུག་ཏུ། །སྐྱབས་གནས་ཀུན་འདུས་ཆོས་ཀྱི་རྒྱལ་པོ་ཙོང་ཁ་པ་ལ་གསོལ་བ་འདེབས་སོ།བདག་གི་ལུས་ངག་ཡིད་གསུམ་བྱིན་རློབས་ཤིག །བཅོས་མ་མ་ཡིན་པའི་རིམ་འབྱུང་གི་བསམ་པས་རྒྱུད་བསྐུལ་ནས་བྱམས་སྙིང་རྗེ་བྱང་ཆུབ་ཀྱི་སེམས་དང་ཟབ་མོ་དབུ་མའི་ལྟ་བ་དང་ལམ་རིམ་པ་གཉིས་ཀྱི་རྣལ་འབྱོར་ཟབ་མོ་ཉམས་སུ་ལེན་ནུས་པར་བྱིན་གྱིས་རློབས་ཤིག །དེ་ལྟར་ཉམས་སུ་བླངས་པའི་ཆོས་ལམ་དུ་སོང་སྟེ་མཁའ་མཉམ་སེམས་ཅན་ཀུན་གྱི་དོན་དུ་སངས་རྒྱས་ཀྱི་གོ་འཕང་ཐོབ་པར་བྱིན་གྱིས་རློབས་ཤིག །མདོར་ན་ཚེ་རབས་ཐམས་ཅད་དུ་རྗེ་བཙུན་ཙོང་ཁ་པ་ཆེན་པོས་རྗེས་སུ་བཟུང་ནས་རང་གཞན་གྱི་དོན་རྒྱ་ཆེན་པོ་བསྒྲུབ་ནུས་པར་བྱིན་གྱིས་བརླབ་ཏུ་གསོལ། །

ཞེས་དང་། བྱིན་རླབས་སྤུངས་ཞུའི་སྐབས་ཉིད་དེ་འཛིན་གྱི་དབང་བཞི་ལེན་པར་སྨོན། བདེ་བླག་ཉིད་དུ་འཇུག་པར་བྱིན་གྱིས་རློབས། ཞེས་པའི་འཕྲོར། འཇམ་མགོན་བླ་མ་ཡབ་སྲས་གནས་གསུམ་ལས། །བདུད་རྩི་འོད་ཟེར་དཀར་དམར་མཐིང་གའི་རྒྱུན། །རིམ་དང་མཉམ་བྱུང་རང་གི་གནས་གསུམ་དུ། །རིམ་དང་གཅིག་ཆར་ཐིམ་པས་དབང་བཞི་ཐོབ། །ལུས་ངག་ཡིད་ཀྱི་སྡིག་སྒྲིབ་སོ་སོར་དག །གསུམ་གྱི་སྡིག་སྒྲིབ་བག་ཆགས་བཅས་པ་དག །སྤྲུལ་སྐུ་ལོངས་སྐུ་ཆོས་སྐུ་ཟུང་འཇུག་གི །སྐུ་བཞི་འགྲུབ་པའི་ནུས་པ་བརྟན་པོ་ཐོབ། །ཅེས་བྱ། དབང་མ་ཐོབ་པས་འདི་ལྟར་ཉམས་སུ་ལེན་མི་རུང་ལ། དབང་ཐོབ་ནས་ཆགས་མེད་དུ་ཉམས་སུ་བླངས་ན་དབང་གི་ཆུ་བོ་མ་ནུབ་པ་ཞེས་པ་ཡིན་ཞིང་གནད་ཡོངས་སུ་རྫོགས་པ་བླ་མའི་ཞལ་ལས་ཤེས་པར་བྱ། མཇུག་ཏུ་སྙིང་གཞུག་དང་བསྔོ་སྨོན་སྤྱར་ལྟར་བྱའོ། །ཞེས་སྨད་བརྒྱུད་བླ་མའི་རྣལ་འབྱོར་གྱི་སྒོ་ནས་རྒྱལ་བ་ཙོང་ཁ་པ་ཆེན་པོ་ལ་ཕྱག་མཆོད་འབུལ་བའི་ཚོག་ཞར་བྱུང་བ་སྟེན་པའི་ཡི་གེ་དང་བཅས་པ་དགའ་ལྡན་ཞིང་དུ་བཀོད་པའི་སྐྱུར་ལམ་ཞེས་བྱ་བ་འདི་ནི་རང་དང་གཞན་ལ་ཕན་པའི་ལྷག་བསམ་གྱིས་མཁས་གྲུབ་ཆེན་པོ་ངག་དབང་ཐུབ་བསྟན་རྒྱ་མཚོའི་གསུང་རྗེ་ལྟར་བ་བཞིན་སྒོམས་ལས་པ་ལ་དད་བྱུང་ས་ལྡན་སྐྱེམས་པའི་བློ་གྲོས་ཀྱིས་བསྒྲིས་པའི་ཡི་གེ་བ་ནི་རིགས་པ་སྨྲ་བ་ཕུན་ཚོགས་དར་རྒྱས་ཀྱིས་བགྱིས་པ་འདི་ཡང་རྗེ་བཙུན་བླ་མ་མཆོག་གིས་ཚེ་རབས་ཀྱི་ཐེང་བར་རྗེས་སུ་འཛིན་པའི་རྒྱུར་གྱུར་ཅིག། ཨོཾ་སྭ་སྟི། དགེ་ལྡན་ལུགས་བཟང་བཀྲ་ཤིས་འདབ་བརྒྱའི་ཚལ། །རབ་བཞད་འགྲོ་ཀུན་ཕན་བདེའི་ཟེལ་དངར་ལ། །སྤྱོད་ཕྱིར་ཆོས་སྦྱིངས་སྤྲིན་སྤོན་པ་གམ་ལས། །ཆོས་སྦྱིན་བདུད་རྩིའི་གྲུ་ཆར་འདི་སྤྲོས་སོ། །

༄༅། །དཔལ་ལྡན་སྨད་རྒྱུད་ལུགས་ཀྱི་བླ་མའི་རྣལ་འབྱོར་དགའ་ལྡན་ལྷ་བརྒྱ་མའི་ཁྲིད་ཡིག་དངོས་གྲུབ་གཏེར་མཛོད་ཞེས་བྱ་བ་བཞུགས་སོ། །

༄ རྗེ་བཙུན་བླ་མ་དམ་པ་དམིགས་པ་མེད་པའི་ཐུགས་རྗེ་ཆེན་པོ་དང་ལྡན་པ་རྣམས་ལ་ཕྱག་འཚལ་ཞིང་སྐྱབས་སུ་མཆིའོ། སྐྱེ་བ་ཐམས་ཅད་དུ་རྗེས་སུ་བཟུང་དུ་གསོལ། །དེ་འང་རྒྱལ་སྲས་ཆེན་པོ་ཞི་བ་ལྷས། །དལ་འབྱོར་འདི་ནི་ཤིན་ཏུ་རྙེད་པར་དཀའ། །སྐྱེས་བུའི་དོན་གྲུབ་ཐོབ་པར་གྱུར་པ་ལ། །གལ་ཏེ་འདི་ལ་ཕན་པ་མ་སྒྲུབ་ན། །ཕྱིས་འདི་ཡང་དག་འབྱོར་བར་ག་ལ་འགྱུར། །ཞེས་གསུངས་པ་ལྟར། རང་རེ་ས་དུས་ཐོག་མ་མེད་པ་ནས་ངན་སོང་གསུམ་དུ་སྡུག་བསྔལ་མཐའ་ཡས་པ་བར་མཚམས་མེད་པར་སྤྱོད་པ་ལས་ད་རེས་སྐབས་ལེགས་ཀྱིས་དལ་འབྱོར་གྱི་རྟེན་ཁྱད་པར་ཅན་ཐོབ། རྒྱལ་བའི་བསྟན་པ་རིན་པོ་ཆེའི་ཡང་སྙིང་། ལྟ་སྒོམ་སྤྱོད་གསུམ་གང་ལའང་འཁྲུལ་པའི་དྲི་མ་ཕྲ་མོ་ཙམ་ཡང་མེད་པ་འཇམ་མགོན་བླ་མ་ཙོང་ཁ་པ་ཆེན་པོའི་རིང་ལུགས་དྲི་མ་མེད་པ་དང་མཇལ། ཆོས་སྒྲུབ་པའི་རྐྱེན་ཕྱི་ནང་གི་རྟེན་འབྲེལ་ཕུན་སུམ་ཚོགས་པ་འགྲིག་པའི་སྐབས་འདིར་བློ་གྲོས་ཀྱི་རྩལ་ཅི་ཡོད་ཀྱིས་འབད་ནས་སྐྱེ་བ་གཏན་གྱི་མདུན་མ་སྒྲུབས་པ་ཞིག་བྱེད་དགོས། དེ་འང་དལ་འབྱོར་དོན་ཆེ་རྙེད་དཀའ་ཞིང་ཚེ་ལ་ལོང་མེད་པའི་ཚུལ་བསམ་སྟེ་དགྲ་འདུལ་གཉེན་སྐྱོང་སོགས་སྒྲོན་པའི་ཟློས་གར་ལྟ་བུའི་ཚེ་འདིའི་སྣང་ཞེན་ཟློག་པ་དང་། ལས་བྱས་པ་ཆུད་མི་ཟ་ཞིང་འཕེལ་ཆེ་བའི་དབང་གིས་འཁོར་བ་ལས་གཏན་དུ་ཐར་པ་ཞིག་མ་བྱུང་ཕྱིན་སྲིད་པའི་རྩེ་མོའི་བར་དུ་སོང་ཡང་། ཕྱིར་ཡང་བརྒྱུད་ནས་ངན་འགྲོར་ལྷུང་བ་སློབ་དཔོན་དཔའ་བོས། ཁྱོད་ཀྱི་བསྟན་ལས་ཕྱིར་ཕྱོགས་པའི། །སྐྱེ་བོ་གཏི་མུག་གིས་ལྡོངས་པ། །སྲིད་རྩེའི་བར་དུ་སོང་ནས་ཀྱང་། །སྡུག་བསྔལ་ཡང་འབྱུང་སྲིད་པ་སྒྲུབས། ཞེས་པ་ལྟར། འཇིག་རྟེན་ཕྱི་མའི་ཕུན་ཚོགས་ལའང་སྙིང་པོ་མེད་པའི་ཚུལ་བསམས་ཏེ་ཕྱི་མའི་སྣང་ཞེན་ཟློག་པ་དང་གཉིས་ཀྱི་སྒོ་ནས་སྲིད་པ་མཐའ་དག་ལ་བཙོན་རྭ་ལྟ་བུའི་

འདུ་ཤེས་ཀྱིས་ཞེན་པ་གཏིང་ནས་ལོག་པའི་ངེས་འབྱུང་དང་། སེམས་ཅན་སྡུག་བསྔལ་གྱིས་མནར་པ་ལ་ཤ་ས་མི་བཟོད་པའི་སྙིང་རྗེའི་རྩ་བ་ཅན་གྱི་བྱང་ཆུབ་ཀྱི་སེམས་དང་། གནས་ལུགས་ཕྱི་ཐག་ཆོད་པའི་ཤེས་རབ་ཡང་དག་པའི་ལྟ་བ་སྟེ་ལམ་གྱི་གཙོ་བོ་རྣམ་པ་གསུམ་ལ་ཉམས་ལེན་གྱི་མཐིལ་དུ་བྱས་ཤིང་ལམ་ཡོངས་རྫོགས་ལ་བག་ཆགས་ཅི་ཐེབས་བྱས་ན་དལ་བའི་རྟེན་ལ་སྙིང་པོ་ལོན་པ་ཞེས་བྱ་བ་ཡིན། དེ་ལ་ཡང་ཐོག་མར་འཇིག་རྟེན་འདིར་རིང་དུ་མི་གནས་པར་འཆི་བ་རྗེས་དྲན་གྱི་བློས་ཚེ་འདིའི་མདུན་མ་སྐྱུངས་ཏེ་ཕྱི་མ་ཕན་ཆད་ཀྱི་བསམ་བློ་རྒྱུན་དུ་གཏོང་དགོས་ཏེ། རྒྱལ་བ་ཡང་དགོན་པའི། ད་པ་ཡུལ་ལ་ཞེན་པའི་ཕྱི་ཐག་སྤྱུངས། །གཉེན་ལ་གདོང་ཆུང་གི་ལྟག་པ་སྟོན། །ནོར་ལ་ཆོག་ཤེས་ཀྱི་གཉེན་པོ་སྟོན། །འདི་བྱ་བཏང་གི་མདུན་གྲོས་དང་པོ་ཡིན་ཞེས་པ་ལྟར། ཡུལ་ཞིང་ཉེ་འབྲེལ་ནོར་འཁྱལ་སོགས་པའི་འདི་སྣང་གི་འཁྲི་བ་ནད་ཀྱིས་བཅད་ནས་འཕགས་པའི་རིགས་བཞི་ལ་གནས་ན་འཚོ་བའི་ཡོ་བྱད་ཀྱིས་གང་ཧུའང་མི་ཐོངས་ཏེ། །ཤེས་རབ་སྡོང་བུ་ལས། །ཆོག་ཤེས་ངེས་པའི་བདག་ཉིད་ཅན། །འཚོ་བ་གང་ནའང་བཅལ་མི་དཀའ། །རྩ་དང་ལོ་མ་ཆུ་ཡི་གནས། །གང་ནའང་མེད་པ་མ་ཡིན་ནོ་ཞེས་གསུངས། ནོར་རྫས་ཡོ་བྱད་ཆོག་ཤེས་ཀྱིས་ཚོད་མ་བཟུང་བར་མཁོ་བའི་བསམ་མནོ་ཁོ་ན་བཏང་ན་ཇི་ཙམ་ཡོད་ཀྱང་ཆོག་རྒྱུ་མེད་པ་ཞིག་འབྱུང་སྟེ། འཕའ་ར་བས། གླིང་བཞིའི་ནོར་ལ་དབང་བསྒྱུར་ཀྱང་། །མེད་ཀྱིན་ཆད་པ་མ་གཏོགས་པ། །གདང་ཞིང་ལྷག་པ་ཡོད་དུས་མེད་ཞེས་གསུངས་པས་ཆོས་གཤའ་མ་ཞིག་བྱེད་པ་ལ་འཇིག་རྟེན་བློས་བཏང་བ་མེད་མི་རུང་དུ་དགོས་སོ། ཆོས་ཀྱི་སྒྲ་དོན་ཡང་སྒྲ་སྒྲུབ་བྱས་ནས་བཤད་ཚུལ་སྣ་ཚོགས་ཡོད་ཀྱང་། རྣམ་བཤད་རིགས་པར། ཆོས་ནི་ཤེས་བྱ་ལམ་དང་ནི། །མྱ་ངན་འདས་དང་ཡིད་ཀྱི་ཡུལ། །བསོད་ནམས་ཚེ་དང་གསུང་རབ་དང་། །འབྱུང་འགྱུར་ངེས་དང་ཆོས་ལུགས་ལའོ། །ཞེས་དོན་བཅུ་ལ་འཇུག་པར་གསུངས་ཏེ། དེ་ཡང་འདུས་བྱས་སམ་འདུས་མ་བྱས་ཀྱི་ཆོས་ཞེས་པའི་ཆོས་དེ་ཤེས་བྱ་ཡིན་ཚད་ལ་འཇུག །ཡང་དག་པའི་ལྟ་བ་ནི་ཆོས་ཡིན་ལ། ལོག་པའི་ལྟ་བ་ནི་མ་ཡིན་ནོ་ཞེས་པའི་ཆོས་དེ་ལམ་ལ་བྱེད། ཆགས་བྲལ་གྱི་ཆོས་ཀྱི་མཆོག་ཞེས་པའི་ཆོས་མྱང་འདས་ལ་བྱེད། ཆོས་ཀྱི་སྐྱེ་མཆེད་ཅེས་པའི་ཆོས་དེ་ཡིད་ཀྱི་ཤེས་པའི་ཡུལ་ལ་བྱེད་དེ། སྐྱེ་མཆེད་རྣམས་ནི་སངས་རྒྱས་

ཀྱིས། །སྐྱེ་བའི་སྒོར་གྱུར་ཉིད་དུ་གསུངས་ཞེས་དང་། ཆོས་ཀྱི་སྐད་དོད་རྣམ་ཞེས་པ་བཟུང་བ་ལ་འཇུག་པ་དང་གནན་གཅིག་གོ །ཆོས་སྤྱོད་དེ་བཅུའི་བདག་ཉིད་ནི། །བསོད་ནམས་ཕུང་པོ་དཔག་དུ་མེད། ཞེས་པ་ལྟར་ཆོས་སྤྱོད་བཅུ་ཞེས་པའི་ཆོས་དེ་བསོད་ནམས་ལ་བྱེད། ལུང་གི་ཆོས་ཞེས་པའི་ཆོས་དེ་གསུང་རབ་ལ་བྱེད། ལུས་འདི་ཤེས་པའི་ཆོས་ཅན་དང་། རྣམ་པར་འགྱུར་བའི་ཆོས་ཅན་ཡིན་ནོ་ཞེས་པ་ལྟ་བུའི་ཆོས་དེ་འབྱུང་འགྱུར་ལ་བྱེད། དགེ་སློང་དུ་བྱེད་པའི་ཆོས་བཞི་ཞེས་པའི་ཆོས་དེ་ངེས་པར་རྟེན་དགོས་པ་ལ་བྱེད། ཡུལ་ཆོས་རིགས་ཆོས་ཞེས་པའི་ཆོས་དེ་ཆོས་ལུགས་ལ་བྱེད་པར་གསུངས་པ་ལྟ་བུས་མཚོན་བདག་དང་བདག་གི་བས་སྟོང་པ་གོ་བའི་ཆེད་དུ་ཆོས་ཀྱི་ཐ་སྙད་དོན་སོ་སོ་ལ་སྦྱར་བ་ཤེས་དགོས་སོ། དེའང་སེམས་དང་ཆོས་གཉིས་སྦྱར་ནས་ཐོས་བསམ་སྒོམ་བསྒྲུབས་གང་བྱས་ཀྱང་ཁ་ཕྱིར་ལྟས་སུ་མ་སོང་བར་རྩུར་རྒྱུད་སྟེང་དུ་སྒོར་ནས་སེམས་ལ་ཞུ་དག་གཏོང་བ་གལ་ཆེ་སྟེ། སེམས་ཀྱི་སྟོབས་ཆུང་འབྲིང་ཆེ་གསུམ་གྱིས་སྐྱེས་བུ་ཆུང་འབྲིང་ཆེ་གསུམ་དུ་འཛོག་པར་སློབ་དཔོན་དབྱིག་གཉེན་པས་ཆུང་དུས་སོགས་ཡིན་ཇི་བཞིན་ཅེས་གསུངས་ལ། དེ་ཡང་ཆེ་འདིའི་ལྷོ་གོས་ཟས་ནོར་གས་ཀྱི་ཆེད་དུ་དགྲ་འདུལ་གཉེན་སྐྱོང་གི་ལས་ལ་བརྩོན་པ་ཙམ་མི་ལས་ལྷག་པ་དུད་འགྲོ་ལ་ཡང་ཡོད་པས། དེ་ཙམ་གྱིས་དུད་འགྲོ་ལས་ཁྱད་ཞུགས་པའི་གོ་མི་ཆོད་པས་འཛིག་རྟེན་ཕྱི་མ་ཕན་ཆད་ཀྱི་དོན་དུ་ཆོས་རྣམ་དག་སྒྲུབས་འདོད་རྣལ་མ་སྐྱེས་པ་ན་ཆོས་པའི་གྲལ་དུ་ཚུད་ཅིང་ཐལ་པ་ལས་ཁྱད་ཞུགས་པར་འཛོག །སྲིད་པའི་ཕུན་ཚོགས་ཇི་ཙམ་ཐོབ་ཀྱང་ཕུགས་སྡུག་བསྔལ་ལས་ཐར་པ་མི་འདུག་སྙམ་སྡུག་བདེན་གྱི་རྩ་བ་རྒྱུ་ལས་དང་ཉོན་མོངས་པའི་ཀུན་འབྱུང་དྲུང་ནས་འབྱིན་པར་འདོད་ནས་ལམ་བདེན་གྱི་ཉམས་ལེན་ལ་འཇུག་པ་ན་སྐྱེས་བུ་ཆུང་དུ་ལས་ཁྱད་ཞུགས་པ་ཡིན། རང་ཉམས་ལ་དཔགས་དེ་མ་རྒན་སེམས་ཅན་མཐའ་དག་སྡུག་བསྔལ་གྱིས་མནར་ཚུལ་བསམ་སྟེ། དེ་ཐམས་ཅད་ཀྱི་དོན་ཁུར་དུ་ཁྱེར་བ་བྱུང་ན་སྐྱེས་བུ་འབྲིང་ལས་ཁྱད་ཞུགས་ཤིང་སྐྱེས་བུ་ཆེན་པོར་འཛོག །དེ་ལྟ་མ་ཡིན་པར་ཐུགས་བླ་མེད་ཀྱི་ཆོས་མཐོན་པོ་ཡར་ཟབ་གཅིག་ཉམས་སུ་བླངས་ཀྱང་ཐར་པའི་རྒྱུ་ཙམ་ལའང་མི་འགྲོ་བས་རང་རྒྱུད་ལ་ལེགས་པར་བརྟགས་པ་དེ་བསྒོམ་ཐམས་ཅད་ཀྱི་ཐོག་མའི་མགོར་གསུངས་ཏེ། དྲིས་ལན་བློ་བཟང་བཞད་

པའི་སྒྲ་དབྱངས་ལས། །སྒྲིམ་རྣམས་ཀུན་གྱི་ཐོག་མའི་མགོ །རྒྱ་གར་སྐད་མཚུངས་རང་རྒྱུད་ལ། །
ལེགས་པར་བརྟགས་པ་ཡིན་ནོ་ཞེས། །བླ་མེད་བླ་མ་མཆོག་དེས་བཞེད། །ཅེས་གསུངས། དེས་ན་
སྐྱེ་ས་རབས་ལས། བདག་གི་སྤྱོད་པ་ངན་པའི་གཟུགས། །ཆོས་ཀྱི་མེ་ལོང་ནང་མཐོང་ན། །ཡིད་ལ་
གདུང་བ་རབ་སྐྱེད་དེ། །ཞེས་དཔེར་ན་བུད་མི་སྡུག་པ་སྣ་མེད་གཅིག་ལ་མེ་ལོང་བསྟན་ན་རང་ལ་
ཞེན་ལོག་སྐྱེ་བ་ལྟར། རང་གི་ཚུལ་བཞིན་མ་ཡིན་པའི་སྤྱོད་པ་ཆོས་དང་བསྡུར་ནས་རྟོགས་དགོས་
པར་གསུངས་པ་ལྟར་ཆོས་ཐམས་ཅད་ཀྱི་རྩ་བ་སེམས་ལ་ཐུག་པ་ཡིན་ཏེ། ཐལ་འགྱུར་པས་ཆོས་
ཐམས་ཅད་སེམས་ཀྱིས་བཞག་པ་ཙམ་དུ་འདོད། རང་རྒྱུད་པས་ཆོས་ཐམས་ཅད་སེམས་གནོད་
མེད་ལ་སྣང་བའི་དབང་གིས་བཞག་ཙམ་དུ་འདོད། སེམས་ཙམ་པས་ཆོས་ཐམས་ཅད་སེམས་ཀྱིས་
སྣང་ཆ་ཙམ་དུ་འདོད། བྱེ་མདོ་གཉིས་ལས། བྱེ་སྨྲས་མེད་དགག་མི་འདོད་པས་འདུས་མ་བྱས་ཀྱི་
ནམ་མཁའ་ཡང་ཐོགས་རེག་བཀག་ཙམ་ལ་འཛོག་མ་ཐུབ་པར་གཟུགས་ཅན་གྱི་གོ་འབྱེད་པའི་
རྫས་ཤིག་ལ་འདོད་པ་དང་། མདོ་སྡེ་པས་བདག་མེད་ཕྲ་མོ་སོགས་མེད་དགག་འདོད་ཀྱང་། མེད་
དགག་དེ་ཉིད་མཉམ་བཞག་གི་དངོས་ཡུལ་དུ་འཛོག་མ་ཐུབ་པར་འདུས་བྱས་གཞན་དངོས་སུ་རྟོག
པའི་ཤུགས་ཀྱིས་འཇལ་བར་འདོད་པ་སོགས་འདུས་བྱས་ཀྱི་རྫས་ཤིག་ལ་ལྟོས་ནས་འདུས་མ་
བྱས་འཛོག་དགོས་པ་དང་། འདུས་བྱས་ཀྱང་བསྡུ་ན་སྣོད་བཅུད་གཉིས་སུ་སྡུས་པས། དེ་ཐམས་ཅད་
སེམས་ཀྱིས་བྱེད་པའམ་སེམས་ཀྱི་དབང་གིས་གྲུབ་པར་འདོད་དེ། མདོར་ན་ཕྱི་རོལ་བ་དག་གིས་
སྣོད་བཅུད་བྱེད་པ་པོའི་བདག་རྟག་པ་རང་དབང་གི་དབང་ཕྱུག་སོགས་བྱེད་པ་པོ་གཞན་ཡོད་ཅེས་
ཟེར་བ་ལ། སེམས་ལས་གཞན་པའི་བྱེད་པ་པོ་མེད་ཀྱིས་སེམས་ཀྱི་དབང་གིས་བདེ་སྡུག་ཅི་ཡང་
འབྱུང་ཞེས་འཆད་པར་མཛོད་ལས། ལས་ལས་འཇིག་རྟེན་སྣ་ཚོགས་སྐྱེས། ཞེས་དང་། འཇུག་པར།
སེམས་ཉིད་ཀྱིས་ནི་སེམས་ཅན་འཇིག་རྟེན་དང་། །སྣོད་ཀྱི་འཇིག་རྟེན་ཤིན་དུ་སྣ་ཚོགས་དགོད།
ཅེས་དང་། སྤྱོད་འཇུག་ལས། ལྕགས་སྲེགས་ས་གཞི་སུ་ཡིས་བྱས། མེ་ཚོགས་དེ་དག་ཅི་ལས་བྱུང་།
དེས་ན་དེ་དག་ཐམས་ཅད་ནི། །སྡིག་སེམས་ཡིན་པར་ཐུབ་པས་གསུངས། ཞེས་གསུངས་པ་ཡིན།
དེའི་རྒྱུ་མཚན་གྱིས་སྔ་རབས་པའི་བླ་མ་གོང་མ་དག་གིས། སེམས་ཀྱི་གཞི་རྩ་བཅད་པ། སེམས་ཀྱི་

ཚར་བཅལ་བ་སེམས་ཀྱི་གནས་ལུགས་བརྟགས་པ་སོགས་སེམས་ཁྲིད་ཀྱི་རྣམ་གྲངས་སྣ་ཚོགས་དང་། སེམས་རྡོ་ལྷ་བའི་མན་ངག་ནི་སྐུ་གསུམ་སྦྱར་བཅངས་དུ་གཏོད་པའི་གདམས་པ་ཡིན་ཅེས་ཐུགས་གཅིགས་ཆེ་བར་མཛད་ལ། འོན་ཀྱང་སྟོན་པས་ཆོས་ཀྱི་ཕུང་པོ་བརྒྱད་ཁྲི་བཞི་སྟོང་ཇི་སྙེད་གཅིག་གདུལ་བྱའི་སེམས་འདུལ་བའི་ཐབས་སུ་གསུངས་པ་ཡིན་ན་ཡང་། དེ་ཙམ་ལ་བློ་རྩེ་གཏད་ནས་སེམས་རྡོ་ལྷ་བའི་མན་ངག་ཟབ་ཟབ་པོར་གྲགས་པ་རྣམས་ལ་རྟགས་དཔྱད་མ་བྱས་པར་འགྲམ་ཆུ་ལྡང་མི་རིགས་ཏེ། སེམས་གཅིག་བུ་ལ་དམིགས་ནས་ཇི་ཙམ་སྒོམས་ཀྱང་གྲོལ་བ་ཐོབ་མི་ནུས་པར་ཏིང་ངེ་འཛིན་རྒྱལ་པོ་སོགས་ལུང་རིགས་དུ་མས་གྲུབ་པ་དང་། རྗེ་བདག་ཉིད་ཆེན་པོས། འབྲས་བུ་མཐོན་འདུ་ཤེས་མེད་པའི་ལྷ། །དམའ་ན་དུད་འགྲོའི་རྒྱུ་ལ་ཉིན་མཚན་དུ། །འབད་པའི་སྒོམ་ཆེན་རྣམས་ལ་མ་བཟོད་ནས། ཞེས་པ་ལྟར། ཐལ་ཕྱུགས་ཀྱི་ཁེ་ཉེན་ལ་བློ་གཞིག་དགོས་སོ། དེས་ན་རྗེ་བདག་ཉིད་ཆེན་པོས། མཉམ་མེད་ཇོ་བོ་ཆེན་པོའི་བཀའ་སྲོལ་ལྟར། སྡེ་སྣོད་གསུམ་གྱི་དོན་ཐམས་ཅད་སྟན་ཐོག་གཅིག་ལ་ཉམས་ལེན་དུ་དྲིལ་བ་སྐྱེས་བུ་གསུམ་གྱི་ལམ་གྱི་སྒོ་ནས་གདུལ་བྱ་བཀྲི་བའི་རིམ་པ་མཛད་དེ་དེ་ཉིད་དུས་གསུམ་གྱི་རྒྱལ་བ་ཐམས་ཅད་ཀྱི་བགྲོད་པ་གཅིག་པའི་ལམ་པོ་ཆེར་གསུངས། ལམ་དེར་ཞུགས་ནས་སངས་རྒྱས་ཀྱི་སར་འགྲོ་བ་ཡང་ལམ་མ་ནོར་བར་སྟོན་པའི་དགེ་བའི་བཤེས་གཉེན་ལ་རག་ལས་པ་དཔེར་ན་རྒྱ་མཚོའི་གླིང་དུ་འགྲོ་བའི་ཚེ་དེད་དཔོན་ལམ་རྒྱུས་མཁས་པ་སྙིང་སྟོབས་དང་ལྡན་པ་ཞིག་ལ་སྟེན་དགོས་པ་ལྟ་བུ་ཡིན་པས། བསྡུད་པར། སངས་རྒྱས་ཆོས་རྣམས་དགེ་བའི་བཤེས་ལ་སྟེན་ནོ་ཞེས། །ཡོན་ཏན་ཀུན་གྱི་མཆོག་མངའ་རྒྱལ་བ་དེ་སྐད་གསུངས། །ཞེས་དང་། ལམ་རིམ་དུ་ཡང་། ལམ་གྱི་རྩ་བ་བཤེས་གཉེན་སྟེན་ཚུལ་ཅེས་གསུངས་པ་ཡིན་འཇིག་རྟེན་ལས་འདས་པའི་ཆོས་རྣམས་ཕར་ཟད་ཚེ་འདིའི་ལེགས་ཚོགས་ཕྲ་མོའང་བླ་མའི་དྲིན་ལས་བྱུང་བ་ཡིན་ཏེ། དེ་ཐམས་ཅད་རྒྱུ་དགེ་བ་ལས་འབྱུང་ཞིང་། དགེ་སེམས་སྣ་གཅིག་སྐྱེས་པ་ཙུན་ཆད་ཀྱང་སངས་རྒྱས་བྱང་སེམས་ཀྱི་མཐུར། སྤྱོད་འཇུག་ལས། ཇི་ལྟར་མཚན་མོ་མུན་ནག་སྤྲིན་རུམ་ན། །གློག་འཕྲོ་སྐད་ཅིག་རབ་སྣང་སྟོན་པ་ལྟར། །དེ་བཞིན་སངས་རྒྱས་མཐུ་ཡིས་རྒྱ་ལམ་ན། །འཇིག་རྟེན་བསོད་ནམས་བློ་གྲོས་ཐང་འགའ་འབྱུང་། ཅེས་གསུངས། དཔེར་

ན་ད་ལྷ་རང་རེའི་ཟས་ཞིམ་པོ་ཁམ་གཅིག་ཙམ་ལ་ལོངས་སྤྱོད་པ་སྦྱིན་པའི་འབྲས་བུ། དེ་མིའི་རྟེན་ལ་སྤྱོད་ཚུལ་ཁྲིམས་ཀྱི་འབྲས་བུ། དེ་ལོངས་སྤྱོད་པ་ལ་གཞན་གྱིས་འཚེ་བ་མེད་པ་བཟོད་པའི་འབྲས་བུ། སྤྱད་བྱ་ཟས་དེའི་རྩོལ་སྒྲུབས་ལམ་དུ་འགྲོ་བ་བརྩོན་འགྲུས་ཀྱི་འབྲས་བུ། དེའི་ཚེ་སེམས་བག་ཕེབས་པར་གནས་པ་བསམ་གཏན་གྱི་འབྲས་བུ། ཟས་དེ་ལ་སྤྱོད་ཚུལ་ཤེས་པ་ཤེས་རབ་ཀྱི་འབྲས་བུ་ལ་གསུངས་པ་བཞིན། བླ་མ་ལ་མ་བསྟེན་པར་དེ་རྣམས་འབྱུང་བའི་གནས་མེད་པས་ན། འཛིག་རྟེན་འཛིག་རྟེན་འདས་པའི་དགེ་ལེགས་ཀྱི། །ཡོན་ཏན་ཀུན་གྱི་རྩ་བ་དྲིན་ཅན་རྗེ་གསུངས་པ་དེ་གོ་དགོས། །མདོར་ན་རྒྱ་བོད་ཀྱི་པཎ་གྲུབ་རྗེ་སྟེང་ཅིག་བྱོན་པ་རྣམས་བླ་མ་ཚུལ་བཞིན་སྟེན་པ་ལས་མཁས་པ་དང་གྲུབ་པའི་གོ་འཕང་མཐོན་པོར་གཤེགས་པ་ཡིན་པས་བླ་མའི་རྣལ་འབྱོར་དེ་གྲུབ་མཐའ་རིས་མེད་ལ་ཁྲབ་ཆེ་སྟེ། རྙིང་མ་བ་རྣམས་བླ་མའི་རྣལ་འབྱོར་ལ་རིག་འཛིན་གདུང་སྒྲུབས་ཅེས་མན་ངག་མཆོག་ཏུ་འཛིན་ལ། བཀའ་རྒྱུད་པའི་བླ་སྒྲུབས་ཅེས་ཐ་སྙད་བཏགས་ཤིང་། རང་རེ་ས་དགེ་ལྡན་པས་བླ་མ་མཆོད་པ་དང་བླ་མའི་རྣལ་འབྱོར་བཏགས་ཏེ། དེའང་ལམ་རིམ་དུ་བཤེས་གཉེན་བསམ་སྦྱོར་གཉིས་ཀྱིས་བསྟེན་ཚུལ་གསུངས་པ་ལོགས་སུ་བཀོལ་བའི་མན་ངག་གོ །དེ་ལའང་མང་དུ་ཡོད་པ་ལས། དགའ་ལྡན་ལྷ་བརྒྱ་མར་གྲགས་པ་ནི། རེས་འགའ་གསོལ་འདེབས་དབྱངས་ཀྱི་གཟུགས་ཅེས་དམིགས་བརྟེ་མ་ལ་གསུངས་པ་འདྲ་བར་རྗེ་བཙུན་འཇམ་པའི་དབྱངས་ཀྱི་ཡེ་ཤེས་ཀྱི་སྒྱུ་འཕྲུལ་གཟུགས་སུ་ཤར་བ་སྤྲུལ་པའི་གླེགས་བམ་ཆེན་མོ་ལས་བྱུང་བའི་མན་ངག་འདུལ་ནག་པ་སོགས་ཀྱི་དུས་སྐབས་ཆོས་སུ་མཛད་ཀྱང་རྒྱུད་ཆེན་སངས་རྒྱས་རྒྱ་མཚོས་ཁྲབ་བརྡལ་དུ་སྤེལ་བར་གསུངས། དེའི་སྐབས་སུ་དགའ་ལྡན་གྱི་བྱམས་མགོན་གྱི་ཐུགས་ཀ་ནས་སྤྲིན་འཛིན་པ་ནི། རང་ཅག་རྗེ་བླ་མའི་བསྟན་པ་འདིར་བསམ་སྦྱོར་ཅི་རིགས་པས་འབྲེལ་ཐོགས་པ་ཀུན་དགའ་ལྡན་དུ་སྐྱེ་བའི་སྨོན་པ་གཙོ་བོར་བྱེད་དགོས་པའི་བརྡ་སྟེ། རྗེ་བླ་མ་དེ་ཉིད་ལྷོ་བྲག་གྲུབ་ཆེན་གྱིས་བྱམས་མགོན་དུ་གཟིགས་ཤིང་ཕྱག་ན་རྡོར་རྗེས་དེ་ལྟར་ལུང་བསྟན་ཅིང་། སྐུ་རྗེས་མ་དགའ་ལྡན་དུ་བྱོན་པ་དང་། དེའི་རྟེན་འབྲེལ་གྱིས་དགོན་པའི་མིང་ལ་དགའ་ལྡན་རྣམ་པར་རྒྱལ་བའི་གླིང་ཞེས་བཏགས་པ་ལས་གྲུབ་མཐའ་སྤྱི་ལ་ཡང་རི་བོ་དགའ་ལྡན་པ་ཞེས་མཚན་ཆགས་པ་མདོའི་

ལུང་བསྟན་དང་མཐུན་པ་བྱུང་། སྤྱིར་སྐལ་བཟང་གི་རྣམ་འདྲེན་འདི་དག་ཐུགས་བསྐྱེད་སྨོན་ལམ་ལྷན་གཅིག་གི་བསྟན་པ་ལ་ཞུགས་ཕྱིན་སྐལ་བཟང་རྣམ་འདྲེན་གང་ཡང་རུང་བ་གཅིག་གི་བསྟན་པ་ལ་ངེས་ཅན་དུ་སླེབ་ཅིང་གྲོལ་གསུངས། ཁྱད་པར་དུ་ལྷའང་བྱམས་མགོན་གྱིས་ཐུབ་པའི་དབང་པོ་མཆོད་རྟེན་གྱི་རྣམ་པར་རྟག་ཏུ་སྤྱི་བོར་བཀུར་བ་ལྷ་བུ་ཐུགས་བསྐྱེད་འབྲེལ་བ་ལྷག་པར་ཆེ་བས། བྱམས་པས་ཞུས་པའི་མདོ་སོགས་ལས། བསྟན་པ་འདི་ལ་ཐོས་བསམ་ཙམ་ཟད་རེ་བགྱིས་པ་དང་། སྐུ་གསུང་ཐུགས་རྟེན་སྐྱ་རུ་རའི་འབྲུ་ཚད་ཙམ་བཞེངས་པ། ཚུལ་ཁྲིམས་སྔ་གཅིག་ཙམ་བསྲུང་བ་ཚུན་ཆད་ཀྱང་བྱམས་མགོན་གྱི་བསྟན་པ་དང་མཇལ་བར་གསུངས། དེས་ན་བྱིན་རླབས་མི་བཟད་པའི་གཏེར་དུ་གྱུར་བའི་གདམས་པ་ཟབ་མོ་འདི་ཉིད་ཉམས་སུ་ལེན་པར་འདོད་པས། སྐུ་གསུང་ཐུགས་ཀྱི་རྟེན་སྤྱི་དང་སྒོས་འདིའི་གཞུང་ལྟར་གྱི་ཞིང་བཀོད་དམ། རྗེ་བླ་མའི་སྐུ་བརྙན་བྲིས་འབུར་ཅི་རིགས་བཀྲམ་པའི་མདུན་དུ་མཆོད་པ་གཙང་མར་བཤམས། བདེ་བའི་སྟན་ལ་སྤྱོད་ལམ་ཚུལ་མཐུན་གྱིས་འཁོད། མདུན་གྱི་ནམ་མཁར་པདྨའི་སྡོང་པོ་ཡངས་ཤིང་རྒྱ་ཆེ་བའི་སྙིང་དུ་སེངྒེའི་གཏེགས་པའི་རིན་པོ་ཆེའི་ཁྲིའི་དབུས་སུ་རྗེ་བླ་མ། མཐའ་སྐོར་སངས་རྒྱས་བྱང་སེམས་ནམ་མཁའི་ཁམས་གང་བ་ལྷ་བུའི་ཚོགས་ཞིང་གསལ་བཏབ། རང་གི་མཐའ་སྐོར་དུ་རིགས་དྲུག་གི་སེམས་ཅན་ཐམས་ཅད་ཀྱང་སྨྲུག་ཤིག་གེ་འཁོད་པར་མོས་ལ། བདག་དང་འགྲོ་བ་ནམ་མཁའི་མཐའ་དང་མཉམ་པའི་སེམས་ཅན་ཐམས་ཅད་དུས་འདི་ནས་བཟུང་སྟེ་ཇི་སྲིད་བྱང་ཆུབ་སྙིང་པོ་ལ་མཆིས་ཀྱི་བར་དུ་དཔལ་ལྡན་བླ་མ་དམ་པ་རྣམས་ལ་སྐྱབས་སུ་མཆིའོ་སོགས་སྐྱབས་འགྲོ་བཞི་སྐོར་གང་མང་བྱས་པས། སྐྱབས་ཡུལ་དེ་དང་དེའི་སྐུ་ལས་བདུད་རྩིའི་རྒྱུན་བབས་པས་ལུས་ཀྱི་ནད་ཐམས་ཅད་གང་། སྐྱབས་ཡུལ་དེ་དང་དེ་ལ་རྟེན་པའི་སྡིག་སྒྲིབ་ཉེས་ལྟུང་ཐམས་ཅད་སྦྱངས། སྐྱབས་ཡུལ་དེ་དང་དེའི་བྱིན་རླབས་ནུས་མཐུ་ཐམས་ཅད་རང་རྒྱུད་ལ་ཞུགས་དེ་དང་དེའི་སྐྱབས་འོག་ཏུ་ཚུད་སོང་སྙམ་པ་བྱེད་ཞིབ་པར་སྐྱབས་ཁྲིད་གཞན་ལས་ཤེས་དགོས་སོ། དེ་ནས་སེམས་བསྐྱེད་ཚད་མེད་བཞི་དང་བཅས་པ་ཁྲིད་ཡིག་གཞན་ལས་འབྱུང་བ་ལྟར་ཡིད་འཕྲུལ་ངེས་སུ་བསྒོམ་པའི་འཇུག་ཏུ་ནམ་མཁའ་དང་མཉམ་པའི་སེམས་ཅན་ཐམས་ཅད་ཀྱི་དོན་དུ་བླ་མ་སངས་རྒྱས་ཀྱི་གོ་འཕང་རིན་

པོ་ཆེ་ཅི་ནས་ཀྱང་སྒྱུར་བ་ཉིད་དུ་ཐོབ་པར་བྱ། དེའི་ཕྱིར་དུ་ལམ་ཟབ་མོ་བླ་མའི་རྣལ་འབྱོར་ཉམས་སུ་བླང་བར་བགྱིའོ་ཞེས་ཁྱད་པར་ཅན་གྱི་སེམས་བསྐྱེད་བྱ་ཞིང་། མཐར་ཚོགས་ཞིང་རྣམས་གཅིག་ལ་གཅིག་ཐིམ་པའི་ཚུལ་གྱིས་མཛོད་སྤྱུ་གྲུབ་པའི་གནས་སྙིན་མཚམས་བྱིན་རླབས་འདུག་པའི་སྒོ་ནས་ཐིམ་པར་མོས་ཏེ། བསྒོམས་པའི་འཁོར་གསུམ་མི་དམིགས་པའི་ངང་ལ་ཅི་ནུས་སུ་མཉམ་པར་འཇོག །སྨྲུགས་དང་འབྲེལ་བར་ཉམས་སུ་ལེན་ན་དེའི་ངང་ལས་རང་བདེ་གསང་འཛིགས་གསུམ་གང་ཡང་རུང་བར་བསྐྱེད་པའི་ཐུགས་ཀའི་འོད་ཟེར་གྱིས་སྣོད་ཐམས་ཅད་གཞལ་ཡས་ཁང་དང་། བཅུད་ཐམས་ཅད་ལྷ་དང་ལྷ་མོའི་རང་བཞིན་དུ་སྒྱུར་བ་དང་། མཆོད་རྫས་རྣམས་དོ་པོ་ཡེ་ཤེས་ལ་རྣམ་པ་མཆོད་རྫས་སོ་སོར་མོས་ཏེ་མཆོད་པ་བྱིན་རླབས་རྒྱས་པའམ། བསྡུ་ན་དག་དུ་ཨོཾ་ཨཱཿཧཱུྃ་ལན་གསུམ་བརྗོད་པས་ཆོག །མདོ་ཆོག་ལྟར་བྱེད་ན། དཀོན་མཆོག་གསུམ་གྱི་བདེན་པ་དང་ཞེས་སོགས་སྔགས་ཚིག་ནས་བྱུང་བའི་རྒྱས་བསྡུས་ཅི་རིགས་སམ། མ་མཐའ་ཐམས་ཅད་དུ་ནི་ས་གཞི་དག་སོགས་ཀྱིས་ས་གཞི་བྱིན་རླབས་དག་པ་ཞིང་གི་སྣང་བ་ལ་གོམས་སུ་བཅུག །དེ་དག་མི་ལྡོག་ན་འང་རེ་རབ་ཀྱིས་གཞལ་བའི་ལྡོ། རང་རེའི་བྱང་ངོས་སུ་དགའ་ལྡན་གྱི་ཞིང་ཁམས་གསལ་བཏབ་ཏེ་དག་པའི་ཞིང་གི་བཀོད་པ་བློ་ཡུལ་དུ་འཆར་དགོས་ལ། དེ་ཡང་མཛོད་ལས། གནས་ནས་གནས་འོག་ཐེ་སྲིད་པ། །དེ་ནས་དེ་ཡི་གོང་དེ་སྲིད། །ཞེས་པ་ལྟར་གྱི་རིགས་གཞལ་ན་འདི་ནས་དཔག་ཚད་བརྒྱད་ཁྲིའི་མཚམས་སུ་སུམ་བཅུ་རྩ་གསུམ་གྱི་ལྷ་གནས་ཡོད། དེ་ནས་བརྒྱད་ཁྲིར་འཐབ་བྲལ་དེ་ནས་དཔག་ཚད་འབུམ་དང་དྲུག་ཁྲིའི་མཚམས་སུ་དགའ་ལྡན་ཏེ། སྤྱོམས་ན་འཛམ་བུའི་གླིང་འདི་ནས་སྟེང་དུ་དཔག་ཚད་གསུམ་འབུམ་ཉི་ཁྲིའི་མཚམས་སུ་དགའ་ལྡན་སྤྱིའི་གནས་ཡོད་ཅིང་དེའི་ཕྱོགས་གཅིག་ན་གྲོང་ལས་དགོན་པའི་ཚུལ་དུ་རྣམ་འདྲེན་སྙིང་གི་སྐྱེ་བ་མངོན་པར་སྐྱེ་བའི་མཛད་པ་སྟོན་པའི་གནས་ཡིད་དགའ་ཆོས་འཛིན་གྱི་ཞིང་ཁམས་ཡོད་ལ། ཞིང་དེའི་དབུས་ན་བྱམས་མགོན་གྱི་ཕོ་བྲང་རྒྱལ་མཚན་མཐོན་པོ་གསེར་གྱི་རྒྱ་ཕིབས་ཉི་མ་འབུམ་གྱི་འོད་ལས་ལྷག་ཅིང་། ནོར་བུའི་དྲ་བ་དྲ་ཕྱེད་དང་དྲིལ་བུ་གཡེར་ཁའི་ཚོགས་ཀྱིས་སྤྲས་པ། དེའི་མདུན་ན་རྗེ་བཙུན་གྱིས་ཆོས་སྟོན་པའི་ཀུན་དགའ་ར་བ་ཡིད་དགའ་ཆོས་འཛིན་བྱ་བ། མཐའ་སྐོར་

ཏུ་དགོས་འདོད་འབྱུང་བའི་དཔག་བསམ་གྱི་ཤིང་ལྗོན་པ་དང་། ཁྱེས་ཀྱི་རྗེང་བུ་དུ་མས་སྐོར་བ། གསེར་གྱི་ས་གཞི་ལ་བཻ་ཌཱུརྻའི་མིག་མངས་རིས་སུ་བྲིས་པ། མནན་ན་སོར་བཞི་ཙམ་གྱིས་ནེམ་བྱེད་ཅིང་བཏེག་ན་སྒྲར་བྱེད་པ། དེའི་དབུས་སུ་སེང་གེས་བཏེགས་པའི་ཁྲི་ཆེན་པོའི་སྟེང་གི་རྒྱབ་ལ་ཉི་བར་རིན་པོ་ཆེའི་ཁྲི་ཀྲུང་དུ་ལ་རྒྱལ་བ་བྱམས་པ་མགོན་པོ་བཟང་པོའི་བཞུགས་སྟངས་མཛད་པའི་ཐུགས་ཀ་གསེར་གྱི་རི་བོ་ཉི་མ་འབུམ་གྱིས་བྱུགས་པ་ལྟ་བུ་དཔལ་བེའུ་དང་བཀྲ་ཤིས་ཀྱི་རི་མོ་ཁྲ་སང་ངེ་ཡོད་པའི་ནང་མེ་ལོང་དོས་ཀྱི་གཟུགས་བརྙན་ལྟར་རྗེ་ཡབ་སྲས་གསུམ་བཞུགས་པའི་གཡས་ན་དཔལ་ལྷ་གཅིག་ཨ་ཏི་ཤའི་རྣམ་རོལ་ལྟའི་བུ་ནམ་མཁའ་དྲི་མ་མེད་པ་དང་། གཡོན་ན་རྗེ་བླ་མའི་རྣལ་རོལ་ལྟའི་བུ་འཇམ་དཔལ་སྙིང་པོ་དང་། མཐའ་སྐོར་དུ་ཐོགས་མེད་སྐུ་མཆེད་སོགས་དགའ་ལྡན་དུ་བྱོན་པའི་རྒྱལ་སྲས་གྲངས་མེད་པས་སྐོར་ཞིང་དེ་རྣམས་ལ་ཤེར་ཕྱིན་ཟབ་མོའི་གདམས་པ་སྟོན་བཞིན་པར་བཞུགས་པ་སོགས་སྟོད་བཅུད་ཀྱི་འཁོར་པ་བསམ་གྱིས་མི་ཁྱབ་པའི་ཚུལ། དག་ཞིང་སྔྲི་འགྲོའི་བཀོད་པ་མདོ་སྡེ་རྣམས་ལས་ཇི་ལྟར་འབྱུང་བ་བཞིན་བསམ་ཏེ། མ་བརྗེད་པའི་དྲན་པ་སད་ནས་གང་དུ་འགྲོའང་ཞིང་དེར་འགྲོ་བ་ཡིན་སྙམ་པ་དང་། མཚན་མོ་ཉལ་བའི་ཆེ་འང་བྱམས་མགོན་གྱི་ཞབས་ལ་མགོ་གཏད་དེ་རང་སེམས་དེའི་ཐུགས་དང་དབྱེར་མེད་དུ་བསྲེས་པའི་ངང་ནས་གཉིད་དུ་འགྲོ་བ་སོགས་བྱས་ན། ཡང་དག་མཐའ་མདོན་དུ་བྱེད་པའི་སྦྱོན་འགྲོ་རྫོགས་སྨིན་སྦྱངས་གསུམ་གྱི་ཡ་གྲལ་ཞིང་སྦྱོང་པ་ལ་འགྲོ་བར་མ་ཟད། ཐེགས་ཀྱི་ཐེག་པའི་སྨིན་བྱེད་དང་འཕོ་བའི་སྦྱོང་ཐབས་སུའང་འགྱུར་རོ། འདིའི་སྐབས་བྱམས་མགོན་འཁོར་དང་བཅས་པ་དང་། སྟོད་བཅུད་ཀྱི་འཁོར་པ་དེ་དག་རང་གི་མངོན་སུམ་དུ་མཐོང་བ་དང་། རྗེ་བཙུན་གྱིས་འཆད་བཞིན་པའི་ཆོས་ཀྱང་ཤེར་མདོར་སེམས་བྱས་ན། མ་འོངས་པའི་ཆོས་ཀྱི་ལོངས་སྤྱོད་དུ་རྟེན་འབྲེལ་གྱི་གནད་ཆེ་བས་ཤེར་ཕྱིན་གསུངས་པའི་སྒྲ་ལྷང་ལྷང་བ་ཚད་ལྷག་མེད་པར་ཐོས་པའི་མོས་པ་དང་བཅས་སེམས་ལ་སྒྲོ་ཉམས་བསྐྱེད་དེ་བྱམས་མགོན་སྲས་དང་བཅས་པའི་སྤྱན་སྔར་ད་ལྟ་ཉིད་དུ་སོང་ན་ཅི་མ་རུང་། ཀྱེ་མ་བདག་ལ་ཚེ་འདིར་ནི་ཞིང་དེར་འོངས་ནས་ཁྱེད་རྣམས་དང་དངོས་སུ་མཇལ་བའི་སྐལ་མི་འདུག་པས་ངའི་མགོན་སྐྱབས་དང་དཔུང་གཉེན་དམ་པར་

འཇམ་བུའི་གླིང་དུ་བྱོན་དགོས་ཞེས་གདུང་ཤུགས་དྲག་པོས་དགའ་ལྡན་ལྷ་བརྒྱའི་ཞེས་སོགས་སྤྱན་འདྲེན་གྱི་ཚིག་བརྗོད་པས་བྱམས་མགོན་གྱི་ཐུགས་ཀའི་ཧཱུྃ་ཡབ་སྲས་གསུམ་གྱིས་སྒྲིབ་པ་མེད་པའི་སྣང་གྱིས་གསན་ཞིང་བརྩེ་བའི་སྤྱན་གྱིས་གཟིགས་ནས། མྱུར་བར་འདོད་ལ་སྐལ་ལྡན་འདི་སྨིན་འགྲོལ་ལ་དགོད་པར་བྱོན་ཞེས་པན་ཚུན་གསུང་གླེང་དང་བཅས་བྱམས་མགོན་གྱི་ཐུགས་ཀའི་མཚན་དཔེ་དཔལ་གྱི་བེ་ཙ་ཁྲི་སང་དེ་བའི་ནང་ནས་ཡབ་སྲས་གསུམ་སྤྲིན་དཀར་པོ་ཞིག་ཐོལ་གྱིས་བྱུང་བའི་སྟེང་དུ་བཞུགས་ཏེ་ཡུད་ཀྱིས་བྱོན་པར་མོས། ཡབ་སྲས་གསུམ་སྐྱབས་གནས་ཀུན་འདུས་པའི་བདག་ཉིད་དུ་ལྟོས་ནས་འཁོར་གསལ་མི་འདེབས་པ་ཀུན་འདུས་ནོར་བུའི་ལུགས་བྱེད་པའམ། འཁོར་གསལ་འདེབས་ཚུལ་ལ་དགའ་ལྡན་ནས་སྤྱན་འདྲེན་པ་དང་། ཡང་ན་ཧཱུྃའི་ཐུགས་ཀ་ནས་འོད་ཟེར་གཡས་གཡོན་སྟེང་དང་མདུན་ཕྱོགས་སུ་སྤྲོས་པའི་སྣེ་མོར་རྒྱ་ཆེན་སྤྱོད་རྒྱུད། ཟབ་མོ་ལྟ་རྒྱུད། ཉམས་ལེན་བྱིན་རླབས་རྒྱུད་པ་ཆོས་འབྲེལ་དངོས་རྒྱུད་ཀྱི་བླ་མ་རྣམས་དང་། རྒྱུད་སྡེ་བཞིའི་ཡི་དམ་སངས་རྒྱས་བྱང་སེམས་ཉན་རང་མཁའ་འགྲོའི་ཚོགས་དཔག་ཏུ་མེད་པ་སྤྲོས་ནས་འཁོད་པ་གང་བདེ་བྱས་ཆོག་གོ །དེ་ལྟར་སྤྱན་དྲངས་ནས་ཚོགས་གསོག་པ་ལ་ཡན་ལག་བདུན་ལས་ལེགས་ཚོགས་ཀུན་གྱི་རྩ་བ་བླ་མ་ཁོ་ནར་ཐུག་པ་ཤེས་ནས་དེ་དང་མ་བྲལ་བ་གལ་ཆེ་བར་མཐོང་བའི་ཤུགས་ཀྱིས་མྱ་ངན་ལས་མི་འདའ་བར་གསོལ་བ་འདེབས་པ་སྔོན་དུ་བྱས་ཏེ། མདུན་གྱི་ནམ་མཁར་ཞེས་སོགས་བརྗོད་ཅིང་། རང་གི་སྨིན་མཚམས་ཐད་ཀྱི་བར་སྣང་ལ་སེང་ཁྲི་གསུམ་གྱི་དབུས་མར་རྗེ་བླ་མ་སྐུ་མདོག་དཀར་ལ་དམར་བའི་མདངས་ཆགས་པ། ཕྱག་གཉིས་ཆོས་ཀྱི་འཁོར་ལོའི་ཕྱག་རྒྱ་མཛད་པས་འགྲོ་བ་རྣམས་ལ་རྒྱུ་དང་འབྲས་བུའི་ཐེག་པའི་ཆོས་ཚུལ་ཕྱོགས་རེ་བ་མ་ཡིན་པར་ལུ་གུ་རྒྱུད་དུ་འབྲེལ་བར་སྟོན་པ་མཚོན་པ། པཎ་ཞྭ་སྣེ་རིང་གསེར་ཀྱི་མདོག་ཅན་དང་། ཆོས་གོས་རྣམ་གསུམ་གསོལ་བ་ཞབས་རྡོ་རྗེ་སྐྱིལ་ཀྲུང་གིས་བཞུགས་པ། དེའི་ཐུགས་ཀར་ཐུབ་པའི་དབང་པོ་དེའི་ཐུགས་ཀར་རྡོ་རྗེ་འཆང་སྟེ་སེམས་དཔའ་གསུམ་བརྩེགས་སུ་གསལ་བཏབ། གཡས་སུ་རྒྱལ་ཚབ་རྗེ་ཡར་བགྲེས་ཞི་དུལ་གྱི་རྣམ་པ་ཅན། སྤྱན་ཞི་བའི་ཚུལ་གྱིས་གཟིགས་པ། གཡོན་དུ་མཁས་གྲུབ་རྗེ་ལང་ཚོ་དར་ལ་བབ་ཅིང་མཁས་པའི་འགྱིང་བག་ཅན་སྤྱན་འབུར་ཚུགས་

སྲུ་གཟིགས་པ། གཉིས་གཞང་ཚོས་འཆད་གླེགས་བམ་བསྣམས་པ། གླེགས་བམ་རྣམས་གནས་སྐབས་གང་ལ་ཉམས་ལེན་ལྷུར་བྱ་བ་དེར་མོས་ན་རྟེན་འབྲེལ་གྱི་ཁྱད་ཆེ་བར་གསུངས། ཕྱག་འཚལ་བ་ནི། ཤེས་བྱའི་ཁྱོན་ཀུན་སོགས་ཏེ། དེའི་སྐབས་སུ་རང་ལུས་ཚོགས་ཞིང་གི་གྲངས་དང་མཉམ་པར་སྤྲུལ་ནས་རྗེ་བླ་མའི་སྐུ་གསུང་ཐུགས་ཀྱི་ཡོན་ཏན་ཡིད་ལ་དྲན་བཞིན་པས་གསོལ་བ་འདེབས་ཞིང་། སྤྱོ་ན། ཚིགས་བཅས་དེའི་འཇུག་ཏུ་ཇི་སྙེད་སུ་དག་ཞེས་པ་ནས། བདེ་བར་གཤེགས་པ་ཐམས་ཅད་བདག་གིས་བསྟོད་ཞེས་པའི་བར་ཐུད་ནས་འདོན་ཚོག །འདིར་ཐུགས་ལ་ཐོག་མར་བསྟོད་པ་ནི། རྗེ་བཙུན་འཇམ་པའི་དབྱངས་སངས་རྒྱས་ཀུན་གྱི་ཡེ་ཤེས་ཀྱི་ངོ་བོར་གྱུར་པའི་ཆ་ནས་དེ་གཙོ་བོར་བྱས་ཏེ། ཡི་དམ་རྡོ་རྗེ་འཇིགས་བྱེད་ལའང་ཐུགས་ཀྱི་བྱིན་རླབས་དང་བོར་འཇུག་པའི་རྟེན་འབྲེལ་དུ་ཐུགས་ཀྱི་མཆོད་པ་དྲི་ཆབ་དང་བོར་འབུལ་བ་དང་། བྱིན་རླབས་འཇུག་པའི་ཚེའང་ཐོག་མར་ཡིད་ལ་ཞུགས་ཏེ་བློ་གྲོས་ཀྱི་སྣང་བར་རྒྱས་པས་ཚོས་དོན་རྟོགས་ཤིང་། དེས་འཆད་པ་སོགས་དབང་འགྱུར་བས་མཁས་མང་རྒྱ་མཚོ་ལྷ་བུའི་དབུས་སུ་ལེགས་བཤད་ཀྱི་ང་རོ་སྒྲོགས་པ་ལ་བག་ཚ་བ་མེད་པའི་ལུས་ཀྱི་གཟི་བྱིན་རྒྱས་པར་གྱུར་བའི་ཚུལ་སོགས་རྒྱས་པར་ཁྲིད་ཡིད་རྣམས་སུ་གསལ་ལོ། མཆོད་པའི་སྐབས་སུ་སྔགས་དང་འབྲེལ་བར་བྱེད་ན། དག་ཅིང་དྲི་མེད་སོགས་ཀྱིས་ཆུ་བཞི་དང་། ལྷའི་མེ་ཏོག་སོགས་ཀྱིས་ཕྱིའི་ཉེར་སྤྱོད། ཨེ་མ་མཆོད་པ་སོགས་ཀྱིས་ཕྱིའི་འདོད་ཡོན། གསང་བའི་འཁོར་ལོ་ཨེ་ཝཾ་ནི་ལ་ལྷུར་སོགས་ཀྱིས། གསང་གནས་བདེ་སྐྱོང་གི་འཁོར་ལོ་ལ་རྟེན་ནས་མེ་ཏོག །ལྟེ་བ་སྤྲུལ་པའི་འཁོར་ལོ་ལ་རྟེན་ནས་བདུག་སྤོས། སྙིང་ཀ་ཚོས་ཀྱི་འཁོར་ལོ་ལ་རྟེན་ནས་སྣང་གསལ། སྤྱི་བོ་བདེ་ཆེན་གྱིས་འཁོར་ལོ་ལ་རྟེན་ནས་དྲི་ཆབ་སོགས་ནང་གི་ཉེར་སྤྱོད། འདོད་པའི་སྒྲུ་རྩལ་དྲུག་བཅུ་བཞི་ལ་མཁས་ཞེས་སོགས་ནང་གི་འདོད་ཡོན། ཡིད་འོང་ལང་ཚོའི་དཔལ་འཛིན་དྲུག་བཅུ་བཞི་ཅེས་སོགས། ཤ་ལོ་ཀ་གཉིས་ཀྱི་སྙོམས་འཇུག་དང་དེ་ཁོ་ན་ཉིད་ཀྱི་མཆོད་པ་ཕུལ། དེ་དག་རེ་རེའི་སྐབས་སུ་ཟག་མེད་ཀྱི་བདེ་བ་ཁྱད་པར་ཅན་སྐྱེས་ཏེ་བདེ་སྟོང་སྦྱོར་བའི་དམིགས་པ་དང་། གསང་མཆོད་ཀྱི་སྐབས་ལྷ་མོ་རྣམས་བླ་མ་སེམས་དཔའ་གསུམ་བརྩེགས་སུ་གསལ་བའི་ཐུགས་ཀའི་རྡོ་རྗེ་འཆང་གི་ཡུམ་ལ་ཐིམ་པའི་མོས་པ་བྱེད། མདོ་

ཚོག་ལྟར་བྱེད་ན། རབ་འབྱམས་རྒྱ་མཚོ་དཔག་མེད་ན་ཞེས་སོགས་ཀྱིས་ཆུ་གཉིས་ཉེར་སྤྱོད་འདོད་ཡོན་རྒྱལ་སྲིད་སྣ་བདུན་བཀྲ་ཤིས་རྟགས་བརྒྱད་དང་། བཟང་སྤྱོད་ནས་འབྱུང་བའི་མེ་ཏོག་དམ་པ་ཕྲེང་བ་དམ་པ་དང་སོགས་ཀྱིས་བླ་ན་ཡོད་མེད་ཀྱི་མཆོད་པ་རྣམས་ཕུལ་བས་ཐུགས་རྒྱུད་མཉེས་ཤིང་ཚིམ་ནས་ཅི་འདོད་སྩོལ་བའི་ཉམས་ཀྱིས་བཞུགས་པར་མོས། གང་ཞིག་ཐོག་མེད་སོགས་ཀྱི་སྐབས་རང་ཉིད་ཐོག་མེད་ནས་ལས་ཉོན་གྱི་དབང་གིས་འཁོར་བར་ཁྱམས་ཚུལ་དང་། ད་དུང་ཡང་དབུགས་ཀྱི་འགྲུ་བ་ཕྲེང་ཕྲེང་པོ་འདི་རྗེན་སློ་བུར་བ་ཞིག་གིས་ཡུད་ཀྱིས་དགག་པས་ན་རྣམ་པར་ཤེས་པ་བྱ་སྤུ་རླུང་གིས་འཕྱིར་བ་བཞིན་རང་དབང་མེད་པར་འགྲོ་དགོས་ལ། ལྷག་པར་ད་ལྟ་རང་གི་སྤྱོད་པ་བག་མེད་པས་སྡོམ་གསུམ་དང་འགལ་བའི་བཅས་རང་གི་ཉེས་ལྟུང་མཐའ་ཡས་པ་སྣ་རེ་རེ་ལའང་རྒྱལ་པོའི་མཛོད་དུ་ལྟས་པ་བཞིན་བསྐལ་པ་ཀུན་དུ་དེ་ཁོ་ན་བསགས་པ་ལྟར་ཡོད་ཚུལ་འདི་ལ་དཔག་ན་ཕྱི་མར་འགྲོ་ས་ངན་སོང་ལས་མ་འདས་ཤིང་། དེར་སྐྱེ་ན་སྡུག་བསྔལ་བཟོད་གླགས་མེད་པའི་ཚུལ་བསམ་ཏེ་འཇིགས་སྐྲག་དང་། འགྱོད་པ་དྲག་པོས་ཕྱིན་ཆད་སྲོགས་ལ་བབ་ཀྱང་མི་བྱེད་སྙམ་པའི་སྡོམ་སེམས་དང་བཅས་ཏེ་བཤགས་ཤིང་། ཞིང་གི་མཐུས་ལྷག་མེད་དུ་དག་སོང་སྙམ་དུ་ཡིད་ཆེས་དང་དགའ་བ་སྐྱེད་ནས་སྡིག་ལྟུང་མི་དམིགས་པར་ལྟ་བས་རྒྱས་བཏབ། མཚམས་འདིར་སྡིག་བཤགས་ཀྱི་ཚོ་ག་ཅི་ལྕོགས་བྱ་ཞིང་། རྡོ་རྗེ་སེམས་དཔའི་སྒོམ་བཟླས་ཀྱི་ཚེ་བླ་མ་སེམས་དཔའ་གསུམ་བརྩེགས་སུ་གསལ་བའི་ཐུགས་ཀའི་རྡོ་རྗེ་འཆང་དེ་ཉིད་ཞི་བ་རྡོ་རྗེ་སེམས་དཔའ་ཉིད་དུ་ཁ་བསྒྱུར་ཏེ་སྤྱི་བོར་བྱོན་པའི་སྒྱུར་མཚམས་ནས་བདུད་རྩིའི་རྒྱུན་བབ་པས་སྡིག་སྒྲིབ་ཉེས་ལྟུང་ཐམས་ཅད་དུད་ཁུ་སོལ་ཁུའི་རྣམ་པར་རྐང་མཐིལ་གཉིས་ནས་ཕྱིར་བཏོན་པ་དཔེར་ན་ཕུ་ཆུ་འབབ་ཏེ་ལུང་མདོའི་ཉིལ་ཉིལ་བ་དེད་པ་ལྟ་བུ་མས་དེད་ཀྱིས་དམིགས་པ་དང་། ཡང་བདུད་རྩིའི་རྒྱུན་འབབ་པས་སྡིག་ལྟུང་ཐམས་ཅད་དབང་པོའི་སྒོ་དང་བ་སྤུའི་བུ་ག་སོགས་ནས་ཐོན་པ་སྣོད་དུ་ཆུ་བླུག་པས་རྡུལ་ཁར་གཡེང་བ་ལྟ་བུ་ཡས་དེད་ཀྱི་དམིགས་པ་དང་། ཡང་ཉེས་ལྟུང་ཐམས་ཅད་སྙིང་ཀའི་ཐད་དུ་ནག་ཕུང་དེ་ཡོད་པའི་སྟེང་དུ་བདུད་རྩིའི་རྒྱུན་བབ་པས་གར་སོང་ཆ་མེད་དུ་དག་པ་མུན་ཁུང་དུ་ཉི་ཟེར་ཞུགས་པས་མུན་པ་གར་སོང་ཆ་མེད་དུ་དག་པའམ་ལག་མཐིལ་

ཏུ་དངུལ་ཆུ་བཞག་ཏེ་ཐལ་མོ་བརྡབས་བས་གར་སོང་ངེས་མེད་དུ་གཏོར་བ་ལྟ་བུ་ཕུང་དེད་ཀྱི་དམིགས་པ་དང་བཅས་ཡིག་བརྒྱ་ཉེར་གཅིག་སོགས་བཟླས་མཐར། བདག་ནི་མི་ཤེས་རྨོངས་པ་ཡིས། །སོགས་ཀྱིས་ཇོར་སེམས་རང་ལ་ཐིམ། ཕུང་པོ་གསུམ་པའི་མདོ་འདོན་ཆེ་སྡིག་ལྟུང་ཐམས་ཅད་པ་ཡིག་ནག་པོའི་རྣམ་པར་ལྕེའི་སྟེང་དུ་བསམ་ཏེ་སངས་རྒྱས་རེ་རེའི་མཚན་བརྗོད་པ་ཙམ་གྱིས་སྡིག་ལྟུང་ཐམས་ཅད་དག་སོང་སྙམ་དུ་མོས་པ་དང་ཡིད་ཆེས་བསྐྱེད། ཕྱར་དག་ཟིན་པས་ད་འདི་འདྲ་མི་ཏུང་སྙམ་པ་མི་བྱེད་པར་ཡང་ཡང་སྦྱངས་པས་སེམས་ཀྱི་ཤུགས་རྗོགས་དགོས་པ་ཡིན་ནོ། གཉེན་པོ་ཀུན་ཏུ་སྤྱོད་པའི་སྟོབས་ལ་དྲུག་གསུངས་པའི་ནང་ཚན་བཟླས་པ་ལ་བསྟེན་པ་དང་། སྟོང་ཉིད་ལ་མོས་པ་དང་། མཚན་ལ་བསྟེན་པ་གསུམ་ནི་འདིས་འགྲུབ་ལ། གཞན་རྣམས་ཐལ་ཆེར་མ་ཐུན་མཚམས་ཀྱི་སྐབས་ལག་ལེན་ལ་འདེབས་པ་ཅི་ཐུབ་བྱས་ཏེ། དལ་འབྱོར་ཐོབ་པ་དོན་དང་ལྡན་པར་བྱའོ། རྗེས་སུ་ཡི་རང་བ་དང་ཆོས་འཁོར་སྐོར་བར་བསྐུལ་བ་དཀྱུས་ལྟར་ལ། བསྔོ་བའི་སྐབས་སྐྱབས་ཡུལ་རྣམས་ཀྱིས་རང་གི་དགེ་རྩ་རྣམས་སྨོན་གནས་དེ་དག་གི་རྒྱུར་བསྔོས་ཤིང་བྱིན་གྱིས་རླབས་པས་རྒྱུ་འབྲས་ཀྱི་ཐེག་པ་ཟུང་དུ་འཇུག་པའི་ཆོས་ཚུལ་སྙིང་པོའི་དོན་ཆ་ཚང་བ་འདི་ཉིད་ཞིང་རབ་འབྱམས་སུ་སྤེལ་བར་མཛད་པ་དང་། ཁྱད་པར་བྱང་ཆུབ་མཆོག་གི་རྒྱུའི་ནུས་པ་ཐོགས་མེད་དུ་གྲུབ་པར་མོས་པ་བྱེད། མཚམས་འདིར་རྒྱས་པར་བྱེད་ན། དཔལ་ལྡན་ས་གསུམ་མ་བརྗོད་ནས། མཆོག་གི་དངོས་གྲུབ་བརྟེན་ལ་གསོལ་བ་འདེབས་ཞེས་པའི་མཚམས་ནས་དམིགས་བརྗེ་མ་བཟླ། དེའང་རྒྱལ་སྲས་ཀྱི་ཁྲིད་ཀྱི་མཁྱེན་བརྩེ་ནུས་གསུམ་ལ་འཕགས་པ་རིགས་གསུམ་མགོན་པོ་ཆེས་ལྷག་པ་བཞིན། གངས་ཅན་གྱི་མཁས་པའི་ཁྲིད་ན་ཐུབ་བསྟན་ཡོངས་རྗོགས་ཀྱི་གནད་ལ་མཁས་པ་རྗེ་རིན་པོ་ཆེ་ཆེས་ལྷག་པར་མཚུངས་པ་གསལ་བྱེད་དམ་ལུང་གི་ཡོན་ཏན་གྱི་སྒོ་ནས་གསོལ་བ་འདེབས་པ་དང་འཕགས་པ་རིགས་གསུམ་མགོན་པོ་ལ་མཁྱེན་བརྩེ་ནུས་གསུམ་ཇི་ཙམ་མངའ་བ་ཐམས་ཅད་རྗེ་བླ་མར་མངའ་བར་ཐག་བཅད་ནས་གསོལ་བ་འདེབས་པ་ནི། ནང་ཡོན་ཏན་དེ་ལྡན་ནམ་རྟོགས་པའི་ཡོན་ཏན་གྱི་སྒོ་ནས་གསོལ་བ་འདེབས་པ་ཡིན་ལ། རིགས་གསུམ་མགོན་པོ་ངོ་བོ་གཅིག་པ་དང་རྗེ་ཉིད་རིགས་གསུམ་པོ་དངོས་ཡིན་པར་སྤྲུལ་པའི་གླེགས་བམ་གྱི་

ལུང་དང་གསང་རྣམ་གྱི་ལོ་རྒྱུས། འགྲོ་བའི་སྐྱབས་སུ་གྱུར་པའི་རྒྱ་ཡི་གཙོ་བོ་གསུམ་ལ་མ་བྲལ་བའི་རིགས་པས་ཀྱང་དེ་གསུམ་དང་ངོ་བོ་དབྱེར་མི་ཕྱེད་པར་ལྟས་ནས། ཚིགས་ལ་བདུད་དཔུང་མ་ལུས་འཇོམས་མཛད་གསང་བའི་བདག་ཅེས་པ་བསྟན་ནས་གསོལ་འདེབས་བཞི་སྐོར་དུ་གྲགས་པ་ན་གསང་བ་ལྷག་པའི་ལྷ་དང་ངོ་བོ་དབྱེར་མེད་དུ་གསོལ་བ་འདེབས་པ་སྟེ། ཉུང་ཟད་སྤྲོས་ན། བོད་སྤྱི་རབས་པ་ཁ་ཅིག་སྟོང་ཉིད་ཀྱི་དོན་ཅང་མེད་དུ་བཟུང་ནས་ཀུན་རྫོབ་ཀྱི་ཆོས་ལ་སྐུར་བ་འདེབས། འགའ་ཞིག་ཆོས་རྣམས་ཡོད་ཙམ་དུ་བཟུང་ན་མཚན་འཛིན་དུ་འགྱུར་བས་ཡོད་པ་ཡང་མ་ཡིན་མེད་པ་ཡང་མ་ཡིན་ཞེས་ཟེར། གཞན་དག་ལས་འབྲས་སོགས་གཞན་ངོ་ཙམ་མ་གཏོགས་རང་ལུགས་ལ་ཚད་མས་གྲུབ་པ་ཉུང་ཟད་ཀྱང་མེད་པར་འདོད། ཁ་ཅིག་སྤྲོས་བཅས་ཀྱི་དགེ་སྦྱོར་ནི་གཡེང་བ་ལས་མ་འདས་པས། སྟོང་ཉིད་ཀྱི་དོན་འབའ་ཞིག་བསྒོམ་དགོས་ལ། དེ་ཡང་རིགས་པས་དཔྱད་པ་མི་བྱེད་པར་ཐ་མལ་གྱི་ཤེས་པ་སོ་མ་རང་བབས་སུ་བཞག་པས་ཆོག་གོ་ཟེར། ལ་ལ་སྟོང་ཉིད་ནི་བདེན་གྲུབ་ཡིན་ཞིང་དེ་ཀུན་རྫོབ་པའི་ཆོས་གཞན་གྱིས་སྟོང་པའི་གཞན་སྟོང་གནས་ལུགས་སུ་འདོད་ལ་རྒྱལ་བའི་ཡུམ་རྣམ་པ་གསུམ་ལས་ཀྱང་ཆད་སྟོང་འབའ་ཞིག་བསྟན་གྱི་དབུ་མ་ཆེན་པོ་མ་བསྟན་ཟེར་བ་སོགས་བྱུང་སྟེ། དེ་དག་གིས་ཀྱང་དགག་བྱའི་མཚམས་མ་ཟིན་པའམ་ཟིན་ཀྱང་དོན་དམ་པར་གྲུབ་པ་བཀག་པ་དང་བཀག་པའི་ཤུལ་དུ་བྱ་བྱེད་རྟེན་འབྱུང་གི་རྣམ་བཞག་བསྐྱོན་མེད་དུ་འཛོག་མི་ཤེས་པས་དམན་ལ། རྗེ་བདག་ཉིད་ཆེན་པོས། དཔལ་མགོན་ཀླུ་སྒྲུབ་ཀྱི་གཞུང་གི་རྗེས་སུ་འབྲངས་ཏེ་འཁོར་འདས་ཀྱི་ཆོས་ཐམས་ཅད་གཏགས་དོན་བཙལ་ན་རྙེད་རྒྱུ་རྡུལ་ཙམ་ཡང་མེད་ཀྱང་གདགས་གཞིའི་སྟེང་དུ་མིང་རྟོག་གིས་ཕར་བཞག་ཙམ་དེ་ཚད་གྲུབ་ཏུ་འཇོག་ཤེས་པ་དང་། སྟོང་པ་དང་རྟེན་འབྱུང་ཕན་ཚུན་གཅིག་གྲོགས་སུ་གཅིག་འཁྱེར་ཤེས་པའི་ཟབ་མོའི་གདམས་པ་སྔོན་བྱོན་གངས་ཅན་གྱི་མཁས་པ་ཕལ་མོ་ཆེའི་སྤྱོད་ཡུལ་དུ་མ་གྱུར་པ་འདི་ནི་རྗེ་བཙུན་འཇམ་དབྱངས་ཀྱི་བཀའ་དྲིན་ལ་རྟེན་ནས་རྙེད་པས་ལྟ་བའི་སྒོ་ནས་ཁྱད་པར་དུ་འཕགས་སོ། སྒོམ་པའི་སྒོ་ནས་ཀྱང་ཁྱད་པར་དུ་འཕགས་ཏེ། བོད་ཀྱི་བསམ་གཏན་པ་རྣམས་ཞི་གནས་གསར་དུ་སྒྲུབ་པའི་ཚེ་གནས་ཆ་གཙོ་བོར་བྱས་ཏེ་སེམས་ཀྱི་གཟེངས་སྨད་ཅིང་བསྒྲིམས་པ་ཡང་གློད་པས་

གློད་པ་རབ་ལ་སྒོམ་པ་རབ་ཅེས་བྱེད་པ་ཕྲ་མོ་བསགས་པ་ལ་ཏིང་འཛིན་སྐྱོན་མེད་དུ་འཁྲུལ་བ་ནི་བྱིང་རྨུགས་ཀྱི་ཁྱད་པར་མ་ཕྱེད་པས་དམན་ལ། རྗེ་བདག་ཉིད་ཆེན་པོས་དབུས་མཐའ་དང་ས་སྐྱེ་རྫི་ལྟར་བར་ཏིང་འཛིན་སྐྱོན་མེད་སྒྲུབ་ཚུལ་གནས་ཆ་ཙམ་གྱིས་མི་ཆོག་པར་གསལ་ཆའི་ངར་དང་ལྡན་པ་དགོས་ལ། དེ་ཡང་སེམས་གནས་པ་དགུ་སྟོབས་དྲུག་ཡིད་བྱེད་བཞིའི་སྒྲུབ་ཚུལ། དེ་ལ་དྲན་པ་དང་ཤེས་བཞིན་གྱིས་བོགས་འདོན་ལུགས་བྱིང་རྒོད་ཕྲ་རགས་ཀྱི་ངོས་འཛིན་ཞི་ལྷག་ཟུང་འབྲེལ་གྱི་རྣལ་འབྱོར་སྒྲུབ་ཚུལ་སོགས་རྒྱལ་བའི་དགོངས་པ་བཞིན་ལེགས་པར་གཏན་ལ་ཕབ་པས་སོ། དེར་མ་ཟད་སྤྱོད་པའི་སྒོ་ནས་ཀྱང་ཁྱད་པར་དུ་འཕགས་ཏེ། བོད་སྔ་མ་དག་ཆང་དང་ཕྱི་དྲོའི་ཁ་ཟས་སྤོང་བ་སོགས་འདུལ་བ་ལས་གསུངས་པ་ནི་ཐེག་པ་དམན་པ་ལ་མོས་པ་དག་གི་དབང་དུ་བྱས་པ་ཡིན་གྱི། ཐེག་པ་གོང་མ་དང་སེམས་ཀྱི་རང་ངོ་ཤེས་པ་དག་ལ་དེ་འདྲ་བ་འཆིང་བྱེད་ཡིན་པས་དགོས་པ་མེད་དོ་ཟེར་ནས་འདུལ་བའི་བསླབ་ཁྲིམས་སྲུང་འབྱིན་པའི་སྒོ་ནས་རྒྱལ་བའི་བསྟན་པ་གཟུགས་བརྙན་ཙམ་ཞིག་ཏུ་གྱུར་ལ། རྗེ་བདག་ཉིད་ཆེན་པོས་དེ་ལྟ་བུ་ལ་ཐུགས་ཀྱིས་མ་བཟོད་པར་བསྟན་པའི་གཞི་མ་འདུལ་བའི་བཅས་ཁྲིམས་སུ་དགོངས་ནས་མྱོས་འགྱུར་དང་དུས་མིན་གྱི་ཟས་སྤོང་བ་དང་ཉུབ་ལྷག་ཉལ་བསྲུང་བ་བྱིན་ལེན་དང་རུང་ཆུ་འདེབས་པ་སོགས་ཕྱག་ལེན་དུ་འདེབས་ཞིང་། དགའ་ལྡན་བཏབ་པའི་ཚེའང་ལག་གི་བླ་བསྒྲིས་པ་དང་རྡོ་གདེགས་པའི་མཐའ་ལས་བྱུང་བའི་རུང་ཁང་བྱིན་རླབས་སོགས་མཛད་དེ། ཁང་ལས་ཚུན་ཆད་བསྟན་པའི་རྨང་གཞིར་འགྱུར་ངེས་མཛད་ལ། གསང་སྔགས་ལ་འཇུག་པའི་ཚེ་ཡང་ཕྱི་འདུལ་བའི་ཀུན་སྤྱོད་ལ་གནས་པས་བསྟན་པ་སྤྱིའི་སྲོལ་ཀ་སྐྱོང་ཞིང་། ནང་རིམ་གཉིས་ཀྱི་རྣལ་འབྱོར་ལ་གཞོལ་བ་དང་། དེའི་སྟེང་དུ་བྱང་སེམས་སྔགས་ཀྱི་འདུལ་བ་ལས་གསུངས་པའི་བཅས་མཚམས་རྣམས་མིག་གི་འབྲས་བུ་ལྟར་བསྲུང་བའི་རྣམ་ཐར་གཙང་མ་དང་ལྡན་པས་ལྷག་པ་ཚུལ་ཁྲིམས་ཀྱི་བསླབ་པ་ཁྱད་པར་དུ་འཕགས་པ་དང་ལྡན་པས་སོ། མདོར་ན་སྡེ་སྣོད་གསུམ་རྒྱུད་སྡེ་བཞི་རིག་གནས་མཐའ་དག་འབའ་ཞིག་ཏུ་སྦྱངས་པས་མཁས་པ། བསླབ་པ་གསུམ་གྱི་སྒོ་ནས་རྒྱུད་དུལ་ཞིང་ཞི་ལ་ཉེ་བར་ཞི་བས་བཙུན་པ། མི་དགེ་བའི་རྩ་བ་ཅན་གྱི་ཆོས་བརྒྱད་ནག་པོ་ལྟ་ཅི། རང་གཅེས་འཛིན་དང་བཅས་པའི་ཆོས་བརྒྱད་ཁྲ་བོའང་མེད་

ཅིང༌། དངོས་པོར་ཞེན་པའི་བག་ཆགས་དང་བཅས་པའི་ཆོས་བརྒྱད་དཀར་པོས་ཀྱང་མ་སླད་པར་མཐུན་སྣང་དུ་འཆར་ཐོས་བསམ་སྒོམ་གསུམ་གཅིག་ཏུ་དྲིལ་བས་མཁའ་ཁྱབ་ཀྱི་བསྟན་འགྲོ་མཐའ་དག་ལ་ཕན་པ་རླབས་ཆེན་མཛད་པས་བཟང་པོ་སྟེ། དེ་ལྟ་བུའི་རྣམ་ཐར་རྨད་དུ་བྱུང་བ་ལ་སུས་ཀྱང་འགྲན་དུ་མེད་ཚུལ་ཏེ། དཔེར་ན་མར་པ་མི་ལ་སོགས་གྲུབ་པའི་དབང་ཕྱུག་ཆེན་པོ་ཡིན་ཀྱང་རྣམ་འགྲེལ་དང་འདུལ་བའི་སྐོར་སོགས་གསལ་བར་མཛད་མི་སྣང༌། ལོ་ཆེན་དང་བུ་སྟོན་སོགས་རིག་གནས་ལ་སྦྱངས་པའི་མཁས་པ་ཆེན་པོ་ཡིན་ཀྱང་ཟབ་མོ་ལྟ་བའི་དཀའ་གནད་དང་ཁྱད་པར་གསང་སྔགས་སྐྱུ་ལུས་ཀྱི་སྐོར་ལ་དེ་དག་སུས་ཀྱང་མ་ཐོན་པའི་ལེགས་བཤད་ངོ་མཚར་བ་རྩ་འཛུག་གི་ཊཱི་ཀ་ཆེན་རྣམ་གཉིས་རི་མ་ལྔ་གསལ་སྒྲོན་སྦས་དོན་ཀུན་གསལ་སོགས་ད་ལྟའང་བཞུགས་ཡོད་པ་འདི་འདྲ་ཚོ་ལ་དཔག་ན་འབྲས་བུའི་རྟགས་ཀྱིས་རྗེ་བླ་མ་ལ་དད་པ་གཏིང་ཚུགས་པ་ཞིག་བྱུང་ན་སུས་ཀྱང་གཞན་དུ་དྲང་མི་ནུས་པའི་ཁྱད་པར་ཞིག་ཏུ་ཆེའོ། དེར་མ་ཟད་རྗེ་བླ་མ་དེ་ཉིད་མདོ་སྨད་དུ་སྐུ་བལྟམས་པའི་ལྟེ་བ་བཅད་པའི་ཁྲག་ལ་ཙན་དན་གྱི་སྡོང་པོའི་ཡལ་གའི་སྟེང་ན་སེངྒེའི་ང་རོའི་སྐུ་འབུམ་ཐུབ་བཞུགས་པ་དང༌། དེ་ལས་གྲེས་པའི་སྡོང་པོ་གཞན་དག་གི་ཡལ་ག་དང་ལོ་མའི་ངོས་ལ་ཨ་ར་པ་ཙ་ནའི་ཡིག་འབྲུ་རང་བྱོན་དུ་ཐེབས་པ་ད་ལྟའང་མངོན་སུམ་དུ་མཇལ་རྒྱུ་ཡོད་པ་དེ་ལྟ་བུའི་སྐྱེ་བོའི་རྫུ་འཕྲུལ་གྱི་བཀོད་པ་གཅིག་པུ་བོད་ཀྱི་མཁས་གྲུབ་གསེར་གྱི་རི་བོ་འདྲ་བ་ཇི་སྙེད་བྱོན་པའི་ཁྲོད་ན་མ་བྱུང་བས་གངས་ཅན་མཁས་པའི་གཙུག་བརྒྱན་ཙོང་ཁ་པ་ཞེས་བསྔགས་པའང་གཅམ་བུ་ཙམ་མིན་པར་རང་བཞིན་བརྗོད་པ་ཡིན་ནོ། གསང་བ་ལྷག་པའི་ལྷ་དང་ངོ་བོ་དབྱེར་མེད་དུ་སྒྲུབ་ཚུལ་ལ་སྤྱིར་རིགས་གསུམ་མགོན་པོ་ཐུགས་རྒྱུད་གཅིག་པར་བཀའ་གདམས་གླེགས་བམ་སོགས་ལས་ལན་གྲངས་དུ་མར་གསུངས་ཤིང༌། རྗེ་ཉིད་རིགས་གསུམ་མགོན་པོ་དངོས་ཡིན་པའི་སྒྲུབ་བྱེད་རྒྱས་པར་ནི་གཞུང་ལུགས་སྣ་ཚོགས་ལ་རི་ཊཱ་པས་དཔྱད་སྤོབས་ཆེར་སྐྱེད་ནས་དྲན་དགོས་ཤིང༌། མ་མཐའ་ཡབ་ཀྱི་མནལ་ལམ་དུ་རྒྱ་ནག་རི་བོ་རྩེ་ལྔ་ནས་འོངས་ཟེར་བའི་བཙུན་པ་མེ་ཏོག་གི་འཕྲེང་བ་དུ་མ་སྤེལ་བའི་ཆོས་གོས་དང་པོ་ཏི་ཁྱེར་བ་ཞིག་བྱུང་ནས་ང་ཁྱེད་ལས་གནས་ཞིག་གཡར་བ་ཡིན་ཟེར་ནས་ཡང་ཐོག་ན་མཆོད་ཁང་ཞིག་ཡོད་པའི་ནང་དུ་སོང་བའི་སྣང་བ་བྱུང་

པ་ན་ཡབ་དེ་མཚན་བརྗོད་ཁོ་ན་ཞལ་འདོན་མཛད་ཅིང་ཡོད་པས་འཛམ་དབྱངས་ཀྱི་རྣམ་འཕྲུལ་ཡིན་སྙམ་པ་བྱུང་བ་དང་། ཆོས་རྗེ་དོན་གྲུབ་རིན་ཆེན་པས་རྨི་ལམ་དུ་རྡོ་རྗེ་འཇིགས་བྱེད་དང་མཇལ་ནས་ཞལ་ཡང་ཡང་བསྟན་དུ་གསོལ་ཞེས་ཞུས་པས། ཙོང་ཁའི་ལུང་པའི་ངོས་བསྟན་ནས་སང་ཕོད་དུ་ཙམ་ལུང་པ་འདིའི་མདའ་རུ་ཡོང་དེ་བར་དུ་བདེ་བར་གྱིས་གསུངས་པ་གང་ཡིན་བརྟག་པས་ཁྱེད་ཀྱི་བུར་འདུག་པ་ཤེས་པ་ཡིན་གསུངས་པ་དང་། ཡབ་ཀྱི་མནལ་ལམ་དུ་ལྷུང་བཟེད་ཅན་ནས་ཕྱག་ན་རྡོ་རྗེས་འཕངས་སམ་སྙམ་པའི་གསེར་གྱི་རྡོ་རྗེ་འབར་བ་གཅིག་ལུས་ལ་ཐིམ་པ་རྨིས་པས་བུ་སྟོབས་ལྡན་ཞིག་སྐྱེ་བ་ཡིན་དགོངས་པ་བྱུང་བ་དང་། ཡུམ་གྱི་མནལ་ལམ་དུ་མེ་ཏོག་གི་ཐང་གཅིག་ན་བུད་མེད་སྟོང་ཕྲག་གཅིག་ཁྲལ་བྱས་པའི་ནང་དུ་འཁོད་པ་ནས་བསྡད་པས་ཤར་ནས་ཁྱེའུ་དཀར་པོ་བུམ་པ་འཛིན་པ་གཅིག་དང་། ནུབ་ནས་བུ་མོ་དམར་མོ་གཡས་རྨ་བྱའི་སྒྲོ་མདོངས་གཡོན་མེ་ལོང་ཐོགས་པ་གཅིག་བྱུང་བས་དེ་གཉིས་གྲོས་བྱས་ཏེ་བུད་མེད་ཐམས་ཅད་ལ་འདིས་རུང་ངམ་འདིས་རུང་ངམ་ཞེས་ཁྱེའུ་དེས་བུ་མོ་དེ་ལ་འདྲི་ཞིང་། བུ་མོ་དེས་གཞན་རྣམས་རེ་རེ་ལ་སྐྱོན་རེ་བཏགས་ནས་ཡུམ་དེ་ལ་མཛུབ་མོ་བཙུགས་ནས་རུང་ངམ་ཞེས་འདྲི་བ་ལ་བུ་མོ་དེས་འཛུམ་བྱས་ནས་རུང་ཟེར་བས་འོ་ན་ཁྱེད་ཀྱིས་ཁྲུས་གྱིས་ཟེར་ནས། ཇི་ལྟར་བལྟམས་པ་ཞེས་སོགས་དབྱངས་དང་བཅས་ཏེ་ཁྲུས་བྱས་པས་ལུས་ཀྱི་དྲི་མ་དག་ནས་བདེ་སང་སང་བའི་སྣང་བ་གཅིག་བྱུང་བས་གང་གི་རྟགས་ཡིན་ནམ་སྙམ་ཐེ་ཚོམ་དུ་གྱུར་བ་དང་། ལྷུམས་སུ་ཞུགས་པའི་དུས་རྨི་ལམ་དུ་སྐྱེ་བོ་མང་པོས་མཆོད་རྫས་སྣ་ཚོགས་བཟུང་སྟེ་སྤྱན་རས་གཟིགས་བྱོན་པ་ལ་བསུ་བ་བྱེད་ཟེར་གྱིན་འདུག་པ་ལ་ལྟས་པས་སྤྱིན་གྱི་ཐད་དུ་གསེར་སྐུ་རི་བོ་ཙམ་པ་འོད་ཟེར་ཉི་མ་ལྟར་འཕྲོ་བ་ཞིག་ནར་མར་བབས་བྱུང་བས་གསེར་སྐུ་དེ་ཇེ་ཆུང་ཇེ་ཆུང་ལ་སོང་། སྤྱི་གཙུག་གི་ཐད་ཙམ་དུ་སླེབ་པའི་ཚེ་མཐེ་གང་ཙམ་ཤིན་ཏུ་མཛེས་པར་གྱུར་ནས་ལུས་ལ་ཐིམ་པ་རྨིས་པས་ཕྱི་དེའི་ནང་བར་ནས་རིག་པ་དྭངས་པ་སྐྱིད་ཐང་ཆེ་བ་གཙང་སྦྲ་ལ་བརྩོན་པ་སོགས་རང་ཤུགས་ཀྱིས་ཡོད་པ་དང་། སྐུ་བལྟམས་པའི་དུས་ལ་བབས་པའི་ཚེ་ཡུམ་གྱི་མནལ་ལམ་དུ་དགེ་འདུན་ལ་སོགས་པའི་ཁྲིམ་ཆེན་པོ་མཆོད་པ་རྣམ་པ་ལྔ་ཁྱེར་ནས་མཆོད་ཁང་མཇལ་ཟེར། དེ་གང་ན་ཡོད་དྲིས་པས་སྟེར་

རྨི་ལམ་དུ་རྨིས་པའི་ཁྲི་འུད་ཀར་པོ་དེས་ཤེལ་གྱི་ལྡེ་མིག་གཅིག་བཟུང་ནས་འདི་ན་ཡོད་ཟེར་ཞིང་། རང་གི་བྲང་ན་སྒོ་ཆུང་སེར་པོ་གཅིག་འདུག་པ་ཕྱེ་བའི་ནང་ནས་སྔར་ལུས་ལ་ཐིམ་པའི་གསེར་སྐུ་དེ་བཏོན་པས་གསེར་སྐུ་དེ་དྲི་མས་ཅུང་ཟད་ནོག་འདུག་པར་སྔར་གྱི་བུ་མོ་དེ་བྱུང་ནས་དེ་ལ་བྱུམ་ཆུས་ཁྲུས་བྱས་སྦྲོས་བྱབས་རྒྱ་གར་གྱི་སྐྲང་ཡིན་ནམ་སྙམ་པའི་དར་དེར་མང་པོ་དབྱངས་སུ་ལེན་ཅིང་ལྷ་དེ་ལ་མཆོད་པ་འབུལ་གྱིན་འདུག་པའི་སྣང་བ་སོགས་འདི་ཙམ་དྲན་ནའང་བློ་ཁྲེལ་བ་ལ་ཁྲེད་ཆེའོ། མདོར་བསྡུས་ན་སངས་རྒྱས་བྱང་སེམས་གྲུབ་ཆེན་དུ་མས་སངས་རྒྱས་ཀུན་གྱི་སྤྲུལ་པར་ལུང་བསྟན་ཅིང་། མཁྱེན་བརྩེ་ནུས་གསུམ་རིགས་གསུམ་མགོན་པོ་ལྟར་གྲུབ་པའི་གཏན་ཚིགས་དང་འབྲུངས་སར་བྱང་ཆུབ་ཀྱི་ཤིང་སྐྱེས་པའི་གཏན་ཚིགས་སོགས་ཀྱིས་འགྲུབ་སྟེ། འཇམ་དཔལ་རྩ་བརྒྱུད་ལས། ང་ནི་མྱང་འདས་འོག་ཏུ། །ས་ཡི་སྙིང་འདི་སྟོང་པ་ན། །ཁྱོད་ཉིད་བྲིས་པའི་གཟུགས་ཀྱིས་ནི། །སངས་རྒྱས་མཛད་པ་བྱེད་པར་འགྱུར། །དེ་ཚེ་དགོན་ཆེན་རབ་དགའ་བ། །ཁ་བ་ཅན་ན་ཡོད་པ་ཡིན། །ཞེས་རྗེ་བཙུན་འཇམ་པའི་དབྱངས་ཐ་མལ་པའི་ཚུལ་གྱིས་མཛད་པ་བྱེད་པ་དང་། རབ་དགའ་ཞེས་དགའ་ལྡན་གྱི་གནས་ལུང་བསྟན་དེ་དང་མཐུན་པར་མཁས་གྲུབ་ཐམས་ཅད་མཁྱེན་པའི་གསང་བའི་རྣམ་ཐར་ལས། ལན་གཅིག་དཔལ་ལྡན་ཟླ་བ་གྲགས་པས་མ་འོངས་པའི་དུས་སུ་རྗེ་བཙུན་འཇམ་དཔལ་དབྱངས་དགེ་སློང་གི་ཚུལ་དུ་བསམ་བཞིན་མཐའ་ཁོབ་ཏུ་སྐྱུའི་སྐྱེ་བ་བཞེས་པར་འདུག་པས། ཁྱོད་ཀྱང་དེར་སྐྱེ་བ་ཡོང་ལ་དེའི་བཀའ་སྒྲུབ་པ་དང་། བསྟན་པ་རྒྱས་པར་བགྱིས་ཞེས་མཁས་གྲུབ་རྗེ་རིགས་པའི་ཁུ་བྱུག་ཏུ་སྐྱེ་བ་བཞེས་དུས་དཔལ་ལྡན་ཟླ་བས་དེ་ལྟར་ལུང་བསྟན་ཚུལ་གསུངས་པ་དང་། བཀའ་གདམས་གླེགས་བམ་ལས། ཐ་མར་བསྟན་པའི་མི་རོ་དག །གྲགས་པའི་དབང་གིས་གསོ་བར་བྱེད། །དུ་མས་ཕན་བདེ་སྒྲུབ་པར་བྱེད། །དེ་ཡང་གནས་མཆོག་དམ་པ་ཡིན། །ཅེས་གྲགས་པའི་དབང་གིས་ཞེས་པ་རྗེ་ཡི་མཚན་ཟུར་དང་། གནས་མཆོག་དམ་པ་ནི་གནས་མང་གིས་ཆོས་ལུགས་ལ་ཁྱབ་པ་དེ་བསྟན། གཞན་ཡང་སློབ་དཔོན་པདྨས། །དགའ་ལྡན་ཞེས་བྱའི་དགོན་གནས་དམ་པ་རུ། །མཁས་པའི་མཆོག་གྱུར་མདོ་བརྒྱུད་དོན་ལ་མཁས། །རྡོ་རྗེ་འཆང་སྤྲུལ་གསང་སྔགས་བཀའ་སྒོ་འབྱེད། །འགྲོ་བའི་དེད་དཔོན་ལམ་སྟོན་ས་མཁན་ནི། །བློ་དང་བཟང་གི་

མཚན་ཅན་སྐྱེ་ས་བུ་འབྱུང་། །ཅེས་རྡོ་རྗེ་འཆང་གི་སྤྲུལ་པར་གསུངས། །པདྨ་བཀའ་ཆེམས་ལས། འཇམ་དབྱངས་སྤྲུལ་པ་གདུལ་བྱ་བསྟན་པའི་བདག །མདོ་སྔགས་བསྟན་འཛིན་བློ་བཟང་གྲགས་པ་ཞེས་དང་། དེ་ཡི་རྒྱུད་འཛིན་ཆེ་གཅིག་སངས་རྒྱས་ཡིན། །རབ་བྱུང་བསྐལ་པ་ཆེན་པོར་དགྲ་བཅོམ་ཐོབ་པར་ཐེ་ཚོམ་མེད། །ཅེས་དང་། རྔྭའི་སྤྱི་ལུང་ཆེན་མོ་ལས། །འཇམ་དབྱངས་སྤྲུལ་པ་གསང་སྔགས་བསྟན་འཛིན་པ། །བློ་གྲོས་སྟོབས་ལྡན་གྲགས་པའི་མིང་ཅན་འབྱུང་། །ཞེས་དང་། ཆོས་རྗེ་མགོན་རིན་པའི་ལུང་བསྟན་ལས། །འཇམ་དབྱངས་སྤྲུལ་པ་བློ་བཟང་གྲགས་པ་ཞེས། །བསྟན་པ་རྒྱས་མཛད་དེ་ནི་ངོ་མཚར་ཅན། །ཅེས་གཏེར་ཡིག་རྣལ་མར། །འཇམ་དབྱངས་ཀྱི་སྤྲུལ་པར་གསུངས། །མ་གཅིག་གིས། བུ་མོ་ཁྱོད་ཀྱིས་དྲིས་པའི་བྱང་སེམས་དེ། །མ་འོངས་བསྐལ་བཟང་སངས་རྒྱས་བདུན་པ་ཡིན། །ད་ལྟ་བྱང་ཆུབ་སེམས་དཔའ་སྙིང་སྟོབས་མཆོག །སྙིགས་དུས་ལོག་སྤྱོད་བྱེད་དུས་བོད་དུ་འབྱུང་། །ཅེས། རྗེ་བླ་མ་ཉིད་བྱམས་པ་ནས་བགྲངས་མ་འོངས་པའི་བསྐལ་བཟང་གི་སངས་རྒྱས་བདུན་པ་སྤྲུན་ལེགས་སུ་སངས་རྒྱས་ཚུལ་གསུངས། གཞན་ཡང་རྗེ་བཙུན་འཇམ་པའི་དབྱངས་ཀྱིས་རྒྱལ་བ་སེངྒེའི་ང་རོར་འཚང་རྒྱ་བ་དང་། རྟོགས་ལྡན་པས། འཇམ་དབྱངས་ལ་ཞུས་པ་ལས་རྗེ་དེ་ཉིད་སངས་རྒྱས་ཡེ་ཤེས་དབང་པོ་ཞེས་བྱ་བར་འཚང་རྒྱ་གསུངས། མ་གཅིག་གིས། བསྐལ་བཟང་གི་སངས་རྒྱས་སྟོང་གི་ནང་ཚན་སྤྲུན་ལེགས་སུ་འཚང་རྒྱ་བར་གསུངས་པ་རྣམས་ཀྱང་འགལ་བར་མི་བསམ་སྟེ། སངས་རྒྱས་རེ་རེ་ཡང་ཞིང་ཁམས་མི་འདྲ་བ་དུ་མར་འཚང་རྒྱ་ཚུལ་སྟོན་པ་དང་། དེར་མ་ཟད། འཆད་པ་པོ་ང་ཆོས་ཀྱང་ང་། རང་གི་ཚོགས་ལྡན་ཉན་པོ་ང་། །ཞེས་གསུངས་པས། འཇམ་དབྱངས་ཀྱིས་རྗེས་སུ་བཟུང་བ་དང་། །འཇམ་དབྱངས་སྤྲུལ་པར་གསུངས་པ་དང་འགལ་བ་གཏན་ནས་མེད་དོ། དེས་ན་རིགས་གསུམ་མགོན་པོ་དང་རྗེ་བླ་མ་བཞི་ཀ་དོ་བོ་དབྱེར་མེད་དུ་མོས་ནས་བདུད་དཔུང་མ་ལུས་འཇོམས་མཛད་གསང་བའི་བདག །ཅེས་བསྟན་ནས་གསོལ་བ་འདེབས་པ་ནི་བཞི་སྐོར། ལྔ་སྐོར་བྱེད་ན། བསྟན་པའི་བདག་པོ་སྟོན་པ་བཅོམ་ལྡན་འདས། ཞེས་མགོར་སྦྱར་ནས་ཐུབ་དབང་རིགས་གསུམ་མགོན་པོ་རྗེ་བླ་མ་ལྔ་ངོ་བོ་དབྱེར་མེད་དུ་མོས་ཤིང་། དྲུག་སྐོར་བྱེད་ན་རྗེའི་ཐུགས་དཀར་ཐུབ་དབང་དེའི་ཐུགས་ཀར་རྡོ་རྗེ་འཆང་བསྐོད་ནས།

བསྟན་པའི་བདག་པོ་སྟོན་པ་བཅོམ་ལྡན་འདས། རིགས་བརྒྱའི་ཁྱབ་བདག་དྲུག་པ་རྡོ་རྗེ་འཆང་།
ཞེས་སོ་སོར་སྦྱར་བའམ། ཡང་ན་དངོས་གྲུབ་ཀུན་འབྱུང་ཐུབ་དབང་རྡོ་རྗེ་འཆང་། །དམིགས་མེད་
བརྩེ་བའི་ཞེས་སོགས་ཡོངས་གྲགས་ལྟར་བྱེད། དགུ་སྐོར་བྱེད་ན་རྗེ་རིན་པོ་ཆེའི་ཐུགས་ཀར་ཕྱག་
རྡོར་གོས་སྔོན་ཅན་དེའི་ཐུགས་ཀར་གཏུམ་ཆེན། དེའི་ཐུགས་ཀར་འཁོར་ཆེན་སྟེ་གསུམ་སྦྲགས་
དང་། མཁྱེན་པར་འཇམ་དབྱངས་ཕྱི་སྒྲུབ་རལ་གྲི་དང་གླེགས་བམ་བསྣམས་པ། དེའི་ཐུགས་ཀར་
འཇམ་དབྱངས་ནང་སྒྲུབ་རལ་གྲི་དང་གླེགས་བམ་འཛིན་པས་དབྱངས་ཅན་མ་རལ་གྲི་དང་གླེགས་
བམ་འཛིན་པ་དང་མཉམ་པར་སྦྱོར་བ། དེའི་ཐུགས་ཀར་འཇམ་དབྱངས་གསང་སྒྲུབ་རྡོ་རྗེ་དང་དྲིལ་
བུ་འཛིན་པས་དབྱངས་ཅན་མ་གྲི་གུག་དང་ཐོད་ཁྲག་འཛིན་པ་དང་མཉམ་པར་སྦྱོར་བ། འཇམ་
དབྱངས་ཆོས་སྐོར་ལྟར་དང་། དཔལ་བར་སྤྱན་རས་གཟིགས་ཕྱི་སྒྲུབས་ཕྱག་བཞི་པ། དེའི་ཐུགས་
ཀར་སྤྱན་རས་གཟིགས་ནང་སྒྲུབ་སྟེ། འདི་ལ་རྣལ་འབྱོར་བརྒྱུད་ནས་བཤད་པའི་སྤྱན་རས་གཟིགས་
ཞེས་པ་ཙམ་ལས་མི་གསལ་བས། ཀུན་རིག་ལས་གསུངས་པའི་རྡོ་རྗེ་ཆོས་དེ་ཉིད་དགོད་དགོས་
པར་གསུངས། དེའི་ཐུགས་ཀར་སྤྱན་རས་གཟིགས་རྒྱལ་བ་རྒྱ་མཚོ་སྟེ། སྤྱན་རས་གཟིགས་ཕྱི་ནང་
གསང་གསུམ་བཀོད་ནས་གསོལ་འདེབས། བཞི་སྐོར་བགྲང་པ་གསང་བ་ལྷག་པའི་ལྷ་དང་དོ་
དབྱེར་མེད་དུ་གསོལ་བ་འདེབས་ཚུལ་རྒྱས་པ་ཡིན་ལ། གནས་གསུམ་གྱི་དགུ་སྐོར་འདི་ལ་རིམ་པ་
བཞིན་དུ། སྐུ་ནོར་བུ་མཛོད་འཛིན། གསུང་ཉི་མ་སྣང་བྱེད། ཐུགས་གསང་བ་མཛོད་འཛིན་ཞེས
ཟེར། ཡང་ན་རྗེའི་ཐུགས་ཀར་འཇམ་དབྱངས་གསུམ་བརྩེགས། རྒྱལ་ཚབ་རྗེའི་ཐུགས་ཀར་སྤྱན་
རས་གཟིགས་གསུམ་བརྩེགས། མཁས་གྲུབ་རྗེའི་ཐུགས་ཀར་ཕྱག་རྡོར་གསུམ་བརྩེགས་བྱས་པའི་
ལུགས་ཀྱང་ཡོད། དེའང་ནང་གསེས་ཀྱི་ཕྱི་ནང་གསང་བའི་སྒྲུབ་ཚུལ་གྱི་མཐའ་ཡས་པ་དང་། དེ་ལ་
རྟེན་པའི་ལས་སྦྱོར་ཡང་ཆེས་མང་བ་ལས། འདིར་བཀའ་བབ་ཀྱི་འཁྲིད་ལས་ཆོས་རབ་ཏུ་རྣམ་
འབྱེད་ཀྱི་ཤེས་རབ་སྒྲུབ་བ་གཙོ་བོའི་དབང་དུ་བྱས་ཏེ། མ་དག་འཁྲུད་ཅིང་མི་ཤེས་བསལ། སྐུ་ཡི་
ཆེ་ཞིང་གསུང་གི་གསལ། ས་བོན་སྦྱར་བ་ཕྱག་མཚན་ཟབ། ཞེས་པའི་དོན་ཉམས་སུ་ལེན་པ་ལ། མ་
དག་པ་འཁྲུད་པ་དང་། མི་ཤེས་པ་བསལ་བའི་དམིགས་རིམ་གཉིས་ལས། དང་པོ་ནི། དམིགས་བརྩེ་

མ་བཞི་སྐོར་སོགས་མང་ཙམ་ཅི་རིགས་འགྲངས་པས། ཡབ་སྲས་གསུམ་ཀའི་ཐུགས་ཀ་ནས་འོད་ཀྱི་སྦུ་གུས་སྦྲ་ལྕགས་ཙམ་པ་གསུམ་སྐྱ་ནར་གྱིས་བྱུང་། རང་གི་སྤྱི་གཙུག་ནས་ཞུག་པའི་སོར་བཞི་ཙམ་ནས་སྦུ་གུ་གསུམ་གཅིག་ཏུ་འདྲིལ་བའི་ནང་དུ་རྒྱུད། འོད་དང་བདུད་རྩི་དཀར་པོའི་རྒྱུན་བབ་པས། སྤྱི་གཙུག་ནས་རྐང་སེན་གྱི་བར་སྐྱ་མེར་གྱིས་གང་། སྡིག་སྒྲིབ་ཉེས་ལྟུང་ཐམས་ཅད་དུད་ཁུ་དང་སོལ་ཁུའི་རྣམ་པར་རྐང་ལག་གི་སོར་མོ་རྣམས་དང་དབང་པོའི་སྒོ་དང་བ་སྤུའི་བུ་ག་རྣམས་ལས་ཕྱིར་ཐོན། ལུས་ཤེལ་སྡོང་གཡའ་དག་པ་ལྟར་གྱུར་སོང་བ། དེའི་མོད་ལ་རང་ཉིད་སྐད་གཅིག་གི་འཇམ་དབྱངས་དམར་སེར་གྱི་སྐུར་གྱུར་པར་བསྒོམ། གཉིས་པ་ལ་དྲུག་ལས། དང་པོ། ཤེས་རབ་ཆེ་བའི་དམིགས་པ་ནི། ད་ལྟར་རང་ཉིད་རྗེ་བཙུན་འཇམ་དབྱངས་སུ་གསལ་བའི་ངང་ལས་ཡབ་སྲས་གསུམ་ལ་དམིགས་ཏེ་དམིགས་བརྩེ་མ་འགྲངས་པས་བདུད་རྩི་དམར་སེར་གྱི་རྒྱུན་དཔག་ཏུ་མེད་པ་བྱུང་བས་ལུས་ཐམས་ཅད་གང་། བདུད་རྩིའི་རྡུལ་ཕྲ་རབ་རྣམས་ཡོངས་སུ་གྱུར་པ་ལས་འཇམ་དབྱངས་དམར་སེར་གཡས་རལ་གྲི་དང་གཡོན་གླེགས་བམ་བསྣམས་པའི་སྐུར་གྱུར་པས་ལུས་ཐམས་ཅད་གང་། རང་ཉིད་ཤེས་རབ་ཆེ་བ་རྗེ་བཙུན་འཇམ་དཔལ་དབྱངས་ལྟ་བུར་གྱུར་པའི་མོས་པ་བྱེད། ཡང་ན་བདུད་རྩིའི་ཚོགས་པའི་རྡུལ་ཕྲ་རབ་ཚུན་ཆད་འཇམ་དབྱངས་ཞི་ཁྲོ་དང་རྗེ་བླ་མའི་སྐུར་གྱུར་པས་ལུས་ཐམས་ཅད་གང་བར་མོས། ཤེས་རབ་གསལ་བ་ལ། སྔར་བཞིན་བདུད་རྩིའི་རྒྱུན་བབ་པའི་བདུད་རྩིའི་རྡུལ་ཕྲ་རབ་ཐམས་ཅད་འཇམ་དབྱངས་ཞི་ཁྲོའི་ཕྱགས་དང་། དམིགས་བརྩེ་མའི་ཡིག་འབྲུ་ཨོཾ་ཨ་ར་པ་ཙ་ན་དྷཱིཿ ཞེས་པའི་ཕྱགས་སུ་གྱུར་པས་ལུས་གང་བར་མོས་པ་དང་། ཤེས་རབ་མྱུར་བ་ལ། སྔར་བཞིན་དམིགས་བརྩེ་མ་བགྲངས་པས་བདུད་རྩིའི་རྡུལ་ཕྲ་རབ་རྣམས་ཧཱུྃ་དང་དྷཱིཿརི་ང་ཚ་ཚིག་དྲག་དང་བཅས་པར་གྱུར་བས་ལུས་ཐམས་ཅད་གང་བས། ཤེས་རབ་མྱུར་བ་རྗེ་བཙུན་འཇམ་པའིདབྱངས་ལྟ་བུར་གྱུར་བའི་མོས་པ་བྱེད། ཤེས་རབ་ཟབ་པའི་དམིགས་པ་ལ་གསུམ་ལས་དང་པོ། འཆད་པའི་དམིགས་པ་ནི། བདུད་རྩི་འབེབས་སྦྱངས་གཞན་དང་འདྲ་ལ། བདུད་རྩིའི་རྡུལ་ཕྲ་རབ་རྣམས་གང་བཤད་བྱའི་རྩ་འགྲེལ་གྱི་གླེགས་བམ་ཡི་གེ་རང་སྒྲ་སྒྲོགས་བཞིན་པ་འོད་དངའོད་ཟེར་གྱི་རང་བཞིན་ཅན་དུ་གྱུར་བས་ལུས་གང་བས་འཆད་པ་ལ་

ཐོགས་པ་མེད་པ་གླུ་སྒྲུབ་ཡབ་སྲས་འམ་ཐོགས་མེད་སྐུ་མཆེད་ལྟ་བུར་གྱུར་བའི་མོས་པ་བྱེད། ཐུན་མོང་མ་ཡིན་པ་ལ། རང་གི་ལྟེའི་སྟེང་དུ་སྣ་ཚོགས་རྡོ་རྗེ་གསལ་བཏབ། སྤྱི་བོར་རྗེ་བླ་མ་བསྒོམ་སྟེ། སྤྱི་བོའི་བླ་མའི་སྐུའི་བདུད་རྩིའི་འབེབས་སྦྱང་ལས་བདུད་རྩིའི་རྡུལ་ཕྲ་རབ་ཐམས་ཅད་སྣ་ཚོགས་རྡོ་རྗེར་གྱུར་བས་ལུས་གང་བ་དང་། གཞན་ལ་ཆོས་འཆད་པའི་ཚེ་སློབ་མའི་ལུས་ཀྱང་སྣ་ཚོགས་རྡོ་རྗེ་གང་བར་བསམ་པ་བཤད་བྱའི་ཆོས་ཀྱི་ཟབ་ཐོགས་པ་ཡོད་པར་གསུངས། རྩོད་པ་ལ། བདུད་རྩིའི་རྡུལ་ཕྲ་རབ་ཐམས་ཅད་རལ་གྲི་ཚིག་རྐྱང་དམ་གྲིན་འགྲེང་གི་ཡུ་བའི་སྒོ་དང་རལ་གྲིའི་རྡུག་གིས་རྩེ་ག་གཟུག་པའི་རལ་གྲི་འཁོར་ལོ་སྲུ་ཁྲུད་མེད་པས་ལུས་གང་། རང་ཉིད་རྩོད་པ་ལ་ཐོགས་པ་མེད་པ་ཕྱོགས་གླང་ཆོས་གྲགས་ལྟ་བུར་གྱུར་བའི་མོད་པ་བྱེད། གྲུབ་མཐའ་སོགས་ལ་རྩོད་པའི་ཚེ་རང་གི་ལྟེའི་སྟེང་དུ་རལ་གྲིའི་འཁོར་ལོ་གསལ་བཏབ། འཁོར་ལོ་གཡས་དང་ཡིག་འབྲུ་གཡོན་དུ་འཁོར་བས། ཕྱིར་རྒོལ་གྱི་ལྟེ་དུམ་བུར་བཅད་ཅིང་བཏུབ་པར་དམིགས། རྩོམ་པ་ལ། བདུད་རྩི་འབེབས་སྦྱངས་གོང་ལྟར་ལ། བདུད་རྩིའི་རྡུལ་ཕྲ་རབ་རྣམས་གང་རྩོམ་རྒྱུའི་བརྗོད་བྱ་ཅན་ཚིག་སྙན་ངག་དང་སྤེབས་སྦྱོར་ལེགས་པ། མཁས་པའི་ཡིད་འཕྲོག་པར་ནུས་པའི་གླེགས་བམ་དང་། རལ་གྲིའི་འཁོར་ལོ་རྩེ་བས་རྡུག་པར་གྱུར་པའི་ལུས་གང་བས། རྩོམ་བྱའི་དོན་ལ་མྱོངས་པ་རལ་གྲི་བཅད་ཅིང་ཚིག་དོན་ཕུན་ཚོགས་པའི་སྤོབས་པ་གླེགས་བམ་གྱིས་བསྐྱེད་པས་རང་ཉིད་རྩོམ་པ་ལ་ཐོགས་པ་མེད་པ་སློབ་དཔོན་དཔའ་བོ་ལྟ་བུར་གྱུར་པའི་མོས་པ་བྱེད། དེའང་འཆད་རྩོད་རྩོམ་གསུམ་གྱི་ནང་ནས་འཆད་པའི་ཤེས་རབ་དང་གསུང་རབ་ཀྱི་གོ་བ་དཔྱིས་ཕྱིན་པ་ཞིག་འདོད་ན། རྗེའི་དཔྲལ་བའམ་ཐུགས་ཀར་འཇམ་དབྱངས་ཨ་ར་པ་ཙ་ན་བཀོད་པ་དང་། རྩོད་པ་གཙོ་བོ་འདོད་ན་དེར་འཇམ་དབྱངས་ཡེ་ཤེས་སེམས་པ་དང་། རྩོམ་པ་དང་ལྟ་བ་རྣམ་དག་གཙོ་བོར་འདོད་ན་དེར་འཇམ་དཔལ་གཞོན་ནུར་པ་དང་། སྤྱོད་པ་ཁྱད་པར་ཅན་སྙིང་རྗེ་དང་། བྱང་ཆུབ་སེམས་ལ་གཙོ་བོར་བྱེད་ན་འཇམ་དབྱངས་དཀར་པོ་དང་། སྒོམ་བྱེད་པ་རབ་རྫོགས་རིམ་གྱི་རྟོགས་པ་ཟབ་མོ་འདོད་ན། འཇམ་དབྱངས་ནང་སྒྲུབ་བཀོད་དེ་ལྷ་ཕྱག་དང་དམིགས་བརྩེ་མ་བཟླས་པས་དངོས་གྲུབ་མྱུར་བའི་གནད་ཡོད། གཞན་རྣམས་ཀྱི་སྐུ་མདོག་ཕྱག་མཚན་ཡོངས་གྲགས་ལྟར་ལ།

འཇམ་དབྱངས་ཡེ་ཤེས་སེམས་དཔའ་ནི་གཡས་རལ་གྲི་དང་། གཡོན་ཨུཏྤ་ལའི་ཡུ་བ་ཐུགས་ཀར་འཛིན་པ། སེམས་དཔའི་སྐྱི་ལ་མོ་ཀུང་གིས་བཞུགས་པ་རིན་པོ་ཆེའི་རྒྱན་གྱིས་བརྒྱན་པའོ། ཚེ་སྒྲུབ་བྱེད་ན་རྗེ་བླ་མའི་ཕྱག་གཡས་ཚོས་འཆད་དང་། གཡོན་མཉམ་བཞག་གི་སྟེང་ན་བདུད་རྩི་ས་གང་བའི་བུམ་ནང་དུ་ཟླ་གདན་ལ་ཐུགས་ཕྲེང་བཀོད་དེ། ཚེ་ལྷ་གང་ཡང་རུང་བའི་གཟུངས་དང་དམིགས་བཅས་མ་སྦྱེལ་ནས་བཟླས་པས་ཐུགས་ཕྲེང་ལས་འོད་ཟེར་འཕྲོས། རྒྱལ་བ་སྲས་བཅས་ཀྱི་བྱིན་རླབས་ནུས་མཐུ་ལྷ་མི་ཚེའི་རིག་འཛིན་བརྟེན་པ་རྣམས་ཀྱི་ཚེ་དང་བསོད་ནམས། འབྱུང་བ་ལྔའི་བཅུད་ཐམས་ཅད་བཀུགས་ཏེ་ཐུགས་ཕྲེང་ལ་ཐིམ། དེ་ལས་བདུད་རྩིའི་རྒྱུན་བབས་པས་བུམ་པ་གང་ཞིང་ལུད་པ་རང་གི་སྤྱི་བོ་ནས་ཞུགས། ཚེའི་བར་ཆད་སངས་ཀྱིས་དག་སྟོབས་དང་བསོད་ནམས་དམ་སྟོམ་ཉམས་པ་ཐམས་ཅད་སོར་ཆུད། འཆི་བ་མེད་པ་ཚེའི་དངོས་གྲུབ་ཐོབ་པར་མོས། ནོར་སྒྲུབ་བྱེད་ན། ཕྱག་གཡས་མཆོག་སྦྱིན་གྱིས་རིན་པོ་ཆེ་དང་། གཡོན་མཉམ་བཞག་གིས་སྟེང་ན་བདུད་རྩིས་གང་བའི་ལྷུང་བཟེད་བསྣམས་པ། དེ་ལས་འདོད་དགུའི་ཆར་བབས་པས་ཡུལ་ཁམས་དང་གནས་ཁང་བང་མཛོད་ཐམས་ཅད་གང་བའི་མོས་པ་བྱེད། རྒྱས་པར་ན། ཞི་བ་དཀར་པོ་པད་དཀར་འཛིན། ཞེས་སོགས་འཇམ་དབྱངས་ཆོས་སྐོར་ནས་འབྱུང་བའི་མན་ངག་ལྟར། ཞི་བ་ལ། རྗེ་བླ་མའི་སྐུ་མདོག་དཀར་པོ། ཕྱག་མཚན་པད་དཀར་དང་ཨུཏྤ་ལ་བུམ་པ་དཀར་པོ་བདུད་རྩིས་གང་བ་སོགས་དང་། དམིགས་བཅས་མའི་ཡིག་འབྲུ་དང་བདུད་རྩིའི་མདོག་ཀུང་དཀར་པོར་བྱ་ཞིང་། བྱེ་བྲག་ཏུ་ནད་སེལ་བ་ལ་རླུང་ནད་ཅན་གྱིས་བདུད་རྩི་གསེར་ཞུན་མའི་མདོག་དང་། མཁྲིས་ནད་ཅན་གྱིས་དཀར་པོ་དང་། བད་ཀན་ཅན་གྱིས་སྔོན་པོར་མོས་ཞིང་། ནད་གདོན་སྡིག་སྒྲིབ་གང་ཡིན་ཤཱནྟིཾ་ཀུ་རུ་སྭཱཧཱ། ཞེས་པའི་སྦྱེལ་ཚིག་བཏགས་ནས་བཟླ། རྒྱས་པའི་ལས་ལ། རྒྱས་སེར་རལ་གྲི་གླེགས་བམ་དང་། ཞེས་སོགས་ལྟར། རྗེ་བླ་མ་སྐུ་མདོག་སེར་པོ་ཕྱག་མཚན་ཤེས་རབ་རྒྱས་པར་འདོད་ན་གླེགས་རལ། ནོར་རྒྱས་པར་འདོད་ན་ནོར་བུ་དང་ཐོད་པ་བདུད་རྩིས་བཀང་བ། ཉིང་འཛིན་རྒྱས་པར་འདོད་ན་རྡོར་དྲིལ་སོགས་སྐབས་ཐོབ་ཀྱིས་སྒྲོར་ལ། སྦྱེལ་ཚིག་ཡང་ཤེས་རབ་ལ་དམིགས་བཅས་མའི་མཇུག་ཏུ་མ་མ་པྲཛྙཱ་པུཥྚིཾ་ཀུ་རུ་ཨོཾ་ཞེས་དང་། ནོར་ལ་བ་སུ་རྣ། ཉིང་འཛིན་ལ་ས་མ་དྷི་

ཚེ་ལ་ཨཿཡུ་ཤུདྡྷེཾ་ཀུ་རུ་ཨོཾ་ཞེས་བཏགས། དབང་གི་ལས་འདོད་ན། དབང་དམར་ཚེ་བུམ་དམར་པོ་དང་། ཞེས་སོགས་ལྟར། རྗེ་བླ་མ་སྐུ་མདོག་དམར་པོ་བྱེ་རུའུ་མདོག་ལྟ་བུ། ཕྱག་མཚན་ཚེ་དང་ནོར་དབང་དུ་བྱ་བར་འདོད་ན་ཚེ་བུམ་དམར་པོ་བདུད་རྩི་དམར་པོས་གང་བ་ཁ་ལ་ནོར་བུས་མཚན་པ་བཀོད་དེ། དམིགས་བརྟེ་མ་ལ་ཨཿཡུ་ཤྲཱི་ཧྲཱུཾ་ཞེས་པའི་སྲོག་ཚིག་བཏགས་ནས་བཟླ་ནོར་དབང་དུ་བྱ་བར་འདོད་ན་གཡས་རྒྱལ་མཚན་དང་གཡོན་ཐོད་པའམ་ལྷུང་བཟེད་བདུད་རྩིས་གང་བ་བསྣམས་ཞིང་། སྐུ་ལས་འོད་ཟེར་དམར་པོ་ལྕགས་ཀྱུ་ལྟ་བུ་འཕྲོས་པས་བརྟན་གཡོ་སྣོད་བཅུད་ཀྱི་དཔལ་འབྱོར་ལོངས་སྤྱོད་ཐམས་ཅད་བུམ་བཟང་དང་དཔག་བསམ་ཤིང་རྒྱལ་སྲིད་སྣ་བདུན་བཀྲ་ཤིས་རྟགས་བརྒྱད་ལ་སོགས་པའི་རྣམ་པར་བཀུགས་ཏེ་ཐིམ་པར་བསམ་ཞིང་། དམིགས་བརྟེ་མ་ལ་ལོ་ཀ་ཤྲཱི་ཧྲཱུཾ་ཞེས་པའི་སྲོག་ཚིག་བཏགས་ནས་བཟླ། མངོན་སྤྱོད་ཀྱི་ལས་བྱ་བར་འདོད་ན། རྗེ་བླ་མའི་སྐུ་ལས་འོད་ཟེར་ནག་པོ་ཚ་ཞིང་བཙུབ་པ་དུས་མཐའི་མེ་དཔུང་ལྟ་བུ་འཕྲོས་པས་དགྲ་བགེགས་ཐམས་ཅད་བསྲེགས་པར་བསམ་ཞིང་འོད་ཟེར་དེ་དག་གི་སྣེ་ལས་ཁྲོ་བོ་མཆོན་ཆ་སྣ་ཚོགས་ཐོགས་པ་མེའི་ཚ་ཚ་འཕྲོ་བ་བསམ་གྱི་མི་ཁྱབ་པ་སྤྲོས་པས། གནོད་བྱེད་རྡུལ་ཕྲན་ཙམ་ཡང་མ་ལུས་པར་བརླག་སོང་སྙམ་པར་བྱེད་ཅིང་དྲག་པོའི་སྲོག་ཚིག་བཏགས། ཡང་ན་རྗེའི་ཐུགས་ཀར་འོད་ཟེར་གྱིས་རང་ལ་གནོད་འཚེ་བྱེད་པའི་དགྲ་དང་འདྲེ་གདོན་ཤ་མཁོན་བུ་ལོན་ལན་ཆགས་གཉེར་བའི་རིགས་བཀུགས་ནས་མདུན་དུ་འདུག་པ་ལ་སྐུ་ལས་འཕྲོས་པའི་འོད་དང་བདུད་རྩིའི་རྒྱུན་གྱིས་དེ་དག་གི་བསམ་སྦྱོར་ངན་པ་དང་། གདུག་བརྩུབ་ཐམས་ཅད་ཞི་བྱམས་པའི་སེམས་དང་ལྡན་པར་བྱས་སོང་སྙམ་པ་དང་། སྙན་གྲགས་སྒྲུབ་པ་ལ། རང་གི་སྙན་པ་སྒྲོགས་པའི་སྒྲ་དབྱངས་ཀྱིས་སྟོང་གསུམ་ཁྱབ་པར་འགེངས་པའི་དུང་གཡས་འཁྱིལ་གྱི་སྒྲོ་བསྒྲུ་སོགས་ལས་དང་སྦྱར་ནས་ཤེས་པར་བྱ། ཞེས་པ་ལྟར། རྒྱུད་སྡེ་སྤྱིའི་ཆིངས་སྦྱོར་བས་ལས་ཚོགས་ཇི་སྙེད་གཅིག་བྱེད་རུང་ངོ་། དེ་ལྟར་དམིགས་གནད་དང་ལྡན་པའི་དམིགས་བརྟེ་མ་སྤྱི་རིགས་བཟླས་པའི་མཐར་མཇལ་གང་མང་དང་། ཡོན་ཏན་ཞི་འགྱུར་མ་སོགས་ཀྱི་སྒོ་ནས་ལམ་ཁྲིད་རྒྱས་བསྡུས་ཅི་རིགས་བསྐྱོང་ཟིན་པ་དང་། འོད་ཀྱི་སྦུ་གུ་རང་ལ་ཐིམ་པར་མོས། མཇུག་ཏུ། དཔལ་ལྡན་རྩ་བའི་བླ་མ་རིན་

པོ་ཆེ། ཞེས་སོགས་ཚར་གཅིག་བརྗོད་པ་དང་། གསུམ་བརྗོད་པའི་ལུགས་གཉིས་ལས། དང་པོ་ཁྲིད་ཡིག་ལྟར། ཕྱི་མ་བྱེད་ན། ལན་གསུམ་བརྗོད་པའི་དང་པོ་གཉིས་ཀྱི་ཚེ་བདག་གི་སྤྱི་བོར་པད་ཟླའི་ཞེས་སྦྱར་བའི་དང་པོའི་སྐབས་ཡབ་སྲས་གསུམ་གཅིག་ཏུ་གྱུར། གཉིས་པའི་སྐབས་རྗེ་བླ་མ་རང་གི་སྤྱི་བོར་བྱོན། གསུམ་པའི་སྐབས་བདག་གི་སྙིང་ཁར་ཞེས་བརྗོད་པའི་རྗེ་བླ་མ་རྟ་དབྱུ་མའི་ནང་སྙིང་པདྨ་འདབ་བརྒྱད་ཀྱིས་དབུས་སུ་བྱོན་པ་རང་གི་ཤེན་ཏུ་ཕྲ་བའི་རླུང་སེམས་དང་དབྱེར་མེད་འདྲེས་པ་སྲོག་འཛིན་གྱི་རང་མདངས་ལྟར་སྐུ་མདོག་དཀར་པོར་མོས་ཤིང་། སྙིང་གའི་པདྨ་ཟླུམ་པའི་ཕྱི་རོལ་ནས་ཨ་ར་པ་ཙ་ནས་གཡས་སྐོར་དང་། དམིགས་བརྩེ་མས་གཡོན་སྐོར་དུ་དཀྲིས་པའི་སྙིང་གི་རྩེ་མོར་ཪྡོ་རྗེའི་དབུས་སུ་ཧཱྀཿཧཱུྃ་གང་རུང་གསལ་བཏབ་ཏེ་བདུད་བརྩིའི་འབེབས་སྦྱང་བྱེད། དེ་ནས་དེང་བརྩམས་མ་དང་། དེ་ལྟར་མཁའ་དབྱིངས་ཆུ་འཛིན་དཀར་པོའི་དབུས། ཞེས་སོགས་སྨོན་ལམ་གྱིས་མཐའ་བརྒྱན་ཅིང་ཐུན་མཚམས་ཀྱིས་སྐབས་སུ། གཞན་གྱིས་རང་ལ་འཁྲུག་འཚལ་བ་སོགས་བསྙེན་བཀུར་བསྟབས་པ་བྱུང་ན་འོ་ཐོབ་ཀྱིས་དང་བླངས་མ་བྱས་པར་དེ་སྙིར་གར་བཞུགས་པའི་བླ་མ་ལ་བསྔོ་བ་དང་། དེ་བཞིན་འཚོ་བ་དྲངས་པ་ནའང་སྙིང་གའི་བླ་མས་འདྲེན་པའི་དམིགས་པ་དང་། གོས་དང་གནས་མལ་ནོར་ལོངས་སྤྱོད་གང་ཞིག་ཕུལ་ཀྱང་དེ་ཉིད་བློས་བླངས་ཏེ་སྙིང་གའི་བླ་མ་འབུལ་བ་བྱས་ན་དཀོར་གྱིས་སྒྲིབ་པ་སྦྱོང་ཞིང་། སྤྱིན་བདག་གིས་བསོད་ནམས་གོང་འཕེལ་དུ་འགྱུར་བ་སོགས་དགོས་པ་ཆེ། གཞན་ཡང་སྙིང་གའི་བླ་མ་དེ་ཉིད་དཔང་པོར་བྱས་ཏེ་སྒོ་གསུམ་མི་དགེ་བའི་སྤྱོད་པ་ལ་མཉུག་པར་ཕྱོགས་པ་ན། ཀྱེ་མ་བདག་གི་ཆོས་པའི་གཟུགས་བརྙན་སྟེ་ཚུལ་དང་མི་མཐུན་པ་དེ་ལྟར་སྤྱད་ན་སྤྱིར་སངས་རྒྱས་བྱང་སེམས་རྣམས་དང་། དཀར་ཕྱོགས་ལྷ་རྣམས་ཁྲེལ་བར་འགྱུར་ཞིང་། ཁྱད་པར་རྩ་བའི་བླ་མ་རང་གི་སྙིང་གར་བཞུགས་པ་དེ་ཉིད་ཐུགས་འཁྲེལ་བར་གྱུར་ན་མི་རུང་སྙམ་དུ་དེ་ལ་མཛེམ་ནས་བག་ཡོད་པའི་བརྟུལ་ཞུགས་ལ་གནས་པ་སོགས་སྤྱོད་ཡུལ་ཡང་དག་པའི་མདོ་ནས་བྱུང་བ་བཞིན་སྤྱོད་ལམ་དོན་ལྡན་དུ་གྱུར་པའི་རིགས་ལ་འབད། དེ་ཡང་སྙིང་གའི་རྗེ་བླ་མ་དེ་ཉིད་རང་གི་དྲིན་ཅན་རྩ་བའི་བླ་མའི་ངོ་བོར་བལྟ་བའི་སྒོ་ནས་བསྒོམ་དགོས་ཀྱིས། བླ་མ་ལས་དོན་གཞན་དུ་གྱུར་པའི་ཡི་དམ་ཞིག་བསྒོམ་རྒྱུ་ཡོད་

པར་བཟུང་ན་མི་རུང་བའི། བླ་མ་མེད་པའི་གོང་རོལ་ན། །སངས་རྒྱས་བྱ་བའི་མིང་ཡང་མེད། ཡིདམ་བླ་མའི་སྤྲུལ་པ་ཡིན། །གསུངས་པ་དེ་གོ་དགོས། འདི་ལ་ཚིག་དྲིལ་དུ་བྱས་ནས་ཐུན་བཞི་སོགས་བྱས་ན། ཐུན་རྗེས་མ་རྣམས་ལ་གསར་དུ་སྤྱན་དྲངས་པ་རྣམས་བཟླ་བུམ་སྐུའི་ཁ་ལྡོད་ཀྱི་གྲོལ་ནས་ཐུར་ཡོད་པ་ལ་བསྟིམ་ཞིང་། སྙིང་གི་རྩེ་མོའི་རྡོ་རྗེ་དང་ཕྱགས་ཕྲེང་རྣམས་སྟོང་སྤྲུངས་སམ་འོད་ཞུ་བྱེད་ཏེ་སྔར་ཡང་ཁ་བསྐུ་བའི་རྩེ་མོ་རྡོ་རྗེ་དང་ཕྱི་རོལ་ནས་ཕྱགས་ཕྲེང་གིས་བསྡམ་པ་སོགས་བྱེད་པ་སྔར་དང་འདྲ། འདིའི་བསྙེན་པ་སོང་ནས་མན་ངག་དང་ལྡན་པས་ལས་རབ་འབྱམས་སྒྲུབ་ཚོག་ཅིང་། ཡོངས་སུ་གྲགས་པ་བཅུ་གཅིག་སྟེ། ཆར་འབེབས་པ། སད་བསྲུངས་བ། མཚོན་བསྲུངས་ཟ་ཡིག། མཚོན་བསྲུངས་རྡོ་རྗེའི་གོ་ཁྲབ། གྲིབ་སྲུངས། སྲོག་རླུང་གི་བཙོས་ཐབས། རྒྱལ་པོ་གྲི་ཐོག་གི་ཟ་ཡིག། དགྲ་རྐུན་ཇག་སོགས་བསྲུངས་པ་ལྟུགས་སྒྲོག་མ། ཞིང་གི་བཅའ་བསྲུངས་བ། ཁ་ཟས་བསྟུད་པ། རང་གར་འགྲོའི་ལམ་གྱི་བར་ཆད་བསྲུང་བ་དང་བཅུ་གཅིག་གོ། ལས་ཚོགས་འདི་དག་སྒྲུབ་པ་ལ། སྔོན་དུ་བསྙེན་པ་འབུམ་ཕྲག་ལྔའམ་གསུམ་སྔོན་དུ་འགྲོ་དགོས་ལ། ཤེས་རབ་སྒྲུབ་པ་དང་། ཚེ་སྒྲུབ་པ་སོགས་ཀྱི་དམིགས་པ། དང་པོ་ནས་བྱེད་དུ་རུང་ངོ་། སྤྱིར་ཤེས་རབ་སྒྲུབ་པའི་ཚེ། རྗེ་བླ་མའི་ཐུགས་མཚན་གྱི་གླེགས་བམ་དེ་ཉིད་ རང་གི་གང་ལ་ཤེསའདོད་གཙོ་བོར་ཞུགས་ཤིང་། ཐོས་བསམ་སྐབས་སུ་བབས་པ་དེའི་གླེགས་བམ་ཡི་གེ་རང་སྒྲ་སྒྲོགས་བཞིན་པ། འོད་དང་འོད་ཟེར་གྱིས་རང་བཞིན་དུ་མོས། བསྙེན་མཚམས་བྱེད་པའི་སྔོན་འགྲོར། ཤེར་མདོ་ཀློག་པ་སོགས་དང་། དབུལ་ཕོངས་ལ་སྦྱིན་གཏོང་། བགེགས་ལ་གཏོར་མ་བསྔོ་བ། མཚམས་ནང་དུ་ཚུད་དགོས་རིགས་ངེས་པར་བྱེད་ནས། མཚམས་བརྗེལ་འཛོག་པ། བསྲུངས་བའི་ཆེད་སྔགས་ཀྱི་འོག་གཡུང་དྲུང་བྲི་ཞིང་དུར་བ་བཀྲམ་ཏེ། འོག་གཞི་རྡོ་རྗེར་མོས་པ་དང་སྟོན་པའི་རྣམ་ཐར་དྲན་པ་གནས་གསུམ་བྱིན་རླབས་སོགས་ཕལ་ཆེར་སྤྱི་དང་འདྲ་ལ། མཚམས་ཐོ་ཆོས་རྒྱལ་དུ་བསྐྱེད་པ་དང་། རྒྱལ་ཆེན་དུ་བསྐྱེད་པའི་ལུགས་གཉིས་ལས་གང་རིགས་བྱེད། ཐུན་མཚམས་སུ་ཆོས་འདིའི་བསྲུང་མའི་གཙོ་བོ་ཆོས་རྒྱལ་ཕྱི་ནང་གསང་གསུམ་མམ། ཆོས་རྒྱལ་ནང་སྒྲུབ་ལ་གཏོར་འབུལ་ཆག་མེད་བྱེད་པ་ཐུགས་ལེན་ཡིན་ནོ། བསྙེན་སྒྲུབ་བཟླས་བརྗོད་སོགས་བྱས་པས་བྱིན་རླབས་ཞུགས་པའིམཚན་

མའདད། ཆེ་བསོད་རྒྱས་པ་དང་། ཡི་དམ་ལྷའི་ཞལ་གཟིགས་སོགས་གཙོ་བོར་མི་བྱེད་ཀྱི་བློ་སྣ་གོང་དུ་གྱུར་ཏེ་ཤེས་རྒྱུད་ཀྱི་ཉོན་མོངས་པའི་རྟོག་པ་ཤུགས་ཇེ་ཆུང་དང་། དགེ་བའི་བསམ་པ་གོང་འཕེལ་དུ་སོང་ན་བླ་མ་དང་ཡི་དམ་གྱིས་རྗེས་སུ་འཛིན་པ་བྱིན་རླབས་འཇུག་པ། དངོས་གྲུབ་ཀྱི་མགོ་ཚུགས་པ་ཡིན་ཞིང་འདི་བླ་མའི་བྱིན་རླབས་དུ་བསམ་ནས་བཀའ་དྲིན་རྗེས་སུ་དྲན་དགོས་ཏེ། ད་ལྟ་རང་རེ་ལ་ཡོན་ཏན་ཅུང་ཟད་རེ་སྐྱེས་པ་ན་པོ་སྐྱེས་པ་ཡིན་སྙམ་པ་ལས། བླ་མའི་བཀའ་དྲིན་ཡིན་སྙམ་པ་མི་འབྱུང་བ་ནི། དཔེ་ཆོས་ལས། ཕ་མེས་གང་བས་དོན་མ་གྲུབ། ཅེས་མི་གཅིག་གིས་ཕྱུར་བས་པ་རྣམས་བཟང་ཚུལ་བཤད་པ་ལ། གཅིག་ན་རེ། ད་ནི་ཕ་མས་གང་ལས་ཀྱང་ངན་རྒྱུ་མེད་བྱས་པའི་དཔེ་ལྟར། བླ་མ་ལ་མཉམ་གྲོགས་སུ་ལྟས་པའི་ངན་རྟོག་དངོས་གྲུབ་ཀྱི་གེགས་ཆེ་ཤོས་སུ་གསུངས་པས། རང་ལ་བདེ་དགེ་གང་འབྱུང་བླ་མའི་དྲིན་དུ་ཤེས་པར་བྱས་ནས་སྒོ་གསུམ་བླ་མ་མཆོད་པའི་རྒྱུར་འགྱུར་བ་བྱེད་དགོས་སོ། དེའང་བླ་མ་ལྔ་བཅུ་པ་ལས། དབང་བསྐུར་མཆོག་ཐོབ་རྡོ་རྗེ་ཡི། སློབ་དཔོན་ལ་ནི་དེ་བཞིན་གཤེགས། ཕྱོགས་བཅུའི་འཇིག་རྟེན་ཁམས་བཞུགས་པས། དུས་གསུམ་དུ་ནི་མངོན་ཕྱག་འཚལ། ཞེས། ཕྱོགས་བཅུའི་སངས་རྒྱས་རྣམས་ཀྱིས་ཀྱང་སྔོན་སློབ་པའི་གནས་སྐབས་ཀྱི་བླ་མ་ལ་ཉིན་རེ་རེ་དུས་གསུམ་དུ་བྱོན་ནས་ཕྱག་བྱས་པར་གསུངས་ན་རང་ཅག་ལྟ་ཅི་སྨོས། དེས་ན་བྱང་ཆུབ་སེམས་པའི་སྡེ་སྣོད་ལས་གསུངས་པ་ལྟར། འདི་ཕྱིའི་ལེགས་ཚོགས་ཀྱི་ཡོན་ཏན་མ་ལུས་པ་དང་པོར་རང་རྒྱུད་ལ་སྐྱེད་ཅིང་། སྐྱེས་ཟིན་མི་ཉམས་པར་གོང་འཕེལ་དུ་བྱེད་པའི་གཞི་དང་རྟེན་དང་གཙོ་བོར་གྱུར་པ་ནི་དགེ་བའི་བཤེས་གཉེན་ཡིན་པའི་དེ་ལ་དད་གུས་སྒྲུབ་པ་གལ་ཆེ་སྟེ། ཆོས་བཅུ་པའི་མདོ་ལས། གང་གི་འདྲེན་པ་ངེས་འབྱུང་ལ། དད་པ་ཐེག་པའི་མཆོག་ཡིན་ཏེ། ཞེས་དང་། ཞུས་ལན་ནོར་བུའི་ཕྲེང་བ་ལས། དད་པ་ས་ཡི་དང་པོ་ཡིན། དད་པ་ལམ་གྱི་མགོ་བོ་སྟེ། དད་པ་ཕན་བདེའི་སྨྱུ་གུ་ཡིན། དད་པས་དགེ་བའི་ལོ་ཏོག་བྱེད། ཞེས་སོགས་ལྟར། ལེགས་ཚོགས་ཐམས་བཅད་ཀྱི་རྩ་བ་དད་པ་རག་ལས་པས། མདོར་ན་དྲིན་ཅན་རྩ་བའི་བླ་མ་དེ་ཉིད་སངས་རྒྱས་ཀུན་འདུས་ཀྱི་ངོ་བོར་ལྟས་ནས་བཅོས་མིན་གྱི་དད་གུས་སྒྲུང་པ་དང་། འབྲོམ་སྟོན་གྱིས། རྗེན་གང་ལ་གསོལ་བ་བཏབ་པ་ལས་ཇོ་བོ་ལ་གསོལ་བ་བཏབ་པ་བྱིན་

རླབས་སྨྲུར་འབྱུང་གསུངས་པའི་དཔེ་བཞིན། དོན་ཆེ་ཆུང་གང་ལའང་སྙིང་གར་བཞུགས་པའི་བླ་མ་ལ་གསོལ་བ་འདེབས་ཞིང་བློ་གཏད་དེ་སྒོ་གསུམ་ཉེས་སྤྱོད་ལས་ལྡོག་པ་སོགས་སྤྱོད་ལམ་ཐམས་ཅད་བླ་མའི་རྣལ་འབྱོར་དང་སྦྲགས་ནས་སྣང་སྒྲགས་ཐམས་ཅད་བླ་མའི་གསང་གསུམ་དུ་ཁྱེར་ཤེས་པ་ལ་སླབས་ན། གཏན་གྱི་མདུན་མ་ལག་རྩེ་ན་ཡོད་པས་ཐོས་པའི་རྗེས་འཛུག་སྒྲུབ་པ་སྙིང་པོར་བྱེད། སྐྱེ་བའི་རྗོང་ལས། ཚིགས་ཆུང་ཐར་པར་འགྱུར་ཞེས་པའི་དོན་བཞིན་སྒྲུབ་པ་སྙིང་པོ་མཛད་དེ། ཇི་སྐད་དུ། མི་ཡིས་གྲུ་ལ་རྟེན་ནས་ནི། སྡུག་བསྔལ་རྒྱ་མཚོ་ཆེ་ལས་སྒྲོལ། གྲུ་འདི་ཕྱི་ནས་རྙེད་དཀའ་བས། རྨོངས་པ་དུས་སུ་གཉིད་མ་ལོག། ཞེས་པ་ལྟར། སྡུག་བསྔལ་གྱི་རྒྱ་མཚོ་ལས་སྒྲོལ་བར་བྱེད་པའི་གྲུ་ལྟ་བུའི་རྟེན་བཟང་རྙེད། སྒྲོལ་བྱེད་ཐབས་མ་ནོར་བར་སྟོན་པའི་ས་མཁན་དང་བཅས་པའི་སྐལ་པ་བཟང་པོ་ཐོབ་པའི་དུས་འདིར་སློམས་ལས་ཀྱི་དབང་དུ་མ་བཏང་བར་སྐྱེས་བུའི་རྩལ་ཅི་ཡོད་ཀྱིས་འབད་ནས་བསྟན་པ་མཛལ་བ་དོན་ལྡན་དུ་བྱེད་དགོས་སོ། སྨྲས་པ། འཛམ་དཔལ་དབྱངས་དངོས་བསྟན་པའི་སྒྲོན་མེའི་སྙེ། གསང་བདག་རྣམ་སྤྲུལ་སྡེ་ཁྲི་རིན་པོ་ཆེ། སྙན་རྒྱུད་མངའ་བདག་ར་ན་ཛྙཱ་ཛའི་ཞབས། རྣམ་གསུམ་དབྱེར་མེད་སྤྱི་བོའི་གཙུག་གིས་མཆོད། གང་ཐུགས་ལེགས་བཤད་རིན་ཆེན་འབྱུང་བའི་གནས། ཟབ་ཡངས་མཁྱེན་བརྩེའི་རླབས་ཕྲེང་རོལ་བ་ལས། །འོངས་པའི་གདམས་ངག་དྲི་མེད་བདུད་རྩིའི་རྒྱུན། །བདག་བློ་ཞིལ་གྱི་བུམ་པར་ཡོངས་སུ་འཁྱིལ། །ཨེ་མ་ལོང་བས་ཕྱུག་དར་ཁྲིད། །ཡིད་བཞིན་ནོར་བུ་རྙེད་པ་བཞིན། །སྙིགས་མའི་གློང་ནས་བློ་དམན་བདག །སྙན་བརྒྱུད་སྨྲ་བའི་སྤོབས་པ་ཐོབ། །སྲིན་བུའི་ཕྱུག་འཚལ་ཁྱུང་ལ་ཞོན་པའི་དཔེས། །ཆེར་རློམ་པལ་གྱིས་སྤྱོད་མིན་མན་ངག་ནོར། །ཅོལ་ཆུང་བདག་འདྲས་རྙེད་པའི་དྲིན་གཅིག་པུ། །བྱང་ཆུབ་བར་དུ་གཞལ་བའི་གོ་སྐབས་ཅི། །དེ་ཕྱིར་སྙིང་དཀྱིལ་བཅངས་ནས་སྒྲུབ་གྱུར་ན། ། རང་གཞན་གཏན་གྱི་མདུན་མ་གྲུབ་དེ་སོད། །ཁ་བཤད་སོར་མོའི་རྩེ་ལ་གཡེངས་བ་འདིས། །དོན་མེད་ཆུད་ཟོས་ཀྱི་ནར་པོར་ཀྱིས་དོགས། འདིས་མཚོན་དགེ་ཚོགས་ཉི་མ་འབར་བའི་གཟིས། །སྲིད་ཞིའི་རྒྱུད་སྨུན་མ་ལུས་དྲུང་འབྱིན་ཞིང་། རྗོགས་ལྡན་བདེ་ལེགས་སྣང་བའི་སྲིད་མཐའི་བར། །ཐུབ་བསྟན་པད་ཚལ་ཉམས་མེད་རྒྱས་རྒྱུར་ཅིག །བདག་ཀྱང་མ་འོངས་ཚེ་རབས་ཕྲེང་བ་རུ། །དཀོར་ཛས་གཞལ་བའི་

སྲང་དུ་མི་འགྱུར་བར། ཐོས་བསམ་སྒོམ་གསུམ་གཅིག་ཏུ་དྲིལ་བ་ཡིས། །ཐེག་མཆོག་བཤེས་ཀྱི་རྣམ་ཐར་སྐྱོང་གྱུར་ཅིག སྡེབས་ལེགས་ཚིག་གི་ཡལ་འདབ་རྣམ་རྒྱས་ཤིང་། །དོན་བཟང་འབྲས་བུའི་ཁུར་གྱིས་རབ་དུད་པ། ལེགས་པར་བཤད་པའི་དཔག་བསམ་ལྗོན་པ་འདི། །རྒྱལ་བ་དགྱེས་པའི་མཆོད་སྤྲིན་ཉིད་གྱུར་ཅིག། ཅེས་པ་འདི་ནི་དད་བརྩོན་རྣམ་དཀྱོད་ཀྱི་རྩལ་དང་ལྡན་པ་དུས་འཁོར་རྡོ་རྗེ་འཛིན་པ་འཇམ་དབྱངས་ཚུལ་ཁྲིམས། ཆོས་རྗེ་བདེ་ལེགས་བཀྲ་ཤིས། རི་ཁྲོད་པ་རབ་འབྱམས་སྨྲ་བཟང་རབ་རྒྱས་སོགས་དོན་གཉེར་ཅན་རྣམས་ནས་དགའ་ལྡན་ལྷ་བརྒྱ་མའི་ཁྲིད་ཀྱི་བཤད་པ་མན་ངག་གི་བརྒྱུན་ནས་ཡི་གེར་འཁོད་དགོས་ཞེས་ལྷ་རྫས་མེ་ཏོག་བཅས་པ་ཡང་ཡང་བསྐུལ་བ་བཞིན། ཡང་སྔན་རྒྱུད་ཀྱི་མན་ངག་ལ་བག་ཆགས་འཛོག་ཆེད་དུ་དམིགས་བཅེ་མ་འདི་འི་ཁྲིད་ཡིག་རྣམས་སུ་སྣང་བའི་ཞལ་བཞེས་མན་ངག་གང་དགུགས་ཐོར་སྣང་ཡོད་པ་རྣམས་ཕྱོགས་བསྒྲིགས། རང་གང་དགོངས་ཀྱིས་བཤད་པས་ཟུར་རྒྱན་ཏེ་བླ་མ་དམ་པ་རྣམས་ཀྱི་དྲིན་ལས་སྙན་རྒྱུད་ཀྱི་མན་ངག་ཐུན་ཚེགས་ཙམ་རྣ་བས་ཐོས་པའི་སྐལ་བ་ཅན་དུ་གྱུར་པ། ཤཱཀྱའི་དགེ་སློང་འཇམ་དབྱངས་བསྟན་པའི་ཉི་མས། ཐང་པོ་ཁོག་ཀྱི་ས་མེ་སྤྲེ་ཝུ་ལོའི་ཐ་སྐར་ཟླ་བའི་བཟང་པོའི་ཉིན་མཚམས་ཀྱི་ཐུན་གསེང་དུ་བྲིས་པ། འདི་ལ་བྲིས་རྫོའི་སྐྱོན་གྱི་གནོངས་པའི་ཚོགས་གང་མཆིས་དེ་ཤེས་ཀྱི་སྤྱན་དང་ལྡན་པ་རྣམས་ཀྱི་སྤྱན་སྔར་བཤགས་ཤིང་། དགེ་ཚོགས་བསྟན་པ་སྤྱི་དང་། ཁྱད་པར་འཇམ་མགོན་སྣན་བརྒྱུད་ཀྱི་མན་ངག་ཕྱོགས་ཐམས་ཅད་དུ་སྤེལ་བའི་རྒྱུར་གྱུར་ཅིག། དཔེ་འདི་དང་མེད་ལོག་ལྷ་ཅན་དང་། དཔེ་ཙམ་ལ་བླ་མ་བཙོལ་ནས་མན་ངག་ལ་དབང་ཟབ་རྣམས་ལ་སྟོན་དུ་མི་རུང་། བཀྲ་ཤིས་པར་གྱུར་ཅིག །

༄༅། །དགེ་ལྡན་སྙན་བརྒྱུད་ཀྱི་མན་ངག་ལས་བྱུང་བའི་བླ་མའི་རྣལ་འབྱོར་དགའ་ལྡན་ལྷ་བརྒྱ་མར་གྲགས་པ་ཞེས་བྱ་བ་བཞུགས་སོ། །

དགེ་ལྡན་སྙན་བརྒྱུད་ཀྱི་བླ་མའི་རྣལ་འབྱོར་དགའ་ལྡན་ལྷ་བརྒྱ་མར་གྲགས་པའི་རྒྱུན་འཁྱེར་མདོར་བསྡུས་ཉམས་སུ་ལེན་ཚུལ་གྱི་ངག་འདོན་ནག་འགྲོས་སུ་བཀོད་པ་ནི། བདག་དང་འགྲོ་བ་ནམ་མཁའི་མཐའ་དང་མཉམ་པའི་སེམས་ཅན་ཐམས་ཅད་དུས་འདི་ནས་བཟུང་སྟེ་ཇི་སྲིད་བྱང་ཆུབ་སྙིང་པོ་ལ་མཆིས་ཀྱི་བར་དུ་དཔལ་ལྡན་བླ་མ་དམ་པ་རྣམས་ལ་སྐྱབས་སུ་མཆིའོ། རྫོགས་པའི་སངས་རྒྱས་བཅོམ་ལྡན་འདས་རྣམས་ལ་སྐྱབས་སུ་མཆིའོ། དམ་པའི་ཆོས་རྣམས་ལ་སྐྱབས་སུ་མཆིའོ། འཕགས་པའི་དགེ་འདུན་རྣམས་ལ་སྐྱབས་སུ་མཆིའོ། ལན་གསུམ།མམ་བདུན། སངས་རྒྱས་ཆོས་དང་ཚོགས་ཀྱི་མཆོག་རྣམས་ལ། །བྱང་ཆུབ་བར་དུ་བདག་ནི་སྐྱབས་སུ་མཆི། །བདག་གིས་སྦྱིན་སོགས་བགྱིས་པ་འདི་དག་གིས། །འགྲོ་ལ་ཕན་ཕྱིར་སངས་རྒྱས་འགྲུབ་པར་ཤོག །ལན་གསུམ། སེམས་ཅན་ཐམས་ཅད་བདེ་བ་དང་བདེ་བའི་རྒྱུ་དང་ལྡན་པར་གྱུར་ཅིག སྡུག་བསྔལ་དང་སྡུག་བསྔལ་གྱི་རྒྱུ་དང་བྲལ་བར་གྱུར་ཅིག སྡུག་བསྔལ་མེད་པའི་བདེ་བ་དང་མི་འབྲལ་བར་གྱུར་ཅིག ཉེ་རིང་ཆགས་སྡང་གཉིས་དང་བྲལ་བའི་བཏང་སྙོམས་ལ་གནས་པར་གྱུར་ཅིག ལན་གཅིག ཁྱད་པར་མ་སེམས་ཅན་ཐམས་ཅད་ཀྱི་དོན་དུ་མྱུར་བ་མྱུར་བར་ཡང་དག་པར་རྫོགས་པའི་སངས་རྒྱས་ཀྱི་གོ་འཕང་རིན་པོ་ཆེ་ཅི་ནས་ཀྱང་ཐོབ་པར་བྱ། དེའི་ཕྱིར་དུ་ལམ་ཟབ་མོ་བླ་མ་ལྷའི་རྣལ་འབྱོར་ཉམས་སུ་ལེན་པར་བགྱིའོ། ལན་གཅིག དགའ་ལྡན་ལྷ་བརྒྱའི་མགོན་གྱི་ཐུགས་ཀ་ནས། །རབ་དཀར་ཞོ་གསར་སྤུངས་འདྲའི་ཆུ་འཛིན་རྩེར། །ཆོས་ཀྱི་རྒྱལ་པོ་ཀུན་མཁྱེན་བློ་བཟང་གྲགས། །སྲས་དང་བཅས་པ་གནས་འདིར་གཤེགས་སུ་གསོལ། །མདུན་གྱི་ནམ་མཁར་སེང་ཁྲི་པད་ཟླའི་སྟེང་། །རྗེ་བཙུན་བླ་མ་དགྱེས་པའི་འཛུམ་དཀར་ཅན། །བདག་བློ་དད་པའི་བསོད་ནམས་ཞིང་མཆོག་ཏུ། །བསྟན་པ་རྒྱས་ཕྱིར་བསྐལ་བརྒྱར་བཞུགས་སུ་གསོལ། །ཤེས་བྱའི་ཁྱོན་

ཀུན་འཛིན་པ་བའི་བློ་གྲོས་ཐུགས། །བསྐལ་བཟང་རྣ་བའི་རྒྱན་གྱུར་ལེགས་བཤད་གསུང་། །གྲགས་པའི་དཔལ་གྱིས་ལྷམ་མེར་མཛེས་པའི་སྐུ། །མཐོང་ཐོས་དྲན་པའི་དོན་ལྡན་ལ་ཕྱག་འཚལ། །ཡིད་འོང་མཆོད་ཡོན་སྣ་ཚོགས་མེ་ཏོག་དང་། །དྲི་ཞིམ་བདུག་སྤོས་སྣང་གསལ་དྲི་ཆབ་སོགས། །དངོས་བཤམས་ཡིད་སྤྲུལ་མཆོད་སྤྲིན་རྒྱ་མཚོ་འདི། །བསོད་ནམས་ཞིང་མཆོག་ཁྱེད་ལ་མཆོད་པ་འབུལ། །གང་ཞིག་ཐོག་མེད་དུས་ནས་བསགས་པ་ཡི། །ལུས་ངག་ཡིད་ཀྱིས་མི་དགེ་ཅི་བགྱིས་དང་། །ཁྱད་པར་སྡོམ་པ་གསུམ་གྱི་མི་མཐུན་ཕྱོགས། །སྙིང་ནས་འགྱོད་པ་དྲག་པོས་སོ་སོར་བཤགས། །སྙིགས་མའི་དུས་མང་ཐོས་སྒྲུབ་ལ་བརྩོན། །ཆོས་བརྒྱད་སྤངས་པས་དལའབྱོར་དོན་ཡོད་བྱེད། །མགོན་པོ་ཁྱོད་ཀྱི་རླབས་ཆེན་མཛད་པ་ལ། །བདག་ཅག་བསམ་པ་ཐག་པས་ཡི་རང་ངོ་། །རྗེ་བཙུན་བླ་མ་དམ་པ་ཁྱེད་རྣམས་ཀྱི། །ཆོས་སྐུའི་མཁའ་ལ་མཁྱེན་བརྩེའི་ཆུ་འཛིན་འཁྲིགས། །ཇི་ལྟར་འཚམས་པའི་གདུལ་བྱའི་འཛིན་མ་ལ། །ཟབ་ཁྱད་ཆོས་ཀྱི་ཆར་པ་དབབ་ཏུ་གསོལ། །བདག་གིས་ཇི་སྙེད་བསགས་པའི་དགེ་བ་འདིས། །བསྟན་དང་འགྲོ་བ་ཀུན་ལ་གང་ཕན་དང་། །ཁྱད་པར་རྗེ་བཙུན་བློ་བཟང་གྲགས་པ་ཡི། །བསྟན་པའི་སྙིང་པོ་རིང་དུ་གསལ་བྱེད་ཤོག །ཉེ་ནས། ས་གཞི་སྤོས་ཀྱིས་བྱུགས་ཤིང་མེ་ཏོག་བཀྲམ། །རི་རབ་གླིང་བཞི་ཉི་ཟླས་བརྒྱན་པའདི། །སངས་རྒྱས་ཞིང་དུ་དམིགས་ཏེ་དབུལ་བ་ཡིས། །འགྲོ་ཀུན་རྣམ་དག་ཞིང་ལ་སྤྱོད་པར་ཤོག །ཨི་དཾ་གུ་རུ་རཏྣ་མཎྜ་ལ་ཀཾ་ནི་རྱཱ་ཏ་ཡཱ་མི། དེ་ནས་མཎྜལ་མདོར་བསྡུས་ཕུལ་ཏེ། ཡོན་ཏན་ཀུན་གྱི་གཞིར་གྱུར་དྲིན་ཅན་རྗེ། །ཚུལ་བཞིན་བསྟེན་པ་ལམ་གྱི་རྩ་བ་རུ། །ལེགས་པར་མཐོང་ནས་འབད་པ་དུ་མ་ཡིས། །གུས་པ་ཆེན་པོས་བསྟེན་པར་བྱིན་གྱིས་རློབས། །ལན་གཅིག་རྙེད་པའི་དལ་བའི་རྟེན་བཟང་འདི། །ཤིན་ཏུ་རྙེད་དཀའ་དོན་ཆེན་ཤེས་གྱུར་ནས། །ཉིན་མཚན་ཀུན་ཏུ་སྙིང་པོ་ལེན་པའི་བློ། །རྒྱུན་ཆད་མེད་པར་སྐྱེ་བར་བྱིན་གྱིས་རློབས། །ལུས་སྲོག་གཡོ་བ་ཆུ་ཡི་ཆུ་བུར་བཞིན། །མྱུར་དུ་འཇིག་པའི་འཆི་བ་དྲན་པ་དང་། །ཤི་བའི་རྗེས་སུ་ལུས་དང་གྲིབ་མ་བཞིན། །དཀར་ནག་ལས་འབྲས་ཕྱི་བཞིན་འབྲང་བ་ལ། །ངེས་པ་བརྟན་པོ་རྙེད་ནས་ཉེས་པའི་ཚོགས། །ཕྲ་ཞིང་ཕྲ་བ་རྣམས་ཀྱང་སྤོང་བ་དང་། །དགེ་ཚོགས་མཐའ་དག་སྒྲུབ་པར་བྱེད་པ་ལ། །རྟག་ཏུ་བག་དང་ལྡན་པར་བྱིན་གྱིས་རློབས། །སྤྱད་པས་མི་

ཪྨམས་སྡུག་བསྔལ་ཀུན་གྱི་སྒོ། །ཡིད་བརྟན་མི་རུང་སྲིད་པའི་ཕུན་ཚོགས་ཀྱི། །ཉེས་དམིགས་རིགས་ནས་ཐར་པའི་བདེ་བ་ལ། །དོན་གཉེར་ཆེན་པོར་སྐྱེ་བར་བྱིན་གྱིས་རློབས། །རྣམ་དག་བསམ་པ་དེ་ཡིས་དྲངས་པ་ཡིས། །དྲན་དང་ཤེས་བཞིན་བག་ཡོད་ཆེན་པོ་ཡིས། །བསྟན་པའི་རྩ་བ་སོ་སོ་ཐར་པ་ལ། །སྒྲུབ་པ་སྙིང་པོར་བྱེད་པར་བྱིན་གྱིས་རློབས། །རང་ཉིད་སྲིད་མཚོར་ལྷུང་བ་ཇི་བཞིན་དུ། །མར་གྱུར་གྱུར་འགྲོ་བ་ཀུན་ཀྱང་དེ་འདྲ་བར། །མཐོང་ནས་འགྲོ་བ་སྒྲོལ་བའི་ཁུར་ཁྱེར་བའི། །བྱང་ཆུབ་སེམསསེམས་མཆོག་འབྱོངས་པར་བྱིན་གྱིས་རློབས། །སེམས་ཙམ་བསྐྱེད་ཀྱང་ཚུལ་ཁྲིམས་རྣམ་གསུམ་ལ། །གོམས་པ་མེད་ན་བྱང་ཆུབ་མི་འགྲུབ་པར། །ལེགས་པར་མཐོང་ནས་རྒྱལ་སྲས་སྡོམ་པ་ལ། །བརྩོན་པ་དྲག་པོས་སློབ་པར་བྱིན་གྱིས་རློབས། །ལོག་པའི་ཡུལ་ལ་གཡེང་བ་ཞི་བྱེད་ཅིང་།ཡང་དག་དོན་ལ་ཚུལ་བཞིན་དཔྱོད་པ་ཡི། །ཞི་གནས་ལྷག་མཐོང་ཟུང་དུ་འབྲེལ་བའི་ལམ། །མྱུར་དུ་རྒྱུད་ལ་སྐྱེ་བར་བྱིན་གྱིས་རློབས། །ཐུན་མོང་ལམ་སྦྱངས་སྣོད་དུ་གྱུར་པ་ན༔ །ཐེག་པ་ཀུན་གྱི་མཆོག་གྱུར་རྡོ་རྗེའི་ཐེག །བསྐལ་བཟང་སྐྱེ་བོའི་འཇུག་ངོག་དམ་པ་དེར། །བདེ་བླག་ཉིད་དུ་འཇུག་པར་བྱིན་གྱིས་རློབས། །དེ་ཚེ་དངོས་གྲུབ་རྣམ་གཉིས་འགྲུབ་པའི་གཞི། །རྣམ་དག་དམ་ཚིག་སྡོམ་པ་གསུངས་བ་ལ། །བཅོས་མ་མིན་པའི་ངེས་པ་རྙེད་གྱུར་ནས། །སྲོག་དང་བསྡོས་ཏེ་བསྲུང་བར་བྱིན་གྱིས་རློབས། །དེ་ནས་རྒྱུད་སྡེའི་སྙིང་པོ་རིམ་གཉིས་ཀྱི། །གནད་རྣམས་ཇི་བཞིན་རྟོགས་ནས་བརྩོན་པ་ཡིས། །ཐུན་བཞིའི་རྣལ་འབྱོར་མཆོག་ལས་མི་གཡེལ་བར། །དམ་པའི་གསུང་བཞིན་སྒྲུབ་པར་བྱིན་གྱིས་རློབས། །དེ་ལྟར་ལམ་བཟང་སྟོན་པའི་བཤེས་གཉེན་དང་། །ཚུལ་བཞིན་སྒྲུབ་པའི་གྲོགས་རྣམས་ཞབས་བརྟན་ཅིང་། །ཕྱི་དང་ནང་གི་བར་དུ་གཅོད་པའི་ཚོགས། །ཉེ་བར་ཞི་བར་བྱིན་གྱིས་བརླབ་ཏུ་གསོལ། །སྐྱེ་བ་ཀུན་ཏུ་ཡང་དག་བླ་མ་དང་། །འབྲལ་མེད་ཆོས་ཀྱི་དཔལ་ལ་ལོངས་སྤྱོད་ཅིང་། །ས་དང་ལམ་གྱི་ཡོན་ཏན་རབ་རྫོགས་ནས། །རྡོ་རྗེ་འཆང་གི་གོ་འཕང་མྱུར་ཐོབ་ཤོག ཅིས་ལམ་ཡོངས་རྫོགས་ལ་ཤར་སྒོམ་མདོར་བསྡུས་བྱ། དམིགས་མེད་བརྩེ་བའི་གཏེར་ཆེན་སྤྱན་རས་གཟིགས། །དྲི་མེད་མཁྱེན་པའི་དབང་པོ་འཇམ་དཔལ་དབྱངས། །བདུད་དཔུང་མ་ལུས་འཇོམས་མཛད་གསང་བའི་བདག །གངས་ཅན་མཁས་པའི་གཙུག་རྒྱན་ཙོང་ཁ་པ། །བློ་བཟང་

གྲགས་པའི་ཞབས་ལ་གསོལ་བ་འདེབས། །ཞེས་ཡན་བརྒྱ་སྟོང་སོགས་ཅི་འགྲུབ་བཟླས་མཐར། ཐོས་བསམ་སྒོམ་པའི་ཤེས་རབ་འཕེལ་དུ་གསོལ། །འཆད་རྩོད་རྩོམ་པའི་བློ་གྲོས་རྒྱས་སུ་གསོལ། །མཆོག་དང་ཐུན་མོང་དངོས་གྲུབ་སྩལ་དུ་གསོལ། །མྱུར་དུ་ཁྱེད་རང་ལྟ་བུར་བྱིན་གྱིས་རློབས། །བདེ་ཆེན་ལྷན་སྐྱེས་ཡེ་ཤེས་འཆར་དུ་གསོལ། །དངོས་འཛིན་འཁྲུལ་པའི་དྲི་མ་བསལ་ཏུ་གསོལ། །སེམས་ཉིད་ཐེ་ཚོམ་དྲ་བ་གཅད་དུ་གསོལ། །མྱུར་དུ་ཁྱེད་རང་ལྟ་བུར་བྱིན་གྱིས་རློབས། །དཔལ་ལྡན་རྩ་བའི་བླ་མ་རིན་པོ་ཆེ། །བདག་གི་སྙིང་གར་པདྨོའི་སྟེང་བཞུགས་ལ། །བཀའ་དྲིན་ཆེན་པོའི་སྒོ་ནས་རྗེས་བཟུང་སྟེ། །སྐུ་གསུང་ཐུགས་ཀྱི་དངོས་གྲུབ་སྩལ་དུ་གསོལ། །ཡན་གསུམ། དེ་ནས། ཚེ་རབས་ཀུན་ཏུ་རྒྱལ་བ་ཙོང་ཁ་པའི། །ཐེག་མཆོག་བཤེས་གཉེན་དངོས་སུ་མཛད་པའི་མཐུས། །རྒྱལ་བའི་བསྔགས་པའི་ལམ་བཟང་དེ་ཉིད་ལས། །སྐད་ཅིག་ཙམ་ཡང་ལྡོག་པར་མ་གྱུར་ཅིག །ཅེས་བརྗོད། དགའ་ལྡན་ལྷ་བརྒྱ་མ་འདི་ཉིད་སྨོན་ལམ་རྒྱས་པར་སྦྱོར་ན། དེ་ལྟར་དངོས་གྲུབ་མ་ལུས་འབྱུང་བའི་གནས། །རྗེ་བཙུན་བླ་མ་མཆོད་ཅིང་གསོལ་བཏབ་མཐུས། །སྐྱེ་བ་ཀུན་ཏུ་འཇམ་དབྱངས་བླ་མ་ཡིས། །མཉེས་བཞིན་རྗེས་སུ་འཛིན་པ་ཉིད་གྱུར་ཅིག །རིན་ཆེན་དུ་མ་ལས་གྲུབ་དགའ་ལྡན་ཞིང་། །ངོ་མཚར་བྱེ་བའི་དཔུས་ན་མི་ཕམ་མགོན། །ལེགས་པར་བསྒོམས་པས་རྣམ་དག་ཞིང་འགྲུབ་ཅིང་། །ཚེ་འཕོས་མོད་ལ་གནས་དེར་སྐྱེ་བར་ཤོག །རྗེ་བཙུན་ཐུགས་ཀ་ནས་འཕྲོས་སྤྲིན་དཀར་ཡུག །བརྒྱུད་པའི་སྟེ་མོར་བླ་མ་སྲས་དང་བཅས། །སྤྱན་དྲངས་ཡན་ལག་བདུན་གྱིས་ཚོགས་བསགས་པས། །བདག་རྒྱུད་བདེ་ལྡན་ཉིད་དུ་སྨིན་པར་ཤོག །དུས་གསུམ་རྒྱལ་བའི་མཁྱེན་བརྩེ་ནུས་པ་རྣམས། །ཟུང་འདུག་སྤྲུལ་སྐུར་ཤར་བའི་རྣམ་འདྲེན་གང་། །རིགས་གསུམ་ངོ་བོར་ཐག་བཅད་གསོལ་བཏབ་མཐུས། །མཆོག་མཐུན་དངོས་གྲུབ་མ་ལུས་མྱུར་ཐོབ་ཤོག །ཁྱད་པར་དག་པ་ཡེ་ཤེས་བདུད་རྩིའི་རྒྱུས། །སྒོ་གསུམ་སྡིག་སྒྲིབ་མི་ཤེས་ཀུན་འཁྲུད་ཅིང་། །འཆད་རྩོད་རྩོམ་སོགས་མཐའ་ཡས་ཤེས་བྱ་ལ། །བློ་གྲོས་མགོན་པོ་འཇམ་དབྱངས་མཚུངས་པར་ཤོག །བྱང་ཤར་ངོ་མཚར་རྨད་བྱུང་བཀོད་པའི་ཞིང་། །རྣམ་འདྲེན་སེང་གེའི་ང་རོའི་ཞབས་དྲུང་དུ། །འཁོར་གྱི་ཐོག་མར་སྐྱེས་ནས་མདོ་སྔགས་ལ། །ཐོས་བསམ་བསྒོམས་པས་རྟག་ཏུ་འདའ་བར་ཤོག །མདོར་ན་སྐྱེ་ཞིང་སྐྱེ་བ་ཐམས་ཅད་དུ། །རྗེ་བཙུན་བློ་བཟང་གྲགས་པ་ཡབ་སྲས་དང་། །མི་འབྲལ་རྒྱལ་བའི་ཆོས་

ཚུལ་ཀུན་བཟུང་ནས། །བསྟན་དང་འགྲོ་བའི་དོན་ཆེན་ལྷུར་ལེན་ཤོག །ཅེས་སོགས་བསྔོ་སྨོན་དང་ཤིས་བརྗོད་ཀྱིས་མཐའ་བརྒྱན་པར་བྱའོ། །དེ་ལྟར་དགའ་ལྡན་ལྷ་བརྒྱ་མའི་རྣལ་འབྱོར་འདི་ལ་འདོན་ཚུལ་ཕྱག་ལེན་རྒྱས་བསྡུས་དང་།མན་ངག་གི་རིམ་པ་མཐའ་ཡས་པ་ཞིག་བཞུགས་པ་ལས། །འདི་ནི་དཔལ་དབེན་ས་སྙན་བརྒྱུད་ཀྱི་བླ་མའི་རྣལ་འབྱོར་བསྡུས་པའི་འདོན་ལུགས་ཀུན་གཟིགས་རྒྱལ་བའི་དབང་པོ་བསྐལ་བཟང་རྒྱ་མཚོའི་གསུང་ཁྲིད་ཡིག་དངོས་གྲུབ་ཀུན་འབྱུང་གི་དགོངས་པ་དང་། ཕྱག་ལེན་ཇི་ལྟ་བ་བཞིན་བསྒྲིགས་པའོ། །རྒྱལ་ཀུན་བདག་པོ་ཉིད་གང་རྒྱལ་སྲས་ཚུལ། །རྒྱལ་སྲས་གཞོན་ནུ་ཉིད་ཀྱང་བྱིས་པའི་བློ། །བསྟན་ཀྱང་མཁྱེན་དང་གསུང་པ་བླ་མེད་པས། །འཇམ་པའི་དབྱངས་ཉིད་བློ་བཟང་རྒྱལ་བར་འདུད། །ཁྲག་ཁྲིག་མཁས་གྲུབ་བློ་ཡིས་མ་ལྟོགས་པའི། །ཟབ་མོ་ཉིད་དང་དཀའ་བའི་གནད་ཉིད་དང་། །གསང་བའི་གནད་ཉིད་ཇི་བཞིན་རྗེ་ན་པ་རུ། །སྟོན་འདིས་མཁྱེན་གཏེར་གཞོན་ནུ་ཉིད་ལས་ཅི། །མཚན་སྙན་འོད་ཆགས་ཀྱིས་ཀྱང་རྣམ་དཔྱོད་ཀྱི། །འདབ་སྟོང་བཞད་པའི་ཚོ་ག་འདིར་བརྩོན་དང་། །མི་འཇིགས་སྤོབས་པ་རྒྱས་པའི་གཟི་བྱིན་གྱིས། །མཁས་དང་གྲུབ་པའི་གྲལ་རིང་སྤུར་རྐྱེད་འགྱུར། །བློ་གྲོས་བེ་ཏྲའི་ཀུན་མཐོང་འཕྱིས་པའི་ངོས། །ཟབ་རྒྱས་གསང་བའི་གཟུགས་རིས་ཀུན་བསྟེ་བས། །སྨྲ་བའི་དབང་ཕྱུག་ཉིད་ཀྱི་གོ་འཕང་ལ། །སྤུར་དུ་འཇིགས་པའི་ཚོ་ག་འདིར་བརྩོན་བྱ། །གནས་སྐབས་གཟའ་ཀླུ་རྒྱལ་པོའི་གནོད་པ་སོགས། །ཕྱི་ནང་ཉེར་འཚེ་མཐའ་དག་ལས་བསྲུང་ཞིང་། །གསང་སྔགས་ཟབ་དགུ་ལས་ལྷས་རབ་འབྱམས་ལས། །འགྲུབ་ལ་སྤུར་བའི་དབྱངས་འདིར་ལྷུར་བརྩོན་རིགས། །དེ་ཕྱིར་དང་པོའི་ལས་ཅན་མཐའ་དག་ལ། །འཕྲེར་བདེའི་དགའ་སྟོན་རྒྱ་ཆེར་སྤེལ་བའི་སླད། །ལྷག་བསམ་ཡངས་པ་བསོད་ནམས་དབང་རྒྱལ་ནས། །པར་དུ་བསྒྲུན་པའི་རྣམ་དཀར་འདི་ཡི་མཐུས། །འཇམ་མགོན་རིང་ལུགས་གསེར་སྦྲངས་གཙོ་མ་ཡིས། །ས་གསུམ་གཡུར་ཀུམ་ལང་ཚོའི་དཔལ་འཛིན་ཅིང་། །རྒྱུ་སྦྱོར་ཉིད་ཀྱང་ལམ་མཆོག་འདི་ཉིད་ལས། །འཇམ་མགོན་རྒྱལ་བའི་གོ་འཕང་སྤུར་ཐོབ་ཤོག །ཅེས་པའི་པར་བྱང་སྨོན་ཚིག་འདི་ཡང་མི་ཉི་ཤཱ་སའི་མིང་ཅན་པས་སྦྱར་བའོ། དགེ་ལེགས་འཕེལ།།

༄༅། །དགའ་ལྡན་ལྷ་བརྒྱ་མ་དང་འབྲེལ་བའི་ཐུན་དྲུག་རྣལ་འབྱོར་གྱི་འདོན་འགྲིག་གསེར་གྱི་མཆོད་སྡོང་ཞེས་བྱ་བ་བཞུགས་སོ། །

༄༅། །ན་མོ་གུ་རུ་སུ་ཏི་མུ་ནི་ཙྪ་བཛྲ་ཛྙཱ་ནཱ་ཡ། འདིར་རྗེ་བླ་མའི་རྣལ་འབྱོར་དགའ་ལྡན་ལྷ་བརྒྱ་མའི་སྟེང་ནས་ཐུན་དྲུག་རྣལ་འབྱོར་གྱི་ཉམས་ལེན་མདོར་བསྡུས་སུ་བྱེད་ཚུལ་ནི། སྦྱོར་ཆོས་དང་པོ་གསུམ་སོགས་ལམ་རིམ་ལྟར་གྱི་སྐབས་སུ། སངས་རྒྱས་ཆོས་དང་ཚོགས་ཀྱི་མཆོག་རྣམས་ལ། །བྱང་ཆུབ་བར་དུ་བདག་ནི་སྐྱབས་སུ་མཆི། ། འདིར་སྐྱབས་འགྲོ་བསླབ་བྱ་དང་རྣམ་སྣང་གི་དམ་ཚིག་ཐུན་དྲུག་ཏུ་སྐྱབས་སུ་འགྲོ་བ་འབྱུང་ཅིང་། བདག་གི་སྦྱིན་སོགས་བགྱིས་པ་འདི་དག་གི །འགྲོ་ལ་ཕན་ཕྱིར་སངས་རྒྱས་འགྲུབ་པར་ཤོག །ཅེས་པས་སྨོན་སེམས་ཀྱི་ཐུན་དྲུག་ཏུ་སེམས་བསྐྱེད་པ་དང་། འཇུག་སེམས་ཀྱི་རྒྱལ་སྲས་ཀྱི་སྤྱོད་པ་ལ་སློབ་འདོད་བསྐྱེད་པ་འགྲུབ་པོ། །སེམས་ཅན་ཐམས་ཅད་བདེ་བ་རྒྱུ་བཅས་དང་། །ལྡན་ཞིང་སྡུག་བསྔལ་རྒྱུ་བཅས་འབྲལ་གྱུར་ཅིག །ཟག་མེད་བདེ་དང་མི་འབྲལ་ཆགས་སྡང་དང་། །བྲལ་བའི་བཏང་སྙོམས་ལ་ནི་གནས་གྱུར་ཅིག །འདི་ནི་སེམས་བསྐྱེད་ཀྱི་དམིགས་རྣམ་རྗེ་ཆུང་དུ་བཏང་བ་དང་། རིན་འབྱུང་གི་བྱམས་པ་དང་མི་འཇིགས་པའི་འཇིན་པའོ། །དེ་ནས། བདེ་སྟོང་དབྱེར་མེད་ནས་རང་ཉིད་འཇིགས་བྱེད་སྐུར། །བཞེངས་པའི་ཐུགས་ཀའི་ཧཱུྃ་གི་འོད་ཟེར་གྱིས། །སྟོད་བཅུད་སྦྱངས་ཤིང་ཕྱི་ནང་མཆོད་པའི་ཚོགས། །བྱེད་པར་གསུམ་ལྡན་མཆོད་སྤྲིན་རྒྱ་མཚོར་གྱུར། །མཆོད་པ་བྱིན་རླབས་འདིར་མི་བསྐྱོད་པའི་རིགས་ཀྱི་དམ་ཚིག་གསུམ་འཛིན་པ་ཚང་ཞིང་། དེའི་བླ་མའི་རྣལ་འབྱོར་ནི། མདུན་དུ་ཀུན་བཟང་མཆོད་སྤྲིན་རྒྱ་མཚོའི་དབུས། །སེང་ཁྲི་པད་ཉི་ཟླ་བའི་གདན་གསུམ་སྟེང་། །འཇམ་མགོན་རྒྱལ་བ་གཉིས་པ་ཡབ་སྲས་གསུམ། །པཎ་ཞྭ་ཆོས་གོས་གསུམ་གསོལ་སྐྱིལ་ཀྲུང་བཞུགས། ། གཙོ་བོའི་ཐུགས་ཀར་རྡོ་རྗེ་འཆང་དབང་དང་། །གནས་གསུམ་རིགས་གསུམ་མགོན་དང་འབྲུ་གསུམ་གྱིས།། མཚན་ཞིང་ཧཱུྃ་གི་འོད་ཀྱིས་ཕྱོགས་བཅུ་ནས། ། སྐྱབས་གནས་ཐམས་ཅད་སྤྱན་དྲངས་དབྱེར་མེད་ཐིམ། །དགའ་ལྡན་ལྷ་བརྒྱའི་མགོན་གྱི་ནས་གསལ་བྱེད་ཤོག །བར་དཀྱུས་ལྟར་ལ། དེ་ཡང་ཕྱག་འཚལ་བས་བླ་མ་ལྔ་བཅུ་པའི་བླ་མ་བསྟེན་པའི་དམ་ཚིག་དང་། མཆོད་པས་སྐྱབས་འགྲོ་དང་བྱང་སྡོམ་དང་དོན་གྲུབ་ཀྱི་དཀོན་མཆོག་མཆོད་པ།

བཤགས་པས་བྱང་སྡོམ་གྱི་ཉེས་སྤྱོད་སྡོམ་པ་དང་། དོན་གྲུབ་ཀྱི་སྡོམ་གསུམ་ལ་བསྔོ་བགྲངས་བྱེད་པ། བསྔོ་བས་བྱང་བསྡོམ་གྱི་སེམས་ཅན་དོན་བྱེད་དང་། འོད་དཔག་མེད་ཀྱི་དམ་ཚིག་ཆོས་འཛིན་པ་རྣམས་གྲུབ་པའོ། །དེ་ནས། བླ་མའི་ཐུགས་ཀའི་སྔགས་ཕྲེང་འོད་ཟེར་གྱི། །རྒྱལ་ཀུན་བྱིན་རླབས་བསྡུས་ཤིང་དེ་ཉིད་ལས། ། བདུད་རྩིའི་རྒྱུན་བབས་རང་གཞན་ལ་ཐིམ་པས། །སྡིག་སྒྲིབ་ཀུན་སྦྱངས་བྱིན་རླབས་ཀུན་ཐོབ་གྱུར། །བར་བསམ་ལ། དམིགས་བརྩེ་མའི་ཅི་ཐུབ་བཟླས་མཐར། བདག་གཞན་ལུས་ངག་སོགས་ཀྱི་མཇལ་འབུལ་བ་སྟེ། རིན་འབྱུང་གི་ཟང་ཟིང་དང་ཆོས་ཀྱི་སྦྱིན་པ་ཚང་། ཡོན་ཏན་ཀུན་གྱི་གཞི་གྱུར་རིན་ཆེན་རྗེ། །ཞེས་པ་ནས། བདེ་བླག་ཉིད་དུ་འཇུག་པར་བྱིན་གྱིས་རློབས། །བར་གྱིས་ལམ་རིམ་མཐའ་དག་ལ་གཤར་བསྒོམ་བྱེད། བྱང་སྡོམ་གྱི་དགེ་བ་ཆོས་བསྡུད་ཀྱང་ཡིན། བར་འདིར། དེ་ལྟར་གདུང་ཤུགས་དྲག་པོས་གསོལ་བཏབ་མཐུས། །བླ་མའི་སྐུ་གསུང་ཐུགས་ཀྱི་ནས། སྒྲིབ་བཞི་དག་ཅིང་ལམ་བཞི་བསྒོམ་ལ་དབང་། །སྐུ་བཞི་འགྲུབ་པའི་ནུས་པ་ལེགས་བཞག་སྟེ། །རྣམ་དག་དབང་བཞི་ཐོབ་པར་བྱིན་གྱིས་རློབས། །ཞེས་ཏེ་དེ་འཛིན་གྱི་དབང་བཞི་བླང་པ་ནི་དབང་གི་ཆུ་བོ་མི་ཉམས་པའི་མན་ངག་སྟེ། དེ་ཚེ་དངོས་གྲུབ་མན་ཆད་དང་། དཔལ་ལྡན་རྩ་བའི་བླ་མ་སོགས་ཀྱི་བླ་མ་སྙིང་དབུས་སུ་སྤྱན་དྲངས་ཏེ་རང་སེམས་དང་དབྱེར་མེད་དུ་བཞུགས་པར་མོས། ཚེ་རབས་ཀུན་ཏུ་སོགས་ཀྱིས་རྣམ་ཀུན་རྗེས་འཛིན་གྱི་སྨོན་ལམ་གདབ་པར་བྱའོ། །དེ་ལྟར་ཉམས་ལེན་གྱི་གནད་ཐམས་ཅད་དོན་ལ་ཚང་མོད་ཀྱི། དེ་དག་གི་ཐུན་དྲུག་རྣལ་འབྱོར་གྱི་གོ་ཆོད་མིན་ནི་ཚིག་ཚར་དྲུག་བཏང་བས་མི་ཆོག་པར་དོན་ལ་བསམ་བློ་གཏོང་མིན་ལ་རག་ལས་པས། ཐུན་ཐུ་མ་ནས་ཐུན་ཕྱི་མའི་བར་དུ་ལྷུང་བ་བྱུང་"མ་བྱུང་ཞིབ་ཏུ་བརྟག་ཏེ། ཚིག་དལ་བུས་གདོན་གྱིན་དོན་མ་གཡེངས་པར་བསམ་པ་སྐད་གཅིག་དགོས་ཞེས་བླ་མ་རྣམས་ཀྱིས་ནན་ཏན་དུ་གསུངས་སོ། །གཞན་ཡང་འདི་དང་འབྲེལ་བར་སྨོན་འཇུག་གི་སེམས་བསྐྱེད་བཟུང་བར་འདོད་ན། གོང་གི་ཚད་མེད་བཞིའི་འཁོར་རམ། བྱིན་རླབས་སྤྲུངས་ཞུའི་སེམས་བསྐྱེད་ཀྱི་མཚམས་སུ། ཇི་ལྟར་སྔོན་གྱི་བདེ་གཤེགས་ཀྱིས། །བྱང་ཆུབ་ཐུགས་ནི་བསྐྱེད་པ་དང་། །བྱང་ཆུབ་སེམས་དཔའི་བསླབ་པ་ལ། །དེ་དག་རིམ་བཞིན་གནས་པ་ལྟར། །བདག་ཀྱང་འགྲོ་ལ་ཕན་དོན་དུ། །བྱང་ཆུབ་སེམས་ནི་བསྐྱེད་བགྱི་ཞིང་། །བྱང་ཆུབ་སེམས་དཔའི་བསླབ་པ་ལ། །རིམ་པ་བཞིན་དུ་བསླབ་པར་བགྱི། ། ཞེས་ལན་གསུམ་གྱིས་བླངས་ཏེ། དེང་དུས་བདག་ཚེ་འབྲས་བུ་ཡོད། མི་ཡི་སྲིད་པ་ལེགས་པར་ཐོབ། །དེ་རིང་སངས་རྒྱས་རིགས་སུ་སྐྱེས། །སངས་རྒྱས་སྲས་སུ་ད་གྱུར་ཏོ། །ད་ནི་བདག་གིས་ཅི་ནས་ཀྱང་། །རིགས་དང་མཐུན་པའི་ལས་བརྩམས་ཏེ། །

སྐྱོན་མེད་བཙུན་པའི་རིགས་འདི་ལ། །རྟོག་པར་མི་འགྱུར་དེ་ལྟར་བྱ། །ཞེས་ཕན་ཡོན་བསམ་ཞིང་སྤྲོ་བ་བསྐྱེད། རིགས་གསུམ་མགོན་པོའི་སྙིང་པོ་བཟླ་བར་སྤྲོ་ན། གོང་གི་དམིགས་བཅས་མའི་མཇུག་ཏུ། འཇམ་པའི་དབྱངས་ཀྱི་ཐུགས་ཀའི་ཐུགས་ཕྲེང་ལས། །བདུད་རྩི་སྣ་ལྔ་འོད་ཟེར་དང་བཅས་སྤྲོས། །རང་གཞན་འགྲོ་ཀུན་མི་ཤེས་མུན་པ་བསལ། །དྲི་མེད་ཤེས་རབ་སྣང་བ་རྒྱས་པར་གྱུར། །པར་བསམ་ལ་ཨ་ར་པ་ཙ་ན་དང་། དེ་བཞིན་དུ། སྤྱན་རས་གཟིགས་ཀྱི་ཐུགས་ཀའི་སོགས་དང་། རིགས་དྲུག་འགྲོ་བའི་སྡུག་བསྔལ་རྒྱུ་བཅས་སྦྱངས། །བྱམས་དང་སྙིང་རྗེའི་རྟོགས་པ་སྐྱེས་པར་གྱུར། པར་བསམ་ལ་མ་ཎི་དང་། ཕྱག་ན་རྡོ་རྗེའི་སོགས་དང་། རང་གཞན་འགལ་རྐྱེན་ནད་གདོན་ཐམས་ཅད་སྦྱངས། མཐུ་སྟོབས་ནུས་པ་ཕུན་ཚོགས་ཐོབ་པར་གྱུར། །པར་བསམ་ལ་བཛྲ་པཱ་ཎི་བཟླ་ཞིང་། རྗེ་བླ་མའི་མཚན་སྔགས་དང་འབྲུ་གསུམ་བཟླ་བར་འདོད་ན། དམིགས་བཅས་མ་འི་འཕྲོ་ཉིད་དུ་བཟླ་བས་ཆོག་གོ །ཏིང་ངེ་འཛིན་གྱི་དབང་བཞི་ཐུན་མོང་མ་ཡིན་པ་ལེན་ཚུལ་ནི། གོང་གི་ཐུན་མོང་བའི་དབང་བཞིའི་ཆབ་ཏུ་མཐུན་རྒྱས་པར་ཕྱུལ་སྟེ། བླ་མ་རྡོ་རྗེ་འཆང་དབང་གིས། །དབང་བཞི་རྫོགས་པར་བསྐུར་དུ་གསོལ། །སྒྲིབ་བཞི་དག་པར་མཛད་དུ་གསོལ། །སྐུ་བཞི་ཐོབ་པར་མཛད་དུ་གསོལ། །ཞེས་ལན་གསུམ་གསོལ་བ་བཏབ། དཀོན་མཆོག་གསུམ་ལ་བདག་སྐྱབས་མཆི། །སོགས་དང་། སངས་རྒྱས་བྱང་ཆུབ་སེམས་དཔའ་ཀུན། །ཞེས་པ་ལན་གསུམ་གྱིས་སྔོམ་པ་བཟུང་། བླ་མའི་ཐུགས་ཀའི་ཧཱུྃ་གིས་སྤྱན་དྲངས་པའི། །དཀྱིལ་འཁོར་པ་རྣམས་དབང་བསྐུར་དགོངས་པ་མཛད། །སྤྱན་སོགས་རིག་མས་གདུགས་དང་རྒྱལ་མཚན་འཛིན། །མེ་ཏོག་ཆར་འབེབས་གླུ་གར་རོལ་མོ་བརྡུངས། །བྱང་ཆུབ་སེམས་ཀྱི་བདུད་རྩིས་བུམ་དབང་བསྐུར། །རྡོ་རྗེ་མ་རྣམས་བཀྲ་ཤིས་གླུ་དབྱངས་བརྗོད། །ཁྲོ་བོ་ཕྱོགས་བཅུར་འཁོད་ནས་བགེགས་བསྐྲད་གྱུར། །ཅོད་པན་རྡོ་རྗེ་དྲིལ་བུའི་དབང་བསྐུར་ཞིང་། །ནམ་མཁའ་གང་བའི་ལྷ་ཡིས་མིང་དབང་བསྐུར། །རྡོ་རྗེ་དྲིལ་བུ་ཕྱག་རྒྱའི་དམ་ཚིག་གསུམ། །སྐལ་ཞིང་སློབ་དཔོན་དབང་གི་ཡེ་ཤེས་ཐོབ། །ཨོཾ་ཨཱཿསརྦ་ཏ་ཐཱ་ག་×ཨ་བྷི་ཥེ་ཀ་ཧཱུྃ། ཞེས་བརྗོད་དབང་བསྐུར་མི་བསྐྱོད་དབུ་བརྒྱན་གྱུར། །བུམ་པའི་དབང་ཐོབ་ལུས་ཀྱི་དྲི་མ་དག །བསྐྱེད་རིམ་ལ་དབང་འབྲས་བུ་སྤྲུལ་སྐུ་འགྲུབ། །བླ་མ་ཡབ་ཡུམ་སྙོམས་པར་ཞུགས་པའི་སྦྲས། །སངས་རྒྱས་སྤྱན་དྲངས་བྱང་སེམས་རོ་བོ་ཞུ། །སྦྱོར་མཚམས་ནས་འོངས་དཀར་དམར་བྱང་ཆུབ་སེམས། །མྱང་བས་གསང་དབང་ཐོབ་ཅིང་

ཡོངས་སྐུ་འགྲུབ། །བླ་མའི་ཡུམ་ལས་རང་འདྲ་གཉིས་པ་ཞིག །ཆད་དེ་རང་གི་ཡུམ་ལ་ཐིམ་པ་ལ། །འདུ་ཤེས་གསུམ་ལྡན་སྙོམས་འཇུག་རོལ་པ་ལས། །ཤེས་རབ་ཐོབ་ཅིང་ཆོས་སྐུའི་ས་བོན་བཞག །བླ་མའི་ཞལ་ནས་བྱུང་འཇུག་བཏར་སྤྲད་པས། །ཚིག་དབང་ཐོབ་ཅིང་སྐུ་བཞིའི་ས་བོན་བཞག ། ཅེས་དཔལ་བུམ་བརྗོད་དེ་དབང་བཞི་ལེན་ན་ཐུགས་སྡོམ་གསོ་བས་བདག་འཇུག་གི་གོ་ཆོད་པར་ཡང་གསུངས་སོ། །སྔོན་གོང་གི་ཉེར་བསྡུའི་གཤམ་དུ་ཡང་། ཆོས་རྣམས་རང་བཞིན་གྱིས་གྲུབ་པས་སྟོང་པའི་དོན་དྲན་ཅིང་། སྣོད་བཅུད་མཐའ་དག་རྨི་ལམ་སྒྱུ་མ་དང་། །ཆུ་ཟླ་བཞིན་དུ་ངོ་བོ་ཉིད་ཀྱིས་སྟོང་། །བདེན་པར་མེད་ཀྱང་མིང་བཏགས་པར་བཏགས་ཀྱི། །སྣང་བ་ཆུ་ལས་ཆུ་བུར་རོལ་བ་བཞིན། །ཞེས་དང་། རྡོར་དྲིལ་ཕྱག་རྒྱའི་དམ་ཚིག་དྲན་ཅིང་། བདག་ཉིད་རྡོ་རྗེ་སེམས་དཔའི་སྐུར་བཞེངས་ཏེ། །ལྷན་སྐྱེས་བདེ་ཆེན་གསང་བའི་རྡོ་རྗེ་དང་། །རང་བཞིན་སྤྲོས་བྲལ་གསང་བའི་གཏྲ་ཡི། །མཚོན་བྱེད་བཟུང་ནས་བཅོམ་ལྡན་འདས་མར་འགྱུར། ། ཅེས་བརྗོད་ལ། མདོ་སྔགས་ཀྱི་དམ་ཚིག་འཛིན་སྐྱོང་སྤྲེལ་སྒོམ་པས། ཐེག་པ་གསུམ་དང་རྒྱུད་སྡེ་བཞིས་བསྡུས་པའི། །ལུང་དང་རྟོགས་པའི་དམ་ཚིག་མ་ལུས་པ། །རྒྱལ་བའི་དགོངས་པ་ཇི་བཞིན་ལེགས་བཟུང་སྟེ། །གང་འཚམ་ཐབས་ཀྱིས་འགྲོ་བ་ཡོངས་སུ་སྨིན། །ཞེས་དང་། སྡོམ་པ་གསུམ་ཚུལ་བཞིན་དུ་བསྲུང་སྒོམ་པས། སོ་ཐར་བྱང་སེམས་རྡོ་རྗེ་ཐེག་པ་ཡི། །རྣམ་དག་བཅས་པའི་བསླབ་པ་ཕྲ་མོ་ལས། །རྨི་ལམ་དུ་ཡང་འདའ་བར་མི་བྱེད་པར། །རྒྱལ་བའི་བཀའ་བཞིན་བདག་གིས་བསྒྲུབ་པར་བྱ། །ཞེས་པ་རྣམས་སྦྱར་ན་ལེགས་ཤིང་། ཚུལ་འདིར་དང་ཐོའུ་བཀྭན་ཡོངས་འཛིན་དང་བླ་ཁྲི་རིན་པོ་ཆེའི་གསུང་གསང་གང་རུང་གི་སྟེང་ནས་ཉམས་སུ་བླང་ན་ཚིག་དོན་ཆ་ཚང་ཞིང་བྱིན་རླབས་ཆེ་བར་མངོན་ཡང་། དེ་ཙམ་ནི་བདག་ལྟ་བུའི་སྙོམས་ལས་མཁན་ལ་ཐུན་དྲུག་ཏུ་བསྐྱང་མི་ཐུབ་པའི་སྐབས་མང་བར་བརྟེན། རང་གི་ཡོང་སྐབས་དང་བསྟུན་ནས་རྒྱས་བསྡུས་ཅི་རིགས་ཀྱིས་ཉམས་སུ་བླང་ཆོག་པ་ཡང་ཅུང་དགོངས་པར་བར་གནས་སམ་སྙམ་པས། དེང་ཁོ་བོས་འདོན་བགྲིག་འདི་འདྲ་རིག་ཐིག་ཏུ་འགོད་ཁུལ་བྱས་པ་ལ་མཁས་པ་རྣམས་ནས་མི་ཁྲེལ་བར་ཞུ་ཞུ། བླ་མའི་རྣལ་འབྱོར་སྲོག་ཤིང་བརྟེན། །མདོ་སྔགས་ཉམས་ལེན་གཟུངས་གཏམས་པའི། །འདོན་འགྲིག་གསེར་གྱི་མཆོད་སྡོང་ཆུང་། །རང་གཞན་བསགས་སྦྱངས་རྟེན་དུ་བསྒྲུབས། །ཞེས་པ་འདི་ནི་རང་དང་སྐལ་མཉམ་དག་ལ་ཕན་འདོད་ཀྱིས་ནང་ནས་བསྐུལ་ཏེ། ལས་མཐའི་བསྟེ་ཆོས་དྲེད་བློ་བཟང་ངག་དབང་ཞེས་བྱ་བས་དཔའ་རི་དགེ་རྒྱས་ཆོས་དབྱིངས་འོད་གསལ་གླིང་དུ་བསྒྲིགས་པ་དགེ་ལེགས་སུ་གྱུར་ཅིག །

༄༅། །ཟབ་ལམ་བླ་མའི་རྣལ་འབྱོར་དགའ་ལྡན་ལྷ་བརྒྱ་མའི་འདོན་བསྒྲིགས་མདོར་བསྡུས་སྙན་བརྒྱུད་བདུད་རྩིའི་ཐིལ་མངར་ཞེས་བྱ་བ་བཞུགས་སོ། །

༄༅། །ན་མོ་གུ་རུ་མཉྫུ་གྷོ་ཥ་ཡ། རབ་འབྱམས་རྒྱལ་བའི་མཁྱེན་བརྩེ་ནུས་པ་གསུམ། །གཅིག་ཏུ་བསྡུས་པ་འཕགས་མཆོག་རིགས་གསུམ་མགོན། །དབྱེར་མེད་ཆོས་ཀྱི་རྒྱལ་པོ་ཙོང་ཁ་པའི། །ཞབས་རྡུལ་གཙུག་གིས་བསྟེན་ནོ་བྱིན་ཆེན་སྩོལ། །འདིར་དཔལ་མཉམ་མེད་རི་བོ་དགེ་ལྡན་པའི་མཁས་གྲུབ་ཡོངས་ཀྱི་ཐུགས་དམ་གྱི་མཐིལ་དུ་གྱུར་པ་ཟབ་ལམ་བླ་མའི་རྣལ་འབྱོར་དགའ་ལྡན་ལྷ་བརྒྱ་མའི་ཉམས་ལེན་གྱི་འདོན་བསྒྲིགས་མདོར་བསྡུས་ནག་འགྲོས་སུ་འགོད་པ་ལ། སྦྱོར་དངོས་མཇུག་གི་རིམ་པ་གསུམ་ལས། དང་པོ་ལ། སྐྱབས་ཡུལ་གསལ་གདབ་པ་ནི། མདུན་དུ་སེང་ཁྲི་པད་ཟླ་ཉི་མའི་སྟེང་། །རྩ་བའི་བླ་མ་ཐུབ་དབང་རྡོ་རྗེ་འཆང་། །དངོས་བརྒྱུད་བླ་མ་ལྷར་བཅས་དཀོན་མཆོག་གསུམ། །བདག་སོགས་མགོན་དུ་དགྱེས་བཞིན་བཞུགས་པར་གྱུར། །རྒྱུ་ཚོགས་བསྟེན་པ་ནི། །ཐོག་མ་མེད་ནས་སྲིད་འདིར་ཆེས་མནར་ཡང་། །ད་དུང་སྡུག་བསྔལ་གཉེན་མཐའ་མི་མངོན་པས། །ད་ནི་བསླུ་མེད་མཆོག་གསུམ་ལ་བརྟེན་ཏེ། །ཅིས་ཀྱང་བཙན་ས་ཟིན་པར་བྱེད་དགོས་པས། ། སྐྱབས་སུ་འགྲོ་བ་ནི། དངོས་བརྒྱུད་བླ་མ་རྣམས་ལ་སྐྱབས་སུ་མཆི། །བསླུ་མེད་དཀོན་མཆོག་གསུམ་ལ་སྐྱབས་སུ་མཆི། །འཇམ་མགོན་ཡབ་སྲས་གསུམ་ལ་སྐྱབས་སུ་མཆི། །ཡི་དམ་ཆོས་བསྲུང་རྣམས་ལ་སྐྱབས་སུ་མཆི། །ཞེས་ལན་གང་མང་། བྱང་ཆུབ་ཏུ་སེམས་བསྐྱེད་པ་ནི། སངས་རྒྱས་ཆོས་དང་ཚོགས་ཀྱི་མཆོག་རྣམས་ལ། །བྱང་ཆུབ་བར་དུ་བདག་ནི་སྐྱབས་སུ་མཆི། །བདག་གིས་སྦྱིན་སོགས་བགྱིས་པ་འདི་དག་གིས། འགྲོ་ལ་ཕན་ཕྱིར་སངས་རྒྱས་འགྲུབ་པར་ཤོག །ཅེས་ལན་གསུམ། ཚད་མེད་བཞི་བསྒོམ་པ་ནི། ཉེ་རིང་རིས་སུ་མ་ཆད་མ་རྒན་རྣམས། །སྡུག་བསྔལ་རྒྱུ་བཅས་ལས་གྲོལ་བདེ་ཐོབ་ཅིང་། །ཟག་མེད་དགའ་བས་རོལ་ན་ཅི་མ་རུང་། །དེ་བཞིན་གྱུར་ཅིག་དེ་ལྟར་བདག་གིས་བྱ། །ཞེས་ལན་གསུམ། སེམས་བསྐྱེད་འབྲས་བུ་ལམ་བྱེད་ནི། བླ་མ་ལྷ་ཡི་ཐུགས་རྗེའི་འོད་འཕྲོས་པས། །འགྲོ་ཀུན་ཐུབ་པའི་དབང་པོའི་

སྐྱུར་བཞེངས་ཤིང་། ཚོགས་ཞིང་བསྡུ་བ་ནི། དེ་ནས་སྐྱབས་ཡུལ་མཐའ་དག་གཅིག་བསྡུས་ཏེ། །སྨིན་མཚམས་ནས་ཐིམ་བྱིན་གྱིས་བརླབ་པར་གྱུར། ། ཁྱད་པར་གྱི་སེམས་བསྐྱེད་ནི། ། ནམ་མཁའི་མཐས་གཏུགས་སེམས་ཅན་ཀུན་དོན་དུ། །བདེ་ཆེན་དང་པོའི་མགོན་པོ་བླ་མ་ལྷའི། །གོ་འཕང་མྱུར་བ་མྱུར་བར་ཐོབ་བྱའི་ཕྱིར། །ཟབ་མོ་བླ་མའི་རྣལ་འབྱོར་བསྒོམ་པར་བྱ། །ཞེས་ལན་གསུམ་མམ་གཅིག །གནས་དང་མཆོད་རྫས་བྱིན་གྱིས་རློབ་པ་ནི། །བདེ་ཆེན་དང་ནས་རང་ཉིད་འཛིགས་བྱེད་དུ། །གསལ་བའི་ཐུགས་ཀའི་ཧཱུྃ་གིས་འོད་ཟེར་གྱིས། །སྣོད་བཅུད་སྣང་ཞིང་ཕྱི་ནང་མཆོད་པའི་ཚོགས། །ཁྱད་པར་གསུམ་ལྡན་མཆོད་སྤྲིན་རྒྱ་མཚོ་གྱུར། །ཞེས་པ་རྣམས་རྒྱུད་དང་འབྲེལ་ངེས་སུ་བྱའོ། ༈ གཉིས་པ་དངོས་གཞིའི་རིམ་པ་ལ། ཚོགས་ཞིང་གསལ་འདེབས་པ། ཚོགས་གསོག་པ། གསོལ་བ་གདབ་ཅིང་དངོས་གྲུབ་ཞུ་བ་དང་གསུམ་ལས། དང་པོ་ནི། རང་ཅག་སྟེང་ཕྱོགས་དགའ་ལྡན་ལྷ་གནས་ལས། གྲོང་ལས་དགོན་པའི་ཚུལ་གྱིས་འཕགས་པ་ཡི། །དག་པའི་ཞིང་མཆོག་ཡིད་དགའ་ཆོས་འཛིན་ན། །ཆོས་ཀྱི་པོ་བྲང་རྒྱལ་མཚན་མཐོན་པོ་རུ། །རྒྱལ་སྲས་རྒྱ་མཚོའི་ཚོགས་ཀྱིས་བསྐོར་བའི་དབུས། །མི་འཛིགས་གདོང་ལྔས་བཏེགས་པའི་ནོར་བུའི་ཁྲིར། །མཆན་དཔེའི་དཔལ་འབར་སྐུ་བ་སྤྲུལ་པའི་སྐུས། །བཟང་པོའི་བཞུགས་སྟངས་ཚུལ་གྱིས་འཁོད་པ་ཡི། །དགའ་ལྡན་ལྷ་བརྒྱའི་མགོན་གྱི་ཐུགས་ཀ་ནས། །རབ་དཀར་ཞོ་གསར་སྤུངས་འདྲའི་ཆུ་འཛིན་རྩེར། །ཆོས་ཀྱི་རྒྱལ་པོ་ཀུན་མཁྱེན་བློ་བཟང་གྲགས། །སྲས་དང་བཅས་པ་གནས་འདིར་གཤེགས་སུ་གསོལ། །ཕྱོགས་དུས་ཀུན་ནས་སྐྱབས་གསུམ་བཀའ་སྡོད་བཅས། །ཉོན་མོངས་འགྲོ་ལ་མཁྱེན་བརྩེས་རབ་དགོངས་ནས། །དཔག་མེད་ཞིང་ནས་ཐོགས་མེད་རྫུ་འཕྲུལ་གྱིས། །འདིར་གཤེགས་མཆོད་སྤྲིན་རྒྱ་མཚོའི་དབུས་བཞུགས་གསོལ། །གཉིས་པ་ཚོགས་གསོག་པ་ལ། ཡན་ལག་བདུན་ལས། དང་པོ་བརྟན་པར་བཞུགས་པར་གསོལ་བ་ནི། མདུན་གྱི་ནམ་མཁར་སེང་ཁྲི་པད་ཟླའི་སྟེང་། །རྗེ་བཙུན་བླ་མ་དགྱེས་པའི་འཛུམ་དཀར་ཅན། །བདག་བློ་དད་པའི་བསོད་ནམས་ཞིང་མཆོག་ཏུ། །བསྟན་པ་རྒྱས་ཕྱིར་བསྐལ་བརྒྱར་བཞུགས་སུ་གསོལ། །གཉིས་པ་ཕྱག་འཚལ་བ་ནི། བསྟན་པའི་བདག་པོ་སྟོན་པ་བཅོམ་ལྡན་འདས། །རྒྱལ་བའི་དབང་པོ་བློ་བཟང་གྲགས་པའི་དཔལ། །བཀའ་དྲིན་མཉམ་མེད་རྩ་བའི་བླ་མ་མཆོག །དབྱེར་མེད་ཞབས་ཀྱི་པདྨོར་ཕྱག་འཚལ་ལོ། །ཤེས་བྱའི་ཁྱོན་ཀུན་འཇལ་བའི་བློ་གྲོས་ཐུགས། །སྐལ་བཟང་

རྣ་བའི་རྒྱན་གྱུར་ལེགས་བཤད་གསུང་། །གྲགས་པའི་དཔལ་གྱིས་ལྷམ་མེར་མཛེས་པའི་སྐུ། །མཐོང་ཐོས་དྲན་པ་དོན་ལྡན་ལ་ཕྱག་འཚལ། །དུས་གསུམ་ཕྱོགས་བཅུར་བཞུགས་པའི་བླ་མ་དང་། །རིན་ཆེན་མཆོག་གསུམ་ཕྱག་འོས་ཐམས་ཅད་ལ། །དད་ཅིང་མོས་པས་བསྟོད་དབྱངས་རྒྱ་མཚོར་བཅས། །ཞིང་རྡུལ་མཉམ་པའི་ལུས་སྤྲུལ་ཕྱག་འཚལ་ལོ། །གསུམ་པ་མཆོད་པ་འབུལ་བ་ནི། ཡིད་འོང་མཆོད་ཡོན་སྣ་ཚོགས་མེ་ཏོག་དང་། །དྲི་ཞིམ་བདུག་སྤོས་སྣང་གསལ་དྲི་ཆབ་སོགས། །དངོས་བཤམས་ཡིད་སྤྲུལ་མཆོད་སྤྲིན་རྒྱ་མཚོ་འདི། །བསོད་ནམས་ཞིང་མཆོག་ཁྱེད་ལ་མཆོད་པར་འབུལ། །ཕྱི་ནང་འདོད་ཡོན་ལྷ་མོ་ཕྱོགས་ཀུན་ཁྱབ། །དབང་བཞི་དང་འབྲེལ་མཆོད་པའི་མཐུ་ལ། །བློ་ཡིས་བསླངས་ཏེ་གུས་པས་འབུལ་ལགས་ན། །ཐུགས་རྗེ་ཆེ་ལྡན་ཉིད་ཀྱི་མཐུས་བཞེས་ཤིག །རྣམ་དཀར་བཤད་སྒྲུབ་བསླབ་གསུམ་རིམ་གཉིས་སོགས། །རང་གཞན་ཀུན་གྱི་རྣམ་དཀར་དགེ་ཚོགས་ཀྱང་། །ཡིད་འོང་མཆོད་པའི་སྤྲིན་དུ་ལེགས་བསྔར་ན། །བཞེས་ཤིང་ཟད་མི་ཤེས་པར་བྱིན་གྱིས་རློབས། །བཞི་པ་སྡིག་པ་བཤགས་པ་ནི། །གང་ཞིག་ཐོག་མེད་དུས་ནས་བསགས་པ་ཡི། །ལུས་ངག་ཡིད་ཀྱིས་མི་དགེ་ཅི་བགྱིས་དང་། །ཁྱད་པར་སྡོམ་པ་གསུམ་གྱི་མི་མཐུན་ཕྱོགས། །སྙིང་ནས་འགྱོད་པ་དྲག་པོས་སོ་སོར་བཤགས། །ཞེས་ལན་གསུམ། ལྔ་པ་རྗེས་སུ་ཡི་རང་བ་ནི། སྙིགས་མའི་དུས་འདིར་མང་ཐོས་སྒྲུབ་ལ་བརྩོན། །ཆོས་བརྒྱད་སྤངས་པས་དལ་འབྱོར་དོན་ཡོད་བྱས། །མགོན་པོ་ཁྱོད་ཀྱི་རླབས་ཆེན་མཛད་པ་ལ། །བདག་ཅག་བསམ་པ་ཐག་པས་ཡི་རང་ངོ་། །དྲུག་པ་ཆོས་འཁོར་བསྐོར་བར་བསྐུལ་བ་ནི། །རྗེ་བཙུན་བླ་མ་དམ་པ་ཁྱེད་རྣམས་ཀྱིས། །ཆོས་སྐུའི་མཁའ་ལ་མཁྱེན་བརྩེའི་ཆུ་འཛིན་འཁྲིགས། །ཇི་ལྟར་འཚམ་པའི་གདུལ་བྱའི་འཛིན་མ་ལ། །ཟབ་རྒྱས་ཆོས་ཀྱི་ཆར་པ་དབབ་ཏུ་གསོལ། །ཞེས་ལན་གསུམ་མམ་གཅིག བདུན་པ་དགེ་རྩ་བསྔོ་བ་ནི། བདག་གིས་ཇི་སྙེད་བསགས་པའི་དགེ་བ་འདིས། །བསྟན་དང་འགྲོ་བ་ཀུན་ལ་གང་ཕན་དང་། །ཁྱད་པར་རྗེ་བཙུན་བློ་བཟང་གྲགས་པ་ཡི། །བསྟན་པའི་སྙིང་པོ་རིང་དུ་གསལ་བྱེད་ཤོག །

གསུམ་པ་གསོལ་བ་བཏབ་ཅིང་དངོས་གྲུབ་ཞུ་བ་ལ་གཉིས་ལས། དང་པོ་གསོལ་བ་བཏབ་པ་ནི། མཛད་པ་རྣམ་ཐར་དྲན་པའི་གསོལ་འདེབས་དཔལ་ལྡན་ས་གསུམ་མ་དང་། ཐུགས་རྗེ་བསྐུལ་བའི་གསོལ་འདེབས་མཉམ་ཉིད་མི་གཡོ་མ་དང་། སྙིགས་མའི་རྒྱུད་པ་ཞི་བའི་གསོལ་འདེབས་རྗེ་བླ་མ་ལ་ཁ་བསྐུར་བ་རྣམས་སྐབས་བསྟུན་གྱིས་འདོན་ཅིང་བྲེལ་དུས་བཞག་ཀྱང་ཚོག་ལ། གང་ལྟར་ཡང་ཕུར་

ཚིགས་སུ་གསོལ་བ་བཏབ་པ་ནི། སྐུ་བཞིའི་བདག་ཉིད་དངོས་བརྒྱུད་བླ་མ་དང་། །ཡི་དམ་མཆོག་གསུམ་
མཁའ་འགྲོ་ཆོས་སྐྱོང་སྡེ། ། སྐྱབས་གནས་ཀུན་འདུས་བླ་མ་ལྷག་པའི་ལྷ། །ཐུབ་དབང་རྡོ་རྗེ་འཆང་ལ་
གསོལ་བ་འདེབས། ། དམིགས་བརྩེ་མའི་དོན་བཞིན་ཕྱི་མཚུངས་པ་གསལ་བྱེད་ཀྱི་གསོལ་འདེབས་ནི། །ཁྱད་པར་རྒྱལ་
སྲས་ཀུན་ལས་རིགས་གསུམ་མགོན། །མཁྱེན་བརྩེ་ནུས་པས་ཁྱད་པར་འཕགས་པ་བཞིན། །གངས་
ཅན་མཁས་ཀུན་གཙུག་གི་རྒྱན་གྱུར་པ། །འཇམ་མགོན་བླ་མའི་ཞབས་ལ་གསོལ་བ་འདེབས། །ནང་
ཡོན་ཏན་དེ་ལྡན་གྱི་གསོལ་འདེབས་ནི། །མཁྱེན་བརྩེའི་གཏེར་དང་མཐུ་ཆེན་ཐོབ་བཞིན་དུ། །མཁྱེན་པའི་ཡེ་
ཤེས་བརྩེ་བའི་ཐུགས་རྗེ་དང་། །སྐྱོབ་པའི་ནུས་མཐུ་མཚུངས་ཟླ་མ་མཆིས་པ། །འཇམ་མགོན་བླ་
མའི་ཞབས་ལ་གསོལ་བ་འདེབས། །གསང་བ་ལྷག་པའི་ལྷའི་ངོ་བོའི་གསོལ་འདེབས་ནི། ངེས་པའི་དོན་དུ་འཕགས་
པ་རིགས་གསུམ་མགོན། །ངུར་སྨྲིག་འཆང་བའི་སྐུ་ཡི་རྣམ་རོལ་ཏེ། ། རྒྱལ་བའི་བསྟན་པ་ཉི་ལྟར་
གསལ་མཛད་པ། །འཇམ་མགོན་བླ་མའི་ཞབས་ལ་གསོལ་བ་འདེབས། །མར་རྒྱུར་འགྲོ་ལ་རྗེས་
ཆགས་སྙིང་རྗེ་དང་། །མཐའ་བྲལ་གནས་ལུགས་རྟོགས་པའི་ཤེས་རབ་མཆོག །ཕྱི་ནང་བདུད་སྡེ་
འཇོམས་པའི་ནུས་པ་རྣམས། །བདག་སོགས་རྒྱུད་ལ་སྐྱེ་བར་བྱིན་གྱིས་རློབས། །ཞེས་པ་དང་། དངོས་
གྲུབ་ཀུན་འབྱུང་ཐུབ་དབང་རྡོ་རྗེ་འཆང་། །དམིགས་མེད་བརྩེ་བའི་གཏེར་ཆེན་སྤྱན་རས་གཟིགས། །
དྲི་མེད་མཁྱེན་པའི་དབང་པོ་འཇམ་པའི་དབྱངས། །བདུད་དཔུང་མ་ལུས་འཇོམས་མཛད་གསང་
བའི་བདག །འཇམ་དཔལ་ཁྲོས་པའི་ཀློས་གར་གཤིན་རྗེའི་གཤེད། །གངས་ཅན་མཁས་པའི་གཙུག་
རྒྱན་ཙོང་ཁ་པ། །བློ་བཟང་གྲགས་པའི་ཞབས་ལ་གསོལ་བ་འདེབས། །བསམ་དོན་བགེགས་མེད་
འགྲུབ་པར་བྱིན་གྱིས་རློབས། །ཞེས་ལན་གསུམ་སོགས་དང་། སྐབས་བབས་ཀྱི་དམིགས་གནད་དང་བཅས་དམིགས་བརྩེ་
མ་ཡོངས་གྲགས་ལྟར་གྲངས་ཇི་ཙམ་འཚམ་པ་རེ་བཟླའོ། །གཉིས་པ་དངོས་གྲུབ་ཞུ་བ་ལ་གཉིས་ལས། དང་པོ་དངོས་ཀྱི་དོན་ལ།
ཤེས་རབ་སྒྲུབ་པའི་དམིགས་རིམ་ནི། འཇམ་མགོན་ཡབ་སྲས་གསུམ་གྱི་ཐུགས་ཀ་ནས། །ཐོན་པའི་འོད་ཀྱི་
སྦུ་གུའི་ལམ་བརྒྱུད་དེ། །བདུད་རྩིའི་རྒྱུན་བབས་སྤྱི་བོ་ནས་ཞུགས་པས། །མི་ཤེས་རྨོངས་པའི་དྲི་
མ་སྦྱངས་པར་གྱུར། །བདུད་རྩིའི་རྡུལ་རྣམས་ལྷག་ལྷའི་སྐུ་ཕྱགས་དང་། །ཕྱག་མཚན་རྣམ་པར་
གནས་པས་ལུས་གང་སྟེ། །མདོ་རྒྱུད་རིག་གནས་ཀུན་ལ་མཁས་པ་ཡི། །དྲི་མེད་ཤེས་རབ་ཐོབ་

པར་བྱིན་གྱིས་རློབས། །ཞེས་པའི་དམིགས་གནད་དང་བཅས་དམིགས་བརྩེ་མ་བཟླ། །ཚེ་སྒྲུབ་པའི་དམིགས་རིམ་ནི།
འཇམ་མགོན་ཡབ་སྲས་སོགས་སྔར་ལྟར་ལ། ཚེ་ཐུང་འགྱུར་གྱི་ཕྱིག་སྒྲིབ་སྦྱངས་པར་གྱུར། །བདུད་རྩིའི་
རྡུལ་རྣམས་ཚེ་རིལ་དཀར་དམར་དང་། །ཚེ་བུམ་རྣམ་པར་གནས་པས་ལུས་གང་སྟེ། །བསྐལ་
བརྒྱར་གནས་ཀྱང་འཆི་བས་མི་བཤིག་པའི། །ཚེ་ཡི་དངོས་གྲུབ་ཐོབ་པར་བྱིན་གྱིས་རློབས། །ཞེས་
པའི་དམིགས་གནད་དང་བཅས་དམིགས་བརྩེ་མ་བཟླ། ནོར་སྒྲུབ་པའི་དམིགས་རིམ་ནི། འཇམ་མགོན་ཡབ་སྲས་སོགས་
སྔར་བཞིན་ལ། དབུལ་ཐོངས་འགྱུར་གྱི་ཕྱིག་སྒྲིབ་སྦྱངས་པར་གྱུར། །བདུད་རྩིའི་རྡུལ་རྣམསདགོས་
འདོད་ཀུན་འབྱུང་བའི། །ནོར་བུའི་རྣམ་པར་ལུས་དང་གནས་གང་སྟེང་། །འཛད་མེད་རྣམ་ཐོས་
མཛོད་ལ་དབང་འབྱོར་བའི། །ནོར་གྱི་དངོས་གྲུབ་ཐོབ་པར་བྱིན་གྱིས་རློབས། །ཞེས་པའི་དམིགས་གནད་
དང་བཅས་དམིགས་བརྩེ་མ་བཟླ། གཞན་ཡང་ཤེས་རབ་བདུན་གྱི་དམིགས་སྐོར་དང་ཞི་སོགས་ཀྱི་ལས་རབ་འབྱམས་སྒྲུབ་ཚུལ་
རྣམས་ནི་དམིགས་བརྩེའི་མའི་སྐོར་ན་གསལ་ཞིང་། དེའང་དཔེ་ཆ་ལ་བླ་མར་བཙོལ་བ་ཙམ་གྱིས་མི་ཆོག་པར་བརྒྱུད་ལྡན་གྱི་བླ་མ་
དམ་པ་མཉེས་པར་བྱས་པའི་ཞལ་ལས་ཤེས་དགོས་པར་གསུངས་སོ། གཉིས་པ་ལམ་ཡོངས་རྫོགས་ལ་ཤར་སློམ་བྱ་བ་ནི། ཐོག་མར་
མཇལ་རྒྱས་པར་རམ་བསྡུ་ན། ས་གཞི་སྤོས་ཀྱིས་བྱུགས་ཤིང་མེ་ཏོག་བཀྲམ། །རི་རབ་གླིང་བཞི་ཉི་ཟླས་
བརྒྱན་པ་འདི། །སངས་རྒྱས་ཞིང་དུ་དམིགས་ཏེ་ཕུལ་བ་ཡིས། །འགྲོ་ཀུན་རྣམ་དག་ཞིང་ལ་སྤྱོད་
པར་ཤོག །ཅེས་པས་ཕུལ། དོན་ཆེན་པོ་གསུམ་གྱི་གསོལ་འདེབས་ནི། ཕྱིན་ཅི་ལོག་གི་བློ་སྣ་ཀུན་འགག་ཅིང་། །
ཡང་དག་ལམ་བཟང་སྐྱེ་གནས་འཕེལ་བ་དང་། །ཕྱི་ནང་རྐྱེན་ངན་བར་ཆད་ཀུན་ཞི་བར། །བྱིན་གྱིས་
རློབས་ཤིག་བླ་མ་ལྷག་པའི་ལྷ། །བདུད་རྩི་འབེབས་སྦྱང་གི་དམིགས་པ་ནི། དེ་ལྟར་གསོལ་བ་བཏབ་པས་སྐུ་
ལུས་ལས། །འོད་དང་བདུད་རྩི་སྣ་ལྔའི་རྒྱུན་བབ་པས། །བདག་སོགས་འགྲོ་ཀུན་ཉེས་པའི་ཚོགས་
སྦྱངས་ནས། །རྟོགས་པ་ཁྱད་འཕགས་རྒྱུད་ལ་སྐྱེ་བར་གྱུར། །དེ་ནས་ལམ་གྱི་རྩ་བ་བཤེས་གཉེན་བསྟེན་ཚུལ་
ནི། །ཡོན་ཏན་ཀུན་གྱི་གཞི་གྱུར་དྲིན་ཅན་རྗེ། །ཚུལ་བཞིན་བསྟེན་པ་ལམ་གྱི་རྩ་བ་རུ། །ལེགས་པར་
མཐོང་ནས་འབད་པ་དུ་མ་ཡིས། །གུས་པ་ཆེན་པོས་བསྟེན་པར་བྱིན་གྱིས་རློབས། །དལ་འབྱོར་ལ་སྙིང་
པོ་ལེན་འདོད་བསྐྱེད་པ་ནི། །ལན་གཅིག་རྙེད་པའི་དལ་བའི་རྟེན་བཟང་འདི། །ཤིན་ཏུ་རྙེད་དཀའ་དོན་ཆེན་
ཤེས་གྱུར་ནས། །ཉིན་མཚན་ཀུན་ཏུ་སྙིང་པོ་ལེན་པའི་བློ། །རྒྱུན་ཆད་མེད་པར་སྐྱེ་བར་བྱིན་གྱིས་

བློ་སྦྱོང་གི་ཚིགས་བཅད་ཀྱི་བཀའ་ཕྲིན་ནི།

རྗེ་བཙུན་བླ་མ་ལ་གསོལ་བ་འདེབས་བཞིན། །ཚེ་འདི་ཕྲན་ཚེགས་ཀྱི་སྙིང་པོ་ལ་ཚོད། །ལུས་སྲོག་གཡོ་བ་ཆུ་ཡི་ཆུ་བུར་བཞིན། །མྱུར་དུ་
འཇིག་པའི་འཆི་བ་དྲན་པ་དང་། །ཤི་བའི་རྗེས་སུ་ལུས་ལ་གྲིབ་མ་བཞིན། །དཀར་ནག་ལས་འབྲས་
ཕྱི་བཞིན་འབྲང་བ་ལ། །ངེས་པ་བརྟན་པོ་རྙེད་ནས་ཉེས་པའི་ཚོགས། །ཕྲ་ཞིང་ཕྲ་བ་རྣམས་ཀྱང་སྤོང་
བ་དང་། །དགེ་ཚོགས་མཐའ་དག་སྒྲུབ་པར་བྱེད་པ་ལ། །རྟག་ཏུ་བག་དང་ལྡན་པར་བྱིན་གྱིས་རློབས། །
སྐྱེས་བུ་འབྲིང་གི་ཆོས་སྐོར་ནི། །སྤྱད་པས་མི་ངོམས་སྡུག་བསྔལ་ཀུན་གྱི་སྒོ། །ཡིད་བརྟན་མི་རུང་སྲིད་པའི་
ཕུན་ཚོགས་ཀྱི། །ཉེས་དམིགས་རིག་ནས་ཐར་པའི་བདེ་བ་ལ། །དོན་གཉེར་ཆེན་པོ་སྐྱེ་བར་བྱིན་
གྱིས་རློབས། །རྣམ་དག་བསམ་པ་དེ་ཡིས་དྲངས་པ་ཡི། །དྲན་དང་ཤེས་བཞིན་བག་ཡོད་ཆེན་པོ་
ཡིས། །བསྟན་པའི་རྩ་བ་སོ་སོར་ཐར་པ་ལ། །སྒྲུབ་པ་སྙིང་པོར་བྱེད་པར་བྱིན་གྱིས་རློབས། །སྐྱེས་བུ་ཆེན་
པའི་ཆོས་སྐོར་ལ། མདོ་སྔགས་ཐུན་མོང་བ་སྦྱོང་བའི་རྟེན་སེམས་བསྐྱེད་པ་ནི། རང་ཉིད་སྲིད་མཚོར་ལྷུང་བ་ཇི་བཞིན་
དུ། །མར་གྱུར་འགྲོ་བ་ཀུན་ཀྱང་དེ་འདྲ་བར། །མཐོང་ནས་འགྲོ་བ་སྒྲོལ་བའི་ཁུར་འཁྱེར་བའི། །བྱང་
ཆུབ་སེམས་མཆོག་འབྱོངས་པར་བྱིན་གྱིས་རློབས། མཚམས་འདིར་སྨོན་འཇུག་གི་སེམས་བསྐྱེད་ཆོ་གས་བཟུང་
བ་ནི། སངས་རྒྱས་ཆོས་ཚོགས་མ་ལན་གསུམ་གྱིས་སྨོན་འཇུག་མཉམ་དུ་ལེན། སྤྱོད་པ་ཕྱིན་དྲུག་དང་བསྡུ་བཞི་ལ་བསླབ་
པ་ནི། སེམས་ཙམ་བསྐྱེད་ཀྱང་ཚུལ་ཁྲིམས་རྣམ་གསུམ་ལ། །གོམས་པ་མེད་ན་བྱང་ཆུབ་མི་འགྲུབ་པ། །
ལེགས་པར་མཐོང་ནས་རྒྱལ་སྲས་སྡོམ་པ་ལ། །བརྩོན་པ་དྲག་པོས་སློབ་པར་བྱིན་གྱིས་རློབས། །ཁྱད་
པར་དུ་ཞི་ལྷག་གཉིས་ལ་སློབ་པ་ནི། ལོག་པའི་ཡུལ་ལ་གཡེང་བ་ཞི་བྱེད་ཅིང་། །ཡང་དག་དོན་ལ་ཚུལ་བཞིན་
དཔྱོད་པ་ཡི། །ཞི་གནས་ལྷག་མཐོང་ཟུང་དུ་འབྲེལ་བའི་ལམ། །མྱུར་དུ་རྒྱུད་ལ་སྐྱེ་བར་བྱིན་གྱིས་
རློབས། ཐུན་མོང་མ་ཡིན་པ་སྔགས་ཀྱི་འཇུག་སྒོ་དབང་བཞི་བླང་བ་ནི། ཐུན་མོང་ལམ་སྦྱངས་སྣོད་དུ་གྱུར་པ་ན། །
ཐེག་པ་ཀུན་གྱི་མཆོག་གྱུར་རྡོ་རྗེའི་ཐེག །སྐལ་བཟང་སྐྱེ་བོའི་འཇུག་ངོགས་དམ་པ་དེར། །བདེ་བླག་
ཉིད་དུ་འཇུག་པར་བྱིན་གྱིས་རློབས། །དེ་ལྟར་གདུང་ཤུགས་དྲག་པོས་གསོལ་བཏབ་མཐུས། །བླ་
མའི་སྐུ་གསུང་ཐུགས་ཀྱི་གནས་རྣམས་ལས། །བདུད་རྩི་འོད་ཟེར་དཀར་དམར་མཐིང་ག་གསུམ། །
རིམ་དང་གཅིག་ཅར་བྱུང་ནས་བདག་ཉིད་ཀྱི། །གནས་གསུམ་རིམ་དང་གཅིག་ཅར་ཐིམ་པ་ལས། །
སྒྲིབ་བཞི་དག་ཅིང་ལམ་བཞི་བསྒོམ་ལ་དབང་། །འབྲས་བུ་སྐུ་བཞི་ཚེ་གཅིག་འགྲུབ་པ་ཡི། །ཉུས་ལ་

བཞག་སྟེ་དབང་བཞི་ཐོབ་པར་གྱུར། །ཐུགས་ལམ་གྱི་རྨང་གཞི་དམ་སྒོམ་བསྲུང་བ་ནི། དེ་ཚེ་དངོས་གྲུབ་རྣམ་གཉིས་འགྲུབ་པའི་གཞི། །རྣམ་དག་དམ་ཚིག་སྒོམ་པར་གསུངས་པ་ལ། །བཅོས་མ་མིན་པའི་ངེས་པ་རྙེད་པ་གྱུར་ནས། །སྲོག་དང་བསྡོམས་ཏེ་བསྲུང་བར་བྱིན་གྱིས་རློབས། །ཐུགས་ལམ་དངོས་གཞི་བསྐྱེད་རྫོགས་གཉིས་ལ་སློབ་པ་ནི། དེ་ནས་རྒྱུད་སྡེའི་སྙིང་པོ་རིམ་གཉིས་ཀྱི། གནས་རྣམས་ཇི་བཞིན་རྟོགས་ནས་བརྩོན་པ་ཡིས། །ཐུན་བཞིའི་རྣལ་འབྱོར་མཆོག་ལས་མི་གཡེལ་བར། །དམ་པའི་གསུང་བཞིན་བསྒྲུབ་པར་བྱིན་གྱིས་རློབས། །ལམ་བསྒོམ་པའི་འགེགས་སེལ་འགོགས་འདོན་གྱི་འདོད་གསོལ་ནི། དེ་ལྟར་ལམ་བཟང་སྟོན་པའི་བཤེས་གཉེན་དང་། །ཚུལ་བཞིན་བསྒྲུབ་པའི་གྲོགས་རྣམས་ཞབས་བརྟན་ཅིང་། །ཕྱི་དང་ནང་གི་བར་དུ་གཅོད་པའི་ཚོགས། །ཉེ་བར་ཞི་བར་བྱིན་གྱིས་བརླབ་ཏུ་གསོལ། །ལམ་བསྒོམ་པའི་འབྲས་བུ་མྱུར་དུ་འགྲུབ་པའི་སྨོན་ཚིག་ནི། །སྐྱེ་བ་ཀུན་ཏུ་ཡང་དག་བླ་མ་དང་། །འབྲལ་མེད་ཆོས་ཀྱི་དཔལ་ལ་ལོངས་སྤྱོད་ཅིང་། །ས་དང་ལམ་གྱི་ཡོན་ཏན་རབ་རྫོགས་ནས། །རྡོ་རྗེ་འཆང་གི་གོ་འཕང་མྱུར་ཐོབ་ཤོག ། ༈ གསུམ་པ་མཇུག་གི་རིམ་པ་ལ། ཚོགས་ཞིང་བསྡུ་བ་ནི། དཔལ་ལྡན་རྩ་བའི་བླ་མ་རིན་པོ་ཆེ། །བདག་གི་སྙིང་གར་པདྨོའི་སྟེང་བཞུགས་ལ། །བཀའ་དྲིན་ཆེན་པོའི་སྒོ་ནས་རྗེས་བཟུང་སྟེ། །སྐུ་གསུང་ཐུགས་ཀྱི་དངོས་གྲུབ་སྩལ་དུ་གསོལ། །དེ་ནས་ཚོགས་ཞིང་གཞན་རྣམས་རྗེ་ལ་ཐིམ། དེ་ཉིད་ཧྲུ་ཏིའི་ལམ་ནས་ཚུར་བྱོན་ཏེ། །སྙིང་གའི་པདྨོར་བརྟན་པར་བཞུགས་པ་ལ། །ཐུགས་ཀྱིས་བསྡམས་ཤིང་རྡོ་རྗེས་མཚན་པར་གྱུར། ཚེ་རབས་རྗེས་འཛིན་གྱི་སྨོན་ལམ་གྱིས་མཚམས་སྦྱོར་བ་ནི། གོང་དུ་དཔལ་ལྡན་ས་གསུམ་མ་འདོན་ཚེ་དེ་ནས་བརྩམས་ཏེ་སོགས་མཚམས་འདིར་བྱ་ཞིང་། ཚེ་རབས་ཀུན་ཏུ་རྒྱལ་བ་ཙོང་ཁ་པས། ཐེག་མཆོག་བཤེས་གཉེན་དངོས་སུ་མཛད་པའི་མཐུས། །རྒྱལ་བས་བསྔགས་པའི་ལམ་བཟང་འདི་ཉིད་ལས། །སྐད་ཅིག་ཙམ་ཡང་ལྡོག་པར་མ་གྱུར་ཅིག །འདི་སྣང་འགག་ཚེ་དགའ་ལྡན་ཞིང་མཆོག་ཏུ། །མི་ཕམ་མགོན་དང་འཇམ་དཔལ་སྙིང་པོ་སོགས། །ཡབ་སྲས་ཀུན་གྱིས་དགྱེས་བཞིན་རྗེས་བཟུང་སྟེ། །ཐེག་ཆེན་ལམ་བཟང་དགའ་སྟོན་སྤྱོད་པར་ཤོག །མགོན་ཁྱོད་རྨད་བྱུང་བཀོད་པའི་ཞིང་ཁམས་སུ། །སེང་གེའི་ང་རོ་སངས་རྒྱའི་ཚུལ་བསྟན་ཚེ། །འཁོར་དུ་སྐྱེས་ནས་ཟབ་མོའི་ལྟ་བ་དང་། །གསང་ཆེན་ལམ་བཟང་བསྒྲོད་པ་མཐར་ཕྱིན་ཤོག །སྐྱེ་ཞིང་སྐྱེ་བར་འཇམ་མགོན་བླ་མ་ཡི། །བཀའ་བཞིན་བསྒྲུབ་པ་སྙིང་པོ་བགྱིད་པ་ལས། །བདེ་

ཆེན་མགོན་པོའི་གོ་འཕང་མྱུར་ཐོབ་སྟེ། །འགྲོ་ཀུན་ལམ་བཟང་འདི་ཡིས་སྒྲོལ་བར་ཤོག །སྡེ་སྣོད་གསུམ་དང་རྒྱུད་སྡེ་རྣམ་པ་བཞི། །གདམས་པའི་མཆོག་ཏུ་གཟིགས་པའི་བཤད་སྒྲུབ་ཀྱིས། །ཐུབ་བསྟན་ཕྱོགས་དུས་ཀུན་ཏུ་རྒྱས་མཛད་པའི། །བློ་བཟང་གྲགས་པའི་དཔལ་གྱིས་བཀྲ་ཤིས་ཤོག །དེ་ཡང་རང་ཅག་རྣམས་ཀྱིས་ཟབ་ལམ་བླ་མའི་རྣལ་འབྱོར་དང་འབྲེལ་བའི་མདོ་སྔགས་ཀྱི་ལམ་ཡོངས་རྫོགས་ཀྱི་ཉམས་ལེན་འདི་ཉིན་རེ་བཞིན་རབ་ཐུན་བཞི་ཐ་ན་འང་ཐུན་གཅིག་ཏུ་མ་བྱས་ན། འཇམ་མགོན་བླ་མའི་མདོ་སྔགས་ཟུང་འབྲེལ་གྱི་བསྟན་པ་གནས་པའི་ཡུལ་དུས་སུ་མིའི་ཕྱུག་ཀྱང་སྐྱེས་པ་དོན་ཡོག་ཏུ་སོང་བས། བཤེས་གཉེན་དམ་པའི་ཞལ་སྔ་ནས་མན་ངག་འདིའི་དམིགས་སྐོར་རྣམས་ཞིབ་ཅིང་རྒྱས་པར་ཁོང་དུ་ཆུད་ནས་ངག་འདོན་འཕྲེར་བདེ་མདོར་བསྡུས་འདི་ཙམ་རེས་ཀྱང་ཆག་མེད་དུ་ཉམས་སུ་བཞེས་པའི་སྒོ་ནས་དལ་འབྱོར་ཐོབ་པ་དོན་ལྡན་མཛད་པར་ཞུ་ཞེས་འཕོས་ཆུང་གིས་རང་གཞན་ཀུན་ལ་ཐལ་མོ་སྦྱར་ནས་གསོལ་བ་འདེབས་སོ།། སྨྲས་པ། ཐུབ་གསུང་མདོ་རྒྱུད་རྒྱ་མཚོའི་སྙིང་པོའི་བཅུད། གཅིག་བྲིལ་མན་ངག་བདུད་རྩིའི་བུམ་བཟང་འདིར། །སྐལ་བཟང་རྣམ་སད་ཚོགས་རྣམས་རོལ་པ་ལས། །སྨིན་གྲོལ་འཆི་མེད་ཞི་བདེའི་དཔལ་ཐོབ་ཤོག །ཅེས་ཟབ་ལམ་བླ་མའི་རྣལ་འབྱོར་དགའ་ལྡན་ལྷ་བརྒྱ་མའི་འདོན་བསྒྲིགས་མདོར་བསྡུས་སྙན་བརྒྱུད་བདུད་རྩིའི་ཟིལ་མངར་ཞེས་བྱ་བ་འདི་ནི། ཆོས་མཐུན་གྲུས་སློབ་དགེ་སློང་བསོད་ནམས་ཚེ་རིང་གིས་འདི་ལྟ་བུ་ཞིག་དགོས་ཞེས་རབ་དཀར་ལྷ་རྫས་དང་བཅས་ནན་དུ་བསྐུལ་བ་ལ་བརྟེན་ནས། མཁས་བཙུན་གྲུབ་པའི་བཤེས་གཉེན་དུ་མའི་ཞལ་སྔ་ནས་འདིའི་གདམས་སྐོར་མང་དུ་ཐོས་པའི་བཙུན་གཟུགས་བློ་བཟང་རྟ་དབྱངས་ཀྱིས་རབ་ཚེས་ཆུ་ཁྱི་ཟླ་༡༢ཚེས་༡༥དགེ་བར་༢ བྱང་ཕྱོགས་བསྟན་པའི་འབྱུང་གནས་དགའ་ལྡན་ཐེག་ཆེན་གླིང་གི་རང་ཤག་ཏུ་བྲིས་པ་འདིས་ཀྱང་འཇམ་མགོན་རྒྱལ་བ་གཉིས་པའི་རིང་ལུགས་དྲི་མ་མེད་པ་ཕྱོགས་དུས་ཀུན་ཏུ་དར་ཞིང་རྒྱས་པར་གྱུར་ཅིག །

༄༅། །དགའ་ལྡན་ལྷ་བརྒྱ་མའི་བླ་མའི་རྣལ་འབྱོར་ཉམས་སུ་ལེན་ཚུལ་ཐུན་མོང་མིན་པ་སྙན་བརྒྱུད་རྒྱ་མཚོའི་ཉིང་ཁུ་གྲུབ་མཆོག་དགྱེས་པའི་དགའ་སྟོན་ཞེས་བྱ་བ་བཞུགས་སོ། །

༄༅། །རྗེ་རྒྱལ་ཀུན་ཡབ་གཅིག་འཇམ་པའི་དབྱངས། །ཡོངས་གསུམ་ལྡན་དུར་སྤྲིག་གཟུགས་འཆང་བ། །ཕ་བློ་བཟང་གྲགས་པ་སྙིང་དབུས་སུ། །རྟག་བཞུགས་ལ་བདེ་ཆེན་མཆོག་སྟོལ་མཛོད། །དཔལ་རྡོ་རྗེ་གསུམ་དབྱེར་མེད་པའི་བདག །མགོན་རབ་འབྱམས་དཀྱིལ་འཁོར་སྤྱི་བསྡུའི་གཙོ། །རྗེ་བློ་བཟང་བསྟན་འཛིན་དབང་གི་རྒྱལ། །དུས་མི་འབྲལ་བདེ་ཆེན་འཁོར་ལོར་བཞུགས། །དཔལ་དགེ་ལྡན་རིང་ལུགས་ལམ་གྱི་སྲོལ། །རྗེ་བླ་མའི་རྣལ་འབྱོར་དགའ་ལྷ་ཞེས། །མཚན་ཀུན་ཏུ་གྲགས་པའི་ལམ་གྱི་ཚུལ། །ཉམས་ལེན་པའི་རིམ་པ་ཙུང་ཞིག་འཆད། །རང་དགེ་སེམས་ཁྱད་པར་ཅན་གྱི་དང་། །ཁ་རི་རབ་ཕྱོགས་པར་མོས་བྱས་ཏེ། །ཡིད་སྤྱི་ཤུགས་དད་གུས་དྲག་པོ་ཡིས། །ཞིང་དགའ་ལྡན་ཡིད་དགའ་ཆོས་འཛིན་དབུས། །གདན་ཡིད་འོང་ཕུན་སུམ་ཚོགས་པའི་ཁྲིར། །རྗེ་མི་ཕམ་བཟང་པོའི་འདུག་སྟངས་ཅན། །འཁོར་བྱང་སེམས་ཚོགས་ཀྱིས་བསྐོར་བར་བཞུགས། །དེའི་ཐུགས་གསང་དཔལ་གྱི་བེ་ཅུའི་དབུས། །རྗེ་འཇམ་མགོན་ཡབ་སྲས་རྣམ་གསུམ་པོ། །ཐུགས་དགྱེས་པའི་ཉམས་ཀྱི་རྣམ་པ་ཅན། །སྐུ་དུར་སྤྲིག་གར་གྱིས་རོལ་པར་བཞུགས། །རང་ཉིད་ཀྱང་གནས་དེར་སླེབས་བསམ་སྟེ། །དག་པ་ཡི་སྣོད་བཅུད་དགེ་མཚན་གྱི། །དཔལ་ཕུན་སུམ་ཚོགས་པ་ཡིད་ཡུལ་དུ། །ཡོངས་དྲན་ཏེ་ཞིང་སྦྱོང་སྨོན་པ་བྱས། །སླར་ལྷག་བསམ་མོས་པས་མཚམས་སྦྱར་ཏེ། །དབྱིངས་བདེ་བ་ཆེན་པོའི་ངང་ཉིད་ལས། །སྣ་ཚོགས་པའི་མོས་བློ་དང་འཚམས་པར། །གཟུགས་སྐུ་ཡི་སྒྱུ་འཕྲུལ་དྲྭ་བའི་གར། །སྤྲིན་དྭངས་པའི་རྗེ་བཙུན་ཐུགས་ཀ་ནས། །སྤྲིན་དཀར་པོ་དར་ཡུག་བརྐྱངས་འདྲའི་རྩེར། །མགོན་ཡབ་སྲས་དགྱེས་བཞིན་བྱོན་གྱུར་ནས། །རང་མདུན་གྱི་ནམ་མཁར་སེ྅ྔེའི་ཁྲི། །གདན་པད་

དཀར་ཟླ་བའི་སྟེང་བཞུགས་པར། །སླར་བསྟན་དང་འགྲོ་བའི་དཔལ་མགོན་དུ། །སྐུ་མྱ་ངན་མི་འདའ་རྟག་བཞུགས་གསོལ། །ཐུགས་མཉེས་ཞིང་ཞལ་གྱིས་བཞེས་པར་བསམ། །གཉིས་སྣང་གི་སྒྲིབ་པ་ཀུན་བྲལ་ཐུགས། །འགག་མེད་ཀྱི་སེངྒེའི་དབྱངས་ལྡན་གསུང་། །མཚན་དཔེ་ཡི་ཆ་ཤས་ལྷུན་རྫོགས་སྐུ། །ཡོན་ཏན་རྣམས་དྲན་བཞིན་གུས་ཕྱག་འཚལ། །ཡོངས་བདག་པོས་བཟུང་དང་མ་བཟུང་བའི། །དཔག་ཡས་ཀྱི་མཆོད་པའི་སྤྲིན་ཕུང་དང་། །རང་བྱུས་ཀྱི་དགེ་ཚོགས་ཅི་མཆིས་པ། །བློ་དམིགས་མེད་འཁོར་གསུམ་དག་པས་འབུལ། །སྔོན་ཐོག་མེད་དུས་ནས་ཉོན་མོངས་པའི། །གཞན་དབང་གྱུར་མི་དགེའི་ཚོགས་སྤྱི་དང་། །ཁྱད་པར་དུ་སྡོམ་གསུམ་བཅས་མཚམས་ལས། །འགལ་གྱུར་རྣམས་སྟོབས་བཞིའི་གཉེན་པོས་བཤགས། །དཔག་མེད་ནས་ཚོགས་གཉིས་བསགས་པའི་སྟོབས། །ཆེར་གྱུར་པའི་རྒྱལ་བསྟན་འཛིན་སྤེལ་སོགས། །རྣམ་དཀར་གྱི་མཛད་བཟང་རླབས་པོ་ཆེར། །ཡིད་དྭང་བའི་སྒོ་ནས་རྗེས་ཡི་རང་། །ཐབས་སྙིང་རྗེའི་གཞན་དབང་གྱུར་པ་ཡི། །མཐུན་མོང་དང་མཐུན་མིན་ཟབ་རྒྱས་ཀྱི། །ཆོས་གདམས་པའི་བདུད་རྩིའི་ཉིང་ཁུ་ཡིས། །སྐལ་ལྡན་གྱི་བློ་གྲོས་འཕྱུར་བར་མཛོད། །སངས་རྒྱས་དངོས་མཐོང་བའི་སྐལ་དམན་པ། །བདག་ཅག་རྣམས་རྗེས་སུ་བཟུང་བའི་ཕྱིར། །རྒྱལ་ཀུན་འདུས་ངུར་སྨྲིག་གར་རོལ་སྐུ། །ཕ་བླ་མ་བསྐལ་བརྒྱར་བཞུགས་གསོལ་འདེབས། །དུས་གསུམ་དུ་བགྱིས་དང་བགྱིད་འགྱུར་པའི། །རྣམ་དཀར་གྱི་ཕུང་པོ་གཅིག་བསྡུས་པ། །མ་འགྲོ་ཀུན་དོན་དུ་ཀུན་མཁྱེན་དང་། །དགེ་ལྡན་གྱི་ལུགས་བཟང་རྒྱས་ཕྱིར་བསྔོ། །བསོད་ནམས་དང་ཡེ་ཤེས་ཚོགས་རྫོགས་ཕྱིར། །ཕྱི་ནང་དང་གསང་བའི་མཎྜལ་ལ། །བདེ་སྟོང་གི་ཡེ་ཤེས་རྒྱས་བཏབ་སྟེ། །དམིགས་མེད་ཀྱི་འཁོར་གསུམ་དག་པས་འབུལ། །མགོན་རིགས་ཀུན་འདུས་པའི་བདག་ཉིད་དུ། །རྩེ་གཅིག་ཏུ་དད་པའི་ཤུགས་སྟོབས་ཀྱིས། །ཕྱི་ནང་དང་གསང་བའི་སྒྲུབ་པའི་ཚུལ། །དམིགས་ཕྱེ་སྟེ་གསོལ་འདེབས་དག་ལ་བརྩོན། །མ་ཐུན་མོང་བའི་ལམ་ལ་བློ་བྱང་ཕྱིར། །ཡིད་གདུང་ཤུགས་དྲག་པོས་གསོལ་བཏབ་མཐུས། །རྗེའི་ཐུགས་ཀ་ནས་བརྒྱུད་སྤྲིན་དཀར་སྤྲུབས། །བདུད་རྩིའི་རྒྱུན་བབས་པ་སྤྱི་བོ་ནས། །རང་ལུས་ཀྱི་ཆ་ཤས་ཡོངས་གང་བའི། །སྡིག་ལྟུང་ཚོགས་སྤྱི་དང་ཁྱད་པར་དུ། །རྟག་འཛིན་ཅན་རང་བདེ་དོན་དུ་གཉེར། །འཆིང་ཞེན་གྱི་ཀུན་རྟོག་ཡོངས་སྦྱངས་ནས། །སྲིད་པ་ཡི་ཕུན་

ཚོགས་མེ་འོབས་ལྟར། །ཞེན་ལོག་ཅིང་ཐར་འདོད་ངེས་འབྱུང་དང་། །མ་འགྲོ་ཀུན་གཅེས་འཛིན་བྱང་ཆུབ་སེམས། །གནས་ལུགས་ཀྱི་རང་ཞལ་ལྟ་བ་བཅས། །ལམ་གཙོ་གསུམ་རྒྱུད་ལ་སྐྱེ་བྱིན་བརླབས། །སྔར་འོད་འཕྲོས་ཐིམ་པས་བརྟན་པར་བྱས། །དགེ་སྦྱོར་གྱི་སྐབས་དོན་སོ་སོ་ཡི། །ལམ་རྒྱུད་ལ་སྐྱེ་བའི་གེགས་བྱེད་ཀུན། །སྦྱོང་བ་སོགས་སྔོན་འགྲོ་སྤྱི་ལྟར་ལ། །ཐ་མལ་གྱི་སྣང་ཞེན་ཡོངས་དག་པའི། །ལམ་བསྐྱེད་རིམ་བརྟན་པ་མངོན་གྱུར་ཕྱིར། །གསོལ་བཏབ་པས་ཐུགས་གསང་དཔལ་བེ་ལས། །དཔལ་འཇིགས་མཛད་དཀྱིལ་འཁོར་རྟེན་བརྟེན་པ། །མངོན་སུམ་དུ་བྱོན་ནས་རང་ལ་ཐིམ། །དེའི་ངང་ནས་སྲུང་འཁོར་གཞལ་ཡས་ཁང་། །དབུས་ཉིད་དུ་རང་ཉིད་གཤིན་རྗེའི་གཤེད། །ཞལ་ཕྱག་སོགས་ཡོངས་རྫོགས་མ་འདྲེས་པར། །གསལ་བཏབ་པའི་སྙིང་གར་ཡེ་ཤེས་སེམས། །དེའི་ཐུགས་ཀར་ཏིང་ངེ་འཛིན་སེམས་དཔའ། །ཧཱུྃ་ཡིག་སྔོ་འོད་ཟེར་འཕྲོ་བར་བསྒོམས། །དེའི་ཀླད་ཀོར་ནང་དུ་ཤིན་ཏུ་ཕྲའི། །རླུང་སེམས་གཉིས་དབྱེར་མེད་རྗེ་ཐླ་མ། །མཐེབ་སོར་གྱི་ཚད་ཙམ་དུར་སྒྲིག་གི །ཆ་བྱད་ཀུན་རྫོགས་ལ་སེམས་གནས་བྱ། །ཚུལ་དེ་ལྟར་སྒོད་བརྟུད་ཡོངས་སུ་རྫོགས། །ཇི་བཞིན་དུ་མ་འདྲེས་ཡོངས་ཤར་བའི། །སྣང་ཚུལ་ལ་གསལ་སྣང་འདོན་པ་དང་། །འབྲས་དུས་ཀྱི་སྐུ་ལ་ང་རྒྱལ་འཛོག །བསྐྱེད་རིམ་ཀྱི་རྟོག་པ་མངོན་གྱུར་སོགས། །གསུམ་འདྲེས་ལ་སྦྱོང་བ་ཅི་ཐོན་བྱ། །སྔར་གྲོལ་བྱེད་རིམ་གཉིས་རྫོགས་པའི་ཚོགས། །རང་རྒྱུད་ལ་འགྲུབ་ཕྱིར་གསོལ་བཏབ་པས། །ཐུགས་ཀ་ནས་འོད་འཕྲོས་ལུས་ལ་ཞུགས། །བགེ་སྡིག་སྦྱངས་འཇིགས་འཛད་སྐུར་གསལ་བའི། །རྩ་དབུ་མ་རོ་རྐྱང་མདུད་མཚམས་ནས། །ཡོངས་གྲོལ་པའི་འཁོར་ལོ་རིམ་པ་ལྔ། །དམིགས་བྱེ་སྟེ་སྔར་ཡང་རྗེ་ཐླ་མའི། །སྤྱི་མགྲིན་སྙིང་ལས་བརྒྱུད་བདུད་རྩིའི་རྒྱུན། །དཀར་དམར་དང་མཐིང་ག་འོད་ཟེར་འཕྲོ། །ཡོངས་བབས་པས་རང་ལུས་སྤྱི་བོ་དང་། །མགྲིན་སྙིང་གའི་རྩ་འཁོར་ཀུན་གང་བས། །ལུས་ངག་ཡིད་སྒོ་གསུམ་མི་དགེ་བཅུའི། །སྡིག་སྒྲིབ་ཀུན་ཡོངས་སུ་བྱང་བྱས་ནས། །སྔར་རྗེ་བཙུན་རྡོ་རྗེ་གསུམ་གནས་ལས། །དེའི་ངོ་བོ་འབྲུ་གསུམ་ཡི་གེའི་གདངས། །གནས་གསུམ་དུ་ཐིམ་པས་དབང་གསུམ་ཐོབ། །ལམ་དབེན་གསུམ་རྣལ་འབྱོར་སྦྱོང་བ་དང་། །འབྲས་སྐུ་གསུམ་འགྲུབ་པའི་ནུས་པ་བཞག །སྔར་སྐུ་གསུང་ཐུགས་ལས་ཡི་གེ་གསུམ། །ཅིག་ཅར་དུ་བྱུང་བས་སྙིང་གཡི། །

འཇམ་དཔལ་དང་རྗེ་བཙུན་གནས་གསུམ་ཐིམ། །མཚན་འཛིན་གྱི་དམིགས་གཏད་ཀུན་ཞིག་ནས། །དབང་བཞི་པ་ཐོབ་ཅིང་ལམ་སྦྲུ་འོད། །སློབ་སྦྱངས་རྫོགས་ཟུང་འཇུག་འགྲུབ་པ་དང་། །འབྲས་ཁ་སྦྱོར་བདུན་ལྡན་ས་བོན་བཞག །ལྟེ་བ་དང་གསང་གནས་འབྲུ་གཉིས་ལས། །བདུད་རྩིའི་རྒྱུན་གསེར་སྦྱངས་མར་གད་མདོག །ཡོངས་བབས་པས་ལྟེ་གསང་འཁོར་ལོ་ནང་། །སྔར་ཡིག་འབྲུ་ཟུང་ལས་རང་འདྲ་དག །ཆེས་མྱུར་བར་ཐིམ་པས་གཏུམ་མོ་སྦར། །སྟོད་རིམ་གྱི་རྣལ་འབྱོར་འགྲུབ་པ་དང་། །རླུང་ཟླ་ཉིར་རྒྱུ་བ་རབ་བཀག་ནས། །སྒྲ་གཅན་གྱི་ལམ་དུ་རྒྱུ་བའི་མཐུས། །ཡས་བབས་དང་མས་བརྟན་དགའ་བཞི་གྲུབ། །གཡོ་མེད་དུ་བྱུང་སེམས་བརྟན་པར་བྱས། །ཚེ་གཅིག་ཏུ་མོས་གུས་ཤུགས་སྦྱངས་པས། །ཐུགས་ཀ་ཡིས་བོན་ཧཱུྃ་ཡིག་ལས། །ལམ་རིམ་པ་གཉིས་སོགས་ཟབ་རྒྱས་ཀྱི། །ཆོས་ཚུལ་ཀུན་གསེར་གྱི་ཡིག་འབྲུའི་མདངས། །འོད་འཕྲོ་བའི་རྣམ་པར་སྤྱན་དྲངས་ཏེ། །རང་ལྟར་གསལ་ཏིང་ངེ་འཛིན་སེམས་དཔའི། །མཐའ་སྐོར་དུ་གནས་པས་གང་མོས་པའི། །ཆོས་ཉིད་བཤད་མི་འཛིགས་སྤོབས་པ་ཐོབ། །སྔར་གསོལ་བཏབ་མཐུ་ལས་རྗེ་བླ་མའི། །གནས་ལྔ་ལས་གསོལ་འདེབས་ཡི་གེའི་གཟུངས། །དཀར་དམར་མཐིང་སེར་ལྗང་འོད་འཕྲོ་བ། །རིམ་བབས་པས་རང་ལུས་རྡོ་རྗེ་ཡི། །ནང་བརྒྱུད་དེ་འཁོར་ལོ་ལྔ་གང་བས། །ཙ་ལམ་རྣམས་སྦྱངས་ཤིང་སྒྲིབ་སྒྲིའི་ཚོགས། །མི་ཤེགས་པར་བསྡུ་བའི་གྲོགས་སུ་བྱས། །ཁྱད་པར་དུ་སྙིང་དབུས་རྗེ་བླ་མའི། །སྐུ་དག་ལས་འོད་འཕྲོས་གནས་ལྔ་ཡི། །འཁོར་ལོ་རྣམས་ཡིག་འབྲུས་ཡོང་གང་བ། །གསལ་བྱས་ཏེ་གནས་ཚུལ་རིག་པར་བྱ། །དེ་ལྟ་བུའི་རང་ལུས་གསལ་སྟོང་ལས། །འོད་འཕྲོས་པས་འགྲོ་དྲུག་སྡུག་བསྔལ་བསལ། །སྔར་འོད་ཟེར་དག་ལས་གསོལ་འདེབས་ཀྱི། །རང་སྒྲ་དག་སྒྲོག་པས་དེ་ཀུན་གྱིས། །ཡིད་རྩེ་གཅིག་གུས་པས་གསོལ་བཏབ་མཐུས། །རྗེའི་སྐུ་ལས་བདུད་རྩིའི་རྒྱུན་བབས་པས། །ལུས་གང་ཞིང་ཀུན་རྟོག་རབ་བཅིལ་ནས། །ཕ་བླ་མའི་གོ་འཕང་ལ་བགོད་བྱ། །ཚུལ་དེ་ལྟར་ཉམས་སུ་བླངས་གྱུར་པས། །ལམ་འདི་ལྟའི་ཁོངས་ནས་རིམ་གཉིས་ཀྱི། །ཁྱད་པར་གྱི་བརྟན་པ་མངོན་ཐོབ་ནས། །སངས་རྒྱས་མཆོག་མི་རིང་འགྲུབ་ལ་ཉེ། །མཐུན་མཚམས་དང་སྟོད་རིམ་ལ་སོགས་པ། །སྤྱི་འགྲེ་ལྟར་རིགས་པས་བསྟན་པར་བྱ། །དེ་ལྟ་བུའི་ཉམས་སུ་ལེན་པའི་ཚུལ། །རགས་རིམ་ཙམ་ཡི་གེར་བཀོད་པ་འདི། །གྲོགས་

ཁྱོད་ཉིད་དམ་སྟོམ་ལ་གནས་ཤིང་། །རྡོ་རྗེའི་སྤྱན་དག་ཏུ་ངེས་པས་བྲིས། །བདག་སྐྱེ་ས་སྟོབས་ལྟ་ཅི་སྤྱངས་སྟོབས་ཀྱི། །མཐུ་དབེན་པས་ཟབ་མོའི་ལམ་གྱི་གནད་། །འཕྲུལ་གྱུར་པ་ཧཱུ་སྙིང་མཁས་ཁྱོད་དང་། །ཕ་བླ་མའི་དྲུང་དུ་སྙིང་ནས་བཞུགས། །འདི་ལ་ཡང་འགལ་ཞིང་ལོག་པའི་ཚོགས། །མཆིས་གྱུར་ན་གསང་ཞིང་སྨྲ་མེད་པར། །མ་བརྟེ་བས་བུ་ལ་ཧཱུ་བཞིན་དུ། །ཐུགས་དགྱེས་པའི་གསུང་གིས་དབུ་དབྱུང་སྐྱོལ། །ཚུལ་འདི་ཉིད་དྲིན་ཅན་བླ་མ་དང་། །གྲོགས་ཁྱོད་ལས་གཞན་ལ་སྨྲ་མེད་པས། །བྱང་རྒྱལ་དུ་སྟོན་པར་མི་མཛད་པར། །གནད་གསང་བ་རྣ་ཤེའི་སོ་ལྟར་སྡོམས། །འདིའི་དགེ་བས་ཚེ་རབས་འཕྲེང་བ་ཀུན། །རྗེ་འཇམ་མགོན་ལུགས་བཟང་ལ་ཞུགས་ནས། །ལུས་སྲོག་ལ་མི་བལྟ་གསང་ཆེན་ལམ། །སྒྲིལ་བཟུང་ལ་བརྩོན་པ་ལྷོད་མེད་ཤོག །ཅེས་པ་འདི་ཡང་ ཤཱཀྱའི་དགེ་སློང་བློ་བཟང་ཐུབ་བསྟན་ཆོས་ཀྱི་ཉི་མ་དགེ་ལེགས་རྣམ་རྒྱལ་དཔལ་བཟང་པོས་སྦྱར་བའོ།། སརྦ་མངྒ་ལཾ།།

༄༅། །དགའ་ལྡན་ལྷ་བརྒྱ་མ་དང་འབྲེལ་བའི་བླ་མའི་རྣལ་འབྱོར་ཉམས་སུ་ལེན་ཚུལ་དགའ་ལྡན་ཞིང་གི་ལམ་ཡིག་ཅེས་བྱ་བ་བཞུགས་སོ། །

༄༅། །འཇིགས་བྲལ་གཉིས་མེད་བློ་གྲོས་བཟང་པོའི་གཏེར། །བཤད་སྒྲུབ་འཕྲིན་ལས་རྒྱ་མཚོས་ས་གསུམ་ཁྱོན། །ཁྱབ་པའི་གྲགས་པ་མཆོག་གི་བ་དན་དཀར། །སྲིད་མཐར་བསྒྲེང་མཛད་བླ་མ་སྙིང་དབུས་བསྟེན། །གང་གི་བྱིན་རླབས་ཐུགས་རྗེའི་འོད་སྟོང་གིས། །སྲིད་གཞིའི་རྒྱུད་མུན་མཐའ་དག་རབ་བསལ་ཏེ། །མཆོག་ཐུན་དངོས་གྲུབ་པད་ཚལ་བཞད་བྱེད་པའི། །སྙན་བརྒྱུད་མན་ངག་ཆ་ཙམ་འདི་ན་འགོད། །འདིར་རིགས་གསུམ་ཀུན་འདུས་ཀྱི་བདག་ཉིད་ཁམས་གསུམ་འགྲོ་བའི་བླ་མ་རྗེ་ཙོང་ཁ་པ་ཆེན་པོ་ལ་བརྟེན་པའི་ཟབ་ལམ་བླ་མའི་རྣལ་འབྱོར་དགའ་ལྡན་ལྷ་བརྒྱ་མར་གྲགས་པ་འདི་ཉིད་ཀྱི་གཞུང་བསྲངས་ཏེ་ཉམས་སུ་ལེན་ཚུལ་གྱི་རིམ་པ། འཆད་རྩོད་རྩོམ་གསུམ་གྱི་མཛད་བཟང་གསེར་གྱི་འཁོར་ལོས་ཐུབ་བསྟན་གླིང་བཞིའི་ཁྱོན་ལ་མངའ་དབང་བསྒྱུར་བ་འཇམ་དཔལ་དབྱངས་དངོས་གུང་ཐང་པ་དཀོན་མཆོག་བསྟན་པའི་སྒྲོན་མེས་གསལ་བར་མཛད་པའི་ལེགས་བཤད་དགའ་ལྡན་ཞིང་དུ་བགྲོད་པའི་ཉེར་བུའི་ཐེམ་སྐས་དེ་ཉིད་གཞིར་བཟུང་སྟེ། དག་འདོན་གྱི་རིམ་པ་རྗེ་བསྟུས་སུ་བཏང་ནས་བླ་མའི་མན་ངག་བཞིན་རང་བཟོ་སྤངས་ཏེ་འགོད་པ་ལ། ཐུན་དང་ཐུན་མཚམས་གཉིས་ལས། དང་པོ་ལ། སྦྱོར་དངོས་མཇུག་གསུམ། སྦྱོར་བ་ལ་གནས་ཁང་བྱི་དོར་བྱ་ཚུལ་ལམ་རིམ་གྱི་སྐབས་ནས་འབྱུང་བ་ལྟར་བྱ་ཞིང་། འདིའི་ཞིང་བཀོད་དམ་ཐན་རྗེའི་སྐུ་རིས་ཅན་བཤམས་དགོས། དེའི་མདུན་དུ་ཆུ་གཙང་དང་མར་མེའི་མཆོད་པ་གང་ལེགས་བཤམས། ཚེ་སྒྲུབ་པ་ལ་ཞལ་ཟས་དང་། གཟུགས་མཛེས་པ་ལ་མེ་ཏོག་གི་མཆོད་པ། ཤེས་རབ་སྒྲུབ་པ་ལ་མར་མེའི་མཆོད་པ་མཆོག་ཏུ་བསྔགས་པར་གསུངས། སྟན་བདེ་བ་ལ་ཚུལ་དང་མཐུན་པར་འཁོད་དེ་ཀུན་སློང་ཁྱད་པར་ཅན་གྱི་ངང་ནས་སྐྱབས་འགྲོ་བྱ་དགོས་པས། སྐྱབས་འགྲོའི་ཚོགས་ཞིང་གསལ་འདེབས་ཚུལ་ནི། རང་གི་གནས་འདི་ཉིད་དག་པའི་ཞིང་གི་ཁྱད་ཆོས་ཡོངས་སུ་ཚང་བའི་མདུན་གྱི་ནམ་མཁར་ཀུན་ཏུ་བཟང་པོའི་མཆོད་སྤྲིན་རབ་འབྱམས་འཁྲིགས་པའི་དབུས་སུ་རིན་པོ……ཆེའི་ཁྲི་ཡངས་ཤིང་རྒྱ་ཆེ་བའི་སྟེང་དུ་རྒྱབ་ལ་ཉེ་བར་རིན་པོ་ཆེའི་ཁྲི་ཆུང་ངུ་ཞིག་གི་སྟེང་དུ་སྣ་ཚོགས་པདྨ་ཟླ་ཉིའི་གདན་ལ་དྲིན……ཅན་རྩ་བའི་བླ་དང་ངོ་བོ་དབྱེར་མེད་པའི་རྗེ་བླ་མ་མཚན་དཔེ་གསལ་རྫོགས་ཀྱི་སྐུའི་རྣམ་པ་ཅན་དུ་སྒོམ་ནས་མཚན་དཔེའི་ཡོན་ཏན་རྣམས་རྒྱན་རྩ་འགྲེལ་ནས་གསུངས་པ་ལྟར་བསམ་ཐུབ་ན་དད་པ་སྐྱེ་བ་ལ་ཕན་སྐྱེད་ཆེ། དེས་མཚོན་གསུང་ཐུགས་འཕྲིན་ལས་ཀྱི་

ཡོན་ཏན་རྣམས་ཀྱང་གཞུང་ཆེན་མོ་ནས་འབྱུང་བ་ལྟར་ལེགས་པར་བསམ་ཤེ་ཐུབ་དང་། རྩ་བའི་བླ་མ་དང་རྗེ་བདག་ཉིད་ཆེན་པོ་ཐུབ་དབང་ངོ་བོ་དབྱེར་མེད་དུ་སྒོམ་པ་གལ་ཆེ། དེ་མིན་ངོ་བོ་ཐ་དད་དང་མཆོག་དམན་དུ་བལྟས་པས་བྱིན་རླབས་འཇུག་དཀའ་གསུངས། རྩ་བའི་བླ་མ་ཐུབ་དབང་གི་རྣམ་ཅན་དེ་ཉིད་ཀྱི་གཡས་གཡོན་དུ་པདྨ་ཉི་ཟླའི་གདན་ལ་རིམ་བཞིན་རྒྱ་ཆེན་སྤྱོད་བརྒྱུད་དང་ཟབ་མོ་ལྟ་བརྒྱུད་ཀྱི་བླ་མའི་ཚོགས། མདུན་དུ་པད་ཟླ་ཉི་མའི་གདན་ལ་དྲིན་ཅན་རྩ་བའི་བླ་མ་ཞལ་མཇལ་དུས་ཀྱི་རྣམ་པ་ཅན་ལ་ཆོས་འབྲེལ་དངོས་ཐོབ་ཀྱི་བླ་མ་རྣམས་ཀྱིས་བསྐོར་བ། རྒྱབ་ཀྱི་སྟེང་གི་ཆ་ལའང་པད་ཟླ་ཉི་མའི་གདན་ལ་རྒྱལ་བ་རྡོ་རྗེ་འཆང་ལ་ཏེ་ལོ་ན་རོ་སོགས་བྱིན་རླབས་བརྒྱུད་པའི་བླ་མ་རྣམས་ཀྱིས་བསྐོར་བ། མདུན་དུ་གསང་འདུས། གཡས་སུ་འཇིགས་བྱེད། རྒྱབ་ཏུ་དུས་འཁོར། གཡོན་དུ་བདེ་མཆོག དེའི་ཕྱི་རོལ་ཏུ་རྒྱུད་སྡེ་བཞི་འབྲེལ་གྱི་ཡི་དམ་གྱི་ལྷ་ཚོགས། སངས་རྒྱས་བྱང་སེམས་ཉན་རང་དཔའ་བོ་མཁའ་འགྲོ་བསྟན་སྲུང་ཡེ་ཤེས་པའི་ཚོགས་སྒོམ། རྒྱལ་ཆེན་བཞི་ལ་སྟོན་པས་བསྟན་པ་གཏད་ཅིང་དཀྱིལ་འཁོར་གྱི་ལྷ་ཚོགས་ཀྱི་གྲས་སུ་བགོད་ཡོད་པས་རྒྱལ་ཆེན་བཞི་ཚོགས་ཞིང་གི་གྲལ་དུ་གསལ་འདེབས་ཆོག་ཀྱང་། གཞན་འཇིག་རྟེན་པ་གང་ཡང་གསལ་མི་འདེབས། རྡོ་རྗེ་འཆང་གཙོ་འཁོར་གྱི་མཐར་མདོ་སྔགས་ཀྱི་བཤད་པ་དང་། དབང་བསྒྱུར་མན་ངག་གནང་བའི་བླ་མ་རྣམས་བཞུགས་པ། དེ་དག་རང་རང་གི་མདུན་ན་ཐུགས་རྒྱུད་ཀྱི་འགོག་ལམ་གླེགས་བམ་གྱི་རྣམ་པར་ཤར་བའི་པོ་ཏི་རྣམས་ཀྱི་གདོང་དང་རང་ལ་བསྟན་ཅིང་ཡིག་འབྲུ་རྣམས་ཀྱིས་རང་སྒྲ་བསྒྲགས་ཏེ་ཐར་ལམ་ཆ་ཚང་སྟོན་བཞིན་པ་གསལ་བཏབ། ཚོགས་ཞིང་རྣམས་རང་ལ་དགྱེས་པའི་ཚུལ་གྱིས་བཞུགས་ཤིང་གང་འདུལ་གྱི་སྤྲུལ་པའི་བགོད་པ་རབ་འབྱམས་སྟོན་བཞིན་པ་དང་། རང་གི་མཐའ་བསྐོར་དུ་སེམས་ཅན་ཐམས་ཅད་སྨུག་ཤིག་གི་འཕོ་བའི་མོས་པ་བྱས་ལ། རང་གཞན་སེམས་ཅན་ཐམས་ཅད་སྲིད་ཞིའི་རྒུད་པ་མཐའ་དག་ལས་སྒྲོལ་འདོད་དང་། དེ་ལས་སྒྲོལ་བའི་ནུས་པ་མདུན་ན་བཞུགས་པའི་བླ་མ་དཀོན་མཆོག་ལ་ཡོད་པར་ཡིད་ཆེས་པ་སྟེ་སྐྱབས་འགྲོའི་རྒྱུ་གཉིས་ཚང་བའི་སྒོ་ནས་སྐྱབས་འགྲོ་བྱ་བ་གལ་ཆེ་བས་འདི་ལྟར། ༄ མདུན་དུ་ཀུན་བཟང་མཆོད་སྤྲིན་རྒྱ་མཚོའི་དབུས། །རིན་ཆེན་ཁྲི་སྟེང་རྒྱབ་ལ་ཉེ་བའི་ཆར། །ནོར་བུའི་ཁྲི་སྟེང་པད་ཉི་ཟླ་གདན་ལ། །རྩ་བའི་བླ་མ་འཇམ་དཔལ་སྙིང་པོ་དང་། །དབྱེར་མེད་ཐུབ་དབང་བཙོ་མའི་གསེར་གྱི་མདོག །མཚན་དཔེའི་དཔལ་འབར་ཆོས་གོས་རྣམ་གསུམ་གསོལ། །ས་གནོན་མཉམ་བཞག་རྡོ་རྗེ་སྐྱིལ་ཀྲུང་བཞུགས། །ཡན་ལག་དྲུག་ཅུའི་གསུང་དབྱངས་ས་གསུམ་འགེངས། །མཁྱེན་བརྩེའི་ཐུགས་ཀྱི་གཏིང་མཐའ་གཞལ་ལས་འདས། །རྒྱུན་མི་འཆད་པའི་འཕྲིན་ལས་ལྷུན་གྱིས་གྲུབ། །མཐའ་བསྐོར་རིམ་བཞིན་དངོས་བརྒྱུད་བླ་མ་དང་། །ཡི་དམ་སངས་རྒྱས་བྱང་སེམས་དཔའ་བོའི་ཚོགས། །བསྟན་སྲུང་ཡེ་

ཤེས་སྤྱན་ལྡན་རྣམས་ཀྱི་མདུན། །ལུང་ཆོས་པོ་ཏིའི་རྣམ་པར་བཞུགས་པ་ལ། །རང་གཞན་ཐམས་ཅད་སྲིད་ཞིའི་རྒུད་པ་ལས། །སྒྲོལ་ཆེད་དད་པས་སྐྱབས་སུ་འགྲོ་བར་བྱ། །བདག་དང་འགྲོ་བ་ནམ་མཁའི་མཐའ་དང་མཉམ་པའི་སེམས་ཅན་ཐམས་ཅད་དཔལ་ལྡན་བླ་མ་དམ་པ་རྣམས་ལ་སྐྱབས་སུ་..... མཆིའོ། སངས་རྒྱས་བཅོམ་ལྡན་འདས་རྣམས་ལ་སྐྱབས་སུ་མཆིའོ། དམ་པའི་ཆོས་རྣམས་ལ་སྐྱབས་སུ་མཆིའོ། །འཕགས་པའི་དགེ་འདུན་རྣམས་ལ་སྐྱབས་སུ་མཆིའོ། །ཁྱད་པར་ཁམས་གསུམ་ཆོས་ཀྱི་རྒྱལ་པོ་ཙོང་ཁ་པ་ཆེན་པོ་ཡབ་སྲས་བརྒྱུད་པ་དང་བཅས་པ་རྣམས་སྐྱབས་སུ་མཆིའོ། །ཆོས་སྐྱོང་སྲུང་མ་ཡེ་ཤེས་ཀྱི་སྤྱན་དང་ལྡན་པ་རྣམས་ལ་སྐྱབས་སུ་མཆིའོ། །ཞེས་ལན་གསུམ་མམ་ཅི་རིགས་བརྗོད་སྐབས་ཚོགས་ཞིང་རྣམས་ཀྱི་སྐུ་ལས་བདུད་རྩི་སྣ་ལྔ་འོད་ཟེར་དང་བཅས་པའི་རྒྱུན་བབས། རང་གཞན་སེམས་ཅན་ཐམས་ཅད་ཀྱི་ལུས་སེམས་ལ་ཞུགས་པས་ཐོག་མེད་ནས་བསགས་པའི་སྡིག་སྒྲིབ་སྤྱི་དང་ཁྱད་པར་བླ་མའི་སྐུ་ལ་བསྙོས་པ་སོགས..... དང་། སངས་རྒྱས་ཀྱི་སྐུ་གཟུགས་དང་དམ་པའི་ཆོས་འཕགས་པའི་དགེ་འདུན་ལ་མ་གུས་པ། ཡི་དམ་ལྷའི་བསྙེན་སྒྲུབ་གཡེལ་བ། དམ་སྡོམ་འཆལ་བ། ཆོས་སྐྱོང་གི་དུས་གཏོར་ཆག་པ་སོགས་སྐྱབས་ཡུལ་སོ་སོ་ལ་བརྟེན་པའི་ཉེས་པ་ཐམས་ཅད་སྦྱངས་ཏེ་དཀོན་མཆོག་གསུམ་གྱི་སྐྱབས་འོག་ཏུ་ཚུད་པའི་དམིགས་པ་ལམ་ཁྱེད་ཀྱི་སྐབས་ནས་འབྱུང་བ་ལྟར་བྱས་ནས་རྒྱུ་སྐྱབས་ཀྱི་ཚུལ་དུ་སྐྱབས་འགྲོ་བྱ་ཞིང་། སྐྱབས་ཡུལ་རྣམས་ལས་བདུད་རྩིའི་རྒྱུན་བབས་པས། །བདག་སོགས་ཀུན་གྱི་སྤྱི་བོ་ནས་ཞུགས་པས། །དེ་དག་ལ་བརྟེན་ཉེས་པའི་ཚོགས་བྱང་ཞིང་། །བྱིན་རླབས་མ་ལུས་རྒྱུད་ལ་ཞུགས་པར་གྱུར། །ཞེས་ལན་གཅིག་བརྗོད། སེམས་ཅན་ཐམས་ཅད་ཀྱི་དོན་དུ་རང་གིས་ཐོབ་འགྱུར་གྱི་དཀོན་མཆོག་གསུམ་ལ་གཙོ་བོར་དམིགས་ནས་ཐོབ་བྱར་བཟུང་བའི་སྒོ་ནས་སྐྱབས་སུ་འགྲོ་བ་ལ། སངས་རྒྱས་ཆོས་ཚོགས་མ་ལན་བརྗོད་དེ་བསམ་པ་བྱང་ཆུབ་ཏུ་སེམས་བསྐྱེད་ཅིང་རྒྱལ་སྲས་ཀྱི་སྤྱོད་པ་རླབས་པོ་ཆེ་ཕྱིན་དྲུག་བསྡུ་བཞི་སོགས་ལ་སློབ་འདོད་ཡང་ཡང་....... སྦྱངས། མདུན་གྱི་བླ་མ་ཐུབ་པའི་དབང་པོ་ལས། །རང་འདྲ་ཆད་དེ་ཐིམ་པས་བདག་ཉིད་ནི། །ཐུབ་དབང་སྐུར་གྱུར་དེ་ཡི་འོད་ཟེར་གྱིས། །འགྲོ་ཀུན་བྱང་ཆུབ་མཆོག་ལ་བཀོད་པར་གྱུར། །ཞེས་བརྗོད་དེ་སེམས་བསྐྱེད་འབྲས་བུ་ལམ་བྱེད་ཀྱི་ཚུལ་དུ་སྒོམ་པ་འདི་ནི། རྒྱན་ལས། སེམས་ཅན་འཇིག་རྟེན་དེ་བཞིན་དུ། སྣོད་ཀྱི་འཇིག་རྟེན་མ་དག་པ། །དེ་ལ་དག་པར་སྒྲུབ་པ་ཡིས། །སངས་རྒྱས་ཞིང་ནི་དག་པ་ཉིད། །ཅེས་དང་། སྐབས་བཞི་པའི་སྨོན་ལམ། རང་ལུས་སེམས་ཅན་ཀུན་གྱི་ལུས་སུ་དང་། །དེ་ཉིད་རྒྱལ་སྐུའི་ལུས་སུ་སེམས་པ་ཡི། །དྲན་ཉེ་གཙུག་ན་རིན་ཆེན་མདོ་ལས་སོ། །ཞེས་པའི་

མན་ངག་ཉམས་སུ་ལེན་ཚུལ་ཡིན་པར་གསུངས་སོ། །སེམས་བསྐྱེད་ཀྱི་དམིགས་རྣམ་ཇི་རྒྱས་སུ་གཏོང་བ་ལ་ཚད་མེད་བཞི་སྒོམ་པ་ནི། སེམས་ཅན་ཉེ་རིང་རིས་བྲལ་སྡུག་ལས་གྲོལ། །བདེ་དང་ལྡན་ཞིང་ཟག་མེད་དགའ་བར་རོལ། །དེ་སྒྲུབ་ནུས་པར་བླ་མ་ལྷག་པའི་ལྷའི། །ཐུགས་རྗེ་བདུད་རྩི་རྒྱུ་ཡིས་བྱིན་གྱིས་རློབས། ཞེས་ལན་གསུམ་བརྗོད་དེ་ཚོགས་ཞིང་རྣམས་ཀྱི་སྐུའི་ཆ་ལས་བདུད་རྩི་འོད་ཟེར་དང་བཅས་པ་སྤུར་བཞིན་བབས། ཚད་མེད་བཞིའི་མི་མཐུན་ཕྱོགས་སྦྱངས་ཏེ་ཚད་མེད་བཞི་ལ་གནས་བྱུང་སྙམ་དུ་བསམ། ཚོགས་ཞིང་རྣམས་རིམ་གྱིས་བསྡུས་ཏེ་དབུས་ཀྱི་བླ་མ་ལ་ཐིམ། དེ་ཡང་འོད་དཀར་པོའི་རྣམ་པར་ཞུ་ནས་རང་གི་སྙིང་མཚམས་ནས་ཐིམ་པས་རྒྱུད་བྱིན་གྱིས་བརླབས་པར་བསམ་ལ་ཚོགས་ཞིང་………རྣམས་ཀྱི་གདན་ཁྲི་མི་དམིགས་པར་བསམ་སྟེ། ནམ་མཁའི་དབྱིངས་སུ་སྤྲིན་ཕུང་ཞི་བ་བཞིན། །ཚོགས་ཞིང་མཐའ་དག་ཐུབ་པའི་དབང་པོ་ལ། །བསྡུས་ཏེ་དེ་ཡང་རང་གི་སྙིང་མཚམས་ནས། །ཐིམ་པས་བྱིན་རླབས་མ་ལུས་ཐོབ་པར་གྱུར། །ཞེས་ཚོགས་ཞིང་བསྡུ། ནམ་མཁའི་མཐས་གཏུགས་སེམས་ཅན་ཀུན་དོན་དུ། །བདེ་ཆེན་དང་པོའི་མགོན་པོ་བླ་མ་ལྷའི། །གོ་འཕང་མྱུར་བ་མྱུར་བར་ཐོབ་བྱའི་ཕྱིར། །ཟབ་མོའི་བླ་མའི་རྣལ་འབྱོར་སྒོམ་པར་བྱ། །ཞེས་ཁྱད་པར་གྱི་སེམས་བསྐྱེད་ལན་གསུམ་བྱ། དེ་ལས་རང་གི་གདགས་གཞི་བཏགས་ཆོས་དང་བཅས་པ་འོད་དུ་སྦྱངས་ཏེ་དེ་ཁོ་ན་ཉིད་ཀྱི་དོན་ལ་རྩེ་གཅིག་ཏུ་མཉམ་པར་འཇོག །དེའི་ངང་ལས་རང་གི་གོ་སར་སྣ་ཚོགས་པདྨ་འདབ་མ་སྔོ་སེར་དམར་ལྗང་སོགས་སྤེལ་བའི་ལྟེ་བར་ཉི་མའི་དཀྱིལ་འཁོར་གྱི་གདན་ལ་འོད་སྔོན་པོ་ཁྲུ་གང་བ། དེ་ལས་རང་རྡོ་རྗེ་འཇིགས་བྱེད་ཞལ་གཅིག་ཕྱག་གཉིས་པའི་སྐུར་བཞེངས་པའི་གནས་གསུམ་དུ་ཡི་གེ་གསུམ་གྱིས་མཚན་པ། ཐུགས་ཀའི་ཧཱུྃ་ལས་འོད་ཟེར་འཕྲོས་པས་སྟོང་བཅུད་ཀྱི་མ་དག་པ་སྦྱངས་ཏེ་དག་པའི་རྟེན་དང་རྟེན་པའི་རྣམ་རོལ་དང་། མཆོད་རྫས་རྣམས་ཀྱི་མ་དག་པའི་ཉེས་སྐྱོན་ཐམས་ཅད་སྦྱངས་ཏེ་ངོ་བོ་བདེ་སྟོང་གི་ཡེ་ཤེས་ཡིན་པ་ལ་རྣམ་པ་མཆོད་རྫས་སོ་སོའི་རྣམ་པ་ཅན་བྱེད………ལས་ཟག་མེད་ཀྱི་བདེ་ཆེན་སྐྱེད་ནུས་པར་གྱུར་པའི་མོས་པ་དང་བཅས། ཆོས་དབྱིངས་དང་ལས་རང་ཉིད་འཇིགས་བྱེད་དུ། །གྱུར་པའི་གནས་གསུམ་ཡི་གེ་གསུམ་གྱིས་མཚན། །ཐུགས་ཀའི་ཧཱུྃ་གིས་སྣོད་བཅུད་མཆོད་རྫས་ཀུན། །བདེ་ཆེན་དག་པའི་རྣམ་རོལ་མཆོག་ཏུ་གྱུར། །ཞེས་སྣོད་བཅུད་དང་མཆོད་པ་བྱིན་གྱིས་རླབ། གཉིས་པ་དངོས་གཞི་ལ། མདུན་དུ་ཀུན་བཟང་མཆོད་སྤྲིན་རྒྱ་མཚོའི་དབུས། །རིན་ཆེན་ཁྲི་སྟེང་རྒྱབ་ལ་ཉེ་བའི་ཆར། །ནོར་བུའི་ཁྲི་སྟེང་པད་ཉི་ཟླ་གདན་བཅས། །གསུམ་གྱི་དབུས་མ་ཐུང་ཟད་མཐོ་བའི་སྟེང་། །འཇམ་མགོན་བླ་མ་ཆོས་འཁོར་ཕྱག་རྒྱ་མཛད། །གཡས་ན་རལ་གྲི་གཡོན་ན་གླེགས་བམ་

མཆོག །ཨུཏྤལ་སྟེང་བསྣམས་གྱུར་གྱུམ་མདངས་ལྡན་པའི། །ཆོས་གོས་གསུམ་གསོལ་གསེར་མདོག་པཎ་ཞྭས་མཛེས། །ཞབས་གཉིས་རྡོ་རྗེ་སྐྱིལ་ཀྲུང་གིས་བཞུགས་པའི། །གཡས་གཡོན་རིམ་བཞིན་རྒྱལ་ཚབ་མཁས་གྲུབ་རྗེ། །ཆོས་འཆད་མཉམ་བཞག་ཕྱག་རྒྱས་གླེགས་བམ་བསྣམས། །ཆོས་གོས་གསུམ་གསོལ་པཎ་ཞྭས་དབུ་གཙུག་མཛེས།།མཐའ་སྐོར་རིམ་བཞིན་བླ་མ་ཡི་དམ་སོགས།།སྐྱབས་ཡུལ་ཀུན་འདུས་དགྲེས་པའི་ཉམས་ཀྱིས་བཞུགས། །དེ་དག་གནས་ལྔར་ཡི་གེ་ལྔས་མཚན་པའི། །ཐུགས་ཀའི་ཧཱུྃ་ལས་འོད་འཕྲོས་རབ་འབྱམས་ཀྱི། །ཞིང་ནས་ཕྱོགས་བཅུའི་རྒྱལ་བ་སྲས་བཅས་དང་། །ཁྱད་པར་སྟེང་ཕྱོགས་རྒྱལ་མཚན་མཐོན་པོའི་དབུས། །དགའ་ལྡན་ལྷ་རྒྱའི་མགོན་གྱི་ཐུགས་ཀ་ནས། །རབ་དཀར་× སྲས་དང་བཅས་པ་གནས་འདིར་གཤེགས་སུ་གསོལ། །ཛཿཧཱུྃ་བཾ་ཧོཿདམ་ཚིག་པ་དང་གཉིས་སུ་མེད་པར་གྱུར། ཞེས་ཚིགས་ཞིང་གསལ་འདེབས། ཕལ་ཆེར་གོང་གི་སྐྱབས་འགྲོའི་ཚོགས་ཞིང་དང་འདྲ་ལ། སྟེང་ཕྱོགས་དགའ་ལྡན་བྱམས་པ་མགོན་པོའི་ཞིང་ཁམས་ལེགས་པར་གསལ་བཏབ་སྟེ་ཆོས་ཀྱི་འདུན་ས་པོ་བྲང་རྒྱལ་མཚན་མཐོན་པོར་འཁོར་ཚོགས་རྒྱ་མཚོ་ལྷ་བུའི་དབུས་སུ་རྗེ་བཙུན་བྱམས་མགོན་སྐུ་མདོག་གསེར་བཙོ་མ་ལྷ་བུ་ཕྱག······གཉིས་ཆོས་འཁོར་གྱི་ཕྱག་རྒྱ་མཛད་ཅིང་། མ་འོངས་པ་ན་འཛམ་བུའི་གླིང་འདིར་བྱོན་ནས་ཆོས་ཀྱི་འཁོར་ལོ་བསྐོར་བའི་མཛད་པ་མཛད་པ་ལ་རིངས་པའི་ཚུལ་གྱིས་བཟང་པོའི་བཞུགས་སྟངས་ཀྱིས་བཞུགས་པའི་ཐུགས་ཀ་ནས་རྗེ་ཡབ་སྲས་གསུམ་དང་སྐྱབས་ཡུལ་མ་ཚང་བ་མེད་པར་སྤྱན་དྲངས་པའི་དམིགས་པ་བྱས་ཏེ་དགུག་གཞུག་བཅིང་མཉེས་བྱེད་པ་སོགས་ཀྱི་ཟབ་གནད་ཡིན་གསུང་། ཕྱག་ན་རྡོ་རྗེས་ལྗོ་བྲག་མཁན་ཆེན་ལ། བྱམས་པ་ཉིད་ལ་བསླབ་བཏུས་ཞུས་གསུངས་ལ། རྗེ་བདག་ཉིད་ཆེན་པོའི་སྐུའི་སྐྱེ་བ་ཕྱི་མ་དགའ་ལྡན་གྱི་གནས་སུ་རྒྱལ་སྲས་འཇམ་དཔལ་སྙིང་པོ་ཞེས་པའི་རྣམ་པར་བཞུགས་པའི་ལུང་བསྟན་ཡོད་པ་དང་། རང་རེས་ཀྱང་ད་ལྟ་བྱམས་ཆོས་ལ་ཐོས་བསམ་གྱི་བག་ཆགས་ཙམ་ཟད་རེ་བཞག་པ་དང་། བྱམས་ཆོས་འདི་ཉིད་དར་ཆ་ཆེ་བ་སོགས་ཀྱིས་མ་འོངས་པ་ན་བྱམས་པ་མགོན་པོས་དགྲེས་བཞིན་རྗེས་སུ་འཛིན་པའི་རྟེན་འབྲེལ་གྱི་སྒོ་མང་དུ་ཡོད་པས་འདིར་རྗེ་ཡབ་སྲས་གསུམ་བྱམས····པའི་ཐུགས་ཀ་ནས་སྤྱན་འདྲེན་བྱེད་པ་ལ་ཟབ་གནད་དང་དགོས་པ་ཆེ་བར་གསུངས། དེ་ནས་བསག་སྦྱང་གི་གནད་འདུས་པ་ཡན་ལག་བདུན་པ་མནྡལ་དང་བཅས་པ་འབུལ་བ་ལ། བསྟན་འགྲོའི་ཕན་བདེ་ཡུན་རིང་དུ་གནས་པ་ལ་རྟེན་གཞི་གཟུགས་སྐུ་འདི་ཉིད་བརྟན་པར་བཞུགས་པ་ཏ་ཙང་གལ་ཆེ་ཕྱིར་བརྟན་པར་བཞུགས་པར་གསོལ་བ་འདེབས་པའི་ཡན་ལག་སྔོན་དུ་བླངས་པ་ཡིན་པས །

མདུན་གྱི་ནམ་མཁར་སེང་ཁྲི་པད་ཟླའི་སྟེང་། །ནས། བསྟན་པ་རྒྱས་ཕྱིར་བསྐལ་བརྒྱར་བཞུགས་སུ་

གསོལ། ཞེས་སེང་ཁྲི་རྡོ་རྗེས་མཚན་པ་ཕུལ་བ་ཡབ་སྲས་གསུམ་གྱི་སེང་ཁྲི་ལ་ཐིམ་ནས་བརྟན་པར་བཞུགས་པར་ཞལ་གྱིས་བཞེས་བྱུང་སྙམ་དུ་བསམ། དེ་ནས་སྐུ་གསུང་ཐུགས་ཀྱི་ཡོན་ཏན་དྲན་པའི་སྒོ་ནས་ཕྱག་འཚལ་བ་ལ། ཤེས་བྱའི་ཁྱོན་ཀུན་འཇལ་བའི་བློ་གྲོས་ཐུགས། །ནས། མཐོང་ཐོས་དྲན་པས་དོན་ལྡན་ལ་ཕྱག་འཚལ། ཞེས་པའི་ཚིག་དོན་དྲན་བཞིན་པའི་ངང་ནས་ཕྱག་འཚལ། དེ་ཡང་རྗེ་བདག་ཉིད་ཆེན་པོ་འདི་ཉིད་རེས་པའི་དོན་དུ་རྗེ་བཙུན་འཇམ་པའི་དབྱངས་དང་རྡོ་བོ་གཅིག་ཏུ་བཞུགས་པས། རང་རྒྱུད་ལ་བྱིན་རླབས་འཇུག་ཚུལ་གྱི་སྟེང་ནའང་ཐོག་མར་ཆོས་རབ་ཏུ་རྣམ་འབྱེད་ཀྱི་ཤེས་རབ་ཁྱད་པར་ཅན་སྩལ་ཏེ་ཐུགས་ཀྱི་བྱིན་རླབས་ཁྱད་པར་འཇུག་པའི་གནད་ཡོད་པས་འདིར་ཐུགས་ཀྱི་ཡོན་ཏན་སྔོན་དུ་བླངས་པའི་རྒྱུ་མཚན་དེ་ཡིན་པར་གསུངས། ཡིད་འོང་མཆོད་ཡོན་སྣ་ཚོགས་མེ་ཏོག་དང་། །ནས བསོད་ནམས་ཞིང་མཆོག་ཁྱོད་ལ་མཆོད་པ་འབུལ། །འཇིག་རྟེན་འཇིག་རྟེན་འདས་པའི་དགེ་ཚོགས་སྤྲིན། སྤྲངས་རྟོགས་སྤྱར་བའི་ཟག་མེད་བདུད་རྩི་ཆེ། ཕྱག་རྒྱར་སྒོམས་འཇུག་ཟག་མེད་བདེ་སྟོང་མཆོག། ཟུང་འཇུག་ལྡན་སྐྱེས་བདེ་བས་མཆོད་པར་བགྱི། ཞེས་ཕྱི་ནང་གསང་བ་དེ་ཁོ་ན་ཉིད་དང་སྒྲུབ་པའི་མཆོད་པ་བཅས་འབུལ་ཞིང་། གསང་མཆོད་སྐབས་རང་གི་ཐུགས་ཀ་ནས་ཞིང་སྐྱེས་ལྷན་སྐྱེས་ཀྱི་ཕྱག་རྒྱ་མ་སྤྲོས་ཏེ་རྡོ་རྗེ་འཆང་གི་ཡུམ་ལ་ཐིམ་ནས་དེ་དང་སྙོམས་པར་ཞུགས་པས་ཚོགས་ཞིང་ཐམས་ཅད་ཐུགས་རྒྱུད་གཅིག་པས་ཐམས་ཅད་ཐུགས་རྒྱུད་ལ་བདེ་སྟོང་གི་ཡེ་ཤེས་ཁྱད་པར་ཅན་འཁྲུངས་པར་མོས། དེ་ཁོ་ན་ཉིད་ཀྱིས་མཆོད་པ་འདི་རྗེ་བདག་ཉིད་ཆེན་པོ་ལས་གཞན་གྱིས་ཇི་བཞིན་མ་ཤེས་པ་ལྟ་བུ་ཡིན་པས་ཧ་ཅང་བཀའ་བའི་གནས་སུ་སྣང་མོད་ཀྱང་། པཎ་ཆེན་ཆོས་རྒྱན་གྱིས་དོན་དམ་བྱང་ཆུབ་སེམས་མཆོག་ཁྱོད་ལ་འབུལ་གསུངས་པ་དང་། རྒྱུད་ལས། བཅུ་བཞི་པ་ནི་དོན་དམ་སྟེ། ཞེས་བུམ་དབང་བཅུ་གཅིག་གི་སྟེང་དུ་དབང་གོང་མ་གསུམ་བསྣན་པའི་དབང་བཅུ་བཞི་ས་བཅུ་དང་སྦྱར་ཚེ་དབང་བཞི་པ་ལ་དོན་དམ་ཞེས་གསུངས་ལ། དབང་བཞི་པ་གང་དུ་ཐོབ་པའི་དཀྱིལ་འཁོར་ལའང་དོན་དམ་པ་བྱང་ཆུབ་ཀྱི་སེམས་ཀྱི་དཀྱིལ་འཁོར་ཞེས་གསུངས་པ་སོགས་ཀྱང་བསྒྲིགས་ན་སྐུ་ཐུགས་ཟུང་འཇུག་གི་སྟེང་ནས་འཇོག......དགོས་པར་གསུངས་སོ། །མདོར་ན་ཕྱི་ནང་ཉེར་སྤྱོད་འདོད་ཡོན་དང་། །དབང་བཞི་དང་འབྲེལ་མཆོད་པའི་མཎྜལ། །བློ་ཡིས་བླངས་ཏེ་གུས་པས་འབུལ་ལགས་ན། །ཐུགས་རྗེ་ཆེ་ལྡན་ཉིད་ཀྱི་མཐུས་བཞེས་ཤིག ཅེས་ཕྱིའི་མཎྜལ་ཡོངས་གྲགས་ལྟར་དང་། ནང་གི་མཎྜལ་རང་གི་པགས་པ་དབང་ཆེན་གསེར་གྱི་ས་གཞི། མགོ་བོ་རྣམ་པར་རྒྱལ་བའི་ཁང་བཟང་། མིག་གཉིས་ཉི་ཟླར་མོས་པ་སོགས་གཏོད་ཀྱི་སྐབས་ནས་འབྱུང་བ་ལྟར་ལ། རང་ལྟར་གསལ་བའི་ཐུགས་རྒྱུད་ཀྱི་བདེ་སྟོང་གི་ཡེ་ཤེས་རི་གླིང་གི་རྣམ་པར་ཤར་བ་དང་། སྐུ་ཐུགས་ཟུང་འཇུག་རི་གླིང་གི་རྣམ་པར་ཤར་བ་འབུལ་དམིགས་བྱས་ཏེ་

གསང་བ་དང་དེ་ཁོ་ན་ཉིད་ཀྱི་མཆོད་པ་འབུལ། **གང་ཞིག་ཐོག་མེད་**སོགས་ཀྱི་ཤོ་ལོ་ཀ་གཅིག་གིས་སྟོབས་བཞི་ཚང་བའི་བཤགས་པ་བྱ། ཕོང་ཡོད་ཆེ་ལྟུང་བཤགས་དང་སྡིག་བཤགས། ཚོགས་ཞིང་གི་ཐུགས་ན་བཞུགས་པའི་རྡོར་སེམས་ལས་རང་འདྲ་སེམས་ཅན་ཐམས་ཅད་ཀྱི་སྡིག་ཏོར་སྦྱོན་པའི་དམིགས་པ་དང་བཅས་རྡོར་སེམས་བསྒོམ་བཟླས་དཀྲུས་ལྟར་བྱ་ཞིང་། བདུད་རྩི་འབེབ་སྦྱང་བྱ་ཚུལ་སོགས་ཁྲིད་ཡིག་དག་ལས་ཤེས་དགོས། **།སྙིགས་མའི་དུས་འདིར་མང་ཐོས་སྒྲུབ་ལ་བརྩོན།** །ནས། **བདག་ཅག་བསམ་པ་ཐག་པས་ཡི་རང་ངོ་།** །ཞེས་རྗེས་སུ་ཡི་རངས་སྒོམ་ཞིང་། རྟོགས་བརྗོད་འདུན་ལེགས་མ་དང་། ལམ་རིམ་ཉམས་མགུར་གྱི་སྐབས་ནས་འབྱུང་བ་ལྟར་ཞིབ་ཏུ་བསམ་སྟེ་དད་གུས་རྒྱ་ཆེར་སྒོམ་པ་གལ་ཆེ། རང་དོན་ཡིད་བྱེད་ཀྱིས་མ་གོས་པར་གཞན་དོན་སྒྲུབ་འདོད་ཀྱི་ཀུན་སློང་དག་པའི་ངོས་ནས་ཡི་རངས་སྒོམ་དགོས་པས། བདག་ཅག་བསམ་པ་དག་པས་ཡི་རང་ངོ་། །ཞེས་བརྗོད་ན་ལེགས་པར་གསུངས། བསམ་པ་ཐག་པས་ནི་སྙིང་ཐག་པ་ནས་ཞེས་པའི་དོན་ལ་འཇུག་པས་གང་ལྟར་ཡང་རུང་ངོ་། **།རྗེ་བཙུན་བླ་མ་དམ་པ་ཁྱེད་རྣམས་ཀྱི།** ནས། **ལྷུན་གྲུབ་ཆོས་ཀྱི་ཆར་པ་དབབ་ཏུ་གསོལ།** །ཞེས་པའི་སྐབས་གསེར་གྱི་འཁོར་ལོ་རྩིབས་སྟོང་དང་ལྡན་པ་ཕུལ་ཏེ་ཆོས་འཁོར་སྐོར་བའི་གསོལ་འདེབས་ཞུས་པས་ཞལ་གྱིས་བཞེས་པའི་དམིགས་པ་བྱ། ལྷུན་འགྲུབ་ནི་ཟུང་འཇུག་གི་ཡོན་ཏན་ལ་གོ་དགོས་པས་ཏ་ཙང་ཟབ་པར་སྣང་། **བདག་གིས་ཇི་སྙེད་**སོགས་ཀྱི་དགེ་རྩ་རྣམས་ལ་རྗེ་བདག་ཉིད་ཆེན་པོའི་བསྟན་པའི་སྙིང་པོ་ཡུན་རིང་དུ་གནས་པའི་རྒྱུར་བསྔོ་ཞིང་། འདི་ལ་འདང་གོ་རྒྱུ་ཁྱད་པར་ཅན་མང་དུ་ཡོད་པར་སྣང་སྟེ་ཁྲིད་ཡིག་སོགས་ལས་ཤེས་པར་བྱ། འདིར་མང་དོགས་ནས་འབྲི་མ་ནུས་སོ། །དེ་ནས་**མཆོད་རྒྱས་པ་འབུལ་**ཚུལ་གུང་ཐང་རྗེས་གསུངས་པ་ལྟར་རམ། བསྡུ་ན་ས་གཞི་མ་དང་བདག་གཞན་ལུས་ངག་མ་སོགས་བརྗོད། སངས་རྒྱས་ཞིང་ལ་དམིགས་ཏེ་ཞེས་འདོན་མཁན་མང་མོད་ཀྱང་སངས་རྒྱས་ཀྱི་ཞིང་འབུལ་ཡུལ་མ་ཡིན་པར་རང་ལག་གི་མཆོད་དང་སྟོང་གསུམ་གྱི་འཇིག་རྟེན་རྣམས་སངས་རྒྱས་ཀྱི་ཞིང་ཁམས་དངོས་ཡིན་པར་དམིགས་ཏེ་འབུལ་དགོས་པ་ཡིན་པས། སངས་རྒྱས་ཞིང་དུ་དམིགས་ཏེ་ཞེས་བརྗོད་ན་འགྲིག་ཚུལ་ཚིག་དོན་ལ་བརྟག་ན་ཅིའི་ཕྱིར་མི་ཤེས། དེ་ལྟར་མཆོད་ཕུལ་བས་སྟོང་གསུམ་གྱི་སེམས་ཅན་མཐའ་དག་ལ་ཚོགས་ཞིང་རྣམས་ཀྱིས་ཆོས་བསྟན་ཏེ་མ་སྨིན་པ་རྣམས་སྨིན། སྨིན་པ་རྣམས་གྲོལ། གྲོལ་བ་རྣམས་མཐར་ཕྱིན་པའི་མོས་པ་བྱས་ན་ལེགས། དེ་ནས། **དགེ་བའི་བཤེས་གཉེན་ལ་མ་གུས་པ་ནས་བཟུང་སྟེ་ཐ་མལ་སྣང་ཞེན་གྱི་བར་གྱི་ཕྱིན་ཅི་ལོག་གི་བློ་སྣ་མཐའ་དག་མྱུར་དུ་འགག་པར་བྱིན་གྱིས་བརླབ་ཏུ····གསོལ། དགེ་བའི་བཤེས་གཉེན་སངས་རྒྱས་དངོས་སུ་མཐོང་བ་ནས་བཟུང་སྟེ་མི་སློབ་པའི་ཟུང་འཇུག་གི་བར་གྱི་ལམ་གྱི་རྟོགས་པ་མཐའ་དག་མྱུར་དུ་རྒྱུད་ལ་སྐྱེ་བར་བྱིན་གྱིས་བརླབ་ཏུ་གསོལ།**

རྐྱེན་ཕྱི་ནང་གི་འགལ་རྐྱེན་བར་ཆད་ཐམས་ཅད་ནི་བར་ཞི་བར་བྱིན་གྱིས་བརླབ་ཏུ་གསོལ། ཞེས་གདུང་ཤུགས་དྲག་པོས་གསོལ་བ་བཏབ། འཇམ་དབྱངས་བླ་མའི་ཐུགས་ཀའི་ཧཱུྃ་ཡིག་ལས། །འོད་འཕྲོས་རྒྱབ་ཀྱི་རྡོ་རྗེ་འཆང་ལ་ཕོག །དེ་ཡི་ཐུགས་ཀའི་ཧཱུྃ་གི་འོད་ཟེར་གྱིས། །ཚོགས་ཞིང་གཞན་རྣམས་བསྡུས་ནས་དེར་ཐིམ་ཞིང་། །དེ་ཉིད་ཡབ་རྗེའི་སྤྱི་བོ་ནས་ཞུགས་སྟེ། ཡེ་ཤེས་སེམས་དཔའི་ཚུལ་དུ་བཞུགས་པར་གྱུར། །ཞེས་བརྗོད་དེ་རྡོ་རྗེ་འཆང་རྗེ་བླ་མའི་ཐུགས་ཀར་ཡེ་ཤེས་སེམས་དཔའི་ཚུལ་དུ་བཞུགས་པར་སྒོམ་པ་འདི་ནི། བླ་མཆོད་དུ། ཐུགས་ཀར་ཁྱབ་བདག་རྡོ་རྗེ་འཆང་དབང་ཞེས་སོགས་གསུངས་པའི་མན་ངག་འདིར་སྦྱར་བ་ཡིན་གསུངས། དེ་ཉིད་ལ་དམིགས་ཏེ་སྔར་ཡང་ཡན་ལག་བདུན་པ་མདོར་བསྡུས་བྱ་བ་ལ། གུས་པས་ཕྱག་འཚལ་མཆོད་པ་མ་ལུས་འབུལ། །སྡིག་ལྟུང་ཀུན་བཤགས་དགེ་ལ་རྗེས་ཡི་རངས། །བརྟན་པར་བཞུགས་ནས་ཆོས་འཁོར་བསྐོར་དུ་གསོལ། །བདག་གཞན་དགེ་རྣམས་བྱང་ཆུབ་ཆེན་པོར་བསྔོ། །ས་གཞི་མས་མཇུག་ཕུལ་ཏེ་གསོལ་བ་འདེབས་པ་ལ། སྐུ་བཞིའི་བདག་ཉིད་བླ་མ་ལྷག་པའི་ལྷ། །ཁྱབ་དབང་རྡོ་རྗེ་འཆང་ལ་གསོལ་བ་འདེབས། །སྐྱབས་གནས་ཀུན་འདུས་བླ་མ་ལྷག་པའི་ལྷ། ཁྱབ་དབང་རྡོ་རྗེ་འཆང་ལ་×གངས་ཅན་མཁས་པ་ཀུན་གྱི་གཙུག་གི་རྒྱན། །མཁྱེན་བརྩེ་ནུས་པའི་ཡོན་ཏན་ཡོངས་སུ་རྫོགས། །རིགས་གསུམ་བདག་ཉིད་ངུར་སྨྲིག་རྣམ་རོལ་བ། །འཇམ་མགོན་བླ་མའི་ཞབས་ལ་གསོལ་བ་འདེབས། །ཁྱེད་ཀྱི་མཁྱེན་བརྩེ་ནུས་པའི་ཡོན་ཏན་རྣམས། །བདག་སོགས་རྒྱུད་ལ་སྐྱེ་བར་བྱིན་གྱིས་རློབས། །ཞེས་ཕྱི་ནང་གསང་བའི་ཡོན་ཏན་དྲན་པའི་སྒོ་ནས་གསོལ་བ་འདེབས། སྐབས་འདིར་རྗེའི་ཐུགས་ཀར་ཁྱབ་དབང་འགོད་པའམ་བླ་མ་ཁྱབ་དབང་དབྱེར་མེད་དུ་མོས་པས་ཀྱང་འཐུས། རྒྱལ་སྲས་རྒྱ་མཚོའི་དབུས་ན་འཕགས་པ་རིགས་གསུམ་གྱི་མགོན་པོ་ཉིད་མཁྱེན་བརྩེ་ནུས་གསུམ་གྱི་ཡོན་ཏན་མཚུངས་ཟླ་མ་མཆིས་པ་ལྟར། རྗེ་བླ་མ་ཉིད་གངས་ཅན་མཁས་པ་ཀུན་གྱི་གཙུག་གི་རྒྱན་དུ་གྱུར་ཚུལ་གྱིས་གསོལ་བ་འདེབས་པ་ནི་ཕྱི་མཚུངས་གསལ་བྱེད་དང་། དེ་འདྲའི་མཁྱེན་བརྩེ་ནུས་གསུམ་གྱི་ཡོན་ཏན་རྣམས་རྗེའི་ཐུགས་རྒྱུད་ལ་མངའ་བར་བལྟས་ཏེ་གསོལ་བ་འདེབས་པ་ནི་ནང་ཡོན་ཏན་དེ་ལྡན་དང་། ངེས་པའི་དོན་དུ་འཕགས་པ་རིགས་གསུམ་གྱི་མགོན་པོ་ཉིད་ངུར་སྨྲིག་འཆང་བའི་སྐུའི་རྣམ་པར་རོལ་བའི་སྒོ་ནས་གསོལ་བ་འདེབས་པ་ནི་གསང་བ་ལྷག་པའི་ལྷ་དང་ངོ་བོ་དབྱེར་མི་ཕྱེད……པར་བལྟས་ཏེ་གསོལ་བ་འདེབས་ཚུལ་ཡིན། ཐུགས་ཀར་ཁྱབ་དབང་དང་གཤིན་རྗེའི་གཤེད་གསལ་མ་བཏབ་ཀྱང་དེ་དག་གི་ངོ་བོར་མོས་ཏེ་གསོལ་འདེབས་བྱེད་དགོས་པས། དངོས་གྲུབ་ཀུན་འབྱུང་ཁྱབ་དབང་རྡོ་རྗེ་འཆང་། །དམིགས་མེད་

བསྐྱེ་བའི་× དྲི་མེད་མཁྱེན་པའི་× བདུད་དཔུང་མ་ལུས× འཇམ་དཔལ་ཁྲོས་པའི་ཐློས་གར་གཤིན་རྗེའི་གཤེད། །གངས་ཅན་མཁས་པའི་གཙུག་རྒྱན་ཙོང་ཁ་པ། །བློ་བཟང་གྲགས་པའི་ཞབས་ལ་གསོལ་བ་འདེབས། །ཞེས་གང་མང་བཟླ་ཞིང་ཚིག་དོན་དྲན་བཞིན་པས་གསོལ་བ་ཕུགས་དྲག་ཏུ་འདེབས། དམིགས་བརྩེ་མ་འདི་ཉིད་རྒྱལ་བ་ཀུན་གྱི་ཐུགས་བདེ་སྟོང་གཉིས་སུ་མེད་པའི་ཡེ་ཤེས་དེ་ཉིད་གསོལ་འདེབས་དབྱངས་ཀྱི་རྣམ་པར་ཤར་བས། རེས་འགའ་གསོལ་འདེབས་དབྱངས་ཀྱི་གཟུགས། །ཞེས་བཀའ་གདམས་གླེགས་བམ་ལས་གསུངས། ཟབ་རྒྱས་ཀྱི་ལམ་ཐུན་མོང་དང་ཐུན་མོང་མ་ཡིན་པ་ཡོངས་རྫོགས་འདུས་ཡོད་པས་ཚིག་དོན་ཆེས་ཆེར་ཟབ་ཅིང་བྱིན་རླབས་གཞན་དང་མི་མཉམ་པ་ཡིན་མོད། དེའི་ཚུལ་རྣམས་ཁྲིད་ཡིག་དང་བླ་མའི་ཞལ་ལས་ཤེས་པར་བྱའོ། །དེ་ལྟར་ལན་མང་དུ་བརྗོད་དེ། འཇམ་མགོན་ཡབ་སྲས་གསུམ་གྱི་ཐུགས་ཀ་ནས། །ཐོན་པའི་འོད་ཀྱིས་སྦྲུ་གུའི་ལམ་བརྒྱུད་དེ། །བདུད་རྩིའི་རྒྱུན་བབས་སྤྱི་བོ་ནས་ཞུགས་པས། །མི་ཤེས་རྨོངས་པའི་དྲི་མ་སྦྱངས་པར་གྱུར། །ཞེས་མ་དག་པ་འབྲུད་ཅིང་མི་ཤེས་པ་བསལ་བའི་དམིགས་པ་གཅིག་འབྱུས་བྱས་ཏེ། སྐུ་ཡིས་ཆེ་ཞིང་གསུང་གིས་གསལ། །ཞེས་སོགས་ཀྱི་དམིགས་སྐོར་རྣམས་ཉམས་སུ་ལེན་པར་འདོད་ན། བདུད་རྩིའི་རྫས་རྣམས་འཇམ་དཔལ་ཞི་ཁྲོ་ཡི། །སྐུ་ཡི་རྣམ་པར་གནས་པས་ལུས་གང་སྟེ། །རབ་འབྱམས་གཞུང་དོན་འབྱེད་ལ་ཐོགས་མེད་པའི། །རླབས་ཆེན་ཤེས་རབ་ཐོབ་པར་བྱིན་གྱིས་རློབས། །ཞེས་སོགས་གུང་ཐང་རྗེའི་གསུང་དུ་བཀོད་པ་ལྟར་བྱ་ཞིང་། བསྡུ་ན། བདུད་རྩིའི་རྫས་རྣམས་སྐུ་ཐུགས་ས་བོན་དང་། །ཕྱག་མཚན་གླེགས་བམ་རལ་གྲི་གླེགས་རལ་གྱི། །རྣམ་པས་ལུས་གང་ཆེ་གསལ་མྱུར་ཟབ་དང་། །འཆད་རྩོད་རྩོམ་པའི་ཤེས་རབ་ཐོབ་པར་གྱུར། ཞེས་བརྗོད། དེ་འདྲའི་དམིགས་སྐོར་བདུན་པོ་མཐར་ཆགས་སུ་བྱེད་དགོས་པའི་ངེས་པ་མེད་ཅིང་སྐབས་སུ་གང་བབས་དང་རང་གིས་གང་འདོད་གཙོ་བོར་བྱེད་ཆོག །ཆེ་གསལ་མྱུར་ཟབ་སོགས་ཀྱི་ཤེས་རབ་རྣམས་ཐེས་རྒྱུན་ཐ་དད་ཀྱི་ངེས་པ་མེད་ཅིང་ལྷོག་ཆས་འབྱེད་པས། དེ་དག་གི་བྱེད་ལས་ནི་བདེ་སློན་དུ་གསུངས་པ་ལྟར་ཡིན། སྐུའི་སློ་ནས་ཤེས་རབ་ཆེ་བ་སྒྲུབ་སྐབས་བདུད་རྩིའི་རྫས་ཕྲ་རབ་རྣམས་འཇམ་དཔལ་ཞི་ཁྲོའི་སྐུ་དང་། རྗེ་བླ་མའི་སྐུའི་རྣམ་པས་ལུས་ཀྱི་ནང་གང་བའི་དམིགས་པ་དང་། གསལ་བ་ལ། བདུད་རྩིའི་རྫས་ཐམས་ཅད་འཇམ་དཔལ་ཞི་ཁྲོའི་ཕྱག་མཚན་ཨ་ར་པ་ཙ་དང་། ཡ་མ་རཱ་ཛཱཿདམིགས་བརྩེ་མ། རྗེའི་མཚན་ཕྱག་ཀྱི་རྣམ་པ་དང་། མྱུར་བ་ལ། ཡི་གེ་ཧྲཱིཿཧཱུྃ། བློ་ལྡན་དང་པོ་ཡི་གེ་མ། ཞེས་པ་ལྟར་རྗེའི་མཚན་མ་ཧཱུྃ་ཞེས་པའི་མིང་ཡིག་དང་པོ་མ་ལ་ཐིག་ལེས་བརྒྱན་པས་མ་ཡིག་གི་རྣམ་པ། ཟབ་པ་ལ་འཇམ་དཔལ་ཞི་ཁྲོའི་ཕྱག་མཚན་རལ་གྲི། གྲི་གུག་སོགས་ཀྱི་རྣམ་པས་ལུས་གང་དམིགས་སྒྲོང་། དེ་ལྟ་བུའི་སློ་ནས་དམིགས་བརྩེ་མ

གང་མང་བཟླས་ནས་ཡོན་ཏན་གཞིར་གྱུར་མའི་སྒོ་ནས་ལམ་ཡོངས་རྫོགས་ལ་གཡར་སྒོམ་བྱ་ཞིང་། རྐང་པ་ཐ་མ་ལན་གཉིས་བརྗོད་པའི་དང་པོའི་སྐབས་བདུད་རྩི་འབེབས་སྦྱང་བྱས་ཏེ་སྐབས་སྐབས་ཀྱི་རྟོགས་པ་སྐྱེ་བ་ལ་གེགས་བྱེད་ཀྱི་དྲི་མ་སྦྱོང་བ་དང་། གཉིས་པའི་ཚེ་དེ་དང་དེའི་རྟོགས་པ་ཁྱད་པར་སྐྱེ་བའི་དམིགས་པ་བྱེད། འདིའི་སྐྱེང་ནང་སྐྱངས་རྟོགས་ཕྱུན་ཚོགས་འགྲུབ་པའི་གནད་ཁྱད་པར་ཅན་ཡོད། བདེ་བླག་ཉིད་དུ་འཇུག་པར་བྱིན་གྱིས་རློབས། །ཞེས་པའི་འཕྲོར། རིགས་ལྔའི་སྟོམ་བཟུང་དང་། དེ་ནས། ཁྱོད་ནི་བླ་མ་སོགས་ཀྱིས་ཕྱུར་ཚུགས་གསོལ་འདེབས་ལན་གསུམ་ཤུགས་དྲག་བྱས་པས། རྗེ་བླ་མའི་ཐུགས་ཀའི་རྡོ་རྗེ་འཆང་གི་གནས་གསུམ་ལས་བདུད་རྩི་དཀར་དམར་མཐིང་གསུམ་གྱི་རྒྱུན་རིམ་དང་ཅིག་ཅར་དུ་བབས་པ་རང་གི་གནས་གསུམ་དུ་ཐིམ་པས་སྒྲིབ་བཞི་དག་ཅིང་དབང་བཞིའི་རྟོགས་པ་སྐྱེ་བར་བསམ་ལ། དེ་ལྟར་ལན་གསུམ་གསོལ་བ་བཏབ་པའི་མཐུས། །བླ་མ་རྡོ་རྗེ་འཆང་གི་གནས་གསུམ་ལས། །བདུད་རྩི་འོད་ཟེར་དཀར་དམར་མཐིང་ཀ་གསུམ། །རིམ་དང་ཅིག་ཆར་བྱུང་ནས་བདག་ཉིད་ཀྱི། །གནས་གསུམ་རིམ་དང་ཅིག་ཆར་ཐིམ་པ་ལས། །སྒྲིབ་བཞི་དག་ཅིང་རྣམ་དག་དབང་བཞི་ཐོབ། །སྐུ་བཞི་འགྲུབ་པའི་ནུས་པ་བཞག་པར་གྱུར། །ཞེས་ཉིད་དེ་འཛིན་གྱི་དབང་བཞི་ཐུན་མོང་བ་ལེན། དབང་བཞི་ཐུན་མོང་མ་ཡིན་པ་བླངས་ན་ཆེས་ལེགས་པས་དེའི་ཚུལ་ནི། ཕུར་ལྟར་ཕྱུར་ཚུགས་གསོལ་འདེབས་ལན་གསུམ་བྱས་པས། བླ་མ་རྡོ་རྗེ་འཆང་གི་ཐུགས་ཀའི་ཧཱུྃ་ལས་འོད་ཟེར་འཕྲོས། ནམ་མཁའ་གང་བའི་དབང་ལྷ་སྤྱན་དྲངས་ཏེ་ཕྱག་གི་བུམ་པས་རང་ལ་ཆུ་རྒྱབ་ཀྱི་ཚུལ་དུ་དབང་བསྐུར་བས་ཆུ་དབང་། ཕྱག་ཏུ་ཅོད་པན་ཐོགས་ཏེ་རང་གི་སྤྱི་བོར་བཅིངས་པས་ཅོད་པན་གྱི་དབང་། རང་གི་ལག་ཏུ་རྡོ་རྗེ་དང་དྲིལ་བུ་གཏད་པས་རྡོ་དྲིལ་གྱི་དབང་། རྡོ་དྲིལ་ཞལ་སྦྱོར་དུ་ཐོགས་ཏེ་མིང་གི་དབང་བསྐུར་བའི་དམིགས་པ་དང་། རང་ཉིད་རྡོ་རྗེ་འཆང་ཡུམ་བཅས་སུ་གྱུར་བ་ལ་རྡོ་དྲིལ་ཕྱག་རྒྱའི་དམ་ཚིག་གསུམ་སྦྱིན་པས་རྡོ་རྗེ་སློབ་དཔོན་གྱི་དབང་ཐོབ་པའི་མོས་པ་དང་། བླ་མ་རྡོ་རྗེ་འཆང་ཡབ་ཡུམ་སྙོམས་པར་ཞུགས་པའི་བྱང་སེམས་དཀར་དམར་རང་གི་ལྗེ་ལ་བཞག་པ་མྱངས་པ་ལས་གསང་དབང་། རང་ཉིད་རྡོ་རྗེ་འཆང་ཡུམ་བཅས་སུ་གསལ་ལ་སྙོམས་པར་ཞུགས་པས་དགའ་བཞིའི་ཡེ་ཤེས་སྐྱེས་ཏེ་ཤེར་དབང་། བླ་མ་རྡོ་རྗེ་འཆང་གིས་ཁྱོད་ཀྱིས་དབང་གསུམ་པ་ཐོབ་པའི་སྐབས་སུ་ཞེས་སོགས་ཤེར་དབང་དཔེར་བླངས་ཏེ་ཟུང་འཇུག་ལ་གོ་བ་སྐྱེད་དེ་ཚིག་དབང་ཐོབ་པའི་མོས་པ་བྱ་དགོས་པས། པཎ་ཆེན་ཐམས་ཅད་མཁྱེན་པ་བློ་བཟང་ཆོས་ཀྱི་རྒྱལ་མཚན་གྱིས་མཛད་པའི་གསང་འདུས་ཀྱི་བླ་མའི་རྣལ་འབྱོར་ལྟར་དང་། བླ་མ་དམ་པའི་ཞལ་ལས་ཤེས་དགོས་པས་འདིར་འཕོལ་ཚོད་ཀྱིས་འདྲི་བ་ལ་དགོས་པ་མེད་པས་བཞག་གོ །དེ་ཚེ་དངོས་གྲུབ་རྣམ་གཉིས་འགྲུབ་པའི་གཞི། །ནས། རྡོ་རྗེ་འཆང་གི་གོ་འཕང་ཐོབ་པར་ཤོག །མཇུག་གི་རིམ་པ་ལ། དེ་ལྟར་གསོལ་བ་བཏབ་པས་སྲས་ཀྱི་ཐུ་བོ་གཉིས་རྗེ་བླ་མ་ལ

ཐིམ། རྗེ་བླ་མ་དེ་ཉིད་ཚུར་བྱོན་ཏེ་རང་གི་སྤྱི་བོ་ནས་དབུ་མའི་ནང་བརྒྱུད་དེ་སེང་ཁྲི་སྙིང་ཁའི་རྩ་འདབ་བརྒྱད་དང་། ཟླ་ཉིའི་གདན་མི་ལེགས་པའི་ཐིག་ལེ་དཀར་དམར་དང་འདྲེས། རྩ་བའི་བླ་མ་དེ་ཉིད་རང་གི་ཤིན་དུ་ཕྲ་བའི་རླུང་སེམས་དང་ངོ་བོ་དབྱེར་མེད་ཀྱི་ཚུལ་དུ་བཞུགས་ཏེ་རང་གི་ལུས་ངག་ཡིད་གསུམ་དང་བླ་མའི་སྐུ་གསུང་ཐུགས་དབྱེར་མེད་རོ་གཅིག་ཏུ་གྱུར་པའི་དམིགས་པ་བྱས་ཏེ་བླ་མ་དང་རང་སེམས་ཐ་མི་དད་པ་ལ་ངང་རྒྱལ་དང་གསལ་སྣང་འདོན། སྙིང་པདྨ་འདབ་བརྒྱད་ཁ་ཟུམ་པའི་ནང་འོད་ཟེར་ལྔས་གང་ཞིང་ཕྱི་ནས་འཇམ་དཔལ་ཞི་ཁྲོའི་སྔགས་དང་རྡོ་རྗེའི་མཚན་སྔགས་ཀྱིས་བསྐུམས་པའི་རྩེ་མོར་གསེར་གྱི་རྡོ་རྗེ་ཤིན་ཏུ་ལྕི་བས་མནན་ཞིང་། རྡོ་རྗེའི་དབུས་ན་ལ་བླ་མ་མི་བསྐྱོད་པའི་ངོ་བོ་ཧཱུྃ་ཡིག་ལས་བདུད་རྩི་མར་ཁུ་ལྟ་བུའི་སྦྲུམ་ཆིལ་ལེ་བ་བབས་པ་སྙིང་ཁའི་ནང་གང་……དམིགས་བྱས་ན་སྙིང་རླུང་སེལ་བ་ལ་མཆོག་ཏུ་བསྔགས་གསུངས། དེ་འདྲའི་དམིགས་པ་དང་བཅས། དེ་ལྟར་གསོལ་བ་བཏབ་པས་བླ་མ་མཆོག །ནས། ཞབས་སེན་འོད་ཆགས་བརྟན་པར་བཞུགས་སུ་གསོལ། །འདི་སྣང་འགགས་ཚེ་དགའ་ལྡན་ཞིང་མཆོག་ཏུ། །དགྱེས་བཞིན་རྗེས་བཟུང་ལམ་བཟང་དགའ་སྟོན་སྩོལ། །རྒྱལ་བ་སེང་གེའི་ང་རོར་སངས་རྒྱས་ཚེ། །འཁོར་གྱི་ཐོག་མ་ཉིད་དུ་བདག་གྱུར་ཅིག །དེ་ལྟར་གསོལ་བ་བཏབ་པས་དགྱེས་བཞིན་དུ། །སྙིང་དབུས་བཞུགས་ཤིང་དེ་ཡི་འདབ་མ་རྣམས། །ཟུམ་པའི་ཕྱི་ནས་སྔགས་ཀྱིས་བསྐུམས་པའི་རྩེར། །མི་ཕྱེད་རྡོ་རྗེ་རྒྱ་ཡིས་མཚན་པར་གྱུར། །དུས་གསུམ་དགེ་ཚོགས་གཅིག་ཏུ་བསྡོམས་པའི་མཐུས། །སྐྱེ་ཞིང་སྐྱེ་བར་འཇམ་མགོན་བླ་མ་དང་། །འབྲལ་མེད་བསམ་དང་སྦྱོར་བས་ལེགས་བསྟེན་ནས། །བདེ་ཆེན་མགོན་པོའི་གོ་འཕང་མྱུར་ཐོབ་ཤོག །ཅེས་དགེ་རྩ་རྣམས་འཇམ་མགོན་བླ་མས་འབྲལ་མེད་རྗེས་སུ་འཛིན་པ་དང་། ཟུང་འཇུག་རྡོ་རྗེ་འཆང་གི་གོ་འཕང་ཐོབ་པའི་རྒྱུར་བསྔོ། དེ་ནས་འཇམ་དཔལ་དཔའ་བོ་སོགས་ཀྱི་ཤོ་ལོ་ཀ་གཉིས་དང་། འདི་ལྟར་བགྱིས་པའི་རྣམ་དཀར་དགེ་བ་ཡང་། །ཞེས་སོགས་ལྟ་བུ་བརྗོད་ན་ཆེས་ལེགས་པར་སེམས་སོ། །ཐུན་མཚམས་ཀྱི་སྐབས་སུའང་སྙིང་ཁར་རྗེ་བླ་མ་བཞུགས་ཡོད་སྙམ་དུ་དད་གུས་ཡང་ཡང་སྦྱངས་ཏེ། ཟས་གོས་གནས་མལ་སོགས་ལ་ལོངས་སྤྱོད་པ་ན་སྙིང་ཁའི་རྗེ་བླ་མ་ལ་འབུལ་བའི་དམིགས་པ་དང་། གཞན་གྱིས་རང་ལ་ཕྱག་བྱས་ནའང་སྙིང་ཁའི་བླ་མ་ལ་ཕྱག་འབུལ་བའི་དམིགས་པ་བསྐྱང་ན་དཀོར་སྒྲིབ་ཀྱིས་མི་ཚུགས་ཤིང་ཚོགས་རླབས་པོ་ཆེ་བདེ་བླག་ཏུ་རྫོགས་པ་དང་། སྒོ་གསུམ་གྱི་སྤྱོད་པ་གང་ལའང་སྙིང་ཁའི་བླ་མ་དེ་ཉིད་དཔང་པོའི་ཚུལ་དུ་བཞུགས་པར་བསམ་པས་ཉེས་སྤྱོད་ལས་ལྡོག་ཅིང་དགེ་ཚོགས་འཕེལ་བ་དང་ལྷ་རྗེས་སུ་དྲན་པ་དང་མི་འབྲལ་བའི་གནད་……ཁྱད་པར་ཅན་ཡོད་གསུངས། ཐུན་རྗེས་མ་རྣམས་སུ་ཡང་དགའ་ལྡན་ནས་སྤྱན་འདྲེན་པ་སོགས་གོང་ལྟར་ལ། སྙིང་ཁར་བསྟིམ་

སྐབས་སྙིང་པདྨ་འདབ་བརྒྱད་ཁ་ཕྱེ་བའི་མཚམས་ནས་མར་ཕེབས་ཏེ་སྔར་གྱི་སྙིང་དབུས་སུ་བཞུགས་པའི་རྗེ་བླ་མ་ལ་བསྟིམ། སྔར་ཡང་སྨྲས་འཕྲེང་གིས་བསྔམས་པ་སོགས་གོང་བཞིན་བྱས་པས་བྱིན་རླབས་སོགས་དགོས་པ་ཆེན་པོ་ཡོད་པས་གལ་ཆེའོ། །

གཞན་ཡང་དབང་པོའི་སྒོ་སྟོམ་པ་དང་། ཟས་ཀྱི་ཚོད་རིགས་པ་སོགས་ཀྱང་ལམ་རིམ་ཆེ་ཆུང་གི་སྐབས་ནས་འབྱུང་བ་ལྟར་ལག་ལེན་ལ་འདེབས་པ་དང་། བཤེས་གཉེན་བསྟེན་ཚུལ་སྟོན་པའི་གཞུང་ལ་བལྟས་ཏེ་རང་གི་སེམས་ལ་སྒོར་ཆག་རྒྱབ་ན་ལེགས་པར་སྣང་ངོ་། འདི་དག་ནི་འཇམ་པའི་དབྱངས་དཀོན་མཆོག་བསྟན་པའི་སྒྲོན་མེས་མཛད་པའི་དགའ་ལྡན་གཞུང་བསྡུངས་དེ་ཉིད་གཞིར་བཞག་སྟེ······ངག་འདོན་གྱི་རིམ་པ་རྣམས་རྗེ་བསྟུས་སུ་བཏང་བ་ཡིན་ལ། སོང་ཡོད་ཚེ་གསར་བསྒྲིགས་ཡིག་ཆ་འདི་ལྟ་བུས་སླ་ཆོས་མི་བྱ་བར་ཚད་ལྡན་དམ་པའི་ལེགས་བཤད་ཀྱི་སྙིང་ནས་ཉམས་སུ་བླངས་ན་བྱིན་རླབས་ཀྱི་ཚན་ཁ་གཞན་དང་མི་མཉམ་པས་ཅིས་ཀྱང་དགོས······འཇུག་ཞུའོ། སྨྲས་པ། རིགས་གསུམ་ཀུན་འདུས་འཇམ་མགོན་བླ་མ་ལ། །བརྟེན་པའི་བླ་མའི་རྣལ་འབྱོར་ལ་འབད་དེ། །འདི་ཕྱིའི་ལེགས་ཚོགས་རྩ་བར་རབ་བརྟན་ཅིང་། །མཆོག་མཐུན་དངོས་གྲུབ་སྒྲུབ་པ་དོན་གྱི་གནད། །བདག་འདྲ་བླ་མའི་ལེགས་གསུང་མན་ངག་རྣམས། །ནོར་རྒྱུ་བསེར་བུ་ཙམ་དུ་བཏང་བྱས་ཏེ། །དོན་མེད་འདི་སྣང་གཡེང་བས་ཚེ་ལྷག་ཀུན། །འཛད་པར་བརྩོན་པ་ཤིན་ཏུ་ཞེ་སྐྱོའི་གནས། །དེ་ཕྱིར་སྐལ་དམན་བདག་གིས་གསར་བསྒྲིགས་ཀྱི། །ཡིག་འཛོག་བྲིས་པ་འདི་ཡང་ཆོས་བརྒྱད་ཀྱི། །ཡན་ལག་ཙམ་དུ་འགྱུར་ཕྱིར་གཞན་དག་ལ། །ཕན་པའི་གོ་སྐབས་ཆ་ཙམ་གལ་ཞིག །འོན་ཀྱང་སྙིང་ནས་སྒྲུབ་པ་བྱེད་འདོད་ཀྱི། །སྐལ་ལྡན་བོང་རྡོག་ས་ལྷར་མཐོང་བ་ཡི། །དག་སྣང་ཅན་འགས་བསྐུལ་ངོར་མ་བཟློག་པར། །དམ་པའི་གསུང་གི་རྗེས་ཟློས་ཙམ་ཞིག་བྱས། །ཀྱེ་མ་བདག་བློ་སྨོངས་པའི་མུན་པས་བསྒྲིབས། །སྨན་བཅུད་མན་ངག་ས་འོག་གཏེར་བཞིན་ཟབ། །དེ་ཕྱིར་ནོར་འབྲེལ་ཇི་སྙེད་བྱུང་ངོ་ཅོག །དྲིན་ཅན་བླ་མའི་སྤྱན་སྔར་སྙིང་ནས་འཆགས། །འདིར་འབད་ལེགས་བྱས་ཆ་ཙམ་གང་ཐོབ་པ། །དྲིན་ཅན་བླ་མའི་ཞབས་བརྟན་མཛད་འཕྲིན་རྒྱས། །འཇམ་མགོན་བླ་མས་འབྲལ་མེད་རྗེས་འཛིན་ཅིང་། །ལུས་བཅས་རྒྱལ་བའི་ཐུགས་བཞེད་འགྲུབ་ཕྱིར་བསྔོ། །

ཞེས་དགའ་ལྡན་ལྷ་བརྒྱ་མ་དང་འབྲེལ་བའི་བླ་མའི་རྣལ་འབྱོར་ཉམས་སུ་ལེན་ཚུལ་དགའ་ལྡན་ཞིང་གི་ལམ་ཡིག་ཅེས་བྱ་བ་འདི་ཉིད། གདན་ས་ཆེན་པོ་སྐུ་འབུམ་བྱམས་པ་གླིང་གི་ལུང་རིགས་སྨྲ་བའི་དཀའ་བཅུ། ཨ་ལགས་ཤ་སྨོན་རྒྱས་གླིང་གི་ཞབས་དྲུང་སྔངས་རྒྱས་བསྟན་པའི་རྒྱལ་མཚན་གྱིས་འདི་ལྟ་བུ་ཞིག་བསྒྲིགས་དགོས་པའི་བསྐུལ་མ་ཡང་ཡང་གནང་བ་ལྟར། ཆོས་མེད་རྣམ་གཡེང་

མཁན། ཨ་ཀྱཱ་སྤྲུལ་མིང་འཛིན་པའི་བཙུན་གཟུགས་བསྟན་པའི་རྒྱལ་མཚན་གྱིས་གདན་ས་ཆེན་པོའི་ཉེ་འདབས་སུ་ཚུ་དཀར་རི་ཁྲོད་ཀྱི་མདུན་ངོས་ཆུ་འགྲམ་སྤང་ལྗོངས་སྐྱིད་པའི་གནས་སུ་དབུ་བཙུགས་ཏེ། ཆོས་སྡེ་ཆེན་པོ་སྐུ་འབུམ་རང་གཤག་ཏུ་མཇུག་གྲུབ་པར་བྱས་པ་འདིས་ཀྱང་བདག་ཅག་འཇམ་མགོན་བླ་མས་འབྲལ་མེད་རྗེས་སུ་འཛིན་པར་གྱུར་ཅིག །

༄༅། །འཕོ་བའི་རྣམ་བཞག་ཉམས་སུ་ལེན་ཚུལ་གྱི་རིམ་པ་རྒྱས་པར་ཀུང་ཐང་འཇམ་དཔའི་དབྱངས་ཀྱིས་མཛད་པའི་དགའ་ལྡན······ཞིང་དུ་བསྒྲོད་པའི་བདེ་ལམ་ལྟར་ཤེས་དགོས་ལ། འདིར་དགའ་ལྡན་ལྷ་བརྒྱ་མའི་བླ་མའི་རྣལ་འབྱོར་དང་འབྲེལ་བར་རྒྱུན་གྱི་ཉམས་ལེན་བྱ་ཚུལ་ཙམ་འགོད་པ་ལ། དམིགས་བརྩེ་མའི་སྔོན་ནས་གསོལ་འདེབས་བྱ་ཚུལ་སོགས་གོང་དུ་བཀོད་པ་ལྟར་བྱས་ལ། སླར་ཡང་འཕོ་བའི་འགལ་རྐྱེན་ཞི་ཞིང་མཐུན་རྐྱེན་སྒྲུབ་པ་དང་། ད་ལྟ་ཉིད་དུ་དགའ་ལྡན་ཆོས་ཀྱི་ཕོ་བྲང་དུ་ཕྱིན་ཏེ་བྱམས་མགོན་དང་རྒྱལ་སྲས་འཇམ་དཔལ་སྙིང་པོ་སོགས་ཀྱི་ཞལ་མཐོང་། གསུང་གི་བདུད་རྩི་ལ་ལོངས་སྤྱད་དེ་ཟབ་རྒྱས་ཀྱི་ཉམས་ལེན་མཐར་ཕྱིན་པར་བྱས་ནས་མཁའ་ཁྱབ་ཀྱི་སེམས་ཅན་ཐམས་ཅད་སངས་རྒྱས་ཀྱི་གོ་འཕང་ལ་འགོད་པར་བྱའོ་སྙམ་པའི་སྨོན་འདུན་དང་ཀུན་སློང་ཤུགས་དྲག་གསལ་བཏབ་སྟེ། དམིགས་བརྩེ་མ་གང་མང་བཟླས་ཏེ་གསོལ་བ་བཏབ་པས་འཇམ་མགོན་ཡབ་སྲས་གསུམ་གྱི་སྐུ་ལས་བདུད་རྩིའི་འོད་ཟེར་དང་བཅས་པའི་རྒྱུན་བབས། རང་གི་སྤྱི་བོ་ནས་ཞུགས་ཏེ་ཐོག་མེད་ནས་བསགས་པའི་སྡིག་ལྟུང་སྤྱི་དང་ཁྱད་པར་ངན་སོང་དུ་སྐྱེ་འགྱུར་གྱི་ལས་ངན་སྡིག་སྒྲིབ་དང་དགའ་ལྡན་དུ་སྐྱེ་བ་ལ་གེགས་བྱེད་ཀྱི་ཆ་མཐའ་དག་སྦྱངས་པ་དང་། སྐུ་གསུང་ཐུགས་ཀྱི་བྱིན་རླབས་ཐོབ་ཅིང་དགའ་ལྡན་དུ་སྐྱེ་བའི་མཐུན་རྐྱེན་མ་ཚང་བ་མེད་པའི་རྫོགས་པ་ཁྱད་པར་ཅན་སྐྱེ་བར་བསམས། དེ་ནས་ལམ་ཡོངས་རྫོགས་ལ་ཤར་སྒོམ་དང་ཏིང་ངེ་འཛིན་གྱི་དབང་བཞི་ལེན་ཚུལ་གོང་ལྟར་བྱས་ཏེ། རང་ལུས་ཤེལ་ལྟར་དྭངས་པའི་དབུས་ཀྱི་ཆར། །དབུ་མ་སྨད་ཟླ་སྟོད་ཡངས་ཡར་གྱི་སྣེ། །སྤྱི་བོར་ཁ་བྱེ་མར་སྣེ་སྟེ་འོག་སླེབས། །སྙིང་ཐད་གཉུག་སེམས་དཀར་གསལ་ཐིག་ལེའི་གཟུགས། །དམར་མདངས་ཆགས་པ་འོད་ཀྱི་རང་བཞིན་ཅན། །ཡང་ཞིང་འཕར་ལ་ཁད་པའི་རྣམ་པར་གྱུར། །ཞེས་བརྗོད། འདི་སྐབས་ཀྱི་དམིགས་པ་ཡིད་ལ་བྱེད་ཚུལ་སོགས་ཀུང་ཐང་འཇམ་པའི་དབྱངས་ཀྱི་གསུང་ལྟར་ཤེས་དགོས། རྩ་བའི་བླ་མ་སྐྱབས་གསུམ་ཀུན་འདུས་ཀྱི། །ངོ་བོ་བློ་བཟང་རྒྱལ་བའི་དབང་པོ་དང་། །དབྱེར་མེད་བྱམས་མགོན་ཐུགས་རྗེའི་གཏེར་ཆེན་ལ། །སྙིང་ནས་གསོལ་བ་འདེབས་སོ་བྱིན་གྱིས་རློབས། །ཞེས་རྩ་བའི་བླ་མ་དང་རྗེ་བདག་ཉིད་ཆེན་པོ་རྗེ་བཙུན་བྱམས་པ་མགོན་པོ་རྣམས་ངོ་བོ་དབྱེར་མི་ཕྱེད་པར་བལྟས་ཏེ་སྤྱི་བོར་འབྱོན་པར་གསོལ་བ་ཤུགས་དྲག་ཏུ་འདེབས་པ་ལན་གསུམ་བྱས······པས། སྔར་བཞིན་རང་གི་སྤྱི་བོར་བྱོན་ནས་རིགས་བདག་གི་ཚུལ་དུ་བཞུགས་པའི་མོས་པ་དང་བཅས། དེ་ལྟར་གསོལ་བ་

བཏབ་པས་བླ་མ་མཆོག །བྱིན་གྱིས་རློབས་ཕྱིར་དགྱེས་བཞིན་སྤྱི་བོར་བྱོན། །ཐུགས་ཀའི་དབུ་མའི་མར་སྣེ་རང་ཉིད་ཀྱི། །དབུ་མའི་ཡར་སྣེར་འཁྱོར་ཞིང་དབྱེར་མེད་གྱུར། །རང་སེམས་སྙིང་ཁའི་ཧཱུྃ་ཧེའི་ནང་གི་ཐིག་ལེའི་ངོ་བོར་གསལ་བ་དེ་ཉིད་ཀྱིས་དབུ་མའི་ལམ་ནས་ཡར་བལྟས་པས་སྤྱི་བོ་ན་བཞུགས་པའི་ཡབ་རྗེ་མངོན་སུམ་དུ……མཐོང་། དེའི་ཐུགས་ཀར་འཕོ་འདོད་ཀྱི་དད་འདུན་ཤུགས་དྲག་དང་བཅས། མཁྱེན་བརྩེ་ནུས་པ་འཕྲིན་ལས་ཡོངས་སུ་རྫོགས། །སྐྱབས་མཆོག་མཚུངས་མེད་ཁྱོད་ལ་གསོལ་བ་འདེབས། །འདི་སྣང་ཞེན་པའི་འཆིང་བ་བཅད་དུ་གསོལ། །ལས་ངན་སྡིག་སྒྲིབ་མ་ལུས་སྦྱང་དུ་གསོལ། །གནད་གཅོད་གཤིན་རྗེའི་འཇིགས་ལས་བསྐྱབ་ཏུ་གསོལ། །འཁྲུལ་སྣང་བར་དོའི་འཕྲང་ལས་བསྒྲལ་དུ་གསོལ། །མི་འཁོམ་ངན་སོང་སྐྱེ་སྒོ་བཅད་དུ་གསོལ། །ཟབ་ལམ་འཕོ་བ་འབྱོངས་པར་བྱིན་གྱིས་རློབས། །ལམ་བཟང་བག་ཆགས་མངོན་དུ་གྱུར་བར་མཛོད། །ཡིད་དགའ་ཆོས་འཛིན་གནས་དེར་དྲངས་དུ་གསོལ། །ཞེས་ལན་གསུམ་གསོལ་བ་བཏབ་པའི་དང་པོའི་སྐབས་སྒྲིབ་པ་མེད་པའི་སྙན་གྱིས་གསན་ནས་དེ་ལྟར་བྱིན་གྱིས་རློབས་པ་ལ་ཐུགས་རིངས་པའི་ཚུལ་གྱིས་བཞུགས། གཉིས་པའི་སྐབས་རྗེའི་ཐུགས་ཀ་ནས་འོད་ཀྱི་སྦུ་གུ་དཀར་པོ་ཚངས་བུག་ནས་དབུ་མའི་ནང་བརྒྱུད་དེ་སྦྱུང་བས་རང་སེམས་ཐིམ་ལེ་བཏུམས། གསུམ་པའི་སྐབས་སྦུ་གུ་དེའི་ནང་ནས་འོད་ཟེར་གྱི་ལྕགས་ཀྱུ་གློག་ཞགས་འཁྱུག་པ་བཞིན་སྦྱུང་སྟེ་རང་སེམས་ཐིག་ལེར་གསལ་བ་ལ་བཏབ་པས་ཁབ་ལེན་གྱིས་ལྕགས་ཕྱེ་ལ་རེག་པ་ལྟར་ཡར་དྲངས། ཐུར་སེལ་དྲག་ཏུ་བསྣོམས་པའི་འོག་ནས་ཡར་བཏེགས་པར་བསམ་ལ་ཧིཀ་བརྗོད་དེ་རྣམ་ཤེས་ཐིག་ལེར་གསལ་བ་མགྲིན་པ། ཡང་ཧིཀ་བརྗོད་དེ་ཚངས་བུག་ཏུ་སླེབས། ཀ་ཞེས་བརྗོད་དེ་མར་དལ་བུས་སྙིང་ཁར་བབས་པའི་དམིགས་པ་བྱ། དེ་ལྟ་བུའི་ཚུལ་གྱིས་ལན་གསུམ་མམ་བདུན་ལྟ་བུ་གང་མོས་བྱེད། མཐུག་ཏུ་ཧིཀ་དྲག་པོ་བརྗོད་དེ་རང་སེམས་ཐིག་ལེར་གསལ་བ་ཚངས་བུག་ནས་ཐོན་ཏེ་རྗེ་བླ་མའི་ཐུགས་ཀར་ཐིམ་པས་རང་སེམས་ཐུགས་ཆོས་སྐུ་དང་དབྱེར་མེད་དུ་འདྲེས་པའི་ངང་ལ་ཅུང་ཟད་མཉམ་པར་འཇོག ཀ་ཞེས་སྒྲར་ཡང་མར་ཕབས་ཏེ་རང་གནས་སུ་ཞུགས་དམིགས་བྱ། ཚངས་བུག་ནས་ཐོན་པའི་དམིགས་པ་ཡང་ཡང་བྱས་ན་ཚེ་ལ་གནོད་པའི་ཉེན་ཡོད་པར་གསུངས་པས་ཉིན་རེར་ལན་རེ་ཙམ་བྱ། དེ་ནས། དཔལ་ལྡན་རྩ་བའི་བླ་མ་རིན་པོ་ཆེ། །བདག་གི་སྙིང་ཁར་པདྨའི་སྟེང་བཞུགས་ལ། །ཞེས་སོགས་བརྗོད་དེ་སྤྱི་བོའི་རྗེ་བླ་མ་འོད་དང་བདུད་རྩི་གསེར་ཞུན་མའི་རྣམ་པར་ཞུ་ནས་ཚངས་བུག་མེར་གྱིས་བཀག་པར་མོས་པའམ། ཡང་ན་ཆ་གཅིག་རང་སེམས་རྗེ་བླ་མར་གསལ་བ་ཐིམ། ཆ་གཅིག་གིས་ཚངས་བུག་བཀག་པའི་མོས་པ་བྱ། རང་སེམས་རྗེ་བླ་མར་གསལ་བའི་ཕྱི་ནས་སྙིང་པདྨ་འདབ་བརྒྱད་ཁ་ཟུམ་པའི་རྩེ་མོར་རྡོ་རྗེས་གནོན་པ་སོགས་གོང་

དུ་བཤད་པ་ལྟར་བྱས་ཏེ། འདི་སྣང་འགགས་ཚེ་དགའ་ལྡན་ཞིང་མཆོག་ཏུ། །ནས། བདེ་ཆེན་མགོན་པོའི་གོ་འཕང་མྱུར་ཐོབ་ཤོག །ཅེས་པའི་བར་གོང་དུ་བཤད་པ་བཞིན་ཉམས་སུ་བླངས་པས་འཐུས་སོ། །རྒྱུན་དུ་ཉམས་ལེན་འདི་ལྟར་བྱེད་ཚེ་གཞན་ལ་ཤིན་ཏུ་གསང་དགོས་ཤིང་། སྐབས་སྐབས་སུ་ཚེ་སྒྲུབ་བྱ་བའང་གལ་ཆེ་བར་གསུངས། འཆི་ཁར་ལག་ལེན་དུ་འདེབས་ཚུལ་དང་གཞན་ལ་འདེབས་ཚུལ་སོ་ཏ་གྱུང་ཟང་རིན་པོ་ཆེའི་གསུང་དུ་གསལ་བས་འདིར་ཟློས་ཚུང་ཞིག་བྱ་མི་དགོས་སོ། །གཙོ་ཆེར་ཚེ་འདི་ནི་ནོར་ལོངས་སྤྱོད་སོ་ཏ་ལ་ཆགས་ཞེན་སྒོ་སྣ་ཚོགས་ནས་བཀག་སྟེ་དག་ཞིང་དགའ་ལྡན་གྱི་གནས་སུ་འཕོ་འདོད་ཤུགས་དྲག་དང་། དགའ་ལྡན་གྱི་ཞིང་གི་བཀོད་པ་ཡིད་ཡུལ་དུ་ཡང་ཡང་བྱས་ཏེ་རང་གར་འགྲོ་ཡང་དགའ་ལྡན་དུ་འགྲོ་དམིགས་སོགས་སྐྱོང་བ་དང་། དགེ་རྩ་གང་བྱས་ཐམས་ཅད་བྱམས་མགོན་དང་རྗེ་བླ་མ་ཡབ་སྲས་ཀྱིས་འབྲལ་མེད་རྗེས་སུ་འཛིན་པའི་རྒྱུར་བསྔོ་བ་སོགས་ལག་ལེན་ལ་ཐེབས་དགོས་དང་ཤེས་དགོས་མང་དུ་ཡོད་དེ་ཚད་ལྡན་དམ་པའི་ལེགས་བཤད་དག་ལ་འདྲིས་པར་བྱས་ཏེ་ཉམས་ལེན་དུ་འཁྱེར་བ་གལ་ཆེ་བར་སྣང་ངོ་། དགེ་འདིས་བདག་སོགས་མཁའ་ཁྱབ་འགྲོ་བ་ཀུན། །བྱམས་མགོན་བླ་མས་འབྲལ་མེད་རྗེས་བཟུང་སྟེ། །ཟབ་རྒྱས་གདམས་པའི་བདུད་རྩིར་ལོངས་སྤྱོད་དེ། །མྱུར་དུ་སངས་རྒྱས་འགྲོ་ཀུན་སྒྲོལ་གྱུར་ཅིག །ཅེས་པ་འདི་ཡང་མཁྱེན་དཔྱོད་ཡངས་པའི་སྨྲ་ལྡན། ཨ་ལག་ཤ་སློན་རྒྱས་གླིང་གི་ཞབས་དྲུང་སངས་རྒྱས་བསྟན་པའི་རྒྱལ་མཚན་གྱི་འདོད་མོས་བཞིན། ཤཱཀྱའི་བཙུན་གཟུགས་འཆང་བ་ཨགྱུ་བསྟན་རྒྱན་གྱིས་བྲིས་པ་ཛཡནྟུ།།

༄༅། །དགའ་ལྡན་ལྷ་བརྒྱ་མ་དང་འབྲེལ་བའི་བླ་མའི་རྣལ་འབྱོར་ཉམས་སུ་ལེན་ཚུལ་མདོར་བསྡུས་བཞུགས་སོ། །

༄༅། །རྒྱལ་ཀུན་མཁྱེན་བརྩེ་ནུས་པའི་ཡེ་ཤེས་དབྱིངས། །གསུམ་ལྡན་དུར་སྨྲིག་སྒྱུ་འཕྲུལ་རོལ་པའི་གར། །ལུས་མེད་འགྲོ་བའི་སྐྱབས་མཆོག་བློ་བཟང་གྲགས། །བྱང་ཆེན་མ་ཐོབ་བར་དུ་སྤྱི་བོས་མཆོད། །དེ་ལ་འདིར་དགའ་ལྡན་སྙན་བརྒྱུད་ཀྱི་མན་ངག་དགའ་ལྡན་ལྷ་བརྒྱ་མར་གྲགས་པའི་བླ་མའི་རྣལ་འབྱོར་ཉམས་སུ་ལེན་ཚུལ་ལས་དང་པོ་བ་རྣམས་ཀྱིས་འཇུག་པ་བདེ་བའི་ཕྱིར་མདོར་བསྡུས་ཏེ་བཀོད་པ་ལ། ཐོག་མར་སྐྱབས་འགྲོ་ནི། རང་རྒྱུད་ལ་བརྟགས་ཏེ་ཀུན་སློང་མི་དགེ་བ་སོགས་སྐྱོན་ཅི་མཆིས་ཧླུང་རེ་དགུ་ཐུགས་སོགས་ཀྱིས་བསལ་ཏེ་དགེ་སེམས་ཁྱད་པར་ཅན་གྱི་ངང་ནས་ཚིག་རིས་དང་བསྟུན་པའི་དམིགས་རྣམ་ཕྱེ་ལ་འདི་སྐད། རང་སྣང་མདུན་གྱི་ནམ་མཁའི་དབྱིངས་ངོས་སུ། །པད་སྟོང་ལོ་འདབ་རྒྱས་པའི་རྩེ་མོ་རུ། །འདབ་བཞིའི་ལྟེ་བར་སེང་ཁྲི་ཉི་ཟླའི་སྟེང་། །དབུས་སུ་སྐྱབས་གསུམ་ཀུན་འདུས་ཙོང་ཁ་པར། །དངོས་བརྒྱུད་བླ་མ་རྣམས་ཀྱིས་བསྐོར་བར་བཞུགས། །མདུན་གྱི་འདབ་སྟེང་ཡི་དམ་ལྷ་ཚོགས་དང་། །ཕྱོགས་བཅུའི་སངས་རྒྱས་གཡས་སུ་ལུང་གི་ཆོས། །གླེགས་བམ་རང་སྒྲ་སྒྲོག་པའི་རྣམ་པ་ཅན། །རྒྱབ་ཏུ་བྱང་སེམས་ཉན་རང་འཕགས་པའི་ཚོགས། །གཡོན་ཕྱོགས་མཁའ་འགྲོ་བསྟན་སྲུང་རྒྱ་མཚོར་བཅས། །ཀུན་ཀྱང་སྐུ་ལས་འོད་ཟེར་རབ་བཀྱེ་ཞིང་། །འགྲོ་བའི་དོན་ལ་བརྩོན་པར་དགྱེས་བཞིན་བཞུགས། །རང་གི་མཐའ་སྐོར་རིགས་དྲུག་འགྲོ་ཚོགས་ཀྱིས། །བསྐོར་བར་མོས་ནས་དེ་དག་ལ་བརྟགས་པས། །ཐོག་མེད་དུས་ནས་རྫོངས་པའི་གཞན་དབང་གིས། །བཟོད་མེད་སྡུག་བསྔལ་ཅི་རིགས་མྱོང་བྱེད་ཀྱང་། །ད་དུང་བག་མེད་སྤྱོད་ལ་ཞེན་ཆགས་པ། །མི་དགེའི་རྣམ་སྨིན་ངན་སོང་དུཿཁ་ལས། །གྲོལ་བར་དཀའ་བས་དེ་ལྟའི་སྡུག་བསྔལ་ལ། །འཇིགས་ཤིང་སྐྲག་པའི་སྒོ་ནས་ཚུལ་དེ་ལས། །སྐྱོབ་པའི་ནུས་པ་མཆོག་གསུམ་ལ་ཡོད་པར། །མཐོང་ནས་ཡིད་ཆེས་མོས་གུས་དྲག་པོ་ཡིས། །གསོལ་འདེབས་སྐྱབས་འགྲོ་བཞི་སྐོར་དྲུག་སྐོར་སོགས། །ཅི་རིགས་ལ་འབད་དེ་ལྟར་གསོལ་བཏབ་མཐུས། །སྐྱབས་ཡུལ་སྐུ་ལས་བདུད་རྩིའི་རྒྱུན་བབས་པ། །རང་གཞན་འགྲོ་བའི་ལུས་སེམས་ལ་ཞུགས་པས། །ཕྱི་དང་བྱེ་བྲག་སྡིག་ལྟུང་ཉེས་སྒྲིབ

ཚོགས། །བྱང་ཞིང་སོ་སོའི་སྐྱབས་འོག་ཚུད་པར་གྱུར། །སངས་རྒྱས་ཆོས་དང་ཚོགས་ཀྱི་མཆོག་རྣམས་ལ། ཞེས་སོགས་ལན་གསུམ་གྱིས་ཐེག་པ་ཆེན་པོའི་སྐྱབས་འགྲོ་དང་སེམས་བསྐྱེད་བྱ། སེམས་ཅན་ཐམས་ཅད་བདེ་བ་དང་། × ཞེས་སོགས་ལན་གསུམ་གྱིས་ཚད་མེད་བཞི་བསྒོམ། དེ་དག་གི་སྐབས་སུའང་བདུད་རྩི་འབེབས་སྦྱངས་སོགས་རྒྱུད་ལ་འདྲེས་ངེས་བྱ། མཐར་སྐྱབས་ཡུལ་ཐམས་ཅད་འོད་ཀྱི་རྣམ་པ་རུ། སྙིང་མཚམས་ནས་ཞུགས་བྱིན་གྱིས་བརླབས་པར་གྱུར། དངོས་གཞི་ནི། ཐུབ་ཚོགས་འཛམ་བུ་གླིང་གི་བྱང་ཕྱོགས་ན། །ལྷུན་པོའི་རྩེ་ནས་དཔག་ཚད་ཉེར་བཞི་ཡིས། །བསྐྱུར་བས་ཁྲི་ཁྲག་ལས་འདས་མཐོ་བའི་མཁར། །འདོད་པའི་ལྷ་གནས་དགའ་ལྡན་ཞེས་བྱ་བའི། །གྲོང་ལས་དགོན་པའི་ཚུལ་དུ་རྗེ་བཙུན་གྱི། །ཐུགས་བསྐྱེད་སྟོབས་ལས་བསྒྲུབ་པའི་དག་པའི་ཞིང་། །ཡིད་འོང་གསེར་གྱི་ས་གཞི་བཻཌཱུརྻའི། །མིག་མང་རིས་བྲིས་མཚོ་རྫིང་སྐྱེད་མོས་ཚལ། །དགོས་འདོད་དཔག་བསམ་ལྗོན་པས་མངོན་པར་མཛེས། །རིན་ཆེན་སྣ་ལྔའི་བྲེ་མ་ཡོངས་བརྡལ་བ། །ཁར་བར་བྱ་ཚོགས་ཞི་བའི་དབྱངས་སྒྲོག་ཅིང་། །ཤིན་ཏུ་དྲི་ཞིམ་མེ་ཏོག་གཅལ་དུ་བཀྲམས། །འོད་ཟེར་རྩེ་དགའ་འབར་བས་སྒོ་གསུམ་ལ། །རེག་པ་ཙམ་གྱིས་བདེ་དགའ་ཅི་ཡང་འཕེལ། །སྙོད་བཅུད་དགེ་མཚན་བཀོད་པ་ཐུབ་ཚོགས་དབུས། །ཆོས་ཀྱིས་མཐོ་བའི་ཕོ་བྲང་ཉམས་དགའ་བ། །རྒྱལ་མཚན་མཐོན་པོར་གྲགས་པའི་མདུན་ས་རུ། །མི་ཕམ་རྒྱལ་བས་ཆོས་འཁོར་བསྐོར་བའི་གནས། །དྲི་མེད་ཡི་དགའ་ཆོས་འཛིན་ཞེས་བྱ་བར། །གདོང་ལྔས་ལེགས་བཏེག་རྡོ་རྗེས་ཉེར་མཚན་ཁྲིར། །རྗེ་བཙུན་བྱམས་མགོན་བཟང་པོའི་འདུག་སྟངས་ཅན། །གསེར་རིའི་མདངས་འཕྲོག་མཚན་དཔེའི་དཔལ་འབར་བ། །ལྷ་ཡི་གོས་དང་རིན་ཆེན་རྒྱན་གྱིས་སྤྲས། །ཕྱག་གཉིས་ཆོས་འཁོར་ཀླུ་ཤིང་འདབ་མའི་སྟེང་། །འཁོར་ལོ་རི་ལ་བས་མཚན་ཅིང་དབུ་གཙུག་ཏུ། །དགེ་བའི་བཤེས་གཉེན་འབྲལ་མེད་བསྟེན་ཅིག་ཅེས། །འདོམས་ཕྱིར་བྱང་ཆུབ་མཆོད་རྟེན་བཟང་པོས་མཛེས། །གཡས་གཡོན་བྱང་སེམས་ནམ་མཁའ་དྲི་མ་མེད། །འཇམ་དཔལ་སྙིང་པོ་ལ་སོགས་སར་གནས་དང་། །ལྷའི་བུ་དྲི་མེད་འོད་ཟེར་ལ་སོགས་པ། །རབ་འབྱམས་ཞིང་ནས་འདུས་པའི་དག་པའི་འཁོར། །མཐའ་ལས་འདས་པར་རྒྱལ་ཡུམ་དགོངས་པའི་དོན། །མ་སྨྲས་གསལ་བར་སྟོན་པའི་ཚངས་པའི་དབྱངས། །ལྷང་ལྷང་སྒྲོག་སོགས་སྙོད་བཅུད་དགེ་མཚན་ཀུན། །འཇིག་ཤེས་དབང་པོའི་

ཡུལ་དུ་མངོན་སུམ་དུ། །གསལ་བར་སྣང་ཞིང་རྗེ་བཙུན་ཐུགས་གསང་མཛོད། །དཔལ་གྱི་བེ་ཅུ་ལྷམ་མེར་བཀྲ་བའི་ནང་། །རྒྱལ་བ་ཀུན་འདུས་འཇམ་མགོན་བློ་བཟང་གྲགས། །དཀར་ལ་དམར་བའི་མདངས་འཛིན་བརྗིད་བག་ཅན། །ཕྱག་གཉིས་ཆོས་འཁོར་ཕྱག་རྒྱས་བཟུང་བ་ཡི། །ཨུཏྤལ་འདབ་མ་སྙན་གྱི་བུ་གའི་ཐད། །ཕྱི་སྙིང་ཤེས་རབ་རལ་གྲི་གླེགས་བམ་འཛིན། །ཞབས་གཉིས་རྡོ་རྗེའི་སྐྱིལ་ཀྲུང་ཚུལ་དུ་བཞུགས། །གཡས་སུ་རྒྱལ་ཚབ་ཅུང་ཟད་བགྲེས་ཉམས་ཅན། །སྐུ་མདོག་དཀར་པོ་དབུ་དུད་ཞི་ཞིང་དུལ། །གཡོན་དུ་མཁས་གྲུབ་ལང་ཚོ་དར་ལ་བབས། །སྨྲ་ངན་ཟིལ་གནོན་སྤྱན་གཉིས་འབུར་ཚུགས་གཟིགས། །གཉིས་ཀའི་ཕྱག་གཉིས་ཆོས་འཆད་མཉམ་གཞག་སྟེང་། །རང་རང་ཉམས་ལེན་ཆོས་མཛད་གླེགས་བམ་འཛིན། །ཡབ་སྲས་གསུམ་ག་གསེར་མདོག་པཎ་ཞྭ་དང་། །དུར་སྨྲིག་མདངས་ལྡན་ཆོས་གོས་རྣམ་གསུམ་གསོལ། །བ་སྤུའི་ཁུང་བུ་རེ་རེར་ཡང་གྲངས་མེད་པའི། །རྒྱལ་བའི་ཞིང་ཁམས་བཀོད་པ་ཡོངས་རྫོགས་པ། །བརྟན་གཡོའི་དངོས་ཀུན་དག་པའི་བདག་ཉིད་ཅན། །ཞིང་བཅུ་ཕུན་ཚོགས་འོད་ཀྱིས་འགངས་བཞིན་བཞུགས། །དེ་ལྟར་ཀུན་སྡོམས་ཐུགས་བརྩེའི་སྤྲུལ་འཕྲུལ་གྱི། །རོལ་གར་བསམ་མི་ཁྱབ་ལས་གླིང་མཆོག་འདིའི། །བསྟན་དང་འགྲོ་བའི་བསོད་ནམས་ཞིང་མཆོག་ཏུ། །ཐུགས་རྗེ་བསྐུལ་བའི་གསོལ་འདེབས་འདི་ལྟར་བྱ། །དགའ་ལྡན་ལྷ་བརྒྱའི་མགོན་གྱི་ཐུགས་ཀ་ནས། །ཞེས་པ་ནས། གསལ་བྱེད་ཤོག །ཅེས་པའི་བར་ཚིག་རིགས་དང་བསྟུན་པའི་དམིགས་རྣམ་གསལ་ཕྱེ་སྟེ་དཔལ་བུས་བརྗོད། དེའང་ཤློ་ཀ་དང་པོས་སྤྱན་འདྲེན་པ། གཉིས་པ་ནས་བཟུང་རིམ་གྱིས་སྤྱན་ལས་མི་འདའ་བར་གསོལ་བ་འདེབས་པ། ཕྱག་འཚལ། མཆོད་འབུལ། སྡིག་བཤགས། ཡི་རང་། ཆོས་འཁོར་བསྐོར་བར་བསྐུལ་བ། དགེ་ཚོགས་བསྔོ་བ་སྟེ་བདུན་རྣམ་དག་བྱ། དེ་ནས་སྦྱོར་བ་ལ་དགའ་ན་སྔར་ཡང་མཆོད་འབུལ་སྡིག་བཤགས་གཞན་ནས་ཁ་བསྐངས་ཏེ་བགྱིས་ཀྱང་ཆོག མ་བྱས་ཀྱང་ཆད་པའི་སྐྱོན་དུ་མི་འགྱུར། བསོད་ནམས་ཀྱི་ཚོགས་རྫོགས་ཕྱིར་མཎྜལ་རྒྱས་བསྡུས་ཅི་རིགས་དབུལ་ཞིང་། དེ་རྗེས་དམིགས་བརྩེ་མ་བཞི་སྐོར་ལྔ་སྐོར་དགུ་སྐོར་ཅི་རིགས་པའི་སྒོ་ནས་གསོལ་འདེབས་ལ་འབད་ཅིང་། དམིགས་པ་ནི། འཇམ་མགོན་ཡབ་སྲས་གསུམ་གྱི་ཐུགས་ཀ་ནས། །སྤྲིན་དཀར་འོད་ཟེར་འབར་བ་སྤུ་གུ་ཅན། །འཕྲོས་ཏེ་རང་གི་སྤྱི་བོར་ཉེ་བའི་མཚམས། །གཅིག་ཏུ་འདྲེས་པའི་སྣེ་མོ་ཚངས་བུག་ཏུ། །གཟུགས་པའི་ནང་བརྒྱུད་མཁྱེན་བརྩེ་ནུས་གསུམ་གྱི། །རང་བཞིན་བདུད་རྩི་འོ་མའི་རྒྱུན་ལྟ་བུ། །

བབས་པས་ལུས་ཀྱི་ཆ་ཤས་ཡོངས་གང་བས། །ནད་གདོན་སྡིག་སྒྲིབ་ཉེས་ལྟུང་བག་ཆགས་ཚོགས། །མཐའ་དག་དུད་ཁུ་སོལ་ཁུའི་རྣམ་པ་རུ། །བ་སྤུའི་བུ་ག་ཀུན་ནས་ཕྱིར་ཐོན་དག །བདུད་རྩིའི་འོད་ཀྱི་སྣང་བས་བླང་དོར་ལ། །རྨོངས་པའི་མ་རིག་མུན་པ་ཡོངས་བསལ་ཏེ། །བློ་གྲོས་ཟད་མི་ཤེས་པའི་མཆོག་ཐོབ་ནས། །རང་ལུས་དྭངས་གསལ་འོད་ཀྱི་ཕུང་པོར་གྱུར། །དེ་ལྟར་གསོལ་འདེབས་ཀྱི་རིམ་པར་དུས་དང་རྣམ་པ་ཀུན་ཏུ་རྗེ་བླ་མའི་ཡོན་ཏན་དྲན་བཞིན་དྭང་བའི་ཡིད་ཀྱིས་འབད། སྐབས་ཡང་མི་ཤེས་པ་བསལ་བ་སོགས་བྱ་བར་འདོད་ན་དམིགས་ཁྱད་གཞན་ལས་ཤེས་པར་བྱའོ། ལམ་གྱི་རིམ་པ་ལ་བློ་སྦྱོང་ཆེད་ཡོན་ཏན་གཞིར་གྱུར་མའི་སྒོ་ནས་གསོལ་འདེབས་ཤུགས་དྲག་སྐབས་སྐབས་བདུད་རྩི་འབེབས་སྦྱངས་དང་བཅས་པ་བྱ། མཇུག་ཏུ། དཔལ་ལྡན་རྩ་བའི་བླ་མ་རིན་པོ་ཆེ། ཞེས་སོགས་ལན་གསུམ་བརྗོད། དམིགས་པ་ནི། དེ་ལྟར་གསོལ་བ་བཏབ་པའི་མཐུ་ལས་སྤྲུས་གཉིས་སེང་ཁྲི་དང་བཅས་པ་གཙོ་བོ་སེང་ཁྲི་དང་བཅས་ལ་ཐིམ། དེ་ཉིད་རང་གི་སྤྱི་བོར་བྱོན་པ་རིམ་གྱིས་དབུ་མའི་ལམ་བརྒྱུད་སྙིང་པདྨ་འདབ་བརྒྱད་ཀྱི་རྣམ་པ་ཁ་བྱེ་བའི་ནང་དུ། པད་ཟླའི་སྟེང་མཐེབ་སོར་གྱི་ཚད་ཙམ་དུ་གྱུར་བ་རང་སེམས་དང་དབྱེར་མེད་དུ་འདྲེས། ཇི་སྲིད་སངས་རྒྱས་མ་ཐོབ་ཀྱི་བར་དུ་བཞུགས་པར་མོས། སྙིང་གའི་པདྨ་ཁ་ཟུམ་པའི་རྩེ་མོར་གསེར་གྱི་རྡོ་རྗེ་རྩེ་ལྔ་ཕྱེད་པ་དང་། །ཕྱི་ནས་དམིགས་བརྩེ་མའི་ཐུགས་ཀྱིས་བཀྲིས་པས་མི་གཤེགས་པའི་རྒྱ་ཡིས་བཏབ་པར་བསམ། སྨྲས་པ། །སྙན་བརྒྱུད་རིན་ཆེན་འབྱུང་གནས་ཆེ། །རྣམ་དཔྱོད་ས་འཛིན་གྱིས་བསྒྲུབས་པས། །ལེགས་བཤད་བསིལ་བྱིན་དབང་པོ་འདི། །སྐལ་བཟང་ཀུན་འི་གཉེན་དུ་བསྒྲུབས། །འདིར་འབད་རྣམ་དཀར་དགེ་ཚོགས་སྟོབས། །མཐུ་ལས་འགྲོ་ཀུན་དགེ་ལྡན་གྱི། །རིང་ལུགས་ཞུགས་ཏེ་རླབས་ཆེན་སྤྱོད། །མཐར་ཕྱིན་འགྲོ་ཀུན་མངོན་འགྱུར་ཤོག །ཅེས་པ་འདི་ནི་གཟིམས་འགག་པ་དགེ་འདུན་བཀྲ་ཤིས་ནས་རྒྱུན་གྱི་དགེ་སྦྱོར་སྐབས་སུ་བབས་པ་ཞིག་མདོར་བསྡུས་བྱ་སླའི་ཚུལ་དུ་དགོས་ཚུལ་བྱུང་བར་དགའ་ལྡན་དང་འབྲེལ་བའི་རྣམ་འགྱུར་ཉམས་སུ་ལེན་ཚུལ་འདི་ཉིད་ཆོས་སྨྲ་བའི་བཙུན་པ་བློ་བཟང་ཐུབ་བསྟན་ཆོས་ཀྱི་ཉི་མ་དགེ་ལེགས་རྣམ་རྒྱལ་དཔལ་བཟང་པོར་འབོད་པས་ཧོར་ཆེན་དར་ཁང་གོ་ཤོག་ཐང་རག་སུ་མའི་གཙུག་ལའི་ཡང་སྟེང་པོ་བྲང་དུ་བྲིས་པའོ། ། བཀྲ་ཤིས། ། ཞལ་གྲོ། །

༄༅། །བླ་མའི་རྣལ་འབྱོར་དགའ་ལྡན་ལྷ་བརྒྱ་མ་དང་འབྲེལ་བའི་ཆུ་མཆོད་ཀྱི་འདོན་འགྲིགས་བཞུགས་སོ། །

༄༅། ན་མོ་གུ་རུ་བྷྱཿ འདིར་བླ་མའི་རྣལ་འབྱོར་དགའ་ལྡན་ལྷ་བརྒྱ་མ་དང་འབྲེལ་བའི་ཆུ་མཆོད་ཀྱི་འདོན་ཆའི་རིམ་པ་ནི། ཐོག་མར་གཙང་ཞིང་ཡིད་དུ་འོང་བའི་གནས་སུ་སྐུ་གསུང་ཐུགས་ཀྱི་རྟེན་རྣམས་བཀྲམ་པའི་མདུན་སར། སྟེགས་ཀྱི་ཁར་ཆུ་མཆོད་བརྒྱ་སྟོང་སོགས་བཤམ་བཞིན་པའི་ཐུ་ནས། ན་མོ་གུ་རུ་བྷེ་སོགས་སམ། བླ་མ་ལ་སྐྱབས་སུ་མཆིའོ། སོགས་ཀྱི་སྐྱབས་འགྲོ་བརྒྱ་སྐོར། དེ་ནས། སངས་རྒྱས་ཆོས་ཚོགས་མ། ཚར་གསུམ། དཀོན་མཆོག་གསུམ་ལ་བདག་སྐྱབས་འཆི། སོགས་ཚར་གསུམ། མ་གྱུར་ནམ་མཁའི་མཐའ་དང་མཉམ་པའི་སེམས་ཅན་ཐམས་ཅད་ཀྱི་དོན་དུ་མྱུར་བ་མྱུར་བར་ཡང་དག་པར་རྫོགས་པའི་སངས་རྒྱས་ཀྱི་གོ་འཕང་རིན་པོ་ཆེ་ཅི་ནས་ཀྱང་ཐོབ་པར་བྱ། དེའི་ཕྱིར་དུ་བཀའ་གདམས་བརྒྱུད་པའི་བླ་མ་གོང་མ་རྣམས་ཀྱིས་དཀོན་མཆོག་ལ་མཆོད་པ་མཛད་པའི་རྗེས་སུ་ཞུགས་ཏེ། ཟབ་ལམ་བླ་མའི་རྣལ་འབྱོར་དང་འབྲེལ་བའི་མཆོད་པ་འབུལ་བའི་ལས་ལ་ཅི་ནུས་ཀྱིས་བརྩོན་པར་བྱའོ། ཞེས་སྐྱོ་སྒོམ་སེམས་བསྐྱེད་རྒྱུད་དང་འདྲེས་ངེས་སུ་བྱས་ནས། ཐམས་ཅད་དུ་ནི་ས་གཞི་དག །གསེག་མ་ལ་སོགས་མེད་པ་དང་། །ལག་མཐིལ་ལྟར་མཉམ་བཻ་ཌཱུརྱའི། །རང་བཞིན་འཇམ་པོར་གནས་འགྱུར་ཅིག། ཨོཾ་ན་མོ་བྷ་ག་ཝ་ཏེ་བཛྲ་སཱ་ར་པྲ་མརྡ་ནི། ཏ་ཐཱ་ག་ཏཱ་ཡ། ཨརྷ་ཏེ་སམྱཀྶཾ་བུདྡྷཱ་ཡ། ཏདྱ་ཐཱ། ཨོཾ་བཛྲེ་བཛྲེ། མཧཱ་བཛྲེ། མཧཱ་ཏེ་ཛ་བཛྲེ། མཧཱ་བི་དྱཱ་བཛྲེ། མཧཱ་བོ་དྷི་ཙིཏྟ་བཛྲེ། མཧཱ་བོ་དྷི་མཎྜོ་པ་སཾ་ཀྲ་མ་ཎ་བཛྲེ་སརྦ་ཀརྨ་ཨ་ཝ་ར་ཎ་བི་ཤོ་དྷ་ན་བཛྲེ་སྭཱཧཱ། ཞེས་མཆོད་སྦྱིན་གཟུངས་ཚར་གསུམ་སོགས་བརྗོད་ཅིང་རོལ་མོའི་སྒྲ་བྱ། དཀོན་མཆོག་གསུམ་གྱི་བདེན་པ་དང་། སངས་རྒྱས་བྱང་ཆུབ་སེམས་དཔའ་ཐམས་ཅད་ཀྱི་བྱིན་གྱིས་བརླབས་དང་། ཚོགས་གཉིས་ཡོངས་སུ་རྫོགས་པའི་མངའ་ཐང་ཆེན་པོ་དང་། ཆོས་ཀྱི་དབྱིངས་རྣམ་པར་དག་ཅིང་བསམ་གྱིས་མི་ཁྱབ་པའི་སྟོབས་ཀྱིས་ཕྱོགས་བཅུ་ན་བཞུགས་པའི་རྒྱལ་བ་སྲས་དང་བཅས་པ་ཐམས་ཅད་ཀྱི་སྤྱན་སྔར་བྱང་ཆུབ་སེམས་དཔའ་འཕགས་པ་ཀུན་ཏུ་བཟང་པོ་དང་འཇམ་དཔལ་དབྱངས་ལ་སོགས་པའི་རྣམ་པར་འཕྲུལ་བ་ལས་བྱུང་བའི་མཆོད་པའི་སྤྲིན་གྱི་ཕུང་པོ་བསམ་གྱིས་མི་ཁྱབ་པ་ཟད་མི་ཤེས་པ་ནམ་མཁའ་དང་

མཉམ་པ་འབྱུང་བར་གྱུར་ཅིག། གཞན་ཡང་ལྷ་དང་མིའི་ཡུལ་ན་འདོད་པའི་ཡོན་ཏན་ལྔ་དང་། བདེ་བའི་ལོ་བྱེད་མཁོ་དགུ་བཟང་དགུ་ཕུན་སུམ་ཚོགས་པ་མ་ཚང་བ་མེད་པ་ཇི་སྙེད་ཅིག་མཆིས་པ་ཐམས་ཅད་འབྱུང་བར་གྱུར་ཅིག། བླང་དོར་གནས་རྣམས་མ་རིག་འཁྲུག་པོས་བསྒྲིབས། ཞེས་པ་ནས། འཕོངས་པའི་གཉེན་གཅིག་དྲིན་ཅན་བླ་མ་དང་། །དབྱེར་མེད་བློ་བཟང་ཐུབ་དབང་རྡོ་རྗེ་འཆང་། །འཁོར་དང་བཅས་ལ་ནས་འདིར་གཤེགས་ཤིག དགའ་ལྡན་ལྷ་བརྒྱའི་མགོན་གྱི་ཐུགས་ཀ་ནས། །ཞེས་པ་ནས། བསྟན་པའི་སྙིང་པོ་རིང་དུ་གསལ་བྱེད་ཤོག །མཚམས་འདིར་སྔོན་དམིགས་རི་མ་ཞལ་ཤེས་དང་བཅས་དམིགས་བརྩེ་མ་གྲངས་ཇི་ལྟར་འཚམ་པ་རེ་བཟླ། དེ་ནས་ལངས་ཏེ་ཕྱག་འཚལ་བ་དང་བཅས། སངས་རྒྱས་ཐམས་ཅད་འདུས་པའི་སྐུ། སོགས་དང་། བླ་མ་སངས་རྒྱས་བླ་མ་ཆོས། སོགས་དང་། གང་གི་དྲིན་གྱིས་བདེ་ཆེན་ཉིད། སོགས་དང་། རྒྱལ་བ་ཐམས་ཅད་གཅིག་བསྡུས་རྡོ་རྗེ་འཆང་། །གདུལ་བྱའི་དོན་དུ་བཞེས་གཉེན་ཚུལ་འཛིན་པ། །བློ་བཟང་གྲགས་པའི་དཔལ་ཞེས་ས་གསུམ་གྱི། །སྐྱེ་དགུའི་འདྲེན་པ་མཆོག་ལ་ཕྱག་འཚལ་ལོ། །གང་གིས་བདག་ལ་རིག་པ་བསླབས་པ་དང་། །མདོ་རྒྱུད་བསྟན་བཅོས་མན་ངག་རྗེས་བསྟན་ཅིང་། བསླབ་པ་སྩལ་དང་དབང་བསྐུར་བྱིན་བརླབས་པའི། །དངོས་བརྒྱུད་བླ་མ་རྣམས་ལ× གསང་བ་འདུས་པ་བདེ་མཆོག་ཧེ་རུ་ཀ། །དཔལ་ཆེན་རྡོ་རྗེ་འཇིགས་བྱེད་ལ་སོགས་པའི། །གྲངས་མེད་རྒྱུད་སྡེ་བཞི་ཡི་འཁོར་ལོའི་ཚོགས། །ཡི་དམ་ལྷ་ཚོགས་རྣམས་ལ× མཁའ་མཉམ་འགྲོ་ལ་མཁྱེན་བརྩེས་རབ་དགོངས་ནས། སོགས་དང་། མཐུན་པའི་སྨོན་ལམ་དགེ་ཚོགས་རྨད་བྱུང་ཞིང་། །སྤྱད་པ་སྤྱད་ཆེ་ནམ་ཡང་མཆེད་གྱུར་ལ། །བསྐལ་བཟང་གཅིག་ལ་མཛད་པ་མཐར་ཕྱིན་པའི། །རྫོགས་པའི་སངས་རྒྱས་སྟོང་ལ× གང་གིས་མཚན་ཙམ་བརྗོད་དང་དྲན་པས་ཀྱང་། །མི་བཟད་སྡིག་པའི་དཔུང་ཚོགས་ཞི་གྱུར་པ། ཤཱཀྱ་ཐུབ་ལ་སོགས་བདེ་གཤེགས་སོ་ལྔ་ལ། །རྩེ་གཅིག་གུས་པའི་ཡིད་ཀྱིས× མཚན་ལེགས་རིན་ཆེན་གསེར་བཟང་མྱ་ངན་མེད། སོགས་དང་། ཀུན་བྱུང་ཐུན་པའི་ས་བོན་མཐར་མཛད་ཅིང་། སོགས་དང་། འཇམ་དབྱངས་ཕྱག་ན་རྡོ་རྗེ་སྤྱན་རས་གཟིགས། སོགས་དང་། དུས་གསུམ་རྒྱལ་བ་རྒྱལ་སྲས་ཐུགས་རྗེ་ནི། སོགས་དང་། ཐུབ་པའི་བསྟན་ལ་ཤིང་རྟའི་སྲོལ་གཏོད་ནས། སོགས་དང་། བཤད་སྒྲུབ་གདམས་པའི་མཆོག་མངའ་ཨ་ཏི་ཤ །བཀའ་གདམས་བསྟན་པའི་མེས་པོ་

འབྲོམ་སྟོན་རྗེ། །རྣལ་འབྱོར་རྣམ་བཞི་སྐུ་མཆེད་གསུམ་ལ་སོགས། །བཀའ་གདམས་བླ་མ་རྣམས་ལ× བདེ་ཆེན་མགོན་པོ་བློ་བཟང་གྲགས་པའི་དཔལ། །སོགས་དང་། རབ་འབྱམས་གསུང་རབ་ཀུན་ལ་བལྟ་བའི་མིག། སོགས་དང་། དུས་གསུམ་ཕྱོགས་བཅུར་བཞུགས་པའི་བླ་མ་དང་། སོགས་དང་། ཇི་སྙེད་སུ་དག་ནས་བདག་གིས་བསྟོད། སྐབས་གྲལ་ལ་འཁོད་དེ། འདོད་ཆགས་ཞེ་སྡང་ནས་བྱང་ཆུབ་ཕྱིར་བསྔོའོ། ཞིང་ཁམས་འབུལ་བར་ཞུ། ཨོཾ་བཛྲ་བྷཱུ་མི་ཨཱཿཧཱུྃ། དབང་ཆེན་གསེར་གྱི་ས་གཞི། ཞེས་པ་ནས། དབུས་སུ་ལྷ་དང་མིའི་དཔལ་འབྱོར་ཕུན་སུམ་ཚོགས་པ་མ་ཚང་མེད་པ་ཞིང་ཁམས་རྣམ་པར་དག་པ་ཆ་ཚང་བ་འདི་ཉིད་དྲིན་ཅན་རྩ་བ་དང་བརྒྱུད་པར་བཅས་པའི་དཔལ་ལྡན་བླ་མ་དམ་པ་རྣམས་དང་ངོ་བོ་དབྱེར་མ་མཆིས་པའི་ཐུབ་དབང་རྡོ་རྗེ་འཆང་བློ་བཟང་གྲགས་པའི་ལྷ་ཚོགས་འཁོར་དང་བཅས་པ་རྣམས་ལ་དབུལ་བར་བགྱིའོ། ཐུགས་བརྩེ་བ་ཆེན་པོའི་སྒོ་ནས་བཞེས་སུ་གསོལ། བཞེས་ནས་ཀྱང་བདག་སོགས་སེམས་ཅན་ཐམས་ཅད་ལ་མཆོག་དང་ཐུན་མོང་གི་དངོས་གྲུབ་མ་ལུས་པ་སྩལ་དུ་གསོལ། ས་གཞི་སྤོས་ཀྱིས་ནས་སྤྱོད་པར་ཤོག །བདག་གཞན་ལུས་ངག་ནས་བརླབ་ཏུ་གསོལ། ཨི་དཾ་གུ་རུ་རཏྣ་མཎྜལ་ཀཾ་ནི་རྱཱ་ཏ་ཡཱ་མི། ཐལ་མོ་སྦྱར་ཏེ། ཇི་ལྟར་སྔོན་གྱི་བདེ་གཤེགས་ཀྱིས། །བྱང་ཆུབ་ཐུགས་ནི་བསྐྱེད་པ་དང་། །བྱང་ཆུབ་སེམས་དཔའི་བསླབ་པ་ལ། །དེ་དག་རིམ་བཞིན་གནས་པ་ལྟར། །བདག་ཀྱང་འགྲོ་ལ་ཕན་དོན་དུ། །བྱང་ཆུབ་སེམས་ནི་བསྐྱེད་བགྱི་ཞིང་། །བྱང་ཆུབ་སེམས་དཔའི་བསླབ་པ་ལ། །རིམ་པ་བཞིན་དུ་བསླབ་པར་བགྱི། །ཞེས་ལན་གསུམ་མམ་བདུན་སོགས་གང་རིགས་དང་། །དེང་དུས་བདག་ཚེ་འབྲས་བུ་ཡོད། །མི་ཡི་སྲིད་པ་ལེགས་པར་ཐོབ། །དེ་རིང་སངས་རྒྱས་རིགས་སུ་སྐྱེད། །སངས་རྒྱས་སྲས་སུ་ད་གྱུར་ཏོ། །ད་ནི་བདག་གིས་ཅི་ནས་ཀྱང་། །རིགས་དང་མཐུན་པའི་ལས་བརྩམས་ཏེ། །སྐྱོན་མེད་བཙུན་པའི་རིགས་འདི་ལ། །རྙོག་པར་མི་འགྱུར་དེ་ལྟར་བྱ། །བདག་གིས་དེ་རིང་སྐྱོབ་པ་ཐམས་ཅད་ཀྱི། །སྤྱན་སྔར་འགྲོ་བ་བདེ་གཤེགས་ཉིད་དང་ནི། །བར་དུ་བདེ་ལ་མགྲོན་དུ་བོས་ཟིན་གྱིས། །ལྷ་དང་ལྷ་མིན་ལ་སོགས་དགའ་བར་གྱིས། །བྱང་ཆུབ་སེམས་མཆོག་རིན་པོ་ཆེ། སོགས་དང་། སྟོང་ཉིད་ལྟ་བ་རིན་པོ་ཆེ། སོགས་བརྗོད་དེ། ཡོན་ཏན་གཞིར་གྱུར་མས་ ལམ་གྱི་ལུས་ཡོངས་རྫོགས་ལ་ཤར་སྒོམ་བྱས་ན་ལེགས། མཇུག་ཏུ། དཔལ་ལྡན་རྩ་བའི་ནས་ ཕྱོག་པར་མ་གྱུར་ཅིག། བར་བརྗོད། སྨུར་མཛད་

མ་དང་···བརྒྱུད་བསྐུམས་མ་སོགས་དང་། ཐོག་མཐའ་བར་དུ་དགེ་བའི་སྨོན་ལམ། རྗེ་བླ་མའི་བསྟན་པ་དང་མཇལ་བའི་སྨོན་ལམ། དགེ་ལྡན་བསྟན་པ་རྒྱས་པའི་སྨོན་ལམ་སོགས་ཅི་རིགས་པར་དང་། ཐ་ནའང་འཇམ་དཔལ་དཔའ་བོ་ཤློ་ཀ་གཉིས་དང་། དགེ་འདིས་མཚོན་ནས་སོགས་ཤློ་ཀ་གཉིས་དང་། རྒྱལ་སྲས་སྨོན་ལམ་གཏྣའི་ཀླུང་རྣམས་ནི། །དམ་ཆོས་འཛིན་པའི་སྨོན་ལམ་ནང་འདུས་པར། །གསུངས་ཕྱིར་དགེ་རྩ་དེ་སྙེད་བསགས་པ་དེ། །ཀུན་ཀྱང་ཐུབ་བསྟན་རྒྱས་པའི་ཆེད་དུ་བསྔོ། །ཞེས་བསྔོ་སྨོན་བྱ་ཞིང་། ཆུ་མཆོད་བསྔོ་བཞིན་པའི་ཕྱུ་ནས་སྒྲོལ་མ་ཚར་གསུམ་འདོན་པར་སྣང་ངོ་།། འདི་ཡང་བཙུན་གཟུགས་སུ་ཧྲཱིཿཞ་གྱིཐྲུས་རང་གཞན་ལ་ཉེར་མཁོར་མཐོང་སྟེ། གསེར་ཁང་རྡོ་རྗེ་འཆང་སོགས་དམ་པ་གོང་མ་རྣམས་ཀྱི་ཕྱག་སྲོལ་ལས་བརྒྱུད་པ་བཞིན་དུ་བྲིས་སོ།། འདིས་ཀྱང་མཐའ་དབུས་བསྟན་འགྲོ་ལ་སྨན་ཡོན་རྒྱ་ཆེར་བྱེད་ནུས་པར་གྱུར་ཅིག །

༄༅། །སྲིད་རྒྱུད་ལུགས་ཀྱི་ཟབ་ལམ་བླ་མའི་རྣལ་འབྱོར་དང་འབྲེལ་བའི་འཕོ་བའི་གདམས་པ་ཚིག་བརྒྱུད་མ་འཇམ་དཔལ་སྙིང་པོའི་ཞལ་བཟང་བལྟ་བའི་མེ་ལོང་ཞེས་བྱ་བ་བཞུགས་སོ། །

༄༅། །ན་མོ་གུ་རུ་ཡེ། མི་ཕམ་བླ་མ་ཆོས་ཀྱི་རོལ་རྩེད་ཀྱིས། །མངོན་པར་རོལ་བའི་ཡིད་དགའི་སྐྱེད་ཚལ་དུ། །བགྲོད་ནས་མི་ཕམ་འཇམ་དཔལ་སྙིང་པོ་ཡིས། །ཞལ་མཛལ་གསུང་གི་བདུད་རྩིའི་དགའ་སྟོན་ལ། །སྤྱོད་པར་འདོད་པའི་སྐལ་ལྡན་སྐྱེ་ས་བུ་ཡི། །གསང་བའི་གདམས་པ་འདི་ལྟར་ཉམས་སུ་བླང་། །མདུན་གྱི་འཆི་མེད་ལྷ་ལམ་མཁའ་དབྱིངས་ལ། །ཆུ་སྐྱེ་ས་འདབ་བཞིའི་ལྟེ་བར་བྱམས་མགོན་དང་། །དབྱེར་མེད་ཡབ་རྗེ་སྲས་བཅས་བརྒྱུད་པར་བཅས། །ཕྱོགས་ཀྱི་འདབ་མར་ཡི་དམ་སངས་རྒྱས་དང་། །དམ་ཆོས་ཐེག་པ་ཆེ་ཆུང་དགེ་འདུན་དང་། །མཐའ་སྐོར་སྟོབས་ལྡན་ཆོས་སྐྱོང་སྲུང་ཚོགས་ཀྱིས། །བསྐོར་བའི་སྐྱབས་མཆོག་ནམ་མཁའི་ཁམས་ཀུན་གང་། །རང་གི་འཁོར་དུ་རིགས་དྲུག་འགྲོ་བ་རྣམས། །འཁོད་ནས་རང་གཞན་ཐམས་ཅད་སྡུག་བསྔལ་གྱིས། །མནར་བའི་ཚུལ་ལ་འཇིགས་བློ་སྐྱེ་ས་པ་ན། །དེ་ལས་སྐྱོབ་པ་མདུན་གྱི་སྐྱབས་ཡུལ་རྣམས། །མ་གཏོགས་གཞན་ན་མེད་པའི་ཚུལ་བསམས་ལ། །རྩེ་གཅིག་གདུང་ཤུགས་དྲག་པོས་མན་ངག་བཞིན། །སྐྱབས་སུ་འགྲོ་བ་རྒྱུད་དང་འདྲེས་ངེས་བྱ། ཐོག་མེད་དུས་ནས་ད་ལྟ་ཡན་ཆད་དུ། །ཡང་ཡང་དྲིན་གྱིས་བསྐྱངས་པའི་མ་རྒན་རྣམས། །བདེ་བས་འཕོངས་ཤིང་སྡུག་བསྔལ་གྱིས་མནར་བའི། །ཚུལ་རྣམས་བསམས་ལ་སྙིང་རྗེ་ཤུགས་དྲག་བསྐྱེད། །དེ་ནས་དེ་དག་སྡུག་བསྔལ་རྒྱ་མཚོ་ལས། །བསྒྲལ་ནས་ཐུལ་བྱུང་བདེ་ལ་འགོད་པའི་ཕྱིར། །བདག་གི་ཟབ་ལམ་འཕོ་བའི་གདམས་པ་ནི། །ཉམས་སུ་བླང་དོ་སྙམ་དུ་སེམས་བསྐྱེད་པ། །ཚིག་ཙམ་མིན་པ་རྒྱུད་དང་འདྲེས་ངེས་བྱ། །དེ་ནས་བསམ་གཏན་བདེ་བའི་སྟེགས་བུ་ལ། །ལུས་གནད་དང་བཅས་བག་ཡོད་ཀྱིས་འཁོད་ནས། །གསུམ་གསུམ་དགུ་རླུང་གནད་

ཀྱི་རླུང་རོ་ཀུན། །སངས་ཀྱིས་བུས་ལ་རང་ལུས་ཤེལ་བུམ་མམ། །སྦུ་མ་ཕུས་བཏབ་བཞིན་དུ་དྭངས་པ་དང་། །སྟོང་ཞིང་གསལ་བའི་སྟོང་ར་ནན་ཏན་བསྐྱེད། །དེ་ལྟར་རང་ལུས་ཤེལ་སྒོང་ལྟར་དག་པའི། །གཡས་གཡོན་གཉིས་ལྟོས་དབུས་དང་རྒྱབ་མདུན་ལ། །ལྟོས་པའི་རྒྱབ་ལ་ཙུང་ཟད་ཉེ་བའི་ཆར། །ཨ་ཝ་དྷཱུ་ཏཱི་སྦོམ་ཕྲ་སྤྲ་ལྷུགས་ཙམ། །ཡར་སྣ་སྤྱི་བོ་ཚངས་པའི་བུ་ག་དང་། །མར་སྣ་ལྟེ་འོག་སོར་བཞིར་གནས་པའི་སྦུབས། །དཀར་ཞིང་འཕྲིལ་བའི་འོད་ཟེར་གྱིས་བཀག་ཅིང་། །ཁྲིད་ཆོས་བཞི་ལྡན་རག་དུང་ཞབས་ལྡོག་ལྟར། །ཚངས་པའི་བུ་ག་དཀར་ཐལ་གྱིས་གནས་པར། །ཡང་ཡང་བསྒོམས་ལ་རྩ་ཡི་གསལ་སྣང་བསྐྱབ། །དེ་ལྟའི་སྙིང་དབུས་དྷཱུ་ཏཱིའི་ནང་དག་ཏུ། །རང་སྙིང་པདྨ་བུམ་སྐྱུའིད་དབྱིབས་ཅན་དུ། །གསལ་བའི་དབུས་ན་ཡང་ཡང་བསྐྱེད་བསྒོམ་པའི། །རང་གི་ཤིན་ཏུ་ཕྲ་བའི་རླུང་སེམས་དང་། །དབྱེར་མེད་རྗེ་བཙུན་བླ་མའི་སྐུ་ཉིད་ལ། །རང་སེམས་ཞུགས་བཞིན་རྩེ་གཅིག་བསྒོམ་པ་གཅེས། དེ་ནས་འཕོ་བའི་ཞིང་གསལ་གདབ་པ་ནི། །སྨིན་མཚམས་ཐད་ཀྱི་མདུན་གྱི་ནམ་མཁའ་ལ། །སེང་ཆེན་བརྒྱད་བཏེག་རིན་ཆེན་ཁྲི་སྟེང་དུ། །སྣ་ཚོགས་པད་ཟླའི་ལྟེ་བར་མི་ཕམ་མགོན། །གསེར་རི་ལྟར་བརྗིད་མཚན་དཔེའི་རྒྱན་གྱིས་བརྒྱན། །ངུར་སྨིག་མདངས་ལྡན་ཆོས་གོས་རྣམ་གསུམ་གསོལ། །ཟུང་ལྡན་ཕྱག་གིས་ཆོས་འཁོར་ཕྱག་རྒྱ་མཛད། །འཛུམ་ལྡན་ཞལ་ཅན་ཞབས་ཟུང་བཟང་པོའི་ཁྲིར། །བཟང་པོའི་སྟབས་ཀྱིས་བཞུགས་པའི་ཐུགས་ཀ་ནི། །བཀྲ་ཤིས་དཔལ་བེའུ་འཁྱིལ་བའི་ནང་དབུས་སུ། །རྒྱལ་བའི་ཡབ་གཅིག་རྗེ་བཙུན་ཙོང་ཁ་པ། །སྐུ་མདོག་དཀར་གསལ་ཞལ་གཅིག་ཕྱག་གཉིས་པ། གུར་གུམ་མདངས་ལྡན་ཆོས་གོས་རྣམ་གསུམ་གསོལ། །གསེར་མདོག་པཎ་ཞྭས་དབུ་ལ་ཉེར་མཛེས་ཤིང་། །ཕྱག་ཟུང་ཆོས་འཆད་ཕྱག་རྒྱས་ཨུཏྤལ་ལའི། །ཡུ་བ་བཟུང་ནས་འདབ་མ་སྙན་རྒྱས་སྟེང་། །རལ་གྲི་གླེགས་བམ་གྱིས་མཚན་ཞབས་གཉིས་ནི། །སྐྱིལ་ཀྲུང་ཚུལ་གྱིས་བཞུགས་པའི་གཡས་གཡོན་དུ། །སྲས་མཆོག་གཉིས་བཅས་བཞུགས་པའི་དམ་ཚིག་པ། །སྐད་ཅིག་བསྐྱེད་ལ་གནས་གསུམ་ཡི་གེས་མཚན། །ཐུགས་ཀའི་ཧཱུྃ་ལས་འོད་ཟེར་དཀར་པོ་ནི། །ལྕགས་ཀྱུ་ལྟ་བུས་དགའ་ལྡན་གནས་མཆོག་ནས། །བྱམས་མགོན་ཐུགས་རྗེའི་གཏེར་དང་དེའི་ཐུགས་ཀར། །བློ་བཟང་རྒྱལ་བ་ཡབ་སྲས་བཅས་བཞུགས་པའི། །ཡེ་ཤེས་སེམས་དཔའ་སྤྱན་འདྲེན་འདི་སྐད་བརྗོད། །གནས་

མཆོག་དགའ་ལྡན་མཁའ་སྤྱོད་ཞིང་ཁམས་ནས། །ས་བཅུའི་དབང་ཕྱུག་བྱམས་མགོན་ཐུགས་རྗེའི་གཏེར། །བློ་བཟང་རྒྱལ་བའི་དབང་པོ་ཚོང་ཁ་པ། །སྲས་དང་བཅས་པ་གནས་འདིར་གཤེགས་སུ་གསོལ། །ཞེས་པས་སྤྱན་དྲངས་ཛཿཧཱུྃ་བཾ་ཧོཿཡིས། །དམ་ཚིག་པ་དང་གཉིས་སུ་མེད་པར་བསྲེས། །དེ་ནས་བཞུགས་སུ་གསོལ་དང་མཇལ་དར་ལས། །མི་འདར་གསོལ་བ་འདེབས་པ་འདི་ལྟར་བྱ། །མདུན་གྱི་ནམ་མཁར་སེང་ཁྲི་པད་ཟླའི་སྟེང་། །བྱམས་མགོན་རྗེ་བཙུན་བླ་མ་ཡབ་སྲས་བཅས། །བདག་ཅག་བསོད་ནམས་ཞིང་གི་དམ་པ་རུ། །འཁོར་བ་མ་སྟོང་བར་དུ་བཞུགས་སུ་གསོལ། །ཞེས་དང་ཡན་ལག་ལྷག་མ་དྲུག་པོ་རྣམས། །གཞུང་བཞིན་བྱས་ལ་དེ་ནས་སྙིང་དབུས་སུ། །བཞུགས་པའི་རྗེ་བཙུན་རང་སེམས་དབྱེར་མེད་ཀྱིས། །འཁོར་བ་སྤྱི་དང་བྱེ་བྲག་སོ་སོ་ཡི། །སྡུག་བསྔལ་བསམས་ཤིང་དེ་ལས་ཐར་འདོད་བསྐྱེད། །ཁྱད་པར་དགའ་ལྡན་ཞིང་མཆོག་དེར་སྐྱེ་ས་ནས། །མི་ཕམ་བླ་མ་རྒྱལ་བའི་སྲས་པོ་ནི། །འཇམ་དཔལ་སྙིང་པོ་བཅས་ཀྱི་ཞལ་མཐོང་ཞིང་། །གསུང་གི་བདུད་རྩི་མྱོང་བ་ལ་བརྟེན་ནས། ། སྡུག་བསྔལ་རྒྱ་མཚོ་ཆེ་ལས་དྲིན་ཅན་འགྲོ། །མྱུར་དུ་སྒྲོལ་བའི་དམ་བཅའ་ཁུར་དུ་ཁྱེར། །དེ་ནས་དགའ་ལྡན་ཞིང་དུ་འགྲོ་འདོད་དང་། །གདམས་ངག་འདི་ཁར་ཡིད་ཆེས་དད་པ་དང་། །བཅས་པའི་འདུན་པ་དྲག་པོས་ཞིང་མཆོག་དེར། །བགྲོད་དང་འཕོ་བས་ལམ་སྣ་ཟིན་པའི་ཕྱིར། །ཐོལ་མེད་སྙིང་ཁོང་རུས་པའི་གཏིང་ཉིད་ནས། །ཤུགས་དྲག་གསོལ་བ་འདེབས་པ་འདི་ལྟར་བྱ། །སྟེང་དགའ་ལྡན་ལྷ་བརྒྱའི་མགོན་པོ་མཆོག །རྗེ་མི་ཕམ་ཆོས་ཀྱི་བླ་མ་དང་། །དབྱེར་མེད་པའི་འདྲེན་མཆོག་ཐམས་ཅད་མཁྱེན། །ཕ་བློ་བཟང་གྲགས་པ་ཡབ་སྲས་ལ། །ཡིད་རྩེ་གཅིག་གུས་པས་གསོལ་བ་འདེབས། ། ལམ་ཟབ་མོ་འཕོ་བའི་རྣལ་འབྱོར་གྱིས། །ཞིང་དགའ་ལྡན་མཁའ་སྤྱོད་གནས་མཆོག་དེར། །དུས་ད་ལྟ་ཉིད་དུ་བགྲོད་པ་དང་། །རྗེ་བླ་མ་ཡབ་སྲས་ཞལ་མཐོང་ཞིང་། །གསུང་བདུད་རྩིའི་དགའ་སྟོན་མྱོང་བ་ལས། །ལམ་ཟབ་མོའི་རྟོགས་པ་མཐར་ཕྱིན་ནས། །མཆོག་མྱུར་དུ་ཐོབ་པར་བྱིན་གྱིས་རློབས། །ཕ་ཁྱེད་ཀྱི་ཐུགས་རྗེའི་ལྕགས་ཀྱུ་ཡིས། །འོད་སྦྲུ་གུའི་ལམ་ནས་སྐད་ཅིག་ལ། །རྗེ་མི་ཕམ་ཆོས་ཀྱི་མདུན་ས་དེར། །དུས་ད་ལྟ་ཉིད་དུ་དྲང་དུ་གསོལ། །ལམ་འཕོ་བ་འབྱོང་བར་བྱིན་གྱིས་རློབས། །ཞེས་པའི་གདུང་ཤུགས་དྲག་པོས་གསོལ་བཏབ་པས། །བྱམས་མགོན་ཐུགས་རྗེས་རྗེ་བཙུན་ཡབ་སྲས་

ཀྱི། །ཐུགས་ཀ་ནས་བྱུང་འོད་ཟེར་དཀར་པོ་ཡི། །སྦུ་གུ་སྦ་ལྕུགས་ཙམ་ཞིག་ནར་གྱིས་བྱུང་། །རང་གི་སྤྱི་བོ་ཚངས་པའི་བུ་གར་ནུབ། །དེ་ནས་སླར་ཡང་ཐུགས་ཀའི་ས་བོན་ལས། །ལྕགས་ཀྱུ་ལྟ་བུའི་འོད་ཟེར་དཀར་པོ་ཞིག །རྒྱངས་ཏེ་བྱུང་ནས་འོད་ཀྱི་སྦུ་གུ་ཡི། །ལམ་དུ་ཞུགས་ནས་ཙིཏྟའི་ནང་བརྒྱུད་དེ། །སྙིང་དབུས་རང་སེམས་དབྱེར་མེད་རྗེ་བླ་མའི། །ཐུགས་ཀར་བཏབ་ཏེ་འདྲེན་པར་མཛད་ན་ཕྱོགས་ཆེ། །འོག་རླུང་དྲག་ཏུ་འཛིན་པའི་གཞུ་མོ་ལ། །ཧིག་གི་མདའ་སྦྱར་མགྲིན་པའི་བར་དུ་སླེབས། །ཡང་གཅིག་ཤུགས་དྲག་ཧིག་གི་མདངས་དྲངས་ཏེ། །སྤྱི་བོར་རེག་ཙམ་བྱས་ལ་སྟེང་རླུང་མནན། །ཀ་ཞེས་སྙིང་གའི་ཙིཏྟའི་དབུས་སུ་ཕབ། །དེ་ལྟར་ཐུན་རེ་རེར་ཉེར་གཅིག་ལ་སོགས་པས། །ལེགས་པར་སྦྱང་རྗེས་ཐུན་འཛོག་ཉེ་བ་ན། །རང་སེམས་དབྱེར་མེད་བླ་མའི་སྐུ་མཆོག་ནི། །ཕཊ་ཡིག་དྲག་པོའི་གདངས་ཀྱིས་སྐད་ཅིག་ལ། །འོད་ཀྱི་སྦུ་གུའི་ལམ་བརྒྱུད་རྗེ་བཙུན་གྱི། །ཐུགས་ཀའི་ཡབ་རྗེ་བླ་མའི་ཐུགས་ཀར་ཐིམ། །དེ་ཡི་ཐུགས་དང་རང་སེམས་རོ་གཅིག་ཏུ། །འདྲེས་པར་མོས་ལ་དར་གཅིག་མཉམ་པར་བཞག །སླར་ཡང་སྟེང་རླུང་མནན་ཞིང་ཀ་བཛོད་པས། །དམིགས་རྟེན་ཕྱར་གྱི་གནས་སུ་ཕབ་པའི་མཐར། །མདུན་གྱི་ནམ་མཁའི་དབྱིངས་བཞུགས་འཕོ་ཡུལ་རྣམས། །གསེར་ཞུན་ལྟ་བུའི་འོད་དུ་ཐིམ་ཞུ་ནས། །ཚངས་པའི་བུ་ག་འཁྱིལ་གྱིས་རབ་བཀག་ནས། །བྱིན་གྱིས་བརླབས་པར་བསམ་པ་གནད་དུ་ཆེ། །དེ་ལས་བྱུང་བའི་དགེ་ཚོགས་མ་ལུས་པ། །བསྔོ་སྨོན་རྣམ་པར་དག་པའི་མཚམས་སྦྱོར་བྱ། །དེ་ལྟར་འབད་ཅིང་འདུན་པ་དྲག་པོ་ཡིས། །ལེགས་པར་སྦྱངས་པས་རླུང་སྟོབས་འཕོ་ནུས་པའི། །ནུས་པ་མ་ཐོན་དེ་སྲིད་མ་འབད་ན། །སྤྱི་གཙུག་ཟ་དང་འཁྲིག་ཅིང་འབུར་དང་བྱེ། །འཇག་མ་ཚུགས་སོགས་ཐུན་ཆེགས་རྟགས་རྣམས་ཀྱིས། །གར་ཡང་མི་ཐེན་དེས་ན་མ་ཉོར་གཅེས། །འདུན་པས་སྦྱངས་པས་གོང་དུ་བཤད་ལྟར་གྱི། །ནུས་པ་ཐོན་ནས་མཐར་ཐུག་ལས་སྦྱོར་སོགས། །ཞིབ་པར་ངག་ནས་འཆད་ལྟར་ཤེས་མཛོད་ལ། །འདི་ཉིད་གདམས་པའི་མཐིལ་དུ་གཟུང་བ་གཅེས། །འདི་ནི་ཡབ་རྗེ་བླ་མའི་སྙན་བརྒྱུད་ཀྱི། །གདམས་པ་ངེས་པར་འཛིན་ལ་ཟླ་བྲལ་བའི། །དཔལ་ལྡན་སྨད་བརྒྱུད་རིང་ལུགས་འཛིན་པ་ཡི། །དམ་པའི་གསུང་ལས་བརྒྱུད་ཀྱི་གཞན་དུ་མེད། །དེས་ན་དབུགས་བྲལ་ལྡོ་བའི་ས་ལེ་སྦྲམ། །ཇི་བཞིན་ཚུལ་འདི་སྣོད་མིན་ལ་གསང་ཞིང་། །

སྨྲས་པའི་ཚུལ་གྱིས་ཉམས་སུ་བླངས་གྱུར་ན། །འདོད་པའི་དོན་རྣམས་འགྲུབ་པར་གདོན་མི་ཟ། །

འདི་ལྟའི་ལམ་ཟབ་གསང་ཆེན་ཟབ་མོའི་ཁྲིད། །སྙིང་གི་ཡང་ཞུན་ལྟ་བུའི་གདམས་པ་འདི། །ཡི་གེར་

འབྲི་ལ་རྩ་བརྒྱད་བླ་མ་ཡི། །བཀའ་ཡིས་རྒྱས་བཏབ་བྲི་བའི་འོས་མིན་ཡང་། །ད་ལན་བསྟན་པའི་རྩ་

ལག་དགེ་བའི་བཤེས། །མཁས་གྲུབ་བླ་མའི་རྒྱལ་ཚབ་ཆོས་ཀྱི་རྗེ། །དགེ་འདུན་རྒྱ་མཚོའི་གསུང་

གིས་བསྐུལ་བ་དང་། །གདམས་པ་འདི་ཡང་མི་ནུབ་རྒྱས་པའི་ཕྱིར། །དཔལ་ལྡན་སྨད་བརྒྱུད་

གདམས་པའི་མཛོད་འཛིན་པ། །འཇམ་དབྱངས་བདེ་བའི་རྡོ་རྗེ་ཞེས་བགྱི་བས། །དཔལ་འཁོར་བདེ་

བ་ཆེན་པོའི་ཆོས་གྲྭ་ཆེར། །དྲིན་ཅན་བླ་མའི་ཞལ་ལུང་ཇི་བཞིན་བྲིས། །དེ་ཡི་དགེ་བ་ཉིན་མོར་བྱེད་

པ་ཡིས། །བློ་བཟང་བསྟན་པའི་པད་ཚལ་བཞད་གྱུར་ཅིག །འདི་ཉིད་སྟོད་མིན་འཆད་དང་སྟོན་བྱེད་

ན། །དེ་ཡི་གཤེད་མ་དམ་ཅན་གཤིན་རྗེའི་མཛོད། །སརྦ་མ་ཡ་ཏིཥྛ། །

༄༅། །དགའ་ལྡན་ལྷ་བརྒྱ་མའི་ཁྲིད་ཀྱི་བརྒྱུད་འདེབས་སྨོན་ལམ་དང་བཅས་པ་བཞུགས་སོ། །

རྒྱལ་ཀུན་མཁྱེན་རབ་གཅིག་བསྡུས་འཇམ་དཔལ་དབྱངས། །རྒྱལ་བ་ཀུན་དངོས་བློ་བཟང་གྲགས་པའི་དཔལ། །རྒྱལ་བའི་གསང་མཛོད་ཀུན་འཛིན་ཤེར་སེང་ཞབས། །གསོལ་བ་འདེབས་སོ་བདག་རྒྱུད་བྱིན་གྱིས་རློབས། །འདུལ་འཛིན་ཆེན་པོ་དཔལ་ལྡན་བཟང་པོ་དང་། །འདུལ་བ་རྒྱ་མཚོའི་མངའ་བདག་དགེ་འདུན་འཕེལ། །འདུལ་མདོན་མདོ་སྡེ་ཀུན་མཁྱེན་བཀྲ་ཤིས་འཕགས།། །གསོལ་བ་×།། མཁས་པའི་དབང་ཕྱུག་བསམ་འགྲུབ་རྒྱ་མཚོ་དང་། །མཁས་གྲུབ་དམ་པའི་གཙུག་རྒྱན་བཙོན་འགྲུས་འཕགས། །མཁས་ཤིང་གྲུབ་བརྙེས་རྡོ་རྗེ་བཟང་པོ་ལ། །གསོལ་བ་×། །གསང་ཆེན་གྲུབ་བརྙེས་སངས་རྒྱས་རྒྱ་མཚོ་དང་། །གསང་སྔགས་མཐར་སོན་དཀོན་མཆོག་རྒྱ་མཚོའི་ཞབས། གསང་ཆེན་བསྟན་པའི་མངའ་བདག་ཡར་འཕེལ་མཚན། གསོལ་བ་×། གྲུབ་པའི་གཙུག་རྒྱན་ངག་དབང་བློ་གྲོས་དང་། །གྲུབ་མཆོག་ངག་གི་དབང་ཕྱུག་བརྩོན་འགྲུས་ཞབས། །གྲུབ་པའི་གཙོར་གྱུར་དངོས་གྲུབ་རྒྱ་མཚོ་ལ། །གསོལ་བ་×། །བསྟན་འཛིན་མཆོག་གྱུར་དོན་ཡོད་མཁས་གྲུབ་དང་། །བསྟན་པའི་སྲོག་ཤིང་རྗེ་བཙུན་མི་ཉིའི་མཚན། །བསྟན་པའི་མངའ་བདག་ཡེ་ཤེས་རྒྱལ་མཚན་ལ། །གསོལ་བ་×།། བློ་བཟང་བསྟན་པ་དར་ཞིང་རྒྱས་མཛད་ཞབས། །བློ་བཟང་རྒྱལ་བ་ཀུན་དངོས་སྨོན་ལམ་མཚན། །བློ་བཟང་འཕྲིན་ལས་གཅིག་བསྡུས་བླ་མ་རྗེར། །གསོལ་བ་×། །དེ་ལྟར་རྩ་བརྒྱུད་བླ་མའི་ཚོགས་རྣམས་ཀྱི། །བྱིན་རླབས་བདུད་རྩི་སྙིང་དབུས་ཐིམ་པ་ལས། །ཟབ་ལམ་བླ་མ་ལྷ་ཡི་རྣལ་འབྱོར་གྱིས། །མཆོག་ཐུན་དངོས་གྲུབ་ཆེ་འདིར་འགྲུབ་པར་ཤོག །དག་པ་གཉིས་ལྡན་ཆོས་སྐུའི་མཁའ་དབྱིངས་སུ། །བདེ་ཆེན་སྙིང་རྗེའི་སྤྲིན་དཀར་འཁྲིགས་པའི་ཀློང་། །རྗེ་བཙུན་བླ་མ་ཡབ་སྲས་གཟུགས་བརྙན་བཞིན། །བསྒོམ་པས་ཐ་མལ་སྣང་ཞེན་ཟིལ་གནོན་ཤོག །ཞིང་གི་མཆོག་ལ་བརྟེན་པའི་བསགས་སྦྱང་གིས། །ཟབ་ལམ་རྟོགས་པ་སྐྱེ་བའི་རྒྱུད་སྨིན་ཅིང་། །རྒྱལ་ཀུན་མཁྱེན་བརྩེ་ནུས་པའི་ངོ་བོ་རུ། །ངེས་སྙེད་དད་གདུང་མོས་གུས་མཐར་ཕྱིན་ཤོག །གསང་གསུམ་བྱིན་རླབས་འོད་དང་བདུད་རྩི་ཡིས། །

མི་ཤེས་ལས་ཉོན་སྒྲིབ་པ་ཀུན་སྤྲུངས་ཏེ། །ཆེ་གསལ་མྱུར་ཟབ་འཆད་རྩོད་རྩོམ་པ་ཡི། །བློ་གྲོས་འཇམ་པའི་དབྱངས་དང་མཚུངས་པར་ཤོག །ཞི་སོགས་ཐུན་མོང་དངོས་གྲུབ་ཀུན་འགྲུབ་ཅིང་། །གཞན་དོན་བྱེད་པའི་ནུས་པ་མཆོག་ཐོབ་སྟེ། །དུས་ཀྱི་མཐར་ཡང་བློ་བཟང་རྒྱལ་བ་ཡི། །བསྟན་པའི་རྒྱལ་མཚན་སྲིད་རྩེར་བསྒྲེང་ནུས་ཤོག །གང་ཤར་བླ་མའི་གསང་གསུམ་རྣམ་རོལ་དུ། །བལྟ་བའི་གསལ་སྣང་ཏིང་འཛིན་མཐར་ཕྱིན་ཅིང་། །ཕྲ་བའི་རླུང་སེམས་བླ་མའི་གསང་གསུམ་དུ། །མངོན་པར་བཞེངས་པའི་ལམ་བཟང་མྱུར་འགྲུབ་ཤོག །ཚེ་ཡི་མཐར་ཡང་བླ་མ་ཡབ་སྲས་ཀྱིས། །ཞལ་བསྟན་དགྱེས་པའི་གསུང་གིས་དབུགས་ཕྱུང་སྟེ། །དགའ་ལྡན་ཆོས་ཀྱིས་མཛེས་པའི་ཕོ་བྲང་དུ། །ཐེག་མཆོག་ཆོས་ཀྱི་བདུད་རྩིར་ལོངས་སྤྱོད་ཤོག །ཚེ་རབས་ཀུན་ཏུ་འཇམ་དབྱངས་བླ་མ་ཡིས། །ཐུགས་རྗེའི་ལྕགས་ཀྱུས་འབྲལ་མེད་རྗེས་བཟུང་སྟེ། །བཤད་སྒྲུབ་བསྟན་པའི་ཁུར་ཆེན་འཛིན་པ་ལ། །འཇམ་དཔལ་སྙིང་པོ་ཉིད་དང་མཚུངས་པར་ཤོག །ཅེས་སྙན་རྒྱུད་ལུགས་ཀྱི་བླ་མའི་རྣལ་འབྱོར་དགའ་ལྡན་ལྷ་བརྒྱ་མའི་ཀྱི་བརྒྱུད་འདེབས་སྨོན་ལམ་དང་བཅས་པ་འདི་ནི། །ཆོས་སྡེ་ཆེན་པོ་དགེ་ལྡན་ལེགས་བཤད་གླིང་གི་བླ་མ་གཞུང་ལས་པ་འདུལ་འཛིན་དགེ་སློང་བློ་བཟང་བསམ་གཏན་ནས་བསྐུལ་ངོར། །འཇོང་ཆེན་སྤྲུལ་མིང་པ་བློ་བཟང་འཕྲིན་ལས་ཀྱིས་སྦྱར་བ་དགེ་ལེགས་འཕེལ། །ཤུ་བྷཾ་མསྟུ། །

༄༅། །དགའ་ལྡན་ལྷ་བརྒྱ་མར་གྲགས་པའི་བླ་མའི་རྣལ་འབྱོར་གྱི་ཉམས་ལེན་ཇི་ལྟར་བྱ་བའི་འཁྲིད་ཡིག་གསེར་གྱི་ཡང་ཞུན་ཞེས་བྱ་བ་བཞུགས་སོ། །

༄༅། །སྲིས་བྲལ་བདེ་ཆེན་ཆོས་དབྱིངས་ཟུང་འཇུག་གི །རལ་གྲིས་འཆིང་འཛིན་ཀུན་རྟོག་རྩད་འབྱིན་ཡང་། །རབ་རྨོངས་མུན་འཁྲུམས་འགྲོ་ལ་བརྩེ་ཆེན་གྱི། །འཆིང་བ་ལྷོད་མིན་འཇམ་པའི་དབྱངས་ལ་འདུད། །རྒྱལ་ཀུན་མཁྱེན་བརྩེ་ནུས་པའི་འཆི་མེད་བཅུད། །རིངས་པར་འཐུང་བའི་རིགས་གསུམ་འདབ་བརྒྱའི་ཁ། །འགྲོ་བའི་མགོན་དུ་ཉེར་འཛུམ་བློ་བཟང་གྲགས། །བྱང་ཆེན་བར་དུ་མི་འབྲལ་སྤྱི་བོར་མཆོད། །མགོན་ཁྱོད་མཁྱེན་པའི་ལྷ་མཆོག་འཇམ་པའི་དབྱངས། །བརྩེ་ཆེན་རང་གཟུགས་ཕྱག་ན་པད་དཀར་འཆང་། །མཐུ་སྟོབས་གསང་བ་ཀུན་འཛིན་བདག་པོ་སྟེ། །རིགས་གསུམ་གཅིག་བསྡུས་ངོ་བོར་མོས་བྱས་ཏེ། །སྙིགས་དུས་ཚེ་ཐུང་གཅིག་ལ་སངས་རྒྱས་སར། །བགྲོད་བྱེད་བླ་མེད་ལམ་གྱི་སྲོག་གཅིག་པུ། །བླ་མའི་རྣལ་འབྱོར་དགའ་ལྡན་ལྷ་བརྒྱ་མའི། །ཉམས་སུ་ལེན་པའི་རིམ་པ་ཅུང་ཞིག་འཆད། །དེ་ལ་འདིར་རང་ཅག་རྣམས་རྙེད་དཀའི་དལ་རྟེན་ལན་ཅིག་ཐོབ་པའི་དུས་འདིར་སྟོང་ལོག་ཏུ་མ་སོང་བར། དོན་ཆེན་པོ་གཏན་དུ་བདེ་བ་ཐོབ་པའི་ཐབས་ཤིག་ཉམས་སུ་ལེན་དགོས་པ་དེ་ལས་གཞན་དུ་འདི་སྣང་གི་སྲིད་ཞེན་ལ་ཆགས་ཏེ། གནས་སྐབས་ཀྱི་བདེ་བ་སྒྲུབ་པ་ཙམ་ནི་དུད་འགྲོ་ལ་ཡང་ཡོད་པས་རྟེན་བཟང་ཐོབ་པ་འདི་ཡང་དུད་འགྲོར་འགྱུར་བ་སོགས་དང་ཁྱད་མ་མཆིས་པར་འགྱུར་ཏེ། སྤྱོད་འཇུག་ལས། འདི་འདྲའི་དལ་བ་རྙེད་གྱུར་ནས། ཞེས་སོགས་གསུངས་ཤིང་། དེས་ན་གཏན་དུ་བདེ་བའི་ཐབས་དེ་ལའང་ཡིད་ཅན་རྣམས་ཀྱི་ཁམས་བསམ་དབང་པོ་དང་འཚམས་པར་མདོ་སྔགས་ཀྱི་ལམ་གྱི་རིམ་པ་མཐའ་ཡས་པ་ཞིག་མཆིས་ཀྱང་། རང་ཅག་རྣམས་འཆིང་བ་དམ་པོས་བཅིངས་པའི་དབང་གིས་འགའ་ཞིག་ཟབ་དོན་ཕྲ་བས་དམིགས་རྣམ་སྐྱོང་དཀའ་བ་དང་། འགའ་ཞིག་དབང་སོགས་མ་ཐོབ་པས་སྟོད་རུང་དུ་མ་འགྲུབ་པ་དང་།

འགའ་ཞིག་གཞུང་ཚིགས་ཆེ་བས་ཇི་བཞིན་མཐར་མི་ཕྱིན་པ་སོགས་ལས་དང་པོ་བ་རྣམས་ཀྱིས་བདེ་བླག་ཏུ་བསླབ་དཀའ་བས། དེའི་ཕྱིར་རང་རྒྱུད་ལ་བླ་མ་ལྷ་ཚོགས་ཀྱི་བྱིན་རླབས་འཇུག་པ་དང་། ལམ་མཐའ་དག་གི་ཐོག་མར་འཇུག་སྒོ་ལྷ་བུ་བླ་མ་མཉེས་བཞིན་པར་ཚུལ་བཞིན་བསྟེན་པ་ལ་རག་ལས་པ་སོགས་དགོས་པ་མཐའ་ཡས་པའི་དབང་གིས་བླ་མའི་རྣལ་འབྱོར་ཉམས་སུ་ལེན་པ་ཉིད་ལེགས་ཚོགས་ཀྱི་དཔལ་དུ་འགྱུར་བ་དམ་པ་གོང་མ་རྣམས་ཀྱིས་ཡང་དང་ཡང་དུ་བསྔགས་ཤིང་། ལྷག་པར་རང་ཅག་དགེ་ལྡན་པ་རྣམས་མདོ་སྔགས་ཀྱི་ཚུལ་ལ་ཐུན་མོང་འཇུག་ཏུ་ཡོད་པ་འདི་དག་ནི་རྗེ་བདག་ཉིད་ཆེན་པོས། སྔ་རབས་པ་དག་གིས་རྒྱལ་བའི་གསུང་ལ་ཐུན་མོང་བསེ་ལྷད་ཀྱི་སྐྱོན་ཞུགས་པ་མཐའ་དག་ཟད་ནས་འབྱིན་ཏེ། དྲི་བྲལ་གསེར་སྦྱངས་བཙོ་མའི་ཡང་སྙིང་ལྟར་མཛད་པའི་དཔལ་ཡོན་ཁོན་ལས་འབྱུང་བ་ཡིན་ཅིང་། དེས་ན་ཁམས་གསུམ་ཆོས་ཀྱི་རྒྱལ་པོའི་བླ་མའི་རྣལ་འབྱོར་དང་འབྲེལ་བའི་གསོལ་འདེབས་བགྱིས་ན་བྱིན་རླབས་ཀྱི་མཚན་མ་མྱུར་དུ་འཇུག་པ་དང་། ཟབ་ལམ་གྱི་གནད་ཀུང་མང་དུ་འདུས་པས་རང་རྒྱུད་ཀྱི་ཀུན་རྟོག་གི་གཉེན་པོར་འགྱུར་ཆེ་བ་ཡང་ཡིན་ཏེ། ཉོན་མོངས་སོགས་མི་དགེ་བ་མཐའ་དག་ཆོས་ཀུན་བདེན་པས་སྟོང་པ་ལ་དེར་མ་ཤེས་པར་རང་དངོས་ནས་གྲུབ་འདུག་སྙམ་པའི་འཁྲུལ་ཤེས་འཆིང་བ་དེའི་དབང་གིས་འབྱུང་བ་ཤ་སྟག་ཡིན་ཅིང་། དེའི་གཉེན་པོ་ནི་བདག་མེད་རྟོགས་པའི་ཤེས་རབ་ཡིན་པས། དེ་འདྲའི་ཡེ་ཤེས་མཐར་ཕྱིན་པ་འགྲོ་ལ་བརྩེ་བའི་རྗེས་ཆགས་དབང་གིས་ལྷག་པའི་ལྷའི་རང་གཟུགས་སུ་ཤར་བ་ནི་རྗེ་བཙུན་འཇམ་པའི་དབྱངས་ཉིད་དང་། དེ་ཉིད་སྤྲུལ་པའི་བློས་གར་བསྒྱུར་བ་རྗེ་བླ་མ་ཡིན་པ་འཇམ་དཔལ་རྩ་རྒྱུད་སོགས་མདོ་རྒྱུད་དུ་མ་ལས་ལུང་བསྟན་པས། དེ་ལྟར་རྗེས་སུ་དཔག་པའི་རྟགས་ཀྱིས་གྲུབ་པའི་ཕྱིར་དགོས་པ་མཐའ་ཡས་པ་དང་ལྡན་པའི་བླ་མའི་རྣལ་འབྱོར་དེ་ལ་ཡང་དམ་པ་གོང་མ་རྣམས་ཀྱིས་མཛད་པའི་ཉམས་སུ་ལེན་ཚུལ་མི་འདྲ་བ་དུ་མ་ཡོད་པའི་ནང་ནས་འདིར་ནི་འདུལ་ནག་པ་དཔལ་ལྡན་བཟང་པོས་མཛད་པའི་དགའ་ལྡན་ལྷ་བརྒྱ་མར་གྲགས་པའི་རྣལ་འབྱོར་ཉམས་སུ་ལེན་པ་ལ། ཐོག་མར་ཆོས་ལ་ཡིད་ཆེས་ཀྱི་དད་པ་སྐྱེ་བའི་ཕྱིར་ཆེ་བ་ཐུན་མོང་བརྗོད་པ་ལ། སྔོན་དུ་རྗེ་བདག་ཉིད་ཆེན་པོ་ནི་རྗེ་བཙུན་འཇམ་པའི་དབྱངས་ཐུབ་པའི་བསྟན་པ་སྟེགས་མའི་

དབང་གིས་ཉམས་པར་འགྱུར་བའི་ཚེ་དེ་ཉིད་སླར་ཉིན་མོར་བྱེད་པའི་སྣོད་དུ་བསམ་བཞིན་དུ་མིའི་སྲིད་པ་བཟུང་བ་སོགས་ནི་ཇེ་རང་གི་ཕྱི་ནང་གསང་གསུམ་གྱི་རྣམ་ཐར་དུ་འཆད་པར་འགྱུར་བས་དེ་དག་ལ་དཔྱད་དེ་དོན་ཡིད་དོར་བཟུང་བའི་སྒོ་ནས་སྐྱབས་གསུམ་ཀུན་འདུས་ཀྱི་ངོ་བོར་མཐོང་བའི་ཡིད་ཆེས་ཀྱི་དད་པ་རྒྱུན་ཆགས་སྐྱེ་བའི་ཐབས་ནི་ཐོག་མའི་འཇུག་སྒོ་བླ་ན་མེད་པ་ཡིན་ཏེ། དེ་ལ་བརྟེན་ནས་ཡོན་ཏན་རྗེས་སུ་དྲན་པའི་སྒོ་ནས་གསོལ་འདེབས་ལ་འཇུག་པ་ལྟར་ལེན་པའི་ཕྱིར། ཆོས་འདིའི་ཆེ་བའི་ཡོན་ཏན་ཡང་། །སྔོན་ཇེ་ཤེས་རབ་སེངྒེའི་སློབ་མ་འདུལ་ནག་པ་དེ་ཉིད་ཀྱིས་སྨད་དུ་བཞུགས་པའི་སྐབས་ལུང་པའི་མདའ་ན་གྲོང་ཁྱིམ་ཞིག་ན་བུ་གཅེས་པ་ཞིག་རྒྱལ་འགོང་གིས་ཟིན་ཏེ་ཅི་བྱར་གྱུར་སྐབས་ཁྱུལ་དེའི་ཕྱུགས་རྫི་འགས་ལུང་པའི་ཕུ་ན་རེས་གཡག་དང་། རེས་དགེ་སློང་དུ་འགྲོ་བ་ཞིག་འདུག་པས་དེ་རང་ག་བ་ཞིག་མིན་འདྲ་བས་ཁོང་ལ་ཐབས་འདྲ་མེད་དམ་ཞེས་གྲོས་བཏབ་པ་ལྟར། དེ་ལ་གསོལ་བ་བཏབ་པས། དང་པོར་ངའི་ལྷམ་དང་འཕྲེང་བ་འདི་རྣམས་འཁྱེར་ལ་སྟེང་དང་སྒོར་ཞོགས་གསུམ་པ་ལྟར་བྱས་པས། རྒྱལ་འགོང་དེས་སྟེང་ནས་རི་རབ་དང་། སྒོ་ཐམས་ཅད་ཁྲི་བོ་འཛིགས་སུ་རུང་བས་བཀག་འདུག་ཅེས་འཛི་སྣ་སྐྲག་གི་ཆོ་ངེ་བཏབ་པའི་ཚུལ་རྣམས་ཞུས་ཏེ་བླ་མ་སྤྱན་དྲངས་ནས་དམ་བཏགས་མཛད་ཅིང་། དམིགས་བརྩེ་མ་གར་ཁྱབ་ཀྱི་ཕྱོ་སྨ་སུ་མི་སྤྱོད་པའི་དམ་བཅའ་གྱིས། དེ་མིན་རྩལ་དུ་བརྒྱག་གོ་ཞེས་གསུངས་པས། གདོན་དེས་ཁྱེད་བྱང་སེམས་ཡིན་པས་ངེད་རྣམས་ལའང་ཐུགས་རྗེས་གཟིགས་དགོས། གངས་ཅན་ལྗོངས་འདིར་དམིགས་བརྩེ་མས་མ་ཁྱབ་པ་མི་འདུག་པས་གར་འགྲོ་ཞེས་གསོལ་བ་བཏབ་པས། འོ་ན་དགའ་ལྡན་ལྷ་བརྒྱ་མ་དང་འབྲེལ་བའི་དམིགས་བརྩེ་མ་འདོན་མི་རྣམས་ལ་གནོད་པ་མི་བྱེད་པའི་དམ་བཅས་ཤིང་། དེ་ཕྱིན་ཆད་རྒྱལ་འགོང་སྤྱི་དང་། ཁྱད་པར་དཔེ་ཧར་གདོན་གྱིས་དགའ་ལྷ་དང་འབྲེལ་བའི་དམིགས་བརྩེ་མ་བརྒྱ་ཚར་རེ་འདོན་མི་རྣམས་ལ་གླགས་མི་ལྟ་བ་དང་། དེར་མ་ཟད་ཁྲི་ཆེན་ནམ་མཁའ་བཟང་པོས་ཀྱང་། ང་ཤི་ཆེ་ཞག་ཞེ་དགུའི་རིང་དམིགས་བརྩེ་མ་བསྒྲོངས། དེ་ལས་ཆོ་ག་སོགས་མང་པོ་གཞན་མི་དགོས་གསུངས་པ་དང་། ཇེ་དཔལ་ལྡན་ཡེ་ཤེས་ཀྱིས་ཀྱང་། འདི་ལ་བརྟེན་ནས་ཆར་འབེབ་སོགས་ལས་ཚོགས་དུ་མ་རྒྱས་པར་བཀྲལ་བས་མཚོན་ཞི་རྒྱས་དབང་དྲག་སོགས་

ལས་ཚོགས་ཇི་ལྟར་བགྱིས་ཀྱང་འདི་ས་མི་ཐུབ་པ་མི་སྲིད་ཅེང་། ག་ཚང་ལུང་བསྟན་ལས་ཀྱང་། རང་ཅག་དགེ་ལྡན་པ་རྣམས་ལ་དུས་བབས་རི་མ་གྲོ་འདི་ཁས་ཆོག་པར་བསྟན་པ་བཅས་ཕན་ཡོན་དཔག་མེད་དེ་དག་དང་ལྡན་པའི་བླ་མའི་རྣལ་འབྱོར་འདི་ཉིད་ཉམས་སུ་ལེན་པ་ལ་འདང་། ཐོག་མར་ཇི་ལྟར་བྱ་བ། དངོས་གཞིར་ཇི་ལྟར་བྱ་བ། མཇུག་ཏུ་ཇི་ལྟར་བྱ་བའོ། །དང་པོ་ནི། རང་གི་མདུན་དུ་པདྨའི་སྡོང་པོ་ཡངས་ཤིང་རྒྱ་ཆེ་བའི་སྟེང་དུ་སེང་ཁྲི་དང་པད་ཟླའི་གདན་ལ་རང་གི་རྩ་བའི་བླ་མ་དང་གཉིས་སུ་མེད་པའི་རྗེ་བླ་མ་ཆོས་གོས་རྣམ་གསུམ་མཛེས་པར་གསོལ་བ། གཡས་གཡོན་དུ་སྲས་ཀྱི་ཐུ་བོ་གཉིས་བཞུགས་པའི་མཐའ་སྐོར་དུ་དངོས་བརྒྱུད་ཀྱི་བླ་མ་ཡི་དམ་སངས་རྒྱས་བྱང་སེམས་དཔའ་བོ་མཁའ་འགྲོ་ཆོས་སྐྱོང་སྲུང་མས་བསྐོར་བ་མངོན་སུམ་དུ་བཞུགས་ཤིང་། དེ་དག་གི་མདུན་དུ་རང་རང་གིས་གསུངས་པའི་ཆོས་རྣམས་པོ་ཏིའི་རྣམ་པར་བཞུགས་པར་མོས་ཤིང་། སྐྱབས་ཡུལ་དེ་དག་གི་ཡོན་ཏན་དྲན་བཞིན་པའི་ངང་ནས་རང་ཉིད་ཐོན་ཐབས་མ་མེད་པ་ནས་འཁོར་བའི་གནས་འདིར་སྡུག་བསྔལ་སྤྱི་དང་ཁྱད་པར་ངན་སོང་གསུམ་གྱི་སྡུག་བསྔལ་མི་བཟད་པས་མནར་བའི་ཚུལ་ལ་ངེས་ཤེས་དྲངས་ཏེ་དེ་དག་ལ་མི་བཟོད་པས་ཀུན་ནས་བསླངས་ཤིང་། འདི་ནས་ཆེ་འཕོས་ཆེ་འཁང་ངན་སོང་དེ་དག་ཏུ་མི་སྐྱེ་བའི་གཏིང་ཚུང་ཟད་ཀྱང་མེད་པ་སོགས་ཀྱི་གནད་རྣམས་རིགས་པར་བྱས་ནས། དེ་ལྟར་འཇིགས་སྐྲག་མི་བཟོད་པ་དེ་ལས་སྐྱོབ་ནུས་པའི་སྐྱབས་ཤིག་འཚོལ་དགོས། སྐྱབས་དེ་འང་འཇིག་རྟེན་པའི་ལྷ་ལ་སོགས་པ་རྣམས་ནི་རང་ཡང་གནས་དེ་ལས་མ་ཐར་བས་གཞན་སྐྱོབ་མི་ནུས། དེས་ན་དེ་ལྟའི་སྐྱབས་ནི་དཀོན་མཆོག་གསུམ་ཁོ་ནར་ངེས་ཤིང་། དེའི་ཚུལ་ཡང་སངས་རྒྱས་ནི་སྐྱོན་ཀུན་ཟད། ཡོན་ཏན་ཀུན་ལྡན་ཀུན་ལ་ཉེ་རིང་སྤངས་པའི་སྙོམས་ཐུགས་བྱམས་བརྩེའི་རང་བཞིན་ལས་མི་འདའ་བས་འགྲོ་བ་ལས་སྒྲོལ་བར་མཛད་པས་ན་དེ་དག་ལ་སྐྱབས་སྟོན་པ་པོ་དང་། རང་ཉིད་ངན་སོང་གི་གནས་སུ་སྡུག་བསྔལ་གྱིས་མནར་བ་ཡང་རྒྱུ་ཀུན་ཉོན་སོགས་མི་དགེ་བའི་དབང་གིས་འབྱུང་ཞིང་། དེ་དག་གི་གཉེན་པོ་ནི་བདག་མེད་དངོས་སུ་རྟོགས་པའི་ཤེས་རབ་ཀྱིས་མཚོན་པའི་འཕགས་པའི་སས་བསྡུས་པའི་འགོག་ལམ་གྱི་ཆོས་རྣམས་ཡིན་ཅེང་། དེ་ལ་བརྟེན་ནས་སླར་མི་སྐྱེ་བའི་ཆོས་ཅན་དུ་བྱ་བའི་ཕྱིར་ན་ཆོས་དཀོན་མཆོག་ལ་

སྐྱབས་དངོས། དེ་ཡང་འཕགས་པའི་གང་ཟག་ལ་སོགས་པ་རྣམས་ཀྱིས་ཇི་ལྟར་གདམས་པ་ལྟར་ཉམས་སུ་ལེན་དགོས་པར་དགེ་འདུན་ལ་སྐྱབས་ཀྱི་ཟླ་གྲོགས་ཞུའོ་སྙམ་པའི་བློས་ཀུན་ནས་བསླངྔ་ཏེ་སྙིང་ཁོང་རུས་པའི་གཏིང་ནས་བློ་གཏད་ལེང་གིས་བཀའ་བ་དང་བཅས་སེམས་ཅན་ཐམས་ཅད་ཀྱིས་ཀྱང་རང་གི་གནས་ཚོད་དེ་ལྟར་སྡུག་བསྔལ་གྱིས་འཇིགས་ཤིང་མི་བཟོད་པའི་སྒོ་ནས་དཀོན་མཆོག་གསུམ་ལ་སྐྱབས་སུ་མོས་ཤིང་ཡིད་ཆེས་དད་པའི་ཤུགས་དྲངས་ཏེ་བདག་དང་འགྲོ་བ་ཞེས་སོགས་ཀྱི་སྐྱབས་འགྲོ་བཞི་སྐོར་རམ་དྲུག་སྐོར་གང་རུང་ལན་གསུམ་རྒྱུད་དང་འདྲེས་དེས་བྱ། འདིའི་སྐབས་སུ་དམིགས་སྐོར་ཡང་སྔོན་དུ་བཤད་པ་ལྟར་གྱི་ངན་སོང་ལས་སྐྱོབས་པའི་སྐྱབས་སུ་གསོལ་འདེབས་ཤུགས་དྲག་བསྐྱེས་པས་ཚོགས་ཞིང་དེ་དག་ལས་བདུད་རྩིའི་རྒྱུན་འོད་ཟེར་དང་བཅས་པ་བྱུང་། རང་དང་སེམས་ཅན་ཐམས་ཅད་ཀྱི་སྤྱི་བོ་ནས་ཞུགས་ལུས་ཀྱི་ནང་གང་། སྒོ་གསུམ་གྱི་སྡིག་སྒྲིབ་སྤྱི་དང་། ཁྱད་པར་སྐྱབས་འགྲོའི་བསླབ་བྱ་དང་འགལ་བའི་ཉེས་ལྟུང་རྣམས་བྱང་ཞིང་དག་ནས་མཆོག་གསུམ་གྱི་བྱིན་རླབས་རང་རྒྱུད་ལ་ཞུགས་སོང་སྙམ་པའི་ངང་ནས་བདུད་རྩི་འབེབས་སྦྱངས་སོགས་ཀྱང་བྱ། དེ་ནས་སེམས་ཅན་རྣམས་ལ་མར་ཤེས་དྲིན་དྲན་སོགས་ཀྱི་བློ་བཏང་སྟེ། ཕ་མར་གྱུར་པའི་འགྲོ་བ་འདི་རྣམས་སྡུག་བསྔལ་ལས་བསྒྲལ་བའི་ཕྱིར་དུ་བདག་གིས་སངས་རྒྱས་ཀྱི་གོ་འཕང་ཐོབ་པར་བྱའོ་སྙམ་པའི་སྨོན་སེམས་དང་། དེར་མ་ཟད་སྔོན་རྒྱལ་སྲས་རྣམས་ཀྱིས་འགྲོ་བའི་དོན་དུ་བྱ་དཀའི་སྤྱོད་པ་རླབས་ཆེན་ཇི་ལྟར་སྤྱད་པ་ལྟར་བདག་གིས་ཀྱང་བྱའོ་སྙམ་པའི་འཇུག་སེམས་ཚ་གས་བཟུང་ཚུལ་སངས་རྒྱས་ཆོས་ཚོགས་མ་ལན་གསུམ་བྱ། དེ་ལྟར་སེམས་དེའི་རྗེས་ཟིན་པའི་སྒོ་ནས་སེམས་ཅན་སྡུག་བསྔལ་གྱིས་མནར་བ་ལ་དམིགས་ནས་དེ་དང་དེའི་རྒྱུ་མི་དགེ་བ་ལས་བྲལ་ན་ཅི་མ་རུང་། དེ་ལྟར་གྱུར་ཅིག་སྙམ་པ་དང་། ཡང་སེམས་ཅན་ལ་དམིགས་པས་བདེ་བ་དང་། དེའི་རྒྱུ་དགེ་བའི་དངོས་པོ་དང་ལྡན་ན་ཅི་མ་རུང་ལྡན་པར་གྱུར་ཅིག་སྙམ་པ་དང་། བདེ་བ་ལ་གནས་བཞིན་པ་ལ་དམིགས་ནས་དེ་དང་རྟག་ཏུ་མ་བྲལ་ན་ཅི་མ་རུང་། དེ་ལྟར་གྱུར་ཅིག་སྙམ་པ་དང་། སེམས་ཅན་ཐམས་ཅད་ལ་དམིགས་ནས་ཉེ་རིང་ཆགས་སྡང་དང་བྲལ་བའི་བཏང་སྙོམས་ལ་གནས་པར་གྱུར་ཅིག་སྙམ་པ་སྟེ་ཚད་མེད་བཞི་རང་རྒྱུད་ལ་སྐྱེ་སར་བྱས་ཏེ་

མར་གྱུར་སེམས་ཅན་ཞེས་སོགས་བྱ། འདི་དང་སེམས་བསྐྱེད་ཀྱི་སྐབས་གཉིས་ཀར་ཡང་དེ་ལྟར་ནུས་པར་ཚོགས་ཞིང་ལ་གསོལ་བ་བཏབ་པས་དེ་དག་ལས་བདུད་རྩིའི་རྒྱུན་བབས་ཏེ་སྡིག་སྒྲིབ་སྦྱི་དང་། ཁྱད་པར་དམན་པའི་སྒྲིབ་པ་མཐའ་དག་སྦྱངས་ཏེ་བྱང་ཆུབ་ཀྱི་སེམས་རྣམ་པར་དག་པ་ཐོབ་པར་མོས་ཤིང་། ཚད་མེད་བཞིའི་སྐབས་སུ་བདུད་རྩིའི་རྒྱུན་སེམས་ཅན་ཐམས་ཅད་ཀྱི་ལུས་ལ་ཞུགས་པས་ཇི་ལྟར་སྨོན་པ་དེ་བཞིན་དུ་འགྱུར་སོང་བསམ་པ་དང་། ཁྱད་པར་བཏང་སྙོམས་ཚད་མེད་སྐབས་སྟོང་ཉིད་རྟོགས་པའི་ཡེ་ཤེས་ཁྱད་པར་ཅན་རྒྱུད་ལ་སྐྱེ་བའི་བག་ཆགས་བཞག་གོ་སྙམ་པ་བགྱིས་ན། ཡེ་ཤེས་སྐྱེ་བའི་རྒྱུ་བླ་མེད་དུ་འགྱུར་བས་དེ་དག་ལ་ངེས་པ་ནན་ཏན་བསྐྱེད། དེ་དག་གི་སྐབས་སྔ་ཕྱི་ཐམས་ཅད་དུ་ཡང་ཡང་རང་རྒྱུད་ལ་བརྟགས་ཏེ་མི་དགེ་བའི་སེམས་མཆིས་ན་འགོག་གཉེན་དང་འབྲེལ་བའི་དགེ་སེམས་ཤུགས་དྲག་ལ་སྨོ་ཀུན་ནས་སྦྱོང་བར་བགྱིས་ཏེ་ཚོགས་ཞིང་དེ་དག་ཀྱང་རིམ་གྱིས་འོད་དུ་ཞུ་ནས་རང་ལ་ཐིམ་སྟེ་བྱིན་གྱིས་བརླབས་པའི་མོས་པ་བྱ། །གཉིས་པ་དངོས་གཞི་ལ། སྤྱན་འདྲེན་པ། ཚོགས་གསོག་པ། གསོལ་བ་འདེབས་པ་གསུམ་ལས། དང་པོ་ལ། ༄ རྗེ་བླ་མ་གང་དུ་བཞུགས་པའི་གནས་ནི་དགའ་ལྡན་ཡིན་ལ། དེའང་ཕྱིའི་རྒྱ་མཚོའི་ནང་ནས་ཙུང་ཟད་འབུར་ཙམ་འཐོན་པའི་ཤར་གླིང་ལྷ་གམ། ལྷོ་གླིང་ཤིང་རྟའི་དབྱིབས། ནུབ་གླིང་ཟླུམ་པོ། བྱང་གླིང་གྲུ་བཞིར་ཡོད་ཅིང་། དེ་དག་ཐམས་ཅད་ཀྱི་རང་གི་ཕྱོགས་ནས་བརྩེ་ས་པའི་བྱང་ཕྱོགས་སུ་རིན་པོ་ཆེ་བཞིའི་རང་བཞིན་གྱི་ལྷུན་པོ་གྲུ་བཞི་པ། ལྷུན་པོ་དེའི་ཕྱོགས་མདངས་འཁྲིག་ལུགས་ཀྱིས་གླིང་བཞིར་ཡང་མངོན་པར་སྐབས་ཡོད་ཀྱི་ནམ་མཁའ་དང་། ཆུའི་མདོག་བཅས་ཀྱང་སོ་སོར་མི་འདྲ་བ། རི་རབ་དེའི་བང་རིམ་རྣམས་ལ་ལག་ན་གཞོང་ཐོགས་སོགས་གནོད་སྦྱིན་རྣམས་དང་། རྒྱལ་ཆེན་བཞིའི་ལྷ་རྣམས་གནས་ཤིང་། རྩེ་མོར་ལྷ་ན་སྡུག་སོགས་སུམ་ཅུ་རྩ་གསུམ་པའི་ལྷའི་གནས་དང་། སྟེང་གི་ནམ་མཁའ་ལ་འཐབ་བྲལ། དེའི་སྟེང་ན་དགའ་ལྡན་ལྷའི་གནས་ཡོད་ཅིང་། དེར་གྲོང་ལས་དགོན་པའི་ཚུལ་དུ་རྗེ་བཙུན་གྱི་ཀུན་དགའ་ར་བ་ཡིད་དགའ་ཆོས་འཛིན་ཞེས་པ་སྟོན་བསྟན་པའི་བདག་པོ་ཉིད་དམ་པ་ཏོག་དཀར་དུ་འཁྲུངས་པའི་དུས་གཟིགས་པ་རྣམ་པ་ལྔས་འཛམ་བུའི་གླིང་འདིར་གཟིགས་ཤིང་འཕོ་བའི་མཛད་པའི་དུས་ལ་བབས་པ་ན། །རང་གི་ཚོད་པཎ་བྱམས

པའི་དབུར་བཅིངས་ཏེ་ང་ཡི་འོག་ཏུ་མཆོག་གི་སྤྲུལ་སྐུའི་ངོ་བོར་འཚང་རྒྱ་བར་ལུང་བསྟན་ཅིང་། རྒྱལ་ཚབ་ཏུ་དབང་བསྐུར་བའི་མདུན་ས་དེ་ཉིད་ཡོད་པར་ཚད་ལྡན་གྱི་གཞུང་ལས་གསུངས་པས། རང་ཉིད་ཀྱང་བྱང་ཕྱོགས་རི་རབ་ངོས་སུ་ཁ་ཕྱོགས་པར་མོས་པའི་སྟེང་གི་ནམ་མཁར་ཧེ་བཙུན་བཞུགས་པའི་གནས་དེ་ཉིད་གཞི་རིན་པོ་ཆེ་སྣ་ཚོགས་ལས་གྲུབ་ཅིང་། ལག་མཐིལ་ལྟར་མཉམ་པ། མཚོ་དང་། ཐིང་བུ་དང་། དགོས་འདོད་འབད་མེད་དུ་འབྱུང་བའི་དཔག་བསམ་ཤིང་སོགས་སངས་རྒྱས་ཀྱི་ཞིང་གི་ཡོན་ཏན་ཐམས་ཅད་ཀྱིས་བརྒྱན་པའི་དབུས་སུ་རིན་པོ་ཆེའི་ཁྲིའི་སྟེང་ན་ཧེ་བཙུན་སྐུ་མདོག་གསེར་བཙོ་མ་ལྟ་བུ། ལྡའི་རིན་པོ་ཆེ་དང་དར་གྱི་ན་བཟས་ཀླུབས་པ། ཕྱག་གཉིས་ཆོས་འཁོར་གྱི་ཕྱག་རྒྱས་མཛེས་པ། ཉི་མ་འབུམ་གྱི་གཟི་འོད་དང་ལྡན་པ་ལྟང་ངེར་བཞུགས་པའི་མཐའ་སྐོར་ན་ཇོ་འབྲོམ་ཡབ་སྲས། འཇམ་དཔལ་སྙིང་པོ་སོགས་འཁོར་ཚོགས་རྒྱ་མཚོས་བསྐོར་ཅིང་ཞིང་གི་བཀོད་པ་དང་སྐུའི་རྣམ་པ་སོགས་མཐའ་དག་དམིགས་རྣམ་ཕྲ་རེ་བ་ཙམ་མ་ཡིན་པ་མངོན་སུམ་ལྟར་མིག་གི་སྤྱོད་ཡུལ་དུ་འགྱུར་ནུས་པ་ཙམ་གྱི་ངེས་ཤེས་བརྟན་པོས་རང་ཡང་གནས་དེར་སླེབས་ཏེ། དེའི་ཡོན་ཏན་རྣམས་མཐོང་བ་དང་། ༄ཧེ་བཙུན་གྱིས་གསུངས་པའི་ཟབ་མོའི་ཆོས་རྣམས་རྣ་བའི་ལམ་དུ་གྲུར་སྙམ་པའི་མོས་པ་ཤུགས་དྲག་ལ་ཡུན་མི་ཐུང་ཙམ་བྱ་བ་ནི་ཞིང་སྦྱོང་བའི་ཡན་ལག་ཏུ་འགྲོ་བའི་ཚིག་རྐང་དང་པོའི་མཐུན་མོང་མ་ཡིན་པའི་ཡོན་ཏན་ཡིན་པས། དེ་ལ་ནན་ཏན་བྱ། ཁྱད་པར་ཧེ་བཙུན་གྱི་ཐུགས་གསང་དཔལ་གྱི་བེ་ཅུའི་གཟུགས་བྲ་སེང་དེ་བའི་ནང་ན་ཧེ་ཡབ་སྲས་གསུམ་སྐུ་མདོག་ཕྱག་མཚན་ཚུན་ཚད་མ་འདྲེས་པར་བཞུགས་འདུག་སྙམ་པའི་ངང་ནས་བདག་ཉིད་འཁོར་བ་ལས་གྲོལ་ཅིང་། བླ་ན་མེད་པའི་སངས་རྒྱས་ཀྱི་སར་འགོད་པའི་སྐྱབས་གནས་དམ་པ་ཧེ་ཡབ་སྲས་ལས་གཞན་དུ་མ་དམིགས་པས། ལེགས་ཉེས་ཅི་བྱུང་ཡང་ཧེ་བླ་མ་མཁྱེན་ནོ་བསམ་པས། སྐུ་གསུང་ཐུགས་ཀྱི་ཡོན་ཏན་དྲན་བཞིན་པ་དང་བཅས་བདག་ཉིད་ད་ལྟ་དངོས་སུ་དགའ་ལྡན་དུ་འགྲོ་བའི་ནུས་པ་མ་མཆིས་པས་ན་བདག་ཅག་གི་མགོན་སྐྱབས་དམ་པར་སྐད་ཅིག་གིས་མོས་པའི་གནས་འདིར་གཤེགས་སུ་གསོལ་སྙམ་པའི་མོས་པ་ཤུགས་དྲག་དང་བཅས་པས་དགའ་ལྡན་ལྷ་བརྒྱའི་མགོན་གྱི་ཞེས་སོགས་ཤློ་ཀ་གཅིག་དལ་བུས་བཟོད། དེ་ལྟར་སྤྱན་དྲངས་

པའི་དབང་གིས་རྗེ་བཙུན་གྱི་ཐུགས་ཀ་ནས་སྤྲིན་དཀར་པོ་དར་ཡུག་བརྐྱངས་པ་འདྲ་བ་ཞིག་འཐོན་ཏེ་དེའི་སྟེ་མོར་རྗེ་ཡབ་སྲས་གསུམ་པོ་རང་གི་མོས་པའི་ཞིང་དུ་སྐད་ཅིག་གིས་བྱོན་བྱུང་སྙམ་པ་བགྱིད་དགོས། དེའང་རང་ཉིད་གནས་འདིར་ཡོད་པའི་དབང་གིས་དགའ་ལྡན་སོགས་ནས་སྤྱན་དྲངས་མི་ནུས་བསམ་པའི་ཞེན་པ་བཀག་སྟེ། རྗེ་བླ་མ་ནི་སངས་རྒྱས་དངོས་ཡིན་ཅིང་། དེས་ན་སངས་རྒྱས་ཐམས་ཅད་ནི་གདུལ་བྱ་ལ་ལྷག་པར་བརྩེ་བས་གང་གི་མོས་ངོ་དང་འཚམས་པར་འགྲོ་བའི་དོན་མཛད་པ་ལས། ནམ་དུ་ཡང་མི་གཡེལ་ཞིང་གསོལ་བ་བཏབ་པ་ཙམ་གྱིས་སྐད་ཅིག་ལ་ལག་པ་བརྐྱང་བསྐུམ་ཙམ་གྱི་ཡུན་ལ་གང་ལ་གང་འདུལ་དེར་གཤེགས་ཏེ་ཆོས་སྐྱོན་པ་ནི་ཆོས་ཉིད་ཡིན་པས། ཚུལ་དེ་ལ་ཡི་ཆེས་ཤུགས་དྲག་པའི་ངེས་པ་འདྲེན་དགོས། དེ་ལྟར་རྗེ་བླ་མ་ཉིད་བྱམས་པའི་ཐུགས་ཀ་ནས་སྤྱན་དྲངས་དགོས་པའི་རྒྱུ་མཚན་ཡང་རྗེ་རིན་པོ་ཆེ་བྱམས་པ་དང་དབྱེར་མེད་ཡིན་ཏེ། རྗེ་ཉིད་ལྷོ་བྲག་ཏུ་བྱོན་སྐབས་མཁན་ཆེན་ནམ་མཁའ་རྒྱལ་མཚན་ལ་གསང་བའི་བདག་པོས། བྱམས་པ་ཉིད་ལ་བསླབ་བཏུས་ཞུས་ཞེས་བསྐུལ་བ་དང་། བྱམས་པ་བྱོན་གྱིན་ཡོད་ཅེས་ལུང་བསྟན་པ་སོགས་ལུང་དང་རིགས་པ་དུ་མས་གྲུབ་པར་མ་ཟད། ཐ་མལ་པའི་ངོ་བོར་ཡང་རྗེ་ཉིད་སྐུ་སྐྱེ་འདིའི་ཕྱི་མ་དགའ་ལྡན་དུ་བྱང་སེམས་འཇམ་དཔལ་སྙིང་པོར་སྐྱེ་བ་བཞེས་ཏེ། རྗེ་བཙུན་ལས་ཐེག་པ་ཆེན་པོའི་ཆོས་མཐའ་ཡས་པ་གསན་པའི་ཚུལ་བསྟན་པ་སོགས་ལ་དགོངས་ཏེ་དེ་ལྟར་མཛད་པ་ཡིན་ནོ། །གཉིས་པ་ཚོགས་གསོག་པ་ལ་ཡང་ཡན་ལག་བདུན་ཡོད་ཅིང་། དེ་ཡང་ཚུལ་བཞིན་དང་མི་འདྲ་བར་འདིར་སྒྲུབ་ལས་མི་འདའ་བར་གསོལ་བ་འདེབས་པའི་ཡན་ལག་ཐོག་མར་མཛད་ཅིང་། དེའི་ཚུལ་ཡང་མདུན་གྱི་ནམ་མཁར་སེང་ཁྲི་ཞེས་སོགས་ཚིག་ཀ་གཅིག་གོང་བཞིན་བརྗོད། འདིའི་སྐབས་སུ་ཕྱོན་དུ་སྤྱན་དྲངས་པའི་རྗེ་བླ་མ་ཡབ་སྲས་གསུམ། རང་གི་མདུན་སྙིན་མཚམས་ཐད་མདའ་གང་ཙམ་གྱི་ནམ་མཁའི་དབུས་སུ་སེང་གེ་བརྒྱད་ཀྱིས་བཏེགས་པའི་རིན་པོ་ཆེའི་ཁྲིའི་སྟེང་དུ་སྣ་ཚོགས་པདྨ་ཟླ་བའི་གདན་དང་བཅས་པ་ཆེ་ཆུང་གསུམ་གྱི་དབུས་མར་ཁམས་གསུམ་འགྲོ་བའི་བླ་མ་སྐུ་མདོག་དཀར་ལ་དམར་བའི་མདངས་ཅན། ཕྱག་གཉིས་ཆོས་འཁོར་གྱིས་མཛེས་པའི་མཐེབ་སྲིན་གྱིས་ཨུཏྤལའི་ཡུ་བ་བཟུང་བའི་ཁ་སྟེན་གྱི་ཐད་ཀར་ཕྱེ་བའི་སྟེང་ན་རལ་གྲི་དང་། གླེཏ

བམ་བཟུང་བ། སྐུ་ལ་ཆོས་གོས་རྣམ་གསུམ་གསོལ་བ། རྡོ་རྗེ་སྐྱིལ་ཀྲུང་གིས་བཞུགས་པ། ཤིན་ཏུ་དགྱེས་ཤིང་འཛུམ་པའི་ཉམས་ལྡན། གཡས་ན་རྒྱལ་ཚབ་རྗེ་ཙུང་ཟད་བགྲེས་པའི་ཉམས་ཅན་ཞི་ཞིང་དུལ་བ། གཡོན་ན་མཁས་གྲུབ་རྗེ་དར་ལ་བབ་ཅིང་ཙུང་ཟད་འཁྲིང་པའི་ཉམས་ཅན། གཉིས་ཀའང་ཕྱག་གཉིས་ཆོས་འཆད་དང་གླེགས་བམ། གཞན་སྐུ་མདོག་སོགས་གཙོ་བོ་དང་མཚུངས་པ་དེ་དག་ཀྱང་བྲིས་སྐུ་སོགས་དང་མི་འདྲ་བར་མངོན་སུམ་ལྟར་ཐན་སྐྱུན་གྱི་འབྲས་བུ་ཆུན་ལ་གསལ་སྣང་ཐོན་པ་དང་། དངོས་ཡིན་སྙམ་པའི་མོས་པ་ཤུགས་དྲག་པོ་དང་བཅས་བདག་ཅག་མྱ་ངན་ཐང་ལ་ཡོང་འཁྲིད་ཀྱིས་བོར་བའི་དམུས་ལོང་དང་། རྒྱ་མཚོའི་གླིང་དུ་དེད་དཔོན་གྱིས་བོར་བ་ལྟར་སྡུག་བསྔལ་གྱིས་ཉམ་ཐག་ཅིང་། སྔོན་བྱོན་དམ་པ་རྣམས་ཀྱིས་ཡལ་བར་དོར་བའི་འགྲོ་བ་མགོན་སྐྱབས་དང་བྲལ་བ་རྣམས་ལ་རེ་སའི་སྐྱབས་གནས་ཁྱེད་ལས་གཞན་མེད་པས་བདག་ཅག་རྣམས་ཀྱི་བསོད་ནམས་ཀྱི་ཚོགས་རྫོགས་པའི་ཞིང་མཆོག་དང་། མདོ་སྔགས་ཀྱི་བསྟན་པ་རིན་པོ་ཆེ་དྲི་བྲལ་འདི་ཉིད་བཤད་པ་དང་སྒྲུབ་པའི་སྒོ་ནས་དར་ཞིང་རྒྱས་པར་འགྱུར་བའི་ཕྱིར་དུ་ནམ་དུའང་གཡོ་བ་མེད་པར་བསྐལ་བརྒྱའི་བར་དུ་བརྟན་པར་བཞུགས་སུ་གསོལ། ཞེས་གསོལ་བ་ཤུགས་དྲག་ཏུ་མོས་པ་བརྟན་པོས་འདེབས་ཤིང་། དེ་ལྟར་ཡན་ལག་འདི་ཐོག་མར་འབྱུང་བའི་རྒྱུ་མཚན་ཡང་། དཔེར་ན་ནད་ཀྱི་ཟུག་རྔུ་དྲག་པོས་གདུངས་པའི་ནད་པ་ཡང་། སྨན་པ་ལ་མོས་པས་ཇི་ལྟར་བྱེད་དགོས་པ་བཞིན་དུ་རང་གི་ལེགས་ཚོགས་ཐམས་ཅད་ཀྱི་རྩ་བ་ཡང་བླ་མ་ལ་རག་ལས་ཤིང་། དེ་ལྟར་བསོད་ནམས་གསོག་པའི་ཞིང་མཆོག་བླ་མེད་བརྟན་པར་བཞུགས་པ་ཞིག་དགོས་པས་སོ། །འདི་ལ་རྗེ་བླ་མའི་སྐུ་མདོག་ཕྱག་མཚན་སོགས་ཀྱིས་དགོས་པ་ཐུན་མོང་མ་ཡིན་པ་རེ་རེ་མཚོན་པ་ནི་མན་ངག་གཞན་ལས་ཤེས་པར་བྱའོ། །གཉིས་པ་ཕྱག་འཚལ་བ་ནི། རང་གི་ལུས་ཀྱང་གཏྲའི་རྡུལ་སྙེད་དུ་ཡོད་པ་དང་། སེམས་ཅན་ཐམས་ཅད་དང་བཅས་པའི་ལུས་ངག་ཡིད་གསུམ་གྱི་མོས་གུས་ཤུགས་བརྟན་པོ་དང་ལྡན་པའི་ངང་ནས། རྗེ་བླ་མའི་སྐུ་གསུང་ཐུགས་ཀྱི་ཡོན་ཏན་རྣམས་དྲན་བཞིན་དུ་ཤེས་བྱའི་ཁྱོན་ཀུན་ཞེས་སོགས་ཤློ་ཀ་གཅིག་བརྗོད། དེའི་དོན་ཡང་ཤེས་བྱའི་ཁྱོན་ཀུན་ཞེས་པ་སྤྱི་ཙམ་མ་ཡིན་པ། གཞི་བུམ་པ་ལྟ་བུ་ཀུན་རྫོབ་པའི་ཆོས་ལ་དམིགས་པའི་ཚེ། དེའི་སྟེང་གི་ཆོས་ཉིད་ཀྱང་

མངོན་སུམ་དུ་གཟིགས་ཤིང་། གནས་ལུགས་ལ་གཟིགས་པའི་ཚེ་འང་། དེའི་སྟོང་གཞི་ཆོས་ཅན་ལ་གསལ་སྣང་མི་འགོག་པའི་མཉམ་རྗེས་གཅིག་ཏུ་གྱུར་པ་ནི་སངས་རྒྱས་པ་ནའི་ཁྱད་ཆོས་ཡིན་པས། དེ་ལྟར་ལྡན་པའི་ཐུགས་དང་། སྐལ་བཟང་རྣ་བའི་ཞེས་པས་སྐལ་བ་བཟང་པོ་རྒྱལ་སྲས་ས་བཅུ་པ་མན་ཆད་ཀྱི་རྣ་བའི་རྒྱན་དུ་གྱུར་ཅིང་། དེའང་སྤྱ་རབས་པ་སོགས་ཕལ་ཆེ་བའི་གསུང་རྣམས་ལ་རེས་ལྟ་བའི་སྐོར་དང་། རེས་སྤྱོད་པའི་སྐོར་ནས་བདག་ཉིད་ཆེན་པོ་རྣམས་ཀྱིས་དགྲེས་པ་ལྟར་མི་བསྐྱེད་པ་འབྱུང་ཞིང་རྗེ་བླ་མའི་གསུང་རྣམས་ནི་དེ་ལས་འདས་ཏེ་ཆ་ཕྲ་མོ་ཙམ་ལ་ཡང་སྐྱོན་གྱིས་གོས་པ་མེད་པས་རྒྱལ་སྲས་རྣམས་ཀྱི་ཐུགས་འཕྲོག་པར་འགྱུར་བའི་ཡོན་ཏན་དང་ལྡན་པའི་གསུང་དང་། གྲགས་པའི་དཔལ་གྱིས་ཞེས་པའི་དོན་ནི་མི་སྨན་པ་ཆ་ཕྲ་མོ་ཙམ་ཡང་མི་མངའ་བའི་གྲགས་པའི་དཔལ་དང་ལྡན་ཞིང་། དེའང་ཉན་རང་དགྲ་བཅོམ་པ་དང་ས་རར་གནས་དཔའ་བོ་རྣམས་ཀྱང་ཤེས་བྱའི་སྒྲིབ་པ་ཕྲ་མོ་མ་སྤངས་པའི་དབང་གིས་མི་སྨན་པ་བརྗོད་དུ་ཡོད་པས་དེ་དག་ཡོངས་སུ་ཟད་ཅིང་། བསོད་ནམས་མཐའ་ཡས་པས་བསྒྲུབ་པའི་མཚན་དཔེའི་དཔལ་གྱིས་ལྷམ་མེར་མཛེས་པའི་སྐུ་སྟེ། དེ་ལྟར་ཡས་རིམ་གྱིས་མཐོང་བ་དང་། ཐོས་པ་དང་། དྲན་པ་ཙམ་གྱིས་ཀྱང་ཚོགས་དཔག་མེད་རྫོགས་པའི་དོན་དང་ལྡན་པ་དེ་ལ་བཏུད་དེ་ཕྱག་འཚལ་ཞིང་གསོལ་བ་འདེབས་སོ། །

འདིར་ཐུགས་སྟོན་དུ་བརྗོད་པ་ནི་སངས་རྒྱས་ཐམས་ཅད་ཀྱི་མཁྱེན་པ་གཅིག་བསྡུས་ལྷག་པའི་ལྷའི་ངོ་བོར་བཞེངས་པ་ནི། འཇམ་པའི་དབྱངས་ཉིད་ཡིན་ཅིང་། དེ་སྤྲུལ་པའི་སྐུར་བཞུང་བ་རྗེ་ཉིད་ཡིན་པས་དེ་མཆོན་པ་དང་། རང་ཅག་རྣམ་པ་ཐམས་ཅད་མཁྱེན་པའི་ཡེ་ཤེས་བདེ་བླག་ཏུ་ཐོབ་པའི་བག་ཆགས་འཇོག་བྱེད་ཡིན། གསུམ་པ་མཆོད་འབུལ་ནི། དེ་ལྟར་ཡོན་ཏན་ཐམས་ཅད་ཀྱི་བདག་ཉིད་དུ་གྱུར་པའི་རྗེ་ཡབ་སྲས་གསུམ་མདུན་དུ་བཞུགས་པ་ལ་ཡིད་དུ་འོང་བའི་མཆོད་པའི་ལྷ་མོ་ལག་ན་མཆོད་རྫས་སྣ་ཚོགས་ཐོགས་པ་རྣམས་ཀྱིས་མཆོད་ཡོན་ལ་སོགས་པ་རྣམས་དངོས་སུ་བཤམས་པ་དང་།ཡིད་ཀྱིས་ཀུན་ཏུ་བཟང་པོའི་མཆོད་ཚོགས་རྒྱ་མཚོར་སྤྲུལ་ཏེ་འཁོར་གསུམ་ཡོངས་སུ་དག་པའི་སེམས་པ་དང་བཅས་དབུལ་བར་བྱའོ་སྙམ་པས། ཡིད་འོང་མཆོད་ཡོན་×བརྗོད། འདིར་མཆོད་པ་ཕུལ་བ་རྣམས་བདག་གིར་བཞེས་ཏེ་ཐུགས་རྒྱུད་ལ་བདེ་བ་ཁྱད་པར་ཅན་འཁྲུངས་ཏེ་མཉེས་པར་

གྱུར་སོང་བསམ་པར་བྱ། བཞི་པ་སྡིག་པ་བཤགས་པ་ནི། རང་གིས་སྔོན་ཐོག་མ་མེད་པ་ནས་སྡིག་པ་མི་དགེ་བའི་ལས་ཇི་སྙེད་ཅིག་བསགས་དང་གསོག་པར་འགྱུར་ཞིང་། དེ་དག་གིས་ཀྱང་འབྲས་བུ་མི་འབྱིན་པ་མི་སྲིད་པས། དེའི་དབང་གིས་ངན་སོང་མུ་མཐའ་མེད་པར་སྐྱེ་ས་ཚེ་སྡུག་བསྔལ་མི་བཟད་པས་ཀུན་ནས་མནར་བ་ལས་དགེ་བའི་བློ་སྐད་ཅིག་ཙམ་སྐྱེ་བའི་གོ་སྐབས་བྲལ་ཞིང་། སྡུག་བསྔལ་མྱོང་དགོས་པ་དང་། ཚེ་འདིར་ཡང་ཡོན་ཏན་རྣམས་རང་རྒྱུད་ལ་སྐྱེ་བའི་གེགས་བྱེད་པས་དེས་ན་སྡིག་སྒྲིབ་སྦྱི་དང་། ཁྱད་པར་སྡོམ་པ་གསུམ་གྱི་བཅས་པ་དང་འགལ་བའི་ཉེས་ལྟུང་ཇི་སྙེད་བསགས་པ་རང་གི་ཡིད་ཡུལ་དུ་གྱུར་བ་རྣམས་ལ་བསྒོ་བགྲང་དང་། མ་ཟིན་ཀྱང་སྡིག་ལྟུང་གོས་པ་ཚད་མེད་པ་མཆིས་པས་དེ་དག་ལ་འགྱོད་སེམས་དང་བཅས་པའི་སྒོ་ནས་རྗེ་བླ་མའི་དྲུང་དུ་བཤགས་ཤིང་སྡོམ་པའི་སྒོ་ནས། གང་ཞིག ཅེས་སོགས་བརྗོད། དེ་ལྟར་བརྗོད་པས་བཤགས་ཡུལ་རྣམས་ཀྱི་སྐུ་ལས་བདུད་རྩིའི་རྒྱུན་བབས། རང་གི་སྤྱི་བོ་ནས་ཞུགས། ལུས་ཐམས་ཅད་མེར་གྱིས་གང་། ཐོག་མ་མེད་པ་ནས་བསགས་པའི་སྡིག་ལྟུང་ཅི་མཆིས་དུད་ཁུའི་རྣམ་པར་བ་སྦུའི་བུ་ག་ནས་ཕྱིར་འཐོན་ཏེ། སྡིག་སྒྲིབ་ཐམས་ཅད་བྱང་བར་མོས་ཤིང་། བླ་མ་ལྷ་ཚོགས་ཀྱི་མཐུས་དེ་དག་རྣམས་ལྷག་མེད་དུ་སོང་སྙམ་པ་དང་། དེ་དག་ལ་ཐེ་ཚོམ་སོགས་བྱུང་ན་ཡོག་ལྟའི་ཁོངས་སུ་འགྲོ་བས། དེ་ལྟའི་དབང་དུ་མ་སོང་བ་གལ་ཆེ། ཁྱད་པར་འདིའི་སྐབས་སྒྲུང་བྱ་སྡིག་ལྟུང་རྣམས་ངོས་མ་ཟིན་ཆེ་རྒྱུས་མེད་ལམ་དུ་འགྲོ་བ་དང་མཚུངས་པས། གཙོ་བོ་མི་དགེ་བ་བཅུ་འཆབ་སེམས་དང་བཅས་པ་དང་། སྡོམ་པ་སོ་སོའི་ཕམ་ལྟུང་། སྦོམ་པོ། ཡན་ལག་དང་བཅས་པ་ཚུལ་བཞིན་དམ་པའི་མན་ངག་དང་། དེ་ལྟར་སྟོན་པའི་བསྟན་བཅོས་སོགས་ལས་ཤེས་པར་བྱས་ཏེ། དེ་དག་སྤང་ས་ཤིང་སྤྱོད་བ་ལ་བརྩོན་པའི་སྒོ་ནས། སྤྱོད་བྱེད་རང་རང་གི་སྒོས་ཀྱི་གཉེན་པོ་དང་། ཁྱད་པར་བཤགས་ཡུལ་གསལ་བཏབ་པ་ལ་མོས་གུས་ཀྱིས་སྐྱབས་སུ་འགྲོ་བ་དང་། རང་དང་རང་འདྲ་བའི་འགྲོ་བ་མི་དགེ་བ་སྡིག་པའི་ལས་འབའ་ཞིག་སྤྱོད་པ་རྣམས་ཀྱི་དང་ཚུལ་བསམ་པའི་སྒོ་ནས། དེ་དང་དེའི་འབྲས་བུ་སྡུག་བསྔལ་མི་བཟད་པ་མྱོང་དགོས་པ་རྣམས་ལ་སྙིང་རྗེ་སྟོབས་ཆེན་པོས་ཀུན་ནས་བསླངས་ཏེ། ཉམ་ཐག་འདི་རྣམས་ཀྱི་སླད་དུ་བདག་གིས་སངས་རྒྱས་ཀྱི་གོ་འཕང་ཞིག་ཐོབ་ན་ཅི་མ་རུང་། དེ་ལྟར་བྱེད་སྙམ

པའི་སེམས་བསྐྱེད་དུ་རེ་བ་སྐྱེད་པས་ཟིན་པ་རྟེན་གྱི་སྟོབས། སྔོན་ཆད་སྡིག་པ་བགྱིས་པ་རྣམས་ཀྱི་རྣམ་སྨིན་ཡིད་མི་འོང་མྱོང་དགོས་པར་ངེས་པ་དྲངས་པས་བཟོད་དཀའ་བ་མཐོང་ནས་འགྱོད་སེམས་ཤུགས་དྲག་དང་ལྡན་པ་རྣམ་པར་སུན་འབྱིན་པའི་སྟོབས། སླན་ཆད་མི་དགེ་བ་རྣམས་ཉེས་པ་དུ་མའི་འབྱུང་གནས་སུ་རིགས་ནས་མི་བྱེད་པར་སྡོམ་སེམས་བསྐྱེད་པ་ཉེས་པ་ལས་སླར་ལྡོག་པའི་སྟོབས། དེ་དག་ཐམས་ཅད་ཀྱི་འཁོར་གསུམ་ལ་མི་དམིགས་པས་རྒྱས་འདེབས་པ་གཉེན་པོ་ཀུན་སྤྱོད་ཀྱི་སྟོབས་ཏེ། དེ་ལྟར་སྟོབས་བཞི་ལྡན་པའི་སྒོ་ནས་བཤགས་སྡོམ་ཚུལ་བཞིན་བགྱིས་ན་མཚམས་མེད་པའི་ལས་རྣམས་ཀྱང་བྱང་བར་གྱུར་ན་གཞན་རྣམས་ལྟ་ཅི་སྨོས་པས་དེའི་ཚུལ་འབད་པ་ཆེན་པོས་སྤྱོད་པ་ནི་སྡིག་བཤགས་ཀྱི་སྒོ་མདད་དུ་བྱུང་བའོ། ། ༈ ལྔ་པ་རྗེས་སུ་ཡི་རང་བ་ནི། རྗེ་བླ་མ་མཆོག་ཉིད་ལ་མི་དགེ་བའི་རྩ་བ་ཆོས་བརྒྱད་ཀྱིས་གོས་པ་ལྟ་ཞོག རང་གཅེས་འཛིན་དང་། དངོས་པོར་ཞེན་པའི་བག་ཆགས་ཀྱིས་བསྒྲུར་བའི་ཆོས་བརྒྱད་ཁྲ་བོ་དང་། དཀར་པོའང་སྤྲང་ས་ཏེ། འགྲོ་བ་ཡོངས་ཀྱི་མཐུན་པའི་སྣང་ངོར་ལྟོས་ཏེའང་སྙིགས་མའི་དུས་འདིར་མཁས་པའི་དྲུང་དུ་ཐོས་པས་ངོམས་པ་མེད་པར་སྤྱད་དེ། དེ་དག་ཀྱང་ཐོས་བློ་ཙམ་དང་སྐད་གྲགས་ཀྱི་དབང་དུ་མ་བཏང་བར་ཇི་ལྟར་ཐོས་པའི་དོན་ལ་བསམ་བྱུང་གི་རིག་པས་དཔྱད་བདར་དང་འབྲེལ་ངེས་ཤེས་རྙེད་པའི་ཚེ་དབེན་པ་བསྟེན་ཏེ་ཚུལ་བཞིན་དུ་སྒོམ་པར་མཛད་པ་སྟེ་ཐོས་བསམ་སྒོམ་གསུམ་ཅིག་ཅར་དུ་དྲིལ་ཏེ། ལུང་རྟོགས་ཀྱི་བསྟན་པ་མཐའ་དག་ལ་ཕན་པ་རླབས་ཆེ་བའི་མཛད་བཟང་རྣམས་ལ་རྗེས་སུ་ཡི་རང་ངོ་སྨྲམ་པས། སྙིགས་མའི་དུས་འདིར་ཞེས་སོགས་བརྗོད། འདིའི་ཐུན་མོང་བའི་མཛད་པ་རྣམ་ཐར་སོགས་སུ་རྒྱས་པར་གསལ་བ་དང་། ཐུན་མོང་མ་ཡིན་པ་རྗོགས་པའི་སངས་རྒྱས་ཀྱི་རླབས་ཆེན་འཕྲིན་ལས་མཐའ་ཡས་པའི་ཚུལ་རྣམས་བསམ་སྟེ། དེ་དང་ལྡན་པ་ལ་སྤྲོ་བ་བསྐྱེད་དགོས། ༈ །དྲུག་པ་ཆོས་འཁོར་བསྐོར་བར་གསོལ་བའི་ཡན་ལག་ནི། ཇི་ལྟར་ཆོས་སྐུའི་ནམ་མཁར་བདག་རྐྱེན་མཁྱེན་བརྩེའི་ཆུ་འཛིན་འཁྲིགས་པ་ལས། གདུལ་བྱ་རྣམས་ལ་རང་རང་གི་སྐལ་བ་དང་འཚམས་པའི་འཛིན་མར་ཟབ་པ་ཕྲུགས་ཀྱི་རིམ་པ་དང་། རྒྱ་ཆེ་བ་བྱང་ཆུབ་ཀྱི་ལམ་གྱི་རིམ་པའི་ཆོས་ཆར་རྒྱུན་ཆད་མེད་པར་ཕབ་པས་ཏེ། མགོན་པོ་ཁྱེད་ཀྱིས་སྔོན་བྱང་སེམས་ཀྱི་སྤྱོད་པ་སྤྱོད་པའི་

ཚེ་ཇི་ལྟར་གཞན་དོན་ལས་གཡོ་བ་མེད་པ་ལྟར་ལེན་པའི་དམ་བཅའི་དགོས་པ་བསྒྲུབ་པར་གསོལ་བ་འདེབས་པར་བསམ་ཞིང་། ༈ རྗེ་བཙུན་བླ་མ་ཞེས་སོགས་བརྗོད། འདིའི་སྐབས་སྔོན་རྫོགས་པའི་སངས་རྒྱས་ལ་ཚངས་དབང་གཉིས་ཀྱིས་ཆོས་འཁོར་བསྐོར་བར་བསྐུལ་བའི་ཚེ་གསེར་འཁོར་རྩེ་བས་སྟོང་དང་། དུང་དཀར་གཡས་འཁྱིལ་ཕུལ་བ་ལྟར་རང་ཉིད་ཀྱིས་ཀྱང་ཕུལ་བར་མོས་ཏེ་གསོལ་བ་བཏབ་ན། ཕྱིས་མཆོག་གི་སྤྲུལ་སྐུའི་མཛད་པ་སྟོན་པའི་ཚེ་སྐུལ་བ་པོ་སོགས་སུ་སྟོན་པའི་རྟེན་འབྲེལ་དུ་འགྱུར་བར་གསུངས། དེའི་རྗེས་རྣམ་དག་འོད་གསལ་ཞེས་པ་འདི་ཉིད་འཁྲིད་ཡིག་སོགས་ལས་ཆེད་དུ་མ་གསུངས་ཤིང་། ཡན་ལག་ཀྱང་དང་པོའི་ཁོངས་སུ་འདུ་བས་མ་བྱས་ཀྱང་། ཉེས་པའི་སྐྱོན་མི་འབྱུང་ཡང་ཕལ་ཆེ་བ་ཚིགས་ཁོངས་སུ་འདོན་པ་ཤས་ཆེ་བས་དེའི་དོན་ནི། ཐབས་བདེ་བ་ཆེན་པོ་དང་། ཤེས་རབ་སྟོང་པའི་ཉིད་གཉིས་དབྱེར་མེད་དུ་རྣམ་པར་དག་པའི་ཡེ་ཤེས་ཀྱི་འོད་གསལ་ཆེན་པོའི་དབྱིངས་ལས་ཁ་སྦྱོར་ཡན་ལག་བདུན་ལྡན་གྱི་ལོངས་སྤྱོད་རྫོགས་པའི་སྐུར་བཞེངས་པ་དེ་ཉིད་ངེས་པ་ལྔ་དང་ལྡན་པས་ན་ཕྱིན་ཆད་འཆར་བ་དང་། ནུབ་པའམ་སྐྱེ་འཆི་སོགས་ཀྱི་ཐ་སྙད་མི་མངའ་ཡང་། དེ་ལས་སྣར་སོ་སྐྱེ་ཐ་མལ་པའི་གདུལ་བྱ་རྣམས་ཀྱི་མོས་པའི་སྣང་ངོར་བསྟན་པའི་སྤྲུལ་སྐུའི་ཟློས་གར་བསྡུར་བ་འདི་ཉིད། འགྲོ་བ་རྣམས་སྲིད་པའི་མཐའ་ལས་མ་གྲོལ་གྱི་བར་དེ་སྲིད་དུ་གཡོ་བ་མེད་པར་བརྟན་པར་བཞུགས་སུ་གསོལ་བ་དང་། ཡན་ལག་བདུན་པ་བསྔོ་བ་ནི། དགེ་ཚོགས་ཆུད་མི་ཟ་ཞིང་རྫོགས་པའི་བྱང་ཆུབ་ཀྱི་རྒྱུར་འགྱུར་བྱེད་བླ་མེད་དུ་བསྔོ་བ་དང་། དེ་ལས་ཀྱང་མཆོག་ཏུ་གྱུར་པ་ནི་བསྟན་པ་འཛིན་པར་བསྔོ་བ་ཡིན་ཏེ། སེམས་བསྐྱེད་ཀྱི་སྐབས་སུ་འགྲོ་བའི་དོན་བྱེད་པར་སྨོན་ཞིང་། དེས་ན་མཁའ་ཁྱབ་ཀྱི་འགྲོ་བ་མཐའ་དག་ལ་ཕན་པའི་རྒྱུ་གཅིག་པུ་ནི་བསྟན་པ་ཉིད་ཡིན་པས། དེའི་ཕྱིར་བདག་གིས་ཀྱང་ཚུལ་འདིས་མཚོན་པའི་དགེ་ཚོགས་ཅི་མཆིས་རྒྱལ་བསྟན་སྤྱི་དང་། ཁྱད་པར་ཁམས་གསུམ་གྱི་བླ་མ་སྲིད་པ་གསུམ་གྱི་འདྲེན་མཆོག་རྗེ་བླ་མ་ཙོང་ཁ་པའི་ལུང་རྟོགས་ཀྱི་བསྟན་པ་འདི་ཉིད་སྔོ་ཀུན་ནས་རྒྱས་པའི་རྒྱུར་འགྱུར་བར་ཤོག་ཅིག །ཅེས་སྨོན་པ་དང་བཅས་བདག་གིས་ཇི་སྙེད་ཞེས་སོགས་བརྗོད། འདིའི་སྐབས་སུ་འདི་དག་གི་འཁོར་གསུམ་མི་དམིགས་པའི་ཤེས་རབ་ཀྱིས་ཟིན་པའི་བསྔོ་བའང་བྱ་ཞིང་།

དམ་ཆོས་འཛིན་པའི་སྨོན་ལམ་གྱི་ནང་དུ་རྒྱལ་སྲས་ཀྱི་སྨོན་ལམ་མཐའ་དག་བསྡུས་པར་གསུངས་སོ། །དེའི་རྗེས་སུ་མདུན་གྱི་ནམ་མཁར་ཪྗེ་ཡབ་སྲས་གསུམ་གསལ་བ་ལ་མོས་གུས་ཤུགས་དྲག་དང་བཅས་པའི་སྒོ་ནས་རང་གིས་དུས་གསུམ་བསགས་པའི་རྣམ་དཀར་ཅི་མཆིས་དང་ཕྱིའི་ལོངས་སྤྱོད་སྟོད་བཅུད་ཀྱི་ཕུང་པོ་དང་བཅས་པ་ལ་ཞེན་པའི་བློས་ཀུན་ནས་བཏང་སྟེ་མཉེས་པའི་མཆོད་སྤྲིན་དུ་ཕུལ་སྟམ་པ་དང་བཅས་མཎྜལ་རྒྱས་བསྡུས་གང་རུང་བྱ། མཚན་སྔགས་ཀྱི་སྒོ་ནས་གསོལ་བ་འདེབས་པ་ནི། དམིགས་པ་མེད་པ་སྟེ་འགྲོ་བ་འདི་ཙམ་ལ་དམིགས་སོ་ཞེས་མཐའ་བརྗོད་པའི་ཡུལ་ལས་འདས་པ་འགྲོ་བ་ཐམས་ཅད་ལ་དམིགས་ནས་སྡུག་བསྔལ་ལས་བསྒྲལ་འདོད་ཀྱི་སྙིང་རྗེའི་གཏེར་ཆེན་པོའམ་ཕྱུལ་དུ་བྱུང་བ་འཕགས་པ་སྤྱན་རས་གཟིགས་དང་། ཆགས་ཐོགས་དམན་གསུམ་གྱི་སྒྲིབ་པའི་བག་ཆགས་ཀྱི་དྲི་མ་མཐའ་དག་བྲལ་བའི་སྤངས་རྟོགས་རྫུང་དུ་འཇུག་པའི་མཁྱེན་པའི་དབང་པོའམ། མཁྱེན་པ་མཆོག་ཏུ་བསྔགས་པ་ནི་རྗེ་བཙུན་འཇམ་པའི་དབྱངས་དང་། རྣམ་གཡེང་ལྷའི་བུ་སོགས་བདུད་བཞིའི་དཔུང་ཚོགས་མཐའ་དག་རྩད་ནས་འཇོམས་པ་ལ་མཐུ་སྟོབས་རྨད་དུ་བྱུང་བ་ནི་གསང་བའི་བདག་པོ་སྟེ། དེ་དག་དང་མཚུངས་པར་ཪྗེ་ཏའི་ལྗོངས་འདིར་སྔོན་བྱོན་དམ་པ་ཀུན་གྱི་ནང་ནས་མདོ་སྔགས་ཀྱི་ཟབ་གནད་མཐའ་དག་པར་སྒྲོང་བ་འཕོན་ཞིང་། དེ་ལྟར་གཞན་ལ་འདོམས་པ་ལ་མི་འཛིགས་པའི་གདེང་དང་ལྡན་པ་སོགས་རྒྱུ་མཚན་མཐའ་ཡས་པའི་སྒོ་ནས་བརྟགས་ན། ཪྗེ་ཉིད་ཀྱི་རླབས་ཆེན་འཕྲིན་ལས་དང་མཉམ་པ་སུ་ཡང་མ་མཆིས་པ་ཤེས་ནུས་པས་ན། དེའི་ཕྱིར་གངས་ཅན་གྱི་མཁས་པ་ཀུན་གྱི་ནང་ན་འགྲན་པའི་ཟླ་ཐམས་ཅད་དང་བྲལ་ཞིང་། གཙུག་གི་རྒྱན་དུ་གྱུར་པ་ཤར་ཙོང་ཁ་པའི་ཡུལ་གྲུར་བལྟམས་པ་བློ་བཟང་གྲགས་པ་ཁྱེད་ཉིད་ཀྱི་སྐུའི་ཆ་དམའ་ཤོས་ཞབས་ཀྱི་པདྨོ་ལ་སྒོ་གསུམ་གུས་པའི་སྒོ་ནས་སྤྱི་བོས་བཏུད་དེ་གསོལ་བ་འདེབས་པ་ལགས་ན་བདག་ཀྱང་ཁྱེད་རང་ལྟ་བུར་མཁས་པའི་ཕྱུལ་དུ་ཕྱིན་པར་བྱིན་གྱིས་བརླབ་ཏུ་གསོལ་སྙམ་པ་ཕྱི་མཚུངས་པ་གསལ་བྱེད་ཀྱིས་གསོལ་བ་འདེབས་པ་ཕྱིའི་སྒྲུབ་ཚུལ་དང་། ཡང་རྣམ་པ་གཅིག་ཏུ་ན། རྗེ་རིན་པོ་ཆེར་རིགས་གསུམ་གྱི་མཁྱེན་བརྩེ་ནུས་པའི་ཡོན་ཏན་མཐའ་དག་མངའ་བར་ལྟ་བའི་སྒོ་ནས་གསོལ་བ་འདེབས་པ་ནང་ཡོན་ཏན་དེ་ལྡན་གྱི་སྒྲུབ་

ཚུལ། ཡང་དེ་ལྟར་རིགས་གསུམ་མགོན་པོ་དང་། རྗེ་བླ་མ་ཕྱིའི་གདུལ་བྱ་མཐུན་མོང་བའི་སྣང་ངོར་ཚུལ་མི་འདྲ་བ་བསྟན་པ་ཙམ་ལས། དོན་གྱི་ངོ་བོ་གཅིག་ཏུ་དབྱེར་མ་མཆིས་པར་རྒྱལ་ཀུན་འདུས་པའི་བདག་ཉིད་དུ་མོས་པའི་སྒོ་ནས་གསོལ་བ་འདེབས་པ་གསང་བ་ལྷག་པའི་ལྷ་དང་དབྱེར་མེད་དུ་སྒྲུབ་ཚུལ་ཡིན་ཅིང་། དེ་ལྟར་ངོ་བོ་ཐ་མི་དད་པ་ཡང་བཀའ་གདམས་གླེགས་བམ་དུ་འཕགས་པ་རིགས་གསུམ་ངོ་བོ་གཅིག་པར་གསུངས་ཤིང་། རྗེ་འདི་མདོ་རྒྱུད་དུ་མར་འཇམ་པའི་དབྱངས་སུ་བསྟན་པས་དེ་ལྟའི་ལུང་དང་། སངས་རྒྱས་ཐམས་ཅད་ཀྱི་ཐུགས་རྣམ་ཀུན་མཁྱེན་པའི་ཡེ་ཤེས་ལས་ནམ་ཡང་མི་འདའ་བ་ངོ་བོ་གཅིག་ཏུ་གྱུར་པའི་རིགས་པས་ཀྱང་གྲུབ་པ་བཅས་ལུང་རིགས་གཉིས་ཀའི་སྒོ་ནས་གསལ་བར་གྲུབ་པས་ན་དེ་ལྟར་ཡིད་ཆེས་པའི་གནས་ཏེ། གསོལ་བ་འདེབས་ཚུལ་གསུམ་ལས་དང་པོ་གཙོ་བོར་མཁས་པ་དང་ལུང་གི་སྒོ་ནས་བསྟོད་པ་དང་། ཕྱི་མ་གཉིས་གྲུབ་པ་དང་རྟོགས་པའི་ཡོན་ཏན་མངའ་བའི་སྒོ་ནས་བསྟོད་པ་ཡིན་པས། དེ་ལྟའི་ཚུལ་རྣམས་དྲན་བཞིན་པའི་ངང་ནས་གསོལ་བ་བཏབ་ན་རིགས་གསུམ་མགོན་པོ་ལའང་གསོལ་བ་བཏབ་པར་འགྱུར་ཞིང་། དེ་རྣམས་ཀྱི་གཟུངས་སྔགས་བཟླས་པའི་དངོས་གྲུབ་རྣམས་ཀྱང་བདེ་བླག་ཏུ་ཐོབ་པ་གདོན་མི་ཟབས་འབད་པས་སྒྲུབ་པ་གལ་ཆེ། །དེ་ལྟའི་སྐབས་དམིགས་པ་བྱ་ཚུལ་ནི་ཤེས་རབ་སྒྲུབ་པ་གཙོ་བོར་བྱས་ཏེ་བརྗོད་ན། འཇམ་དབྱངས་ཆོས་འཁོར་ལས། མ་དག་འཁྲུད་ཅིང་མི་ཤེས་བསལ། །སྐུ་ཡིས་ཆེ་ཞིང་གསུང་གིས་གསལ། །ས་བོན་སྨྱུར་ལ་ཕྱག་མཚན་ཟབ། །གླེགས་བམ་རལ་གྲི་གླེགས་རལ་གྱིས། །འཆད་དང་རྩོད་དང་རྩོམ་པའོ། །ཞེས་གསུངས་པ་ལྟར། ལས་དང་པོ་བ་རྣམས་ཀྱིས་མ་དག་བཀྲུས་ཏེ་ཕྱིར་འདོན་པ་དམིགས་པའི་གཙོ་བོ་དང་། རྟོགས་པ་གོང་མ་བ་རྣམས་ཀྱིས་སྒྲོན་མེས་བསལ་བ་ལྟར་རང་སར་དག་འགྲོ་བ་གཙོ་བོར་མོས་ཤིང་། ཁྱད་པར་འཆིང་བའི་ཀུན་འཛིན་གྱི་ལོག་རྟོག་སྐྲ་ཤད་ལྟ་བུ་རྣམས་ཕྱེ་མར་འཐག་པས་ན་མ་རིག་པ་གཅོད་པ་སྟེ་གསུམ་དུ་འདུ་ཞིང་། སྒོམ་ཚུལ་དངོས་ནི། དེ་ལྟར་གསོལ་བ་བཏབ་པས་༸རྗེ་ཡབ་སྲས་གསུམ་གྱི་ཐུགས་ཀ་ནས་འོད་ཀྱི་སྦུ་གུ་སྦ་སྨྱུག་ཙམ་མམ། སྤྲིན་དཀར་པོ་འཕྲོ་བ་གང་རུང་སྨིན་མཚམས་མ་སླེབ་ཙམ་ནས་སྣེ་མོ་གཅིག་ཏུ་འདྲེས་པ་སྦུབས་སྟོང་གི་རྣམ་པ་འོད་ཀྱི་དྲ་བ་ཅན་རང་གི་སྤྱི་བོའི་ཚངས་བུག་ལ་གཟུགས་

པར་མོས། དེའི་ནང་བརྒྱུད་རྡོ་རྗེ་ཡེ་ཤེས་ལ་རྣམ་པ་བདུད་རྩི་ལྔ་མའི་མདོག་ཅན་གྱི་རྒྱུན་དཔག་མེད་བྱུང་། སྤྱི་བོ་ནས་ཞུགས་ལུས་ཀྱི་ནང་གང་། ཆེ་རབས་ཐོག་མེད་ནས་བྱས་བསགས་ཀྱི་སྡིག་སྒྲིབ་དང་། མི་ཤེས་པ་ཉོན་མོངས་པའི་ཚོགས་ཐམས་ཅད་དུད་ཁུའི་རྣམ་པ་དང་། ནད་གདོན་ཐམས་ཅད་སྡུལ་ལྦྱང་ལ་སོགས་པའི་རྣམ་པར་ལུས་ཀྱི་བ་སྤུའི་སྒོ་ཐམས་ཅད་ནས་ཕྱིར་དེད། ལུས་ཡེ་ཤེས་ཀྱི་བདུད་རྩིས་གང་བའི་མོས་པ་བརྟན་པོ་དང་། སླར་ཡང་གསོལ་བ་བཏབ་པས་བདུད་རྩིའི་འོད་ཟེར་དམར་སེར་གྱི་རྒྱུན་བབས་ལུས་གང་བའི་བདུད་རྩིའི་རྡུལ་ཕྲ་རབ་ཚུལ་ཆད་རྗེ་བཙུན་འཇམ་དབྱངས་ཀྱི་སྐུར་གྱུར་ཏེ་བར་མཚམས་མེད་པར་གནམས་པ་ལས་འོད་ཟེར་འཕྲོས་ཕྱོགས་བཅུའི་སངས་རྒྱས་སྲས་དང་བཅས་པའི་མཁྱེན་རབ་ཐམས་ཅད་རྗེ་བཙུན་གྱི་རྣམ་པར་སྤྱན་དྲངས། བ་སྤུའི་བུ་ག་ནས་ཞུགས། ལུས་ཀྱི་ནང་གི་འཇམ་དབྱངས་ལ་ཐིམ་པས་ལུས་ཐམས་ཅད་ལྷ་སྐུ་འོད་ཟེར་དང་བཅས་པས་གང་ཞིང་། དེའི་མཐུས་མ་རིག་པ་དང་ཁྱད་པར་བླང་དོར་འབྱེད་པ་ལ་རྨོངས་པའི་མུན་པ་ཐམས་ཅད་བསལ། ཤེས་བྱའི་གནས་ལ་བློ་གྲོས་ཀྱི་སྣང་བ་ཆེས་ཆེར་རྒྱས་ཏེ། རྒྱལ་གསུང་དགོངས་དོན་མཐའ་དག་བདེ་བླག་ཏུ་རྟོགས་ཤིང་། བླང་དོར་གྱི་གནད་རྣམས་རང་སྟོབས་ཀྱིས་འབྱེད་ནུས་པའི་ཤེས་རབ་ཆེ་བ་ནུས་པ་མཐུ་ཅན་དུ་གྱུར་སོང་སྙམ་པའི་མོས་པ་བརྟན་པོ་བྱ། ཡང་དམིགས་སྐོར་གཞན་འདྲ་བ་ལ། བདུད་རྩིའི་རྡུལ་ཐམས་ཅད་ཨ་ར་པ་ཙ་དང་། དམིགས་བརྩེ་མའི་ཡིག་འབྲུའི་རྣམ་པ་དང་། རྒྱལ་བའི་མཁྱེན་རབ་ཀྱང་ཡིག་འབྲུའི་རྣམ་པར་གྱུར་པས་ལུས་གང་ཞིང་མི་ཤེས་པ་སྒྲིབ་དང་ཀུན་བྱང་གི་ཆོས་ཀུན་འབྱེད་པར་རྨོངས་པ་བསལ། དེ་དག་མ་འདྲེས་པར་ཇི་བཞིན་འབྱེད་ནུས་པའི་ཤེས་རབ་གསལ་བ་ཐོབ་བྱུང་སྙམ་པ་དང་། གཞན་སྔར་བཞིན་ལ། བདུད་རྩིའི་རྡུལ་རྣམས་དང་སྤྱན་དྲངས་པའི་མཁྱེན་རབ་རྣམས་ཧྲཱིཿཡིག་གི་རྣམ་པ་དང་། མི་ཤེས་པ་སྒྲིབ་དང་། ཁྱད་པར་གསུང་རབ་ཀྱི་དགོངས་དོན་མ་རྟོགས་པ་དང་ཕྱིན་ཅི་ལོག་ཏུ་རྟོགས་པ། དེ་དག་ལ་ཐེ་ཚོམ་སྐྱེ་ས་པ་སོགས་ཀྱི་རྨོངས་མུན་བསལ་ཅིང་། དེ་དག་རྣམས་སྐྱེ་ས་མ་ཐག་འགོག་ནུས་པའི་ཤེས་རབ་མྱུར་བ་ཐོབ་བྱུང་བསམ་པ་སྟེ་སྐུ་གསུང་ཐུགས་གསུམ་གྱི་སྒོ་ནས་ཤེས་རབ་ཆེ་གསལ་མྱུར་གསུམ་སྒྲུབ་ཚུལ་དང་། །ཡང་སྔར་ལྟར་ལ་བདུད་རྩིའི་རྡུལ་དང་། རྒྱལ་བའི་མཁྱེན་རབ་རྣམས

གླེགས་རལ་གྱི་རྣམ་པ་དང་། །མི་ཤེས་པ་སྒྲི་དང་ཁྱད་པར་རིགས་པའི་རྣམ་གྲངས་མཐའ་ཡས་པའི་སྒོ་ནས་གསུང་རབ་ཀྱི་ཚིག་དོན་གང་ལའང་ཐོགས་གཏུགས་མེད་ཅིང་རྣམ་པར་འབྱེད་པ་ལ་སྤྱོངས་པ་བསམས། དེ་ལྟར་ནུས་པ་ལ་ཟབ་པའི་ཤེས་རབ་ཐོབ་པར་མོས་པ་དང་། གཞན་འདྲ་བ་ལ་བདུད་རྩིའི་རྟུལ་ཕྲ་རབ་དང་རྒྱལ་བ་སྲས་བཅས་སྒྲི་དང་། ཁྱད་པར་བསྟན་བཅོས་ཀྱི་དོན་འཆད་པ་ལ་མི་འཇིགས་པའི་སྤོབས་པ་བརྙེས་པའི་མཁས་པ་རྣམས་ཀྱི་ཤེས་རབ་ཐམས་ཅད་རང་རང་གིས་འཆད་རྒྱུའི་གླེགས་བམ་གྱི་རྣམ་པ་དང་། ལུས་གང་བས་སྦྱོངས་པ་སྒྲི་དང་། ཁྱད་པར་གསུང་རབ་དེ་དག་གི་ཚིག་དོན་ལ་སྦྱོངས་པ་བསམས་ཞིང་། དེ་དག་ཇི་ལྟ་བ་བཞིན་དུ་རྒྱུད་ནས་གཞན་ལ་སྟོན་ནུས་པའི་ཤེས་རབ་ཐོབ་བྱུང་སྙམ་པ། གཞན་སྔར་དང་འདྲ་བ་ལ། བདུད་རྩིའི་རྟུལ་ཕྲ་རབ་རྩུབ་ཚད་རལ་གྲིའི་འཁོར་ལོ་ལྟེ་བར་རལ་གྲི་སོ་གཉིས་གྱེན་འགྲེང་གི་ཡུ་བ་གཡེར་ཁའི་ཁ་ལྟ་བུ་ནས་འཐོན་པའི་རལ་གྲིའི་རྩེ་བས་དྲུག་དབུས་ཀྱི་རལ་གྲིའི་ཡུ་བའི་མཚམས་སུ་ཟླ་གདན་ལ་ཧྲཱིཿཡིག་ཕྱི་ནང་གཉིས་ཀར་གསལ་བ་དང་། རྩེ་བས་དྲུག་གི་སྟེང་དུ་མ་རེག་ཙམ་གྱི་ཟླ་གདན་ལ་ཨོཾ་ཨ་ར་པ་ཙ་ན་འམ་དམིགས་བརྩེ་མ་གང་རུང་། མཚམས་རྣམས་སུ་ཟླ་བ་ལ་གནས་པའི་ཧྲཱིཿཡིག་དང་བཅས་པའི་འཁོར་ལོའི་རྣམ་པ་དང་། རྒྱལ་བ་ཀུན་གྱི་མཁྱེན་རབ་སྒྲི་དང་ཁྱེ་བྲག་རྣམས་ཀྱང་དེ་ལྟར་འཁོར་ལོའི་རྣམ་པར་སྤྲུན་དྲངས་ཏེ་ཐིམ་པ་ལས། འཁོར་ལོ་དེ་དག་གཡས་སྐོར་དུ་མགྱོགས་པར་འཁོར་བས་ཕས་རྒོལ་གྱི་ལོག་རྟོག་འཇོམས་པ་ལ་སྦྱོངས་པའི་དྲུ་བ་བཅད། རྟོད་པ་ལ་ཐོགས་པ་མེད་པའི་ཤེས་རབ་ཁྱད་པར་ཅན་ཐོབ་པར་བསམ་པ་དང་། གཞན་གོང་བཞིན་ལ་བསྟན་བཅོས་རྩོམ་པ་ལ་སྦྱོངས་ཤུན་ཐམས་ཅད་རལ་གྲིས་བཅད། ཚིག་དོན་ཕུན་སུམ་ཚོགས་པའི་བསྟན་བཅོས་འབད་མེད་དུ་རྩོམ་ནུས་པའི་ཤེས་རབ་ཁྱད་པར་ཅན་ཐོབ་བྱུང་སྙམ་པ་སྟེ་ཕྱག་མཚན་ལ་བརྟེན་པའི་སྒྲུབ་ཚུལ་བཞི་སྟེ། དེ་དག་ཐམས་ཅད་རིམ་ཅན་དུ་དགོས་པ་མ་ཡིན་ཀྱང་རང་གང་འདོད་པ་དེ་གཙོ་བོར་བྱས་ན་དངོས་གྲུབ་དེ་དག་འགྲུབ་པའི་ཐབས་སུ་འགྱུར་བས། དེ་བཞིན་འབད་པས་སྒྲུབས་དགོས་ཤིང་། གཞན་ཡང་འཇམ་དབྱངས་ཆོས་སྐོར་ལས། ཞི་བ་དཀར་པོ་པད་དཀར་འཛིན། མཆོག་སྦྱིན་སྐྱབས་སྦྱིན་ཕྱག་རྒྱ་ཅན། །བུམ་ཆུ་མེ་ལོང་ལ་སོགས་ཏེ། །ཞེས་སོགས་རྡོ་རྗེའི་ཚིག་སྔམ་བཞིན་ཁ་དོག

སོགས་ཀྱི་དབྱེ་བས་ལས་བཞིའི་དངོས་གྲུབ་སྒྲུབ་ཚུལ་དང་། བདུད་རྩི་དཀར་སྔོན། རེག་བྱ་ལྡི་ཡང་བསིལ་དྲོད་སོགས་བསྒྱུར་བའི་སྒོ་ནས་ནད་རྣམས་སེལ་བར་བྱེད་པ་སོགས་འདོད་དོན་ཞར་བྱུང་དུ་སྒྲུབ་ཚུལ་དུ་མ་ཡོད་པ་རྣམས་ཀྱི་རྣམ་དབྱེ་འང་ཤེས་པར་བྱ་དགོས། དེ་རྣམས་འོད་ཀྱི་སྤྲོ་བསྡུའི་སྒོ་ནས་བྱེད་ཚུལ་ཤེར་ཕྱོགས་ཀྱི་གླེང་གཞིར་ཡང་འབྱུང་ཞིང་། བདུད་རྩི་འབེབས་སྦྱངས་ནི་སྔགས་ལུགས་ཡིན་པས། དེས་ན་ཐུན་མོང་དང་ཐུན་མོང་མ་ཡིན་པའི་སྙིང་རྗེ་དང་འོད་གསལ། གཞི་ལམ་སྐབས་འབྱུང་ལྷའི་ཁམས་དང་དུག་ལྔ་སྦྱོངས་ཤིང་འབྲས་བུའི་སྐབས་ཡེ་ཤེས་ལྔ་འགྲུབ་ཚུལ་གྱི་མཚོན་བྱེད་ཀྱང་ཡོད་དོ། །ཁྱད་པར་སྔགས་ལམ་ལ་མོས་པ་རྣམས་ཀྱིས་བདུད་རྩིའི་རྒྱུན་རྣམས། རང་ལྷ་གང་དུ་བསྒོམས་པ་དེའི་སྤྱི་བོ་སོགས་གནས་རྣམས་སུ་རྩ་གསུམ་འཁོར་ལོ་དྲུག་གམ་ལྔ་ལྡན་དུ་བསྒོམས་པས་སྤྱི་བོའི་ཧྃ་ཡིག་ནང་དུ་ཞུགས། དེར་རོ་རྐྱང་གཉིས་མདུད་མཚམས་ནས་གྲོལ་བའི་རྩ་འཁོར་སོ་གཉིས་པོ་མེར་གྱིས་གང་། རྩ་བཅིངས་པ་སོགས་ཀྱི་ཉེས་སྐྱོན་མཐའ་དག་སྦྱངས། རྩ་རྣམས་ཐམས་ཅད་མཉེན་ཞིང་རླུང་དབུ་མར་འདུག་པའི་གྲོགས་སུ་གྱུར། དེ་ལྟར་རིམ་གྱིས་བབས་པས་མགྲིན་པ་སོགས་ཀྱི་རྩ་འཁོར་རྣམས་ཀྱང་བདུད་རྩིས་གང་བས། རྩ་རླུང་གི་མི་མཐུན་པའི་ཉེས་སྐྱོན་མཐའ་དག་བསལ། རྩ་མདུད་ལྷོད་པོར་གྲོལ་བ་དང་རླུང་རྣམས་རང་དབང་དུ་འདུས་པའི་ནུས་པ་མཐུ་ཅན་དུ་གྱུར་པའི་མོས་པའང་བྱ། དེས་དངོས་གཞི་སོང་། ༈ གསུམ་པ་མཇུག་ཏུ་ཇི་ལྟར་བྱ་བ་ནི། མདུན་གྱི་ནམ་མཁའི་རྗེ་ཡབ་སྲས་གསུམ་ལ་མོས་གུས་བཅོས་མིན་དང་འབྲེལ་གདུང་ཤུགས་དྲག་པོས་བྱིན་རླབས་སྒྱུར་འཇུག་གི་གསོལ་བཏབ་ཡོན་ཏན་གཞི་གྱུར་མ་ལྟ་བུ་མདོ་སྔགས་ལམ་གྱི་གནད་ཚང་བ་ཞིག་ཚིག་དོན་རྣམས་ཡིད་ཡུལ་དུ་གྱུར་བཞིན་པའི་ངང་ནས་ནན་ཏན་བགྱིས་ཤིང་། དེ་ནས་དཔལ་ལྡན་རྩ་བའི་ཞེས་སོགས་ཤློ་ཀ་གཅིག་བརྗོད་པ་དང་མཉམ་དུ་གསོལ་བ་བཏབ་པས། སྲས་གཉིས་སེང་ཁྲི་དང་བཅས་པ་གཙོ་བོ་ལ་ཐིམ། གཙོ་བོ་སེང་ཁྲི་པད་ཟླ་དང་བཅས་པ་མར་ཐྲོན་རང་ལུས་ཀྱི་དབུས་དྲང་ཐད་དུ་རྩ་དབུ་མ་གསལ་བཏབ་པའི་ཡར་སྣེ་ཚངས་བུག་ཏུ་སླེབས་པ་བུ་གཟེ་བའི་ནང་དུ་ཞུགས། རིམ་གྱིས་སྙིང་ཁའི་ཐད་ཀྱི་དབུ་མའི་ནང་དུ་རང་གི་སྙིང་དེ་ཡང་ཁ་གྱེན་དུ་མོས་པས་ཕྱོགས་ཏེ་ཚལ་པ་བརྒྱད་པད་འདབ་ཀྱི་རྣམ་པར་གྱུར་པའི་

ནང་དུ་ཐོན། རླུང་སེམས་ལ་ཐིམས་དབྱེར་མེད་དུ་འདྲེས་པ་ལས་རྗེ་བཙུན་བླ་མའི་སྐུར་གྱུར་པར་བསམ་ནས། པད་འདབ་རྣམས་ཁ་ཟུམ་སྟེ་འདུས་པའི་ཕྱིར་དམིགས་བཙེ་མའི་ཐུགས་འཕྲེང་གིས་བཅིངས་པའི་རྩེར་རྡོ་རྗེའི་ཏོག་ལྟེ་བས་མནན་པར་བསྒོམ། འདིའི་སྙིང་དབུ་མའི་ཕྱི་རོལ་སོགས་སུ་བསྒོམ་ན་མཐར་རླུང་ཐིམ་པ་སོགས་ལ་མི་ཕན་པས་དབུ་མ་ཡང་སྒོམ་དུ་མ་སོང་ཞིང་། སྙིང་ཡང་ཆུང་དུ་མ་སོང་བ་ཁབ་མིག་ནང་རི་བོ་མཐོང་བ་ལྟར་ནང་དུ་ཚུད་པར་བསྒོམས་དགོས། དེར་མ་ཟད་རླུང་སེམས་ལ་ཐིམ་པའི་ཚེ་མོས་གུས་གདུང་སེམས་བརྟན་པོ་བགྱིས་པའི་མཐུས་སྣང་བ་བདེ་ཆམ་མེར་འགྲོ་ཞིང་། དེའི་ངང་ནས་ཕྲ་བའི་ཤེས་པས་སེམས་ཀྱི་རང་བཞིན་ལ་བལྟ་བ་སོགས་ཕྱག་ཆེན་གྱི་གཞུང་བཞིན་བྱས་པས། གནས་བརྟེན་གྱི་ནུས་པས་རླུང་ཐིམ་ཞིང་། དེའི་མཐུས་དགའ་བཞི་དང་སྟོང་བཞི་རིམ་གྱིས་འཆར་བས་འོད་གསལ་འགྲུབ་པ་དང་། །དེ་ལས་སྒྱུ་མའི་སྐུར་ལྡང་བ་སོགས་རྫོགས་རིམ་གྱི་མན་ངག་ཤིན་ཏུ་ཟབ་པ་རྣམས་ཀྱང་འདིའི་མཐུས་བདེ་བླག་ཏུ་འགྲུབ་པ་ཡོད་པས་ཉམས་ལེན་གྱི་གཙོ་བོར་བྱ་དགོས་སོ། །དེ་ལྟར་སྙིང་དབུས་སུ་བཞུགས་པ་དེ་ཉིད་གཤེགས་གསོལ་སོགས་ནམ་ཡང་མི་བྱ་བར་ཉིན་རྗེས་མ་སོགས་སུའང་མཇུག་ཏུ་ཐུར་ཡོད་ཀྱི་དམིགས་རྟེན་དེ་ཉིད་ལ་བསྟིམས་པས་བྱིན་རླབས་ཇི་ཆེར་གྱུར་ཅིང་། རང་ཉིད་ཀྱི་སྲུང་བའི་མཆོག་ཏུ་འགྱུར་བ་དང་རྟག་ཏུ་དྲན་པས་བག་ཡོད་དང་ལྡན་ཞིང་། བཟའ་བཏུང་སོགས་བགྱིས་ཚེ་འང་སྙིང་གའི་རྗེ་བླ་མར་ཕུལ་བའི་མོས་པས་ལོངས་སྤྱད་ན་དཀོར་སྒྲིབ་སོགས་ཀྱང་བྱང་བ་དང་། ཚོགས་རྫོགས་པའི་ཐབས་སུ་འགྱུར་ཞིང་དགེ་བ་བགྱིས་པ་རྣམས་ཀྱང་འདིས་བོགས་འབྱིན་པ་སོགས་དགོས་པ་མཐའ་ཡས་པ་མ་ཟད། ཁྱད་པར་ཚེ་རབས་ཀུན་ཏུ་མི་འབྲལ་བ་རྗེས་སུ་འཛིན་པས་རྫོགས་བྱང་མྱུར་དུ་འཐོབ་བྱེད་ཀྱི་ཐབས་བླ་མེད་དུ་འགྱུར་བ་ཡིན་ནོ། །སྨྲས་པ། རྒྱལ་ཀུན་མཁྱེན་རབ་ཀུན་འདུས་འཇམ་དཔལ་དབྱངས། །ངུར་སྨྲིག་གར་རོལ་བློ་བཟང་གྲགས་པ་ཞེས། །སྟན་པའི་གདུགས་དཀར་སྲིད་པ་གསུམ་གྱི་རྩེར། །བླ་མཐོར་འཕགས་པ་དེ་ཡི་འཕྲིན་ལས་ཆབ། །དངོས་གྲུབ་བླ་མེད་དབུ་བ་རབ་དགྲིགས་པ། །མི་ཕྱེད་དད་གུས་ཡུར་བ་ལ་དྲངས་ཏེ། །སྐལ་ལྡན་བསོད་ནམས་ཞིང་སར་འབེབས་བྱེད་པའི། །གསོལ་འདེབས་རྣལ་འབྱོར་ཉམས་སུ་ལེན་པའི་རིམ། །འདི་ལྟར་བཀོད་པའི་

དགེ་བས་སྐྱེ་འཕྲེང་ཀུན། །མགོན་ཁྱོད་དགེ་བའི་བཤེས་སུ་ལེགས་བཟུང་སྟེ། །དབུ་མའི་ལྟ་དང་ཉེར་འབྲེལ་སྔགས་ཀྱི་ལམ། །བཟུང་ཞིང་སྤྱིལ་ལ་སྙིང་སྟོབས་ཆེར་བསྐྱེད་ཤོག །ཞེས་དགས་ལྡན་ལྷ་བརྒྱ་མར་གྲགས་པའི་བླ་མའི་རྣལ་འབྱོར་གྱི་ཉམས་ལེན་ཐེ་ཕྱར་བྱ་བའི་ཁྲིད་ཡིག་གསེར་གྱི་ཡང་ཞུན་འདི་ཉིད་གམ་བཅར་བློ་བཟང་དཔལ་ལྡན་ནས་བསྐུལ་བའི་ངོར་ཤཱཀྱའི་དགེ་སློང་བློ་བཟང་ཐུབ་བསྟན་ཆོས་ཀྱི་ཉི་མ་དགེ་ལེགས་རྣམ་རྒྱལ་དཔལ་བཟང་པོས་ས་ཟླའི་དུས་ཆེན་ཉིན་གཟིམ་ཚུད་ཀྱི་འོད་བདེ་ཆེན་ཀུན་འཁྱིལ་དུ་སྦྱར་བས་ཡི་གེ་པ་ནི་དོན་གྲུབ་དབང་འདུས་ཅན་ནོ། །འདིས་ཀྱང་རྒྱལ་བསྟན་སྤྱི་དང་ཁྱད་པར་རྗེ་བླ་མའི་ཞྭ་སེར་གྱི་བསྟན་པ་འདི་ཉིད་དུས་གནས་སྐབས་ཀུན་ཏུ་རྒྱས་པའི་རྒྱུར་གྱུར་ཅིག ། སརྦ་མངྒ་ལཾ། །

༄༅། །བརྗེད་བྱང་།

རྒྱལ་བ་ཀུན་གྱི་མཁྱེན་བརྩེ་གཅིག་བསྡུས་པ། །རིགས་ཀུན་བདག་པོ་ཀུན་མཁྱེན་ཙོང་ཁ་པའི། །
རིང་ལུགས་འཛིན་པའི་སྐྱེས་ཆེན་དུ་མ་ཡིས། །མཛད་པའི་ལེགས་བཤད་རིན་ཆེན་གསེར་གྱི་ཕྲེང་། །
དེ་ཡི་ནང་ནས་ཆེས་ཆེར་མངོན་མཐོ་བའི། །མན་ངག་བདུད་རྩིའི་གཟེགས་མ་རེ་རེས་ཀྱང་། །
སྲིད་ཞིའི་རྒྱུད་པ་མ་ལུས་དྭངས་འབྱིན་པ། །གསེར་གྱི་ཡང་ཞུན་ལྷ་བུའི་དམིགས་བརྩེ་མའི། །
ཆོས་སྐོར་ཕྱོགས་གཅིག་བསྒྲིགས་ནས་པར་སྐྲུན་གྱི། །མཐུ་ལས་དགེ་རྩ་ཇི་སྙེད་མཆིས་པ་རྣམས། །
ཐུབ་བསྟན་རིན་ཆེན་ཕྱོགས་བཅུར་རྒྱས་པ་དང་། །དེ་འཛིན་སྐྱེས་བུ་དམ་པའི་ཞབས་པད་བརྟན། །
ཁྱད་པར་རྒྱལ་ཁམས་སྤྱི་དང་གངས་ལྗོངས་འདིར། །མི་ཤིས་མཚན་ངན་མིང་ཡང་མི་གྲགས་ཤིང་། །
དཔལ་འབྱོར་མངའ་ཐང་ལོངས་སྤྱོད་དབྱར་མཚོ་ལྟར།།འཕེལ་ཞིང་རྒྱས་ལ་ཡུན་རིང་གནས་གྱུར་ཅིག།
ལྷག་བསམ་དག་པའི་རྒྱུ་འབྱོར་སྦྱིན་བདག་དང་། །ལྷག་པར་སློབ་མ་དགེ་དབང་སྦྱིན་པ་སོགས། །
མཁའ་མཉམ་འགྲོ་བ་སེམས་ཅན་མ་ལུས་པ། །ཟུང་འཇུག་སྐུ་བཞིའི་གོ་འཕང་མྱུར་ཐོབ་ཤོག །
ཚེ་རབས་ཀུན་ཏུ་རྒྱལ་བ་ཙོང་ཁ་པས། །ཐེག་མཆོག་བཤེས་གཉེན་དངོས་སུ་མཛད་པའི་མཐུས། །
རྒྱལ་བས་བསྔགས་པའི་ལམ་བཟང་འདི་ཉིད་ལས། །སྐད་ཅིག་ཙམ་ཡང་ལྡོག་པར་མ་གྱུར་ཅིག །

ཅེས་པ་འདི་ནི་སེར་སྨད་ཆོས་མཛད་དུ་འབོད་པ་ཤཱཀྱའི་དགེ་སློང་ངག་དབང་བཟོད་པ་རྒྱ་མཚོས་རང་ལོ་དོན་གསུམ་སྟེ་རབ་བྱུང་བཅུ་བདུན་པའི་ལྕགས་ཡོས་ལོར་ས་ག་ཟླ་བའི་ཡར་ཚེས་བཅོ་ལྔ་ཉིན་ལན་ཀྲོའུ་རྗོ་སྐྱ་ལུང་བྲག་ཡེར་བསམ་གཏན་གླིང་གཟིམས་ཤག་ཏུ་སྦྱར་བའི་ཡི་གེ་པ་ནི་ལྷོ་ཁ་གོང་དཀར་བཤད་སྒྲུབ་གླིང་གི་དགེ་སློང་ངག་དབང་བསྟན་འཛིན་ནོ། །སརྦ་མངྒ་ལཾ། །

༄༅། །དམིགས་བརྩེ་མའི་ཆོས་སྐོར་དངོས་གྲུབ་ཀུན་འབྱུང་ཡིད་བཞིན་ནོར་གྱི་བང་མཛོད།

〔སྨད་ཆ〕

རྩོམ་པ་པོ། རྒྱལ་དབང་བསྐལ་བཟང་རྒྱ་མཚོ་སོགས།

བསྡུ་བསྒྲིགས་པ།   ཆོས་མཛད་ངག་དབང་བཟོད་པ་རྒྱ་མཚོ།

ལེན་ཀྲོའུ་རྫོང་སྐུ་ལུང་བྲག་ཡེར་བསམ་གཏན་གླིང་ནང་བསྟན་དཔེ་རྙིང་འཚོལ་བསྡུ་ཁང་གི་ལས་བྱེད་མི་སྣ།

ཚུལ་ཁྲིམས་རྒྱ་མཚོ། སྦྱིན་པ་རྒྱ་མཚོ། འཇིགས་མེད་རྒྱ་མཚོ། འཕྲིན་ལས་རྒྱ་མཚོ།

བསྟན་འཛིན་བཟོད་པ། བློ་བཟང་སྦྱིན་པ། ངག་དབང་བློ་གྲོས།

ཡིག་འབྲུག་པ། བསྟན་འཛིན་བཟོད་པ། བྱམས་པ་ཡེ་ཤེས། བློ་བཟང་སྦྱིན་པ། ངག་དབང་བློ་གྲོས།

ངག་དབང་དམ་ཆོས། ངག་དབང་འཕྲིན་ལས། ངག་དབང་མཁས་བཙུན། ཕུན་ཚོགས་རྒྱལ་མཚན།

བློ་བཟང་བསྟན་པ། དགེ་བསྙེན་མཁས་བཙུན། ངག་དབང་དཔལ་འབྱོར། ཨ་སྒྲོན།

ཞུ་དག་པ། ངག་དབང་བསྟན་འཛིན། བསྟན་འཛིན་བཟོད་པ། བྱམས་པ་ཡེ་ཤེས།

པར་སྒྲིག་པ། ངག་དབང་བློ་གྲོས། ངག་དབང་དམ་ཆོས།

བྲག་ཡེར་བསམ་གཏན་གླིང་ནང་བསྟན་དཔེ་རྙིང་འཚོལ་བསྡུ་ཁང་གིས།

དཔར་ཡོན་གཏོང་བ། ཀྲུའུ་ཧེའི་ངག་དབང་སྦྱིན་པ། ངག་དབང་སྒྲོལ་མ།

བོད་རབ་བྱུང་བཅུ་བདུན་པའི་ལྕགས་ཡོས་ལོར་ཧོར་ཟླ་དགུ་བའི་ཉེར་གཉིས་སྟེ་

ཕྱི་ལོ་༢༠༡༡ཟླ་༡༠ཚེས་༡༨ལ

རྩོམ་སྒྲིག་འགན་འཁུར་པ། སྒྲོལ་མ་ཚེས་མཚོ།
责 任 编 辑： 卓玛青措

༄༅། །དམིགས་བརྩེ་མའི་ཆོས་སྐོར་དངོས་གྲུབ་ཀུན་འབྱུང་ཡིད་བཞིན་ནོར་གྱི་བང་མཛོད་ཅེས་བྱ་བ་བཞུགས་སོ། །

སྒྲིག་པ་པོ།	ཆོས་མཛད་ངག་དབང་བཟོད་པ་རྒྱ་མཚོ།
དཔེ་སྐྲུན་མཁན།	མི་རིགས་དཔེ་སྐྲུན་ཁང་།
འགྲེམས་སྤེལ་མཁན།	མི་རིགས་དཔེ་སྐྲུན་ཁང་གི་བོད་ཡིག་རྩོམ་སྒྲིག་ཁང་།
གནས་ཡུལ།	པེ་ཅིན་གྲོང་ཁྱེར་ཧོ་ཕིང་ལི་བྱང་ལམ་ཨང་14པ།
སྦྲག་སྲིད་ཨང་གྲངས།	100013
ཁ་པར་ཨང་གྲངས།	010 – 64227665
པར་འདེབས་མཁན།	པེ་ཅིན་གྲོང་ཁྱེར་དབྱི་ཧྲུའི་པར་འདེབས་ཚད་ཡོད་ཀུང་སི།
བརྒྱུད་འཚོང་མཁན།	རྒྱལ་ཡོངས་ས་གནས་སོ་སོའི་ཤིན་ཧྭ་དཔེ་ཚོང་ཁང་།
དེབ་ཚད།	787mm × 1092mm 1/16
པར་ཤོག	123
པར་གཞིའི་སྒྲིག་ཐེངས།	2013ལོའི་ཟླ4 པར་པར་གཞི་དང་པོ་བསྒྲིགས།
པར་ཐེངས།	2013ལོའི་ཟླ4པར་པར་ཐེངས་དང་པོ་བརྒྱབ།
པར་གྲངས།	0001 – 3000
དེབ་ཆ་ཚང་གི་རིན་གོང་།	སྒོར་ 300.00

ISBN 978 – 7 – 105 – 12683 – 5/B. 581（བོད 254）

图书在版编目(CIP)数据

《麦孜玛》注疏 ： 全3册 ： 藏文 / 阿旺索巴嘉措编. －北京 ： 民族出版社，2013.3

ISBN 978－7－105－12683－5

Ⅰ. ①麦… Ⅱ. ①阿… Ⅲ. ①喇嘛宗－佛经－研究－藏语 Ⅳ. ①B946.6

中国版本图书馆CIP数据核字(2013)第053082号

民族出版社出版发行

(北京市和平里北街14号 邮编 100013)

http://www.e56.com.cn

北京市艺辉印刷有限公司

全国各地新华书店经销

2013年4月第1版 2013年4月北京第1次印刷

开本:787mm×1092mm 1/16 总印张:123

印数:1001－3000套 定价:300.00元(上、中、下)

ISBN 978－7－105－12683－5/B.581(藏254)

༄ ཁྲག་འཐུང་མི་མགོ་ལྷ་བཅུའི་ངོ་ཞལ་ཅན། །རིན་ཆེན་གོད་སྐམ་ལྷ་ཡིས་དབུ་ལ་རྒྱན། །
ཞིང་ལས་གྲོན་ནས་གཏོར་མ་ལེན་མཛད་པའི། །དཔལ་ལྡན་ཕྱག་དྲུག་པ་ལ་ཕྱག་འཚལ་བསྟོད། །

༄ འཇམ་པའི་བཀའ་ཉན་བསྟན་སྲུང་ནི། །དམ་ཅན་ཆོས་ཀྱི་རྒྱལ་པོ་སྟེ། །
ཞལ་གཅིག་ཕྱག་གཉིས་འཇིགས་གཟུགས་ཅན། །མགོན་པོ་ཁྱོད་ལ་ཕྱག་འཚལ་བསྟོད། །

༄ རྒྱལ་ཆེན་རྣམ་མང་ཐོས་སྲས་ནོར་མང་ལྡན། །གསེར་གྱི་ལྷུན་པོ་ལྟ་བུར་བརྗིད་ཆགས་ཤིང་། །
སྤྱིན་བྲལ་ཉི་མ་སྟོང་གི་གཟི་ལྡན་པ། །འདོད་དགུའི་ཆར་འབེབས་ཁྱོད་ལ་ཕྱག་འཚལ་བསྟོད། །

༄ཞལ་གཅིག་ཕྱག་གཉིས་གཡས་པའི་རྡོ་རྗེ་ཡིས། །བསྟན་དགྲ་མ་ལུས་ཐལ་བར་བརླག་མཛད་ཅིང་། །

གཡོན་པའི་བུམ་པས་འདོད་དགུའི་དངོས་གྲུབ་སྟེར། །གནོད་སྦྱིན་ཆེན་པོ་ཁྱོད་ལ་བདག་བསྟོད་དོ། །

སེ་ར་སྨད་དང་བྲག་ཡེར་བསམ་གཏན་གླིང་། །ཆོས་མཛད་མཆོག་གི་སྲུང་མ་མ་བྱུ་སྟོལ་ཅན། །

ཐ་འོག་ཆོས་ཀྱི་རྒྱལ་པོ་འཁོར་དང་བཅས། །གཡེལ་བ་མེད་པ་རྟག་ཏུ་གྲོགས་བྱེད་ཤོག །

༄༅། །དམིགས་བརྩེ་མའི་ཆོས་སྐོར་དངོས་གྲུབ་ཀུན་འབྱུང་ཡིད་བཞིན་ནོར་གྱི་བང་མཛོད་ཅེས་བྱ་བ་བཞུགས་སོ།།

〔སྟོད་ཆ〕

འཇམ་དབྱངས་བདེ་བའི་རྡོ་རྗེ་སོགས་ཀྱིས་མཛད།
ཆོས་མཛད་ངག་དབང་བཟོད་པ་རྒྱ་མཚོས་བསྒྲིགས།

མི་རིགས་དཔེ་སྐྲུན་ཁང་།

གླེང་གཞི།

༄༅། །ཐུབ་པའི་དབང་པོ་ཀླུ་སྒྲུབ་ཐོགས་མེད་ཞབས། །ཨ་ཏི་ཤ་དང་བློ་བཟང་གྲགས་པ་སོགས། །
དབང་བརྒྱུད་མན་ངག་ཟབ་མོ་སྩོལ་མཛད་པའི། །དྲིན་ཅན་བླ་མ་རྣམས་ལ་གུས་པའི་འདུད། །
ཤེས་རབ་སྙེར་ལ་རལ་གྲི་མཁའ་ལ་འཕྱར། །སྙིང་རྗེ་ས་ཡོངས་གང་པད་ཕྲེང་ཕྱག་ན་གནས། །
པ་རོལ་བདུད་དཔུང་འཇོམས་མཛད་རྡོ་རྗེ་འཛིན། །འཕགས་མཆོག་རིགས་གསུམ་མགོན་ལ་གུས་ཕྱག་འཚལ། །
ལུང་རྟོགས་རྒྱལ་བསྟན་གསོ་བའི་ཆོས་སྡེ་ཆེ། །སེར་སྨད་འདུས་མང་སྡེ་གཙུག་རལ་པའི་ཁྲིར། །
ཞབས་མཐིལ་རིན་ཆེན་གཉིས་པའི་དཔལ་སྦྱིན་ཏེ། །ཕྱག་ཡངས་རིང་དུ་བརྐྱངས་པའི་རྣམ་ཐར་རྨད། །
སྡེ་དེའི་ཆོས་ཚུལ་སྐྱོང་བའི་མཛད་བཟང་ལ། །ངག་དབང་རྒྱལ་མོ་ཡིས་ཀྱང་བསྒྲུན་མིན་པའི། །
ཆོས་ལྡན་བྱ་བར་བཟོད་མཆོག་གོ་བསྒོམས་པ། །བསྐལ་པ་རྒྱ་མཚོའི་བར་དུ་ཞབས་བརྟན་ཤོག །
དེ་ཡི་ཐུགས་བསྐྱེད་ལྷ་ཆེན་རལ་གློང་ལས། །གཙུག་ལག་གནྡྷའི་བུ་མོ་སྒེག་པའི་ཉམས། །
འདི་ན་མངོན་པར་དགེས་པའི་མཆོད་ཡོན་གྱིས། །དཔྱོད་ལྡན་ཡིད་ལ་འོད་སྣང་རྒྱས་གྱུར་ཅིག །
འབྲི་གློག་བྱ་བ་ལས་ཀྱི་འཁོར་ལོ་སྟེ། །ལུང་གི་བསྟན་པ་གསོ་བའི་སྨན་མཆོག་ཉིད། །
ཚུལ་འདིས་ཆོས་ལྡན་ཁ་བ་དཀར་པོའི་ལྗོངས། །ཡོངས་སུ་འགེངས་པའི་དགེ་ལེགས་ཉམས་མེད་ཤོག
ལྷག་བསམ་འོ་མའི་མདངས་དང་ཟླ་བའི་བཞིན། །རྣམ་པར་དཀར་བའི་ལང་ཚོ་མ་ཉམས་པ། །
གང་གི་ཡིད་ལ་བཤད་སྒྲུབ་རྒྱལ་བའི་བསྟན། །སྙིང་པོ་རིན་ཆེན་མི་ཉམས་གོང་འཕེལ་ཤོག །

ཅེས་ཚིགས་སུ་བཅད་པ་དུ་མས་མདུན་བསུས་ནས་གང་གླེང་བར་བྱ་བ་ནི་འདི་ལྟ་སྟེ། ཕྱོགས་བཅུའི་རྒྱལ་བ་ཀུན་གྱི་ཐུགས་མཁྱེན་པའི་ཡེ་ཤེས་ཀྱི་ཕུང་པོ་མཐའ་དག་གཟུགས་ཅན་སྤྲུལ་མ་ཆེན་པོའི་རྣམ་པར་རོལ་པ། ཆོས་ཕུང་བརྒྱད་ཁྲི་བཞི་སྟོང་གི་སྙིང་པོ་མ་ལུས་པར་མི་འཛིགས་པའི་སྤོབས་པ་མཆོག་གིས་རྒྱས་བཏབ་སྟེ། རིས་མེད་འགྲོ་བ་ཡོངས་ལ་ལན་དང་གྲགས་པ་སོགས་ལ་མི་ལྟ་བར་སྩོལ་བར་མཛད་པའི་བདག་ཉིད་ཆེན་པོ། སྙིགས་མའི་དུས་འདིར་མཚན་ཙམ་བརྗོད་པར་དཀའ་བ་དོན་གྱི་སྐད་དུ་མཚན་ནས་སྨོས་ན་ཁམས་གསུམ་འགྲོ་བའི་རེ་བསྐོངས་ཤར་ཙོང་ཁ་པ་ཆེན་པོ་བློ་

བཟང་གྲགས་པའི་དཔལ་ཞེས་གསུང་གི་སྣན་པའི་བ་དན་སྲིད་པ་གསུམ་ན་གཡོ་བ་གང་གི་བླ་མའི་རྣལ་འབྱོར་ཉམས་སུ་ལེན་པའི་མན་ངག་གི་རིམ་པ་རྣམས་དང་། རྗེ་བདག་ཉིད་ཆེན་པོ་ལ་བརྟེན་པའི་རྣལ་འབྱོར་གྱི་སྒོ་ནས་བསྟན་པ་རྒྱས་པ་དང་། འགྲོ་བ་བདེ་བའི་ཐབས་སྣ་ཚོགས་སྟོན་གྱི་སྐྱེས་ཆེན་དམ་པ་རྣམས་ཀྱིས་ཕྱག་ལེན་མི་འདྲ་བ་ཇི་སྙེད་ཅིག་མཆིས་པ་རྣམས་ཕྱོགས་གཅིག་ཏུ་བསྒྲིགས་པའི་དམིགས་བརྩེ་མའི་ཆོས་སྐོར་རིན་པོ་ཆེ་འདི་ཉིད་རྒྱལ་བའི་བསྟན་པ་སྤྱི་དང་། བྱེ་བྲག་རི་བོ་དགེ་ལུགས་པའི་གཙེས་ནོར་བླ་ན་མ་མཆིས་པ་ཞིག་ལགས། དེར་མ་ཟད་སངས་རྒྱས་ཀྱི་གོ་འཕང་སྒྲུབ་པ་ལ་དད་པ་དང་ཤེས་རབ་གཙོ་ཆེ་བས་རྗེ་བཙུན་འཇམ་དཔལ་དབྱངས་ལྷ་བུ་ལ་བརྟེན་ན་ཆེ་གསལ་སྨྱུར་ཟབ་སོགས་ཀྱི་ཤེས་རབ་གང་སྒྲུབ་པ་ཐོག་མེད་དུ་འཕེལ་བས་རྗེ་རིན་པོ་ཆེ་ནི་རྗེ་བཙུན་འཇམ་དཔལ་དབྱངས་དང་ངོ་བོ་དབྱེར་མེད་པ་སྟོན་གྱི་དཔེ་ཚན་ལྷ་བུ་ཡིན་པ། སངས་རྒྱས་གཅིག་གི་སྤྲུལ་པ་ཡིན་ན་སངས་རྒྱས་ཐམས་ཅད་ཀྱི་སྤྲུལ་པ་ཡིན་དགོས་པར་སངས་རྒྱས་ཐམས་ཅད་ཆོས་ཀྱི་དབྱིངས་སུ་རོ་གཅིག་པའི་རྒྱུ་མཚན་ནོ། དེའི་ཕྱིར་རྗེ་བཙུན་འཇམ་དཔལ་དབྱངས་ཀྱིས་སྤྲུལ་པ་ཡིན་ན་སྤྱན་རས་གཟིགས་དང་གསང་བདག་གི་སྤྲུལ་པ་ཡང་ཡིན་དགོས་ཏེ་མཁྱེན་བརྩེ་ནུས་གསུམ་གང་ཟག་གཅིག་གི་རྒྱུད་ལ་སྐྱེ་བ་ལས་ཁ་བྲལ་དུ་མི་རུང་བ་སྒྲུབ་པའི་དུས་སུ་ཡང་འཕགས་པ་རིགས་གསུམ་མགོན་པོ་དང་རྗེ་བདག་ཉིད་ཆེན་པོ་དེ་ཉིད་འོ་ཚུ་གཅིག་འདྲེས་སུ་སྒྲུབ་པ་ལས་ལོག་སུ་སྒྲུབ་པ་མེད། དམིགས་བརྩེ་མ་ཞེས་པའི་ཚིག་ནི་ས་གསུམ་ན་འགྲན་པའི་ཟླ་དང་བྲལ་བའི་མཁས་པ་ཆེན་པོ་གཉིས་གཅིག་གིས་གཅིག་ལ་ཕར་འཕུལ་ཚུར་འཕུལ་གྱིས་བསྟོད་པ་ངོ་མཚར་བ་ཞིག་ལྷག་པར་དགའ་ལྷ་འབྲེལ་བའི་གསོལ་འདེབས་དམིགས་བརྩེ་མ་འདི་ལྷ་བུ་ཉིས་སུ་སྣང་ན་ནད་གདོན་བར་ཆད་ཐམས་ཅད་བཟློག་པ་འདུལ་ནག་པས་བེ་ཉར་བ་ལ་བཀའ་བསྐྱོས་པ་ལྷ་བུའི་བྱིན་རླབས་ཀྱི་ཚན་ཁ་ཆེ་བ་དང་། མཐར་ཐུག་དགའ་ལྡན་ཞིང་ཁམས་སུ་སྐྱེ་བ། ཚེ་རབས་ཀུན་ཏུ་རྗེ་བླ་མས་རྗེས་སུ་འཛིན་པ་སོགས་ཀྱི་དགོས་པ་ཁྱད་པར་ཆེ་བས་སྔོན་བྱོན་མཁས་པ་གོང་མ་རྣམས་ཀྱིས་གསུངས་རྒྱུན་དམིགས་བརྩེ་མའི་ཆོས་བསྐོར་གྱི་པོ་ཏི་གཉིས་སེ་རའི་མཁན་རིན་པོ་ཆེ་རྒན་ཡེ་ཤེས་བྱམས་པ་ལགས་ཀྱིས་སེར་སྨད་ཆོས་མཛད་རིན་པོ་ཆེ་ངག་དབང་བཟོད་པ་རྒྱ་མཚོ་མཆོག

ལ་གནང་ནས་རིན་པོ་ཆེ་གང་ཉིད་ནས་དཔེ་རྒྱུན་འདི་པར་དུ་བསྒྲིགས་པའི་དགོངས་པ་དེ་ཕྱོགས་སུ་བབས་ནས་སྨྱུམ་ཟད་མར་མེ་ལྷ་བུའི་རྫེའི་བསྟན་པ་འདི་ཧི་སྲིད་འཁོར་བ་མ་སྟོང་གི་བར་དུ་བསྲིངས་ཐུབ་ན་ཅི་མ་རུང་སྙམ་པ་དང་། ལྷག་པར་འཕགས་པ་རིགས་གསུམ་མགོན་པོ་དང་ངོ་བོ་དབྱེར་མ་མཆིས་པའི་རྗེ་བདག་ཉིད་ཆེན་པོ་དེ་ཉིད་ལ་མི་ཕྱེད་པའི་དད་གུས་བརྟན་པོ་ཐོབ་པའི་འཁོར་དམན་སྐལ་མཉམ་དོན་གཉེར་བ་རྣམས་དང་། དགོན་སྡེ་ཁག་ན་བཞུགས་པའི་ཐོས་བསམ་ལྷུར་ལེན་གནང་མཁན་གྱི་དགེ་འདུན་རྣམས་པ། ཚོས་དང་རིག་གཞུང་གི་ཚོགས་སྡེ་ཁག་ཏུ་བཞུགས་པའི་མཁས་དང་ཉམས་ཞིབ་གནང་མཁན་དང་ཉིས་ལེན་གནང་མཁན་འགའ་ཞིག་ལ་དཔེ་རྒྱུན་དཀོན་པས་དབང་གིས། ཐོས་པ་མེད་པའི་སྙོམས་པ་དེ། །འབད་ཀྱང་དུད་འགྲོའི་སྒྲུབ་ཐབས་ལྷ་བུའི་དཔེ་དོན་དུ་མ་ཟད་འཛིག་རྟེན་འདི་ཡིས་བྱ་བ་ཙུང་ཟད་ཞིག་ལའང་སློབ་དཔོན་དུ་རྒྱུས་ཡོད་མཁས་པ་ཞིག་བརྟེན་དགོས་ལ། སྐྱེ་བ་གཏན་གྱི་འདུན་མ་འདི་ལྟ་བུ་སྒྲུབ་པ་ལ་ཞེན་ཆེ་བའི་ལམ་སྟོན་དགེ་བའི་བཤེས་གཉེན་མཁས་པ་ཞིག་གམ་ཁུངས་དག་པའི་དཔེ་ཆ་སོགས་ལ་བརྟེན་པ་མེད་ན་གློང་པོ་སྨྱུམ་གྱི་ཐུལ་ཀྱང་མར་ཀོག་སྨྱུམ་གྱིས་མི་ཐུལ་བ་སོགས་ལོ་བརྒྱར་བསྒྲུབ་ཀྱང་སྦྱོང་བ་གང་ཡང་ཐོན་མི་ཐུབ་པས་དེས་ན་དཔལ་འབྱོར་རིན་ཆེན་ཚང་བའི་ཁ་བ་རི་པ་རྣམས་ཀྱིས་གཙོས་འགྲོ་བ་ཀུན་ལ་ཕན་ཕྱིར་པར་དུ་བསྒྲིགས་པས་དེའི་མ་ཕྱི་ལའང་གོང་འོག་ཀུན་ན་མི་གསལ་བ་ཡིག་ནོར་དང་བསྐྱུངས་ཡིག་སོགས་ཤེན་ཏུ་མང་བ་མ་ཟད་ལས་ཚོགས་བཅུ་གཅིག་ནག་འགྲོས་སུ་བཀོད་པ་ཞེས་པའི་མ་ཕྱིའི་ཤོག་ངོས་བརྒྱད་པ་དང་དགུ་པའི་མཐུད་མཚམས། དགུ་པ་དང་བཅུ་པའི་མཐུད་མཚམས་སུ་ཚིག་མི་འདྲ་བའམ་མ་ཚང་བ་མ་ཕྱི་གཞན་ནས་གོ་བསྡུར་ཐུབ་པ་བཟོ་ཁུལ་བགྱིས་པས་ནོར་འཁྲུལ་མི་ཉུང་བ་མཆིས་པས་མཁས་པ་དག་ནས་དཔྱད་པར་ཚལ། དེང་ཆར་འཛམ་གླིང་ཐོག་མི་རྣམས་ལྷོ་གོས་ཙམ་ཀྱི་ཡིད་མི་ཆིམ་པར་རང་རང་གི་མེས་པོའི་རིག་དངོས་ཤུལ་བཞག་ལ་སྲུང་སྐྱོབ། རིག་གནས་གཞན་གྱི་དགེ་མཚན་བསྡོགས་ཏེ་ཟླ་ན་མེད་པའི་རིག་གཞུང་དང་། དུས་རབས་གསར་པའི་ཚན་རིགས་དང་ཆེ་སྲོག་གི་བདེ་ཐང་གང་གི་ཐད་ལ་གསོས་སྨན་འབུལ་བའི་སྦྱོར་བ་ལ་བརྩོན་བཞིན་མཆིས། དེ་དག་གིས་སྐོམ་པ་ཆུ་འདོད་ཙམ་ལས་མཐར་ཐུག་གི་འབྲས་བུ་ཏིལ་ཙམ་སྨིན་མི་ཐུབ།

དེ་འདྲའི་ཁྲོད་དུ་རང་ཅག་བོད་ཀྱི་དམ་པའི་ལེགས་བཤད་དག་ལ་ནི་མཁྱེན་བརྟེག་གི་མི་ཉམས་གོང་འཕེལ་ཉམས་པ་སོར་ཆུད་བྱེད་པ་ནི་ཁ་བ་རི་པ་ཡོངས་ཀྱིས་མ་བསྐུལ་དང་བློང་གི་འགན་འཁྲི་དོར་དུ་མི་རུང་བ་ཞིག་གོ གོང་ཞུས་དགེ་མཚན་དེ་དག་ལ་དམིགས་ཏེ་ལོ་གཉིས་ཙམ་རིང་ལ་གཙོ་བོ་སེར་སྨད་ཆོས་མཛད་རིན་པོ་ཆེ་ངག་དབང་བཟོད་པ་རྒྱ་མཚོ་མཆོག་གི་སྐུའི་ངལ་བར་མི་འཛེམས་པར་ཕྱུག་ཡང་རིང་དུ་བརྐྱངས་པའི་ཐོག་དམིགས་བརྩེ་མའི་ཆོས་སྐོར་དངོས་སྒྲུབ་ཀུན་འབྱུང་ཡིད་བཞིན་ནོར་གྱི་བང་མཛོད་ཞེས་བྱ་བ་པོད་གཉིས་པར་སྐྲུན་གནང་ཐོག་སྔར་ཡང་སྔོན་བྱོན་སྐྱེས་བུ་དམ་པ་རྣམས་ཀྱིས་གསུང་དུ་མ་རབ་བསྡུས་བགྱིས་ནས་པོད་གཅིག་བསྒྲིགས་ཏེ་པོད་གསུམ་ཐོན་ཐུབ་པའི་འདུན་པ་ཆེ་བཞིན་ལགས ཞུ་དག་པས་འདི་གའི་མ་ཕྱི་མི་གསལ་བ་དང་། གཞུང་ཆེན་མོར་སློབ་གཉེར་མ་བྱུང་བས་རྐྱེན་གྱིས། ནོར་བ་དང་ཆད་ལྷག་མི་འཚུང་བ་མཆིས་པས་མཁས་དབང་བློ་ལྡན་གཟིགས་པ་པོ་རྣམས་ཀྱི་སྤྱན་སྔར་བཟོད་པར་གསོལ་ལོ། །

བསྒྲིགས་པ་པོ་ཆོས་མཛད་རིན་པོ་ཆེ། ཡིག་འཇུག་པ། བློ་བཟང་སྦྱིན་པ། བློ་བཟང་བསྟན་པ། ངག་དབང་བློ་གྲོས། ངག་དབང་དམ་ཆོས། ངག་དབང་འཕྲིན་ལས། ངག་དབང་མཁས་བཙུན། དགེ་བསྙེན་ངག་དབང་མཁས་བཙུན། ཨ་སྒྲོན། ཞུ་དག་པ། ཚུལ་ཁྲིམས་རྒྱ་མཚོ། འཇིགས་མེད་རྒྱ་མཚོ། འཕྲིན་ལས་རྒྱ་མཚོ། སེར་བྱེས་དགེ་འདུན་དཀོན་མཆོག བསྟན་འཛིན་བཟོད་པ། རྒྱ་སྦྱོར་བ་ཀོའུ་ཧེའི་ཡི་ངག་དབང་སྦྱིན་པ། ངག་དབང་སྒྲོལ་མ་རྣམས་པས་ངལ་བ་འཛེམས་མེད་ཀྱིས་དུས་ཡུན་རིང་པོར་དཀའ་སྤྱད་གནང་བར་སྙིང་ཐག་པ་ནས་ཐུགས་རྗེ་ཆེ་ཞུ་བ་ལགས། །

ལན་ཀྲོའུ་རྡོ་སྐྱ་ལུང་བྲག་ཡེར་བསམ་གཏན་གླིང་དཔེ་སྐྲིང་འཚོལ་བསྡུ་ཁང་གིས། །
རབ་བྱུང་བཅུ་བདུན་པའི་ལྕགས་ཡོས་ས་ག་ཟླ་བའི་ཡར་ཚེས་བཅོ་ལྔ་ཉིན། །

དཀར་ཆག

༄༅། །དམིགས་བརྩེ་མའི་ཆོས་སྐོར་ལས་བླ་མའི་རྣལ་འབྱོར་གྱི་བརྒྱུད་འདེབས་བདེ་བའི་རྫོ་རྗེས་མཛད་པ་བཞུགས་སོ།

༄༅། །སྨད་རྒྱུད་ལུགས་ཀྱི་ཟབ་ལམ་བླ་མའི་རྣལ་འབྱོར་གྱི་བརྒྱུད་རིམ་གསོལ་འདེབས་བྱིན་རླབས་མྱུར་འཇུག་ནི། རྒྱལ་ཀུན་ཡབ་གཅིག་ཁྱབ་བདག་འཇམ་པའི་དབྱངས། །སྲིད་གསུམ་འདྲེན་མཆོག་བློ་བཟང་གྲགས་པའི་དཔལ། །ཤེས་རབ་སེང྄་རྡོ་རྗེ་འཛིན་པའི་གཙོ། །གསོལ་བ་འདེབས་སོ་བདག་རྒྱུད་བྱིན་གྱིས་རློབས། །འདུལ་བ་རྒྱ་མཚོའི་མཛོད་འཛིན་དཔལ་ལྡན་བཟང་། །འཇམ་པའི་དབྱངས་ཀྱིས་བྱིན་རླབས་དགེ་འདུན་འཕེལ། །མདོ་རྒྱུད་གསང་བ་ཀུན་མཁྱེན་བཀྲ་ཤིས་འཕགས། །གསོལ་བ་འདེབས་སོ་བདག་རྒྱུད་བྱིན་གྱིས་རློབས། །གནས་ལྔ་མཐར་སོན་བསམ་གྲུབ་རྒྱ་མཚོ་དང་། །ངེས་པ་དོན་གྱི་མཁས་མཆོག་བརྟོན་འགྲུས་འཕགས། །མཐུ་སྟོབས་དབང་ཕྱུག་རྡོ་རྗེ་བཟང་པོ་ལ། །གསོལ་བ་འདེབས་× སྨྱུ་མའི་སྐུ་བརྙེས་སངས་རྒྱས་རྒྱ་མཚོ་དང་། །རྨི་ལམ་མངའ་བརྙེས་དཀོན་མཆོག་རྒྱ་མཚོའི་ཞབས། །ཟུང་འཇུག་མཛོད་འཛིན་དཀོན་མཆོག་ཡར་འཕེལ་ལ། །གསོལ་བ× ལམ་འདིའི་བཀའ་བབས་ངག་དབང་བློ་གྲོས་ཞབས། །མཁས་པའི་གཙུག་རྒྱན་འཇམ་དབྱངས་བཞད་པའི་སྐྱེ། །སྐྱིགས་དུས་འདྲེན་མཆོག་དངོས་གྲུབ་རྒྱ་མཚོ་ལ། །གསོལ་བ× གཞན་ཉུ་ཉིད་ནས་འཇམ་དབྱངས་བླ་མ་ཡིས། །བྱིན་གྱིས་རླབས་པའི་སྣང་བ་རབ་རྒྱས་པ། །འཇམ་དཔལ་རྒྱ་མཚོ་རྩ་བའི་བླ་མ་ལ། །གསོལ་བ× དེ་ལྟར་རྩ་བརྒྱུད་བླ་མའི་ཚོགས་རྣམས་ལ། །ཤུགས་དྲག་རྩེ་གཅིག་གུས་པས་གསོལ་བཏབ་བས། །ཟབ་གསང་བླ་མའི་ལམ་འདིས་སྐད་ཅིག་ལ། །མི་ཤེས་རྨོངས་པའི་དྲི་མ་དྭངས་འབྱིན་ཤོག །མདུན་གྱི་འཆི་མེད་ལྷ་ལམ་མཁའ་དབྱིངས་སུ། །ཡབ་རྗེ་བླ་མ་སྲས་བཅས་ལེགས་བསྒོམས་ཤིང་། །ཕྱག་འཚལ་མཆོད་སོགས་བགྱིས་པའི་རྣམ་དཀར་གྱིས། །བྱིན་རླབས་འཇུག་པའི་འགལ་རྐྱེན་ཀུན་ཞི་

ཤོག །དེ་ནས་བྱིན་རླབས་ཟབ་མོའི་བསྐྱོད་ཚོག་གིས། །གསོལ་བ་བཏབ་པས་རྗེ་བཙུན་ཡབ་སྲས་ཀྱི། །ཐུགས་ཀ་ནས་བྱུང་འོ་མའི་མདོག་ཅན་གྱི། །བདུད་རྩིས་མ་དག་དྲི་མ་ཀུན་འཁྲུད་ཤོག །སླར་ཡང་གསོལ་བ་བཏབ་པས་དམར་སེར་གྱི། །བདུད་རྩི་འོད་ཟེར་བཅས་པས་ལུས་གང་བས། །མི་ཤེས་རྨོངས་པའི་དྲི་མ་ཀུན་བསལ་ནས། །ཤེས་རབ་སྣང་བའི་འོད་ཀྱིས་ཁྱབ་པར་ཤོག །དེ་ལས་ཤེས་རབ་ཆེ་གསལ་མྱུར་བ་དང་། །ཟབ་དང་འཆད་རྩོད་རྩོམ་པའི་བློ་གྲོས་ཀྱིས། །འགྲོ་བའི་ཡིད་ཀྱི་མུན་པ་སེལ་བ་ལ། །རྗེ་བཙུན་མཁྱེན་པའི་གཏེར་དང་མཚུངས་པར་ཤོག །མཁའ་དབྱིངས་བཞུགས་པའི་རྗེ་བཙུན་བླ་མ་མཆོག །སྤྱི་བོ་ནས་བརྒྱུད་སྙིང་དབུས་རྩ་ཏིའི་དབུས། །ཐིགས་ཕྱིན་རང་སེམས་བླ་མ་དབྱེར་མེད་དུ། །འདྲེས་ནས་སྒོ་གསུམ་བྱིན་རླབས་འཇུག་པར་ཤོག །ནམ་ཞིག་སྐྱབས་མགོན་ཡབ་རྗེ་བླ་མ་མཆོག །ངོ་མཚར་རྨད་བྱུང་བཀོད་མཛེས་འཇིག་རྟེན་དུ། །རྒྱལ་བའི་མཛད་པ་ཉེ་བར་སྟོན་པའི་ཚེ། །འཁོར་གྱི་ཐོག་མ་ཉིད་དུ་འགྱུར་བར་ཤོག །དེ་ཚེ་རྒྱལ་བ་དེ་ཡི་ཐུག་དབུས་ཀྱི། །མཆོད་སྡོང་མཐོང་བའི་མོད་ལ་ཐེག་མཆོག་གི །ལམ་བཟང་མངོན་དུ་བྱེད་པའི་དབང་རྣོན་གྱི། །གདུལ་བྱའི་མཆོག་ཏུ་བདག་ནི་འགྱུར་བར་ཤོག །དེར་མ་སོན་པའི་ཚེ་རབས་ཀུན་ཏུ་ཡང་། །རྒྱལ་བ་ཡབ་སྲས་རྣམས་ཀྱིས་རྗེས་བཟུང་ཞིང་། །བསྟན་དང་མཇལ་ནས་ལེགས་བཤད་གསུང་རབ་ལ། །ངོམས་པ་མེད་པའི་ཐོས་པ་བྱེད་པར་ཤོག །ཅེས་སྲིད་རྒྱུད་ལུགས་ཀྱི་ཟབ་ལམ་བླ་མའི་རྣལ་འབྱོར་གྱི་ཁྲིད་ཀྱི་བརྒྱུད་པའི་གསོལ་འདེབས་སྨོན་ལམ་དང་བཅས་པ་འདི་ནི། རང་གི་སློབ་མས་ཁ་བཏགས་ཆེ་ལེགས་དང་བཅས་གསོལ་བ་བཏབ་པའི་ངོར། མང་ཐོས་འཇམ་དབྱངས་བདེ་བའི་རྡོ་རྗེས་དབེན་གནས་ཉི་མ་སྒྲིངས་སུ་བྲིས་པའོ། །དགེའོ། །

༄༅། །དགའ་ལྡན་གསེར་ཁྲི་རིམ་བྱོན་རྣམས་ཀྱི་གསོལ་འདེབས་མཆོག་མཐུན་དངོས་གྲུབ་ཀུན་གྱི་འབྱུང་གནས་ཞེས་བྱ་བ་བཞུགས་སོ།

༄། །ཨོཾ་སྭ་སྟི། མཆོག་མཐུན་དངོས་གྲུབ་ཀུན་གྱི་འབྱུང་གནས་མཆོག །རྒྱལ་བའི་མཛད་པ་མ་ལུས་ཉེར་བསྒྲུབས་པས། །རྒྱལ་བསྟན་ཡོངས་ཀྱི་བདག་པོར་མངོན་བཞེངས་པ། །བློ་བཟང་གྲགས་པའི་ཞབས་ལ་གསོལ་བ་འདེབས། །རྒྱལ་བའི་རྒྱལ་ཚབ་དར་མ་རིན་ཆེན་དང་། །བསྟན་པའི་མངའ་བདག་དགེ་ལེགས་དཔལ་བཟང་པོ། །གྲུབ་པ་མཆོག་བརྙེས་ལེགས་པ་རྒྱལ་མཚན་ཞབས། །ཟུང་འཇུག་མངོན་གྱུར་གསུམ་ལ་གསོལ་བ་འདེབས། །རིམ་གཉིས་མཐར་ཕྱིན་བློ་གྲོས་ཆོས་སྐྱོང་དང་། །གདམས་པའི་མཛོད་འཛིན་ཆོས་ཀྱི་རྒྱལ་མཚན་ཆེ། །སྤངས་རྟོགས་མཆོག་མངའ་བློ་གྲོས་བསྟན་པའི་ཞབས། །བསྟན་པའི་སྲོག་ཤིང་གསུམ་ལ × རྡོ་རྗེའི་སྐུ་བརྙེས་སྨོན་ལམ་དཔལ་བའི་ཞབས། །ཤེས་བྱ་ཀུན་གཟིགས་བློ་བཟང་ཉི་མ་དང་། །གནས་ལུགས་མངོན་གྱུར་ཡེ་ཤེས་བཟང་པོའི་དཔལ། །རྒྱལ་བསྟན་ཉིན་བྱེད × ཆོས་མངོན་མཐར་ཕྱིན་འདར་སྟོན་བློ་བཟང་གྲགས། །འཇམ་དབྱངས་ཤེས་རབ་ལེགས་པའི་བློ་གྲོས་མཚན། །འཇིག་རྟེན་མིག་གྱུར་ཆོས་ཀྱི་བཤེས་གཉེན་མཆོག །མཁས་གྲུབ་ཆེན་པོ × ཡེ་ཤེས་དཔལ་མངའ་རིན་ཆེན་འོད་ཟེར་དང་། །གནས་ལྔ་རིག་པའི་པཎ་ཆེན་བསོད་ནམས་གྲགས། །སྙིང་སེམས་དབང་བསྒྱུར་ཆོས་སྐྱོང་རྒྱ་མཚོའི་ཞབས། །བསྟན་པའི་སྒྲོན་མེ × རྣལ་འབྱོར་དབང་ཕྱུག་ཆེན་པོ་རྡོ་རྗེ་བཟང་། །མདོ་རྒྱུད་མངའ་བདག་རྒྱལ་མཚན་བཟང་པོའི་དཔལ། །ངག་དབང་ཆོས་ཀྱི་གྲགས་པའི་མཚན་སྙན་འཛིན། །གདམས་པའི་གཏེར་མཛོད × དོན་གཉིས་ལྷུན་གྲུབ་ཆོས་གྲགས་བཟང་པོ་དང་། །དགེ་ལེགས་བྱེ་བའི་དཔལ་ལྡན་མཛད་བཟང་ཅན། །གྲུབ་མཆོག་དགེ་འདུན་བསྟན

པ་དར་རྒྱས་ཞབས། །མཁས་པའི་དབང་ཕྱུག × ལུང་རྟོགས་མཛོད་འཛིན་ཚེ་བརྟན་རྒྱ་མཚོ་དང་། །འགྲོ་མགོན་ཆེན་པོ་བྱམས་པ་རྒྱ་མཚོའི་མཚན། །མཁས་པའི་མཆོག་གྱུར་དཔལ་འབྱོར་རྒྱ་མཚོའི་ཞབས། །བསྟན་པའི་རྒྱལ་མཚན × ཐེག་མཆོག་ལམ་སྟོན་དམ་ཆོས་དཔལ་འབར་བ། །ཆོས་ཚུལ་སྤེལ་མཁས་སངས་རྒྱས་རིན་ཆེན་དང་། །ལུང་རིག་གཏེར་མཛོད་དགེ་འདུན་རྒྱལ་མཚན་དཔལ། །སྨྲ་བའི་དབང་ཕྱུག × ཐུབ་དགོངས་གསལ་མཛད་བཤེས་གཉེན་གྲགས་པ་དང་། །རྒྱལ་བའི་སྲས་མཆོག་བློ་གྲོས་རྒྱ་མཚོ་ཆེ། །བྱམས་བརྩེའི་མངའ་བདག་དམ་ཆོས་དཔལ་བ་སྟེ། །འདྲེན་མཆོག་དམ་པ × ཟབ་མོའི་དོན་གཟིགས་ཚུལ་ཁྲིམས་ཆོས་འཕེལ་དང་། །མཁྱེན་བརྩེའི་དབང་ཕྱུག་གྲགས་པ་རྒྱ་མཚོའི་དཔལ། །ངག་ལ་དབང་བསྒྱུར་ཆོས་ཀྱི་རྒྱལ་མཚན་འཛིན། །མཚུངས་མེད་རིན་ཆེན × དྲི་མེད་བློ་ལྡན་དཀོན་མཆོག་ཆོས་འཕེལ་དང་། །ཐུགས་རྗེ་ཕུལ་བྱུང་བསྟན་འཛིན་ལེགས་བཤད་མཚན། །བསླབ་གསུམ་རྣམ་དག་དགེ་འདུན་རིན་ཆེན་མཆོག །ཐབས་མཁས་འདྲེན་པ × བཤད་སྒྲུབ་བསྟན་པའི་རྒྱལ་མཚན་འཛིན་པའི་མཆོག །རྡོ་རྗེ་འཛིན་པ་དཀོན་མཆོག་ཆོས་བཟང་དང་། །ཚོགས་གཉིས་དཔལ་ལྡན་བསྟན་པའི་རྒྱལ་མཚན་འཛིན། །ས་གསུམ་རྣམ་འདྲེན × འདུལ་འཛིན་ཆེན་པོ་བློ་བཟང་རྒྱལ་མཚན་དང་། །རྣམ་དག་ཁྲིམས་ལྡན་བློ་བཟང་དོན་ཡོད་དཔལ། །ཆོས་བརྒྱད་སྨྱོན་བྲལ་བྱམས་པ་བཀྲ་ཤིས་ཞབས། །ཡོན་ཏན་མཛོད་འཛིན × བྱང་སེམས་མངའ་བདག་བློ་གྲོས་རྒྱ་མཚོ་དང་། །མཁས་མཆོག་འཛམ་དབྱངས་ཚུལ་ཁྲིམས་དར་རྒྱས་རྗེ། །འཕགས་ནོར་བདུན་ལྡན་སྦྱིན་པ་རྒྱ་མཚོའི་ཞབས། །ལམ་བཟང་གསལ་མཛད × བསྟན་སྲུང་བྲན་འཁོལ་བློ་བཟང་ཆོས་འཕེལ་དང་། །སྙིང་སྟོབས་ཕུལ་བྱུང་དོན་འགྲུབ་རྒྱ་མཚོའི་དཔལ། །སྡེ་སྣོད་འཛིན་མཆོག་བློ་བཟང་དར་རྒྱས་ཞེས། །མཐུ་སྟོབས་བདག་ཉིད × མཁས་གྲུབ་གཙུག་རྒྱན་དགེ་འདུན་ཕུན་ཚོགས་དང་། །བརྩོན་འགྲུས་མཆོག་མངའ་དཔལ་ལྡན་གྲགས་པའི་ཞབས། །རྫུ་འཕྲུལ་མངའ་བདག་ངག་དབང་ཆོས་འཕེལ་རྗེ། །དམ་པའི་ཁྱུ་མཆོག × མི་འཇིགས་བཞི་ལྡན་རྒྱལ་མཚན་སེང་གེ་དང་། །གྲུབ་པའི་དབང་ཕྱུག་ངག་དབང་མཆོག་ལྡན་ཞབས། །བདེ་སྟོང་མཆོག་བརྙེས་ངག་དབང་ནམ་མཁའ་བཟང་། །ཐུབ་བསྟན་མཛེས་རྒྱན × མདོ་རྒྱུད་ཀུན་གཟིགས་བློ

བཟང་དྲི་མེད་དང་། །ཐུགས་བསྐྱེད་ཕུལ་བྱུང་བསམ་གཏན་ཕུན་ཚོགས་ཞབས། །རྟོགས་
པ་མཆོག་བརྙེས་ངག་དབང་ཆོས་གྲགས་ཞེས། །རྣལ་འབྱོར་དབང་ཕྱུག × བསྡུ་དངོས་བཞི་
ལྡན་ངག་དབང་ཆོས་གྲགས་དང་། །བརྩེ་བའི་གཏེར་གྱུར་བློ་བཟང་བསྟན་པ་མཆོག །
བསྟན་འགྲོའི་དཔལ་གྱུར་ངག་དབང་ཚུལ་ཁྲིམས་རྗེ། །ཐེག་མཆོག་བཤེས་གཉེན × ལུང་
རྟོགས་མཛོད་འཛིན་བློ་བཟང་སྨོན་ལམ་དང་། །བརྟུལ་ཞུགས་མཆོག་གྱུར་བློ་བཟང་མཁས་
པའི་མཆོག །སྒྱུ་ལུས་མངོན་མཛད་བློ་བཟང་བཀྲ་ཤིས་ཏེ། །ཕན་བདེའི་རྩ་ལག × ལམ་
བཟང་གསལ་མཛད་དགེ་འདུན་ཚུལ་ཁྲིམས་དང་། །འཇམ་མགོན་གཉིས་པ་ངག་དབང་སྐལ་
གྲགས་ཞབས། །སྨྲ་བའི་དབང་ཕྱུག་འཇམ་དབྱངས་སྨོན་ལམ་རྗེ། །བསྟན་པའི་གསལ་བྱེད
× མཁྱེན་རབ་མངའ་བདག་བློ་བཟང་དགེ་ལེགས་དང་། །བྱང་འཇུག་མཆོག་བརྙེས་བྱང་
ཆུབ་ཆོས་འཕེལ་ཞབས། །སྐུ་གསུམ་མངོན་གྱུར་ངག་དབང་ཆོས་འཕེལ་ཏེ། །བསྟན་འགྲོའི་
གཙུག་རྒྱན × རྟོགས་ལྡན་ཆེན་པོ་ཡེ་ཤེས་ཐར་འདོད་དང་། །མཉམ་རྗེས་གཅིག་གྱུར་
འཇམ་དཔལ་ཚུལ་ཁྲིམས་དཔལ། །སྲིད་ཞིའི་རྣམ་འདྲེན་ཚུལ་ཁྲིམས་རྒྱ་མཚོ་ཆེ། །ཐར་
འདོད་དེད་དཔོན × མཁས་གྲུབ་ཆེན་པོ་བློ་བཟང་ལྷུན་གྲུབ་དང་། །ངག་དབང་ལུང་
རྟོགས་ཡོན་ཏན་རྒྱ་མཚོའི་མཛོད། །མཚུངས་མེད་བློ་བཟང་མཁྱེན་རབ་དཔལ་བཟང་
པོ། །རྗེ་བཙུན་བླ་མ × གསར་བསྒྲིགས། །འདུལ་འཛིན་ཆེན་པོ་ཚུལ་ཁྲིམས་དར་རྒྱས་
དང་། །གྲུབ་པ་མཆོག་བརྙེས་འཇམ་དབྱངས་དམ་ཆོས་རྗེ། །འགྲོ་བའི་མགོན་པོ་བློ་བཟང་
སྦྱིན་པའི་ཞབས། །བསྟན་པ་གསལ་མཛད་གསུམ་ལ × འཇམ་དཔལ་དབྱངས་དངོས་
གྲགས་པ་དོན་གྲུབ་རྗེ། །མཁས་གྲུབ་ཆེན་པོ་ངག་དབང་ནོར་བུ་དང་། །བྱང་འཇུག་མཛོད་
འཛིན་ཡེ་ཤེས་ཆོས་འཕེལ་ཞབས། །བསྟན་པའི་སྒྲོན་མེ་གསུམ་ལ × མཁས་ཤིང་གྲུབ་བརྙེས་
བྱང་ཆུབ་ནམ་མཁའ་བཟང་། །གྲུབ་པའི་དབང་ཕྱུག་བློ་བཟང་ཚུལ་ཁྲིམས་དང་། །བློ་
བཟང་ཚུལ་ཁྲིམས་དཔལ་ལྡན་སྐྱེ་དགུའི་གཉེན། །བསྟན་པའི་གཙུག་རྒྱན་གསུམ་ལ × འབྱུང་
འགྱུར་རྣམས་འདིར་འཇུག །དེ་ལྟར་འཇམ་མགོན་རྒྱལ་བ་གཉིས་པ་ཡི། །མི་འཇིགས་གསེར་
གྱི་ཁྲི་ལ་རབ་གཤེགས་ནས། །བཤད་སྒྲུབ་བསྟན་པའི་རྒྱལ་མཚན་སྲིད་མཐའི་བར། །
བསྒྲེང་མཛད་བཀའ་དྲིན་ཟླ་མེད་མཆོག་རྣམས་ལ། །རྩེ་གཅིག་གུས་པས་གསོལ་བ་བཏབ་

པའི་མཐུས། །བདག་སོགས་འགྲོ་ཀུན་དེང་ནས་བྱང་ཆུབ་བར། །སྐྱེ་ཀུན་དལ་བརྒྱད་འབྱོར་བཅུ་ཚང་བ་ཡི། །རྟེན་བཟང་རྣམ་པར་དག་པ་རིམ་བརྒྱུད་ངེས། །ཚེ་རབས་ཀུན་ཏུ་འཇམ་མགོན་ཡབ་སྲས་ཀྱིས། །འབྲལ་མེད་མཉེས་ཤིང་རྗེས་སུ་འཛིན་པ་དང་། །བཀའ་དྲིན་གསུམ་ལྡན་ཐེག་མཆོག་བཤེས་མཛད་པར། །བསམ་དང་སྦྱོར་བས་ཚུལ་བཞིན་བསྟེན་པར་ཤོག །དེའི་མཐུས་སྐུ་གསུང་ཐུགས་ཀྱི་བྱིན་རླབས་དང་། །ཟབ་རྒྱས་གདམས་ངག་བདུད་རྩིས་བརྒྱུད་གཏམས་ནས། །མདོ་རྒྱུད་ཀུན་གྱི་དོན་ལ་ངེས་བརྟེས་ཏེ། །ཚུལ་བཞིན་སྒྲུབ་ལ་ནམ་ཡང་གཡེལ་མེད་ཤོག །གང་དེར་ཕྱི་ནང་འགལ་རྐྱེན་ཀུན་ཞི་ཞིང་། །མཐུན་རྐྱེན་ལེགས་ཚོགས་མ་ལུས་ལྷུན་གྲུབ་ནས། །ངེས་འབྱུང་བྱང་སེམས་ཡང་དག་ལྟ་བ་སོགས། །ཐུན་མོང་ལམ་གྱི་རིམ་པས་རྒྱུད་སྦྱངས་ཏེ། །རྣམ་དག་དཔའ་ཐོབ་དམ་ཚིག་སྡོམ་པ་ཀུན། །བསྲུངས་ནས་ཕྲ་རགས་ལྷ་ཡི་རྣལ་འབྱོར་དང་། །དབེན་གསུམ་སྒྱུ་ལུས་འོད་གསལ་ཟུང་འཇུག་རྣམས། །མངོན་དུ་གྱུར་ནས་ས་ལམ་མཐར་ཕྱིན་ཤོག །སྲིད་མཐའི་བར་དུ་འཇམ་མགོན་བླ་མ་ཡི། །ལུང་རྟོགས་བསྟན་པ་བཤད་དང་སྒྲུབ་པའི་མཐུས། །འགྲོ་བ་ཀུན་ཀྱང་ལུགས་བཟང་འདི་ཉིད་ཀྱིས། །སྐྱོལ་བའི་འདྲེན་པ་ཆེན་པོར་བདག་གྱུར་ཅིག །ཙཱ།

ཅེས་པ་འདི་ནི་རབ་འབྱམས་རྒྱལ་བ་ཀུན་གྱི་མཁྱེན་བརྩེ་ནུས་གསུམ་གཅིག་ཏུ་འདུས་པའི་བདག་ཉིད་ཆེན་པོ་དུས་གསུམ་གྱི་འདྲེན་པ་ཀུན་ལས་ཐུགས་རྗེ་དང་བཀའ་དྲིན་ཕུལ་དུ་བྱུང་བའི་རྒྱལ་བ་གཉིས་པ་འཇམ་མགོན་ཆོས་ཀྱི་རྒྱལ་པོ་ཙོང་ཁ་པ་ཆེན་པོའི་གསེར་གྱི་ཁྲི་འཕང་མཐོན་པོར་ཞབས་སོར་བཀྲ་ཤིས་ཀྱི་རེ་ཁ་མངོན་པར་བཀོད་ནས་རྒྱལ་བསྟན་ཡོངས་རྫོགས་ཀྱི་བདག་པོར་བཞེངས་པ་རིམ་བྱོན་གྱི་གསོལ་འདེབས་འདི་ལྷ་བུ་དགོས་ཞེས་ལུང་རིག་སྨྲ་བའི་ཁྱུ་མཆོག་སྡེ་སྣོད་འཛིན་པ་ཆེན་པོ་དགའ་ལྡན་ཤར་རྩེ་མཁན་ཟུར་བློ་བཟང་འབྱུང་གནས་ནས་བསྐུལ་མ་མཛད་པའི་ངོར། །ནཱ་སྒྲིར་རྟོ་ཐོབ་ཐུར་འབོད་པ་ཤཱཀྱའི་དགེ་སློང་ངག་དབང་ཡེ་ཤེས་ཚུལ་ཁྲིམས་རྒྱལ་མཚན་གྱིས་དྲང་པ་ཆེན་པོས་སྦྱར་བའོ། །

༄༅། །འཇམ་མགོན་བླ་མ་ཆོས་ཀྱི་རྒྱལ་པོ་ཙོང་ཁ་པ་ཆེན་པོ་ལ་བླ་མའི་རྣལ་འབྱོར་དང་འབྲེལ་བའི་སྟོད་མཆོད་འབུལ་བའི་ཚོ་ག་དངོས་གྲུབ་ཡོངས་འདུའི་སྙེ་མ་ཞེས་བྱ་བ་བཞུགས་སོ། །

༄། །ན་མོ་གུ་རུ་མཉྫུ་གྷོ་ཥ་ཡ། ཐུལ་བྱུང་ལེགས་ཚོགས་རིན་ཆེན་རྫུལ་མངས་ཀྱི། །ཁང་བཟང་བསླབ་གསུམ་ནོར་བུའི་རྒྱན་གྱིས་མཛེས། །ལེགས་བཤད་བདུད་རྩིས་འགྲོ་རྣམས་ཚིམ་མཛད་པའི། །གསུམ་ལྡན་མི་ཕམ་བླ་མ་གཉིས་པ་རྒྱལ། །ཁྱབ་བདག་འཁོར་ལོའི་མགོན་པོ་ངུར་སྨིག་འཆང་། །གང་གི་སྐུ་གསུང་ཐུགས་ཡོན་མཛད་པ་ཡིས། །པདྨའི་ དྲི་དང་སྐྱེ་འགྲོ་བུང་བའི་ཚོགས། །ཚིམ་ནས་ལེགས་བཤད་གླུ་དབྱངས་དར་དིར་སྒྲོགས། །ལྷན་ཅིག་གསོལ་འདེབས་ཕྱག་མཆོད་རིམ་པ་དང་། །ཚོགས་གསོག་ཇི་ལྟར་བྱ་བའི་ཚོ་གའི་ཚུལ། །དོན་གཉིས་སྒྲུབ་ཐབས་དངོས་གྲུབ་སྙེ་མ་འདི། །ཐར་འདོད་ཡོངས་ཀྱི་རྒྱན་ཡིན་ཅིས་མི་ལེན། །ཞེས་མཆོད་པར་བརྗོད་ཅིང་། རྩོམ་པར་དམ་བཅའ་བ་སྔོན་དུ་འགྲོ་བས། དེ་ལ་འདིར་རབ་འབྱམས། རྒྱལ་ཀུན་བསྐྱེད་པའི་ཡབ་གྱུར་རྗེ་བཙུན་ཟུར་ཕུད་ལྔ་པ་བདག་ཅག་འགྲོ་བ་ཉམ་ཐག་པ་རྣམས་ཀྱི་མགོན་དུ་མཐོན་མཐིང་ལན་བུའི་ཟུར་ཕུད་དོར་ཏེ། བཀའ་དྲིན་གསུམ་ལྡན་ངུར་སྨིག་གར་རོལ་བླ་མ་ལྷ་མཆོག་འཇམ་མགོན་རྒྱལ་བ་གཉིས་པ་ལ་བརྟེན་ནས་གསོལ་འདེབས་བླ་མའི་རྣལ་འབྱོར་དང་འབྲེལ་བའི་ཕྱག་མཆོད་ཚུལ་བཞིན་དུ་སྒྲུབ་པར་བྱ་བ་ལ་སྦྱོར་དངོས་རྗེས་གསུམ་ལས། དང་པོ་གང་དུ་བྱ་བའི་གནས་ཡིད་དུ་འོང་བར་ཕྱག་བདར་སོགས་ལེགས་པར་བྱས་ལ་རྗེ་བླ་མའི་སྐུ་བྲིས་འབུར་གང་རུང་རབ་གནས་ཅན་ལེགས་པར་བཤམས། གཙང་སྤྲ་དང་ལྡན་པའི་བདག་བསྐྱེད་ཀྱི་མཆོད་པ་དང་། མདུན་བསྐྱེད་ལ་འབུལ་རྒྱུའི་མཆོད་ཕྱིན་སྣ་ལྔ་སྟོང་ཚར་སོགས་སྐབས་དང་སྦྱར་ཏེ་ཇི་ལྟར་དགོས་པ་འདུ་བྱས། སྒྲུབ་པ་པོ་རྣམས་ཕྱི་ནང་གི་ཁྲུས་སོགས་གཙང་སྤྲ་དང་ལྡན་པས་དང་པོ་སྐྱབས་འགྲོ་སེམས་བསྐྱེད་རྒྱུད་ཁུལ་ངེས་

སྟོན་དུ་འགྲོ་བའི་དགའ་ལྡན་ལྷ་བརྒྱ་མའི་གསོལ་འདེབས་དང་ཁྱད་པར་གྱིས་སེམས་བསྐྱེད་སོགས་བྱ། ཚ་ག་དངོས་ལ་བདག་མདུན་གཉིས་ལས། ཐོག་མར་བླ་མའི་རྣལ་འབྱོར་དང་འབྲེལ་བའི་བདག་བསྐྱེད་ནི། སྭ་བྷཱ་ཝ་ས་སྟོང་པར་སྦྱངས། སྟོང་པའི་ངང་ལས་རང་གི་སྤྱི་བོ་རུ། །གདོང་ལྔའི་དབང་པོ་བརྒྱད་ཀྱིས་ཉེར་བཏེག་པའི། །པད་ཟླའི་སྟེང་དུ་རབ་འབྱམས་རྒྱལ་ཀུན་རྣམས། །འདུས་ཞལ་རྩ་བའི་བླ་མ་རྡོ་རྗེ་འཆང་། །དབྱེར་མེད་འཇམ་མགོན་བླ་མ་ཆོས་ཀྱི་རྒྱལ། །སྐུ་མདོག་དཀར་གསལ་མཚན་དཔེའི་ལོངས་སྤྱོད་རྫོགས། །འགྲོ་ལ་དགྱེས་པའི་འཛུམ་ཞལ་ཕྱག་གཉིས་ཀྱིས། །ཆོས་འཁོར་ཕྱག་རྒྱས་ཤེས་རབ་རལ་གྲི་དང་། །སྟོང་ཕྲག་བརྒྱད་པའི་གླེགས་བམ་ཕྱག་རྒྱས་མཚན། །གསེར་མདོག་ཆོས་གོས་གསུམ་གྱིས་སྐུ་ལ་མཛེས། །དབུ་ལ་པཎ་ཞྭ་གསེར་མདོག་སྣེ་རིང་གསོལ། །ཞབས་གཉིས་རྡོ་རྗེའི་སྐྱིལ་ཀྲུང་ཚུལ་གྱིས་བཞུགས། །སྐུ་གསུང་ཐུགས་གསུམ་ཨོཾ་ཨཱཿཧཱུྃ་གིས་མཚན། །སྐྱབས་གནས་ཀུན་འདུས་ཟླ་མེད་བླ་མ་ལྟར། །སྒོ་གསུམ་དད་པས་འདུད་ཅིང་ཕྱག་འཚལ་ནས། །དངོས་སུ་བཤམས་དང་ཡིད་སྤྲུལ་མཆོད་ཚོགས་འབུལ། །བདག་ཅག་འཁོར་བའི་ལས་ཉོན་གཞན་དབང་གིས། །ཐོག་མེད་ནས་བསགས་སྡིག་ལྟུང་སྒྲིབ་པའི་ཚོགས། །ངོངས་ཤིང་འགྱོད་པའི་སེམས་ཀྱིས་རབ་བཤགས་ནས། །རང་གཞན་ཀུན་གྱི་སྒོ་གསུམ་དགེ་བའི་ཚོགས། །ཕུར་བསགས་ཀུན་ལ་རྗེས་སུ་ཡི་རངས་ཤིང་། །སླར་ཡང་སྡིག་སྤོང་དགེ་སྒྲུབ་བྱིན་གྱིས་རློབས། །སྲིད་པའི་ཕྱི་མཐའ་མ་རྫོགས་བར་དེ་སྲིད། །མྱ་ངན་མི་འདའ་རྟག་པར་ལེགས་བཞུགས་ནས། །འགྲོ་རྣམས་གཏན་བདེའི་ལམ་བཟང་ལ་འགོད་ཕྱིར། །ཐར་པའི་ས་བོན་བསྐྲུན་པའི་ཟབ་རྒྱས་ཀྱི། །ཆོས་འཁོར་རྒྱུན་ཆད་མེད་པར་བསྐོར་དུ་གསོལ། །བདག་གཞན་ཀུན་གྱི་དགེ་ཚོགས་མ་ལུས་ཀུན། །བླ་མེད་རྫོགས་པའི་བྱང་ཆེན་རྒྱུ་རུ་བསྔོ། །གང་ཡང་ཞེན་མེད་ཞིང་ཁམས་རྒྱ་མཚོ་ཡི། །བཀོད་པར་ཡིད་ཀྱིས་སྤྲུལ་ཏེ་སྒོ་གསུམ་གྱི། །གུས་པས་འདུད་དེ་རྩེ་གཅིག་འབུལ་ལགས་ན། །ཐུགས་རྗེས་བཞེས་ལ་བདག་རྒྱུད་བྱིན་གྱིས་རློབས། །ཐུགས་ཀར་ཉི་མའི་དཀྱིལ་འཁོར་གྱི་སྟེང་དུ། །ཧྲཱིཿཡིག་མཐའ་རུ་མཚན་སྔགས་ཀྱིས་བསྐོར་བ། །དེ་ལས་བདུད་རྩིའི་རྒྱུན་བབས་སྤྱི་བོ་ནས། །ཞུགས་པས་ལུས་ངག་བྱིན་གྱིས་བརླབ་ཏུ་གསོལ། །ཞེས་བཟླས་དམིགས་དང་བཅས་ཏེ། ཨོཾ་ཨཱཿ གུ་རུ་བཛྲ་ཧ་ ར་སུ་མ་ཏི་ཀཱིརྟི་སིདྡྷི་ཧཱུྃ་ཧཱུྃཿ

ཞེས་བརྒྱ་རྩ་དང་། ཉེར་གཅིག་སོགས་ཅི་འགྲུབ་བཟླས་པས་གསོལ་བ་ཕུར་ཚུགས་བཏབ་ལ། མགོན་ཁྱོད་དགྱེས་པའི་སྐུ་གསུང་ཐུགས་གསུམ་ལས། །བདུད་རྩི་འོད་ཟེར་དཀར་དམར་མཐིང་གསུམ་པོ། །རིམ་དང་ཅིག་ཅར་བྱུང་ནས་བདག་ཉིད་ཀྱི། །གནས་གསུམ་དག་ཏུ་སོ་སོར་ཐིམ་པ་ཡིས། །སྒྲིབ་བཞིའི་ཚོགས་རྣམས་རིམ་གྱིས་དག་པ་ལས། །རྣམ་དག་དབང་བཞི་ཐོབ་ཅིང་སྐུ་བཞི་ཡི། །གོ་འཕང་མངོན་གྱུར་བླ་མ་གཉིས་པ་ཞིག །དགྱེས་བཞིན་ཐིམ་པས་ཀུན་རྟོག་སྤྲོས་པའི་ཚོགས། །ཞི་ནས་རང་བཞིན་མི་དམིགས་སྟོང་པའི་ངང་། །སེང་གེ་ཆེན་པོ་བརྒྱད་ཀྱིས་བཏེག་པའི་ཁྲིར། །སྣ་ཚོགས་པདྨ་ཟླ་ཉིའི་གདན་སྟེང་དུ། །རང་གི་སེམས་ཉིད་ཧཱུྃ༔ ལས་འོད་ཟེར་འཕྲོས། །དོན་གཉིས་བྱས་ཤིང་སླར་ཡང་ཚུར་འདུས་པ། །ཡོངས་གྱུར་རང་ཉིད་རྒྱལ་ཀུན་འདུས་པའི་ཞལ། །རྗེ་བཙུན་ཆོས་ཀྱི་རྒྱལ་པོ་ཙོང་ཁ་པ། །སྐུ་མདོག་དཀར་ལ་དམར་བའི་མདངས་ཆགས་པ། །དགྱེས་པའི་འཛུམ་ཞལ་ཕྱག་གཉིས་ཆོས་འཁོར་གྱི། །ཕྱག་རྒྱས་ཐབས་ཤེས་གླེགས་བམ་རལ་གྲི་འཛིན། །ཆོས་གོས་གསུམ་མཛེས་མཚན་དཔེའི་ལང་ཚོ་རྒྱས། །གསེར་མདོག་པཎ་ཞྭས་དབུ་ལ་བསྣབས་ཤིང་མཛེས། །ཞབས་གཉིས་རྡོ་རྗེའི་སྐྱིལ་ཀྲུང་ལྷན་པས་བཞུགས། །སྐུ་ཡི་གནས་གསུམ་ཨོཾ་ཨཱཿཧཱུྃ་གིས་མཚན། །ཐུགས་ཀའི་ས་བོན་ཧཱུྃ་ལས་འོད་ཟེར་འཕྲོས། །རང་བཞིན་གནས་མཆོག་དགའ་ལྡན་ཞིང་ཁམས་ནས། །བསྒོམ་པ་དང་འདྲའི་ཡེ་ཤེས་ལྷ་ཚོགས་རྣམས། །སྤྱན་དྲངས་ཛཿཧཱུྃ་བཾ་ཧོཿ དབྱེར་མེད་གྱུར། །ཞེས་པས་སྤྱན་དྲངས། མཆོད་པ་རྣམས། ཨ་མྲྀ་ཏས་བསངས། སྭ་བྷཱ་ཝས་སྦྱངས། སྟོང་པའི་ངང་ལས་བྷྲཱུྃ་ལས་རིན་པོ་ཆེའི་སྣོད་ཡངས་ཤིང་རྒྱ་ཆེ་བ་རྣམས་ཀྱི་ནང་དུ་ཨོཾ་འོད་དུ་ཞུ་བ་ལས་བྱུང་བའི་ལྷ་རྫས་ལས་གྲུབ་པའི་མཆོད་ཡོན། །ཞབས་བསིལ། མེ་ཏོག །བདུག་སྤོས། སྣང་གསལ། དྲི་ཆབ། ཞལ་ཟས། རོལ་མོ་ལ་སོགས་པ་རྣམས་དྭངས་ཤིང་ཐོགས་པ་མེད་པ་ནམ་མཁའ་དང་མཉམ་པ་ཟག་པ་མེད་པའི་བདེ་བ་ཁྱད་པར་ཅན་བསྐྱེད་པར་གྱུར། ཨོཾ་ཨརྒྷཾ། པདྱཾ། པུཥྤེ། དྷཱུ་པེ། ཨཱ་ལོ་ཀེ། གནྡྷེ། ནཻ་ཝི་དྱ། ཤབྡ་ཨཱཿཧཱུྃ་གིས་བྱིན་གྱིས་བརླབས། བསོད་ནམས་ཞིང་དུ་གྱུར་པའི་སངས་རྒྱས་ལ། །སྣང་ལ་རང་བཞིན་མེད་པའི་མཆོད་ཡོན་འདི། །སྣང་སྟོང་དབྱེར་མེད་སེམས་ཀྱིས་འབུལ་ལགས་ན། །དབྱེར་མེད་བདེ་ཆེན་ཐུགས་ཀྱིས་བཞེས་སུ་གསོལ། །ཨོཾ་ཨཱཿ གུ་རུ་སུ་མ་ཏི་ཀཱིརྟི་ས་པཱ་རི་ཝཱ་ར་ཨརྒྷཾ་པྲ་ཏཱིཙྪ་ཧཱུྃ་སྭཱ

ཏྭཱ། ཞེས་པ་ནས། ཤཱཀྱའི་བར་རིགས་འགྲེ། རྣམ་དག་གངས་རིའི་ཕྲེང་བས་ཡོངས་བསྐོར་བའི། །ཕྱོགས་འདིར་བདག་ཅག་མགོན་མེད་རྣམས་ཀྱི་མགོན། །བློ་དམན་བསམ་པའི་ངོ་དང་འཚམ་པའི་སྐུ། །སྟོན་མཛད་བླ་མ་མཆོག་ལ་བདག་ཕྱག་འཚལ། །ཞེས་པས་བསྟོད། བཟླས་དམིགས་ནི། རང་གི་ཐུགས་ཀར་ཉི་མའི་དཀྱིལ་འཁོར་སྟེང་། །རང་སེམས་ཧྲཱིཿཡིག་དམར་སེར་མཐའ་སྐོར་དུ། །སྔགས་ཀྱི་ཕྲེང་བས་ཡོངས་སུ་བསྐོར་བ་ལས། །འོད་འཕྲོས་ཕྱོགས་བཅུའི་བདེ་གཤེགས་སྲས་བཅས་མཆོད། །དེ་ཡི་སྐུ་གསུང་ཐུགས་ཀྱི་བྱིན་རླབས་ཚོགས། །སྐུ་སྔགས་ཕྱག་མཚན་རྣམ་པས་རང་ལ་ཐིམ། །སྒོ་གསུམ་བྱིན་རླབས་སླར་ཡང་འོད་ཟེར་རྣམས། །དཔག་མེད་འཕྲོས་པས་རིགས་དྲུག་སེམས་ཅན་གྱི། །སྡིག་སྒྲིབ་ཉེས་པའི་ཚོགས་ཀུན་མ་ལུས་སྦྱངས། །འགྲོ་རྣམས་དགའ་ལྡན་ཞིང་མཆོག་ཉམས་དགའ་བར། །ཁྱབ་བདག་བློ་བཟང་རྡོ་རྗེ་འཆང་དབང་གི། །གོ་འཕང་མཆོག་ལ་བདག་གིས་འགོད་པར་བསམ། །དམིགས་པ་མ་ཡེངས་པའི་ངང་ནས་དམིགས་བརྩེ་མའི་གསོལ་འདེབས་བརྒྱ་སྟོང་ཅི་རིགས་བཟླས་པའི་མཐར་ཡིག་བརྒྱ་བརྗོད། མཆོད་བསྟོད་མདོར་བསྡུས་དང་། དགེ་བ་འདི་ཡིས་མྱུར་དུ་བདག །འཇམ་མགོན་བླ་མ་འགྲུབ་གྱུར་ནས། །འགྲོ་བ་གཅིག་ཀྱང་མ་ལུས་པ། །ཁྱེད་ཀྱི་ས་ལ་འགོད་པར་ཤོག །འཇམ་དཔལ་དཔའ་བོས་ཇི་ལྟར་མཁྱེན་དང་། །ཞེས་སོགས་ཀྱིས་དགེ་བ་བསྔོ། བསངས་ཚུ་སྦྱབ་པ་ནི། ལས་བུམ་གྱི་ནང་དུ་ཉི་མའི་དཀྱིལ་འཁོར་གྱི་སྟེང་དུ་ཧཱུྃ་ཡིག་གི་མཐར་བཟླས་བྱའི་སྔགས་ཀྱིས་བསྐོར་བར་གྱུར། ཨོཾ་བཛྲ་ཨམྲྀ་ཏ་ཀུཎྜ་ལི་ཧ་ན་ཧ་ན་ཧཱུྃ་ཕཊ། ཀྱ་ཙའམ། ཉེར་གཅིག་ཅི་ནུས་བཟླ། སྔགས་ཕྲེང་ས་བོན་དང་བཅས་པ་འོད་དུ་ཞུ་ནས་བསང་པའི་ཆུར་གྱུར། གཉིས་པ་དངོས་གཞི་ལ་མདུན་གྱི་ལྷ་བསྐྱེད་སྒྲུབ་པ་ནི། ཨོཾ་བཛྲ་ཨ་མྲི་ཏས་བསངས། སྭ་བྷཱ་ཝ་ས་སྟོང་བར་སྦྱངས་སྟོང་པའི་ངང་ལས་རང་མདུན་དཔག་བསམ་གྱི། །སྔོན་པ་རབ་རྒྱས་སྟེང་དུ་པདྨ་དམར། །དེ་སྟོང་སེང་གེས་བཏེགས་པའི་རིན་ཆེན་ཁྲིའི། །སྟེང་དུ་སྣ་ཚོགས་པད་ཟླ་ཉི་གདན་སྟེང་། །རྩ་བའི་བླ་མ་མཆོག་དང་དབྱེར་མེད་མགོན། །ཁམས་གསུམ་ཆོས་ཀྱི་རྒྱལ་པོ་ཙོང་ཁ་པ། །སྐུ་མདོག་དཀར་ལ་དམར་བའི་མདངས་ཆགས་པ། །ཞལ་གྱི་དཀྱིལ་འཁོར་ཟླ་བ་ཉ་རྒྱས་ལྟར། །རབ་ཏུ་རྒྱས་ཤིང་འཛུམ་པའི་ཉམས་ལྡན་པ། །ཕྱག་གཉིས་ཐུགས་ཀར་ཆོས་འཁོར་ཕྱག་རྒྱ་ཡིས། །མཐེབ་མཛུབ་ཨུཏྤལ་ཡུ་བ་ནས་བཟུང་བའི། །འདབ་མ་གཡས

གཡོན་སྐན་གྱི་ཐད་ཀ་ནས། །ཁ་ཊྭེའི་གཡས་སྟེང་ཤེས་རབ་རལ་གྲི་དང་། །གཡོན་གྱི་སྟེང་ན་སྟོང་ཕྲག་བརྒྱད་པ་ཡི། །གླེགས་བམ་རང་སྒྲ་སྒྲོགས་པས་མཛེས་པར་བརྒྱན། །ངུར་སྨིག་མདངས་ལྡན་ ཆོས་ གོས་ གསུམ་ གྱིས་ མཚན། །གསེར་ མདོག་ པཎ་ ཞྭ་ སྣེ་ རིང་ དབུ་ ལ་གསོལ། །མཚན་དཔེའི་གསལ་རྫོགས་བདེ་ཆེན་ཟུང་འཇུག་སྐུ། །ཞབས་གཉིས་རྡོ་རྗེའི་སྐྱིལ་ཀྲུང་ཚུལ་གྱིས་བཞུགས། །སྐུ་ལས་འོད་ཟེར་མུ་མཐའ་མེད་པར་འཕྲོས། །དེ་ཡིས་ཞིང་ཁམས་ཐམས་ཅད་སྐུ་ལ་སྣང་། །སྐུ་ཡིས་ཞིང་ཁམས་ཁྱབ་པའི་བདག་ཉིད་ཅན། །དེ་ཡི་སྤྱི་བོར་པདྨ་ཟླ་བའི་སྟེང་། །འཇམ་དབྱངས་དམར་སེར་ཕྱག་གཡས་རལ་གྲི་དང་། །ཕྱག་གཡོན་སྟོང་ཕྲག་བརྒྱད་པའི་གླེགས་བམ་མཆེན། །མགྲིན་པར་པད་ཟླའི་སྟེང་དུ་སྤྱན་རས་གཟིགས། །སྐུ་མདོག་ནོར་བུ་ཆུ་ཤེལ་ལྟར་རབ་དཀར། །དྭངས་ཤིང་དྲི་མེད་ཞལ་གཅིག་ཕྱག་བཞི་ཡི། །དང་པོ་གཉིས་ཀྱིས་ཐུགས་ཀར་ཐལ་སྦྱར་མཛད། །དེ་འོག་གཡས་ཀྱིས་ཤེལ་ཕྲེང་གཡོན་འོག་མས། །པདྨ་དཀར་པོ་འདབ་མ་བརྒྱད་པ་འཛིན། །རི་དྭགས་ལྤགས་པས་ནུ་མ་གཡོན་པ་བཀབ། །གཉིས་ཀའང་སྐུ་སྟོད་ལྷ་རྫས་གོས་ཀྱིས་གླུབས། །སྐུ་སྨད་དར་གྱི་ཤམ་ཐབས་མཛེས་པར་གསོལ། །རིན་ཆེན་རྒྱན་སྤྲས་ཐུགས་ཀར་པད་ཉིའི་སྟེང་། །ཕྱག་ན་རྡོ་རྗེ་སྐུ་མདོག་མཐིང་ག་ཅན། །ཕྱག་གཡས་རྡོ་རྗེ་ཕྲག་གོང་སྟེང་དུ་འཕྱར། །ཕྱག་གཡོན་ཐུགས་ཀར་སྡིགས་མཛུབ་རིན་ཆེན་དང་། །སྦྲུལ་བརྒྱད་ཀྱིས་བརྒྱན་སྟག་ལྤགས་ཤམ་ཐབས་གསོལ། །ཞབས་གཉིས་བརྐྱངས་བསྐུམས་སྟབས་ཀྱིས་བཞུགས་པར་གྱུར། །དེ་དག་གནས་གསུམ་འབྲུ་གསུམ་རིམ་གྱིས་མཚན། །ཐུགས་ཀའི་ཧཱུྃ་མདུན་ཧྲཱིཿཡིག་དམར་སེར་ལས། །འོད་ཟེར་རབ་འབར་དེ་ལས་འོད་ཟེར་ཚོགས། །ཕྱོགས་བཅུར་འཕྲོས་པས་དགའ་ལྡན་ཞིང་ཁམས་སོགས། །རང་བཞིན་གནས་ནས་རྗེ་བརྒྱུད་བླ་མ་དང་། །ཡིད་མ་བདེ་གཤེགས་འཕགས་ཚོགས་སྤྱུང་མར་བཅས། །འཁོར་གྱིས་བསྐོར་བ་ཆར་སྤྲིན་གཏིབས་པ་བཞིན། །སྤྱན་དྲངས་མདུན་གྱི་ནམ་མཁར་ས་མཱ་ཛཿ མ་ལུས་སེམས་ཅན་ཀུན་གྱི་མགོན་གྱུར་ཅིང་། །བདུད་སྡེ་དཔུང་བཅས་མི་བཟད་འཇོམས་མཛད་ལྷ། །དངོས་རྣམས་མ་ལུས་ཡང་དག་མཁྱེན་གྱུར་པའི། །བཅོམ་ལྡན་འཁོར་བཅས་གནས་འདིར་གཤེགས་སུ་གསོལ། །ཛཿ ཧཱུྃ་བཾ་ཧོཿ དམ་ཡེ་གཉིས་མེད་གྱུར། །མཚམས་འདིར་ཁྲུས་གསོལ་དང་། མཎྜལ་རྒྱས་པ་འབུལ་ཆེ་སྐབས

འདི་ར་བྱ། མཆོད་པ་སྤར་ལྟར་བྱིན་གྱིས་བརླབས་ཤིང་། ཨཀྐྲོ་ནས་ཤཀྟ། ཧཱུ་པ་ནས་ཕྲཱིན་ཨཱཿཧཱུཾ། རྒྱལ་བ་རྒྱ་མཚོ་སོགས་མཆོད་ཕྲེང་མདུག་གུ་རུ་སུ་མ་ཏིའི་སྔགས་དང་སྦྱར་ཏེ་ཉེར་མཆོད་རོལ་མོ་འདོད་ཡོན་ལྔ་དང་། རྒྱལ་སྲིད་བདུན་བཅས་འབུལ། བསྟོད་པ་ནི། དཔལ་ལྡན་ས་གསུམ་འགྲོ་བའི་མིག་གཅིག་པུ། །ཐར་འདོད་ཡོངས་ཀྱི་བླ་ན་མེད་པའི་མགོན། །རྒྱལ་བ་ཀུན་ལས་ལྷག་པའི་ཐུགས་རྗེ་ཅན། །བླ་མེད་བླ་མ་མཆོག་ལ་བདག་ཕྱག་འཚལ། །བློ་གྲོས་ཁང་བཟང་བསླབ་གསུམ་ནོར་གྱིས་ཕྱུག །བཟང་པོའི་འཕྲིན་ལས་གདུལ་བྱའི་དཔལ་དུ་ཤར། །གྲགས་པའི་འོད་ཟེར་འཛམ་གླིང་ཕྱོགས་བཅུ་འགྲོ། །དཔལ་ལྡན་བླ་མའི་ཞབས་ལ་ཕྱག་འཚལ་ལོ། །གང་གི་སྐྱེ་བོར་བདེ་ཆེན་འཁོར་ལོའི་ནང་། །རྒྱལ་ཀུན་མཁྱེན་པའི་ཡེ་ཤེས་གཅིག་འདུས་དཔལ། །སྐུ་ཡི་རྣམ་སྤྲུལ་ཟུར་ཕུད་ལྔ་པ་ཅན། །རྗེ་བཙུན་འཇམ་དཔལ་དབྱངས་ལ་ཕྱག་འཚལ་ལོ། །གང་གི་མགྲིན་པར་ལོངས་སྤྱོད་འཁོར་ལོའི་ནང་། །རྒྱལ་ཀུན་བརྩེ་ཆེན་ཐུགས་རྗེ་གཅིག་འདུས་དཔལ། །གསུང་གི་རྣམ་སྤྲུལ་འཇིག་རྟེན་གསུམ་མགོན་རྗེ། །འཕགས་མཆོག་སྤྱན་རས་གཟིགས་ལ་ཕྱག་འཚལ་ལོ། །གང་གི་ཐུགས་ཀར་ཆོས་འཁོར་རྡོ་རྗེའི་ནང་། །རྒྱལ་ཀུན་ནུས་མཐུའི་དབང་ཕྱུག་གཅིག་འདུས་དཔལ། །ཐུགས་ཀྱི་རྣམ་སྤྲུལ་གཏུམ་དྲག་ཚུལ་འཛིན་པ། །གསང་བདག་རྡོ་རྗེ་འཛིན་ལ་ཕྱག་འཚལ་བསྟོད། །བཟླས་པ་བྱ་བ་ནི། རང་གི་ཐུགས་ཀའི་སྔགས་ཀྱི་འོད་ཟེར་གྱིས། །མདུན་བསྐྱེད་བླ་མའི་ཐུགས་རྒྱུད་བསྐུལ་བ་ལས། །ཐུགས་ཀའི་ཧཱུཿལས་འོད་ཟེར་སྣ་ལྔའི་ཚོགས། །དཔག་མེད་འཕྲོས་པའི་རིགས་དྲུག་འགྲོ་རྣམས་ཀྱི། །ཉེས་ཚོགས་བྱང་ནས་བླ་མ་ལྷ་མཆོག་གི །གོ་འཕང་མཆོག་ལ་མྱུར་དུ་འགོད་པར་གྱུར། །དམིགས་པ་མ་ཡེངས་པས་གསོལ་འདེབས་ཅི་འགྲུབ་མཐར། ཡིག་བརྒྱ་གསུམ་གྱིས་ཁ་བསྐང་། མཆོད་བསྟོད་གོང་བཞིན་བྱ། གསོལ་འདེབས་ཕྱག་མཆོད་མཚོད་སྦྱིན་བརྒྱ་སྟོང་གི་སྐབས་དང་བསྟུན་པ་མོས་ཀྱང་མཚམས་འདིར་བྱ། དེ་ནས་ཡོན་ཏན་གཞིར་གྱུར་མས་བྱིན་རླབས་སྐུལ་ཞུས་དང་། དགེ་བསྔོའི་སྨོན་ལམ་འཇམ་མགོན་བླ་མའི་བསྟན་པ་དང་མི་འབྲལ་བའི་དགེ་བསྔོའི་བདེན་ཚིག་ཁ་བོས་སྦྱར་བ་སོགས་རྒྱས་བསྡུས་སྐབས་དང་སྦྱར་ཏེ་ཅི་རིགས་བྱ། གཏོར་མ་འབུལ་བ་ནི། བཛྲ་ཨ་མྲྀ་ཏས་བསངས། སྭ་བྷཱ་ཝས་སྦྱངས། སྟོང་པའི་ངང་ལས་ཧཱུྃ་ལས་རིན་པོ་ཆེའི་སྣོད་ཡངས་ཤིང་རྒྱ་ཆེ་བ་རྣམས་ཀྱི་ནང་དུ་མཆོད་གཏོར་ལྷའི་ཞལ་ཟས་འདོད་པའི་ཡོན་ཏན་ལྔ་དང་ལྡན་པའི་སྟེང་དུ་ཨོཾ་ཨཱཿཧཱུཾ་གིས་མཚན་པ་ལས་འོད་ཟེར་འཕྲོས་འཁོར་འདས་ཀྱིས་བསྡུས་པའི་བཅུད་ཐམས་ཅད་

བསྡུས་ནས་འབྲུ་གསུམ་ལ་ཐིམ། དེ་ཡང་འོད་དུ་ཞུ་ནས་བདུད་རྩིའི་རྒྱ་མཚོ་ཆེན་པོར་གྱུར། ཨོཾ་ཨཱཿཧཱུྃ་ལན་གསུམ་གྱིས་བྱིན་གྱིས་བརླབས། རྗེ་བཙུན་བླ་མ་འཁོར་བཅས་ཀྱི་ལྗགས་འོད་ཟེར་གྱི་སྦུ་གུ་གཏོར་མའི་བཅུད་ཐམས་ཅད་དྲངས་ཏེ་གསོལ་བར་གྱུར། །ཨོཾ་གུ་རུ་སུ་མ་ཏི་ཀཱི་རྟི་ཤ་པ་རི་ཤར་ཨི་དཾ་བ་ལིཾ་ ཏ་ཁ་ཁ་ཁཱ་ཧི་ཁཱ་ཧི། ཞེས་ལན་བདུན་གྱིས་འབུལ། ཨོཾ་ཨཱཿ གུ་རུ་སུ་མ་ཏི་ཀཱིརྟི་ཤ་པཱ་རི་ཥཱ་ར་ཨརྒྷཾ་སོགས་ཀྱིས་མཆོད་བསྟོད་ཐར་ལྟར་བྱས་ལ། ཡིག་བརྒྱ་ཉེར་གཅིག་གམ། བདུན་གྱིས་བརྟན་པར་བྱས། གསུམ་པ་རྗེས་ཀྱི་བྱ་བ་ལ། གཏང་རག་གི་མཆོད་པ་ཐར་ལྟར་བྱིན་གྱིས་བརླབས་ལ། མཆོད་བསྟོད་ཐར་བཞིན་བྱས་རྗེས། སྨོན་ལམ་ནི། དགེ་བ་འདི་ཡིས་མྱུར་དུ་བདག །འཇམ་མགོན་བླ་མ་འགྲུབ་གྱུར་ནས། །འགྲོ་བ་གཅིག་ཀྱང་མ་ལུས་པ། །ཁྱེད་ཀྱི་ས་ལ་འགོད་པར་ཤོག །དེ་ལྟར་ཀུན་མཁྱེན་བླ་མ་ལྷ་མཆོག་གི །གོ་འཕང་དམ་པ་མངོན་དུ་བྱ་བའི་ཕྱིར། །མགོན་ཁྱོད་སྒྲུབ་ཅིང་མཆོད་པའི་རིམ་པར་བཅས། །འབད་པས་དེ་དོན་བདེ་བླག་མྱུར་ཐོབ་ཤོག །ཟླ་མེད་ཁྱེད་ཀྱི་ཆོས་སྐུ་དང་མཚུངས་པའི། །དོན་དམ་ངང་དུ་རབས་མཛེས་མཚན་དཔེའི་སྐུ། །དཀར་གསལ་ཆོས་འཆད་གླེགས་བམ་རལ་གྲི་ཅན། །བསྒོམ་པས་ཁྱེད་སྐུ་མངོན་དུ་འགྱུར་པར་ཤོག །སྐུ་དང་གསུང་ཐུགས་རྡོ་རྗེ་རྣམ་གསུམ་བཅས། །གནས་གསུམ་དག་ཏུ་བརྟེན་པར་བརླབས་པ་ལས། །རླུང་སེམས་མ་ལུས་འབབ་རྩོལ་དང་བྲལ་ཏེ། །རྩ་ཏིའི་ནང་དུ་འདུས་པའི་དཔལ་ཐོབ་ཤོག །གསོལ་འདེབས་རྒྱལ་པོ་ཚིགས་སུ་བཅད་པ་ཡི། །བསྙེན་སྒྲུབ་རིམ་པ་ཕ་མཐར་ཕྱིན་པའི་མཐུས། །ལས་ཚོགས་བཅུ་གཅིག་ལ་སོགས་ལས་རབ་འབྱམས། །མ་ལུས་སྒྲུབ་ལ་ཐོགས་པ་མེད་པར་ཤོག །རབ་དཀར་དྭངས་པའི་ཡིད་ཀྱིས་གསོལ་བཏབ་པས། །ས་ལའི་སྨན་ལྗོངས་འདིས་མཚོན་ཡུལ་གྲུ་ཀུན། །ལྷ་བདོའི་རྒྱུད་ཚོགས་མ་ལུས་རབ་ཞི་ནས། །ཅི་འདོད་སྲིད་ཞིའི་དགེ་མཚན་རབ་རྒྱས་ཤོག །ཁྱད་པར་ཐུབ་དབང་རྡོ་རྗེ་འཆང་ལ་སོགས། །དངོས་བརྒྱུད་དྲིན་ཅན་བླ་མའི་ཚོགས་རྣམས་ཀྱི། །འདུས་ཞལ་བློ་བཟང་གྲགས་པ་ཁྱེད་ཉིད་ཀྱིས། །ཚེ་རབས་ཀུན་ཏུ་མཉེས་ཤིང་རྗེས་འཛིན་ཤོག །ཚེ་ཡི་མཐར་ཡང་ཟླ་མེད་ཁྱེད་ཉིད་ཀྱིས། །ཡིད་འོང་མཆོད་སྤྲིན་སྙན་པའི་རོལ་མོར་བཅས། །བུ་བུ་ཚུར་ཤོག་དགའ་ལྡན་གནས་འགྲོ་ཞེས། །གསུང་གི་དབུགས་དབྱུངས་དངོས་སུ་ཐོབ་པར་ཤོག །རྣམ་དག་བསམ་པས་ཚུལ་འདིར་འབད་པ་ལས། །བྱུང་བའི་དགེ་བས་

མཐའ་ཡས་འགྲོ་བ་ཀུན། །སྐྱེ་ཤིང་སྐྱེ་བར་བློ་བཟང་ཞི་ཁྲོ་ཡིས། །འབྲལ་བ་མེད་པར་རྗེས་སུ་འཛིན་གྱུར་ཅིག །ཅེས་སྨོན་ལམ་དང་། གང་ཡང་བདག་བློ་རྨོངས་པ་ཡིས། །ཞེས་སོགས་ཉོངས་པ་བཟོད་གསོལ་མཇུག །བཛྲ་སུ་ཡེ་ཤེས་པ་རང་བཞིན་གྱི་གནས་སུ་གཤེགས། །དམ་ཚིག་པ་རྣམས་འདིར་ནི་རྟེན་དང་ལྷན་གཅིག་ཏུ། །འགྲོ་བའི་དོན་དུ་བཞུགས་ནས་ཀྱང་། །ནད་མེད་ཚེ་དང་དབང་ཕྱུག་དང་། །མཆོག་རྣམས་ལེགས་པར་སྩལ་དུ་གསོལ། །ཨོཾ་སུ་པྲ་ཏི་ཥྛ་བཛྲ་ཡེ་སྭཱ་ཧཱ། ཞེས་བརྟན་བཞུགས་བྱ། ཤིས་བརྗོད་ནི། རབ་ཡངས་ནམ་མཁའ་ཏིལ་གྱི་གང་བུ་བཞིན། །ཡོངས་སུ་གང་བའི་བློ་བཟང་གྲགས་པའི་དཔལ། །ཁ་གཅིག་མི་རྟོག་སྣ་ཚོགས་ཆར་འབེབས་ཤིང་། །ལ་ལ་བཀྲ་ཤིས་གདངས་སྙན་སྒྲུ་རུ་ལེན། །གཞན་དག་བགེགས་དཔུང་འཇོམས་པའི་ཕྲིན་ལས་ཀྱི། །ཁྱེད་ལ་རྟག་ཏུ་དཔལ་གནས་བརྗོད་པ་འདི། །ཤིས་པར་བགྱིས་ལ་ཡིད་བདེ་སྙིང་ཅིག་དང་། །ཤིས་བརྗོད་ཕྲེང་བ་བདག་གིས་སྒྲགས་པར་བྱ། །ཕུལ་བྱུང་མཚན་དཔེའི་དཔལ་འབྱོར་ལོངས་སྤྱོད་རྫོགས། །ཁ་སྦྱོར་བདེ་སྟོང་རོ་ལ་རྟག་རོལ་ཞིང་། །དམིགས་མེད་ཐུགས་རྗེས་ཞི་བའི་མཐའ་སྤངས་པ། །བློ་བཟང་ཡན་ལག་བདུན་ལྡན་ལ་ཕྱག་འཚལ། །གསང་བ་ཀུན་གྱི་བདག་པོ་དགེ་ལེགས་དཔལ། །ཆོས་ཀྱི་རྒྱལ་མཚན་ཆོས་ཀྱི་རྡོ་རྗེ་དང་། །ཕྱག་ན་པདྨོ་བློ་བཟང་རྒྱ་མཚོ་སོགས། །རྩ་བ་བརྒྱུད་པའི་བླ་མའི་ཚོགས་རྣམས་དང་། །རབ་འབྱམས་རྒྱལ་བའི་མཁྱེན་བརྩེ་ནུས་པའི་མདངས། །རིགས་གསུམ་ལྷ་སྐུར་ཤར་བའི་འོད་སྣང་གིས། །དགེ་མཚན་ཧེ་སྙེད་མཆིས་པའི་བཀྲ་ཤིས་དེས། །ཕུན་ཚོགས་དཔལ་གྱི་ལམ་མཆོག་འདི་ཉིད་ལས། །བློ་བཟང་རྡོ་རྗེ་འཆང་དབང་ཕྱུར་ཐོབ་ནས། །འགྲོ་ཀུན་ཚུལ་དེར་འགོད་པའི་བཀྲ་ཤིས་ཤོག །ནམ་མཁའི་ཕྱིན་ལྟར་ཡངས་པའི་ཕོ་བྲང་མཆོག །ཉི་ཟླའི་འོད་དང་མཉམ་པའི་འོད་འཕྲོ་ཞིང་། །གྲངས་མེད་རིན་ཆེན་རྒྱན་གྱིས་མཛེས་པ་ལ། །དགེ་མཚན་ཧེ་སྙེད་མཆིས་པའི་བཀྲ་ཤིས་དེས། །ཁྱེད་ཅག་གང་དང་གང་དུ་གནས་པ་དེར། །མི་ཤིས་མཚན་མ་འགའ་ཡང་མི་འབྱུང་ཞིང་། །ཞིང་གི་འབྱོར་བ་ཕུལ་དུ་བྱུང་བ་ཡིས། །བདེ་ལེགས་རྒྱུན་མི་ཆད་པའི་བཀྲ་ཤིས་ཤོག །ཅེས་ཤིས་པ་བརྗོད་པས་མཐའ་བརྒྱན་པར་བྱའོ། །སྨྲས་པ། ཕུན་ཚོགས་ཡོངས་འདུའི་དཔག་བསམ་དབང་པོ་ལས། །ལེགས་ཚོགས་དོན་གཉིས་འབྲས་བུ་གཡུར་ཟ་བ། །བསླབ་གསུམ་ལ་འདབ་སྣ་བདུན་རིན་

ཆེན་མཛེས། །སྐུ་གསུམ་འདུས་ཞལ་བློ་བཟང་གྲགས་པ་རྒྱལ། །གང་དེར་ཡིད་ཀྱི་གདུང་ཤུགས་དྲག་པོ་ཡིས། །རྣལ་འབྱོར་ཕྱག་མཆོད་བྱ་བའི་ཚེ་གའི་ཚོགས། །དམ་པའི་གསུང་གི་རྗེས་སུ་རབ་ཞུགས་ཏེ། །སྦྱོར་དངོས་རྗེས་ཀྱི་རིམ་པ་མདོར་བསྡུས་པ། །འདི་བྲིས་ནོངས་པའི་ཚོགས་རྣམས་སྲུས་བཅས་ཀྱི། །སྤྱན་སྔར་སྡིག་པའི་ཚོགས་དང་ལྷན་ཅིག་བཤགས། །དགེ་བའི་ཆ་རྣམས་རྒྱལ་བ་དགྱེས་པ་ཡི། །མཆོད་སྤྲིན་བླ་མེད་བྱང་ཆེན་རྒྱུ་རུ་བསྔོ། །བདག་ཀྱང་ཚེ་སྔོན་བཟང་པོའི་བག་ཆགས་འབྲས། །དབེན་ཀྱང་ཕྱི་རྐྱེན་དགེ་བའི་བཤེས་གཉེན་གྱིས། །རྗེས་སུ་བཟུང་ནས་རྒྱལ་བའི་བསྟན་པ་ཡི། །སྔོར་ཞུགས་གཞུང་ལུགས་རྒྱ་མཚོར་ཐོས་བསམ་གྱི། །སྒྲོ་འདོགས་ འོལ་སྤྱིའི་ལྷུར་ལེན་སོན་པ་འདི། །སྐྱབས་མཆོག་བླ་མའི་གདམས་ངག་ལེགས་ནོད་ཅིང་། །གྲོགས་མཆོག་བཤེས་གཉེན་དམ་པ་མ་འབྲལ་བས། །སྐལ་བཟང་ལན་ཅིག་ཐོབ་པ་ཨེ་མ་ཧོ། །དལ་བརྟེན་བཟང་པོ་ལན་གཅིག་ཐོབ་དུས་འདིར། །རྒྱལ་བའི་བསྟན་མཛལ་གཞུང་ལུགས་རྒྱ་མཚོ་ལ། །ཐོས་བསམ་སྒྲོ་འདོགས་ཆོད་པ་ཆེས་མང་ཡང་། །རང་རྒྱུད་འདུལ་བའི་གྲོགས་སུ་འགྱུར་བ་དཀོན། །རྒྱལ་པའི་གསུང་རབ་དགོངས་དོན་ཇི་ལྟ་བར། །ལུང་རིགས་དྲི་མ་མེད་པས་མཚམས་སྦྱར་ཏེ། །ཡང་དག་དོན་གྱི་སྙིང་པོ་སྟོང་པ་ཉིད། །གཏན་འབེབས་ཀླུ་སྒྲུབ་ལྟ་བ་རྟོགས་པར་ཤོག །རིགས་ལམ་སྔོར་ཞུགས་གསུང་རབ་དགོངས་དོན་གྱི། །ཆ་ཙམ་རྟོགས་པར་ཁེངས་པས་ཡིད་འཁྲུག་སྟེ། །དགོངས་དོན་ཟབ་མོ་ངག་འཆལ་སྨྲ་ཁེངས་ཙམ། །མང་ཡང་དོན་ལྡན་འགྱུར་བར་ཡིད་རེ་སྨོན། །བདག་ཀྱང་སྐྱེ་ཞིང་སྐྱེ་བའི་ཕྲེང་བ་རུ། །ཐེག་མཆོག་དགེ་བའི་བཤེས་དང་མི་འབྲལ་ཞིང་། །མཉེས་ཤིང་རྗེས་སུ་བཟུང་ནས་བཀའ་བཞིན་དུ། །སྒྲུབ་པའི་མཆོད་པས་རྟག་ཏུ་མཉེས་པར་ཤོག །དེ་མཐུས་ངེས་འབྱུང་ཡང་དག་ལྟ་བ་ཡིས། །བདག་རྒྱུད་སྨིན་ཅིང་སྡུག་བསྔལ་རྒྱ་མཚོ་རུ། །བྱིང་བའི་མར་གྱུར་ཉམ་ཐག་འགྲོ་བ་རྣམས། །སྒྲོལ་བའི་ཁྱུར་འཁྱེར་ནུས་པར་བྱིན་གྱིས་རློབས། །ཀུན་མཁྱེན་རྒྱལ་བསྟན་སྤེལ་དང་འགྲོ་བའི་ཚོགས། །ཐར་པའི་གོ་འཕང་མཆོག་ལ་འགོད་པ་ཡི། །ཐབས་ཚུལ་འཛིན་ལ་འཇམ་མགོན་ཁྱེད་ཉིད་དང་། །མཚུངས་པའི་དགེ་མཚན་ཕྱོགས་བརྒྱར་རྒྱས་གྱུར་ཅིག །ཅེས་རྒྱལ་བ་ཐམས་ཅད་ཀྱི་འདུས་ཞལ་འཇམ་མགོན་ཆོས་ཀྱི་རྒྱལ་པོ་ཙོང་ཁ་པ་ཆེན་པོ་ལ་བླ་མའི་རྣལ་འབྱོར་དང་འབྲེལ་བའི་སྟོང་མཆོད

འབུལ་བའི་ཚིག་འདི་ནི་འབྲས་སྤུངས་སྔགས་མང་པའི་སློབ་དཔོན་ཀུང་ཐུ་སྤྲུལ་སྐུ་བསྟན་པ་ཆོས་འཕེལ་གྱི་གསོས་ལས་བྱེད་མགྲིན་གཅིག་ནས་བསྐུལ་ངོར༧ཤཱཀྱའི་དགེ་སློང་རྒྱལ་བའི་ཆོས་ཚུལ་འཛིན་པ་ངག་དབང་བློ་བཟང་ཐུབ་བསྟན་རྒྱ་མཚོ་འཇིགས་བྲལ་དབང་ཕྱུག་ཕྱོགས་ལས་རྣམ་པར་རྒྱལ་བའི་སྡེས་རབ་བྱུང་བཅོ་ལྔ་པ་ས་མོ་ཕག་གི་ལོའི་ཧོར་ཟླ་དགུ་པའི་མར་ངོའི་དགའ་བ་དང་པོར་གྲུ་འཛིན་གཉིས་པའི་གཞལ་མེད་ཁང་ཆེན་པོ་དང་འདབ་འབྲེལ་བ་ནོར་གླིང་བདེ་སྐྱིད་ཀུན་དགའ་འཁྱིལ་བར་སྦྱར་བ་འདིས་ཀྱང་ཞྭ་སེར་གྱི་བསྟན་པ་རིན་པོ་ཆེ་སྒོ་ཀུན་ནས་རྒྱས་པའི་རྒྱུར་གྱུར་ཅིག། །། སརྦ་མངྒ་ལཾ། བཀྲ་ཤིས། དགེའོ། །

༄༅། །དམིགས་བརྩེ་མའི་ཊཱི་ཀཱ་ཉམས་ལེན་དང་འབྲེལ་བ་ཚིག་དོན་རབ་གསལ་བཞུགས་སོ།

རྣམ་འདྲེན་ཡོངས་ཀྱི་ལུང་རྟོགས་རིན་ཆེན་ཁམས། །ཧྲཱིཿ ཡིག་གཟུགས་ཅན་གཞུ་ལྕུགས་མི་ཡི་ཟློལ། །འཛིན་མཛད་བློ་བཟང་གྲགས་པའི་དཔལ་འབར་བ། །སྨྲ་མེད་གཏན་གྱི་སྐྱབས་ཁྱོད་གཙུག་ན་མཛེས། །མགོན་དེའི་མདོ་རྒྱུད་ཟབ་དོན་ཆོས་དཀོན་བཅུད། །མཆོག་ཏུ་ཡངས་པའི་རྣམ་དཔྱོད་གཟར་བུ་ཡིས། །བདག་བློའི་ཡོལ་གོར་གཏམས་ནས་ཆོས་དཀར་ཚོགས། །འཕེལ་མཛད་ཡོངས་འཛིན་བཀའ་དྲིན་གཞལ་ནུས་ཅི། །འཛམ་གླིང་སྤྱི་དང་ཁྱད་པར་རྒྱ་ཧོར་དུ། །སྟོན་གྱི་སྨོན་ལམ་སྟོབས་ཀྱིས་འཕྲིན་ལས་སྔོ། །གཅིག་ཏུ་རབ་ཡངས་ཀུན་མཁྱེན་ཙོང་ཁ་པའི། །གསོལ་འདེབས་ཚིག་དོན་ཉུང་ངུའི་ཚུལ་གྱིས་འགྲེལ། །དེ་ཡང་རྒྱལ་བ་གཉིས་པ་ཤར་ཙོང་ཁ་པ་བློ་བཟང་གྲགས་པའི་དཔལ་ལ་གསོལ་འདེབས་ཀྱི་རིམ་པ་མཐའ་ཀླས་པ་ཞིག་སྣང་བ་རྣམས་ཀྱི་ནང་ནས་ཚིག་ཉུང་ཞིང་དོན་ཟབ་པ་ལྷག་པར་གསལ་བ་བཏབ་པ་ཙམ་གྱིས་བྱིན་རླབས་ཀྱི་ཚན་ཁ་ཤིན་ཏུ་ཆེ་བ་དམིགས་བརྩེ་མར་གྲགས་པའི་དོན་བཤད་པ་ལ་ཕྱི་མཚུངས་པ་གསལ་བྱེད་ཀྱི་སྒོ་ནས་གསོལ་བ་གདབ་པ། ནང་ཡོན་ཏན་དེ་ལྡན་གྱི་སྒོ་ནས་གསོལ་བ་གདབ་པ། གསང་བ་ལྷག་པའི་ལྷ་དང་ངོ་བོ་དབྱེར་མེད་པའི་སྒོ་ནས་གསོལ་བ་གདབ་པ་དང་གསུམ་ལས། དང་པོ་ལ་དངོས་བསྟན་དང་ཤུགས་བསྟན་གཉིས་ཀྱི་དང་པོ་ནི། །ཆོས་ཀྱི་རྗེ་དོན་གྲུབ་རིན་ཆེན་གྱི་དྲུང་དུ་རབ་ཏུ་བྱུང་བའི་ཚེ་མཚན་གསོལ་བ་དང་འཁྲུངས་ཡུལ་གྱིས་ཆ་ལས་གྲས་པ་ལྷན་ཅིག་པར་ཤར་ཙོང་ཁ་པ་བློ་བཟང་གྲགས་པ་ཞེས་སྲིད་པ་གསུམ་ན་ཡོངས་སུ་ཁྱབ་པའི་དཔལ་ལྡན་བླ་མ་དམ་པ་གང་དེའི་སྐུའི་ཆ་ཤས་ཀྱི་ནང་ནས་ཆེས་དམའ་བ་ཞབས་ཀྱི་པདྨ་དྲི་མ་མེད་པ་ལ་འགྲོ་བ་རྣམས་ཀྱིས་ཕུས་མོའི་ལྷ་ང་ས་ལ་བཙུགས་ནས་ཡན་ལག་གི་མཆོག་མགོ་བོས་འདུད་པ་དང་བཅས་ཏེ་གསོལ་བ་འདེབས་པ་ལ

དགོས་པ་ཡོད་དེ། གསོལ་པ་གདབ་པའི་ཡུལ་དེ་ནི་དབང་རྒྱལ་རྫོངས་པའི་ཚོགས་ཀྱིས་ཕྱོགས་ཞེན་གྱི་སྒོ་ནས་བཟང་པོར་སྒྲོ་བཏགས་པ་ཙམ་མ་ཡིན་པར་བོད་ཡུལ་གངས་ཅན་གྱི་ལྗོངས་ཆེན་པོ་འདིར་བསྟན་པ་སྔ་དར་དང་ཕྱི་དར་གྱི་དུས་སུ་བྱོན་པའི་མཁས་པ་དང་གྲུབ་པའི་སྐྱེས་བུ་རྣམས་ཀྱི་ཡོན་ཏན་ལས་ཁྱད་པར་གང་ཡང་ཉུང་བ་རེའི་སྒོ་ནས་ལྷག་པ་ལ་བརྟེན། དེ་དག་གི་གཙུག་ཏོར་གྱི་རྩེ་མོར་མངོན་པར་མཛེས་པའི་རྒྱན་དུ་གྱུར་པས་སོ། །དེ་ལྟར་རྒྱན་དུ་གྱུར་པའི་རྒྱུ་མཚན་ཅི་ཞིག་སྙམ་ན། བཤད་དུ་ཡོད་དེ་ལུས་ཅན་ཀུན་གྱི་ལས་དཀར་ནག་གི་གཟུགས་བརྙན་ཆུ་ཟླ་ལྟར་སྟོང་བར་མཐོན་ཞིང་། མཐོང་བའི་གཟུགས་བརྙན་དེ་ཡང་རང་བཞིན་གྱིས་གྲུབ་པ་བཞིན་སྣང་ཡང་དེས་སྟོང་བར་མཐོང་ནས་དམིགས་པ་མེད་པའི་བརྩེ་བ་སྙིང་རྗེས་ཐུགས་རྒྱུད་ཡོངས་སུ་གཏམས་པའི་ཡོན་ཏན་ནི་བཤད་མ་ཐག་པ་དེའི་གཏེར་ཆེན་པོ་རྒྱལ་བའི་སྲས་པོ་སྤྱན་རས་གཟིགས་དང་མཚུངས་པ་ཡིན་པས་སོ། །དེར་མ་ཟད་སྒྲུབ་བྱེད་གཞན་ཡང་ཡོད་དེ་དམ་པ་འདི་ཉིད་ཀྱིས་ཇི་ལྟ་བ་གནས་ལུགས་ཀྱི་དོན་ཕྱིན་ཅི་མ་ལོག་པར་མངོན་སུམ་དུ་གཟིགས་པའི་དོན་དམ་རྟོགས་པའི་ཤེས་རབ། ཤེས་བྱ་རིག་པའི་གནས་ལྔ་ལ་སོགས་པ་ཇི་སྙེད་པའི་ཡུལ་མཐའ་དག་ལ་ཐོགས་པ་མེད་པའི་ཀུན་རྫོབ་རྟོགས་པའི་ཤེས་རབ་སོགས་མཁྱེན་པའི་ཡོན་ཏན་ཐམས་ཅད་ལ་འཁྲུལ་པའི་དྲི་མ་ཕྲ་མོ་ཙམ་ཡང་མེད་པའི་རྒྱལ་བ་ཀུན་གྱི་མཁྱེན་པའི་དབང་ཕྱུག་རྒྱལ་བའི་སྲས་པོ་གཞོན་ནུ་ཟུར་ཕུད་ལྔ་པ་འཇམ་དཔལ་དབྱངས་དང་ཚུལ་མཚུངས་པས་སོ། །གཉིས་པ་ཤུགས་བསྟན་ནི་གོང་དུ་བཤད་པའི་ཡོན་ཏན་དེར་མ་ཟད་ཁྱད་པར་གཞན་དང་ཡང་ལྡན་ཏེ་ཐུགས་རྗེ་ཆེན་པོ་ཕྱག་ན་པདྨ་དང་རྗེ་བཙུན་འཇམ་དཔལ་དབྱངས་གཉིས་ཀྱི་མཁྱེན་བརྩེ་དང་མཚུངས་པར་བསྟན་པའི་ཤུགས་ལ་གཞན་འདུལ་དབང་བྱེད་ཀྱི་བདག་པོ་དགའ་རབ་དབང་ཕྱུག་སྡེ་དང་བཅས་པ་འདུལ་བ་ལ་བདེ་བར་གཤེགས་པའི་མཐུ་སྟོབས་ཀྱི་མངའ་བདག་དཔལ་གསང་བའི་བདག་པོ་ལག་ན་རྡོ་རྗེའི་མཛད་འཕྲིན་དང་མཚུངས་བར་བསྟན་པས་དོན་ཤུལ་གྱིས་དྲིལ་ན་འཕགས་པ་རིགས་གསུམ་མགོན་པོའི་མཁྱེན་བརྩེ་ནུས་གསུམ་དཔེར་གཟུང་བ་ཡིན་ནོ། །གཉིས་པ་ནང་ཡོན་ཏན་དེ་ལྡན་གྱི་སྒོ་ནས་གསོལ་བ་གདབ་པ་ནི། དེ་ཡང་སྔན་ངག་མེ་ལོང་སོགས་སུ་བཞིན་རས་དཀར་པོ་ལ་ཟླ་བ། མིག་ལ་བུང་བ། སྨིན་མ་ལ་འཁྲི་ཤིང་སོགས་སུ་དཔེ་དོན་སྦྱར་བ་དང་གཟུགས་ཅན་དུ་བཀོད་པ་ལྟ་

བུའི་སྐྱན་ངག་མཁན་ལ་བཀག་པ་མེད་པའི་དཔེ་བཞིན་རིགས་གསུམ་མགོན་པོ་དང་མཚུངས་འདྲ་སྤྱིར་རམ་སླམ་ན་དེ་ནི་མ་ཡིན་ཏེ་སྐྱན་ངག་མཁན་རྣམས་ཀྱིས་རབ་བརྟགས་དང་ཕྱུལ་བྱུང་སོགས་ཅུད་ཆེན་པོས་བསྟགས་པ་རྣམས་ནི་དོན་ལ་གནས་པ་མ་ཡིན་པས་སོ། །ཅིའི་ཕྱིར་ན་རྒྱུ་མཚན་བཤད་དུ་ཡོད་དེ་རྗེ་བདག་ཉིད་ཆེན་པོ་འདི་ཉིད་ཀྱིས་ཐོས་བསམ་བསྒོམ་པ་སོགས་སྐུ་གསུང་ཐུགས་ཀྱི་མཛད་པ་མཐའ་དག་མཁའ་མཉམ་གྱི་སེམས་ཅན་ཐམས་ཅད་མངོན་མཐོ་དང་ངེས་ལེགས་ཀྱི་སར་བཀྲི་བར་བྱེད་པའི་ཐབས་ཚུལ་ཤ་སྟག་མ་གཏོགས་རང་དོན་དུ་སྐྱན་གྲགས་མངའ་ཐང་སྐྱ་ཆོས་མཆོད་པ་འཕེལ་བའི་ཐབས་མཛད་པ་ནི་ཅུང་ཟད་ཀྱང་མི་མངའ་ཞིང་བསྟན་འགྲོའི་སྨན་ཡོན་དུ་གྱུར་ན་རང་ཉིད་དམྱལ་བའི་གནས་སུ་སྲིད་པ་འཛིན་པ་ལ་ཡང་དྭངས་པའི་མཚོ་ལ་ངང་པ་དང་དྲི་ལྡན་མེ་ཏོག་ལ་བུང་བ་འདུ་བ་བཞིན་ཚམ་ཚོམ་མེད་པར་འཇུག་པའི་འཕགས་ཆེན་དམ་པའི་རྣམ་པར་ཐར་པ་ནི་རྟོགས་བརྗོད་ཆེ་ཆུང་རྣམས་ཀྱིས་ཤེས་པར་ནུས་སོ། །རྟོགས་བརྗོད་དེ་དག་ཀྱང་རྫོམ་པ་པོའི་ཞེ་འདོད་ཁོ་ན་ལྟར་བླངས་པ་ཙམ་མ་ཡིན་ཏེ། མཁན་ཆེན་ཕྲུག་རྡོར་བའི་གསང་བའི་རྣམ་ཐར་ལོག་རྟོག་མུན་སེལ་དུ། གསང་བདག་གིས་ལུང་བསྟན་པའི་སློབ་མའི་སྐབས། །བློ་བཟང་གྲགས་པ་འབྲན་ཟླ་ཀུན་དང་བྲལ། །པདྨའི་རྒྱལ་པོའི་དྲུང་དུ་སེམས་མཆོག་བསྐྱེད། །ཞིང་འདིར་མདོ་དང་སྔགས་ཀྱི་གཞུང་ལུགས་སྤེལ། །འདི་ནས་འཕོས་ཏེ་དགའ་ལྡན་གནས་སུ་འགྲོ། །འཇམ་དཔལ་སྙིང་པོ་བྱམས་པའི་སྲས་མཆོག་དེ། །མྱུར་དུ་འཚང་རྒྱ་དེ་བཞིན་གཤེགས་པར་འགྱུར། ཞེས་དང་། ཆོས་བཅོ་ལྔའི་ཐོ་རངས་བྱམས་པ་ཉིད་ལ་བསླབ་བཏུས་ཞུས་ཟེར་བ་ཞིག་བྱུང་། ཁོང་ལ་བསླབ་བཏུས་གསུང་བར་ཞུ་ཞུས་པས། ཁོང་གི་གསུང་ནས་ཡི་དམ་དེ་སྐད་གསུང་ངམ་གསུང་། གསུང་ལགས་ཞུས་པས་བསླབ་བཏུས་གསུངས། ཆོས་ཉན་དུས་མཐོང་སྣང་ལ་ཁོང་གི་དབུའི་སྟེང་ན་རྗེ་བཙུན་བྱམས་པ་བཞུགས། དཔུང་པ་གཡས་ན་འཇམ་དབྱངས་དཀར་པོ། གཡོན་ན་ལྷ་མོ་དབྱངས་ཅན་མ་བཞུགས་འདུག །མགོན་པོ་ཕྱག་བཞི་པ་དང་ཕྱག་དྲུག་པས་གཙོ་བྱས་པའི་ཆོས་སྐྱོང་དང་མཁའ་འགྲོ་བསམ་གྱིས་མི་ཁྱབ་པས་བསྐོར་ནས་འདུག་གོ །གཞན་ཡང་དཀར་ཕྱོགས་ལ་དགའ་བའི་ལྷ་འདྲེའི་ཚོགས་མང་པོ་ཆོས་ཉན་ཞིང་འདུག་པས་མོས་གུས་ཐུན་མོང་མ་ཡིན་པ་སྐྱེས་སོ། །སོ་སོ་འབྲང་མའི་དབང་དང་སེམས་བསྐྱེད་ཀྱང་ཞུས

སོ། །ཡོང་གིས་བདག་ལ་ཚུར་ཆོས་ཞུས་པ་ལ་བྱང་ཆུབ་ལམ་གྱི་རིམ་པའི་བཀའ་བབས་གསུམ་གྱི་འཁྲིད། ཕྱག་ན་རྡོ་རྗེས་གསུངས་པའི་གསང་བ་བསམ་གྱིས་མི་ཁྱབ་པའི་འཁྲིད་ལུང་རྗེས་གནང་། ཕྱག་རྡོར་སྐུ་ལྔའི་རྗེས་གནང་། ཞུ་ལན་རྡོ་རྗེའི་འཕྲེང་བ། ཞུ་ལན་གཅེས་ཕྲེང་གི་ལུང་རྗེས་གནང་། ཕྱག་ན་རྡོ་རྗེ་ཁྱུང་ལྔའི་དབང་དང་རྗེས་གནང་། དྲེགས་པ་ཀུན་འདུལ་གྱི་དབང་། རྟ་མགྲིན་དཔའ་བོ་གཅིག་པ་ཞལ་གསུམ་ཕྱག་དྲུག་པའི་རྗེས་གནང་སོགས་བྱས་པའི་དུས། རྗེས་གནང་དང་དབང་གི་བྱ་བ་ཊྭ་ཀི་རྣམས་ཀྱིས་བྱེད་པ་དང་བདུད་རྩི་ཀ་པཱ་ལ་གང་ཡོང་ལ་ཕུལ་བས། །དེར་ལྷུབ་ཤར་བའི་ནང་དུ་འཇམ་དབྱངས། ཛམ་ལྷ་རྣམ་སྲས་རྣམས་རེ་རེ་བཞུགས་པ་གཟིགས་གསུང་པ་སོགས་ངོ་མཚར་བའི་གཟིགས་སྣང་མཐའ་ཡས་པ་མཆིས་ཤིང་ཞུ་ལན་སྨན་མཆོག་བདུད་རྩིའི་ཕྲེང་བ་ལས། སོ་སོ་སྐྱེ་བོའི་སྣང་ངོར་སྦྱོར་ལམ་ལ་གནས་པར་གྲགས། ཡོ་བོ་ལག་ན་རྡོ་རྗེས་ཀྱང་འདིའི་ཡོན་ཏན་དཔག་པར་མི་ནུས་སོ་ཞེས་གསུངས་པ་རྣམས་ཚད་མའི་གནས་ཡིན་པས་ཤེས་པར་དུས་དེར་ཡང་མ་ཟད་བཤད་དུ་ཡོད་དེ་ཆུར་མཐོང་གི་གདུལ་བྱའི་སྣང་ངོར་བཀའ་པོད་བཅུ་སོགས་མདོ་ཕྱོགས་ཀྱི་གཞུང་ལུགས་དང་རྒྱུད་སྡེ་བཞིའི་སྨིན་གྲོལ་བཤད་བཀའ་མ་ལུས་པ་དབུས་གཙང་གི་ལྗོངས་འདིའི་གྲགས་ཅན་གྱི་མཁས་གྲུབ་རིས་མེད་པ་འབད་པས་བསྟེན་ནས་གཏན་ལ་ཕབ་ཅིང་སྐྱིད་ཤོད་ཚལ་དུ་ལྷ་རྗེ་དཀོན་མཆོག་ལ་ཡན་ལག་བརྒྱད་པ་གསོ་བོར་གྱུར་པའི་ཚེའི་རིག་བྱེད་དང་ལོ་ཆེན་བྱང་ཆུབ་རྩེ་མོ་སོགས་ལ་ཀ་ལཱ་པ་བྱ་ཀ་ར་ཎས་མཚོན་པའི་ཐ་སྙད་ཀྱི་གཙུག་ལག་ཆས་ཕྲ་བ་རྣམས་ལའང་སྦྱངས་པ་མཛད་པས་མཁས་པའི་ཡང་རྩེར་སོན་ཅིང་ཐེག་པ་ཐུན་མོང་བ་ལྟར་ན་ཞི་ལྷག་ཟུང་འབྲེལ་གྱི་ཏིང་ངེ་འཛིན་མཐར་ཕྱིན་ཅིང་ཐུན་མོང་མ་ཡིན་པ་བསྐྱེད་རྫོགས་ཟུང་འཇུག་གི་རྡོ་རྗེའི་རྣལ་འབྱོར་ལ་བརྟེན་ནས་བར་དོར་མངོན་པར་རྫོགས་པར་སངས་རྒྱ་བར་མཛད་པས་སོ། །དེ་ཙམ་གྱིས་མཁས་པ་ཐམས་ཅད་ཀྱི་གཙུག་ན་མངོན་པར་མཐོ་བར་མི་འགྱུར་ཏེ་བཀའ་གདམས་ཀྱི་སྐུ་མཆེད་གསུམ་དང་སྣང་ཤར་སོགས་བདག་པས་གཞན་གཅེས་འཛིན་པའི་སེམས་དཔའ། ལྷོ་འབྲོག་མར་མི་སོགས་སྐུ་ཚེ་དེའམ་བར་དོར་ཟུང་འཇུག་བརྙེས་པའི་གྲུབ་ཐོབ་སཾ་རྡོག་བུ་སོགས་གནས་ལྔ་རིག་པ་མཁྱེན་པའི་མཁས་པ་མཐའ་ཡས་པ་བྱུང་བས་སོ་ཞེ་ན། རིགས་པ་དེ་ནི་འཇུག་པ་མ་ཡིན་ཏེ་བཤད་མ་ཐག་པའི་མཁས་གྲུབ་དེ་དག་ཕྱོགས་གཅིག་ཏུ་

བསྡོམས་ན་དམ་འདིའི་ཡོན་ཏན་དང་མཚུངས་ནའང་རེ་རེ་བཞིན་ནས་དོད་མི་སྙོམས་པའི་རྒྱུ་མཚན་བསྟན་པ་སྔ་དར་ལ་ལོ་པཎ་རྒྱལ་བློན་བྱང་ཆུབ་སེམས་དཔའ་དང་། ཕྱི་དར་ལ་བཀའ་གདམས་གོང་མ་སོགས་རྒྱལ་བའི་སྲས་པོ་དེ་རྣམས་ཀྱི་བྱང་ཆུབ་ཀྱི་སེམས་ལས་ལྷག་ང་བླ་མ་འདི་ལ་མི་མངའ་ཡང་། འདི་ཉིད་ཀྱི་ཐ་སྙད་དང་གསང་སྔགས་ཡོངས་སུ་རྫོགས་པ་དེ་དག་ལ་མེད་པས་སོ། །དེ་བཞིན་དུ་སྔ་དར་གྱི་ཇོ་འབངས་ཉེར་ལྔ་དང་ཕྱི་དར་གྱི་ལོ་ཆེན་འབྲོག་མི། དཀར་པོ་རྣམ་གསུམ་མར་མི་སོགས་གྲུབ་པའི་དབང་ཕྱུག་དེ་དག་གི་བསྐྱེད་རྫོགས་ཀྱི་ཡོན་ཏན་གྱི་ཆ་ནས་ཕན་ཚུན་སྙོམས་ནའང་སོ་སོར་ཐར་པའི་སྡོམ་པ་གསུམ་གྱི་ཚུལ་ཁྲིམས་དང་གྲུབ་མཐའ་རྣམ་བཞིའི་བཞེད་གཞུང་སྒྲ་ཚད་སོགས་ཤེས་བྱ་ཇི་སྙེད་པའི་ཡོན་ཏན་གྱི་ཆ་ནས་མཆོག་དམན་ཡོད་དོ། །དེ་བཞིན་དུ་ས་རྫོག་ཤོད་དབང་བུ་སྟོན་སོགས་གནས་ལྔ་རིག་པ་མཁྱེན་པ་རྣམས་ཀྱིས་ཐོས་བསམ་ལ་སྒྲོ་འདོགས་བཅད་པའི་ཆ་ནས་ཁྱད་པར་མེད་ཀྱང་བླ་མ་མགོན་པོ་འཇམ་དཔལ་དབྱངས་ཀྱི་བཀའ་དྲིན་ལ་བརྟེན་ནས་དཔལ་མགོན་འཕགས་པ་ཀླུ་སྒྲུབ་ཀྱི་ཐུན་མོང་མ་ཡིན་པའི་བཞེད་པ་དངོས་བསྟན་སྟོང་ཉིད་ཀྱི་ལྟ་བ་དང་དཔལ་གསང་བ་འདུས་པའི་སྒྱུ་ལུས་སོགས་གནད་གསང་ཟབ་མོ་སྟོན་ཚད་མཁས་པ་དང་གྲུབ་པ་རྣམས་ཀྱིས་མཁྱེན་པའི་ཡུལ་དུ་འཚལ་བ་མཐའ་དག་དམ་པ་འདི་ཉིད་ཀྱིས་གཏན་ལ་འབེབས་པར་མཛད་པ་མངོན་སུམ་དུ་གྲུབ་པ་འདིའོ། །དེ་ཡང་སྐུ་ཚེ་འདི་གཅིག་པུར་སྦྱངས་སྟོབས་མཛད་པ་ལ་མ་བལྟོས་པའི་ཚེ་རབས་མང་པོ་ནས་ལྷག་པའི་ལྷས་རྗེས་སུ་བཟུང་བའི་རྒྱུ་མཚན། གླིགས་བམ་རིན་པོ་ཆེའི་འཆི་མེད་རྡོ་རྗེའི་གླུ་ལས། མར་མེ་མཛད་ཀྱང་གནས་མཆོག་འདིར། །སྒྲོལ་མར་བཅས་ཏེ་སྤྲུལ་སྟོང་འགྱེད། །ལྷག་པར་ཆགས་མེད་བསོད་སྙོམས་པས། །སྙན་པའི་དབྱངས་ཀྱིས་གསོལ་བ་འདེབས། །ཕྱོགས་བཞིའི་ལས་ཅན་དབང་དུ་སྡུད། །ང་ཡི་མཆོད་ཚོགས་རྒྱས་པར་བྱེད། །མར་མེ་མཛད་དང་བྱམས་པ་ཡང་། །ཁྱོད་ཀྱི་གྲོགས་བཟང་སྤེལ་བར་བྱེད། །རིང་པོར་མི་ཐོགས་གནས་མཆོག་འདི། །མཆོད་ཚོགས་རྒྱ་མཚོ་འདུ་བར་འགྱུར། །སྤྱན་རས་གཟིགས་དབང་བཟང་པོར་སྤྲུལ། །ཞེས་དཔལ་མར་མེ་མཛད་བཀའ་གདམས་ཀྱི་བསྟན་པ་སྤེལ་བ་ལ་སླར་ཡང་སྤྲུལ་པ་མང་དུ་འགྱེད་པའི་ནང་ནས་གཙོ་བོར་གྱུར་པས་རིས་སོགས་ཙུང་ཟད་ཙམ་མ་བཟུང་བར་ཆགས་མེད་བསོད་སྙོམས་ལ་བརྟེན་པ་རྒྱལ་བ་བཙོང་ཁ་པ་ཆེན་པོ་

འཕྲོན་པ་དང་དེའི་འཕྲིན་ལས་ཀྱི་མཐུས་རྒྱ་བོད་ཧོར་གསུམ་གྱི་ལས་ཅན་རྣམས་དབང་དུ་སྡུད་ཅིང་ལྷ་ས་སྨོན་ལམ་ཆེན་མོ་སོགས་ཇོ་བོ་རྣམ་གཉིས་ལ་མཆོད་ཚོགས་རྒྱ་མཚོ་སྤེལ་ཞིང་དེའི་ཚེ་སྤྲུལ་རས་གཟིགས་བཟང་པོའི་མཚན་ཅན་རྗེ་བཙུན་བཙོང་ཁ་བར་སྤྲུལ་པར་གསུངས་ཤིང་། ཆོས་ཀྱི་ཕྱོར་བུའི་ཚོམས་སུ། །ཤར་ནས་བློ་བའི་དཀྱིལ་འཁོར་མཛེས། །ཞེས་པ་རྗེ་བཙུན་ཙོང་ཁ་པ་ཆེན་པོར་མཁས་པ་རྣམས་ངོས་འཛིན་ཅིང་འཕྲུམ་གྱི་འབུལ་མོ་ཆེ་མཛད་པ་ལས་འཕྲོས་པའི་མ་འོངས་ལུང་བསྟན་དུ། ལ་ལ་ནི་བཀའ་གདམས་སུ་ཁས་མི་ལེན་པར་དོན་བཀའ་གདམས་སུ་མཛད་དེ་ཞེས་པ་གོང་དུ་རྗེ་བླ་མ་ཇོ་བོ་ཆེན་པོའི་སྤྲུལ་པར་བཤད་པ་དང་འབྲེལ་ལོ། །དཀོན་མཆོག་འབངས་ཀྱི་ལེའུར། བླ་མ་དྲི་མ་མེད་པས་སྤྲུལ་པ་གཅིག་ནི་རྒྱ་གར་ཡུལ་དུ་འགྲོ་ཞེས་པ་ཇོ་བོ་དང་། སྤྲུལ་པ་གཅིག་ནི་མདོ་སྨད་ཁམས་སུ་འགྲོ་ཞེས་པ་རྗེ་བཙུན་ཙོང་ཁ་པ་ཡིན་ཞིང་དྲི་མེད་བླ་མ་ནི་མགོན་པོ་འོད་དཔག་མེད་ཡིན་པར་གདོན་མི་ཟ་ལ། ཞུ་ལན་སྨན་མཆོག་བདུད་རྩིའི་ཕྲེང་བ་ལས། གསང་བའི་བདག་པོའི་ཞལ་ནས། བློ་བཟང་གྲགས་པ་འདི་ནི་ཚོགས་གཉིས་རྒྱ་ཆེར་བསགས་པའི་གང་ཟག་ཡིན་ཏེ་སྐྱེ་བ་བདུན་གྱི་བར་དུ་པདྨ་ཏའི་ཚུལ་བཟུང་། སེམས་ཅན་མཐའ་ཡས་ཀྱི་དོན་བྱས། སྐྱེ་བ་འདི་གའི་སྔ་མ་ཁ་ཆེ་ཁྲི་བརྟན་གྱི་ཡུལ་དུ་པདྨ་ཏ་མཏི་ཝརྡྷ་ཤྲཱི་ཞེས་བྱ་བར་ལ་འཁྲུངས་ཞེས་དང་། ལྷག་པའི་ལྷ་ཕྱི་ནང་གི་ལྷ་མོས་རྗེས་སུ་བཟུང་ཞིང་རིགས་གསུམ་མགོན་པོས་ཀྱང་རྗེས་སུ་བཟུང་སྟེ། ལྷག་པའི་ལྷ་ཡིན་འཚང་ནམ་རྒྱ་དཔལ་ངས་མི་སྟོན་འཇམ་དབྱངས་དང་སྤྱན་རས་གཟིགས་ཀྱིས་ལུང་སྟོན་པར་འགྱུར་རོ། །མཐོང་ཐོས་རེག་གསུམ་གྱིས་ཕན་ཡོན་ཐོབ་ངེས་པའི་གང་ཟག་ཡིན་པས་ཁོང་གི་རྒྱུད་ཚོད་གཞན་གྱིས་དཔག་པར་མི་ནུས་སོ། །ཞེས་གསུངས་ཤིང་འཚང་ནམ་རྒྱ་འཇམ་དབྱངས་ཀྱིས་སྟོན་གསུང་བའང་རྗེ་བཙུན་གྱིས་རྗེ་འཇམ་དཔལ་རྒྱ་མཚོར་བཀའ་སྩལ་བ་བཞིན་ཡི་གེར་བཀོད་པར། སྙིང་སྟོབས་ཐུལ་དུ་ཕྱིན་པའི་སེམས་དཔའ་ཆེན་པོ་འདི་ཉིད་སྔོན་ཚེ་རྗེ་བཙུན་འཇམ་པའི་དབྱངས་ཀྱིས་ཡང་དང་ཡང་དུ་ཐེག་པ་ཆེན་པོའི་དགེ་བའི་བཤེས་གཉེན་མཛད། ཕྱི་ནང་གི་རིག་པའི་གནས་རྣམས་ལ་ཐོག་མེད་དུ་སྦྱངས་པའི་སྦྱོབས་པའང་ཐོབ། མངོན་པར་ཤེས་པ་ལྔ་ལའང་མངའ་བརྙེས། དེ་བཞིན་གཤེགས་པ་དབང་པོའི་ཏོག་གི་དྲུང་དུ་རྗེ་བཙུན་དང་འཁོར་མང་པོ་དང་བཅས་ཏེ་ཕྱིན། དེའི་ཚེ་དེ་བཞིན་གཤེགས་པ་དབང་པོའི་ཏོག་གིས་ལུས་

སྲོག་ལ་མི་ལྟ་བར་ལྟ་བ་རྣམ་དག་དང་འབྲེལ་བའི་སྤྱོད་པ་མ་དག་པའི་ཞིང་རྣམས་སུ་རྒྱས་པར་བྱེད་པ་ནི་མྱུར་དུ་འཚང་རྒྱའོ། །ཞེས་སོགས་ཀྱི་བསྔགས་པ་མང་དུ་བརྗོད། དེའི་ཚེ་སེམས་དཔའ་ཆེན་པོ་དེ་ཉིད་ཀྱིས་འཁོར་རྒྱ་མཚོ་ལྟ་བུའི་དབུས་ནས་བཞེངས་ཏེ་མ་དག་པའི་ཞིང་རྣམས་སུ་ལྟ་བ་རྣམ་དག་དང་འབྲེལ་བའི་སྤྱོད་ལུས་སྲོག་ལ་མི་ལྟ་བར་བདག་གིས་རྒྱས་པར་བྱེད་ནུས་པར་གྱུར་ཅིག་ཅེས་སྨོན་ལམ་བཏབ་པས། དེའི་མོད་ལ་དེ་བཞིན་གཤེགས་པ་དབང་པོའི་ཏོག་དང་འཁོར་བྱང་ཆུབ་སེམས་དཔའ་རྣམས་ཀྱིས་ཀྱང་སྨོན་ལམ་གནང་། དེ་བཞིན་གཤེགས་པ་དེའི་མཐུས་ཕྱོགས་བཅུའི་རྒྱལ་བ་རྣམས་ཀྱིས་ཀྱང་ཐུགས་ཀྱིས་དགོངས་ཏེ་སྤྱར་བཞིན་དུ་མཛད། དེ་བཞིན་གཤེགས་པ་ཐམས་ཅད་ཀྱིས་འདི་ལ་སྙིང་སྟོབས་ཡུལ་དུ་བྱུང་པའོ། །ཞེས་མགྲིན་གཅིག་ཏུ་བརྗོད། དེའི་ཚེ་སྙིང་སྟོབས་ཡུལ་དུ་ཕྱིན་པའི་སེམས་དཔའ་འདི་ཉིད་ནི། སངས་རྒྱས་ཀྱི་ཞིང་དཔག་ཏུ་མེད་པ་འདས་པའི་བྱང་ཤར་མཚམས་སུ་ངོ་མཚར་རྨད་དུ་བྱུང་བའི་བཀོད་པ་སྣ་ཚོགས་པས་མཛེས་པ་ཞེས་བྱ་བའི་ཞིང་དུ། དེ་བཞིན་གཤེགས་པ་སེང་གེའི་ང་རོ་ཞེས་བྱ་བར་འཚང་རྒྱའོ། །ཞེས་ལུང་བསྟན་ཚུལ་བྱུང་བས། ཀླུགས་བམ་རིན་པོ་ཆེ་ནི་ཡིད་སྲུབས་ཀྱིས་བརླམས་པའི་རྟོག་གེ་བ་རེ་གཉིས་མ་གཏོགས་རིས་སུ་མ་ཆད་པའི་མཁས་གྲུབ་མཐའ་དག་ཚད་མར་མཛད་པ་དང་། མཁན་ཆེན་ནམ་མཁའ་རྒྱལ་མཚན་གསང་བདག་དངོས་ཡིན་པར་མ་ཟད་རྗེ་འཇམ་དཔལ་རྒྱ་མཚོ་ཡང་བརྟན་པའི་འཁོར་ལོས་གསུང་གི་གནང་བ་རྒྱུན་པར་སྣལ་བ་ཞིག་ཡིན་པར་གདོན་མི་ཟ་བས་སོམ་ཉིའི་གནས་མ་ཡིན་ནོ། །ཤུགས་བསྟན་གསང་བའི་བདག་པོའི་ཡོན་ཏན་ལྷུན་པའང་དགུང་ལོ་ང་བདུན་པའི་དུས་བདུད་རིས་ཀྱི་འབྱུང་པོ་མི་བསྲུན་པ་བཞིས་མཐོ་འཚམ་པའི་ཚེ་དེ་བཞིན་གཤེགས་པ་ཤཱཀྱའི་རྒྱལ་པོ་བདུད་འདུལ་གྱི་ཕྱག་རྒྱ་ཅན་མངོན་སུམ་དུ་གཟིགས་ཤིང་རང་ཉིད་ལ་ཐིམ་པ་དང་ལས་ཀྱི་གཤིན་རྗེ་དང་གནོད་སྦྱིན་ཀླུ་ཏྲ་པླ་ལས་ནག་པོའི་སྡེ་རྣམས་ཚར་བཅད་ནས་རྣམ་པར་རྒྱལ་བའི་གྲགས་པ་ཕྱོགས་བཅུར་རྒྱས་པས་འཇམ་དབྱངས་ཆོས་རྗེས་མཛད་པའི་གསང་བའི་རྣམ་ཐར་དུ། རྗེ་ཡི་སྐུ་དང་རྒྱལ་བའི་སྐུ་གསུང་ཐུགས། །དབྱེར་མེད་མཛད་ནས་བདུད་སྡེ་ཟིལ་མནན་པས། །བསྟན་སྲུང་རྣམས་ཀྱིས་བདུད་རིགས་ཚར་བཅད་ཚེ། །བདུད་ཀྱི་དམག་དཔུང་ཕམ་པའི་སྒྲ་ཆེན་གྲགས། །ཞེས་གསུངས་ཤིང་རྗེ་འཇམ་དཔལ་རྒྱ་མཚོས་མཛད་པའི་རྣམ་ཐར་

ཟུར་འདེབས་སུ། ཆོས་གྲྭའི་ལྷག་གི་རི་གཟར་པོ་དེ་ནས་ཕ་བོང་ཆེན་པོ་རྣམས་འགྲིལ་ཏེ་དགེ་འདུན་རྣམས་སྐྲག་པ་དང་ཆའི་ཕྱོགས་ནས་ཀླུང་ཆེན་པོ་གནམ་ས་འབྲེལ་བ་ཙམ་བྱུང་བ་གཉིས་ཀ་ལ་ཕྱིག་མཇུབ་གཏད་པ་ཙམ་གྱིས་ལོག་པར་གསུངས་པ་དེས་མཚོན་མཐུ་སྟོབས་ཀྱི་མཛད་པ་བསམ་གྱིས་མི་ཁྱབ་ཅིང་ཆོས་རྗེ་དོན་རིན་པའི་མནལ་ལམ་དུ། རྡོ་རྗེ་འཇིགས་བྱེད་དང་མཇལ་བས་གསོལ་བ་བཏབ། ཁྱད་པར་དུ་ཞལ་ཡང་ཡང་བསྟན་དུ་གསོལ་ཞེས་ཞུས་པས། སངས་ཕོད་ད་ཙམ་ལུང་པ་འདིའི་མདའ་རུ་ཡོང་། དེ་བར་དུ་བདེ་བར་གྱིས་གསུངས་པས། དེ་གང་ཡིན་དཔྱད་པའི་ཕྱིར་ཧིང་ངེ་འཛིན་ལ་མཉམ་པར་བཞག་པས། ཁྱོད་ཀྱི་བུར་འདུག་པ་ཐིགས་པ་ཡིན་གསུང་བས་དོན་དུ་དུས་དགྲའི་དབང་པོ་འཇིགས་མཛད་རྡོ་རྗེ་དངོས་ཡིན་པའི་ཕྱིར་མཐུ་སྟོབས་ཆེ་ཆུང་དཔྱོད་པའི་གནས་མ་ཡིན་ནོ། །གསུམ་པ་གསང་བ་ལྷག་པའི་ལྷ་དང་ངོ་བོ་དབྱེར་མེད་པའི་སྒོ་ནས་གསོལ་བ་གདབ་པ་ནི། མཁན་ཆེན་ཕྲུག་རྡོར་བ་དང་རྗེ་བཙུན་ཙོང་ཁ་པ་མཇལ་ཚུལ་ལས། བདག་གིས་ལོ་བདུན་ཙུ་ལོན་དུས་བུ་མོ་དཀར་མོ་ཞིག་ན་རེ། བྱམས་པས་བྱིན་གྱིས་བརླབས་པའི་གང་ཟག་འཇམ་དཔལ་དབྱངས་དང་གཉིས་སུ་མེད་པ་ལྷ་མོ་དབྱངས་ཅན་མས་རིག་པ་སྐྱེར་བར་བྱེད་པ་ཕུན་སུམ་ཚོགས་པ་ཅིག་དང་སྐྱེ་བ་བཅོ་ལྔའི་གོང་ནས་འབྲེལ་བ་ཡོད་ཅིང་ཕན་ཚུན་དཔོན་སློབ་ཏུ་འབྲེལ་བ་ཞིག་ཡོང་བ་ཡོང་པས་དེ་ལ་ཆོས་བཀའ་ལ་སྲིས་མ་འཇུག་པར་བྱིན། ཕར་ཡང་ཆོས་ཞུས་ཟེར་པ་ཞིག་བྱུང་བས་བདག་མོས་གུས་དཔག་ཏུ་མེད་པ་སྐྱེས་སོ། །ཞེས་དང་། རྗེ་འཇམ་དཔལ་རྒྱ་མཚོའི་ཟུར་འདེབས་སུ། དེ་ནས་བྱ་ལོ་ཟླ་བ་དང་པོའི་ཆོས་བཅུའི་ནུབ་མོ་ཡུམ་གྱི་མནལ་ལམ་དུ་དགེ་འདུན་ལ་སོགས་པའི་ཕོ་མོ་བསམ་གྱིས་མི་ཁྱབ་པས་རྒྱལ་མཚན་དང་ཛ་བོ་ཆེ་ལ་སོགས་པ་རོལ་མོའི་བྱེ་བྲག་མཐའ་ཡས་པ་བཟུང་སྟེ་སྤྱན་རས་གཟིགས་འཛིན་པ་ལ་བསུ་བ་བྱེད་ཟེར་གྱིན་འདུག་པས། ཕྱོགས་ཀུན་ཏུ་ངས་བལྟས་ཀྱང་མ་མཐོང་། རྗེས་ལ་བལྟས་པས་སྤྲིན་གྱི་ཐད་དུ་གསེར་སྐུ་རི་བོ་ཙམ་པ་འོད་ཟེར་ཉི་མ་ལྟར་ཕྱོགས་ཐམས་ཅད་དུ་འཕྲོ་བ། ཆོས་ཀྱི་སྒྲ་དབྱངས་དང་བཅས་པ་ཞིག་ལྷའི་བུ་དང་བུ་མོ་ཡིན་ཟེར་བའི་ཆ་ལུགས་ཕུན་སུམ་ཚོགས་པ་དུ་མས་བསྐོར་བ་ཞིག་མར་མར་ལ་བབས་བྱུང་བས། གསེར་སྐུ་དེ་ཇེ་ཆུང་ཇེ་ཆུང་ལ་སོང་། སྤྱི་གཙུག་གི་ཐད་ཙམ་དུ་སླེབས་པའི་ཚེ་མཐོ་གང་ཙམ་ཤིན་ཏུ་མཛེས་པར་གྱུར་ནས་ལུས་ལ་ཐིམ་གསུང་པ་དང་ཡབ་ཀྱི་མནལ་

ལམ་དུ་ལྷུང་ཡོ་ཅན་ནས་ཕྱག་ན་རྡོ་རྗེས་འཕངས་སམ་སྙམ་པའི་གསེར་གྱི་རྡོ་རྗེ་འབར་བ་ཞིག་ཡུམ་ལ་ཐིམ་པ་རྨིས་པས་བུ་སྟོབས་ལྡན་ཞིག་སྐྱེ་བ་ཡིན་ནམ་ཞེས་གླེངས། ཞེས་སོགས་བྱུང་བ་ལྟར་ངེས་པའི་དོན་དུ་འཕགས་པ་རིགས་གསུམ་གྱི་མགོན་པོ་དང་དབྱེར་མ་མཆིས་པར་གོར་མ་ཆགས་པས་བླ་མ་རིགས་གསུམ་མགོན་པོར་བསྒྲུབ་པ་ལ་སྤྱི་དང་བྱེ་བྲག་གཉིས་ལས། དང་པོ་སྤྱིར་བསྒྲུབ་པ་ནི། སྐྱབས་སེམས་ཚད་མེད་བཞི་སྔོན་དུ་འགྲོ་བས། སྭ་བྷཱ་ཝས་འཁོར་འདས་ཀྱི་ཆོས་རྣམས་སྟོང་པ་ཉིད་དུ་བསམ། སྟོང་པའི་ངང་ལས་རང་གི་སྤྱི་བོར་སེང་ཁྲི་པདྨ་ཉི་ཟླའི་སྟེང་དུ་ཧྲཱིཿ ལས་རལ་གྲིའི་ཡུ་བ་ཧྲཱིཿ ས་མཚན་པ་ལས་འོད་འཕྲོས། དོན་གཉིས་བྱས་ཚུར་འདུས་ཡོངས་སུ་གྱུར་པ་ལས་རྩ་བའི་བླ་མ་རྣམ་པ་རྒྱལ་བ་ཙོང་ཁ་པ་ཆེན་པོ་རབ་བྱུང་གི་ཆ་ལུགས་ཅན་ཞི་ཞིང་འཛུམ་པོའི་ཞལ་ཁྲིམ་དཀར་ལ་དམར་བའི་མདངས་ཆགས་པ། ཕྱག་གཉིས་ཆོས་འཁོར་གྱི་ཕྱག་རྒྱ་མཛད་པའི་མཐེབ་སྲིན་གྱིས་ཨུཏྤ་ལའི་ཡུ་བ་ནས་འཛིན་པའི་འདབ་མ་དཔུང་པའི་ཐད་དུ་རྒྱས་པས་ཤེས་རབ་ཀྱི་རལ་གྲི་དང་ཤེར་ཕྱིན་གྱི་གླེགས་བམ་བཏེག་པ། པཎ་ཞྭ་གསེར་གྱི་མདོག་ཅན་གསོལ་བ། ཞབས་རྡོ་རྗེ་སྐྱིལ་མོ་ཀྲུང་གིས་བཞུགས་པ། དེའི་སྤྱི་བོའི་རྩ་འཁོར་གྱི་དབུས་སུ་པད་ཟླའི་གདན་ལ་འཇམ་དབྱངས་དམར་སེར་གཡས་རལ་གྲི་འཕྱར་ཞིང་གཡོན་ཨུཏྤ་ལའི་ཡུ་པ་ནས་བཟུང་བའི་འདབ་སྟེང་ན་སྟོང་ཕྲག་བརྒྱ་པའི་གླེགས་བམ་གྱིས་མཚན་པ། རལ་བའི་ཟུར་ཕུད་ལྔ་དང་ལྡན་པ། མགྲིན་པའི་རྩ་འཁོར་གྱི་དབུས་སུ་པད་ཟླའི་གདན་ལ་སྤྱན་རས་གཟིགས་དཀར་པོ་རྩ་ཕྱག་གཉིས་ཐལ་མོ་སྦྱར་ཞིང་འོག་མ་གཉིས་ཀྱིས་ཤེལ་ཕྲེང་དང་པདྨ་འཛིན་པ། རལ་བའི་ཐོར་ཚུགས་དང་ནུ་མ་གཡོན་པར་ཁྲི་གཉན་ས་ལེའི་པགས་པ་བཀབ་པ། གཉིས་ཀའང་རིན་པོ་ཆེའི་རྒྱན་དང་དར་གྱི་ན་བཟའ་གསོལ་བ། ཞབས་རྡོ་རྗེ་སྐྱིལ་མོ་ཀྲུང་གིས་བཞུགས་པ། ཐུགས་ཀའི་རྩ་འཁོར་གྱི་དབུས་སུ་པད་ཉིའི་གདན་ལ་ཕྱག་ན་རྡོ་རྗེ་མཐིང་ནག་གཡས་གསེར་གྱི་རྡོ་རྗེ་དང་གཡོན་སྡིགས་མ་མཛད་པ། དབུ་སྐྲ་དང་སྨ་ར་སྨིན་མ་དམར་སེར་འབར་བ། རིན་པོ་ཆེ་དང་སྦྲུལ་གྱིས་སྤྲས་པ། དར་གྱི་སྟོད་གཡོགས་དང་སྟག་ཤམ་གསོལ་བ། ཞབས་གཡོན་བརྐྱང་གིས་ཡེ་ཤེས་ཀྱི་མེ་འབར་བའི་དབུས་ན་བཞུགས་པ་དེའི་དཔྲལ་བར་ཨོཾ། མགྲིན་པར་ཨཱཿ ཐུགས་ཀར་ཧཱུྃ། ཐུགས་ཀའི་ས་བོན་ལས་འོད་ཟེར་འཕྲོས་པས་རྩ་བརྒྱུད་ཀྱི་བླ་མ། ཡི་དམ། སངས་རྒྱས། བྱང་སེམས་ཉན་རང་།

དཔའ་བོ་མཁའ་འགྲོ། ཆོས་སྐྱོང་སྲུང་མ་སོགས་སྐྱབས་གནས་ཐམས་ཅད་བཛྲ་ས་མ་ཛཿ ས་སྤྱན་དྲངས། ཛཿ ཧཱུྃ་བཾ་ཧོཿ ས་གཉིས་སུ་མེད་པར་ཐིམ་པར་བསམ། རྒྱས་པར་སྤྲོ་ན་ཆུ་གཉིས་ཉེར་སྤྱོད། འདོད་ཡོན་ལྔ་སོགས་བླ་མ་མཆོད་པ་རྣམས་ལས་འབྱུང་བ་ལྟར་བྱས་ཀྱང་རུང་ཞིང་རྒྱུན་གྱི་རྣལ་འབྱོར་ལ་བཟང་པོ་སྤྱོད་པ་ལས་བྱུང་བའི་ཡན་ལག་བདུན་པ་བྱ། གསོལ་གདབ་ནི། བླ་མ་རྣམས་ཀྱིས་མཛད་པའི་བསྟོད་ཚོགས་ཀྱི་རིགས་བྱས་ཀྱང་འགལ་བ་མེད་ཅིང་སྙིང་པོའི་ཉམས་ལེན་དམིགས་བརྩེ་མར་ཚིག་བྲིལ་དུ་བྱེད། དེ་ཉིད་ལེགས་སྦྱར་གྱི་སྐད་དུ་བྱ་བར་འདོད་ན། ཀརྞ་ཝྲུཏྣ་ཏྦུ་མ་ནུ་ལམྦྷ་དྣ་ཡསྱ་མཏྭ་ནི་ཧེ་ཛྙེ་ཏྲ་ཁཎྜེ་ པི་མ་ལྱ། པཏོ་ཛྙཱེཏ་ཨཱུ་ལཀྐ་རེ་ཤུ་ཏྲ་སུ་ཁྲྰ་བ་ལཀྵཿ སུ་ཧྲི་གཱི་ཧེ་ཨ་ཧྲོ་ཁ་ཧྲཾ་སྲཱཾ། ཞེས་ལག་འགྲོ་ལྡང་བའི་སྡེབ་སྦྱོར་གྱི་ལམ་ནས་དྲངས་ཏེ་བྱས་ཀྱང་རུང་། སླར་ཡང་། སྐྱབས་གནས་ཀུན་འདུས་ཆོས་ཀྱི་རྒྱལ་པོ་ཙོང་ཁ་པ་ལ་གསོལ་བ་འདེབས་སོ། །བདག་གི་ལུས་ངག་ཡིད་གསུམ་བྱིན་གྱིས་རློབས་ཤིག །བཙོས་མ་མ་ཡིན་པའི་ངེས་འབྱུང་གི་བསམ་པས་རྒྱུད་བསྐུལ་ནས་བྱམས་སྙིང་རྗེ་བྱང་ཆུབ་ཀྱི་སེམས་དང་ཟབ་མོ་དབུ་མའི་ལྟ་བ་དང་ལམ་རིམ་པ་གཉིས་ཀྱི་རྣལ་འབྱོར་ཟབ་མོ་ཉམས་སུ་ལེན་ནུས་པར་བྱིན་གྱིས་རློབས་ཤིག །དེ་ལྟར་ཉམས་སུ་བླངས་པའི་ཆོས་ལམ་དུ་སོང་སྟེ་མཁའ་མཉམ་སེམས་ཅན་ཀུན་གྱི་དོན་དུ་སངས་རྒྱས་ཀྱི་གོ་འཕང་ཐོབ་པར་བྱིན་གྱིས་རློབས་ཤིག །མདོར་ན་ཚེ་རབས་ཐམས་ཅད་དུ་རྗེ་བཙུན་ཙོང་ཁ་པ་ཆེན་པོས་རྗེས་སུ་བཟུང་ནས་རང་གཞན་གྱི་དོན་རྒྱ་ཆེན་པོ་བསྒྲུབ་ནུས་པར་བྱིན་གྱིས་བརླབ་ཏུ་གསོལ། །ཞེས་གསོལ་བ་བཏབ་པས། བླ་མའི་སྤྱི་བོའི་འཇམ་དཔལ་དབྱངས་ཀྱི་ཐུགས་ཀ་ནས་འོད་ཟེར་དཀར་པོ་འཕྲོས་རང་གི་དཔྲལ་བར་ཐིམ། ལུས་ཀྱི་སྒྲིབ་པ་དག །བུམ་པའི་དབང་བྱིན་རླབས་ཀྱི་ཚུལ་དུ་ཐོབ། དེ་བཞིན་དུ་མགྲིན་པའི་སྤྱན་རས་གཟིགས་ཀྱི་ཐུགས་ཀ་ནས་འོད་ཟེར་དམར་པོ་རང་གི་མགྲིན་པ། ངག་སྒྲིབ། གསང་བའི་དབང་སྙིང་གའི་ཕྱག་ན་རྡོ་རྗེའི་ཐུགས་ཀ་ནས་འོད་ཟེར་སྔོན་པོ། རང་གི་སྙིང་ཁ། ཡིད་སྒྲིབ་ཤེས་རབ་ཡེ་ཤེས་ཀྱི་དབང་། སླར་གནས་གསུམ་ལས་འོད་ཟེར་དཀར་དམར་མཐིང་གསུམ། རང་གི་གནས་གསུམ། ལུས་ངག་ཡིད་གསུམ་གྱི་སྒྲིབ། དབང་བཞི་པ་སོགས་རིགས་འགྲེ་སྦྱོར་དེ་ནས། དཔལ་ལྡན་རྩ་བའི་བླ་མ་རིན་པོ་ཆེ་ཞེས་སོགས་ཀྱིས་གསོལ་བ་གདབ་པས། བླ་མའི་སྐུ་དེ་མཐེབ་སོར་གྱི་ཚད་ཙམ་དུ་གྱུར་པ་རང་

གི་རྩ་དབུ་མའི་ལམ་བརྒྱུད་དེ་སྙིང་པདྨ་འདབ་བརྒྱད་ཀྱི་དབུས་སུ་ཕྱིན། སྙིང་ཁའི་པདྨ་ཁ་ཟུམ། མཐའ་བསྐོར་དུ་ཨོཾ་ཨ་ར་པ་ཙ་ན་ཧྲཱིཿ སུ་མ་ཧི་ཀཱིཧི་ཤྲཱིཛ་དྲ་ཨཧྲིཊྚ་ན་ཨ་ཧྲིཊྚིཧི་ཀུསནྟུ་ཞེས་པའི་སྔགས་ཀྱི་འཕྲེང་བས་དམ་དུ་བཅིངས་ཏེ་བྱང་ཆུབ་མ་ཐོབ་ཀྱི་བར་དུ་མི་འབྲལ་བར་བསམས་སོ། །ཚུལ་འདི་ཐོན་པ་ཡོན་ཏན་རྒྱ་མཚོའི་ཐུགས་དམ་གྱི་ཉིང་ཁུ་ཡིན་ཞེས་མཁས་དབང་སྟག་ལུང་གྲག་པའི་གསུང་རྒྱུན་འཇམ་དབྱངས་དཀོན་མཆོག་ཆོས་འཕེལ་གྱི་ཞལ་ལུང་ལྟར་བཀོད་ལ། ཞལ་སྔ་ནས་བདེ་བ་ཅན་པ་སོགས་ཀྱི་གསུང་རྒྱུན་གྲགས་ཆེ་བར་སྤྱི་བོར་རྗེ་བཙུན་ཙོང་ཁ་པ་ཆེན་པོ་བསྒོམ་པ་འདྲ་བ་ལ་དེའི་དབུ་གཙུག་ཏུ་པདྨ་དང་ཟླ་བའི་གདན་ལ་རྒྱལ་བ་ཤཱཀྱ་ཐུབ་པ་སྐུ་མདོག་གསེར་བཙོ་མ་ལྟ་བུ། མཚན་བཟང་པོ་དང་དཔེ་བྱད་ཀྱིས་སྤྲས་ཤིང་རབ་ཏུ་བྱུང་བའི་ཆ་ལུགས་ཅན། ས་གནོན་མཉམ་བཞག་གི་ཕྱག་རྒྱ་དང་རྡོ་རྗེ་སྐྱིལ་མོ་ཀྲུང་གིས་བཞུགས་པ། རྗེ་བླ་མའི་དཔུང་པ་གཡས་སུ་སྤྱན་རས་གཟིགས། གཡོན་དུ་ཕྱག་ན་རྡོ་རྗེ། ཐུགས་དཀར་འཇམ་པའི་དབྱངས་རྣམས་བཤད་མ་ཐག་པའི་མངོན་རྟོགས་ལྟར་གསལ་གདབ། སྤྱན་འདྲེན་མན་གྱི་ཉམས་ལེན་གོང་བཞིན་ལ་བླ་མ་སྙིང་གར་ཕྱིན་པ་རང་སེམས་དང་ངོ་བོ་དབྱེར་མེད་པར་མཉམ་པར་འཛོག་པ་ལས་སྙིང་གའི་པདྨ་ཁ་ཟུམ་པ་སོགས་མི་མཛད་པའི་རྒྱུན་སྣང་བ་ལྟར་བྱས་ཀྱང་རུང་ཞིང་གཉིས་ཀ་ལ་བསྔོ་བ་སྨོན་ལམ་བྱའོ། །གཉིས་པ་བྱེ་བྲག་ཏུ་བསྒྲུབ་པ་ལ་གསུམ་ལས། དང་པོ་སྤྱན་རས་གཟིགས་དང་དབྱེར་མེད་དུ་བསྒྲུབ་པ་ནི། ཚད་མེད་བཞི་ཡན་སོང་ནས། སྭ་བྷཱ་ཝས་སྦྱངས། སྟོང་པའི་ངང་ལས་སེང་ཁྲི་པདྨ་ཉི་ཟླའི་སྟེང་དུ་ཧྲཱིཿ ལས་པདྨ་ཧྲཱིཿ ས་མཚན་པ་ལས་འོད་འཕྲོས། དོན་གཉིས་བྱས། ཚུར་འདུས་ཡོངས་སུ་གྱུར་པ་ལས་རང་ཉིད་རྒྱལ་བ་བཙོང་ཁ་པ་ཆེན་པོ་ཞེས་པ་ནས་སྐྱིལ་མོ་ཀྲུང་གིས་ཞུགས་པའི་བར་གོང་ལྟར་དང་། དེའི་ཐུགས་ཀར་པད་ཟླའི་གདན་ལ་སྤྱན་རས་གཟིགས་ཞེས་པ་ནས་སྐྱིལ་མོ་ཀྲུང་གིས་བཞུགས་པའི་བར་དགུས་བཞིན་ལ། གཉིས་ཀའང་ཞེས་པའི་ཚིག་ཕྲད་དོར། གནས་གསུམ་བརླབ་པ་ནས་ཡན་ལག་བདུན་པའི་བར་བྱ། དེ་ནས་རང་གི་སྙིང་གའི་ཡེ་ཤེས་སེམས་དཔའ་སྤྱན་རས་གཟིགས་ཀྱི་ཐུགས་ཀར་ཟླ་གདན་ལ་ཏིང་ངེ་འཛིན་སེམས་དཔའ་ཧྲཱིཿ ཡིག་དཀར་པོའི་མཐར་ཡི་གེ་དྲུག་པ་དང་དམིགས་བརྗེ་མས་ཕྱི་ནང་དུ་བསྐོར་བར་གསལ་གདབ། དེ་ལས་འོད་ཟེར་འཕྲོས། འཕགས་པ་མཆོད། སེམས་ཅན་གྱི་

དོན་བྱས། ཁྱད་པར་དུ་ཡང་རིགས་དྲུག་སོ་སོའི་གནས་སུ་འཁྲོས་ཏེ་འགྲོ་བ་དེ་དག་གི་ལས་ཉོན་རྣམས་སྐྱབས་ནས་བླ་མ་དང་ཐུགས་རྗེ་ཆེན་པོ་དབྱེར་མེད་ཀྱི་གོ་འཕང་ལ་བཀོད་པར་བསམས་པ་སོགས་ཀྱི་དམིགས་རིམས་དང་བཅས་དམིགས་བརྩེ་མ་ཅི་ནུས་སུ་བཟླ་ཞིང་ཡི་གེ་དྲུག་པའང་འདོན་མཆི་དུང་ཕྱུར་བྱེ་བ་སོགས་གསག འདོད་ན་ཡང་ཉམས་ལེན་འདི་དང་འབྲལ་བ་བྱེད་དུ། །མཇུག་ཏུ་བླ་མ་དང་རང་སེམས་དབྱེར་མི་བྱེད་པ་སྤྲོས་པའི་མཐའ་ཐམས་ཅད་དང་བྲལ་བའི་སྟོང་པ་ཉིད་ཀྱི་གནས་ལུགས་ལ་མཉམ་པར་འཇོག །དེ་ལས་ལངས་ཏེ་དགེ་བ་བསྔོ་ཞིང་སྨོན་ལམ་གདབ་བོ། །གཉིས་པ་འཇམ་དབྱངས་དང་དབྱེར་མེད་དུ་བསྒྲུབ་པ་ནི། ས་བོན་དང་ལྷའི་མངོན་རྟོགས་སོགས་བརྗེ་བ་མ་གཏོགས་དངོས་གཞི་གོང་ལྟར་ལ་བཟླས་པའི་དུས་དོན་གཉིས་བྱས་རྗེས་ཁྱད་པར་དུ་ཡང་འོད་ཟེར་རིགས་དྲུག་གི་སེམས་ཅན་ཐམས་ཅད་ལ་ཕོག་པས་མ་རིག་པའི་མུན་པ་མ་ལུས་པ་གསལ། ཤེས་རབ་ཀྱི་སྣང་བ་ལ་བཀོད། ཕྱོགས་བཅུའི་རྒྱལ་བ་སྲས་བཅས་ཀྱི་མཁྱེན་པ་དང་གྲུབ་ཐོབ་ཀུ་ཧྣ་ཡི་རྣམས་ཀྱི་སྒོམ་བྱུང་གི་ཤེས་རབ། མཁས་པ་པཎྜི་ཏ་ཉའི་ཚོགས་ཀྱི་ཐོས་བྱུང་གི་ཤེས་རབ་རྣམས་བསྡུས་ཏེ་རང་ཉིད་ལ་ཐིམ་པའི་དམིགས་པ་དང་བཅས་དམིགས་བརྩེ་མ་དང་ཨོཾ་ཨ་ར་པ་ཙ་ན་དྷཱིཿ ཞེས་འདྲེན་པ་ཁྱད་པར་རོ། གསུམ་པ་ཕྱག་ན་རྡོ་རྗེ་དང་དབྱེར་མེད་དུ་བསྒྲུབ་པ་ནི། དངོས་གཞི་ས་བོན་དང་ལྷ་བསྒྱུར་ལུགས་གོང་ལྟར་ལ་དོན་གཉིས་བྱས་རྗེས་འོད་ཟེར་མེ་ལྕེ་ལྟ་བུ་དཔག་ཏུ་མེད་པ་འཕྲོས། འཇིག་རྟེན་གྱི་ཁམས་རྣམས་སུ་ཁྱབ། འགྲོ་བ་ཐུན་གྱི་གནོད་འཚེ་དང་འཇིགས་སྐྲགས་ཐམས་ཅད་སྲུངས། ཁྱད་པར་དུ་ཡང་རང་ལ་གནོད་པར་བྱེད་པའི་གདོན་བགེགས་འབྱུང་པོའི་ཚོགས་རྡུལ་ཕྲར་མེས་བསྲེགས་པ་ལྟར་གྱུར་པར་བསམས་ནས་དམིགས་བརྩེ་མ་དང་ཨོཾ་བཛྲ་པཱ་ཎི་ཧཱུྃ་ཞེས་བཟླའོ། །རིས་མེད་པའི་སེམས་ཅན་ལ་ཐུགས་རྗེ་འཇུག་པ་གདོན་མི་ཟ་ནའང་ལྷག་པར་རྒྱ་ཧོར་གྱི་ཡུལ་ཁམས་སུ་བྱིན་རླབས་ཀྱི་ཚན་ཁ་ཆེ་བ་ཕོ་བོས་གོང་དུ་བཤྲང་སྐབས་ཀྱང་ཉམས་སུ་སྨྱོང་བས་ཕྱོགས་དེར་འདི་ཉིད་ལ་གཙོ་བོར་འབད་ན་མི་མཐུན་པའི་ཕྱོགས་ཐམས་ཅད་ཞི་ཞིང་མཐུན་རྐྱེན་ལེགས་ཚོགས་མཐའ་དག་ལྷུན་གྱིས་གྲུབ་པར་རིག་པར་བྱའོ། །རྒྱལ་ཀུན་ཡབ་ཏུ་གྱུར་ཀྱང་གཞོན་ནུའི་ཚུལ། །འཛིན་མཛད་ཟུར་ཕུད་ལྔ་པ་གངས་ཅན་འདིར། །བསམས་བཞིན་བཤེས་གཉེན་རྣམ་རོལ་ཙོང་ཁ་པ། །རིགས་གསུམ་ངོ་བོར་གསོལ་

འདེབས་ལེགས་པའི་ལམ། །ཐེ་ཚོམ་མེད་པར་སྙིང་ནས་དང་པ་ཡིས། །ཐུགས་རྗེ་བསྐུལ་ན་མཆོག་མཐུན་དངོས་གྲུབ་ནོར། །འདྲེན་པའི་ཤིང་རྟ་འདི་ལས་ཆེས་ལྷག་པ། །ཀུན་མཁྱེན་ཚད་མའི་སྲིད་ལ་གཞལ་དུ་མེད། །པདྨའི་རྩ་བ་ལྟ་བུར་རབ་དཀར་བའི། །བསོད་ནམས་མཐུ་ཡིས་ཡང་སྲིད་ཐམས་ཅད་དུ། །མཉམ་མེད་དགའ་ལྡན་བསྟན་ལ་ཉེར་བཞུགས་ནས། །འདྲེན་པ་ཁྱོད་ཀྱིས་རྟག་ཏུ་རྗེས་འཛིན་ཤོག །དུས་གསུམ་རྒྱལ་བ་ཐམས་ཅད་ཀྱི་ངོ་བོ་ཁམས་གསུམ་ཆོས་ཀྱི་རྒྱལ་པོ་ཤར་ཙོང་ཁ་བློ་བཟང་གྲགས་པའི་དཔལ་གྱི་གསོལ་འདེབས་དམིགས་བརྩེ་མའི་ཊཱི་ཀཱ་ཉམས་ལེན་དང་འབྲེལ་བ་ཚིག་དོན་རབ་གསལ་ཞེས་བྱ་བ་འདི་ནི་གནམ་གྱི་ལྷ་འཇམ་དབྱངས་གོང་མའི་གསེར་ཡིག་པ་བསམ་བློ་ཨེ་ཧེ་ན་རབ་འབྱམས་ཆོས་རྗེས་དོན་གཉེར་ཆེན་པོས་བསྐུལ་བ་ལ་བརྟེན་ནས་སྡོམ་བརྩོན་སྡེ་སྣོད་གསུམ་པ་ངག་དབང་བློ་བཟང་རྒྱ་མཚོ་འཇིགས་མེད་གོ་ཆ་ཐུབ་བསྟན་ལང་ཚོའི་སྡེས་རང་བྱུང་འཕགས་པའི་གཙུག་ལག་ཁང་དུ་སྦྱར་བའི་ཡི་གེ་པ་ནི་དགེ་སློང་འཇམ་དབྱངས་གྲགས་པའོ། །

༄༅། །དམིགས་བརྩེ་མའི་ཆོས་སྐོར་ལས་བླ་རྒྱུད་རྣམ་ཐར་བཞུགས་སོ།

༄༅། །རྗེ་བཙུན་བླ་མ་ཙོང་ཁ་པ་ཆེན་པོའི་ཞབས་ལ་ཕྱག་འཚལ་ལོ། །འདིར་ཆོས་ཀྱི་རྒྱལ་པོ་བློ་བཟང་གྲགས་པའི་དཔལ་གྱིས་ཤེས་རབ་སེངྒེ་ལ་གནང་བ་བླ་མའི་རྣལ་འབྱོར་གྱི་བརྒྱུད་པའི་བླ་མ་རྣམས་ཀྱི་རྣམ་ཐར་ལ། ཆོས་ཁུངས་བཙུན་པར་བསྟན་པའི་ཕྱིར་བརྩམས་པ་པོའི་ཆེ་བ་བརྗོད་པར་བྱ་སྟེ། རྗེ་བདག་ཉིད་ཆེན་པོ་ནི། བསྐལ་པ་དཔག་ཏུ་མེད་པའི་སྔ་རོལ་ཏུ་སངས་རྒྱས་ཟིན་ཀྱང་སླར་ཡང་གདུལ་བྱ་སྨིན་གྲོལ་གྱི་ལམ་ལ་འདྲེན་པའི་སླད་དུ་ཐ་མལ་པའི་ཚུལ་གྱིས་ཚོགས་གཉིས་གསོག་པར་མཛད་དེ། །དཔེར་ན་རྒྱལ་བ་དབང་པོའི་ཏོག་སླར་ཤཱཀྱ་ཐུབ་པར་སངས་རྒྱས་པའི་ཚུལ་བསྟན་པ་བཞིན་ནོ། །དེའང་མདོ་སྨད་ཙོང་ཁ་ལུང་དུ་མེ་བྱ་ལོར་འཁྲུངས། །དེང་སང་སྐུ་འབུམ་གྱི་ས་ཆ་དེ་ཡིན། །ཀརྨ་རོལ་པའི་རྡོ་རྗེ་ལས་དགེ་བསྙེན་བསྒྲུབས། །ཆུང་དུ་ནས་བྱ་ཁྱུང་དུ་ཆོས་རྗེ་དོན་གྲུབ་རིན་ཆེན་གྱི་དྲུང་དུ་རབ་ཏུ་བྱུང་། ལོ་བཅུ་བདུན་ལ་འབྲི་ཁུང་གི་ཚོང་བ་དང་ལྷན་དུ་ཆབ་མདོའི་ས་ཆ་བརྒྱུད་ནས་འབྲི་ཁུང་ལ་ཐེབས་ཏེ་ན་རོ་ཆོས་དྲུག་སོགས་ཞུས། སྨེ་ཐང་དང་སྐྱོར་མོ་ལུང་ལ་སློབ་གཉེར་སྦྱངས། ཡར་ལུང་རྣམ་རྒྱལ་ དུ་རྗེ་ ཚོགས་ མཁན་ པོ་ དཀའ་ བཞི་ པ་ ཚུལ་ ཁྲིམས་ རིན་ ཆེན་ ལས་ བསྙེན་ པར་ རྫོགས། །ས་སྐྱའི་བླ་མ་དམ་པ། རེད་མདའ་བ། ཉ་དབོན། བུ་སྟོན་ཐུགས་སྲས། ཁྱུང་ལྷས་པ། སྣ་བྲག་གྲུབ་ཆེན། བྲ་གོར་མཁན་ཆེན་ཆོས་སྐྱབས་བཟང་པོ་སོགས་ལས་ཆོས་མང་དུ་གསན། དབུས་གཙང་དུ་གྲྭ་སྐོར་མཛད། མོན་མཁར་བཀྲིས་གདོང་དུ་པོ་ཏི་བཅོ་ལྔ་བཤད། བླ་མ་དབུ་མ་པ་ལ་བསྟེན་ནས་རྗེ་བཙུན་འཇམ་དབྱངས་ཀྱི་ཞལ་གཟིགས་ཏེ་འཇམ་དབྱངས་ཆོས་སྐོར་སོགས་ཆོས་མང་དུ་གསན། དེ་ཉིད་ཀྱི་གསུང་བཞིན་འོལ་ཁ་ཆོས་ལུང་དུ་ཐེབས་ནས་བསགས་སྦྱངས་མཛད། འདུལ་བའི་གཞི་རྟེན་རྫིང་ཕྱི་ཞིག་གསོས། རྒྱ་སོག་ཕྱུག་

ཏུ་འཇིགས་བྱེད་ཀྱི་ཞལ་གཟིགས་ཏེ་ཇི་བཞིན་གཟིགས་པ་རྒྱ་གཞུང་དང་མཐུན་པར་ལྷ་བཅུ་གསུམ་མ་ལེགས་པར་བཀྲལ། །གནམ་རྩེང་ལྡིང་དུ་ལོ་ཆེན་དང་རེད་མདའ་བ་དང་ལྷན་དུ་གསུང་བགྲོས་མཛད་དེ་འདུལ་བའི་བསླབ་བྱ་བསྒྲལ་ནས་ཆོས་གོས་ཀྱི་ཀ་རིང་ཀ་ཐུང་རྣམས་ཉམས་པ་གསོས། །འཇམ་དབྱངས་ཀྱིས་གསུངས་པ་བཞིན་དཔལ་ལྡན་ཟླ་བའི་གཞུང་དང་མཐུན་པར་དབུ་མ་ཐལ་འགྱུར་པའི་ལྟ་བ་དྲི་མས་མ་གོས་པ་རྟོགས་ནས་རྟེན་འབྲེལ་བསྟོད་པ་མཛད། ལྷ་སའི་ཇོ་བོ་ལ་དབུ་རྒྱན་ཕུལ་ཞིང་ཞག་བཅོ་ལྔའི་མཆོད་པ་དང་སྨོན་ལམ་ཆེན་མོ་བཙུགས། རི་བོ་དགའ་ལྡན་བཏབ་སྐྱེ་བུ་སྟོན་གྱིས་རྗེས་སུ་འབྲངས་ནས་དབུ་ཞྭ་སེར་པོ་བཞེས། གང་ཟག་གཅིག་གི་རྒྱུད་ཀྱི་སྡོམ་པ་གསུམ་ཁམས་སུ་དྲིལ་དུ་གནས་པར་འདོད་པའི་སྲོལ་གཏོད་པས་ཞྭ་སེར་དགའ་ལྡན་པར་གྲགས། བཀྲ་ཤིས་དོ་ཁར་ཆོས་ཀྱི་འཁོར་ལོ་བསྐོར་དུས་ཤྲིབ་སེཧྒིས་མཇལ་ཞིང་ཆོས་མང་དུ་གསན། ལྷག་པར་ལམ་གྱི་རྩ་བ་བཤེས་གཉེན་བསྟེན་པའི་གནད་བསྡུས་པའི་བླ་མའི་རྣལ་འབྱོར་གྱི་གདམས་པ་གནང་། བྱམས་ཆེན་ཆོས་རྗེས་སེ་ར་ཆོས་སྡིངས་དང་། འཇམ་དབྱངས་ཆོས་རྗེས་འབྲས་སྤུངས་བཏབ་པ་ལ་ཕེབས་ནས་བྱིན་གྱིས་རླབས། །རྒྱལ་བའི་དགོངས་པ་ཤིང་རྟ་ཆེན་པོ་གཉིས་ཀྱི་སྲོལ་ཇོ་བོའི་དགོངས་པ་བཞིན་ལམ་རིམ་ཆེ་ཆུང་བརྩམས། །ཟབ་ཅིང་རྒྱ་ཆེ་བའི་ཆོས་ཀྱི་ཆར་ལེགས་པར་ཕབ། རེ་གསུམ་ལ་དགའ་ལྡན་དུ་གཤེགས། རྗེ་བཙུན་བྱམས་པ་མགོན་པོའི་སྲས་ཀྱི་ཐུ་བོ་འཇམ་དཔལ་སྙིང་པོར་སྐྱེ་བ་བཞེས་པར་ལུང་གིས་བསྟན་ཏེ། ཕྱག་ན་རྡོ་རྗེས། འདི་ནས་འཕོས་ནས་དགའ་ལྡན་གནས་སུ་འགྲོ། འཇམ་དཔལ་སྙིང་པོ་བྱམས་པའི་སྲས་མཆོག་སྟེ། །མྱུར་དུ་འཚང་རྒྱ་དེ་བཞིན་གཤེགས་པར་འགྱུར། །ཞེས་གསུངས་སོ། །རྗེ་ཉིད་ཀྱི་གསང་བ་བསམ་གྱིས་མི་ཁྱབ་པ་ལས། འཇམ་དབྱངས་ཀྱིས་ཕྱི་མཚུངས་པ་གསལ་བྱེད། ནང་ཡོན་ཏན་དེ་ལྡན། གསང་བ་ལྷག་པའི་ལྷ་དང་དབྱེར་མེད་དུ་གསོལ་བ་འདེབས་པར་གསུངས་པ་ལ་འགྲེལ་ཚུལ་མི་འདྲ་བ་དུ་མ་ཡོད་པ་ལས། འདིར་ནི་རྗེ་ཉིད་ཀྱི་མཁྱེན་བརྩེ་ནུས་གསུམ་ལ་ཁྱད་པར་གསུམ་གསུམ་དུ་ཕྱེ་སྟེ་སྐོར་དགུ་ཚུལ་གྱིས་འཆད་པ་ལ། རྗེ་ཉིད་སྤྱན་རས་གཟིགས་ཀྱི་སྤྲུལ་པར་བསྟན་པ་ནི། ཕྱིའི་ཚུལ་རྒྱལ་བ་སྲས་བཅས་ཐམས་ཅད་ཀྱི་ནང་ནས་སྤྱན་རས་གཟིགས་རྒྱལ་སྲས་སྤྱོད་པའི་གཙོ་བོར་སྙིང་རྗེ་ལྷག་པར་ལྷུར་ལེན་པས་སྙིང་རྗེའི་མཆོག་ཏུ་གྲགས་པ་ལྟར། དེ་དང་མཚུངས་

པར་རྗེ་ཉིད་ཀྱང་གངས་ཅན་མཁས་མང་གི་དབུས་ན་སྙིང་རྗེ་ལྷག་པར་གྱུར་པ་གསལ་བར་བྱེད་པ་དང་། ནང་ཚུལ་དུས་གསུམ་རྒྱལ་བའི་བརྩེ་བ་ཇི་སྙེད་པ་སྤྱན་རས་གཟིགས་ཀྱི་བརྩེ་བ་ཡང་དེ་དག་དང་མཉམ་ཞིང་། རྗེ་ཉིད་ཀྱང་དེ་དང་འདྲ་བའི་ཡོན་ཏན་དེ་དང་ལྡན། གསང་བ་དུས་གསུམ་རྒྱལ་པའི་བརྩེ་བ་གཅིག་ཏུ་བསྡུས་ཏེ་ལྷའི་རྣམ་ཐར་ཤར་བ་སྤྱན་རས་གཟིགས་ཡིན་ལ། དེ་ཐུན་མོང་གི་སྣང་ངོར་ཐ་མལ་དུ་སྣང་བ་རྗེ་ཉིད་ཡིན་པས་ལྷག་པའི་ལྷ་དང་དབྱེར་མེད་པ་ཡིན་ཏེ། གསང་རྣམ་ཟུར་འདེབས་ལས། ཡུམ་གྱི་མནལ་ལམ་དུ། དགེ་འདུན་སོགས་པོ་མོ་བསམ་གྱིས་མི་ཁྱབ་པ། རྒྱན་དང་ཇ་བོ་ཆེ་སོགས་རོལ་མོའི་བྱེ་བྲག་མཐའ་ཡས་པ་བཟུང་སྟེ་སྤྱན་རས་གཟིགས་ལ་བསུ་བ་དང་། སྤྲིན་གྱི་ཐང་དུ་གསེར་སྐུ་འོད་ཟེར་ཉི་མ་ལྟར་འཁྲོ་བ་རང་གི་ལུས་ལ་ཐིམ་པར་རྨིས་པ་དང་། བཀའ་གདམས་གླེགས་བམ་གྱི་ལྷའི་རྒྱལ་པོའི་སྐྱེས་རབས་ལས། དེ་ཡང་རིག་གསུམ་མགོན་པོ་ལས་ཐ་དང་ཉིད་དུ་ག་ལ་འགྱུར། །སེམས་ཅན་ཀུན་ལ་སྤྱན་རས་གཟིགས། །འདི་ནི་སྙིང་རྗེ་བྱམས་པའི་རིགས། །ང་ནི་སྙིང་རྗེ་ཆེན་པོ་ཉིད། །ང་ལ་སྤྱན་རས་གཟིགས་ཞེས་གྲགས། །ལུས་ངག་ཡིད་གསུམ་ཞི་འཇམ་པས། །འགྲོ་བ་ཀུན་གྱི་དཔལ་དུ་གྱུར། །འཇམ་པའི་དཔལ་དུ་འགལ་བ་མེད། །ཅེས་གསུངས་པའི་ཕྱིར། རྗེ་ཉིད་འཇམ་དབྱངས་ཀྱི་སྤྲུལ་པར་བསྟན་པ་ནི། ཕྱི་ཚུལ་རྒྱལ་བ་སྲས་བཅས་ཐམས་ཅད་ཀྱི་ནང་ནས་འཇམ་པའི་དབྱངས་ཀྱིས་རྒྱལ་སྲས་སྤྱོད་པའི་གཙོ་བོར་ཤེས་རབ་ལྷག་པར་ལྷུར་ལེན་པས་ཤེས་རབ་ཀྱི་མཆོག་ཏུ་གྲགས་པ་ལྟར། དེ་དང་མཚུངས་པར་རྗེ་ཉིད་ཀྱང་གངས་ཅན་མཁས་མང་གི་དབུས་ན་ཤེས་རབ་ལྷག་པར་གྱུར་པ་གསལ་བར་བྱེད་པ་དང་། ནང་ཚུལ་དུས་གསུམ་རྒྱལ་པའི་མཁྱེན་པ་ཇི་སྙེད་པ་འཇམ་དབྱངས་ཀྱི་མཁྱེན་པ་ཡང་དེ་དག་དང་མཉམ་ཞིང་། རྗེ་ཉིད་ཀྱང་དེ་དང་འདྲ་པའི་ཡོན་ཏན་དེ་དང་ལྡན། གསང་བ་དུས་སུམ་རྒྱལ་བའི་མཁྱེན་པ་གཅིག་ཏུ་བསྡུས་ཏེ་ལྷའི་རྣམ་ཐར་ཤར་བ་འཇམ་དབྱངས་ཡིན་ལ། དེ་ཐུན་མོང་གི་སྣང་ངོར་ཐ་མལ་དུ་སྣང་བ་རྗེ་ཉིད་ཡིན་པས་ལྷག་པའི་ལྷ་དང་དབྱེར་མེད་པ་ཡིན་ཏེ། ཟུར་འདེབས་ལས། ཡབ་ཀྱི་རྨི་ལམ་དུ། རྒྱ་ནག་རི་བོ་རྩེ་ལྔ་ནས་འོངས་ཟེར་བའི་བཙུན་པ་མེ་ཏོག་གི་ཕྲེང་བ་དུམ་སྲས་པའི་ཆོས་གོས་དང་། ཤིང་ལོ་སེར་པོའི་ཤམ་ཐབས་ཅན། པོ་ཏི་ཁྱེར་བ་ཞིག་བྱུང་ནས། ང་ཁྱེད་ལ་གནས་ཤིག་གཡར་བ་ཡིན། ཞེས་རྨིས་ཞིང་། སྐོ་བྲག་གྲུབ་ཆེན་ལ་མཇལ་ཚུལ་ལས།

བདག་གིས་བསུ་བ་ལ་ཕྱིན་པས་རྗེ་བཙུན་འཇམ་དབྱངས་འོད་ཀྱི་དྲ་བས་མཛེས་པ་ཞིག་ཕེབས་བྱུང་བར་མཐོང་། ཞེས་དང་། འཇམ་དཔལ་རྒྱ་མཚོ་དང་ཀུ་ཅོར་རྟོགས་ལྡན་པས་འཇམ་དབྱངས་སུ་གཟིགས། མཁས་གྲུབ་རྗེས་སྐེ་ཐང་དུ་ཟིམས་པས་ཀྱང་འཇམས་དབྱངས་སུ་སྣང་ཅིང་། འཇམ་དཔལ་རྩ་རྒྱུད་ལས། ས་ཡི་སྙིང་འདི་སྟོངས་པ་ན། །ཁྱེད་ཉིད་བྱིས་པའི་གཟུགས་ཀྱིས་ནི། །སངས་རྒྱས་མཛད་པ་བྱེད་པར་འགྱུར། །ཞེས་དང་། ཁྲི་བོ་རྣམ་རྒྱལ་གྱི་རྟོག་པ་ལས། ང་ནི་ལྔ་བརྒྱ་ཐ་མའི་ཚེ། །ང་ཡི་བསྟན་པ་འབྱུང་བར་བྱེད། །བསྟན་པ་ཐམས་ཅད་ནུབ་པའི་ཚེ། །ང་ཡི་བསྟན་པ་འབྱུང་བར་བྱེད། །ཅེས་དང་། མ་གཅིག་གིས། འཇམ་དབྱངས་དེ་ཉིད་མེ་མོ་བྱ་ལ་སྐུ་འཁྲུངས་ཏེ་སངས་རྒྱས་ཀྱི་བསྟན་པའི་སྲོལ་གཏོད། ཅེས་དང་། པདྨ་བཀའ་ཆེམས་སུ། འཇམ་དབྱངས་སྤྲུལ་པ་གདུལ་བྱ་བསྟན་པའི་བདག །མདོ་སྔགས་བསྟན་ནི་བློ་བཟང་གྲགས་པ་འབྱུང་། །ཞེས་དང་། མཁས་གྲུབ་རྗེའི་གསང་རྣམ་ལས། རིག་པའི་ཁུ་བྱུག་ལ། ལན་ཅིག་ཟླ་བ་གྲགས་པས། མ་འོངས་པའི་དུས་སུ་རྗེ་བཙུན་འཇམ་དབྱངས་དགེ་སློང་གི་ཚུལ་དུ་བསམ་བཞིན་དུ་མཐའ་འཁོབ་ཏུ་སྐྱེ་བ་བཞེས་པར་འདུག་པས། ཁྱོད་ཀྱང་དེར་སྐྱེ་བ་ལོང་ལ་དེའི་བཀའ་སྒྲུབ་པ་དང་བསྟན་པ་རྒྱས་པར་གྱིས། ཞེས་དང་། ཡང་སྐྱེ་བ་ སྟ་མ་གཅིག་ལ་འཇམ་དབྱངས་ཕྱོན་ནས་མཐའ་འཁོབ་ཀྱི་སེམས་ཅན་རྨོངས་པ་བླང་དོར་གྱི་གནས་མི་ཤེས་པ་ཚོ་སྙིང་རེ་རྗེ། ནས། ཁོ་བོས་དེ་དག་ཐམས་ཅད་མཁྱེན་པའི་གོ་འཕང་ལ་འགོད་པའི་ཕྱིར་དུ་བློ་དམན་པའི་བསམ་པ་དང་བསྟུན་ནས་དགེ་སློང་གི་ཚུལ་དུ་འོང་གི །ཁྱེད་ཀྱང་དེའི་གདུལ་བྱ་ཡིན་པས་དེར་འོང་བར་གྱིས། ཞེས་གསུངས་པའི་ཕྱིར། རྗེ་ཉིད་ཕྱག་ན་རྡོ་རྗེ་སྤྲུལ་པར་བསྟན་པ་ནི། ཕྱིའི་ཚུལ་རྒྱལ་བ་སྲས་བཅས་ཐམས་ཅད་ཀྱི་ནང་ནས་ཕྱག་ན་རྡོ་རྗེ་རྒྱལ་སྲས་སྤྱོད་པའི་གཙོ་བོར་མཐུ་སྟོབས་ལྷག་པར་ལྷུར་བཞེས་པས་མཐུ་སྟོབས་ཅན་གྱི་མཆོག་ཏུ་གྲགས་པ་ལྟར། དེ་དང་མཚུངས་པར་རྗེ་ཉིད་ཀྱང་གངས་ཅན་མཁས་མང་གི་དབུས་ན་བསྐྱེད་རྫོགས་ཀྱི་ནུས་པ་ལྷག་པར་གྱུར་པ་གསལ་བར་བྱེད་པ་དང་། ནང་ཚུལ་དུས་གསུམ་རྒྱལ་བའི་ནུས་པ་ཇི་སྙེད་པ་ཕྱག་ན་རྡོ་རྗེའི་ནུས་པ་ཡང་དེ་དག་དང་མཉམ་ཞིང་། རྗེ་ཉིད་ཀྱང་དེ་དང་འདྲ་བའི་ཡོན་ཏན་དེ་དང་ལྡན། གསང་བ་དུས་སུམ་རྒྱལ་བའི་ནུས་མཐུ་གཅིག་ཏུ་བསྡུས་ཏེ་ལྷའི་རྣམ་ཐར་ཤར་བ་ཕྱག་རྡོར་ཡིན་ལ། དེ་ཐུན་མོང་གི་སྣང་

ངོར་ཐ་མལ་དུ་སྣང་བ་རྗེ་ཉིད་ཡིན་པས་ལྷ་དང་དབྱེར་མེད་པ་ཡིན་ཏེ། གསང་རྣམ་ལས། ཡབ་ཀྱི་རྨི་ལམ་དུ་ལྷུང་ཟེ་ཅན་ནས་ཕྱག་ན་རྡོ་རྗེས་འཕངས་སྐམ་པའི་གསེར་གྱི་རྡོ་རྗེ་འབར་བ་ཞིག་ཡུམ་ལ་ཐིམ་པར་རྨིས་ཤིང་། ལས་ཀྱི་རྡོ་རྗེའི་སྣང་བ་ལ་ཕྱག་རྡོར་གྱི་རྗེས་གནང་སྐབས་ཕྱག་རྡོར་དངོས་སུ་ཐིམ་པར་གཟིགས་པ་དང་། བཀའ་གདམས་གླེགས་བམ་ལས། ཀུན་མཁྱེན་ཤེས་རབ་ཆ་བའི་རིགས། །ཕྱག་སྟོང་རེ་ན་མི་རྟོག་པའི། །རྡོ་རྗེ་དཔའ་བོ་རེ་བཟུང་སྟེ། །གདུལ་བྱ་འདུལ་བ་ང་ཡིན་ན། །ཕྱག་ན་རྡོ་རྗེ་འགལ་བ་མེད། །དེ་ནི་དཔའ་བོ་དྲག་པོའི་རིགས། །དེ་གསུམ་རིག་གསུམ་མགོན་པོ་ཉིད། །ཕྱོགས་སུ་མ་ཟད་དངོས་སུ་ཡིན། །ཞེས་གསུངས་པའི་ཕྱིར་རོ། །རྗེ་ཡབ་སྲས་གསུམ་ལ་བཞེད་ཚུལ་མི་འདྲ་ཡང་སྲིད་རྒྱུད་ཀྱི་དགོངས་པ་ལྟར་རྒྱལ་ཚབ་མཁས་གྲུབ་སྲས་གཉིས་སུ་གྲངས་ངེས་ཏེ། རྒྱལ་བའི་གསུང་རབ་བཀྲལ་བ་ལ་མཁས་ཤིང་འཆད་རྩོད་རྩོམ་གསུམ་དོ་ཟླ་མེད་པ་རྗེ་ཡབ་སྲས་གསུམ་ཡོན་ལས་མ་བྱུང་བས་མཁས་པའི་སྒོ་ནས་གྲངས་ངེས། རྒྱལ་བའི་དགོངས་པ་ལྟར་གང་ཟག་གཅིག་གི་རྒྱུད་ཀྱི་སྡོམ་པ་གསུམ་དྲིལ་དུ་འདོད་ཅིང་སྲོལ་ཕྱེ་བ་རྗེ་ཡབ་སྲས་གསུམ་ལས་མ་བྱུང་བས་བཙུན་པའི་སྒོ་ནས་གྲངས་ངེས། གཞན་དོན་འཕྲིན་ལས་གདུལ་བྱ་བསྐྱངས་པར་རྗེ་དང་མ་འབྲལ་ཞིང་དགེ་ལུགས་བསྟན་པའི་བདག་པོར་གྱུར་པ་རྗེ་ཡབ་སྲས་གསུམ་གོ་རིམ་ངེས་པས་བཟང་པོའི་སྒོ་ནས་གྲངས་ངེས་པ་ཡིན། །རྗེ་བཙུན་ཤེས་རབ་སེངྒེ་ནི། གཙང་སྟོད་དུ་འཁྲུངས། སྣར་ཐང་དུ་མཁན་ཆེན་གྲུབ་པ་ཤེས་རབ་ཀྱི་དྲུང་དུ་རབ་ཏུ་བྱུང་ནས་ལེགས་པར་སྦྱངས། རོང་སྟོན་ལ་གཏུགས་ནས་སློབ་གཉེར་བྱས། བཀྲ་ཤིས་དོ་ཁར་རྗེ་རིན་པོ་ཆེ་ལ་མཇལ་ནས་དབུ་མ་དང་ཚད་མ་རྣམ་འགྲེལ། ལམ་རིམ་སོགས་ཟབ་རྒྱས་ཀྱི་ཆོས་གསན། ཟླ་བ་གཉིས་ཙམ་བཞུགས་ཤིང་དེ་ནས་དགེ་འདུན་གྲུབ་པ་དང་ལྷན་དུ་གསང་ཕུའི་ཆོས་ཐོག་ལ་ཐེག །དགའ་ལྡན་དུ་ཕེབས་ཏེ་རྗེའི་དྲུང་དུ་དབུ་མའི་ལྟ་ཁྲིད། འགྲེལ་པ་བཞི་སྦྲགས། གསང་འདུས་བསྐྱེད་རྫོགས་ཀྱི་ཁྲིད། རིམ་ལྔ་རྡོ་ལག་བརྒྱུད་མ། ཁྲིད་ཆེན་བརྒྱད་དང་ཁྱད་པར་དུ་ན་རོའི་རྣལ་འབྱོར་གྱི་ཟབ་ཁྲིད་གསན། རྗེས་སུ་རྒྱལ་ཚབ་ཆོས་རྗེ་དང་། འདུལ་འཛིན་གྲགས་པ་རྒྱལ་མཚན་ལ་ཡང་ཆོས་ཞུས། མཁས་གྲུབ་རྗེའི་དྲུང་དུ། མདོ་རྩ་འགྲེལ། དབུ་མ་རྩ་འཇུག །བདེ་མཆོག་རྩ་བཤད་ཀྱི་རྒྱུད། གསང་བ་འདུས་པའི་རྒྱུད་དང་རྒྱ་གཞུང་། འཇིགས་བྱེད་ཀྱི་

རྒྱུད་ཟུར་གི་བཤད་པ་དང་། འཁོར་ལོའི་ཟབ་ཁྲིད་གསན། ས་ཕག་ལོ་རྗེ་རིན་པོ་ཆེས་སེ་ར་ཆོས་སྡིངས་སུ་ཕེབས་ཏེ་བྱམས་ཆེན་ཆོས་རྗེ་ལ་རྒྱུད་འཇུག་པའི་ཞལ་བཀོད་གནང་སྐབས། འཁོར་མང་རྒྱ་མཚོའི་དབུས་སུ་འགྲེལ་བའི་པོ་ཏི་བཏེག་ནས། འདིའི་བདག་པོ་ཐུབ་པ་སུ་ཡོད། ཅེས་ལན་གསུམ་གསུངས་པར་སུ་ཡང་ལན་ཞུ་མ་ཐུབ། རྗེ་འདིས་བཞེངས་ཏེ་བདག་གིས་བགྱི་ཞུས་པས། རྗེ་ཤིན་ཏུ་དགྱེས་ཏེ་སྐུ་འདྲ་དང་གླེགས་བམ་བསྩལ། རྗེས་ཀྱང་ཁྱོད་སྐྲག་མི་དགོས། ངས་ཆོས་རྒྱལ་ལ་གཏོད་པ་ཡིན། ཁྱོད་གཙང་དུ་སོང་དང་། རི་དྲིལ་བུ་འདྲ་བར་རྣལ་འབྱོར་བ་ཡོད། རི་སྲིན་མོ་འདྲ་བར་གནོད་སྦྱིན་མོ་ཡོད། དེ་དག་ཁྱོད་ཀྱི་བསྟན་པ་སྲུལ། དེ་ནས་ཁྱོད་རང་གིས་ཀྱང་ཤེས་ཡོང་ཞེས་ལུང་བསྟན། དེ་ནས་གསང་ཕུར་དྲག་པོ་མཐོང་སྨོན་གྲྭ་ཚང་གི་འཆད་ཉན་མཛད། དེ་ནས་གཙང་དུ་ཕེབས་ཏེ་མཚན་ཉིད་བཙུགས་ཤིང་ཡར་མར་ཆོས་ཐོག་ལ་སྐོར་ཕེབས། རྗེ་དགེ་འདུན་གྲུབ་པར་གྲྭ་ཚང་གཏད་དེ་ལྷུན་པོ་རྩེར་བྱོན། དེར་སེ་ཏུ་བསོད་ནམས་དཔལ་གྱིས་སྦྱིན་བདག་བྱས་ཤིང་རྒྱུད་ཀྱི་བཤད་ཉན་བཙུགས་ཏེ་རྗེས་གནང་བའི་ཆོས་རྒྱལ་གྱི་ཞལ་འབབ་གནང་ནས་འཕགས་འོད་ཡོན་ཏན་རྒྱ་མཚོ་བསྐོ་བཞག་མཛད། རྣལ་འབྱོར་བ་དེ་ཡིན། དེ་ནས་སེནྡྷེ་རྩེར་ཕེབས། དཔོན་མོས་སྦྱིན་བདག་མཛད་དེ་སྒྲུབ་དཀྱིལ་དང་རྒྱུད་ཀྱི་བཤད་ཉན་བཙུག་གནོད་སྦྱིན་མོ་དེ་ཡིན། དེ་ནས་ཁྱོད་རང་གིས་ཤེས་ཡོང་གསུངས་པ་ལྟར་འདུལ་ནག་པ་དཔལ་ལྡན་བཟང་པོ་ལ། ལན་ཅིག་ཁྱོད་ཀྱི་དགུང་ལོ་གང་ཡིན་གསུངས་པར་ཧ་ཡིན་ཞུས། ཁོང་ནས་གཏམ་དཔེར་གཡག་ཤི་སར་ཧ་ཁྲབ་ཟེར་བས། གཡག་ཤི་སར་ཁྱོད་རྒྱུད་ཀྱི་བཤད་ཉན་གྱིས་གསུངས་ནས་རྗེའི་འགྲེལ་པ་དང་ཤོག་ལྷུང་བཅས་གནང་ངོ་། །དེས་གཙང་གི་སྲད་རྒྱུད་དགའ་ལྡན་ཕོ་བྲང་ཚུགས་མ་ཐག་ཤེར་སེང་ནས་དབུས་སུ་ཕེབས་ཏེ་ཆུ་སླང་ལོ་རྒྱུད་སྨད་བཙུགས་ནས་ཕྱོགས་ཕྱོགས་སུ་ཆོས་བར་ལ་བཏེག། དབྱར་ཆོས་ཡངས་པ་ཅན་དུ་རྒྱུད་སྟོད་སྨད་གཉིས་ཀ་འཛོམ་ཞིང་དབྱར་ཁས་ལེན་བྱས་པ་ཀརྨ་པས་ཡངས་པ་ཅན་མ་བཏབ་པར་དུ་བྱུང་། རྗེ་འདི་ཡང་བླ་མའི་རྣལ་འབྱོར་ཐུགས་དམ་གྱི་གཙོ་བོར་མཛད་པའི་སྒོ་ནས་ཟབ་མོ་དབུ་མའི་ལྟ་བ་ཐུགས་ལ་འཁྲུངས་ཤིང་བསྐྱེད་རྫོགས་ཀྱི་ཏིང་ངེ་འཛིན་མངའ་བས་ཡི་དམ་ལྷས་བྱིན་གྱིས་བརླབས་ཤིང་ཆོས་རྒྱལ་གྱིས་འཕྲིན་ལས་བསྒྲུབས་པས་མཛད་པ་བར་ཆད་མེད་ཅིང་འབད་མེད་འབྱུང་། སྐུ་ཆེ་སྟྲ་མའི་སྨོན་ལམ་གྱི་མཐུ་ཅན་ནོ། །

ཞེསསྨྲོས་པ་ཡིན་ཏེ། ཡིད་བཟང་རྩེ་བས་ཀྱང་། རྗེའི་བུ་སློབ་ལ་ཤེར་སེང་ལས་འཕྲིན་ལས་ཆེ་བ་མ་བྱུང་གསུངས། ཤིང་སྤྲང་ཡོར་དགའ་ལྡན་རྒྱུད་ཁང་དུ་གཤེགས། སྐུ་གདུང་ཞུ་བ་རིང་བསྲེལ་བཀྲ་ཤིས་ལྷུན་པོ་ཆེན་གྱི་ནང་དུ་བཞུགས་སོ། །གསུང་རྩོམ་རྣམ་འགྲེལ་ཊཱི་ཀཱ། རྩ་རྒྱུད་རྣམ་འགྲེལ་ཊཱི་ཀཱ། ལྷ་ཁྲིད་སོགས་མཛད། སློབ་མའི་ཐུ་བོ་དགེ་འདུན་གྲུབ། ཀུན་མཁྱེན་འཕགས་འོད། འདུལ་དཀར་བ་གྲགས་པ་དཔལ་ལྡན། འདུལ་ནག་པ་དཔལ་ལྡན་བཟང་པོ། རྒྱུད་ཆེན་སྦྱིན་པ་དཔལ། རྗེ་སྨོན་ལམ་དཔལ་སོགས་སོ། འདུལ་ནག་པ་དཔལ་ལྡན་བཟང་པོ་ནི། གཙང་རྟ་ནག་མདར་ཆུ་རྟ་ལོར་འཁྲུངས། སྣར་ཐང་གྲུབ་པ་ཤེས་རབ་ལས་རབ་ཏུ་བྱུང་། ལོ་ཙཱ་བ་སཾ་ག་ཤྲཱི་ལས་སྒྲ་སྙན་ངག་རྩིས་བསླབས། དགེ་འདུན་གྲུབ་པའི་དྲུང་སེ་སྟོད་ལ་སྦྱངས་ཤིང་། ཤེར་སེང་ལ་འགྲེལ་པ་བཞི་སྦྱགས། སྤྱས་དོན་ཀུན་གསལ་གྱི་བཤད་པ། འཁྲུལ་འཁོར་གྱི་ཁྲིད་ཡིག་སོགས་ཞུས་ཏེ་མཁས་པར་གྱུར། རྗེའི་སྔགས་རྒྱུད་ཤེར་སེང་ལ་གནང་བ་བླ་མའི་རྣལ་འབྱོར་གྱི་ཞལ་ཤེས་བསྐུལ་བ་འདུལ་ནག་པས་ཡི་གེར་བཀོད་པ་དགའ་ལྡན་ལྷ་བརྒྱ་མ་ཡིན་ནོ། །དེ་རྗེས་སུ་མཁས་གྲུབ་རྗེས་དགའ་ལྡན་ཁྲིར་བཞུགས་སྐབས་ཤེར་སེང་ལ་ཁྱེད་ཀྱི་སློབ་མ་སྣ་རྩིས་མཁས་པ་ཞིག་ཡོད་པ་ཐོངས་བཀའ་གནང་བས། དགའ་ལྡན་དུ་ཕེབས་ནས་དུས་འཁོར་འགྲེལ་ཆེན་གྱི་བཤད་པ་གསན་ཏེ་ཊཱི་ཀ་ཆེན་གྱི་ཡི་གེ་པ་མཛད། དེ་དུས་བདག་གིས་དགོན་པ་གཅིག་འདེབས་སྤྲོ་བས་དགྲ་བྱུང་ན་ཚར་གཅོད་པའི་གདམས་པ་དགོས་ཞུས་པས། མར་མེའི་ཡིག་ཆུང་གནང་སྟེ། གཞན་ལ་མི་སྟེར་བའི་བཀའ་རྒྱ་མཛད། ཁྲི་ཞ་ལུ་པ་ལེགས་པ་རྒྱལ་མཚན་ལ་དྲུག་ཅུ་པའི་རྩ་ཚིག་སོགས་ཞུས་ནས་གཙང་དུ་ཕེབས། སེངྒེ་རྩེ་ནས་རྗེ་ཤེར་སེང་གིས་གཡག་ཤི་སར་ཏ་ཁྲབ་གསུངས་པ་ལ་བརྟེན། ལན་ཅིག་རྒྱུས་མེད་ཀྱི་སར་ཕེབས་པ་དང་གསུང་དྲན་ཏེ། མི་གཅིག་ལ་སའི་མིང་དྲིས་པས་གཡག་ཤི་ནང་ཟེར་བས། དེ་གར་ཁང་བ་བཏབ་སྟེ་འཇིགས་བྱེད་ཀྱི་བསྙེད་ཇོགས་ལ་སྦྱངས། ཐུན་མཚམས་ལ་ཐྲག་སྟེང་དུ་ཕེབས་པས་འབྲོང་གཡག་ཆེན་པོ་གཅིག་མཐོང་བ་མང་དུ་བྱུང་། དེ་ནས་དེར་གྲྭ་པ་བསྡུས་ནས་རྒྱུད་ཀྱི་བཤད་གྲྭ་བཙུགས། ལྷུན་པོ་རྩེ། སེངྒེ་རྩེ། སྣར་ཐང་གི་རྒྱ་མཁར་རྩེ་སོགས་ལ་རྒྱུད་འགྲེལ་བཤད་པའི་ཆོས་ཀྱི་འཁོར་ལོ་བསྐོར། སྣང་ཐང་མཁན་ཆེན་བཟོད་པ་བ་གཤེགས་ནས་གདན་སར་སྤྱན་འདྲེན་བྱུང་བར་མི་ཕེབས་སྙམ་པ་ལ། མནལ་ལམ་དུ། ལམ་པ་གཅིག

གིས་སྨྱོས་ཕོར་ཁྱེར་བྱུང་བ་རྨིས་པས། རོག་ཚོ་ཆོས་མཛད་འཆད་ཉན་དུ་བསྐོས་ནས་རེ་དགུ་པར་སྔར་ཐང་གདན་སར་ཕེབས། ལོ་གསུམ་བསྐྱངས་དོན་གཉིས་པར་གཤེགས་སོ། །དེ་ཉིད་ཀྱིས་བླ་མའི་རྣལ་འབྱོར་དགའ་ལྡན་ལྷ་བརྒྱ་མ་ཡི་གེར་བཀོད་དོ། །དེའང་དམ་ཚིག་གསུམ་བཀོད་རྒྱལ་པོའི་རྒྱུད་ལས། མཚན་དང་དཔེ་བྱད་འབར་བའི་ལྷ། །བསྐལ་བ་འབུམ་དུ་བསྒོམ་པ་ལས། །བླ་མ་དྲན་པའི་འབུམ་ཆར་མིན། །བསྙེན་སྒྲུབ་བཟླས་བརྗོད་ས་ཡ་བས། བླ་མའི་གསོལ་ཚིག་ལན་ཅིག་དགའ། །རྫོགས་པའི་རིམ་པ་བསྐལ་པའི་བར་དུ་ནི། །འདུ་འཛི་གཡེང་བ་སྤངས་ཏེ་བསྒོམས་པ་ལས། བླ་མ་རང་སེམས་དཀྱིལ་དུ་དར་ཅིག་ཙམ། །འབུམ་ཕྲག་བཅུ་ཡི་ཆར་ཡང་མི་ཕོད་དོ། །ཞེས་སོ། །འཇམ་དབྱངས་དགེ་འདུན་འཕེལ་ནི། འདུལ་ནག་པའི་དཔོན་པོ་ཡིན། ཁུ་བོའི་དྲུང་དུ་རབ་ཏུ་བྱུང་ནས་སྦྱངས། གཞོན་དུས་འདུལ་ནག་པའི་སྐྲ་རགས་གསེབ་ན་ཤོག་དྲིལ་ཡོད་པ་མཐོང་ནས་མཚན་མོ་སྐྲ་ཚིངས་སྟུས་ལ་བཞག་པ་བླངས་ནས་གཅིག་བྲིས་སོ། །དཔོན་པ་ཐེབས་ཚར་ནས་འདུལ་ནག་པས་དཔེ་འདི་མར་སྲེག་པར་རྒྱ་མཚན་གསན་ཏེ་རང་གི་བྲིས་པ་ཡང་ཕུལ་བས་འཇིགས་བྱེད་ཀྱི་ནང་དུ་བསྟུ་བར་མཛད། འདུལ་ནག་པ་གཤེགས་རྗེས་འདིའི་རྒྱན་འཚོལ་བཞིན་དགའ་ལྡན་དུ་ཕེབས། རྗེ་སློ་གྲོས་ཚེ་སྐྱོང་ལ་འཇིགས་བྱེད་ཀྱི་རྒྱུད་བཤད། འཁྲུལ་འཁོར་སོགས་གསན། སྨད་དུ་རྒྱུད་ཁང་དང་མགོན་ཁང་ཆེ་རྒྱས་སུ་བཞེངས། རོག་ཚོ་བ་གཤེགས་རྗེས་སུ་རྒྱུད་ཀྱི་ཁྲིར་ཕེབས་ཏེ་རྒྱུད་ཀྱི་བཤད་པ་དང་ཁྲིད་ཆེན་སོགས་དར་རྒྱས་སུ་མཛད། ཁྱད་པར་དུ་ཡོན་ཏན་ཐམས་ཅད་ཀྱི་གཞིར་གྱུར་པ་བླ་མའི་རྣལ་འབྱོར་ཐུགས་དམ་གྱི་གཙོ་བོར་མཛད་པས་རྟོགས་པའི་ཡོན་ཏན་འབད་རྩོལ་མེད་པར་ཐུགས་རྒྱུད་ལ་འཁྲུངས་སོ། །རྡོ་རྗེ་འཆང་བཀྲ་ཤིས་འཕགས་པ་ནི། འདུལ་ནག་པ་ཁུ་དཔོན་གཉིས་ལ་བསྟེན་ནས་གསང་སྔགས་ལ་སྦྱངས། རབ་འབྱམས་པ་ཆོས་དབྱིངས་ཀྱི་རྗེས་སུ་ཁྲིར་ཕེབས་ཏེ་འཆད་ཉན་ཡུན་རིང་དུ་མཛད་པས་བུ་སློབ་ཀུན་གྱིས་རྡོ་རྗེ་འཆང་ཞེས་སྙན་གྲགས་པས་བསྟགས་པ་མཛད། རྒྱུད་སྡེ་སྤྱི་རྣམ་བརྩམས་སོ། །པཎ་ཆེན་བསམ་གྲུབ་རྒྱ་མཚོ་ནི། ལྷུན་པོ་རྩེའི་ཉེ་འདབ་ཏུ་འཁྲུངས་གངས་ཅན་ཆོས་འཕེལ་དུ་མཚན་ཉིད་དང་། སྔར་ཐང་དུ་སྒྲ་རྩིས་སྦྱངས་ཤིང་མཁས་པར་གྱུར་པས་པཎ་ཆེན་ཞེས་གྲགས། རྒྱུད་རྣམས་ཀྱང་བརྩམས་སོ། །རྒྱུད་ཆེན་བརྩོན་འགྲུས་འཕགས་ནི། ལྷུན་པོ་རྩེར་འཁྲུངས།

དེར་རབ་ཏུ་བྱུང་ཞིང་དབུས་རྒྱུད་སྨད་དུ་ཞུགས་ནས་ཆོས་སྐྱོང་རྒྱ་མཚོ་ལ་རྒྱུད་འགྲེལ་གསན། དེ་ནས་ལྷུན་པོ་རྩེར་ཕེབས་དུས་པཎ་ཆེན་བསམ་གྲུབ་རྒྱ་མཚོ་དང་མཇལ་པར་ཕྱིན། ཕན་ཚུན་གསུང་གླེང་མཛད་པས་ཐུགས་འཁྲུག་ཅིང་རྒྱུད་ལ་ཕེབས་གསུང་ནས་རྒྱུད་ལ་ཞུགས། ཁོང་ལའང་ཆོས་གསན་ཅིང་ལོ་ཁ་ཤས་སོང་བ་དང་རྒྱུད་ཀྱི་ཁྲིར་བསྐོས། འབྲི་མཚམས་ཀྱི་ནང་པ་ཆེ་བའི་བུ་རང་མ་བསྐོས་པས། རྒྱུད་པ་འབྲི་མཚམས་སུ་ཕེབས་སྐབས་རྒྱུད་ཆེན་གྱི་ཏ་ལ་ཇོ་རྒྱབ། མཐུ་བྱས། རྗེ་ཉིད་ནས་ངའི་ཆོས་རྒྱལ་ལྷོས་ཟེར་བ་ཙམ་གྱིས་བླ་བ་མ་འགྱངས་པར་ཚང་མ་བསྒྲལ་ཏེ་རྒྱུད་པ་ཚུར་ཕེབས་དུས་ཁང་པ་ལས་མི་འདུག་ཟེར། འདིའི་དུས་ནས་རྒྱུད་པ་གཉིས་འབྲེལ་གྱི་བཤད་པ་འཕེལ་རྒྱས་སུ་བྱུང་སྟེ། དེ་ཉིད་ཀྱིས་མཛད་པའི་གསང་འདུས་ཀྱི་བསྐྱེད་རྫོགས་གྲགས་ཆེ། རྫོགས་རིམ་ལས་ཀྱང་། རྒྱལ་བས་ལུང་བསྟན་ཆོས་སྐྱོང་རྒྱ་མཚོ་དང་། །རྡོ་རྗེ་འཆང་ཆེན་བགྲེས་འཕགས་པ་སྟེ། བླ་མ་གཉིས་ཀྱི་མན་ངག་ལ་བརྟེན་ནས། །བརྩོན་འགྲུས་འཕགས་ཀྱིས་མཁས་པ་དགའ་བྱེད་བརྩམས། །ཞེས་སོ། །མཁས་གྲུབ་རྡོ་རྗེ་བཟང་པོ་ནི། གཙང་དབལ་ལྡན་གྱི་བྱ་སར་འཁྲུངས། གངས་ཅན་དུ་མདོ་དང་། སྔགས་ལ་མཁས་པར་སྦྱངས། ཁྲིར་ཡུན་རིང་བཞུགས་ཤིང་ཁྲིད་བཤད་གནང་བས། སློབ་མ་སངས་རྒྱས་རྒྱ་མཚོ། དཀོན་མཆོག་རྒྱ་མཚོ་སོགས་བྱུང་། བསྐྱེད་རྫོགས་ལ་མངའ་བརྙེས་པས་ཆོས་སྐྱོང་འཕྲིན་ལས་བསྒྲུབས་པ་སྟེ། མགོན་པོའི་གཏོར་སྒྲུབ་ཀྱི་དུས་འཁོར་གྱི་གཏོར་མ་ཡང་གར་མཛད་པ་བྱུང་། ཕྱིས་དབང་ལྡན་དུ་བཞུགས་ཤིང་། ཉེ་གྲིབ་མཚམས་ལ་རྟགས་བྱས་ནས་མིའི་ཚེ་འདི་ལྟར་འཛད་པ་འདོམས་པར་འཛད་དོ། །རྒྱུད་ཆེན་སངས་རྒྱས་རྒྱ་མཚོ་ནི། རྒྱུད་ལ་ལེགས་པར་སྦྱངས་ཏེ་ཁྲིར་ཕེབས། འཆད་པ་དང་རྩོམ་པས་མཁས་པ་མཐའ་དག་གི་ཡིད་འཕྲོག་པར་མཛད་པས། པཎ་ཆེན་ཆོས་ཀྱི་རྒྱལ་མཚན་གྱིས་སྔགས་རིམ་དང་མགོན་པོ་རྣམ་སྲས་སྐོར། ཁྲིད་མང་པོ་གསན། དྷ་ར་ན་ཐས་སྟེང་སྐྱེས་སུ་གདན་དྲངས་ཏེ་དུས་འཁོར་གྱི་དབང་། འཁྲུལ་འཁོར་ཞུས། ཀརྨ་ཞྭ་དམར་བས་ཕེབས་ནས་ནཱ་རོ་ཆོས་དྲུག དུས་འཁོར་གསན་ཅིང་གཡུ་དྲུག་དམར་ལག་མགོ་ཙམ་ཕུལ། འབྲུག་པ་པདྨ་དཀར་པོས་ཕེབས་ནས་ནཱ་རོ་ཆོས་དྲུག འཁྲུལ་འཁོར། འགྲེལ་པ་བཞི་སྦྲགས། དུས་འཁོར་གྱི་དབང་གསན། སྣར་ཐང་གི་སྡེ་པ་ཞིག་ཀྱང་འཁྲུལ་འཁོར་གྱིས་སྡོངས་པར་མཛད། གྲགས་

ཆེན་པ་བྱུང་། བླ་མའི་རྣལ་འབྱོར་བཀྲ་ཤིས་ལྷུན་པོར་སྤེལ་ཏེ་ས་སྟེང་ཡོངས་སུ་ཁྱབ། རྗེ་དཀོན་མཆོག་རྒྱ་མཚོ་ནི། དབང་ལྡན་དུ་ས་ཧ་ལ་འཁྲུངས། གངས་ཅན་དུ་རབ་ཏུ་བྱུང་ནས་ཚད་མ་ལ་སྦྱངས། རྒྱུད་དུ་ཕྱིན། རྡོ་རྗེ་བཟང་པོ་ལ་གཏུགས། སངས་རྒྱས་རྒྱ་མཚོ་ལ་ཡུན་རིང་བསྟེན་ནས་ཁྲིད་ཆེན་བརྒྱད་ལ་ལེགས་པར་སྦྱངས། རྒྱུད་ཆེན་གཤེགས་རྗེས་རྒྱལ་རི་ཁྲོད་དུ་ལོ་བཅུ་གཉིས་བཞུགས་ཏེ་འདུས་པའི་རིམ་གཉིས་ཐུགས་དམ་མཛད། འོལ་ཀའི་གནས་མཇལ། བྱམས་པ་རྒྱ་མཚོ་ཁྲི་བཞག་རྗེས་སུ་ཁྲིར་གདན་འདྲེན་ཞུས་བཞིན་ཞེ་བཞི་ལ་ཁྲིར་ཕེབས། རྒྱུད་ཀྱི་ཆས་ཀ་བྱམས་རྒྱལ་པའི་གཙུང་འཁྲིག་པར་མགོན་པོའི་གཏོར་ཆེན་གྱིས་ཤུལ་མེད་བྱས། སྡེ་པ་གཙང་པ་ལ་ཞྭ་དམར་པས་ཕུལ་བའི་གཡུ་ཞུ་རྟེན་བྱས་ཏེ་དབང་ལྡན་གྱིས་ཆ་གནང་། ལྷུང་ར་ཟེར་བ་གནོད་པ་ཅན་གཏོར་ཆེན་གྱིས་བསལ། ཧྭ་ར་ནྭ་ཐར་ཡང་མཇལ་བར་ཕེབས། ལོ་བཅུ་དྲུག་བཞུགས་ཏེ་ཁྲི་བཞག་ནས་དབང་ལྡན་གནས་བུམ་དུ་རི་ཁྲོད་མཛད་ཐུགས་དམ་འཕེལ། རྗེ་ཡར་འཕེལ་ལོ་བརྒྱད་ནས་བཟུང་སྟེ་ལེགས་པར་བསྐྱངས། བདུན་ཅུ་ལ་གཤེགས་སོ། །རྒྱུད་ཆེན་དཀོན་མཆོག་ཡར་འཕེལ་ནི། རབ་བྱུང་བཅུ་བའི་ཆུ་སྟག་ལོ་གནས་བུམ་དུ་འཁྲུངས། ལོ་བརྒྱད་པར་དཀོན་མཆོག་རྒྱ་མཚོའི་དྲུང་དུ་རབ་ཏུ་བྱུང་ནས་མདོ་སྔགས་ལ་ལེགས་པར་སྦྱངས། བཞི་བཅུ་པར་ཁྲིར་ཕེབས། ཁྲིད་རྣམས་ཀྱང་ཉམས་སྐྱོང་གི་སྟོབས་ཀྱིས་བཤད་པ་དམར་དམར་བ་བྱུང་། རྒྱུད་དུ་ཁྲིད་ཆེན་རྣམས་སྔོན་ལ་སོ་སོར་ཁྲིད་ནས་དེ་རྗེས་མཚམས་བསྡམས་ཏེ་ཁྲིད་དམིགས་སྐྱོང་བར་མཛད་པ་སྲིད་རྒྱུད་ཀྱི་ལུགས་དེ་མཛད། རྒྱུད་ཀྱི་གྲྭ་པ་གསུམ་ལ་ཁྲིད་དམིགས་ལེགས་པར་བསླབས་ཀྱང་གསུམ་ཀ་ཤི། །དབུས་གཙང་དུ་སེར་དམག་བསླང་སྐབས་ཚོགས་སུ་དགེ་སློང་སྟོམ་པ་ཕུལ་ནས་དུ་བས་རྐྱེན་བྱས་ཏེ་སྐུ་གཤེགས་གྲབ་མཛད་པར་ཆོས་སྐྱོང་གིས་ལུང་བསྟན་པ་ལྟར་ཞབས་བརྟན་ཕུལ་བས་དྭངས། མེར་ཀན་ངག་དབང་བློ་གྲོས་འབྲས་སྤུངས་ནས་ཆོས་ཞུ་ཕེབས་པར་ལྷ་ཁྲིད་མ་ཞུས་པར་གནང་། ཁྲིད་སྐོར་ལུང་རྐྱང་ཙམ་ལས་རྒྱས་པར་མ་གནང་། དགུང་ལོ་བརྒྱད་ཅུ་པ་ལྕགས་བྱ་ལོར་འཇམ་དབྱངས་བཞད་པས་ཕེབས་པར། གསང་འདུས་ཀྱི་དབང་ཁྲིད་ཆེན་བརྒྱད། རྒྱུད་པའི་ཟབ་ཁྲིད་གསུམ་སོགས་ལོ་གཅིག་གི་བར་གནང་ཞིང་འབྱོར་ཙམ་ནས་སྐུ་ཧླུང་ཙམ་ཡང་མ་བྱུང་བར་སྐུ་ཁམས་བདེ་བ་བྱོན་ཀྱི་བསོད་ནམས་ཡིན་གསུངས། བཞད་པས།

བླ་མ་མཐོང་ཙམ་ནས་ཕ་དང་བུ་ཡུན་རིང་མ་འཕྲད་པ་བསྐྱར་འཕྲད་པ་ཙམ་གྱི་འདུ་ཤེས་དང་དགའ་བ་བྱུང་གསུང་ངོ་། །བླ་མས། འདི་ལྷ་བུའི་ཡོན་ཏན་ཅན་བདག་གིས་མ་མཐོང་ཞེས་བསྔགས་པ་མཛད། གཞི་བདག་སྐུ་རྟེན་གྱིས་མནན་པ་ཡོད་ཟེར་བར། བཏོན་ན་དགའི་མནན་ན་དགའ་དྲིས་པས། བཏོན་ན་རྩུབ། མནན་ན་དགའ་གསུངས་ཤིང་། གཞི་བདག་གིས་འདིར་ཡོད་ཟེར་བའི་ས་དེར་ལྕགས་མཁར་གྱིས་མནན་པས་དེ་མ་ཐག་ཞི། མགོན་པོའི་བསྙེན་པ་མཛད་པར་ཞག་གསུམ་པའི་ཐོ་རངས་མགོན་པོའི་ཞལ་གཟིགས་པས་ཐུགས་རྒྱུད་ལ་སྙིང་རྗེ་སྨྱུན་རས་གཟིགས་ཀྱི་ཐུགས་རྗེ་ཙམ་སྐྱེས་སོ། །གུ་གཅིག་པར། མེཏྲན་དང་། ལྕང་སྐྱ་ཆོས་ལྡན། ཐང་སག་པ་གསུམ་ཕྱོན་པ་དང་། གསང་འདུས་ཀྱི་དབང་དང་ཁྲིད་འགའ་གནང་། སྟོན་ཀ་ཞྭ་ལུ་འཇམ་དབྱངས་བསྟན་འཛིན་ཕེབས་པར་གསང་འདུས་ཀྱི་དབང་གནང་ཞིང་། སྟོན་ཀ་གཤེགས་སོ། །སྲིད་རྒྱུད་པ་རྣམ་གྱིས་མཛད་པ་རྒྱུད་འགྲེལ་རེ་ཡོད་མོད་ཀྱང་ལེགས་བཤད་ཆད་དུ་བྱུང་བ་ནི་རྡོ་རྗེ་ལམ་བསྒྲིགས་ཡིན་ནོ། །བླ་མའི་རྣལ་འབྱོར་གྱི་ལུང་ཁྲིད་ནི། རྗེ་དེ་ཉིད་ཀྱིས། མེཏྲན་ངག་དབང་བློ་གྲོས། ལྕང་སྐྱ་ངག་དབང་ཆོས་ལྡན། འཇམ་དབྱངས་བཞད་པ་ངག་དབང་བརྩོན་འགྲུས། ཐང་སག་པ་དངོས་གྲུབ་རྒྱ་མཚོ་སོགས་ལ་གནང་བ་ལས་གནམ་འོག་ས་སྟེང་ཐམས་ཅད་དུ་ཁྱབ་པ་ལགས། དེ་ཡང་མེཏྲན་ནས་ཐང་སག་པ། འཇམ་དབྱངས་བདེ་བའི་རྡོ་རྗེ། ཁྲི་ཆེན་ངག་དབང་མཆོག་ལྡན། རྒྱལ་བ་སྐལ་བཟང་རྒྱ་མཚོ། པཎ་ཆེན་དཔལ་ལྡན་ཡེ་ཤེས། རྒྱལ་བ་འཇམ་དཔལ་རྒྱ་མཚོ། ཀུན་གཟིགས་པཎ་ཆེན་བློ་བཟང་དཔལ་ལྡན་བསྟན་པའི་ཉི་མ་ལགས་སོ། །འདི་སང་ཉིན་ཕྱི་སྒྲེ་ཡོད་པའི་ཐོ་རངས་ཀྱི་རྨི་ལམ་དུ་དཀོན་མཆོག་ལ་འབུལ་རྒྱུའི་མེ་ཏོག་བུམ་པ་ཆེན་པོ་གཉིས་སུ་བཙུགས་པའི་བྱང་གི་བུམ་པའི་མེ་ཏོག་ནི་དབྱིབས་རྒྱ་མེན་ལྦ་བུ་ཤིན་ཏུ་ཏུར་སྨྲིག་གིས་བྱུར་བུར་ཡོངས་སུ་བཀང་ཞིང་ཐམས་ཅད་ཁ་ཕྱེ་བ་དང་། ལྷོ་ངོས་ཀྱི་མེ་ཏོག་ནི་གཅིག་རེ་མ་གཏོགས་ཁ་མ་ཕྱེ་བ་ཞིག་མཐོང་བས་དགའ་བ་རྨིས། སད་ནས་ལེགས་པའི་ལྟས་སམ་སྙམ་པ་ལས་རྣམ་རྟོག་མ་བྱུང་ཞིང་། དགའ་བའི་བྱ་བ་གཞན་ཡང་མ་བྱུང་། རྣམ་ཐར་འདི་བྲིས་ཚར་མ་ཐག་བློ་བུར་དྲན་ཏེ། འདི་ཉིད་དར་ཞིང་རྒྱས་པའི་རྟེན་འབྲེལ་ཡིན་ནམ་སྙམ་པ་ཤར་བྱུང་། ཞེས་པ་འདི་ནི་ཤཱཀྱའི་དགེ་སློང་དོན་གྲུབ་རྒྱལ་མཚན་གྱིས་ལྷ་ལྡན་འཕྲུལ་སྣང་གི་སྟོ་ཐོག་ཏུ་བྲིས་

པའོ། ། །།མདུང་རྩེ་རས་པ་བླམ་བུམ་པ་ཅན་ནི། གཙང་གི་རོང་དུ་འཁྲུངས་པའི་གྲུབ་ཐོབ་ཅིག་སྟེ། ཆོས་སྐྱོང་དཔུང་པ་ལ་ཁྱེར་ནས་མ་རུངས་པ་རྣམས་ལ་སྡིགས་པར་བྱེད་ཅིང་། རྗེ་བོ་རིན་པོ་ཆེ་དཀར་སེར་མཆོད་པ་ཞིག་སྟེ། རླུང་གི་རྣལ་འབྱོར་གྱི་ནུས་པས་མདུང་རྣོན་གྱི་རྩེ་མོར་འཕུར་ཏེ་སྐྱིལ་ཀྲུང་དང་གྲུབ་ཆེན་བརྒྱད་ཅུའི་ཆ་བྱད་མཛད་པས་མདུང་རྩེ་རས་པར་གྲགས། ཕྱོགས་ཕྱོགས་སུ་ཁྲི་བསྐུས་ནས་དམིགས་བཙེ་མ་ཐོན་དུ་བཙུག །སུས་མ་བཏོན་པའི་ཁར་གཟའ་ནད་ཐོངས་ཟེར་ནས་དེ་དུས་མ་བཏོན་ནས་སྟེང་གདོན་ངེས་པར་འབྱུང་བ་སྟེ། རིན་སྤུངས་སུ་ཡང་དམིགས་བཙེ་མའི་མདུང་བཙེ་མའི་མདུང་རྩེད་བྱས་ཏེ་དེ་ལྟར་ལབ་ཀྱང་། སྡེ་པ་རིན་སྤུངས་པས་མ་བཏོན་པས་ཁ་ཡོན་སོང་བ་སུས་བཅོས་ཀྱང་མ་ཕན་པར། ཕོང་དམིགས་བཙེ་མས་ནད་མང་དུ་བཅོས་པ་གྲགས་ཆེ་བ་ཆོར་ནས་བོས་པས། ཁྱེད་ཀྱིས་དེ་དུས་དམིགས་བཙེ་མ་མ་བཏོན་ནམ་གསུང་བར། མ་བཏོན་སྨྲས་པ་ན། འོ་ན་ཐོན་ཅིག་དྲག་འགྲོ། དེ་མིན་མི་དྲག་གསུང་བས། བཏོན་མ་ཐག་དྲག། ཡང་དམིགས་བཙེ་མ་ཐོན་དང་མཆོན་གྱིས་མི་ཆོད་ཅེས་གྲོད་བུ་སོགས་ལ་སྔགས་བཏབ་ན་གྲིས་ཆོད་མི་སྲིད་ཅེས་སྲུང་པ་རྡོ་རྗེ་འཆང་དང་རྡོ་རྗེ་འཆང་ཁྲི་རིན་པོ་ཆེ་གཉིས་གསུང་། དམིགས་བཙེ་མའི་ལས་ཚོགས་བརྒྱ་རྩའི་ནང་ནས་དེང་དུས་བཅུ་གཅིག་འདུག་པ་འདི་ཡང་ཡིན་སྣང་། ཞེས་འཇམ་དབྱངས་བཞད་པའི་འཇིགས་བྱེད་ཆོས་འབྱུང་དུ་གསུངས་སོ། །སྨན་ཁང་པ་ངག་དབང་ཆོས་འཕེལ་ནི། ཕག་ལ་གཙང་དུ་འཁྲུངས། ལོ་ལྔ་པར་ཞལ་དཀར་ཆོས་སྡེའི་མཁན་པོ་ལེགས་པ་དོན་གྲུབ་ལ་གཙུག་ཕུད་ཕུལ། ཞལ་དཀར་དུ་སློབ་གཉེར་བྱས། ལོ་བཅོ་བརྒྱད་པ་ཆུ་འབྲུག་ལོ་རྒྱལ་བ་ལྔ་པའི་དྲུང་དུ་རབ་བྱུང་ཞུས། རྟ་ནག་ཏུ་དམ་ཆོས་རྒྱལ་མཚན་ལ་ཆོས་མང་པོ་ཞུས། ངམ་རིང་ལ་གྲྭ་སྐོར་མཛད། ཞལ་དཀར་མཁན་པོ་བཀྲ་ཤིས་རྒྱ་མཚོའི་དྲུང་དུ་བསྙེན་པར་རྫོགས། ཤྲཱི་ཆུ་བཟང་དུ་འདག་སྒོ་སྦྱར་ནས་ལོ་མཚམས་བཞུགས། མེ་སྟག་ལོ་གྲོགས་དགེ་སློང་དོན་གྲུབ་དཔོན་གཡོག་གསུམ་རྟ་ནག་རྡོ་རྗེ་གླིང་དུ་ཕྱིན། རྗེ་དམ་ཆོས་རྒྱལ་མཚན་ལ་མཇལ། དེ་ནས་དབུས་སུ་གནས་མཇལ་ལ་ཕྱིན། སེ་འབྲས་ལྷ་ས་པོ་ཏ་ལ་མཇལ། དགའ་ལྡན་ལ་ཕེབས་ལམ་དགའ་ལྡན་མཐོང་མ་ཐག། རྗེ་བླ་མ་དྲན་པའི་གདུང་བས་མཆི་མ་རང་དབང་མེད་པར་ཤོར། ཕྱག་མང་དུ་བཙལ། ཁྲི་རིན་པོ་ཆེ་ཅོ་ནེ་པར་མཇལ་ཁ་ཞུས། ཁྲི་རིན་པོ་ཆེ་ནས་དྲུང་པ་རྟ་

ཐུག་པ་ལ་དད་པ་ཆེ་བ་ཡོད་གཤིས་ཐུགས་དགྱེས་མཛད། ཇོའི་ན་བཟའ་ཆ་ཚང་དམ་སྦྱར་ཅན་དང་། བདེ་མཆོག་གི་སྐུ་བརྙན་འོད་ཟེར་མ། འཁོར་ཆེན་གློས་སླང་དང་མཇལ་ཁ་གནང་། ཁྲི་རིན་པོ་ཆེ་ནས་རབ་འབྱམས་པ་ཡེ་ཤེས་བཏང་ནས་གསེར་གདུང་གི་མཇལ་ཁ་ཞུས། དད་པས་མཆི་མ་ཤོར། མགོན་ཁང་དང་། ཤར་རྩེའི་ནཱ་རོའི་སྐུ་རྒྱན་སོགས་དང་མཇལ། དེ་ཉུབ་ཡེ་ཤེས་ཀྱི་ཤག་ཏུ་བསྡད་པས། ཕོང་ན་རེ། འདིར་ཡང་བླ་མ་མཆོད་པ་གཅིག་ཐོན་གསུང་བ་ལྟར་བཏོན། དེ་དུས་ང་ལ་ཚེ་འདིའི་སྣང་བ་ཏུར་ཏུར་པོ་འདི་འགགས་ནས་མི་སྣང་བ་ཙམ་བྱུང་། དེ་ཉུབ་ངའི་རྨི་ལམ་ལ་ཉམས་སྣང་ལེགས་པོ་ཞིག་བྱུང་བ། མཚན་མ་དངོས་སྣམ་ཐེ་ཚོམ་གྱི་གཞིར་གྱུར་པ་ཞིག་བྱུང་གསུང་། དེ་ནས་རྭ་སྒྲེང་། འོལ་ཁ། དྭགས་པོ་སོགས་སུ་མཇལ། པཎ་ཆེན་བློ་བཟང་ཡེ་ཤེས་ལ་མཇལ་ཞིང་། མི་ལའི་སྒྲུབ་གནས་ཆུ་བར་བྲག་དམར་དུ་སྒྲུབ་པ་མཛད། དགའ་ལྡན་ཆོས་འཕེལ་དུ་གསུང་ཆོས་ཚར་མང་པོ་གནང་། ཤེལ་དཀར། ཐར་པ་གླིང་། ལྷ་ཤིང་ཆོས་སྡུག་ཏུ་རྟེན་བཞེངས། འཆད་སྒྲུབ་ཕོ་ནས་མི་ཚེ་བསྐྱལ། འཛོང་རྒྱས་སུ་བཀའ་ཆོས་སྩལ། རྒྱལ་སྲས་ཡེས་གྲགས་པར་ཕན་ཚུན་ཡི་གེ་ཕུལ། ཞེས་ཕོང་ནི་རྣམ་ཐར་ནས་ཕྱུང་པའོ།། །།

༄༅། །དགའ་ལྡན་ལྷ་བརྒྱ་མ་བཞུགས་སོ།

༄༅།དགའ་ལྡན་ལྷ་བརྒྱའི་མགོན་གྱི་ཐུགས་ཀ་ནས། །རབ་དཀར་ཞོ་གསར་སྤུངས་འདྲའི་ཆུ་འཛིན་རྩེར། །ཆོས་ཀྱི་རྒྱལ་པོ་ཀུན་མཁྱེན་བློ་བཟང་གྲགས། །སྲས་དང་བཅས་པ་གནས་འདིར་གཤེགས་སུ་གསོལ། །མདུན་གྱི་ནམ་མཁར་སེང་ཁྲི་པད་ཟླའི་སྟེང་། །རྗེ་བཙུན་བླ་མ་དགྱེས་པའི་འཛུམ་དཀར་ཅན། །བདག་བློ་དད་པའི་བསོད་ནམས་ཞིང་མཆོག་ཏུ། །བསྟན་པ་རྒྱས་ཕྱིར་བསྐལ་བརྒྱར་བཞུགས་སུ་གསོལ། །ཤེས་བྱའི་ཁྱོན་ཀུན་འཇལ་བའི་བློ་གྲོས་ཐུགས། །སྐལ་བཟང་རྣ་བའི་རྒྱན་གྱུར་ལེགས་བཤད་གསུང་། །གྲགས་པའི་དཔལ་གྱིས་ལྷམ་མེར་མཛེས་པའི་སྐུ། །མཐོང་ཐོས་དྲན་པས་དོན་ལྡན་ལ་ཕྱག་འཚལ། །ཡིད་འོང་མཆོད་ཡོན་སྣ་ཚོགས་མེ་ཏོག་དང་། །དྲི་ཞིམ་བདུག་སྤོས་སྣང་གསལ་དྲི་ཆབ་སོགས། །དངོས་བཤམས་ཡིད་སྤྲུལ་མཆོད་སྤྲིན་རྒྱ་མཚོ་འདི། །བསོད་ནམས་ཞིང་མཆོག་ཁྱོད་ལ་མཆོད་པ་འབུལ། །གང་ཞིག་ཐོག་མེད་དུས་ནས་བསགས་པ་ཡི། །ལུས་ངག་ཡིད་ཀྱིས་མི་དགེ་ཅི་བགྱིས་དང་། །ཁྱད་པར་སྡོམ་པ་གསུམ་གྱི་མི་མཐུན་ཕྱོགས། །སྙིང་ནས་འགྱོད་པ་དྲག་པོས་སོར་བཤགས། །སྙིགས་མའི་དུས་འདིར་མང་ཐོས་སྒྲུབ་ལ་བརྩོན། །ཆོས་བརྒྱད་སྤངས་པས་དལ་འབྱོར་དོན་ཡོད་བྱེད། །མགོན་པོ་ཁྱོད་ཀྱི་རླབས་ཆེན་མཛད་པ་ལ། །བདག་ཅག་བསམ་པ་ཐག་པས་ཡི་རང་ངོ་། །རྗེ་བཙུན་བླ་མ་དམ་པ་ཁྱེད་རྣམས་ཀྱིས། །ཆོས་སྐུའི་མཁའ་ལ་མཁྱེན་བརྩེའི་ཆུ་འཛིན་འཁྲིགས། །ཇི་ལྟར་འཚམ་པའི་གདུལ་བྱའི་འཛིན་མ་ལ། །ཟབ་རྒྱས་ཆོས་ཀྱི་ཆར་པ་དབབ་ཏུ་གསོལ། །བདག་གིས་ཇི་སྙེད་བསགས་པའི་དགེ་བ་འདིས། །བསྟན་དང་འགྲོ་བ་ཀུན་ལ་གང་ཕན་དང་། །ཁྱད་པར་རྗེ་བཙུན་བློ་བཟང་གྲགས་པ་ཡི། །བསྟན་པའི་སྙིང་པོ་རིང་དུ་གསལ་བྱེད་ཤོག །།

༄༅། །རྣམ་དག་འོད་གསལ་མ།

༄། །རྣམ་དག་འོད་གསལ་དབྱིངས་ནས་བཞེངས་པ་ཡི། །ཟུང་འཇུག་སྐུ་ལ་འཆར་ནུབ་མི་མངའ་ཡང་། །ཐ་མལ་སྣང་ངོར་གཟུགས་སྐུ་རགས་པ་ཉིད། །སྲིད་མཐའི་བར་དུ་མི་ནུབ་བརྟན་པར་བཞུགས། །ཞེས་པ་འདི་ཕུར་བུ་ལྕོག་བླ་མ་བྱམས་པས་འཕགས་པ་ལྷ་ཡེ་ཤེས་བསྟན་པའི་མགོན་པོར་བསྐུལ་བའོ།། །།བཀྲིས། །

༄༅། །བླ་མའི་རྣལ་འབྱོར་ཟབ་ཁྱད་ཅན་ཆོས་ཀྱི་རྒྱལ་པོ་ཙོང་ཁ་པ་ཆེན་པོས་མཁས་གྲུབ་ཐམས་ཅད་མཁྱེན་པ་ལ་གཅིག་བརྒྱུད་ཀྱི་ཚུལ་དུ་གནང་བ་བཞུགས་སོ།

༄༅། །ན་མོ་གུ་རུ་མཉྫུ་གྷོ་ཥ་ཡ། ཟབ་མོ་བླ་མའི་རྣལ་འབྱོར་བསྒོམ་པར་འདོད་པས། ཐོག་མར་སྐྱབས་འགྲོ་སེམས་བསྐྱེད་ཚད་མེད་བཞི་བསྒོམ་པ་སྔོན་དུ་འགྲོ་བ་བྱས་ནས། རང་གི་མདུན་གྱི་ནམ་མཁར་པདྨ་དང་། ཟླ་བ་དང་། སེང་གེ་ཆེན་པོ་བརྒྱད་ཀྱིས་བཏེག་པའི་རིན་པོ་ཆེའི་ཁྲི་ཡངས་ཤིང་རྒྱ་ཆེ་བའི་སྟེང་དུ། རང་གི་དྲིན་ཅན་རྩ་བའི་བླ་མ་རྒྱལ་བ་ཙོང་ཁ་པ་ཆེན་པོ་ཡིན་པ་ལ། རྣམ་པ་རྗེ་བཙུན་འཇམ་པའི་དབྱངས་སྐུ་མདོག་དམར་སེར་ལི་ཁྲིའི་མདངས་ཅན། ཞལ་གཅིག ཕྱག་གཉིས་པ། ཕྱག་གཡས་ཤེས་རབ་ཀྱི་རལ་གྲི་འཕྱར་ཞིང་། གཡོན་ཤེས་རབ་ཀྱི་ཕ་རོལ་ཏུ་ཕྱིན་པའི་གླེགས་བམ་ཐུགས་ཀར་བསྣམས་པ། དབུ་སྐྲ་རལ་བའི་ཐོར་ཚུགས་ཟུར་ཕུད་ལྔ་དང་ལྡན་པ། ཞལ་འཛུམ་བག་དང་ལྡན་པ། རིན་པོ་ཆེའི་རྒྱན་ཐམས་ཅད་ཀྱིས་བརྒྱན་པ། དར་སྣ་ཚོགས་ཀྱི་ན་བཟའི་ལྷབ་ལྷུབ་ཅན། ཞབས་རྡོ་རྗེ་སྐྱིལ་ཀྲུང་གིས་བཞུགས་པ། དེའི་སྤྱི་བོར་ཨོཾ། མགྲིན་པར་ཨཱཿ ཐུགས་ཀར་ཧཱུྃ་གིས་མཚན་པར་གྱུར། ཐུགས་ཀའི་ཧཱུྃ་ལས་འོད་ཟེར་འཕྲོས་པས། རྒྱ་ཆེན་སྤྱོད་བརྒྱུད། ཟབ་མོ་ལྟ་བརྒྱུད། ཉམས་ལེན་བྱིན་རླབས་བརྒྱུད་ལ་སོགས་པའི་རྩ་བ་དང་བརྒྱུད་པར་བཅས་པའི་བླ་མ་ཐམས་ཅད་སྤྱན་དྲངས་ཏེ། རྗེ་བཙུན་ལ་ཐིམ་པས། དེ་ཉིད་བླ་མ་ཀུན་འདུས་ཀྱི་བདག་ཉིད་དུ་གྱུར། ཡང་ཐུགས་ཀའི་ཧཱུྃ་ལས་འོད་ཟེར་འཕྲོས་པས་བྱ་བའི་རྒྱུད། སྤྱོད་པའི་རྒྱུད། རྣལ་འབྱོར་གྱི་རྒྱུད། རྣལ་འབྱོར་བླ་ན་མེད་པའི་རྒྱུད་ཀྱིས་བསྡུས་པའི་ཡི་དམ་དཀྱིལ་འཁོར་གྱི་ལྷ་ཚོགས་འཁོར་དང་བཅས་པ་སྤྱན་དྲངས་ཏེ། དེ་ཉིད་ལ་ཐིམ་པས། དེ་ཉིད་ཡི་དམ་ཀུན་འདུས་ཀྱི་བདག་ཉིད་དུ་གྱུར། ཡང་ཐུགས་ཀའི་ཧཱུྃ་ལས་འོད་ཟེར་འཕྲོས་པས་བཀའ་སྡོད་སྲུང་མའི་ཚོགས་ཐམས་

ཅན་དང་། གནས་གསུམ་གྱི་དཔའ་བོ་མཁའ་འགྲོ་རྣལ་འབྱོར་མའི་ཚོགས་ཐམས་ཅད་སྤྱན་དྲངས་ཏེ། དེ་ལ་ཐིམས་པས། ཆོས་སྐྱོང་ཀུན་འདུས་ཀྱི་བདག་ཉིད་དུ་གྱུར་པར་བསམ་ལ། གསང་བ་འདུས་པ་ནས་བཤད་པ་ལྟར། ཉེར་སྤྱོད་རོལ་མོ། རྒྱལ་སྲིད་སྣ་བདུན། བཀྲ་ཤིས་རྟགས་བརྒྱད་སོགས་རྒྱས་པར་འབུལ། དེ་ཙམ་མ་བྱུང་ན་ཡང་། གུ་རུ་རཏྣ་ས་པ་རི་ཝཱ་ར་ཨརྒྷཾ་པྲ་ཏཱི་ཙྪ་སྭཱ་ཧཱ། ཞེས་སོགས་ཤཱཀྱའི་བར་དང་། འདོད་ཡོན་ལྔ་དང་རྒྱལ་སྲིད་སྣ་བདུན་འབུལ། དེ་ནས་མཎྜལ་རྒྱས་བསྡུས་གང་རིགས་ཕུལ་ནས། སངས་རྒྱས་ཐམས་ཅད་འདུས་པའི་སྐུ། །ཞེས་སོགས་རྩ་བ་རྒྱུད་ཀྱི་བླ་མ་རྣམས་ཀྱི་བསྟོད་པ་གང་ཤེས་ཀྱིས་བསྟོད་ཅིང་། སྒོ་གསུམ་གུས་པས་ཕྱག་བྱའོ། །དེ་ནས་བླ་མ་དེ་ཉིད། སངས་རྒྱས་ཀུན་འདུས། ཆོས་ཀུན་འདུས། དགེ་འདུན་ཀུན་འདུས། བླ་མ་ཀུན་འདུས། ཡི་དམ་ཀུན་འདུས། ཆོས་སྐྱོང་ཀུན་འདུས་སུ་ངེས་ཤེས་ཤུགས་དྲག་དྲངས་ཏེ། དུས་འདི་ནས་བཟུང་སྟེ་ཇི་སྲིད་བྱང་ཆུབ་མ་ཐོབ་ཀྱི་བར་དུ། རེ་ས་ལྟོས་ས་ཁྱེད་མིན་པ་མེད་སྙམ་བློ་ཤིངས་ཀྱིས་བཀལ་ལ། མོས་གུས་ཤུགས་དྲག་པོས་སེམས་མ་ཡེངས་པར་བྱས་ལ། དམིགས་མེད་བརྩེ་བའི་གཏེར་ཆེན་སྤྱན་རས་གཟིགས། །དྲི་མེད་མཁྱེན་པའི་དབང་པོ་འཇམ་དཔལ་དབྱངས། །གངས་ཅན་མཁས་པའི་གཙུག་རྒྱན་ཙོང་ཁ་པ། །བློ་བཟང་གྲགས་པའི་ཞབས་ལ་གསོལ་བ་འདེབས། །ཞེས་གང་མང་གིས་གསོལ་འདེབས་རྩེ་གཅིག་ཏུ་བཏབ་ནས། བླ་མ་རིན་པོ་ཆེ་བདག་གི་བློ་ཆོས་སུ་འགྲོ་བར་བྱིན་གྱིས་བརླབ་ཏུ་གསོལ། ཆོས་ལམ་དུ་འགྲོ་བར་བྱིན་གྱིས་བརླབ་ཏུ་གསོལ། །ལམ་ལ་བར་ཆད་མི་འབྱུང་བར་བྱིན་གྱིས་བརླབ་ཏུ་གསོལ། ཕྱིན་ཅི་ལོག་གི་བློ་སྣ་མཐའ་དག་འགག་པར་བྱིན་གྱིས་བརླབ་ཏུ་གསོལ། ཕྱིན་ཅི་མ་ལོག་པའི་བློ་སྣ་མཐའ་དག་རང་རྒྱུད་ལ་སྐྱེ་བར་བྱིན་གྱིས་བརླབ་ཏུ་གསོལ། ཞེས་གསོལ་བ་བཏབ་པས། བླ་མའི་སྤྱི་བོའི་ཨོཾ་ལས་འོད་ཟེར་དཀར་པོའི་ཚོགས་དཔག་ཏུ་མེད་པ་འཕྲོས། རང་གི་སྤྱི་བོར་ཐིམས་པས་ཐོག་མ་མེད་པ་ནས་ལུས་ཀྱི་སྒོ་ནས་བསགས་པའི་སྡིག་སྒྲིབ་ཐམས་ཅད་བྱང་ཞིང་དག དབང་དང་པོ་བུམ་པའི་དབང་ཐོབ། ལུས་ལྷར་བསྒོམ་པ་ལ་དབང་བར་བྱས། འབྲས་བུ་སྤྲུལ་སྐུ་འགྲུབ་པའི་ནུས་པ་ཁྱད་པར་ཅན་བཞག་བྱུང་སྙམ་དུ་མོས་པ་བརྟན་པར་བྱའོ། །ཡང་སྔར་བཞིན་དམིགས་བརྩེ་མ་ཅི་མང་བགྲངས་ནས། བླ་མ་རིན་པོ་ཆེ་ཞེས་སོགས་ཀྱིས་གསོལ་བ་བཏབ་པས། བླ་མའི་

མཁྱེན་པའི་ཨཱཿ དམར་པོ་ལས་འོད་ཟེར་འཕྲོས། རང་གི་མཁྱེན་པར་ཐིམས་པས། ངག་གི་སྒོ་ནས་བསགས་པའི་སྡིག་སྒྲིབ་ཐམས་ཅད་བྱང་ཞིང་དག དབང་གཉིས་པ་གསང་བའི་དབང་ཐོབ། དག་རྟགས་བཟླ་བ་ལ་དབང་བར་བྱས། འབྲས་བུ་ལོངས་སྐུ་འགྲུབ་པའི་ནུས་པ་ཁྱད་པར་ཅན་བཞག་བྱུང་སྙམ་དུ་བསམ། ཡང་སྔར་བཞིན་གསོལ་བ་བཏབ་པས། བླ་མའི་ཐུགས་ཀའི་ཧཱུྃ་སྔོན་པོ་ལས་འོད་ཟེར་འཕྲོས། རང་གི་སྙིང་ཁར་ཐིམས་པས། ཡིད་ཀྱི་སྒོ་ནས་བསགས་པའི་སྡིག་སྒྲིབ་ཐམས་ཅད་བྱང་ཞིང་དག དབང་གསུམ་པ་ཤེས་རབ་ཡེ་ཤེས་ཀྱི་དབང་ཐོབ། སེམས་ཉིད་ངེ་འཛིན་བསྒོམ་པ་ལ་དབང་བར་བྱས། འབྲས་བུ་ཆོས་སྐུ་འགྲུབ་པའི་ནུས་པ་ཁྱད་པར་ཅན་བཞག་བྱུང་སྙམ་པའི་མོས་པ་བྱས། ཡང་སྔར་བཞིན་གསོལ་བ་དྲག་ཏུ་བཏབ་པས། བླ་མའི་གནས་གསུམ་གྱི་ཡི་གེ་གསུམ་ལས་འོད་ཟེར་དཀར་དམར་མཐིང་གསུམ་འཕྲོས། རང་གི་གནས་གསུམ་དུ་ཐིམས་པས་སྒོ་གསུམ་གྱི་སྡིག་སྒྲིབ་བག་ཆགས་དང་བཅས་པ་བྱང་ཞིང་དག དབང་བཞི་པ་ཚིག་དབང་རིན་པོ་ཆེ་ཐོབ། འབྲས་བུ་ཟུང་འཇུག་རྡོ་རྗེ་འཆང་འགྲུབ་པའི་ནུས་པ་ཁྱད་པར་ཅན་བཞག་བྱུང་སྙམ་པའི་བསམ་པ་བསྐྱེད། དེ་ནས་རང་གི་ལུས་ཀྱི་དབུས་དྲང་ཐད་སྐལ་ཚོགས་ལ་ཚུང་ཟད་ཉེ་བའི་རྩ་དབུ་མ། སྦོམ་ཕྲ་གྲོ་སོག་ཙམ་དཀར་ལ་དམར་པའི་མདངས་ཅན་ཡར་སྣ་སྤྱི་གཙུག་ལ་ཐུག་པ། མར་སྣ་གསང་གནས་ལ་ཐུག་པ་ཞིག་གསལ་བཏབ། དེའི་ནང་དུ་རང་གི་སྙིང་ཁ་འདི་ཉིད་ད་ལྟ་ཁ་ཐུར་དུ་ལྟ་བ་དེ། ཀློས་ཀྱིན་དུ་བསླངས་ཏེ་པདྨ་འདབ་མ་བརྒྱད་པའི་རྣམ་པ་ཅན་ཁ་བྱེ་བ་ཞིག་ཏུ་བསྒོམས། རྩ་དབུ་མའི་ཡར་སྣ་རྒྱ་མཐོངས་ཁ་བྱེ་བ་ལྟ་བུར་ཐལ་ལེ་ཡོད་པར་བསྒོམས་ལ། སྔར་བཞིན་གསལ་བཏབ་པས། བླ་མ་འཁྱིལ་ཏེ་དབུ་མའི་ནང་ནས་མར་བྱོན། སྙིང་པདྨ་འདབ་བརྒྱད་དུ་གསལ་བའི་སྟེང་དུ་པད་ཟླའི་གདན་ལ་བཞུགས་པར་གྱུར་བར་བསམས་ལ། དམིགས་བརྟེ་མ་ཆེ་མང་བགྲངས་ཤིང་། རང་གི་རྩ་དབུ་མའི་ཡར་སྣ་བཀག་ནས་ལུས་ཀྱི་ནང་འོད་ཟེར་སྣ་ལྷུས་ཞལ་བ་བྱས་པར་བསྒོམ་པ་ནི་མན་ངག་ཡིན་ནོ། །དེ་ནས་ཐུན་འཛོག་ཁར། འདོད་དོན་ལ་གསོལ་བ་བཏབ་པས་ཞལ་གྱིས་བཞེས་པར་བསམས་ལ། པདྨ་འདབ་བརྒྱད་སྤྲུངས་སྐུ་ཁ་བསྡུས་པ་ལྟར་ཟུམ་པའི་རྩེ་ལ་དམིགས་བརྟེ་མའི་ཡིག་འབྲུ་རྣམས་གསེར་གྱིས་བྲིས་པ་ལྟ་བུ་དང་། དེའི་གཤམ་ནས་ཨ་ར་པ་ཙ་ནའི་ཡི་གེ་གསེར་གྱི་མདོག་ཅན་གྱིས་པར་མཚམས་མེད་

པར་དཀྲིས་པར་བསམ་ཞིང་། ངག་ཏུ་ཡང་བརྗོད་ནས། བསྟན་པ་རྒྱས་པ་སོགས་ཀྱི་བསྔོ་བ་བྱེད་ཅིང་། དེ་ནས་བཟུང་ཏེ་བླ་མའི་རྣལ་འབྱོར་ལ་འབད་པ་གལ་ཆེའོ། །དེ་ཡང་སྙིང་ཁའི་བླ་མའི་སྐུའི་བཀོད་པ་འཆི་ཁ་ཙམ་ཆད་དུ་སྤུད་རྒྱུ་མིན་པས། རྩ་དབུ་མའི་ནང་ནས་མར་ཕྱིན། སྟེར་གྱི་སྙིང་ཁ་པདྨ་འདབ་བརྒྱད་ཀྱི་སྟེགས་དང་ཡིག་འབྲུ་རྣམས་བཀྲོལ་ནས་པདྨ་འདབ་བརྒྱད་ཁ་ཤག་བྱེ་བར་བསམས་ནས་སྟེར་གྱི་བླ་མའི་སྐུ་ལ་ཐིམས་པར་བསམས་ལ་གསོལ་བ་འདེབས་པ་དང་། པདྨ་ཁ་ཟུམ་སྟེ་ཕྱི་ནས་ཡི་གེས་དཀྲིས་བ་རྩ་དབུ་མའི་ནང་དུ་འོད་ཀྱིས་ཞལ་ཞལ་བྱེད་པ་སོགས་གོང་བཞིན་བྱའོ། །བླ་མའི་རྣལ་འབྱོར་ཟབ་ཁྱད་ཅན་འདི་ནི། ཆོས་ཀྱི་རྒྱལ་པོ་ཙོང་ཁ་པ་ཆེན་པོས། མཁས་གྲུབ་ཐམས་ཅད་མཁྱེན་པ་ལ་གཅིག་བརྒྱུད་ཀྱི་ཚུལ་དུ་གནང་བའོ།. །

༄༅། །རྡེའི་ནོ་ཕོ་ཆེས་བ་སོ་ཆོས་རྡེ་ལ་གཅིག་བརྒྱུད་ཀྱི་རྩལ་ཏུ་གནད་བའི་བླ་མའི་རྣལ་འབྱོར་བཞུགས་སོ།

༄༅། །ན་མོ་གུ་རུ། སྐྱབས་འགྲོ་སེམས་བསྐྱེད་ཚད་མེད་བཞི་སོགས་སྔོན་དུ་བཏང་ནས། རང་གི་སྤྱི་བོར་སེནྟྲི་ཆེན་པོ་བརྒྱད་ཀྱིས་བཏེག་པའི་རིན་པོ་ཆེའི་ཁྲི་ཡངས་ཤིང་རྒྱ་ཆེ་བའི་སྟེང་དུ། པདྨ་དང་ཟླ་བའི་གདན་ལ་ངོ་བོ་དྲིན་ཅན་རྩ་བའི་བླ་མ་ཆོས་ཀྱི་རྒྱལ་པོ་ཙོང་ཁ་པ་ཡིན་པ་ལ། རྣམ་པ་རྗེ་བཙུན་འཇམ་དབྱངས་སྐུ་མདོག་དམར་སེར་ཞལ་གཅིག་ཕྱག་གཉིས་ཀྱི་གཡས་རལ་གྲི་འཕྱར་ཞིང་གཡོན་གྱིས་གླེགས་བམ་ཐུགས་ཀར་འཛིན་པ། ཞབས་རྡོ་རྗེ་སྐྱིལ་ཀྲུང་གིས་བཞུགས་པ། རིན་པོ་ཆེའི་རྒྱན་དང་དར་སྣ་ཚོགས་ཀྱི་ན་བཟའ་ཅན། མཚན་དཔེས་བརྒྱན་པའི་ལྷའི་སྐུ་སྣང་ལ་རང་བཞིན་མེད་པ། ནམ་མཁའི་འཇའ་ཚོན་ལྟ་བུ་འོད་ཟེར་གྱི་ཕུང་པོ་ཆེན་པོའི་དབུས་སུ་བཞུགས་པ། དེའི་སྤྱི་བོར་ཨོཾ་དཀར་པོ། མགྲིན་པར་ཨཱཿདམར་པོ། ཐུགས་ཀར་ཧཱུྃ་སྔོན་པོ། ཐུགས་ཀའི་ཧཱུྃ་ལས་འོད་ཟེར་འཕྲོས་ཟབ་མོ་ལྟ་བརྒྱད། རྒྱ་ཆེན་སྤྱོད་བརྒྱུད། ཉམས་ལེན་བྱིན་རླབས་བརྒྱུད་པའི་བླ་མ་རྣམས་དང་། གཞན་ཡང་། རང་གི་ཆོས་འབྲེལ་དངོས་སུ་ཐོབ་པའི་བླ་མ་ཡི་དམ་སངས་རྒྱས་བྱང་སེམས། དཔའ་བོ་མཁའ་འགྲོ་ཆོས་སྐྱོང་སྲུང་མའི་ཚོགས་དང་བཅས་པ་ཐམས་ཅད་སྤྱན་དྲངས། སྤྱི་བོའི་བླ་མ་ལ་ཐིམ་པས། དེ་ཉིད་སྐྱབས་གསུམ་ཀུན་འདུས་ཀྱི་བདག་ཉིད་དུ་མོས་ནས། གདུང་ཤུགས་དྲག་པོས་དམིགས་བརྩེ་མ་འདྲེན་ཅིང་གསོལ་བ་བཏབ་པ། བླ་མའི་སྤྱི་བོའི་ཨོཾ་ལས་འོད་ཟེར་དང་བདུད་རྩི་དཀར་པོ་དཔག་ཏུ་མེད་པ་བྱུང་། རང་གི་སྤྱི་བོར་ཐིམ། བླ་མའི་སྐུའི་བྱིན་རླབས་ཞུགས། དབང་བཞིའི་ནང་ནས་བུམ་དབང་ཐོབ། ཐོག་མེད་ནས་ལུས་ཀྱི་སྒོ་ནས་བསགས་པའི་སྡིག་སྒྲིབ་བག་ཆགས་དང་བཅས་པ་ཐམས་ཅད་དག སྐུ་རྡོ་རྗེ་འགྲུབ་པའི་ནུས་པ་བཞག་བྱུང་སྙམ་དུ་མོས་ནས་དམིགས་བརྩེ་མ་འདྲེན་ཅིང་། ཡང་སྔར་བཞིན་གསོལ་བ་

བཏབ་པས། བླ་མའི་མགྲིན་པའི་ཨཱཿལས་འོད་ཟེར་དང་བདུད་རྩི་དམར་པོ་དཔག་ཏུ་མེད་པ་བྱུང༌། རང་གི་མགྲིན་པར་ཐིམ། ཐོག་མེད་ནས་ངག་གི་སྒོ་ནས་བསགས་པའི་སྡིག་སྒྲིབ་བག་ཆགས་དང་བཅས་པ་ཐམས་ཅད་དག བླ་མའི་གསུང་གི་བྱིན་རླབས་ཞུགས། དབང་བཞིའི་ནང་ནས་གསང་དབང་ཐོབ། གསུང་རྡོ་རྗེ་འགྲུབ་པའི་ནུས་པ་ཁྱད་པར་ཅན་བཞག་བྱུང་སྙམ་དུ་མོས་ནས། དམིགས་བརྩེ་མ་འདྲེན་ཅིང༌། ཡང་སྔར་བཞིན་གསོལ་བ་བཏབ་པས། བླ་མའི་ཐུགས་ཀའི་ཧཱུྃ་ལས་འོད་ཟེར་དང་བདུད་རྩི་སྔོན་པོ་དཔག་མེད་བྱུང༌། རང་གི་སྙིང་གར་ཐིམ། ཐོག་མེད་ནས་ཡིད་ཀྱི་སྒོ་ནས་བསགས་པའི་སྡིག་སྒྲིབ་བག་ཆགས་དང་བཅས་པ་ཐམས་ཅད་དག བླ་མའི་ཐུགས་ཀྱི་བྱིན་རླབས་ཞུགས། དབང་བཞིའི་ནང་ནས་ཤེས་རབ་ཡེ་ཤེས་ཀྱི་དབང་ཐོབ། ཐུགས་རྡོ་རྗེ་འགྲུབ་པའི་ནུས་པ་ཁྱད་པར་ཅན་བཞག་བྱུང་སྙམ་དུ་མོས་ནས་དམིགས་བརྩེ་མ་འདྲེན་ཅིང༌། ཡང་སྔར་བཞིན་གསོལ་བ་བཏབ་པས། བླ་མའི་གནས་གསུམ་གྱི་ཡི་གེ་གསུམ་ལས་འོད་ཟེར་དཀར་དམར་མཐིང་གསུམ་བྱུང༌། རང་གི་གནས་གསུམ་དུ་ཐིམ། ཐོག་མེད་ནས་ལུས་ངག་ཡིད་གསུམ་གྱི་སྒོ་ནས་བསགས་པའི་སྡིག་སྒྲིབ་བག་ཆགས་དང་བཅས་པ་ཐམས་ཅད་དག བླ་མའི་སྐུ་གསུང་ཐུགས་གསུམ་གྱི་བྱིན་རླབས་ཞུགས། དབང་བཞིའི་ནང་ནས་ཚིག་དབང་རིན་པོ་ཆེ་ཐོབ། སྐུ་གསུང་ཐུགས་རྡོ་རྗེ་གསུམ་དབྱེར་མི་ཕྱེད་པའི་ཟུང་འཇུག་རྡོ་རྗེ་འཆང་འགྲུབ་པའི་ནུས་པ་ཁྱད་པར་ཅན་བཞག་བྱུང་སྙམ་དུ་མོས་ནས་དམིགས་བརྩེ་མ་འདྲེན། དེ་ནས་རང་གི་སྤྱི་བོ་ནས་སྙིང་གའི་བར་དུ་རྩ་དབུ་མ་ཕྱི་དཀར་ལ་ནང་དམར་བ། ཡར་སྣ་སྤྱི་བོ་ལ་ཟུག་པ་རྒྱ་མཐོངས་ཁ་ཕྱེ་བ་ལྟ་བུ། བུ་ག་སྐྲ་ཐལ་ལེ་ཡོད་པ། མར་སྣ་རག་ཏུང་གི་ཞབས་ཀྱི་རྣམ་པ་ཅན་སྙིང་གར་གནས་པ། རང་གི་སྙིང་གར་པདྨ་དམར་པོ་འདབ་མ་བརྒྱད་པ། ཁ་ཕྱེན་དུ་ཤག་ཕྱེ་བ། དེའི་དབུས་སུ་རང་གི་སེམས་ཉིད་ཧྲཱིཿདམར་སེར་དུ་གསལ་བཏབ་དེ་ནས་སྤྱི་བོའི་བླ་མ་ལ་དམིགས་ནས། བླ་མ་རིན་པོ་ཆེ་བདག་གི་བློ་ཆོས་སུ་འགྲོ་བར་བྱིན་གྱིས་རློབས། ཆོས་ལམ་དུ་འགྲོ་བར་བྱིན་གྱིས་རློབས། ཆོས་ལ་བར་ཆད་མེད་པར་བྱིན་གྱིས་རློབས། ཕྱིན་ཅི་ལོག་གི་བློ་སྣ་མཐའ་དག་འགག་པར་བྱིན་གྱིས་རློབས། །ཕྱིན་ཅི་མ་ལོག་པའི་བློ་སྣ་མཐའ་དག་བདེ་བླག་ཏུ་རང་རྒྱུད་ལ་སྐྱེ་བར་བྱིན་གྱིས་རློབས། བྱམས་སྙིང་རྗེ་བྱང་ཆུབ་ཀྱི་སེམས་ཁྱད་པར་ཅན་བདག་གི་རྒྱུད་ལ་སྐྱེ་བར་བྱིན་གྱིས་རློབས། །

བདག་མེད་རྟོགས་པའི་ཤེས་རབ་ཁྱད་པར་ཅན་བདག་གི་རྒྱུད་ལ་སྐྱེ་བར་བྱིན་གྱིས་རློབས། ལམ་རིམ་པ་གཉིས་ཀྱི་རྟོགས་པ་ཁྱད་པར་ཅན་རང་རྒྱུད་ལ་སྐྱེ་བར་བྱིན་གྱིས་བརླབ་ཏུ་གསོལ། ཞེས་གསོལ་བ་བཏབ་པས། བླ་མ་རྩ་དབུ་མའི་ནང་ནས་མར་བྱོན་ནས། རང་གི་སེམས་ཧྲཱིཿ དམར་སེར་དུ་གསལ་བ་ལ་ཐིམ། བླ་མ་དང་རང་གི་སེམས་རྗེ་བཙུན་གསུམ་དབྱེར་མི་ཕྱེད་པའི་ངང་ལ་དར་ཅིག་མཉམ་པར་གཞག་གོ །དེ་ནས་རང་གི་སྙིང་ག་པདྨ་གསལ་བ་ཁ་འུབ་འདུས་པའི། རྗེ་བཙུན་གྱི་རལ་བའི་ཐོར་ཅོག་གི་མཚམས། ཨོཾ་ཨ་ར་པ་ཙ་ན་ཧྲཱིཿ འི་སྔགས་ཀྱིས་བསྐོར་བར་བསམ་མོ། །དེ་རྗེས་སྐྱེ་བ་ཀུན་ཏུ་ཡང་དག་བླ་མ་དང་། །འབྲལ་མེད་ཆོས་ཀྱི་དཔལ་ལ་ལོངས་སྤྱོད་ཅིང་ཞེས་སོགས་བརྗོད།། །།

༄༅། །རྒྱལ་བ་བློ་བཟང་གྲགས་པ་ལ་གསོལ་བ་འདེབས་པའི་གདམས་པ་རྒྱ་མཚོ་ལྷ་ཁྲུའི་སྙིང་པོའི་སྙིང་པོ་བསྡུས་པའི་བླ་མའི་རྣལ་འབྱོར་ཉམས་སུ་ལེན་ཚུལ་ཞེས་བྱ་བ་བཞུགས་སོ།

༄། །བླ་མ་ལྷག་པའི་ལྷ་ལ་ཕྱག་འཚལ་ལོ། །འདིར་བླ་མའི་རྣལ་འབྱོར་ཉམས་སུ་ལེན་ཚུལ་ནི། སྐྱབས་འགྲོ་སེམས་བསྐྱེད་ཚད་མེད་བཞི་སྔོན་དུ་བཏང་ནས། རང་གི་མདུན་གྱི་ཐད་དྲང་གི་ནམ་མཁའི་དབུས་སུ་སེང་གེས་བཏེག་པའི་རིན་པོ་ཆེའི་ཁྲི་སྣ་ཚོགས་པདྨ་དང་ཟླ་བ་དང་བཅས་པའི་སྟེང་དུ། དུས་གསུམ་གྱི་སངས་རྒྱས་ཐམས་ཅད་ཀྱི་མཁྱེན་བརྩེ་གཅིག་ཏུ་བསྡུས་པའི་ངོ་བོ། ཐུབ་དབང་རྡོ་རྗེ་འཆང་ཆེན་པོའི་རྣམ་སྤྲུལ། བླ་མ་རྒྱལ་བ་བློ་བཟང་གྲགས་པ་ཉན་ཐོས་ཀྱི་ཆ་ལུགས་ཅན། ཞལ་གཅིག་ཕྱག་གཉིས། ཞབས་རྡོ་རྗེའི་སྐྱིལ་ཀྲུང་གིས་བཞུགས་པ། ཕྱག་གཡོན་མཉམ་གཞག་གི་སྟེང་ན་བདུད་རྩིས་གང་བའི་ལྷུང་བཟེད་བསྣམས་པའི་མཐེབ་སྲིན་གྱིས་མེ་ཏོག་ཨུཏྤ་ལའི་རྩ་བ་འཛིན་ཅིང་། རྩེ་མོ་སྙན་གྱི་ཐད་ཀར་ཁ་གྱེས་པའི་སྟེང་ན་པོ་ཏི་དང་། གཡས་པ་ཆོས་སྟོན་གྱི་ཕྱག་རྒྱ་ཐུགས་ཀར་མཛད་པའི་མཐེབ་སྲིན་གྱིས་མེ་ཏོག་ཨུཏྤ་ལའི་རྩ་བ་འཛིན་ཅིང་རྩེ་མོ་སྙན་གྱི་ཐད་ཀར་ཁ་གྱེས་པའི་སྟེང་ན་རལ་གྲིས་བརྒྱན་པ། སྐུ་ཆོས་གསུམ་དང་། པན་ཞྭ་སེར་པོ་སྐུ་ལ་མཛེས་པར་གསོལ་བ། མཚན་དཔེས་བརྒྱན་པའི་དྭངས་གསལ་འོད་ཀྱི་རང་བཞིན་ཅན་དུ་བསྒོམས་པའི་ཐུགས་ཀར། པདྨ་དང་ཟླ་བའི་སྟེང་དུ་རྒྱལ་བ་ཤཱཀྱ་ཐུབ་པ་སྐུ་མདོག་སེར་པོ་ཞལ་གཅིག་ཕྱག་གཉིས་ཞབས་རྡོ་རྗེའི་སྐྱིལ་ཀྲུང་གིས་བཞུགས་པའི་ཕྱག་གཡོན་མཉམ་གཞག་གི་སྟེང་ན་བདུད་རྩིས་གང་བའི་ལྷུང་བཟེད་བསྣམས་ཤིང་། ཕྱག་གཡས་ས་གནོན་གྱི་ཕྱག་རྒྱ་མཛད་པ། སྐུ་ཆོས་གསུམ་སྐུ་ལ་གསོལ་ཞིང་། མཚན་དཔེས་བརྒྱན་པའི་དྭངས་གསལ་འོད་ཀྱི་རང་བཞིན་ཅན་གྱི་སྐུར་བསྒོམ།

དེའི་གཡས་ཕྱོགས་སུ་པད་ཟླའི་སྟེང་དུ་རྗེ་བཙུན་སྤྱན་རས་གཟིགས་ཞལ་གཅིག་ཕྱག་གཉིས་པ། ཕྱག་གཡས་མཆོག་སྦྱིན་དང་གཡོན་ཆོས་སྟོན་གྱི་ཕྱག་རྒྱ་ཅན་གྱི་མཐེབ་སྲིན་གཉིས་ཀྱིས་པདྨ་དཀར་པོའི་རྩ་བ་འཛིན་ཅིང་། རྗེ་མོ་སྐྱིལ་ཀྲུང་གིས་ཐད་ཀར་ཁ་ཕྱེས་པས་བརྒྱན་པ། གཡོན་ཕྱོགས་སུ་པད་ཟླའི་སྟེང་དུ་རྗེ་བཙུན་འཇམ་དབྱངས་སྐུ་མདོག་དམར་སེར་ཞལ་གཅིག་ཕྱག་གཉིས་པ། ཕྱག་གཉིས་ཆོས་འཆད་ཀྱི་ཕྱག་རྒྱའི་མཐེབ་སྲིན་གཉིས་ཀྱིས་པདྨའི་རྩ་བ་འཛིན་ཅིང་། རྗེ་མོ་གཉིས་སྐྱིལ་ཀྲུང་གིས་ཐད་ཀར་ཁ་ཕྱེས་པའི་གཡས་ཕྱོགས་སུ་རལ་གྲི་དང་། གཡོན་ཕྱོགས་སུ་པོ་ཏིས་བརྒྱན་པ། དེ་གཉིས་ཀའང་ཞབས་གཉིས་མཉམ་པར་བཞེངས་པ་རལ་པའི་ཐོར་ཅོག་ཅན། དབུ་རྒྱན། མགུལ་རྒྱན། སྙན་རྒྱན། ཕྱག་གདུབ། ཞབས་གདུབ་རྣམས་རིན་པོ་ཆེའི་བརྒྱན་པ། དར་གྱི་ན་བཟའ་གསོལ་པའོ། །བླ་མ་རྒྱལ་བ་བློ་བཟང་གྲགས་པའི་སྤྱི་བོར་ཨོཾ་དཀར་པོ། མགྲིན་པར་ཨཱཿདམར་པོ། ཐུགས་ཀའི་རྒྱལ་བ་ཤཱཀྱ་ཐུབ་པའི་ཐུགས་ཀར་ཧཱུྃ་སྔོན་པོ། ཐུགས་ཀའི་ཧཱུྃ་ལས་འོད་ཟེར་འཕྲོས་པས། འོག་མིན་མཁའ་སྤྱོད། དགའ་ལྡན་བདེ་བ་ཅན་ལ་སོགས་པའི་ཞིང་ནས་རྒྱལ་བ་བློ་བཟང་གྲགས་པ་དང་། རྒྱལ་བ་བློ་བཟང་གྲགས་པའི་སྤྲུལ་པར་གྱུར་པ་རྣམས་སྤྱན་དྲངས་ནས་མདུན་གྱི་སྐུ་ལ་ཐིམ་པར་བསམས་ནས། ངག་ཏུ། རྣམ་དག་ཆོས་ཀྱི་དབྱིངས་ལས་མ་གཡོས་ཀྱང་། ཞེས་པ་དང་། བདག་གི་བླ་མ་བློ་བཟང་གྲགས་པའི་དཔལ། །དགའ་ལྡན་བདེ་བ་ཅན་དང་མཁའ་སྤྱོད་སོགས། །ཞིང་ཁམས་རྣམ་དག་གང་ན་བཞུགས་ཀྱང་རུང་། །སྤྱན་འདྲེན་མཆོད་པའི་གནས་འདིར་གཤེགས་སུ་གསོལ། །ཛཿ ཧཱུྃ་བཾ་ཧོཿ ཞེས་བརྗོད། སླར་ཡང་ཐུགས་ཀར་ཧཱུྃ་ལས་འོད་ཟེར་འཕྲོས་པས། བླ་མ་ཡི་དམ་སངས་རྒྱས་བྱང་སེམས་དཔའ་བོ་མཁའ་འགྲོ་ཆོས་སྐྱོང་སྲུང་མ་རྣམས་ཕྱོགས་བཅུའི་ཞིང་ནས་སྤྱན་དྲངས་ཏེ། བླ་མ་ལྷ་མདུན་གྱི་ནམ་མཁར་བཞུགས་པ་ལ་ཐིམ་པར་བསམས་ལ། ངག་ཏུ། ཐུགས་རྗེའི་བདག་ཉིད་རྩ་བརྒྱུད་བླ་མ་དང་། །ཡི་དམ་ལྷ་ཚོགས་སྐྱབས་གནས་དཀོན་མཆོག་གསུམ། །དཔའ་བོ་དཔའ་མོ་ཆོས་སྐྱོང་སྲུང་མ་རྣམས། །སྤྱན་འདྲེན་མཆོད་པའི་གནས་འདིར་གཤེགས་སུ་གསོལ། །ཛཿ ཧཱུྃ་བཾ་ཧོཿ དེ་ནས། སངས་རྒྱས་ཐམས་ཅད་འདུས་པའི་སྐུ། །ཞེས་པ་དང་། དཔལ་ལྡན་ས་གསུམ་འགྲོ་བའི་མིག་གཅིག་བུ། །ཞེས་པ་ནས། ཟླ་མེད་བླ་མ་མཆོག་ལ་ཕྱག་འཚལ་ལོ། །ཞེས་པ་དང་། མཉྫལ་རྒྱས

བསྡུས་གང་རུང་འབུལ། དེ་ནས་ཉེར་སྤྱོད་འདོད་ཡོན་སོགས་ཀྱི་ཕྱི་ནང་གསང་གསུམ་གྱི་མཆོད་པ་རྒྱས་བསྡུས་གང་རུང་འབུལ། དེ་ནས་སྡིག་ལྟུང་གི་བཤགས་པ་གང་ཤེས་དང་། ཁྱད་པར་བླ་མ་རྡོར་འཛིན་ནམ། དེ་ནས་རྗེས་སུ་ཡི་རང་སོགས་ཀྱི་ཡན་ལག་ལྷག་མ་རྣམས་ཀྱང་བྱ། མདོར་བསྡུས་པ་ནི། ཕྱག་འཚལ་སྟོན་དུ་བཏང་རྗེས། ཡིད་འོང་མཆོད་པའི་ཚོགས་རྣམས་ལེགས་པར་འབུལ། །སྡིག་པ་བཤགས་ཤིང་དགེ་ལ་རྗེས་ཡི་རང་། །ཐེག་ཆེན་ཆོས་ཀྱི་འཁོར་ལོ་བསྐོར་ཕྱིར་དུ། །མྱ་ངན་མི་འདའ་རྒྱུན་དུ་བཞུགས་སུ་གསོལ། །དགེ་རྩ་བླ་མེད་བྱང་ཆུབ་ཆེན་པོར་བསྔོ། །དེ་ནས་བླ་མ་རང་གི་སྤྱི་བོར་བཞུགས་པར་བསམས་ལ། དཔལ་ལྡན་རྩ་བའི་བླ་མ་རིན་པོ་ཆེ། །བདག་གི་སྤྱི་བོར་པད་ཟླའི་གདན་བཞུགས་ལ། །བཀའ་དྲིན་ཆེན་པོའི་སྒོ་ནས་རྗེས་བཟུང་སྟེ། །སྐུ་གསུང་ཐུགས་ཀྱི་དངོས་གྲུབ་སྩལ་དུ་གསོལ། །ལུས་ངག་ཡིད་ལ་སྐུ་གསུང་ཐུགས་བཞུགས་ལ། །བླ་མ་ཁྱེད་རང་ལྷ་བུར་བྱིན་རླབས་ནས། །མཆོག་དང་ཐུན་མོང་དངོས་གྲུབ་མ་ལུས་པ། །ད་ལྟ་ཉིད་དུ་ངེས་པར་སྩལ་དུ་གསོལ། །དེ་ནས་སྤྱི་བོ་ན་བཞུགས་པའི་བླ་མ་བློ་བཟང་གྲགས་པ་དེ་ཉིད། བླ་མ་ཡི་དམ་སངས་རྒྱས་བྱང་སེམས་དཔའ་བོ་མཁའ་འགྲོ་ཆོས་སྐྱོང་རྣམས་དང་། མདོར་ན་སྐྱབས་གསུམ་ཀུན་འདུས་ཀྱི་ངོ་བོ་ཐུབ་དབང་རྡོ་རྗེ་འཆང་ཆེན་པོའི་རྣམ་སྤྲུལ་ཡིན་སྙམ་དུ་བསམས་ལ། དེའི་སྐུའི་ཆ་ཤས་ཐམས་ཅད་ནས། འོད་ཟེར་འཕྲོ་བའི་བདུད་རྩི་བྱུང་ནས་རང་ལ་ཐིམ་པས། རང་གི་ཚེ་འཁོར་བ་ཐོག་མ་མེད་པ་ནས་བསགས་པའི་ལས་ངན་པའི་སྡིག་སྒྲིབ་བག་ཆགས་དང་བཅས་པ་ཐམས་ཅད་དང་། ནད་གདོན་རྣམས་ཞི་ཞིང་མེད་པར་བྱས་ནས། རང་ལུས་དྭངས་གསལ་འོད་ཀྱི་རང་བཞིན་ཅན་དུ་གྱུར་པར་བསམ། སླར་ཡང་བདུད་རྩི་འོད་ཟེར་དང་བཅས་པ་བྱུང་བ་རང་གི་ལུས་ལ་ཐིམ་པས། རང་གི་ལུས་ཀྱི་ནང་ཐམས་ཅད་བདུད་རྩིས་གང་། ཚེ་དང་བསོད་ནམས་ཤེས་རབ་ལུང་རྟོགས་ཀྱི་ཡོན་ཏན་ཐམས་ཅད་འཕེལ་ཞིང་རྒྱས་པར་བསམས་ལ། དེ་ནས། དམིགས་མེད་བརྩེ་བའི་གཏེར་ཆེན་སྤྱན་རས་གཟིགས། །དྲི་མེད་མཁྱེན་པའི་དབང་པོ་འཇམ་པའི་དབྱངས། །གངས་ཅན་མཁས་པའི་གཙུག་རྒྱན་བློ་བཟང་གྲགས། །དཔལ་ལྡན་བླ་མའི་ཞབས་ལ་གསོལ་བ་འདེབས། །ཞེས་པ་ཅི་མང་དུ་བརྗོད་པར་བྱའོ། །དེ་ནས། དཔལ་ལྡན་ས་གསུམ་ལ་སོགས་པའི་བསྟོད་པ་གསོལ་འདེབས་གང་ཤེས་སོགས་བྱས་

པའི་མཇུག་ཏུ། གཡས་གཡོན་གྱི་སྤྱན་རས་གཟིགས་དང་། འཇམ་དབྱངས་གཉིས་བླ་མ་ལྷ་ལ་ཐིམ་པར་བསམ། དེ་ནས་བླ་མ་ལྷ་ལ་གསོལ་བ་བརྗེ་གཅིག་ཏུ་བཏབ་པས། བླ་མ་ལྷ་ལས་བླ་མ་ལྷ་མར་མེ་གཅིག་ལས་གཉིས་ཆད་ཀྱི་ཚུལ་དུ་བྱུང་ནས་རང་ལ་ཐིམ་པས་རང་ཉིད་ཀྱང་བླ་མ་དངོས་ཡིན་སྙམ་པའི་ང་རྒྱལ་ལ་གནས་པར་བྱའོ། །གཞན་ཡང་སྤྱི་བོའི་བླ་མ་ལྷ་ལ་གསོལ་བ་རྩེ་གཅིག་ཏུ་བཏབ་ནས་འདོད་དོན་སོགས་བདེ་བླག་ཏུ་འགྲུབ་པའི་ཕྱིར་དུ་གསོལ་བ་དྲག་ཏུ་འདེབས་པ་དང་། བསྔོ་བ་སྨོན་ལམ་ཡང་བྱའོ། །ཞེས་པ་འདི་ནི་དུས་གསུམ་གྱི་སངས་རྒྱས་ཐམས་ཅད་ཀྱི་མཁྱེན་བརྩེ་གཅིག་ཏུ་བསྡུས་པའི་ངོ་བོ་ཐུབ་དབང་རྡོ་རྗེ་འཆང་ཆེན་པོའི་རྣམ་སྤྲུལ། རྒྱལ་བ་བློ་བཟང་གྲགས་པ་ལ་གསོལ་བ་འདེབས་པའི་གདམས་པ་རྒྱ་མཚོ་ལྷ་བུའི་སྙིང་པོའི་སྙིང་པོ་བསྡུས་པ་འདི་ཉིད་ཀྱིས་འགྲོ་བ་སྐལ་ལྡན་དག་ལ་ཕན་ཐོགས་པར་གྱུར་ཅིག །དགེའོ། །འདི་ཡང་རྗེ་བླ་མ་དབེན་སྭ་པ་ཆེན་པོས་གདམས་པ་ཡིན་ནོ། །

༄༅། །ཁམས་གསུམ་ཆོས་ཀྱི་རྒྱལ་པོ་ཙོང་ཁ་པ་ཆེན་པོར་བརྟེན་ནས་ཞིང་ཁྱད་པར་ཅན་ལ་བརྟན་བཞུགས་འབུལ་རྩལ་འཆི་མེད་བདུད་རྩིའི་བུམ་བཟང་ཞེས་བྱ་བ་བཞུགས་སོ།

༄། །ན་མོ་བཛྲ་ཧྲཱ་ར་ཡ། རབ་འབྱམས་རྒྱལ་ཀུན་མཁྱེན་རབ་གུར་གུམ་རྡུལ། །གཅིག་བསྡུས་གསུམ་ལྡན་རྡོ་རྗེ་འཛིན་པའི་གཙོ། །སྐུ་བཞིའི་བང་རིམ་ཟུང་འཇུག་ཉི་ཟླའི་རྒྱན། །འཇམ་མགོན་རི་ཡི་དབང་པོར་སྙིང་ནས་དད། །བདེ་ལྡན་ཞིང་གི་མགོན་དང་དབྱེར་མེད་དུ། །བསྐྱབ་ཅིང་བརྟན་བཞུགས་རིམ་པ་འདི་ན་སྤེལ། །དེ་ལ་འདིར་རྒྱལ་བ་ཐམས་ཅད་ཀྱི་མཁྱེན་བརྩེ་ནུས་གསུམ་གཅིག་ཏུ་བསྡུས་པའི་རང་གཟུགས་འཇམ་མགོན་བླ་མ་ཆོས་ཀྱི་རྒྱལ་པོ་ཙོང་ཁ་པ་ཆེན་པོ་ལ་བརྟེན་ནས་ཚེ་ཡི་དངོས་གྲུབ་སྒྲུབ་པ་དང་། ཞིང་ཁྱད་པར་ཅན་ལ་བརྟན་བཞུགས་འབུལ་རྩལ་གཉིས་སུ་ཡོད་པ་ལས། རང་གཞན་གྱི་དོན་དུ་ཚེ་སྒྲུབ་བྱ་ཚུལ་ཏ་ཚག་ངག་དབང་བློ་བཟང་བསྟན་པའི་རྒྱལ་མཚན་གྱིས་མཛད་པ་འཆི་མེད་བདུད་རྩིས་གང་བའི་བུམ་བཟང་དུ་བཀོད་པ་ལྟར་བྱ་ལ། འདིར་བརྟན་བཞུགས་འབུལ་རྩལ་ལག་ལེན་དུ་བཀོད་པ་ལ། སྔོན་འགྲོ། དངོས་གཞི། རྗེས་ཀྱི་རིམ་པ་དང་གསུམ་ལས། དང་པོ་ནི། སྟེགས་མཐོ་བར་མཎྜལ་པདྨ་འདབ་བཞིའི་སྟེང་དུ་ཚེའི་བུམ་པ་བཅུད་ཀྱིས་བཀང་བ་ཁ་རྒྱན་མགུལ་ཆིངས་དང་བཅས་པ། གཡས་སུ་ཚེ་ཆང་། གཡོན་དུ་ཚེ་རིལ། མདུན་དུ་འབུལ་གཏོར་བདག་མདུན་གྱི་མཆོད་པ། མཁའ་འགྲོ་གཞི་བདག་གི་གཏོར་མ། འོག་ཏུ་དགོས་པའི་སྐུ་གསུང་ཐུགས་རྟེན་ཆོས་གོས་གསུམ་དང་། གདིང་བ། ཞྭ་བཟེད། མཁར་བསིལ། རིགས་ལྔའི་མཚན་མ། རྒྱལ་སྲིད་བདུན་དང་རྫས་བརྒྱད་སོགས་ལེགས་པར་བཤམས། དངོས་གཞི་མདུན་བསྐྱེད་ནི། བུམ་པ་བསངས་སྦྱངས། སྟོང་པ་ཉིད་དུ་གྱུར། སྟོང་པའི་ངང་ལས་པཾ་ལས་བྱུང་བའི་རིན་པོ་ཆེའི་བུམ་པ་དམར་པོ་ལྟོ་བ་ཆེ་བ། མགྲིན་པ་རིང་བ། མཆུ་འཕྱང་བ་ལ་སོགས་པ་མཚན་ཉིད་ཐམས་ཅད་ཡོངས་སུ་རྫོགས་པ། ཕྱི་བུམ་པའི་རྣམ་པ་ལ་ནང་ལྷའི་གཞལ་ཡས་ཁང་གྲུ་བཞི་སྒོ་བཞི། རྒྱན་ཏ་བབས་དང་བཅས་པ། དེའི་དབུས་སུ་པཾ་ལས་པདྨ་དང་། ཨ་ལས་ཟླ་བའི་དཀྱིལ་འཁོར་གྱི་སྟེང་དུ་བླ་མ་ཡི་དམ་

སངས་རྒྱས་བྱང་སེམས་དཔའ་བོ་མཁའ་འགྲོ་ཆོས་སྐྱོང་སྲུང་མ་ཐམས་ཅད་འདུས་པའི་བདག་ཉིད་རྗེ་བཙུན་བློ་བཟང་གྲགས་པ་སྐུ་མདོག་དཀར་ལ་དམར་བའི་མདངས་ཆགས་པ་ཞལ་གྱི་དཀྱིལ་འཁོར་ཤིན་ཏུ་འཛུམ་ཞིང་སྤྱན་དཀྱུས་རིང་བ། སྐུ་ལ་ཆོས་གོས་ငུར་སྨྲིག་རྣམ་གསུམ་མཛེས་པར་གསོལ་བ། དབུ་ལ་པཎ་ཞྭ་གསེར་གྱི་མདོག་ཅན་སྣེ་རིང་གསོལ་བ། ཕྱག་གཡས་ཆོས་འཆད་ཀྱི་ཕྱག་རྒྱས་ཨུཏྤ་ལའི་ཡུ་བ་ཐུགས་ཀར་བཟུང་བའི་འདབ་མ་སྣན་གཡས་ཀྱི་ཐད་དུ་ཁ་ཕྱེ་བའི་སྟེང་དུ་ཤེས་རབ་ཀྱི་རལ་གྲི་དང་། ཕྱག་གཡོན་མཉམ་བཞག་གི་སྟེང་ན་འཆི་མེད་ཚེའི་བདུད་རྩིས་གང་བའི་བུམ་པ་དཔག་བསམ་གྱི་ཤིང་གི་ཁ་རྒྱན་དང་། ཨུཏྤ་ལའི་ཡུ་བ་བཟུང་བའི་འདབ་མ་སྣན་གཡོན་གྱི་ཐད་དུ་ཁ་ཕྱེ་བའི་སྟེང་ན་ཤེར་ཕྱིན་གྱི་གླེགས་བམ་བསྣམས་པ། ཞབས་རྡོ་རྗེ་སྐྱིལ་མོ་ཀྲུང་གིས་བཞུགས་ཤིང་དྭངས་གསལ་འོད་ཀྱི་རང་བཞིན་ཅན་འོད་ཟེར་གྱི་ཚོགས་ཞིང་ཁམས་ཀུན་འགེངས་པར་འཁྲོས་པས་ཞིང་ཁམས་ཐམས་ཅད་སྐུ་ལ་སྣང་ཞིང་། སྐུས་ཞིང་ཁམས་ཐམས་ཅད་ཁྱབ་པའི་བདག་ཉིད་ཅན་དུ་བཞུགས་པའི་སྤྱི་བོར་སྐུ་རྡོ་རྗེའི་ངོ་བོ་ཨོཾ་དཀར་པོ། མགྲིན་པར་གསུང་རྡོ་རྗེའི་ངོ་བོ་ཨཱཿ དམར་པོ། ཐུགས་ཀར་ཐུགས་རྡོ་རྗེའི་ངོ་བོ་ཧཱུཾ་སྔོན་པོ། ཐུགས་ཀའི་ཧཱུཾ་ལས་འོད་ཟེར་འཁྲོས་པས་རང་བཞིན་གྱི་གནས་ནས་ཆོས་ཀྱི་རྒྱལ་པོ་ཙོང་ཁ་པ་ཆེན་པོ་ལ་སངས་རྒྱས་དང་བྱང་ཆུབ་སེམས་དཔའི་ཚོགས་ནམ་མཁའི་ཁྱོན་ཐམས་ཅད་ཏིལ་གྱི་གང་བུ་ལྟར་གང་བས་བསྐོར་བ་སྤྱན་དྲངས། ཛཿ ཧཱུཾ་བཾ་ཧོཿ གཉིས་སུ་མེད་པར་གྱུར། མདུན་བསྐྱེད་ཀྱི་མཆོད་པ་བྱིན་གྱིས་བརླབས། རྒྱལ་བ་རྒྱ་མཚོའི་མཆོད་རྫས་ལས་གྲུབ་པའི། །ཞིང་ཁམས × དད་པ་རྒྱ་མཚོས་འབུལ་ལོ་བཞེས་སུ་གསོལ། །ཨོཾ་ཨཱཿ གུ་རུ་བཛྲ་ཧཱ་ར་སུ་མ་ཧི་ཀླཱི་ཧེ་ཨ་ཡུར་ཛྙཱ་ན་ས་པ་རི་པཱུ་ར་ཨཀྵེ་པྲ་ཧྲཱི་ཀྵ་སྭཱ་ཧཱ། ཞེས་སོགས་རོལ་མོའི་བར་དང་། བསྟུན་སྡུགས་ཙམ་གྱིས་འབུལ། རྒྱལ་བ་ཐམས་ཅད་གཅིག་བསྡུས་རྡོ་རྗེ་འཆང་། །གདུལ་བྱའི་དོན་དུ་བཤེས་གཉེན་ཚུལ་བཟུང་བ། །བློ་བཟང་གྲགས་པའི་དཔལ་ཞེས་ས་གསུམ་གྱི། །སྐྱེ་དགུའི་འདྲེན་པ་མཆོག་ལ་གསོལ་བ་འདེབས། །འཇིག་རྟེན་འདྲེན་པའི་གཙོ་བོ་ཚེ་དཔག་མེད། །ཅེས་སོགས་ཀྱིས་བསྟོད། མདུན་བསྐྱེད་ཀྱི་རྗེ་བཙུན་བླ་མའི་ཐུགས་ཀར་པད་ཟླའི་གདན་ལ་མགོན་པོ་ཚེ་དང་ཡེ་ཤེས་དཔག་ཏུ་མེད་པ་སྐུ་མདོག་དམར་པོ་དར་དང་རིན་པོ་ཆེའི་རྒྱན་གྱིས་སྤྲས་པ་ཞབས་རྡོ་རྗེའི་དཀྱིལ་ཀྲུང་གིས་བཞུགས་པ། ཕྱག་གཉིས་མཉམ་

བཞག་གི་སྟེང་ན་འཆི་མེད་ཚེའི་བདུད་རྩིས་གང་བའི་བུམ་པ་འཛིན་པ། བུམ་པའི་ནང་དུ་རྡོ་རྗེ་དཀར་པོ་རྩེ་ལྔ་པ་གྱེན་སྒྲེང་གི་ལྟེ་བར་ཧྲཱིཿ ཡིག་གི་མཐར་བཟླས་བྱའི་སྔགས་ཕྲེང་གིས་བསྐོར་བ་ལས་བདུད་རྩིའི་རྒྱུན་བབས་པ་བུམ་པའི་ཆུ་དང་རོ་གཅིག་ཏུ་འདྲེས་ནས་ཚེའི་བདུད་རྩིར་བྱིན་གྱིས་བརླབས་པར་གྱུར་པར་བསམ་ལ། ཨོཾ་ཨཱཿ གུ་རུ་བཛྲ་ཧྲཱ་ར་ཡ་སུ་མ་ཏི་ཀཱིརྟི་ཧྲ་ག་ལྷན་ན་བླ་ཨ་པ་རི་མི་ཏ་ཨཱ་ཡུར་ཛྙཱ་ན་ཨ་དྷ་ཡ་གུ་རུ་ཤྲཱི་བན་ག་ཡ་ཨཱ་ཡུར་བུཛྫ་སིདྡྷི་ཧྲཱུཾ་ཧྲཱུཾ། ཞེས་པ་དང་། ཚེ་གཟུངས་རིང་ཐུང་ཅི་ནུས་བཟླས་ལ་བསྒྲུབ་བྱ་ལ་བདུད་རྩི་འབེབས་པ་སོགས་ཀྱི་དམིགས་པ་བྱ། ཚེ་ཆང་བསངས་སྦྱངས། སྟོང་པའི་ངང་ལས་ཡཾ་ལས་རླུང་། རཾ་ལས་མེ། ཨཱཿ ལས་མི་མགོ་སྒྲོན་པའི་སྒྱིད་བུ་གསུམ་གྱི་སྟེང་དུ་ཨཱཿ ལས་བྱུང་བའི་ཐོད་པའི་ནང་དུ། ཧྲཱུཾ་ཨཾ་ཛྲིཾ་ཁཾ་ཧྲཱུཾ། ལཾ་མཾ་པཾ་ཏཾ་བཾ་ལས་བྱུང་བའི་ཤ་ལྔ་བདུད་རྩི་ལྔ་ལ་རང་རང་གི་ས་བོན་གྱིས་མཚན་པ། དེ་དག་གི་སྟེང་དུ་ཨོཾ་ཨཱཿ ཧྲཱུཾ་གི་ཡི་གེ་གསུམ་སྟེང་ནས་སྟེང་དུ་བརྩེགས་པར་གྱུར། རང་གི་ཐུགས་ཀའི་ས་བོན་ལས་འོད་འཕྲོས་རླུང་ལ་ཕོག རླུང་གཡོས་མེ་སྦར་ཐོད་པའི་ནང་གི་རྫས་རྣམས་ཞུ་ཞིང་ཁོལ། ཡི་གེ་གསུམ་ལས་འོད་ཟེར་འཕྲོས། ཕྱོགས་བཅུའི་དེ་བཞིན་གཤེགས་པ་དང་དཔའ་བོ་རྣལ་འབྱོར་མ་རྣམས་ཀྱི་ཐུགས་ཀ་ནས་ཡེ་ཤེས་ཀྱི་བདུད་རྩི་སྤྱན་དྲངས་ཤིང་། རྒྱ་མཚོ་ལ་སོགས་པ་ཕྱོགས་བཅུ་ན་གནས་པའི་བདུད་རྩི་ཐམས་ཅད་བཀུག་སྟེ་ཐོད་པའི་ནང་གི་རྫས་ལ་ཐིམ་ཞིང་། ཨོཾ་ཨཱཿ ཧྲཱུཾ་ཡང་རིམ་གྱིས་ཞུ་ནས་ཐིམ་པས་སྦྱངས་རྟོགས་སྤར་གསུམ་གྱིས་འཆི་མེད་ཀྱི་བདུད་རྩིར་གྱུར་པར་བསམས། ཚེ་རིལ་ཡང་བསངས་སྦྱངས། སྟོང་པའི་ངང་ལས་ནད་རིགས་བཞི་བརྒྱ་རྩ་བཞིའི་གཉེན་པོར་གྱུར་པའི་སྨན་སྣ་ཚོགས་བསྡུས་པ་ལས་གྲུབ་པའི་རིལ་བུ། དེ་ལས་འོད་ཟེར་འཕྲོས། འཁོར་འདས་ཀྱི་ཡོན་ཏན་བཅུད་ལེན་གྱི་ནུས་པ་ཐམས་ཅད་བསྡུས་ནས་ཐིམ་པར་གྱུར་པར་བསམ་ལ། ཚེ་གཟུངས་རིང་ཐུང་ཅི་མང་བཟླས། མཐར་ཡིག་བརྒྱ་བརྗོད་གཏོར་མ་བྱིན་རླབས་ནི། བཛྲ་ཨ་མྲི་ཏ་སབསངས། སྭ་བྷཱ་ཝས་སྟོང་པར་སྦྱངས། སྟོང་པའི་ངང་ལས་བྷྲཱུཾ་ལས་རིན་པོ་ཆེ་ལས་གྲུབ་པའི་སྣོད་ཡངས་ཤིང་རྒྱ་ཆེ་བ་རྣམས་ཀྱི་ནང་དུ་ཨོཾ་འོད་དུ་ཞུ་བ་ལས་བྱུང་བའི་གཏོར་མ་ཟག་པ་མེད་པའི་ཡེ་ཤེས་ཀྱི་བདུད་རྩི་རྒྱ་མཚོ་ཆེན་པོར་གྱུར། ཨོཾ་ཨཱཿ ཧྲཱུཾ། ལན་གསུམ་གྱིས་བྱིན་གྱིས་བརླབས། མདུན་བསྐྱེད་ཀྱི་རྗེ་བླ་མའི་ཐུགས་རྡོ་རྗེའི་འོད་ཟེར་གྱི་སྦུ་གུས་གཏོར་མའི་བཅུད་དྲངས་ཏེ་གསོལ་བར་གྱུར། ཨོཾ་ཨཱཿ གུ་རུ་སུ་མ་ཏི་ཀཱིརྟི་ཨཱ་ཡུར་ཛྙཱ་ན་ས་པ་རི་ཝཱར་ཨི་དཾ་བ་ལིཾ་ཏ་

ཁ་ཁ་ཁྐཧི་ཁྐཧི། ལན་གསུམ་མམ་བདུན་གྱིས་འབུལ། ཨཀྲོ་ནས་ཤཱུྃ་འི་བར་གྱིས་མཆོད། རྒྱལ་བ་ཐམས་ཅད་× འཇིག་རྟེན་འདྲེན་པའི་× སོགས་ཀྱིས་བསྟོད། སྲས་བཅས་རྒྱལ་བ་ཀུན་གྱི་བྱིན་རླབས་དང་། །བདག་གིས་རྩེ་གཅིག་སྒྲུབ་ཅིང་གསོལ་བཏབ་མཐུས། །རྗེ་བཙུན་བླ་མ་མི་ཤིག་རྡོ་རྗེའི་ཁྲིར། །ཆེ་མཐའ་ཡས་པའི་མགོན་བཞིན་རྟག་བརྟན་ཤོག །རྗེ་བཙུན་བླ་མའི་སྐུ་ཆེ་རབ་བརྟན་ཅིང་།× །རྨད་བྱུང་སྲས་བཅས་སོགས་ཀྱིས་འདོད་དོན་ལ་གསོལ་བ་གདབ། མཁའ་འགྲོ་སྤྱི་གཏོར་དང་གཞི་བདག་གཏོར་མ་ཕུལ་ཏེ་འཕྲིན་ལས་བཅོལ། བརྟན་བཞུགས་དངོས་ནི། འབུལ་ཡུལ་རྡོ་རྗེ་སློབ་དཔོན་རོལ་མོའི་སྒྲ་དང་བཅས་པས་སྤྱན་དྲངས་ནས་སྣ་ཚོགས་རྡོ་རྗེའི་རེ་ཁས་མཚན་པའི་གདན་བཤམས་པའི་ཁྲིར་བཞུགས་སུ་གསོལ། སྭ་བྷཱ་ཝས་འབུལ་ཡུལ་སྟོང་པར་སྦྱངས། སྟོང་པའི་ངང་ལས་སེང་གེ་ཆེན་པོ་བརྒྱད་ཀྱིས་བཏེག་པའི་རིན་པོ་ཆེའི་ཁྲི་གཞོམ་བཤིག་དང་བྲལ་བ་སྣ་ཚོགས་རྡོ་རྗེས་མཚན་པ། དེའི་སྟེང་དུ་པཾ་ལས་པདྨ་དང་ཨ་ལས་ཟླ་བའི་དཀྱིལ་འཁོར་གྱི་དབུས་སུ་དུས་གསུམ་སངས་རྒྱས་ཀུན་གྱི་ངོ་བོ་དཔལ་ལྡན་བླ་མ་དམ་པའི་བདེ་སྟོང་གཉིས་སུ་མེད་པའི་ཡེ་ཤེས་ཀྱི་ངོ་བོ་ཧཱུྃ་ཡིག་སྔོན་པོ། དེ་ལས་འོད་ཟེར་འཕྲོས། འཕགས་པ་མཆོད། སེམས་ཅན་གྱི་དོན་བྱས། ཚུར་འདུས་ཡོངས་སུ་གྱུར་པ་ལས་རྡོ་རྗེ་སློབ་དཔོན་སྐྱབས་གནས་ཀུན་འདུས་ཀྱི་བདག་ཉིད་རྗེ་བཙུན་བློ་བཟང་གྲགས་པ་སྐུ་མདོག་དཀར་ལ་དམར་བའི་མདངས་ཆགས་པ་ཞལ་གྱི་དཀྱིལ་འཁོར་ཤིན་ཏུ་འཛུམ་ཞིང་སྤྱན་དཀྱུས་རིང་བ། སྐུ་ལ་ཆོས་གོས་ངུར་སྨྲིག་རྣམ་གསུམ་མཛེས་པར་གསོལ་བ། དབུ་ལ་པཎ་ཞྭ་གསེར་གྱི་མདོག་ཅན་རྩེ་རིང་གསོལ་བ། ཕྱག་གཡས་ཆོས་འཆད་ཀྱི་ཕྱག་རྒྱས་ཨུཏྤ་ལའི་ཡུ་བ་ཐུགས་ཀར་བའི་འདབ་མ་སྙན་གཡས་ཀྱི་ཐད་དུ་ཁ་བྱེ་བའི་སྟེང་ན་ཤེས་རབ་ཀྱི་རལ་གྲི་དང་། ཕྱག་གཡོན་མཉམ་བཞག་གི་སྟེང་ན་འཆི་མེད་ཚེའི་བདུད་རྩིས་གང་བའི་བུམ་པ་དཔག་བསམ་གྱི་ཤིང་གི་ཁ་རྒྱན་ཅན་དང་། ཨུཏྤ་ལའི་ཡུ་བ་བཟུང་བའི་འདམ་མ་སྐྱན་གཡོན་གྱི་ཐད་དུ་ཁ་བྱེ་བའི་སྟེང་ན་ཤེར་ཕྱིན་གྱི་གླེགས་བམ་བསྣམས་པ། ཞབས་རྡོ་རྗེ་སྐྱིལ་མོ་ཀྲུང་གིས་བཞུགས་ཤིང་དྭངས་གསལ་འོད་ཀྱི་རང་བཞིན་ཅན་འོད་ཟེར་གྱི་ཚོགས་ཞིང་ཁམས་ཀུན་འགེངས་པར་འཕྲོས་པས་ཞིང་ཁམས་ཐམས་ཅད་སྐུ་ལ་སྣང་ཞིང་། སྐུས་ཞིང་ཁམས་ཐམས་ཅད་ཁྱབ་པའི་བདག་ཉིད་ཅན་དུ་བཞུགས་པའི་སྤྱི་བོར་སྐུ་རྡོ་རྗེའི་ངོ་བོ་ཨོཾ་དཀར་པོ། མགྲིན་པར་གསུང་རྡོ་རྗེའི་ངོ་བོ་ཨཱཿདམར་པོ། ཐུགས་ཀར་ཐུགས་

རྡོ་རྗེའི་ངོ་བོ་ཧཱུྃ་སྔོན་པོ། ཐུགས་ཀའི་ཧཱུྃ་ལས་འོད་ཟེར་འཕྲོས་པས་རང་བཞིན་གྱི་གནས་ནས་ཆོས་ཀྱི་རྒྱལ་པོ་ཙོང་ཁ་པ་ཆེན་པོ་ལ་སངས་རྒྱས་དང་བྱང་ཆུབ་སེམས་དཔའི་ཚོགས་ནམ་མཁའི་ཁྱོན་ཐམས་ཅད་ཏིལ་གྱི་གང་བུ་ལྟར་གང་བས་སྐོར་བ་སྤྱན་དྲངས། སྤྲིན། མ་ལུས་སེམས་ཅན་ནས་མཆོག་རྣམས་ལེགས་པར་སྤྲུལ་ཏུ་གསོལ། ཛཿ ཧཱུྃ་བྃ་ཧོཿ ཞེས་བརྗོད་ནས་བླ་མ་ལ་དབྱེར་མེད་དུ་ཐིམ་པར་བསམ། གཉིས་སུ་མེད་པར་གྱུར། མཆོད་པ་བྱིན་གྱིས་བརླབ་པ་ནི། ཨམྲྀ་ཏས་བསངས། སྭ་བྷཱ་ཝས་སྦྱོང་བར་སྦྱངས། སྟོང་པའི་ངང་ལས་བྷྲཱུྃ་ལས་རིན་པོ་ཆེའི་སྣོད་ཡངས་ཤིང་རྒྱ་ཆེ་བ་རྣམས་ཀྱི་ནང་དུ་ཨོཾ་འོད་དུ་ཞུ་བ་ལས་བྱུང་བའི་ལྷ་རྫས་ལས་གྲུབ་པའི་མཆོད་ཡོན། ཞབས་བསིལ། མེ་ཏོག། བདུག་སྤོས། དྲི་ཆབ། ཞལ་ཟས། རོལ་མོ་རྣམས་དྭངས་ཤིང་ཐོགས་པ་མེད་པ་ནམ་མཁའ་དང་མཉམ་པ་ཟག་པ་མེད་པའི་བདེ་བ་ཁྱད་པར་ཅན་བསྐྱེད་པར་གྱུར། ཨོཾ་ཨརྒྷཾ་ཨཱཿ ཧཱུྃ། ནས། ཤབྡ་ཨཱཿ ཧཱུྃ། ཞེས་པའི་བར་བརྗོད། རྒྱས་པར་ན། རྒྱལ་བ་རྒྱ་མཚོའི་མཆོད་རྫས་ལས་གྲུབ་པའི། །ཞིང་ཁམས་རྒྱ་མཚོའི་མཆོད་ཡོན་རྒྱ་མཚོའི་ཚོགས། །ཡོན་ཏན་རྒྱ་མཚོའི་རྒྱལ་བ་འཁོར་བཅས་ལ། །དད་པ་རྒྱ་མཚོས་འབུལ་ལོ་བཞེས་སུ་གསོལ། །ཨོཾ་ཨཱཿ གུ་རུ་བཛྲ་དྷ་ར་སུ་མ་ཏི་ཀཱིརྟི་ཨཱ་ཡུར་ཛྙཱ་ན་ས་པ་རི་ཝཱ་ར་ཨརྒྷཾ་པྲ་ཏཱི་ཙྪ་སྭཱ་ཧཱ། དེ་བཞིན་དུ་རོལ་མོའི་བར་ཚིགས་བཅད་སྔགས་ཕྱག་རྒྱ་དང་བཅས་པས་འབུལ། བསྡུ་ན་སྔགས་ཙམ་གྱིས་ཚོག །སྤྲིན་འདོད་ཡོན་ལྔ་རྒྱལ་སྲིད་སྣ་བདུན་གོས་རྒྱན་སོགས་ཀྱང་འདུ་ལ། རྒྱལ་བ་ཐམས་ཅད་གཅིག་བསྡུས་རྡོ་རྗེ་འཆང་།× །འཇིག་རྟེན་འདྲེན་པའི་གཙོ་བོ་ཚེ་དཔག་མེད།× །རྗེ་བཙུན་བླ་མའི་སྐུ་ཚེ་རབ་བརྟན་ཅིང་། །སོགས་བརྗོད། དེ་ནས། བླ་མ་མགོན་པོ་ཚེ་དཔག་མེད་དང་དབྱེར་མེད་པའི་ཆོས་ཀྱི་རྒྱལ་པོ་ཙོང་ཁ་པ་ཆེན་པོར་གསལ་བའི་ཐུགས་ཀར་ཟླ་བའི་དཀྱིལ་འཁོར་གྱི་སྟེང་དུ་ཧཱུྃ་ཡིག་ཧྲཱིཿ མཚན་པ་རིང་ཆ་ཚོགས་དྲུག་བཅས་བའི་མཐར་སྔགས་ཀྱི་ཕྲེང་བས་གཡས་སྐོར་དུ་བསྐོར་བར་གྱུར། མདུན་གྱི་ནམ་མཁའི་དབྱིངས་ཐམས་ཅད་དངོས་བརྒྱུད་ཀྱི་བླ་མས་ཏིལ་གྱི་གང་བུ་ལྟར་གང་ཞིང་། དེ་དག་ཐམས་ཅད་ཀྱི་ཕྱག་ན་འཆི་མེད་ཚེའི་བདུད་རྩིས་གང་བའི་བུམ་པ་བསྣམས་པ་དཔལ་ལྡན་བླ་མའི་སྐུ་ཚེ་སྤེལ་བ་ལ་ཐུགས་འདུན་རྩེ་གཅིག་པ་དགྱེས་འཛུམ་གྱི་ཉམས་དང་ལྡན་པར་གྱུར། ཐུགས་དམ་བསྐུལ་བའི་ཕྱིར་གསོལ་བ་གདབ་པ་ནི། ཨོཾ་ཨ་མ་ར་ཎི་ཛཱི་ཝནྟི་ཡེ་སྭཱ་ཧཱ། བཅོམ་ལྡན་མགོན་པོ་ཚེ་མཐའ་ཡས། །རྗེ་བཙུན་མཁྱེན་པའི་

གཏེར་ཆེན་དང་། །འཇམ་མགོན་བླ་མ་ཙོང་ཁ་པ། །གནས་འདིར་སྤྱན་འདྲེན་གཤེགས་སུ་
གསོལ། །གནས་མཆོག་འདི་ རུ་བྱོན་ནས་ཀྱང་། །དཔལ་ལྡན་བླ་མ་དམ་པ་ཡི། །སྐུ་ཚེ་
བསྐལ་བརྒྱའི་བར་དུ་སྲིངས། །འཆི་མེད་ཚེ་ཡི་དངོས་གྲུབ་སྩོལ། །ཨོཾ་ཨ་མ་ར་ཎི་ཛཱ་ཝནྟི་ཡེ་
སྭཱ་ཧཱ། འདུལ་འཛིན་གྲགས་པ་རྒྱལ་མཚན་དང་། །མཁས་གྲུབ་ཆེན་པོ་དགེ་ལེགས་
དཔལ། །བ་སོ་ཆོས་ཀྱི་རྒྱལ་མཚན་ཡང་། །གནས་འདིར × སྭཱ་ཧཱ། གྲུབ་ཆེན་ཆོས་ཀྱི་རྡོ་
རྗེ་དང་། །རྒྱལ་བ་བློ་བཟང་དོན་གྲུབ་དང་། །མཁས་གྲུབ་སངས་རྒྱས་ཡེ་ཤེས་ཀྱང་། །
གནས་འདིར × སྭཱ་ཧཱ། པཎ་ཆེན་བློ་བཟང་ཆོས་རྒྱན་དང་། །རྒྱལ་བ་ལྔ་པ་ཆེན་པོ་
སོགས། །དངོས་བརྒྱུད་བླ་མ་ཐམས་ཅད་ཀྱང་། །གནས་འདིར་སྤྱན་འདྲེན་གཤེགས་སུ་
གསོལ། །གནས་མཆོག་འདི་རུ་བྱོན་ནས་ཀྱང་། །དཔལ་ལྡན་བླ་མ་དམ་པ་ཡི། །སྐུ་ཚེ་
བསྐལ་བརྒྱའི་བར་དུ་སྲིངས། །འཆི་མེད་ཚེ་ཡི་དངོས་གྲུབ་སྩོལ། །ཨོཾ་ཨ་མ་ར་ཎི་ཛཱི་ཝནྟི་ཡེ་
སྭཱ་ཧཱ། ཞེས་གདངས་དབྱངས་དང་བཅས་གསོལ་བ་བཏབ། བླ་མ་རྣམས་དང་མདུན་བསྐྱེད་ཀྱི་ལྷའི་
ཐུགས་ཀ་ནས་འོད་ཟེར་དང་བདུད་རྩིའི་རྒྱུན་བྱུང་། དཔལ་ལྡན་བླ་མ་དམ་པའི་སྐུ་ལུས་ཀྱི་
ནང་ཐམས་ཅད་གང་། ཐ་མལ་ཚུལ་བཞིན་གྱི་ནད་གདོན་སྡིག་སྒྲིབ་བར་ཆད་ཐམས་ཅད་
སྦྱངས། སླར་ཡང་འོད་ཟེར་ཕྱོགས་བཅུར་འཕྲོས་འཇིག་རྟེན་གྱི་ཁམས་ཐམས་ཅད་ཁྱབ་པས
སེམས་ཅན་ཐམས་ཅད་ཀྱི་ཚེ་དང་བསོད་ནམས་སོགས་ཡོན་ཏན་ཐམས་ཅད་རྒྱས་པར་བྱས།
རྒྱལ་བ་སྲས་བཅས་ཀྱི་བྱིན་རླབས་ནུས་མཐུ་དང་། གཞན་ཡང་འཇིག་རྟེན་ཁམས་ཀྱི་ཚེ་དང་
བསོད་ནམས། འབྱུང་བ་རྣམས་ཀྱི་ནུས་མཐུ་རོ་བཅུད། སྐུ་ཚེ་འཕྲེར་བ་ཡར་བ་ལ་སོགས་པ་
མདོར་ན་འཁོར་འདས་ཀྱི་ཡོན་ཏན་ཐམས་ཅད་འོད་དང་བདུད་རྩིའི་རྣམ་པར་བཀུག །
དཔལ་ལྡན་བླ་མ་དམ་པའི་དབུ་གཙུག་ནས་ཐིམ། སྐུ་ལུས་ཀྱི་ནང་ཐམས་ཅད་གང་བས་འཆི་
བ་མེད་པའི་ཚེའི་དངོས་གྲུབ་དམ་པ་བརྙེས་པར་གྱུར་པར་བསམ་ལ། གོང་གི་ཐུགས་དང་ཚེ་ཟུངས
རིང་ཐུང་ཅི་འགྲུབ་བཟླ། དེ་ནས་ལས་ཀྱི་རྡོ་རྗེས་སྐུ་ཕྱག་ཐོན་དུ་འགྲོ་བས་མནྜལ་རྟེགས་ལ་ཚོགས་པ་ནས
མནྜལ་རྒྱས་པ་འབུལ། བཤད་པ་མཛད་ན་མཚམས་འདིར་བྱ། དེ་ནས་ཚེ་དཔག་མེད་ཀྱི་སྐུ་རྟེན་ཕུལ་ཏེ།
དུས་གསུམ་རྒྱལ་བའི་སྤྱི་གཟུགས་བླ་མ་རྗེའི། །མཛེས་སྐུ་མི་ཟད་རྒྱན་གྱི་འཁོར་ལོའི་
མཛོད། །འཁོར་བ་མ་སྟོང་བར་དུ་བརྟན་བཞུགས་ནས། །མཐོང་ཐོས་དྲན་པས་དོན་ལྡན་

མཛད་དུ་གསོལ། །གསུང་རྟེན་ཕུལ་ལ། དུས་གསུམ་རྒྱལ་བའི་སྤྱི་གཟུགས་བླ་མ་རྗེའི། །གསུང་དབྱངས་མི་ཟད་རྒྱན་གྱི་འཁོར་ལོའི་མཛོད། །ཟབ་དང་རྒྱ་ཆེའི་ཆོས་ཀྱི་བདུད་རྩི་ཡིས། །རིས་མེད་འགྲོ་ལ་ཕན་བདེའི་དགའ་སྟོན་མཛོད། །ཐུགས་རྟེན་ཕུལ་ནས། དུས་གསུམ་རྒྱལ་བའི་སྤྱི་གཟུགས་བླ་མ་རྗེའི། །ཐུགས་གསང་མི་ཟད་རྒྱན་གྱི་འཁོར་ལོའི་མཛོད། །ཕྱིན་དྲུག་རིམ་གཉིས་ཟབ་མོའི་རྣལ་འབྱོར་ལས། །ནམ་ཡང་གཡོ་མེད་བརྟན་པར་བཞུགས་སུ་གསོལ། །བུམ་པ་ཚེ་བཅུད་ཀྱིས་གང་བ་ཕུལ་ལ། རིན་ཆེན་བུམ་པ་ཡིད་འཕྲོག་གཞལ་ཡས་ཁང་། །འཆི་མེད་ལྷ་དང་ཚེ་ཡི་བཅུད་ཀྱིས་གཏམས། །ཕུལ་བས་ཡོན་ཏན་ཀུན་གྱི་འབྱུང་གནས་ཆེ། །ཡིད་བཞིན་ནོར་ལྟར་འགྲོ་བའི་རེ་སྐོང་མཛོད། །ཚེ་ཆང་ཕུལ་ལ། འཆི་མེད་རིགས་ལྔ་འཁོར་འདས་དྭངས་མའི་བཅུད། །ཉིང་འཛིན་སྔགས་རྒྱས་སྦྱིལ་བའི་ཚེ་ཡི་བཅུད། །དཔལ་ལྡན་བླ་མའི་ཞལ་དུ་གསོལ་བ་ཡིས། །བདེ་སྟོང་ཉི་ཟླ་བཞིན་དུ་གསལ་གྱུར་ཅིག །ཚེ་རིལ་ཕུལ་ལ། བཞི་བརྒྱའི་ནད་འཛོམས་བརྒྱ་ཕྲག་སྨན་གྱི་ཕུད། །སྙིང་པོ་ཀུན་འདུས་དཔལ་གྱི་ཞལ་ཟས་འདི། །དཔལ་ལྡན་བླ་མའི་ཞལ་དུ་གསོལ་བ་ལས། །སྐུ་ཚེ་རི་དབང་ལྟ་བུར་བརྟན་གྱུར་ཅིག །ན་བཟའ་བླ་གོས་ཕུལ་ལ། དུས་གསུམ་རྒྱལ་བའི་སྤྱི་གཟུགས་བླ་མ་ལ། །ན་བཟའ་བླ་གོས་དྲི་མེད་འདི་འབུལ་བས། །རྣམ་དག་ཁྲིམས་ཀྱི་འོད་སྟོང་འབར་བཞིན་དུ། །ཐུབ་བསྟན་གསལ་བའི་རྒྱན་དུ་བཞུགས་སུ་གསོལ། །སྣམ་སྦྱར་ཕུལ་ལ། དུས་གསུམ་རྒྱལ་བའི་སྤྱི་གཟུགས་བླ་མ་ལ། །ན་བཟའ་སྣམ་སྦྱར་དྲི་མེད་འདི་འབུལ་བས། །འཛམ་མགོན་ཐུགས་བཅུད་ཟབ་དང་རྒྱ་ཆེའི་བསྟན། །རིས་མེད་འགྲོ་ལ་སྤེལ་ཕྱིར་བརྟན་པར་བཞུགས། །ཐང་གོས་ཕུལ་ལ། དུས་གསུམ་རྒྱལ་བའི་སྤྱི་གཟུགས་བླ་མ་ལ། །ན་བཟའ་ཐང་གོས་དྲི་མེད་འདི་འབུལ་བས། །བསླབ་གསུམ་ཐུགས་ཀྱི་བུམ་བཟང་གཏམས་བཞིན་པར། །སྐལ་ལྡན་འགྲོ་བའི་མགོན་དུ་བཞུགས་སུ་གསོལ། །གདིང་བ་ཕུལ་ལ། དུས་གསུམ་རྒྱལ་བའི་སྤྱི་གཟུགས་བླ་མ་ལ། །འཚོ་བའི་ཡོ་བྱད་གདིང་བ་འདི་འབུལ་བས། །སྤོང་བ་བསམ་གཏན་ཕྱོགས་བཅུར་རྒྱས་པ་དང་། །དཔལ་ལྡན་བླ་མའི་སྐུ་ཚེ་བརྟན་པར་ཤོག །ལྷུང་བཟེད་བཅུད་ཀྱིས་འགེངས་པ་ཕུལ་ལ། དུས་གསུམ་རྒྱལ་པའི་སྤྱི་གཟུགས་བླ་མ་ལ། །ཐུབ་པས་བསྔགས་པའི་དྲང་སྲོང་བསྲུང་བའི་སྣོད། །ཕུལ་བས་འཕགས་ནོར་བདུན་གྱིས་ཐུགས་

རྒྱུད་གཏམས། །འགྲོ་ལ་ཕན་བདེའི་དགའ་སྟོན་སྩལ་དུ་གསོལ། །མཁར་བསིལ་ཕུལ་ལ། དུས་གསུམ་རྒྱལ་བའི་སྤྱི་གཟུགས་བླ་མ་ལ། །བྱང་ཕྱོགས་སོ་བདུན་མཚོན་པའི་བསིལ་བྱེད་འདི། །ཕུལ་བས་སློབ་དང་མི་སློབ་ཡོན་ཏན་གྱིས། །མངོན་པར་མཛེས་ཤིང་གཡོ་མེད་བརྟན་པར་བཞུགས། །རིགས་ལྔའི་མཚན་མ་ཕུལ་ལ། ཡེ་ཤེས་ལྔ་བདག་བཅོམ་ལྡན་རིགས་ལྔ་ཡི། །མཚན་མ་ཕུལ་བས་སྣ་ཚོགས་དབང་པོ་དང་། །འཚམ་པར་ཆོས་ཀྱི་འཁོར་ལོའི་མཛད་བཟང་གིས། །འཕྲིན་ལས་ནམ་མཁའི་མཐའ་ཁྱབ་མཛད་དུ་གསོལ། །རྒྱལ་སྲིད་སོ་སོར་ཕུལ་བ་འམ་བསྟུན། ཞིང་འདིར་རྒྱལ་སྲིད་སྣ་བདུན་གྱིས། །མཁས་པ × དབུལ། །བཀྲ་ཤིས་རྫས་བརྒྱད་ཕུལ་ལ། སྟོན་ཆེ་ཐུབ་པའི་དབང་པོ་ཡིས། །བྱིན་གྱིས་བརླབས་པའི་བཀྲ་ཤིས་རྫས། །མི་ཤེས་རྒུད་པ་ཀུན་སེལ་འདི། །ཕུལ་བས་བདེ་དགས་ཡོངས་ཁྱབ་ཤོག །ཅེས་ཞུ་ཞིང་། གཏང་རག་གི་མཎྜལ་དང་ཞབས་བརྟན་བདེན་ཚིག་སྨོན་ལམ་གྱི་རིམ་པ་བརྗོད། ཕུན་སུམ་ཚོགས་པ་མངའ་བ་གསེར་གྱི་རི་བོ་འདྲ། །ཞེས་སོགས་བཀྲ་ཤིས་ཀྱི་ཚིགས་སུ་བཅད་པ་ཅི་རིགས་པ་བྱ། མཇུག་ཏུ་གཏང་རག་གི་མཆོད་བསྟོད། ཡིག་བརྒྱ། བཟོད་གསོལ་ནོངས་བཤགས་སྤྱི་ལྟར་བྱ། བདག་མདུན་གྱི་ཡེ་ཤེས་པ་རང་བཞིན་གྱི་གནས་སུ་གཤེགས། མདུན་བསྐྱེད་ཀྱི་དམ་ཚིག་པ་འོད་དུ་ཞུ་ནས་རང་ལ་ཐིམ་པར་གྱུར་པར་བསམ་ལ་དགེ་བ་རྫོགས་བྱང་དུ་བསྔོ་བ་བྱའོ། །སྨྲས་པ། རྒྱལ་ཀུན་འདུས་ཞལ་བློ་བཟང་རྡོ་རྗེ་འཆང་། །བྱིན་རླབས་མི་འགྱུར་སྲོག་གི་ཀ་པ་དེ། །བསྟན་པ་འཛིན་སོགས་མཆོག་དམན་མཐའ་དག་གི །ཕུང་ཁམས་སྐྱེ་མཆེད་ཁང་བཟང་འདེག་ལ་མཁོ། །ཉི་བུའི་ཆར་ལྷུང་འགོག་པའི་ཐབས་ཚུལ་རྨད། །འདི་ཀོ་དམ་པའི་ལེགས་བཤད་ཆ་བསྡུས་ཏེ། །བཀོད་པའི་དགེ་བས་འགྲོ་ཀུན་བདུད་བཞི་ལས། །རྒྱལ་ཏེ་བྱང་ཆེན་ས་ལ་མྱུར་རེག་ཤོག །ཅེས་འཇམ་མགོན་བླ་མ་ཆོས་ཀྱི་རྒྱལ་པོ་ཙོང་ཁ་པ་ཆེན་པོ་ལ་བརྟེན་ནས་ཞིང་ཁྱད་པར་ཅན་ལ་བརྟན་བཞུགས་འབུལ་ཚུལ་ལག་ལེན་འཕྲིན་བདེ་འདི་ལྟ་བུ་ཞིག་དགོས་ཞེས་དཔལ་ལྡན་བཀྲ་ཤིས་སྒོ་མང་གི་སློབ་དཔོན་ལས་ཐོག་པ་དགེ་བའི་བཤེས་གཉེན་ཆེན་པོ་གུང་ཐང་བླ་མ་བཀའ་འགྱུར་པ་བསྟན་པ་ཆོས་འཕེལ་ནས་ནན་གྱིས་བསྐུལ་བའི་ངོར། ཡོངས་འཛིན་གྱི་མིང་འཛིན་པ་ཤར་པ་ཆོས་རྗེ་གླིང་སྤྲུལ་བློ་བཟང་ལུང་རྟོགས་བསྟན་འཛིན་འཕྲིན་ལས་ནས་དྲངས་པས་སྦྱར་བའོ། །དགེ་ལེགས་འཕེལ། །སརྦ་མངྒ་ལཾ།

༄༅། །རྗེ་ཚེ་འཛིན་མ་ལ་བརྟེན་པའི་བླ་མའི་རྣལ་འབྱོར་དང་ ཚེ་སྒྲུབ་བྱ་ཚུལ་ནད་བརྒྱ་འཇོམས་པའི་སྨན་གཅིག་ ཅེས་བྱ་བ་བཞུགས་སོ།

༄། །ན་མོ་གུ་རུ་བཛྲ་ཧཱ་ར་ཡ། མཚམས་སྦྱིན་གཞོན་ནུའི་མདངས་འཛིན་འཛམ་དཔལ་དབྱངས། །ངུར་སྨྲིག་གར་རོལ་བློ་བཟང་གྲགས་པའི་དཔལ། །བཀའ་དྲིན་གསུམ་ལྡན་དྲིན་ཅན་བླ་མ་རྗེ། །རྣམ་གསུམ་བྱང་ཆུབ་བར་དུ་སྐྱི་བོའི་རྒྱན། །བྱིན་རླབས་འཇུག་ཕྱིར་བླ་མའི་རྣལ་འབྱོར་གྱི། །ཉམས་ལེན་ཇི་ལྟར་བྱ་ཚུལ་འདི་ན་སྤེལ། །དེ་ལ་འདིར་རྗེ་ཚེ་འཛིན་མའི་བླ་མའི་རྣལ་འབྱོར་ཉམས་སུ་ལེན་པར་འདོད་པས། ཐོག་མར་གནས་ཁང་ཕྱི་དོར་བྱས། བྲིས་འབུར་གྱི་སྐུ་རྟེན་བཀྲམས། མཆོད་གཏོར་མཛེས་པར་བཤམས་ལ། རང་ཉིད་བདེ་བའི་སྟན་ལ་འཁོད་ནས་སྐྱབས་སེམས་སྔོན་དུ་འགྲོ་བས། འདི་ལྟར། རང་མདུན་ནམ་མཁར་སྤྲིན་དཀར་གཡོ་བའི་སྟེང་། །སེང་གེས་བཏེག་པའི་རིན་ཆེན་གསེར་གྱི་ཁྲི། །སྣ་ཚོགས་རྒྱན་སྤྲས་རྒྱུ་སྐར་ཚོགས་ལ་འགྲན། །དྲི་བྲལ་པད་དཀར་འདབ་བརྒྱ་ལྡན་པའི་སྟེང་། །ཐབས་ཤེས་མཚོན་ཕྱིར་ཉི་ཟླའི་གདན་གྱི་སྟེང་། །རྒྱལ་བ་ཀུན་འདུས་བློ་བཟང་རྡོ་རྗེ་འཆང་། །སྐུ་མདོག་དཀར་གསལ་ཞལ་གཅིག་ཕྱག་གཉིས་པ། །ཕྱག་གཡས་དཀོན་མཆོག་གསུམ་མཚོན་ཕྱག་རྒྱ་ཡིས། །པད་དཀར་སྟེང་དུ་རལ་གྲི་གླེགས་བམ་འཛིན། །གཡོན་པ་མཉམ་གཞག་དྲང་སྲོང་སློང་སྟོད་སྟེང་། །འཆི་མེད་བདུད་རྩིས་ཡོངས་གང་བུམ་པ་འཛིན། །ངུར་སྨྲིག་གོས་དང་གསེར་མདོག་པཎ་ཞྭ་མཛེས། །གནས་གསུམ་ཡི་གེ་གསུམ་མཚན་འོད་ཟེར་གྱིས། །རང་བཞིན་གནས་ནས་འཇགམགོན་བླ་མ་ལ། །སངས་རྒྱས་བྱང་སེམས་ཀྱིས་བསྐོར་སྤྱན་དྲངས་ཐིམ། །སྐྱབས་ཀུན་མ་ལུས་འདུས་པའི་བདག་ཉིད་གྱུར། །དེ་ནས། གང་གི་དྲིན་གྱིས་བདེ་ཆེན་ནི། །ཞེས་པ་ནས། རྡོ་རྗེ་ཅན་ཞབས་པད་ལ་འདུད། །ཅེས་པའི་བར་གྱིས་ཕྱག་དང་། དངོས་བཤམས་ཡིད་

སྤྲུལ་མཆོད་པ་མ་ལུས་འབུལ། །ཞེས་པ་ནས། བདག་གཞན་དགེ་རྣམས་བྱང་ཆུབ་ཆེན་པོར་བསྔོ། །ཞེས་པའི་བར་གྱིས་ཡན་ལག་བདུན་པ་བྱ། མཚམས་འདིར་མནྡལ་རྒྱས་པ་འབུལ་ལ། མཇུག་ཏུ་དོན་ཆེན་གསུམ་གྱི་སྒོ་ནས་གསོལ་བ་གདབ་པ་ནི། ཐུགས་རྗེས་འགྲོ་བའི་དོན་དུ་བཞེས་སུ་གསོལ། བཞེས་ནས་བཤེས་གཉེན་ལ་མ་གུས་པ་ནས་བཟུང་སྟེ་བདག་གཉིས་སུ་མཚན་མར་འཛིན་པའི་བར་གྱི་ཕྱིན་ཅི་ལོག་པའི་བློ་སྣ་མཐའ་དག་མྱུར་དུ་འགགས་པ་དང་། བཤེས་གཉེན་ལ་གུས་པ་ནས་བཟུང་སྟེ་བདག་མེད་པའི་དེ་ཁོ་ན་ཉིད་མངོན་སུམ་དུ་རྟོགས་ཀྱི་བར་ཕྱིན་ཅི་མ་ལོག་པའི་བློ་སྣ་མཐའ་དག་བདེ་བླག་ཏུ་སྐྱེ་བ་དང་། རྐྱེན་ཕྱི་ནང་གི་བར་གཅོད་ཐམས་ཅད་ཉེ་བར་ཞི་བར་བྱིན་གྱིས་བརླབ་ཏུ་གསོལ། ཁྱད་པར་དུའང་སྐྱེ་བ་ནས་ཚེ་རབས་ཐམས་ཅད་དུ་ཁམས་གསུམ་འགྲོ་བའི་བླ་མ་ཙོང་ཁ་པ་ཆེན་པོས་རྗེས་སུ་འཛིན་པར་བྱིན་གྱིས་བརླབ་ཏུ་གསོལ། ཞེས་བ་ཙམ་མ་ཡིན་པར་གདུང་ཤུགས་དྲག་པོའི་སྒོ་ནས་གསོལ་བ་ལན་མང་དུ་བཏབ། དེ་ནས། ཐུགས་ཀར་ཉི་སྟེང་ཧྲཱིཿཡིག་སྔགས་ཀྱིས་བསྐོར། །དེ་ལས་འོད་འཕྲོས་བདུད་རྩིའི་རྒྱུན་བབས་པས། །ལུས་ཀྱི་ནང་གང་སྡིག་སྒྲིབ་ཐམས་ཅད་དག དབང་བཞི་ཐོབ་ཅིང་སྐུ་བཞིའི་ས་བོན་བཞག །སླར་ཡང་འོད་འཕྲོས་འབྱུང་བཞིའི་ནུས་པ་དང་། །ཚེ་བསོད་ཡར་བ་ཐོར་སོགས་རྫས་རྟགས་བརྒྱད། །བདུད་རྩི་འོད་ཀྱི་རང་བཞིན་དཔག་མེད་བསྡུས། །ཐིམ་པས་ཚེ་ཡི་དངོས་གྲུབ་ཐོབ་པར་གྱུར་པར་བསམ་ལ། ཨོཾ་ཨཱཿགུ་རུ་བཛྲ་ཧྲཱ་ར་སུ་མ་ཏི་ཀཱིརྟི་སིདྡྷི་ཧཱུྃ་ཧཱུྃ། ཨོཾ་པུཎྱེ་པུཎྱེ་མ་ཧཱ་པུཎྱེ་ཨ་པ་ར་མི་ཏཱ་ཡུར་པུཎྱེ་ཛྙཱ་ན་སམྦྷ་རོ་པ་ཙ་ཡ་ཙ་ཡ་ཀ་རི་ཎི་སྭཱ་ཧཱ། ཞེས་པ་བཟླས་དམིགས་དང་ བཅས་ མི་ འགྲུབ་ བཟླས་ མཐར་ ཡིག་ བརྒྱ་ བརྗོད། དགེ་ བ་ འདི་ ཡིས་ མྱུར་ དུ་བདག །ཅེས་སོགས་དང་། དཔལ་ལྡན་རྩ་བའི་བླ་མ་རིན་པོ་ཆེ། །ཞེས་པ་ནས། མྱུར་དུ་ཁྱེད་རང་ལྟ་བུར་བྱིན་གྱིས་རློབས། །ཞེས་གསོལ་བ་གདབ་པས་དགྱེས་བཞིན་དུ་བདག་ཉིད་ལ་ཐིམ་པས་རང་ཉིད་བླ་མ་ལྷའི་སྐུར་བཞེངས་པའི་མོས་བ་དང་བཅས་ཏེ། དེ་ལྟར་གསོལ་བ་བཏབ་པས་བླ་མ་ལྷ། །རང་ལ་ཐིམ་པས་རང་ལུས་སྟོད་སྨད་ནས། །འོད་དུ་ཞུ་ནས་ཕྱི་ནང་དངོས་པོ་ཀུན། །མཐའ་བཞི་དང་བྲལ་རང་བཞིན་སྟོང་པར་གྱུར། །སྟོང་པའི་ངང་ལས་རང་གི་གོ་ས་རུ། །སེང་གེས་བཏེག་པའི་རིན་ཆེན་གསེར་གྱི་ཁྲི། །ཞེས་སོགས་གང་བཞིན་ལ། གནས་གསུམ་ཡི་གེ་གསུམ་གྱིས་མཚན་པར་གྱུར། ཐུགས་ཀའི་ཧཱུྃ་ལས་འོད་འཕྲོས་མཆོད་ལྷའི་ཚོགས། །དཔག་མེད་སྤྲོས་ཏེ་ནམ་མཁའི་ཁྱོན་གང་བས། །མཆོད་པའི་ཚོགས་ཀྱིས་རང་ལ་མཆོད་པར་གྱུར། །པར་བསམ་ལ། ཨོཾ་ཨཱཿགུ་རུ་བཛྲ་ཧྲཱ་ར་སུ་མ་ཏི་ཀཱིརྟི་ས་པ་རི་ཝཱར་ཨརྒྷཾ་ནས་ཤབྡའི་བར

གྱིསམཆོད། རྒྱལ་བ་ཀུན་གྱི་མཁྱེན་བརྩེ་མ་ལུས་པ། །གཅིག་ཏུ་བསྡུས་པ་རྗེ་བཙུན་འཇམ་དཔལ་དབྱངས། །ངུར་སྨྲིག་གར་རོལ་བློ་བཟང་གྲགས་པའི་དཔལ། །གསོལ་བ་འདེབས་སོ་བྱིན་གྱིས་བརླབ་ཏུ་གསོལ། །ཞེསཔསབསྟོད། རང་ཉིད་བླ་མ་ལྷར་གསལ་ཐུགས་ཀ་ནས། །ཉི་སྙིང་རྫིཿ ཡིག་སྔགས་ཀྱིས་བསྐོར་བ་ལས། །འོད་འཕྲོས་དོན་གཉིས་བྱས་ཏེ་འདུས་པ་ལས། །མཆོག་དང་ཐུན་མོང་དངོས་གྲུབ་ཐོབ་པར་གྱུར། །བཟླསདམིགསདང་བཅསདམིགས་བརྩེ་མ་དང་གོང་གི་སྔགས་ཀྱང་ཅུང་ཟད་བཟླས་མཐར་ཡིག་བརྒྱ་བརྗོད། དེ་ནས། ཚེ་རྫས་སྙིང་དུ་ཉི་དཀྱིལ་སྔགས་ཀྱིས་མཚན། །འོད་འཕྲོས་རྒྱལ་བ་ཀུན་གྱི་བྱིན་རླབས་དང་། །འབྱུང་བཞིའི་བཅུད་སོགས་བདུད་རྩིར་བཀུག་ནས་ཐིམ། །འཆི་བ་འཇོམས་པའི་ཚེ་ཡི་རྫས་སུ་གྱུར། །གོང་སྔགསདང་འབྲུ་གསུམ་བརྒྱ་རྩ་བཟླས། གཏོར་མ་འབུལ་ན་བྱ་རྒྱུད་ལྟར་བྱིན་གྱིས་བརླབས། དེ་ནས་མགྲོན་སྤྱན་འདྲེན་པ་ནི། རང་གི་ཐུགས་ཀའི་འོད་ཟེར་གྱིས། །བླ་མ་ལྷ་ཚོགས་སྤྱན་དྲངས་ནས། །ལྗགས་འོད་སྦུ་གུས་གཏོར་མའི་བཅུད། །དྲངས་ཏེ་གསོལ་བས་ཚིམ་པར་གྱུར། །གོང་གི་མཚན་སྔགས་ལ་བ་ལི་ཏཾ་བཏགས་པ་ལན་གསུམ་མམ་བདུན་གྱིས་གཏོར་མ་འབུལ། མཆོད་བསྟོད་གོང་བཞིན་དང་བཟོད་གསོལ་མགྲོན་གཤེགས་གསོལ་རྣམས་སྤྱི་འགྲོ་ལྟར་བྱའོ། །དེ་ནས། དགེ་བ་འདི་ཡིསམྱུར་དུ་བདག །ཅེསསོགསདང་། རྣམ་དག་བསམ་པས་ཚུལ་འདིར་འབད་པ་ལས། །བྱུང་བའི་དགེ་བས་བདག་གཞན་འགྲོ་བ་རྣམས། །སྐྱེ་ཞིང་སྐྱེ་བར་བློ་བཟང་ཞི་ཁྲོ་ཡིས། །འབྲལ་བ་མེད་པར་རྗེས་སུ་འཛིན་གྱུར་ཅིག །ཅེསབརྗོད་ལ་བསྔོ་སྨོན་དང་ཤིས་བརྗོད་ཀྱིས་མཐའ་བརྒྱན་པར་བྱའོ། །ཞེས་རྗེ་ཚེ་འཛིན་མ་ལ་བརྟེན་པའི་བླ་མའི་རྣལ་འབྱོར་དང་ཚེ་སྒྲུབ་ཉུང་ངུར་བཀོད་པ་འདི་ལྟ་བུ་ཞིག་དགོས་ཞེས་སློབ་བོ་སུམ་རྫོང་དགོན་གྱི་སྔགས་རམ་པ་བློ་བཟང་སྦྱིན་པ་ནས་བསྐུལ་ངོར་༧ན་ལོའི་སྐྱེསམིང་འཛིན་པ་བློ་བཟང་ལུང་རྟོགས་བསྟན་འཛིན་འཕྲིན་ལས་ནས་གནས་ཚང་པེ་ཅིན་ཏར་ཙོག་གི་ཉེ་འདབ་བསམ་གཏན་གླིང་གི་ཁང་བུར་བསྙེན་པའི་ཐུན་མཚམས་སུ་སྦྱར་བའོ། །ཛ་ཡནྟུ།

༄༅། །འདོད་ལྷ་འགའ་ཞིག་གི་ཐུགས་རྗེ་བསྐུལ་བའི་ཚིག་བསམ་དོན་ལྷུན་གྲུབ་ཅེས་བྱ་བ་བཞུགས་སོ།

༄༅། །ན་མོ་གུ་རུ་མཉྫུ་གྷོ་ཥ་ཡ། འདིར་མངོན་པར་འདོད་པའི་ལྷ་འགའ་ཞིག་ལ་གསོལ་བ་འདེབས་ཤིང་ཐུགས་རྗེ་བསྐུལ་བའི་ཚིག་མདོར་བསྡུས་ཉམས་སུ་ལེན་པར་འདོད་པས་བདེ་བའི་བསྟན་ལ་ལུས་གནད་དང་ལྡན་པས་འཁོད་དེ། དགེ་སེམས་ཁྱད་པར་ཅན་གྱི་དྲང་ནས་སྐྱབས་སེམས་རྒྱུད་དང་འདྲེས་ངེས་བྱ། དེ་ནས་འདི་ལྟར་བརྗོད་ཅིང་ཚིག་རིས་ལྟར་ཡིད་ཀྱིས་གསལ་གདབ་པར་བྱའོ། །ཆོས་ཉིད་བདེ་སྟོང་ནམ་མཁའི་རང་བཞིན་ལས། །ཐབས་ཀྱི་ཡེ་ཤེས་སྒྱུ་འཕྲུལ་སྐད་ཅིག་གིས། །མདུན་གྱི་ནམ་མཁར་རིན་ཆེན་ཁྲི་སྟེང་དུ། །སྐྱབས་གསུམ་ཀུན་འདུས་རྩ་བའི་བླ་མ་དང་། །དབྱེར་མེད་རིགས་གསུམ་ངོ་བོ་ཙོང་ཁ་པ། །མཐའ་སྐོར་གསང་བདག་འཁོར་ལོ་ཆེན་པོ་དང་། །འཕགས་མ་གདུགས་དཀར་རིག་པའི་རྒྱལ་མོ་ཆེ། །རྒྱལ་ཡུམ་སྒྲོལ་མ་ལྷ་མོ་འོད་ཟེར་ཅན། །རྗེ་བཙུན་རི་ཁྲོད་ལོ་མ་གྱོན་མ་རྣམས། །རང་རང་སྐུ་མདོག་ཕྱག་མཚན་མ་ལུས་རྫོགས། །དགྱེས་པའི་གསུངས་དབྱངས་ལྷང་ལྷང་སྒྲོགས་བཞིན་དུ། །ཐུགས་རྗེ་ཆེན་པོས་རབ་ཏུ་གཟིགས་བཞིན་བཞུགས། །སངས་རྒྱས་ཆོས་དང་འཕགས་ཚོགས་དགེ་འདུན་སོགས། །སྐྱབས་ཀུན་འདུས་བའི་བདག་ཉིད་ཆེན་པོར་གྱུར། །ཞེས་བརྗོད་ཅིང་བསིལ། ཡན་ལག་བདུན་པ་བྱ་བ་ནི། རྒྱལ་བ་ཀུན་གྱི་མཁྱེན་བརྩེ་ནུས་མཐུ་རྣམས། །གཅིག་ཏུ་བསྡུས་པ་རིགས་གསུམ་སྒྱུ་འཕྲུལ་གར། །སྐྱབས་གསུམ་ཀུན་འདུས་བློ་བཟང་གྲགས་པ་ལ། །ལུས་ངག་ཡིད་གསུམ་གུས་པས་ཕྱག་འཚལ་ལོ། །ལྷུང་ལོ་ཅན་གྱི་གནས་མཆོག་དམ་པ་ནི། །གསང་སྔགས་རིགས་སྔགས་ཀུན་གྱི་བདག་པོ་སྟེ། །ལོག་འདྲེན་བགེགས་ཀྱི་ཚོགས་རྣམས་འཇོམས་མཛད་པའི། །བཅོམ་ལྡན་རྡོ་རྗེ་འཛིན་ལ་ཕྱག་འཚལ་ལོ། །བདེ་གཤེགས་ཐུགས་རྗེའི་གཙུག་ཏོར་ལས་འཁྲུངས་ཤིང་། །བདེ་འབྱུང་བསྟན་ལ་གནོད་བྱེད་ཚར་བཅད་ནས། །བདེ་ལེགས་འབྲས་བུ་ཉེར་བར་སྩོལ་མཛད་པའི། །བདེ་མཆོག་གདུགས་དཀར་ཅན་ལ་ཕྱག་འཚལ་བསྟོད། །གང་གི་མཚན་ཙམ་འཛིན་ཅིང་དྲན་པས་ཀྱང་། །གཟའ་དང་རྒྱུ་སྐར་གདོན་གྱི་གནོད་པ་སོགས། །

ཉེ་བར་འཚེ་བ་མཐའ་དག་ཞི་མཛད་པ། །རིག་པའི་རྒྱལ་མོ་ཁྱོད་ལ་ཕྱག་འཚལ་ལོ། །ལྷ་དང་ལྷ་མིན་ཅོད་པན་གྱིས། །ཞབས་ཀྱི་པདྨོ་ལ་བཏུད་དེ། །འཕོངས་པ་ཀུན་ལས་སྒྲོལ་མཛད་མ། །སྒྲོལ་མ་ཡུམ་ལ་ཕྱག་འཚལ་ལོ། །གང་གི་མཚན་ཙམ་འཛིན་ཅིང་དྲན་པས་ཀྱང་། །བར་དུ་གཅོད་པ་ཀུན་ལས་སྒྲོལ་མཛད་ཅིང་། །དྲི་མེད་བདེ་བ་ཆེན་པོ་སྐྱོལ་མཛད་པ། །ལྷ་མོ་འོད་ཟེར་ཅན་ལ་ཕྱག་འཚལ་ལོ། །རྒྱལ་བ་ཀུན་གྱི་ཡེ་ཤེས་སྒྱུ་མ་ཡི། །ཆོ་འཕྲུལ་རྣམ་པར་འཕྲུལ་བ་ལས་བྱུང་བ། །ལྷ་མོ་གང་གིས་བསྒྲུབ་པས་ནད་གདོན་བགེགས། །ཀུན་ཏུ་ཞི་མཛད་མ་ལ་ཕྱག་འཚལ་ལོ། །དངོས་བཤམས་ཡིད་སྤྲུལ་མཆོད་པ་མ་ལུས་འབུལ། །ཐོག་མེད་ནས་བསགས་སྡིག་ལྟུང་ཐམས་ཅད་བཤགས། །སྐྱེ་འཕགས་དགེ་བ་ཀུན་ལ་རྗེས་ཡི་རང་། །འཁོར་བ་མ་སྟོང་བར་དུ་ལེགས་བཞུགས་ནས། །འགྲོ་ལ་ཆོས་ཀྱི་འཁོར་ལོ་བསྐོར་བ་དང་། །བདག་གཞན་དགེ་རྣམས་བྱང་ཆུབ་ཆེན་པོར་བསྔོ། །ཞེས་ཡན་ལག་བདུན་པ་སྦྱར། དེ་ནས། རིགས་གསུམ་ཀུན་འདུས་རྗེ་བཙུན་ཙོང་ཁ་པའི་ཐུགས་ཀར་ཟླ་གདན་ལ་ཧྲཱིཿ ཡིག་གི་མཐར་དམིགས་བརྩེ་མའི་འཕྲེང་བས་བསྐོར་བ། ལྷ་ཚོགས་གཞན་རྣམས་ཀྱི་ཐུགས་ཀར་ཡང་རང་རང་གིས་ས་བོན་གྱི་མཐར་རང་རང་གི་སྔགས་ཀྱིས་བསྐོར་བ་ལས་བདུད་རྩིའི་རྒྱུན་བབས་རང་གི་ལུས་སེམས་ལ་ཞུགས་པས་སྟེང་འོག་བར་གསུམ་གྱི་ནད་གདོན་སྡིག་སྒྲིབ་མདོར་ན་མི་མཐུན་པའི་ཕྱོགས་ཐམས་ཅད་བྱང་ཞིང་དག་པར་གྱུར། ཞེས་བརྗོད་ཅིང་བསམ་ལ། དམིགས་མེད་བརྩེ་བའི་གཏེར་ཆེན་སྤྱན་རས་གཟིགས། །དྲི་མེད་མཁྱེན་པའི་དབང་པོ་འཇམ་དཔལ་དབྱངས། །བདུད་དཔུང་མ་ལུས་འཇོམས་མཛད་གསང་བའི་བདག །གངས་ཅན་མཁས་པའི་གཙུག་རྒྱན་ཙོང་ཁ་པ། །བློ་བཟང་གྲགས་པའི་ཞབས་ལ་གསོལ་བ་འདེབས། །ཞེས་གང་མང་དང་། ཕྱག་རྡོར་གྱི་ཐུགས་ཀར་ཉི་མ་ལ་ཧཱུྃ་དང་། གཞན་གདུགས་དཀར། གཟའ་ཡུམ། སྒྲོལ་མ། འོད་ཟེར་ཅན། ལོ་ཀྱོན་མ་རྣམས་ཀྱི་ཐུགས་ཀར་ཟླ་གདན་ལ་རིམ་པར་ཨོཾ་ཧཱུྃ་ཧྃ་མཾ་པཾ་རྣམས་ཀྱིས་མཚན་པའི་མཐར་རང་རང་གི་སྔགས་ཀྱིས་བསྐོར་བ་ལས་བདུད་རྩི་འབེབས་སྦྱངས་ཀྱི་དམིགས་པ་མ་ཡེངས་བའི་ངང་ནས། ཨོཾ་ནི་ལཾ་བ་ར་ཧྣ་ར་བཛྲ་པཱ་ཎི་ཧྲི་ད་ཡ་མཧཱ་ཀྲོ་ཧྣ་ས་ཏྭ་ཧཱུྃ་ཕཊ། ཞེས་ཕྱག་རྡོར། ཨོཾ་མ་མ་ཧཱུྃ་སྭཱཧཱ། ཞེས་གདུགས་དཀར། ཨོཾ་སརྦ་བིདྱཱ་ཧཱུྃ་ཧཱུྃ་ཕཊ་སྭཱཧཱ། ཞེས་གཟའ་ཡུམ། ཨོཾ་ཏཱ་རེ་ཏུཏྟཱ་རེ་ཏུ་རེ་སྭཱཧཱ། ཞེས་སྒྲོལ་མ། ཨོཾ་མ་རི་ཙྱེ་སྭཱཧཱ། ཞེས་འོད་ཟེར་ཅན་མ། ཨོཾ་པི་ཤ་ཙི་པརྞ་ཤ་བ་རི་སརྦ་ཛྭ་ར་པྲ་ཤ

མ་ཊ་ཡེ་སྭཱ་ཧཱ། ཞེས་ལོ་ཀྱོན་མའི་ལྟགས་རྣམས་སོ་སོར་ཅི་འགྲུབ་བཟླས་མཐར་ཡིག་བརྒྱ་བརྗོད། ཐལ་མོ་སྦྱར་ཏེ། བདག་སོགས་རྣམས་ཀྱི་ཆོས་དང་མཐུན་པའི་རྐྱེན། །ཇི་ལྟར་བསམ་པ་ཡིད་བཞིན་འགྲུབ་པ་དང་། །ནད་གདོན་བགེགས་སོགས་བར་དུ་གཅོད་པའི་ཚོགས། །ཉེ་བར་ཞི་བར་བྱིན་གྱིས་རླབ་ཏུ་གསོལ། །ཞེས་ལན་གསུམ་བརྗོད། དེ་ལྟར་གསོལ་བ་བཏབ་པས་ལྷ་ཚོགས་རྣམས་ཀྱི་ཐུགས་ཀ་ནས་སྤྲུལ་པའི་ཁྲོ་བོ་ཁྲོ་མོ་དཔག་ཏུ་མེད་པ་སྤྲོས་ནད་གདོན་བར་ཆད་ཐམས་ཅད་ཚར་བཅད་པར་གྱུར། ཞེས་བརྗོད་ཅིང་བསམ་ལ། བླ་མ་ཡི་དམ་དཀྱིལ་འཁོར་ལྷ། །སྐྱབས་གནས་ཀུན་འདུས་ཁྱེད་རྣམས་ཀྱིས། །མཐུ་སྟོབས་རྫུ་འཕྲུལ་ཀུན་སྐྱེད་ནས། །བར་ཆད་མ་ལུས་བཟློག་ཏུ་གསོལ། །ཉོན་མོངས་བཞི་བརྒྱ་རྩ་བཞི་ལས། །བྱུང་བའི་ནད་གི་ཉེར་འཚེ་ཀུན། །ཆོས་དབྱིངས་དྲི་མ་མེད་པ་ཡི། །ངོ་བོར་ཡོངས་སུ་བཟློག་པར་མཛོད། །འཕྲུལ་རྐྱེན་ངན་པ་ལས་བྱུང་བའི། །རླུང་མཁྲིས་བད་ཀན་འདུས་པའི་ནད། །མཛེ་དང་ཐོལ་མིག་ལ་སོགས་པ། །འབྱུང་བ་འཁྲུགས་པའི་ཉེར་འཚེ་ཀུན། །སྐད་ཅིག་ཉིད་ལ་བཟློག་པར་མཛོད། །གཟའ་དང་རྒྱུ་སྐར་རྒྱལ་པོ་དང་། །བཙན་དང་གདུག་པའི་ཀླུ་རྣམས་དང་། །མ་མོ་ས་བདག་སྲིན་པོའི་ཚོགས། །དྲག་པོའི་རྫུ་འཕྲུལ་སྟོབས་ཀྱིས་བཟློག །ལྷ་མིན་འབྱུང་པོ་ཤ་ཟ་དང་། །ནམ་མཁའ་ལྡིང་དང་བརྗེད་བྱེད་གདོན། །གྲུལ་བུམ་གནོད་སྦྱིན་ལ་སོགས་པ། །གདུག་པའི་མི་མིན་ཐམས་ཅད་བཟློག །སྲོག་འཕྲོག་རིམས་ཀྱི་ཚོགས་རྣམས་དང་། །ས་གཡོ་རྐྱུན་པོ་གནམ་ལྕགས་དང་། །མེ་དང་ཆུ་དང་རླུང་གི་ཚོགས། །བར་གཅོད་རྐྱེན་ངན་མ་ལུས་བཟློག །སེངྒེ་སྟག་གཟིགས་དོམ་དྲེད་དང་། །དུག་ཅན་སྦྲུལ་དང་སྲིན་པོའི་ཚོགས། །ལུས་དང་སེམས་ལ་གནོད་བྱེད་པ། །ཐམས་ཅད་ད་ལྟ་ཉིད་དུ་བཟློག །གཞན་ཡང་གདོན་རིགས་མཐའ་དག་དང་། །ཕ་རོལ་བསམ་སྦྱོར་ངན་པ་ཡི། །བྱད་ཕུར་མནན་གཏན་ངན་ལྟགས་སོགས། །ད་ལྟ་ཉིད་དུ་བཟློག་པར་མཛོད། །རྨི་ལམ་མཚན་པ་ངན་པ་དང་། །སློ་བུར་ཡི་འཁྲུག་ལ་སོགས་པ། །དུས་དང་དུས་མིན་འཆི་བའི་ཚོགས། །མི་མཐུན་མ་ལུས་བཟློག་ཏུ་གསོལ། །མདོར་ན་རྣལ་འབྱོར་བདག་ཅག་ལ། །ཇི་ལྟར་འདོད་པའི་དངོས་གྲུབ་ཀུན། །ད་ལྟ་ཉིད་དུ་ལེགས་སྩལ་ནས། །རྟག་ཏུ་བདེ་ལ་སྤྱོར་བར་ཤོག །ཅེས་བར་ཆད་བཟློག་པའི་གསོལ་འདེབས་བྱ། དེ་ནས་མཇུག་ཏུ། སྐྱབས་ཡུལ་མཐའ་

སྐོར་ཡི་དམ་ལྷ་ཚོགས་རྣམས། །འོད་དུ་ཞུ་ནས་འཇམ་དབྱངས་བླ་མར་ཐིམ། །དེ་ཡང་འོད་ཞུ་རང་གི་སྤྱི་བོ་ནས། །ཐིམ་པས་ལུས་ངག་ཡིད་གསུམ་བྱིན་རླབས་གྱུར། ཞེས་ཉེར་བསྡུ་དང་། འཇམ་དཔལ་དཔའ་བོས་ཇི་ལྟར་མཁྱེན་པ་དང་། ཞེས་སོགས་ཀྱིས་དགེ་བ་བསྔོ། དེ་ལྟར་ཆག་མེད་དུ་ཚུལ་བཞིན་ཉམས་སུ་བླངས་ན་ནད་གདོན་བར་ཆད་ཀྱིས་མི་བརྫི་ཞིང་འདོད་པའི་དོན་བདེ་བླག་ཏུ་འགྲུབ་པར་འགྱུར་རོ། །ཞེས་མངོན་པར་འདོད་པའི་ལྷ་འགའ་ཞིག་ལ་གསོལ་བ་འདེབས་ཤིང་ཐུགས་རྗེ་བསྐུལ་བའི་ཚིག་བསམ་དོན་ལྷུན་གྲུབ་ཅེས་བྱ་བ་འདི་ཡང་། སྙིང་འོག་བར་གསུམ་གྱི་ནད་གདོན་བར་ཆད་ཞི་བ་སོགས་དགོས་པ་འགའ་ཞིག་གི་ཆེད་བླ་མ་ལྷའི་ལུང་བསྟན་དོན་དང་མཐུན་པར་གོང་གསལ་ལྷ་འགའ་ཞིག་གི་སྐུ་བརྙན་སྦྱོན་ཡོད་ཀྱི་ཐོག་འགའ་ཞིག་གསར་དུ་བཞེངས་པ་དང་ཆབས་གཅིག་བར། རིགས་འཛིན་གར་གྱི་དབང་པོས། རང་གི་བསྡི་གནས་དགེ་འཕེལ་བྱང་ཆུབ་གླིང་གི་སེར་སྐྱ་རྣམས་ལ་ཕན་འདོགས་པའི་བསམ་པས་ཀུན་ནས་བླངས་ཏེ་མེ་འབྲུག་ཆུ་སྟོད་ཟླ་བའི་ཡར་ཚེས་ཀྱི་ཉིན་ཐུན་མཚམས་སུ་བྲིས་པ་འདིས་ཀྱང་བདག་སོགས་འགྲོ་ཀུན་བར་ཆད་བདུད་བཞིའི་གཡུལ་ལས་རྒྱལ་བའི་རྒྱུར་གྱུར་ཅིག །

༄༅། །དམིགས་བརྩེ་མའི་ལས་ཚོགས་དངོས་གྲུབ་འབྱུང་གནས་བཞུགས་སོ།

༄༅། །རྒྱལ་ཀུན་མཁྱེན་པའི་རང་གཟུགས་མི་ཞལ་ཁམས། །གཅིག་ཏུ་བཞུས་པའི་རོལ་གར་དུར་ཁྲིག་ཐྲོལ། །ཡོངས་བསྟན་རྒྱལ་བ་གཉིས་པ་ཙོང་ཁ་པར། །སྙིང་ནས་འདུད་དོ་དུས་ཀུན་སྐྱོང་དུ་གསོལ། །གང་གི་ལས་ཚོགས་སྣན་ཁང་ཆེན་པོའི་སྲོལ། །གང་མཆིས་གསལ་བར་བཀོད་པ་འདི་ཉིད་ལ། །གང་དེར་སྙིང་ནས་གསོལ་བ་འདེབས་བཞིན་པས། །གང་དག་ཡིད་གཉིས་སྤངས་ཏེ་འབད་པར་རིགས། །དེ་ལ་འདིར། འཇམ་མགོན་བླ་མ་ཆོས་ཀྱི་རྒྱལ་པོ་ཙོང་ཁ་པ་ཆེན་པོ་ལ་བརྟེན་པའི་དམིགས་བརྩེ་མའི་ལས་ཚོགས་མཁས་ཞིང་གྲུབ་པའི་དབང་ཕྱུག་རྗེ་སྣན་ཁང་པ་ཆེན་པོའི་དག་པ་ཡེ་ཤེས་ཀྱི་གཟིགས་ངོར་ཤར་བའི་འཁོར་ལོ་ལ་བརྟེན་པའི་ལས་ཚོགས་དུ་མ་ཞིག་མཆིས་པ་ཉམས་སུ་ལེན་པར་འདོད་པས། གོང་བསྙེན་དམིགས་བརྩེ་མ་འབུམ་ཕྲག་བཞི་མ་མཐར་སོང་བའི་གང་ཟག་གིས། འདིར་འཇུག་པ་ལ་སྔོན་འགྲོ། དངོས་གཞི། རྗེས་ཀྱི་རིམ་པ་དང་གསུམ་ལས། དང་པོ་ནི་འཁོར་ལོ་བཅའ་བ་དང་སྒྲུབ་པ་གཉིས་ལས། འཁོར་ལོ་བཅའ་བ་ནི། འདི་ཁའི་རྩ་བར། བགེགས་བསྲུང་སྡིག་པ་རབ་ཏུ་སྦྱངས། །ཆར་ཕབ་སེར་བ་ཕ་མཐར་བསྐྲད། །སད་བསྲུངས་རིམས་ནད་རབ་ཏུ་འགོག་ཅེས་པ་ལྟར། འཁོར་ལོའི་བྱ་བ་དྲུག་ཡོད་པ་ལས། དེ་རྣམས་གང་བྱས་ཀྱང་སྤྱིལ་ཚིག་དང་། མཐའི་རི་མོའི་བསྐྱུར་བ་ཙམ་ལས། འཁོར་ལོ་དངོས་གཞི་ཁྱད་ཅི་ཡང་མེད་པས། འབྲི་གཞི་དུག་ཤོག་སོགས་མ་ཡིན་པའི་ཤོག་བུ་ལེགས་པར་འཁོར་ལོ་སུ་ཁྱུད་བཞི་རྩིབས་བཅུ། ལྟེ་བའི་དབུས་སུ་ཐུག་པ་བྱེད་ན། ཧྲཱིཿའི་ཁོངས་སུ་བུག་པ་ཡོང་བའམ་ཡང་ན་བུག་པའི་སྟེང་འོག་གང་རིགས་སུ་ཧྲཱིཿཡིག་འབྲི། ཐུག་པ་མི་བྱེད་ན་དབུས་སུ་ཧྲཱིཿའབྲི། རྩིབས་བཅུ་ལ་ཧཱུྃ་མགོ་ཕྱིར་བསྟན་བྲིས། དེའི་མཐར་དམིགས་བརྩེ་མ་དབུས་ཀྱི་ཧྲཱིཿའི་མདུན་ནས་བརྩམས་པའི་དབུ་ཕྱིར་བསྟན་མཐར། འདོད་གསོལ་གདོན་བགེགས་སྲུང་བ་ལ། ཚེ་གེ་མོ་ལ་གདོན་བགེགས་ཀྱི་གནོད་པ་སྲུངས་ཤིག་ཅེས་པ་དང་། སྡིག་པ་སྦྱོང་བ་ལ། ཚེ་གེ་མོའི་སྡིག་སྒྲིབ་བག་ཆགས་དང་བཅས་པ་བྱང་བར་གྱུར་ཅིག །ཅེས་པ་དང་། ཆར་འབེབས་ན། ཡུལ་ཕྱོགས་འདིར་ཆར་གྱི་རྒྱུན་བཟང་པོ

སྦྱར་དུ་ཕོབ་ཅིག་ཅེས་པ་དང་། སེར་བ་བསྲུང་བ་ལ། ཡུལ་ཕྱོགས་འདིར་སེར་བའི་གནོད་པ་སྲུངས་ཤིག་ཅེས་པ་དང་། སད་བསྲུང་ན། ཡུལ་ཕྱོགས་འདིར་སད་ཀྱི་གནོད་པ་སྲུངས་ཤིག་ཅེས་པ་དང་། རིམ་བསྲུང་བ་ལ། ཡུལ་ཕྱོགས་འདིར་འགོ་བའི་རིམས་ནད་ཐམས་ཅད་ལས་སྲུངས་ཤིག ཚེ་སྒྲུབ་ལ། ཚེ་གེ་མོ་ལ་འཆི་མེད་ཚེའི་དངོས་གྲུབ་སྩོལ་དུ་གསོལ། ཞེས་པ་ལྟ་བུ་སྐབས་སུ་གང་བབ་འབྲི། དེའི་མཐར་ཡེཧཱ་ར་འབྲི། དེའི་མཐར་བགེགས་བསྐྲད་པའི་སྐབས་སུ་ཛྫོ་རཱ་དང་། ཞིག་པ་སྦྱོར་བར་འོད་ཟེར། ཆར་འབེབས་པ་ལ་སྤྲིན་རིས། སེར་བསྲུང་བ་ལ་རླུང་དམར། སད་སྲུང་བ་ལ་སྤྲིན་རིས། རིམས་ནད་སྲུང་བ་མཐར་མེ་རི་བྱ། ཚེ་སྒྲུབ་པ་ལ་བུམ་མགོ་ནང་དུ་བསྟན་པ་གང་མང་འབྲི་བ་སོགས་ལས་སོ་སོའི་སྐབས་སུ་གང་བབ་འབྲི། དྲི་བཟང་གིས་ཡི་གེ་ལ་བྱུབ་པར་བྱུགས། དེའི་འོག་ཏུ་འཁོར་ལོའི་སྲོག་ཤིང་ལ། དམིགས་བརྩེ་མ་སྟོང་ཕྲག་སོགས་གང་མང་འབྲི། དབུས་ནས་མར་ཡི་གེ་ཕྱིར་ཡོད་པར་དཀྲིས་ལ། དེ་སྟེང་འཁོར་ལོ་མར་སྦྲུབ་ནས་བཞག །ཐུམ་སྟོན་པོ་ཞིག་བྱེད། གཉིས་པ་འཁོར་ལོ་སྒྲུབ་པ་ནི། འཁོར་ལོ་སྟེགས་མཐོ་བར་བཞག །དེའི་མདུན་དུ་མཆོད་པ་རྣམས་དང་། གཏོར་མ་དཀར་གཏོར་ཟླུམ་པོ་པད་འདབ་ཅན་བཅས་བཤམས། དཀར་གཏོར་ལ་བརྟེན་པས་གནས་ཤིང་། ཁྲུས་དང་གཙང་སྦྲ་ལ་བརྩོན་པར་བྱས་ནས། སྟན་བདེ་བ་ལ་འཁོད་བཞིན་པས། བླ་མ་ལ་སྐྱབས་སུ་མཆིའོ། །སངས་རྒྱས་ལ་སྐྱབས་སུ་མཆིའོ། །ཆོས་ལ་སྐྱབས་སུ་མཆིའོ། །དགེ་འདུན་ལ་སྐྱབས་སུ་མཆིའོ། །ཁམས་གསུམ་ཆོས་ཀྱི་རྒྱལ་པོ་ཤར་ཙོང་ཁ་པ་ཆེན་པོའི་ལྷ་ཚོགས་འཁོར་དང་བཅས་པ་རྣམས་ལ་སྐྱབས་སུ་མཆིའོ། །དཔལ་མགོན་དམ་པ་ཆོས་སྐྱོང་བའི་སྲུང་མ་ཡེ་ཤེས་སྤྱན་དང་ལྡན་པ་རྣམས་ལ་སྐྱབས་སུ་མཆིའོ། །ཞེས་ལན་བདུན་ནམ་ཉེར་གཅིག་གིས་སྐྱབས་འགྲོ་བྱས་རྗེས། སངས་རྒྱས་ཆོས་དང་ཚོགས་ཀྱི་མཆོག་རྣམས་ལ། །བྱང་ཆུབ་བར་དུ་བདག་ནི་སྐྱབས་སུ་མཆི། །བདག་གིས་སྦྱིན་སོགས་བགྱིས་པའི་བསོད་ནམས་ཀྱིས། །འགྲོ་ལ་ཕན་ཕྱིར་སངས་རྒྱས་འགྲུབ་པར་ཤོག །ཅེས་ལན་གསུམ་གྱིས་སེམས་བསྐྱེད་དང་། མར་གྱུར་སེམས་ཅན་ཐམས་ཅད་བདེ་བ་དང་བདེ་བའི་རྒྱུ་དང་ལྡན་པར་གྱུར་ཅིག །སེམས་ཅན་ཐམས་ཅད་སྡུག་བསྔལ་དང་སྡུག་བསྔལ་གྱི་རྒྱུ་དང་བྲལ་བར་གྱུར་ཅིག །སེམས་ཅན་ཐམས་ཅད་སྡུག་བསྔལ་མེད་པའི་བདེ་བ་དང་མི་འབྲལ་བར་གྱུར་ཅིག །སེམས་ཅན་ཐམས་ཅད་ཉེ་རིང་ཆགས་སྡང་དང་བྲལ་བའི་བཏང་སྙོམས་ཚད་མེད་པ་ལ་སེམས་གནས་པར་གྱུར་ཅིག །ཅེས་ཚད་མེད་པ་བཞི་བསྒོམ་པ་སྔོན་དུ་བཏང་ནས། ཨོཾ་སྭ་བྷཱ་ཝ་ཤུདྡྷོ་སརྦ་དྷརྨཱ་སྭ་བྷཱ་ཝ་ཤུདྡྷོ྅ཧཾ། སྟོང་པ་ཉིད་དུ་གྱུར། སྟོང་པའི་ངང་ལས་པཾ་ལས་པད་དཀར་དང་། ཨ་ལས་ཟླ་བའི་དཀྱིལ་འཁོར་གྱི་སྟེང་དུ་རང་གི་སེམས་ཉིད་ཧྲཱིཿ ཡིག་དམར་སེར་ལས་རལ་གྲི་ཧྲཱིཿ ཡིག་དམར་སེར་གྱིས་མཚན་པ་དེ་ལས་འོད་འཕྲོས། འཕགས་པ་མཆོད་

སེམས་ཅན་གྱི་དོན་བྱས། ཚུར་འདུས་ཡོངས་སུ་གྱུར་པ་ལས། རང་ཉིད་རྒྱལ་བ་ཀུན་གྱི་ངོ་བོ་ཁམས་གསུམ་ཆོས་ཀྱི་རྒྱལ་པོ་ཤར་ཙོང་ཁ་པ་ཆེན་པོ་སྐུ་མདོག་དཀར་གསལ་མཛེས་པའི་འཛུམ་ཞལ་དང་ལྡན་པ། སྐུ་ལ་ཆོས་གོས་ངུར་སྨྲིག་གི་མདོག་ཅན་གསུམ་མཛེས་པར་གསོལ་ཞིང་། དབུ་ལ་པཎ་ཞྭ་གསེར་གྱི་མདོག་ཅན་སྔེ་རིང་གསོལ་བ། ཞལ་གྱི་དཀྱིལ་འཁོར་ཤིན་ཏུ་འཛུམ་ཞིང་། ཟླ་བ་ཉ་ཡོངས་སུ་གང་བ་ལྟ་བུ། ཕྱག་གཉིས་ཆོས་འཁོར་གྱི་ཕྱག་རྒྱ་ཐུགས་ཀར་མཛད་པའི་མཐེབ་མཛུབ་ཀྱིས་ཨུཏྤ་ལའི་ཡུ་བ་བཟུང་བའི་འདབ་མ་སྙན་གཡས་གཡོན་གྱི་ཐད་དུ་ཁ་བྱེ་བའི་གཡས་ཀྱི་སྟེང་ན་ཤེས་རབ་ཀྱི་རལ་གྲི་དང་། གཡོན་གྱི་སྟེང་ན་ཤེར་ཕྱིན་གྱི་གླེགས་བམ་བརྣམས་པ། ཞབས་གཉིས་རྡོ་རྗེའི་སྐྱིལ་ཀྲུང་གིས་བཞུགས་པའི་སྤྱི་བོར་ཨོཾ་ལས་འཁོར་ལོ་དཀར་པོའི་ལྟེ་བར་ཨོཾ་གྱིས་མཚན་པ། མགྲིན་པར་ཨཱཿ་ལས་པདྨ་དམར་པོའི་ལྟེ་བར་ཨཱཿ་ས་མཚན་པ། ཐུགས་ཀར་ཧཱུྃ་ལས་རྡོ་རྗེ་སྔོན་པོའི་ལྟེ་བར་ཧཱུྃ་གིས་མཚན་པ། ཐུགས་ཀའི་ཧཱུྃ་ལས་འོད་ཟེར་འཕྲོས་པས་བསྒོམ་པ་དང་འདྲ་བའི་ཡེ་ཤེས་པ་ལ་སངས་རྒྱས་དང་བྱང་ཆུབ་སེམས་དཔའི་ཚོགས་ཀྱིས་བསྐོར་བ་དགའ་ལྡན་གྱི་གནས་ནས་སྤྱན་དྲངས། ཛཿ ཧཱུྃ་བཾ་ཧོཿ རང་དང་གཉིས་སུ་མེད་པར་གྱུར། མཆོད་པ་རྣམས་ལ། ཨ་སྦྱི་ཏྲས་བསངས། སྭབྷཱ་ཝས་སྟོང་བར་སྦྱངས། སྟོང་པའི་ངང་ལས་ཨོཾ་ལས་རིན་པོ་ཆེ་ལས་གྲུབ་པའི་སྣོད་ཡངས་ཤིང་རྒྱ་ཆེ་བའི་ནང་དུ་ཨོཾ་འོད་དུ་ཞུ་བ་ལས་བྱུང་བའི་མཆོད་ཡོན། ཞབས་བསིལ། མེ་ཏོག། བདུག་སྤོས། མར་མེ། དྲི་ཆབ། ཞལ་ཟས། རོལ་མོ་རྣམས་རང་བཞིན་བདེ་སྟོང་རྣམ་པ་མཆོད་རྫས་བྱེད་ལས་དབང་པོ་དྲུག་གི་སྤྱོད་ཡུལ་དུ་ཟག་པ་མེད་པའི་བདེ་བ་ཁྱད་པར་ཅན་བསྐྱེད་པར་གྱུར། ཨོཾ་ཨརྒྷཾ་ཨཱཿ ཧཱུྃ། ཞེས་པ་ནས། ཤབྡ་ཨཱཿ ཧཱུྃ། ཞེས་པས་བྱིན་གྱིས་རླབས། ཨོཾ་ཨཱཿ གུ་རུ་སུ་མ་ཏི་ཀཱིརྟི་ས་པ་རི་ཝཱ་ར་ཨརྒྷཾ་པྲ་ཏཱིཙྪ་ཡེ་སྭཱཧཱ། ཞེས་པ་ནས། ཤབྡ་པྲ་ཏཱིཙྪ་ཡེ་སྭཱཧཱ། ཞེས་པའི་བར་གྱིས་མཆོད། རྣམ་དག་གངས་རིའི་ཕྲེང་བས་ཡོངས་བསྐོར་བའི། །ཕྱོགས་འདིར་བདག་ཅག་མགོན་མེད་རྣམས་ཀྱི་མགོན། །བློ་དམན་བསམ་པའི་ངོ་དང་འཚམས་པའི་སྐུ། །སྟོན་མཛད་བླ་མ་མཆོག་ལ་བདག་ཕྱག་འཚལ། །ཞེས་བསྟོད། རང་གི་སྙིང་ཁར་ཟླ་བའི་དཀྱིལ་འཁོར་གྱི་ལྟེ་བར་ཧྲཱིཿ ཡིག་མཐའ་སྐོར་དུ་དམིགས་བརྩེ་མས་བསྐོར་བ་ལས་འོད་ཟེར་སྣ་ཚོགས་པ་འཕྲོས་པའི་སྣེ་མོར་མཆོད་པའི་ལྷ་མོ་དཔག་ཏུ་མེད་པ་སྤྲོས་སྟེ། དེ་རྣམས་ཀྱིས་སངས་རྒྱས་སྲས་དང་བཅས་པ་ཐམས་ཅད་ལ་མཆོད་པ་ཕུལ་

བས་དེ་རྣམས་དགྱེས་ཤིང་། དེ་རྣམས་ཀྱི་བྱིན་རླབས་ཐུགས་རྗེ་ནུས་མཐུ་ལ་སོགས་པ་ཐམས་ཅད་འོད་ཀྱི་རྣམ་པར་སྤྱན་དྲངས་ནས་རང་གི་སྙིང་ཁའི་ཐུགས་ཕྲེང་ལ་ཐིམ། མཐུ་སྟོབས་ནུས་པ་མཁྱེན་བརྩེའི་བདག་ཉིད་དུ་གྱུར། ཡང་འོད་ཟེར་འཕྲོས་པའི་སྣེ་ལ་སངས་རྒྱས་དང་བྱང་སེམས་ཀྱི་སྐུའི་རྣམ་པ་མཐའ་ཡས་པ་སྤྲོས་ཏེ། རིགས་དྲུག་གི་གནས་རྣམས་སུ་སོང་བས་དེ་དག་གི་སྡུག་བསྔལ་ཐམས་ཅད་སྦྱང་ནས་ཆོས་ཀྱི་རྒྱལ་པོ་ཙོང་ཁ་པ་ཆེན་པོའི་གོ་འཕང་ལ་བཀོད་པར་བསམ་ལ། དམིགས་མེད་བརྩེ་བའི་གཏེར་ཆེན་སྤྱན་རས་གཟིགས། །དྲི་མེད་མཁྱེན་པའི་དབང་པོ་འཇམ་དཔལ་དབྱངས། །གངས་ཅན་མཁས་པའི་གཙུག་རྒྱན་ཙོང་ཁ་པ། །བློ་བཟང་གྲགས་པའི་ཞབས་ལ་གསོལ་བ་འདེབས། །ཞེས་པ་འདི་བརྒྱ་སྟོང་ཁྲི་འབུམ་ལ་སོགས་ཅི་མང་བཟླས་ཤིང་། མཇུག་ཏུ། དགེ་བ་འདི་ཡིས་མྱུར་དུ་བདག །བློ་བཟང་གྲགས་པའི་དཔལ་འགྲུབ་ནས། །འགྲོ་བ་གཅིག་ཀྱང་མ་ལུས་པ། །དེ་ཡི་ས་ལ་འགོད་པར་ཤོག །ཅེས་དགེ་བ་བསྔོ། དེ་ནས་འཁོར་ལོ་སྒྲུབ་པ་དངོས་ནི། འཁོར་ལོ་བགེགས་བསྐྲད་སྤྱི་ལྟར་དང་། དེ་ནས་འཁོར་ལོ་བསངས་སྦྱངས། སྟོང་པའི་ངང་ལས་སྣ་ཚོགས་པདྨ་དང་ཟླ་བའི་གདན་ལ་ཧྲཱིཿ ལས་རྒྱལ་བ་ཀུན་གྱི་ངོ་བོ་ཁམས་གསུམ་ཆོས་ཀྱི་རྒྱལ་པོ་ཤར་ཙོང་ཁ་པ་ཆེན་པོ། ཞེས་པ་ནས། དགའ་ལྡན་གྱི་གནས་ནས་སྤྱན་དྲངས། ཞེས་པའི་བར་སྔར་བདག་བསྐྱེད་བཞིན་དང་། བློ་གྲོས་ཁང་བཟང་བསླབ་གསུམ་ནོར་གྱིས་ཕྱུག །བཟང་པོའི་འཕྲིན་ལས་གདུལ་བྱའི་དཔལ་དུ་ཤར། །གྲགས་པའི་འོད་ཟེར་འཛམ་གླིང་ཕྱོགས་བཅུར་འཕྲོ། །དཔལ་ལྡན་བླ་མ་འཁོར་བཅས་གཤེགས་སུ་གསོལ། །ཛཿ ཧཱུྃ་བཾ་ཧོཿ དམ་ཚིག་པ་དང་གཉིས་སུ་མེད་པར་གྱུར། ཐུགས་ཀར་ཟླ་བའི་དཀྱིལ་འཁོར་གྱི་སྟེང་དུ་ཧྲཱིཿ ཡིག་གི་མཐར་དམིགས་བརྩེ་མས་བསྐོར་བ་ལས་འོད་ཟེར་འཕྲོས། རྒྱལ་བ་སྲས་དང་བཅས་པ་ལ་མཉེས་པའི་མཆོད་པ་ཕུལ། སྐུ་གསུང་ཐུགས་ཀྱི་བྱིན་རླབས་རྣམས་འོད་ཟེར་གྱི་རྣམ་པར་བསྡུས་ནས་སྐུ་ལ་ཐིམ། དེ་ལས་བདུད་རྩིའི་རྒྱུན་བབས་པས། བདག་དང་འགྲོ་བ་ཐམས་ཅད་ཀྱི་ནད་གདོན་སྡིག་སྒྲིབ་བག་ཆགས་དང་བཅས་པ་ཐམས་ཅད་སྦྱངས། གནས་སྐབས་དང་མཐར་ཐུག་གི་བདེ་ལེགས་ཕུན་སུམ་ཚོགས་པ་ལ་བཀོད་པར་གྱུར། དམིགས་བརྩེ་མ་གང་མང་བཟླ། དེ་ནས་ཡིག་བརྒྱས་ལྷག་ཆད་ཁ་བསྐངས་ཤིང་མཆོད་པ་སྔར་ལྟར་བྱིན་གྱིས་རླབས། གཏོར་མ། ཨོཾ་བཛྲ་ཨ་མྲི་ཏ་སོགས་བསངས། སྭ་བྷཱ་ཝས་སྦྱངས། སྟོང་པའི་ངང་ལས་བྷྲཱུཾ་ལས་རིན་པོ་ཆེ་ལས་གྲུབ་པའི་སྣོད་ཡངས་ཤིང་རྒྱ་ཆེ་བའི་ནང་དུ་གཏོར་མ་ལྷའི་ཞལ་ཟས་འདོད་པའི་ཡོན་ཏན་ལྔ་དང་ལྡན་པའི་སྟེང་དུ་ཨོཾ་ཨཱཿཧཱུྃ་གིས་མཚན་པ་ལས་འོད་འཕྲོས། འཁོར་འདས་ཀྱིས

བསྡུས་པའི་ཆོས་ཐམས་ཅད་འབྲུ་གསུམ་ལ་ཐིམས་ཤིང་། དེ་ཡང་འོད་དུ་ཞུ་བ་ལས་བྱུང་བའི་བདུད་རྩིའི་རྒྱ་མཚོ་ཆེན་པོར་གྱུར། ཨོཾ་ཨཱཿཧཱུྃ། ལན་གསུམ་གྱིས་བྱིན་གྱིས་རླབས། རྗེ་བཙུན་བླ་མའི་ལྗགས་འོད་ཟེར་གྱི་སྦུ་གུས་གཏོར་མའི་བཅུད་ཐམས་ཅད་དྲངས་ཏེ་གསོལ་བར་གྱུར་པར་བསམ་ལ། ཨོཾ་གུ་རུ་སུ་མ་ཏི་ཀཱིརྟི་ས་པ་རི་ཝཱ་ར་ཨི་དཾ་བཱ་ལིང་ཏ་ཁ་ཁ་ཁཱ་ཧི་ཁཱ་ཧི། ཞེས་པ་ལན་བདུན་གྱིས་གཏོར་མ་ཕུལ། སྔར་ལྟར་ཨརྒྷཾ་སོགས་ཀྱིས་མཆོད། སྔར་བཞིན་བསྟོད། དེ་རྗེས། འཁོར་ལོ་རྗེ་བླ་མར་གསལ་བ་འོད་དུ་ཞུ་ནས་ཐིམ་པའི་འཁོར་ལོ་དང་ཡིག་འབྲུའི་རྣམ་པར་གྱུར། འདིར་ནི་གཟུགས་དང་ལྡན་ཅིག་ཏུ། །ཞེས་སོགས་དང་། མཐར་སུ་པྲ་ཏི་ཥྛ་བརྗོད་པའི་རབ་གནས་བྱ། གཉིས་པ་དངོས་གཞི་ནི་གསོལ་བ་འདེབས་པའི་རྟེན་བསྐྱེད་པ་དང་། འཁོར་ལོའི་བྱ་བ་དངོས་བཤད་པ་གཉིས་ལས། དང་པོ་ནི། རང་རྗེ་བླ་མར་གསལ་བཞིན་པ་ནས་རང་གི་སྤྱི་བོར། འདི་ཁའི་རྩ་བར། རྗེ་ཙོང་ཁ་པ་སངས་རྒྱས་ཀུན་འདུས་ཀྱི་བདག་ཉིད་རྗེ་བཙུན་འཇམ་དབྱངས་དང་གཉིས་སྣང་གི་རྟོག་པ་མཐའ་དག་དང་བྲལ་བ་ཁྲི་གདན་དང་བཅས་པ་ཟུང་འཇུག་སྒྲུབ་པའི་ཤིང་རྟ་ནང་ལྟར་བསྐྱེད་གསུངས་པ་ལྟར་རྒྱལ་དབང་ལྔ་པ་ཆེན་པོས་མཛད་པའི་ཟུང་འཇུག་སྒྲུབ་པའི་ཤིང་རྟ་ནང་ལྟར་བྱས་ཀྱང་འཐུས་མེད། འོན་ཀྱང་འཇུག་བ་བདེ་བའི་ཕྱིར། རང་གི་སྤྱི་བོར་སྣ་ཚོགས་པདྨ་དང་ཟླ་བའི་གདན་གྱི་སྟེང་དུ་ཧྲཱིཿ ལས་ཁམས་གསུམ་ཆོས་ཀྱི་རྒྱལ་པོ་ཤར་ཙོང་ཁ་པ་ཆེན་པོ་སྐུ་མདོག་དཀར་གསལ་མཛེས་པའི་འཛུམ་ཞལ་དང་ལྡན་པ། སྐུ་ལ་ཆོས་གོས་ངུར་སྨྲིག་གི་མདོག་ཅན་གསུམ་མཛེས་པར་གསོལ་ཞིང་། དབུ་ལ་པཎ་ཞྭ་གསེར་གྱི་མདོག་ཅན་རྩེ་རིང་གསོལ་བ། ཞལ་གྱི་དཀྱིལ་འཁོར་ཤིན་ཏུ་འཛུམ་ཞིང་། ཟླ་བ་ཉ་ཡོངས་སུ་གང་བ་ལྟ་བུ། ཕྱག་གཉིས་ཆོས་འཁོར་གྱི་ཕྱག་རྒྱ་ཐུགས་ཀར་མཛད་པའི་མཐེབ་འཛུབ་ཀྱིས་ཨུཏྤལ་ལའི་ཡུ་བ་བཟུང་བའི་འདབ་མ་སྙན་གཡས་གཡོན་གྱི་ཐད་དུ་ཁ་བྱེ་བའི་གཡས་ཀྱི་སྟེང་ན་ཤེས་རབ་ཀྱི་རལ་གྲི་དང་། གཡོན་གྱི་སྟེང་ན་ཤེར་ཕྱིན་གྱི་གླེགས་བམ་བསྣམས་པ། ཞབས་རྡོ་རྗེ་སྐྱིལ་ཀྲུང་གིས་བཞུགས་པའི་སྤྱི་བོར་ཨོཾ་ལས་འཁོར་ལོ་དཀར་པོ་ལྟེ་བར་ཨོཾ་གྱིས་མཚན་པ། མགྲིན་པར་ཨཱཿ ལས་པདྨ་དམར་པོའི་ལྟེ་བར་ཨཱཿ ས་མཚན་པ། ཐུགས་ཀར་ཧཱུྃ་ལས་རྡོ་རྗེ་སྔོན་པོའི་ལྟེ་བར་ཧཱུྃ་དང་ཧྲཱི་ཡིག་གིས་མཚན་པ། ཐུགས་ཀའི་ཧཱུྃ་ལས་འོད་ཟེར་འཕྲོས་པས་བསྒོམ་པ་དང་འདྲ་བའི་ཡེ་ཤེས་པ་ལ་སངས་རྒྱས་དང་བྱང་ཆུབ་སེམས་དཔའི་ཚོགས་ཀྱིས་བསྐོར་བ་དགའ་ལྡན་གྱི་གནས་ནས་སྤྱན་དྲངས། ཛཿ ཧཱུྃ་བཾ་ཧོཿ གཉིས་སུ་མེད་པར་གྱུར། མཆོད་བསྟོད་དང་། ཡན་ལག་བདུན་པ་མཎྜལ་བཅས་འབུལ། གཉིས་པ་འཁོར་ལོའི་བྱ་བ་དངོས་ནི། འཁོར་ལོ་ལག་པས

བསྐོར་བའམ། ཡང་ན་ནླུང་ངམ། ཚུ་སོགས་གང་གིས་བསྐོར་ཡང་ཁྱད་མེད་ཅིང་ལེགས་པར་བསྐོར་ཏེ་གོང་བཞིན་འཁོར་ལོ་བསྐྱེད་ཆོག་མཆོད་བསྟོད་སོགས་དང་འོད་ཞུ་བཅས་བྱས་རྗེས་སྤྱི་བོའི་ཚོགས་ཞིང་ལ་གསོལ་བ་འདེབས་བཞིན་པར་དམིགས་བརྩེ་མ་འདྲེན། འདོད་དོན་ལྟར་གསལ་བ་ལགས་པར་བཏབ་པས། ཚོགས་ཞིང་གི་ཐུགས་ཀའི་ཧྲཱིཿ ཡིག་ལས་འོད་ཟེར་འཕྲོས་པས་འཁོར་ལོའི་ཧྲཱིཿ ཡིག་ལ་ཐོག དེ་ལས་འོད་ཟེར་ཕྱོགས་བཅུར་འཕྲོས་པས་ཧཱུྃ་ལ་ཐོག་དེ་རྣམས་ཁྲོ་བོ་བཅུར་གྱུར། དེ་རྣམས་ལས་འོད་ཟེར་འཕྲོས་པས་དམིགས་བརྩེ་མའི་ཡིག་འབྲུ་རེ་རེ་ལ་ཐོག་བས། ཡིག་འབྲུ་རེ་རེ་ནས་ཁྲོ་བོ་ཚོགས་དཔག་ཏུ་མེད་པ་འཕྲོས། སྟོང་གསུམ་ཐམས་ཅད་ཁྲོ་བོས་ཁེངས་པར་བསམ། ཁྲོ་བོ་དེ་ཐམས་ཅད་ཕྱག་གཡོན་བསྡིགས་མཛུབ་དང་གཡས་རྡོ་རྗེ་མེ་འབར་བ་རེ་འཕྱར་ཞིང་། གདོན་བགེགས་རྣམས་འོག་གཞི་གསེར་གྱི་ས་གཞི་དང་རྒྱ་མཚོ་ཆེན་པོའི་མཐར་བསྐྲད་པར་གྱུར། བར་བསམ་ཞིང་འཁོར་ལོ་དྲག་ཏུ་བསྐོར་རོ། སྡིག་པ་སྦྱོང་བའི་སྐབས། འཁོར་ལོ་བསྐོར་བཞིན་པར་གསོལ་བ་སྔར་ལྟར་བཏབ་པས། ཚོགས་ཞིང་གི་ཐུགས་ཀའི་ཧྲཱིཿ ཡིག་ལས་འོད་ཟེར་འཕྲོས། ཞེས་པ་ནས། ཡིག་འབྲུ་རེ་རེ་ནས་འོད་ཟེར་དཔག་ཏུ་མེད་པ་འཕྲོས་པས། ཤར་རྡོ་རྗེ་སེམས་དཔའི་ཞིང་ལ་སོགས་པ་སངས་རྒྱས་ཀྱི་ཞིང་དཔག་ཏུ་མེད་པ་ནས་རྡོ་རྗེ་སེམས་དཔའ་ཡུམ་དང་བཅས་པའི་ཐུགས་ཀར་ཡི་གེ་བརྒྱ་པའི་སྔགས་འཁོར་གྱིས་མཚན་པ་གྲངས་མེད་པ་བྱོན་ནས་སེམས་ཅན་རེ་རེའི་སྤྱི་བོར་བཞུགས་པར་གྱུར། སེམས་ཅན་དེ་ཐམས་ཅད་ཀྱང་ཡི་གེ་བརྒྱ་པ་འདྲེན་ཅིང་རྡོ་རྗེ་སེམས་དཔའ་ཡབ་ཡུམ་ལ་གསོལ་བ་བཏབ་པས། ཡབ་ཡུམ་རྣམས་ཀྱི་སྦྱོར་མཚམས་ནས་བདུད་རྩིའི་རྒྱུན་བབས་པ་སྤྱི་བོ་ནས་ཞུགས་པས། སྡིག་སྒྲིབ་ནད་གདོན་མི་འདོད་པ་ཐམས་ཅད་དུད་ཁུའི་རྣམ་པར་ནག་འདུ་རུ་རུ་ཐོན། མཐར་ཡབ་ཡུམ་རྣམས་ཀྱང་བདུད་རྩིར་ཞུ་ནས་བདུད་རྩི་དཀར་ལ་འཆི་བས་ལུས་ཁེངས་པར་གྱུར། པར་བསྒོམས་ཤིང་འཁོར་ལོ་ཞི་བའི་ཚུལ་བསྐོར་རོ། །ཚར་འབེབས་བྱེད་སྐབས་འཁོར་ལོ་བསྐོར་བཞིན་པར་གསོལ་བ་གོང་བཞིན་བཏབ་པས། ཚོགས་ཞིང་གི་ཐུགས་ཀའི་ཞེས་པ་ནས། ཡིག་འབྲུ་རེ་རེ་ནས་འོད་ཟེར་དཔག་ཏུ་མེད་པ་འཕྲོས། ལྷའི་རྒྱལ་པོ་དགའ་དང་འཇོག་པོ་ལ་སོགས་པའི་རྒྱལ་རིགས་དང་། དམངས་རིགས་དང་གདོལ་པའི་རིགས་ཐམས་ཅད་ལ་ཐོག་པས་འདོད་རྒུའི་གཏེར་ཆེན་པོ་ལ་ལོངས་སྤྱོད་པར་གྱུར་ཅིང་། དེ་ནས་ལྷ་རྣམས་དགའ་བས་ས་ཕྱོགས་དང་

ཡུལ་ཕྱོགས་འདི་ཉིད་ལ་སྐད་ཅིག་ལ་སྤྲིན་ཆེན་པོ་ལས་ཆར་རབ་ཏུ་ཕབ་པར་གྱུར། བར་བསམ་ལ། འཁོར་ལོ་དཔལ་བྲུས་བསྐོར་རོ། སེར་བ་བསྲུང་བའི་སྐབས་སུ་ཡང་འཁོར་ལོ་བསྐོར་ཞིང་། གསོལ་བ་གོང་ལྟར་བཏབ། ཚོགས་ཞིང་གི་ཞལ་པ་ནས། ཡིག་འབྲུ་རེ་རེ་ནས་རླུང་དམར་དཔག་ཏུ་མེད་པ་སྤྲོས་པས་རླུང་དམར་དྲག་པོ་རེའི་སྣ་ལ་སེར་བའི་སྤྲིན་ཐུམ་བུ་རེ་བཅད་ནས་བསྐྲད་པར་གྱུར། མཐར་རླུང་དམར་ཆར་སྤྲིན་དུ་གྱུར་ནས་ཆར་འཇམ་པོ་བབས་པར་གྱུར། པར་བསམ། སད་སྲུང་པའི་སྐབས་འཁོར་ལོ་བསྐོར་ནས་གསོལ་བ་སྔར་བཞིན་བཏབ་པས། ཚོགས་ཞིང་གི་ཞལ་པ་ནས། ཡིག་འབྲུ་རེ་རེ་ནས་འོད་ཟེར་དཔག་ཏུ་མེད་པ་འཕྲོས་འོད་ཟེར་གྱིས་བར་སྣང་ཁེངས་པས་སད་བྱེད་ཀྱི་བ་མོ་རྣམས་ལ་ཕོག་པས་རླངས་པ་ཕྱུ་རུ་རུ་ཞུ་ནས་ཆར་དང་ཆུ་རིས་ཀྱིས་ནམ་མཁའ་ཁེངས་པར་གྱུར། པར་བསམ་མོ། །རིམས་ནད་སྲུང་བར་འཁོར་ལོ་བསྐོར་ཏེ་གསོལ་བ་གོང་ལྟར་བཏབ་པས། ཚོགས་ཞིང་གི་ཐུགས་ཀའི་ཧཱུྃ༔ ལས་འོད་ཟེར་འཕྲོས་པས་འཁོར་ལོའི་ཧཱུྃ༔ ལ་ཕོག དེ་ལས་འོད་ཟེར་འཕྲོས་ཧཱུྃ་ལ་ཕོག་པས་ཧཱུྃ་རྣམས་ཁྲོ་བོ་བཅུར་གྱུར། དེ་རྣམས་ཀྱི་ཐུགས་ཀ་ནས་འོད་ཟེར་འཕྲོས་པ་དམིགས་བརྩེ་མའི་ཡིག་འབྲུ་རེ་ལ་ཕོག་པས། དེ་རྣམས་ལས་ཁྲོ་བོའི་ཚོགས་མི་འབར་བ་དཔག་ཏུ་མེད་པ་འཕྲོས། ནད་བདག་དང་རིམས་བདག་ཐམས་ཅད་མེས་ཚིག་ཅིང་དེ་རྣམས་ཀྱིས་གཏོང་བྱེད་ཀྱི་ནད་རིམས་ཐམས་ཅད་གཞོབ་ཐུལ་གྱིས་ཚིག་པར་གྱུར། པར་བསམ་ཞིང་། གཞི་བ་དེ་རྣམས་ཀྱང་སླར་ཆུས་བཤལ་བར་བསྒོམ། ཚེ་སྒྲུབ་བར་འདོད་པས་འཁོར་ལོ་བསྐོར་གསོལ་བ་སྔོན་ལྟར་བཏབ་ཚོགས་ཞིང་གི་ཞལ་པ་ནས། ཡིག་འབྲུ་རེ་རེ་ནས་འོད་ཟེར་དཔག་ཏུ་མེད་པ་འཕྲོས་པས། ནུབ་ཕྱོགས་བདེ་བ་ཅན་གྱི་ཞིང་ནས་མགོན་པོ་ཚེ་དཔག་མེད་ལོངས་སྐུའི་ཆ་བྱད་ཡོངས་སུ་རྫོགས་པ་ཕྱག་གཉིས་མཉམ་བཞག་གི་སྟེང་ན་བདུད་རྩིས་གང་བའི་བུམ་པ་བསྣམས་པ་ཐུགས་ཀར་ཧྲཱིཿ དེའི་མཐར་སྙིང་པོ། དེའི་མཐར་གཟུངས་རིང་གིས་བསྐོར་བ་བལྟ་བས་ཆོག་མི་ཤེས་པ། དྭངས་གསལ་འོད་ཀྱི་རང་བཞིན་ཅན་དཔག་ཏུ་མེད་པ་སྤྱན་དྲངས། བདག་དང་མ་སེམས་ཅན་རེ་རེའི་སྤྱི་བོར་བཞུགས་པ་ལ། བདག་དང་མ་སེམས་ཅན་ཐམས་ཅད་ཀྱིས་མགྲིན་གཅིག་ཏུ་གཟུངས་འདོན་ཞིང་གསོལ་བ་བཏབ་པས་ཐུགས་ཁའི་ཧྲཱིཿ ལས་འོད་ཟེར་ལྕགས་ཀྱུ་ལྟ་བུ་ཕྱོགས་བཅུར་སྤྲོས་ནས། བདག་དང་མ་སེམས་ཅན་ཐམས་ཅད་ཀྱི་ཚེ་བཀྲུས་ཕྲོགས་ཁྱེར་བ་ཐམས་ཅད་ཚེའི་བདུད་རྩིའི་རྣམ་པར་བཀུག་སྟེ་ཕྱག་མཚན་སྙིང་པོ་གཟུངས་དང་བཅས་པ་ལ་ཐིམ། ཡང་གསོལ་བ་དྲག་ཏུ་བཏབ་པས། ཕྱག་མཚན་སྙིང་པོ་

གཟུངས་དང་བཅས་པ་ལས་བདུད་རྩིའི་རྒྱུན་བབས། བདག་དང་མ་སེམས་ཅན་ཐམས་ཅད་ཀྱི་སྤྱི་བོ་ནས་ཞུགས། ཚེ་ཉམས་པ་ཐམས་ཅད་སོར་ཆུད་སྡིག་སྒྲིབ་དང་ནད་གདོན་ཐམས་ཅད་བྱང་ཞིང་ལུས་དྭངས་གསལ་འོད་ཀྱི་རང་བཞིན་དུ་གྱུར། པར་བསམ་པ་སོགས་སྐབས་སུ་བབས་པའི་དམིགས་པ་ཡང་ཡང་བྱའོ། །དེ་ལྟར་ཞག་གྲངས་ཇི་ཙམ་སོགས་ཀྱི་བར་འཁོར་ལོ་བསྐོར་ཞིང་ཉིན་རེ་བཞིན་འཁོར་ལོ་བསྒྲིད་ཆོག་སོགས་གོང་ལྟར་བྱས་པ་ལེགས་ཤིང་དེ་ལྟར་འབད་པས་འདོད་དོན་ཐོགས་མེད་དུ་འགྲུབ་པར་གདོན་མི་ཟ། གསུམ་པ་རྗེས་ཀྱི་བྱ་བ་ནི། འདོད་དོན་ལེགས་པར་གྲུབ་ནས། ཁྲོ་བོ་བཅུ་རྣམས་མཐའ་ནས་འོད་དུ་ཞུ། དབུས་ཀྱི་ཧཱུྃ་ལ་ཐིམ། དེ་ཡང་ཚོགས་ཞིང་གི་ཐུགས་ཀའི་ཧཱུྃ་ལ་ཐིམ། ཧཱུྃ་ཚོགས་ཞིང་དང་དབྱེར་མེད་དུ་ཞུ་ནས་རང་ལ་ཐིམ་པར་གྱུར། པར་བསམ་ལ། འཁོར་ལོ་མཆོད་གྲས་སོགས་སུ་ཅི་འདོར་འཇོག་གོ། དེ་ལྟར་རང་གཞན་གྱི་དོན་དུ་ཐེ་ཚོམ་མེད་པར་ལག་ཏུ་བླང་ན་ཇི་ལྟར་བསམ་པའི་འདོད་དོན་བདེ་བླག་ཏུ་འགྲུབ་པར་འགྱུར་རོ། །ཞེས་སྨན་ཁང་པ་ཆེན་པོའི་དག་སྣང་རྗེ་བླ་མ་ཆོས་ཀྱི་རྒྱལ་པོ་ཙོང་ཁ་པ་ཆེན་པོའི་ལས་ཚོགས་འཁོར་ལོ་ལ་བརྟེན་པ་ཇི་ལྟར་བྱ་བའི་ཚུལ་ལག་ཏུ་བླང་བདེ་བ་ཞིག་དགོས་ཞེས་ལྡན་ཆོས་འཁོར་གྱི་གྲྭ་རིགས་བློ་བཟང་དོན་གྲུབ་ཀྱིས་བསྐུལ་བ་བཞིན། ཆོས་རྗེས་ངག་དབང་པས་ཆབ་མདོ་བྱམས་པ་གླིང་གི་གཟིམ་ཚུང་ཉི་འོད་འཁྱིལ་བར་སྦྱར་བ་དགེ་ལེགས་འཕེལ། །

༄༅། །རྡོ་རྗེ་ཁ་བའི་གསང་སྒྲུབ་ཀྱི་ལས་ཚོགས་དགོས་འདོད་འབྱུང་བ་བཞུགས་སོ།

༄༅། །ཀུན་མཁྱེན་རྒྱལ་བ་གཉིས་པ་ཆོས་ཀྱི་རྗེ། །རྗེ་བཙུན་དམ་པ་བློ་བཟང་གྲགས་པའི་དཔལ། །དཔལ་ལྡན་དངོས་གྲུབ་འབྱུང་གནས་ལ་ཕྱག་འཚལ། །ཟླ་མེད་ཕྱུལ་བྱུང་རྒྱལ་བ་ཙོང་ཁ་པའི། །དམིགས་མེད་ཐུགས་རྗེའི་སྨོན་ལམ་རྣམ་དག་མཐུས། །གྲངས་མེད་འགྲོ་ལ་དགོས་འདོད་རིན་ཆེན་གཏེར། །ཚད་མེད་འཕྲིན་ལས་ཕན་བདེ་མཆོག་སྩོལ་འཕྲི། །འདིར་ཀུན་མཁྱེན་ཙོང་ཁ་པའི་གསང་སྒྲུབ་ཀྱི་ལས་ཚོགས་ལས་ཆར་འབེབས། སད་བསྲུང་། མཆོན་བསྲུང་ཟ་ཡིག མཆོན་བསྲུང་རྡོ་རྗེའི་གོ་ཁྲབ་གྲིབ་བསྲུང་། སྲོག་རླུང་གི་གདམས་ངག རྒྱལ་པོ་གྲི་ཐོགས་ཀྱི་ཟ་ཡིག། དགྲ་རྐུན་ཇག་སོགས་བསྲུང་བ་ལྕགས་སྒྲོག་མ། ཞིང་གི་བཙའ་བསྲུང་བ། ཁ་ཟས་སྨྱུད་པ། རང་གར་འགྲོའི་ལམ་གྱི་བར་ཆད་བསྲུང་བ་དང་བཅུ་གཅིག་ལས། དང་པོ་ཆར་འབེབས་པ་ནི། སྒྲུབ་པ་པོ་གང་གི་དགོས་པ་ཅིའི་ཕྱིར། སྒྲུབ་པ་དངོས་ཇི་ལྟར་ཞེ་ན། རྣམ་གྲོལ་དོན་གཉེར་གྱི་སྐྱེས་བུས། མར་གྱུར་སེམས་ཅན་ཐམས་ཅད་ཀྱི་ཕན་བདེ་སྒྲུབ་པའི་ཕྱིར། སྒྲུབ་པ་དངོས་འདི་ལྟར་བསྐྱེད་རིམ་བླ་མའི་རྣལ་འབྱོར། དང་པོ་འགྲོ་དུས་སུ། རང་དང་རྗེ་བླ་མ་དབྱེར་མེད་པར་བསྒོམ་ཞིང་། ཚོགས་ཁང་དང་པོ་སྤྱན་རས་གཟིགས། གཉིས་པ་འཇམ་དབྱངས། གསུམ་པ་ཕྱག་ན་རྡོ་རྗེ། བཞི་པ་རྗེ་ཉིད་དུ་བསམས་ནས་དམིགས་བརྩེ་མ་བཟླའོ། །རང་གི་ཐུགས་ཀ་ནས་འོད་ཟེར་འཇའ་ཚོན་སྣ་ལྔ་ལྟར་འཕྲོ་ཞིང་། དམིགས་མེད་ནི་ཕྱུང་དཀར་པོ། དྲི་མེད་ནི་ཕྱུང་ཁྲ་བོ། གངས་ཅན་ནི་ཕྱུང་དམར་པོ། བློ་བཟང་ནི་ཕྱུང་ནག་པོར་བསྐྱེད། ཕྱུང་བཞི་ཕྱོགས་བཞིར་བསྐྱེད་ལ་ཆུ་མགོ་དེའི་ཀླུ་གར་ཡང་འགྲོ་ས་མེད་པར་བསམས། རང་ཉིད་རྗེ་བླ་མར་གསལ་བའི་ངང་ནས་དམིགས་བརྩེ་མ་བཟླ་ཞིང་། ཆུ་མགོའི་ཀླུ་ལ་འདི་སྐད་དུ་ཀླུའི་རྒྱལ་པོ་དགའ་བོ། གཙུག་ན

རིན་ཆེན། དུང་སྐྱོང་། ནག་པོ་ཆེན་པོ། གདོལ་བའི་རིགས། ཀླུ་འོན་པ་དང་། ཞ་བོ་དང་། ལྐུགས་པ་དང་། འཐང་པོ་དང་། ཀླུའི་རིགས་སུ་གྱུར་པ་ཐམས་ཅད་ཉོན་ཅིག་ཟེར་ནས། ཁང་དུང་ལན་གསུམ་འབུད། ཁྱོད་ལ་ཡའོ་གཟུང་དུ་འོང་བ་མ་ཡིན། དོ་སྔོ་བར་འོང་བ་མ་ཡིན། ཕོ་ན་འཚོལ་དུ་འོང་བ་མ་ཡིན་འཛམ་བུ་གླིང་དུ་ཆར་དཀོན་པོ་བྱུང་བས་ཁྱོད་ལ་ཆར་སློང་དུ་འོང་བ་ཡིན། ཆར་ཆེན་པོ་ཡུལ་ཕྱོགས་འདིར་དྲག་ཏུ་ཕོབ་ཅིག་ཅེས་ཆུ་མགོར་འབོད། ཕྱོགས་བཞིར་ཐོ་བའི་བརྩིགས། དམིགས་བརྩེ་མ་འདོན། ཕཊ་གསུམ་བརྗོད། ཐོ་བཞི་ཁྲུང་བཞིར་བསྐྱེད། ཡུལ་དེའི་གཞི་བདག་ལ་དཀར་གཏོར་པ་སངས་མཆོད་པའོ། །དུག་སྣ་དང་མ་འདྲེས་པའི་མེ་ཏོག་སྣ་ཚོགས་དང་། སྨན་སྣ་ཚོགས་ཀྱི་ཟན་དང་སྦྱར་ནས། དེ་རྣམས་ལ་རིལ་བུ་ལུག་གི་རིལ་མ་ཙམ་བརྒྱ་དང་བརྒྱད་བཅོས། མདུན་དུ་བུམ་པ་ལེགས་པ་ཅིག་བཞག། རིལ་བུ་དེ་འདྲ་རེ་རེ་ལ་དམིགས་བརྩེ་མ་རབ་བརྒྱ། འཁྲིང་རང་གི་གང་ཐོན་རིལ་བུ་ལ་ཕུ་བཏབ་ནས་བུམ་པའི་ནང་དུ་བླུག་རིལ་བུ་མ་རྫོགས་པར་དུ་དེ་ལྟར་བྱའོ། །བུམ་པའི་ཁ་དར་དམར་གྱིས་བཅིངས། ཆུ་མགོའི་ཕྱོགས་སུ་བཞག། དེ་ན་གང་ཚོགས་ཀྱིས་དམིགས་བརྩེ་མ་རྒྱུན་དུ་འདོན། མྱུར་དུ་འབེབ་ན་ཞག་གཉིས། འཁྲིང་གསུམ། མྱུར་དུ་འབེབས་པར་ཞལ་གྱིས་བཞེས་སོ། །ཆར་བབས་ནས་ལོག་ཡོང་བའི་དུས་སུ་བུམ་པའི་ནང་གི་གཏོར་མ་དེ་ཆུ་མགོའི་ནང་དུ་བླུག། བྱ་ཁྲིས་མི་ཟ་བར་འགེབས་པར་བྱ། མཐོ་བཞི་སྐྱེལ། ཁྲུང་བཞི་ནམ་མཁར་གཤེགས། དམིགས་བརྩེ་མ་འདོན། བསངས་དང་བཀའ་སྐོ་སྤྱི་དང་མཐུན་པར་བྱ། གོམ་པ་གསུམ་པོར་ནས་ཕྱི་ལྟས་བྱས་ནས་དམིགས་བརྩེ་མ་ཅི་ཐོན་འདོན། ཀླུ་ཡོངས་སྐྱོང་ཅན་དེ་ཡོངས་སྐྱོང་དང་ལྡན་པར་བསམས། རང་ཉིད་ཀྱིས་དངོས་གྲུབ་ཞུས་པས་ཆར་ལྟར་འབེབས་པར་བསམ་མོ། །དམིགས་བརྩེ་མའི་ལས་ཚོགས་ལས་ཆར་འབེབས་རླུང་ནག་ཚུབ་མ་ཨུ་ཡ་ཨྠི། ། ། །གཉིས་པ་སད་བསྲུང་བའི་གདམས་པ་ནི། བསྐྱེད་རིམ་བླ་མའི་རྣལ་འབྱོར་གོང་བཞིན་ནོ། །གང་དུ་འདུག་པའི་གནས་སུ་རང་གི་མདུན་དུ་སྐྱེད་བུ་དཔུང་གསུམ་བཅས། དཔུང་པ་དང་པོ་སྤྱན་རས་གཟིགས་གཉིས་པ་འཇམ་དབྱངས། གསུམ་པ་ཕྱག་རྡོར། དེའི་སྟེང་དུ་ཟངས་ཆེ་ཆུང་གང་ཡིན་པ་ཆུས་བཀང་ནས་བཞག་རྟེན་བྱིན་རླབས་ཅན་ལ་ཁྲུས་གསོལ་བྱས། ཆུ་དེ་རྣམས་དེར་བླུག། རྗེ་བླ་མ་འོད་དུ་ཞུ། ཕྱོགས་གསུམ་

ནས་མི་འབྱུད། དམིགས་བརྩེ་མ་འདོན། ས་གཞི་ཐམས་ཅད་ལ་ཁྲོད་ཆེན་པོ་སྐྱེས་ནས་ནམ་མཁའི་ཁམས་ཀྱི་སྤྲིན་གྱི་ཕུང་པོ་འདུས་ནས། ཆུ་དེའི་རླངས་པ་སྤྲིན་ལ་ཕོག་འཛམ་གླིང་ཐམས་ཅད་སྨུག་པས་གང་བར་བསམས། ཆུ་དེའི་རླངས་པ་མ་ཆད་པར་མི་འབྱུད། དེ་ལ་སྐོར་བ་བྱེད་ཅིང་དམིགས་བརྩེ་མ་འདོན་བརྒྱ་རྩ་རེ་ཆུ་ལ་འདེབས། དེ་རྣམས་དུས་དང་བསྟུན་པའོ། །སད་ཀྱི་བདག་པོའི་སྣ་འདྲེན་དེས་རྗེ་བླ་མ་ལ་དད་གུས་དུང་དུང་བྱེད་པར་བསམ། ཡང་དམིགས་བརྩེ་མ་ཅི་ཐོན་འདོན། ཐུགས་རྗེའི་ནུས་མཐུས་བསྐྱབ་པར་བསམས། ཡང་དམིགས་བརྩེ་མ་འདོན། བྱང་ཆུབ་ཏུ་སེམས་བསྐྱེད། སེམས་ཅན་ཐམས་ཅད་ཟས་ཀྱི་ལོངས་སྤྱོད་དང་ལྡན་པར་བསམས། སྲད་བསྲུང་བའི་གདམས་པ་ཨུ་ཡ་ཀྵི། ། ། །གསུམ་པ་མཚོན་བསྲུང་ཟ་ཡིག་ནི། མཐིང་ཤོག་གཙང་མ་ལ་གསེར་རམ་རྒྱ་སྣག་གིས་དམིགས་བརྩེ་མ་གནམ་གྱིས་མི་མཐོང་བར་བྲིས། ཆད་ལྷག་མེད་ཅིང་སྤེལ་བས་སྦྱོར་དག་པར་བརྩེགས་པར་བྲིས། དམིགས་བརྩེ་མ་སྟོང་བཟླས་ལ་ཕུ་བཏབ། ཚིག་རྐང་རིམ་བཞིན་སྤྱན་རས་གཟིགས། འཇམ་དབྱངས། ཕྱག་རྡོར། རྗེ་བླ་མ་རྣམས་སུ་བསམ། སྔགས་བརྒྱ་རེ་བཟླ་ཞིང་ཕུ་རེ་བཏབ། འོད་དུ་ཞུ་ནས། དེ་དང་དེར་གྱུར་པར་བསམ། ཞབས་ནས་རིམ་གྱིས་དྲིལ། ཡེ་དྷརྨས་རབ་གནས་བྱ། དམིགས་བརྩེ་མའི་རྡོ་རྗེའི་གོ་གྱོན་པ་ཞལ་གྱིས་བཞེས་སོ། །རྫས་ནི་གུ་གུལ་དཀར་ནག་གཉིས། ཙན་དན་དཀར་དམར་གཉིས། སིན་དྷུ་ར། དེ་རྣམས་གསེར་དངུལ་ནང་དུ་བླུག། དམིགས་བརྩེ་མ་བཟླས་པའི་ཕུས་ཟ་ཡིག་བསྡུགས། དར་སྐྱུད་དམར་པོའི་ཆིངས་ཀྱིས་བསྡམས། ཟ་བའི་དུས་སུ་སྒྲ་གཅན་རྒྱབ་ཏུ་བཞག། སོ་སེན་ལྕེ་རྩེ་གསུམ་གྱིས་མ་རེག་པར་ཟ། ། ། །བཞི་པ་བསྲུང་བའི་རིམ་པ་ནི། བཏགས་པའི་དུས་སུ་གདན་དཀར་པོ་ཞིག་བཏིང་། དེའི་སྟེང་དུ་ནས་ཀྱི་རྡོ་རྗེ་རྒྱ་གྲམ་བྲིས། དེའི་སྟེང་དུ་སློབ་མ་ཁ་ནུབ་ཏུ་བསྒྱུར། སློབ་དཔོན་ཁ་ཤར་དུ་བལྟས། དཀོན་མཆོག་གསུམ་ལ་སྐྱབས་སུ་མཆི། །དེའི་རྗེས་བཟློས་འདི་ལྟར་བྱའོ། །མཚོན་བསྲུང་འདི་མིག་གིས་མཐོང་ཚད། ལག་པས་བླངས་ཆད། གྲི་རལ་གྱི་དར་བཟློག། མདའ་མདུང་གི་རྩེ་ཆུམ། མཚོན་གྱི་གནོད་པ་ལས་སྲུང་ཤིག། སྐྱེ་བོའི་ཐབ་དྲིལ། མཆོག་དཀར་གྱི་གཞུ་ཆོག། ཡང་དམིགས་བརྩེ་མ་འདོན། ཡང་གོང་ལྟར་མོ་ལྕགས་ཀྱི་མཉེན་ཆོག། ཕོ་ལྕགས་ཀྱི་གྱོད་ཆོག།ལྕགས་སྙིང་གི་ངར་གསོད། མགར་བ་ནག

པོའི་མདའ་གྲི་མདུང་ཐད་ཐད་ཡང་དམིགས་བརྩེ་མ་འདོན། ཡང་སློབ་མ་དེས་རྡོ་རྗེའི་གོ་ཁྲབ་གྱོན་པར་བསམ། བདག་ཉིད་རྗེ་བླ་མ་ཉིད་དུ་མ་ཡེངས་པར་བསྒོམ་ཞིང་། མགོ་ལ་གཡས་སྐོར་དགུ། ལག་པ་གཉིས་ལའང་དེ་ལྟར་བྱ། སྐེད་པ་རྐང་པ་གཉིས་ལའང་དེ་ལྟར་བྱའོ། །དེ་ནས་དམིགས་བརྩེ་མ་ཅི་ཐོན་བཟླས། བླ་མས་མདའ་དང་གཞུ་འཛིན་ནས་རྡོ་རྗེའི་གོ་ཁྲབ་གྱོན་པར་བསམ། དམིགས་བརྩེ་མའི་མཚོན་བསྲུང་༄། ། །།ལྔ་པ་གྲིབ་བསྲུང་བའི་གདམས་པ་ནི། རྒྱ་ནག་སེར་པོའི་སྟེང་དུ། བློ་བཟང་གྲགས་པའི་ཞབས་ལ་གསོལ་བ་འདེབས་ཞེས་པ་བྲིས་ལ་མཇུག་ནས་ཡར་དྲིལ། དམིགས་བརྩེ་མ་རབ་སྟོང་། འབྲིང་བརྒྱ་རྩ་བཟླས་ལ་ཕུས་བཏབ་ནས་ནང་སྔ་མོ་ཟ། ལག་ལེན་དེ་ལྟར་བྱས་ནས། གངས་ཅན་མཁས་པའི་གཙུག་རྒྱན་ཙོང་ཁ་པ་ནི་ཚ་དུས་དྲི་མེད་མཁྱེན་པའི་དབང་པོ་འཇམ་དཔལ་དབྱངས་དྲོ་དུས། དམིགས་མེད་བརྩེ་བའི་གཏེར་ཆེན་སྤྱན་རས་གཟིགས་ནི་དགོངས་མོ་ཟ། འདིའི་རྫས་ནི། ཛ་ཏི། གུར་གུམ། སྙིང་གསུམ་རྒྱ་སྣག་གི་ནང་དུ་བླུག་དེས་བྲིས། དམིགས་བརྩེ་མའི་གྲིབ་བསྲུང་༄། ། །།དྲུག་པ་སྲོག་ རླུང་གི་གདམས་པ་ནི། ཛ་ཕུམ་གྱི་ནང་དུ་གཡུ། བྱི་རུ། སྤོས་ཤེལ་རྣམས་བླུག། དམིགས་བརྩེ་མ་ཅི་ཐོན་བྱས་ནས་ཕུ་བཏབ། སློབ་མ་དེ་མདུན་དུ་ཅོག་པུར་འདུག་བཅུག། ཕུམ་ཆུ་དེས་ཁྲུས་བྱས། དམིགས་པ་ནི་སློབ་མས་དམིགས་བརྩེ་མའི་རྡོ་རྗེའི་གོ་ཁྲབ་གྱོན་པར་བསམ། སློབ་མ་དེ་དམིགས་བརྩེ་མ་ཅི་ཐོན་འདོན་བཅུག། ལུས་ཀྱི་རྒྱབ་དང་མདུན་དུ་ཡི་གེ་དམིགས་བརྩེ་མ་བྲི། དེའི་རྫས་ལ་སྨྱུ་རྩི་དང་དགེ་སློང་གཙང་མའི་དྲི་ཆུ་སྦྱར་ལ་ལུས་ཀྱི་ཡི་གེ་རྣམས་ལ་བལ་གྱིས་ཕྱུག། དེས་ནི་ངེས་པར་ཕན་པ་ཐེ་ཚོམ་མེད་དོ་༄། ། །།བདུན་པ་རྒྱལ་པོ་གྲི་ཐོགས་ཀྱི་ཟ་ཡིག་ནི། ཟ་ཡིག་དམིགས་བརྩེ་མ་ཚིག་འབྲུ་བཞི་གོང་དུ་གྲིབ་བཙོས་ཀྱི་སྐབས་ལྟར་ཟ་ཞིང་། དམིགས་བརྩེ་མ་ཅི་ཐོན་འདོན། སྤགས་ཚུ་དང་སྦྱར་ནས་བླུད། རབ་གསེར་དངུལ་གྱིས་དམིགས་བརྩེ་མ་ཅི་མང་བྲིས། བསྲུང་སྐུད་ཁྲ་ཁྲས་བྱེད། དེ་ལ་མཇུག་ནས་བཅད་དེ་ཡར་དྲིལ། དེ་རྒྱབ་སྐུད་པ་དམར་པོས་བཅིངས་ཏེ་བསྡམས། དམིགས་བརྩེ་མ་མང་དུ་བཟླས། གྲི་ཐོགས་ཀྱི་ནད་དེ་རྗེ་ཉིད་ཀྱིས་གསོལ་བར་བསམ་༄། ། །།བརྒྱད་པ་དགྲ་རྐུན་ཇག་པ་སོགས་བསྲུང་བ་ནི་ཡུལ་བསྲུང་བར་བྱེད་པ་དང་། དཔལ་བསྲུང་བར་བྱེད་པ་དང་། རང་བསྲུང་བར་བྱེད་པའོ། །དང་པོ་ནི་གོམ་པ་དགུ་པོར་

བའི་འོག་ནས་ས་སྦྱར་གང་བླངས། དམིགས་བརྩེ་མ་མང་དུ་བཟླས་དེ་ལ་ཕུ་བཏབ་ཡུལ་རང་དུ་བསྐུར་རྒྱུ་ཡིན་ན། ཕྱོགས་བཞིར་མཐོ་བའི་རྩིགས། མཐོ་གཅིག་སྤྱན་རས་གཟིགས་གཉིས་པ་འཇམ་དབྱངས། གསུམ་པ་ཕྱག་ན་རྡོ་རྗེ། བཞི་པ་རྗེ་ཉིད་དུ་བསམ། དམིགས་མེད་ཀྱིས་དགྲ་ཇག་རྐུན་གྱི་བླ་ཁུག། དྲི་མེད་ཀྱིས་དགྲ་རྐུན་གྱི་ཉ་ཆིངས། གངས་ཅན་མཁས་པས་དགྲ་ཇག་ཀུན་གྱི་ལུས་ངག་ཡིད་གསུམ་ཆིངས། བློ་བཟང་གྲགས་པས་བྱེ་མས་བསྐོར་བདེ་ལྟགས་རིས་བསྐོར་བར་བསམ། དགྲ་རྐུན་ཇག་གསུམ་གང་ཡིན་ཡང་ལྟགས་ཐག་གིས་བཅིངས་པར་བསམ། འགྲོ་བའི་དུས་སུ་གོམ་པ་དགུ་པོར་བའི་འོག་ནས་ས་སྦྱར་གང་གོང་ལྟར་སྦྱགས། ཕྱོགས་བཞིར་གཏོར། ཡང་དམིགས་བརྩེ་མ་འདོན། ཇག་པ་ཡོད་ན་རང་འགུགས་ཡོད། མེད་ན་རྐང་པ་ཁྲིང་པ་དང་ལྕི་བ་ཡོང་། ཇག་ཆིངས་རྐུན་ཆིངས་ལྟགས་སྒྲོག་མ་ཨྠི། ། །།

དཀུབ་ཞིང་གི་བཙའ་བསྲུང་བ་ནི། དམིགས་བརྩེ་མ་གོང་ལྟར་འདྲེན། དགེ་འདུན་སྟོང་ཚོགས་པའི་ཆབ་བསིལ་གྱིས། གད་གདངས་རྙིང་པའི་ས། སྲིད་པའི་བྱེ་མ། དགེ་སློང་གཙང་མའི་དྲི་ཆུ། བུ་མོ་ལོ་བརྒྱད་མའི་ཆུ། བུ་ལོ་བརྒྱད་པའི་ཆུ་རྣམས་བྱེ་མ་དང་བསྲེས། བྱེ་མ་ཅི་མང་བྱེད། ཁྱི་དང་བུད་མེད་ཀྱིས་མ་འགོམས་པའི་ཕུར་པ་ཅི་མང་བྱེད། ཕུར་པ་དེ་རྣམས་ལ་ཡི་གེ་འབྲི། རའི་ཤུན་བུ་གསོན་མ་ལ་ལོ་ཐོག་གི་ཕུད་བསྡུས་ལན་ཆགས་མང་དུ་བཙོས་ལ། ཕུད་དང་ལེན་ཆགས་གཉིས་ར་རྐྱལ་ནང་དུ་བླུག། བདེན་བདར་བྱ། རྗེ་བླ་མའི་ཐུགས་རྗེ་ལ་བརྟེན་ནས། ལོ་ཐོག་ལ་བར་དུ་གཅོད་པ་རྣམས་དེའི་ནང་དུ་ཐིམ་ཞིང་། ཡུལ་དེ་རྣམས་ཀྱི་ཞིང་མཐོང་བའི་སར་སྒྲུབ་ཁང་དམ་གྲུ་ར་རམ། དཔོན་སློབ་ཇི་ལྟར་ཚོགས་ཀྱི་མདུན་དུ་རྫས་རྣམས་བསགས་ནས། ཞག་བདུན་གྱི་བར་རྫས་རྣམས་དམིགས་བརྩེ་མས་བསྔགས། དམིགས་པ་གོང་ལྟར་རོ། །ཞག་བདུན་དུ་དཔའ་བོ་མཚོན་ཆ་ཐོགས་པ་མང་པོ་འབོད། བྱེ་མ་ཐུ་བར་གཏུམས་ནས་ཀུ་ཧོ་ཟེར་ནས་མཚོན་ཆ་འདོན། བྱེ་མ་ཞིང་ལ་འདེབས་ཤིང་རྒྱུག། དེ་ན་ཡོད་ཚད་ཀྱི་དམིགས་བརྩེ་མ་ཞུར་ཞུར་འདོན། ར་རྐྱལ་ལེང་ག་དེ་སྟག་ལོ་པའམ་གང་རུང་གཅིག་གིས་ཐི་གུ་བཏག་ནས། དེ་རྣམས་ཀྱི་སྔོན་དུ་འདེད། དམིགས་བརྩེ་མ་ཚར་རེ་འདོན། བྱེ་མ་ཞིང་ལ་ཐོར། བཙའ་སོང་བཙའ་སོང་བཙའ་སད་མ་ལུས་མཐའི་རྒྱ་མཚོའི་ཕ་རོལ་གྱི་འགྲམ་དེར་སོང་ཞིག་ཅེས་ལུང་པའི་ཆུ་ལ་བསྐུར། ཀུ་ཧོ་སྭ་དེ་རི་རི་མང་པོ་བྱའོ།

ཞིང་ལ་བཙའ་སད་མ་གཏོང་ཞིག་ཟེར་ནས་གཞི་བདག་ལ་བཀའ་སྒོ་བྱེད། མཚུངས་མེད་དམ་པ་རྒྱལ་བ་ཙོང་ཁ་པ་ཆེན་པོའི་བཀའ་ལས་མ་འདའ་ཅིག་ཟེར་ནས་ཐོ་ཕུར་པ་ཕྱོགས་ཐམས་ཅད་དུ་བཙུགས། ཕྱོགས་བཞིར་ཐོ་བཞི་རྒྱབ། རང་ཉིད་རྗེ་བླ་མར་སྤར་ལྷར་བསྐྱེད། བཀྲ་ཤིས་བྱ། རྗེ་ཉིད་ཀྱིས་ལོ་བདུན་ཐུབ་པ་ཞལ་གྱིས་བཞེས་སོ་ༀ། ། །།བཅུ་པ་ཁ་ཟས་འོང་བའི་མན་ངག་ནི། རང་ཉིད་ལྷ་མོ་དཀར་མོ་གཡས་ལྷུགས་ཀྱུ་དང་གཡོན་བུམ་པ་འཛིན་པ་གཅིག་ཏུ་བསྒོམ། དམིགས་བརྩེ་མ་བཟླས། ལྷ་མོ་དེའི་བུམ་པའི་ནང་དུ་བཟའ་བཏུང་གང་མོས་འབྱུང་བར་བསམ། འགྲོ་བའི་ཁ་ཟས་དབང་སྡུད་ༀ། ། །།བཅུ་གཅིག་པ་རང་གར་འགྲོའི་ལམ་གྱི་བར་ཆད་བསྲུང་བ་ནི། ནང་སྤྱི་མོ་དཀོན་མཆོག་གི་དྲུང་དུ་ཁྲུས་གསོལ་བྱ། དམིགས་བརྩེ་མ་འདོན་ཞིང་བསྐོར་བ་གསུམ་བྱེད། ཕྱག་གསུམ་བཙལ། ཆུ་དེས་ཁྲུས་བྱེད། ཁྲུས་བྱས་པའི་ཆུ་དེ་གར་འགྲོ་བའི་ཕྱོགས་སུ་གཏོར། དམིགས་བརྩེ་མ་འདོན། གར་འགྲོ་ཡང་ནད་རིགས་བཞི་བརྒྱ་རྩ་བཞིའི་ནད་མི་འོང་བ་རྗེ་ཉིད་ཀྱི་ཞལ་གྱིས་བཞེས་སོ། །དུས་གསུམ་སངས་རྒྱས་ཀུན་མཁྱེན་ཙོང་ཁ་པ། །སྲིད་གསུམ་འདྲེན་མཆོག་རྗེ་བཙུན་ཙོང་ཁ་པ། །ཁམས་གསུམ་སྲིད་ནས་བདག་ཅག་འགྲོ་བ་རྣམས། །སྐུ་གསུམ་རིན་ཆེན་གླིང་དུ་འདྲེན་དུ་གསོལ། །ཆོས་དབྱིངས་ཡེ་ཤེས་རྟོགས་པར་བྱིན་གྱིས་རློབས། །འགྲོ་བའི་གདུང་བ་མཐའ་དག་ཞི་གྱུར་ཅིག །༔ ༄། །ཨོཾ་སྭསྟི། སྐྱབས་གསུམ་གཅིག་འདུས་རྒྱལ་ཀུན་ཡབ་གྱུར་འཇམ་དབྱངས་མི་ཡི་སྲིད་པའི་གར་བསྒྱུར་གང་དེའི་གསོལ་འདེབས་དམིགས་བརྩེ་མར་གྲགས་བཟླས་པའི་བསྙེན་སོང་ཀུན་གྱིས་རང་གཞན་དོན་བསྒྲུབ་ལས་ཚོགས་ཡིད་ནོར་དགོས་འདོད་ཀུན་གཏེར་གཞན་ཕན་བློ་ཡིས་པར་དུ་བསྐྲུན་པ་དགེ་ལེགས་འཕེལ་གྱུར་ཅིག །ཅ།།

༄༅། །དམིགས་རྩེ་མའི་ལས་ཚོགས་ཡིད་བཞིན་ནོར་བུ་བཞུགས་སོ།

༄༅། །བླ་མ་དང་རྗེ་བཙུན་འཇམ་དཔལ་དབྱངས་དབྱེར་མ་མཆིས་པའི་ཞབས་ལ་གུས་པ་ཆེན་པོས་ཕྱག་འཚལ་ཞིང་སྐྱབས་སུ་མཆིའོ། །བརྩེ་བ་ཆེན་པོས་རྗེས་སུ་འཛིན་ཅིང་སྐུ་གསུང་ཐུགས་ཀྱི་གནང་བ་ལེགས་པར་སྩལ་དུ་གསོལ། ཀུར་ཀུམ་མདངས་ལྡན་ལོངས་སྤྱོད་རྫོགས་པའི་སྐུ། །ཐུགས་ཀར་ཐབས་ཤེས་ཟུང་འཇུག་གླེགས་རལ་འཛིན། །རིས་མེད་འགྲོ་བའི་གཉེན་གཅིག་གཞོན་ནུའི་མཚན། །དམར་སེར་རལ་གྲི་འཛིན་དེ་ཕྱག་གི་ཡུལ། །ངུར་སྨྲིག་གར་གྱི་རོལ་བའི་བཤེས་གཉེན་ཚུལ། །བདེ་གཤེགས་མ་ལུས་འདུས་པའི་འོད་ཟེར་འབར། །དམིགས་མེད་ཐུགས་རྗེས་འགྲོ་ལ་བརྩེ་ལྡན་པའི། །མཉམ་མེད་ཙོང་ཁ་པ་ལ་སྤྱི་བོས་འདུད། །དེ་ལ་འདིར་དམིགས་བརྩེ་མ་ལ་བརྟེན་པའི་ལས་ཚོགས་ཅུང་ཟད་བྱེད་པར་འདོད་པས། འདི་ལ་གཉིས། ཁུངས་བཙུན་པར་བྱ་བའི་ཕྱིར་ལས་ཚོགས་ཀྱི་འབྱུང་ཁུངས་བཤད་པ་དང་། ལས་ཚོགས་དངོས་བཤད་པ་གཉིས་ལས། དང་པོ་ནི། མཉྫ་ལ་མ་ཏི་རྗེ་དྲ་རྗེ་བཙུན་བླ་མ་དངོས་སུ་མཇལ་བའི་སྐལ་བ་དམན་པས་མཐོང་བ་དོན་དང་ལྡན་པའི་སྐུ་གདུང་མཇལ་འདོད་ཀྱི་གསོལ་བ་རིང་ནས་བཏབ། དེ་ནས་རིམ་གྱིས་བགྲོད་ནས་མར་ལམ་ལྷ་སར་ཇོ་ཤཱཀྱ་རྣམ་གཉིས་ལ་སྐུ་གདུང་དང་མཇལ་ཞིང་བརྩེ་བས་རྗེས་སུ་འཛིན་པར་གསོལ་བ་བཏབ། དེ་ནས་དགེ་ལྡན་རྣམ་པར་རྒྱལ་བའི་གླིང་དུ་སླེབས་པ་དང་། ཚེ་འདིའི་སྣང་བ་ཏུར་ཏུར་བུ་དེ་འགགས་ཤིང་། མིག་ནས་མཆིམ་བུན་བུན་བྱེད་ཅིང་། སྣ་ཚ་ཞུང་ཞུང་པ་དང་། ལུས་སྤྲིད་ཆིལ་ཆིལ་བའི་ངང་ནས་སྐད་ཅིག་ལ་སྐུ་གདུང་རིན་པོ་ཆེའི་མདུན་དུ་སླེབས་རྩོལ་མེད་དང་གུས་ཤུགས་དྲག་པོ་ཞིག་སྐྱེས་ཤིང་། སྐུ་གདུང་ལ་མགོ་བཙུགས་ནས་ངུ་ངག་དང་བཅས་གསོལ་བ་རྩེ་གཅིག་ཏུ་བཏབ། དེ་ནས་ཁྲི་རིན་པོ་ཆེ་མཇལ་བས་རྗེ་རིན་པོ་ཆེ་དངོས་ཡིན་སྙམ་པའི་མོས་

ཤུགས་དེ་ཁ་ཐུབ་པ་དང་། སྔར་ལྟར་མཆི་མ་བུན་བུན་ཤོར་སོང་བ་དང་། དོན་ལ་རྗེ་བཙུན་གྱི་ཐུགས་རྗེ་དང་། དངོས་སུ་ཁྲི་རིན་པོ་ཆེ་ནས་མ་བཟོད་པའི་ཉམས་ཀྱིས་རྗེ་རིན་པོ་ཆེ་གཟུགས་སྐུ་ཆོས་དབྱིངས་སུ་བསྡུས་པའི་ཚུལ་སྟོན་པར་མཛད་པའི་གཟིམ་ཆུང་བཞུགས་ཁྲི་ཕྱག་རྫོར་གྱི་ནློས་སྣང་ས། རྗེའི་སྐུ་བརྙན་འོད་ཟེར་མ། ན་བཟའ་ཆ་ཚང་གཅིག་རྣམས་ཀྱི་མཇལ་ཁ་རྒྱས་པར་གནང་བྱུང་བ་དང་། སྔར་བས་བློ་ཆོས་ནས་སྐྱོ་བའི་ཏུ་ངག་གི་སྨྲེ་སྔགས་ཆེན་པོ་ཤོར་བ་ཁྲི་རིན་པོ་ཆེའི་བཀའ་དྲིན་གྱི་ཚུལ་གྱིས། རྗེ་བཙུན་བླ་མའི་ཐུགས་དམ་རྟེན་གྱི་གཙོ་བོར་གྲགས་པའི་འོད་ཞུང་མའི་མཇལ་ཁ་དང་། སླར་སྐུ་གདུང་རིན་པོ་ཆེའི་དྲུང་དུ་བླ་མ་མཆོད་པ་བཏང་ཆོག་པའི་གནང་བ་ཞིགས་པར་སྨྲུལ། དེ་ནས་ཡང་གསེར་ཁྲི་དང་སྐུ་གདུང་རིན་པོ་ཆེ་མཇལ་ཁར་ཕྱིན་པས། སྐུ་གཉེར་ཡང་སྔར་དང་མི་འདྲ་བ་གཅིག་གིས་རྟེན་རྣམས་ལ་བཤད་པ་སོགས་པའི་ཚུལ་དུ་གནང་བྱུང་། དེ་ནས་རང་དབང་མེད་པར་སོས་པ་ཤུགས་ཆེན་དེ་ཁའི་དང་ནས་སྐུ་གདུང་རིན་པོ་ཆེའི་དྲུང་དུ་བླ་མཆོད་དང་གསོལ་འདེབས་ཀྱི་རིམ་པ་དང་། བསྔོ་བ་སྨོན་ལམ་ཡོངས་སུ་རྫོགས་པར་བཏབ། དེ་ནས་དམིགས་བརྩེ་མ་བརྒྱ་ཚར་གཅིག་སོང་བ་དང་། ཙོང་ཁ་བརྒྱད་ཅུ་མའི་གསོལ་འདེབས་ཀྱང་བཏབ་པས། གཟུགས་སྐུ་ཆོས་དབྱིངས་སུ་ཐིམ་པའི་མཚམས་སུ་སླེབས་པ་དང་། མིག་མཆི་མས་གང་ཞིང་། སྟོད་ཁེངས་ནས་གསོལ་འདེབསམ་ཐོན་པར་ངུ་སྐད་ཤོར་བ་དང་། དཀོན་གཉེར་གྱི་གསོལ་ཇ་དང་བཅས་ཁྱེད་ལ་དམ་ཚིག་མེད་ན་སུ་ལ་ཡོད་གསུང་ཞིང་རང་དབང་མེད་པར་མགོན་ཁང་གི་མཇལ་ཁ་གནང་། ཡིདམ་ཆོས་སྐྱོང་རྣམས་ཀྱང་དངོས་ཡིན་སྙམ་བ་ལས་ད་ལྟའི་གཉིས་སྣང་གི་རྟོག་པ་འདི་མ་བྱུང་། སྨོན་ལམ་ཀྱང་རྗེ་བཙུན་རིན་པོ་ཆེས་ཐུགས་རྗེས་འཛིན་ཅིང་བར་ཆད་སེལ་བར་གསོལ་བར་བཏབ་རྟེན་འབྲེལ་དང་མཐུན་རྐྱེན་བཟང་པོ་འདི་རྣམས་ལ་བལྟས་ན་རྗེ་རིན་པོ་ཆེས་ཐུགས་རྗེས་གཟིགས་སམ་སྙམ་པའི་རེ་བ་བྱུང་། དེ་ནུབ་རབ་འབྱམས་ཡེ་ཤེས་ཀྱི་སར་གནས་ཚང་བྱས་པས། ཁོང་ལ་ཡང་རྗེ་རིན་པོ་ཆེའི་ཐུགས་རྗེའི་མདངས་ཐོག་པས་དོ་ནུབ་པའི་ཞག་ཏུ་ཡང་བླ་མཆོད་གཅིག་ཐོང་གསུངས་པ་ལྟར་བྱས་པས། གང་ཡང་ཐུགས་འགྱུར་པའི་ངེས་འབྱུང་གི་སྤྱན་ཆབ་མང་པོ་སིལ་ཞིང་འདུག་དེ་ནས་པའི་ནུབ་མོ་འགྲོ་བའམ། རྣི་ལམ་ལྟ་བུར། རབ་འབྱམས་པ་ཁོ་རང་ཡི་ནས་སྙམ་པ་ཞིག་གིས་ཁྱོད་དམིགས་བརྩེ་མའི་ལས་ཚོགས་བྱེད་ན་

འདི་ལྟར་གྱིས་ཟེར་ལས་ཚོགས་ཀྱི་འཁོར་ལོ་དང་བཅས་བསྟན་བྱུང་བ། ནང་པར་མཆེན་མ་དངོས་སམ་བདུད་ཀྱིས་བསླུས་སྙམ་པའི་ཐེ་ཚོམ་གྱི་གོང་བུར་གྱུར། དེ་ནས་བྱུང་ར་སླེང་དུ་ཇོ་བོ་རིན་པོ་ཆེའི་དྲུང་དུ་གང་ཡིན་གྱི་བརྟག་པ་ཞིག་བྱས་པས། བརྟག་པ་ལགས་པར་བྱུང་ཡང་རང་ཉིད་ལ་དེ་ལྟ་བུའི་རེ་བ་ཡོང་མ་ཐང་སྙམ་ནས། སླར་ཡང་འདིར་སྒྲུབ་གནས་དམ་པར་ཡང་རྗེ་བཙུན་ཉིད་ལ་གསོལ་བ་བཏབ་པས་ཚད་མར་སྣང་། དེ་ནས་འཁོར་ལོ་གཅིག་གི་ལས་ཚོགས་བྱས་པས་སྐད་ཅིག་ལ་འདོད་དོན་ལྟར་ལས་ཚོགས་འགྲུབ། ཡང་སྐྱར་ནས་བྱས་པས་ཕན་ཡོན་ལྟར་སྐད་ཅིག་ལ་འགྲུབ་པས་ཡིད་ཆེས་པར་ཐག་བཅད་པ་ཡིན་ལ། གཉིས་པ་ལས་ཚོགས་དངོས་བཤད་པ་ལ། ལས་བྱེད་གོང་དམིགས་བརྗེ་མ་ལ་བསྙེན་པ་འབུམ་ཕྲག་འགྲོ་དགོས། གསོལ་བ་འདེབས་པའི་རྟེན་སྐྱིད་པ་དང་། འཁོར་ལོའི་བྱ་བ་དངོས་བཤད་པ་གཉིས་ལས། དང་པོ་ནི་རང་གི་སྤྱི་བོར་རྗེ་བཙུན་ཙོང་ཁ་པ་སངས་རྒྱས་ཀུན་འདུས་ཀྱི་བདག་ཉིད་ཅན་ལྟག་པར་རྗེ་བཙུན་འཇམ་དབྱངས་དང་གཉིས་སྣང་གི་རྟོག་པ་མཐའ་དག་དང་བྲལ་བ་ཁྲི་གདན་དང་བཅས་པ་ཟུང་འཇུག་སྒྲུབ་པའི་ཤིང་རྟའི་ནང་ལྟར་ལས་ཐུགས་ཁར་ཧྲཱིཿས་མཚན་པ་ཞིག་གསལ་བར་བསྐྱེད་པའོ། །གཉིས་པ་འཁོར་ལོའི་བྱ་བ་དྲུག་ཏུ་ཕྱེ་བའི་དབང་དུ་བྱས་ན། བགེགས་བསྐྲད་སྡིག་པ་རབ་ཏུ་སྦྱུངས། །ཆར་འབེབ་སེར་བ་ཕ་མཐར་བསྐྲད། །སད་སྦྱུངས་རིམས་ནད་རབ་ཏུ་འགོག །ཅེས་པ་ལྟར་ལས། དང་པོ་ནི། འགྲོ་བ་གང་ལ་གདོན་བགེགས་ཀྱི་གནོད་པ་བྱུང་ན། འཁོར་ལོ་སྣུ་ཁྱུད་རྩིབས་བཅུ་མཐའ་རྗེར་རིས་ཀྱིས་བསྐོར་བ་ཞིག་བྲིས་ལ། དེའི་ལྟེ་བ་ལ་ཧྲཱིཿརྩིབས་བཅུ་ལ་ཧཱུཾ། དེའི་མཐར་དམིགས་བརྗེ་མ། དེའི་མཐར་འདོད་དོན་ཆེ་གེ་མོ་ལ་གདོན་བགེགས་ཀྱི་གནོད་པ་སྲུངས་ཤིག་ཅེས་དང་། ཡེ་རྒྱར་བྲིས། དྲི་ཟང་གིས་བྱུགས་པ་ལེགས་པར་བྱས། འཁོར་ལོ་སྐོར་བྱེད་ཀྱི་ཕུར་པ་ལ་རབ་དམིགས་བརྗེ་མ་སྟོང་། དེ་མིན་བརྒྱ་རྩ་སོགས་གང་མང་བྲིས་མ་ཎི་ལྟར་དཀྱིལ་འཁོར་ལོ་ཤམ་བུ་ལྟར། ཁེབས་རས་དར་གང་རུང་མདོག་སྔོན་པོ་ཞིག་གིས་བྱེད། འཁོར་ལོ་བསྐོར་བ་དང་། ཚོགས་ཞིང་ལ་གསོལ་བ་འདེབས་ཤིང་། དམིགས་བརྗེ་མ་འདྲེན་པ་དང་། འདོད་དོན་ལ་གསོལ་བ་བཏབ་པས། ཚོགས་ཞིང་གི་ཐུགས་ཀའི་ཧྲཱིཿལས་འོད་ཟེར་འཕྲོས་པས་འཁོར་ལོའི་ཧྲཱིཿལ་ཐིམ །དེ་ལས་འོད་ཟེར་ཕྱོགས་བཅུར་འཕྲོས་པས་ཧཱུཾ་ལ་ཐིམ། དེ་རྣམས་ཁྲོ་བོ་བཅུར

གྱུར། དེ་རྣམས་ལས་འོད་ཟེར་འཕྲོས་པས་དམིགས་བརྩེ་མའི་ཡིག་འབྲུ་རེ་ལ་ཐོག་པས། ཡིག་འབྲུ་རེ་རེ་ནས་ཁྲོ་བོའི་ཚོགས་དཔག་ཏུ་མེད་པ་འཕྲོས། སྟོང་གསུམ་ཐམས་ཅད་ཁྲོ་བོས་ཁེངས་པར་བསམ་ཞིང་། ཁྲོ་བོ་དེ་ཐམས་ཅད་ཕྱག་གཡོན་བསྡིགས་མཛུབ་དང་གཡས་རྡོ་རྗེ་མེ་འབར་བ་རེ་འཕྱར་ཞིང་གདོན་བགེགས་རྣམས་འོག་གཞི་གསེར་གྱི་ས་གཞི་དང་། རྒྱ་མཚོ་ཆེན་པོའི་མཐར་བསྐྲད་པར་བསམ་ཞིང་འཁོར་ལོ་དྲུག་ཏུ་བསྐོར་རོ། །མཐར་དོན་འགྲུབ་པ་དང་། ཁྲོ་བོ་རྣམས་མཐའ་ནས་རིམ་པ་བཞིན་ཐིམ་ཞིང་། མཐར་ཀླིཿལ་ཐིམ། ཀླིཿཡང་ཚོགས་ཞིང་གི་ཀླིཿལ་ཐིམ། ཀླིཿཚོགས་ཞིང་དང་དབྱེར་མེད་དུ་འོད་དུ་ཞུ་ནས་རང་ཉིད་ལ་ཐིམ་པར་བསམ་མོ། །གཉིས་པ་སྡིག་པ་སྦྱོང་བ་ནི། འཁོར་ལོ་སྔར་བཞིན་ལ། རྡོར་རིས་ཀྱི་ཚབ་ཏུ་འོད་རིས་བྲིས་ལ། གསོལ་བ་གོང་བཞིན་བཏབ། ཐུགས་ཀའི་ཀླིཿལས་འོད་ཟེར་འཕྲོས་པ་ནས། དམིགས་བརྩེ་མའི་བར་དུ་འོད་འཕྲོས་པས་ཡིག་འབྲུ་རེ་རེ་ནས་འོད་ཟེར་དཔག་ཏུ་མེད་པ་འཕྲོས། ཤར་རྡོ་རྗེ་སེམས་དཔའི་ཞིང་ལ་སོགས་ཞིང་དཔག་ཏུ་མེད་པ་ནས་རྡོ་རྗེ་སེམས་དཔའ་ཡབ་ཡུམ་དང་བཅས་པ་ཐུགས་ཀར་ཡི་གེ་བརྒྱ་པའི་སྔགས་འཁོར་གྱིས་མཚན་པ་གྲངས་མེད་པ་སྤྲོན་ནས་སེམས་ཅན་རེ་རེའི་སྤྱི་བོར་ཞུགས་པར་བསམ། སེམས་ཅན་དེ་ཐམས་ཅད་ཀྱང་ཡི་གེ་བརྒྱ་པ་འདྲེན་ཞིང་རྡོ་རྗེ་སེམས་དཔའ་ཡབ་ཡུམ་ལ་གསོལ་བ་བཏབ་པས། ཡབ་ཡུམ་རྣམས་ཀྱི་སྦྱོར་མཚམས་ནས་བདུད་རྩིའི་རྒྱུན་བབས་སྤྱི་བོ་ནས་ཞུགས་སྡིག་སྒྲིབ་ནད་གདོན་མི་འདོད་པ་ཐམས་ཅད་དུད་ཁུའི་རྣམ་པར་ནག་འདུ་རུ་རུ་ཐོན་འགྲོ་བར་བསམ་ཞིང་། མཐར་ཡབ་ཡུམ་རྣམས་ཀྱང་བདུད་རྩིར་ཞུ་ནས་བདུད་རྩི་དཀར་པོ་འོད་འཚེར་བས་ལུས་ཁེངས་པར་བསྒོམ་ཞིང་འཁོར་ལོ་ཞི་བའི་ཚུལ་དུ་བསྐོར། མཐར་བསྡུད་རིམ་འདྲ། གསུམ་པ་ཆར་འབེབས་པར་འདོད་པ་ནི། འཁོར་ལོ་སྔར་ལྟར་ལ་མཐའ་སྐྱིན་རིས་སུ་བྲིས། གསོལ་བ་གོང་བཞིན་བཏབ་པས། འོད་ཟེར་སྔར་ལྟར་འཕྲོས། ཀླུའི་རྒྱལ་པོ་དགའ་བོ་དང་འཇོག་པོ་ལ་སོགས་པའི་རྒྱལ་རིགས་དང་། དམངས་རིགས་གདོལ་རིགས་ཐམས་ཅད་ལ་ཐོག་པས་འདོད་དགུའི་གཏེར་ཆེན་པོ་ལ་ལོངས་སྤྱོད་པར་བསམ། དེ་ནས་ཀླུ་རྣམས་དགའ་བས་ས་ཕྱོགས་དང་ཡུལ་ཕྱོགས་འདི་ཉིད་དུ་སྐད་ཅིག་ལ་སྤྲིན་ཆེན་པོས་ཆར་རབ་ཏུ་ཕབ་པར་བསམ་ནས་འཁོར་ལོ་དལ་བུས་བསྐོར་རོ། །མཇུག་བསྡུད་གོང་དང་འདྲ། བཞི་བ་སེར་བ་སྲུང་བ་

ནི། འཁོར་ལོ་སྟེར་ལྟར་འདྲ་བ་ལ་མཐའ་རླུང་དམར་གྱི་རི་མོ་བྲིས་ཏེ། གསོལ་བ་གོང་ལྟར་བཏབ་པས། འོད་ཟེར་གྱི་ཚབ་ཏུ་རླུང་དམར་ཡིག་འབྲུའི་བར་དུ་གཡོས་པས། རླུང་དམར་དྲག་པོ་རེའི་སྣ་ལ་སེར་བའི་སྤྲིན་ཐུམ་པོ་རེ་ཆད་ནས་བསྐྲད་པར་བསམ། མཐར་རླུང་དམར་རྣམས་ཆར་སྤྲིན་དུ་གྱུར་ནས་ཆར་འཇམ་པོར་བབས་པར་བསམ། སྔར་ཡིག་འབྲུ་ལས་ཆད་པའི་རླུང་འོད་ཟེར་གྱི་རྣམ་པར་མཇུག་བསྡུད་བྱེད། ལྔ་པ་སད་བསྲུང་ན། འཁོར་ལོ་ཆར་འབེབས་དང་འདྲ་བ་ལ་གསོལ་བ་སྟར་བཞིན་བཏབ་པས། འོད་ཟེར་ཡིག་འབྲུའི་བར་དུ་འཕྲོས། འོད་ཟེར་གྱིས་བར་སྣང་ཁེངས་པས་སད་བྱེད་ཀྱི་བ་མོ་རྣམས་ལ་ཕོག་པས་རླངས་པ་ཕྱུར་ཪུ་ཪུ་ཞུ་ནས་ཆར་སྤྲིན་དང་ཆུ་རིས་ཀྱིས་ནམ་མཁའ་ཁེངས་པ་བསམ་མོ། །མཇུག་འདྲ། འཁོར་ལོ་འདི་མི་བརྗའ་མེད་པར་བཙུགས་པས་ཆོག དྲུག་པ་རིམས་ནད་བསྲུང་བ་ནི། འཁོར་ལོ་སྟེར་ལྟར་ལ་མཐའ་མེ་རིས་ཀྱིས་བྲིས། གསོལ་བ་གོང་ལྟར་བཏབ་པས། ཚོགས་ཞིང་གི་ཐུགས་ཁའི་ཧྲཱིཿལས་འོད་ཟེར་འཕྲོས། འཁོར་ལོའི་ཧྲཱིཿལ་ཕོག་དེ་ལས་འོད་ཟེར་འཕྲོས་ཧཱུྃ་ལ་ཕོག་པས་ཧཱུྃ་རྣམས་ཁྲོ་བོ་བཙུར་གྱུར། དེ་རྣམས་ཀྱི་ཐུགས་ཀ་ནས་འོད་ཟེར་རེ་འཕྲོས་པས་དམིགས་བརྩེ་མའི་ཡི་གེ་འབྲུ་རེ་ལ་ཕོག་པས། དེ་རྣམས་ལས་ཁྲོ་བོའི་ཚོགས་མེ་འབར་བ་དཔག་ཏུ་མེད་པ་འཕྲོས་པས་ནད་བདག་དང་རིམས་བདག་ཐམས་ཅད་མེས་ཚིག་ཅིང་དེ་རྣམས་ཀྱིས་གཏོང་བྱེད་ཀྱི་ནད་རིམས་ཐམས་ཅད་གཞོ་བ་ཐུལ་ཚིག་པར་བསམ། གཞོ་བ་དེ་རྣམས་ཀྱང་སྔར་ཚུལ་ཤལ་བར་སྒོམ་མོ་མཇུག་འདྲ། ཚེ་སྒྲུབ་པར་འདོད་པས་འཁོར་ལོ་གོང་བཞིན་ལ་མཐར་བུམ་རིས་བྲིས་འོད་ཟེར་དམིགས་བརྩེ་མའི་བར་དུ་འཕྲོས། དེ་ནས་ཡི་གེ་འབྲུ་རེ་ནས་འོད་ཟེར་དཔག་མེད་འཕྲོས་པས་ནུབ་ཕྱོགས་བདེ་བ་ཅན་ནས་མགོན་པོ་ཚེ་དཔག་མེད་ཡོངས་སྐུའི་ཆ་བྱད་ཡོངས་སུ་རྫོགས་པ། ཕྱག་གཉིས་མཉམ་བཞག་གི་སྟེང་ན་བདུད་རྩིས་གང་བའི་བུམ་པ་བསྣམས་པ། ཐུགས་ཀར་ཧྲཱིཿདེའི་མཐར་སྔིང་པོ། དེའི་མཐར་གཟུངས་རིངས་ཀྱིས་བསྐོར་བ་བལྟ་བས་ཆོག་མི་ཤེས་པ། དྭངས་གསལ་འོད་ཀྱི་རང་བཞིན་ཅན་དཔག་ཏུ་མེད་པ་སྤྱན་དྲངས། བདག་དང་མ་སེམས་ཅན་རེ་རེའི་སྤྱི་བོར་བཞུགས་པ་ལ། བདག་དང་མ་སེམས་ཅན་ཐམས་ཅད་ཀྱིས་མགྲིན་གཅིག་ཏུ་གཟུངས་འདོན་ཞིང་། གསོལ་བ་བཏབ་པས། ཐུགས་ཀའི་ཧྲཱིཿལས་འོད་ཟེར་ལྕགས་ཀྱུ་ལྟ་བུ་ཕྱོགས་བཅུར་འཕྲོས་ནས། བདག་དང་

མ་སེམས་ཅན་རྣམས་ཀྱི་ཚེ་བཀྲུས་འགྲོག་འཁྱེར་བ་ཐམས་ཅད་ཆེའི་བདུད་རྩིའི་རྣམ་པར་ཕྱག་མཚན་སྙིང་པོ་གཟུངས་དང་བཅས་པ་ལ་ཐིམ། ཡང་གསོལ་བ་དྲག་ཏུ་བཏབ་པས་ཕྱག་མཚན་སྙིང་པོ་དང་བཅས་པ་ལས་བདུད་རྩིའི་རྒྱུན་བབས། བདག་དང་མ་སེམས་ཅན་ཐམས་ཅད་ཀྱི་སྤྱི་བོ་ནས་ཞུགས། ཚེ་ཉམས་པ་ཐམས་ཅད་སོར་ཆུད། སྡིག་སྒྲིབ་ནད་གདོན་ཐམས་ཅད་བྱང་ཞིང་ལུས་དྭངས་གསལ་འོད་ཀྱི་རང་བཞིན་དུ་གྱུར་པར་བསམ་མོ། །མཇུག་འདྲ། བསྟན་དང་བསྟན་འཛིན་སྐྱོང་བྱེད་པའི། །བསྒྲལ་བའི་ཞིང་བཅུ་ཚང་བ་ལ། །སེར་བ་བབ་ཅིང་ཕན་ཚུན་འཁྲུག། རབ་ཏུ་སྨྱོས་ཤིང་ལས་ལ་སྦྱར། །ཞེས་པ་ལྟར་ལས། དང་པོ་སེར་པ་ཕབ་འདོད་ན། །འཁོར་ལོ་ཆར་འབེབ་འདྲ་བ་ལ། །ཀླུ་དང་འབྱུང་པོ་ཁ་བསྒྱུར་ཅིང་། །འདོད་པའི་ཚབ་ཏུ་དེ་རྒྱུད་བསྐུལ། །ཆར་སྤྲིན་ཁ་དོག་ནག་པོར་བྱེ། །མཇུག་ཏུ་འོད་ཟེར་བསྡུ་ཚུལ་འདྲ། །དེ་ནང་སྐྱོབ་ན་འཁོར་ལོའི་འོག།གཉིས་པ་བྱེད་པར་འདོད་པ་ན། །འཁོར་ལོ་གོང་བཞིན་དེ་མཐའ་མེད། །འོད་ཟེར་ཡིག་འབྲུའི་བར་དུ་འཕྲོས། །དེས་ཀྱང་མི་དཔུང་དཔག་མེད་འགྲོ། །ཕོང་ཁྲི་ང་རྒྱལ་ཞེ་སྡང་སོགས། །དེ་རྩེ་དུ་བའི་རྣམ་པར་འགྲོལ། །གནོད་བྱེད་ཚོགས་ཀྱི་ལུས་སེམས་ནོན། །དེ་དག་ཕན་ཚུན་སྡང་སེམས་སྐྱེས། །བརྡེག་དང་འཕྱར་དང་འཐབ་པར་བསམ། །འཁོར་ལོ་དྲག་ཏུ་བསྐོར་བར་བྱེད། །མཇུག་སྡུད་གོང་དང་འདྲ་བ་ལ། །འོད་ཀྱི་རྣམ་པར་བསྡུ་བ་ཡིན། །ཡང་གཅིག་གསུམ་པ་ལྟར་འདོད་ན། །འཁོར་ལོ་གོང་དང་འདྲ་བ་ལ། །མཐོང་དུག་རེག་དུག་ཚོར་དུག་རྣམས། །དུ་བའི་རྣམ་པར་རབ་སྤྲོས་ནས། །དགྲ་བོའི་ལུས་སེམས་ལ་ཞུགས་པས། །བརྒྱལ་ཞིང་སྨྱོས་པས་དྲན་པ་ཉམས། །བསམ་ངན་སྦྱོར་རྩུབ་མེ་ཡིས་བསྲེགས། །འཁོར་ལོ་དྲག་ལ་མཇུག་བསྡུད་འདྲ། །བཞི་པ་བྱེད་པར་འདོད་ན་ཡང་། །འཁོར་ལོ་གོང་དང་འདྲ་བ་ལ། །མེ་ཚབ་གྱི་གུག་ཐོད་པས་བྱས། །འོད་ཟེར་འཁོར་ལོ་ཧྲཱིཿཡི་བར། །ཧྲཱིཿལས་འོད་ཟེར་ཕྱོགས་བཅུར་འཕྲོས། །རྩ་བཅུ་ཁྲི་བོ་བཅུར་གྱུར་ཏེ། །ཡི་གེ་འབྲུ་ལས་འོད་ཟེར་འཕྲོས། །དེ་ནས་ཁྲོ་བོ་དཔག་མེད་ནི། །གྲི་གུག་ཐོད་པ་འཛིན་པ་ནི། །དཔག་ཏུ་མེད་པའི་ཚོགས་སྤྲོས་ནས། །གནོད་བྱེད་དགྲ་བོའི་མགོ་དང་སྙིང་། །རབ་ཏུ་ཕྱུང་ནས་ཐོད་པར་བླུག །སྲུང་ས་རྟགས་སྟར་བྱས་གསོལ་བར་བསམ། །མཇུག་སྡུད་འོད་ཟེར་རྣམ་པར་བསྡུ། །སླད་ནས་ཡི་གེར་མི་

འགོད་ཅིང་། །ཐུགས་ཀྱི་དཀྱིལ་དུ་ལེགས་པར་འཛིན། །ཅེས་པའི་མན་ངག་ཟབ་མོ་བདུད་རྩིའི་རྒྱ། །བཀའ་གཉན་སྲོལ་ཆོས་མིན་པའི་ཟབ་ཆོས་འདི། །ལུགས་གཉིས་སྲིད་སྡུག་ཀུན་གྱི་བྱེད་པོ་མཆོག །དགེ་སློང་བློ་བཟང་རྣམ་རྒྱལ་དོན་ཆེན་དང་། །མཁས་པའི་ལེགས་བཤད་འོ་མའི་རྒྱ་མཚོ་ནས། །ངོམས་པར་འཐུང་བའི་ལེགས་བཤད་འོད་སྣང་གིས། །མི་མཐུན་ལྟར་ན་མུན་པ་སེལ་བྱེད་པའི། །རབ་འབྱམས་བཀྲ་ཤིས་རྒྱལ་མཚན་གསུང་ནན་ལྟར། །ཚོས་མེད་སྤྲང་པོས་ཤོག་བུའི་ངོས་ལ་བཏབ། །ཀུན་ལ་མི་སྟོན་རང་རེའི་སྙིང་གི་གཏམ། །ཆོས་སྤྱོད་ལས་ལ་བག་མེད་ལོངས་སྤྱོད་པའི། །ཐོལ་སྦྱོར་བྱས་པའི་སྒྲིབ་གནོད་མ་མཆིས་ཀྱང་། །སྐབས་འགར་ཆོས་ཀྱི་ཁེ་ཉེན་དགོངས་པར་འཚལ། །འདིའི་རྒྱུན་གོང་གི་ལོ་རྒྱུས་ལྟར། རྗེ་བླ་མས་དཔོན་སློབ་རིན་པོ་ཆེ་སྨན་ཁང་པ་ལ་དངོས་སུ་གནང་། དེས་མངའ་གྲྭ་བླམ་མཁས་བཙུན་པ་ལ་གནང་། དེས་བདག་གི་དྲིན་ཅན་བླ་མ་དོན་འགྲུབ་དབང་རྒྱལ་ལ་གནང་། དེས་བདག་བྱམས་ཆོས་ལ་དགྱེས་བཞིན་དུ་གནང་བའོ། །ཀ། །

༄༅། །ཆར་འབེབས་འཁོར་ལོ་སྒྲུབ་ཚུལ་བཞུགས་སོ།

༄། །རྗེ་བླ་མ་སྨན་ཁང་པའི་དག་སྣང་མའི་ཆར་འབེབས་དང་སད་བསྲུང་གི་དམིགས་བཅེ་མའི་འཁོར་ལོ་སྒྲུབ་ཚུལ་ནི། སྟེགས་མཐོན་པོར་སྟོད་བཟང་པོ་འབྲུ་དཀར་བླུག་པའི་སྟེང་སོགས་སུ་འཁོར་ལོ་བཤམས། དེའི་མདུན་དུ་གཏོར་མ་དང་བདག་མདུན་གྱི་མཆོད་པ་བཤམས། །རང་གི་མདུན་དུ་བགེགས་གཏོར་དང་འཐོར་ནས་སོགས་མགོ་བའི་ཡོ་བྱད་རྣམས་ཚོགས་པར་བྱས། དེ་ནས་དེ་ཀའི་གཞུང་ནས་བཤད་པ་བཞིན་དུ་ཐུང་འཇུག་སྒྲུབ་པའི་ཤིང་རྟ་ལྟར་གྱི་བདག་བསྐྱེད་སོགས་བྱས་ན་ལེགས་པས་དེ་ལྟར་བྱ། འདིར་ནི་གནས་སྐབས་འཇུག་པ་བདེ་ཆེད་དུ་པཎ་ཆེན་བློ་བཟང་དཔལ་ལྡན་ཡེ་ཤེས་ཀྱིས་མཛད་པའི་དམིགས་བཅེ་མའི་ལས་ཚོགས་བཅུ་གཅིག་པ་ལྟར་བདག་བསྐྱེད་རྫོགས་པར་བཏང་། དེ་ནས་འཁོར་ལོ་ལ་བགེགས་བསྐྲད་སྲི་འདྲེ་ལྟར་བྱ། དེ་ནས་འཁོར་ལོ་ཨ་མྲི་ཏ་ས་བསངས། སྭ་བྷཱ་ཤས་སྦྱངས། སྟོང་པའི་ངང་ལས་སྣ་ཚོགས་པདྨ་དང་ཟླ་བའི་གདན་ལ་ཧྲཱིཿལས་རྒྱལ་བ་ཀུན་གྱི་ངོ་བོ་ཐུབ་དབང་རྡོ་རྗེ་འཆང་བློ་བཟང་གྲགས་པ་ཞེས་པ་ནས་སྤྱན་དྲངས་ཞེས་པའི་བར་བདག་བསྐྱེད་བཞིན་བྱ། དེ་ནས་བློ་གྲོས་ཁང་བཟང་ཞེས་པ་ནས། དཔལ་ལྡན་བླ་མ་འཁོར་བཅས་གཤེགས་སུ་གསོལ། །ཛཿཧཱུྃ་བཾ་ཧོཿ། གཉིས་སུ་མེད་པར་གྱུར། དེ་ནས་མཆོད་པ་རྣམས་ཨ་མྲི་ཏས་བསངས། སྭ་བྷཱ་ཤས་སྦྱངས། སྟོང་པའི་ངང་ལས་ཨོཾ་ལས་རིན་པོ་ཆེ་ལས་གྲུབ་པའི་སྣོད་ཡངས་ཤིང་རྒྱ་ཆེ་བ་རྣམས་ཀྱི་ནང་དུ་ཨོཾ་འོད་དུ་ཞུ་བ་ལས་བྱུང་བའི་མཆོད་ཡོན་ནས། རོལ་མོ་རྣམས་རང་བཞིན་བདེ་སྟོང་རྣམ་པ་མཆོད་རྫས་བྱེད་ལས་དབང་པོ་དྲུག་གི་སྤྱོད་ཡུལ་དུ་ཟག་པ་མེད་པའི་བདེ་བ་ཁྱད་པར་ཅན་བསྐྱེད་པར་གྱུར། ཨོཾ་ཨརྒྷཾ་ཨཱཿཧཱུྃ། ནས། ཤབྡ་ཨཱཿཧཱུྃ་གིས་བྱིན་གྱིས་རླབས། རྒྱས་པར་འདོད་ན། རྒྱལ་བ་རྒྱ་མཚོ་སོགས་དང་། ཨེ་མ་ཧོ་མཆོད་པ་སོགས་ཚིགས་བཅད་དང་བཅས་པའམ། བསྡུ་ན་ཐུགས་རྗེ་གིས་ཚུ་གཉིས་ཉེར་སྤྱོད་རོལ་མོ་འདོད་ཡོན་ལྔ་དང་བཅས་པ་འབུལ་རྒྱལ་བ་ཀུན་གྱི་སོགས་ཀྱི་བསྟོད་པས་བསྟོད། ཐུགས་ཀར་ཟླ་བའི་དཀྱིལ་འཁོར་གྱི་སྟེང་དུ་ཧྲཱིཿཡིག་གི་མཐར་དམིགས་བཅེ་

མས་བསྐོར་བ་ལས་འོད་ཟེར་འཕྲོས། རྒྱལ་བ་སྲས་དང་བཅས་པ་ལ་མཉེས་པའི་མཆོད་པ་ཕུལ། དེ་རྣམས་ཀྱི་སྐུ་གསུང་ཐུགས་ཀྱི་བྱིན་རླབས་རྣམས་འོད་ཟེར་གྱི་རྣམ་པར་བསྡུས་ནས་སྐུ་ལ་ཐིམ། དེ་ལས་བདུད་རྩིའི་རྒྱུན་བབ་པས་བདག་དང་འགྲོ་བ་ཐམས་ཅད་ཀྱི་སྡིག་སྒྲིབ་བག་ཆགས་དང་བཅས་པ་ཐམས་ཅད་སྦྱངས། གནས་སྐབས་དང་མཐར་ཐུག་གི་བདེ་ལེགས་ཕུན་སུམ་ཚོགས་པ་ལ་བཀོད་པར་གྱུར་པར་བསམ་ལ། དམིགས་བཅེ་མ་ཅི་འགྲུབ་བཟླ། ཡིག་བརྒྱས་ལྷག་ཆད་ཁ་བསྐང་། གཏོར་མ་སྔར་ལྟར་བསངས་སྦྱངས། སྟོང་པའི་ངང་ལས་བྷྲཱུྃ་ལས་རིན་པོ་ཆེ་ལས་གྲུབ་པའི་སྣོད་ཡངས་ཤིང་རྒྱ་ཆེ་བའི་ནང་དུ་གཏོར་མ་ལྷའི་ཞལ་ཟས་འདོད་པའི་ཡོན་ཏན་ལྔ་དང་ལྡན་པའི་སྟེང་དུ་ཨོཾ་ཨཱཿཧཱུྃ། གིས་མཚན་པ་ལས་འོད་འཕྲོས། འཁོར་འདས་ཀྱིས་བསྡུས་པའི་བཅུད་ཐམས་ཅད་བསྡུས་ནས་འབྲུ་གསུམ་ལ་ཐིམ་ཞིང་དེ་ཡང་འོད་དུ་ཞུ་ནས་བདུད་རྩིའི་རྒྱ་མཚོ་ཆེན་པོར་གྱུར། ཨོཾ་ཨཱཿཧཱུྃ། ལན་གསུམ་གྱིས་རླབས། རྗེ་བཙུན་བླ་མའི་ལྗགས་འོད་ཟེར་གྱི་སྦུ་གུས་གཏོར་མའི་བཅུད་ཐམས་ཅད་དྲངས་ཏེ་གསོལ་བར་གྱུར། ཨོཾ་ཨཱཿ གུ་རུ་བཛྲ་དྷ་ར་སུ་མ་ཏི་ཀཱིརྟི་ཨི་དཾ་བ་ལི་ཏཾ་ཁ་ཁ་ཁཱ་ཧི་ཁཱ་ཧི། ཞེས་པ་ལན་གསུམ་མམ་བདུན་གྱིས་གཏོར་མ་ཕུལ། མཆོད་བསྟོད་བྱ། དེ་རྗེས། འཁོར་ལོ་རྗེ་བླ་མར་གསལ་བ་འོད་དུ་ཞུ་ནས་བྲིས་པའི་འཁོར་ལོ་དང་ཡིག་འབྲུ་སོ་སོའི་རྣམ་པར་གྱུར། འདིར་ནི་གཟུགས་དང་། ཞེས་སོགས་ཀྱི་མཐར། ཨོཾ་ཨཱཿ སུ་པྲ་ཏིཥྛ་བཛྲ་ཡེ་སྭཱཧཱ། ཞེས་བརྗོད་ནས་མེ་ཏོག་གཏོར་ཏེ་རབ་གནས་བྱ། དེ་ནས་འཁོར་ལོའི་བྱ་བ་དངོས་ནི། རང་ཉིད་རྗེ་བླ་མར་གསལ་བའི་སྤྱི་བོར་སེནྡྷེ་ཆེན་པོ་བརྒྱད་ཀྱིས་བཏེག་པའི། ཞེས་པ་ནས། གཉིས་སུ་མེད་པར་གྱུར། ཞེས་པའི་བར་བདག་བསྐྱེད་ཀྱི་ཚིགས་ཞིང་ལྟར་བྱ། དེ་ནས་མཆོད་བསྟོད་དང་། ཡན་ལག་བདུན་པ་མཎྜལ་དང་བཅས་པ་བུལ། དེ་ནས། ཚོགས་ཞིང་གི་ཐུགས་ཀའི་ཧྲཱིཿཡིག་ལས་འོད་ཟེར་འཕྲོས་པས། འཁོར་ལོའི་ཧྲཱིཿཡིག་ལ་ཐིམ། དེ་ལས་འོད་ཟེར་ཕྱོགས་བཅུར་འཕྲོས་པས་ཧཱུྃ་རྣམས་ལ་ཐིམ། དེ་རྣམས་ཁྲོ་བོ་བཅུ་འགྱུར་དེ་རྣམས་ལས་འོད་ཟེར་འཕྲོས་པ་དམིགས་བཅེ་མའི་ཡིག་འབྲུ་རྣམས་ལ་ཐིམ།ཡིག་འབྲུ་རེ་རེ་ནས་འོད་ཟེར་དཔག་ཏུ་མེད་པ་འཕྲོས། །ལྷ་ཀླུ་སྡེ་བརྒྱད་སོགས་རྩེ་བཅུད་ལོ་ཐོག་རྒྱས་པ་ལ་བར་དུ་གཅོད་པར་བྱེད་པའི་སེམས་ལྡན་རྣམས་དང་སྲིན་འབོར་བར་བྱེད་པའི་རླུང་ལྷ་རྣམས་ལ་ཕོག་པས་དེ་རྣམས་ཀྱི་བསམ་ངན་སྦྱོར་རྩུབ་ལས་བྱུང་བའི་བཙའ་ཐན་སད་སེར་གྱི་གནོད་པ་ཐམས་ཅད་ཞི་བར་གྱུར་ཏེ་མཐུན་རྐྱེན་སྒྲུབ་པ་དང་། སེམས་མེད་ཀྱི་འགལ་རྐྱེན་རྣམས་ལ་ཕོག་པས་མུན་ཁང་ལ་མར་མེ་དང་། ཚ་སྲུར་ལ་མེ་དཔུང་འཕྲད་པ་བཞིན་གཏན་མེད་དུ་བྱས། ཁྱད་པར་ཀླུའི་རྒྱལ་པོ་དགའ་བོ་དང་འཇོག་པོ་ལ་སོགས་པའི་རྒྱལ་རིགས་དང་། རྗེའུ་རིགས་དང་། དམངས་རིགས

དང་། གདོལ་པའི་རིགས་ཐམས་ཅད་ལ་ཕོག་པས་དེ་རྣམས་ཀྱིས་འདོད་རྒྱུའི་གཏེར་ཆེན་པོ་ལ་ལོངས་སྤྱོད་བར་གྱུར་པར་བསམ་ཞིང་། དེ་ནས་ཀླུ་རྣམས་ཀྱིས་དགའ་བ་ཆེན་པོས་རྒྱ་བོད་ཧོར་སོགས་འཛིག་རྟེན་གྱི་ཁམས་སྤྱི་དང་། ཁྱད་པར་བོད་གངས་ཅན་གྱི་ཡུལ་ལྗོངས་ཀུན་ཏུ་སྐད་ཅིག་ལ་སྤྲིན་ཆེན་པོ་བསྡུས་ནས་རྩི་བཅུད་ལོ་ཐོག་སོགས་ལ་སྨན་པའི་ཆར་གྱི་རྒྱུན་བཟང་པོ་རབ་ཏུ་ཕབ་པར་གྱུར། པར་བསམས་ནས་འཁོར་ལོ་ལག་པའམ་རླུང་དང་ཆུ་སོགས་ཀྱིས་དལ་བུས་བསྐོར་བཞིན་པ་དམིགས་བཅས་མ་ཅི་འགྲུབ་བཟླ། དེ་ནས་ས་གསུམ་མ་དང་། གཞུང་བཞིན་གྱི་སྨོན་ལམ་བརྗོད་ཀྱང་ཆོག། ཐུན་རྗེས་མ་རྣམས་ལ་ཚོགས་ཞིང་གི་ཐུགས་ཀའི་ཧཱུྃཿཡིག་ལས། ཞེས་སོགས་དམིགས་པ་དང་བཅས་པའི་འཁོར་ལོ་བསྐོར་བ་ནས་འཇུག་ཀྱང་རུང་བ་འདྲ་ཞིང་། ཡང་ན། རང་ཉིད་རྗེ་བླ་མར་གསལ་བའི་སྤྱི་བོར། ཞེས་པ་ནས་འཇུག་ཀྱང་རུང་ལ། ཡང་ན། བདག་བསྐྱེད་རྫོགས་པར་བསྒོམས་ནས་འཁོར་ལོ་སྒྲུབ་ཆོག་སྐོར་བཞག། རང་ཉིད་རྗེ་བླ་མར་གསལ་པའི་སྤྱི་བོར། ཞེས་སོགས་འཁོར་ལོའི་བྱ་བ་དངོས་ནས་འཇུག་པས་ཆོག་ལ། གང་ལྟར་ཡང་། ཚོགས་ཞིང་གི་ཐུགས་ཀའི་ཧཱུྃཿཡིག་ལས་འོད་ཟེར་འཕྲོས་པས་འཁོར་ལོའི་ཧཱུྃཿཡིག་ལ་ཕོག། དེ་ལས་འོད་ཟེར་ཕྱོགས་བཅུར་འཕྲོས་པས་ཁྲོ་བོ་རྣམས་ལ་ཕོག། དེ་རྣམས་ལས་འོད་ཟེར་འཕྲོས་པས་དམིགས་བཅས་མའི་ཡིག་འབྲུ་རྣམས་ལ་ཕོག། ཅེས་འདོན་པ་བསྒྱུར། ཐུན་པས་མར་སྨོན་ལམ་གྱི་མཇུག་ཏུ་ཤིས་བརྗོད་ཀྱང་བྱ། ཉིན་རྗེས་མ་རྣམས་ལ་འཁོར་ལོ་སྒྲུབ་སྐོར་མ་བྱས་ཀྱང་ཆོག་མོད་ཀྱང་། བྱས་ན་རང་ཕུན་སུམ་ཚོགས་ཤིང་། བགེགས་བསྐྲད་པ་མ་གཏོགས་གཞན་སྔར་བཞིན་བྱ། ཡང་འཁོར་ལོའི་སྒྲུབ་པ་ཙམ་བྱ་དུས་འཁོར་ལོའི་བྱ་བ་དངོས་རྣམས་བཞག་ནས་གཞན་སྔར་བཞིན་བྱ། སད་བསྲུང་པའི་ཚེ་གཞན་རྣམས་སྔར་དང་འདྲ་བ་ལ་འཁོར་ལོ་བསྐོར་བའི་དམིགས་པའི་སྐབས་སུ། བཙའ་ཐན་སད་སེར་ལ་སོགས་པའི་གནོད་པ་ཐམས་ཅད་ཞི་བར་བྱས། ཁྱད་པར་འོད་ཟེར་གྱིས་བར་སྣང་ཁེངས་པས་སད་བྱེད་ཀྱི་བ་མོ་རྣམས་ལ་ཕོག་པས་ཞུངས་པ་ཕྱུ་རུ་ཞུ་ནས་ཆར་དང་ཆུ་རིས་ཀྱིས་ནམ་མཁའ་ཁེངས་པར་གྱུར། པར་བསམ་ལ་འཁོར་ལོ་བསྐོར་བཞིན་དམིགས་བཅས་མ་བཟླ། ལས་གྲུབ་ནས་འཁོར་ལོ་མཆོད་གྲལ་དུ་བཞུགས་སུ་གསོལ། འདི་ལྟར་བྲིས་པ་ནི་ཆོང་འདུས་འོ་མ་ལྷ་བུའི་ཉེན་ཆེ་རུང་གནས་སྐབས་འཇུག་པ་བདེ་ཆེན་དུ་བགྱིས་པས་དཔྱད་དོ།། ༈ །།

༄༅། །སད་བསྣུན་བྱ་ཚུལ་བཞུགས་སོ།

༄། །སད་བསྣུན་བྱ་ཚུལ་ནི། བདག་བསྐྱེད་གཞུང་བཞིན་བྱ་ལ། དངོས་གཞི་དམིགས་པའི་སྐོར་འཇུག་པ་བདེ་ཆེད་དུ་འདོན་ཚིག་ཏུ་བྱ་ཚུལ་ནི། སྒྲིད་བུ་རྐང་པ་དང་པོ་སྒྲུན་རས་གཟིགས། གཉིས་པ་འཇམ་དབྱངས། གསུམ་པ་ཕྱག་རྡོར་གྱི་ངོ་བོར་གྱུར། པར་བསམ་དེའི་སྟེང་གི་ཟླངས་ནང་གི་ཆུ་འདི་ཉིད་རྒྱ་མཚོ་ཆེན་པོ་བཞིའི་བདག་ཉིད་ཅན་གྱི་ཆུ་བོར་གྱུར་པར་བསམ། དེའི་སྟེང་གི་བར་སྣང་ལ་སེང྄ྒེ་ཆེན་པོ་བརྒྱད་ཀྱིས་བཏེག་པའི་ཞིསཔ་ནས། ཉི་མའི་དཀྱིལ་འཁོར་གྱི་གདན་ལ་ཐུབ་དབང་རྡོ་རྗེ་འཆང་བློ་བཟང་གྲགས་པ་ཞིསཔ་ནས། བདག་ཉིད་ཅན་ལ་བླ་མ་ཡི་དམ་སངས་རྒྱས་བྱང་སེམས་དཔའ་བོ་མཁའ་འགྲོ་ཆོས་སྐྱོང་སྲུང་མའི་ཚོགས་ཐམས་ཅད་ཀྱིས་བསྐོར་ནས་བཞུགས་པར་གྱུར། པར་བསམ། དེ་ནས་དམིགས་བཙེ་མ་གང་ཕྱོགས་བཟླས་ནས། དེ་ལྟར་གསོལ་བ་བཏབ་པས་མདུན་གྱི་རྗེ་བླ་མ་གཙོ་འཁོར་རྣམས་ལས་རང་འདྲ་གཉིས་པ་མར་མེ་གཅིག་ལས་གཉིས་ཆད་ཀྱི་ཚུལ་དུ་གྱུར་པ་འོད་དུ་མེར་གྱིས་ཞུ་ནས་རྒྱ་མཚོ་ཆེན་པོ་དེ་དང་ངོ་བོ་དབྱེར་མེད་དུ་གྱུར། པར་བསམ། རང་ཉིད་རྗེ་བླ་མར་གསལ་བ་དང་མདུན་གྱི་རྗེ་བླ་མ་གཙོ་འཁོར་རྣམས་ཀྱི་ཐུགས་ཁ་ནས་འོད་ཟེར་གྱི་ཚོགས་འཕྲོ་ཞིང་འཁྲུག་པ་སྤྲིན་འདྲ་བ་དཔག་ཏུ་མེད་པ་སྤྲོས་པས་ཀླུའི་རྒྱལ་པོ་ཆེན་པོ་རྣམས་སྐད་ཅིག་གིས་བཀུགས་ཏེ་རྒྱ་མཚོ་ཆེན་པོ་བཞིའི་བདག་ཉིད་ཅན་གྱི་ཆུ་བོ་དེའི་ནང་དུ་གནས་པར་གྱུར། པར་བསམ། རང་གི་ཐུགས་ཀ་ནས་འོད་ཟེར་འཕྲོས། མདུན་གྱི་རྗེ་བླ་མ་གཙོ་འཁོར་རྣམས་ལ་ཕོག་དེ་རྣམས་ཀྱི་ཐུགས་ཀ་ནས་འོད་ཟེར་འཕྲོས་པས་ནམ་མཁའི་དབྱིངས་ཀུན་ཏུ་སྤྲིན་གྱི་ཕུང་པོ་ཆེན་པོ་བསྡུས་པ་དང་། དེ་རྣམས་ཀྱི་སྐུ་ལས་ཡེ་ཤེས་ཀྱི་མེ་རབ་ཏུ་འབར་བ་ཕྱོགས་བཅུར་འཕྲོས་པས་གཞི་ཐམས་ཅད་ལ་དྲོད་ཆེན་པོ་བསྐྱེད་དེ་རྒྱ་མཚོ་རང་དབང་མེད་པར་ཁོལ། དེའི་རླངས་པ་སྤྲིན་ལ་ཕོག་པས་འཇམ་བུ་གླིང་ཐམས་ཅད་སླུགས་པས་གང་བར་གྱུར། པར་བསམ་ལ། ཆུ་དེའི་རླངས་པ་མ་ཆད་པར་མི་འབུད་ཅིང་དེ་ལ་བསྐོར་བ་བྱེད་ཀྱིན་དམིགས་བཙེ་མ་བརྒྱ་རྩ་བཏོན་

ནས་ཆུ་ལ་ཕུ་འདེབས། ཡང་རང་ཉིད་རྡོ་རྗེ་བླ་མར་གསལ་བ་དང་མདུན་གྱི་རྡོ་རྗེ་བླ་མ་གཙོ་འཁོར་རྣམས་ཀྱི་ཐུགས་ཀ་ནས་འོད་ཟེར་གྱི་ཚོགས་འཕྲོ་ཞིང་འཐུག་པ་སྤྲིན་འདྲ་བ་དཔག་ཏུ་མེད་པ་འཕྲོས། ཀླུ་རྣམས་ལ་ཕོག་པས་ལུས་ཐམས་ཅད་བདེ་བས་ཁྱབ། ཀླུ་རྣམས་ཀྱི་ནད་དང་སྡིག་སྒྲིབ་ཐམས་ཅད་བསལ། བྱེ་ཚན་མཁའ་སྡིང་གི་གནོད་པ་ལ་སོགས་པ་སྡུག་བསྔལ་ཐམས་ཅད་དང་བྲལ། ཕན་པ་བྱང་ཆུབ་ཀྱི་སེམས་དང་ལྡན་པར་བྱས་ནས་ལུས་ལ་བདེ་དྲོད་ཆེན་པོ་སྐྱེས་པའི་སྟོབས་ཀྱིས་ཁ་དང་། མིག་དང་། རྣ་བ་དང་། སྣ་དང་། ལྟོ་བ་དང་། སྤྲུལ་མགོའི་གདེངས་ཀ་རྣམས་ལས་བྱུང་བའི་སྤྲིན་གྱི་ཕུང་པོས་ནམ་མཁའི་དབྱིངས་ཐམས་ཅད་ཁྱབ་པས་འཛམ་བུ་གླིང་ཐམས་ཅད་དྲོད་ཀྱིས་གང་། ཁྱགས་སད་ཀྱི་རིགས་འབྱུང་བའི་གོ་སྐབས་མེད་པར་གྱུར། པར་བསམ་ལ་མི་འབུད་ཅིང་བསྐོར་བ་བྱེད་ཀྱིན་དམིགས་བརྩེ་མ་བརྒྱ་རྩ་བརྗོད་ནས་ཆུ་ལ་ཕུ་འདེབས། ཡང་འོད་ཟེར་སྔར་ལྟར་འཕྲོས་ཏེ་སེམས་ཅན་ཐམས་ཅད་ཁྱབ་པར་ཁྱགས་སད་འབྱུང་ཡུལ་གྱི་སེམས་ཅན་རྣམས་ལ་ཕོག་པས་དེ་རྣམས་ཀྱི་ལས་ངན་སྡིག་སྒྲིབ་སྤྱི་དང་བྱེ་བྲག་ཏུ་ཁྱགས་སད་ཀྱི་འབྲས་བུ་སྨྱོང་འགྱུར་གྱི་ལས་ངན་རྣམས་སྦྱངས་ཏེ་དགའ་བདེ་ཕུན་སུམ་ཚོགས་པ་ལ་ལོངས་སྤྱོད་པའི་སྐལ་བ་དང་ལྡན་པར་གྱུར། པར་བསམ་ལ་སྔར་ལྟར་བྱ། ཡང་འོད་ཟེར་སྔར་ལྟར་འཕྲོས་ཏེ་རྩི་བཙུད་ལོ་ཐོག་སོགས་ལ་བར་དུ་གཅོད་པར་བྱེད་པའི་སེམས་ལྡན་སྤྱི་དང་ཁྱད་པར་སྤྲིན་འཐོར་བར་བྱེད་པའི་ཀླུང་ལྷ་རྣམས་ལ་ཕོག་པས་དེ་རྣམས་ཀྱི་བསམ་ངན་སྦྱོར་རྩུབ་ཐམས་ཅད་ཞི་བར་གྱུར་ཏེ་མཐུན་རྐྱེན་སྒྲུབ་པ་དང་། སེམས་མེད་ཀྱི་འགལ་རྐྱེན་རྣམས་ལ་ཕོག་པས་མུན་ཁུང་ལ་མར་མེ་དང་རྩྭ་སྤུར་ལ་མེ་དཔུང་འཕྲད་པ་བཞིན་གཏན་མེད་དུ་བྱས་པར་གྱུར་པར་བསམ་ལ་སྔར་བཞིན་བྱ། ཡང་འོད་ཟེར་སྔར་ལྟར་འཕྲོས་ལ། སད་ཀྱི་བདག་པོ་རྣམས་ཀྱི་ལུས་ལ་ཕོག་པས་དྲོད་ཀྱིས་ལུས་འཚུ་ལ་ཁད་ཙམ་དུ་གྱུར་ནས་སྐྲག་སྟེ། རྡོ་རྗེ་བླ་མ་གཙོ་འཁོར་ལ་སྐྱབས་སུ་སོང་བས་ལུས་སེམས་བདེ་བས་གང་ཞིང་བྱང་ཆུབ་ཀྱི་སེམ༹ས་དང་ལྡན་པར་གྱུར། པར་བསམ་ལ་སྔར་ལྟར་བྱ། ཡང་འོད་ཟེར་སྔར་ལྟར་འཕྲོས་པས་ལྷ་ཀླུ་སྡེ་བརྒྱད་ཀྱི་ཚོགས་མདུན་དུ་བཀུག་ནས་སྦྱིན་སོགས་དཀར་ཆོས་ཀྱི་ལས་བྱས་ན་འབྲས་བུ་བདེ་བ་འབྱུང་བ་དང་། སྡིག་གསུམ་ལོག་པར་སྤྱད་ན་དམྱལ་བ་མནར་མེད་པའི་ཁྲོ་ཆུ་ཁོལ་མས་བསྲེག་ཚུལ་སོགས་ལས་འབྲས་ཀྱི་རྣམ་བཞག་བསྟན་པས་ལྷ་ཀླུ་སྡེ་བརྒྱད་སྤྱི་དང་ཁྱད་པར་སད་ཀྱི་སྣ་འདྲེན་

དེས་རྗེ་བླ་མ་ལ་དད་གུས་དུང་དུང་བྱེད་ཅིང་བཀའ་བཞིན་སྒྲུབ་པར་གྱུར། པར་བསམ་ལ་སྣང་ལྷར་བྱ། ཡང་འོད་ཟེར་སྔར་ལྟར་འཕྲོས་པས་ལྷ་ཀླུ་སྡེ་བརྒྱད་སོགས་རྩི་བཙུད་ལོ་ཐོག་རྣམས་ལ་བར་དུ་གཅོད་པར་བྱེད་པའི་རིགས་ཐམས་ཅད་ཐུགས་རྗེ་དང་ནུས་མཐུས་སྐྱབས་ཅིང་འཛམ་བུའི་གླིང་ཐམས་ཅད་དུ་ཟས་ནོར་གྱི་ཆར་ཕབ་པས་སེམས་ཅན་ཐམས་ཅད་ཟས་ནོར་ལོངས་སྤྱོད་ཀྱི་དཔལ་ཕུན་སུམ་ཚོགས་པ་དང་ལྡན་པར་གྱུར། པར་བསམ་ལ་མི་འབུད་ཅིང་བསྐོར་འབྱེད་ཀྱིན་དམིགས་བརྩེ་མ་བརྒྱ་རྩ་བརྟོན་ནས་ཚུལ་ཕུ་འདེབས་པ་སོགས་སྔར་བཞིན་བྱའོ། །ཅལ་ཡ་མེ་མ་ཤ་ཀྲཱ་ཁ་ཤོག་ཧོལ་མུ་བཟད་ད་ཤ་མཐུ་ཤ་ཡ་འདི། ཆར་འབེབས་བྱེད་བ་ལ། དང་པོ་ཟིལ་གནོན་གྱི་དམིགས་པ་ནི། མཚོ་སོགས་སུ་འགྲོ་བའི་སྔ་ཉིན་ནས་མཚོ་སོགས་གང་ཡིན་པ་དེར་ཀླུའི་ཕོ་བྲང་ཡོད་དུ་འོང་བའི་ནང་དུ་ཀླུའི་ལངས་སྤྱོད་བསམ་གྱིས་མི་ཁྱབ་བ་དང་ཀླུ་རིགས་མང་པོ་འདུས་ནས་འཁོར་བར་བསམ། རང་ཉིད་རྗེ་བླ་མར་གསལ་བའི་ཐུགས་ཀ་ནས་འོད་ཟེར་ལྕགས་རིའི་རྣམ་པ་ཅན་འཕྲོས། མཚོ་སོགས་ཀྱི་ཀླུའི་ཕོ་བྲང་གི་མཐར་འོད་ཀྱི་ལྕགས་རིས་བསྐོར་བས་དེ་ན་གནས་པའི་ཀླུ་རྣམས་གཞན་དུ་འགྲོ་མ་ནུས་པར་བསམ་པ་ཡང་ཡང་བྱས་ལ། རྨི་ལམ་བརྟག་པ་བྱས་ནས་བརྟག་པ་ལེགས་ན་དར་འགྲོ་དེ་མིན་གཞན་དུ་སྤོས། འགྲོ་བའི་ཚེ་དམིགས་བརྩེ་མ་ཚིག་རྐང་དང་པོ་སྤྱན་རས་གཟིགས། གཉིས་པ་འཇམ་དབྱངས། གསུམ་པ་གསང་བདག བཞི་བ་རྗེ་བླ་མར་བསམ་ནས་འདོན་བཞིན་འགྲོ། ཀླུ་ལ་བཀའ་བསྒོའི་ཚེ་རྐང་དུང་ཆེར་གསུམ་འབུད། དེ་ནས། འོ་ཀླུའི་རྒྱལ་པོ་ཞེས་པ་ནས། ཉོན་ཅིག། ཡང་རྐང་དུང་གསུམ་འབུད། ཁྱེད་རྣམས་ལ་ཡ་པོ་གཟུང་དུ་སགས་བྱ། རིལ་བུ་མེ་ཏོག་སྣ་ཚོགས་ཡང་བསྲེས། ཆེ་ཆུང་ལུག་རིལ་ཙམ། དར་ལྷོག་སྔོན་པོ་ལ་དབུས་སུ་དམིགས་བརྩེ་མ་ཡོངས་རྫོགས། སྟེང་དུ་ཀླུ་དབང་རྒྱལ་པོའི་གཟུངས། གཡས་སུ་ཨ་ར་པ་ཙ། གཡོན་དུ་མ་ཎི་དང་བཛྲ་པཱ་ཎི། འོག་ཏུ་ཆར་འབེབས་སྔགས་རྣམས་གསེར་དངུལ་མཚལ་སོགས་ལ་ཀླུ་སྨན་དྲི་བཟང་སྦྱར་བས་དབུ་ཅན་གྱི། རིལ་བུ་སྒྲུབ་པའི་སྐབས་ཀྱི་དམིགས་བརྩེ་མའི་དམིགས་པ་ནི། སྐྱབས་གནས་ཀུན་འདུས་བློ་བཟང་གྲགས་པ་ཡི། །གདུང་ཤུགས་དྲག་པོས་ཐུགས་རྗེའི་རྒྱུད་བསྐུལ་ནས། །ཞེས་པ་ནས། ཆུ་ལ་ཆུ་བཞག་བཞིན་དུ་རོ་གཅིག་གྱུར། །རིལ་བུ་རྗེ་བླ་མར་གསལ་པའི་ཐུགས་ཀ་ནས་འོད་ཟེར་འཕྲོས་ཕྱོགས་བཅུའི་སངས་རྒྱས་བྱང་སེམས་ཉན་རང་བསྲུང་མ་རྣམས་ཀྱི་ཐུགས་ཀར་ཕོག དེ་རྣམས་ཀྱི་བྱིན་རླབས་དང་ནུས་མཐུ་ཐམས་ཅད་འོད་ཟེར་གྱི་རྣམ་པར་སྤྱན་དྲངས། རིལ་བུ་རྗེ་བླ་མར་གསལ་བ་ལ་ཐིམ་པར་གྱུར། དམིགས་བརྩེ་མ་བཟླས་རྗེས་སླར་ཡང་། རྗེ་བཙུན་བླ་མ་བློ་བཟང་གྲགས་པའི་དཔལ། མོས་གུས་གདུང་བའི་ཡིད་ཀྱིས་

གསོལ་འདེབས་ན། །ཁྱེད་ཀྱི་ཐུགས་རྗེའི་མཐུ་དཔུང་རབ་བསྐྱེད་ལ། །འདོད་པའི་དངོས་
གྲུབ་སྐྱོལ་པར་མཛད་དུ་གསོལ། །ཞེས་གསོལ་བ་བཏབ་པས་རིལ་བུ་རྗེ་བླ་མར་གསལ་བ་འོད་
དུ་ཞུ་ནས་རིལ་བུའི་རྣམ་པར་གྱུར། རིལ་བུའི་བུམ་པ་ཆུ་ནང་དུ་ཕྱེད་ནུབ་ཚོད་དུ་བཞག མཇུག་ཏུ
རིལ་བུ་ཆུ་ནང་དུ་བླུག་རྗེས་ཟླ་ལ་ཆོས་བཤད་དང་དེའི་ཐིག་བཤགས་གཟུངས་འདོན། ༈རླུང་གནོན་ནི་ཤོག
བུ་ལ་རླུང་ལྷ་སྡེ་སྐྱེ་ཤ་བ་ལ་ཞོན་པ། ལག་ན་བ་དན་ཐོགས་པ་གཉིད་བྲོ་བ་བདུན་བསྐྱལ་བ་ཞིག་བྲི། དེའི་སྙིང་
ཁར་ཡི་གེ་ཡཾ་བྲི། མཐའ་བསྐོར་དུ་རླུང་ལྷ་ཁྱུག་ནན་ཞེས་བས་བསྐོར་བའི་གཟུངས་མཐར། ཨོཾ་ཨ་ཧི་ཨེ་ཧཾ་
ཧྲ་ཡུ་སྨཾ་ཧྲ་ནན། ཞེས་རླུང་གནོན་གྱི་ཐུགས་ཀྱིས་བསྐོར་བའི་བཤམ་དུ་གནོད་སྦྱིན་ལག་པ་སྤྱན་པོ་ཅན་
ཁྱུག་ནན་ཞེས་པས་བསྐོར་བ་བྲི། དོང་གྲུ་གསུམ་པ་གཅིག་བྲུས་ལ་ནང་དུ་གན་རྒྱལ་དུ་བཞག་ལ་གསལ་གདང་
པ་ནི། རང་ཉིད་རྗེ་བླ་མར་གསལ་བ་སྐད་ཅིག་གིས་རྡོ་རྗེ་འཇིགས་བྱེད་དུ་གྱུར། ཨོཾ་སྭ་བྷཱ་ཤས
སྦྱངས། སྟོང་པའི་ངང་ལས་མདུན་དུ་ཡཾ་ལས་རླུང་ལྷ་སྡེ་སྐྱེ་ཤ་བ་ལ་ཞོན་པ་ལག་ན་བ་དན་
ཐོགས་པའི་སྙིང་ཁར་ཡཾ་གྱིས་མཚན་པར་གྱུར། རང་ཉིད་ཡི་དམ་དུ་གསལ་བའི་ཐུགས་ཀའི་
འོད་ཟེར་གྱིས་རླུང་ལྷ་མཆེད་བདུན་འཁོར་དང་བཅས་པ་བཀུག་པར་གྱུར། ཛཿ ཧཱུྃ་བཾ་
ཧོཿ མདུན་གྱི་གཟུགས་དང་དབྱེར་མེད་དུ་གྱུར། དེའི་རྩ་བར་གཏོར་ཚུང་ཞིག་བཤམས་ལ། ཨོཾ་
བཛྲ་ཨ་མྲི་ཏ་ཧ་ནས་བསངས། སྭ་བྷཱ་ཤས་སྦྱངས། སྟོང་པའི་ངང་ལས་ཨོཾ་ཨཱཿ ཧཱུྃ་ཞུ་བ་ལས་བྱུང་བའི་
བདུད་རྩིའི་རྒྱ་མཚོ་ཆེན་པོར་གྱུར། ཨོཾ་ཨཱཿ ཧཱུྃ། ལན་གསུམ། ཨ་ཀ་རོ་ལན་གསུམ་གྱི་བསྔོས་ལ།
རླུང་ལྷ་མཆེད་བདུན་འཁོར་དང་བཅས་པ་ཁྱེད་རྣམས་ཀྱིས་དམ་རྫས་ཀྱི་གཏོར་མ་འདི་བཞེས་
ལ་བདག་གི་འཕྲིན་ལས་སྒྲུབས་ཤིག །འཛམ་བུའི་གླིང་གི་རླུང་གནོན་ཅིག །སྟོན་ཕྲུག་ན་
རྡོ་རྗེའི་སྤྱན་སྔར་ཁས་བླངས་དམ་བཅས་པ་ལས་མ་འདའ་ཞིག །གལ་ཏེ་འདས་ན་ལུས་ངག་
ཡིད་གསུམ་རྡུལ་དུ་རློག་པར་འགྱུར་རོ། །ཞེས་དམ་བསྒྲགས་འཇིག་རྟེན་ཁམས་ཀྱི་རླུང་ཐམས་ཅད་
དེར་འདུས་པར་བསམ། ཨོཾ་ཨ་ཧི་ཨེ་ཧཾ་ཧྲ་ཡུ་སྨཾ་ཧྲ་ནན། ཞེས་བརྒྱ་རྩ་བརྒྱད་བཟླས། རྫ་གསར་པ
ལོངས་མ་སྤྱད་པ་ལ་རི་རབ་བྲིས་ནས་བསྐྱེད་པ་ཁ་སྦུབ་ལ་རླུང་མི་འཚོར་བར་བྱས་ཏེ་གནོན། སྟེང་ནས་རྡོ་རྗེ་
རྒྱ་གྲམ་བྲིས་པའི་རྡོ་ལེབ་ཀྱིས་མནན། དེའི་སྟེང་དུ་ས་ཚྭའམ་མཆོད་རྟེན་རབ་གནས་ཅན་གྱིས་མནན། རྡོ་རྗེ་
རྒྱ་གྲམ་གྱི་ལྟེ་བ་ལ་རླུང་གནོན་གྱིས་ཐུགས་བྲིས། འདི་རླུང་ལྷའི་རྒྱུད་ནས་གསུངས་པས་རླུང་གི་ལས་གྲུབ།
༄ ༈ཆར་མནན་པ་ནི། ངག་ཟན་ལ་ཀླུ་སྨན་བསེས་པ་རིལ་བུར་བྱས་པའི་ནང་དུ་ཐུགས་འདི་བྲིས་ལ་གཞུག།
ཨེ་ཧྲི་ཧི་ཆར་ཕོབ། ནཱ་གས་རས་ཆར་ཕོབ། ནཱ་ག་སི་རི་སི་རི་ཆར་ཕོབ། ནཱ་ག་སུ་རུ་སུ་རུ་ཆར་

ཐོབ། ནཱ་ག་སེ་རེ་སེ་རེ་ཆར་ཐོབ། ཅེས་རིལ་བུ་གཏོར་མ་དང་བཅས་པ་ཡུལ་གྱི་ཆུ་མིག་ཀུན་ཏུ་བཀྲམ་མོ། །༈ སྤྲིན་སྡུད་པའི་སྔགས་ནི། ཨོཾ་ནཱ་ག་ཨུ་ཏྲི་ལི་ཨུ་ཏྲི་ལི་ཡཾ་སྭཱ་ཧཱ། ཤིན་ཏུ་ཟབ་བོ། །ནཱ་ག་སུ་རུ་ཧོག །ཅེས་བཟླས་ཤིང་ཆུ་འཕྲུར་རོ། ༈ རླུང་གཏོན་ལ། ཨོཾ་ས་ཡུ་ར་སི་ཧྲི་ར་ཤ་ཡ་ཧཱུྃ། ཞག་གཉིས་ནམ་ཕེབས་ན་སྐྱོགས་པའི་ཚིག་ནི། ཨོཾ་ནཱ་ག་ར་ད་མམ་ན་ཏ་འགྱུ་ལིང་། ཞེས་བཟླས་སོ། །༈ རླུང་གིས་བར་བཅད་ན་རང་གི་སྐུས་འོག་ཏུ་དོང་བྲུས་པ་དེའི་ནང་དུ་རྫ་གསར་པའི་ནང་དུ་བག་ཟན་ལ་རླུང་ལྷ་ཤ་བ་ལ་ཞོན་པ་ལག་ན་བ་དན་སེར་པོ་ཐོགས་པ་ཞིག་བྱས་ལ་བཞག་གོ། ནུབ་བྱང་མཚམས་སུ་དེ་འདྲ་ཅིག་བཀུག་ནས་གཉིས་མེད་དུ་བསྡིམ། དེ་ནས་རླུང་གཏོན་པའི་སྔགས་སྐབས་སུ་བཟླས་སོ། །ངེས་པར་འབེབས་པར་འགྱུར་རོ། །༈ ཡང་རླུང་གཏོན་ཐབས་ལ། རང་བཙོམ་ལྡན་འདས་རི་རབ་ཀྱི་ཁ་ལ་བཞུགས་པར་བསྒོམ། ཨོཾ་ཏྲི་ཏྲི་ཏྲི་ལ་ནན། ཆར་ཡ་ཆུར་ཡ་ནན། བ་ཡུ་སྟོཾ་ཧྲ་ནན། རྫ་སའི་བུམ་པ་གཅིག་བྱས་ལ་དེ་ལག་ཏུ་ཐུགས་ལ། བུམ་པ་རི་རབ་ཏུ་བསམ་ལ་རླུང་བུམ་པའི་ནང་དུ་ཚུད་པར་བསམ། ཆར་འོང་བའི་རྟགས་ནི་ས་འབྲུག་འོང་། ཆུ་མིག་ཆེར་འགྲོ། སྤྲུལ་པ་ཅིག་ཆུ་མིག་ནང་ནས་འོང་། བྱང་ཤར་མཚམས་ནས་སྤྲིན་དམར་པོར་ལྷགས་ཙམ་ཅིག་ལངས་འོང་། །༈ སྤྲིན་སྡུད་ན་ཡང་རང་ལྷག་པའི་བསམ་པས་ལྷར་བསྐྱེད་ལག་གི་རྡོ་རྗེ་ལས་འོད་ཟེར་འཕྲོས་ཏེ། མཁའ་ལ་རྡོ་རྗེའི་སྤྲིན་ཆགས། སྤྲིན་དུམ་བུ་ཀླུ་མགོ་ལྟར་དང་། མགོ་བདུན་པ་དང་། རིགས་ལྔའི་ཁ་དོག་དང་འཚམས་པ་དཔག་ཏུ་མེད་པ་བསམ། ཨོཾ་བཛྲ་དུན་ཏྲི་མི་ལི་ལ་སྭཱ་ཧཱ། ཞེས་བརྗོད། སྤྲིན་འདུ་ཞིང་ཆར་འབབ་པར་མི་འདོད་ན་བགེགས་ཡིན་པས། ཨོཾ་སུ་ཏ་སུ་ཏ་མནྟ་ཀོ་ཧྣ་ཧཱུྃ། པི་ཏྲི་པི་ཏྲི་པེ་ཏ་ཡ་ཧཱུྃ་ཕཊ་སྭཱ་ཧཱ། བ་ཏ་ཡ་བ་ཏ་ཡ། ཧྣ་རི་ཤ་ཡ་ཧྣ་རི་ཤ་ཡ་ཕཊ་སྭཱ་ཧཱ། ཧྣ་རི་ཤ་ཡ་སྟོཾ་ཧྣ་ཡ་ཨུ་ཙ་ཏ་ཡ་ཕཊ། ཅེས་ཟབ་བོ། །དེ་ཡིས་འབེབས་པར་ཐེ་ཚོམ་མེད་དོ། །ཀླུ་ལ་མནའ་བསྐྱག་པའི་ཐབས་ནི། ཆུ་མིག་ནས་ཆུ་སྲོག་ཆགས་དང་བཅས་པ་ཐོར་པ་གང་བླངས་ལ། ཨོཾ་ཙ་ཏ་ཙ་ཏ། ཙི་ཏ་ཙི་ཏ་ནཱ་ག་ར་ཛ་ས་མ་ཡ་ཧཱུྃ་ཕཊ། ཅེས་མང་དུ་བཟླས་ལ་ཆུ་མིག་གམ་དེ་རང་དུ་བླུག་ལ་གླུས་ཆར་མི་འབེབ་ན་བདག་གི་མགོ་འགས་ནས་མནའ་བསྐྱལ་བར་བསམ། ༄ ༈ ཆར་གཅོད་པར་འདོད་པས། རྒྱ་ཡི་ཆུ་གཅོད་ཆེན་མོ་ཞེས་བྱ་བ་མེ་སྐང་ལོ་པ་ཞིག་གིས་ར་སློག་ཕྱིར་བསྒྱུར་ལ་གྱོན། སོག་མའི་ཕྱུག་སྐོན་གྱིས་གོམ་པ་བགྲང་བའི་བར། ཕར་ཤུད་ཚུར་ཤུད་བྱས་ལ་ཕྱིར་བསྒྱུར། ཡང་ཆར་གཅོད་ན་དོ་ནུབ་ནས་རྟེན་འབྲེལ་འདི་བྱའོ། །ཡང་ལུགས་གཅིག་ལ་གླ་རྩི་དང་སྦྲུལ་ཤ་གཉིས་ཀྱི་དུང་པ་བཏང་བས་ཆད། གལ་ཏེ་མ་ཆད་ན། ཨོཾ་ཙ་ཀྲ་ཐད་ཐད་དུ་མ་དུ་མ་ཆིལ་ཆིལ་ཧཱུྃ་ཧཱུྃ་ཕཊ་ཕཊ་སྭཱ་ཧཱ། ཞེས་གང་མང་བཟླས་ལ་རྩྭ་དང་ཕྱེ་བསྲེས་ལ་རང་གི་ཁ་ལ་འགམས་ཏེ་ཆར་གང་བྱུང་གི་ཕྱོགས་སུ་ཕུ་བཏང་བའོ། །རྟེན་འབྲེལ་སྔ་མ་གཉིས་སྟོན་དུ་བཏང་ནས་ཕྱི་མ་འདི་བྱས་ན་ནུས་པ་ཤིན་ཏུ་ཆེ་བས་མན་ངག་སྔ་ཕྱི་གཉིས་བསྒྲིལ་ནས་བྱ་དགོས

སོ། །ཚྭ་དང་ཕྱེ་བསྲེས་པའི་མར་སྒྲོན་ནས་དུད་པ་རྒྱུན་མི་ཆད་གཏོང་ངོ་། །ཆར་གཅོད།ཕྲིཿ ༎༔ ཀྱཻ་ལྷ་ཆེན་དགེ་བསྙེན་ཐུགས་མ་ཡེངས། །བསྙེན་པའི་དུས་ན་སྙིང་མ་རིང་། །རྣལ་འབྱོར་བདག་གི་ཡིད་མ་བཅད། །མི་ངོ་ལྷ་ངོ་འཕྲོད་བཞིན་དུ། །བཏང་རག་གཡེལ་ན་རྣལ་འབྱོར་ཞན། །བསྙེན་མཐུ་ཆུང་ན་ལྷ་ཆེན་མིན། །བདག་གི་བཅོལ་ལས་མྱུར་སྒྲུབ་མཛོད། །
༔ ཅེས་ཆར་འབེབས་ལེ་ཚན་དང་བཅས་པ་འདི་ཡང་རང་གཞན་ལ་ཕན་ཕྱིར་དད་པ་མཁན་པོས་བྲིས། །

༄༅། །དགའ་ལྡན་ལྷ་བརྒྱ་མའི་བླ་བརྒྱུད་གསོལ་འདེབས་དང་བསྡུས་དོན་བཞུགས་སོ།

༄༅། །རྗེ་བཙུན་འཇམ་དབྱངས་རྒྱལ་བ་ཙོང་ཁ་པ། །ཤེས་རབ་སེང་གེ་འདུལ་འཛིན་དཔལ་ལྡན་བཟང་། །འཇམ་དབྱངས་དགེ་འདུན་འཕེལ་དང་བཀྲ་ཤིས་འཕགས། །གསོལ་བ་འདེབས་སོ་བདག་རྒྱུད་བྱིན་གྱིས་རློབས། །རྒྱུད་ཆེན་བསམ་འགྲུབ་རྒྱ་མཚོ་བརྩོན་འགྲུས་འཕགས། །རྡོ་རྗེ་བཟང་དང་སངས་རྒྱས་རྒྱ་མཚོའི་ཞབས། །དཀོན་མཆོག་རྒྱ་མཚོ་དཀོན་མཆོག་ཡར་འཕེལ་ལ། །གསོལ་བ་འདེབས་སོ་བདག་རྒྱུད་བྱིན་གྱིས་རློབས། །ཆོས་འདིའི་བཀའ་དང་ངག་དབང་བློ་གྲོས་ཞབས། །སྐལ་རྒྱུད་མཛོད་འཛིན་དངོས་གྲུབ་རྒྱ་མཚོ་དང་། །ཟུང་འཇུག་སྐུ་བརྙེས་དོན་ཡོད་མཁས་གྲུབ་ལ། །གསོལ་བ་འདེབས་སོ་བདག་རྒྱུད་བྱིན་གྱིས་རློབས། །རྒྱལ་བ་ཀུན་གྱི་ཐུགས་རྗེ་གཅིག་བསྡུས་པ། །བཀའ་དྲིན་མཉམ་མེད་ངག་དབང་བྱམས་པའི་དཔལ། །ལམ་འདི་གསལ་མཛད་དྲིན་ཅན་བླ་མ་ལ། །གསོལ་བ་འདེབས་སོ་བདག་རྒྱུད་བྱིན་གྱིས་རློབས། །དངོས་གྲུབ་འབྱུང་གནས་རྩ་བརྒྱུད་བླ་མ་ལ། །རྩེ་གཅིག་མོས་པས་གསོལ་བ་བཏབ་པའི་མཐུས། །བླ་མ་ལྷ་ཡི་མཁྱེན་བརྩེའི་འོད་ཟེར་གྱིས། །མི་ཤེས་རྨོངས་པའི་མུན་པ་སངས་གྱུར་ཅིག །ཟབ་དང་རྒྱ་ཆེའི་གསུང་རབ་ཚོགས་རྣམས་ལ། །གཞན་དྲིང་མི་འཇོག་ངེས་པ་རྙེད་པ་དང་། །དེ་དོན་རྩེ་གཅིག་སྒྲུབ་པ་མཐར་ཕྱིན་ཏེ། །བླ་མ་ལྷ་ཡི་གོ་འཕང་མྱུར་ཐོབ་ཤོག །དགའ་ལྡན་ལྷ་བརྒྱ་མའི་བླ་བརྒྱུད་གསོལ་འདེབས་འདི་ཡང་ཆོས་ཚུལ་འདི་ལ་མོས་པ་མང་པོར་ཕན་པར་བསམས་ནས་དགེ་སློང་ཡེ་ཤེས་རྒྱལ་མཚན་གྱིས་བཀྲ་ཤིས་བསམ་གཏན་གླིང་དུ་སྦྱར་བའོ། ། ༈།།

༄༅། །བྱིན་རླབས་ཀྱི་གཏེར་ཆེན་པོ་དགའ་ལྡན་ལྷ་བརྒྱ་མར་གྲགས་པའི་བླ་མའི་རྣལ་འབྱོར་གྱི་བསྡུས་དོན་བློ་གསལ་མིག་འབྱེད་ཅེས་བྱ་བ་བཞུགས་སོ།

༄། །བླ་མ་རྣམས་ལ་ཕྱག་འཚལ་ལོ། །འཇམ་དབྱངས་བླ་མའི་རྣལ་འབྱོར་གྱི། །མན་ངག་སྙིང་པོའི་བསྡུས་དོན་ནི། །རང་གཞན་དོན་དུ་བྲི་བར་བྱ། །འདི་ལ་ཐུན་དངོས་ཐུན་མཚམས་གཉིས། དང་པོ་ཐུན་གྱི་ངོ་བོ་ལ། སྔོན་འགྲོ་དངོས་གཞི་རྗེས་གསུམ་མོ། །དང་པོ་སྔོན་འགྲོའི་རིམ་པ་ནི། །རབ་དཀར་དགེ་སེམས་ངང་ཉིད་ནས། །སྐྱབས་འགྲོ་སེམས་བསྐྱེད་ཚད་མེད་བཞི། །ཁྱད་པར་སེམས་བསྐྱེད་རྣམས་བསྒོམ་མོ། །གཉིས་པ་རྣལ་འབྱོར་དངོས་གཞི་ལ། །དགའ་ལྡན་གནས་ནས་སྤྱན་འདྲེན་དང་། །ཡན་ལག་བདུན་པ་འབུལ་བ་དང་། །གསོལ་གདབ་བྱིན་རླབས་ཞུ་བའོ། །གསོལ་གདབ་བྱིན་རླབས་ཞུ་བ་ལ། །མཛོད་པ་རྣམ་ཐར་དྲན་བཞིན་དུ། །ཡིད་ཆེས་གུས་པས་གསོལ་འདེབས་དང་། །ཕྱི་ནང་གསང་བའི་ཡོན་ཏན་རྣམས། །དྲན་ཅིང་ཐུགས་རྒྱུད་སྐུལ་བྱེད་པའི། །གསོལ་འདེབས་སྙིང་པོར་འབད་པ་དང་། །འབད་ནས་བྱིན་རླབས་ཞུ་བའོ། །བྱིན་རླབས་ཞུ་བར་བྱེད་པ་ལ། །མ་དག་འཁྲུང་དང་མི་ཤེས་བསལ། །སྐུ་ཡིས་ཆེ་ཞིང་གསུང་གིས་གསལ། །ས་བོན་སྦྱར་བ་ཕྱག་མཚན་ཟབ། །གླེགས་བམ་རལ་གྲི་གླེགས་རལ་གྱིས། །འཆད་དང་རྩོད་དང་རྩོམ་པའོ། །ཕྱི་ནང་གསང་བའི་སྒྲུབ་ཚུལ་དང་། །རིགས་གསུམ་མགོན་པོའི་སྐུའི་བཀོད་པ། །ཇི་ལྟར་བསྒོམ་པའི་ཚུལ་དག་དང་། །ཞི་རྒྱས་དབང་དྲག་ལ་སོགས་པའི། །རབ་འབྱམས་ལས་ཚོགས་སྒྲུབ་ཚུལ་རྣམས། །རྒྱུད་དོན་མན་ངག་ཏུ་ཤར་བའི། །བཤེས་གཉེན་དམ་པའི་ཞལ་ལས་ཤེས། །མཇུག་ཏུ་ཇི་ལྟར་བྱ་བ་ནི། །བཤེས་གཉེན་དམ་པ་བསྟེན་པ་སོགས། །ཚ་ཚང་ལམ་གྱི་གནད་རྣམས་ལ། །སྨོན་ལམ་བཏབ་ནས་བླ་མ་མཆོག །གཉིས་

སྤངས་དབུས་སུ་སྤྱན་དྲངས་ཏེ། །བླ་མ་ཡི་དམ་རང་སེམས་གསུམ། །དབྱེར་མེད་རྣལ་འབྱོར་མཆོག་ལ་འབད། །ཐུན་མཚམས་ཇི་ལྟར་བྱ་བ་ནི། །སྨོན་པ་གསུམ་གྱི་བཅས་མཚམས་རྣམས། །དྲན་ཤེས་བརྒྱ་ལས་མ་འདའ་བ། །གཞིར་གཟུང་ཐུན་མཚམས་བྱ་བ་རྣམས། །བྱང་ཆུབ་ལམ་རིམ་ལྟར་བྱེད་ཅིང་། ཐུན་མོང་མིན་པའི་གནད་རྣམས་ནི། །བླ་མ་དམ་པའི་ཞལ་ལས་ཤེས། །ཚུལ་འདིར་འབད་པ་ལས་བྱུང་བའི། །དགེ་བ་ཇི་སྙེད་ཐོབ་པ་དེས། །འཇམ་མགོན་སྟོན་རྒྱུད་བསྟན་པ་འདི། །ནམ་ཡང་མི་ནུབ་འཕེལ་གྱུར་ཅིག །ཅེས་བྱིན་རླབས་ཀྱི་གཏེར་ཆེན་པོ་དགའ་ལྡན་ལྷ་བརྒྱ་མར་གྲགས་པའི་བླ་མའི་རྣལ་འབྱོར་གྱི་བསྡུས་དོན་བློ་གྲོས་མིག་འབྱེད་ཅེས་བྱ་བ་འདི་ནི། ཆོས་གྲྭ་ཆེན་པོ་བཀྲ་ཤིས་ལྷུན་པོར་སྡེ་སྣོད་འཛིན་པའི་བཤེས་གཉེན་བརྒྱ་ཕྲག་མང་པོ་ལ་འདིའི་ཁྲིད་རྒྱས་པར་བྱས་སྐབས་རང་གཞན་ལ་ཕན་པའི་བསམ་པས་དགེ་སློང་ཡེ་ཤེས་རྒྱལ་མཚན་གྱིས་སྦྱར་བའོ། །འདིས་ཀྱང་ཐུབ་པའི་བསྟན་པ་རིན་པོ་ཆེ་མི་ནུབ་པའི་རྒྱལ་མཚན་དུ་གྱུར་ཅིག །

༄༅། །གསུང་མགུར་ཤར་གངས་རི་མ་བཞུགས་སོ།

༄། །ན་མོ་གུ་རུ། ཤར་གངས་རི་དཀར་པོའི་རྩེ་མོ་ན། །སྤྲིན་དཀར་པོ་གནམ་ལ་བརྩེགས་འདྲ་བ། །དེ་མཐོང་བའི་མོད་ལ་བླ་མ་དྲན། །དྲིན་བསམས་ཤིང་བསམས་ཤིང་དད་པ་སྐྱེས། །སྤྲིན་དཀར་པོ་ལྡིང་བའི་ཤར་ཕྱོགས་ན། །འབྲོག་དགེ་ལྡན་རྣམ་པར་རྒྱལ་བ་དེར། །མཚན་བརྗོད་པར་དཀའ་བའི་དྲིན་པོ་ཆེ། །ཕ་བློ་བཟང་གྲགས་པ་ཡབ་སྲས་བཞུགས། །ལམ་རིམ་པ་གཉིས་ཀྱི་རྣལ་འབྱོར་སོགས། །ཆོས་ཟབ་ལ་ཤིན་ཏུ་རྒྱས་པར་གསུངས། །བོད་ཁ་བ་ཅན་གྱི་སྐལ་ལྡན་ལ། །མགོན་ཁྱོད་ཀྱི་བཀའ་དྲིན་བསམ་མི་ཁྱབ། །སྔགས་སྔོམས་ལས་འཛིན་པའི་དགེ་འདུན་གྲུབ། །བློ་ཅུང་ཟད་ཆོས་ལ་ཕྱོགས་པ་འདི། །རྗེ་ཡབ་སྲས་རྣམས་ཀྱི་བཀའ་དྲིན་ཡིན། །དྲིན་ཆེ་བར་ངེས་སོ་ཡབ་སྲས་རྣམས། །དུས་འདི་ནས་བྱང་ཆུབ་སྙིང་པོའི་བར། །རྗེ་ཡབ་སྲས་ཁྱེད་རྣམས་མ་གཏོགས་པར། །སྐྱབས་རེ་ས་གཞན་དུ་མི་འཚོལ་བས། །ཐུགས་བརྩེ་བའི་ལྕགས་ཀྱུས་དྲང་དུ་གསོལ། །དྲིན་ཇི་བཞིན་འཁུར་བར་མ་ནུས་ཀྱང་། །སེམས་ཆགས་སྣང་དབང་དུ་མ་སོང་བར། །མགོན་ཁྱེད་ཀྱི་བསྟན་པ་འཛིན་པ་ལ། །དུས་ནམ་ཡང་བརྩོན་པར་བགྱིད་པར་སྨོན། །ལར་དེ་ལྟ་གངས་རིའི་ཁྲོད་འདི་ན། །རང་བསྟན་པ་འཛིན་པར་ཁས་ལེན་ཞིང་། །གཞན་བསྟན་འཛིན་དགྲ་བོའི་དྭངས་མར་འཛིན། །ཚུལ་འདི་ལ་སྐྱོ་བ་གཏིང་ནས་སྐྱེས། །གཞན་འཕུང་བར་འདོད་པའི་ཀུན་སློང་དང་། །རྒྱུད་མཚན་འཛིན་དམ་པོས་བཅིངས་ལགས་ཀྱང་། །ལམ་མཐོན་པོར་གནས་པའི་ཁས་ལེན་བྱེད། །འདི་བརྟགས་ན་ཀུན་གྱིས་ཁྲེལ་བའི་རྒྱུ། །ལམ་གོལ་སར་རྒས་པའི་སྡུག་ཡུས་ཀྱིས། །ཆོས་ཚུལ་བཞིན་བྱེད་པའི་གང་ཟག་ལ། །རྒྱུད་ཁོང་ནས་འཁྲུགས་པའི་གདུག་སེམས་ཅན། །གདོན་ཐུགས་ལ་བཞུགས་པ་མ་ལགས་སམ། །དགྲ་ཉོན་མོངས་འདུལ་ཐབས་མི་བྱེད་པར། །བཤགས་འགྱེད་པ་ཙམ་གྱི་བཤད་ཉན་ཡང་། །འདྲེ་

ཤར་ སྣོའི་ ཕྱོགས་ སུ་ གནས་ པ་ ལ། །སླུད་ ཞུབ་ སྣོར་ གཏོང་ བ་ དོན་ རེ་ ཆུང་། །དོན་ དེ་ ལྟར་ གོ་ བའི་ བཤེས་ གཉེན་ དང་། །ཕྱིར་ ལུས་ ཅན་ ཀུན་ ལ་ བཀའ་ དྲིན་ བསམ། །སྨོས་ ཆོས་ མཛད་ ཡོངས་ ལ་ དག་ སྣང་ སྦྱོང་། །དགྲ་ ནང་ ན་ འདུག་ པའི་ ཉོན་ མོངས་ འདུལ། །མི་ ཁོ་ བོའི་ རྗེས་ མཇུག་ གྲོགས་ པོ་ རྣམས། །ཡིད་ ཕྱོགས་ སུ་ ལྷུང་ བས་ མ་ འཆིང་ བར། །བློ་ གཟུ་ བོར་ གནས་ པའི་ རྟོག་ དཔྱོད་ ཀྱིས། །ལམ་ དྲང་ པོར་ ཞུགས་ པ་ ཅིས་ ཀྱང་ ལེགས། །གཏམ་ འདི་ ལ་ བརྟེན་ ནས་ འགྲོ་ བ་ རྣམས། །བྱམས་ སྙིང་ རྗེས་ དྲངས་ པའི་ སེམས་ བསྐྱེད་ དང་། །དབྱིངས་ སྤྲོས་ བྲལ་ རྟོགས་ པའི་ ལྟ་ བ་ ཡིས། །དཔལ་ བླ་ མེད་ བྱང་ ཆུབ་ མྱུར་ ཐོབ་ ཤོག །སྐུ་ ལ་ མཚན་ དཔེའི་ དཔལ་ འབར་ ཞིང་། །གསུང་ དབྱངས་ ཡན་ ལག་ དྲུག་ ཅུས་ བརྒྱན། །ཐུགས་ ནི་ ཟབ་ ཡངས་ མཁྱེན་ བརྩེའི་ གཏེར། །དཔལ་ ལྡན་ བླ་ མའི་ བཀྲ་ ཤིས་ ཤོག །ཅེས་པ་འདི་ནི་ཐམས་ཅད་མཁྱེན་པ་ཆེན་པོ་དགེ་འདུན་གྲུབ་པ་དཔལ་བཟང་པོས་གདུང་དབྱངས་སུ་མཛད་པའོ།། །།བཀྲ་ཤིས།། །།

༄༅། །ཐམས་ཅད་མཁྱེན་པར་བསྐུལ་བའི་ཉམས་མགུར།

༄༅། །ཀྭ་ཡེ་གསོན་དང་ཤེས་ལྡན་གྲོགས་པོ་དག །ཁ་ན་མ་ཐོའི་དབང་གིས་འཁོར་བའི་གནས། །ག་དུ་གནས་ཀྱང་བདེ་བའི་སྐབས་མེད་པས། །ང་ནི་འཆི་མེད་བདུད་རྩིའི་དོན་དུ་གཉེར། །ཅ་ཅོའི་ཚིག་ངན་ཅི་ཡང་མི་སྨྲ་ཞིང་། །ཆ་ལུགས་དམན་ཡང་དགེ་ལ་སྒོམ་པའི་མཐུས། །ཇ་ལ་སྲེད་པའི་ལྷུགས་ཀྱིས་མ་ཟིན་པར། །ཉ་ཆེན་བཞིན་དུ་ཆོས་དབྱིངས་རྒྱ་མཚོར་འཇུག །ཏ་ལའི་ལྡོན་པ་རབ་ཏུ་རྒྱས་གྱུར་ཀྱང་། །ཐ་མར་ཉམས་ཤིང་བསྐམ་པར་ངེས་པ་ལྟར། །ད་ལྟ་འབྱོར་ཡང་དགེ་ལ་མ་འབད་ན། །ན་ཚོད་འཛོམས་པའི་འཆི་བདག་ངེས་པར་ཡོང་། །པ་ཕ་སངས་ལྟར་དཀར་བའི་བརྩེ་སེམས་ཅན། །ཕ་མ་འདི་ཀུན་འཁོར་བར་འཁྱམས་པ་ལ། །བ་སྤུ་གཡོ་འགྱུལ་མེད་པར་མི་ནུང་བས། །མ་ལུས་འགྲོ་བའི་དོན་དུ་བྱང་ཆུབ་སྒྲུབ། །ཙ་རི་ལ་སོགས་དབེན་པའི་གནས་མཆོག་ཏུ། །ཚ་གྲང་ཁྱད་དུ་བསད་ནས་མ་འབད་ན། །ཛ་ལང་རབ་ཏུ་རྒྱས་པའི་སེང་ཆེན་གྱིས། །ཝ་སྐད་འདོན་དགོས་བྱུང་ན་མི་ནུང་ངོ་། །ཞྭ་དང་གོས་སོགས་ལོངས་སྤྱོད་ཕོངས་གྱུར་ཅིང་། །ཟ་མ་མ་ནིང་སོགས་ཀྱིས་བསླེས་ཀྱང་ནུང་། །འ་ཅག་དལ་འབྱོར་ལན་ཅིག་ཐོབ་པ་འདི། །ཡ་མ་བརླ་ནི་མ་བྱེད་དོན་ལྡན་མཛོད། །ར་གན་གསེར་དུ་བསྒྱུར་བའི་ཟང་མདོག་གིས། །ལ་ལ་སླུ་བའི་བསམ་པ་མ་འཛིན་པར། །ཤ་ཚའི་སེམས་ཀྱིས་རང་དང་གཞན་རྒྱུད་ལ། །ས་དང་ལམ་གྱི་ཡོན་ཏན་སྒྲུབ་པར་འཚལ། །ཧ་ཅང་སྙིགས་མ་ལྔ་པོ་བདོ་པ་འདི། །ཨ་ཏི་ཤ་ནས་བརྒྱུད་པའི་གདམ་ངག་གིས། །བྱང་ཆུབ་མཆོག་གི་ལམ་དུ་བསྒྱུར་བ་ལ། །མཁས་པའི་ཤེས་ལ་བརྟེན་ནས་འབད་འཚལ་ལོ། །ཞེས་རང་གཞན་ལ་བསྐུལ་བའི་གཏམ་རིན་ཆེན་ཕྲེང་བ་ཅེས་བྱ་བ་འདི་ཆོས་སྨྲ་བའི་བཙུན་པ་དགེ་འདུན་གྲུབ་པ་དཔལ་བཟང་པོས་ཆོས་གྲྭ་ཆེན་པོ་དཔལ་ལྡན་གསང་ཕུ་ནེའུ་ཐོག་ཏུ་སྨྲས་པའོ།། ། །

༄༅། །རྒྱལ་བ་བློ་བཟང་གྲགས་པའི་བསྟན་པའི་གནས་ཚད་དང་མཁས་གྲུབ་ཡེགས་པ་དོན་གྲུབ་ཀྱི་གསང་མཚན་གྱི་རྟོགས་བརྗོད་འགྲོ་དང་བཅས་པ་དངོས་གྲུབ་ཀུན་འབྱུང་བཞུགས་སོ།

༄༅། །ༀམ་འོངས་མངོན་པར་རྫོགས་པར་སངས་རྒྱས་པའི། །མཚན་དང་མཐུན་པར་བླམ་ལྷག་པའི་ལྷས། །བདེ་བ་མཆོག་ཅེས་ལེགས་པར་མངའ་གསོལ་བའི། །རྗེ་བཙུན་བླ་མའི་ཞབས་ལ་བདག་ཕྱག་འཚལ། །དེ་ཡང་རྗེ་བླ་མ་ཉིད་ཀྱི་གསུང་ནས། །དེ་ཡང་རྗེ་བཙུན་ཆོས་ཀྱི་རྒྱལ་པོའི་བསྟན་པ་ཡུན་ཇི་ཙམ་གྱི་བར་དུ་གནས་སྙམ་བར་གྱིས་གསུང་པ་ལ། །ལུང་བསྟན་གྱི་ནང་ན་འདུག་པའི་སྙིང་པོ་བསྡུས་ནས་ཕུལ་བ་འདི་ལྟར་ལགས། དེ་ཡང་རྗེ་ཉིད་ཀྱི་བསྟན་པ་ནི། བྱང་ཕྱོགས་འདིར་མི་རབ་ཉི་ཤུ་ལྷག་ཙམ་ཞིག་གནས་པར་འདུག་ལགས། དེ་ཡང་རྒྱ་ནག་པོ། མདོ་ཁམས་དྭགས་པོང་། དབུས་གཙང་མངའ་རིས་རྣམས་སུ་བསྟན་པ་ལ་འཕེལ་སྤྲིབ་ཙུང་ཟད་འབྱུང་བ་འདུག་ལགས། བཀྲ་ཤིས་ལྷུན་པོ་ལ་ཡང་བར་སྐབས་ཤིག་ཏུ་དམག་འཁྲུག་གི་སྟོབས་ཀྱིས་རྒུད་པ་ཆེ་བ་འབྱུང་བ་འདུག་ལགས། མཐོན་པས་རྒྱུན་ཆགས་རྗེའི་བསྟན་པ་ལ་ཞབས་ཏོག་བྱེད་པ་དགའ་བའི་རིགས་སུ་འདུག་ལགས། དེང་སང་གི་དུས་འདིར་ཡི་དམ་ལྷའི་བསྙེན་སྒྲུབ་ལ་འབད་པ་དང་། ཐུན་མོང་དང་ཐུན་མོང་མ་ཡིན་པའི་ཆོས་སྐྱོང་རྣམས་ལ་གསོལ་བ་རྡེ་གཅིག་འདེབས་དགོས་པ་འདུག་ལགས། བདེ་བ་མཆོག་གི་རྣལ་འབྱོར་བ། །ཞེས་པའི་མཚན་འདི་སྐུ་སྐྱེ་སྔ་མའི་མཚན་ཡིན་ནམ་གསུང་བ་ནི། སྐུ་སྐྱེ་སྔ་ཕྱི་སོགས་ཀྱི་གྲངས་ཙམ་ལུང་བསྟན་པའི་ལུང་བསྟན་ན་ཡོད་པའི་བཤེས་གཉེན་རྣམས་ནི། སྟོན་འཕགས་པའི་ཡུལ་དུ་ཐུན་མོང་མ་ཡིན་པ་གསང་བ་བླ་ན་མེད་པའི་ཐུགས་བསྐྱེད་རླབས་ཆེན་སྤྱོད་པ་དང་སློབ་ལམ་སོགས་གཙོ་བོར་མཛད་པ་ཡིན་འདུག་ལགས། བཤེས་གཉེན་དམ་པ་

རྣམས་ཀྱི་ནང་ནས་ཀྱང་། སྐུ་ཚེ་ཉིད་ལ་ངེས་པར་སངས་རྒྱས་པ་དང་། བར་དོར་སངས་རྒྱས་པ་དང་། སྐུ་སྐྱེ་དེའི་ཕྱི་མ་ལ་ངེས་པར་འཚང་རྒྱ་བ་དང་། སྐུ་སྐྱེ་དེའི་ཕྱི་མ་ལ་མཁའ་སྤྱོད་ལ་སོགས་པའི་ཞིང་དུ་ཕྱིན་ནས། དེའི་རྗེན་ལ་ས་ལམ་ཡོངས་སུ་རྫོགས་པར་བྱས་ནས། ངེས་པར་འཚང་རྒྱ་བར་བྱེད་པའི་གང་ཟག་བཞི་པོ་དེ་ཉིད་ལ་མཚན་མི་འདྲ་གཅིག་གཉིས་བྱུང་ལགས། དེས་ན་རྗེ་བླ་མ་ཉིད་ཀྱང་སྐུ་ཚེ་འདིར་བདེ་བ་མཆོག་ལ་ཐུགས་དམ་མཛད་པའི་སྟོབས་ཀྱིས། དགའ་ལྡན་མཁའ་སྤྱོད་དུ་ཡོད་པ་བྱམས་མགོན། འཇམ་དཔལ་སྙིང་པོ། ཏེ་ཏུ་ཀའི་དྲིན་ལས། ས་ལམ་ཡོངས་སུ་རྫོགས་ནས་ལོངས་སྐུའི་གོ་འཕང་མངོན་དུ་མཛད་པའི་ཚེ་ཡང་། དེ་ཉིད་བདེ་མཆོག་འཁོར་ལོའི་ངོ་བོ་ཡིན་པས། སྐུ་སྐྱེ་འདི་ཉིད་ཀྱི་མཚན་གྱི་རྣམ་གྲངས་ཙམ་ལ་ཡང་། འཇམ་དབྱངས་བླ་མ་ཉིད་ཀྱིས་བདེ་བ་མཆོག་གི་རྣལ་འབྱོར་པ་ཞེས་བཏགས་པ་ཡིན་ལགས། མཚན་འདི་ཉིད་ལ་རིགས་པས་ལེགས་པར་བརྟགས་ན། མ་འོངས་པ་ན་སངས་རྒྱས་པའི་མཚན་ལ་ཡང་། དཔལ་བདེ་བའི་མཆོག་ཅེས་བྱ་བར་གོ་ནུས་པ་འདུག་ལགས། གདམས་པ་འདི་བདག་གཅིག་པོ་མིན་པའི་གཞན་ལ་ཡང་ཡོད་ངེས་ཡིན་པས། རྗེའི་བསྟན་པ་ཇི་སྲིད་གནས་ཀྱི་བར་དུ་རྒྱུན་འཆད་པ་མེད་ལ། རྗེ་བླ་མ་ཉིད་ལ་ཟུར་ཙམ་ཞུས་པས་ཆོག་པ་འདི་དཔལ་ལྡན་ལྷ་མོའི་གསུང་གིས་བསྐུལ་པ་ཡིན་པ་འདུག་ལགས། །

༄༅། །ཆོས་དུང་ཡིད་བཞིན་ནོར་བུའི་ལོ་རྒྱུས་ཆོས་ཀྱི་སྒྲ་དབྱངས་ཞེས་བྱ་བ་བཞུགས་སོ།

༄༅། །སྲིད་ཞིའི་ལེགས་ཚོགས་ཀུན་གྱི་འབྲས་བུ་ནི། །གཅིག་ཏུ་སྤྱངས་པ་གངས་ཅན་རི་བོའི་ངོས། །བསླབ་གསུམ་དུར་ཁྲིག་འཆང་བའི་དྲང་སྲོང་རྣམས། །ཟག་མེད་ཏིང་འཛིན་བྱེ་བས་རོལ་པ་འདིར། །ཞེས་གསུངས་པ་ལྟར་གྱི་བསླབ་གསུམ་དུར་ཁྲིག་གིས་རྒྱལ་མཚན་གྱི་ཏོག་ལྟར་མངོན་པར་འཕགས་པ་དཔལ་ལྡན་འབྲས་སྤུངས་ཆོས་ཀྱི་སྡེ་ཆེན་པོ་འདིར། །ཆོས་ཀྱི་དཔལ་འབྱོར་ལུང་རྟོགས་ཀྱི་ཡོན་ཏན་མདོ་སྔགས་ཟུང་འབྲེལ་གྱི་བསྟན་པ་རྒྱས་པར་བྱེད་པའི་རྟེན་འབྲེལ་གྱི་རྫས་ཆོས་དུང་ཁྱད་དུ་འཕགས་པ་ནང་རྟེན་གྱི་གཙོ་བོ་ནུབ་ཕྱོགས་རྒྱ་མཚོའི་འགྲམ་ནས་གདན་དྲངས་པའི་དུང་དཀར་གཡས་འཁྱིལ་གཉྫ་པ་ཙ་ངོ་མཚར་ཅན་དང་། ཆོས་ཀྱི་རྒྱལ་པོ་ཙོང་ཁ་པ་ཆེན་པོར་ཀླུའི་རྒྱལ་པོ་དུང་སྐྱོང་གིས་དབུས་མཁར་ནག་མཚོའི་འགྲམ་དུ་ཕུལ་བའི་དུང་དཀར་གཡས་འཁྱིལ་གསུམ་འབྲེལ་རྟེན་འབྲེལ་སྙིང་པོས་བརྒྱན་པ་ངོ་མཚར་ཅན། ཀུན་མཁྱེན་ཙོང་ཁ་པ་ཆེན་པོས་འགོག་བར་ནས་གཏེར་དུ་བཞེས་པའི་ཆོས་དུང་དཀར་པོ་ཡིད་བཞིན་ནོར་བུ་རྣམས་བཞུགས་པའི་གཡས་འཁྱིལ་དང་པོ་གཙང་ཁང་དབུས་མའི་ནང་སྣེའུ་རྫོང་དཔོན་ནམ་མཁའ་བཟང་གིས་བཞེངས་པའི་དུས་གསུམ་སངས་རྒྱས་ཀྱི་གསེར་སྐུ་ལ་ཉེ་སྲས་བརྒྱད་ཀྱིས་བསྐོར་བའི་གཙོ་བོའི་གསེར་སྐུ་ཆེན་མོའི་མགྲིན་པར་བཞུགས། གཡས་འཁྱིལ་གཉིས་པ་རྒྱལ་བ་ཙོང་ཁ་པ་ཆེན་པོའི་གསུང་བགོད་ལྟར་སྣེའུ་རྫོང་ནས་བཞེངས་པའི་བྱམས་པ་མཐོང་གྲོལ་མའི་མགྲིན་པར་བྱིན་རླབས་ཀྱི་གཟི་འོད་འབར་བ་བཞུགས་པའི་ལེགས་བྱས་རྟེན་འབྲེལ་གྱིས་འཁོར་ལོ་བཞི་ལྡན་གྱི་ཐེག་པ་མཆོག་གི་ཤིང་རྟ་དོན་གཉིས་ཕུན་སུམ་ཚོགས་པའི་རྣམ་གྲོལ་ནོར་བུས་གང་བ་མང་དུ་འབྱུང་བར་གསུངས། འབུལ་ཡུལ་དང་འབུལ་མཁན་ཁྱད་པར་ཅན་དེ་ལྟ་བུས་བྱིན་གྱིས་བརླབས་པ་ལ་གནས་སྐབས་དང་མཐར་ཐུག

གི་དགེ་མཚན་མང་དུ་འབྱུང་བ་སྨོས་ཅི་དགོས། སྤྱིར་ཡང་བཀྲ་ཤིས་ཀྱི་རྫས་གཡས་འཁྱིལ་ལམ་སྐྱེ་བ་ལྟ་པར་གྲགས་པ་འདི་བཀྲ་ཤིས་ཀྱི་རྫས་ཀུན་གྱི་མཆོག་ཏུ་གྱུར་པ་ཡིན་པས་འབུད་པ་དང་བཞུགས་པ་ཙམ་གྱིས་ནད་མེད་པ་སོགས་ཀྱི་ཕན་ཡོན་མང་དུ་འབྱུང་བར་གསུངས་ཏེ། ཇི་སྐད་དུ། དུང་དཀར་གཡས་འཁྱིལ་ལོ་རྒྱུས་གསུངས་ཚུལ་ནི། །སྲོག་ཆགས་དུང་རྣམས་རྗེས་སུ་བཟུང་ཕྱིར་དུ། །སྐྱེ་བ་ལྟ་པར་བྱང་སེམས་དུང་ལ་སྐྱེས། །གཡས་འཁྱིལ་གསུང་སྐད་ཐོས་པས་ནད་རིམས་སེལ། །ཁྱིམ་དུ་བཅང་ན་འཐབ་རྩོད་མེད་ཅིང་མཐུན། །ཚེ་བསོད་སྟོབས་འབྱོར་འཕེལ་ བཞིན་ བདེ་ སྐྱིད་ ལྡན། །རྒྱས་ པར་ སྐྱེ་ རབས་ རྣམས་ ལས་ གསལ་ བར་གསུངས། །ཞེས་ལྟར་རོ། །གསུམ་པ་ལང་གཤེགས་རྒྱ་ནག་གི་འགྱུར་ལས་འབྱུང་བའི་དུང་ནི་རྗེ་རིན་པོ་ཆེས་གཏེར་ནས་བཞེས་པ་ད་ལྟ་འབྲས་སྤུང་གི་ཚོགས་དུང་འདི་ཡིན་པས་བྱིན་རླབས་ཆེའང་གཡས་འཁྱིལ་མིན། ཞེས་གསུངས་པ་ལྟར། བྱིན་རླབས་ཆེ་ཞིང་ཁྱད་དུ་འཕགས་པའི་ཡིད་བཞིན་ནོར་བུའི་ཆོས་དུང་འདི་ཉིད་ཀྱི་ལོ་རྒྱུས་ནི། ལངྐར་གཤེགས་པའི་མདོ་རྒྱ་ནག་གི་འགྱུར་ལས། བཅོམ་ལྡན་འདས་ལ་ཀླུའི་རྒྱལ་པོ་མ་དྲོས་པས་དུང་དཀར་པོ་ཞིག་ཕུལ་བ། མོའུ་དགལ་གྱི་བུ་ལ་གནང་ནས། འདི་ཁྱོད་ཀྱིས་འགོག་པ་རིར་སྦོས་ཤིག །མ་འོངས་པ་ནི་དགེ་སློང་པདྨའི་དང་ཚུལ་འདིས་གཏེར་ནས་འདོན་པས་དེའི་ཚོགས་དུང་དུ་འགྱུར་གྱི། གཏེར་བདག་སྤྲེའུས་གནས་བྱེད་དོ། །ཞེས་ལུང་བསྟན་པ་བཞིན། སྟོན་སྟོན་པ་བཅོམ་ལྡན་འདས་ཤཱཀྱ་ཐུབ་པ་རྡོ་རྗེ་གདན་དུ་མངོན་པར་རྫོགས་པར་སངས་རྒྱས་པའི་ཚུལ་བསྟན་པའི་ཚེ། རྗེ་བདག་ཉིད་ཆེན་པོ་རྒྱ་གར་དུ་བྲམ་ཟེའི་ཁྱེའུ་ཞིག་ཏུ་འཁྲུངས། དགེ་སློང་གི་ཆ་བྱད་འཛིན་པའི་བྱང་ཆུབ་སེམས་དཔའ་མོས་པའི་བློ་གྲོས་བའི་བཤེས་གཉེན་དུ་བསྟེན་ནས་ཆོས་མང་དུ་གསན། དེས་འཁྲིད་དེ་སྟོན་པ་ཤཱཀྱ་ཐུབ་པའི་དྲུང་དུ་མཇལ། ཤེལ་དཀར་པོ་དྲི་མ་མེད་པའི་ཕྲེང་བ་བརྒྱ་རྩ་གཅིག་ཕུལ་ནས་སེམས་བསྐྱེད་ཅིང་སྨོན་ལམ་བཏབ་པས། སྟོང་པ་ཉིད་ཀྱི་ལྟ་བ་ཕྱིན་ཅི་མ་ལོག་པར་རྟོགས་པའི་ས་བོན་བཞག་པ་ཡིན། ཁྱེའུ་དེ་རབ་ཏུ་བྱུང་ཞིང་བསྙེན་པར་རྫོགས་པའི་མཚན་ལ་དགེ་སློང་པདྨའི་དང་ཚུལ་ལམ་པདྨའི་དང་ལྡན་ཞེས་གྲགས། སྟོན་པ་འཁོར་བཅས་མཆོད་མ་དྲོས་པའི་འགྲམ་དུ་དབྱར་གནས་མཛད་པའི་ཚེ། ཀླུའི་རྒྱལ་པོ་མ་དྲོས་པས་ཡིད་བཞིན་ནོར་བུའི་ཆོས་དུང་འདི་ཉིད་ཕུལ་བ་བཅོམ་ལྡན་འདས

ཀྱིས་ཟླ་བ་གསུམ་གྱི་བར་ཡང་ཡང་ཕྱག་ཏུ་བཞེས་ཤིང་ཆོས་དུང་ཡང་མཛད། སྟོན་པའི་ཞལ་ནས། མོའུ་དགལ་གྱི་བུ་ལ། དགེ་སློང་པདྨའི་དང་ལྡན་འདིས་མ་འོངས་པ་ན་གངས་ཅན་དུ་དུང་དཀར་འདིས་དགེ་འདུན་གྱི་ཚོགས་དུང་བྱས་པ་ལ་བརྟེན་ནས་ངའི་བསྟན་པ་ལ་འཕེལ་རྒྱས་ཆེ་བ་ཡོད་པར་འགྱུར་བས། ཁྱོད་རྫུ་འཕྲུལ་གྱིས་སོང་ལ་བོད་གདོང་དམར་ཅན་གྱི་ཡུལ་འཇོག་པ་རིར་གཏེར་སྦས་ལ་གཏེར་བདག་ཚོགས་བདག་སྦྲེའུའི་གཟུགས་ཅན་ལ་བསྲུང་དུ་ཆུག་ཅེས་བཀའ་སྩལ་བ་བཞིན། མོའུ་དགལ་གྱི་བུས། རྫུ་འཕྲུལ་ལ་བརྟེན་ནས་འཇོག་པ་རིར་ཆུ་མཚམས་སུ་སྦས་པ། རྗེ་བདག་ཉིད་ཆེན་པོས། འཇོག་པ་རི་བྱ་བ་འབྲོག་རི་བོ་ཆེ་དགའ་ལྡན་གྱི་བྱང་ངོས་ཀྱི་བྲག་ནས་བཏོན་ཏེ། ལྷ་སར་ཆོ་འཕྲུལ་སྨོན་ལམ་ཆེན་མོའི་ཚོགས་དུང་མཛད་ཅིང་། གྲགས་ཆུང་ཡང་དེ་དང་མཉམ་དུ་དམ་ཅན་ཆོས་ཀྱི་རྒྱལ་པོའི་ཞལ་འབག་ཕྱག་མཚན་ཐོ་དབྱུག་བཅས་སྦས་པ་གཏེར་ནས་ཞེས་པའི་ཤུལ་དེང་སང་ཡང་མངོན་སུམ་དུ་མཇལ་དུ་ཡོད་པ་ནི། སྟོན་པ་རང་ཉིད་ཀྱིས་བསྟན་པའི་སྙིང་པོ་དགེ་ལྡན་རིང་ལུགས་འདིའི་བཀའ་སྲུང་དུ་བཀའ་བསྒོ་བར་མཛད་པ་ཡིན་ཚུལ་ཀུན་མཁྱེན་འཇམ་དབྱངས་བཞད་པའི་འཇིགས་བྱེད་ཆོས་འབྱུང་དུ་གསལ་བ་ཀུན་གྱིས་གོ་དགོས་པའི་གནད་ཅན་ཞིག་ཡིན་ལ། དེ་ལྟ་བུའི་ཆོས་དུང་ཁྱད་པར་ཅན་དགའ་ལྡན་གྱི་ནང་རྟེན་དུ་བཞུགས་པ་ལ། འཇམ་དབྱངས་ཆོས་ཀྱིས་བཀྲ་ཤིས་དཔལ་ལྡན་པས། ཆོས་སྡེ་ཆེན་པོ་འདི་ཉིད་ཕྱག་བཏབ་ནས་དགའ་ལྡན་དུ་རྗེ་བཙུན་ཙོང་ཁ་པ་ཆེན་པོ་ལ་ཚོགས་དུང་ཞིག་ཞུས་པས། ཉེ་གནས་ལ་ཆོས་རྗེ་བཀྲ་ཤིས་དཔལ་ལྡན་པར་དུང་གཅིག་སྩོལ་གསུངས་པ་བཞིན་ཉེ་གནས་ཀྱིས་དུང་འདི་རྗེ་ལ་ཕུལ་བས། བདག་ཉིད་ཆེན་པོས་འབྲས་སྤུངས་སུ་རྗེའི་བསྟན་པ་ཆེས་ཆེར་འཕེལ་བའི་རྟེན་འབྲེལ་བསྒྲིགས་པར་མཛད་དེ། དགོན་མ་ལས་བུ་རྒྱས་པ་ཡོང་ཞེས་གསུངས་ནས་ཆོས་དུང་གནང་། འཇམ་དབྱངས་ཆོས་ཀྱི་རྗེ་ཐུགས་ཤིན་ཏུ་དགྱེས་ཏེ་ཕེབས་ལམ་དུ་དུང་འདི་འབུད་པའི་ས་ཆ་རེར་དགོན་པ་རེ་ཐོབ་གསུངས་པ་བཞིན་མཛད། རྗེ་བདག་ཉིད་ཆེན་པོས་ལུང་བསྟན་པ་བཞིན་དུ་ད་ལྟ་དགོན་མ་ལས་བུ་འཕེལ་རྒྱས་ཆེ་བར་ཀུན་གྱིས་ཤེས་པ་ལྟར། འཛམ་བུའི་གླིང་འདི་ན་མདོ་སྔགས་བཤད་སྒྲུབ་འཕེལ་བ་དང་དགེ་འདུན་གྲངས་མང་བ་བཞུགས་ཤིང་ལུང་རྟོགས་ཀྱི་ཡོན་ཏན་ལ་གཞན་གྱིས་འགྲན་ཟླ་དང་བྲལ་བ་འདི་ཉིད་ཀྱང་། དགའ་ལྡན་གཏེར་དུང་ཆེན་པོར་གྲགས་པ་གླིང་

བཞི་གཡས་བཞག་ལྷ་བུའི་ནོར་བུ་ཁྱད་དུ་འཕགས་པ་འདི་ཉིད་ཀྱི་བྱིན་མཐུ་དང་རྗེའི་ཐུགས་སྨོན་མཛད་པའི་བྱིན་རླབས་ཅན་ཡིད་བཞིན་ནོར་བུའི་ཆོས་དུང་དཀར་པོ་རྒྱང་གྲགས་འདིའི་ཆེ་ཚད་ཀྱི་དཔུ་ཞབས་དཀྱུས་ལ་སོར་བཅུ་གཉིས་སོགས་ངོ་མཚར་བའི་མཚན་མ་དུ་མ་དང་ལྡན་པ་ཞིག་གོ །འདི་ཉིད་འབུད་པའི་དུས་ཀྱང་། ལྷ་མཆོད་གུང་ཚོགས་དང་མཆོད་མེ་སྤར་སྐབས། རིགས་གསུམ་གྱི་གུང་ཚོགས་དང་ཚེས་བརྒྱད་གུང་ཚོགས། བྱམས་སྨོན་ཉིན་དང་པོའི་གུང་ཚོགས་དང་བྱམས་སྨོན་སྨོན་ལམ་གཉིས། ས་ག་ཟླ་བའི་ཚེས་བཅོ་ལྔའི་གུང་ཚོགས་དང་། བཅོ་བརྒྱད་མཆོད་པའི་འཛམ་དབྱངས་ཆོས་རྗེའི་དུས་ཆེན་ལ་རྒྱུན་དུ་འབུད་པ་ཡིན་ལ། ཁྱད་པར་ས་ཁྱི་ལོའི་ས་ག་ཟླ་བའི་ཆོས་བཅུ་བདུན་གྱི་ཉིན་རྒྱལ་དབང་ཐམས་ཅད་མཁྱེན་གཟིགས་ཆེན་པོའི་མཛད་ཆེན་དམ་བཅའ་ཆེན་མོ་སོགས་ལ་དུང་དཀར་འདི་ཉིད་འབུད་པ་ཐོས་བའི་སྐལ་བཟང་ཐོབ་ཅིང་། ཀུན་གྱིས་མཐོང་ཐོས་ཀྱི་ཡུལ་དུ་འདི་ལྟར་ཡོང་བའི་ཕན་ཡོན་ནི། ལས་ཉོན་རྨོངས་པའི་གཉིད་སློང་ཆོས་ཀྱི་དུང་། །ཞེས་དང་། ཤེར་མདོ་ལས། དུང་གི་སྒྲས་རོལ་མོ་གཞན་ཐམས་ཅད་ཟིལ་གྱིས་གནོན་པར་གསུངས་པ་ལྟར། ཆོས་ཀྱི་དུང་བླ་ན་མེད་པའི་སྒྲ་ཐོས་པ་ཙམ་གྱིས་ཆོས་མིན་གྱི་སྨྲ་བ་ངན་པ་མཐའ་དག་ཟིལ་གྱིས་གནོན་པའི་རྟེན་འབྲེལ་གྱིས། ཆོས་ཀྱི་སྣང་དོར་རང་སྟོབས་ཀྱིས་འགྱེད་པའི་སྐྱེ་བོའི་ཚོགས་བདེ་སླག་ཏུ་འདུ་བ་དང་། ལག་དུ་སླང་བ་ལ་བརྟེན་ནས་ཚེ་འདིར་བཀྲ་ཤིས་ཤིང་ཚེ་རབས་ཕྱི་མ་རྣམས་སུ་འང་བཀྲ་ཤིས་དང་བདེ་སྐྱིད་འབྱུང་བར་མ་ཟད་གནས་སྐབས་དང་མཐར་ཐུག་གི་བཀྲ་ཤིས་ཀུན་གྱིས་ཤིས་པ་དང་བདེ་ལེགས་སུ་འགྱུར་ཞིང་། ཕུན་སུམ་ཚོགས་པའི་སྒོ་མ་ཚང་བ་མེད་པའི་དབང་གིས་ཞྭ་སེར་ཅོང་པན་འཆང་བའི་རིངས་ལུགས་བཤད་པ་དང་སྒྲུབ་པའི་སྙན་པར་གྲགས་པ་ཕྱོགས་ཀུན་ཏུ་ཁྱབ་པ་ལ་སུས་ཀྱང་འགྲན་དུ་མེད་པའི་བཀྲ་ཤིས་པ་དང་། སྙན་གྲགས་ཀྱིས་ཡིད་འཕྲོག་པའི་སྐྱེ་བོ་བློ་ལྡན་ཀུན་ཀྱང་ཆོས་ཀྱི་ལམ་ལ་གཞོལ་པས་ཆོས་ཀྱི་གནས་ལུགས་ཇི་ལྟ་བ་བཞིན་ཤེས་པའི་ཡེ་ཤེས་ཀྱི་ཚོགས་དང་བཀྲ་ཤིས་པའི་དགེ་མཚན་རླབས་པོ་ཆེའི་བསོད་ནམས་ཀྱི་ཚོགས་ཡོངས་སུ་རྫོགས་པའི་ཐུགས་རྗེ་བདེན་པའི་བྱིན་རླབས་ཀྱིས་འཇིག་རྟེན་གསུམ་དུ་བཀྲ་ཤིས་པར་འགྱུར་ཏེ། ཆོས་ཤེས་བཀྲ་ཤིས་བཀྲ་ཤིས་འབྱུང་། །བཀྲ་ཤིས་ཀུན་གྱིས་བཀྲ་ཤིས་པ། །གྲགས་པའི་བཀྲ་ཤིས་སྙན་གྲགས་དགེ། །ཞེས་པའི་དོན་

འགྲུབ་པར་མ་ཟད། བླ་ན་མེད་པའི་ཆོས་དུང་ཐོས་པའི་རྟེན་འབྲེལ་གྱིས་ཆོས་ཉན་བཤད་ཀྱི་སྒོ་ནས་ཐོས་པ་གཙོ་བོར་མཛད་པ་ནི་ལམ་བགྲོད་པའི་འགོ་རྩོམ་བྱེད་ཀྱི་རྩ་བ་དེ་ལ་རག་ལས་པས་ཐོས་དོན་བསམ་པས་སྒྲོ་འདོགས་བཅད་དེ་སྒོམ་བྱུང་གི་ཡེ་ཤེས་མངོན་དུ་བྱེད་པས་རང་གིས་ལེགས་པར་ངེས་ནས། གདུལ་བྱ་གཞན་ལ་མདོ་སྔགས་ཀྱི་བསྟན་པའི་སྙིང་པོ་ལེགས་པར་སྟོན་པའི་སྒྲུབ་བླ་ན་མེད་པའི་སངས་རྒྱས་ཀྱི་གོ་འཕང་མྱུར་དུ་འགྲུབ་པར་འགྱུར་ཏེ། དུང་ནི་ཆོས་ཀྱི་སྒྲ་རྣམས་སྒྲོག་པའི་ཚུལ། །ཡེ་ཤེས་རྒྱ་མཚོ་ཉིད་དུ་དག་གྱུར་ཏེ། །ཆོས་རྣམས་མ་ནོར་ཡོངས་སུ་སྟོན་པ་ཡི། །བཀྲ་ཤིས་དེས་ཀྱང་ཚོག་ལ་དབང་ཐོབ་ཤོག།ཞེས་གསུངས་པ་ལྟར་རོ། །དེ་ལྟར་ཕྱིའི་རྫས་ལ་ལྟོས་པ་ཡང་། ལས་འབྲས་བསམ་གྱིས་མི་ཁྱབ་པས་དུས་བཞིའི་འགྱུར་བ་རྩེ་ཤིང་ལོ་འབྲས་ས་རྫི་རི་བྲག་ཚུན་ཆད་མི་འདྲ་བ་འབྱུང་བ་དང་། ཁབ་ལེན་གྱིས་ལྕགས་དང་སྤྱུར་ལེན་གྱིས་རྩྭ་ལེན་པ་ལྟ་བུ་རྫས་ཀྱི་རྟེན་འབྲེལ། ཐ་ན་རྨ་བྱའི་མདོངས་ཉག་མ་རེ་རེ་ལའང་མདངས་མི་འདྲ་བ་སྣ་ཚོགས་འཆར་བ་ཐམས་ཅད་ལས་ཀྱིས་མ་འདྲེས་པར་སྒྲུབ་ཚུལ་སངས་རྒྱས་པོ་ནའི་མངོན་སུམ་གྱི་ཡུལ་དུ་གྱུར་པ་ཀུན་བཏུས་ལས་བསམ་གྱིས་མི་ཁྱབ་པ་བཞིའི་ནང་དུ་གསུངས་པ་བཞིན་ཡིན་པས། རྫས་ཀྱི་ནུས་པས་དེ་ལྟར་བྱེད་པ་དེའང་ལས་ཀྱི་མཐུ་ཡིན་པར་ཡིད་ཆེས་པའི་ལས་འབྲས་ལ་དད་པ་རྐྱེན་གང་གིས་ཀྱང་མི་འཕྲོག་པ་ཞིག་དགོས་སོ། །བཀྲ་ཤིས་རྫས་བརྒྱད་འཕགས་ལམ་ཡན་ལག་བརྒྱད་སོ་སོར་མཚན་དོན་སྦྱར་བའི་ནང་ཚན་དུང་གིས་ཡང་དག་མཚོན་ཏེ། དུང་གིས་སྒྲ་སྙན་གྲགས་པ་ལྟར། ངག་གིས་ཉེས་པ་དང་བྲལ་བར་ཆོས་སྟོན་པའི་ཕྱིར། འདི་ལྟ་བ་རྣམ་དག་ལས་མཐའ་ཚུལ་ཁྲིམས་རྣམ་དག་ཡང་དག་པའི་འཚོ་བས་འཚོ་བ་རྣམ་དག་ཏུ་ཡིད་ཆེས་པའི་ཕྱིར། རྗེ་བཙུན་བྱམས་པ་མགོན་པོས། རྣམ་གསུམ་གཞན་ཡིད་ཆེས་པར་བྱེད། །ཅེས་དང་། ལྟ་དང་ཚུལ་ཁྲིམས་ཡོ་བྱད་བསྟུང་། །ཞེས་གསུངས་པའི་ཕྱིར། ལྟ་སྤྱོད་གཙང་མའི་བརྒྱུད་པ་འཕེལ་བའི་ཕྱིར། །ཐུབ་པའི་དུང་དུ་ཤེལ་དཀར་ཕྲེང་བ་ཕུལ། །ཆོས་དུང་གནང་ཞིང་ལུང་བསྟན་བདེན་པའི་མཐུས། །བློ་བཟང་རྒྱ་བའི་བསྟན་པ་རྒྱས་གྱུར་ཅིག །འདི་ཡང་༸བསྟན་ཆོས་ཀྱིས་ཆོས་ཀྱི་གཏེར་མཛོད་གླིང་དུ་བྲིས། །

༄༅། །ཁམས་གསུམ་ཆོས་ཀྱི་རྒྱལ་པོ་ཙོང་ཁ་པ་ཆེན་པོ་དང་། བཅོམ་ལྡན་འདས་མགོན་པོ་ཚེ་དཔག་མེད་དབྱེར་མ་མཆིས་པ་ལ་བརྟེན་པའི་ཚེ་སྒྲུབ་འཆི་མེད་བདུད་རྩིའི་གང་བའི་བུམ་བཟང་ཞེས་བྱ་བ་བཞུགས་སོ།

༄༅། །ན་མོ་ཧྲི་ཛྙཱ་ཏུ་ཥྨ་ནྡྲ་ཛྙཱ་ཛ་ ཁམས་གསུམ་ཆོས་ཀྱི་རྒྱལ་པོ་རྒྱལ་བ་བློ་བཟང་གྲགས་པ་དང་། ཡ་སུ་མ་ཏི་ཀཱིརྟི་ཡ། ན་ཝཱ་ མགོན་པོ་ཚེ་དང་ཡེ་ཤེས་དཔག་ཏུ་མེད་པ་དབྱེར་མ་མཆིས་པ་ལ་ཕྱག་འཚལ་ལོ། །ཨ་པ་རི་མི་ཏ་ཨཱ་ཡུར་ཛྙཱ་ན་ཨ་དྷ་ཡ། དུས་དང་གནས་སྐབས་ཐམས་ཅད་དུ་བརྩེ་བ་ཆེན་པོའི་སྒོ་ནས་རྗེས་སུ་བཟུང་དུ་གསོལ། །རྒྱལ་ཀུན་མཁྱེན་བརྩེ་ནུས་གསུམ་གཅིག་བསྡུས་ནས། །གསུམ་ལྡན་དགེ་པའི་བཤེས་ཀྱི་སྐུར་བསྟན་པ། །ས་གསུམ་སྐྱེ་དགུའི་གཉེན་གཅིག་བློ་བཟང་གྲགས། །དབྱེར་མེད་སྐུ་གསུམ་བདག་ཉིད་ཚེ་དཔག་མེད། །བདེ་བ་བཞི་ལྡན་ཞིང་གི་མགོན་པོ་ལ། །དུས་བཞིར་གུས་པས་རབ་ཏུ་བཏུད་བྱས་ནས། །མི་འཇིགས་བཞི་ལྡན་ཚེ་ཡི་རིག་འཛིན་མཆོག །ཐོབ་ཕྱིར་ཐུན་བཞིའི་རྣལ་འབྱོར་རིམ་པ་བྲི། །དེ་ལ་འདིར་རྒྱལ་བ་ཐམས་ཅད་ཀྱི་མཁྱེན་བརྩེ་ནུས་གསུམ་གཅིག་ཏུ་བསྡུས་པའི་རང་གཟུགས་ཁམས་གསུམ་ཆོས་ཀྱི་རྒྱལ་པོ་ཤར་ཙོང་ཁ་པ་བློ་བཟང་གྲགས་པའི་དཔལ་ཞེས་སྙན་པའི་བ་དན་དཀར་པོ་ས་གསུམ་ན་མངོན་པར་གཡོ་བ་དེ་ཉིད་ལ་བརྟེན་ནས་འཆི་མེད་ཚེ་ཡི་དངོས་གྲུབ་སྒྲུབ་པར་འདོད་པའི་རྣལ་འབྱོར་པས་ཐོག་མར་ཁྲུས་དང་གཙང་སྦྲ་སོགས་བྱ་རྒྱུད་ཀྱི་གཞུང་ནས་ཇི་ལྟར་འབྱུང་བ་བཞིན་ལེགས་པར་བྱས་སྟན་བདེ་བ་ལ་འཁོད། དགེ་སེམས་ཁྱད་པར་ཅན་གྱི་ངང་ནས། བདག་དང་འགྲོ་བ་ནམ་མཁའི་མཐའ་དང་མཉམ་པའི་སེམས་ཅན་ཐམས་ཅད་དུས་འདི་ནས་བཟུང་སྟེ་ཇི་སྲིད་བྱང་ཆུབ་སྙིང་པོ་ལ་མཆིས་ཀྱི་བར་དུ་རྩ་བརྒྱུད་ཀྱི་དཔལ་ལྡན་བླ་མ་དམ་པ་རྣམས་ལ་སྐྱབས་སུ་མཆིའོ། །ཡང་དག་པར་རྫོགས་པའི་སངས་རྒྱས་བཅོམ་ལྡན་འདས་རྣམས་ལ་སྐྱབས་སུ་མཆིའོ། །དམ་པའི་ཆོས་རྣམས་ལ་སྐྱབས་

སུ་མཆིའོ། །འཕགས་པའི་དགེ་འདུན་རྣམས་ལ་སྐྱབས་སུ་མཆིའོ། །ཁམས་གསུམ་ཆོས་ཀྱི་རྒྱལ་པོ་ཤར་ཙོང་ཁ་པ་བློ་བཟང་གྲགས་པ་དང་བཅོམ་ལྡན་འདས་མགོན་པོ་ཚེ་དཔག་མེད་དབྱེར་མ་མཆིས་པའི་ཞབས་ལ་སྐྱབས་སུ་མཆིའོ། །ཞེས་པའི་སྐྱབས་འགྲོ་ལན་གསུམ་དང་། སངས་རྒྱས་ཆོས་ཚོགས་མ་ལན་གསུམ་དང་། མ་སེམས་ཅན་ཐམས་ཅད་ཀྱི་དོན་དུ་མྱུར་བ་མྱུར་བར་ཡང་དག་པར་རྫོགས་པའི་སངས་རྒྱས་ཀྱི་གོ་འཕང་རིན་པོ་ཆེ་ཅི་ནས་ཀྱང་ཐོབ་པར་བྱ། དེའི་ཕྱིར་དུ་ཁམས་གསུམ་ཆོས་ཀྱི་རྒྱལ་པོ་རྒྱལ་བ་ཙོང་ཁ་པ་ཆེན་པོ་དང་། བཅོམ་ལྡན་འདས་མགོན་པོ་ཚེ་དཔག་མེད་དབྱེར་མེད་པའི་བསྒོམ་བཟླས་ལ་འབད་པར་བགྱིའོ། །ཞེས་ཐུན་མོང་མིན་པའི་སེམས་བསྐྱེད་ལན་གསུམ་བྱེད། མ་གྱུར་སེམས་ཅན་ཐམས་ཅད་ཅེས་སོགས་ཚད་མེད་བཞི་བསྒོམ། དངོས་གཞི་ནི། རང་གི་མདུན་གྱི་ནམ་མཁར་སེང་གེ་ཆེན་པོ་བརྒྱད་ཀྱིས་བཏེགས་པའི་རིན་པོ་ཆེའི་ཁྲི་མཐོ་ཞིང་ཡངས་པའི་སྟེང་དུ་སྣ་ཚོགས་པདྨ་དང་ཟླ་བ་ཉི་མའི་དཀྱིལ་འཁོར་གྱི་གདན་ལ། རྩ་བརྒྱུད་ཀྱི་བླ་མ་ཡི་དམ་སངས་རྒྱས་བྱང་སེམས་དཔའ་བོ་མཁའ་འགྲོ་ཆོས་སྐྱོང་སྲུང་མ་ཐམས་ཅད་འདུས་པའི་བདག་ཉིད་རྗེ་བཙུན་བློ་བཟང་གྲགས་པ་སྐུ་མདོག་དཀར་ལ་དམར་བའི་མདངས་ཆགས་པ་ཞལ་གྱི་དཀྱིལ་འཁོར་ཤིན་ཏུ་འཛུམ་ཞིང་སྤྱན་དཀྱུས་རིང་བ། སྐུ་ལ་ཆོས་གོས་ངུར་སྨྲིག་རྣམ་གསུམ་མཛེས་པར་གསོལ་བ། དབུ་ལ་པཎ་ཞྭ་གསེར་གྱི་མདོག་ཅན་སྣེ་རིང་གསོལ་བ་ཕྱག་གཡས་ཆོས་འཆད་ཀྱི་ཕྱག་རྒྱས་ཨུཏྤ་ལའི་ཡུ་བ་ཐུགས་ཀར་བཟུང་བའི་འདབ་མ་སྣན་གཡས་ཀྱི་ཐད་དུ་ཁ་ཕྱེ་བའི་སྟེང་དུ་ཤེས་རབ་ཀྱི་རལ་གྲི་དང་། ཕྱག་གཡོན་མཉམ་གཞག་གི་སྟེང་ན་འཆི་མེད་ཚེ་ཡི་བདུད་རྩིས་གང་བའི་བུམ་པ་དཔག་བསམ་ཤིང་གི་ཁ་རྒྱན་ཅན་དང་། ཨུཏྤ་ལའི་ཡུ་བ་བཟུང་བའི་འདབ་མ་སྣན་གཡོན་གྱི་ཐད་དུ་ཕྱེ་བའི་སྟེང་དུ་ཤེར་ཕྱིན་གྱི་གླེགས་བམ་བསྣམས་པ། ཞབས་རྡོ་རྗེའི་སྐྱིལ་མོ་ཀྲུང་གིས་བཞུགས་ཤིང་དྭངས་གསལ་འོད་ཀྱི་རང་བཞིན་ཅན་འོད་ཟེར་གྱི་ཚོགས་ཞིང་ཁམས་ཀུན་འགེངས་པར་འཕྲོས་པས་ཞིང་ཁམས་ཐམས་ཅད་སྐུ་ལ་སྣང་ཞིང་། །སྐུས་ཞིང་ཁམས་ཐམས་ཅད་ཁྱབ་པའི་བདག་ཉིད་ཅན་དུ་བཞུགས་པའི་སྤྱི་བོར་སྐུ་རྡོ་རྗེའི་ངོ་བོ་ཨོཾ་དཀར་པོ། མགྲིན་པར་གསུང་རྡོ་རྗེའི་ངོ་བོ་ཨཱཿདམར་པོ། ཐུགས་ཀར་ཐུགས་རྡོ་རྗེའི་ངོ་བོ་ཧཱུྃ་སྔོན་པོ། ཐུགས་ཀའི་ཧཱུྃ་ལས་འོད་ཟེར་འཕྲོས་པས་རང་བཞིན་གྱི་གནས་ནས་ཆོས་ཀྱི་རྒྱལ་པོ་ཙོང་ཁ་པ་ཆེན་པོ་ལ་སངས་རྒྱས་དང་བྱང་

ཆུབ་སེམས་དཔའི་ཚོགས་ནམ་མཁའི་ཁྱོན་ཐམས་ཅད་ཏིལ་གྱི་གང་བུ་ལྟར་གང་བས་བསྐོར་བ་སྤྱན་དྲངས། ཛཿ ཧཱུྃ་བཾ་ཧོཿ གཉིས་སུ་མེད་པར་གྱུར། མཚམས་འདིར། བསྡུས་པ་བྱེད་ན། བདེ་ཆེན་ཞིང་མཆོག་དམ་པ་ཁྱེད་རྣམས་ལ། །ཞེས་སོགས་ཀྱིས་ཡན་ལག་བདུན་པ་འབུལ་བའམ། ཡང་ན། རྒྱས་པར་སྤྲོ་ཚེ། རྒྱལ་བ་ཀུན་གྱིས་མ་ཐུལ་བདག་ཅག་ལ། །རྒྱལ་བའི་མཛད་པ་སྒྲུབ་མཛད་ཐུགས་རྗེ་ཅན། །རྒྱལ་བ་ཀུན་དངོས་འཇམ་མགོན་ཆོ་དཔག་མེད། །གང་དེར་སྒོ་གསུམ་གུས་པས་ཕྱག་འཚལ་ལོ། །ཞེས་པའི་ཕྱག་དང་མཚམས་འདིར། མཆོད་པ་འབུལ་བའི་སྐབས་སུ་ཡོང་བྱུང་ཞིང་། རྒྱས་པར་སྤྲོ་ན། མཆོད་པ་བྱིན་གྱིས་བརླབ་པ་ནི། ཨོཾ་བཛྲ་ཨ་མྲྀ་ཏ་ས་བསང་ས། སྭ་བྷཱ་ཝས་སྦྱོང་པར་སྦྱངས། སྟོང་བའི་ངང་ལས་ཧཱུྃ་ལས་རིན་པོ་ཆེའི་སྣོད་ཡངས་ཤིང་རྒྱ་ཆེ་བ་རྣམས་ཀྱི་ནང་དུ་ཨོཾ་འོད་དུ་ཞུ་བ་ལས་བྱུང་བའི་ལྷ་རྫས་ལས་གྲུབ་པའི་མཆོད་ཡོན། ཞབས་བསིལ། མེ་ཏོག བདུག་སྤོས། མར་མེ། དྲི་ཆབ། ཞལ་ཟས། རོལ་མོ་རྣམས་དྭངས་ཤིང་ཐོགས་པ་མེད་པ་ནམ་མཁའ་དང་མཉམ་པ་ཟག་པ་མེད་པའི་བདེ་བ་ཁྱད་པར་ཅན་བསྐྱེད་པར་གྱུར། ཨོཾ་ཨརྒྷཾ་ཨཱཿཧཱུྃ། དེ་བཞིན་དུ་སྦྱར་ཏེ། པཱ་དྱཾ། པུཥྤེ། དྷཱུ་པེ། །ཨཱ་ལོ་ཀེ། གནྡྷེ། ནཻ་ཝི་དྱེ། ཤབྡ་ཨཱཿཧཱུྃ། རྒྱལ་བ་རྒྱ་མཚོའི་མཆོད་རྫས་ལས་གྲུབ་པའི། །ཞིང་ཁམས་རྒྱ་མཚོའི་མཆོད་ཡོན་རྒྱ་མཚོའི་ཚོགས། །ཡོན་ཏན་རྒྱ་མཚོའི་རྒྱལ་བ་འཁོར་བཅས་ལ། །དད་པ་རྒྱ་མཚོས་འབུལ་ལོ་བཞེས་སུ་གསོལ། །ཨོཾ་ཨཱཿ གུ་རུ་བཛྲ་དྷ་ར་སུ་མ་ཏི་ཀཱིརྟི་ཨཱ་ཡུར་ཛྙཱ་ན་ས་པ་རི་ཝཱ་ར་ཨརྒྷཾ་པྲ་ཏཱི་ཙྪ་སྭཱ་ཧཱ། ཞེས་པ་ནས། ཞབས་བསིལ། མེ་ཏོག། བདུག་སྤོས། སྣང་གསལ། དྲི་ཆབ། ཞལ་ཟས། རོལ་མོའི་པར་ཚིགས་བཅད་ཐུགས་ཕྱག་རྒྱ་བཅས་པས་འབུལ། བསྡུ་ན་ཐུགས་ཙམ་གྱིས་ཕུལ་ཀྱང་ཆོག །དེ་ཙམ་མ་གྲུབ་ན། དངོས་སུ་བཤམས་དང་ཡིད་ཀྱིས་ལེགས་སྤྲུལ་པའི། །ཕྱི་ནང་གསང་བའི་མཆོད་ཚོགས་མཐའ་ཡས་པ། །ཀུན་བཟང་མཆོད་པའི་སྤྲིན་ལ་འགྲན་པ་འདི། །རྗེ་བཙུན་བླ་མ་འཁོར་དང་བཅས་ལ་འབུལ། །བཤགས་པའི་ཡན་ལག་ནི། རྒྱས་པར་སྤྲོ་ན། ཡིག་བརྒྱ་གང་འགྲུབ་བཏོན་རྗེས། ལྟུང་བཤགས་དང་སྤྱི་བཤགས་ཀྱི་སྒོ་ནས་བྱས་བསགས་ཀྱི་ཉེས་སྒྲིབ་ཉེས་ལྟུང་རྣམས་ལ་གཉེན་པོ་སྟོབས་བཞི་ཚང་བའི་སྒོ་ནས་བཤགས་སྡོམ་ཚུལ་བཞིན་དུ་བྱེད་ཅིང་། དེ་ཙམ་ཡོང་མ་བྱུང་ན། ཐོག་མེད་དུས་ནས་ད་ལྟའི་བར་དག་ཏུ། །བཅས་དང་རང་བཞིན་ཁ་ན་མ་ཐོ་བའི། །བྱས་བསགས་ཉེས་སྒྲིབ་ཉེས་ལྟུང་ཅི་མཆིས་པ། །འགྱོད་པ་དྲག་པོས་སྙིང་ནས་སོ་སོར་བཤགས། །ཐེག་གསུམ་སྐྱེ་འཕགས་རང་གཞན་དགེ་ཚོགས་དང་། །ཁྱད་པར་འཇམ

མགོན་བླ་མ་འཁོར་བཅས་ཀྱི། །རླབས་ཆེན་མཛད་པ་ཧི་སླེད་མཆིས་པ་ལ། །བསམ་པ་ཐག་པའི་སྨྲེ་ནས་རྗེས་ཡི་རང་། །ནམ་མཁའི་མཐར་ཐུག་འགྲོ་བ་མ་ལུས་པ། །སྲིད་ཞིའི་འཇིགས་པ་ཆེ་ལས་སྒྲོལ་བའི་ཕྱིར། །ཐེག་གསུམ་ཟབ་དང་རྒྱ་ཆེ་མདོ་སྔགས་ཀྱི། །ཆོས་འཁོར་རྒྱུན་ཆད་མེད་པར་བསྐོར་བར་བསྐུལ། །རྡོ་རྗེའི་སྐུ་ལ་འཕོ་འགྱུར་མི་མངའ་ཡང་། །བདག་ཅག་མོས་ངོར་བསོད་ནམས་ཞིང་མཆོད་ཏུ། །རྗེ་བཙུན་བློ་བཟང་གྲགས་པ་འཁོར་དང་བཅས། །འགྱུར་མེད་རི་དབང་ལྟ་བུར་བཞུགས་སུ་གསོལ། །ཕྱག་མཆོད་བཤགས་བསྐུལ་ཡི་རང་གསོལ་འདེབས་མཆོན། །རང་གཞན་དུས་གསུམ་བསགས་པའི་དགེ་རྩ་རྣམས། །མ་ལུས་སེམས་ཅན་ཀུན་གྱི་དོན་བགྱིད་ཕྱིར། །བླ་མེད་བྱང་ཆུབ་ཐོབ་པའི་རྒྱུ་རུ་བསྔོ། །ཞེས་དོན་དྲན་བཞིན་པའི་སྨྲེ་ནས་ཡན་ལག་བདུན་པ་འབུལ་ཞིང་། མཎྜལ་འབུལ་བ་ནི། རྒྱས་པར་སྤྲིན་མཎྜལ་སོ་བདུན་མ་འབུལ་ཞིང་། ལྷ་དང་མིའི་དཔལ་འབྱོར་ཕུན་སུམ་ཚོགས་པ་མ་ཚང་བ་མེད་པ་རབ་འབྱམས་རྒྱལ་བ་རྒྱ་མཚོའི་ཞིང་གི་རྣལ་གྱི་གྲངས་དང་མཉམ་པ་འདི་ཉིད་རྩ་བརྒྱུད་ཀྱི་བླ་མ་ཡི་དམ་སངས་རྒྱས་བྱང་སེམས་ཉན་རང་དཔའ་བོ་མཁའ་འགྲོ་ཆོས་སྐྱོང་བསྲུང་མའི་ཚོགས་དང་བཅས་པ་དང་། ཁྱད་པར་དུ་ཡང་ཁམས་གསུམ་ཆོས་ཀྱི་རྒྱལ་པོ་ཙོང་ཁ་པ་ཆེན་པོ་དང་། བཅོམ་ལྡན་འདས་མགོན་པོ་ཚེ་དང་ཡེ་ཤེས་དཔག་ཏུ་མེད་པ་དབྱེར་མ་མཆིས་པའི་ལྷ་ཚོགས་འཁོར་དང་བཅས་པ་རྣམས་ལ་འབུལ་བར་བགྱིའོ། །ཐུགས་རྗེས་འགྲོ་བའི་དོན་དུ་བཞེས་སུ་གསོལ། །བཞེས་ནས་བདག་སོགས་མ་ གྱུར་འགྲོ་བ་ནམ་མཁའི་མཐའ་དང་མཉམ་པའི་སེམས་ཅན་ཐམས་ཅད་ལ་ཐུགས་བརྩེ་བ་ཆེན་པོའི་སྒོ་ནས་རྗེས་སུ་བཟུང་སྟེ་སྒྲིབ་གཉིས་སྦྱངས་ཚོགས་གཉིས་རྫོགས་ནས་མྱུར་དུ་མངོན་པར་རྫོགས་པར་འཚང་རྒྱ་བ་དང་། ཁྱད་པར་དུ་འཆི་མེད་ཚེ་ཡི་དངོས་གྲུབ་ཐོབ་པར་བྱིན་གྱིས་བརླབ་ཏུ་གསོལ། །ས་གཞི་སྤོས་ཆུས་དང་། བྱེ་བ་ཕྲག་བརྒྱ་སོགས་ཀྱིས་ཚིགས་བཅད་གང་འོས་དང་། གཞན་ཡང་། རྒྱལ་བ་ཐམས་ཅད་གཅིག་བསྡུས་རྗེ་རྗེ་འཆང་། །ཞེས་སོགས་དང་། འཇིག་རྟེན་འདྲེན་པའི་གཙོ་བོ་ཚེ་དཔག་མེད། ཅེས་སོགས་བརྗོད། ཐོས་པ་རྒྱ་མཚོའི་མཆོད་ཡོན་ཀུན་ནས་འཁྱིལ། །ཞེས་སོགས་འདོན་ཞིང་དོན་དྲན་བཞིན་པའི་སྒོ་ནས་མཎྜལ་དང་བཅས་ཏེ་ཕུལ། དེ་ཙམ་མ་གྲུབ་ན། རབ་འབྱམས་ཞིང་རྣལ་དང་མཉམ་སྟོང་གསུམ་འདི། །རིན་ཆེན་བདུན་སོགས་མཆོད་པའི་སྤྲིན་ཚོགས་ཀྱིས། །

བཀང་སྟེ་འཇམ་མགོན་བླ་མ་འཁོར་བཅས་ལ། །འབུལ་ལོ་བཞེས་ལ་བྱིན་གྱིས་བརླབ་ཏུ་གསོལ། །ཞེས་ཚིགས་བཅད་ཙམ་གྱི་སྒོ་ནས་མཎྜལ་ཕུལ་བས་ཆོག། དེ་ནས། རྩ་བའི་བླ་མ་འཇམ་མགོན་ཆོ་དཔག་མེད། །བདག་གི་སྙིང་ཁར་པདྨའི་སྟེང་བཞུགས་ནས། །བཀའ་དྲིན་ཆེན་པོའི་སྒོ་ནས་རྗེས་བཟུང་སྟེ། །མཆོག་ཐུན་དངོས་གྲུབ་ཚེ་ཡི་རིག་འཛིན་སྩོལ། །ཞེས་གསོལ་བ་ལན་གསུམ་ཤུགས་དྲག་ཏུ་བཏབ་པས་བླ་མ་ལྷ་དགྱེས་བཞིན་འོད་དུ་ཞུ་ནས་བདག་ཉིད་ལ་ཐིམ་པས་རང་གི་རྒྱུད་བྱིན་གྱིས་བརླབ་པར་གྱུར། ཞེས་པ་ནི་ཚིགས་ཞར་ཡིན་ལ། བདག་བསྐྱེད་བསྒོམ་པ་ནི། སྭ་བྷཱ་ཝས་སྟོང་པར་སྦྱངས། སྟོང་པའི་ངང་ལས་རང་ཉིད་སེང་གེ་ཆེན་པོ་བརྒྱད་ཀྱིས་བཏེགས་པའི་རིན་པོ་ཆེའི་ཁྲི་མཐོ་ཞིང་ཡངས་པའི་སྟེང་དུ་སྣ་ཚོགས་པདྨ་དང་། ཉི་མའི་དཀྱིལ་འཁོར་གྱི་གདན་ལ་རང་ཉིད་རྗེ་བཙུན་བློ་བཟང་གྲགས་པ་སྐུ་མདོག་དཀར་ལ་དམར་བའི་མདངས་ཆགས་པ་ཞལ་གྱི་དཀྱིལ་འཁོར་ཤིན་ཏུ་འཛུམ་ཞིང་སྤྱན་དགུས་རིང་བ། སྐུ་ལ་ཆོས་གོས་ངུར་སྨྲིག་རྣམ་གསུམ་མཛེས་པར་གསོལ་བ། དབུ་ལ་པཎ་ཞྭ་གསེར་གྱི་མདོག་ཅན་སྣོ་རིང་གསོལ་བ། ཕྱག་གཡས་ཆོས་འཆད་ཀྱི་ཕྱག་རྒྱས་ཨུཏྤ་ལའི་ཡུ་བ་ཐུགས་ཀར་བཟུང་བའི་འདབ་མ་སྟོན་གཡས་ཀྱི་ཐད་ཀར་ཁ་བྱེ་བའི་སྟེང་དུ་ཤེས་རབ་ཀྱི་རལ་གྲི་དང་། ཕྱག་གཡོན་མཉམ་གཞག་གི་སྟེང་ན་མཆི་མེད་ཚེ་ཡི་བདུད་རྩིས་གང་བའི་བུམ་པ་དཔག་བསམ་ཤིང་གི་ཁ་རྒྱན་ཅན་དང་། ཨུཏྤ་ལའི་ཡུ་བ་བཟུང་པའི་འདབ་མ་སྟོན་གཡོན་གྱི་ཐད་དུ་ཁ་བྱེ་པའི་སྟེང་དུ་ཤེར་ཕྱིན་གྱི་གླེགས་བམ་བསྣམས་པ། ཞབས་རྡོ་རྗེ་སྐྱིལ་ཀྲུང་གིས་བཞུགས་ཤིང་དྭངས་གསལ་འོད་ཀྱི་རང་བཞིན་ཅན་འོད་ཟེར་གྱི་ཚོགས་ཞིང་ཁམས་ཀུན་འགེངས་བར་འཕྲོས་པས་ཞིང་ཁམས་ཐམས་ཅད་སྐུ་ལ་སྣང་ཞིང་སྐུས་ཞིང་ཁམས་ཐམས་ཅད་ཁྱབ་པའི་བདག་ཉིད་ཅན་དུ་བཞུགས་པའི་སྤྱི་བོར་སྐུ་རྡོ་རྗེའི་ངོ་བོ་ཨོཾ་དཀར་པོ། མགྲིན་པར་གསུང་རྡོ་རྗེའི་ངོ་བོ་ཨཱཿདམར་པོ། ཐུགས་ཀར་ཐུགས་རྡོ་རྗེའི་ངོ་བོ་ཧཱུྃ་སྔོན་པོ། ཐུགས་ཀའི་ཧཱུྃ་ལས་འོད་ཟེར་འཕྲོས་པས་སངས་རྒྱས་བྱང་སེམས་ཐམས་ཅད་ཆོས་ཀྱི་རྒྱལ་པོ་ཙོང་ཁ་པ་ཆེན་པོའི་རྣམ་པར་སྤྱན་དྲངས་རང་ལ་ཐིམ་པར་གྱུར། མཆོད་པའི་ལྷ་མོ་སྤྲོས་ཏེ་མཆོད་རྫས་ཐོགས་ནས་བདག་ཉིད་ལ་མཆོད་པར་བསམས། མཆོད་པ་གོང་བཞིན་བྱིན་གྱིས་བརླབས། བསོད་ནམས་ཞིང་དུ་གྱུར་པའི་སངས་རྒྱས་ལ། །སྣང་ལ་རང་བཞིན་མེད་པའི་མཆོད་ཡོན་འདི། །སྣང་སྟོང་དབྱེར་

མེད་སེམས་ཀྱིས་འབུལ་ལགས་ན། དབྱེར་མེད་བདེ་ཆེན་ཐུགས་ཀྱིས་བཞེས་སུ་གསོལ། ཨོཾ་ཨཱཿ གུ་རུ་བཛྲ་དྷཱ་ར་སུ་མ་ཏི་ཀཱི་རྟི་ཨཱ་ཡུར་ཛྙཱ་ན་ས་པ་རི་ཝཱ་ར་ཨརྒྷཾ་པྲ་ཏཱི་ཙྪ་སྭཱ་ཧཱ། དེ་བཞིན་དུ། པཱ་དྱཾ་ནས་ཤབྡའི་བར་ཚིགས་བཅད་ཐུགས་ཕྱག་རྒྱ་དང་བཅས་གོང་བཞིན་འབུལ། རྟེན་ཅིང་འབྲེལ་བར་འབྱུང་བ་ཡི། །ལྷ་རྫས་བཟང་པོའི་གཟུགས་མཆོག་འདི། །རྒྱལ་བ་སྲས་དང་བཅས་ལ་འབུལ། །བཞེས་ནས་མཆོག་ཐུན་དངོས་གྲུབ་སྩོལ། །ཨོཾ་ཨཱཿ གུ་རུ་བ་ཛྲ་དྷཱ་ར་སུ་མ་ཏི་ཀཱི་རྟི་ཨཱ་ཡུར་ཛྙཱ་ན་ས་པ་རི་ཝཱ་ར་རཱུ་པ་པྲ་ཏཱི་ཙྪ་སྭཱ་ཧཱ། དེ་བཞིན་དུ་ཤབྡ་ནས། སྤ་རྴའི་བར་ཚིགས་བཅད་ཐུགས་དང་ཕྱག་རྒྱ་བཅས་འབུལ། བསོད་ནམས་ཞིང་དུ་གྱུར་པའི་སངས་རྒྱས་ལ། །འཁོར་ལོ་ནོར་བུ་བཙུན་མོ་བློན་པོ་དང་། །གླང་པོ་རྟ་མཆོག་ཁྱིམ་བདག་རིན་ཆེན་གྱིས། །སྟོང་གསུམ་ཞིང་ཁམས་བཀང་སྟེ་འབུལ་བར་བགྱི། ཨོཾ་ཨཱཿ གུ་རུ་བཛྲ་དྷ་ར་སུ་མ་ཏི་ཀཱི་རྟི་ཨཱ་ཡུར་ཛྙཱ་ན་ས་པ་རི་ཝཱ་ར་མཏྣ་སཔྟ་རཏྣ་པྲ་ཏཱི་ཙྪ་སྭཱ་ཧཱ། བསྟོད་པ་ནི། ཚོགས་གཉིས་རྒྱ་མཚོ་རིང་ནས་གོམས་པའི་མཐུས། །སྐུ་བཞིའི་བང་རིམ་མཆོག་ཏུ་ལེགས་འཛོག་ནས། །མཆོག་ཐུན་དངོས་གྲུབ་ཆར་ལྟར་འབེབས་མཛད་པ། །འཇམ་མགོན་ཚེ་མཐའ་ཡས་ལ་ཕྱག་འཚལ་བསྟོད། །སེང་ཁྲི་པད་ཟླའི་གདན་ལ་སྐྱིལ་ཀྲུང་བཞུགས། །ཕྱག་གཡས་ཆོས་འཆད་གཡོན་པས་མཉམ་གཞག་མཛད། །གླེགས་བམ་རལ་གྲི་ཚེ་ཡི་བུམ་པ་བསྣམས། །ཤེས་རབ་ཏིང་འཛིན་ཚེ་དཔལ་སྩོལ་ལ་བསྟོད། སྐུ་ལ་ཆོས་གོས་ངུར་སྨིག་རྣམ་གསུམ་གསོལ། །དབུ་ལ་གསེར་མདོག་པཎ་ཞྭ་ལེགས་པར་མཛེས། །རྒྱལ་ཀུན་འདུས་ཞལ་གསང་གསུམ་ཡོན་ཏན་རྫོགས། །ཀུན་གྱི་སྐྱབས་གནས་ཁྱེད་ལ་ཕྱག་འཚལ་བསྟོད། །བསྐྱེན་ཅིང་མཆོད་བསྟོད་གསོལ་བ་བཏབ་པའི་མཐུས། །ཕྱི་ནང་འགལ་རྐྱེན་མ་ལུས་ཞི་བ་དང་། །འཆི་མེད་རྡོ་རྗེའི་སྐུ་མཆོག་དམ་པ་གང་། །འབད་མེད་མྱུར་དུ་ཐོབ་པར་བྱིན་གྱིས་རློབས་ཞེས་པས་བསྟོད། དེ་ནས་རང་ཉིད་རྗེ་བཙུན་ཙོང་ཁ་པ་ཆེན་པོ་དང་། བཅོམ་ལྡན་འདས་ཚེ་དཔག་མེད་དབྱེར་མ་མཆིས་པའི་སྐུ་སྣང་ལ་རང་བཞིན་མེད་པའི་མེ་ལོང་ནང་གི་གཟུགས་བརྙན་ལྟ་བུར་བསམ་ལ་ཅི་ནུས་སུ་མཉམ་པར་བཞག་བསྒོམ་པས་སྐྱོན་བཟླས་པ་ལ་འཇུག་པ་ནི། རང་ཉིད་རྗེ་བླ་མར་གསལ་བའི་ཐུགས་ཀར་པད་ཟླའི་གདན་ལ་ཤིན་ཏུ་ཕྲ་བའི་རླུང་སེམས་དང་དབྱེར་མ་མཆིས་པའི་བཅོམ་ལྡན་འདས་མགོན་པོ་ཚེ་དང་ཡེ་ཤེས་དཔག་ཏུ་མེད་པ་སྐུ་མདོག་དཀར་པོ་དར་དང་རིན་པོ་ཆེའི་རྒྱན་གྱིས་སྤྲས་པ་ཞབས་རྡོ་རྗེ་སྐྱིལ་ཀྲུང་

གིས་བཞུགས་པ། ཕྱག་གཉིས་མཉམ་གཞག་གི་སྟེང་ན་འཆི་མེད་ཚེ་ཡི་བདུད་རྩིས་གང་བའི་བུམ་པ་འཛིན་པ། བུམ་པའི་ནང་དུ་རྡོ་རྗེ་དཀར་པོ་རྩེ་ལྔ་བགྱིན་འགྲེང་གི་ལྟེ་བར་ཧྲཱིཿ ཡིག་གི་མཐར་བཟླས་བྱའི་སྔགས་ཕྲེང་གིས་བསྐོར་བ་ལས་འོད་ཟེར་འཕྲོས་མཆོག་གསུམ་རྒྱལ་བ་སྲས་བཅས་ཀྱི་བྱིན་རླབས་འཇིག་རྟེན་ཁམས་ཀྱི་དཔལ་འབྱོར་ཕུན་སུམ་ཚོགས་པ་དང་། འབྱུང་བ་ལྔའི་ནུས་མཐུ་ཐམས་ཅད་འཆི་མེད་བདུད་རྩིའི་འོད་ཟེར་རྣམ་པར་སྤྱན་དྲངས་རང་ལ་ཐིམ་ཕྱི་ནང་གི་འགལ་རྐྱེན་དང་ཚེ་ཡི་བར་ཆད་མཐའ་དག་ཞི་ཞིང་། འཆི་མེད་ཚེ་ཡི་དངོས་གྲུབ་ཐོབ་པར་བསམས་ལ། བླ་མ་རྡོ་རྗེ་འཛིན་པ་བློ་བཟང་གྲགས་པ་དང་བཅོམ་ལྡན་འདས་མགོན་པོ་ཚེ་དང་ཡེ་ཤེས་དཔག་ཏུ་མེད་པ་དབྱེར་མ་མཆིས་པས་བདག་ལ་འཆི་མེད་ཚེ་ཡི་དངོས་གྲུབ་སྩོལ། བླ་མའི་ཞབས་བརྟན་དུ་དམིགས་ན། ཨོཾ་ཨཱཿ གུ་རུ་བཛྲ་དྷ་ར་སུ་མ་ཏི་ཀི་རྟི་ཛྙཱ་ན་ཤཱ་ས་ན་དྷྭ་ཛ་པ་རི་མི་ཏ་ཨཱ་ཡུར་ཛྙཱ་ན་ཨ་དྷ་ཡ་མ་མ་ཨ་ཤྲི་ཏ་སྠཱྃ་སིདྡྷི་ཧཱུྃ་ཧཱུྃ། ཞེས་ཅི་ནུས་བཟླ། གཞན་དོན་དུ་ཚེ་སྒྲུབ་བྱེད་པ་ཡིན་ན། ཧྲཱིཿ ཡི་གི་གུའི་ནང་དུ་པད་ཟླའི་གདན་ལ་བླ་མའི་སྐུའི་རྣམ་པ་ཐུན་མོང་བའི་སྣང་ངོར་ཡོད་པ་ཇི་ལྟ་བ་བཞིན་དུ་གསལ་བཏབ་ལ་རྒྱལ་བ་སྲས་བཅས་ཀྱི་སྐུ་གསུང་ཐུགས་ཀྱི་བྱིན་རླབས་དང་སྣོད་བཅུད་ཀྱི་ཡོན་ཏན་གོང་བཞིན་བསྡུས་ཏེ་བླ་མའི་སྤྱི་བོ་ནས་ཞུགས་སྐུ་ལུས་ཀྱི་ནང་ཐམས་ཅད་གང་འཆི་མེད་རྡོ་རྗེའི་སྐུ་བརྟེས་པར་བསམ་ལ་ཞབས་བརྟན་འབུལ་བའི་ཚུལ་དུ། ཨོཾ་ཨཱཿ གུ་རུ་བཛྲ་དྷ་ར་ཡ་སུ་མ་ཏི་ཀཱི་རྟི་ཛྙཱ་ན་ཤཱ་ས་ན་དྷྭ་ཛ་པ་རི་མི་ཏ་ཨ་ཡུར་ཛྙཱ་ན་ཨ་དྷ་ཡ་གུ་རུ་ཤྲི་བད་ཀཱ་ཡ་ཨཱ་ཡུར་བུདྡྷི་སིདྡྷི་ཧཱུྃ་ཧཱུྃ། མང་འགྱུར་གཅིག་ལ། གུ་རུ་བཛྲ་དྷ་ར་སུ་མ་ཏི་ཀི་རྟི་ཙ་ཛྙཱ་ན་ཤཱ་ས་ན་ཨཱ་ཡུར་ཛྙཱ་ན་པ་ར་མི་ཏ་བི་ཎི་ཛྙཱ་ཡུ་ཀྵེ་ ཨ་པ་ར་ཛཱ་ན་སྭཱ་སིདྡྷི་ཕྲ་ཡ་སྭཱཧཱཿ བླ་མ་རྡོ་རྗེ་འཛིན་པ་བློ་བཟང་གྲགས་པ་དང་བཅོམ་ལྡན་འདས་མགོན་པོ་ཚེ་དང་ཡེ་ཤེས་དཔག་ཏུ་མེད་པར་དབྱེར་མ་མཆིས་པས་དཔལ་ལྡན་བླ་མའི་སྐུ་ཚེ་འཕེལ་བའི་དངོས་གྲུབ་སྩོལ། བླ་མ་རྡོ་རྗེ་འཛིན་པ་བློ་བཟང་གྲགས་པ་དང་བཅོམ་ལྡན་འདས་མགོན་པོ་ཚེ་དང་ཡེ་ཤེས་དཔག་ཏུ་མེད་པ་དབྱེར་མ་མཆིས་པས་བདག་ལ་འཆི་མེད་ཚེ་ཡི་དངོས་གྲུབ་སྩོལ། ཞེས་ཅི་འགྲུབ་བཟླ། བླ་མའི་ཞབས་བརྟན་དུ་དམིགས་ནས་ཚེ་སྒྲུབ་བྱེད་པ་ནི་རང་གི་ཚེ་བསྒྲུབ་ཀྱི་ཡང་མཆོག་ཏུ་འགྱུར་བ་བླ་མ་གོང་མ་རྣམས་ནས་གསུངས་སོ། །དེ་བཞིན་དུ་སེམས་ཅན་གཞན་གྱི་དོན་དུ་ཚེ་བསྒྲུབ་བྱེད་པ་ཡིན་ན། སྦྱིན་བདག་ཆེ་གེ་མོ་དེ་ཉིད་ཧྲཱིཿཡི་གི་གུའི་ནང་དུ་གསལ་བཏབ་ལ་ཚེ་འགུགས་པའི་དམིགས་པ་གང་བཞིན་བྱེད་དེ། བདུད་རྩིའི་འོད་ཟེར་གྱི་རྣམ་པ་ཅན་སྦྱིན་བདག་གི་སྤྱི་བོ་ནས་ཞུགས་ལུས་ཀྱི་ནང་ཐམས་ཅད་གང་ཚེ་ཡི་བར་ཆད་སྡིག་སྒྲིབ་བག་ཆགས་དང་བཅས་པ་ཐམས་ཅད་བྱང་ཞིང་དག །འཆི་མེད་རྡོ་རྗེའི་སྐུ་མཆོག་ཐོབ་པར་བསམ་ལ།

ཨོཾ་ཨཱཿ གུ་རུ་བཛྲ་ཧྲ་ར་ཡ་སུ་མ་ཏི་ཀཱིརྟི་ཛྙ་ག་ཤན་ན་བྷྲ་ཨ་པ་རི་མི་ཏ་ཨཱ་ཡུར་ཛྙཱ་ན་ཨ་དྷ་ཡ་དྣ་ན་པ་ཏི་ས་པུ་རི་པཱུ་ར་ཨ་སྲི་ཏ་ཧྲཱིཾ་སིདྡྷི་ཧཱུྃ་ཧཱུྃ། ཅི་འགྲུབ་བཟླ་བར་བྱ། ངག་མ་བཏང་གོང་ནས་ཡིག་བརྒྱ་ཅི་འགྲུབ་བཟླས་ཏེ་ཚད་ལྷག་ཁ་བསྐང་། མཆོད་བསྟོད་གོང་བཞིན་བླ་མ་རྡོ་རྗེ་འཛིན་པ་བློ་བཟང་གྲགས་པ་དང་བཅོམ་ལྡན་འདས་མགོན་པོ་ཚེ་དང་ཡེ་ཤེས་དཔག་ཏུ་མེད་པ་དབྱེར་མ་མཆིས་པས་བྱིན་པའི་བདག་པོ་འདི་རྣམས་ལ་འཆི་མེད་ཚེ་ཡི་དངོས་གྲུབ་སྩོལ། བྱས་རྗེས། གཏོར་མ་འབུལ་བར་འདོད་ན། རིན་པོ་ཆེ་ལ་སོགས་པའི་སྣོད་གཙང་མའི་ནང་དུ་དཀར་གསུམ་མངར་གསུམ་དང་བྱ་རྒྱུད་བྲུམ་རྫས་སོགས་བཏབ་པའི་དཀར་གཏོར་ཟླུམ་པོ། རྗེ་རིན་པོ་ཆེ་ལ་འབུལ་རྒྱུ་ཆེ་བ་གཅིག་དང་། དེའི་གཡས་སུ་ཆོས་སྐྱོང་གཏོར་མ། གཡོན་དུ་གཞི་བདག་གཏོར་མ་བཅས་ཟླུམ་པོ་གསུམ་ཀ་སོ་སོ་ནས་ཐེབས་ཀྱིས་བསྐོར་བ་མཐའ་ཟན་རིལ་གང་མང་དང་བཅས་བཤམས། ཉེར་སྤྱོད་བྱིན་རླབས་ནི། བཛྲ་ཨ་མྲི་ཏ་ས་བསངས། སྭ་བྷཱ་ཝ་ས་སྟོང་པར་སྦྱངས། སྟོང་པའི་ངང་ལས་བྷྲཱུཾ་ལས་རིན་པོ་ཆེའི་སྣོད་ཡངས་ཤིང་རྒྱ་ཆེ་བ་རྣམས་ཀྱི་ནང་དུ། ཨོཾ་འོད་དུ་ཞུ་བ་ལས་བྱུང་བའི་ལྷ་རྫས་ལས་གྲུབ་པའི་མཆོད་ཡོན། ཞབས་བསིལ། མེ་ཏོག བདུག་སྤོས། མར་མེ། དྲི་ཆབ། ཞལ་ཟས། རོལ་མོ་རྣམས་དྭངས་ཤིང་ཐོགས་པ་མེད་པ་ནམ་མཁའ་དང་མཉམ་པ་ཟག་པ་མེད་པའི་བདེ་བ་ཁྱད་པར་ཅན་བསྐྱེད་པར་གྱུར། ཨོཾ་ཨརྒྷཾ་ཨཱཿ ཧཱུྃ་ནས། ཤབྡ་ཨཱཿ ཧཱུྃ། གཏོར་མ་བྱིན་རླབས་ནི། བཛྲ་ཨ་མྲི་ཏ་ས་བསངས། སྭ་བྷཱ་ཝ་ས་སྟོང་པར་སྦྱངས། སྟོང་པའི་ངང་ལས་བྷྲཱུཾ་ལས་རིན་པོ་ཆེ་ལས་གྲུབ་པའི་སྣོད་ཡངས་ཤིང་རྒྱ་ཆེ་བ་རྣམས་ཀྱི་ནང་དུ་ཨོཾ་འོད་དུ་ཞུ་བ་ལས་བྱུང་བའི་གཏོར་མ་ཟག་པ་མེད་པའི་ཡེ་ཤེས་ཀྱི་བདུད་རྩིའི་རྒྱ་མཚོ་ཆེན་པོར་གྱུར། ཨོཾ་ཨཱཿ ཧཱུྃ། ལན་གསུམ་བརྗོད་པས་བྱིན་གྱིས་རླབས། གཏོར་མགྲོན་རྒྱས་པར་བྱེད་ན་གོང་གི་མངོན་རྟོགས་ལྟར་མདུན་དུ་བསྐྱེད་པའམ། དེ་ནས་མ་ནུས་ན། རང་གི་ཐུགས་ཀའི་ས་བོན་ལས་འོད་ཟེར་འཕྲོས་པས། རང་བཞིན་གྱི་གནས་ནས་རྗེ་བཙུན་ཙོང་ཁ་པ་ཆེན་པོ་དང་བཅོམ་ལྡན་འདས་མགོན་པོ་ཚེ་དཔག་མེད་དབྱེར་མ་མཆིས་པ་ལ་སངས་རྒྱས་བྱང་སེམས་ཀྱིས་བསྐོར་བ་སྤྱན་དྲངས། མདུན་གྱི་ནམ་མཁར་བཞུགས་པར་བསམ། ལྷགས་རྡོ་རྗེའི་འོད་ཟེར་གྱི་སྦུ་གུས་གཏོར་མའི་བཅུད་དྲངས་ཏེ་གསོལ་བར་གྱུར། ཨོཾ་ཨཱཿ གུ་རུ་སུ་མ་ཏི་ཀཱིརྟི་ཨཱ་ཡུར་ཛྙཱ་ན་ས་པ་རི་ཝཱ་ར་ཨི་དཾ་བ་ལིངྟ་ཁ་ཁ་ཁཱ་ཧི་ཁཱ་ཧི། ཞེས་པ་ལན་གསུམ་མམ་བདུན་གྱིས་འབུལ། ཨརྒྷཾ་ནས་ཤབྡའི་བར་གྱིས་མཆོད། བསྟོད་པ་ནི་རྒྱས་པར་སྔོན། བདག་བསྐྱེད་སྐབས་ཀྱི་བསྟོད་པས་བསྟོད། བསྡུ་ན། རྣམ་མང་རྒྱལ་བའི་མཁྱེན་བརྩེ་ནུས་པ་ཀུན། །རྣམ་པ་གཅིག་ཏུ་བསྡུས་

པ་བློ་བཟང་གྲགས། །རྣམ་མང་འགྲོ་ལ་ཆོ་དཔལ་སྟོལ་མཛད་པ། །རྣམ་འདྲེན་འཇམ་མགོན་ཆོ་མཐའ་ཡས་ལ་བསྟོད། །ཅེས་བརྗོད་གཏོར་མ་གཉིས་པ་བྱིན་གྱིས་བརླབས། དམ་ཅན་ཆོས་ཀྱི་རྒྱལ་པོ་སོགས་སྤྱི་སྐོར་གྱི་ཆོས་སྐྱོང་སྲུང་མ་རྣམས་ལ་དམིགས་ནས། རང་གི་མདུན་དུ་སྐད་ཅིག་གིས་གསལ་འདེབས་པའམ་ཡང་ན་གར་བཞུགས་རྡོ་རྗེའི་ཕོ་བྲང་སོ་སོའི་གནས་སུ་ཕུལ་བས་མཉེས་པར་བསམས་ལ། ཨོཾ་ཤྲཱི་ཛྙཱ་པླ་ལ་ས་པ་རེ་ཝཱ་ར་ཨི་དཾ་པ་ལི་ཏྲ་ཁ་ཁ་ཁཱ་ཧི་ཁཱ་ཧི། ལན་གསུམ་ལ་སོགས་པས་ཕུལ། ཨོཾ་ཤྲཱི་ཛྙཱ་པ་ལ་ས་པཱ་ར་ཝཱ་ར་ཨརྒྷཾ་ནས་ཤབྡའི་བར་གྱིས་མཆོད། སྟོན་ཆོ་བཅོམ་ལྡན་འདས་ཀྱི་སྤྱན་སྔར། །ཆོས་བཞིན་སྒྲུབ་པར་བྱེད་པའི་གང་ཟག་ལ། །བུ་བཞིན་སྐྱོང་བར་ཞལ་གྱིས་བཞེས་པ་ཡི། །ཆོས་སྐྱོང་སྲུང་མའི་ཚོགས་ལ་བདག་བསྟོད་དོ། །ས་ལྐྱ་སྤྱི་ལྟར་བཏང་། སྨོན་ལམ་ནི། དགེ་བ་འདི་ཡིས་མྱུར་དུ་བདག །བློ་བཟང་གྲགས་པ་འགྲུབ་གྱུར་ནས། །ཞེས་སོགས་དང་། སྐྱེ་ཞིང་སྐྱེ་བ་དག་ནི་ཐམས་ཅད་དུ། །ཞེས་སོགས། འཇམ་མགོན་བླ་མ་བྱེད་སྐུ་ཅི་འདྲ་དང་། །ཞེས་སོགས། བླ་མའི་ཞབས་བརྟན་སོགས་ལ་དམིགས་པ་ཡིན་ཆོ། སྲས་བཅས་རྒྱལ་བ་ཀུན་གྱི་བྱིན་རླབས་དང་། །བདག་གི་རྩེ་གཅིག་སྒྲུབ་ཅིང་གསོལ་བཏབ་མཐུས། །རྗེ་བཙུན་བླ་མ་མི་ཤིགས་རྡོ་རྗེའི་ཁྲིར། །ཆོ་མཐའ་ཡས་པའི་མགོན་བཞིན་རྟག་བརྟན་ཤོག །རྡོ་རྗེའི་སྐུ་ལ་སྐྱེ་འཆི་མི་མངའ་ཡང་། །ཞེས་སོགས། རྗེ་བཙུན་བླ་མ་སྐུ་ཚེ་རབ་བརྟན་ཅིང་། །ཞེས་སོགས་བརྗོད། ཅུང་ཟད་རྒྱས་པར་སྨོན། སྐྱབས་གསུམ་ཀུན་འདུས་བླ་མ་ལྷག་པའི་ལྷ། །འཇམ་མགོན་བླ་མ་ཚེ་དཔག་མེད་མགོན་གྱི། །བསྒོམ་བཟླས་མཆོད་བསྟོད་བགྱིས་པའི་དགེ་བས་མཚོན། །རང་གཞན་དུས་གསུམ་བསགས་པའི་དགེ་བའི་ཚོགས། །རྣམ་དཀར་ཕུང་པོ་རི་སྙིད་མཆིས་པ་གང་། །གཅིག་ཏུ་བསྡོམས་པའི་མཐུ་ལས་བདག་སོགས་རྣམས། །སྐྱེ་ཀུན་ཐེག་མཆོག་དགེ་བའི་བཤེས་གཉེན་གྱིས། །མཉེས་བཞིན་རྗེས་བཟུང་བཀའ་བཞིན་བསྒྲུབ་པར་ཤོག །དལ་འབྱོར་དོན་ཆེན་རྙེད་དཀའ་འཇིག་སླ་དྲན། །ངན་སོང་གསུམ་གྱི་གཡང་ས་ལ་འཇིགས་ནས། །སྐྱབས་འགྲོ་ལས་འབྲས་ཚུལ་ལ་ཡིད་ཆེས་ཀྱིས། །དཀར་ནག་སྤང་བླང་ཚུལ་བཞིན་བྱེད་པར་ཤོག །འཁོར་བའི་གནས་ལ་ཞེན་པ་ལོག་གྱུར་ཏེ། །ངེས་འབྱུང་བསམ་པ་དྲན་ཤེས་བརྟན་པོ་ཡིས། །བསླབ་གསུམ་སྤྱི་དང་ཁྱད་པར་སོ་ཐར་གྱི། །བསླབ་བྱ་མ་ལུས་ཚུལ་བཞིན་སྲུང་པར་ཤོག །མར་ཤེས་ལ་སོགས་མན་ངག་བདུན་རྣམས་ཀྱིས། །

བསྐལ་བས་ཞི་བའི་བདེ་ལ་མ་ཆགས་པར། །འགྲོ་ཀུན་དོན་ཕྱིར་བྱང་ཆུབ་སེམས་བསྐྱེད་དེ། །ཕྱིན་དྲུག་བསྡུ་བ་བཞི་ལ་སློབ་པར་ཤོག །རང་ཉིད་དམྱལ་མེར་བསྐལ་བརྒྱར་གནས་བཟོད་ཀྱང་། །མ་གྱུར་འགྲོ་བ་སྒྲོལ་ལ་རིངས་པའི་བློས། །རྡོ་རྗེ་འཆང་གི་ལམ་གྱི་རིམ་པ་ལ། །ཡིད་ཆེས་རྙེད་ནས་ཞུགས་པར་བྱིན་གྱིས་རློབས། །དབང་དུས་ཁས་བླངས་དམ་ཚིག་སྡོམ་པ་རྣམས། །སྲོག་དང་བསྡོས་ཏེ་མིག་གི་འབྲས་བུ་བཞིན། །སྲུང་བ་དངོས་གྲུབ་ཀུན་གྱི་རྩ་བ་རུ། །ལེགས་པར་མཐོང་ནས་ཚུལ་བཞིན་བསྲུང་པར་ཤོག །ཚེ་གཅིག་ཉིད་ལ་མི་སློབ་ཟུང་འཇུག་གི །གོ་འཕང་མངོན་དུ་བྱེད་པའི་ཐབས་ཀྱི་མཆོག །བསྐྱེད་རིམ་གཉིས་དང་རྫོགས་རིམ་རིམ་པ་ལྔའི། །ལམ་གྱི་རྟོགས་པ་མ་ལུས་མཐར་ཕྱིན་ཤོག །དེ་ལྟར་མདོ་སྔགས་ལམ་གྱི་རིམ་པའི་དོན། །འགལ་མེད་གཅིག་ཏུ་གདམས་པར་ཤར་བ་ཡི། །འཇམ་མགོན་བླ་མའི་གསུང་གི་མན་ངག་ལ། །ཉམས་ལེན་སྙིང་པོར་ནུས་པར་བྱིན་གྱིས་རློབས། །སྙིང་གའི་ཆུ་སྐྱེས་དབུས་ཀྱི་རླུང་སེམས་དང་། །རྩ་བའི་བླ་མ་འཇམ་མགོན་ཚེ་དཔག་མེད། །དབྱེར་མེད་གཅིག་ཏུ་རྟེན་བརྟེན་གོམས་བྱས་པས། །ཚེ་ཡི་བར་ཆད་མ་ལུས་ཞི་བ་དང་། །སྟོང་ཉིད་སྙིང་རྗེའི་རང་མདངས་རྡོ་རྗེའི་སྐུ། །འཇམ་མགོན་ལྟ་བུར་མཚན་དཔེའི་དཔལ་འབར་བ། །ཐོབ་ནས་ནམ་མཁའི་མཐར་ཐུག་འགྲོ་བ་ཀུན། །སྨིན་གྲོལ་འཕྲིན་ལས་འབད་མེད་འགྲུབ་བྱིན་རློབས། །ཞེས་ལམ་ཡོངས་རྫོགས་ལ་སྨོན་ལམ་འདེབས་ཤིང་ཐུན་མཚམས་སུ་གསང་གསུམ་བླ་མ་ལྷའི་རྣམ་རོལ་དུ་ཤར་བའི་སྒོ་ནས་བཟའ་བཏུང་སོགས་ལ་ལོངས་སྤྱོད་ཅིང་། གང་སྣང་ཀུན་བདེ་སྟོང་དབྱེར་མེད་སྒྱུ་མ་ལྟ་བུར་བལྟས་ལ་དལ་འབྱོར་དོན་ལྡན་བྱའོ། །ཡིག་བརྒྱས་ཆད་ལྷག་ཁ་བསྐང་ནོངས་པ་བཟོད་པར་གསོལ། འདོད་དོན་ལ་གསོལ་བ་བཏབ། གཏོར་མགྲོན་རྟེན་ཡོད་ན་བརྟན་བཞུགས་དང་། རྟེན་མེད་ན་གཤེགས་སུ་གསོལ་བའམ་རང་ལ་བསྟིམ་པ་གང་རིགས་བྱེད། ཤིས་བརྗོད་ནི། ཡངས་པའི་ལེགས་བྲིས་ལམ་ཀུན་ཡོངས་གང་བའི། །སྐྱབས་གནས་དཀོན་མཆོག་གསུམ་གྱི་ལྷ་ཡི་ཚོགས། །ཁ་ཅིག་མེ་ཏོག་སྣ་ཚོགས་ཆར་དུ་བསྟིལ། །ལ་ལ་བཀྲ་ཤིས་གདངས་སྙན་ཤིས་པར་བརྗོད། །གཞན་དག་གདོན་བགེགས་འཇོམས་པའི་འཕྲིན་ལས་ཀྱིས། །ཁྱེད་ལ་ཚེ་དཔལ་མཆོག་ཐུན་དངོས་གྲུབ་ཀྱི། །ཉིན་མཚན་ཀུན་ཏུ་དཔལ་གནས་མཛད་པ་འདི། །ཤིས་པར་གྱིས་ལ་རྒྱུད་མངས་བསྒྲག་པར་བྱ། །མཚན་དཔེའི་དཔལ་འབར་དོན་གཉིས་ལྷུན་གྱིས་

འགྲུབ། །ཁ་སྦྱོར་བདེ་སྟོང་ངང་ལས་མི་གཡོ་བར། །དམིགས་མེད་ཐུགས་རྗེས་རྟག་པར་
འགྲོ་དོན་མཛད། །འཇམ་མགོན་ཆེ་མཐའ་ཡས་ལ་གུས་ཕྱག་འཚལ། །ཐུབ་དབང་རྡོ་རྗེ་
འཆང་དང་ཆེ་དཔག་མེད། །འཇམ་པའི་དབྱངས་དང་རྗེ་བཙུན་ཙོང་ཁ་པ། །ལ་སོགས་
དངོས་བརྒྱུད་བླ་མའི་ཚོགས་རྣམས་ལ། །དགེ་མཚན་ཇི་སྙེད་མཆིས་པའི་བཀྲ་ཤིས་དེས། །
དམ་པའི་རྣམ་ཐར་ཇི་བཞིན་ཟིན་པ་དང་། །བྱིན་གྱིས་རླབས་ནས་ཆོས་ཚུལ་འདི་ཉིད་ཀྱི། །
བསྟན་པ་རིན་ཆེན་དབང་གི་རྒྱལ་པོ་མཆོག །ཕྱོགས་དུས་ཀུན་ཏུ་རྒྱས་བྱེད་བཀྲ་ཤིས་
ཤོག །མདོ་དང་སྔགས་ཀྱི་ཆོས་ཚུལ་མ་ལུས་པའི། །ཟབ་དོན་གཅིག་ཏུ་བསྡུས་པ་ཆོས་ཀྱི་
མཆོག །ཉམས་སུ་ལེན་པའི་རིམ་པ་ཅི་མཆིས་ལ། །བཀྲ་ཤིས་དགེ་མཚན་ཇི་སྙེད་མཆིས་པ་
དེས། །ཁྱེད་ལ་ཆོས་ཀྱི་འཁོར་པ་རྒྱས་པ་དང་། །མི་ཤེས་མཚན་མ་མཐའ་དག་ཟད་གྱུར་
ནས། །ཆེ་དཔལ་ཏིང་འཛིན་ཤེས་རབ་ལ་སོགས་པ། །གོང་ནས་གོང་དུ་འཕེལ་བའི་བཀྲ་
ཤིས་ཤོག །ཟབ་དོན་ཉམས་སུ་ལེན་པའི་འཕགས་པ་དང་། །ལམ་མ་ཞུགས་དང་ལམ་
ཞུགས་སོ་སྐྱེས་ཀྱི། །ཕྱོགས་བཅུའི་འཇིག་རྟེན་ཞིང་ཁམས་མུ་མེད་ན། །བཞུགས་པའི་དགེ་
འདུན་དཀོན་མཆོག་ཚོགས་རྣམས་ལ། །དགེ་མཚན་ཇི་སྙེད་མཆིས་པའི་བཀྲ་ཤིས་དེས། །
ཁྱེད་ཀྱི་མི་ཤེས་མཚན་མ་ཀུན་ཟད་ཅིང་། །བདེ་ལེགས་རྒྱ་མཚོས་ཕྱོགས་ཀུན་ཁྱབ་གྱུར་ཏེ། །
ལེགས་ཚོགས་གོང་དུ་འཕེལ་བའི་བཀྲ་ཤིས་ཤོག །ནམ་མཁའི་ཁྱོན་ལྟར་ཡངས་པའི་ཕོ་བྲང་
མཆོག །ཉི་ཟླའི་འོད་དང་མཉམ་པའི་འོད་འཕྲོ་ཞིང་། །གྲངས་མེད་རིན་ཆེན་རྒྱན་གྱིས་
མཛེས་པ་ལ། །དགེ་མཚན་ཇི་སྙེད་མཆིས་པའི་བཀྲ་ཤིས་དེས། །ཁྱེད་ཅག་གང་དང་གང་དུ་
གནས་པ་དེར། །མི་ཤེས་མཚན་མ་གང་ཡང་མི་འབྱུང་ཞིང་། །ཞིང་གི་འཁོར་བ་ཕུལ་དུ་
བྱུང་བ་ཡི། །བདེ་ལེགས་རྒྱུན་མི་འཆད་པའི་བཀྲ་ཤིས་ཤོག །ཞེས་པ་དང་བསྟུན། རྩ་བརྒྱུད་
བླ་མ་རྣམས་ཀྱི་བཀྲ་ཤིས་ཤོག །ཡི་དམ་ལྷ་ཚོགས་རྣམས་ཀྱི་བཀྲ་ཤིས་ཤོག །མ་དང་མཁའ་
འགྲོ་རྣམས་ཀྱི་བཀྲ་ཤིས་ཤོག །ཆོས་སྐྱོང་སྲུང་མ་རྣམས་ཀྱི་བཀྲ་ཤིས་ཤོག །ཞེས་དང་། ལོ་
བརྒྱ་ཐུབ་ཅིང་སྟོན་བརྒྱ་མཐོང་བ་དང་། །ཆེ་རིང་ནད་མེད་བདེ་སྐྱིད་ཕུན་སུམ་ཚོགས། །
ཐེག་པ་མཆོག་ལ་ངེས་པ་རྙེད་པ་དང་། །ལྷ་པོ་དེས་ཀྱང་དེང་འདིར་བདེ་ལེགས་ཤོག །
ཚངས་དང་ལྷ་དབང་སྲུང་མའི་བྱིན་རླབས་ཀྱིས། །ཕན་མཛད་ལྷ་ཡི་བཀྲ་ཤིས་གནས་གྱུར་

ཏེ། །བདེ་ལེགས་བསམ་པ་ཡིད་བཞིན་འགྲུབ་པ་དང་། །ཚེ་རིང་ནད་མེད་བདེ་སྐྱིད་ལྡན་
པར་ཤོག །བསོད་ནམས་རི་བོ་བཞིན་དུ་བརྟན་པ་དང་། །རྒྱུད་འཛིན་ཉི་ཟླ་བཞིན་དུ་
གསལ་བ་དང་། །སྙན་གྲགས་ནམ་མཁའ་བཞིན་དུ་ཁྱབ་གྱུར་པའི། །གསུམ་པོ་དེས་ཀྱང་ཚེ་
ཡང་འཕེལ་བར་ཤོག །འབད་དང་རྩོལ་བ་མ་དགོས་པས། །ཡིད་བཞིན་ནོར་བུ་དཔག་
བསམ་ཤིང་། །སེམས་ཅན་རེ་བ་སྐོང་མཛད་པའི། །བསམ་པ་འགྲུབ་པའི་བཀྲ་ཤིས་
ཤོག །སྨྲས་པ། རང་བཞིན་རྣམ་དག་སྐྱོན་བྲལ་གསེར་བཞིན་དུ། །ཡོངས་སུ་དག་ཀྱང་བདག་བློ་རྨོངས་
པའི་ངོར། །རང་བཟོའི་གཡའ་སྣང་འཁྲུལ་སྐྱོན་ནོངས་པའི་ཚོགས། །བླ་མ་ལྷ་དང་བཀའ་སྲུང་བསྲུང་མ་
དང་། །གཟུར་གནས་མཁས་པ་རྣམས་ཀྱི་སྤྱན་སྔ་རུ། །སྡིག་ལྟུང་ཉེས་པའི་ཚོགས་དང་ལྡན་ཅིག་ཏུ། །
འགྱོད་པ་དྲག་པོ་སྙིང་ནས་རབ་བཤགས་ན། །རྣམ་པར་དག་པའི་གསེར་བཞིན་བྱང་བར་མཛོད། །ཚུལ་
འདི་ར་འབད་པའི་དགེ་ཚོགས་གང་གཱའི་རྒྱུན། །གཅིག་ཏུ་འཁྱིལ་བ་གང་ཞིག་བསགས་པ་དེས། །སྒྲིབ་
གཉིས་བག་ཆགས་བཅས་པ་དག་གྱུར་ཏེ། །འགྲོ་ཀུན་འཆི་མེད་རྡོ་རྗེའི་སྐུ་ཐོབ་ཤོག །ཅེས་ཁམས་གསུམ་
ཆོས་ཀྱི་རྒྱལ་པོ་རྒྱལ་བ་ཙོང་ཁ་པ་ཆེན་པོ་དང་བཅོམ་ལྡན་འདས་མགོན་པོ་ཚེ་དཔག་མེད་དབྱེར་མ་མཆིས་པ་ལ་
བརྟེན་པའི་ཚེ་སྒྲུབ་འཆི་མེད་བདུད་རྩིས་གང་པའི་བུམ་བཟང་ཞེས་བྱ་བ་འདི་ནི། ༸རྗེ་བོ་རིན་པོ་ཆེ་མདོ་
ཁམས་མཛེས་རྒྱན་གྱི་སྐུ་གཉེར་བསླབ་གསུམ་ལྡན་པ་དགེ་སློང་བློ་བཟང་ཆོས་ལྡན་ནས་བཀྲ་ཤིས་པའི་རབ་
དཀར་ཚེ་སྐུ་དང་། རྒྱ་ཧྲིང་སྙིང་མ་བདུན་ཚར་འབྲུ་དཀར་གྱི་ཁེངས་པ་བཅས་ཏེ་བསྐུལ་མ་བྱུང་བ། སྤྱིར་
བཏང་འདི་རིགས་གསར་རྩོམ་ལ་རང་བཟོའི་ཉེས་པ་འབྱུང་ཉེན་ཆེ་ཡང་རྗེ་བཙུན་ཙོང་ཁ་པ་ཆེན་པོ་འདི་ཉིད་
༸རྒྱལ་བ་ཐམས་ཅད་འདུས་པའི་བདག་ཉིད་ཡིན་པ་དང་། ཁྱད་པར་དུ་མགོན་པོ་འོད་དཔག་མེད་དང་ངོ་བོ་
གཅིག་ཡིན་ཚུལ་རྣམ་ཐར་རྣམས་ལས་འབྱུང་བ་ལྟར་ན་འགལ་བ་མེད་དམ་སྙམ་ནས་རིགས་མཐུན་གྱི་གཞུང་
ལུགས་གཞན་དག་དང་བསྟུན་ཏེ་བསྐུལ་བ་པོའི་ངོ་མ་བཅག་ཙམ་ཏུ་༸བ་སྤྲ་རྗེའི་མཚན་གྱིས་བྱིན་གྱི་བརླབས་
པ་ཏྲ་ཚག་པ་ངག་དབང་བློ་བཟང་བསྟན་པའི་རྒྱལ་མཚན་གྱིས་རྗེ་བཙུན་འཇམ་དཔལ་དབྱངས་ཀྱི་ཡེ་ཤེས་རང་
སྣང་ལས་གྲུབ་པའི་གཞལ་མེད་ཁང་པོ་བྲང་དགའ་ལྡན་རྣམ་རྒྱལ་གྱི་གཟིམས་ཆུང་འོག་མིན་དུ་ཧོར་ཟླ་གཉིས་
པའི་ཚེ་འཕྲུལ་ཟླ་བའི་དགའ་བ་དང་པོའི་ཚེས་ལ་སུག་བྲིས་སུ་བགྱིས་པ་ཛ་ཡནྟུ།། །།

༄༅། །རྗེ་ཚེ་འཛིན་མའི་སྒྲུབ་ཐབས་འཆི་མེད་རིག་འཛིན་སྒྱུར་འགྲུབ་ཅེས་བྱ་བ་བཞུགས་སོ།

༄༅། །ན་མོ་གུ་རུ་ཨཱ་ཡུ་ཛྙཱ་ན་བཛྲ་དྷ་ར་སུ་མ་ཏི་ཀཱིརྟི་ཡེ། རྒྱལ་བའི་ཡབ་གཅིག་ཐུགས་བསྐྱེད་སྐུ་རེངས་ཀྱིས། །རྒྱལ་བསྟན་སྤེལ་ཕྱིར་ཤར་ཙོང་ཁ་ནས། །རྒྱལ་བའི་མཛད་པ་དང་མཚུངས་ཉེར་བྲངས་པ། །རྒྱལ་བ་གཉིས་པ་བཙུ་གཉིས་བདག་པོ་རྒྱལ། །གང་ངོའི་མཚན་སྐུ་ཡིད་ཀྱི་ཡུལ་དམིགས་ཤིང་། །གང་གི་གསོལ་འདེབས་འབད་པས་བགྲངས་བྱས་ན། །གང་ལ་དམིགས་པའི་ལས་ཀུན་བདེ་བླག་ཏུ། །གང་ལའང་མ་ལྟོས་འགྲུབ་པ་མངོན་སུམ་སོ། །དེ་ལྟའི་ངེས་ཤེས་ཧ་མཆོག་ཁར་བྲངས་པའི། །སྒྲུབ་ཐབས་ལྷ་ཡི་ཆུ་བོ་གཙང་ཆེ། །ལྷག་བསམ་ནོར་འཛིན་གཞི་འདིར་ཕབ་པའི་རྒྱུན། །སྐུ་བཞིའི་རྒྱ་མཚོ་ཆེ་དེར་འཇུག་གྱུར་ཅིག །དེ་ཡང་ཁམས་གསུམ་ཆོས་ཀྱི་རྒྱལ་པོ་ཤར་ཙོང་ཁ་པ་ཆེན་པོ་ལ་བརྟེན་ནས་ལས་ཚོགས་ཀྱི་རིམ་པ་ཇི་སྙེད་ཅིག་སྒྲུབ་ཏུ་ཡོད་པ་ནི་མངོན་སུམ་དུ་གྱུར་པ་འདི་ཉིད་ཡིན་ཞིང་། དེ་ཡང་རིགས་གསུམ་གྱི་མགོན་པོ་དང་། གཞན་ཡང་ལྷག་པའི་ལྷ་གང་ཡང་རུང་བ་དང་ངོ་བོ་དབྱེར་མེད་དུ་སྒྲུབ་པའི་ཐབས་བསམ་གྱིས་མི་ཁྱབ་པར་ཡོད་པ་ལས། དེ་ཡང་བདེ་ཅན་ཞིང་གི་མགོན་པོ་རྒྱལ་བ་ཚེ་དཔག་ཏུ་མེད་པ་དང་། རང་ཅག་རྣམས་ཀྱི་བསྟན་པའི་བདག་པོ་ཁམས་གསུམ་གྱི་རྣམ་པར་འདྲེན་པ་ཤར་ཙོང་ཁ་པ་ཆེན་པོ་རྗེ་བཙུན་བློ་བཟང་གྲགས་པའི་དཔལ་དབྱེར་མེད་དུ་བསྒོམས་ནས་བསྟན་འཛིན་གྱི་སྐྱེས་བུ་དམ་པ་རྣམས་ཞབས་པད་བསྐལ་བརྒྱར་བརྟན་པ་དང་། བསྟན་པའི་སྦྱིན་བདག །དགེ་འདུན་གྱི་སྡེ། སྒྲུབ་བྱ་ཕོ་མོ་སོགས་གང་ཡང་རུང་བ་དུས་མ་ཡིན་པར་འཆི་བའི་འཇིགས་པ་གསལ་ཞིང་། འཆི་མེད་ཚེ་ཡི་རིག་འཛིན་སྒྲུབས་པར་འདོད་པས། ཡིད་མཐུན་གྱི་གནས་སུ་རྗེ་ཚེ་འཛིན་མའི་སྐུ་སོགས་སྐུ་གསུང་ཐུགས་ཀྱི་རྟེན་བཀྲམ། མཆོད་གཏོར་སོགས་བཀོད་པས་མཛེས་པར་བཤམས། རང་ཉིད་བདེ་བའི་སྟན་ལ་འཁོད་དེ། མ་གྱུར་སེམས་ཅན་ཐམས་ཅད་ཀྱི་དོན་དུ་རྫོགས་པའི་སངས་རྒྱས་ཀྱི་གོ་འཕང་ཐོབ་པར་བྱ། དེའི་ཆེད་དུ་གདམས་པ་ཟབ་མོ་ཉམས་སུ་ལེན་སྙམ་པའི་བྱང་ཆུབ་ཀྱི་སེམས་ཀྱིས་ཟིན་པའི་སྒོ་ནས། རང་གི་མདུན་གྱི་ནམ་མཁར་སེང་ཁྲི་པད་ཟླ་ཉི་མའི་གདན

ལ་སྐྱབས་ཡུལ་རང་གི་དྲིན་ཅན་རྩ་བའི་བླ་མ་དང་དབྱེར་མེད་པའི་རྗེ་ཚེ་འཛིན་མ་གཙོ་བོར་གྱུར་པའི་རྩ་བརྒྱུད་ཀྱི་བླ་མ་ཡི་དམ་སངས་རྒྱས་བྱང་སེམས་དཔའ་བོ་མཁའ་འགྲོ་ཆོས་སྐྱོང་སྲུང་མ་རྣམས་བཞུགས་པ་གསལ་འདེབས་པའམ། བསྡུ་ན་ཀུན་འདུས་ནོར་བུའི་ལུགས་གང་བསྒོམ་ཀྱང་རུང་། རང་གི་མཐའ་བསྐོར་དུ་སེམས་ཅན་ཐམས་ཅད་ཀྱང་མི་ཡི་རྣམ་པ་ཅན་དུ་གསལ་བར་དམིགས་ཏེ་མགྲིན་གཅིག་ཏུ་སྐྱབས་འགྲོ་བྱེད་པར་མོས་ནས། བླ་མ་ལ་སྐྱབས་སུ་མཆིའོ། །སངས་རྒྱས་ལ་སྐྱབས་སུ་མཆིའོ། །ཆོས་ལ་སྐྱབས་སུ་མཆིའོ། །དགེ་འདུན་ལ་སྐྱབས་སུ་མཆིའོ། །ཞེས་བཞི་བསྐོར་རམ། ཁམས་གསུམ་ཆོས་ཀྱི་རྒྱལ་པོ་ཤར་རྩོང་ཁ་པ་ཚེ་འཛིན་མའི་ལྷ་ཚོགས་འཁོར་དང་བཅས་པ་རྣམས་ལ་སྐྱབས་སུ་མཆིའོ། །དཔལ་མགོན་དམ་པ་ཆོས་སྐྱོང་བའི་བསྲུང་མ་ཡེ་ཤེས་ཀྱི་སྤྱན་དང་ལྡན་པ་རྣམས་ལ་སྐྱབས་སུ་མཆིའོ། །ཞེས་དྲུག་བསྐོར་གང་མང་དང་། སངས་རྒྱས་ཆོས་ཚོགས་མ་ལན་གསུམ། མ་གྱུར་སེམས་ཅན་ཐམས་ཅད་ཞེས་སོགས་ཚད་མེད་བཞི་སྒོམ་པ་རྣམས་སོང་རྗེས། སྐྱབས་ཡུལ་རྣམས་འོད་དམར་སེར་གྱི་རྣམ་པར་རང་གི་སྨིན་འཚམས་སུ་ཐིམ་པས་བྱིན་གྱིས་བརླབས་པར་བསམ། དངོས་གཞི་ནི། སྭ་བྷཱ་ཝས་སྟོང་པར་སྦྱངས། སྟོང་པའི་ངང་ལས་སེང་གེ་ཆེན་པོ་བརྒྱད་ཀྱིས་བཏེག་པའི་རིན་པོ་ཆེའི་ཁྲི་མཐོ་ཞིང་ཡངས་པའི་སྟེང་ཁར་སྣ་ཚོགས་པད་ཟླ་ཉི་མའི་དཀྱིལ་འཁོར་གྱི་གདན་ལ་རང་གི་སེམས་ཉིད་ཧྲཱིཿ ལས་རལ་གྲི་ཧྲཱིཿ དམར་སེར་གྱིས་མཚན་པ་ལས་འོད་ཟེར་འཕྲོས། འཕགས་པ་མཆོད། སེམས་ཀྱི་དོན་བྱས། ཚུར་འདུས་ཡོངས་སུ་གྱུར་བ་ལས་རང་ཉིད་ཁམས་གསུམ་ཆོས་ཀྱི་རྒྱལ་པོ་ཤར་རྩོང་ཁ་པ་བློ་བཟང་གྲགས་པ་སྐུ་མདོག་དཀར་ལ་དམར་བའི་མདངས་ཆགས་པ། ཞལ་གྱི་དཀྱིལ་འཁོར་ཟླ་བ་ཉ་ཡོངས་སུ་གང་བ་ལྟ་བུ་ཤིན་ཏུ་འཛུམ་ཞིང་སྤྱན་དཀྱུས་རིང་བ། སྐུ་ལ་ཆོས་གོས་ངུར་སྨིག་གི་མདོག་ཅན་གསུམ་མཛེས་པར་གསོལ་པ། དབུ་ལ་པཎ་ཞྭ་གསེར་གྱི་མདོག་ཅན་སྣ་རིང་གསོལ་བ། ཕྱག་གཡས་ཐུགས་ཀར་ཆོས་འཆད་ཀྱི་ཕྱག་རྒྱ་མཛད་པའི་མཐེབ་མཛུབ་ཀྱིས་ཨུཏྤ་ལའི་ཡུ་བ་བཟུང་བའི་འདབ་མ་སྟན་ཀྱི་ཐད་དུ་ཁ་བྱེ་བའི་སྟེང་དུ་ཤེས་རབ་ཀྱི་རལ་གྲི་དང་། ཕྱག་གཡོན་མཉམ་བཞག་གི་སྟེང་ན་འཆི་མེད་ཚེ་ཡི་བདུད་རྩིས་གང་བའི་བུམ་པ་དཔག་བསམ་གྱི་ཤིང་གི་ཁ་རྒྱན་ཅན་དང་། མཐེབ་མཛུབ་ཀྱིས་ཡུ་བ་བཟུང་བའི་ཨུཏྤལ་སྟན་ཀྱི་ཐད་ཁར་ཁ་བྱེ་བའི་སྟེང་ན་ཤེར་ཕྱིན་གྱི་གླེགས་བམ་བསྣམས་པ། ཞབས་གཉིས་རྡོ་རྗེའི་སྐྱིལ་ཀྲུང་གིས་བཞུགས་པ། དྭངས་གསལ་འོད་ཀྱི་རང་བཞིན་ཅན་དུ་གྱུར་བའི་སྤྱི་བོར་ཨོཾ་དཀར་པོ། མགྲིན་པར་ཨཱཿ དམར་པོ།

ཐུགས་ཀར་ཧཱུྃ་སྔོན་པོས་མཚན་པ། ཐུགས་ཀའི་ཧཱུྃ་ལས་འོད་ཟེར་འཕྲོས་པས་ཆོས་ཀྱི་རྒྱལ་པོ་ཙོང་ཁ་པ་ཆེན་པོ་ལ་སངས་རྒྱས་དང་བྱང་ཆུབ་སེམས་དཔའི་ཚོགས་ཀྱིས་བསྐོར་བ་མདུན་གྱི་ནམ་མཁར་སྤྱན་དྲངས། ཛཿ ཧཱུྃ་བཾ་ཧོཿ གཉིས་སུ་མེད་པར་གྱུར། མཆོད་པ་རྣམས་བྱིན་གྱིས་བརླབས་ནས། རང་གི་ཐུགས་ཁ་ནས་སྤྲོས་པའི་མཆོད་པའི་ལྷ་མོ་རྣམས་ཀྱིས་མཆོད་པར་བསམ། ཨོཾ་གུ་རུ་སུ་མ་ཏི་ཀཱིརྟི་ཨ་པ་རི་མི་ཏ་ཨ་ཡུར་ཛྙཱ་ན་ཨརྒྷཾ་ནས། ཤཔྟའི་བར་གྱིས་མཆོད། རྒྱལ་བ་ཀུན་གྱི་ཚེ་དང་ཡེ་ཤེས་རྣམས། །གཅིག་ཏུ་བསྡུས་པ་བདེ་ཅན་ཞིང་མགོན་དང་། །དབྱེར་མེད་ཆོས་ཀྱི་རྒྱལ་པོ་བློ་བཟང་གྲགས། །རྡོ་རྗེ་འཆང་དབང་ཞབས་ལ་གུས་ཕྱག་འཚལ། །ཞེས་པས་བསྟོད། བཟླས་པ་བྱ་བ་ནི། རང་ཉིད་རྗེ་བླ་མར་གསལ་བའི་ཐུགས་ཀར་ཟླ་བའི་དཀྱིལ་འཁོར་གྱི་སྟེང་དུ་ཧྲཱིཿ ཡིག་དམར་སེར་དེ་ཡི་མཐའ་སྐོར་དུ། དམིགས་མེད་བརྩེ་བའི་གཏེར་ཆེན་སྤྱན་རས་གཟིགས། །དྲི་མེད་མཁྱེན་པའི་དབང་པོ་འཇམ་པའི་དབྱངས། །དུས་མིན་འཆི་བ་འཇོམས་མཛད་ཚེ་དཔག་མེད། །གངས་ཅན་མཁས་པའི་གཙུག་རྒྱན་ཙོང་ཁ་པ། །བློ་བཟང་གྲགས་པའི་ཞབས་ལ་གསོལ་བ་འདེབས། །ཞེས་པས་བསྐོར་བ་ལས་འོད་ཟེར་ཕྱོགས་བཅུར་འཕྲོས། ཕྱོགས་བཅུའི་རྒྱལ་བ་སྲས་བཅས་ལ་མཉེས་པའི་མཆོད་པ་ཕུལ། དེ་རྣམས་ཀྱི་བྱིན་རླབས་ནུས་མཐུ་ཐམས་ཅད་བདུད་རྩི་འོད་ཟེར་གྱི་རྣམ་པར་བཀུག་ནས་སྔགས་འཕྲེང་ལ་ཐིམ། སླར་ཡང་འོད་ཟེར་འཕྲོས། རིགས་དྲུག་གི་སེམས་ཅན་ཐམས་ཅད་ལ་ཕོག་པས་དེ་རྣམས་ཀྱི་ནད་གདོན་སྡིག་སྒྲིབ་ཐམས་ཅད་སྦྱངས་ཏེ། ཆོས་ཀྱི་རྒྱལ་པོ་ཙོང་ཁ་པ་ཆེན་པོའི་གོ་འཕང་ལ་བཀོད། ཡང་འོད་ཟེར་འཕྲོས་པས་བདག་དང་དམིགས་བྱ་གང་ཟུང་གི་ཚེ་བཀྲུས་པ་ཡར་པ་འཐོར་བ་ཐམས་ཅད་བདུད་རྩི་འོད་ཟེར་དང་བུམ་པ་དང་ཐོད་པ་ལྷུང་བཟེད་ལ་སོགས་པ་བདུད་རྩིས་གང་བའི་རྣམ་པར་བཀུག སྔགས་འཕྲེང་ལ་ཐིམ། ཡང་འོད་ཟེར་འཕྲོས་པས་འབྱུང་བ་ལྔའི་བཅུད་ཐམས་ཅད་བདུད་རྩི་དང་འོད་ཟེར་རྣམ་པ་ལྔའི་མདོག་ཅན་དུ་བཀུག ཡང་སེམས་ཅན་ཐམས་ཅད་ཀྱི་ཚེ་དང་བསོད་ནམས་སྟོབས་འབྱོར་ལོངས་སྤྱོད་ཐམས་ཅད་རྒྱལ་སྲིད་སྣ་བདུན་ཉེ་བའི་རིན་ཆེན་བཀྲ་ཤིས་རྫས་རྟགས་ལ་སོགས་པའི་རྣམ་པར་བཀུག ཡང་འོད་ཟེར་འཕྲོས་པས་ཕྱོགས་བཅུའི་བླ་མ་རྒྱལ་བ་སྲས་བཅས་ཐམས་ཅད་ཀྱི་སྐུ་གསུང་ཐུགས་ཀྱི་བྱིན་རླབས་ནུས་མཐུ་ཐམས་ཅད་སྐུ་གཟུགས། གཟུངས་སྔགས། ཕྱག་

མཚན། ས་བོན་ལ་སོགས་པའི་རྣམ་པར་བཀུག སྡིགས་འཕྲེང་ལ་ཐིམ་པས་ནད་གདོན་སྡིག་སྒྲིབ་ཚེ་ཡི་བར་ཆད་ཐམས་ཅད་ཞི་བར་བྱས། འཆི་མེད་ཚེ་ཡི་དངོས་གྲུབ་ཐོབ་པར་གྱུར་པར་བསམ་ལ། དམིགས་བཅས་མའམ། ཚོ་གཟུངས་རིང་ཐུང་ཅི་རིགས་བཟླ། དེ་ཡང་རང་དོན་དུ་བྱེད་ན་དེ་ལྟར་དང་། བླ་མའི་ཞབས་བརྟན་དུ་བྱེད་ན་ཧྲཱིཿ ཡིག་གི་གི་གུའི་ནང་དུ་པད་ཟླའི་གདན་ལ་བླ་མ་མཛལ་དུས་ལྟར་གསལ་བཏབ་ལ་བཟླས་དམིགས་གོང་ལྟར་དང་། སློབ་བུ་གཞན་ལ་ཧྲཱིཿ ཡིག་གི་ཁོག་པའི་ནང་དུ་གསལ་བཏབ་ལ་རིགས་འགྲེ། དེ་རྗེས་ཡིག་བརྒྱས་ཆད་ལྷག་བསྐངས་ཤིང་། དགེ་བ་འདི་ཡིས་མྱུར་དུ་བདག །བླ་མ་ཚེ་འཛིན་འགྲུབ་གྱུར་ནས། །སོགས་བརྗོད། མདུན་བསྐྱེད་སྒྲུབ་པར་འདོད་ན། སྭ་བྷཱ་ཤས་སྦྱངས། སྟོང་པའི་ངང་ལས་རང་གི་མདུན་གྱི་ནམ་མཁར་སེང་ཁྲི་པད་ཟླ་ཞེས་པ་ནས་ཚུར་འདུས་ཡོངས་སུ་གྱུར་པ་ལས་ཁམས་གསུམ་ཆོས་ཀྱི་རྒྱལ་པོ་ཞེས་སོགས་ཚིག་ཕྲད་བསྒྱུར། བསྟོད་པ་གོང་ལྟར་རམ། ཡང་ན། གང་གི་མཚན་གྱི་ཉིན་བྱེད་ཐྲ་མོས་ཀྱང་། །བསྐལ་མང་བསགས་པའི་སྡིག་སྒྲིབ་པ་མོའི་རྟུལ། བཅོམ་ཏེ་ཚེ་བསོད་པད་འདབ་བཞད་པའི་རྗེར། །སྐུ་གསུམ་བཅུད་ཀྱིས་གཏམས་མཛད་ལ་ཕྱག་འཚལ། །དེ་ནས་མདུན་བསྐྱེད་ཀྱི་ཐུགས་ཀར་ཞེས་བཟླས་པ་ལ་འཇུག་ཅིང་། མཐར་ཆད་ལྷག་བསྐངས། གཏོར་མ། ཨ་མྲྀ་ཏས་བསངས་སྦྱངས་བྱིན་རླབས་གཞུང་བཞིན་བྱས་ཏེ། རྗེ་བཙུན་བླ་མའི་ཐུགས་འོད་ཟེར་གྱི་སྦྲུ་གུས་གཏོར་མའི་བཅུད་དྲངས་ཏེ་གསོལ་བར་བསམ་ལ། ཨོཾ་གུ་རུ་མ་ཏི་ཀཱིརྟི་ཨ་པ་རི་མི་ཏ་ཨ་ཡུར་ཛྙཱ་ན་ཨི་དཾ་བ་ལིཾ་ཏ་ཁ་ཁ་ཁཱ་ཧི་ཁཱ་ཧི། ལན་གསུམ་གྱིས་འབུལ། མཆོད་བསྟོད་མདོར་བསྡུས་བྱས་ཏེ་ཐུན་བསྡུ། ཚེ་བུམ་སྒྲུབ་པར་འདོད་ན། ཨ་མྲྀ་ཏས་བསངས། སྭ་བྷཱ་ཤས་སྟོང་པར་སྦྱངས། སྟོང་པའི་ངང་ལས་པཾ་ལས་པདྨ་དང་། ཨཱཿ ལས་ཟླ་བའི་སྟེང་དུ་ཧཱུྃ་ ལས་རིན་པོ་ཆེའི་བུམ་པ་དམར་པོ་ལྟོ་བ་ཆེ་བ། མགྲིན་པ་རིང་བ། མཆུ་འཕྱང་བ་ལྷ་ཡི་གོས་ཀྱིས་མགུལ་པ་དཀྲིས་པ། དཔག་བསམ་གྱི་ཤིང་གིས་ཁ་བརྒྱན་པ། ཕྱི་བུམ་པའི་རྣམ་པ་ཡིན་པ་ལ། ནང་ལྷའི་གཞལ་ཡས་ཁང་གྲུ་བཞི་སྒོ་བཞི་རྟ་བབས་བཞི་དང་ལྡན་པ། དེ་ཡི་དབུས་སུ་སེང་གེ་ཆེན་པོ་བརྒྱད་ཀྱིས་བཏེགས་པའི་ཞེས་པ་ནས་ཆད་ལྷག་བསྐང་པའི་བར་དང་། གཏོར་མ་འབུལ་ན། བུམ་པའི་ལྷའི་ཐུགས་ཞེས་སོགས་གཏོར་མ་འབུལ། ཡང་ཚེ་ཆུ་སྒྲུབ་པར་འདོད་ན། བུམ་ཆུ་གཙང་མ་དྲི་བཟང་དང་བུམ་རྫས་བཏབ་པའི་གསུམ་གཉིས་བཀང་བ་དར་དམར་གྱི་མགུལ་ཆིང་དང་། ཀུ་ཤས་ཁ་རྒྱན་ཅན་བཤམས་པ། བདག་བསྐྱེད་སྔོན་དུ་འགྲོ་བས། ཨ་མྲྀ་ཏས་བསངས། སྭ་བྷཱ་ཤས་སྟོང་པར་སྦྱངས། སྟོང་པའི་ངང་ལས་པདྨ་དང་། ཟླ་བའི་གདན་ལ་པཾ་

ལས་བྱུང་བའི་རིན་པོ་ཆེའི་བུམ་པ་དཀར་པོ། སྒོ་བ་ཆེ་བ། མགྲིན་པ་རིང་བ། མཆུ་འཕྱང་བ་ལ་སོགས་པ་མཚན་ཉིད་ཐམས་ཅད་དང་ལྡན་པར་གྱུར། ཨོཾ་ཏཧྲེ་ཏཧྲེ་མ་ཧཱ་ཏཧྲེ་ཡེ་སྭཱ་ཧཱ། ལྷ་ཡི་གཏྟཱ་དང་བུམ་པའི་ཆུ་དབྱེར་མི་ཕྱེད་པར་གྱུར། བུམ་པའི་དབུས་སུ་སེང་ཁྲི་པད་ཟླ་ཞེས་པ་ནས་བཟླས་པའི་བར་གོང་ལྟར་ལ། བཟླས་པའི་སྐབས། བདུད་རྩི་འོད་ཟེར་དང་བཅས་པའི་རྣམ་པར་སྤྲིན་དྲངས། བུམ་པའི་ལྷ་ལ་ཐིམ། དེ་ལས་བདུད་རྩིའི་རྒྱུན་བབས། བུམ་པའི་ཆུ་དང་དབྱེར་མེད་དུ་འདྲེས། འཆི་མེད་ཚེ་ཡི་དངོས་གྲུབ་ཐོབ་པར་བསམ་ལ་བཟླས་པ་བྱ། མཐར་ལྷག་ཚད་བསྐངས་མཐར་བུམ་པའི་ལྷ་འོད་དུ་ཞུ་ནས་བུམ་པའི་ཆུ་དང་དབྱེར་མེད་དུ་གྱུར་པར་མོས། ཚེ་རིལ་སྒྲུབ་པར་འདོད་ན་སྣོད་གཙང་མར་དཀར་གསུམ་མངར་གསུམ་སོགས་ལས་སྒྲུབ་པའི་རིལ་བུ་ཇི་ཙམ་དགོས་པར་བཤམས། བདག་བསྐྱེད་སྔོན་དུ་འགྲོ་བས་རིལ་བུ་བསངས་སྦྱངས། སྟོང་པའི་ངང་ལས་སེང་ཁྲི་པད་ཟླ་ཉི་མའི་དཀྱིལ་འཁོར་གྱི་གདན་ལ་རིལ་བུ་དང་གཉིས་སུ་མེད་པའི་ཁམས་གསུམ་ཆོས་ཀྱི་རྒྱལ་པོ་ཞེས་པ་ནས་བཟླས་པ་བྱེད་ཅིང་ཡིག་བརྒྱ་ཚད་ལྷག་བསྐངས། རྗེ་བླ་མ་འོད་དུ་ཞུ་ནས་རིལ་བུའི་རྣམ་པར་གྱུར་བར་བསམ་ལ་ལོངས་སྤྱོད། མཇུག་ཏུ་གཏང་རག་གི་མཆོད་པ་དང་། བསྟོད་པ་སོང་རྗེས། སྨོན་ལམ་ནི། དེ་ལྟར་རྗེ་བཙུན་བླ་མ་ལྷག་པའི་ལྷ། །དབྱེར་མེད་བསྒོམ་ཞིང་རྩེ་གཅིག་གསོལ་བཏབ་པས། །མཁའ་མཉམ་མར་གྱུར་འགྲོ་བའི་དོན་ཕྱིར་དུ། །དཔལ་ལྡན་བླ་མའི་གོ་འཕང་མྱུར་ཐོབ་ཤོག །དུག་གསུམ་གཉེན་གྱུར་ཆོས་སྒོ་བརྒྱད་ཁྲི་ཡི། །སྙིང་པོ་གཅིག་བསྡུས་བསྟོད་པའི་རྒྱལ་པོ་མཆོག །ཐུན་བཞིར་བཟླས་བརྗོད་རྣམ་པར་བརྩོན་པའི་མཐུས། །ལྷག་པའི་ལྷ་དང་མཚུངས་པའི་དཔལ་ཐོབ་ཤོག །འགྲོ་ལ་རྣམ་པར་བརྩེ་བའི་སྙིང་རྗེ་དང་། །ཆོས་ཀུན་མངོན་པར་གཟིགས་པའི་མཁྱེན་རབ་དཔལ། །ཡིད་སྲུབ་ཀུན་བཙོམ་མཐུ་སྟོབས་ནུས་པའི་རྩལ། །འཆི་བདག་གཤེད་འགྱུར་ཡོན་ཏན་དང་མཚུངས་ཤོག །རིགས་གསུམ་མགོན་དང་རྒྱལ་བ་ཚེ་དཔག་མེད། །ལ་སོགས་སྐྱབས་གནས་ཀུན་འདུས་བླ་མ་མཆོག །དབྱེར་མེད་ཡིད་ཆེས་དད་པས་གསོལ་བཏབ་པས། །ལྷག་པའི་ལྷ་དང་ངོ་བོ་དབྱེར་མེད་ཤོག །དེ་ལྟར་ཚེ་འདིར་འབད་ཅིང་གསོལ་བཏབ་པས། །ལྷག་པའི་ལྷ་དང་དབྱེར་མེད་ཙོང་ཁ་པས། །དགྱེས་པའི་ཞལ་བསྟན་གདམས་པའི་བཅུད་བསྩུས་པའི། །གསུང་གི་ང་རོས་བདག་རྒྱུད་སྨིན་བྱེད་ཤོག །དེ་ཡང་ཚེ་འདིར་ཞལ་མཐོང་གསུང་ཐོས་པའི། །སྐལ་བཟང་མངོན་དུ་མྱོང་བའི་སྐལ་མེད་ན། །འཆི་ཚེ་རྗེ་བཙུན་ཡབ་སྲས་

འཁོར་བཅས་ཀྱིས། །དག་པའི་ཞིང་དུ་འཁྲིད་པར་མཛད་དུ་གསོལ། །ཡིག་བརྒྱ་ཚད་ལྷག་བསྐངས། ནོངས་པ་བཟོད་པར་གསོལ། རྟེན་ཡོད་ན་བརྟན་བཞུགས་དང་། མེད་ན་གཤེགས་གསོལ་སྐབས་དང་སྦྱར། ཤིས་བརྗོད་ནི། རབ་ཡངས་ལྷ་ཡི་ལམ་ཀུན་ཡོངས་གང་བའི། །འཆི་མེད་དཔལ་སྟེར་སྒྲོ་བཟང་གྲགས་པའི་ཚོགས། །མི་རྟོག་ཆར་འབེབས་གདངས་སྙན་སྒྲ་དབྱངས་ལྡིར། །ཉི་བུའི་གཡུལ་ལས་རྒྱལ་བའི་ཤིས་པ་བརྗོད། །རྒྱལ་ཀུན་ངོ་བོ་ཁམས་གསུམ་ཆོས་ཀྱི་རྒྱལ། །ཚེ་དཔག་མེད་མགོན་རྗེ་བཙུན་ཙོང་ཁ་པ། །ཡབ་སྲས་བརྒྱུད་པར་བཅས་པའི་བྱིན་རླབས་ཀྱིས། །བཀྲ་ཤིས་དགེ་མཚན་མ་ལུས་མངོན་གྱུར་ཤོག །གོང་གི་གསོལ་འདེབས་ཡིད་བཞིན་དབང་རྒྱལ་མཆོག །ཟབ་རྒྱས་དམ་ཆོས་རྒྱ་མཚོའི་བཅུད་བསྡུས་པ། །ལ་སོགས་དམ་ཆོས་དཀོན་མཆོག་བྱིན་རླབས་ཀྱིས། །བཀྲ་ཤིས་དགེ་མཚན་མ་ལུས་མངོན་གྱུར་ཤོག །ཚུལ་འདི་ཉམས་སུ་ལེན་པའི་འཕགས་པ་དང་། །སོ་སོ་སྐྱེ་བོའི་དགེ་འདུན་ཇི་སྙེད་པ། །ལ་སོགས་དགེ་འདུན་དཀོན་མཆོག་བྱིན་རླབས་ཀྱིས། །བཀྲ་ཤིས་དགེ་མཚན་མ་ལུས་མངོན་གྱུར་ཤོག །ནམ་མཁའི་ཁྱོན་ལྟར་ཡངས་པའི་སོགས་ཤིས་པར་བརྗོད་ཅིང་མེ་ཏོག་གི་ཆར་དབབ་པར་བྱའོ། །ཅེས་རྗེ་ཚེ་འཛིན་མའི་སྒྲུབ་ཐབས་འཆི་མེད་རིག་འཛིན་མྱུར་འགྲུབ་ཅེས་བྱ་བ་འདི་ནི་ཟབ་རྒྱས་ཆོས་ཀྱི་སྤྱན་ལྡན་ལྷག་པའི་ལྷ་ཡིས་རྗེས་བཟུང་མདོ་དགོན་མཁན་ཟུར་དགེ་བཤེས་ཕུན་ཚོགས་ཆོས་འབྱོར་དང་། སྒྲུབ་ལ་རྩེ་གཅིག་ཏུ་གཞོལ་བའི་མཁན་ཟུར་རབ་འབྱམས་མི་ཏྲི་ཤྲཱི་ཧ་དྲ་རྣམ་གཉིས་ནས་དམིགས་བཙེ་མའི་བསྙེན་མཚམས་ལྷན་དུ་ཡོད་སྐབས། འདི་ལྟ་བུ་ཞིག་དགོས་ཞེས་ཁ་བཏགས་རྟགས་བརྒྱད་བདེ་པར་གཤེགས་པའི་འཕེལ་གདུང་། གནས་ཆེན་སྐུ་ལྦའི་རྩྭ་ཤིང་། ས་རྫོ། གྲུབ་དབང་ཐང་སྟོང་རྒྱལ་པོའི་སྣང་བརྙན་བཅས་བསྐུལ་མ་མཛད་པ་ལྟར། གྱ་སྨོན་སྤྲུལ་མིང་འཛིན་པ་བློ་གྲོས་དཔལ་ལྡན་འོད་ཟེར་གྱིས་ཤིང་མོ་ཕག་ལོའི་ཚེ་འཕྲུལ་ཟླ་བའི་དཀར་ཕྱོགས་ཀྱི་གྲལ་ཆེས་དགེ་བར་སྦྱར་བའོ།། །། དགེ་ལེགས་སུ་གྱུར་ཅིག། །།

༄༅། །རྗེ་ཚེ་འཛིན་མའི་སྐོ་ནས་ཚེ་དབང་བྱ་རྒྱལ་འཆི་བདག་གཡུལ་ལས་རྒྱལ་བའི་གོ་ཁྲབ་བཞུགས་སོ།

༄༅། །ན་མོ་གུ་རུ་སྭཱ་ར་སྭཱ་ཧཱ། གང་གི་མཚན་ཐོས་དྲན་རིག་ཐམས་ཅད་ཀྱིས། །དུས་མིན་འཆི་བདག་གཡུལ་ལས་རྣམ་པར་རྒྱལ། །བདེ་ཅན་ཞིང་མཆོག་རྒྱལ་བས་བསྔགས་བརྗོད་པའི། །ཚེ་དཔག་མེད་མགོན་སྤྱི་བོའི་གཙུག་ན་རྒྱལ། །རྒྱལ་བ་ཀུན་གྱི་མཁྱེན་བརྩེ་གཅིག་བསྡུས་པ། །གཞོན་ནུ་ཟུར་ཕུད་ལྔ་ལྡན་ཐ་མལ་ཚུལ། །དགེ་སློང་གཟུགས་འཆང་རྒྱལ་བ་ཙོང་ཁ་པ། །བློ་བཟང་གྲགས་པའི་བ་དན་སྲིད་ན་རྒྱལ། །དེ་ལ་འདིར་རྒྱལ་པ་ཚེ་དང་ཡེ་ཤེས་དཔག་ཏུ་མེད་པ་དང་ཐུགས་མི་གཉིས་པ་རྗེ་བཙུན་བློ་བཟང་གྲགས་པ་ཚེ་འཛིན་མའི་རྗེས་གནང་བྱེད་པར་འདོད་བས། བདག་མདུན་བུམ་པ་ཚེ་རིལ་ཚེ་ཆུ་སོགས་གཞུང་གཞན་ནས་འབྱུང་བ་ལྟར་སྒྲུབ་ཟིན་ནས། སློབ་མས་ཁྲུས་དང་། མཎྜལ་འབུལ། སྤྱི་ཐེ་བྲག་གི་ཆོས་བཤད། །དེ་ནས་ཀུན་མཁྱེན་ཡེ་ཤེས་ཕུང་པོ་ཆེ། སོགས་རྗེས་གནོས་ལན་གསུམ་བྱ། གནས་ཁང་འདི་ཉིད་ཀྱང་རྗེ་བཙུན་བློ་བཟང་གྲགས་པ་ཚེ་འཛིན་མའི་ཡེ་ཤེས་རང་སྣང་ལས་གྲུབ་པའི་གཞལ་ཡས་ཁང་གྲུ་བཞི། སྒོ་བཞི་རྟ་བབས་དང་བཅས་པའི་དབུས་སུ། ཚེ་བུམ་འདི་ཉིད་ཀྱང་ཕྱི་བུམ་པའི་རྣམ་པ་ལ། །ནང་དུ་སེང་གེ་ཆེན་པོ་བརྒྱད་ཀྱིས་བཏེགས་པའི་རིན་པོ་ཆེའི་ཁྲི་མཐོ་ཞིང་ཡངས་པའི་སྟེང་ཁར་སྣ་ཚོགས་པད་ཟླ་ཉི་མའི་དཀྱིལ་འཁོར་གྱི་གདན་ལ་ཁམས་གསུམ་ཆོས་ཀྱི་རྒྱལ་པོ་ཤར་ཙོང་ཁ་པ་བློ་བཟང་གྲགས་པ་སྐུ་མདོག་དཀར་ལ་དམར་བའི་མདངས་ཆགས་པ། ཞལ་གྱི་དཀྱིལ་འཁོར་ཟླ་བ་ཉ་ཡོངས་སུ་གང་བ་ལྟ་བུ་ཤིན་ཏུ་འཛུམ་ཞིང་སྤྱན་དཀྱུས་རིང་བ། སྐུ་ལ་ཆོས་གོས་ངུར་སྨྲིག་གི་མདོག་ཅན་གསུམ་མཛེས་པར་གསོལ་བ། དབུ་ལ་པཎ་ཞྭ་གསེར་གྱི་མདོག་ཅན་སྔེ་རིང་གསོལ་བ། ཕྱག་གཡས་ཐུགས་ཀར་ཆོས་འཆད་ཀྱི་ཕྱག་རྒྱ་མཛད་པའི་མཐེབ་མཛུབ་ཀྱིས་ཨུཏྤ་ལའི་ཡུ་བ་བཟུང་བའི་འདབ་མ་སྙན་གྱི་ཐད་དུ་ཁ་བྱེ་བའི་སྟེང་དུ་ཤེས་རབ་ཀྱི་རལ་གྲི་དང་། ཕྱག

གཡོན་མཉམ་བཞག་གི་སྟེང་ན་འཆི་མེད་ཚེ་ཡི་བདུད་རྩིས་གང་བའི་བུམ་པ་དཔག་བསམ་གྱི་ཤིང་གི་ཁ་རྒྱན་ཅན་དང་། མཐིང་མཛུབ་ཀྱིས་ཡུ་བ་བཟུང་བའི་ཨུཏྤལ་སྔོན་གྱི་ཐད་ཁར་ཁ་བྱེ་བའི་སྟེང་ན་ཤེར་ཕྱིན་གྱི་གླེགས་བམ་བསྣམས་པ། ཞབས་གཉིས་རྡོ་རྗེའི་སྐྱིལ་ཀྲུང་གིས་བཞུགས་པ། དྭངས་གསལ་འོད་ཀྱི་རང་བཞིན་ཅན་དུ་གྱུར་པའི་སྤྱི་བོར་ཨོཾ་དཀར་པོ། མགྲིན་པར་ཨཱཿདམར་པོ། ཐུགས་ཀར་ཧཱུྃ་སྔོན་པོས་མཚན་པ་སོགས་མངོན་རྟོགས་བཞིན་བརྗོད། བདག་མདུན་གཉིས་ཀྱི་སྟེང་གི་ནམ་མཁའ་ལ་རྩ་བརྒྱུད་ཀྱི་བླ་མ་ཡི་དམ་སངས་རྒྱས་བྱང་སེམས་དཔའ་བོ་མཁའ་འགྲོ་ཆོས་སྐྱོང་བསྲུང་མའི་ཚོགས་རྣམས་སྤྲིན་གཏིབ་པ་བཞིན་དུ་བཞུགས་ཡོད་སྙམ་པའི་མོས་པ་མཛོད་ལ། དཀོན་མཆོག་གསུམ་ལ་སྐྱབས་སུ་སོང་ཏེ་སྨོན་འཇུག་བྱང་ཆུབ་མཆོག་ཏུ་སེམས་བསྐྱེད་སྙམ་པར་མཛོད་ལ་འདིའི་རྗེས་ཟློས་ལན་གསུམ་མཛོད། །དཀོན་མཆོག་གསུམ་ལ་བདག་སྐྱབས་མཆི། ཞེས་སོགས་ལན་གསུམ་བྱ། དེ་ནས་སློབ་མ་ལྷར་བསྐྱེད། རྗེས་གནང་དངོས་ནི། ཚེ་བུམ་ལ་བརྟེན་ནས་དབང་བསྐུར་བ། ཚེ་ཡི་བདུད་རྩི་ལ་བརྟེན་ནས་དབང་བསྐུར་བ། ཚེ་ཡི་རིལ་བུ་ལ་བརྟེན་ནས་དབང་བསྐུར་བ། ཚེ་སྲིལ་བ་དང་བཞི་ཡོད་པའི་དང་པོ་ནི། རང་དང་བུམ་ནང་གི་ལྷའི་ཐུགས་ཀ་ནས་འོད་ཟེར་འཕྲོས། ཕྱོགས་བཅུ་དུས་གསུམ་ན་བཞུགས་པའི་བླ་མ་ཡི་དམ་སངས་རྒྱས་བྱང་སེམས་དཔའ་བོ་ཆོས་སྐྱོང་སྲུང་མའི་ལྷ་ཚོགས་རྣམས་རྗེ་བཙུན་ཙོང་ཁ་པ་ཚེ་འཛིན་མའི་རྣམ་པར་སྤྱན་དྲངས། ཁྱེད་རང་སློབ་མ་རྣམས་ཀྱི་སྤྱི་བོར་ཆར་ཆེན་པོ་བབ་པ་བཞིན་དུ་སིབ་སིབ་ཐིམ་པས་ཁྱེད་རྣམས་ཀྱི་ལུས་དང་རྗེ་བཙུན་ཙོང་ཁ་པ་ཆེན་པོ་ཚེ་འཛིན་མའི་སྐུ་དབྱེར་མེད་དུ་གྱུར་པའི་མོས་པ་མཛད་པར་ཞུ། ཚེ་བུམ་མགོར་བཞག་ནས། དམིགས་བརྗོད་ལ་ཏྲིལ་བསིལ་མི་རྟོག་འཐོར། དེ་ནས་ཐུན་མོང་མ་ཡིན་པའི་ཚེ་དབང་ནི། རང་དང་བུམ་ནང་གི་ལྷའི་ཐུགས་ཀ་ནས་འོད་ཟེར་འཕྲོས། །ཁྱེད་རང་སློབ་མ་རྣམས་ཀྱི་འཆི་བདག་གཤིན་རྗེ་རྒྱལ་གདོན་སོགས་མི་མ་ཡིན་པ་རྣམས་ཀྱི་རྐུ་འཕྲོག་གཡར་འཁྲུམས་འཁོར་བ་ཐམས་ཅད་དང་། འབྱུང་བ་ཆེན་པོ་ལྔ་ཡི་བཅུད་སེམས་ཅན་ཐམས་ཅད་ཀྱི་ཚེ་དང་བསོད་ནམས་བླ་མ་རྒྱལ་བ་སྲས་དང་བཅས་པའི་སྐུ་གསུང་ཐུགས་ཀྱི་བྱིན་རླབས་ཐམས་ཅད་བུམ་པ་དང་ཐོད་པ་ལྕུང་བཟེད་བདུད་རྩིས་གང་བའི་རྣམ་པ་དང་། བཀྲ་ཤིས་རྫས་རྟགས་རྒྱལ་སྲིད་སྣ་བདུན་བདུད་རྩི་འོད་ཟེར་སྣ་ལྔ་དང་བཅས་པའི་རྣམ་པར་འཁྱུག །

སྡུག་འཁྲིད་ལ་ཐིམ། དེ་ལས་བདུད་རྩིའི་རྒྱུན་ཕྱག་མཚན་གྱི་བུམ་པའི་ནང་དུ་དབབ་པར་བུམ་པ་འཆི་མེད་ཀྱི་བདུད་རྩིས་གང་བས་སྤྱི་བོ་ནས་དབང་བསྐུར་བས་ལུས་ཀྱི་ནང་ཐམས་ཅད་གང་བས་ཚེ་དང་བསོད་ནམས་དམ་ཚིག་དང་སྡོམ་པ་ཉམས་པ་ཐམ་ཅད་སོར་ཆུད། ལུས་ཀྱི་ཟུངས་དང་། སྲོག་གི་རྟེན་དང་། མཐུ་སྟོབས་དཀྲག་མདངས། སྨུམ་སྣགས། བརྟན་བརྟེད་དང་ལྡན་པ་སྟོབས་འབྱོར་ལོངས་སྤྱོད། བསླབ་གསུམ་གྱི་ཉམས་ལེན་དང་། འཆི་མེད་ཚེ་ཡི་རིག་འཛིན་ཐོབ། ལུས་ཀྱི་སྒོ་ནས་བསགས་པའི་ནད་གདོན་སྡིག་སྒྲིབ་ཐམས་ཅད་དག །བུམ་པའི་དབང་བྱིན་རླབས་ཀྱི་ཚུལ་དུ་ཐོབ། རྗེ་བཙུན་ཙོང་ཁ་པ་ཚེ་འཛིན་མའི་སྐུ་འགྲུབ་པའི་ནུས་པ་བཞག་བྱུང་སྙམ་པའི་མོས་པ་མཛོད། ཚེ་བུམ་མགོར་འཛོག་པ་སོགས་དང་། དམིགས་མེད་བརྩེ་བའི་གཏེར་ཆེན་སྤྱན་རས་གཟིགས། །དྲི་མེད་མཁྱེན་པའི་དབང་པོ་འཇམ་པའི་དབྱངས། །དུས་མིན་འཆི་བ་འཇོམས་མཛད་ཚེ་དཔག་མེད། །གངས་ཅན་མཁས་པའི་གཙུག་རྒྱན་ཙོང་ཁ་པ། །བློ་བཟང་གྲགས་པའི་ཞབས་ལ་གསོལ་བ་འདེབས། །ཡང་རང་དང་བུམ་ནང་གི་ལྷའི་ཐུགས་ཀ་ནས་འོད་ཟེར་འཕྲོས། ཕྱོགས་བཅུ་དུས་གསུམ་ན་བཞུགས་པའི་བླ་མ་ཡི་དམ་སངས་རྒྱས་བྱང་སེམས་དཔའ་བོ་མཁའ་འགྲོ་ཆོས་སྐྱོང་བསྲུང་མའི་བྱིན་རླབས་ནུས་མཐུ་ཐམས་ཅད་དམིགས་བརྩེ་མའི་རྣམ་པར་སྤྱན་དྲངས། ཁྱེད་རང་རྣམས་ཀྱི་མགྲིན་པར་སིབ་སིབ་ཐིམ། །ངག་གི་སྒོ་ནས་བསགས་པའི་སྡིག་སྒྲིབ་བག་ཆགས་དང་བཅས་པ་ཐམས་ཅད་དག །གསང་པའི་དབང་བྱིན་རླབས་ཀྱི་ཚུལ་དུ་ཐོབ། རྗེ་བཙུན་ཙོང་ཁ་པ་ཆེན་པོ་ཚེ་འཛིན་མའི་གསུང་འགྲུབ་པའི་ནུས་པ་དང་ལྡན་པར་གྱུར་སོང་སྙམ་པའི་མོས་པ་མཛོད་ནས་འདིའི་རྗེས་ཟློས་ལན་གསུམ་མཛོད། དམིགས་བརྩེ་མའི་རྗེས་ཟློས་ལན་གསུམ་བྱ། དམིགས་མེད་× དྲི་མེད་× དུས་མིན་འཆི་བ་འཇོམས་མཛད་ཚེ་དཔག་མེད། །གངས་ཅན་× བློ་བཟང་× རང་དང་བུམ་ནང་གི་ལྷའི་ཐུགས་ཀ་ནས་འོད་ཟེར་འཕྲོས། ཕྱོགས་བཅུ་དུས་གསུམ་ན་བཞུགས་པའི་བླ་མ་ཡི་དམ་སངས་རྒྱས་བྱང་སེམས་དཔའ་བོ་མཁའ་འགྲོ་ཆོས་སྐྱོང་བསྲུང་མའི་བྱིན་རླབས་ནུས་མཐུ་ཐམས་ཅད་ཕྱག་མཚན་རལ་གྲི་གླེགས་བམ་ཚེ་ཡི་བུམ་པ་དང་། ལྕུང་བཟེད་བདུད་རྩིས་གང་བའི་རྣམ་པར་སྤྱན་དྲངས། ཁྱེད་རང་སློབ་མ་རྣམས་ཀྱི་སྙིང་ཁར་ཐིམ། ཡིད་ཀྱི་སྒོ་ནས་བསགས་པའི་སྡིག་སྒྲིབ་བག་ཆགས་དང་བཅས་པ་

ཐམས་ཅད་དག ། ཤེས་རབ་ཡེ་ཤེས་ཀྱི་དབང་བྱིན་རླབས་ཀྱི་ཚུལ་དུ་ཐོབ། རྗེ་བཙུན་ཙོང་ཁ་པ་ཆེ་འཛིན་མའི་ཐུགས་ཀྱི་བྱིན་རླབས་ཐོབ་བྱུང་སྙམ་པའི་མོས་པ་མཛོད། ། ཚེ་བུམ་མགོར་འཛོག་པ་སོགས་བྱ། རང་དང་བུམ་ནང་གི་ལྷའི་ཐུགས་ཀ་ནས་འོད་ཟེར་འཕྲོས། ཕྱོགས་བཅུ་དུས་གསུམ་ན་བཞུགས་པའི་བླ་མ་ཡི་དམ་སངས་རྒྱས་བྱང་སེམས་དཔའ་བོ་མཁའ་འགྲོ་ཆོས་སྐྱོང་བསྲུང་མའི་བྱིན་རླབས་ཀྱི་ཚུལ་དུ། ལྷ་ཚོགས་རྣམས་རྗེ་བཙུན་ཚེ་འཛིན་མའི་སྐུ་ཡི་རྣམ་པར་སྤྱན་དྲངས། ཁྱེད་རང་སློབ་མ་རྣམས་ཀྱི་གནས་གསུམ་དུ་ཐིམ་པས་ལུས་ངག་ཡིད་གསུམ་གྱི་སྒོ་ནས་བསགས་པའི་ནད་གདོན་སྡིག་སྒྲིབ་ཐམས་ཅད་དག ། དབང་བཞི་པ་ཐོབ་སྐུ་བཞི་མངོན་དུ་གྱུར་སོང་སྙམ་པའི་མོས་པ་མཛོད། ཞེས་བརྗོད་ཅིང་ཚེ་བུམ་སློབ་མའི་མགོ་ཐོག་དུ་བཞག་དྲིལ་བསིལ་དང་བཀའ་བསྒོ་བྱ། གཉིས་པ་ཚེ་ཡི་བདུད་རྩི་ལ་བརྟེན་ནས་དབང་བསྐུར་བ་ནི། རང་དང་བུམ་ནང་གི་ལྷའི་ཐུགས་ཀ་ནས་འོད་ཟེར་འཕྲོས། ཕྱོགས་བཅུ་དུས་གསུམ་ན་བཞུགས་པའི་བླ་མ་ཡི་དམ་སངས་རྒྱས་བྱང་སེམས་དཔའ་བོ་མཁའ་འགྲོ་ཆོས་སྐྱོང་བསྲུང་མའི་བྱིན་རླབས་ནུས་མཐུ་ཐམས་ཅད་བདུད་རྩིའི་རྣམ་པར་སྤྱན་དྲངས། སྒྲུབ་པའི་རྫས་བདུད་རྩི་ལ་ཐིམ་པས་ཁྱེད་རང་སློབ་མ་རྣམས་ཀྱིས་ལོངས་སྤྱོད་པས་འཆི་མེད་ཚེ་ཡི་རིག་འཛིན་ཐོབ་ལམ་རྫོགས་རིམ་སྒོམ་པ་ལ་དབང་བར་གྱུར་སོང་སྙམ་པའི་མོས་པ་མཛོད། ། དམ་རྫས་བདུད་རྩིའི་བཏུང་བ་འདི། ། དེ་རིང་བུ་ཡིས་བཏུང་བར་གྱིས། ། ང་ཡིས་བསྒོས་པའི་བཀའ་མ་བཅག ། སྒྲུབ་ལ་ནན་ཏན་བརྩོན་པར་གྱིས། ། དེས་ཚེ་ཆུ་ལ་བརྟེན་ནས་དབང་བསྐུར་བ་སོང་། གསུམ་པ་ཚེ་རིལ་ལ་བརྟེན་ནས་དབང་བསྐུར་བ་ནི། རང་དང་བུམ་ནང་གི་ལྷའི་ཐུགས་ཀ་ནས་འོད་ཟེར་འཕྲོས། ཕྱོགས་བཅུ་དུས་གསུམ་ན་བཞུགས་པའི་བླ་མ་ཡི་དམ་སངས་རྒྱས་བྱང་སེམས་དཔའ་བོ་མཁའ་འགྲོ་ཆོས་སྐྱོང་བསྲུང་མའི་ལྷ་ཚོགས་ཐམས་ཅད་རྗེ་ཚེ་འཛིན་མའི་རྣམ་པར་སྤྱན་དྲངས། རིལ་བུ་འདི་རྣམས་ལ་ཐིམ་པ་ཁྱེད་རང་སློབ་མ་རྣམས་ཀྱིས་ལོངས་སྤྱོད་པས་འཆི་མེད་ཚེ་ཡི་རིག་འཛིན་ཐོབ་བྱུང་སྙམ་པའི་མོས་པ་མཛོད། ། འཆི་མེད་ཚེ་ཡི་རིལ་བུ་འདི། ། དེ་རིང་བུ་ཡིས་བཟའ་བར་གྱིས། ། ནད་རིམས་གདོན་བགེགས་ཀུན་ཞི་ནས། ། བླ་མ་གཉིས་པའི་སྐུར་འགྱུར་ཤོག ། ཚེ་རིལ་ལ་བརྟེན་ནས་དབང་བསྐུར་བ་སོང་། བཞི་བ་ཚེ་སྤྱིལ་པ་ནི། ཁྱེད་རང་རྣམས་ཀྱི་སྙིང་གི་ནམ་མཁའ་ལ་རྗེ་བཙུན་ཙོང་ཁ་པ་ཆེ་འཛིན་མ་ལ་བླ་མ་ཡི་དམ་

སངས་རྒྱས་བྱང་སེམས་དཔའ་བོ་མཁའ་འགྲོ་ཆོས་སྐྱོང་བསྲུང་མའི་ལྷ་ཚོགས་རྣམས་བསྐོར་ནས་བཞུགས་པས། མེ་ཏོག་གི་ཆར་འབེབས་རོལ་མོའི་སྒྲ་སྒྲོགས་པའི་མོས་པ་མཛོད། །སྦྱིན་པའི་སྟོབས་ཀྱི་ × ཚུལ་ཁྲིམས་སྟོབས་ཀྱི་ × བཟོད་པའི་སྟོབས་ཀྱི × བརྩོན་འགྲུས་སྟོབས་ཀྱི × བསམ་གཏན་སྟོབས་ཀྱི × ཤེས་རབ་སྟོབས × གཞན་ཡང་བཀྲ་ཤིས་ཀྱི་ཚིགས་བཅད་སོགས་བརྗོད། གཙོ་བོས་ཇི་ལྟར་སོགས་དང་། མཇུག་མཆོག་སྨོན་ཤིས་སོགས་གཞུང་ནས་འབྱུང་བ་བཞིན་བྱ། ཅེས་པ་འདི་ནི་མདོ་སྔགས་གཞུང་ལུགས་ཀྱི་བང་མཛོད་འཛིན་པ་པྞ་ཡར་མཁན་རིན་པོ་ཆེ་དགེ་བཤེས་བསྟན་པ་ཆོས་འཕེལ་ནས་འདི་ལྟ་བུ་ཞིག་དགོས་ཞེས་གསུང་གིས་བསྐུལ་བའི་ངོར་ཕྱོགས་ནས། མེ་ཁྱི་ཟླ་༩ཚེས་༢༥ལ་རྗེ་བཙུན་ཙོང་ཁ་པ་ཆེན་པོར་གསོལ་བ་ཕུར་ཚུགས་སུ་བཏབ་ནས་ཡི་གེར་བཀོད་པས། འགལ་འཁྲུལ་ཉེས་ཚོགས་བཤགས་ནས་དགེ་བས་མཆོག་དམན་སྐྱེ་འགྲོ་རྣམས་དུས་མིན་འཆི་བ་ཀུན་ལས་ཐར་ནས། འཇམ་མགོན་བླ་མའི་བསྟན་པ་རིན་པོ་ཆེ་འདིས་ས་སྟེང་ཐམས་ཅད་དུ་ཁྱབ་ནས་དར་ཞིང་རྒྱས་པའི་རྒྱུར་གྱུར་ཅིག །ཆོ་ག་རྒྱལ་བ་གྲྭ་སྒོམ་མཆོག་སྤྲུལ་རིན་པོ་ཆེ་བློ་གྲོས་དཔལ་ལྡན་འོད་ཟེར་གྱིས་མཛད་པའི་འཆི་མེད་རིག་འཛིན་མྱུར་གྲུབ་ཀྱི་སྟེང་ནས་རྗེས་གནང་བསྒྱུར་ཚུལ་མདོ་མཁན་ཐུར་༧ལཀླིཾ་ཧྲཱཛྷས་བྲིས་པའོ། །བཀྲ་ཤིས།། །།

༄༅། །རྒྱལ་བ་ཙོང་ཁ་པ་ཆེན་པོ་ལ་སྟོང་མཆོད་འབུལ་བའི་ཆོ་ག་བཀྲ་ཤིས་གཡས་འཁྱིལ་ཞེས་བྱ་བ་བཞུགས་སོ།

༄༅། །ན་མོ་གུ་རུ་སུ་མ་ཏི་ཀཱི་རྟི་ཡེ། བློ་གྲོས་མཆོག་གི་ངུར་སྨྲིག་རྒྱལ་མཚན་འཛིན། །བཟང་པོའི་ནོར་བུའི་ཏོག་འོད་རབ་འབར་བས། །དངོས་གྲུབ་འདོད་དགུའི་ཆར་པ་འབེབས་སོ་ཞེས། །གྲགས་པ་སྲིད་ན་རབ་མཐོ་དེ་ལ་འདུད། །སྐྱེ་རྒུའི་བདེ་སྐྱིད་མ་ལུས་འབྱུང་བའི་གཞི། །དགེ་ལྡན་བསྟན་པ་དར་རྒྱས་སྤེལ་བའི་སླད། །འཇམ་མགོན་བླ་མའི་ཐུགས་རྗེ་བསྐུལ་བའི་ཕྱིར། །མཆོད་ཚུལ་ཚོག་བསྒྲིགས་མེ་ཏོག་དཀར་པོ་སྤེལ། །དེ་ལ་འདིར་རྒྱལ་བའི་བསྟན་པ་སྤྱི་དང་ཁྱད་པར་དགེ་ལྡན་རིང་ལུགས་དར་ཞིང་རྒྱས་པ་དང་། སྐྱེ་རྒུ་མཐའ་དག་ལ་བདེ་སྐྱིད་སྤེལ་བའི་ཕྱིར་དུ། འཇམ་མགོན་བླ་མའི་ཐུགས་དམ་བསྐུལ་བ་དང་། རང་ཉིད་ཀྱིས་ཀྱང་དཔལ་འབྱོར་དོན་ཡོད་དུ་བྱེད་ཅིང་བསོད་ནམས་ཀྱི་ཚོགས་རྒྱ་ཆེན་པོ་བསགས་པའི་ཐབས་སྟོང་མཆོད་ཀྱི་ཆོ་ག་ཐུགས་དང་མཐུན་པའི་བླ་མཆོད་དང་འབྲེལ་ཀྱང་རུང་ལ། འདིར་མདོ་ཆོ་ག་ཁོ་ནའི་ལུགས་སུ་ལག་ཏུ་བླང་བདེ་བར་དགོད་པ་ལ། སྔོན་འགྲོ། དངོས་གཞི། རྗེས་ཀྱི་རིམ་པའོ། །དང་པོ་ནི། སྒྲུབ་པའི་ཁང་པ་ཕྱི་ནང་ལེགས་པར་བགྱིས་ཏེ། དྲི་བཟང་གི་ཆུས་ཆག་ཆག་གདབ། མེ་ཏོག་སིལ་མ་དགྲམ། རྗེ་བདག་ཉིད་ཆེན་པོ་ཡབ་སྲས་གསུམ་གྱི་སྐུ་དང་། མདོ་སྔགས་ལམ་རིམ་གྱི་གླེགས་བམ། མཆོད་རྟེན་སོགས་སྐུ་གསུང་ཐུགས་ཀྱི་རྟེན་བཀྲམས་པའི་མདུན་དུ། སྟེགས་བུ་ཁེབས་ལྡན་གྱི་དབུས་སུ་མཎྜལའི་ཁར་བུམ་པ་དྲི་བཟང་གི་ཆུ་གཙང་གིས་བཀང་སྟེ་དར་སེར་པའི་མགུལ་ཆིངས་བཅད་པ་བཞག དེ་ཡང་བླ་མ་ལ་གངྒའི་རྡུལ་གྱི་གྲངས་དང་མཉམ་པའི་མཆོད་པ་འབུལ་བར་མདོ་རྒྱུད་བསྟན་བཅོས་དུ་མ་ནས་གསུངས་པས་སྟོང་མཆོད་ཕུལ་མི་ཚོག་པའི་དོགས་པ་མི་འཚལ་ལ། དེས་ན་མཆོད་པ་གང་ཡང་རུང་བ་རེ་སྟོང་དང་ཁྲི་འབུམ་སོགས་ཕུལ་ན་མི་རུང་བ་མ་ཡིན་ནོ། འོན་ཀྱང་མཆོད་གཏོར་དང་གཟུགས་ཐུགས་སམ་གསོལ་འདེབས། ཕྱག་བསྐོར་རྣམས་རེ་རེ་ནས་སྟོང་གི་གྲངས་ལྡན་བྱས་པ་ལ་ཆེན་པོ་རྣམས་སྟོང་མཆོད་ཀྱི་ཐ་སྙད་འདོགས་པར་མཛད་པས་ན་ཆུ་གཉིས་ཉེར་སྤྱོད་ཚར་གང་ཚོགས། ལྷ་བཤོས། མར་མེ། སྤོས། རིན་པོ་ཆེ་དང་སྨན་སྣ་དཀར་གསུམ་མངར་གསུམ་བསྲེས

པའི་གཏོར་རིལ་རྣམས་སྟོང་རེ། བདུན། གདུགས། ཐུ་ལྷི་རྣམས་གང་འགྱུར་བྱེད་པ་དང་། དེ་ཡང་མ་འགྱུར་ན། ལྷ་བཤོས་སྟོང་དང་གཞན་རྣམས་ཅི་འགྱུར་བྱས་ཀྱང་རུང་ལ། འགྱུར་པ་དང་ལྡན་ཞིང་ཚོགས་རྒྱ་ཆེན་པོ་གསོག་པར་འདོད་པ་རྣམས་ཀྱིས་གོང་དུ་བཤད་པའི་མཆོད་པ་རེ་རེ་ནས་སྟོང་ཕྲག་ཕྲག་པའམ། བཀྲ་ཤིས་རྟགས་རྫས། རྒྱལ་སྲིད་སྣ་བདུན། ཆོས་གོས། ཕྱུང་བཟེད། འཁར་གསིལ། བསིལ་ཡབ། ཛ་ཡབ་སོགས་མཆོད་པའི་བྱེ་བྲག་རྒྱ་གང་ཆེ་འབད་པས་བྱ་བ་གལ་ཆེའོ། །བཤམ་ཚུལ་ནི། ཐུམ་པའི་མདུན་དུ་ཛེ་ལ་འབུལ་རྒྱུའི་ཞལ་ཟས་རྒྱ་མཚོ་མ་དང་། དེའི་མཐའ་སྐོར་རམ་ཕྱེད་བསྒྲིགས་ལྷ་བུར་མཆོད་པའི་དངོས་པོ་གཙང་ཞིང་ཡིད་དུ་འོང་བ་གཡོ་མེད་ཅིང་བཀོད་པ་མཛེས་པར་བཤམ། བསྟེན་པའི་ཆོས་སྐྱོང་དང་། རིགས་དྲུག་གཞི་བདག་གི་གཏོར་མ་ཡང་བཤམ། སྒྲུབ་པ་པོ་རྣམས་ཕྱི་ལུས་བཀྲུ་ཞིང་གོས་གཙང་གྱོན། ནང་ཤ་ཆང་སྒོག་ཙོང་དྲི་ངན་སོགས་སྤངས་ཏེ་དཀར་ཟས་ལ་བརྟེན། གསང་བ་ཉོན་མོངས་དུག་གསུམ་གྱི་གཉེན་པོ་བསྟེན་པ་སྡེ་ཁྲུས་གསུམ་དང་ལྡན་ཞིང་ཚུལ་དང་མཐུན་པའི་སྤྱོད་ལམ་གྱིས་འཁོད་པའི་མདུན་དུ་མཆོད་པའི་མཎྜལ། ཁྲུས་གསོལ་གྱི་ཆས། རོལ་ཆ་རྣམས་ཀྱང་བསགས། ཀུན་སློང་ལེགས་པར་བཅོས་ལ། ཐེག་ཆེན་གསོ་སྦྱོང་ལེན་འདོད་ན་གཞན་ལས་འབྱུང་བ་ལྟར་དང་། སྐྱབས་འགྲོ་སེམས་བསྐྱེད་རྒྱུད་དང་འདྲེས་ངེས་པ་བྱ། དེ་ནས་བྱིན་བརླབས་བཞི་སྐོར་དུ་གྲགས་པ། ས་གཞི་དང་། ཁང་བཟང་དང་། གདན་ཁྲི་དང་། མཆོད་པ་བྱིན་གྱིས་བརླབས་པ་རྣམས་ནི། དཀོན་མཆོག་གསུམ་གྱི་བདེན་པ་དང་། སངས་རྒྱས་དང་བྱང་ཆུབ་སེམས་དཔའ་ཐམས་ཅད་ཀྱི་བྱིན་གྱིས་བརླབས་དང་། ཚོགས་གཉིས་ཡོངས་སུ་རྫོགས་པའི་མངའ་ཐང་ཆེན་པོ་དང་། བླ་མ་འཇམ་མགོན་ཙོང་ཁ་པ་ཆེན་པོ་ཡབ་སྲས་ཀྱིས་སྔོན་བྱང་ཆུབ་སེམས་དཔའི་སྤྱོད་པ་སྤྱད་པའི་ཚེ། སེམས་ཅན་ཐམས་ཅད་ཀྱི་དོན་དུ་སངས་རྒྱས་ཀྱི་ཞིང་ཡོངས་སུ་སྦྱངས་པའི་བདེན་པ་དང་། ཆོས་ཀྱི་དབྱིངས་རྣམ་པར་དག་ཅིང་བསམ་གྱིས་མི་ཁྱབ་པའི་སྟོབས་ཀྱིས། དེང་འདིར་བླ་མ་རྒྱལ་བ་ཙོང་ཁ་པ་སྲས་དང་བཅས་པ་དང་། འཕགས་པ་ཆོས་སྐྱོང་བ་ཐམས་ཅད་ལ་མཆོད་པའི་ཚོགས་སྤྲུར་པའི་ཕོ་བྲང་གི་དཀྱིལ་འཁོར་འདི་དག་བཅོམ་ལྡན་འདས་འོད་དཔག་མེད་ཀྱི་ཞིང་གི་བཀོད་པའི་ཡོན་ཏན་ལྟ་བུ་དང་ལྡན་པར་གྱུར་ཏེ། ས་གཞི་རིན་པོ་ཆེ་སྣ་ཚོགས་ཀྱི་རང་བཞིན་ལག་མཐིལ་ལྟར་མཉམ་པ། ཐ་གྲུ་ཆེ་བ། ཡངས་པ། རེག་ན་འཇམ་ཞིང་བདེ་བ། དྲི་མ་མེད་ཅིང་འོད་གསལ་བ། ཙན་དན་སྦྲུལ་གྱི་སྙིང་པོའི་དྲི་བསུང་ངད་དང་ལྡན་པའི་ལྷའི་མེ་ཏོག་སྣ་ཚོགས་ཀྱིས་གཅལ་བཀྲམ་པ། མཐའ་རིན་པོ་ཆེའི་ཕ་གུས་བརྩེགས་པ། གསེར་དང་། དངུལ་དང་། མུ་ཏིག་གི་ཕྱེ་མ་གྲམ་

བུར་བརྟལ་བ། ཨུཏྤལ་དང་། ཀུ་མུ་ད་དང་། པདྨ་འཕྲེང་ཞིང་ལྡེམ་པས་ཁེངས་པར་གྱུར་ཅིང་། ཆུ་བྱ་སྣ་ཚོགས་སྐད་སྙན་པ་སྒྲོགས་པ། དགའ་ཞིང་འགྱུ་ལ་ལྡིང་བས་བརྒྱན་པའི་ཡན་ལག་བརྒྱད་དང་ལྡན་པའི་མཚོ་དང་རྫིང་དང་ལྟེང་ཀ་དག་གིས་མཛེས་པར་བྱས་པ། རིན་པོ་ཆེའི་དཔག་བསམ་གྱི་ཤིང་ལྗོན་པ་ལྷའི་ནོར་བུ་དང་། མུ་ཏིག་གི་རྒྱན་ཕྲེང་དང་། རིན་པོ་ཆེ་དབྱངས་པ། མེ་ཏོག་གི་མགོ་ལྟོགས་དང་། འབྲས་བུ་མཛེས་པར་ཆགས་པས་གཡུར་ཟ་ཞིང་ལྡེམ་པ། གསེར་གྱི་དྲིལ་བུ་གཡེར་ཁ་འཁྲོལ་པ་ལས་དམ་པའི་ཆོས་ཀྱི་སྒྲ་འབྱུང་བ་དང་ལྡན་པ་ཙར་དུ་སྒྲེངས་པས་ལེགས་པར་བརྒྱན་པའི་ས་གཞི་ཕུན་སུམ་ཚོགས་པ་འབྱུང་བར་གྱུར་ཅིག །དེའི་དབུས་སུ་གཞལ་མེད་ཁང་རིན་པོ་ཆེ་སྣ་བདུན་མཆོག་ཏུ་འབར་བ་བཀོད་པ་འཇིག་རྟེན་གྱི་ཁམས་དཔག་ཏུ་མེད་པ་རྒྱས་པར་འགེངས་པའི་འོད་ཟེར་ཆེན་པོ་རབ་ཏུ་འབྱུང་བ། གནས་ཐ་དད་པ་ཤིན་ཏུ་རྣམ་པར་ཕྱེ་བ་མཐའ་ཡས་པ་རྣམ་པར་གནས་པ། རྒྱ་ཡོངས་སུ་མ་ཆད་པ། ཁམས་གསུམ་ལས་ཡང་དག་པར་འདས་པའི་སྤྱོད་ཡུལ་འཇིག་རྟེན་ལས་ཡང་དག་པར་འདས་པ་དེའི་བླ་མའི་དགེ་བའི་རྩ་བ་ལས་བྱུང་བ། ཤིན་ཏུ་རྣམ་པར་དག་ཅིང་དབང་བསྒྱུར་བའི་རྣམ་པར་རིག་པའི་མཚན་ཉིད། དེ་བཞིན་གཤེགས་པའི་གནས། བྱང་ཆུབ་སེམས་དཔའི་དགེ་འདུན་དང་ལྡན་པ། ལྷ་དང་། ཀླུ་དང་། གནོད་སྦྱིན་དང་། དྲི་ཟ་དང་། ལྷ་མ་ཡིན་དང་། ནམ་མཁའ་ལྡིང་དང་། མིའམ་ཅི་དང་། ལྟོ་འཕྱེ་ཆེན་པོ་དང་། མི་དང་མི་མ་ཡིན་པ་མཐའ་ཡས་པ་རྣམ་པར་རྒྱུ་བ། ཆོས་ཀྱི་རོའི་དགའ་བ་དང་བདེ་བ་ཆེན་པོས་བརྟན་པ། སེམས་ཅན་ཐམས་ཅད་ཀྱི་དོན་ཐམས་ཅད་ཡང་དག་པར་ཐོབ་པར་བྱེད་པས་ཉེ་བར་གནས་པ། ཉོན་མོངས་པའི་གནོད་པའི་དྲི་མ་ཐམས་ཅད་དང་བྲལ་བ། བདུད་ཐམས་ཅད་ཡོངས་སུ་སྤངས་པ། ཐམས་ཅད་ཀྱི་བཀོད་པ་ལས་ལྷག་པའི་དེ་བཞིན་གཤེགས་པའི་བཀོད་པའི་གནས་དྲན་པ་དང་། བློ་གྲོས་དང་། རྟོགས་པ་ཆེན་པོས་ངེས་པར་འབྱུང་བ། ཞི་གནས་དང་ལྷག་མཐོང་གི་བཞོན་པ་ཡིན་པ། རྣམ་པར་ཐར་པའི་སྒོ་སྟོང་པ་ཉིད་དང་། མཚན་མ་མེད་པ་ཉིད་དང་། སྨོན་པ་མེད་པ་ནས་འཇུག་པ། རིན་པོ་ཆེ་པདྨའི་རྒྱལ་པོ་ཡོན་ཏན་མཐའ་ཡས་པས་བརྒྱན་པས་བཀོད་པ་ལ་བརྟེན་པའི་གཞལ་མེད་ཁང་ཆེན་པོ་འབྱུང་བར་གྱུར་ཅིག །དེའི་དབུས་སུ་སེང་གེ་ཆེན་པོ་བརྒྱད་ཀྱིས་བཏེགས་པའི་རིན་པོ་ཆེའི་ཁྲི་མཐོ་ཞིང་

ཡངས་པའི་སྟེང་དུ་སྣ་ཚོགས་པདྨ་དང་ཟླ་བ་དང་ཉི་མའི་གདན་གྱིས་སྤྲས་པ་དང་། མཐའ་སྐོར་གྱི་ཕྱོགས་མཚམས་རྣམས་སུ་སེང་གེའི་ཁྲི་དང་གོས་སྣ་ཚོགས་པའི་འབོལ་སྟན་དང་། པདྨ་དང་། ཟླ་བ་དང་། ཉི་མ་དང་། སླང་པོ་ཆེ་དང་། རྟ་མཆོག་ལ་སོགས་པ་བཞོན་པའི་ཁྱད་པར་སྣ་ཚོགས་པ་རྣམས་བཀོད་པ་མཛེས་པར་བཤམས་པ། འཇམ་མགོན་བླ་མ་ཙོང་ཁ་པ་ཡབ་སྲས་ཀྱིས་གཙོ་མཛད་པའི་དྲིན་ཅན་རྩ་བརྒྱུད་ཀྱི་བླ་མ། རྒྱུད་སྡེ་བཞི་དང་འབྲེལ་བའི་ཡི་དམ་དཀྱིལ་འཁོར་གྱི་ལྷ་ཚོགས། ཕྱོགས་བཅུའི་སངས་རྒྱས་དང་བྱང་ཆུབ་སེམས་དཔའ་ཉན་ཐོས་རང་རྒྱལ་དཔའ་པོ་མཁའ་འགྲོ་ཆོས་སྐྱོང་སྲུང་མ་གཙང་རིས་དཔལ་མགོན་བདུན་ཅུ་སོགས་མཆོད་ཡུལ་དུ་གྱུར་པའི་ཚོགས་ཀྱི་ཞིང་རྣམས་སོ་སོའི་སྨོན་ལམ་ཁྱད་པར་ཅན་དང་མངའ་ཐང་དང་འཚམ་པར་གྲུབ་པ་མཛེས་པ་ཤ་སྟག་འབྱུང་བར་གྱུར་ཅིག །ཕྱི་ནང་ཀུན་ཏུ་ཡང་ཚེ་རིགས་དང་འཚམ་པར་ཡང་ལྷ་དང་མིའི་ཡོ་བྱད་དམ་པ་ཞལ་ཟས་དང་ན་བཟའ་དང་རྒྱན་དང་རོལ་མོ་ལ་སོགས་པ་ཕུལ་དུ་ཕྱིན་པ་སྣ་ཚོགས་ཕུང་པོ་གསུམ་པའི་མདོ་དང་། བཟང་པོ་སྤྱོད་པའི་སྨོན་ལམ་ལས་བྱུང་པའི་མཆོད་པའི་སྤྲིན་རྒྱ་མཚོ་ཐམས་ཅད་ཀྱིས་རྒྱས་པར་གང་ཞིང་རྒྱན་བཀླུབས་པ་དང་ལྡན་པར་གྱུར་ཅིག །ཅེས་བརྗོད། ཨོཾ་ན་མོ་བྷ་ག་ཝ་ཏེ་བཛྲ་སཱ་ར་པྲ་མརྡ་ནི། ཏ་ཐཱ་ག་ཏཱ་ཡ། ཨརྷ་ཏེ་སམྱཀྶཾ་བུདྡྷཱ་ཡ། ཏདྱ་ཐཱ། ཨོཾ་བཛྲེ་བཛྲེ། མཧཱ་བཛྲེ། མཧཱ་ཏེ་ཛ་བཛྲེ། མཧཱ་བིདྱཱ་བཛྲེ། མཧཱ་བོ་དྷི་ཙིཏྟ་བཛྲེ། མཧཱ་བོ་དྷི་མཎྜོ་པ་སཾ་ཀྲ་མ་ཎ་བཛྲེ། སརྦ་ཀརྨ་ཨ་ཝ་ར་ཎ་བི་ཤོ་དྷ་ན་བཛྲེ་སྭཱ་ཧཱ། ཞེས་མཆོད་པའི་སྤྲིན་གྱི་གཟུངས་ལན་བདུན་བརྗོད། གཉིས་པ་དངོས་གཞི་ལ། སྤྱན་དྲངས་ཏེ་ཁྲུས་འབུལ་བ། བཞུགས་སུ་གསོལ་ཏེ་གསལ་གདབ་པ། ཡན་ལག་བདུན་པས་ཚོགས་བསག་པ། སྟོང་མཆོད་དངོས་འབུལ་བ་དང་བཞི་ལས། དང་པོ་ནི། འདུན་པ་རྩེ་གཅིག་པས་སྤོས་རོལ་དང་བཅས། ངོ་མཚར་རྨད་བྱུང་བཀོད་པའི་རྟེན་ནས། །བདེ་གཤེགས་སེང་གེའི་ང་རོ་སྤྲུལ་བའི་སྐུ། །ཆོས་ཀྱི་རྒྱལ་པོ་ཀུན་མཁྱེན་བློ་བཟང་གྲགས། །སྙིགས་དུས་འགྲོ་བ་འདྲེན་ཕྱིར་གཤེགས་སུ་གསོལ། །ཡོན་ཏན་རྒྱ་མཚོའི་མཛོད་འཛིན་རྒྱལ་ཚབ་རྗེ། །མདོ་སྔགས་བསྟན་ལ་དབང་བསྒྱུར་དགེ་ལེགས་དཔལ། །གསུང་རབ་མཁས་གྲུབ་བྱེ་བའི་ཚོགས་དང་བཅས། །བདག་ཅག་བསོད་ནམས་ཞིང་དུ་གཤེགས་སུ་གསོལ། །རྣམ་དག་ཆོས་ཀྱི་དབྱིངས་ལས་མ་གཡོས་ཀྱང་། །ཐུགས་རྗེས་ཚད་མེད་འགྲོ་ལ་ཕྱོགས་བཅུར་གཟིགས། །རྒྱལ་བ་ཀུན་

གྱི་འཕྲིན་ལས་རྒྱས་མཛད་པ། །དུས་གསུམ་བླ་མ་འཁོར་བཅས་གཤེགས་སུ་གསོལ། །
ཐུགས་རྗེའི་བདག་ཉིད་རྩ་བརྒྱུད་བླ་མ་དང་། །ཡི་དམ་ལྷ་ཚོགས་སྐྱབས་གནས་དཀོན་མཆོག་
གསུམ། །དཔའ་བོ་མཁའ་འགྲོ་ཆོས་སྐྱོང་སྲུང་མའི་ཚོགས། །སྤྱན་འདྲེན་མཆོད་པའི་གནས་
འདིར་གཤེགས་སུ་གསོལ། །ཞེས་རྗེ་བདག་ཉིད་ཆེན་པོ་ཡབ་སྲས་ཀྱིས་གཙོས་ཚོགས་ཞིང་རྣམས་སོ་སོའི་
ཞིང་ཁམས་ནས་ཛཿའཕྲུལ་གྱིས་བྱོན་པར་བསམ། ཁྲུས་གསོལ་ནི། ཁྲུས་ཀྱི་ཁང་པ་ཤིན་ཏུ་དྲི་ཞིམ་
པ། །ཞེས་པ་ནས། བླ་རི་པྲེས་པ་དེར། །ཞེས་པའི་བར་བརྗོད། དེ་ནས་རང་ལུས་བརྒྱ་སྟོང་དུ་སྤྲུལ་
པས་ལག་ཏུ་ཁྲུས་བུམ་ཐོགས་ཏེ། ཚོགས་ཞིང་རྣམས་ལ་ཁྲུས་གསོལ་བར་བསམས་ཏེ། ཇི་ལྟར་བལྟམས་པ་
ཙམ་གྱིས་ནི། །ཞེས་པ་ནས། དེ་བཞིན་བདག་གིས་སྐུ་ཁྲུས་གསོལ། །རས་བཟང་པོས་སྐུ་དཔྱི་
བར་བསམས་ལ། དེ་དག་སྐུ་ལ་མཚུངས་པ་མེད་པའི་གོས། །གཙང་ལ་དྲི་རབ་བསྒོས་པས་སྐུ་
དཔྱིའོ། །ཞེས་བརྗོད། སྦྱོར། རྒྱལ་བའི་སྐུ་ལ་ཉོན་མོངས་མི་མངའ་ཡང་། །ཞེས་སོགས་དང་།
འདི་ནི་སྦྱིན་པའི་རང་བཞིན་ཆུ། །ཞེས་སོགས་ཀྱིས་ཁྲུས་གསོལ། སྟོང་གསུམ་ཀུན་ཏུ་དྲི་ངད་
ལྡང་བ་ཡི། །ཞེས་སོགས་ཀྱིས་དྲི་བཟང་གི་ལྡེ་གུ་སྐུ་ལ་བྱུག་བར་བསམ། དེ་ནས་དེ་ལ་ཁ་དོག་ལེགས་
བསྒྱུར་པའི། །ཞེས་སོགས་དང་། རྒྱལ་བ་མཆན་དཔེའི་ཞེས་སོགས་ཀྱིས་སྤྲུལ་སྐུ་རྣམས་ལ་ཆོས་གོས་
རྣམ་གསུམ། ལོངས་སྐུ་དང་བྱང་སེམས་རྣམས་སྟོད་གཡོགས་སོགས་དང་རིན་པོ་ཆེའི་རྒྱན་ཕྱུལ་བར་བསམ།
གཉིས་པ་བཞུགས་སུ་གསོལ་ཏེ་གསལ་གདབ་པ་ནི། བགྲང་ཡས་འགྲོ་བའི་བློ་མཚོར་དེ་སྙེད་ཀྱི། །
བཀོད་པ་བྱེ་བ་ཕྲག་བརྒྱའི་ཟླ་སྣང་ཅན། །རབ་འབྱམས་ཞིང་ན་བཞུགས་པའི་སྐྱབས་གནས་
རྣམས། །འགྲོ་བའི་དོན་ཕྱིར་བརྩེ་བས་བཞུགས་སུ་གསོལ། །ཞེས་བརྗོད་པས་རྒྱལ་བ་འཁོར་
བཅས་ཁྲུས་ཁང་ནས་བྱོན་ཏེ་གཞལ་མེད་ཁང་གི་དབུས་སུ་བཞུགས། ཁྲུས་ཁང་མི་དམིགས་པར་བསམ། དེ་
ནས། མཆོད་པའི་ཚོགས་སྤྲུར་པའི་གཞལ་མེད་ཁང་གི་དབུས་སུ་སེང་གེའི་ཁྲི་སྣ་ཚོགས་པད་ཟླ
ཉི་མའི་གདན་ལ་འཇམ་མགོན་བླ་མ་ཆོས་ཀྱི་རྒྱལ་པོ་ཙོང་ཁ་པ་ཆེན་པོ་སྐུ་མདོག་དཀར་ལ་
དམར་བའི་མདངས་ཆགས་པ། འཛུམ་པའི་ཞལ་ལས་འོད་ཟེར་ཕྲོགས་བཅུར་འཕྲོས་པས
རྒྱལ་བ་རྣམས་མཉེས་ཤིང་འགྲོ་བ་ཀུན་གྱི་རེ་བ་ཡོངས་སུ་སྐོང་བ། ཕྱག་གཉིས་ཆོས་འཁོར་གྱི་
ཕྱག་རྒྱས་མེ་ཏོག་ཨུཏྤ་ལའི་ཡུ་བ་ནས་བཟུང་བའི་འདབ་མ་སྣན་གྱི་ཐད་དུ་ཁ་ཕྱེ་བའི་སྟེང་ན་
ཤེས་རབ་ཀྱི་རལ་གྲི་དང་། ཤེར་ཕྱིན་གྱི་གླེགས་བམ་བསྣམས་པ། ཞབས་རྡོ་རྗེའི་སྐྱིལ་མོ་ཀྲུང་
གིས་བཞུགས་པ། ཆོས་གོས་རྣམ་པ་གསུམ་དང་། པཎ་ཞྭ་གསེར་གྱི་མདོག་ཅན་གྱིས་མཛེས

པར་བརྒྱན་པ། དེའི་གཡས་སུ་རྒྱལ་ཚབ་དར་མ་རིན་ཆེན་ཕྱག་གཡས་ཆོས་འཆད་དང་གཡོན་མཉམ་བཞག་གི་སྟེང་ན་གླེགས་བམ་བསྣམས་ནས་འདུད་པའི་ཚུལ་གྱིས་བཞུགས་པ། གཡོན་དུ་མཁས་གྲུབ་ཐམས་ཅད་མཁྱེན་པ་ཕྱག་གཡས་ཆོས་འཆད་དང་གཡོན་མཉམ་བཞག་གི་སྟེང་ན་གླེགས་བམ་བསྣམས་ནས་འཁྱིང་བའི་ཚུལ་གྱིས་བཞུགས་པ། གཉིས་ཀའང་སྐུ་མདོག་དཀར་ལ་དམར་བའི་མདངས་ཆགས་པ་འཛུམ་པའི་ཞལ་ཅན། ཞབས་རྡོ་རྗེ་སྐྱིལ་ཀྲུང་གིས་བཞུགས་པ། ཆོས་གོས་རྣམ་པ་གསུམ་དང་། པཎ་ཞྭ་གསེར་གྱི་མདོག་ཅན་གྱིས་མཛེས་པར་བརྒྱན་པ། དེའི་མཐའ་བསྐོར་དུ་རྒྱ་ཆེན་སྤྱོད་བརྒྱུད། ཟབ་མོ་ལྟ་བརྒྱུད། ཉམས་ལེན་བྱིན་རླབས་བརྒྱུད། གཞན་ཡང་དབང་བསྐུར་རྒྱུད་བཤད་མན་ངག་གནང་བའི་དངོས་བརྒྱུད་ཀྱི་བླ་མ་རྣམས་དང་། རྒྱུད་སྡེ་བཞི་དང་འབྲེལ་བའི་ཡི་དམ་དཀྱིལ་འཁོར་གྱི་ལྷ་ཚོགས། ཕྱོགས་བཅུའི་སངས་རྒྱས་དང་བྱང་ཆུབ་སེམས་དཔའ་གནས་བརྟན་ཆེན་པོ་བཅུ་དྲུག་ལ་སོགས་པའི་ཉན་ཐོས་དང་རང་རྒྱལ། ཡུལ་ཉེར་བཞིའི་དཔའ་བོ་དང་མཁའ་འགྲོ་མ། སྲུང་མཛད་ཡེ་ཤེས་ཀྱི་མགོན་པོ་ལ་སོགས་པའི་བཀའ་སྡོད་ཆོས་སྐྱོང་སྲུང་མའི་ཚོགས་རྣམས་རང་རང་གི་གདན་ལ་བཞུགས་ཤིང་དེ་དག་གི་ཕྱི་རོལ་ཏུ་ཕོ་བྲང་གི་ཕྱོགས་མཚམས་རྣམས་དང་སྒོ་བཞིར་ཕྱག་སྐྱོང་བཅོ་ལྔ། རྒྱལ་ཆེན་སྡེ་བཞི་རྣམས་བཞུགས་ཤིང་། ཚོགས་ཞིང་ཐམས་ཅད་དགྱེས་པ་ཆེན་པོས་རང་དང་སེམས་ཅན་ཐམས་ཅད་ལ་ཐུགས་རྗེ་ཆེན་པོས་གཟིགས་ཤིང་བསྲུང་བ་དང་སྐྱོབ་པ་དང་བྱིན་གྱིས་རློབས་པའི་དགོངས་པ་ཅན་དུ་གྱུར་བར་བསམས། གསུམ་པ་བསགས་སྦྱང་གི་གནད་བསྡུས་པའི་ཡན་ལག་བདུན་པས་ཚོགས་བསགས་པ་ལ། རང་དང་སེམས་ཅན་ཐམས་ཅད་ཀྱིས་མཆོད་ཡུལ་རྣམས་ཀྱི་ཡོན་ཏན་རྣམས་ལ་དད་པ་དང་ཡིད་ཆེས་ཀྱི་དད་པ་ཤུགས་དྲག་པོའི་སྒོ་ནས་ཡིད་གཞན་དུ་མ་གཡེངས་པར་ཕྱག་འཚལ་བ་སོགས་བྱེད་པར་བསམ་ལ། གང་གི་དྲིན་གྱིས་བདེ་ཆེན་གནས། །སྐད་ཅིག་གིས་ནི་ཐོབ་འགྱུར་བ། །བླ་མ་རིན་ཆེན་ལྟ་བུ་ཡི། །རྡོ་རྗེ་ཅན་ཞབས་པད་ལ་འདུད། །དམིགས་མེད་བརྩེ་བའི་གཏེར་ཆེན་སྤྱན་རས་གཟིགས། །དྲི་མེད་མཁྱེན་པའི་དབང་པོ་འཇམ་པའི་དབྱངས། །གངས་ཅན་མཁས་པའི་གཙུག་རྒྱན་ཙོང་ཁ་པ། །བློ་བཟང་གྲགས་པའི་ཞབས་ལ་ཕྱག་འཚལ་ལོ། །གངས་ཅན་ཞིང་རྟའི་སྲོལ་འབྱེད་ཙོང་ཁ་པ། །དངོས་སློབས་རིག་པའི་དབང་ཕྱུག་རྒྱལ་ཚབ་རྗེ། །མདོ་སྔགས་བསྟན་པའི་བདག་པོ་

མཁས་གྲུབ་དཔལ། །རྒྱལ་བ་ཡབ་སྲས་གསུམ་ལ་ཕྱག་འཚལ་ལོ། །བྱམས་པ་ཐོགས་མེད་
དབྱིག་གཉེན་རྣམ་གྲོལ་སྡེ། །མཆོག་སྡེ་དུལ་བའི་སྡེ་དང་གྲགས་པའི་དཔལ། །སེང་བཟང་
ཀུ་ས་ལི་གཉིས་གསེར་གླིང་པ། །རྒྱ་ཆེན་སྤྱོད་པའི་བརྒྱུད་ལ་ཕྱག་འཚལ་ལོ། །འཇམ་
དབྱངས་ཡོད་མེད་ཕྱོགས་འཛིན་ཀླུ་སྒྲུབ་དང་། །ཟླ་བ་གྲགས་པ་རིག་པའི་ཁུ་བྱུག་ཆེ། །
སངས་རྒྱས་དགོངས་སྐྱོང་འཕགས་པ་ཡབ་སྲས་སོགས། །ཟབ་མོ་ལྟ་བའི་བརྒྱུད་ལ་ཕྱག་
འཚལ་ལོ། །ཐུབས་རྗེ་ཆེན་པོ་བདེ་གཤེགས་རྡོ་རྗེ་འཆང་། །མཆོག་གཟིགས་ཏཻ་ལོ་པ་དང་ནཱ་
རོ་པ། །དཔལ་མཆོག་ཛོ་བི་པ་དང་ཨ་ཏི་ཤ། །ཉམས་ལེན་བྱིན་རླབས་བརྒྱུད་ལ × ། །
གང་གིས་བདག་ལ་རིག་པ་བསླབས་པ་དང་། །མདོ་རྒྱུད་བསྟན་བཅོས་མན་ངག་རྗེས་བསྟན་
དང་། །བསླབ་པ་སྡོམ་དང་དབང་བསྐུར་བྱིན་རླབས་པའི། །དངོས་ཀྱི་བླ་མ་རྣམས་
ལ × ། །སྒྲུབ་པ་པོ་ལ་བུ་ལྟར་གཟིགས་མཛད་ཅིང་། །མི་འབྲལ་ལུས་དང་གྲིབ་མ་ཇི་
བཞིན་དུ། །དམ་ཚིག་ཅན་ལ་དངོས་གྲུབ་མཆོག་སྩོལ་བའི། །ཡི་དམ་ལྷ་ཚོགས་རྣམས་
ལ × ། །མཚན་ལེགས་རིན་ཆེན་གསེར་བཟང་མྱ་ངན་མེད། །ཆོས་བསྒྲགས་མངོན་མཁྱེན་
སྨན་བླ་ཤཱཀྱ་ཐུབ། །རྒྱ་ཆེན་སྨོན་ལམ་ཡོངས་སུ་རྫོགས་པ་ཡི། །བདེ་བར་གཤེགས་པ་བརྒྱད་
ལ × ། །མཐུན་པའི་དགེ་ཚོགས་སྨོན་ལམ་རྣད་བྱུང་ཞིང་། །སྤྱད་པ་སྤྱོད་ཚེ་ན་ཡང་མཆེད་
གྱུར་ལ། །བསྐལ་བཟང་གཅིག་ལ་མཛད་པ་མཐར་ཕྱིན་པའི། །རྫོགས་པའི་སངས་རྒྱས་
སྟོང་ལ × ། །ཕྱོགས་བཅུའི་འགྲོ་ལ་མཁྱེན་བརྩེས་རབ་དགོངས་ནས། །ཕྱོགས་བཅུར་ཆོས་
ཀྱི་འཁོར་ལོ་ལེགས་བསྐོར་བས། །ཕྱོགས་བཅུའི་འགྲོ་ཀུན་ཡོངས་སུ་སྐྱོབ་མཛད་པའི། །
ཕྱོགས་བཅུའི་སངས་རྒྱས་རྣམས་ལ × སྨྲ་བསམ་བརྗོད་མེད་ཤེས་རབ་ཕ་རོལ་ཕྱིན། །མ་
སྐྱེས་མི་འགག་ནམ་མཁའི་ངོ་བོ་ཉིད། །སོ་སོ་རང་རིག་ཡེ་ཤེས་སྤྱོད་ཡུལ་བ། །དུས་གསུམ་
རྒྱལ་བའི་ཡུལ་ལ × ། །ཀུན་འབྱུང་སྡུན་པའི་ས་བོན་མཐར་མཛད་ཅིང་། །སྡུག་བསྔལ་
ཟུག་རྔུའི་རྩ་བ་དྲུང་ནས་འབྱིན། །རྒྱལ་ཡུམ་ཤེས་རབ་ཕ་རོལ་ཕྱིན་ལ་སོགས། །ཐེག་མཆོག་
དམ་པའི་ཆོས་ལ × ། །འཇམ་དབྱངས་ཕྱག་ན་རྡོ་རྗེ་སྤྱན་རས་གཟིགས། །ས་ཡི་སྙིང་པོ་
སྒྲིབ་པ་རྣམ་པར་སེལ། །ནམ་མཁའི་སྙིང་པོ་བྱམས་པ་ཀུན་ཏུ་བཟང་། །ཉེ་བའི་སྲས་ཆེན་
བརྒྱད་ལ × ། །གང་ལ་སེམས་ཀྱི་དམ་པ་རིན་ཆེན་དེ། །སྐྱེས་པ་དེ་ཡི་སྐུ་ལ་ཕྱག་འཚལ་

ཞིང་། །གང་ལ་གནོད་པ་བྱས་ཀྱང་བདེར་འབྲེལ་བ། །བདེ་བའི་འབྱུང་གནས་དེ་ལ་སྐྱབས་སུ་མཆི། །ཟབ་མོ་རྟེན་འབྲེལ་བཅུ་གཉིས་ལེགས་བསྒོམས་པས། །རང་བྱུང་རང་སངས་རྒྱས་ཀྱི་ཡེ་ཤེས་ནི། །བརྟེན་པ་མེད་པའི་ཚུལ་གྱིས་ཐུགས་ཆུད་པའི། །འཕགས་པ་རང་རྒྱལ་རྣམས་ལ་× ། །དགྲ་བཅོམ་བློ་མཆོག་དབང་པོ་ཀུན་འདུལ་བ། །བསྟན་པའི་སྲིད་དུ་ལེགས་པར་བརྟན་བཞུགས་ནས། །བསྟན་པ་འཛིན་དང་སྤེལ་དང་བསྲུང་མཛད་པའི། །དགྲ་བཅོམ་གནས་བརྟན་རྣམས་ལ་× ། །མཁའ་ལ་སྤྱོད་པའི་གནས་མཆོག་དམ་པ་ནས། །མངོན་ཤེས་རྫུ་འཕྲུལ་མངའ་བའི་མཐུ་སྟོབས་ཅན། །སྒྲུབ་པ་པོ་ལ་མ་གཡེལ་བུ་བཞིན་གཟིགས། །གནས་གསུམ་མཁའ་འགྲོའི་ཚོགས་ལ་× ། །སྟོན་ཆེ་བཅོམ་ལྡན་འདས་ཀྱི་སྤྱན་སྔ་རུ། །ཆོས་བཞིན་སྒྲུབ་པར་བྱེད་པའི་གང་ཟག་ལ། །བུ་བཞིན་སྐྱོང་བར་ཞལ་གྱིས་བཞེས་པ་ཡི། །ཆོས་སྐྱོང་སྲུང་མ་རྣམས་ལ་× ། །སྟེང་དང་འོག་དང་བར་དག་དང་། །ཕྱོགས་དང་ཕྱོགས་མཚམས་རྣམས་སུ་ཡང་། །སྐུར་བཅས་སྐུ་ནི་མེད་པ་ཡི། །མཆོད་རྟེན་རྣམས་ལ་× ། །སངས་རྒྱས་གཙོ་ལ་ཕྱག་འཚལ་ལོ། །སྐྱོབ་པ་ཆོས་ལ་ཕྱག་འཚལ་ལོ། །དགེ་འདུན་ཆེ་ལ་ཕྱག་འཚལ་ལོ། །གསུམ་ལ་རྟག་ཏུ་གུས་ཕྱག་འཚལ། །ཕྱག་བྱར་འོས་པ་ཐམས་ཅད་ལ། །ཞིང་རྡུལ་ཀུན་གྱི་གྲངས་སྙེད་ཀྱི། །ལུས་བཏུད་པ་ཡིས་རྣམ་ཀུན་ཏུ། །མཆོག་ཏུ་དད་པས་ཕྱག་འཚལ་ལོ། །ཇི་སྙེད་སུ་དག་ནས། བདག་གིས་བསྟོད། །ཅེས་ཕྱག་འཚལ་གྱི་ཚོགས་བཅད་རྣམས་རྒྱས་བསྡུས་བློས་དཔག་སྙེ་བྱས་ཆོག་གོ །མཆོད་པ་ནི། རིན་ཆེན་སེམས་མཆོག་བཟུང་བར་བྱ་བའི་ཕྱིར། །དེ་བཞིན་གཤེགས་པ་རྣམས་དང་དམ་པའི་ཆོས། །དཀོན་མཆོག་དྲི་མ་མེད་དང་སངས་རྒྱས་སྲས། །ཡོན་ཏན་རྒྱ་མཚོ་རྣམས་ལ་ལེགས་པར་མཆོད། །ཐུས་དབང་མཆོད་གནས་མཆོག་ལ་ཡིད་འོང་པའི། །མེ་ཏོག་མཛེར་དང་པདྨ་དང་། །ཨུཏྤལ་ལ་སོགས་དྲི་ཞིམ་ཐམས་ཅད་དང་། །ཕྲེང་བ་སྤེལ་ལེགས་ཡིད་འོང་རྣམས་ཀྱིས་མཆོད། །སྤོས་མཆོག་ཡིད་འཕྲོག་དྲི་ངད་ཁྱབ་པ་ཡི། །བདུག་སྤོས་སྤྲིན་ཚོགས་རྣམས་ཀྱང་དེ་ལ་འབུལ། །ཞལ་ཟས་བཟང་བཏུང་སྣ་ཚོགས་བཅས་པ་ཡི། །ལྷ་བཤོས་རྣམས་ཀྱང་དེ་ལ་དབུལ་བར་བགྱི། །གསེར་གྱི་པདྨ་ཚར་དུ་དངར་བ་ཡི། །རིན་ཆེན་སྒྲོན་མེ་རྣམས་ཀྱང་དབུལ་བར་བགྱི། །ས་གཞི་བསྟར་བ་སྤོས་ཀྱིས་བྱུགས་པ་དེར། །མེ་ཏོག་ཡིད་འོང་སིལ་མ་

བཀྲམ་པར་བགྱི། །གཞལ་མེད་ཕོ་བྲང་བསྐོད་དབྱངས་ཡིད་འོང་ལྡན། །མུ་ཏིག་རིན་ཆེན་རྒྱན་འཕྱང་མཛེས་འབར་བ། །དཔག་ཡས་ནམ་མཁའི་རྒྱན་གྱུར་དེ་དག་ཀྱང་། །ཐུགས་རྗེའི་རང་བཞིན་ཅན་ལ་དབུལ་བར་བགྱི། །རིན་ཆེན་གདུགས་མཛེས་གསེར་གྱི་ཡུ་བ་ཅན། །པོར་ཡུག་རྒྱན་གྱི་རྣམ་པ་ཡིད་འོང་ལྡན། །དབྱིབས་ལེགས་ལྷ་ན་སྟུག་པ་བསྐྲེང་པ་ཡང་། །རྟག་ཏུ་ཐུབ་དབང་རྣམས་ལ་དབུལ་བར་བགྱི། །མེ་ཏོག་འབྲས་བུ་ཇི་སྙེད་ཡོད་པ་དང་། །སྨན་གྱི་རྣམ་པ་གང་ཞིག་ཡོད་པ་དང་། །འཇིག་རྟེན་རིན་ཆེན་ཇི་སྙེད་ཡོད་པ་དང་། །ཆུ་གཙང་ཡིད་དུ་འོང་བ་ཅི་ཡོད་དང་། །རིན་ཆེན་རི་བོ་དང་ནི་དེ་བཞིན་དུ། །ནགས་ཚལ་ས་ཕྱོགས་དབེན་ཞིང་ཉམས་དགའ་དང་། །ལྗོན་ཤིང་མེ་ཏོག་རྒྱན་སྤྲས་སྤུད་པ་དང་། །ཤིང་གང་འབྲས་བཟང་ཡལ་ག་དུད་པ་དང་། །ལྷ་སོགས་འཇིག་རྟེན་ན་ཡང་དྲི་དང་ནི། །སྤོས་དང་དཔག་བསམ་ཤིང་དང་རིན་ཆེན་ཤིང་། །མ་རྨོས་འཁྲུངས་པའི་ལོ་ཏོག་རྣམ་པ་དང་། །གཞན་ཡང་མཆོད་པར་འོས་པའི་རྒྱན་རྣམས་ནི། །མཚོ་དང་རྫིང་བུ་པདྨས་བརྒྱན་པ་དག །ངང་པ་ཤིན་ཏུ་སྐད་སྙན་ཡིད་འོང་ལྡན། །ནམ་མཁའ་རབ་འབྱམས་ཁམས་ཀྱི་མཐས་གཏུགས་ན། །ཡོངས་སུ་བཟུང་པ་མེད་པ་དེ་དག་ཀུན། །བློ་ཡིས་བླངས་ནས་ཐུབ་པ་སྐྱེས་ཀྱི་མཆོག །སྲས་དང་བཅས་པ་རྣམས་ལ་ལེགས་འབུལ་ན། །ཡོན་གནས་དམ་པ་ཐུགས་རྗེ་ཆེ་རྣམས་ཀྱིས། །ཐུགས་ལ་བརྩེར་དགོངས་བདག་གི་འདི་དག་བཞེས། །བདག་ནི་བསོད་ནམས་མི་ལྡན་བཀྲེན་ཆེན་ཏེ། །མཆོད་པའི་ནོར་གཞན་བདག་ལ་ཅང་མ་མཆིས། །དེས་ན་གཞན་དོན་དགོངས་པའི་མགོན་གྱིས་འདི། །བདག་གི་དོན་སླད་ཉིད་ཀྱི་མཐུས་བཞེས་ཤོག །རྒྱལ་དང་དེ་སྲས་རྣམས་ལ་བདག་གིས་ནི། །བདག་གི་ལུས་ཀུན་གཏན་དུ་དབུལ་བར་བགྱི། །སེམས་དཔའ་མཆོག་རྣམས་བདག་ནི་ཡོངས་བཞེས་ཤིག །གུས་པས་ཁྱེད་ཀྱི་འབངས་སུ་མཆི་བར་བགྱི། །དེ་ལས་གཞན་ཡང་མཆོད་པའི་ཚོགས། །རོལ་མོ་དབྱངས་སྙན་ཡིད་འོང་ལྡན། །སེམས་ཅན་སྡུག་བསྔལ་སེལ་བྱེད་པའི། །སྤྲིན་རྣམས་སོ་སོར་གནས་གྱུར་ཅིག །དམ་ཆོས་དཀོན་མཆོག་ཐམས་ཅད་དང་། །མཆོད་རྟེན་རྣམས་དང་སྐུ་གཟུགས་ལ། །རིན་ཆེན་མེ་ཏོག་ལ་སོགས་ཆར། །རྒྱུན་མི་འཆད་པར་འབབ་པར་ཤོག །ཇི་ལྟར་འཇམ་དབྱངས་ལ་སོགས་པས། །རྒྱལ་བ་རྣམས་ལ་མཆོད་མཛད་

པ། །དེ་བཞིན་བདག་གིས་དེ་བཞིན་གཤེགས། །མགོན་པོ་སྲས་དང་བཅས་རྣམས་མཆོད། །ཡོན་ཏན་རྒྱ་མཚོ་རྣམས་ལ་བདག །བསྟོད་དབྱངས་ཡན་ལག་རྒྱ་མཚོས་བསྟོད། །བསྟོད་དབྱངས་སྙན་སྤྲིན་དེ་དག་ལ། །ངེས་པར་ཀུན་ཏུ་འགྱུར་གྱུར་ཅིག །མེ་ཏོག་དམ་པ་ཕྲེང་བ་དམ་པ་དང་། །ཞེས་པ་ནས། མཆོད་པར་བགྱི། །རིན་ཆེན་ཡོལ་གོར་རབ་འབྱིལ་ཚུ་བཞི་དར། །སྟོང་གསུམ་འགངས་ནུས་ལྷ་དང་མི་ཡི་རྫས། །ཉེར་སྤྱོད་རོལ་མོའི་བྱེ་བྲག་མཐའ་ཡས་པ། །འབུལ་གྱི་ཐུགས་རྗེའི་དབང་གིས་བཞེས་སུ་གསོལ། །གཞན་ཡང་རྟེན་བཅས་དབང་པོའི་སྤྱོད་ཡུལ་དུ། །ཀུན་དགའི་ཚོར་བ་སྐྱེར་བའི་འདོད་ཡོན་ལྔ། །བཀྲ་ཤིས་རྟགས་རྫས་རྒྱལ་སྲིད་བདུན་ལ་སོགས། །སྲིད་པའི་ཕུན་ཚོགས་འདོད་དགུ་མ་ཚང་མེད། །རྒྱ་ཆེན་འབྱུང་བའི་དཀྱིལ་འཁོར་བརྩེགས་པའི་སྟེང་། །མཆོག་འབྲིང་ཐ་མའི་ཁམས་ལས་རབ་བསྒྲུབས་པའི། །ལྷུན་པོ་གསེར་རི་གླིང་དང་ཉི་ཟླ་སོགས། །ཁམས་གསུམ་ཞིང་གི་བཀོད་པ་ཕྱིད་ལ་འབུལ། །རྒྱལ་བ་རྒྱལ་སྲས་ཏིང་འཛིན་སྟོབས་ཆུའི་འཛིངས། །སྤྲིན་ལས་མཆོད་སྤྲིན་ཕུང་པོ་མཐའ་ཀླས་པ། །ཕྱོགས་དུས་རིས་སུ་མ་ཆད་འཁྲུལ་པ་ཆེ། །བླ་མེད་མཆོད་པའི་ཚོགས་ཀྱང་ཉེ་བར་འབུལ། །མ་དུལ་ཡིད་ཀྱི་གླང་པོ་སྨྱོས་པའི་སྟར། །དྲན་ཤེས་བག་ཡོད་ལྕགས་ཀྱུས་དམ་བཟུང་ནས། །ཐར་ལམ་རིན་ཆེན་གླིང་གི་བཤུལ་ཡངས་སུ། །རབ་བགྲོད་སྒྲུབ་པའི་མཆོད་པས་མཉེས་གྱུར་ཅིག །མཐའ་མེད་སྐྱེ་བར་བསགས་སྡིག་རྗེས་དཔག་དང་། །ཚེ་འདིར་མངོན་སུམ་ཉམས་སུ་སྤྱོང་བ་ཡི། །ནག་པོའི་ལས་རྣམས་ཁོང་པར་སོང་པའི་དུག །ཇི་བཞིན་བཙོས་མིན་སྙིང་ནས་འགྱོད་སེམས་དང་། །སླད་མར་ཚངས་པ་ལྷ་དབང་འཁོར་ལོས་བསྒྱུར། །ལྷ་མིའི་དཔལ་འབྱོར་ཐོབ་པའི་ཁེ་སྤོགས་མཐོང་། །གཅེས་པའི་སྲོག་ལ་བབ་པའི་ཉེན་གྱུར་ཀྱང་། །དཀར་མིན་ལས་ལ་སྙིང་ནས་སྡོམ་སེམས་ཀྱིས། །རྟེན་གྱི་མཆོག་གྱུར་དཀོན་མཆོག་རྣམ་གསུམ་ལ། །བཙོས་མིན་སྙིང་ནས་སྡིག་ལྟུང་མ་ལུས་བཤགས། །འདག་བྱེད་རྣམ་པར་དཀར་བའི་དགེ་བའི་ལས། །རང་གིས་ཇི་བཞིན་ནུས་པ་བསྒྲུབ་པར་བྱ། །རྣམ་འདྲེན་སྤངས་དང་རྟོགས་པའི་ཡོན་ཏན་དང་། །རླབས་ཆེན་རྒྱལ་བའི་སྲས་ཀྱི་སྤྱོད་པ་ནས། །ཟན་ཚངས་གཅིག་གཏོང་མཐའ་རྟེན་དཀར་པོའི་ལས། །མཆོག་དམན་ཀུན་གྱི་དགེ་ལ་རྗེས་ཡི་རང་། །སངས་རྒྱས་ཆེ་འབྲིང་བྱང་སེམས་ཉན་ཐོས

ཀྱི། །གདུལ་བྱའི་ཁམས་དང་དབང་པོ་དང་འཚམ་པར། །སྣ་ཚོགས་ཐེག་པའི་ཆོས་ཀྱི་འཁོར་ལོའི་ཚོགས། །ནམ་ཡང་ཆད་པ་མེད་པར་བསྐོར་བར་བསྒྲུལ། །ནམ་མཁའ་བཞིན་དུ་ཕ་མཐའ་རྟོགས་དཀའ་བའི། །སྟུག་བསྔལ་རྒྱ་མཚོར་བྱིང་བའི་མ་རུངས་འགྲོ། །འདྲེན་ཕྱིར་བྱ་བ་ཡུལ་གྱི་འཕྲིན་ལས་རྒྱུན། །ཆད་མེད་མྱུ་ངན་མི་འདའ་བཞུགས་སུ་གསོལ། །མདོར་ན་ལུས་ངག་ཡིད་ཀྱིས་གང་བསགས་པའི། །བསོད་ནམས་བྱས་པའི་ཕུང་པོ་ཅི་མཆིས་པ། །ཡིད་ཅན་མཐའ་དག་མི་གནས་མྱང་འདས་ཀྱི། །ལམ་བཟང་མངོན་དུ་བྱེད་པའི་རྒྱུ་རུ་བསྔོ། །བདག་སོགས་དེང་ནས་མི་ཁོམ་གནས་བརྒྱད་སོགས། །ལོག་པའི་སྲིད་པ་ནམ་ཡང་མི་འཛིན་ཅིང་། །མཐོ་རིས་ཡོན་ཏན་བདུན་གྱི་རྒྱན་ལྡན་པའི། །དལ་འབྱོར་ཚང་བའི་རྟེན་བཟང་འཐོབ་པར་ཤོག །ལྟར་སྣང་བཤེས་མིན་ཡང་དག་ཡོངས་འཛིན་གྱིས། །རྗེས་བཟུང་ཚུལ་ཁྲིམས་གཙང་མའི་ཞིང་ས་ལ། །ཐེག་ཆེན་རིགས་ཀྱི་ས་བོན་ཡོངས་བཏབ་ནས། །སྨིན་གྲོལ་གདམས་པའི་མྱུ་གུ་སྨིན་པར་ཤོག །གནས་སྐབས་སུ་ཡང་ལུས་རྟེན་བདག་པོ་དང་། །མཚུངས་པའི་ཚེ་རིང་སྟོབས་འབྱོར་ལོངས་སྤྱོད་རྒྱས། །འབངས་འཁོར་གཉེན་འདུན་རྩ་ལག་བཅས་པ་རྣམས། །ཕན་ཚུན་མཉེས་གཤིན་བྱམས་ལྡན་བདེ་བར་ཤོག །ཟས་གཙང་སྲུས་ཀྱི་རིང་ལུགས་མཐའ་དག་དང་། །ཁྱད་པར་ཆོས་ཀྱི་རྒྱལ་པོ་ཙོང་ཁ་པའི། །བསྟན་པ་བསྟན་འཛིན་འདུས་སྡེ་བཅས་པ་ཡིས། །རྒྱ་མཚོའི་གོས་ཅན་མ་ལུས་ཁྱབ་པར་ཤོག །དཀོན་མཆོག་རིན་ཆེན་གསུམ་གྱི་བྱིན་རླབས་དང་། །རྟེན་ཅིང་འབྲེལ་འབྱུང་བསླུ་མེད་བདེན་པའི་མཐུས། །བདག་གིས་སྨོན་ལམ་ཇི་ལྟར་བཏབ་པ་ཀུན། །བསམ་པ་ཇི་བཞིན་ལྷུན་གྱིས་འགྲུབ་པར་ཤོག །ཞེས་ཡན་ལག་བདུན་པ་དབུལ། དེ་ནས་རང་དང་སེམས་ཅན་ཐམས་ཅད་ཀྱིས་ལག་ཏུ་མཆུལ་ཐོགས་པའི་སྟེང་དུ་སྟོང་གསུམ་གྱི་འཇིག་རྟེན་ཁམས་ཀྱི་བཀོད་པ་ཚང་བའི་ནང་དུ་ལྷ་དང་མིའི་དཔལ་འབྱོར་ཕུན་སུམ་ཚོགས་པ་དང་དུས་གསུམ་གྱི་དགེ་བ་རྣམས་ཀུང་རིན་པོ་ཆེའི་ཕུང་པོར་སྤུངས་པས་བཀང་སྟེ་དབུལ་བར་མོས་ལ། ཞིང་ཁམས་འབུལ་བར་ཞུ། ནས། ཕུན་སུམ་ཚོགས་པ་མ་ཚང་བ་མེད་པ་འདི་ཉིད་བླ་མ་མཉམ་མེད་ཙོང་ཁ་པ་ཡབ་སྲས་ཀྱིས་གཙོ་མཛད་དྲིན་ཅན་རྩ་བརྒྱུད་ཀྱི་བླ་མ། ཡི་དམ་དཀྱིལ་འཁོར་གྱི་ལྷ་ཚོགས། སངས་རྒྱས་བྱང་སེམས་དཔའ་བོ་མཁའ་འགྲོ་ཆོས་སྐྱོང་སྲུང་མའི་ཚོགས་དང་བཅས་པ་ལ་དབུལ་བར་བགྱིའོ། །ཐུགས་རྗེས་འགྲོ་བའི་དོན་

དུ་བཞེས་སུ་གསོལ། །བཞེས་ནས་བདག་དང་མ་སེམས་ཅན་ཐམས་ཅད་ཀྱི་རྒྱུད་ལ་ཐུན་མོང་དང་ཐུན་མོང་མ་ཡིན་པའི་ལམ་གྱི་རིམ་པ་མཐའ་དག་བདེ་བླག་ཏུ་སྐྱེ་བའི་འགལ་རྐྱེན་སྡིག་སྒྲིབ་ནད་གདོན་བར་ཆད་ཐམས་ཅད་ཉེ་བར་ཞི་བ་དང་། མཐུན་རྐྱེན་ལེགས་ཚོགས་ཐམས་ཅད་གོང་ནས་གོང་དུ་འཕེལ་བར་བྱིན་གྱིས་བརླབ་ཏུ་གསོལ། །སྤྱི་འགྲོ་རང་གི་རྒྱུན་གྱི་ཉམས་ལེན་ལ་འདོད་གསོལ་འདེབས་ཚིག་ཀྱང་། །སྦྱིན་བདག་གི་མཆོད་འབུལ་སོགས་ཀྱི་སྐབས་ཡིན་ན། ཁྱད་པར་དུ་སྦྱིན་པའི་བདག་པོའམ། བདག་ཅག་དཔོན་སློབ་འཁོར་དང་བཅས་པ་རྣམས་ཀྱི་ཐར་པ་དང་ཐམས་ཅད་མཁྱེན་པ་སྒྲུབ་པ་ལ་བར་དུ་གཅོད་པའི་ཕྱི་ནང་གི་ཉེར་འཚེ་ཐམས་ཅད་དང་ཁྱད་པར་དུ་འཇིགས་པ་བརྒྱད་དང་། དུས་མ་ཡིན་པར་འཆི་བ་ལ་སོགས་པའི་སྔོན་གྱི་ལས་དང་འཕྲལ་གྱི་རྐྱེན་ལས་བྱུང་བའི་འགལ་རྐྱེན་མ་ལུས་པ་ཉེ་བར་ཞི་བར་བྱིན་གྱིས་བརླབ་ཏུ་གསོལ། །མཐུན་རྐྱེན་ཚེ་བསོད་དཔལ་འབྱོར་ལུང་རྟོགས་ཀྱི་ཡོན་ཏན་བཤད་སྒྲུབ་ཀྱི་བྱ་བ་རྣམས་ཟླ་བ་ཡར་གྱི་ངོ་བཞིན་དུ་གོང་ནས་གོང་དུ་འཕེལ་བར་བྱིན་གྱིས་བརླབ་ཏུ་གསོལ། །འཇིག་རྟེན་གྱི་ཁམས་སྤྱི་དང་ཁྱད་པར་དུ་ཡུལ་ཕྱོགས་འདིར་རྒྱལ་བའི་བསྟན་པ་རིན་པོ་ཆེ་དར་ཞིང་རྒྱས་པ་དང་། རྒྱལ་བློན་འབངས་དང་བཅས་པས་དཀོན་མཆོག་གསུམ་བླ་མར་འཛིན་ཅིང་དགེ་བཅུའི་ཁྲིམས་ལ་གནས་པ་དང་། དམག་འཁྲུག་ལོ་ཉེས་ནད་རིམས་སང་སེར་ཐན་པ་མུ་གེ་འབྱུང་བཞིའི་གནོད་པ་སོགས་རྒུད་པ་ཐམས་ཅད་མིང་ཙམ་ཡང་མི་འབྱུང་ཞིང་། ཆར་ཆུ་དུས་སུ་འབབ་པ་དང་ལོ་ཕྱུགས་རྟག་ཏུ་འཕེལ་བ་སོགས་བཀྲ་ཤིས་ཀྱི་དགེ་མཚན་རྒྱ་ཆེན་པོ་རྒྱུན་མི་འཆད་དུ་འབྱུང་བར་བྱིན་གྱིས་བརླབ་ཏུ་གསོལ། །ཞེས་པ་ལྟ་བུ་སྐབས་དང་སྦྱར་ནས་བྱ། དེ་ནས་སྨོན་ན། ལམ་རིམ་གསོལ་འདེབས། གསང་བའི་རྣམ་ཐར་གསོལ་འདེབས། དཔལ་ལྡན་ས་གསུམ་མ་སོགས་གསོལ་འདེབས་གང་ཤེས་འདོན། བསྔོ་ན། ཚད་བྱུང་ཐུགས་བསྐྱེད་བཟང་པོའི་མཁའ་དབྱིངས་ལ། །སྣ་ཚོགས་འཕྲིན་ལས་ཉི་མ་རྟག་འཆར་ཞིང་། །ཐུབ་བསྟན་པད་ཚལ་བཞད་པའི་གཉེན་གཅིག་པུ། །སྐྱབས་མཆོག་འཇམ་མགོན་བླ་མ་དེང་འདིར་དགོངས། །མཁྱེན་རབ་འཇམ་དབྱངས་བརྩེ་བ་སྤྱན་རས་གཟིགས། །ནུས་མཐུ་གསང་བའི་བདག་པོ་ཉིད་ལགས་ན། །ལས་ཉོན་དྲག་པོས་གཟིར་བའི་སྐལ་ངན་བདག །འདི་ཕྱིའི་སྐྱབས་གནས་ཁྱོད་མིན་སུ་ལ་རེ། །ཐུགས་རྗེས་གཟིགས་ཤིག་བློ་བཟང་གྲགས་པ་མཁྱེན། །བློ་སྣ་ཆོས་ལ་བསྒྱུར་

ཅིག་ཙོང་ཁ་པ། །ལམ་གོལ་དམན་པར་མ་གཏོང་འཛམ་པའི་དབྱངས། །གཉིས་སུ་མེད་དོ་དྲིན་ཅན་བླ་མ་ལགས། །སྟོན་ཆད་སྐབས་ལེགས་དགེ་བའི་བག་ཆགས་ཀྱིས། །ངན་སོང་གསུམ་དང་ཀླ་ཀློ་ཚེ་རིང་ལྷ། །སངས་རྒྱས་མ་བྱོན་ཞིང་དང་ལོག་ལྟ་ཅན། །ལྐུགས་སོགས་མི་ཁོམ་བརྒྱད་ཐར་དལ་རྟེན་ཐོབ། །མི་རུ་གྱུར་ཞིང་དབང་ཚང་ཡུལ་དབུས་སྐྱེས། །ལས་མཐའ་མ་ལོག་དྲི་མེད་བསྟན་ལ་དད། །སངས་རྒྱས་བྱོན་ཅིང་ཆོས་གསུངས་བསྟན་པ་གནས། །དེར་ཞུགས་དམ་པས་རྗེས་བཟུང་འབྱོར་བཅུ་ཚང་། །ད་ལྟ་རང་ལ་རང་དབང་ཡོད་པའི་དུས། །སྙོམས་ལས་ངང་དུ་དལ་འབྱོར་ཆུད་གཟོན་ན། །ནམ་ཞིག་འཁོར་ཉེ་ལོངས་སྤྱོད་ཀུན་དོར་ནས། །ཐེམ་རོ་དུར་དུ་བསྐྱེགས་སམ་བྱ་ཁྱིས་འདྲད། །རྣམ་ཤེས་རྟེན་མེད་བྱ་སྤུ་རླུང་འཁྱེར་བཞིན། །བར་དོ་འཁྲིམས་ཤིང་གཏུམ་དྲག་གཤིན་རྗེ་དང་། །འཇིགས་སྐྲག་འཁྲུལ་སྣང་སྡུག་བསྔལ་གྱིས་མནར་བར། །འཁྱོད་ཀྱང་བྱ་ཐབས་ཟད་དུས་སུ་ལ་རེ། །ཐུགས་རྗེས་གཟིགས་ཤིག་བློ་བཟང་གྲགས་པ་མཁྱེན། །བློ་སྣ་ཆོས་ལ་བསྒྱུར་ཅིག་ཙོང་ཁ་པ། །ལམ་གོལ་དམན་པར་མ་གཏོང་འཛམ་པའི་དབྱངས། །གཉིས་སུ་མེད་དོ་དྲིན་ཅན་བླ་མ་ལགས། །སྒོ་མེད་ལྕགས་ཁྲིམ་འབར་བའི་ས་གཞི་རུ། །མཚོན་གྱིས་མགོ་ལུས་གཅོད་ཅིང་སོག་ལེས་གཤག །རྡོ་བའི་གསལ་ཤིང་གིས་འབྲུགས་ཐོ་བས་འཆིར། །འོ་དོད་དྲག་འབོད་ཚ་བསྲེགས་དམྱལ་བ་བརྒྱད། །གངས་རིས་མཐའ་བསྐོར་འཁྱགས་པའི་གཙོང་རོང་ནང་། །བུ་ཡུག་གྲང་རེག་གིས་བཏབ་ཆུ་བུར་བཏོལ། །ལུས་སྲིབས་ཤ་རུས་པགས་པ་ཚལ་པར་འགས། །སྒྲི་ངག་ཤུགས་རིང་འདོན་པའི་གྲང་དམྱལ་བརྒྱད། །རྩ་བ་རིར་མཚུངས་མགྲིན་པ་ཉམ་ཐག་རིང་། །ཟས་སྐོམ་ལོ་བརྒྱར་མི་རྙེད་ཡི་དྭགས་དང་། །བླུན་རྨོངས་བཀོལ་སྤྱོད་དབང་གྱུར་དུད་འགྲོ་སོགས། །གནས་ངན་གཡང་སར་ལྷུང་དུས་སུ་ལ་རེ། །ཐུགས་རྗེས་གཟིགས་ཤིག་བློ་བཟང་གྲགས་པ་མཁྱེན། །བློ་སྣ་ཆོས་ལ་བསྒྱུར་ཅིག་ཙོང་ཁ་པ། །ལམ་གོལ་དམན་པར་མ་གཏོང་འཛམ་པའི་དབྱངས། །གཉིས་སུ་མེད་དོ་དྲིན་ཅན་བླ་མ་ལགས། །དགེ་ལས་བདེ་བ་སྡིག་ལས་སྡུག་བསྔལ་སོགས། །དཀར་ནག་ལས་ཀྱི་རྣམ་སྨིན་གྲི་བཞིན་འབྲང་། །སྟོན་ཆད་སྡུག་བསྔལ་ཁོ་ནའི་རྒྱུ་བསྒྲུབས་པས། །ཐར་མེད་ངན་འགྲོའི་གཡང་དུ་ལྷུང་བར་ངེས། །གལ་ཏེ་མི་ལུས་རིན་ཆེན་གླིང་ཕྱིན་ཡང་། །ཡོད་པ་སྐྱོང་དང་

མེད་འཚོལ་དཔལ་ཉམས་ངོགས། །གཞན་དབང་གྱུར་དང་རྨོངས་རྟུལ་ནད་གདོན་གཅེས། །དུག་ལྔས་རྒྱུད་འཁྲུགས་ལེ་ལོས་རྟག་པར་གཡེངས། །ལྷ་ལུས་ཐོབ་ཀྱང་འཆི་འཕོ་འོག་ལྟུང་དང་། །འདུ་བྱེད་ཕུང་པོའི་ཁུར་གྱིས་རྟག་ཏུ་ནོན། །ལྷ་མིན་ཕྲག་དོག་འཐབ་རྩོད་སྡུག་བསྔལ་སོགས། །རིགས་དྲུག་སྡུག་བསྔལ་མྱོང་དུས་སུ་ལ་རེ། །ཐུགས་རྗེས་གཟིགས་ཤིག་བློ་བཟང་གྲགས་པ་མཁྱེན། །བློ་སྣ་ཆོས་ལ་བསྒྱུར་ཅིག་ཙོང་ཁ་པ། །ལམ་གོལ་དམན་པར་མ་གཏོང་འཇམ་པའི་དབྱངས། །གཉིས་སུ་མེད་དོ་དྲིན་ཅན་བླ་མ་ལགས། །ཡན་ལག་བཅུ་གཉིས་འཁྲུལ་འཁོར་གཞན་དབང་གིས། །ཟོལ་ཆུན་འཕྱན་ལྟར་རྟག་ཏུ་འཁོར་བས་བྲེལ། །ནམ་ཡང་ཆོས་མེད་སྡིག་ལ་སྤྱོད་པ་ཡིས། །ཕྱི་ནས་ཐར་པ་བསྒྲུབ་རྟེན་ག་ལ་རྙེད། །འདུལ་དཀའ་དམུ་རྒོད་སེམས་ཀྱི་གླང་པོ་ནི། །དྲན་ཤེས་ལྕགས་ཀྱུ་རྣོན་པོས་ཉེར་དྲངས་ཏེ། །རྣམ་དག་བསླབ་གསུམ་རིན་ཆེན་རྒྱན་སྤྲས་ནས། །བདེ་ཆེན་ཐར་པའི་གླིང་དུ་བགྲོད་པར་མཛོད། །ལན་མང་དྲིན་གྱིས་བསྐྱངས་པའི་མ་རྒན་འགྲོ། །དུཿཁ་མྱ་ངན་ཐང་དུ་རྟག་པར་འབྲུམས། །དེ་ཆེད་ཐར་པ་དོན་གཉེར་སེམས་མཆོག་གིས། །ཐེག་ཆེན་ལམ་སྣ་སྒྱུར་དུ་ཟིན་པར་ཤོག །སྨོན་འཇུག་རྩལ་ལྡན་སེམས་ཀྱི་ནམ་མཁའ་ལྡིང་། །ཕྱིན་དྲུག་ཐབས་ཤེས་ཟུང་འཇུག་གཤོག་ཡངས་རྒྱས། །ས་ལམ་དཀྱུང་གི་ཕ་མཐའ་རབ་བརྒལ་ཏེ། །གཏན་བདེའི་གོ་འཕང་མཆོག་དེ་ཐོབ་པར་ཤོག །བདེན་འཛིན་རྣམ་རྟོག་སྤྲིན་གྱིས་གཡོགས་པའི་རྒྱ། །ལུང་རིགས་རླུང་གིས་གཏོར་བའི་མཉམ་བཞག་ངོར། །སྤྲོས་བྲལ་དབུ་མའི་གནས་ལུགས་ཉེར་འཇལ་བའི། །ལྷག་མཐོང་ཉི་མའི་གཟི་བྱིན་ཆེས་འབར་ཤོག །རྗེས་ཐོབ་ཡུལ་དུ་གང་ཤར་སྣང་བ་རྣམས། །རང་བཞིན་སྟོང་ཡང་སྒྱུ་མའི་ལྟད་མོ་བཞིན། །བསྡུ་དངོས་བཞི་སོགས་རྒྱལ་སྲས་སྤྱོད་པ་ཡིས། །འགྲོ་ཀུན་བདེ་བ་མཆོག་ལ་འགོད་ནུས་ཤོག །ཐུན་མོང་ལམ་གྱིས་རྒྱུད་སྦྱངས་སྨིན་སོང་ནས། །ཐ་མལ་སྣང་ཞེན་སྦྱོང་བྱེད་བསྐྱེད་རྫོགས་ཀྱི། །རྣལ་འབྱོར་མཐར་སོན་ཁ་སྦྱོར་བདུན་དང་ལྡན། །ཁྱབ་བདག་རྡོར་སེམས་གོ་འཕང་མངོན་གྱུར་ཤོག །ལྟ་བ་མ་རྟོགས་བློ་འཁྲུལ་ཁོ་ནས་ཞེན། །སྒོམ་པ་མི་བརྟན་ཕྱིར་རྒོད་གཡེངས་པས་འཕྲོག །སྤྱོད་པ་མི་བརྟག་གཞན་སྐྱོན་ཁོ་ན་འཚོལ། །ཆོས་དྲེད་ཁྱོང་པོ་བདག་ལ་ཐུགས་རྗེས་གཟིགས། །ནངས་པར་འཆི་ཡང་ལོངས་སྤྱོད་སྒྲུབ་ལ་བྲེལ། །ཉིན་

རེར་རྟས་ཀྱང་ངེས་འབྱུང་སྐྱོ་ཤས་བྲལ། །ཐོས་པ་ཆུང་ཡང་ཤེས་ལྡོའི་ང་རྒྱལ་ཅན། །རྨོངས་རྟུལ་བློ་ངན་བདག་ལ་ཐུགས་རྗེས་གཟིགས། །གཡང་སར་ཉེ་ཡང་བག་མེད་སྤྱོད་པ་སེམས། །དགོན་པར་བསྡད་ཀྱང་ཞེ་རྒྱུད་ཤིང་ལྟར་རེངས། །དུལ་བར་སྨྲ་ཡང་ཆགས་སྡང་གཡོ་སྒྱུ་ཅན། །ཆོས་བརྒྱུད་མཁན་ལ་བླ་མས་ཐུགས་རྗེས་གཟིགས། །འགྲོ་རྣམས་སྡུག་བསྔལ་རྒྱ་མཚོ་བརྟལ་དཀའ་ན། །ཐུགས་རྗེའི་གྲུ་ཡིས་མི་སྒྲོལ་ཅི་ལ་བསྒྲེལ། །བཟོད་དཀའ་སྡུག་བསྔལ་དྲག་པོས་མནར་གྱུར་པ། །བརྩེ་པའི་སྤྱན་གྱིས་མི་གཟིགས་ཅི་ལ་གཡེལ། །ལྷང་ལྷང་འོ་དོད་འབོད་ཅིང་གསོལ་འདེབས་ན། །སྙིབ་མེད་སྙན་གྱིས་མི་གསན་ཅི་ལ་དགོངས། །ངན་འགྲོའི་གཡང་ལས་ཕྱག་གིས་མི་འདྲེན་ན། །འགྲོ་དོན་བྱེད་པའི་དམ་བཅའ་ཅི་ལ་མཛད། །ཉམ་ཐག་སྐབས་འདིར་རྗེས་སུ་མི་འཛིན་ན། །རང་གིས་བཙན་ས་ཟིན་དུས་ཅི་ལ་དགོས། །དེ་ཕྱིར་ང་ཡི་སྐྱབས་གཅིག་བཀའ་དྲིན་ཅན། །ད་ལྟ་ཉིད་དུ་ཐུགས་རྗེའི་ལྕགས་ཀྱུས་ཟུངས། །ཀྱེ་མ་ཀྱེ་ཧུད་བླ་མ་བློ་བཟང་གྲགས། །བདག་སོགས་སྙིང་ནས་སྐྱབས་ཞུ་གསོལ་འདེབས་ན། །སྐྱེ་དང་སྐྱེ་བར་འབྲལ་མེད་རྗེས་བཟུང་ནས། །བསམ་པའི་དོན་ཀུན་བགེགས་མེད་མྱུར་འགྲུབ་ཤོག །ཅེས་ཁོ་བོས་སྨྲས་པའི་གསོལ་འདེབས་འདི་ཉིད་བྱ། དེ་ནས་བུམ་ཆུ་ལ་དམིགས་ཏེ། ཚོགས་ཞིང་རྣམས་ཀྱི་སྐུའི་ཆ་ལས་བདུད་རྩིའི་རྒྱུན་དཔག་ཏུ་མེད་པ་བབས་པས་བུམ་པ་ཡོངས་སུ་གང་བར་གྱུར། ཅེས་བརྗོད་ཅིང་བསམ་ལ། དམིགས་བརྩེ་མ་ཅི་འགྲུབ་བཟླ། བཞི་པ་སྟོང་མཆོད་དངོས་འབུལ་བ་ནི། ཐལ་མོ་སྦྱར་ཏེ་མགོ་དུད་པའི་སྒོ་ནས་ཕྱག་བགྱིས་པར་བསམ་ཞིང་། དམིགས་བརྩེ་མ་ཚར་རེ་འདོན་པའི་རྗེས་སུ། རྒྱལ་ཀུན་ཐུགས་རྗེའི་ངོ་བོ་བླ་མ་ཡི། །རྣམ་བྱུང་རྣམ་ཐར་དྲན་པས་གུས་ཕྱག་འཚལ། །ཀུན་བཟང་མཆོད་པའི་སྤྲིན་ཚོགས་དཔག་མེད་འབུལ། །སྡོ་གསུམ་སྡིག་ལྟུང་ཅི་བགྱིས་མཐོལ་ཞིང་བཤགས། །སྐྱེ་འཕགས་དགེ་ཚོགས་ཀུན་ལ་ཡི་རང་ངོ་། །མཆོག་དམན་འགྲོ་བློར་འཚམ་པའི་ཆོས་འཁོར་བསྐོར། །ཚོགས་གཉིས་བསོད་ནམས་ཞིང་དུ་བསྐལ་བརྒྱའི་བར། །གཟུགས་སྐུ་མྱ་ངན་མི་འདའ་བརྟན་པར་བཞུགས། །དགེ་འདིས་འགྲོ་ཀུན་སྡིག་སྒྲིབ་སྦྱངས་པ་དང་། །ལམ་གཙོ་གསུམ་དང་ལེགས་ཚོགས་ཡོན་ཏན་ཀུན། །འཕེལ་རྒྱས་མྱུར་དུ་བྱང་ཆེན་ཐོབ་པ་དང་། །སངས་རྒྱས་བསྟན་པ་རྒྱས་པའི་རྒྱུ་རུ་བསྔོ། །ཞེས་བརྗོད། དེ་ཡང་སྤྲུབ་པ་པོ་བཅུ་ཡོད་ན། དེ་འདྲ་བ་བཅུ་ཚན་བཅུ་བྱས

པས་སྡིང་འགྲོ་ཞིང་། ཕྱག་དང་བསྐོར་བསྒྲུབ་པ་པོ་རྣམས་ཀྱིས་མ་ཚོགས་ན་གཞན་ལ་བྱེད་དུ་བཅུག་ཀྱང་རུང་། གཏོར་རིལ་སྟོང་བྱིན་གྱིས་བརླབས་ཏེ་འབུལ་བ་ནི། སྣོད་གཙང་མ་བཅུར་རིལ་བུ་བཅུ་བཅུ་བླུགས་པ་ཆུ་དང་སྦྱར། དཀོན་མཆོག་གསུམ་གྱི་བདེན་པ་དང་། སངས་རྒྱས་དང་བྱང་ཆུབ་སེམས་དཔའ་ཐམས་ཅད་ཀྱི་བྱིན་གྱིས་བརླབས་དང་། ཚོགས་གཉིས་ཡོངས་སུ་རྫོགས་པའི་མངའ་ཐང་ཆེན་པོ་དང་། ཆོས་ཀྱི་དབྱིངས་རྣམ་པར་དག་ཅིང་བསམ་གྱིས་མི་ཁྱབ་པའི་སྟོབས་ཀྱིས་མཆོད་སྦྱིན་གྱི་གཏོར་མ་འདོད་པའི་ཡོན་ཏན་ལྔ་དང་ལྡན་པའི་ཞལ་ཟས་དམ་པ་དངས་ཤིང་ཐོགས་པ་མེད་པ་ནམ་མཁའ་དང་མཉམ་པས་མགྲོན་ཐམས་ཅད་ལ་ཟག་པ་མེད་པའི་བདེ་བ་ཁྱད་པར་ཅན་བསྐྱེད་པར་གྱུར་ཅིག །ཅེས་བདེན་སྟོབས་ཀྱིས་བྱིན་གྱིས་རླབས་ལ། ན་མཿ སརྦ་ཏ་ཐཱ་ག་ཏ་ཨ་བ་ལོ་ཀི་ཏེ་ཨོཾ་སམྦྷ་ར་སམྦྷ་ར་ཧཱུྃ། ཞེས་པ་སྟོང་ལས་བརྒྱ་ཚར་བཟློ། ཐུགས་བཅུའམ་བརྒྱའི་མཚམས་སུ་འབུད་དཀྲོལ་རོལ་མོ་སོགས་བྱ་ཞིང་། འདོད་ཡོན་ལྔ་ལྡན་བདུད་རྩིའི་གཏོར་མ་འདི་ཉིད་བླ་མ་རྒྱལ་བ་ཅོང་ཁ་པ་ཡབ་སྲས་ཀྱིས་གཙོ་མཛད་པའི་འཕགས་པའི་ཚོགས་དེ་དག་ཐམས་ཅད་ལ་འབུལ་ལོ། །བདག་སོགས་ནམ་མཁའ་དང་མཉམ་པའི་འགྲོ་བ་ཐམས་ཅད་ཀྱི་སྒྲིབ་གཉིས་བྱང་། ཚོགས་གཉིས་རྫོགས་ཏེ་མྱུར་དུ་བླ་ན་མེད་པའི་གོ་འཕང་ཐོབ་པར་མཛད་དུ་གསོལ། །ཞེས་བརྗོད། གཏོར་མ་ཐུ་ཚར་བཅུ་གཤེགས་ལ་སླར་ཡང་བཅུ་ཚར་བཅུ་བཞམས་པ་བྱིན་གྱིས་བརླབས་ལ་བཟློ། དེ་ལྟར་ཕྱག་དང་མཆོད་པ། དམིགས་བརྩེ་མ། སྐོར་བ་རྣམས་སོ་སོ་ནས་སྟོང་ཚར་རེ་བྱས་པ་ལ། སྒྲུབ་པ་པོའི་གྲངས་ཀྱིས་རྩི་ཚུལ་རིགས་པས་ཤེས་པར་བྱའོ། །གཉིས་པ་ཆོས་སྐྱོང་གི་གཏོར་མ་ནི། སཾ་ཧཱ་ར་བདུན་གྱིས་བཟློ། བདུད་རྩིའི་རྒྱ་མཚོའི་གཏོར་མ་འདི་ཉིད་ཡེ་ཤེས་ཀྱི་མགོན་པོ་ཕྱག་དྲུག་པ། རྒྱལ་པོ་ཆེན་པོ་རྣམ་ཐོས་སྲས། དམ་ཅན་ཆོས་ཀྱི་རྒྱལ་པོ་སོགས་ཆོས་སྐྱོང་བའི་སྲུང་མ་ཁྱད་པར་ཅན་རྣམས་དང་། ཚངས་དབང་རྒྱལ་ཆེན་ཕྱོགས་སྐྱོང་གཙང་རིས་ཀྱི་ལྷ་རྣམས་ལ་འབུལ་ལོ། །བདག་དང་རྒྱུ་སྦྱོར་ཡོན་གྱི་བདག་པོ་འཁོར་དང་བཅས་པ་རྣམས་ཀྱི་འགལ་རྐྱེན་ཐམས་ཅད་སོལ། མཐུན་རྐྱེན་ཐམས་ཅད་སྒྲུབས། བསམ་པ་ཆོས་བཞིན་དུ་འགྲུབ་པའི་འཕྲིན་ལས་མཛོད་ཅིག །གཏོར་མ་གསུམ་པ། སཾ་ཧཱ་ར་བདུན་གྱིས་བཟློ། དེ་བཞིན་གཤེགས་པ་བཞིའི་མཚན་བརྗོད། བདུད་རྩི་རྒྱ་མཚོའི་གཏོར་མ་འདི་ཉིད་ནམ་མཁའི་མཐའ་དང་མཉམ་པའི་འགྲོ་བ་རིགས་དྲུག་གི་སེམས་ཅན་རྣམས་ལ་བསྔོའོ། །འཁོར་བ་སྤྱི་དང་བྱེ་བྲག་གི་སྡུག་བསྔལ་དང་བྲལ་ཞིང་། རིགས་དྲུག་སོ་སོའི་བདེ་བ་དང་ལྡན་པའི་སྣོ་ནས་ས་ལམ་མཐར་ཕྱིན་ཏེ། སངས་

རྒྱས་ཀྱི་གོ་འཕང་རིན་པོ་ཆེ་ཐོབ་པར་གྱུར་ཅིག །གཞི་བདག་གི་གཏོར་མ་ཡང་། སཾ་བྷ་ར་ལན་བདུན་གྱིས་བསྔོ། །དེ་བཞིན་གཤེགས་པ་བཞིའི་མཚན་བརྗོད། མཆོད་སྦྱིན་གྱི་གཏོར་མ་རྒྱ་ཆེན་པོ་འདི་ཉིད་སའི་ལྷ་མོ་བརྟན་མ་སོགས་འཛམ་གླིང་སྐྱོང་པའི་ལྷ་ཀླུ་སྲི་དང་ཁྱད་པར་ཡུལ་ཁམས་ས་ཕྱོགས་དགོན་གྲོང་གནས་མལ་འདི་ཉིད་ན་གནས་པའི་ལྷ་ཀླུ་གཞི་བདག་མི་མ་ཡིན་མཐུ་བོ་ཆེ་རྣམས་ལ་འབུལ་ལོ། །བདག་ཅག་རྣམས་ཀྱི་ཆོས་ལྡན་གྱི་བྱ་བ་འདི་ཉིད་འགྲུབ་པའི་གྲོགས་མཛད་དུ་གསོལ། །གསུམ་པ་མཇུག་ཏུ་ཇི་ལྟར་བྱ་བ་ལ། ཐུགས་རྗེ་བསྐུལ་བ། གཏང་རག་ཏུ་མཆོད་པ། དགེ་བ་བསྔོ་བ། ཆོག་བསྒྲང་བ། བརྟན་བཞུགས་བྱ་བ། ཤིས་པ་བརྗོད་པ་དང་དྲུག་ལས། དང་པོ་རྗེ་བླ་མའི་ཐུགས་རྗེ་བསྐུལ་པ་ནི། འཇམ་མགོན་བླ་མ་ཙོང་ཁ་པ་ཆེན་པོས་གཙོ་མཛད་པའི་བླ་མ་ཡི་དམ་མཆོག་གསུམ་བཀའ་སྲུང་དང་བཅས་པའི་ཚོགས་ཐམས་ཅད་དགོངས་སུ་གསོལ། དེང་བླ་མ་རྒྱལ་བ་སྲས་དང་བཅས་པ་གདན་འཛོམ་པའི་སྤྱན་སྔར་བདག་ཅག་རྣམས་ཀྱིས་དཀོན་མཆོག་གསུམ་ལ་དད་པ་དང་གུས་པའི་སེམས་མངོན་དུ་བགྱིས་ཏེ་ཕྱག་འཚལ་བ་དང་མཆོད་པ་ལ་སོགས་པ་བསྒྲུབས་པའི་དགེ་བའི་རྩ་བ་འདིའི་མཐུ་དང་ནུས་པ་ལ་བརྟེན་ནས་ཇི་ལྟར་སྔོན་གྱི་བཅོམ་ལྡན་འདས་དེ་བཞིན་གཤེགས་པ་དགྲ་བཅོམ་པ་ཡང་དག་པར་རྫོགས་པའི་སངས་རྒྱས་རྣམས་དང་། ས་ཆེན་པོ་ལ་རབ་ཏུ་བཞུགས་པའི་བྱང་ཆུབ་སེམས་དཔའ་སེམས་དཔའ་ཆེན་པོ་རྣམས་ཀྱིས་དང་པོ་བླ་ན་མེད་པའི་བྱང་ཆུབ་མཆོག་ཏུ་ཐུགས་བསྐྱེད་པ་དང་། བྱང་ཆུབ་སེམས་དཔའི་སྤྱོད་པ་རླབས་པོ་ཆེ་ལ་སློབ་པའི་ཚེ་ནམ་མཁའི་མཐས་གཏུགས་པའི་སེམས་ཅན་ཐམས་ཅད་ལ་ཐུགས་རྗེ་ཆེན་པོས་ཉེ་བར་གཟིགས་ཏེ་ཕན་པ་དང་བདེ་བ་དང་ཡོངས་སུ་སྐྱོབ་པའི་སླད་དུ་སྨོན་ལམ་ཆེན་པོ་འབུམ་ཕྲག་གྲངས་མེད་པ་དཔག་གིས་མི་ལང་བ་བཏབ་པ་དང་། ཁྱད་པར་བདག་ཅག་གི་བླ་མ་རྗེ་བཙུན་ཙོང་ཁ་པ་ཆེན་པོས་སྔོན་བསྐལ་པ་དཔག་ཏུ་མེད་པའི་སྔ་རོལ་ནས་འགྲོ་བ་མང་པོ་ལ་ཐུགས་རྗེ་ཆེན་པོས་ཉེ་བར་གཟིགས་ཏེ་མི་མཛེད་ཀྱི་འཇིག་རྟེན་གྱི་ཁམས་ཡོངས་སུ་བཟུང་ནས་བདག་ཅག་རྣམས་ཀྱི་དོན་དུ་སྨོན་ལམ་ཆེན་པོ་དཔག་ཏུ་མེད་པ་བཏབ་ཅིང་། བསྟན་པ་དང་འགྲོ་བའི་དོན་དུ་ཇི་ལྟར་ཞལ་གྱིས་བཞེས་ཤིང་དམ་བཅས་པ་དང་། གཞན་ཡང་སྨན་གྱི་བླ་བདེ་བར་གཤེགས་པ་མཆེད་བརྒྱད་ཀྱིས། སྙིགས་མའི་དུས་ཀྱི་འགྲོ་བ་མཐའ་དག་སྐྱོབ་པའི་ཆེད་དུ་སྔོན་གྱི་སྨོན་ལམ་གྱི་ཁྱད་པར་རྒྱས་པའི་མདོ་ལས་བྱུང་བའི་

སྨོན་ལམ་ཆེན་པོ་ཇི་ལྟར་བཏབ་པ་དེ་དག་ཐམས་ཅད་བདག་ཅག་རྣམས་ལ་ད་ལྟ་ཉིད་དུ་མངོན་སུམ་དུ་འགྱུར་བར་བྱིན་གྱིས་བརླབ་ཏུ་གསོལ། །སྐྱེ་རྒུའི་ཕན་བདེའི་རྩ་བ་རྒྱལ་བའི་བསྟན་པ་སྤྱི་དང་ཁྱད་པར་རྒྱལ་བ་བློ་བཟང་གྲགས་པའི་བསྟན་པ་རིན་པོ་ཆེ་ཕྱོགས་ཐམས་ཅད་དུ་དར་ཞིང་རྒྱས་ལ་ཡུན་རིང་དུ་གནས་པ་དང་། བསྟན་པ་དེ་ཉིད་འཛིན་སྐྱོང་སྤེལ་བའི་སྐྱེས་བུ་དམ་པ་རྣམས་ཀྱི་སྐུ་ཚེ་ཞབས་པད་སྲིད་མཐའི་བར་དུ་བརྟན་ཅིང་མཛད་པ་འཕྲིན་ལས་ཕྱོགས་བཅུར་རྒྱས་པར་གྱུར་ཅིག །དཀོན་མཆོག་གསུམ་གྱི་བདེན་པ་དང་། སངས་རྒྱས་དང་བྱང་ཆུབ་སེམས་དཔའ་ཐམས་ཅད་ཀྱི་བྱིན་གྱིས་བརླབས་དང་། བདག་ཅག་རྣམས་ཀྱི་དད་པ་དང་མོས་པའི་མཐུ་དང་། ཆོས་ཀྱི་དབྱིངས་རྣམ་པར་དག་ཅིང་རྟེན་ཅིང་འབྲེལ་བར་འབྱུང་བ་བསླུ་བ་མེད་པའི་མཐུ་ལ་བརྟེན་ནས་ཡུལ་ཕྱོགས་འདི་ཉིད་ལ་སོགས་པའི་རྒྱལ་ཁམས་ཐམས་ཅད་དུ་ཡམས་དང་། གནོད་པ་དང་། ནད་འགོ་བ་དང་། འཁྲུག་པ་དང་། ལོ་ཉེས་དང་། མུ་གེ་དང་། ཕ་རོལ་གྱི་དམག་ཚོགས་འོང་བ་དང་། ས་གཡོ་བ་དང་། གནམ་གྲུམ་པ་དང་། གཟའ་དང་རྒྱུ་སྐར་གྱི་མཚན་མ་ངན་པ་དང་། ལྟས་ངན་པ་དང་། བཀྲ་མི་ཤིས་པ་ཐམས་ཅད་རྒྱུན་ཆད་པར་གྱུར་ཅིག །གཅན་གཟན་གདུག་པ་ཅན་དང་། ནག་པོའི་རིགས་ཀྱི་གནོད་སྦྱིན་དང་། སྲིན་པོ་དང་། འབྱུང་པོ་མ་རུངས་པའི་ཉེ་བར་འཚེ་བ་ཐམས་ཅད་ཞི་བར་གྱུར་ཅིག །རྒྱལ་པོ་དང་། བློན་པོ་དང་། འབངས་རྣམས་ཕན་ཚུན་ཡིད་མཐུན་ཞིང་གཙུགས་པ་དང་། དཀོན་མཆོག་གསུམ་བླ་མར་འཛིན་པ་དང་། དགེ་བ་བཅུའི་ལས་ཀྱི་ལམ་ལ་གནས་པར་གྱུར་ཅིག །འཇིགས་པ་ཆེན་པོ་བརྒྱད་ལས་ཡོངས་སུ་ཐར་བར་གྱུར་ཅིག །ཚེ་དང་དབང་ཐུག་དང་སྟོབས་དང་མངའ་ཐང་རྒྱས་ཤིང་། ཕུན་སུམ་ཚོགས་པ་ཐམས་ཅད་གོང་དུ་འཕེལ་བར་གྱུར་ཅིག །ནམ་ཡང་ཀླ་ཀློ་དང་། མུ་སྟེགས་བྱེད་ལ་སོགས་པ་ལོག་པར་ལྟ་བ་ཅན་རྣམས་ཀྱི་དབང་དུ་འགྲོ་བར་མ་གྱུར་ཅིག །དགེ་འདུན་རྣམས་ཀྱང་ཚུལ་ཁྲིམས་ཀྱི་བསླབ་པས་བསྡམ་ཞིང་། ཏིང་ངེ་འཛིན་དང་ཤེས་རབ་འཕེལ་བར་གྱུར་ཅིག །ཕན་ཚུན་སེམས་མཐུན་པ་དང་། གང་བསམ་པའི་བསམ་པ་ཐམས་ཅད་ཆོས་བཞིན་དུ་འགྲུབ་ཅིང་ཆོས་བསྒྲུབ་པ་ལ་མཐུན་པའི་རྐྱེན་འཚོ་ཆས་ཐམས་ཅད་ཀྱིས་འབྱོར་པར་གྱུར་ཅིག །དེ་དག་ཀྱང་ཆོས་མ་ཡིན་པའི་རྐྱེན་དུ་མི་འགྱུར་ཞིང་། ཟབ་པ་དང་རྒྱ་ཆེ་བའི་དམ་པའི་ཆོས་ཚུལ་བཞིན་དུ་

བསྒྲུབ་པའི་མཐུན་པའི་རྐྱེན་ཕོ་ནར་གྱུར་ཅིག །གཞན་ཡང་སྐྱེ་བ་ཐམས་ཅད་དུ་དལ་འབྱོར་གྱི་རྟེན་བཟང་པོ་ཐོབ་ཅིང་ཐེག་པ་ཆེན་པོའི་དགེ་བའི་བཤེས་གཉེན་མཉེས་པར་བྱེད་པ་དང་། བྱང་ཆུབ་སེམས་དཔའི་སྤྱོད་པ་རླབས་པོ་ཆེ་རྒྱ་མཚོ་ལྟ་བུ་ཡོངས་སུ་རྫོགས་པར་བྱེད་པར་གྱུར་ཅིག །འདི་ནས་ཤི་འཕོས་མ་ཐག་ཏུ་སངས་རྒྱས་ཀྱི་ཞིང་ཁྱད་པར་ཅན་དུ་པདྨོའི་སྙིང་པོ་སེང་གེའི་ཁྲི་ལ་རྫུས་ཏེ་སྐྱེས་ཤིང་སྐྱེས་མ་ཐག་ཏུ་བཅོམ་ལྡན་འདས་སེང་གེའི་ང་རོ་ལ་སོགས་པ་སངས་རྒྱས་རྣམས་ཀྱི་ཞལ་མཐོང་། བཀའ་ལུང་ཡང་དག་པར་ཉེད། ཐུགས་མཉེས་པར་བྱེད་ཅིང་སྐད་ཅིག་སྐད་ཅིག་ལ་སངས་རྒྱས་ཀྱི་ཞིང་ཐམས་ཅད་དུ་ཐོགས་པ་མེད་པར་འཇུག་པར་གྱུར་ཅིག །སྟོན་སངས་རྒྱས་ཀྱི་སྤྱན་སྔར་བསྟན་པ་བསྲུང་བར་དམ་བཅའ་པའི་ཆོས་སྐྱོང་རྣམས་དང་། དཀར་ཕྱོགས་སྐྱོང་བའི་ལྷ་ཀླུ་གཞི་བདག་མཐུ་པོ་ཆེ་རྣམས་ཀྱི་མཐུ་སྟོབས་དང་གཟི་བརྗིད་ཕུན་སུམ་ཚོགས་ཤིང་། བསྟན་པ་དང་བསྟན་པ་འཛིན་པའི་སྐྱེས་བུ་དམ་པ་དགེ་འདུན་གྱི་སྡེ་དང་བཅས་པ་བསྲུང་ཞིང་སྐྱོང་བའི་འཕྲིན་ལས་ཚུལ་བཞིན་དུ་སྒྲུབ་པར་གྱུར་ཅིག །འཇིག་རྟེན་གྱི་ཁམས་ཐམས་ཅད་དུ་རྒྱལ་བའི་བསྟན་པ་རིན་པོ་ཆེ་དར་ཞིང་རྒྱས་པ་དང་། བཀྲ་ཤིས་ཀྱི་དགེ་མཚན་རྒྱ་ཆེན་པོ་རྒྱུན་མི་ཆད་དུ་འབྱུང་བར་གྱུར་ཅིག །ཅེས་ཐུགས་རྗེ་བསྐུལ་ཞིང་སྨོན་ལམ་གདབ། གཉིས་པ་གཏང་རག་གི་མཆོད་པ་ནི། ཇི་སྙེད་སུ་དག་ནས་ཕྱིར་བསྡོའོ། །ཞེས་པའི་བར་གྱིས་ཡན་ལག་འདུན་པ་བྱ། གསུམ་པ་དགེ་བ་བསྔོ་བ་ནི། རང་གི་དགེ་སྦྱོར་ཉམས་ལེན་གྱི་སྐབས་ཡིན་ན་རང་གང་མོས་ཀྱི་སྨོན་ལམ་གཞན་འདོན་པས་ཆོག་ཅིང་། སྨོན་ལམ་ཐམས་ཅད་ཀྱི་རྒྱལ་པོ་བཟང་པོ་སྤྱོད་པ་ནི་གལ་ཆེ་བས་ངེས་པར་འདོན་ལ། འབྲེལ་བ་ཆེ་བའི་ཚེ། འཇམ་དཔལ་དཔའ་བོས། ཞེས་སོགས་ཚིགས་བཅད་གཉིས་དང་། བླ་མ་དཀོན་མཆོག་གསུམ་གྱི་ཐུགས་རྗེ་དང་། །རྟེན་འབྲེལ་རྒྱུ་འབྲས་བསླུ་བ་མེད་པའི་མཐུས། །བདག་དང་མར་གྱུར་སེམས་ཅན་ཐམས་ཅད་ཀྱི། །ལས་ཉོན་སྡིག་སྒྲིབ་མ་ལུས་བྱང་བར་ཤོག །དམྱལ་བའི་ཚ་གྲང་རལ་གྲི་ལོ་མའི་ཚོགས། །ཤལ་མ་ལི་ཡི་སྡོང་པོ་སོལ་ཕུང་དང་། །ལྕགས་བསྲེགས་ས་གཞི་བསྣུས་འཛོམས་རི་བོ་སོགས། །བདེ་སྐྱིད་ལྷ་ཡི་གནས་ལྟར་འགྱུར་བར་ཤོག །བཏབ་པའི་མཚོན་རྣམས་མེ་ཏོག་ཏུ་གྱུར་ཅིང་། །ཚ་པོ་རབ་མེད་བྱིང་རྣམས་ལྷ་ལུས་ཐོབ། །གཤིན་རྗེ་ཁྭ་ད་བྱ་རྒོད་སྐྲག་བྱེད་པའི། །ཕྱག་ན་རྡོ་རྗེས་དབུགས་དབྱུང་རྗེས་འཛིན་ཤོག །ལག་ན་པདྨའི་

ཐུགས་རྗེའི་ཆར་རྒྱུན་གྱིས། །འཇིགས་རུང་དམྱལ་བའི་མི་རྣམ་གསོད་གྱུར་ཅིང་། །འཇམ་དཔལ་དབྱངས་མཐོང་དམྱལ་བའི་སེམས་ཅན་རྣམས། །ཐར་པའི་སྐལ་བ་བཟང་པོ་འཐོབ་པར་ཤོག །གསོད་སྤྱོད་གཅིག་ལ་གཅིག་ཟ་གཏི་མུག་པའི། །སྡུག་བསྔལ་ཀུན་ལས་དུད་འགྲོའི་ཚོགས་ཐར་ཞིང་། །བཀྲེས་སྐོམ་གདུང་བའི་མིང་ཡང་མི་གྲགས་པར། །ཡི་དྭགས་རྣམས་ནི་རྟག་ཏུ་བདེ་གྱུར་ཅིག །མི་ལུས་ཐོབ་ཀྱང་བཀྲེས་ཕོངས་དབུལ་བ་རྣམས། །བཟའ་བཏུང་གོས་སོགས་འབྱོར་པ་དང་ལྡན་ཞིང་། །དབང་པོ་ཉམས་རྣམས་མིག་རྣ་ཡན་ལག་ཀུན། །ཚང་ཞིང་དེ་ཡིས་དོན་བྱེད་ནུས་པར་ཤོག །སྨན་ཀུན་མཐུ་ལྡན་ནད་རྣམས་མྱུར་དུ་གསོས། །མི་དང་མི་མིན་གཅན་གཟན་འབྱུང་བ་བཞིས། །རྣམ་པར་འཚེ་རྣམས་འཇིགས་སྐྲག་ལས་ཐར་ཞིང་། །ཡིད་ཆད་རྣམས་ཀྱི་ཡིད་ནི་གསོས་པར་ཤོག །ཚོང་པ་ལམ་བདེ་ཁེ་ཕྱོགས་བསམ་པ་འགྲུབ། །སྦྲུམ་མ་བདེར་བཙའ་མྱ་ངན་ཐང་འཕྲམས་རྣམས། །གྲོགས་དང་ཕྲད་ནས་བདེ་བར་བགྲོད་གྱུར་ཅིང་། །མགོན་མེད་རྣམས་ཀྱང་ལྷ་མིས་སྐྱོབ་པར་ཤོག །འགྲོ་རྣམས་དལ་བའི་རྟེན་ཐོབ་མཐོ་རིས་ཀྱི། །ཡོན་ཏན་བདུན་ལྡན་ང་རྒྱལ་དག་དང་བྲལ། །བྱང་ཆུབ་སེམས་ལྡན་བདུད་ཀྱི་ལས་ཀུན་སྤོངས། །རྒྱལ་བ་སྲས་བཅས་རྣམས་ཀྱིས་རྗེས་འཛིན་ཤོག།སྡིག་སེམས་ཅན་རྣམས་དེ་ལས་ལྡོག་གྱུར་ཅིང་། མཁའ་འགྲོ་སྲིན་པོ་སྙིང་རྗེའི་སེམས་དང་ལྡན། །དུས་སུ་ཆར་འབེབས་ལོ་ཏོག་ཕུན་སུམ་ཚོགས། །ནད་རིམས་འཁྲུག་སློང་འཐབ་རྩོད་ཞི་བར་ཤོག །རྒྱལ་པོ་རྣམས་ཀྱང་རང་གི་མངའ་རིས་ཀྱིས། །ཆོག་ཤེས་འབངས་རྣམས་ཆོས་བཞིན་བདེ་བར་སྐྱོང་། །དགེ་འདུན་སྡེ་རྣམས་ཚུལ་ཁྲིམས་རྣམ་དག་ཅིང་། །ཆོས་སྤྱོད་བཅུ་ཡི་རིམ་པ་འཕེལ་བར་ཤོག །སངས་རྒྱས་ཐུགས་རྗེ་འགྲོ་ཀུན་ལ་འཇུག་ཅིང་། །བྱང་སེམས་རྣམས་ཀྱིས་འགྲོ་བ་འདྲེན་པ་ཡི། །བཞེད་པའི་དོན་རྣམས་མ་ལུས་ལྷུན་གྱིས་གྲུབ། །དགེ་བའི་བཤེས་དང་རྟག་ཏུ་མི་འབྲལ་ཤོག །བདག་ནི་འགྲོ་བ་འདྲེན་པའི་སྙིང་སྟོབས་ཁུར། །འཇམ་དཔལ་དཔའ་བོའི་སྤྱོད་པ་ལྟར་སྤྱད་ནས། །འཁོར་བ་མ་སྟོངས་བར་དུ་སེམས་ཅན་རྣམས། །འདྲེན་པའི་མགོན་དང་སྐྱབས་སུ་བདག་གྱུར་ཅིག །བཞི་པ་ཚིག་བསྐང་བ་ནི། མ་འབྱོར་བ་དང་ཉམས་པ་དང་། །གང་ཡང་བདག་རྨོངས་བློ་ཡིས་ནི། །བགྱིས་པ་དང་ནི་བགྱིད་སྒྲུལ་གང་། །དེ་ཡང་བཟོད་པར་མཛད་དུ་གསོལ། །

དུས་ངན་སེམས་ཅན་བསོད་ནམས་དམན། །མ་རིག་ཉོན་མོངས་དང་འདྲེས་པ། །འཕགས་
པའི་ཐུགས་དགོངས་མ་རྫོགས་པ། །དེ་ཡང་བཟོད་པར་མཛད་དུ་གསོལ། །སེར་སྣའི་
དབང་གྱུར་མི་མཁས་པས། །མཆོད་པ་ངན་ཞིང་བཤམས་ཉེས་པ། །མགོན་པོ་ཐུགས་རྗེ་ཆེ་
ལྡན་པས། །དེ་ཡང་བཟོད་པར་མཛད་དུ་གསོལ། །བག་མེད་སྤྱོད་པ་མ་དག་པས། །མདོ་
ལས་བྱུང་བའི་ཆོ་ག་བཞིན། །མི་ལྟོགས་འཁྲུལ་པ་ཅི་མཆིས་པ། །དེ་ཡང་བཟོད་པར་མཛད་
དུ་གསོལ། །ལྷག་པ་དང་ནི་ཆད་པ་དང་། །ཆོ་གའི་ཡན་ལག་ཉམས་པ་དང་། །བདག་
གིས་བརྗེད་ངས་ཅི་མཆིས་པ། །དེ་ཡང་བཟོད་པར་མཛད་དུ་གསོལ། །ལྷ་པ་རྟེན་ཡོད་ཚེ་
བརྟན་བཞུགས་བྱ་བ་ནི། ཕྱོགས་བཅུ་ན་བཞུགས་པའི་སངས་རྒྱས་དང་བྱང་ཆུབ་སེམས་དཔའ་
ཐམས་ཅད་བདག་ལ་དགོངས་སུ་གསོལ། །ཇི་སྲིད་ནམ་མཁའི་མཐའ་དང་མཉམ་པའི་སེམས་
ཅན་གྱི་ཁམས་རྣམས་མི་གནས་པའི་མྱ་ངན་ལས་འདས་པའི་ས་ལ་མ་བཞག་གི་བར་དུ་མྱ་ངན་
ལས་མི་འདའ་བར་བརྟན་པར་བཞུགས་སུ་གསོལ། །བྱེ་བྲག་ཏུ་ཡང་སྐུ་གསུང་ཐུགས་ཀྱི་རྟེན་
འདི་ལ་ས་དང་ཆུ་དང་མེ་དང་རླུང་གི་གནོད་པས་མ་ཞིག་གི་བར་དེ་སྲིད་དུ་སེམས་ཅན་གྱི་དོན་
དཔག་ཏུ་མེད་པ་མཛད་ཅིང་བརྟན་པར་བཞུགས་སུ་གསོལ། །ཨོཾ་སུ་པྲ་ཏིཥྛ་བཛྲ་ཡེ་སྭཱཧཱ།
ཞེས་པ་ལན་གསུམ་མམ་བསྡུ་ན། འདིར་ནི་གཟུགས་དང་ལྡན་ཅིག་ཏུ། །ཞེས་སོགས་བརྗོད།
སྐབས་གཞན་དུ་ཚོགས་ཞིང་གཤེགས་སུ་གསོལ་བའམ། གཙོ་བོ་བསྡུས་ཏེ་རང་ལ་བྱིན་གྱིས་བརླབ་པར་བསམ་
པ་གང་བདེ་བྱ། དྲུག་པ་ཤིས་པར་བརྗོད་པ་ནི། ཕུན་སུམ་ཚོགས་པ་མངའ་བ་གསེར་གྱི་རི་བོ་
འདྲ། །སོགས་མདོ་ནས་འབྱུང་བའི་དཀོན་མཆོག་གསུམ་གྱི་བཀྲ་ཤིས་ཀྱི་ཚིགས་བཅད་ཅི་རིགས་བརྗོད་དེ་
མེ་ཏོག་གི་ཆར་དབབ། བུམ་པའི་ཆུས་རང་གཞན་ལ་ཕན་གདགས་པར་བྱའོ། །རྣམ་སྨིན་དཀར་བའི་
རང་མདངས་ཆེས་གསལ་ཞིང་། །ལེགས་ཚོགས་གཡས་སུ་འཁྱིལ་བའི་ཕོག་པ་ལས། །ཕན་
བདེའི་ལེགས་བཤད་དབྱངས་སྙན་ཕྱོགས་བཅུ་རུ། །སྒྲོག་པའི་མཆོད་ཆོག་རིན་ཆེན་འདི་
བསྐྲུན་ནོ། །འདིར་འབད་དགེ་བས་མཁའ་མཉམ་འགྲོ་བ་ཀུན། །ཚེ་རབས་ཀུན་ཏུ་རྗེ་
བཙུན་བླ་མ་ཡིས། །འབྲལ་མེད་རྗེས་བཟུང་བསྟན་འགྲོའི་དོན་བྱེད་ལ། །ཀུན་མཁྱེན་ཙོང་
ཁ་པ་དང་མཚུངས་པར་ཤོག །ཅེས་ཁམས་གསུམ་ཆོས་ཀྱི་རྒྱལ་པོ་ཙོང་ཁ་པ་ཆེན་པོ་ལ་སྟོང་མཆོད་
འབུལ་བའི་ཆོ་ག་བཀྲ་ཤིས་གཡས་འཁྱིལ་ཞེས་བྱ་བ་འདི་ནི། བྱང་ཕྱོགས་ཧོར་གྱི་ཡུལ་ལ་དགེ་ལྡན་རིང་ལུགས་
དར་ཞིང་རྒྱས་པའི་ཕྱིར། པཎ་རིན་གྱི་སའི་ཆ་དགོན་སྡེ་ཀུན་མཁྱེན་གླིང་དུ་རྗེ་ཡབ་སྲས་གསུམ་གྱི་སྐུ་གཟུགས་

བཞེངས་ཏེ། ཆོ་འཕྲུལ་སྨོན་ལམ་ཆེན་མོའི་དུས་ཆེན་བཅོ་ལྔའི་ཉིན་དང་འབྲེལ་ཞལ་ཟས་རྒྱ་མཚོ་མས་གཙོས་སྟོང་མཆོད་ཕུལ་སྐབས། ལས་སྨོན་བཟང་པོས་འབྲེལ་པའི་སྐུ་སྐྱེས་བློ་བཟང་བསྟན་འཛིན་གྱིས་དངུལ་གྱི་མཎྜལ་ལྷ་རྫས་དང་བཅས་བསྐུལ་བ་ལ་བརྟེན་ནས། བཙུན་གཟུགས་སྨྲ་མས་ལས་པ་ངག་དབང་འཇམ་དཔལ་བསྟན་པ་རབ་རྒྱས་ཀྱིས་རང་ལོ་སོ་བརྒྱད་པ། འཕགས་ཡུལ་ལེགས་སྦྱར་གྱི་སྐད་དུ་བ་ཧུ་དྷཱ་ཉ། ཏོང་ཀུས་མི་བདག་གི་མདུན་སར་ཕྲུ་ཡིན། སྟོད་འགྲེལ་པ་རྣམས་ཀྱི་ལུགས་ལ་འབྲུ་མང་པོ་སྟེ། ས་ཕོ་སྟག་གི་ལོ་ཆོ་འཕྲུལ་ཟླ་བའི་ཚེས་བཟང་པོར་སྦྱར་བའི་ཡི་གེ་པ་ནི་དགེ་ཚུལ་ལེགས་ཚོགས་དར་རྒྱས་ཀྱིས་བགྱིས་པ་འདིས་ཀྱང་འགྲོ་ཀུན་འཇམ་མགོན་བླ་མས་རྗེས་སུ་འཛིན་པའི་རྒྱུར་གྱུར་ཅིག། །།

༄༅། །རྗེ་ཙོང་ཁ་པ་ཆེན་པོ་ཚེ་འཛིན་མའི་སྒྲུབ་ཐབས་དང་ཚེ་དབང་བྱ་ཚུལ་གྱི་ལྷན་ཐབས་འཆི་མེད་དཔལ་སྟེར་ཞེས་བྱ་བ་བཞུགས་སོ།

༄༅། །ན་མོ་གུ་རུ་ཨཱ་ཡུ་ རྣ་བཛྲ་ཛྙ་ར་སུ་མ་ཏི་ཀཱིརྟི་ཡེ། ཚོགས་གཉིས་རིན་ཆེན་ལས་བསྒྲུབ་བསྟེངས་བྲལ་གདོང་ལྡེམ་བརྟེག་པའི་ཁྲིར། །བློ་བཟང་མཚན་དཔེའི་འོད་འབར་ཟླ་བ་གཞོན་ནུ་འཛུམ་པའི་ཞལ། །གྲགས་པས་བདག་སྐྱིང་པདྨ་ཕྱིན་རླབས་བུང་པའི་ན་ཆུང་གིས། །འཆི་མེད་སྲུང་རྩེའི་དུས་སྟོན་མཆོག་སྐྱོལ་ཚེ་མགོན་དབྱེར་མེད་འདུད། །གྲུབ་དབང་ལཀྵྨཱི་ཐུགས་བཅུད་བདུད་རྩིའི་རྒྱུན། །དད་འདུན་རྣམ་དཔྱོད་བུམ་པར་བཟུང་བའི་མོད། །ལྷག་བསམ་གྱིས་བསྐུལ་དོན་ཆེའི་གདམས་པ་མཆོག །ལེགས་བཤད་གཏམ་གྱི་རྒྱུན་འདི་ཁོ་བོས་སྤེལ། །དེའང་ཁམས་གསུམ་ཆོས་ཀྱི་རྒྱལ་པོ་ཙོང་ཁ་པ་ཆེན་པོ་ལ་བརྟེན་ནས་ལས་ཚོགས་ཀྱི་རིམ་པ་ཇི་སྙེད་ཅིག་སྒྲུབ་ཏུ་ཡོད་པ་ནི། མངོན་སུམ་དུ་གྲུར་པ་འདི་ཉིད་ཡིན་ཞིང་། དེ་ལ་རིགས་གསུམ་གྱི་མགོན་པོ་དང་གཞན་ཡང་ལྷག་པའི་ལྷ་གང་ཡང་རུང་བ་དང་ངོ་བོ་དབྱེར་མེད་དུ་སྒྲུབ་པའི་ཐབས་བསམ་གྱིས་མི་ཁྱབ་པ་ཡོད་པ་ལས། འདིར་བདེ་ཅན་ཞིང་གི་མགོན་པོ་རྒྱལ་བ་ཚེ་དཔག་མེད་དང་རང་ཅག་རྣམས་ཀྱི་བསྟན་པའི་བདག་པོ་ཁམས་གསུམ་གྱི་རྣམ་པར་འདྲེན་པ་ཤར་ཙོང་ཁ་པ་ཆེན་པོ་རྗེ་བཙུན་བློ་བཟང་གྲགས་པའི་དཔལ་དབྱེར་མེད་དུ་བསྒོམས་ནས། བསྟན་འཛིན་གྱི་སྐྱེས་བུ་དམ་པ་རྣམས་ཞབས་པད་བསྐལ་བརྒྱར་བརྟན་པ་དང་། བསྟན་པའི་སྦྱིན་བདག །དགེ་འདུན་གྱི་སྡེ། བསྒྲུབ་བྱ་ཕོ་མོ་སོགས་གང་ཡང་རུང་བ་དུས་མ་ཡིན་པར་འཆི་བའི་འཇིགས་པ་བསལ་ཞིང་། འཆི་མེད་ཚེའི་རིག་འཛིན་སྒྲུབ་པའི་ཚོག་ཉམས་སུ་ལེན་པ་ལ་གསུམ། སྔོན་འགྲོ། དངོས་གཞི། མཇུག་གི་བྱ་བའོ། །དང་པོ་ནི་ཡིད་མཐུན་གྱི་གནས་སུ་རྗེ་ཚེ་འཛིན་མའི་སྐུ་སོགས་སྐུ་གསུང་ཐུགས་ཀྱི་རྟེན་བཀྲམ། སྟེགས་བུ་བཟང་པོའི་ཁར་མཎྜལ་པདྨ་འདབ་བརྒྱད་བྲིས་པའམ། འབྲུ་ཡིས་ཚོམ་བུ་བཀོད་པའི་སྟེང་དུ་དབུས་སུ་ཚེ་བུམ། གཡས་སུ་འཆི་མེད་ཚེའི་བདུད་རྩིས་བཀང་བའི་ཚད་ལྡན་གྱི་ཐོད་པ། གཡོན་དུ་སྟོད་གཙང་མར་དཀར་གསུམ་མངར་གསུམ་དམ་པ་གོང་མ་རྣམས་ཀྱིས

སྒྲུབ་པའི་ཚེའི་རིལ་བུ། མདུན་དུ་ཟླུམ་གཏོར་དཀར་པོ་པད་འདབ་ཅན་གྱི་གཡས་སུ་དམར་གཏོར། གཡོན་དུ་གཞི་བདག་གཏོར་མ། བདག་མདུན་གྱི་མཆོད་པ་བཅས་བཀོད་པས་མཛེས་པར་བཤམས། གང་གི་མདུན་དུ་ནང་མཆོད་ཡོད་ཀྱང་མི་རུང་བ་མིན་ལ། སྒྲུབ་གཞུང་རྣམས་སུ་མི་གསལ་བས་མེད་ཀྱང་ཆད་སྐྱོན་དུ་མི་འགྱུར་ཞིང་། རྫོར་དྲིལ་ཌ་མ་རུ་ལྷ་མེད་བུམ་རྫས་བཏབ་པའི་ལས་བུམ་གཟུངས་རྫོར། འཕྲོར་ནས། ཀུལ་ཡུངས། བགེགས་གཏོར་སོགས་ཡོ་བྱད་རྣམས་ཚོགས་པར་བྱས་ལ། གཉིས་པ་དངོས་གཞི་ལ་གསུམ། བདག་བསྐྱེད། མདུན་བསྐྱེད། ཚེ་དབང་བསྐུར་ཚུལ་ལོ། །དང་པོ་ནི། རང་ཉིད་བདེ་བའི་སྟན་ལ་ཁ་བྱང་དུ་ཕྱོགས་པའམ་མོས་ནས། མར་གྱུར་སེམས་ཅན་ཐམས་ཅད་ཀྱི་དོན་དུ་རྫོགས་པའི་སངས་རྒྱས་ཀྱི་གོ་འཕང་ཐོབ་པར་བྱ། དེའི་ཆེད་དུ་གདམས་པ་ཟབ་མོ་ཉམས་སུ་བླང་བར་བགྱིའོ་སྙམ་པའི་བྱང་ཆུབ་ཀྱི་སེམས་ཀྱིས་ཟིན་པའི་སྒོ་ནས། རང་གི་མདུན་གྱི་ནམ་མཁར་སེང་ཁྲི་པད་ཟླ་ཉི་མའི་གདན་ལ་རང་གི་དྲིན་ཅན་རྩ་བའི་བླ་མ་དང་དབྱེར་མེད་པའི་རྗེ་ཚེ་འཛིན་མ་གཙོ་བོར་གྱུར་པའི་རྩ་བརྒྱུད་ཀྱི་བླ་མ་ཡི་དམ་སངས་རྒྱས་བྱང་སེམས་དཔའ་བོ་མཁའ་འགྲོ་ཆོས་སྐྱོང་སྲུང་མ་སོགས་སྐྱབས་ཡུལ་མ་ལུས་པ་བཞུགས་པའམ། བསྡུན་ཀུན་འདུས་ནོར་བུའི་ལུགས་སུ་གསལ་གདབ། གང་བསྒོམས་ཀྱང་རང་གི་མཐའ་སྐོར་དུ་མ་སེམས་ཅན་ཐམས་ཅད་མིའི་རྣམ་པ་ཅན་དུ་གསལ་བར་དམིགས་ཏེ། དེ་རྣམས་དང་མགྲིན་གཅིག་ཏུ་སྐྱབས་འགྲོ་བྱེད་པར་མོས་ལ། བླ་མ་ལ་སྐྱབས་སུ་མཆིའོ། །སངས་རྒྱས་ལ་སྐྱབས་སུ་མཆིའོ། །ཆོས་ལ་སྐྱབས་སུ་མཆིའོ། །དགེ་འདུན་ལ་སྐྱབས་སུ་མཆིའོ། །ཞེས་བཞི་སྐོར་རམ། ཁམས་གསུམ་ཆོས་ཀྱི་རྒྱལ་པོ་ཤར་རྫོང་ཁ་པ་ཆེན་པོ་ཚེ་འཛིན་མའི་ལྷ་ཚོགས་འཁོར་དང་བཅས་པ་རྣམས་ལ་སྐྱབས་སུ་མཆིའོ། །དཔལ་མགོན་དམ་པ་ཆོས་སྐྱོང་བའི་སྲུང་མ་ཡེ་ཤེས་ཀྱི་སྤྱན་དང་ལྡན་པ་རྣམས་ལ་སྐྱབས་སུ་མཆིའོ། །ཞེས་པ་དང་བཅས་དྲུག་སྐོར་གང་མང་བྱ། སངས་རྒྱས་ཆོས་དང་ཚོགས་ཀྱི་མཆོག་རྣམས་ལ། །བྱང་ཆུབ་བར་དུ་བདག་ནི་སྐྱབས་སུ་མཆི། །བདག་གིས་སྦྱིན་སོགས་བགྱིས་པའི་བསོད་ནམས་ཀྱིས། །འགྲོ་ལ་ཕན་ཕྱིར་སངས་རྒྱས་འགྲུབ་པར་ཤོག །ལན་གསུམ། མར་གྱུར་སེམས་ཅན་ཐམས་ཅད་བདེ་དང་བདེ་བའི་རྒྱུ་དང་ལྡན་པར་གྱུར་ཅིག །སེམས་ཅན་ཐམས་ཅད་སྡུག་བསྔལ་དང་སྡུག་བསྔལ་གྱི་རྒྱུ་དང་བྲལ་བར་གྱུར་ཅིག །སེམས་ཅན་ཐམས་ཅད་སྡུག་བསྔལ་མེད་པའི་བདེ་བ་དང་མི་འབྲལ་བར་གྱུར་ཅིག །སེམས་ཅན་ཐམས་ཅད་ཉེ་རིང་ཆགས་སྡང་དང་བྲལ་བའི་བཏང་སྙོམས་ཚད་མེད་པ་ལ་སེམས་གནས་པར་གྱུར་ཅིག །ཅེས་ཚད་མེད་བཞི་བསྒོམ་པ་རྣམས་སོང་རྗེས། མཆན་དཔེའི་འོད་འབར་ཚེ་དཔག་མེད་མགོན་

དང་། །དང་པོའི་མགོན་པོ་རྗེ་བཙུན་བློ་བཟང་གྲགས། །གྲགས་སྙན་སྲིད་པའི་མཐར་སོན་ཚེ་འཛིན་རྗེ། །གསོལ་བ་འདེབས་སོ་བདག་རྒྱུད་བྱིན་གྱིས་རློབས། །བློ་གྲོས་བཟང་པོས་དཔལ་ལྡན་འབྲུང་གནས་མཆོག །མཆོག་ཏུ་གྲགས་པའི་འོད་ཟེར་བཀྱེ་མཛད་རྗེ། རྗེ་བཙུན་བླ་མས་རྗེས་བཟུང་གྲུབ་དབང་མཆོག །གསོལ་བ་འདེབས་སོ་བདག་རྒྱུད་བྱིན་གྱིས་རློབས། །འཕྲིན་ལས་ཕུན་ཚོགས་ཕྱོགས་ལས་རྣམ་པར་རྒྱལ། །རྒྱལ་བས་རྗེས་བཟུང་ཆོས་འཁྱོར་དགེ་མཚན་སྤེལ། །སྤེལ་བས་འགྲོ་ཀུན་འཆི་བདག་གཡུལ་ལས་རྒྱལ། །གསོལ་བ་འདེབས་སོ་བདག་རྒྱུད་བྱིན་གྱིས་རློབས། །དེ་ལྟར་གསོལ་བཏབ་མོས་གུས་ཉི་ཟེར་གྱིས། །ནམ་ཡང་བསླུ་མེད་ཀུན་མཁྱེན་ཙོང་ཁ་པའི། །ཕུལ་བྱུང་ཐུགས་རྗེའི་འཕྲིན་ལས་གངས་ཀྱི་རི། །ལས་འབྲུངས་བྱིན་རླབས་ཉལ་འགྲོའི་རྒྱུན་བཟང་གིས། །ཉེས་ལྟུང་དྲི་འབྲུད་སྐུ་བཞི་མངོན་གྱུར་ཤོག །ཅེས་བླ་བརྒྱུད་གསོལ་འདེབས་འདོན་ནས། སྐྱབས་ཡུལ་རྣམས་འོད་དམར་སེར་གྱི་རྣམ་པར་རང་གི་སྤྱིན་མཚམས་སུ་ཐིམ་པས་བྱིན་གྱིས་བརླབས་པར་བསམ། སྭ་བྷཱ་ཝས་སྟོང་པར་སྒྱུར། སྟོང་བའི་ངང་ལས་སེང་གེ་ཆེན་པོ་བརྒྱད་ཀྱིས་བཏེག་པའི་རིན་པོ་ཆེའི་ཁྲི་མཐོ་ཞིང་ཡངས་པའི་སྟེང་ཁར་སྣ་ཚོགས་པད་ཟླ་ཉི་མའི་དཀྱིལ་འཁོར་གྱི་གདན་ལ་རང་གི་སེམས་ཉིད་ཧྲཱིཿཡིག་དམར་སེར་ལས་རལ་གྲི་ཧྲཱིཿཡིག་དམར་སེར་གྱིས་མཚན་པ། དེ་ལས་འོད་ཟེར་འཕྲོས། འཕགས་པ་མཆོད། སེམས་ཅན་གྱི་དོན་བྱས། ཚུར་འདུས་ཡོངས་སུ་གྱུར་པ་ལས་རང་ཉིད་རྒྱལ་བ་ཀུན་གྱི་ངོ་བོ་ཁམས་གསུམ་ཆོས་ཀྱི་རྒྱལ་པོ་ཤར་ཙོང་ཁ་པ་ཆེན་པོ་བློ་བཟང་གྲགས་པ་སྐུ་མདོག་དཀར་ལ་དམར་བའི་མདངས་ཆགས་པ། ཞལ་གྱི་དཀྱིལ་འཁོར་ཟླ་བ་ཉ་ཡོངས་སུ་གང་བ་ལྟ་བུ་ཤིན་འཛུམ་ཞིང་སྤྱན་དཀྱུས་རིང་བ། སྐུ་ལ་ཆོས་གོས་ངུར་སྨྲིག་གི་མདོག་ཅན་གསུམ་མཛེས་པར་གསོལ་བ། དབུ་ལ་པཎ་ཞྭ་གསེར་གྱི་མདོག་ཅན་སྣེ་རིང་གསོལ་བ། ཕྱག་གཡས་ཐུགས་ཀར་ཆོས་འཆད་ཀྱི་ཕྱག་རྒྱ་མཛད་པའི་མཐེབ་མཛུབ་ཀྱིས་ཨུཏྤ་ལའི་ཡུ་བ་བཟུང་བའི་འདབ་མ་སྙན་གྱི་ཐད་ཁར་ཁ་བྱེ་བའི་སྟེང་དུ་ཤེས་རབ་ཀྱི་རལ་གྲི་དང་། ཕྱག་གཡོན་མཉམ་བཞག་གི་སྟེང་ན་འཆི་མེད་ཚེའི་བདུད་རྩིས་གང་བའི་བུམ་པ་དཔག་བསམ་གྱི་ཤིང་གི་ཁ་རྒྱན་ཅན་དང་། མཐེབ་མཛུབ་ཀྱིས་ཡུ་བ་བཟུང་བའི་ཨུཏྤ་ལ་སྙན་གྱི་ཐད་ཁར་ཁ་བྱེ་བའི་སྟེང་དུ་ཤེར་ཕྱིན་གྱི་གླེགས་བམ་བསྣམས་པ། ཞབས་གཉིས་རྡོ་རྗེའི་སྐྱིལ་ཀྲུང་གིས

བཞུགས་པ། མཚན་དཔེས་མཛེས་ཤིང་དྭངས་གསལ་འོད་ཀྱི་རང་བཞིན་ཅན། སྐུ་ལས་སྐྱེས་པའི་འོད་ཟེར་གྱི་ཚོགས་ཞིང་ཁམས་ཀུན་འགེངས་པར་འཕྲོས་པས། ཞིང་ཁམས་ཐམས་ཅད་སྐུ་ལ་སྣང་ཞིང་། སྐུས་ཞིང་ཁམས་ཐམས་ཅད་ཁྱབ་པའི་བདག་ཉིད་ཅན་དུ་བཞུགས་པའི་སྤྱི་བོར་ཨོཾ་དཀར་པོ། མགྲིན་པར་ཨཱཿདམར་པོ། ཐུགས་ཀར་ཧཱུྃ་སྔོན་པོས་མཚན་པ། ཐུགས་ཀའི་ཧཱུྃ་ལས་འོད་ཟེར་འཕྲོས་པས། ཆོས་ཀྱི་རྒྱལ་པོ་ཙོང་ཁ་པ་ཆེན་པོ་ལ་སངས་རྒྱས་དང་བྱང་ཆུབ་སེམས་དཔའི་ཚོགས་ཀྱིས་བསྐོར་བ་མདུན་གྱི་ནམ་མཁར་སྤྱན་དྲངས། ཛཿ ཧཱུྃ་བཾ་ཧོཿ གཉིས་སུ་མེད་པར་གྱུར། དེ་ནས་བསང་ཆུ་སྦྲུབ་པ་ནི། ཧྲཱིཿ ཧྲིཿ ས་བསངས། ས྄་ཧཱ་ཤེས་སྦྱངས། སྟོང་པའི་ངང་ལས་ལས་བུམ་གྱི་ནང་དུ་ཉི་མའི་དཀྱིལ་འཁོར་གྱི་སྟེང་དུ་ཧཱུྃ་ཡིག་གི་མཐར་ཧྲཱིཿ ཧྲིཿ འི་སྔགས་ཀྱིས་བསྐོར་བ་ལས་འོད་ཟེར་འཕྲོས། རྒྱལ་བ་སྲས་བཅས་ཀྱི་བྱིན་རླབས་ནུས་མཐུ་ཐམས་ཅད་བདུད་རྩི་འོད་ཟེར་གྱི་རྣམ་པར་སྤྱན་དྲངས། བུམ་པའི་ཆུ་ལ་ཐིམ་པས་ནུས་པ་དང་ལྡན་པར་གྱུར། ཧྲཱིཿ ཧྲིཿ བརྒྱ་རྩ་བཟླས། ཧཱུྃ་ཡིག་སྔགས་ཕྲེང་ཉི་གདན་དང་བཅས་པ་འོད་དུ་ཞུ་ནས་བུམ་ཆུར་གྱུར་པར་བསམ། ནང་མཆོད་དང་བདག་བསྐྱེད་མཆོད་པ་བླ་མེད་ལྟར་སོ་སོར་བྱིན་གྱིས་བརླབས། རང་གི་ཐུགས་ཀ་ནས་སྤྲོས་པའི་མཆོད་པའི་ལྷ་མོ་རྣམས་ཀྱིས་མཆོད་པར་བསམས་པ། ཨོཾ་ཨཱཿ གུ་རུ་སུ་མ་ཏི་ཀཱིརྟི་ཨ་པ་རི་མི་ཏ་ཨ་ཡུརྫྙཱ་ན་ས་པ་རི་ཝཱ་ར་ཨརྒྷཾ་ནས་ཤབྡ་པྲ་ཏཱིཙྪ་ཧཱུྃ་སྭཱཧཱ། ཞེས་པའི་བར་གྱིས་མཆོད། ནང་མཆོད་ཀྱང་འབུལ། རྒྱལ་བ་ཀུན་གྱི་ཚེ་དང་ཡེ་ཤེས་རྣམས། །གཅིག་ཏུ་བསྡུས་པ་བདེ་ཅན་ཞིང་མགོན་དང་། །དབྱེར་མེད་ཆོས་ཀྱི་རྒྱལ་པོ་བློ་བཟང་གྲགས། །རྡོ་རྗེ་འཆང་དབང་ཞབས་ལ་གུས་ཕྱག་འཚལ། །ཞེས་བས་བསྟོད། བཟླས་པཱ་བ་ནི། རང་ཉིད་རྗེ་བླ་མར་གསལ་བའི་ཐུགས་ཀར་ཟླ་བའི་དཀྱིལ་འཁོར་གྱི་སྟེང་དུ། ཧྲཱིཿ ཡིག་དམར་སེར་དེའི་མཐའ་སྐོར་དུ། དམིགས་མེད་བརྩེ་བའི་གཏེར་ཆེན་སྤྱན་རས་གཟིགས། །དྲི་མེད་མཁྱེན་པའི་དབང་པོ་འཇམ་པའི་དབྱངས། །དུས་མིན་འཆི་བ་འཇོམས་མཛད་ཚེ་དཔག་མེད། །གངས་ཅན་མཁས་པའི་གཙུག་རྒྱན་ཙོང་ཁ་པ། །བློ་བཟང་གྲགས་པའི་ཞབས་ལ་གསོལ་བ་འདེབས། །ཞེས་པས་བསྐོར་བ་ལས་འོད་ཟེར་ཕྱོགས་བཅུར་འཕྲོས། ཕྱོགས་བཅུའི་རྒྱལ་བ་སྲས་བཅས་ལ་མཉེས་པའི་མཆོད་པ་ཕུལ། དེ་རྣམས་ཀྱི་བྱིན་རླབས་ནུས་མཐུ་ཐམས་ཅད་བདུད་རྩི་འོད་ཟེར་གྱི་རྣམ་པར་བཀུག་ནས་སྔགས་ཕྲེང་ལ་

ཐིམ། སླར་ཡང་འོད་ཟེར་འཕྲོས། རིགས་དྲུག་གི་སེམས་ཅན་ཐམས་ཅད་ལ་ཕོག་པས། དེ་རྣམས་ཀྱི་ནད་གདོན་སྡིག་སྒྲིབ་ཐམས་ཅད་སྦྱངས་ཏེ། ཆོས་ཀྱི་རྒྱལ་པོ་ཙོང་ཁ་པ་ཆེན་པོའི་གོ་འཕང་ལ་བཀོད་པར་གྱུར། ཡང་འོད་ཟེར་འཕྲོས་པས་བདག་དང་དམིགས་བྱ་གང་རུང་གི་ཚེ་བཀུས་པ། ཡར་བ། འཐོར་པ་ཐམས་ཅད་བདུད་རྩི་འོད་ཟེར་དང་། ཐོད་པ། ལྷུང་བཟེད་ལ་སོགས་པ་བདུད་རྩིས་གང་བའི་རྣམ་པར་བཀུག །ཐུགས་སྙིང་ལ་ཐིམ། ཡང་འོད་ཟེར་འཕྲོས་པས་འབྱུང་བ་ལྔའི་བཅུད་ཐམས་ཅད་བདུད་རྩི་དང་འོད་ཟེར་རྣམ་པ་ལྔའི་མདོག་ཅན་དུ་བཀུག ཡང་སེམས་ཅན་ཐམས་ཅད་ཀྱི་ཚེ་དང་བསོད་ནམས་སྟོབས་འབྱོར་ལོངས་སྤྱོད་ཐམས་ཅད་རྒྱལ་སྲིད་སྣ་བདུན། ནོ་བའི་རིན་ཆེན། བཀྲ་ཤིས་རྫས་རྟགས་ལ་སོགས་པའི་རྣམ་པར་བཀུག །ཡང་འོད་ཟེར་འཕྲོས་པས་ཕྱོགས་བཅུའི་བླ་མ་རྒྱལ་བ་སྲས་བཅས་ཐམས་ཅད་ཀྱི་སྐུ་གསུང་ཐུགས་ཀྱི་བྱིན་རླབས་ནུས་མཐུ་ཐམས་ཅད་སྐུ་གཟུགས། གཟུངས་ཐུགས། ཕྱག་མཚན། ས་བོན་ལ་སོགས་པའི་རྣམ་པར་བཀུག །ཐུགས་ཁྲིང་ལ་ཐིམ་པས་ནད་གདོན་སྡིག་སྒྲིབ་ཚེའི་བར་ཆད་ཐམས་ཅད་ཞི་བར་བྱས་འཆི་མེད་ཚེའི་དངོས་གྲུབ་ཐོབ་པར་གྱུར་བསམ། དམིགས་བརྩེ་མ། ཚེ་གཟུངས་རིང་ཐུང་ཅི་རིགས་བཟླ། དེའང་རང་དོན་དུ་བྱེད་ན་དེ་ལྟར་དང་། བླ་མའི་ཞབས་བརྟན་དུ་བྱེད་ན་ཧྲཱིཿཡིག་གི་གི་གུའི་ནང་དུ་པད་ཟླའི་གདན་ལ་བླ་མ་འཇལ་དུས་ལྟར་གསལ་བཏབ་ལ་བཟླས་དམིགས་གོང་སྟང་དང་། བསྒྲུབ་བྱ་གཞན་ལ་ཧྲཱིཿཡིག་གི་ཁོག་པའི་ནང་དུ་གསལ་བཏབ་ལ་རིགས་འགྲེ། དེ་རྗེས་ཡིག་བརྒྱས་ཆད་ལྷག་བསྐངས་ཤིང་། མཆོད་བསྟོད་མདོར་བསྡུས་བྱ། ཆོས་ཀྱི་རྒྱལ་པོ་ཙོང་ཁ་བ་ཆེན་པོས། བདག་གི་དུས་མ་ཡིན་པར་འཆི་བའི་འཇིགས་པ་བསལ་དུ་གསོལ། འཆི་མེད་ཚེའི་དངོས་གྲུབ་ཐོབ་པར་བྱིན་གྱིས་བརླབ་ཏུ་གསོལ། ཞེས་གསོལ་བ་བཏབ། མདུན་བསྐྱེད་དང་འབྲེལ་ན་དེ་ལ་འཇུག། བདག་བསྐྱེད་རྐྱང་བའི་ཚེ་མཚམས་འདིར་གཏོར་མ་འབུལ་ཚུལ་ནི། མདུན་བསྐྱེད་ཀྱི་མཆོད་གཏོར་སྔར་ལྟར་བྱིན་གྱིས་བརླབས་ལ་རང་གི་ཐུགས་ཀའི་ས་བོན་ལས་འོད་ཟེར་འཕྲོས་པས། ཆོས་ཀྱི་རྒྱལ་པོ་ཙོང་ཁ་པ་ཆེན་པོ་ལ་སངས་རྒྱས་དང་བྱང་ཆུབ་སེམས་དཔའི་ཚོགས་ཀྱིས་བསྐོར་བ་མདུན་གྱི་ནམ་མཁའ་སྤྱན་དྲངས། ལྗགས་འོད་ཟེར་གྱི་སྦུ་གུས་གཏོར་མའི་བཅུད་དྲངས་ཏེ་གསོལ་བར་གྱུར། ཨོཾ་གུ་རུ་སུ་མ་ཏི་ཀཱིརྟི་ཤ་པ་རི་མི་ཏ་ཨ་ཡུརྫྙཱ་ན་ས་པ་རི་པཱུ་ར་ཨིདཾ་བ་ལི་ཏ་ཁ་ཁ་ཁཱ་ཧི་ཁཱ་ཧི། ལན་གསུམ་གྱིས་ཕུལ། སྔར་ལྟར་མཆོད་བསྟོད་མདོར་བསྡུས་བྱས་ཏེ་ཐུན་བསྡུ། དགེ་བ་འདི་ཡིས་མྱུར་དུ་བདག །བླ་མ་ཚེ་འཛིན་འགྲུབ་གྱུར་ནས། །སོགས་བརྗོད། གཉིས་པ་མདུན་བསྐྱེད་ལ་ཚེ་བུམ་སྒྲུབ་པ་ནི། ལས་བུམ་གྱི་ཆུས་འཐོར་བ་དང་བཅས། ཧྲཱིཿ ཧྲཱིཿ ས་བསངས། སྭ་བྷཱ་ཝས་

སྦྱངས། སྟོང་པའི་ངང་ལས་པཾ་ལས་པདྨ་དང་། ཨཱཿ ལས་ཟླ་བའི་དཀྱིལ་འཁོར་གྱི་སྟེང་དུ་ཧྲཱིཿ ལས་རིན་པོ་ཆེའི་བུམ་པ་དམར་པོ། སྟོ་བ་ཆེ་བ། མགྲིན་པ་རིང་བ། མཆུ་འཕྱང་བ། ལྷ་རྫས་ཀྱི་གོས་ཀྱིས་མགུལ་བ་དཀྲིས་པ། དཔག་བསམ་གྱི་ཤིང་གིས་ཁ་བརྒྱན་པ། ཕྱི་བུམ་པའི་རྣམ་པ་ཡིན་པ་ལ། ནང་ལྷའི་གཞལ་ཡས་ཁང་གྲུ་བཞི་སྒོ་བཞི་རྟ་བབས་བཞི་དང་ལྡན་པ། བཀོད་པའི་ཁྱད་པར་ཡོངས་སུ་རྫོགས་པའི་དབུས་སུ་སེང་གེ་ཆེན་པོ་བརྒྱད་ཀྱིས་བཏེག་པའི་རིན་པོ་ཆེའི་ཁྲི་མཐོ་ཞིང་ཡངས་པའི་སྟེང་ཁར་སྣ་ཚོགས་པད་ཟླ་ཉི་མའི་དཀྱིལ་འཁོར་གྱི་གདན་ལ་ཧྲཱིཿ ཡིག་དམར་སེར་ལས་རལ་གྲི་ཧྲཱི་ཡིག་དམར་སེར་གྱིས་མཚན་པ། དེ་ལས་འོད་ཟེར་འཕྲོས། འཕགས་པ་མཆོད། སེམས་ཅན་གྱི་དོན་བྱས། ཚུར་འདུས་ཡོངས་སུ་གྱུར་པ་ལས་རྒྱལ་བ་ཀུན་གྱི་ངོ་བོ་ཁམས་གསུམ་ཆོས་ཀྱི་རྒྱལ་པོ་ཤར་ཙོང་ཁ་པ་ཆེན་པོ་བློ་བཟང་གྲགས་པ་སྐུ་མདོག་དཀར་ལ་དམར་བའི་མདངས་ཆགས་པ། ཞལ་གྱི་དཀྱིལ་འཁོར་ཟླ་བ་ཉ་ཡོངས་སུ་གང་བ་ལྟ་བུ་ཤིན་ཏུ་འཛུམ་ཞིང་སྤྱན་དཀྱུས་རིང་བ། སྐུ་ལ་ཆོས་གོས་ངུར་སྨྲིག་གི་མདོག་ཅན་གསུམ་མཛེས་པར་གསོལ་བ། དབུ་ལ་པཎ་ཞྭ་གསེར་གྱི་མདོག་ཅན་སྔེ་རིང་གསོལ་བ། ཕྱག་གཡས་ཐུགས་ཀར་ཆོས་འཆད་ཀྱི་ཕྱག་རྒྱ་མཛད་པའི་མཐེབ་མཛུབ་ཀྱིས་ཨུཏྤ་ལའི་ཡུ་བ་བཟུང་བའི་འདབ་མ་སྙན་གྱི་ཐད་ཁར་ཁ་བྱེ་བའི་སྟེང་དུ་ཤེས་རབ་ཀྱི་རལ་གྲི་དང་། ཕྱག་གཡོན་མཉམ་བཞག་གི་སྟེང་ན་འཆི་མེད་ཚེའི་བདུད་རྩིས་གང་བའི་བུམ་པ་དཔག་བསམ་གྱི་ཤིང་གི་ཁ་རྒྱན་ཅན་དང་། མཐེབ་མཛུབ་ཀྱིས་ཡུ་བ་བཟུང་བའི་ཨུཏྤལ་སྙན་གྱི་ཐད་ཁར་ཁ་བྱེ་བའི་སྟེང་དུ་ཤེར་ཕྱིན་གྱི་གླེགས་བམ་བརྣམས་པ། ཞབས་རྡོ་རྗེའི་དཀྱིལ་ཀྲུང་གིས་བཞུགས་པ། མཚན་དཔེས་མཛེས་ཤིང་དྭངས་གསལ་འོད་ཀྱི་རང་བཞིན་ཅན། སྐུ་ལས་སྐྲུས་པའི་འོད་ཟེར་གྱི་ཚོགས་ཞིང་ཁམས་ཀུན་འགེངས་པར་འཕྲོས་པས། ཞིང་ཁམས་ཐམས་ཅད་སྐུ་ལ་སྣང་ཞིང་། སྐུས་ཞིང་ཁམས་ཐམས་ཅད་ཁྱབ་པའི་བདག་ཉིད་ཅན་དུ་བཞུགས་པའི་སྤྱི་བར་ཨོཾ་དཀར་པོ། མགྲིན་པར་ཨཱཿ དམར་པོ། ཐུགས་ཀར་ཧཱུྃ་སྔོན་པོས་མཚན་པ། ཐུགས་ཀའི་ཧཱུྃ་ལས་འོད་ཟེར་འཕྲོས་པས། ཆོས་ཀྱི་རྒྱལ་པོ་ཙོང་ཁ་པ་ཆེན་པོ་ལ་སངས་རྒྱས་དང་བྱང་ཆུབ་སེམས་དཔའི་ཚོགས་ཀྱི་བར་སྣང་བ་མདུན་གྱི་ནམ་མཁར་སྤྱན་དྲངས། ཛཿ ཧཱུྃ་བཾ་ཧོཿ གཉིས་སུ་མེད་པར་གྱུར། མཆོད་པ་ སྔར་ལྟར་བྱིན་གྱིས་བརླབས་ལ། བདེ་སྟོང་དབྱེར་མེད་ཡེ་ཤེས་རོལ་པ་ལས། །

བྱུང་བའི་ཟག་མེད་ལྷ་རྫས་མཆོད་ཡོན་འདི། །ཚེ་མགོན་དབྱེར་མེད་རྗེ་བཙུན་བླ་མར་འབུལ། །བཞེས་ནས་འཆི་མེད་ཚེ་ཡི་དངོས་གྲུབ་སྩོལ། །ཨོཾ་ཨཱཿ གུ་རུ་སུ་མ་ཏི་ཀཱིརྟི་ཨ་པ་རི་མི་ཏ་ཨ་ཡུརྫྙཱ་ན་ས་པ་རི་ཝཱ་ར་ཨརྒྷཾ་པྲ་ཏི་ཙྪ་ཧཱུཾ་སྭཱ་ཧཱ། ཚིགས་བཅད་འདྲ་བ་ལ་མཆོད་ཡོན་གྱི་གནས་སུ་རིམ་བཞིན། ཞབས་བསིལ། མེ་ཏོག བདུག་སྤོས། སྣང་གསལ། དྲི་ཆབ། ཞལ་ཟས། སིལ་སྙན། ཞེས་པ་རྣམས་བཅུག་ཅིང་། སྔགས་ཀྱི་ཐོག་མཐའ་འདྲ་བ་ལ་ཨརྒྷཾ་གྱི་གནས་སུ་རིམ་བཞིན། པཱ་དྱཾ། པུཥྤེ། དྷཱུ་པེ། ཨཱ་ལོ་ཀེ། གནྡྷེ། ནཻ་ཝི་དྱ། ཤབྡ། ཞེས་པ་རྣམས་བཅུག་སྟེ། རང་རང་གི་ཕྱག་རྒྱ་དང་བཅས་པས་མཆོད། བསྟུ་ན་སྔགས་འབུལ་བྱ། ནང་མཆོད་ཀྱང་འབུལ། བསྟོད་པ་ནི། རྒྱལ་བ་ཀུན་གྱི་ཚེ་དང་ཡེ་ཤེས་རྣམས། །གཅིག་ཏུ་བསྡུས་པ་བདེ་ཅན་ཞིང་མགོན་དང་། །དབྱེར་མེད་ཆོས་ཀྱི་རྒྱལ་པོ་བློ་བཟང་གྲགས། །རྡོ་རྗེ་འཆང་དབང་ཞབས་ལ་གུས་ཕྱག་འཚལ། །ཞེས་པས་བསྟོད། མདུན་བསྐྱེད་རྗེ་བླ་མར་གསལ་བའི་ཐུགས་ཀར་ཟླ་བའི་དཀྱིལ་འཁོར་གྱི་སྟེང་དུ། ཧྲཱིཿ ཡིག་དམར་སེར་དེའི་མཐར་སྙིང་པོ་དང་དམིགས་བརྩེ་མས་བསྐོར་བ་ལས་འོད་ཟེར་འཕྲོས། སློབ་མ་རྣམས་ཀྱི་ཚེ་དང་བསོད་ནམས་མི་མ་ཡིན་རྣམས་ཀྱིས་འཕྲོག་པ་དང་། བཀྲུས་པ་དང་། གཡར་བ་དང་། ཉམས་པ་ཐམས་ཅད་བྱམ་པ་དང་། ཕོད་པ་དང་། ལྷུང་བཟེད་བདུད་རྩིས་གང་བའི་རྣམ་པར་བཀུག། སྔགས་ཕྲེང་ལ་ཐིམ། དེ་ལས་བདུད་རྩིའི་རྒྱུན་ཕྱག་མཚན་གྱི་བུམ་པའི་ནང་དུ་བབས་པས་བུམ་པ་འཆི་མེད་ཚེའི་བདུད་རྩིས་གང་བར་གྱུར། དམིགས་མེད་བརྩེ་བའི་གཏེར་ཆེན་སྤྱན་རས་གཟིགས། །དྲི་མེད་མཁྱེན་པའི་དབང་པོ་འཇམ་པའི་དབྱངས། །དུས་མིན་འཆི་བ་འཇོམས་མཛད་ཚེ་དཔག་མེད། །གངས་ཅན་མཁས་པའི་གཙུག་རྒྱན་ཙོང་ཁ་པ། །བློ་བཟང་གྲགས་པའི་ཞབས་ལ་གསོལ་བ་འདེབས། །ཨོཾ་ཨཱཿ གུ་རུ་སུ་མ་ཏི་ཀཱིརྟི་ཨ་པ་རི་མི་ཏ་ཨ་ཡུར་ཛྙཱ་ན་སིདྡྷི་ཧཱུཾ་ཧཱུཾ། ཚེ་གཟུངས་ཅི་རིགས་བཟླ། ཡང་མདུན་བསྐྱེད་རྗེ་བླ་མར་གསལ་བའི་ཐུགས་ཀར་ཟླ་བའི་དཀྱིལ་འཁོར་གྱི་སྟེང་དུ། ཧྲཱིཿ ཡིག་དམར་སེར་དེའི་མཐར་སྙིང་པོ་དང་དམིགས་བརྩེ་མས་བསྐོར་བ་ལས་འོད་ཟེར་འཕྲོས། འབྱུང་བ་ཆེན་པོ་ནམ་མཁའ་དང་རླུང་མེ་ཆུ་སའི་བཅུད་ཐམས་ཅད་འོད་དང་བདུད་རྩི་སྔོ་ལྗང་དམར་དཀར་སེར་པོའི་རྣམ་པར་བཀུག །སྔགས་ཕྲེང་ལ་ཐིམ། དེ་ལས་བདུད་རྩིའི་རྒྱུན་ཕྱག་མཚན་གྱི་བུམ་པའི་ནང་དུ་བབས་པས་བུམ་པ་འཆི་མེད་ཚེའི་བདུད་རྩིས་གང་བར་གྱུར།

དམིགས་མེད་བརྩེ་བའི་གཏེར་ཆེན་སྤྱན་རས་གཟིགས། །དྲི་མེད་མཁྱེན་པའི་དབང་པོ་འཇམ་པའི་དབྱངས། །དུས་མིན་འཆི་བ་འཇོམས་མཛད་ཚེ་དཔག་མེད། །གངས་ཅན་མཁས་པའི་གཙུག་རྒྱན་ཙོང་ཁ་པ། །བློ་བཟང་གྲགས་པའི་ཞབས་ལ་གསོལ་བ་འདེབས། །ཨོཾ་ཨཱཿ གུ་རུ་སུ་མ་ཏི་ཀཱིརྟི་ཨ་པ་རི་མི་ཏ་ཨ་ཡུར་ཛྙཱ་ན་སིདྡྷི་ཧཱུཾ་ཧཱུཾ། ཚེ་གཟུངས་ཅི་རིགས་བཟླ། ཡང་མདུན་བསྐྱེད་རྗེ་བླ་མར་གསལ་བའི་ཐུགས་ཀར་ཟླ་བའི་དཀྱིལ་འཁོར་གྱི་སྟེང་དུ། ཧྲཱིཿ ཡིག་དམར་སེར་དེའི་མཐར་སྙིང་པོ་དང་དམིགས་བརྩེ་མས་བསྐོར་བ་ལས་འོད་ཟེར་འཕྲོས། སེམས་ཅན་ཐམས་ཅད་ཀྱི་ཚེ་དང་བསོད་ནམས་སྟོབས་འབྱོར་ལོངས་སྤྱོད་ཐམས་ཅད་དང་ཕྱོགས་བཅུའི་བླ་མ་ཡི་དམ་རྒྱལ་བ་སྲས་བཅས་ཐམས་ཅད་ཀྱི་སྐུ་གསུང་ཐུགས་ཀྱི་བྱིན་རླབས་ནུས་མཐུ་ཐམས་ཅད་རྒྱལ་སྲིད་སྣ་བདུན་དང་སྐུ་གཟུགས་གཟུངས་ཐུགས་ལ་སོགས་པའི་རྣམ་པར་བཀུག །ཐུགས་ཕྲེང་ལ་ཐིམ། དེ་ལས་བདུད་རྩིའི་རྒྱུན་ཕྱག་མཚན་གྱི་བུམ་པའི་ནང་དུ་བབས་པས་བུམ་པ་འཆི་མེད་ཚེའི་བདུད་རྩིས་གང་བར་གྱུར། དམིགས་མེད་བརྩེ་བའི་གཏེར་ཆེན་སྤྱན་རས་གཟིགས། །དྲི་མེད་མཁྱེན་པའི་དབང་པོ་འཇམ་པའི་དབྱངས། །དུས་མིན་འཆི་བ་འཇོམས་མཛད་ཚེ་དཔག་མེད། །གངས་ཅན་མཁས་པའི་གཙུག་རྒྱན་ཙོང་ཁ་པ། །བློ་བཟང་གྲགས་པའི་ཞབས་ལ་གསོལ་བ་འདེབས། །ཨོཾ་ཨཱཿ གུ་རུ་སུ་མ་ཏི་ཀཱིརྟི་ཨ་པ་རི་མི་ཏ་ཨ་ཡུར་ཛྙཱ་ན་སིདྡྷི་ཧཱུཾ་ཧཱུཾ། ཚེ་གཟུངས་ཅི་རིགས་དང་། ཡིག་བརྒྱ་བཟླ། ཚེའི་བདུད་རྩི་སྒྲུབ་པ་ནི། ཧྲཱིཿ ཧྲཱིཿ ས་བསངས། ནང་མཆོད་ལྟར་བྱིན་གྱིས་བརླབས་ལ། འབྲུ་གསུམ་བརྒྱ་ཚར་དང་། དམིགས་བརྩེ་མ། ཨོཾ་ཨཱཿ གུ་རུ་སོགས་མཚན་སྔགས། ཚེ་གཟུངས་རིང་ཐུང་ཅི་རིགས་བཟླ། ཚེ་རིལ་སྒྲུབ་པ་ནི། ཧྲཱི་ཧྲཱིཿ ས་བསངས། སྭ་བྷཱ་ཝས་སྦྱངས། སྟོང་པའི་ངང་ལས་ལྷུང་བཟེད་སོགས་ཡིན་ན་ཨོཾ་ལས་རིན་པོ་ཆེའི་སྣོད་དང་། ཐོད་པ་ཡིན་ན་ཨཱཿ ལས་བྱུང་བའི་ཐོད་པ་ཡངས་ཤིང་རྒྱ་ཆེ་བའི་ནང་དུ་པཾ་ལས་དང་། བུམ་པ་ཡིན་ན། ཧཱུྃ་ལས་རིན་པོ་ཆེའི་བུམ་པ་དཀར་པོ་ལྟོ་བ་ཆེ་བ། མགྲིན་པ་རིང་བ། མཆུ་འཕྱང་བ། ལྷ་རྫས་ཀྱི་གོས་ཀྱིས་མགུལ་བ་དཀྲིས་པ་སོགས་མཚན་ཉིད་ཐམས་ཅད་དང་ལྡན་པ། ཕྱི་བུམ་པའི་རྣམ་པ་ཡིན་པ་ལ་ནང་ལྷའི་གཞལ་ཡས་ཁང་གྲུ་བཞི་སྒོ་བཞི་རྟ་བབས་བཞི་དང་ལྡན་པ། བཀོད་པའི་ཁྱད་པར་ཡོངས་སུ་རྫོགས་པའི་དབུས་སུ་པཾ་ལས་པདྨ་དཀར་པོ་དང་། ཨཱཿ ལས་ཟླ་བའི་དཀྱིལ་འཁོར་གྱི་སྟེང་དུ་ཧྲཱིཿ ཡིག་དམར་སེར་ལས་རལ་གྲི་ཧྲཱིཿ ཡིག་དམར་སེར་

གྱིས་མཚན་པ། དེ་ལས་འོད་ཟེར་འཕྲོས། འཕགས་པ་མཆོད། སེམས་ཅན་གྱི་དོན་བྱས། ཚུར་འདུས་ཡོངས་སུ་གྱུར་པ་ལས་རྒྱལ་བ་ཀུན་གྱི་ངོ་བོ་ཁམས་གསུམ་ཆོས་ཀྱི་རྒྱལ་པོ་ཤར་ཙོང་ཁ་བ་ཆེན་པོ་བློ་བཟང་གྲགས་པ་སྐུ་མདོག་དཀར་ལ་དམར་པའི་མདངས་ཆགས་པ། ཞལ་གྱི་དཀྱིལ་འཁོར་ཟླ་བ་ཉ་ཡོངས་སུ་གང་བ་ལྟ་བུ་ཤིན་ཏུ་འཛུམ་ཞིང་སྤྱན་དཀྱུས་རིང་བ། སྐུ་ལ་ཆོས་གོས་ငུར་སྨྲིག་གི་མདོག་ཅན་གསུམ་མཛེས་པར་གསོལ་བ། དབུ་ལ་པཎ་ཞྭ་གསེར་གྱི་མདོག་ཅན་སྣེ་རིང་གསོལ་བ། ཕྱག་གཡས་ཐུགས་ཀར་ཆོས་འཆད་ཀྱི་ཕྱག་རྒྱ་མཛད་པའི་མཐེབ་མཛུབ་ཀྱིས་ཨུཏྤ་ལའི་ཡུ་བ་བཟུང་བའི་འདབ་མ་སྐྱན་གྱི་ཐད་ཁར་ཁ་བྱེ་བའི་སྟེང་དུ་ཤེས་རབ་ཀྱི་རལ་གྲི་དང་། ཕྱག་གཡོན་མཉམ་བཞག་གི་སྟེང་ན་འཆི་མེད་ཚེའི་བདུད་རྩིས་གང་བའི་བུམ་པ་དཔག་བསམ་གྱི་ཤིང་གི་ཁ་རྒྱན་ཅན་དང་། མཐེབ་མཛུབ་ཀྱིས་ཡུ་བ་བཟང་བའི་ཨུཏྤལ་སྐྱན་གྱི་ཐད་ཁར་ཁ་བྱེ་བའི་སྟེང་དུ་ཤེར་ཕྱིན་གྱི་གླེགས་བམ་བསྣམས་པ། ཞབས་གཉིས་རྡོ་རྗེའི་སྐྱིལ་ཀྲུང་གིས་བཞུགས་པ། མཚན་དཔེས་མཛེས་ཤིང་དྭངས་གསལ་འོད་ཀྱི་རང་བཞིན་ཅན། སྐུ་ལས་སྐྱེས་པའི་འོད་ཟེར་གྱི་ཚོགས་ཞིང་ཁམས་ཀུན་འགེངས་བར་འཕྲོས་པས། ཞིང་ཁམས་ཐམས་ཅད་སྐུ་ལ་སྣང་ཞིང་། སྐུས་ཞིང་ཁམས་ཐམས་ཅད་ཁྱབ་པའི་བདག་ཉིད་ཅན་དུ་བཞུགས་པའི་སྤྱི་བོར་ཨོཾ་དཀར་པོ། མགྲིན་པར་ཨཱཿདམར་པོ། ཐུགས་ཀར་ཧཱུྃ་སྔོན་པོས་མཚན་པ། ཐུགས་ཀའི་ཧཱུྃ་ལས་འོད་ཟེར་འཕྲོས་པས། ཆོས་ཀྱི་རྒྱལ་པོ་ཙོང་ཁ་པ་ཆེན་པོ་ལ་སངས་རྒྱས་དང་བྱང་ཆུབ་སེམས་དཔའི་ཚོགས་ཀྱིས་བསྐོར་བ་མདུན་གྱི་ནམ་མཁར་སྤྱན་དྲངས། ཛཿཧཱུྃ་བཾ་ཧོཿ གཉིས་སུ་མེད་པར་གྱུར། མཆོད་ཕྲེང་ཚིགས་བཅད་སྔགས་ཕྱག་རྒྱ་དང་བཅས་པའམ། བསྡུ་ན་སྔགས་ཀྱང་པས་མཆོད། ནང་མཆོད་ཀྱང་འབུལ། བསྟོད་པ་ནི། གང་གི་མཚན་གྱི་ཉིན་བྱེད་ཕྲ་མོས་ཀྱང་། །བསྐལ་མང་བསགས་པའི་སྡིག་སྒྲིབ་བ་མོའི་རྡུལ། །བཅོམ་སྟེ་ཚེ་བསོད་པད་འདབ་བཞད་པའི་རྩེར། །སྐུ་གསུམ་བཅུད་ཀྱིས་གཏམས་མཛད་ལ་ཕྱག་འཚལ། །ཚེ་རིལ་སྒྲུབ་པའི་དམིགས་པ་ནི། སྐྱབས་གནས་ཀུན་འདུས་རྗེ་བཙུན་ཆེ་འཛིན་མའི། །ཐུགས་ཀར་ཟླ་གདན་ཧྲཱིཿཡིག་མཐའ་སྐོར་དུ། །བཟླས་བྱའི་སྔགས་ཀྱི་ཕྲེང་བས་བསྐོར་བར་གྱུར། །རང་གི་སྙིང་གའི་སྔགས་ཀྱི་ཕྲེང་བ་ལས། །རང་འདྲ་གཉིས་པ་གཟུངས་ཐག་ལ་འཁྲིལ་ཏེ། །བུམ་པའི་ལྷ་རྣམས་ཐུགས་རྗེ་རྒྱུད་བསྐུལ་ནས། །དཔག་མེད་འོད་ཟེར་

ཕྱོགས་བཅུར་རབ་སྤྲོས་ནས། །འབྱུང་བའི་བཅུད་དང་སེམས་ཅན་ཚེ་བསོད་ནམས། །
རྒྱལ་བ་སྲས་བཅས་བྱིན་རླབས་ནུས་མཐུའི་ཚོགས། །འཇིག་རྟེན་འདས་དང་མ་འདས་དཔལ་
ཡོན་ཀུན། །བདུད་རྩི་འོད་ཟེར་ལྔ་སྐུའི་རྣམ་པར་ཐིམ། །ཆུ་ལ་ཆུ་བཞག་བཞིན་དུ་རོ་གཅིག་
པས། །མཐོང་ཐོས་དྲན་རེག་དོན་ལྡན་མཛད་པར་གྱུར། །དམིགས་བརྩེ་མ་ཅི་མང་དང་།
མཚན་སྤྱགས། ཚེ་གཟུངས་བཅས་གང་འགྲུབ་བཟླས་པ་བྱེད་ཅིང་། ཡིག་བརྒྱ་ལྷག་ཆད་བསྐང་། སྤྱར་
བཞིན་མཆོད་བསྟོད་བྱ། འདོད་དོན་ལ་གསོལ་བ་འདེབས་པ་ནི། བཀའ་དྲིན་ཟླ་མེད་རྗེ་བཙུན་བློ་
བཟང་གྲགས། །སྙིང་ནས་གུས་པས་བདུད་དོ་ཐུགས་རྗེས་གཟིགས། །འགྲོ་ལ་དགེ་ལེགས་
མ་ལུས་སྩོལ་བ་དང་། །ལྷག་པར་འཆི་བདག་གཡུལ་ལས་རྣམ་རྒྱལ་ཕྱིར། །རིལ་བུ་འཇམ་
མགོན་བླ་མར་གསོལ་པ་རྣམས། །འོད་ཞུ་ཚེ་ཡི་རིལ་བུའི་རྣམ་པར་གྱུར། །སྐྱིང་ཚམ་ནད་
གདོན་བར་ཆད་ཞི་བ་དང་། །འཆི་མེད་རིག་འཛིན་ཐོབ་པར་བྱིན་གྱིས་རློབས། །དེ་ནས
མདུན་བསྐྱེད་ལ་གཏོར་མ་འབུལ་བ་ནི། ཨོཾ་ཧྲཱིཿ ཧྲཱིཿ ས་བསངས། ནང་མཆོད་ལྟར་བྱིན་གྱིས་བརླབས་ལ།
རྗེ་བཙུན་བླ་མའི་ཐུགས་འོད་ཟེར་གྱི་སྒྲུ་གུས་གཏོར་མའི་བཅུད་དྲངས་ཏེ་གསོལ་བར་གྱུར། ཨོཾ་
གུ་རུ་སུ་མ་ཏི་ཀླི་ཧེ་ཨ་པ་རི་མི་ཏ་ཨ་ཡུར་ཛྙཱ་ན་ས་པ་རི་ཝ་ར་ཨི་དཾ་བ་ལིཾ་ ཏ་ཁ་ཁ་ཁཱ་ཧི་ཁཱ་ཧི།
ལན་གསུམ་མམ་བདུན་གྱིས་འབུལ། ཨོཾ་ཨཱཿ གུ་རུ་སུ་མ་ཏི་ཀླི་ཧེ་ཨ་པ་རི་མི་ཏ་ཨ་ཡུར་ཛྙཱ་ན་ས་པ་རི་
ཝ་ར་ཨརྒྷཾ་སོགས་ཀྱི་མཆོད། ནང་མཆོད་ཀྱང་འབུལ། བསྟོད་པ་ནི། རྒྱལ་བ་ཀུན་གྱི་ཚེ་དང་ཡེ་ཤེས
རྣམས། །གཅིག་ཏུ་བསྡུས་པ་བདེ་ཅན་ཞིང་མགོན་དང་། །དབྱེར་མེད་ཆོས་ཀྱི་རྒྱལ་པོ་བློ་
བཟང་གྲགས། །རྡོ་རྗེ་འཆང་དབང་ཞབས་ལ་ཕྱག་འཚལ་ལོ། །གང་གི་མཚན་ཙམ་ཐོས
དང་དྲན་པས་ཀྱང་། །བར་ཆད་ཀུན་སེལ་དངོས་གྲུབ་ཀུན་སྩོལ་བ། །བྱིན་རླབས་ཐུགས་
རྗེའི་གཏེར་གྱུར་ཅོང་ཁ་པ། །བློ་བཟང་གྲགས་པའི་ཞབས་ལ་ཕྱག་འཚལ་བསྟོད། །སྙིགས་
དུས་དམུ་རྒོད་འགྲོ་བ་འདུལ་བ་ལ། །བཀའ་དྲིན་ཟླ་མེད་རྗེ་བཙུན་བློ་བཟང་གྲགས། །སྙིང་
ནས་གུས་པས་འདུད་དོ་ཐུགས་རྗེས་གཟིགས། །འགྲོ་ཀུན་སྨིན་ཅིང་གྲོལ་བར་མཛད་དུ་
གསོལ། །དེ་ལྟར་བསྟོད་པའི་རབ་དཀར་ལེགས་བྱས་རྣམས། །ཟླ་ལྟར་དཀར་བ་གང་ཞིག
བསགས་པ་དེས། །རྒྱལ་བསྟན་སྤྱི་དང་ཀུན་མཁྱེན་ཙོང་ཁ་པའི། །རིང་ལུགས་ཡར་ངོའི་ཟླ་
ལྟར་རྒྱས་པར་མཛོད། །འདོད་དོན་ཞུ་བ་ནི། མེ་ཏོག་དང་བཅས་ཏེ་ཐལ་མོ་སྦྱར་ནས། རྗེ་བཙུན་བླ

མ་ཁྱེད་ཉིད་ཀྱིས། །སྐུ་གསུངས་ཐུགས་ཀྱི་ཡོན་ཏན་རྣམས། །གཞན་ཕྱིར་མངོན་དུ་མཛད་པ་བཞིན། །སློབ་མ་རྣམས་ལ་སྩོལ་དུ་གསོལ། །ཞེས་མེ་ཏོག་འཐོར་ཞིང་རང་གི་དམིགས་པས་དབང་གི་དངོས་གྲུབ་ཞུ་བཞིན་སློབ་མའི་དོན་དུ་གསོལ་བ་ལན་གསུམ་བཏབ། གཏོར་མ་གཉིས་པ་ནི། མདུན་དུ་པདྨ་ཉི་མ་མ་ཧེའི་སྟེང་དུ་ཡ་ལས་ཐོད་དབྱུག་ཡས་མཚན་པ་དེ་ལས་འོད་འཕྲོས་དགྲ་བགེགས་གདུག་པ་ཅན་ཐམས་ཅད་ཚར་བཅད་ཚུར་འདུས་དབྱུག་ཏོ་ལ་ཐིམ། དེ་ཡོངས་སུ་གྱུར་པ་ལས་ལས་ཀྱི་གཤིན་རྗེ་ནག་པོ་ཞལ་གཅིག་ཕྱག་གཉིས་པ་མ་ཧེའི་གདོང་པ་ཅན་དམར་ཞིང་རླུམ་པའི་སྤྱན་གསུམ་དང་ལྡན་པ། གཡས་པས་ཐོད་དབྱུག་དང་གཡོན་པས་ཞགས་པ་འཛིན་པ། དབུ་སྐྲ་དམར་སེར་གྱེན་དུ་བརྗེས་པ་ལིངྒ་དམར་པོ་གྱེན་དུ་ལངས་པ་ཙམ་དང་རྩེ་གསུམ་ལས་ཙཎྜ་སུཏྲི་ཞལ་གཅིག་ཕྱག་གཉིས་ཀྱི་གཡས་རྩེ་གསུམ་དང་གཡོན་ཐོད་པ་འཛིན་པ། ཡ་བ་ཧྲི་ལ་སོགས་པ་གཤིན་རྗེ་པོ་མོའི་ཚོགས་འཁོར་གྱིས་བསྐོར་བའི་གཙོ་འཁོར་ཐམས་ཅད་ཀྱི་སྤྱི་བོར་ཨོཾ་དཀར་པོ། མགྲིན་པར་ཨཱཿདམར་པོ། ཐུགས་ཀར་ཧཱུྃ་སྔོན་པོས་མཚན་པར་གྱུར། རང་གི་ཐུགས་ཀའི་ཧཱུྃ་ལས་འོད་ཟེར་འཕྲོས། ལྷོ་ཕྱོགས་རི་མ་པ་བདུན་གྱི་ས་འོག་ནས་ལས་ཀྱི་གཤིན་རྗེ་ཡབ་ཡུམ་འཁོར་དང་བཅས་པ་སྤྱན་དྲངས། ཛཿ འཛམ་དཔལ་གཤིན་རྗེ་གཤེད་ཀྱི་བཀའ་སྡོད་མཆོག །ཆོས་ཀྱི་རྒྱལ་པོ་ཡབ་ཡུམ་ཡ་བ་ཏི། །པོ་ཉ་མོ་ལ་སོགས་པའི་འཁོར་དང་བཅས། །འཕྲིན་ལས་རྣམ་བཞིའི་ལས་ལ་སྤྱན་འདྲེན་ན། །གླིང་གི་མཆོག་གྱུར་འཛམ་གླིང་ལྷོ་ཡི་ཕྱོགས། །མཐར་བྱེད་ལྕགས་ཀྱི་ཐོད་མཁར་འབར་བ་ནས། །ལྷོ་སྤྲིན་ནག་པོ་རླུང་གིས་བསྐྱོད་པ་བཞིན། །བརྩེ་བའི་ཐུགས་ཀྱིས་གནས་འདིར་གཤེགས་སུ་གསོལ། །ཨོཾ་ཀཱ་ལ་རཱུ་པ་སཱ་པ་རི་ཝཱ་ར་ཨེ་ཧྱེ་ཧི། ཛཿ ཧཱུྃ་བཾ་ཧོཿ གཉིས་སུ་མེད་པར་གྱུར། སླར་ཡང་ཐུགས་ཀའི་ཧཱུྃ་ལས་འོད་ཟེར་འཕྲོས། གཤིན་རྗེ་གཤེད་རིགས་ལྔ་སྤྱན་དྲངས། ཁྱེད་རྣམས་ཀྱིས་འདི་ལ་མངོན་པར་དབང་བསྐུར་དུ་གསོལ། ཞེས་གསོལ་བ་བཏབ་པས། དེ་རྣམས་ཀྱིས་ཡེ་ཤེས་ཀྱི་བདུད་རྩིས་གང་བའི་བུམ་པ་ཐོགས་ཏེ། ཨོཾ་བཛྲ་ཨ་བྷི་ཥིཉྩ་ཧཱུྃ། ཞེས་སྤྱི་བོ་ནས་དབང་བསྐུར་བས། དྲི་མ་དག །ཆུ་ལྷག་མ་ཡར་ལུད་པ་ལས། རྡོ་རྗེ་ནག་པོ་རྩེ་ལྔ་པས་དབུ་བརྒྱན་པར་གྱུར། ཨོཾ་ཀཱ་ལ་རཱུ་པ་ས་པ་རི་ཝཱ་ར་ས་མ་ཡ་སྟྭཾ། ཆོས་ཀྱི་རྒྱལ་པོ་ཡབ་ཡུམ་འཁོར་དང་བཅས་པའི་ཐུགས་ཧཱུྃ་ལས་སྐྱེས་པའི་རྡོ་རྗེ་རྩེ་གཅིག་པ་དམར་པོ་འོད་ཀྱི་སྦུ་གུ་ཅན་གྱིས་གཏོར་མའི་བཅུད་

ཐམས་ཅད་དྲངས་ཏེ་གསོལ་བར་གྱུར། ཨོཾ་ཀཱ་ལ་རུ་པ་ས་པ་རི་ཝཱ་ར་ཨི་དཾ་བ་ལིཾ་ཏ་ཁ་ཁ་ཁཱ་ཧི་ཁཱ་ཧི། ལན་གསུམ། ཧྲཱིཿ ཛཱ་མུཎྜི་ཡ་བ་ཏི་ལ་སོགས་པ་གཤིན་རྗེ་ཕོ་མོའི་ཚོགས་འཁོར་དང་བཅས་པ་རྣམས་ཀྱི་ཞལ་དུ་ཨི་དཾ་ལིཾ་ཏ་ཁ་ཁ་ཁཱ་ཧི་ཁཱ་ཧི། ལན་གསུམ། ཨོཾ་ཀཱ་ལ་རུ་པ་ས་པ་རི་ཝཱ་ར་ཨརྒྷཾ་ནས་ཤབྡའི་བར་གྱིས་མཆོད། ཨོཾ་ཀཱ་ལ་རུ་པ་ཨོཾ་ཨཱཿ ཧཱུྃ། ཧྲཱིཿ ཛཱམུཎྜི་ཨོཾ་ཨཱཿ ཧཱུྃ། ཡ་བ་ཏི་ལ་སོགས་པ་གཤིན་རྗེ་ཕོ་མོའི་ཚོགས་འཁོར་དང་བཅས་པ་རྣམས་ཀྱི་ཞལ་དུ་ཨོཾ་ཨཱཿ ཧཱུྃ། འཆི་བདག་ནག་པོ་སྡེ་ཚོགས་ཀྱི། །རིམ་པ་བདུན་གྱི་ས་འོག་ན། སྲོག་ལ་ཛམས་པའི་གཤིན་རྗེ་ནི། །ནག་པོ་མ་ཧེའི་གདན་སྟེང་དུ། །ཡ་ལས་བྱུང་བའི་དབྱུག་པ་ནི། །ཐོད་པས་མཚན་པ་ལས་བྱུང་བ། །གཉིང་ནས་ཁྲོས་པ་མ་ཧེའི་གདོང་། །ཟ་བྱེད་ཞལ་གདངས་མཆེ་བ་གཙིགས། །ཁྲོས་པའི་སྤྱན་རྩ་དམར་པོ་འཁྲུགས །སྐྲ་སེར་སྨ་ར་གྱེན་དུ་བརྫེས། །ལག་གཡོན་ཞགས་པས་དགྲ་བགེགས་འཆིང་། །གཡས་པས་དབྱུག་པས་རྡུལ་དུ་རློག །ཆོས་ཀྱི་རྒྱལ་པོ་གཤིན་རྗེའི་ཚོགས། །བྲན་དང་བཅས་པའི་དུས་ལ་བབས། །ཤ་ཆེན་ཁྲག་ཞག་ཆེན་པོ་ཡི། །གཏོར་མ་རྒྱ་མཚོ་མཆོད་པར་བཞེས། །རྒྱལ་བས་བསྒོས་པའི་དམ་ཚིག་དང་། །སྙིང་རྗེས་དགྲ་བགེགས་མྱུར་དུ་སྒྲོལ། །སྡང་བའི་དགྲ་དང་གནོད་པའི་བགེགས། །བདུད་དང་བར་དུ་གཅོད་པ་རྣམས། །ཟུངས་ཤིག་ཆིངས་ཤིག་རྣམ་པར་སྡོམས། །ཁུ་གཅིག་དྲོངས་ཤིག་དབང་དུ་སྡུས། །སོད་ཅིག་སྒྲོད་ཅིག་རེངས་པར་གྱིས། །སྨྱོ་ཞིག་གནོན་ཅིག་རྨུགས་པར་གྱིས། །ཐུལ་ཅིག་ཚོམས་ཤིག་རྣམ་པར་བཤིག །རྡུལ་ཕྲན་ཙམ་ཡང་མེད་པར་མཛོད། །ཨོཾ་ཀཱ་ལ་རུ་པ་ཧཱུྃ་ཕཊ། ཧྲཱིཿ ཛཱ་མུཎྜི་ཧཱུྃ་ཕཊ། གཏོར་མ་གསུམ་པ་ནི། ན་མཿ སརྦ་ཏ་ཐཱ་ག་ཏ་ཨ་ཝ་ལོ་ཀི་ཏེ་ཨོཾ་སཾ་བྷ་ར་སཾ་བྷ་ར་ཧཱུྃ། ལན་གསུམ། དེ་བཞིན་གཤེགས་པ་རྒྱལ་བ་རིན་ཆེན་མང་ལ་ཕྱག་འཚལ་ལོ། །དེ་བཞིན་གཤེགས་པ་གཟུགས་མཛེས་དམ་པ་ལ་ཕྱག་འཚལ་ལོ། །དེ་བཞིན་གཤེགས་པ་སྐུ་འབྱམས་ཀླས་ལ་ཕྱག་འཚལ་ལོ། །དེ་བཞིན་གཤེགས་པ་འཇིགས་པ་ཐམས་ཅད་དང་བྲལ་བ་ལ་ཕྱག་འཚལ་ལོ། །བདུད་རྩི་རྒྱ་མཚོའི་གཏོར་མ་འདི་ཉིད་སའི་ལྷ་མོ་འཛམ་གླིང་སྐྱོང་བ་སྤྱི་དང་། ཁྱད་པར་བོད་ཁམས་སྐྱོང་བའི་བསྟན་མ་བཅུ་གཉིས། ཡུལ་ལྷ་གཞི་བདག སྟོད་མངའ་རིས་སྐོར་གསུམ། སྨད་མདོ་ཁམས་སྒང་དྲུག བར་དབུས་གཙང་རུ་བཞི། ས་ཕྱོགས། ཡུལ་རིགས། དགོན་གནས་འདི་ཉིད་ལ་གནས་པའི་

དཀར་ཕྱོགས་ལ་མངོན་པར་དགའ་བ་རྣམས་ལ་འབུལ་ལོ། །བདག་ཅག་དཔོན་སློབ་འཁོར་དང་བཅས་པ་རྣམས་ཀྱིས་དམ་པའི་ཆོས་སྒྲུབ་པ་ལ་འགལ་རྐྱེན་སེལ་ལ་མཐུན་རྐྱེན་སྒྲུབས། བསམ་པའི་དོན་ཐམས་ཅད་ཡིད་བཞིན་དུ་འགྲུབ་པར་མཛད་དུ་གསོལ། །བདག་གི་བསམ་པའི་སྟོབས་དང་ནི། ནུས། ཐོགས་པ་མེད་པར་འབྱུང་གྱུར་ཅིག །ཆོས་སྐྱོང་དང་གཞི་བདག་གི་གཏོར་མ་མ་ཕུལ་ཀྱང་ཆད་སྐྱོན་དུ་མི་འགྱུར་རོ། །ཡིག་བརྒྱུས་ལྷག་ཆད་བསྐང་བ་སོགས་བྱའོ། །གསུམ་པ་ཚེ་དབང་བསྐུར་བའི་ཚུལ་ལ་སྔོན་འགྲོ། །དངོས་གཞི་གཉིས་ལས། དང་པོ་ནི། སློབ་མར་ཁྲུས་དང་མེ་ཏོག་བཀྱེ་བསྐུ། བླ་མས་བགེགས་གཏོར་རྣམས་གྲུབ་རྗེས། འོ་ལགས་སོ། །ཁྱེད་རྣམས་ལ་རྗེ་བཙུན་ཙོང་ཁ་པ་ཆེན་པོ་ཚེ་འཛིན་མའི་སྒོ་ནས་ཚེ་དབང་ཟབ་མོ་འབུལ་བ་ལ། སློབ་དཔོན་གྱི་བྱ་བའི་རིམ་པ་རྣམས་གྲུབ་ཟིན་ནས། སློབ་མ་ཁྱེད་རང་རྣམས་ཀྱི་ངོས་སྐལ་དུ་གྱུར་པ་ལའང་མང་དུ་ཡོད་པ་ལས། ཐོག་མར་བླ་མ་རྗེ་བཙུན་ཙོང་ཁ་པ་ཆེན་པོར་གསོལ་བ་ལ། ཚེའི་བྱིན་རླབས་ཟབ་མོ་ཞུ་བའི་ཡོན་དུ་ལུས་ངག་ཡིད་གསུམ་ལོངས་སྤྱོད་དང་བཅས་པ་འབུལ་སྙམ་པ་མཛོད་ལ་མཎྜལ་འབུལ་བར་ཞུ། ཞེས་བརྗོད་མཎྜལ་འབུལ་དུ་བཅུག །དེ་ཡང་ལུང་ལས། གང་ཕྱིར་འདི་ནི་ཡིད་འོང་བ། །སྲོག་ལས་གཞན་པ་ཡོད་མ་ཡིན། །བརྩེ་མེད་འཆི་བའི་འཇིགས་པ་ལས། །ཐར་བའི་ཐབས་ནི་ཀུན་ཏུ་དཔྱད། །དེ་བས་མྱུར་དུ་ཐབས་མང་པོས། །འཆི་བ་བསླུ་བ་རྣམ་པར་བརྟག །ཅེས་གསུངས་པ་ལྟར། རང་ཅག་རྣམས་ཀྱི་ཤིན་ཏུ་རྙེད་པར་དཀའ་ཞིང་དོན་ཆེན་པོ་དང་ལྡན་པའི་རྟེན་འདི་ཚུད་ཟོས་སུ་སོང་ཞིང་ཡིད་དུ་འོང་བར་གཅེས་པའི་སྲོག་འདི་དུས་མིན་འཆི་བའི་འཇིགས་པ་ལས་བསྐྱབས་ཏེ་ཚེ་རིང་དུ་གནས་པའི་ཕྱིར་དུ་ཐབས་མང་པོ་བསྟེན་དགོས་ལ། ཚེ་སྤེལ་བའི་ཐབས་ཀྱང་། སློབ་དཔོན་དབྱིག་གཉེན་གྱི་གསུང་ལས། གསོད་སར་ཆུད་པ་ལེགས་བཏང་དང་། །དེ་བཞིན་སྲོག་གིས་ཕན་བཏགས་ཤིང་། །སྲོག་ཆགས་འཚོ་བ་ལས་ལྡོག་པ། །ཚེ་རིང་པ་ནི་ཐུབ་པར་འགྱུར། །ཞེས་དང་། གསེར་འོད་ལས། རྒྱུ་གཉིས་ཀྱིས་ཚེ་རིང་བར་འགྱུར་ཏེ། གཉིས་གང་ཞེ་ན། འདི་ལྟ་སྟེ། སྲོག་གཅོད་པ་སྤངས་པ་དང་། ཁ་ཟས་རབ་ཏུ་སྦྱིན་པའོ། །ཞེས་དང་། རྒྱུ་ནི་རྣམ་པ་གཉིས་གསུངས་ཏེ། །གཞན་ལ་འཚེ་བ་སྤངས་པ་དང་། །ཁ་ཟས་མང་པོ་སྦྱིན་པ་སྟེ། །ཞེས་གསོད་པར་ངེས་པའི་ནག་ཅན་གྱི་སྲོག་བསླུ་བ་དང་། རི་རྒྱ་ཀླུང་རྒྱ་བསྡམས་པའི་སྒོ་ནས་མི་འཇིགས་པའི་

སྐྱབས་སྦྱིན་དང་། སྲོག་ཆགས་ལ་འཚེ་བ་སྤོང་བ་དང་། དབུལ་ཕོངས་ལ་ཟས་གོས་སྦྱིན་པ་སོགས་བྱས་ན་ཚེ་རིང་དུ་འཕེལ་བར་མདོ་རྒྱུད་རྣམས་ལས་མཐུན་པར་གསུངས་ཤིང་། གཞན་ཡང་དེའི་སྟེང་དུ་ལྷ་སྔགས་ཏིང་ངེ་འཛིན་དང་དབང་དང་སྦྱིན་སྲེག་དང་འཁྲུལ་འཁོར་སོགས་ཀྱི་སྒོ་ནས་ཚེ་སྲིང་བའི་ཐབས་ཐུན་མོང་མ་ཡིན་པ་གསང་སྔགས་རྡོ་རྗེ་ཐེག་པའི་སྐབས་སུ་མང་དུ་གསུངས་པ་ལས། ད་ལམ་ཚེ་དང་ཡེ་ཤེས་དཔག་ཏུ་མེད་པ་དང་ཐུགས་གཉིས་སུ་མེད་པའི་རྗེ་བཙུན་ཙོང་ཁ་པ་ཆེན་པོ་བློ་བཟང་གྲགས་པ་ཚེ་འཛིན་མའི་ཚེ་དབང་བསྒྱུར་བའི་སྒོ་ནས་ཚེ་སྤེལ་བར་བྱེད་པ་སྐབས་སུ་བབས་པ་ཡིན་པས། འདི་ལྟར་ཡིད་ཆེས་ཤིང་ཁུངས་བཙུན་པ་ནི། རྒྱལ་བའི་དབང་པོ་ཤར་ཙོང་ཁ་པ་ཆེན་པོ་དང་མགོན་པོ་ཚེ་དང་ཡེ་ཤེས་དཔག་ཏུ་མེད་པ་གཉིས་ཐུགས་རྒྱུད་གཅིག་པའི་ཚུལ་ཡོངས་སུ་གྲགས་པ་ལྟར་ཡིན་པ་ནི། ཚེ་སྒྲུབ་འཆི་མེད་བདུད་རྩིས་གང་བའི་བུམ་བཟང་ལས། རྗེ་བཙུན་ཙོང་ཁ་པ་ཆེན་པོ་འདི་ཉིད་རྒྱལ་བ་ཐམས་ཅད་འདུས་པའི་བདག་ཉིད་ཡིན་པ་དང་། ཁྱད་པར་དུ་མགོན་པོ་འོད་དཔག་མེད་དང་ངོ་བོ་གཅིག་ཡིན་ཚུལ་རྣམ་ཐར་རྣམས་ལས་བྱུང་བ་ལྟར། ཞེས་དང་། ས་གསུམ་སྐྱེ་དགུའི་གཉེན་གཅིག་བློ་བཟང་གྲགས། །དབྱེར་མེད་སྐུ་གསུམ་བདག་ཉིད་ཚེ་དཔག་མེད། །བདེ་བ་བཞི་ལྡན་ཞིང་གི་མགོན་པོ་ལ། །དུས་བཞིར་གུས་པས་རབ་ཏུ་བཏུད་བྱས་ནས། །མི་འཇིགས་བཞི་ལྡན་ཚེ་ཡི་རིག་འཛིན་མཆོག །ཐོབ་ཕྱིར། ཞེས་དང་། པཎ་ཆེན་དཔལ་ལྡན་ཡེ་ཤེས་ཀྱི་གསུང་ལས། །གསང་བ་ལྟར་ན་འོད་དཔག་མེད་ཀྱི་བདག་ཉིད་དང་། ཞེས་གསུངས་ཤིང་། སྔ་བྲག་གྲུབ་ཆེན་ལ་དཔལ་ཕྱག་ན་རྡོ་རྗེ། བློ་བཟང་གྲགས་པ་འདི་ཉིད་ནི། །སངས་རྒྱས་ཀུན་གྱི་སྤྲུལ་པ་སྟེ། །ཞེས་གསུངས་པ་དང་། རྒྱལ་དབང་ལྔ་པ་ཆེན་པོའི་གསུང་ལས། རིགས་ཀུན་ཁྱབ་བདག་དབང་པོར་མངོན་གྲུབ་པའི། །དཀྱིལ་འཁོར་རྒྱ་མཚོའི་སྤྲོ་བསྡུར་མདའ་འཕྱུར་ན། །ལྷག་པའི་ལྷ་འགས་བྱིན་གྱིས་བརླབས་སོ་ཞེས། །བསྔགས་བརྗོད་དར་དེར་སྒྲོག་ལ་རེ་བ་བསྐྱངས། །ཞེས་གསུངས་པ་བཞིན་མཁས་པའི་དབང་པོ་དུ་མའི་གསུང་ལས་བྱུང་བ་ལྟར། ཕྱོགས་བཅུའི་དུས་གསུམ་གྱི་བདེ་བར་གཤེགས་པ་མཐའ་དག་གམ། རིགས་དྲུག་པ་རྡོ་རྗེ་འཆང་གི་ངོ་བོར་སངས་རྒྱས་ཟིན་པས། དག་པའི་རྟེན་དང་བརྟེན་པའི་དཀྱིལ་འཁོར་མཐའ་དག་གི་ངོ་བོར་འབད་མེད་དུ་གྲུབ་པོ། །དེས་ན་དམ་པ་གོང་མ་རྣམས་

ཀྱིས་རྒྱུད་སྡེ་ཆེན་པོ་རྣམས་ནས་ལས་རབ་འབྱམས་སྒྲུབ་ཚུལ་གསུངས་པ་རྣམས་འདི་ལའང་སྦྱར་བའི་ལས་ཚོགས་ཀྱི་ཡི་གེ་དུ་མ་ཞིག་མཛད་པ་ཡིན་ལ། འོན་ཀྱང་མཁས་རློམ་པོ་ཚོད་ཀྱི་ཙ་ཙོ་མ་ཡིན་པར་རྒྱུད་དོན་གདམས་པར་ཤར་བའི་བླ་མའི་མན་ངག་ལ་ལྟོས་དགོས་ཤིང་། གདམས་པ་ཁྱད་པར་ཅན་འདི་ཉིད་ཀྱང་། ཚེ་སྒྲུབ་འཆི་མེད་རིག་འཛིན་མྱུར་འགྲུབ་ལས། གང་དེའི་མཚན་སྐུ་ཡིད་ཀྱི་ཡུལ་དམིགས་ཤིང་། །གང་གི་གསོལ་འདེབས་འབད་པས་བགེགས་བྱས་ན། །གང་ལ་དམིགས་པའི་ལས་ཀུན་བདེ་བླག་ཏུ། །གང་ལའང་མ་ལྟོས་འགྲུབ་པ་མངོན་སུམ་མོ། །ཞེས་གསུངས་པ་ལྟར། གྲྭ་སྒོམ་མཆོག་སྤྲུལ་བློ་གྲོས་དཔལ་ལྡན་འོད་ཟེར་ལ་ཤིང་མོ་ཕག་ལོའི་ཚེ་འཕྲུལ་ཟླ་བའི་དཀར་ཕྱོགས་ཀྱི་གྲལ་ཚེས་དགེ་བར་དག་པའི་སྣང་བ་རྗེ་བཙུན་ཙོང་ཁ་པ་ཆེན་པོ་ཉིད་ཀྱིས་དངོས་སུ་སྩལ་བ་ཡིན། དེ་ལ་ལྷག་པའི་ལྷས་རྗེས་སུ་བཟུང་བའི་མདོ་མཁན་ཟུར་གྲུབ་པའི་དབང་ཕྱུག་ཆེན་པོ་ཕུན་ཚོགས་ཆོས་འབྱོར་དཔལ་བཟང་པོས་གསན། ཡང་ན་ཆོས་ཀྱི་རྒྱལ་པོ་ཙོང་ཁ་པ་ཆེན་པོ། དཔལ་ལྡན་ལྷ་མ་བྲན་ལྟར་འཁོར་བའི་གྲུབ་དབང་དགེ་བའི་བཤེས་གཉེན་ཆེན་པོ་ཕུན་ཚོགས་ཆོས་འབྱོར་དཔལ་བཟང་པོ། དེ་ལ་བདག་གིས་གསོལ་བ་བཏབ་པ་ལྟར་དགྱེས་བཞིན་དུ་གནང་བའི་ཟབ་ཆོས་མི་བར་དུ་ཁྱི་མཆོད་ཅིང་། བྱིན་རླབས་ཀྱི་བརྒྱུད་པ་མ་ཉམས་པ། རང་བཟོ་ཟོག་ཆོས་ཀྱིས་མ་བསླད་པའི་ཡིད་ཆེས་ཀྱི་གནས་སུ་གྱུར་པ་ཡིན། དེ་ལྟ་བུའི་ཁུངས་རྣམ་པར་དག་པ་དང་ལྡན་པའི་རྗེས་གནང་ཐུན་མོང་དང་ཐུན་མོང་མ་ཡིན་པ་ཚེ་དབང་ཟབ་མོ་བཅས་འབུལ་པར་བྱེད་པ་ཡིན་པས། དེའང་བླ་མ་ལྔ་བཅུ་པ་ལས། མདུན་དུ་དུལ་བར་འདུག་པ་དང་། །གོས་སོགས་ཚུལ་ནི་བསྡམས་པ་དང་། །པུས་གཙུག་ཐལ་མོ་སྦྱར་བ་ཡིས། །ཉན་སོགས་འདོད་པས་གསོལ་གསུམ་གདབ། །ཅེས་གསུངས་པ་ལྟར། བླ་མའི་མདུན་དུ་ཞི་ཞིང་དུལ་བའི་སྤྱོད་ལམ་གྱིས་འདུག་ཅིང་གུས་པའི་ཡིད་ཀྱིས། ནམ་མཁའ་དང་མཉམ་པའི་སེམས་ཅན་ཐམས་ཅད་ཀྱི་དོན་དུ་སངས་རྒྱས་ཀྱི་གོ་འཕང་ཐོབ་པར་བྱ། དེའི་ཆེད་དུ་ཚེའི་རིག་འཛིན་སྒྲུབ་པའི་རིམ་པ་གསན་པར་བྱའོ་སྙམ་པའི་ཀུན་སློང་གིས་ཟིན་པའི་སྒོ་ནས་གསོལ་བ་ལན་གསུམ་དུ་གདབ་དགོས་པ་ཡིན་པས། གསོལ་བ་འདེབས་པ་འདིའི་རྗེས་ཟློས་མཛོད། ཀུན་མཁྱེན་ཡེ་ཤེས་ཕུང་པོ་ཅན། །སྲིད་པའི་འཁོར་ལོ་རྣམ་འཇོམས་པ། །དེ་རིང་བཤད་པའི་རིན་ཆེན་གཏེར། །

གཙོ་བོས་བདག་ལ་བཀའ་དྲིན་སྩོལ། །ཞེས་གསོལ་བ་ལན་གསུམ་བྱེད་དུ་བཅུག །རྒྱུད་དག་པའི་སྐད་དུ་ཁྱེད་རང་རྣམས་དམིགས་པ་འདི་བཞིན་མཛོད། དེའང་རང་གཞན་སེམས་ཅན་ཐམས་ཅད་ཐོག་མ་མེད་པ་ནས་ད་ལྟའི་བར་འཁོར་བ་སྤྱི་དང་། ཁྱད་པར་དུ་ངན་སོང་གསུམ་གྱི་སྡུག་བསྔལ་སྣ་ཚོགས་ཤིག་མྱོང་འདུག་ཏུ་ཟིན་ཀྱང་། ད་དུང་དུ་ཡང་སྡུག་བསྔལ་གྱི་གཏིང་དང་མཐའ་མི་མངོན་པར་འདུག མི་གཙང་བའི་འཁོར་བ་འདིར་སྐྱེ་བ་ཞིག་ བླང་ཁྱིན་ཆད་གང་དུ་སྐྱེས་ཀྱང་སྡུག་བསྔལ་འབྱུང་བའི་གནས། སུ་དང་འགྲོགས་ཀྱང་སྡུག་བསྔལ་འབྱུང་བའི་གྲོགས། གང་ལ་ལོངས་སྤྱོད་ཀྱང་སྡུག་བསྔལ་འབྱུང་བའི་ལོངས་སྤྱོད་ཤ་སྟག་ཡིན་པ་ལས་བདེ་བ་འབྱུང་བའི་གོ་སྐབས་མི་སྲིད་པ་ནི། རྒྱལ་བ་མི་ཕམ་མགོན་པོའི་གསུང་ལས། མི་གཙང་བ་ལ་དྲི་ཞིམ་མེད་ལྟར་རྒྱུད་ལྔ་དག་ལ་བདེ་བ་མེད། །ཅེས་དང་། མདོ་དྲན་པ་ཉེར་བཞག་ལས་ཀྱང་། སེམས་ཅན་དམྱལ་བ་དམྱལ་མེས་ཉམས། །ཡི་དྭགས་བཀྲེས་ཤིང་སྐོམ་པས་ཉམས། །དུད་འགྲོ་གཅིག་ལ་གཅིག་ཟས་ཉམས། །མི་དག་འཚོ་བ་ཐུང་བས་ཉམས། །ལྷ་དག་བག་མེད་པ་ཡིས་ཉམས། །འཁོར་བ་ཁབ་ཀྱི་རྩེ་ཙམ་ན། །བདེ་བ་ནམ་ཡང་ཡོད་མ་ཡིན། །བདེ་བ་འདོད་ན་སྡུག་བསྔལ་སྤོང་། །ཞེས་གསུངས་པ་ལྟར་ཡིན་པས། དེ་ལས་ངེས་པར་ཐར་པ་ཞིག་བྱ་དགོས་པ་འདུག །དེས་ན་རང་རེས་རྙེད་དཀའ་ཞིང་རྙེད་ན་གནས་སྐབས་དང་མཐར་ཐུག་གི་དོན་མཐའ་དག་བདེ་བླག་ཏུ་སྒྲུབ་ནུས་པའི་དལ་འབྱོར་ཚང་བའི་མི་ལུས་ཁྱད་པར་ཅན་ཅིག་ཐོབ་པའི་དུས་འདིར་འཁོར་བའི་སྡུག་བསྔལ་མཐའ་དག་སྤངས་པའི་ཐར་པ་མཆོག་ཡང་དག་པར་རྫོགས་པའི་སངས་རྒྱས་ཀྱི་གོ་འཕང་རིན་པོ་ཆེ་ཅི་ནས་ཀྱང་ཐོབ་པར་བྱ་སྙམ་པའི་ཐུགས་བསམ་དུང་དུང་བ་རེ་བསྐྱེད་པར་མཛོད། །དེའི་ངང་ནས་གནས་ཁང་འདི་ཉིད་ཀྱང་ཁམས་གསུམ་ཆོས་ཀྱི་རྒྱལ་པོ་ཙོང་ཁ་པ་ཆེན་པོ་རྗེ་བཙུན་བློ་བཟང་གྲགས་པ་ཆོ་འཛིན་མའི་ཡེ་ཤེས་རང་སྣང་ལས་གྲུབ་པའི་གཞལ་ཡས་ཁང་གྲུ་བཞི། སྒོ་བཞི་རྡོ་རྗེའི་ར་བ་མེ་རི་དང་བཅས་པ་དངོས་ཡིན་སྙམ་པ་དང་། མདུན་ན་གནས་པའི་ཚེ་དུམ་འདི་ཉིད་ཀྱང་པདྨ་དང་ཟླ་བའི་གདན་ལ་རིན་པོ་ཆེའི་དུམ་པ་དམར་པོ། ལྟོ་བ་ཆེ་བ། མགྲིན་པ་རིང་བ། མཆུ་འཕྱང་བ། ལྷ་རྫས་ཀྱི་གོས་ཀྱིས་མགུལ་བ་དཀྲིས་པ། དཔག་བསམ་གྱི་ཤིང་གིས་ཁ་བརྒྱན་པ། བུམ་པའི་རྣམ་པ་ཡིན་པ་ལ། ནང་ལྟའི་གཞལ་ཡས་ཁང་གྲུ་བཞི་སྒོ་བཞི་

རྟ་བབས་བཞི་དང་ལྡན་པ། བཀོད་པའི་ཁྱད་པར་ཡོངས་སུ་རྫོགས་པའི་དབུས་སུ་སེང་གེ་ཆེན་པོ་བརྒྱད་ཀྱིས་བཏེག་པའི་རིན་པོ་ཆེའི་ཁྲི་མཐོ་ཞིང་ཡངས་པའི་སྟེང་ཁར་སྣ་ཚོགས་པད་ཟླ་ཉི་མའི་དཀྱིལ་འཁོར་གྱི་གདན་ལ་རྒྱལ་བ་ཀུན་གྱི་ངོ་བོ་ཁམས་གསུམ་ཆོས་ཀྱི་རྒྱལ་པོ་ཤར་རྩོང་ཁ་པ་ཆེན་པོ་བློ་བཟང་གྲགས་པ་སྐུ་མདོག་དཀར་ལ་དམར་བའི་མདངས་ཆགས་པ། ཞལ་གྱི་དཀྱིལ་འཁོར་ཟླ་བ་ཉ་ཡོངས་སུ་གང་བ་ལྟ་བུ་ཤིན་ཏུ་འཛུམ་ཞིང་སྤྱན་དཀྱུས་རིང་བ། སྐུ་ལ་ཆོས་གོས་ངུར་སྨྲིག་གི་མདོག་ཅན་གསུམ་མཛེས་པར་གསོལ་བ། དབུ་ལ་པཎ་ཞྭ་གསེར་གྱི་མདོག་ཅན་སྔོ་རིང་གསོལ་བ། ཕྱག་གཡས་ཐུགས་ཀར་ཆོས་འཆད་ཀྱི་ཕྱག་རྒྱ་མཛད་པའི་མཐེབ་མཛུབ་ཀྱིས་ཨུཏྤ་ལའི་ཡུ་བ་བཟུང་བའི་འདབ་མ་སྙན་གྱི་ཐད་ཁར་ཁ་བྱེ་བའི་སྟེང་དུ་ཤེས་རབ་ཀྱི་རལ་གྲི་དང་། ཕྱག་གཡོན་མཉམ་བཞག་གི་སྟེང་ན་འཆི་མེད་ཚེའི་བདུད་རྩིས་གང་བའི་བུམ་པ་དཔག་བསམ་གྱི་ཤིང་གི་ཁ་རྒྱན་ཅན་དང་། མཐེབ་མཛུབ་ཀྱིས་ཡུ་བ་བཟུང་བའི་ཨུཏྤ་ལ་སྙན་གྱི་ཐད་ཁར་ཁ་བྱེ་བའི་སྟེང་དུ་ཤེར་ཕྱིན་གྱི་གླེགས་བམ་བརྣམས་པ། ཞབས་རྡོ་རྗེའི་དཀྱིལ་ཀྲུང་གིས་བཞུགས་པ། མཚན་དཔེས་མཛེས་ཤིང་དྭངས་གསལ་འོད་ཀྱི་རང་བཞིན་ཅན། སྐུ་ལས་སྐྱེས་པའི་འོད་ཟེར་གྱི་ཚོགས་ཞིང་ཁམས་ཀུན་འགེངས་པར་འཕྲོས་པས། ཞིང་ཁམས་ཐམས་ཅད་སྐུ་ལ་སྣང་ཞིང་། སྐུས་ཞིང་ཁམས་ཐམས་ཅད་ཁྱབ་པའི་བདག་ཉིད་ཅན་དུ་བཞུགས་པ་ཞིག་དངོས་སུ་མཐོང་བྱུང་སྙམ་པ་དང་། བླ་མའང་རྒྱལ་བ་རྩོང་ཁ་པ་ཆེན་པོ་ཚེ་འཛིན་མ་དངོས་ཡིན་སྙམ་པའི་མོས་པ་མཛད་དོ། དེ་དག་གི་སྟེང་གི་ནམ་མཁའ་ལ་རྩ་བརྒྱུད་ཀྱི་བླ་མ་ཡི་དམ་སངས་རྒྱས་བྱང་སེམས་དཔའ་བོ་མཁའ་འགྲོ་ཆོས་སྐྱོང་སྲུང་མའི་ཚོགས་རྣམས་སྤྲིན་གཏིབས་པ་བཞིན་མངོན་སུམ་དུ་ཁྲ་ལམ་མེར་བཞུགས་པའི་སྤྱན་སྔར་དཀོན་གསུམ་ལ་སྐྱབས་སུ་འགྲོ་བ་དང་ཐོག་མེད་ནས་བསགས་པའི་སྡིག་པ་བཤགས་པ་དང་། རང་གཞན་སྐྱེ་འཕགས་ཐམས་ཅད་ཀྱི་དགེ་བ་ལ་རྗེས་སུ་ཡི་རང་བ་སྔོན་དུ་བཏང་ནས། སེམས་ཅན་ཐམས་ཅད་ཀྱི་དོན་དུ་སྨོན་འཇུག་བྱང་ཆུབ་མཆོག་ཏུ་སེམས་བསྐྱེད་དེ་རྒྱལ་སྲས་ཀྱི་སྡོམ་པ་བཟུང་ལ། བྱང་ཆུབ་མ་ཐོབ་ཀྱི་བར་དུ་ཚུལ་བཞིན་དུ་བསྲུང་བར་བྱའོ་སྙམ་པའི་སྒོ་ནས་འདིའི་རྗེས་ཟློས་མཛོད། དཀོན་མཆོག་གསུམ་ལ་བདག་སྐྱབས་མཆི། །སྡིག་པ་ཐམས་ཅད་སོ་སོར་བཤགས། །འགྲོ་བ་དགེ་ལ་རྗེས་ཡི་རང་། །སངས་རྒྱས་བྱང་ཆུབ་ཡིད་ཀྱིས

གཟུང་། །ཞེས་ཚིག་བསྡུས་པའམ། ཡང་ན། འགྲོ་ལ་ཕན་ཕྱིར་སངས་རྒྱས་འགྲུབ་པར་ཤོག །ཅེས་པའི་བར་ཚིག་རྒྱས་པའི་སྒོ་ནས་རྗེས་བཟློས་ལན་གསུམ་བྱེད་དུ་བཅུག །ཁྱེད་རང་རྣམས་ལྷར་བསྐྱེད་པ་ལ་བར་ཆད་རྗེས་པར་བྱེད་པའི་བགེགས་རྣམས་བླ་མའི་ཐུགས་ཀ་ནས་ཁྲོ་བོའི་ཚོགས་དཔག་ཏུ་མེད་པ་སྤྲོས་ཏེ་རྒྱ་མཚོའི་ཕར་འགྲམ་དུ་བསྐྲད་པའི་མོས་པ་མཛོད། སློབ་མ་ལ་བུམ་ཆུ་འཐོར་ཞིང་། ཧྲཱིཿ ཧྲཱིཿ ས་བསངས། ངེས་ཀྱི་ཚིག་འདི་ཚིག་བརྗོད་པ་དང་མཉམ་དུ་ཁྱེད་རང་རྣམས་སྟོང་པའི་ངང་ལས་རྗེ་བཙུན་ཙོང་ཁ་པ་ཆེན་པོ་ཆེ་འཛིན་མར་གྱུར་བའི་མོས་པ་མཛོད། ཨོཾ་སྭ་བྷཱ་ཝ་ཤུདྡྷཿ སརྦ་དྷརྨཱཿ སྭ་བྷཱ་ཝ་ཤུདྡྷོ྅ཧཾ། སློང་མ་རྣམས་སྟོང་པ་ཉིད་དུ་གྱུར། སྟོང་བའི་ངང་ལས་སེང་གེ་ཆེན་པོ་བརྒྱད་ཀྱིས་བཏེག་པའི་རིན་པོ་ཆེའི་ཁྲི་མཐོ་ཞིང་ཡངས་པའི་སྟེང་ཁར་སྣ་ཚོགས་པད་ཟླ་ཉི་མའི་དཀྱིལ་འཁོར་གྱི་གདན་ལ་སློབ་མ་རྣམས་ཀྱི་སེམས་ཉིད་ཧྲཱིཿ ཡིག་དམར་སེར་ལས་རལ་གྲི་ཧྲཱིཿ ཡིག་དམར་སེར་གྱིས་མཚན་པ། དེ་ལས་འོད་ཟེར་འཕྲོས། འཕགས་པ་མཆོད། སེམས་ཅན་གྱི་དོན་བྱས། ཚུལ་འདུས་ཡོངས་སུ་གྱུར་པ་ལས་སློབ་མ་རྣམས་རྒྱལ་བ་ཀུན་གྱི་ངོ་བོ་ཁམས་གསུམ་ཆོས་ཀྱི་རྒྱལ་པོ་ཤར་ཙོང་ཁ་པ་ཆེན་པོ་བློ་བཟང་གྲགས་པ་སྐུ་མདོག་དཀར་ལ་དམར་བའི་མདངས་ཆགས་པ། ཞལ་གྱི་དཀྱིལ་འཁོར་ཟླ་བ་ཉ་ཡོངས་སུ་གང་བ་ལྟ་བུ་ཤིན་ཏུ་འཛུམ་ཞིང་སྤྱན་དཀྲུས་རིང་བ། སྐུ་ལ་ཆོས་གོས་ངུར་སྨིག་གི་མདོག་ཅན་གསུམ་མཛེས་པར་གསོལ་བ། དབུ་ལ་པཎ་ཞྭ་གསེར་གྱི་མདོག་ཅན་སྣེ་རིང་གསོལ་བ། ཕྱག་གཡས་ཐུགས་ཀར་ཆོས་འཆད་ཀྱི་ཕྱག་རྒྱ་མཛད་པའི་མཐེབ་མཛུབ་ཀྱིས་ཨུཏྤལ་ལ་སྡོན་གྱི་ཐད་ཁར་ཁ་བྱེ་བའི་སྟེང་དུ་ཤེར་ཕྱིན་གྱི་གླེགས་བམ་བསྣམས་པ། ཞབས་རྡོ་རྗེའི་དཀྱིལ་ཀྲུང་གིས་བཞུགས་པ། མཚན་དཔེས་མཛེས་ཤིང་དྭངས་གསལ་འོད་ཀྱི་རང་བཞིན་ཅན། སྐུ་ལས་སྐྱེས་པའི་འོད་ཟེར་གྱི་ཚོགས་ཞིང་ཁམས་ཀུན་འགེངས་པར་འཕྲོས་པས། ཞིང་ཁམས་ཐམས་ཅད་སྐུ་ལ་སྣང་ཞིང་། སྐུས་ཞིང་ཁམས་ཐམས་ཅད་ཁྱབ་པའི་བདག་ཉིད་ཅན་དུ་བཞུགས་པ། དེ་ལྟ་བུའི་སྐུར་གྱུར་བའི་སྤྱི་བོར་ཨོཾ་དཀར་པོ། མགྲིན་པར་ཨཱཿ དམར་པོ། ཐུགས་ཀར་ཧཱུཾ་སྔོན་པོས་མཚན་པར་གྱུར་པའི་མོས་པ་མཛོད། དེས་ཐུན་མོང་དང་ཐུན་མོང་མ་ཡིན་པའི་སྔོན་འགྲོའི་རིམ་པ་རྣམས་ལེགས་པར་སོང་། གཉིས་པ་རྗེས་གནང་དངོས་གཞི་ལ། ཚེ་བུམ་ལ་བརྟེན་ནས་དབང་བསྐུར་བ། ཚེའི་བདུད་རྩི་ལ་བརྟེན་ནས་དབང་བསྐུར་བ། ཚེའི་རིལ་བུ་ལ་བརྟེན་ནས

དབང་བསྐུར་བ། ཚེ་སྤེལ་བ་དང་བཞི། དང་པོ་ནི། རང་དང་བུམ་ནང་གི་ལྷའི་ཐུགས་ཀ་ནས་འོད་ཟེར་འཕྲོས། ཕྱོགས་བཅུའི་དུས་གསུམ་ན་བཞུགས་པའི་བླ་མ་ཡི་དམ་སངས་རྒྱས་བྱང་སེམས་དཔའ་བོ་མཁའ་འགྲོ་ཆོས་སྐྱོང་སྲུང་མའི་ལྷ་ཚོགས་རྣམས་རྗེ་བཙུན་ཙོང་ཁ་པ་ཆེན་པོ་ཚེ་འཛིན་མའི་རྣམ་པར་སྤྱན་དྲངས། ཁྱེད་རང་སློབ་མ་རྣམས་ཀྱི་སྤྱི་བོར་ཆར་ཆེན་པོ་བབ་པ་བཞིན་དུ་སིབ་སིབ་ཐིམ་པས་ཁྱེད་རྣམས་ཀྱི་ལུས་དང་རྗེ་བཙུན་ཙོང་ཁ་པ་ཆེན་པོ་ཚེ་འཛིན་མའི་སྐུ་དབྱེར་མེད་དུ་གྱུར་པའི་མོས་པ་མཛོད། ཚེ་བུམ་མགོར་གཞག་ནས། དམིགས་མེད་བརྩེ་བའི་ གཏེར་ ཆེན་ སྤྱན་ རས་ གཟིགས། །དྲི་ མེད་ མཁྱེན་ པའི་ དབང་ པོ་ འཇམ་ པའི་དབྱངས། །དུས་མིན་འཆི་བ་འཇོམས་མཛད་ཚེ་དཔག་མེད། །གངས་ཅན་མཁས་པའི་གཙུག་རྒྱན་ཙོང་ཁ་པ། །བློ་བཟང་གྲགས་པའི་ཞབས་ལ་གསོལ་བ་འདེབས། །ཨོཾ་ཨཱཿ གུ་རུ་སུམ་ཏི་ཀཱིརྟི་ཨ་པ་རི་ཏ་ཨ་ཡུར་ཛྙཱ་ན་སིདྡྷི་ཧཱུྃ་ཧཱུྃ། ཚེ་གཟུངས་ཅི་རིགས་བཟློད། ༈ དྲིལ་མེ་ཏོག་འཐོར། དེ་ནས་ཐུན་མོང་མ་ཡིན་པའི་ཚེ་དབང་ནི། རང་དང་བུམ་ནང་གི་ལྷའི་ཐུགས་ཀ་ནས་འོད་ཟེར་འཕྲོས། ཁྱེད་རང་སློབ་མ་རྣམས་ཀྱི་ཚེ་འཆི་བདག་གཤིན་རྗེ་རྒྱལ་གདོན་སོགས་མི་མ་ཡིན་པ་རྣམས་ཀྱིས་རྐུ་འཕྲོག་གཡར་འཁྱམས་འཐོར་བ་ཐམས་ཅད་དང་། འབྱུང་བ་ཆེན་པོ་ལྔའི་བཅུད་སེམས་ཅན་ཐམས་ཅད་ཀྱི་ཚེ་དང་བསོད་ནམས་བླ་མ་རྒྱལ་བ་སྲས་དང་བཅས་པའི་སྐུ་གསུང་ཐུགས་ཀྱི་བྱིན་རླབས་ཐམས་ཅད་བུམ་པ་དང་ཐོད་པ་ལྷུང་བཟེད་བདུད་རྩིས་གང་བའི་རྣམ་པ་དང་། བདུད་རྩི་འོད་ཟེར་སྣ་ལྔ་དང་། བཀྲ་ཤིས་རྫས་རྟགས་རྒྱལ་སྲིད་སྣ་བདུན། སྐུ་གཟུགས་གཟུངས་ཐུགས་ཕྱག་མཚན་ས་བོན་དང་བཅས་པའི་རྣམ་པར་བཀུག །ཐུགས་ཁྲིང་ལ་ཐིམ། དེ་ལས་བདུད་རྩིའི་རྒྱུན་ཕྱག་མཚན་གྱི་བུམ་པའི་ནང་དུ་བབ་པར་འཆི་མེད་ཀྱི་བདུད་རྩིས་གང་བས། ཁྱེད་རང་སློབ་མ་རྣམས་ཀྱི་སྤྱི་བོ་ནས་དབང་བསྐུར། ལུས་ཀྱི་ནང་ཐམས་ཅད་གང་བས། ཚེ་དང་བསོད་ནམས་དམ་ཚིག་དང་སྡོམ་པ་ཉམས་པ་ཐམས་ཅད་སོར་ཆུད། ལུས་ཀྱི་ཟུངས་དང་། སྲོག་གི་རྟེན་དང་། མཐུ་སྟོབས་བཀྲགས་མདངས། རྣམ་ལྷགས་བརྟན་བརྗིད་དང་ལྡན་པ། སྟོབས་འབྱོར་ལོངས་སྤྱོད། བསླབ་གསུམ་གྱི་ཉམས་ལེན་དང་། འཆི་མེད་ཚེའི་རིག་འཛིན་ཐོབ། ལུས་ཀྱི་སྒོ་ནས་བསགས་པའི་ནད་གདོན་སྡིག་སྒྲིབ་ཐམས་ཅད་དག །བུམ་པའི་དབང་བྱིན་རླབས་ཀྱི་ཚུལ་དུ་ཐོབ། རྗེ་བཙུན་ཙོང་ཁ་པ་ཆེན་པོ་

ཚེ་འཛིན་མའི་སྐུ་འགྲུབ་པའི་ནུས་པ་བཞག་བྱུང་སྙམ་པའི་མོས་པ་མཛོད། ཚེ་བུམ་མགོར་གཞག་ནས། དམིགས་བརྩེ་མ་དང་། ཨོཾ་ཨཱཿ གུ་རུ་སོགས་དང་། ཚེ་གཟུངས་ཅི་རིགས་བརྗོད། ཏྲ་དྲིལ་མེ་ཏོག་འཐོར། དེས་སྐུའི་རྗེས་གནང་ཐོབ། ཡང་རང་དང་བུམ་ནང་གི་ལྷའི་ཐུགས་ཀ་ནས་འོད་ཟེར་འཕྲོས། ཕྱོགས་བཅུའི་དུས་གསུམ་ན་བཞུགས་པའི་བླ་མ་ཡི་དམ་སངས་རྒྱས་བྱང་སེམས་དཔའ་བོ་མཁའ་འགྲོ་ཆོས་སྐྱོང་སྲུང་མའི་བྱིན་རླབས་ནུས་མཐུ་ཐམས་ཅད་དམིགས་བརྩེ་མ་དང་སྙིང་པོ་ལ་སོགས་པའི་རྣམ་པར་སྤྱན་དྲངས། ཁྱེད་རང་རྣམས་ཀྱི་མགྲིན་པར་ཐིམ་ཐིམ་ཐིམ། ངག་གི་སྒོ་ནས་བསགས་པའི་སྡིག་སྒྲིབ་བག་ཆགས་དང་བཅས་པ་ཐམས་ཅད་དག ། གསང་བའི་དབང་བྱིན་རླབས་ཀྱི་ཚུལ་དུ་ཐོབ། རྗེ་བཙུན་ཙོང་ཁ་པ་ཆེན་པོ་ཚེ་འཛིན་མའི་གསུང་འགྲུབ་པའི་ནུས་པ་དང་ལྡན་པར་གྱུར་སོང་སྙམ་པའི་མོས་པ་མཛད་ནས་འདིའི་རྗེས་ཟློས་མཛོད། དམིགས་བརྩེ་མ། ཨོཾ་ཨཱཿ གུ་རུ་སོགས་དང་། ཚེ་གཟུངས་ཅི་རིགས་ལན་གསུམ་རྗེས་ཟློས་བྱེད་དུ་བཅུག། དེས་གསུང་གི་རྗེས་གནང་ཐོབ། རང་དང་བུམ་ནང་གི་ལྷའི་ཐུགས་ཀ་ནས་འོད་ཟེར་འཕྲོས། ཕྱོགས་བཅུའི་དུས་གསུམ་ན་བཞུགས་པའི་བླ་མ་ཡི་དམ་སངས་རྒྱས་བྱང་སེམས་དཔའ་བོ་མཁའ་འགྲོ་ཆོས་སྐྱོང་སྲུང་མའི་བྱིན་རླབས་ནུས་མཐུ་ཐམས་ཅད་ཕྱག་མཚན་རལ་གྲི་གླེགས་བམ་ཚེའི་བུམ་པ་དང་། ལྷུང་བཟེད་བདུད་རྩིས་གང་བའི་རྣམ་པར་སྤྱན་དྲངས། ཁྱེད་རང་སློབ་མ་རྣམས་ཀྱི་སྙིང་གར་ཐིམ། ཡིད་ཀྱི་སྒོ་ནས་བསགས་པའི་སྡིག་སྒྲིབ་བག་ཆགས་དང་བཅས་པ་ཐམས་ཅད་དག ། ཤེས་རབ་ཡེ་ཤེས་ཀྱི་དབང་བྱིན་རླབས་ཀྱི་ཚུལ་དུ་ཐོབ། རྗེ་བཙུན་ཙོང་ཁ་པ་ཆེན་པོ་ཚེ་འཛིན་མའི་ཐུགས་ཀྱི་བྱིན་རླབས་ཐོབ་བྱུང་སྙམ་པའི་མོས་པ་མཛོད། ཚེ་བུམ་མགོར་གཞག་ནས། དམིགས་བརྩེ་མ། ཨོཾ་ཨཱཿ གུ་རུ་སོགས་དང་། ཚེ་གཟུངས་ཅི་རིགས་བརྗོད། ཏྲ་དྲལ་མེ་ཏོག་འཐོར། དེས་ཐུགས་ཀྱི་རྗེས་གནང་ཐོབ། རང་དང་བུམ་ནང་གི་ལྷའི་ཐུགས་ཀ་ནས་འོད་ཟེར་འཕྲོས། ཕྱོགས་བཅུའི་དུས་གསུམ་ན་བཞུགས་པའི་བླ་མ་ཡི་དམ་སངས་རྒྱས་བྱང་སེམས་དཔའ་བོ་མཁའ་འགྲོ་ཆོས་སྐྱོང་སྲུང་མའི་ལྷ་ཚོགས་རྣམས་རྗེ་བཙུན་ཙོང་ཁ་པ་ཆེན་པོ་ཚེ་འཛིན་མའི་སྐུའི་རྣམ་པར་སྤྱན་དྲངས། ཁྱེད་རང་སློབ་མ་རྣམས་ཀྱི་གནས་གསུམ་དུ་གཅིག་ཆར་དུ་ཐིམ་པས་ལུས་ངག་ཡིད་གསུམ་གྱི་སྒོ་ནས་བསགས་པའི་ནད་གདོན་སྡིག་སྒྲིབ་ཐམས་ཅད་དག ། དབང་བཞི་པ་བྱིན་རླབས་ཀྱི་ཚུལ་དུ་ཐོབ། སྐུ་

བཞི་མངོན་དུ་གྱུར་སོང་སྙམ་པའི་མོས་པ་མཛོད། ཚེ་བུམ་མགོར་གཞག་ནས། དམིགས་བཅས་མ། ཨོཾ་ཨཱཿ གུ་རུ་སོགས་དང་། ཚེ་གཟུངས་ཅི་རིགས་བརྗོད། ཏྲ་དྲིལ་མེ་ཏོག་འཐོར། དེས་དབང་བཞི་པ་སོང་། དེ་ནས་ཚེ་བུམ་སློབ་མའི་མགོ་ཐོག་ཏུ་བཞག་ཅིང་དྲིལ་སིལ་དང་བཀའ་བསྒོ་བྱ་བ་ནི། ཕྱོགས་བཅུའི་དུས་གསུམ་ན་བཞུགས་པའི་རྩ་བ་དང་བརྒྱུད་པར་བཅས་པའི་དཔལ་ལྡན་བླ་མ་དམ་པ་རྣམས་ཀྱིས་བྱིན་གྱིས་རློབས་ཤིག ཡི་དམ་དཀྱིལ་འཁོར་གྱི་ལྷ་ཚོགས་རྣམས་ཀྱིས་བྱིན་གྱིས་རློབས་ཤིག སངས་རྒྱས་དང་བྱང་ཆུབ་སེམས་དཔའ་རྣམས་ཀྱིས་བྱིན་གྱིས་རློབས་ཤིག དཔའ་བོ་དང་རྣལ་འབྱོར་མ་རྣམས་ཀྱིས་བྱིན་གྱིས་རློབས་ཤིག ཆོས་སྐྱོང་སྲུང་མ་རྣམས་ཀྱིས་བྱིན་གྱིས་རློབས་ཤིག །ཁྱད་པར་དུའང་ཁམས་གསུམ་ཆོས་ཀྱི་རྒྱལ་པོ་ཤར་ཙོང་ཁ་པ་ཆེན་པོ་ཚེ་འཛིན་མའི་ལྷ་ཚོགས་འཁོར་དང་བཅས་པ་རྣམས་ཀྱིས་བྱིན་གྱིས་རློབས་ཤིག སློབ་མ་འདི་རྣམས་ཀྱི་ལུས་ཀྱི་ན་ཚ། སེམས་ཀྱི་སྡུག་བསྔལ། བར་ཆད་དང་ཆགས་སྒོ་ཉམས་ང་ཡོད་པ། སྙིང་གདོན་གཟའ་འོག་གདོན་ཀླུ། བར་གདོན་རྒྱལ་པོའི་གནོད་པ་དང་། དུས་མ་ཡིན་པར་འཆི་བའི་འཇིགས་པ་ཐམས་ཅད་ལས་སྲུངས་ཤིང་། དམིགས་བཅས་མ། ཨོཾ་ཨཱཿ གུ་རུ་སོགས་དང་། ཚེ་གཟུངས་བརྗོད། ཞེས་གསོལ་བ་བཏབ་པས། ཕྱོགས་བཅུའི་བླ་མ་ཡི་དམ་སངས་རྒྱས་བྱང་སེམས་དཔའ་བོ་མཁའ་འགྲོ་ཆོས་སྐྱོང་སྲུང་མ་ཐམས་ཅད་ཀྱི་བྱིན་རླབས་ཐམས་ཅད་ལྷ་སྐུ་འོད་ཟེར་གྱི་རྣམ་པ་བུམ་པའི་ལྷ་ལ་ཐིམ། དེ་ལས་རང་འདྲ་གཉིས་པ་རེ་ཆད་ནས་ཁྱེད་རང་རྣམས་ཀྱི་སྤྱི་བོ་ནས་ཐིམ་པས་རྗེ་བཙུན་ཙོང་ཁ་པ་ཆེན་པོ་ཚེ་འཛིན་མའི་སྐུ་གསུང་ཐུགས་དང་ཁྱེད་རྣམས་ཀྱི་ལུས་ངག་ཡིད་གསུམ་རོ་གཅིག་ཏུ་གྱུར་ཏེ། འཆི་བ་མེད་པ་ཚེའི་རིག་འཛིན་ཐོབ་པར་གྱུར། ཛཿ ཧཱུཾ་བཾ་ཧོཿ ཞེས་བརྗོད་དེ་དབང་ལྷ་བསྟིམ། གཉིས་པ་ཚེའི་བདུད་རྩི་ལ་བརྟེན་ནས་དབང་བསྐུར་བ་ནི། རང་དང་བུམ་ནང་གི་ལྷའི་ཐུགས་ཀ་ནས་འོད་ཟེར་འཕྲོས། ཕྱོགས་བཅུའི་དུས་གསུམ་ན་བཞུགས་པའི་བླ་མ་ཡི་དམ་སངས་རྒྱས་བྱང་སེམས་དཔའ་བོ་མཁའ་འགྲོ་ཆོས་སྐྱོང་སྲུང་མའི་བྱིན་རླབས་ནུས་མཐུ་ཐམས་ཅད་བདུད་རྩིའི་རྣམ་པར་སྤྱན་དྲངས། སྒྲུབ་པའི་རྫས་བདུད་རྩི་ལ་ཐིམ། ཁྱེད་རང་སློབ་མ་རྣམས་ཀྱིས་ལོངས་སྤྱོད་པས་འཆི་མེད་ཚེའི་རིག་འཛིན་ཐོབ། ལམ་རྫོགས་རིམ་སྒོམ་པ་ལ་དབང་བར་བྱས་སོང་སྙམ་པའི་མོས་པ་མཛོད། འཆི་མེད་ཚེ་ཡི་བདུད་རྩི་འདི། །ད་རིང་བུ་ཡིས་སྤྱོད་པར་གྱིས། །ང་ཡིས

བསྔོས་པའི་བཀའ་མ་བཅག ། སྒྲུབ་ལ་ནན་ཏན་བརྩོན་པར་གྱིས། ། དེས་ཚེའི་བདུད་རྩི་ལ་བརྟེན་ནས་དབང་བསྐུར་བ་སོང་། གསུམ་པ་ཚེ་རིལ་ལ་བརྟེན་ནས་དབང་བསྐུར་བ་ནི། རང་དང་བུམ་ནང་གི་ལྷའི་ཐུགས་ཀ་ནས་འོད་ཟེར་འཕྲོས། ཕྱོགས་བཅུའི་དུས་གསུམ་ན་བཞུགས་པའི་བླ་མ་ཡི་དམ་སངས་རྒྱས་བྱང་སེམས་དཔའ་བོ་མཁའ་འགྲོ་ཆོས་སྲུང་མའི་ལྷ་ཚོགས་ཐམས་ཅད་རྗེ་ཚེ་འཛིན་མའི་རྣམ་པར་སྤྱན་དྲངས། རིལ་བུ་འདི་རྣམས་ལ་ཐིམ་པས། སློབ་མ་ཁྱེད་རང་རྣམས་ཀྱིས་ལོངས་སྤྱོད་པས་འཆི་མེད་ཚེའི་རིག་འཛིན་ཐོབ་བྱུང་སྙམ་པའི་མོས་པ་མཛོད། འཆི་མེད་ཚེ་ཡི་རིལ་བུ་འདི། ། དེ་རིང་བུ་ཡིས་བཟའ་བར་གྱིས། ། ནད་རིམས་གདོན་བགེགས་ཀུན་ཞི་ནས། ། བླ་མ་གཉིས་པའི་སྐུར་འགྱུར་ཤོག ། དེས་ཚེའི་རིལ་བུ་ལ་བརྟེན་ནས་དབང་བསྐུར་བ་སོང་། ། བཞི་པ་ཚེ་སྤྱིལ་བ་ནི། ཁྱེད་རང་རྣམས་ཀྱི་སྙིང་གི་ནམ་མཁའ་ལ་རྗེ་བཙུན་ཙོང་ཁ་པ་ཆེན་པོ་ཚེ་འཛིན་མ་ལ་བླ་མ་ཡི་དམ་སངས་རྒྱས་བྱང་སེམས་དཔའ་བོ་མཁའ་འགྲོ་ཆོས་སྐྱོང་སྲུང་མའི་ལྷ་ཚོགས་རྣམས་བསྐོར་ནས་བཞུགས་པས། མེ་ཏོག་གི་ཆར་འབེབས་རོལ་མོའི་སྒྲ་སྒྲོགས་བཀྲ་ཤིས་ཀྱི་གླུ་དབྱངས་བརྗོད་པའི་མོས་པ་མཛོད། སྦྱིན་པའི་སྟོབས་ཀྱིས × སྦྱིན་པའི་སྟོབས་ཀྱི་སྒྲ་ནི་སྒྲོགས་པར་གྱུར། ། སྦྱིན་པ་མཐར་ཕྱིན་ཆེ་ཡང་འཕེལ་བར་ཤོག ། ཚུལ་ཁྲིམས་སྟོབས་ཀྱིས × བཟོད་པའི་སྟོབས་ཀྱིས × བརྩོན་འགྲུས་སྟོབས་ཀྱིས × བསམ་གཏན་སྟོབས་ཀྱིས × ཤེས་རབ་སྟོབས་ཀྱིས × ཤེས་རབ་སྟོབས་ཀྱི་སྒྲ་ནི་སྒྲོགས་པར་གྱུར། ། ཤེས་རབ་མཐར་ཕྱིན་ཆེ་ཡང་འཕེལ་བར་ཤོག ། ཅེས་ཤིས་པ་བརྗོད་པའི་ཚིགས་བཅད་ཀྱི་མཚམས་རྣམས་སུ་ཌཱ་དྲིལ་འཁྲོལ་ཞིང་མེ་ཏོག་གི་ཆར་དབབ་པར་བྱའོ། ། དེ་ལྟར་ཁྱེད་རང་རྣམས་ཀྱིས་ཚེ་དབང་ཟབ་མོ་ཐུན་མོང་དང་ཐུན་མོང་མ་ཡིན་པ་རྣམས་ལེགས་པར་ཐོབ་ཟིན་པ་ཡིན་པས། དེ་ནས་བཟུང་སྟེ་བྱང་ཆུབ་མ་ཐོབ་ཀྱི་བར་དུ་རྒྱལ་བ་ཀུན་གྱི་ངོ་བོ་རྗེ་བཙུན་ཙོང་ཁ་པ་ཆེན་པོ་ཚེ་འཛིན་མ་ཡིད་དུ་གཟུང་ཞིང་དམ་ཚིག་དང་སྡོམ་པ་ཚུལ་བཞིན་དུ་བསྲུང་བར་བྱའོ་སྙམ་པའི་སྒོ་ནས་འདིའི་རྗེས་ཟློས་མཛོད། གཙོ་བོས་ཇི་ལྟར་བཀའ་སྩལ་པ། ། དེ་དག་ཐམས་ཅད་བདག་གིས་བགྱི། ། ཞེས་ལན་གསུམ་རྗེས་ཟློས་བྱེད་དུ་བཅུག ། ཁྱེད་རང་རྣམས་ཀྱིས་རྗེ་བཙུན་ཙོང་ཁ་པ་ཆེན་པོ་ཚེ་འཛིན་མའི་ཚེ་དབང་ཟབ་མོ་ལེགས་པར་ཐོབ་པ་ཡིན་པས་དེའི་ཡོན་དུ་ལུས་ངག་ཡིད་གསུམ་ལོངས་སྤྱོད་དུས་གསུམ་དགེ་ཚོགས་དང་བཅས་བླ་མ་ལ་

འབུལ་སྣམ་པ་མཛོད་ལ་མཎྜལ་འབུལ་བར་ཞུ། ཞེས་བཛྲ་སྤྲད་ལ་མཎྜལ་འབུལ་དུ་བཅུག་གོ །གསུམ་པ་མཇུག་ཆོག་ནི། མཆོད་པ་གསར་དུ་བཤམས་པའམ་ཁ་གསོས་ནས། ཧྲཱིཿ ཧྲཱིཿ ས་བསངས། ཤཱུ་ནྱ་ཏཱས་སྦྱངས། སྟོང་པའི་ངང་ལས་ཨཱཿ ལས་བྱུང་བའི་ཐོད་པ་ཡངས་ཤིང་རྒྱ་ཆེ་བ་རྣམས་ཀྱི་ནང་དུ་ཧཱུྃ་ཧཱུྃ་ཞུ་བ་ལས་བྱུང་བའི་མཆོད་ཡོན། ཞབས་བསིལ། མེ་ཏོག །བདུག་སྤོས། མར་མེ། དྲི་ཆབ། ཞལ་ཟས། རོལ་མོ་རྣམས་རང་བཞིན་བདེ་སྟོང་རྣམ་པ་མཆོད་རྫས་སོ་སོའི་རྣམ་པ་ཅན་བྱེད་ལས་དབང་པོ་དྲུག་གི་སྤྱོད་ཡུལ་དུ་ཟག་པ་མེད་པའི་བདེ་བ་ཁྱད་པར་ཅན་བསྐྱེད་པར་གྱུར། ཨོཾ་ཨརྒྷཾ་ནས་ཤབྡ་ཨཱཿཧཱུྃ། ཞེས་བྱིན་གྱིས་བརླབས། ཨོཾ་ཨཱཿ གུ་རུ་སུ་མ་ཏི་ཀཱིརྟི་ཨ་པ་རི་མི་ཏ་ཨ་ཡུར་ཛྙཱ་ན་ས་པ་རི་ཝཱ་ར་ཨརྒྷཾ་ནས་ཤབྡའི་བར་གྱིས་མཆོད། ཨོཾ་ཨཱཿ གུ་རུ་སུ་མ་ཏི་ཀཱིརྟི་ཨ་པ་རི་མི་ཏ་ཨ་ཡུར་ཛྙཱ་ན་ས་པ་རི་ཝཱ་ར་ཨོཾ་ཨཱཿ ཧཱུྃ། གིས་ནང་མཆོད་འབུལ། བསྟོད་པ་ནི། རྒྱལ་བ་ཀུན་གྱི་ཚེ་དང་ཡེ་ཤེས་རྣམས། །གཅིག་ཏུ་བསྡུས་པ་བདེ་ཅན་ཞིང་མགོན་དང་། །དབྱེར་མེད་ཆོས་ཀྱི་རྒྱལ་པོ་བློ་བཟང་གྲགས། །རྡོ་རྗེ་འཆང་དབང་ཞབས་ལ་ཕྱག་འཚལ་ལོ། །གང་གི་མཚན་ཙམ་ཐོས་དང་དྲན་པས་ཀྱང་། །བར་ཆད་ཀུན་སེལ་དངོས་གྲུབ་ཀུན་སྩོལ་བ། །བྱིན་རླབས་ཐུགས་རྗེའི་གཏེར་གྱུར་ཙོང་ཁ་པ། །བློ་བཟང་གྲགས་པའི་ཞབས་ལ་ཕྱག་འཚལ་བསྟོད། །སྙིགས་དུས་དམུ་རྒོད་འགྲོ་བ་འདུལ་བ་ལ། །བཀའ་དྲིན་ཟླ་མེད་རྗེ་བཙུན་བློ་བཟང་གྲགས། །སྙིང་ནས་གུས་པས་འདུད་དོ་ཐུགས་རྗེས་གཟིགས། །འགྲོ་ཀུན་སྨིན་ཅིང་གྲོལ་བར་བྱིན་གྱིས་རློབས། །དེ་ལྟར་བསྟོད་པའི་རབ་དཀར་ལེགས་བྱས་རྣམས། །ཟླ་ལྟར་དཀར་བ་གང་ཞིག་བསགས་པ་དེས། །རྒྱལ་བསྟན་སྤྱི་དང་ཀུན་མཁྱེན་ཙོང་ཁ་པའི། །རིང་ལུགས་ཡར་ངོའི་ཟླ་ལྟར་རྒྱས་པར་མཛོད། །སྨོན་ལམ་ནི། དེ་ལྟར་རྗེ་བཙུན་བླ་མ་ལྷག་པའི་ལྷ། །དབྱེར་མེད་བསྒོམ་ཞིང་རྩེ་གཅིག་གསོལ་བཏབ་པས། །མཁའ་མཉམ་མར་གྱུར་འགྲོ་བའི་དོན་ཕྱིར་དུ། །དཔལ་ལྡན་བླ་མའི་གོ་འཕང་མྱུར་ཐོབ་ཤོག །དུག་གསུམ་གཉེན་གྱུར་ཆོས་སྒོ་བརྒྱད་ཁྲི་ཡི། །སྙིང་པོ་གཅིག་བསྡུས་བསྟོད་པའི་རྒྱལ་པོ་མཆོག །ཐུན་བཞིར་བཟླས་བརྗོད་རྣམ་པར་བརྩོན་པའི་མཐུས། །ལྷག་པའི་ལྷ་དང་མཚུངས་པའི་དཔལ་ཐོབ་ཤོག །འགྲོ་ལ་རྣམ་པར་བརྩེ་བའི་སྙིང་རྗེ་དང་། །ཆོས་ཀུན་མངོན་པར་གཟིགས་པའི་མཁྱེན་རབ་དཔལ། །ཡིད་སྤྲུལ་ཀུན་འཛོམས་མཐུ་སྟོབས་ནུས་པའི་

རྩལ། །འཆི་བདག་གཉེན་གྱུར་ཡོན་ཏན་དང་མཚུངས་ཤོག །རིགས་གསུམ་མགོན་དང་རྒྱལ་བ་ཚེ་དཔག་མེད། །ལ་སོགས་སྐྱབས་གནས་ཀུན་འདུས་བླ་མ་མཆོག །དབྱེར་མེད་ཡིད་ཆེས་དད་པས་གསོལ་བཏབ་པས། །ལྷག་པའི་ལྷ་དང་ངོ་བོ་དབྱེར་མེད་ཤོག །དེ་ལྟར་ཚེ་འདིར་འབད་ཅིང་གསོལ་བཏབ་པས། །ལྷག་པའི་ལྷ་དང་དབྱེར་མེད་ཙོང་ཁ་པས། །དགྱེས་པའི་ཞལ་བསྟན་གདམས་པའི་བཅུད་བསྡུས་པའི། །གསུང་གི་ང་རོས་བདག་རྒྱུད་སྨིན་བྱེད་ཤོག །དེ་ཡང་ཚེ་འདིར་ཞལ་མཐོང་གསུང་ཐོས་པའི། །སྐལ་བཟང་མངོན་དུ་གྱུར་པའི་སྐལ་མེད་ན། །འཆི་ཚེ་རྗེ་བཙུན་ཡབ་སྲས་འཁོར་བཅས་ཀྱིས། །དག་པའི་ཞིང་དུ་འཁྲིད་པར་མཛད་དུ་གསོལ། །ལྷག་ཆད་ཀྱི་ཉེས་པ་ཞི་ཕྱིར་ཡི་གེ་བརྒྱ་བ་བཟླས་ནས་ཐལ་མོ་སྦྱར་ཏེ། གང་ཡང་བདག་བློ་སྨོངས་པ་ཡིས། །ཉེས་བྱས་ཅུང་ཟད་གང་བགྱིས་པ། །གང་ཕྱིར་ལུས་ཅན་བསྐྱབ་པའི་ཕྱིར། །མགོན་ཁྱོད་དེ་ཀུན་བཟོད་པར་མཛོད། །མ་རྙེད་ཡོངས་སུ་ཤེས་དང་། །གང་ཡང་ནུས་པ་མ་མཆིས་པས། །འདིར་ནི་བྱ་བ་གང་བགྱིས་པ། །དེ་ཀུན་ཁྱོད་ཀྱིས་བཟོད་མཛད་རིགས། །ཞེས་ནོངས་བཟོད་པར་གསོལ། བདག་ལ་དངོས་གྲུབ་མཆོག་སྩོལ་བས། །ཏིང་འཛིན་ཀུན་གྱི་འབྲས་བུ་སྩོལ། །སེམས་ཅན་ཀུན་ལ་ཅི་འདོད་པའི། །དངོས་གྲུབ་བླ་ན་མེད་པ་སྩོལ། །ཞེས་འདོད་དོན་ཞུ། འདི་དག་ལ་ཡེ་ཤེས་པ་སློབ་མ་ལ་བསྟིམ་པའི་དབང་དུ་མཛད་དོ་གཤེགས་གསོལ་མི་བྱེད་པ་སྣང་ཡང་ཐོར་རང་འདྲ་བསྟིམ་པ་ཡིན་པས། རྟེན་ཡོད་ནས་བརྟན་བཞུགས་དང་། མེད་ན་གཤེགས་གསོལ་སྐབས་དང་སྦྱར་བའི་ཚུལ་ཤེས་དགོས་པ་རྣམས་ལ་ཞལ་ཤེས་ཐུབ་སོང་མ་ཡིན་པའི་གནད་ནི། ཡེ་ཤེས་པ་ཆ་གཅིག་རང་ལ་ཐིམ་ནས་སླར་ཡང་བྱིན་གྱིས་བརླབས་པ་དང་། ཆ་གཅིག་རྟེན་ལ་བརྟན་པར་བཞུགས་པར་སོམ་ནས། འདིར་ནི་རྟེན་དང་ལྷན་ཅིག་ཏུ། །འགྲོ་བའི་དོན་དུ་བཞུགས་ནས་ཀྱང་། །ནད་མེད་ཚེ་དང་དབང་ཕྱུག་དང་། །མཆོག་རྣམས་ལེགས་པར་སྩལ་དུ་སྩོལ། །ཨོཾ་སུ་པྲ་ཏིཥྛ་བཛྲ་ཡེ་སྭཱཧཱ། ཞེས་བརྗོད་ནི། རབ་ཡངས་ལྷ་ཡི་ལམ་ཀུན་ཡོངས་གང་བའི། ། འཆི་མེད་དཔལ་སྟེར་བློ་བཟང་གྲགས་པའི་ཚོགས། །མི་རྟག་ཆར་འབེབས་གདངས་སྙན་སྒྲ་དབྱངས་ལྡིར། །ཉི་བུའི་གཡུལ་ལས་རྒྱལ་བའི་ཤེས་པ་བརྗོད། །རྒྱལ་ཀུན་ངོ་བོ་ཁམས་གསུམ་ཆོས་ཀྱི་རྒྱལ། །ཚེ་དཔག་མེད་མགོན་རྗེ་བཙུན་ཙོང་ཁ་པ། །ཡབ་སྲས་བརྒྱུད་པར་བཅས་པའི་བྱིན་རླབས་ཀྱིས། །བཀྲ་ཤིས་དགེ་མཚན་མ་ལུས་མངོན་

གྱུར་ཅིག །གང་གི་གསོལ་འདེབས་ཡིད་བཞིན་དབང་རྒྱལ་མཆོག །ཟབ་རྒྱས་དམ་ཆོས་རྒྱ་མཚོའི་བཅུད་བསྡུས་པ། །ལ་སོགས་དམ་ཆོས་དཀོན་མཆོག་བྱིན་རླབས་ཀྱིས། །བཀྲ་ཤིས་དགེ་མཚན་མ་ལུས་མངོན་གྱུར་ཅིག །ཚུལ་འདི་ཉམས་སུ་ལེན་པའི་འཕགས་པ་དང་། །སོ་སོ་སྐྱེ་བོའི་དགེ་འདུན་ཇི་སྙེད་པ། །ལ་སོགས་དགེ་འདུན་དཀོན་མཆོག་བྱིན་རླབས་ཀྱིས། །བཀྲ་ཤིས་དགེ་མཚན་མ་ལུས་མངོན་གྱུར་ཅིག །ནམ་མཁའི་ཁྱོན་ལྟར་ཡངས་པའི་ཕོ་བྲང་མཆོག །ཉི་ཟླའི་འོད་དང་མཉམ་པའི་འོད་འཕྲོ་ཞིང་། །གྲངས་མེད་རིན་ཆེན་རྒྱན་གྱིས་མཛེས་པ་ལ། །དགེ་མཚན་ཇི་སྙེད་མཆིས་པའི་བཀྲ་ཤིས་དེས། །ཁྱེད་ཅག་གང་དང་གང་དུ་གནས་པ་དེར། །མི་ཤིས་མཚན་མ་གང་ཡང་མི་འབྱུང་ཞིང་། །ཞིང་གི་འཁོར་བ་ཕུལ་དུ་བྱུང་བ་ཡིས། །བདེ་ལེགས་རྒྱུན་མི་ཆད་པའི་བཀྲ་ཤིས་ཤོག །ཅེས་ཤིས་པར་བརྗོད། ལས་ཀྱི་རྗེས་མི་མངོན་པར་བཏོ། །སྨྲས་པ། འཇམ་མགོན་ཐུགས་བཅུད་ལྷུགས་ཡངས་ཆུ་གཏེར་ལས། །གྲུབ་མཆོག་དེད་དཔོན་གྱིས་བླངས་བདུད་རྩིའི་བཅུད། །བདག་བློ་རྩེ་དགས་རོལ་པའི་སྐལ་བཟང་ཕོབ། །རྒྱལ་ཀུན་འདུས་ཞལ་བཀའ་དྲིན་ཨེ་མ་མཚར། །རང་བཟོས་མ་བསླད་གསུང་རྒྱུན་ཟབ་རྒྱས་འདི། །སྙིང་གི་ཡོལ་གོར་ཡོངས་འཁྱིལ་དགེ་ལེགས་ཀྱིས། །ཚེ་དབང་ལྡན་ཐབས་འཆི་མེད་དཔལ་སྟེར་ཞེས། །འདིར་འབད་དགེ་བའི་སོར་མོའི་འདུ་བྱེད་ཀྱིས། །ཕྱི་ནང་ཉེར་འཚེ་འཆི་རྐྱེན་རྒྱ་ནང་དུ། །ཡོངས་སུ་ཆུད་ཟམས་སྐད་ཅིག་ལ་བསྒྲལ་ཏེ། །ཕན་བདེའི་དཔལ་ལ་ཅི་གར་དབང་འབྱོར་བཞིན། །རྒྱལ་བས་ལུང་བསྟན་མདོ་སྔགས་ཟུང་འབྲེལ་གྱི། །ཐུབ་བསྟན་ཡང་སྙིང་ཞྭ་སེར་རིང་ལུགས་འདི། །རྒྱ་མཚོའི་གོས་ཅན་ཁྱབ་མཛད་དབང་གི་རྒྱལ། །རིས་མེད་བསྟན་པའི་རྒྱལ་མཚན་རྩེར་མཆོད་ཅིང་། །སྐུ་ཚེ་འགྱུར་མེད་རྡོ་རྗེའི་ཁམས་ལྟར་བརྟན། །གསུང་དབྱངས་ལེགས་བཤད་བདུད་རྩིའི་དགའ་སྟོན་འགྱེད། །ཐུགས་བསྐྱེད་གཞན་ཕན་མཛད་འཕྲིན་འོད་སྟོང་འབར། །ཁོར་ཡུག་སྣང་བས་ཁྱབ་པས་འཛིག་རྟེན་གྱི། །རྒུད་པའི་མུན་ཚོགས་ལྷག་མེད་དྭངས་ཕྱུང་སྟེ། །བདེ་སྐྱིད་པདྨོའི་དགའ་ཚལ་རབ་བཞད་པས། །བཤད་དང་སྒྲུབ་པའི་གཞོག་རླབས་འབུམ་གཡོ་བའི། །བློ་གསལ་ངང་མོ་བྱེ་བ་རོལ་རྩེད་ཀྱི། །ལུང་རིགས་མཁྱེན་རྫ་ལྷུང་ལྷུང་འཁྲོལ་བ་ཡིས། །ནོར་འཛིན་ལི་ཁྲིའི་གོས་བཞིན་ཁེབས་གྱུར་ཅིག །ཅེས་རྗེ་བཙུན་ཙོང་ཁ་པ་ཆེན་པོ་ཚེ་འཛིན་མའི་

སྒྲུབ་ཐབས་དང་ཚེ་དབང་བྱ་ཚུལ་གྱི་ལྷན་ཐབས་འཆི་མེད་དཔལ་སྟེར་ཞེས་བྱ་བ་འགྲུབ་པའི་དབང་ཕྱུག་ཆེན་པོའི་གསུང་གི་གནང་བ་ཇི་ལྟར་སྩལ་བ་བཞིན་བཀོད་པ་འདི་ནི། ཆོས་མཛད་དགེ་འདུན་ལྷུན་གྲུབ་དང་། རབ་འབྱམས་པ་དཀོན་མཆོག་ཀུན་དགའ། རབ་འབྱམས་པ་བློ་བཟང་དཔལ་ལྡན་བཅས་ཀྱིས་ཡང་ཡང་བསྐུལ་བའི་ངོར་༧སྒོ་སློབ་དཔོན་ཁྲི་འཛིན་མཁྱེན་རབ་བསྟན་པ་ཆོས་འཕེལ་ནས་བླ་བྲང་ཐུབ་བསྟན་ཆོས་ཀྱི་གཉེར་མཛོད་གླིང་དུ་སྦྱར་བའི་ཡི་གེ་པ་ནི་བསྐུལ་པ་པོ་དཀོན་མཆོག་ཀུན་དགས་བགྱིས་པ་འདིས་ཀྱང་འཇམ་མགོན་བླ་མའི་རིང་ལུགས་དྲི་མ་མེད་པ་འདི་ཉིད་སྒོ་ཀུན་ནས་ཕྱོགས་དུས་ཀུན་ཏུ་དར་ཞིང་རྒྱས་པའི་རྒྱུར་གྱུར་ཅིག །དགེ་ལེགས་འཕེལ། །

༄༅། །རྗེ་བླ་མ་རིགས་གསུམ་སྤྱི་སྒྲུབ་ཀྱི་དབང་བཞི་སྒྲུབས་ཞུས་ཀྱི་བྱུར་འདེབས་ཡོ་རྒྱུས་དང་རྗེ་རིན་པོ་ཆེ་རིགས་གསུམ་སྤྱི་སྒྲུབ་ལ་བརྟེན་པའི་བླ་མའི་རྣལ་འབྱོར་ཟབ་མོ་སློབ་མ་རྗེས་སུ་འཛིན་པའི་ཚོ་ག་དྲིན་ཅན་རྩ་བའི་བླ་མའི་ཞལ་ཤེས་ལྟར་བཀོད་པ་བཅས་བཞུགས་སོ།

༄། །ཨོཾ་སྭསྟི། འོ་ལགས་སོ། །རང་ཅག་རྣམས་དལ་བརྒྱད་འབྱོར་བཅུས་སྤྲས་པའི་རྟེན་བཟང་པོ་ཐོབ་པའི་སྐབས་འདིར། ཚེ་འདི་དོན་མེད་དུ་མི་གཏང་བར་ནམ་ཕུགས་གཏན་གྱི་མདུན་མ་སངས་རྒྱས་ཀྱི་གོ་འཕང་ཐོབ་པར་བྱ། དེའི་ཆེད་དུ་དམ་པའི་ཆོས་ཟབ་མོ་གསན་སྒོམ་པའི་ཀུན་སློང་ཀུན་སྤྱོད་རྣམས་ལེགས་པར་གསལ་བཏབ་ནས་གསན་པར་འཚལ། གང་གསན་པར་བྱ་བའི་ཆོས་དེ་ལ། སྤྱི་དང་བྱེ་བྲག་གཉིས་ལས། དང་པོ་ནི། དལ་འབྱོར་རྙེད་དཀའ་བ། འཆི་བ་མི་རྟག་པ་ལས་རྒྱུ་འབྲས་འཁོར་བའི་ཉེས་དམིགས་ཐར་པའི་ཕན་ཡོན་སོགས་ལམ་རིམ་ལས་ཇི་ལྟར་འབྱུང་བ་ལྟར་ཐུན་མོང་ལམ་སྦྱངས་ཇི་ལྟར་རིགས་པ་དང་། གཉིས་པ་ལ་ཆོས་ཁུངས་བཙུན་པར་བྱ་བའི་ཕྱིར། མཛད་པ་པོའི་ཆེ་བ། གདམས་ངག་ལ་གུས་པ་སྐྱེད་པའི་ཕྱིར་ཆོས་ཀྱི་ཆེ་བ་བསྟན་པ་གཉིས་ལས། དང་པོ་ནི། སྤྱིར་དམིགས་བརྩེ་མ་འདི་གང་གིས་མཛད་ན། རྗེ་རིན་པོ་ཆེ་ཉིད་ཀྱིས། དམིགས་མེད་བརྩེ་བའི་གཏེར་ཆེན་སྤྱན་རས་གཟིགས། །དྲི་མེད་མཁྱེན་པའི་དབང་པོ་འཇམ་པའི་དབྱངས། །གངས་ཅན་མཁས་པའི་གཙུག་རྒྱན་རེང་མདའ་བ། །གཞོན་ནུ་བློ་གྲོས་ཞབས་ཀྱི་པདྨོར་འདུད། །ཅེས་རང་གི་བླ་མར་བསྟོད་པ། འདི་ང་ལ་མི་འབབ་ཁྱེད་ལ་འབབ་གསུངས་ནས་ཚིག་ཁ་བསྒྱུར་ཏེ་གསུངས་པས། དོན་དུ་མཁས་གྲུབ་དམ་པ་དེ་གཉིས་ཀས་མཛད་པའི་བྱིན་རླབས་ཀྱི་ཚན་ཁ་ཤིན་ཏུ་ཆེ་

བ་དེ་ལ་ཡང་གསོལ་བ་འདེབས་ཚུལ་ལ། ཕྱི་མཚུངས་པ་གསལ་བྱེད། ནང་ཡོན་ཏན་དེ་ལྡན་གསང་བ་ལྷག་པའི་ལྷ་དང་ངོ་བོ་དབྱེར་མེད་དུ་གསོལ་བ་འདེབས་ཚུལ་སྲིད་རྒྱུད་ཀྱི་མན་ངག་བཞིན་གྲུབ་མཆོག་འཇམ་དཔལ་རྒྱ་མཚོས་མཛད་པའི་ཙོཀྐ་མ་ཧེའི་དོ་ཤལ། རྒྱལ་བ་བསྐལ་བཟང་རྒྱ་མཚོས་མཛད་པའི་དགའ་ལྡན་ལྷ་བརྒྱའི་བླ་མའི་རྣལ་འབྱོར་གྱི་ཁྲིད་པཎ་ཆེན་དཔལ་ལྡན་ཡེ་ཤེས་ཀྱི་དགའ་ལྡན་ལྷ་བརྒྱ་མའི་ཏིཀྐ། ཡོངས་འཛིན་ཡེ་ཤེས་རྒྱལ་མཚན་གྱི་རིགས་གསུམ་སྤྱི་སྒྲུབ་སོགས་ལས་གསལ་བ་ལྟར་ཞིང་། དགའ་ལྡན་ལྷ་བརྒྱ་མར་གྲགས་པའི་བླ་མའི་རྣལ་འབྱོར་འདི་ནི། འདུལ་ནག་པ་དཔལ་ལྡན་བཟང་པོས་སྲུང་གི་སྲུར་རྒྱལ་གདོན་གྱིས་བརླབས་པ་དག་གི་དོན་དུ་གསུངས་ཤིང་། རྗེ་ཉིད་ཀྱིས་གསང་སྒྲུབ་ཀྱི་ལས་ཚོགས་བཅུ་གཅིག་སྨན་ཁང་པ་ཆེན་པོས་དག་པ་ཡེ་ཤེས་ཀྱི་གཟིགས་ངོར་ཤར་བའི་འཁོར་ལོའི་ལས་ཚོགས་ཁ་ཤས་བཞུགས་བཞིན་ལྟར་གནས་སྐབས་སུ་དེ་དག་ནས་བཤད་པའི་འགལ་རྐྱེན་ཞི་ཞིང་། མཐུན་རྐྱེན་འགྲུབ་པ་དང་། མཐར་ཐུག་རྒྱལ་བ་འཇམ་དཔལ་སྙིང་པོའི་གོ་འཕང་མྱུར་དུ་ཐོབ་པར་འགྱུར་བ། གདོན་མི་ཟའོ། །གཉིས་པ་འདི་ཡི་དབང་གི་ལོ་རྒྱུས་ཙུང་ཟད་གཅིག་ཞུ་ན། དེང་སང་སྙིགས་མ་ལས་ཀྱང་ཆེས་སྙིགས་མའི་དུས་འདིར། ཚིག་འགྲིག་འགྲིག དོན་བཟང་བཟང་། མིང་སྙན་སྙན་དུ་བཏགས་པས་སྣ་ནས་བཏོན་པ། གནམ་ནས་བབ་པ། ཐུགས་ལ་ཤར་བ་ཡིན་ཟེར་བའི་ཞ་དཔེ་ལྷམ་འགེབས་བླུན་པོ་མགོ་བོ་བསྐོར་བའི་ཟོབ་ཆོས་དང་། གཞན་ཡང་སངས་རྒྱས་གཉིས་པ་སློབ་དཔོན་པདྨ་འབྱུང་གནས་ཀྱི་རྗེས་སུ་ཞུགས་ནས། ཕ་ཕྲུལ་བུ་ཡིས་མ་ཟིན་པ་ནམ་ཕུགས་ནག་ཆགས་ལ་འཛིན་ཅིང་། མལ་ས་སྐྱུག་པས་གང་བ་འགའ་ཞིག་གི་བཀའ་གཏེར་སྣ་ཚོགས་བསྲེས་བསླད་ཀྱི་ཚོང་འདུས་འོ་མའི་དཔེ་དང་མི་མཚུངས་ཤིང་། དཔེར་ན། ཚེ་སྒྲུབ་འཆི་མེད་རྡོ་རྗེའི་སྲོག་ཤིང་གི་དབང་དང་། དཔལ་ལྷའི་སྲོག་གཏད་ཀྱི་དབང་རྣམས་གྲུབ་ཆེན་དཔལ་ལྡན་རྡོ་རྗེས་རྒྱལ་བ་བསོད་ནམས་རྒྱ་མཚོར་འབྲས་སྤུངས་ཉི་འོད་འཁྱིལ་དུ་དག་སྣང་གིས་གནང་བར་སྙན་རྒྱུད་ལས་མ་གནང་ཀྱང་། རྒྱལ་བ་ལྔ་པ་ཆེན་པོས་བཀའ་རྒྱ་བཀྲོལ་ནས་ཡི་གེར་བཏབ་སྟེ། ཚོགས་ཆོས་སུ་གནང་བ་བཞིན་དུ། འདི་ཡང་། རྗེ་ཉིད་ཀྱི་འདུལ་འཛིན་གྲགས་པ་རྒྱལ་མཚན་ལ་གནང་། དེས་མཁས་གྲུབ་དགེ་ལེགས་དཔལ་བཟང་ལ་གནང་བ་ནི། བདག་གི་དྲིན་ཅན་རྩ་བའི་བླ་མ་བྱམས་པ་བསྐལ་བཟང་དཔལ་བཟང་

པོ་ལ་དངོས་སུ་ཐོབ་ལ། བར་གྱི་རྒྱུད་པའི་ལོ་རྒྱུས་ཡིད་གཏན་ཏུང་བ་མ་རྙེད་ཀྱང་། སྔན་རྒྱུད་སྤྲུལ་པའི་གླིགས་བམ་གྱི་དཔེ་འདྲ་ལྟར་ན། པ་སོ་ཆོས་རྒྱན་གྲུབ་ཆེན་ཆོས་ཀྱི་རྡོ་རྗེ། རྒྱལ་བ་བློ་བཟང་དོན་འགྲུབ། མཁས་གྲུབ་སངས་རྒྱས་ཡེ་ཤེས། པཎ་ཆེན་བློ་བཟང་ཆོས་རྒྱན། རྒྱལ་པ་ལྔ་པ་ཆེན་པོ་ལ་བརྒྱུད་པ་ཨེ་ཡིན་སྙམ། གང་ལྟར་རྒྱལ་བ་ལྔ་པ་ཆེན་པོ་ནས་དམིགས་བརྩེ་མའི་ཏེཀྐ་ཚིག་དོན་རབ་གསལ་ཐོག་ནས། གནས་བརྟན་འཇམ་དབྱངས་གྲགས་པ་ལ་འདི་ཡི་དབང་གནང་། འདིས་བར་བརྒྱུད་པ་མ་ངེས། དེ་ནས་ཆུ་བར་བླ་མ་རྗེ་དགེ་འདུན་བཀྲ་ཤིས། དེ་འབེ་ཐེ་བླ་མ་ངག་དབང་དོན་ལྡན། དེས་ཐུགས་ཆེན་རྡོ་རྗེ་འཆང་བྱམས་པ་བསྐལ་བཟང་། དེས་བདག་བྱམས་པ་དགེ་ལེགས་ལ་སྩལ་བའི་བྱིན་རླབས་ཀྱི་ཚན་ཁ་མ་བྲི་བ། དམ་ཚིག་གི་སེལ་མ་ཞུགས་ཅིང་། བསྲེས་བསླད་སོགས་སྒྲོ་བསྐུར་མེད་པར་དབང་འབུལ་བ། སྐབས་སུ་བབས་པའི་བླ་མའི་བྱ་བའི་རིམ་པ་རྣམས་གྲུབ་ནས། སློབ་མའི་ངོ་སྐལ་མཚུལ་འབུལ་བར་ཞུ། ན་མོ་གུ་རུ་ཝེ། འདིར་ཁམས་གསུམ་ཆོས་ཀྱི་རྒྱལ་པོ་ཙོང་ཁ་པ་ལ་བརྟེན་ནས་རིགས་གསུམ་སྤྱི་སྒྲུབ་སྒོས་བྱིན་རླབས་སྲུངས་ཞུས་ཀྱི་ཚུལ་དུ་སློབ་མ་དབང་བསྐུར་བའི་ཚུལ་ནི། ཐོག་མར་ཡིད་མཐུན་གྱི་གནས་སུ་བདག་བསྐྱེད་མཆོད་པ་ཚར་ཅིག་དང་། མདུན་བསྐྱེད་མཆོད་པ་ཚར་ཅིག་བཅས་དང་། འབུལ་གཏོར་དཀར་ཟླུམ་པད་འདབ་ཅན་གཏོར་ཆུང་དང་ཐེབས་ཀྱུས་བསྐོར་བ། ཡང་ལྟར་བསྐྱེད་ཀྱི་གཏོར་མ་དཀར་ཟླུམ་པད་འདབ་ཅན་རྗེའི་རྩ་ཀ་ལི་དང་གདུགས་སེར་པོ་འཇུགས། དབང་བསྐུར་བ་ལ་མགོ་བའི་བགེགས་གཏོར་གྲུལ་ཡུངས་ལས་བྲུམ་རྣམས་ཀྱང་བཤམས། དེ་ནས་དངོས་གཞི་ལ་སྐྱབས་སེམས་སྔོན་དུ་འགྲོ་བས་བདག་བསྐྱེད་བསྒོམ་པ་ནི། སྭ་བྷཱ་ཝས་སྦྱངས། འཁོར་འདས་ཀྱིས་བསྡུས་པའི་ཆོས་ཐམས་ཅད་སྟོང་བ་ཉིད་དུ་གྱུར། སྟོང་པའི་ངང་ལས་རང་གི་སྤྱི་བོར་སེང་ཁྲི་པད་ཟླའི་སྟེང་དུ་ཧྰཱིཿ ལས་རལ་གྲིའི་ཡུ་བ་ཧྰཱིཿ ས་མཚན་པ་ལས་འོད་ཟེར་འཕྲོས། དོན་གཉིས་བྱས། ཚུར་འདུས་ཡོངས་སུ་གྱུར་པ་ལས་རྗེ་བའི་བླ་མ་རྣམ་པ་རྒྱལ་བ་ཙོང་ཁ་པ་ཆེན་པོ་རབ་ཏུ་བྱུང་བའི་ཆ་ལུགས་ཅན། ཞི་ཞིང་འཛུམ་པའི་ཞལ་དཀྱིལ་དཀར་ལ་དམར་པའི་མདངས་ཆགས་པ། ཕྱག་གཉིས་ཆོས་འཁོར་གྱི་ཕྱག་རྒྱ་མཛད་པའི་མཐེབ་མཛུབ་ཀྱིས་ཨུཏྤལའི་ཡུ་བ་ནས་འཛིན་པའི་འདབ་མ་དཔུང་པའི་ཐད་དུ་རྒྱས་པས་ཤེས་རབ་ཀྱི་རལ་གྲི་དང་། ཤེར་ཕྱིན་གྱི་གླེགས་བམ་སྟེགས་པ། དབུ་ལ་པཎ་ཞྭ་གསེར་གྱི་མདོག་ཅན་གསོལ་བ། ཞབས་རྡོ་རྗེ་སྐྱིལ་མོ་ཀྲུང་གིས་བཞུགས་པ།

དེའི་ སྤྱི་བོར་རྩ་འཁོར་གྱི་དབུས་སུ་པད་ཟླའི་གདན་ལ་འཇམ་དབྱངས་དམར་སེར་གཡས་རལ་གྲི་འཕྱར་ཞིང་། གཡོན་ཨུཏྤ་ལའི་ཡུ་བ་ནས་བཟུང་བའི་འདབ་སྟེང་ན་སྟོང་ཕྲག་བརྒྱ་པའི་གླེགས་བམ་གྱིས་མཚན་པ། རལ་པའི་ཟུར་ཕུད་ལྔ་དང་ལྡན་པ། མགྲིན་པའི་རྩ་འཁོར་གྱི་དབུས་སུ་པད་ཟླའི་གདན་ལ་སྤྱན་རས་གཟིགས་དཀར་པོ་རྩ་ཕྱག་གཉིས་ཐལ་མོ་སྦྱར་ཞིང་འོག་མ་གཉིས་ཀྱིས་ཤེལ་ཕྲེང་དང་པདྨ་འཛིན་པ་རལ་པའི་ཐོར་ཚུགས་དང་ནུ་མ་གཡོན་པར་ཁྲི་གཉེན་ས་ལེའི་ལྤགས་པས་བཀབ་པ། གཉིས་ཀའང་རིན་པོ་ཆེའི་རྒྱན་དང་དར་གྱི་ན་བཟའ་གསོལ་བ་ཞབས་རྡོ་རྗེ་སྐྱིལ་མོ་ཀྲུང་གིས་བཞུགས་པ། ཐུགས་ཀའི་རྩ་འཁོར་གྱི་དབུས་སུ་པད་ཉིའི་གདན་ལ་ཕྱག་ན་རྡོ་རྗེ་མཐིང་ནག་གཡས་གསེར་གྱི་རྡོ་རྗེ་དང་། གཡོན་བསྡིགས་མཛུབ་མཛད་པ་དབུ་སྐྲ་དང་སྨ་ར་སྨིན་མ་དམར་སེར་འབར་བ། རིན་པོ་ཆེ་དང་སྦྲུལ་གྱིས་བརྒྱན་པ། དར་གྱི་སྟོད་གཡོགས་དང་སྟག་ཤམ་གསོལ་བ། ཞབས་གཡས་བསྐུམ་གཡོན་བརྐྱང་གིས་ཡེ་ཤེས་ཀྱི་མེ་འབར་བའི་དབུས་ན་བཞུགས་པའི་དཔྲལ་བར་ཨོཾ། མགྲིན་པར་ཨཱཿ ཐུགས་ཀར་ཧཱུྃ། ཐུགས་ཀའི་ས་བོན་ལས་འོད་ཟེར་འཕྲོས་པས། རྩ་བརྒྱུད་ཀྱི་བླ་མ་ཡི་དམ་སངས་རྒྱས་བྱང་སེམས་ཉན་རང་དཔའ་བོ་མཁའ་འགྲོ་ཆོས་སྐྱོང་སྲུང་མ་སྐྱབས་གནས་ཐམས་ཅད་བཛྲ་ས་མཱ་ཛཿ ཛཿ ཧཱུྃ་བཾ་ཧོཿ གཉིས་སུ་མེད་པར་གྱུར། ལས་བྱམ་ཀྱང་སྐབས་ན་འདིར་རྒྱས་བསྡུས་སྐབས་དང་སྦྱར་ཏེ་བྱ། བདག་བསྐྱེད་མཆོད་པ་བྱིན་བརླབ་ནི། ཨ་མྲི་ཏ་ས་བསངས། སྭ་བྷཱ་ཝས་སྦྱངས། སྟོང་པའི་ངང་ལས་བྷྲཱུྃ་ལས་རིན་པོ་ཆེའི་སྣོད་ཡངས་ཤིང་རྒྱ་ཆེ་བ། ནས་ཨཱཿཀྲྀ་སོགས་ནས། ཤཱཀྱའི་བར་དང་། ཧཱུྃ་པ་སོགས་འདོད་ཡོན་ལྔ་དང་བཅས་པ་བྱིན་གྱིས་བརླབས། མཆོད་ཚུལ་བླ་མ་མཆོད་པ་ལྟར་རོ། ཆུ་བཞི་ཉེར་སྤྱོད་རོལ་མོ་འདོད་ཡོན་ལྔ་དང་བཅས་པའམ། ཡང་ན། ཨོཾ་ཨཱཿ གུ་རུ་སུ་མ་ཏི་ཀཱིརྟི་ས་པ་རི་ཝཱ་ར་ཨརྒྷཾ་ནས་ཤཔྡའི་བར་དང་། ཧཱུྃ་པ་ནས་སྦྱཱིའི་བར་མཆོད། བསྟོད་པ་ནི། རྒྱལ་བ་ཀུན་གྱི་མཁྱེན་བརྩེ་མ་ལུས་པ། །གཅིག་ཏུ་བསྡུས་པ་རྗེ་བཙུན་འཇམ་པའི་དབྱངས། །ངུར་སྨྲིག་གར་རོལ་བློ་བཟང་གྲགས་པའི་དཔལ། །གསོལ་བ་འདེབས་སོ་བྱིན་གྱིས་བརླབ་ཏུ་གསོལ། །ཞེས་སོགས་རྒྱས་བསྡུས་ཅི་རིགས་པས་བསྟོད། བཟླས་པ་ནི། བླ་མའི་ཐུགས་ཀར་ཉི་མའི་དཀྱིལ་འཁོར་གྱི་དབུས་སུ་ཧཱུྂཿ ཡིག་གི་མཐར་དམིགས་བརྩེ་མས་བསྐོར་བ་ལས་འོད་ཟེར་འཕྲོས། རྒྱལ་བ་སྲས་བཅས་ལ་མཉེས་པའི་མཆོད་པ་ཕུལ། སེམས་ཅན་ཐམས་ཅད་ཀྱི་སྡིག་སྒྲིབ་སྦྱངས། ཚུར་

འདུས་ཐུགས་ཀའི་ཡིག་འབྲུ་ལ་ཐིམ་དེ་ལས་བདུད་རྩིའི་རྒྱུན་བབས་པ་རང་གི་སྤྱི་བོ་ནས་ཞུགས་ལུས་ཀྱི་ནང་ཐམས་ཅད་གང་ནད་གདོན་སྡིག་སྒྲིབ་ཐམས་ཅད་དག་པར་གྱུར། ཞེས་དང་དམིགས་བརྩེ་མ་དགུ་སྐོར་ནི། དངོས་གྲུབ་ཀུན་འབྱུང་ཐུབ་དབང་རྡོ་རྗེ་འཆང་། །དམིགས་མེད་བརྩེ་བའི་གཏེར་ཆེན་སྤྱན་རས་གཟིགས། །དྲི་མེད་མཁྱེན་པའི་དབང་པོ་འཇམ་པའི་དབྱངས། །བདུད་དཔུང་མ་ལུས་འཇོམས་མཛད་གསང་བའི་བདག །གངས་ཅན་མཁས་པའི་གཙུག་རྒྱན་བློ་བཟང་གྲགས། །སྐྱབས་གསུམ་ཀུན་འདུས་བླ་མ་སངས་རྒྱས་ལ། །སྒོ་གསུམ་གུས་པས་སྙིང་ནས་གསོལ་བ་འདེབས། །རང་གཞན་སྨིན་ཅིང་གྲོལ་བར་བྱིན་གྱིས་རློབས། །མཆོག་དང་ཐུན་མོང་དངོས་གྲུབ་སྩལ་དུ་གསོལ། །ཞེས་གདུང་ཤུག་དྲག་པོས་ཅི་འགྲུབ་བཟླས། སླར་ཡང་གདུང་ཤུགས་དྲག་པོས། སྐྱབས་གནས་ཀུན་འདུས་ཆོས་ཀྱི་རྒྱལ་པོ་ཙོང་ཁ་པ་ལ་གསོལ་བ་འདེབས་སོ། །བདག་གི་ལུས་ངག་ཡིད་གསུམ་བྱིན་གྱིས་རློབས་ཤིག བཙོས་མ་མ་ཡིན་པའི་ངེས་འབྱུང་གི་བསམ་པས་རྒྱུད་བསྐུལ་ནས་བྱམས་སྙིང་རྗེ་བྱང་ཆུབ་ཀྱི་སེམས་དང་། ཟབ་མོ་དབུ་མའི་ལྟ་བ་དང་། ལམ་རིམ་པ་གཉིས་ཀྱི་རྣལ་འབྱོར་ཟབ་མོ་ཉམས་སུ་ལེན་ནུས་པར་བྱིན་གྱིས་རློབས་ཤིག དེ་ལྟར་ཉམས་སུ་བླངས་པས་ཆོས་ལམ་དུ་སོང་སྟེ་མཁའ་མཉམ་སེམས་ཅན་ཀུན་གྱི་དོན་དུ་སངས་རྒྱས་ཀྱི་གོ་འཕང་ཐོབ་པར་བྱིན་གྱིས་རློབས་ཤིག །མདོར་ན་ཚེ་རབ་ཐམས་ཅད་དུ་རྗེ་བཙུན་ཙོང་ཁ་པ་ཆེན་པོས་རྗེས་སུ་བཟུང་ནས་རང་གཞན་གྱི་དོན་རྒྱ་ཆེན་པོ་སྒྲུབ་ནུས་པར་བྱིན་གྱིས་བརླབ་ཏུ་གསོལ། །ཞེས་ལན་གསུམ་གསོལ་བ་བཏབ། ཞེས་གསོལ་བ་བཏབ་པས་བླ་མའི་སྤྱི་བོའི་འཇམ་པའི་དབྱངས་ཀྱི་ཐུགས་ཀ་ནས་འོད་ཟེར་དང་བདུད་རྩི་དཀར་པོ་དཔག་ཏུ་མེད་པ་བྱུང་། རང་གི་དཔྲལ་བར་ཐིམ། ལུས་ཀྱི་སྒྲིབ་པ་དག དབང་བཞིའི་ནང་ནས་བུམ་དབང་བྱིན་རླབས་ཀྱི་ཚུལ་དུ་ཐོབ། སྐུ་རྡོ་རྗེ་འགྲུབ་པའི་ནུས་པ་བཞག་པར་གྱུར། སླར་ཡང་བླ་མའི་མགྲིན་པའི་སྤྱན་རས་གཟིགས་ཀྱི་ཐུགས་ཀ་ནས་འོད་ཟེར་དང་། བདུད་རྩི་དམར་པོ་དཔག་ཏུ་མེད་པ་བྱུང་། རང་གི་མགྲིན་པར་ཐིམ། ངག་གི་སྒྲིབ་པ་དག དབང་བཞིའི་ནང་ནས་གསང་དབང་བྱིན་རླབས་ཀྱི་ཚུལ་དུ་ཐོབ། གསུང་རྡོ་རྗེ་འགྲུབ་པའི་ནུས་པ་བཞག་པར་གྱུར། སླར་ཡང་བླ་མའི་ཐུགས་ཀའི་ཕྱག་ན་རྡོ་རྗེ་ཐུགས་ཀ་ནས་འོད་ཟེར་དང་། བདུད་རྩི་སྔོན་པོ་དཔག་ཏུ་མེད་པ་བྱུང་། རང་གི་སྙིང་ཁར་ཐིམ།

ཡིད་ཀྱི་སྒྲིབ་པ་དག དབང་བཞིའི་ནང་ནས་ཤེས་རབ་ཡེ་ཤེས་ཀྱི་དབང་བྱིན་རླབས་ཀྱི་ཚུལ་དུ་ཐོབ། ཐུགས་རྡོ་རྗེ་འགྲུབ་པའི་ནུས་པ་བཞག་པར་གྱུར། སླར་ཡང་བླ་མའི་གནས་གསུམ་ལས་འོད་ཟེར་དང་། བདུད་རྩི་དཀར་དམར་མཐིང་གསུམ་བྱུང་རང་གི་གནས་གསུམ་ལ་ཐིམ། ཐོག་མེད་ནས་བསགས་པའི་ལུས་ངག་ཡིད་གསུམ་གྱི་སྡིག་སྒྲིབ་བག་ཆགས་དང་བཅས་པ་དག །བླ་མའི་སྐུ་གསུང་ཐུགས་ཀྱི་བྱིན་རླབས་ཞུགས། དབང་བཞིའི་ནང་ནས་ཚིག་དབང་རིན་པོ་ཆེ་བྱིན་རླབས་ཀྱི་ཚུལ་དུ་ཐོབ། སྐུ་གསུང་ཐུགས་རྡོ་རྗེ་གསུམ་དབྱེར་མི་ཕྱེད་པའི་ཟུང་འཇུག་རྡོ་རྗེ་འཆང་འགྲུབ་པའི་ནུས་པ་ཁྱད་པར་ཅན་བཞག་པར་གྱུར། ཞེས་དང་། དེ་ནས། རང་གི་སྤྱི་བོ་ནས་སྙིང་གའི་བར་དུ་རྩ་དབུ་མ་ཕྱི་དཀར་ལ་ནང་དམར་བ་རག་དུང་མགོ་མཇུག་ལྡོག་ནས་བསླང་བའི་དབྱིབས་ཅན། ཞབས་ཡངས་པ་ཡར་སྣེ་སྤྱི་བོ་ལ་ཟུག་པ་རྒྱ་མཐོངས་ཁ་ཕྱེ་བ་ལྟར་བུ་ག་སྐྲ་ཐལ་ལེ་བ། རང་གི་སྙིང་གར་པདྨ་དམར་པོ་འདབ་མ་བརྒྱད་པ་ཁ་ཀྱེན་དུ་ཤགས་གིས་ཕྱེ་བ། དེའི་དབུས་སུ་རང་གི་སེམས་ཉིད་ཧྲཱིཿདམར་སེར་དུ་གསལ་བར་གྱུར་པར་བསམ་སྤྱི་བོའི་བླ་མ་ལ་དམིགས་ནས་གདུང་ཤུགས་དྲག་པོས། དཔལ་ལྡན་རྩ་བའི་བླ་མ་རིན་པོ་ཆེ། བདག་གི་སྙིང་ཁར་ཞེས་སོགས་ལན་གསུམ་གྱིས་གསོལ་བ་བཏབ་པས། བླ་མའི་སྐུ་དེ་ཉིད་མཐེབ་སོར་གྱི་ཚད་ཙམ་དུ་གྱུར་པ་རང་གི་རྩ་དབུ་མའི་ལམ་བརྒྱུད་དེ་མར་བྱོན་ནས་རང་གི་སྙིང་གར་པདྨའི་སྟེང་དུ་རང་སེམས་ཧྲཱིཿཡིག་གི་རྣམ་པ་དང་ངོ་བོ་དབྱེར་མི་ཕྱེད་པར་གྱུར་ནས་བྱང་ཆུབ་མ་ཐོབ་ཀྱི་བར་དུ་མི་འབྲལ་བར་བྱིན་གྱིས་བརླབས་པར་གྱུར་བར་བསམ་ལ་རང་གི་སྙིང་གའི་པདྨ་ཁ་ཟུབ་ཀྱིས་འདུས་པའི་མཐའ་སྐོར་དུ། ཨོཾ་ཨ་ར་པ་ཙ་ན་ཧྲཱིཿསུ་མ་ཏི་གིརྟི་ཤྲཱི་བྷ་དྲ་ཨ་ཧཱ་ཾཥ་ན་ཨ་ཧཱི་ཾ་ཥ་ཏི་ཀུམཱ་ར། ཞེས་པའི་སྔགས་ཀྱི་ཕྲེང་བས་བཅིངས་བར་མོས་ནས་སྔགས་ཅི་འགྲུབ་བཟླ། མཇུག་ཏུ་དགེ་བ་འདི་ཡིས་མྱུར་དུ་བདག །བློ་བཟང་གྲགས་པ་འགྲུབ་གྱུར་ནས། སོགས་དང་། སྐྱེ་བ་ཀུན་ཏུ་སོགས་སྨོན་ལམ་གདབ། དེ་ནས་མདུན་བསྐྱེད་བསྒྲུབ་པ་ནི། མཆོད་པ་གོང་ལྟར་བྱིན་གྱིས་བརླབས་དབང་ཉར། ཨ་ཨི་ཏ་སོགས་བསྔངས་ས་ཧྲཱ་ཕཊ་སྦྱངས། སྟོང་པའི་ངང་ལས་མདུན་གྱི་གོ་སར་སེང་ཁྲི་པདྨ་ཉི་ཟླའི་སྟེང་དུ་ཧྲཱིཿལས་རལ་གྲིའི་ཡུ་བ་ཧྲཱིཿས་མཚན་པ་ལས་འོད་ཟེར་འཕྲོས། དོན་གཉིས་བྱས་ཚུར་འདུས་ཡོངས་སུ་གྱུར་པ་ལས་རྗེ་བའི་བླ་མ་རྣམ་པ་རྒྱལ་བ་ཙོང་ཁ་པ་ཆེན་པོ་རབ་བྱུང་གི་ཆ་ལུགས་ཅན་ཞི་ཞིང་འཛུམ་པའི་ཞལ་དཀྱིལ་དཀར་ལ་དམར་བའི་མདངས་ཆགས་པ། ཅེས་པ

ནས། དཔྲལ་བར་ཨོཾ། མགྲིན་པར་ཨཱཿ ཐུགས་ཀར་ཧཱུྃ། ཐུགས་ཀའི་ས་བོན་ལས་འོད་ཟེར་འཕྲོས་པས་རྩ་བརྒྱུད་ཀྱི་བླ་མ་ཡི་དམ་སངས་རྒྱས་བྱང་སེམས་ཉན་རང་དཔའ་བོ་མཁའ་འགྲོ་ཆོས་སྐྱོང་སྲུང་མའི་ཚོགས་ཀྱིས་བསྐོར་བ་ཨོཾ་བཛྲ་ས་མཱ་ཛཿ སློབ་གྲོས་ཁང་བཟང་བསླབ་གསུམ་ནོར་གྱིས་ཕྱུག །བཟང་པོའི་འཕྲིན་ལས་གདུལ་བྱའི་དཔལ་དུ་ཤར། །གྲགས་པའི་འོད་ཟེར་འཛམ་གླིང་ཕྱོགས་བཅུར་འཕྲོ། །དཔལ་ལྡན་བླ་མ་འཁོར་བཅས་གཤེགས་སུ་གསོལ། །ཛཿ ཧཱུྃ་བཾ་ཧོཿ དམ་ཚིག་པ་དང་གཉིས་སུ་མེད་པར་གྱུར། དེ་ནས་མཆོད་པ་འབུལ་བ་ནི། མཆོད་ཡོན་ཞབས་ཆེར། སོགས་ཀྱིས་ཆུ་གཉིས་ཉེར་སྤྱོད་རོལ་མོ་འདོད་ཡོན་ལྔ་དང་བཅས་པ་ཕུལ། བསྟོད་པ་ནི་གོང་བཞིན། རྒྱལ་བ་ཀུན་གྱི་མཁྱེན་བརྩེ་མ་ལུས་པ། ཞེས་པ་ནས། བྱིན་གྱིས་བརླབ་ཏུ་གསོལ། ཞེས་དང་། རྣམ་དག་གངས་རིའི་ཕྲེང་བས་ཡོངས་བསྐོར་བའི། ནས་བདག་ཕྱག་འཚལ། ཞེས་དང་། ཕྱག་བྱར་འོས་པ། སོགས་ཀྱིས་བསྟོད། བཟླས་པ་ནི། མདུན་བསྐྱེད་ཀྱི་བླ་མའི་ཐུགས་ཀར་ཉི་མའི་དཀྱིལ་འཁོར་གྱི་དབུས་སུ་ཧཱིཿ ཡིག་གི་མཐར། དམིགས་བརྩེ་མས་བསྐོར་བ་ལས་འོད་ཟེར་འཕྲོས། རྒྱལ་བ་སྲས་བཅས་ལ་མཉེས་པའི་མཆོད་པ་ཕུལ། སེམས་ཅན་ཐམས་ཅད་ཀྱི་སྡིག་སྒྲིབ་སྦྱངས། ཚུར་འདུས་ཐུགས་ཀའི་ཡིག་འབྲུ་ལ་ཐིམ་པར་གྱུར་བར་བསམ་ལ། གོང་གི་དམིགས་བརྩེ་མ་དགུ་བསྐོར་ཅི་འགྲུབ་བཟླ་ཡིག་བརྒྱ་ལྷག་ཚད་ཁ་བསྐང་། དེ་ནས་གཏོར་མ་འབུལ་བ་ནི། ཨ་ཀྲོ་ཏ་སབསངས། སྭ་ཧཱ་ཤས་སྦྱངས། སྟོང་པའི་ངང་ལས་ཧཱུྃ་ལས་རིན་པོ་ཆེའི་སྣོད་ཡངས་ཤིང་རྒྱ་ཆེ་བའི་ནང་དུ་གཏོར་མ་ལྷའི་ཞལ་ཟས་འདོད་པའི་ཡོན་ཏན་ལྔ་དང་ལྡན་པའི་སྟེང་དུ་ཨོཾ་ཨཱཿ ཧཱུྃ་གིས་མཚན་པ་ལས་འོད་ཟེར་འཕྲོས་འཁོར་འདས་ཀྱིས་བསྡུས་པའི་བཅུད་ཐམས་ཅད་བསྡུས་ནས་འབྲུ་གསུམ་ལ་ཐིམ་ཞིང་དེ་ཡང་འོད་དུ་ཞུ་བ་ལས་བྱུང་བའི་གཏོར་མ་བདུད་རྩིའི་རྒྱ་མཚོ་ཆེན་པོར་གྱུར། ཨོཾ་ཨཱཿ ཧཱུྃ་ལན་གསུམ་གྱིས་བྱིན་གྱིས་བརླབས། རྗེ་བཙུན་བླ་མའི་ལྗགས་འོད་ཟེར་གྱི་སྦུ་གུས་གཏོར་མའི་བཅུད་དྲངས་ཏེ་གསོལ་བར་གྱུར་བར་བསམ་ལ། ཨོཾ་གུ་རུ་སུ་མ་ཏི་ཀཱིརྟི་ས་པྲ་རི་ཝཱ་ར་ཨི་དཾ་བ་ལིངྟ་ཁ་ཁ་ཁཱ་ཧི་ཁཱ་ཧི། ལན་བདུན་གྱིས་གཏོར་མ་འབུལ། ཨརྒྷཾ་སོགས་ཀྱིས་མཆོད། རྒྱལ་བ་ཀུན་གྱིས་སོགས་ཀྱིས་བསྟོད། དེ་ནས་དེང་ནས་བཟུང་སྟེ་ཚེ་རབས་ཀུན་ཏུ་ཞེས་པ་ནས། སྐད་ཅིག་ཙམ་ཡང་ལྡོག་པ་མ་གྱུར་ཅིག །བར་བརྗོད། དེ་ནས་ཁམས་གསུམ་ཆོས་ཀྱི་རྒྱལ་པོ་ཙོང་ཁ་པ་ཆེན་པོ་ནས་བདག་གིས་སློབ་མ་རྣམས་ལ་དབང་བསྐུར་བའི་གནང་བ་སྩལ་དུ་གསོལ། །ཞེས་བརྗོད་ནས་རྗེན་ལ་མེ་ཏོག་འཐོར། དེ་ནས

སློབ་མ་རྣམས་ལ་དབང་བསྐུར་བ་ནི། སློབ་མ་རྣམས་ཁྲུས་བྱས་གྲལ་ལ་འཁོད་ནས། བླ་མས་དཀར་བགེགས་ཕྱག་ལེན་ལྟར་བཏང་། སློབ་མས་མཎྜལ་ཕུལ། དེ་ནས་བླ་མས་བྱམས་སྙིང་རྗེ་བྱང་ཆུབ་ཀྱི་སེམས་དང་ལྡན་པའི་སྒོ་ནས་འདི་ལྟར་བརྗོད་པར་བྱའོ། །དེ་ཡང་གསན་པར་བྱ་བའི་ཆོས་ནི། འཇམ་དཔལ་རྩ་བརྒྱུད་ལས། །ང་ནི་མྱ་ངན་འདས་འོག་ཏུ། ས་ཡི་སྙིང་འདིར་སྟོང་པ་ན། ཁྱོད་ཉིད་བྱིས་པའི་གཟུགས་ཅན་གྱིས། །སངས་རྒྱས་མཛད་པ་བྱེད་པར་འགྱུར། དེ་ཚེ་དགོན་ཆེན་རབ་དགའ་བ། །ཁ་བ་ཅན་ན་ཡོད་པ་ཡིན། །ཞེས་དུས་ཀྱི་མཐར་རྗེ་བཙུན་འཇམ་པའི་དབྱངས་ཉིད་བྱིས་པ་ཐ་མལ་པའི་གཟུགས་སུ་བསྟན་ནས་སངས་རྒྱས་ཀྱི་མཛད་པ་བྱེད་པ་དང་། དེའི་དགོན་པའི་མིང་དགའ་ལྡན་དུ་ཐོགས་པར་གསལ་བར་ལུང་བསྟན་པ་སོགས་མཁྱེན་བརྩེ་ནུས་གསུམ་གྱིས་འཕགས་པ་རིགས་གསུམ་གྱི་མགོན་པོ་དང་དབྱེར་མེད་པར་ལུང་དང་རིགས་པ་རྣམ་པར་ཐར་པ་མཐའ་ཡས་པས་རྩོད་མེད་དུ་གྲུབ་ཅིང་། མདོ་སྔགས་ཀྱི་ཐུབ་བསྟན་ཡོངས་སུ་རྫོགས་པ་ལ། མ་རྟོགས་པ་དང་ལོག་པ་རྟོག་པ་དང་། ཐེ་ཚོམ་གྱི་དྲི་མ་མཐའ་དག་རྒྱང་རིང་དུ་བསྲིང་ནས་སྐལ་ལྡན་ཀུན་ལ་ཚུལ་ཇི་ལྟ་བ་བཞིན་དུ་འདོམས་པར་མཛད་པས་བསྟན་པ་འདི་ལ་སྟོན་པ་གཉིས་པ་ལྟར་གྱུར་པའི་བཀའ་དྲིན་བླ་ན་མེད་པ་སྩོལ་པ་ཆོས་ཀྱི་རྒྱལ་པོ་ཙོང་ཁ་པ་ཆེན་པོ་ལ་སྐྱབས་གནས་ཀུན་འདུས་ཀྱི་བདག་ཉིད་དུ་མོས་ནས་གསོལ་བ་འདེབས་པ་དངོས་གྲུབ་ཐམས་ཅད་ཀྱི་འབྱུང་གནས་ཡིན་པར་མ་ཟད་གསོལ་འདེབས་དམིགས་བརྩེ་མར་གྲགས་པ་འདི་ཉིད་རྒྱུད་ཀྱི་གསང་སྔགས་ཟབ་དགུ་ལས་ཀྱང་ལྷག་པ་ལྟ་བུའི་བྱིན་རླབས་ཀྱི་ཚན་ཀ་ཆེ་ཞིང་། འདི་ལ་བརྟེན་ནས་འཕྲིན་ལས་ཀྱི་རིམ་པ་ཇི་སྙེད་ཅིག་སྒྲུབ་ཏུ་ཡོད་པ་བཅས་གསོལ་འདེབས་འདི་དང་འབྲེལ་བའི་བླ་མའི་རྣལ་འབྱོར་ཟབ་མོ་ཐུན་མོང་དང་ཐུན་མོང་མ་ཡིན་པའི་རིམ་པ་སྣ་ཚོགས་པ་ལས། ད་ལམ་སྐབས་སུ་བབས་པ་རྗེ་བདག་ཉིད་ཆེན་པོ་རིགས་གསུམ་སྤྱི་སྒྲུབ་ཀྱི་བྱིན་རླབས་སྤུངས་ཞུས་ཀྱི་རྗེས་གནང་ཟབ་མོ་འདི་ཡང་རྗེ་ཉིད་ཀྱིས་འདུལ་འཛིན་གྲགས་པ་རྒྱལ་མཚན་ལ་གནང་། དེས་མཁས་གྲུབ་དགེ་ལེགས་དཔལ་བཟང་ལ་གནང་བ་ནས་བདག་གིས་དྲིན་ཅན་རྩ་བའི་བླ་མ་ལས་དངོས་སུ་ཐོས་ལ། དེ་ཡང་བླ་མ་བརྒྱུད་རིམ་རེ་གཉིས་ཡོད་པར་འདུག་ཀྱང་དཔེ་རྙེད་མ་བྱུང་ལ། དེ་ནས་རྒྱལ་བ་ལྔ་པ་ཆེན་པོས་དམིགས་བརྩེ་མའི་ཊཱིཀྐ་ཚིག་དོན་རབ་གསལ་གྱི་སྙིང་ནས་གནས་བརྟན་འཇམ་དབྱངས་གྲགས་པ་ལ་དབང་ལུང་

གནང་ཞིང་། དེ་ནས་ཆུ་བར་དཔོན་སློབ་དགེ་འདུན་བརྒྱ་ཤིས་ལ་གནང་། དེས་འབེ་ཐེ་སྤྲུལ་སྐུ་ངག་དབང་དོན་ལྡན་ལ། དེས་ཚ་བ་སྤུགས་ཆེན་རྗོ་རྗེ་འཆང་ཆེན་པོ་བྱམས་པ་བསྐལ་བཟང་ལ་དམ་པ་དེ་ཡི་ཞལ་སྔ་ནས་བདག་བླ་མ་རྣོམ་པ་དགེ་མེང་བྱམས་པ་བློ་བཟང་དགེ་ལེགས་ལ་དགྱེས་བཞིན་དུ་སྩལ་བའི་ཕྱིན་རླབས་ཀྱི་ཚན་ཁ་མི་ཉམས་པ་དམ་ཚིག་གི་སེལ་མ་ཞུགས་ཤིང་བསྲེ་སླད་ཀྱི་སྒྲོ་བསྐུར་མེད་པའི་གདམས་པ་ཟབ་མོ་འདི་ཉིད་འབུལ་བ་ལ། བླ་མའི་བྱ་བ་དང་སློབ་མའི་བྱ་བ་གཉིས་ལས། དང་པོ་བླ་མའི་བྱ་བ་ནི་བདག་མདུན་བཟླས་པ་མཆོད་བསྟོད་བཅས་ལེགས་པར་གྲུབ་པས། སློབ་མ་ཁྱེད་རང་རྣམས་ཀྱིས་ངོ་བསྐལ་དུ། གནས་ཁང་འདི་ཉིད་ཀྱང་རྗེ་བདག་ཉིད་ཆེན་པོའི་ཡེ་ཤེས་རང་སྣང་ལས་གྲུབ་པའི་གཞལ་ཡས་ཁང་དངོས་ཡིན་སྙམས་པ་དང་། བླ་མ་དང་མདུན་བསྐྱེད་ཀྱི་གཏོར་མ་འདི་ཉིད་ཀྱང་རྗེ་བདག་ཉིད་ཆེན་པོ་དངོས་ཡིན་སྙམས་པ་དང་། བདག་མདུན་དབྱེར་མི་ཕྱེད་པའི་ངང་དུ་གསོལ་བ་འདེབས་པ་འདིའི་རྗེས་ཟློས་མཛོད། །ཀུན་མཁྱེན་ཡེ་ཤེས་ཕུང་པོ་ཆེ། །ཞེས་སོགས་ཚར་གསུམ་གྱི་རྗེས་ཟློས་བྱེད། དེ་ནས་བྱང་སྡོམ་འཛིན་པ་ལ་མདུན་གྱི་ནམ་མཁར་བླ་མ་རྒྱལ་བ་ཙོང་ཁ་པ་ཆེན་པོ་ལ་ཡི་དམ་སངས་རྒྱས་བྱང་སེམས་ཉན་རང་ཆོས་སྐྱོང་སྲུང་མའི་ཚོགས་ཀྱིས་བསྐོར་བའི་སྐྱབས་ཡུལ་རྣམས་ལེགས་པར་གསལ་བཏབ། སྐྱབས་ཡུལ་དེ་དག་གི་སྤྱན་སྔར་མ་གྱུར་སེམས་ཅན་ཐམས་ཅད་ཀྱི་དོན་དུ་སངས་རྒྱས་ཀྱི་གོ་འཕང་རིན་པོ་ཆེ་ཐོབ་པར་བྱ། དེའི་ཆེད་དུ་བྱང་ཆུབ་སེམས་དཔའི་སྡོམ་པ་བཟུང་ནས་རྒྱལ་སྲས་ཀྱི་སྤྱོད་པ་ལ་ཚུལ་བཞིན་དུ་བསླབ་སྙམ་པར་མཛོད་ལ་བྱང་སྡོམ་འཛིན་པ་འདིའི་རྗེས་ཟློས་མཛོད། །དཀོན་མཆོག་གསུམ་ལ་བདག་སྐྱབས་མཆི། ཞེས་སོགས་ལན་གསུམ་གྱི་རྗེས་ཟློས་བྱས་རྗེས། ཁྱེད་རང་རྣམས་བྱང་ཆུབ་སེམས་དཔའི་སྡོམ་པ་ཐོབ་བྱུང་སྙམ་པའི་མོས་པ་མཛོད། །ཞེས་དང་དངོས་གཞི་ལ་དབང་བསྐུར་བ་ནི། སློབ་མ་ཁྱེད་རང་རྣམས་ཀྱི་སྤྱི་བོར་སེང་ཁྲི་པདྨ་ཉི་ཟླའི་སྟེང་དུ་རྒྱལ་བ་ཙོང་ཁ་པ་ཆེན་པོ་རབ་བྱུང་གི་ཆ་ལུགས་ཅན། ཞེས་པ་ནས་བདག་བསྐྱེད་སྐབས་བཞིན་བརྗོད། དེའི་དཔྲལ་བར་ཨོཾ། མགྲིན་པར་ཨཱཿ ཞེས་པ་ནས། གཉིས་སུ་མེད་པར་གྱུར། ཞེས་བརྗོད། དེ་ལྟ་བུ་དངོས་སུ་བཞུགས་ཡོད་སྙམ་པའི་མོས་པར་མཛོད། དེ་ནས་ཁྱེད་རང་རྣམས་ཀྱི་མདུན་གྱི་གཏོར་མ་རྗེ་རིན་པོ་ཆེར་དངོས་སུ་གསལ་བ་དང་། སྤྱི་བོའི་རྗེ་རིན་པོ་ཆེ་དངོས་སུ་གསལ་བ་ལ་ཕན་ཚུན

དབྱེར་མེད་དུ་མོས་གུས་དྲག་པོས་གསོལ་བ་འདེབས་པ་འདིའི་རྗེས་ཟློས་མཛོད། སྐྱབས་གནས་ཀུན་འདུས་ཆོས་ཀྱི་རྒྱལ་པོ་ཙོང་ཁ་པ་ཆེན་པོ་ལ་གསོལ་བ་འདེབས་སོ། །བདག་གི་ལུས་ངག་ཡིད་གསུམ་བྱིན་གྱིས་རློབས་ཤིག །བཅོས་མ་མ་ཡིན་པའི་ངེས་འབྱུང་གི་བསམ་པས་རྒྱུད་བསྐུལ་ནས་བྱམས་སྙིང་རྗེ་བྱང་ཆུབ་ཀྱི་སེམས་དང་། ཟབ་མོ་དབུ་མའི་ལྟ་བ་དང་། ལམ་རིམ་པ་གཉིས་ཀྱི་རྣལ་འབྱོར་ཟབ་མོ་ཉམས་སུ་ལེན་ནུས་པར་བྱིན་གྱིས་རློབས་ཤིག །དེ་ལྟར་ཉམས་སུ་བླངས་པའི་ཆོས་ལམ་དུ་སོང་སྟེ་མཁའ་མཉམ་སེམས་ཅན་ཀུན་གྱི་དོན་དུ་སངས་རྒྱས་ཀྱི་གོ་འཕང་ཐོབ་པར་བྱིན་གྱིས་རློབས་ཤིག །མདོར་ན་ཚེ་རབས་ཐམས་ཅད་དུ་རྗེ་བཙུན་ཙོང་ཁ་པ་ཆེན་པོས་རྗེས་སུ་བཟུང་ནས་རང་གཞན་གྱི་དོན་རྒྱ་ཆེན་པོ་སྒྲུབ་ནུས་པར་བྱིན་གྱིས་བརླབ་ཏུ་གསོལ། །ཞེས་ལན་གསུམ་གྱིས་གསོལ་བ་བཏབ་པས། བླ་མའི་སྤྱི་བོའི་འཛམ་པའི་དབྱངས་ཀྱི་ཐུགས་ཀ་ནས་འོད་ཟེར་དང་བདུད་རྩི་དཀར་པོའི་རྒྱུན་བབས། སློབ་མ་ཁྱེད་རང་རྣམས་ཀྱི་དཔྲལ་བར་ཐིམ། ལུས་ཀྱི་སྒོ་ནས་བསགས་པའི་སྡིག་སྒྲིབ་ཐམས་ཅད་བྱང་ཞིང་དག །སྐུའི་བྱིན་རླབས་ལུས་ལ་ཞུགས། དབང་བཞིའི་ནང་ནས་བུམ་དབང་བྱིན་བརླབས་ཀྱི་ཚུལ་དུ་ཐོབ། སྐུ་རྡོ་རྗེ་འགྲུབ་པའི་ནུས་པ་ཁྱད་པར་ཅན་བཞག་བྱུང་སྙམ་པའི་མོས་པ་མཛོད། །བླ་མས་དམིགས་བརྩེ་མ་དགུ་བསྐོར་དང་མེ་ཏོག་འཐོར། དེས་སྐུའི་རྗེས་གནང་སོང་། ཡང་གསུང་གི་རྗེས་གནང་ཞུ་བའི་དོན་དུ་གསོལ་བ་འདེབས་པ་འདིའི་རྗེས་ཟློས་མཛོད། །དམིགས་བརྩེ་མ་དགུ་བསྐོར་གྱི་གསོལ་བ་ལན་གསུམ་འདེབས། དེ་ལྟར་ཁྱེད་རང་རྣམས་ཀྱིས་གསོལ་བ་བཏབ་པས། བླ་མའི་མགྲིན་པའི་སྤྱན་རས་གཟིགས་ཀྱི་ཐུགས་ཀ་ནས་འོད་ཟེར་དང་བདུད་རྩི་དམར་པོ་དཔག་ཏུ་མེད་པ་བྱུང་། སློབ་མ་ཁྱེད་རང་རྣམས་ཀྱི་མགྲིན་པར་ཐིམ། ངག་གི་སྡིག་སྒྲིབ་དག བླ་མའི་གསུང་གི་བྱིན་རླབས་ཞུགས། དབང་བཞིའི་ནང་ནས་གསང་དབང་བྱིན་རླབས་ཀྱི་ཚུལ་དུ་ཐོབ། གསུང་རྡོ་རྗེ་འགྲུབ་པའི་ནུས་པ་ཁྱད་པར་ཅན་བཞག་བྱུང་སྙམ་པའི་མོས་པ་མཛོད། བླ་མས་དམིགས་བརྩེ་མ་དང་མེ་ཏོག་འཐོར། དེས་གསུང་གི་རྗེས་གནང་སོང་། ཐུགས་ཀྱི་རྗེས་གནང་ཞུ་བའི་དོན་དུ་དམིགས་བརྩེ་མའི་རྗེས་ཟློས་སྔར་བཞིན་བྱས། དེ་ལྟར་ཁྱེད་རང་རྣམས་ཀྱི་གསོལ་བ་བཏབ་པས། བླ་མའི་ཐུགས་ཁའི་ཕྱག་ན་རྡོ་རྗེའི་ཐུགས་ཀ་ནས་འོད་ཟེར་དང་བདུད་རྩི་སྔོན་པོ་དཔག་ཏུ་མེད་པ་བྱུང་། སློབ་མ་ཁྱེད་རྣམས་ཀྱི་སྙིང་ཁར་ཐིམ།

ཡིད་ཀྱི་སྡིག་སྒྲིབ་དག བླ་མའི་ཐུགས་ཀྱི་བྱིན་བརླབས་ཞུགས། དབང་བཞིའི་ནང་ནས་ཤེས་རབ་ཡེ་ཤེས་ཀྱི་དབང་བྱིན་རླབས་ཀྱི་ཚུལ་དུ་ཐོབ། ཐུགས་རྡོ་རྗེ་འགྲུབ་པའི་ནུས་པ་ཁྱད་པར་ཅན་བཞག་བྱུང་སྙམ་པའི་མོས་པ་མཛོད། བླ་མས་དམིགས་བཅས་མ་དང་མེ་ཏོག་འཐོར། དེས་ཐུགས་ཀྱི་རྗེས་གནང་སོང་། ཡང་སྐྱར་ཡང་སྐུ་གསུང་ཐུགས་རྡོ་རྗེ་གསུམ་སྟོམ་པའི་རྗེས་གནང་ཞུ་བའི་དོན་དུ་དམིགས་བཅས་མའི་རྗེས་ཟློས་སྟར་བཞིན་བྱས། དེ་ལྟར་ཁྱེད་རང་རྣམས་ཀྱིས་གསོལ་བ་བཏབ་པས་བླ་མའི་གནས་གསུམ་ལས་འོད་ཟེར་དང་བདུད་རྩི་དཀར་དམར་མཐིང་གསུམ་བྱུང་། སློབ་མ་ཁྱེད་རང་རྣམས་ཀྱི་གནས་གསུམ་དུ་ཐིམ། ཐོག་མེད་ནས་ལུས་ངག་ཡིད་གསུམ་གྱི་སྒོ་ནས་བསགས་པའི་སྡིག་སྒྲིབ་བག་ཆགས་དང་བཅས་པ་ཐམས་ཅད་བྱང་ཞིང་དག བླ་མའི་སྐུ་གསུང་ཐུགས་ཀྱི་བྱིན་རླབས་ཞུགས། དབང་བཞིའི་ནང་ནས་ཚིག་དབང་རིན་པོ་ཆེ་ཐོབ། སྐུ་གསུང་ཐུགས་རྡོ་རྗེ་གསུམ་དབྱེར་མི་ཕྱེད་པའི་ཟུང་འཇུག་རྡོ་རྗེ་འཆང་འགྲུབ་པའི་ནུས་པ་ཁྱད་པར་ཅན་བཞག་བྱུང་སྙམ་པའི་མོས་པ་མཛོད། བླ་མས་དམིགས་བཅས་མ་དང་མེ་ཏོག་འཐོར། དེས་སྐུ་གསུང་ཐུགས་རྡོ་རྗེ་གསུམ་སྟོམ་པའི་དབང་བཞི་སོང་། དེ་ནས་དབང་ལྷ་བསྟིམ་པ་ནི། ཁྱེད་རང་རྣམས་ཀྱི་སྤྱི་བོ་ནས་སྙིང་ཁའི་བར་དུ་རྩ་དབུ་མ་ཕྱི་དཀར་ལ་ནང་དམར་བ་རག་དུང་མགོ་འཇུག་ལྟོག་ནས་བསླང་བའི་དབྱིབས་ཅན། །ཞབས་ཡངས་པ་ཡར་སྣེ་སྤྱི་བོ་ལ་ཟུག་པ་རྒྱ་མཐོང་ཁ་ཕྱེ་བ་ལྟར་བུ་ག་སྐྱ་ཐལ་ལེ་བ། སྙིང་ཁར་གནས་པ། ཁྱེད་རང་རྣམས་ཀྱི་སྙིང་ཁར་པདྨ་དམར་པོ་འདབ་མ་བརྒྱད་པ་ཁ་གྱེན་དུ་ཤག་གིས་ཕྱེ་བ་དེའི་དབུས་སུ་ཁྱེད་རང་རྣམས་ཀྱི་སེམས་ཉིད་ཧྲཱིཿདམར་སེར་ཞིག་གསལ་བཏབ། དེ་ནས་སྤྱི་བོའི་བླ་མ་དང་མདུན་བསྐྱེད་བླ་མ་བཅས་ལ་དམིགས་ནས་གདུང་ཤུགས་དྲག་པོས་གསོལ་བ་འདེབས་པ་འདིསརྗེས་ཟློས་མཛོད། །དཔལ་ལྡན་རྩ་བ་བའི་བླ་མ་རིན་པོ་ཆེ། །བདག་གི་སྙིང་ཁར་པདྨའི་སྟེང་བཞུགས་ལ། །ཞེས་པ་ནས། སྐུ་གསུང་ཐུགས་ཀྱི་དངོས་གྲུབ་སྩལ་དུ་གསོལ། །ཞེས་ལན་གསུམ་གྱིས་གསོལ་བ་བཏབ། དེ་ལྟར་གསོལ་བ་བཏབ་པས། བླ་མའི་སྐུ་དེ་མཐེབ་སོར་གྱི་ཚད་ཙམ་དུ་གྱུར་པ་ཁྱེད་རང་རྣམས་ཀྱི་སྤྱི་བོ་ནས་རྩ་དབུ་མའི་ལམ་བརྒྱུད་དེ་སྙིང་ཁར་པདྨ་འདབ་བརྒྱད་ཀྱི་དབུས་སུ་བྱོན་ཁྱེད་རང་རྣམས་ཀྱི་སེམས་ཉིད་ཧྲཱིཿཡིག་དུ་གསལ་བ་ལ་ཐིམ། བླ་མ་དང་རང་སེམས་ཉིས་དབྱེར་མེད་པར་གྱུར་སོང་སྙམ་པའི་མོས་པ་མཛོད། །དེ་ནས་སློབ་

མའི་སྤྱི་བོར་གཏོར་མ་བཞག་ནས་དམིགས་བརྩེ་མ་དང་། དཔལ་ལྡན་རྩ་བའི་བླ་མ་རིན་པོ་ཆེ། སློབ་མའི་སྙིང་ཁར་པདྨའི་སྟེང་བཞུགས་ལ། ཞེས་སོགས་ཀྱིས་བསྐྱིམ་ནས། ཛཿ ཧཱུྃ་བསྲེས་དེ་ནས་རང་གི་སྙིང་ཁའི་པདྨ་ཁ་འབུབ་ཀྱིས་འདུས་པའི་མཐའ་སྐོར་དུ། ཨོཾ་ཨཱ་ར་པ་ཙ་ན་ཧླཱིཿ སུམ་ཏི་གིརྟི་ཤྲཱི་ཛྙཱ་ན་ཨ་རྟི་བྲྀ་ན་ཨརྟི་ཋྀ་ཏི་ཀུ་བ་རྟུ། །ཞེས་པས་སྔགས་ཀྱི་ཕྲེང་བས་དམ་དུ་བཅིངས་ཏེ་ཇི་སྲིད་བྱང་ཆུབ་མ་ཐོབ་ཀྱི་བར་དུ་མི་འབྲལ་བར་གྱུར་སོང་སྙམ་པའི་མོས་པ་མཛོད་ལ་སྔགས་འདིའི་རྗེས་གནོས་ལན་གསུམ་མཛོད། །ཞེས་གོང་གི་སྔགས་ལན་གསུམ་རྗེས་གནོས་ཀྱིས་སྣ་དྲངས་ནས་དཔོན་སློབ་ཚང་མས་བརྒྱ་རྩ་བཟླས་ནས། དུས་དེང་ནས་བཟུང་ཞེས་སོགས་བརྗོད། ཕུན་སུམ་ཚོགས་པ་མངའ་བ་སོགས་ཀྱི་བཀྲ་ཤིས་མེ་ཏོག་འཐོར། དེ་ལྟར་རྗེ་བདག་ཉིད་ཆེན་པོ་རིགས་གསུམ་སྤྱི་སྒྲུབ་ཀྱི་སྒོ་ནས་བྱིན་རླབས་དཔུང་ཞུས་ཀྱི་ཚུལ་དུ་དབང་བསྐུར་བའི་རིམ་པ་རྣམས་མ་ཚང་བ་མེད་པར་ལེགས་པར་ཕུལ་གྲུབ་པ་ཡིན་པས་ཁྱེད་རང་རྣམས་ཀྱིས་རྒྱུན་དུ་སྙིང་ཁའི་རང་སེམས་བླ་མའི་ངོ་བོར་གསལ་བ་ཡང་ཡང་དྲན་ནས་དེ་ལ་གསོལ་བ་གདབ་པ་དང་། ཁ་ཟས་ཀྱི་ཚེ་བཟའ་བཏུང་བདུད་རྩི་མོས་ནས་སྙིང་ཁའི་བླ་མ་ལ་ཕུལ་ནས་མཆོད་པའི་མོས་པ་བྱ་བ་དང་། གཞན་ཡང་ཅིར་སྣང་ཐམས་ཅད་བླ་མའི་གསང་བ་གསུམ་གྱི་ངོ་བོར་བསྒོམ་ནས་གསོལ་བ་འདེབས་པ་དང་། དེ་ཐམས་ཅད་ཀྱང་རང་གི་བློས་ཕར་བཏགས་པ་ཙམ་མ་གཏོགས་ཡུལ་གྱི་རང་ངོས་ནས་གྲུབ་པ་རྡུལ་ཙམ་ཡང་མེད་པའི་ལྟ་བས་རྒྱས་བཏབ་སྟེ། ཚེ་ལམ་དང་སྒྱུ་མ་ལྟ་བུར་ཤར་བའི་ངང་ནས་སྐྱིད་སྡུག་བཟང་ངན་ཅིར་གྱུར་ཀྱང་ཁྱེད་ཤེས་སྙམ་པའི་མོས་གུས་དང་བཅས་ཏེ་དགེ་སྦྱོར་ཐམས་ཅད་ཀྱི་མཆོག་བླ་མའི་རྣལ་འབྱོར་སྦྱངས་པ་ལ་འབད་པར་བྱའོ། །སྙམ་དུ་བསམ་ནས་དམ་བཅའ་བ་འདིའི་རྗེས་གནོས་མཛོད། །གཙོ་བོས་ཇི་ལྟར་བཀའ་སྩལ་པ། སོགས་ལན་གསུམ་གྱིས་རྗེས་གནོས་བྱེད། སློབ་མ་རྣམས་ཀྱིས་གཏང་རག་གི་མཎྜལ་ཕུལ། དེ་ནས་རྗེས་ཀྱི་བྱ་བ་ནི་མཆོད་པ་རྣམས་ཁ་གསོ། །བླ་མས་རྗེས་ཆོག་སྤྱི་བཞིན་དང་སྨོན་ལམ་ཤིས་བརྗོད་ལས་ཚོགས་བཅུ་གཅིག་ལྟར་བྱེད། ཅེས་དུས་གསུམ་རྒྱལ་བ་ཐམས་ཅད་ཀྱི་ངོ་བོ་ཁམས་གསུམ་ཆོས་ཀྱི་རྒྱལ་པོ་ཤར་ཙོང་ཁ་པ་ཆེན་པོ་ལ་རིགས་གསུམ་ཀུན་འདུས་ཀྱི་ཚུལ་དུ་གསོལ་བ་འདེབས་པའི་བླ་མའི་རྣལ་འབྱོར་ཟབ་མོ་སློབ་མ་རྗེས་སུ་འཛིན་པའི་ཆོག་བསྒྲིག་གསལ་བར་བཀོད་པ་འདི་ཡང་དོན་གཉེར་ཅན་འགའ་ཞིག་ལ་དགོས་པའི་ཆེད་དུ། ༄ཁྱབ་བདག་རྡོ་རྗེ་འཆང་ཆེན་པོ་བཀའ་དྲིན་གསུམ་ལྡན་ཚ་བ་སྔགས་རམས་པ་བྱམས་པ་བསྐལ་བཟང་དཔལ་བཟང་པོའི་ཞལ་སྔ་ནས་ཆོས་དེའི་དབང་ལུང་ལན་གཉིས་ཙམ་ཐོབ་བས་བླ་མའི་ཞལ་ཤེས་ལྟར་བཀོད་པའི་བྱེད་པོ་གོང་གི

ཙ་བའི་བླ་མའི་སློབ་མའི་ཐ་ཤལ་དགེ་མིང་བྱམས་པ་དགེ་ལེགས་ཀྱིས་ཟིན་བྲིས་སུ་བཀོད་པ་ནོར་པ་ཅི་མཆིས་བླ་མ་ལྷ་སྲུང་རྣམས་ཀྱི་སྤྱན་སྔར་བཤགས་ཤིང་། དགེ་བས་བདག་གཞན་འགྲོ་བ་རྣམས། ཀུན་མཁྱེན་རྒྱལ་བའི་གོ་འཕང་རིན་པོ་ཆེ་ཐོབ་པའི་རྒྱུར་གྱུར་ཅིག། །། ཡེ་དྷརྨཱ་ཧེ་ཏུ་པྲ་བྷ་ཝ་ཧེ་ཏུན་ཏེ་ཥཱན་ཏ་ཐཱ་ག་ཏོ་ཧྱ་ཝད་ཏ། ཏེ་ཥཱཉྩ་ཡོ་ནི་རོ་དྷ་ཨེ་ཝཾ་བ་དཱི་མ་ཧཱ་ཤྲ་མ་ཎཿ ཨོཾ་སུ་པྲ་ཏིཥྛ་བཛྲ་ཡེ་སྭཱཧཱ། །། །།

༄༅། །རྗེ་བཙུན་ཙོང་ཁ་པ་ཆེན་པོའི་སྒོ་ནས་ཚེ་སྒྲུབ་བྱ་ཚུལ་བདུད་རྩིའི་ཆུ་རྒྱུན་ཞེས་བྱ་བ་བཞུགས་སོ།

༄། །ཨོཾ་སྭ་སྟི། དམར་སེར་གུར་གུམ་མདངས་འཛིན་འཇམ་པའི་དབྱངས། །ངུར་སྨྲིག་གར་རོལ་བློ་བཟང་གྲགས་པ་སོགས། །རྩ་བརྒྱུད་བླ་མ་ཡི་དམ་མཆོག་གསུམ་གྱིས། །དེང་འདིར་ཚེ་ཡི་དངོས་གྲུབ་སྩལ་དུ་གསོལ། །དེ་ལ་འདིར་སྐྱབས་གསུམ་ཀུན་འདུས་ཀྱི་བདག་ཉིད་རྗེ་བཙུན་ཙོང་ཁ་པ་ཆེན་པོའི་སྒོ་ནས་ཚེ་སྒྲུབ་བྱ་ཚུལ་ལག་ཏུ་བླང་བདེ་བར་བཀོད་པ་ལ། སྦྱོར་དངོས་རྗེས་གསུམ་ལས། ཐོག་མར་ཡིད་མཐུན་གྱི་གནས་སུ་བྱི་དོར་ལེགས་པར་བྱས་ལ། རྗེ་བླ་མའི་བྲིས་འབུར་གྱི་སྐུ་སོགས་སྐུ་གསུང་ཐུགས་ཀྱི་རྟེན་ལེགས་པར་བཀྲམ། དེའི་མདུན་དུ་མཆོད་གཏོར་རྣམས་ལས་ཚོགས་ནས་བཤད་པ་ལྟར་གྱི་གཙང་ཞིང་ཡིད་དུ་འོང་བ་བཀོད་པས་མཛེས་པར་བཤམ། བདེ་བའི་གདན་ལ་ཁ་བྱང་དུ་ཕྱོགས་པའམ་ཕྱོགས་པར་མོས་ཏེ། རང་རྒྱུད་ཀྱི་ཀུན་སློང་ལ་ལེགས་པར་བརྟགས་ནས་དགེ་སེམས་ཁྱད་པར་ཅན་བྱང་ཆུབ་ཀྱི་སེམས་རིན་པོ་ཆེའི་རྗེས་ཟིན་པའི་སྒོ་ནས། རང་གི་མདུན་དུ་པདྨའི་སྡོང་པོ་ཡངས་ཤིང་རྒྱ་ཆེ་བའི་ལྟེ་བར་སེང་ཁྲི་པད་ཟླ་ཉི་མའི་དཀྱིལ་འཁོར་གྱི་གདན་ལ། ངོ་བོ་རང་གི་དྲིན་ཅན་རྩ་བའི་བླ་མ་ཡིན་པ་ལ་རྣམ་པ་ཁམས་གསུམ་ཆོས་ཀྱི་རྒྱལ་པོ་ཙོང་ཁ་པ་ཆེན་པོ། དེའི་གཡས་གཡོན་དུ་སྲས་ཀྱི་ཐུ་བོ་གཉིས་དང་། མཐའ་སྐོར་དུ་བླ་མ་ཡི་དམ་རྒྱལ་སྲས་བཅས་ཀྱིས་བསྐོར་བ་གསལ་གདབ། རང་གི་མཐའ་སྐོར་དུ་མཁའ་ཁྱབ་ཀྱི་སེམས་ཅན་ཐམས་ཅད་འཁོད་པར་མོས་ནས། སྤྱིར་འཁོར་བ་དང་ཁྱད་པར་ངན་སོང་གསུམ་གྱི་སྡུག་བསྔལ་ལ་འཇིགས་སྐྲག་གི་བློ་དང་། དེ་ལས་སྐྱོབ་པའི་ནུས་པ་མདུན་ན་བཞུགས་པའི་བླ་མ་དང་དཀོན་མཆོག་རིན་པོ་ཆེ་རྣམ་པ་གསུམ་ལ་ཡོད་པར་ཡིད་ཆེས་པའི་དད་པ་དང་། རྒྱུ་གཉིས་ལྡན་གྱི་སྒོ་ནས་དཀོན་མཆོག་གསུམ་ལ་སྙིང་ཐག་པ་ནས་སྐྱབས་སུ་འགྲོ་བར་མོས་ཏེ། བླ་མ་སངས་རྒྱས་ཆོས་དང་

ཚོགས་མཆོག་ལ། །བྱང་ཆུབ་མ་ཐོབ་པར་དུ་སྐྱབས་སུ་མཆི། །མར་གྱུར་འགྲོ་བ་ཀུན་གྱི་དོན་སྒྲུབ་ཕྱིར། །བདག་གིས་བྱང་ཆུབ་མཆོག་ཏུ་སེམས་བསྐྱེད་དོ། །ཞེས་པ་ལན་གང་མང་བརྗོད་ནས་སྐྱབས་འགྲོ་སེམས་བསྐྱེད་རྒྱུད་དང་འདྲེས་ངེས་བྱ། །སེམས་ཅན་ཐམས་ཅད་ཉེ་རིང་ཆགས་སྡང་དང་། །བྲལ་ནས་ཁྱད་པར་འཕགས་པའི་བདེ་བ་ཐོབ། །བཟོད་དཀའ་སྡུག་བསྔལ་རྒྱ་མཚོ་ལས་སྒྲོལ་ཏེ། །ཐར་པ་དམ་པའི་བདེ་དང་བྲལ་མ་གྱུར། །ཞེས་ཚད་མེད་བཞི་བསྒོམ། ཚོགས་ཞིང་རྣམས་རང་ལ་ཐིམ་པས་རྒྱུད་བྱིན་གྱིས་བརླབ་པར་གྱུར། གཉིས་པ་དངོས་གཞི་ནི། རང་གི་སྤྱི་བོར་སེར་ཁྲི་པད་ཟླའི་སྟེང་། །བཀའ་དྲིན་མཚུངས་མེད་རྩ་བའི་བླ་མ་དང་། །དབྱེར་མེད་རྗེ་བཙུན་བློ་བཟང་གྲགས་པའི་དཔལ། །སྐུ་མདོག་དཀར་གསལ་བཙེ་བའི་འཛུམ་ཞལ་ཅན། །ཞལ་གཅིག་ཕྱག་གཉིས་གཡས་པ་ཆོས་འཆད་དང་། །གཡོན་པ་མཉམ་བཞག་སྟེང་ན་བདུད་རྩི་ཡིས། །གང་བའི་བུམ་བཟང་དགོས་འདོད་ཀུན་འབྱུང་བའི། །དཔག་བསམ་ཤིང་གི་ཁ་རྒྱན་ཅན་བརྒྱམས་ཤིང་། །དབུ་ལ་པཎ་ཞྭ་གསེར་མདོག་སྣེ་རིང་དང་། །སྐུ་ལ་ཆོས་གོས་རྣམ་གསུམ་མཛེས་པར་གསོལ། །ཞབས་གཉིས་རྡོ་རྗེ་སྐྱིལ་ཀྲུང་གིས་བཞུགས་པ། །ཞིང་ཁམས་ཐམས་ཅད་སྐུ་ལ་སྣང་བ་དང་། །སྐུ་ཡིས་ཞིང་ཁམས་ཐམས་ཅད་ཁྱབ་པ་སོགས། །སྐྱབས་གསུམ་འདུས་པའི་བདག་ཉིད་ཅན་དུ་གྱུར། །དེ་ལྟར་གྱུར་པའི་སྤྱི་བོར་ཨོཾ་དཀར་པོ། །མགྲིན་པར་ཨཱཿདམར་ཐུགས་ཀར་ཧཱུྃ་སྔོན་པོ། སླར་ཡང་ཐུགས་ཀའི་ཧཱུྃ་ལས་འོད་འཕྲོས་པས། །རང་བཞིན་གནས་ནས་བསྒོམ་པ་དང་འདྲ་བའི། །ཡེ་ཤེས་པ་རྣམས་སྤྱན་དྲངས་བརྟན་པར་བཞུགས། །ཛཿཧཱུྃ་བཾ་ཧོཿདམ་ཡེ་དབྱེར་མེད་གྱུར། །སྐྱབས་གནས་ཀུན་འདུས་བླ་མ་ལྷག་པའི་ལྷ། །བློ་བཟང་གྲགས་པའི་ཞབས་ལ་ཕྱག་འཚལ་ལོ། །དངོས་བཤམས་ཡིད་སྤྲུལ་མཆོད་པ་མ་ལུས་འབུལ། །ཐོག་མེད་ནས་བསགས་སྡིག་ལྟུང་ཐམས་ཅད་བཤགས། །སྐྱེ་འཕགས་དགེ་བ་རྣམས་ལ་རྗེས་ཡི་རང་། །འཁོར་བ་མ་སྟོང་བར་དུ་ལེགས་བཞུགས་ནས། །འགྲོ་ལ་ཆོས་ཀྱི་འཁོར་ལོ་བསྐོར་བ་དང་། །བདག་གཞན་དགེ་བ་བྱང་ཆུབ་ཕྱིར་བསྔོའོ། །དེ་ནས་མཎྜལ་རྒྱས་པའམ། ཡང་ན། བདེ་སྟོང་དབྱེར་མེད་ཡེ་ཤེས་རོལ་བ་ལས། །བྱུང་བའི་ཕྱི་ནང་གསང་བའི་མཎྜལ་འདི། །སྐྱབས་གནས་ཀུན་འདུས་བདག་ཉིད་ལ་འབུལ་བས། །ཚེ་ཡི་རིག་འཛིན་ཐོབ་པར་བྱིན་གྱིས་རློབས། །རྗེ་

བཙུན་བླ་མའི་ཐུགས་ཀར་ཉི་མའི་དཀྱིལ་འཁོར་གྱི་སྟེང་དུ་ཧྲཱིཿ ཡིག་དམར་སེར། དེའི་མཐའ་སྐོར་དུ་དམིགས་བརྩེ་མའི་སྔགས་ཕྲེང་གིས་བསྐོར་བ་ལས་འོད་ཟེར་འཕྲོས་པའི་སྣེ་ལ་མཆོད་པའི་ལྷ་མོ་དཔག་ཏུ་མེད་པ་སྤྲོས་ཏེ་རྒྱལ་བ་སྲས་བཅས་ལ་མཉེས་པའི་མཆོད་པ་ཕུལ། དེ་རྣམས་ཀྱི་སྐུ་གསུང་ཐུགས་ཀྱི་བྱིན་རླབས་ནུས་མཐུ་ཐམས་ཅད་འཆི་མེད་ཚེའི་བདུད་རྩི་དམར་སེར་འོད་ཟེར་དང་བཅས་པའི་རྣམ་པར་བཀུག་ནས་ཐུགས་ཀའི་སྔགས་འཕྲེང་ལ་ཐིམ། སླར་ཡང་འོད་ཟེར་འཕྲོས་པས་སེམས་ཅན་ཐམས་ཅད་ཀྱི་སྡིག་སྒྲིབ་སྦྱངས། དེ་རྣམས་ཀྱི་ཚེ་དང་བསོད་ནམས་སྲིད་པ་གསུམ་གྱི་ཕུན་ཚོགས་ཐམས་ཅད་འོད་ཟེར་གྱི་རྣམ་པར་བསྡུས་ནས་སྔགས་ཕྲེང་ལ་ཐིམ། དེ་ལས་བདུད་རྩིའི་རྒྱུན་ཕྱག་མཚན་གྱི་བུམ་པའི་ནང་དུ་བབས་པས་བུམ་པ་འཆི་མེད་ཚེའི་བདུད་རྩིས་གང་བ་ལས་བདུད་རྩི་ལུད་ནས་རང་གི་སྤྱི་བོའི་ཚངས་བུག་ནས་ཞུགས། ལུས་ཀྱི་ནང་ཐམས་ཅད་མེར་གྱིས་གང་། ལུས་ཀྱི་ཟུངས་དང་སྲོག་གི་རྟེན་དུ་གྱུར་ཏེ་འཆི་མེད་ཚེའི་དངོས་གྲུབ་ཐོབ་པར་བསམ་ལ། དམིགས་བརྩེ་མ་ཅི་མང་བཟླ། ཡིག་བརྒྱས་ལྷག་ཆད་བསྐང་། གསུམ་པ་ནི། གཏོར་མ་བྱ་རྒྱུད་ལྟར་བྱིན་གྱིས་བརླབས་ནས། མདུན་དུ་སྐད་ཅིག་གིས་ཁམས་གསུམ་ཆོས་ཀྱི་རྒྱལ་པོའི་སྐུ་གསལ་ལ་ཡོངས་སུ་རྫོགས་པར་གྱུར། རྗེ་བཙུན་བླ་མའི་ལྗགས་འོད་ཟེར་གྱི་སྦུ་གུས་གཏོར་མའི་བཅུད་ཐམས་ཅད་དྲངས་ཏེ་གསོལ་བར་གྱུར། ཨོཾ་གུ་རུ་སུ་མ་ཏི་ཀཱི་རྟི་ཨི་དཾ་བ་ལིཾ་ ཏ་ཁ་ཁ་ཁཱ་ཧི། ལན་གསུམ་མམ་བདུན་གྱིས་གཏོར་མ་ཕུལ། མཆོད་པས་མཆོད། བསྟོད་པས་བསྟོད། དེ་ནས། དེང་ནས་བཟུམས་ཏེ་ཚེ་རབས་ཐམས་ཅད་དུ། རྗེ་བཙུན་བློ་བཟང་གྲགས་པ་ཡབ་སྲས་དང་། །མི་འབྲལ་རྒྱལ་པོའི་ཆོས་ཚུལ་ཀུན་བཟུང་ནས། །བསྟན་དང་འགྲོ་བའི་དོན་ཆེན་ལྷུར་ལེན་ཤོག །འདི་ལྟར་བསྒྲུབ་པའི་རྣམ་དཀར་ཕུང་པོའི་མཐུས། །བསྟན་འཛིན་བླ་མའི་སྐུ་ཚེ་བརྟན་པ་དང་། །དགེ་འདུན་སྡེ་རྣམས་བསླབ་གསུམ་ལུང་རྟོགས་འཕེལ། །ཚེ་བསོད་དཔལ་འབྱོར་རྒྱས་པའི་དངོས་གྲུབ་སྩོལ། །དེ་ལྟར་གསོལ་བཏབ་ཐུགས་རྗེའི་འོད་ཟེར་གྱིས། །བདག་སོགས་ཡོན་མཆོད་མཁའ་མཉམ་འགྲོ་བ་རྣམས། །འཆི་བདག་བདུད་སྡེའི་སྨག་རུམ་དྲུང་ཕྱུངས་ནས། །གཏན་བདེའི་ལམ་བཟང་སྣང་བ་འབར་གྱུར་ཅིག །ཅེས་འདོད་དོན་ལ་གསོལ་བ་གདབ། སླར་ཡང་། དཔལ་ལྡན་རྩ་བའི་བླ་མ་རིན་པོ་ཆེ། །ཞེས་སོགས་ལན་གསུམ་མམ་བདུན་

གཅིག་གང་རུང་གིས་གསོལ་བ་བཏབ་པའི་མཐར། རྗེ་བཙུན་བླ་མ་སྤྱི་བོར་བྱོན་ནས་རང་གི་སྙིང་དབུས་ཀྱི་དྲིན་ཅན་རྩ་བའི་བླ་མ་ལ་བསྟིམ་ནས་རྒྱུད་བྱིན་གྱིས་རླབ་པར་གྱུར། །སླར་ཡང་ཚེ་སྤེལ་བ་ནི། རང་གི་མདུན་གྱི་ནམ་མཁའ་ཚེ་ཁྲིད་བརྒྱུད་པའི་བླ་མ་ཡི་དམ་སངས་རྒྱས་བྱང་སེམས་ལྷ་མིའི་རིག་འཛིན་ཐམས་ཅད་ཀྱིས་བསྐོར་བ་ནམ་མཁའ་ལ་བཞུགས་ནས་མེ་ཏོག་གི་ཆར་འབེབས། རོལ་མོའི་སྒྲ་སྒྲོག་བཀྲ་ཤིས་ཀྱི་གླུ་དབྱངས་ཀྱིས་ཤིས་པ་བརྗོད་པའི་མོས་པ་བྱས་ལ། སྨྲིན་པའི་སྟོབས་ཀྱིས་སངས་རྒྱས་ཡང་དག་འཕགས། །ཞེས་སོགས་ཕྱིན་དྲུག་གི་སྒོ་ནས་ཚེ་སྤེལ་བའི་ཚིགས་བཅད་དང་། སྲིད་ཞི་རྣམ་དཀར་སོགས་ཤིས་བརྗོད་ཀྱིས་བརྒྱན་པར་བྱའོ། །ཞེས་རྗེ་བཙུན་ཙོང་ཁ་པ་ཆེན་པོའི་སྒོ་ནས་ཚེ་སྒྲུབ་བྱ་ཚུལ་བདུད་རྩིའི་ཆུ་རྒྱུན་ཞེས་བྱ་བ་འདི་ནི། ངེད་རང་གི་སློབ་བུ་དད་ལྡན་དགེ་སློང་འཕྲིན་ལས་མཐར་ཕྱིན་ནས་ནན་གྱིས་བསྐུལ་བ་ལ་བརྟེན་ནས། ཟབ་ཆོས་འདི་ལ་ཡིད་ཆེས་པའི་དད་པ་ཅུང་ཟད་ཐོབ་པའི་ཤཱཀྱའི་དགེ་སློང་བློ་བཟང་བསྟན་པའི་རྒྱལ་མཚན་གྱིས་སྦྱར་བའོ།། །།

༄༅། །དུས་གསུམ་རྒྱལ་བ་ཀུན་གྱི་མཁྱེན་བརྩེ་ནུས་པའི་རང་གཟུགས་རྗེ་བླ་མ་ཙོང་ཁ་པ་ཆེན་པོ་རིགས་གསུམ་སྤྱི་སྒྲུབ་ཀྱི་སྒྲུབ་ཐབས་དང་བྱིན་རླབས་བྱ་ཚུལ་དོན་ཡོད་འཕྲུལ་གྱི་ལྕགས་ཀྱུ་ཞེས་བྱ་བ་བཞུགས་སོ།

༄༅། །ན་མོ་གུ་རུ་མཉྫུ་གྷོ་ཥ་སུ་མ་ཏི་ཀཱིརྟི་ཡ། རྒྱལ་ཀུན་མཁྱེན་བརྩེ་ནུས་པའི་གུར་གུམ་རྡུལ། །རིགས་གསུམ་གཅིག་འདུས་སྒྱུ་འཕྲུལ་ཟླ་བའི་གར། །སྐྱུར་མཛད་བློ་བཟང་ཐུབ་དབང་རྡོ་རྗེ་འཆང་། །ཡབ་སྲས་བརྒྱུད་པར་བཅས་ལ་སྤྱི་བོས་འདུད། །གང་ལ་བསྙེན་ན་མཆོག་དང་ཐུན་མོང་གི །དངོས་གྲུབ་རྣམ་གཉིས་བདེ་བླག་འགུགས་པའི་ཚུལ། །ཡན་ལག་བཞི་ཡིས་བསྙེན་ཅིང་སྒྲུབ་པའི་ཐབས། །ལས་རིམ་དོན་ཡོད་འཕྲུལ་གྱི་ལྕགས་ཀྱུ་འགོད། །དེ་ཡང་། ཀུན་གཟིགས་པཎ་ཆེན་དཔལ་ལྡན་ཡེ་ཤེས་ཀྱིས། །གསོལ་འདེབས་རྒྱལ་པོ་ཚིགས་སུ་བཅད་པ་ཡི། །བསྙེན་བསྒྲུབ་ཕ་མཐར་ཕྱིན་པ་ལེགས་བསྐྱངས་ནས། །ལས་ཚོགས་བཅུ་གཅིག་ལ་སོགས་ལས་རབ་འབྱམས། །མ་ལུས་སྒྲུབ་ལ་ཐོགས་པ་མེད་པར། །ཞེས་གསུངས་པ་ལྟར། རྗེ་བླ་མ་ཙོང་ཁ་པ་ཆེན་པོ་བློ་བཟང་གྲགས་པའི་དཔལ་ལ་ཐུན་མོང་མ་ཡིན་པའི་གསོལ་འདེབས་ཀྱི་ཚིགས་སུ་བཅད་པ་འདི་ཉིད་ལ་བརྟེན་ནས་རྗེས་གནང་བྱ་བ་ལ་སོགས་པའི་དགོས་པ་གཞན་ཡང་ཡོད་པས་ཀུན་གཟིགས་ལྔ་པ་ཆེན་པོས་མཛད་པའི་བླ་མའི་རྣལ་འབྱོར་ཚིག་དོན་རབ་གསལ་དང་འབྲེལ་བར་རྗེ་བླ་མ་རིགས་གསུམ་སྤྱི་སྒྲུབ་ཀྱི་བདག་བསྐྱེད་ཇི་ལྟར་ཉམས་སུ་ལེན་པའི་ཚུལ་ལ། ཡིད་མཐུན་གྱི་གནས་སུ་རྗེ་བླ་མའི་སྐུ་བརྟན་བཀྲམ། དེའི་མདུན་དུ་བདག་མདུན་གྱི་མཆོད་པ། རྗེས་གནང་དང་འབྲེལ་ན་སྒྲུབ་གཏོར་དཀར་པོ་པད་འདབ་མར་གཏོར་གདུགས་སེར་པོས་བརྒྱན་པ་རྗེ་བླ་མའི་ཙ་ཀ་ལི་ཅན་བཙུགས། རྗེས་གནང་དང་འབྲེལ་མ་འབྲེལ་གང་ལྟར་ཡང་འབུལ་གཏོར་དབྱིབས་དང་ཁ་དོག་གོང་དང་འདྲ། བགེགས་གཏོར། བླ་མེད་བུམ་རྫས་བཏབ་པའི་བུམ་པ་གཟུངས་ཐོར་ཅན། རང་གི་མདུན་དུ་ནང་མཆོད་ཡོད་ཀྱང་མི་

ཏུང་བ་མིན་ལ། སྲུབ་གཞུང་རྣམས་སུ་མི་གསལ་བས་མེད་ཀྱང་ཆད་སྐྱོན་དུ་མི་འགྱུར་ཞིང་། རྫོར་དྲིལ་ཏྲ་མ་ཏུ་འཐོར་ནས་གུལ་ཡུངས་སོགས་ཉེར་མཁོའི་ཡོ་བྱད་རྣམས་ཚོགས་པར་བྱས་ཏེ། བདེ་བའི་སྟན་ལ་ཁ་བྱང་དུ་ཕྱོགས་པའམ་ཕྱོགས་པར་མོས་ནས། སྐྱབས་འགྲོ་སེམས་བསྐྱེད་ཚད་མེད་བཞི་བསྒོམ་པ་རྒྱུད་དང་འདྲེས་ངེས་སུ་བྱ། རང་གི་སྤྱི་བོར་སེང་གེ་ཆེན་པོ་བརྒྱད་ཀྱིས་བཏེག་པའི་རིན་པོ་ཆེའི་ཁྲི་མཐོ་ཞིང་ཡངས་པའི་སྟེང་ཁར་སྣ་ཚོགས་པད་ཟླ་ཉི་མའི་དཀྱིལ་འཁོར་གྱི་གདན་ལ། མཉམ་མེད་ཐུབ་པའི་དབང་པོ་ནས་རང་གི་དྲིན་ཅན་རྩ་བའི་བླ་མའི་བར་གྱི་བླ་མ། ཡི་དམ། སངས་རྒྱས། བྱང་སེམས། དཔའ་བོ་མཁའ་འགྲོ་ཆོས་སྐྱོང་སྲུང་མ་ཐམས་ཅད་འདུས་པའི་བདག་ཉིད་ཐུབ་དབང་རྡོ་རྗེ་འཆང་སློ་བཟང་གྲགས་པ་སྐུ་མདོག་དཀར་ལ་དམར་བའི་མདངས་ཆགས་པ། ཞལ་གྱི་དཀྱིལ་འཁོར་ཤིན་ཏུ་འཛུམ་ཞིང་སྤྱན་དཀྱུས་རིང་བ། སྐུ་ལ་ཆོས་གོས་ངུར་སྨྲིག་གསུམ་མཛེས་པར་གསོལ་བ། དབུ་ལ་པཎ་ཞྭ་གསེར་གྱི་མདོག་ཅན་སྣེ་རིང་གསོལ་བ། ཕྱག་གཉིས་ཆོས་འཁོར་གྱི་ཕྱག་རྒྱས་ཨུཏྤ་ལའི་ཡུ་བ་ཐུགས་ཀར་བཟུང་བའི་འདབ་མ་སྙན་གཡས་གཡོན་གྱི་ཐད་དུ་ཁ་བྱེ་བའི་སྟེང་དུ་ཤེས་རབ་ཀྱི་རལ་གྲི་དང་། བརྒྱད་སྟོང་བའི་གླེགས་བམ་བསྣམས་པ། ཞབས་རྡོ་རྗེའི་དཀྱིལ་ཀྲུང་གིས་བཞུགས་པ། འོད་ཟེར་གྱི་ཚོགས་ཞིང་ཁམས་ཀུན་འགེངས་པར་འཕྲོས་པས། ཞིང་ཁམས་ཐམས་ཅད་སྐུ་ལ་སྣང་ཞིང་། སྐུས་ཞིང་ཁམས་ཐམས་ཅད་ལ་ཁྱབ་པའི་བདག་ཉིད་ཅན་དུ་བཞུགས་པའི་སྤྱི་བོའི་རྩ་འཁོར་གྱི་དབུས་སུ་པད་ཟླའི་གདན་ལ། འཇམ་དབྱངས་དམར་སེར་གཡས་ཤེས་རབ་ཀྱི་རལ་གྲི་དང་གཡོན་སྟོང་ཕྲག་བརྒྱ་པའི་གླེགས་བམ་བསྣམས་པ། མགྲིན་པའི་རྩ་འཁོར་གྱི་དབུས་སུ་པད་ཟླའི་གདན་ལ་སྤྱན་རས་གཟིགས་དབང་ཕྱུག་སྐུ་མདོག་དཀར་པོ་ཞལ་ལྷར་དྭངས་ཤིང་དྲི་མ་མེད་པ། ཞལ་གཅིག་ཕྱག་བཞི་པ་ཕྱག་དང་པོ་གཉིས་ཐུགས་ཀར་ཐལ་མོ་སྦྱར་བ། གཡས་འོག་མས་ཤེལ་ཕྲེང་དང་། གཡོན་འོག་མས་པདྨ་དཀར་པོ་འདབ་མ་བརྒྱད་པ་འཛིན་པ། ཐུགས་ཀའི་རྩ་འཁོར་གྱི་དབུས་སུ་པད་ཉིའི་གདན་ལ་ཕྱག་ན་རྡོ་རྗེ་གཡས་རྡོ་རྗེ་ཕྲག་གོང་དུ་འཕྱར་ཞིང་། གཡོན་ཐུགས་ཀར་སྡིགས་འཛུབ་མཛད་པ། སྦྲུལ་བརྒྱད་དང་ཁྲོ་བོའི་རྒྱན་གྱིས་བརྒྱན་པ། སྟག་གི་པགས་པའི་ཤམ་ཐབས་ཅན། ཞབས་གཉིས་བརྐྱང་བསྐུམས་ཀྱི་སྟབས་ཀྱིས་བཞུགས་པར་གྱུར། རྗེ་བླ་མའི་སྤྱི་བོར་ཨོཾ་དཀར་པོ། །མགྲིན་པར་ཨཱཿདམར་པོ། །ཐུགས་ཀར་ཧཱུྃ་སྔོན་པོ། །ཐུགས་ཀའི་ཧཱུྃ་

ལས་འོད་ཟེར་འཕྲོས་པས་རང་བཞིན་གྱི་གནས་ནས་ཆོས་ཀྱི་རྒྱལ་པོ་ཙོང་ཁ་པ་ཆེན་པོ་ལ་སངས་རྒྱས་དང་བྱང་ཆུབ་སེམས་དཔའི་ཚོགས་ཀྱིས་བསྐོར་བ་སྤྱན་དྲངས། ཛཿ ཧཱུྃ་བཾ་ཧོཿ གཉིས་སུ་མེད་པར་གྱུར། གང་གི་དྲིན་གྱིས་བདེ་ཆེན་གནས། །སྐད་ཅིག་ཉིད་ལ་འཆར་བ་གང་། །བླ་མ་རིན་ཆེན་ལྟ་བུ་ཡི། །རྡོ་རྗེ་ཅན་ཞབས་པད་ལ་འདུད། །ཅེས་ཕྱག་དང་། དངོས་བཤམས་ཡིད་སྤྲུལ་མཆོད་པ་མ་ལུས་འབུལ། །ཐོག་མེད་ནས་བསགས་སྡིག་ལྟུང་ཐམས་ཅད་བཤགས། །སྐྱེ་འཕགས་དགེ་བ་རྣམས་ལ་རྗེས་ཡི་རང་། །འཁོར་བ་མ་སྟོང་བར་དུ་ལེགས་བཞུགས་ནས། །འགྲོ་ལ་ཆོས་ཀྱི་འཁོར་ལོ་བསྐོར་བ་དང་། །བདག་གཞན་དགེ་རྣམས་བྱང་ཆུབ་ཆེན་པོར་བསྔོ། །ཞེས་ཡན་ལག་བདུན་པ་བྱ། དེ་ནས་མཎྜལ་ཞིག་ཕུལ་ལ། དེ་ནས། འཇམ་དབྱངས་དང་སྤྱན་རས་གཟིགས་གཉིས་ཀྱི་ཐུགས་ཀར་ཟླ་གདན་ལ་དྷཱིཿ ཡིག་དང་ཧྲཱིཿ ཡིག་ཕྱག་རྡོར་དང་རྗེ་བླ་མའི་ཐུགས་ཀར་ཉི་གདན་ལ་ཧཱུྃ་ཡིག་དང་དྷཱིཿ ཡིག་རྣམས་རིམ་པར་འཁོད་པའི་མཐར་རིགས་གསུམ་ལ་རང་རང་གི་གཟུངས་སྔགས་དང་། རྗེ་བླ་མའི་ཐུགས་ཀའི་དྷཱིཿ ཡིག་གི་མཐར་མཚན་སྔགས་དང་དམིགས་བརྩེ་མས་བསྐོར་བ་ལས། བདུད་རྩིའི་རྒྱུན་བབས། རང་གི་ལུས་ཀྱི་ནང་གང་། སྒྲིབ་བཞི་དག དབང་བཞི་ཐོབ། སྐུ་བཞི་མངོན་དུ་གྱུར་པའི་ནུས་པ་བཞག་པར་བསམ་ལ། རིགས་གསུམ་མགོན་པོའི་གཟུངས་དང་། རྗེའི་མཚན་སྔགས། དམིགས་བརྩེ་མ་སོགས་ཅི་འགྲུབ་བཟླས་རྗེས། དགེ་བ་འདི་ཡིས་མྱུར་དུ་བདག །ཅེས་སོགས་དང་། དཔལ་ལྡན་རྩ་བའི་བླ་མ་རིན་པོ་ཆེ། །བདག་གི་སྙིང་ཁར་པདྨའི་སྟེང་བཞུགས་ལ། །བཀའ་དྲིན་ཆེན་པོའི་སྒོ་ནས་རྗེས་བཟུང་སྟེ། །མྱུར་དུ་ཁྱེད་རང་ལྟ་བུར་བྱིན་གྱིས་རློབས། །ཞེས་གསོལ་བ་བཏབ་པས། བླ་མ་ལྷ་བདག་ཉིད་ལ་དགྱེས་བཞིན་དུ་ཐིམ་པས་རང་ཉིད་སེང་གེ་ཆེན་པོ་བརྒྱད་ཀྱིས་བཏེག་པའི་རིན་པོ་ཆེའི་ཁྲི་མཐོ་ཞིང་ཡངས་པའི་ཞེས་པ་ནས། ཛཿ ཧཱུྃ་བཾ་ཧོཿ གཉིས་སུ་མེད་པར་གྱུར། ཅེས་པའི་བར་གོང་བཞིན་བརྗོད། དེ་ནས་བསང་ཆུ་སྒྲུབ་པ་ལ། བུམ་པ་ཧྲཱིཿ ཀྵཱིཿ ས་བསངས། སྭ་བྷཱ་ཝས་སྦྱངས། སྟོང་པའི་ངང་ལས་ལས་བུམ་གྱི་ནང་དུ་ཉི་མའི་དཀྱིལ་འཁོར་གྱི་སྟེང་དུ་ཧཱུྃ་ཡིག་གི་མཐར། ཧྲཱིཿ ཀྵཱིཿ འི་སྔགས་ཀྱིས་བསྐོར་བ་ལས་འོད་ཟེར་འཕྲོས། རྒྱལ་བ་སྲས་བཅས་ཀྱི་བྱིན་རླབས་ནུས་མཐུ་ཐམས་ཅད་བདུད་རྩི་འོད་ཟེར་གྱི་རྣམ་པར་སྤྱན་དྲངས། བུམ་པའི་ཆུ་ལ་ཐིམ་པས་ནུས་པ་དང་ལྡན་པར་གྱུར། ཧྲཱིཿ ཀྵཱིཿ བརྒྱ་རྩ་བཟླས། ཧཱུྃ་ཡིག་སྔགས་

འཕྲེང་ཉི་གདན་དང་བཅས་པ་འོད་དུ་ཞུ་ནས་བུམ་ཆུར་གྱུར་པར་བསམ། བདག་བསྐྱེད་ཀྱི་མཆོད་
པ་བླ་མེད་ཕྱི་ལྟར་བྱིན་གྱིས་རླབས། ཨོཾ་ཨཱཿ གུ་རུ་བཛྲ་ཧྲཱ་ར་སུ་མ་ཏི་ཀཱིརྟི་ས་པྟ་རི་ཝཱ་ར་ཨརྒྷཾ་པྲ་ཏཱི་ཙྪ་
ཧཱུཾ་སྭཱ་ཧཱ། དེ་ནས། ཤཱཀྱའི་བར་གྱིས་མཆོད། ནང་མཆོད་ཡོད་ན་གོང་གི་ཐུགས་ལ་འབྲུ་གསུམ་བཏགས་
ཏེ་ཕུལ། གཞོན་ནུའི་ཆ་ལུགས་འཆང་བ་པོ། །ཞེས་སོགས་དང་། སྨིན་གྱིས་མ་གོས་སྐུ་མདོག་
དཀར། ཞེས་སོགས་དང་། ལྷུང་ལོ་ཅན་གྱི་གནས་མཆོག་དམ་པ་ནི། ཞེས་སོགས་དང་། རྒྱལ་བ་
ཐམས་ཅད་གཅིག་བསྡུས་རྡོ་རྗེ་འཆང་། གདུལ་བྱའི་དོན་དུ་བཤེས་གཉེན་ཚུལ་འཛིན་པ། །
བློ་བཟང་གྲགས་པའི་དཔལ་ཞེས་ས་གསུམ་གྱི། །སྐྱེ་རྒུའི་འདྲེན་པ་ཆོག་ལ་ཕྱག་འཚལ་ལོ། །
ཞེས་པས་བསྟོད། དེ་ནས་བཟླས་པ་བྱ་བ་ནི། གོང་ལྟར་བཟླས་དམིགས་གསལ་བཏབ་སྟེ་གོང་གི་ཐུགས་
རྣམས་ཅི་འགྲུབ་བཟླས་མཐར་ཡིག་བརྒྱ་བརྟན་པར་བྱ། མཆོད་བསྟོད་མདོར་བསྡུས་བྱ་ཞིང་། མཇུག་ཏུ།
དགེ་བ་འདི་ཡིས་མྱུར་དུ་བདག །ཅེས་སོགས་ཀྱིས་བསྔོ་བ་སྨོན་ལམ་བྱའོ། །དེ་ནས་མདུན་བསྐྱེད་
བསྒྲུབ་པ་ནི། མཆོད་པ་འདོད་ཡོན་དང་བཅས་པ་གོང་བཞིན་རླབས། ལས་ཐུགས་ཀྱིས་གཏོར་མ་བསངས།
སྭ་བྷཱ་ཝས་སྦྱངས། སྟོང་པའི་ངང་ལས་མདུན་གྱི་གཞི་འདིར་སེང་གེ་ཆེན་པོ་བརྒྱད་ཀྱིས་
བཏེགས་པའི་རིན་པོ་ཆེའི་ཁྲི་མཐོ་ཞིང་ཡངས་པའི་སྟེང་ཁར་སྣ་ཚོགས་པདྨ་ཉི་ཟླའི་དཀྱིལ་
འཁོར་གྱིས་གདན་ལ་ཞེས་པ་ནས། ཛཿ ཧཱུཾ་བཾ་ཧོཿ གཉིས་སུ་མེད་པར་གྱུར། མཆོད་པ་རྣམས་
མཆོད་འཕྲེང་ཐུགས་དང་བཅས་པའམ་ཐུགས་རྐྱང་གིས་འབུལ། ནང་མཆོད་ཡོད་ན་འབུལ། གོང་ལྟར་གྱི་
བསྟོད་པས་བསྟོད། བཟླས་དམིགས་དང་བཅས་ཏེ་བཟླས་པ་དང་བྱ། ཡིག་བརྒྱས་ཁ་སྐང་། མཆོད་བསྟོད་
མདོར་བསྡུས་བྱ། དེ་ནས་གཏོར་མ་ནང་མཆོད་ལྟར་བརླབས་པའམ། ཡང་ན་ལས་ཐུགས་ཀྱིས་བསངས།
སྭ་བྷཱ་ཝས་སྦྱངས། སྟོང་པའི་ངང་ལས་ཧཱུཾ་ལས་རིན་པོ་ཆེའི་སྣོད་ཡངས་ཤིང་རྒྱ་ཆེ་བའི་ནང་དུ་
ལྷའི་ཞལ་ཟས་འདོད་པའི་ཡོན་ཏན་ལྔ་དང་ལྡན་པའི་སྟེང་དུ་ཨོཾ་ཨཱཿ ཧཱུཾ་གིས་མཚན་པ་ལས་འོད་
ཟེར་འཕྲོས། འཁོར་འདས་ཀྱིས་བསྡུས་པའི་བཅུད་ཐམས་ཅད་འབྲུ་གསུམ་ལ་ཐིམ་ཞིང་། དེ་
ཉིད་འོད་དུ་ཞུ་བ་ལས་བདུད་རྩིའི་རྒྱ་མཚོ་ཆེན་པོར་གྱུར། ཨོཾ་ཨཱཿ ཧཱུཾ། ལན་གསུམ་གྱིས་བྱིན་གྱིས་
བརླབས་ནས། རྗེ་བཙུན་བླ་མའི་ཐུགས་འོད་ཟེར་གྱི་སྦུ་གུས་དྲངས་ཏེ་གསོལ་བར་བསམ་ལ། ཨོཾ་
ཨཱཿ གུ་རུ་བཛྲ་ཧྲཱ་ར་སུ་མ་ཏི་ཀཱིརྟི་ས་པྟ་རི་ཝཱ་ར་ཨི་དཾ་བ་ལིཾ་ ཏ་ཁ་ཁ་ཁཱ་ཧི་ཁཱ་ཧི། ལན་གསུམ་མམ་
བདུན་གྱིས་ཕུལ། གོང་ལྟར་ཨརྒྷཾ་སོགས་ཀྱིས་མཆོད། རྣམ་དག་གངས་རིའི་འཕྲེང་བས་ཡོངས་
བསྐོར་བའི། །ཕྱོགས་འདིར་བདག་ཅག་མགོན་མེད་རྣམས་ཀྱི་མགོན། །བློ་དམན་བསམ་

པའི་ངོ་དང་འཚམས་པའི་སྐུ། །སྟོན་མཛད་བླ་མ་ཁྱོད་ལ་བདག་ཕྱག་འཚལ། །ཁྱོད་ལ་བསྟོད་ཅིང་ཞེས་སོགས་ཀྱིས་འདོད་དོན་ལ་གསོལ་བ་བཏབ། རྗེ་བཙུན་བླ་མ་ཁྱོད་ཉིད་ཀྱིས། །སྐུ་གསུང་ཐུགས་ཀྱི་ཡོན་ཏན་རྣམས། །གཞན་ཕྱིར་མངོན་དུ་མཛད་པ་བཞིན། །སློབ་མ་རྣམས་ལ་སྩོལ་དུ་གསོལ། །ཞེས་སློབ་མའི་དོན་དུའང་གསོལ་བ་གདབ་བོ། །༈འདི་ཉིད་ལ་བརྟེན་ནས་དབང་བཞི་བྱིན་རླབས་ཀྱི་ཚུལ་དུ་བསྒྱུར་བ་ལ། སློབ་མར་ཁྲུས་དང་མེ་ཏོག་བཀྱེ་བསྩུ། བགེགས་གཏོར་རྣམས་སྔུབ་རྗེས། ཇི་སྐད་དུ། རྣམ་འདྲེན་ཕྱག་ན་པདྨོ་བློ་བཟང་བསྐལ་བཟང་རྒྱ་མཚོའི་གསུང་ལས། བློ་གྲོས་འཇམ་དབྱངས་གཞོན་ནུ་ལ་འཁྱུད་པའི། །རྗེས་ཆགས་སྙིང་རྗེའི་རང་གཟུགས་པད་དཀར་འཛིན། །མཐུ་སྟོབས་གསང་བ་ཀུན་འཛིན་ཁྲོ་རྒྱལ་གྱི། །རིགས་གསུམ་གཅིག་ཏུ་འདུས་འདི་ཁྱད་པར་ཆེས། །ཞེས་རབ་བཏགས་དང་ཟློལ་བསྟོད་སོགས་ཀྱི་འཁྲོགས་བརྗོད་སྤྲངས་ཏེ། ངེས་པ་དོན་གྱི་བསྟོད་བསྔགས་ཀྱི་མེ་ཏོག་འཐོར་བར་མཛད་པ་ལྟར། དུས་གསུམ་རྒྱལ་བ་ཀུན་གྱི་མཁྱེན་བརྩེ་ནུས་པའི་རང་གཟུགས། ༡ཇེ་བླ་མ་ཆོས་ཀྱི་རྒྱལ་པོ་ཙོང་ཁ་པ་ཆེན་པོ་ལ་བརྟེན་པའི་བླ་མའི་རྣལ་འབྱོར་ཚིགས་དོན་རབ་གསལ་དང་འབྲེལ་བར་དབང་བཞི་བྱིན་རླབས་ཀྱི་ཚུལ་དུ་བསྒྱུར་བའི་རྗེས་གནང་འབུལ་བར་བྱེད་པ་ཡིན་ལ། དེ་ཡང་སྤྱིར་རྗེས་གནང་ཞེས་བྱ་བ། རྒྱུད་སྡེ་བཞི་པོ་གང་གི་ལྷ་ཡིན་ཀྱང་རྒྱུད་སྡེ་དེ་དང་དེའི་དབང་ཐོབ་པའམ། རྣལ་འབྱོར་བླ་མེད་ཀྱི་དབང་ཐོབ་པ་ཞིག་ལ་འབུལ་དགོས་པ་ནི། ཡོངས་སུ་མསྨིན་སེམས་ཅན་ལ། །གསང་བ་ཉིད་ནི་བསྟན་པ་དང་། །ཞེས་པའི་བཅས་མཚམས་བསྲུང་ཚུལ་གྱི་གནད་ཀྱིས་ཡིན་ལ། ད་ལམ་གྱི་བྱིན་རླབས་འདི་ཡང་ངེས་པར་ངེས་འབྱུང་བྱང་སེམས་ཡང་དག་པའི་ལྟ་བ་སོགས་ཐུན་མོང་བའི་ལམ་གྱི་རིམ་པས་རྒྱུད་སྦྱངས་ཤིང་། རྡོ་རྗེ་སློབ་དཔོན་མཚན་ཉིད་དང་ལྡན་པའི་དྲུང་དུ་དབང་བཞི་རྣམ་པར་དག་པ་ཐོབ་ཅིང་། དབང་གི་དུས་སུ་ཁས་བླངས་པའི་དམ་སྡོམ་ཚུལ་བཞིན་དུ་བསྲུང་བ་ཞིག་ལ་འབུལ་དགོས་པ་ཡིན་ལ། དེ་ལྟ་བུའི་སྣོད་ལྡན་གྱི་སློབ་མ་ལ་རྗེ་བླ་མ་ཁམས་གསུམ་ཆོས་ཀྱི་རྒྱལ་པོ་ཙོང་ཁ་པ་ཆེན་པོ་རིགས་གསུམ་སྤྱི་སྒྲུབ་ཀྱི་རྗེས་གནང་འབུལ་བར་བྱེད་པ་ཡིན། དེ་ལ་ཡང་ཐུགས་བསམ་འདི་བཞིན་དུ་མཛད་དགོས། གནས་ཁང་འདི་ཡང་ཐ་མལ་གྱི་རྣམ་པ་ཙན་མ་ཡིན་པར། རྗེ་བླ་མའི་ཡེ་ཤེས་རང་སྣང་ལས་གྲུབ་པའི་དག་པའི་ཞིང་དགའ་ལྡན་ཡིད་དགའ་ཆོས་འཛིན་ནམ། ངོ་མཚར་རྨད་བྱུང་བཀོད་པའི་འཇིག་རྟེན་གྱི་ཁམས་ལྟ་བུར་དངོས་སུ་མོས། བླ་མ་ཡང་རྗེ་བླ་མའི་མངོན་རྟོགས་ལྟར་གནས་གསུམ་ཡི་གེ་གསུམ་གྱིས་མཚན་པར་བཞུགས་པར་མོས་ནས། དེ་ཉིད་ལ་རྗེས་གནང་གི་རིམ་པ་རྣམས་ཞུ་བའི་ཡོན་དུ་མཎྜལ་ཞིག་འབུལ་དུ་བཅུག དེ་ནས། ཇི་སྐད་དུ། རྗེ་བླ་མ་ཙོང་ཁ་པ་ཆེན་པོས། དལ་འབྱོར་ཚང་བའི་རྟེན་འདི་ཡིན་ན་ཡང་། བག་མེད་ལེ་ལོ་གཉིད་དང་བྱེ་མོའི་གཏམ། རྙེད་བཀུར་འདོད་པའི་སྐྱོན་གྱིས་སྤྲུགས

པ་ཡིས། དོན་མེད་ཕྱོགས་སུ་བཀོལ་བས་དོན་ཆེན་པོ། བདེ་བླག་སྒྲུབ་པའི་ལུས་བཟང་ཚུད་ཟོན་པ། །མི་ཡི་ཤ་ཚུགས་ཕྱུགས་ཀྱི་འདྲ་ཤེས་ཅན། །ཞེས་གསུངས་པ་ལྟར་གྱི་དོན་རྣམས་ཡིད་འཕྲུལ་ངེས་པར་བཤད་ནས། །མི་ཡི་ཤ་ཚུགས་ཕྱུགས་ཀྱི་འདྲ་ཤེས་ཅན། །ཞེས་པའི་དོན་དུ་མ་སོང་བར་དལ་འབྱོར་གྱི་རྟེན་ལ་སྙིང་པོ་རྣམ་པར་དག་པ་ཞིག་ལེན་དགོས་པར་འདུག སྙིང་པོ་ཇི་ལྟར་ལེན་པའི་ཚུལ་ནི། སྐྱེས་བུ་ཆུང་འབྲིང་དང་ཐུན་མོང་བའི་ལམ་གྱི་རིམ་པ་ལ་བློ་ལེགས་པར་སྦྱངས། དེ་ནས། ནམ་མཁའི་མཐའ་དང་མཉམ་པའི་མ་རྒན་སེམས་ཅན་འདི་དག་སྐྱེ་འཆི་འཕོས་པའི་དབང་གིས་ངོ་མི་ཤེས་པ་མ་གཏོགས། ལན་གྲངས་དུ་མའི་བར་དུ་རང་གི་མ་བྱེད་མ་སྨྱོང་བ་ནི་གཅིག་ཀྱང་མེད་ལ། མ་ནམ་བྱས་རེས་བཞིན་ཚེ་འདིའི་མ་དང་ཁྱད་པར་མེད་པར་དྲིན་གྱིས་བསྐྱངས་པ་ཤ་སྟག་ཡིན་པས་རང་གཞན་རྣམས་ཀྱིས་བདེ་སྡུག་གི་རྒྱུ་དགེ་སྡིག་ལ་བླང་དོར་གོ་ལོག་ཏུ་སྤྱོད་པའི་དབང་གིས་བདེ་བས་འཕོངས་ཤིང་སྡུག་བསྔལ་གྱིས་མནར་བའི་ཚུལ་འདི་ལ་ཕྱོགས་དང་རིས་སུ་མ་བཅད་པར་བྱམས་སྙིང་རྗེ་ལྷག་བསམ་ཤུགས་དྲག་པོས་ཀུན་ནས་བསླངས་ཏེ། སེམས་ཅན་ཐམས་ཅད་ཀྱི་དོན་དུ་ཐོབ་བྱ་བླ་ན་མེད་པ་ཡང་དག་པར་རྫོགས་པའི་སངས་རྒྱས་ཀྱི་གོ་འཕང་ངམ། ཁམས་གསུམ་ཆོས་ཀྱི་རྒྱལ་པོ་ཙོང་ཁ་པ་ཆེན་པོའི་གོ་འཕང་མྱུར་བ་ཉིད་དུ་ཐོབ་པར་བྱ། དེའི་ཕྱིར་དུ་རྗེ་བླ་མ་ཙོང་ཁ་པ་ཆེན་པོ་རིགས་གསུམ་སྤྱི་སྒྲུབ་ཀྱི་རྗེས་གནང་ཟབ་མོ་ཞུས་ཏེ། སྒྲུབ་པ་ཉམས་ལེན་རྣམ་པར་དག་པ་ཞིག་མཛད་པའི་སྒོ་ནས་ཟུང་འཇུག་ཕྱག་རྒྱ་ཆེན་པོ་མཆོག་གི་དངོས་གྲུབ་བསྒྲུབ་པར་བྱའོ་སྙམ་པའི་ཐུགས་མོས་དུང་དུང་བ་ཞིག་མཛོད། དེ་ནས་འདི་ལྟ་བུའི་དབང་དང་རྗེས་གནང་སོགས་ཞུ་བ་ལའང་། བླ་མ་ལྔ་བཅུ་པ་ལས། མདུན་དུ་དུལ་བར་འདུག་པ་དང་། གོས་སོགས་ཚུལ་ནི་བརྟམས་པ་དང་། པུས་བཙུགས་ཐལ་མོ་ལེགས་སྦྱར་ནས། །ཉན་སོགས་འདོད་པས་གསོལ་གསུམ་གདབ། །ཅེས་གསུངས་པའི་དོན་ལྟར་གསོལ་བ་ལན་གསུམ་གདབ་དགོས་པས། འདིའི་རྗེས་བློས་མཛོད་བྱས་ལ། ཀུན་མཁྱེན་ཡེ་ཤེས་ཕུང་པོ་ཅན། །སྲིད་པའི་འཁོར་ལོ་རྣམ་འཇོམས་པ། །དེ་རིང་བཤད་པའི་རིན་ཆེན་གཏེར། །གཙོ་བོས་བདག་ལ་བཀའ་དྲིན་སྩོལ། །ལན་གསུམ་རྗེས་བློས་བྱར་གཞུག །དེ་ཡང་གསན་པར་བྱ་བའི་ཆོས་ནི། པཎ་ཆེན་ཐམས་ཅད་མཁྱེན་པ་བློ་བཟང་དཔལ་ལྡན་ཡེ་ཤེས་དཔལ་བཟང་པོས། ཆོས་ཀྱི་ཕུང་པོ་བརྒྱད་ཁྲི་བཞི་སྟོང་གི །སྙིང་པོ་གཅིག་ཏུ་བསྡུས་པའི་བསྟོད་པའི་རྒྱལ། །ཞེས་གསུངས་པ་ལྟར། ཆོས་ཀྱི་ཕུང་པོ་བརྒྱད་ཁྲི་བཞི་སྟོང་གི་སྙིང་པོ་ནི་རྣལ་འབྱོར་བླ་མེད་ཀྱི་རྒྱུད་སྡེ་རྣམས་ཡིན་ལ། དེའི་ཡང་སྙིང་ལྟ་བུའི་བསྟོད་པའི་རྒྱལ་པོའམ་གསོལ་འདེབས་ཀྱི་ཚིགས་སུ་བཅད་པ་དམིགས་བརྩེ་མར་གྲགས་པ་འདི་ནི། འཇམ་མགོན་ཆོས་ཀྱི་རྒྱལ་པོ་ཙོང་ཁ་པ་ཆེན་པོས། རང་གི་བླ་མ་རེད་མདའ་བ་ཆེན་པོ་ལ། དམིགས་མེད་བརྩེ་བའི་གཏེར་ཆེན་སྤྱན་རས་གཟིགས། །དྲི་མེད་མཁྱེན་པའི་དབང་པོ་

འཇམ་དཔལ་དབྱངས། །གངས་ཅན་མཁས་པའི་གཙུག་རྒྱན་རེད་མདའ་པ། །གཞོན་ནུ་བློ་གྲོས་ཞབས་ཀྱི་པནྜིར་འདུད། །ཅེས་སོགས་ཀྱིས་ཚིག་བཅད་དུ་སྦྱེབས་ཏེ་ཕུལ་བ་ན། རྗེ་བཙུན་རེད་མདའ་བ་ཆེན་པོས། བསྟོད་པ་འདི་ནི་ཁོ་བོ་ལ་བབས་འོས་མི་ཆེ་བས། ཁྱེད་རང་ཉིད་ལ་འོས་པར་འདུག་ཅེས་གསུངས་ཏེ། ཚིགས་རྐང་གསུམ་པ་མན། གངས་ཅན་མཁས་པའི་གཙུག་རྒྱན་ཙོང་ཁ་པ། །བློ་བཟང་གྲགས་པའི་ཞབས་ལ་གསོལ་བ་འདེབས། །ཞེས་སོགས་སུ་བསྒྱུར་ཏེ་རྗེ་ཉིད་ལ་ཕྱིར་འབུལ་བར་མཛད་པས། དེས་ན་གསོལ་འདེབས་ཀྱི་རྒྱལ་པོ་འདི་ཉིད། གྲུབ་པ་མཆོག་གི་གོ་འཕང་མཐོན་པོ་ལ་གནས་པའི་མཁས་གྲུབ་ཆེན་པོ་གཉིས་ཀྱིས་ཐུགས་སྨོན་རྒྱ་ཆེན་པོས་ཕར་འབུལ་ཚུར་འབུལ་གྱིས་བྱིན་རླབས་མཛད་པ་ལ་བརྟེན་ནས། སྙིགས་མའི་དུས་འདིར་རྒྱུད་སྡེ་ཆེན་པོ་རྣམས་ལས་གསུངས་པའི་གསང་སྔགས་ཟབ་རྒྱ་ལས་ཀྱང་བྱིན་རླབས་ཀྱི་འཇུག་པ་ཆེས་ཆེར་མྱུར་བར་མངོན་སུམ་དུ་གྲུབ་པའི་གསོལ་འདེབས་འདི་ཉིད་ལ་བརྟེན་ནས། རྗེ་བླ་མ་ཆོས་ཀྱི་རྒྱལ་པོ་ཙོང་ཁ་པ་ཆེན་པོ་སྒྲུབ་པའི་ཚུལ་ལ། རིགས་གསུམ་སྤྱི་ཊུ་སྒྲུབ་པ། སོ་སོར་སྒྲུབ་པ། རིགས་གསུམ་གཅིག་འདུས་སུ་སྒྲུབ་པ་ཕྱི་མ་འདི་ལ་ཕྱི་ནང་གསང་གསུམ་དུ་སྒྲུབ་ཚུལ་སོགས་ཉམས་ལེན་གྱི་སྐོར་འཇུག་ཚུལ་མཐའ་ཡས་པ་ཞིག་ཡོད་པའི་ནང་ཚན་འདིར་རིགས་གསུམ་སྤྱི་སྒྲུབ་ཀྱི་བླ་མའི་རྣལ་འབྱོར་དང་འབྲེལ་བའི་བསྙེན་སྒྲུབ་ཡན་ལག་བཞི་ལྡན་གྱི་སྒྲུབ་ཐབས་བསྒོམ་པ་རྫོན་དུ་བཏང་སྟེ་སློབ་མ་ལ་དབང་བཞི་བྱིན་རླབས་ཀྱི་ཚུལ་དུ་བསྐུར་བའི་རྗེས་གནང་ཟབ་མོ་འདི་ཉིད་འབུལ་བར་བྱེད་པ་ཡིན་ལ། དེ་ཡང་རྗེ་བླ་མ་ཆོས་ཀྱི་རྒྱལ་པོ་ཙོང་ཁ་པ་ཆེན་པོ་ནི། འཇམ་དཔལ་རྩ་རྒྱུད་ལས། འཇིག་རྟེན་ང་ནི་མྱ་ངན་འདས། །ས་ཡི་སྙིང་འདི་སྟོང་པ་ན། །ཁྱོད་ཉིད་བྱིས་པའི་གཟུགས་ཅན་གྱིས། །སངས་རྒྱས་མཛད་པ་བྱེད་པར་འགྱུར། །དེ་ཚེ་དགོན་ཆེན་རབ་དགའ་བ། །ཁ་བ་ཅན་ནང་ཡོད་པ་ཡིན། །ཞེས་རྗེ་བཙུན་འཇམ་དཔལ་དབྱངས་བྱིས་པ་སོ་སོ་སྐྱེ་བོའི་དགེ་སློང་གི་གཟུགས་སུ་སྤྲུལ་ནས། སངས་རྒྱས་ཀྱི་མཛད་པ་ཡོངས་སུ་རྫོགས་པ་མཛད་པར་འགྱུར་བར་ལུང་བསྟན་པ་བཞིན། རྗེ་ཉིད་རྗེ་བཙུན་འཇམ་དབྱངས་དང་ཐུགས་རྒྱུད་གཅིག་པ་དང་རྗེ་བཙུན་གྱི་སྤྲུལ་པར་མདོ་རྒྱུད་དགོངས་འགྲེལ་དང་བཅས་པ་རྟོད་མེད་ཀྱི་བཀའ་གཏེར་གསང་བ་ཡོངས་སུ་རྫོགས་པའི་དགོངས་པ་གཅིག་ཏུ་གྱུར་ཅིང་། སྤྱན་རས་གཟིགས་དང་ཕྱག་ན་རྡོ་རྗེ་དང་ཡང་

ཐུགས་རྒྱུད་གཅིག་པར་ནི། །གླིགས་བམ་རིན་པོ་ཆེ་ལྔའི་རྒྱལ་པོའི་སྐྱེས་རབས་ལས་ཀྱང་། ང་ནི་སྙིང་རྗེ་བྱམས་པའི་རིགས། །ང་ལ་སྤྱན་རས་གཟིགས་སུ་གྲགས། །ཞེས་དང་། འགྲོ་བ་ཀུན་གྱི་དཔལ་དུ་གྱུར། །འཇམ་པའི་དཔལ་དུའང་འགལ་བ་མེད། །ཅེས་དང་། གདུལ་དཀའ་པོ་དག་འདུལ་ཡིན་ན། །ཕྱག་ན་རྡོ་རྗེ་ང་ཡིན་ནོ། །དེ་གསུམ་རིགས་གསུམ་མགོན་པོ་ཉིད། །ཕྱོགས་སུམ་ཟད་དངོས་ཉིད་དོ། །ཞེས་རིགས་གསུམ་མགོན་པོ་ཐུགས་རྒྱུད་ཅིག་ཏུ་བསྟན་པའི་ལུང་དང་། རིགས་གསུམ་མགོན་པོ་ཐུགས་རྒྱུད་ཐ་དད་ན། རྒྱལ་བ་ཀུན་གྱི་མཁྱེན་བརྩེ་ནུས་གསུམ་ངོ་བོ་ཐ་དད་པ་དང་། རྒྱལ་བའི་མཁྱེན་བརྩེ་ནུས་གསུམ་ལྷན་གཅིག་ཏུ་མི་འདུ་བ་དང་། ཡ་བྲལ་དུ་འགྲོ་བའི་སྐབས་མི་སྲིད་པར་སྒྲུབ་པའི་རིགས་པ་མཐའ་ཡས་པས་འགྲུབ་པར་མ་ཟད། གསང་བའི་བདག་པོས་མཁན་ཆེན་ནམ་མཁའ་རྒྱལ་མཚན་ལ་བཀའ་སྩལ་བའི་ལུང་བསྟན་ལས་ཀྱང་། གསང་འཛིན་ལས་ཀྱི་རྡོ་རྗེ་ལ། །སྔོན་ནས་ཉེ་བར་འབྲེལ་བ་ཡི། །བློ་བཟང་གྲགས་པ་འདི་ཉིད་ནི། །སངས་རྒྱས་ཀུན་གྱི་སྤྲུལ་པ་སྟེ། །པཎ་ཆེན་རྒྱང་གི་ལུས་གཟུང་ནས། །མདོ་དང་སྔགས་ཀྱི་དོན་བཤད་ཅིང་། །ངེས་པ་ཁོ་ནར་འཚང་རྒྱའོ། །ཞེས་སོགས་དང་། དཔལ་དབེན་སའི་བཀའ་འབུམ་དུའང་རྗེ་ཉིད་མདོ་སྔགས་ཀྱི་དབང་ལུང་མནང་ངག་ཡོངས་སུ་རྫོགས་པ་ཕྱོགས་བཅུའི་སངས་རྒྱས་བྱང་སེམས་རྣམས་ལ་གསན་པར་གསུངས་པ་རྣམས་ནི་རྗེ་ཉིད་རིགས་གསུམ་མགོན་པོ་དང་ཐུགས་རྒྱུད་གཅིག་པར་གསུངས་པ་རྣམས་དང་ཚུལ་མཚུངས་པ་ཡིན་ལ། མདོར་ན་རྗེ་ཉིད་སྐུ་བལྟམས་པ་ལ་ཉེ་བའི་ཚེ་ཆོས་རྗེ་དོན་གྲུབ་རིན་པོ་ཆེའི་མནལ་ལམ་དུ་རྡོ་རྗེ་འཇིགས་བྱེད་ཞལ་གཟིགས་པར་གསོལ་བ་བཏབ་པས། སང་ད་གཟོད་ང་ལུང་པ་འདིའི་མདའ་ན་འོང་བ་ཡིན། ཞེས་དང་། ཡུམ་གྱི་མནལ་ལམ་དུ་རྒྱ་ནག་རི་བོ་རྩེ་ལྔ་ནས་འོངས་ཟེར་བའི་རྒྱ་བན་སྨུག་ཆས་ཅན་མེ་ཏོག་གི་ཕྲེང་བ་བཟུང་བ་ཞིག་གིས་མེ་ཏོག་གི་ཕྲེང་བ་ཡུམ་ལ་གཏད་ནས་ང་ཁྱོད་ལ་གནས་ཞིག་གཡར་བ་ཡིན་ཟེར་ནས་ཡུམ་རང་ལ་ཐིམ་པར་རྨིས་པ་ནི་འཇམ་དབྱངས་ཞི་ཁྲོའི་སྤྲུལ་པ་ཞིག་འབྱུངས་པའི་རྟགས་དང་། ཡང་ནུབ་གཅིག་ན་ནམ་མཁའ་ནས་ལྷའི་བུ་དང་བུ་མོ་མཆོད་རྫས་ཐོགས་པ་མང་པོས་སྤྱན་རས་གཟིགས་ཀྱི་གསེར་སྐུ་རི་པོ་ཙམ་ཞིག་གདན་དྲངས་ནས་ཉེ་བར་སླེབས་པ་ན་རིམ་གྱིས་ཇེ་ཆུང་ལ་སོང་སྟེ་མཐར་གསེར་སྐུ་མཐོ་གང་ཙམ་ཞིག་ཏུ་གྱུར་ཏེ་ཡུམ་རང་གི་

ཐུགས་ཀར་ཐིམ་པར་རྫོགས་པ་ནི་སྤྱན་རས་གཟིགས་ཀྱི་སྤྲུལ་བ་ཞིག་འབྱུངས་པའི་རྟགས་དང་། ཡབ་ཀྱི་མནལ་ལམ་དུ་ལྷུང་སོ་ཅན་ནས་ཕྱག་ན་རྡོ་རྗེས་འཕངས་སམ་སྙམ་པའི་གསེར་གྱི་རྡོ་རྗེ་རྩེ་ལྔ་པ་འོད་འབར་བ་ཞིག་ཡུམ་གྱི་ཐུགས་ཀར་ཐིམ་པར་རྫོགས་པ་ནི་ཕྱག་ན་རྡོ་རྗེའི་སྤྲུལ་པ་ཞིག་འབྱུངས་པའི་རྟགས་མཚན་མངོན་དུ་གྱུར་པ་ཏེ་མདོར་ན་མནལ་ལམ་ཚུན་ཆད་དུའང་རྗེ་ཉིད་རིགས་གསུམ་མགོན་པོའི་སྤྲུལ་པར་འབད་མེད་དུ་བསྒྲུབས་ལ། འོ་ན་མདོ་སྔེ་སོགས་ནས་རྗེ་ཉིད་སྐབས་འགར་འཇམ་དབྱངས་ཀྱི་སྤྲུལ་པ་དང་། སྐབས་འགར་འཇམ་དབྱངས་ཀྱིས་རྗེས་སུ་འཛིན་པའི་སྲས་ཀྱི་ཐུ་བོ་ལྟར་གསུངས་པ་ཅི་ཡིན་སྙམ་ན། དེ་ནས་དཔལ་གྱི་རྡོ་རྗེའི་རྩ་རྒྱུད་བརྟག་གཉིས་ལས། འཆད་པ་པོ་ང་ཆོས་ཀྱང་ང་། །རང་གི་ཚོགས་ལྡན་ཉན་པོའང་ང་། ཞེས་གསུངས་པ་ལྟར། སྤྲུལ་པའི་མཛད་པ་བསྟན་པའི་ཚུལ་སྟོན་ཙམ་ཡིན་པས་འགལ་བར་མི་སེམས་ལ། དེར་མ་ཟད་སྔགས་ཀྱི་ལུགས་འདིར་སངས་རྒྱས་ཐམས་ཅད་ཐུགས་རྒྱུད་གཅིག་ཏུ་ངེས་པར་ཁས་བླངས་དགོས་པ་བཞིན། རྗེ་བླ་མ་རིགས་གསུམ་མགོན་པོ་དང་བྱམས་པ་སོགས་དང་ཐུགས་རྒྱུད་གཅིག་པར་གྲུབ་པའི་གནད་ཀྱིས་དཔལ་སྲིད་རྒྱུད་པའི་རྒྱུད་ཆེན་གོང་མ་རྣམས་ཀྱིས། དོན་ཐོབ་དང་མཐུན་པར་བདུད་དཔུང་མ་ལུས་འཇོམས་མཛད་གསང་བའི་བདག །ཅེས་པའི་ཚིག་རྐང་གཅིག་བསྣན་ནས་དམིགས་བརྩེ་མ་ལྔ་སྐོར་མཛད་པ་དང་། དཔལ་དབེན་ས་པ་ཆེན་པོ་ཡབ་སྲས་ཀྱིས། དངོས་གྲུབ་ཀུན་འབྱུང་ཐུབ་དབང་རྡོ་རྗེ་འཆང་། །དམིགས་མེད་སོགས་ཀྱི་རྐང་པ་གསུམ་གོང་བཞིན་ལ། གངས་ཅན་མཁས་པའི་གཙུག་རྒྱན་བློ་བཟང་གྲགས། །སྐྱབས་གནས་ཀུན་འདུས་བླ་མ་ལྷག་པའི་ལྷ། །སྒོ་གསུམ་གུས་པའི་སྒོ་ནས་གསོལ་བ་འདེབས། །རང་གཞན་སྨིན་ཅིང་གྲོལ་བར་བྱིན་གྱིས་རློབས། །མཆོག་དང་ཐུན་མོང་དངོས་གྲུབ་སྩལ་དུ་གསོལ། །ཞེས་དམིགས་བརྩེ་མ་དགུ་སྐོར་མཛད་པའི་གསོལ་འདེབས་འདི་གཉིས་ཀྱི་སྒོ་ནས་རྗེ་བླ་མའི་སྒྲུབ་སྐོར་འདི་དག་ནི། ཐམས་ཅད་མཁྱེན་པ་ལྔ་པ་ཆེན་པོས། དཔེ་འབྲམས་ལག་ཏུ་སོན་པའི་རྒྱུན་མེད་ཆོས། །བུམ་སྟོང་གཅིག་ནས་གཅིག་འཕྱོའི་ངང་ཚུལ་ལྟར། །མ་ཡིན་རིག་འཛིན་ཞལ་ལུང་ལས་འོངས་པའི། །མཁའ་འགྲོའི་ཁ་རླངས་ཐུལ་བའི་གདམས་པ་ཡིན། །ཞེས་གསུངས་པ་ལྟར། འདིའི་བརྒྱུད་པའང་། རྗེ་བླ་མ་ཙོང་ཁ་པ་ཆེན་པོ། །འདུལ་འཛིན་གྲགས་པ་རྒྱལ་མཚན། །མཁས་གྲུབ་ཆོས་ཀྱི་རྒྱལ་པོ། །གཙུང་བ་སོ་

ཆོས་ཀྱི་རྒྱལ་མཚན། ཐོན་པ་མཁས་བཙུན་ཡོན་ཏན་རྒྱ་མཚོ། །ཐམས་ཅད་མཁྱེན་པ་དགེ་འདུན་རྒྱ་མཚོ། །མངའ་རིས་ལྷ་བཙུན་བསོད་ནམས་དཔལ་བཟང་པོ། །ཁྲི་ཆེན་འཇམ་དབྱངས་སྟག་ལུང་བྲག་པ་བློ་གྲོས་རྒྱ་མཚོ། །ཁྲི་ཆེན་འཇམ་དབྱངས་བླ་མ་དཀོན་མཆོག་ཆོས་འཕེལ། རྒྱལ་མཆོག་ལྔ་པ་ཆེན་པོ། །གནས་བརྟན་འཇམ་དབྱངས་གྲགས་པ། བྲག་གཡབ་ལ་ཕྱི་ཆུ་དབར་བླ་མ་དགེ་འདུན་བཀྲ་ཤིས། ཚ་བ་འབེ་ཐེ་སྤྲུལ་སྐུ་ངག་དབང་དོན་ལྡན། །ཚ་བ་སྟུགས་རམ་པ་བྱམས་པ་བསྐལ་བཟང་། བྱ་བྲལ་གྲུབ་དབང་ཡེ་ཤེས་ཆོས་འཕེལ། གཙང་བཀའ་ཆེན་དགེ་ལེགས་རྒྱལ་མཚན། དཔའ་ཤོད་བླ་མ་བྱམས་པ་དགེ་ལེགས། ཀུན་གླིང་ཡོངས་འཛིན་ཧོ་ཐོག་ཐུ་ངག་དབང་བློ་བཟང་བསྟན་པའི་རྒྱལ་མཚན། ཁྲི་ཆེན་རྡོ་རྗེ་འཆང་ཡོངས་འཛིན་གླིང་སྤྲུལ་སྐུ་ངག་དབང་ལུང་རྟོགས་ཡོན་ཏན་རྒྱ་མཚོའི་བར། རིག་འཛིན་རྩ་བརྒྱུད་ཀྱི་དམ་པ་གཅིག་ནས་གཅིག་ཏུ་བརྒྱུད་པའི་གདམས་པའི་ཞལ་ལུང་ལྷ་དང་མཁའ་འགྲོའི་ཁ་རླངས་ཀྱི་དྲི་ངད་མ་ཡལ་བ་འདི་ཉིད་ལྟ་བུ་ནི། སྙིགས་མའི་དུས་འདིར་ཚིག་འགྲིག་འགྲིག དོན་ཟབ་ཟབ་ཀྱིས་ས་ནས་བཏོན་ཚུལ། གནམ་ནས་བབས་ཚུལ། གློང་དུ་རྫོལ་ཚུལ་སོགས་ཀྱི་མིང་སྙན་སྙན་དུ་བཏགས་པའི་ཞྭ་དཔེ་ལྟམ་འགེབས་ཀྱི་ཟབ་ཆོས་དང་། རྒྱལ་དབང་པདྨ་ཀཱ་རའི་རྗེས་ཞུགས་སུ་རློམས་པ། ཕ་ཁང་བུས་མ་ཟིན་པ། ནམ་ཕུགས་གཏན་གྱི་མདུན་མ་ལ་ཇི་མི་སྙམ་པའི་སྙིང་ཁམས་ཅན། ནག་ཆང་ལ་བསྙེན་པ་འཁྱོལ་བས། མལ་ས་སྐྱུགས་པས་གང་པ་འབབ་ཞིག་གིས་བཀའ་གཏེར་སྣ་ཚོགས་བསྲེས་པའི་ལོག་ཆོས་འདྲེ་ཁྱེར་གྱི་བསྲེ་སླད་ཅན་རྣམས་དང་གཏན་ནས་མི་མཚུངས་པའི་དཔལ་དགེ་ལྡན་སྙན་བརྒྱུད་ཀྱི་གདམས་པ་ཟབ་མོ་འདི་ཉིད་འབུལ་བར་བྱེད་པ་ལ། ཐོག་མར་ལྷ་ངོ་བསྟན་དགོས་པས། དེའི་ཚུལ་ནི། མདུན་གྱི་གཏོར་མའི་གོ་སར། སེང་གེ་ཆེན་པོ་བརྒྱད་ཀྱིས་བཏེག་པའི་རིན་པོ་ཆེའི་ཁྲི་མཐོ་ཞིང་ཡངས་པའི་སྟེང་ཁར། ཞེས་པ་ནས། ཐུགས་ཀར་ཧཱུྃ་སྔོན་པོས་མཚན་པ་ཞིག་མངོན་སུམ་དུ་བཞུགས་པར་མོས་སུ་ཞུགས། དེའི་སྟེང་གི་ནམ་མཁར་རྩ་བརྒྱུད་ཀྱི་བླ་མ་ཡི་དམ་སངས་རྒྱས་བྱང་སེམས་དཔའ་བོ་མཁའ་འགྲོ་ཆོས་སྐྱོང་སྲུང་མ་རྣམས་ཁྲིམ་ཚོགས་ལྟ་བུར་བཞུགས་པའི་སྤྱན་སྔར་བྱང་སྡོམ་བཟུང་བ་ནི། དཀོན་མཆོག་གསུམ་ལ་བདག་སྐྱབས་མཆི། །ཞེས་སོགས་ལན་གསུམ་གྱིས་བྱང་སྡོམ་འཛིན་དུ་བཅུག །དེ་ནས་རྗེས་གནང་གི་གཞི་འགོད་པའི་སྐད་དུ་སློབ་མ

ལྷར་བསྐྱེད་པ་ནི། སློབ་མ་རྣམས་བསངས། སྭ་བྷཱ་ཝས་སྦྱངས། སྟོང་པའི་ངང་ལས་སློབ་མའི་གོ་སར་སེང་གེ་ཆེན་པོ་བརྒྱད་ཀྱིས་བཏེག་པའི་རིན་པོ་ཆེའི་ཁྲིའི་སྟེང་པར་སྣ་ཚོགས་པདྨ་དང་ཉི་ཟླའི་དཀྱིལ་འཁོར་གྱི་སྟེང་དུ་སློབ་མའི་སེམས་ཉིད་ཧྲཱི༔ ཡིག་དམར་སེར་ལས་འོད་ཟེར་འཕྲོས། དོན་གཉིས་བྱས། འདུས་ཡོངས་སུ་གྱུར་པ་ལས། སློབ་མ་ཐུབ་དབང་རྡོ་རྗེ་འཆང་སྔོ་བཟང་གྲགས་པ་ཞེས་པ་ནས། སྐུས་ཞིང་ཁམས་ཐམས་ཅད་ལ་ཁྱབ་པའི་བདག་ཉིད་ཅན་དུ་བཞུགས་པའི་སྤྱི་བོར་ཨོཾ་དཀར་པོ། མགྲིན་པར་ཨཱཿ དམར་པོ། ཐུགས་ཀར་ཧཱུྃ་སྔོན་པོས་མཚན་པ་ཞིག་ཏུ་གྱུར་པའི་མོས་པ་བྱེད་དུ་བཅུག དེ་ནས་སྐུའི་རྗེས་གནང་གི་དོན་དུ། སློབ་དཔོན་དང་མདུན་བསྐྱེད་ཀྱི་གཏོར་མ་རྗེ་རིན་པོ་ཆེར་གསལ་བ་གཉིས་རྣམ་པ་སོ་སོར་སྣང་བ་ཙམ་ལས་ངོ་བོ་དབྱེར་མེད་གཅིག་ཏུ་མོས་ནས། མོས་གུས་དྲག་པོས་གསོལ་བ་འདེབས་པ་འདིའི་རྗེས་ཟློས་མཛོད་བྱས་ལ། སྐྱབས་གནས་ཀུན་འདུས་ཀྱི་ངོ་བོ་ཆོས་ཀྱི་རྒྱལ་པོ་ཙོང་ཁ་པ་ཆེན་པོ་ལ་གསོལ་བ་འདེབས་སོ། །བདག་གི་ལུས་སྐུ་རྡོ་རྗེའི་ངོ་བོར་བྱིན་གྱིས་བརླབ་ཏུ་གསོལ། བཅོས་མ་མ་ཡིན་པའི་ངེས་འབྱུང་གི་བསམ་པས་རྒྱུད་བསྐུལ་ནས་བྱམས་སྙིང་རྗེ་བྱང་ཆུབ་ཀྱི་སེམས་དང་ཟབ་མོ་དབུ་མའི་ལྟ་བ། ལམ་རིམ་པ་གཉིས་ཀྱི་རྣལ་འབྱོར་ཟབ་མོ་ཉམས་སུ་ལེན་ནུས་པར་བྱིན་གྱིས་བརླབ་ཏུ་གསོལ། དེ་ལྟར་ཉམས་སུ་བླངས་པས་ཆོས་ལམ་དུ་སོང་སྟེ་མཁའ་མཉམ་སེམས་ཅན་ཀུན་གྱི་དོན་དུ་སངས་རྒྱས་ཀྱི་གོ་འཕང་མྱུར་དུ་འཐོབ་པར་བྱིན་གྱིས་བརླབ་ཏུ་གསོལ། མདོར་ན་ཚེ་རབས་ཐམས་ཅད་དུ་རྗེ་བཙུན་ཙོང་ཁ་པ་ཆེན་པོས་རྗེས་སུ་བཟུང་ནས་རང་གཞན་གྱི་དོན་རྒྱ་ཆེན་པོ་བསྒྲུབ་ནུས་པར་བྱིན་གྱིས་བརླབ་ཏུ་གསོལ། ཞེས་ལན་གསུམ་གྱིས་གསོལ་བ་གདབ་ཏུ་བཞུག དེ་ལྟར་གསོལ་བ་བཏབ་པའི་རྐྱེན་གྱིས་རྗེ་བླ་མའི་སྤྱི་བོར་འཇམ་དཔལ་དབྱངས་ཀྱི་ཐུགས་ཀ་ནས་འོད་ཟེར་དང་བདུད་རྩི་དཀར་པོའི་རྒྱུན་བབས། སློབ་མའི་དཔྲལ་བར་ཐིམ། ལུས་ཀྱི་སྒོ་ནས་བསགས་པའི་སྡིག་སྒྲིབ་ཐམས་ཅད་བྱང་ཞིང་དག རྗེ་བླ་མའི་སྐུའི་བྱིན་རླབས་ལུས་ལ་ཞུགས། དབང་བཞིའི་ནང་ནས་བུམ་དབང་བྱིན་རླབས་ཀྱི་ཚུལ་དུ་ཐོབ། སྐུ་རྡོ་རྗེ་འགྲུབ་པའི་ནུས་པ་བཞག་བྱུང་སྙམ་པའི་མོས་པ་མཛོད་བྱས་ལ་བླ་མས་དམིགས་བརྩེ་མ་དགུ་སྐོར་དང་། ཊ་དྲིལ་བུ། མེ་ཏོག་འཐོར་རོ། དེས་སྐུའི་རྗེས་གནང་སོང་།

༈ ཡང་གསུང་གི་རྗེས་གནང་གི་དོན་དུ་གསོལ་བ་འདེབས་པ་འདིའི་རྗེས་ཟློས་མཛོད་བྱས་ལ།

གཞན་རྣམས་འདྲ། བདག་གི་ངག་གསུང་རྡོ་རྗེའི་ངོ་བོར་བྱིན་གྱིས་བརླབ་ཏུ་གསོལ། །ཞེས་བསྐུར་ཏེ་ལན་གསུམ་གྱིས་གསོལ་བ་གདབ་དུ་གཞུག དེ་ལྟར་གསོལ་བ་བཏབ་པའི་རྐྱེན་གྱིས་རྗེ་བླ་མའི་མགྲིན་པའི་སྐྱུན་རས་གཟིགས་ཀྱི་ཐུགས་ཀ་ནས་འོད་ཟེར་དང་བདུད་རྩི་དམར་པོའི་རྒྱུན་བབས། སློབ་མའི་མགྲིན་པར་ཐིམ། ངག་གི་སྡིག་སྒྲིབ་དག རྗེ་བླ་མའི་གསུང་གི་བྱིན་རླབས་ངག་ལ་ཞུགས། དབང་བཞིའི་ནང་ནས་གསང་དབང་བྱིན་རླབས་ཀྱི་ཚུལ་དུ་ཐོབ། གསུང་རྡོ་རྗེ་འགྲུབ་པའི་ནུས་པ་ཁྱད་པར་ཅན་བཞག་བྱུང་སྙམ་པའི་མོས་པ་མཛོད་བྱས་ལ། བླ་མས། དམིགས་བཅས་མ་དགུ་སྐོར་འདོན་པ་སོགས་གོང་བཞིན། དེས་གསུང་གི་རྗེས་གནང་སོང་། ༈ དེ་ནས། ཐུགས་ཀྱི་རྗེས་གནང་གི་དོན་དུ་གསོལ་བ་འདེབས་པ་འདིའི་རྗེས་ཟློས་མཛོད་བྱས་ལ། གཞན་རྣམས་འདྲ། བདག་གི་ཡིད་ཐུགས་རྡོ་རྗེའི་ངོ་བོར་བྱིན་གྱིས་བརླབ་ཏུ་གསོལ། །ཞེས་བསྐུར་ཏེ་ལན་གསུམ་གྱིས་གསོལ་བ་གདབ་ཏུ་བཞུག དེ་ལྟར་གསོལ་བ་བཏབ་པའི་རྐྱེན་གྱིས་རྗེ་བླ་མའི་ཐུགས་ཀའི་ཕྱག་ན་རྡོ་རྗེའི་ཐུགས་ཀ་ནས་འོད་ཟེར་དང་བདུད་རྩི་སྔོན་པོའི་རྒྱུན་བབས། ཁྱེད་རང་སློབ་མ་རྣམས་ཀྱི་སྙིང་གར་ཐིམ། ཡིད་ཀྱི་སྡིག་སྒྲིབ་དག རྗེ་བླ་མའི་ཐུགས་ཀྱི་བྱིན་རླབས་ཞུགས། དབང་བཞིའི་ནང་ནས་ཤེས་རབ་ཡེ་ཤེས་ཀྱི་དབང་བྱིན་རླབས་ཀྱི་ཚུལ་དུ་ཐོབ། ཐུགས་རྡོ་རྗེ་འགྲུབ་པའི་ནུས་པ་ཁྱད་པར་ཅན་བཞག་བྱུང་སྙམ་པའི་མོས་པ་མཛོད་བྱས་ལ། དམིགས་བཅས་མ་འདོན་བཞིན་དུ་མེ་ཏོག་གཏོར་བ་སོགས་གོང་བཞིན་བྱ། དེས་ཐུགས་ཀྱི་རྗེས་གནང་སོང་། ༈ སླར་ཡང་སྐུ་གསུང་ཐུགས་གསུམ་བསྡོམས་པའི་རྗེས་གནང་གི་དོན་དུ་དམིགས་བཅས་མ་དགུ་སྐོར་ལན་གསུམ་གྱིས་གསོལ་བ་གདབ་པ་གཞུག དེ་ལྟར་གསོལ་བ་བཏབ་པའི་རྐྱེན་གྱིས་རྗེ་བླ་མའི་སྐུ་གསུང་ཐུགས་ཀྱི་གནས་གསུམ་ལས། འོད་ཟེར་དང་བདུད་རྩི་དཀར་དམར་མཐིང་གསུམ་གྱི་རྒྱུན་དཔག་ཏུ་མེད་པ་བྱུང་། སློབ་མ་ཁྱེད་རང་རྣམས་ཀྱི་གནས་གསུམ་དུ་ཐིམ། ཐོག་མ་མེད་པ་ནས་བསགས་པའི་སྒོ་གསུམ་གྱི་སྡིག་སྒྲིབ་བག་ཆགས་དང་བཅས་པ་དག རྗེ་བླ་མའི་སྐུ་གསུང་ཐུགས་ཀྱི་བྱིན་རླབས་མ་ལུས་པ་ཞུགས། དབང་བཞིའི་ནང་ནས་ཚིག་དབང་རིན་པོ་ཆེ་ཐོབ། སྐུ་གསུང་ཐུགས་རྡོ་རྗེ་གསུམ་དབྱེར་མི་ཕྱེད་པའི་ཟུང་འཇུག་རྡོ་རྗེ་འཆང་འགྲུབ་པའི་ནུས་པ་ཁྱད་པར་ཅན་བཞག་བྱུང་སྙམ་པའི་མོས་པ་མཛོད་བྱས་ལ། དམིགས་བཅས་མ་འདོན་བཞིན་པར་མེ་ཏོག་གཏོར་བ་སོགས་གོང་ལྟར་བྱ། དེས་དབང་བཞིའི་ནང་ནས་སྐུ་གསུང་ཐུགས་གསུམ་བསྡོམས་པའི་ཚིག་དབང་བྱིན་རླབས་ཀྱི་ཚུལ་དུ་བསྐུར་བ་སོང་། དེ་ནས་དབང་ལྷ

བསྒོམ་པ་ནི། ཁྱེད་རང་རྣམས་ཀྱི་སྤྱི་བོ་ནས་སྙིང་གའི་བར་རྩ་དབུ་མ་ཕྱི་དཀར་ལ་ནང་དམར་བ་རག་དུང་མགོ་མཇུག་ཕྱོག་ནས་བསྣུང་བའི་དབྱིབས་ཅན། ཞབས་ཡངས་པ་ཡར་སྣེ་ཚངས་བུག་ཏུ་ཟུག་པ། རྒྱ་མཐོངས་ཁ་ཕྱེ་བ་ལྟ་བུའི་བུག་པ་ཏ་རེ་སྐྱ་ཐལ་ལེ་བ་ཡོད་པ། མར་སྣེ་སྙིང་གའི་འོག་ཙམ་བུག་པ་ཆད་ཀྱིས་འགགས་པའི་སྙིང་གའི་ཐད་ཀྱི་རྩ་དབུ་མའི་ནང་ཐམལ་གྱི་སྙིང་འདི་པདྨ་དམར་པོ་འདབ་མ་བརྒྱད་པའི་རྣམ་པ་ཁ་གྱེན་དུ་ཤག་གིས་ཕྱེ་བ། དེའི་ལྟེ་བར་ཁྱེད་རང་རྣམས་ཀྱི་སེམས་ཉེ་གདན་ལ་གནས་པའི་ཧྲཱིཿ ཡིག་དམར་སེར་ཞིག་ཏུ་གསལ་བཏབ་དེ་ནས། མདུན་བསྐྱེད་ཀྱི་གཏོར་མ་དང་སློབ་དཔོན་རྗེ་བླ་མར་གསལ་བ་བཅས་ལ་མོས་གུས་ཤུགས་དྲག་པོས་གསོལ་བ་འདེབས་པ་འདིའི་རྗེས་ཟློས་མཛོད་བྱས་ལ། དཔལ་ལྡན་རྩ་བའི་བླ་མ་རིན་པོ་ཆེ། །བདག་གི་སྙིང་ཁར་ནས་སྨལ་དུ་གསོལ། །ཞེས་པའི་བར་ལན་གསུམ་གྱིས་གསོལ་བ་གདབ་ཏུ་བཞུག །དེ་ནས་གཏོར་མ་རྗེ་བླ་མར་གསལ་བ་དེ་སློབ་མའི་སྤྱི་བོར་འཇོག་པའི་ཚེ་སྤྱི་བོའི་རྗེ་བླ་མ་དེ་ཉིད་ལས་རྗེ་བླ་མ་རང་འདྲ་གཉིས་པ་ཞིག་མཐེབ་སོར་གྱི་ཚད་ཙམ་ཐད་ཀྱིས་ཆད་སློབ་མའི་སྤྱི་བོ་ནས་རྩ་དབུ་མའི་ལམ་བརྒྱུད་དེ་སྙིང་པདྨ་འདབ་བརྒྱད་ཀྱི་དབུས་སུ་བྱོན། ཁྱེད་རང་གི་སེམས་ཉིད་ཧྲཱིཿ ཡིག་ཏུ་གསལ་བ་ལ་ཐིམ་སྟེ། རང་སེམས་རྗེ་བླ་མ་དང་ངོ་བོ་དབྱེར་མི་ཕྱེད་པར་གྱུར་སོང་སྙམ་པའི་མོས་པ་མཛོད་བྱས་ལ། དེ་ནས་གཏོར་མ་རྗེ་བླ་མར་གསལ་བ་དེ་ཉིད་སློབ་མའི་སྤྱི་བོར་བཞག་ནས། དམིགས་བརྩེ་མ་དང་། དཔལ་ལྡན་རྩ་པའི་བླ་མ་རིན་པོ་ཆེ། །སློབ་མའི་སྙིང་གར་པདྨོའི་སྟེང་བཞུགས་ལ། །ཞེས་སོགས་ཀྱི་མཐར། ཛཿ ཧཱུྃ་བཾ་ཧོཿ ཞེས་བརྗོད། དེ་ནས། ཁྱེད་རང་གི་སྙིང་ཁའི་པདྨའི་ཁ་འུབ་ཀྱིས་བསྡུས་པའི་མཐའ་བསྐོར་དུ། ཨོཾ་ཨ་ར་པ་ཙ་ན་ཧྲཱིཿ སུ་མ་ཏི་ཀཱིརྟི་ཤྲཱི་བྷ་དྲ་ཨ་ཧྲི་ཀྲྀ་ན་ཨ་ཧྲི་ཀྲྀ་ཏི་སྭཱ་ཧཱ། ཞེས་སྔགས་ཀྱི་འཕྲེང་བས་བར་མེད་དམ་དུ་བཅིངས་ཏེ་ཇི་སྲིད་བྱང་ཆུབ་མ་ཐོབ་ཀྱི་བར་དུ་འབྲལ་མེད་བརྟན་པར་བཞུགས་པའི་མོས་པ་མཛོད་བྱས་ལ། སྔགས་འདིའི་རྗེས་ཟློས་ལན་གསུམ་གྱིས་སྔ་དྲངས་ཏེ་དཔོན་སློབ་གཉིས་ནས་གོང་སྔགས་བརྒྱ་རྩ་མཉམ་དུ་བཟླས་མཐར། དུས་འདི་ནས་ནི་བཟུང་ནས་ནི། ཇི་སྲིད་བྱང་ཆུབ་མ་ཐོབ་པར། འབྲལ་མེད་སྙིང་གར་བཞུགས་ནས་ཀྱང་། མཆོག་ཐུན་དངོས་གྲུབ་སྩལ་དུ་གསོལ། ཨོཾ་སུ་པྲ་ཏིཥྛ་བཛྲ་ཡེ་སྭཱ་ཧཱ། ཞེས་བརྗོད། དེ་ནས་ཕུན་གསུམ་ཚོགས་ཞེས་སོགས་ཀྱིས་ཤིས་པ་བརྗོད་ཅིང་མེ་ཏོག་ཆར་དབབ་པར་བྱའོ། །དེ་ལྟར་རྗེ་བདག་ཉིད་ཆེན་པོ་

རིགས་གསུམ་སྤྱི་སྒྲུབ་ཀྱི་སྒོ་ནས་བྱིན་རླབས་སྤྲངས་ཞུས་ཀྱི་ཚུལ་དུ་དབང་བསྐུར་པའི་རིམ་པ་ལེགས་པར་ཕུལ་བྱིན་པ་ཡིན་པས་ཁྱེད་རང་རྣམས་ཀྱིས་རྒྱུན་དུ་རང་སེམས་རྗེ་བླ་མའི་ངོ་བོར་གསལ་བ་དེ་ཉིད་ཡང་ཡང་དྲན་པའི་སྒོ་ནས་གསོལ་བ་གདབ་པ་དང་། ཁ་ཟས་ཀྱི་ཚེ་བཟའ་བཏུང་ལ་བདུད་རྩིར་མོས་ནས་སྙིང་གའི་རྗེ་བླ་མ་མཆོད་པར་མོས་ནས་ལོངས་སྤྱོད་པ་དང་། གང་སྣང་ཐམས་ཅད་རྗེ་བླ་མའི་གསང་བ་གསུམ་གྱི་རྣམ་རོལ་དུ་བལྟས་ནས་གསོལ་བ་འདེབས་པ་དང་། དེ་ཐམས་ཅད་ཀྱང་རང་གི་བློས་བཏགས་པ་ཙམ་ལས་ཡུལ་རང་ངོས་ནས་གྲུབ་པ་རྡུལ་ཙམ་ཡང་མེད་པར་ལྟ་བའི་ཚུལ་ལ་ངེས་པ་དྲངས་ཏེ་ལྟ་བས་རྒྱས་འདེབས་པ་དང་། སྒྱུ་མ་ལྟ་བུར་ཤར་བའི་ངང་ནས། སྐྱིད་སྡུག་བཟང་ངན་ཅི་བྱུང་ཡང་ཁྱེད་ཤེས་ཀྱི་མོས་གུས་དང་བཅས་ཏེ། དགེ་སྦྱོར་ཐམས་ཅད་ཀྱི་མཆོག་བླ་མའི་རྣལ་འབྱོར་བསྒོམས་པ་ལ་འབད་པར་བྱའོ་སྙམ་དུ་བསམ་ནས། འདིའི་རྗེས་ཟློས་ཀྱང་མཛད་པར་ཞུ། གཙོ་བོས་ཇི་ལྟར་སོགས་ཀྱིས་རྗེས་ཟློས་ལན་གསུམ་བྱ། སློབ་མས་གཏང་རག་གི་མཎྜལ་ཀྱང་འབུལ་དུ་བཅུག དེ་ནས་རྗེས་ཀྱི་བྱ་བ་ལ་མཆོད་པ་རྣམས་ཁ་གསོས། རྗེས་ཆོག་སྤྱི་ལྟར་བྱ། སྨོན་ལམ་དང་ཤིས་བརྗོད་ལས་ཚོགས་བཅུ་གཅིག་ནས་ཁ་འགེངས་པ་ནི། དགེ་བ་འདི་ཡིས་མྱུར་དུ་བདག །བློ་བཟང་གྲགས་པ་འགྲུབ་གྱུར་ནས། །འགྲོ་བ་གཅིག་ཀྱང་མ་ལུས་པ། །དེ་ཡི་ས་ལ་འགོད་པར་ཤོག །དེ་ལྟར་ཀུན་མཁྱེན་མཉམ་མེད་ཙོང་ཁ་པའི། །གོ་འཕང་མཆོག་དེ་མངོན་དུ་བྱ་བའི་ཕྱིར། །བླ་མའི་རྣལ་འབྱོར་བསྐྱེད་པའི་རིམ་པར་བཅས། །བསྒོམ་པས་དེ་དོན་མངོན་དུ་འགྱུར་བར་ཤོག །ཁྱད་པར་ཁྱེད་ཀྱི་ཆོས་སྐུ་དང་མཚུངས་པའི། །སྟོང་ཉིད་དང་ལས་རབ་མཛེས་མཚན་དཔེའི་སྐུ། །དཀར་གསལ་ཆོས་འཆད་རལ་གྲི་གླེགས་བམ་ཅན། །བསྒོམ་པས་ཁྱོད་སྐུ་མངོན་དུ་འགྱུར་བར་ཤོག །སྐུ་གསུང་ཐུགས་ཀྱི་རྡོ་རྗེ་ཡི་གེར་བཅས། །གནས་གསུམ་དག་ཏུ་བརྟན་པར་བརླབས་པ་ལས། །འབད་རྩོལ་མེད་པར་རླུང་སེམས་མ་ལུས་པ། །དྷུ་ཏིའི་ནང་དུ་བསྡུས་པའི་དཔལ་ཐོབ་ཤོག །གསོལ་འདེབས་རྒྱལ་པོ་ཚིགས་སུ་བཅད་པ་ཡི། །བསྙེན་སྒྲུབ་ཕ་མཐར་ཕྱིན་པ་ལེགས་བསྐྱངས་ནས། །ལས་ཚོགས་བཅུ་གཅིག་ལ་སོགས་ལས་རབ་འབྱམས། །མ་ལུས་སྒྲུབ་ལ་ཐོགས་པ་མེད་པར་ཤོག །ཁྱད་པར་ཐུབ་དབང་རྡོ་རྗེ་འཆང་དབང་ནས། །རྩ་བའི་བླ་མའི་བར་གྱི་ངོ་བོ་ཉིད། །བློ་བཟང་གྲགས་པའི་དཔལ་མཆོག་ཁྱོད་ཀྱིས་ནི། །ཚེ་རབས་ཀུན་ཏུ་འབྲལ་མེད་རྗེས་འཛིན་ཤོག །ཚེ་ཡི་མཐར་ཡང་བློ་བཟང་གྲགས་པའི་དཔལ། །ཡིད་འོང་མཆོད་སྤྲིན་སྙན་པའི་རོལ་མོར་བཅས། །བུ་བུ་ཚུར་ཤོག་དགའ་ལྡན་གནས་འགྲོ་ཞེས། །གསུང་གིས་དབུགས་དབྱུང་དངོས

སུ་ཐོབ་པར་ཤོག །རྣམ་དག་བསམ་པས་ཚུལ་འདིར་འབད་པ་ལས། །བྱུང་བའི་དགེ་བས་མཐའ་ཡས་འགྲོ་བ་ཀུན། །སྐྱེ་ཞིང་སྐྱེ་བར་བློ་བཟང་ཞི་ཁྲི་ཡིས། །འབྲལ་བ་མེད་པར་རྗེས་སུ་འཛིན་གྱུར་ཅིག །ཤིས་བརྗོད་ནི། རབ་ཡངས་ནམ་མཁའ་ཏིལ་གྱི་གང་བུ་བཞིན། །ཡོངས་སུ་གང་བའི་བློ་བཟང་གྲགས་པའི་དཔལ། །ཁ་ཅིག་མེ་ཏོག་སྣ་ཚོགས་ཆར་འབེབས་ཤིང་། །ལ་ལ་བཀྲ་ཤིས་གདངས་སྙན་གླུ་རུ་ལེན། །གཞན་དག་བགེགས་དཔུང་འཇོམས་པའི་འཕྲིན་ལས་ཀྱིས། །ཁྱེད་ལ་རྟག་ཏུ་དཔལ་གནས་བརྗོད་པ་འདི། །ཤིས་པར་གྱིས་ལ་ཡིད་བདེ་སྐྱིད་ཅིག་དང་། །ཤིས་བརྗོད་འཕྲེང་བ་བདག་གིས་བསྒྲགས་པར་བྱ། །རྨད་བྱུང་མཚན་དཔེའི་དཔལ་འབར་ལོངས་སྤྱོད་རྫོགས། །ཁ་སྦྱོར་བདེ་སྟོང་རོ་ལ་རྟག་རོལ་ཅིང་། །དམིགས་མེད་ཐུགས་རྗེས་ཞི་བའི་མཐའ་སྤངས་པ། །བློ་བཟང་ཡན་ལག་བདུན་ལྡན་ལ་ཕྱག་འཚལ། །གསང་བ་ཀུན་གྱི་བདག་པོ་དགེ་ལེགས་དཔལ། །ཆོས་ཀྱི་རྒྱལ་མཚན་ཆོས་ཀྱི་རྡོ་རྗེ་དང་། །བློ་བཟང་དོན་གྲུབ་ཆོས་ཀྱི་རྒྱལ་མཚན་སོགས། །རྩ་བ་བརྒྱུད་པའི་བླ་མ་མཆོག་རྣམས་ལ། །དགེ་མཚན་ཇི་སྙེད་མཆིས་པའི་བཀྲ་ཤིས་དེས། །ཁྱེད་རྣམས་ཇི་བཞིན་ལམ་མཆོག་འདི་ཉིད་ལས། །བློ་བཟང་རྡོ་རྗེ་འཆང་དབང་མྱུར་ཐོབ་ནས། །འགྲོ་ཀུན་ཚུལ་དེར་འགོད་པའི་བཀྲ་ཤིས་ཤོག །ཆོས་ཀྱི་ཕུང་པོ་བརྒྱད་ཁྲི་བཞི་སྟོང་གི །སྙིང་པོ་གཅིག་ཏུ་བསྡུས་པའི་བསྟོད་པའི་རྒྱལ། །གང་གི་ཉམས་ལེན་རིམ་པ་ཐམས་ཅད་ཀྱིས། །བཀྲ་ཤིས་དགེ་མཚན་རྒྱ་མཚོས་ཁྱབ་གྱུར་ཅིག །ཚུལ་དེར་སྤྱོད་པའི་འཕགས་པའི་གང་ཟག་དང་། །ལམ་ལ་ཞུགས་དང་སོ་སོ་སྐྱེ་བོ་ཡི། །དགེ་འདུན་དཀོན་མཆོག་ཇི་སྙེད་མཆིས་པ་ཡིས། །བཀྲ་ཤིས་བྱེ་བ་ཆར་དུ་ཕབ་ཏུ་གསོལ། །ནམ་མཁའི་ཁྱོན་ལྟར་ཡངས་པའི་ཕོ་བྲང་མཆོག །ཉི་ཟླའི་འོད་དང་མཉམ་པའི་འོད་འཁྱིལ་ཞིང་། །གྲངས་མེད་རིན་ཆེན་རྒྱན་གྱིས་མཛེས་པ་ལ། །དགེ་མཚན་ཇི་སྙེད་མཆིས་པའི་བཀྲ་ཤིས་དེས། །ཁྱེད་ཅག་གང་དང་གང་དུ་གནས་པ་དེར། །མི་ཤིས་མཚན་མ་འགའ་ཡང་མི་འབྱུང་ཞིང་། །ཞིང་གི་འབྱོར་པ་ཕུལ་དུ་བྱུང་བ་ཡིས། །བདེ་ལེགས་རྒྱུན་མི་ཆད་པའི་བཀྲ་ཤིས་ཤོག །སོགས་བྱའོ།། །།

འདིར་སྨྲས་པ། ཀུན་མཁྱེན་ཆོས་ཀྱི་རྒྱལ་པོ་ཙོང་ཁ་པ། །རིགས་གསུམ་སྤྱི་རུ་སྒྲུབ་པའི་རྣལ་འབྱོར་དང་། །བྱིན་རླབས་རྗེས་གནང་བྱ་བའི་ལས་ཀྱི་རིམ། །དོན་ཡོད་འཕྲུལ་གྱི་ལྕགས་ཀྱུ་འདི་བཀོད

མཐུས། །སྤྲུལ་སྒྲོས་བསྟན་དར་འགྲོ་བའི་བདེ་སྐྱིད་འཕེལ། །འཛིག་རྟེན་ཁམས་ཀུན་ཁྱབ་པའི་རྒུད་པའི་མུན། །མཐར་བྱེད་རྫོགས་ལྡན་ཉིན་བྱེད་དགུང་བདོ་བས། །རྩོལ་མེད་ཕན་བདེའི་འདབ་བརྒྱ་ཉེར་གྲོལ་ཤོག །མ་རྒན་འགྲོ་རྣམས་འདི་ནས་འཕོས་པའི་མོད། །དགའ་ལྡན་ཆོས་ཀྱི་མདུན་ས་ཉམས་དགའ་བར། །འདབ་སྟོང་པདྨའི་ཕྲུབས་སུ་བལྟམས་མ་ཐག །འཇམ་དཔལ་སྙིང་པོའི་རང་ཞལ་མངོན་གྱུར་ཤོག ། །།ཅེས་དུས་གསུམ་རྒྱལ་བ་ཀུན་གྱི་མཁྱེན་བརྩེ་ནུས་པའི་རང་གཟུགས་ཐུབ་དབང་རྡོ་རྗེ་འཆང་བློ་བཟང་གྲགས་པའི་དཔལ་གྱི་གསོལ་འདེབས་དམིགས་བརྩེ་མ་ལ་བརྟེན་པའི་རྗེ་བླ་མ་རིགས་གསུམ་སྤྱི་སྒྲུབ་ཀྱི་བླ་མའི་རྣལ་འབྱོར་དང་འབྲེལ་བའི་བྱིན་རླབས་ཀྱི་རྗེས་གནང་ཇི་ལྟར་བྱ་བའི་ཚུལ་ནི། དམ་པ་གོང་མ་རྣམས་ཀྱིས ། ༄ཀུན་མཁྱེན་རྒྱལ་བའི་དབང་པོ་ལྔ་པ་ཆེན་པོས་མཛད་པའི་དམིགས་བརྩེ་མའི་ཊཱི་ཀཱ་ཚིག་དོན་རབ་གསལ་ནས་གསུངས་པའི་བླ་མའི་རྣལ་འབྱོར་ལ་བདག་མདུན་གྱི་ཚིག་འཕྲེད་བསྒྱུར་ཏེ་སྩལ་སྲོལ་བཞིན། ཚ་བ་ཐུགས་ཆེན་བྱམས་པ་བསྐལ་བཟང་གི་དྲུང་ནས་དཔའ་ཤོད་བླ་མ་བྱམས་པ་དགེ་ལེགས་ཀྱིས་འདིའི་རྗེས་གནང་གསན་དུས་གསུང་རྒྱུན་ཟིན་ཐོར་བཏབ་པ་ཞིག་མཆིས་ཀྱང་། པར་དུ་མ་འཁོད་པའི་གཞིས་ཀྱིས་བྲིས་ནོར་རྒྱུན་འབྱམས་མང་སྟབས་ཡིད་རྟོན་དཀའ་ཙམ་འདུན་པར་རྟེན། གནས་ལྷ་རིགས་སྨྲ་དབེན་དགོན་རྗེ་དྲུང་དགེ་སློང་བློ་བཟང་བསྟན་འཛིན་ནས་འདི་ཉིད་ལ་དག་བཅོས་ཀྱི་ཚིག་འཇུག་པ་བདེ་བ་ཞིག་གྱིས་ཞེས་བསྐུལ་ངོར་༄ཀུན་མཁྱེན་རྒྱལ་བའི་དབང་པོ་ལྔ་པ་ཆེན་པོས་མཛད་པའི་དམིགས་བརྩེ་མའི་ཊཱི་ཀཱ་ཚིག་དོན་རབ་གསལ་ལ་གཞིར་བླངས་ཏེ་ནག་འགྲོས་སུ་འདོན་བདེར་བཀོད་པ་འདི་ནི་རྒྱུད་སྟོད་ཤར་རྩེའི་གོ་འཛིན་སེར་སྨད་ཀོང་པོའི་རབ་འབྱམས་པ་༄སུ་མ་ཏི་མོ་ཀྵ་འམ་མིང་གཞན་དབྱངས་ཅན་ངག་གི་དབང་ཕྱུག་ཏུ་འབོད་པས་སུག་བྲིས་སུ་བཏབ་པའོ།། །།ཛ་ཡནྟུ། བཀྲ་ཤིས།། །།

༄། །དམིགས་བརྩེ་མའི་འབྲུ་འགྲེལ་ཆ་དཀྲུ་ཅན་གྱི་སྤྱི་གཙུག་གི་ཡིད་བཞིན་ནོར་བུ་ཞེས་བྱ་བ་བཞུགས་སོ།

༄། །ན་མོ་གུ་རུ་ཛྙཱཿ དམིགས་བརྩེ་མ་དང་བྱང་ཆུབ་ལམ་གྱི་རིམ་པ་འབྲེལ་བར་ཉམས་སུ་ལེན་ཚུལ་ནི། དལ་འབྱོར་ཚང་བའི་རྟེན་ཡུན་དུ་མི་གནས་པར་འཆི། འཆི་བའི་འོག་ཏུ་མེད་དེ་མི་འགྲོ་བར་རང་གིས་བྱས་པའི་མི་དགེ་བའི་ལས་ཀྱིས་ངན་སོང་གི་འཇིགས་པ་དང་། དེ་ལས་སྐྱོབ་པའི་ནུས་པ་དཀོན་མཆོག་གསུམ་ལ་ཡོད་པས་དེ་ལ་སྐྱབས་སུ་འགྲོ་ཞིང་། དེའི་བསླབ་བྱ་མི་དགེ་བ་སྤོང་ཞིང་དགེ་བ་བསྒྲུབ་པ་ལ་འབད་དགོས། བདེ་འགྲོའི་སྐྱེ་བ་བླངས་ཀྱང་འཁོར་བ་སྡུག་བསྔལ་གྱི་མཐའ་ཅན་ཡིན་པས་འཁོར་བར་སྡུག་བསྔལ་གསུམ་སྤྱོད་དགོས་པས་འཁོར་བ་ལ་སྐྱོ་ཤས་སྐྱེ་ཞིང་ངེས་པར་འབྱུང་བའི་བསམ་པ་བསྐྱེད། རང་ཇི་ལྟ་བ་བཞིན་དུ་མ་གྱུར་སེམས་ཅན་ཐམས་ཅད་སྡུག་བསྔལ་གྱིས་མནར་བ་ལ་སྙིང་རྗེ་བསྐྱེད་དེ། དེ་ལ་སེམས་དཔའ་ཀུན་གྱི་བློས་ཆད་གཟུང་བའི་དམིགས་པ་མེད་ཅིང་། ཤིན་ཏུ་བརྩེ་བའི་ཀུན་རྫོབ་སེམས་བསྐྱེད་ཀྱི་གཏེར་ཆེན་སྤྱན་རས་གཟིགས། སེམས་བསྐྱེད་ནས་ཕྱིན་དྲུག་བསྡུ་བཞི་ལ་སློབ་ཅིང་། རྟག་ཆད་ཀྱི་མཐའ་དང་གྲུབ་མཐའ་འོག་མ་ཉན་རང་གི་ཐེག་པའི་དྲི་མ་མེད་ཅིང་། མཁྱེན་གསུམ་ཤེར་ཕྱིན་གྱི་གཙོ་བོ་མཐར་ཐུག་ཐེག་པ་གཅིག་ཏུ་སྒྲུབ་པའི་ལྟ་བ་མཁྱེན་པའི་དོན་དམ་སེམས་བསྐྱེད་ཀྱི་དབང་པོ་འཇམ་པའི་དབྱངས། །ལམ་གྱི་རྩ་བ་བཤེས་གཉེན་བསྟེན་ཚུལ་གྱི་མཆོག་གངས་ཅན་མཁས་པ་གྲུབ་མཐའ་སྨྲ་བ་བཞི་རྗེས་འབྲང་དང་བཅས་པའི་གཙུག་རྒྱན་ཙོ་ཁ་པ། བྱང་ཆུབ་ལམ་གྱི་རིམ་པ་ལ་བློ་སྦྱོང་བས་ཐེག་པ་ཆེན་པོའི་ལམ་བཟང་རྒྱུད་ལ་འཁྲུངས་པར་འཁོར་བ་ཐོག་མཐའ་མེད་པར་གྲགས་པས་ཁྱབ་པ་གང་དེ་ཉིད་ཀྱི་སྐུའི་ཆ་དམའ་ཤོས་ཞབས་ཀྱི་པདྨ་ལ་དེ་ལྟའི་རྟོགས་པ་སྐྱེ་བའི་ཕྱིར་དུ་གསོལ་བ་འདེབས་སོ། །དམིགས་བརྩེ་མ་གསུམ་སྐོར་གྱི་འབྲུ་འགྲེལ་ནི། ཨེ་ཡིག་ཐབས་ཀྱི་ཆ་དྲང་དོན་ཀུན་རྫོབ་བདེན་པ་སེམས་ཅན་

ཐམས་ཅད་ཇི་སྙེད་པ་ལ་ཕྱོགས་རེའི་དམིགས་པ་མེད་པར་རྒྱ་ཆེན་སྤྱོད་པ་གསལ་བར་བརྩེ་བའི་སྙིང་རྗེའི་གཏེར་ཆེན་པོ་གཟུགས་སྐུར་ཤར་བའི་སྤྲུལ་རས་གཟིགས། །ལྷོ་ཡིག་ཤེས་རབ་ཀྱི་ཆ་ངེས་དོན་དོན་དམ་བདེན་པ་ཆོས་ཐམས་ཅད་རང་བཞིན་གྱིས་གྲུབ་པའི་དྲི་མ་མེད་པར་ཟབ་མོ་ལྟ་བའི་སྟོང་པ་ཉིད་ཇི་ལྟ་བ་མངོན་སུམ་དུ་མཁྱེན་པའི་དབང་པོ་ཆོས་སྐུའི་བདག་ཉིད་འཇམ་པའི་དབྱངས། །དབྱར་ཀྱང་ཁ་བ་ཆགས་པའི་གངས་ཅན་བོད་ཡུལ་གྱི་མཁས་པ་ཆོས་ལུགས་སློབ་ས་དཀར་རྙིང་སོགས་ཀུན་ལས་ལྷག་པའི་གཙུག་རྒྱན་ཙོང་ཁ་པ། །རང་དོན་ཡིད་བྱེད་མེད་པའི་བློ་རྣམ་དག་གི་ཀུན་རྫོབ་སེམས་བསྐྱེད་དང་དོན་དམ་པར་མ་གྲུབ་པ་ཐལ་འགྱུར་བའི་ལྟ་བ་བཟང་པོ་ཟུང་འབྲེལ་ཐུགས་ལ་འཁྲུངས་པ་དེས་གསུམ་དུ་གྲགས་པས་འགོངས་པའི་ཞབས་ཀྱི་པད་དཀར་འདབ་མ་སྟོང་ལྡན་ལ་ཞུས་ཏེ་གསོལ་བ་བྱ་ཞིང་མོས་གུས་སྙིང་ནས་འདེབས་སོ། །དམིགས་བརྩེ་མ་བཞི་སྐོར་གྱི་འབྲུ་འགྲེལ་ནི། ཐོག་མཐའ་མེད་པའི་འཁོར་བར་སྡུག་བསྔལ་གྱི་སྡུག་བསྔལ་གྱིས་མནར་བའི་འགྲོ་བ་དྲུག་ལ་མཚན་མའི་དམིགས་པ་མེད་པར་དམིགས་པའི་སྙིང་རྗེ་ཐེག་ཆེན་གྱི་འདུལ་བའི་སྡེ་སྣོད་ཀྱི་གཙོ་བོ་སྙིང་བརྩེ་བ་ཆེན་པོའི་གཏེར་ཆེན་པདྨའི་རིགས་ཀྱི་དཀྱིལ་འཁོར་གྱི་གཙོ་བོ་སངས་རྒྱས་དཀོན་མཆོག་གསུང་རྡོ་རྗེ་སྤྲུལ་སྐུ་སྤྱན་རས་གཟིགས། །སྲིད་པ་གསུམ་འགྱུར་བའི་སྡུག་བསྔལ་ཅན་གྱི་ཆོས་ཐམས་ཅད་བདེན་པར་གྲུབ་པའི་དྲི་མ་སྨོན་པ་མེད་པར་མཁྱེན་པ་ཆོས་ལ་དམིགས་པའི་སྙིང་རྗེ་ཐེག་ཆེན་གྱི་མངོན་པའི་སྡེ་སྣོད་ཀྱི་གཙོ་བོ་དེ་བཞིན་གཤེགས་པའི་རིགས་ཀྱི་སེམས་དཔའི་དབང་པོ་གཞོན་ནུར་གྱུར་པའི་ཚུལ་བཟུང་བ་དོན་དམ་པའི་ཆོས་དཀོན་མཆོག་སྐུ་རྡོ་རྗེ་ཆོས་སྐུ་འཇམ་པའི་དབྱངས། །ཁམས་གསུམ་ཁྱབ་པ་འདུ་བྱེད་ཀྱི་སྡུག་བསྔལ་གྱི་རང་བཞིན་བདུད་བཞིའི་དཔུང་མ་ལུས་པ་སྟོང་པ་ཉིད་དུ་གཟིགས་ཤིང་འཇོམས་ པར་མཛད་པ་སེམས་ཅན་ལ་དམིགས་པའི་སྙིང་རྗེ་ཅན་གསང་བ་སྔགས་དང་མདོ་སྡེའི་སྡེ་སྣོད་སྟུད་པ་པོ་རྡོ་རྗེ་རིགས་ཀྱི་སེམས་དཔའི་བདག་པོ་ཐེག་ཆེན་ཕྱིར་མི་ལྡོག་པའི་དགེ་འདུན་གྱི་གཙོ་བོ་ཐུགས་རྡོ་རྗེ་ལོངས་སྐུ་ཕྱག་ན་རྡོ་རྗེ། གངས་ཅན་བསིལ་ལྡན་ལྗོངས་ཀྱི་མཁས་པ་རྒྱུད་སྡེ་བཞི་སྨྲ་བ་དང་ཕྱི་རྒྱ་ཉན་ཐོས་ནང་དུ་གསང་སྔགས་འཛིན་པ་མ་ལུས་པའི་གཙུག་རྒྱན་འཁྲུངས་ཡུལ་གྱིས་མཚན་དུ་བཏགས་པའི་ཙོང་ཁ་པ། །འཆད་རྩོད་རྩོམ་པའི་བློ་མཁས་བཙུན་བཟང་པོ་ཕྱི་ནང་གསང་བའི་ཡོན་ཏན་གྱི་གྲགས

པ་དུས་གསུམ་དུ་ཁྱབ་པའི་ཞབས་ལ་གསོལ་བ་འདེབས་སོ། །ལྷ་སྐོར་དང་འབྲེལ་བའི་འབྲུ་འགྲེལ་ནི། གཙོ་བོར་སྡུག་བདེན་རྣམ་སྨིན་གྱི་འབྲས་བུ་སྤྱོད་བ་པོ་ལ་དམིགས་མེད་བརྩེ་བས་གཞན་དོན་སྤང་བྱ་སྦྱོང་བའི་གཉེར་ཆེན་ཞི་བ་སྤྲུལ་སྐུ་སྤྱན་རས་གཟིགས། །ཀུན་འབྱུང་བདེན་པ་རྒྱུ་མཐུན་འབྲས་བུ་སོགས་རྒྱུ་འབྲས་ལ་དྲི་མ་མེད་པར་མཁྱེན་པའི་རང་དོན་རྟོགས་པ་མཐར་ཕྱུག་པའི་དབང་པོ་རྒྱས་པ་ངོ་བོ་ཉིད་སྐུའི་རང་བཞིན་འཇམ་པའི་དབྱངས། །ལམ་བདེན་བདག་འབྲས་ལ་བར་དུ་གཅོད་པའི་བདུད་དཔུང་མ་ལུས་འཇོམས་དབང་རྡོ་རྗེ་འཆང་། །གངས་ཅན་ཡུལ་དུ་བདན་བཞི་དང་ལས་བཞི་ལ་མཁས་པ་མ་ལུས་པའི་གཙུག་རྒྱན་སྐུ་བཞིའི་བདག་ཉིད་ཙོང་ཁ་པ། བདེན་བཞི་གཟིགས་པའི་བློ་གྲོས་རྒྱུ་འབྲས་རྣམ་བཞི་མཁྱེན་པའི་བཟང་པོ་མི་འཇིགས་བཞི་ལྡན་གྱི་གྲགས་པས་གཡོ་བ་གང་དེའི་ཞབས་ལ་གསོལ་བ་འདེབས་སོ། །དྲུག་སྐོར་དང་འབྲེལ་བའི་འབྲུ་འགྲེལ་ནི། འཕྲིན་ལས་ཀུན་གྲུབ་རྗེ་བཙུན་སྒྲོལ་མ་ཡུམ། །ཞེས་པ་ལྟར་ན། ང་རྒྱལ་སེར་སྣ་ཚོར་བའི་ཕུང་པོ་གཙོ་ཆེ་བའི་གདུལ་བྱ་ལ་དངོས་གྲུབ་མཉམ་ཉིད་ཡེ་ཤེས་ཀུན་འབྱུང་བར་མཛད་པའི་རིན་ཆེན་འབྱུང་གནས་ཐུབ་དབང་རྡོ་རྗེ་འཆང་། །འདོད་ཆགས་འདུ་ཤེས་ཅན་གྱི་སེམས་ཅན་ལ་དམིགས་མེད་བརྩེ་བའི་སོར་རྟོག་ཡེ་ཤེས་ཀྱི་གཉེར་ཆེན་སྣང་བ་མཐའ་ཡས་སྤྱན་རས་གཟིགས། །གཏི་མུག་གཟུགས་ཀྱི་ཕུང་པོ་ཅན་ལ་དྲི་མེད་མཁྱེན་པ་རྒྱས་པར་མཛད་པའི་ཆོས་དབྱིངས་ཡེ་ཤེས་ཀྱི་དབང་པོ་རྣམ་པར་སྣང་མཛད་འཇམ་པའི་དབྱངས། །ཞེ་སྡང་རྣམ་ཤེས་ཀྱི་ཕུང་པོ་ཅན་ལ་ཕྱོགས་མཐུན་བདུད་དཔུང་མ་ལུས་འཇོམས་ཤིང་མེ་ལོང་ཡེ་ཤེས་འཛིན་པར་མཛད་པ་མི་བསྐྱོད་པའི་ངོ་བོ་གསང་བའི་བདག ཕྲག་དོག་འདུ་བྱེད་ཅན་ལ་འཕྲིན་ལས་བྱ་གྲུབ་ཡེ་ཤེས་ཀུན་འགྲུབ་དོན་གྲུབ་ཀྱི་ངོ་བོ་རྗེ་བཙུན་སྒྲོལ་མ་ཡུམ། གདོང་དམར་གངས་ཅན་ཡུལ་དུ་ཕུང་པོ་ལྔ་ལ་མཁས་པའི་དབང་ལྔ་བསྐུར་བའི་གཙུག་རྒྱན་ཙོང་ཁ་པ། ཉོན་མོངས་ལྔ་སྦྱོང་བའི་བློ་གྲོས་ཡེ་ཤེས་ལྔ་བཟང་པོར་ཤར་བ་རིགས་ལྔའི་རྣམ་འཕྲུལ་དུ་གྲགས་པ་དེའི་ཞབས་ལ་གསོལ་བ་འདེབས་སོ། །བདུན་སྐོར་དང་འབྲེལ་བའི་འབྲུ་འགྲེལ་ནི། ཡང་དང་ཡང་དུ་མཚམས་སྦྱོར་བའི་སྡུག་བསྔལ་དང་ལེ་ལོའི་གཉེན་པོར་དངོས་གྲུབ་སྤྲོ་སེམས་ཀུན་འབྱུང་བར་བྱེད་པ་བརྩོན་འགྲུས་ལྡན་གྱི་མཆོག་ཐུབ་པའི་དབང་པོ། ཡང་ཡང་མཐོ་དམན་དུ་འགྱུར་པ་རྣམ་གཡེང་ཅན་ལ་རྩེ་གཅིག་པའི་

ཏིང་ངེ་འཛིན་སྟོན་པ་དུས་ཀུན་བསམ་གཏན་གྱི་ཕར་ཕྱིན་ལ་གནས་པ་རྡོ་རྗེ་འཆང་། དོམས་མི་ཤེས་པ་ཚུལ་འཆལ་ཅན་ལ་ཕྱོགས་རེའི་དམིགས་པ་མེད་པར་ཚུལ་ལྡན་བསྐྱུང་བར་བཀོད་པར་བརྗེ་བའི་ཚུལ་ཁྲིམས་ཀྱི་གཏེར་ཆེན་སྤྱན་རས་གཟིགས། ངེས་པ་མེད་པའི་སྡུག་བསྔལ་སེར་སྣ་ཅན་ལ་དྲི་མ་མེད་པར་གཏོང་བའི་མཁྱེན་པ་སྨིན་པའི་དབང་པོ་འཇམ་པའི་དབྱངས། ཡང་ཡང་དོར་བ་ཁོང་ཁྲོའི་བདུད་དཔུང་འཁྲུགས་པ་མ་ལུས་འཇོམས་ཤིང་མི་འཁྲུགས་པར་མཛད་པའི་མཆོག་བཟོད་ལྡན་གསང་བའི་བདག གྲོགས་མེད་སྡུག་བསྔལ་སྔོངས་པ་ཅན་ལ་འཕྲིན་ལས་ཀྱི་གཙོ་བོ་ཆོས་རྣམ་པར་འབྱེད་པའི་ལས་ཀུན་གྲུབ་པའི་ཤེས་རབ་ཀྱི་ཕ་རོལ་ཏུ་ཕྱིན་མ་རྗེ་བཙུན་སྒྲོལ་མ་ཡུམ། སྡུག་བསྔལ་དྲུག་ལྡན་གདུངས་ཅན་སྐྱོངས་སུ་ཕར་ཕྱིན་དྲུག་ལ་ཁྱམས་པའི་གཙུག་རྒྱན་ཤར་ཕྱོགས་ཙོང་ཁ་པ། བཏོང་བསྐྱུང་སོགས་ཀྱི་བློ་ལྡན་བསྡུ་བའི་དངོས་པོའི་བཟང་པོས་ས་སྟེང་ཀུན་ཏུ་གྲགས་པའི་ཞབས་ལ་གསོལ་བ་འདེབས་སོ། །བརྒྱུད་བསྐོར་དང་འབྲེལ་བ་ནི། གུང་ཐང་རིན་པོ་ཆེས། འཇམ་དཔལ་ཁྲོས་པའི་རློས་གར་གཤིན་རྗེ་གཤེད། །ཞེས་པ་ལྟར་ན། མཐོ་རིས་ཀྱི་ཡོན་ཏན་དབང་ཆེ་བའི་དངོས་གྲུབ་འཕགས་ནོར་དད་པ་བྱང་ཆུབ་ཡན་ལག་བརྩོན་འགྲུས་ཀུན་འབྱུང་རྟ་མཆོག་ལྟར་གཤེགས་པ་ཐུབ་པའི་དབང་། མཐོ་རིས་སྐྱེས་པའི་མཆོག་འཕགས་ནོར་ཏིང་ངེ་འཛིན་ཤིན་སྦྱངས་ཡན་ལག་ལྡན་པ་དམག་དཔོན་མཆོག་གྱུར་རྡོ་རྗེ་འཆང་། །མཐོ་རིས་དམིགས་མེད་ཁ་དོག་ཅན་འཕགས་ནོར་ཐོས་པའི་མཆོག་བཏང་སྙོམས་སུ་བརྗེ་བའི་གཏེར་ཆེན་ནོར་བུ་ལྟ་བུ་སྤྱན་རས་གཟིགས། མཐོ་རིས་ཚེ་རིང་ཡོན་ཏན་དྲི་མེད་འཕགས་ནོར་མཁྱེན་པའི་ཤེས་རབ་དྲན་པའི་ཡན་ལག་གི་དབང་པོ་འཁོར་ལོ་ལྟ་བུ་འཇམ་པའི་དབྱངས། མཐོ་རིས་དབང་ཕྱུག་གི་བགེགས་བྱེད་བདུད་དཔུང་དང་འཕགས་ནོར་ཚུལ་ཁྲིམས་དང་ཏིང་ངེ་འཛིན་གྱི་ཡན་ལག་གི་སྨྱོན་མ་ལུས་འཇོམས་ཤིང་མཐུན་ཕྱོགས་འཕེལ་མཛད་སྟོན་པོ་ལྟ་བུ་གསང་བའི་བདག མཐོ་རིས་རིགས་ཕུན་ཚོགས་འཕགས་ནོར་གཏོར་བ་དགའ་བའི་ངོ་བོ་འཇམ་དཔལ་ཁྲོས་པའི་རློས་གར་བཙུན་མོ་ལ་འཁྲུད་པ་གཤིན་རྗེ་གཤེད། །མཐོ་རིས་ཚོག་བཙུན་གྱི་འཕྲིན་ལས་འཕགས་ནོར་ངོ་ཁྲེལ་ཤེས་པ་ཀུན་སྐྱུབ་ཆོས་རྣམ་འབྱེད་ཀྱི་རྗེ་བཙུན་སྒང་པོ་ཆེ་ལྟ་བུ་སྒྲོལ་མ་ཡུམ། རྣམ་པར་དཀར་བའི་གདངས་ཅན་གྱི་མཐོ་རིས་ཡོན་ཏན་བདུན་ལྡན་མཁས་པའི་གཙུག་རྒྱན་རྒྱལ་སྲིད་རིན་ཆེན་སྣ་བདུན་

དང་ལྡན་པའི་ཙོང་ཁ་པ། བྱང་ཆུབ་ཡན་ལག་གི་བློའི་རྒྱ་མཚོ་ལ་འཕགས་ནོར་བཟང་པོས་གཏམས་པའི་སྙན་པའི་གྲགས་པས་ཁམས་གསུམ་ཁྱབ་པའི་བླ་མ་རིན་པོ་ཆེའི་ཞབས་ལ་རང་གཞན་སྒོ་གསུམ་གུས་པས་གསོལ་བ་འདེབས་སོ། །མདོ་སྡེ་རྒྱན་དུ། ས་ལ་གནས་པའི་སེམས་དཔའ་རྣམས། །འཁོར་ལོས་བསྒྱུར་བ་དང་འདྲ་བ། །ཏག་ཏུ་རིན་ཆེན་བདུན་ལྟ་བུའི། །བྱང་ཆུབ་ཡན་ལག་རྣམས་ཀྱིས་བསྐོར། །ཞེས་སོ། །ཞེས་དམིགས་བརྩེ་མའི་ཚིགས་བཅད་གཅིག་ལ་སྐྱེས་བུ་གསུམ་གྱི་ལམ་རིམ། གྲུབ་མཐའ་བཞི། སྡེ་སྣོད་གསུམ། ཕར་ཕྱིན་དྲུག སངས་རྒྱས་སའི་ཡོན་ཏན་སོགས་མདོར་ན་ཆོས་ཀྱི་ཕུང་པོ་བརྒྱད་ཁྲི་བཞི་སྟོང་འདུ་བའི་ཚུལ་ཆ་དགུ་ཅན་གྱི་སྤྱི་གཙུག་གི་ཡིད་བཞིན་ནོར་བུ་ཞེས་བྱ་བ་འདི་ནི། ཆོས་སྨྲ་བའི་བཙུན་པ་དགེ་སློང་ཡེ་ཤེས་དོན་གྲུབ་བསྟན་པའི་རྒྱལ་མཚན་གྱིས་བློ་ལ་གང་ཤར་ཤར་དུ་སྨྲ་བའི་ཡི་གེ་པ་ནི་ཆོས་ཚུལ་དོན་དུ་གཉེར་བ་འཇམ་དབྱངས་འཕྲིན་ལས་སོ།།༔།

༄། །དམིགས་བརྩེ་མའི་རྒྱ་འགྲེལ་གསུམ་བརྩེགས་རིན་ཆེན་གསུམ་གྱི་ཕྲེང་བ་ཞེས་བྱ་བ་བཞུགས་སོ།

༄། །ནམ་མཁའི་ཁམས་ནི་ཇི་ལྟ་བ་བཞིན་སེམས་ཅན་རྣམས་ནི་དེ་བཞིན་ཡོད་དེ་གསུངས་པ་དེ་ནི་ཐོག་མ་མཐའ་བཅུ་དང་བྲལ་མཁའ་མཉམ་སྡུག་བསྔལ་གསུམ་གྱིས་མནར་བའི་མ་རྒན་གྱུར་པ་འགྲོ་བ་རིགས་དྲུག་གང་ལ་བརྩེ་བའི་ཚད་ནི་འདི་ཙམ་འཛུག་ཅེས་ཕྱོགས་བཅུའི་རྒྱལ་བའི་རྣམ་ཀུན་ཐམས་ཅད་མཁྱེན་པ་ཡིས་ཀྱང་དངོས་སུ་གཞལ་བྱང་དམིགས་པའི་མཐའ་ཡི་ཚད་བཟུང་དཔག་པར་སྤོབས་པ་མེད་པའི་ཐེག་པ་ཆེན་པོའི་བརྩེ་བ་གཞན་དོན་ཁུར་ཁྱེར་སྙིང་རྗེའི་ཆུ་གཏེར་ཆེན་པའི་བདག་ཉིད་བརྒྱ་ཕྲག་བཅུ་ལྡན་སྤྱན་རས་དུས་རྒྱན་མི་འདོར་གཟིགས། །མཁྱེན་པའི་སྐད་ཅིག་གཅིག་གིས་ཤེས་བྱའི་དཀྱིལ་འཁོར་ཀུན་ལ་ཁྱབ་ཅན་གསུངས་པ་ཆོས་རྣམས་དོན་དམ་རང་བཞིན་གྱིས་སྟོང་ཇི་ལྟ་ཀུན་རྫོབ་རྒྱུ་འབྲས་མི་བསླུ་མིང་བཏགས་བཞག་ཙམ་ཇི་སྙེད་ཀྱིས་ནི་བསྡུས་པའི་ཤེས་བྱའི་གནས་ལ་མ་རྟོགས་ལོག་རྟོག་རྨོངས་པའི་དྲི་མ་ཉོན་སྒྲིབ་བག་ཆགས་ཤེས་སྒྲིབ་བཅས་པས་བསླད་པ་མེད་པར་སྐྱོག་ཏུ་མ་གྱུར་མངོན་སུམ་སྐད་ཅིག་གཅིག་ལ་མཁྱེན་ཅིང་སྒྱུ་མ་མཁའ་ལྟར་གཟིགས་པའི་དུས་གསུམ་རྒྱལ་བའི་ཡེ་ཤེས་གཅིག་གྱུར་ཆོས་སྨྲ་ངག་གི་དབང་པོ་ཡན་ལག་རེ་བཞིའི་གསུང་ལྡན་འཇམ་པའི་དཔལ་སྨྲས་དབྱངས། དེ་ལྟར་དུས་གསུམ་རྒྱལ་བའི་ཡོན་ཏན་མཁྱེན་བརྩེ་ནུས་པ་ཐམས་ཅད་གཟུགས་སུ་ཤར་བའི་རིགས་གསུམ་མགོན་པོ་གཅིག་ཏུ་བསྡུས་པའི་རང་བཞིན་རྗེ་བཙུན་བློ་བཟང་གྲགས་པའི་དཔལ་ཞེས་དུས་གསུམ་རྒྱལ་བས་གསུངས་པ་གང་དེ་ཉིད་ཐ་མལ་གདུལ་བྱའི་སྣང་ངོར་དུར་སླེག་གར་གྱིས་རོལ་པ་ཉིད་ཕྱིར་གངས་ཅན་ལྗོངས་ཀྱི་བྱེ་མདོ་དབུ་སེམས་གྲུབ་མཐའ་བཞི་ལ་མཁས་པ་སྔ་འགྱུར་ཕྱི་འགྱུར་གྲུབ་པའི་དམ་པ་ཀུན་གྱི་རྣམ་དཀར་དད་པའི་གཙུག་གི་རྒྱན་གྱུར་ཡིད་བཞིན་ནོར་བུ་རྗེ་བཟང་སོམ་བཙུན་བླ་མ་འཁྲུངས་ཡུལ་གྱིས་སྒྲགས་

ཙོང་ཁ་པ། བློ་གྲོས་ཁང་བཟང་བསླབ་གསུམ་ནོར་གྱིས་ཕྱུག ཅིང་བཟང་པའི་འཕྲིན་ལས་གདུལ་བྱའི་དཔལ་དུ་ཤར་ཏེ་གྲགས་པའི་འོད་ཟེར་ཕྱོགས་བཅུར་འཕྲོས་པའི་དཔལ་ཞེས་སྙིང་སྟོབས་ཆེན་པོར་རྒྱལ་ཀུན་མཁྱེན་གཅིག་བསྡུགས་པའི་མཚན་སྙན་སྐལ་བཟང་གང་གིས་ཐོས་པ་ཙམ་གྱིས་ལས་ཉོན་ཀུན་གྱི་གདུང་བ་ཀུན་སེལ་འགྲུབ་ཟླ་ཀུན་བྲལ་ཁྱོད་ཀྱི་སྐུ་ཡི་དམའ་ཤོས་ཞབས་ཀྱི་རྡུལ་ལ་སྒོ་གསུམ་གུས་པས་སྤྱི་བོས་འདུད་དེ་འདོད་དོན་གསོལ་བ་འདེབས་སོ་བདག་དང་འགྲོ་ཀུན་གྱི་རྒྱུད་རང་བཞིན་གནས་རིགས་སེམས་ལ་འགྲོ་རྣམས་ཞི་བའི་འཕྲིན་ལས་འཇུག་པར་བྱིན་གྱིས་རློབས། །ཞེས་འཇམ་མགོན་བླ་མའི་མཚན་དང་འབྲེལ་བར་བསྟོད་པ་ཚིག་རྐང་དང་པོ་གཉིས་༧རྗེ་རིན་པོ་ཆེའི་གསུང་དངོས་དང་། ཐ་མ་གཉིས་རྗེ་བཙུན་རེད་མདའ་བས་ཚིག་རྐང་རེ་རེར་ཚིག་དགུ་རེ་མཛད་པ་ལ། །སྨྲ་བའི་སེང་གེ་ཤཱཀྱའི་དགེ་སློང་འཇམ་དབྱངས་དགའ་བའི་བློ་གྲོས་ཀྱིས་ཚིག་སུམ་ཅུ་སོ་ལྔ་རེས་ཚིག་དོན་བཀྲལ་བའི་རྗེས་སུ་བསྒྲིགས་ཏེ་ཚིག་རྐང་རེ་རེར་ཚིག་བརྒྱ་རྩ་བརྒྱད་ལྷག་པར་སྤེལ་བ་ཆུ་ཤེལ་ས་ཟླ་ཨཥྚ་ཏྲི་ལའི་འཛོབ་ལྡན་ཚིག་དོན་གསུམ་བརྩེགས་དགེ་ལྡན་རིན་པོ་ཆེའི་ཕྲེང་བ་ཞེས་བྱ་བ་འདི་ནི། ཆོས་སྨྲ་བའི་བཙུན་པ་དོན་འགྲུབ་རྒྱལ་མཚན་གྱིས་མུ་ལེའི་བསིལ་ལྗོངས་ཁའུ་ཞུང་བདེ་བ་ཅན་དགོན་པའི་བླ་བྲང་དུ་དབང་བརྒྱ་ནོར་བུའི་ཕྲེང་བ་རྣམ་དཀར་དད་པའི་གསེར་ཐག་ཏུ་སྤེལ་བའི་ཐུན་མཚམས་སུ་སྦྱར་བའོ། །། །མངྒ་ལཾ། །

༄༅། །འཇམ་མགོན་ཆོས་ཀྱི་རྒྱལ་པོ་ཙོང་ཁ་པ་ཆེན་པོའི་བླ་མའི་རྣལ་འབྱོར་དང་འབྲེལ་བའི་དམིགས་བརྩེ་མའི་བསྙེན་ཡིག་དང་སྒྲིན་སྲིག་བྱ་ཚུལ་དངོས་གྲུབ་ནོར་བུའི་གཏེར་མཛོད་ཅེས་བྱ་བ་བཞུགས་སོ།

ན་མོ་གུ་རུ་མཉྫུ་གྷོ་ཥ་ཡ། དུས་གསུམ་རྒྱལ་བའི་མཁྱེན་བརྩེ་ནུས་པ་དང་། །གསང་གསུམ་ཡོན་ཏན་མཐའ་དག་གཅིག་བསྡུས་པ། །རིགས་གསུམ་སྤྲུལ་བློ་བཟང་གྲགས་པའི་ཞབས། །ས་གསུམ་འགྲོ་བའི་གཙུག་རྒྱན་དེ་ལ་འདུད། །སྨག་རུམ་སྐད་ཅིག་སྒློག་དང་འཕྲད་པ་བཞིན། །ཚེ་ཐུང་སྐད་ཅིག་གཅིག་ལ་འཚང་རྒྱའི་ལམ། །ཆ་ཚང་བསྟན་པའི་སྙིང་པོ་མཐལ་ལགས་ཀྱང་། །སྐལ་དམན་བདག་གིས་སྙིང་པོ་མ་ལོན་པས། །སྐྱབས་གནས་ཀུན་འདུས་བླ་མ་ཡི་དམ་དང་། །རང་སེམས་དབྱེར་མེད་དང་དུ་གསོལ་འདེབས་ན། །ཕྱི་མ་བྱང་ཆུབ་བར་དུ་ལམ་བཟང་འདིས། །རང་གཞན་སྨིན་ཅིང་གྲོལ་བར་བྱིན་གྱིས་རློབས། །འདིར་འཇམ་མགོན་བླ་མ་ཙོང་ཁ་པ་ཆེན་པོའི་བླ་མའི་རྣལ་འབྱོར་འཁྲིད་ལས་དང་བྱིན་རླབས་ཀྱི་ཁྱབ་བདལ་ཤིན་ཏུ་ཆེ་བ་དགའ་ལྡན་ལྷ་བརྒྱ་མར་གྲགས་པ་དང་། གསོལ་འདེབས་དམིགས་བརྩེ་མའི་ཕྱི་ནང་གསང་གསུམ་གྱི་སྒྲུབ་སྐོར་སྲིད་དཔེན་ཆུ་བོ་གཉིས་འདྲེས་ཀྱི་གདམས་པ་དང་འབྲེལ་བར་དམིགས་བརྩེ་མའི་བསྙེན་པ་དང་ཁ་སྐོང་གི་སྒྲིན་སྲིག་བྱ་ཚུལ་མདོ་ཙམ་འགོད་པ་ལ། དེ་ཡང་། འཇམ་དཔལ་རྩ་རྒྱུད་ལས། ང་ནི་མྱ་ངན་འདས་འོག་ཏུ། །ས་ཡི་སྙིང་འདི་སྟོང་བ་ན། །ཁྱོད་ཉིད་བྱིས་པའི་གཟུགས་ཀྱིས་ནི། །སངས་རྒྱས་མཛད་པ་བྱེད་པར་འགྱུར། །དེ་ཚེ་དགོན་ཆེན་རབ་དགའ་བ། །ཁ་བ་ཅན་ན་ཡོད་པ་ཡིན། །ཅེས་ལུང་བསྟན་པ་ལྟར་རྗེ་ཐམས་ཅད་མཁྱེན་པ་ནི། རྒྱལ་བ་ཐམས་ཅད་ཀྱི་ཡབ་གཅིག་མགོན་པོ་འཇམ་པའི་དབྱངས་ཀྱི་སྤྲུལ་པ་ཙམ་མ་ཡིན་པར་རང་ཉིད་དགེ་བའི་བཤེས་གཉེན་གྱི་རྣམ་པར་བྱོན་པ་དང་། བཀའ་གདམས་གླེགས་བམ་རིན་པོ་ཆེའི་འཆི་མེད་རྡོ་རྗེའི་གླུ་ལས། མར་མེ་མཛད་ཀྱང་གནས་མཆོག་འདིར། །སྒྲོལ་མར་བཅས་ཏེ་སྤྲུལ་སྟོང་འགྱེད། །ལྷག་པར་ཆགས་མེད་བསོད་སྙོམས་པས། །སྙན་པའི་དབྱངས་ཀྱིས་གསོལ་བ་འདེབས། །

ཕྱོགས་བཞིའི་ལས་ཅན་དབང་དུ་སྡུད། །ང་ཡི་མཆོད་ཚོགས་རྒྱས་པར་བྱེད། །མར་མེ་མཛད་དང་བྱམས་པ་ཡང་། །ཁྱོད་ཀྱི་གྲོགས་བཟང་སྤྱོལ་བར་བྱེད། །རིང་པོར་མི་ཐོགས་གནས་མཆོག་འདིར། །མཆོད་ཚོགས་རྒྱ་མཚོ་འདུ་བར་འགྱུར། །སྤྱན་རས་གཟིགས་དབང་བཟང་པོར་སྤྲུལ། །ཞེས་དང་། །པ་ཆོས་ཐོར་བུའི་ཚོམས་སུ། །ཤར་ནས་ཟླ་བའི་དཀྱིལ་འཁོར་མཛེས། །ཞེས་སོགས་སྤྱན་རས་གཟིགས་ཀྱི་སྤྲུལ་པར་གསུངས་ལ། སྐུ་འཁྲུངས་པའི་ཚེ་ཡབ་ཀྱི་མནལ་ལམ་དུ་ལྗང་ལོ་ཅན་ནས་ཕྱག་ན་རྡོ་རྗེས་འཕངས་སམ་སྙམ་པ་པའི་གསེར་གྱི་རྡོ་རྗེ་འབར་བ་ཞིག་ཡུམ་ལ་ཐིམ་པ་རྨིས་པ་སོགས་འཕགས་པ་རིགས་གསུམ་མགོན་པོ་དང་ངོ་བོ་དབྱེར་མེད་པའི་ངོ་མཚར་བའི་རྣམ་ཐར་ལོ་རྒྱུས་མང་ངོ་། །དེར་མ་ཟད་གླེགས་བམ་རིན་པོ་ཆེ་ལས། རེས་འགའ་གསོལ་འདེབས་དབྱངས་ཀྱི་གཟུགས། །རེས་འགའ་ཡིག་འབྲུ་གཟུངས་ཀྱི་གཟུགས། །ཞེས་གསུངས་པས་གསོལ་འདེབས་དམིགས་བརྩེ་མ་དང་། སྐུ་འབུམ་ཙན་དན་གྱི་སྡོང་པོའི་སྙིང་གིས་ཨ་ར་པ་ཙ་ནའི་ཡིག་འབྲུ་སོགས་འཕགས་པའི་རིགས་གསུམ་མགོན་པོ་དང་། ཁྱད་པར་དུ་རྗེ་བཙུན་འཇམ་པའི་དབྱངས་ཀྱི་ཡེ་ཤེས་ཡིག་འབྲུའི་གཟུགས་དང་དབྱངས་སུ་ཤར་བར་བསྟན་ནོ། །དེ་ན་གསོལ་འདེབས་དམིགས་བརྩེ་མ་ནི་རྒྱལ་བ་ཐམས་ཅད་ཀྱི་མཁྱེན་བརྩེ་ནུས་པའི་རང་གཟུགས་རྗེ་བླ་མ་དང་འཕགས་པ་རིགས་གསུམ་མགོན་པའི་ལྷའི་སྙིང་པོ་ཡིན་པས་འདིའི་སྔོན་ནས་ལས་རབ་འབྱམས་སྒྲུབ་ཚུལ་གྱི་ལས་ཚོགས་བརྒྱ་རྩ་སོགས་ཡོད་ཀྱང་། ད་ལྟ་དུས་སྙིགས་ཤིང་བསོད་ནམས་དམན་པའི་དབང་གིས་ལས་ཚོགས་བཅུ་གཅིག་ཙམ་མ་གཏོགས་ཕལ་ཆེར་གྱི་རྒྱུན་ནུབ་ཅིང་དེ་དག་ལའང་ཇི་ལྟ་བ་བཞིན་ཡོངས་སྤྱོད་པའི་སྐལ་ལྡན་ཆེས་ཉུང་བར་སྣང་ངོ་། །རང་རེའི་མཉམ་མེད་རི་བོ་དགེ་ལྡན་པའི་མཁས་གྲུབ་ཚེ་གཅིག་ལུས་གཅིག་ལ་མཆོག་གི་དངོས་གྲུབ་བརྙེས་པ་ཐམས་ཅད་གསོལ་འདེབས་དམིགས་བརྩེ་མ་དང་འབྲེལ་བའི་བླ་མའི་རྣལ་འབྱོར་ལམ་གྱི་སྲོག་དང་ལམ་གྱི་གཞུང་ཤིང་དུ་བྱས་པ་ཤ་སྟག་ཡིན་ཞིང་། ཁྱད་པར་དུ་བླ་མ་བྱམས་པ་རིན་པོ་ཆེས་ར་ཁ་ཐྲག་ཏུ་རིགས་གསུམ་སྤྱི་སྒྲུབ་ཀྱི་བླ་མའི་རྣལ་འབྱོར་ལ་འབད་པས་མནལ་ལམ་དུ་རལ་གྲི་ཞིག་ཕྱག་ཏུ་འོང་བ་རྨིས་ཤིང་ཉམས་རྟོགས་ཁྱད་པར་ཅན་འཁྲུངས་པ་ལྟ་བུས་མཚོན་དགེ་ལྡན་སྤྲུལ་པའི་གླེགས་བམ་གྱི་ཞལ་གདམས་དབེན་ས་སྙན་བརྒྱུད་ཀྱི་རིམ་པར་བྱུང་བའི་ཆོས་ཟབ་ཅིང་རྨད་དུ་བྱུང་བའོ། །མཆོག་ཏུ་བསྟེན་པ་བྱ་ཚུལ་ལ། སྤྱིར་བླ་མའི་རྣལ་འབྱོར་བྱེད་པ་ལ་བདག་བསྐྱེད་དང་ཚོགས་ཞིང་དམ་ཚིག་པ་བསྐྱེད་པ་ངེས་ཅན་མིན་ཀྱང་། འདིར་ནི་ཐ་མལ་གྱི་སྣང་ཞེན་སྤྱོངས་པ་དང་། གནས་སྐབས་དང་མཐར་ཐུག་གི་དོན་གཉིས་ཕུན་ཚོགས་སྒྲུབ་པའི་ཡན་ལག་ཚང་བའི་ཕྱིར་མན་ངག་གིས་དེ་དག་བྱས་ན་ལེགས་སོ། །བདག་བསྐྱེད་རྗེ་བླ་མ་འབྱེད་པའང་ལས་ཚོགས་དང་བྱིན་རླབས་ཀྱི་ཡིག་ཆ་སོགས་སུ་ཚད་ལྡན་དུ་མས་གསུངས་ཤིང་། རང་གི་དྲིན་ཅན་རྩ་བའི་བླ་མའི་སྐུའི་རྣམ་པ་སྒོམ་པ་ནི་སངས་རྒྱས་ཐམས་ཅད་ཀྱི་སྐུ་སྒོམ་པ་ལས་ལྷག་པར་གསུངས་པས་མན་ངག་གི་འཕྲུལ་འདོགས་ཞིག

ཡིན་ངེས་སོ། །འོན་ཀྱང་རྣལ་འབྱོར་བླ་མེད་ཀྱི་ལྷའི་བདག་བསྐྱེད་ནི་རྒྱུད་སྡེ་ཐམས་ཅད་ཀྱིས་ལས་བཞིའི་འཕྲིན་ལས་དང་། མཆོག་ཐུན་མོང་གི་དངོས་གྲུབ་བསྒྲུབ་པ་ལ་དབང་བར་གསུངས་ལ། ཕྱོགས་བཅུའི་སངས་རྒྱས་ཀྱི་མཚན་བརྗོད་པ་ལས་ཀྱང་རྗེ་བཙུན་འཇམ་པའི་དབྱངས་ཀྱི་མཚན་ལན་གཅིག་བརྗོད་པ་ཕན་ཡོན་ཆེ་བར་འཇམ་དཔལ་ཞིང་བཀོད་ཀྱི་མདོ་ལས་གསུངས་ཤིང་། འཇམ་དཔལ་རྩ་བརྒྱུད་དང་ཁམས་གསུམ་རྣམ་རྒྱལ་གྱི་རྟོག་པ། གཏམ་རྒྱུད་ཀྱི་རྟོག་པ། ཆོས་རྗེ་དོན་གྲུབ་རིན་པོ་ཆེ་ལ་ལྷ་དང་བླ་མས་ལུང་བསྟན་བྱུང་ཚུལ་སོགས་དང་མཐུན་པར་དངོས་ཀྱི་སྤྲུལ་གཞི་དཔལ་རྡོ་རྗེ་འཇིགས་བྱེད་ཡིན་པའང་ཐམས་ཅད་མཁྱེན་པ་དགེ་འདུན་རྒྱ་མཚོས། རྒྱལ་བ་ཀུན་གྱི་ཡབ་གཅིག་འཇམ་པའི་དབྱངས། མ་རུངས་གདུལ་དཀའ་འདུལ་ཕྱིར་གཤིན་རྗེ་གཤེད། །མི་ཡི་གཟུགས་ཀྱི་རྣམ་རོལ་ཙོང་ཁ་པ། །དབྱེར་མེད་བླ་མ་ཡི་དམ་ལ་ཕྱག་འཚལ། །ཞེས་གསུངས་པ་ལྟར་ཡིན་པས་བདག་བསྐྱེད་འཇིགས་བྱེད་ལ་བྱེད་པ་གསུང་རྒྱུན་ཡིན་པའི་ཕྱིར། ཉམས་སུ་ལེན་པ་པོའི་རྟེན་གྱི་གང་ཟག་ནི་འཇིགས་བྱེད་དཔའ་ཅིག་གམ་ལྷ་བཅུ་གསུམ་གང་རུང་གི་བསྙེན་པ་སོང་ཞིང་། རབ་རིགས་གསུམ་སྤྱི་སྒྲུབ་ཀྱི་ཁྲིད་མན་ངག་ཞལ་ཤེས་དང་བཅས་པ་ཐོབ་པ་དང་། དེ་མིན་ཡང་རིགས་གསུམ་སྤྱི་སྒྲུབ་ཀྱི་བྱིན་རླབས་ཐོབ་ཅིང་དེའི་དུས་སུ་ཁས་བླངས་པའི་དམ་ཚིག་ལ་གནས་པ་ཞིག་དགོས་སོ། །བསྙེན་པ་ཇི་ལྟར་བྱ་བའི་ཚུལ་ལ་སྦྱོར་དངོས་མཇུག་གསུམ་ལས། སྦྱོར་བ་གནས་ཁང་བྱི་དོར། སྐུ་གསུང་ཐུགས་རྟེན་བཀྲམ་པ། གནས་མ་ལ་དང་གདན། མཚམས་ཐོ་སློང་ཚུལ། མཆོད་པ་བཤམས་ཚུལ་སོགས་སྤྱི་འགྲོ་ལྟར་ལ། སྐྱབས་སེམས་ཚད་མེད་བཞི། ཁྱད་པར་གྱི་སེམས་བསྐྱེད་དང་བཅས་པ་སྔོན་དུ་བཏང་། དངོས་གཞི་ནི། རྒྱུ་མཚན་དང་དགོས་པ་སྔར་བཤད་པ་ལྟར་ཡིན་པས་ཐོག་མར་རྡོ་རྗེ་འཇིགས་བྱེད་ཀྱི་ཚིག་ཡོངས་རྫོགས་རྒྱས་བསྡུས་ཅི་རིགས་འདོན་ཐུབ་ན་ལེགས། མ་མཐའང་སྐད་ཅིག་དཀྱིང་བསྐྱེད་ཙམ་བྱེད་དགོས་པས། རང་ཉིད་སྐད་ཅིག་གིས་དཔལ་རྡོ་རྗེ་འཇིགས་བྱེད་ཞལ་གཅིག་ཕྱག་གཉིས་ཀྱིས་གྲི་གུག་དང་ཐོད་པ་འཛིན་པའི་སྐུར་བཞེངས་པར་གྱུར། ཞེས་པ་ལྟ་བུ་བྱ། བླ་མ་གང་དུ་སྒོམ་པའི་གནས་ནི། རྒྱལ་བ་ཡང་དགོན་པས། མཆོད་ཚོགས་དུས་སུ་མདུན་གྱི་མིག །གསོལ་བ་འདེབས་ཚེ་སྤྱི་བོའི་གཙུག །རྟག་ཏུ་བླ་མ་སྙིང་གི་དབུས། ཞེས་དང་། པཎ་ཆེན་ཐམས་ཅད་མཁྱེན་པའི་དྲི་བ་ལྷག་བསམ་རབ་དཀར་གྱི་དྲིས་ལན་བློ་བཟང་བཞད་པའི་སྒྲ་དབྱངས་ལས། བླ་མ་གང་དུ་བསྒོམ་པའི་གནས། མདུན་ནམ་སྤྱི་གཙུག་སྙིང་གི་དཀྱིལ། རང་རང་མོས་པ་བཞིན་དུ་སྟེ། །ཞེས་གསུངས་ཤིང་། མཆོད་ཀྱི་ཉམས་ལེན་དུ་དེ་གསུམ་ག་ཚང་བར་མཛད་པ་འདིར་ཡང་འདྲ་བས་ཚོགས་ཞིང་གསལ་འདེབ་ཚུལ་ནི། ཨོཾ་སྭ་བྷཱ་ཝ་ཤུདྡྷཿ སརྦ་དྷརྨཱཿ སྭ་བྷཱ་ཝ་ཤུདྡྷོ྅ཧཾ། ཆོས་ཐམས་ཅད་རང་བཞིན་གྱིས་མི་དམིགས་པ་སྟོང་པ་ཉིད་དུ་གྱུར། སྟོང་པའི་ངང་ལས་རང་གི་མདུན་གྱི་ནམ་མཁར་འཇའ་འོད་ཀྱི་གུར་ཁང་དུ

སེང་ཁྲི་པདྨ་ཉི་ཟླའི་གདན་གྱི་སྟེང་དུ་ཧྲཱིཿ ལས་རལ་གྲིའི་ཡུ་བ་ཧྲཱིཿ ས་མཚན་པ་ལས་འོད་ཟེར་འཕྲོས། དོན་གཉིས་བྱས་ཚུར་འདུས་ཏེ་ཐིམ་པ་ཡོངས་སུ་གྱུར་པ་ལས་སྐྱབས་གསུམ་ཀུན་འདུས་ཀྱི་ངོ་བོ་དྲིན་ཅན་རྩ་བའི་བླ་མ་ཁམས་གསུམ་ཆོས་ཀྱི་རྒྱལ་པོ་ཙོང་ཁ་བ་ཆེན་པོ། ཞལ་ཁྲིམ་ཞི་ཞིང་འཛུམ་ལ་དགྱེས་པའི་ཉམས་ཅན། སྐུ་མདོག་དཀར་ལ་དམར་བའི་མདངས་ཆགས་པ། ཕྱག་གཉིས་ཆོས་འཁོར་གྱི་ཕྱག་རྒྱ་མཛད་པའི་མཐེབ་མཛུབ་ཀྱིས་ཨུཏྤ་ལའི་ཡུ་བ་བཟུང་བའི་འདབ་མ་སྙན་གཡས་གཡོན་གྱི་ཐད་དུ་ཁ་ཕྱེ་བའི་སྟེང་ན་ཤེས་རབ་ཀྱི་རལ་གྲི་མེ་འབར་བ་དང་ཤེར་ཕྱིན་གྱི་གླེགས་བམ་རང་སྒྲ་སྒྲོགས་བཞིན་པ་བསྣམས་པ། སྐུ་ལ་ཆོས་གོས་ངུར་སྨྲིག་གི་མདོག་ཅན་གསུམ་དང་། དབུ་ལ་པཎ་ཞྭ་སེར་རིང་གསོལ་ཞིང་། ཞབས་རྡོ་རྗེའི་སྐྱིལ་མོ་ཀྲུང་གིས་བཞུགས་པ། གཡས་གཡོན་དུ་སེང་ཁྲི་ཆུང་བ་གཉིས་ལ་སྲས་ཀྱི་ཐུ་བོ་རྒྱལ་ཚབ་དར་མ་རིན་ཆེན་དང་། མཁས་གྲུབ་དགེ་ལེགས་དཔལ་བཟང་པོ་རྣམ་གཉིས་ཕྱག་གཡས་ཆོས་འཆད་དང་། གཡོན་མཉམ་བཞག་གི་སྟེང་ན་གླེགས་བམ་བསྣམས་པ། རྡོ་རྗེ་སྐྱིལ་མོ་ཀྲུང་གིས་བཞུགས་པའི་དབུས་ཀྱི་རྗེ་བླ་མའི་དཔྲལ་བར་དེ་བཞིན་གཤེགས་པའི་རིགས་ཀྱི་མགོན་པོ་འཇམ་པའི་དབྱངས་སྐུ་མདོག་དམར་སེར་གཡས་ཤེས་རབ་ཀྱི་རལ་གྲི་འཕྱར་ཞིང་། གཡོན་ཨུཏྤལ་ལ་གནས་པའི་སྟོང་ཕྲག་བརྒྱ་པའི་གླེགས་བམ་བསྣམས་པ། རལ་པའི་ཟུར་ཕུད་ལྔ་དང་ལྡན་ཞིང་མེ་ཏོག་གི་ཕྲེང་བ་སོགས་གཞོན་ནུའི་རྒྱན་དང་ཆ་ལུགས་ཅན། མགྲིན་པར་པདྨའི་རིགས་ཀྱི་མགོན་པོ་སྤྱན་རས་གཟིགས་སྐུ་མདོག་དཀར་པོ་ཞལ་གཅིག་ཕྱག་བཞིའི་དང་པོ་གཉིས་ཐལ་མོ་སྦྱར་ཞིང་། འོག་མ་གཉིས་ཀྱིས་ཤེལ་ཕྲེང་དང་གསེར་གྱི་པདྨ་བསྣམས་པ། རི་དྭགས་ཀྱི་པགས་པས་ནུ་མ་གཡོན་པ་བཀབ་ཅིང་། དར་གྱི་ན་བཟའ་གསོལ་བ། དེ་གཉིས་ཀའང་ཞབས་རྡོ་རྗེའི་སྐྱིལ་ཀྲུང་གིས་བཞུགས་པ། ཐུགས་ཀར་རྡོ་རྗེའི་རིགས་ཀྱི་མགོན་པོ་ཕྱག་ན་རྡོ་རྗེ་སྐུ་མདོག་མཐིང་ག་གཡས་རྡོ་རྗེ་འཕྱར་ཞིང་། གཡོན་སྡིགས་མཛུབ་མཛད་པ། ཁྲོ་བོའི་ཉམས་རྗོགས་ཤིང་སྟག་གི་པགས་པའི་ཤམ་ཐབས་ཅན། ཞབས་གཡས་བསྐུམ་གཡོན་རྐྱང་གི་སྟབས་ཀྱིས་བཞུགས་པ། དེ་རྣམས་ཀྱི་སྤྱི་བོར་ཨོཾ། མགྲིན་པར་ཨཱཿ ཐུགས་ཀར་ཧཱུྃ། ཐུགས་ཀའི་ཧཱུྃ་ལས་འོད་ཟེར་འཕྲོས་པས་དག་པའི་ཞིང་མཆོག་དགའ་ལྡན་གྱི་གནས་ནས་མཁའ་ཁྱབ་ཀྱི་བླ་མ་རྒྱལ་བ་སྲས་དང་བཅས་པ་འཕགས་པ་རིགས་གསུམ་མགོན་པོ་རྗེ་ཡབ་སྲས་

གསུམ་དང་བཅས་པའི་རྣམ་པར་སྨིན་དྲངས། དགའ་ལྡན་ལྷ་བརྒྱའི་མགོན × གཤེགས་སུ་གསོལ། ཛཿ ཧཱུྃ་བཾ་ཧོཿ དམ་ཚིག་པ་དང་གཉིས་སུ་མེད་པར་གྱུར། མདུན་གྱི་ནམ་མཁར་ཞེས་པ་ནས། གསལ་བྱེད་ཤོག །ཅེས་པའི་བར་གྱིས་ཡན་ལག་བདུན་པ་འབུལ། རྗེ་བླ་མའི་ཐུགས་ཀར་ཧཱུྃ་ཡིག་གི་ཐིག་ལེའི་ནང་དུ་མཾ་ཡིག་གིས་མཚན་པའི་མཐར་དམིགས་བརྩེ་མའི་སྔགས་ཕྲེང་གིས་བསྐོར་བ་ལས་འོད་ཟེར་འཕྲོས། རྒྱལ་བ་སྲས་བཅས་ཀྱི་བྱིན་རླབས་ཐམས་ཅད་བསྡུས་ཏེ་སྔགས་ཕྲེང་ལ་ཐིམ། དེ་ལས་བདུད་རྩི་སྣ་ལྔ་འོད་ཟེར་དང་བཅས་པའི་རྒྱུན་བབས། རང་གཞན་སེམས་ཅན་ཐམས་ཅད་ཀྱི་ལུས་སེམས་ལ་ཞུགས་པས་སྡིག་སྒྲིབ་ནད་གདོན་ཐམས་ཅད་སྦྱངས། སྐུ་གསུང་ཐུགས་ཀྱི་བྱིན་རླབས་མ་ལུས་པ་ཐོབ་པར་བསམ་ལ་དམིགས་བརྩེ་མ་བཟླ། རྗེ་བླ་མའི་དཔྲལ་བའི་འཛམ་དབྱངས་ཀྱི་ཐུགས་ཀར་ཧྲཱིཿ ཡིག་ལ་སྔགས་ཕྲེང་གིས་བསྐོར་བ་ལས་བདུད་རྩི་སྣ་ལྔ་འོད་ཟེར་དང་བཅས་པའི་སྤྲོ་བསྡུས་རང་གཞན་སེམས་ཅན་ཐམས་ཅད་ཀྱི་མི་ཤེས་པའི་མུན་པ་ཐམས་ཅད་གསལ་ནས་ཤེས་རབ་ཀྱི་སྣང་བ་ཁྱད་པར་ཅན་རྒྱས་པར་བསམ་ལ། ཨ་ར་པ་ཙ་ན་བཟླ། རྗེ་བླ་མའི་མགྲིན་པའི་སྤྱན་རས་གཟིགས་ཀྱི་ཐུགས་ཀའི་ཧྲཱིཿ ཡིག་གི། མཐང་སྔགས་ཕྲེང་གིས་བསྐོར་བའི་འོད་ཟེར་དང་བདུད་རྩིས་རིགས་དྲུག་གི་སྡུག་བསྔལ་དང་བཅས་པ་སྦྱངས། བྱམས་སྙིང་རྗེའི་རྟོགས་པ་ཁྱད་པར་ཅན་སྐྱེས་པར་བསམ་ལ། ཡིག་དྲུག་བཟླ། རྗེ་བླ་མའི་ཐུགས་ཀའི་ཕྱག་ན་རྡོར་རྗེའི་ཐུགས་ཀར་ཧཱུྃ་ཡིག་གི་མཐར་སྔགས་ཕྲེང་གིས་བསྐོར་བ་ལས་བདུད་རྩི་འོད་ཟེར་དང་བཅས་པའི་སྤྲོད་བསྡུས་ཕྱི་ནང་གི་བར་ཆད་འགལ་རྐྱེན་ནད་གདོན་ཐམས་ཅད་སྦྱངས། མཐུ་སྟོབས་ནུས་པ་ཕུན་སུམ་ཚོགས་པ་ཐོབ་པར་བསམ་ལ། བཛྲ་པཱ་ཎི་བཟླ། མཇུག་ཏུ་ཡིག་བརྒྱས་ལྷག་ཆད་བསྐངས། ཡང་ན། འཛམ་དབྱངས་ཀྱི་ཐུགས་ཀར་དམིགས་བརྩེ་མ་དང་ཨ་ར་པ་ཙ་ན་བཀོད་དེ་དེ་གཉིས་སྤྲུགས་ནས་བཟླ། གཞན་གཉིས་ལའང་རིགས་འགྲེ། ཡང་ན་གོང་དུ་བཤད་པའི་དམིགས་པ་བཞི་ཀའི་ངང་ནས་དམིགས་བརྩེ་མ་དང་རིགས་གསུམ་མགོན་པོའི་སྔགས་སྤྲེལ་ཏེ་བཟླ། ཡང་ན་ལྷ་གསུམ་ཀའི་ཐུགས་ཀར་དམིགས་བརྩེ་མའི་སྔགས་ཕྲེང་བཀོད་དེ་གསོལ་འདེབས་དམིགས་བརྩེ་མ་རྐྱང་བ་བཟླ། གང་ལའང་བཟླས་བྱའི་དམིགས་བརྩེ་མ་ནི་བཞི་སྐོར་ཡིན། དགུ་སྐོར་གྱི་དམིགས་པ་སོགས་ཡོད་མོད་ཀྱང་རེ་ཞིག་འདི་ཙམ་གྱིས་ཆོག་གོ །སྔར་བཀོད་པའི་དེ་དག་ཅི་རིགས་ལྷར་བསྙེན་པ་བྱས་ཆོག་ལ། བསྙེན་ཚད་ནི་དམིགས་བརྩེ་མ་རྐྱང་བ་དང་། རིགས་གསུམ་གའམ་སོ་སོའི་སྔགས་དང་སྤྲུགས་པ་གང་བྱེད་ཀྱང་རབ་སུམ་འབུམ། མ་མཐའ་འབུམ་ཕྲག་གཅིག །རིགས་གསུམ་མགོན་པོའི་སྔགས་རྐྱང་ལ

བསྙེན་པ་བྱེད་པའི་ཚེ་རབ་སྤྱི་རྒྱུད་ལས་གསུངས་པ་ལྟར་ཡིག་གྲངས་ཀྱི་འབུམ། མ་མཐའ་འབུམ་ཕྲག་གསུམ་རེ་བཟླའོ། །གསོལ་འདེབས་དམིགས་བརྩེ་མ་རྒྱ་གར་གྱི་སྐད་དམ་ལེགས་སྦྱར་གྱི་སྐད་དུ་བསྒྱུར་བ་དང་། མཚན་ཐུགས་ཀྱང་བཟླ་འདོད་པས་ཅི་ནུས་རེ་བཟླས་ན་ལེགས། ཡིག་བརྒྱའི་མཐའ་མཇུག་རྒྱས་བསྡུས་ཅི་རིགས་ཕུལ་ཏེ་བྱིན་རླབས་སྤྱི་བཞུས་ཀྱི་སྒོ་ནས་དོན་ཆེན་པོ་གསུམ་གྱི་གསོལ་འདེབས་མན་ངག་བཞིན་རྒྱུད་དང་འདྲེས་ངེས་བྱའོ། །དེའི་ནང་གི་བདེ་བླག་ཉིད་དུ་འཇུག་པར་བྱིན་གྱིས་རློབས། །ཞེས་པའི་འཕྲོས། འཇམ་དབྱངས་སྤྱན་རས་གཟིགས་དང་གསང་བདག་ལས། །བདུད་རྩི་འོད་ཟེར་དཀར་དམར་མཐིང་གའི་རྒྱུན། །རིམ་དང་མཉམ་དུ་བབས་པས་སྒོ་གསུམ་གྱི། །སྒྲིབ་བྲལ་སྐུ་བཞི་ཐོབ་པར་བྱིན་གྱིས་རློབས། །ཞེས་ཧྲིང་ངེ་འཛིན་གྱི་དབང་བཞི་ལེན། དེ་ཚེ་དངོས་གྲུབ་མན་ཆད་དཀྲུས་ལྟར་རོ། །དེ་ནས། དཔལ་ལྡན་རྩ་བའི་བླ་མ་རིན་པོ་ཆེ། །ཞེས་སོགས་ལན་གཅིག་གམ་གཉིས་ཀྱིས་གསོལ་བ་བཏབ་སྟེ། ཨོཾ་བཛྲ་ས་མ་ཛཿ ཞེས་རྡོར་དྲིལ་བསྣམས་པའི་ཕྱག་རྒྱ་དང་བཅས། སྤྱན་གཉིས་རྗེ་བླ་མ་ལ་ཐིམ་ཞིང་དེ་ཉིད་སེང་ཁྲི་དང་བཅས་རང་གི་སྤྱི་བོར་བྱོན་ནས་བཞུགས་པ་ལ། ལུས་ངག་ཡིད་གསུམ་གུས་པས་ཕྱག་མཚལ་ལོ། །ཞེས་སོགས་ལྷ་བྲུས་ཡན་ལག་བདུན་པ་མདོར་བསྡུས། སྙིང་བཞི་རི་རབ་ཉི་ཟླ་རིན་ཆེན་བདུན། །ཞེས་སོགས་ཀློང་གཞམ་ས་གཞི་མས་མཇུག་ཕུལ། སྐུ་བཞིའི་བདག་ཉིད་བླ་མ་ལྷག་པའི་ལྷ། །ཞེས་སོགས་སམ། ཁྱེད་ནི་བླ་མ་ཞེས་སོགས་གང་རུང་གིས་ཕུར་ཚུགས་གསོལ་འདེབས་ལན་གསུམ་བྱ། དཔལ་ལྡན་རྩ་བའི་བླ་མ་རིན་པོ་ཆེ། །བདག་གི་སྙིང་གར་ཞེས་སོགས་བརྗོད་པས། སེང་ཁྲི་པདྨ་དང་བཅས་པ་རང་གི་སྙིང་ལ་ཐིམ་པས་སྙིང་བདྨ་འདབ་བརྒྱད་དུ་གྱུར། ཉི་ཟླ་ཁམས་དཀར་དམར་ལ་ཐིམ་པའི་དབུས་སུ། བླ་མའི་སྐུ་མཐེབ་སོར་གྱི་ཚད་ཙམ་དུ་གྱུར་པ་རྩ་དབུ་མའི་ལམ་དུ་བརྒྱུད་དེ་རང་སེམས་དང་དབྱེར་མེད་དུ་ཞུགས། བླ་མ་ཡི་དམ་རང་སེམས་གསུམ་དབྱེར་མེད་པའི་སེམས་ཀྱི་དོན་དམ་དང་ཀུན་རྫོབ་པའི་ཆོས་ཉིད་དང་རོ་གཅིག་ཏུ་ཞུགས་པའི་ཡེ་ཤེས་ཆོས་སྐུ་དེའི་ངང་ལས། རང་ཉིད་སྐད་ཅིག་གིས་ཆུ་ལས་ཉ་ལྡང་བའི་ཚུལ་དུ་རྗེ་བླ་མ་རིགས་གསུམ་མགོན་པོ་དང་བཅས་པའི་སྐུར་བཞེངས་པར་གྱུར། རང་རྗེ་བླ་མར་གསལ་བའི་སྐུ་ལས་བདུད་རྩི་འོད་ཟེར་དང་བཅས་པ་བྱུང་། མཐའ་སྐོར་ན་ཡོད་པའི་རིགས་དྲུག་གིས་སེམས་ཅན་ཐམས་ཅད་ལ་ཕོག་པས་དེ་རྣམས་ཀྱི་སྡུག་བསྔལ་རྒྱུ་དང་བཅས་པ་སྦྱངས། ཡང་རྒྱལ་བ་ཐམས་ཅད་ཀྱི་མཁྱེན་བརྩེ་ནུས་པའི་བདག་ཉིད་རྗེ་བླ་མའི་ཐུགས་དང་། ལུས་རྗེ་བླ་མའི་སྐུར་གྱུར། དེ་ཐམས་ཅད་ཀྱིས་གསོལ་འདེབས་དང་གཟུངས་སྔགས་ཞུར་ཆེམ་ཆེམ་སྒྲོགས་པར་བསམ་ལ། དམིགས་བརྩེ་མ་རྒྱ་བོད

གྱི་སྐད། རང་གི་བླ་མའི་མཚན་རྟགས་དང་རྗེའི་མཚན་རྟགས། རིགས་གསུམ་མགོན་པོའི་གཟུངས་སོགས་རྟར་ལྟར་བཟླའོ། །ཡང་ན་གོང་དུ་མདུན་གྱི་ཚོགས་ཞིང་ལ་དམིགས་ཏེ་འདི་དག་ཁུང་ཤས་ཤིག་བཟླས་ན། འདིར་རང་ཉིད་སྐད་ཅིག་གིས་ཆུ་ལས་ཉ་ལྡང་བའི་ཚུལ་དུ་རྗེ་བླ་མ་རིགས་གསུམ་མགོན་པོ་དང་བཅས་པའི་སྐུར་གྱུར་པ་ནི། ཁམས་གསུམ་ཆོས་ཀྱི་རྒྱལ་པོ་སྲོང་ཁ་པ་ཆེན་པོ། ཞལ་ཁྲིམ་ཞི་ཞིང་འཛུམ་ལ་དགྱེས་པའི་ཉམས་ཅན་ཞེས་པ་ནས། འཕྲོས་པས་དག་པའི་ཞིང་མཆོག་དགའ་ལྡན་དང་བདེ་བ་ཅན་སོགས་མཁའ་ཁྱབ་ཀྱི་ཞིང་རབ་འབྱམས་ནས་རྒྱལ་བ་སྲས་བཅས་ཐམས་ཅད་རྗེ་བླ་མ་རིགས་གསུམ་མགོན་པོ་དང་བཅས་པའི་རྣམ་པར་སྤྱན་དྲངས། ཛཿ ཧཱུྃ་བཾ་ཧོཿ དམ་ཚིག་པ་དང་གཉིས་སུ་མེད་པར་གྱུར། རང་རྗེ་བླ་མར་གསལ་བའི་ཐུགས་ཀར་ཞེས་པ་ནས་ཉུས་པ་ཕུན་སུམ་ཚོགས་པ་ཐོབ་པར་གྱུར། རང་རྗེ་བླ་མར་གསལ་བའི་སྐུ་ལས་ཞེས་པ་ནས་དེ་ཐམས་ཅད་ཀྱིས་གསོལ་འདེབས་དང་གཟུངས་སྔགས་ཁུར་ཆེམ་ཆེམ་སྒྲོགས་པར་བསམ་པའི་བར་གྱི་དམིགས་པ་གསལ་བའི་སྒོ་ནས། དམིགས་བཅོས་མ་དང་། རིགས་གསུམ་མགོན་པོའི་གཟུངས་སྔགས་བཟླ་ཞིང་། སྐབས་འདིར་བསྙེན་གྲངས་སོགས་ནས་མཇུག་ཏུ་ཡིག་བརྒྱས་ལྷག་ཆད་བསྐང་བའི་བར་བྱས་ཏེ་བསྙེན་པ་བྱེད་པའང་འདིའི་ལས་ཚོགས་བཅུ་གཅིག་སོགས་ཀྱི་སྔོན་འགྲོའི་བསྙེན་པའི་མན་ངག་ཡིན་པས་དེ་ལྟར་རོ། །ཡང་ན། མདུན་གྱི་རྗེ་བླ་མ་ལས་རང་འདྲ་གཉིས་པ་ཞིག་ཆད་པ་རང་གི་སྤྱི་བོར་བཞུགས་པ་སོགས་བྱས་ནས་ཚོགས་ཞིང་མ་བསྡུས་བར་བདག་མདུན་གཉིས་ཀ་ལ་དམིགས་ནས་མཉམ་དུ་བསྙེན་པ་བྱེད་པའང་རུང་ངོ་། །མཇུག་ཏུ། དགེ་བ་འདི་ཡིས་མྱུར་དུ་བདག །བླ་མ་སངས་རྒྱས་འགྲུབ་གྱུར་ནས། །འགྲོ་བ་གཅིག་ཀྱང་མ་ལུས་པ། །དེ་ཡིས་ས་ལ་འགོད་པར་ཤོག །ཅེས་བྱ་ཞིང་། སྙིང་གི་པདྨ་ཁ་ཟུམ་པའི་ཟེ་སོར་གསེར་གྱི་རྡོ་རྗེ་ཕྱེད་པ་རྩེ་མོ་ལྟེ་བའི་ར་དབུས་མ་ལ་ཧཱུྃ་ཡིག་གིས་མཚན་པ་ལས་འོད་ཟེར་ཕྲེང་ཐག་དང་རྟགས་ཕྲེང་རྡོག་གི་རྣམ་པས། དམིགས་བཅོས་མ་དང་། རིགས་གསུམ་མགོན་པོའི་གཟུངས། དབྱངས་གསལ། ཨོཾ་ཨ་ར་པ་ཙ་ན་ཧྲཱིཿ སུ་མ་ཏི་གྲཱྀཏེ་ཤྲཱི་ཧཱ་དྲ་ཨ་ཧྲཱིཥྚ་ན་ཨ་ཧྲཱིཥྚི་ཏེ་ཀུ་ཏཱཏྟ་ཞེས་སོགས་ཀྱིས་གཡས་སྐོར་དང་གཡོན་སྐོར་དུ་དཀྲིས་ཏེ་དམ་དུ་བཅིངས་ནས་བྱང་ཆུབ་མ་ཐོབ་ཀྱི་བར་དུ་མི་འབྲལ་བར་བཞུགས་སུ་གསོལ་བར་བསམ་ལ། དེང་ནས་བཟུམས་ཏེ་ཚེ་རབས་ཀུན་ཏུ་བདག །ཅེས་སོགས་དང་། གཞན་ཡང་བསྔོ་སྨོན་རྣམ་པར་དག་པས་རྒྱས་བཏབ་སྟེ་ཐུན་མཚམས་ལ་འཇུག་གོ །དེ་ལྟར་ཉིན་རེར་ཐུན་གསུམ་མམ་བཞིར་བཅད་དེ་ཉམས་སུ་བླང་ངོ་། །འཛིགས་བྱེད་ཀྱི་ཚོ་ག་ཡོངས་རྫོགས་འདོན་ཆོ་ཐུན་དང་པོ་གཅིག་བུའི་

མགོར་བཏོན་པས་ཆོག །གཏོར་འབུལ་ཐུན་དང་པོ་དང་། ཐུན་བཞི་པ་གཉིས་ཀའམ་ཐུན་བཞི་པ་ལ་བྱེད་པ་གང་རུང་། ཉེར་བསྡུ་ཐུན་མཐའ་མལ་བྱེད་པ་འཇིགས་བྱེད་ཀྱི་སྐབས་དང་འདྲ། ཉིན་རེའི་ཐུན་ཕྱི་མ་རྣམས་ལ་སྐད་ཅིག་དགྲོངས་བསྐྱེད་རྒྱས་བསྡུས་ཅི་རིགས་ཀྱིས་འགྲུབ་ཅིང་ སྔར་ཡོད་གསལ་འདེབས་ཀྱི་ཚུལ་དུ་ཉམས་སུ་ལེན་བའང་རུང་ངོ་། མན་ངག་ཐོབ་ཅིང་ཉམས་སུ་ལེན་ཤེས་ལ། ནློས་ལྡོགས་ཤིང་སྒྲོན་བདེ་ལམ་དང་བླ་མཆོད་ཀྱི་མན་ངག་ཡོངས་སུ་རྫོགས་པ་འདིར་སྦྱར་ནས་ཉམས་སུ་བླང་ཆོག་ཅེས་བླ་མ་རྡོ་རྗེ་འཆང་གི་ཞལ་ལས་ཐོས་སོ། །ད་དུང་བླ་མའི་རྣལ་འབྱོར་འདིའི་སྒོ་ནས་རིགས་གསུམ་སོ་སོའི་སྒྲུབ་པ་དང་བདེ་གསང་འཇིགས་གསུམ་འཁོར་ཆེན་དུས་འཁོར་སོགས་ཀྱི་རིམ་གཉིས་སྒོམ་ཚུལ་ཏྭ་མགྲིན་ཁྱུང་ཁྲ་ནག་རྣམ་འཇོམས་ཚེ་དཔག་མེད་སྒྲོལ་དཀར་ལྷུང་ཛམྦྷ་ལ་སོགས་ཀྱི་ལས་རབ་འབྱམས་སྒྲུབ་ཚུལ་ཡོད་པས་འདི་ཁོ་ནང་འབད་ན་རྒྱ་གར་ལྷ་གཅིག་གིས་ལྷ་བརྒྱའི་ཞལ་མཐོང་བའི་ལོ་རྒྱུས་ལྟར་ཀྱི་ངོ་མཚར་འབྱུང་ངོ་གུང་ཐང་འཇམ་པའི་དབྱངས་ཀྱི་མཆིའི་སྒྲུབ་ཐབས་ཀྱི་འགྲེལ་བ་ཟབ་སྣང་ལས། སངས་རྒྱས་ཆོས་དང་དགེ་འདུན་ལྷ། །སྔགས་བརྒྱུད་དཀྱིལ་འཁོར་ཕྱག་རྒྱ་དང་། །དངོས་གྲུབ་ཐམས་ཅད་འདུས་པ་ཡི། །བླ་མའི་རྣལ་འབྱོར་གཅིག་ཉིད་དུ། །ཞེས་ཆེ་བ་བརྗོད་པ་ཙམ་མ་ཡིན་པར་གསང་སྔགས་ཀྱི་ཉམས་ལེན་མཆོག་དང་ཐུན་མོང་གི་དངོས་གྲུབ་ཐམས་ཅད་འདི་ལྟ་བུའི་བླ་མའི་རྣལ་འབྱོར་དུ་འདུ་བར་གསུངས་པས་མཆོན་པས་ས་ལམ་དང་ཚོགས་གཉིས་གཞུང་ལུགས་དང་གྲུབ་མཐའ་རབ་འབྱམས་འདིར་འདུ་ཚུལ་ཡང་། ཀུན་སྤྱོད་ལས། གང་ཞིག་ས་ལ་གནས་རྣམས་དང་། །བསྟན་བཅོས་དག་ནི་མ་ལུས་དང་། །རིག་བྱེད་གྲུབ་མཐའ་གནས་པ་རྣམས། །འཇིག་རྟེན་འདི་དང་གཞན་དག་ཏུ། །དེ་མེད་པར་ནི་འགྲུབ་མི་འགྱུར། །ཞེས་དང་། བརྟག་གཉིས་ལས། དེ་ནི་སྔགས་བཟླས་དེ་དཀའ་ཐུབ་དང་དེ་སྦྱིན་སྲེག །དེ་ནི་དཀྱིལ་འཁོར་ཅན་དང་དེ་ནི་དཀྱིལ་འཁོར་ཉིད། །མདོར་བསྡུས་ན་ནི་སེམས་ནི་འདུས་པའི་གཟུགས་ཅན་ནོ། །ཞེས་གསུངས་པ་ལྟར་ཡིན་ཞེས་ལྷན་སྐྱེས་ཀྱི་ཡེ་ཤེས་ཀྱི་བྱེད་པར་འདུ་བའི་སྒྲུབ་བྱེད་རྣམས་འདིར་དྲངས་པ་བཞིན་རྒྱུད་ཀྱི་དགོངས་པ་འཁྲུལ་མེད་དང་། གཅིག་ཤེས་ཀུན་གྲོལ་གྱི་གདམས་པ་ཡིན་ཚུལ་གྲུབ་ཆེན་ཆོས་ཀྱི་རྡོ་རྗེ་དང་། རྒྱལ་བ་དབེན་ས་པ་ཡབ་སྲས་ཀྱི་རྣམ་ཐར་ལྟར་རོ། །དེ་ལྟར་བསྙེན་པ་ལེགས་པར་ཐིང་ནས་མཇུག་ཏུ་ཁ་སྐོང་གི་སྦྱིན་སྲེག་བྱེད་པར་འདོད་ན། རྒྱལ་མཁན་ཆེན་རིན་པོ་ཆེ་གྲགས་པ་རྒྱལ་མཚན་པས་མཛད་པའི་བླ་མ་ཡི་དམ་དབྱེར་མེད་ཀྱི་སྦྱིན་སྲེག་དེས་ཆོག་ཅེས་པའི་གསུང་རྒྱུན་ལྟ་བུ་ཞིག་ཀྱང་ཐོས་སོ། །བསྙེན་པའི་ཁ་སྐོང་བ་ལ་སྦྱིན་སྲེག་གལ་ཆེ་ཚུལ་ནི། སཾ་བུ་ཊ་ལས། སྦྱིན་སྲེག་ལྷ་རྣམས་ཚིམ་བར་བྱེད། །ཚིམ་པ་ལས་ནི་དངོས་གྲུབ་སྩོལ། །སྔགས་ནི་ལྷག་གམ་མ་ཚང་ན། །ཐམས་ཅད་སྦྱིན་སྲེག་དག་གིས་སྐོང་། །དེ་བས་སྐུ་གསུམ་མཆོག་བསྐྱེད་པས། །སྦྱིན་སྲེག་གི་ནི་སྔགས་པ་མཛད། །ཅེས་དང་། སྡོམ་འབྱུང་ལས། མེ་ལྷའི་ཁར་ནི་ངེས་པར་ལྷ། །སྦྱིན་

སྲེག་དངོས་གྲུབ་རབ་ཏུ་སྟེར། །ཞེས་དང་། ཁ་སྦྱོར་སོགས་རྒྱུད་དུ་མར། ལྷ་ཡི་ཁ་ནི་མེ་རུ་གསུངས། ཞེས་གསུངས་པའི་མེ་ནི་མེ་དང་ངོ་བོ་གཅིག་པའི་འདས་མ་འདས་ཀྱི་མེ་ལྷ་ལ་གོ་དགོས་པ་ཡང་། །རིག་པ་མཆོག་གི་རྒྱུད་ལས། དྲང་སྲོང་ཆེན་པོ་ཁྱོད་ནི་ལྷ་ཐམས་ཅད་ཀྱི་ཞལ་ཡིན་ནོ་ཞེས་མེ་ལྷ་ལ་གསུངས་པའི་ཕྱིར། སྦྱིན་སྲེག་ལྷ་རྣམས་མཆོད་པའི་སྒོ་ཆད་དུ་བྱུང་བ་དང་དངོས་གྲུབ་སྒྲུབ་པའི་ཐབས་མཆོག་གྱུར་པ་ཡང་ཡིན་ནོ། །ལྷག་པའི་ལྷ་གང་ཡིན་ཀྱང་དེའི་བྱིན་རླབས་རང་རྒྱུད་ལ་ཉེ་བར་བྱེད་པའི་བསྙེན་པ་དང་། བསྙེན་པ་དེའི་ཆད་ལྷག་གི་ཉེས་པ་སྦྱོང་ཞིང་། ནུས་པ་བསྐྱེད་པའི་སྦྱིན་སྲེག་ཀྱང་དགོས་པར་མཚུངས་ཞེས་བླ་མ་འཇམ་པའི་དབྱངས་གསུངས་ལ། སྡོམ་འབྱུང་ལས། འདི་ནི་རང་བྱུང་བཅོམ་ལྡན་འདས། །ལྷག་པའི་ལྷ་ནི་གཅིག་པུ་ཉིད། །མན་ངག་རབ་ཏུ་སྟེར་བའི་ཕྱིར། །རྡོ་རྗེ་སློབ་དཔོན་དེ་བས་ལྷག །ཅེས་རང་ལ་དབང་བསྐུར་བའི་རྡོ་རྗེ་སློབ་དཔོན་ལྷག་པའི་ལྷ་ཡིན་པ་ཙམ་དུ་མ་ཟད་དེ་ལས་ལྷག་པར་གསུངས་པ་དང་། གསོལ་འདེབས་དམིགས་བརྩེ་མ་ནི་གཞན་དང་མི་འདྲ་བར་ལྷའི་སྙིང་པོ་ཡིན་ཚུལ་མཁས་གྲུབ་ཚད་ལྡན་དུ་མས་བཞེད་པ་ཟུར་ཙམ་གོང་དུ་བཀོད་པ་ལྟར་དང་། བདག་གི་བླ་མ་རྡོ་རྗེ་འཆང་ཤེས་རབ་རྒྱ་མཚོའི་དགའ་ལྡན་ལྷ་བརྒྱ་མའི་ཁྲིད་ཡིག་ཟིན་བྲིས་དངོས་གྲུབ་ནོར་བུའི་སྙེམ་ལས། བཟའ་བཏུང་ནང་མཆོད་ལྟར་རམ། ཨོཾ་ཨཱཿཧཱུྃ། གིས་བདུད་རྩིར་བྱིན་གྱིས་བརླབས་ནས་ཛ་མཆོད་འདྲེན་པ་མཉམ་མེད་མ་ལྟར་སྙིང་གའི་རྗེ་བླ་མ་ལ་འབུལ་ཞིང་། དེ་ཉིད་སྐྱབས་གནས་ཀུན་འདུས་ཡིན་པས་ཟས་གཙང་སྲུས་སོགས་དང་། རང་ལྷའི་ང་རྒྱལ་གྱིས་ནང་གི་སྦྱིན་སྲེག་གི་ཚུལ་དུ་ལོངས་སྤྱོད་པ། རང་ལུས་ལྷ་སྐུའི་ངོ་བོ་ཉིད། །སོགས་ཀྱི་དོན་ལྟར་སྤྱད་ན་ཐུགས་ཀྱི་བཟའ་བའི་དམ་ཚིག་མ་བསྟན་པའི་ཉེས་པ་ཁེགས་ཤིང་དཀོར་སྒྲིབ་ཀྱིས་མི་ཚུགས་པའི་ཐབས་ཟབ་མོ་ཡིན་ཞེས་དགུས་གཅིག་པའི་ཛ་མཆོད་ཀྱི་ཉམས་ལེན་ལ་སྦྱར་ནས་རྗེ་བླ་མའི་སྐུའི་རྣམ་པ་སྒོམ་པ། ནང་གི་སྦྱིན་སྲེག་བྱེད་པའི་མན་ངག་དང་བཅས་པ་བཀའ་སྩལ་བས་ན། ནང་གི་སྦྱིན་སྲེག་ནི་ཕྱིའི་སྦྱིན་སྲེག་གི་ངེས་དོན་ནམ་སྦས་དོན་ཡིན་ཞིང་། གྲུབ་ཆེན་ལ་ལི་ཏས། ཁ་ཟས་ཅི་ཟ་བདུད་རྩིར་བརླབ། ཁ་ཡི་ཧོམ་ཁུང་བསྲེག་ཁང་དུ། །ལྷ་རྣམས་ཚིམ་བྱ་བསྲེག་རྫས་རྣམས། །ལག་པས་གཟར་བུས་བསྟབ་པར་བྱ། །ཞེས་གསུངས་པ་ལྟ་བུ་ནང་གསེས་ཀྱི་དབྱེ་བ་མང་ལ། བླ་ན་མེད་པའི་སྦྱིན་སྲེག་ལ་གསོལ་བའང་ཡིན་པའི་ཕྱིར། མན་ངག་འདིས་བླ་མའི་རྣལ་འབྱོར་འདི་ལ་བརྟེན་པའི་དྲང་དོན་ཕྱིའི་རྫས་ཀྱི་སྦྱིན་སྲེག་གི་མཆོད་པ་འབུལ། བུའི་ཁྲུངས་ཤིན་ཏུ་གསལ་བར་མཛད་དོ། །དེས་ན་སྦྱིན་སྲེག་བྱ་ཚུལ་གྱི་ལག་ལེན་དང་འདོན་ཆ་དངོས་ནི། སྔར་ཚོགས་མ་བྱས་པའི་གཞི་ཡིན་ན། རང་རྡོ་རྗེ་འཇིགས་བྱེད་ཀྱི་སྐུར་གསལ་བའི་ང་རྒྱལ་གྱིས་ཞིང་སྐྱོང་གཞི་བདག་སོགས་ལས་བསླང་བའི་ཕྱིར་དཀར་གཏོར་གཏོང་། ལག་པ་གཡས་རྡོ་རྗེ་དང་བཅས་ལ་བཞག་ནས། ཨོཾ་ཨཱཿཧཱུྃ། ཨོཾ་ཧ་ན་ཧ་ན་བཛྲ་ཀྲོ་དྷ་ཧཱུྃ་ཕཊ། རྡོ་རྗེ་ཁྲོ་བོས་བགེགས་རྣམས་བཅོམ་ཞིང་རྡོ་རྗེ་གསུམ་གྱི་སའི་

ཉེས་སྐྱོན་ཐམས་ཅད་སྦྱངས་པར་གྱུར་རོ། ཧྲཱིཿ ཧྲཱིཿ བརྒྱ་རྩ་བརླས་ཏེ་ཀུན་རྫོབ་པའི་སྦྱངས་པ་དང་། ས་ལ་སོགས་པའི་ཆོས་ཐམས་ཅད་རང་བཞིན་གྱིས་གྲུབ་པས་སྟོང་བས་སྟོང་པ་ཉིད་དུ་གྱུར། ཞེས་དོན་དམ་པའི་སྦྱང་པ་བྱ། དེ་ནས་སྟེགས་བུ་གྲུ་བཞི་བ་ལ་ས་དཀར་བཏང་། ཚངས་ཐུར་གྱི་ཐིག་བཏབ། ཐིག་སྐུད་ཁྲུ་ཕྱེད་པ་གཅིག་གིས་དབུས་ནས་ཟླུམ་པོར་བསྐོར། དེ་ལ་སོར་བཞི་བསྣན་ནས་ཟླུམ་སྐོར་དང་། ཡང་སོར་བཞི་བསྣན་ནས་ཟླུམ་སྐོར་བྱའོ། །དེ་ནས་སོར་གཉིས་སོང་བའི་ཚངས་ཐིག་གི་སྟེང་ནས་བྱ་རྫེས་བཙལ་ལ་ཐུར་ཐིག་གི་ནས་ཐུར་ཐིག་བར་ཐིག་གྲུ་བཞིར་གདབ། ཐབ་ཀྱི་དབུས་སུ་པདྨ་དཀར་པོ་འདབ་མ་བརྒྱད་པའི་སྟེ་བར་རལ་གྲི། ཁ་ཁྱེར་ལ་རྡོར་ཕྲེང་། ཕྱིའི་ཐུར་བཞིར་ཟླ་ཕྱེད་རྡོ་རྗེ། ཟླུམ་ཐིག་ནང་མའི་སྟེང་ནས་བུད་ཤིང་སྐམ་པོའམ། འབྲོག་དགོན་པའི་བ་ལང་གི་ལྕི་བ་སྲོག་ཆགས་མེད་པ་ཟླུམ་པོར་བརྩིགས། མེ་ཏོག་དཀར་པོའི་སིལ་མ་བཀྲམ་པར་བྱ། གཡས་ཕྱོགས་སུ་སྟེགས་ཛི་ལྟར་རིགས་པར་རས་དཀར་གྱིས་གཡོགས་པའི་སྟེང་དུ་འདས་མ་འདས་ཀྱི་མཆོད་གཏོར། འདས་ལྷ་ལ་འབུལ་རྒྱུའི་རྫས་ཆེན་བཅུ་གཉིས་དང་། ཁྱད་པར་གྱི་རྫས་བཅུད་ལེན་གྱི་གཞུང་ལས་བཤད་པ་ལྟར་རིགས་གསུམ་གྱི་མེ་ཏོག །ཨུཏྤལ། བ་ལུ་སོགས་དང་། དེའི་ཕྱི་རོལ་ཏུ་འཇིག་རྟེན་པའི་བསྲེག་རྫས་རྣམས་བཀོད། གཡོན་དུ་ཆུ་བཞི་བཟེད་ཞལ་གསུམ་བསང་གཏོར་གྱི་ཀུ་ཤའི་ཆུན་པོ། བདུན་ནམ་གཡས་སུ་རྡོ་དྲིལ་དགང་གཟར་བླུག་ཁ་སྦྱར་ལས་བུམ་སོ་རྩི་གོས་ཐུང་དཔལ་འབར་རླུང་གཡབ་ཀུ་ཤ་འཕོར་འབྲུ་སོགས་ཉེར་མཁོའི་ཡོ་བྱད་ཚོགས་པར་བྱས་ཏེ། ཁ་ཤར་དུ་ཕྱོགས་པས་གདན་བདེ་བ་ལ་པདྨའི་འདུག་སྟངས་ཀྱིས་འཁོད་ནས་སྐྱབ་བ་གཞན་བཅད། ལག་པ་རྡོ་དྲིལ་དང་མ་བྲལ་བའི་ངང་ནས། ཐུར་རང་ཉིད་འཇིགས་བྱེད་དུ་གསལ་བདེའི་རྒྱུན་དྲན་བས། རང་གི་ཐུགས་ཀའི་ཧཱུྃ་ལས་འོད་ཟེར་འཕྲོས། ཕྱོགས་བཅུའི་སངས་རྒྱས་ཐམས་ཅད་ཀྱི་བྱིན་རླབས་དང་ནུས་མཐུ་མ་ལུས་པ་བཀུག་ནས་བསང་ཆུ་ལ་ཐིམ་པར་གྱུར། ཧྲཱིཿ ཧྲཱིཿ ལན་བདུན་བཟླས་ཏེ་བསང་ཆུ་བསྒྲུབ། གཞི་བདག་གཏོར་མ་བསྔོ། ལག་པ་གཡས་པའི་མཐེབ་སྲིན་གྱིས་བསང་ཆུ་བླང་ལ་རང་དང་། ཐབ་དང་། མཆོད་རྫས་སོགས་ལ། ཧྲཱིཿ ཧྲཱིཿ བརྗོད་ཅིང་གཡས་སྐོར་དུ་ལན་གསུམ་བསངས། མཆོད་པ་རྣམས་ཧྲཱིཿ ཧྲཱིཿ ས་བསངས། སྭ་བྷཱ་ཝ་ས་སྦྱངས། སྟོང་པའི་ངང་ལས་ཨོཾ་ལས་བྱུང་བའི་རིན་པོ་ཆེའི་སྣོད་ཡངས་ཤིང་རྒྱ་ཆེ་བ་རྣམས་ཀྱི་ནང་དུ་ཨོཾ་འོད་དུ་ཞུ་བ་ལས་བྱུང་བའི་མཆོད་ཡོན། ཞབས་བསིལ། ཞལ་བསིལ། བསང་གཏོར། མེ་ཏོག །བདུག་སྤོས། མར་མེ། དྲི་ཆབ། ཞལ་ཟས། རོལ་མོ། གཞན་ཡང་ཕན་གདུགས་རྒྱལ་མཚན་ལ་སོགས་པ་བསམ་གྱིས་མི་ཁྱབ་པ་དཔལ་ཀུན་ཏུ་བཟང་པོའི་མཆོད་སྤྲིན་ལྟ་བུ་དངས་ཤིང་ཐོགས་པ་མེད་པ་ནམ་

མཁའི་ཁམས་གང་བ་འདི་ཉིད་ཁམས་གསུམ་ཆོས་ཀྱི་རྒྱལ་པོ་ཚོང་ཁ་བ་ཆེན་པོ་འཕགས་པ་རིགས་གསུམ་མགོན་པོའི་ལྷ་ཚོགས་འཁོར་དང་བཅས་པ་རྣམས་ཀྱི་སྤྱན་ལམ་དུ་འབྱུང་ཞིང་རྒྱས་པར་གྱུར་ཅིག །ཨོཾ་ཨཀྐཱ་ནས་ཤབྡ་ཨ་ཧཱུྃ་གིས་བར་དང་ནམ་མཁའ་མཛོད་ཀྱི་ཕྱག་རྒྱ་དང་བཅས་བ། ནམཿསརྦ་བུདྡྷ་བོ་དྷི་ས་ཏྭ་ན། ཨོཾ་སརྦ་བིང་བྷུ་ར་བྷུ་ར། སུ་ར་སུ་ར། ཨ་ཝརྟ་ཡ་ཧོཿབཛྲ་སྥ་ར་ཎ་ཁཾ། མཐར་སེ་གོལ་དང་བཅས་འགྲོལ་བ་གསུམ། ལག་པ་གཉིས་རྡོ་རྗེ་ཁུ་ཚུར་ལས་གུང་མོ་གཉིས་རྩེ་སྤྲད་པའི་ཕྱག་རྒྱས་རྫས་རྣམས་ལ་རེག་པའི་སྔགས་ཀ་དང་བཅས། ཨོཾ་སྭཱཧཱ་ས་རྫས་རྣམས་སྦྱིར་བསྒྲུས་པར་བསམ། ཨོཾ་ཨཱཿསྭཱཧཱ་ས་ཡམ་ཤིང་། ཨོཾ་ཤྲཱི་སྭཱཧཱ་ས་མར་ཁུ། ཨོཾ་ཧྲཱིཾ་སྭཱཧཱ་ས་འབྲུ་རྣམས་དང་། ཨོཾ་ཀུ་ཤ་ཀུ་ཤ་སྭཱཧཱ། དེ་དག་ལས་གཞན་པའི་རྫས་རྣམས་ཀྱི་མཚན་ཉིད་དང་མི་ལྡན་པའི་ཉེས་སྐྱོན་ཐམས་ཅད་སྦྱངས་ནས་ཕྱིའི་བདུད་རྩི་ལྷའི་ངོ་བོར་གྱུར། རྗེ་ཐམས་ཅད་མཁྱེན་པའི་ལས་བཞིའི་སྦྱིན་སྲེག་དངོས་གྲུབ་རྒྱ་མཚོ་ལས། ཞི་བ་ལ་ཤིང་འོ་མ་ཅན་དང་། གཙུབ་ཤིང་ལས་བྱུང་བའི་མེ་དང་མེ་ཐམལ་བ་དང་དགོན་པའི་མེ་དང་སྦྱིན་སྲེག་གི་མེ་ཡང་རུང་ངོ་། །ཞེས་གསུངས་པ་ལྟར་གྱི་མེ་གང་ཡང་རུང་བས་དཔལ་འབར་སྤར་བ་སྟོད་དུ་བཞག་ལ། ཨོཾ་ཨཱཿཧཱུྃ། ལན་གསུམ་བརྗོད་ལས་ཐུགས་བརྗོད་ལ་བསང་ཚུལ་གཡས་སྐོར་དུ་ལན་གསུམ་བསང་། རྩའི་ཚུལ་པོ་དང་བཅས་ཐབ་ཏུ་བཙུག །ཨོཾ་བཛྲ་ཛྭ་ལ་རཾ་ཞེས་བརྗོད་དེ་གཟི་བྱིན་བསྐྱེད། ཧཱུྃ་ཞེས་བརྗོད་དེ་རླུང་གཡབ་ཀྱིས་མེ་ཆེར་སྦར། ཧྲཱིཿཧྲཱིཿལན་བདུན་བརྗོད་ལ་མར་ཁུ་ཐུག་གཟར་བདུན་གྱིས་མེ་གསོ། ཀུ་ཤ་ལག་ཏུ་བཟུང་ལ། ཨོཾ་བཛྲ་སཏྭ་ཨཱཿལན་བདུན་གྱིས་བྱིན་གྱིས་བརླབ། ཨོཾ་ཀུ་ཤ་འདི་ནི་གཙང་ཞིང་དགེ །ཚངས་པའི་ལྷ་རྣམས་དགའ་བྱེད་ཡིན། །དཀོན་མཆོག་གསུམ་པོ་མཉེས་བྱེད་པ། །ས་ལས་སྐྱེས་པའི་འདབ་མའི་སྔིང་། །བདག་གི་བགེགས་རྣམས་ཐམས་ཅད་ནི། །ཞི་དང་བཀྲ་ཤིས་མཛད་དུ་གསོལ། །ཞེས་བརྗོད་ནས་ཀུ་ཤ་གཉིས་གཉིས་རྩེ་མོ་གཤིབས་པ་ཐབ་ཀྱི་ཁྱིར་ལ་ཤར་ཕྱོགས་ནུབ་བྱང་དུ་བསྟན་ལ་ལྷོ་མའི་རྩེ་མོས་ཕྱི་མའི་རྩ་བ་ནོན་པར་བཀྲམ་ཞིང་། ཐབ་ཁུང་དུ་རྩེ་མོ་ཤར་དུ་བསྟན་པའི་ཀུ་ཤ་བ་གླང་གི་རྣ་བ་ལྟ་བུ་ཙ་ཅང་མི་རིང་བས་པ་ཡོག །ཀུ་ཤ་བཀྲམ་ཟིན་པ་དང་། ལག་པ་ཐལ་མོ་སྦྱར་ནས། **བཅོམ་ལྡན་འདས་རྡོ་རྗེ་སེམས་དཔའ་བགེགས་ཐམས་ཅད་ཞི་བ་དང་།** བཀྲ་ཤིས་བར་མཛད་དུ་གསོལ། །ཞེས་གསོལ་བ་གདབ་བོ། དེ་དག་ནི་སྦྱོར་བའི་ཆོ་གའོ། །དངོས་གཞིའི་ཆོ་ག་ལ་གསུམ་ལས། དང་པོ་འཇིག་རྟེན་པའི་མེ་ལྷ་མཆོད་པ་ནི། སྦྱིན་སྲེག་དངོས་གྲུབ་རྒྱ་མཚོའི་ཐབ་དང་མེ་ལྷ་བསྐྱེད་ཚུལ་དེ་གཤིན་རྗེ་གཤེད་ཀྱི་སྐོར་ཆོས་ཡིན་པས། ལྷ་གཞན་ལ་འདོད་སྙེ་ལྟར་བྱ་དགོས་བར་མཁས་གྲུབ་ཐམས་ཅད་མཁྱེན་པ་སོགས་ཀྱིས་གསུངས་པ

ལྟར་བྱེད་དགོས་ཞེས་བདག་གི་རྗེ་ཐམས་ཅད་མཁྱེན་པ་ཡབ་སྲས་བཞེད་པ་ལྟར་ཡིན་པས་དེའི་ཚུལ་ནི། ཐབ་ཐུར་བཞིན་བསང་སྦྱངས། སྟོང་པའི་ངང་ལས་ཧཱུྃ་དཀར་པོ་ཞུ་བ་ལས་བྱུང་བའི་ཡེ་ཤེས་ཀྱི་ཐབ་ཁ་དོག་དཀར་ཞིང་དབྱིབས་ཟླུམ་པ་རྒྱར་ཁྲུ་གང་བ། ཟབས་སུ་ཁྲུ་ཕྱེད་པ། མུ་རན་ཁ་ཁྱེར་དང་བཅས་པ། ཁ་ཁྱེར་ལ་རྡོ་རྗེའི་ཕྲེང་བས་བསྐོར་བ། གུ་བཞིར་ཟླ་ཕྱེད་རྡོ་རྗེས་མཚན་པ། དྭངས་ཤིང་ཐོགས་པ་མེད་པར་གྱུར། ཐབ་ཀྱི་ནང་གི་དབུས་སུ་སྣ་ཚོགས་པདྨའི་ལྟེ་བར་རཾ་ལས་བགྲང་ཕྲེང་རཾ་གྱིས་མཚན་པ། དེ་ཡོངས་སུ་གྱུར་པ་ལས་ཞི་བའི་མེ་ལྷ་འཛིན་བྱེད་སྐུ་མདོག་དམར་པོ་འོད་ཟེར་དཀར་པོ་འཕྲོ་ཞིང་འདུ་བ། ར་སྐྱེས་ལ་ཞོན་པ། ཞལ་གཅིག་ཕྱག་གཉིས་པ། གཡས་བགྲང་ཕྲེང་དང་གཡོན་སྤྱི་བླུག་འཛིན་པ། རྣམ་སྣང་གི་དབུ་རྒྱན་ཅན། སྨིན་མ་དང་རལ་པའི་ཐོད་དང་སྨ་ར་འབར་ཞིང་འཁྲུགས་བ། གསུས་ཁྱིམ་ཆེ་ཞིང་གཟི་བརྗིད་དང་ལྡན་པ། གཡོན་བརྐྱང་གིས་བཞུགས་པའི་ཐུགས་ཀར་མེ་གྲུ་གསུམ་པ་རཾ་གྱིས་མཚན་པ། དམ་ཚིག་པའི་ཐུགས་ཀའི་ས་བོན་ལས་སྤྲོས་པའི་ཁྲོ་བོ་འདོད་རྒྱལ་གྱིས་ཤར་ལྷོ་ནས་སྤོམ་པ་དང་འདྲ་བའི་མེ་ལྷ་དྲང་སྲོང་གི་འཁོར་གྱིས་བསྐོར་བ་སྤྱན་དྲངས། གཡས་པ་མི་འཛིགས་པ་སྦྱིན་པའི་ཕྱག་རྒྱས་མཐོ་འོང་གཡབ་ཅིང་། ཨོཾ་ཚུར་སྤྱོན་ཚུར་སྤྱོན་འབྱུང་པོ་ཆེ། །ལྷ་ཡི་དྲང་སྲོང་བྲམ་ཟེ་མཆོག །སྲེག་བླུགས་ཞལ་ཟས་བཞེས་སླད་དུ། །འདིར་ནི་ཡང་དག་བསྙེན་པར་མཛོད། །གཟི་བརྗིད་ཆེན་པོ་མེ་ཡི་ལྷ། །འདོད་པ་ཐམས་ཅད་སྒྲུབ་པ་པོ། །ཐུགས་རྗེས་སེམས་ཅན་དོན་མཛད་པ། །འདི་ཉིད་དུ་ནི་བཞུགས་སུ་གསོལ། །ཏ་ཀྲི་ཧཱུྃ་ཛཿ ཐབས་ཀྱི་མེ་མཚམས་ཀྱི་ཁ་ཁྱེར་གྱིས་ཀུ་ཤའི་གདན་ལ་བཞུགས་པར་གྱུར། པདྨ་ཀ་མ་ལ་ཡ་སྟྭཾ། ཧྲཱིཿ ཧྲཱིཿ ས་བསང་སལ་ཕྱི་འབྲང་གི་བགེགས་བསྐྲད། ཨོཾ་ཨཱཿ ཧྲཱིཿ བཛྲ་ཨ་ར་སད་ཀ་རཾ་ཛྭ་ལ་ཡ་བཛྲ་ཧྲི་ཧཱུྃ་ཧཱུྃ་སྭཱ་ཧཱ། དེ་བཞིན་དུ། ཨརྒྷཾ་ཨ་ནཾ། ཨཀྵོཾ། པཱདྱཾ། ཞེས་སྦྱར་ལ་ཆུ་བཞི་ཕུལ། ཛཿ ཧཱུྃ་བཾ་ཧོཿ དམ་ཚིག་པ་དང་གཉིས་སུ་མེད་པར་གྱུར། སླར་ཡང་ཕྱག་རྒྱ་དང་བཅས་པས་ཆུ་བཞི་ཐུར་ལྟར་དང་། ཨོཾ་ཨགྣ་ཡེ། ཨ་དི་བྷྱཱ། ཨ་དི་བྷྱཱ། ཨ་ཝི་ཤ། ཨ་ཝི་ཤ། མཧཱ་ཤྲཱི་ཡེ། ཧ་བྱ་ཀ་བྱ། ཝཱ་ཧ་ན་ཡ་བཛྲ་པུཥྤེ། ནས་ཤཔྟའི་གྱིས་མཆོད། དྲིལ་སྟབས་དང་བཅས། འཇིགས་རྟེན་དབང་ཕྱུག་ཚངས་དབང་མགོན་གྱི་སྲས། །མེ་ལྷའི་རྒྱལ་པོ་ཊཀྐིས་དབང་བསྒྱུར་བ། །ཤེས་རབ་མཆོག་གིས་ཉོན་མོངས་ཐམས་ཅད་བསྲེགས། །འཛིན་བྱེད་མེ་ལྷ་ཉིད་ལ་རྣམ་པར་བདུད། །ཚངས་དབང་འཇིག་རྟེན་མགོན་གྱི་སྲས། །མེ་ལྷའི་རྒྱལ་པོ་དྲང་སྲོང་མཆོག །འབྱུང་པོ་ཡོངས་སུ་བསྐྱབ་པའི་

ཕྱིར། །ཐུགས་རྗེའི་དབང་གིས་སྐུ་སྤྲུལ་པ། །རིག་སྔགས་གྲུབ་པའི་དྲང་སྲོང་ཚུལ། །ཉོན་མོངས་བསྲེག་པའི་ཤེས་རབ་འོད། །བསྐལ་བའི་མེ་བཞིན་གཟི་བརྗིད་འབར། །མངོན་ཤེས་རྫུ་འཕྲུལ་ཞབས་དང་ལྡན། །ཐབས་ཀྱིས་སྤྲུལ་བའི་ཐག་པ་བཅིངས། །རིག་སྔགས་གསུང་ཞིང་བགྲང་ཕྲེང་འཛིན། །བདུད་རྩིའི་བཅུད་ལྡན་ཀུཎྜ་བསྣམས། །ཆོས་ཀྱི་བདུད་རྩི་ཡོངས་ལ་བསིལ། །ཉེས་པའི་སྐྱོན་བྲལ་ཚངས་པར་སྤྱོད། །འཇིག་རྟེན་གནས་ཀྱང་སྨྲ་ངན་འདས། །ཞི་བར་རྟེས་ཤིང་ཐུགས་རྗེ་ཆེ། །དེ་བས་བསྟོད་དེ་ཕྱག་ཀྱང་འཚལ། །ཞེས་བསྟོད། ཨོཾ་བཛྲ་ཨ་ན་ལ་མཧཱ་ཧྲུ་ཏ་ཛྭ་ལ་ཛྭ་ལ་ཡ་སརྦ་བྷསྨཱི་ཀུ་རུ་སརྦ་དུཥྚ་ན་ཧཱུྃ་ཕཊ། ཊྲི་ཕྲུ། ཛཿ ཧཱུྃ་བཾ་ཧོཿ སམ་ཡ་སྟྭཾ། སམ་ཡ་ཧོཾ། ཞེས་ལན་གསུམ་དུ་དམ་ཚིག་བསྡུག་པས་ལས་བཙོལ་བ་ཞལ་གྱིས་བཞེས་པར་བསམ་མོ། མེ་ལྷའི་ལྟོགས་རྡོ་རྗེའི་རྣམ་པ་ཅན་དཀར་པོ་ལ་རཾ་ཡིག་དང་། དགང་བླུགས་ཀྱི་ཁ་ལ་ཧླིཿ ཡིག་འོད་ཟེར་འབར་བ་དང་བཅས་པས་མཚན་པར་གྱུར། སློབ་དཔོན་ཨ་བྷྱ་ཀ་རས་མཛད་པའི་དཀྱིལ་འཁོར་སྤྱིའི་སྦྱིན་སྲེག་གིས་ཚིག་འོད་ཀྱི་སྐྲ་མ་ལས། དགང་གཟར་བླུགས་གཟར་གྱི་ཁ་ལ་རང་གི་ལྷའི་ས་བོན་ཡི་གེ་གསུམ་གྱིས་སྤྲོལ་བའི་འོད་ཟེར་དང་བཅས་པ་དང་། མེ་ལྷའི་ཞལ་དུ་རཾ་རྣམ་པར་བཀོད་ལ། ཞེས་གསུངས་པ་ལྟར། དགང་བླུག་གི་ཁ་ལ་སྐབས་ཐོབ་ཀྱི་ལྷག་པའི་ལྷ་དེ་དང་དེའི་ས་བོན་འགོད་པར་འཐར་ཅིང་། ཁ་ཅི་མཆོ་སྐྱེས་དང་དམ་ཚིག་རྡོ་རྗེས་དགང་བླུགས་ཀྱི་ནང་དུ་དང་མི་ཐུབ་ཟླ་བས་དགང་བླུགས་ཀྱི་ནང་གི་རྡོ་རྗེའི་མཚན་མ་ལ་ས་བོན་འགོད་པར་བཤད་པ་ལྟར་ཡིན་ནོ། །ལག་པ་གཉིས་དེ་བཞིན་གཤེགས་པའི་ཁུ་ཚུར་བཀྲུངས་པའི་འཛུབ་མོ་བརྐྱང་བས་དགང་བླུགས་མར་ཁྲུས་གང་བ་བཟུང་ལ། དེ་གཉིས་ཁ་སྦྱར་བ་བྱང་ཆུབ་མཆོག་གི་ཕྱག་རྒྱས་ཕུས་མོའི་ནང་ནས་ཕྱིར་མི་འདའ་བར་གཡས་སུ་བསྐོར་ཏེ་མེ་ལྷའི་ཞལ་ཅུང་ཟད་གདངས་བའི་ནང་དུ་ཕུལ་བར་བསམ་ལ། ཨོཾ་ཨགྣ་ཡེ། ཨཱ་དི་བྱཱ། ནས། པཱ་ཏཱ་ནཱ་ཡེ་སྭཱཧཱ། ཞེས་ཡན་དྲུག་དང་། ཐམ་ལ་པཱ་ཏཱ་ནཱ་ཡེ། བདག་ཅག་དཔོན་སློབ་འཁོར་དང་བཅས་པ་རྣམས་ཀྱི་ཐར་པ་དང་ཐམས་ཅད་མཁྱེན་པ་སྒྲུབས་ལ་བར་དུ་གཅོད་པ་དང་། སྡོམ་པ་གསུམ་དང་འགལ་བའི་བཅས་པ་དང་། རང་བཞིན་གྱི་ཁ་ན་མ་ཐོ་བ་དང་། བཀྲ་མི་ཤིས་པ་ཐམས་ཅད་དང་། ཁྱད་པར་དུ་ཡང་ཏིང་ངེ་འཛིན་མི་གསལ་བ་དང་། ཚིག་དང་སྔགས་ཆད་ལྷག་གི་ཉེས་པ་ཐམས་ཅད་ཤཱནྟིཾ་ཀུ་རུ་ཡེ་སྭཱཧཱ། ཞེས་བྱིན་ཟན་མར་ཁུ་ཕུལ། འདི་བསྙེན་པའི་ཁ་སྐོང་གི་དབང་དུ་བྱས་ཤིང་། གང་འདོད་ཀྱི་སྲེལ་ཚིག་སྦྱར་བའི་ཁྱད་པར་ཤེས་དགོས་སོ། །སྡོམ་འབྱུང་ལས་གསུངས་པ་ལྟར། སྐབས་འདིར་མེ་བལྟས་བརྟག་ལ་བགེགས་ཡོད་ན་སེལ་ཐབས་རྡོ་རྗེ་མཁའ་འགྲོ་དང་།

སྦྱོམ་འབྱུང་དང་། འོད་སྣེའི་གཞུང་དང་། ཤཀྱ་པ་དང་། ཉིན་མོ་འབྱུང་གནས་ཀྱི་དགོངས་པ་བཞིན་རྗེ་ཐམས་ཅད་མཁྱེན་པས་དངོས་གྲུབ་རྒྱ་མཚོར་བཀོད་པ་ལྟར་བྱའོ། །འོམ་བུ་དང་། ཤུག་པ་སོགས་འོ་མ་ཅན་གྱི་ཤིང་གི་རྩེ་མོའི་ཆ་ལས་བྱུང་བའི་ཡམ་ཤིང་མར་དང་སྦྲང་རྩིར་བསྒྲུགས་པ་གཉིས་གཉིས་སྦྱར་བ་ལག་པ་གཡས་པའི་མཚོན་སྤྲིན་གྱིས་ཕྱག་རྒྱས་འབུལ་ཞིང་། ཡམ་ཤིང་རྣམས་བྱང་ཆུབ་ཀྱི་ཤིང་གི་རང་བཞིན་དུ་གྱུར། ཨོཾ་ཨགྣ་ཡེ། ནས། བླཧྨ་ནྣ་ཡ། ཨོཾ་བཾ་ཧྲི་བྲིཀྵཱ་ཡེ། བདག་ཅག་ནས། བཀྲ་མི་ཤིས་ཐམས་ཅད་དང་། ཁྱད་པར་དུ་ཡང་ཏིང་ངེ་འཛིན་མི་གསལ་བ་དང་། ཚིག་དང་ཐིགས་ཆད་ལྷག་གི་ཉེས་པ་ཐམས་ཅད་དང་། གཟི་བརྗིད་ཕུན་སུམ་ཚོགས་པ་ལ་བར་དུ་གཅོད་པ་ཐམས་ཅད་ཤཱནྟིཾ་ཀུ་རུ་ཡེ་སྭཱཧཱ། ཞེས་དང་། མར་ཁུ་ལ། ཨོཾ་ཨགྣ་ཡེ། ནས། བླ་ཧྨ་ནྣ་ཡ། ཨོཾ་ཨགྣ་ཡེ། བདག་ཅག་ནས། འཁོར་པ་ཕུན་སུམ་ཚོགས་པ་ལ་བར་དུ་གཅོད་བ་ཐམས་ཅད་ཅེས་སོགས་དང་། ཏིལ་ལ། ཨོཾ་སརྦ་པཱ་པཾ་ད་ཧ་ན་བཛྲ་ཡེ། སྡིག་པ་ཐམས་ཅད། ཅེས་དང་། དུར་བ་གཉིས་རེ་སྦྱར་བ་ལ། ཨོཾ་བཛྲ་ཨ་ཡུ་ཥེ། ཚེ་མཐར་ཕྱིན་པ་ལ་བར་དུ་གཅོད་པ་ཐམས་ཅད། འབྲས་ལ། ཨོཾ་བཛྲ་བུདྡྷ་ཡ། བསོད་ནམས་རྒྱས་པ་ལ་བར་དུ་གཅོད་པ་ཐམས་ཅད། ཞོ་ཟན་ལ། ཨོཾ་སརྦ་སཾ་པཱ་དེ། བདེ་བ་མཆོག་ལ་བར་དུ་གཅོད་པ་ཐམས་ཅད། ཀུ་ཤ་གཉིས་རེ་སྦྱར་པ་ལ། ཨོཾ་ཨ་པྲ་ཏི་ཧ་ཏ་བཛྲ་ཡེ། བསྲུང་བ་མཆོག་ལ་བར་དུ་གཅོད་པ་དང་གྲིབ་དང་མི་གཙང་བ་ཐམས་ཅད། ཡུངས་དཀར་ལ། ཨོཾ་སརྦ་ཨརྠ་སིདྡྷ་ཡེ། བགེགས་ཐམས་ཅད། སོ་བ་ལ། ཨོཾ་བཛྲ་བེ་གྷ་ཡེ། ནོར་དང་། འབྲུ་རྒྱས་པ་ལ་བར་དུ་གཅོད་པ་ཐམས་ཅད། ནས་ལ། ཨོཾ་མཧཱ་བེ་གཱ་ཡ། མྱུར་བའི་ཤུགས་ཕུན་སུམ་ཚོགས་པ་ལ་བར་དུ་གཅོད་པ་ཐམས་ཅད། སྲན་མ་ལ། ཨོཾ་མཧཱ་བ་ལཱ་ཡ། སྟོབས་རྒྱས་པ་ལ་བར་དུ་གཅོད་པ་ཐམས་ཅད། གྲོ་ལ། ཨོཾ་བཛྲ་གྷསྨ་རི། ནད་ཐམས་ཅད་ཤཱནྟིཾ་སོགས་དང་། ཀུ་ཤ། ནས། ཏིལ། ཞོ། འོ་མ། འབྲས་ཟན། འབྲས་ཡོས། དུར་གཅན་དན། བྲི་ཡང་ཀུ་ཐང་ཚྭ། སྤར་བཤད་པའི་མེ་ཏོག་སོགས་དྲི་ཞིམ་པའི་མེ་ཏོག་སྣ་ཚོགས་སྦྲང་རྩི་སོགས་སུ་བསྒྲུགས་པའི་ཁྱད་པར་གྱིས་རྫས་རྣམས་ལ། ཨོཾ་ཨགྣ་ཡེ། ནས། བླ་ཧྨ་ནྣ་ཡ། བདག་ཅག་ནས། མཆོག་དང་ཐུན་མོང་གི་དངོས་གྲུབ་སྒྲུབ་པ་ལ་བར་དུ་གཅོད་པ་ཐམས་ཅད་ཤཱནྟིཾ་ཀུ་རུ་ཡེ་སྭཱ་ཧཱ། ཞེས་པའི་བར་སྦྱིའི་སྦྱིལ་ཚིག་འདྲ་བ་ལ་རང་རང་གི་ཁྱད་པར་གྱི་སྦྱིལ་ཚིག་འདི་རྣམས་སྦྱར་ཏེ་བསྲེག་རྫས་རྣམས་སྣོན་པའི་གདངས་ཀྱིས་འབུལ་ལོ། དེ་ལྟར་རྫས་རྣམས་ཀྱི་བྱེད་ལས་སོ་སོའི་འགྲུབ་ཚུལ་ནི། སྦྱོམ་འབྱུང་ལས་མར་གྱིས་འཁོར་པ་ཐམས་ཅད་བྱེད། །ཡམ་ཤིང་གཟི་བརྗིད་རྣམ་པར་འཕེལ། །བུད་ཤིང་ལྷག་བར་དཔའ་བར་

བྱེད། །ཀུ་ཤས་ཐམས་ཅད་སྲུང་བར་བྱེད། །ယུངས་ཀར་དག་ནི་ཞི་བར་བྱེད། །འབྲས་ཀྱིས་རྒྱས་པར་བྱེད་པར་འདོད། །ཏིལ་ནི་སྡིག་འཕྲོག་རིག་པར་བྱེད། །སོ་བས་ནོར་དང་འབྲུ་རྣམས་འགུགས། །ལྡ་ཤས་སྟོབས་ནི་ཆེན་པོར་བཤད། །ནས་ནི་རླུང་གི་ཤུགས་རབ་སྟེར། །དུར་བས་ཚེ་ནི་འཕེལ་བར་བྱེད། །གྲོས་ནི་ནད་རྣམས་འཇོམས་བར་བྱེད། །འོ་མ་སྦྲང་རྩིས་ཤེས་རབ་སྟེ། །ཞོ་ཟན་བདེ་བ་ཐམས་ཅད་སྟེར། །ཞེས་རྡོ་རྗེ་འཆང་གིས་གསུངས་པས་བསླུ་བ་མེད་པའི་རྟེན་འབྲེལ་གྱི་ངེས་པ་ལ་ཡིད་ཆེས་པའི་དད་པས་བླ་ཚོས་སུ་མ་སོང་བ་བྱའོ། །ཨོཾ་ཨཱཿ ཧྲཱིཿ པྲ་ཛྙཱ་ར་སད་ཀ་རཾ་ཨཱཿཧཱུཾ་མ་ཧཻ་གྱིས་ཞལ་བསིལ་དང་། ཐུགས་དེ་ལ་པྲོཀྵ་ཎཻ་སྭཱ་ཧཱ་ཛྫྷ་ཧྲཱུཾ་སྭཱ་ཧཱ། སྦྱར་བས་བསང་གཏོར་འབུལ་ལོ། །སྐབས་འདིར་མེ་ལྷ་མེ་མཚམས་སུ་བཞུགས་པ་དང་མེ་འབར་བའི་རྣམ་པར་གྱུར་པ་སོགས་ལུགས་ལྟར་གསུངས་པའི་ནང་གི་གཉིས་པ་འདི་ལྟར་བྱེད་པ་ལ། མར་ཁུ་བླུག་གཟར་གང་ཐབ་ཏུ་ཕུལ་ནས། ཨོཾ་བཛྲ་ཛྭ་ལ་རཾ། མེ་ལྷ་མེ་འབར་བའི་རྣམ་པར་གྱུར། ཞེས་བརྗོད་ཅིང་བསམ་མོ། གཉིས་པ་འཇིག་རྟེན་ལས་འདས་པའི་མེ་ལྷ་མཆོད་པ་ནི། ཐབ་ཀྱི་མེ་སྔར་བཞིན་བསང་སྦྱངས། སྟོང་པའི་ངང་ལས་འཇའ་ཚོན་སྣ་ལྔའི་གུར་ཁྱིམ་གྱི་དབུས་སུ་སེང་ཁྲི་པདྨ་ཉི་ཟླའི་གདན་གྱི་སྟེང་དུ་ཧྲཱིཿ ལས་རལ་གྲི་ཧྲཱིཿ ས་མཚན་པ། དེ་ལས་འོད་ཟེར་འཕྲོས། དོན་གཉིས་བྱས། ཚུར་འདུས་ཡོངས་སུ་གྱུར་པ་ལས། སྐྱབས་གསུམ་ཀུན་འདུས་ཀྱི་ངོ་བོ་དྲིན་ཅན་རྩ་བའི་བླ་མ་ཁམས་གསུམ་ཆོས་ཀྱི་རྒྱལ་པོ་ཙོང་ཁ་པ་ཆེན་པོ། སྐུ་མདོག་དཀར་གསལ་ཞལ་འཛུམ་ལ་དགྱེས་པའི་ཉམས་ཅན། ཕྱག་གཉིས་ཐུགས་ཀར་ཆོས་འཁོར་གྱི་ཕྱག་རྒྱ་མཛད་ཅིང་ཨུཏྤ་ལའི་ཡུ་བ་བཟུང་བའི་འདབ་མ་སྙན་གྱི་ཐད་དུ་ཁ་བྱེ་བའི་གཡས་ཀྱི་འདབ་སྟེང་དུ་རྒྱལ་བ་ཐམས་ཅད་ཀྱི་མཁྱེན་རབ་རལ་གྲིའི་རྣམ་པར་ཤར་བ་དང་། གཡོན་གྱི་འདབ་སྟེང་དུ་རང་སྲས་འཕགས་བཞིའི་བཞེད་དོན་སྒྲུབ་བྱེད་ཀྱི་ཡུམ་ཤེས་རབ་ཀྱི་ཕ་རོལ་ཏུ་ཕྱིན་པའི་གླེགས་བམ་རང་སྒྲ་ལྷང་ལྷང་སྒྲོགས་བཞིན་པ་བསྣམས་པ། སྐུ་ལ་ཆོས་གོས་ངུར་སྨྲིག་གི་མདོག་ཅན་གསུམ་དང་། དབུ་ལ་པཎ་ཞྭ་སེར་མདོག་ཅན་གསོལ་ཞིང་། ཞབས་གཉིས་རྡོ་རྗེའི་སྐྱིལ་ཀྲུང་གིས་བཞུགས་པ། རྗེ་བླ་མའི་དཔྲལ་བའི་ཐད་ཀྱི་དབུའི་ནང་ན་རྗེ་བཙུན་འཇམ་དབྱངས་སྐུ་མདོག་དམར་སེར་རལ་གྲི་དང་། ཨུཏྤལ་ལ་གནས་པའི་གླེགས་བམ་བསྣམས་པ། མགྲིན་པར་པད་ཟླའི་གདན་ལ་མགོན་པོ་སྤྱན་རས་གཟིགས་སྐུ་མདོག་དཀར་པོ་ཕྱག་བཞི། ཕྱག་དང་པོ་གཉིས་ཐུགས་ཀར་ཐལ་མོ་སྦྱར་བ། འོག་མ་གཉིས་ཀྱིས་ཤེལ་ཕྲེང་དང་པད་དཀར་བསྣམས་པ། དེ་གཉིས་ཀའང་རྡོ་རྗེའི་སྐྱིལ་ཀྲུང་གིས་བཞུགས་པ། ཐུགས

ཀར་པད་ཉིའི་སྟེང་དུ་རྗེ་བཙུན་གསང་བའི་བདག་པོ་སྐུ་མདོག་མཐིང་ནག་ཕྱག་གཡས་གསེར་
གྱི་རྡོ་རྗེ་ལྡེ་པ་འཕྱར་ཞིང་། གཡོན་ཐུགས་ཀར་སྡིག་མཛུབ་མཛད་པ། ཞབས་གཡས་བསྐུམ་
གཡོན་བརྐྱང་གིས་བཞུགས་པ། འཇམ་དབྱངས་ཀྱི་ཐུགས་ཀར་ཨོཾ་དཀར་པོ། སྤྱན་རས་
གཟིགས་ཀྱི་ཐུགས་ཀར་ཨཱཿ དམར་པོ། ཕྱག་ན་རྡོ་རྗེའི་ཐུགས་ཀར་ཧཱུྃ་སྔོན་པོ། ཐུགས་ཀའི་
ཧཱུྃ་ལས་འོད་ཟེར་འཕྲོས་པས་ཕྱོགས་བཅུའི་ཞིང་རབ་འབྱམས་ན་བཞུགས་པའི་རྒྱལ་བ་སྲས་
བཅས་ཐམས་ཅད་རིགས་གསུམ་མགོན་པོའི་རྣམ་པར་སྤྱན་དྲངས། མ་ལུས་སེམས་ཅན་ཀུན་
གྱི་མགོན་གྱུར་ཅིང་། །བདུད་སྡེ་དཔུང་བཅས་མི་བཟད་འཇོམས་མཛད་ལྷ། །དངོས་
རྣམས་མ་ལུས་ཡང་དག་མཁྱེན་གྱུར་པའི། །བཅོམ་ལྡན་འཁོར་བཅས་གནས་འདིར་གཤེགས་
སུ་གསོལ། །ཛཿ ཧཱུྃ་བཾ་ཧོཿ རྗེ་བླ་མ་དམ་ཚིག་པ་དང་གཉིས་སུ་མེད་པར་གྱུར། སླར་ཡང་
ཐུགས་ཀའི་ཧཱུྃ་ལས་འོད་ཟེར་འཕྲོས། དབང་གི་ལྷ་རིགས་ལྔ་འཁོར་དང་བཅས་པ་སྤྱན་དྲངས།
དེ་བཞིན་གཤེགས་པ་ཐམས་ཅད་ཀྱིས་མངོན་པར་དབང་བསྐུར་དུ་གསོལ། །ཞེས་གསོལ་བ་
བཏབ་པས། དེ་རྣམས་ཀྱིས་ཡེ་ཤེས་ཀྱི་བདུད་རྩིས་གང་བའི་བུམ་པ་ཐོགས་ནས། ཨོཾ་སརྦ་ཏ་
ཐཱ་ག་ཏ་ཨ་བྷི་ཥེ་ཀ་ཏ་ས་མ་ཡ་ཤྲཱི་ཡ་ཨཱཿ ཧཱུྃ། ཞེས་དབང་བསྐུར། སྐུ་གང་། དྲི་མ་དག །
ཆུའི་ལྷག་མ་འཕགས་པ་རིགས་གསུམ་མགོན་པོའི་སྤྱི་གཙུག་ཏུ་གནས་པ་ཡོངས་སུ་གྱུར་པ་ལས།
སྤྱི་བོའི་འཇམ་དབྱངས་ལ་རྣམ་སྣང་། མགྲིན་པའི་སྤྱན་རས་གཟིགས་ལ་འོད་དཔག་མེད།
ཐུགས་ཀའི་ཕྱག་ན་རྡོ་རྗེ་ལ་མི་བསྐྱོད་པས་དབུ་བརྒྱན་པར་གྱུར། ཤིན་ཏུ་རྣམ་དག་དྲི་མེད་
ཡིད་འོང་བའི། །དག་བྱེད་བདུད་རྩིའི་མཆོད་ཡོན་ཚོགས་འདི་དག །འཇམ་མགོན་ཐུགས་
རྗེའི་གཏེར་ལ་དབུལ་བར་བགྱི། །བཞེས་ནས་བདག་ལ་དངོས་གྲུབ་སྩལ་དུ་གསོལ། །ཨོཾ་
ཨཱཿ ཧཱིཿ པྲ་ཝ་ར་སད་ཀ་རཾ་ཨརྒྷཾ་པྲ་ཏཱི་ཙྪ་ཧཱུྃ་སྭཱ་ཧཱ། ཚིག་རྐང་གཉིས་པ་ལ། ཞབས་བསིལ། ཞལ་
བསིལ། བསང་གཏོར། ཞེས་ཁ་བསྒྱུར་བཅུག་ཅིང་། སྔགས་ལ། པཱ་དྱཾ། ཨཱཙྪ་མ་ནཾ། པྲོཀྵ་ཎཾ།
ཞེས་རིམ་བཞིན་བཅུག་ལ་ཆུ་བཞི་འབུལ། འདས་ལྷ་ལ་འདི་ལྟར་དཀྲུགས་འབུལ་མེད་པ་སྔད་རྒྱུད་པའི་ཕྱག་
ལེན་ཡིན་ཞེས་བླ་མ་རྡོ་རྗེ་འཆང་ཡབ་སྲས་ཡང་ཡང་གསུང་ངོ་། །རབ་འབྱམས་ཞིང་ན་མེ་ཏོག་ཅི་
མཆིས་དང་། །དངོས་སུ་བཤམས་པའི་མེ་ཏོག་ཚོགས་འདི་དག །འཇམ་མགོན་× བཞེས་
ནས་× ཨོཾ་ཨཱཿ གུ་རུ་བཛྲ་དྷ་ར་སུ་མ་ཏི་ཀཱིརྟི་ས་པ་རི་ཝ་ར་པུཥྤ་པྲ་ཏཱི་ཙྪ་ཧཱུྃ་སྭཱ་ཧཱ། ཚིག་རྐང་

གཉིས་ཀྱི་མེ་ཏོག་གི་གནས་སུ། བདུག་སྤོས། སྣང་གསལ། དྲི་ཆབ། ཞལ་ཟས། རོལ་མོ། རྣམས་བཅུག་ཅིང་། ཐུགས་ཀྱི་པུཥྤེའི་གནས་སུ། དྷཱུ་པེ། ཨཱ་ལོ་ཀེ། གནྡྷེ། ནཻ་ཝི་དྱེ། ཤབྡ། རྣམས་བཅུག་ལ་ཉེར་སྤྱོད་རོལ་མོ་དང་བཅས་པས་མཆོད། བསྟོད་པ་རྒྱས་པར་ན། དཔལ་ལྡན་ས་གསུམ་མ་ཡོངས་རྫོགས་དང་། བསྡུ་ན། བློ་གྲོས་ཁང་བཟང་བསླབ་གསུམ་ནོར་གྱིས་ཕྱུག །བཟང་པོའི་འཕྲིན་ལས་གདུལ་བྱའི་དཔལ་དུ་ཤར། །གྲགས་པའི་འོད་ཟེར་འཛམ་གླིང་ཕྱོགས་བཅུར་འཕྲོ། །དཔལ་ལྡན་བླ་མའི་ཞབས་ལ་ཕྱག་འཚལ་ལོ། །ཞེས་དང་། རང་གི་དྲིན་ཅན་རྩ་བའི་བླ་མའི་གསོལ་འདེབས་རྒྱས་བསྡུས་ཅི་རིགས་ཀྱིས་བསྟོད་ཅིང་། གཞོན་ནུའི་སྐུ་ལུས་འཆང་བ་པོ། །ཡེ་ཤེས་སྒྲོན་མེས་རབ་ཏུ་བརྒྱན། །འཇིག་རྟེན་གསུམ་གྱི་མུན་སེལ་བ། །འཇམ་པའི་དབྱངས་ལ་ཕྱག་འཚལ་ལོ། །སྐྱོན་གྱིས་མ་གོས་སྐུ་མདོག་དཀར། །རྫོགས་སངས་རྒྱས་ཀྱིས་དབུ་ལ་བརྒྱན། །ཐུགས་རྗེའི་སྤྱན་གྱིས་འགྲོ་ལ་གཟིགས། །སྤྱན་རས་གཟིགས་ལ་ཕྱག་འཚལ་ལོ། །སྟོབས་པོ་ཆེ་ལ་དྲག་ཤུལ་ཆེ། །རིག་སྔགས་རྒྱལ་པོ་དགེ་བ་ཅན། །གདུལ་དཀའ་པོ་དག་འདུལ་བ་པོ། །རྡོ་རྗེ་འཛིན་ལ་ཕྱག་འཚལ་ལོ། །ཞེས་བསྟོད། བླ་མ་ལྷའི་ཐུགས་ཧྲཱིཿ ཡིག་ལས་སྐྱེས་པའི་འོད་ཟེར་གྱིས་སྨྱུ་གུ་ཅན་དུ་གྱུར། དམིགས་མེད་བརྩེ་བའི་གཏེར་ཆེན་སྤྱན་རས་གཟིགས། །དྲི་མེད་མཁྱེན་པའི་དབང་པོ་འཇམ་པའི་དབྱངས། །བདུད་དཔུང་མ་ལུས་འཇོམས་མཛད་གསང་བའི་བདག །གངས་ཅན་མཁས་པའི་གཙུག་རྒྱན་ཙོང་ཁ་པ། །བློ་བཟང་གྲགས་པའི་ཞབས་ལ་གསོལ་བ་འདེབས། །ཨོཾ་ཨ་ར་པ་ཙ་ན་ཧྲཱིཿ ཨོཾ་མ་ཎི་པདྨེ་ཧཱུྃ། ཨོཾ་བཛྲ་པཱ་ཎི་ཧཱུྃ་ཕཊ། ལན་བདུན་གྱི་མཐར། བདག་ཅག་དཔོན་སློབ། ཅེས་བ་ནས། ཧྲཱིཾ་ཀུ་རུ་ཡེ་སྭཱ་ཧཱ། ཞེས་སྦྱིན་ཟན་མར་ཁུ་དགང་བླུགས་བདུན་འབུལ། དེ་ནས་ཐུགས་དེ་ཉིད་ཀྱིས་ཡམ་ཤིང་ནས། གྲོའི་བར་རྫས་ཆེན་བཅུ་གཉིས། ཁྱད་པར་བའི་རྫས་དང་བཅས་པ་རྫས་རང་རང་གི་ཐུགས་དང་སྦྱེལ་ཚིག་སྦྱོར་ཚུལ་སྔར་གྱི་མེ་ལྷའི་སྐབས་ཇི་ལྟ་བ་བཞིན་བྱས་ནས་འབུལ། གྲངས་མང་ཉུང་རང་གི་རིག་པས་དཔྱད་ཅིང་ཡམ་ཤིང་དང་མར་ཁུ་རྫས་ཀྱིས་གཙོ་བོར་གསུངས། ཁ་སྐོང་གི་ཚེ་སྡིག་སྦྱོང་གཙོ་བོ་ཡིན་པས་ཏིལ་མང་ཙམ་བྱེད་པ་ལྟ་བུས་གཞན་རྣམས་མཆོད་དོ། །རྫས་རྣམས་ཕུལ་ནས་ལས་བཅོལ་བའི་དུས་ཀྱི་དམིགས་པ་ནི། ལྷ་རྣམས་ཀྱི་ཐུགས་ཀ་ནས་སྤྲོས་པའི་སངས་རྒྱས་རྣམས་ཀྱིས་བུམ་པ་དཀར་པོ་བདུད་རྩི་དཀར་པོས་བཀང་བ་ཐོགས་ནས། སྒྲུབ་བྱ་ཟླ་བའི་དཀྱིལ་འཁོར་ལ་གནས་པ་ལ་ཁྲུས་བྱས་པས། སྡིག་སྒྲིབ་དང་ནད་གདོན་ལ་སོགས་པ་ཐམས་ཅད་དག་ནས་ལུས་

ཞེལ་ལྟར་གྱུར། ཅེས་འཕྲིན་ལས་མཛད་པའི་དམིགས་པ་འདི་རྫས་རེ་རེ་བཞིན་གྱི་སྐབས་སུ་ནན་ཏན་དུ་
སྒྲུང་བ་གལ་ཆེ་ཞེས་བླ་མ་རྡོ་རྗེ་འཆང་གསུང་ངོ་། །དམིགས་བརྩེ་མ། རིགས་གསུམ་མགོན་པོའི་ཐུགས་
བཅས་བརྗོད་ཅིང་ཚོགས་བསགས་མར་ཁུ་ལན་བདུན་དང་། མཆོད་ཡོན། བསང་གཏོར། ཞལ་བསིལ་
གསུམ་སྔར་བཞིན་ཐུགས་དང་ཕྱག་རྒྱས་དབུལ། སྦྱིབ་འཇམ་ཡང་པ་ལྷ་ཡི་གོས། །སོགས་ཀྱི་མཐར།
ཨོཾ་ཨཱཿ བཛྲ་ཝ་ས་སྟྲ་སྭཱ་ཧཱ། ཞེས་གོས་ཟུང་དང་། ཞལ་ཟས་རོ་བརྒྱ་ལྡན་པས་ཡིད་འཕྲོག་པ། །
སོགས་ཀྱི་མཐར། ཨོཾ་བཛྲ་ནཻ་ཝི་ད་ཡེ་སྭཱ་ཧཱ། ཞེས་སོ་རྩི་ཕུལ། ཨོཾ་ཨཱཿ གུ་རུ་བཛྲ་ཀླ་ར་སུ་མ་ཏི་ཀཱི་རྟི་
ས་པཱ་རི་ཝ་ར་པུཥྤེ་སོགས་ཀྱིས་ཉར་སྤྱོད་རོལ་མོ་དང་བཅས་པས་མཆོད། གཏོར་མ་འབུལ་བར་འདོད་ན།
གཏོར་མ་བསངས་སྦྱངས། སྟོང་པའི་ངང་ལས་ཨོཾ་ལས་རིན་པོ་ཆེའི་སྣོད་ཡངས་ཤིང་རྒྱ་ཆེ་བའི་
ནང་དུ་ཨོཾ་ཨཱཿ ཧཱུྃ་འོད་དུ་ཞུ་བ་ལས་བྱུང་བའི་གཏོར་མ་ཟག་པ་མེད་པའི་ཡེ་ཤེས་ཀྱི་བདུད་རྩི་རྒྱ་
མཚོར་གྱུར། ཨོཾ་ཨཱཿ ཧཱུྃ། ལན་གསུམ་གྱིས་བྱིན་གྱིས་བྱིན་གྱིས་བརླབས། བླ་མ་ལྷའི་ལྗགས་འོད་
ཟེར་གྱི་སྦུ་གུས་གཏོར་མའི་བཅུད་ཐམས་ཅད་དྲངས་ཏེ་གསོལ་བར་གྱུར་ཨོཾ་ཨཱཿ གུ་རུ་བཛྲ་ཀླ་ར་
སུ་མ་ཏི་ཀཱི་རྟི་ས་པཱ་རི་ཝ་ར་ཨི་དཾ་བ་ལིཾ་ཏ་ཁ་ཁ་ཁཱ་ཧི་ཁཱ་ཧི། ལན་གསུམ་མམ་འདུན་གྱིས་མེ་ནང་དུ་
བླུགས་གཟར་གྱིས་འབུལ། གང་བཞིན་བསྟོད་པས་བསྟོད་པ། ཐོས་བསམ་སྒོམ་པའི་ཤེས་རབ་འཕེལ་
དུ་གསོལ། །འཆད་རྩོད་རྩོམ་པའི་བློ་གྲོས་རྒྱས་སུ་གསོལ། །མཆོག་དང་ཐུན་མོང་དངོས་
གྲུབ་སྩོལ་དུ་གསོལ། །མྱུར་དུ་ཁྱེད་རང་ལྟ་བུར་བྱིན་གྱིས་རློབས། །ཞེས་མི་རྟོག་འཁོར་བ་དང་
བཅས་འདོད་དོན་ལ་གསོལ་བ་ལན་གསུམ་གདབ། ཨོཾ་པྲ་ན་མ་མི་སརྦ་ཏ་ཐཱ་ག་ཏན། ཞེས་ཕྱག་བྱ་བ་
འོད་སྐེ་དང་དངོས་གྲུབ་རྒྱ་མཚོ་སོགས་མང་པོར་གསུངས། ཨོཾ་ཨཱཿ ཧྲཱིཿ པྲ་ཝ་ར་ས་ག་རཾ་ཨཀྵཾ་པྲ་ཏཱི་ཙྪ་ཧཱུྃ་
སྭཱ་ཧཱ། ཞེས་མཆོད་ཡོན་ཕུལ། མི་རྟོག་དང་བཅས་ཐལ་མོ་སྦྱར་ནས། གང་ཡང་འགྲུབ་པར་མཛད་དུ་
གསོལ། །ཨོཾ་ཨཱཿ བཛྲ་མུཿ ཡེ་ཤེས་པ་དམ་ཚིག་པ་དང་བཅས་པ་བདག་ཉིད་ལ་ཐིམ་པར་གྱུར།
གསུམ་པ་སླར་ཡང་འཇིག་རྟེན་པའི་མི་ལྷ་མཆོད་པ་ནི། ཨོཾ་བཛྲ་དྷ་ལ་རཾ། ཞེས་བརྗོད་དེ་མར་ཁུ་དཀར་
གླུགས་གསུམ་ཕུལ་བས། ཐབ་ཀྱི་མེ་དེ་ཉིད་སླར་ཡང་མེ་ལྷའི་སྐུར་བཞེངས་པར་གྱུར། ཨོཾ་ཨགྣ་ཡེ།
ཞེས་པ་ནས། བྷ་ཧཱ་ན་ཡེ། པུཥྤེ་སོགས་སྦྱར་བས་ཉེར་སྤྱོད་རོལ་མོ། ཨོཾ་ཨཱཿ ཧྲཱིཿ སོགས་ཀྱིས་བསང་
གཏོར་དང་། ཞལ་བསིལ་བཟའ་བ་ཕུལ་པ་སོགས་ཀྱི་མཐར་ཐུགས་སྦྱར་བས་སོ་རྩི་དང་། སྣ་ཚོགས་
དབང་པོའི་སོགས་ཀྱི་མཐར་ཐུགས་སྦྱར་བས་གོས་ཟུང་དང་། མི་ལྷའི་ཐུགས་ལ་རྫས་ཐུགས་སྤྲེལ་ཚིག་སྦྱར་
ཏེ་ཡམ་ཤིང་ནས་ཁྱད་པར་བའི་བར་གྱི་རྫས་ཆེན་གསུམ་རེ་གོང་ལྟར་འབུལ། འཇིག་རྟེན་དབང་ཕྱུག་ཅེས

སོགས་སྒྲོ་ཀཱས་བསྟོད། ཐུར་ལྷུར་ཞལ་བསིལ་དང་བསང་གཏོར་ཕུལ། གཏོར་མ་བསང་སྦྱངས། སྟོང་
བའི་ངང་ལས་ཨོཾ་ལས་རིན་པོ་ཆེའི་སྣོད་ཡངས་ཤིང་རྒྱ་ཆེ་བའི་ནང་དུ་ཨོཾ་འོད་དུ་ཞུ་བ་ལས་བྱུང་
བའི་གཏོར་མ་ཟག་པ་མེད་པའི་ཡེ་ཤེས་ཀྱི་བདུད་རྩིའི་རྒྱ་མཚོ་ཆེན་པོར་གྱུར། ཨོཾ་ཨཱཿཧཱུཾ།
ལན་གསུམ། ཨོཾ་ཨགྣ་ཡེ། ནམ། བྲྀ་ཧྲྀ་ནྲྀ་ཡ། ཨ་ཀ་རོ་མུ་ཁཾ་སརྦ་དྷརྨཱ་ཎཾ་ཨདྱ་ནུ་ཏ་པ་ན་ན
ཏྭད་ཨོ་མཾ་པ་ལིཾ་ཏ་ཁ་ཁ་ཁཱ་ཧི་ཁཱ་ཧི། ལན་གསུམ། ཐུགས་ཀྱི་མཐར། པུཥྤེ་སོགས་བཏགས་ལ་ཉེར་
སྤྱོད་རོལ་མོ་དང་བཅས་བས་མཆོད། དྲིལ་སྐབས་དང་བཅས། མེ་སྟེ་བསྲེག་བྱ་ཟ་བའི་ལྷ། །དྲང་
སྲོང་རྒྱལ་པོ་གདོན་གྱི་བདག །ཤར་ལྷོ་མེ་ལྷའི་ཚོགས་བཅས་ལ། །མཆོད་ཅིང་བསྟོད་དེ་
ཕྱག་ཀྱང་འཚལ། །མཆོད་སྦྱིན་གཏོར་མ་འདི་བསྣོམས་ལ། །རྣལ་འབྱོར་བདག་ཅག་འཁོར་
བཅས་ལ། །ནད་མེད་ཚེ་དང་དབང་ཕྱུག་དང་། །ཞེས་པ་ནས། ཡིད་ལ་འདོད་པ་ཀུན་
འགྲུབ་ཤོག།ཨོཾ་ཨཱཿ ཧཱུཿ སོགས་ཀྱི་མཆོད་ཡོན་ཕུལ། མ་ཉེད་ཡོངས་སུ་མ་ཤེས་དང་། །ཞེས་སོགས
ཀྱིས་ནོངས་པ་བཟོད་པར་གསོལ། ཨོཾ་བཛྲ་སཏྭ་ཨཱཿ གསུམ་མམ་བདུན། རང་གི་དོན་དང་གཞན
གྱི་དོན། །སྒྲུབ་བྱེད་སྲེག་བྱ་ཟ་བ་གཤེགས། །ཇི་བཞིན་དུས་སུ་ཚུར་སྤྱོན་ཞིང་། །བདག
གི་དངོས་གྲུབ་ཐམས་ཅད་སྒྲུབས། །ཨོཾ་ཨཱཿ བཛྲ་མུཿ མེ་ལྷ་ཡེ་ཤེས་པ་རང་བཞིན་གྱི་གནས་སུ
གཤེགས། །དམ་ཚིག་པ་མེ་འབར་བའི་རྣམ་པར་གྱུར། བསྔོ་སྨོན་དང་ཤིས་བརྗོད་བྱས་པར་བྱ།
མེ་མ་ཤི་བར་དུ་འཇོག་ཡོང་མེད་ན་གཞིལ་བའི་ཐབས་དང་ལས་ཀྱི་རྗེས་མི་མངོན་པར་བྱ་བ་སོགས་སློབ་དཔོན
མཁས་པའི་ཕྱག་ལེན་ལྟར་བྱའོ། །ཐུན་དང་ཐུན་སོགས་དུས་ཐམས་ཅད་དུ་འདི་ལྟ་བུའི་བླ་མ་ལྷའི་སྣང་བ
དང་མ་བྲལ་བར་བྱས་ཏེ་གསང་སྔགས་བླ་མེད་ཀྱི་ལམ་རིམ་གཉིས་སྒོམ་པ་ལ་ཞུགས་ན་ལོ་གསུམ་ཕྱོགས་གསུམ
ཚུན་ལ་འཚང་རྒྱ་བ་ནི་འཕྲུལ་བྲལ་བསྟན་པའི་སྙིང་པོའི་བཅུད་ཕྱུང་བའི་དགེ་ལྡན་སྙན་བརྒྱུད་འཇམ་མགོན
རྒྱལ་བའི་ལུགས་བཟང་ཆ་ཚང་བའི་མན་ངག་གི་ཟབ་ཁྱད་བླ་ན་མེད་པ་ཡིན་པས། འདིའི་སྒོ་ནས་མྱུར་བ་ཉིད
དུ་དོན་གཉིས་ཕུན་སུམ་ཚོགས་པ་ལག་རྗེར་སོན་པ་ཞིག་བྱུང་ན་ཅི་མ་རུང་སྙམ་དུ་ཡང་ཡང་སྙིང་ནས་ཡིད་སྨོན
འཆའོ། །སྨྲས་པ། རྒྱལ་བ་ཀུན་གྱི་མཁྱེན་པའི་ཡེ་ཤེས་དང་། །བརྩེ་བའི་ཐུགས་རྗེ་སྐྱོབ་པའི་
ནུས་མཐུ་ཡིས། །སྐུ་གསུམ་རྡོ་རྗེ་གསུམ་དུ་སྒྲུབ་པའི་ཐབས། །གསང་བ་མཐའ་དག་འདུས
པ་འདི་ཟད་བྱུང་། །དངོས་གྲུབ་རྩ་བ་བླ་མ་སངས་རྒྱས་དང་། །དངོས་གྲུབ་ངོ་བོ་ཞི་གྱུར་ཡི
དམ་ལྷའི། །དངོས་པོར་བསྒྲུབ་པའི་རང་སེམས་དག་པ་ལ། །འདུན་པའི་སྐྱབས་གསུམ་བླ
མར་འཛིན་པ་ཡི། །རྣལ་འབྱོར་གདོད་མའི་རང་བཞིན་མཚོན་པ་འདིས། །དུས་མཐར་ལོ

བླ་ཅམ་གྱིས་མཆོག་ཐུན་ཀུན། །དཀའ་བ་མེད་པར་འབྱུང་བའི་ཡ་མཚན་ལ། །སྙིང་ནས་མི་གུས་དཔྱོད་ལྡན་སུ་ཞིག་ཡོད། །བསྒྲིག་བཅད་བརྡར་བའི་རྣམ་དག་བཤད་སྒྲུབ་ཀྱི། །བརྩེ་མའི་གསེར་ཞུན་ཁུ་བ་འཐོར་བའི་མེས། །ཉེས་པའི་ཡམ་ཤིང་ལྷག་མེད་བསྲེག་མཛད་པའི། །དྲང་སྲོང་ཆེན་པོ་དུར་ཁྲིམ་འཛིན་པ་དེ། །རང་གི་བརྟུལ་ཞུགས་ལྷ་ཡི་ཞལ་སྒོ་རུ། །ཐབས་ཤེས་ཟུར་བུའི་ཡུར་བ་ལས་བབས་པའི། །ཟག་མེད་ཏིང་འཛིན་བདུད་རྩིའི་ཆུ་རྒྱུན་གྱིས། །ཚུལ་བཞིན་མཆོད་པའི་ཆོ་ག་འདི་ལྟར་བསྒྲུབ། །དགེ་བས་ལུས་ཅན་ཀུན་ཀྱང་དུས་རྟག་ཏུ། །བླ་མ་རིགས་གསུམ་མགོན་པོས་རྗེས་བཟུང་སྟེ། །འཇམ་མགོན་གསང་གསུམ་ཟད་མི་ཤེས་པའི་དཔལ། །གེགས་མེད་བདེ་བླག་ཉིད་དུ་ཐོབ་གྱུར་ཅིག །ཅེས་བླ་མའི་རྣལ་འབྱོར་དགའ་ལྡན་ལྷ་བརྒྱ་མ་དང་འབྲེལ་བའི་དམིགས་བརྩེ་མའི་བསྙེན་ཡིག་ཞིག་དགོས་ཞེས་སྨོམ་བརྩོན་སྒྲུབ་པའི་རྒྱལ་མཚན་འཛིན་པའི་ཀུན་སྤང་ངག་དབང་ཚུལ་ཁྲིམས་ཀྱིས་བསྐུལ་ཞིང་། གསོལ་འདེབས་དམིགས་བརྩེ་མའི་སྒོ་ནས་དེའི་བསྙེན་པའི་ཁ་སྐོང་གི་སྦྱིན་སྲེག་བྱེད་ཚུལ་ཞིག་ཅེས་ཀྱང་དགོས་ཞེས་རིག་གནས་རྒྱ་མཚོར་རྣམ་དཔྱོད་ཀྱི་གྲུ་གཟིངས་ཐོགས་མེད་དུ་ལུག་པའི་དཔྱོད་ལྡན་དགེ་སློང་ཚུལ་ཁྲིམས་རྒྱ་མཚོས་ལོ་སྔ་ཕྱིར་ཡང་ནས་ཡང་དུ་བསྐུལ་ངོར། །དཀྱུས་གཅིག་པར་བྱས་ཏེ། སྨྲ་མང་མཁན་པོ་ངག་དབང་དགེ་ལེགས་ཀྱི་སྐུལ་མིང་འཛིན་པ་ངག་དབང་ཐུབ་བསྟན་རྒྱ་མཚོས་བྲིས་པ་འདི་ཡང་བློ་བཟང་འཇམ་དཔལ་སྙིང་པོའི་རིང་ལུགས་དྲི་མ་མེད་པ་ཕྱོགས་དུས་ཀུན་ཏུ་དར་ཞིང་རྒྱས་པའི་རྒྱུར་གྱུར་ཅིག །མངྒ་ལཾ།། །།

༄༅། །རྒྱལ་བ་བློ་བཟང་གྲགས་པའི་བླ་མའི་རྣལ་འབྱོར་རིམ་པར་སྤྲོས་པ་དངོས་གྲུབ་ཀུན་འབྱུང་བཞུགས་སོ།

༄། །རྗེ་བཙུན་བླ་མའི་ཞབས་ལ་གུས་པས་ཕྱག་འཚལ་ལོ། །འདིར་རྗེ་བཙུན་བླ་མའི་རྣལ་འབྱོར་ཉམས་སུ་ལེན་པའི་ཚུལ་ནི། སྐྱབས་འགྲོ་སེམས་བསྐྱེད་སྔོན་འགྲོ་ལྟར་བྱས་པའི་རྗེས་སུ། །བདག་གིས་སེམས་ཅན་ཐམས་ཅད་ཀྱི་དོན་དུ་སངས་རྒྱས་ཐོབ་པར་བྱ་བའི་ཕྱིར། ཐུབ་དབང་རྡོ་རྗེ་འཆང་ཆེན་པོའི་རྣམ་སྤྲུལ་རྗེ་བཙུན་བླ་མ་བློ་བཟང་གྲགས་པའི་རྣལ་འབྱོར་གྱི་རིམ་པ་ཉམས་སུ་བླང་བར་བྱའོ་སྙམ་དུ་བསམས་ལ། རང་གི་སྤྱི་བོར་སྣ་ཚོགས་པདྨ་དང་ཟླ་བའི་སྟེང་དུ། རྗེ་བཙུན་བླ་མ་བློ་བཟང་གྲགས་པ་དགེ་སློང་གི་རྣམ་པ་ཅན། ཞལ་གཅིག་ཕྱག་གཉིས་ཀྱི་གཡོན་པ་མཉམ་གཞག་གི་སྟེང་ན་བདུད་རྩིས་གང་བའི་ལྷུང་བཟེད་དང་། གཡས་པ་ཆོས་སྟོན་གྱི་ཕྱག་རྒྱ་མཛད་པའི་གཡས་གཡོན་གྱི་མཐེབ་མཛུབ་གཉིས་ཀྱིས་མེ་ཏོག་པདྨའི་རྩ་བ་འཛིན་ཅིང་། རྩེ་མོ་དཔུང་པའི་ཐད་དུ་ཁ་གྱེས་པའི་གཡས་སུ་རལ་གྲི་དང་། གཡོན་དུ་གླེགས་བམ་ཡོད་པ། སྐུ་ལ་ཆོས་གོས་གསུམ་དང་པཎ་ཞྭ་ལེགས་པར་གསོལ་བ། མཚན་དཔེས་བརྒྱན་པའི་དྭངས་གསལ་འོད་ཀྱི་རང་བཞིན་ཅན། རྡོ་རྗེ་སྐྱིལ་ཀྲུང་གིས་བཞུགས་པ། དེའི་ཐུགས་ཀར་སྣ་ཚོགས་པདྨ་དང་ཟླ་བའི་སྟེང་དུ། རྒྱལ་བ་ཤཱཀྱ་ཐུབ་པ་སྐུ་གསེར་བཙོ་མའི་མདོག་ལྟ་བུ། ཞལ་གཅིག་ཕྱག་གཉིས་པ། རྡོ་རྗེ་སྐྱིལ་ཀྲུང་གིས་བཞུགས་པའི་ཕྱག་གཡོན་མཉམ་གཞག་གི་སྟེང་ན་བདུད་རྩིས་གང་བའི་ལྷུང་བཟེད་དང་། གཡས་པས་ས་གནོན་མཛད་པ། འོད་ཀྱི་རང་བཞིན་ཅན་གྱི་སྐུར་གྱུར་པ། དེའི་ཐུགས་ཀར་སྣ་ཚོགས་པད་ཉིའི་སྟེང་དུ། རྒྱལ་བ་རྡོ་རྗེ་འཆང་སྐུ་མདོག་སྔོན་པོ་ཞལ་གཅིག་ཕྱག་གཉིས་ཀྱིས་རྡོ་རྗེ་དང་དྲིལ་བུ་ཐུགས་ཀར་བསྣོལ་ནས་འཛིན་ཅིང་། རྡོ་རྗེ་སྐྱིལ་ཀྲུང་གིས་བཞུགས་པ། རྗེ་བཙུན་བླ་མའི་གཡས་སུ་པདྨའི་སྟེང་དུ། འཕགས་པ་སྤྱན་རས་གཟིགས་ཞལ་གཅིག་ཕྱག་གཉིས་པ་མཆོག་སྦྱིན་གྱི་ཕྱག

རྒྱ་དང་། ཆོས་སྟོན་གྱི་ཕྱག་རྒྱའི་མཐེབ་སྲིན་གཉིས་ཀྱིས་པདྨ་དཀར་པོ་འཛིན་པ། གཡོན་དུ་པད་ཟླའི་གདན་ལ་འཕགས་པ་འཇམ་དཔལ་སྐུ་མདོག་དམར་སེར། ཞལ་གཅིག་ཕྱག་གཉིས་པ། ཕྱག་གཉིས་ཆོས་སྟོན་གྱི་ཕྱག་རྒྱའི་མཐེབ་མཛུབ་གཉིས་ཀྱིས་མེ་ཏོག་པདྨའི་རྩ་བ་འཛིན་ཅིང་། རྩེ་མོ་དཔུང་པའི་ཐད་དུ་ཁ་བྱེས་པའི་གཡས་ཕྱོགས་ཀྱི་སྟེང་དུ་རལ་གྲི་དང་། གཡོན་ཕྱོགས་ཀྱི་སྟེང་དུ་གླེགས་བམ་ཡོད་པ། གཉིས་ཀ་ཞབས་གཉིས་མཉམ་པར་བཞེངས་པ། དབུ་སྐྲ་རལ་པའི་ཐོར་ཚུགས་ཅན། དར་གྱི་ན་བཟའ་དང་རིན་པོ་ཆེའི་རྒྱན་སྣ་ཚོགས་པས་སྤྲས་པས། རྗེ་བཙུན་བླ་མའི་སྤྱི་བོར་ཨོཾ་དཀར་པོ། མགྲིན་པར་ཨཱཿདམར་པོ། ཐུགས་ཀར་ཧཱུྃ་སྔོན་པོ། ཐུགས་ཀའི་ཧཱུྃ་དང་སྐུ་ལས་འོད་ཟེར་འཕྲོས་པས། དགའ་ལྡན་ལ་སོགས་པའི་རང་བཞིན་གྱིས་གནས་ནས། རྗེ་བཙུན་བླ་མ་དང་རྗེ་བཙུན་བླ་མའི་སྤྲུལ་པར་གྱུར་པ་ཐམས་ཅད་སྤྱན་དྲངས་ནས་དེ་ལ་ཐིམ་པར་བསམས་སོ། །སླར་ཡང་འོད་ཟེར་འཕྲོས་པས། ཕྱོགས་བཅུའི་སངས་རྒྱས་བྱང་སེམས་ལ་སོགས་པ་ཐམས་ཅད་སྤྱན་དྲངས་ཏེ། དེ་ཉིད་ལ་ཐིམ་པར་བསམ་མོ། །དེ་ནས། བླ་མ་དེ་ཉིད་དཀོན་མཆོག་གསུམ་འདུས་ཀྱི་ངོ་བོར་བསམ་ལ། སངས་རྒྱས་ཐམས་ཅད་འདུས་པའི་སྐུ། ཞེས་པ་ནས། བླ་མ་ཉིད་ལ་ཕྱག་འཚལ་ལོ། །སྟོན་པ་བླ་མེད་སངས་རྒྱས་རིན་པོ་ཆེ། །ཞེས་པ་ནས། སྐྱབས་ཆེན་དཀོན་མཆོག་གསུམ་ལ་ཕྱག་འཚལ་ལོ། །ཞེས་བརྗོད། དེ་ནས་མཎྜལ་རྒྱས་བསྡུས་གང་རུང་ཕུལ། བླ་མ་རྡོར་འཛིན་མ་ལ་སོགས་པའི་སྡིག་ལྟུང་གི་བཤགས་པ་བྱས་ནས། དངོས་བཤམས་ཡིད་ཀྱིས་སྤྲུལ་པའི་མཆོད་པ་མ་ལུས་འབུལ། །ཐོག་མེད་དུས་ནས་བསགས་པའི་སྡིག་ལྟུང་ཐམས་ཅད་བཤགས། །སྐྱེ་འཕགས་དགེ་བ་རྣམས་ལ་རྗེས་སུ་ཡི་རང་ངོ་། །འཁོར་བ་མ་སྟོངས་བར་དུ་ལེགས་བཞུགས་ནས། །འགྲོ་ལ་ཆོས་ཀྱི་འཁོར་ལོ་བསྐོར་དུ་གསོལ། །བདག་གཞན་དགེ་རྣམས་བྱང་ཆུབ་ཆེན་པོར་བསྔོ། །དེ་ནས། དཔལ་ལྡན་རྩ་བའི་བླ་མ་རིན་པོ་ཆེ། །ཞེས་པ་ནས། དངོས་གྲུབ་བསྩལ་དུ་གསོལ། ཞེས་བརྗོད་ལ། དེ་ནས། དངོས་གྲུབ་ཀུན་འབྱུང་ཐུབ་དབང་རྡོ་རྗེ་འཆང་། །དམིགས་མེད་བརྩེ་བའི་གཏེར་ཆེན་སྤྱན་རས་གཟིགས། །དྲི་མེད་མཁྱེན་པའི་དབང་པོ་འཇམ་པའི་དབྱངས། །བདུད་དཔུང་མ་ལུས་འཇོམས་མཛད་གསང་བའི་བདག །གངས་ཅན་མཁས་པའི་གཙུག་རྒྱན་བློ་བཟང་གྲགས། །སྐྱབས་གསུམ་ཀུན་དངོས

བླ་མ་སངས་རྒྱས་ལ། །ཐུགས་དྲག་གུས་པས་ཕྱག་འཚལ་གསོལ་འདེབས་ན། །བསམ་དོན་གེགས་མེད་འགྲུབ་པར་བྱིན་གྱིས་རློབས། །ཞེས་བརྒྱ་སྟོང་ཁྲི་འབུམ་སོགས་མང་དུ་བརྗོད་དོ། །དམིགས་པ་ནི་སྤྱི་བོའི་བླ་མ་གཡས་གཡོན་གྱི་ལྷ་དང་བཅས་པའི་སྐུའི་ཆ་ཐམས་ཅད་ལས་བདུད་རྩི་འོད་ཟེར་དང་བཅས་པ་བྱུང་བ་རང་གི་སྤྱི་བོ་ལ་སོགས་པ་ལུས་ཀྱི་ཆ་ཐམས་ཅད་ལ་ཐིམ་པས། །ཐོག་མ་མེད་པ་ནས་ད་ལྟའི་བར་གྱི་སྡིག་སྒྲིབ་ཐམས་ཅད་དང་ནད་གདོན་ཐམས་ཅད་སྦྱངས། ལུས་ཐམས་ཅད་བདུད་རྩིས་གང་། རང་གི་ཚེ་དང་བསོད་ནམས་ཐམས་ཅད་འཕེལ་ཞིང་རྒྱས། འདི་ནས་མར་ཚན་པ་གསུམ་ཙམ་མ་ཚང་། འདི་སྐོར་ཁ་འགེང་རྩིས་ཀྱི་དཔེ་དུམ་བཙལ་ཀྱང་ཕྲ་ཅན་འདི་ཁོ་ན་ལས་མི་གནང་ཞིང་། གླེགས་བམ་འདིའི་ལུང་རྒྱུན་དར་པ་རྣམས་ཀྱང་དཔེ་འདི་ཕྱི་མོ་ལྷ་ཞབས་དྲུང་མཁས་གྲུབ་བསྟན་པ་དར་རྒྱས་ཀྱིས་ཕྱག་དཔེ་འབྲུལ་མེད་ཡིན་གསུང་པ་དེ་ཉིད་ལས་ཆད་པ་ཤ་སྟག་ཏུ་གནང་ངོ་། །

༄༅། །རྒྱལ་བ་བློ་བཟང་གྲགས་པའི་སྒྲུབ་ཐབས་རིམ་པར་ཕྱེ་བ་དངོས་གྲུབ་ཀུན་འབྱུང་ཞེས་བྱ་བ་བཞུགས་སོ།

༄༅། །དུས་གསུམ་སངས་རྒྱས་ཐམས་ཅད་ཀྱི། །མཁྱེན་བརྩེ་མ་ལུས་གཅིག་བསྡུས་པའི། །རྗེ་བཙུན་བླ་མ་དམ་པ་ལ། །གུས་པས་ཕྱག་འཚལ་གསོལ་བ་འདེབས། །འདིར་དུས་གསུམ་སངས་རྒྱས་ཐམས་ཅད་ཀྱི་མཁྱེན་བརྩེ་གཅིག་ཏུ་བསྡུས་པ། རྗེ་བཙུན་བླ་མ་བློ་བཟང་གྲགས་པའི་རྣལ་འབྱོར་གྱི་རིམ་པ་ཉམས་སུ་བླང་བའི་ཚུལ་ནི། དང་པོར་སེམས་མ་ཡེངས་པར་བྱས་ཏེ་སྐྱབས་འགྲོ་སེམས་བསྐྱེད་ཚད་མེད་བཞི་རྣམས་སྔོན་འགྲོ་ལྟར་བྱས་པའི་རྗེས་སུ། སེམས་ཅན་ཐམས་ཅད་ཀྱི་དོན་དུ་མྱུར་དུ་སངས་རྒྱས་ཀྱི་གོ་འཕང་ཐོབ་པར་བྱ། དེའི་ཕྱིར་དུ་ཐུབ་དབང་རྡོ་རྗེ་འཆང་ཆེན་པོའི་རྣམ་སྤྲུལ་རྗེ་བཙུན་བླ་མ་བློ་བཟང་གྲགས་པའི་རྣལ་འབྱོར་གྱི་རིམ་པ་ཉམས་སུ་བླང་བར་བྱའོ། །སྣམ་པ་གསུམ་ལ་སོགས་པ་སྔོན་དུ་བཏང་། དེ་ནས་རང་གི་སྤྱི་བོར་སྣ་ཚོགས་པད་མ་ཟླ་བའི་སྟེང་དུ་རྗེ་བཙུན་བླ་མ་བློ་བཟང་གྲགས་པ་དགེ་སློང་གི་ཆ་བྱད་ཅན། ཞལ་གཅིག་ཕྱག་གཉིས་རྡོ་རྗེ་སྐྱིལ་ཀྲུང་དུ་བཞུགས་པ། ཕྱག་གཡོན་མཉམ་བཞག་གི་སྟེང་ན་བདུད་རྩིས་གང་བའི་ལྷུང་བཟེད་དང་། གཡས་ཆོས་སྟོན་གྱི་ཕྱག་རྒྱ་བྱས་པའི་གཡས་གཡོན་གྱི་མཐེབ་མཛུབ་གཉིས་ཀྱིས་མེ་ཏོག་པདྨའི་རྩ་བ་འཛིན་ཅིང་། རྩེ་མོ་དཔུང་མགོ་གཡས་གཡོན་དུ་ཡོད་པའི་གཡས་ཕྱོགས་སུ་མི་ཤེས་པའི་མུན་པའི་རྩ་བ་གཅོད་པའི་རལ་གྲི་དང་། གཡོན་དུ་མདོ་སྔགས་ཀྱི་གསུང་རབ་ཐམས་ཅད་ཀྱི་སྙིང་པོ་བསྡུས་པའི་པུ་ཏི་ཡོད་པ། སྐུ་ལ་ཆོས་གོས་གསུམ་དང་པཎ་ཞྭ་ལིགས་པར་གསོལ་བ་མཚན་དཔེས་བརྒྱན་པའི་དྭངས་གསལ་འོད་ཀྱི་རང་བཞིན་ཅན་དུ་གྱུར་པའི་ཐུགས་ཀར་སྣ་ཚོགས་པད་མ་དང་ཟླ་བའི་སྟེང་དུ། རྒྱལ་བ་ཤཱཀྱ་ཐུབ་པ་ཞལ་གཅིག་ཕྱག་གཉིས་རྡོ་རྗེ་སྐྱིལ་ཀྲུང་གིས་བཞུགས་པ། ཕྱག་གཡོན་མཉམ་གཞག་གི་སྟེང་ན་བདུད་རྩིས་གང་བའི་ལྷུང་བཟེད་ཡོད་པ། གཡས་པས་ས་

གདོན་མཛད་པ། སྐུ་ལ་ཆོས་གོས་གསུམ་གསོལ་བ། དབུ་གཙུག་གཏོར་དང་ལྡན་ཞིང་གསེར་གྱི་མདོག་ཅན། མཚན་དཔེས་བརྒྱན་པའི་དྭངས་གསལ་འོད་ཀྱི་རང་བཞིན་ཅན་དུ་གྱུར་པའི་ཐུགས་ཀར་སྣ་ཚོགས་པདྨ་དང་ཉི་མའི་གདན་གྱི་སྟེང་དུ། རྒྱལ་བ་རྡོ་རྗེ་འཆང་སྐུ་མདོག་སྔོན་པོ་ཞལ་གཅིག་ཕྱག་གཉིས་པ་རྡོ་རྗེ་དང་དྲིལ་བུ་ཐུགས་ཀར་བསྣོལ་ནས་འཛིན་པ། དབུ་སྐྲ་རལ་པའི་ཐོར་ཚུགས་ཅན་དར་བཟང་པོའི་ན་བཟའ་གསོལ་བ། དབུ་རྒྱན། སྙན་རྒྱན། མགུལ་རྒྱན། ཕྱག་གདུབ་ཞབས་གདུབ་རྣམས་རིན་པོ་ཆེ་སྣ་ཚོགས་ལས་གྲུབ་པ། མཚན་དཔེས་བརྒྱན་པའི་སྐུ་རྡོ་རྗེ་སྐྱིལ་ཀྲུང་གིས་བཞུགས་པ། རྗེ་བཙུན་བླ་མའི་གཡས་སུ་སྣ་ཚོགས་པདྨ་དང་ཟླ་བའི་སྟེང་དུ། འཕགས་པ་སྤྱན་རས་གཟིགས་སྐུ་མདོག་དཀར་པོ་ཞལ་གཅིག་ཕྱག་གཉིས་ཀྱི་གཡས་མཆོག་སྦྱིན་དང་། གཡོན་པས་མེ་ཏོག་པདྨ་དཀར་པོ་ཐུགས་ཀར་འཛིན་པ། རྗེ་བཙུན་བླ་མའི་གཡོན་དུ་སྣ་ཚོགས་པདྨ་དང་ཟླ་བའི་སྟེང་དུ། འཕགས་པ་འཇམ་དཔལ་སྐུ་མདོག་སེར་པོ་ཞལ་གཅིག་ཕྱག་གཉིས་པ་ཕྱག་གཉིས་ཆོས་སྟོན་གྱི་ཕྱག་རྒྱའི་མཐེབ་མཛུབ་གཉིས་ཀྱིས་མེ་ཏོག་གི་རྩ་བ་འཛིན་ཅིང་། རྩེ་མོ་དཔུང་མགོར་ཡོད་པའི་གཡས་ཕྱོགས་སུ་རལ་གྲི་དང་། གཡོན་ཕྱོགས་སུ་གླེགས་བམ་ཡོད་པ། གཉིས་ག་ཞབས་གཉིས་མཉམ་པར་བཞེངས་པ། རལ་པའི་ཐོར་ཚུགས་ཅན། དར་གྱི་ན་བཟའ་གསོལ་བ། རིན་པོ་ཆེ་རྒྱན་གྱིས་བརྒྱན་པའི་སྐུ་ཅན་དུ་གྱུར། རྗེ་བཙུན་བླ་མའི་སྤྱི་བོར་ཨོཾ་དཀར་པོ། མགྲིན་པར་ཨཱཿདམར་པོ། ཐུགས་ཀར་ཧཱུྃ་སྔོན་པོ། དེའི་གནས་གསུམ་གྱི་ཡི་གེ་གསུམ་དང་སྐུའི་ཆ་ཐམས་ཅད་ལས་འོད་ཟེར་འཕྲོས་པས། དགའ་ལྡན་ལ་སོགས་པའི་རང་བཞིན་གྱི་གནས་ནས། རྗེ་བཙུན་བླ་མ་བློ་བཟང་གྲགས་པ་ལ་རྩ་བརྒྱུད་བླ་མའི་ཚོགས་ཀྱིས་བསྐོར་བ་སྤྱན་དྲངས་པར་བསམ་ལ། ངག་ཏུ། བདག་གི་བླ་མ་བློ་བཟང་གྲགས་པའི་དཔལ། །དགའ་ལྡན་བདེ་བ་ཅན་དང་མཁའ་སྤྱོད་སོགས། །ཞིང་ཁམས་རྣམ་དག་གང་ན་བཞུགས་ཀྱང་རུང་། །སྤྱན་འདྲེན་མཆོད་པའི་གནས་འདིར་གཤེགས་སུ་གསོལ། །ཞེས་བརྗོད་ནས་སྤྱི་བོའི་རྗེ་བཙུན་བླ་མ་ལ་ཐིམ་པས་གཉིས་སུ་མེད་པར་གྱུར། ཡང་རྗེ་བཙུན་བླ་མ་སོགས་ཀྱི་སྐུ་ལས་འོད་ཟེར་ཕྱོགས་བཅུར་འཕྲོས་པས། ཕྱོགས་བཅུ་ནས་རྒྱལ་བ་སྲས་དང་སློབ་མར་བཅས་པ་དཔའ་བོ་དཔའ་མོ་ཆོས་སྐྱོང་སྲུང་མའི་ཚོགས་ཐམས་ཅད་སྤྱན་དྲངས་ནས། དེ་རྣམས་ལ་ཐིམ་པས་ངོ་བོ་དབྱེར་མེད་དུ་གྱུར་པར

བསམ་ལ། ཕྱོགས་དུས་ཀུན་ཁྱབ་སྐྱབས་གསུམ་བཀའ་སྩོད་བཅས། ཞེས་སོགས་བརྗོད། དེ་ནས་ལུས་ངག་ཡིད་གསུམ་གུས་པའི་སྒོ་ནས། སངས་རྒྱས་ཐམས་ཅད་འདུས་པའི་སྐུ། །ཞེས་པ་ནས། བླམ་ཉིད་ལ་ཕྱག་འཚལ་ལོ། །སྟོན་པ་བླ་མེད་སངས་རྒྱས་རིན་པོ་ཆེ། །སྐྱོབ་པ་བླ་མེད་དམ་ཆོས་རིན་པོ་ཆེ། །འདྲེན་པ་བླ་མེད་དགེ་འདུན་རིན་པོ་ཆེ། །སྐྱབས་གསུམ་ཀུན་འདུས་བླ་མ་ལ་ཕྱག་འཚལ། །ཞེས་པས་ཕྱག་བྱ། དེ་ནས་མཎྜལ་རྒྱས་བསྡུས་གང་རུང་དབུལ། །ཆུ་གཉིས་ཉེར་སྤྱོད་རོལ་མོ་དང་བཅས་པ། །རབ་འབྱམས་རྒྱ་མཚོ་དཔག་མེད་ན། །ཞེས་སོགས་ཚིགས་བཅད་དང་བཅས་པས་དབུལ། དེ་ནས་སྡོམ་པ་གསུམ་གྱི་ཕྱིར་བཅོས་རྒྱས་བསྡུས་གང་རུང་དང་། བླ་མ་རྗེར་འཛིན་མ་རྣམས་བྱའོ། །དེ་ནས་ཡན་ལག་ལྔགམ་མདོར་བསྡུས་ནི། དངོས་བཤམས་ཡིད་ཀྱིས་སྤྲུལ་པའི་མཆོད་པ་མ་ལུས་འབུལ། །ཐོག་མེད་དུས་ནས་བསགས་པའི་སྡིག་ལྟུང་མ་ལུས་བཤགས། །སྐྱེ་འཕགས་དགེ་བ་རྣམས་ལ་རྗེས་སུ་ཡི་རང་ངོ་། །འཁོར་བ་མ་སྟོངས་བར་དུ་ལེགས་བཞུགས་ནས། །འགྲོ་ལ་ཆོས་ཀྱི་འཁོར་ལོ་བསྐོར་བ་དང་། །བདག་གཞན་དགེ་རྣམས་བྱང་ཆུབ་ཆེན་པོར་བསྔོ། །ཞེས་བརྗོད་དེ། །དེ་ནས་སྤྱི་བོ་ན་ཡོད་པའི་རྗེ་བཙུན་བླ་མ་ཐུབ་དབང་རྡོ་རྗེ་འཆང་ཆེན་པོ་དེ་ཉིད་དཀོན་མཆོག་གསུམ་འདུས་པའི་ངོ་བོར་བསམ་ལ། དཔལ་ལྡན་རྩ་བའི་བླ་མ་རིན་པོ་ཆེ། །བདག་གི་སྤྱི་བོར་པད་ཟླའི་གདན་བཞུགས་ལ། །བཀའ་དྲིན་ཆེན་པོའི་སྒོ་ནས་རྗེས་བཟུང་སྟེ། །སྐུ་གསུང་ཐུགས་ཀྱི་དངོས་གྲུབ་སྩལ་དུ་གསོལ། །དེ་ནས། དངོས་གྲུབ་ཀུན་འབྱུང་ཐུབ་དབང་རྡོ་རྗེ་འཆང་། །དམིགས་མེད་བརྩེ་བའི་གཏེར་ཆེན་སྤྱན་རས་གཟིགས། །དྲི་མེད་མཁྱེན་པའི་དབང་པོ་འཇམ་པའི་དབྱངས། །བདུད་དཔུང་མ་ལུས་འཇོམས་པའི་གསང་བའི་བདག །གངས་ཅན་མཁས་པའི་གཙུག་རྒྱན་བློ་བཟང་གྲགས། །སྐྱབས་གསུམ་ཀུན་འདུས་བླ་མ་སངས་རྒྱས་ལ། །གསོལ་བ་འདེབས་སོ་བདག་རྒྱུད་བྱིན་གྱིས་རློབས། །གསོལ་བ་འདེབས་སོ་དངོས་གྲུབ་མ་ལུས་སྩོལ། །ཞེས་བརྒྱ་སྟོང་ཁྲི་འབུམ་སོགས་མང་དུ་བརྗོད་པར་བྱའོ། །དམིགས་པ་ནི། སྤྱི་བོའི་ལྷ་རྣམས་ཀྱི་སྐུ་ལས་བདུད་རྩི་འོད་ཟེར་དང་བཅས་པ་བབས་པ་རང་ལ་ཐིམ་པས། རང་གི་ལུས་ཐམས་ཅད་གང་། ཐོག་མ་མེད་པ་ནས་བསགས་པའི་སྡིག་སྒྲིབ་ཐམས་ཅད་དང་ནད་གདོན་ཐམས་ཅད་སྦྱངས། རྗེ་བཙུན་བླ་མའི་བྱིན་རླབས་ཞུགས་

པས། ཚེ་དང་བསོད་ནམས་ངེས་འབྱུང་བྱང་ཆུབ་ཀྱི་སེམས་ལྟ་བ་རྣམ་དག ཁྱད་པར་རིམ་པ་གཉིས་ཀྱི་རྟོགས་པ་ཁྱད་པར་ཅན་རང་རྒྱུད་ལ་སྐྱེས་བྱུང་སྙམ་དུ་བསམ་མོ། །དེ་ནས། བློ་གྲོས་ཁང་བཟང་སོགས་ཀྱི་བསྟོད་པ་གང་ཤེས་བྱ། དེ་ནས། དེང་ནས་བཟུམས་ཏེ་ཚེ་རབས་ཀུན་ཏུ་བདག །ཅེས་པ་ནས། འགྲོ་ཀུན་སངས་རྒྱས་ས་ལ་འགོད་པར་ཤོག །ཅེས་པའི་བར་རྣམས་དམིགས་པ་དང་བཅས་ནས་བརྗོད་པར་བྱའོ། །དེ་ནས་གཡས་གཡོན་གྱི་སྤྱན་རས་གཟིགས་དང་རྗེ་བཙུན་འཇམ་དབྱངས་བླ་མ་ལ་ཐིམ། རྗེ་བཙུན་བླ་མ་ལས་རྗེ་བཙུན་བླ་མ་གཉིས་པ་ཞིག་བྱུང་ནས། རང་ལ་ཐིམ་པས་རང་གི་ལུས་ངག་ཡིད་གསུམ་དང་བླ་མའི་སྐུ་གསུང་ཐུགས་དབྱེར་མེད་དུ་གྱུར་པར་བསམ་ལ། སྣ་ཚོགས་པད་ཟླའི་སྟེང་དུ་རང་ཉིད་རྗེ་བཙུན་བླ་མར་གྱུར་པའི་ང་རྒྱལ་དང་གསལ་སྣང་ལ་གནས་པར་བྱའོ། །དེ་ནས་རང་དང་སྤྱི་བོའི་རྗེ་བཙུན་བླ་མ་ལས་འོད་ཟེར་འཕྲོས་པས་སེམས་ཅན་ཐམས་ཅད་ཀྱི་སྡིག་སྒྲིབ་སྦྱངས་ནས། སེམས་ཅན་ཐམས་ཅད་རྗེ་བཙུན་བླ་མའི་གོ་འཕང་ལ་བཀོད་པར་བསམ་མོ། །དེ་ནས། སྟོན་པ་བླ་ན་མེད་པའི་བསྟན་པ་དང་། །མཇལ་བ་འདི་འདྲ་བླ་མའི་དྲིན་ཡིན་པས། །དགེ་བ་འདི་ཡིས་འགྲོ་བ་མ་ལུས་པ། །བློ་བཟང་གྲགས་པས་འཛིན་པའི་རྒྱུ་རུ་བསྔོ། །ཞེས་སོགས་ཀྱི་སྨོན་ལམ་སོགས་ཀྱང་བརྗོད་དོ། །འདི་ནི་ཐུབ་དབང་རྡོ་རྗེ་འཆང་ཆེན་པོའི་རྣམ་སྤྲུལ་རྗེ་བཙུན་བླ་མ་བློ་བཟང་གྲགས་པ་ལ་གསོལ་བ་འདེབས་པའི་གདམས་པ་ཤིན་ཏུ་ཟབ་པ་ཅིག་ཡིན་ལ། འདི་ནི་མང་ཡུལ་བ་དགེ་ཚུལ་དཔལ་འབྱོར་བཟང་པོ་ལ་བརྩེ་བས་གདམས་པ་ཡིན་ནོ། །བླ་མ་ལྷག་པའི་ལྷ་ཐུབ་དབང་རྡོ་རྗེ་འཆང་ཆེན་པོ་དེ་ཉིད་ཀྱི་ཞབས་ལ་གུས་པ་ཆེན་པོས་ཕྱག་འཚལ་ལོ། །བརྩེ་བ་ཆེན་པོས་དུས་ཐམས་ཅད་དུ་རྗེས་སུ་བཟུང་དུ་གསོལ། །དེ་ལ་སྐལ་ལྡན་གྱི་སྐྱེས་བུ་བླ་མ་ལྷའི་ལམ་གྱི་སྒོ་ནས། བདེ་བ་ཆེན་པོའི་གནས་རྡོ་རྗེ་འཆང་གི་སར་བདེ་བླག་ཏུ་བགྲོད་པར་བྱེད་པའི་ཚུལ་ལ། སྐལ་ལྡན་གང་གིས་ཡིད་མཐུན་གྱི་གནས་སུ་བདེ་བའི་སྟན་ལ་ལེགས་པར་འདུག་སྟེ། དགེ་སེམས་ཁྱད་པར་ཅན་གྱི་ངང་ནས་སྐྱབས་ཡུལ་གསལ་བཏབ་སྟེ། སྐྱབས་འགྲོ་སེམས་བསྐྱེད་སྦྱི་དང་ཁྱད་པར་མན་ངག་བཞིན་ཉམས་སུ་ལེན་པ་ནི་སྔོན་འགྲོ་ཆོས་ཡིན་ནོ། །དེ་ནས་དངོས་གཞིའི་ཉམས་ལེན་ནི། རང་གི་སྤྱི་བོར་སེང་ཆེན་པོ་བརྒྱད་ཀྱིས་བཏེགས་པའི་རིན་པོ་ཆེའི་ཁྲིའི་སྟེང་དུ་སྣ་ཚོགས་པད་ཟླ་ཉི་མའི་དཀྱིལ་འཁོར་གྱི་གདན་ལ། རྒྱལ་བ་ཐམས

ཅན་གྱི་མཁྱེན་བརྩེ་ཐུབ་དབང་རྡོ་རྗེ་འཆང་ཆེན་པོའི་རྣམ་སྤྲུལ་རྩ་བའི་བླ་མ་བློ་བཟང་གྲགས་པ་སྐུ་མདོག་དཀར་གསལ་ཆོས་སྟོན་མཉམ་གཞག་ཕྱུང་བཟེད་དང་བཅས་པ། ཨུཏྤལ་སྟོན་པོ་བཟུང་སྟེ་ གློགས་བམ་རལ་གྲིས་མཚན་པའི་སྟོང་བུ་འཛིན་པ། དབུ་པཎ་གསེར་མདོག་ཆོས་གོས་རྣམ་གསུམ་གསོལ་བ་འོད་ཀྱི་དཀྱིལ་འཁོར་གྱི་དབུས་ན་ཞབས་གཉིས་རྡོ་རྗེ་སྐྱིལ་ཀྲུང་གིས་བཞུགས་པ། དེ་ཉིད་ཀྱི་ཐུགས་ཀར་ཐུབ་དབང་རྡོ་རྗེ་འཆང་། སྤྱི་བོར་རྗེ་བཙུན་འཇམ་དབྱངས། གཡས་སུ་སྤྱན་རས་གཟིགས། གཡོན་དུ་ཕྱག་ན་རྡོ་རྗེ། མཐའ་སྐོར་དུ་དངོས་དང་བརྒྱུད་པའི་བླ་མ་ཡི་དམ། སངས་རྒྱས་བྱང་སེམས་དཔའ་བོ་དཔའ་མོ་ཆོས་སྐྱོང་སྲུང་མའི་ཚོགས་ཀྱིས་བསྐོར་བ། རང་རང་གི་མདུན་ན་རང་རང་གིས་གསུངས་པའི་ཆོས་ཚུལ་གྱི་གློགས་བམ་འོད་ཀྱི་རང་བཞིན་ཅན་ཡོད་པ། གང་ལ་གང་འདུལ་གྱི་སྤྲུལ་པའི་བཀོད་པ་བསམ་གྱིས་མི་ཁྱབ་པ་ཕྱོགས་བཅུར་འཕྲོ་བར་གྱུར་པའི་གཙོ་འཁོར་རྣམས་ཀྱི་སྤྱི་བོར་ཨོཾ་དཀར་པོ། མགྲིན་པར་ཨཱཿདམར་པོ། ཐུགས་ཀར་ཧཱུྃ་སྔོན་པོ། ལྟེ་བར་སྭཱ་སེར་པོ། གསང་བར་ཧཱ་ལྗང་གུ་འོད་ཟེར་ལྔ་འཕྲོས་ཐུགས་ཀའི་ཧཱུྃ་ལས་འོད་ཟེར་ཕྱོགས་བཅུར་འཕྲོས་པས་བསྐྲམས་པ་དང་འདྲ་བའི་ཡེ་ཤེས་པ་རྣམས་སྤྱན་དྲངས། ཨོཾ་ཨཱཿཧཱུྃ་གུ་རུ་བཛྲ་སཏྭ་བུདྡྷ་བོ་དྷི་སཏྭ་ས་པ་རི་ཝཱ་ར་ཨེ་ཧྱེ་ཧི་བཛྲ་ས་མ་ཡ་ཛ་ཛཿཛཿ ཧཱུྃ་བཾ་ཧོ། དེ་ནས། སྐྱབས་གནས་ཀུན་འདུས། བར་ཆད་ཀུན་སེལ། དངོས་གྲུབ་མཆོག་སྩོལ་དུ་ལེགས་པར་བལྟས་ནས། ཡན་ལག་བདུན་པའི་སྙིང་པོ་མཎྜལ་དང་བཅས་པ་ཚིག་བཞིན་ཕུལ་ཏེ། གསོལ་བ་གདབ་པ་ནི། དཔལ་ལྡན་རྩ་བའི་བླ་མ་རིན་པོ་ཆེ། །བདག་གི་སྤྱི་བོར་འབྲལ་མེད་ལེགས་བཞུགས་ནས། །ལུས་ངག་ཡིད་ལ་སྐུ་གསུང་ཐུགས་ཞུགས་ལ། །བླ་མ་ཁྱེད་རང་ལྟ་བུར་བྱིན་གྱིས་རློབས། །དངོས་གྲུབ་ཀུན་འབྱུང་ཐུབ་དབང་རྡོ་རྗེ་འཆང་། །དྲི་མེད་མཁྱེན་པའི་དབང་པོ་འཇམ་པའི་དབྱངས། །དམིགས་མེད་བརྩེ་བའི་གཏེར་ཆེན་སྤྱན་རས་གཟིགས། །བདུད་དཔུང་མ་ལུས་འཇོམས་མཛད་གསང་བའི་བདག །གངས་ཅན་མཁས་པའི་གཙུག་རྒྱན་བློ་བཟང་གྲགས། །སྐྱབས་གནས་ཀུན་འདུས་བླ་མ་སངས་རྒྱས་ལ། །གསོལ་བ་འདེབས་སོ་བདག་རྒྱུད་བྱིན་གྱིས་རློབས། །གསོལ་བ་འདེབས་སོ་དངོས་གྲུབ་མ་ལུས་སྩོལ། །ཞེས་ལན་གསུམ་མམ་བདུན་ནམ་ཉེར་གཅིག་སོགས་སྐབས་དང་སྦྱར་ནས་གསོལ་བ་རྩེ་གཅིག་ཏུ་འདེབས་པ་མན་ངག

བཞིན་ཉམས་སུ་ལེན། དེ་ནས་རིགས་གསུམ་མགོན་པོ་སྐུ་ལ་ཐིམ་པའི་རྗེ་བཙུན་བླ་མ་ལས། །བླ་མ་གཉིས་པ་ཞིག་ཆད་ནས་རང་ལ་ཐིམ་པས་རང་རྗེ་བཙུན་བླ་མ་བློ་བཟང་གྲགས་པར་བསམ། ཐུགས་ཀར་ཟླ་ཧཱུྃ་གིས་མཚན་པའི་མཐའ་བསྐོར་དུ། སྔགས་ཀྱིས་བསྐོར་བའི་ཧཱུྃ་ལས་འོད་ཟེར་ཕྱོགས་བཅུར་འཕྲོས་པས་སངས་རྒྱས་བྱང་སེམས་ཐམས་ཅད་རྗེ་བཙུན་བླ་མའི་རྣམ་པར་སྤྱན་དྲངས་ནས། རང་ཉིད་ལ་ཐིམ་པས་བྱིན་རླབས་ཞུགས་པར་མོས་པའི་དམིགས་པ་དང་ལྡན་པའི་ངང་ནས། ཨོཾ་ཨཱཿགུ་རུ་བཛྲ་དྷ་ར་སུ་མ་ཏི་ཀཱིརྟི་ཤྲཱི་ཧཱུྃ་ཧཱུྃ་ཕཊ་ཕཊ་སྭཱ་ཧཱ། ཞེས་སྐབས་དང་སྦྱར་ནས་བཟླ་བར་བྱའོ། །དེ་ནས། ཁྱེད་ལ་མཆོད་ཅིང་གསོལ་བ་བཏབ་པའི་མཐུས། །བདག་ཅག་གང་དུ་གནས་པའི་ས་ཕྱོགས་དེར། །ནད་དང་འཐབ་རྩོད་དབུལ་ཕོངས་ཞི་བ་དང་། །ཆོས་དང་བཀྲ་ཤིས་འཕེལ་བར་མཛད་དུ་གསོལ། །རྗེ་གཅིག་ཡིད་ཀྱིས་ཁྱེད་ལ་གསོལ་འདེབས་ན། །མཁྱེན་བརྩེ་ནུས་པ་ཆེན་པོས་རྗེས་བཟུང་སྟེ། །གནས་སྐབས་མཐར་ཐུག་དགོས་འདོད་མ་ལུས་པ། །འབད་མེད་ལྷུན་གྱིས་འགྲུབ་པར་མཛད་དུ་གསོལ། །མདོར་ན་དེང་ནས་བྱང་ཆུབ་སྙིང་པོའི་བར། །ཁྱོད་ཞབས་གུས་པས་མཆོད་པ་མ་གཏོགས་པ། །སྐྱབས་མགོན་རེ་ས་གཞན་ནས་མི་འཚོལ་བས། །བརྩེ་བས་དགོངས་ལ་སྐྱོར་དུ་བསྐྱབ་ཏུ་གསོལ། །དགེ་བ་འདི་ཡིས་ཚེ་འདི་ཉིད་ལ་བདག །རྗེ་བཙུན་བླ་མ་ཉིད་ཀྱི་ཐུགས་རྗེ་ལས། །ས་དང་ལམ་གྱི་རིམ་པ་མཐར་སོན་ནས། །འགྲོ་ཀུན་སངས་རྒྱས་ས་ལ་འགོད་པར་ཤོག །སྐུ་སྟོད་གསུམ་དང་རྒྱུད་སྡེ་རྣམ་པ་བཞི། །གདམས་པའི་མཆོག་ཏུ་གཟིགས་པའི་བཤད་སྒྲུབ་ཀྱིས། །ཐུབ་བསྟན་ཕྱོགས་དུས་ཀུན་ཏུ་རྒྱས་མཛད་པ། །བློ་བཟང་གྲགས་པའི་དཔལ་གྱི་བཀྲ་ཤིས་ཤོག །དེ་ནས་རྗེ་བཙུན་བླ་མ་འོད་ཀྱི་རྣམ་པར་གྱུར་ནས་ཐུབ་པའི་དབང་པོ་ལ་ཐིམ་པས། རང་གི་སྤྱི་བོར་བླ་མ་ཐུབ་པའི་དབང་པོ་གཙོ་འཁོར་བཞུགས་པ་ལ་དམིགས་ནས། ཡན་ལག་བདུན་པ་མཎྜལ་དང་བཅས་པ་ཕུལ་ཏེ། གསོལ་བ་འདེབས་པ་དང་། ཐུབ་དབང་གཉིས་པ་རང་ལ་ཐིམ་པས། རང་ཉིད་ཐུབ་དབང་དུ་གསལ་བའི་ངང་ནས་སྔགས་མན་ངག་བཞིན་བཟླ་བར་བྱེད་དོ། །དེ་ནས་སྤྱི་བོ་ན་བཞུགས་པའི་བླ་མ་ཐུབ་པ་འོད་ཀྱི་རྣམ་པར་གྱུར་ནས་རྡོ་རྗེ་འཆང་ལ་ཐིམ་པས། རང་གི་སྤྱི་བོར་སྣ་ཚོགས་པད་ཟླ་ཉི་མའི་དཀྱིལ་འཁོར་གྱི་གདན་ལ། བླ་མ་རྡོ་རྗེ་འཆང་ཡབ་ཡུམ་དུ་གྱུར་པ་ནི། སྐུ་མདོག་སྔོན་

པོ་ཞལ་གཅིག་ཕྱག་གཉིས་ཀྱིས་རྡོ་རྗེ་དང་དྲིལ་བུ་འཛིན་པས་རང་འདྲའི་ཡུམ་རྡོ་རྗེ་དབྱིངས་ཀྱི་དབང་ཕྱུག་མ་སྔོན་མོ་གྲི་གུག་དང་ཐོད་པ་འཛིན་པ་ལ་འཁྱུད་པ་ཡབ་དབུ་སྐྲ་ཐོར་ཚུགས་དང་ཡུམ་དབུ་སྐྲ་ཕྱེད་བཅིངས་སུ་བྱས་པ། གཉིས་ཀ་རུས་པ་དང་རིན་པོ་ཆེའི་རྒྱན་གྱིས་བརྒྱན་ཅིང་། དར་གྱི་ན་བཟའ་གསོལ་བ་འོད་ཀྱི་དཀྱིལ་འཁོར་གྱི་དབུས་ན་ཡབ་རྡོ་རྗེ་སྐྱིལ་ཀྲུང་དང་ཡུམ་པདྨའི་སྐྱིལ་ཀྲུང་གིས་བཞུགས་པའི་སྤྱི་བོར་རྣམ་སྣང་ཡབ་ཡུམ་མགྲིན་པར་འོད་དཔག་མེད་ཡབ་ཡུམ། སྙིང་གར་མི་བསྐྱོད་པ་ཡབ་ཡུམ། ལྟེ་བར་རིན་འབྱུང་ཡབ་ཡུམ། གསང་བར་དོན་གྲུབ་ཡབ་ཡུམ། རྣམ་སྣང་གི་ཐུགས་ཀར་ཨོཾ་དཀར་པོ། འོད་དཔག་མེད་ཀྱི་ཐུགས་ཀར་ཨཱཿ དམར་པོ། མི་བསྐྱོད་པའི་ཐུགས་ཀར་ཧཱུྃ་སྔོན་པོ། རིན་འབྱུང་གི་ཐུགས་ཀར་སྭ་སེར་པོ། དོན་གྲུབ་ཀྱི་ཐུགས་ཀར་ཧཱ་ལྗང་ཁུ་འོད་ཟེར་ལྔ་འཕྲོ་བ། ཐུགས་ཀའི་ཧཱུྃ་ལས་འོད་ཟེར་ཕྱོགས་བཅུར་འཕྲོས་པས། བླ་མ་རྡོ་རྗེ་འཆང་ལ་བླ་མ་ཡི་དམ་སངས་རྒྱས་བྱང་སེམས་དཔའ་བོ་དཔའ་མོ་ཆོས་སྐྱོང་སྲུང་མའི་ཚོགས་ཀྱིས་སྐོར་བ་སྤྱན་དྲངས། ཨོཾ་ཨཱཿ གུ་རུ་བཛྲ་སཏ་བུདྡྷ་པོ་ཧྲི་སད་ས་པ་རི་ཝཱ་ར་ཨེཧྱ་ཧི་བཛྲ་ས་མ་ཡ་ཛ་ཛ་ཛཿ ཧཱུྃ་བཾ་ཧོཿ གང་གི་དྲིན་གྱིས་བདེ་ཆེན་གནས། །སྐད་ཅིག་ཉིད་ལ་སྩོལ་མཛད་པ། །སྐྱབས་གནས་ཀུན་འདུས་བླ་མ་ལྷ། །རྡོ་རྗེ་འཆང་ལ་ཕྱག་འཚལ་ལོ། །ཕྱོགས་བཅུར་བཞུགས་པའི་བླ་མ་དང་། །ཡི་དམ་སྐྱབས་གནས་དཀོན་མཆོག་གསུམ། །མཁའ་འགྲོ་སྲུང་མའི་ཚོགས་རྣམས་ལ། །གུས་པས་སོ་སོར་ཕྱག་འཚལ་ལོ། །བདེ་ཆེན་གསང་གསུམ་དེ་ཁོ་ན། །ཀུན་བཟང་མཆོད་སྤྲིན་མཉེས་ཕྱིར་འབུལ། །ཀུན་རྟོག་ལས་བྱུང་སྡིག་ལྟུང་རྣམས། །བསམ་པ་ཐག་པས་བཤགས་པར་བགྱི། །ཁྱེད་ཀྱི་ཕྱི་ནང་གསང་བའི་མཛོད། །རྣམ་དཀར་བཅས་ལ་ཡི་རང་ངོ་། །ནམ་མཁའ་ཇི་སྲིད་བརྟན་བཞུགས་ནས། །བདེ་ཆེན་ཆོས་འཁོར་བསྐོར་དུ་གསོལ། །འདིས་མཚོན་རྣམ་དཀར་དགེ་བ་རྣམས། །བདེ་ཆེན་བྱང་ཆུབ་རྒྱུར་གྱུར་ཅིག །དེ་ནས་སྐྱབས་གནས་ཀུན་འདུས་ཀྱི་ངོ་བོ་བླ་མ་རྡོ་རྗེ་འཆང་འཁོར་བཅས་གསལ་བའི་ངང་ནས། བདག་དང་ནམ་མཁའི་མཐའ་དང་མཉམ་པའི་སེམས་ཅན་ཐམས་ཅད་བླ་མ་ཡི་དམ་སྐྱབས་གནས་ཀུན་གྱི་ངོ་བོ་བླ་མ་རྡོ་རྗེ་འཆང་འཁོར་དང་བཅས་པ་ལ་གསོལ་བ་འདེབས་སོ། །ཞེས་ལན་གསུམ་སོགས་བརྗོད། བླ་མ་ཡབ་ཡུམ་འཁོར་དང་བཅས་པ་དང་། གནས་ལྷར་བཞུགས་པའི་རིགས་

ལྷའི་སྐུའི་ཆ་ཐམས་ཅད་ལས་བདུད་རྩི་སྣ་ལྔ་འོད་ཟེར་དང་བཅས་པ་བྱུང་བ་རང་གི་ལུས་ལ་ཐིམ་པས། ལུས་ངག་ཡིད་གསུམ་གྱི་སྒོ་ནས་ཐོག་མེད་ནས་བསགས་པའི་ཉོན་མོངས་དང་དུག་ལྔ་ལ་བརྟེན་ནས་བྱུང་བའི་སྡིག་སྒྲིབ་ནད་གདོན་བགེགས་ལ་སོགས་པ་ཐམས་ཅད་བྱང་ཞིང་དག །ཚེ་དང་བསོད་ནམས་སོགས་དང་ངེས་འབྱུང་བྱང་སེམས་ལྟ་བ་རྣམ་དག་རིམ་པ་གཉིས་ལ་སོགས་པའི་ཡོན་ཏན་རྣམས་འཕེལ་ཞིང་རྒྱས། མཐར་ཐུག་གི་ཡེ་ཤེས་ལྔའི་དངོས་གྲུབ་ཐོབ་བྱུང་སྙམ་དུ་བསམ་མོ། །དེ་ནས་བླ་མ་ཡབ་ཡུམ་ལྷ་ལྔ་དང་བཅས་པ་ལས། ལྷ་ལྔ་ཡབ་ཡུམ་དཀར་དམར་མཐིང་སེར་ལྗང་ཁུ་འོད་ཟེར་ལྔ་དང་བཅས་པ་རང་གི་ལུས་ཀྱི་ཆ་ཐམས་ཅད་དང་། ཁྱད་པར་གནས་ལྔར་ཐིམ་པས་བུམ་དབང་ལ་སོགས་པའི་དབང་བཞི་ཐོབ་བྱུང་སྙམ་དུ་དགའ་བ་སྒོམ། དེ་ནས་འཁོར་གྱི་ལྷ་རྣམས་བླ་མ་རྡོ་རྗེ་འཆང་ཡུམ་ལ་ཐིམ། བླ་མ་ལྷ་དེ་ཉིད་ལས་བླ་མ་ལྷ་ཡབ་ཡུམ་རིགས་ལྔ་དང་བཅས་པ་བྱུང་བ་རང་ལ་ཐིམ་པས། རང་གི་ལུས་ངག་ཡིད་གསུམ་སོགས་དང་བླ་མ་ལྷའི་སྐུ་གསུང་ཐུགས་ངོ་བོ་དབྱེར་མེད་དུ་གྱུར་པར་བསམ་མོ། །དེ་ཡང་རང་ཉིད་བླ་མ་རྡོ་རྗེ་འཆང་སྐུ་མདོག་སྔོན་པོ་ཞལ་གཅིག་ཕྱག་གཉིས་རྡོ་རྗེ་དང་དྲིལ་བུ་འཛིན་པ་ཡུམ་དང་བཅས་པ་ཡིན་སྙམ་པའི་ང་རྒྱལ་དང་གསལ་སྣང་ལ་གནས་པར་བྱའོ། །དེ་ནས་མི་བསྐྱོད་པའི་ཐུགས་ཀར་ཉི་གདན་ལ་གནས་པའི་ཧཱུྃ་སྔོན་པོའི་མཐའ་སྐོར་དུ། ཨོཾ་ཨཱཿགུ་རུ་བཛྲ་ཛྙ་ར་ཧཱུྃ་ཧཱུྃ་ཕཊ་ཕཊ་སྭཱ་ཧཱ། ཞེས་པའི་སྔགས་ཀྱིས་བསྐོར་བར་བསམ་ལ། སྔགས་དེ་ཉིད་བརྒྱ་སྟོང་ཁྲི་འབུམ་ལ་སོགས་པ་མང་དུ་བཟླ་བར་བྱའོ། །དེའི་ཚེ་ཐུགས་ཀའི་ཧཱུྃ་ལས་འོད་ཟེར་ཕྱོགས་བཅུར་འཕྲོས་པས། བླ་མ་ཡི་དམ་སངས་རྒྱས་བྱང་སེམས་ཞི་ཁྲོ་ཐམས་ཅད་བླ་མ་ཡབ་ཡུམ་གྱི་རྣམ་པར་སྤྱན་དྲངས་ནས་རང་ཉིད་བླ་མ་ལྷ་ཡབ་ཡུམ་དུ་གསལ་བ་ལ་ཐིམ་པས་སྤྱི་དང་ཁྱད་པར་གྱི་བྱིན་རླབས་ཞུགས། མཆོག་གི་དངོས་གྲུབ་ཐོབ་པར་བསམ་ཞིང་། གནས་གསུམ་གྱི་ཡི་གེ་གསུམ་ལས་འོད་ཟེར་འཕྲོས་པས། དུས་གསུམ་སངས་རྒྱས་ཐམས་ཅད་ཀྱི་སྐུ་གསུང་ཐུགས་ཀྱི་དྭངས་མ་ཡི་གེ་གསུམ་གྱི་རྣམ་པར་བསྡུས་ནས་རང་གི་གནས་གསུམ་དུ་ཐིམ་པར་བསམ་ཞིང་། ཡི་གེ་གསུམ་ཡང་བཟླ་བར་བྱའོ། །དེ་ནས། དགེ་བ་འདི་ཡིས་མྱུར་དུ་བདག །སངས་རྒྱས་ཀུན་གྱི་ཀུན་བདག་ཉིད། །རྡོ་རྗེ་འཆང་དབང་འགྲུབ་གྱུར་ནས། །འགྲོ་བས་ཀྱང་ནི་དེར་ཐོབ་ཤོག །བྱང་ཆུབ་ཕྱིར་ནི་སྤྱོད་གང་དང་། །རྫོགས་

སངས་རྒྱས་ཀྱི་གང་ཡིན་དང་། །བྱང་ཆུབ་རྡོ་རྗེས་གང་གསུངས་པ། །སྤྱོད་དེ་གཉིས་ཀའང་བདག་སྤྱོད་ཤོག །བློ་བཟང་བྱིན་རླབས་ཆེན་པོའི་སྟོབས་རྒྱས་ཏེ། །ཉེ་བར་འཚོ་བ་མ་ལུས་པ་ཞི་ཞིང་། །བསམ་དོན་གེགས་མེད་མྱུར་དུ་འགྲུབ་གྱུར་ཅིག །འདི་ཉིད་རྗེ་བླ་མའི་ཞལ་ལས་བྱུང་བའི་གདམས་པའི་སྙིང་པོ་ཅིག་ཡིན་ལ། །ཁྱབ་བདག་རྡོ་རྗེ་འཆང་ཆེན་པོ་དང་དབྱེར་མ་མཆིས་པའི་དཔལ་ལྡན་བླ་མ་དམ་པའི་ཞབས་ལ་ཕྱག་འཚལ་ལོ། །དེ་ལ་འདིར་བླ་མའི་རྣལ་འབྱོར་སྒོམ་པར་བྱེད་པ་ལ། སྐྱབས་འགྲོ་སེམས་བསྐྱེད་ཚད་མེད་བཞི་སྔོན་དུ་བཏང་ནས། རང་གི་སྤྱི་བོར་སེངྒེ་ཆེན་པོ་བརྒྱད་ཀྱིས་བཏེག་པའི་རིན་པོ་ཆེའི་ཁྲི་མཐོ་ཞིང་ཡངས་པའི་སྟེང་དུ། པདྨ་དང་ཟླ་བའི་གདན་ལ་ངོ་བོ་དྲིན་ཅན་རྩ་བའི་བླ་མ་ཆོས་ཀྱི་རྒྱལ་པོ་ཙོང་ཁ་པ་ཆེན་པོ་ཡིན་པ་ལ། རྣམ་པ་རྗེ་བཙུན་འཇམ་དཔལ་དབྱངས་སྐུ་མདོག་དམར་སེར་ཞལ་གཅིག་ཕྱག་གཉིས་པ་ཕྱག་གཡས་རལ་གྲི་འཕྱར་ཞིང་གཡོན་གྱིས་གླེགས་བམ་ཐུགས་ཀར་འཛིན་པ་ཞབས་རྡོ་རྗེ་སྐྱིལ་ཀྲུང་གིས་བཞུགས་པ། དར་དང་རིན་པོ་ཆེའི་རྒྱན་སྣ་ཚོགས་པས་སྤྲས་པ། མཚན་དཔེས་བརྒྱན་པའི་ལྷའི་སྐུ་སྣང་ལ་རང་བཞིན་མེད་པ་ནམ་མཁའི་འཇའ་ཚོན་ལྟ་བུ་འོད་ཟེར་གྱི་ཕུང་པོ་ཆེན་པོའི་དབུས་ན་བཞུགས་པ། དེའི་སྤྱི་བོར་ཨོཾ་དཀར་པོ། མགྲིན་པར་ཨཱཿདམར་པོ། ཐུགས་ཀར་ཧཱུྃ་སྔོན་པོ། དེའི་སྐུ་གསུང་ཐུགས་ལས། ཐུགས་ཀའི་ཧཱུྃ་ལས་འོད་ཟེར་འཕྲོས། ཟབ་མོ་ལྟ་བརྒྱུད་རྒྱ་ཆེན་སྤྱོད་བརྒྱུད་ཉམས་ལེན་བྱིན་རླབས་བརྒྱུད་པའི་བླ་མ་རྣམས་དང་། རང་ལ་ཆོས་འབྲེལ་དངོས་སུ་ཡོད་པའི་བླ་མ་དང་། །གཞན་ཡང་ཡི་དམ་དཀྱིལ་འཁོར་གྱི་ལྷ་ཚོགས་སངས་རྒྱས་བྱང་སེམས་བཀའ་སྡོད་ཆོས་སྐྱོང་སྲུང་མའི་ཚོགས་དང་བཅས་པ་སྤྱན་དྲངས། སྤྱི་བོའི་བླ་མ་རྗེ་བཙུན་འཇམ་དབྱངས་ཀྱི་རྣམ་པ་ལ་ཐིམ་པས། དེ་ཉིད་སྐྱབས་གསུམ་ཀུན་འདུས་ཀྱི་བདག་ཉིད་དུ་བསམ་ནས་མཎྜལ་ཕུལ་ལ། གདུང་ཤུགས་དྲག་པོས་གསོལ་བ་བཏབ་པས་བླ་མའི་ཐུགས་ཀ་ནས་ཡེ་ཤེས་ཀྱི་བདུད་རྩིའི་རྒྱུན་ཕྱག་གཡས་པའི་རལ་གྲིའི་རྩེ་མོ་རང་གི་ཚངས་བུག་ལ་བཏད་པ་ན་མར་བབས་ཏེ་ལུས་ཡེ་ཤེས་ཀྱི་བདུད་རྩིས་མེར་ཏེ་གང་། སྒོ་གསུམ་གྱི་སྒོ་ནས་བསགས་པའི་སྡིག་སྒྲིབ་བག་ཆགས་དང་བཅས་པ་ཐམས་ཅད་སོལ་ཁུ་དང་དུད་ཁུའི་རྣམ་པ་བཞིན་དུ་དབང་པོའི་སྒོ་དང་བ་སྤུའི་བུ་ག་ཐམས་ཅད་ནས་ཐོར། ལུས་ཤེལ་སྒོང་གཡའ་དག་པ་བཞིན་དུ་གྱུར་པར་བསམ་ལ། དམིགས་མེད་བརྩེ་

བའི་གཏེར་ཆེན་སྤྱན་རས་གཟིགས། །ཞེས་སོགས་ཅི་མང་འདྲེན། དེ་ནས་ཏིང་ངེ་འཛིན་གྱི་དབང་བཞི་ལེན་ཚུལ་ནི། བླ་མའི་སྤྱི་བོའི་ཨོཾ་ལས་འོད་དང་བདུད་རྩི་དཀར་པོ་དཔག་ཏུ་མེད་པ་བྱུང་རང་གི་དཔྲལ་བ་ནས་ཐིམ། ལུས་ཀྱི་ནང་ཐམས་ཅད་གང་འཁོར་བ་ཐོག་མ་མེད་པ་ནས་ལུས་ཀྱི་སྒོ་ནས་བསགས་པའི་སྡིག་སྒྲིབ་བག་ཆགས་དང་བཅས་པ་ཐམས་ཅད་དག །བུམ་པའི་དབང་ཐོབ། སྐུའི་བྱིན་རླབས་ཞུགས། སྐུ་རྡོ་རྗེ་འགྲུབ་པའི་ནུས་པ་བཞག་བྱུང་སྐལ་དུ་སོས་ནས་ཡང་དམིགས་བརྗེ་མ་འདྲེན། དེ་བཞིན་དུ་གཞན་རྣམས་སྔར་དང་འདྲ་བ་ལ་གསང་དབང་། ཤེས་རབ་ཡེ་ཤེས་ཀྱི་དབང་། དབང་བཞི་པ་ཚིག་དབང་རིན་པོ་ཆེ་རྣམས་རིམ་བཞིན་ཐོབ་པར་བསམ་པ་རྣམས་རིགས་འགྲེའོ། །དེ་ནས་རང་གི་སྤྱི་བོ་ནས་སྙིང་གའི་བར་དུ་རྩ་དབུ་མ་ཕྱི་དཀར་ལ་ནང་དམར་བ། ཡར་སྣ་སྤྱི་བོ་ལ་ཟུག་པ་རྒྱ་མཐོངས་ཁ་བྱེ་བ་བཞིན་བུ་གུ་སྐྱ་ཐལ་ལེ་ཡོད་པ། མར་སྣ་རག་དུང་གི་ཞབས་ཀྱི་རྣམ་པ་ཅན་སྙིང་ཁར་གནས་པ། དེའི་ནང་རྩམ་དུ་རང་གི་སྙིང་པདྨ་དམར་པོ་འདབ་མ་བརྒྱད་པ་ཁ་གྱེན་དུ་ཤག་སྟེ་བྱེ་བ། དེའི་དབུས་སུ་ཟླ་བའི་དཀྱིལ་འཁོར་གྱི་སྟེང་དུ་རང་གི་སེམས་ཉིད་ངོ་བོ་ཧྲཱིཿ དམར་སེར་དུ་བསམ། སྤྱི་བོའི་བླ་མ་ལ་དམིགས་ནས་གདུང་ཤུགས་དྲག་པོས་བླ་མ་རིན་པོ་ཆེ་བདག་གི་བློ་ཆོས་སུ་འགྲོ་བར་བྱིན་གྱིས་རློབས། ཆོས་ལམ་དུ་སོང་བར× ཆོས་ལ་བར་ཆད་མེད་པར× ཕྱིན་ཅི་ལོག་གི་བློ་སྣ་མཐའ་དག་འགག་པར× ཕྱིན་ཅི་མ་ལོག་པའི་བློ་སྣ་མཐའ་དག་བདག་གི་རྒྱུད་ལ་སྐྱེ་བར× བྱམས་སྙིང་རྗེ་བྱང་ཆུབ་ཀྱི་སེམས་ཁྱད་པར་ཅན་བདག་གི་རྒྱུད་ལ་སྐྱེ་བར× བདག་མེད་རྟོག་པའི་ཤེས་རབ་ཁྱད་པར་ཅན་སྐྱེ་བར× ལམ་རིམ་པ་གཉིས་ཀྱི་རྟོགས་པ་ཁྱད་པར་ཅན་སྐྱེ་བར་བྱིན་གྱིས་རློབས། ཞེས་གསོལ་བ་བཏབ་པས་བླ་མ་རང་གི་ཚངས་བུག་ནས་མར་ཞུགས་རྩ་དབུ་མའི་ནང་ནས་མར་བྱོན་ཏེ་སྙིང་ཁའི་རང་གི་སེམས་ཧྲཱིཿ ར་གསལ་བ་ལ་ཐིམ་པས་བླ་མ་དང་རང་སེམས་རྗེ་བཙུན་གསུམ་དབྱེར་མི་ཕྱེད་པ་ལ་ཅུང་ཟད་བཞག་གོ །དེ་ནས་སྙིང་ཁའི་པདྨ་ཁུབ་ཀྱིས་འདུས་པའི་རྩེ་དང་། རྗེ་བཙུན་གྱི་རལ་པའི་རྩེ་མོ་མཉམ་པ་ཡོད་པའི་མཚམས་དེར་ཨ་ར་པ་ཙ་ནའི་སྔགས་ཀྱིས་བསྐོར་བ་བསམ་མོ། ། །།

༄༅། །རྒྱལ་བ་བློ་བཟང་གྲགས་པ་ལ་བརྟེན་པའི་ཕྱི་ནང་གསང་གསུམ་གྱི་སྒྲུབ་ཐབས་བཞུགས་སོ།

༄༅། །ན་མོ་གུ་རུ་མཉྫུ་གྷོ་ཥ་ཡ། ཧེ་བཙུན་བླ་མ་དམིགས་པ་མེད་པའི་ཐུགས་རྗེ་ཆེན་པོ་དང་ལྡན་པ་རྣམས་ཀྱི་ཞབས་ལ་གུས་པས་ཕྱག་འཚལ་ལོ། །བརྩེ་བ་ཆེན་པོས་དུས་ཐམས་ཅད་དུ་རྗེས་སུ་བཟུང་དུ་གསོལ། །བདེ་ཆེན་ལྷུན་གྲུབ་ཆོས་སྐུའི་ངང་ཉིད་ནས། །བདེ་ཆེན་ཐུགས་རྗེས་འགྲོ་ལ་ཉེར་དགོངས་ཏེ། །བདེ་ཆེན་སྙིང་པོའི་བསྟན་པ་རྒྱས་མཛད་པ། །བདེ་ཆེན་མགོན་པོ་བློ་བཟང་གྲགས་ལ་འདུད། །མགོན་ཁྱོད་སྒྲུབ་པའི་ཐབས་མཆོག་ཡིད་བཞིན་ནོར། །གང་གིས་བསྟེན་ཅིང་ཉམས་སུ་བླངས་གྱུར་ན། །འདོད་དགུའི་ཆར་འབེབས་འདིར་ནི་ཐྲི་བ་ལ། །དངོས་གྲུབ་ཐམས་ཅད་ད་ལྟ་སྩོལ་དུ་གསོལ། །འདིར་དུས་གསུམ་སངས་རྒྱས་ཐམས་ཅད་ཀྱིས་བགྲོད་པ་གཅིག་པའི་ལམ། མཁས་པ་དང་གྲུབ་པའི་དཔའ་བོ་རྣམས་ཀྱི་ལམ་སྲོལ། སྐལ་ལྡན་གྱི་སྐྱེས་བུ་བདེ་བ་ཆེན་པོའི་ཕོ་བྲང་དུ་བདེ་བླག་ཏུ་བགྲོད་པར་བྱེད་པའི་མེད་མི་རུང་གི་ཐབས་མཆོག །ལམ་ཟབ་མོ་བླ་མ་ལྷའི་སྒྲུབ་ཐབས་ཞེས་གྲགས་པ་ལས། འདིར་རྒྱལ་བ་བློ་བཟང་གྲགས་པའི་སྒྲུབ་ཐབས་ཉམས་སུ་ལེན་ཚུལ་ལ། ཕྱི་ནང་གསང་གསུམ་ལས། དང་པོ་ནི། ཡིད་མཐུན་གྱི་གནས་སུ་བདེ་བའི་སྟན་ལ་ལེགས་པར་འདུག །དགེ་སེམས་ཁྱད་པར་ཅན་གྱི་ངང་ནས། རང་གི་མདུན་གྱི་ཐད་དྲང་གི་ནམ་མཁའི་གནས་སུ། རྩ་བའི་བླ་མ་ཐུབ་དབང་རྡོ་རྗེ་འཆང་དངོས་དང་བརྒྱུད་པའི་བླ་མ་ཡི་དམ་སངས་རྒྱས་བྱང་སེམས་དཔའ་བོ་དཔའ་མོ་ཆོས་སྐྱོང་སྲུང་མའི་ལྷ་ཚོགས་རྣམས་ཀྱིས་བསྐོར་ནས་བཞུགས་པ། དེ་དག་རང་རང་གི་མདུན་ན། གདན་ཁྲི་ཕུན་སུམ་ཚོགས་པ་ལ། རང་རང་གིས་གསུངས་པའི་ཆོས་རྣམས་འོད་ཀྱི་རང་བཞིན་པུ་ཏིའི་རྣམ་པར་ཡོད་པའི་སྐྱབས་ཡུལ་གསལ་ལེགས་པར་བཏབ་ལ། སྐྱབས་འགྲོ་སེམས་བསྐྱེད་སྦྱི་དང་། ཁྱད་པར་མ་སེམས་ཅན

ཐམས་ཅད་ཀྱི་དོན་དུ་མྱུར་བ་མྱུར་བར་སངས་རྒྱས་ཀྱི་གོ་འཕང་ཐོབ་པར་བྱ། དེའི་ཕྱིར་དུ་བླ་མ་བློ་བཟང་གྲགས་པའི་སྒྲུབ་ཐབས་ཉམས་སུ་བླང་བར་བགྱི་སྙམ་དུ་བསམ་པ་གསུམ་མམ་བདུན་ནམ་ཉེར་གཅིག་སོགས་སྔོན་དུ་བཏང་ནས། རང་གི་སྤྱི་བོར་སེང་ཆེན་བརྒྱད་བཏེག་རིན་ཆེན་ཁྲི་སྟེང་། སྣ་ཚོགས་པད་ཟླ་ཉི་མའི་དཀྱིལ་འཁོར་གྱི་གདན་ལ། དུས་གསུམ་སངས་རྒྱས་ཐམས་ཅད་ཀྱི་མཁྱེན་བརྩེ་ཐུབ་དབང་རྡོ་རྗེ་འཆང་གི་རྣམ་སྤྲུལ། རྗེ་བཙུན་བླ་མ་བློ་བཟང་གྲགས་པ། སྐུ་མདོག་དཀར་ལ་དམར་བའི་མདངས་ཅན་དགྱེས་པའི་འཛུམ་དང་ལྡན་པ། ཞལ་གཅིག་ཕྱག་གཉིས་ཀྱི་གཡས་ཆོས་སྟོན་གྱི་ཕྱག་རྒྱ་ཐུགས་ཀའི་ཐད་ན་མཛད་ཅིང་། གཡོན་མཉམ་བཞག་གི་སྟེང་ན་བདུད་རྩིས་གང་བའི་ལྷུང་བཟེད་བསྣམས་པ། གཡས་གཡོན་གྱི་མཐེབ་མཛུབ་གཉིས་ཨུཏྤ་ལའི་སྡོང་བུའི་རྩ་བ་བཟུང་ནས། རྩེ་མོ་སྐུ་དཔུང་གཡས་གཡོན་གྱི་ཕྱོགས་སུ་ཁ་བྱེ་བའི་སྟེང་ན་ཤེས་རབ་ཀྱི་རལ་གྲི་དང་། དུས་གསུམ་སངས་རྒྱས་ཐམས་ཅད་ཀྱི་གསུང་གི་སྙིང་པོ་གཅིག་ཏུ་བསྡུས་པའི་པུ་ཏི་ཡོད་པ། དབུ་པཎ་ཞྭ་གསེར་གྱི་མདོག་ཅན་དང་། སྐུ་ཆོས་ངུར་སྨིག་ཆོས་ཅན་གསུམ་མཛེས་པར་གསོལ་བ། མཚན་དཔེས་སྤྲས་པའི་དྭངས་གསལ་འོད་ཀྱི་དཀྱིལ་འཁོར་གྱི་དབུས་ན་ཞབས་གཉིས་རྡོ་རྗེ་སྐྱིལ་ཀྲུང་གིས་བཞུགས་པ། དེའི་ཐུགས་ཀར་སྣ་ཚོགས་པད་ཟླ་ཉི་མའི་དཀྱིལ་འཁོར་གྱི་གདན་ལ་ཐུབ་པའི་དབང་པོ། དེའི་ཐུགས་ཀར་རྡོ་རྗེ་འཆང་ཡབ་ཡུམ། སྤྱི་བོའི་སྟེང་དུ་སྣ་ཚོགས་པད་ཟླ་ཉི་མའི་དཀྱིལ་འཁོར་གྱི་གདན་ལ་རྗེ་བཙུན་འཇམ་པའི་དབྱངས། གཡས་ཕྱོགས་སུ་སྣ་ཚོགས་པད་ཟླ་ཉི་མའི་གདན་ལ་རྗེ་བཙུན་སྤྱན་རས་གཟིགས། གཡོན་ཕྱོགས་སུ་སྣ་ཚོགས་པད་ཟླ་ཉི་མའི་གདན་ལ་རྗེ་བཙུན་ཕྱག་ན་རྡོ་རྗེ། དེ་དག་གི་མཐའ་སྐོར་དུ་བླ་མ་ཡི་དམ། སངས་རྒྱས་བྱང་སེམས། དཔའ་བོ་དཔའ་མོ། ཆོས་སྐྱོང་སྲུང་མའི་ལྷ་ཚོགས་རྣམས་ཀྱིས་བསྐོར་བ། དེ་དག་གི་ཕྱི་རོལ་དུ་གང་ལ་གང་འདུལ་གྱི་སྤྲུལ་པའི་བཀོད་པ་བསམ་གྱིས་མི་ཁྱབ་པ་ཕྱོགས་བཅུར་འཕྲོས་པས་གནམ་ས་བར་སྣང་གི་ཁྱོན་ཐམས་ཅད་ཡོངས་སུ་གང་བར་གྱུར་གཙོ་འཁོར་ཐམས་ཅད་ཀྱི་སྤྱི་བོར་ཨོཾ་དཀར་པོ། མགྲིན་པར་ཨཱཿདམར་པོ། ཐུགས་ཀར་ཧཱུྃ་སྔོན་པོ། ལྟེ་བར་སྭ་སེར་པོ། གསང་བར་ཧ་ལྗང་ཁུ་འོད་ཟེར་ལྔ་འཁྲོ་བ། ཐུགས་ཀའི་ཧཱུྃ་ལས་འོད་ཟེར་ཕྱོགས་བཅུར་འཕྲོས་པས། གར་བཞུགས་རྡོ་རྗེའི་ཕོ་བྲང་རྣམས་ནས། རྗེ་བཙུན་བླ་མ་ཞི་ཁྲོ་རབ་འབྱམས་ཀྱི་ལྷ་ཚོགས་

རྣམས་ཀྱི་བསྐོར་བ་སྤྱན་དྲངས། ཐུགས་རྗེའི་བདག་ཉིད་རྩ་བརྒྱུད་བླ་མ་དང་། ཡི་དམ་ལྷ་ཚོགས་སྐྱབས་གནས་དཀོན་མཆོག་གསུམ། །དཔའ་བོ་དཔའ་མོ་ཆོས་སྐྱོང་སྲུང་མའི་ཚོགས། །སྤྱན་འདྲེན་མཆོད་པའི་གནས་འདིར་གཤེགས་སུ་གསོལ། །ཨོཾ་ཨཱཿགུ་རུ་བཛྲ་སུ་མ་ཏི་ཀཱིརྟི་སརྦ་བུདྡྷ་བོ་དྷི་སཏྭ་ས་པ་རི་ཝཱ་ར་ཨེ་ཧྱ་ཧི། བཛྲ་ས་མ་ཡ་ཛཿ ཛཿ ཛཿ ཧཱུྃ་བཾ་ཧོཿ སླར་ཡང་རང་རང་གི་ཐུགས་ཀའི་ཧཱུྃ་དང་། སྐུའི་ཆ་ལས་འོད་ཟེར་ཕྱོགས་བཅུར་འཕྲོས་པས། བླ་མ་ཡི་དམ་དཀོན་མཆོག་གི་ལྷ་ཚོགས་རྣམས་སྤྱན་དྲངས་ནས། རང་རང་གི་སྐུའི་ཆ་ལ་བཞུགས་པས། སྐྱབས་གནས་ཀུན་འདུས་ཀྱི་བདག་ཉིད་ཆེན་པོར་བསམ་མོ། །དེ་ནས། དུས་གསུམ་སངས་རྒྱས་ཐམས་ཅད་ཀྱི། །མཁྱེན་བརྩེ་མ་ལུས་གཅིག་བསྡུས་པའི། །བླ་མ་བློ་བཟང་གྲགས་པ་ལ། །རྟག་ཏུ་གུས་པས་ཕྱག་འཚལ་ལོ། །སྟོན་པ་སངས་རྒྱས་རིན་པོ་ཆེ། །སྐྱོབ་པ་དམ་ཆོས་རིན་པོ་ཆེ། །འདྲེན་པ་དགེ་འདུན་རིན་པོ་ཆེ། །སྐྱབས་མཆོག་རྣམས་ལ་ཕྱག་འཚལ་ལོ། །ཕྱག་བྱའི་གནས་སུ་གྱུར་རྣམས་ལ། །ཞིང་རྡུལ་མཉམ་པའི་ལུས་སྤྲུལ་ནས། །སྒོ་གསུམ་གུས་པས་རྣམ་ཀུན་ཏུ། །བདག་ནི་རྟག་པར་ཕྱག་འཚལ་ལོ། །ཞིང་མཆོག་རྒྱ་མཚོ་དཔག་མེད་ན། །མཆོད་ཡོན་ཇི་སྙེད་ཡོད་པ་རྣམས། །རྗེ་བཙུན་འཁོར་བཅས་མཉེས་ཕྱིར་འབུལ། །བཞེས་ནས་དངོས་གྲུབ་སྩོལ་དུ་གསོལ། །ཨོཾ་ཨཱཿགུ་རུ་བཛྲ་སུ་མ་ཏི་ཀཱིརྟི་སརྦ་བུདྡྷ་བོདྷི་སཏྭ་ས་པ་རི་ཝཱ་ར་བཛྲ་ཨརྒྷཾ་པྲ་ཏཱིཙྪ་ཧཱུྃ་སྭཱ་ཧཱ། དེ་ལྟར། ཞབས་བསིལ། ཞལ་བསིལ། བསང་གཏོར། མེ་ཏོག །བདུག་སྤོས། སྣང་གསལ། དྲི་ཆབ། ཞལ་ཟས། སིལ་སྙན། གཟུགས་མཆོག །སྒྲ་སྙན། དྲི་མཆོག །རོ་མཆོག །རེག་མཆོག་དང་པཱ་ཉྩ། ཨཱརྒྷ་མ་ཧཱ། པྲོཀྵ་ཎཾ། པུཥྤེ། དྷཱུ་པེ། ཨཱ་ལོ་ཀེ། གནྡྷེ། ནཻ་ཝི་དྱ། ཤབྡ། རཱུ་པ། ཤབྡ། གནྡྷེ། རས། སྤརྴ། ཞེས་བྱིད་པར་སྦྱར་ནས་མཆོད་པ་རྣམས་སོ་སོར་འབུལ། དེ་ནས། དངོས་བཤམས་ཡིད་སྤྲུལ་མཆོད་པ་མ་ལུས་འབུལ། །ཐོག་མེད་ནས་བསགས་སྡིག་ལྟུང་མ་ལུས་བཤགས། །སྐྱེ་འཕགས་དགེ་བ་རྣམས་ལ་རྗེས་ཡི་རང་། །འཁོར་བ་མ་སྟོངས་བར་དུ་ལེགས་བཞུགས་ནས། །འགྲོ་ལ་ཆོས་འཁོར་མ་ལུས་བསྐོར་དུ་གསོལ། །བདག་གཞན་དགེ་རྣམས་བྱང་ཆུབ་ཆེན་པོར་བསྔོ། །གླིང་བཞི་རི་རབ་ཉི་ཟླ་རིན་ཆེན་བརྒྱད། །རང་གཞན་སྒོ་གསུམ་ལོངས་སྤྱོད་དགེ་ཚར་བཅས། །རིན་ཆེན་མཎྜལ་ཀུན་བཟང་མཆོད་པའི་ཚོགས། །རྗེ་བཙུན་བླ་མ

འཁོར་བཅས་མཉེས་ཕྱིར་འབུལ། །ཐུགས་རྗེས་བཞེས་ནས་དངོས་གྲུབ་སྩོལ་དུ་གསོལ། །ཞེས་བརྗོད། དེ་ནས། དཔལ་ལྡན་རྩ་བའི་བླ་མ་རིན་པོ་ཆེ། །བདག་གི་སྤྱི་བོར་འབྲལ་མེད་ལེགས་བཞུགས་ནས། །ལུས་ངག་ཡིད་ལ་སྐུ་གསུང་ཐུགས་ཞུགས་ལ། །བླ་མ་ཁྱེད་རང་ལྟ་བུར་བྱིན་གྱིས་རློབས། །དངོས་གྲུབ་ཀུན་འབྱུང་ཐུབ་དབང་རྡོ་རྗེ་འཆང་། །དམིགས་མེད་བརྩེ་བའི་གཏེར་ཆེན་སྤྱན་རས་གཟིགས། །དྲི་མེད་མཁྱེན་འི་དབང་པོ་འཇམ་པའི་དབྱངས། །བདུད་དཔུང་མ་ལུས་འཇོམས་པའི་གསང་བའི་བདག །གངས་ཅན་མཁས་པའི་གཙུག་རྒྱན་བློ་བཟང་གྲགས། །སྐྱབས་གནས་ཀུན་འདུས་བླ་མ་སངས་རྒྱས་ལ། །གསོལ་བ་འདེབས་སོ་བདག་རྒྱུད་བྱིན་གྱིས་རློབས། །གསོལ་བ་འདེབས་སོ་དངོས་གྲུབ་མ་ལུས་སྩོལ། །ཞེས་ཐུབ་དབང་རྡོ་རྗེ་འཆང་དྲན་པའི་སྒོ་ནས་རྗེ་བཙུན་བླ་མ་དེ་ཉིད་ཐུབ་དབང་རྡོ་རྗེ་འཆང་གི་ངོ་བོ་ཡིན་སྙམ་པ་དང་། འཇམ་དབྱངས་དྲན་པའི་སྒོ་ནས་རྗེ་བཙུན་བླ་མའི་མཁྱེན་པའི་ཆ་དེ་ཉིད་འཇམ་དབྱངས་ཀྱི་རྣམ་པར་ཤར་བ་ཡིན་སྙམ་པ་དང་། །སྤྱན་རས་གཟིགས་དྲན་པའི་སྒོ་ནས་རྗེ་བཙུན་བླ་མའི་བརྩེ་བའི་ཆ་དེ་ཉིད་སྤྱན་རས་གཟིགས་ཀྱི་རྣམ་པར་ཤར་བ་དང་། ཕྱག་རྡོར་དྲན་པའི་སྒོ་ནས་རྗེ་བཙུན་བླ་མའི་ནུས་པའི་ཆ་དེ་ཉིད་ཕྱག་རྡོར་གྱི་རྣམ་པར་ཤར་བ་དང་། མཁྱེན་བརྩེ་ནུས་པ་མཐར་ཕྱིན་པའི་རྗེ་བཙུན་བླ་མ་བློ་བཟང་གྲགས་པ་དེ་ཉིད་མཁས་གྲུབ་ཀུན་གྱི་གཙུག་རྒྱན་དམ་པ་དང་། དེ་ཡང་སྐྱབས་གནས་ཀུན་འདུས་སུ་ཤེས་པའི་སྒོ་ནས། རང་གཞན་གྱི་རྒྱུད་བྱིན་གྱིས་བརླབ་ཏུ་གསོལ། ཞེས་གསོལ་བ་བཏབ་པས། ཐུབ་དབང་རྡོ་རྗེ་འཆང་བློ་བཟང་གྲགས་པ་དང་། འཇམ་དབྱངས་སྤྱན་རས་གཟིགས་ཕྱག་རྡོར་མདོར་ན་གཙོ་འཁོར་རྣམས་ཀྱི་སྐུ་ལས་བདུད་རྩི་སྣ་ལྔའི་རྒྱུན་འོད་ཟེར་འཕྲོ་བ་དཔག་མེད་བྱུང་། རང་གཞན་གྱི་ལུས་སེམས་ལ་ཞུགས་པས། ཐོག་མེད་ནས་བསགས་པའི་སྡིག་སྒྲིབ་ཐམས་ཅད་དང་། ཁྱད་པར་སྡོམ་པ་གསུམ་དང་འགལ་བའི་བཅས་རང་གི་ཉེས་ལྟུང་རྣམས་དང་། ངེས་འབྱུང་བྱང་སེམས། ལྟ་བ་རྣམ་དག་རིམ་གཉིས་ཟུང་འཇུག་གི་རྟོགས་པ་ཁྱད་པར་ཅན་སྐྱེ་བ་ལ་གེགས་བྱེད་རྣམས་སྦྱངས་ནས་འོད་གསལ་བར་བྱས། སླར་ཡང་རྣམ་ཀུན་མཆོག་ལྡན་གྱི་བདེ་བ་ཆེན་པོའི་གོ་འཕང་དམ་པའི་དངོས་གྲུབ་སྩོལ་དུ་གསོལ། །སྙམ་པའི་སྒོ་ནས། གསོལ་བ་འདེབས་སོ་དངོས་གྲུབ་མ་ལུས་སྩོལ། །ཞེས་བརྗོད་པས། ལྷ་དེ་

དང་དེ་ལས་རང་འདྲ་གཉིས་པ་རེ་ཆད་ནས་རང་ལ་ཐིམ་པས་ཚེ་དང་བསོད་ནམས་ལ་སོགས་པའི་ཡོན་ཏན་ཐམས་ཅད་འཕེལ་ཞིང་རྒྱས་པའི་སྒོ་ནས་ཐུབ་དབང་རྡོ་རྗེ་འཆང་བློ་བཟང་གྲགས་པ་སྐྱབས་གནས་ཀུན་འདུས་ཀྱི་བདག་ཉིད་དང་། རང་གཞན་དབྱེར་མེད་དུ་གྱུར་པར་བསམ་པའི་དམིགས་པ་ལ་གནས་བཞིན་པའི་ངང་ནས། བརྒྱ་སྟོང་ཁྲི་འབུམ་སོགས་མང་དུ་བརྗོད། དེ་ནས་དམིགས་པ་དེ་ཉིད་ཀྱི་ངང་ནས། དཔལ་ལྡན་ས་གསུམ་འགྲོ་བའི་མིག་གཅིག་པུ། །ཞེས་པ་ནས། རྗེ་གཅིག་ཉམས་སུ་ལེན་པར་བྱིན་གྱིས་རློབས། །དེ་དང་དེའི་སྐབས་སུ་བདུད་རྩིའི་རྒྱུན་བབས། དེ་དང་དེའི་གེགས་བྱེད་སྦྱངས་ནས། དེ་དང་དེའི་ཡོན་ཏན་རང་གཞན་གྱིས་ཐོབ་པར་བསམ། ཁྱད་པར་མདོར་ན་རྒྱལ་བའི་དམ་ཆོས་མ་ལུས་པ། །ཁྱོད་ཀྱི་དགོངས་པ་ཇི་བཞིན་ལེགས་བཟུང་ནས། །མགོན་ཁྱོད་ཀོ་འཕང་བདག་གིས་མྱུར་ཐོབ་སྟེ། །འགྲོ་བའི་འདྲེན་པ་བགྱིད་པར་བྱིན་གྱིས་རློབས། །ཞེས་ལན་གསུམ་བརྗོད་པས། འཇམ་དབྱངས་སྤྱན་རས་གཟིགས། ཕྱག་ན་རྡོ་རྗེ་རྣམས། རྗེ་བཙུན་བླ་མ་ལ་ཐིམ། རྗེ་བཙུན་བླ་མ་གཉིས་པ་ཞིག་རང་ལ་ཐིམ་པས། རང་ཉིད་རྗེ་བཙུན་བླ་མར་གྱུར་ནི། སེང་ཆེན་བརྒྱད་བཏེག་རིན་ཆེན་ཁྲི་སྟེང་སྣ་ཚོགས་པད་ཟླ་ཉི་མའི་དཀྱིལ་འཁོར་གྱི་གདན་ལ། རང་ཉིད་བླ་མ་བློ་བཟང་གྲགས་པ། སྐུ་མདོག་དཀར་ལ་དམར་བའི་མདངས་ཅན། ཞེས་པ་ནས། ཞབས་གཉིས་རྡོ་རྗེ་སྐྱིལ་ཀྲུང་གིས་བཞུགས་པར་བསམ་མོ། །རང་ཉིད་སྤྱི་བོའི་བླ་མའི་སྐུ་ལས་བདུད་རྩི་འོད་ཟེར་འཕྲོས་པ། སྣོད་བཅུད་ཐམས་ཅད་ལ་འཕོག་པས། སྣོད་བཅུད་ཐམས་ཅད་ཞིང་ཁྱད་པར་ཅན་དང་། སེམས་ཅན་ཐམས་ཅད་ཀྱང་རྗེ་བཙུན་བླ་མར་གྱུར་པར་བསམ། །རང་ཉིད་ཐུགས་ཀར་ཟླ་བའི་གདན་ལ། ཨཾ་ཧཱུྂ་སྔོན་པོས་མཚེད་པའི་མཐའ་སྐོར་དུ། ཨོཾ་ཨཱཿ གུ་རུ་བཛྲ་ དྷ་ར་སུ་མ་ཏི་ ཀཱིརྟི་ ཧཱུྃ་ ཧཱུྃ་ ཕཊ་ ཕཊ་ སྭཱ་ཧཱ། ཞེས་པའི་སྔགས་ཀྱིས་བསྐོར་བར་བསམ་ནས། སྔགས་དེ་ཉིད་མང་དུ་བརྗོད། དེ་ཡང་། རང་ཉིད་རྗེ་བཙུན་བླ་མར་གསལ་བའི་ཐུགས་ཀའི་ཧཱུྃ་ལས་འོད་ཟེར་ཕྱོགས་བཅུར་འཕྲོས་པས། ཕྱོགས་བཅུའི་སངས་རྒྱས་བྱང་སེམས་ཐམས་ཅད་རྗེ་བཙུན་བླ་མའི་རྣམ་པར་སྤྱན་དྲངས་ནས་རང་ཉིད་ལ་ཐིམ་པས། བྱིན་རླབས་ཐམས་ཅད་ཞུགས། སྡིག་སྒྲིབ་ཐམས་ཅད་དང་། ཁྱད་པར་མི་ཤེས་པའི་མུན་པ་མ་ལུས་པ་སྦྱངས། ཚེ་དང་བསོད་ནམས་ལ་སོགས་པའི་ཡོན་ཏན་ཐམས་ཅད་དང་། ཁྱད་པར་

ཤེས་རབ་ཀྱི་སྣང་བ་ཁྱད་པར་ཅན་སྐྱེས་ནས། རྗེ་བཙུན་བླ་མའི་གོ་འཕང་རང་ཉིད་ཀྱིས་ཐོབ་པར་བསམ་པའི་སྒོ་ནས་བརྗོད་པ་ཡིན་ནོ། །༈དེ་ནས། ནང་གི་སྒྲུབ་ཚུལ་ནི། སྤྱི་བོ་ན་བཞུགས་པའི་རྗེ་བཙུན་བླ་མ་འོད་ཀྱི་རྣམ་པར་ཐུབ་པའི་དབང་པོ་ལ་ཐིམ་པས། བླ་མ་ཐུབ་པའི་དབང་པོ་སྐུ་གསེར་བཙོ་མ་ལྟ་བུ། དབུ་གཙུག་ཏོར་ཅན། གཡས་ས་གནོན་དང་། གཡོན་མཉམ་གཞག་གི་སྟེང་ན་བདུད་རྩིའི་གང་བའི་ལྷུང་བཟེད་ཡོད་པ། སྐུ་ལ་ཆོས་གོས་གསུམ་གསོལ་བ། མཚན་དཔེས་བརྒྱན་པའི་དྭངས་གསལ་འོད་ཀྱི་རང་བཞིན་ཅན། སྐུ་ལས་སྐྱེས་པའི་འོད་ཀྱི་དཀྱིལ་འཁོར་གྱི་དབུས་ན། ཞབས་གཉིས་རྡོ་རྗེ་སྐྱིལ་ཀྲུང་གིས་བཞུགས་པར་བསམས་ནས། ཡན་ལག་བདུན་པ་མཎྜལ་དང་བཅས་པ་ཇི་ལྟར་འཚམ་པ་འབུལ། དེ་ནས། བདག་དང་མ་ནམ་མཁའ་དང་མཉམ་པའི་སེམས་ཅན་ཐམས་ཅད། སྲིད་ཞིའི་འཇིགས་པ་དང་རྒུད་པ་ལ་བསྐྱབ་ཏུ་གསོལ། སྙམ་པའི་སྒོ་ནས། བླ་མ་ཀུན་འདུས་བླ་མ་ཐུབ་པའི་དབང་པོ་ལ་གསོལ་བ་འདེབས་སོ། ཡི་དམ་ཀུན་འདུས་བླ་མ་ཐུབ་པའི་དབང་པོ་ལ× སངས་རྒྱས་ཀུན་འདུས་བླ་མ་ཐུབ་པའི་དབང་པོ་ལ× དམ་ཆོས་ཀུན་འདུས་བླ་མ་ཐུབ་པའི་དབང་པོ་ལ× དགེ་འདུན་ཀུན་འདུས་བླ་མ་ཐུབ་པའི་དབང་པོ་ལ× མཁའ་འགྲོ་ཀུན་འདུས་བླ་མ་ཐུབ་པའི་དབང་པོ་ལ× ཆོས་སྐྱོང་ཀུན་འདུས་བླ་མ་ཐུབ་པའི་དབང་པོ་ལ× དེ་ནས། བླ་མ་ཡི་དམ་སྐྱབས་གནས་ཀུན་འདུས་བླ་མ་ཐུབ་པའི་དབང་པོ་ལ་གསོལ་བ་འདེབས་སོ། །ཞེས་གང་མང་བརྗོད་ནས། བདག་དང་མ་སེམས་ཅན་ཐམས་ཅད་ཀྱིས་ཚོགས་བསགས་སྒྲིབ་སྦྱངས་པའི་ཞིང་ས་གཅིག་པུ་ཉིད་ཡིན་པས་ཁྱད་པར་ཅན་མཛད་པར་སྨོན་ལམ་བཏབ་ནས་སྒྲུབ་ཐབས་བྱེད་ཀྱི་བདག་ཉིད་ཀྱི་བླ་མ་རྗེ་བཙུན་ཆེན་པོ། །

ཞེས་གང་མང་བརྗོད་ནས། བདག་དང་མ་སེམས་ཅན་ཐམས་ཅད་ཀྱིས་ཚོགས་བཙད་གཅིག་ཙམ་ཉན་པའི་བླ་མས་མཚོན། བླ་མ་སངས་རྒྱས་སུ་མཐོང་བ་དང་། མཐོང་ནས་གུས་པས་ཚུལ་བཞིན་བསྟེན་པ་དང་། ཁྱད་པར་བཀའ་བཞིན་སྒྲུབ་ནུས་པར་བྱིན་གྱིས་བརླབ་ཏུ་གསོལ། བདག་དང་མ་སེམས་ཅན་ཐམས་ཅད་ལས་འབྲས་ལ་ཡིད་ཆེས་ཀྱི་དད་པ་དང་། ངེས་འབྱུང་དང་། བྱང་ཆུབ་ཀྱི་སེམས་ཁྱད་པར་ཅན་རྒྱུད་ལ་སྐྱེ་བ་དང་། རྒྱལ་སྲས་ཀྱི་སྤྱོད་པ་རྣམ་པ་ཐམས་ཅད་དང་། ཁྱད་པར་ལྟ་བ་དང་། ལྟ་བའི་སྙིང་པོ་ཁྱད་པར་ཅན་ལ་སློབ་ནུས་པར་བྱིན་གྱིས་བརླབ་ཏུ་གསོལ། ཞེས་བརྗོད་པས་སྐུ་ལས་བདུད་རྩི་བབས་ནས། དེ་དང་དེའི་གེགས་སྦྱངས་ནས། དེ་དང་དེའི་རྟོགས་པ་ཁྱད་པར་ཅན་རང་གཞན་གྱི་རྒྱུད་ལ་སྐྱེས་པར་བསམ་མོ། །དེ་ནས་བླ་མ་སྟོན་པ་བཅོམ་ལྡན་འདས་དེ་བཞིན་གཤེགས་པ་དགྲ་བཅོམ་པ་ཡང་དག་པར་རྫོགས་

པའི་སངས་རྒྱས་དཔལ་རྒྱལ་བ་ཤཱཀྱ་ཐུབ་པ་ལ་ཕྱག་འཚལ་ཞིང་གསོལ་བ་འདེབས་སོ་ཞེས་མང་དུ་བརྗོད་ནས། བླ་མ་ཐུབ་དབང་ལས། བླ་མ་ཐུབ་དབང་ཞིག་ཆད་ནས་རང་ལ་ཐིམ། རང་ཉིད་བླ་མ་ཐུབ་པར་གསལ་བའི་སྐུ་ལས། བདུད་རྩི་འོད་ཟེར་འཕྲོས་པ་སྡོད་བཅུད་ཐམས་ཅད་ལ་ཕོག་པས། སྡོད་ཐམས་ཅད་ཞིང་ཁྱད་པར་ཅན་དང་། སེམས་ཅན་ཐམས་ཅད་བླ་མ་ཐུབ་པར་བསམ་མོ། །དེ་ནས་རང་གི་ཐུགས་ཀར་ཟླ་གདན་ལ་ཨཿཧཱུྃ་གིས་མཚན་པ། སྔགས་ཕྲེང་གིས་བསྐོར་བ་ལས་འོད་ཟེར་འཕྲོས་པས། སངས་རྒྱས་བྱང་སེམས་ཐམས་ཅད་བླ་མ་ཐུབ་པའི་རྣམ་པར་སྤྱན་དྲངས་ནས་རང་ཉིད་ལ་ཐིམ་པས། བྱིན་རླབས་ཞུགས་ནས་རང་ཉིད་བླ་མ་ཐུབ་པར་གྱུར་པ་བསམ་པའི་ངང་ནས། ཨོཾ་མུ་ནེ་མུ་ནེ་མཧཱ་མུ་ནེ་ཡེ་སྭཱ་ཧཱ། ཞེས་བརྒྱ་སྟོང་ཁྲི་འབུམ་སོགས་བརྗོད་པར་བྱའོ། ༔ །དེ་ནས། གསང་བའི་སྒྲུབ་ཚུལ་ནི། བླ་མ་ཐུབ་པ་འོད་ཀྱི་རྣམ་པར་རྡོ་རྗེའི་འཆང་ལ་ཐིམ་པས། རང་གི་སྤྱི་བོར་སྣ་ཚོགས་པད་ཟླ་ཉི་མའི་དཀྱིལ་འཁོར་གྱི་གདན་ལ། བླ་མ་རྡོ་རྗེ་འཆང་སྐུ་མདོག་སྔོན་པོ། ཞལ་གཅིག་ཕྱག་གཉིས་རྡོ་རྗེ་དང་དྲིལ་བུ་འཛིན་པས། ཡུམ་རྡོ་རྗེ་དབྱིངས་ཕྱུག་མ་སྔོན་མོ་གྲི་གུག་དང་ཐོད་པ་འཛིན་པ་ལ་འཁྱུད་པ། ཡབ་དར་དཔྱངས་འཇར་ཆགས་ཀྱི་སྣ་བོར་ཚུགས་དང་། ཡུམ་དབུ་སྐྲ་ཕྱེད་བཅིངས་ཅན། གཉིས་ཀ་རུས་པ་དང་རིན་པོ་ཆེའི་རྒྱན་སྣ་ཚོགས་པས་སྤྲས་པ། དར་བཟང་པོའི་སྟོད་གཡོགས་དང་སྨད་གཡོགས་ལེགས་པར་གསོལ་བ། མཚན་དང་དཔེ་བྱད་ཀྱིས་བརྒྱན་པའི་དྭངས་གསལ་འོད་ཀྱི་རང་བཞིན་ཅན། སྐུ་ལས་སྐྱེས་པའི་འོད་ཕུང་གི་དབུས་ན་ཡབ་རྡོ་རྗེ་སྐྱིལ་ཀྲུང་དང་། ཡུམ་པདྨའི་འདུག་སྟངས་ཀྱིས་བཞུགས་པར་བསམ་མོ། །དེ་ནས་གཙོ་འཁོར་རྣམས་ལ་གུས་པའི་སྒོ་ནས། ཡན་ལག་བདུན་པ་རྒྱས་བསྡུས་ཅི་རིགས་འབུལ་ལོ། །སྙིང་པོ་ནི། རིགས་ཀུན་ཁྱབ་བདག་བླ་མ་རྡོ་རྗེ་འཆང་། །འཁོར་བཅས་ཁྱོད་ལ་གུས་པས་ཕྱག་འཚལ་ལོ། །དངོས་བཤམས་ཡིད་སྤྲུལ་མཆོད་པ་མ་ལུས་འབུལ། ཞེས་སོགས་གོང་བཞིན་དམིགས་པ་དང་བཅས་པས་བརྗོད་དོ། །དེ་ནས། སྐྱབས་གནས་ཀུན་འདུས་བླ་མ་ལྷག་པའི་ལྷ། །རྒྱལ་པ་རྡོ་རྗེ་འཆང་ལ་གསོལ་བ་འདེབས། །ཞེས་གང་མང་བརྗོད་ནས། བདག་དང་མ་སེམས་ཅན་ཐམས་ཅད་ཐ་མལ་གྱི་སྣང་ཞེན་དང་། དེ་དག་གི་དབང་གིས་འཁོར་བར་སྐྱེས་ནས། འཁོར་བའི་སྡུག་བསྔལ་སྣ་ཚོགས་ཀྱིས་ཐོག་མཐའ་བར་གསུམ་དུ་སྡུག་བསྔལ་བ་ལས། ད་ལྟ་ཉིད་དུ་བསྐྱབ་ཏུ་གསོལ། །

ཁྱད་པར་བདག་གིས་ཚེ་འདི་ཉིད་ལ་བླ་མ་རྡོ་རྗེ་འཆང་གི་གོ་འཕང་མངོན་དུ་བྱས་ནས། མ་སེམས་ཅན་ཐམས་ཅད་སྡུག་བསྔལ་ལས་བསྒྲལ་ནས་སངས་རྒྱས་ཀྱི་ས་ལ་འགོད་ནུས་པར་བྱིན་གྱིས་བརླབ་ཏུ་གསོལ། ཞེས་ལན་གསུམ་སོགས་བརྗོད་པས། སྐུ་ལས་བདུད་རྩིའི་རྒྱུན་བབས་རང་གཞན་ལ་ཐིམ་པས་མ་དག་པའི་སྣང་ཞེན་སྦྱངས་ནས་དག་པ་ལྷ་དང་ལྷ་མོའི་རང་བཞིན་དུ་གྱུར་པར་བསམ། དེ་ནས་མ་སེམས་ཅན་ཐམས་ཅད་ཀྱི་དོན་དུ། བདག་གིས་ཚེ་འདི་ཉིད་ལ་བླ་མ་རྡོ་རྗེ་འཆང་གི་གོ་འཕང་མངོན་དུ་བྱས་ནས། མ་སེམས་ཅན་ཐམས་ཅད་གོ་འཕང་དེ་ཉིད་ལ་འགོད་པར་བྱ། དེའི་ཕྱིར་དུ་བླ་མ་ལྷ་ལས། རིག་པ་འཛིན་པའི་སྡོམ་པ་བླངས་ལ། སངས་རྒྱས་མ་ཐོབ་ཀྱི་བར་དུ་བསྲུང་བར་བྱ་སྙམ་པའི་སྒོ་ནས། བླ་མ་སངས་རྒྱས་བྱང་སེམས་ཀུན། བདག་ལ་དགོངས་པར་མཛད་དུ་གསོལ། །བྱང་ཆུབ་སེམས་ནི་བླ་ན་མེད། །དམ་པ་བདག་གིས་བསྐྱེད་པར་བགྱི། །སེམས་ཅན་ཀུན་གྱི་དོན་གྱི་ཕྱིར། །བདག་གིས་སྡོམ་པ་མ་ལུས་བཟུང་། །མ་བསྒྲལ་བ་རྣམས་བདག་གིས་བསྒྲལ། །མ་གྲོལ་བ་རྣམས་བདག་གིས་སྒྲོལ། །དབུགས་མ་ཕྱིན་པ་དབུགས་དབྱུང་ཞིང་། །སེམས་ཅན་མྱ་ངན་འདས་ལ་འགོད། །ལན་གསུམ་བརྗོད་ནས་སྡོམ་པ་འཛིན། དེའི་བསླབ་བྱ་རྣམས་ལ་ཡང་སློབ་པར་བྱེད་དོ། །དེ་ནས་བླ་མ་ལྷག་པའི་ལྷ་རྡོ་རྗེ་འཆང་ཡབ་ཡུམ་འཁོར་དང་བཅས་པ་རྣམས་ལ་བདག་གུས་པས་གསོལ་བ་འདེབས་ན། བདག་དང་སེམས་ཅན་ཐམས་ཅད་ལ་དབང་བཞི་རྫོགས་པར་བསྐུར་དུ་གསོལ། །ཞེས་ལན་གསུམ་བརྗོད་པས། བླ་མ་ལྷ་གཙོ་འཁོར་རྣམས་ཀྱི་གནས་ལྔའི་ཡི་གེ་དང་། སྐུའི་ཆ་ལས་བདུད་རྩི་ཁ་དོག་སྣ་ལྔ་འོད་ཟེར་དང་བཅས་པ་བྱུང་བ། རང་དང་སེམས་ཅན་ཐམས་ཅད་ཀྱི་གནས་ལྔར་ཐིམ་པས། སྡིག་སྒྲིབ་ཐམས་ཅད་དང་ཁྱད་པར་ཐ་མལ་གྱི་སྣང་ཞེན་རྣམས་སྦྱངས་ནས། རང་དང་སེམས་ཅན་ཐམས་ཅད་ཀྱི་ལུས་ངག་ཡིད་གསུམ་རྡོ་རྗེ་གསུམ་དང་། རྡོ་རྗེ་གསུམ་དབྱེར་མི་ཕྱེད་པའི་གོ་འཕང་ཐོབ་པར་བསམ་མོ། །དེ་ནས་བླ་མ་ལྷ་ཡབ་ཡུམ་ལས་འོད་ཟེར་འཕྲོས་པ་མཐའ་སྐོར་ན་བཞུགས་པ་རྣམས་ལ་ཕོག་པས། བླ་མ་ལྷ་ཡབ་ཡུམ་ལ་ཐིམ། བླ་མ་ཡབ་ཡུམ་གཉིས་པ་ཞིག་ཆད་ནས་རང་ཉིད་ལ་ཐིམ་པས། རང་ཉིད་བླ་མ་ལྷ་རྡོ་རྗེ་འཆང་ཡབ་ཡུམ་དུ་གྱུར་པའི་སྐུའི་ཆ་ལས་བདུད་རྩི་འོད་ཟེར་འཕྲོས་པས། སྣོད་བཅུད་ཐམས་ཅད་ཀྱི་མ་དག་པ་སྦྱངས་ནས། དག་པ་ལྷའི་བདག་

ཉིད་དུ་གྱུར་པར་བསམ། དེ་ལྟར་རང་གཞན་གྱི་སྣང་བ་རྣམས་བླ་མ་ལྷ་དེར། བླ་མ་ལྷའི་བདག་ཉིད་དུ་བསྒོམ་པ་དང་། ཐུགས་ཀར་ཉི་གདན་ལ་གནས་པའི་ཧཱུྃ་སྔོན་པོ་ཐུགས་ཀྱི་སྙིང་པོ་ལས་འོད་ཟེར་འཕྲོས་པས། ཕྱོགས་བཅུའི་སངས་རྒྱས་དང་བྱང་ཆུབ་སེམས་དཔའ་ཐམས་ཅད་བླ་མ་རྡོ་རྗེ་འཆང་ཡབ་ཡུམ་གྱི་རྣམ་པར་སྤྱན་དྲངས་ཏེ། རང་ཉིད་ལ་ཐིམ་པས། རང་ཉིད་རྒྱལ་བ་ཀུན་འདུས་བླ་མ་རྡོ་རྗེ་འཆང་དུ་གྱུར་པ་ཡིན་ནོ་སྙམ་དུ་བསམ་པའི་ངང་ནས། ཨོཾ་ཨཱཿགུ་རུ་བཛྲ་དྷྲི་ཀ་ཧཱུྃ་ཧཱུྃ་ཕཊ་ཕཊ་སྭཱ་ཧཱ། ཞེས་སྔགས་བཟླ་བ་ལ་ཡང་བརྩོན་པར་བྱའོ། །དེ་ནས་དགེ་བ་འདི་ཡིས་མྱུར་དུ་བདག །བློ་བཟང་རྡོ་རྗེ་འཆང་དབང་འགྲུབ་གྱུར་ནས། །གང་འཚམ་ཐབས་ཀྱིས་འགྲོ་བ་མ་ལུས་པ། བློ་བཟང་གོ་འཕང་མཆོག་ལ་འགོད་པར་ཤོག །གོ་འཕང་མཆོག་དེ་ཚེ་འདིར་མ་ཐོབ་ན། །འཆི་ཚེ་བློ་བཟང་རྡོར་འཆང་འཁོར་བཅས་ཀྱིས། །ཡིད་འོང་མཆོད་སྤྲིན་སྣ་ཚོགས་རོལ་མོ་སོགས། །ངོ་མཚར་ལྟས་བཟང་མང་པོས་བསུ་བར་ཤོག །དེ་ཚེ་བླ་མ་བློ་བཟང་རྡོ་རྗེ་འཆང་། །འཁོར་དང་བཅས་པ་མཐོང་ནས་དེ་མ་ཐག །ཏུ་ཏུ་དགའ་ལྡན་མཁའ་སྤྱོད་གནས་འགྲོ་ཞེས། །གསུང་གིས་དབུགས་འབྱིན་སྣང་བ་ཐོབ་པར་ཤོག །དེ་ནས་འཆི་བ་འོད་གསལ་ཟིན་མཛད་ཅིང་། །ལམ་མཆོག་སྒྲུབ་པའི་རིག་པ་འཛིན་པའི་གནས། །དགའ་ལྡན་མཁའ་སྤྱོད་གནས་སུ་ཁྲིད་ནས་ནི། །མི་ཕམ་རྡོ་རྗེ་འཆང་གི་ཞལ་མཐོང་ཤོག །དེ་ནས་སྐད་ཅིག་དེ་ཉིད་ཕོ་ན་ལ། །མ་ལུས་མཐའ་ཡས་ཏིང་འཛིན་ཚོགས་ཐོབ་ནས། །ཞིང་ཁམས་བྱེ་བར་རྒྱལ་རྣམས་བལྟ་བའི་ཕྱིར། །དཔག་མེད་ལུས་ཀྱི་བཀོད་པ་སྟོན་པར་ཤོག །དེ་ནས་ཡོན་ཏན་ཀུན་གྱི་མཐར་སོན་ཅིང་། །མཐའ་ཡས་འགྲོ་བ་ཆོས་ཀྱིས་ཚིམ་བྱས་ནས། །མྱུར་བ་མྱུར་བར་བློ་བཟང་རྡོ་རྗེ་འཆང་། །ཐོབ་ནས་འགྲོ་ཀུན་འདྲེན་པའི་དཔལ་གྱུར་ཅིག །གཞན་ཡང་ཀུན་ཏུ་བཟང་པོའི་སྨོན་ལམ་སོགས་ཀྱང་བརྗོད་པར་བྱའོ། །དེ་ལྟར་ཐུན་དྲུག་གམ། བཞི་གང་ཡང་རུང་བར་ཉམས་སུ་བླངས་ནས། ཐུན་མཚམས་ཀྱི་བྱ་བ་ལ་འཇུག་པ་ན་ཡང་། གང་ཤར་བླ་མ་ལྷ་དེ་དང་དེའི་རྣམ་རོལ་དུ་འཁྱེར་བ་སོགས་ཐུན་མཚམས་ཀྱི་ཉམས་ལེན་ལ་ཡང་བརྩོན་པར་བྱེད། དེ་ལྟར་བྱས་པས་ཇི་ལྟར་འདོད་པའི་དོན་དང་། ལུང་དང་རྟོགས་པའི་ཡོན་ཏན་མཐར་ཕྱིན་ནས། བློ་བཟང་རྡོ་རྗེ་འཆང་གི་གོ་འཕང་ཐོབ་པའི་ཕན་ཡོན་ཡོད་གསུང་ངོ་། །འདིས་ཀྱང་བློ་བཟང་བྱིན་བརླབས་འཕེལ་ཞིང་རྒྱས་ནས་བསམ་དོན་ལྷུན་གྱིས་འགྲུབ་པར་གྱུར་ཅིག། ། །སརྦ་མངྒ་ལཾ།།

༄༅། །རྗེ་བླ་མ་ལ་བརྟེན་པའི་བླ་མའི་རྣལ་འབྱོར་གྱི་སྙིང་པོ།

༄༅། །བླ་མ་ལྷ་ལ་ཕྱག་འཚལ་ལོ། །རྒྱལ་བ་བློ་བཟང་གྲགས་པའི་ཐུན་མོང་མ་ཡིན་པའི་སྒྲུབ་ཐབས་ཀྱི་སྙིང་པོ་ཉམས་སུ་ལེན་པར་འདོད་པའི་རྣལ་འབྱོར་པས། བདེ་བའི་སྟན་ལ་ལེགས་པར་འདུག །དགེ་སེམས་རྣམ་དག་གི་ངང་ནས། སྐྱབས་འགྲོ་སེམས་བསྐྱེད་སྔོན་དུ་ཕྱིན་པར། མ་སེམས་ཅན་ཐམས་ཅད་ཀྱི་དོན་དུ་མྱུར་བ་མྱུར་བར་རྫོགས་པའི་སངས་རྒྱས་རྡོ་རྗེ་འཆང་གི་གོ་འཕང་ཐོབ་པར་བྱ། དེའི་ཕྱིར་དུ་ཐུབ་དབང་རྡོ་རྗེ་འཆང་བློ་བཟང་གྲགས་པའི་སྒྲུབ་ཐབས་ཉམས་སུ་བླང་བར་བགྱི་སྙམ་དུ་རྒྱུད་དང་འདྲེས་ངེས་པ་གསུམ་སོགས་བྱ། དེ་ནས་རང་གི་སྤྱི་བོར་སེང་ཆེན་བརྒྱད་བཏེག་རིན་ཆེན་ཁྲི་སྟེང་སྣ་ཚོགས་པད་ཟླ་ཉི་མའི་དཀྱིལ་འཁོར་གྱི་གདན་ལ། ཐུབ་དབང་རྡོ་རྗེ་འཆང་བློ་བཟང་གྲགས་པ་དགེ་སློང་གི་ཆ་བྱད་ཅན། ཆོས་སྟོན་མཉམ་གཞག་གི་སྟེང་ན་བདུད་རྩིས་གང་བའི་ལྷུང་བཟེད་ཡོད་པ། གཡས་གཡོན་གྱི་མཐེབ་མཛུབ་གཉིས་ཀྱིས་ཨུཏྤ་ལའི་སྡོང་བུའི་རྩ་བ་བཟུང་ནས། རྩེ་མོ་སྐུ་དཔུང་གཡས་གཡོན་གྱི་ཐད་དུ་ཁ་བྱེ་བའི་གཡས་ན་རལ་གྲི་དང་། གཡོན་ན་གླེགས་བམ་གྱིས་མཚན་པ། པཎ་ཞྭ་སེར་པོ་དང་ཆོས་གོས་གསུམ་མཛེས་པར་གསོལ་བ། མཚན་དཔེས་སྤྲས་པའི་དྭངས་གསལ་འོད་ཀྱི་རང་བཞིན་ཅན། སྐུ་ལས་སྐྲིས་པའི་འོད་ཀྱི་དཀྱིལ་འཁོར་གྱི་དབུས་ན་ཞབས་གཉིས་རྡོ་རྗེ་སྐྱིལ་ཀྲུང་གིས་བཞུགས་པར་བསམ། དེའི་ཐུགས་ཀར་སྣ་ཚོགས་པད་ཟླ་ཉི་མའི་དཀྱིལ་འཁོར་གྱི་གདན་ལ། ཐུབ་པའི་དབང་པོ་དང་། དེའི་ཐུགས་ཀར་རྡོ་རྗེ་འཆང་ཡབ་ཡུམ་བཞུགས་པ། ཐུགས་ཀའི་ཧཱུྃ་ལས་འོད་ཟེར་ཕྱོགས་བཅུར་འཕྲོས་པས། བླ་མ་ཐུབ་དབང་རྡོ་རྗེ་འཆང་བློ་བཟང་གྲགས་པ་ཞི་ཁྲོ་རབ་འབྱམས་ལྷ་ཚོགས་ཀྱིས་བསྐོར་བ་སྤྱན་དྲངས། སྤྱི་བོའི་བླ་མ་ལ་ཐིམ་པས། དེ་ཉིད་སྐྱབས་གནས་ཀུན་འདུས་སུ་གྱུར་པར་བསམ། སྐྱབས་གནས་ཀུན་འདུས་ཐུབ་དབང་རྡོ་རྗེ་འཆང་། །ཞིང་འདིར་སྤྲུལ་པའི་རྣམ་རོལ་མཆོག་བཟུང་

ནས། །སྐལ་ལྡན་བདེ་ཆེན་ལམ་ལ་འགོད་མཛད་པའི། །རྒྱལ་བ་བློ་བཟང་གྲགས་ལ་ཕྱག་འཚལ་ལོ། །དངོས་བཤམས་ཡིད་སྤྲུལ་མཆོད་སྤྲིན་ནམ་མཁའི་ཁྱོན། །ཡོངས་སུ་བཀང་ནས་འདྲེན་མཆོག་ཁྱེད་ལ་འབུལ། །སྒོ་གསུམ་སྡིག་ལྟུང་མ་ལུས་སྙིང་ནས་འཆགས། །རང་གཞན་དགེ་ལ་བདག་ནི་ཡི་རང་ངོ་། །ནམ་མཁའ་ཇི་སྲིད་བརྟན་པར་ལེགས་བཞུགས་ནས། །བདེ་ཆེན་སྙིང་པོའི་ཆོས་འཁོར་བསྐོར་དུ་གསོལ། །དུས་གསུམ་དགེ་རྣམས་བྱང་ཆུབ་མཆོག་ཏུ་བསྔོ། །གླིང་བཞི་རི་རབ་ཉི་ཟླ་རིན་ཆེན་དང་། །རང་གཞན་སྒོ་གསུམ་ལོངས་སྤྱོད་དགེ་ཚར་བཅས། །རིན་ཆེན་མཎྜལ་ཀུན་བཟང་མཆོད་པའི་སྤྲིན། །བླ་མ་ལྷ་མཆོག་ཉིད་ལ་ལེགས་འབུལ་ན། །ཐུགས་རྗེས་བཞེས་ནས་བྱིན་གྱིས་བརླབ་ཏུ་གསོལ། །དཔལ་ལྡན་རྩ་བའི་བླ་མ་རིན་པོ་ཆེ། །བདག་གི་སྤྱི་བོར་འབྲལ་མེད་ལེགས་བཞུགས་ནས། །ལུས་ངག་ཡིད་ལ་སྐུ་གསུང་ཐུགས་ཞུགས་ལ། །བླ་མ་ཁྱེད་རང་ལྷ་བུར་བྱིན་གྱིས་རློབས། །དངོས་གྲུབ་ཀུན་འབྱུང་ཐུབ་དབང་རྡོ་རྗེ་འཆང་། །དམིགས་མེད་བརྩེ་བའི་གཏེར་ཆེན་སྤྱན་རས་གཟིགས། །དྲི་མེད་མཁྱེན་པའི་དབང་པོ་འཇམ་པའི་དབྱངས། །བདུད་དཔུང་མ་ལུས་འཇོམས་པའི་གསང་བའི་བདག །གངས་ཅན་མཁས་པའི་གཙུག་རྒྱན་བློ་བཟང་གྲགས། །སྐྱབས་གནས་ཀུན་འདུས × གསོལ་བ་འདེབས × གསོལ་བ་འདེབས་སོ་ཞེས་བརྒྱ་སྟོང་ཁྲི་འབུམ་སོགས་མང་དུ་བརྗོད། དེའི་ཚེ་སྤྱི་བོའི་བླ་མ་ལྷ་ལས་བདུད་རྩི་སྣ་ལྔ་འོད་ཟེར་དང་བཅས་པ་བབས། །རང་གི་ལུས་སེམས་ལ་ཞུགས་པས། སྡིག་སྒྲིབ་ཐམས་ཅད་དང་སྡོམ་གསུམ་དང་འགལ་བའི་བཅས་རང་གི་ཉེས་ལྟུང་རྣམས་དང་། ཁྱད་པར་ནད་གདོན་བགེགས་ཐམས་ཅད་ཞི་བར་བྱས། ཚེ་དང་བསོད་ནམས་ལ་སོགས་པའི་ཡོན་ཏན་ཐམས་ཅད་རྒྱས་ནས། བླ་མ་ལྷའི་བྱིན་རླབས་ཞུགས་པར་བསམ། དེ་ནས། དཔལ་ལྡན་ས་གསུམ་འགྲོ་བའི་མིག་གཅིག་པུ། །ཞེས་སོགས་གདུང་ཤུགས་དྲག་པོས་བརྗོད་པར་བྱའོ། །འདི་ནི་རྒྱལ་བ་བློ་བཟང་གྲགས་པའི་སྒྲུབ་ཐབས་ཀྱི་སྙིང་པོ་ཙམ་ཞིག་ཡིན་ནོ། །འདིའི་ཕྱི་ནང་གསང་གསུམ་གྱི་སྒྲུབ་ཐབས་ལ་བརྟེན་ནས། ཚེ་གཅིག་ལ་རྡོ་རྗེ་འཆང་གི་སར་བགྲོད་པའི་རྣལ་འབྱོར་པ་ཡང་མང་པོ་ཡོད་འདུག་གོ །བློ་བཟང་བྱིན་རླབས་རྒྱས་ནས་བསམ་དོན་བདེ་བླག་ཏུ་འགྲུབ་པར་གྱུར་ཅིག །འདི་ནི་རྗེ་བླ་མ་བློ་བཟང་རྒྱལ་བའི་གདུང་འཚོབ་མཁས་གྲུབ་དམ་པ་སངས་རྒྱས་

ཡེ་ཤེས་ཀྱི་གྲུ་གེ་ནས་དགེ་སློང་ལེགས་པ་རྒྱ་མཚོ་ཞེས་བགྱི་བས། སྦྱར་ལེན་པའི་དོ་ཤལ་དང་། རྣམ་བཀྲ་དབང་པོའི་གཞུལ་འགྲན་པ་ལྷ་བུའི་རས་བཟང་གྱི་ཆོས་གོས་སོགས་ཕུལ་ནས་འདི་འདྲ་དགོས་ཞེས་གསོལ་བ་བཏབ་པ་ལ་བརྟེན་ནས། ལེགས་པར་གདམས་པའོ།། །། ༀ་རྗེ་བཙུན་བླ་མའི་རྣལ་འབྱོར་ཚོགས་བཅད་དུ་སྒྲིགས་པ་བཞུགས་སོ།། །།

༄༅། །རྗེ་བཙུན་བླ་མའི་རྣལ་འབྱོར་ཚིགས་བཅད་དུ་བསྒྲིགས་པ་བཞུགས་སོ།

༄། །ན་མོ་གུ་རུ་མཉྫུ་ཤྲཱི་ཛྙཱ་ཡ། འདིར་སྐལ་ལྡན་གྱི་སྐྱེས་བུ་རྗེ་བཙུན་བླ་མའི་རྣལ་འབྱོར་ལ་བརྟེན་ནས་མཆོག་ཐུན་མོང་གི་དངོས་གྲུབ་སྒྲུབ་པར་འདོད་པས། སྐྱབས་འགྲོ་སེམས་བསྐྱེད་ཚད་མེད་བཞི་བསྒོམ་པ་སྔོན་དུ་བཏང་སྟེ། དོན་དྲན་བཞིན་པའི་ངང་ནས་འདི་ལྟར་བརྗོད་པར་བྱའོ། །མདུན་གྱི་ནམ་མཁར་འོད་འབར་ནོར་བུའི་ཁྲི། །སྣ་ཚོགས་པད་ཉི་ཟླ་བའི་དཀྱིལ་འཁོར་སྟེང་། །དུས་གསུམ་རྒྱལ་བའི་ཡབ་གཅིག་འཇམ་པའི་དབྱངས། །ངུར་སྨྲིག་ཚུལ་བཟུང་རྒྱལ་བ་ཙོང་ཁ་པ། །སྐུ་མདོག་དཀར་གསལ་མཛེས་པའི་མཛུམ་ཞལ་ལྡན། །ཆོས་འཆད་ཕྱག་གཉིས་མཚན་པའི་ཨུཏྤལ་སྟེང་། །ཤེས་རབ་རལ་གྲི་ཤེར་ཕྱིན་གླེགས་བམ་བསྣམས། །གསེར་མདོག་པཎ་ཞྭ་གསོལ་ཞིང་གུར་གུམ་གྱི། །མདངས་ལྡན་ཆོས་གོས་གསུམ་གྱིས་མཛེས་པར་གླུབས། །མཚན་དཔེའི་དཔལ་འབར་གཟི་བརྗིད་ཕུང་པོའི་སྐུ། །རབ་མཛེས་འཇའ་ཚོན་སྣ་ལྔའི་གུར་ཁྱིམ་དབུས། །སྐྱབས་གསུམ་མ་ལུས་འདུས་པའི་བདག་ཉིད་ཅན། །སྐྱིལ་ཀྲུང་ཚུལ་གྱིས་བཞུགས་པའི་གནས་གསུམ་དུ། །ཨོཾ་ཨཱཿཧཱུྃ་གསུམ་མཚན་ཧཱུྃ་ཡིག་འོད་ཟེར་གྱིས། །མ་ལུས་དཀོན་མཆོག་གསུམ་གྱིས་ཡོངས་བསྐོར་བའི། །དུས་གསུམ་སངས་རྒྱས་བློ་བཟང་གྲགས་པའི་དཔལ། །སྤྱན་དྲངས་བསོད་ནམས་ཞིང་གི་དམ་པར་བཞུགས། །དཔལ་ལྡན་རིགས་བརྒྱའི་གཙུག་རྒྱན་རྡོ་རྗེ་འཆང་། །སྐལ་བཟང་ཞིང་གི་འདྲེན་པ་ཤཱཀྱའི་ཏོག །སྙིགས་དུས་རྒྱལ་བའི་དབང་པོ་ཙོང་ཁ་པ། །དབྱེར་མེད་བླ་མ་མཆོག་ལ་གུས་ཕྱག་འཚལ། །སྲིད་ཞི་ཕྱི་ནང་གསང་བའི་མཆོད་པའི་སྤྲིན། །དངོས་བཤམས་ཡིད་སྤྲུལ་ནམ་མཁའ་གང་བ་དང་། །བདག་ལུས་ལོངས་སྤྱོད་དུས་གསུམ་དགེ་ཚོགས་བཅས། །ཐུགས་རྗེ་ཆེ་ལྡན་ཚོགས་རྣམས་མཉེས་ཕྱིར་འབུལ། །ཉོན་མོངས་དབང་

གེས་སྒོ་གསུམ་སྡིག་པའི་ལས། །བགྱིད་དང་བགྱིད་བསྒྱུལ་ཡི་རང་ཅི་མཆིས་པ། །གནོད་ཞིང་འགྱོད་པས་རྗེ་བཙུན་བླ་མའི་དྲུང་། །བཤགས་ཤིང་སླན་ཆད་མི་བགྱིད་ཡང་དག་སྡོམ། །རང་གཞན་རྣམས་དཀར་ཕུང་པོ་ཇི་སྙེད་དང་། །ཁྱད་པར་ཆོས་ཀྱི་རྒྱལ་པོ་ཙོང་ཁ་པའི། །སྐུ་གསུང་ཐུགས་དང་ཡོན་ཏན་འཕྲིན་ལས་ཀྱི། །སྐྱོན་བྲལ་མཛད་པ་ཀུན་ལ་རྗེས་ཡི་རང་། །བདག་སོགས་འགྲོ་ཀུན་མ་རིག་གཉིད་སློང་ཞིང་། །ཡང་དག་ལམ་བཟང་ཀུན་ནས་གསལ་མཛད་པ། །སྣ་ཚོགས་གདུལ་བྱའི་བསམ་པ་ཇི་བཞིན་དུ། །ཟབ་རྒྱས་ཆོས་ཀྱི་འཁོར་ལོ་སྐོར་དུ་གསོལ། །མཐའ་དག་ཕན་བདེའི་པད་ཚལ་བཞད་པའི་གཉེན། །མགོན་པོ་ཁྱོད་ཉིད་ཁྱོད་ཀྱི་ལུགས་བཟང་གི །ཉིན་མོའི་དབང་ཕྱུག་འགྲོ་བའི་མུན་སེལ་དུ། །གྲངས་མེད་བསྐལ་པའི་བར་དུ་བཞུགས་སུ་གསོལ། །འདིས་མཚོན་དགེ་བ་ཚེ་རབས་ཀུན་ཏུ་བདག །རྗེ་བཙུན་བླ་མས་འབྲལ་མེད་རྗེས་བཟུང་སྟེ། །ལུང་རྟོགས་ཡོན་ཏན་རྒྱ་མཚོའི་མཐར་ཕྱིན་ནས། །བླ་མེད་བྱང་ཆུབ་དམ་པའི་རྒྱུ་རུ་བསྔོ། །དེ་ནས། དམིགས་མེད་བརྩེ་བའི་གཏེར་ཆེན་སྤྱན་རས་གཟིགས། །དྲི་མེད་མཁྱེན་པའི་དབང་པོ་འཇམ་དཔལ་དབྱངས། །གངས་ཅན་མཁས་པའི་བཙུག་རྒྱན་ཙོང་ཁ་པ། །བློ་བཟང་གྲགས་པའི་ཞབས་ལ་གསོལ་བ་འདེབས། །ཞེས་བརྒྱ་སྟོང་སོགས་དམིགས་པ་དང་བཅས་པའི་སྒོ་ནས་བརྗོད། །དུས་གསུམ་བདེ་གཤེགས་ཀུན་གྱི་ངོ་བོ་ཉིད། །བརྒྱད་ཁྲི་བཞི་སྟོང་ཆོས་ཕུང་འབྱུང་བའི་གནས། །རབ་འབྱམས་འཕགས་ཚོགས་ཡོངས་ཀྱི་འདྲེན་པ་མཆོག །གསོལ་བ་འདེབས་སོ་རྗེས་བཙུན་བློ་བཟང་གྲགས། །མཚན་ཙམ་ཐོས་པས་བར་ཆད་ཀུན་སེལ་ཞིང་། །དྲན་པ་ཡིས་ཀྱང་ངན་འགྲོའི་འཇིགས་ལས་སྐྱོབ། །ཚུལ་བཞིན་བསྟེན་ན་དངོས་གྲུབ་མཆོག་སྩོལ་བའི། །རྗེ་བཙུན་བླ་མའི་ཞབས་ལ་གསོལ་བ་འདེབས། །རབ་འབྱམས་རྒྱལ་བ་ཀུན་གྱི་རྡོ་རྗེ་གསུམ། །ཡོན་ཏན་འཕྲིན་ལས་ཐམས་ཅད་གཅིག་བསྡུས་ནས། །ငུར་སྨྲིག་འཛིན་པའི་གར་གྱིས་རྣམ་རོལ་བ། །རྗེ་བཙུན་བླ་མའི་ཞབས་ལ་གསོལ་བ་འདེབས། །འཇམ་མགོན་བླ་མའི་ཐུགས་རྗེའི་འོད་སྟོང་གིས། །བདག་བློའི་པདྨའི་གེ་སར་རྒྱས་མཛད་དེ། །རྒྱ་ཆེ་གསལ་ཞིང་མྱུར་དང་ཟབ་པ་ཡི། །ཤེས་རབ་སྣང་སྟེའི་དཀའ་སྟོན་རྒྱས་པར་མཛོད། །མདོ་རྒྱུད་བསྟན་བཅོས་ཀུན་གྱི་ཚིག་དོན་རྣམས། །གཞན་དྲིང་མི་འཇོག་ལེགས་པར་འབྱེད་པ་དང་། །ཐོས་བསམ་

སྒོམ་དང་འཆད་རྩོད་རྩོམ་གསུམ་གྱི། །ཕུན་སུམ་ཚོགས་པའི་ཤེས་རབ་བདག་ལ་སྩོལ། །དེང་ནས་རང་གཞན་གྲུབ་མཐའི་ཕ་རོལ་སོན། །ཇི་སྙེད་རིག་པའི་གནས་རྣམས་ཀུན་ལ་མཁས། །སྒྲིབ་གཉིས་མུན་སྣུག་མ་ལུས་འཇོམས་བྱེད་པའི། །ཀུན་མཁྱེན་ཡེ་ཤེས་སྣང་བ་སྤྲུལ་དུ་གསོལ། །ཁྱད་པར་འདི་སྣང་འགགས་ཚེ་དགའ་ལྡན་དུ། །སྐྱེས་ནས་མི་ཕམ་འཇམ་དཔལ་སྙིང་པོ་ཡི། །གསུང་གི་བདུད་རྩི་འབྲལ་མེད་ལོངས་སྤྱོད་དེ། །རྒྱལ་སྲས་སྤྱོད་པ་རྒྱ་མཚོའི་མཐར་ཕྱིན་ཤོག །ཅེས་འཇུག་པ་བདེ་བའི་ཕྱིར་རྗེ་བཙུན་བླ་མའི་སྒྲུབ་ཐབས་ཚོགས་བཅད་དུ་བསྒྲིགས་པ་འདི་ཡང་དོན་གཉེར་ཅན་འགའ་ཞིག་གིས་བསྐུལ་བའི་ངོར། སྐྱེས་ཙམ་ཉིད་ནས་རྗེ་བཙུན་བླ་མ་ལ་མི་ཕྱེད་པའི་དད་པ་དང་ལྡན་པའི་བཙུན་པ་བློ་བཟང་ཆོས་ཀྱི་རྒྱལ་མཚན་གྱིས། ཆོས་གྲྭ་ཆེན་པོ་དཔལ་ལྡན་འབྲས་སྤུངས་ཀྱི་གཟིམས་ཁང་དགའ་ལྡན་ཕོ་བྲང་དུ་སྦྱར་བའོ།། །།

༄༅། །དམིགས་བརྩེ་མ་དང་འབྲེལ་བའི་རིགས་གསུམ་སྤྱི་སྒྲུབ་ཀྱི་བླ་མའི་རྣལ་འབྱོར་མཁས་པའི་དབང་པོ་སྟག་ལུང་གྲགས་པའི་གསུང་རྒྱུན་ཞེས་བྱ་བ་བཞུགས་སོ།

༄། །ཨོཾ་སྭསྟི་སིདྡྷཾ། བྱེ་བ་ཕྲག་བརྒྱའི་ཧྲུལ་སྙེད་ཞིང་ཁམས་སུ། །སྣ་ཚོགས་སྤྲུལ་པའི་རོལ་གར་མཐའ་ཡས་ཀྱང་། །ཞིང་འདིར་དུར་ཁྲོད་ཚུལ་འཆང་པོ་ན་ཡི། །ཐུབ་བསྟན་ཉི་ལྟར་གསལ་མཛད་ཙོང་ཁ་པ། །རིགས་གསུམ་མགོན་པོའི་མཁྱེན་བརྩེའི་ནུས་པ་ཀུན། །བཤེས་གཉེན་གཟུགས་སུ་ཤར་ལ་ངེས་ཉིད་དེ། །ཚུལ་བཞིན་གསོལ་བ་གདབ་པའི་རྣལ་འབྱོར་གང་། །འཇམ་མགོན་བླ་མའི་གསུང་སྒྲོས་ཇི་བཞིན་འགོད། །དེ་ལ་འདིར་དམིགས་བརྩེ་མ་དང་འབྲེལ་བའི་བླ་མའི་རྣལ་འབྱོར་མཁས་པའི་དབང་པོ་སྟག་ལུང་གྲགས་པའི་གསུང་རྒྱུན་འཇམ་མགོན་བླ་མ་དཀོན་མཆོག་ཆོས་འཕེལ་གྱི་ཞལ་ལུང་ལས་བྱུང་བ་ལྟར་འགོད་པ་ལ་ཐོག་མར་སྐྱབས་འགྲོ་སེམས་བསྐྱེད་རྒྱས་པ་སྤྱི་ལྟར་རམ། བསྡུས་པ་ལ་དགའ་ན་སངས་རྒྱས་ཆོས་ཚོགས་མ་བྱ། ཚད་མེད་བཞི་སྒོམ་པ་སྔོན་དུ་འགྲོ་བས། དངོས་གཞིའི་རིམ་པ་ནི། སྭ་བྷཱ་ཝས་སྦྱངས། འཁོར་འདས་ཀྱིས་བསྡུས་པའི་ཆོས་ཐམས་ཅད་སྟོང་པ་ཉིད་དུ་གྱུར། སྟོང་པའི་ངང་ལས་རང་གི་སྤྱི་བོར་སེང་གེས་བཏེག་པའི་རིན་པོ་ཆེའི་ཁྲི་པདྨ་ཉི་མ་ཟླ་བའི་གདན་གསུམ་བརྩེགས་ཀྱི་སྟེང་དུ་ཧྲཱིཿ ལས་རལ་གྲིའི་ཡུ་བ་ཧྲཱིཿ ས་མཚན་པ་དེ་ལས་འོད་འཕྲོས་དོན་གཉིས་བྱས་ཚུར་འདུས་ཡོངས་སུ་གྱུར་པ་ལས་ངོ་བོ་སྐྱབས་གནས་ཀུན་འདུས་ཀྱི་བདག་ཉིད་དྲིན་ཅན་རྩ་བའི་བླ་མ་ཡིན་པ་ལ། རྣམ་པ་ཆོས་ཀྱི་རྒྱལ་པོ་ཙོང་ཁ་པ་ཆེན་པོ་སྐུ་མདོག་དཀར་ལ་དམར་པའི་མདངས་ཆགས་པ། ཞལ་འཛུམ་བག་དང་ལྡན་ཞིང་། ཕྱག་གཉིས་ཐུགས་ཀར་ཆོས་འཁོར་གྱི་ཕྱག་རྒྱ་མཛད་པའི་མཐེབ་སྲིན་གྱིས་མེ་ཏོག་ཨུཏྤ་ལའི་ཡུ་བ་ནས་འཛིན་པའི་གཡས་ཀྱི་འདབ་སྟེང་དུ་ཤེས་རབ་ཀྱི་རལ་གྲི་དང་། གཡོན་གྱི་འདབ་སྟེང་དུ་སྟོང་ཕྲག་བརྒྱ་པའི་

གླིགས་བམ་བསྣམས་པ། དབུ་ལ་པཎ་ཞྭ་གསེར་གྱི་མདོག་ཅན་དང་། སྐུ་ལ་ཆོས་གོས་གསུམ་གྱིས་མཛེས་པ། སུམ་ལྡན་རྡོ་རྗེ་འཛིན་པའི་ཆ་ལུགས་ཅན། ཞབས་རྡོ་རྗེའི་སྐྱིལ་ཀྲུང་གིས་བཞུགས་པ། དེའི་སྤྱི་བོ་བདེ་ཆེན་གྱི་འཁོར་ལོའི་དབུས་སུ་པད་ཟླའི་གདན་ལ་མགོན་པོ་འཇམ་པའི་དབྱངས་སྐུ་མདོག་དམར་སེར་གུར་གུམ་གྱི་མདོག་ལྟ་བུ་ཞལ་གཅིག་ཕྱག་གཉིས་པ། གཡས་ཤེས་རབ་ཀྱི་རལ་གྲི་འཕྱར་ཞིང་། གཡོན་མེ་ཏོག་ཨུཏྤ་ལའི་ཡུ་བ་ནས་བཟུང་བའི་འདབ་མའི་སྟེང་དུ་ཤེར་ཕྱིན་གྱི་གླེགས་བམ་བསྣམས་པ། རལ་པའི་ཟུར་ཕུད་ལྔ་དང་ལྡན་ཞིང་རིན་པོ་ཆེས་བརྒྱན་པ། དར་གྱི་ན་བཟའ་གསོལ་བ། ཞབས་རྡོ་རྗེའི་སྐྱིལ་ཀྲུང་གིས་བཞུགས་པ། མགྲིན་པ་ལོངས་སྤྱོད་ཀྱི་འཁོར་ལོའི་དབུས་སུ་པདྨ་དང་ཟླ་བའི་གདན་ལ་ཕྱག་ན་རྡོ་རྗེ་ཆེན་པོ་སྤྱན་རས་གཟིགས་སྐུ་མདོག་དཀར་པོ་ཞལ་གཅིག་ཕྱག་བཞི་པ་རྩ་ཕྱག་གཉིས་ཐུགས་ཀར་ཐལ་མོ་སྦྱར་བ། གཡས་འོག་མས་ཤེལ་དཀར་གྱི་འཕྲེང་བ་དང་། གཡོན་འོག་མས་པདྨ་དཀར་པོའི་ཡུ་བ་ནས་འཛིན་པ། དབུ་སྐྲ་རལ་བའི་ཐོར་ཚུགས་ཅན། རིན་པོ་ཆེའི་རྒྱན་དང་དར་གྱི་ན་བཟའ་གསོལ་བ། རི་དྭགས་ཁྲི་བཀྲན་ས་ལའི་པགས་པས་ནུ་མ་གཡོན་པ་བཀབ་པ། ཞབས་རྡོ་རྗེའི་སྐྱིལ་ཀྲུང་གིས་བཞུགས་པ། ཐུགས་ཀ་ཆོས་ཀྱི་འཁོར་ལོའི་དབུས་སུ་པདྨ་དང་ཉི་མའི་གདན་ལ་དཔལ་ཕྱག་ན་རྡོ་རྗེ་སྐུ་མདོག་མཐིང་ནག་ཞལ་གཅིག་ཕྱག་གཉིས་པ། གཡས་གསེར་གྱི་རྡོ་རྗེ་འཕྱར་ཞིང་། གཡོན་ཐུགས་ཀར་སྡིགས་མཛུབ་མཛད་པ། དབུ་སྐྲ་དམར་སེར་གྱེན་དུ་བརྫེས་པ། རིན་པོ་ཆེའི་རྒྱན་དང་སྦྲུལ་རིགས་ལྔས་བརྒྱན་པ། དར་སྔོན་པོའི་སྟོད་གཡོགས་དང་སྟག་གི་པགས་པའི་ཤམ་ཐབས་ཅན། ཞབས་གཡས་བསྐུམ་གཡོན་བརྐྱང་གི་སྟབས་ཀྱིས་ཡེ་ཤེས་ཀྱི་མེ་འབར་བའི་དབུས་ན་བཞུགས་པ། དེ་ལྟར་གསལ་བའི་དཔྲལ་བར་ཨོཾ། མགྲིན་པར་ཨཱཿ ཐུགས་ཀར་ཧཱུཾ། ཐུགས་ཀའི་ཧཱུཾ་ལས་འོད་འཕྲོས་པས་རང་བཞིན་གྱི་གནས་ནས་ཟབ་མོ་ལྟ་བརྒྱུད། རྒྱ་ཆེན་སྤྱོད་བརྒྱུད་ཉམས་ལེན་བྱིན་རླབས་བརྒྱུད་ཀྱི་བླ་མ་རྣམས་དང་། ཡི་དམ་དཀྱིལ་འཁོར་གྱི་ལྷ་ཚོགས་སངས་རྒྱས་བྱང་སེམས། དཔའ་བོ་མཁའ་འགྲོ། ཆོས་སྐྱོང་སྲུང་མ་སོགས་སྐྱབས་གནས་ཀྱི་ཡུལ་ཐམས་ཅད་རིགས་གསུམ་མགོན་པོའི་རྣམ་པར་བཛྲ་ས་མཱ་ཛཿ ས་ཕྱིན་དྲངས་ཛཿ ཧཱུཾ་བཾ་ཧོཿ ས་གཉིས་སུ་མེད་པར་བསྟིམ། དེ་ལྟར་སྐྱབས་གསུམ་ཀུན་འདུས་སུ་གསལ་བཏབ་པ་ལ། ས་གཞི་སྤོས་ཀྱིས་སོགས་དང་། བདག་

གཞན་ལུས་ངག་ཡིད་གསུམ་དུས་གསུམ་དགེ་ཚོགས་བཅས། རིན་ཆེན་མཎྜལ་བཟང་པོ་ཀུན་བཟང་མཆོད་པའི་སྤྲིན། །བློ་ཡིས་བླངས་ཏེ་བླ་མ་ཡི་དམ་དཀོན་མཆོག་གསུམ་ལ་འབུལ། །ཐུགས་རྗེའི་དབང་གིས་བཞེས་ནས་བདག་ལ་བྱིན་གྱིས་བརླབ་ཏུ་གསོལ། །ཞེས་མཎྜལ་འབུལ། ཛཱ་སྙིང་སུ་དག་ཅེས་སོགས་བཟང་པོ་སྤྱོད་པ་ལས་འབྱུང་བའི་ཡན་ལག་བདུན་པ་བྱ། །དེ་ནས་གསོལ་བ་གདབ་པ་ནི། རྒྱས་པར་སྤྲོ་ན་ས་གསུམ་མ་སོགས་བྱར་རུང་ཞིང་། བསྡུས་པར་འདོད་ན་དམིགས་བརྩེ་མ་ལ་ཚིག་དྲིལ་དུ་བྱས། སྔར་ཡང་ཐལ་མོ་སྦྱར་ཏེ། སངས་རྒྱས་ཐམས་ཅད་སྤྱུལ་པའི་ངོ་བོ། ལུང་རྟོགས་དམ་ཆོས་ཀུན་གྱི་འབྱུང་གནས། །འཕགས་པའི་དགེ་འདུན་ཀུན་གྱི་གཙུག་རྒྱན། །དཔལ་ལྡན་བླ་མ་དམ་པ་ལ་གསོལ་བ་འདེབས་སོ། །བདག་གི་ལུས་ངག་ཡིད་གསུམ་ལ་བྱིན་གྱིས་རློབས་ཤིག །སངས་རྒྱས་མ་ཐོབ་ཀྱི་བར་དུ་གཞོན་ནུ་ནོར་བཟང་ལྟར་དགེ་བའི་བཤེས་གཉེན་ཚུལ་བཞིན་དུ་བསྟེན་ནས་ཅི་མཛད་ལེགས་པར་མཐོང་ཞིང་ཅི་གསུང་བཀའ་བཞིན་སྒྲུབ་པར་བྱིན་གྱིས་རློབས་ཤིག །དལ་འབྱོར་རྙེད་པར་དཀའ་ཞིང་འཇིག་པར་སླ་བ། ལས་འབྲས་ཟབ་ཅིང་ངན་སོང་གི་སྡུག་བསྔལ་བཟོད་དཀའ་བར་རྟོགས་ནས་སྙིང་ཐག་པ་ནས་དཀོན་མཆོག་གསུམ་ལ་སྐྱབས་སུ་འགྲོ་ཞིང་སྡིག་སྤོང་དགེ་བ་ཚུལ་བཞིན་སྒྲུབ་པར་བྱིན་གྱིས་རློབས་ཤིག །མངོན་མཐོ་ལྷ་མིའི་བདེ་བ་ཐོབ་ཀྱང་སྡུག་བསྔལ་སྣ་ཚོགས་ཀྱི་གཅེས་ཤིང་སྔར་ཡང་ངན་སོང་དུ་སྐྱེ་བ་སོགས་ཟོ་ཆུན་གྱི་འཁྲུལ་ད་མོ་ལྟར་འཁོར་བའི་རྟེན་འབྲེལ་ཡན་ལག་བཅུ་གཉིས་ཀྱི་ཚུལ་ཤེས་ནས་ཐར་པ་དོན་གཉེར་གྱི་བློ་བཅོས་མ་ཡིན་པས་ལམ་བསླབ་པ་གསུམ་ལ་སློབ་པར་བྱིན་གྱིས་རློབས་ཤིག མཁའ་མཉམ་གྱི་མ་རྒན་སེམས་ཅན་རྣམས་ཉམ་ཐག་པའི་ཚུལ་ལ་བསམ་ན་རང་ཉིད་གཅིག་པུ་ཅི་ཐར་བྱེད་པ་དམན་པའི་བདེ་བ་དོན་དུ་མི་གཉེར་བར་བདག་གཞན་མཉམ་རྗེའི་བྱང་ཆུབ་ཀྱི་སེམས་བསྐྱེད་ནས་རྒྱལ་བའི་སྲས་ཀྱི་སྤྱོད་པ་རླབས་པོ་ཆེ་ལ་སློབ་པར་བྱིན་གྱིས་རློབས་ཤིག བསྐལ་ཆེན་གྲངས་མེད་གསུམ་གྱི་ཡུན་ཙམ་གྱི་བར་འགྲོ་བ་ཉམ་ཐག་པར་མ་བཟོད་པར་དེང་སང་རྡོ་རྗེ་ཐེག་པའི་བསྟན་པ་ལ་ཞུགས་ནས་སྨིན་གྲོལ་གྱི་ལམ་ཟབ་མོ་ཉམས་སུ་བླངས་ནས་ཚེ་འདིར་ཟུང་འཇུག་རྡོ་རྗེ་འཆང་ཆེན་པོའི་གོ་འཕང་འཐོབ་པར་བྱིན་གྱིས་རློབས་ཤིག མདོར་ན་སྐྱེ་བ་དང་སྐྱེ་བ་ཐམས་ཅད་དུ་མགོན་པོ་ཁྱེད་ཀྱི་བསྟན་པ་ལ་ཞུགས་ནས་སོ་སོ་ཐར་པ་ནས་བཟུང་སྟེ་ལམ་

རིམ་པ་ལྔའི་ཉམས་ལེན་མཐའ་དག་འཁྲུལ་པའི་དྲི་མ་ཙམ་ཡང་མེད་པར་ཉམས་སུ་ལེན་ཅིང་། དེ་སྟོན་པའི་དགེ་བའི་བཤེས་གཉེན་མཚན་ཉིད་དང་ལྡན་པ་དང་སྐད་ཅིག་ཙམ་ཡང་མི་འབྲལ་བར་བྱིན་གྱིས་རློབས་ཤིག དེང་ནས་སངས་རྒྱས་མ་ཐོབ་ཀྱི་བར་དུ་འཇམ་མགོན་བློ་བཟང་གྲགས་པའི་དཔལ་ཁྱེད་བདག་གི་སྙིང་གི་པདྨའི་ཟེའུ་འབྲུར་བཞུགས་ནས་འདི་དང་གཏན་གྱི་མདུན་མ་ཐམས་ཅད་ལྷུན་གྱིས་གྲུབ་པར་མཛད་དུ་གསོལ། ཞེས་གསོལ་བ་བཏབ་པས། བླ་མའི་གནས་གསུམ་ལས་འོད་ཟེར་དཀར་དམར་མཐིང་གསུམ་རིམ་བཞིན་དུ་བྱུང་། རང་གི་གནས་གསུམ་དུ་རིམ་པ་བཞིན་དུ་ཐིམ་པས། བུམ་དབང་གསང་དབང་ཤེར་དབང་རྣམས་རིམ་པ་བཞིན་བྱིན་རླབས་ཀྱི་ཚུལ་དུ་ཐོབ། འབྲས་བུ་སྤྲུལ་སྐུ་ལོངས་སྐུ་ཆོས་སྐུ་གསུམ་ཐོབ་པའི་ནུས་པ་བཞག སླར་ཡང་གནས་གསུམ་ལས་འོད་ཟེར་དཀར་དམར་མཐིང་གསུམ་ཅིག་ཅར་དུ་འཕྲོས། གནས་གསུམ་དུ་ཐིམ་པས་སྒོ་གསུམ་གྱི་དྲི་མ་དག་འབྲས་བུ་ཟུང་འཇུག་ཐོབ་པའི་ནུས་པ་བཞག །དེ་ནས་བླ་མའི་སྐུ་ཧེ་ཆུང་དུ་སོང་སྤྱི་བོ་ནས་ཚ་དབུ་མའི་ལམ་བརྒྱུད་སྙིང་པདྨ་འདབ་བརྒྱད་ཀྱི་དབུས་སུ་ཐིམ། སྙིང་གའི་པདྨ་ཁ་ཟུམ། མཐའ་སྐོར་དུ་ཨོཾ་ཨ་ར་པ་ཙ་ན་ཌྷཱིཿ སུ་མ་ཏི་ཀཱིརྟི་ཤྲཱི་བྷ་དྲ་ཨ་ཧྲི་ཙྪུ་ན་ཨཏྲི་ཙྪུ་ཏེ་ཀུ་རུ་ཧྭ་ཞེས་པའི་སྔགས་ཀྱི་འཕྲེང་བས་དམ་དུ་བཅིངས་ཏེ་བྱང་ཆུབ་མ་ཐོབ་ཀྱི་བར་དུ་མི་འབྲལ་བར་བསམ་མོ། །རྗེས་སུ་བསྔོ་བ་སྨོན་ལམ་ཅི་རིགས་པ་བྱའོ། །ཅེས་པ་འདི་ནི་ལུགས་གཉིས་ཀྱི་དཔྱོད་ལྡན་མཁའ་འགྲོ་བློ་བཟང་བསྟན་སྐྱོང་གིས་དམིགས་བརྩེ་མ་ལ་བརྟེན་པའི་བླ་མའི་རྣལ་འབྱོར་ཞིག་དགོས་ཚུལ་བྱུང་བ་ལྟར་རྗེ་ལྷ་རི་བ་ཆེན་པོའི་ཐུགས་དམ་གྱི་ཉིང་ཁུ་ཡིན་ཞེས་གཙིགས་ཙན་དུ་མཛད་པའི་གསུང་རྒྱུན་བཞིན་ཟ་ཧོར་གྱི་བཙུན་གཟུགས་བློ་བཟང་བསམ་འགྲུབ་ཀྱིས་མ་བཅོས་བཀོད་པ་ལྟར་ཡི་གེ་བ་ནི་གནས་གསར་འཇམ་དབྱངས་སོ། །བཀྲ་ཤིས། ། ། །

༄༅། །རྗེ་བླ་མ་ལ་བརྟེན་པའི་སེམས་དཔའ་གསུམ་རྩེགས་ཀྱི་བླ་མའི་རྣལ་འབྱོར་སྒོམ་ཚུལ་བཞུགས་སོ།

༄། །སྭསྟི་སིདྡྷཾ་ལ། དངོས་གྲུབ་འདོད་དགུར་ཆར་འབེབས་ཡིད་བཞིན་ནོར། །སྐྱེ་བ་བསྟན་གྱི་མཛོད་དུ་ལེན་པའི་ཐབས། །ཟབ་ལམ་སེམས་དཔའ་གསུམ་རྩེགས་སྒོམ་ཚུལ་ནི། །ཉམས་ལེན་དམ་པའི་མན་ངག་བཞིན་དུ་བྲི། །འདིར་བླ་མའི་རྣལ་འབྱོར་སེམས་དཔའ་སུམ་རྩེགས་ཀྱི་ཚུལ་དུ་ཉམས་སུ་ལེན་པར་བྱེད་པ་ལ། །འཇུག་པ་བདེ་བའི་ཕྱིར་འདི་ལྟར། རང་གི་སྤྱི་བོ་སེང་ཁྲི་པད་ཟླའི་སྟེང་། །སངས་རྒྱས་ཀུན་དངོས་རྗེ་བཙུན་བློ་བཟང་གྲགས། །དཀར་དམར་མདངས་ཆགས་ཞི་ཞིང་འཛུམ་པའི་ཞལ། །ཕྱག་གཉིས་ཐུགས་ཀར་ཆོས་ཆད་ཕྱག་རྒྱ་ཡིས། །ཨུཏྤལ་སྔོན་པོའི་རྩ་བ་ནས་བཟུང་ཞིང་། །རྩེ་མོ་སྙན་གྱི་ཐད་དཀར་ཁ་བྱེའི་སྟེང་། །ཤེས་རབ་རལ་གྲི་ཤེར་ཕྱིན་གླེགས་བམ་བསྣམས། །གསེར་མདོག་པཎ་ཞྭ་དབུ་ལ་མཛེས་པར་གསོལ། །གུར་གུམ་མདངས་ལྡན་ཆོས་གོས་གསུམ་གྱིས་གླུབས། །མཚན་དཔེའི་དཔལ་འབར་འཇའ་ཚོན་གུར་ཁྱིམ་དབུས། །མི་ཕྱེད་རྡོ་རྗེའི་སྐྱིལ་མོ་ཀྲུང་གིས་བཞུགས། །དེ་ཡི་ཐུགས་ཀར་ཡེ་ཤེས་སེམས་དཔའི་ཚུལ། །རིགས་དང་དཀྱིལ་འཁོར་ཀུན་གྱི་བདག་ཉིད་མཆོག །དུས་གསུམ་རྒྱལ་བའི་དབང་པོ་ཐམས་ཅད་མཁྱེན། །རྗེ་བཙུན་བློ་བཟང་ཆོས་ཀྱི་རྒྱལ་མཚན་ཞབས། །འཛུམ་ཞིང་དགྱེས་པའི་ཉམས་ཅན་ཕྱག་གཡས་ནི། །ཐུགས་ཀར་ཆོས་འཆད་གཡོན་པ་མཉམ་གཞག་སྟེང་། །བདུད་རྩིས་གང་བའི་ཧྲུང་སྲུང་སྣོད་མཆོག་བསྣམས། །དབུ་ལ་བཀའ་གདམས་ཞྭ་ཆུ་སེར་པོ་དང་། །ཆོས་གོས་ཧྲུར་ཀླིག་གསུམ་གྱིས་མཛེས་པར་གླུབས། །ཞབས་གཉིས་རྡོ་རྗེའི་སྐྱིལ་ཀྲུང་ཚུལ་གྱིས་བཞུགས། །དེ་ཡི་ཐུགས་ཀར་ཏིང་འཛིན་སེམས་དཔའི་ཚུལ། །སེང་ཁྲི་པདྨ་ཟླ་བའི་དཀྱིལ་འཁོར་སྟེང་། །རྒྱལ་ཚབ་དམ་པ་རྗེ་བཙུན་མི་ཕམ་མགོན། །རྣམ་པ་སྤྲུལ་པའི་སྐུའི་ཆ་ལུགས་

ཅན། །སྐུ་མདོག་གཙོ་མའི་གསེར་ལྟར་འོད་ཟེར་འཕྲོ། །འཛུམ་ཞིང་ཡིད་འོང་ཞལ་གཅིག་
ཕྱག་གཉིས་པ། །ཆོས་འཁོར་ཕྱག་རྒྱས་སྙུ་ཤིང་མེ་ཏོག་དང་། །འབྲས་བུ་དང་བཅས་རིལ་བ་
སྤྱི་བླུགས་བསྣམས། །ངུར་སྨྲིག་དང་ལྡན་དྲང་སྲོང་ན་བཟའ་ གླུབས། །གཙུག་ཏོར་བྱང་
ཆུབ་མཆོད་ རྟེན་ གྱིས་ མཛེས་ ཤིང་། །མཚན་ དཔེའི་ རྒྱན་ ལྡན་ འོད་ དཔུང་ འཁྲིགས་ པའི་
དབུས། །ཞབས་ གཉིས་ བཟང་ པོའི་ འདུག་ སྟངས་ ཚུལ་ གྱིས་ བཞུགས། །རང་ ཉིད་ ལྟར་
གསལ་ཐུགས་ཀའི་ས་བོན་ལས། །འོད་འཕྲོས་ཕྱོགས་བཅུའི་ཞིང་ན་བཞུགས་པ་ཡི། །བླ་མ་
སངས་རྒྱས་བྱང་སེམས་ལྷ་ཚོགས་རྣམས། །སྤྱན་ དྲངས་ དམ་ ཚིག་ པ་ ལ་ ཐིམ་ པ་ ཡིས། །
སྐྱབས་གནས་མ་ ལུས་ འདུས་ པའི་ བདག་ ཉིད་ གྱུར། །གང་ གི་ དྲིན་ གྱིས་ སྐུ་ གསུང་ བདེ་ བ་
ཆེ། །ཐུན་མོང་དངོས་གྲུབ་དང་བཅས་སྐད་ཅིག་ཉིད། །སྟོལ་མཛད་སྐྱབས་ཀྱི་དམ་པ་ཁྱེད་
རྣམས་ལ། །སྒོ་གསུམ་གུས་པའི་སྒོ་ནས་ཕྱག་འཚལ་ལོ། །དངོས་བཤམས་ཡིད་སྤྲུལ་ཕྱི་ནང་
གསང་བ་ཡི། །ལྷ་མིའི་མཆོད་སྤྲིན་ནམ་མཁའ་གང་བ་དང་། །བདག་ལུས་ལོངས་སྤྱོད་དུས་
གསུམ་དགེ་ཚོགས་བཅས། །ཀུན་ཏུ་བཟང་པོའི་མཆོད་པ་ལ་འབྲུལ་འབུལ། །ཐོག་མ་མེད་
ནས་ཐམ་ད་ལྟའི་བར། །ཁྱོད་ཀྱི་སྐུ་གསུང་ཐུགས་དང་འགལ་བ་ཡི། །ལུས་ངག་ཡིད་ཀྱི་
སྡིག་ལྟུང་མི་དགེའི་ཚོགས། །གནོང་ཞིང་འགྱོད་པའི་སེམས་ཀྱིས་བཤགས་ཤིང་སྡོམས། །
ཕྱོགས་བཅུའི་སངས་རྒྱས་སྲས་དང་བཅས་རྣམས་དང་། །ཉན་ཐོས་རང་རྒྱལ་འཕགས་པའི་
ཚོགས་རྣམས་དང་། །སོ་སྐྱེ་ལ་སོགས་རང་གཞན་ཐམས་ཅད་ཀྱི། །དགེ་བ་དེ་དག་ཀུན་ལ་
ཡི་རང་ངོ་། །ཕྱོགས་བཅུའི་རབ་འབྱམས་ཞིང་ན་བཞུགས་པ་ཡི། །ཚོགས་གཉིས་རྫོགས་
ཤིང་མངོན་པར་སངས་རྒྱས་ནས། །རིང་པོར་མ་ལོན་དེ་དག་ཐམས་ཅད་ལ། །ཟབ་རྒྱས་
ཆོས་ཀྱི་འཁོར་ལོ་བསྐོར་བར་བསྐུལ། །ཞི་བ་མྱང་འདས་བཞེད་པ་གང་ཡིན་ལ། །འགྲོ་བ་
ཀུན་གྱི་ཕན་བདེ་བསྐྱུན་པའི་ཕྱིར། །བསྐལ་པ་རྒྱ་མཚོར་མི་གཡོ་རྟག་བཞུགས་ཞེས། །
བདག་གིས་ཐལ་མོ་རབ་སྦྱར་གསོལ་བ་འདེབས། །འདི་ལྟར་བསྐྱུན་པའི་དགེ་ཚོགས་རྒྱ་མཚོ་
རྣམས། །བདག་དང་མཁའ་མཉམས་མ་རྒན་འགྲོ་བ་རྣམས། །རྗེ་བཙུན་བླ་མས་འབྲལ་
མེད་རྗེས་འཛིན་ཅིང་། །མཆོག་དང་ཐུན་མོང་དངོས་གྲུབ་ཐོབ་ཕྱིར་བསྔོ། །ཞེས་ཡན་ལག་
བདུན་པ་འབུལ་ཞིང་བྱམས་པའི་བསྟོད་པ་ཡབ་སྲས་གཉིས་ཀྱི་བསྟོད་པ་གང་ཤེས་ཀྱི་བསྟོད། སླར་ཡང་

མདོར་བསྡུན། བླ་མ་སངས་རྒྱས་བྱང་སེམས་འཕགས་ཚོགས་དང་། །ཡི་དམ་མཁའ་འགྲོ་ཆོས་སྐྱོང་བསྲུང་མ་སོགས། །མཆོག་གསུམ་ངོ་བོ་སྐྱབས་གནས་ཀུན་འདུས་པ། །གསོལ་བ་འདེབས་སོ་རྗེ་བཙུན་བློ་བཟང་གྲགས། །བྱིན་གྱིས་རློབས་ཤིག་རྗེ་བཙུན་ཆོས་རྒྱན་ཞབས། །ཐུགས་རྗེས་བཟུང་ཞིང་རྗེ་བཙུན་བྱམས་པ་མགོན། །དུས་གསུམ་བདེ་བར་གཤེགས་པ་ཀུན་གྱི་དངོས། །བརྒྱད་ཁྲི་བཞི་སྟོང་དམ་ཆོས་འབྱུང་བའི་གནས། །རབ་འབྱམས་འཕགས་ཚོགས་ཀུན་གྱི་འདྲེན་པ་མཆོག །གསོལ་བ་འདེབས་སོ × བྱིན་གྱིས་རློབས་ཤིག × ཐུགས་རྗེས་བཟུང་ཞིག × རབ་འབྱམས་རྒྱལ་པ་ཀུན་གྱིས་སྐུ་གསུང་ཐུགས། །ཡོན་ཏན་རིན་ཆེན་མ་ལུས་གཅིག་བསྡུས་ནས། །འཕྲིན་ལས་ལྷུན་གྱིས་གྲུབ་པའི་མཛད་པ་ཅན། །གསོལ་བ × བྱིན་གྱིས × ཐུགས་རྗེས་བཟུང × སྟོན་ནས་སྐུ་གསུམ་གོ་འཕང་མཆོག་བརྙེས་ཀྱང་། །སྙིགས་དུས་མགོན་མེད་འགྲོ་བ་འདྲེན་སླད་དུ། །ངུར་སྨྲིག་འཛིན་པའི་གར་གྱི་རྣམ་རོལ་བ། །གསོལ་བ × བྱིན × ཐུགས་རྗེས × མཚན་ཙམ་ཐོས་པས་ངན་འགྲོའི་སྡུག་བསྔལ་སེལ། །ཡིད་ལ་དྲན་པས་སྲིད་ཞིའི་འཇིག་ལས་སྐྱོབས། །གསོལ་བ་བཏབ་ན་མཆོག་མཐུན་དངོས་གྲུབ་སྩོལ། །གསོ་བ × བྱིན་གྱིས × ཐུགས་རྗེས × འདི་ཕྱི་ཀུན་གྱི་ལེགས་ཚོགས་འབྱུང་བའི་རྒྱུ། །བླ་མ་བརྟེན་ནས་འབྱུང་ལ་ངེས་རྙེད་ནས། །ལུས་སྲོག་ཡལ་བར་དོར་ཀྱང་བྱང་ཆུབ་བར། །བཀའ་བཞིན་བསྒྲུབ་པའི་མཆོད་པས་མཉེས་བྱེད་ཤོག །དེ་ལྟར་གདུང་ཤུགས་དྲག་པོས་གསོལ་བཏབ་པས། །བླ་མའི་སྐུ་གསུང་ཐུགས་ཀྱི་གནས་རྣམས་ལས། །བདུད་རྩིའི་འོད་ཟེར་དཀར་དམར་མཐིང་ཁ་གསུམ། །རིམ་བཞིན་བྱུང་ནས་བདག་གི་གནས་གསུམ་དུ། །རིམ་བཞིན་ཐིམ་པས་སྒྲིབ་བཞི་རྣམ་པར་དག །དབང་བཞི་ཐོབ་ཅིང་སྐུ་བཞིའི་ས་བོན་བཞག །སླར་ཡང་མར་མེ་གཅིག་ལས་གཉིས་ཆད་ཚུལ། །བླ་མའི་སྐུ་ལས་དེ་འདྲ་གཉིས་པ་ཞིག །དགྱེས་བཞིན་བྱོན་ནས་རང་ཉིད་ལ་ཐིམ་པས། །རང་ཉིད་སེང་ཁྲི་པད་ཟླའི་དཀྱིལ་འཁོར་སྟེང་། །སྐྱབས་གསུམ་ཀུན་གྱི་ངོ་བོ་རྗེ་བླ་མ། །སེམས་དཔའ་གསུམ་གྱི་བདག་ཉིད་ཅན་དུ་གྱུར། །དེ་ནས་བྱམས་པས་དམ་བཅས་པའི་གཟུངས་དང་། ཨོཾ་ཧྲཱི་ ཊི་ཥེ་ཊི་ཨཱཙ་ཧྲཱི་ ཊི་སྭཱ་ཧཱ། ཨོཾ་ཨཱཿ ན་མ་སུ་མ་ཧྲི་ཀཱིརྟི་སརྦ་སིདྡྷི་མེ་པྲ་ཡཙྪན་ཏུ་ཧཱུྃ། ཨོཾ་ཨཱཿ ན་མ་སུ་མ་ཧི་ཏྲཱསྨ་སུ་ཏྲ་ཛ་སརྦ་སིདྡྷི་མེ་པྲ་ཡཙྪན་ཏུ་ཧཱུྃ། ཞེས

ཅི་མང་བཟླས་མཐུག་ཏུ། དགེ་བ་འདི་ཡིས་མྱུར་དུ་བདག།དཔལ་ལྡན་བླ་མ་འགྲུབ་གྱུར་ནས། །འགྲོ་བ་གཅིག་ཀྱང་མ་ལུས་པ། །དེ་ཡི་ས་ལ་འགོད་པར་ཤོག །དཔལ་ལྡན་བླ་མའི་རྣམ་པར་ཐར་པ་ལ། །སྐད་ཅིག་ཙམ་ཡང་ལོག་ལྟ་མི་སྐྱེ་ཞིང་། །ཅི་མཛད་ལེགས་པར་མཐོང་བའི་མོས་གུས་ཀྱིས། །བླ་མའི་བྱིན་རླབས་སེམས་ལ་འཇུག་པར་ཤོག །ཅེས་བསྔོ་བ་སྨོན་ལམ་དང་བཅས་པ་བྱའོ། །ཅེས་བླ་མའི་རྣལ་འབྱོར་ཟབ་པ་སེམས་དཔའ་སུམ་རྩེགས་དང་བཅས་པ་འདི་ཡང་ལྷ་རྒྱལ་འབུམ་གྱིས་ནན་ཆེར་བསྐུལ་བ་ལ་བརྟེན་ནས། ཤཱཀྱའི་བཙུན་པ་ངག་དབང་བསྟན་འཛིན་འཕྲིན་ལས་ཀྱིས་སྦྱར་བའོ། །མངྒ་ལཾ།། ༈།།

༄༅། །བླ་མའི་རྣལ་འབྱོར་ཙིནྟ་མ་ཎིའི་ཕྲེང་མཛེས་ཅེས་བྱ་བ་བཞུགས་སོ།

༄། །ན་མོ་གུ་རུ་མཉྫུ་གྷོ་ཥ་ཡ། དངོས་གྲུབ་འབྱུང་གནས་རྩ་བརྒྱུད་བླ་མ་དང་། དངོས་གྲུབ་གཉིས་ཀུན་སྟེར་མཛད་ཡི་དམ་ལྷ། །དངོས་གྲུབ་འགྲུབ་པའི་ལས་མཛད་ཆོས་སྐྱོང་ཚོགས། །དངོས་གྲུབ་ཆེད་དུ་གུས་པས་ཕྱག་བགྱིའོ། །མཆོག་དང་ཐུན་མོང་དོན་ཀུན་སྐད་ཅིག་གིས། སྩོལ་མཛད་བླ་མའི་རྣལ་འབྱོར་ཆེས་ཟབ་པ། །ཡིད་ཆེས་གསུམ་ལྡན་ཙིནྟ་མ་ཎིའི་ཕྲེང་། །སྐལ་ལྡན་ཡོངས་ཀྱི་མགུལ་རྒྱན་མཆོག་ཡིན་ལོངས། །དེ་ལ་འདིར་ཟབ་མོའི་བྱིན་རླབས་ཉེ་བརྒྱུད་ཀྱི་བླ་མའི་རྣལ་འབྱོར་ལ་ལྟ་བ་གཙོ་བོར་བྱེད་ཅིང་རྒྱུན་པའི་ཉམས་ལེན་དུ་འཇམ་དབྱངས་ཨ་ར་པ་ཙ་ནའི་རྣམ་པ་ཅན་ལ་རྩ་བའི་བླ་མ་དང་རྗེ་བླ་མ་དབྱེར་མེད་དུ་བསྒོམ་པ་དང་། རྫོགས་རིམ་ལ་གཙོ་བོར་བྱེད་ན་འཇམ་དབྱངས་གསང་སྒྲུབ་ལ་བྱེད་པ་དང་། ཕྱི་རྗེ་བླ་མའི་རྣམ་པ་ཅན། ནང་ཐུབ་དབང་གི་རྣམ་པ་ཅན། གསང་བ་རྡོ་རྗེ་འཆང་གི་རྣམ་པ་ཅན་གསུམ་དང་། ཕྱི་ནང་གསང་གསུམ་རེ་རེ་ལའང་གསུམ་གསུམ་སྟེ་ནོར་བུ་དགུ་སྐོར་ཞེས་གྲུབ་མཆོག་ཛྙཱ་ན་བཛྲ་དང་། རྒྱལ་བ་དབེན་ས་པ་ཆེན་པོའི་ཐུགས་དམ་གྱི་སྙིང་ཁུ་སོགས་ལས་དང་པོ་བའི་དབང་དུ་བྱས་ནས་བྱིན་རླབས་ཀྱི་དད་ཆེ་བའི་ཕྱིར་གོང་མའི་གསུང་མ་ཉམས་པར་བཀོད་ན། དེ་ལ་འདིར་བླ་མའི་རྣལ་འབྱོར་སྒོམ་པར་བྱེད་པ་ལ་སྐྱབས་འགྲོ་སེམས་བསྐྱེད་ཚད་མེད་པ་རྣམས་སྔོན་དུ་བཏང་ནས་རང་གི་སྤྱི་བོར་སེང་གེ་ཆེན་པོ་བརྒྱད་ཀྱིས་བཏེགས་པའི་རིན་པོ་ཆེའི་ཁྲི་མཐོ་ཞིང་ཡངས་པའི་སྟེང་དུ་པདྨ་དང་ཉི་མའི་གདན་ལ་ངོ་བོ་དྲིན་ཅན་རྩ་བའི་བླ་མ་ཆོས་ཀྱི་རྒྱལ་པོ་ཙོང་ཁ་པ་ཆེན་པོ་ཡིན་པ་ལ། རྣམ་པ་རྗེ་བཙུན་འཇམ་པའི་དབྱངས་སྐུ་མདོག་དམར་སེར་ཞལ་གཅིག་ཕྱག་གཉིས་པ། ཕྱག་གཡས་རལ་གྲི་འཕྱར་ཞིང་། གཡོན་གྱིས་གླེགས་བམ་ཐུགས་ཀར་འཛིན་པ། ཞབས་རྡོ་རྗེ་སྐྱིལ་ཀྲུང་གིས་བཞུགས་པ། དར་དང་རིན་པོ་ཆེའི་

རྒྱན་སྣ་ཚོགས་པས་སྤྲས་པ། མཚན་དཔེས་བརྒྱན་པའི་ལྷའི་སྐུ་སྣང་ལ་རང་བཞིན་མེད་པ་ནམ་མཁའི་འཇའ་ཚོན་ལྟ་བུ་འོད་ཟེར་གྱི་ཕུང་པོའི་དབུས་ན་བཞུགས་པ། དེའི་སྤྱི་བོར་ཨོཾ་དཀར་པོ། མགྲིན་པར་ཨཱཿདམར་པོ། ཐུགས་ཀར་ཧཱུྃ་སྔོན་པོས་མཚན་པ། ཐུགས་ཀའི་ཧཱུྃ་ལས་འོད་ཟེར་འཕྲོས། ཟབ་མོ་ལྷ་བརྒྱད། རྒྱ་ཆེན་སྤྱོད་བརྒྱུད། ཉམས་ལེན་བྱིན་རླབས་བརྒྱུད་པའི་བླ་མ་རྣམས་དང་། རང་ལ་ཆོས་འབྲེལ་ཡོད་པའི་བླ་མ་དང་། གཞན་ཡང་ཡི་དམ་དཀྱིལ་འཁོར་གྱི་ལྷ་ཚོགས་སངས་རྒྱས་བྱང་སེམས་བཀའ་སྡོད་ཆོས་སྐྱོང་སྲུང་མའི་ཚོགས་དང་བཅས་པ་སྤྱན་དྲངས། སྤྱི་བོའི་བླ་མ་རྗེ་བཙུན་འཇམ་པའི་དབྱངས་ཀྱི་རྣམ་པ་ཅན་ལ་ཐིམ་པས་དེ་ཉིད་སྐྱབས་གསུམ་ཀུན་འདུས་ཀྱི་བདག་ཉིད་དུ་བསམས་ནས། ཨོཾ་གུ་རུ་བུདྡྷ་བོ་དྷི་ས་ཏྭ་ས་པ་རི་ཝཱ་ར་ཨ་རྒྷཾ་ནས་ཤབྡའི་བར་དང་། འདོད་ཡོན་ལྔ་རྒྱལ་སྲིད་སྣ་བདུན་ཕུལ། དམིགས་མེད་བརྩེ་བའི་གཏེར་ཆེན་སྤྱན་རས་གཟིགས། །དྲི་མེད་མཁྱེན་པའི་དབང་པོ་འཇམ་པའི་དབྱངས། །གངས་ཅན་མཁས་པའི་གཙུག་རྒྱན་ཙོང་ཁ་པ། །བློ་བཟང་གྲགས་པའི་ཞབས་ལ་གསོལ་བ་འདེབས། །ཞེས་གདུང་ཤུགས་དྲག་པོས་གསོལ་བ་བཏབ་པས་བླ་མའི་ཐུགས་ཀ་ནས་ཡེ་ཤེས་ཀྱི་བདུད་རྩིའི་རྒྱུན་ཕྲ་གཡས་པའི་རལ་གྲིའི་རྩེ་མོ་རང་གི་སྤྱི་བོར་ཚངས་བུག་ལ་གཏད་པ་ན་མར་བབས་ཏེ་ལུས་ཡེ་ཤེས་ཀྱི་བདུད་རྩིས་མེར་ཏེ་གང་། སྒོ་གསུམ་གྱི་སྒོ་ནས་བསགས་པའི་སྡིག་སྒྲིབ་བག་ཆགས་དང་བཅས་པ་ཐམས་ཅད་སོལ་ཁུ་དང་དུད་ཁུའི་རྣམ་པ་བཞིན་དུ་དབང་པོའི་སྒོ་དང་བ་སྤུའི་བུ་ག་ཐམས་ཅད་ནས་བཏོན། ལུས་ཤེལ་སྒོང་གཡའ་དག་པ་བཞིན་དུ་གྱུར་པར་བསམ་ལ། དམིགས་མེད་བརྩེ་བའི་གཏེར་ཆེན་སྤྱན་རས་གཟིགས། །ཞེས་སོགས་ཅི་མང་འདྲེན། དེ་ནས་ཏིང་ངེ་འཛིན་གྱི་དབང་བཞི་ལེན་ཚུལ་ནི། བླ་མའི་སྤྱི་བོའི་ཨོཾ་ལས་འོད་དང་བདུད་རྩི་དཀར་པོ་དཔག་ཏུ་མེད་པ་བྱུང་། རང་གི་དཔྲལ་བ་ནས་ཐིམ། ལུས་ཀྱི་ནང་ཐམས་ཅད་གང་། འཁོར་བ་ཐོག་མ་མེད་པ་ནས་ལུས་ཀྱི་སྒོ་ནས་བསགས་པའི་སྡིག་སྒྲིབ་བག་ཆགས་དང་བཅས་པ་ཐམས་ཅད་དག བུམ་པའི་དབང་ཐོབ་སྐུའི་བྱིན་རླབས་བཞུགས། སྐུ་རྡོ་རྗེ་འགྲུབ་པའི་ནུས་པ་བཞག་བྱུང་སྙམ་དུ་མོས་ནས་ཡང་དམིགས་བརྩེ་མ་འདྲེན། དེ་བཞིན་དུ་གཞན་རྣམས་སྦྱར་དང་འདྲ་བ་ལ་གསང་དབང་། ཤེས་རབ་ཀྱི་དབང་། དབང་བཞི་པ་ཚིག་དབང་རིན་པོ་ཆེ་རྣམས་རིམ་བཞིན་ཐོབ་པར་བསམ་པ་རྣམས་རིགས་

འཁྲིའོ། །དེ་ནས་རང་གི་སྤྱི་བོ་ནས་སྙིང་ཁའི་བར་དུ་རྩ་དབུ་མ་ཕྱི་དཀར་ལ་ནང་དམར་བ་ཡར་སྣེ་སྤྱི་བོ་ལ་ཟུག་པ་རྒྱ་མཐོང་ཁ་ཕྱེ་བ་བཞིན་དུ་ག་སྐྱ་ཐལ་ལེ་ཡོད་པ་མར་སྣ་རག་དུང་གི་ཞབས་ཀྱི་རྣམ་པ་སྙིང་ཁར་གནས་པ་དེའི་ནང་ཙམ་དུ་རང་གི་སྙིང་པདྨ་དམར་པོ་འདབ་མ་བརྒྱད་པ་ཁ་གྱེན་དུ་ཤག་སྟེ་ཕྱེ་བ། དེའི་དབུས་སུ་ཟླ་བའི་དཀྱིལ་འཁོར་གྱི་སྟེང་དུ་རང་གི་སེམས་ཉིད་ཀྱི་ངོ་བོ་ཧྲཱིཿདམར་སེར་དུ་བསམ། སྤྱི་བོའི་བླ་མ་ལ་དམིགས་ནས་གདུང་ཤུགས་དྲག་པོས། བླ་མ་རིན་པོ་ཆེ་བདག་གི་བློ་ཆོས་སུ་འགྲོ་བར་བྱིན་གྱིས་རློབས། །ཆོས་ལམ་དུ་འགྲོ་བར་བྱིན་གྱིས་རློབས། །ཆོས་ལ་བར་ཆད་མེད་པར་བྱིན་གྱིས་རློབས། །ཕྱིན་ཅི་ལོག་གི་བློ་སྣ་མཐའ་དག་འགག་པར་བྱིན་གྱིས་རློབས། །ཕྱིན་ཅི་མ་ལོག་པའི་བློ་སྣ་མཐའ་དག་བདག་གི་རྒྱུད་ལ་མྱུར་དུ་སྐྱེ་བར་བྱིན་གྱིས་རློབས། བྱམས་སྙིང་རྗེ་བྱང་ཆུབ་ཀྱི་སེམས་ཁྱད་པར་ཅན་བདག་གི་རྒྱུད་ལ་སྐྱེ་བར་བྱིན་གྱིས་རློབས། །བདག་མེད་རྟོགས་པའི་ཤེས་རབ་ཁྱད་པར་ཅན་སྐྱེ་བར་བྱིན་གྱིས་རློབས། ལམ་རིམ་པ་གཉིས་ཀྱི་རྟོགས་པ་ཁྱད་པར་ཅན་སྐྱེ་བར་བྱིན་གྱིས་རློབས། ཞེས་གསོལ་བ་བཏབ་པས། བླ་མ་རང་གི་སྤྱི་བོར་ཚངས་བུག་ནས་མར་ཞུགས། རྩ་དབུམའི་ནང་ནས་མར་བྱོན། སྙིང་ཁའི་རང་སེམས་ཧྲཱིཿར་གསལ་བ་ལ་ཐིམ་པས། བླ་མ་དང་རང་སེམས་རྗེ་བཙུན་གསུམ་དབྱེར་མི་ཕྱེད་པ་ལ་ཅུང་ཟད་བཞག་གོ །དེ་ནས་སྙིང་ཁའི་པདྨ་ཟུམ་ཏེ་འདུས་པའི་རྩེ་དང་རྗེ་བཙུན་གྱི་རལ་པའི་རྩེ་མོ་མཉམ་པོ་ཡོད་པ་མཚམས་དེར་ཨ་ར་པ་ཙ་ནའི་སྔགས་ཀྱིས་བསྐོར་བར་བསམ་ལ། ཐུན་མཚམས་སུ། ཚེ་རབས་ཀུན་ཏུ་རྒྱལ་བ་ཙོང་ཁ་པས། །ཞེས་སོགས་དང་། རྣམ་དག་བསམ་པས་ཞེས་སོགས་དང་། འཇམ་དཔལ་དཔའ་བོས་ཞེས་སོགས་ཀྱི་སྨོན་ལམ་དང་ཤིས་བརྗོད་བྱའོ།། །།སྨྲས་པ། རབ་འབྱམས་མདོ་དང་རྒྱུད་སྡེ་མཐའ་དག་ལས། །གང་གི་རྣལ་འབྱོར་བསྟགས་པའི་བླ་མ་ལྷའི། །སྒྲུབ་ཐབས་འདོད་འཇོ་ རིན་ ཆེན་ དབང་ གི་ རྒྱལ། །གང་ གི་ གཙུག་ བརྟེན་ དངོས་ གྲུབ་ ཞལ་ མཛེས་གྲུབ། །དགེ་ཚོགས་ཆེས་དཀར་མཁའ་ཁྱབ་འགྲོ་བ་ཀུན། །བཤེས་གཉེན་དམ་པའི་མགོན་གྱིས་ལེགས་ཟིན་པའི། །དངོས་གྲུབ་གཉིས་ཀྱི་དགའ་སྟོན་ལ་སྤྱོད་ཅིང་། །སྐྱེ་དགུའི་དོན་གཉིས་མྱུར་དུ་མཐར་ཕྱིན་ཤོག །ཅེས་བླ་མའི་རྣལ་འབྱོར་ཙིནྟ་མ་ཎི་ཕྲེང་མཛེས་འདི་ཡང་རིགས་ཏུས་དང་འཕགས་པའི་ནོར་གྱིས་འཕགས་པ་ཀུན་དགའ་བོ་དང་མཚུངས་པའི་དཔོན་པོ་

བློ་བཟང་ཕུན་ཚོགས་ཀྱིས་ཉིན་བདེ་དང་སུ་ཨཙ་དང་བཅས་ཡང་ཡང་བསྐུལ་བའི་ངོར། ཛེ་བླ་མས་མཁས་གྲུབ་ཐམས་ཅད་མཁྱེན་པ་ལ་ཚིག་བརྒྱུད་དུ་གནང་བ་ལུགས་འདི་དམ་པ་ཀུན་གྱི་ཐུགས་དམ་གྱི་མཐིལ་མཛད་པ་དེ་མགོ་མཇུག་གི་ཚོགས་བཅད་ཙམ་གསར་དུ་བྱས་ཏེ་དབེན་ས་སྤུ་ཕྱི་སོགས་འདིའི་སྐོར་དུ་མ་ཐོབ་པའི་ཤཱཀྱའི་དགེ་སློང་འཇམ་དབྱངས་བཞད་པའི་རྡོ་རྗེ་སྤྱོད་བཙན་སྒྲུབ་གནས་ཕ་བོང་ཁར་བྲིས་པ་ཀུན་ལ་དགེ་བར་གྱུར་ཅིག །

༄༅། །དམིགས་བརྩེ་མ་ལ་བརྟེན་པའི་བླ་མའི་རྣལ་འབྱོར་བཞུགས་སོ།

༄༅། །སྐྱབས་སེམས་ཚད་མེད་བཞི་བསྒོམ་པ་སྔོན་དུ་འགྲོ་བས། སྭ་བྷཱ་ཝས་འཁོར་འདས་ཀྱི་ཆོས་རྣམས་སྟོང་པ་ཉིད་དུ་བསམ། སྟོང་པའི་ངང་ལས་རང་གི་སྤྱི་བོར་སེང་ཁྲི་པདྨ་ཉི་ཟླའི་སྟེང་དུ་ཧཱུྂ༔ ལས་རལ་གྲི་ཡུ་བ་ཧཱུྂ༔ ས་མཚན་པ་ལས་འོད་འཕྲོས། དོན་གཉིས་བྱས་ཚུར་འདུས་ཡོངས་སུ་གྱུར་པ་ལས་རྗེ་བཙུན་བླ་མ་རྒྱལ་བ་ཙོང་ཁ་པ་ཆེན་པོ་རབ་བྱུང་གི་ཆ་ལུགས་ཅན། ཞི་ཞིང་འཛུམ་པའི་ཞལ་ཁྲིམ་དཀར་ལ་དམར་པའི་མདངས་ཆགས་པ། ཕྱག་གཉིས་ཆོས་འཁོར་གྱི་ཕྱག་རྒྱ་མཛད་པའི་མཐེབ་སྲིན་གྱིས་ཨུཏྤ་ལའི་ཡུ་བ་ནས་འཛིན་པའི་འདབ་མ་དཔུང་པའི་ཐད་དུ་རྒྱས་པས་ཤེས་རབ་ཀྱི་རལ་གྲི་དང་ཤེར་ཕྱིན་གྱི་གླེགས་བམ་འདེགས་པ། པཎ་ཞྭ་གསེར་གྱི་མདོག་ཅན་གསོལ་ཞིང་། ཞབས་རྡོ་རྗེ་སྐྱིལ་ཀྲུང་གིས་བཞུགས་པ། དེའི་སྤྱི་བོའི་རྩ་འཁོར་གྱི་དབུས་སུ། འཇམ་དབྱངས་དམར་སེར་གཡས་རལ་གྲི་འཕྱར་ཞིང་། གཡོན་ཨུཏྤ་ལའི་ཡུ་བ་ནས་བཟུང་པའི་འདབ་སྟེང་ན་སྟོང་ཕྲག་བརྒྱ་པའི་གླེགས་བམ་གྱིས་མཚན་པ། རལ་པའི་ཟུར་ཕུད་ལྔ་དང་ལྡན་པ། མགྲིན་པའི་རྩ་འཁོར་གྱི་དབུས་སུ་པད་ཟླའི་གདན་ལ་སྤྱན་རས་གཟིགས་དཀར་པོ་རྩ་ཕྱག་གཉིས་ཐལ་མོ་སྦྱར་ཞིང་། འོག་མ་གཉིས་ཀྱིས་ཤེལ་འཕྲེང་དང་པདྨ་འཛིན་པ། རལ་པའི་ཐོར་ཚུགས་དང་ནུ་མ་གཡོན་པར་ཁྲི་སྣན་ས་ལེའི་པགས་པ་བཀབ་པ། གཉིས་ཀའང་རིན་པོ་ཆེའི་རྒྱན་དང་དར་གྱི་ན་བཟའ་གསོལ་བ། ཞབས་རྡོ་རྗེའི་སྐྱིལ་ཀྲུང་གིས་བཞུགས་པ། ཐུགས་ཀྱི་རྩ་འཁོར་གྱི་དབུས་སུ་པད་ཉིའི་གདན་ལ་དཔལ་ཕྱག་ན་རྡོ་རྗེ་མཐིང་ནག་གཡས་གསེར་གྱི་རྡོ་རྗེ་དང་། གཡོན་སྡིགས་མཛུབ་མཛད་པ། དབུ་སྐྲ་དང་སྨ་ར་དང་སྨིན་མ་དམར་སེར་འབར་བ། རིན་པོ་ཆེ་དང་སྦྲུལ་གྱིས་སྤྲས་པ། ཞབས་གཡས་བསྐུམ་གཡོན་བརྐྱང་གིས་ཡེ་ཤེས་ཀྱི་མེ་འབར་བའི་དབུས་ན་བཞུགས་པ། དེའི་དཔྲལ་བར་ཨོཾ།

མཁྱེན་པར་ཨཱཿ ཐུགས་ཀར་ཧཱུྃ། ཐུགས་ཀའི་ས་བོན་ལས་འོད་ཟེར་འཕྲོས་པས། རྩ་བརྒྱུད་ཀྱི་བླ་མ་ཡི་དམ་སངས་རྒྱས་བྱང་སེམས་ཉན་རང་དཔའ་བོ་མཁའ་འགྲོ་ཆོས་སྐྱོང་སྲུང་མ་སོགས་སྐྱབས་གནས་ཐམས་ཅད་བཛྲ་ས་མ་ཛཿ ས་སྤྱན་དྲངས༔ ཛ་ཧཱུྃ་བཾ་ཧོཿ གཉིས་སུ་མེད་པར་ཐིམ་པར་བསམ། རྒྱས་པར་སྤྲོ་ན་ཚུ་གཉིས་ཉེར་སྤྱོད་འདོད་ཡོན་ལྔ་སོགས་བླ་མ་མཆོད་པ་རྣམས་ལས་བྱུང་བ་ལྟར་བྱས་ཀྱང་རུང་ཞིང་། རྒྱུན་གྱི་རྣལ་འབྱོར་ལ་བཟང་པོ་སྤྱོད་པ་ལས་འབྱུང་བའི་ཡན་ལག་བདུན་པ་བྱ། གསོལ་འདེབས་བླ་མ་རྣམས་ཀྱིས་མཛད་པའི་བསྟོད་ཚོགས་རིགས་གང་བྱས་ཀྱང་འགལ་བ་མེད་ཅིང་། སྙིང་པོའི་ཉམས་ལེན་དམིགས་བརྩེ་མར་ཚིག་དྲིལ་དུ་བྱེད། སྐབས་ཡང་སྐྱབས་གནས་ཀུན་འདུས་ཆོས་ཀྱི་རྒྱལ་པོ་ཙོང་ཁ་པ་ལ་གསོལ་བ་འདེབས་སོ། །བདག་གི་ལུས་ངག་ཡིད་གསུམ་བྱིན་གྱིས་རློབས་ཤིག བཙོས་མ་མ་ཡིན་པའི་ངེས་འབྱུང་གི་བསམ་པས་རྒྱུད་བསྒྲུལ་ནས་བྱམས་སྙིང་རྗེ་བྱང་ཆུབ་ཀྱི་སེམས་དང་། ཟབ་མོ་དབུ་མའི་ལྟ་བ་དང་ལམ་རིམ་གཉིས་ཀྱི་རྣལ་འབྱོར་ཟབ་མོ་ཉམས་སུ་ལེན་ནུས་པར་བྱིན་གྱིས་རློབས་ཤིག དེ་ལྟར་ཉམས་སུ་བླང་པའི་ཆོས་ལམ་དུ་སོང་སྟེ་མཁའ་མཉམ་སེམས་ཅན་ཀུན་གྱི་དོན་དུ་སངས་རྒྱས་ཀྱི་གོ་འཕང་ཐོབ་པར་བྱིན་གྱིས་རློབས་ཤིག མདོར་ན་ཚེ་རབས་ཐམས་ཅད་དུ་རྗེ་བཙུན་ཙོང་ཁ་པ་ཆེན་པོས་རྗེས་སུ་བཟུང་ནས་རང་གཞན་གྱི་དོན་རྒྱ་ཆེན་པོ་སྒྲུབ་ནུས་པར་བྱིན་གྱིས་རླབ་ཏུ་གསོལ། ཞེས་གསོལ་བ་བཏབ་པས། བླ་མའི་སྤྱི་བོའི་འཇམ་དཔལ་དབྱངས་ཀྱི་ཐུགས་ཀ་ནས་འོད་ཟེར་དཀར་པོ་འཕྲོས་རང་གི་དཔྲལ་བར་ཐིམ། ལུས་ཀྱི་སྒྲིབ་པ་དག །བུམ་པའི་དབང་ཐོབ་བརླབས་ཀྱི་ཚུལ་དུ་ཐོབ། དེ་བཞིན་དུ་མཁྱེན་པའི་སྤྱན་རས་གཟིགས་ཀྱི་ཐུགས་ཀ་ནས་འོད་ཟེར་དམར་པོ་འཕྲོས། རང་གི་མགྲིན་ × ངག་གི་སྒྲིབ་ × གསང་བའི་དབང་། སྙིང་ཁའི་ཕྱག་ན་རྡོ་རྗེའི་ཐུགས་ཀ་ནས་འོད་ཟེར་སྔོན་པོ་འཕྲོས། རང་གི་སྙིང་ × ཡིད་ཀྱི་སྒྲིབ × ཤེས་རབ་ཡེ་ཤེས་ཀྱི་དབང་ × སླར་གནས་གསུམ་ལས་འོད་ཟེར་དཀར་དམར་མཐིང་གསུམ་རང་གི་གནས་གསུམ་ལུས་ངག་ཡིད་གསུམ་གྱི་སྒྲིབ་དབང་བཞི་པ་ཚིག་དབང་སོགས་རིགས་འདྲེ་སྦྱོར། དེ་ནས། དཔལ་ལྡན་རྩ་བའི་བླ་མ་རིན་པོ་ཆེ་ཞེས་སོགས་ཀྱིས་གསོལ་བ་བཏབ་པས། བླ་མའི་སྐུ་དེ་མཐེབ་སོར་གྱི་ཚད་ཙམ་དུ་གྱུར་པས་རང་གི་རྩ་དབུ་མའི་ལམ་བརྒྱུད་དེ་སྙིང་པདྨ་འདབ་བརྒྱད་ཀྱི་དབུས་སུ་བྱོན། སྙིང་གའི་པདྨ་ཁ་ཟུམ་མཐའ་

སྐོར་དུ། ཨོཾ་ཨ་ར་པ་ཙ་ན་ཧྲཱིཿ སུ་མ་ཏི་ཀཱི་རྟི་ཤྲཱི་བྷ་དྲ་ས་རྦ་སིདྡྷི་ན་ས་རྦ་སིདྡྷི་ཏི་ཀུརུཧཱུྃ། ཞེས་པའི་སྔགས་ཀྱི་འཕྲེང་བས་དམ་དུ་བཅིངས་ཏེ་བྱང་ཆུབ་མ་ཐོབ་ཀྱི་བར་དུ་མི་འབྲལ་བར་བསམ་མོ། །འདི་ནི་རྒྱལ་དབང་རིན་པོ་ཆེས་མཛད་པའི་དམིགས་བརྩེ་མའི་ཉམས་ལེན་ནས་བཀོལ་བའོ། །ལུས་ཅན་ཀུན་ལ་དམིགས་པ་མེད་པའི་བརྩེ་བ་ཆེན་པོས་ཡོངས་སུ་སྨིན་པའི་ཐུགས་རྗེའི་གཏེར་ཆེན་འཕགས་མཆོག་རྗེ་བཙུན་སྤྱན་རས་གཟིགས། །ཛེ་ལྷ་ཛེ་སྙིང་ཤེས་བྱའི་གནས་ལ་འཕྲུལ་པའི་དྲི་མ་སྤྲ་སོའང་མེད་པའི་མཁྱེན་པའི་དབང་པོ་རྒྱལ་བའི་ཡབ་གཅིག་འཇམ་དཔལ་དབྱངས། །བདུད་སྡེ་འཇོམས་ལ་མཐུ་སྟོབས་དབང་ཕྱུག་གསང་བདག་རྣམས་དང་གཉིས་སུ་མེད་ཕྱིར་གངས་ཅན་ལྗོངས་ཀྱི་མཁས་དང་གྲུབ་པའི་གཙུག་རྒྱན་གྱུར། །ཙོང་ཁར་འཁྲུངས་པ་བློ་བཟང་གྲགས་པའི་དཔལ་ཞེས་གྲགས་པའི་དམ་པ་གང་དེའི་ཞབས་ལ་བཏུད་དེ་གསོལ་བ་འདེབས་སོ་བྱིན་གྱིས་རློབས། །ཞེས་པ་འདི་ནི་རྒྱལ་དབང་མཆོག་གིས་མཛད་པའི་དམིགས་བརྩེ་མའི་ཊཱིཀྐ་ལས་བཏུས་ཏེ་ཡུལ་བྱང་ཕྱོགས་ཀྱི་མཐར་སྐྱེས་པའི་གྱི་ན་པ་ངག་དབང་བློ་བཟང་ཆོས་ལྡན་དཔལ་བཟང་པོས་བྲིས་པ་དགེ །

༄༅། །རྗེ་བླ་མ་དང་འཇམ་དབྱངས་དབྱེར་མེད་ཀྱི་རྣལ་འབྱོར་ཉམས་སུ་ལེན་ཚུལ་བཞུགས་སོ།

༄༅། །ན་མོ་གུ་རུ་མཉྫུ་གྷོ་ཥཱ་ཡ། རྗེ་བཙུན་འཇམ་པའི་དབྱངས་ཀྱི་བླ་མའི་རྣལ་འབྱོར་བསྒོམ་པར་འདོད་པས། སྐྱབས་འགྲོ་སེམས་བསྐྱེད་ཚད་མེད་པ་བཞི་རྒྱུད་དང་འདྲེས་ངེས་པར་བྱ། མདུན་གྱི་ནམ་མཁར་སེང་གེ་ཆེན་པོ་བརྒྱད་ཀྱིས་བཏེག་པའི་རིན་པོ་ཆེའི་ཁྲི་ཡངས་པའི་སྟེང་ཁར་སྣ་ཚོགས་པད་ཉི་ཟླ་བའི་དཀྱིལ་འཁོར་གྱི་སྟེང་དུ། ངོ་བོ་རང་གི་དྲིན་ཅན་རྩ་བའི་བླ་མ་དང་རྒྱལ་བ་ཙོང་ཁ་པ་ཡིན་པ་ལ། རྣམ་པ་རྗེ་བཙུན་འཇམ་པའི་དབྱངས་སྐུ་མདོག་དམར་སེར་ཞལ་གཅིག་ཕྱག་གཉིས་ཀྱིས་གཡས་ཤེས་རབ་ཀྱི་རལ་གྲི་འཕྱར་ཞིང་། གཡོན་ཤེར་ཕྱིན་གྱི་གླེགས་བམ་ཐུགས་ཀར་བསྣམས་པ། དགུ་སྐྲ་རལ་པའི་ཟུར་ཕུད་ལྔ་དང་ལྡན་པ། དར་དང་རིན་པོ་ཆེའི་རྒྱན་སྣ་ཚོགས་ཀྱིས་སྤྲས་པ། ཞབས་རྡོ་རྗེའི་སྐྱིལ་ཀྲུང་གིས་བཞུགས་པ། དེའི་སྤྱི་བོར་ཨོཾ། མགྲིན་པར་ཨཱཿ ཐུགས་ཀར་ཧཱུྃ། ཐུགས་ཀའི་ཧཱུྃ་ལས་འོད་ཟེར་འཕྲོས། བླ་མ་འཇམ་པའི་དབྱངས། འཕགས་པ་ཀླུ་སྒྲུབ་ཡབ་སྲས། རྒྱལ་བ་ཙོང་ཁ་པ་ཡབ་སྲས་སོགས་སྐྱབས་གསུམ་བཀའ་སྲོད་དང་བཅས་པ་སྤྱན་དྲངས། གཉིས་སུ་མེད་པར་ཐིམ་པས་སྐྱབས་གནས་འདུས་པའི་བདག་ཉིད་དུ་གྱུར། གང་གི་དྲིན་གྱིས་བདེ་ཆེན་གནས། །ཞེས་སོགས་དང་། སངས་རྒྱས་ཐམས་ཅད་འདུས་པའི་སྐུ། །ཞེས་སོགས་དང་། ཁྱབ་བདག་དཔལ་ལྡན་འཇམ་པའི་རྡོ་རྗེ་དང་། །དབྱེར་མེད་བླ་མ་སྐུ་བཞིའི་བདག་ཉིད་ཅན། །དངོས་གྲུབ་ཀུན་གྱི་འབྱུང་གནས་ཡིད་བཞིན་ནོར། །བསམ་འཕེལ་དབང་གི་རྒྱལ་པོ་ལ་ཕྱག་འཚལ། །མཆོད་འབུལ། དངོས་བཤམས་ཡིད་ཀྱིས་སྤྲུལ་པའི་མཆོད་པ་འབུལ། །ཐོག་མེད་ནས་བསགས་སྡིག་ལྟུང་ཐམས་ཅད་བཤགས། །སྐྱེ་འཕགས་དགེ་རྩ་ཀུན་ལ་རྗེས་ཡི་རང་། །གྲངས་མེད་འགྲོ་ལ་ཆོས་འཁོར་བསྐོར་དུ་གསོལ། །མྱ་ངན་མི་འདའ་བཞུགས་པར་

གསོལ་བ་འདེབས། །རང་གཞན་དགེ་རྣམས་བླ་མེད་བྱང་ཆུབ་བསྔོ། །དེ་ནས་དམིགས་བཅེ་མ་མང་དུ་འདོན་ལ། དབང་བཞི་ལེན་ཚུལ་ནི། བླ་མའི་སྤྱི་བོའི་ཨོཾ་ལས་བདུད་རྩི་འོད་ཟེར་དཀར་པོ་བྱུང་། རང་གི་སྤྱི་བོར་ཞུགས། ལུས་ཀྱི་སྡིག་སྒྲིབ་དག བུམ་པའི་དབང་ཐོབ། སྤྲུལ་སྐུ་འགྲུབ་པའི་ནུས་པ་བཞག བླ་མའི་མགྲིན་པའི་ཨཱཿལས་བདུད་རྩི་འོད་ཟེར་དམར་པོ་བྱུང་། རང་གི་མགྲིན་པར་ཐིམ། ངག་གི་སྡིག་སྒྲིབ་དག གསང་བའི་དབང་ཐོབ། ལོངས་སྐུ་འགྲུབ་པའི་ནུས་པ་བཞག བླ་མའི་ཐུགས་ཀའི་ཧཱུྃ་ལས་བདུད་རྩི་འོད་ཟེར་སྔོན་པོ་བྱུང་། རང་གི་སྙིང་གར་ཞུགས། ཡིད་ཀྱི་སྡིག་སྒྲིབ་དག ཤེས་རབ་ཡེ་ཤེས་ཀྱི་དབང་ཐོབ། ཆོས་སྐུ་འགྲུབ་པའི་ནུས་པ་བཞག བླ་མའི་གནས་གསུམ་གྱི་ཡིག་འབྲུ་གསུམ་ལས་བདུད་རྩི་འོད་ཟེར་དཀར་དམར་མཐིང་གསུམ་བྱུང་། རང་གི་གནས་གསུམ་དུ་ཞུགས། སྒོ་གསུམ་གྱི་སྡིག་སྒྲིབ་དག དབང་བཞི་པ་ཐོབ། ཟུང་འཇུག་རྡོ་རྗེ་འཆང་འགྲུབ་པའི་ནུས་པ་བཞག དེ་ནས་བཛྲ་སམ་ཛཿདང་རྡོ་རྗེ་བསྣུ་པའི་ཕྱག་རྒྱས་སྤྱི་བོར་སྤྱན་དྲངས། དམིགས་བཅེ་མ་སོགས་ཀྱིས་གསོལ་བ་གདབ། བླ་མ་རང་ལ་ཐིམ་པས་བླ་མའི་སྐུ་གསུང་ཐུགས་དང་རང་གི་ལུས་ངག་ཡིད་གསུམ་དབྱེར་མེད་དུ་བསམ། ཁྱད་པར་དུ་བླ་མའི་ཐུགས་ཆོས་ཀྱི་སྐུ་དང་རང་གི་སེམས་དབྱེར་མེད་དུ་ཡུན་རིང་དུ་མཉམ་པར་གཞག དེ་ནས་སེམས་ལྷ་ཐོག་ཏུ་འཇུག་ཚུལ་ནི། ངའོ་སྙམ་པའི་དང་དུ་ཅུང་ཟད་བཞག་སྟེ་ངའི་སྣང་ཚུལ་ལ་བལྟ། དེ་ལྟར་བལྟས་པའི་ཚེ་བ་དེ་གང་ལ་ཡང་མི་སྟོས་པར་ཚུགས་སེ་གྲུབ་པའི་སྣང་བ་འཆར་ལ། དེའི་ཚེ་ང་རང་གི་གདགས་གཞི་ལུས་སེམས་ཚོགས་པ་ལ་བརྟེན་ནས་བྱུང་འདུག་པས། དེ་ལྟར་དུ་གྲུབ་པ་མེད་སྙམ་དུ་ངེས་ཤེས་འདྲེན། ཐུན་འཇོག་ཁར་སྣང་པ་གང་ཤར་ཡང་འདི་བཞིན་དུ་མེད་པ་སྒྱུ་མའི་རྟ་གླང་ལྟ་བུ་ཡིན་སྙམ་དུ་བསམ། མཐར་བསྔོ་བ་སྨོན་ལམ་བཀྲ་ཤིས་ཀྱི་རྒྱས་གདབ་པོ། །ཅེས་པ་འདི་ཡང་འཚོ་བྱེད་ཀྱི་རྒྱལ་པོ་བྱ་བཏང་རི་ཁྲོད་པ་ངག་དབང་བསྟན་འཛིན་གྱིས་ཉེ་བར་བསྐུལ་བ་ལས། སྐལ་ལྡན་རྒྱ་མཚོས་བཀྲ་ཤིས་འཁྱིལ་ནས་ཕུལ་བའོ། །ཛ་ཡནྟུ། །

༄༅། །འཕགས་པ་རིགས་གསུམ་མགོན་པོ་དང་རྗེ་རིན་པོ་ཆེ་དབྱེར་མེད་ཀྱི་བླ་མའི་རྣལ་འབྱོར་བཞུགས་སོ།

༄༅། །གང་གི་བ་སྤུའི་ཆ་ཤས་སྒྲ་མོར་ཡང་། །དུས་གསུམ་སངས་རྒྱས་ཀུན་གྱི་ཡོན་ཏན་དག །རབ་རྫོགས་འཛམ་དཔལ་རྡོ་རྗེ་མི་ཡི་ཚུལ། །བློ་བཟང་གྲགས་པ་སྙིང་གི་ཟེའུ་འབྲུར་བཞུགས། །དེ་ལ་འདིར་མཁྱེན་བརྩེ་ནུས་གསུམ་མཐའ་དག་འཕགས་པ་རིགས་གསུམ་མགོན་པོ་དབྱེར་མ་མཆིས་པ་ཁམས་གསུམ་ཆོས་ཀྱི་རྒྱལ་པོ་ཙོང་ཁ་པ་ཆེན་པོའི་གསོལ་འདེབས་ཚིག་ཉུང་ཞིང་བྱིན་རླབས་ཀྱི་མཚན་མ་ཤིན་ཏུ་ཆེ་བ་དམིགས་བརྩེ་མར་གྲགས་པས། གསོལ་བ་འདེབས་པའི་སྔོན་དུ་གསོལ་བ་འདེབས་ཡུལ་གསལ་འདེབས་པ་ནི། གནས་ཡིད་དུ་འོང་བར་ཕྱག་བདར་དང་མཆོད་རྫས་རྙེད་དགྲམ་པ་སོགས་སྔོན་དུ་འགྲོ་བས། སྭ་བྷཱ་ཝའི་སྔགས་བརྗོད་པས་ཆོས་དང་གང་ཟག་འཁོར་འདས་ཐམས་ཅད་རང་གི་མཚན་ཉིད་ཀྱིས་གྲུབ་པ་རྡུལ་ཙམ་ཡང་མེད་པའི་སྟོང་པར་བསམ། སྟོང་པའི་ངང་ལས་རང་གི་སྤྱི་བོར་སེང་གེའི་ཁྲི་ཡངས་ཤིང་རྒྱ་ཆེ་བར་པད་མ་དང་ཉི་ཟླའི་གདན་བརྩེགས་པའི་སྟེང་དུ་ཆུ་ལས་ཆུ་བུར་རྫོལ་བ་བཞིན་ཧཱུྃ༔ དམར་སེར་ལས་རལ་གྲི་ཡུ་བ་ཧཱུྃ༔ ས་མཚན་པ། དེ་ལས་འོད་འཕྲོས་པས་འཕགས་པ་མཆོད། རིགས་དྲུག་གིས་སྡུག་བསྔལ་སྦྱངས། ཚུར་འདུས་ཏེ་ཡོངས་སུ་གྱུར་པ་ལས། རྒྱལ་བ་ཙོང་ཁ་པ་ཆེན་པོ་སྐུ་མདོག་དཀར་ལ་དམར་བའི་མདངས་ཆགས་པ་མཛེས་ཤིང་ཡིད་དུ་འོང་བ་ཞི་ཞིང་འཛུམ་པ། ཕྱག་གཉིས་ཐུགས་ཀར་ཆོས་འཁོར་གྱི་ཕྱག་རྒྱའི་མཐེབ་སྲིན་གྱིས་ཨུཏྤ་ལའི་ཡུ་བ་ནས་བཟུང་བའི་འདབ་མ་སྙན་ཐད་དུ་ཁ་བྱེ་བའི་གཡས་སྟེང་མི་ཤེས་པའི་འཆིང་བ་མཐའ་དག་བཅད་པའི་བཏར་ཤེས་རབ་ཀྱི་རལ་གྲི་དང་། གཡོན་སྟེང་ཤེས་རབ་ཀྱི་ཕ་རོལ་ཏུ་ཕྱིན་པའི་གླེགས་བམ་བསྣམས་པ། དབུ་ལ་པཎ་ཞྭ་གསེར་གྱི་མདོག་ཅན་གསོལ་ཞིང་སྐུ་ལ་ཆོས་གོས་རྣམ་གསུམ་གསོལ་བ། ཞབས་རྡོ་རྗེའི་སྐྱིལ་ཀྲུང་གིས་བཞུགས་པ། དེའི་སྤྱི་བོར་ཧཱུྃ༔ ལས་

རྗེ་བཙུན་འཇམ་དཔལ་དབྱངས་དམར་སེར་གཡས་ཤེས་རབ་རལ་གྲི་དང་། གཡོན་ཤེར་ཕྱིན་གྱི་གླེགས་བམ་ཐུགས་ཀར་བསྣམས་པ་གཞོན་ནུའི་སྐུ་ཅན་དབུ་ལ་ཟུར་ཕུད་ལྔས་བརྒྱན་པ། མགྲིན་པར་ཧྲཱིཿ ལས་སྤྲུལ་རས་གཟིགས་དཀར་པོ་ཕྱག་དང་པོ་གཉིས་ཐུགས་ཀར་ཐལ་མོ་སྦྱར་བ་གཡས་འོག་མས་ཤེལ་ཕྲེང་དང་། གཡོན་འོག་མས་པདྨ་འཛིན་པ། དབུ་སྐྲ་རལ་པ་ཐོར་ཚུགས་སུ་བཅིངས་ཤིང་ཁྲི་གཉན་ས་ལེའི་པགས་པས་ནུ་མ་གཡོན་པ་བཀབ་པ། གཉིས་ཀའང་དབུ་རྒྱན། སྙན་རྒྱན། མགུལ་རྒྱན། ཕྱག་ཞབས་ཀྱི་གདུ་བུ་སོགས་རིན་པོ་ཆེའི་རྒྱན་དང་དར་གྱི་ན་བཟའ་གསོལ་བ། ཞབས་རྡོ་རྗེའི་སྐྱིལ་ཀྲུང་གིས་པད་ཟླའི་སྟེང་དུ་བཞུགས་པ། ཐུགས་ཀར་པད་ཉིའི་སྟེང་དུ་ཧཱུྃ་ལས་ཕྱག་རྡོར་མཐིང་ནག་གཡས་རྡོ་རྗེ་འཕྱར་ཞིང་གཡོན་སྡིགས་མཛུབ་ཐུགས་ཀར་མཛད་པ། སྨ་ར་དང་སྨིན་མ་དང་དབུ་སྐྲ་དམར་སེར་འབར་བ། རིན་པོ་ཆེ་དང་སྦྲུལ་གྱི་རྒྱན་ཅན། དར་སྔོན་གྱི་སྨད་གཡོགས་དང་སྟག་ལྤགས་ཀྱི་ཤམ་ཐབས་གསོལ་བ་ཞབས་གཡས་བསྐུམ་གཡོན་བརྐྱང་གིས་མེ་དཔུང་འབར་བའི་དབུས་ན་བཞུགས་པ། དེའི་སྤྱི་བོར་ཨོཾ་དཀར་པོ། མགྲིན་པར་ཨཱཿ དམར་པོ། ཐུགས་ཀར་ཧཱུྃ་སྔོན་པོས་མཚན་པ། ཐུགས་ཀའི་ཧཱུྃ་ལས་འོད་འཕྲོས་པས་རང་བཞིན་གྱི་གནས་ནས་འཇམ་མགོན་བླ་མ་ལ་བླ་མ་ཡི་དམ་སངས་རྒྱས་བྱང་སེམས་དཔའ་བོ་མཁའ་འགྲོ་ཆོས་སྐྱོང་གི་ཚོགས་དང་བཅས་པས་བསྐོར་བ་བཛྲ་ས་མ་ཛཿ ས་སྤྱན་དྲངས། ཛཿ ཧཱུྃ་བཾ་ཧོཿ ས་གཉིས་སུ་མེད་པར་བསྟིམ་པས་དེ་ཉིད་སྐྱབས་གནས་ཀུན་འདུས་པའི་བདག་ཉིད་དུ་གྱུར་པར་མོས་ཤིང་། ཆུ་གཉིས། ཉེར་སྤྱོད། རོལ་མོ། འདོད་ཡོན་སྣ་ལྔ། བཀྲ་ཤིས་རྫས་རྟགས། ཡན་ལག་བདུན་པ་སོགས་ཕུལ་རྗེས། གང་གིས་བློ་གྲོས་བཟང་པོའི་མཁའ་དབྱིངས་ལ། །ཐམས་ཅད་མཁྱེན་པའི་ཉི་མ་རྟག་འཆར་ཞིང་། །སྙན་གྲགས་བ་དན་དཀར་པོ་སྲིད་གསུམ་ན། །རབ་མཛེས་སྟོན་པ་ཁྱོད་ལས་གཞན་མ་དམིགས། །མཁྱེན་དང་སྤོབས་པ་འཇམ་དབྱངས་གཞོན་ནུ་བཞིན། །བྱམས་དང་སྙིང་རྗེ་གྲུ་འཛིན་བདག་པོ་དངོས། །ནུས་མཐུ་གསང་བའི་མཛོད་འཛིན་ཁྲོ་རྒྱལ་ཏེ། །རིགས་གསུམ་ཀུན་འདུས་ཁྱོད་ལ་གསོལ་བ་འདེབས། །ཆུང་འབྲིང་ཆེན་པོའི་སྐྱེས་བུ་གསུམ་གྱི་ལམ། །ཟབ་དང་རྒྱ་ཆེ་ཤིང་རྟ་ཆེན་པོ་ལས། །ཉེར་བརྒྱུད་ཆེ་བ་བཞི་དང་ལྡན་པའི་སྒྲོལ། །མ་རྟོགས་པ་དང་ལོག་པར་རྟོག་པའི་དྲི། །ཀུན་བྲལ་སྟོན་མེད་ལེགས་བཤད་པད་

དཀར་ཁ། །ཁྱོད་དྲིན་ཉི་མའི་འོད་ཀྱིས་ཕྱེ་བ་ན། །ཉན་བཤད་སྒྲུང་རྩེ་སྦྱོང་བའི་སྐལ་ལྡན་གྱི། །བུང་བ་དེ་དག་སྨིན་གྲོལ་ལང་འཚོ་རྒྱས། །འདི་ཕྱིའི་ལེགས་ཚོགས་ཕལ་པའི་རིན་པོ་ཆེ། །ལྷ་འོག་རྣམ་གྲོལ་ནོར་བུ་དབང་གི་རྒྱལ། །འདྲེན་མཆོག་རྒྱ་མཚོ་ཉིད་ལ་རག་ལས་ཕྱིར། །བློ་ལྡན་སུ་དག་ཁྱོད་ལ་བརྟེན་མི་བགྱིད། །སྙེད་པར་དཀའ་བ་དལ་དང་འབྱོར་པ་བཅུ། །རབ་ཚང་དོན་ཆེན་རྟེན་བཟང་སྙེད་དུས་འདིར། །ཁྱོད་གསུང་ཆ་ཤས་ཕྲ་མོ་འཛིན་པའམ། །ཐོས་པ་ཡིས་ཀྱང་དོན་ལྡན་བགྱིད་སྙམ་སེམས། །ཆུ་བྱུར་བཞིན་དུ་མི་རྟག་འཇིགས་སླ་བའི། །རྟེན་འདི་སྟོབས་ལྡན་འཆི་བདག་དགྲ་བོ་ཡིས། །གཟུང་ཚེ་སྐྱབ་འོས་མགོན་པོ་གང་ཉིད་དང་། །དམ་པའི་ཆོས་གཉིས་ལྷན་ཅིག་འཇིག་རྟེན་དར། །ཁོར་ཡུག་མེ་ལྕེ་འབར་བས་དཀྲིགས་གྱུར་ཅིང་། །གདུམ་དྲག་གཤིན་རྗེས་མནར་བའི་ཚ་དམྱལ་དང་། །བུ་ཡུག་དང་འདྲིས་ཀླུང་གིས་བཏབ་པ་ལས། །ཤ་རུས་ཚལ་པ་བརྒྱར་གས་གྲང་བའི་དམྱལ། །རྟག་ཏུ་བཀྲེས་སྐོམ་ངལ་བའི་ཡི་དྭགས་དང་། །གླུན་རྨོངས་གཞན་དབང་གྱུར་པའི་དུད་འགྲོ་སོགས། །གནས་ངན་གཡང་སར་མངོན་ཕྱོགས་ལུས་ཅན་རྣམས། །སྐྱབ་ཅིང་མངོན་མཐོའི་བདེ་ལ་སྦྱོར་བའི་མགོན། །ཚོགས་གཉིས་སྤྲང་ས་རྫོགས་མཐར་ཕྱིན་སངས་རྒྱས་དང་། །འགོག་ལམ་འཕགས་པའི་མངོན་རྟོགས་དམ་པའི་ཆོས། །རིག་གྲོལ་དགེ་འདུན་དཀོན་ཅིག་མ་ལུས་པ། །འདུས་པའི་བདག་ཉིད་ཁྱོད་ལས་སུ་ཞིག་སྙེད། །དགེ་དང་མི་དགེའི་འབྲས་བུ་བདེ་སྡུག་ཏུ། །ཡོངས་སྨིན་དཀར་དང་གནག་པའི་ལས་འབྲས་དག །བསམས་ཚེ་སྟོན་ཆད་སྡུག་བསྔལ་རྒྱུ་ཁོ་ན། །བསླབས་པས་ངན་འགྲོའི་གཡང་དུ་ངེས་པར་ལྟུང་། །དེ་ཕྱིར་སྟོན་བསགས་སྡིག་ལྟུང་འགྱོད་སྟོམ་སོགས། །ཤུགས་དྲན་བཤགས་པའི་སྟོབས་ཀྱིས་ལེགས་སྦྱངས་ཕྱིར། །སྐྱོན་ཟད་ཡོན་ཏན་མ་ལུས་རབ་རྫོགས་པའི། །མགོན་ཁྱོད་ཁོ་ན་རྟེན་དུ་ངེས་པ་ཐོབ། །ངན་སོང་ལྷ་ཅི་མི་ཡི་གནས་ན་ཡང་། །སྲུན་ཚོགས་འབྱོར་པས་དབུལ་བའི་སྡུག་བསྔལ་དང་། །དཔལ་ལས་ཉམས་པར་དོགས་དང་བྲལ་བ་དང་། །བསྲུང་བའི་སྡུག་བསྔལ་ཡིད་ལ་ལྷག་པར་ལྟོ། །ལྷ་ཡི་རྟེན་ཀྱང་འཆི་འཕོ་འོག་ལྟུང་དང་། །འདུ་བྱེད་ཕུང་པོའི་ཁུར་གྱིས་ནོན་པས་ན། །འཇིག་རྟེན་མཆོད་འོས་ཚངས་དབང་སོགས་ལ་ཡང་། །བདེ་བའི་གོ་སྐབས་ཅ་ཙམ་ག་ལ་ཞིག །དེ་ལྟར་སྲིད་པའི་དོང་དུ་ཐོག་མེད་

ནས། །ཡན་ལག་བཅུ་གཉིས་འཁྲུལ་འཁོར་གཞན་དབང་གིས། །ཟློ་ཕྱུན་འཕྱུན་བཞིན་གནོད་པ་རྒྱུས་གཙོས་པར། །གཟིགས་ཏེ་འཁོར་བའི་འཆིང་བ་རིང་ནས་བཅད། །རྩ་བ་རབ་བརྟན་ཚུལ་ཁྲིམས་གསེར་གྱི་གཞིར། །ཏིང་འཛིན་རིན་ཆེན་གཞལ་མེད་ལྷུན་ཆགས་ཡངས། །ཟག་མེད་ཤེས་རབ་སྣང་བ་རྟག་གསལ་དབུས། །ཁྱོད་ཐུགས་ཐར་པའི་བདེ་བས་མི་གཡོ་བརྙེས། །སྙིང་རྗེ་ལ་སོགས་རྒྱུ་ཚོགས་མ་ཚང་མེད། །འདུས་པའི་རྫིང་བུ་ལས་སྐྱེས་སེམས་བསྐྱེད་ཀྱི། །པད་དཀར་གཞོན་ནུས་ཁྱོད་ཐུགས་གཏམས་པའི་མཐུར། །རྒྱལ་དང་རྒྱལ་སྲས་སུས་ཀྱང་འགྲན་དུ་མེད། །ངག་གིས་བགྲང་བ་ལས་འདས་བསྐལ་པའི་བར། །སར་ནས་རྒྱལ་སྲས་དཔའ་བོ་ཐམས་ཅད་ཀྱི། །ཕྱིན་དྲུག་སྤྱོད་པ་གང་ཡིན་ཅི་འདྲ་བ། །བདག་གིར་བཟུང་བའི་སྙིང་སྟོབས་གོ་ཆ་སྲ། །འདུ་བྱེད་བརྒྱད་དང་སེམས་གནས་རྣམ་པ་དགུར། །གོམ་སྟོབས་རླུང་གིས་བྱིང་སོགས་ཉེས་པ་ལྔའི། །སྒྲིབ་གཡོག་ཆུ་འཛིན་མཐར་བསྐྲད་ཤིན་སྦྱངས་ཀྱི། །ཁྱོད་ཐུགས་ཞི་གནས་གཡོ་མེད་སྟོ་སངས་མར། །མཐའ་བྲལ་དབུ་མའི་གནས་ལུགས་ཉེར་འཇལ་བའི། །ལྷག་མཐོང་ཉི་མའི་གཟི་བྱིན་ཆེར་འབར་བས། །སྒྲིབ་གཉིས་མུན་པ་མཐའ་དག་དྲུང་ཕྱུང་སྟེ། །རྫོགས་པའི་སངས་རྒྱས་ས་ལ་མངོན་དབང་བསྒྱུར། །མཁོ་བའི་དངོས་པོ་ཐམས་ཅད་ཡོངས་གཏོང་ཞིང་། །འཇིག་རྟེན་ཆོས་ཀྱི་ཚུལ་ལུགས་སྙན་པར་སྨྲ། །དོན་སྤྱོད་དོན་དང་མཐུན་པའི་བསྡུ་དངོས་བཞིས། །འགྲོ་ཀུན་བདེ་བ་མཆོག་གི་འགྲོན་དུ་བསུས། །ཐ་མལ་སྣོད་བཅུད་ཀུན་རྟོག་འཁྲུལ་སྣང་བཅས། །སྦྱོང་བྱེད་བསྐྱེད་དང་རྫོགས་པའི་རྣལ་འབྱོར་རིམ། །མཐར་ཕྱིན་ཟུང་འཇུག་ཁ་སྦྱོར་བདུན་ལྡན་གྱི། །རྡོ་རྗེ་འཛིན་པ་ཁྱོད་ལས་གཞན་དུ་མེད། །དེ་ཕྱིར་འཁོར་བའི་གཙོང་རོང་གཏིང་ཟབ་པར། །ལྷུང་ཞིང་ཉོན་མོངས་སྲིན་བུ་བརྒྱ་ཕྲག་གིས། །ལུས་བཟོས་ངན་སོང་སྡུག་བསྔལ་གནག་དཀའ་བ། །སྨོང་བར་མངོན་དུ་ཕྱོགས་པའི་ཉམས་ཐག་བདག །མགོན་པོ་ཁྱོད་ལ་གཏན་གྱི་སྐྱབས་གསོལ་ན། །སྤྱི་དང་བྱེ་བྲག་འཁོར་བའི་སྡུག་བསྔལ་མེ། །རབ་བསིལ་ཐུགས་རྗེའི་ཆུ་རླུང་ཤུགས་དྲག་གིས། །གཞིལ་ཏེ་བླ་མེད་བདེ་བའི་དགའ་སྟོན་སྩོལ། །མི་རྟག་ལ་སོགས་འདུ་ཤེས་ཡང་དག་དང་། །སེམས་བསྐྱེད་ཕྱིན་དྲུག་རིམ་པ་གཉིས་ལ་སོགས། །མདོ་སྔགས་ས་ལམ་བགེགས་མེད་མཐར་ཕྱིན་ཏེ། །རྫོགས་པའི་སངས་རྒྱས་མྱུར་

ཏུ་འཕོབ་བྱིན་རློབས། །ཞེས་བྱང་ཆུབ་ལམ་གྱི་རིམ་པའི་གནད་མདོར་བསྡུས་དང་སྦྱར་བའི་བསྟོད་པ་འདི་དང་། གཞན་ཡང་བསྟོད་པ་དང་གསོལ་འདེབས་ཐུགས་རྗེ་བསྐུལ་བ་སོགས་བློས་གང་ལྡོགས་བྱ་ཞིང་། གཙོ་བོར་མདུན་གྱི་བླ་མ་རིགས་གསུམ་ཀུན་འདུས་ཀྱི་ངོ་བོར་མོས་ཏེ་དམིགས་བརྩེ་མར་ཚིག་སྒྲིལ་དང་། དེ་དག་གི་སྐབས་སྐུ་གསུང་ཐུགས་ཀྱི་བྱིན་རླབས་ཞུ་བ་དང་ཏིང་ངེ་འཛིན་གྱི་དབང་བཞི་ལེན་པ་མཇུག་བླ་མ་སྤྱི་གཙུག་ནས་སྙིང་དྭངས་སྙིང་གར་པདྨའི་སྟེང་དུ་འབྲལ་བ་མེད་པར་བཞུགས་པར་བསམ་པ་སོགས་ནི་བླ་མའི་ཞལ་དང་། རྗེ་ཉིད་ཀྱིས་མཁས་གྲུབ་ཆོས་རྗེར་སྩལ་པའི་བླ་མའི་རྣལ་འབྱོར་གྱི་ཟིན་བྲིས་དང་། དམིགས་བརྩེ་མའི་ཊཱི་ཀཱ་ཚིག་དོན་རབ་གསལ་སོགས་ལས་ཤེས་པར་བྱའོ། །འདིར་འབད་དགེ་མཐུས་བདག་གཞན་འགྲོ་བ་ཀུན། །རྒྱལ་བ་གཉིས་པས་རྟག་ཏུ་མི་འབྲལ་བར། །རྗེས་བཟུང་བླང་དོར་གནས་ལ་ཇི་བཞིན་དུ། །ཞུགས་ཏེ་གསང་གསུམ་ཡོན་ཏན་ཀུན་འགྲུབ་ཤོག །ཅེས་འཇམ་མགོན་བླ་མ་ཙོང་ཁ་པ་ཆེན་པོར་དམིགས་བརྩེ་མའི་སྒོ་ནས་གསོལ་བ་འདེབས་པའི་ཚེ་རྟེན་གསལ་འདེབས་ཀྱི་མངོན་རྟོགས་དང་། བྱང་ཆུབ་ལམ་རིམ་གྱི་དོན་དང་འབྲེལ་བའི་བསྟོད་པ་འདི་ལྟ་བུ་དགོས་ཞེས་མཚན་སྒྲོགས་མཁན་ཟུར་ཡོན་ཏན་གྲགས་པ་གྲྭ་སློབ་འགས་བསྐུལ་བ་ལྟར། རྒྱལ་བ་གཉིས་པའི་བསྟན་པ་ལ་དེང་དུས་ཚིག་ཙམ་གྱིས་གུས་པར་སྨྲ་བ་དག་མི་འདྲ་བར་གཏིང་ནས་ཡིད་ཆེས་ཀྱི་དད་པ་ཅུང་ཟད་ཀུང་ཐོབ་པའི་ཤཱཀྱའི་དགེ་སློང་བློ་བཟང་བསྐལ་བཟང་རྒྱ་མཚོས་དགའ་ལྡན་ཕོ་བྲང་གི་གཟིམ་ཆུང་དགའ་ལྡན་སྣང་གསལ་དུ་སྦྱར་བའི་ཡི་གེ་པ་ནི་དྲུང་ཡིག་ངག་དབང་འཇམ་དབྱངས་སོ། ། ། །

༄༅། །རྒྱལ་བ་གཉིས་པ་ཁམས་གསུམ་ཆོས་ཀྱི་རྒྱལ་པོ་ཤར་ཙོང་ཁ་པ་བློ་བཟང་གྲགས་པའི་དཔལ་གྱི་སྐུ་གསུང་ཐུགས་ཡོན་ཏན་བརྗོད་པ་དམིགས་བརྩེ་མའི་ཚིག་དོན་མདོར་བསྡུས་ལག་བཅངས་སུ་བཀོད་པ་སེམས་ཀྱི་ཅང་ཤེས་ཁ་ལོ་སྒྱུར་བའི་སྲབ་ཞེས་བྱ་བ་བཞུགས་སོ།

༄། །ཨོཾ་བདེ་ལེགས་སུ་གྱུར་ཅིག །དམ་པའི་དོན་ཆེན་སྐྱེ་འགག་བྲལ་བ་སྟོང་ཉིད་རྩེས། །ལེགས་ཟིན་ཀུན་གཤིས་དེ་ལྟ་ན་ཡང་གདུལ་བྱའི་ངོར། །རྒྱལ་ཀུན་ལས་ལྷག་བརྟན་པའི་འཁོར་ལོ་མི་ཡི་ཟློལ། །བློ་བཟང་གྲགས་པའི་ཞབས་རྟུལ་སྤྱི་བོའི་རྒྱན་དུ་འཆང་། །སྙིང་རྗེའི་ལྟར་གྲགས་རྫུན་བྲལ་འཇིག་རྟེན་མགོན། །སྲིད་པ་གསུམ་ལ་སྤྱན་རས་གཟིགས་དབང་མཆོག །བྱང་ཆུབ་སེམས་མཐུས་གྲངས་མེད་བདུད་ཀྱི་དཔུང་། །ཕྱག་མཛད་རྒྱལ་བའི་གསང་འཛིན་ཕྱག་བྱའི་གནས། །ཉིས་ཚོགས་དྲི་བྲལ་བདེ་གཤེགས་གསུང་རབ་དང་། །དགོངས་འགྲེལ་ཆོས་ཀྱི་འོད་ཟེར་སྙིང་པོའི་རོ། །སྐལ་ལྡན་སྙིང་གི་པདྨོར་འཇོ་མཛད་པའི། །ཡོངས་འཛིན་སྨྲ་བའི་ཉི་རྣམས་རྒྱལ་གྱུར་ཅིག །དེའང་། སྐྱེས་རབས་ལས། ཡ་རབས་རྣམས་དང་འཕྲད་ན་སྐྱེས་ཀྱི་མཆོག །ཚོགས་ཀྱི་ནང་ན་མཁས་པ་མགུ་བར་འགྱུར། །ཞེས་དང་། ཁམས་གསུམ་ཆོས་ཀྱི་རྒྱལ་པོ་ཙོང་ཁ་པ་ཆེན་པོས། སྨད་བྱུང་ལེགས་བཤད་སྐྱེས་ཀྱིས་ནི། །དམ་པའི་ཡིད་རབ་འཕྲོག་པ་ལྟར། །ཙན་དན་སྔོན་པ་དྲི་བཞོན་གྱིས། །བསྐྱོད་པའི་གསུང་གིས་དེ་ལྟ་མིན། ཞེས་གསུངས་པ་ལྟར་ཡ་རབས་དང་མཁས་པ་རྣམས་ལ་དགྱེས་པ་སྐྱོད་བྱེད་ཀྱི་མཆོག་ནི་ཐར་ལམ་ཕྱིན་ཅི་མ་ལོག་པར་སྟོན་བྱེད་ཀྱི་ལེགས་པར་བཤད་པའི་ཆོས་ཁོ་ན་ཡིན་ཏེ། མགོན་པོ་ཞི་བ་ལྷས། དལ་འབྱོར་འདི་ནི་རྙེད་པར་ཤིན་ཏུ

དཀའ། །སྐྱེས་བུའི་དོན་སྒྲུབ་ཐོབ་པར་གྱུར་པ་ལ། །གལ་ཏེ་འདི་ལ་ཕན་པ་མ་སྒྲུབས་ན། །ཕྱི་ནས་ཡང་དག་ཉེད་པར་ག་ལ་འགྱུར། །ཞེས་དལ་བ་བརྒྱད་དང་འབྱོར་པ་བཅུ་ཚང་བའི་རྟེན་ནི་ཡིད་བཞིན་གྱི་ནོར་བུ་རིན་པོ་ཆེ་ལས་ཀྱང་ཆེས་དཀོན་ཞིང་། ངེས་པར་རྙེད་དཀའ་བའི་དོན་ཆེན་ཕུལ་དུ་བྱུང་བ་ཡིན་ཡང་སྔོན་གྱི་དགེ་བའི་རྒྱུ་ཚོགས་གྲངས་ཚང་བའི་ཉེ་ཟེར་གྱིས་མིའི་ལུས་ཀྱི་པདྨོ་ལྷག་པར་བཞག་པ་དབུལ་པོས་གཏེར་ཐོབ་པ་ལྟ་བུའི་དུས་འདིར་རང་གཞན་ལ་ཕན་པའི་དམ་པའི་ཆོས་ཞི་ཐག་པ་ནས་སྒྲུབ་དགོས། དེའང་ཁ་ཙམ་ཚིག་ཙམ་གྱིསདེར་བྱ་སང་བྱའི་ངང་དུ་ལུས་ན་མི་ཚེ་འདི་མི་རྟག་པའི་རང་བཞིན་སློག་གི་ཕྲེང་བ་དང་། རྫི་ལམ། སྤྲིན། དབང་གཞུ་ལྟར་འཇིག་སླ་བ་ནི། ཚོམས་ལས། གང་ཡང་སངས་རྒྱས་རང་སངས་རྒྱས། །སངས་རྒྱས་རྣམས་ཀྱི་ཉན་ཐོས་ཀྱང་། །སྐུ་ལུས་འདི་ནི་སྤོང་མཛད་ན། །སྐྱེ་བོ་ཕལ་པ་སྨོས་ཅི་དགོས། །ཞེས་དང་། འཇམ་མགོན་བླ་མ་ཙོང་ཁ་པ་ཆེན་པོས། །དལ་བའི་རྟེན་འདི་ཡིད་བཞིན་ནོར་ལས་ལྷག །འདི་འདྲ་རྙེད་པ་ད་རེས་ཙམ་ཞིག་ཡིན། །རྙེད་དཀའ་འཇིག་སླ་ནམ་མཁའི་གློག་དང་འདྲ། །ཞེས་གསུངས་པ་ལྟར་ཡིན་ལ། དེས་ན་སྐྱེ་བ་འདི་ཉིད་ནས་འཕོ་ཚེ་སྲིད་པའི་འཆིང་བ་ལས་མ་གྲོལ་ཕྱིན་ཆད་མར་མེ་ཤི་བ་བཞིན་དུ་རིགས་འདྲ་རྒྱུན་ཆད་དུ་ནི་མི་འགྲོ། དགེ་སྡིག་གི་སྟོབས་ལས་སྲུང་མདའི་མདོ་དམའ་ལྟར་བདེ་འགྲོ་དང་ངན་འགྲོ་ལས་མ་འདས། རྒྱུ་མཚན་དེས་ན་སྐྱེས་བུ་རང་རང་གི་ལས་དབང་ངན་པའི་རྐྱེན་གྱིས་ངན་འགྲོ་གྲུབ་པའང་། སྤྱོད་འཇུག་ལས། ལྕགས་བསྲེགས་ས་གཞི་སུ་ཡིས་བྱས། །མེ་ཚོགས་དེ་དག་གང་ལས་བྱུང་། །དེས་ན་དེ་དག་ཐམས་ཅད་ནི། །སྡིག་སེམས་ཡིན་པར་ཐུབ་པས་གསུངས། །ཞེས་གསུངས་པ་ལྟར་ཡིན་ལ། དེའང་ཚ་དམྱལ་ནི་འོག་ལྕགས་བསྲེགས་ཀྱི་ས་གཞི། སྟེང་ཀུན་ལྕགས་བསྲེགས་ཀྱི་ར་བ། སྟེང་འོག་མེ་ལྕེ་འབར་བའི་ནང་དུ་ཡང་སོས་ཀྱི་སེམས་ཅན་གཞི་དེར་སྐྱེས་མང་པོ་ཞེ་སྡང་གིས་ལག་ཏུ་གང་བླངས་མཚོན་ཆར་གྱུར་པ་ཕན་ཚུན་གཅིག་ལ་གཅིག་གིས་བརྡེག་སྟབས་ཀྱིས་ལུས་ཚལ་པ་དུ་མར་བཅད་གཏུབས་ཀྱི་ཚོར་བ་ཉམ་ཐག་པས་གཟིར་བ་ན། ནམ་མཁའ་ནས་ཡང་ཁྱོད་རྣམས་སོས་པར་གྱུར་ཅིག་ཅེས་པའི་སྒྲ་བྱུང་བ་དང་བསོས་ནས་ཀྱང་སྔར་ལྟར་སྡུག་བསྔལ་བ་དང་། །སེམས་ཅན་མཐིང་ནག་ནི་དམྱལ་སྲུང་རྣམས་ཀྱིས་ལུས་ལ་ཐིག་མང་དུ་བཏབ་སྟེ། མཚོན་ཆ་མི་བཟོད་པས་གཏོག་པར་

བྱེད་ལ། །སེམས་ཅན་བསྡུས་འཇོམས་ནི་རི་སེམས་ཅན་གྱི་གདོང་ལུས་ཀྱི་དབྱིབས་ཅན་གྱི་བར་དུ་ཅི་བྱ་གཏོལ་མེད་དུ་བཙིར་བ་སོགས་ཀྱིས་དབང་པོའི་སྒོ་ནས་ཁྲག་རྒྱུན་ཆལ་ཆིལ་དུ་འབབ། །ངུ་འབོད་དང་ངུ་འབོད་ཆེན་པོའི་སེམས་ཅན་ཡང་ལྕགས་ཁང་གི་སྒོ་ནང་དུ་སླེབས་མ་ཐག་སྒོ་འགྲིག་པའི་མེ་ལྕེའི་འཕྲེང་བས་བར་མེད་པར་བསྐོར་བ་སོགས་འཁྲོས་པའི་རང་དབང་མེད་པས་ངུ་འབོད་ལྷང་ལྷང་བྱེད་ཅིང་སྡུག་བསྔལ་གྱིས་གཙེས་པའོ། །ཚ་བའི་སེམས་ཅན་ནི་ལྕགས་བསྲེགས་ཀྱི་གསལ་ཤིང་གིས་ལུས་ཏལ་མར་ཐུག་ཅིང་ཁྲོ་ཆུ་ཁོལ་མའི་ནང་དུ་འཚོད་པ་སོགས་ཚོར་བ་སྡུག་བསྔལ་གྱིས་གཟིར་བའོ། །རབ་ཏུ་ཚ་བའང་སྟར་ལྟར་ལས་གསལ་ཤིང་རྩེ་གསུམ་གྱིས་འབུགས་ཤིང་ལྕགས་བསྲེགས་ཀྱིས་ལུས་ལ་བཀྲིས་པས་ཉམ་ཐག །ཡང་ཁྲོ་ཆུའི་ནང་དུ་བཏབ་པས་ཀེང་རུས་ལྟར་འགྱུར་བས་སྡུག་བསྔལ་བའོ། །མནར་མེད་ཀྱི་སེམས་ཅན་ནི་ཕྱོགས་མཚམས་ཀུན་ཏུ་མེ་འབར་ཏེ་ལུས་མེ་དབྱེར་མེད་དུ་སོང་པའི་རྣམ་པ་ཅན་འོ་དོད་ཀྱི་སྒྲ་ཐོས་པ་ཙམ་གྱི་ཆེས་ཤིན་ཏུ་མི་བཟོད་པའི་སྡུག་བསྔལ་མྱོང་བ་སྟེ། ཀུན་མཁྱེན་ལྡེ་པ་ཆེན་པོས། ཚ་སྲེག་རབ་འབར་ལྕགས་ཀྱི་ཁང་པའི་ནང་། བཅད་གཏུབས་བཙེང་བའི་ཁྲག་གི་ཆུ་ཀླུང་འབབ། །དབང་པོའི་སྒོ་ནས་ལྷབ་ལྷབ་མེ་འབར་བའི། །ཚུལ་འདིར་མི་འཛིགས་སྙིང་ལ་གདོན་གྱིས་བརླམས། །ཞེས་གསུངས་ཤིང་། འཕགས་པ་ཀླུ་སྒྲུབ་ཀྱིས། སེམས་ཅན་ཉེས་པར་སྤྱོད་པ་སྤྱོད་རྣམས་ལ། །ཡང་སོས་ཐིག་ནག་རབ་ཏུ་ཚ་བ་དང་། །བསྡུས་འཇོམས་ངུ་འབོད་མནར་མེད་ལ་སོགས་པའི། །དམྱལ་བ་རྣམས་སུ་རྟག་ཏུ་སྡུག་བསྔལ་འགྱུར། །ཞེས་སོགས་གསུངས། སེམས་ཅན་གྲང་བའི་དམྱལ་བ་ནི་མཐའ་རྣམས་གངས་རིས་བསྐོར། འོག་ཐམས་ཅད་ཁ་བ་དང་འཁྱགས་རོམ་གྱི་སྤུབས་ཟབ་མོར་ཁ་བའི་བུ་ཡུག་མུན་ནག་འཐིབ་པའི་ཁྲོད་ལྷགས་པའི་འཐོར་རླུང་གིས་བཏབ་པས་ལུས་འཁྱུམས་ཤིང་། ཆུ་བུར་གྱི་གང་བས་ཆུ་བུར་ཅན་དང་། ཆུ་བུར་དེ་དག་བརྗོལ་བ་ལས་རྣག་ཁྲག་གི་རྒྱུན་བབས་པས་ཆུ་བུར་བརྗོལ་པའོ། །སོ་ཐམ་པ་དང་། ཀྱི་ཧུད་ཟེར་བ་དང་། ཨ་ཆུ་ཟེར་བ་རྣམས་ནི་གྲང་བས་ཉེན་པའི་ཚིག་ཐོལ་བྱུང་དུ་སྨྲ་བའོ། །ལྷགས་པས་གཡེངས་པས་པགས་པ་རྣམས་སྔོ་ཞིང་ཁ་ལྷའམ་དྲུག་ཏུ་གས་པའི་རྒྱུ་མཚན་གྱིས་ཨུཏྤལ་ལྟར་གས་པ་དང་། པགས་པ་སྔོན་པོ་ལས་འདས་ཏེ་དམར་པོར་གྱུར་ཅིང་ཁ་བཅུའམ་དེ་ལས་ལྷག་པར་གས་པའི་སྟོབས་ཀྱིས་པདྨ་

ལྷར་གསལ་པ་དང་། པདྨ་ལྷར་ཆེར་གསལ་པའི་སྡུག་བསྔལ་བསམ་གྱིས་མི་ཁྱབ་པ་ཡོད་དེ། ལྟ་བ་ཆེན་པོས། མུན་ནག་གང་རིའི་ཕུབས་ཀྱི་འཐོར་ཀླུང་ཁྲིད། །གྲང་རེག་རྣོན་པོའི་མཚོན་གྱིས་ཉམ་ཆུང་ལུས། །བརྒྱ་སྟོང་མང་པོར་གསས་ཀྱང་མི་འཆི་བའི། །བྱིད་པོ་མི་དགེའི་དགྲ་འདིས་རྟག་ཏུ་མནར། །ཞེས་དང་། མགོན་པོ་ཀླུས། དམྱལ་བ་བྲིས་པ་མཐོང་ངམ་ཐོང་བ་དང་། །དྲན་དང་བཀླགས་དང་གཟུགས་སུ་བགྱིས་རྣམས་དང་། །འཇིགས་པ་བསྐྱེད་པར་འགྱུར་ན་མི་བཟད་པའི། །རྣམ་སྨིན་ཉམས་སུ་མྱོང་ན་སྨོས་ཅི་འཚལ། །ཞེས་གསུངས། དུད་འགྲོའི་འགྲོ་བ་ལའང་བྱིངས་དང་ཁ་འཐོར་བས་བསྡུས་པའི་གླིན་ཞིང་གཉི་མུག་པ་རྣམས་ལ་ནི་བསད་པ་དང་བཅིང་བརྡེག་བཀོལ་སྤྱོད་སོགས་སྡུག་བསྔལ་རྣམ་པ་སྣ་ཚོགས་ཤིང་ཉམ་ང་བ་ཡིན་ཏེ། ཐམས་ཅད་མཁྱེན་པ་ལྟ་བ་ཆེན་པོས། རྒྱ་འབྲས་ནད་ཀྱི་ཟུག་ཟེར་ཆུང་ངུ་ཡང་། །མི་བཟོད་བཞིན་དུ་ཤ་རུས་པགས་པའི་ཆེད། །གསོད་ཅིང་ཟ་བའི་སྡུག་བསྔལ་མཐའ་མེད་པ། །སྙིང་རྗེ་མི་འདར་སེམས་མེད་ཐེམ་པོའམ་ཅི། །ཞེས་དང་། བཤེས་སྤྲིངས་ལས། དུད་འགྲོའི་སྐྱེ་གནས་ན་ཡང་གསོད་པ་དང་། །བཅིང་དང་བརྡེག་སོགས་སྡུག་བསྔལ་སྣ་ཚོགས་པ། །ཞི་འགྱུར་དགེ་བ་སྤངས་པ་རྣམས་ལ་ནི། །གཅིག་ལ་གཅིག་ཟ་ཤིན་ཏུ་མི་བཟད་པ། །ཞེས་གསུངས། ཡི་དྭགས་ཀྱི་འགྲོ་བ་ལ་ན་འདོད་པས་ཡོངས་སུ་ལས་བྱུང་བའི་དུཿཁ་རྒྱུན་ཆགས་པ་སྟེ། འབྱོར་པ་ཡིད་དང་མཐུན་པའི་སྐབས་མེད་པ་དང་། རྟག་ཏུ་བཀྲེས་སྐོམ་གྱིས་གཟིར་བ་དང་། ངལ་དུ་བ་ཀྱི་མཐར་སྐྱེས་བུ་མཚོན་ཆ་ཐོགས་པ་མཐོང་བས་སྡུག་བསྔལ་ཤིན་ཏུ་མི་བཟད་པ་དང་། དེ་ལ་ནང་གི་སྒྲིབ་པ་དང་ཕྱིའི་སྒྲིབ་པ་སོགས་རྣམ་པར་སྨིན་པ་གློས་དཔག་ཏུ་མེད་དེ། ལྟ་བ་ཆེན་པོས། ད་ལྟའི་ཚེ་ཐུང་འདི་ཡི་ཟས་སྐོམ་དོན། །ངལ་བར་ནུས་རྣ་མི་ལོ་ཁྲི་ལྟ་སྟོང་། །མི་བཟད་བཀྲེས་སྐོམ་ངལ་བ་སེལ་སླད་དུ། །ལུས་སྲོག་འདོར་ནུས་སྙིང་རུས་བསྐྱེད་ཀྱང་ཚུངས། །ཞེས་དང་། བཤེས་སྤྲིངས་ལས། ཡི་དྭགས་ལ་ཡང་འདོད་པས་ཕོངས་པ་ཡིས། །བསྐྱེད་པའི་སྡུག་བསྔལ་རྒྱུན་ཆགས་མི་འཚོས་པ། །བཀྲེས་སྐོམ་གྲང་དྲོ་ངལ་དང་འཇིགས་པ་ཡིས། །བསྐྱེད་པ་ཤིན་ཏུ་མི་བཟད་སྟེན་འཚལ་ལོ། །ཞེས་དང་། ཡི་དྭགས་རྣམས་ལ་སོས་ཀའི་དུས་སུ་ནི། །ཟླ་བའང་ཚ་ལ་དགུན་ནི་ཉི་མ་གྲང་ས། །སྟོན་ཤིང་འབྲས་བུ་མེད་འགྱུར་འདི་དག་གིས། །བལྟས་པ་ཙམ་གྱིས་ཀླུང་ཡང་

སྐམ་པར་འགྱུར། །ཞེས་སོགས་གསུངས་སོ། །ལས་ཉོན་གྱི་དབང་གིས་མིར་འཕངས་པ་ལ་ནི་སྐྱེ་གནས་བཞི་ལས་གཙོ་ཆེ་བ་མ་ལས་སྐྱེས་པ་ལ་མཚོན་ན། སློབ་སྤྲིངས་ལས། །ཤིན་ཏུ་མི་བཟང་དྲི་ང་མི་གཙང་བཅེར་བས་འགགས། །རབ་ཏུ་དོག་པ་མུན་ནག་འཁྱིབ་པོར་འདུག་པ་ཡི། །མངལ་གནས་དམྱལ་བ་ལྟ་བུའི་ནང་དུ་དེ་ཞུགས་ནས། །ལུས་ཡོངས་བསྐུམས་ལ་སྡུག་བསྔལ་ཆེན་པོ་བཟུག་དགོས་སོ། །ཞེས་མའི་མངལ་དྲི་ང་མི་ཞིམ་མི་གཙང་བ་ལྷུན་ལྷེན་གྱི་ཁྲིད་དུ་མེར་མེར་པོ་ལ་སོགས་པའི་གནས་སྐབས་རྫོགས་ཏེ་ལས་རླུང་གིས་དེད་དེ་བ་ལང་གི་པགས་པ་དམར་བཤུས་ལ་སྦྲང་མ་མཆུ་ཅན་གྱིས་ཟོས་པ་ལྟ་བུའི་སྡུག་བསྔལ་དྲག་པོ་མྱོང་བཞིན་པར་སྐྱེ་ལ། ཚེར་དོང་གི་རིག་པའི་སོ་སྙན་པོས་ཀྱང་ཆེས་བཟུག་པར་དཀའོ། །དེའི་མྱུར་ནར་སོན་ནས་རྒ་བའི་སྡུག་བསྔལ་ནི། །འཕགས་པ་རྒྱ་རོལ་ལས། རྒ་བས་གཟུགས་སྡུག་གཟུགས་མི་སྡུག་པར་བྱེད། །རྒ་བས་གཟི་བརྗིད་འཕྲོག་ཅིང་མཐུ་སྟོབས་འཕྲོག །རྒ་བས་བདེ་བ་འཕྲོག་ཅིང་རྙེད་པར་བྱེད། །རྒ་བས་འཆི་བྱེད་རྒ་བས་མདངས་ཀྱང་འཕྲོག །ཅེས་གསུངས་པ་བཞིན་རྒ་བའི་སྡུག་བསྔལ་ལང་འཚོའི་སྟོབས་བྲི་ལུས་གཞུ་ལྟར་འཁྱོན་ཅད་ཁ་ནང་གི་སོ་འཕྲེང་འཐོར། སྐྲ་དཀར་དང་གཉེར་མའི་སྤྲུབས་སུ་དྲན་པའི་དབང་པོ་མཐུ་ཉམས་ཤིང་སྙིད་སྐྱུར་བས་ཡང་བ་སོགས་དང་། ན་བའི་སྡུག་བསྔལ་མི་བཟད་པས་བྲོ་འཚལ་བ་ནི་རླུང་མཁྲིས་བད་ཀན་སོགས་འདུ་བ་འཁྲུགས་པ་དང་གློ་བུར་དུ་གདོན་དང་མཚོན་ཆ་ལ་སོགས་ཟུག་གཟེར་གདུང་བ་སྣ་ཚོགས་ཀྱིས་ལུས་ཀྱི་ཤ་ཤུགས་ཉམས་ཤིང་རྨས། །ཡིད་དུ་མི་འོང་བའི་ཟས་སྤྱོད་གཏར་མེ་སོགས་ཀྱིས་དུབ་པས་ཉམ་ཐག་པ་ནི། རྒྱ་ཆེ་རོལ་པ་ལས། དཔེར་ན་དགུན་སྨད་རླུང་དང་ཁ་བ་ཆེ། །རྩ་ཤིང་གེལ་པ་ནགས་སྨན་མདངས་ཀྱང་འཕྲོག །དེ་ལྟར་ནད་འདིས་འགྲོ་བའི་མདངས་འཕྲོག་ཅིང་། །དབང་པོ་ཟུངས་དང་སྟོབས་ནི་ཉམས་པར་བྱེད། །ཅེས་གསུངས་སོ། །དེས་ན་ནད་མ་ཞི་བས་ཐབས་བརྩོད་རིམ་གྲོས་པོར། གཉེན་བཤེས་ཀྱིས་མཐའ་བསྐོར་ཀྱང་རང་དབང་མེད་པར་གཅིག་པུར་མར་དཀྱིལ་ནས་སྤུ་ཕྱུངས་པ་བཞིན་དུ་གཅེས་དགུ་བཞག་སྟེ་ཁ་བསྐམས། མཆུ་བཟས། སྣ་ཞོམ། མིག་གོང་གི་ངང་ནས་འཇིག་རྟེན་ཕྱི་མར་སྐྱེས་ཆེན་འདེགས་ཚུལ་ནི། རྒྱ་རོལ་ལས། འཆི་དང་འཕོ་དང་འཆི་བས་དུས་བྱེད་པ། །འཕངས་ཤིང་སྡུག་པའི་སྐྱེ་བོ་རྟག་ཏུ་འབྲལ། །ཕྱིར་མི་འོང་ཞིང་འཕྲད་པར་འགྱུར་པ་

མིན། །ཤིང་ལས་ལོ་འབྲུལ་འདྲ་ཞིང་ཀླུང་རྒྱུན་མཚུངས། །ཞེས་དང་། ཐམས་ཅད་མཁྱེན་པ་བློ་བཟང་རྒྱ་མཚོས། དུས་ད་ལྟ་སེམས་དང་དབྱེར་མེད་འདྲའི། །གཟུགས་ཟག་ཕུང་མལ་སྟན་སྟེང་བཞག་ནས། །ཡིད་རྣམ་ཤེས་གཅིག་པུ་བར་དོ་ཡི། །འཕྲང་རིང་པོ་བགྲལ་ནས་འཁོར་བར་འབྱམ། །ཞེས་གསུངས། ལྷའི་སྐྱེས་གནས་སུའང་འདོད་པའི་ལོངས་སྤྱོད་སོགས་ཆེས་ཆེའང་འཆི་འཕོའི་ཚེ་སྡུག་བསྔལ་སྔར་གྱི་དེ་བས་ཀྱང་ཆེ་ཞིང་འཆི་ལྟས་རྣམ་པ་མང་པོས་ཡོངས་སུ་ཟིན་པའི་སྡུག་བསྔལ་འབབ་ཞིག་སྟེ། བཤེས་སྤྲིངས་ལས། ལུས་ཀྱི་ཁ་དོག་མི་སྡུག་འགྱུར་བ་དང་། །སྟན་ལ་མི་དགའ་མེ་ཏོག་ཕྲེང་རྙིངས་དང་། །གོས་ལ་དྲི་མ་ཆགས་དང་ལུས་ལ་ནི། །སྔོན་ཆད་མེད་པའི་རྔུལ་འབྱུང་ཞེས་བགྱི་བ། །མཐོ་རིས་འཆི་འཕོ་སྔོན་བྱེད་སྟ་ལྟས་ལྔ། །ཞེས་གསུངས། ལྷ་མིན་གྱི་རྟེན་ལའང་སྡུག་བསྔལ་ལས་མ་འདས་པ་ནི་ལྷ་མིན་རྣམས་རང་བཞིན་གྱིས་ང་རྒྱལ་ཆེ་བས་ལྷའི་དཔལ་ལ་ཕྲག་དོག་པས་ཡིད་ཀྱི་སྡུག་བསྔལ་ཆེ་ཞིང་། གཡུལ་དུ་ལུས་དུམ་བུར་བཅད་པ་སོགས་མཐའ་ཡས་ཏེ། བཤེས་སྤྲིངས་ལས། ལྷ་མིན་དག་ན་རང་བཞིན་གྱིས་ལྷ་ཡི། །དཔལ་ལ་སྡང་ཕྱིར་ཡིད་ཀྱི་སྡུག་བསྔལ་ཆེ། །དེ་དག་བློ་དང་ལྡན་ཡང་འགྲོ་བ་ཡི། །སྒྲིབ་པས་བདེན་པ་མཐོང་བ་མ་མཆིས་སོ། །ཞེས་གསུངས་ཤིང་། མདོར་ན་མདོ་དྲན་པ་ཉེར་གཞག་ལས། སེམས་ཅན་དམྱལ་བ་དམྱལ་མེས་ཉམས། །ཡི་དྭགས་བཀྲེས་ཤིང་སྐོམ་པས་ཉམས། །དུད་འགྲོ་གཅིག་ལ་གཅིག་ཟས་ཉམས། །མི་དགའ་འཚོབ་ཐུང་བས་ཉམས། །ལྷ་དག་བག་མེད་པ་ཡིས་ཉམས། །འཁོར་བ་ཁབ་ཀྱི་རྩེ་ཙམ་ན། །བདེ་བ་ནམ་ཡང་ཡོད་མ་ཡིན། །བདེ་བ་འདོད་ན་སྡུག་བསྔལ་སྤོངས། །ཞེས་དང་། རྒྱུད་བླ་མར་ཡང་། མི་གཙང་བ་ལ་དྲི་ཞིམ་མེད་ལྟར་རྒྱུད་ལྔ་དག་ན་བདེ་བ་མེད། །ཅེས་གསུངས་པ་ལྟར་འཁོར་བའི་གཙོང་རོང་ཟབ་མོ་འདི་གང་དུ་གནས་ཀྱང་སྡུག་བསྔལ་གྱི་གནས་སུ་དང་འགྲོགས་ཀྱང་སྡུག་བསྔལ་གྱི་གྲོགས། གང་ལ་ལོངས་སྤྱད་ཀྱང་སྡུག་བསྔལ་གྱི་ལོངས་སྤྱོད་ལས་མ་འདས་པས་དེ་ལས་ངེས་པར་ཐར་བ་ཞིག་བྱ་དགོས་ཤིང་། དེའི་ཕྱིར་སྐྱབས་གནས་ལྟར་སྣང་ཚངས་དང་ཁྱབ་འཇུག་སོགས་ལ་སྐྱབ་པའི་ནུས་པས་དབེན་ཏེ། རྒྱལ་སྲས་ཐོགས་མེད་བཟང་པོས། རང་ཡང་འཁོར་བའི་བཙོན་རར་བཅིངས་པ་ཡི། །འཇིག་རྟེན་ལྷ་ཡིས་སུ་ཞིག་སྐྱབ་པར་ནུས། །ཞེས་གསུངས་པ་ལྟར་དེ་དག་སོགས་ལ་སྐྱབས་དང་སྟོན་པར་

འཛིན་པའང་། འདྲེ་ཤར་སློ་དང་གླུད་ཟུབ་སློའི་དཔེར་གསལ་ལ། དེས་ན་བསྟོད་པ་བརྒྱ་ལྔ་བཅུ་པར། །གང་ཞིག་ལ་ནི་ཉེས་པ་ཀུན། །གཏན་ནས་ཡོངས་ཡེ་མི་མངའ་ཞིང་། །གང་ལ་རྣམ་པ་ཐམས་ཅད་དུ། །ཡོན་ཏན་ཐམས་ཅད་གནས་གྱུར་པ། །གལ་ཏེ་སེམས་ཤིག་ཡོད་ན་ནི། །དེ་ཉིད་ལ་ནི་སྐྱབས་འགྲོ་ཞིང་། །དེ་བསྟོད་དེ་ནི་བཀུར་པ་དང་། །དེ་ཡི་བསྟན་ལ་གནས་པར་རིགས། །ཞེས་དང་། སྐྱབས་འགྲོ་བདུན་ཅུ་པར། སངས་རྒྱས་ཆོས་དང་དགེ་འདུན་ཏེ། །ཐར་པ་འདོད་པ་རྣམས་ཀྱི་སྐྱབས། །ཞེས་གསུངས་པ་ལྟར་ཡིན་ཅིང་། དེ་ལྟ་བུའི་སྐྱབས་གནས་ཀུན་འདུས་ཀྱི་ངོ་བོ་ནི། རྡོ་རྗེ་གུར་ལས། གང་ཕྱིར་རྡོ་རྗེ་སེམས་དཔའ་ཞེས། །དེ་ཉིད་སློབ་དཔོན་གཟུགས་སུ་འཛིན། །སེམས་ཅན་ཕན་གདགས་དམིགས་ནས་ནི། །ཐ་མལ་པ་ཡི་གཟུགས་སུ་གནས། །ཞེས་དང་། ཡེ་ཤེས་གྲུབ་པར། ཡོན་ཏན་ཐམས་ཅད་རབ་རྫོགས་ཀྱང་། །བླ་མ་མེད་ན་སྲིད་ཐར་མིན། །ཞེས་དང་། དུས་འཁོར་རྩ་རྒྱུད་ལས། །ཡོན་ཏན་རྒྱ་མཚོ་བླ་མ་ལ། །དང་བའི་ཡིད་ཀྱིས་མཉེས་བྱས་ན། །མཆོག་དང་ཐུན་མོང་དངོས་གྲུབ་ཀུན། །ཚེ་འདི་ཉིད་ལ་ངེས་པར་ཐོབ། །ཅེས་དང་། དཔལ་མར་མེ་མཛད་ཀྱིས་ཀྱང་། ཁོ་བོས་བླ་མ་བརྟེན་ཚུལ་མ་ལོག་པས་རྒྱ་བོད་ཐམས་ཅད་སློབ་མར་གྱུར་ཚད་ལ་ཕན་ཐོགས་ཤིང་འབྲེལ་ཚད་དོན་ལྡན་བྱུང་བ་ཡིན། ཞེས་གསུངས། མཉམ་མེད་ཙོང་ཁ་པ་ཆེན་པོས་ཀྱང་། །ཡོན་ཏན་ཀུན་གྱི་གཞི་གྱུར་དྲིན་ཆེན་རྗེ། །ཚུལ་བཞིན་བསྟེན་པ་ལམ་གྱི་རྩ་བ་རུ། །ཞེས་དང་། ལྷ་ལས་ཕུལ་བྱུང་གི་བསྟོད་པར། འདི་ལྟར་སུ་ཡང་རུང་སྟེ་ངེས་པར་ཀུན་མཁྱེན་དང་། །འགྲོ་ལ་གཅིག་ཏུ་ཕན་འདོགས་མཛད་པའི་ལུགས་ཆེ་བ། །དེ་དག་བློ་གྲོས་ཞིབ་མོའི་མིག་གིས་བཙལ་ནས་སུ། །བསྟེན་པར་བྱ་ཡི་གཞན་དག་མཁས་ལ་སུ་ཞིག་མཁོ། །ཞེས་གསུངས་པ་ལྟར་འཇམ་དཔལ་རྩ་བརྒྱུད་སོགས་བཀའ་དང་བསྟན་བཅོས་དུ་མ་ནས་ལུང་གིས་བསྟན་པ་དུས་གསུམ་བདེ་གཤེགས་ཀུན་གྱི་སྤྱི་གཟུགས་ཁམས་གསུམ་ཆོས་ཀྱི་རྒྱལ་པོ་འཇམ་མགོན་བླ་མ་ཙོང་ཁ་པ་ཆེན་པོ་འདི་ཉིད་སྐྱབས་གནས་ཡང་དག་ཏུ་བསྟན་པར་འོས་པ་ཡིན་ལ། མགོན་པོ་གང་གི་སྐུ་གསུང་ཐུགས་ཀྱི་གསང་བ་བསམ་གྱིས་མི་ཁྱབ་པ་མི་ཟད་རྒྱན་གྱི་འཁོར་ལོ་ནམ་མཁའ་ལྟར་རྒྱ་ཆེ་ཞིང་། རྒྱ་མཚོ་ལྟར་གཏིང་མཐའ་དཔག་པར་དཀའ་བ་ནི་ཞུ་ལན་བདུད་རྩིའི་ཕྲེང་བར། ཁོ་བོ་ལག་ན་རྡོ་རྗེས་ཀྱང་འདིའི་ཡོན་ཏན་དཔག་པར་མི་

ཉུས་སོ། །ཞེས་གསུངས་པ་ལྟར་རྗེ་བདག་ཉིད་ཆེན་པོའི་ཡོན་ཏན་སངས་རྒྱས་བྱང་སེམས་རྣམས་ཀྱིས་ཀྱང་བརྗོད་པའི་ཡུལ་ལས་འདས་ན། བདག་ལྟ་བུ་སོས་དར་དཀར་གྱི་རྡུལ་ཕྲེད་དུ་འདྲེ་ཕྱོག་ཅིང་། ཆོས་བརྒྱད་དྲི་ངན་གྱི་རང་མཚང་ལ་བག་ཕབ་པའི་བཟོད་པའི་སྨུ་ཁྱུད་ཀྱི་མཆེད་ཟླས་བརྗོད་པ་རྣམ་དག་ནམ་མཁའི་ཨུཏྤལ་ལྟར་གྱུར་མོད། འོན་ཀྱང་དམིགས་བརྩེ་མའི་ཚིག་ཟིན་ལྟར་མདོར་བསྡུས་ལག་བཅངས་སུ་བརྗོད་ན། ཇི་ལྟ་ཇི་སྙེད་ཀྱི་ཆོས་ཚུལ་ཐམས་ཅད་འཁྲུལ་ངོར་རང་བཞིན་གྱིས་གྲུབ་པ་ལྟར་སྣ་ཡང་། དམིགས་པའི་རང་བཞིན་བདེན་པར་མེད་པ་རྟོགས་པས་ཁྱད་པར་དུ་བྱས་པའི་བརྩེ་བའི་མིང་ཅན་ཐུགས་རྗེ་ཆེན་པོའི་གཏེར་གྱིས་ཐུགས་རྒྱུད་ཀྱིས་ཆེན་པོ་ལེགས་པར་ཡོངས་སུ་གང་བའམ། ཡང་ན། ཐུགས་རྗེ་མཐུག་པོའི་སེམས་ཅན་ནམ་མཁའི་མཐའ་དང་མཉམ་ལ། གང་ལ་ཐུགས་རྗེའི་མཐུག་པ་རྒྱ་ཆེ་ཞིང་ཡུལ་དུ་བྱུང་བའི་ཆེད་དམ་གཏིང་སངས་རྒྱས་ཀུན་གྱི་མཁྱེན་པས་ཀྱང་དམིགས་པའི་ཡུལ་དུ་མེད་ཅིང་། རང་དོན་དུ་འཁོར་བའི་ཡོན་ཏན་མི་འོབས་ཀྱི་རྡུབ་འགྱུར་ལྟར་གཟིགས་ནས་རྒྱུ་འབྲས་ཀྱི་རབ་དབྱེ་ཕྲ་ཞིང་ཕྲ་བ་རྣམས་ཐུགས་གསལ་བ་རབ་ཀྱི་ཤོང་དུ་ཆུད་ཀྱང་། འགྲོ་བ་རྣམས་སྡུག་བསྔལ་མི་འདོད་བཞིན་དུ་དུག་གསུམ་གྱི་སྨྱུ་མས་སེམས་ཀྱི་ནོར་བུ་སྡུག་བསྔལ་གྱི་རྒྱ་མཚོར་འབྱིང་བའི་ཚུལ་ཅན་རྣམས་ཐར་པའི་སྐམ་སར་འདོན་པ་ལ་བྱམས་པ་དང་བརྩེ་བའི་གཏེར་གྱི་གྲུ་ཆེན་ཤུགས་དྲག་པོས་བསྐྱོད་དེ། འཁོར་བའི་ཆུ་མཚོ་མ་སྟོངས་ཀྱི་བར་དུ་སེམས་ཅན་རེ་རེའི་ཕྱིར་ཡང་ལུས་སྲོག་ལ་བསྟོས་པ་མེད་པར་གཞན་དོན་དུ་འགྱུར་ན་མིའི་འོབས་སུ་འཇུག་དགོས་ཀྱང་། ཞུམ་པ་མི་མངའ་བ་འཇིག་རྟེན་གསུམ་གྱི་མགོན་པོ་འཕགས་པ་སྤྱན་རས་གཟིགས་ཀྱི་བདག་ཉིད་རྗེ་རིན་པོ་ཆེ་ཡིན་པར་མ་ཟད། འདོད་སོགས་ཉེས་བརྒྱའི་འཆིང་བ་དྲི་མ་ཡིན་ལ། དེ་གཏན་ནས་མེད་པའམ་དག་བས་རྣམ་པ་ཀུན་མཁྱེན་པའི་ཡེ་ཤེས་ཀྱིས་ཇི་ལྟ་བ་དོན་དམ་བདེན་པ་དང་། ཇི་སྙེད་པ་ཀུན་རྫོབ་བདེན་པའི་གནས་ལུགས་ལག་མཐིལ་གྱི་སྐྱུ་རུ་ར་བཞིན་མཁྱེན་པའི་དབང་པོ་རྒྱལ་ཀུན་ཡབ་གཅིག་ཡེ་ཤེས་ལུས་ཅན་འཇམ་དཔལ་དབྱངས་ཀྱང་རྗེ་བདག་ཉིད་ཆེན་པོ་ཡིན་ཞེས་དངོས་སུ་བསྟན་ནས། ཤུགས་བསྟན་ལ་བདུད་དང་ཕས་ཀྱི་རྒོལ་བ་ངན་པ་ཐམས་ཅད་ཚར་གཅོད་ཅིང་འཇོམས་པར་མཛད་པ་གསང་བའི་བདག་པོ་ཕྱག་ན་རྡོ་རྗེའི་ངོ་བོར་གྲུབ་པོ་ཞེས་སྨྲ་ལ། དེའི་ཤེས་བྱེད་ནི་རིམ་པ་ལྟར་རྗེ་འཇམ་དཔལ་རྒྱ་མཚོས་ཟུར་

འདེབས་སུ། དེ་ནས་བྱ་ལོ་ཟླ་བ་དང་པོའི་ཚེས་བཅུའི་ནུབ་མོ་ཡུམ་གྱི་མནལ་ལམ་དུ་དགེ་འདུན་ལ་སོགས་པའི་ཕོ་མོ་བསམ་གྱིས་མི་ཁྱབ་པས་རྒྱལ་མཚན་དང་ཌ་བོ་ཆེ་ལ་སོགས་པ་རོལ་མོའི་བྱེ་བྲག་མཐའ་ཡས་པ་བཟུང་སྟེ་སྤྱན་རས་གཟིགས་ཕྱོན་པ་ལ་བསུ་བ་བྱེད་ཟེར་གྱིན་འདུག་པས། ཕྱོགས་ཀུན་ཏུ་ངས་བལྟས་ཀྱང་མ་མཐོང་། རྗེས་ལ་བལྟས་པས་སྤྲིན་གྱི་ཐད་དུ་གསེར་སྐུ་རི་བོ་ཙམ་པ་འོད་ཟེར་ཉི་མ་ལྟར་ཕྱོགས་ཐམས་ཅད་དུ་འཕྲོ་བ། ཆོས་ཀྱི་སྒྲ་དབྱངས་དང་བཅས་པ་ཞིག་ལྷའི་བུ་དང་བུ་མོ་ཡིན་ཟེར་བའི་ཚ་ལུགས་ཕུན་སུམ་ཚོགས་པ་དུ་མས་བསྐོར་བ་ཞིག་མར་མར་བབས་བྱུང་བས། གསེར་སྐུ་ཇེ་ཆུང་ཇེ་ཆུང་ལ་སོང་། སྤྱི་གཙུག་གི་ཐང་དུ་སླེབས་པའི་ཚེ་མཐོ་གང་ཙམ་ཤིན་ཏུ་མཛེས་པར་གྱུར་ནས་ལུས་ལ་ཐིམས་ཞེས་གསུངས་པས་སྤྱན་རས་གཟིགས་དང་། རྣམ་ཐར་ལེགས་བཤད་ཀུན་འདུས་ལས། སྐུ་ལྷུམས་སུ་ཞུགས་པའི་དུས་ཡབ་ཀྱི་མནལ་ལམ་དུ། རྒྱ་ནག་གི་རི་བོ་རྩེ་ལྔ་ནས་འོངས་ཟེར་བའི་བཙུན་པ་མེ་ཏོག་གི་ཕྲེང་བ་དུ་མ་སྤྲེལ་བའི་ཆོས་གོས་དང་། སུམ་ཅུ་རྩ་གསུམ་གྱི་ཤིང་ལོ་ཡིན་ཟེར་བ་དར་སེར་པོ་འདྲ་བའི་ཤམ་ཐབས་ཅན་པོ་ཧྲི་ཁྱེར་བ་ཞིག་ང་ཁྱེད་ལ་གནས་ཤིག་གཡར་བ་ཡིན་ཟེར་ནས། ཁང་ཐོག་ནས་མཆོད་ཁང་ཞིག་ཡོད་པའི་ནང་དུ་སོང་བའི་སྣང་བ་བྱུང་བས། ཡབ་དེ་མཚན་བརྗོད་ཁོན་ལ་ཞལ་འདོན་མཛད་ཅིང་ཡོད་པས། འཇམ་དབྱངས་ཀྱི་རྣམ་སྤྲུལ་ཡིན་སྙམ་པ་བྱུང་། ཞེས་དང་། ཆོས་ཀྱི་རྗེ་དོན་གྲུབ་རིན་ཆེན་པས། རྡོ་རྗེ་འཇིགས་བྱེད་ཀྱི་བྱིན་སྐུ་བྱིན་རླབས་ཅན་ཆེད་དུ་སྐྱེལ་མི་གནང་བ་གང་ཡིན་གྱི་རྒྱུ་མཚན་ཞུས་པར། ངས་རྨི་ལམ་དུ་རྡོ་རྗེ་འཇིགས་བྱེད་དང་མཇལ་བས་གསོལ་བ་བཏབ། ཁྱད་པར་དུ་ཞལ་ཡང་ཡང་བསྟན་དུ་གསོལ་ཞེས་ཞུས་པས། སང་ཕོད་ད་ཙམ་ལུང་པ་འདིའི་མདའ་ཟུ་ཡོང་དེ་བར་བདེ་བར་གྱིས་གསུངས་པ་དེ་གང་ཡིན་དཔྱད་པའི་ཕྱིར་ཧིང་ངེ་འཛིན་ལ་མཉམ་པར་བཞག་པས། ཁྱེད་ཀྱི་བུར་འདུག་པ་ཐིགས་པ་ཡིན། ཞེས་གསུངས་པ་སོགས་རྗེ་བཙུན་བརྟན་པའི་འཁོར་ལོ་ཞི་དྲག་གི་རྣམ་པར་གསལ་ལ། རྟོགས་ལྡན་འཇམ་དཔལ་རྒྱ་མཚོས་རྣམ་ཐར་ཟུར་འདེབས་སུ། ཡང་ཡབ་ཀྱི་མནལ་ལཾ་དུ་ལྷུང་ལོ་ཅན་ནས་ཕྱག་ན་རྡོ་རྗེས་འཕངས་སམ་སྐམ་པའི་གསེར་གྱི་རྡོ་རྗེ་འབར་བ་ཞིག་ཡུམ་ལ་ཐིམ་པ་རྨིས་པས་བུ་སྟོབས་ལྡན་ཞིག་སྐྱེ་བ་ཡིན་ནམ་ཞེས་གླེངས། ཞེས་གསུངས། དེའང་དོན་རྟིལ་གྱིས་བྲིལ་ན། གླིགས་བམ་རིན་པོ་ཆེ་ལྷའི་རྒྱལ་པོའི་སྐྱེས་རབས་སུ། དེ་ཡང་

རིགས་གསུམ་མགོན་པོ་ལས། ཐ་དད་ཉིད་དུ་ག་ལ་འགྱུར། །སེམས་ཅན་ཀུན་ལ་སྤྱན་རས་གཟིགས། །འདི་ནི་སྙིང་རྗེ་བྱམས་པའི་རིགས། །ང་ནི་སྙིང་རྗེ་ཆེན་པོ་ཉིད། །ང་ལ་སྤྱན་རས་གཟིགས་ཞེས་གྲགས། །ལུས་ངག་ཡིད་གསུམ་ཞི་འཇམ་པས། །འགྲོ་བ་ཀུན་གྱི་དཔལ་དུ་གྱུར། །འཇམ་པའི་དཔལ་དུའང་འགལ་བ་མེད། །ཀུན་མཁྱེན་ཤེས་རབ་ཆེ་བའི་རིགས། །ཕྱག་སྟོང་རེ་ན་མི་རྟོག་པའི། །རྡོ་རྗེ་དཔའ་བོ་རེ་བཟུང་སྟེ། །གདུལ་དཀའ་གདུ་བང་ཡིན་ན། །ཕྱག་ན་རྡོ་རྗེར་འགལ་བ་མེད། །དེ་ནི་དཔའ་བོ་དྲག་པོའི་རིགས། །དེ་གསུམ་རིགས་གསུམ་མགོན་པོ་ཉིད། །ཕྱོགས་སུ་མ་ཟད་དངོས་ཡིན་ནོ། །ཞེས་གསུངས་པ་བཞིན་རིགས་གསུམ་མགོན་པོ་གཅིག་ཏུ་འདུས་པའི་ངོ་བོ་རྗེ་བཙུན་ཆོས་ཀྱི་རྒྱལ་པོ་རྒྱལ་བའི་བསྟན་ལ་རྒྱལ་བ་གཉིས་པའི་བློས་གར་བསྒྱུར་བ་འདི་ཉིད་ནི། བླུན་པོ་མཁས་པའི་ངང་ཚུལ་འཛིན་པའི་བྱིས་པ་རྣམས་ཀྱིས་སྒྲོ་བཏགས་ཤོག་བུའི་ཙོད་པན་མགོ་བོའི་དོ་ཀེར་དུ་བཅིངས་པ་ཙམ་མ་ཡིན་པར་གངས་ཅན་གྱི་ལྗོངས་འདིའི་མཁས་དང་གྲུབ་པའི་དབང་ཕྱུག་ཀུན་གྱི་སྐུ་ལུས་ཀྱི་ཆ་མཐོ་ཤོས་དབུའི་གཙུག་ཏོར་གྱི་རྒྱན་གཅིག་པུ་ཉིད་ཡིན་ལ། དེའང་སྔན་ངག་གི་ཁུད་དང་ཕྱུལ་བྱུང་རབ་བཏགས་སོ་གཅམ་བུ་མ་ཡིན་པར་དོན་དངོས་པོའི་གནས་ཚོད་དུ་གྲུབ་པ་ཡིན་ཐམས་ཅད་མཁྱེན་པ་ངག་དབང་བློ་བཟང་རྒྱ་མཚོས་དམིགས་བརྩེ་ཀ་ཚིག་དོན་རབ་གསལ་དུ། དེ་ཙམ་གྱིས་མཁས་པ་ཐམས་ཅད་ཀྱི་གཙུག་ན་མངོན་པར་མཐོ་བར་མི་འགྱུར་ཏེ། བཀའ་གདམས་ཀྱི་སྐུ་མཆེད་གསུམ་དང་སྣར་ཤར་སོགས་བདག་པས་གཞན་གཅེས་འཛིན་པའི་སེམས་དཔའ། ལྷོ་འབྲུག་མར་མི་སོགས་སྐུ་ཆེ་དེའི་བར་དོར་ཐུང་འཇུག་བརྟེན་པའི་གྲུབ་ཐོབ། རྫོག་བུ་སོགས་གནས་ལྔ་རིག་པ་མཁྱེན་པའི་བླ་མ་མཐའ་ཀླས་པ་བྱུང་བས་སོ་ཞེ་ན། རིགས་པ་དེ་ནི་འཇུག་པ་མ་ཡིན་ཏེ། བཤད་མ་ཐག་པའི་མཁས་གྲུབ་དེ་དག་ཕྱོགས་གཅིག་ཏུ་བསྡོམས་ནས་མ་པ་འདིའི་ཡོན་ཏན་དང་མཚུངས་ནའང་། རེ་རེ་བཞིན་ནས་དོད་མི་སྙོམས་པའི་རྒྱུ་མཚན་བསྟན་པ་སྦྱར་དཔེར་ལ་ལོ་པཎ་རྒྱལ་སློབ་བྱང་ཆུབ་སེམས་དཔའ་རྣམས་དང་། ཕྱི་དར་ལ་བཀའ་གདམས་གོང་མ་སོགས་རྒྱལ་བའི་སྲས་པོ་དེ་རྣམས་ཀྱི་བྱང་ཆུབ་ཀྱི་སེམས་ལས་ལྷག་པ་བླ་མ་འདི་ལ་མི་མངའ་འང་། འདི་ཉིད་ཀྱི་ཐ་སྙད་དང་གསང་སྔགས་ཡོངས་སུ་རྫོགས་པ་དེ་དག་ལ་མེད་པས་སོ། །དེ་བཞིན་དུ་སྔ་དར་གྱི་རྗེས་འབངས་ཉེར་ལྔ་དང་། ཕྱི་དར་གྱི་ལོ་ཆེན་

འཁྲོག་མི། དཀར་པོ་རྣམས་གསུམ། མར་མི་སོགས་གྲུབ་པའི་དབང་ཕྱུག་དེ་དག་གི་བསྐྱེད་རྫོགས་ཀྱི་ཡོན་ཏན་གྱི་ཆ་ནས་ཕན་ཚུན་སྙོམས་ནའང་སོ་སོ་ཐར་པའི་སྡོམ་པ་གསུམ་གྱི་ཚུལ་ཁྲིམས་དང་། གྲུབ་མཐའ་རྣམ་བཞིའི་བཞེད་གཞུང་སྒྲ་ཚད་སོགས་ཤེས་བྱ་ཇི་སྙེད་པའི་ཡོན་ཏན་གྱི་ཆ་ནས་མཆོག་དམན་ཡོད་དོ་དེ་བཞིན་དུ་རྗོག་ཤོང་དཔང་བུ་སྟོན་སོགས་གནས་ལྔ་རིག་པ་མཁྱེན་པ་རྣམས་ཀྱིས་ཐོས་བསམ་ལ་སྒྲོ་འདོགས་བཅད་པའི་ཆ་ནས་ཁྱད་པར་མེད་ཀྱང་བླ་མ་མགོན་པོ་འཇམ་དཔལ་དབྱངས་ཀྱི་བཀའ་དྲིན་ལ་བརྟེན་ནས་དཔལ་མགོན་འཕགས་པ་ཀླུ་སྒྲུབ་ཀྱི་ཐུན་མོང་མ་ཡིན་པའི་བཞེད་པ་དངོས་བསྟན་སྟོང་ཉིད་ལྟ་བ་དང་དཔལ་གསང་བ་འདུས་པའི་སྒྱུ་ལུས་སོགས་གནད་གསང་ཟབ་མོ་སྟོན་ཆད་མཁས་པ་དང་གྲུབ་པ་རྣམས་ཀྱི་མཁྱེན་པའི་ཡུལ་དུ་མ་འཚལ་བ་མཐའ་དག་དམ་པ་འདི་ཉིད་ཀྱིས་གཏན་ལ་ཕབ་པ་མངོན་སུམ་གྱིས་གྲུབ་པ་འདི་འོ། །ཞེས་རྗེ་རྗེའི་གསུང་གཞོམ་དུ་མེད་པས་ཡང་དག་པར་བསྔགས་ཡུལ་དམ་པ་ལྷ་དང་བཅས་པའི་འགྲོ་བ་ཀུན་གྱི་མ་འདྲིས་པའི་མཛའ་བཤེས་ཆེན་པོ་ཤར་ཙོང་ཁ་པ་བློ་བཟང་གྲགས་པའི་དཔལ་ཞེས་སྲིད་པ་གསུམ་ན་སྙན་པའི་གྲགས་པ་ལྷའི་རོལ་མོས་ཕྱོགས་དུས་ཐམས་ཅད་དུ་ཁྱབ་ཅིང་། འགྲོ་བ་རྣམས་ཀྱི་ཡིད་ཀྱི་མུན་པ་སེལ་བའི་ཞབས་སེན་གྱི་ཟླ་བ་མཚན་དཔེའི་བདུད་རྩི་སྲོ་བ་ལ་གསོལ་བ་རྩེ་གཅིག་ཏུ་འདེབས་པར་བྱེད་ན། ཐུན་མོང་དང་ཐུན་མོང་མ་ཡིན་པའི་དངོས་གྲུབ་རྣམ་པ་གཉིས་འབད་མེད་ལྷུན་གྲུབ་ཏུ་འབྱུང་བ་ལས། དང་པོ་ཐུན་མོང་ནི་རང་གཞན་གྱི་ལུས་སོགས་ལ་སྟོན་ལས་འཕྲལ་རྐྱེན་གྱི་ནད་གདོན་མ་རུངས་པ་ཀུན་ཞི་ཞིང་། བྱང་ཆུབ་སྒྲུབ་པའི་ས་ལམ་ལ་བར་དུ་གཅོད་པའི་ཚོགས་དང་བྲལ་ནས་སྤྱངས་རྟོགས་ཁྱད་པར་ཅན་མྱུར་དུ་རྒྱུད་ལ་སྐྱེ་བའི་རྒྱུ་དང་ས་ཕྱོགས་གང་ན་ཆར་གྱིས་ཐོངས་པ་ལ་ཆར་འབེབས་པ་དང་། སད་བཟློག་པ། བཙའ་བསྲུང་བ། ནོར་སྒྲུབ་སོགས་ལས་ཚོགས་གཞན་ལས་ཟབ་ཅིང་མྱུར་བ་ཁྱད་པར་དུ་འཕགས་པ་ཏིལ་གྱི་གང་བུ་ལྟར་མང་ལ། ཐུན་མོང་མ་ཡིན་པ་མཆོག་གིས་དངོས་གྲུབ་ནི་སྙིགས་དུས་ཀྱི་མིའི་ཚེ་ཐུང་གཅིག་གི་ཡུན་ལ་ཁ་སྦྱོར་ཡན་ལག་བདུན་ལྡན་ཟུང་འཇུག་རྡོ་རྗེ་འཆང་ཆེན་པོའི་གོ་འཕང་བརྙེས་པར་གདོན་མི་ཟ་བས། བཅོས་མིན་གྱི་དད་པ་བརྟན་པོ་དང་བརྩོན་པ་དྲག་པས་གསོལ་བ་འདེབས་པར་འཚལ་ཞིང་། དེ་ལྟར་ཡང་། མཁས་གྲུབ་ཆོས་རྗེས། མགོན་པོ་ཁྱོད་ཀྱི་ཞལ་གྱི་དབུགས་ཙམ་ཡང་། །མཐའ་དག་འགྲོ་ལ་

སྨན་པའི་རྒྱུར་འགྱུར་ན། །ཚོགས་གཉིས་སྤྱོད་པ་གཞན་ལྟ་སྨོས་ཅི་འཚལ། །ཞེས་དང་། ཐམས་ཅད་མཁྱེན་པ་ངག་དབང་བློ་བཟང་རྒྱ་མཚོས། །གང་གི་སྐུ་ལ་ཕྱོགས་བཅུའི་རྒྱལ་བ་རྣམས། །ཞུགས་ནས་བླ་ན་མེད་པའི་བསོད་ནམས་ཀྱི། །ཞིང་མཆོག་དམ་པ་བསྐྲུན་ཞེས་རྒྱུད་སྡེ་ལས། །ལན་ཅིག་མིན་པར་གསུངས་པ་དོན་དང་ལྡན། །ཆོས་ལོངས་མངོན་སུམ་སྣང་བའི་སྐལ་བ་དག །མ་རིག་མུན་པས་སྒྲིབས་པའི་འགྲོ་བ་ལ། །རྒྱལ་བ་རྣམས་ཀྱང་ཐ་མལ་བཤེས་གཉེན་ཚུལ། །བསྟན་ནས་ཟབ་རྒྱས་ཆོས་ཀྱི་འཁོར་ལོ་བསྐོར། །དུས་གསུམ་བསགས་པའི་དགེ་བ་ཐམས་ཅད་ལས། །ཁྱོད་ཀྱི་བ་སྤུའི་ཁུང་བུ་གཅིག་ཙམ་ཡང་། །ཚུལ་བཞིན་མཆོད་པའི་བསོད་ནམས་ལས་དཀར་གྱི། །སྲང་ལ་གཞལ་ཆེ་མངོན་པར་ལྷི་མིན་ནམ། །ཞེས་གསུངས་པའི་དོན་ལྟར་རོ། །འདི་ཕྱིར་དགེ་ཚོགས་ཉི་མའི་རང་གཟི་ཡིས། །མགོན་པོ་མཆོག་དེ་དགྱེས་པའི་འདབ་སྟོང་ལས། །འཆད་རྩོད་རྩོམ་པའི་སྦྲང་རྩི་མངར་པོའི་བཅུད། །སྤྱོང་བས་འགྲོ་བ་རྐང་དྲུག་རྗེས་འཛིན་ཤོག །ཅེས་གངས་ཅན་མཁས་པའི་གཙུག་རྒྱན་ཁམས་གསུམ་ཆོས་ཀྱི་རྒྱལ་པོ་ཤར་ཙོང་ཁ་པ་བློ་བཟང་གྲགས་པའི་དཔལ་གྱི་སྐུ་གསུང་ཐུགས་ཀྱི་ཡོན་ཏན་རྒྱ་མཚོ་ལྟ་བུ་ནས་སྨྲ་རྩེས་བླངས་པའི་ཆུ་ཐིགས་ལྟ་བུ་འདི་ནི། ཁམས་ཚ་བ་ཐེམ་དགོན་སྤྱིས་རྗེ་བདག་ཉིད་ཆེན་པོའི་སྐུ་གསུང་ཐུགས་ཀྱི་ཡོན་ཏན་བརྗོད་པ་དམིགས་བརྩེ་མའི་ཕན་ཡོན་དང་བཅས་པ་ཚོགས་དབུས་སྒྲོག་རྒྱུ་ཞིག་དགོས་ཞེས་བསྐུལ་བ་ལྟར་ཤཱཀྱའི་བསྟན་པར་ཞུགས་པར་ཁས་འཆེས་པ་བློ་བཟང་བསྐལ་བཟང་རྒྱ་མཚོས་སྦྱར་བའི་ཤོག་བུའི་དོ་རར་སྨྱུག་གུའི་འདུ་བྱེད་སྒྱུར་བྱེད་ངག་དབང་འབྱུང་གནས་སོ། །

༄༅། །བླ་མའི་རྣལ་འབྱོར་ཉམས་སུ་ལེན་ཚུལ་ཟུང་འཇུག་བང་མཛོད་ཞེས་བྱ་བ་བཞུགས་སོ།

༄༅། །ན་མོ་གུ་རུ་བཛྲ་ཧླ་ཀྣ་ཡ། གང་ལ་བརྟེན་ན་སྲིད་བཞིའི་འཇིགས་པ་ལས། ཉེར་སྐྱོབ་སྐུ་བཞིའི་འདོད་པ་བདེ་བླག་ཏུ། །ཀུན་ནས་འཇོ་མཛད་ཐུབ་དབང་རྡོ་རྗེ་འཆང་། །བློ་བཟང་བླ་མ་ལྷ་ཡིས་དགེ་ལེགས་སྩོལ། །སྐྱོབ་པ་མཐའ་དག་གཅིག་ཏུ་རྗེས་དྲན་གྱི། །རྣལ་འབྱོར་སྲོག་ཏུ་གྱུར་པའི་སྙིང་རྗེ་དང་། །མཐའ་བྲལ་ཟུང་འཇུག་མདོ་སྔགས་ལམ་གྱི་སྲོལ། །སྣན་བརྒྱུད་མན་ངག་ཇི་བཞིན་བདག་གིས་དབྱེ། །དེ་ལ་འདིར་ཐུན་མོང་མ་ཡིན་པའི་བླ་མ་ལྷའི་རྣལ་འབྱོར་ཟབ་མོ་ལམ་གྱི་རང་རྐང་དུ་བྱས་ཏེ་སྐྱེས་བུ་ཆུང་འབྲིང་གིས་རྒྱུད་སྦྱངས། ཐེག་ཆེན་ཐུན་མོང་དང་ཐུན་མོང་མིན་པའི་རྒྱལ་སྲས་ཀྱི་སྤྱོད་པ་འབྲས་བུ་ལམ་བྱེད་དང་བཅས་པ་ཐོག་གཅིག་ཏུ་ཉམས་སུ་ལེན་པར་འདོད་པའི་གང་ཟག་ཡིད་མཐུན་གྱི་གནས་སུ་མཁའ་ཁྱབ་ཀྱི་འགྲོ་བ་རྣམས་ལ་སྙིང་རྗེ་ཆེན་པོས་སྣ་དྲངས་ཏེ། ཐམས་ཅད་སྡུག་བསྔལ་རྒྱུ་དང་བཅས་པ་ལས་སྒྲོལ་བའི་ཕྱིར་རྫོགས་བྱང་ཐོབ་འདོད་ཀྱི་འདུན་པ་ནན་ཏན་གསལ་བཏབ་སྟེ། དེའི་ངང་ནས་མདུན་གྱི་ནམ་མཁར་སྐྱབས་ཡུལ་རྣམས་ལེགས་པར་བསྒོམས་ནས། རང་གཞན་རྣམས་འཁོར་བར་སྡུག་བསྔལ་གྱིས་མནར་ཚུལ་དང་། དེ་ལས་སྐྱོབ་པའི་ནུས་པ་མདུན་ན་བཞུགས་པའི་དཀོན་མཆོག་ལ་ཡོད་པར་ཡིད་ཆེས་ཀྱི་ངེས་པ་དྲངས་ཏེ་ཉེས་ཅན་ཁ་དྲག་པོ་ལ་རེ་བ་ལྟར་ཡིད་ཁྲིད་ཤེས་ཀྱི་ཚུལ་དུ་རང་དང་མཐའ་སྐོར་ན་གནས་པའི་སེམས་ཅན་ཐམས་ཅད་ཀྱིས་སྐྱབས་སུ་འགྲོ་བའི་ཚུལ་དང་། དེ་ལ་བརྟེན་ནས་བདུད་རྩི་འབེབས་སྦྱངས་ཇི་ལྟར་བྱ་བ། བྱང་ཆུབ་ཏུ་སེམས་བསྐྱེད་ཅིང་ཚད་མེད་བཞི་བསྒོམས་ནས་མཐར་ཚོགས་ཞིང་རང་ལ་བསྡུ་བའི་བར་གྱི་དམིགས་རྣམ་སྐྱོང་ཚུལ་རྣམས་ལམ་རིམ་ལས་འབྱུང་བ་བཞིན་བྱས་ལ། བླ་མ་ལ་སྐྱབས་སུ་མཆིའོ། །སངས་རྒྱས་ལ་སྐྱབས་སུ་མཆིའོ། །ཆོས་ལ་སྐྱབས་སུ་མཆིའོ། །དགེ་

འདུན་ལ་སྐྱབས་སུ་མཆིའོ། །ཐུབ་དབང་རྡོ་རྗེ་འཆང་བློ་བཟང་རྒྱལ་བ་གཉིས་པའི་ལྷ་ཚོགས་འཁོར་དང་བཅས་པ་རྣམས་ལ་སྐྱབས་སུ་མཆིའོ། །དཔལ་མགོན་དམ་པ་ཆོས་སྐྱོང་བའི་བསྲུང་མ་ཡེ་ཤེས་ཀྱི་སྤྱན་དང་ལྡན་པ་རྣམས་ལ་སྐྱབས་སུ་མཆིའོ། །ཞེས་པ་ཇི་ཙམ་འདོད་པ་དང་། སངས་རྒྱས་ཆོས་དང་ཚོགས་ཀྱིས་མཆོག་རྣམས་ལ། །བྱང་ཆུབ་བར་དུ་བདག་ནི་སྐྱབས་སུ་མཆི། །བདག་གི་སྦྱིན་སོགས་བགྱིས་པའི་བསོད་ནམས་ཀྱིས། །འགྲོ་ལ་ཕན་ཕྱིར་སངས་རྒྱས་འགྲུབ་པར་ཤོག །ཅེས་པ་ཇི་ཙམ་འདོད་པ་དང་། མར་གྱུར་སེམས་ཅན་ཐམས་ཅད་བདེ་བ་དང་བདེ་བའི་རྒྱུ་དང་ལྡན་པར་གྱུར་ཅིག །སེམས་ཅན་ཐམས་ཅད་སྡུག་བསྔལ་དང་སྡུག་བསྔལ་གྱི་རྒྱུ་དང་བྲལ་བར་གྱུར་ཅིག །སེམས་ཅན་ཐམས་ཅད་སྡུག་བསྔལ་མེད་པའི་བདེ་བ་དང་མི་འབྲལ་བར་གྱུར་ཅིག །སེམས་ཅན་ཐམས་ཅད་ཉེ་རིང་ཆགས་སྡང་དང་བྲལ་བའི་བཏང་སྙོམས་ཚད་མེད་པ་ལ་སེམས་གནས་པར་གྱུར་ཅིག །ཅེས་སྐྱབས་འགྲོ་སེམས་བསྐྱེད་ཚད་མེད་བཞི་བསྒོམ་པ་སྔོན་དུ་བཏང་། དངོས་བཞི་ནི། རང་གི་སྤྱི་བོར་སེང་གེ་ཆེན་པོ་བརྒྱད་ཀྱིས་བཏེག་པའི་རིན་པོ་ཆེའི་ཁྲི་མཐོ་ཞིང་ཡངས་པའི་སྟེང་ཁར་སྣ་ཚོགས་པད་ཟླ་ཉི་མའི་དཀྱིལ་འཁོར་གྱི་གདན་ལ་ངོ་བོ་རང་གི་དྲིན་ཅན་རྩ་བའི་བླ་མ་ཡིན་པ་ལ། རྣམ་པ་ཐུབ་དབང་རྡོ་རྗེ་འཆང་ཁམས་གསུམ་ཆོས་ཀྱི་རྒྱལ་པོ་ཙོང་ཁ་པ་ཆེན་པོ་སྐུ་མདོག་དཀར་གསལ་མཛེས་པའི་འཛུམ་ཞལ་དང་ལྡན་པ། དབུ་ལ་གསེར་མདོག་པཎ་ཞྭ་རྩེ་རིང་གསོལ་ཞིང་། སྐུ་ལ་ཆོས་གོས་ངུར་སྨྲིག་གི་མདོག་ཅན་གསུམ་མཛེས་པར་གསོལ་བ། ཕྱག་གཡས་ཐུགས་ཀར་ཆོས་འཆད་ཀྱི་ཕྱག་རྒྱས་ཨུཏྤ་ལའི་ཡུ་བ་བཟུང་བའི་འདབ་མ་སྣན་གཡོན་གྱི་ཐད་དུ་ཁ་ཕྱེ་བའི་སྟེང་ན་ཤེས་རབ་ཀྱི་རལ་གྲི་འབར་ཅིང་། གཡོན་མཉམ་གཞག་གི་སྟེང་ན་བདུད་རྩིས་གང་བའི་ལྷུང་བཟེད་བདུད་རྩིའི་མཆོད་སྡོང་མར་གད་ཀྱི་མདོག་ཅན་དང་བཅས་ཏེ། ཨུཏྤ་ལའི་ཡུ་བ་བཟུང་པའི་འདབ་མ་སྣན་གཡོན་གྱི་ཐད་དུ་ཁ་བྱེ་བའི་སྟེང་ན། བརྒྱད་སྟོང་པའི་གླེགས་བམ་བརྣམས་པ། ཞབས་རྡོ་རྗེ་སྐྱིལ་ཀྲུང་གིས་བཞུགས་ཤིང་མཚན་བཟང་པོ་སུམ་ཅུ་རྩ་གཉིས་དང་དཔེ་བྱད་བཟང་པོ་བརྒྱད་ཅུས་སྤྲས་པ། ཞིང་ཁམས་ཐམས་ཅད་སྐུ་ལ་སྣང་ཞིང་སྐུས་ཞིང་ཁམས་ཐམས་ཅད་ཁྱབ་པ་སྐུ་ལས་མི་ཤེས་པའི་མུན་པ་འཇོམས་པའི་འོད་ཟེར་འཕྲོས་པའི་ཐུགས་ཀར་ཟླ་གདན་ལ་ཐུབ་དབང་རྡོ་རྗེ་འཆང་མཉམ་མེད་ཤཱཀྱའི་རྒྱལ་པོ་སྐུ་མདོག་གསེར་

བཅོམ་ལྟ་བུ་དབུ་གཙུག་ཏོར་དང་ལྡན་པ་ཞལ་གཅིག་ཕྱག་གཉིས་གཡས་ས་གནོན་དང་གཡོན་མཉམ་གཞག་གི་སྟེང་ན་བདུད་རྩིས་གང་བའི་ལྷུང་བཟེད་བསྣམས་པ། སྐུ་ལ་ཆོས་གོས་དུར་སྨྲིག་གི་མདོག་ཅན་གསུམ་མཛེས་པར་གསོལ་བ་མཚན་དཔེས་བརྒྱན་པའི་དངོས་གསལ་འོད་ཀྱི་རང་བཞིན་ཅན་སྐུ་ལས་སྐྱེས་པའི་འོད་ཀྱི་ཕུང་པོའི་དབུས་ན་ཞབས་གཉིས་རྡོ་རྗེ་སྐྱིལ་མོ་ཀྲུང་གིས་བཞུགས་པ། དེའི་ཐུགས་ཀར་ཉི་གདན་ལ་རྒྱལ་བ་ཁྱབ་བདག་རྡོ་རྗེ་འཆང་སྐུ་མདོག་སྔོན་པོ་ཞལ་གཅིག་ཕྱག་གཉིས་ཀྱིས་རྡོ་རྗེ་དང་དྲིལ་བུ་འཛིན་པས་ཡུམ་རྡོ་རྗེ་དབྱིངས་ཀྱི་དབང་ཕྱུག་མ་དང་མཉམ་པར་སྦྱོར་བ་རིན་པོ་ཆེའི་རྒྱན་དང་དར་སྣ་ཚོགས་ཀྱི་ན་བཟས་ཀླུབས་པ། མཚན་བཟང་པོ་སུམ་ཅུ་རྩ་གཉིས་དང་དཔེ་བྱད་བཟང་པོ་བརྒྱད་ཅུས་སྤྲས་པ། ངེས་པ་ལྔ་དང་ལྡན་པའི་ལོངས་སྤྱོད་རྫོགས་པའི་སྐུ། ཞབས་གཉིས་རྡོ་རྗེ་སྐྱིལ་ཀྲུང་གིས་བཞུགས་པ། དེའི་ཐུགས་ཀར་ཉི་གདན་ལ་ཧཱུྃ་སྔོན་པོ་འོད་ཟེར་ལྔ་འཕྲོ་བ། དེའི་སྤྱི་བོར་ཨོཾ་དཀར་པོ། མགྲིན་པར་ཨཱཿ དམར་པོ། ཐུགས་ཀར་ཧཱུྃ་སྔོན་པོ། ཐུགས་ཀའི་ཧཱུྃ་ལས་འོད་འཕྲོས་བསྐོམ་པ་དང་འདྲ་བའི་ཡེ་ཤེས་པ་ལ་བརྒྱུད་པ་གསུམ་གྱི་བླ་མ། རྒྱུད་སྡེ་བཞིའི་ལྷ་ཚོགས། ཕྱོགས་བཅུའི་སངས་རྒྱས་བྱང་སེམས། །ཉན་ཐོས་རང་རྒྱལ་དཔའ་བོ་མཁའ་འགྲོ་ཆོས་སྐྱོང་བསྲུང་མའི་ཚོགས་དང་བཅས་པས་བསྐོར་བ་སྤྱན་དྲངས། རྒྱས་པར་ན་ཐུགས་རྗེའི་བདག་ཉིད་སོགས་བྱ། ཛཿ ཧཱུྃ་བཾ་ཧོཿ སྐྱབས་གསུམ་ཀུན་འདུས་པའི་བདག་ཉིད་དུ་གྱུར། ཅེས་བརྗོད་ཅིང་བསམ། དེ་ནས་ལུས་བྱེ་བ་ཕྲག་ཁྲིག་བརྒྱ་སྟོང་ཕྲག་དུ་མར་བསྒྱུར་ནས་བླ་མའི་སྐུའི་བ་སྤུ་རེར་ཞིང་ཁམས་བྱེ་བ་ཕྲག་བརྒྱའི་སངས་རྒྱས་སྲས་དང་བཅས་པ་བཞུགས་པ་ལ་ཡན་ལག་བདུན་པ་མཎྜལ་དང་བཅས་པ་ཕུལ་བར་མོས་ནས། སྐྱབས་གསུམ་ཀུན་འདུས་དྲིན་ཅན་བླ་མ་རྗེ། །གང་གི་སྐུ་གསུང་ཐུགས་ཀྱི་གསང་བ་ཀུན། །ཕྱི་ནང་གསང་བ་དེ་ཁོ་ན་ཡི་དབྱིངས། །བདེ་ཆེན་ལྷན་ཅིག་སྐྱེས་དངོས་ཕྱག་གིས་འདུད། །དངོས་བཤམས་ཡིད་སྤྲུལ་མཆོད་པ་མ་ལུས་འབུལ། །ཐོག་མེད་ནས་བསགས་སྡིག་ལྟུང་ཐམས་ཅད་བཤགས། སྐྱེ་འཕགས་དགེ་བ་རྣམས་ལ་རྗེས་ཡི་རང་། །འཁོར་བ་མ་སྟོང་བར་དུ་ལེགས་བཞུགས་ནས། །འགྲོ་ལ་ཆོས་ཀྱི་འཁོར་ལོ་བསྐོར་བ་དང་། །བདག་གཞན་དགེ་རྣམས་བྱང་ཆུབ་ཆེན་པོར་བསྔོ། ཞེས་ཡན་ལག་བདུན་པ་བྱ་ཞིང་འདིར་ཡང་རྒྱས་པར་འདོད་ཆེ་གསང་བདེ་འཇིགས་གསུམ་གང་མོས་ཀྱི་

ལུགས་བཞིན་ཕྱི་ནང་བ་དེ་ཁོ་ན་ཉིད་ཀྱི་མཆོད་པ་ཕུལ་ན་ཤིན་ཏུ་ལེགས། དེ་ནས་མནྜལ་རྒྱས་བསྡུས་གང་ཡང་རུང་བ་ཞིག་ཕུལ་ལ། ལམ་གྱི་རིམ་པ་མཐའ་དག་ལ་བློ་སྦྱོང་བའི་ཕྱིར་འདི་ལྟར་གསོལ་བ་གདབ་པར་བྱའོ། །སངས་རྒྱས་ཆོས་དང་དགེ་འདུན་ཡི་དམ་ལྷ། །དཔའ་བོ་མཁའ་འགྲོ་ཆོས་སྐྱོང་ཀུན་འདུས་རྗེ། །མགོན་ཁྱེད་བྱང་ཆུབ་སྙིང་པོར་མཆིས་ཀྱི་བར། །འབྲལ་མེད་སྤྱི་བོའི་རྒྱན་དུ་སྙིང་ནས་མཆོད། །བདག་ནི་དེང་ནས་ཤིང་དབང་དྲུང་དུ་ནི། །ཕྱི་ནང་བདུད་སྡེ་མ་ལུས་དྲུང་ཕྱུངས་ཏེ། །དཔལ་ལྡན་སྟོབས་བཅུའི་གོ་འཕང་ཐོབ་མིན་པར། །ཁྱོད་ནི་ཡང་དག་ལམ་སྟོན་བཤེས་གཉེན་མཛོད། །དལ་འབྱོར་རྙེད་དཀའ་དོན་ཆེ་འཇིག་སླ་བས། །ལེགས་པར་བསམ་ནས་སྙིང་པོ་ལེན་འདོད་བློ། །བཅོས་མིན་མྱུར་དུ་རྒྱུད་ལ་སྐྱེས་གྱུར་ནས། །ཕོང་མེད་བརྩོན་འགྲུས་དྲག་པོ་རྩོམ་པར་ཤོག །ནམ་འཆི་ངེས་མེད་ཕྱི་མའི་གདེང་ཚད་དང་། །ངན་སོང་སྡུག་བསྔལ་བཟོད་དཀའི་གནས་ཚུལ་ལ། །ངེས་པ་གཏིང་ནས་དྲངས་པའི་སྐྱབས་འགྲོ་དང་། །ལས་འབྲས་སྤང་བླང་ཚུལ་བཞིན་བསྒྲུབ་པར་ཤོག །ངན་སོང་འཇིགས་བྲལ་མངོན་མཐོའི་གནས་རྙེད་ཀྱང་། །འདུ་བྱེད་ལ་སོགས་མི་བཟད་སྡུག་བསྔལ་གྱིས། །མནར་ཞིང་ཡིད་བརྟན་མི་རུང་ཚུལ་བསམ་ནས། །བསླབ་གསུམ་ལེགས་བསླབས་མྱུར་འདས་དོན་གཉེར་ཤོག །རང་ཉིད་ཞི་བའི་གོ་འཕང་ཆེ་ཐོབ་ཀྱང་། །ཐོག་མེད་དུས་ནས་གྲངས་མེད་གནས་སྐབས་སུ། །དྲིན་གྱིས་བསྐྱངས་པའི་མ་རྒན་འགྲོ་ཚོགས་རྣམས། །ཡལ་བར་འདོར་བ་དམ་པས་སྨད་པའི་ལས། །དེ་ཕྱིར་བདག་ཉིད་གཅིག་པུས་འགྲོ་ཀུན་གྱི། །འཁོར་བའི་འཁྲུལ་འཁོར་བཅད་ནས་བླ་མེད་ཀྱི། །བྱང་ཆུབ་མཆོག་ལ་འགོད་པའི་ཁུར་བཟུང་ནས། །རྒྱལ་བའི་སྲས་ཀྱི་སེམས་མཆོག་བསྐྱེད་པར་བགྱི། །ཞེས་ལན་གསུམ་གྱིས་རྒྱུ་འབྲས་མན་ངག་བདུན་དང་བདག་གཞན་མཉམ་རྗེའི་བསམ་པ་བརྟན་པོས་གཞན་དོན་དོན་གཉེར་དང་བྱང་ཆུབ་དོན་གཉེར་གྱི་མདུན་པ་སྦྱངས་ཏེ་སེམས་བསྐྱེད་ནན་ཏན་དུ་བྱ། །དེ་ནས་སླར་ཡང་འདི་ལྟར་འདོན་ཞིང་བསམ་སྟེ། བདག་གིས་དམ་པའི་སེམས་བསྐྱེད་འདི་བཟུང་ནས་ཏེ། །བླ་མ་སངས་རྒྱས་སྲས་བཅས་དགྱེས་པ་དང་། །མར་གྱུར་འགྲོ་བའི་དྲིན་ལན་བསབ་པའི་ཕྱིར། །དོན་ཆེན་མཐའ་དག་ཁུར་དུ་འཁྱེར་བར་གྱི། །རྒྱལ་བ་སྲས་བཅས་རང་རང་བདེ་བའི་ཞིང་། །ཟག་མེད་རོལ་བའི་སྤྲུལ་གྱིས་བཙའ་བར་མཛོད། །

འགྲོ་བའི་དོན་ཆེན་མཛད་པ་ཇི་སྙེད་པ། །བདག་གི་སྐྱབས་པའི་མཆོག་པར་དྭང་བས་ལེན། །མར་གྱུར་རྣམས་ཀྱི་ཉམ་ཐག་སྡུག་བསྔལ་ཚོགས། །ཕྲ་རགས་མ་ལུས་བདག་གིས་ཉེར་བླངས་ཏེ། །རྣམ་དཀར་ལས་འབྲས་བདེ་བ་ཇི་སྙེད་པ། །འགྲོ་བ་རྣམས་ལ་ཡོངས་སུ་སྦྱིན་པར་བགྱི། །མནར་མེད་འབར་བའི་གནས་སུ་བདག་ཞུགས་ནས། །ནམ་མཁའི་མཐས་གཏུགས་ཞིང་གི་འགྲོ་བ་ཡི། །སྡིག་འབྲས་བཟོད་པར་དཀའ་བའི་སྡུག་བསྔལ་རྣམས། །བདག་ཉིད་གཅིག་པུས་ཡོངས་སུ་འཛིན་པར་ཤོག །བདག་གིས་བྱ་བ་དེ་ནི་སྐྱབས་མ་ཐག །འགྲོ་བའི་སྡུག་བསྔལ་མཐའ་དག་མ་རིག་བཅས། །སྐད་ཅིག་ཉིད་ལ་རབ་བྱང་བླ་མེད་ཀྱི། །བྱང་ཆུབ་ས་བོན་ཀྱང་པོ་སྨིན་པར་ཤོག །མནར་མེད་ལ་སོགས་ངན་སོང་གནས་གང་དུ། །བདག་གིས་ཕྱིན་པ་དེའི་ཚེ་འབར་བ་དང་། །མི་བཟད་མཚོན་ཆ་གྲང་ངད་བཀྲིས་སྐྱེམ་སྐོངས། །མཐའ་དག་རང་དགའི་དབྱིངས་སུ་འཆར་བར་ཤོག །རབ་དགའི་དཔལ་དེ་སྐྱེ་མའི་ཏིང་འཛིན་དང་། །མཉམ་སྦྱོར་ལམ་བཟང་བདེ་བླག་ཉིད་དུ་ནི། །བསྐྱེད་ནས་ཤེས་ཉོན་ཀུན་འཇོམས་ལམ་གྱི་བདེན། །འབྲས་བཟང་འགོག་བདེན་བཅས་པ་སྦྱིན་ནུས་ཤོག །ལས་ཀྱི་དྲ་བ་དམ་པོས་བཅིངས་པའི་འགྲོ། །གདུལ་དཀའ་དག་དང་གང་ཆེ་འཕྲད་པ་ན། །བྱང་ཆུབ་སེམས་གཉིས་ངོ་བོ་བདག་གི་ཡིད། །དེ་ཡི་རྒྱུད་ལ་བདེ་བླག་འཇུག་པར་ཤོག །ཁྱི་ཕག་ལྷ་བུའི་རྗོངས་པའི་དྲ་བ་ཅན། །ཀུན་ལ་བདག་ཡིད་ཡེ་ཤེས་སྒྲོན་མེ་ཆེར། །ཞུགས་ནས་རྒྱལ་བའི་སྲས་ཀྱི་བློ་གྲོས་རྣམས། །རབ་ཏུ་ཕྱིན་ནས་ཕན་བདེ་གསལ་བྱེད་ཤོག །གང་དུ་བསྟན་པ་རིན་ཆེན་སྣང་བའི་དཔལ། །མེད་པའི་འཇིག་རྟེན་ཀུན་ཏུ་བདག་གི་ལུས། །གྲངས་མེད་སྤྲུལ་ནས་སྐྱུ་འཕྲུལ་བྱེ་བ་བརྒྱུས། །ཡང་དག་ཕྱེ་ནས་གསལ་བར་བྱེད་གྱུར་ཅིག །གང་དུ་ཕན་བདེའི་མཆོག་དེ་ནུབ་འགྱུར་བ། །དེར་ནི་རྫུ་འཕྲུལ་རྐང་བའི་བརྩོན་འགྲུས་དང་། །མཐའ་ལས་སྨོན་ལམ་གྱིས་ནི་ཆེར་སྤེལ་ཏེ། །ནམ་མཁའ་ཇི་སྲིད་བར་དུ་འཛིན་པར་ཤོག །རྫོགས་པའི་སངས་རྒྱས་ཀུན་གྱི་དྲུང་བསྙེན་ནས། །དམ་ཆོས་མ་ལུས་དགོངས་པ་བཞིན་བཟུངས་པས། །ལུས་ངག་ཡིད་ཀྱི་ཀུན་བཟང་སྤྱོད་པ་ཡིས། །རྟག་ཏུ་མཉེས་པ་མཆོག་པས་མཉེས་བྱེད་ཤོག །རྒྱལ་བའི་སྲས་དང་ཉན་ཐོས་རང་རྒྱལ་དང་། །སེམས་ཅན་ཀུན་གྱི་གནས་སུའང་དེ་སྙེད་ལུས། །ཉེ་བར་བསྟན་ནས་སྐུ་བཞིའི་གྲོང་ཁྱེར་ཆེར། །འཁྲིད་པའི་

དེད་དཔོན་ཆེན་པོར་འགྱུར་བར་ཤོག །མདོར་ན་རང་གཞན་གནས་ལུགས་བྱ་བ་ཀུན། །མཐའ་མེད་སྙིང་རྗེ་ཆེན་པོས་རྒྱས་བཏབ་ཅིང་། །སྤྲོས་པའི་མཐའ་རྣམས་རབ་བྲལ་སྟོང་པ་ཆེ། །ཟུང་འཇུག་ལམ་དེས་བདེ་བླག་བགྲོད་པར་ཤོག །ཡང་ན་བཟོད་དཀའི་བརྩོན་འགྲུས་སྙིང་རྗེ་ཆེས། །སྦྱར་ལམ་ཟབ་མོ་ཞུགས་ནས་ཀུན་རྟོག་ཚོགས། །གཡོ་བའི་རླུང་རྣམས་རྩད་ནས་དྲུང་ཕྱུངས་ཏེ། །སྐུ་འོད་ཟུང་འཇུག་བསམ་གཏན་མཐར་ཕྱིན་ཤོག །རིམ་པ་དང་པོའི་ཡེ་ཤེས་ཅུང་ཟད་ལ། །དབང་བའི་དུས་ནས་སློབ་པ་མཐའི་འོད་གསལ། །མངོན་དུ་བྱས་བར་དུ་སྐད་ཅིག་རེར། །རྒྱལ་སྲས་སྤྱོད་པ་མཐའ་ཡས་རྫོགས་བྱེད་ཤོག །གཏད་དང་སྨི་ལམ་ཐུན་རེའི་སྐབས་སུ་འང་། །ཕྱོགས་བཅུའི་ཞིང་དུ་རྒྱལ་བ་རྣམས་མཆོད་ཅིང་། །རྒྱལ་སྲས་རྣམས་བསྐུལ་ངན་སོང་རྒྱུན་བཅད་ནས། །འཇིག་རྟེན་མ་ལུས་རེ་བ་རྫོགས་བྱེད་ཤོག །ཤེས་ཉོན་དགྲ་སྟེ་བཞིན་པར་བཅས་པ་རྣམས། །གཉིས་སྣང་དབྱིངས་སུ་བཅོམས་པས་རྡོ་རྗེའི་སེམས། །དང་པོའི་སངས་རྒྱས་སྐུ་འཕྲུལ་སྟོབས་བཅུའི་སྐྱར། །ཚེ་འདིར་མངོན་གྱུར་འགྲོ་ཀུན་འདྲེན་གྱུར་ཅིག །ཅེས་གསོལ་བ་བཏབ་པས་དཔལ་ལྡན་བླ་མ་དམ་པའི་སྤྱི་བོ་ནས་བདུད་རྩི་དཀར་པོའི་རྒྱུན་བབས། རང་གི་སྤྱི་བོར་ཞུགས་ཞུམ་པའི་དབང་ཐོབ་སྤྲུལ་སྐུ་འགྲུབ་པའི་ནུས་པ་བཞག མགྲིན་པའི་ཨཱཿལས་བདུད་རྩི་དམར་པོའི་རྒྱུན་བབས་རང་གི་མགྲིན་པ་ནས་ཞུགས་གསང་བའི་དབང་ཐོབ་ལོངས་སྐུ་འགྲུབ་པའི་ནུས་བ་བཞག ཐུགས་ཀའི་ཧཱུྃ་ལས་བདུད་རྩི་སྔོན་པོའི་རྒྱུན་བབས་སྙིང་ཁ་ནས་ཞུགས་ཤེས་རབ་ཡེ་ཤེས་ཀྱི་དབང་ཐོབ་ཆོས་སྐུ་འགྲུབ་པའི་ནུས་པ་བཞག །གནས་གསུམ་ག་ལས་བདུད་རྩི་དཀར་དམར་མཐིང་གསུམ་བྱུང་རང་གི་གནས་གསུམ་དུ་ཞུགས། དབང་བཞི་པ་ཚིག་དབང་ཐོབ་ཟུང་འཇུག་འགྲུབ་པའི་ནུས་པ་བཞག ལུས་ངག་ཡིད་གསུམ་གྱི་སྒྲིབ་གཉིས་བག་ཆགས་དང་བཅས་པ་རིམ་བཞིན་དག་པར་བསམ་ལ། དམིགས་མེད་བརྩེ་བའི་གཏེར་ཆེན་སྤྱན་རས་གཟིགས། །དྲི་མེད་མཁྱེན་པའི་དབང་པོ་འཇམ་དཔལ་དབྱངས། །གངས་ཅན་མཁས་པའི་གཙུག་རྒྱན་ཙོང་ཁ་པ། །བློ་བཟང་གྲགས་པའི་ཞབས་ལ་གསོལ་བ་འདེབས། །ཨོཾ་ཨཱཿགུ་རུ་སུམ་ཏི་ཀཱིརྟི་སིདྡྷི་ཧཱུྃ་ཧཱུྃ། ཞེས་གང་མང་བཟླས་པའི་མཐར་དཔལ་ལྡན་བླ་མ་དམ་པ་རང་གི་སྙིང་དབུས་སུ་ཐིམ་པར་མོས་པའོ། །རང་ལ་ཐིམ་པས་རང་ཉིད་བླ་མ་ལྟར་གྱུར་པར་བསམས་

ལ་སྤྱོད་ལམ་ཐམས་ཅད་དུ་མདོ་སྔགས་ལམ་གྱི་རིམ་པ་ལ་འབད་པར་བྱའོ། །འདིར་ཤིན་ཏུ་ཐུན་མོང་མ་ཡིན་པའི་ལུགས་སུ་བྱེད་ན་སྐུ་གསུང་ཐུགས་ཀྱི་སེམས་དཔའ་དགུ་བརྩེགས་སུ་བསྒོམ་པ་དང་། ཡང་ན་སྐུའི་གཡས་ཕྱོགས་སུ་རྒྱལ་ཚབ་རྗེ་དང་གཡོན་ཕྱོགས་སུ་མཁས་གྲུབ་རྗེ་བསྒོམ་པ་སོ་སོའི་ཐུགས་ཀར་སེམས་དཔའ་གསུམ་བརྩེགས་བྱེད་ལུགས་སོགས་ཟབ་གནད་དུ་མ་དང་། ཡང་སྐད་ཅིག་གིས་སྤྱི་བོའི་བླ་མ་དེ་གསང་བདེ་འཇིགས་གསུམ་སོགས་རང་གང་མོས་ཀྱི་བླ་མ་ལྟར་གྱུར་ཏེ་གསོལ་བ་བཏབ་མཐར་རང་ལ་ཐིམ་པས་རང་ཉིད་ལྷ་དེ་དང་དེར་གྱུར་པའི་རིམ་གཉིས་བསྒོམ་པ་སོགས་མན་ངག་ཆེན་པོ་དབེན་ས་སྙན་བརྒྱུད་ཀྱི་གདམས་པ་ཐུན་མོང་མིན་པ་རྣམས་ཀྱང་བརྒྱུད་ལྡན་བླ་མ་དམ་པའི་ཞལ་གྱི་བདུད་རྩི་ལས་འབྱུང་བ་བཞིན་ཉམས་སུ་བླངས་ནས་སྙིགས་དུས་ཀྱི་ཚེ་འདི་ཉིད་ལ་བློ་བཟང་ཐུབ་དབང་རྡོ་རྗེ་འཆང་ཆེན་པོའི་གོ་འཕང་མངོན་དུ་འགྱུར་བར་བྱའོ། ། །།ཞེས་ཟབ་ལམ་དབེན་ས་སྙན་བརྒྱུད་ཀྱི་གདམས་པ་བླ་མའི་རྣལ་འབྱོར་དང་འབྲེལ་བའི་སྒོ་ནས་ཉམས་སུ་ལེན་ཚུལ་ཟུང་འཇུག་བང་མཛོད་ཅེས་བྱ་བ་འདི་ནི། ཁྱབ་བདག་རྡོ་རྗེ་སེམས་དཔའི་ངོ་བོ་རྗེ་བཙུན་ངག་དབང་བྱམས་པའི་གསུང་ལས་སྐྱེས་པའི་མཚུངས་མེད་གནས་བརྟན་ཆེན་པོ་རྒྱལ་རོང་བློ་བཟང་ཐོགས་མེད་ཀྱིས་སྨོན་ལམ་བདུན་ཅུ་པ་དང་། བླ་མ་བྱམས་པའི་རྣལ་འབྱོར་བའི་མན་ངག་དང་ཕྱོགས་མཚུངས་པ་ཞིག་དགོས་ཞེས་གསུངས་གིས་བསྐུལ་བ་ལྟར། མདོ་དང་སྔགས་ཀྱི་བྱང་ཆུབ་སེམས་དཔའི་སྡེ་སྣོད་རྣམས་ལ་རིང་དུ་བསམ་ནས་ཤཱཀྱའི་དགེ་སློང་བློ་བཟང་དཔལ་ལྡན་ཡེ་ཤེས་ཀྱིས་སྦྱར་བའོ། ། །།

༄༅། །དམིགས་བརྩེ་མའི་སྐབ་སྐོར་བདུན་གྱི་རྣམ་བཤད་དགེ་ལྡན་རྒྱལ་སྲིད་ཅོར་བུ་རྣམ་བདུན་ཞེས་བྱ་བ་བཞུགས་སོ།

༄༅། །ན་མོ་གུ་རུ་སུ་མ་ཏི་ཀཱིརྟི་ཡེ། དམིགས་བརྩེ་མར་གྲགས་པའི་གསོལ་འདེབས་ཚིག་རྐང་བཞི་པ་འདི། རྗེ་བདག་ཉིད་ཆེན་པོས། བོད་ཡུལ་དུ་སྔོན་མ་བྱུང་བའི་མཁས་པ་ཆེན་པོ་རེད་མདའ་བ་ལ་བསྟོད་གསོལ་ཕུལ་པ་ཡིན་ཏེ། དམིགས་མེད་བརྩེ་བའི་གཏེར་ཆེན་སྤྱན་རས་གཟིགས། །དྲི་མེད་མཁྱེན་པའི་དབང་པོ་འཇམ་པའི་དབྱངས། །གངས་ཅན་མཁས་པའི་གཙུག་རྒྱན་རེད་མདའ་བ། །གཞོན་ནུ་བློ་གྲོས་ཞབས་ལ་གསོལ་བ་འདེབས། །ཞེས་པ་ལ། རྗེ་བཙུན་རེད་མདའ་བས། བསྟོད་གསོལ་འདི་ངེད་ལ་མི་བབས། རྗེ་ཁྱེད་ལ་བབས་དགོས་འདུག་གསུངས་ཏེ། ཚིག་རྐང་དང་པོ་གཉིས་རང་སོར་བཞག གངས་ཅན་མཁས་པའི་གཙུག་རྒྱན་ཙོང་ཁ་པ། །བློ་བཟང་གྲགས་པའི་ཞབས་ལ་གསོལ་བ་འདེབས། །ཞེས་བསྒྱུར་ནས་གསོལ་བ་འདེབས་སོ། །མཁས་པའི་དབང་པོ་ཡབ་སྲས་གཉིས་ཀྱིས་ཕན་ཚུན་དམ་ཚིག་གཙང་བ་དང་བདེན་ཚིག་གྲུབ་པ་དང་བྱང་ཆུབ་ཀྱི་སེམས་ཀྱི་མཐུས་དམིགས་བརྩེ་མ་འདི་བཟླས་ན་ལྷག་པའི་ལྷའི་སྙིང་པོ་བཟླས་པ་དང་ཁྱད་པར་མེད་པའི་ཕན་ཡོན་ཐོབ་པ་ཡིན་ནོ། །དེ་ཡང་མཁས་གྲུབ་ཐམས་ཅད་མཁྱེན་པའི་ཞལ་ནས། རིན་ཆེན་འབྱུང་གནས་རྒྱ་ཡི་མཚོ་བཞིན། །ཁྱད་ཐུགས་སྙིང་རྗེའི་གཏིང་མཐའ་ཇི་ཙམ་ཞེས། །ཡེ་ཤེས་སྤྱན་ལྡན་ཀུན་གྱི་ཡུལ་ལས་འདས། །རྗེ་བཙུན་ཐུགས་རྗེའི་གཏེར་ལ་གསོལ་བ་འདེབས།ཞེས་གསུངས་པ་ལྟར། ཐེག་པ་ཆེན་པོའི་ཁྱད་ཆོས་དམིགས་པ་མེད་པའི་སྙིང་རྗེ་བརྩེ་བའི་ངང་ཚུལ་གཏིང་དཔག་དཀའ་བའི་གཏེར་ཆེན་པོ་སྤྱན་རས་གཟིགས་ཀྱི་སྙིང་རྗེ་དང་མཚུངས་ཤིང་། ཡང་མཁས་གྲུབ་རྗེས། རྒྱལ་བའི་གསུང་རབ་ཀུན་གྱི་ཚིག་དོན་ལ། །ཐོགས་པ་མེད་པར་འཇུག་པའི་རྣམ་དཔྱོད་ཀྱིས། །རྟག་ཏུ་ལེགས་བཤད་ཚོལ་བར་སྤྲུར་ལེན་པའི། །རྒྱ་ཆེན་མཁྱེན་

པའི་གཏེར་ལ་གསོལ་བ་འདེབས། །ཞེས་གསུངས་པ་བཞིན་རྒྱལ་བའི་གསུང་རབ་མདོ་སྔགས་གཉིས་དང་། ཁྱད་པར་དུ་ཤིང་རྟ་ཆེན་པོ་ཀླུ་སྒྲུབ་ཐོགས་མེད་གཉིས་ཀྱི་གཞུང་ལུགས་ཆེན་པོའི་ཚིག་དོན་མ་ལུས་པ་ལུང་དང་རིགས་པ་དྲི་མ་མེད་པས་ཇི་ལྟ་བ་བཞིན་རྟོགས་པའི་མཁྱེན་པ་འཇམ་པའི་དབྱངས་དང་མཚུངས་ལགས། གཞན་ཡང་འཇམ་དབྱངས་ཆོས་རྗེས། རྗེ་ཡི་སྐུ་དང་རྒྱལ་བའི་སྐུ་གསུང་ཐུགས། །དབྱེར་མེད་མཛད་ནས་བདུད་སྡེ་ཟིལ་གནོན་པའི། བསྟན་བསྲུང་རྣམས་ཀྱིས་བདུད་རིགས་ཚར་བཅད་ཚེ། །བདུད་ཀྱི་དམག་དཔུང་ཕམ་པའི་སྒྲ་ཆེན་གྲགས། །ཞེས་གསུངས་པ་ལྟར་རྒྱལ་བའི་བསྟན་པ་སྤྱི་དང་བསྟན་འཛིན་དམ་པ་རྣམས་ཀྱི་བཤད་སྒྲུབ་ལ་བར་དུ་གཅོད་པའི་བདུད་དཔུང་མ་ལུས་པ་འཇོམས་པར་མཛད་པའི་མཐུ་སྟོབས་གསང་བའི་བདག་པོ་དང་ཁྱད་མེད་པའི་སྒོ་ནས་རིགས་གསུམ་མགོན་པོ་དང་དབྱེར་མ་མཆིས་པའི་གསོལ་འདེབས་དམིགས་བརྩེ་མའི་སྒྲུབ་ཚུལ་ཡིན་ནོ། །དམིགས་བརྩེ་མའི་གསུམ་སྐོར་གྱི་དམིགས་པ་ནི། རང་གི་མདུན་གྱི་ནམ་མཁར་རྗེ་བཙུན་ཙོང་ཁ་པ་གསལ་བཏབ། རང་རྗེ་བཙུན་བླ་མར་གསལ་བཏབ་ཀྱང་རུང་། དེའི་སྤྱི་བོར་འཇམ་པའི་དབྱངས། མགྲིན་པར་སྤྱན་རས་གཟིགས་ཕྱག་བཞི་པ། མངོན་རྟོགས་ལྟར་གསལ་བཏབ། དམིགས་མེད་བརྩེ་བའི་གཏེར་ཆེན་སྤྱན་རས་གཟིགས། །ཞེས་འདོན་པའི་སྐབས་སུ་ཐུགས་རྗེ་ཆེན་པོའི་ཐུགས་ཀའི་ཧྲཱིཿ དཀར་པོ་ལས་འོད་ཟེར་ཕྱོགས་བཅུར་འཕྲོས། ཕྱོགས་བཅུའི་འཇིག་རྟེན་གྱི་ཁམས་མཐའ་མེད་པ་ན་ཡོད་པའི་སེམས་ཅན་ཐམས་ཅད་སྡུག་བསྔལ་གྱིས་ཤིན་ཏུ་མནར་བ་དེ་དག་ལ་ཕོག་པས་སྡུག་བསྔལ་དང་ཉོན་མོངས་པའི་སྒྲིབ་པ་ཐམས་ཅད་སྦྱངས། འོད་ཟེར་དང་མཉམ་དུ་གང་ལ་གང་འདོད་པ་ལྟར་ཡིད་བཞིན་གྱི་ནོར་བུ། དཔག་བསམ་གྱི་ཤིང་། འདོད་འཇོ་བ། མ་རྨོས་པའི་ལོ་ཏོག །རིན་པོ་ཆེ་སྣ་བདུན། ཟས་སྣ་ཚོགས། གོས་སྣ་ཚོགས། འཆི་བ་མེད་པའི་བདུད་རྩི་སྣ་ཚོགས་པ་རྡུལ་གྱི་གྲངས་དང་མཉམ་པ་འཕྲོས། སེམས་ཅན་གྱི་རེ་བ་སྐོང་། དབུལ་ཕོངས་ཀྱི་སྡུག་བསྔལ་སེལ། དགའ་བ་དང་བདེ་བ་སྐྱེས། དེ་མ་ཐག་ཏུ་དེ་དག་སྤྱན་རས་གཟིགས་ཀྱི་སྐུར་གྱུར་པར་བསམ། རྡུལ་ཕྲན་འདི་ནི་ཐབས་ཀྱི་ཆ་དྲང་པའི་དོན་དུ་ཀུན་རྫོབ་བདེན་པ་རྒྱ་ཆེན་སྤྱོད་པ་ཀུན་རྫོབ་བྱང་ཆུབ་ཀྱི་སེམས་དང་མི་འབྲལ་བའི་ཉམས་ལེན་ཨོ་ཡིག་གཟུགས་སྐུ་ཇི་སྙེད་པ་མཁྱེན་པའི་རྣམ་མཁྱེན་སྒྲུབ་པའི་རྒྱུ་ཡིན་ནོ། །དྲི་མེད་མཁྱེན་

པའི་དབང་པོ་འཇམ་པའི་དབྱངས། །ཞེས་པའི་སྐབས་སུ་འཇམ་པའི་དབྱངས་ཀྱི་ཐུགས་ཀའི་ཧྲཱིཿ ལས་འོད་ཟེར་འཕྲོས། ཕྱོགས་བཅུའི་སེམས་ཅན་ཐམས་ཅད་ལ་ཕོག །དེ་དག་གི་རྒྱུད་ཀྱི་བདག་ཏུ་འཛིན་པའི་མ་རིག་པ་སྦྱངས། ཉན་རང་རྒྱུད་ཀྱི་ཤེས་རབ་ཀྱང་སེལ། སྟོང་པ་ཉིད་མངོན་སུམ་དུ་རྟོགས་པས་མཉམ་བཞག་ནམ་མཁའ་ལྟ་བུ་དང་། རྗེས་ཐོབ་སྒྱུ་མ། འཇའ་ཚོན། མི་ལོང་གི་གཟུགས་བརྙན། དྲི་ཟའི་གྲོང་ཁྱེར། ཆུའི་ཟླ་བ་ལྟ་བུའི་ཏིང་ངེ་འཛིན་ཐོབ། སྐད་ཅིག་དེ་ཉིད་ལ་འཇམ་པའི་དབྱངས་ཀྱི་སྐུར་གྱུར་པར་བསམ། འདི་ནི་ཤེས་རབ་ཀྱི་ཆ་ངེས་པའི་དོན་དོན་དམ་བདེན་པ་ཟབ་མོའི་ལྟ་བ་དོན་དམ་བྱང་ཆུབ་ཀྱི་སེམས་དང་མི་འབྲལ་བའི་ཉམས་ལེན་ཕྱིཾ་ཡིག་ཆོས་སྐུའི་ལྟ་བ་མཁྱེན་པའི་རྣམ་མཁྱེན་སྒྲུབ་པའི་རྒྱུ་ཡིན་ནོ། །གངས་ཅན་ཞེས་པའི་སྐབས་སུ་ཐབས་ཤེས་དབྱེར་མེད། མདོ་སྔགས་ཟུང་འབྲེལ། ཟབ་གསལ་གཉིས་སུ་མེད་པའི་ཡེ་ཤེས་བཞིན་ལག་གི་རྣམ་པར་ཤར་བ་རྗེ་རིན་པོ་ཆེ་ཡིན་པར་མོས་དགོས། དམིགས་བརྩེ་མ་བཞི་སྐོར་གྱི་དམིགས་པ་ནི། རྗེ་བླ་མའི་ཐུགས་ཀར་ཕྱག་ན་རྡོ་རྗེ་གསལ་གདབ། དམིགས་མེད་ཅེས་པའི་སྐབས་སུ་མཁྱེན་པའི་སྤྱན་རས་གཟིགས་ཀྱི་ཐུགས་ཀའི་ཧྲཱིཿ ལས་འོད་ཟེར་དམར་པོ་འཕྲོས། ཕྱོགས་བཅུའི་སྡུག་བསྔལ་གྱིས་མནར་བའི་སེམས་ཅན་ཐམས་ཅད་ལ་ཕོག ངག་གི་སྡིག་སྒྲིབ་སྦྱངས། ཚུལ་ཁྲིམས་ཀྱི་བསླབ་པ། བརྩོན་པའི་ཡོན་ཏན། འདུལ་བའི་སྡེ་སྣོད། མཚན་མ་མེད་པའི་ཏིང་ངེ་འཛིན་སེམས་ཅན་ལ་དམིགས་པའི་སྙིང་རྗེ་སྐྱེས། སྤྱན་རས་གཟིགས་ཀྱི་སྐུར་གྱུར། སྤྲུལ་པའི་སྐུ་བསྒྲུབ་པའི་ནུས་པ་ཅན་དུ་བྱས་སོ། །དྲི་མེད་མཁྱེན་པའི་དབང་པོ་ཞེས་པའི་སྐབས་སུ་སྤྱི་བོའི་འཇམ་དབྱངས་ཀྱི་ཐུགས་ཀའི་ཧྲཱིཿ ལས་འོད་ཟེར་དཀར་པོ་འཕྲོས། ཕྱོགས་བཅུའི་འགྱུར་བའི་སྡུག་བསྔལ་གྱིས་མནར་བའི་སེམས་ཅན་ཐམས་ཅད་ལ་ཕོག ལུས་ཀྱི་སྡིག་སྒྲིབ་སྦྱངས། ཏིང་ངེ་འཛིན་གྱི་བསླབ་པ། མཁས་པའི་ཡོན་ཏན། མངོན་པའི་སྡེ་སྣོད། སྨོན་པ་མེད་པའི་ཏིང་ངེ་འཛིན། ཆོས་ལ་དམིགས་པའི་སྙིང་རྗེ་སྐྱེས། འཇམ་པའི་དབྱངས་ཀྱི་སྐུར་གྱུར། ཆོས་སྐུ་འགྲུབ་པའི་ནུས་པ་ཁྱད་པར་ཅན་དུ་བྱས་སོ། བདུད་དཔུང་འཛོམས་ཞེས་པའི་སྐབས་སུ་ཐུགས་ཀའི་ཕྱག་རྡོར་གྱི་སྙིང་ཀའི་ཧཱུྃ་ལས་འོད་ཟེར་སྔོན་པོ་འཕྲོས། ཕྱོགས་བཅུའི་ཁྱབ་པ་འདུ་བྱེད་ཀྱི་སྡུག་བསྔལ་གྱིས་མནར་བའི་སེམས་ཅན་ཐམས་ཅད་ལ་ཕོག །ཡིད་ཀྱི་སྡིག་སྒྲིབ་སྦྱངས། ཤེས་རབ་ཀྱི་བསླབ་

པ། བཟང་པོའི་ཡོན་ཏན། མདོ་སྔེ་སྔེ་སྣོད། སྟོང་པ་ཉིད་ཀྱི་ཏིང་ངེ་འཛིན། དམིགས་པ་མེད་པའི་སྙིང་རྗེ་སྐྱེས། ཐུག་ན་རྡོ་རྗེའི་སྐུར་གྱུར། ལོངས་སྐུ་འགྲུབ་པའི་ནུས་པ་ཅན་དུ་བྱས་སོ། །གངས་ཅན་ཞེས་པའི་སྐབས་སུ་རྗེ་རིན་པོ་ཆེའི་ལུས་ངག་ཡིད་གསུམ་རིགས་གསུམ་མགོན་པོའི་སྐུ་གསུངས་ཐུགས་ཀྱི་ངོ་བོར་བསམ་ནས་དམིགས་པ་བྱའོ། །དམིགས་བརྩེ་མ་ལྔ་སྐོར་དམིགས་པ་ནི། དངོས་གྲུབ་ཀུན་འབྱུང་ཐུབ་དབང་རྡོ་རྗེ་འཆང་། །ཞེས་རྗེ་རིན་པོ་ཆེའི་ལྷ་བར་ཤཱཀྱ་ཐུབ་པ་བཀོད། སྤྱི་བོའི་འཇམ་དབྱངས་ཀྱི་ཐུགས་ཀ་ནས་འོད་ཟེར་དཀར་པོ་འཕྲོས། རང་གི་ལུས་ཐམས་ཅད་གང་། ཕྱིར་འཕྲོས་སེམས་ཅན་ཐམས་ཅད་ཀྱི་སྤྱི་བོ་ནས་ཞུགས། ལུས་ཐམས་ཅད་གང་། ཚེ་རབས་ཐོག་མ་མེད་པ་ནས་བསགས་པའི་མི་དགེ་བའི་རྣམ་པར་སྨིན་པའི་འབྲས་བུ་དང་གཙོ་བོར་ལུས་ཀྱི་དྲི་མ་དག །སྡུག་བསྔལ་གྱི་བདེན་པ་སྤྱངས། མི་དགེ་བའི་ཆོས་མ་སྐྱེས་པ་མི་བསྐྱེད་པའི་ཡང་དག་པར་སྤོང་བ་ལ་བཀོད། དུམ་པའི་དབང་ཐོབ། འབྲས་བུ་གཞན་དོན་སྤང་བྱ་སྤངས་པའི་མི་འཇིགས་པ་དང་། སྤྲུལ་པའི་སྐུ་འགྲུབ་པའི་ནུས་པ་ཅན་དུ་འཇོག་གོ །མགྲིན་པའི་སྤྱན་རས་གཟིགས་ཀྱི་ཐུགས་ཀ་ནས་འོད་ཟེར་དམར་པོ་འཕྲོས། རང་དང་སེམས་ཅན་ཐམས་ཅད་ཀྱི་ལུས་གང་། རྒྱུ་མཐུན་གྱི་འབྲས་བུ་དང་ངག་གི་དྲི་མ་དག །ཀུན་འབྱུང་བདེན་པ་སྤྱངས། མི་དགེ་བའི་ཆོས་སྐྱེས་པ་རྣམས་སྤོང་པའི་ཡང་དག་པར་སྤོང་བ་ལ་བཀོད། གསང་པའི་དབང་ཐོབ། འབྲས་བུ་གཞན་དོན་རྟོགས་པ་ཕུན་སུམ་ཚོགས་པའི་མི་འཇིགས་པ་དང་། ལོངས་སྐུ་འགྲུབ་པའི་ནུས་པ་འཇོག་གོ། ཐུགས་ཀའི་ཕྱག་ན་རྡོ་རྗེའི་ཐུགས་ཀ་ནས་འོད་ཟེར་སྔོན་པོ་འཕྲོས། རང་དང་སེམས་ཅན་ཐམས་ཅད་ཀྱི་ལུས་གང་། བདག་པོའི་འབྲས་བུ་དང་ཡིད་ཀྱི་དྲི་མ་དག །ལམ་བདེན་རྒྱུད་ལ་སྐྱེས། དགེ་བའི་ཆོས་མ་སྐྱེས་པ་བསྐྱེད་པའི་ཡང་དག་པར་སྤོང་བ་ལ་བཀོད། ཤེས་རབ་ཡེ་ཤེས་ཀྱི་དབང་ཐོབ། འབྲས་བུ་རང་དོན་སྤང་བྱ་སྤངས་པའི་མི་འཇིགས་པ་དང་། ཡེ་ཤེས་ཆོས་སྐུ་འགྲུབ་པའི་ནུས་པ་འཇོག་གོ །ལྟེ་བའི་ཐུབ་དབང་གི་ཐུགས་ཀ་ནས་འོད་ཟེར་སེར་པོ་འཕྲོས། རང་དང་སེམས་ཅན་ཐམས་ཅད་ཀྱི་ལུས་ཐམས་ཅད་གང་། དབང་གི་འབྲས་བུ་དང་སྒོ་གསུམ་གྱི་དྲི་མ་བག་ཆགས་དང་བཅས་པ་དག །འགོག་བདེན་རྒྱུད་ལ་བྱུང་། དགེ་བའི་ཆོས་སྐྱེས་པ་འཕེལ་བར་བྱེད་པའི་ཡང་དག་པར་སྤོང་བ་ལ་བཀོད། ཚིག་དབང་ཐོབ།

འབྲས་བུ་རང་དོན་རྟོགས་པ་ཐུན་ཚོགས་མི་འཇིགས་པ་དང་། ངོ་བོ་ཉིད་སྐུ་འགྲུབ་པའི་ནུས་
པ་འཛོག་གོ །རྗེ་རིན་པོ་ཆེ་སྐུ་བཞིའི་བདག་ཉིད་དུ་མོས་པ་བྱའོ། །དངོས་གྲུབ་ཀུན་འབྱུང་
སོགས་འདོན་པའི་རིམ་པ་མཐར་ཆགས་སུ་མི་འགྲིགས་ཀྱང་དབང་བཞི་པའི་རིམ་པ་དང་
མཐུན་པར་བྱས་སོ། །དམིགས་བརྩེ་མ་དྲུག་སྐོར་ནི། འཕྲིན་ལས་ཀུན་འགྲུབ་རྗེ་བཙུན་སྒྲོལ་
མ་ཡུམ། ཞེས་གསང་གནས་སུ་སྒྲོལ་མ་བཀོད། རྗེ་རིན་པོ་ཆེའི་ཐུགས་ཀའི་ཕྱག་རྡོར་གྱི་
ཐུགས་ཀ་ནས་འོད་ཟེར་སྔོན་པོ་ནམ་མཁའི་ངོ་བོ་འཕྲོས། རང་དང་སེམས་ཅན་ཐམས་ཅད་ཀྱི་
ལུས་གང་། ཆུའི་དབང་ཐོབ། ཞེ་སྡང་གི་དྲི་མ་དག རྣམ་ཤེས་ཀྱི་ཕུང་པོ་གནས་འགྱུར།
མེ་ལོང་ལྟ་བུའི་ཡེ་ཤེས་མངོན་དུ་བྱས། མི་བསྐྱོད་པའི་གོ་འཕང་ཐོབ་པའི་སྐལ་བ་ཅན་དུ་བྱས་
སོ། །ལྟེ་བའི་ཐུབ་པའི་ཐུགས་ཀ་ནས་འོད་ཟེར་སེར་པོ་སའི་ངོ་བོ་འཕྲོས། རང་དང་སེམས་
ཅན་གྱི་ལུས་གང་། ཅོད་པཎ་གྱི་དབང་ཐོབ། ང་རྒྱལ་དང་། སེར་སྣའི་དྲི་མ་དག ཚོར་
བའི་ཕུང་པོ་གནས་འགྱུར། མཉམ་ཉིད་ཡེ་ཤེས་སྐྱེས། རིན་འབྱུང་གི་གོ་འཕང་ཐོབ།
མགྲིན་པའི་སྤྱན་རས་གཟིགས་ཀྱི་ཐུགས་ཀ་ནས་འོད་ཟེར་དམར་པོ་མེའི་ངོ་བོ་འཕྲོས། རང་
གཞན་གྱི་ལུས་གང་། རྡོ་རྗེའི་དབང་ཐོབ། འདོད་ཆགས་ཀྱི་དྲི་མ་དག འདུ་ཤེས་གནས་
འགྱུར། སོར་རྟོག་ཡེ་ཤེས་སྐྱེས། སྣང་བ་མཐའ་ཡས་ཀྱི་གོ་འཕང་ཐོབ། གསང་གནས་ཀྱི་
སྒྲོལ་མའི་ཐུགས་ཀ་ནས་འོད་ཟེར་ལྗང་གུ་རླུང་གི་ངོ་བོ་འཕྲོས། རང་གཞན་གྱི་ལུས་གང་།
དྲིལ་བུའི་དབང་ཐོབ། ཕྲག་དོག་གི་དྲི་མ་དག འདུ་བྱེད་གནས་འགྱུར། བྱ་གྲུབ་ཡེ་ཤེས་
སྐྱེས། དོན་གྲུབ་ཀྱི་གོ་འཕང་ཐོབ། སྤྱི་བོའི་འཇམ་དབྱངས་ཀྱི་ཐུགས་ཀ་ནས་འོད་ཟེར་
དཀར་པོ་ཆུའི་ངོ་བོ་འཕྲོས། རང་གཞན་གྱི་ལུས་གང་། མིང་གི་དབང་ཐོབ། གཏི་མུག་དག
གཟུགས་ཕུང་གནས་འགྱུར། ཆོས་དབྱིངས་ཡེ་ཤེས་སྐྱེས། རྣམ་སྣང་གི་གོ་འཕང་ཐོབ། རྗེ་
རིན་པོ་ཆེའི་རིགས་ལྔའི་ངོ་བོར་མོས་པ་བྱའོ། །དམིགས་མའི་བདུན་སྐོར་ནི། ཕྱག་རྡོར་གྱི་
ཐུགས་ཀར་རྡོ་རྗེ་འཆང་སྔོན་པོ་རྡོ་དྲིལ་ཐུགས་ཀར་འཛིན་པ་གསལ་བཏབ། སྤྱི་བོའི་འཇམ་
དབྱངས་ཀྱི་ཐུགས་ཀ་ནས་འོད་འཕྲོས། རང་དང་སེམས་ཅན་ཐམས་ཅད་ལ་ཕོག སེར་སྣའི་
དྲི་མ་སྦྱངས། ཡང་ཐུགས་ཀ་ནས་འོད་འཕྲོས་པའི་སྟེ་ལ་རིན་པོ་ཆེའི་ཟས་གོས་སོགས་བསམ་
གྱིས་མི་ཁྱབ་པ་སྤྲོས། འགྲོ་བ་ཀུན་གྱི་འདོད་དགུ་འཛོམ། དགའ་བ་སྐྱེས། གཏོང་བའི་སེམས་

འཕེལ། སྨིན་པའི་ཕར་ཕྱིན་ལ་བཀོད། སྤྱན་རས་གཟིགས་ཀྱི་ཐུགས་ཀ་ནས་འོད་འཕྲོས་པའི་སྣེ་ལ་དྔུར་སྨྲིག་ཆོས་གོས་རྣམ་གསུམ་ལྷུང་བཟེད་མཁར་བསིལ་དཔག་ཏུ་མེད་པ་འཕྲོས། རང་གཞན་ལ་ཐིམ། ཚུལ་འཆལ་གྱི་དྲི་མ་སྦྱངས། བསྲུང་བའི་སེམས་འཕེལ། ཚུལ་ཁྲིམས་ཀྱི་ཕར་ཕྱིན་ལ་བཀོད། ཕྱག་རྡོར་གྱི་ཐུགས་ཀ་ནས་འོད་ཟེར་དང་མཉམ་དུ་བདུད་རྩིའི་རྒྱུན་མེ་ཏོག་གི་ཆར་ཡན་ལག་བརྒྱད་ལྡན་གྱི་ཆར་བབས། རང་གཞན་གྱི་ཁོང་ཁྲོའི་མེ་མཆོན་ཞི་བར་བྱེད། མི་འཁྲུགས་པའི་སེམས་འཕེལ། བཟོད་པའི་ཕར་ཕྱིན་ལ་བཀོད། ཐུབ་པའི་སྐུ་ལས་འོད་ཟེར་དང་མཉམ་དུ་བཀྲ་ཤིས་རྟགས་བརྒྱད་གསུང་རབ་ཡན་ལག་བཅུ་གཉིས་ཀྱི་གླེགས་བམ་གྲངས་མེད་པ་འཕྲོས། རང་གཞན་ལ་ཐིམ། ལེ་ལོའི་དྲི་མ་སྦྱངས། སྤྲོ་བའི་སེམས་འཕེལ། བརྩོན་འགྲུས་ཀྱི་ཕར་ཕྱིན་ལ་བཀོད། རྡོ་རྗེ་འཆང་གི་ཐུགས་ཀ་ནས་འོད་ཟེར་དང་མཉམ་དུ་རྡོ་རྗེ་དྲིལ་བུ་ཌ་མ་རུ་ཕྲེང་བ་བསྒོམ་ཐག་གྲངས་མེད་པ་འཕྲོས། རང་གཞན་ལ་ཐིམ། རྣམ་གཡེང་བྱིང་རྒོད་ཀྱི་དྲི་མ་སྦྱངས། རྩེ་གཅིག་པའི་ཏིང་ངེ་འཛིན་འཕེལ། བསམ་གཏན་གྱི་ཕར་ཕྱིན་ལ་བཀོད། སྒྲོལ་མའི་ཐུགས་ཀ་ནས་འོད་ཟེར་དང་མཉམ་དུ་ཤེས་རབ་ཀྱི་རལ་གྲི་ཤེར་ཕྱིན་གྱི་གླེགས་བམ་རིགས་གནས་ལྔའི་པོ་ཏི་མུན་པ་སེལ་བར་བྱེད་པའི་སྒྲོན་མེ་ཉི་ཟླ་འཕྲོས། རང་གཞན་ལ་ཐིམ། མི་ཤེས་པ་འཁྲུལ་བ་ལོག་རྟོག་རྟག་ཆད་ཀྱི་མཐར་ལྟུང་བའི་དྲི་མ་སྦྱངས། ཡང་དག་པའི་ལྟ་བ་འཕེལ། ཤེས་རབ་ཀྱི་ཕར་ཕྱིན་ལ་བཀོད། རྗེ་རིན་པོ་ཆེའི་ཁམས་དྲུག་ཕར་ཕྱིན་དྲུག་ཏུ་མོས་པ་བྱའོ། །དམིགས་བརྩེ་མ་བརྒྱད་སྐོར་ནི། གུང་ཐང་རིན་པོ་ཆེས། འཇམ་དཔལ་ཁྲི་བའི་བློས་གར་གཤིན་རྗེ་གཤེད། ཅེས་གསུངས་པ་ལྟར། སྤྱི་བོར་རྡོ་རྗེ་འཇིགས་བྱེད་ཞལ་ཕྱག་ཡོངས་སུ་རྫོགས་པ། དེའི་ཐུགས་ཀར་འཇམ་དབྱངས་ཡེ་ཤེས་ཀྱི་ཚུལ་དུ་གསལ་བཏབ། འཇམ་དབྱངས་ཀྱི་ཐུགས་ཀ་ནས་འཁོར་ལོ་རིན་པོ་ཆེ་གྲངས་མེད་པ་འཕྲོས། རང་གཞན་ལ་ཐིམ། དྲན་པ་བྱང་ཆུབ་ཡན་ལག་མཐོ་རིས་ཀྱི་ཡོན་ཏན། ཚེ་ཕུན་སུམ་ཚོགས་པ། འཕགས་པའི་ནོར་དང་པ་སྐྱེས་པ་ཐབས། འཇིགས་བྱེད་ཀྱི་སྐུ་ལས་ནོར་བུ་རིན་པོ་ཆེ་འཕྲོས། རང་གཞན་ལ་ཐིམ། དགའ་བའི་ཡན་ལག ཁ་དོག་ཕུན་སུམ་ཚོགས་པ། འཕགས་ནོར་ཐོས་པ་སྐྱེས། སྤྱན་རས་གཟིགས་ཀྱི་ཐུགས་ཀ་ནས་བཙུན་མོ་རིན་པོ་ཆེ་འཕྲོས། རང་གཞན་ལ་ཐིམ། བཏང་སྙོམས་ཡན་ལག། རིགས་ཕུན་སུམ་ཚོགས་པ། འཕགས་ནོར་ཚུལ་

ཁྲིམས་སྐྱེས། ཕྱག་རྡོར་གྱི་ཐུགས་ཀ་ནས་སྔོན་པོ་རིན་པོ་ཆེ་འཕྲོས། རང་གཞན་ལ་ཕོག ཏིང་ངེ་འཛིན་ཡན་ལག །དབང་ཕྱུག་ཕུན་སུམ་ཚོགས་པ། འཕགས་ནོར་གཏོང་བའི་བསམ་པ་སྐྱེས། ཐུབ་པའི་སྐུ་ལས་སྒང་པོ་རིན་པོ་ཆེ་འཕྲོས། རང་གཞན་ལ་ཕོག ཆོས་རབ་ཏུ་རྣམ་པར་འབྱེད་པའི་ཡན་ལག །ཚིག་བཙུན་པ། འཕགས་ནོར་ངོ་ཚ་ཁྲེལ་ཡོད་སྐྱེས། རྡོ་རྗེ་འཆང་གི་ཐུགས་ཀ་ནས་ཏ་མཆོག་རིན་པོ་ཆེ་འཕྲོས། རང་གཞན་ལ་ཕོག བརྩོན་འགྲུས་ཀྱི་ཡན་ལག དབང་ཆེ་བ། འཕགས་ནོར་ཏིང་ངེ་འཛིན་སྐྱེས། སྒྲོལ་མའི་ཐུགས་ཀ་ནས་དམག་དཔོན་རིན་པོ་ཆེ་འཕྲོས། རང་གཞན་ལ་ཕོག ཤིན་སྦྱང་གི་ཡན་ལག འཕགས་ནོར་ཤེས་རབ་སྐྱེས་པར་བསམ། རྗེ་རིན་པོ་ཆེ་ནི་མཐོ་རིས་ཀྱི་ཡོན་ཏན་བདུན་དང་ལྡན་ཞིང་། འཕགས་ནོར་བདུན་གྱིས་ཕྱུག་པ་བྱང་ཆུབ་ཡན་ལག་བདུན་རྒྱུད་ལ་ལྡན་པར་མོས་པ་བྱའོ། །མདོ་སྡེ་རྒྱན་ལས། ས་ལ་གནས་པའི་སེམས་དཔའ་རྣམས། །འཁོར་ལོས་བསྒྱུར་བ་དང་འདྲ་བ། །རྟག་ཏུ་རིན་ཆེན་བདུན་ལྟ་བུའི། །བྱང་ཆུབ་ཡན་ལག་རྣམས་ཀྱིས་བསྐོར། །ཞེས་གསུངས་པ་ལྟར་རོ། །དམིགས་བརྩེ་མ་དགུ་སྐོར་ནི། མཁས་པའི་དབང་པོ་དཀོན་མཆོག་རྒྱལ་མཚན་གྱིས་རྗེས་རིན་པོ་ཆེའི་སྤྱི་བོར་འཇམ་དབྱངས་ཕྱི་ནང་གསང་གསུམ། མགྲིན་པར་སྤྱན་རས་གཟིགས་ཕྱག་བཞི། རྡོ་རྗེ་ཆོས། རྒྱལ་བ་རྒྱ་མཚོ། ཐུགས་ཀར་ཕྱག་རྡོར་གོས་སྔོན། འབྱུང་འདུལ། འཁོར་ཆེན་བཀོད་པར་གསུངས་ཤིང་། རྗེ་བཙུན་དངུལ་རི་བླ་མས་ཀྱང་། ད་ལྟར་བཞེད། གྲུབ་པའི་དབང་ཕྱུག་སློ་བཟང་ཚེ་འཕེལ་ནི། ཕྱི་ནང་གསང་ལ་བྱ་རྒྱུད། རྣལ་འབྱོར་རྒྱུད། བླ་མེད་དགོས་པར་གསུངས། རྗེ་གཉིས་ཀས་ཀྱང་། རྗེ་ཡབ་སྲས་གསུམ་གྱི་ཐུགས་ཀར་རིགས་གསུམ་མགོན་པོ་སེམས་དཔའ་སུམ་བརྩེགས་སུ་བསྐོར་ཀྱང་རུང་གསུངས་རྒྱལ་སྲས་གོང་མས། ཕྱི་སྒྲུབ། ནང་སྒྲུབ། ཏིང་ངེ་འཛིན་སེམས་དཔའ་དང་དགུར་བཞེད། འདིར་ནི་རྗེ་རིན་པོ་ཆེ་བླ་མ་དབུ་མ་བ་དང་སྔགས་བྲག་གྲུབ་ཆེན་ལ་འབྲེལ་ཤིན་ཏུ་ཆེ་བས་རེ་ཞིག་དེ་ལྟར་བཀོད་པ་ལ་རྗེ་བཙུན་བླ་མ་མངོན་རྟོགས་ལྟར་བསྐྱེད། དེའི་སྤྱི་བོར་རྗེ་བཙུན་འཇམ་དབྱངས་གུར་གུམ་གྱི་མདོག་ཅན་ཕྱག་གཡས་ཤེས་རབ་ཀྱི་རལ་གྲི་ནམ་མཁར་འཕྱར་ཞིང་། ཕྱག་གཡོན་ཨུཏྤ་ལའི་ཡུ་བ་ཐུགས་ཀར་འཛིན་པ་སྣན་གཡོན་གྱི་ཐད་ཀར་ཁ་ཕྱེ་བའི་སྟེང་ན་བརྒྱད་སྟོང་པའི་གླེགས་བམ་གྱིས་མཚན་པ། རལ་པའི་ཟུར་ཕུད་ལྔ་དང་ལྡན་ཞིང་། རིན་པོ་

ཆེའི་རྒྱན་གྱིས་སྤྲས་པ། ཞབས་རྡོ་རྗེ་སྐྱིལ་ཀྲུང་གིས་བཞུགས་པ། དེའི་ཐུགས་ཀར་འཛམ་དཔྱངས་ནང་སྒྲུབ་རལ་གྲི་དང་གླེགས་བམ་འཛིན་པས་དཔྱངས་ཅན་མ་རལ་གྲི་དང་གླེགས་བམ་འཛིན་པས་མཉམ་པར་སྦྱོར་བ། གཉིས་ཀའང་དམར་སེར་རྡོ་རྗེ་དང་པདྨའི་སྐྱིལ་ཀྲུང་གིས་བཞུགས་པ། རིན་པོ་ཆེ་དང་རུས་པའི་རྒྱན་གྱིས་བརྒྱན་པ། དེའི་ཐུགས་ཀར་འཛམ་དཔྱངས་གསང་སྒྲུབ་རྡོ་རྗེ་དང་དྲིལ་བུ་འཛིན་པས་དཔྱངས་ཅན་མ་གྲི་གུག་དང་ཐོད་ཁྲག་འཛིན་པ་དང་མཉམ་པར་སྦྱོར་པ། གཉིས་ཀའང་དམར་སེར། ཡབ་རྡོ་རྗེ་སྐྱིལ་ཀྲུང་དང་ཡུམ་པདྨའི་སྐྱིལ་ཀྲུང་གིས་བཞུགས་པ། རུས་པ་དང་རིན་པོ་ཆེའི་རྒྱན་གྱིས་སྤྲས་པ། དེའི་ཐུགས་ཀར་པད་ཟླའི་སྟེང་དུ་ཧྲཱིཿཡིག་གི་མཐར་ཨ་ར་པ་ཙ་ནས་བསྐོར་བ། རྗེའི་མཁྱེན་པར་སྤྱན་རས་གཟིགས་དཀར་པོ་ཞལ་གཅིག་ཕྱག་བཞི་པ། ཕྱག་དང་པོ་གཉིས་ཐུགས་ཀར་ཐལ་མོ་སྦྱར་བ། འོག་མ་གཉིས་ཤེལ་ཕྲེང་དང་པད་དཀར་འཛིན་པ། དར་དང་རིན་པོ་ཆེའི་རྒྱན་གྱིས་སྤྲས་པ། ཞབས་རྡོ་རྗེ་སྐྱིལ་ཀྲུང་ཅན། དེའི་ཐུགས་ཀར་རྣལ་འབྱོར་རྒྱུད་དཔལ་མཆོག་དང་པོ་ལས་གསུངས་པའི་འཇིག་རྟེན་དབང་ཕྱུག་དམར་སྐྱ་ཕྱག་གཡོན་པདྨའི་སྡོང་པོ་དཀྲུར་བཟུང་བ། ཕྱག་གཡས་པས་ཐུགས་ཀར་ཁ་འབྱེད་པ། དེའི་ཐུགས་ཀར་རྒྱལ་བ་རྒྱ་མཚོ་དཀར་པོ། ཕྱག་དང་པོ་གཉིས་ཐུགས་ཀར་ཐལ་མོ་སྦྱར་བའི་བར་ན་ཡིད་བཞིན་གྱི་ནོར་བུ་འཛིན་པ། གཡས་ཤེལ་གྱི་ཕྲེང་བ་གཡོན་པདྨ་དཀར་པོ་འཛིན་པ། ཞབས་རྡོ་རྗེ་སྐྱིལ་ཀྲུང་གིས་བཞུགས་པ། དེའི་པང་ན་ཡུམ་གསང་བ་ཡེ་ཤེས་དམར་མོ་གསེར་གྱི་ཏྲྀ་མ་རུ་དང་ཐོད་པ་འཛིན་པས་ཡབ་ལ་འཁྲུད་པ། དེའི་ཐུགས་ཀར་པད་ཟླའི་སྟེང་དུ་ཧྲཱིཿཡིག་གི་མཐར་ཡིག་དྲུག་གིས་བསྐོར་བ། རྗེའི་ཐུགས་ཀར་ཕྱག་ན་རྡོ་རྗེ་མཐིང་སྔོན་སྤྱན་གསུམ་དང་ལྡན་པ། ཕྱག་གཡས་རྡོ་རྗེ་ནམ་མཁའ་ལ་འཕྱར་ཞིང་། གཡོན་ཐུགས་ཀར་སྡིགས་མཛུབ་དང་བཅས་པས་ཞགས་པ་འཛིན་པ། སྐུ་རིགས་ལྔས་བརྒྱན་པ། དབུ་སྐྲ་ཁམ་སེར་གྱེན་དུ་བརྫེས་པ། ཞལ་བསྒྲད་ཅིང་མཆེ་བ་གཙིགས་པ། ཞབས་གཡས་བསྐུམས་ཤིང་གཡོན་བརྐྱངས་པས་མེ་དཔུང་འབར་བའི་དབུས་ན་བཞུགས་པ། དེའི་ཐུགས་ཀར་གསང་བའི་བདག་པོ་མཐིང་ག་ཞལ་གསུམ་ཕྱག་དྲུག་པ་རྩ་ཞལ་སྔོན་པོ་གཡས་དཀར་གཡོན་དམར། གཡས་དང་པོས་རྡོ་རྗེ་རྩེ་ལྔ་པ་ནམ་མཁར་འཕྱར་བ། གཡོན་དང་པོས་སྡིགས་མཛུབ་ནམ་མཁར་བསྒྲེང་བ། ཕྱག་པར་པ་གཉིས་སྦྲུལ་གདུག་པ་ཅན་

ཞལ་དུ་གསོལ་བ། འོག་མ་གཉིས་བདུད་བཞི་བརླག་པའི་དོན་དུ་ཐལ་མོ་སྙིང་སྒྲོགས་པས་ཡེ་ཤེས་ཀྱི་མེ་འབར་བའི་དབུས་ན་བཞུགས་པ། དེའི་ཐུགས་ཀར་འཁོར་ལོ་ཆེན་པོ་གོས་སྔོན་ཅན་མཐིང་ནག་ཞལ་གསུམ་ཕྱག་དྲུག་པ། ཞབས་གཡས་བསྐུམས་གཡོན་བརྐྱངས་པ། རྩ་ཞལ་མཐིང་ག་གཡས་དཀར་གཡོན་དམར། སྤྱན་གསུམ་གསུམ་ལྡན་ཞིང་། མཆེ་བ་གཙིགས་པ། སྨ་ཁམ་སེར་གྱེན་དུ་བརྫེས་ཤིང་། རལ་པའི་ཅོད་པཎ་ལ་མི་བསྐྱོད་པ་སྔོན་པོ་རྡོ་རྗེ་ཕྱིག་མཛུབ་མཛད་པ། གཡས་བསྐུམ་གཡོན་རྐྱང་གིས་བཞུགས་པ། ཕྱག་དང་པོ་གཉིས་རྡོ་རྗེ་རྩེ་ལྔ་པ་དང་ཕྱིགས་མཛུབ་མཛད་པ། བར་པ་གཉིས་ཐལ་མོའི་སྙིང་སྒྲོགས་པས་ཡུམ་ལ་འཁྱུད་པ། ཐ་མ་གཉིས་སྟོབས་ཀྱི་རྒྱུ་དང་རིགས་ལྡན་ནག་པོའི་སྙིང་པ་ལ་བཟུང་སྟེ་མགོ་བོ་ཞལ་དུ་གསོལ་ཞིང་། མཇུག་མ་ཞབས་འོག་ཏུ་མནན་པ། གོས་སྔོན་པོའི་སྟོད་གཡོགས་དང་སྟག་ཤམ་ཅན། ཀླུ་ཆེན་དྲུག་གིས་བརྒྱན་པ། དེའི་བང་ན་ལྷ་མོ་མཛེས་ལྡན་མ་མཐིང་ནག་གཡས་གྲི་གུག་འཛིན་པས་ཡབ་ལ་འཁྱུད་ཅིང་། གཡོན་ཐོད་ཁྲག་ཞལ་དུ་སྟོབས་པ། མཆེ་བ་གཙིགས་ཤིང་སྤྱན་གསུམ་པ། རལ་པ་ཁམ་སེར་ཕྱེད་བཅིངས་པ། དར་དང་རིན་པོ་ཆེས་བརྒྱན་པ། ཞབས་གཡོན་པས་ཡབ་ལ་འཁྲིལ་བ། ཡབ་ཀྱི་ཐུགས་ཀར་པད་ཉི་གདན་ལ་ཧཱུྃ་ཡིག་གི་མཐར་ཨོཾ་བཛྲ་པ་ཎི་ཧཱུྃ་ཕཊ་ཀྱིས་བསྐོར་བ། མཇུག་ཏུ། སྐྱབས་གནས་ཀུན་འདུས་བླ་མ་སངས་རྒྱས་ལ། །སྒོ་གསུམ་གུས་པའི་སྒོ་ནས་གསོལ་བ་འདེབས། །རང་གཞན་སྨིན་ཅིང་གྲོལ་བར་བྱིན་གྱིས་རློབས། །མཆོག་དང་ཐུན་མོང་དངོས་གྲུབ་སྩལ་དུ་གསོལ། །ཞེས་སྨྲུར། དགུ་སྐོར་གྱི་མཚོན་ཚུལ་རྣམས་ནི་བཞི་སྐོར་དང་འདྲ་བ་ལས་ཁ་དོག་རྣམ་གསུམ་གྱི་འོད་ཟེར་ནི་འོད་ཀྱི་རྣམ་པ་བསིལ་བའི་རང་བཞིན་ཅན་གྱི་བདུད་རྩིས་གང་བ་ཁྱད་པར་གསུམ་ལྡན་སྒོ་གསུམ་གྱི་ཕྱིག་སྒྲིབ་ནི་མངོན་གྱུར་སྐྱག་གྱུར་ཤིན་ཏུ་སྐྱག་གྱུར་རྣམས་སྦྱོང་། སྒོ་གསུམ་གྱི་བག་ཆགས་ནི་རགས་པ་ཕྲ་བ་ཤིན་ཏུ་ཕྲ་བ་གསུམ་དག་པ་ཡིན་ནོ། །ཞེས་པ་དམིགས་བརྩེ་མའི་སྒྲུབ་སྐོར་བདུན་གྱི་རྣམ་བཤད་དགེ་ལྡན་རྒྱལ་སྲིད་ནོར་བུ་རྣམ་བདུན་ཞེས་བྱ་བ་འདི་ནི་མགོ་ལ་གདུགས་དང་སྒེ་རིངས་མེད་པ། ཕོངས་འོག་ནས་སེང་ཁྲི་མེད་པ། དགེ་སློང་མ་ཡིན་པའི་མིང་བཏགས་མེད་པ་སྟེ། མེད་པ་གསུམ་ལྡན་དོན་གྲུབ་རྒྱལ་མཚན་གྱིས་བྲིས་པ་དགེ་ལེགས་འཕེལ། ། །།

༄༅། །དམིགས་བརྩེ་མའི་འཁོར་ལོའི་འདྲི་ཚུལ་དགེ་ལེགས་འབྱུང་བའི་སྣེ་མ་ཞེས་བྱ་བ་བཞུགས་སོ།

༄༅། །རྒྱལ་བ་གཉིས་པའི་མཚན་སྙན་འབྲུག་གི་སྒྲ། །ཐོས་པའི་མོད་ལ་སེམས་ཀྱི་གཙུག་ཕུད་ཅན། །སྣ་ཚོགས་དགའ་བའི་ཧློས་གར་འབུམ་ཕྲག་གིས། །འཇམ་མགོན་ཉེར་བསྟེན་འཁོར་ལོའི་མན་ངག་བྲི། །འདིར་སེམས་དཔའ་ཆེན་པོ་སྨན་ཁང་པ་ལ་རྗེ་བླ་མས་བསྐུལ་པ་དམིགས་བརྩེ་མའི་འཁོར་ལོ་ལ་བརྟེན་ནས་ལས་སྣ་ཚོགས་སྒྲུབ་ཚུལ་གསུངས་པ་ལས་འདིར་གདོན་བགེགས་ཞི་བ། ཚེ་བསོད་རྒྱས་པའི་འཁོར་ལོའི་མན་ངག་མདོར་བསྡུས་ཙམ་འགོད་པ་ལ། བྱང་ན་འདྲི་པ་པོས་ཐེག་ཆེན་གསོ་སྦྱོང་གི་སྡོམ་པ་ལེགས་པར་བླངས་ཏེ། དུག་ཤོག་དང་རོ་རས། གཞན་ལས་བརྐུས་འཕྲོག་བྱས་པ་མ་ཡིན་པའི་བྲི་གཞི་ཚད་ལྡན་ལ་འཁོར་ལོ་མུ་ཁྱུད་བཞི་པ། རྩིབས་བཅུ་པ། མཐར་རྡོར་རས་སྐོར་བ། ལྟེ་བའི་དབུས་སུ་བུག་པ་བྱེད་ན་ཧྲཱིཿའི་ཁོངས་སུ་བུག་པ་བྱེད་པའམ། ཡང་ན་བུག་སྟེང་འོག་གང་རིགས་སུ་བྱས་པའི་ཧྲཱིཿཡིག་བྲིས། རྩིབས་བཅུ་ལ་ཧཱུྃ་མགོ་ཕྱིར་བསྟན་པ་བཅུ། དེའི་ཕྱིའི་མུ་ཁྱུད་ལ་དབུས་ཀྱི་ཧྲཱིཿའི་མདུན་ནས་བརྩམས་དམིགས་བརྩེ་མ་དགུ་ཕྱིར་བསྟན་བྲིས་ཏེ། འདོད་གསོལ་ལ། སྐྱེང་གདོན་གཟའ་དང་རྒྱུ་སྐར། འོག་འདོན་ཀླུ་གཉན་ས་བདག་སོགས་གདོན་བགེགས་ཉེར་འཚེ་མཐའ་དག་ལས་སྲུངས་ཤིག །ཅེས་པ་དང་། དེའི་ཕྱིའི་མུ་ཁྱུད་ལ་ཡེ་རྣམ་བྲིས་ལ་དྲི་བཟང་གིས་ཁྱབ་པར་བྱུགས། འཁོར་ལོའི་སྲོག་ཤིང་ལ་དམིགས་བརྩེ་མ་གང་མང་བྲིས་བ་ཕྱིར་བསྟན་ལ་དབུ་ནས་ནང་དུ་དྲིལ་བའི་སྟེང་དུ་འཁོར་ལོ་ཞལ་མར་ཐུབས་ཏེ་སྲོག་ཤིང་ལ་བཙུགས་ནས་བཞག །ཐུམས་སྟོན་པོ་བྱེད། འཁོར་ལོ་སྒྲུབ་ཚུལ་ནི། འཁོར་ལོ་སྟེགས་མཐོ་སར་བཞག་པའི་མདུན་དུ་མཆོད་པ་དང་། དཀར་གཏོར་ཆྭམ་པོ་པད་འདབ་བཞི་པ་ཅན་བཤམས། ཟས་དཀར་གསུམ་བསྟེན་ཞིང་། ཁྲུས་དང་གཙང་སྦྲ་སྔོན་དུ་འགྲོ་བས། སྟན་བདེ་བར་

འདུག་སྟེ་སྐྱབས་འགྲོ་སེམས་བསྐྱེད་ཚད་མེད་བཞི་སྒོམ་པ་ཡིད་འཁྲུལ་ངེས་སུ་བྱས། དེའི་སྐབས་སུ་རྗེ་བླ་མ་སྐྱབས་གསུམ་ཀུན་འདུས་ཀྱི་ངོ་བོར་མོས་བ་གཙོ་བོར་བྱེད་པ་གལ་ཆེ། ཨ་མྲྀ་ཏས་བསངས། སྭ་བྷཱ་ཝས་སྟོང་པར་སྦྱངས། སྟོང་པའི་ངང་ལས་སྣ་ཚོགས་པད་ཟླ་ཉི་མའི་གདན་ལ་རང་སེམས་ཧྲཱིཿ ཡིག་དམར་སེར་ལས་འོད་འཕྲོས། དོན་གཉིས་བྱས། ཚུར་འདུས་ཡོངས་སུ་གྱུར་པ་ལས་རང་ཉིད་ཁམས་གསུམ་ཆོས་ཀྱི་རྒྱལ་པོ་ཙོང་ཁ་པ་ཆེན་པོ་སྐུ་མདོག་དཀར་གསལ་དགྱེས་པའི་འཛུམ་ཞལ་ཅན། སྐུ་ལ་ཆོས་གོས་གསུམ་དང་། དབུ་ལ་པཎ་ཞྭ་གསེར་གྱིས་མདོག་ཅན་གསོལ་བ། ཕྱག་གཉིས་ཆོས་འཁོར་གྱི་ཕྱག་རྒྱས་ཨུཏྤ་ལའི་ཡུ་བ་ཐུགས་ཀར་བཟུང་བའི་འདབ་མ་སྟེང་གི་ཐད་དུ་ཁ་ཕྱེ་བ་སྐུ་དཔུང་གཡས་གཡོན་དུ་གྱེས་པའི་གཡས་ཀྱི་འདབ་མའི་སྟེང་དུ་སངས་རྒྱས་ཐམས་ཅད་ཀྱི་ཡེ་ཤེས་རལ་གྲིའི་རྣམ་པར་ཤར་བ། འོད་ཟེར་གྱིས་འགྲོ་བ་རྣམས་ཀྱི་མ་རིག་པའི་མུན་པ་སེལ་བར་མཛད་པ། གཡོན་གྱི་འདབ་མའི་སྟེང་དུ་སངས་རྒྱས་ཐམས་ཅད་ཀྱི་ཡུམ་ཤེས་རབ་ཀྱི་ཕ་རོལ་ཏུ་ཕྱིན་པའི་གླེགས་བམ་བཻཌཱུརྻའི་གླེགས་བུ་ལ་གསེར་གྱི་ཡི་གེ་བཀྲ་བ། ཡི་གེ་རྣམས་ལ་འོད་ཟེར་འཕྲོས་པས་འགྲོ་བ་རྣམས་ཀྱི་མ་རིག་པའི་མུན་པ་སེལ་ཞིང་། ཡི་གེ་བྲིས་པའི་རྣམ་པ་ཙམ་མ་ཡིན་པར་མགོ་བཤེས་གཉེན་བསྟེན་ཚུལ་ནས་འཕྲིན་ལས་ཉེར་བདུན་གྱི་བར་གྱི་ཟབ་རྒྱས་ཀྱི་ལམ་གྱི་ལུས་ཡོངས་སུ་རྫོགས་པར་སྟོན་པའི་ཐེག་ཆེན་གྱི་ཆོས་སྒྲ་སྒྲོགས་བཞིན་པ། སྐུའི་བ་སྤུ་རེ་རེར་ཡང་སངས་རྒྱས་ཀྱི་ཞིང་ཁམས་གྲངས་མེད་པ་བཞུགས་པ། སྐུ་ལས་འོད་ཟེར་འཕྲོས་པའི་སྣེ་ལ་སྤྲུལ་པའི་བཀོད་པ་བསམ་གྱིས་མི་ཁྱབ་པ་སྟོན་པ། འཇའ་ཚོན་སྣ་ལྔའི་དབུས་ན་ཞབས་རྡོ་རྗེའི་སྐྱིལ་ཀྲུང་གིས་བཞུགས་པའི་སྤྱི་བོར་ཨོཾ་དཀར་པོ། མགྲིན་པར་ཨཱཿ དམར་པོ། ཐུགས་ཀར་ཧཱུྃ་སྔོན་པོས་མཚན་པ། དེ་ལས་འོད་ཟེར་འཕྲོས་པས་དགའ་ལྡན་སོགས་ཕྱོགས་བཅུའི་ཞིང་ཁམས་ཐམས་ཅད་ནས་རྗེ་བླ་མ་ལ་སངས་རྒྱས་དང་བྱང་ཆུབ་སེམས་དཔའི་ཚོགས་ཀྱིས་བསྐོར་བ་སྤྱན་དྲངས། དགའ་ལྡན་ལྷ་བརྒྱ་མའི་ཀློག་ཀ་དང་པོ་གཉིས་བརྗོད་ལ། ཛཿ ཧཱུྃ་བཾ་ཧོཿ རང་དང་གཉིས་སུ་མེད་པར་གྱུར། ཤེས་བྱའི་ཁྱོན་ཀུན་སོགས་ཡན་ལག་ལྷག་མ་རྣམས་ཀྱང་བྱས་ཏེ། མཆོད་པ་རྣམས་ཨ་མྲྀ་ཏ་ས་བསངས། སྭ་བྷཱ་ཝ་ས་སྦྱངས། སྟོང་པའི་ངང་ལས་ཨོཾ་ལས་རིན་པོ་ཆེའི་སྣོད་ཡངས་ཤིང་རྒྱ་ཆེ་བའི་ནང་དུ་ཨོཾ་འོད་དུ་ཞུ་བ་ལས་བྱུང་བའི་མཆོད་རྫས་རྣམས་དྭངས་ཤིང་ཐོགས་པ་མེད་པ་ནམ་

མཁའི་ཁམས་ཐམས་ཅད་ཡོངས་སུ་གང་བར་གྱུར། ཨོཾ་ཨཱཿཧཱུྃ། གསུམ་གྱི་བྱིན་གྱིས་བརླབས། ཨོཾ་གུ་རུ་སུ་མ་ཏི་ཀཱིརྟི་ས་པ་རི་ཝཱར་ཨརྒྷཾ་ནས་ཤབྡའི་བར་གྱིས་མཆོད། དཔལ་ལྡན་ས་གསུམ་མ་སོགས་བསྟོད་པ་གང་ཤེས་ཀྱིས་བསྟོད། རང་གི་སྙིང་ཁར་ཟླ་བའི་དཀྱིལ་འཁོར་གྱི་ལྟེ་བར་ཧྲཱིཿཡིག། མཐའ་སྐོར་དུ་དམིགས་བརྩེ་མས་བསྐོར་བ་ལས་འོད་ཟེར་ཁ་དོག་སྣ་ཚོགས་པ་འཕྲོས་པའི་སྣེ་མོར་མཆོད་པའི་ལྷ་མོ་དཔག་ཏུ་མེད་པས་ཕྱོགས་བཅུའི་རྒྱལ་བ་སྲས་དང་བཅས་པ་ཐམས་ཅད་མཆོད། དེ་རྣམས་ཀྱི་སྐུ་གསུང་ཐུགས་ཀྱི་ཡོན་ཏན་ཐམས་ཅད་འོད་ཟེར་སྣ་ལྔའི་རྣམ་པར་སྤྱན་དྲངས། སྙིང་གའི་ས་བོན་ཧྲཱིཿ་ཐིམ། ཡང་འོད་ཟེར་འཕྲོས་པའི་སྣེ་མོ་ལས་རྗེ་བླ་མའི་སྐུ་གྲངས་མེད་པ་སྤྲོས་ཏེ་རིགས་དྲུག་གི་སྡུག་བསྔལ་སྦྱངས་ཏེ་ཆོས་ཀྱི་རྒྱལ་པོ་ཙོང་ཁ་པ་ཆེན་པོའི་གོ་འཕང་ལ་བཀོད་པར་བསམ་ལ་དམིགས་བརྩེ་མ་བརྒྱ་སྟོང་སོགས་ཅི་འགྲུབ་བཟླས་ལ། མཇུག་ཏུ། དགེ་བ་འདི་ཡིས་མྱུར་དུ་བདག །རྗེ་བཙུན་བླ་མ་འགྲུབ་གྱུར་ནས། །ཞེས་སོགས་ཀྱིས་སྨོན་ལམ་བཏབ། དེ་ནས་འཁོར་ལོ་སྒྲུབ་པ་དངོས་ནི། འཁོར་ལོ་ལ་བགེགས་བསྐྲད་བྱས་ཏེ་བསངས་སྦྱངས། སྟོང་བའི་ངང་ལས་སྣ་ཚོགས་པད་ཟླ་ཉི་མའི་དཀྱིལ་འཁོར་གྱི་གདན་ལ་ཧྲཱིཿདམར་སེར་ལས་འོད་འཕྲོས། དོན་གཉིས་བྱས། ཚུར་འདུས། ཡོངས་སུ་གྱུར་པ་ལས་ཁམས་གསུམ་ཆོས་ཀྱི་རྒྱལ་པོ་ཤར་ཙོང་ཁ་པ། ཞེས་པ་ནས། ཛཿཧཱུྃ་བཾ་ཧོཿདམ་ཚིག་པ་དང་གཉིས་སུ་མེད་པར་གྱུར། ཐུགས་ཀར་ཟླ་བའི་གདན་གྱི་སྟེང་དུ་ཧྲཱིཿཡིག་གི་མཐར་དམིགས་བརྩེ་མས་བསྐོར་བ་ལས་འོད་ཟེར་འཕྲོས། ཕྱོགས་བཅུའི་རྒྱལ་བ་ཞི་ཁྲོ་ཐམས་ཅད་ལ་མཉེས་པའི་མཆོད་པ་ཕུལ། སྐུ་གསུང་ཐུགས་ཀྱི་བྱིན་རླབས་ཐམས་ཅད་བསྡུས་ནས་སྔགས་འཕྲེང་ལ་ཐིམ། དེ་ལས་བདུད་རྩིའི་རྒྱུན་བབས་པས་བདག་དང་འགྲོ་བ་རིགས་དྲུག་གི་ནད་གདོན་སྡིག་སྒྲིབ་བག་ཆགས་དང་བཅས་པ་སྦྱངས། གནས་སྐབས་དང་མཐར་ཐུག་གི་བདེ་ལེགས་ཕུན་སུམ་ཚོགས་པ་ལ་གནས་པར་བསམ་ལ། དམིགས་བརྩེ་མ་ཅི་འགྲུབ་བཟླ། ཡི་གེ་བརྒྱ་པས་ལྷག་ཆད་བསྐང་། མཆོད་པ་སྔར་ལྟར་བྱིན་གྱིས་རླབས། གཏོར་མ་བསངས་སྦྱངས། སྟོང་པའི་ངང་ལས་ཧྲཱུྃ་ལས་རིན་པོ་ཆེའི་སྣོད་ཡངས་ཤིང་རྒྱ་ཆེ་བའི་ནང་དུ་གཏོར་མ་ཟག་པ་མེད་པའི་ཡེ་ཤེས་ཀྱི་བདུད་རྩིའི་རྒྱ་མཚོ་ཆེན་པོར་གྱུར། ཨོཾ་ཨཱཿཧཱུྃ། ལན་གསུམ་གྱིས་བྱིན་གྱིས་རླབས། བླ་མ་ལྷའི་ཞལ་ཕྱགས་རྡོ་རྗེའི་འོད་ཟེར་གྱི་སྦུ་གུས་གཏོར་མའི་བཅུད་ཐམས་ཅད་དྲངས་ཏེ་གསོལ་བར་བསམ་ལ། ཨོཾ་གུ་རུ་སུ་མ་ཏི་ཀཱིརྟི་ཨི་དམ་

པ་ལི་ཧཱུྃ་ཁ་ཁ་ཁཱ་ཧི་ཁཱ་ཧི། ལན་གསུམ་མམ་བདུན་གྱིས་ཕུལ། ཨརྒྷཾ་སོགས་ཀྱིས་མཆོད། དཔལ་ལྡན་ས་གསུམ་མའི་ཚིག་བཅད་དང་པོ་བསྟོད་པར་བསྒྱུར་ལ་བསྟོད། རྗེ་བླ་མའི་ཐུགས་ཀའི་ཕྱོགས་འཁོར་གདན་དང་བཅས་པ་འོད་དུ་ཞུ་ནས་ཐིམ་པའི་འཁོར་ལོ་དང་ཡིག་འབྲུའི་རྣམ་པར་གྱུར། འདིར་ནི་གཟུགས་དང་ལྡན་ཅིག་ཏུ། །ཞེས་སོགས་དང་། སུ་པྲ་ཏིཥྛ་བརྗོད་ལ་རབ་གནས་བྱ། ༈ དངོས་གཞི་ལ་ཐོག་མར་རྟེན་བསྐྱེད་པ་ནི། རང་རྗེ་བླ་མར་གསལ་བའི་སྤྱི་བོར་སྣ་ཚོགས་པད་ཟླ་ཉི་མའི་དཀྱིལ་འཁོར་གྱི་གདན་ལ་ཧྲཱི་ཡིག་དམར་སེར་ལས་འོད་འཕྲོས། དོན་གཉིས་བྱས། ཚུར་འདུས། ཡོངས་སུ་གྱུར་པ་ལས་ཁམས་གསུམ་ཆོས་ཀྱི་རྒྱལ་པོ་ཞེས་པ་ནས། དམ་ཚིག་པ་དང་གཉིས་སུ་མེད་པར་གྱུར། མཆོད་བསྟོད་བྱས་ལ། འཕགས་པ་འཇམ་དཔལ་གཞོན་ནུར་གྱུར་པ་ལ་ཕྱག་འཚལ་ལོ། །ཇི་སྙེད་སུ་དག་སོགས་ཀྱིས་ཡན་ལག་བདུན་པ་དང་མཎྜལ་ཕུལ། འཁོར་ལོ་ལེགས་པར་བསྐོར་ཏེ་གོང་བཞིན་འཁོར་ལོ་བསྐྱེད་ཚིག་མཆོད་བསྟོད་འོད་ཞུ་སོགས་བྱས། རྗེས་འཁོར་ལོ་བསྐོར་བཞིན་དུ་སྤྱི་བོའི་ཚོགས་ཞིང་ལ་གསོལ་བ་འདེབས་ཤིང་དམིགས་བརྩེ་མ་འདྲེན། འདོད་དོན་ལྟར་གྱི་གསོལ་བ་ལེགས་པར་བཏབ་པས། སྤྱི་བོའི་རྗེ་བླ་མའི་ཐུགས་ཀའི་ཧྲཱིཿལས་འོད་ཟེར་འཕྲོས་པས་འཁོར་ལོའི་ཧྲཱིཿལ་ཐིམ། །དེ་ལས་འོད་ཟེར་འཕྲོས་བས་ཧཱུྃ་བཅུ་ལ་ཐིམ་པས་ཁྲོ་བོ་བཅུར་གྱུར། དེ་རྣམས་ལས་འོད་ཟེར་འཕྲོས་པས་དམིགས་བརྩེ་མའི་ཡིག་འབྲུ་རྣམས་ལ་ཐིམ་པས་ཡིག་འབྲུ་རེ་རེ་ལས་ཁྲོ་བོའི་ཚོགས་དཔག་ཏུ་མེད་པ་སྤྲོས་ཏེ་སྟོང་གསུམ་ཐམས་ཅད་ཁྲོ་བོས་ཁེངས་པར་བསམ། ཁྲོ་བོ་དེ་རྣམས་ཕྱག་གཡོན་པ་སྡིགས་མཛུབ་དང་གཡས་རྡོ་རྗེ་འབར་བ་རེ་འཕྱར་ཞིང་། སྡེང་གདོན་གཟའ་དང་རྒྱུ་སྐར་འོག་གདོན་ཀླུ་གཉན་ས་བདག་སོགས་བགེགས་ཀྱི་ཚོགས་ཐམས་ཅད་འོག་གཞི་གསེར་གྱི་ས་གཞི་དང་རྒྱ་མཚོ་ཆེན་པོའི་ཕར་འགྲམ་དུ་བསྐྲད་དེ་མནན་པ་ལྟ་མི་ནུས་པར་བསམ་ཞིང་འཁོར་ལོ་དྲག་ཏུ་བསྐོར་རོ། །དེ་ལྟར་ཞག་ཅི་ཙམ་སྐྱབས་ཀྱི་བར་ཉིན་རེ་བཞིན་བསྐྱེད་ཚིག་སོགས་གོང་ལྟར་བྱས་ཏེ། འཁོར་ལོ་སྐོར་ན་འདོད་དོན་ཐམས་ཅད་འགྲུབ་པར་གདོན་མི་ཟའོ། །མཇུག་ཏུ། ཁྲོ་བོ་བཅུ་འོད་དུ་ཞུ་ནས་དབུས་ཀྱི་ཧྲཱིཿལ་ཐིམ། དེ་ཡང་ཚོགས་ཞིང་གི་ཐུགས་ཀའི་ཧྲཱི་ལ་ཐིམ། ཧྲཱིཿཚོགས་ཞིང་དང་དབྱེར་མེད་དུ་ཞུ་ནས་རང་ལ་ཐིམ་པར་བསམ་ལ། འཁོར་ལོ་མཆོད་གྲལ་སོགས་སུ་བཞག་གོ། །པཎ་ཆེན་སྣང་བ་མཐའ་ཡས་བློ་བཟང་དཔལ་ལྡན་ཡེ་ཤེས་ཀྱིས་མཛད་པའི་

དམིགས་བརྩེ་མའི་ལས་ཚོགས་ནས་བྱུང་བའི་སྨོན་ལམ་ཤིས་བརྗོད་བྱས་ན་ལེགས། ཡང་ཚེ་བསོད་དཔལ་འབྱོར་བསླབ་གསུམ་གྱི་ཡོན་ཏན་སོགས་འཕེལ་བར་འདོད་ན། འཁོར་ལོ་སྔར་ལྟར་ལ་རྗེ་རའི་ཚབ་དུ་བུམ་པ་མགོ་ནང་དུ་བསྟན་པ་གང་མང་བྲིས། བདག་ཅག་དཔོན་སློབ་འཁོར་དང་བཅས་པ་རྣམས་ཀྱི་ཚེ་བསོད་དཔལ་འབྱོར་བསླབ་གསུམ་གྱི་ཉམས་ལེན་ལུང་རྟོགས་ཀྱི་ཡོན་ཏན་ཐམས་ཅད་འཕེལ་ཞིང་རྒྱས་པར་མཛད་དུ་གསོལ། །ཞེས་བྲིས་ལ་འཁོར་ལོ་སྒྲུབ་པ་སོགས་སྔར་ལྟར་བྱས། འཁོར་ལོ་བསྐོར་ཞིང་གསོལ་བ་བཏབ་པས། སྤྱི་བོའི་རྗེ་བླ་མའི་ཐུགས་ཀའི་ཧཱུྃ་ལས་འོད་ཟེར་འཕྲོས་པའི་འཁོར་ལོའི་ཧྲཱིཿལ་ཐིམ །དེ་ལས་འོད་ཟེར་ཕྱོགས་བཅུར་འཕྲོས་པ་ཧཱུྃ་བཅུ་ལ་ཐིམ་པས་ཁྲོ་བོ་བཅུར་གྱུར། དེ་རྣམས་ལས་འོད་ཟེར་འཕྲོས་པ་དམིགས་བརྩེ་མའི་ཡིག་འབྲུ་རྣམས་ལ་ཐིམ་པས་ཡིག་འབྲུ་རེ་རེ་ལས་འོད་ཟེར་གྲངས་མེད་པ་འཕྲོས་པས་ནུབ་ཕྱོགས་བདེ་བ་ཅན་གྱི་ཞིང་ནས་མགོན་པོ་ཚེ་དཔག་མེད་མཚན་དཔེས་སྤྲས་པའི་ལོངས་སྤྱོད་རྫོགས་པའི་སྐུའི་རྣམ་པ་ཅན། ཕྱག་གཉིས་མཉམ་བཞག་གི་སྟེང་ན་འཆི་མེད་ཚེའི་བདུད་རྩིས་གང་བའི་བུམ་པ་བསྣམས་པའི་ཐུགས་ཀར་ཧྲཱིཿའི་མཐར་སྙིང་པོ་དང་གཟུངས་རིང་གིས་བསྐོར་བ་བལྟ་བས་ཚོག་མི་ཤེས་པ་དྭངས་གསལ་འོད་ཀྱི་རང་བཞིན་ཅན་དཔག་ཏུ་མེད་པ་སྤྲུན་དྲངས། བདག་གཞན་སེམས་ཅན་ཐམས་ཅད་ཀྱི་སྤྱི་བོར་བཞུགས་པ་ལ་ཐམས་ཅད་ཀྱིས་མགྲིན་གཅིག་ཏུ་གཟུངས་འདོན་བཞིན་པར་གསོལ་བ་བཏབ་པས་ཐུགས་ཀའི་ཧྲཱིཿལས་འོད་ཟེར་ལྕགས་ཀྱུ་ལྟ་བུ་འཕྲོས། རང་གཞན་གྱི་ཚེ་བརྐུས་འཕྲོག་ཁྱེར་བ་ཐམས་ཅད་ཚེའི་བདུད་རྩིའི་རྣམ་པར་ཕྱག་མཚན་སྙིང་པོ་གཟུངས་དང་བཅས་པ་ལ་ཐིམ། ཡང་གསོལ་བ་དྲག་ཏུ་བཏབ་པས་ཕྱག་མཚན་སྙིང་པོ་གཟུངས་དང་བཅས་བ་ལས་འོད་ཟེར་འཕྲོས། ཚངས་པ་དང་བརྒྱ་བྱིན་སོགས་སྟེང་ན་གནས་པའི་ལྷ་ཚེ་རིང་པོ། དགའ་བོ་དང་འཇོག་པོ་ལ་སོགས་པ་འོག་ན་གནས་པའི་ཀླུ་ཚེ་རིང་། སྟོང་འཁོར་ལོས་བསྒྱུར་བ་ལ་སོགས་པ་བར་ན་གནས་པའི་མི་ཚེ་རིང་པོ། བླ་མ་དགེ་བའི་བཤེས་གཉེན་མཁས་བཙུན་བཟང་གསུམ་འཛོམ་པ་ལྷ་དང་མིའི་འདྲེན་པ་དམ་པར་གྱུར་པ་རྣམས་དང་། འཇིག་རྟེན་གྱི་ཁམས་ན་ཁས་དྲག་ཅིང་དབང་བཙན་པ། དཕྱུང་བུ་ཏ་འཛོམ་པ་སོགས་སྲིད་ཞིའི་དཔལ་འབྱོར་ཕུན་སུམ་ཚོགས་པ་ཐམས་ཅད་རྒྱལ་སྲིད་རིན་ཆེན་སྣ་བདུན། བཀྲ་ཤིས་པའི་རྟགས་རྫས་བརྒྱད་ལ་སོགས་པའི་རྣམ་པར་སྤྱན་དྲངས་ནས་ས་བོན་སྔགས

འཕྲེང་དང་བཅས་པ་ལ་ཐིམ། དེ་ལས་བདུད་རྩིའི་རྒྱུན་བབས་པས་བདག་གཞན་སེམས་ཅན་ཐམས་ཅད་ཀྱི་སྤྱི་བོ་ནས་ཞུགས། ཚེ་བསོད་དཔལ་འབྱོར་དམ་ཚིག་ཉམས་པ་ཐམས་ཅད་སོར་ཆུད། སྡིག་སྒྲིབ་དང་ནད་གདོན་ཐམས་ཅད་བྱང་ཞིང་ལུས་དྭངས་གསལ་འོད་ཀྱི་རང་བཞིན་ཅན་དུ་གྱུར། མི་མཇེད་བདག་པོ་ཚངས་པ་དང་། ལྷ་རྣམས་ཀྱི་དབང་པོ་བརྒྱ་བྱིན་སོགས་དང་མཉམ་པའི་ཚེ་དང་བསོད་ནམས་བསླབ་གསུམ་ལུང་རྟོགས་ཀྱི་ཡོན་ཏན་ཐམས་ཅད་འཕེལ་ཞིང་རྒྱས་པར་བསམ་ལ། དམིགས་བརྩེ་མ་འདྲེན་ཅིང་འཁོར་ལོ་དལ་བུར་བསྐོར་ཞིང་སྔར་ལྟར་མཇུག་ཆོག་གི་བར་བྱའོ། །འདིར་འབད་དགེ་བས་མཐའ་ཡས་འགྲོ་བ་ཀུན། །རྗེ་བཙུན་བླ་མས་འབྲལ་མེད་རྗེས་བཟུང་ནས། །སྐུ་གསུངས་ཐུགས་ཀྱི་འཕྲིན་ལས་མ་ལུས་པ། །རྩོལ་མེད་ལྷུན་གྱིས་གྲུབ་པའི་བཀྲ་ཤིས་ཤོག །ཅེས་པ་འདི་ནི་བླང་དོར་གྱི་གནས་ལ་བློ་གྲོས་ཤིན་ཏུ་གསལ་བ་དགེ་སློང་དགེ་ལེགས་རྒྱ་མཚོས་ཐག་རིང་པོ་ནས་ཡང་ཡང་བསྐུར་ངོར། རྗེ་བླ་མར་དད་པ་དང་ལྡན་པ་རྒྱལ་མཁན་པོ། །གྲགས་པ་རྒྱལ་མཚན་གྱིས་སྦྱར་བའི་ཡི་གེ་པ་ནི་དགེ་སློང་ཤེས་རབ་རྒྱ་མཚོའོ། །མངྒ་ལཾ། །

༄༅། །དམིགས་བརྩེ་མ་ལ་བརྟེན་པའི་བླ་མའི་རྣལ་འབྱོར་དངོས་གྲུབ་ཀུན་འབྱུང་ཞེས་བྱ་བ་བཞུགས་སོ།

༄༅། །ན་མོ་གུ་རུ་མཉྫུ་གྷོ་ཥ་ཡ། དེ་ལ་འདིར་ཐར་པ་འདོད་པ་རྣམས་ཀྱིས། རྗེ་བདག་ཉིད་ཆེན་པོས། འཇིག་རྟེན་འཇིག་རྟེན་འདས་པའི་དགེ་ལེགས་ཀྱི། །ཡོན་ཏན་ཀུན་གྱི་རྩ་བ་དྲིན་ཅན་རྗེ། །ཞེས་པ་ལྟར། སྲིད་ཞིའི་བདེ་ལེགས་ཐམས་ཅད་ཀྱི་རྩ་བ་བཤེས་གཉེན་དམ་པ་ལ་རག་ལས་པ་ན། རང་ལ་ཆོས་འཆད་པའི་བླ་མ་དེ། རྒྱུད་ལས། བླ་མ་སངས་རྒྱས་བླ་མ་ཆོས། །དེ་བཞིན་བླ་མ་དགེ་འདུན་ཏེ། །ཀུན་གྱི་བྱེད་པོ་བླ་མ་ཡིན། །ཞེས་པ་ལྟར། སྐྱབས་གསུམ་ཀུན་འདུས་ཀྱི་ངོ་བོར་མོས་ནས་གསོལ་བ་འདེབས་པ་ན་མཆོད་པ་དང་བསྙེད་རྫོགས་སོགས་བསྒོམ་པ་རྣམས་ཀྱི་ནང་ནས་མཆོག་ཡིན་ཏེ། སམྦུ་ཊའི་རྒྱུད་ལས། གང་ཕྱིར་ཕྱོགས་བཅུའི་སངས་རྒྱས་དང་། །བྱང་ཆུབ་སེམས་དཔའི་བསོད་ནམས་པས། །སློབ་དཔོན་བ་སྤུ་ཁུང་མཆོད་ཅིག །དེ་ཕྱིར་སློབ་དཔོན་མཆོད་བྱེད་པ། །སངས་རྒྱས་བྱང་ཆུབ་སེམས་དཔས་གཟིགས། །ཞེས་པ་དང་། བསྐྱེད་རིམ་བསྒོམ་པ་མང་ལགས་ཏེ། །བླ་མ་བསྒོམ་པའི་གོང་ན་མེད། །བཟླས་བརྗོད་བྱེད་པ་མང་ལགས་ཏེ། །གསོལ་བ་འདེབས་པའི་གོང་ན་མེད། །རྒྱུན་དུ་གསོལ་བ་བཏབ་པ་ན། །འབྲལ་མེད་ཉམས་མྱོང་འོང་བར་ངེས། །མོས་གུས་རབ་ལ་ཉམས་མྱོང་རབ། །མོས་གུས་འབྲིང་ལ་ཉམས་མྱོང་འབྲིང་། །དེ་ཕྱིར་མོས་གུས་ཚད་ལྡན་གཅེས། །ཞེས་གསུངས་སོ། །གང་དུ་བསྒོམ་ན། ཨ་བྷི་དྷཱ་ནའི་རྒྱུད་ལས། དྲིན་དང་ལྡན་པའི་བླ་མ་དེ། །ལག་པའི་མཐིལ་ལམ་སྙིང་གི་དཀྱིལ། །ལུས་ཀྱི་ཆ་ཤས་གར་བསྒོམ་ཀྱང་། །སངས་རྒྱས་སྟོང་གི་བྱིན་བརླབས་ཀྱང་། །གང་ཟག་དེ་ཡིས་སྟུད་པར་བྱེད། །ཞེས་པ་ལྟར། གནས་གང་དུ་བསྒོམ་ཀྱང་བྱིན་བརླབས་འཇུག་པ་ལ་ཁྱད་པར་མེད་ནའང་། འདིར་རང་གི་མདུན་གྱི་ནམ་མཁར་རྩ་བའི་བླ་མ་དུས་གསུམ་སངས་རྒྱས་ཐམས་ཅད་

ཀྱི་ངོ་བོ་ཡིན་པ་ལ་རྣམ་པ་རྒྱལ་བ་བློ་བཟང་གྲགས་པ་ལྷ་བུར་བྱས་ནས་གསོལ་བ་བཏབ་ན་གནད་དུ་ཆེ་སྟེ། རྗེ་བདག་ཉིད་ཆེན་པོ་འདི་ནི་སངས་རྒྱས་ཀྱིས། ད་ལྟ་ང་ལ་ཞེལ་དཀར་གྱི། །འཕྲེང་བ་ཕུལ་ནས་སེམས་བསྐྱེད་པ། །མ་འོངས་དུས་ཀྱི་སྙིགས་མ་ལ། །འབྲི་དང་ལྡན་པའི་ས་འཚམས་སུ། །དགའ་ཞེས་བྱ་བའི་དགོན་པ་འདེབས། །བློ་བཟང་ཞེས་བྱའི་མཚན་ཅན་འབྱུང་། །སྟོན་པའི་མདོ་བཞིན་གསུང་སྒྲོག་པ། །ལྷ་ཁང་ཀ་བ་ཤིང་ལོ་ཅན། །ང་ཡི་གཟུགས་སྐུ་རྣམ་གཉིས་ལ། །དབུ་རྒྱན་འབུལ་ཞིང་མཆོད་པར་བྱེད། །ང་ལ་གསོལ་བ་རབ་བཏབ་ནས། །བསྟན་པ་ལོ་སྟོང་བར་དུ་གནས། །འདི་ནས་འཕོས་ནས་ཤར་ཕྱོགས་ཀྱི། །ངོ་མཚར་བཀོད་མཛེས་འཛིག་རྟེན་དུ། །སེང་གེའི་ང་རོ་ཞེས་བྱར་འགྱུར། །ཞེས་ལུང་བསྟན་པ་ལྟར། །སྙིགས་མའི་དུས་འདིར་ཐོང་ཁའི་ཡུལ་དུ་སྐུ་འཁྲུངས་ཏེ། དབུས་གཙང་སོགས་སུ་ཐོས་བསམ་བསྒོམ་གསུམ་ལ་སྦྱངས་ཏེ་དགའ་ལྡན་རྣམ་པར་རྒྱལ་བའི་གླིང་ལ་སོགས་པ་བཏབ། རྗེ་ཤཱཀ་རྣམ་གཉིས་ལ་དབུ་བརྒྱན་ཕུལ་ཞིང་སྨོན་ལམ་ཆེན་མོ་བཙུགས་ནས། བསྟན་པ་རིན་པོ་ཆེ་ཡུན་རིང་དུ་གནས་པའི་སྨོན་ལམ་བཏབ་པས། རི་བོ་དགའ་ལྡན་པ་ཞེས་སྙན་པའི་གདུགས་དཀར་པོ་སྲིད་རྩེའི་པར་དུ་བསྒྲེངས་པའི་གྲིབ་བསིལ་ལ་རྒྱ་བོད་ཧོར་གསུམ་གྱི་སྐྱེས་བུ་འདུ་བཞིན་པ་ཡིན་པས། རང་ཅག་རྣམས་ཀྱིས་ཀྱང་གསོལ་བ་བཏབ་ན་ སྔར་གྱི་ལུང་བསྟན་གྱི་མཇུག་ཏུ། དེ་ལ་དད་བྱེད་ཞིང་དེར་སྐྱེ། །ཞིང་མཆོག་དེ་ནི་ཁྱད་པར་འཕགས། །ཞེས་པ་ལྟར། ངོ་མཚར་རྨད་བྱུང་བཀོད་པའི་ཞིང་ཁམས་སུ་སྐྱེ་བ་ལ་སོགས་པ་ཕན་ཡོན་མཐའ་ཡས་པ་ཡོད་པས་ན་དེ་ལྟ་བུའི་བླ་མའི་རྣལ་འབྱོར་བྱེད་ཚུལ་ནི། སྐྱབས་སེམས་ཚད་མེད་བཞི་བསྒོམ་པ་སྔོན་དུ་བཏང་ནས། ཨོཾ་སྭ་བྷཱ་ཝ་ཤུདྡྷཱ་སརྦ་དྷརྨཱ་སྭ་བྷཱ་ཝ་ཤུདྡྷོ྅ཧཾ། འཁོར་འདས་ཀྱི་ཆོས་ཐམས་ཅད་སྟོང་པ་ཉིད་དུ་གྱུར། སྟོང་པའི་ངང་ལས་རང་གི་སྤྱི་བོར་སེང་ཁྲི་པདྨ་ཉི་ཟླའི་སྟེང་དུ་ཧཱུཾ༔ ལས་རལ་གྲིའི་ཡུ་བ་ཧཱུཾ༔ ས་མཚན་པ་ལས་འོད་ཟེར་འཕྲོས། དོན་གཉིས་བྱས་ཚུར་འདུས་ཡོངས་སུ་གྱུར་པ་ལས། ངོ་བོ་རྩ་བའི་བླ་མ་ཡིན་པ་ལ་རྒྱལ་བ་ཙོང་ཁ་པ་ཆེན་པོ་རབ་བྱུང་གི་ཆ་ལུགས་ཅན། ཞི་ཞིང་འཛུམ་པའི་ཞལ་ཁྲིམ་དཀར་ལ་དམར་བའི་མདངས་ཆགས་པ། ཕྱག་གཉིས་ཆོས་འཁོར་གྱི་ཕྱག་རྒྱ་མཛད་པའི་མཐེབ་མཛུབ་ཀྱིས་ཨུཏྤ་ལའི་ཡུ་བ་ནས་གཡས་གཡོན་དུ་འཛིན་པའི་འདབ་མ་དཔུང་བའི་ཐད་དུ་གྱེས་པའི་

སྟེང་དུ་གླིགས་རལ་བཏེགས་པ། པཎ་ཞྭ་གསེར་གྱི་མདོག་ཅན་གསོལ་ཞིང་། ཞབས་རྡོ་རྗེ་སྐྱིལ་ཀྲུང་གིས་བཞུགས་པ། དེའི་སྤྱི་བོའི་རྩ་འཁོར་གྱི་དབུས་སུ་པད་ཟླའི་གདན་ལ་འཇམ་དབྱངས་དམར་སེར། གཡས་རལ་གྲི་འཕྱར་ཞིང་། གཡོན་ཨུཏྤ་ལའི་ཡུ་བ་ནས་བཟུང་བས་འདབ་སྟེང་ན་སྟོང་ཕྲག་བརྒྱ་བའི་གླེགས་བམ་གྱིས་མཚན་པ། རལ་བའི་ཟུར་ཕུད་ལྷ་དང་ལྡན་པ། མགྲིན་པའི་རྩ་འཁོར་གྱི་དབུས་སུ་པད་ཟླའི་གདན་ལ་སྤྱན་རས་གཟིགས་དཀར་པོ་རྩ་ཕྱག་གཉིས་ཐལ་མོ་སྦྱར་ཞིང་འོག་མ་གཉིས་ཀྱིས་ཤེལ་ཕྲེང་དང་པདྨ་འཛིན་པ། རལ་པའི་ཐོར་ཚུགས་དང་ནུ་མ་གཡོན་པར་ཁྲི་སྨན་ས་ལེའི་ལྤགས་པ་བཀབ་པ། གཉིས་ཀའང་རིན་པོ་ཆེའི་རྒྱན་དང་དར་གྱི་ན་བཟའ་གསོལ་པ། ཞབས་རྡོ་རྗེའི་སྐྱིལ་དཀྲུང་གིས་བཞུགས་པ། ཐུགས་ཀྱི་རྩ་འཁོར་གྱི་དབུས་སུ་པད་ཟླའི་གདན་ལ་དཔལ་ཕྱག་ན་རྡོ་རྗེ་མཐིང་ནག་གཡས་གསེར་གྱི་རྡོ་རྗེ་དང་། གཡོན་སྡིགས་མཛུབ་མཛད་པ། དབུ་སྐྲ་དང་སྨ་ར་དང་སྨིན་མ་དམར་སེར་འབར་བ། རིན་པོ་ཆེ་དང་སྦྲུལ་གྱིས་སྤྲས་པ། ཞབས་གཡས་བསྐུམས་ཤིང་གཡོན་བརྐྱང་གིས་ཡེ་ཤེས་ཀྱི་མེ་འབར་བའི་དབུས་ན་བཞུགས་པ། དེའི་དཔྲལ་བར་ཨོཾ། མགྲིན་པར་ཨཱཿ ཐུགས་ཀར་ཧཱུྃ། ཐུགས་ཀའི་ས་བོན་ལས་འོད་ཟེར་འཕྲོས་པས། རྩ་རྒྱུད་ཀྱི་བླ་མ་ཡི་དམ་སངས་རྒྱས་བྱང་སེམས་ཉན་རང་དཔའ་བོ་མཁའ་འགྲོ་ཆོས་སྐྱོང་བསྲུངས་མ་སོགས་སྐྱབས་གནས་ཐམས་ཅད་བཛྲ་ས་མ་ཛཿ ས་སྤྱན་དྲངས། ཛཿ ཧཱུྃ་བཾ་ཧོཿ གཉིས་སུ་མེད་པར་གྱུར་པར་བསམ། རྒྱས་པར་སྒྲོན་ཆུ་གཉིས་ཉེར་སྤྱོད་འདོད་ཡོན་ལྔ་སོགས་བླ་མ་མཆོད་པ་རྣམས་ལས་འབྱུང་བ་ལྟར་བྱས་ཀྱང་རུང་ཞིང་། རྒྱུན་གྱི་རྣལ་འབྱོར་ལ་བཟང་པོ་སྤྱོད་པ་ལས་འབྱུང་བའི་ཡན་ལག་བདུན་པ་བྱ། གསོལ་འདེབས་བླ་མ་རྣམས་ཀྱིས་མཛད་པའི་བསྟོད་ཚིག་རིགས་གང་བྱས་ཀྱང་འགལ་བ་མེད་ཅིང་། སྙིང་པོའི་ཉམས་ལེན་དམིགས་བརྩེ་མར་ཚིག་དྲིལ་དུ་བྱེད། སླར་ཡང་། སྐྱབས་གནས་ཀུན་འདུས་ཆོས་ཀྱི་རྒྱལ་པོ་ཙོང་ཁ་པ་ཆེན་པོ་ལ་གསོལ་བ་འདེབས་སོ། །བདག་གི་ལུས་ངག་ཡིད་གསུམ་བྱིན་གྱིས་རློབས་ཤིག །བཙོས་མ་མ་ཡིན་པའི་ངེས་འབྱུང་བསམ་པས་རྒྱུད་བསྐུལ་ནས་བྱམས་སྙིང་རྗེ་བྱང་ཆུབ་ཀྱི་སེམས་དང་། ཟབ་མོ་དབུ་མའི་ལྟ་བ་དང་ལམ་རིམ་པ་གཉིས་ཀྱི་རྣལ་འབྱོར་ཉམས་སུ་ལེན་ནུས་པར་བྱིན་གྱིས་རློབས་ཤིག །དེ་ལྟར་ཉམས་སུ་བླངས་པའི་ཆོས་ལམ་དུ་སོང་ཏེ་མཁའ་མཉམ་སེམས་ཅན་ཐམས་ཅད་ཀྱི་དོན་དུ་སངས་རྒྱས་ཀྱི་གོ་འཕང་ཐོབ་པར་བྱིན་གྱིས་

རླབས་ཤིག །མདོར་ན་ཚེ་རབས་ཐམས་ཅད་དུ་རྗེ་བཙུན་ཙོང་ཁ་པ་ཆེན་པོས་རྗེས་སུ་བཟུང་ནས་རང་གཞན་གྱི་དོན་རྒྱ་ཆེན་པོ་སྒྲུབ་ནུས་པར་བྱིན་གྱིས་བརླབ་ཏུ་གསོལ། །ཞེས་གསོལ་བ་བཏབ་པས། བླ་མའི་སྤྱི་བོའི་འཇམ་དབྱངས་ཀྱི་ཐུགས་ཀ་ནས་འོད་ཟེར་དཀར་པོ་འཕྲོས། རང་གི་དཔྲལ་བར་ཐིམ། ལུས་ཀྱི་སྡིག་སྒྲིབ་དག དབང་དང་པོ་བུམ་པའི་དབང་ཐོབ། ལུས་ལྷར་བསྒོམ་པ་ལ་དབང་བར་བྱས། འབྲས་བུ་སྤྲུལ་སྐུ་འགྲུབ་པའི་ནུས་པ་ཁྱད་པར་ཅན་བཞག་བྱུང་སྙམ་པའི་མོས་པ་བྱེད། སྔར་བཞིན་གསོལ་བ་བཏབ་པས། མགྲིན་པའི་སྤྱན་རས་གཟིགས་ཀྱི་ཐུགས་ཀ་ནས་འོད་ཟེར་དམར་པོ་འཕྲོས། རང་གི་མགྲིན་པར་ཐིམ། ངག་གི་སྡིག་སྒྲིབ་དག དབང་གཉིས་པ་གསང་བའི་དབང་ཐོབ། ངག་སྔགས་བཟླས་པ་ལ་དབང་བར་བྱས། འབྲས་བུ་ལོངས་སྐུ་འགྲུབ་པའི་ནུས་པ་ཁྱད་པར་ཅན་བཞག་བྱུང་སྙམ་དུ་བསམ། སྔར་བཞིན་གསོལ་བ་བཏབ་པས། སྙིང་ཀའི་ཕྱག་ན་རྡོ་རྗེའི་ཐུགས་ཀ་ནས་འོད་ཟེར་སྔོན་པོ་འཕྲོས། རང་གི་སྙིང་ཀར་ཐིམ། ཡིད་ཀྱི་སྡིག་སྒྲིབ་དག །དབང་གསུམ་པ་ཤེས་རབ་ཡེ་ཤེས་ཀྱི་དབང་ཐོབ། སེམས་ཉིད་ངེ་འཛིན་བསྒོམ་པ་ལ་དབང་བར་བྱས། འབྲས་བུ་ཆོས་སྐུ་འགྲུབ་པའི་ནུས་པ་ཁྱད་པར་ཅན་བཞག་བྱུང་སྙམ་དུ་བསམ། ཡང་སྔར་བཞིན་གསོལ་བ་བཏབ་པས། སླར་ཡང་གནས་གསུམ་ལས་འོད་ཟེར་དཀར་དམར་མཐིང་གསུམ་འཕྲོས། རང་གི་གནས་གསུམ་དུ་ཐིམ། ལུས་ངག་ཡིད་གསུམ་གྱི་སྡིག་སྒྲིབ་དག །དབང་བཞི་པ་ཚིག་དབང་རིན་པོ་ཆེ་ཐོབ། འབྲས་བུ་ཟུང་འཇུག་རྡོ་རྗེ་འཆང་གི་སྐུ་ཐོབ་པའི་ནུས་པ་ཁྱད་པར་ཅན་བཞག་བྱུང་སྙམ་པའི་མོས་པ་བྱེད། དེ་ནས། དཔལ་ལྡན་རྩ་བའི་བླ་མ་རིན་པོ་ཆེ། ཞེས་སོགས་ཀྱི་གསོལ་བ་བཏབ་པས། བླ་མའི་སྐུ་དེ་མཐེབ་སོར་གྱི་ཚད་ཙམ་དུ་གྱུར་བས། རང་གི་རྩ་དབུ་མའི་ལམ་བརྒྱུད་དེ་སྙིང་པདྨ་འདབ་བརྒྱད་དུ་གསལ་བའི་དབུས་སུ་བྱོན་པར་བསམ་ལ། དམིགས་བརྩེ་མ་བཟླ། འཇོག་ཚེ་པདྨ་ཁ་ཟུམ་པར་མོས་པའི་མཐའ་བསྐོར་དུ་ཨོཾ་ཨ་ར་པ་ཙ་ན་ཧྲཱིཿ སུ་མ་ཏི་ཀཱིརྟི་ཤྲཱི་བྷ་དྲ་ཨ་ཏིཥྛ་ན་ཨ་ཏིཥྛི་ཏེ་ཀུམཱ་ར་ཞེས་པའི་སྔགས་ཀྱི་ཕྲེང་བས་དམ་དུ་བཅིངས་ཏེ་བྱང་ཆུབ་མ་ཐོབ་ཀྱི་བར་དུ་མི་འབྲལ་བར་བསམ་མོ། །མཇུག་ཏུ། ཚེ་རབས་ཀུན་ཏུ་རྒྱལ་བ་ཙོང་ཁ་པས། །ཞེས་སོགས་དང་། འཇམ་དཔལ་དཔའ་བོས་ཇི་ལྟར་མཁྱེན་པ་དང་། །ཞེས་སོགས་བསྔོ་སྨོན་གྱིས་འཚམས་སྦྱར་བར་བྱའོ། །ཅེས་པ་འདི་ནི་ཏཱ་ལ་ཏ་ཡུའི་ཇའི་སང་གི་བསྐུལ་བའི་ངོར། །བློ་བཟང་བསྟན་པའི་ཉི་མས་མཚོ་བདུན་གྱུ་དགོན་པར་སྦྱར་བའི། །ཡི་གེ་པ་ནི་དར་ཏན་ཏུ་བླ་མ་ཕུན་ཚོགས་ཆོས་འཕེལ་གྱིས་བགྱིས་པའོ།། ༈ །།

༄། །དམིགས་བརྩེ་མ་ལ་བརྟེན་པའི་བླ་མའི་རྣལ་འབྱོར་མདོར་བསྡུས།

༄། །མདུན་གྱི་ནམ་མཁར་སེང་ཁྲི་པད་ཟླའི་སྟེང་། །རྩ་བའི་བླ་མ་རྒྱལ་བ་ཙོང་ཁ་པ། །སྐུ་མདོག་དམར་སེར་ཆོས་འཁོར་ཕྱག་གཉིས་ཀྱིས། །གླེགས་རལ་བསྣམས་ཞིང་གསེར་མདོག་པཎ་ཞྭ་དང་། །ཆོས་གོས་གསུམ་གསོལ་མཚན་དཔེས་འབར་བའི་སྐུ། །འོད་ཁྱིམ་དབུས་ན་སྐྱིལ་དཀྲུང་བཅས་བཞུགས་པའི། །གནས་གསུམ་ཡི་གེ་གསུམ་གྱི་འོད་ཟེར་གྱིས། །སྐྱབས་ཡུལ་སྤྱན་དྲངས་གཉིས་སུ་མེད་པར་གྱུར། །ཇི་སྙེད་སུ་དག་ཞེས་སོགས་ཡན་ལག་བདུན་པ་འབུལ། དེ་ནས་དམིགས་བརྩེ་མ་ཅི་འགྲུབ་ཀྱིས་གསོལ་བ་བཏབ་པ་ནས། དེ་ལྟར་གསོལ་བ་བཏབ་པ་བླ་མ་ཡི། །སྐུ་ལས་འོད་ཟེར་དཀར་དམར་མཐིང་ཁ་གསུམ། །རིམ་དང་གཅིག་ཅར་བྱུང་ནས་བདག་ཉིད་ཀྱི། །གནས་གསུམ་ཐིམ་པས་སྒྲིབ་སྦྱངས་སྐུ་བཞི་ཐོབ། །སླར་ཡང་སྐུ་ལས་རང་འདྲ་གཉིས་པ་ཞིག །ཕྱིན་ནས་སྙིང་དབུས་པདྨོར་བཞུགས་པར་བསམ། དེ་ནས་དམིགས་བརྩེ་མ་ཅི་མང་བཟླས་ནས་ཐུན་འཛོག་ཁར། སྐྱབས་གསུམ་ཀུན་འདུས་བླ་མ་རིན་པོ་ཆེ། །སྙིང་ནས་གསོལ་བ་འདེབས་སོ་བྱིན་གྱིས་རློབས། །ཅེས་གདུང་ཤུགས་དྲག་པོས་གསོལ་བ་བཏབ་པས། སྙིང་པདྨ་འདབ་བརྒྱད་ཁ་ཟུམ་པའི་རྩེ་ལ་དམིགས་བརྩེ་མའི་ཡི་གེ་གསེར་གྱིས་བྲིས་པ་ལྟ་བུ་དང་། དེའི་གཤམ་ལ་ཨ་ར་པ་ཙ་ནའི་ཡི་གེ་གསེར་གྱི་མདོག་ཅན་གྱིས་བར་འཚམས་མེད་པར་དཀྲིས་ཤིང་། ངག་ཏུ་ཡང་ཨ་ར་པ་ཙ་ན་ཅི་འགྲུབ་བཟླ། དེ་ནས། ཚེ་རབས་ཀུན་ཏུ་རྒྱལ་བ་ཙོང་ཁ་པས། །ཞེས་སོགས་བསྔོ་སྨོན་བྱའོ། །ཅེས་པ་འདི་ནི་དད་པ་དང་གཏོང་བའི་རྒྱུད་མཛེས་པའི་གེ་མི་གཟུངས་སྐྱིད་ཀྱིས་བསྐུལ་བའི་ངོར། ༈ བློ་བཟང་བསྟན་པའི་ཉི་མས་མཚོན་བདུན་གྱི་དགོན་པར་ཕྲལ་དུ་སྦྱར་བའི་ཡི་གེ་པ་ནི་རབ་འབྱམས་པ་འཇམ་དབྱངས་ཕུན་ཚོགས་ཀྱིས་བགྱིས་པའོ། །

༄༅། །རྗེ་བདག་ཉིད་ཆེན་པོ་ལ་བརྟེན་པའི་བླ་མའི་རྣལ་འབྱོར་དངོས་གྲུབ་ཀུན་འབྱུང་ཞེས་བྱ་བ་བཞུགས་སོ།

༄། །འདིར་བླ་མའི་རྣལ་འབྱོར་ཉམས་སུ་ལེན་པར་འདོད་པས་སྐྱབས་སེམས་སྔོན་དུ་བཏང་ནས། རང་གི་སྤྱི་བོར་སེང་ཁྲི་པད་ཟླའི་སྟེང་། །ངོ་བོ་དྲིན་ཅན་རྩ་བའི་བླ་མ་ལ། །རྣམ་པ་རྗེ་བཙུན་བློ་བཟང་གྲགས་པའི་དཔལ། །ཞལ་གཅིག་ཕྱག་གཉིས་ཆོས་འཁོར་ཕྱག་རྒྱ་ཡིས། །ཨུཏྤལ་འདབ་སྟེང་གླེགས་བམ་རལ་གྲི་བསྣམས། །ཆོས་གོས་གསུམ་ལྷུན་ཞབས་གཉིས་སྐྱིལ་དཀྲུང་བཞུགས། །གནས་གསུམ་རྡོ་རྗེ་གསུམ་གྱི་མཚན་པ་ཡི། །ཧཱུྃ་ཡིག་འོད་ཀྱིས་རང་འདྲའི་ཡེ་ཤེས་པ། །སྤྱན་དྲངས་ཐིམ་པས་གཉིས་སུ་མེད་པར་གྱུར། །ཞེས་བླ་མ་སྐྱབས་གསུམ་ཀུན་འདུས་ཀྱི་ངོ་བོར་བསམ། སྒོ་གསུམ་གུས་པའི་སྒོ་ནས་ཕྱག་འཚལ་ཞིང་། །མཆོད་ཚོགས་ཀུན་འབུལ་སྡིག་ལྟུང་མ་ལུས་བཤགས། །དགེ་ལ་ཡི་རང་ཆོས་འཁོར་བསྐོར་བར་བསྐུལ། །མྱ་ངན་མི་འདའ་བརྟེན་པར་བཞུགས་གསོལ་འདེབས། །དགེ་བ་བླ་མེད་བྱང་ཆུབ་ཆེན་པོར་བསྔོ། །ཅེས་ཡན་ལག་བདུན་པ་དབུལ་དེ་ནས་འདི་ཕྱི་བར་དོའི་འཇིགས་པ་མཐའ་དག་ལས་སྐྱོབས་པ་དང་། གནས་སྐབས་མཐར་ཐུག་གི་དོན་གཉིས་ལྷུན་གྱིས་འགྲུབ་པ་ཞིག་བླ་མ་མཁྱེན་མཁྱེན་སྙམ་དུ་དམིགས་མེད་བརྩེ་བའི་གཏེར་ཆེན་སྤྱན་རས་གཟིགས། །དྲི་མེད་མཁྱེན་པའི་དབང་པོ་འཇམ་དཔལ་དབྱངས། །གངས་ཅན་མཁས་པའི་གཙུག་རྒྱན་ཙོང་ཁ་པ། །བློ་བཟང་གྲགས་པའི་ཞབས་ལ་གསོལ་བ་འདེབས། །ཞེས་ཅི་མང་འདོན། མཐར། སྐྱབས་གནས་ཀུན་འདུས་རྗེ་བཙུན་ཙོང་ཁ་པ། །མཁྱེན་བརྩེ་ནུས་པ་མཐར་ཕྱིན་བཀའ་དྲིན་ཅན། །ཁྱོད་ཞབས་སྤྱི་བོར་བརྟེན་ཅིང་གསོལ་འདེབས་ན། །ཐུགས་རྗེས་གཟིགས་ཤིག་བླ་མ་རིན་པོ་ཆེ། །སྲིད་པའི་སྡུག་བསྔལ་འདི་ལས་མྱུར་བསྒྲལ་ནས། །ཐར་པའི་ཁང་བཟང་མཆོག་དེར་དྲང་དུ་གསོལ། །བྱང་ཆུབ་སེམས་དང་རིམ་གཉིས་ཡང་དག་ལྟ། །མྱུར་དུ་སྐྱེ་བར་བྱིན་གྱིས་བརླབ་ཏུ་གསོལ། །སྐྱེ་དང་སྐྱེ་བར་ཁྱོད་ཀྱིས་རྗེས་བཟུང་ནས། །གསུང་གི་བདུད་རྩིར་ངོམས་མེད་སྤྱོད་པ་དང་། །

ཀླབས་ཆེན་རྒྱལ་སྲས་སྤྱོད་ལ་ལེགས་བསླབས་ནས། །སྐུ་བཞིའི་བདག་ཉིད་འཐོབ་པར་བྱིན་གྱིས་རློབས། །དེ་ལྟར་གསོལ་བས་བླ་མ་རྗེ་བཙུན་མཆོག །དགྱེས་བཞིན་རང་གི་སྤྱི་བོ་ནས་ཞུགས་ཏེ། །སྙིང་ཁར་པད་ཟླའི་གདན་སྟེང་དགྱེས་བཞིན་དུ། །བྱང་ཆུབ་བར་དུ་འབྲལ་མེད་བཞུགས་པར་བསམ། །མཐུག་ཏུ་བསྔོ་སྨོན་བྱ། ཅེས་རྗེས་བདག་ཉིད་ཆེན་པོ་ལ་བརྟེན་པའི་བླ་མའི་རྣལ་འབྱོར་དངོས་གྲུབ་ཀུན་འབྱུང་ཅེས་བྱ་བ་འདི་ནི་རིགས་རུས་ཕུན་སུམ་ཚོགས་ཤིང་། དད་སྟོབས་ཀྱིས་མངོན་པར་འཕགས་པ་ཆ་གར་ཤུ་གེར་ཧྲ་ཤྲཱ་མིཏྲ་པས་ནན་གྱིས་བསྐུལ་བའི་ངོར། ལུང་རྟོགས་རྨོལ་པའི་རྗེ་རྗེས་སྨྲར་བའི་ཡི་གེ་པ་ནི་ཚུལ་ཁྲིམས་ཆོས་འཕེལ་ལོ། །

༄༅། །བླ་མའི་རྣལ་འབྱོར་བྱིན་བརླབ་སྤྲིན་མཛུག་ཞེས་བྱ་བ་བཞུགས་སོ།

༄༅། །ནམོ་གུ་རུ་སུ་མ་ཏི་ཀཱིརྟི་ཡ། དེ་ལ་འདིར་བདེ་ལེགས་ཐམས་ཅད་ཀྱི་རྩ་བ་བླ་མའི་རྣལ་འབྱོར་བསྒོམ་པར་འདོད་པས། ཡིད་མཐུན་གྱི་གནས་སུ་སྟན་བདེ་བ་ལ་ཚུལ་དང་མཐུན་པའི་སྤྱོད་ལམ་གྱིས་འཁོད་དེ། ཀུན་སློང་རྣམ་པར་དག་པ་མངོན་དུ་བྱས་ཏེ་མཆོག་གསུམ་ལ་སྐྱབས་སུ་འགྲོ་བ་དང་། སེམས་བསྐྱེད་པ་དང་། ཚད་མེད་བཞི་བསྒོམ་པ་ལ་སོགས་པ་སྔོན་དུ་བཏང་ནས། ཆོས་ཐམས་ཅད་རང་བཞིན་མེད་རྟོགས་ཀྱི་བློ་ཤུགས་དྲག་པོ་བསྐྱེད་དེ་སྭ་བྷཱ་ཤཱ་ངག་ཏུ་བརྗོད་ཅིང་ཐུགས་དོན་ལ་མཉམ་པར་བཞག དེ་ནས་སྟོང་པའི་ངང་ལས་རང་གི་སྤྱི་བོར་སེང་གེ་བརྒྱད་ཀྱིས་བཏེགས་པའི་རིན་པོ་ཆེའི་ཁྲི་པདྨ་ཉི་ཟླའི་གདན་བརྩེགས་པའི་སྟེང་དུ་ངོ་བོ་རང་གི་རྩ་བའི་བླ་མ་ཡིན་པ་ལ་རྣམ་པ་རྒྱལ་བ་ཙོང་ཁ་པ་ཆེན་པོ་བསླབ་གསུམ་རྣམ་པར་དག་པའི་དགེ་སློང་གི་ཆ་བྱད་ཅན། ཞི་ཞིང་འཛུམ་པའི་ཞལ་ཁྲིམ་དཀར་ལ་དམར་བའི་མདངས་ཆགས་པ། ཕྱག་གཉིས་ཀྱིས་ཐུགས་ཀར་ཆོས་འཁོར་གྱི་ཕྱག་རྒྱ་མཛད་པའི་འཐེབ་འཛུབ་ཀྱིས་ཨུཏྤ་ལའི་ཡུ་བ་ནས་བཟུང་བའི་འདབ་མ་སྣ་ཀྱི་ཐད་ཀར་ཁ་བྱེ་བའི་སྟེང་ན་ཀུན་དུ་རྨོངས་པ་སེལ་དང་བཅས་པ་རྩད་ནས་གཅོད་པའི་ཤེས་རབ་ཀྱི་རལ་གྲི་དང་། རྒྱལ་ཡུམ་ཤེས་རབ་ཀྱི་ཕ་རོལ་ཏུ་ཕྱིན་པའི་དོན་སྟོན་པའི་གླེགས་བམ་བསྣམས་པ། པཎ་ཞྭ་གསེར་གྱི་མདོག་ཅན་གསོལ་བ། ཆོས་གོས་ངུར་སྨྲིག་གསུམ་གྱིས་མཛེས་པར་གླུབས་པ། ཞབས་རྡོ་རྗེ་སྐྱིལ་མོ་ཀྲུང་གིས་བཞུགས་པ། དེའི་སྤྱི་བོར་པད་ཟླའི་གདན་ལ་རྗེ་བཙུན་འཇམ་པའི་དབྱངས་སྐུ་མདོག་དམར་སེར་ཞལ་གཅིག་ཕྱག་གཉིས་པ། ཕྱག་གཡས་རལ་གྲི་འཕྱར་ཞིང་གཡོན་གྱིས་གླེགས་བམ་ཐུགས་ཀར་བསྣམས་པ། ཤིན་ཏུ་ཞི་བའི་ཆ་ལུགས་ཅན། རིན་པོ་ཆེའི་རྒྱན་བརྒྱད་ཀྱིས་སྤྲས་པ། ཞབས་རྡོ་རྗེའི་དཀྱིལ་ཀྲུང་གིས་བཞུགས་པ། མགྲིན་པར་པད་ཟླ་ལ

འཕགས་པ་སྤྱན་རས་གཟིགས་དབང་ཕྱུག་སྐུ་མདོག་དུང་ལྟར་དཀར་བ། ཞལ་གཅིག་ཕྱག་བཞི་པ། དང་པོ་གཉིས་ཀྱིས་ཐུགས་ཀར་ཐལ་མོ་སྦྱར་བ། འོག་མ་གཉིས་ཀྱིས་ཤེལ་འཕྲེང་དང་པད་དཀར་བསྣམས་པ། ལྷ་རྫས་ཀྱི་སྟོད་གཡོགས་དང་སྨད་གཡོགས་ཅན། ཞྭ་མ་གཡོན་པར་ཀྲི་ཥྞ་ས་རའི་པགས་པ་བཀབ་པ། རིན་པོ་ཆེའི་རྒྱན་དུ་མས་སྤྲས་བ། ཞབས་དཀྱིལ་ཀྱུང་གིས་བཞུགས་པ། ཐུགས་ཀར་པད་ཉིའི་གདན་ལ་ཕྱག་ན་རྡོ་རྗེ་སྐུ་མདོག་མཐིང་ནག་གཡས་གསེར་གྱི་རྡོ་རྗེ་འཕྱར་ཞིང་གཡོན་ཐུགས་ཀར་སྡིགས་མཛུབ་མཛད་པ། དབུ་སྐྲ་དང་སྨིན་མ་དང་སྨ་ར་དམར་སེར་འབར་བ། རིན་པོ་ཆེ་དང་སྦྲུལ་གྱིས་སྤྲས་པ། དར་སྔོན་པོས་སྟོད་གཡོགས་དང་སྨད་གཡོགས་བྱས་པ། ཞབས་གཡས་བསྐུམས་གཡོན་བརྐྱང་གི་སྟབས་ཀྱིས་བཞུགས་པ། དེའི་སྤྱི་བོར་ཨོཾ། མགྲིན་པར་ཨཱཿ ཐུགས་ཀར་ཧཱུྃ་གིས་མཚན་པ། ཐུགས་ཀའི་ཧཱུྃ་ལས་འོད་ཟེར་འཕྲོས་དགའ་ལྡན་ལྷ་བརྒྱའི་མགོན་གྱི་མདུན་ས་ནས། རྗེ་བཙུན་ཆོས་ཀྱི་རྒྱལ་པོ་ཙོང་ཁ་པ་ལ་རྩ་བརྒྱུད་ཀྱི་བླ་མ་ཡི་དམ་སངས་རྒྱས་བྱང་སེམས་དཔའ་བོ་མཁའ་འགྲོ་ཆོས་སྐྱོང་སྲུང་མའི་ཚོགས་ཀྱིས་བསྐོར་བ་སྤྱན་དྲངས། ཛཿ ཧཱུྃ་བཾ་ཧོཿས་གཉིས་སུ་མེད་པར་བསམ། དེ་ནས་སྤྱི་བོའི་བླ་མ་དེ་ཉིད་སྐྱབས་གསུམ་ཀུན་འདུས་ཀྱི་ངོ་བོར་མོས་པ་ལྷང་ལྷང་བ་བསྐྱེད་ནས། སྤྲིན་བཟང་པོ་སྤྱོད་པ་ལས་འབྱུང་བའི་ཡན་ལག་བདུན་པ་བྱ་ཞིང་། བསྟུན། མཛེས་ཤིང་ལྟ་བས་ངོམས་པ་མེད་པའི་སྐུ། །ཟབ་རྒྱས་དམ་ཆོས་འགྲོ་ལ་འདོམས་པའི་གསུང་། །མ་ལུས་ཆོས་ཀུན་མངོན་སུམ་གཟིགས་པའི་ཐུགས། །རྗེ་བཙུན་བླ་མའི་ཞབས་ལ་ཕྱག་འཚལ་ལོ། །རབ་འབྱམས་ཞིང་གི་དཔག་མེད་མཆོད་པའི་རྫས། །བདག་པོས་བཟུང་དང་མ་བཟུང་ཇི་སྙེད་དང་། །དངོས་བཤམས་ཡིད་སྤྲུལ་མཆོད་པ་མ་ལུས་ཀུན། །འཁོར་གསུམ་དག་པའི་བློ་ཡིས་འབུལ་བར་བགྱི། །བདག་དང་མར་གྱུར་འགྲོ་བ་ཐམས་ཅད་ཀྱི། །ཐོག་མེད་ནས་བསགས་བཅས་དང་རང་བཞིན་གྱི། །ཁ་ན་མ་ཐོ་ཕྲ་རགས་ཅི་མཆིས་པ། །དེ་ཀུན་བསམ་པ་ཐག་པས་མགོན་ལ་བཤགས། །ཕྱོགས་བཅུའི་རྒྱལ་དང་རྒྱལ་སྲས་ཉན་རང་སོགས། །སྐྱེས་འཕགས་ཡོད་དོ་ཅོག་གི་སྒོ་གསུམ་གྱིས། །བསྒྲུབ་པའི་དགེ་བ་ཇི་སྙེད་མཆིས་པ་གང་། །དེ་དག་ཀུན་ལ་བདག་ནི་རྗེས་ཡི་རང་། །དཔག་མེད་ཞིང་གི་རྒྱལ་བ་མ་ལུས་ལ། །གང་གི་དོན་དུ་བདུད་རྩི་མཆོག་བརྙེས་པས། །འགྲོ་བ་འདི་ཀུན་གཏན་བདེར་དགོད་པའི་ཕྱིར། །ཟབ་རྙིང་རྒྱ་

ཆེའི་ཆོས་འཁོར་བསྐོར་བར་སྐུལ། །སྐྱབས་མགོན་བླ་མ་མཐའ་ཡས་རྒྱལ་དང་བཅས། །མི་འཇིགས་སེང་གེའི་ཁྲི་ལ་བསྐལ་བརྒྱའི་བར། །བདག་སོགས་མཁའ་མཉམ་འགྲོ་བའི་དཔལ་མགོན་དུ། །ཞབས་སེན་གཡོ་མེད་བརྟན་པར་བཞུགས་གསོལ་འདེབས། །དེས་མཚོན་བདག་གཞན་འགྲོ་བ་མ་ལུས་པས། །དུས་གསུམ་བསགས་པའི་དགེ་རྩ་ཅི་མཆིས་པ། །སྨིན་གྲོལ་ཡོན་ཏན་ཀུན་རྫོགས་སངས་རྒྱས་ཀྱི། །གོ་འཕང་མཆོག་ཉིད་འཐོབ་པའི་རྒྱུ་རུ་བསྔོ། །ཅེས་པས་ཡན་ལག་བདུན་པ་འབུལ། །དེ་ནས། བདག་གཞན་ལུས་ངག་ཡིད་གསུམ་ལོངས་སྤྱོད་དུས་གསུམ་དགེ་ཚོགས་བཅས། །རིན་ཆེན་མཎྜལ་བཟང་པོ་ཀུན་བཟང་མཆོག་པའི་ཚོགས་བཅས་པ། །བློ་ཡིས་བླངས་ནས་བླ་མ་ཡི་དམ་དཀོན་མཆོག་གསུམ་ལ་འབུལ། །ཐུགས་རྗེའི་དབང་གིས་བཞེས་ནས་བདག་ལ་བྱིན་གྱིས་བརླབ་ཏུ་གསོལ། །ཅེས་པས་མཎྜལ་དབུལ། །དེ་ནས། བདག་དང་ནམ་མཁའི་མཐའ་དང་མཉམ་པའི་སེམས་ཅན་ཐམས་ཅད་ཇི་སྲིད་བྱང་ཆུབ་མ་ཐོབ་ཀྱི་བར་དུ་སྐྱེ་བ་ཐམས་ཅད་དུ་རྗེ་བཙུན་བླ་མ་ཁྱེད་རང་གིས་རྗེས་སུ་བཟུང་སྟེ་བཀའ་བཞིན་བསྒྲུབ་པའི་མཆོད་པས་མཉེས་པར་བྱས་ནས། ཉིད་ཀྱིས་ཇི་ལྟར་གདམས་པའི་དོན་ལ་ཐོས་བསམ་སྒོམ་གསུམ་ཚུལ་བཞིན་དུ་བྱེད་པ་དང་འདོད་དོན་དེ་དག་འགྲུབ་པའི་འགལ་རྐྱེན་བར་ཆད་ཐམས་ཅད་ཞི་ཞིང་མཐུན་རྐྱེན་ལེགས་ཚོགས་ཐམས་ཅད་ཡིད་བཞིན་དུ་འགྲུབ་པ་དང་། མཐར་ཐུག་སངས་རྒྱས་ཀྱི་གོ་འཕང་མྱུར་དུ་འཐོབ་པ་ཞིག་སྐྱབས་གསུམ་ཀུན་འདུས་ཀྱི་ངོ་བོ་བླ་མ་ཁྱེད་རང་མཁྱེན་སྙམ་པའི་ཡིད་གདུང་ཤུགས་དྲག་པོས། དམིགས་མེད་བརྩེ་བའི་གཏེར་ཆེན་སྤྱན་རས་གཟིགས། །དྲི་མེད་མཁྱེན་པའི་དབང་པོ་འཇམ་དཔལ་དབྱངས། །གངས་ཅན་མཁས་པའི་གཙུག་རྒྱན་ཙོང་ཁ་པ། །བློ་བཟང་གྲགས་པའི་ཞབས་ལ་གསོལ་བ་འདེབས། །ཞེས་གང་མང་བཟླས་པའི་མཐར། མཆོག་སྐྱབས་གསུམ་འདུས་པའི་ངོ་བོ་ཉིད། །མགོན་དྲིན་ཅན་རྩ་བའི་བླ་མ་རྗེ། །རྗེ་བློ་བཟང་གྲགས་པ་ཡབ་སྲས་ལ། །དུས་ཀུན་ཏུ་འདུད་དོ་ཐུགས་རྗེས་ཟུངས། །ལས་ཉོན་མོངས་དྲག་པོའི་མཐུ་བརྟས་པས། །སྡིག་སྡུག་བསྔལ་མི་ཟད་འབྱུང་བའི་གནས། །བཟོད་དཀའ་བ་འཁོར་བར་འཁོར་འདི་ལས། །བདག་མྱུར་དུ་སྐྱོབས་ཤིག་ཙོང་ཁ་པ། །ཆེས་བཟོད་དཀའ་སྡུག་བསྔལ་དུ་མའི་རྒྱུ། །རྨོངས་མ་རིག་ཉོན་མོངས་དགྲ་ཡི་ཚོགས། །ཡིད་རང་དབང་མེད་པར་བྱེད་པ་པོ། །འདི་མྱུར་དུ་སོལ་ཤིག

ཙོང་ཁ་པ། །བཀའ་མདོ་རྒྱུད་བསྟན་བཅོས་མ་ལུས་པའི། །དོན་རྒྱལ་བའི་དགོངས་པ་ཇི་བཞིན་དུ། །ཐོས་བསམ་དང་བསྒོམ་ཚུལ་ལ་མཁས་པར། །དེང་བྱིན་གྱིས་རློབས་ཤིག་ཙོང་ཁ་པ། །མདོར་བསྡུ་ན་དེང་ནས་བྱང་ཆུབ་བར། །མགོན་ཁྱོད་ཀྱིས་འབྲལ་མེད་རྗེས་བཟུང་སྟེ། །སྒོ་གསུམ་གྱི་མཆོད་པས་མཉེས་བྱས་ནས། །བཀའ་ཚུལ་བཞིན་བསྒྲུབ་པར་བྱིན་གྱིས་རློབས། །ཚེ་འདི་སྣང་འགག་ཚེ་དགའ་ལྡན་དུ། །ཡོང་མི་ཕམ་མགོན་པོའི་ཞབས་དྲུང་དུ། །རྗེ་བླ་མ་ཁྱེད་དང་ལྷན་ཅིག་ཏུ། །ཆོས་བདུད་རྩིར་སྤྱོད་པར་བྱིན་གྱིས་རློབས། །དོན་འདི་དག་མ་ལུས་འགྲུབ་པ་ཡི། །བགེགས་འགལ་རྐྱེན་བར་ཆད་ཞི་བ་དང༌། །གྲོགས་མཐུན་རྐྱེན་ཡིད་བཞིན་འགྲུབ་པ་རུ། །དམྱུར་བ་ཉིད་དུ་བྱིན་གྱིས་རློབས། །ཅེས་པ་དང་གཞན་ཡང་གསོལ་འདེབས་དང་བྱིན་བརླབ་ཞུ་བའི་ཚིགས་བཅད་ལྷུག་ཅི་རིགས་པ་དམ་པ་གོང་མའི་གསུང་ངག་བྱིན་བརླབ་ཅན་སྐབས་བསྟུན་བྱ་ཞིང༌། དེ་ནས་དེ་ལྟར་གསོལ་བ་བཏབ་པ་ལ་བརྟེན་ནས་སྤྱི་བོའི་བླ་མ་དེ་ཉིད་ལས་བླ་མ་གཉིས་པ་ཞིག་མར་མེ་གཅིག་ལས་གཉིས་བྱས་ཀྱི་ཚུལ་དུ་བྱོན་ནས་རང་ལ་དགྱེས་བཞིན་དུ་ཐིམ་པས་རང་གི་ལུས་ངག་ཡིད་གསུམ་དང་བླ་མའི་སྐུ་གསུང་ཐུགས་དབྱེར་མེད་པར་གྱུར་པར་བསམ། སླར་ཡང༌། བླ་མ་ཀུན་འདུས་བླ་མ་ལྷག་པའི་ལྷ། །གཏན་གྱི་སྐྱབས་གནས་བླ་མ་རིན་པོ་ཆེ། །བློ་བཟང་རྡོ་རྗེ་འཆང་ལ་གསོལ་བ་འདེབས། །བསམ་དོན་ཡིད་བཞིན་འགྲུབ་པར་བྱིན་གྱིས་རློབས། །ཡི་དམ་ཀུན་འདུས× སངས་རྒྱས་ཀུན་འདུས× དམ་ཆོས་ཀུན་འདུས× དགེ་འདུན་ཀུན་འདུས× མཁའ་འགྲོ་ཀུན་འདས× ཆོས་སྐྱོང་ཀུན་འདུས× སྐྱབས་གནས་ཀུན་འདུས× དེ་ལྟར་གསོལ་བ་བཏབ་པ་ལ་བརྟེན་ནས། །བླ་མའི་སྤྱི་བོའི་འཇམ་དཔལ་གྱི་ཐུགས་ག་ནས། །འོད་ཟེར་དཀར་པོའི་ཚོགས་འཕྲོས་སྤྱི་བོར་ཐིམ། །བུམ་པའི་དབང་ཐོབ་ལུས་ཀྱི་སྒྲིབ་པ་དག །མགྲིན་པའི་སྤྱན་རས་གཟིགས་ཀྱི་ཐུགས་ག་ནས་འོད་ཟེར་དམར་པོའི་ཚོགས་འཕྲོས་མགྲིན་པར་ཐིམ། །གསང་བའི་དབང་ཐོབ་ངག་གི་སྒྲིབ་པ་དག །ཐུགས་ཀའི་ཕྱག་ན་རྡོ་རྗེའི་ཐུགས་ཀ་ནས། །འོད་ཟེར་སྔོན་པོའི་ཚོགས་འཕྲོས་སྙིང་ཁར་ཐིམ། །ཤེར་དབང་ཐོབ་ཅིང་ཡིད་ཀྱི་སྒྲིབ་པ་དག །སླར་ཡང་བླ་མའི་སྐུ་གསུང་ཐུགས་གསུམ་ལས། །འོད་ཟེར་དཀར་དམར་མཐིང་གསུམ་ཅིག་ཅར་འཕྲོས། །རང་གི་སྙིང་མགྲིན་སྤྱི་བོར་ཐིམ་པ་ལས། །ཚིག་དབང་ཐོབ་ཅིང་སྒྲིབ་ཀུན་དག་པར་བསམ། །རྗེ་བཙུན་བླ་མ་བློ་བཟང་གྲགས་

པའི་དཔལ། །གུས་ལྡན་བདག་གི་སྙིང་ཁར་པདྨོ་ལ། །བྱང་ཆུབ་བར་དུ་འབྲལ་མེད་བརྟན་བཞུགས་ནས། །སྐུ་གསུང་ཐུགས་ཀྱི་དངོས་གྲུབ་རྩལ་དུ་གསོལ། །ཞེས་གསོལ་བ་བཏབ་པས་སྤྱི་བོའི་བླ་མ་དེ་ཉིད་འཕེལ་སོར་གྱི་ཚད་ཙམ་དུ་གྱུར་ནས་རང་གི་ཚངས་བུག་ནས་ཞུགས། །ཙ་དབུ་མའི་ལམ་བརྒྱུད་སྙིང་པདྨ་འདབ་བརྒྱད་ཀྱི་དབུས་སུ་ཐིམ། །སྙིང་ཁའི་པདྨ་ཁ་ཟུམ་མཐའ་སྐོར་དུ་ཨོཾ་ཨ་ར་པ་ཙ་ན་དྷཱིཿ སུ་མ་ཏི་ཀཱིརྟི་ཤྲཱི་བྷ་དྲ་ཨ་ཏིཥྛཱ་ན་ཨ་ཏིཥྛི་ཏི་ཀུརྷུ། ཞེས་པའི་སྔགས་ཀྱིས་དམ་དུ་བཅིང་སྟེ་ཇི་སྲིད་བྱང་ཆུབ་མ་ཐོབ་ཀྱི་བར་དུ་མི་འབྲལ་བར་བཞུགས་པར་བསམ། འདིས་མཚོན་དུས་གསུམ་བསགས་པའི་དགེ་བ་ཀུན། །བདག་དང་མར་གྱུར་འགྲོ་བ་མ་ལུས་པའི། །སྒྲིབ་གཉིས་བག་ཆགས་བཅས་པ་བྱང་སྦྱང་ནས། །བླ་མེད་སྐུ་བཞིའི་བདག་ཉིད་ཐོབ་ཕྱིར་བསྔོ། །སྐྱེ་བ་ཀུན་ཏུ་མཚན་ལྡན་བཤེས་མཇལ་ནས། །བསམ་དང་སྦྱོར་བས་ཚུལ་བཞིན་ལེགས་བསྟེན་ཏེ། །ཐོས་བསམ་སྒོམ་དང་འཆད་རྩོད་རྩོམ་པ་ཡིས། །རང་གཞན་རྒྱུད་ལ་རྒྱལ་བསྟན་སྤེལ་བར་ཤོག །འཇིག་རྟེན་ཀུན་ཏུ་ནད་རིམས་འཐབ་རྩོད་སོགས། །མི་འདོད་ཀུན་ཞི་ཆོས་ནོར་ལོངས་སྤྱོད་དང་། །འདོད་དགུའི་འབྱོར་བ་དབྱར་མཚོ་ལྟར་འཕེལ་ཞིང་། །དགེ་ལེགས་དཔལ་ལ་རོལ་བའི་བཀྲ་ཤིས་ཤོག །ཅེས་པ་དང་གཞན་ཡང་བསྔོ་སྨོན་བཀྲ་ཤིས་ཅི་རིགས་པས་བརྒྱན་པར་བྱའོ། །ཅེས་བླ་མའི་རྣལ་འབྱོར་བྱིན་རླབས་མྱུར་འཇུག་ཞེས་བྱ་བ་འདི་ནི་སྔོན་བསགས་ལེགས་བྱས་ཀྱི་མཐུ་བརྟས་པས་རིགས་རུས་ཕུན་སུམ་ཚོགས་པས་མངོན་པར་མཐོ་བ་དད་པ་དང་གཏོང་བ་དང་རྣམ་དཔྱོད་མཆོག་ཏུ་ཡངས་པ་སོགས་དམ་པས་བསྔགས་པའི་ཡོན་ཏན་དུ་མས་ཉེ་བར་མཛེས་པ་པོའི་ལྷི་རྗེ་རྗེ་ཚེ་བརྟན་གྱིས་འདི་ལྟ་བུ་ཞིག་དགོས་ཞེས་ནན་ཏན་ཆེན་པོས་བསྐུལ་བའི་ངོར་བཙུན་གཟུགས་སློམ་ལས་བསྐྱ་སྐྱེས་མིང་ཅན་ངག་དབང་ཆོས་ཀྱི་གྲགས་པ་བསྟན་པའི་རྒྱལ་མཚན་དཔལ་བཟང་པོས་འཇམ་དབྱངས་གོང་མའི་རྒྱལ་ཁབ་ཅིང་གི་ཟུང་གྲུ་ཟེའི་ལྷ་ཁང་དུ་སྦྱར་བའི་ཡི་གེ་པ་ནི་དཔྱོད་ལྡན་དགེ་ཚུལ་ཚུལ་ཁྲིམས་ཆོས་འཕེལ་ལོ། །འདིས་ཀྱང་བསྟན་པ་སྤྱི་དང་ཁྱད་པར་རྒྱལ་བ་གཉིས་པ་ཤར་ཙོང་ཁ་པ་བློ་བཟང་གྲགས་པ་ཡབ་སྲས་ཀྱི་རིང་ལུགས་དྲི་མ་མེད་པ་འདི་ཉིད་སྒོ་ཐམས་ཅད་ནས་ཕྱོགས་ཐམས་ཅད་དུ་དར་ཞིང་རྒྱས་ལ་ཡུན་རིང་དུ་གནས་པར་གྱུར་ཅིག །སརྦ་མངྒ་ལཾ།།

༄༅། །རིགས་གསུམ་སྤྱི་སྒྲུབ་ཀྱི་བླ་མའི་རྣལ་འབྱོར་ཞིན་ཏུ་བསྡུས་པ་བཞུགས་སོ།

༄། །ཆོས་ཀྱི་རྒྱལ་པོ་ཙོང་ཁ་པ་ཆེན་པོའི་ཞབས་ལ་གུས་པས་ཕྱག་འཚལ་ལོ། །འདིར་རྒྱལ་བ་ཙོང་ཁ་པ་དང་། དྲིན་ཅན་རྩ་བའི་བླ་མ་དབྱེར་མེད་དུ་མོས་ཏེ། གསོལ་བ་འདེབས་ཚུལ་གོང་ས་ལྔ་པ་ཆེན་པོས་མཛད་པའི་དམིགས་བརྩེ་མའི་ཊཱི་ཀཱའི་ནང་ནས་འབྱུང་བའི་རིགས་གསུམ་སྤྱི་སྒྲུབ་ཀྱི་བླ་མའི་རྣལ་འབྱོར་ཉམས་སུ་ལེན་ཚུལ་ཤིན་ཏུ་བསྡུས་པ་ནི། ཐོག་མར་འཁོར་བ་དང་ངན་སོང་གི་སྡུག་བསྔལ་ལ་འཇིགས་ཏེ་དེ་ལས་བསྐྱབ་པའི་ཕྱིར། བླ་མ་ལ་སྐྱབས་སུ་མཆིའོ། །སངས་རྒྱས་ལ་སྐྱབས་སུ་མཆིའོ། །ཆོས་ལ་སྐྱབས་སུ་མཆིའོ། །དགེ་འདུན་ལ་སྐྱབས་སུ་མཆིའོ། །སངས་རྒྱས་ཆོས་དང་ཚོགས་ཀྱིས་མཆོག་རྣམས་ལ། །བྱང་ཆུབ་བར་དུ་བདག་ནི་སྐྱབས་སུ་མཆི། །བདག་གིས་སྦྱིན་སོགས་བགྱིས་པ་འདི་དག་གིས། །འགྲོ་ལ་ཕན་ཕྱིར་སངས་རྒྱས་འགྲུབ་པར་ཤོག །སེམས་ཅན་ཐམས་ཅད་བདེ་བ་དང་བདེ་བའི་རྒྱུ་དང་ལྡན་པར་གྱུར་ཅིག །སྡུག་བསྔལ་དང་སྡུག་བསྔལ་གྱི་རྒྱུ་དང་བྲལ་བར་གྱུར་ཅིག །སྡུག་བསྔལ་མེད་པའི་བདེ་བ་དང་མི་འབྲལ་བར་གྱུར་ཅིག །ཉེ་རིང་ཆགས་སྡང་གཉིས་དང་བྲལ་བའི་བཏང་སྙོམས་ལ་གནས་པར་གྱུར་ཅིག །དེ་རྣམས་ཚར་གསུམ་རེ་བརྗོད་ནས། རང་གི་སྤྱི་བོའམ། མདུན་གྱི་ནམ་མཁའ་སྙོམ་གང་བདེ་བྱུས་ཆོག་པས། རང་གི་སྤྱི་བོར་སེང་གེས་བཏེགས་པའི་རིན་པོ་ཆེའི་ཁྲིའི་སྟེང་དུ་པདྨ་དང་ཟླ་བའི་གདན་ལ། ངོ་བོར་རང་གི་དྲིན་ཅན་རྩ་བའི་བླ་མ་ཡིན་པ་ལ་རྣམ་པ་ཆོས་ཀྱི་རྒྱལ་པོ་ཙོང་ཁ་པ་སྐུ་མདོག་དཀར་ལ་དམར་བའི་མདངས་ཆགས་པ། འཛུམ་ཞལ་དགྱེས་པའི་ཉམས་ཅན། ཕྱག་གཉིས་ཐུགས་ཀར་ཆོས་འཁོར་གྱི་ཕྱག་རྒྱས་ཨུཏྤ་ལའི་ཡུ་བ་འཛིན་པའི་འདབ་མ་སྣན་གྱི་ཐད་དུ་ཁ་བྱེ་བའི་གཡས་ཀྱི་འདབ་སྟེང་ཤེས་རབ་ཀྱི་རལ་གྲི་དང་། གཡོན་གྱི་འདབ་སྟེང་བརྒྱད་སྟོང་པའི་གླེགས་

བམ་གྱིས་མཚན་པ། སྐུ་ལ་ཆོས་གོས་ངུར་སྨིག་མདོག་ཅན་གསུམ་དང་། དབུ་ལ་པཎ་ཞྭ་སྣེ་རིང་གསོལ་བ། འཇའ་ཚོན་སྣ་ལྔའི་གུར་ཁྱིམ་གྱིས་བསྐོར་བའི་དབུས་ན་ཞབས་རྡོ་རྗེའི་སྐྱིལ་ཀྲུང་གིས་བཞུགས་པ། དེའི་སྤྱི་བོའི་དབུས་སུ་འཇམ་དབྱངས་དམར་སེར་གླིགས་བམ་དང་རལ་གྲི་འཛིན་པ། མགྲིན་པའི་དབུས་སུ་སྤྱན་རས་གཟིགས་ཕྱག་བཞི་པ་ཕྱག་དང་པོ་གཉིས་ཐུགས་ཀར་ཐལ་མོ་སྦྱར་ཞིང་། གཡས་འོག་མས་ཤེལ་ཕྲེང་། གཡོན་འོག་མས་པད་དཀར་འཛིན་པ། ཐུགས་ཀའི་དབུས་སུ་ཕྱག་ན་རྡོ་རྗེ་གཡས་རྡོ་རྗེ་འཕྱར་ཞིང་། གཡོན་ཐུགས་ཀར་སྡིག་མཛུབ་མཛད་པ་ཞབས་གཡས་བསྐུམ་གཡོན་བརྐྱང་གིས་བཞུགས་པ། འཇམ་དབྱངས་ཀྱི་ཐུགས་ཀར་ཨོཾ་དཀར་པོ། སྤྱན་རས་གཟིགས་ཀྱི་ཐུགས་ཀར་ཧྲཱིཿ དམར་པོ་ཕྱག་རྡོར་གྱི་ཐུགས་ཀར་ཧཱུྃ་སྔོན་པོ། དེ་གསུམ་ལས་འོད་ཟེར་འཕྲོས། བླ་མ་ཡི་དམ་ཆོས་སྐྱོང་སྲུང་མ་མ་ལུས་པ་རིགས་གསུམ་མགོན་པོའི་རྣམ་པར་སྤྱན་དྲངས་ཏེ་རྗེ་མཚན་ལ་ཁ་བ་བབས་པ་བཞིན་ཐིམ་པས་སྐྱབས་གནས་ཀུན་འདུས་ཀྱི་བདག་ཉིད་དུ་གྱུར། དེ་ནས་རྒྱས་པར་ན་ཡན་ལག་བདུན་པ་དང་། ཆུ་གཉིས་ཉེར་སྤྱོད་སོགས་མཆོད་པ་གང་རྒྱས་ཕུལ། མདོར་བསྡུ་ན། དམིགས་མེད་བརྩེ་བའི་ཞེས་སོགས་གསོལ་འདེབས་ཕྱག་འཚལ་དུ་བསྒྱུར། མཆོད་ཚོགས་ཀུན་འབུལ་སྡིག་ལྟུང་མ་ལུས་བཤགས། །དགེ་ལ་ཡི་རང་ཆོས་འཁོར་བསྐོར་དུ་གསོལ། །མྱ་ངན་མི་འདའ་སྲིད་མཐར་བརྟན་པར་བཞུགས། །དུས་གསུམ་དགེ་བ་བྱང་ཆུབ་ཆེན་པོར་བསྔོ། །དེ་ནས་ཚེ་འདིའི་ནད་གདོན་ཞི་ཞིང་། མངའ་ཐང་ལེགས་བརྒྱུད་རྒྱས་པ་དང་། ཕྱི་མ་ངན་འགྲོར་མི་ལྟུང་ཞིང་། མྱུར་དུ་སངས་རྒྱས་ཐོབ་པ་རྗེ་བདག་ཉིད་ཆེན་པོ་ཁྱེད་རང་མཁྱེན་སྙམ་པ་བྱས་ལ་ཕྱག་རྡོར་གྱི་ཐུགས་ཀའི་ཧཱུྃ་ཡིག་གི་མཐར་དམིགས་བརྩེ་མའི་སྔགས་ཕྲེང་ཡི་གེ་དབུ་ཅན་གྱི་རྣམ་པ་ཁ་དོག་གསེར་ལྟ་བུ། དེ་ལས་འོད་ཟེར་འཕྲོས་སངས་རྒྱས་སྲས་བཅས་ཀྱི་བྱིན་རླབས་དང་། འཇིག་རྟེན་གྱི་ཕུན་ཚོགས་ཐམས་ཅད་འོད་ཟེར་དང་བདུད་རྩི་སེར་པོའི་རྣམ་པར་བསྡུས་སྔགས་ཕྲེང་ལ་ཐིམ། དེ་ལས་འོད་ཟེར་དང་བདུད་རྩིའི་རྒྱུན་བབས། རང་གཞན་སེམས་ཅན་རྣམས་ཀྱི་སྤྱི་བོ་ནས་ཞུགས་ལུས་ཀྱི་ནང་གང་ནད་གདོན་སྡིག་སྒྲིབ་ཐམས་ཅད་བྱང་ཞིང་དག །འཆད་རྩོད་རྩོམ་གསུམ་གྱི་ཤེས་རབ་རྒྱས་ཏེ་ལུས་དྭངས་གསལ་འོད་ཀྱི་རང་བཞིན་ཅན་དུ་གྱུར་པར་བསམས་ལ། དམིགས་མེད་བརྩེ་བའི་གཏེར་ཆེན་སྤྱན་རས་གཟིགས། །དྲི་

མེད་མཁྱེན་པའི་དབང་པོ་འཇམ་དཔལ་དབྱངས། །གངས་ཅན་མཁས་པའི་གཙུག་རྒྱན་ཙོང་ཁ་པ། །བློ་བཟང་གྲགས་པའི་ཞབས་ལ་གསོལ་བ་འདེབས། །ཞེས་བརྒྱ་སྟོང་སོགས་ཇི་ལྟར་ནུས་པ་བརྗོད་ཅིང་། རིགས་གསུམ་མགོན་པོ་སོ་སོ་གསོལ་བ་འདེབས་པར་འདོད་ན། འཇམ་དབྱངས་ཀྱི་ཐུགས་ཀར་ཧྲཱིཿའི་མཐའ་སྐོར་དུ། ཨོཾ་ཨ་ར་པ་ཙ་ན་ཧྲཱིཿ སྤྱན་རས་གཟིགས་ཀྱི་ཐུགས་ཀར་ཧྲཱིཿའི་མཐའ་སྐོར་དུ། ཨོཾ་མ་ཎི་པདྨེ་ཧཱུྃ། ཕྱག་རྡོར་གྱི་ཧཱུྃ་གི་མཐར་སྐོར་དུ། ཨོཾ་བཛྲ་པཱ་ཎི་ཧཱུྃ། སྔགས་དེ་རྣམས་ལྷ་སོ་སོའི་ཁ་དོག་དང་མཐུན་པར་དམིགས་ནས་བཟླ། དེ་ལྟར་ཐུན་གཅིག་གམ། བཞི་འམ་ད་ནང་ནས་དགོངས་མོ་ཉལ་ཁ་བར་བླ་མ་མི་བསྡུ་བར་འཇོག་པ་གང་བདེ་བྱས་ནས་བསྡུ་པའི་ཚེ་རྒྱས་ན་དབང་བཞི་བྱིན་རླབས་ཀྱི་ཚུལ་དུ་ལེན་པ་མན་ངག་ལྟར་དང་། འཕྱེར་བདེ་བ་བྱེད་ན། དཔལ་ལྡན་རྩ་བའི་བླ་མ་རིན་པོ་ཆེ། །བདག་གི་སྙིང་གར་པད་ཟླའི་སྟེང་བཞུགས་ལ། །བཀའ་དྲིན་ཆེན་པོའི་སྒོ་ནས་རྗེས་བཟུང་སྟེ། །སྐུ་གསུང་ཐུགས་ཀྱི་དངོས་གྲུབ་རྩལ་དུ་གསོལ། །ཞེས་གསོལ་བ་བཏབ་པས། རྗེ་རིན་པོ་ཆེ་རིགས་གསུམ་མགོན་པོ་དང་བཅས་པ་འོད་དུ་ཞུ་ནས་རང་ལ་ཐིམ་པ་རང་གི་ལུས་ངག་ཡིད་གསུམ་དང་། དེའི་སྐུ་གསུང་ཐུགས་དབྱེར་མི་ཕྱེད་པར་བྱིན་གྱིས་བརླབས་པར་གྱུར། ཚེ་རབས་ཀུན་ཏུ་རྒྱལ་བ་ཙོང་ཁ་པས། །ཐེག་མཆོག་བཤེས་གཉེན་དངོས་སུ་མཛད་པའི་མཐུས། །རྒྱལ་བས་བསྔགས་པའི་ལམ་བཟང་དེ་ཉིད་ལས། །སྐད་ཅིག་ཙམ་ཡང་ལྡོག་པར་མ་གྱུར་ཅིག །ཅེས་སོགས་བསྔོ་སྨོན་ཅི་རིགས་བརྗོད་པར་བྱའོ། །ཞེས་པ་འདི་ནི་སྤྱིང་མགར་བའི་བླ་མ། ཇའི་སངས་རྣམས་ལ་འདིའི་ཁྲིད་བཏང་སྐབས་ཚུལ་འདི་ཡི་གེར་འཁོད་པ་ཞིག་དགོས་ཞེས་བསྐུལ་མ་བྱུང་བ་ལྟར་ཇེ་སྒྲུབ་ཁང་པའི་མན་ངག་བཞིན་ཕུར་བུ་ཕྱོག་ཏུ་བྱམས་པས་བྲིས་པ་དགེ་ལེགས་འཕེལ།། །།

༄༅། །རྗེ་རིན་པོ་ཆེས་མཁས་གྲུབ་རིན་པོ་ཆེ་ལ་གདམས་པ་ཅིག་བརྒྱུད་ཀྱི་ཚུལ་དུ་གནང་བའི་བླ་མའི་རྣལ་འབྱོར་ཉམས་སུ་ལེན་ཚུལ་བཞུགས་སོ།

༄༅། །བླ་མ་དང་རྗེ་བཙུན་འཇམ་པའི་དབྱངས་དབྱེར་མི་ཕྱེད་པའི་ཞབས་ལ་གུས་པས་ཕྱག་འཚལ་ལོ། །འདིར་རྗེ་བླ་མས་མཁས་གྲུབ་རིན་པོ་ཆེ་ལ་གདམས་པ་ཅིག་བརྒྱུད་ཀྱི་ཚུལ་དུ་གནང་བའི་བླ་མའི་རྣལ་འབྱོར་ཉམས་སུ་ལེན་ཚུལ་ཤིན་ཏུ་བསྡུས་པ་ནི། ཐོག་མར་མཆོད་པ་ཇི་ལྟར་འདོད་པ་བཤམས། བདེ་བའི་སྟན་ལ་འཁོད་པའམ། འགྲོ་བཞིན་པ་ཡིན་ཀྱང་རུང་། སྐྱབས་འགྲོ་སེམས་བསྐྱེད་ཚད་མེད་བཞི་བསྒོམས་པ་སྔོན་དུ་བཏང་ནས། མཆོད་པ་རྣམས་བྱིན་གྱིས་བརླབས་ཏེ། མདུན་གྱི་ནམ་མཁར་སེང་ཁྲི་པད་ཟླའི་གདན་ལ་ངོ་བོ་རང་གི་དྲིན་ཅན་རྩ་བའི་བླ་མ་དང་། རྒྱལ་བ་ཙོང་ཁ་པ་དབྱེར་མེད་ཡིན་པ་ལ། རྣམ་པ་རྗེ་བཙུན་འཇམ་པའི་དབྱངས་སྐུ་མདོག་དམར་སེར་ཞལ་གཅིག་ཕྱག་གཉིས་ཀྱི་གཡས་ཤེས་རབ་ཀྱི་རལ་གྲི་ནམ་མཁའ་ལ་འཕྱར་ཞིང་། གཡོན་མཐེབ་སྲིན་གྱིས་ཨུཏྤ་ལའི་ཡུ་བ་ཐུགས་ཀར་འཛིན་པ་སྙན་གྱི་ཐད་དུ་ཁ་བྱེ་བའི་སྟེང་ན་བརྒྱད་སྟོང་པའི་གླེགས་བམ་གྱིས་མཚན་པ། གཞོན་ནུ་བཅུ་དྲུག་ལོན་པའི་ན་ཚོད་ཅན། རལ་བའི་ཟུར་ཕུད་ལྔ་དང་ལྡན་པ་རིན་པོ་ཆེའི་རྒྱན་དང་དར་སྣ་ཚོགས་ཀྱི་ན་བཟའ་ཅན་འོད་ཟེར་གྱི་ཕུང་པོའི་དབུས་ན་ཞབས་རྡོ་རྗེ་སྐྱིལ་ཀྲུང་གིས་བཞུགས་པ། དེའི་སྤྱི་བོར་ཨོཾ། མགྲིན་པར་ཨཱཿ ཐུགས་ཀར་ཧཱུྃ། ཧཱུྃ་ལས་འོད་ཟེར་འཕྲོས། བླ་མ་ཡི་དམ་སངས་རྒྱས་བྱང་སེམས་ཉན་རང་ཆོས་སྐྱོང་ཐམས་ཅད་སྤྱན་དྲངས་ཏེ་ཐིམ་པས་སྐྱབས་གནས་ཀུན་འདུས་ཀྱི་ངོ་བོར་གྱུར། གང་གིས་དྲིན་གྱིས་བདེ་ཆེན་གནས། །སྐད་ཅིག་གིས་ནི་ཐོབ་འགྱུར་བ། །བླ་མ་རིན་ཆེན་ལྟ་བུའི་སྐུ། །རྡོ་རྗེ་ཅན་ཞབས་པད་ལ་འདུད། །ཨོཾ་གུ་རུ་བཛྲ་

ཧྲཱ་ར་ས་པྲ་རི་པྲ་ར་ཨཀྵོཾ་པྲ་ཧི་ཀྵ་ཀྵུཾ་སྭཱ་ཧཱ། ཞེས་སོགས་ཆུ་གཉིས་ཉེར་སྦྱོད། འདོད་ཡོན་ལྔ་སོགས་འབུལ་ཞིང་། ནང་མཆོད་ཀྱང་འབུལ། མཎྜལ་ཡང་ཕུལ་ལ། རྒྱས་པར་ན་ས་གསུམ་མ་དང་དེ་ཙམ་མི་སྤྲོ་ན། འཇམ་དབྱངས་ཀྱི་ཐུགས་ཀར་ཟླ་བའི་དབུས་སུ་ཧཱུྂཿ ཡིག་གི་མཐར་དམིགས་བཟླ་མའི་སྔགས་ཕྲེང་སེར་པོས་བསྐོར་བ། དེ་ལས་འོད་ཟེར་འཕྲོས། རྒྱལ་བ་སྲས་བཅས་ཀྱི་བྱིན་རླབས་དང་། ཕྱི་ནང་གི་པཎ་གྲུབ་རྣམས་ཀྱི་འཆད་རྩོད་རྩོམ་གསུམ་གྱི་བློ་གྲོས་ཐམས་ཅད་བསྡུས་ཏེ་སྔགས་ཕྲེང་ལ་ཐིམ། དེ་ལས་བདུད་རྩིའི་རྒྱུན་བབས་པའི་རྟུལ་ཕྲ་རབ་རྣམས་སྐུ་གཟུགས་ཡིག་འབྲུ་ཕྱག་མཚན་གྱི་རྣམ་པ་ཅན་རང་གཞན་གྱི་སྤྱི་གཙུག་ནས་ཞུགས། སྡིག་སྒྲིབ་ནད་གདོན་ཐམས་ཅད་སྦྱངས། ཚེ་དང་བསོད་ནམས་རྒྱས། འཆད་རྩོད་རྩོམ་གསུམ་གྱི་བློ་གྲོས་ཐོགས་པ་མེད་པར་གྱུར་པར་བསམ། ཨོཾ་ཨ་ར་པ་ཙ་ན་ཧཱུྂཿ ཞེས་པ་དང་། དམིགས་མེད་བརྩེ་བའི་གཏེར་ཆེན་སྤྱན་རས་གཟིགས། །དྲི་མེད་མཁྱེན་པའི་དབང་པོ་འཇམ་དཔལ་དབྱངས། །གངས་ཅན་མཁས་པའི་གཙུག་རྒྱན་ཙོང་ཁ་པ། །བློ་བཟང་གྲགས་པའི་ཞབས་ལ་གསོལ་བ་འདེབས། །ཞེས་པ་གང་མང་བཟླ་ཞིང་། དེ་ཡང་ཐུན་བཞི་འམ་ཉིན་རེ་བཞིན་ཐུན་གཅིག་གང་བྱས་ཀྱང་མཧྟག་ཏུ་རྒྱས་པར་ན། དཔལ་ལྡན་རྩ་བའི་བླ་མ་རིན་པོ་ཆེ། །ཞེས་སོགས་ལན་གསུམ་བརྗོད་ནས་རྗེ་རིན་པོ་ཆེའི་གནས་གསུམ་གྱི་ཡིག་འབྲུ་ལས་བདུད་རྩི་དཀར་དམར་མཐིང་གསུམ་བྱུང་ནས། སྒོ་གསུམ་སོ་སོ་བ་དང་། ཐུན་མོང་གི་སྒྲིབ་པ་སྦྱངས་ནས་དབང་བཞི་བྱིན་རླབས་ཀྱི་ཚུལ་དུ་ལེན་ཞིང་། རང་གི་ལུས་ཀྱི་རྩ་དབུ་མ་དང་། སྙིང་པདྨ་འདབ་བརྒྱད་གསལ་བཏབ་ལ། བླ་མ་སྤྱི་བོར་བྱོན་པ་ཇེ་ཆུང་དུ་སོང་ནས་སྙིང་དབུས་སུ་བཞུགས་པར་མོས། །ཐུན་རྗེས་མ་རྣམས་ཀྱི་བླ་མ་སྟེ་མ་དེ་ཉིད་ལ་ཐིམ་པར་མོས་པ་བྱེད་པ་ཡིན་ལ། མདོར་བསྡུ་ན། དབང་བཞི་བྱིན་རླབས་ཀྱི་ཚུལ་དུ་ལེན་པ་དང་། བླ་མ་སྙིང་དབུས་སུ་སྤྱན་འདྲེན་པ་བཞག་ནས། དཔལ་ལྡན་རྩ་བའི་བླ་མ་རིན་པོ་ཆེ། །བདག་གི་སྤྱི་བོར་པད་ཟླའི་སྟེང་བཞུགས་ལ། །བཀའ་དྲིན་ཆེན་པོའི་སྒོ་ནས་རྗེས་བཟུང་སྟེ། །སྐུ་གསུང་ཐུགས་ཀྱི་དངོས་གྲུབ་སྩལ་དུ་གསོལ། །ཞེས་གསོལ་བ་བཏབ་པས། མདུན་གྱི་བླ་མ་འཇམ་པའི་དབྱངས་མེ་ལོང་ལ་ཧ་བཏབ་པ་བཞིན་འོད་དུ་ཞུ་བ་སྐར་མདའ་འཕངས་པ་བཞིན་

དུ་རང་གི་སྨིན་མཚམས་ནས་ཐིམ་པས། རྗེ་རིན་པོ་ཆེའི་སྐུ་གསུང་ཐུགས་ཀྱི་བྱིན་རླབས་ཞུགས། བྱང་ཆེན་བར་དུ་རྗེས་སུ་བཟུང་བའི་མོས་པ་བྱས་ཏེ། དཔལ་ལྡན་བླ་མ་ཁྱེད་སྐུ་ཅི་འདྲ་དང་། །ཞེས་སོགས་དང་། ཚེ་རབས་ཀུན་ཏུ་རྒྱལ་བ་ཙོང་ཁ་པས། །ཞེས་སོགས་བསྔོ་སྨོན་ཅི་རིགས་བྱའོ། །ཞེས་པ་འདི་ན་སྦྱོང་མགར་བླ་མ་མཁས་ཤིང་བཙུན་པ་དགེ་ལེགས་ཆོས་འཕེལ་གྱིས་ང་སྐྱལ་བ་ལྷར་ཕུར་བུ་ཕྱོག་ཏུ་བྱམས་པས་བྲིས་པ་དགེ་ལེགས་འཕེལ། ། ། །

༄༅། །རྗེ་རིན་པོ་ཆེ་ལ་བརྟེན་པའི་རིགས་གསུམ་སྤྱི་སྒྲུབ་ཀྱི་བླ་མའི་རྣལ་འབྱོར་དགོས་འདོད་ཀུན་འབྱུང་བཞུགས་སོ།

༄། །ཐུབ་དབང་མ་རྟོགས་མཚོ་ལས་འོངས་པ་ཡིས། །མདོ་སྔགས་ལེགས་བཤད་ཆུ་ཀླུང་བགྲང་ཡས་རྣམས། །གང་གི་བློ་གྲོས་གྲུ་གཅིག་ན་འཁྱིལ་བ། །བློ་བཟང་གྲགས་པའི་དཔལ་དེར་སྙིང་ནས་འདུད། །འདིར་ཐམས་ཅད་མཁྱེན་པ་ལྔ་པ་ཆེན་པོས་མཛད་པའི་དམིགས་བརྩེ་མའི་ཊཱི་ཀཱ་ལས་གསུངས་པའི་རིགས་གསུམ་སྤྱི་སྒྲུབ་ཀྱི་བླ་མའི་རྣལ་འབྱོར་ཉམས་སུ་ལེན་ཚུལ་རྗེ་བཙུན་སྒྲུབ་ཁང་བ་ཆེན་པོའི་དྲུང་ནས་ཇི་ལྟར་ཐོབ་པ་བཞིན་ཉམས་ལེན་ཟིན་བྲིས་སུ་འགོད་པ་ལ། ཐོག་མར་ཡིད་མཐུན་གྱི་གནས་སུ། རྗེ་རིན་པོ་ཆེའི་སྐུ་རྟེན་སོགས་ཀྱི་མདུན་དུ་མཆོད་པ་ཕུན་སུམ་ཚོགས་པ་བཀྲམ་སྟེ་སྟན་བདེ་བ་ལ་འཁོད་ནས་སྐྱབས་འགྲོའི་རྒྱུ་འཇིགས་པ་དང་དད་པ་སྔོན་དུ་བཏང་ནས་སྐྱབས་ཡུལ་གསལ་བཏབ་སྟེ། བླ་མ་ལ་སྐྱབས་སུ་མཆིའོ། །ཞེས་སོགས་དང་། སངས་རྒྱས་ཆོས་དང་ཚོགས་ཀྱི་མཆོག་རྣམས་ལ། །ཞེས་ཚར་གསུམ་རེ། དེ་ནས་རང་འཇམ་དབྱངས་སུ་གསལ་བའི་ཐུགས་ཀའི་ཧཱུྃ་ལས་འོད་ཟེར་འཕྲོས། བླ་མ་འཇམ་དཔལ་དབྱངས་ཀྱིས་རྣམ་པ་ཅན་ལ་སྐྱབས་གནས་མ་ལུས་པས་བསྐོར་བ་མདུན་གྱི་ནམ་མཁར་སྤྱན་དྲངས། ཨོཾ་ཨཱནྟ་མཎྜུ་ཤཱི་ས་པཱུ་རི་ཤཱུ་ར་ཨཀྵོཾ་པྲ་ཏི་ཙྪ་ཧཱུྃ། དེ་བཞིན་དུ་ཤབྡའི་བར་གྱིས་མཆོད། དཀོན་མཆོག་གསུམ་ལ་བདག་སྐྱབས་མཆི། ཞེས་སོགས་ལན་གསུམ། ཚོགས་ཞིང་རྣམས་རང་ལ་ཐིམ་པར་གྱུར། སེམས་ཅན་ཐམས་ཅད་བདེ་བ་དང་། ཞེས་སོགས་ལན་གསུམ་བརྗོད། རང་ཐ་མལ་དུ་གནས་པའི་སྙིང་སྒོ་ང་ལྟ་བུ་ཁ་གྱེན་དུ་བསྟན་པ་འོད་ཀྱི་རང་བཞིན་ཅན། དེའི་དབུས་སུ་རང་སེམས་ཧྲཱིཿཡིག་དམར་སེར་ལས་འོད་འཕྲོས་འཕགས་པ་མཆོད་སེམས་ཅན་གྱི་དོན་བྱས། ཚུར་འདུས་ཧྲཱིཿལ་ཐིམ། དེ་ཡོངས་སུ་གྱུར་པ་ལས་རང་ཉིད་རྗེ་བཙུན་འཇམ་དཔལ་དབྱངས་སྐུ་མདོག་དམར་སེར་ཞལ་གཅིག་ཕྱག་གཉིས་པ་

གཞོན་ནུ་བཅུ་དྲུག་ལོན་པའི་ན་ཚོད་ཅན། ཞི་བ་འཛུམ་པའི་ཉམས་དང་ལྡན་པ་རལ་པའི་ཟུར་ཕུད་གཡོན་དུ་འཆང་བ། རིན་པོ་ཆེའི་རྒྱན་དང་དར་གྱི་ན་བཟས་སྤྲས་པ། ཕྱག་གཡས་ཤེས་རབ་ཀྱི་རལ་གྲི་ནམ་མཁའ་ལ་འཕྱར་ཞིང་། གཡོན་མེ་ཏོག་ཨུཏྤ་ལའི་ཡུ་བ་ཐུགས་ཀར་མཐེབ་སྲིན་གྱིས་འཛིན་པ། འདབ་མ་སྔོན་གྱི་ཐད་དུ་ཁ་བྱེ་བའི་སྟེང་དུ་བརྒྱད་སྟོང་པའི་གླེགས་བམ་གྱིས་མཚན་པ། སྐུ་ལས་འོད་ཟེར་གྱི་ཚོགས་དུ་མ་འཕྲོ་བ་སྣང་ལ་རང་བཞིན་མེད་པ་མེ་ལོང་ནང་གི་གཟུགས་སྙན་ལྟར་གསལ་བའི་དཔྲལ་བར་ཨོཾ་དཀར་པོ། མགྲིན་པར་ཨཱཿ དམར་པོ། ཐུགས་ཀར་ཧཱུྃ་སྔོན་པོ་དེ་ལས་འོད་འཕྲོས། རང་བཞིན་གྱི་གནས་ནས་བསྒོམ་པ་དང་འདྲ་བའི་ཡེ་ཤེས་པ་སྤྱན་དྲངས། ཛཿ ཧཱུྃ་བཾ་ཧོཿ གཉིས་སུ་མེད་པར་གྱུར། ཨོཾ་ཨཱརྱ་མཉྫུ་ཤྲཱི་ཨརྒྷཾ་ནས་ཤབྡའི་བར་གྱིས་མཆོད། རབ་དཀར་ཆུ་སྐྱེས་རྒྱས་པའི་ལྟེ་བ་ལ། །ཆུ་ཤེལ་དབང་པོའི་དཀྱིལ་འཁོར་རྫོགས་པའི་སྟེང་། །བཅུ་དྲུག་ལང་ཚོའི་གཟི་ལྡན་བཀྲིང་བག་ཅན། །འཇམ་དབྱངས་གཞོན་ནུའི་སྐུ་ལ་ཕྱག་འཚལ་བསྟོད། །དེ་ནས་རང་གི་ཐུགས་ཀར་ཟླ་བའི་སྟེང་དུ་ཧྲཱིཿ ཡིག་མཐར་སྔགས་ཀྱི་འཕྲེང་བས་བསྐོར་བ་ལས་འོད་ཟེར་འཕྲོས། སངས་རྒྱས་བྱང་སེམས་ཕྱི་ནང་གི་མཁས་གྲུབ་རྣམས་ཀྱི་འཆད་རྩོད་རྩོམ་གསུམ་གྱི་ཤེས་རབ་སོགས་སྲིད་ཞིའི་ལེགས་ཚོགས་ཐམས་ཅད་འོད་དང་བདུད་རྩིའི་རྣམ་པར་བསྡུས་ཏེ་སྔགས་འཕྲེང་ལ་ཐིམ། དེ་ལས་བདུད་རྩིའི་རྒྱུན་བབས་པས་ཕྱོགས་ལས་རྣམ་པར་རྒྱལ་བའི་དངོས་གྲུབ་ཐོབ་པར་བསམ་ལ། ཨོཾ་ཨ་ར་པ་ཙ་ན་ཧྲཱིཿ ཞེས་ཅི་མང་བཟླས་པའི་མཐར། གང་ཚེ་བལྟ་བར་འདོད་པའམ་ཞེས་སོགས་བརྗོད། དེ་ནས་མཆོད་རྫས་རྣམས་ཨ་མྲི་ཏས་བསངས་སྦྱངས་བསྐྱེད། ཨོཾ་ཨརྒྷཾ་ཨཱཿཧཱུྃ་སོགས་དང་། ཨོཾ་སྭཱ་བྷཱ་ཝ་ཤུད་དྷེ་ཞེས་སོགས་སྔགས་དྲུག་དང་ཕྱག་རྒྱ་དྲུག་གིས་བྱིན་གྱིས་རློབས། དེ་ནས། རང་གི་མདུན་གྱི་ནམ་མཁར་འབྱུང་བཞིའི་རི་རབ་སྣ་ཚོགས་པདྨ། སྣ་ཚོགས་རྡོ་རྗེ་དང་བཅས་པའི་ལྟེ་བར་གཞལ་ཡས་ཁང་གྲུ་བཞི་སྒོ་བཞི་པ། རྒྱན་ཏ་བབས་སོགས་མཚན་ཉིད་ཐམས་ཅད་ཡོངས་སུ་རྫོགས་པ། དེའི་དབུས་སུ་སེང་གེ་ཆེན་པོ་བརྒྱད་ཀྱིས་བཏེགས་པའི་རིན་པོ་ཆེའི་ཁྲིའི་སྟེང་དུ་སྣ་ཚོགས་པདྨ་ཉི་མ་ཟླ་བའི་དབུས་སུ། དུས་གསུམ་སངས་རྒྱས་ཐམས་ཅད་ཀྱི་མཁྱེན་བརྩེ་ནུས་པའི་བདག་ཉིད་ཧྲཱིཿ དམར་སེར་ཡོངས་སུ་གྱུར་པ་ལས་རལ་གྲིའི་ཡུ་བ་ལ་ཧྲཱིཿ ས་མཚན་པ། དེ་ལས་འོད་འཕྲོས་རྒྱལ་བ་སྲས་བཅས་

མཆོད་སེམས་ཅན་ཐམས་ཅད་ཀྱི་མི་ཤེས་པའི་རྨོངས་པ་གསལ། ཤེས་རབ་ཀྱི་སྣང་བ་ལ་བཀོད་ཚུར་འདུས་རལ་གྲི་ཧྲཱིཿ དང་བཅས་པ་ཡོངས་སུ་གྱུར་པ་ལས། སྐྱབས་གནས་ཀུན་འདུས་རྩ་བའི་བླ་མ་དང་དབྱེར་མེད་པའི་ཆོས་ཀྱི་རྒྱལ་པོ་ཙོང་ཁ་པ་ཆེན་པོ་སྐུ་མདོག་དཀར་ལ་དམར་བའི་མདངས་ཆགས་པ། ཞི་ཞིང་འཛུམ་པ་དགྱེས་པའི་ཉམས་ཅན། པཎ་ཞྭ་སེ་རིང་དང་ཆོས་གོས་ངུར་སྨིག་མདོག་ཅན་གསུམ་མཛེས་པར་གསོལ་བ། ཞབས་རྡོ་རྗེའི་སྐྱིལ་ཀྲུང་གིས་བཞུགས་ཤིང་། །ཕྱག་གཉིས་ཐུགས་ཀར་ཆོས་འཁོར་གྱི་ཕྱག་རྒྱ་མཛད་པ། མཐིལ་མཐེབ་ཀྱི་ཨུཏྤ་ལའི་ཡུ་བ་ནས་བཟུང་བ། འདབ་མ་སྣན་གྱི་ཐད་དུ་ཁ་བྱེ་བའི་གཡས་ཀྱི་འདབ་སྟེང་ན་མི་ཤེས་གཅོད་པའི་རལ་གྲི་དང་། གཡོན་གྱི་འདབ་སྟེང་ན་སྟོང་ཕྲག་བརྒྱད་པའི་གླེགས་བམ་གྱིས་མཚན་པ། དེའི་སྤྱི་བོ་བདེ་ཆེན་གྱི་འཁོར་ལོའི་དབུས་སུ་རྗེ་བཙུན་འཇམ་དབྱངས་དམར་སེར་གླེགས་བམ་རལ་གྲི་འཛིན་པ་མཁྱེན་པ་ལོངས་སྤྱོད་ཀྱི་འཁོར་ལོའི་དབུས་སུ་སྤྱན་རས་གཟིགས་སྐུ་མདོག་དཀར་པོ་ཞལ་གཅིག་ཕྱག་བཞི་པ་དང་པོ་གཉིས་ཐལ་མོ་སྦྱར་ཞིང་། ཕྱག་མ་གཉིས་ཤེལ་འཕྲེང་དང་པད་དཀར་འཛིན་པ་ཐུགས་ཀ་ཆོས་ཀྱི་འཁོར་ལོའི་དབུས་སུ་ཕྱག་ན་རྡོ་རྗེ་སྐུ་མདོག་སྔོན་པོ། གཡས་རྡོ་རྗེ་འཕྱར་ཞིང་། གཡོན་སྡིག་མཛུབ་མཛད་པ། ཞབས་གཡས་བསྐུམ་ཞིང་གཡོན་བརྐྱང་པའི་མེ་དཔུང་རབ་ཏུ་འབར་བའི་དབུས་ན་བཞུགས་པ། རྗེ་རིན་པོ་ཆེའི་དཔྲལ་བར་ཨོཾ། མཁྲིན་པར་ཨཱཿ ཐུགས་ཀར་ཧཱུྃ། ཧཱུྃ་ལས་འོད་ཟེར་འཕྲོས་རང་བཞིན་གྱི་གནས་ནས་རྗེ་ཆེན་སྤྱོད་རྒྱུད། ཟབ་མོ་ལྷ་རྒྱུད་ཉམས་ལེན་བྱིན་རླབས་རྒྱུད་པ་སོགས། བླ་མ་ཡི་དམ་སངས་རྒྱས་བྱང་སེམས། ཉན་རང་ཆོས་སྐྱོང་ནོར་ལྷ་སོགས་སྐྱབས་གནས་སུ་འགྱུར་རོ་ཅོག་ཐམས་ཅད་སྤྱན་དྲངས། རོ་ཚན་ལ་ཁ་བ་བབ་པ་བཞིན་ཐིམ་པས་སྐྱབས་གནས་ཀུན་འདུས་པའི་བདག་ཉིད་དུ་གྱུར། དེ་ནས། སངས་རྒྱས་ཐམས་ཅད་འདུས་པའི་སྐུ། །སོགས་དང་། དམིགས་མེད་བརྩེ་མ་སོགས་དང་ཧེ་སྐྱེད་སུ་དག་ནས། བདག་གིས་བསྟོད་ཞེས་པའི་བར་དང་། རྒྱས་པར་ན། ཚ་གཉིས། ཉེར་སྤྱོད། རོལ་མོ། འདོད་ཡོན། རྒྱལ་སྲིད་སྣ་བདུན་སོགས་ཚོགས་བཅད་ སྤགས་འབུལ་གང་འོས་བྱ། བསྡུ་ན། མེ་ཏོག་དམ་པ་ཞེས་པ་ནས་མཆོད་པ་བགྱི་ཞེས་པའི་བར་དང་། སྦྱོ་ན། ལུང་བཤགས་སྤྱི་བཤགས་སོགས་བྱ། བསྡུ་ན། འདོད་ཆགས་ཞེ་སྡང་ཞེས་པ་ནས། ཕྱིར་བསྒོ་ཞེས་པའི་བར་དང་། མནྜལ་རྒྱས་བསྡུས་ཅི་

རིགས་ཕྱུལ་ཏེ། རྒྱས་པར་ན། དཔལ་ལྡན་ས་གསུམ་མ་སོགས། རྗེ་བླ་མའི་བསྟོད་ཚོགས་ཀྱི་རིགས་དོན་དྲན་བཞིན་པས་བརྗོད་ལ། ཡིད་ཆེས་ཀྱི་དད་པ་བསྒོམ། བསྡུ་ན། དམིགས་བརྩེ་མའི་ཚིག་དོན་ཏེ་ཀ་ནས་ཇི་ལྟར་འབྱུང་བ་རྣམས་ངེས་པར་བྱས་ཏེ། ཕྱག་རྡོར་གྱི་ཐུགས་ཀར་ཉི་མའི་སྟེང་དུ་ཧཱུྃ་ཡིག་གི་མཐར་དམིགས་བརྩེ་མའི་སྔགས་འཕྲེང་ཡི་གེ་དབུ་ཅན་གྱི་གཟུགས་ཁ་དོག་སེར་བཙོ་མ་ལྟ་བུ་གྱེན་དུ་འགྲེང་བས་བསྐོར་བ། དེ་ལས་འོད་ཟེར་འཕྲོས། རྒྱལ་བ་སྲས་བཅས་ཐམས་ཅད་ཀྱི་མཁྱེན་བརྩེ་ནུས་གསུམ་གྱི་ཡོན་ཏན་དང་། ཕྱི་ནང་གི་མཁས་གྲུབ་རྣམས་ཀྱི་རིག་པའི་གནས་ལྔ་ལ་མཁས་པའི་ཤེས་རབ་སོགས་ལེགས་ཚོགས་ཐམས་ཅད། སྐུ་གཟུགས་ཡིག་འབྲུ་ཕྱག་མཚན་གྱི་རྣམ་པར་བསྡུས་ཏེ་སྔགས་ཕྲེང་ལ་ཐིམ། དེ་ལས་འོད་ཟེར་དང་བདུད་རྩིའི་རྒྱུན་བབས། རང་གཞན་སེམས་ཅན་ཐམས་ཅད་ཀྱི་སྤྱི་བོ་ནས་ཞུགས་སྡིག་སྒྲིབ་དང་མི་ཤེས་པའི་རྨོངས་པ་ཐམས་ཅད་སྦྱངས། གསལ་མྱུར་ཟབ་པའི་ཤེས་རབ་ཀྱི་སྣང་བ་རྒྱས་པར་བསམ་ལ། དམིགས་མེད་བརྩེ་བའི་གཏེར་ཆེན་སྤྱན་རས་གཟིགས། །དྲི་མེད་མཁྱེན་པའི་དབང་པོ་འཇམ་དཔལ་དབྱངས། །གངས་ཅན་མཁས་པའི་གཙུག་རྒྱན་ཙོང་ཁ་པ། །བློ་བཟང་གྲགས་པའི་ཞབས་ལ་གསོལ་བ་འདེབས། །ཞེས་ཐུན་རིང་ཐུང་ཇི་ལྟར་རིགས་པ་བརྗོད་ཅིང་། བསྙེན་པ་བྱེད་ན་འབུམ་ཕྲག་གསུམ་ཙམ་བཟླའོ། །རིགས་གསུམ་སོ་སོའི་བཟླས་པ་བྱེད་པར་སྤྲོ་ན། སོ་སོའི་ཐུགས་ཀར་ཧྲཱིཿ ཧྲཱིཿ ཧཱུྃ རྣམས་ཀྱི་མཐར་རང་རང་གི་སྔགས་ཀྱིས་བསྐོར་བ་ལ་དམིགས་ནས་བཟླའོ། །མཐུག་ཏུ་དཔལ་ལྡན་རྩ་བའི་བླ་མ་རིན་པོ་ཆེ། །བདག་གི་སྙིང་གར་པདྨའི་གདན་བཞུགས་ལ། །བཀའ་དྲིན་ཆེན་པོའི་སྒོ་ནས་རྗེས་བཟུང་སྟེ། །སྐུ་གསུང་ཐུགས་ཀྱི་དངོས་གྲུབ་སྩལ་དུ་གསོལ། །འཇིག་རྟེན་འཇིག་རྟེན་འདས་པའི་དགེ་ལེགས་ཀྱི། །ཡོན་ཏན་ཀུན་གྱི་རྩ་བ་དྲིན་ཅན་རྗེ། །ཡིད་ལ་དྲན་པ་ཙམ་གྱིས་དུས་ཀུན་ཏུ། །མོས་གུས་སྐྱོལ་མེད་སྐྱེ་བར་བྱིན་གྱིས་རློབ། །ཞེས་པ་ནས། རྣམ་དག་སྨོན་པའི་གནས་འདི་འགྲུབ་པར་ཤོག །ཞེས་ལན་གསུམ་གསོལ་བ་བཏབ་པས། བླ་མའི་དཔྲལ་བའི་ཨོཾ་ལས་འོད་ཟེར་དཀར་པོ་དང་བདུད་རྩི་དཀར་པོའི་རྒྱུན་བབ། རང་གཞན་སེམས་ཅན་ཐམས་ཅད་ཀྱི་སྤྱི་བོ་ནས་བཞུགས། ལུས་ཀྱི་སྒྲིབ་པ་སྦྱངས། བུམ་པའི་དབང་ཐོབ། བསྐྱེད་རིམ་སྒོམ་པ་ལ་དབང་། སྤྲུལ་སྐུ་འགྲུབ་པའི་ནུས་པ་བཞག མགྲིན་

པའི་ཨཱཿལས་འོད་ཟེར་དང་བདུད་རྩི་དམར་པོའི་རྒྱུན་བབ། རང་གཞན་གྱི་མགྲིན་པ་ནས་ཞུགས། ངག་གི་སྒྲིབ་པ་སྦྱངས། གསང་བའི་དབང་ཐོབ། སྒྱུ་ལུས་སྒོམ་པ་ལ་དབང་། ལོངས་སྐུ་འགྲུབ་པའི་ནུས་པ་བཞག ཐུགས་ཀའི་ཧཱུྃ་ལས་འོད་ཟེར་དང་བདུད་རྩི་སྔོན་པོའི་རྒྱུན་བབ། རང་གཞན་གྱི་སྙིང་གནས་ཞུགས། ཡིད་ཀྱི་སྒྲིབ་པ་སྦྱངས། ཤེས་རབ་ཡེ་ཤེས་ཀྱི་དབང་ཐོབ། འོད་གསལ་སྒོམ་པ་ལ་དབང་། ཆོས་སྐུ་འགྲུབ་པའི་ནུས་པ་བཞག ཡི་གེ་གསུམ་ལས་འོད་ཟེར་དང་བདུད་རྩི་དཀར་དམར་མཐིང་གསུམ་གྱི་རྒྱུན་ཅིག་ཅར་དུ་བབ། རང་གཞན་གྱི་གནས་གསུམ་དུ་ཅིག་ཅར་དུ་ཞུགས། སྒོ་གསུམ་གྱི་སྒྲིབ་པ་ཕྲ་ཞིང་ཕྲ་བ་སྦྱངས། ཚིག་དབང་རིན་པོ་ཆེ་ཐོབ། ཟུང་འཇུག་སྒོམ་པ་ལ་དབང་། མཐར་ཐུག་གི་ཟུང་འཇུག་འགྲུབ་པའི་ནུས་པ་བཞག དེ་ནས་བླ་མའི་ཐུགས་ཀ་ནས་འོད་ཟེར་འཕྲོས། འབྱུང་བཞི་རིམ་བཞིན་ཡས་ཁང་དང་བཅས་པ་ལ་ཐིམ་པས་རིམ་གྱིས་འོད་དུ་ཞུ་ནས་བཞུགས་ཁྲི་ལ་ཐིམ། བཞུགས་ཁྲི་པད་ཟླ་ལ་ཐིམ། དེ་ནས་རྗེ་རིན་པོ་ཆེ་རང་གི་སྤྱི་བོར་བྱོན། རང་གི་ལུས་ཀྱི་དབུས་སུ་རྩ་དབུ་མ་སྨྱུ་ལྒུགས་འབྲིང་པོ་ཙམ་སྤྱི་བོ་ནས་གསང་གནས་ཀྱི་བར་ཟུག་པའི་སྙིང་ཁའི་ཐད་ཀྱི་དབུ་མའི་ནང་དུ་རང་གི་སྙིང་པདྨ་དཀར་པོ་ཁ་གྱེན་དུ་ཤག་གི་ཕྱེ་བ་ཞིག་བསམ་ལ། སྤྱི་བོའི་བླ་མ་མཆོན་གང་པ་ཅིག་ཏུ་གྱུར་བ་དབུ་མའི་ལམ་རྒྱུད་སྙིང་དབུས་སུ་བཞུགས་པས། རང་གི་ལུས་ངག་ཡིད་གསུམ་དང་། རྗེ་རིན་པོ་ཆེའི་སྐུ་གསུང་ཐུགས་དབྱེར་མེད་དུ་གྱུར་ཏེ་བྱང་ཆུབ་ཆེན་པོའི་བར་འབྲལ་བ་མེད་པར་རྗེས་སུ་བཟུང་བྱུང་སྙམ་དུ་བསམ་ནས་སྙིང་པདྨ་ཁ་ཟུམ་པའི་ཕྱི་ནས་ཨ་ར་པ་ཙའི་སྔགས་འཕྲེང་འོད་ཟེར་དང་བཅས་བཅིངས། དབུ་མའི་ནང་འོད་ཟེར་གྱིས་གང་བར་བསམ་ལ། ཚེ་རབས་ཀུན་ཏུ་རྒྱལ་བ་ཙོང་ཁ་པས། །ཞེས་སོགས་དང་། ཐོག་མཐའ་མ་སོགས་བསྔོ་སྨོན་ཤིས་བརྗོད་ཅི་རིགས་བྱ། དེ་ལྟར་ཉིན་རེར་ཐུན་བཞི་འམ། ཐུན་གཅིག་ལ་བླ་མའི་རྣལ་འབྱོར་བསྒོམ་ཞིང་། ཐུན་མཐར་བླ་མ་སྙིང་གར་སྟིམ་པའི་ཚེ་པདྨ་ཁ་བྱེ་ནས་བླ་མ་རྗེས་མ་རྣམས་སྟོ་མ་དེ་ལ་ཐིམ་པར་བསམ་ཞིང་། འཆི་བའི་ཚེ་སྙིང་གའི་རང་སེམས་བླ་མ་དང་དབྱེར་མེད་པ་དེ་ཉིད་སྤྱི་བོ་ནས་ཐོན་ཏེ་དགའ་ལྡན་དུ་རྗེ་བཙུན་གྱི་ཐུགས་ཀར་འཕོ་བར་བསམ་པ་སོགས་དང་། ཐུན་མཚམས་ཀྱི་རྣལ་འབྱོར་ཞིབ་ཆ་རྣམས་ཞལ་ལས་ཤེས་པར་བྱའོ། །ཤིན་ཏུ་རྟོགས་དཀའ་ཟབ་དང་རྒྱ་ཆེའི་གནས། །ཤིང་རྟ་ཆེན་པོ་

གཉིས་ཀྱི་དགོངས་བཞེད་ལྟར། །ཕྲ་ཞིང་འཛངས་ལ་ཞིབ་པའི་བློ་གྲོས་ཀྱིས། །མ་འདྲེས་གསལ་མཛད་རྒྱལ་བ་གཉིས་པར་འདུད། །གང་དེའི་སྐུ་གསུང་ཐུགས་ཀྱི་བྱིན་རླབས་རྣམས། །བསྐལ་བཟང་སྙིང་གི་བུམ་པར་འདོད་འཛོ་བ། །རིགས་གསུམ་སྤྱི་སྒྲུབ་བླ་མའི་རྣལ་འབྱོར་འདི། །རྒྱུན་ལྡན་བླ་མའི་གསུང་བཞིན་བྱམས་པས་བྲིས། །འདི་ལ་ནོར་འཁྲུལ་ཉེས་པ་ཅི་མཆིས་པ། །གཟུར་གནས་མཁས་པ་རྣམས་ལ་སྙིང་ནས་བཤགས། །ལེགས་པར་བཤད་པའི་དགེ་ཚོགས་ཅི་མཆིས་པ། །རྒྱལ་བ་གཉིས་པའི་བསྟན་པ་རྒྱས་ཕྱིར་བསྔོ། །ཞེས་པ་འདི་རྗེ་བླ་མ་ལ་མི་ཕྱེད་པའི་དད་པ་ཅན་འདུན་མ་རབ་འབྱམས་པ་བློ་བཟང་ཆོས་གྲུབ་ཀྱིས་ཡང་ཡང་བསྐུལ་བའི་ངོར་གཡར་ཁྲལ་ཙམ་དུ་ཕུར་བུ་ལྕོག་གི་རི་ཁྲོད་པ་ངག་དབང་བྱམས་པས་བྲིས་པ་དགེ་ལེགས་འཕེལ།། །།

༄༅། །ལྷ་དང་བླ་མ་ལ་གསོལ་བ་འདེབས་ཚུལ་ཤིན་ཏུ་བསྡུས་པ་བཞུགས་སོ།

༄། །ན་མོ་བཛྲ་ཧྲར་ཡ། རང་གི་མདུན་གྱི་ནམ་མཁར་རླུང་ནག་འཚུབ་མའི་ནང་དུ་ཁྲག་གི་རྒྱ་མཚོ་ཆེན་པོའི་དབུས་སུ་དྲིའུ་རྐྱང་སེར་ག་བའི་སྟེང་དུ་དཔལ་ལྡན་དམག་ཟོར་རྒྱལ་མོ་ཕྱག་གཡས་བེ་ཅོན་དང་གཡོན་ཐོད་ཁྲག་འཛིན་པ། འཁོར་ཆུ་སྲིན་གདོང་ཅན་དང་སེང་གེའི་གདོང་ཅན་དུས་བཞིའི་ལྷ་མོ་ཚེ་རིང་མཆེད་ལྔ་བརྟན་མ་བཅུ་གཉིས་ཡུལ་ལྷ་གཞི་བདག་དང་བཅས་པ། ལྷ་མོའི་དབུའི་སྟེང་དུ་སེང་ཁྲི་པད་ཟླའི་གདན་ལ་སྐྱབས་ནས་ཀུན་འདུས་རྒྱལ་བ་ཙོང་ཁ་པ་ཆེན་པོ་པཎ་ཞྭ་ཆོས་གོས་གསོལ་ཞིང་ཕྱག་གཉིས་ཆོས་འཁོར་གྱི་ཕྱག་རྒྱ་མཛད་པ། ལྷ་མོ་དང་རྗེ་བླ་མ་གཉིས་ཀྱི་སྤྱི་བོར་ཨོཾ། མགྲིན་པར་ཨཱཿ ཐུགས་ཀར་ཧཱུྃ། ཐུགས་ཀའི་ཧཱུྃ་ལས་འོད་འཕྲོས། དགའ་ལྡན་ནས་རྗེ་བླ་མ་དང་། བྱང་ཤར་མུ་ལེ་དིང་གི་མཚོ་ནང་ནས་ལྷ་མོ་འཁོར་བཅས་སྤྱན་དྲངས། སོ་སོ་ལ་ཐིམ་པར་གྱུར། མཁྱེན་བརྩེའི་བདག་ཉིད་བློ་བཟང་གྲགས་པ་དང་། མཐུ་སྟོབས་དབང་ཕྱུག་དཔལ་ལྡན་དམག་ཟོར་མར། །གུས་པས་ཕྱག་འཚལ་ཟག་མེད་མཆོད་གཏོར་འབུལ། །དགྱེས་བཞིན་བཞེས་ནས་དོན་གཉིས་ལྷུན་གྲུབ་མཛོད། །དེ་ནས་རྗེ་རིན་པོ་ཆེའི་སྐུ་ལས་འོད་དང་བདུད་རྩིའི་རྒྱུན་བྱུང་བ་རང་གི་སྤྱི་བོ་ནས་ཞུགས། སྡིག་སྒྲིབ་ཐམས་ཅད་སྦྱངས། ཚེ་དང་བསོད་ནམས་རྒྱས་པར་བསམ་ལ། དམིགས་མེད་བརྩེ་བའི་གཏེར་ཆེན་སྤྱན་རས་གཟིགས། །དྲི་མེད་མཁྱེན་པའི་དབང་པོ་འཇམ་དཔལ་དབྱངས། །གངས་ཅན་མཁས་པའི་གཙུག་རྒྱན་ཙོང་ཁ་པ། །བློ་བཟང་གྲགས་པའི་ཞབས་ལ་གསོལ་བ་འདེབས། །ཞེས་གང་ནུས་འདོན། དེ་ནས་ལྷ་མོའི་ཐུགས་ཀར་ཉི་མའི་སྟེང་དུ་ཧྲཱིཿ ནག་པོའི་མཐར་སྔགས་ཀྱིས་བསྐོར་བ་ལས་འོད་ཟེར་སྣ་ཚོགས་འཕྲོས། རང་ལ་ཐིམ་པས་མི་འདོད་པ་ཐམས་ཅད་ཞི་བ་དང་། ཚེ་དང་བསོད་ནམས་རྒྱས་པར་བྱས། མི་དང་མི་མ་ཡིན་

ཐམས་ཅད་དབང་དུ་བསྡུས། དགྲ་བགེགས་ཐམས་ཅད་ཚར་བཅད་པར་བསམས་ལ། ཧཱུྃ༔ རྐྱུ་ཧཱུྃ༔ རྐྱུ་ཧཱུྃ༔ ཧཱུྃ༔ རྐྱུ་ཐུན་ཧཱུྃ༔ ཁ་ལ་རག་ཆེན་མོ་རྐྱུ་ ཨ་བྲ་ཏ་བྲ་ཐུན་ཧཱུྃ༔ ཏྲ་ལུ་ཏྲ་ལུ་ཧཱུྃ་ཧཱུྃ༔ ཧཱུྃ། ཞེས་གང་མང་བཟླས། དུས་རྒྱུན་མདུན་ནས་ཚུར་རང་ལ་ཞལ་གཟིགས་ཤིང་གཞན་དང་འཐབ་པའི་ཚེ་དང་གི་སྤྱི་བོ་ནས་ཞལ་དགྲ་ངོས་ལ་གཟིགས་པར་བསམ། ཉལ་ཁར་བསྡུ་འདོད་ན་ལྷ་མོ་འཁོར་བཅས་རྗེ་ལ་ཐིམ། རྗེ་འོད་དུ་ཞུ་ནས་རང་གི་སྨིན་མཚམས་ནས་ཐིམ་པས་རྗེ་དང་བླ་མའི་བྱིན་རླབས་ཐམས་ཅད་རང་ལ་ཞུགས་པར་བསམ་མོ། །ཉིན་རེ་བཞིན་དེ་ལྟར་བྱས་ན་ཤིན་ཏུ་ནས་ལེགས་སོ།། །།ལྷ་དང་བླ་མ་ལ་གསོལ་བ་འདེབས་ཚུལ་ཤིན་ཏུ་བསྡུས་པ་འདི་ནི། འཇམ་དབྱངས་གོང་མ་ཆེན་པོའི་ནང་གི་འཁོར་ཆོས་དང་འཇིག་རྟེན་གཉིས་ཀ་ལ་མཁྱེན་པའི་སྤྱན་ཡངས་པ་ཛིའི་དྭ་ཞིང་རིན་པོ་ཆེའི་གསུང་ལྟར། རི་ཁྲོད་པ་ངག་དབང་བྱམས་པའི་བྲིས་པའོ། །སརྦ་མངྒ་ལཾ། །ཧཱུྃ། །

༄༅། །སྲད་བརྒྱུད་ལུགས་ཀྱི་དགའ་ལྡན་ལྷ་བརྒྱ་མའི་ཉམས་ལེན་དམར་ཁྲིད་སྨན་རྒྱུད་གདམས་པའི་གཏེར་མཛོད་བདུད་རྩིའི་ཆུ་རྒྱུན་ཞེས་བྱ་བ་བཞུགས་སོ།

༄༅། །རྗེ་བཙུན་བླ་མ་དམ་པ་མཉམ་མེད་ཤར་ཙོང་ཁ་པ་བློ་བཟང་གྲགས་པ་དང་དབྱེར་མ་མཆིས་པའི་དཔལ་ལྡན་བླ་མ་དམ་པའི་ཞབས་ལ་གུས་པ་ཆེན་པོས་ཕྱག་འཚལ་ལོ། །བརྩེ་བ་ཆེན་པོས་རྗེས་སུ་བཟུང་དུ་གསོལ། འདིར་ཟབ་ལམ་བླ་མའི་རྣལ་འབྱོར་སྲད་བརྒྱུད་ལུགས་སུ་གྲགས་པའི་ཟབ་ཁྲིད་ཐུན་མོང་མ་ཡིན་པའི་གསུང་བཤད་དགྱེས་པ་ཆེན་པོས་ལེགས་པར་སྩལ་བ། དེ་ཡང་བླ་མའི་རྣལ་འབྱོར་ཉིད་༧རྗེ་བླ་མ་ཉིད་ནས་རྗེ་ཤེས་རབ་སེང་གེ་དང་འདུལ་ནག་པ་དཔལ་ལྡན་བཟང་པོ་བཅས་ནས་རིམ་པར་བརྒྱུད་པ་ལ་དམིགས་རིམ་ཁྱུང་པ་ཆོག་ལྷུག་ཕོ་ནའི་རང་བཞིན་ལ་བརྒྱུད་ཆེན་སངས་རྒྱས་རྒྱ་མཚོ་ནས་ད་ལྟའི་དགའ་ལྡན་ལྷ་བརྒྱ་མར་གྲགས་པ་ཚོགས་བཅད་འདི་བཞིན་གསར་རྩོམ་མཛད་པ་ཡོངས་གྲགས་འདི་ལྟར་ཉམས་སུ་ལེན་པའི་ཚུལ་ལ། དང་པོ་སྔོན་འགྲོ་སྐྱབས་འགྲོ་སེམས་བསྐྱེད་ཚད་མེད་བཞི་བསྒོམ་པ། དངོས་གཞི་ཚོགས་ཞིང་སྤྱན་དྲངས་ཏེ་ཡན་ལག་བདུན་པའི་སྒོ་ནས་ཚོགས་བསགས་ནས་གསོལ་བ་བཏབ་ཏེ་དངོས་གྲུབ་ཞུ་བ། མཇུག་ཏུ་བླ་མ་སྙིང་གར་སྤྱན་དྲངས་ཏེ་རང་སེམས་དང་དབྱེར་མེད་དུ་མོས་ཤིང་བསྔོ་བ་སྨོན་ལམ་བྱ་བ་རྣམས་སོ། །དང་པོ་སྔོན་འགྲོ་སྐྱབས་ཡུལ་གསལ་འདེབས་པ་ནི། མདུན་གྱི་ནམ་མཁར་པདྨའི་སྡོང་པོ་འདབ་མ་ཡངས་ཤིང་རྒྱ་ཆེ་བའི་དབུས་སུ་སེང་གེས་བཏེག་པའི་རིན་པོ་ཆེའི་ཁྲི་སྣ་ཚོགས་པད་ཟླའི་སྟེང་དུ་ངོ་བོ་རང་གི་དྲིན་ཅན་རྩ་བའི་བླ་མ་དང་དབྱེར་མེད་པའི་༧རྗེ་བླ་མ་རབ་བྱུང་གི་ཆ་བྱད་ཅན་ཕྱག་གཉིས་ཆོས་འཁོར་གྱི་ཕྱག་རྒྱས་པདྨའི་རྩ་བ་ནས་བཟུང་བའི་འདབ་མ་སྙན་ཐད་ཁ་བྱེ་བའི་སྟེང་ཤེས་རབ་རལ་གྲི། ཤེར་ཕྱིན་གླེགས་བམ་བསྣམས་པ། དབུ་ལ་གསེར་མདོག་པཎ་ཞྭ་མཛེས་པར་གསོལ་

བ། ཞབས་གཉིས་རྡོ་རྗེ་སྐྱིལ་ཀྲུང་གིས་བཞུགས་པ། དེའི་གཡས་སུ་རྒྱལ་ཚབ་དར་མ་རིན་ཆེན་རབ་བྱུང་ཆ་བྱད་པཎ་ཞྭ་གསོལ་བ་ཙུང་ཟད་བགྲེས་ཉམས་ཅན་ཆོས་འཆད་མཉམ་བཞག་སྟེང་གླེགས་བམ་བསྣམས་པ། གཡོན་དུ་མཁས་གྲུབ་དགེ་ལེགས་དཔལ་བཟང་སྐུ་གཞོན་ཉམས་ལ་ཙུང་ཟད་ཁྲེས་པའི་རྣམ་པ་ཅན་རབ་བྱུང་ཆ་བྱད་པཎ་ཞྭ་གསོལ་བ་ཆོས་འཆད་མཉམ་བཞག་གིས་གླེགས་བམ་བསྣམས་པ། མཐའ་སྐོར་དུ་རྗེ་ཤེས་རབ་སེང་གེ་སོགས་བརྒྱུད་པའི་བླ་མ་རྣམས་དང་། ཡི་དམ་བྱང་སེམས་ཆོས་བསྲུངས་རྣམས་ཀྱིས་སྐོར་བ་གསལ་བཏབ། རང་གི་མཐའ་སྐོར་དུ་སེམས་ཅན་ཐམས་ཅད་གསལ་བར་དམིགས་ཏེ་ཐམས་ཅད་སྡུག་བསྔལ་ལས་སྒྲོལ་བའི་སྐྱབས་མཐར་ཐུག་ལ་ཡིད་ཆེས་ཀྱི་མོས་པ་སྐྱེས་པ་ཕྱིའི་ཡན་ལག་དང་། སྡུག་བསྔལ་རྒྱུ་དང་བཅས་པ་ལས་གཏན་ནས་གྲོལ་བའི་སྐྱབས་རང་རྒྱུད་ལ་བསྟེན་འདོད་ཀྱི་ནང་གི་ཡན་ལག་ཆེད་པའི་སྒོ་ནས་བདག་དང་འགྲོ་བ་ཞེས་སོགས་ངག་ཏུ་བརྗོད་དེ་སྐྱབས་ཡུལ་རྣམས་ལས་བདུད་རྩིའི་རྒྱུན་བབ་སྐྱབས་གནས་དཀོན་མཆོག་གསུམ་ལ་བརྟེན་པའི་སྡིག་སྒྲིབ་ཐམས་ཅད་དག་ཏེ་རང་རྒྱུད་ལ་ཡོན་ཏན་ཁྱད་པར་ཅན་སྐྱེས་ནས་སྐྱབས་འོག་ཏུ་ཆུད་པའི་མོས་པ་བྱེད། སངས་རྒྱས་ཆོས་ཚོགས་སྐབས་སྐྱབས་ཡུལ་གསུམ་གྱི་བྱིན་བརླབས་ཞུགས་པའི་མོས་པ་དང་། དགེ་ཚོགས་ཀྱི་མཐུ་ལ་བརྟེན་ནས་འགྲོ་བ་རྣམས་ཀྱི་དོན་དུ་སངས་རྒྱས་ཐོབ་པར་བྱའོ་སྙམ་པའི་སྨོན་པ་དང་། མཐའ་སྐོར་གྱི་སེམས་ཅན་རྣམས་ལ་དམིགས་ཏེ་བདེ་བ་རྒྱུ་དང་བཅས་ཀྱིས་འཕོང་ཞིང་། སྡུག་བསྔལ་རྒྱུ་དང་བཅས་ཀྱིས་མནར་བ་ལ་མི་བཟོད་པའི་སྙིང་རྗེས་སྡུག་བསྔལ་ལས་གཏན་ནས་སྒྲོལ་བའི་ཕྱིར་རྒྱུ་ཉེ་རིང་ཆགས་སྡང་དང་བྲལ་བའི་བཏང་སྙོམས་ལ་གནས་པའི་སྒོ་ནས་སྐྱབས་ཡུལ་རྣམས་ལ་མོས་པ་བགྱིས་པའི་མཐུས་འགྲོ་བ་རྣམས་ཚད་མེད་བཞི་ལ་བཀོད་པའི་འདུན་པ་དྲག་པོ་དང་། ཁྱད་པར་བདག་རང་གི་བླ་མའི་རྣལ་འབྱོར་གྱི་ལམ་ཟབ་མོ་འདི་ལ་བརྟེན་ནས་ད་ལྟ་ཉིད་དུ་བླ་མ་སངས་རྒྱས་ཀྱི་གོ་འཕང་ལ་འགོད་པར་བྱའོ་སྙམ་པའི་ཁྱད་པར་ཅན་གྱི་སེམས་བསྐྱེད་དེ་སྐྱབས་ཡུལ་རྣམས་མཐའ་ནས་རིམ་གྱིས་བསྡུས་ཏེ་སྲས་གཉིས་ལ་ཐིམ། སྲས་གཉིས་ཀྱང་རྗེ་བླ་མ་ལ་ཐིམ། །པདྨའི་སྡོང་པོ་སེང་ཁྲི་བཅས་པ་རྗེ་བླ་མར་ཐིམ། རྗེ་བླ་མ་རང་ལ་ཐིམ་པས་རང་གི་ལུས་ངག་ཡིད་གསུམ་དང་རྗེ་བླ་མའི་སྐུ་གསུང་ཐུགས་དབྱེར་མེད་དུ་གྱུར་པའི་མོས་པ་བྱེད། །གཉིས་པ་དངོས་གཞི་ནི། རང་ཉིད་རི་རབ་

ཕྱོག་སུ་ཁ་ཕྱོགས་པའམ། ཁ་ཕྱོགས་པར་མོས་པས་རི་རབ་སྟེང་སུམ་ཅུ་རྩ་གསུམ། དེའི་སྟེང་འཐབ་བྲལ། དེ་སྟེང་དགའ་ལྡན་ལྷ་ཡུལ་དུ་གྲོང་ལས་དགོན་པའི་ཚུལ་དུ་ༀ་རྗེ་བཙུན་བྱམས་པའི་དག་པའི་ཞིང་མཆོག་ཁྱད་པར་ཅན་གྱི་དབུས་སུ་ཕོ་བྲང་རྒྱལ་མཚན་མཐོན་པོ། དེའི་མདུན་དུ་དགའ་ལྡན་ཡིད་དགའ་ཆོས་འཛིན་གྱི་དབུས་སུ་སེང྄་གེའི་ཁྲི་སྟེང་དུ་ༀ་རྗེ་བཙུན་བྱམས་མགོན་ལོངས་སྐུའི་རྣམ་པ་བཟང་པོའི་བཞུགས་སྟངས་ཅན་ཕྱག་གཉིས། ཆོས་འཁོར་གྱི་ཕྱག་རྒྱས་པདྨའི་སྟེང་འཁོར་ལོ་དང་། རིལ་བ་སྤྱི་བླུགས་བསྣམས་པ། གཡས་སུ་ལྷའི་བུ་ནམ་མཁའ་དྲི་མ་མེད་པ། གཡོན་དུ་རྗེ་བླ་མ། འཁོར་ཐེག་ཆེན་འཕགས་པ་ཤཱ་སྟག་གིས་སྐོར་བ་རྣམས་ལ་ཐེག་པ་ཆེན་པོའི་ཆོས་གསུངས་བཞིན་པར་བཞུགས་པ། རྗེ་བཙུན་བྱམས་པའི་ཐུགས་ཀར་གསེར་གྱི་མཆུལ་ལམ་ཤེལ་བུམ་ལྟ་བུའི་ཕྱི་ནང་གསལ་བའི་ནང་དུ་སྤྲིན་དཀར་པོ་མཐོ་དམའ་གསུམ་གྱི་སྟེང་དུ་ༀ་རྗེ་བླ་མ་ཡབ་སྲས་གསུམ་བཞུགས་པར་མོས། བྱམས་མགོན་ཀྱང་སྤྲུལ་སྐུ་དང་ལོངས་སྐུ་གསལ་འདེབས་ཚུལ་གཉིས་སུ་སྣང་ཡང་སྐབས་མགོན་ལྷུང་སྐྱེ་རྡོ་རྗེ་འཆང་གི་གསུང་ལས་ད་ལྟ་བསྟན་པ་འདིར་དམ་པ་ཏོག་དཀར་པོས་རྗེ་བཙུན་བྱམས་མགོན་ལ་དབུ་རྒྱན་ཕུལ་ཏེ་དགའ་ལྡན་གྱི་རྒྱལ་ཚབ་ཏུ་མངའ་གསོལ་ཏེ་ཇི་ལྟར་བཞུགས་པའི་དོན་བཞིན་ལོངས་སྐུར་གསལ་འདེབས་པར་གསུངས། དེ་ལྟར་བྱམས་མགོན་གྱི་ཐུགས་ཀའི་རྗེ་ཡབ་སྲས་གསུམ་རང་ཅག་རྣམས་ཀྱི་བསོད་ནམས་བསོགས་པའི་ཞིང་དུ་མདུན་གྱི་ནམ་མཁར་སྤྱན་འདྲེན་འདོད་ཀྱི་བསམ་པས། དགའ་ལྡན་ལྷ་བརྒྱ་ཞེས་བརྗོད་པ་དང་སྤྲིན་དཀར་པོའི་སྟེང་ནར་གྱིས་ཕྱོན་ཏེ་རང་རང་གི་མདུན་གྱི་ནམ་མཁར་བཞུགས་པར་བསམ་པ་དེ་ལ་ཡན་ལག་བདུན་པ་འབུལ་བར་ཐོག་མར་ཚོགས་བསགས་པའི་ཞིང་མཆོག་དམ་པར་བརྟན་པར་བཞུགས་པ་ཉིད་ངེས་པར་དགོས་པས་དེའི་ཕྱིར་དུ་རང་གི་སྙིང་ཁ་ནས་སེང྄་གེས་བཏེག་པའི་རིན་པོ་ཆེའི་ཁྲི་དབུས་མཐོབ། གཡས་གཡོན་གཉིས་དམའ་བ་གསུམ་སྤྲུལ་སྟེ་ཕུལ་བས་དུས་རྟག་ཏུ་མྱ་ངན་ལས་མི་འདའ་བར་བཞུགས་པར་བསམ་ལ། མདུན་གྱི་ནམ་མཁར་སེང་ཁྲི་པད་ཟླའི་སྟེང་། །ཞེས་བརྗོད། ཆོས་ཐམས་ཅད་མངོན་པར་མཁྱེན་པའི་ཐུགས་ཀྱི་ཆོས་སྐུའི་ཡོན་ཏན་མཐར་ཕྱིན་པའི་མཐུ་ལས་རང་ཉིད་ཀྱི་ཇི་ལྟར་མངོན་དུ་མཛད་པའི་གོ་འཕང་འགྲོ་བ་ལ་སྟོན་པའི་ཕྱིར་དུ་གསུང་གི་མཛད་པའི་དབྱངས་ཟླ་ན་མེད་པའི་སྒོ་ནས་འགྲོ་བ་རྣམས་སྒྲོལ་བའི་ཕྱིར་མཐོང་ཐོས་

དྲན་རིག་གིས་ཀྱང་དོན་ལྡན་བླ་ན་མེད་པའི་སྐུ་མཆོག་མཚན་དཔེས་སྤྲས་པ་ད་ལྟ་རང་ཅག་རྣམས་དང་རྣམ་པ་མཐུན་པའི་རབ་ཏུ་བྱུང་བའི་ཆ་ལུགས་ཀྱི་ཚུལ་བཟུང་བ་སོགས་སྐུ་གསུང་ཐུགས་ཀྱི་ཡོན་ཏན་དྲན་པའི་ལུས་ངག་ཡིད་གསུམ་རྩེ་གཅིག་ཏུ་འདུད་པའི་སྒོ་ནས་ཕྱག་འཚལ་བར་མོས་ཏེ། ཤེས་བྱའི་ཁྱོན་ཀུན་ཞེས་སོགས་བརྗོད། རང་གཞན་གྱིས་བདག་ཏུ་བཟུང་བ་དང་མ་བཟུང་བའི་ལྷ་མིའི་ལོངས་སྤྱོད། ཁྱད་པར་རང་རང་གི་དགེ་ཚོགས་ཀྱི་འབྲས་བུ་ལྷ་མིའི་ལོངས་སྤྱོད་འབྱུང་དང་འབྱུང་འགྱུར་ཐམས་ཅད་ཅད་མཆོད་པའི་སྤྲིན་ཕུང་བསམ་གྱིས་མི་ཁྱབ་པའི་ཚུལ་དུ་མོས་ཏེ་དངོས་བཤམས་ཡིད་སྤྲུལ་གྱི་མཆོད་པ་མཐའ་དག་ཕུལ་བ་ལྟར་ལེགས་པར་བཞེས་པའི་མོས་པས། ཡིད་འོང་མཆོད་ཡོན་སྣ་ཚོགས་ཞེས་བརྗོད། རང་གི་ཐོགས་མེད་ནས་རྒྱུ་དུག་གསུམ་གྱི་སྒོ་ནས་ལུས་ངག་ཡིད་གསུམ་གྱི་བསྐྱེད་པའི་སྡིག་པ་མི་དགེ་བའི་ཚོགས་སྤྱི་དང་ཁྱད་པར་སྡོམ་པ་གསུམ་གྱི་བཅས་འཚམས་དང་འགལ་བའི་ཉེས་ཚོགས་མཐའ་དག་གི་རྣམ་སྨིན་སྡུག་བསྔལ་དྲག་པོ་འབྱིན་པ་ལ་མི་བཟོད་པའི་འགྱོད་སེམས་དྲག་པོ་བསྐྱེད་པ་རྣམ་པར་སུན་འབྱིན་པ། སྡུག་བསྔལ་རྒྱུ་དང་བཅས་པ་སྐྱབས་ཡུལ་རྣམས་ལ་བཤགས་ཕྱིན་ལྷག་མེད་དུ་འདག་པའི་ནུས་པ་སྐྱབས་ཡུལ་འདི་ཉིད་ལ་ཡོད་པར་ཡིད་ཆེས་ཀྱི་མོས་གུས་དྲག་པས་བཤགས་སེམས་དྲག་པོ་བསྐྱེད་པ་གཉེན་པོ་ཀུན་སྤྱོད། སྐྱབས་ཡུལ་འདི་རྣམས་ཀྱི་སྡིག་པའི་འབྲས་བུ་ལས་ལྷག་མེད་དུ་སྐྱབས་ནུས་པར་ངེས་བརྟེན་གྱི་སྟོབས། ཕྱིན་ཆད་སྡིག་པ་རྒྱུ་དང་བཅས་པ་ལ་སྡོམ་སེམས་བསྐྱེད་པ་སྡིག་པ་ལས་སླར་བཟློག་པ་ཏེ་སྟོབས་བཞི་ཚང་པའི་མོས་པ་དྲག་པོའི་སྒོ་ནས། གང་ཞིག་ཐོགས་མེད་དུས་ནས་ཞེས་སོགས་བརྗོད། རྗེ་བླ་མ་ཉིད་ནས་ཐོས་བསམ་སྒོམ་གསུམ་གྱིས་མཛད་པ་བླ་ན་མ་མཆིས་པ་མཐའ་དག་ལ་བདག་གིས་ཀྱང་དེ་བཞིན་དུ་སློབ་འདོད་ཀྱི་དགའ་བ་ཁྱད་པར་ཅན་སྒོམ་པའི་སྒོ་ནས་སྙིགས་མའི་དུས་འདིར། ཞེས་སོགས་བརྗོད། ཁྱད་པར་རྗེ་བླ་མ་ཉིད་ཀྱིས་རང་གི་མཛད་པ་ཇི་ལྟར་མཛད་པ་བཞིན་འགྲོ་བ་རྣམས་དེ་ལ་འགོད་པའི་ཕྱིར་དུ་ཆོས་ཀྱི་སྐུའི་དབྱིངས་ལས་ཐུགས་རྗེའི་རྒྱ་འཛིན་འཁྲིགས་པའི་དམ་པའི་ཆོས་ཀྱི་བདུད་རྩིའི་ཆར་ཆེན་པོས་རང་ཅག་འགྲོ་བའི་ཞིང་སར་ཐམས་ཅད་མཁྱེན་པའི་ལོ་ཏོག་འབྲས་བུ་དང་བཅས་པ་མ་ལུས་པ་སྨིན་པར་བྱ་བའི་ཕྱིར་དུ་ཆོས་ཀྱི་འཁོར་ལོ་རྒྱུན་མི་ཆད་པ་སྐོར་དུ་གསོལ་ཞེས་རྗེ་བཙུན་བླ་མ་དམ་པ་ཁྱེད་རྣམས་ཀྱི་ཞེས་བརྗོད།

མདོར་ན་བདག་གི་བླ་མའི་རྣལ་འབྱོར་སྒོམས་པ་དང་དེ་ལ་བརྟེན་ནས་ཚོགས་བསགས་སྒྲིབ་སྦྱོར་གི་དགེ་ཚོགས་འདིས་མཚོན་དགེ་ཚོགས་མཐའ་དག་འགྲོ་བའི་བདེ་སྐྱིད་ཀྱི་གཞི་མ༄ཀྱུལ་བའི་ལུང་རྟོགས་ཀྱི་བསྟན་པའི་སྙིང་པོ་རྗེ་བླ་མའི་མདོ་སྔགས་ཀྱི་བསྟན་པ་རིན་པོ་ཆེ་ཡུན་རིང་དུ་གནས་པ་ཕོ་ནའི་རྒྱུར་བསྔོའོ་སྙམ་པའི་སྒོ་ནས། བདག་གིས་ཇི་སྙེད་བསགས་པའི་དགེ་བཞིས་སོགས་བརྗོད་པ་སྟེ་ཡན་ལག་བདུན་པའི་སྒོ་ནས་ཚོགས་བསགས་པའོ། །གསོལ་བ་བཏབ་ཏེ་དངོས་གྲུབ་ཞུ་བ་ལ་གཉིས་ལས། དང་པོར་གསོལ་བ་འདེབས་པ་ནི། དམིགས་བརྩེ་མ་གསུམ་སྐོར་ལ་སྤྱན་རས་གཟིགས་དང་། འཇམ་དབྱངས་༄རྗེ་བླ་མ་གསུམ་དབྱེར་མེད་དུ་གསོལ་བ་འདེབས་པ། དམིགས་མེད་བརྩེ་བའི × དྲི་མེད × གངས་ཅན × བློ་བཟང་གྲགས་པའི × གསོལ་བ་འདེབས་ཞེས་པའི་ཚིག་རྐང་བཞི་པོ་འདི་དང་། བཞི་སྐོར་ལ་རིགས་གསུམ་དང་༄རྗེ་བླ་མ་དང་བཅས་བཞིར་གསོལ་བ་འདེབས་པ། དམིགས་མེད × དྲི་མེད × བདུད་དཔུང་མ་ལུས་འཇོམས་མཛད་གསང་བའི་བདག །གངས་ཅན × བློ་བཟང × ཞེས་ཚིག་རྐང་ལྔ་དང་། ལྔ་སྐོར་ལ་ཐུབ་དབང་། རིགས་གསུམ། རྗེ་བླ་མ་ལྔར་གསོལ་བ་འདེབས་པ། བསྟན་པའི་བདག་པོ་ཐུབ་པ་བཅོམ་ལྡན་འདས། །དམིགས་མེད × དྲི་མེད × བདུད་དཔུང × གངས་ཅན × བློ་བཟང × ཞེས་ཚིག་རྐང་དྲུག་དང་། དྲུག་སྐོར་ལ་རྗེ་བླ་མ་དང་པོར་སངས་རྒྱས་པའི་རྩ་བའི་ལོངས་སྐུ་རྡོ་རྗེ་འཆང་དང་། མཆོག་གི་སྤྲུལ་སྐུ་རྒྱལ་བ་ཤཱཀྱ་ཐུབ་པ། སྐུ་གསུང་ཐུགས་རྡོ་རྗེ་གསུམ་མམ། མཁྱེན་བརྩེ་ནུས་གསུམ་གྱི་ངོ་བོ་རིགས་གསུམ་མགོན་པོ། ད་ལྟ་རང་ཅག་རྣམས་དང་རྣམ་པ་མཐུན་པའི་རྗེ་བླ་མ་རྣམས་དབྱེར་མེད་དུ་གསོལ་བ་འདེབས་པ་ལ། རིགས་ཀུན་ངོ་བོ་ཁྱབ་བདག་རྡོ་རྗེ་འཆང་། །བསྟན་པའི་བདག་པོ × དམིགས་མེད × དྲི་མེད × བདུད་དཔུང × གངས་ཅན × བློ་བཟང་ × ཞེས་ཚིག་རྐང་བདུན། དགུ་སྐོར་ལ་རྗེ་བླ་མའི་སྤྱི་བོར་སྤྱན་རས་གཟིགས་ཕྱག་བཞི་པ། དེའི་ཐུགས་ཀར་པདྨ་དང་ཧྲཱིཿ ཡིག། མཁྱེན་པར་འཇམ་དབྱངས། དེའི་ཐུགས་ཀར་རལ་གྲི་ཧྲིས་མཚན་པ། ཐུགས་ཀར་ཕྱག་རྡོར་གོས་སྔོན། དེའི་ཐུགས་ཀར་རྡོ་རྗེ་ཧཱུྃ་གིས་མཚན་པ་ཏེ་གསུམ་ཀ་སེམས་དཔའ་གསུམ་བརྩེགས་སུ་སྒོམ་ཏེ་རྗེ་བླ་མའི་སྐུ་གསུང་ཐུགས་དང་རྣམ་གསུམ་ངོ་བོ་དབྱེར་མེད་དུ་གསོལ་བ་འདེབས་པའོ། །བཞི་སྐོར་སྐབས་ཕྱི་མཚུངས་པ་གསལ་བྱེད་ནི།

རྗེ་བླ་མའི་མཁྱེན་བརྩེ་ནུས་གསུམ་དེ་ཉིད་རྒྱལ་བ་སྲས་བཅས་ཐམས་ཅད་ཀྱི་མཁྱེན་བརྩེ་ནུས་གསུམ་གཅིག་ཏུ་བསྡུས་པའི་རིགས་གསུམ་མགོན་པོའི་མཁྱེན་བརྩེ་ནུས་གསུམ་དེ་དང་མཚུངས་པར་མོས་ཏེ་གསོལ་བ་འདེབས་པ་ནི་རྗེ་བླ་མའི་ཕྱི་སྒྲུབ། ནང་ཡོན་ཏན་དེ་ལྟ་ན་ནི། རིགས་གསུམ་མགོན་པོའི་མཁྱེན་བརྩེ་ནུས་གསུམ་གྱི་ཡོན་ཏན་དེ་རྗེ་བླ་མའི་ཐུགས་རྒྱུད་ལ་ལྡན་པར་མངའ་བར་མོས་ཏེ་གསོལ་བ་འདེབས་པ་ནང་སྒྲུབ། གསང་བ་ལྷག་པའི་ལྷ་དང་དབྱེར་མེད་དུ་གསོལ་བ་འདེབས་པ་ནི་རྒྱལ་བ་སྲས་བཅས་ཀྱི་མཁྱེན་བརྩེ་ནུས་གསུམ་ལྷའི་རྣམ་པར་ཤར་བ་རིགས་གསུམ་མགོན་པོ་དང་། དེ་ཉིད་རང་ཅག་ལ་བླ་མའི་རྣམ་པར་ཤར་བ་རྗེ་བླ་མ་ཉིད་དུ་ཤེས་པའི་སྒོ་ནས་གསོལ་བ་འདེབས་པ་ནི་གསང་སྒྲུབ། དེ་ལྟ་བུའི་རྗེ་བླ་མ་མཆོག་དེ་གངས་ཅན་མཁས་པ་ཐམས་ཅད་ལས་སྐུ་གསུང་ཐུགས་མཁས་བཙུན་བཟང་གསུམ་ཆ་ཤས་རེ་རེས་ཀྱང་གཞན་གྱིས་བསྐྱུན་དུ་མེད་པའི་གཙུག་གི་རྒྱན་ལྟ་བུའི་དམ་པའི་སྐུའི་ཆ་དམའ་ཤོས་ཞབས་ཀྱི་པདྨོ་རང་གི་ལུས་ཀྱི་ཆ་མཐོ་ཤོས་སྤྱི་བོས་བཏུད་དེ་གསོལ་བ་འདེབས་པའམ། དྲུག་སྐོར་སྐབས་ཡོངས་སྐུ་རྡོ་རྗེ་འཆང་། སྤྲུལ་སྐུ་ཤཱཀྱ་ཐུབ་པ། སྐུ་གསུངས་ཐུགས་རྡོ་རྗེ་གསུམ་རིགས་གསུམ་སོ་སོར་ཤར་བ་དང་ལྟ་རང་ཅག་ལ་བླ་མའི་རྣམ་པར་ཤར་བར་མོས་ཏེ་གསོལ་བ་འདེབས་པ། དགུ་སྐོར་སྐབས་སྐུ་ནོར་བུ་མཛོད་འཛིན་ལ་བརྟེན་ནས་སྐུ་རྡོ་རྗེ་སྤྱན་རས་གཟིགས་སྒྲུབ་པ། གསུང་ཉི་མ་སྣང་བྱེད་ལ་བརྟེན་ནས་གསུང་རྡོ་རྗེ་འཇམ་དཔལ་དབྱངས་སྒྲུབ་པ། ཐུགས་གསང་བ་མཛོད་འཛིན་ལ་བརྟེན་ནས་ཐུགས་རྡོ་རྗེ་ཕྱག་ན་རྡོ་རྗེ་སྒྲུབ་པ། དེ་རྣམས་ངོ་བོ་དབྱེར་མེད་ཀྱི་སྒོ་ནས་རྗེ་བླ་མར་མོས་གུས་བསྐྱེད་དེ་སྒྲུབ་པ་ནི་དགུ་སྐོར་གྱི་སྒོ་ནས་སྒྲུབ་ཚུལ་ལོ། །དངོས་གྲུབ་ཞུ་བ་ལ་མ་དག་པ་འབྲུ་བ་དང་། མི་ཤེས་པ་གསལ་བ་གཞན་གྱིས་ལས་ཚོགས་སྒྲུབ་པའོ། །དང་པོ་མ་དག་པ་འབྲུད་པ་ནི། རྗེ་བླ་མ་ཡབ་སྲས་གསུམ་གྱི་ཐུགས་ཀ་ནས་འོད་ཀྱི་སྨྲུ་གུ་ཕུ་ཐུང་ལྟ་བུ་གསུམ་བྱུང་བ་རྩ་བ་གཅིག་ཏུ་འཁྱིལ་ཏེ་རང་གི་སྤྱི་བོར་ཐུག་པའི་ནང་ནས་བདུད་རྩི་དཀར་པོའི་རྒྱུན་བབ་ལས་ངན་སྡིག་སྒྲིབ་དང་། མི་ཤེས་རྨོངས་པའི་མུན་པ་སོགས་ནག་འདུར་གྱིས་དེད་ནས་ལུས་ཤེལ་སྒོང་གཡའ་དག་པ་ལྟ་བུར་གྱུར་པའི་མོས་པ་བྱེད། གཉིས་པ་མི་ཤེས་པ་གསལ་བ་ནི། སྐུའི་སྒོ་ནས་ཤེས་རབ་ཆེ་བ། གསུང་གི་སྒོ་ནས་ཤེས་རབ་གསལ་བ། ས་བོན་གྱིས་མྱུར་བ། ཕྱག་མཚན་གྱི་སྒོ་ནས་ཟབ་པ། སླིགས་བམ། རལ་གྲི།

གླེགས་རལ་གསུམ་གྱི་སྒོ་ནས་འཆད་རྩོད་རྩོམ་གསུམ་གྱི་ཤེས་རབ་སྒྲུབ་པའོ། །དང་པོར་སྐུའི་སྒོ་ནས་མཚོན་ན། གསོལ་བ་འདེབས་སྟོན་དུ་འགྲོ་བའི་ཐོག་ཡབ་སྲས་གསུམ་གྱི་ཐུགས་ཀ་ནས་འོད་ཀྱི་སྦུ་གུའི་ནང་བརྒྱུད་བདུད་རྩིའི་འོད་ཟེར་དམར་སེར་གྱི་རྒྱུན་བབ་རང་གི་ལུས་ཀྱི་ནང་ཐམས་ཅད་གང་བས་བདུད་རྩིའི་རྡུལ་ཕྲ་རབ་ཐམས་ཅད་འཇམ་དཔལ་དབྱངས་ཀྱི་སྐུའི་རྣམ་པར་གསལ་བར་མོས་ཏེ་སྒོམ་པ་ནི་ཤེས་རབ་ཆེ་བ་སྒྲུབ་ཚུལ་ལོ། །དེ་བཞིན་དུ་བདུད་རྩིའི་རྡུལ་ཕྲ་རབ་རྣམས་དམིགས་བརྗེ་མ་དང་། ཨ་ར་པ་ཙ་ནའི་ཡིག་འབྲུའི་རྣམ་པར་སྒོམ་པ་གསུང་གི་གསལ་བ་སྒྲུབ་ཚུལ། ཡང་དེ་བཞིན་དུ་བདུད་རྩིའི་རྡུལ་ཕྲ་རབ་རྣམས་ཧྲི་ཡིག་གི་རྣམ་པར་སྒོམ་པ་ས་བོན་གྱི་མྱུར་བ་སྒྲུབ་ཚུལ་ལོ། །ཡང་བདུད་རྩིའི་རྡུལ་ཕྲ་རབ་ཕྱག་མཚན་གླེགས་རལ་གྱི་རྣམ་པར་སྒོམ་པ་ཤེས་རབ་ཟབ་པ་སྒྲུབ་ཚུལ་འཆད་རྩོད་རྩོམ་གསུམ་སོ་སོའི་སྐབས་བདུད་རྩིའི་རྡུལ་ཕྲ་རབ་རྣམས་གང་འཆད་པའི་གླེགས་བམ་གྱི་ངོ་བོར་མོས་པ་འཆད་པ་དང་། རལ་གྲིའི་འཁོར་ལོ་རྩིབས་དྲུག་པར་མོས་པ་རྩོད་པ། གླེགས་རལ་གཉིས་ཀའི་ངོ་བོར་མོས་པ་རྩོམ་པའི་སྒྲུབ་ཚུལ། ལས་ཚན་གཞན་སྒྲུབ་ཚུལ་ལ། བདུད་རྩི་དཀར་པོའི་རྒྱུན་བབ་པས་སྡིག་ལྟུང་ཉེས་ཚོགས་ནད་གདོན་སོགས་དག་པ་ཞི་བའི་སྒྲུབ་ཚུལ། བདུད་རྩི་སེར་པོའི་རྒྱུན་དང་། འཆི་བ་མེད་པའི་ཚེའི་བདུད་རྩིའི་ངོ་བོར་བབ་པས་ཚེ་དང་བསོད་ནམས་སོགས་རྒྱས་པར་མོས་པ་རྒྱས་པའི་སྒྲུབ་ཚུལ། ཡང་བདུད་རྩི་དམར་པོའི་རྒྱུན་བབ་པས་འཇིག་རྟེན་དང་འཇིག་རྟེན་ལས་འདས་པའི་དངོས་གྲུབ་ཐམས་ཅད་དབང་དུ་གྱུར་པའི་མོས་པ་བྱེད་པ་དབང་གི་སྒྲུབ་ཚུལ། བདུད་རྩིའི་རྒྱུན་རྡུལ་ཕྲ་རབ་ཀྱི་རྣམ་པས་ལུས་ཀྱི་བར་མཚམས་མེད་པར་གཏམས་པས་བགེགས་དང་བར་གཅོད་གང་གིས་ཀྱང་མི་ཚུགས་པའི་བསྲུང་བ་ཆེན་པོར་གྱུར་པར་མོས་པ་རྣམས་སོ། །གསུམ་པ་མཇུག་གི་རིམ་པ་ལ། དཔལ་ལྡན་རྩ་བའི་བླ་མ་རིན་པོ་ཆེ། །བདག་གི་སྙིང་ཁར་པདྨའི་སྟེང་བཞུགས་ལ། །བཀའ་དྲིན་ཆེན་པོའི་སྒོ་ནས་རྗེས་བཟུང་སྟེ། །སྐུ་གསུང་ཐུགས་ཀྱི་དངོས་གྲུབ་སྩོལ་དུ་གསོལ། །ཞེས་དང་པོའི་སྐབས་སྲས་གཉིས་ཀྱི་སེང་ཁྲི་གཉིས་གཙོ་བོའི་སེང་ཁྲིར་ཐིམ། སྲས་གཉིས་རྗེ་བླ་མར་ཐིམ་པར་མོས། གཉིས་པའི་སྐབས་ཁྲིན་པ་རྗེ་བླ་མར་ཐིམ། རྗེ་བླ་མ་རང་གི་སྤྱི་བོར་བྱོན་ཏེ་ཁ་བལྟ་ཕྱོགས་གཅིག་པའི་ཚུལ་དུ་བཞུགས་པར་མོས། རང་གི་སྙིང་པདྨ་འདབ་བརྒྱད་ཁ་གྱེན་དུ་ཕྱོགས་པ

དང་རྩ་དབུ་མ་སྤྱི་བོའི་བར་གསལ་བཏབ་ཏེ། གསུམ་པ་བརྗོད་པ་དང་རྗེ་བླ་མ་ཐེབས་སོར་ཚད་ཙམ་དབུ་མའི་ནང་རྒྱུད་རྗེ་བླ་མའི་པད༷་ཟླ༷་སྟེང་ཁར་ཐིམ་པ་དང་། རྗེ་བླ་མ་རང་སེམས་དབྱེར་མེད་དུ་བཞུགས་པར་མོས་ཏེ་སྟེང་པདྨ་ཁ་ཟུམ་ཡིག་འབྲུ་འཕྲེང་རྡོག་དང་འོད་ཟེར་འཕྲེང་ཐག་གི་རྣམས་པས་བཅིང་། ཡང་འོད་ཟེར་སེར་པོ་སྤྱི་བོར་འཕྲོས་ཏེ་ཚང་བུག་བཀག་པར་མོས་ཏེ་མཇུག་བསྔོ་སྨོན་གྱི་རྒྱས་འདེབས་བྱའོ། །ཐུན་མཚམས་སུ་རང་སེམས་བླ་མའི་སྣང་བ་དང་མི་འབྲལ་ཞིང་། བཟའ་བཏུང་སོགས་ཀྱི་ཚེ་སྙིང་དབུས་ཀྱི་བླ་མར་ཕུལ་བར་མོས་པ་དང་བཅས་མདོར་ན་འགྲོ་ཆག་ཉལ་འདུག་སོགས་བྱ་བྱེད་ཐམས་ཅད་བླ་མའི་རྣམ་རོལ་དུ་ཤར་བའི་མོས་གདུང་དྲག་པོ་དང་མི་འབྲལ་བར་བྱའོ། །༈ཅེས་པ་འདི་ཡང་སྙིགས་དུས་འཛམ་མགོན་བསྟན་པའི་སྲོག་ཤིང་སྐྱབས་མགོན་རྡོ་རྗེ་འཆང་བཀའ་དྲིན་གསུམ་ལྡན་མཚན་བརྗོད་པར་དཀའ་བ་རྒྱལ་བའི་སྲས་པོ་བསྐལ་བཟང་ཐུབ་བསྟན་འཇིགས་མེད་བསྟན་པའི་རྒྱལ་མཚན་དཔལ་བཟང་པོ་མཆོག་ནས་ཟབ་ལམ་བླ་མའི་རྣལ་འབྱོར་དམར་འཁྲིད་མན་ངག་ཞལ་བཞེས་དང་བཅས་པ་ལེགས་པར་སྩལ་བའི་སྐབས་ཟིན་བྲིས་སུ་བགྱིས་ཏེ་སླར་ཡང་སྐྱབས་མགོན་མཆོག་གི་གཟིགས་ལམ་དུ་སྟར་བའི་བཀའི་བདུད་རྩིའི་བྱིན་རླབས་ཀྱིས་སྦྱུག་པ་འདི་ལྟར་བགྱིས་པའི་དགེ་ཚོགས་ཀྱིས་རྒྱལ་བསྟན་སྤྱི་དང་འཛམ་མགོན་བླ་མའི་བསྟན་པ་རིན་པོ་ཆེ་དར་ཞིང་རྒྱས་པ་ཡོ་ནའི་རྒྱུར་གྱུར་ཅིག ། །།

༄༅། །དམིགས་བརྩེ་མ་དངོས་གྲུབ་ཀུན་འབྱུང་རྗེ་བཙུན་སྒྲོལ་མ།

༄༅། །དམིགས་མེད་བརྩེ་བའི་གཏེར་ཆེན་སྤྱན་རས་གཟིགས། །དྲི་མེད་མཁྱེན་པའི་དབང་པོ་འཇམ་དཔལ་དབྱངས། །བདུད་དཔུང་མ་ལུས་འཛོམས་མཛད་གསང་བའི་བདག །དངོས་གྲུབ་ཀུན་འབྱུང་རྗེ་བཙུན་སྒྲོལ་མ་ཡུམ། །གངས་ཅན་མཁས་པའི་གཙུག་རྒྱན་ཙོང་ཁ་པ། །བློ་བཟང་གྲགས་པའི་ཞབས་ལ་གསོལ་བ་འདེབས། །ཐར་འདོད་བདག་ཀུང་ཁྱེད་རྣམས་ཇི་འདྲ་བར། །ཟབ་མོ་དབུ་མའི་དགའ་སྟོན་སྐལ་དུ་གསོལ། །འདི་སློང་ཇོལ་གྲུབ་པའི་དབང་ཕྱུག་གིས་གསུངས་པ་ཡིན།། །།

༄༅། །དམིགས་བརྩེ་མ་ཚིག་རྐང་བརྒྱད་མ་གཞུགས་སོ།

༄༅། །དངོས་གྲུབ་ཀུན་འབྱུང་ཐུབ་དབང་རྡོ་རྗེ་འཆང་། །དམིགས་མེད་བརྩེ་བའི་གཏེར་ཆེན་སྤྱན་རས་གཟིགས། །དྲི་མེད་མཁྱེན་པའི་དབང་པོ་འཇམ་པའི་དབྱངས། །བདུད་དཔུང་མ་ལུས་འཇོམས་མཛད་གསང་བའི་བདག །སྐྱོངས་པའི་འཇིགས་འཁྲོག་ཁྲོ་རྒྱལ་མི་ཡོ་མགོན། །རྒྱལ་ཀུན་འཕྲིན་ལས་སྒྲུབ་མཛད་སྒྲོལ་མ་ཡུམ། །གངས་ཅན་མཁས་པའི་གཙུག་རྒྱན་ཙོང་ཁ་པ། །བློ་བཟང་གྲགས་པའི་ཞབས་ལ་གསོལ་བ་འདེབས། །ཞེས་པ་འདི་གུང་ཐང་འཇམ་པའི་དབྱངས་དཀོན་མཆོག་བསྟན་པའི་སྒྲོན་མེས་གསུངས་པའོ། །

༄༅། །དམིགས་བརྩེ་མའི་ཆོས་སྐོར་ལས་བླ་མའི་རྣལ་འབྱོར་ལ་བརྟེན་ནས་མཆོད་བསྔུད་བ་བཞུགས་སོ།

༄། །བླ་མའི་རྣལ་འབྱོར་ལ་བརྟེན་ནས་མཆོད་བསྔུང་བ་ནི། དུས་རྒྱུན་པར་དང་ཁྱད་པར་མཆོད་ཀྱི་གཉོད་པ་འོངས་པའི་དུས་སུ། རང་གི་སྤྱི་བོར་སྣ་ཚོགས་པདྨ་དང་ཟླ་བ་དང་ཉི་མའི་དཀྱིལ་འཁོར་གྱི་སྟེང་དུ། ངོ་བོ་རང་གི་དྲིན་ཅན་རྩ་བའི་བླ་མ་ཡིན་པ་ལ་རྣམ་པ་རྗེ་བཙུན་བློ་བཟང་གྲགས་པ་སྐུ་མདོག་སྔོན་པོ། ཞལ་གཅིག་ཕྱག་གཉིས་ཀྱི་གཡས་རལ་གྲི་དགྲ་ལ་འཕྱར་ཞིང་། གཡོན་སྡིགས་མཛུབ་མཛད་པས་ཕ་རོལ་གྱི་མཆོད་བསྔུང་བ། ཤིན་ཏུ་འཇིགས་ཤིང་ཕ་རོལ་གྱི་སྟོབས་གནོན་པ། ཞབས་གཉིས་རྡོར་སྐྱབས་ཀྱིས་བཞུགས་པ། དེའི་སྤྱི་བོར་ཨོཾ་དཀར་པོ།× × ཧཱུྃ་སྔོན་པོ། ཐུགས་ཀའི་ཧཱུྃ་ལས་འོད་འཕྲོས་རྩ་བའི་བླ་མ་དང་རྗེ་བཙུན་བློ་བཟང་གྲགས་པ་སྤྱན་དྲངས་གཉིས་སུ་མེད་པར་བསྟིམ། སླར་ཡང་ཐུགས་ཀའི་ཧཱུྃ་ལས་འོད་འཕྲོས་པས། ཡི་དམ་དཀྱིལ་འཁོར་གྱི་ལྷ་ཚོགས་སངས་རྒྱས་བྱང་སེམས་དཔའ་བོ་མཁའ་འགྲོ་ཆོས་སྐྱོང་སྲུང་མའི་ཚོགས་རྣམ་སྤྱན་དྲངས། དེ་ལ་བསྟིམ་པས་དེ་དང་དབྱེར་མེད་དུ་འདྲེས་པར་བསམ་ལ། དེ་ཉིད་སྐྱབས་གསུམ་ཀུན་འདུས་ཀྱི་བདག་ཉིད་ཅན་དུ་བསམས། འདི་སྐད་དུ་གསོལ་བ་རྩེ་གཅིག་ཏུ་འདེབས་པ་ལ། བླ་མ་ཡི་དམ་སྐྱབས་གསུམ་ཀུན་འདུས་ཀྱི་བདག་ཉིད་བློ་བཟང་གྲགས་པའི་དཔལ་ལ་གསོལ་བ་འདེབས་སོ། །བདག་འཇིགས་པ་ཐམས་ཅད་དང་ཁྱད་པར་མཆོད་ཀྱི་འཇིགས་པ་ཐམས་ཅད་ལས་སྐྱོབ་ཏུ་གསོལ། བདག་གི་ལུས་ལ་གནོད་བྱེད་ཀྱི་མཆོད་ཐམས་ཅད་བསྔུང་དུ་གསོལ། བདག་ལ་གནོད་བྱེད་ཀྱི་མཆོད་ཐམས་ཅད་ཞི་བར་མཛད་དུ་གསོལ། ཞེས་གསོལ་བ་མང་དུ་བཏབ་པའི་རྗེས་སུ། བླ་མའི་སྐུ་དེ་ལས་

མར་མེ་གཅིག་ལས་གཉིས་ཆད་ཀྱི་ཚུལ་དུ་སྐུ་གཅིག་རང་ལ་ཐིམ་པས། རང་གི་ལུས་ངག་ཡིད་གསུམ་བླ་མའི་སྐུ་གསུང་ཐུགས་སུ་གྱུར་པས་འཇིགས་པ་ཐམས་ཅད་དང་བྲལ་བར་བསམ་མོ། །ཞེས་པ་འདི་ནི་རྗེ་བླ་མ་དབེན་ས་པ་ཆེན་པོ་ཉིད་ཀྱི་སྐལ་ལྡན་འགའི་ཆེད་དུ་ཕྱག་ བྲིས་སུ་བཀོད་པའོ།། །།

༄༅། །བླ་མའི་རྣལ་འབྱོར་དགའ་ལྡན་ལྷ་བརྒྱ་མ་དང་འབྲེལ་བའི་དམར་ཁྲིད་ཞལ་ཤེས་བཞུགས་སོ།

༄། །ན་མོ་གུ་རུ་མཉྫུ་གྷོ་ཥ་ཡ། རྗེ་བླ་མ་ལ་བརྟེན་པའི་ཐེབ་གསལ་བ་སོགས་ཀྱི་མན་ངག་ཉམས་སུ་ལེན་པ་ལ། སྐྱབས་འགྲོ་སེམས་བསྐྱེད་ཡིད་འཕྲུལ་བ་ཞིག་སྔོན་དུ་བཏང་ནས། རང་ཉིད་སྟན་བདེ་བ་ལ་བག་ཡོད་པས་འཁོད་དེ། རྗེ་བླ་མ་དགའ་ལྡན་ནས་སྤྱན་འདྲེན་པ་ཡིན་པས། དེ་ཡང་སྤྱིར་དགའ་ལྡན་གྱི་ལྷ་རྣམས་ཀྱི་བདག་པོ་ནི་ལྷའི་བུ་རབ་དགའ་ཡིན་ལ། དེའི་ཕོ་བྲང་ལས་གྲོང་དང་དགོན་པའི་ཚུལ་གྱི་རྗེ་བཙུན་བྱམས་མགོན་བཞུགས་པའི་གནས་རྒྱན་མཐོན་པོ་ཞེས་བྱ་བ་རིན་པོ་ཆེ་སྣ་ཚོགས་ལས་གྲུབ་པའི་ས་གཞི་དང་། ཕོ་བྲང་རྣམ་པར་རྒྱལ་བའི་ཁང་བཟང་ལས་བརྒྱ་འགྱུར་སྟོང་འགྱུར་གྱིས་མཛེས་ཤིང་ཡིད་དུ་འོང་བ་ཞིག་ཡོད་ལ། ཕོ་བྲང་དེའི་མདུན་དུ་ཡིད་དགའ་ཆོས་འཛིན་ཅེས་བྱ་བར་བཅོམ་ལྡན་འདས་བྱམས་པ་མགོན་པོས་འཁོར་བྱང་ཆུབ་སེམས་དཔའི་ཚོགས་དཔག་ཏུ་མེད་པ་ལ་ཆོས་འཆད་པ། རིན་པོ་ཆེ་སྣ་ཚོགས་ལས་གྲུབ་པའི་ས་གཞི་དང་། རིན་པོ་ཆེའི་ལྗོན་ཤིང་དང་། པདྨ་སྣ་ཚོགས་ཀྱིས་གང་བ། དེའི་དབུས་སུ་སེངྒེ་ཆེན་པོ་བརྒྱད་ཀྱིས་བཏེག་པའི་རིན་པོ་ཆེའི་ཁྲིའི་སྟེང་དུ་རྗེ་བཙུན་བྱམས་མགོན་སྐུ་མདོག་གསེར་བཙོ་མའི་མདོག་ལྟ་བུ། ཞལ་གཅིག་ཕྱག་གཉིས་ཆོས་འཆད་ཀྱི་ཕྱག་རྒྱ་སྟེང་འོག་ཏུ་མཛད་ཅིང་། བཟང་པོའི་བཞུགས་སྟངས་ཀྱིས་བཞུགས་པ། འོད་ཟེར་མཐའ་ཡས་པ་འཕྲོ་བ། འཁོར་བྱང་ཆུབ་སེམས་དཔའི་ཚོགས་དཔག་ཏུ་མེད་པས་བསྐོར་བ། ཞལ་རང་རེའི་འཛམ་བུའི་གླིང་ལ་གཟིགས་པ། དེའི་ཐུགས་ཀའི་དཔལ་གྱི་བེའུ་ལས་སངས་རྒྱས་དང་བྱང་ཆུབ་སེམས་དཔའི་ཚོགས་ཕྱིར་འཕྲོ་བ་དང་ནང་དུ་འདུ་བ་དཔག་ཏུ་མེད་པས་འགྲོ་བའི་དོན་མཛད་པ་ཞིག་གསལ་བཏབ་ལ། དགའ་ལྡན་ལྷ་བརྒྱའི་མགོན་གྱི་ཐུགས་ཀ་ནས། །ཞེས་པ་ནས། གསལ་བྱེད་ཤོག །ཅེས་བརྗོད་ནས་ཡན་ལག་བདུན་པ་འབུལ། དེ་ནས།

སྐུ་ནི་ཆེ་ཞིང་གསུང་ནི་གསལ་བ་སྟེ། །ས་བོན་སྒྱུར་བ་ཕྱག་མཚན་ཟབ་པའོ། །ཞེས་པའི་དོན་ཉམས་སུ་ལེན་པ་ལ། མ་དག་འབྲུད་པ་དང་། མི་ཤེས་པ་བསལ་བའི་དམིགས་པ་གཉིས་ལས། དང་པོ་ནི། ཡབ་སྲས་གསུམ་ལ་དམིགས་ཏེ། དམིགས་བརྩེ་མ་མང་ཉུང་ཅི་རིགས་འདོན་པའི་མཐར། ཡབ་སྲས་གསུམ་གའི་ཐུགས་ཀ་ནས་འོད་ཟེར་དཀར་པོའི་སྦྲུ་གུ་དེ་རང་གི་ཚངས་བུག་ལ་ཟུག་པའི་ནང་ནས། འོད་ཟེར་དཀར་པོ་ཚོགས་དཔག་ཏུ་མེད་པ་བྱུང་སྟེ། རང་གི་ལུས་ཀྱི་ནང་ཐམས་ཅད་གང་ནས་སྡིག་སྒྲིབ་ཐམས་ཅད་དག ལུས་ཤེལ་སྒོང་གཡའ་དག་པ་ལྟར་གྱུར་པར་བསམ། དེ་ནས་སྔར་བཞིན་གསོལ་བ་བཏབ་པའི་མཐར། སྦྲུ་གུ་དེ་གསུམ་གྱི་ནང་ནས་བདུད་རྩི་དམར་སེར་གྱི་རྒྱུན་བབ་པས། རང་གི་སྤྱི་བོ་ནས་རྐང་པའི་བར་བཀང་བའི་བདུད་རྩིའི་རྡུལ་ཕྲ་རབ་རྣམས་འཇམ་པའི་དབྱངས་དམར་སེར་གྱི་སྐུར་གྱུར། ལུས་ལྟེམ་གྱིས་གང་བས་ཤྲེབ་ཆེ་བ་འཇམ་པའི་དབྱངས་དང་རྟོགས་པ་མཉམ་པར་བསམ་སོ། །དེ་བཞིན་དུ་གསུང་གིས་གསལ་བའི་དམིགས་པ་དང་། ས་བོན་སྒྱུར་བ་དང་། ཕྱག་མཚན་ཟབ་པའི་དམིགས་པ་ལ། འཆད་པ་ལ་གླེགས་བམ། རྩོད་པ་ལ་རལ་གྲིའི་འཁོར་ལོ་རྩིབས་དྲུག་པའི་ལྟེ་བ་དང་རྩིབས་རེ་ལ་ཧྲཱིཿ རེ། རྩོམ་པ་ལ་གླེགས་རལ་གཉིས་དང་བཅས་པའི་དམིགས་པ་རྣམས་བླ་མའི་ཞལ་ལས་ཤེས་པར་བྱའོ། །མཐར། དཔལ་ལྡན་རྩ་བའི་བླ་མ་རིན་པོ་ཆེ། །ཞེས་སོགས་བརྗོད་པ་དང་མཉམ་དུ་སྲས་གཉིས་རྗེ་ལ་ཐིམ། རྗེ་རང་གི་ཚངས་བུག་ནས་ཞུགས་ཏེ་རང་གི་སྙིང་ག་ཆོས་ཀྱི་འཁོར་ལོའི་དབུས་སུ་བཞུགས་པ་སོགས་དཀྱུས་ལྟར་དང་། དེ་ནས་རྗེ་ཡབ་སྲས་ཀྱིས་རྗེས་སུ་འཛིན་པའི་སྨོན་ལམ་རྣམ་ཐར་དག་པས་མཚམས་སྦྱར་བྱའོ། །དཔལ་ལྡན་སྲད་རྒྱུད་ལུགས་ཀྱི་སྙན་བརྒྱུད་བླ་མའི་རྣལ་འབྱོར་འདི་ནི་ཐུགས་འཆང་རྡོ་རྗེ་འཆང་དཀོན་མཆོག་ཡར་འཕེལ་གྱི་ཞལ་གདམས་ཀྱི་གསུང་རྒྱུན་འཇམ་དབྱངས་བཞད་པའི་རྡོ་རྗེས་ཡི་གེར་བཀོད་པའོ། །

༄༅། །བླ་མའི་རྣལ་འབྱོར་དགའ་ལྡན་ལྷ་བརྒྱ་མ་དང་འབྲེལ་བའི་དམར་ཁྲིད་ཞལ་ཤེས་ཀྱི་དམིགས་རིམ་བཞུགས་སོ།

༄། །སྐུ་ནི་ཆེ་ཞིང་གསུང་ནི་གསལ་བ་སྟེ། །ས་བོན་སྒྱུར་བ་ཕྱག་མཚན་ཟབ་པའོ། །ཞེས་པའི་དོན་ཉམས་སུ་ལེན་པ་ལ། མ་དག་པ་འབྱུད་པ་དང་། མི་ཤེས་པ་བསལ་བའི་དམིགས་རིམ་གཉིས། དང་པོ་ལ། མ་དག་པ་འབྱུད་པའི་དམིགས་རིམ་ནི། དམིགས་བརྩེ་མ་མང་ཉུང་ཅི་རིགས་བགྲང་པས། རྗེ་བླ་མ་ཡབ་སྲས་གསུམ་གྱི་ཐུགས་ཀ་ནས་འོད་ཟེར་དཀར་པོའི་སྦུ་གུ་གསུམ་སྐྱ་ནར་གྱིས་བྱུང་། རང་གི་སྤྱི་གཙུག་ནས་ཟུག་པའི་སོར་བཞི་ཙམ་ནས་སྦུ་གུ་གསུམ་གཅིག་ཏུ་འཁྱིལ་པའི་ནང་བརྒྱུད། འོད་ཟེར་དང་བདུད་རྩི་དཀར་པོའི་རྒྱུན་སྐྱོར་ཉོར་བྱུང་། རང་གི་སྤྱི་གཙུག་ནས་རྐང་སེན་གྱི་བར་སྐྱ་མེར་གྱིས་གང་། ཐོག་མེད་ནས་བསགས་པའི་སྡིག་སྒྲིབ་ཐམས་ཅད་དུད་ཁུ་དང་སོལ་ཁུའི་རྣམ་པར་རྐང་ལག་གི་སོར་མོ་བཙུ་རྣམས་དང་། དབང་པོའི་སྒོ་དང་བ་སྤུའི་བུ་ག་རྣམས་ལས་ཕྱིར་ཐོན། ལུས་ཤེལ་སྡོང་གཡའ་དག་པ་ལྟར་གྱུར་པར་བསམ། རང་ཉིད་སྐད་ཅིག་གིས་རྗེ་བཙུན་འཇམ་དབྱངས་སྐུ་མདོག་དམར་སེར་ཕྱག་གཡས་རལ་གྲི་འཕྱར་ཞིང་། གཡོན་གླེགས་བམ་བསྣམས་པ། ཞབས་རྡོ་རྗེའི་སྐྱིལ་ཀྲུང་གིས་བཞུགས་པར་བསམ་མོ། །གཉིས་པ་ནི། མི་ཤེས་པ་བསལ་བའི་དམིགས་པ་ལ་དྲུག །ཤེས་རབ་ཆེ་བའི་དམིགས་པ་ནི། དེ་ལྟར་རང་ཉིད་རྗེ་བཙུན་འཇམ་དབྱངས་སུ་གསལ་བའི་ངང་ལས་ཡབ་སྲས་གསུམ་དམིགས་ཏེ། དམིགས་བརྩེ་མ་མང་ཉུང་ཅི་རིགས་བགྲང་པས། འོད་ཀྱི་སྦུ་གུ་དེ་གསུམ་གྱི་ལམ་ནས་འོད་ཟེར་དང་བདུད་རྩི་དམར་སེར་གྱི་རྒྱུན་དཔག་ཏུ་མེད་པ་བྱུང་། རང་གི་ལུས་ཀྱི་ནང་ཐམས་ཅད་གང་། བདུད་རྩིའི་རྡུལ་ཕྲ་རབ་རྣམས་ཡོངས་སུ་གྱུར་པ་ལས། རྗེ་བཙུན་འཇམ་དབྱངས་དམར་སེར་གཡས་རལ་གྲི་དང་། གཡོན་གླེགས་བམ་བསྣམས་པ། ཞབས་རྡོ་རྗེའི་སྐྱིལ་ཀྲུང་ཅན་དུ་གྱུར་པས་ལུས་ཐམས་ཅད

གང་། རང་ཉིད་ཤེས་རབ་ཆེ་བ་རྗེ་བཙུན་འཇམ་དབྱངས་ལྟ་བུར་གྱུར་པའི་མོས་པ་བྱེད། ཤེས་རབ་གསལ་པའི་དམིགས་པ་ནི། སྔར་བཞིན་དམིགས་བརྩེ་མ་བགྲངས་ཏེ། སྤྱི་གཙུའི་ལམ་ནས་འོད་ཟེར་དང་བདུད་རྩི་དམར་སེར་གྱི་རྒྱུན་བྱུང་། ལུས་གང་། བདུད་རྩིའི་རྡུལ་ཕྲ་རབ་རྣམས་ཨོཾ་ཨ་ར་པ་ཙ་ན་དྷཱིཿ ཞེས་པའི་སྔགས་སུ་གྱུར་པས་ལུས་ཐམས་ཅད་གང་། རང་ཉིད་ཤེས་རབ་གསལ་བ་རྗེ་བཙུན་འཇམ་དབྱངས་ལྟ་བུར་གྱུར་པའི་མོས་པ་བྱེད། ཤེས་རབ་མྱུར་བའི་དམིགས་པ་ནི། སྔར་བཞིན་དམིགས་བརྩེ་མ་བགྲངས་ཏེ། སྤྱི་གཙུའི་ལམ་ནས་འོད་ཟེར་དང་བདུད་རྩི་དམར་སེར་གྱི་རྒྱུན་བྱུང་། ལུས་གང་། བདུད་རྩིའི་རྡུལ་ཕྲ་རབ་རྣམས་ལས་དྷཱིཿ དམར་སེར་རིང་ཆ་ཆེག་དྲག་བཅས་པས་ལུས་གང་། རང་ཉིད་ཤེས་མྱུར་བ་རྗེ་བཙུན་འཇམ་དབྱངས་ལྟ་བུར་གྱུར་པའི་མོས་པ་བྱེད། ཤེས་ཟབ་པའི་དམིགས་པ་ལ་གསུམ་ལས། དང་པོ་འཆད་པའི་དམིགས་པ་ནི། སྔར་བཞིན་དམིགས་བརྩེ་མ་བགྲངས་ཏེ། སྤྱི་གཙུའི་ལམ་ནས་འོད་ཟེར་དང་བདུད་རྩི་དམར་སེར་གྱི་རྒྱུན་བྱུང་། བདུད་རྩིའི་རྡུལ་ཕྲ་རབ་རྣམས་སྣང་ལ་རང་བཞིན་མེད་པའི་ཤེར་ཕྱིན་གྱི་གླེགས་བམ་གྱིས་ལུས་ཐམས་ཅད་གང་། རང་ཉིད་འཆད་པ་ལ་ཐོགས་པ་མེད་པ་རྗེ་བཙུན་འཇམ་དབྱངས་ལྟ་བུར་གྱུར་པའི་མོས་པ་བྱེད། རྩོད་པའི་དམིགས་པ། སྔར་བཞིན་དམིགས་བརྩེ་མ་བགྲངས་པས། སྤྱི་གཙུའི་ལམ་ནས་འོད་ཟེར་དང་བདུད་རྩི་དམར་སེར་གྱི་རྒྱུན་བྱུང་། ལུས་གང་། བདུད་རྩིའི་རྡུལ་ཕྲ་རབ་རྣམས་རལ་གྲི་རྩིབས་དྲུག་པའི་འཁོར་ལོ་གྱུར་པས་ལུས་གང་། རང་ཉིད་རྩོད་པ་ལ་ཐོགས་པ་མེད་པ་རྗེ་བཙུན་འཇམ་པའི་དབྱངས་ལྟ་བུར་གྱུར་པའི་མོས་པ་བྱེད། རྩོམ་པའི་དམིགས་པ་ནི། སྔར་བཞིན་དམིགས་བརྩེ་མ་བགྲངས་ཏེ། སྤྱི་གཙུའི་ལམ་ནས་འོད་ཟེར་དང་། བདུད་རྩི་དམར་སེར་གྱི་རྒྱུན་བྱུང་། ལུས་གང་། བདུད་རྩིའི་རྡུལ་ཕྲ་རབ་རྣམས་སྣང་ལ་རང་བཞིན་མེད་པའི་ཤེར་ཕྱིན་གྱི་གླེགས་བམ། རལ་གྲི་རྩིབས་དྲུག་པའི་འཁོར་ལོ་གྱུར་པས་ལུས་ཐམས་ཅད་གང་། རང་ཉིད་རྩོམ་པ་ལ་ཐོགས་པ་མེད་པ་རྗེ་བཙུན་འཇམ་པའི་དབྱངས་ལྟར་གྱུར་པའི་མོས་པ་བྱེད། དེ་ནས། དཔལ་ལྡན་རྩ་བའི་བླ་མ་རིན་པོ་ཆེ། །ཞེས་སོགས་ཀྱིས་གསོལ་བ་བཏབ་པས། འོད་ཀྱི་སྤྱི་གཙུ་གསུམ་ཡབ་སྲས་གསུམ་གྱི་ཐུགས་ཀར་ཐིམ། སེང་ཁྲི་པདྨ་ཉི་ཟླ་དང་བཅས་པ་ཡང་འོད་དུ་ཞུ་ནས་ཡབ་སྲས་གསུམ་ལ་སོ་སོར་ཐིམ། སྲས་གཉིས་འོད་དུ་ཞུ་ནས་རྗེ་བླ་མར་

ཐིམ། བླ་མ་དེ་ཉིད་ཀྱང་ཇེ་ཆུང་ཇེ་ཆུང་དུ་སོང་ནས་རང་གི་སྤྱི་བོའི་བུ་ག་ནས་རང་གི་སྙིང་པདྨ་འདབ་བརྒྱད་དུ་གྱུར་པའི་ལྟེ་བར་རང་སེམས་དང་དབྱེར་མེད་དུ་ཞུགས་པདྨ་ཁ་ཁུབ་ཀྱིས་འདུས་པའི་སྟོད་ཀྱི་ཕྱོགས་སུ་ཨ་ར་པ་ཙ་ན། སྨད་ཀྱི་ཕྱོགས་སུ་དམིགས་བརྩེ་མས་གཡོན་སྐོར་དུ་རྒྱས་བཏབ། པདྨའི་རྩེར་མི་བསྐྱོད་པའི་རང་བཞིན་རྡོ་རྗེ་རྩེ་ལྔ་པ་ཕྱེད་པས་རྒྱས་བཏབ། དེ་ཉིད་དམིགས་པས་ཁ་ཕྱེ་ན་མ་གཏོགས་སུས་ཀྱང་འབྱེད་མི་ནུས་པར་བསམ། ཡང་ཐུན་གཉིས་པ་ལ་སྔར་བཞིན་ཉམས་སུ་བླངས། སྤྱན་དྲངས་པ་ནས་བཟུང་མཐར་དཔལ་ལྡན་རྩ་བའི་ཞེས་སོགས་ཀྱིས་གསོལ་བ་བཏབ་པས། རྗེ་བླ་མ་རང་གི་སྤྱི་བོ་ནས་ཞུགས། སྙིང་གའི་པདྨ་འདབ་བརྒྱད་ཁ་ཤགས་ཀྱིས་ཕྱེ། སྙིང་ཀའི་བླ་མར་ཐིམ་པདྨ་བསྡུ་བ་རྒྱས་བཏབ་པ་སོགས་སྔར་བཞིན་བྱས་མཐར། བསྔོ་སྨོན་ནི། རྗེ་བཙུན་བླ་མ་བློ་བཟང་གྲགས་པའི་དཔལ། །མོས་གུས་ཡིད་ཀྱིས་སྙིང་ནས་གསོལ་འདེབས་ན། །མགོན་ཁྱོད་གང་དུ་བཞུགས་པའི་ཞིང་ཁམས་དང་། །བདག་ཀྱང་མྱུར་དུ་འོང་བར་བྱིན་གྱིས་རློབས། །ཞེས་དང་། ང་ཡི་བླ་མ་བློ་བཟང་གྲགས་པ་དེ། ཞེས་སོགས་དང་། ཆོས་ཀྱི་རྒྱལ་པོ་ཙོང་ཁ་པ་ཆེན་པོ་ལ་གསོལ་བ་འདེབས། །བདག་གི་བློ་ཆོས་སུ་འགྲོ་བར་བྱིན་གྱིས་བརླབ་ཏུ་གསོལ། །ཆོས་ལམ་དུ་འགྲོ་བར× ལམ་ལ་བར་ཆད་མི་འབྱུང་བར× ངེས་འབྱུང་གི་བསམ་པ་བཅོས་མ་མ་ཡིན་པས་ཀུན་ནས་བསླངས་པའི་བྱམས་སྙིང་རྗེ་བྱང་ཆུབ་ཀྱི་སེམས་མྱུར་དུ་རྒྱུད་ལ་སྐྱེ་བར× ཟབ་མོ་སྟོང་པ་ཉིད་ཀྱི་ལྟ་བ་རྣམ་པར་དག་པ་མྱུར་དུ་རྒྱུད་ལ་སྐྱེ་བར× ལམ་རིམ་པ་གཉིས་ཀྱི་རྣལ་འབྱོར་ཟབ་མོ་མྱུར་དུ་རྒྱུད་ལ་སྐྱེ་བར× ཞེས་སོགས་དང་། བཟང་པོ་སྤྱོད་པའི་སྨོན་ལམ་སོགས་ཇི་ལྟར་རིགས་པའི་སྨོན་ལམ་རྣམ་དག་བྱའོ། །ང་ཡི་བླ་མ་བློ་བཟང་གྲགས་པ་དེ། །དགའ་ལྡན་གནས་སམ་བདེ་བ་ཅན་ལ་སོགས། །དག་པའི་ཞིང་ཁམས་གང་ན་བཞུགས་ཀྱང་རུང་། །བདག་སོགས་འཁོར་གྱི་ཐོག་མར་སྐྱེ་བར་ཤོག །ཞལ་ཤེས་འདི་ནི་རྗེ་འཇམ་དབྱངས་བཞད་པའི་རྡོ་རྗེའི་ཞལ་སྔ་ནས་ཀྱི་གསུང་བཞིན་ངག་དབང་བློ་བཟང་གིས་ཟིན་བྲིས་སུ་བྱས་ཤིང་། སླར་ཡང་དེ་ཉིད་ཀྱིས་ལྷུགས་ཞུས་མཛད་ནས་ཐུགས་མཉེས་བཞིན་དུ་གནང་ངོ་། ། ། །

༄༅། །སྲིད་རྒྱུད་ཁུགས་ཀྱི་བླ་མའི་རྣལ་འབྱོར་བྱིན་མོད་མ་ཡིན་པའི་ཁྲིད་ཡིག་ཙིཏྟ་མ་ཎིའི་ཕྲེང་བ་ཞེས་བྱ་བ་བཞུགས་སོ།

༄། །ན་མོ་གུ་རུ་མཉྫུ་གྷོ་ཥཱ་ཡ། མ་ལུས་རྒྱལ་བ་ཀུན་གྱི་ཡབ་གྱུར་ཀྱང་། །རྒྱལ་སྲས་དཔའ་བོ་གཞོན་ནུའི་ཚུལ་འཆང་བ། །རྗེ་བཙུན་མཁྱེན་པའི་གཏེར་ཞེས་ས་གསུམ་ན། །ཡོངས་སུ་གྲགས་པ་དེ་ལ་ཕྱག་འཚལ་ལོ། །དེ་ཉིད་དུར་སླིག་གར་གྱིས་རྣམ་རོལ་བ། །བློ་བཟང་རྒྱལ་བའི་ཡབ་གཅིག་ཙོང་ཁ་པ། །གངས་ཅན་མཁས་པའི་དེད་དཔོན་གཅིག་པུ་དང་། །སྲས་མཆོག་གཉིས་ལ་གུས་པས་ལེགས་བཏུད་ནས། །ཤེས་རབ་ཆེ་གསལ་མྱུར་ཞིང་འཆད་རྩོད་དང་། །རྩོམ་པའི་བློ་ཡི་བསྐྱེད་རྒྱས་བྱེད་པའི། །བྱིན་རླབས་ཉིན་མོའི་དབང་ཕྱུག་འདི་ཤར་ཅོ། །སྐལ་ལྡན་བློ་ཡི་འདབ་རྒྱ་ཅིས་མི་བཞད། །ཅེས་བརྗོད་ནས། དེ་ཡང་ཇི་སྐད་དུ་འཇམ་དཔལ་རྩ་རྒྱུད་ལས། ང་ནི་མྱ་ངན་འདས་ནས་ནི། །ས་ཡི་སྙིང་འདི་སྟོངས་པ་ན། །ཁྱོད་ནི་བྱིས་པའི་གཟུགས་ཀྱིས་ནི། །སངས་རྒྱས་མཛད་པ་བྱེད་པར་འགྱུར། །ཞེས་སོགས་མདོ་རྒྱུད་དུ་མ་ནས་རྗེ་བཙུན་འཇམ་དབྱངས་བྱིས་པ་སྐྱེ་སོ་སྐྱེ་ཐ་མལ་པའི་དགེ་སློང་གི་ཚུལ་བཟུང་ནས། སངས་རྒྱས་ཀྱི་མཛད་པ་ཀུན་གྱི་ནང་ནས་མཆོག་ཏུ་གྱུར་པ་ཆོས་ཀྱི་འཁོར་ལོ་བསྐོར་ཞིང་། གདུལ་བྱ་རྣམས་ཡང་དག་པའི་ལམ་ལ་དགྲི་བའི་གསུང་གི་མཛད་པ་མཛད་པར་ལུང་བསྟན་པ་བཞིན། རྒྱལ་བའི་གསུང་རབ་ཀྱི་ལམ་གྱི་སྙིང་པོ་ཐམས་ཅད་གདུལ་བྱ་རྣམས་ལ་ཕྱིན་ཅི་མ་ལོག་པར་གསལ་བར་མཛད་པས། གངས་རིའི་ཁྲོད་པ་རྣམས་ཀྱི་ཡང་དག་པའི་དགེ་བའི་བཤེས་གཉེན་བཀྲིན་འཁོར་མེད་འགྲན་གྱི་ཟླ་མེད་པ་གཅིག་པུ་རྗེ་བཙུན་བླ་མ་བློང་གྲགས་པ་ཡབ་སྲས་ཞེས་སྙན་པའི་བ་དན་ས་གསུམ་ན་རྣམ་ཐར་གཡོ་བའི་བདག་ཉིད་ཆེན་པོ་དེ་ལ། གསོལ་བ་འདེབས་པའི་བསྟོད་ཚིག་དམིགས་བརྩེ་མ་ཞེས་བྱིན་རླབས་ཀྱི་གཏེར་ཆེན་པོ་དེ་ཉིད་དང་འབྲེལ་བའི་བླ་མའི་རྣལ་འབྱོར་གྱི་མན་ངག་ལ་བརྟེན་ནས

གསོལ་བ་འདེབས་ཚུལ་ལ། ཕྱི་མཆུངས་པ་གསལ་བྱེད། ནང་ཡོན་ཏན་དེ་ལྡན། གསང་བ་ལྷ་དང་ངོ་བོ་དབྱེར་མེད་དུ་གསོལ་བ་འདེབས་ཚུལ་དང་། གཞན་ཡང་། སྐུ་ནོར་བུ་མཛོད་འཛིན་ལ་བརྟེན་ནས་ཕྱི་སྒྲུབ། གསུང་ཉི་མ་སྣང་བྱེད་ལ་བརྟེན་ནས་ནང་སྒྲུབ། ཐུགས་གསང་བ་མཛོད་འཛིན་ལ་བརྟེན་ནས་གསང་སྒྲུབ་སྟེ། དེ་རེ་ལའང་ནང་གསེས་ཀྱིས་གསུམ་གསུམ་ཕྱེ་སྟེ། དམིགས་བརྗེ་མ་དགུ་སྐོར་དུ་བྱས་པ་དང་། དྲུག་སྐོར་དུ་བྱས་པ་དང་། ལྔ་སྐོར་དུ་བྱས་པ་སོགས་ལ་བརྟེན་པའི་བླ་མའི་རྣལ་འབྱོར། རྗེ་བླ་མ་ནས་རྗེ་ཤེར་སེང་བ་དང་། དེ་ནས་འདུལ་ནག་པ་ནས་བཟུང་རྒྱུད་ཆེན་དཀོན་མཆོག་ཡར་འཕེལ་གྱི་བར་རྗེ་བླ་མའི་སྙན་རྒྱུད་ཀྱི་གདམས་ངག་ངེས་པར་འཛིན་ནུས་ཀྱི་དཔལ་ལྡན་སྨད་རྒྱུད་ཀྱི་མཁས་པ་རྣམས་ཀྱི་ཞལ་ནས་ཞལ་དང་སྙན་ནས་སྙན་དུ་བརྒྱུད་ཅིང་། སྔ་དུས་ཟིན་བྲིས་ཀྱི་ཡི་གེ་སོགས་ཀྱང་མེད་པར་གསུངས་ལ། འཇམ་དབྱངས་ཆོས་སྐོར་གྱི་མན་ངག་ཏུ་གྲགས་པའི་བྱིན་རླབས་ཅན་གྱི་བླ་མའི་རྣལ་འབྱོར་འདི་ནི། རྗེ་བླ་མ་ནས་མཁས་གྲུབ་རྗེ་དང་། བསོད་བ་ལ་བརྒྱུད་པ་དང་། རྗེ་ཤེར་སེང་ནས་བརྒྱུད་པ། སྤྱིན་པ་དཔལ་བ་ལ་བརྒྱུད་པ་སོགས་ཐུན་མོང་ཡིན་མིན་དུ་མ་ཡོད་ཀྱང་། འདིར་དེ་དག་ལས་མཆོག་ཏུ་གྱུར་བ་ཤེས་རབ་ཆེ་གསལ་མྱུར་བ་འཆད་རྩོད་རྩོམ་གསུམ་སོགས་ཀྱི་ཟབ་གནད་དུ་མ་དང་ལྡན་པ་འདི་ནི། མེར་གན་རིན་པོ་ཆེས་རྒྱུད་ཆེན་དཀོན་མཆོག་ཡར་འཕེལ་ལ་གསན་ནས། ཟིན་བྲིས་ཀྱི་སྡེ་ཟིན་ཙམ་མཛད། འོན་ཀྱང་ཞིབ་པར་བླ་མའི་ཞལ་ལས་ཤེས་པར་བྱའོ། །ཞེས་ཞལ་འཕངས་མཛད་པའི་མན་ངག་མཐའ་དག་ཁོ་བོས་ཡོངས་འཛིན་དམ་པ་འཇམ་དབྱངས་བཞད་པ་དང་། རྗེ་བླ་མ་བཀྲིན་འཁོར་མེད་འགྲན་གྱི་དོ་མེད་གཅིག་པུ་མཚན་བརྗོད་པར་དཀའ་བ་ཐང་སག་པ་དངོས་གྲུབ་རྒྱ་མཚོ་སྟེ། སྨད་རྒྱུད་ཀྱི་གདམས་པ་ཛོགས་པར་མངའ་བའི་ཡོངས་འཛིན་རྣམ་པ་གཉིས་ཡུན་རིང་དུ་བསྟེན་ཅིང་། མཉེས་པ་གསུམ་གྱིས་མཉེས་པར་བྱས་པ་ལས། སྤྱིར་གསང་བདེ་འཇིགས་གསུམ་གྱི་རྒྱུད་འགྲེལ་བསྐྱེད་རྫོགས་སོགས་ཀྱི་གདམས་པ་མཐའ་དག་པ་དང་། ཁྱད་པར་འདིའི་གདམས་པ་ཞལ་ཤེས་ཆ་ལག་དང་བཅས་པ་ལན་དུ་མའི་བར་དུ་མནོས་ཤིང་རྫོགས་པར་ཐོབ་པ་དང་། རྗེ་དངོས་གྲུབ་རྒྱ་མཚོའི་གསུང་གིས་ཀྱང་སྨད་རྒྱུད་ཀྱི་གདམས་པ་ཐུན་མོང་མ་ཡིན་པ་ཐོ་ཚུང་རེ་ངེས་པར་གྱིས་ཤིག་པའི་གསུང་གི་གནང་བ་སྩལ་བ་དང་། རང་ཉིད་ཀྱང་རྗེ་བླ་མའི་སྙན་

བརྒྱུད་ཀྱི་གདམས་པ་འདི་དག་བརྗེད་པར་འཕངས་ཤིང་། སྐལ་མཉམ་གཞན་ལའང་ཕན་རེའི་བསམ་པས་བྲི་བར་བྱའོ། །འདི་ལ་གསུམ། སྔོན་འགྲོ། དངོས་གཞི། མཇུག་གི་ཉམས་ལེན་གྱི་རིམ་པའོ། །དང་པོ་ལ་གསུམ། སྐྱབས་སུ་འགྲོ་བ་དང་། སེམས་བསྐྱེད་པ་དང་། ཚད་མེད་བཞི་བསྒོམ་པའོ། །དང་པོ་ནི། བསྟན་གྱི་སྟེགས་བུ་སོགས་ཚུལ་བཞིན་དུ་བྱས་པའི་སྟེང་དུ། ལུས་རྣམ་སྣང་གི་ཆོས་བདུན་སོགས་བག་ཡོད་པས་འཁོད་དེ། །སྐད་ཅིག་གིསམདུན་གྱི་ནམ་མཁར་པདྨའི་སྟོང་པོ་ཡངས་ཤིང་རྒྱ་ཆེ་བ་ལྟེ་བ་དང་བཅས་འི་དབུས་སུ། རྗེ་བླ་མ་ཡབ་སྲས་ལ་ཆོས་འདིའི་རྩ་བརྒྱུད་ཀྱི་བླ་མ་རྣམས་ཀྱིས་བསྐོར་བ་དང་། དེའི་མཐའ་བསྐོར་དུའང་ཡི་དམ། སངས་རྒྱས་བྱང་སེམས་ཉན་རང་ཆོས་སྐྱོང་སྲུང་མའི་ཚོགས་དང་བཅས་པ་སྤྲིན་ཕུང་ཐིབས་པ་བཞིན་དུ་བཞུགས་པས་བསྐོར་བའི་མཁའ་ཁྱབ་ཀྱི་སྐྱབས་ཡུལ་གསལ་བཏབ་ལ། དེ་རྣམས་ཀྱི་སྐུ་གསུང་ཐུགས་མཁྱེན་བརྩེ་ནུས་གསུམ་གྱི་ཡོན་ཏན་རྣམས་དྲན་ནས་དེ་མངོན་དུ་བྱ་འདོད་དང་། སྐྱིད་སྡུག་ཅི་བྱུང་ཡང་ཁྱེད་ཤེས་ཀྱི་བློ་ཐིངས་སྐྱུར་གྱི་ཡིད་ཆེས་དང་། རང་ཉིད་ཀྱིས་གཙོས་འཁོར་བའི་སེམས་ཅན་རྣམས་སྡུག་བསྔལ་གྱིས་མནར་ཚུལ་ལ་གཤིད་མས་རལ་གྲི་གདེངས་པ་ལྟ་བུའི་འཇིགས་པ་ཤུགས་དྲག་པོ་དང་། འཇིགས་པ་དེ་ལས་སྐྱོབ་པའི་ནུས་པའང་མདུན་གྱི་སྐྱབས་གནས་རྣམས་ལ་མ་གཏོགས། གཞན་སུ་ལའང་མེད་པའི་ཚུལ་རྣམས་བསམ་སྟེ་བློའི་འགྱུར་བ་ཐོན་པ་ན། ངག་ཏུ། བདག་དང་འགྲོ་བ་ནམ་མཁའི་མཐའ་དང་མཉམ་པའི་སེམས་ཅན་ཐམས་ཅད་དུས་འདི་ནས་བཟུང་སྟེ་ཇི་སྲིད་བྱང་ཆུབ་སྙིང་པོ་ལ་མཆིས་ཀྱི་བར་དུ། དཔལ་ལྡན་བླ་མ་དམ་པ་རྣམས་ལ་སྐྱབས་སུ་མཆིའོ། །རྫོགས་པའི་སངས་རྒྱས་བཅོམ་ལྡན་འདས་རྣམས་ལ × དམ་པའི་ཆོས་རྣམས × འཕགས་པའི་དགེ་འདུན་རྣམས་ལ × ཞེས་སོགས་སྐྱབས་འགྲོ་བཞི་སྐོར་ལན་གསུམ་མམ་བདུན་ལ་སོགས་བརྒྱུད་དང་འདྲེས་ངེས་པ་བྱའོ། །གཉིས་པ་སེམས་བསྐྱེད་པ་ནི། མར་ཤེས་དྲིན་དྲན་དྲིན་གཟོ་ཡིད་འོང་གི་བྱམས་པ་རྣམས་བསྒོམ། དེ་ནས་ཡིད་དུ་འོང་བའི་སེམས་ཅན་རྣམས་སྡུག་གྱིས་མནར་ཚུལ་བསམ་ལ། ཤས་མི་བཟོད་པ་ལྟ་བུའི་སྙིང་རྗེ་ཆེན་པོ་ཤུགས་དྲག་པོ་རྒྱུད་ལ་མ་བྱུང་གི་བར་དུ་བསྒོམ། དེ་ནས། ངའི་མ་འདི་རྣམས་སྙིང་རེ་རྗེ་ཞེས་བཞག་པས་མི་ཕན་པས། འདི་རྣམས་ཀྱི་སྡུག་བསྔལ་སེལ་བའི་ཐབས་ལ་འབད་དགོས་པར་འདུག་ཀྱང་། ད་ལྟ

ནི་སེམས་ཅན་ཐམས་ཅད་ལྟ་ཞོག སེམས་ཅན་གཅིག་གི་སྡུག་བསྔལ་མཐའ་དག་སེལ་བའི་ནུས་པའང་བདག་ལ་མི་འདུག་པས། དེས་ན། བདག་གིས་མ་སེམས་ཅན་ཐམས་ཅད་ཀྱི་དོན་དུ་རྫོགས་པའི་སངས་རྒྱས་ཀྱི་གོ་འཕང་ཅི་ནས་ཀྱང་མྱུར་དུ་ཐོབ་པར་བྱ། དེའི་ཆེད་དུ་ཟབ་ལམ་བླ་མའི་རྣལ་འབྱོར་ཉམས་སུ་བླངས་ནས་ཤེས་རབ་ཕུན་སུམ་ཚོགས་པ་རྒྱས་པར་བྱའོ་སྙམ་དུ་སེམས་སྐྱེད་པ་རྒྱུད་དང་འདྲེས་ངེས་པ་ལན་གསུམ་མམ་བདུན་ལ་སོགས་པ་བྱ་བ་ནི་སེམས་སྐྱེད་པའོ། །གསུམ་པ་ཚད་མེད་བཞི་བསྒོམ་པ་ནི། སེམས་ཅན་ཐམས་ཅད་བདེ་བ་དང་བདེ་བའི་རྒྱུ་དགེ་བ་དང་ལྡན་པར་གྱུར་ཅིག་སྙམ་པའི་བྱམས་པ་དང་། སེམས་ཅན་ཐམས་ཅད་སྡུག་བསྔལ་དང་སྡུལ་གྱི་རྒྱུ་མི་དགེ་བ་དང་བྲལ་བར་གྱུར་ཅིག་སྙམ་པའི་སྙིང་རྗེ་དང་། སེམས་ཅན་ཐམས་ཅད་སྡུལ་མེད་པའི་ཟག་མེད་ཀྱི་བདེ་བ་དང་དུས་རྟག་ཏུ་མི་འབྲལ་བར་གྱུར་ཅིག་སྙམ་པའི་དགའ་བ་དང་། སེམས་ཅན་ཐམས་ཅད་བདེ་སྡུག་གི་རྒྱུའི་གཙོ་བོ་ཆགས་སྡང་ཉེ་རིང་གཉིས་དང་བྲལ་བའི་བཏང་སྙོམས་ལ་གནས་པར་གྱུར་ཅིག་སྙམ་པའི་བཏང་སྙོམས་བསྒོམ་པ་རྣམས་ཀྱི་དོན་ཡིད་ལས་སེམས་ཤིང་། ཚིག་དག་ཏུ་ལན་གསུམ་མམ་བདུན་ལ་སོགས་པ་བརྗོད་དེ་སྔོན་འགྲོ་རྣམས་རྒྱུད་དང་འདྲེས་ངེས་པ་བྱ་བ་ནི་འོག་ནས་འབྱུང་བའི་དགེ་རྩ་རྣམས་སངས་རྒྱས་ཀྱི་གོ་འཕང་ཐོབ་པའི་རྒྱུར་མ་ནོར་བར་འགྲོ་བའི་ཐབས་ཟབ་མོའོ། །གཉིས་པ་དངོས་གཞི་ལ་གཉིས། རྗེ་བླ་མ་ཡབ་སྲས་དགའ་ལྡན་ནས་སྤྱན་དྲངས་ཏེ་ཡན་ལག་བདུན་པ་བྱ་བ་དང་། གསོལ་བ་བཏབ་སྟེ་དངོས་གྲུབ་ཞུ་བའོ། །དང་པོ་ལ་གཉིས། སྤྱན་འདྲེན་པ་དང་། ཡན་ལག་བདུན་པས་ཚོགས་བསགས་པའོ། །དང་པོ་ནི། དེའང་སྐབས་འདིར་རྗེ་བླ་མ་དགའ་ལྡན་ནས་བྱམས་པའི་ཐུགས་ཀ་ནས་སྤྱན་འདྲེན་པ་ནི། རྗེའི་ལུང་བསྟན་ཚད་ཐུབ་ཕལ་ཆེ་བ་དང་། ཞྭ་བྲག་གྲུབ་ཆེན་སོགས་དང་། ཁྱད་པར་རྗེ་རང་གི་ཞལ་ནས་ཀྱང་། ང་སྐྱེ་བ་ཕྱི་མ་དགའ་ལྡན་དུ་སྐྱེ་བ་འདི་ལ་ཐམས་ཅད་མཐུན་པར་འདུག་གསུངས་པ་ལྟར། རྗེ་བླ་མ་སྐུ་ཚེ་དེའི་ཕྱི་མ་དགའ་ལྡན་དུ་འཁྲུངས་པའི་ཚུལ་གཙོ་བོར་སྟོན་པར་གསུངས་པ་དག་དང་མཐུན་ཞིང་། དེར་མ་ཟད་གསང་བདག་གིས་ཀྱང་། ཞྭ་བྲག་གྲུབ་ཆེན་ལ་ཐོ་རངས་ཤིག་སང་ཉིན་བྱམས་པ་ལ་བསླབ་བཏུས་ཞུས་ཤིག་གསུངས་པའི་ལུང་བསྟན་བྱུང་བས། རྗེ་བླ་མ་བྱམས་པ་དང་དབྱེར་མེད་པའི་བརྟར་དགོངས་ཏེ། དེའི་སང་ཉིན་རྗེ་ལ་

བསླབ་བཏུས་གསུང་བར་གསོལ་བ་བཏབ་སྟེ། རྗེས་བསླབ་བཏུས་གསུང་དུས་ཀྱང་བྱམས་པར་མངོན་སུམ་དུ་གཟིགས་པ་སོགས་དང་། སྐབས་འགའ་ཞིག་ལ་རྗེ་བླ་མ་བྱམས་པ་དང་དབྱེར་མེད་པའི་ཚུལ་བསྟན་པའང་ཡོད་པའི་རྒྱུ་མཚན་གྱིས་ཡིན་གསུངས། སྨྲུན་འདྲེན་པ་དངོས་ལ། དེའང་དང་པོར་དགའ་ལྡན་གྱི་ཞིང་གི་དོན་སྤྱི་ཡིད་ཡུལ་དུ་གསལ་འདེབས་དགོས་པས། ཡིད་གཞན་དུ་མ་གཡེང་བར་ཚུལ་འདི་ལྟར་དུ་གསལ་གདབ་པར་བྱའོ། །དེ་ལ་སྤྱིར་དགའ་ལྡན་གྱི་ལྷ་རྣམས་ཀྱི་བདག་པོའམ་རྒྱལ་པོ་ནི། ལྷའི་བུ་རབ་དགའ་ལྡན་ཞེས་བྱ་ལ། དེའི་ཕོ་བྲང་གི་གྲོང་ལས་རྒྱངས་གྲགས་ཀྱིས་འཕགས་པ་ན་དགོན་པའི་ཚུལ་དུ་རྗེ་བཙུན་གྱི་ཕོ་བྲང་རྒྱན་མཐོན་པོ་ཞེས་བྱ་བ་ཡོད་ཅིང་། དེའང་ས་གཞི་ཐམས་ཅད་རིན་པོ་ཆེ་སྣ་ཚོགས་ལས་གྲུབ་པ། ལག་མཐིལ་ལྟར་ཕོད་སྙོམས་ཤིང་མནན་ན་ནེམ་བྱེད་ཅིང་བཏེག་ན་སྤར་བྱེད་པ། རེག་ན་བདེ་བ་སྐྱེད་པ་ལ། མཚོ། རྫིང་། ལྟེང་ཀ། ཆུ་མིག། འབབ་ཆུ། ནེའུ་གསིང་སོགས་ལ་རྩེ་དགའ་ཞིང་འཕྱོ་ལ་ལྡིང་བའི་ཆུ་བྱ་སྣ་ཚོགས་པ་མགྲིན་པ་སྒྲིག་ཅིང་སྐད་སྙན་པར་སྒྲོགས་པ། དཔག་བསམ་གྱི་ཤིང་ཡལ་ག་རིན་པོ་ཆེ་སྣ་ཚོགས་པ་ལས་གྲུབ་པ་ལས། ལྷའི་གོས་ལ་སོགས་པའི་དགོས་འདོད་འབྱུང་བ་དག་གིས་གང་བའི་དབུས་སུ། རྗེ་བཙུན་གྱི་ཕོ་བྲང་རྒྱན་མཐོན་པོ་ཞེས་བྱ་བ་ཁང་བཟང་རྒྱ་ཕིབས་སུམ་བརྩེགས་མ། རིན་པོ་ཆེའི་དྲྭ་བ་དྲྭ་ཕྱེད། ཛ་ཡབ་ནོར་བུའི་ཡུ་བ་ཅན་ལ་སོགས་པའི་རིན་པོ་ཆེའི་རྒྱན་སྣ་ཚོགས་པས་བརྒྱན་པ། མདོར་ན་ལྷའི་དབང་པོ་བརྒྱ་བྱིན་གྱི་སུམ་བརྩེགས་ཀྱི་ཁང་བཟང་ལས་བརྒྱ་འགྱུར་སྟོང་འགྱུར་གྱིས་མཛེས་ཤིང་ཡིད་འཕྲོག་པ་ཞིག་ཡོད་ལ། ཕོ་བྲང་དེའི་མདུན་ངོས་ན། རྗེ་བཙུན་ཆོས་གསུངས་པའི་གནས་ཡིད་དགའ་ཆོས་འཛིན་ཅེས་བྱ་བ་གསེར་གྱི་ས་གཞི་ལ་བཻཌཱུརྻའི་མིག་མང་རིས་སུ་བྲིས་པ། མནན་ན་ནེམ་བྱེད་ཅིང་བཏེག་ན་སྤར་བྱེད་པ། རིན་པོ་ཆེའི་ཤིང་ལྗོན་པ་སྣ་ཚོགས་པས་བརྒྱན་ཅིང་། ཤིན་ཏུ་ནས་ངོ་མཚར་ཞིང་ཉམས་དགའ་བའི་དབུས་སུ་སེངྒེ་ཆེན་པོ་བརྒྱད་ཁ་ཕྱིར་བལྟས་པས་བཏེག་པའི་རིན་པོ་ཆེའི་ཁྲི་སྣ་ཚོགས་པདྨ་དང་ཟླ་བའི་གདན་གྱི་སྟེང་དུ་རྗེ་བཙུན་མི་ཕམ་མགོན་པོ་སྐུ་མདོག་གསེར་རིའི་ལྷུན་པོ་ལ་ཉི་མ་བྱེ་བས་འཁྱུད་པ་ལྟ་བུའི་གཟི་བརྗིད་དང་ལྡན་པ། སྐུ་ལ་ཆོས་གོས་ངུར་སྨྲིག་གསུམ་གྱིས་མཛེས་པར་གླུབས་ཤིང་། མཚན་དཔེའི་གསལ་རྫོགས་ཀྱིས་སྤྲས་པ། ཕྱག་ཉིས་ཆོས་འཁོར་གྱི་ཕྱག་རྒྱ་སྟེང་འོག་ཏུ་མཛད་

ཅིང་། ཞབས་གཉིས་བཟང་པོའི་ཞུགས་སྟངས་ཀྱིས་བཞུགས་པ། ཞལ་རང་རེ་འཛམ་བུ་གླིང་པ་རྣམས་ལ་གཟིགས་ཤིང་། སྐུ་ལས་འོད་ཟེར་མཐའ་ཡས་པ་འཕྲོ་བ། འཁོར་རྗེ་བོ་ཡབ་སྲས་སོགས་དང་། གཞན་ཡང་། ས་བཅུའི་བྱང་ཆུབ་སེམས་དཔའི་ཚོགས་དཔག་ཏུ་མེད་པ་དང་། སྐལ་ལྡན་གྱི་ལྷའི་བུ་དུ་མ་མཆོད་སྤྲིན་སྣ་ཚོགས་པ་ཐོགས་པས་བསྐོར་བའི་དབུས་ན། ཤེས་རབ་ཀྱི་ཕ་རོལ་ཏུ་ཕྱིན་པ་ལས་བརྩམས་ཏེ་དམ་པའི་ཆོས་གསུང་ལྷང་ལྷང་གསུངས་པ། ཐུགས་ཀར་དཔལ་བེའུ་ལྷ་བུའི་ཁྲ་སེང་ངེ་བའི་ནང་ན་སྤྲིན་དཀར་པོ་ཙོ་གསར་པ་སྤྲུངས་པ་ལྟ་བུའི་དབུས་མ་མཐོ་ཞིང་། གཡས་གཡོན་གཉིས་དམའ་བའི་དབུས་མའི་སྟེང་དུ། རྗེ་བླ་མ་ཙོང་ཁ་པ་སྐུ་མདོག་དཀར་ལ་དམར་པའི་མདངས་ཆགས་པ། གསེར་མདོག་པཎ་ཞྭ་དབུ་ལ་མཛེས་ཤིང་། ཆོས་གོས་གསུམ་གསོལ་བ། ཞབས་རྡོ་རྗེའི་སྐྱིལ་ཀྲུང་གིས་བཞུགས་པ། ཕྱག་གཉིས་ཆོས་འཁོར་གྱི་ཕྱག་རྒྱས་པདྨའི་ཡུ་བ་འཛིན་པའི་སྟེང་ན་གླེགས་རལ་བསྣམས་པ། དེའི་གཡས་ཀྱི་སྤྲིན་གྱི་སྟེང་དུ་རྒྱལ་ཚབ་དར་མ་རིན་ཆེན་དང་། གཡོན་དུ་མཁས་གྲུབ་ཐམས་ཅད་མཁྱེན་པ་གཉིས་ཀྱང་སྐུ་མདོག་སོགས་གོང་མཚུངས་ལ། ཕྱག་གཡས་ཆོས་འཆད་དང་། གཡོན་གླེགས་བམ་བསྣམས་པ། འདིའི་སྐབས་ཀྱི་གླེགས་བམ་གསུམ་པོ་ཡང་རང་ཉིད་གང་ལ་ཉམས་ལེན་གཙོ་བོར་བྱེད་པའི་ཆོས་དེའི་གླེགས་བམ་གྱི་རྣམ་པར་གསལ་བཏབ། དེའི་དོན་མྱུར་དུ་རྒྱུད་ལ་སྐྱེ་བའི་རྟེན་འབྲེལ་གྱི་གནད་ཅིག་ཡོད་གསུང་བ་ནི་ཞལ་ཤེས་སོ། །གཞན་ཡང་། ཐུགས་ཀ་ནས་འོད་ཟེར་སྣ་ཚོགས་པ་འཕྲོ་བའི་སྣེ་ལ་སྤྲུལ་པའི་ཚོགས་དཔག་ཏུ་མེད་པ་ཕར་འཕྲོ་ཞིང་ཚུར་སྡུད་པ་སོགས་འགྲོ་བའི་དོན་མཛད་བཞིན་པ་རྣམས་ཤར་སྒོམ་གྱིས་གསལ་བཏབ་ཅིང་། ཞིང་དེར་དངོས་སུ་སླེབ་ནས་རྗེ་བཙུན་སོགས་ཀྱི་སྐུ་དངོས་སུ་མཐོང་བ་དང་། གསུང་དངོས་སུ་ཐོས་པ་ལྟ་བུའི་ཉམས་བྱུང་བྱུང་གི་བར་གསལ་གདབ་ཅིང་། ཞིང་དེའི་དོན་སྤྱི་ཡང་ཡང་ཡིད་ཡུལ་དུ་བྱས་ན། འདི་ནས་ཤི་འཕོས་མ་ཐག་ཞིང་དེར་ངེས་པར་སྐྱེ་བའི་གནད་ཁྱད་པར་ཅན་ཡོད་ཅིང་། ཞིང་སྦྱོང་དུ་ཡང་འགྲོ་གསུངས། དེ་ལྟར་གསལ་ལེགས་པར་ཐེབས་པ་དང་། དེ་ནས་ཡིད་རྩེ་གཅིག་པས། དགའ་ལྡན་ལྷ་བརྒྱའི་མགོན × གཤེགས་སུ་གསོལ། །ཞེས་གསོལ་བཏབ་པས། རྗེ་བླ་མ་ཡབ་སྲས་གསུམ་རྗེ་བཙུན་གྱི་ཐུགས་ཀ་དཔལ་བེའུ་ལྟ་བུའི་ནང་ནས་ཚུར་སྤྲིན་དཀར་པོ་དེས་སྐྱོངས་ཀྱིས་བཏེག་ནས། རང་གི་མདུན་གྱི་ནམ་མཁའ་ལ

ཚུར་དར་དཀར་པོ་ཞིག་སྐྱ་ནར་གྱིས་ཀླུང་གིས་ཁྱེར་བ་བཞིན་ནམ། བྱ་འཕུར་བ་ལྟར་ཐོགས་པ་མེད་པར་བྱོན་པར་བསམ་པ་ནི་སྤྱན་འདྲེན་པའོ། །གཉིས་པ་ཡན་ལག་བདུན་པ་བྱ་བ་ལ་བདུན་ལས། དང་པོ་མྱ་ངན་ལས་མི་འདའ་བར་གསོལ་བ་གདབ་ཅིང་བཞུགས་སུ་གསོལ་བ་ནི། སྐད་ཅིག་གིས་མདུན་གྱི་ནམ་མཁར་མཐོ་དམའ་འཚམས་པར་སེང་ཁྲི་པད་ཟླ་དང་བཅས་པ་དབུས་མཐོ་ཞིང་གཡས་གཡོན་གཉིས་དམའ་བ་གསུམ་གསལ་བཏབ་པའི་སྟེང་དུ་བསྐལ་བརྒྱར་མྱ་ངན་ལས་མི་འདའ་བར་བསོད་ནམས་ཀྱི་ཞིང་དུ་བཞུགས་པར་བསམ་ལ། མདུན་གྱི་ནམ་མཁར་སེང་ཁྲི × བཞུགས་སུ་གསོལ། །ཞེས་པ་ནི། མྱ་ངན་ལས་མི་འདའ་བར་གསོལ་བ་འདེབས་པའི་ཡན་ལག་གོ །གཉིས་པ་ཕྱག་འཚལ་བ་ནི། རང་གི་ལུས་བརྒྱ་སྟོང་ཁྲི་འབུམ་ལ་སོགས་པ་མང་པོར་སྤྲུལ་ཞིང་ལུས་ངག་ཡིད་གསུམ་འདུད་པ་དང་བཅས་ཕྱག་བྱ་བར་མོས་ཏེ། ཞེས་བྱའི་ཁྱོན་ཀུན × ལ་ཕྱག་འཚལ། །ཞེས་པ་ནི། ཕྱག་འཚལ་བའི་ཡན་ལག་གོ །གསུམ་པ་མཆོད་པ་ནི། དེའང་འཁོར་པ་ཡོད་ན་མཆོད་ཡོན་ལ་སོགས་པའི་མཆོད་པ་ཅི་ནུས་པ་དངོས་སུ་རྒྱས་པར་བཤམས་ཤིང་། ཡིད་ཀྱིས་ཀྱང་རྒྱ་ཆེན་པོར་སྤྲུལ་ལ་མཆོད་པར་མོས་ཤིང་། ཡིད་འོང་མཆོད་ཡོན × མཆོད་པ་འབུལ། །ཞེས་པ་ནི་མཆོད་པ་འབུལ་བའི་ཡན་ལག་གོ །བཞི་པ་སྡིག་པ་བཤགས་པ་ནི། སྔར་བྱས་ཀྱི་སྡིག་པ་རྣམས་ལ་དུག་ཁོང་དུ་སོང་བ་ལྟ་བུའི་འགྱོད་སེམས་དྲག་པོ་དང་། ཕྱིན་ཆད་སྲོག་ལ་བབས་ཀྱང་སྡིག་པའི་ལས་མི་བགྱིད་སྙམ་པའི་སྡོམ་སེམས་དང་། རང་གི་ཁས་བླངས་པའི་སོ་ཐར་བྱང་སེམས་སྔགས་ཀྱི་སྡོམ་པ་གསུམ་གྱི་བསླབ་བྱ་དང་འགལ་བའི་ཉེས་ལྟུང་རྣམས་ལ་འགྱོད་སེམས་དྲག་པོ་དང་བཅས་པའི་སྒོ་ནས་མཐོལ་ཞིང་བཤགས་པར་བྱའོ་སྙམ་དུ་བསམ་ཞིང་། གང་ཞིག་ཐོག་མེད × སོ་སོར་བཤགས། །ཞེས་པ་ནི་སྡིག་པ་བཤགས་པའི་ཡན་ལག་གོ །ལྔ་པ་རྗེས་སུ་ཡི་རང་བ་ནི། རྗེ་རང་གི་རྟོགས་བརྗོད་མདུན་ལེགས་མ་ལས་གསུངས་པ་ལྟར། དང་པོར་རྒྱ་ཆེན་ཐོས་པ་མང་དུ་བཙལ་བ་དང་། བར་དུ་གཞུང་ལུགས་ཐམས་ཅད་གདམས་པར་ཤར་བ་དང་། ཐ་མར་ཉིན་མཚན་ཀུན་ཏུ་སྒྲུབ་པ་ཉམས་སུ་བླངས་པ་སོགས་ཐོག་མཐའ་བར་གསུམ་གྱི་མཛད་པ་ཇི་སྙེད་མཛད་པ་ཐམས་ཅད་རང་གི་ཚེ་འདིའི་བསྙེན་བཀུར་དང་། སྙན་གྲགས་སོགས་ཆོས་བརྒྱད་ཀྱིས་ཀུན་ནས་སླངས་པའི་དྲི་མ་ཕྲ་མོས་ཀྱང་མ་གོས་པར། བསྟན་པ་རྒྱས་བ་དང་སེམས་ཅན་

གྱི་དོན་ཁོ་ནར་དམིགས་ནས་བསྔོ་བར་མཛད་པར་གསུངས་པ་རྣམས་ལ་སྙིང་ཐག་པ་ནས་རྗེས་
སུ་ཡི་རང་བའི་དགའ་བ་བསྒོམ་ཞིང་། སྙིགས་མའི་དུས་འདིར × ཡི་རང་ངོ་། །ཞེས་པ་ནི།
རྗེས་སུ་ཡི་རང་བའི་ཡན་ལག་གོ །དྲུག་པ་ཆོས་ཀྱི་འཁོར་ལོ་བསྐོར་བར་བསྐུལ་བ་ནི།
མདུན་གྱི་རྗེ་བླ་མ་ཡབ་སྲས་རྣམས་ཀྱི་ཐུགས་ཤེས་བྱ་ཇི་ལྟ་བ་ལ་མཉམ་པར་བཞག་པའི་ཆོས་
སྐུའི་ངོ་བོ་བླ་མ་ལ། རང་བཞིན་དང་གློ་བུར་གྱི་དྲི་མ་ཕྲ་མོས་ཀྱང་མ་གོས་པར། ནམ་མཁའ་
ལྟར་དག་པའི་མཁའ་དབྱིངས་ལ་གཡོ་བ་མེད་བཞིན་དུ་ཇི་སྙེད་པའི་ཆོས་ཐམས་ཅད་ལག་
མཐིལ་དུ་སྐྱུ་རུ་ར་བཞག་པ་བཞིན་དུ་གསལ་བར་མཁྱེན་པའི་མཁྱེན་པ་དང་། སེམས་ཅན་
རྣམས་ལ་མ་བུ་གཅིག་བུ་ལ་བརྩེ་བ་ལྟ་བུའི་སྙིང་རྗེ་ཆེན་པོའི་ཆུ་འཛིན་འབུམ་འཁྲིགས་པ་ལས་
གདུལ་བྱའི་བསོད་ཀྱི་འཛིན་མ་སྟེ་ས་གཞི་ལ་རང་རང་གི་སྐལ་པ་དང་ཇི་ལྟར་འཚམས་པའི་ཟབ་
རྒྱས་ཆོས་ཀྱི་ཆར་པ་ཕབ་ནས། འབད་མེད་ལྷུན་གྲུབ་ཏུ་སྐུ་བཞིའི་མྱུ་གུ་འབྱུང་བར་མཛད་དུ་
གསོལ་སྙམ་དུ་བསམ་ལ། རྗེ་བཙུན་བླ་མ་དམ་པ × དབབ་ཏུ་གསོལ། །ཞེས་པ་ནི་ཆོས་
འཁོར་བསྐོར་བར་བསྐུལ་བའི་ཡན་ལག་གོ །བདུན་པ་བསྔོ་བ་ནི། དེ་ལྟར་བདག་གིས་
འདས་མ་འོངས་ད་ལྟ་དུས་གསུམ་དུ་ཇི་སྙེད་བསགས་པའི་དགེ་བའི་རྩ་བ་འདིས། སྤྱིར་རྒྱལ་
བའི་བསྟན་པ་རིན་པོ་ཆེ་འདི་འགྲོ་བ་ཀུན་གྱི་ཕན་བདེའི་གཞིར་ཡུན་རིང་དུ་གནས་པ་དང་།
ཁྱད་པར་རྗེ་བླ་མའི་ལུང་རྟོགས་ཀྱི་བསྟན་པའི་སྙིང་པོ་དྲི་མ་མེད་པའི་འདི་ཉིད་ནམ་མཁའ་ཇི་
སྲིད་གནས་ཀྱི་བར་གནས་ཤིང་། ལུས་ཅན་ཐར་ལམ་འཚོལ་བ་དག་གི་མིག་གི་གསལ་བྱེད་དུ་
རྒྱས་པར་ཤོག་ཅིག་སྙམ་དུ་བསམ་ལ། བདག་གི་ཇི་སྙེད་བསགས་པའི × གསལ་བྱེད་ཤོག
།ཅེས་པ་ནི་བསྔོ་བའི་ཡན་ལག་སྟེ། དེ་ལྟར་ཡན་ལག་བདུན་པ་རྒྱུད་དང་འདྲེས་ངེས་པ་
བྱའོ། །གཉིས་པ་གསོལ་བ་བཏབ་སྟེ་དངོས་གྲུབ་ཞུ་བ་ལ། སྨོས་ནི། མ་དག་འཁྲུད་དང་མི་
ཤེས་བསལ། །སྐུ་ནི་ཆེ་ཞིང་གསུང་ནི་གསལ། །ས་བོན་མྱུར་དང་ཕྱག་མཚན་ཟབ། །
གླེགས་བམ་རལ་གྲི་གླེགས་རལ་གྱིས། །འཆད་དང་རྩོད་དང་རྩོམ་པའོ། །ཞེས་པ་ལྟར་
ཉམས་སུ་ལེན་པ་ལ། མ་དག་པ་འཁྲུད་པ་དང་། མི་ཤེས་པ་བསལ་བ་གཉིས་ཡོད་པ་ལས།
ཕྱི་མ་ལ་སྐུའི་སྒོ་ནས་ཤེས་རབ་ཆེ་བ་བསྒྲུབ་པ། གསུང་གི་སྒོ་ནས་ཤེས་རབ་གསལ་བ་བསྒྲུབ་པ། ས་
བོན་གྱི་སྒོ་ནས་ཤེས་རབ་མྱུར་བ་བསྒྲུབ་པ། ཕྱག་མཚན་གྱི་སྒོ་ནས་གཏུགས་པ་མེད་པའི་ཤེས་རབ་ཟབ་

པ་བསྒྲུབ་པ། གླེགས་བམ་གྱི་སྒོ་ནས་འཆད་པའི་ཕྲིན་བསྒྲུབ་པ། རལ་གྲིའི་འཁོར་ལོའི་སྒོ་ནས་སྒྲོད་པའི་ཕྲིན་སྒྲུབ་པ། གླེགས་རལ་གཉིས་ཀའི་སྒོ་ནས་སྒྲོམ་པའི་ཕྲིན་སྒྲུབ་པའོ། །དང་པོ་ལའང་མ་དག་པ་འཁྲུད་པ་དང་། མི་ཤེས་པ་བསལ་བ་གཉིས་ལས། དང་པོ་ལའང་དམིགས་བརྩེ་མའི་སྒོ་ནས་གསོལ་བ་འདེབས་པ་དང་། མ་དག་པ་འཁྲུད་པ་དངོས་གཉིས་ཡོད་པའི་དང་པོ་ལ་ཕྱི་མཚུངས་པ་གསལ་བྱེད། ནང་ཡོན་ཏན་དེ་ལྡན། གསང་བ་ལྷག་པའི་ལྷ་དང་ངོ་བོ་དབྱེར་མེད་དུ་གསོལ་བ་འདེབས་ཚུལ་གསུམ་ལས། དེ་གསུམ་གྱི་དོན་བསྡུས་ཏེ་བཤད་པ་ན། དང་པོ་ནི། དམིགས་པ་མེད་པའི་བརྩེ་བ་སྙིང་རྗེ་ཆེན་པོའི་གཏེར་རམ་བདག་ཉིད་ཆེན་པོ་མགོན་པོ་སྤྱན་རས་གཟིགས་ཀྱི་ཐུགས་རྒྱུད་ལ་སྙིང་རྗེ་ཆེན་པོ་ཇི་ཙམ་ཡོད་པ་དེ་དང་མཚུངས་པའི་འདྲ་བ་རྒྱལ་སྲས་བྱང་ཆུབ་སེམས་དཔའ་རྣམས་ཀྱི་ཁྲོད་ན་མེད་ཅིང་། དེ་བཞིན་དུ་ཆོས་རྣམས་ཀྱི་གནས་ལུགས་དྲི་མ་མེད་པ་མཁྱེན་པའི་དབང་པོའི་གཙོ་བོ་འཇམ་པའི་དབྱངས་ལྷ་བུའི་མཁྱེན་རབ་དང་མཚུངས་པ་གཞན་མེད་ལ། ཚུལ་དེ་གཉིས་དང་མཚུངས་པར། བོད་གངས་ཅན་གྱི་ལྗོངས་འདིར་མཁས་པར་རློམ་པ་མང་མོད་ཀྱང་། ཞིབ་ཏུ་བྱས་ན། བསྟན་པ་ཡོངས་རྫོགས་ལ་མཁས་པ་རྗེ་བླ་མ་འདི་ཉིད་ལས་མ་བྱུང་བ་མངོན་སུམ་དུ་གྲུབ་པས། དེའི་ཕྱིར་མཁས་པའི་ཚོགས་དེ་ཐམས་ཅད་ཀྱི་མགོན་པོའི་ཅོད་པཎ་ནམ་སྤྱི་གཙུག་གི་རྒྱན་ལྟ་བུར་དེ་དག་གི་ཁྲོད་ན་མཁས་པའི་ཡོན་ཏན་གྱིས་མངོན་པར་མཐོ་ཞིང་། མདོ་སྨད་ཙོང་ཁའི་ཡུལ་དུ་སྐུ་འཁྲུངས་པ་ལས་མཚན་དུ་ཙོང་ཁ་པ་ཞེས་གསོལ་བ་དང་། བློས་ཀྱི་རྣམ་དཔྱོད་རབ་ཏུ་ཡངས་ལ་བཟང་བས་བློ་བཟང་ཞེས་ས་གསུམ་ན་སྙན་པར་གྲགས་པས་བློ་བཟང་གྲགས་པ་ཞེས་པའི་དོན་དང་མཐུན་པ་ཁྱད་ཀྱི་མཁས་པའི་ཡོན་ཏན་དེ་ལྟ་བུ་དྲན་ཞིང་། ལུས་ཀྱི་བ་སྤུ་གཡོ་བ་དང་མིག་ནས་མཆི་མ་འཁྲུག་པ་ལྟ་བུའི་གདུང་ཤུགས་ཀྱིས་སྐུའི་ཆ་དམའ་ཕོས་ཞབས་ཀྱི་པདྨོ་ལ། བདག་གི་ལུས་ཀྱི་མཐོ་ཕོས་མགོས་གཏུགས་ནས། སྙིང་ཁོང་རུས་པའི་གཏིང་ནས་གསོལ་བ་འདེབས། །སྐུར་དུ་ཁྱེད་རང་ལྟ་བུར་མཁས་པའི་ཡོན་ཏན་དེ་ལྟ་བུ་འབྱུང་བར་བྱིན་གྱིས་བརླབ་པར་མཛད་དུ་གསོལ། ཞེས་པ་ནི་ཕྱི་མཚུངས་པ་གསལ་བྱེད་ཀྱི་སྒོ་ནས་གསོལ་བ་འདེབས་ཚུལ་ཏེ་འདི་ནི་རྗེ་བླ་མའི་ཕྱི་སྒྲུབ་པོ། །དེ་ཡང་གསོལ་བ་ནི་ཞུ་བ་དང་། འདེབས་པ་ནི་འབུལ་བའི་དོན་ཏེ། དོན་བསྡུ་ན་ཞུ་བ་འབུལ་ཞེས་པའོ། །གཉིས་པ་ནང་ཡོན་ཏན་དེ་

ལྡན་ནི། དེ་ལྟར་དམིགས་པ་མེད་པའི་བརྩེ་བ་སྙིང་རྗེ་ཆེན་པོ་མགོན་པོ་སྤྱན་རས་གཟིགས་ཀྱི་ཐུགས་རྒྱུད་ལ་ཇི་ཙམ་མངའ་བ་དེ་ལྟ་བུ། བདག་ཉིད་ཆེན་པོ་འདིའི་ཐུགས་རྒྱུད་ལའང་མངའོ་ཞེས་པ་ནི་ཚིག་ཟིན་དང་པོའི་དོན་དང་། དྲི་མ་མེད་པའི་མཁྱེན་རབ་ཕུན་སུམ་ཚོགས་པའི་མགོན་པོ་འཇམ་དཔལ་དབྱངས་ཀྱི་མཁྱེན་རབ་ལྟ་བུའང་གངས་ཅན་གྱི་མཁས་པ་ཀུན་གྱི་གཙུག་གི་རྒྱན་དུ་གྱུར་པ་ཤར་ཙོང་ཁ་པ་བློ་བཟང་གྲགས་པ་ཁྱེད་ལ་མངའ་བས་ན། གོང་གི་མཁས་པའི་ཡོན་ཏན་དེར་མ་ཟད། སྒྲུབ་པའི་ཡོན་ཏན་ཕུན་སུམ་ཚོགས་པ་དེ་ལྟ་བུ་མངའ་བ་ལའང་རྗེས་སུ་ཡི་རང་ཞིང་ཞབས་ཀྱི་པདྨོར་གཏུགས་ནས་གསོལ་བ་འདེབས་སོ། །སྒྲུབ་པའི་ཡོན་ཏན་དེ་ལྟ་བུ་བདག་གི་རྒྱུད་ལ་སྐྱེ་བར་བྱིན་གྱིས་བརླབ་ཏུ་གསོལ། ཞེས་པ་ནི་ཚིག་ཟིན་ཕྱི་མ་གསུམ་གྱི་དོན་ཏེ། འདི་ནི་ནང་ཡོན་ཏན་དེ་ལྡན་གྱི་སྒོ་ནས་གསོལ་བ་འདེབས་ཚུལ་ཏེ་རྗེ་བླ་མའི་ནང་སྒྲུབ་པོ། །གསུམ་པ་གསང་བ་ལྷག་པའི་ལྷ་དང་ངོ་བོ་དབྱེར་མེད་དུ་གསོལ་བ་འདེབས་ཚུལ་ནི། དེའང་དུས་གསུམ་སངས་རྒྱས་ཐམས་ཅད་ཀྱི་དམིགས་པ་མེད་པའི་བརྩེ་བ་ཐུགས་རྗེ་ཆེན་པོ་མ་ལུས་པ་ཕྱོགས་གཅིག་ཏུ་བསྡུས་པ་ལྷག་པའི་ལྷའི་ངོ་བོར་ཤར་བ་ནི་མགོན་པོ་སྤྱན་རས་གཟིགས་ཡིན་ལ། བདག་ཉིད་ཆེན་པོ་འདིའང་དེ་ལྟ་བུའི་ཐུགས་རྗེ་ཆེན་པོ་བླ་མའི་རྣམ་པར་ཤར་བ་ཡིན་པས། དེས་ན་མགོན་པོ་སྤྱན་རས་གཟིགས་དང་ཐུགས་རྒྱུད་ཐུགས་རྗེ་ཆེན་པོའི་བདག་ཉིད་དུ་ངོ་བོ་དབྱེར་མེད་པར་གྲུབ་པ་ནི་ཚིག་ཟིན་དང་པོའི་དོན་དང་། ཚིག་ཟིན་གཉིས་པས་བསྟན་པའི་དྲི་མ་མེད་པའི་མཁྱེན་རབ་ཀྱི་བདག་ཉིད་མགོན་པོ་འཇམ་དཔལ་དབྱངས་དང་དབྱེར་མེད་པ་ནི་ལུང་རིགས་དུ་མས་བསྒྲུབས་ཟིན་པ་ལྟར་ཡིན་པས་ན། ལྷག་པའི་ལྷ་འཇམ་དཔལ་དབྱངས་དང་ཡང་ངོ་བོ་དབྱེར་མེད་པ་ཡིན་ལ། དེར་མ་ཟད། རྒྱལ་བ་ཀུན་གྱི་མཐུ་སྟོབས་ནུས་པ་མ་ལུས་པ་ཕྱོགས་གཅིག་ཏུ་བསྡུས་པ་ནི་ཕྱག་ན་རྡོ་རྗེ་ཡིན་ལ། བདག་ཉིད་ཆེན་པོ་འདིའང་དེ་ལྟ་བུའི་ནུས་པ་མ་ལུས་པ་འདུས་པའི་ངོ་བོ་ཡིན་པས། དེས་ན་ལྷག་པའི་ལྷ་ཕྱག་ན་རྡོ་རྗེ་དང་མཐུ་སྟོབས་ནུས་པའི་བདག་ཉིད་ངོ་བོ་དབྱེར་མེད་པར་གྲུབ་ལ། དེ་བས་ན་ཕྱག་ན་རྡོ་རྗེ་དང་ཡང་ངོ་བོ་དབྱེར་མེད་དོ་ཞེས་པ་ནི། མཐུ་སྟོབས་མ་ལུས་འཇོམས་མཛད་གསང་བའི་བདག །ཅེས་སྨྲས་པ་སྟེ། དེ་ལྟ་བུའི་ལྷག་པའི་ལྷ་རིགས་གསུམ་མགོན་པོ་དང་ངོ་བོ་དབྱེར་མེད་པ། གངས་ཅན་གྱི་མཁས་པ་ཀུན་གྱི་གཙུག་རྒྱན་གཅིག་པུ་ཤར་ཙོང་ཁ་

པ་བློ་བཟང་གྲགས་པའི་ཞབས་ཀྱི་པདྨོ་སྟེ་སོར་མོ་ལ་གཏུགས་ནས་སྙིང་ཁོང་རུས་པའི་གཏིང་ནས་གསོལ་བ་ཤུགས་དྲག་ཏུ་འདེབས་སོ། །བདག་གི་རྒྱུད་ལ་ལྷག་པའི་ལྷ་རིགས་གསུམ་མགོན་པོའི་མཁྱེན་བརྩེ་ནུས་གསུམ་གྱི་བྱིན་རླབས་མྱུར་དུ་འཇུག་པར་མཛད་དུ་གསོལ། །ཞེས་གསོལ་བ་འདེབས་པ་ནི་གསང་བ་ལྷག་པའི་ལྷ་དང་ངོ་བོ་དབྱེར་མེད་དུ་གསོལ་བ་འདེབས་ཚུལ་ཏེ། འདི་ནི་རྗེ་བླ་མའི་གསང་སྒྲུབ་པོ། དེས་ན་སྤྱན་རས་གཟིགས་དང་ཕྱག་ན་རྡོ་རྗེ་གཉིས་དང་ངོ་བོ་དབྱེར་མེད་ཚུལ་ལའང་ལུང་དུ་མ་དང་རིགས་པ་བརྒྱ་ཕྲག་གིས་སྒྲུབ་ཚུལ་ངོ་མཚར་བའི་གསུང་རྒྱུན་སྣང་སྟེ། འདིར་ཡི་གེ་མང་དོགས་ནས་མ་བྲིས་པས་རྒྱས་པར་ཞལ་ལས་ཤེས་སོ། །དེ་ལྟར་བྱས་ན་སྔ་མ་ནི་མཁས་པའི་ཡོན་ཏན་གཙོ་བོར་བྱས་པ་དང་། ཕྱི་མ་གཉིས་ནི་སྒྲུབ་པའི་ཡོན་ཏན་གཙོ་བོར་བྱས་ནས་གསོལ་བ་འདེབས་བ་ཡིན་ལ། དེས་ན། དེ་ལྟ་བུའི་དོན་ཤེས་ཤིང་ཡིད་ལ་དྲན་བས་གསོལ་བ་བཏབ་ན། དམིགས་བརྩེ་མ་འདོན་ཐེངས་རེ་ལའང་དེ་གསུམ་ཀའི་དོན་ཚང་བས་ན། ལྷག་པའི་ལྷ་དེ་གསུམ་ལའང་གསོལ་བ་བཏབ་པ་དང་། ཡིག་དྲུག་སོགས་གཟུངས་སྔགས་བཟླས་པ་དང་། གཞན་ཡང་། ཕྱོགས་བཅུའི་སངས་རྒྱས་ཐམས་ཅད་ལ་གསོལ་བ་བཏབ་པ་སོགས་ཀྱི་མཐར་ཐུག་གི་ཕན་ཡོན་ཚད་མེད་པ་འཐོབ་པར་གསུང་ཞིང་། དེར་མ་ཟད། སྤྱིར་དམིགས་བརྩེ་མ་ལ་བརྟེན་ནས་གནས་སྐབས་ཀྱི་ཕན་ཡོན་ཡང་བསམ་གྱིས་མི་ཁྱབ་པ་ཐོབ་པ་ནི་མངོན་སུམ་དུ་གྲུབ་པ་ལྟར་ཡིན་མོད། ཁྱད་པར་དུ་ཡང་། འདུལ་ནག་པ་དཔལ་ལྡན་བཟང་བ་ཞེས་རྡོ་རྗེ་འཇིགས་བྱེད་ཀྱི་གྲུབ་པ་ཐོབ་པའི་བླ་མ་དེ་ཉིད་སྲད་ཀྱི་ཕུར་སྒྲུབ་བ་མཛད་ཅིང་བཞུགས་པའི་ཚེ། སྲད་ཀྱི་ནང་ན་ཁྱིམ་བདག་ཤིན་ཏུ་འབྱོར་ལྡན་ཞིག་ལ་བསམ་ཡས་ཀྱི་རྒྱལ་པོ་དཔེ་ཧར་གྱིས་གནོད་པས་ཁྱིམ་གྱི་མི་མང་པོ་འགུམ་ཞིང་། ཁྱད་པར་ཤིན་ཏུ་གཅེས་པའི་བུ་ཞིག་ནད་ཀྱིས་མནར་ཞིང་རྒྱལ་འགོང་ཁོག་ཏུ་ཞུགས་ནས་ཐབས་ཅི་བྱས་ཀྱང་མ་ཕན་པར་འཆི་ལ་ཐུག་པ་ན། ཕྱུག་རྫི་འགའ་ཞིག་གིས། རང་རེའི་ལུང་པའི་ཕུ་ཡ་གིར་ཕུག་པ་ཞིག་ན། སྐབས་འགར་བཙུན་པ་ཞིག་དང་། སྐབས་འགར་གཡག་ཤིན་ཏུ་འཇིགས་སུ་རུང་བ་ཞིག་སྡོད་འདུག་པས་ཡིད་ཀྱང་མ་ཆེས། དེ་འདྲའི་བཙུན་པ་དེ་འདྲ་ལ་ཐབས་ཤེས་ཨེ་ཡོད་དྲིས་ན་ཟེར་བ་བཞིན་དུ། ཁྱིམ་བདག་གིས་འདུལ་ནག་པའི་དྲུང་དུ་ཕྱིན་ནས་ཕྱག་བྱས་ཏེ་རྒྱུ་མཚན་རྣམས་བསྙད། དེའི་ཐབས་ལ་ཅི་བྱས་ཀྱང་ཁྱིམ་དུ་ཕེབས

པར་གསོལ་བ་བཏབ་པས། བླ་མས། དེང་ཙིའང་མི་ཤེས་པའི་བཙུན་རྐན་ཞིག་ཡིན། དེ་འདྲའི་ཐབས་འདྲ་ག་ན་ཤེས་གསུངས་ནས་ཞལ་གྱིས་མ་བཞེས་ཀྱང་། ཁྱིམ་བདག་གིས་ནན་ཆེར་གསོལ་བ་བཏབ་པས། འོ་ན་ཁྱོད་དེ་ཙམ་དུ་ནན་ཆེན་ངེད་ཀྱིས་ཕན་མི་ཕན་བརྟག་པ་བྱ་དགོས་པས། ཁྱོད་རང་རེ་ཞིག་ངེད་ཀྱི་ཕྲེང་བ་འདི་དང་ལྷམ་འདི་དང་། གདིང་བ་འདི་རྣམས་ཁྱེར་ལ། རྒྱལ་འགོད་ཁོག་ཏུ་ཞུགས་པའི་ཚེ། གདིང་བ་འདི་སྐར་ཁུང་དུ་གཡོགས། ལྷམ་འདི་གཉིས་སྒོའི་གཡས་གཡོན་དུ་ཐོགས། ཕྲེང་བ་རེ་ནས་ཁྱིམ་དེའི་བུག་པ་གང་ཡོད་དུ་ཚུག་ལ་ཞོག དེ་ལྟར་བྱས་པ་ན་གདོན་དེ་སྐད་ངན་འདོན་ཅིང་འཇིགས་པའི་སྐད་ཟེར་བ་འོང་། དེ་བྱུང་ན་ངེད་ལ་ཆ་ཕྱིས། དེ་ལ་མ་འཇིགས་ན་ངེད་ཀྱིས་ཕན་མི་ཐོགས་གསུངས་ནས་བཏང་བས། ཁྱིམ་བདག་གིས་ཀྱང་། གདོན་དེ་ཁོག་ཏུ་ཞུགས་འཕྲལ་བླ་མས་གསུངས་པ་བཞིན་དུ་བྱས་པས། གདོན་དེ་སྐད་ཀྱི་ང་རོ་ཆེན་པོས། འདིར་ཡོང་དྲན་པ་དག་ནས་འགྲོ། སྙིང་གི་སྐད་ཁུང་ནི་རྡོ་རྗེ་འཇིགས་བྱེད་ཀྱིས་བཀག་འདུག སྒོ་གཡས་གཡོན་ན་ནི་སྲིན་པོ་རལ་གྲི་ཐོགས་པ་འཇིགས་སུ་རུང་བ་གཉིས་ཀྱིས་བསྲུང་འདུག གཞན་ཡང་བུག་པ་ཐམས་ཅད་བཙུན་པའི་དམིགས་བསྐོར་འདུག་ཅེས་ངུ་བ་ན། བླ་མ་མྱུར་དུ་སྤྱན་དྲངས་པས། དེར་བླ་མས། ཁྱོད་རང་ལ་འཇིགས་པ་འདི་ལྟ་བུ་བྱུང་བ་ལ་མི་བཟོད་པ་འདི་ལྟར་ན། སེམས་ཅན་གཞན་གྱི་ཚེ་སྲོག་ལ་གནོད་པ་ཅི་འཚོལ་བྱེད་པ་སྙིང་རེ་རྗེ། ད་སྟེ་ཁྱོད་ཀྱིས་སྐྱེ་འགྲོ་ལ་གནོད་པ་མི་བྱེད་པའི་དམ་བཅའ་གྱིས། དེ་མིན་སྐད་ཅིག་གིས་བསྣག་པར་བྱའོ་གསུངས་པས། གདོན་ན་རེ། དེ་ལྟར་ན་ངེད་རྣམས་སྐྱེ་འགྲོའི་སྲོག་དབུགས་ཤ་ཁྲག་གིས་འཚོ་བ་ལ་ཟ་སྒོམ་མི་རྙེད་པས། ངེད་ཅག་ལའང་སྙིང་རྗེ་ཚུང་ཟད་འཚལ་ཞེས་ཟེར་བ་ལ། འོ་ན་ཁྱོད་རང་དམིགས་བརྗེས་འདོན་མཁན་སུ་ལའང་གནོད་འཚེ་མི་བྱེད་པའི་དམ་བཅའ་གྱིས་གསུངས་པས། དེ་ལྟར་བྱས་ནའང་ནུབ་ཙྪ་ལཀྵ་ར་ནས་ཤར་ཕྱོགས་རྒྱ་མཚོ་ཆེན་པོའི་མཐའ་ལ་ཐུག་གི་བར་དུ་དམིགས་བརྗེས་འདོན་མཁན་གྱིས་མ་ཁྱབ་པ་ཞིག་མི་འདུག་པས་ངེད་རྣམས་ཀྱིས་ཟ་སྒོམ་མི་རྙེད་ཟེར་བ་ལ། ད་འོ་ན་ཁྱོད་ཀྱིས། དེ་རིང་ནས་བླ་མའི་རྣལ་འབྱོར་འདི་དང་འབྲེལ་ནས་དམིགས་བརྗེས་འདོན་པ་སུ་ལའང་གནོད་འཚེ་ཅུང་ཟད་ཀྱང་མི་བགྱིད་པའི་མནའ་ཐོར། དེ་མིན་མྱུར་དུ་བསྣག་པར་བྱའོ་གསུངས་པས། དེས་བླ་མས་ཇི་སྐད་གསུངས་པ་བཞིན་དུ་འཚལ་

ཞེས་དྭྲ་བོར་ཞིང་བཀའ་བསྒོ་བར་གྲགས། དེ་བས་ན། བླ་མ་རྣལ་འབྱོར་འདིའི་ཉམས་ལེན་དང་སྦྲེལ་ནས་དམིགས་བརྩེ་མ་འདོན་པ་སུ་ལའང་སྔ་བརྒྱུད་སྤྱི་དང་། ཁྱད་པར་དཔེ་ཧར་སོགས་རྒྱལ་འགོང་གིས་གནོད་པར་མི་ནུས་པ་འདུག་ཅེས་བླ་མ་ངག་གསུང་ངོ་། །དེའང་གོང་དུ། མཐུ་སྟོབས་མ་ལུས་འཛིན་མཛད་གསང་བའི་བདག །ཅེས་སྨྲར་བ་ནི་དམིགས་བརྩེ་མ་བཞི་སྐོར་དུ་བྱས་ནས་འདོན་ཚུལ་ཡིན་ལ། སྐབས་འདིར་ཡབ་སྲས་གསུམ་ལྷག་པའི་ལྷ་དེ་གསུམ་རེ་རེའི་ངོ་བོར་བལྟས་ནས་གསོལ་བ་འདེབས་པ་བྱས་ནའང་ཆོག་གསུངས་ཤིང་། ད་དུང་དམིགས་བརྩེ་མ་དགུ་སྐོར་དྲུག་སྐོར་ལྔ་སྐོར་སོགས་ཀྱི་ཞལ་ཤེས་ཀྱང་ཡོད་དོ། །དེ་ལྟ་བུའི་དོན་དྲན་ཞིང་དམིགས་བརྩེ་མ་ཉེར་གཅིག་ཙམ་རེས་གསོལ་བ་གདབ་པོ། །གཉིས་པ་མ་དག་པ་འབྲུད་པ་དངོས་ལ། དེ་ལྟར་གསོལ་བ་བཏབ་པས་ཡབ་སྲས་གསུམ་གའི་ཐུགས་ཀ་ནས་འོད་དཀར་པོ་སྦྲུ་གུའི་རྣམ་པ་ཅན་སྦ་ལྕུགས་ཙམ་རེ་ཐོན་པའི་སྣེ་མོ་གསུམ་སྦྲུ་གུ་གཅིག་ཏུ་གྱུར་པ་རང་གི་ཚངས་བུག་ཏུ་ཟུག ཡབ་སྲས་གསུམ་གའི་ཐུགས་ཀ་ནས་བདུད་རྩི་འོད་ཟེར་དཀར་པོའི་ཚོགས་སྐྱ་ན་ར་ར་བྱུང་སྟེ་སྦྲུ་གུའི་ནང་བརྒྱུད། རང་གི་སྤྱི་བོ་ནས་རྐང་མཐིལ་གྱི་བར་ཐམས་ཅད་བདུད་རྩི་དཀར་པོ་འོད་ཟེར་དཀར་པོ་དང་བཅས་པས་ལྟེམ་གྱིས་གང་བས་མི་ཤེས་པ་རྨོངས་པའི་ཚོགས་ཐམས་ཅད་མུན་པའི་ཁུང་བུར་སྒྲོན་མེ་བཏེ་པ་དང་མིག་ཏུ་གསལ་སེང་དེར་དག་སྟེ་ལུས་ཤེལ་སྒོང་ཕྱིས་པ་ལྟ་བུར་གྱུར་པར་བསམ་པ་ནི། མ་དག་པ་འབྲུད་པ་སྟེ། འདི་ནི་དམིགས་སྐོར་བདུན་ག་ལ་འདྲའོ། །གཉིས་པ་མི་ཤེས་པ་བསལ་བ་ལ་བདུན་ལས། དང་པོ་སྐུའི་སྒོ་ནས་ཤེས་རབ་ཆེ་བ་བསྒྲུབ་པ་ནི། ཡང་སྔར་བཞིན་དམིགས་བརྩེ་མ་མང་ཉུང་འཚམ་པ་རེས་གསོལ་བ་བཏབ་པའི་མཐར། ཡབ་སྲས་གསུམ་གའི་ཐུགས་ཀ་ནས་བདུད་རྩི་དམར་སེར་འོད་ཟེར་དམར་སེར་དང་བཅས་པའི་རྒྱུན་བྱུང་། སྦུ་གའི་ནང་བརྒྱུད། རང་གི་སྤྱི་བོ་ནས་ཞུགས། སྤྱི་བོ་ནས་རྐང་མཐིལ་གྱི་བར་ཐམས་ཅད་བདུད་རྩི་དང་འོད་ཟེར་དམར་སེར་གྱིས་གང་ཞིང་། ཁྱད་པར་བདུད་རྩིའི་རྡུལ་ཕྲ་རབ་ཐམས་ཅད་འཇམ་དབྱངས་དམར་སེར་གྱི་སྐུ་རྡུལ་ཕྲ་རབ་ལྟ་བུའི་ཚུང་ངུས་བར་མཚམས་མེད་པར་གྱུར། དེ་དག་ལས་ཀྱང་འོད་ཟེར་འཕྲོས། ཕྱོགས་བཅུའི་སངས་རྒྱས་དང་བྱང་ཆུབ་སེམས་དཔའ་ཐམས་ཅད་ཀྱི་མཁྱེན་རབ་ཐམས་ཅད་རྗེ་བཙུན་འཇམ་དབྱངས་ཀྱི་སྐུ་ཆེ་ཆུང་དཔག་ཏུ་མེད་པའི་རྣམ་པར་སྤྱན་

བྲངས་ཏེ་བ་སྤུའི་བུ་ག་ཐམས་ཅད་ནས་ཞུགས། ལུས་ཀྱི་ནང་གི་འཇམ་དབྱངས་རྣམས་ལ་ཐིམ་པས་ཁོག་པ་ཐམས་ཅད་འོད་ཟེར་དང་འཇམ་དབྱངས་ཀྱི་སྐུས་གང་བས་མ་རིག་པའི་མུན་པ་བསལ་ནས་ཤེས་བྱ་ཐམས་ཅད་ལ་བློ་གྲོས་ཐོགས་པ་མེད་པ་རྒྱས། གསུང་རབ་ཀྱི་དགོངས་དོན་རང་སྟོབས་ཀྱིས་འབྱེད་ནུས་པ་འཇམ་དཔལ་དབྱངས་ལྟ་བུའི་ཤེས་རབ་ཆླབས་ཆེ་བ་ཐོབ་པར་བསམ་པ་ནི་སྐུའི་སྒོ་ནས་ཤེས་རབ་ཆེ་བ་བསྒྲུབ་པའོ། །གཉིས་པ་གསུང་གི་སྒོ་ནས་ཤེས་རབ་གསལ་བ་བསྒྲུབ་པ་ལའང་མ་དག་པ་འབྲུད་པ་དང་མི་ཤེས་པ་བསལ་བ་གཉིས་ལས། དང་པོ་ནི་སྔར་བཞིན་ཡིན་ལ། གཉིས་པ་ནི་སྔར་བཞིན་གསོལ་བ་བཏབ་ནས་བདུད་རྩི་དང་འོད་ཟེར་དམར་སེར་གྱིས་གང་བའི་བར་འདྲ་བ་ལ། ཁྱད་པར་བདུད་རྩིའི་རྟུལ་ཕྲ་རབ་ཐམས་ཅད་ཨ་ར་པ་ཙ་ན་དང་དམིགས་བརྩེ་མའི་ཡི་གེ་རྟུལ་ཕྲ་རབ་ལྟ་བུ་དང་འོད་ཟེར་དམར་སེར་གྱིས་གང་། དེ་དག་ལ་སྔར་བཞིན་འོད་ཟེར་འཕྲོས། ཕྱོགས་བཅུའི་སངས་རྒྱས་དང་བྱང་ཆུབ་སེམས་དཔའ་ཐམས་ཅད་ཀྱི་གསུང་གི་བྱིན་རླབས་ཐམས་ཅད་ཨ་ར་པ་ཙ་ན་དང་དམིགས་བརྩེ་མའི་ཡི་གེ་དང་ཨཱ་ལི་ཀཱ་ལི་གསེར་མདོག་རྣམ་པར་སྤྲུན་དྲངས། བ་སྤུའི་བུ་ག་ནས་ཞུགས། ལུས་ཀྱི་ནང་གི་ཡི་གེ་རྣམས་ལ་ཐིམ་པས་ཁོག་པ་ཐམས་ཅད་ཡི་གེ་འོད་ཟེར་དང་བཅས་པས་གང་བས་ཀུན་བྱང་གི་ཆོས་རྣམས་ཀྱི་དོན་གྱི་ཆ་ཤས་ཕྲ་ཞིང་ཕྲ་བ་རྣམས་འབྱེད་པ་ལ་སྦྱོངས་པའི་མུན་པ་ཐམས་ཅད་སངས་ཀྱིས་དག་ནས་གསུང་རབ་ཀྱི་ཚིག་དོན་ཕྲ་ཞིང་ཕྲ་བ་རྣམས་ཀྱང་ཀུ་ཤའི་རྩེ་ལྟར་མ་འདྲེས་པར་སོར་འབྱེད་ནུས་པའི་ཤེས་རབ་གསལ་བ་ཐོབ་པར་བསམ་པ་ནི་གསུང་གསལ་བའི་དམིགས་པའོ། །གསུམ་པ་ས་བོན་གྱི་སྒོ་ནས་ཤེས་རབ་མྱུར་བ་བསྒྲུབ་པ་ལའང་མ་དག་པ་འབྲུད་པ་དང་མི་ཤེས་བ་བསལ་བ་གཉིས་ལས། དང་པོ་ནི་སྔར་བཞིན་ཡིན་ལ། གཉིས་པ་ནི་སྔར་བཞིན་གསོལ་བ་བཏབ་ནས་བདུད་རྩི་དང་འོད་ཟེར་དམར་སེར་གྱིས་གང་བའི་བར་འདྲ་བ་ལ། ཁྱད་པར་བདུད་རྩིའི་རྟུལ་ཕྲ་རབ་ཐམས་ཅད་ཧྲཱིཿཡིག་ཧྲཱིཿཡིག་ཧཱུྃ་སོགས་རྟུལ་ཕྲ་རབ་ལྟ་བུས་ལྟེམ་གྱིས་གང་། དེ་དག་ལས་འོད་ཟེར་སྔར་བཞིན་འཕྲོས། ཕྱོགས་བཅུའི་སངས་རྒྱས་དང་བྱང་ཆུབ་སེམས་དཔའ་ཐམས་ཅད་ཀྱི་མྱུར་བའི་ཤེས་རབ་ཐམས་ཅད་ཧྲཱིཿཡིག་ལ་སོགས་པའི་ས་བོན་གྱི་ཡི་གེའི་རྣམ་པར་སྤྲུན་དྲངས། སྔར་བཞིན་ཐིམ་པས་ཁོག་པའི་ནང་ཐམས་ཅད་ཡིག་འབྲུ་འོད་ཟེར་དང་བཅས་པས་གང་། མ་རྟོགས་ལོག་རྟོག་ཐེ་

ཚོམ་སོགས་མི་ཤེས་པའི་སྐྱོངས་མུན་ཐམས་ཅད་སངས་རྒྱས་ཀྱིས་དག་ནས་གསུང་རབ་ཀྱི་དགོངས་དོན་མ་ནོར་དུ་རྟོགས་ནུས་པའི་ཤེས་རབ་མ་ནོར་བ་ཐོབ་པར་བསམ་པ་ནི་ས་བོན་མ་ནོར་བའི་དམིགས་པའོ། །བཞི་བ་ཕྱག་མཚན་གྱི་སྒོ་ནས་གཏུགས་པ་མེད་པའི་ཤེས་རབ་ཟབ་པ་བསྒྲུབ་པ་ལའང་མ་དག་པ་འབྲུད་པ་དང་མི་ཤེས་པ་བསལ་བ་གཉིས་ལས། དང་པོ་ནི་སྔར་བཞིན་ཡིན་ལ། གཉིས་པ་ནི་སྔར་བཞིན་གསོལ་བ་བཏབ་ནས་བདུད་རྩི་དང་འོད་ཟེར་དམར་སེར་གྱིས་གང་བའི་བར་འདྲ་བ་ལ། ཁྱད་པར་བདུད་རྩིའི་རྡུལ་ཕྲ་རབ་ཐམས་ཅད་ཤེས་རབ་ཀྱི་རལ་གྲི་དང་ཤེར་ཕྱིན་གྱི་གླེགས་བམ་རྡུལ་ཕྲ་རབ་ལྟ་བུའི་ཚུང་ངུས་བར་མཚམས་མེད་པར་གང་། དེ་དག་ལས་འོད་ཟེར་སྔར་བཞིན་འཕྲོས། ཕྱོགས་བཅུའི་སངས་རྒྱས་དང་བྱང་ཆུབ་སེམས་དཔའ་ཐམས་ཅད་ཀྱི་ཟབ་པའི་ཤེས་རབ་ཐམས་ཅད་ཕྱག་མཚན་གླེགས་རལ་གཉིས་ཀའི་རྣམ་པར་ནམ་མཁའི་ཁམས་གང་བ་སྤྱན་དྲངས། སྔར་བཞིན་ཐིམ་པས་ཁོག་པ་ཐམས་ཅད་འོད་ཟེར་དང་ཕྱག་མཚན་གླེགས་རལ་གྱིས་གང་བས་གསུང་རབ་ཀྱི་ཚིག་དོན་ཇི་བཞིན་དུ་འབྱེད་པ་ལ་གཏུགས་པའི་སྐྱོངས་མུན་ཐམས་ཅད་སངས་ཀྱིས་དག་ནས་ཚིག་དོན་རེ་རེ་ལའང་རིགས་པ་བརྒྱ་ཕྲག་འཇུག་ནུས་པའི་གཏུགས་པ་མེད་པའི་ཤེས་རབ་ཟབ་པ་ཐོབ་པར་བསམ་པ་ནི་ཕྱག་མཚན་ཟབ་པའི་དམིགས་པ་ཡིད་ལ་བྱེད་ཚུལ་ལོ། །ལྔ་པ་གླེགས་བམ་གྱི་སྒོ་ནས་འཆད་པའི་ཤེས་རབ་བསྒྲུབ་པ་ལའང་མ་དག་པ་འབྲུད་པ་དང་མི་ཤེས་པ་བསལ་བ་གཉིས་ཡོད་པའི་དང་པོ་ནི་སྔར་བཞིན་ཡིན་ལ། གཉིས་པ་ནི་ཡང་སྔར་བཞིན་གསོལ་བ་བཏབ་ནས་བདུད་རྩིས་གང་བའི་བར་འདྲ་བ་ལ། ཁྱད་པར་ནི་བདུད་རྩིའི་རྡུལ་ཕྲ་རབ་ཐམས་ཅད་རྒྱུའི་གླེགས་བམ་རྡུལ་ཕྲ་རབ་ལྟ་བུའི་རྣམ་པས་གང་། དེ་ལས་འོད་ཟེར་སྔར་བཞིན་འཕྲོས། ཕྱོགས་བཅུའི་སངས་རྒྱས་དང་བྱང་ཆུབ་སེམས་དཔའ་ཐམས་ཅད་དང་ཁྱད་པར་དུའང་འཆད་པ་ལ་མངའ་བརྙེས་པའི་པཎྜི་ཏ་ཐོགས་མེད་སྐུ་མཆེད་ལ་སོགས་པ་ལྟ་བུའི་འཆད་པའི་ཤེས་རབ་ཐམས་ཅད་གང་འཆང་རྒྱུའི་གླེགས་བམ་གྱི་རྣམ་པར་སྤྱན་དྲངས། ཁོག་པའི་ནང་ཐམས་ཅད་འོད་ཟེར་དང་འཆད་རྒྱུའི་གླེགས་བམ་གྱིས་གང་། གསུང་རབ་ཀྱི་ཚིག་དོན་ལ་སྐྱོངས་པའི་མུན་པ་ཐམས་ཅད་སངས་ཀྱིས་དག་ནས་དེའི་དོན་ཕྱིན་ཅི་མ་ལོག་པར་གཞན་ལ་འཆད་ནུས་པའི་ཤེས་རབ་ཐོབ་པར་བསམ་པ་ནི་གླེགས་བམ་གྱི་སྒོ་ནས་འཆད་པའི་ཤེས་རབ་བསྒྲུབ་ཚུལ་ལོ། །དྲུག་པ་རལ་

གྱིའི་འཁོར་ལོའི་སྒོ་ནས་རྟོད་པའི་ཤེས་རབ་བསྐྱབ་ཚུལ་ལའང་མ་དག་པ་འཁྲུད་པ་དང་མི་ཤེས་པ་བསལ་བ་གཉིས་ལས། དང་པོ་ནི་སྔར་བཞིན་ཡིན་ལ། གཉིས་པ་ནི་སྔར་བཞིན་གསོལ་བ་བཏབ་ནས་བདུད་རྩིའི་གང་བའི་བར་འདྲ་བ་ལ། ཁྱད་པར་བདུད་རྩིའི་རྡུལ་ཕྲ་རབ་ཐམས་ཅད་རལ་གྲིའི་འཁོར་ལོ་བརྩེགས་དྲུག་པ་ལྟེ་བར་རལ་གྲི་སོ་གཉིས་མ་གྱེན་དུ་འགྲེང་བའི་ཡུ་བ་དྲིལ་བུ་གཡེར་ཁའི་ཁ་འདྲ་བ་ནས་རྩིབས་དྲུག་ཐེན་པའི་ལྟེ་བའི་རྩིབས་ཀྱི་ཡུ་བའི་མཚམས་སུ་ཨླཱ་གདན་ལ་ཧྲཱིཿ ཡིག་ཕྱི་ནང་གཉིས་ཀར་གསལ་བ་དང་། རྩིབས་གཞན་རྣམས་ཀྱི་སྟེང་དུ་ཨླཱ་གདན་དང་། མཚམས་རྣམས་སུའང་ཨླཱ་གདན་རེ་གསལ་བཏབ་པའི་སྟེང་དུ་ཨ་ར་པ་ཙ་ནའམ་དམིགས་བརྩེ་མའི་ཡི་གེ་དང་། མཚམས་རྣམས་སུ་རྩིབས་ལ་མ་རེག་པ་ཙམ་དུ་ཧྲཱིཿ ཡིག་རེ་གསལ་བཏབ་ལ་དེ་ལྟ་བུའི་རལ་གྲིའི་འཁོར་ལོས་བར་མཚམས་མེད་པར་གང་། དེ་དག་ལས་འོད་ཟེར་སྔར་བཞིན་འཕྲོས། ཕྱོགས་བཅུའི་སངས་རྒྱས་དང་བྱང་ཆུབ་སེམས་དཔའ་ཐམས་ཅད་དང་ཁྱད་པར་དུའང་རྟོད་པ་ལ་མངའ་བརྙེས་པའི་པཎྜི་ཏ་ཕྱོགས་སྐྱང་ཆོས་གྲགས་ལ་སོགས་པ་ལྟ་བུའི་རྟོད་པའི་ཤེས་རབ་ཐམས་ཅད་རལ་གྲིའི་འཁོར་ལོའི་རྣམ་པར་སྤྱན་དྲངས་ནས་སྔར་བཞིན་ཐིམ། ཕོག་པའི་ནང་ཐམས་ཅད་གང་ཞིང་ཁྱད་པར་དུའང་རལ་གྲིའི་འཁོར་ལོ་གཡས་དང་རྩིབས་སྟེང་གི་ཡི་གེ་རྣམས་གཡོན་དུ་འཁོར་བས་ཕྱིར་རྒོལ་གྱི་ལོག་རྟོག་རྣམས་གཅོད་པ་ལ་སྤྱོངས་པའི་དྲ་བ་ཐམས་ཅད་རྟད་ཀྱིས་བཅད་ནས་རྟོད་པའི་ཤེས་རབ་ཕུན་སུམ་ཚོགས་པ་ཐོབ་པར་བསམ་པ་ནི་རལ་གྲིའི་འཁོར་ལོའི་སྒོ་ནས་རྟོད་པའི་ཤེས་རབ་བསྒྲུབ་ཚུལ་ལོ། །བདུན་པ་གླེགས་རལ་གཉིས་ཀའི་སྒོ་ནས་རྩོམ་པའི་ཤེས་རབ་བསྒྲུབ་པ་ལའང་མ་དག་པ་འཁྲུད་པ་དང་མི་ཤེས་པ་བསལ་བ་གཉིས་ལས། དང་པོ་ནི་སྔར་བཞིན་ཡིན་ལ། གཉིས་པ་ནི་སྔར་བཞིན་གསོལ་བ་བཏབ་ནས་བདུད་རྩི་འོད་ཟེར་དམར་སེར་གྱིས་གང་བའི་བར་འདྲ་བ་ལ། ཁྱད་པར་བདུད་རྩིའི་རྡུལ་ཕྲ་རབ་ཐམས་ཅད་རྩོམ་རྒྱུའི་གླེགས་བམ་དང་རལ་གྲིའི་འཁོར་ལོའི་རྡུལ་ཕྲ་རབ་ཀྱིས་སྔར་བཞིན་གང་། དེ་དག་ལས་འོད་ཟེར་སྔར་བཞིན་འཕྲོས། ཕྱོགས་བཅུའི་སངས་རྒྱས་དང་བྱང་ཆུབ་སེམས་དཔའ་ཐམས་ཅད་ཀྱི་རྩོམ་པའི་ཤེས་རབ་དང་། ཁྱད་པར་དུའང་རྩོམ་པ་ལ་མངའ་བརྙེས་པའི་པཎྜི་ཏ་དཔའ་བོ་དང་ཙནྡྲ་གོ་མི་ལྟ་བུའི་རྩོམ་པའི་ཤེས

རབ་ཐམས་ཅད་གང་རྫོགས་རྒྱུའི་གླིགས་བམ་དང་རལ་གྲིའི་འཁོར་ལོའི་རྣམ་པར་སྤྲུན་དྲངས་ནས་སྔར་བཞིན་ཐིམ་པས་ཁོག་པ་ཐམས་ཅད་གླེགས་བམ་དང་རལ་གྲིའི་འཁོར་ལོས་གང་། ཁྱད་པར་དུའང་འཁོར་ལོར་ཤུགས་དྲག་ཏུ་འཁོར་བས། གང་རྫོགས་རྒྱུའི་གསུང་རབ་ཀྱི་དོན་ལ་རྨོངས་པའི་དྲ་བ་བཅད་ཅིང་། དེའི་དོན་ཕྱིན་ཅི་མ་ལོག་པར་རྫོགས་ནུས་པའི་ཤེས་རབ་ཕུན་སུམ་ཚོགས་པ་ཐོབ་པར་བསམ་པ་ནི། གླེགས་རལ་གཉིས་ཀའི་སྒོ་ནས་རྫོགས་པའི་ཤེས་རབ་བསྐྱེད་ཚུལ་ལོ། །འདི་ནི་ཟེན་བྲིས་ཀྱི་ཡི་གེ་རྙིང་པ་ལས། ཞིབ་པར་བླ་མའི་ཞལ་ལས་ཤེས་པར་བྱའོ། །ཞེས་པའི་ཞལ་ཤེས་རྣམས་ཡོངས་འཛིན་རྣམ་པ་གཉིས་ཀྱི་གསུང་བཞིན་དུ་དཔྱིས་ཕྱིན་པར་བཀོད་པའོ། །འོན་ཀྱང་འཆད་རྩོད་རྩོམ་གསུམ་ལ་ད་དུང་ཞལ་ཤེས་ཁྱད་པར་ཅན་འགའ་ཞིག་ཀྱང་ཡོད་དོ། །དེ་དག་ནི་དངོས་གཞིའི་རིམ་པ་སྟེ། དམིགས་སྐོར་བདུན་པ་སྐབས་སུ་གང་བབས་ཀྱི་ཉམས་ལེན་དང་སྦྱར་ཞིང་། རྒྱུན་པར་དཀྱུས་གཅིག་ཏུ་ཐམས་ཅད་ངེས་བཟུང་དུ་མི་དགོས་ཞེས་བླ་མས་གསུང་ངོ་། །གསུམ་པ་མཇུག་ནི། དེ་ནས། དཔལ་ལྡན་རྩ་བའི་བླ་མ་རིན་པོ་ཆེ། །ཞེས་སོགས་ཀྱི་ཚིགས་བཅད་བརྗོད་པས་སྤྲུས་གཉིས་ཀྱི་སེང་ཁྲི་སོ་སོ་ལ་ཐིམ་ཞིང་། སྤྲུས་གཉིས་ཀྱང་གཡས་གཡོན་ནས་རྗེ་བླ་མ་ཐིམ་པས། རྗེ་བླ་མ་སེང་ཁྲི་པད་ཟླ་དང་བཅས་པ་རང་གི་སྤྱི་གཙུག་ཏུ་ཐོན་པར་བསམ་ལ། སྐད་ཅིག་གིས་སྙིང་ག་ཡན་ཆད་ཀྱི་དབུ་མ་གསལ་བཏབ་ལ། སྙིང་གའི་དབུ་མའི་ནང་དུ་ད་ལྟའི་སྙིང་ཐུར་དུ་ཡོད་པ་དེ་ཉིད་སྣོས་ཀྱིན་དུ་བསླངས་ཏེ། ཚལ་པ་བརྒྱད་དུ་གྱེས་པར་བསམ་ལ། དེ་ནས་སྤྱི་གཙུག་གི་སེང་ཁྲི་དབུ་མའི་ནང་ནས་བྱུང་། སྙིང་ཚལ་པ་བརྒྱད་དུ་གྱུར་པ་དང་གཅིག་ཏུ་འདྲེས་ནས་འོད་དུ་མེར་གྱིས་ཞུ་བ་ལས། པདྨ་དམར་པོ་འདབ་མ་བརྒྱད་པ་ཞིག་ཏུ་གྱུར། དེ་བཞིན་དུ་པད་ཟླ་ཡང་སྔར་བཞིན་དུ་བྱུང་ནས་སྙིང་གའི་མི་ཤིག་པའི་ཐིག་ལེ་དཀར་པོ་དང་འདྲེས་ནས་འོད་དུ་མེར་གྱིས་ཞུ་བ་ལས་པད་ཟླའི་གདན་དུ་གྱུར། དེ་ནས། རྗེ་བླ་མ་ཡང་སྔར་བཞིན་ཐོན་ནས་རང་གི་ཤིན་ཏུ་ཕྲ་བའི་རླུང་སེམས་དང་གཅིག་ཏུ་འདྲེས་ནས་འོད་མེར་གྱིས་ཞུ་བ་ལས་སྤྱི་བོར་བསྒོམས་པ་དང་འདྲ་བའི་རྗེ་བླ་མ་ཆུང་ངུ་ཞིག་ཏུ་གྱུར་ལ་རང་གི་སྙིང་གར་འབྲལ་མེད་དུ་བཞུགས་ནས། བདག་རྒྱུད་བྱིན་གྱིས་བརླབས་པར་བསམ་ལ། འཆི་ཁ་ཚུན་ཆད་དུ་བླ་མའི་

སྐུའི་བཀོད་པ་མི་སྟུད་ཅིང་། འཆི་ཁར་འདི་དང་འབྲེལ་བའི་འཕོ་བ་ཐུན་མོང་མ་ཡིན་པའི་ཟིན་བྲིས་ཀྱི་ཡི་གེ་བདག་གིས་ལེགས་སུ་བགྱིས་ཡོད་པ་བཞིན་ཉམས་སུ་བླངས་ནས་འཕོ་བར་བྱའོ། །དེ་ནས། མཐར་པཉྩ་སྤུངས་མགོ་ཁ་བསྟུས་ལ། དེའི་ནང་གི་འོད་ཟེར་རྣམ་པ་ལྔས་ཞལ་བ་བྱས་པ་ལྟ་བུ་དང་། ཕྱི་ནས་དམིགས་བརྩེ་མ་དང་། ཨ་ར་པ་ཙ་ནའི་ཡི་གེ་རྣམས་ཕྲེང་རྡོག་གི་རྣམ་པ་དང་། འོད་ཟེར་ཕྲེང་ཐག་གི་རྣམ་པས་བར་མཚམས་མེད་པར་གྲུ་གྲུ་ལྟར་དཀྲིས་པར་བསམས་ལ། དེང་ནས་བརྩམས་ཏེ་ཚེ་རབས་ཀུན་ཏུ་བདག ཅེས་སོགས་བརྗོད་ལ། སྐྱེ་བ་ནས་ཚེ་རབས་ཐམས་ཅད་དུ་རྗེ་ཡབ་སྲས་ཀྱིས་རྗེས་སུ་གཟུང་ཞིང་། བསྟན་པ་དང་མཇལ་བའི་སྨོན་ལམ་རྣམ་པར་དག་པས་མཚམས་སྦྱོར་བར་བྱའོ། །སྨྲས་པ། ཐུན་མོང་མིན་པའི་ཟབ་ལམ་བླ་མ་ལྷའི། །རྣལ་འབྱོར་ཙིནྟ་མ་ཎིའི་དོ་ཤལ་གྱི། །ཕྲེང་བ་སྟོན་མེད་ལེགས་པར་སྤེལ་བ་འདི། །སྐལ་ལྡན་མགུལ་པའི་རྒྱན་དུ་ཕོ་བོས་སྦྱིན། །འདི་འདྲའང་རིགས་ཀུན་ཁྱབ་བདག་རྡོ་རྗེ་འཆང་། །ཐ་མལ་གདུལ་བྱའི་སྣང་ངོར་བཤེས་གཉེན་ཚུལ། །རྣམ་རོལ་འཇམ་དབྱངས་བཞད་པའི་རྡོ་རྗེ་དང་། །ཕ་རྒོད་དངོས་གྲུབ་རྒྱ་མཚོའི་གསུང་བཞིན་བྲིས། །དེ་སྐད་བློ་བཟང་རྒྱལ་བ་ཀུན་གྱི་ཡབ། །གྲགས་པའི་སྙན་བརྒྱུད་གསང་མཛོད་འཛིན་པ་ཡི། །འཇམ་དཔལ་རྒྱ་མཚོར་འབོད་པའི་བྱ་བྲལ་བས། །དབེན་གནས་རིན་ཆེན་སྤུངས་སུ་གནས་ཚེ་བཀོད། །འདི་ལ་ནངས་པའི་ཚོགས་མཆེས་བླ་མ་དང་། །ཡི་དམ་ཆོས་སྐྱོང་ཕྱི་ནང་གསང་གསུམ་ལ། །བཟོད་པར་གསོལ་གྱིས་བདག་ལ་མི་སྨྲིབ་པར། །བསྟན་པ་ཕྱོགས་མཐར་སྤེལ་པའི་འཕྲིན་ལས་མཛོད། །འདི་ལས་འོངས་པའི་དགེ་ཚོགས་གང་ཐོབ་དེས། །བྱིན་རླབས་བླ་མའི་ལམ་གྱི་ཆུ་བོ་བཞིས། །འགྲོ་བའི་སེམས་ཀྱི་དྲི་མ་ཀུན་བཀྲུས་ནས། །ཀུན་མཁྱེན་རྒྱ་མཚོར་མྱུར་དུ་འཇུག་གྱུར་ཅིག །ཅེས་སྙན་བརྒྱུད་ལུགས་ཀྱི་བླ་མའི་རྣལ་འབྱོར་ཐུན་མོང་མ་ཡིན་པའི་ཟབ་ཁྲིད་ཀྱི་ཟིན་བྲིས་འདི་ནི། ཟིན་བྲིས་རྙིང་པ་དེ་ཉིད་ཏ་ཙང་བསྡུས་དྲག་པར་བཀྲེན། རང་ཉིད་སྔར་ནས་འབྲི་འདུན་ཡོད་པའི་ཐོག །ཟས་བསོད་སྙོམས་པ་གོས་ཕྱུག་དར་ཁྲིད་པ་ལ་སོགས་པའི་སྦྱངས་པའི་ཡོན་ཏན་མཐའ་དག་དང་ལྡན་པའི་དགེ་སློང་བྱ་བཏང་བ་ངག་དབང་འཕྲིན་ལས་རྒྱ་མཚོས་ཀྱང་ཇ་སིག་སོགས་ཀྱི་མཎྜལ་དང་

བཅས། ཞལ་ཤེས་རྣམས་ཞིབ་པར་ཡི་གེར་འཁོད་པ་ཞིག་དགོས་ཞེས་བསྐུལ་བ་དང་། ཁྱད་པར་དུ་འང་རྗེ་བླ་མའི་སྙན་བརྒྱུད་ཀྱི་གདམས་པ་འདིའི་བཀའ་མི་ནུབ་པར་བྱ་བའི་ཕྱིར་དུ། ཆུང་ངུ་ནས་རྗེ་བླ་མ་ལ་མི་ཕྱེད་པའི་དད་པ་ཐོབ་ཅིང་། སྙན་བརྒྱུད་འཆད་པ་ལ་སྤྲོབས་དགེ་བ་ཅན། ཤཱཀྱའི་དགེ་སློང་འཇམ་དཔལ་རྒྱ་མཚོས་ཕྱུག་པོ་ལ་རིའི་དབེན་གནས་རིན་ཆེན་སྤུངས་ཀྱི་བཀའ་གདམས་ཆོས་རྫོང་དུ་སྦྱར་བའོ། །འདིས་ཀྱང་བསྟན་པ་དང་སེམས་ཅན་ལ་ཕན་ཐོགས་པར་གྱུར་ཅིག། །།

༄༅། །འཕོ་བ་ཆིག་བཅད་མ་བཞུགས་སོ།

༄༅། །ན་མོ་གུ་རུ་ཕྱ། མི་ཕམ་བླ་མ་ཆོས་ཀྱི་རོལ་རྩེད་ཀྱིས། མངོན་པར་མཛོ་བའི་ཡིད་དགའི་སྐྱིད་ཚལ་དུ། །བཀྲོད་ནས་མི་ཕམ་འཇམ་དཔལ་སྙིང་པོ་ཡི། །ཞལ་མཛལ་གསུང་གི་བདུད་རྩིའི་དགའ་སྟོན་ལ། །སྤྱོད་པར་འདོད་པའི་སྐལ་ལྡན་སྐྱེས་བུ་ཡིས། །གསང་བའི་གདམས་པ་འདི་ལྟར་ཉམས་སུ་བླངས། །མདུན་གྱི་འཆི་མེད་ལྷ་ལམ་མཁའ་དབྱིངས་ལ། །ཆུ་སྐྱེས་འདབ་བཞིའི་ལྟེ་བར་བྱམས་མགོན་དང་། །དབྱེར་མེད་ཡབ་རྗེ་སྲས་བཅད་བརྒྱུད་པར་བཅས། །ཕྱོགས་ཀྱི་འདབ་མར་ཡི་དམ་སངས་རྒྱས་དང་། །དམ་ཆོས་ཐེག་པ་ཆེ་ཆུང་དགེ་འདུན་དང་། །མཐའ་སྐོར་སྟོབས་ལྡན་ཆོས་སྐྱོང་སྲུང་ཚོགས་ཀྱིས། །བསྐོར་བའི་སྐྱབས་མཆོག་ནམ་མཁའི་ཁམས་ཀུན་གང་། །རང་གི་འཁོར་དུ་རིགས་དྲུག་འགྲོ་བ་ཀུན། །འཁོད་ནས་རང་གཞན་ཐམས་ཅད་སྡུག་བསྔལ་གྱིས། །མནར་བའི་ཚུལ་ལ་འཇིགས་བློ་སྐྱེས་པ་ན། །དེ་ལས་སྐྱོབ་པ་མདུན་གྱི་སྐྱབས་ཡུལ་རྣམས། །མ་གཏོགས་གཞན་ལ་མེད་པའི་ཚུལ་བསམས་ལ། །རྩེ་གཅིག་གདུང་ཤུགས་དྲག་པོས་མན་ངག་བཞིན། །སྐྱབས་སུ་འགྲོ་བ་རྒྱུད་དང་འདྲེས་ངེས་བྱ། །ཐོག་མེད་དུས་ནས་ད་ལྟ་ཡན་ཆད་དུ། །ཡང་ཡང་དྲིན་གྱིས་བསྐྱངས་པའི་མ་རྒན་རྣམས། །བདེ་བས་ཕོངས་ཤིང་སྡུག་བསྔལ་གྱིས་མནར་བའི། །ཚུལ་རྣམས་བསམ་ལ་སྙིང་རྗེ་ཤུགས་དྲག་བསྐྱེད། །དེ་ནས་དེ་དག་སྡུག་བསྔལ་རྒྱ་མཚོ་ལས། །བསྒྲལ་ནས་ཕུལ་བྱུང་བདེ་ལ་འགོད་པའི་ཕྱིར། །བདག་གིས་ཟབ་ལམ་འཕོ་བའི་གདམས་ངག་ནི། །ཉམས་སུ་བླང་ངོ་སྙམ་དུ་སེམས་སྐྱེད་པ། །ཚིག་ཙམ་མིན་པར་རྒྱུད་དང་འདྲེས་ངེས་བྱ། །དེ་ནས་བསྟེན་བདེ་བའི་སྟེགས་བུ་ལ། །ལུས་གནད་དང་བཅས་བག་ཡོད་ཀྱིས་འཁོད་ནས། །གསུམ་གསུམ་དགུ་ཕྲུག་གནད་ཀྱིས་རླུང་རོ་ཀུན། །སངས་ཀྱིས་བུས་ལ་རང་ལུས་ཤེལ་བུམ་མམ། །ཕྲུ་མ་ཕུས་བཏབ་བཞིན་དུ་དྭངས་པ་དང་། །སྟོང་ཞིང་

གསལ་བའི་སྟོང་རར་ནན་ཏན་བསྐྱེད། །དེ་ལྟར་རང་ལུས་ཤེལ་སྒོང་ལྟར་དག་པའི། །གཡས་གཡོན་གཉིས་ལྟོས་དབུས་དང་རྒྱབ་མདུན་ལ། །ལྟོས་བའི་རྒྱབ་ལ་ཙུང་ཟད་ཉེ་བའི་ཆར། །ཨ་ཝ་དྷུ་ཏི་སྦོམ་ཕྲ་སྦྲ་ལྕུགས་ཙམ། །ཡར་སྣ་སྤྱི་བོ་ཚངས་པའི་བུ་ག་དང་། །མར་སྣ་ལྟེ་འོག་སོར་བཞིར་གནས་པའི་སྦུབས། །དཀར་ཞིང་འཁྲིལ་བའི་འོད་ཟེར་གྱིས་བཀག་ཅིང་། །ཁྱད་ཆོས་བཞི་ལྡན་རག་དུང་ཞབས་ལོག་ལྟར། །ཚངས་པའི་བུ་ག་དཀར་ཐལ་གྱིས་གནས་པར། །ཡང་ཡང་བསྒོམ་ལ་རྩེ་ཡི་གསལ་སྣང་བསྒྲུབ། །དེ་ལྟའི་སྙིང་དབུས་དྷུ་ཏིའི་ནང་དག་ཏུ། །རང་ཉིད་པདྨ་བུམ་སྐུའི་དབྱིབས་ཅན་དུ། །གསལ་བའི་དབུས་ན་ཡང་ཡང་བསྐྱེད་བསྒོམ་པའི། །རང་གི་ཤིན་ཏུ་ཕྲ་བའི་རླུང་སེམས་དང་། །དབྱེར་མེད་རྗེ་བཙུན་བླ་མའི་སྐུ་འདི་ལ། །རང་སེམས་ཞུགས་བཞིན་རྩེ་གཅིག་བསྒོམ་པ་གཅེས། །དེ་ནས་འཕོ་བའི་དམིགས་པ་གསལ་གདབ་པ་ནི། །སྨིན་མཚམས་ཐད་ཀྱི་མདུན་གྱི་ནམ་མཁའ་ལ། །སེང་ཆེན་བརྒྱད་བཏེགས་རིན་ཆེན་ཁྲི་སྟེང་དུ། །སྣ་ཚོགས་པད་ཟླའི་ལྟེ་བར་མི་ཕམ་མགོན། །གསེར་རི་ལྟར་བརྗིད་མཚན་དཔེའི་རྒྱན་གྱིས་བརྒྱན། །ངུར་སྨྲིག་མདངས་ལྡན་ཆོས་གོས་རྣམ་གསུམ་གསོལ། །ཟུང་ལྡན་ཕྱག་གིས་ཆོས་འཁོར་ཕྱག་རྒྱ་མཛད། །འཇམ་ལྡན་ཞལ་ཅན་ཞབས་ཟུང་བཟང་པོའི་ཁྲིར། །བཟང་པོའི་སྟབས་ཀྱིས་བཞུགས་པའི་ཐུགས་ཀ་ནི། །བཀྲ་ཤིས་དཔལ་བེའུ་འཁྱིལ་བའི་ནང་དབུས་སུ། །རྒྱལ་བའི་ཡབ་གཅིག་རྗེ་བཙུན་ཙོང་ཁ་པ། །སྐུ་མདོག་དཀར་གསལ་ཞལ་གཅིག་ཕྱག་གཉིས་པ། །གུར་གུམ་མདངས་ལྡན་ཆོས་གོས་རྣམ་གསུམ་གསོལ། །གསེར་མདོག་པཎ་ཞྭ་དབུ་ལ་ཉེར་མཛེས་ཤིང་། །ཕྱག་ཟུང་ཆོས་འཆད་ཕྱག་རྒྱས་ཨུཏྤ་ལའི། །ཡུ་བ་བཟུང་ནས་འདབ་མ་སྙན་རྒྱས་སྟེང་། །རལ་གྲི་གླེགས་བམ་གྱིས་མཚན་ཞབས་གཉིས་ནི། །སྐྱིལ་ཀྲུང་ཚུལ་གྱིས་བཞུགས་པའི་གཡས་གཡོན་དུ། །སྲས་མཆོག་གཉིས་བཅས་བཞུགས་པའི་དམ་ཚིགས་པ། །སྐད་ཅིག་བསྐྱེད་ལ་གནས་གསུམ་ཡི་གེས་མཚན། །ཐུགས་ཀའི་ཧཱུྃ་ལས་འོད་ཟེར་དཀར་པོ་ནི། །ལྕགས་ཀྱུ་ལྟ་བུས་དགའ་ལྡན་གནས་མཆོག་ནས། །བྱམས་མགོན་ཐུགས་རྗེའི་གཏེར་དང་དེའི་ཐུགས་ཀར། །བློ་བཟང་རྒྱལ་བ་ཡབ་སྲས་བཅས་བཞུགས་པའི། །ཡེ་ཤེས་སེམས་དཔའ་སྤྱན་འདྲེན་འདི་སྐད་བརྗོད། །གནས་མཆོག་དགའ་ལྡན་མཁའ་སྤྱོད་ཞིང་ཁམས་ནས། །ས་བཅུའི་དབང་ཕྱུག་བྱམས་མགོན

ཐུགས་རྗེའི་གཏེར། །བློ་བཟང་རྒྱལ་བའི་དབང་པོ་ཙོང་ཁ་པ། །སྲས་དང་བཅས་པ་གནས་འདིར་གཤེགས་སུ་གསོལ། །ཞེས་པས་སྤྱན་དྲངས་ཛཿཧཱུྃ་བཾ་ཧོཿཡིས། །དམ་ཚིག་པ་དང་གཉིས་སུ་མེད་པར་བསྲེས། །དེ་ནས་བཞུགས་སུ་གསོལ་དང་མྱ་ངན་ལས། །མི་འདར་གསོལ་བ་འདེབས་པ་འདི་ལྟར་བྱ། །མདུན་གྱི་ནམ་མཁར་སེང་ཁྲི་པད་ཟླའི་སྟེང་། །བྱམས་མགོན་རྗེ་བཙུན་བླ་མ་ཡབ་སྲས་བཅས། །བདག་ཅག་བསོད་ནམས་ཞིང་གི་དམ་པ་རུ། །འཁོར་བ་མ་སྟོངས་བར་དུ་བཞུགས་སུ་གསོལ། །ཞེས་དང་ཡན་ལག་ལྷག་མ་དྲུག་པོ་རྣམས། །གཞུང་བཞིན་བྱས་ལ་དེ་ནས་སྙིང་དབུས་སུ། །བཞུགས་པའི་རྗེ་བཙུན་རང་སེམས་དབྱེར་མེད་ཀྱིས། །འཁོར་བ་སྤྱི་དང་བྱེ་བྲག་སོ་སོ་ཡི། །སྡུག་བསྔལ་བསམ་ཞིང་དེ་ལས་ཐར་འདོད་བསྐྱེད། །ཁྱད་པར་དགའ་ལྡན་ཞིང་མཆོག་དེར་སྐྱེས་ནས། །མི་ཕམ་བླ་མ་རྒྱལ་བའི་སྲས་པོ་ནི། །འཇམ་དཔལ་སྙིང་པོ་བཅས་ཀྱི་ཞལ་མཐོང་ཞིང་། །གསུང་གི་བདུད་རྩི་སྤྱོད་པ་ལ་བརྟེན་ནས། །སྡུག་བསྔལ་རྒྱ་མཚོ་ཆེ་ལས་དྲིན་ཅན་འགྲོ །མྱུར་དུ་སྒྲོལ་པའི་དམ་བཅའ་འཁུར་དུ་ཕྱིར། །དེ་ནས་དགའ་ལྡན་ཞིང་དུ་འགྲོ་འདོད་དང་། །གདམས་ངག་འདི་ལ་ཡིད་ཆེས་དད་པ་དང་། །བཅས་པའི་འདུན་པ་དྲག་པོས་ཞིང་མཆོག་དེར། །བགྲོད་དང་འཕོ་བས་ལམ་སྣ་ཟིན་པའི་ཕྱིར། །ཟོལ་མེད་སྙིང་ཁོང་རུས་པའི་གཏིང་ཉིད་ནས། །ཤུགས་དྲག་གསོལ་བ་འདེབས་པ་འདི་ལྟར་བྱ། །༈ སྟེང་དགའ་ལྡན་ལྷ་བརྒྱའི་མགོན་པོ་མཆོག །རྗེ་མི་ཕམ་ཆོས་ཀྱི་བླ་མ་དང་། །དབྱེར་མེད་པའི་འདྲེན་མཆོག་ཐམས་ཅད་མཁྱེན། །ཕ་བློ་བཟང་གྲགས་པ་ཡབ་སྲས་ལ། །ཡིད་རྩེ་གཅིག་གུས་པས་གསོལ་བ་འདེབས། །ལམ་རབ་མོ་འཕོ་བའི་རྣལ་འབྱོར་གྱིས། །ཞིང་དགའ་ལྡན་མཁའ་སྤྱོད་གནས་མཆོག་དེར། །དུས་ད་ལྟ་ཉིད་དུ་བགྲོད་པ་དང་། །རྗེ་བླ་མ་ཡབ་སྲས་ཞལ་མཐོང་ཞིང་། །གསུང་བདུད་རྩིའི་དགའ་སྟོན་སྤྱོད་པ་ལས། །ལམ་ཟབ་མོའི་རྟོགས་པ་མཐར་ཕྱིན་ནས། །མཆོག་མྱུར་དུ་ཐོབ་པར་བྱིན་གྱིས་རློབས། །ཕ་ཁྱེད་ཀྱི་ཐུགས་རྗེའི་ལྕགས་ཀྱུ་ཡིས། །འོད་སྒྲུ་གུའི་ནང་ནས་སྐད་ཅིག་ལ། །རྗེ་མི་ཕམ་ཆོས་ཀྱི་མདུན་ས་དེར། །དུས་ད་ལྟ་ཉིད་དུ་དྲང་དུ་གསོལ། །ལམ་འཕོ་བ་འབྱོངས་པར་བྱིན་གྱིས་རློབས། །ཞེས་པའི་གདུང་ཤུགས་དྲག་པོས་གསོལ་བཏབ་པས། །བྱམས་མགོན་ཐུགས་ཀའི་རྗེ་བཙུན་ཡབ་སྲས་ཀྱི། །ཐུགས་ཀ་ནས་

བྱུང་འོད་ཟེར་དཀར་པོ་ཡི། །སྤྲུ་གུ་སྤ་ལྷག་ཙམ་ཞིག་ནར་གྱིས་བྱུང་། །རང་གི་སྤྱི་བོའི་ཚངས་པའི་བུ་གར་ཟུག །དེ་ནས་སླར་ཡང་ཐུགས་ཀའི་ས་བོན་ལས། །ལྕགས་ཀྱུ་ལྟ་བུའི་འོད་ཟེར་དཀར་པོ་ཞིག །རྒྱངས་ཏེ་བྱུང་ནས་འོད་ཀྱི་སྤྲུ་གུ་ཡི། །ལམ་དུ་ཞུགས་ནས་དྷུ་ཏིའི་ནང་བརྒྱུད་དེ། །སྙིང་དབུས་རང་སེམས་དབྱེར་མེད་རྗེ་བླ་མའི། །ཐུགས་ཀར་བཏབ་སྟེ་འདྲེན་པར་མཛད་ཕྱུགས་ཚོ། །འོག་རླུང་དྲག་ཏུ་འཐེན་པའི་གཞུ་མོ་ལ། །ཧིག་གི་མདའ་སྦྱར་མཕྲིན་པའི་བར་དུ་སླེབས། །ཡང་ཞིག་ཤུགས་དྲག་ཧི་གི་མདངས་དྲངས་ཏེ། །སྤྱི་བོར་རིག་ཙ་བྱས་ལ་སྙིང་རླུང་མནན། །ཀཱ་ཞེས་སྙིང་གའི་དྷུ་ཏིའི་དབུས་སུ་ཕབ། །དེ་ལྟར་ཐུན་རེར་ཉེར་གཅིག་ལ་སོགས་པས། །ལེགས་པར་སྦྱངས་ནས་རྗེས་ཐུན་ཉེ་བ་ན། །རང་སེམས་དབྱེར་མེད་བླ་མའི་སྐུ་མཆོག་ནི། །ཕཊ་ཡིག་དྲག་པོའི་གདངས་ཀྱིས་སྐད་ཅིག་ལ། །འོད་ཀྱི་སྤྲུ་གུའི་ལམ་བརྒྱུད་རྗེ་བཙུན་གྱི། །ཐུགས་ཀའི་ཡབ་རྗེ་བླ་མའི་ཐུགས་ཀར་ཐིམ། །དེ་ཡི་ཐུགས་དང་རང་སེམས་རོ་གཅིག་ཏུ། །འདྲེས་པར་མོས་ལ་དར་གཅིག་མཉམ་པར་བཞག །སླར་ཡང་སྙིང་རླུང་མནན་ཞིང་ཀཱ་བརྗོད་པས། །དམིགས་རྟེན་སྔར་གྱི་གནས་སུ་ཕབ་པའི་མཐར། །མདུན་གྱི་ནམ་མཁའི་དབྱིངས་བཞུགས་འགྲོ་ཡུལ་རྣམས། །གསེར་ཞུན་ལྟ་བུའི་འོད་དུ་ཐིམ་ཞུ་ནས། །ཚངས་པའི་བུ་ག་འཁྱིལ་གྱིས་རབ་བཀག་ནས། །བྱིན་གྱིས་བརླབས་པར་བསམ་པ་གནད་དུ་ཆེ། །དེ་ལས་བྱུང་བའི་དགེ་ཚོགས་མ་ལུས་པ། །བསྔོ་སྨོན་རྣམ་པར་དག་པས་མཚམས་སྦྱོར་བྱ། །དེ་ལྟར་འབད་ཅིང་འདུན་པ་དྲག་པོ་ཡིས། །ལེགས་པར་སྦྱངས་པའི་རླུང་སྟོབས་འཕོ་ནུས་པའི། །ནུས་པ་མ་ཐོན་དེ་སྲིད་མ་འབད་ན། །སྤྱི་གཙུག་ཟ་དང་འཕྲིག་ཅིང་འབུར་དང་ཕྱིད། །འཇག་མ་གཙུགས་སོགས་ཕྲན་ཚེགས་རྟགས་རྣམས་ཀྱིས། །གར་ཡང་མི་ཕྱིན་དེས་ན་མ་ནོར་གཅེས། །འདུན་པས་སྦྱངས་པས་གོང་དུ་བཤད་ལྟར་གྱི། །ནུས་པ་ཐོན་ནས་མཐར་ཐུག་ལས་སྦྱོར་སོགས། །ཞིབ་པར་ངག་ནས་འཆད་ལྟར་ཤེས་མཛོད་ལ། །འདི་ཉིད་གདམས་པའི་མཐིལ་དུ་བཟུང་བ་གཅེས། །འདི་ནི་ཡབ་རྗེ་བླ་མའི་སྙན་བརྒྱུད་ཀྱི། །གདམས་པ་ངེས་པར་འཛིན་ལ་ཟླ་བྲལ་བའི། །དཔལ་ལྡན་སྨད་རྒྱུད་རིང་ལུགས་འཛིན་པ་ཡི། །དམ་པའི་གསུང་ལས་བརྒྱུད་ཀྱི་གཞན་དུ་མེད། །དེས་ན་དབུགས་བྲལ་ལྡོ་བའི་ས་ལེ་སྦྲམ། །ཇི་བཞིན་ཚུལ་འདི་སྟོད་མིན་ལ་གསང་ཞིང་། །སྣམས་པའི་

ཚུལ་གྱིས་ཉམས་སུ་བླངས་གྱུར་ན། །འདོད་པའི་དོན་རྣམས་འགྲུབ་པར་གདོན་མི་ཟ། །འདི་ལྟའི་ལམ་ཟབ་གསང་ཆེན་ཟབ་མོའི་ཁྲིད། །སྙིང་གི་ཡང་ཞུན་ལྟ་བུའི་གདམས་པ་འདི། །ཡི་གེར་བྲིས་ལ་རྩ་བརྒྱུད་བླ་མ་ཡི། །བཀའ་ཡིས་རྒྱས་བཏབ་བྲི་བའི་འོས་མིན་ཡང་། །ད་ལན་བསྟན་པའི་རྩ་ལག་དགེ་བའི་བཤེས། །མཁས་གྲུབ་བླ་མའི་རྒྱལ་ཚབ་ཆོས་ཀྱི་རྗེ། །དགེ་འདུན་རྒྱ་མཚོའི་གསུང་གིས་བསྐུལ་བ་དང་། །གདམས་པ་འདི་ཡང་མི་ནུབ་རྒྱས་པའི་ཕྱིར། །དཔལ་ལྡན་སྲིད་རྒྱུད་གདམས་པའི་མཛོད་འཛིན་པ། །འཇམ་དབྱངས་བདེ་བའི་རྡོ་རྗེ་ཞེས་བགྱི་བས། །དཔལ་འཁོར་བདེ་བ་ཆེན་པོའི་ཆོས་གྲྭ་ཆེར། །དྲིན་ཅན་བླ་མའི་ཞལ་ལུང་ཇི་བཞིན་བྲིས། །དེ་ཡི་དགེ་བ་ཉིན་མོར་བྱེད་པ་ཡིས། །བློ་བཟང་བསྟན་པའི་པད་ཚལ་བཞད་གྱུར་ཅིག །འདི་ཉིད་སྟོད་མིན་འཆད་དང་སྟོན་བྱེད་ན། །དེ་ཡི་གཤེད་མ་དམ་ཅན་གཤིན་རྗེས་མཛོད།། །།

༄༅། །ཟབ་ལམ་བླ་མའི་རྣལ་འབྱོར་ཐུན་མོང་མ་ཡིན་པ་དང་འབྲེལ་བའི་འཕོ་བ་དགའ་ལྡན་བགྲོད་པའི་བདེ་ལམ་ཞེས་བྱ་བ་བཞུགས།

༄། །ན་མོ་གུ་རུ་ཝེ། གང་གི་དྲིན་གྱིས་བདེ་བ་ཆེན་པོའི་གནས། །བདེ་བླག་སྒྲོལ་མཛད་བླ་མའི་ཞབས་བཏུད་ནས། །མ་བསྒོམ་འཚང་རྒྱ་འཕོ་བའི་མན་ངག་གི །གདམས་ངག་མདོར་བསྡུས་བླ་མའི་གསུང་བཞིན་བྲི། །དེ་ཡང་གདན་བཞི་དང་སམ་ཕུ་ཊ་སོགས་བླ་ན་མེད་པའི་རྒྱུད་སྡེ་རྣམས་སུ་འཕོ་བའི་མན་ངག་གི་རིམ་པ་མང་དུ་བཀའ་སྩལ་པ་རྣམས་མཐའ་བརྟག་པ་དང་། འཕོ་བའི་ངོ་བོ། ཕན་ཡོན་དང་ཉེས་དམིགས་ཞིབ་པར་ནི་རྗེ་བླ་མའི་འཕོ་ཊཱི་ཀ་གསེར་གྱི་སྙེ་འབྱེད་དུ་གསུངས་པ་ལས་ཤེས་པར་བྱ་ལ། འདིར་ཐུན་མོང་མ་ཡིན་པའི་བླ་མའི་རྣལ་འབྱོར་དང་འབྲེལ་བའི་རྗེ་བཙུན་བྱམས་པ་ལ་བརྟེན་པའི་འཕོ་བའི་མན་ངག་གི་དམིགས་རིམ་ཉིན་རེ་བཞིན་དུ་སྤྲིལ་ཚུལ་བླ་མའི་གསུང་བཞིན་ཉུང་ཟད་ཅིག་བྲི་བར་བྱའོ། །འདི་ལ་གཉིས། འདུན་པས་སྦྱོང་བ་དང་། ལས་ལ་སྦྱོར་བའོ། །དང་པོ་ལ་སྔོན་འགྲོ། དངོས་གཞི་མཇུག་གི་ཉམས་ལེན་གྱི་རིམ་པ་དང་གསུམ་མོ། །དང་པོ་ནི། སྟན་བདེ་བར་ལུས་གནད་ལེགས་པར་བྱས་ཏེ། མདུན་གྱི་ནམ་མཁར་པདྨ་འདབ་མ་བཞི་པ་རྒྱ་ཁྱོན་ཡངས་ཤིང་ཆེ་བའི་དབུས་ཀྱི་ལྟེ་བའི་སྟེང་དུ་དར་ཟབ་པདྨ་ཉི་ཟླ་བརྩེགས་པའི་གདན་གྱི་སྟེང་དུ། ངོ་བོ་དྲིན་ཅན་རྩ་བའི་བླ་མ་ཡིན་པ་ལ། རྣམ་པ་རྗེ་བཙུན་བྱམས་པ་ལ་བརྒྱུད་པའི་བླ་མ་རྣམས་ཀྱིས་བསྐོར་བ། མདུན་གྱི་འདབ་མར་གསང་འདུས་འཇིགས་བྱེད་ལ་སོགས་པའི་རྒྱུད་སྡེ་བཞིའི་ལྷ་ཚོགས། གཡས་ཀྱི་འདབ་མར་ནང་རིམ་ལ་རྒྱལ་བ་རིགས་ལྔ་སོགས་ལོངས་སྐུའི་ཆ་བྱད་ཅན། །ཕྱི་རིམ་ལ་ཤཱཀྱ་ཐུབ་པ་སོགས་བའི་སྤྲུལ་སྐུའི་ཆ་བྱད་ཅན་གྱིས་སངས་རྒྱས་རྣམས་དང་། རྒྱབ་ཀྱི་འདབ་མར་ལུང་རྟོགས་ཀྱི་ཆོས་རྣམས་པོ་ཏི་ཐྲག་རེ་བརྩེགས་པ་ལྷ་བུའི་རྣམ་པར་ཡོད་པ།

གཡོན་གྱི་འདབ་མར་ནང་རིམ་ལ་བྱམས་པ་འཇམ་དབྱངས་སོགས་ཐེག་ཆེན་གྱི་དགེ་འདུན། ཕྱི་རིམ་ལ་མཆོག་ཟུང་གཉིས་སོགས་ཐེག་དམན་གྱི་དགེ་འདུན་དཀོན་མཆོག་རྣམས་དང་། འོག་མ་ཆ་ལ་ཆོས་སྐྱོང་སྲུང་མའི་ལྷ་ཚོགས་རྣམས་དང་། དེའི་མཐའ་སྐོར་དུའང་སངས་རྒྱས་བྱང་སེམས་དཔའ་བོ་དཔའ་མོ་བསྟན་སྲུང་ཡེ་ཤེས་པའི་ཚོགས་དཔག་ཏུ་མེད་པ་གསལ་བཏབ་པ་ནི་སྐྱབས་ཡུལ་གསལ་བཏབ་པའོ། །དེ་ལ་སྐྱབས་སུ་འགྲོ་བའི་ཚུལ་ནི། རང་ཉིད་ཀྱིས་གཙོ་བྱས་སེམས་ཅན་ཐམས་ཅད་འཁོར་བའི་སྡུལ་གྱི་རྒྱ་མཚོ་ཆེན་པོ་འདིར་ཚུད་ནས་གསུམ་དང་བརྒྱད་ལ་སོགས་པའི་སྡུག་བསྔལ་དུ་མས་མནར་བའི་ཚུལ་བསམ་ལ་འཇིགས་པ་ཤིན་ཏུ་ཤུགས་དྲག་པོ་དང་། མདུན་གྱི་སྐྱབས་ཡུལ་རྣམས་ལ་དེ་ལས་སྐྱོབ་པའི་ནུས་པ་ཡོད་པར་ཡིད་ཆེས་ཀྱི་དད་པ་དང་བཅས་པས། སྐྱིད་སྡུག་ཅི་བྱུང་ཡང་ཁྱེད་ཤེས་ཀྱི་བློ་ལིངས་སྐྱུར་གྱི་སྒོ་ནས། བདག་དང་འགྲོ་བ་ཞེས་སོགས་སྐྱབས་འགྲོ་དྲུག་སྐོར་བདུན་ཉེར་གཅིག་སོགས་རྒྱུད་དང་འདྲེས་ངེས་པ་བྱ། དེ་ནས་སེམས་སྐྱེད་པ་ནི། བདག་གི་སེམས་ཅན་ཐམས་ཅད་ཀྱི་དོན་དུ་རྫོགས་པའི་སངས་རྒྱས་ཀྱི་གོ་འཕང་ཐོབ་པར་བྱ། །དེའི་ཆེད་དུ་ཟབ་ལམ་འཕོ་བའི་རྣལ་འབྱོར་ཉམས་སུ་བླང་བར་བགྱིའོ། །ཞེས་བདུན་ནམ་ཉེར་གཅིག་སོགས་བརྗོད་པས་སེམས་སྐྱེད་པ་དང་། ཚད་མེད་བཞི་བསྒོམ་པ་རྣམས་རྒྱུད་དང་འདྲེས་ངེས་པ་བྱ་བ་ནི་སྔོན་འགྲོའོ། །གཉིས་པ་དངོས་གཞི་ནི། དེ་ནས་ལུས་གནད་སོགས་ལེགས་པར་བྱས་ཏེ་རླུང་རོ་དགུ་ཕྱུགས་སུ་བུས། །རང་གི་ལུས་འདི་ཉིད་སྟོངས་ར་སྦུ་མ་ཕུས་བཏབ་པ་བཞིན་ནམ་ཤེལ་གྱི་བུམ་པ་ལྟ་བུ་ཕྱི་གསལ་ནང་གསལ་གྱི་ཚུལ་དུ་བསྒོམ་ལ། དེའི་ལུས་ཀྱི་དབུས་དྲང་པོར་རྩ་དབུ་མ་ཁྱད་ཆོས་བཞི་ལྡན། །ཡར་སྣ་སྤྱི་བོར་ཐལ་གྱིས་ཟུག་པའི་བུག་པ་སྐྱ་ཏ་རེར་ཡོད་པ། མར་སྣ་ལྟེ་འོག་སོར་བཞི་ཙམ་དུ་སླེབས་པའི་བུག་པ་འོད་དཀར་པོ་སྐྱ་ཁྲི་ལི་བ་ཞིག་གིས་བཀག་པའི་སྟེང་གའི་དབུ་མའི་ནང་དུ་རླུམ་དང་། རང་གི་ཤིན་ཏུ་ཕྲ་བའི་རླུང་སེམས་ཀྱི་ངོ་བོ་ཐིག་ལེ་དཀར་ལ་དམར་བའི་མདངས་ཆགས་པ། འཕར་ལ་ཁད་པ་འཕུར་ལ་ཁད་པ་ཞིག་ལ་ཕར་རི་ནས་ཚུར་རིར་བལྟ་བ་ལྟ་བུ་མ་ཡིན་པར་རང་སེམས་ཞུགས་བཞིན་དུ་བསྒོམ་པ་ནི་གནད་ཀྱི་དོན་པོ་ཡིན་ནོ། །དེ་ནས་འཕོ་བའི་ཡུལ་གསལ་འདེབས་པ་ནི། རང་གི་སྤྱི་གཙུག་གི་སྟེང་གི་མཐོ་དམའ་འཚམ་བའི་མཁར་སེརྒྲིས་བཏགས་པའི་རིན་པོ་ཆེའི་ཁྲི་པདྨ་དང་ཟླ་བའི་གདན་གྱི་སྟེང་དུ་ངོ་བོ་རྗེ་བླ་མ་ཙོང་ཁ་པ་

ཆེན་པོ་ཡིན་པ་ལ། རྣམ་པ་རྗེ་བཙུན་བྱམས་པ་མགོན་པོ་སྐུ་མདོག་གསེར་བཙོ་མ་ལྟ་བུ། ཞལ་གཅིག་ཕྱག་གཉིས་ཆོས་འཁོར་གྱི་ཕྱག་རྒྱ་སྙིང་འོག་ཏུ་མཛད་པའི་གཡས་ཀླུ་ཤིང་གི་ཡལ་ག་སྟོང་པོ་མེ་ཏོག་དང་བཅས་པ་འཁོར་ལོ་དང་རིལ་བ་སྤྱི་བླུགས་ཀྱིས་མཚན་པ་བསྣམས་པ། མཆོག་གི་སྤྲུལ་སྐུའི་ཆ་བྱད་ཅན། སྐུ་ལ་ཆོས་གོས་ངུར་སྨིག་གསུམ་གསོལ་བ། མཚན་དང་དཔེ་བྱད་ཀྱིས་སྤྲས་པ། གཟི་བྱིན་ཉི་མ་འབུམ་བས་ལྷག་པ། དེའི་མཐའ་སྐོར་དུ་རྒྱ་བོད་ཀྱི་པཎ་གྲུབ་མང་པོ་དང་། དགའ་ལྡན་གྱི་ལྷ་མང་པོས་མཆོད་སྤྲིན་ཕོགས་པས་བསྐོར་བ་གསལ་བཏབ། དེའི་སྤྱི་བོར་ཨོཾ× ཐུགས་ཀའི་ཧཱུྃ་ལས་འོད་ཟེར་འཕྲོས་པས། དགའ་ལྡན་ཆོས་ཀྱི་ཕོ་བྲང་མི་ཕམ་རྒྱལ་བའི་མདུན་ནས་བསྒོམ་པ་དང་འདྲ་བའི་ཡེ་ཤེས་པ་སྤྱན་དྲངས་ལ། དགའ་ལྡན་ལྷ་བརྒྱ་ཞེས་སོགས་ཤློ་ཀ་གཅིག་གིས་སྤྱན་དྲངས་པར་བསམ་ལ། ཛཿ ཧཱུྃ་བཾ་ཧོཿ གཉིས་སུ་མེད་པར་གྱུར། ཞེས་བརྗོད། པདྨ་ཀ་མ་ལ་ཡེ་སྟྭཾ་གྱིས་གདན་ཕུལ། དེ་ནས། ཤེས་བྱའི་ཁྱོན་ཀུན་ནས་གསལ་བྱེད་མ། །ཅེས་པའི་བར་གྱིས་ཡན་ལག་བདུན་པ་རྒྱུད་དང་འདྲེས་རིམ་པ་བྱའོ། །དེ་ནས། སྙིང་གི་ནམ་མཁར་བཞུགས་པའི་རྗེ་བཙུན་གྱི་སྐུ་ལ་སེམས་གཏད་དེ་དབུ་མའི་ནང་ནས་ཡར་བལྟས་པའི་ཚེ། སྐར་ཁུང་ནས་ཉི་མ་མཐོང་བ་ལྟར་རྗེ་བཙུན་གྱི་ཐུགས་ཀ་གསེར་གྱི་མེ་ལོང་ཕྱིས་པ་ལ་ཉི་མ་ཕོག་པ་ལྟར་སེར་ལྷག་གེ་མཐོང་བ་དང་། རྗེ་བཙུན་གྱིས་དབུ་མའི་ནང་ནས་མར་གཟིགས་པའི་ཚེ། སྙིང་གའི་ནང་དུ་རང་སེམས་ཐིག་ལེར་གསལ་བཏབ་པ་གསལ་ལེར་གཟིགས་པའི་ཉམས་འཆར་འཆར་གྱི་བར་དུ་གསལ་བཏབ་སྟེ། དམིགས་རྣམ་དེ་ལེགས་འགྲིག་པར་བྱས་ལ། འདི་ལྟར་དུ་བསམ་སྟེ། དེའང་སྤྱི་གཙུག་གསེར་གྱི་སྒོ་མ་གཏོགས་གཞན་གང་ནས་ཐོན་ཀྱང་ངན་སོང་སོགས་གསུ་སྡུག་བསྔལ་དུ་མ་སྨྱོང་ཚུལ་བསམ་ལ་འཁོར་བ་ལས་བློ་ཅི་ལྡོག་བྱ། དེས་ན། ད་ལན་ཟབ་ལམ་འཕོ་བའི་མན་ངག་འདི་ལྟ་བུ་ལ་བརྟེན་ནས། དགའ་ལྡན་ཆོས་ཀྱི་ཕོ་བྲང་མི་ཕམ་རྒྱལ་བའི་མདུན་སར་ཕྱིན་ལ། བྱམས་མགོན་ལ་ཐེག་པ་ཆེན་པོའི་ཆོས་ཉན་པའི་སྐལ་བ་ཅན་དུ་བྱས་ལ། མྱུར་དུ་འཁོར་བའི་རྒྱུན་བཅད་པར་བྱ་སྙམ་དུ་བསམ་ལ། དགའ་ལྡན་ཞིང་དུ་འགྲོ་འདོད་ཀྱི་འདུན་པ་དྲག་པོ་དང་། གདམས་ངག་འདི་གར་ཡོད་ཆེས་ཀྱི་དད་པ་དང་། ཚེ་འདིའི་ལུས་ལོངས་སྤྱོད་སོགས་གང་ལའང་ཆགས་ཞེན་མེད་པའི་བསམ་པ་དང་བཅས་པའི་སྒོ་ནས། སྙིང་སྡུག་ལེགས་ཉེས་ཅི་བྱུང་

ཡང་། རྗེ་བཙུན་མི་ཕམ་མགོན་པོ་སྲས་བཅས་རྣམས་མ་གཏོགས། སྐྱབས་མགོན་རེ་ས་གཞན་ན་མེད་པས། ད་ལྟ་ཉིད་དུ་དགའ་ལྡན་ཆོས་ཀྱི་ཕོ་བྲང་མི་ཕམ་རྒྱལ་བའི་མདུན་སར་འཁྲིད་དུ་གསོལ་སྙམ་པའི་གདུང་ཤུགས་དྲག་པོས། གདངས་སྙན་པོས་འདི་ལྟར་གསོལ་བ་གདབ་པར་བྱ་སྟེ། ཡོན་ཏན་རིན་ཆེ་མང་པོའི་གཏེར་གྱུར་ཅིང་། །ཉེས་ལྟུང་བག་ཆགས་བཅས་པ་གཏན་སྤངས་པ། །འཛམ་གླིང་མཁས་གྲུབ་བྱེ་བའི་གཙུག་གི་རྒྱན། །གསོལ་བ་འདེབས་སོ་རྗེ་བཙུན་བློ་བཟང་གྲགས། །བྱིན་གྱིས་རློབས་ཤིག་བྱམས་མགོན་ཐུགས་རྗེའི་གཏེར། །བདག་དང་བདག་འདྲའི་འགྲོ་བ་མ་ལུས་པ། །ངན་སོང་གཤིན་རྗེའི་འཇིགས་ལས་བསྐྱབ་ཏུ་གསོལ། །འཇིགས་རུང་བར་དོའི་འཕྲང་ལས་བསྒྲལ་དུ་གསོལ། །དགའ་ལྡན་མཁའ་སྤྱོད་གནས་སུ་འཁྲིད་དུ་གསོལ། །ཟབ་ལམ་འཕོ་བ་འབྱོངས་པར་བྱིན་གྱིས་རློབས། །རེ་ས་གཞན་ན་མེད་དོ་ཐུགས་རྗེས་བཟུང་། །ཞེས་གདུང་ཤུགས་དྲག་པོས་གསོལ་བ་བཏབ་པས། །རྗེ་བཙུན་གྱི་ཐུགས་ཀ་ནས་འོད་དཀར་པོ་སྦུ་གུའི་རྣམ་པ་ཅན་སྲབ་ལྷུག་ཙམ་ཞིག་བྱུང་ནས། རང་གི་སྤྱི་བོའི་ཚངས་བུག་ལ་འབྱར་ཞིང་ཟུག། དེའི་ནང་ནས་འོད་ཟེར་དཀར་པོ་ལྷུགས་ཀྱུ་ལྟ་བུ་ཞིག་བྱུང་ནས་རང་སེམས་ཐིག་ལེར་གསལ་བ་ལ་བཏབ་སྟེ་བལ་ལྷུགས་ཀྱུས་དྲངས་པ་ལྟར་དབུ་མའི་ལམ་ནས་འགྲོ་བ་ལ་སྒྲིགས་པ་དང་། འོག་རླུང་ཙུང་ཟད་འཐེན་པ་དང་ཧི་ཀ་བཅས་སྒྲ་ལྡན་སྟ་མ་ལས་ཕྱི་མ་ཊེ་ཆེར་གྱུར་པ་བརྗོད་པ་དང་ཐིག་ལེ་དེ་ཉིད་དབུ་མའི་ནང་ནས་ཧིལ་ཧིལ་སྒྲིལ་ཏེ་སྤྱི་གཙུག་ཏུ་རེག་ཙམ་བྱས་ཏེ་སྟེང་རླུང་མནན་པ་དང་ཀྐཱ་ཞེས་བརྗོད་པས་མར་བབས་ཏེ་སྔར་གྱི་རང་གནས་སུ་འཇོག་པ་སོགས་ཐུན་རེ་ལ་ཊེ་ལྟར་ཤུས་པ་སྦྱངས། ཐུན་འཇོག་ཏུ་ཉེ་བ་ན་ཕཊ་ཅེས་བརྗོད་པ་དང་སྤྱི་གཙུག་ནས་རྒྱངས་ཏེ་ཐོན་ནས། རྗེ་བཙུན་གྱི་ཐུགས་ཀར་སིབ་སྟེ་ཐིམ། སླར་ཡང་ཕྱིར་ཐོན་ཏེ་རང་གནས་སུ་ཕབ་སྟེ་འཇོག་པ་སོགས་ལ་ལན་གསུམ་ཙམ་བྱས་རྗེས་སྐྱབས་ཡུལ་རྣམས་འོད་དུ་ཞུ་ནས་རང་གི་སྤྱི་བོ་ནས་ཐིམ་པས་བྱིན་གྱིས་བརླབས་པར་བསམ་ལ། ཚངས་བུག་རྡོ་རྗེའི་རང་བཞིན་གྱི་འོད་སྡོན་པོས་བཀག་པར་བསམ་ན། ཚེ་རིང་བའི་རྟེན་འབྲེལ་དུ་འགྱུར་གསུངས། གསུམ་པ་མཇུག་ནི། འདི་ནས་ཤི་འཕོས་གྱུར་མ་ཐག། ཅེས་པ་ལ་སོགས་བསྔོ་བ་སྨོན་ལམ་གྱིས་མཚམས་སྦྱར་བར་བྱའོ། །དེ་ལྟར་འདུན་པས་སྦྱངས་ཏེ་རབ་འབྲིང་ཐ་མ་གསུམ་སོགས་འབྱུང་འབྱུང་གི་བར་དུ

སྦྲུངས་ནས། ཉམས་འོག་ཏུ་ཚུད་པར་བྱས་ཏེ་དགོས་དུས་སུ་ཕན་ངེས་པའི་ཉམས་ལེན་ལ་བརྩོན་པ་ནི་འདུན་པས་སྦྲུང་བའོ། །གཉིས་པ་ལས་ལ་སྦྱོར་བ་ལ། རང་གཞན་གཉིས་ལས། དང་པོ་རང་ལས་ལ་སྦྱོར་བ་ནི། ལས་ལ་སྦྱོར་བའི་དུས་ལ་མཁས་དགོས། དེ་ལའང་རྒྱུད་སྡེ་ནས་བཤད་པའི་ཕྱི་ནང་གི་འཆི་རྟགས་ལ་མཁས་དགོས་པས། དེ་ལ་མཁས་པར་བྱས་ནས་འཆི་རྟགས་བྱུང་ཡང་དེ་མ་ཐག་འཕོ་བ་མི་བྱ་བར་འཆི་བླུའི་མན་ངག་ནས་བྱུང་བ་བཞིན་འཆི་བ་བླུ་བའི་ཐབས་ལ་འབད་པར་བྱས་ལ། དེ་ལྟར་བྱས་ཀྱང་འཆི་རྟགས་མ་བཟློག་ན་འཕོ་བ་བྱ་དགོས་པས། དེའི་ཚུལ་ནི། ཡོ་བྱད་གང་ཡོད་དགེ་ཕྱོགས་སུ་བཏང་ནས་གང་ལའང་ཆགས་ཞེན་མེད་པར་བྱས་ལ། དེ་ནས་དམིགས་པའི་གནད་ཕལ་ཆེར་འདུན་པ་སྦྲུངས་པའི་སྐབས་དང་འདྲ་ལ། ཅུང་ཟད་མི་འདྲ་བའི་ཚུལ་བླ་མའི་ཞལ་གྱི་བདུད་རྩི་ལས་བྱུང་བ་ལྟར་ཤེས་པར་བྱས་ལ། དེ་བཞིན་དུ་ལས་ལ་སྦྱོར་ཞིང་། དེ་བཞིན་དུ་གཞན་ལའང་སྦྱོར་བའི་ཚུལ་སོགས་ཀྱང་ཞིབ་པར་གདམས་ངག་ལས་བྱུང་བ་ལྟར་ཉམས་སུ་བླངས་ཤིང་། རང་གཞན་གྱི་དོན་ལ་བརྩོན་པ་ནི་སྐབས་དོན་གྱི་གདམས་ངག་གི་དོན་པའོ། །འདི་ནི་ཉམས་སུ་ལེན་ཚུལ་ཅུང་ཟད་ཅིག་བརྗོད་མོད་ཀྱི། འོན་ཀྱང་འཕོ་བའི་མན་ངག་གི་སྐོར་འདི་ལ་རྗེ་བླ་མས་འཕོ་ཏི་ཀ་སོགས་སུ་ཞིབ་པར་བཀའ་སྩལ་མོད་ཀྱང་གསུང་ཟབ་ཅིང་བརླིང་བས། དེ་ཡང་སྐྱེ་བོ་ཕལ་ཆེར་གྱིས་དགོངས་དོན་བོར་བའི་བླུན་པོའི་བློས་བྱས་ལ་གཡམ་རྒྱུག་བྱེད་པ་མང་པོར་མཐོང་བས། སྐྱོ་མ་སྤྲོ་བཙན་དོར་ནས་མན་ངག་ཞིབ་ཏུ་དགོས་པར་གོའོ། །དེ་ལྟར་ཟབ་དོན་འཕོ་བའི་མན་ངག་ལ། །སྣ་ཚོགས་སྣང་ཡང་འདིར་ནི་ཐུན་མོང་མིན། །ཡོངས་འཛིན་རྗེ་ཡི་ཞལ་གྱི་བདུད་རྩི་ལས། །ལེགས་པར་བྱུང་བཞིན་མདོར་བསྡུས་འཕྲེར་བདེར་བཀོད། །ཅེས་ཟབ་ལམ་བླ་མའི་རྣལ་འབྱོར་ཐུན་མོང་མ་ཡིན་པ་རང་འགྲེལ་བའི་འཕོ་བ་དགའ་ལྡན་བསྒྲོད་པའི་བདེ་ལམ་གྱི་ཟིན་བྲིས་ཆུང་ངུ་འདི་ཡང་། ཀྱི་ན་བ་ཞིག་གིས་བླ་མའི་གསུང་བཞིན་བྲིས་པའོ།། །།ཐང་སག་པ་དངོས་གྲུབ་རྒྱ་མཚོའི་གསུང་འཛམ་དབྱངས་བདེ་བའི་རྡོ་རྗེས་ཟིན་བྲིས་སུ་བཏབ་པའོ། །

༄༅། །དམིགས་བརྩེ་མའི་བསྙེན་ཡིག་བྱུར་འདེབས་བཞུགས་སོ།

༄། །ན་མཿ སུ་མ་ཏི་ཀཱིརྟི་ཤྲཱི་ཡེ། རྗེ་རིན་པོ་ཆེའི་སྒོ་ནས་དམིགས་བརྩེ་མའི་བསྙེན་པ་བྱེད་ཚུལ་ནི། བླ་མའི་རྣལ་འབྱོར་ཡིན་པས་རྒྱུད་སྡེ་བཞི་གང་རུང་དུ་གཏོགས་པ་མིན་ཡང་རིགས་གསུམ་མགོན་པོ་དང་འབྲེལ་ན་བྱ་རྒྱུད་ལྟར་གཙང་སྦྲ་ཟས་དཀར་ལ་བརྟེན་དགོས། དགུ་སྐོར་དང་འབྲེལ་ན་བླ་མེད་ལྟར་དམར་ཟས་བརྟེན་ན་རུང་ཙམ་ཡང་། དེ་ནི་ཤིན་ཏུ་སྐྱོག་གྱུར་གྱི་དོན་ཡིན་ཞིང་དམིགས་བརྩེ་མ་བྱ་རྒྱུད་ལ་གྲགས་ཆེ་བས་ཟས་དཀར་བསྟེན་ན་བཟང་། དམིགས་བརྩེ་མ་རྐྱང་གི་བསྙེན་པ་རྒྱས་པ་འབུམ་ཕྲག་བཞི། འབྲིང་གསུམ། བསྡུས་པ་འབུམ་ཕྲག་གཅིག་དགོས་ཏེ། རྡོ་རྗེ་ཕྲེང་བ་ལས། འཁོར་ལོའི་གཙོ་བོ་འབུམ་བཟླས་ཤིང་། ཞེས་དང་། བརྟག་གཉིས་ལས། དཀྱིལ་འཁོར་བདག་པོའི་བཟླས་པ་འབུམ། །ཞེས་གསུངས་པའི་ཕྱིར། འཇམ་དབྱངས་བདེ་བའི་རྡོ་རྗེས། དམིགས་བརྩེ་མའི་བསྙེན་གྲངས་འབུམ་ཕྲག་བཞི་མ་སོང་ན་དམིགས་བརྩེ་མའི་འཕོ་ཁྲིད་འཕོགས་མི་ཆོག གསུངས་པ་ནི་འཕོ་བ་སྦྱོང་བ་མ་ཡིན་པས་དོན་དུ་མི་གནས་སོ། །དེས་ན་དམིགས་བརྩེ་མ་ནི་སྤྱན་རས་གཟིགས། འཇམ་དབྱངས། ཕྱག་རྡོར། རྗེ་རིན་པོ་ཆེའི་མཚན་གྱི་སྒོ་ནས་གསོལ་བ་འདེབས་ཚུལ་ཡིན་པས། རིགས་གསུམ་མགོན་པོའི་སྙིང་པོ། ཨོཾ་མ་ཎི་པདྨེ་ཧཱུྃ། ཨོཾ་ཨ་ར་པ་ཙ་ན་དྷཱིཿ ཨོཾ་བཛྲ་པཱ་ཎི་ཧཱུྃ་ཕཊ། རྒྱས་པ་ཡིག་རེ་འབུམ་ཕྲག་རེ། བསྡུས་པ་འབུམ་ཕྲག་གཅིག་རེ་སོང་ན་དམིགས་བརྩེ་མའི་སྒོ་ནས་འཕྲིན་ལས་བཞིའི་ལས་བྱེད་ཆོག་པ་ཡིན་ནོ། །ཞི་རྒྱས་ལ་རང་དང་མཐུན་པའི་ཁ་དོག་དང་འོད་ཟེར་བསྒྱུར། ཐུན་བཞི་ཐུབ་ན་རབ། མ་ལྕོགས་ན་ཐུན་གསུམ་མམ། གཉིས་མ་ཐུབ་ན་གཅིག་གིས་ཀྱང་ཆོག་ཅེས་རྗེ་ངག་དབང་ཤེས་རབ་གསུང་། ཐུན་རིང་པོ་ལ་ཆབས་བསངས་སུ་འགྲོ་དགོས་བྱུང་ན་སྔན་ལ་ཕྲེང་བ་བཞག་ཏེ་འགྲོ་ཆོག་ཅེས་རྗེ་ངག་དབང་བློ་བཟང་གསུང་། ཐུན་ནང་དུ་སྨྲ་བ་བཅད་དགོས། དངོས་གྲུབ་རྒྱ་མཚོར་བཟླས་གྲངས་ཐོག་མཐའ་

གཉིས་ལ་ཞུང་། སྙང་ལ་ཇི་ཆེ་དགོས་གསུངས་ཀྱང་འདྲ་འདྲ་བྱས་ན་ད་དུང་བདེ་པོ་ཡོད། མཚམས་བཅད་པའི་དགོས་པ་ནི། སེམས་དམིགས་པ་ལ་གནས་ཐུབ་པའི་ཆེད་དུ་ཡིན། བཅད་རྒྱ་བརྟན་པོ་ཡིན་ཟེར་ནས་གྲྭ་པ་གྲྭ་ཆུང་འོང་ན་མི་བཏོང་། ཞུགས་ཆེན་སྟོབས་ཆེན་འོང་ན་ཤར་མར་སྐྱ་མདུན་དུ་བཏང་བ་ནི་ཕྱུགས་རྣལ་བའི་མཚམས་ཟེར། རང་གི་བླ་མ་ཕེབས་པ་མི་བཏོང་བ་ནི་ལྷ་སྒྲུབ་པ་མིན་ཞེས་དགེ་བཤེས་ནམ་མཁའ་མཛོད་པ་གསུང་། ཉི་ཟླ་གཟས་བཟུང་སྐབས་སུ་བཟླས་ན་བསྙེན་པའི་གྲངས་ཀྱི་གོ་མི་ཆོད་པར་བཞེད་ཀྱང་། ས་ཤ་སོགས་སྒྲུབ་པ་ནི་མངོན་སུམ་དུ་མཐོང་བས། བདེ་མཆོག་ལྷ་ལྔའི་བསྙེན་པ་སོང་བས། བདེ་མཆོག་ལྷ་བཅུ་གསུམ་ལྷ་བུའི་སྔགས་བཟླས་ན་བསྙེན་པའི་གོ་ཆོད་པར་རུང་། རྗེ་བཙུན་མི་ལ་རས་ཆུང་། རྒྱ་རས། ལོ་རས། གོད་ཚང་བ་ལྟ་བུ་ཚེ་གཅིག་ལ་མཐོ་བ་གཅིག་ལའང་རེ་བ་མེད་པས་བཅད་རྒྱ་མ་བྱས་ཀྱང་བཅད་རྒྱ་དངོས་ཡིན་ལ། ལྷ་མིའི་ཕུན་ཚོགས་ཀྱི་ནང་དུ་བཅད་རྒྱ་བྱེད་པ་ནི་ཚེ་ཕྱི་མའི་དོན་བཅད་པར་འགྲོ་བ་ལགས། ངོ་གསང་བ་ཕྲད་མི་རུང་ཡང་རྒྱུས་ཡོད་པ་མཚམས་ཐོ་བསྐྱེད་སྐབས་སུ་ནང་དུ་ཆུད་པར་མོས་ན་རྗེས་སུ་བཏང་ཆོག །གྲྭ་ཆུང་བས་གྲྭ་ཤག་འདྲ་བ་བསང་སྤྱོད་ཐག་རིང་པོར་མཚམས་སྡོད་ན་གཟན་གྱིས་གདོང་གཡོགས་ཏེ་ཆབས་བསངས་སུ་ཕྱིན་ཡང་རུང་། ཕྱིར་བསྙེན་གྲངས་མཉམ་དུ་བྱེད་པ་མ་གཏོགས། གཅིག་གྲོལ་གཅིག་སྡོད་པས་གྲངས་ཀྱི་གོ་མི་ཆོད་ཅེས་ཀྱང་དཔེར་ན་དམིགས་བརྩེ་མ་ལྷ་བུ་ལོ་རེ་འབུམ་ཕྲག་རེ་བཟླས་པས་གྲངས་ཀྱི་གོ་ཆོད་པ་ཡོད་དེ། འབུམ་ཕྲག་རེ་ལས་རུང་བསྙེན་པ་ཡིན་པའི་ཕྱིར། མཚམས་ཐོ་བཞག་ནས་བཅད་རྒྱ་ལ་ཞུགས་བཞིན་དུ་ལྷ་སའི་ཆོས་འཇིགརྟེན་གྱི་སྐད་ཆ་སྐད་ཅིག་ལ་ཐོས་ནུས་པ་དེ་མཚམས་ཀྱི་གོ་མི་ཆོད་དེ། དེ་ལས་ཁྲིམ་ཚོགས་སུ་རས་གུར་རྒྱབ་ནས་གཙོད་གཏོང་བའི་གྲུབ་པ་ལྷ་སའི་སྐད་ཆ་མི་ཚོར་བའི་ཕྱིར། དམིགས་བརྩེ་མའི་བསྙེན་པ་བྱེད་ན། དགའ་ལྡན་ལྷ་བརྒྱ་མ་ནི་ཡན་ལག་བདུན་པ་ཡིན་ལ། ལམ་དངོས་གཞི་ཡོངས་རྫོགས་ཤར་སྒོམ་བྱེད་པར་འདོད་ན། མདོ་སྔགས་ཀྱི་གནད་ཡོངས་རྫོགས་བྱིན་རླབས་དཔུང་ཞུས་འདོན་ཏེ་བསྒོམ་པར་བྱའོ། ། །།ཞེས་པ་འདི་ནི་ཨ་སེ་དྷའི་མིང་ཅན་གྱིས་བྲིས་པའོ། ། །།མངྒ་ལཾ། །

༄། །དམིགས་བརྩེ་མའི་ཆོས་སྐོར་ལས་དགེ་འདུན་འདུ་བའི་འཁོར་ལོ་སྒྲུབ་ཚུལ་ཞ་སེར་བསྟན་པའི་སྒྲོག་ཤིང་ཞེས་བྱ་བ་བཞུགས་སོ།

༄། །ན་མོ་གུ་རུ་མཉྫུ་གྷོ་ཥ་ཡ། ཉིན་མོར་བྱེད་པའི་འོད་སྟོང་ཆེར་གསལ་དྲི་མེད་མཁྱེན་པའི་ཡེ་ཤེས་གཏེར། །ཀུན་ད་ལྟར་དཀར་ཐུགས་རྗེས་འོད་འབར་འགྲོ་བའི་ཡིད་ཀྱི་ཚ་གདུང་སེལ། །མིག་སྨན་མདངས་འཛིན་བདུད་དཔུང་འཇོམས་མཛད་དངོས་གྲུབ་ཆར་འབེབས་རྡོ་རྗེ་འཆང་། །རིགས་གསུམ་གཅིག་བསྡུས་ངུར་སྨྲིག་གར་རོལ་ཀུན་མཁྱེན་ཙོང་ཁ་པ་ལ་འདུད། །གང་དེའི་འཕྲིན་ལས་འཁོར་ལོ་ལ་བརྟེན་ནས། །རྒྱལ་བསྟན་འཛིན་པའི་དགེ་འདུན་འཕེལ་བའི་ཐབས། །སྔོན་བརྒྱུད་མན་ངག་འབྲི་ལ་བླ་མ་ལྷས། །བརྩེ་བས་དགོངས་ལ་དངོས་གྲུབ་ཆར་དུ་བསྙིལ། །འདིར་སེམས་དཔའ་ཆེན་པོ་སྨན་ཁང་བ་ལ་རྗེ་བླ་མ་ལ་སྐུལ་བའི་གསོལ་འདེབས་དམིགས་བརྩེ་མའི་འཁོར་ལོ་ལ་བརྟེན་པའི་ལས་བཞི་སྒྲུབ་ཚུལ་གྱི་བྱེ་བྲག་དབང་གི་འཁོར་ལོའི་ནང་ཚན་དགེ་འདུན་འདུ་བའི་འཁོར་ལོ་བྲིས་སྒྲུབ་ཇི་ལྟར་བྱ་བའི་ཚུལ་བཀོད་པ་ལ། དེ་ཡང་པཎ་ཆེན་དཔལ་ལྡན་ཡེ་ཤེས་ཀྱིས་དབང་དུ་བསྡུ་བ་ལ་ནི། རྗེ་ཡབ་སྲས་ཀྱི་ཐུགས་ཀ་ནས་འོད་ཟེར་ལྕགས་ཀྱུ་ལྟ་བུ་འཕྲོས་པས་དབང་དུ་བསྡུ་བྱ་སྐད་ཅིག་ཉིད་ལ་བཀུག་ནས་བདག་ཉིད་ལ་གུས་པ་བྱེད་པར་བསམ་མོ་ཞེས་གསུངས་པ་ལྟར་དབང་དུ་བསྡུ་བྱ་ཕྱོགས་བཅུའི་དགེ་འདུན་དུ་མ་བསྡུ་སྟེ་བཤད་སྒྲུབ་ཀྱི་བསྟན་པ་དར་ཞིང་རྒྱས་པའི་ཕྱིར་དགེ་འདུན་འདུ་འཁོར་བྱ་རུང་བ་ཡིན་པས་དེའི་ཚུལ་ལ། སྔོན་འགྲོ། དངོས་གཞི། རྗེས་ཀྱི་རིམ་པ་གསུམ། དང་པོ་ལ་འཁོར་ལོ་བྲི་ཚུལ་དང་སྒྲུབ་པའི་ཚུལ་ལོ། །དང་པོ་ནི། ཐོག་མར་འཇམ་དཔལ་གཤིན་རྗེ་གཤེད་ཀྱི་བསྙེན་པ་སོང་ན་ལེགས་ཤིང་ཁྱད་པར་དུ་རྗེ་བླ་མ་རིགས་གསུམ་སྤྱི་སྒྲུབ་ཀྱི་དབང་བཞིའི་བྱིན་རླབས་ཐུང་ཞུས་ཀྱི་གདམས་པ་ལེགས་པར་ཐོབ་པ་དམིགས་བརྩེ་མའི་བསྙེན་པ་ཚུལ་བཞིན་ཐེངས་པའི་རྣལ་འབྱོར་པས་ཐེག་པ་ཆེན་པོའི་གསོ་སྦྱོང་གི་སྡོམ་པ་བླངས་ཏེ་དབང་གི་ལས་ལ་ཤེས་པའི་གཟའ་སྐར་བཟང་པོ་འཛོམ་པའི་སྐབས་ཡི་དམ་གྱི་སྒྲུབ་ཐབས་དང་འདིའི་ཚོ་ག་སོང་ནས་ཕྱི་དྲོ་ལྟ་བུའི་དུས་སུ་ཁ་ནུབ་ཏུ

ཕྱོགས་པས། མཚན་ཉིད་ལྡན་པའི་གྲི་གཞི་དར་རས་སོགས་དམར་པོ་ལ་ཀ་ཏྲ་ཀ་རིའི་ཤུན་པ་དང་མརྗེ་མོ་ཤིང་གི་ཤུན་པ། ཙནྡ་དམར་པོ། སེང་ལྡེང་བཅས་ཀྱི་ཕྱེ་མ་བསྲེས་པའི་སྣག་ཚས་འཁོར་ལོ་སུ་ཁྲུད་བཞི་པ། རྩིབས་བཅུ་པ། མེ་ལྟོང་འོད་ཟེར་ཕྲེང་བས་བསྐོར་བ། ལྟེ་བའི་དབུས་སུ་བུག་པ་བྱེད་ན་ཧྲཱིཿའི་ཁོངས་སུ་བུག་པ་བྱེད་པའམ། ཡང་ན་བུག་པ་སྟེང་འོག་གང་རིགས་སུ་བྱས་པའི་ཧྲཱིཿཡིག་བྲིས། བུག་པ་མི་བྱེད་ན་དབུས་སུ་ཧྲཱིཿའབྲི། རྩིབས་བཅུ་ལ་ཧཱུྃ་མགོ་ཕྱིར་བསྟན་པ་བཅུ། དེའི་ཕྱིའི་སུ་ཁྲུད་ལ་དབུས་ཀྱི་ཧྲཱིཿའི་མདུན་ནས་བརྩམས་དམིགས་བརྩེ་མ་དབུ་ཕྱིར་བསྟན་བྲིས་ཏེ། ཕྱོགས་བཅུའི་དགེ་འདུན་ཐམས་ཅད་དགོན་གནས་ཚེ་གེ་མོར་ཕ་ཤཾ་ཀུ་རུ་ཧོཿ དེའི་ཕྱིར་སུ་ཁྲུད་ལ་ཡེ་དྷརྨ་བྲིས་ལ་དྲི་བཟང་དང་གོང་གི་སྨན་གྱིས་ཁྱབ་པར་བྱུགས། རླུང་འཁོར་སོགས་ཀྱི་ཚེ་འཁོར་ལོའི་སྲོག་ཤིང་ལ་དམིགས་བརྩེ་མ་གང་མང་བྲིས་པ་ཕྱིར་བསྟན་ལ་དབུ་ནས་ནང་དུ་དྲིལ་བའི་སྟེང་དུ་འཁོར་ལྔ་ཞལ་མར་སྤྲུབས་ཏེ་སྲོག་ཤིང་ལ་བཙུགས་ནས་བཞག ཐུམས་དམར་པོ་བྱད། གཉིས་པ་འཁོར་ལོ་སྒྲུབ་ཚུལ་ལ། གཞི་འགོད་དེ་བདག་བསྐྱེད་སྒོམ་པ་དང་། འཁོར་ལོ་སྒྲུབ་པ་དངོས། དང་པོ་ནི། དབང་གི་ལས་ལ་ཤིས་པའི་ཚེས་གྲངས་གཟའ་སྐར་སོགས་བཟང་པོ་འཕྲོད་པའི་ཉིན་གནས་དབེན་པར་སྟེགས་བུ་བཟང་པོ་དར་དམར་སོགས་ཀྱིས་གཡོགས་པའི་ཁར་མེ་ཏོག་དམར་པོ་བཀྲམ་པའི་སྟེང་དུ་འཁོར་ལོ་ཞལ་གྱེན་དུ་ཕྱོགས་ཤིང་མདུན་རང་ངོས་ལ་བསྟན་ཏེ་ནུབ་ནས་བྱང་དུ་ཕྱོགས་པར་གཟུངས་རྫས་དང་བཅས་ཏེ་བཞག དེའི་སྟེང་དུ་དར་དམར་གྱི་གུར་ཕུབ་མདུན་དུ་ཁ་དོག་དམར་པོར་བསྒྱུར་བའི་མཆོད་པ་དང་ཟླུམ་གཏོར་པད་འདབ་བཞི་བ་ཅན་བཤམས། རང་གི་མདུན་དུ་བགེགས་གཏོར་ལ་གུལ་ཡུངས་རྫས་དྲིལ་ལས་བུམ་འཐོར་ནས་སོགས་མཁོ་བའི་ཡོ་བྱད་རྣམས་ཚོགས་པར་བྱས། སྒྲུབ་པ་པོ་རང་ཉིད་ཤར་ནས་བྱང་དུ་ཕྱོགས་པས་གདན་དམར་པོ་ཟླ་གམ་གྱི་སྟེང་དུ་གོས་དམར་པོ་གྱོན་ཅིང་རྡོ་རྗེའི་སྐྱིལ་ཀྲུང་གིས་འཁོད་དེ། ཟས་དཀར་གསུམ་བརྟེན་ཞིང་། ཁྲུས་དང་གཙང་སྦྲ་སྔོན་དུ་འགྲོ་བས་སྟན་བདེ་བ་ལ་འཁོད་བཞིན་པས་སྐྱབས་ཡུལ་རྣམས་གསལ་བཏབ་སྟེ། བླ་མ་ལ་སྐྱབས་སུ་མཆིའོ། །སངས་རྒྱས་ལ་སྐྱབས་སུ་མཆིའོ། །ཆོས་ལ་སྐྱབས་སུ་མཆིའོ། །དགེ་འདུན་ལ་སྐྱབས་སུ་མཆིའོ། །ཁམས་གསུམ་ཆོས་ཀྱི་རྒྱལ་པོ་ཤར་རྩོང་ཁ་པ་ཆེན་པོའི་ལྷ་ཚོགས་འཁོར་དང་བཅས་པ་རྣམས་ལ་སྐྱབས་སུ་མཆིའོ །དཔལ་མགོན་དམ་པ་ཆོས་སྐྱོང་བའི་སྲུང་མ་ཡེ་ཤེས་ཀྱི་སྤྱན་དང་ལྡན་པ་རྣམས་ལ་སྐྱབས་སུ་མཆིའོ། །ཞེས་ལན་བདུན་ནས་ཉེར་གཅིག་གིས་སྐྱབས་འགྲོ་བྱས་ཏེ། སངས་རྒྱས་ཆོས་དང་ཚོགས་ཀྱི་མཆོག་རྣམས་ལ། །བྱང་ཆུབ་བར་དུ་བདག་ནི་སྐྱབས་སུ་མཆི། །བདག་གིས་སྦྱིན་སོགས་བགྱིས་པའི་བསོད་ནམས་ཀྱིས། །འགྲོ་ལ་ཕན་ཕྱིར་སངས་རྒྱས་འགྲུབ་པར་ཤོག །ཅེས་ལན་གསུམ་གྱིས་སེམས་བསྐྱེད་དང་། མར་གྱུར་སེམས་ཅན་ཐམས་ཅད་བདེ་བ་དང་བདེ་བའི་

རྒྱུ་དང་ལྡན་པར་གྱུར་ཅིག །སེམས་ཅན་ཐམས་ཅད་སྡུག་བསྔལ་དང་སྡུག་བསྔལ་གྱི་རྒྱུ་དང་བྲལ་བར་གྱུར་ཅིག །སེམས་ཅན་ཐམས་ཅད་སྡུག་བསྔལ་མེད་པའི་བདེ་བ་དང་མི་འབྲལ་བར་གྱུར་ཅིག །སེམས་ཅན་ཐམས་ཅད་ཉེ་རིང་ཆགས་སྡང་དང་བྲལ་བའི་བཏང་སྙོམས་ཚད་མེད་པ་ལ་སེམས་གནས་པར་གྱུར་ཅིག །ཅེས་ཚད་མེད་བཞི་བསྒོམ་པ་ཡིད་འཕྲུལ་ངེས་སུ་བྱས། དེའི་སྐབས་སུ་རྗེ་བླ་མ་སྐྱབས་གསུམ་ཀུན་འདུས་ཀྱི་ངོ་བོར་མོས་པ་གཙོ་བོར་བྱེད་པ་གལ་ཆེ། ཨོཾ་སྭ་བྷཱ་ཝ་ཤུདྡྷ་སརྦ་དྷརྨཱ་སྭ་བྷཱ་ཝ་ཤུདྡྷོ་ཧཾ། སྟོང་པ་ཉིད་དུ་གྱུར། སྟོང་པའི་ངང་ལས་སྣ་ཚོགས་པད་ཟླ་ཉི་མའི་གདན་ལ་རང་སེམས་ཧྲཱིཿ ཡིག་དམར་སེར་ལས་རལ་གྲི་ཧྲཱིཿ ཡིག་དམར་སེར་གྱིས་མཚན་པ་དེ་ལས་འོད་འཕྲོས། དོན་གཉིས་བྱས། ཚུར་འདུས་ཡོངས་སུ་གྱུར་པ་ལས་རང་ཉིད་ཁམས་གསུམ་ཆོས་ཀྱི་རྒྱལ་པོ་ཤར་ཙོང་ཁ་པ་ཆེན་པོ་སྐུ་མདོག་དཀར་གསལ་དགྱེས་པའི་འཛུམ་ཞལ་དང་ལྡན་པ། སྐུ་ལ་ཆོས་གོས་ངུར་སྨྲིག་གི་མདོག་ཅན་གསུམ་མཛེས་པར་གསོལ་ཞིང་། དབུ་ལ་པཎ་ཞྭ་གསེར་གྱི་མདོག་ཅན་རྩེ་རིང་གསོལ་བ། ཞལ་གྱི་དཀྱིལ་འཁོར་ཤིན་ཏུ་འཛུམ་ཞིང་སྤྱན་དཀྱུས་རིང་བ་ཟླ་བ་ཉ་ཡོངས་སུ་གང་བ་ལྟ་བུ། ཕྱག་གཉིས་ཆོས་འཁོར་གྱི་ཕྱག་རྒྱས་ཨུཏྤ་ལའི་ཡུ་བ་ཐུགས་ཀར་བཟུང་བའི་འདབ་མ་སྙན་གྱི་ཐད་དུ་ཁ་ཕྱེ་བ་སྐུ་དཔུང་གཡས་གཡོན་དུ་གྱེས་པ་གཡས་ཀྱི་འདབ་མའི་སྟེང་དུ་སངས་རྒྱས་ཐམས་ཅད་ཀྱི་ཡེ་ཤེས་རལ་གྲིའི་རྣམ་པར་ཤར་བ། འོད་ཟེར་གྱིས་འགྲོ་བ་རྣམས་ཀྱི་མ་རིག་པའི་མུན་པ་སེལ་བར་མཛད་པ། གཡོན་གྱི་འདབ་མའི་སྟེང་དུ་སངས་རྒྱས་ཐམས་ཅད་ཀྱི་ཡུམ་ཤེས་རབ་ཀྱི་ཕ་རོལ་ཏུ་ཕྱིན་པའི་གླེགས་བམ་བཻཌཱུརྻའི་གླེགས་བུ་ལ་གསེར་གྱི་ཡི་གེ་བཀྲ་བ། ཡི་གེ་རྣམས་ལས་འོད་ཟེར་འཕྲོས་པས་འགྲོ་བ་རྣམས་ཀྱི་མ་རིག་པའི་མུན་པ་སེལ་ཞིང་། ཡི་གེ་བྲིས་པའི་རྣམ་པ་ཙམ་མ་ཡིན་པར་མགོ་བཤེས་གཉེན་བསྟེན་ཚུལ་ནས་འཕྲིན་ལས་ཉེར་བདུན་གྱི་བར་གྱི་ཟབ་རྒྱས་ཀྱི་ལམ་གྱི་ལུས་ཡོངས་སུ་རྫོགས་པར་སྟོན་པའི་ཐེག་ཆེན་གྱི་ཆོས་སྒྲ་སྒྲོགས་བཞིན་པ། སྐུའི་བ་སྤུ་རེ་རེར་ཡང་སངས་རྒྱས་ཀྱི་ཞིང་ཁམས་གྲངས་མེད་པ་བཞུགས་པ། སྐུ་ལས་འོད་ཟེར་འཕྲོས་པའི་སྣེ་ལ་སྤྲུལ་པའི་བཀོད་པ་བསམ་གྱི་མི་ཁྱབ་པ་སྟོན་པ། འཇའ་ཚོན་སྣ་ལྔའི་དབུས་ན་ཞབས་རྡོ་རྗེའི་སྐྱིལ་ཀྲུང་གིས་བཞུགས་པའི་སྤྱི་བོར་ཨོཾ་དཀར་པོ། མགྲིན་པར་ཨཱཿ དམར་པོ། ཐུགས་ཀར་ཧཱུྃ་སྔོན་པོས་མཚན་པ། ཐུགས་ཀའི་ཧཱུྃ་ལས་འོད་ཟེར་འཕྲོས་པས་དགའ་ལྡན་

སོགས་ཕྱོགས་བཅུའི་ཞིང་ཁམས་ཐམས་ཅད་ནས་རྗེ་བླ་མ་སྟོང་ཁ་པ་ཆེན་པོ་ལ་སངས་རྒྱས་དང་
བྱང་ཆུབ་སེམས་དཔའི་ཚོགས་ཀྱིས་བསྐོར་བ་སྤྱན་དྲངས། དགའ་ལྡན་ལྷ་བརྒྱའི་མགོན་གྱི་
ཐུགས་ཀ་ནས། །རབ་དཀར་ཞོ་གསར་སྤུངས་འདྲའི་ཆུ་འཛིན་རྩེར། །ཆོས་ཀྱི་རྒྱལ་པོ་ཀུན་
མཁྱེན་བློ་བཟང་གྲགས། །སྲས་དང་བཅས་པ་གནས་འདིར་གཤེགས་སུ་གསོལ། །མདུན་གྱི་
ནམ་མཁར་སེང་ཁྲི་པད་ཟླའི་སྟེང་། །རྗེ་བཙུན་བླ་མ་དགྱེས་པའི་འཛུམ་དཀར་ཅན། །
བདག་བློ་དད་པའི་བསོད་ནམས་ཞིང་མཆོག་ཏུ། །བསྟན་པ་རྒྱས་ཕྱིར་བསྐལ་བརྒྱར་བཞུགས་
སུ་གསོལ། །ཛཿ ཧཱུྃ་བཾ་ཧོཿ རང་དང་གཉིས་སུ་མེད་པར་གྱུར། ཤེས་བྱའི་ཁྱོན་ཀུན་མཇལ་
བའི་བློ་གྲོས་ཐུགས། །སྐལ་བཟང་རྣ་བའི་རྒྱན་གྱུར་ལེགས་བཤད་གསུང་། །གྲགས་པའི་
དཔལ་གྱི་ལྷམ་མེར་མཛེས་པའི་སྐུ། །མཐོང་ཐོས་དྲན་པས་དོན་ལྡན་ལ་ཕྱག་འཚལ། །
མཆོད་པ་རྣམས་ཨ་ཤྲཱི་ཏ་སབསངས། སྭ་བྷཱ་ཝས་སྦྱངས། སྟོང་པའི་ངང་ལས་ཨོཾ་ལས་རིན་པོ་ཆེའི་
སྣོད་ཡངས་ཤིང་རྒྱ་ཆེ་བའི་ནང་དུ་ཨོཾ་འོད་དུ་ཞུ་བ་ལས་བྱུང་བའི་མཆོད་རྫས་རྣམས་དྭངས་ཤིང་
ཐོགས་པ་མེད་པ་ནམ་མཁའི་ཁམས་ཐམས་ཅད་ཡོངས་སུ་གང་བར་གྱུར། ཨོཾ་ཨཱཿ ཧཱུྃ་གསུམ་གྱིས
བརླབས། ཨོཾ་ཨཱཿ ཀུ་རུ་བཛྲ་ཧྲཱ་ར་སུ་མ་ཏི་ཀཱིརྟི་ས་པ་རི་ཝཱ་ར་ཨརྒྷཾ་ནས། ཤབྡའི་བར་གྱིས་མཆོད།
གང་གི་མཚན་ཙམ་ཐོས་དང་དྲན་པས་ཀྱང་། །བར་ཆད་ཀུན་སེལ་དངོས་གྲུབ་ཀུན་སྩོལ་
བ། །ཕྱིན་རླབས་ཐུགས་རྗེའི་གཏེར་གྱུར་སྟོང་ཁ་པ། །བློ་བཟང་གྲགས་པའི་ཞབས་ལ་ཕྱག་
འཚལ་བསྟོད། །ཅེསབསྟོད། ཡིད་འོང་མཆོད་ཡོན་སྣ་ཚོགས་མེ་ཏོག་དང་། །དྲི་ཞིམ་བདུག
སྤོས་སྣང་གསལ་དྲི་ཆབ་སོགས། །དངོས་བཤམས་ཡིད་སྤྲུལ་མཆོད་སྤྲིན་རྒྱ་མཚོ་འདི། །
བསོད་ནམས་ཞིང་མཆོག་ཁྱེད་ལ་མཆོད་པ་འབུལ། །བདག་གིས་ཐོག་མེད་དུས་ནས་བསགས་
པ་ཡི། །ལུས་ངག་ཡིད་ཀྱི་སྡིག་པ་ཅི་བགྱིས་དང་། ཁྱད་པར་སྡོམ་པ་གསུམ་གྱི་མི་མཐུན
ཕྱོགས། །སྙིང་ནས་འགྱོད་པ་དྲག་པོས་སོ་སོར་བཤགས། །སྙིགས་མའི་དུས་འདིར་མང་
ཐོས་སྒྲུབ་ལ་བརྩོན། །ཆོས་བརྒྱད་སྤངས་པས་དལ་འབྱོར་དོན་ཡོད་བྱེད། །མགོན་པོ་ཁྱོད་
ཀྱི་རླབས་ཆེན་མཛད་པ་ལ། །བདག་ཅག་བསམ་པ་ཐག་པས་ཡི་རང་ངོ་། །རྗེ་བཙུན་བླ་མ་
དམ་པ་ཁྱེད་རྣམས་ཀྱིས། །ཆོས་སྐུའི་མཁའ་ལ་མཁྱེན་བརྩེའི་སྤྲིན་འཁྲིགས་ནས། །ཇི་ལྟར་
འཚམས་པའི་གདུལ་བྱའི་འཛིན་མ་ལ། །ཟབ་རྒྱས་ཆོས་ཀྱི་ཆར་པ་དབབ་ཏུ་གསོལ། །

བདག་གིས་ཇི་སྙེད་བསགས་པའི་དགེ་བ་འདིས། །བསྟན་དང་འགྲོ་བ་ཀུན་ལ་གང་ཕན་དང་། །ཁྱད་པར་ཆོས་ཀྱི་རྒྱལ་པོ་ཙོང་ཁ་པའི། །བསྟན་པའི་སྙིང་པོ་རིང་དུ་གསལ་བྱེད་ཤོག །དེ་ནས་མཇལ་ཞིག་ཕུལ་ཏེ་གསོལ་བ་ཕུར་ཚུགས་སུ་བཏབ་ལ། རང་གི་སྙིང་གར་ཟླ་བའི་དཀྱིལ་འཁོར་གྱི་ལྟེ་བར་ཧྲཱིཿ ཡིག་གི་མཐར་དམིགས་བརྩེ་མས་བསྐོར་བ་ལས་འོད་ཟེར་ཁ་དོག་སྣ་ཚོགས་པ་འཕྲོས་པའི་སྣེ་མོར་མཆོད་པའི་ལྷ་མོ་དཔག་ཏུ་མེད་པས་ཕྱོགས་བཅུའི་རྒྱལ་བ་སྲས་བཅས་ཐམས་ཅད་མཆོད། དེ་རྣམས་ཀྱི་སྐུ་གསུང་ཐུགས་ཀྱི་ཡོན་ཏན་ཐམས་ཅད་འོད་ཟེར་སྣ་ལྔའི་རྣམ་པར་སྤྱན་དྲངས། སྙིང་གའི་ཐུགས་འཕྲེང་ལ་ཐིམ། ཡང་འོད་ཟེར་འཕྲོས་པའི་སྣེ་མོ་ལས་རྗེ་བླ་མའི་སྐུ་གྲངས་མེད་པ་སྤྲོས་ཏེ་རིགས་དྲུག་གི་སྡུག་བསྔལ་སྦྱངས་ཏེ་ཆོས་ཀྱི་རྒྱལ་པོ་ཙོང་ཁ་པ་ཆེན་པོའི་གོ་འཕང་བཀོད་པར་བསམ་ལ། དམིགས་བརྩེ་མ་བརྒྱ་སྟོང་སོགས་ཅི་འགྲུབ་དང་། ལས་བུམ་བཛྲ་ཨམྲི་ཏས་སྒྲུབས། ཡིག་བརྒྱ་བཟླས་ལ། མཇུག་ཏུ། དགེ་བ་འདི་ཡིས་མྱུར་དུ་བདག །རྗེ་བཙུན་བླ་མ་འགྲུབ་གྱུར་ནས། །ཞེས་སོགས་ཀྱི་སྨོན་ལམ་བཏབ། གཉིས་པ་འཁོར་ལོ་སྒྲུབ་པ་དངོས་ནི། འཁོར་ལོ་ལ་བགེགས་བསྐྲད་སྤྱི་ལྟར་དང་། དེ་ནས་འཁོར་ལོ་ཨོཾ་བཛྲ་ཨ་མྲི་ཏ་ཀུཎྜ་ལི་ཧ་ན་ཧ་ན་ཧཱུྃ་ཕཊ། ཨོཾ་སྭ་བྷཱ་ཝ་ཤུདྡྷཿ་སརྦ་དྷརྨཱཿ་སྭ་བྷཱ་ཝ་ཤུདྡྷོ྅ཧཾ། སྟོང་པ་ཉིད་དུ་གྱུར། སྟོང་པའི་ངང་ལས་སྣ་ཚོགས་པད་ཟླ་ཉི་མའི་དཀྱིལ་འཁོར་གྱི་གདན་ལ་ཧྲཱིཿ ཡིག་དམར་སེར་ལས་རལ་གྲི་ཧྲཱིཿ ཡིག་དམར་སེར་གྱིས་མཚན་པ། དེ་ལས་འོད་འཕྲོས། དོན་གཉིས་བྱས། ཚུར་འདུས་ཡོངས་སུ་གྱུར་པ་ལས་ཁམས་གསུམ་ཆོས་ཀྱི་རྒྱལ་པོ་ཤར་ཙོང་ཁ་པ་ཆེན་པོ་སྐུ་མདོག་དཀར་གསལ་དགྱེས་པའི་འཛུམ་ཞལ་དང་ལྡན་པ། སྐུ་ལ་ཆོས་གོས་ངུར་སྨྲིག་གི་མདོག་ཅན་གསུམ་མཛེས་པར་གསོལ་ཞིང་། དབུ་ལ་པཎ་ཞྭ་གསེར་གྱི་མདོག་ཅན་སྣེ་རིང་གསོལ་བ། ཞལ་གྱི་དཀྱིལ་འཁོར་ཤིན་ཏུ་འཛུམ་ཞིང་སྤྱན་དཀྲུས་རིང་བ་ཟླ་བ་ཉ་ཡོངས་སུ་གང་བ་ལྟ་བུ། ཕྱག་གཉིས་ཆོས་འཁོར་གྱི་ཕྱག་རྒྱས་ཨུཏྤལའི་ཡུ་བ་ཐུགས་ཀར་བཟུང་བའི་འདབ་མ་སྙན་གྱི་ཐད་དུ་ཁ་ཕྱེ་བ་སྐུ་དབུང་གཡས་གཡོན་དུ་དགྱེས་པ། གཡས་ཀྱི་འདབ་མའི་སྟེང་དུ་སངས་རྒྱས་ཐམས་ཅད་ཀྱི་ཡེ་ཤེས་རལ་གྲིའི་རྣམ་པར་ཤར་བ། འོད་ཟེར་གྱིས་འགྲོ་བ་རྣམས་ཀྱི་མ་རིག་པའི་མུན་པ་སེལ་བར་མཛད་པ། གཡོན་གྱི་འདབ་མའི་སྟེང་དུ་སངས་རྒྱས་ཐམས་ཅད་ཀྱི་ཡུམ་ཤེས་རབ་ཀྱི་ཕ་རོལ་ཏུ་ཕྱིན་པའི་གླེགས་བམ་བཻཌཱུརྻའི་གླེགས་བུ་ལ་གསེར་གྱི་ཡི་གེ་བཀྲ་བ། ཡི་

གེ་རྣམས་ལས་འོད་ཟེར་འཕྲོས་པས་འགྲོ་བ་རྣམས་ཀྱི་མ་རིག་པའི་མུན་པ་སེལ་ཞིང་། ཡི་གེ་བྲིས་པའི་རྣམ་པ་ཙམ་མ་ཡིན་པར་མགོ་བཤེས་གཉེན་བསྟེན་ཚུལ་ནས་འཕྲིན་ལས་ཉེར་བདུན་གྱི་བར་ཟབ་རྒྱས་ཀྱི་ལམ་གྱི་ལུས་ཡོངས་སུ་རྫོགས་པར་སྟོན་པའི་ཐེག་ཆེན་གྱི་ཆོས་སྒྲ་སྒྲོགས་བཞིན་པ། སྐུའི་བ་སྤུ་རེ་རེ་ཡང་སངས་རྒྱས་ཀྱི་ཞིང་ཁམས་གྲངས་མེད་པ་བཞུགས་པ། སྐུ་ལས་འོད་ཟེར་འཕྲོས་པའི་སྣེ་ལ་སྤྲུལ་པའི་བཀོད་པ་བསམ་གྱིས་མི་ཁྱབ་པ་སྟོན་པ། འཇའ་ཚོན་སྣ་ལྔའི་དབུས་ན་ཞབས་རྡོ་རྗེའི་སྐྱིལ་ཀྲུང་གིས་བཞུགས་པའི་སྤྱི་བོར་ཨོཾ་དཀར་པོ། མགྲིན་པར་ཨཱཿ དམར་པོ། ཐུགས་ཀར་ཧཱུྃ་སྔོན་པོས་མཚན་པ། ཐུགས་ཀའི་ཧཱུྃ་ལས་འོད་ཟེར་འཕྲོས་པས་དགའ་ལྡན་སོགས་ཕྱོགས་བཅུའི་ཞིང་ཁམས་ཐམས་ཅད་ནས་རྗེ་བླ་མ་ཙོང་ཁ་པ་ཆེན་པོ་ལ་སངས་རྒྱས་དང་བྱང་ཆུབ་སེམས་དཔའི་ཚོགས་ཀྱིས་བསྐོར་བ་སྤྱན་དྲངས། དགའ་ལྡན་ལྷ་བརྒྱའི་མགོན་གྱི་ཐུགས་ཀ་ནས། །རབ་དཀར་ཞོ་གསར་སྤུངས་འདྲའི་ཆུ་འཛིན་རྩེར། །ཆོས་ཀྱི་རྒྱལ་པོ་ཀུན་མཁྱེན་བློ་བཟང་གྲགས། །སྲས་དང་བཅས་པ་གནས་འདིར་གཤེགས་སུ་གསོལ། མདུན་གྱི་ནམ་མཁར་སེང་ཁྲི་པད་ཟླའི་སྟེང་། །རྗེ་བཙུན་བླ་མ་དགྱེས་པའི་འཛུམ་དཀར་ཅན། །བདག་བློ་དད་པའི་བསོད་ནམས་ཞིང་མཆོག་ཏུ། །བསྟན་པ་རྒྱས་ཕྱིར་བསྐལ་བརྒྱར་བཞུགས་སུ་གསོལ། །ཛཿ ཧཱུྃ་བཾ་ཧོཿ དམ་ཚིག་པ་དང་གཉིས་སུ་མེད་པར་གྱུར། ཤེས་བྱའི་ཁྱོན་ཀུན་མཇལ་བའི་བློ་གྲོས་ཐུགས། སྐལ་བཟང་རྣ་བའི་རྒྱན་གྱུར་ལེགས་བཤད་གསུང་། །གྲགས་པའི་དཔལ་གྱིས་ལྷམ་མེར་མཛེས་པའི་སྐུ། །མཐོང་ཐོས་དྲན་པས་དོན་ལྡན་ལ་ཕྱག་འཚལ། །མཆོད་པ་རྣམས་ཨ་མྲྀ་ཏས་བསངས། སྭ་བྷཱ་ཤས་སྦྱངས། སྟོང་པའི་ངང་ལས་ཨོཾ་ལས་རིན་པོ་ཆེའི་སྣོད་ཡངས་ཤིང་རྒྱ་ཆེ་བའི་ནང་དུ་ཨོཾ་འོད་དུ་ཞུ་བ་ལས་བྱུང་བའི་མཆོད་རྫས་རྣམས་དྭངས་ཤིང་ཐོགས་པ་མེད་པ་ནམ་མཁའི་ཁམས་ཐམས་ཅད་ཡོངས་སུ་གང་བར་གྱུར། ཨོཾ་ཨཱཿ ཧཱུྃ། གསུམ་གྱིས་བྱིན་གྱིས་བརླབས། རྒྱལ་བ་རྒྱ་མཚོའི་སོགས་དང་། ཨེ་མ་མཆོད་པ་སོགས་ཚིགས་བཅད་ཕྱག་དང་བཅས་པའམ། བསྡུ་ན། ཨོཾ་ཨཱཿ གུ་རུ་བཛྲ་དྷྲ་ར་སུ་མ་ཏི་ཀཱིརྟི་ས་པ་རི་ཝཱ་ར་ཨརྒྷཾ་ནས། ཤབྡ་པྲ་ཏཱི་ཙྪ་ཧཱུྃ་སྭཱ་ཧཱ། ཞེས་པའི་བར་གྱིས་མཆོད། །རྒྱལ་བ་ཀུན་གྱིས་མཁྱེན་བརྩེ་མ་ལུས་པ། །གཅིག་ཏུ་བསྡུས་པ་རྗེ་བཙུན་འཇམ་པའི་དབྱངས། །ངར་སྒྲིག་གར་རོལ་བློ་བཟང་གྲགས་པའི་དཔལ། །གསོལ་བ་འདེབས་སོ་བྱིན་གྱིས་བརླབ་ཏུ་

གསོལ། །ཞེས་པས་བསྟོད་ནས། ཡིད་འོང་མཆོད་ཡོན་ཞེས་སོགས་ཡན་ལག་ལྷག་མ་རྣམས་ཀྱང་བྱས་ཏེ། མནྡ་རྒྱས་པ་ཕུལ། ས་གཞི་སྤོས་ཀྱིས་བྱུགས་ཤིང་མེ་ཏོག་བཀྲམ། །རི་རབ་གླིང་བཞི་ཉི་ཟླས་བརྒྱན་པ་འདི། །སངས་རྒྱས་ཞིང་དུ་དམིགས་ཏེ་ཕུལ་བ་ཡིས། །འགྲོ་ཀུན་རྣམ་དག་ཞིང་ལ་སྤྱོད་པར་ཤོག།གནས་འདིར་བཀྲ་ཤིས་བསླབ་གསུམ་རྒྱན་མཛེས་པའི། །མཁས་དང་གྲུབ་པའི་དགེ་འདུན་གྲངས་ཡས་ཚོགས། །རྒྱུན་མི་འཆད་དུ་འདུས་ཞིང་བསྟན་འཛིན་གྱི། །ཐུགས་བསྐྱེད་འཕྲིན་ལས་མཐའ་དག་ལྷུན་འགྲུབ་ཤོག །གནས་མཆོག་འདི་ན་དགེ་འདུན་ཐུགས་མཐུན་ཞིང་། །ཆོས་མཐུན་འབྱོར་པས་ནམ་ཡང་མི་ཕོངས་བར། །ལུང་རྟོགས་བསྟན་པ་ཡར་ངོའི་ཟླ་བ་ལྟར། །གོང་ནས་གོང་དུ་འཕེལ་བར་བྱིན་གྱིས་རློབས། །ཨི་དཾ་གུ་རུ་རཏྣ་མཎྜ་ལ་ཀཾ་ནིརྻ་ཏ་ཡ་མི། སླར་ཡང་གསོལ་བ་འདེབས་ཤིང་ཐུགས་རྗེ་བསྐུལ་ཕྱིར། དཔལ་ལྡན་ས་གསུམ་འགྲོ་བའི་མིག་གཅིག་པུ། །ཞེས་པ་ནས། མཆོག་གི་དངོས་གྲུབ་བརྩེས་ལ་གསོལ་བ་འདེབས། །ཞེས་པའི་དོན་དྲན་བཞིན་པའི་སྒོ་ནས་གསོལ་བ་ཕུར་ཚུགས་སུ་བཏབ། ཐུགས་ཀར་ཟླ་བའི་དཀྱིལ་འཁོར་གྱི་སྟེང་དུ་ཧྲཱིཿཡིག་གི་མཐར་དམིགས་བརྩེ་མས་བསྐོར་བ་ལས་འོད་ཟེར་འཕྲོས། ཕྱོགས་བཅུའི་རྒྱལ་བ་ཞི་ཁྲོ་ཐམས་ཅད་ལ་མཉེས་པའི་མཆོད་པ་ཕུལ། སྐུ་གསུང་ཐུགས་ཀྱི་བྱིན་རླབས་ཐམས་ཅད་བསྡུས་ནས་སྔགས་འཕྲེང་ལ་ཐིམ། དེ་ལས་བདུད་རྩིའི་རྒྱུན་བབས་པས་བདག་དང་འགྲོ་བ་རིགས་དྲུག་གི་ནད་གདོན་སྡིག་སྒྲིབ་བག་ཆགས་དང་བཅས་པ་སྦྱངས། གནས་སྐབས་དང་མཐར་ཐུག་གི་བདེ་ལེགས་ཕུན་སུམ་ཚོགས་པ་ལ་གནས་པར་གྱུར་པར་བསམ་ལ། དམིགས་བརྩེ་མ་ཅི་འགྲུབ་བཟླ། སླར་ཡང་མདུན་བསྐྱེད་ཀྱི་ཐུགས་ཀའི་ཧྲཱིཿཡིག་ལས་འོད་ཟེར་འཕྲོས་པས་འཁོར་ལོའི་ཧྲཱིཿཡིག་ལ་ཕོག དེ་ལས་འོད་ཟེར་ཕྱོགས་བཅུར་འཕྲོས་པས་ཧཱུྃ་རྣམས་ལ་ཕོག དེ་རྣམས་ཁྲོ་བོ་བཅུར་གྱུར། དེ་རྣམས་ལས་འོད་ཟེར་འཕྲོས་པ་དམིགས་བརྩེ་མའི་ཡིག་འབྲུ་རྣམས་ལ་ཕོག ཡིག་འབྲུ་རེ་རེ་ནས་འོད་ཟེར་དམར་པོ་བསམ་གྱི་མི་ཁྱབ་པར་འཕྲོས་པས་ཕྱོགས་བཅུ་དགེ་འདུན་ཐམས་ཅད་སེམས་རང་དབང་མེད་པར་དགོན་གནས་འདིར་དགའ་བ་དང་དད་ཅིང་མདུན་པར་བྱས་ཏེ། དེ་ཐམས་ཅད་ཀྱང་རྗེ་བླ་མའི་སྐུར་གྱུར། དེ་རྣམས་འོད་ཟེར་དམར་པོའི་རྣམ་པར་བྱས་ནས་མདུན་བསྐྱེད་ལ་ཐིམ་པར་གྱུར་པར་བསམ་ལ་བསྙེན་པ་བྱ་ཡི་གེ་བརྒྱ་པས་ལྷག་ཆད་བསྐང་། མཆོད་པ་སྔར་ལྟར་བྱིན་གྱིས

བསྣབས། གཏོར་མ་བསངས་སྦྱངས། སྟོང་པའི་ངང་ལས་བྷྲཱུཾ་ལས་རིན་པོ་ཆེའི་སྣོད་ཡངས་ཤིང་རྒྱ་ཆེ་བའི་ནང་དུ་གཏོར་མ་ཟག་པ་མེད་པའི་ཡེ་ཤེས་ཀྱི་བདུད་རྩིའི་རྒྱ་མཚོ་ཆེན་པོར་གྱུར། ཨོཾ་ཨཱཿ ཧཱུྃ། ལན་གསུམ་གྱིས་བྱིན་གྱིས་བརླབས། བླ་མ་ལྷའི་ཐུགས་རྡོ་རྗེའི་འོད་ཟེར་གྱི་སྦུ་གུས་གཏོར་མའི་བཅུད་ཐམས་ཅད་དྲངས་ཏེ་གསོལ་བར་བསམ་ལ། ཨོཾ་ཨཱཿ གུ་རུ་བཛྲ་ཧྲ་ར་སུ་མ་ཧི་ཀྲི་ཧི་ཨི་དམ་པ་ལིདྟ་ཁ་ཁ་ཁཱ་ཧི་ཁཱ་ཧི། ལན་གསུམ། མམ་བདུན་གྱིས་ཕུལ། ཨཀྵོ་སོགས་ཀྱིས་མཆོད། དཔལ་ལྡན་ས་གསུམ་འགྲོ་བའི་མིག་གཅིག་པུ། །ཐར་འདོད་ཡོངས་ཀྱི་བླ་ན་མེད་པའི་མགོན། །རྒྱལ་བ་ཀུན་ལས་ལྷག་པའི་ཐུགས་རྗེ་ཅན། །བླ་མེད་བླ་མ་མཆོག་ལ་ཕྱག་འཚལ་བསྟོད། །ཅེས་པས་བསྟོད། སྐྱབས་གནས་ཀུན་འདུས་ཆོས་ཀྱི་རྒྱལ་པོ་ཙོང་ཁ་པ་ཆེན་པོས་ཕྱོགས་བཅུའི་དགེ་འདུན་ཐམས་ཅད་ཆོས་གྲྭ་འདིར་རང་དབང་མེད་པར་འདུས་ཏེ་བཤད་སྒྲུབ་ཀྱི་བསྟན་པ་འཕེལ་ཞིང་སྲིད་ཞིའི་དཔལ་འབྱོར་ཕུན་སུམ་ཚོགས་པ་མཐའ་དག་འབད་མེད་ལྷུན་གྲུབ་ཏུ་འདུ་བར་མཛད་དུ་གསོལ། ཞེས་འདོད་དོན་ཞུ། རྗེ་བླ་མའི་ཐུགས་ཀའི་སྔགས་འཁོར་གདན་དང་བཅས་པ་འོད་དུ་ཞུ་ནས་བྲིས་པའི་འཁོར་ལོ་དང་ཡིག་འབྲུའི་རྣམ་པར་གྱུར། འདིར་ནི་གཟུགས་དང་ལྡན་ཅིག་ཏུ། །ཞེས་སོགས་དང་། སུ་པྲ་ཏིཥྛ་བརྗོད་ལ་རབ་གནས་བྱ།

གཉིས་པ་དངོས་གཞི་ལ་ཐོག་མ་འཛིན་པ་བྱེད་པ་དང་། འཁོར་ལོའི་བྱ་བ་དངོས་བཤད་པ་གཉིས་ལས། དང་པོ་ནི། རང་རྗེ་བླ་མར་གསལ་བའི་སྤྱི་བོར་སྣ་ཚོགས་པད་ཟླ་ཉི་མའི་དཀྱིལ་འཁོར་གྱི་གདན་ལ་ཧྲཱིཿ ཡིག་དམར་སེར་ལས་འོད་འཕྲོས། དོན་གཉིས་བྱས། ཚུར་འདུས། ཡོངས་སུ་གྱུར་པ་ལས་ཁམས་གསུམ་ཆོས་ཀྱི་རྒྱལ་པོ་ཤར་ཙོང་ཁ་པ་ཆེན་པོ་སྐུ་མདོག་དཀར་གསལ་དགྱེས་པའི་འཛུམ་ཞལ་དང་ལྡན་པ། སྐུ་ལ་ཆོས་གོས་ངུར་སྨྲིག་གི་མདོག་ཅན་གསུམ་མཛེས་པར་གསོལ་ཞིང་། དབུ་ལ་པཎ་ཞྭ་གསེར་གྱི་མདོག་ཅན་སྣེ་རིང་གསོལ་བ། ཞལ་གྱི་དཀྱིལ་འཁོར་ཤིན་ཏུ་འཛུམ་ཞིང་སྤྱན་དཀྱུས་རིང་བ་ཟླ་བ་ཉ་ཡོངས་སུ་གང་བ་ལྟ་བུ། ཕྱག་གཉིས་ཆོས་འཁོར་གྱི་ཕྱག་རྒྱས་ཨུཏྤ་ལའི་ཡུ་བ་ཐུགས་ཀར་བཟུང་བའི་འདབ་མ་སྙན་གྱི་ཐད་དུ་ཁ་བྱེ་བ། སྐུ་དཔུང་གཡས་གཡོན་དུ་གྱེས་པ། གཡས་ཀྱི་འདབ་མའི་སྟེང་དུ་སངས་རྒྱས་ཐམས་ཅད་ཀྱི་ཡེ་ཤེས་རལ་གྲིའི་རྣམ་པར་ཤར་བ། འོད་ཟེར་གྱིས་འགྲོ་བ་རྣམས་ཀྱི་མ་རིག་པའི་མུན་པ་སེལ་བར་མཛད་པ། གཡོན་གྱི་འདབ་མའི་སྟེང་དུ་སངས་རྒྱས་ཐམས་ཅད་ཀྱི་ཡུམ་ཤེས་རབ་ཀྱི་ཕ་རོལ་ཏུ་ཕྱིན་

པའི་སློགས་བམ་པཻཏྲའི་སློགས་བུ་ལ་གསེར་གྱི་ཡི་གེ་བཀྲ་བ། ཡི་གེ་རྣམས་ལས་འོད་ཟེར་འཕྲོས་པས་འགྲོ་བ་རྣམས་ཀྱི་མ་རིག་པའི་མུན་པ་སེལ་ཞིང་། ཡི་གེ་བྲིས་པའི་རྣམ་པ་ཙམ་མ་ཡིན་པར་མགོ་བཤེས་གཉེན་བསྙེན་ཚུལ་ནས་འཕྲིན་ལས་ཉེར་བདུན་གྱི་བར་གྱི་ཟབ་རྒྱས་ཀྱི་ལམ་གྱི་ལུས་ཡོངས་སུ་རྫོགས་པར་སྟོན་པའི་ཐེག་ཆེན་གྱི་ཆོས་སྒྲ་སྒྲོགས་བཞིན་པ། སྐུའི་བ་སྤུ་རེ་རེར་ཡང་སངས་རྒྱས་ཀྱི་ཞིང་ཁམས་གྲངས་མེད་པ་བཞུགས་པ། སྐུ་ལས་འོད་ཟེར་འཕྲོས་པའི་སྣེ་ལ་སྤྲུལ་པའི་བཀོད་པ་བསམ་གྱིས་མི་ཁྱབ་པ་སྟོན་པ། འཇའ་ཚོན་སྣ་ལྔའི་དབུས་ན་ཞབས་རྡོ་རྗེའི་སྐྱིལ་ཀྲུང་གིས་བཞུགས་པའི་སྤྱི་བོར་ཨོཾ་དཀར་པོ། མགྲིན་པར་ཨཱཿ དམར་པོ། ཐུགས་ཀར་ཧཱུྃ་སྔོན་པོས་མཚན་པ། ཐུགས་ཀའི་ཧཱུྃ་ལས་འོད་ཟེར་འཕྲོས་པས་དགའ་ལྡན་སོགས་ཕྱོགས་བཅུའི་ཞིང་ཁམས་ཐམས་ཅད་ནས་རྗེ་བླ་མ་ཙོང་ཁ་པ་ཆེན་པོ་ལ་སངས་རྒྱས་དང་བྱང་ཆུབ་སེམས་དཔའི་ཚོགས་ཀྱིས་བསྐོར་བ་སྤྱན་དྲངས། དགའ་ལྡན་ལྷ་བརྒྱའི་མགོན་གྱི་ཐུགས་ཀ་ནས། །རབ་དཀར་ཞོ་གསར་སྤུངས་འདྲའི་ཆུ་འཛིན་རྩེར། །ཆོས་ཀྱི་རྒྱལ་པོ་ཀུན་མཁྱེན་བློ་བཟང་གྲགས། །སྲས་དང་བཅས་པ་གནས་འདིར་གཤེགས་སུ་གསོལ། །མདུན་གྱི་ནམ་མཁར་སེང་ཁྲི་པད་ཟླའི་སྟེང་། །རྗེ་བཙུན་བླ་མ་དགྱེས་པའི་འཛུམ་དཀར་ཅན། །བདག་བློ་དད་པའི་བསོད་ནམས་ཞིང་མཆོག་ཏུ། །བསྟན་པ་རྒྱས་ཕྱིར་བསྐལ་བརྒྱར་བཞུགས་སུ་གསོལ། །ཛཿ ཧཱུྃ་བཾ་ཧོཿ དམ་ཚིག་པ་དང་གཉིས་སུ་མེད་པར་གྱུར། མཆོད་བསྟོད་བྱས་ལ། ཤེས་བྱའི་ཁྱོན་ཀུན་མཇལ་བའི་བློ་གྲོས་ཐུགས། །ཞེས་སོགས་ཀྱིས་ཡན་ལག་བདུན་པ་དང་མཎྜལ་ཕུལ། གཉིས་པ་འཁོར་ལོའི་བྱ་བ་དངོས་ནི། འཁོར་ལོ་ལག་པས་བསྐོར་བའམ། ཡང་ན་རླུང་དང་ཆུ་སོགས་གང་གིས་བསྐོར་ཡང་ཁྱད་མེད་ཅིང་། འཁོར་ལོ་ལེགས་པར་བསྐོར་ཏེ་གོང་བཞིན་འཁོར་ལོ་བསྐྱེད་ཚོག་མཆོད་བསྟོད་འོད་དུ་ཞུ་བ་སོགས་བྱས་རྗེས་འཁོར་ལོ་བསྐོར་བཞིན་དུ་སྤྱི་བོའི་ཚོགས་ཞིང་ལ་གསོལ་བ་འདེབས་ཤིང་དམིགས་བརྩེ་མ་འདྲེན། འདོད་དོན་ལྟར་གྱི་གསོལ་བ་ལེགས་པར་བཏབ་པས། སྤྱི་བོའི་རྗེ་བླ་མའི་ཐུགས་ཀའི་ཧྲཱིཿ ལས་འོད་ཟེར་འཕྲོས་པས་འཁོར་ལོའི་ཧྲཱིཿ ལ་ཕོག། དེ་ལས་འོད་ཟེར་དམར་པོ་ལྕགས་ཀྱུ་ལྟ་བུ་འཕྲོས་པས་ཕྱོགས་བཅུའི་དགེ་འདུན་ཐམས་ཅད་རང་དབང་མེད་པར་དགོན་གནས་འདིར་དགའ་བ་དང་དད་ཅིང་འདུན་པར་བྱས་ཏེ་རྗེ་བླ་མའི་སྐུར་གྱུར། དེ་རྣམས་འོད་ཟེར་དམར་པོའི་རྣམ་པར་བྱས་ནས་མདུན་བསྐྱེད་ལ་ཐིམ་པར་གྱུར་པར་བསམ།

དམིགས་བརྩེ་མ་ཅི་འགྲུབ་བཟླ། དེ་ལྟར་ཞག་ཅི་ཙམ་སྒྲུབས་ཀྱི་བར་ཉིན་རེ་བཞིན་བསྐྱེད་ཚིག་སོགས་གོང་ལྟར་བྱས་ཏེ། འཁོར་ལོ་བསྐོར་ན་འདོད་དོན་ཐམས་ཅད་འགྲུབ་པར་གདོན་མི་ཟའོ། །གསུམ་པ་མཇུག་ཏུ། ཁྲི་ཐོ་བཅུ་འོད་དུ་ཞུ་ནས་དབུས་ཀྱི་ཧྲཱིཿལ་ཐིམ། དེ་ཡང་ཚོགས་ཞིང་གི་ཐུགས་ཀའི་ཧྲཱིཿལ་ཐིམ། ཧྲཱིཿཚོགས་ཞིང་དང་དབྱེར་མེད་དུ་གྱུར་པར་བསམ་ལ། སླར་ཡང་ཚོགས་ཞིང་གི་རྗེ་བླ་མར་མཆོད་བསྟོད་བྱ་བ་ནི། མཆོད་པ་ཨ་ཐྲི་ཏ་སཱ་བསངས། སྭ་བྷཱ་ཝ་ས་སྦྱངས། སྟོང་པའི་ངང་ལས་ཨོཾ་ལས་རིན་པོ་ཆེའི་སྣོད་ཡངས་ཤིང་རྒྱ་ཆེ་བའི་ནང་དུ་ཨོཾ་འོད་དུ་ཞུ་བ་ལས་བྱུང་བའི་མཆོད་རྫས་རྣམས་དྭངས་ཤིང་ཐོགས་པ་མེད་པ་ནམ་མཁའི་ཁམས་ཐམས་ཅད་ཡོངས་སུ་གང་བར་གྱུར། ཨོཾ་ཨཱཿཧཱུྃ་གསུམ་གྱིས་བྱིན་གྱིས་བརླབས། ཨོཾ་ཨཱཿགུ་རུ་བཛྲ་ཧྲ་ར་སུ་མ་ཏི་ཀཱིརྟི་ས་པ་རི་ཝཱ་ར་ཨརྒྷཾ་ནས་ཤཔྡ་པྲ་ཏི་ཙྪ་ཧཱུྃ་སྭཱ་ཧཱ། ཞེས་པའི་བར་གྱིས་མཆོད། རྒྱལ་བ་ཀུན་གྱི་མཁྱེན་བརྩེ་མ་ལུས་པ། །གཅིག་ཏུ་བསྡུས་པ་རྗེ་བཙུན་འཇམ་པའི་དབྱངས། །ངུར་སྨིག་གར་རོལ་བློ་བཟང་གྲགས་པའི་དཔལ། །གསོལ་བ་འདེབས་སོ་བྱིན་གྱིས་བརླབ་ཏུ་གསོལ། །ཞེས་བསྟོད། སྨོན་ལམ་ནི། དགེ་བ་འདི་ཡིས་མྱུར་དུ་བདག །བློ་བཟང་གྲགས་པ་འགྲུབ་གྱུར་ནས། །འགྲོ་བ་གཅིག་ཀྱང་མ་ལུས་པ། །དེ་ཡི་ས་ལ་འགོད་པར་ཤོག །དེ་ལྟར་ཀུན་མཁྱེན་མཉམ་མེད་ཚོང་ཁ་པའི། །གོ་འཕང་མཆོག་དེ་མངོན་དུ་བྱ་བའི་ཕྱིར། །བླ་མའི་རྣལ་འབྱོར་བསྐྱེད་པའི་རིམ་པར་བཅས། །བསྒོམས་པས་དེ་དོན་མངོན་དུ་འགྱུར་བར་ཤོག །ཁྱད་པར་ཁྱེད་ཀྱི་ཆོས་སྐུ་དང་མཚུངས་པའི། །སྟོང་ཉིད་དང་ལས་རབ་མཛེས་མཚན་དཔེའི་སྐུ། །དཀར་གསལ་ཆོས་འཆད་རལ་གྲི་གླེགས་བམ་ཅན། །བསྒོམས་པས་ཁྱོད་སྐུ་མངོན་དུ་འགྱུར་བར་ཤོག །སྐུ་གསུང་ཐུགས་ཀྱི་ཊཱི་ཧཱུྃ་ཡི་གེར་བཅས། །གནས་གསུམ་དག་ཏུ་བཀོད་པར་བརླབས་པ་ལས། །འབད་རྩོལ་མེད་པར་ལྷུང་སེམས་མ་ལུས་པ། །རྒྱ་ཧཱུྃ་འི་ནང་དུ་བསྡུས་པའི་དཔལ་ཐོབ་ཤོག །གསོལ་འདེབས་རྒྱལ་པོའི་ཚིགས་སུ་བཅད་པ་ཡི། །བསྙེན་སྒྲུབ་ཕ་མཐར་ཕྱིན་པ་ལེགས་བསྐྱངས་ནས། །ལས་ཚོགས་བཅུ་གཅིག་ལ་སོགས་ལས་རབ་འབྱམས། །མ་ལུས་བསྒྲུབ་ལ་ཐོགས་པ་མེད་པར་ཤོག །ཁྱད་པར་ཐུབ་དབང་རྡོ་རྗེ་འཆང་དབང་ནས། །རྩ་བའི་བླ་མའི་བར་གྱི་ངོ་བོ་ཉིད། །བློ་བཟང་གྲགས་པའི་དཔལ་མཆོག་ཁྱོད་ཀྱིས་ནི། །ཚེ་རབས་ཀུན་ཏུ་འབྲལ་མེད་རྗེས་འཛིན་ཤོག །ཚེ་ཡི་མཐར་ཡང་བློ་བཟང་གྲགས་པའི་

དཔལ། །ཡིད་འོང་མཆོད་སྤྲིན་སྙན་པའི་རོལ་མོར་བཅས། །བུ་བུ་ཚུར་ཤོག་དགའ་ལྡན་གནས་འགྲོ་ཞེས། །གསུང་གི་དབྱུགས་དབྱུང་དངོས་སུ་ཐོབ་པར་ཤོག །རྣམ་དག་བསམ་པས་ཚུལ་འདིར་འབད་པ་ལས། །བྱུང་བའི་དགེ་བས་མཐའ་ཡས་འགྲོ་བ་རྣམས། །སྐྱེ་ཞིང་སྐྱེ་བར་བློ་བཟང་ཞི་ཁྲོ་ཡིས། །འབྲལ་བ་མེད་པར་རྗེས་སུ་འཛིན་གྱུར་ཅིག །ཅེས་བརྗོད། ཡིག་བརྒྱུས་ལྷག་ཆད་བསྐང་། མ་རྙེད་ཡོངས་སུ་མ་ཤེས་དང་། །གང་ཡང་ནུས་པ་མ་མཆིས་པས། །འདིར་བྱ་བ་གང་བགྱིས་པ། །དེ་ཀུན་ཁྱེད་ཀྱིས་བཟོད་མཛད་རིགས། །ལྷག་པ་དང་ནི་ཆད་པ་དང་། །ཆོ་གའི་ཡན་ལག་ཉམས་པ་དང་། །བདག་གི་བརྗེད་ངེས་ཅི་མཆིས་པ། །དེ་ཡང་བཟོད་པར་མཛད་དུ་གསོལ། །བདག་ལ་དངོས་གྲུབ་མཆོག་སྩོལ་པས། །ཏིང་འཛིན་ཀུན་གྱི་འབྲས་བུ་སྩོལ། །སེམས་ཅན་ཀུན་ལ་ཅི་འདོད་པའི། །དངོས་གྲུབ་བླ་ན་མེད་པ་སྩོལ། །སླར་ཡང་གདུང་ཤུགས་དྲག་པོས། སྐྱབས་གནས་ཀུན་འདུས་ཆོས་ཀྱི་རྒྱལ་པོ་ཙོང་ཁ་པ་ཆེན་པོས་ཕྱོགས་བཅུའི་དགེ་འདུན་ཐམས་ཅད་ཆོས་གྲྭ་འདིར་འདུས་ཤིང་སྲིད་ཞིའི་དཔལ་འབྱོར་ཕུན་སུམ་ཚོགས་པ་མཐའ་དག་འབད་མེད་ལྷུན་གྲུབ་ཏུ་འདུ་བར་མཛད་དུ་གསོལ། །ཞེས་གསོལ་བ་བཏབ་པས་འོད་དམར་པོའི་རྣམ་པར་སྟེམ་གྱིས་ཞུ་ནས་བྲིས་པའི་འཁོར་ལོའི་རང་བཞིན་དུ་གྱུར་པར་བསམ་ལ། དམིགས་བརྩེ་མ་སྤྲེལ་ཚིག་ཅན་ཡེ་ཧྲར་འདོན་ཞིང་མེ་ཏོག་འཐོར། བདག་ཉིད་ཀྱི་ཐུགས་ཀ་ནས་འོད་ཟེར་འཕྲོས། སྣོད་བཅུད་ཐམས་ཅད་འོད་དུ་ཞུ་ནས་ཐུགས་ཀའི་ས་བོན་ལ་ཐིམ། དེ་ཡང་མི་དམིགས་སྟོང་པ་ཉིད་དུ་གྱུར། སྟོང་པའི་ངང་ལས་སླར་ཡང་བླ་མ་ཆོས་ཀྱི་རྒྱལ་པོ་ཙོང་ཁ་པ་ཆེན་པོའི་སྐུར་བཞེངས་པར་གྱུར། ཞེས་བདག་བསྐྱེད་ཀྱི་ཉེར་བསྡུ་བྱས་ལ། ཤིས་བརྗོད་ནི། རབ་ཡངས་ནམ་མཁའ་ཏིལ་གྱི་གང་བུ་བཞིན། །ཡོངས་སུ་གང་བའི་བློ་བཟང་གྲགས་པའི་དཔལ། །ཁ་ཅིག་མེ་ཏོག་སྣ་ཚོགས་ཆར་འབེབས་ཤིང་། །ལ་ལ་བཀྲ་ཤིས་གདངས་སྙན་སླུ་རུ་ལེན། །གཞན་དག་བགེགས་དཔུང་འཇོམས་པའི་འཕྲིན་ལས་ཀྱིས། །ཁྱོད་ལ་རྟག་ཏུ་དཔལ་གནས་བརྗོད་པ་འདི། །ཤེས་པར་གྱིས་ལ་ཡིད་བདེ་བསྐྱེད་ཅིག་དང་། །ཤིས་བརྗོད་འཕྲེང་བ་བདག་གིས་བསྒྲགས་པར་བྱ། །རྨད་བྱུང་མཚན་དཔེའི་དཔལ་འབར་ལོངས་སྤྱོད་རྫོགས། །ཁ་སྦྱོར་བདེ་སྟོང་རོ་ལ་རྟག་རོལ་ཅིང་། །དམིགས་མེད་ཐུགས་རྗེས་ཞི་བའི་མཐའ་སྤངས་པ། །བློ་བཟང་ཡན་ལག་བདུན་

ལྡན་ལ་ཕྱག་འཚལ། །གསང་བ་ཀུན་གྱི་བདག་པོ་དགེ་ལེགས་དཔལ། །ཆོས་ཀྱི་རྒྱ་མཚན་ཆོས་ཀྱི་རྡོ་རྗེ་དང་། །བློ་བཟང་དོན་གྲུབ་ཆོས་ཀྱི་རྒྱལ་མཚན་སོགས། །རྩ་བ་བརྒྱུད་པའི་བླ་མ་མཆོག་རྣམས་ལ། །དགེ་མཚན་ཇི་སྙེད་མཆིས་པའི་བཀྲ་ཤིས་དེས། །ཁྱེད་རྣམས་ཇི་བཞིན་ལམ་མཆོག་འདི་ཉིད་ལས། །བློ་བཟང་རྡོ་རྗེ་འཆང་དབང་མྱུར་ཐོབ་ནས། །འགྲོ་ཀུན་ཚུལ་དེར་འགོད་པའི་བཀྲ་ཤིས་ཤོག །ཆོས་ཀྱི་ཕུང་པོ་བརྒྱད་ཁྲི་བཞི་སྟོང་གི །སྙིང་པོ་གཅིག་ཏུ་བསྡུས་པའི་བསྟོད་པའི་རྒྱལ། །གང་གི་ཉམས་ལེན་རིམ་པ་ཐམས་ཅད་ཀྱིས། །བཀྲ་ཤིས་དགེ་མཚན་རྒྱ་མཚོས་ཁྱབ་གྱུར་ཅིག །ཚུལ་དེར་སྤྱོད་པའི་འཕགས་པའི་གང་ཟག་དང་། །ལམ་ལ་ཞུགས་པའི་སོ་སོ་སྐྱེ་བོ་ཡི། །དགེ་འདུན་དཀོན་མཆོག་ཇི་སྙེད་མཆིས་པ་ཡིས། །བཀྲ་ཤིས་བྱེ་བ་ཆར་དུ་ཕབ་ཏུ་གསོལ། །ནམ་མཁའི་ཁྱོན་ལྟར་ཡངས་པའི་ཕོ་བྲང་མཆོག །ཉི་ཟླའི་འོད་དང་མཉམ་པའི་འོད་འཕྲོ་ཞིང་། །གྲངས་མེད་རིན་ཆེན་རྒྱན་གྱིས་མཛེས་པ་ལ། དགེ་མཚན་ཇི་སྙེད་མཆིས་པའི་བཀྲ་ཤིས་དེས། །ཁྱེད་ཅག་གང་དང་གང་དུ་གནས་པ་དེར། །མི་ཤིས་མཚན་མ་གང་ཡང་མི་འབྱུང་ཞིང་། །ཞིང་གི་འབྱོར་པ་ཕུལ་དུ་ཕྱིན་པ་ཡི། བདེ་ལེགས་རྒྱུན་མི་འཆད་པའི་བཀྲ་ཤིས་ཤོག །ཅེས་བརྗོད། ཡང་འཁོར་ལོའི་སྒྲུབ་པ་ཙམ་བྱ་དུས་འཁོར་ལོའི་བྱ་བ་དངོས་རྣམས་བཞག་ནས་གཞན་སྔར་བཞིན་བྱ་དགོས་གསུངས་པ་ལྟར་ལེགས་པར་སྒྲུབ་ནས་འཁོར་ལོ་དེ་ཉིད་ལྟེ་བ་མ་ཆགས་པར་བྱས་ལ། ཐོག་མར་གཡས་ནས་ནང་དུ་ལྟེ་བ་དེ་ནས་གཡོན་ནས་ལྟེབ་འོག་ནས་ཡར་སྟེང་ནས་མར་ལྟེབ་པའི་དར་ལྟེབ་བྱ་བའམ། ཡང་ན་ཐོག་མར་གཡས་ནས་ནང་དུ་དབུས་ཀྱི་བར་དེ་ནས་ཕྱིར་ལྟེབ་དེ་ནས་གཡོན་ནས་ནང་དུ་དབུས་ཀྱི་བར་དང་དེ་ནས་ཕྱིར་ལྟེ་བ་དེ་བཞིན་དུ་འོག་དང་སྟེང་ནས་ཀྱང་གོང་བཞིན་ལྟེ་བ་རྫེས། ཡང་གཡས་ནས་དང་གཡོན་ནས་འོག་ནས་དང་སྟེང་ནས་སྔར་བཞིན་ལྟེབ་བ་སོགས་གྲངས་ཇི་ཙམ་ལྟེ་བ་དགོས་པའི་རྒྱ་མཚོ་ཟླབས་ལྟེ་བ་བགྱིས་ཏེ། ཧོང་སྐུད་བསྒྲིམ་པ་མདོག་དམར་པོས་ལུ་གུ་རྒྱུད་དུ་རྒྱ་གྲམ་དུ་དགྲིས། དར་དམར་གྱིས་གཏུམ་ལ་མེ་ཏོག་གཏོར་ཏེ་རབ་གནས་ལེགས་པར་སྒྲུབ་ནས་འཁོར་ལོ་མཆོད་གྲལ་ལམ་སྐུ་བརྙན་མཆོད་རྟེན་ནམ་གཞི་ར་ལ་སོགས་པར་སྲི་ཞུ་དང་བཅས་བཞུགས་སུ་གསོལ་ན་བཤད་སྒྲུབ་ཚུལ་བཞིན་འཛིན་པའི་དགེ་འདུན་གྲངས་མེད་པ་འདུས་ནས་བསྟན་པ་དང་འགྲོ་བའི་དོན་བཟང་པོ་རྒྱུན་མི་འཆད་པའི་དགོས་པ་རླབས་པོ་ཆེ་འགྲུབ་པར་འགྱུར་རོ་གསུངས་པ་ལྟར་བྱས་ལ། དགེ་ལྡན་བསྟན་པ་རྒྱས་པའི་སྨོན་ལམ་དྲང་སྲོང་བདེན་ཚིག་སོགས་བཟོ་སྨོན་ལེགས་པར་བྱའོ། །རྒྱལ་ཀུན་མཁྱེན་རབ་གཅིག་བསྡུས་འཇམ་པའི་དབྱངས། །ཕྱི་ནང་ཤིན་རྗེ་མཐར་

བྱེད་འཇིགས་མཛད་ལྷ། །ངུར་སྨྲིག་གར་རོལ་ཀུན་མཁྱེན་ཙོང་ཁ་པའི། །སྨྲུབ་འཕྲིན་གསོལ་འདེབས་ཡིད་བཞིན་དབང་རྒྱལ་ལས། །དགེ་འདུན་དབང་དུ་འདུ་འཁོར་ཚོག་བསྒྲིགས་འདི། །བཀོད་པའི་དགེ་བས་ཕྱོགས་བཅུའི་དགོན་གནས་སྡེར། །མཁས་དང་གྲུབ་པའི་དགེ་འདུན་བགྲང་ཡས་པ། །རྒྱུན་མི་འཆད་དུ་འདུ་ཞིང་བསྟན་འཛིན་གྱི། །ཐུགས་བསྐྱེད་འཕྲིན་ལས་མཐའ་དག་ལྷུན་གྲུབ་ཤོག །ཅེས་ཆོས་ཀྱི་རྒྱལ་པོ་ཀུན་མཁྱེན་ཙོང་ཁ་པ་ཆེན་པོའི་གསོལ་འདེབས་ཡིད་བཞིན་དབང་གི་རྒྱལ་པོ་ལས་དགེ་འདུན་འདུ་བའི་འཁོར་ལོ་སྒྲུབ་ཚུལ་ཞུ་སེར་བསྟན་པའི་སྤྲོག་ཤིང་ཞེས་པ་འདི་ནི། ཕྲ་སྡེ་ནོ་ཁྲུག་སྤྲུལ་རིན་པོ་ཆེས་རྗེ་སྐུ་མཐོང་བ་དོན་ལྡན་གཙོས་སྟོང་སྐུ་འབུལ་འབྱོར་གསུངས་འབུལ་ཉེར་མཁོའི་ཕྱིར་དུ་དམ་པ་གོང་མའི་ཕྱག་བཞེས་ལྟར་ཐོ་ཙམ་བཀྱིས་པ། སླར་སྤྲུལ་སྐུ་བསྟན་པའི་རྒྱལ་མཚན་ནས་འདི་ལྟ་བུ་ཞིག་དགོས་ཞེས་གསུང་གི་བསྐུལ་བ་ལ་བརྟེན་བཤད་སྒྲུབ་ཚུལ་བཞིན་དུ་འཛིན་པའི་དགེ་འདུན་གྲངས་མེད་འདུས་ནས་ཞུ་སེར་བསྟན་པ་དྲི་མ་མེད་པ་འདི་ར་ཡང་ཡང་འཕེལ་བའི་རྟེན་འབྲེལ་དུ་བྲིས།། །།

ཡང་དབང་འཁོར་ཙམ་ལ། ལས་ཚོགས་མུ་ཏིག་ཕྲེང་བ་ལས། དབང་གི་ལས་ལ་གསུམ་ཀ་དམར་པོ་ཞེས་སོགས་གསུངས་པའི་དབང་སྡུད་ཀྱི་འཁོར་ལོ་འདྲི་ཚུལ་སོགས་ཕལ་ཆེར་སྔར་ལྟར་ལ། ཁྱད་པར་ནི་ལྟེ་བའི་སྙིལ་ཚིག་བདག་གི་དབང་དུ་ཁམས་གསུམ་གྱི་འགྲོ་བ་ཟས་ནོར་ལོངས་སྤྱོད་ལེགས་ཚོགས་ཐམས་ཅད་འདུ་བར་མཛད་དུ་གསོལ། །ཞེས་པ་དང་། དམིགས་གསལ། དགའ་ལྡན་ཕོ་བྲང་པའི་བླ་དཔོན་གྱི་དབང་དུ་ཁམས་གསུམ་གྱི་ལྷ་འདྲེ་མི་གསུམ་ཟས་ནོར་ལོངས་སྤྱོད་མངའ་ཐང་ལེགས་ཚོགས་ཐམས་ཅད་འདུ་བར་མཛོད་ཅིག །ཅེས་པ་ལྟ་བུ་གང་མོས་བྲི། བསྙེན་པའི་སྐབས་ཀྱི། སླར་ཡང་མདུན་བསྐྱེད་ཀྱི་ཐུགས་ཀའི་ཧྲཱིཿཡིག་ལས་འོད་ཟེར་འཕྲོས་པས་འཁོར་ལོའི་ཧྲཱིཿཡིག་ལ་ཐིམ། །དེ་ལས་འོད་ཟེར་ཕྱོགས་བཅུར་འཕྲོས་པས་ཧཱུྃ་རྣམས་ལ་ཐིམ། །དེ་རྣམས་ཁྲོ་བོ་བཅུར་གྱུར། དེ་རྣམས་ལས་འོད་ཟེར་འཕྲོས་པ་དམིགས་བརྩེ་མའི་ཡིག་འབྲུ་རྣམས་ལ་ཐིམ། །ཡིག་འབྲུ་རེ་རེ་ནས་འོད་ཟེར་དམར་པོ་ལྕགས་ཀྱུ་ལྟ་བུ་བསམ་གྱིས་མི་ཁྱབ་པར་འཕྲོས་པས་ཁམས་གསུམ་གྱི་འགྲོ་བ་ཟས་ནོར་ལོངས་སྤྱོད་མངའ་ཐང་ལེགས་ཚོགས་ཐམས་ཅད་ནོར་བུ་དང་བུམ་པ་བཟང་པོ་དང་དཔག་བསམ་གྱི་ཤིང་བཀྲ་ཤིས་རྫས་བརྒྱད་རིན་ཆེན་སྣ་བདུན་བདུད་རྩིས་བཀང་བའི་བུམ་པ་ཐོད་པའི་རྣམ་པར་བཀུག་ནས་མདུན་བསྐྱེད་ལ་ཐིམ་པར་གྱུར། ཅེས་པའམ། སླར་ཡང་མདུན་བསྐྱེད་ཀྱི་ནས་

ཡིག་འབྲུ་རེ་རེ་ནས་འོད་ཟེར་དམར་པོ་འཕྲོ་བ་ལས་ལྷ་མོ་དམར་མོ་ཕྱག་རྒྱ་དང་ཞགས་པ་ཐོགས་པ་སྤྲོས་པས་དབང་དུ་བྱ་རྒྱུའི་མགྲིན་པ་ནས་ཞགས་པས་བཅིངས། ཕོའི་སྙིང་ག་དང་མོའི་སྐྱེ་གནས་ནས་ཕྱག་རྒྱུས་བཟུང་སྟེ་རང་དང་སྦྱིན་བདག་གི་ཁང་པའི་དྲུང་དུ་དྲན་པ་ཉམས་ཤིང་འཁྱིལ་ཏེ་དབང་དུ་འདུས་པར་བསམ་མོ། འདོད་དོན་ཞུ་བ་ནི། སྐྱབས་གནས་ཀུན་འདུས་ཆོས་ཀྱི་རྒྱལ་པོ་ཙོང་ཁ་པ་ཆེན་པོས། ཁམས་གསུམ་གྱི་ལྷ་འདྲེ་མི་གསུམ་རང་དབང་མེད་པར་བསྡུས་ཏེ་བཤད་སྒྲུབ་ཀྱི་བསྟན་པ་འཕེལ་ཞིང་སྲིད་ཞིའི་དཔལ་འབྱོར་ཕུན་སུམ་ཚོགས་པ་མཐའ་དག་འབད་མེད་ལྷུན་གྲུབ་ཏུ་འདུ་བར་མཛད་དུ་གསོལ། །

༄༅། །དགའ་ལྡན་ལྷ་བརྒྱ་མའི་རྣལ་འབྱོར་གྱི་སྒོ་ནས་མདོ་སྔགས་ཀྱི་ལམ་ལ་བག་ཆགས་འཇོག་ཚུལ་དགོས་གྲུབ་ཀུན་འབྱུང་བཞུགས་སོ།

༄༅། །དུས་གསུམ་སངས་རྒྱས་ཐམས་ཅད་ཀྱི་མཁྱེན་བརྩེ་ནུས་གསུམ་གཅིག་ཏུ་བསྡུས་པའི་ངོ་བོ་འཇམ་མགོན་བླ་མ་བློ་བཟང་གྲགས་པའི་དཔལ་ལ་སྒོ་གསུམ་གུས་པ་ཆེན་པོས་ཕྱག་འཚལ་ལོ། །བརྩེ་བ་ཆེན་པོས་དུས་ཐམས་ཅད་དུ་རྗེས་སུ་བཟུང་དུ་གསོལ། །འདིར་ཟབ་ལམ་བླ་མ་ལྷའི་རྣལ་འབྱོར་དགའ་ལྡན་ལྷ་བརྒྱ་མར་གྲགས་པའི་བྱིན་རླབས་ཀྱི་གཏེར་ཆེན་པོ་འདི་ཉམས་སུ་ལེན་པའི་ཚུལ་ནི། གཙང་ཞིང་ཡིད་དུ་འོང་བའི་གནས་སུ་ཆག་ཆག་དང་ཕྱག་བདར་ལེགས་པར་བྱས་ལ་རྗེ་བླ་མའི་བྲིས་འབུར་གྱི་སྐུ་གང་རིགས་ཀྱི་གཙོས་སྐུ་གསུང་ཐུགས་རྟེན་ལེགས་པར་བཀྲམ། མཆོད་པ་གཡོ་མེད་པར་བཙལ་ལ་བཀོད་པ་མཛེས་པར་བཤམ། སྟན་བདེ་བ་ལ་ལུས་གནད་དང་ལྡན་པར་འཁོད་དེ། སེམས་ཚེ་འདིའི་སྣང་ཞེན་སོགས་ཉོན་མོངས་དང་རྣམ་གཡེངས་ཀྱི་དབང་དུ་མ་སོང་བར་བློ་སྣ་ནང་དུ་བཀུག རིག་པ་དྭངས་སྙིགས་ཕྱེ་ནས་དལ་འབྱོར་རྙེད་དཀའ། ནམ་འཆི་ཆ་མེད། ལས་འབྲས་བསླུ་མེད། འཁོར་བའི་སྡུག་བསྔལ་རྣམས་བསམས་ལ། ངེས་འབྱུང་སྐྱོ་ཤེས་ཤུགས་དྲག་ཏུ་བསྐྱེད། སེམས་ཅན་སུ་ལའང་ཉེ་རིང་མེད་པ། སེམས་སྐྱོམས་པའི་སྒོ་ནས་མར་ཤེས། དྲིན་དྲན། དྲིན་གཟོ། བྱམས་སྙིང་རྗེ་བྱང་ཆུབ་ཀྱི་སེམས་རྣམས་ཅི་ནུས་སུ་བསྒོམ། བྱང་ཆུབ་ཀྱི་སེམས་རིན་པོ་ཆེ་དེའི་ངང་ནས་ཟབ་ལམ་བླ་མ་ལྷའི་རྣལ་འབྱོར་བསྒོམ་པར་བྱ། འདིའི་རྟོགས་པ་སྐྱེ་བར་བྱིན་གྱིས་བརླབ་ཏུ་གསོལ་སྙམ་དུ་མོས་གུས་ཆེན་པོས་རྩ་བརྒྱུད་ཀྱི་བླ་མ་རྣམས་ལ་གསོལ་བ་གདབ་པ་ནི། རྗེ་བཙུན་འཇམ་དབྱངས་རྒྱལ་བ་ཙོང་ཁ་པ། །ཤེས་རབ་སེང་གེ་འདུལ་འཛིན་དཔལ་ལྡན་བཟང་། །འཇམ་དབྱངས་དགེ་འདུན་འཕེལ་དང་བཀྲ་ཤིས་འཕགས། །གསོལ་

པ་འདེབས་སོ་བདག་རྒྱུད་བྱིན་གྱིས་རློབས། །རྒྱུད་ཆེན་བསམ་འགྲུབ་རྒྱ་མཚོ་བརྩོན་འགྲུས་འཕགས། །རྡོ་རྗེ་བཟང་དང་སངས་རྒྱས་རྒྱ་མཚོའི་ཞབས། །དཀོན་མཆོག་རྒྱ་མཚོ་དཀོན་མཆོག་ཡར་འཕེལ་ལ། །གསོལ་བ་འདེབས་སོ་བདག་རྒྱུད་བྱིན་གྱིས་རློབས། །ཆོས་འདིའི་བཀའ་བབས་ངག་དབང་བློ་གྲོས་ཞབས། །སྙན་རྒྱུད་མཛོད་འཛིན་དངོས་གྲུབ་རྒྱ་མཚོ་དང་། །ཟུང་འཇུག་སྐུ་བརྙེས་དོན་ཡོད་མཁས་གྲུབ་ལ། །གསོལ་བ་འདེབས་སོ་བདག་བརྒྱུད་བྱིན་གྱིས་རློབས། །རྒྱལ་བ་ཀུན་གྱི་ཐུགས་རྗེ་གཅིག་བསྡུས་པ། །བཀའ་དྲིན་མཉམ་མེད་ངག་དབང་བྱམས་པའི་དཔལ། །ལམ་འདི་གསལ་མཛད་དྲིན་ཅན་བླ་མ་ལ། །གསོལ་བ་འདེབས་སོ་བདག་རྒྱུད་བྱིན་གྱིས་རློབས། །དངོས་གྲུབ་འབྱུང་གནས་རྩ་བརྒྱུད་བླ་མ་ལ། །རྩེ་གཅིག་མོས་པས་གསོལ་བ་བཏབ་པའི་མཐུས། །བླ་མ་ལྷ་ཡི་མཁྱེན་བརྩེའི་འོད་ཟེར་གྱིས། །མི་ཤེས་རྨོངས་པའི་མུན་པ་སངས་གྱུར་ཅིག །ཟབ་དང་རྒྱ་ཆེའི་གསུང་རབ་ཚོགས་རྣམས་ལ། །གཞན་དྲིང་མི་འཛོག་ངེས་པ་སྐྱེད་པ་དང་། །དེ་དོན་རྩེ་གཅིག་སྒྲུབ་པ་མཐར་ཕྱིན་ཏེ། །བླ་མ་ལྷ་ཡི་གོ་འཕང་མྱུར་ཐོབ་ཤོག །ཅེས་གསོལ་བ་ཤུགས་དྲག་ཏུ་བཏབ་ལ། རྩ་བརྒྱུད་ཀྱི་བླ་མ་རྣམས་རང་ལ་ཐིམ་པས་རྒྱུད་བྱིན་གྱིས་བརླབས་པར་བསམ་མོ། །དེ་ནས་མདུན་གྱི་ནམ་མཁར་དཔག་བསམ་གྱི་སྡོང་པོ་ཡངས་ཤིང་རྒྱ་ཆེ་བ་འདབ་མ་འབུམ་ཕྲག་ཡོད་པའི་སྟེང་དུ་རྗེ་བླ་མ་ཡབ་སྲས་གསུམ་ལ་དངོས་བརྒྱུད་ཀྱི་བླ་མ་ཡི་དམ་སངས་རྒྱས་བྱང་སེམས་དཔའ་བོ་མཁའ་འགྲོ་ཆོས་སྐྱོང་སྲུང་མའི་ཚོགས་དང་བཅས་པས་བསྐོར་བའི་སྐྱབས་ཡུལ་གསལ་བཏབ། དེ་དག་གི་སྐུ་གསུང་ཐུགས་ཡོན་ཏན་འཕྲིན་ལས་དང་བཅས་པ་ལ་དད་གུས་དག་པོ་དང་། རང་གི་མཐའ་སྐོར་དུ་ཕ་མ་རིགས་དྲུག་གི་སེམས་ཅན་རྣམས་གསལ་བཏབ་སྟེ། རང་དང་སེམས་ཅན་ཐམས་ཅད་ཀྱིས་མགྲིན་གཅིག་ཏུ་བརྗོད་པར་བསམ་ལ། བདག་དང་འགྲོ་བ་ནམ་མཁའི་མཐའ་དང་མཉམ་པའི་སེམས་ཅན་ཐམས་ཅད་དཔལ་ལྡན་བླ་མ་དམ་པ་རྣམས་ལ་སྐྱབས་སུ་མཆིའོ། །རྫོགས་པའི་སངས་རྒྱས་བཅོམ་ལྡན་འདས་རྣམས་ལ་སྐྱབས་སུ་མཆིའོ། །དམ་པའི་ཆོས་རྣམས་ལ་སྐྱབས་སུ་མཆིའོ། །འཕགས་པའི་དགེ་འདུན་རྣམས་ལ་སྐྱབས་སུ་མཆིའོ། །ཞེས་ལན་མང་དུ་བརྗོད་དོ། །དེ་ནས་སངས་རྒྱས་ཆོས་དང་ཚོགས་ཀྱི་མཆོག་རྣམས་ལ། །བྱང་ཆུབ་བར་དུ་བདག་ནི་སྐྱབས་སུ་མཆི། །བདག་གིས་སྦྱིན་སོགས་བགྱིས་

པའི་བསོད་ནམས་ཀྱིས། །འགྲོ་ལ་ཕན་ཕྱིར་སངས་རྒྱས་འགྲུབ་པར་ཤོག །ཅེས་ལན་མང་དུ་བརྗོད་ཅིང་སེམས་བསྐྱེད་ཤུགས་དྲག་ཏུ་སྒོམ། དེ་ནས། སེམས་ཅན་ཐམས་ཅད་བདེ་བ་དང་བདེ་བའི་རྒྱུ་དང་ལྡན་པར་གྱུར་ཅིག །སེམས་ཅན་ཐམས་ཅད་སྡུག་བསྔལ་དང་སྡུག་བསྔལ་གྱི་རྒྱུ་དང་བྲལ་བར་གྱུར་ཅིག །སེམས་ཅན་ཐམས་ཅད་སྡུག་བསྔལ་མེད་པའི་བདེ་བ་དང་མི་འབྲལ་བར་གྱུར་ཅིག །སེམས་ཅན་ཐམས་ཅད་ཉེ་རིང་ཆགས་སྡང་གཉིས་དང་བྲལ་བའི་བཏང་སྙོམས་ལ་གནས་པར་གྱུར་ཅིག།ཁྱད་པར་སེམས་ཅན་ཐམས་ཅད་ཀྱི་དོན་དུ་མྱུར་བ་མྱུར་བར་ཡང་དག་པར་རྫོགས་པའི་སངས་རྒྱས་ཀྱི་གོ་འཕང་རིན་པོ་ཆེ་ཅི་ནས་ཀྱང་ཐོབ་པར་བྱ། དེའི་ཕྱིར་དུ་ལམ་ཟབ་མོ་བླ་མ་ལྷའི་རྣལ་འབྱོར་ཉམས་སུ་བླང་བར་བགྱིའོ། །ཞེས་ལན་མང་དུ་བརྗོད་ཅིང་ཡི་དམ་ཤུགས་དྲག་ཏུ་བྱའོ། །དེ་ནས་སྐྱབས་ཡུལ་རྣམས་འོད་དུ་བསྡུས་ནས་རང་ལ་ཐིམ་པས་རྒྱུད་བྱིན་གྱིས་བརླབས་པར་བསམ་མོ། །དེ་ནས་དགའ་ལྡན་གྱི་ཞིང་གསལ་གདབ་པ་ནི། རང་རེ་འཛམ་བུའི་གླིང་པ་ལ་བལྟོས་པའི་བྱང་ན་རི་རབ་ལྷུན་པོ། དེའི་སྟེང་ན་སུམ་ཅུ་རྩ་གསུམ་གྱི་ལྷ་གནས། དེའི་སྟེང་གི་ནམ་མཁར་འཐབ་བྲལ་གྱི་ལྷ་གནས། དེའི་སྟེང་གི་ནམ་མཁར་དགའ་ལྡན་ཡོད་ཅིང་། དགའ་ལྡན་གྱི་ལྷ་གནས་བྱིངས་ལས་གྲོང་ལ་དགོན་པའི་ཚུལ་དུ་རྗེ་བཙུན་བྱམས་པ་མགོན་པོའི་བཞུགས་གནས་ཡོད་ལ། ཞིང་ཁམས་དེ་ནི་རིན་པོ་ཆེ་སྣ་ཚོགས་ལས་གྲུབ་པའི་ས་གཞི་མནན་ན་ནེམ་བྱེད་ཅིང་། བཏེག་ན་ཕར་བྱེད་པ། དཔག་བསམ་གྱི་ཤིང་མང་པོས་གང་བ། ཤིང་དེ་དག་ལས་གང་འདོད་ཀྱི་དངོས་པོ་མཐའ་དག་ཡིད་བཞིན་དུ་འབབ་པ། གཞན་ཡང་མཚོ་དང་། རྫིང་བུ་དང་། མེ་ཏོག་གི་ཚལ་དང་། སྤྲུལ་པའི་བྱ་སྣ་ཚོགས་པ་དག་གིས་ཆོས་ཀྱི་སྒྲ་དབྱངས་སྒྲོག་པ། ཞིང་ཁམས་དེའི་དབུས་ན་རྗེ་བཙུན་གྱི་ཕོ་བྲང་རྒྱལ་མཚན་མཐོན་པོ་ཞེས་བྱ་བ་རིན་པོ་ཆེ་སྣ་ཚོགས་ལས་གྲུབ་པའི་གཞལ་ཡས་ཁང་འོད་ཀྱིས་ཉི་མ་དང་ཟླ་བའི་འོད་ཀྱང་ཟིལ་གྱིས་གནོན་པ། ཕོ་བྲང་དེའི་ཕྱི་ངོས་སུ་རིན་པོ་ཆེའི་དྲ་བ་དང་། དྲ་བ་ཕྱེད་པ་དང་། དྲིལ་བུ་དང་། ཟ་ཡབ་ལ་སོགས་པའི་རྒྱན་དུ་མ་བྱང་སྤྲུལ་དུ་གཡོ་བ། ལྷ་རྣམས་ཀྱི་ནམ་མཁའ་ལས་མཆོད་རྫས་དུ་མ་ཐོགས་ཏེ་མཆོད་པ་བྱེད་བཞིན་པ། ཕོ་བྲང་དེའི་མདུན་ན་རྗེ་བཙུན་བྱམས་མགོན་འཁོར་ཚོགས་རྒྱ་མཚོ་ལྷ་བུ་ལ་ཆོས་གསུང་བའི་གནས་ཡིད་དགའ་ཆོས་འཛིན་ཅེས་བྱ་བའི་ཀུན་དགའ་ར་བ་གསེར་གྱི་ས་གཞི་ལ་

བཻཌཱུརྻའི་མིག་མང་རིས་སུ་བྲིས་པ། མཆོད་པའི་སྤྲིན་བསམ་གྱིས་མི་ཁྱབ་པ་དང་ལྡན་པའི་དབུས་ན་སེང་གེས་བཏེག་པའི་རིན་པོ་ཆེའི་ཁྲིའི་སྟེང་དུ་རྗེ་བཙུན་བྱམས་པ་མགོན་པོ་ཞལ་རང་རེ་འཛམ་བུ་གླིང་པ་ལ་ཕྱོགས་ཏེ་ཞབས་གཉིས་བཟང་པོའི་འདུག་སྟངས་ཀྱིས་བཞུགས་པ། སྐུ་གསེར་གྱི་ལྷུན་པོ་ལྟ་བུ་ཉི་མ་འབུམ་གྱི་མདངས་ཀྱང་ཟིལ་གྱིས་ནོན་པའི་འོད་ཟེར་ཕྱོགས་བཅུར་འཕྲོ་བ། ཐུགས་ཀ་ནས་རྗེ་ཡབ་སྲས་གསུམ་མེ་ལོང་ལ་གཟུགས་བརྙན་ཤར་བ་བཞིན་དུ་བཞུགས་པ། ལྷའི་བུ་ནམ་མཁའ་དྲི་མ་མེད་པ་དང་། འཇམ་དཔལ་སྙིང་པོ་ལ་སོགས་པའི་སྤྲུལ་པའི་འཁོར་མཐའ་ཡས་པ་དང་། གཞན་ཡང་བྱང་ཆུབ་སེམས་དཔའ་གྲངས་མེད་པ་དང་བཅས་པ་ལ་ཐེག་པ་ཆེན་པོའི་ཆོས་འདོམས་བཞིན་དུ་བཞུགས་པ་གསལ་བཏབ་ལ། རྗེ་ཡབ་སྲས་གསུམ་རྗེ་བཙུན་གྱི་ཐུགས་ཀ་ནས་སྤྱན་དྲངས་ཏེ་རང་གི་མདུན་གྱི་ནམ་མཁར་བྱོན་ན་ཅི་མ་རུང་སྙམ་དུ་མོས་གུས་དྲག་པོའི་སྒོ་ནས། དགའ་ལྡན་ལྷ་རྒྱའི་མགོན་གྱི་ཐུགས་ཀ་ནས། །རབ་དཀར་ཞོ་གསར་སྤུངས་འདྲའི་ཆུ་འཛིན་རྩེར། །ཆོས་ཀྱི་རྒྱལ་པོ་ཀུན་མཁྱེན་བློ་བཟང་གྲགས། །སྲས་དང་བཅས་པ་གནས་འདིར་གཤེགས་སུ་གསོལ། །ཞེས་བརྗོད་པས་བྱམས་མགོན་གྱི་ཐུགས་ཀ་ནས་རྗེ་ཡབ་སྲས་གསུམ་ནམ་མཁར་རིམ་གྱིས་བྱོན་ནས་མདུན་གྱི་ནམ་མཁར་བྱོན་དུ་ཉེ་བ་ན། མདུན་གྱི་ནམ་མཁར་སེང་གེ་ཆེན་པོ་བརྒྱད་ཀྱིས་བཏེག་པའི་རིན་པོ་ཆེའི་ཁྲི་ཆེ་བ་ཞིག་དང་། དེའི་གཡས་གཡོན་དུ་ཁྲི་ཆུང་གཉིས་གསལ་བཏབ་ལ་རྗེ་ཡབ་སྲས་གསུམ་བྱོན་ནས་ཁྲི་སོ་སོའི་སྟེང་དུ་བཞུགས་པར་མོས། དེ་ཡང་དབུས་ཀྱི་ཁྲིའི་སྟེང་དུ་རྗེ་བཙུན་འཇམ་དཔལ་ငུར་སྨྲིག་གར་གྱིས་རོལ་པ་ཁམས་གསུམ་ཆོས་ཀྱི་རྒྱ་བོ་ཙོང་ཁ་པ་ཆེན་པོ་སྐུ་མདོག་དཀར་ལ་དམར་བའི་མདངས་ཅན། སྐུ་ལ་ཆོས་གོས་རྣམ་པ་གསུམ་གསོལ་ཞིང་དབུ་ལ་པཎ་ཞྭ་གསེར་གྱི་མདོག་ཅན་གསོལ་བ། ཞབས་རྡོ་རྗེའི་སྐྱིལ་ཀྲུང་གིས་བཞུགས་པ། ཕྱག་གཉིས་ཐུགས་ཀར་ཆོས་འཁོར་གྱི་ཕྱག་རྒྱ་མཛད་པས་ཨུཏྤལའི་ཡུ་བ་བཟུང་བ་སྐུ་དཔུང་གཡས་གཡོན་དུ་ཨུཏྤལ་ཁ་བྱེ་བའི་སྟེང་དུ་ཤེས་རབ་ཀྱི་རལ་གྲི་དང་ཤེར་ཕྱིན་གྱི་གླེགས་བམ་བསྣམས་པ། ཐུགས་ཀ་ནས་གང་ལ་གང་འདུལ་གྱི་སྤྲུལ་པ་ཕྱོགས་བཅུར་ཕར་སྤྲོ་བ་དང་ཚུར་བསྡུ་བཞིན་པ། རྒྱལ་བ་ཀུན་གྱི་མཁྱེན་བརྩེ་ནུས་གསུམ་གཅིག་ཏུ་བསྡུས་པའི་ངོ་བོར་བཞུགས་པ། གཡས་སུ་རྒྱལ་ཚབ་ཐམས་ཅད་མཁྱེན་པ་དང་གཡོན་དུ་མཁས་གྲུབ་ཐམས་ཅད་མཁྱེན་པ་གཉིས་བཞུགས་

པ་གསལ་བཏབ་ལ། མདུན་གྱི་ནམ་མཁར་སེང་ཁྲི་པད་ཟླའི་སྟེང་། །རྗེ་བཙུན་བླ་མ་དགྱེས་པའི་འཛུམ་དཀར་ཅན། །བདག་བློ་དད་པའི་བསོད་ནམས་ཞིང་མཆོག་ཏུ། །བསྟན་པ་རྒྱས་ཕྱིར་བསྐལ་བརྒྱར་བཞུགས་སུ་གསོལ། །དེ་ནས་རང་གི་ལུས་བརྒྱ་སྟོང་མང་པོར་སྤྲུལ་སྟེ་ཕྱག་འཚལ་བ་དང་། དངོས་བཤམས་ཡིད་སྤྲུལ་གྱི་མཆོད་ཚོགས་འབུལ་བ་སོགས་ཚིག་རིགས་སོ་སོ་དང་བསྟུན་པའི་དམིགས་པ་དང་བཅས། ཤེས་བྱའི་ཁྱོན་ཀུན་འཇལ་བའི་བློ་གྲོས་ཐུགས། །སྐལ་བཟང་རྣ་བའི་རྒྱན་གྱུར་ལེགས་བཤད་གསུང་། །གྲགས་པའི་དཔལ་གྱིས་ལྷམ་མེར་མཛེས་པའི་སྐུ། །མཐོང་ཐོས་དྲན་པས་དོན་ལྡན་ལ་ཕྱག་འཚལ། །ཡིད་འོང་མཆོད་ཡོན་སྣ་ཚོགས་མེ་ཏོག་དང་། །དྲི་ཞིམ་བདུག་སྤོས་སྣང་གསལ་དྲི་ཆབ་སོགས། །དངོས་བཤམས་ཡིད་སྤྲུལ་མཆོད་སྤྲིན་རྒྱ་མཚོ་འདི། །བསོད་ནམས་ཞིང་མཆོག་ཁྱེད་ལ་མཆོད་པར་འབུལ། །བདག་གི་ཐོགས་མེད་དུས་ནས་བསགས་པ་ཡི། །ལུས་ངག་ཡིད་ཀྱི་སྡིག་པ་ཅི་བགྱིས་དང་། །ཁྱད་པར་སྡོམ་པ་གསུམ་གྱི་མི་མཐུན་ཕྱོགས། །སྙིང་ནས་འགྱོད་པ་དྲག་པོས་སོ་སོར་བཤགས། །སྙིགས་མའི་དུས་འདིར་མང་ཐོས་སྒྲུབ་ལ་བརྩོན། །ཚོས་བརྒྱད་སྤངས་པའི་དལ་འབྱོར་དོན་ཡོད་བྱེད། །མགོན་པོ་ཁྱེད་ཀྱི་རླབས་ཆེན་མཛད་པ་ལ། །བདག་ཅག་བསམ་པ་ཐག་པས་ཡི་རང་ངོ་། །རྗེ་བཙུན་བླ་མ་དམ་པ་ཁྱེད་རྣམས་ཀྱིས། །ཆོས་སྐུའི་མཁའ་ལ་མཁྱེན་བརྩེའི་སྤྲིན་འཁྲིགས་ནས། །ཇི་ལྟར་འཚམ་པའི་གདུལ་བྱའི་འཛིན་མ་ལ། །ཟབ་རྒྱས་ཆོས་ཀྱི་ཆར་པ་དབབ་ཏུ་གསོལ། །བདག་གིས་ཇི་སྙེད་བསགས་པའི་དགེ་བ་འདིས། །བསྟན་དང་འགྲོ་བ་ཀུན་ལ་གང་ཕན་དང་། ཁྱད་པར་ཆོས་ཀྱི་རྒྱལ་པོ་ཙོང་ཁ་པའི། །བསྟན་པའི་སྙིང་པོ་རིང་དུ་གསལ་བྱེད་ཤོག །ཅེས་ཡན་ལག་བདུན་པ་སོ་སོའི་དམིགས་པ་དང་བཅས་དལ་བུས་བྱས། དེ་ནས་མཎྜལ་རྒྱས་པ་ཕུལ་ལ། ཐལ་མོ་སྦྱར་ཏེ། བཤེས་གཉེན་ལ་མ་གུས་པ་ནས་བཟུང་སྟེ་བདག་གཉིས་སུ་མཚན་མར་འཛིན་པའི་བར་གྱི་ཕྱིན་ཅི་ལོག་པའི་བློ་སྣ་མཐའ་དག་འགག་པ་དང་། བཤེས་གཉེན་ལ་གུས་པ་སོགས་ཕྱིན་ཅི་མ་ལོག་པའི་བློ་སྣ་མཐའ་དག་བདེ་བླག་ཏུ་སྐྱེ་བ་དང་། ཕྱིན་ཕྱི་ནང་གི་བར་གཅོད་ཐམས་ཅད་ཞི་བར་ཞི་བར་བྱིན་གྱིས་བརླབ་ཏུ་གསོལ། །ཞེས་ལན་གསུམ་གསོལ་བ་ཤུགས་དྲག་གདབ་པོ། །དེ་ནས། དཔལ་ལྡན་ས་གསུམ་འགྲོ་བའི་མིག་གཅིག་པུ། །ཐར་འདོད་ཡོངས་ཀྱི་བླ་ན་མེད་པའི་

མགོན། །རྒྱལ་བ་ཀུན་ལས་ལྷག་པའི་ཐུགས་རྗེ་ཅན། །བླ་མེད་བླ་མ་མཆོག་ལ་གསོལ་བ་འདེབས། །ཞེས་པ་ནས། མཆོག་གི་དངོས་གྲུབ་བརྙེས་ལ་གསོལ་བ་འདེབས། །ཞེས་པའི་བར་དལ་བུས་འདོན་ཞིང་། རྗེ་བླ་མས་སྔོན་ཐུགས་བསྐྱེད་པ་ནས་བཟུང་ཞིང་འདིར་བྱོན་ནས་སངས་རྒྱས་འཛིག་རྟེན་དུ་བྱོན་པ་དང་མཚུངས་པའི་མཛད་པ་ཇི་སྙེད་ཅིག་མཛད་པ་ཐམས་ཅད་དང་མཐར་འོད་གསལ་ཆོས་སྐུ་མངོན་དུ་མཛད་ནས་དགའ་ལྡན་དུ་བྱོན་ཏེ་སྤྲུལ་པའི་བཀོད་པས་དགའ་ལྡན་སོགས་སངས་རྒྱས་ཀྱི་ཞིང་ཐམས་ཅད་ཁྱབ་པའི་རྣམ་ཐར་རྣམས་བསམས་ལ་གསོལ་བ་ཤུགས་དྲག་ཏུ་གདབ། སྐབས་ཡང་ཐུགས་རྗེ་བསྐུལ་བའི་གསོལ་འདེབས་ཤུགས་དྲག་ཏུ་བྱ་བ་ནི། སྲིད་བཅས་རྒྱལ་བས་འདུལ་བར་མ་ནུས་པའི། །ཏ་ཙང་སྙིགས་མ་ལྟ་མདོའི་འགྲོ་བ་ལ། །ལྷག་པར་བརྩེ་བའི་མགོན་པོ་ཐུགས་རྗེ་ཅན། །འཇམ་མགོན་བླ་མའི་ཞབས་ལ་གསོལ་བ་འདེབས། །བདག་རྒྱུད་སྨིན་ཅིང་གྲོལ་བར་བྱིན་གྱིས་རློབས། །བགྲང་ཡས་བསྐལ་བ་རྒྱ་མཚོའི་ཕ་རོལ་ནས། །རྒྱལ་པ་དབང་པོའི་ཏོག་གི་སྤྱན་སྔ་རུ། །མ་ལུས་འགྲོ་བ་སྒྲོལ་བའི་དམ་བཅའི་ཁུར། །བཞེས་མཛད་འཇམ་མགོན་བླ་མར་གསོལ་བ་འདེབས། །བདག་རྒྱུད་སྨིན་ཅིང་གྲོལ་བར་བྱིན་གྱིས་རློབས། །དེ་ནས་བརྩམས་ཏེ་སངས་རྒྱས་ཞིང་མང་དུ། །གནྡྷའི་བྱེ་སྙེད་རྒྱལ་བ་མཆོད་མཛད་ཅིང་། །དཔག་མེད་གདུལ་བྱ་སྨིན་གྲོལ་ལམ་ལ་འགོད། །འཇམ་མགོན་བླ་མའི་ཞབས་ལ་གསོལ་བ་འདེབས། །བདག་རྒྱུད་སྨིན་ཅིང་གྲོལ་བར་བྱིན་གྱིས་རློབས། །ཞིང་འདིར་ཐུབ་བསྟན་ཉིན་བྱེད་ཤར་བའི་ཚེ། །ཁྱོད་ཐུགས་འདབ་སྟོང་ཇོགས་པའི་དྲི་བཟང་གིས། །བློ་ལྡན་བུང་བ་མ་ལུས་ཚིམ་པར་མཛད། །འཇམ་མགོན་བླ་མའི་ཞབས་ལ་གསོལ་བ་འདེབས། །བདག་རྒྱུད་སྨིན་ཅིང་གྲོལ་བར་བྱིན་གྱིས་རློབས། །སྔོན་ཚེ་དམ་བཅས་སྨོན་ལམ་མཛད་པ་བཞིན། །སྐུ་གསུང་ཐུགས་ཀྱི་སྤྲུལ་པ་དཔག་མེད་པས། །རྒྱ་བོད་ཀུན་ཏུ་ཐུབ་བསྟན་སྤེལ་བར་མཛད། །འཇམ་མགོན་བླ་མའི་ཞབས་ལ་གསོལ་བ་འདེབས། །བདག་རྒྱུད་སྨིན་ཅིང་གྲོལ་བར་བྱིན་གྱིས་རློབས། །གངས་རིའི་ཁྲོད་འདིར་མཁས་གྲུབ་མང་བྱོན་ཡང་། །རྒྱུ་སྐར་ཁྲོད་ན་མཚན་མོའི་མགོན་པོ་ལྟར། །རྣམ་པ་ཀུན་ནས་བགྲན་པའི་ཟླ་བྲལ་བ། །འཇམ་མགོན་བླ་མའི་ཞབས་ལ་གསོལ་བ་འདེབས། །བདག་རྒྱུད་སྨིན་ཅིང་གྲོལ་བར་བྱིན་གྱིས་རློབས། །ཐུབ་པའི་གསུང་རབ་མདོ་

རྒྱུད་མ་ལུས་པ། །སྤྱིལ་ལ་ཐུབ་དབང་ཉིད་དང་མཚུངས་སོ་ཞེས། །བྱམས་པ་མགོན་པོའི་ལེགས་སོའི་དབུགས་དབྱུང་མཛད། །འཇམ་མགོན་བླ་མའི་ཞབས་ལ་གསོལ་བ་འདེབས། །བདག་རྒྱུད་སྨིན་ཅིང་གྲོལ་བར་བྱིན་གྱིས་རློབས། །རྫོ་ཏའི་སྟོངས་འདིར་འདྲེ་སྲིན་གདུག་ཅན་ཚོགས། །འདུལ་མཛད་མཚོ་ལས་སྐྱེས་པའི་རྡོ་རྗེ་ཡང་། །མགོན་པོ་ཁྱོད་ཀྱི་སྒྱུ་འཕྲུལ་དྲ་བ་ཉིད། །འཇམ་མགོན་བླ་མའི་ཞབས་ལ་གསོལ་བ་འདེབས། །བདག་རྒྱུད་སྨིན་ཅིང་གྲོལ་བར་བྱིན་གྱིས་རློབས། །འཕགས་པའི་ཡུལ་གྱི་བཀའ་དང་མན་ངག་ཀུན། བྱང་ཕྱོགས་ཡུལ་འདིར་དར་མཛད་ཐུགས་རྗེ་ཅན། །ཕུལ་བྱུང་ཞབས་ཞེས་གྲགས་པའང་ཁྱོད་ཉིད་ལགས། །འཇམ་མགོན་བླ་མའི་ཞབས་ལ་གསོལ་བ་འདེབས། །བདག་རྒྱུད་སྨིན་ཅིང་གྲོལ་བར་བྱིན་གྱིས་རློབས། །རྒྱལ་བའི་ཉིན་བྱེད་འོད་ཀྱིས་མ་བཟིས་པའི། །སྨོངས་པའི་མུན་རུམ་འཐིབས་པའི་བྱང་ཕྱོགས་འདིར། །ཐུབ་བསྟན་སྒྲོན་མེ་གསལ་མཛད་ཐུགས་རྗེ་ཅན། །འཇམ་མགོན་བླ་མའི་ཞབས་ལ་གསོལ་བ་འདེབས། །བདག་རྒྱུད་སྨིན་ཅིང་གྲོལ་བར་བྱིན་གྱིས་རློབས། །གངས་རིའི་ར་བས་བསྐོར་བའི་ཞིང་ཁམས་འདིར། །ཕན་བདེའི་འབྱུང་གནས་རྒྱལ་བསྟན་རིན་པོ་ཆེ། །ཡུན་རིང་གནས་པའི་བདེན་ཚིག་སྨོན་ལམ་མཛད། །འཇམ་མགོན་ཐུགས་རྗེ་ཅན་ལ་གསོལ་བ་འདེབས། །བདག་རྒྱུད་སྨིན་ཅིང་གྲོལ་བར་བྱིན་གྱིས་རློབས། །རྒྱལ་བ་ཀུན་གྱི་མཁྱེན་བརྩེ་ནུས་པ་གསུམ། །གཅིག་བསྡུས་རིགས་གསུམ་སྒྱུ་འཕྲུལ་དྲ་བའི་གར། །བླ་མ་ཡི་དམ་མཆོག་གསུམ་ཀུན་འདུས་རྗེ། །འཇམ་མགོན་བླ་མའི་ཞབས་ལ་གསོལ་བ་འདེབས། །བདག་རྒྱུད་སྨིན་ཅིང་གྲོལ་བར་བྱིན་གྱིས་རློབས། །མགོན་པོ་ཁྱོད་ཀྱི་ཐུགས་རྗེའི་འོད་ཟེར་གྱིས། །བདག་བློ་སྨོངས་པའི་མུན་ཚོགས་རབ་སངས་ཏེ། །ཟབ་དང་རྒྱ་ཆེའི་གསུང་རབ་མཐའ་དག་ལ། །གཞན་དྲིང་མི་འཇོག་སྤོབས་པ་ཐོབ་པར་ཤོག །དམ་པའི་བཤེས་ལས་གསུང་རབ་མང་ཐོས་ཤིང་། །དེ་དོན་བསམ་པས་ངེས་ཤེས་སྙེད་པ་དང་། །ཡང་དག་དོན་ལ་རྩེ་གཅིག་འཇོག་ནུས་པའི། །ཐོས་བསམ་སྒོམ་གསུམ་བདག་ལ་སྩོལ་དུ་གསོལ། །གཟུངས་སྤོབས་མངོན་ཤེས་ཏིང་འཛིན་ལ་སོགས་པ། །ཡོན་ཏན་ཀུན་གྱིས་བདག་རྒྱུད་ཕྱུག་པ་དང་། །ཉམ་ཐག་འགྲོ་བ་འདི་ཀུན་སྒྲོལ་བ་ལ། །བླ་མ་ཁྱེད་རང་ལྟ་བུར་བྱིན་གྱིས་རློབས། །ཞེས་མོས་གུས་ཆེན་པོས་གསོལ་བ་ཤུགས་དྲག་ཏུ་བཏབ་

པོ། །དེ་ནས། དམིགས་མེད་བརྩེ་བའི་གཏེར་ཆེན་སྤྱན་རས་གཟིགས། །དྲི་མེད་མཁྱེན་པའི་དབང་པོ་འཇམ་པའི་དབྱངས། །བདུད་དཔུང་མ་ལུས་འཇོམས་མཛད་གསང་བའི་བདག །གངས་ཅན་མཁས་པའི་གཙུག་རྒྱན་ཙོང་ཁ་པ། །བློ་བཟང་གྲགས་པའི་ཞབས་ལ་གསོལ་བ་འདེབས། །ཞེས་ལན་བརྒྱ་སོགས་བརྗོད་ནས་གསོལ་བ་ཤུགས་དྲག་ཏུ་བཏབ་པས་རྗེ་ཡབ་སྲས་གསུམ་གྱི་ཐུགས་ཀ་ནས་འོད་ཟེར་དཀར་པོ་སྦྲུ་གུའི་རྣམ་པ་ཅན་བྱུང་། དེའི་ནང་ནས་བདུད་རྩིའི་རྒྱུན་བབས་པ་རང་གི་སྤྱི་བོ་ནས་ཞུགས་པས་ལུས་ཀྱི་ནང་ཐམས་ཅད་གང་། ཐོག་མེད་ནས་བསགས་པའི་སྡིག་སྒྲིབ་ནད་གདོན་དང་བཅས་པ་ཐམས་ཅད་སངས་ཀྱིས་དག །ལུས་ཤེལ་སྒོང་གཡའ་དག་པ་བཞིན་དུ་དྭངས་གསལ་འོད་ཀྱི་རང་བཞིན་ཅན་དུ་གྱུར་པའི་མོས་པ་ཤུགས་དྲག་ཏུ་བྱ། དེ་ནས་ཤེས་རབ་བློ་འཕེལ་གྱི་དམིགས་པ་བྱ་བ་ནི། རྗེ་ཡབ་སྲས་གསུམ་གྱི་ཐུགས་ཀ་ནས་བདུད་རྩི་དམར་སེར་གྱི་རྒྱུན་བྱུང་ནས་རང་གི་ལུས་ལ་ཐིམ་པས་རྗེ་བཙུན་འཇམ་དབྱངས་ཀྱི་སྐུ་གསུང་ཐུགས་ཀྱི་བྱིན་རླབས་ཐོབ་པའི་མོས་པ་བརྟན་པོ་བྱ་ཞིང་། སྐུའི་སྒོ་ནས་ཤེས་རབ་ཆེ་བ་དང་། གསུང་གི་སྒོ་ནས་ཤེས་རབ་གསལ་བ་དང་། ཐུགས་ཀྱི་སྒོ་ནས་ཤེས་རབ་ཟབ་པ་དང་། ཕྱག་མཚན་གྱི་སྒོ་ནས་ཤེས་རབ་མྱུར་བ་དང་། གླེགས་རལ་གྱི་སྒོ་ནས་འཆད་རྩོད་རྩོམ་གསུམ་གྱི་བྱིན་རླབས་འབེབས་པ་སོགས་འདིའི་མན་ངག་ཞིབ་པར་བླ་མའི་ཞལ་ལས་ཤེས་པར་བྱའོ། དེ་ནས་ཐུན་བསྡུ་བར་འདོད་ཚེ། དཔལ་ལྡན་རྩ་བའི་བླ་མ་རིན་པོ་ཆེ། །བདག་གི་སྙིང་གར་པདྨའི་གདན་བཞུགས་ལ། །བཀའ་དྲིན་ཆེན་པོའི་སྒོ་ནས་རྗེས་བཟུང་སྟེ། སྐུ་གསུང་ཐུགས་ཀྱི་དངོས་གྲུབ་སྩལ་དུ་གསོལ། །ཞེས་གསོལ་བ་བཏབ་པས་སྲས་གཉིས་རྗེ་ལ་ཐིམ། རྗེ་བླ་མ་རང་གི་སྤྱི་བོར་བྱོན་ནས་རང་ལ་ཐིམ་པས་རྒྱུད་བྱིན་གྱིས་བརླབས་པའི་མོས་པ་བརྟན་པོ་བྱ་ཞིང་། དེང་ནས་བཟུང་སྟེ་ཚེ་རབས་ཀུན་ཏུ་བདག །ཅེས་སོགས་འདོན་ཞིང་། སོང་སྐབས་ཡོད་ཚེ་ཡོན་ཏན་གཞི་གྱུར་མ་བཏོན་ལ་མདོ་སྔགས་ཀྱི་ལམ་གྱི་ལུས་ཡོངས་སུ་རྫོགས་པ་མྱུར་དུ་རྒྱུད་ལ་སྐྱེ་བའི་སྨོན་ལམ་གདབ་གཞན་ཡང་སྨོན་ལམ་འདི་ལྟར་གདབ་སྟེ། དགེ་བ་འདི་ཡིས་ཚེ་རབས་ཐམས་ཅད་དུ། ཐེག་པ་མཆོག་གི་དགེ་བའི་བཤེས་གཉེན་གྱིས། །འབྲལ་བ་མེད་པར་རྗེས་སུ་འཛིན་པ་དང་། །ཟབ་རྒྱས་ཆོས་ཚུལ་རྒྱ་མཚོས་འདོམས་པར་ཤོག །ནོར་བཟང་གཞོན་ནུས་མགོན་པོ་བྱམས་པ་དང་། །རྟག་ཏུ་ངུ་ཡིས་ཆོས་འཕགས་བསྟེན་པ་བཞིན། །རང་གི་ལུས་དང་སྲོག་ཀྱང་ཡོངས་བཏང་སྟེ། །

བཤེས་གཉེན་བསྟེན་ནས་བཀའ་བཞིན་བསྒྲུབ་པར་ཤོག།འཁོར་བའི་གནས་ལ་ཞེན་པ་ལོག་པ་དང་། །བྱམས་དང་སྙིང་རྗེ་བྱང་ཆུབ་སེམས་འབྱོངས་ཤིང་། །ཡང་དག་ལྟ་དང་རིམ་གཉིས་ཟབ་མོའི་ལམ། །མྱུར་དུ་རྒྱུད་ལ་སྐྱེ་བར་བྱིན་གྱིས་རློབས། །ཚེ་འདིའི་སྣང་བ་འགག་པར་འགྱུར་མ་ཐག །དགའ་ལྡན་ཆོས་ཀྱི་ཕོ་བྲང་དམ་པ་དེར། །མི་ཕམ་འཇམ་དཔལ་སྙིང་པོའི་ཞབས་དྲུང་དུ། །སྐྱེས་ནས་ཐེག་མཆོག་བདུད་རྩིས་འཚོ་བར་ཤོག །ནམ་ཞིག་ཛང་བྱུང་བགོད་པའི་ཞིང་ཁམས་སུ། །དེ་བཞིན་གཤེགས་པ་སེང་གེའི་ང་རོ་ཡི། །འཁོར་གྱིས་ཐོག་མ་ཉིད་དུ་བདག་གྱུར་ཏེ། །བྱང་ཆུབ་མཆོག་ཏུ་ལུང་བསྟན་ཐོབ་པར་ཤོག །ཅེས་བརྗོད་ཅིང་སྨོན་ལམ་གདབ་བོ། །དེ་ནས་ཐུན་མཚམས་ལ་འཇུག་པ་ན་སྒོ་གསུམ་ལ་དྲན་པ་ཉེ་བར་བཞག་ནས་སྡོམ་གསུམ་གྱི་བཅས་མཚམས་བསྲུང་བ་གཙོ་བོར་བྱ་སྟེ། དགེ་ཚུལ་གྱི་བླང་འདས་སོ་དྲུག །དགེ་སློང་གི་ཁྲིམས་ཉིས་བརྒྱ་དང་ལྔ་བཅུ་རྩ་གསུམ། བྱང་སེམས་ཀྱི་རྩ་ལྟུང་དང་ཉེས་བྱས། སྔགས་ཀྱི་རྩ་ལྟུང་དང་སྦོམ་པོ་རྣམས་ལ་ཡང་དང་ཡང་དུ་བསྒོ་བགྲང་བྱས་ལ་ཉེས་ལྟུང་གིས་མ་གོས་པ་ལ་འབད་ཅིང་བརྒྱ་ལ་ཉེས་ལྟུང་བྱུང་ན་ཇི་མི་སྐམ་པར་མི་འཇོག་པར་ཐོང་པར་དུག་སོང་བ་ལྟ་བུའི་འགྱོད་པ་དང་འཛེམས་སྐྲག་གིས་ཕྲལ་ཕྲལ་དུ་བཤགས་སྡོམ་ལ་འབད་ཅི་ཐུབ་བྱ། ཉི་མ་རེ་བཞིན་དེ་ལྟར་བྱས་ན་དལ་བ་ཐོབ་པ་དོན་དང་ལྡན་པར་འགྱུར་ཞིང་འཆི་བ་ལ་སྔོན་དུ་ཕྱོགས་པའི་ཚེ་ན་སྟོབས་ལྔའི་སྒོ་ནས་འཕོ་བའི་རྣལ་འབྱོར་ལ་འབད། །དེ་ཡང་ལྷའི་རྣལ་འབྱོར་གྱི་སྒོ་ནས་དག་པའི་ཞིང་དུ་འཕོ་བའི་ཐབས་བྱེད་པའམ། བཀའ་གདམས་གོང་མའི་རྣམ་ཐར་ལྟར་བྱང་ཆུབ་ཀྱི་སེམས་རིན་པོ་ཆེ་དང་། ཟབ་མོ་དབུ་མའི་ལྟ་བ་གཉིས་ལ་བློ་སྦྱོང་བཞིན་པའི་ངང་ནས་འཆི་ཐུབ་པ་ཞིག་བྱུང་ན་དེ་ལས་འཕོ་བ་ཟབ་པ་མེད་པས་དེ་ལྟར་དུ་མོས་པ་སྐྱུང་། མདོར་ན་དུས་དང་གནས་སྐབས་ཐམས་ཅད་དུ་བླ་མ་ལྷའི་རྣལ་འབྱོར་གྱི་སྒོ་ནས་མདོ་སྔགས་ཀྱི་ལམ་གྱི་ལུས་ཡོངས་སུ་རྫོགས་པ་ལ་བག་ཆགས་ཅི་ཐེབས་བྱའོ། །ཞེས་པ་འདི་ནི་དད་ལྡན་རྗེ་དྲུང་བློ་བཟང་མཁས་མཆོག་གིས་དགའ་ལྡན་ལྷ་རྒྱ་མའི་རྣལ་འབྱོར་གྱི་སྒོ་ནས་མདོ་སྔགས་ཀྱི་ལམ་གྱི་ལུས་ཡོངས་སུ་རྫོགས་པ་ལ་བག་ཆགས་འཇོག་ཚུལ་ཉམས་ལེན་སྙིང་པོར་དྲིལ་བ་ཞིག་དགོས་ཞེས་རིན་པོ་ཆེའི་མེ་ཏོག་དང་བཅས་ཡང་དང་ཡང་དུ་ནན་ཆེན་པོས་བསྐུལ་བ་ལ་བརྟེན་ནས་དགའ་ལྡན་སྙན་རྒྱུད་ཀྱི་མན་ངག་འཛིན་པ་དགེ་སློང་ཡེ་ཤེས་རྒྱལ་མཚན་གྱིས་ཕོ་བྲང་ཆེན་པོའི་གཟིམ་ཆུང་བདེ་བ་ཅན་དུ་སྦྱར་བའོ།། །།

༄༅། །དགའ་ལྡན་ལྷ་བརྒྱ་མའི་གཞུང་བསྒྲངས་ཏེ་མདོ་སྔགས་ཆ་ཚང་བར་ཉམས་སུ་ལེན་ཚུལ་དགའ་ལྡན་ཞིང་དུ་བགྲོད་པའི་ཐོར་བུའི་ཐེམ་སྐས་ཞེས་བྱ་བ་བཞུགས་སོ།

༄། །ཆོས་ཀུན་དེ་ཉིད་འབྱེད་པའི་བློ་གྲོས་ཉིན་བྱེད་འོད་ཀྱིས་གདུངས་པ་ལས། །འགྲོ་ལ་རྗེས་ཆགས་ཀུན་བཟང་ཐུགས་རྗེ་གངས་ཀྱི་རི་བོ་བཞུས་པའི་རྒྱུན། །གཟུགས་སྐུ་དབང་ཕྱུག་ཡན་ལག་བརྒྱད་ལྡན་གྲགས་པའི་རླབས་འཕྲེང་རོལ་པ་ཅན། །སྙིགས་མའི་འགྲོ་བ་དུག་ཅན་ཚོགས་ཀྱི་དག་བྱེད་གཅིག་པུ་དེ་ལ་འདུད། །སྲིད་ཞིའི་འཇིགས་སྒྲོལ་བླ་མ་ལྷག་པའི་ལྷ། །དངོས་གྲུབ་འདོད་པ་འཇོ་བའི་ཡི་དམ་སྟེ། །བར་གཅོད་གཡུལ་ལས་སྐྱབ་པའི་ཆོས་སྐྱོང་སོགས། །སྐྱབས་ཀྱི་དམ་པ་མཐའ་དག་གཅིག་གྱུར་པ། །མགོན་པོ་འདི་ཡི་ཐུགས་རྗེ་གྲུ་གཟིངས་ལ། །བརྟེན་ནས་སྲིད་ཞིའི་རྒུད་པའི་རྒྱ་མཚོ་ལས། །བརྒལ་ཏེ་ཟུང་འཇུག་ནོར་བུའི་གྲོང་ཁྱེར་དུ། །འཇུག་པར་རིགས་སོ་བློ་ལྡན་སྐལ་བཟང་ཚོགས། །དེ་ཡང་རང་ཅག་གསེར་མདོག་ཅན་པན་འཆང་བ་ཀུན་གྱི་ལྷག་པའི་ལྷ་སྐལ་གཅིག་པུར་གྱུར་པ་འཇམ་མགོན་བླ་མ་ཙོང་ཁ་པ་ཆེན་པོ་ལ་བརྟེན་པའི་ཟབ་ལམ་བླ་མའི་རྣལ་འབྱོར་ཇི་སྙེད་ཅིག་ཡོད་པ་རྣམས་ཀྱི་ནང་ནས་ཆེས་མཆོག་ཏུ་གྱུར་པ་འཇམ་མགོན་སྙན་བརྒྱུད་ཀྱི་མན་ངག་ཟབ་མོ་དགའ་ལྡན་ལྷ་བརྒྱ་མ་ཞེས་རྒྱ་མཚོའི་མཐས་གཏུགས་པར་འཕྲིན་ལས་ཁྱབ་གདལ་དུ་ཆེ་བ་འདི་ཉིད་ཀྱི་གཞུང་བ་སྒྲངས་ཏེ་དེའི་ཁོངས་སུ་མདོ་སྔགས་གཞི་གའི་ཉམས་ལེན་དང་བསག་སྦྱོང་གི་གནད་ཆ་ཚང་བར་བྱས་ཏེ་ལག་ཏུ་བླང་བའི་ཚུལ་ནི། བླ་མའི་རྣལ་འབྱོར་འདི་གའི་ལུགས་ལྟར་ཞིང་བཀོད་ཐང་ཀའམ། རྗེ་བླ་མའི་སྐུ་བརྙན་བྲིས་འབུར་ཅི་རིགས་གཙོ་བོར་གྱུར་པའི་སྐུ་གསུང་ཐུགས་ཀྱི་རྟེན་ལེགས་པར་བཀྲམ། དེའི་མདུན་དུ་གཙང་ཞིང་ཀྲ་ཉོམ་པའི་མཆོད་པ་ཡིད་དུ་འོང་བ་བཤམ། རང་ཉིད་སྟན་བདེ་བ་ལ་རྣམ་སྣང་གི་ཆོས་བདུན་ལྡན་དུ་འཁོད་དེ་རང་རྒྱུད་

ལ་དགེ་བ་དང་མི་དགེ་བའི་ཕྱོགས་གང་ཆེ་བརྟག་ལ། དགེ་བར་སོང་འདུག་ན་ཆུང་ནང་དུ་རྫབ། མི་དགེ་བ་ཤས་ཆེན་ཆུང་ཕྱིར་འབུད་པ་དང་མཉམ་དུ་ནག་ཕྱུང་པོ་ཕྱིར་ཐོན་པའི་མོས་པ་བྱ། དེ་ནས་སྐྱབས་འགྲོའི་ཡུལ་གྱི་ཚོགས་ཞིང་གསལ་གདབ་པ་ནི།༑ །མདུན་དུ་ཀུན་བཟང་མཆོད་སྤྲིན་རྒྱ་མཚོའི་དབུས། །རིན་ཆེན་ལས་གྲུབ་ཡངས་པའི་ཁྲི་སྟེང་དུ། །རྒྱལ་ལ་ཉེ་བར་འོད་འབར་ནོར་བུའི་ཁྲི། །སྣ་ཚོགས་པདྨ་ཉི་ཟླའི་གདན་བཅས་སྟེང་། །རྩ་བའི་བླ་མ་འཇམ་དཔལ་སྙིང་པོ་དང་། །དབྱེར་མེད་ཐུབ་དབང་བཙོ་མའི་གསེར་གྱི་མདོག །གཙུག་ཏོར་མཛེས་ལྷེམ་ས་གནོན་མཉམ་བཞག་མཛད། །ཞབས་གཉིས་རྡོ་རྗེ་སྐྱིལ་ཀྲུང་ཚུལ་གྱིས་བཞུགས། །གུར་ཀུམ་མདངས་ལྡན་ཆོས་གོས་རྣམ་གསུམ་གསོལ། །ཉིན་བྱེད་ལས་ལྷག་འོད་ཟེར་ཕྱོགས་བཅུར་འགྱེ། །མཚན་དང་དཔེ་བྱད་གསལ་ལ་རབ་རྫོགས་པའི། །མཛེས་པའི་སྐུ་ནི་བལྟ་བས་ཆོག་མི་ཤེས། །ཡན་ལག་དྲུག་ཅུའི་དབྱངས་དང་ལྡན་པ་ཡི། །སྙན་པའི་གསུང་ནི་ཐོས་པས་ངོམས་པ་མེད། །མཁྱེན་དང་བརྩེ་བའི་གཏེར་དུ་གྱུར་པ་ཡི། །ཟབ་ཡངས་ཐུགས་ནི་གཏིང་མཐའ་གཞལ་ལས་འདས། །ཉིས་པའི་དྲི་བྲལ་ལེགས་པའི་ཡོན་ཏན་རྫོགས། །དྲན་པ་ཙམ་གྱིས་སྲིད་ཞིའི་གདུང་བ་སེལ། །རབ་འབྱམས་ཞིང་དུ་བཅུ་གཉིས་མཛད་པ་སོགས། །གང་འདུལ་ངོ་མཚར་སྤྲུལ་པ་སྣ་ཚོགས་སྟོན། །དེ་ཡི་གཡས་གཡོན་པདྨ་ཉི་ཟླའི་གདན། །བླ་མ་བརྒྱུད་པའི་གྲངས་སྙེད་ཚར་དུ་དངར། །སྟེང་དུ་གཡས་སུ་རྒྱ་ཆེན་སྤྱོད་རྒྱུད་དང་། །གཡོན་དུ་ཟབ་མོ་ལྟ་རྒྱུད་ཚོགས་རྣམས་བཞུགས། །ཐུབ་དབང་མདུན་དུ་གདན་ཁྲི་ཕྱུན་ཚོགས་སྟེང་། །རྩ་བའི་བླ་མ་མཇལ་དུས་རྣམ་པ་ཅན། །ཆོས་འབྲེལ་མངོས་པའི་དངོས་ཀྱི་བླ་མ་རྣམས། །པདྨ་ཉི་ཟླའི་གདན་ལ་བཞུགས་པས་བསྐོར། །ཐུབ་པའི་དབང་པོའི་རྒྱབ་ཀྱི་སྟེང་གི་ཆར། །དཔལ་ལྡན་རིགས་བརྒྱའི་ཁྱབ་བདག་རྡོ་རྗེ་འཆང་། །བྱིན་རླབས་བརྒྱུད་པའི་བླ་མ་མཆོག་རྣམས་ཀྱིས། །བསྐོར་བ་པད་ཉི་ཟླ་བའི་གདན་ལ་བཞུགས། །ཐུབ་དབང་གཙོ་འཁོར་རྣམས་ཀྱི་ཕྱོགས་བཞི་རུ། །གསང་འདུས་འཇིགས་མཛད་དུས་འཁོར་ཧེ་རུ་ཀའི། །དཀྱིལ་འཁོར་ལྷ་ཚོགས་རྣམ་དང་དེ་དང་མཐར། །ཡི་དམ་སངས་རྒྱས་བྱང་སེམས་ཉན་རང་དང་། །དཔའ་བོ་མཁའ་འགྲོ་ཆོས་སྐྱོང་སྲུང་མར་བཅས། །ཞི་ཁྲོ་རབ་འབྱམས་རང་རང་གདན་ལ་བཞུགས། །རྡོ་རྗེ་འཆང་དབང་གཙོ

འཁོར་རྣམས་ཀྱི་མཐར། །འདུལ་མངོན་མདོ་དང་དབང་བཤད་མན་ངག་གི །བརྒྱུད་པའི་བླ་མ་དཔག་ཏུ་མེད་པ་རྣམས། །པད་ཉི་ཟླ་བའི་གདན་ལ་མཛེས་པར་བཞུགས། །དེ་དག་རྣམས་ཀྱི་མདུན་དུ་རང་རང་གིས། །གསུངས་པའི་དམ་ཆོས་འོད་ཀྱི་རང་བཞིན་གྱི། །པོ་ཏིའི་རྣམ་པར་གདན་ཁྲི་བཟང་པོའི་སྟེང་། །བཞུགས་པའི་སྐྱབས་ཡུལ་ནམ་མཁའ་གང་བ་རྣམས། །དཔག་ཡས་འོད་ཟེར་སྤྲོ་བསྡུའི་རོལ་པ་ཡིས། །རབ་འབྱམས་ཞིང་དུ་འགྲོ་བའི་དོན་མཛད་ཅིང་། །རང་ལ་དགྱེས་པའི་ཉམས་ཀྱིས་བཞུགས་པར་གྱུར། །རང་དང་མཐའ་སྐོར་རིགས་དྲུག་འགྲོ་བ་ཀུན། །ཐོག་མེད་ནས་བཟུང་སྲིད་པའི་རྒྱ་མཚོ་འདིར། །བཟོད་དཀའ་ཡུན་རིང་སྡུག་བསྔལ་གྱིས་མནར་ཡང་། །ད་དུང་གཏིང་མཐའ་མངོན་པར་མི་སྣང་བས། །དེ་ཡི་སྐྱབས་ཞིག་ད་ལན་བཙལ་དགོས་ཤིང་། །དེ་ཡང་དཀོན་མཆོག་རིན་ཆེན་རྣམ་གསུམ་ལ། །བློ་འགེལ་ནུས་ན་ནམ་ཡང་མི་བསླུ་པས། །གདུང་ཤུགས་དྲག་པོས་སྐྱབས་སུ་འགྲོ་བར་བྱ། །བདག་དང་འགྲོ་བ་ནམ་མཁའི་མཐའ་དང་མཉམ་པའི་སེམས་ཅན་ཐམས་ཅད་དཔལ་ལྡན་བླ་མ་དམ་པ་རྣམས་ལ་སྐྱབས་སུ་མཆིའོ། །སངས་རྒྱས་བཅོམ་ལྡན་འདས་རྣམས་ལ་སྐྱབས་སུ་མཆིའོ། །དམ་པའི་ཆོས་རྣམས་ལ་སྐྱབས་སུ་མཆིའོ། །འཕགས་པའི་དགེ་འདུན་རྣམས་ལ་སྐྱབས་སུ་མཆིའོ། །ཁྱད་པར་ཁམས་གསུམ་ཆོས་ཀྱི་རྒྱལ་པོ་ཙོང་ཁ་པ་ཆེན་པོ་ཡབ་སྲས་བརྒྱུད་པ་དང་བཅས་པ་རྣམས་ལ་སྐྱབས་སུ་མཆིའོ། །ཆོས་སྐྱོང་སྲུང་མ་ཡེ་ཤེས་ཀྱི་སྤྱན་དང་ལྡན་པ་རྣམས་ལ་སྐྱབས་སུ་མཆིའོ། །ཞེས་ལན་གང་མང་བརྗོད་པའི་མཐར། སྐྱབས་ཡུལ་རྣམས་ལས་བདུད་རྩིའི་རྒྱུན་བབས་པ། །བདག་སོགས་ཀུན་གྱི་སྤྱི་བོ་ནས་ཞུགས་པས། །དེ་དག་ལ་བརྟེན་ཉེས་པའི་ཚོགས་བྱང་ཞིང་། །བྱིན་རླབས་མ་ལུས་རྒྱུད་ལ་ཞུགས་པར་གྱུར། །ཅེས་ལན་ཅིག འབྲས་སྐྱབས་སུ་གྱུར་བའི་དཀོན་མཆོག་གསུམ་ལ་གཙོ་བོར་དམིགས་ནས་སེམས་ཅན་ཐམས་ཅད་ཀྱི་དོན་དུ་དེ་ཐོབ་བྱར་བྱེད་པ་ཐེག་ཆེན་ཐུན་མོང་མ་ཡིན་པའི་སྐྱབས་འགྲོ་དང་སེམས་བསྐྱེད་ཀྱི་དམིགས་རྣམས་གསལ་བཏབ་ལ། སངས་རྒྱས་ཆོས་དང་ཚོགས་ཀྱི་མཆོག་རྣམས་ལ། །ནས། སངས་རྒྱས་འགྲུབ་པར་ཤོག །ཅེས་ལན་གང་མང་བརྗོད་དེ་བྱང་ཆུབ་ཏུ་སེམས་བསྐྱེད་ཅིང་སྤྱོད་པ་ཕྱིན་དྲུག་སོགས་རྒྱལ་སྲས་ཀྱི་སྤྱོད་པ་མཐའ་དག་ལ་བསླབ་པར་བྱའོ་སྙམ་པའི་འདུན་པ་ཤུགས་དྲག་པོས་གསལ་གདབ། མདུན་གྱི་བླ་མ་ཐུབ་པའི་དབང་པོ་ལས། །རང་འདྲ་ཆད་དེ་ཐིམ་པས་

བདག་ཉིད་ནི། །ཐུབ་དབང་སྐུར་གྱུར་དེ་ཡི་འོད་ཟེར་གྱིས། །འགྲོ་ཀུན་བྱང་ཆུབ་མཆོག་ལ་བཀོད་པར་གྱུར། །ཅེས་སེམས་བསྐྱེད་འབྲས་བུ་ལམ་བྱེད་ཀྱི་ཚུལ་དུ་བསྒོམ་པ་ལན་གཅིག་བྱ། ཉེ་རིང་རིས་སུ་མ་ཆད་མ་རྒན་རྣམས། །སྡུག་བསྔལ་རྒྱུ་བཅས་ལས་གྲོལ་བདེ་ཐོབ་ཅིང་། །ཟག་མེད་དགའ་བས་རོལ་ན་ཅི་མ་རུང་། །དེ་བཞིན་གྱུར་ཅིག་དེ་ལྟར་བདག་གིས་བྱ། །དེ་བསྒྲུབ་ནུས་པར་བླ་མ་ལྷག་པའི་ལྷས། །བྱིན་གྱིས་རློབས་ཞེས་གསོལ་བ་བཏབ་པ་ན། །བྱིན་རླབས་བདུད་རྩིའི་རྒྱུན་གྱིས་ཆར་བབས་པས། །འགྲོ་ཀུན་ཚད་མེད་བཞི་ལ་གནས་པར་གྱུར། །ཅེས་ཚད་མེད་བཞི་བསྒོམ་པ་ལན་གསུམ་སོགས་བྱ། ནམ་མཁའི་དབྱིངས་སུ་སྤྲིན་ཕུང་ཞི་བ་བཞིན། །ཚོགས་ཞིང་མཐའ་དག་ཐུབ་པའི་དབང་པོ་ལ། །བསྟུས་ཏེ་དེ་ཡང་རང་གི་སྨིན་མཚམས་ནས། །ཐིམ་པས་བྱིན་རླབས་མ་ལུས་ཐོབ་པར་གྱུར། ཅེས་ཚོགས་ཞིང་བསྡུ། ནམ་མཁའི་མཐས་གདུགས་སེམས་ཅན་ཀུན་དོན་དུ། །བདེ་ཆེན་དང་པོའི་མགོན་པོ་བླ་མ་ལྷའི། །གོ་འཕང་མྱུར་བ་མྱུར་བར་ཐོབ་བྱའི་ཕྱིར། །ཟབ་མོ་བླ་མའི་རྣལ་འབྱོར་བསྒོམ་པར་བྱ། །ཞེས་ཁྱད་པར་གྱི་སེམས་བསྐྱེད་ལན་གང་མང་བྱ། འོག་ནས་འབྱུང་བ་བཞིན་སྔགས་ཀྱི་ཉམས་ལེན་དང་འབྲེལ་བར་བྱེད་པ་ལ་རང་ལྷའི་ང་རྒྱལ་ལ་གནས་ཤིང་དེའི་སྒོ་ནས་མཆོད་པ་སོགས་བྱིན་གྱིས་རློབ་པར་བྱེད་དགོས་པས་འདི་ལྟར། རང་བཞིན་རྣམ་དག་སྤྲོས་བྲལ་ཆོས་དབྱིངས་ལས། །རང་ཉིད་རྡོ་རྗེ་འཇིགས་བྱེད་སྐུར་བཞེངས་པའི། །གནས་གསུམ་ཡི་གེ་གསུམ་མཚན་ཧཱུྃ་ཡིག་གི །འོད་ཀྱིས་སྟོང་བཅུད་མཆོད་རྫས་དང་བཅས་པའི། །མ་དག་འཁྲུལ་སྣང་ཉེས་པ་ཀུན་སྦྱངས་ནས། །དག་པའི་རྟེན་དང་བརྟེན་པར་ལེགས་འཆར་ཞིང་། །མཆོད་རྫས་མཐའ་དག་ཁྱད་པར་གསུམ་ལྡན་གྱི། །ཀུན་བཟང་མཆོད་པའི་སྤྲིན་གྱི་ཕུང་པོར་གྱུར། །ཅེས་མཆོད་པ་བྱིན་གྱིས་བརླབ། དེ་ནས་ཚོགས་ཞིང་གསལ་གདབ་པ་ནི། མདུན་དུ་ཀུན་བཟང་མཆོད་སྤྲིན་རྒྱ་མཚོའི་དབུས། །རིན་ཆེན་ལས་གྲུབ་ཡངས་པའི་ཁྲི་སྟེང་དུ། །རྒྱབ་ལ་ཉེ་བར་འོད་འབར་ནོར་བུའི་ཁྲི། །སྣ་ཚོགས་པདྨ་ཉི་ཟླའི་གདན་དང་བཅས། །གསུམ་གྱི་དབུས་མ་ཙུང་ཟད་མཐོ་བའི་སྟེང་། །འཇམ་མགོན་ཆོས་ཀྱི་རྒྱལ་པོ་ཙོང་ཁ་པ། །ཕྱག་གཉིས་ཆོས་འཁོར་ཕྱག་རྒྱ་ཨུཏྤལ། །བསྣམས་པའི་གཡས་ན་ཤེས་རབ་རལ་གྲི་དང་། །གཡོན་པའི་སྟེང་དུ་ཤེར་ཕྱིན་གླེགས་བམ་བསྣམས། །གུར་ཞྭ་མདངས་ལྡན་ཆོས་གོས་གསུམ་གསོལ་ཞིང་། །བཙོ་མའི་

གསེར་མདོག་པཎ་ཞྭ་དབུ་ལ་མཛེས། །ཞབས་གཉིས་རྡོ་རྗེ་སྐྱིལ་ཀྲུང་ཚུལ་གྱིས་བཞུགས། །གཡས་སུ་སྲས་མཆོག་དར་མ་རིན་ཆེན་དང་། །གཡོན་ན་སྲ་བའི་ཉི་མ་དགེ་ལེགས་དཔལ། །ཆོས་གོས་གསུམ་གསོལ་པཎ་ཞྭ་གཙུག་མཛེས་ཤིང་། །ཆོས་འཆད་མཉམ་བཞག་ཕྱག་རྒྱས་གླེགས་བམ་བསྣམས། །ཡབ་སྲས་གསུམ་ཆར་མཚན་དཔེའི་དཔལ་རྫོགས་པས། །མཛེས་པའི་སྐུ་ནི་བལྟ་བས་ཆོག་མི་ཤེས། །ཞེས་པ་ནས། གཞན་རྣམས་གོང་ལྟར་ལ། ཡབ་རྗེའི་མདུན་དུ་གདན་ཁྲི་ཕུན་ཚོགས་སྟེང་། །ཞེས་པ་དང་། འཇམ་མགོན་བླ་མའི་རྒྱབ་ཀྱི་སྟེང་གི་ཆར། །ཞེས་པ་དང་། འཇམ་མགོན་འཁོར་བཅས་རྣམས་ཀྱི་ཕྱོགས་བཞི་རུ། །ཞེས་པ་རྣམས་ཚིག་བསྒྱུར་དགོས། དེ་ནས། རབ་འབྱམས་ཞིང་དུ་འགྲོ་བའི་དོན་མཛད་ཅིང་། །རང་ལ་དགྱེས་པའི་ཉམས་ཀྱིས་བཞུགས་པར་གྱུར། །དེ་དག་རྣམས་ཀྱི་གནས་ལྔར་ཡི་གེ་ལྔས། །ལེགས་མཚན་ཐུགས་ཀའི་ཧཱུྃ་ལས་འོད་ཟེར་འཕྲོས། །རབ་འབྱམས་ཕྱོགས་བཅུའི་ཞིང་ཁམས་ཐམས་ཅད་ནས། །བླ་མ་ཡི་དམ་རྒྱལ་བ་སྲས་བཅས་དང་། །ཁྱད་པར་སྟེང་ཕྱོགས་དགའ་ལྡན་ལྷ་གནས་ལས། །གྲོང་དང་དགོན་པའི་ཚུལ་དུ་བྱས་པ་ཡི། །ཞིང་མཆོག་དམ་པ་ཡིད་དགའ་ཆོས་འཛིན་ཞེས། །མི་ཕམ་མགོན་པོའི་ཐུགས་བསྐྱེད་ལས་གྲུབ་པ། །སྲིད་པའི་སྡུག་བསྔལ་མིང་ཡང་མི་གྲགས་ཤིང་། །དག་པའི་ཞིང་གི་སྣོད་བཅུད་འབྱོར་པའི་དཔལ། །མ་ཚང་མེད་པར་ལྷུན་གྱིས་གྲུབ་པའི་དབུས། །ཉི་མ་སྟོང་ཕྲག་འོད་ཀྱི་གདེངས་ཀ་ཅན། །ཆོས་ཀྱི་ཕོ་བྲང་རྒྱལ་མཚན་མཐོན་པོ་རུ། །རྒྱལ་སྲས་རྒྱ་མཚོའི་ཚོགས་ཀྱིས་བསྐོར་བའི་དབུས། །མི་འཇིགས་གདོང་ལྔས་བཏེགས་པའི་ནོར་བུའི་ཁྲིར། །བཟང་པོའི་བཞུགས་སྟངས་ཚུལ་གྱིས་འཁོད་པ་ཡི། །དགའ་ལྡན་ལྷ་བརྒྱའི་མགོན་གྱི་ཐུགས་ཀ་ནས། །རབ་དཀར་ཞོ་གསར་སྤུངས་འདྲའི་ཆུ་འཛིན་རྩེར། །ཆོས་ཀྱི་རྒྱལ་པོ་ཀུན་མཁྱེན་བློ་བཟང་གྲགས། །སྲས་དང་བཅས་པ་གནས་འདིར་གཤེགས་སུ་གསོལ། །རྣམ་དག་ཆོས་ཀྱི་དབྱིངས་ལས་མ་གཡོས་ཀྱང་། །ཐུགས་རྗེས་ཚད་མེད་འགྲོ་ལ་ཕྱོགས་བཅུར་གཟིགས། །རྒྱལ་བ་ཀུན་གྱི་འཕྲིན་ལས་རྒྱས་མཛད་པ། །དུས་གསུམ་བླ་མ་འཁོར་བཅས་གནས་འདིར་གཤེགས། །ཛཿ ཧཱུྃ་བཾ་ཧོཿ ཡེ་ཤེས་པ་རྣམས་རང་རང་གི་དམ་ཚིག་པ་སོ་སོ་ལ་ཐིམ་པར་གྱུར། མདུན་གྱི་ནམ་མཁར་སེང་ཁྲི་པད་ཟླའི་སྟེང་། །རྗེ་བཙུན་བླ་མ་དགྱེས་པའི་འཛུམ་དཀར་ཅན། །བདག་བློ་དད་པའི་

བསོད་ནམས་ཞིང་མཆོག་ཏུ། །བསྟན་པ་རྒྱས་ཕྱིར་བསྐལ་བརྒྱར་བཞུགས་སུ་གསོལ། །བསྟན་པའི་བདག་པོ་སྟོན་པ་བཅོམ་ལྡན་འདས། །རྒྱལ་བའི་དབང་པོ་བློ་བཟང་གྲགས་པའི་དཔལ། །བཀའ་དྲིན་མཉམ་མེད་ཡོངས་འཛིན་རིན་པོ་ཆེ། །དབྱེར་མེད་ཞབས་ཀྱི་པདྨོར་ཕྱག་འཚལ་ལོ། །ཤེས་བྱའི་ཕྱོགས་ཀུན་འཇལ་བའི་བློ་གྲོས་ཐུགས། །བསྐལ་བཟང་ན་བའི་རྒྱན་གྱུར་ལེགས་བཤད་གསུང་། །གྲགས་པའི་དཔལ་གྱིས་ལྷམ་མེར་མཛེས་པའི་སྐུ། །མཐོང་ཐོས་དྲན་པ་དོན་ལྡན་ལ་ཕྱག་འཚལ། །ཕྱོད་ཀྱི་ངོ་མཚར་སྤྲུལ་པའི་ཐྙོས་གར་ལས། །བྱུང་བའི་དངོས་བརྒྱུད་བླ་མ་ཡི་དམ་ལྷ། །སངས་རྒྱས་བྱང་སེམས་ཉན་རང་སྲུང་མར་བཅས། །ཞི་ཁྲོ་རབ་འབྱམས་རྣམས་ལ་ཕྱག་འཚལ་ལོ། །ཡིད་འོང་མཆོད་ཡོན་སྣ་ཚོགས་མེ་ཏོག་དང་། །དྲི་ཞིམ་བདུག་སྤོས་སྣང་གསལ་དྲི་ཆབ་སོགས། །དངོས་བཤམས་ཡིད་སྤྲུལ་མཆོད་སྤྲིན་རྒྱ་མཚོ་འདི། །བསོད་ནམས་ཞིང་མཆོག་ཁྱེད་ལ་མཆོད་པར་འབུལ། །མཆོད་པ་གང་རྣམས་བླ་མེད་རྒྱ་ཆེ་བ། །དེ་དག་རྒྱ་བ་ཐམས་ཅད་ལ་ཡང་མོས། །བཟང་པོ་སྤྱོད་ལ་དད་པའི་སྟོབས་དག་གིས། །རྒྱལ་བ་ཀུན་ལ་ཕྱག་འཚལ་མཆོད་པར་བགྱི། །རྣམ་དཀར་བཤད་སྒྲུབ་བསླབ་གསུམ་རིམ་གཉིས་སོགས། །རང་གཞན་ཀུན་གྱི་རྣམ་དཀར་དགེ་ཚོགས་ཀྱང་། །ཡིད་འོང་མཆོད་པའི་སྤྲིན་དུ་ལེགས་བསྟར་ན། །བཞེས་ཤིང་ཟད་མི་ཤེས་པར་བྱིན་གྱིས་རློབས། །རིགས་ལྔ་ཡུམ་བཞིའི་རང་བཞིན་དམ་རྫས་རྣམས། །རྡོ་རྗེ་གསུམ་གྱི་འོད་ཟེར་སྦྱོ་བསྡུ་ཡིས། །སྦྱངས་རྟོགས་སྤར་བྱས་བདུད་རྩིའི་རྒྱ་མཚོ་ཆེས། །མཆོག་ཏུ་སིམ་ཞིང་དགྱེས་པ་བསྐྱེད་གྱུར་ཅིག །ཞིང་སྔགས་ལྷན་སྐྱེས་ཕྱག་རྒྱའི་ཚོགས་སྤྲོས་ཏེ། །རྡོ་རྗེ་འཆང་དབང་ཡུམ་ལ་ཐིམ་པ་ན། །དེ་དང་སྙོམས་འཇུག་དགའ་བའི་རོལ་པ་ཡིས། །འཁོར་བཅས་ཟག་མེད་དགའ་བས་ཚིམ་གྱུར་ཅིག །ཆོས་ཀུན་སྤྲོས་བྲལ་ནམ་མཁའ་ལྟ་བུའི་ངང་། །གཟུགས་སྐུའི་འཇའ་ཚོན་ཅིར་ཡང་འཆར་བཟོད་པ། །སྐུ་ཐུགས་ཟུང་འཇུག་ལྷན་སྐྱེས་བདེ་བ་ཆེ། །བྱང་ཆུབ་རྡོ་རྗེའི་མཆོད་པས་དགྱེས་པར་མཛོད། །མདོར་ན་ཕྱི་ནང་ཉེར་སྤྱོད་འདོད་ཡོན་དང་། །དབང་བཞི་དང་འབྲེལ་མཆོད་པའི་མཐུ་ལ། །བློ་ཡིས་བླངས་ཏེ་གུས་བས་འབུལ་ལགས་ན། །ཐུགས་རྗེ་ཆེ་ལྡན་ཉིད་ཀྱི་མཐུས་བཞེས་ཤིག །རབ་སྙོངས་བདག་སོགས་འགྲོ་དྲུག་སེམས་ཅན་རྣམས། །རིང་ནས་གདུལ་དཀའ་སེམས་ཀྱིས་དབང་བསྒྱུར་

ཞིང་། །སེམས་ཉིད་སྟོང་པའི་ཐབ་ཏུ་བཟུང་བའི་མཐུས། །དཔག་ཡས་སྒོ་གསུམ་སྡིག་བ་ཅིབགྱིས་པ། །གནོད་ཞིང་འགྲོད་པ་དྲག་པོས་མཐོལ་བགྱིད་ན། །བཅོམ་ལྡན་ཐུགས་རྗེ་མངའ་བ་ཁྱེད་རྣམས་ཀྱིས། །བྱིན་རླབས་མི་ཟད་བདུད་རྩིའི་ཆུ་རྒྱུན་གྱིས། །ལྷག་མེད་བྱང་ཞིང་དག་པར་བྱིན་གྱིས་རློབས། ཞེས་ཐུགས་རྗེ་བསྐུལ་བའི་དམིགས་པ་དང་བཅས་ལྷུང་བཤགས་དང་བླམ་རྡོར་འཛིན་མ། མཇུག་ཏུ། གང་ཞིག་ཐོགས་མེད་དུས་ནས་བསགས་པ་ཡི། །ལུས་ངག་ཡིད་ཀྱིས་མི་དགེ་ཅི་བགྱིས་དང་། །ཁྱད་པར་སྡོམ་པ་གསུམ་གྱི་མི་མཐུན་ཕྱོགས། །སྙིང་ནས་འགྱོད་པ་དྲག་པོས་སོ་སོར་བཤགས། །ཞེས་པ་ལན་གསུམ་སོགས་བྱ། དེ་ནས། སྙིགས་མའི་དུས་འདིར་མང་ཐོབ་སྐྱབ་ལ་བརྟེན། །ཆོས་བརྒྱད་སྤངས་པས་དལ་འབྱོར་དོན་ཡོད་བྱས། །མགོན་པོ་ཁྱོད་ཀྱིས་རླབས་ཆེན་མཛད་པ་ལ། །བདག་ཅག་བསམ་པ་ཐག་པས་ཡི་རང་ངོ་། །རྗེ་བཙུན་བླ་མ་དམ་པ་ཁྱེད་རྣམས་ཀྱིས། །ཆོས་སྐུའི་མཁའ་ལ་མཁྱེན་བརྩེའི་ཆུ་འཛིན་འཁྲིགས། །ཇི་ལྟར་འཚམ་པའི་གདུལ་བྱའི་འཛིན་མ་ལ། །ལྷུན་འགྲུབ་ཆོས་ཀྱི་ཆར་བ་དབབ་ཏུ་གསོལ། །བདག་གིས་ཇི་སྙེད་བསགས་པའི་དགེ་བ་འདིས། །བསྟན་དང་འགྲོ་བ་ཀུན་ལ་གང་ཕན་དང་། །ཁྱད་པར་རྗེ་བཙུན་བློ་བཟང་གྲགས་པ་ཡི། །བསྟན་པའི་སྙིང་པོ་རིང་དུ་གསལ་བྱེད་ཤོག །ཞིང་ཁམས་འབུལ་བར་ཞུ། ཨོཾ་བཛྲ་བྷཱུ་མི་ཨཱཿཧཱུཾ། ཞེས་པ་ནས། ཞིང་ཁམས་རྣམ་པར་དག་པ་འདི་ཉིད་ཁམས་གསུམ་ཆོས་ཀྱི་རྒྱལ་པོ་ཙོང་ཁ་པ་ཡབ་སྲས་ལ་སོགས་པ་རྩ་བརྒྱུད་ཀྱི་བླ་མ་ཡི་དམ་སངས་རྒྱས་བྱང་སེམས་དཔའ་བོ་མཁའ་འགྲོ་ཉན་རང་ཆོས་སྐྱོང་སྲུང་མ་རྣམས་ལ་དབུལ་བར་བགྱིའོ། །ཐུགས་རྗེས་འགྲོ་བའི་དོན་དུ་བཞེས་སུ་གསོལ། །བཞེས་ནས་མཆོག་དང་ཐུན་མོང་གི་དངོས་གྲུབ་མ་ལུས་པ་སྩལ་དུ་གསོལ། །ས་གཞི་སྤོས་ཀྱིས་སོགས་དང་། བདག་གཞན་ལུས་ངག་མ་སོགས་བརྗོད་དེ། རབ་འབྱམས་གསུང་རབ་ཀུན་ལ་བལྟ་བའི་མིག །×× གསལ་མཛོད་བཤེས་གཉེན་རྣམས་ལ་གསོལ་བ་འདེབས། །སྐྱབ་པ་པོ་ལ་བུ་ལྟར་གཟིགས་མཛད་ཅིང་ ×× ཡི་དམ་ལྷ་ཚོགས་རྣམས་ལ་གསོལ་བ་འདེབས། །རླབས་ཆེན་ཚོགས་གཉིས་སྤྱོད་པ་ཡོངས་རྫོགས་ཤིང་། །ཉེས་ཀུན་བག་ཆགས་བཅས་པ་དྲུངས་ཕྱུང་སྟེ། །མཁའ་མཉམ་འགྲོ་བ་ཀུན་གྱི་དོན་མཛད་པ། །རྒྱལ་བ་སྲས་བཅས་ཀུན་ལ་གསོལ་བ་འདེབས། །བཤེས་ལ་མི་གུས་དལ་འབྱོར་ཆུད་གཟོན་

ཞིང་། །འཆི་བ་མི་དྲན་ཚེ་འདིའི་བདེ་ཐབས་བསྒྲུབ། །ངན་འགྲོའི་མི་འཇིགས་རྣམ་དག་སྐྱབས་མི་འཚོལ། །ལས་འབྲས་མི་སེམས་བླང་དོར་ལོག་པར་བསྒྲུབ། །འཁོར་བ་བདེར་འཛིན་དེ་རྒྱུ་ལས་ཉོན་སྤེལ། །ཐར་པར་མི་སྤྲོ་བསླབ་གསུམ་བསྟེན་མི་བྱེད། །མ་རྣམས་ཡལ་བོར་རང་ཉིད་གཅེས་པར་འཛིན། །བདག་ཏུ་མངོན་ཞེན་སྟུགས་ལ་མི་མོས་སོགས། །ཕྱིན་ཅི་ལོག་གི་བློ་སྣ་མཐའ་དག་རྣམས། །མྱུར་དུ་འགག་པར་བྱིན་གྱིས་བརླབ་ཏུ་གསོལ། །བཤེས་ལ་དད་གུས་དལ་འབྱོར་སྙིང་པོ་ལེན། །འཆི་བ་རྗེས་དྲན་ཚེ་འདིའི་འདུན་མ་བསྐྱུངས། །ངན་འགྲོའི་འཇིགས་དྲན་དཀོན་མཆོག་སྐྱབས་སུ་འཛིན། །ལས་འབྲས་བསམ་ནས་བླང་དོར་ཚུལ་བཞིན་བསྒྲུབ། །འཁོར་བའི་སྐྱོན་མཐོང་ལས་ཉོན་སྤོང་བར་འདོད། །ཐར་པ་དོན་གཉེར་རྣམ་དག་བསླབ་གསུམ་བསྟེན། །མ་རྣམས་གཅེས་འཛིན་རང་ཉིད་ཡལ་བར་དོར། །བདག་མེད་དོན་མཐོང་སྟུགས་ལ་མོས་པ་སོགས། ཕྱིན་ཅི་མ་ལོག་བློ་སྣ་མཐའ་དག་རྣམས། །མྱུར་དུ་སྐྱེ་བར་བྱིན་གྱིས་བརླབ་ཏུ་གསོལ། །ཁྱད་པར་བྱམས་དང་སྙིང་རྗེ་སེམས་བསྐྱེད་དང་། །ཕྱིན་དྲུག་ལ་སོགས་རྒྱ་ཆེན་སྤྱོད་པའི་ལམ། །སྙིང་པོ་ལམ་དུས་ཀུན་རྫོབ་སྒྱུ་མའི་ལུས། །ཡང་སྙིང་འབྲས་བུའི་དུས་ཀྱི་རྡོ་རྗེའི་སྐུ། །བདག་མེད་གནས་ལུགས་ཇི་བཞིན་མཐོང་བ་ཡི། །ཞི་ལྷག་གཉིས་སོགས་ཟབ་མོ་ལྟ་བའི་ལམ། །སྙིང་པོ་དཔེ་དང་དོན་གྱི་འོད་གསལ་གཉིས། །ཡང་སྙིང་བདེ་སྟོང་དབྱེར་མེད་ཆོས་སྐུ་སྟེ། །ཟབ་དང་རྒྱ་ཆེའི་ལམ་བཟང་སྙིང་པོར་བཅས། །མྱུར་དུ་སྐྱེ་བར་བྱིན་གྱིས་བརླབ་ཏུ་གསོལ། །འཇམ་དབྱངས་བླ་མའི་ཐུགས་ཀའི་ཧཱུྃ་ཡིག་ལས། །འོད་འཕྲོས་རྒྱབ་ཀྱི་རྡོ་རྗེ་འཆང་ལ་ཐོག །དེ་ཡི་ཐུགས་ཀའི་ཧཱུྃ་གི་འོད་ཟེར་གྱིས། །ཚོགས་ཞིང་གཞན་རྣམས་བསྡུས་ནས་དེར་ཐིམ་ཞིང་། །དེ་ཉིད་ཡབ་རྗེའི་སྤྱི་བོར་ནས་ཞུགས་ཏེ། །ཡེ་ཤེས་སེམས་དཔའི་ཚུལ་གྱིས་བཞུགས་པར་གྱུར། །དེ་ཉིད་ལ་སླར་ཡང་། ལུས་ངག་ཡིད་གསུམ་གུས་པས་ཕྱག་འཚལ་ལོ། །དངོས་བཤམས་ཡིད་སྤྲུལ་མཆོད་པ་མ་ལུས་འབུལ། །ཐོག་མེད་ནས་བསགས་སྡིག་ལྟུང་ཐམས་ཅད་བཤགས། །སྐྱེ་འཕགས་དགེ་བ་རྣམས་ལ་རྗེས་ཡི་རང་། །འཁོར་བ་མ་སྟོངས་བར་དུ་ལེགས་བཞུགས་ནས། །འགྲོ་ལ་ཆོས་འཁོར་མ་ལུས་བསྐོར་དུ་གསོལ། །བདག་གཞན་དགེ་རྣམས་བྱང་ཆུབ་ཆེན་པོར་བསྔོ། །ཞེསཡན་ལག་བདུན་པ་མདོར་བསྡུསདང་། སཱ་གཞི་མསམཎྜལ་ཕུལ། སྐུ་བཞིའི་བདག་ཉིད

བླམ་ལྷག་པའི་ལྷ། །ཐུབ་དབང་རྡོ་རྗེ་འཆང་ལ་གསོ་བ་འདེབས། །སྤྲོ་བྲལ་ཆོས་སྐུའི་བདག་ཉིད་བླ་མ་ལྷ། །ཐུབ་དབང་× ། །བདེ་ཆེན་ལོངས་སྐུའི་བདག་ཉིད་བླ× ཐུབ་དབང་× སྣ་ཚོགས་སྤྲུལ་སྐུའི་བདག་ཉིད་བླ་མ་ལྷ། །ཐུབ་དབང་× བླ་མ་ཀུན་འདུས་བླ་མ་ལྷག་པའི་ལྷ། །ཐུབ་དབང་× ། །ཡིད་དམ་ཀུན་འདུས× ། །ཐུབ་དབང་× ། །སངས་རྒྱས་ཀུན་འདུས× ། །ཐུབ་དབང་× ། །དམ་ཆོས་ཀུན་འདུས× ། །ཐུབ་དབང་× ། །དགེ་འདུན་ཀུན་འདུས་× ། །ཐུབ་དབང་× ། །མཁའ་འགྲོ་ཀུན་འདུས་× ། །ཐུབ་དབང་× ། །ཆོས་སྐྱོང་ཀུན་འདུས་× ། །ཐུབ་དབང་× ། །སྐྱབས་གནས་ཀུན་འདུས་བླ་མ་ལྷག་པའི་ལྷ། །ཐུབ་དབང་རྡོ་རྗེ་འཆང་ལ་གསོལ་བ་འདེབས། །ཁྱད་པར་རྒྱལ་སྲས་ཀུན་ལས་རིགས་གསུམ་མགོན། །མཁྱེན་བརྩེ་ནུས་པས་ཁྱད་པར་འཕགས་པ་བཞིན། །གངས་ཅན་མཁས་ཀུན་གཙུག་གི་རྒྱན་གྱུར་པ། །འཇམ་མགོན་བླ་མའི་ཞབས་ལ་གསོལ་བ་འདེབས། །མཁྱེན་བརྩེའི་གཏེར་དང་མཐུ་ཆེན་ཐོབ་བཞིན་དུ། །མཁྱེན་པའི་ཡེ་ཤེས་བརྩེ་བའི་ཐུགས་རྗེ་དང་། །སྐྱོབ་པའི་ནུས་མཐུ་མཚུངས་ཟླ་མ་མཆིས་པ། །འཇམ་མགོན་བླ་མའི་× ། །ངེས་པའི་དོན་དུ་འཕགས་པ་རིགས་གསུམ་མགོན། །ངུར་སྨིག་འཆང་བའི་སྐུ་ཡི་རྣམ་རོལ་ཏེ། །རྒྱལ་བའི་བསྟན་པ་ཉི་ལྟར་གསལ་མཛད་པ། །འཇམ་མགོན་བླ་མའི་ཞབས་ལ་གསོལ་བ་འདེབས། །མར་གྱུར་འགྲོ་ལ་རྗེས་ཆགས་སྙིང་རྗེ་དང་། །མཐའ་བྲལ་གནས་ལུགས་རྟོགས་པའི་ཤེས་རབ་མཆོག །ཕྱི་ནང་བདུད་སྡེ་འཇོམས་པའི་ནུས་པ་རྣམས། །བདག་སོགས་རྒྱུད་ལ་སྐྱེ་བར་བྱིན་གྱིས་རློབས། །ཞེས་ཕྱི་ནང་གསང་བའི་ཡོན་ཏན་དྲན་པར་བྱས་ཏེ་དམིགས་བརྩེ་མ་ཡོངས་གྲགས་ལྟར་རམ། དངོས་གྲུབ་ཀུན་འབྱུང་ཐུབ་དབང་རྡོ་རྗེ་འཆང་། །དམིགས་མེད་བརྩེ་བའི་གཏེར་ཆེན་སྤྱན་རས་གཟིགས། །དྲི་མེད་མཁྱེན་པའི་དབང་པོ་འཇམ་པའི་དབྱངས། །བདུད་དཔུང་མ་ལུས་འཇོམས་མཛད་གསང་བའི་བདག །འཇམ་དཔལ་ཁྲོས་པའི་རློས་གར་གཤིན་རྗེའི་གཤེད། །གངས་ཅན་མཁས་པའི་གཙུག་རྒྱན་ཙོང་ཁ་པ། །བློ་བཟང་གྲགས་པའི་ཞབས་ལ× ། །ཞེས་སོགས་ལྟར་གྱི་ལྷ་སྐོར་དྲུག་སྐོར་སོགས་བྱ། འཇམ་མགོན་ཡབ་སྲས་གསུམ་གྱི་ཐུགས་ཀ་ནས། ཐོན་པའི་འོད་ཀྱི་སྦུ་གུའི་ལམ་བརྒྱུད་དེ། །བདུད་རྩིའི་རྒྱུན་བབས་སྤྱི་བོ་ནས་

ཞུགས་པས། །མི་ཤེས་རྨོངས་པའི་དྲི་མ་སྦྱངས་པར་གྱུར། །ཞེས་མ་དག་འཁྲུད་བའི་དམིགས་པ་སྔོན་དུ་བཏང་ལ། བདུད་རྩིའི་རྒྱུན་རྣམས་འཇམ་དཔལ་ཞི་ཁྲོ་ཡི། །སྐུ་ཡི་རྣམ་པར་གནས་པས་ལུས་གང་སྟེ། །རབ་འབྱམས་གཞུང་དོན་འཛིན་ལ་ཐོགས་མེད་པའི། །རླབས་ཆེན་ཤེས་རབ་ཐོབ་པར་བྱིན་གྱིས × | |བདུད་རྩིའི་ × | |ཕྱག་ཀྱི་རྣམ་པར་གནས་པས་ལུས་གང་སྟེ། །དཀའ་གནད་ཕྲ་ཞིབ་མ་འདྲེས་འབྱེད་པ་ཡི། །ཤེས་རབ་གསལ་བ་ཐོབ་པར་བྱིན་གྱིས ×| |བདུད་རྩིའི་རྒྱུན་རྣམས × | |ས་བོན་རྣམ་པར་གནས་པས་ལུས་གང་སྟེ། །ཐེ་ཚོམ་འཆིང་བ་འཕྲུལ་དུ་གཅོད་པ་ཡི། །ཤེས་རབ་མྱུར་བ་ཐོབ་པར་བྱིན × | |བདུད་རྩིའི་རྒྱུན་རྣམས × | |ཕྱག་འཚལ་རྣམ་པར་གནས་པས་ལུས་གང་སྟེ། །ཟབ་མོའི་དོན་གྱི་གཏིང་མཐའ་དཔོག་པ་ཡི། །ཤེས་རབ་ཟབ་མོ་ཐོབ་པར × | |བདུད་རྩིའི་རྒྱུན་རྣམས་གང་ཞིག་བཤད་བྱ་ཡི། །གླེགས་བམ་རྣམ་པར་གནས་པས་ལུས་གང་སྟེ། །ཚིག་དོན་ཀུན་ལ་ངེས་པ་མཆོག་བསྐྱེར་བ། །འཆད་བའི་ཤེས་རབ་ཐོབ་པར × | |བདུད་རྩིའི་རྒྱུན་རྣམས་ཤེས་རབ་རལ་གྲི་ཡི། །འཁོར་ལོའི་ནམ་པར་གནས་པས་ལུས་གང་སྟེ། །སྨྲ་ངན་ཚོགས་ཀྱི་སྤྱོབས་པ་འཇོམ་པ་ཡི། །རྩོད་པའི་ཤེས་རབ × | |བདུད་རྩིའི་རྒྱུན་རྣམས་གཞུང་གི་གླེགས་བམ་དང་། །རལ་གྲིའི་རྣམ་པར་གནས་པས་ལུས་གང་སྟེ། །སྒྲ་དོན་ཕུན་ཚོགས་བློ་གསལ་སྐྱིད་དགའ་པའི། །རྩོམ་པའི་ཤེས་རབ་ཐོབ་པར་བྱིན་གྱིས་རློབས། །ཞེས་དམིགས་སྐོར་བདུན་པོ་རེ་རེའི་འཚམས་སུ་དམིགས་བརྗེ་མ་གྲངས་ཇི་ལྟར་འཚམ་པ་རེ་བཟླས་ཏེ། ཡང་མ་དག་པ་འཁྲུད་པའི་དམིགས་པ་དང་སྤྲུགས་ནས་རྗེས་མ་རྗེས་མ་བྱེད་པའམ། ཡང་ན་མ་དག་པ་འཁྲུད་པ་ཚར་གཅིག་གི་འཇུག་ཏུ་དམིགས་སྐོར་བདུན་གྱི་ཚིགས་བཅད་རྣམས་དཀྱུས་གཅིག་ལ་བརྗོད་དེ་དམིགས་བརྗེ་མ་བཟླ་བ་གང་མོས་བྱ། །དེ་ནས། ཡོན་ཏན་ཀུན་གྱི་གཞིར་གྱུར་དྲིན་ཅན་རྗེ། །ཞེས་སོགས་ཀྱིས་ལམ་ཡོངས་རྫོགས་ལ་ཤར་སྒོམ་བྱ་ཞིང་། ཐང་པ་ཐ་མ་ལན་གཉིས་གཉིས་སུ་བརྗོད་པས་དང་པོའི་ཚེ་དེ་དང་དེའི་རྟོགས་པ་སྐྱེ་བ་ལ་གེགས་བྱེད་ཀྱི་དྲི་མ་སྦྱངས་པ་དང་། གཉིས་པའི་ཚད་དང་དེའི་རྟོགས་པ་སྐྱེས་པའི་དམིགས་པ་བྱ། བདེ་ལྷག་ཉིད་དུ་འཇུག་པར་བྱིན་གྱིས་རློབས། །ཞེས་བའི་འཕྲོར། སངས་རྒྱས་བྱང་ཆུབ་སེམས་དཔའ་ཀུན། །ཞེས་སོགས་ཀྱིས་སྨོན་པ་བཟུང་ལ། དེ་ནས། ཁྱོད་ནི་བླ་མ་ཁྱོད་ནི་ཡི་དམ་ཁྱོད་ནི་མཁའ་འགྲོ་ཆོས་སྐྱོང་སྟེ། །× ×

× བར་གཅོད་སྲུངས། །ཞེས་པ་ལན་གསུམ་གྱིས་ཕུར་ཚུགས་སུ་གསོལ་བ་བཏབ་པས། རྗེ་ཡབ་སྲས་གསུམ་ག་དང་ཁྱད་པར་དུ་རྗེ་བླ་མའི་ཐུགས་ཀའི་རྡོ་རྗེ་འཆང་གི་གནས་གསུམ་ལས་བདུད་རྩིའི་རྒྱུན་བབས་པ་རང་གི་གནས་རྣམས་སུ་ཐིམ་པས་དབང་བཞིའི་རྟོགས་པ་སྐྱེས་པར་བསམ་ལ། རྗེ་བཙུན་བླ་མ་རྡོ་རྗེ་འཆང་དབང་གི །སྤྱི་བོའི་ཨོཾ་ལས་བདུད་རྩིའི་རྒྱུན་བབས་པས། །ལུས་ཀྱི་སྒྲིབ་སྦྱངས་བསྐྱེད་རིམ་བསྒོམ་པ་དང་། །འབྲས་བུ་སྤྲུལ་སྐུ་འགྲུབ་པའི་ནུས་པ་ཐོབ། །མགྲིན་པའི་ཨཱཿ ཡིག་ལས་བྱུང་བདུད་རྩིའི་ཆུས། །ངག་གི་སྒྲིབ་སྦྱངས་རྩུ་རླུས་བསྒོམ་པ་དང་། །འབྲས་བུ་ལོངས་སྐུ་འགྲུབ་པའི་ནུས་པ་ཐོབ། །ཐུགས་ཀའི་ཧཱུྃ་ཡིག་འོད་དང་བདུད་རྩིའི་ཆུས། །ཡིད་ཀྱི་སྒྲིབ་སྦྱངས་འོད་གསལ་བསྒོམ་པ་དང་། །འབྲས་བུ་ཆོས་སྐུ་འགྲུབ་པའི་ནུས་པ་བཞག །སླར་ཡང་གནས་གསུམ་ལས་བྱུང་བདུད་རྩིའི་ཆུས། །སྒོ་གསུམ་སྒྲིབ་སྦྱངས་ཟུང་འཇུག་བསྒོམ་པ་དང་། །རྡོ་རྗེ་འཆང་དབང་གོ་འཕང་འགྲུབ་པ་ཡི། །ནུས་པ་བཞག་སྟེ་དབང་བཞི་ཐོབ་པར་གྱུར། དེ་ཚེ་དངོས་གྲུབ་རྣམ་གཉིས་འགྲུབ་པའི་གཞི། །ཞེས་པ་ནས། རྡོ་རྗེ་འཆང་གི་གོ་འཕང་མྱུར་ཐོབ་ཤོག །དེ་ལྟར་གདུང་ཤུགས་དྲག་པོས་རྩེ་གཅིག་ཏུ། །གསོལ་བ་བཏབ་པས་སྲས་ཀྱི་ཐུ་བོ་གཉིས། །རྗེ་ལ་ཐིམ་ཞིང་དེ་ཉིད་ཚུར་ཐོན་ཏེ། །རང་ལུས་དབུས་ཀྱི་རྩ་ཏིའི་སྟོང་ཡངས་པའི། །ཡར་སྣ་ཐལ་གྱིས་ཕྱེ་བའི་ནང་ནས་ཞུགས། །སྙིང་གའི་པདྨའི་དབུས་སུ་རང་སེམས་དང་། །དབྱེར་མེད་ཚུལ་གྱིས་བརྟན་པར་བཞུགས་པར་གྱུར། །དཔལ་ལྡན་རྩ་བའི་བླ་མ། །ཞེས་སོགས་དང་། དེང་ནས་ཇི་སྲིད་བྱང་ཆུབ་སྙིང་པོའི་བར། །སྐད་ཅིག་ཙམ་ཡང་འབྲལ་མེད་རྗེས་བཟུང་སྟེ། །ཕྱིན་ཅི་ལོག་གི་བློ་སྣ་ཀུན་བཀག་ནས། །ཡང་དག་ལམ་བཟང་སྐྱེ་བར་བྱིན་གྱིས་རློབས། །འདི་སྣང་འགག་ཚེ་དགའ་ལྡན་ཞིང་མཆོག་ཏུ། །མི་ཕམ་མགོན་དང་འཇམ་དཔལ་སྙིང་པོ་སོགས། །ཡབ་སྲས་ཀུན་གྱིས་དགྱེས་བཞིན་རྗེས་བཟུང་སྟེ། །ལམ་བཟང་དགའ་སྟོན་སྤྱོད་བར་བྱིན་གྱིས་རློབས། །མགོན་ཁྱོད་རྨད་བྱུང་བཀོད་པའི་ཞིང་ཁམས་སུ། །སེང་གེའི་ང་རོར་སངས་རྒྱའི་ཚུལ་བསྟན་ཚེ། །འཁོར་དུ་སྐྱེས་ནས་ཟབ་མོའི་ལྟ་བ་དང་། །གསང་ཆེན་ལམ་བཟང་བགྲོད་པར་བྱིན་གྱིས་རློབས། །མདོར་ན་དུས་དང་གནས་སྐབས་གང་དུ་ཡང་། །བླ་མ་ཡི་དམ་དཀོན་མཆོག་གསུམ་གྱི་དངོས། །འདྲེན་པ་ཁྱེད་མིན་སྐྱབས་གཞན་མི་འཚོལ་བས། །འདུ་འབྲལ་མེད

པར་བྱིན་གྱིས་བརླབ་ཏུ་གསོལ། །དེ་ལྟར་གསོལ་བ་བཏབ་པས་དགྱེས་བཞིན་དུ། །སྙིང་དབུས་བཞུགས་ཤིང་དེ་ཡི་འདབ་མ་རྣམས། །ཟླུམ་པའི་ཕྱི་ནས་སྔགས་ཀྱིས་བསྐོམས་པའི་རྫེར། །མི་ཕྱེད་རྡོ་རྗེའི་རྒྱ་ཡིས་མཚན་པར་གྱུར། །དུས་གསུམ་དགེ་ཚོགས་གཅིག་ཏུ་བསྡོམས་པའི་མཐུས། །སྐྱེ་ཞིང་སྐྱེ་བར་འཇམ་མགོན་བླ་མ་དང་། །འབྲལ་མེད་བསམ་དང་སྦྱོར་བས་ལགས་བསྟེན་ནས། །བདེ་ཆེན་མགོན་པོའི་གོ་འཕང་མྱུར་ཐོབ་ཤོག །ཐུན་མཚམས་རྣམས་སུ་ཡང་སྙིང་གར་རྗེ་བླ་མ་བཞུགས་ཡོད་སྙམ་པའི་མོས་པ་བྱས་ཏེ་ཟས་གོས་གནས་མལ་སོགས་ལ་ལོངས་སྤྱོད་པ་ན་སྙིང་གའི་རྗེ་བླ་མ་ལ་ཕུལ་བའི་དམིགས་པ་བྱས་པས་དཀོར་སྒྲིབ་སྦྱོང་ཞིང་ཚོགས་བརླབས་པོ་ཆེ་ཞར་བྱུང་དུ་རྫོགས་པར་འགྱུར་བ་དང་། སྒོ་གསུམ་གྱི་སྤྱོད་པ་གང་ལའང་དེ་ཉིད་དབང་པོའི་ཚུལ་དུ་བཞུགས་པར་བསམས་པས་ཉེས་སྤྱོད་ལས་ལྡོག་ཅིང་དགེ་ཚོགས་འཕེལ་བ་དང་ལྷ་རྗེས་སུ་དྲན་པའི་རྣལ་འབྱོར་མཆོག་ཏུ་འགྱུར་ལ། ཚེ་རབས་ཐམས་ཅད་དུ་རྗེ་བླ་མ་དང་མི་འབྲལ་ཞིང་གསང་སྔགས་ཟབ་མོའི་སྨིན་བྱེད་དུ་འགྱུར་པའི་གནད་ཁྱད་པར་ཅན་ཡོད་དོ། །ཐུན་རྗེས་མ་རྣམས་ཀྱི་ཚེའང་དགའ་ལྡན་ནས་སྤྱན་འདྲེན་པ་སོགས་སྔར་དང་འདྲ་ལ། དཔལ་ལྡན་རྩ་བའི་བླ་མ་ཞེས་སོགས་ཀྱི་སྐབས་སྙིང་པདྨ་བུམ་སྐུའི་རྣམ་པ་དེ་ཉིད་ཙང་ཟད་ཁ་ཕྱེ་བའི་མཚམས་ནས་མར་ཕེབས་ཏེ་སྔར་བཞུགས་པའི་རྗེ་བླ་མ་དེ་ཉིད་ལ་བསྟིམ་པའི་དམིགས་པ་བྱས་ལ། སླར་ཡང་སྔགས་འཕྲེང་གིས་བསྐོམས་པ་སོགས་གོང་བཞིན་བྱས་པས་བྱིན་རླབས་བརྟན་པ་སོགས་དགོས་པ་ཤིན་ཏུ་ཆེའོ། །སྨྲས་པ། མིང་ཙམ་ལྷག་མར་གྱུར་པ་ཐུབ་པའི་བསྟན། །ཉི་ལྟར་གསལ་མཛད་འཇམ་དཔལ་སྙིང་པོ་ཞེས། །སྟོན་པ་འཇིག་རྟེན་གསུམ་ན་གྲགས་པ་ཡི། །མགོན་དེ་མི་ཕམ་རྒྱལ་བའི་དྲུང་ན་བཞུགས། །དེ་ཡིས་ལེགས་གསུངས་བསྟན་པའི་སྙིང་པོ་ལ། །མོས་པའི་བློ་ཅན་ཡབ་རྗེའི་མདུན་ས་རུ། །བསྟེགས་འདོད་དེ་དག་ནོར་བུའི་ཐེམ་སྐས་འདིར། །དད་བརྩོན་ཟུང་འབྲེལ་གོམ་པ་འདོར་བར་རིགས། །ཚུལ་འདིར་འབད་ལས་ཐོབ་པའི་རྣམ་དཀར་མཐུས། །མ་ནོར་བསྟན་པའི་སྙིང་པོ་དར་བ་དང་། །ཟོགས་ཀྱིས་མ་བསླད་བསྟན་འཛིན་གཙང་མ་ཡིས། །བསྟན་པའི་བྱ་བ་གེགས་མེད་མཐར་ཕྱིན་ཤོག ། །།ཅེས་དགའ་ལྡན་ལྷ་བརྒྱ་མར་གྲགས་པའི་བླ་མའི་རྣལ་འབྱོར་གྱི་གཞུང་བསྡུས་ཏེ་མདོ་སྔགས་ཆ་ཚང་བར་ཉམས་སུ་ལེན་པའི་ཚུལ་དགའ་ལྡན་ཞིང་དུ་བགྲོད་པའི་ནོར་བུའི་ཐེམ་སྐས་ཞེས་བྱ་བ་འདི་ནི་ཕུལ་དུ་བྱུང་བའི་ལྷག་བསམ་རྣམ་དཔྱོད་དང་ལྡན་པ་ཏྲ་བླ་མ་རབ་འབྱམས་པ་ཀུན་དགའ་རྣམ་རྒྱལ་དང་། ཆོས་ཚུལ་འབྱེད་པའི་བློ་མིག་མཆོག་ཏུ་ཡངས་པ་ཀུ་ཤྲཱི་བཀྲ་ཤིས་རབ་བརྟན་གཉིས་ཀྱིས་བསྐུལ་ངོར་༧བཙུན་པ་དཀོན་མཆོག་བསྟན་པའི་སྒྲོན་མེས་སྦྱར་བའི་ཡི་གེ་པ་ནི་བིཥྞུ་རཏྣ་ཨཱནནྡོ། ། །།

༄༅། །ཟབ་ལམ་བླ་མའི་རྣལ་འབྱོར་དགའ་ལྡན་ལྷ་བརྒྱ་མའི་སྒོ་ནས་རང་གཞན་གྱི་དོན་རླབས་པོ་ཆེ་བསྒྲུབ་ཚུལ་བཞུགས་སོ།

༄། །ན་མོ་གུ་རུ་བཛྲ་དྷ་རཱ་ཡ། འདིར་འཇམ་མགོན་བླ་མ་ལ་བརྟེན་པའི་ཟབ་ལམ་བླ་མའི་རྣལ་འབྱོར་དགའ་ལྡན་ལྷ་བརྒྱ་མའི་སྒོ་ནས་རང་གཞན་གྱི་དོན་རླབས་པོ་ཆེ་སྒྲུབ་པར་འདོད་པའི་གང་ཟག་གིས་རྗེའི་སྐུ་བརྙན་བྲིས་འབུར་ཅི་རིགས་ཀྱིས་གཙོས་པའི་སྐུ་གསུང་ཐུགས་ཀྱི་རྟེན་ལེགས་པར་དཀྲམ། མདུན་དུ་ཆུ་གཉིས་ཉེར་སྤྱོད་དང་བཅས་པ་ཚར་གསུམ་ཡན་ཆད་དང་། གཞན་ཡང་མར་མེ་བརྒྱ་རྩ་སོགས་མཆོད་པ་གང་རྒྱས། མཎྜལ་དང་བཅས་པ་ལེགས་པར་བསྟར། སྐྱབས་སེམས་རྒྱས་པར་སྔོན་དུ་བཏང་། དཀོན་མཆོག་གསུམ་གྱི་བདེན་པ་དང་། ཆོས་དབྱིངས་རྟེན་འབྲེལ་བསླུ་བ་མེད་པའི་མཐུ་སྟོབས་ཀྱིས་མཆོད་པའི་ཡོ་བྱད་ཐམས་ཅད་ཀུན་ཏུ་བཟང་པོའི་སྨོན་པའི་མཐུ་ལས་སྐྱབས་ཡུལ་རྣམས་ལ་ཟག་པ་མེད་པའི་དགྱེས་པ་སྐྱེད་པར་བྱེད་པའི་མཐུ་དང་ལྡན་པར་གྱུར། ན་མོ་རཏྣ་ཏྲ་ཡཱ་ཡ། ཨོཾ་ན་མོ་བྷ་ག་ཝ་ཏེ་བཛྲ་སཱ་ར་པྲ་མརྡ་ནེ། ཏ་ཐཱ་ག་ཏཱ་ཡ། ཨརྷ་ཏེ་སམྱཀྶཾ་བུདྡྷཱ་ཡ། ཏདྱ་ཐཱ། ཨོཾ་བཛྲེ་བཛྲེ། མཧཱ་བཛྲེ། མཧཱ་ཏེ་ཛ་བཛྲེ། མཧཱ་བིདྱཱ་བཛྲེ། མཧཱ་བོ་དྷི་ཙིཏྟ་བཛྲེ། མཧཱ་བོ་དྷི་མཎྜོ་པ་སཾ་ཀྲ་མ་ཎ་བཛྲེ། སརྦ་ཀརྨ་ཨཱ་ཝ་ར་ཎ་བི་ཤོ་དྷ་ན་བཛྲེ་སྭཱ་ཧཱ། ཞེས་མཆོད་པའི་སྤྲིན་གྱི་གཟུངས་ལན་གསུམ་བརྗོད་དེ་བྱིན་གྱིས་བརླབ། དགའ་ལྡན་གྱི་ཞིང་གི་བཀོད་པ་ཡིད་ངོར་ལེགས་པར་གསལ་བཏབ་སྟེ། སྟོང་ཕྱོགས་དགའ་ལྡན་གནས་ཀྱི་བྱེ་བྲག་མཆོག །ཡིད་དགའ་ཆོས་འཛིན་རྒྱལ་བའི་མདུན་ས་ནས། །རྣམ་འདྲེན་སྟོབས་བཅུ་མངའ་བ་མི་ཕམ་མགོན། །ཉིན་བྱེད་འབུམ་གྱིས་འཕྱུད་པའི་གསེར་རི་བཞིན། །མཚན་དཔེའི་དཔལ་འབར་གཟི་བརྗིད་ལྷམ་མེ་བ། །རིན་ཆེན་རྒྱན་སྤྲས་ཆོས་འཁོར་ཕྱག་རྒྱ་ཅན། །གདོང་ལྔའི་ཁྲི་ལ་བཟང་པོའི་བཞུགས་སྟངས་མཛད། །དེ་ཡི་ཐུགས་མཚན་དཔལ་གྱི་བེའུའི་ནང་། །འཇམ་མགོན་བླ་མ

ཡབ་སྲས་ལེགས་བཞུགས་ཤིང་། །གཞན་ཡང་སར་གནས་དཔའ་བོ་གྲངས་མེད་སོགས། །འཁོར་ཚོགས་རྒྱ་མཚོས་བསྐོར་བ་ཐམས་ཅད་ཀྱང་། །བདག་སོགས་སྨོ་སླིང་གདུལ་བྱའི་ཚོགས་རྣམས་ལ། །བརྩེ་བའི་ཐུགས་ཀྱིས་མངོན་པར་དགོངས་པ་ཡི། །ཉམས་འགྱུར་དང་བཅས་རྣམ་པ་གསལ་བར་གྱུར། །དགའ་ལྡན་ལྷ་བརྒྱའི་མགོན་གྱི་ཐུགས་ཀ་ནས། །རབ་དཀར་ཞོ་གསར་སྤྲུངས་འདྲའི་ཆུ་འཛིན་རྩེར། །ཆོས་ཀྱི་རྒྱལ་པོ་ཀུན་མཁྱེན་བློ་བཟང་གྲགས། །སྲས་དང་བཅས་པ་གནས་འདིར་གཤེགས་སུ་གསོལ། །མདུན་གྱི་ནམ་མཁར་སེང་ཁྲི་པད་ཟླའི་སྟེང་། །རྗེ་བཙུན་བླ་མ་དགྱེས་པའི་འཛུམ་དཀར་ཅན། །བདག་བློ་དད་པའི་བསོད་ནམས་ཞིང་མཆོག་ཏུ། །བསྟན་པ་རྒྱས་ཕྱིར་བསྐལ་བརྒྱར་བཞུགས་སུ་གསོལ། །དེ་ཡང་སེང་ཁྲི་གསུམ་གྱི་དབུས་མ་ལ། །སྐྱབས་གསུམ་ཀུན་འདུས་འཇམ་མགོན་ཙོང་ཁ་པ། །སྐུ་མདོག་དཀར་ལ་དམར་བའི་མདངས་ཆགས་ཤིང་། །ཕྱག་གཉིས་ཐུགས་ཀར་ཆོས་འཁོར་ཕྱག་རྒྱ་ཡིས། །རལ་གྲི་གླེགས་བམ་དང་བཅས་ཨུཏྤལ་བསྣམས། །དྲི་མེད་གསེར་མདོག་པཎ་ཞྭས་གཙུག་མཛེས་ཤིང་། །ཆོས་གོས་གསུམ་གསོལ་སྐྱིལ་ཀྲུང་ཚུལ་གྱིས་བཞུགས། །དེ་ཡི་སྙིང་པོར་སྐུ་ཡི་རྡོ་རྗེའི་དངོས། །ལྷ་མཆོག་སྙིང་རྗེའི་བདག་ཉིད་སྤྱན་རས་གཟིགས། །མགྲིན་པར་གསུང་གི་རྡོ་རྗེའི་ངོ་བོ་ཉིད། །ཤེས་རབ་སྟོང་པའི་རང་བཞིན་འཇམ་པའི་དབྱངས། །ཐུགས་ཀར་ཐུགས་ཀྱི་རྡོ་རྗེའི་བདག་ཉིད་མཆོག །མཐུ་སྟོབས་ནུས་པའི་གཏེར་གྱུར་གསང་བའི་བདག །རིགས་བརྒྱ་རིགས་ལྔ་རིགས་གསུམ་ཀུན་གྱི་དངོས། །ལྷ་མཆོག་གསུམ་དང་དབྱེར་མེད་ངོ་བོ་ཉིད། །གཡས་སུ་ཆོས་ཀྱི་རྒྱལ་པོ་དར་མའི་མཚན། །ཞི་དུལ་ཉམས་ལྡན་ཆོས་འཆད་མཉམ་བཞག་མཛད། །གཡོན་དུ་སྨྲ་བའི་ཉི་མ་དགེ་ལེགས་དཔལ། །ཆོས་འཆད་མཉམ་བཞག་དང་བཅས་འགྱིང་བའི་ཉམས། །ཡབ་སྲས་གསུམ་གྱི་འོད་ཟེར་འཕྲོ་འདུ་ཡིས། །དངོས་དང་བརྒྱུད་པའི་བླ་ཐམས་ཅད་དང་། །ཞི་ཁྲོ་རབ་འབྱམས་ཡི་དམ་འཁོར་ལོའི་ཚོགས། །རབ་འབྱམས་རྒྱལ་དང་རྒྱལ་སྲས་མ་ལུས་པ། །དཔའ་བོ་མཁའ་འགྲོ་ཉན་རང་ཆོས་སྲུང་ཀུན། །སྤྱན་དྲངས་བསོད་ནམས་ཞིང་དུ་བཞུགས་སུ་གསོལ། །ཇི་སྙེད་སུ་དག་ཕྱོགས་བཅུའི་འཇིག་རྟེན་ན། །དུས་གསུམ་གཤེགས་པ་མི་ཡི་སེང་གེ་ཀུན། །བདག་གིས་མ་ལུས་དེ་དག་ཐམས་ཅད་ལ། །ལུས་དང་ངག་ཡིད་དང་བས

ཕྱག་བགྱིའོ། །བཟང་པོ་སྤྱོད་པའི་སྨོན་ལམ་སྟོབས་དག་གིས། །རྒྱལ་བ་ཐམས་ཅད་ཡིད་ཀྱི་མངོན་སུམ་དུ། །ཞིང་གི་རྡུལ་སྙེད་ལུས་རབ་བཏུད་པ་ཡིས། །རྒྱལ་བ་ཀུན་ལ་རབ་ཏུ་ཕྱག་འཚལ་ལོ། །རྡུལ་གཅིག་སྟེང་ན་རྡུལ་སྙེད་སངས་རྒྱས་རྣམས། །སངས་རྒྱས་སྲས་ཀྱི་དབུས་ན་བཞུགས་པ་དག །དེ་ལྟར་ཆོས་ཀྱི་དབྱིངས་རྣམས་མ་ལུས་པ། །ཐམས་ཅད་རྒྱལ་བ་དག་གིས་གང་བར་མོས། །དེ་དག་བསྔགས་པ་མི་ཟད་རྒྱ་མཚོ་རྣམས། །དབྱངས་ཀྱི་ཡན་ལག་རྒྱ་མཚོའི་སྒྲ་ཀུན་གྱིས། །རྒྱལ་བ་ཀུན་གྱི་ཡོན་ཏན་རབ་བརྗོད་ཅིང་། །བདེ་བར་གཤེགས་པ་ཐམས་ཅད་བདག་གིས་བསྟོད། །ཤེས་བྱའི་ཕྱོན་ཀུན་འཇལ་བའི་བློ་གྲོས་ཐུགས། །སྐལ་བཟང་ཉ་བའི་རྒྱན་གྱུར་ལེགས་བཤད་གསུང་། །གྲགས་པའི་དཔལ་གྱིས་ལྷམ་མེར་མཛེས་པའི་སྐུ། །མཐོང་ཐོས་དྲན་པ་དོན་ལྡན་ལ་ཕྱག་འཚལ། །ཞེས་དང་། དཔལ་ལྡན་ས་གསུམ་མ་སོགས་རྗེའི་གསོལ་འདེབས་དང་བསྟོད་པ་ཅི་རིགས་འདོན་ཞིང་། སྤྱིར་ཕྱག་འཚལ་བ་དང་སྨྲགས་ཀྱང་རུང་། ཡིད་འོང་མཆོད་ཡོན་ཞེས་པའི་ཤློ་ཀ་གཅིག་འབུལ་ལམ། རྒྱལ་བ་རྒྱ་མཚོ་མ་སོགས་ཀྱི་མཆོད་འཕྲེང་རྒྱས་པ་དང་། འདོད་ཡོན་རྣམ་ལྔ་རིན་ཆེན་སྣ་བདུན་སོགས་ཀྱང་དབུལ། །ལུང་བཤགས་དང་སྤྱི་བཤགས་སོགས་ཀྱང་བཏོན་ཏེ། གང་ཞིག་ཐོག་མེད་དུས་ནས་ཞེས་པ་མན་ཆད་ཐར་ཆགས་སུ་བྱ། དེ་ནས་མཎྜལ་སོ་བདུན་མ་རྒྱས་པར་ཕུལ་ལ། ས་གཞི་སྤོས་ཆུས་མ་གྲངས་བསགས་ཏེ་བདུན་ནམ་ཉེར་གཅིག་སོགས་དབུལ། དེ་ནས་བདུད་རྩི་འབེབས་སྒྲུང་གི་དམིགས་པ་ཁྲིད་ཡིག་སོགས་ནས་འབྱུང་བ་ལྟར་བྱས་ལ་དམིགས་བརྩེ་མ་བརྒྱ་སྟོང་སོགས་འདོན། དེ་རྗེས། རྗེ་བླ་མའི་གནས་གསུམ་གྱི་རིགས་གསུམ་མགོན་པོ་སོ་སོའི་ཐུགས་ཀར་རིམ་བཞིན་ཟླ་གདན་ལ་ཧྲཱིཿ ཡིག་དང་དྷཱིཿ ཡིག ཉི་གདན་ལ་ཧཱུྃ་ཡིག་གི་མཐར་རང་རང་གི་སྔགས་ཀྱིས་བསྐོར་བ་མོས་ཏེ། རིགས་གསུམ་མགོན་པོའི་སྙིང་པོ་བགྲང་། ཁྲུས་ལ་སོགས་པའི་སྒོ་ནས་གཞན་གྱི་དོན་སྒྲུབ་པའི་ཚེ། ཐུགས་ཀའི་གསང་བདག་ཁྲོ་བོའི་རྣམ་པ་དེ་ཉིད་རྡོ་རྗེ་རྣམ་པར་འཇོམས་པའི་སྐུར་གྱུར་པར་མོས་ལ། དེའི་ཐུགས་ཀའི་སྔགས་འཕྲེང་ལས་བདུད་རྩིའི་རྒྱུན་བབས་པས་བུམ་པ་གང་བར་བསམས་ཏེ། དེའི་སྔགས་བཟླ་ཞིང་བུམ་ཆུ་དེ་ཉིད་ཀྱིས་བཀྲུ་བྱབ་སོགས་དཀྲུས་བཞིན་བྱ། དེས་མཚོན་ཏེ་མཁྱེན་པའི་འཇམ་དཔལ་དེ་ཉིད་རྡོ་རྗེ་འཇིགས་བྱེད་ཀྱི་སྐུར་གྱུར་པར་མོས་ལ་དེའི་སྔགས་བགྲང་བ་སོགས་སྐབས་དང་སྦྱར་

ན་ཉུང་བར་གསུངས་སོ། །མཇུག་ཏུ་རྗེ་བླ་མ་རང་གི་སྙིང་གར་ཐིམ་པར་མོས་ཏེ། དཔལ་ལྡན་རྩ་བའི་བླ་མ་ཞེས་སོགས་དང་། ཚེ་རབས་རྗེས་འཛིན་གྱི་སྨོན་པ་སོགས་བྱའོ། །ཞེས་པ་འདི་ཡང་དད་བརྩོན་ལྡན་པ་དགེ་སློང་འཇིགས་མེད་བདེ་ཆེན་གྱིས་བསྐུལ་ངོར་༄བཙུན་པ་དཀོན་མཆོག་བསྟན་པའི་སྒྲོན་མེས་བྲིས་པའོ།། །།

༄༅། །བླ་མའི་རྣལ་འབྱོར་འདོན་ཐབས་རྒྱུན་གྱི་ཉམས་ལེན་མགོ་འཇུག་ཏུ་ཀུན་སློང་ཚོས་ཚུལ་སོགས་ཚང་ཞིང་འཕྱེར་བདེ་བ་བཞུགས་སོ།

༄༅། །ན་མོ་གུ་རུ་རཏྣ་ཏྲ་ཡཱ་ཡ། ནངས་པར་མལ་ལས་ལྡང་བ་ན་མདང་མ་ཤི་བར་ལང་རྒྱུ་བྱུང་བ་བླ་མ་དཀོན་མཆོག་གི་ཐུགས་རྗེ་ཡིན། སྤྱིར་ཚེ་ལྷག་གང་ཡོད་དང་ཁྱད་པར་དེ་རིང་གི་ཉི་མ་འདིར་སྡིག་པས་མ་གོས་ཤིང་དགེ་བ་འབད་ནས་ཚུད་ཟོས་སུ་མ་སོང་བ་བྱེད་སྙམ་པའི་འཕེན་པ་དང་། དེ་ལྟར་འོངས་པ་དཀོན་མཆོག་མཁྱེན་སྙམ་དུ་གསོལ་བ་འདེབས། སྐྱབས་འགྲོ་བྱེད་པ་ལ་མདུན་གྱི་ནམ་མཁར་མཆོད་སྤྲིན་འཁྲིགས་པའི་དབུས་སུ་བསྟན་པའི་བདག་པོ་ཐུབ་པའི་དབང་པོ་དང་ངོ་བོ་དབྱེར་མ་མཆིས་པའི་འཇམ་མགོན་བླ་མ་ཙོང་ཁ་པ་ཆེན་པོའི་ཕྱག་གཉིས་ཆོས་འཁོར་གྱི་ཕྱག་རྒྱས་པད་སྡོང་གི་སྟེང་དུ་གླེགས་རལ་བསྣམས་པ། ཆོས་གོས་རྣམ་གསུམ་དང་པཎ་ཞྭ་གསོལ་བའི་ཐུགས་ཀར་རྗེ་བཙུན་བྱམས་མགོན་གསེར་གྱི་མདོག་ཅན་ཆོས་འཁོར་ཕྱག་རྒྱ་མཛད་པ། དབུའི་སྟེང་དུ་བླ་མ་ཐུབ་དབང་གི་ངོ་བོ་བྱང་ཆུབ་མཆོད་རྟེན་ཡོད་པ། རྗེ་བླ་མའི་མགྲིན་པར་སྤྱན་རས་གཟིགས་དང་ལྟེ་བར་རྗེ་བཙུན་སྒྲོལ་མ་མཐའ་སྐོར་དུ་དངོས་བརྒྱུད་ཀྱི་བླ་མ་ཡི་དམ་མཁའ་འགྲོ་ཆོས་སྐྱོང་དང་བཅས་པས་བསྐོར་ནས་བཞུགས་པ། ཐམས་ཅད་རང་ལ་དགྱེས་པའི་ཚུལ་གྱིས་གཟིགས་པར་བསམས། རང་གི་མཐའ་སྐོར་དུ་ཕ་མ་རིགས་དྲུག་གི་སེམས་ཅན་ཐམས་ཅད་གསལ་བཏབ་སྟེ་འཁོར་བ་སྤྱི་བྱེ་བྲག་གི་སྡུག་བསྔལ་ལ་འཇིགས་ཤིང་སྐྲག་པ་དང་། མདུན་གྱི་སྐྱབས་ཡུལ་རྣམས་ལ་དེ་ལས་སྐྱོབ་པའི་ནུས་པ་ཡོད་པར་ཡིད་ཆེས་ཤིང་། ད་རེས་སྐྱབས་ཁྱད་པར་ཅན་རྣམས་ཀྱི་ཞབས་ནས་ལན་གཅིག་ཟིན་པའི་དུས་འདིར་གཏན་གྱི་བདེ་བའི་བློ་གདེང་ཡོད་པ་ཞིག་བྱེད་དགོས་པར་འདུག་སྙམ་སྟེ་སྐྱབས་འགྲོ་བྱ། ལུས་ལོངས་སྤྱོད་དུས་གསུམ་གྱི་དགེ་ཚོགས་དང་བཅས་པ་

ཐམས་ཅད་རི་རབ་གླིང་བཞི་མཚོ་དགུའི་དཔལ་འབྱོར་དང་བཅས་པའི་རྣམ་པར་སྤྲུལ་ཏེ་ཕུལ་བས་ཞིང་བདག་གིར་བཞེས་ནས་དེའི་སེམས་ཅན་ཐམས་ཅད་སྨིན་གྲོལ་ལ་བཀོད་པར་བསམས། ཕྱག་སྐོར་སོགས་ཀྱི་ཚེའང་སྐྱབས་ཡུལ་ནམ་མཁའ་གང་བ་ལ་རང་དང་སེམས་ཅན་ཐམས་ཅད་ཀྱིས་ལྷན་དུ་བྱས་པར་བསམས་ན་དེའི་ཚོད་ཀྱི་འགྱུར་ཆེའོ། །མདུག་ཏུ་སྐྱབས་ཡུལ་རྣམས་དབུས་ཀྱི་རྗེ་བླ་མ་ལ་བསྡུས་ཏེ་དེ་རྒྱལ་བ་ཀུན་གྱི་མཁྱེན་བརྩེ་ནུས་པའི་ངོ་བོ་རིགས་གསུམ་གཅིག་ཏུ་བསྡུས་པར་བལྟས་ལ་བདུད་རྩི་འབེབ་སྦྱོང་གི་དམིགས་པ་དང་བཅས་དམིགས་བརྩེ་མ་འདོན། བྱམས་པས་དམ་བཅའི་གཟུངས་བཟླ་བའི་ཚེ་དེའི་ཐུགས་ཀའི་བྱམས་མགོན་གྱི་ཐུགས་ཀར་མཻ་ཡིག་ལ་གཟུངས་ཀྱིས་བསྐོར་བ་ལས་འོད་ཟེར་འཕྲོས། རང་གཞན་སེམས་ཅན་ཐམས་ཅད་ཀྱི་སྡིག་སྒྲིབ་སྦྱངས། ས་ལམ་གྱི་རྟོགས་པ་ཁྱད་པར་ཅན་སྐྱེ་བར་བྱིན་གྱིས་བརླབས་པར་བསམ་ལ་གཟུངས་བཟླ། མདུག་ཏུ་འདི་ནས་འཕོ་བའི་ཚེ་བྱམས་མགོན་གྱི་དྲུང་དུ་སྐྱེ་བ་དང་། མ་འོངས་པ་ན་ཚེ་ལོ་བརྒྱད་ཁྲིའི་དུས་བྱམས་མགོན་འཇིག་རྟེན་དུ་བྱོན་པའི་ཚེ་སྲས་ཀྱི་ཐུ་བོར་འགྱུར་བའི་སྨོན་ལམ་དང་དེ་ལྟར་ཞལ་གྱི་བཞེས་པའི་མིགས་པ་བྱ། མ་ཎི་བཟླ་བའི་ཚེ་མཁྱེན་པའི་སྤྱན་རས་གཟིགས་ཀྱི་ཐུགས་ཀར་ཧྲཱིཿཡིག་ལ་སྔགས་འཕྲེང་གིས་བསྐོར་བ་ལས་འོད་ཟེར་འཕྲོས་རིགས་དྲུག་སོ་སོའི་གནས་སུ་སོང་སྟེ་རང་རང་གི་སྡུག་བསྔལ་ལས་ཐར་པར་བྱས། འཕགས་པའི་གོ་འཕང་ལ་བཀོད་དེ་ཐམས་ཅད་ཀྱིས་མཁྱེན་གཅིག་ཏུ་གཟུངས་འུར་འུར་སྒྲོགས་པར་བསམས་ལ་བཟླ། སྒྲོལ་མ་འདོན་ཚེ་ལྟེ་བར་བཞུགས་པའི་རྗེ་བཙུན་སྒྲོལ་མའི་ཐུགས་ཀར་ཏཾ་ཡིག་ལས་སྒྲོལ་མ་ཉེར་གཅིག་གི་ལྷ་ཚོགས་མར་མེའི་འཕྲེང་བ་ལྟར་བྱུང་ཞིང་། གཞན་ཡང་སྤྲུལ་པའི་བཀོད་པ་དཔག་ཏུ་མེད་པ་མཁའ་ཁྱབ་ཏུ་སྤྲོས་ཏེ་རང་གཞན་སེམས་ཅན་ཐམས་ཅད་འཇིགས་པ་ཆེན་པོ་བརྒྱད་སོགས་ལས་བསྐྱབས་མཆོག་དང་ཐུན་མོང་གི་དངོས་གྲུབ་སྩལ་བར་བསམས་ལ་འདོན། ཁྱད་པར་དུ་ཨ་ཏི་ཤ་རི་རིའི་སྐབས་སྒྲོལ་མ་དེ་དང་དེས་ཐུན་མོང་མ་ཡིན་པར་བྱིན་གྱིས་བརླབས་པའི་དམིགས་པ་བྱ། རྒྱུན་དུའང་སྐྱབས་ཡུལ་དེ་རྣམས་ཡིད་ངོར་མ་བརྗེད་པར་བྱས་ལ་ཙི་ཟ་ཙི་འཐུང་གི་ཕུད་འབུལ་བ་སོགས་ཚོགས་གསོག་པའི་ཞིང་དང་སྐྱོ་གསུམ་བླང་དོར་གྱི་དཔང་པོར་བྱེད། ཚེ་གཟུངས་བཟླ་ན་སྤྱན་རས་གཟིགས་ཀྱི་རིགས་བདག་འོད་དཔག་མེད་དེ་ཚེ་དཔག་མེད་དུ་བསྒྱུར་བའི་ཐུགས་ཀའི་སྔགས་འཕྲེང་ལས་འཆི་མེད་ཚེའི་

བདུད་རྩིའི་རྒྱུན་བབས་པར་བསམས་ནས་བཟླ། དགའ་ལྡན་ལྷ་བུར་ཡིད་སྨོན་བྱེད་ན་གང་དུ་སྡོད་པའི་གནས་དེ་དགའ་ལྡན་གྱི་ཞིང་ཡིན་སྙམ་པ་དང་། གང་དུ་འགྲོའང་དགའ་ལྡན་དུ་འགྲོ་སྙམ་པ་དང་། དགེ་བ་གང་བྱས་དེའི་རྒྱུར་བསྔོ་ལ་ཉལ་བའི་ཚེ་རྗེ་བླ་མའང་ཐུགས་ཀའི་བྱམས་མགོན་ལ་བསྡུས་ཏེ་དེའི་ཞབས་ལ་མགོ་གཏད་ནས་དད་པའི་ངང་དུ་གཉིད་ལ་འགྲོ་བ་བྱེད། །བྱམས་མགོན་གྱི་འཕོ་བ་སྦྱོང་ན་རྗེ་བླ་མ་རང་གི་སྤྱི་བོར་བྱོན། རང་ཉིད་དེའི་ཐུགས་ཀའི་བྱམས་མགོན་ལ་ཡར་ཐིམ། དེ་དགའ་ལྡན་དུ་གཤེགས་པའི་ཐུགས་ཀ་ནས་ཕྱིར་ཐོན་ཏེ་པདྨའི་སྦུབས་སུ་སྐྱེས་པར་བསམས། བདེ་བ་ཅན་དུ་གཙོ་བོར་འཕེན་པ་གཏོང་ན་འགྲོ་འདུག་གི་དམིགས་པ་བསྔོ་བའི་ཁ་བསྒྱུར་སོགས་འདྲ་ལ། གཉིད་དུ་འགྲོ་ཁ་རྗེ་བླ་མ་མགྲིན་པའི་སྤྱན་རས་གཟིགས་ལ་ཐིམ། དེ་རིགས་བདག་འོད་དཔག་མེད་ལ་ཐིམ་པའི་ཞབས་ལ་མགོ་གཏད་པའམ། སྤྱན་རས་གཟིགས་ཀྱི་ཞབས་ལ་མགོ་གཏད་དེ་བདེ་བ་ཅན་དུ་འཕྲེད་པའི་ས་མཁན་མཛད་དུ་གསོལ་སྙམ་པའི་དད་གདུང་དྲག་པོ་བསམ་གཏན་ཉལ་སྒོམ་གྱི་མན་ངག་བཞིན་བྱ། དགེ་རྩ་གང་བྱས་ཀྱི་མཇུག་ཏུ། ཤེས་ཀྱི་ཁེ་འདོད་པ་དང་གྲགས་པ་དང་། ཞེས་སོགས་དོན་མེད་པའི་འཁོར་བའི་ཕུན་ཚོགས་ཀྱི་རྒྱུར་མི་འགྱུར་བའི་སྨོན་ལམ་དང་། འཇམ་དཔལ་དཔའ་བོས་ཞེས་སོགས་དང་། དུས་གསུམ་གཤེགས་པའི་ཞེས་སོགས་རྒྱལ་བས་བསྔགས་པའི་སྨོན་གནས་ཀུན་གྱི་རྒྱུར་འགྲོ་བའི་སྨོན་ལམ་དང་། མཆོག་གསུམ་བསླུ་བ་མེད་པའི་ཐུགས་རྗེས་དེ་བཞིན་དུ་འགྱུར་ཅིག་སྙམ་པས་བདེན་པ་བདར་བ་སོགས་བྱའོ། །བྱམས་མགོན་ཐུགས་ཀར་བསྒོམ་པ་བཀའ་གདམས་གླེགས་བམ་དང་སྟོ་བྲག་པའི་གསུང་གིས་འགྲུབ་ལ། སྤྱན་རས་གཟིགས་མགྲིན་པར་བསྒོམ་པ་རིགས་གསུམ་སྤྱི་སྒྲུབ་ཀྱི་མན་ངག་དང་། སྒྲོལ་མ་ལྟེ་བར་བསྒོམ་པ་བླ་མེད་ཀྱི་རྒྱུད་དུ་མའི་དགོངས་པ་ཡིན་པས་ཡིད་ཆེས་པའི་གནས་སུ་བྱའོ། །ཞེས་པ་འདི་ནི་དད་བརྩོན་ལྷག་བསམ་དང་ལྡན་པ་ཛ་སག་ཐུ་རྒྱལ་པོའི་སྲིང་མོ་དབང་ལྡན་དབང་མོ་བུ་ཁྲིད་ཀྱིས་འདི་རྣམས་འདོན་ཐབས། རྒྱུན་གྱི་ཉམས་ལེན། མགོ་མཇུག་ཏུ་ཀུན་སློང་འཆོས་ཚུལ་སོགས་ཚང་ཞིང་འཁྱེར་བདེ་བ་ཞིག་དགོས་ཚུལ་སྐུལ་མ་བྱུང་བ་ལྟར། ༧བཙུན་པ་དཀོན་མཆོག་བསྟན་པའི་སྒྲོན་མེས་འཕྲལ་དུ་སྨྲས་པའི་ཡི་གེ་པའང་སྟགས་རམ་པ་དཀོན་མཆོག་ཀུན་དགའོ། །༈།།

༄༅། །དགའ་ལྡན་ལྷ་བརྒྱ་མ་དང་སྦྱོར་བའི་ཆོས་དྲུག་དཀྲུས་གཅིག་ཏུ་ཉམས་སུ་ལེན་ཚུལ་ལམ་བཟང་སྒོ་འབྱེད་ཅེས་བྱ་བཞུགས་སོ།

༄། །ཐུབ་བསྟན་ཡོངས་སུ་རྫོགས་པའི་ཁུར་འཛིན་པར། །འཕགས་ཡུལ་རྒྱལ་བ་གཉིས་པ་ཀླུ་སྒྲུབ་ལས། །འཛམ་གླིང་འདི་ན་མཚུངས་ཟླ་གཞན་མེད་པ། །བློ་བཟང་རྒྱལ་བ་གཉིས་པར་སྙིང་ནས་འདུད། །གང་ལ་བརྟེན་ན་སྲིད་ཞིའི་འཇིགས་མཚོ་ལས། །ཡུད་ཀྱིས་བསྒྲོད་ཕྱིར་སྦྱོར་བའི་ཆོས་ཀྱི་གཟིངས། །འོག་འབྱིན་ཟབ་མོའི་རྣལ་འབྱོར་བ་དག་གིས། །མཛེས་པའི་སྐལ་བཟང་དོན་མཐུན་འཇུག་པར་མཛོད། །དེའང་བྱང་ཆུབ་ལམ་རིམ་ཆེན་མོའི་དངོས་འཛིན་ལྟར་བཤེས་གཉེན་སྟེན་ཚུལ་གྱི་རིམ་པ་སྟོན་འགྲོ་སྦྱོར་བའི་ཆོས་ཀྱི་ཁོངས་སུ་བསྡུས་ཏེ་ཉམས་སུ་ལེན་ཚུལ་ཀུན་གཟིགས་ལྔ་པ་ཆེན་པོས་འཇམ་དཔལ་ཞལ་ལུང་དུ་གསལ་བར་མཛད་པ་དང་། ཡང་ལམ་རིམ་གྱིས་དགོངས་པ་ཡོན་ཏན་རིན་པོ་ཆེ་སྡུད་པར། ཇི་སྐད་སྨྲས་བཞིན་བྱེད་དང་བདེ་གཤེགས་བྱིན་རླབས་ཅན། །ཞེས་སྦྱོར་བའི་ཆོས་དྲུག་གི་སྒོ་ནས་སྐྱབས་ཡུལ་རྣམས་ཀྱི་བྱིན་རླབས་རྒྱུད་ལ་ཞུགས་ཏེ་རྒྱུད་སྨོད་རུང་དུ་བྱས་པ་ལ་དངོས་གཞི་ལམ་གྱི་རྩ་བ་བཤེས་གཉེན་སྟེན་ཚུལ་གྱི་རྟོགས་པ་སྐྱེས་ནས་བཀའ་བཞིན་སྒྲུབ་པ་འབྱུང་བར་གསུངས་པའི་མན་ངག་གིས་སྦྱོར་བའི་ཆོས་དྲུག་སྟོན་དུ་བཏང་ནས་གཙོད་བཤེས་གཉེན་སྟེན་ཚུལ་གྱི་དམིགས་སྐོར་སྐྱོང་བར་གསུངས་པ་གཉིས་ག་རྗེ་བླ་མའི་དགོངས་པ་ཡིན་པས། རྗེས་འཇུག་སོ་སོས་རང་རང་གི་མོས་པ་བཞིན་ལག་ཏུ་བླང་ཆོག་ལ། འདིར་འཇུག་པ་བདེ་བའི་ཕྱིར་འཇམ་དཔལ་ཞལ་ལུང་གི་ལུགས་བཞིན་དཀྲུས་གཅིག་ཏུ་དྲིལ་ནས་ལག་ཏུ་ལེན་ཚུལ་ནི། ཚོགས་ཞིང་སྤྱན་འདྲེན་རྒྱུར་བཀུར་སྟིའི་བསམ་པ་དང་། རང་གི་སྒྲིབ་པ་སྦྱོང་ཞིང་ཞིང་སྦྱོང་བའི་དམིགས་པ་སོགས་དང་བཅས་ཆུ་གཙང་གིས་ཆག་ཆག་བཏབ་སྟེ་གནས་ཁང་བྱི་དོར་བྱས་

ལ་རྗེ་བླ་མའི་སྐུ་བྲིས་འབུར་ཅི་རིགས་སོགས་སྐུ་གསུང་ཐུགས་ཀྱི་རྟེན་དགྲམ། ཚུ་གཙང་གི་ཡོན་ཆབ་ཚུལ་བཞིན་བཤམ། མེ་ཏོག་བདུག་སྤོས་མར་མེ་ལྷ་བཤོས་སོགས་གང་ལེགས་དང་། འཕན་གདུགས་རོལ་ཆ་སོགས་ཅི་འབྱོར་པའི་མཆོད་པ་བཤམ། བདེ་བའི་བསྟན་ལ་རྣམ་སྣང་གི་ཆོས་བདུན་ལྡན་དུ་འཁོད་དེ་རང་རྒྱུད་ལ་ལེགས་པར་བརྟག །དགེ་སེམས་ཁྱད་པར་ཅན་གྱི་ངང་ནས་འདི་ལྟར་གདོན་པར་བྱའོ། །རྩེ་གཅིག་དད་པས་རང་གི་སྙིག་ལྔུང་དང་། །ལྷན་ཅིག་བྱི་དོར་བྱས་པ་གཙང་མའི་གནས། །དངོས་བཤམས་ཡིད་སྤྲུལ་མཆོད་སྤྲིན་བསྟར་བའི་དབུས། །སྐྱབས་ཡུལ་མ་ལུས་དགྱེས་བཞིན་བཞུགས་པར་གྱུར། །བསླུ་མེད་རིན་ཆེན་གསུམ་གྱི་ངོ་བོ་ཉིད། །དངོས་བརྒྱུད་བླ་མ་རྣམས་ལ་སྐྱབས་སུ་མཆི། །སྤང་རྟོགས་མཐར་སོན་སྐུ་བཞིའི་བདག་ཉིད་མཆོག །སྟོན་པ་སངས་རྒྱས་རྣམས་ལ་སྐྱབས་སུ་མཆི། །འགོག་ལམ་ཡོན་ཏན་སྡེ་སྣོད་གསུམ་དང་བཅས། །སྐྱོབ་པ་དམ་ཆོས་རྣམས་ལ་སྐྱབས་སུ་མཆི། །རིག་གྲོལ་བརྒྱུད་ལྡན་བསོད་ནམས་ཞིང་གི་མཆོག །འདྲེན་པ་དགེ་འདུན་རྣམས་ལ་སྐྱབས་སུ་མཆི། །ཡི་དམ་རྒྱུད་སྡེ་བཞི་ཡི་ལྷ་ཚོགས་དང་། །ཆོས་སྐྱོང་སྲུང་མ་རྣམས་ལ་སྐྱབས་སུ་མཆི། །ཁྱད་པར་ཆོས་ཀྱི་རྒྱ་པོ་ཙོང་ཁ་པ། །ཡབ་སྲས་བརྒྱུད་པར་བཅས་ལ་སྐྱབས་སུ་མཆི། །བླ་མ་ལྷ་ཡི་གོ་འཕང་མྱུར་ཐོབ་ནས། །མཁའ་མཉམ་འགྲོ་ཀུན་སྲིད་ལས་བསྒྲལ་བར་བྱ། །ཞེས་སྐྱབས་འགྲོའི་ཚིག་རྣམས་ལན་མང་དུ་བརྗོད་ཅིང་བདུད་རྩི་འབེབས་སྦྱང་གི་དམིགས་པས་སྐྱབས་ཡུལ་སོ་སོ་ལ་བརྟེན་པའི་ཉེས་པ་བྱང་སྟེ་དེ་དང་དེའི་བྱིན་རླབས་ཞུགས་པས། དེ་དང་དེའི་སྐྱབས་འོག་ཏུ་ཚུད་པར་བསམས། དེ་ནས་རྗེ་བླ་མ་ཡབ་སྲས་སོགས་ཚོགས་ཞིང་རྣམས་མ་ག་རྒྱ་བཟང་མོའི་རྟོགས་བརྗོད་བཞིན་སྤྲུལ་བའི་བཀོད་པ་མཐའ་ཡས་པ་དང་བཅས་མགྲོན་ཐབས་སུ་སྤྱན་དྲངས་པར་བསམས་ལ། དགའ་ལྡན་ལྷ་བརྒྱའི། ནས། གཤེགས་སུ་གསོལ། །འཇམ་མགོན་ཡེ་ཤེས་ལྷ་ཡི་སྒྱུ་འཕྲུལ་གར། །ཡི་དམ་སངས་རྒྱས་བྱང་སེམས་ཉན་རང་དང་། །དཔའ་བོ་མཁའ་འགྲོ་ཆོས་སྐྱོང་སྲུང་ཚོགས་བཅས། །སྐྱབས་གནས་མ་ཚང་མེད་པ་གནས་འདིར་གཤེགས། །ཞེས་ཚོགས་ཞིང་སྤྱན་དྲངས་ཏེ་མདུན་དུ་བཞུགས་པའི་རྣམ་པ་གསལ་གདབ། སྐྱབས་ཡུལ་དེ་ཐམས་ཅད་ཀྱང་རྗེ་བླ་མའི་ཐུགས་རྗེ་སྒྱུ་འཕྲུལ་ཁོ་ན་དང་། དེའང་ད་ལྟ་རང་ལ་དངོས་སུ་སྣང་དུ་ཡོད་པ་རང་གི་དྲིན་ཅན་རྩ་བའི་བླ་མ་འདི་ཉིད་ཡིན་ཚུལ་དང་།

རྒྱལ་བ་རྡོ་རྗེ་འཆང་གིས་སྙིགས་དུས་བཤེས་གཉེན་གྱི་ཚུལ་དུ་འགྲོན་པར་གསུངས་པའང་འདི་ཉིད་ཡིན་ཚུལ་བསམས་ཏེ། ཐུབ་པའི་དབང་པོ། རྗེ་བླ་མ། རང་གི་རྩ་བའི་བླ་མ་གསུམ་དབྱེར་མི་ཕྱེད་པའི་དད་གུས་སྒྲུང་ཞིང་སངས་རྒྱས་ཀུན་ལས་ལྷག་པའི་བཀའ་དྲིན་རྗེས་སུ་དྲན་པ་དང་། སྒྲུར་བས་བརྟེན་ཚུལ་ཁྲུས་དང་བསྐུ་མཉེ་སོགས་ཀྱི་དོད་དུ་ཁྲུས་གསོལ་བྱེད་པ་ཞལ་ལུང་གི་ལུགས་ཡིན་པས། ཁྲུས་ཀྱི་ཁང་པ། ཞེས་པ་ནས། སྟོབས་བཅུ་མངའ་བའི་གོ་འཕང་ཐོབ་པར་ཤོག །ཅེས་པའི་བར་གྱི་ཁྲུས་གསོལ་ཞིང་གོས་དང་རྒྱན་འབུལ་བ་སོགས་དཀྱུས་བཞིན་བྱ། སླར་ཡང་ཚོགས་ཞིང་གི་གདན་ཁྲི་སོ་སོ་ལ་བཞུགས་པར་མོས་ཏེ། མདུན་གྱི་ནམ་མཁར་སེང་ཁྲི། ཞེས་པ་ནས། གསལ་བྱེད་ཤོག །ཅེས་བསག་སྦྱང་གི་གནད་བསྡུས་པ་ཡན་ལག་བདུན་པ་རྒྱུད་དང་འདྲེས་ངེས་སུ་བྱ། མཎྜལ་རྒྱས་བསྡུས་ཅི་རིགས་ཕུལ་ཏེ་མཇུག་ཏུ། བདག་སོགས་འགྲོ་བ་ནམ་མཁའི་མཐའ་དང་མཉམ་པའི་སེམས་ཅན་ཐམས་ཅད་ཀྱི་ལུས་ལོངས་སྤྱོད་དུས་གསུམ་གྱི་དགེ་ཚོགས་དང་བཅས་པ་ཐམས་ཅད་རིན་ཆེན་མཎྜལ་བཟང་པོ་མཁོ་དགུའི་ཡོ་བྱད་མ་ཚང་བ་མེད་པའི་རྣམ་པར་སྤྲུལ་ཏེ་དུས་གསུམ་སྐྱབས་གནས་ཀུན་འདུས་ཀྱི་ངོ་བོ་རྒྱལ་བ་བློ་བཟང་གྲགས་པ་ཡབ་སྲས་ཡི་དམ་སངས་རྒྱས་བྱང་སེམས་དཔའ་བོ་མཁའ་འགྲོ་ཆོས་སྐྱོང་སྲུང་མའི་ཚོགས་དང་བཅས་པ་རྣམས་ལ་དབུལ་བར་བགྱིའོ། །ཐུགས་བརྩེ་བ་ཆེན་པོའི་སྒོ་ནས་བཞེས་སུ་གསོལ། །བཞེས་ནས་བདག་སོགས་སེམས་ཅན་ཐམས་ཅད་ཀྱི་རྒྱུད་བྱིན་གྱིས་བརླབ་ཏུ་གསོལ། །བཤེས་གཉེན་ལ་མ་གུས་པ་ནས་བདེན་གཉིས་ངོ་བོ་ཐ་དད་དུ་འཛིན་པའི་བར་གྱི་ཕྱིན་ཅི་ལོག་གི་བློ་སྣ་མཐའ་དག་འགག་པར་བྱིན་གྱིས་བརླབ་ཏུ་གསོལ། །བཤེས་གཉེན་ལ་གུས་པ་ནས་བདེན་གཉིས་དབྱེར་མེད་རོ་གཅིག་པའི་བར་གྱི་ཕྱིན་ཅི་མ་ལོག་པའི་བློ་སྣ་མཐའ་དག་སྐྱེ་བར་བྱིན་གྱིས་བརླབ་ཏུ་གསོལ། །ཕྱི་ནང་གི་བར་ཆད་ཐམས་ཅད་ཉེ་བར་ཞི་བར་བྱིན་གྱིས་བརླབ་ཏུ་གསོལ། །ཞེས་དོན་ཆེན་པོ་གསུམ་གྱི་སྒོ་ནས་གསོལ་བ་བཏབ་པས་སྐྱབས་ཡུལ་རྣམས་ཀྱི་སྐུ་ལས་བདུད་རྩི་སྣ་ལྔ་འོད་ཟེར་དང་བཅས་པའི་རྒྱུན་བབས། རང་གཞན་སེམས་ཅན་ཐམས་ཅད་ཀྱི་ལུས་སེམས་ལ་ཞུགས་པས་ཐོག་མེད་ནས་བསགས་པའི་སྡིག་སྒྲིབ་བག་ཆགས་དང་བཅས་པ་ཐམས་ཅད་སྦྱང་ལུས་དྭངས་གསལ་འོད་ཀྱི་རང་བཞིན་ཅན་དུ་གྱུར། ཚེ་དང་བསོད་ནམས་ལ་སོགས་པའི་ཡོན་ཏན་ཐམས་ཅད་འཕེལ་ཞིང་རྒྱས།

སྐྱེས་བུ་གསུམ་གྱི་ལམ་གྱི་རིམ་པའི་རྟོགས་པ་མཐའ་དག་རང་གཞན་གྱི་རྒྱུད་ལ་སྐྱེས་པར་བསམས་ཏེ་མ་ཡེངས་པའི་སྒོ་ནས་དམིགས་བརྩེ་མ་ཅི་འགྲུབ་བཟླ། དཔལ་ལྡན་རྩ་བའི་བླ་མ་ཞེས་སོགས་ཀྱི་ཚེ་སྐྱབས་ཡུལ་རྣམས་བསྡུས་ཏེ་རྗེ་བླ་མར་བསྟིམ་ཞིང་། དེ་རང་གི་སྙིང་གར་རང་སེམས་དང་དབྱེར་མེད་དུ་བཞུགས་པར་བསམས་ལ་བསྔོ་བས་རྒྱས་གདབ་པ་སོགས་སྤྱི་ལྟར་བྱའོ། །ཞེས་པ་འདི་ནི་བསྟན་པའི་གསལ་བྱེད་མཁར་སྟོན་ཆོས་སྐྱབས་ཏེ་ཡྭན་ཆེའི་སྤྲུལ་པའི་སྐུ་དཀོན་མཆོག་བསྟན་འཛིན་རྒྱ་མཚོ་དང་། ཨོར་དུ་སུ་ཏང་གིན་པེ་ཟེའི་ཕྲོག་གི་ལྷག་བསམ་དགེ་བ་དགེ་སློང་དཀོན་མཆོག་དཔལ་བཟང་། ཨོར་དུ་སུ་ཨོ་ཐོག་པེ་ལིའི་ཕྲོག་དགེ་སློང་ངག་དབང་དཔལ་འབྱོར་བཅས་ཀྱིས་བསྐུལ་ངོར། ༄བརྩོན་པ་དཀོན་མཆོག་བསྟན་པའི་སྒྲོན་མེས་སྦྱར་བའི་ཡི་གེ་པ་ནི་སྔགས་རམ་པ་དཀོན་མཆོག་ཀུན་དགའོ། །༔༎

༄༅། །དགའ་ལྡན་ལྷ་བརྒྱ་མ་དང་འབྲེལ་བར་རིགས་གསུམ་མགོན་པོའི་བཟླས་བསྟོད་བྱེད་ཚུལ་བྱིན་རླབས་གཏེར་ཆེན་ཞེས་བྱ་བ་བཞུགས་སོ།

༄༅། །རྒྱལ་རྣམས་འགྲོ་ཀུན་སྐྱབས་སུ་འོས་པའི་རྒྱུ། །མཁྱེན་པའི་ཡེ་ཤེས་བརྩེ་བའི་ཐུགས་རྗེ་དང་། །སྐྱོབ་པའི་ནུས་མཐུ་ལྷག་པའི་ལྷར་ཤར་བ། །འཕགས་མཆོག་རིགས་གསུམ་མགོན་ལ་གུས་བཏུད་ནས། །ཟབ་མོ་བླ་མའི་ལམ་གྱིས་གཞུང་བསྒྲངས་ཏེ། །དེ་ཡི་སྒྲུབ་པ་མདོར་བསྡུས་སྤེལ་བར་བྱ། །དེའང་རང་གིས་བྱིན་རླབས་ཞུ་བ་ཙམ་ལ་རྗེ་བླ་མ་མགྲོན་ཐབས་སུ་སྤྱན་དྲངས་པའི་གནས་གསུམ་དུ་རིགས་གསུམ་མགོན་པོ་གསལ་བཏབ་པས་ཆོག་ལ། བུམ་ཆོག་སོགས་ཀྱི་སྒོ་ནས་རང་གཞན་གྱི་དོན་བྱེད་པར་སྟོན་དུ་དམ་ཚིག་པ་བསྐྱེད་དེ་ཡེ་ཤེས་པའི་ཚུལ་དུ་སྤྱན་འདྲེན་དགོས་ཤིང་། རང་ཉིད་ཀྱང་ལྷའི་ང་རྒྱལ་ལ་གནས་པ་དགོས། བདག་བསྐྱེད་རྗེ་བླ་མ་ལ་བྱེད་པར་ཚད་ལྡན་འགའ་ཞིག་གིས་གསུངས་ལ། འོན་ཀྱང་འཇམ་དཔལ་རྩ་བརྒྱུད་དང་གཏམ་རྒྱུད་ཀྱི་རྟོགས་པ། ཆོས་རྗེ་དོན་རིན་པར་ལྷ་དང་བླ་མའི་ལུང་བསྟན་བྱུང་ཚུལ་སོགས་གུང་མཐུན་པར་དངོས་ཀྱི་སྤྱུལ་གཞི་རྡོ་རྗེ་འཇིགས་བྱེད་མིའི་གཟུགས་སུ་ཤར་བའི་ཚུལ་རྒྱལ་བ་དགེ་འདུན་རྒྱ་མཚོས། མ་རུང་གདུལ་དཀའ་འདུལ་ཕྱིར་གཤིན་རྗེའི་གཤེད། །མི་ཡི་གཟུགས་ཀྱི་རྣམ་རོལ་ཙོང་ཁ་པ། །ཞེས་གསུངས་པ་ལྟར་ཡིན་པས། རང་ཉིད་སྐད་ཅིག་གིས་དཔའ། རྡོ་རྗེ་འཇིགས་བྱེད་ཞལ་གཅིག་ཕྱག་གཉིས་ཀྱིས་གྲི་གུག་དང་ཐོད་པ་འཛིན་པའི་སྐུར་བཞེངས་པར་གྱུར། སྭ་ཧཱ་ཕཊ་སྤྲུངས། སྟོང་པའི་ངང་ལས་རང་གི་མདུན་དུ་སེང་ཁྲི་པད་ཟླའི་གདན་ལ་འཇམ་མགོན་བླ་མ་ཙོང་ཁ་པ་ཆེན་པོ་ཕྱག་གཉིས་ཆོས་འཁོར་གྱི་ཕྱག་རྒྱས་སྙིགས་རལ་བསྣམས་པ། གཡས་གཡོན་དུ་སེང་ཁྲི་ཆུང་བ་གཉིས་ལ་རྒྱལ་

ཚབ་མཁས་གྲུབ་རྣམ་གཉིས་ཆོས་འཆད་མཉམ་གཞག་གི་ཕྱག་རྒྱ་ཅན། གསུམ་གའང་ཆོས་གོས་རྣམ་གསུམ་དང་པཎ་ཞྭ་གསེར་གྱི་མདོག་ཅན་གསོལ་ཏེ་རྡོ་རྗེ་སྐྱིལ་མོ་ཀྲུང་གིས་བཞུགས་པའི་རྗེ་བླ་མའི་དཔྲལ་བར་དེ་བཞིན་གཤེགས་པའི་རིགས་ཀྱི་མགོན་པོ་འཇམ་པའི་དབྱངས་གཡས་ཤེས་རབ་ཀྱི་རལ་གྲི་འཕྱར་ཞིང་། གཡོན་ཨུཏྤལ་ལ་གནས་པའི་གླེགས་བམ་བསྣམས་པ། རལ་པའི་ཟུར་ཕུད་ལྔ་དང་ལྡན་ཞིང་མེ་ཏོག་གི་ཕྲེང་བ་སོགས་གཞོན་ནུའི་རྒྱན་དང་ཆ་ལུགས་ཅན། མགྲིན་པར་པདྨའི་རིགས་ཀྱི་མགོན་པོ་སྤྱན་རས་གཟིགས་སྐུ་མདོག་དཀར་པོ་ཞལ་གཅིག་ཕྱག་བཞིའི་དང་པོ་གཉིས་ཐལ་མོ་སྦྱར་ཞིང་། འོག་མ་གཉིས་ཀྱིས་ཤེལ་ཕྲེང་དང་པདྨ་བསྣམས་པ། རི་དྭགས་ཀྱི་པགས་པས་ནུ་མ་གཡོན་པ་བཀབ་ཅིང་དར་གྱི་ན་བཟའ་གསོལ་བ། རྡོ་རྗེའི་སྐྱིལ་ཀྲུང་གིས་བཞུགས་པ། ཐུགས་ཀར་རྡོ་རྗེའི་རིགས་ཀྱི་མགོན་པོ་ཕྱག་ན་རྡོ་རྗེ་སྐུ་མདོག་མཐིང་ག་གཡས་པ་རྡོ་རྗེ་འཕྱར་ཞིང་གཡོན་སྡིགས་མཛུབ་མཛད་པ། ཁྲོ་བོའི་ཉམས་རྫོགས་ཤིང་སྟག་གི་པགས་པའི་ཤམ་ཐབས་ཅན། གཡས་བསྐུམ་གཡོན་བརྐྱང་གི་སྟབས་ཀྱིས་བཞུགས་པ། དེ་དག་གི་གནས་གསུམ་དུ་ཡི་གེ་གསུམ་གྱིས་མཚན་པའི་ཐུགས་ཀའི་ཧཱུྃ་ལས་འོད་ཟེར་འཕྲོས། དགའ་ལྡན་གྱི་གནས་ནས་རྗེ་བླ་མ་ཡབ་སྲས་རྣམས་སྤྱན་དྲངས། དགའ་ལྡན་ལྷ་བརྒྱའི། ནས། གཤེགས་སུ་གསོལ། ཛཿ ཧཱུྃ་བཾ་ཧོཿ དམ་ཚིག་པ་དང་གཉིས་སུ་མེད་པར་གྱུར། མདུན་གྱི་ནམ་མཁའ་སེང་ཁྲི། ཞེས་པ་ནས། གསལ་བྱེད་ཤོག །ཅེས་པའི་བར་གྱིས་ཡན་ལག་བདུན་པ་འབུལ། རྗེ་བླ་མའི་ཐུགས་ཀར་ཧཱུྃ་ཡིག་གི་ཐིག་ལེའི་ནང་དུ་མཾ་ཡིག་གིས་མཚན་པའི་མཐའ་ལ་དམིགས་བརྩེ་མའི་སྔགས་ཕྲེང་གིས་བསྐོར་བ་ལས་འོད་ཟེར་འཕྲོས། རྒྱལ་བ་སྲས་བཅས་ཀྱི་བྱིན་རླབས་ཐམས་ཅད་བསྡུས་ཏེ་སྔགས་ཕྲེང་ལ་ཐིམ། དེ་ལས་བདུད་རྩིའི་རྒྱུན་བབས་པས་རང་དང་བསྒྲུབ་བྱ་རྣམས་ཀྱི་ནད་གདོན་སྡིག་སྒྲིབ་ཐམས་ཅད་སྦྱངས། སྐུ་གསུང་ཐུགས་ཀྱི་བྱིན་རླབས་མ་ལུས་པ་ཐོབ་པར་བསམས་ལ་དམིགས་བརྩེ་མ་བཟླ། རྗེ་བླ་མའི་དཔྲལ་བའི་འཇམ་དབྱངས་ཀྱི་ཐུགས་ཀར་ཧྲཱིཿ ཡིག་ལ་སྔགས་ཕྲེང་གིས་བསྐོར་བའི་འོད་ཟེར་སྤྲོ་བསྡུས་རང་གཞན་སེམས་ཅན་ཐམས་ཅད་ཀྱི་མི་ཤེས་པའི་མུན་པ་བསལ་ནས་ཤེས་རབ་ཀྱི་སྣང་བ་རྒྱས་པར་བསམས་ལ། ཨ་ར་པ་ཙ་བཟླ། རྗེ་བླ་མའི་མགྲིན་པའི་སྤྱན་རས་གཟིགས་

ཀྱི་ཐུགས་ཀར་ཧྲཱིཿ་ལ་སྔགས་ཕྲེང་གིས་བསྐོར་བའི་འོད་ཟེར་སྤྲོ་བསྡུས་རིགས་དྲུག་གི་སྡུག་བསྔལ་རྒྱུ་དང་བཅས་པ་སྦྱངས། བྱམས་སྙིང་རྗེའི་རྟོགས་པ་ཁྱད་པར་ཅན་རྒྱུས་པར་བསམས་ལ་ཡིག་དྲུག་བཟླ། རྗེ་བླ་མའི་ཐུགས་ཀའི་ཕྱག་ན་རྡོ་རྗེའི་ཐུགས་ཀར་ཧཱུཾ་ལ་སྔགས་ཕྲེང་གིས་བསྐོར་བའི་འོད་ཟེར་སྤྲོ་བསྡུས། ཕྱི་ནང་གི་ནད་གདོན་འགལ་རྐྱེན་བར་ཆད་ཐམས་ཅད་སྦྱངས། མཐུ་སྟོབས་ནུས་པ་ཕུན་སུམ་ཚོགས་པ་ཐོབ་པར་བསམས་ལ་བཛྲ་པཱ་ཎི་བཟླ། མཇུག་ཏུ་ཡིག་བརྒྱས་ལྷག་ཆད་བསྐང་། སྒྲུབ་གཞི་བྲིས་འབུར་གྱི་སྐུ་སོགས་ཡོད་ན་ཡེ་ཤེས་པ་དམ་ཚིག་པ་དང་བཅས་པ་སྐུ་བརྟན་སོགས་ཀྱི་ཐིམ་པར་གྱུར་པར་བསམས་ལ། སུ་པྲ་ཏིཥྛ་ས་བརྟན་པར་བྱ། བུམ་ཚོག་བྱེད་ན་གོང་ལྟར་བསངས་སྦྱངས། སྟོང་པའི་ངང་ལས་པཾ་ལས་བྱུང་བའི་རིན་པོ་ཆེའི་བུམ་པ་དཀར་པོ་ལྟོ་བ་ཆེ་བ། མགྲིན་པ་རིང་བ། མཆུ་འཕྱང་བ་ལ་སོགས་པའི་མཚན་ཉིད་ཐམས་ཅད་དང་ལྡན་པར་གྱུར། ཨོཾ་ཏཏྭེ་ཏཏྭེ་མཧཱ་ཏཏྭེ་སྭཱ་ཧཱ། ལྷའི་ཆུ་བོ་གངྒཱ་དང་བུམ་པའི་ཆུ་དབྱེར་མི་ཕྱེད་པར་གྱུར། བུམ་པའི་ནང་དུ་སེང་ཁྲི་པད་ཟླའི་གདན་ལ་འཇམ་མགོན་བླ་མ། ཞེས་པ་ནས། བཟླས་པའི་བར་འདྲ། བཟླས་པའི་སྐབས། སྔགས་ཕྲེང་ལ་ཐིམ། དེ་ལས་བདུད་རྩིའི་རྒྱུན་བབས་པས་བུམ་པ་གང་བར་བསམས་ལ་དམིགས་བརྩེ་མ་བཟླ། ཤེས་རབ་ཀྱི་སྣང་བ་རྒྱས་པར་བྱས། རྒྱལ་བ་སྲས་བཅས་ཀྱི་མཁྱེན་པའི་ཡོན་ཏན་ཐམས་ཅད་བསྡུས་ཏེ་སྔགས་ཕྲེང་ལ་ཐིམ། དེ་ལས་བདུད་རྩིའི་རྒྱུན་བབས་པས་བུམ་པ་གང་བར་བསམས་ལ་ཨ་ར་པ་ཙ་བཟླ། རྟོགས་པ་ཁྱད་པར་ཅན་སྐྱེས་པར་བྱས། རྒྱལ་བ་སྲས་བཅས་ཀྱི་བརྩེ་བའི་ཡོན་ཏན་ཐམས་ཅད་བསྡུས་ཏེ་སྔགས་ཕྲེང་ལ་ཐིམ། དེ་ལས་བདུད་རྩིའི་རྒྱུན་བབས་པས་བུམ་པ་གང་བར་བསམས་ལ་ཡིག་དྲུག ཕུན་སུམ་ཚོགས་པ་ཐོབ་པར་བྱས། རྒྱལ་བ་སྲས་བཅས་ཀྱི་ནུས་པའི་ཡོན་ཏན་ཐམས་ཅད་བསྡུས་ཏེ་སྔགས་ཕྲེང་ལ་ཐིམ། དེ་ལས་བདུད་རྩིའི་རྒྱུན་བབས་པས་བུམ་པ་གང་བར་བསམས་ལ། བཛྲ་པཱ་ཎི་བཟླ། ཡིག་བརྒྱས་ལྷག་ཆད་བསྐང་། མཇུག་ཏུ། ཡེ་ཤེས་པ་རང་བཞིན་གྱི་གནས་སུ་གཤེགས། དམ་ཚིག་པ་བུམ་པའི་ཆུ་དང་རོ་གཅིག་ཏུ་གྱུར་པར་བསམས། དམིགས་བརྩེ་མ་དང་རིགས་གསུམ་མགོན་པོའི་གཟུངས། ཕྱིན་དྲུག་གི་ཚིགས་བཅད་སྨྲེལ་ཏེ་ཁྲུས་བྱ་བའམ། རྣམ་འཇོམས་ལྷ་

བུའི་བཀྲ་བྱབས་བསྲུང་བའི་འཁྲོས་སྦྱར་ཏེ་ཁྲུས་བྱ་ཞིང་། མཆོག་གསུམ་གྱི་ཤིས་པ་བརྗོད་པས་མཐའ་བརྒྱན་པ་སོགས་སྐབས་དང་མཐུན་པར་ཁ་སྦྱར་ཚུལ་ཤེས་ན་ཕུན་སུམ་ཚོགས་པར་འགྱུར་རོ། །ཞེས་པ་འདི་ནི་བསྟན་པའི་གསལ་བྱེད་མཁར་སྟོན་ཆོས་སྐྱབས་ཏེ་ཡན་ཆེའི་སྤྲུལ་སྐུ་དཀོན་མཆོག་བསྟན་འཛིན་རྒྱ་མཚོ་དང་། ཨོར་དུ་སུ་ཧང་གིན་པེ་ཟིའི་ཞོག་ལྷག་བསམ་དགེ་བ་དགེ་སློང་དཀོན་མཆོག་དཔལ་བཟང་གཉིས་ཀྱིས་བསྐུལ་ངོར། ༄བཙུན་པ་དཀོན་མཆོག་བསྟན་པའི་སྒྲོན་མེས་སྦྱར་བའི་ཡི་གེ་པ་ནི་སྟགས་རམ་པ་རཏྣ་ཤྲཱ་ནནྡོ། ། ༔ ‖

༄༅། །དམིགས་བརྩེ་མའི་བསྙེན་པ་བྱེད་ཚུལ།

༄། །ན་མོ་གུ་རུ་བེ། དེའང་དམིགས་བརྩེ་མའི་བསྙེན་པ་བྱེད་ཚུལ་ནི། རྗེ་བླ་མ་རིགས་གསུམ་མགོན་པོ། དགའ་ལྡན་གྱི་ཞིང་བཀོད་པ་བྱམས་མགོན་གྱི་སྐུ་སོགས་འདི་དང་འབྲེལ་བའི་སྐུ་གསུང་ཐུགས་ཀྱི་རྟེན་ལེགས་པར་དགྲམ། མདུན་དུ་ཆུ་གཉིས་ཉེར་སྤྱོད་སོགས་ཀྱི་མཆོད་པ་གཙང་མ་བཤམ། སྐྱབས་འགྲོ་སེམས་བསྐྱེད་སྔོན་དུ་བཏང་། དགའ་ལྡན་ལྷ་བརྒྱ་མ་མཉྫལ་རྒྱས་བསྡུས་ཅི་རིགས་དང་བཅས་པ། དཔལ་ལྡན་ས་གསུམ་མ་ནས། མཆོག་གི་དངོས་གྲུབ་བརྙེས་ལ་གསོལ་བ་འདེབས། ཞེས་པའི་བར་གྱིས་རྗེ་བླ་མའི་རྣམ་ཐར་རྗེས་སུ་དྲན་པའི་མོས་གུས་ཤུགས་དྲག་གིས་གསོལ་བ་རྩེ་གཅིག་ཏུ་བཏབ་ལ། དེ་ནས་མ་དག་པ་འཁྲུད་པ་དང་། མི་ཤེས་པ་བསལ་བ་སོགས་ཀྱི་དམིགས་པ་ལས་ཚོགས་ནས་འབྱུང་བ་བཞིན་དང་བཅས་དམིགས་བརྩེ་མ་ཅི་འགྲུབ་བཟླ། དེང་ནས་བཙམས་ཏེ་ཞེས་སོགས་དང་། སྐྱབས་མགོན་རྡོ་རྗེ་འཆང་དཀོན་མཆོག་འཇིགས་མེད་དབང་པོའི་གསུང་ནས་འབྱུང་བ་བཞིན། །དེ་ལྟར་མཁའ་དབྱིངས་ཆུ་འཛིན་དཀར་པོའི་དབུས། ཞེས་སོགས་དང་། རྒྱལ་ཀུན་མཁྱེན་བརྩེ་ནུས་པའི་ངོ་བོ་ཉིད། །འཇམ་མགོན་བླ་མའི་ཐུགས་རྗེ་བྱིན་རླབས་མཐུས། །དགེ་འདུན་ཐུགས་མཐུན་ཁྲིམས་གཙང་བཤད་སྒྲུབ་འཕེལ། །ཕྱི་ནང་ཉེར་འཚེའི་གཡུལ་ལས་རྒྱལ་བ་དང་། །ཡུལ་ལྗོངས་འདིར་ཡང་ནད་མུག་འཁྲུག་རྩོད་སོགས། །ཉེར་འཚེ་མཐའ་དག་གཞི་ནས་རྗེ་འབངས་ཀུན། །ཆོས་སྲིད་རྫོགས་ལྡན་དཔལ་ལ་སྤྱོད་པ་ཡི། །བྱིན་རླབས་ཟད་མི་ཤེས་པའི་བཀྲ་ཤིས་སྩོལ། །ཅེས་སྨོན་ཅིང་འདོད་དོན་ཞུ་བས་མཚམས་སྦྱར། དཔལ་ལྡན་རྩ་བའི་བླ་མ་རིན་པོ་ཆེ། །ཞེས་སོགས་ཀྱིས་རྗེ་བླ་མ་སྙིང་གར་སྤྱན་འདྲེན་ཞིང་། སྐྱེ་བ་ཀུན་ཏུ

ཡང་དག་བླ་མ་དང་། །ཞེས་སོགས་དང་། ཆོས་རྒྱལ་མ་སོགས་སྨོན་ལམ་དང་བཀྲ་ཤིས་ཀྱིས་མཐའ་བརྒྱན་པར་བྱའོ། །འདིའང་དཔྱོད་ལྡན་ཡེ་ཤེས་ཆོས་འཕེལ་གྱིས་བསྐུལ་ངོར། ༄བཙུན་པ་དཀོན་མཆོག་བསྟན་པའི་སྒྲོན་མེས་བྲིས་པའོ།། ༔།།

༄༅། །རྩལ་རྒྱལ་དུམ་པ་ཚད་ལྡན་བྱ་རྩལ།

༄༅། །སྟགས་རིམ་ལས་དུས་འཁོར་གྱི་བཤད་པ་དང་། བྱུང་འཇུག་གསལ་བའི་བཤད་པ་གཉིས་བཀོད་པ་དངོས་ཟིན་མི་འདྲ་བ་ལྟར་སྣང་ཡང་། གཙོ་བོ་འདི་བཞིན་བྱེད་དགོས་ཚུལ་ལམ། གང་བྱས་ཀྱང་རུང་བའི་གདམ་ཀ་ལྷ་བུ་མ་མཛད་པ་དང་། སྟ་མའི་སྙིང་ནས་རྒྱ་དཔངས་ཀྱི་ཚད་ཞིབ་ཏུ་གསུངས་ཏེ། ཕྱི་མར་འགྲེལ་རྒྱག་སྐབས་རྣམ་རྒྱལ་དུམ་པ་ཚད་དང་ལྡན་པ་ངེས་པར་དགོས་ཀྱི། གཞན་ལ་ངེས་གཟུང་མི་དགོས་ཚུལ་ཙམ་ཞིག་གསུངས་ཀྱི། ཚད་ལ་བཤད་པ་མ་མཛད་པས་སྟ་མ་གཉིས་ཀ་དགོངས་པ་གཅིག་པའི་དབང་དུ་མཛད་པར་སྣང་ངོ་། །འོ་ན་སྟ་མར་སྟོ་བའི་ཟླུམ་ལ་སོར་བཅུ་དྲུག་པ་དང་། ཕྱི་མ་ལས། སྟོ་བའི་རྒྱར་ནམ་མཐོ་ལྔའོ། །ཞེས་གསུངས་པ་ཇི་ལྟར་མཚུངས་སྙམ་ན། སྟ་མ་སྟོ་བའི་མཐའ་སྐོར་ཡིན་ན་ཏ་ཙང་ཕྲ་བས་བྱེད་ལུགས་མེད་ལ། དཀྱིལ་ནས་འཕྲེང་དུ་ཡིན་ནའང་དེ་རྒྱང་འཁོར་ཡུག་ཏུ་སུམ་འགྱུར་བྱས་ཚེ་སོར་ཞེ་བརྒྱད་ལས་མི་འོང་བས་མཐོ་ལྔ་མི་ཡོང་སྙད། དེས་ན་སྟོ་བའི་སྙིང་མཁྲིན་པའི་གཡས་གཡོན་དུ་གཞལ་བས་སོར་བརྒྱད་བརྒྱད་དེ་བཅུ་དྲུག་དང་། བར་གྱི་མཁྲིན་པའི་ཐད་ལ་སོར་བཞི་སྟེ་ཉི་ཤུ་པོ་སུམ་འགྱུར་གྱིས་བསྐོར་ན་སོར་དྲུག་ཅུ་ཡིན་ཞིང་། མཐོ་གང་ལ་སོར་བཅུ་གཉིས་འབྱུང་བས་མཐོ་ལྔར་བཤད་པ་དང་ཤིན་ཏུ་འགྲིག་གོ །འོ་ན་སྟ་མའི་སྐབས་སུ་མཆུའི་མཐའ་ནས་མཐའི་བར་ལ་སོར་བརྒྱད་ཡོད་པས། ཆ་གཉིས་མགུལ་བའི་སྦུབས་དང་། ཆ་གཅིག་མཆུ་གཉིས་ཀྱི་ཞེང་དུ་གསུངས་པས། མགུལ་བའི་སྦུབས་ལ་སོར་བརྒྱད་ཀྱི་སུམ་ཆ་སྟེ་སོར་ལྔ་དང་ནས་གཉིས་འབྱུང་བས། དེ་སུམ་སྐོར་བྱས་ན་སོར་རེ་བཞི་འབྱུང་སྐབས་མཐོ་སྟར་བཤད་པ་ལས་སོར་བཞིས་ལྷག་པ་མིན་ནམ་སྙམ་ན། མགུལ་བའི་སྦུབས་ཆ་གཉིས་སུ་གསུངས་པ་ནི་ཆ་བཞིར་བགོས་པའི་གཉིས་ཡིན། ཆ་གཅིག་མཆུ་གཉིས་ཀྱི་ཞེང་ཞེས་པའང་ཕྱིར་གཡེལ་བའི་ཐད་ལ་བཞི་ཆ་རེ་རེ་སྟེ་གཡས་གཡོན་གཉིས་ཀར་དེ་འདྲ་རེ་

དགོས་པས་མཚུ་གཉིས་ཞེས་གསུངས་པ་ཡིན་ནམ་སྙམ། མགྲིན་པའང་དུས་འཁོར་ལས་དཔངས་སོར་དྲུག་དང་། ཕྱི་མར། སོར་མོ་བརྒྱད་ཀྱི་ཚད་ཀྱིས་ནི། མགྲིན་པ་མཐོ་ཞིང་ཞེས་གསུངས་པ་གཉིས་ཀྱང་མི་འགལ་ཏེ། སྔ་མས་དྲང་པོར་སོང་བའི་ཚ་དེ་སོར་དྲུག་བྱས་ནས། དེའི་སྟེང་དུ་ཕྱིར་གཡེལ་བའི་ཆ་སོར་དོ་ཡོད་པ་ལ་མཚུ་ཞེས་ཟེར་སོགས་སུ་སྨྲས་པ་དང་། ཕྱི་མས་དེ་གཉིས་ཀ་བསྡོམ་ཏེ་སོར་བརྒྱད་དུ་བྱས་པ་ཡིན་ནོ། །དེ་ལྟར་ན་སྟོ་བའི་ཐད་ནས་གཞལ་བའི་ཚེ་ཞེང་དུ་སོར་ཉི་ཤུ་དང་། འོག་གཞི་ནས་ཁའི་བར་དུ་སོར་ཉི་ཤུ་འབྱུང་བས་རྒྱ་དཔངས་མཉམ། ཁའི་ཞེང་ཐད་དུ་སོར་བརྒྱད་དང་། དེ་ནས་མགྲིན་པའི་རྩ་བ་བར་དུ་སོར་བརྒྱད་དེ་འདིའང་རྒྱ་དཔངས་མཉམ་པས། དེ་གཉིས་ཀ་ལའང་དགོས་པ་དང་མཚོན་དོན་སྦྱོར་ཚུལ་ཞིག་ཡོད་དམ་སྙམ། ཞེས་པ་འདི་ནི་ཐུབ་རཏྣ་ཤྲཱི་ནནྡ་བདག་གིས་རྣམ་བུམ་ཚད་ལྡན་བཟོ་ཚུལ་དུས་འཁོར་དང་ཟླུང་འཇུག་གསལ་བ་གཉིས་ཀའི་ཚིག་ཟིན་མི་མཐུན་པ་ཇི་ལྟར་ཡིན་ཞེས་ཞུས་པའི་ལན་དུ་སྩལ་བ་བཞིན་ཡི་གེར་བཀོད་པའོ། །ༀ༎

༄༅། །རྗེ་ཡབ་སྲས་ཀྱི་བླ་མའི་རྣལ་འབྱོར་ཟབ་གནད་ཅན་དགའ་ལྡན་ལྷ་བརྒྱ་མར་གྲགས་པ་ཉམས་སུ་ལེན་ཚུལ་བཞུགས་སོ།

༄། །ན་མོ་གུ་རུ་མཉྫུ་གྷོ་ཥ་ཡ། འདིར་རྗེ་ཡབ་སྲས་ཀྱི་བླ་མའི་རྣལ་འབྱོར་ཟབ་གནད་ཅན་དགའ་ལྡན་ལྷ་བརྒྱ་མར་གྲགས་པ་ཉམས་སུ་ལེན་ཚུལ་ལ་གཉིས། ཐུན་གྱི་ངོ་བོ་ལ་ཇི་ལྟར་བྱ་ཚུལ་དང་། ཐུན་མཚམས་སུ་ཇི་ལྟར་བྱ་ཚུལ་ལོ། །དང་པོ་ལ་གསུམ། སྔོན་འགྲོའི་རིམ་པ། དངོས་གཞིའི་རིམ་པ། མཇུག་གི་རིམ་པའོ། །དང་པོ་ལ་གསུམ་ལས། དང་པོ་སྐྱབས་འགྲོ་ནི། གནས་གཙང་མར་རྟེན་མཆོད་བཤམ་ལ་ལེགས་པར་འཁོད་ནས་ཀུན་སློང་བཅོས་ཏེ། མདུན་གྱི་ནམ་མཁར་པདྨའི་སྡོང་པོ་ཡངས་ཤིང་རྒྱ་ཆེ་བའི་ལྟེ་བར་དྲིན་ཅན་རྩ་བའི་བླ་མ་དང་དབྱེར་མེད་པའི་ཆོས་ཀྱི་རྒྱལ་པོ་ཙོང་ཁ་པ་ཆེན་པོ་ཡབ་སྲས་གསུམ་ལ་དངོས་བརྒྱུད་ཀྱི་བླ་མ་ཡི་དམ་སངས་རྒྱས་བྱང་སེམས་ཉན་རང་དཔའ་བོ་མཁའ་འགྲོ་ཆོས་སྐྱོང་སྲུང་མ་རྣམས་ཀྱིས་བསྐོར་ནས་བཞུགས་པར་གྱུར། ཅེས་སྐྱབས་ཡུལ་དང་། དེ་ནས་རྒྱུ་གསལ་བཏབ་སྟེ། བདག་དང་འགྲོ་བ་ནམ་མཁའི་མཐའ་དང་མཉམ་པའི་སེམས་ཅན་ཐམས་ཅད་དུས་འདི་ནས་བཟུང་སྟེ་ཇི་སྲིད་བྱང་ཆུབ་སྙིང་པོ་ལ་མཆིས་ཀྱི་བར་དུ། དཔལ་ལྡན་བླ་མ་དམ་པ་རྣམས་ལ་སྐྱབས་སུ་མཆིའོ། །རྫོགས་པའི་སངས་རྒྱས་བཅོམ་ལྡན་འདས་རྣམས་ལ་སྐྱབས་སུ་མཆིའོ། །དམ་པའི་ཆོས་རྣམས་ལ་སྐྱབས་སུ་མཆིའོ། །འཕགས་པའི་དགེ་འདུན་རྣམས་ལ་སྐྱབས་སུ་མཆིའོ། །ཞེས་ལན་གསུམ་མམ་བདུན་སོགས་བྱ་བའོ། །གཉིས་པ་སེམས་བསྐྱེད་ནི། མར་ཤེས་དྲིན་དྲན་དྲིན་གཟོ་བྱམས་སྙིང་རྗེ་ལྷག་བསམ་རྣམས་གསལ་བཏབ་སྟེ། བདག་གིས་མ་སེམས་ཅན་ཐམས་ཅད་ཀྱི་དོན་དུ་རྫོགས་པའི་སངས་རྒྱས་ཀྱི་གོ་འཕང་ཅི་ནས་ཀྱང་མྱུར་དུ་ཐོབ་པར་བྱ། དེའི་མཆེད་དུ་ཟབ་ལམ་བླ་མའི་རྣལ་འབྱོར་ཉམས་སུ་བླངས་ནས་ཤེས་རབ་

ཕུན་སུམ་ཚོགས་པ་རྒྱས་པར་བྱའོ། །ཞེས་ལན་གསུམ་མམ་བདུན་སོགས་བྱའོ། །གསུམ་པ་ཚད་མེད་བཞི་བསྒོམ་པ་ནི། སེམས་ཅན་ཐམས་ཅད་བདེ་བ་དང་བདེ་བའི་རྒྱུ་དང་ལྡན་པར་གྱུར་ཅིག །ཅེས་བྱམས་པ་དང་། སྡུག་བསྔལ་དང་སྡུག་བསྔལ་གྱི་རྒྱུ་དང་བྲལ་བར་གྱུར་ཅིག །ཅེས་སྙིང་རྗེ་དང་། སྡུག་བསྔལ་མེད་པའི་བདེ་བ་དང་མི་འབྲལ་བར་གྱུར་ཅིག །ཅེས་དགའ་བ་དང་། ཉེ་རིང་ཆགས་སྡང་དང་བྲལ་བའི་བཏང་སྙོམས་ལ་གནས་པར་གྱུར་ཅིག །ཅེས་བཏང་སྙོམས་རྣམས་ལན་གསུམ་སོགས་བསྒོམས་ནས་སྐྱབས་ཡུལ་རྣམས་འོད་དམར་སེར་གྱི་རྣམ་པར་རང་ལ་བསྡུ་བའོ། །གཉིས་པ་དངོས་གཞིའི་རིམ་པ་ལ་གསུམ། ཚོགས་ཞིང་སྤྱན་འདྲེན་པ། དེ་ལ་ཚོགས་གསོག་པ། གསོལ་བ་བཏབ་ནས་དངོས་གྲུབ་ཞུ་བའོ། །དང་པོ་ནི། དགའ་ལྡན་ཡིད་དགའ་ཆོས་འཛིན་དུ་བྱམས་པའི་ཐུགས་ཀར་རྗེ་ཡབ་སྲས་གསུམ་གསལ་བཏབ་སྟེ། དགའ་ལྡན་ལྷ་བརྒྱའི་མགོན་གྱི་ཐུགས་ཀ་ནས། །རབ་དཀར་ཞོ་གསར་སྤུངས་འདྲའི་ཆུ་འཛིན་རྩེར། །ཆོས་ཀྱི་རྒྱལ་པོ་ཀུན་མཁྱེན་བློ་བཟང་གྲགས། །སྲས་དང་བཅས་པ་གནས་འདིར་གཤེགས་སུ་གསོལ། །ཞེས་སྤྱན་འདྲེན་པའོ། །གཉིས་པ་དེ་ལ་ཚོགས་གསོག་པ་ལ་བདུན་ལས། དང་པོ་བཞུགས་གསོལ་དང་བརྟན་བཞུགས་ཀྱི་ཡན་ལག་ལྷན་ཅིག་ཏུ་བྱ་བ་ནི། མདུན་དུ་ཁྲི་གསུམ་གསལ་བཏབ་ལ། དེར་བསོད་ནམས་ཀྱི་ཞིང་དང་བསྟན་འགྲོའི་དོན་དུ་སྐྱ་ངན་ལས་མི་འདའ་བར་བཞུགས་སུ་གསོལ་སྙམ་དུ། མདུན་གྱི་ནམ་མཁར་སེང་ཁྲི་པད་ཟླའི་སྟེང་། །རྗེ་བཙུན་བླ་མ་དགྱེས་པའི་འཛུམ་དཀར་ཅན། །བདག་བློ་དད་པའི་བསོད་ནམས་ཞིང་མཆོག་དང་། །བསྟན་པ་རྒྱས་ཕྱིར་བསྐལ་བརྒྱར་བཞུགས་སུ་གསོལ། །ཞེས་གསོལ་བས་ཞལ་གྱིས་བཞེས་པར་བསམ་པའོ། །གཉིས་པ་ཕྱག་གི་ཡན་ལག་ནི། རང་གཞན་སེམས་ཅན་ཐམས་ཅད་ཀྱིས་ལུས་ཀྱིས་ཕྱག་འཚལ་བ་དང་། ངག་གིས་བསྟོད་ཚིག་བརྗོད་པ་དང་། ཡིད་ཀྱིས་ཚིག་དོན་ལྟར་ཐུགས་གསུང་སྐུའི་ཡོན་ཏན་དྲན་ནས་དད་གུས་གསལ་བཏབ་སྟེ། ཤེས་བྱའི་ཁྱོན་ཀུན་འཇལ་བའི་བློ་གྲོས་ཐུགས། །སྐལ་བཟང་རྣ་བའི་རྒྱན་གྱུར་ལེགས་བཤད་གསུང་། །གྲགས་པའི་དཔལ་གྱིས་ལྷམ་མེར་མཛེས་པའི་སྐུ། །མཐོང་ཐོས་དྲན་པས་དོན་ལྡན་ལ་ཕྱག་འཚལ། །ཞེས་བརྗོད་པའོ། །གསུམ་པ་མཆོད་པའི་ཡན་ལག་ནི། རང་ལྟར་གསལ་བའི་ཐུགས་ཀ་ནས་ཡིད་དུ་འོང་བའི་ལྷ་མོ་ཆུ་བཞི་

ཉེར་སྤྱོད་རོལ་མོ་སོགས་དངོས་བཤམས་ཡིད་སྤྲུལ་གྱི་མཆོད་སྤྲིན་ཐོགས་པ་སྤྲོས་ཏེ། ཡིད་འོང་མཆོད་ཡོན་སྣ་ཚོགས་མེ་ཏོག་དང་། །དྲི་ཞིམ་བདུག་སྤོས་སྣང་གསལ་དྲི་ཆབ་སོགས། །དངོས་བཤམས་ཡིད་སྤྲུལ་མཆོད་སྤྲིན་རྒྱ་མཚོ་འདི། །བསོད་ནམས་ཞིང་མཆོག་ཁྱེད་ལ་མཆོད་པར་འབུལ། །ཞེས་མཆོད་པས་ཞིང་མཆོག་རྣམས་ལ་བདེ་སྟོང་འཁྲུངས་པར་བསམ་པའོ། །བཞི་པ་བཤགས་པའི་ཡན་ལག་ནི། ཐར་བྱས་ཀྱི་སྡིག་ལྟུང་སྤྱི་བྱེ་བྲག་རྣམས་ལ་འགྱོད་སེམས་དང་། ཕྱིན་ཆད་སྲོག་དང་སྡོས་ནས་སྡོམ་སེམས་གསལ་བཏབ་སྟེ། བདག་གིས་ཐོག་མེད་དུས་ནས་བསགས་པ་ཡི། །ལུས་ངག་ཡིད་ཀྱིས་སྡིག་པ་ཅི་བགྱིས་དང་། །ཁྱད་པར་སྡོམ་པ་གསུམ་གྱི་མི་མཐུན་ཕྱོགས། །སྙིང་ནས་འགྱོད་པ་དྲག་པོས་སོ་སོར་བཤགས། །ཞེས་བཤགས་པས། བཤགས་ཡུལ་རྣམས་ཀྱི་སྐུ་ལས་འོད་ཟེར་འཕྲོས་པ་རང་གཞན་གྱི་ལུས་ངག་ཡིད་གསུམ་ལ་ཕོག་པས་སྡིག་སྒྲིབ་ཐམས་ཅད་མུན་ཁུང་དུ་ཉི་ཟེར་ཞུགས་པ་བཞིན་སངས་ཀྱིས་དག་པར་བསམ་མོ། །ལྔ་པ་ཡི་རང་བའི་ཡན་ལག་ནི། རྗེ་ཡབ་སྲས་ཀྱི་སྐུ་གསུང་ཐུགས་ཀྱི་མཛད་འཕྲིན་ལ་སྙིང་ནས་དགའ་བས། སྙིགས་མའི་དུས་འདིར་མང་ཐོས་སྒྲུབ་ལ་བརྩོན། །ཆོས་བརྒྱད་སྤངས་པའི་དལ་འབྱོར་དོན་ཡོད་བྱེད། །མགོན་པོ་ཁྱོད་ཀྱི་རླབས་ཆེན་མཛད་པ་ལ། །བདག་ཅག་བསམ་པ་ཐག་པས་ཡི་རང་ངོ་། །ཞེས་བརྗོད་པའོ། །དྲུག་པ་བསྐུལ་བའི་ཡན་ལག་ནི། གསེར་གྱི་འཁོར་ལོ་ཕུལ་ཏེ་བདག་དང་སེམས་ཅན་ཐམས་ཅད་ལ་ཟབ་ཅིང་རྒྱས་པའི་ཆོས་ཀྱི་འཁོར་ལོ་བསྐོར་དུ་གསོལ་སྙམ་དུ། རྗེ་བཙུན་བླ་མ་དམ་པ་ཁྱེད་རྣམས་ཀྱིས། །ཆོས་སྐུའི་མཁའ་ལ་མཁྱེན་བརྩེའི་སྤྲིན་འཁྲིགས་ནས། །ཇི་ལྟར་འཚམས་པའི་གདུལ་བྱའི་འཛིན་མ་ལ། །ཟབ་རྒྱས་ཆོས་ཀྱི་ཆར་པ་དབབ་ཏུ་གསོལ། །ཞེས་གསོལ་བས་ཞལ་གྱིས་ཞེས་པར་བསམ་པའོ། །བདུན་པ་བསྔོ་བའི་ཡན་ལག་ནི། བདག་གིས་དུས་གསུམ་བསགས་པའི་དགེ་བ་རྣམས་བསྟན་འགྲོ་སྤྱི་དང་བྱེ་བྲག་ཞྭ་གསེར་གྱི་བསྟན་པ་ལ་ཕན་པའི་རྒྱུར་གྱུར་ཅིག་སྙམ་དུ། བདག་གིས་ཇི་སྙེད་བསགས་པའི་དགེ་བ་འདིས། །བསྟན་དང་འགྲོ་བ་ཀུན་ལ་གང་ཕན་དང་། །ཁྱད་པར་ཆོས་ཀྱི་རྒྱལ་པོ་ཙོང་ཁ་པའི། །བསྟན་པའི་སྙིང་པོ་རིང་དུ་གསལ་བྱེད་ཤོག །ཅེས་བརྗོད་པའི། །གསུམ་པ་གསོལ་བ་བཏབ་ནས་དངོས་གྲུབ་ཞུ་བ་ནི། བློས་འཚུན་ན་གསོལ་འདེབས་ཀྱི་ཚིག་དོན་དྲན་པ་དང་དངོས་གྲུབ་ཞུ་བའི་དམིགས་པ་ཅིག་ཅར་དུ་བྱེད་པ་

ཡིན་ཀྱང་། ལས་དང་པོ་པ་རྣམས་ཀྱི་འཆུན་དཀའ་བས་དེས་ན་འདི་ལ་གཉིས། གསོལ་བ་འདེབས་པ་དང་། དངོས་གྲུབ་ཞུ་བའོ། །དང་པོ་ལ་གསུམ་ལས། དང་པོ་ཕྱི་མཚུངས་པ་གསལ་བྱེད་ཀྱི་སྒོ་ནས་གསོལ་བ་འདེབས་པ་ནི། གསོལ་འདེབས་ཀྱི་རྟེན་དུ་རྗེའི་ནཱ་རོ་ཆོས་དྲུག་གི་འཁྲིད་ཡིག་ཡིད་ཆེས་གསུམ་ལྡན་དུ་འབྱུང་བ་ལྟར་མཉལ་ཚོམ་བུ་ཉེར་གསུམ་མ་དམིགས་པ་གསལ་པོར་ཤུལ་ལ། བྱང་ཆུབ་སེམས་དཔའ་རྣམས་ཀྱི་ཁྲིད་ན་བརྩེ་བ་སྤྱན་རས་གཟིགས་དང་། མཁྱེན་རབ་འཇམ་དབྱངས་དང་། མཐུ་ནུས་གསང་བདག་དང་མཚུངས་པ་སུ་ཡང་མེད་ལ། དཔེ་དེ་བཞིན་དུ་བོད་གངས་ཅན་གྱི་མཁས་པ་རྣམས་ཀྱི་ཁྲིད་ནའང་ཤེས་བྱ་རིག་པའི་གནས་མཐའ་དག་ལ་མཁས་པ་རྗེ་བདག་ཉིད་ཆེན་པོ་དང་མཚུངས་པ་སུ་ཡང་མེད་པར་ཡིད་ཆེས་ཏེ། བདག་ཀྱང་ཁྱེད་རང་ལྟ་བུར་ཤེས་བྱ་རིག་པའི་གནས་མཐའ་དག་ལ་མཁས་པར་བྱིན་གྱིས་བརླབ་ཏུ་གསོལ་སྙམ་དུ། དམིགས་མེད་བརྩེ་བའི་གཏེར་ཆེན་སྤྱན་རས་གཟིགས། །དྲི་མེད་མཁྱེན་པའི་དབང་པོ་འཇམ་པའི་དབྱངས། །བདུད་དཔུང་མ་ལུས་འཇོམས་མཛད་གསང་བའི་བདག །གངས་ཅན་མཁས་པའི་གཙུག་རྒྱན་ཙོང་ཁ་པ། །བློ་བཟང་གྲགས་པའི་ཞབས་ལ་གསོལ་བ་འདེབས། །མཁས་པ་ལུང་གི་ཡོན་ཏན་ཀུན་ལྡན་པ། །ཁྱེད་རང་ལྟ་བུར་བདག་ཀྱང་བྱིན་གྱིས་རློབས། །ཞེས་ལན་མང་དུ་བརྗོད་པའོ། །གཉིས་པ་ནང་ཡོན་ཏན་དེ་ལྡན་གྱི་སྒོ་ནས་གསོལ་བ་འདེབས་པ་ནི། སྤྱན་རས་གཟིགས་ལ་བརྩེ་བ་དང་། འཇམ་དབྱངས་ལ་མཁྱེན་རབ་དང་། གསང་བདག་ལ་མཐུ་ནུས་ཇི་ཙམ་ཡོད་པ་དེ་ཙམ་ཞིག་རྗེ་བདག་ཉིད་ཆེན་པོ་ལ་ཡང་ལྡན་པར་ཡིད་ཆེས་ཏེ་བདག་ཀྱང་ཁྱེད་རང་ལྟ་བུར་མཁྱེན་བརྩེ་ནུས་གསུམ་དང་ལྡན་པར་བྱིན་གྱིས་བརླབ་ཏུ་གསོལ། སྙམ་དུ། དམིགས་མེད། ནས། གསོལ་བ་འདེབས། གྲུབ་པ་རྟོགས་པའི་ཡོན་ཏན་ཀུན་ལྡན་པ། ཁྱེད་རང་ལྟ་བུར་བདག་ཀྱང་བྱིན་གྱིས་རློབས། །ཞེས་ཞེས་ལན་མང་དུ་བརྗོད་པའོ། །གསུམ་པ་གསང་བ་ལྷག་པའི་ལྷའི་ངོ་བོར་མོས་ནས་གསོལ་བ་འདེབས་པ་ནི། སངས་རྒྱས་ཐམས་ཅད་ཀྱི་བརྩེ་བའི་རང་གཟུགས་སྤྱན་རས་གཟིགས། །མཁྱེན་པའི་རང་གཟུགས་འཇམ་པའི་དབྱངས། མཐུ་ནུས་ཀྱི་རང་གཟུགས་གསང་བདག་ཏུ་ཤར་བ་ཡིན་ལ། དེ་ལྟ་བུའི་རིགས་གསུམ་གཅིག་བསྡུས་ཀྱི་རང་གཟུགས་ནི་རྗེ་བདག་ཉིད་ཆེན་པོ་ཡིན་པར་ཡིད་ཆེས་ཏེ། བདག་ཀྱང་ཁྱེད་རང་

ལྷ་བུར་རིགས་གསུམ་གཅིག་བསྡུས་ཀྱི་ངོ་བོར་བྱིན་གྱིས་བརླབ་ཏུ་གསོལ་སྙམ་དུ། དམིགས་མེད། ནས། གསོལ་བ་འདེབས། རིགས་གསུམ་ངོ་བོ་གསང་གསུམ་རྡོ་རྗེའི་སྐུ། །ཁྱེད་རང་ལྷ་བུར་བདག་ཀྱང་བྱིན་གྱིས་རློབས། ཞེས་ལན་མང་དུ་བརྗོད་པའོ། །གཉིས་པ་དངོས་གྲུབ་ཞུ་བ་ལ། རྩ་ཚིག་ལས་མ་དག་འཁྲུད་དང་མི་ཤེས་བསལ། །ཞེས་གསུངས་པ་ལྟར་གཉིས་མ་དག་པ་འཁྲུད་ཚུལ་སྦྱིར་བཤད་པ་དང་། མི་ཤེས་པ་གསལ་ཚུལ་སོ་སོར་བཤད་པའོ། །དང་པོ་ནི། དེ་ལྟར་ཕྱི་ནང་གསང་བས་གསོལ་བཏབ་པས། །རྗེ་བཙུན་ཡབ་སྲས་གསུམ་གྱི་ཐུགས་ཀ་ནས། །འོད་ཟེར་དཀར་པོ་སྤྲུབས་ཅན་འཕྲོས་པའི་སྣེ། །གཅིག་ཏུ་འདྲིས་ནས་རང་གི་སྤྱི་བོར་ཟུག །འོད་དཀར་སྦྲ་གུའི་འཇུག་ངོགས་ལས་བྱུང་བའི། །བདུད་རྩི་དཀར་པོ་འོ་མའི་མདོག་ཅན་གྱིས། །ནད་གདོན་སྡིག་སྒྲིབ་མ་དག་དྲི་མ་ཀུན། །བཀྲུས་ནས་རང་ལུས་དྭངས་གསལ་ཤེལ་ལྟར་གྱུར། ཅེས་པ་ལྟར་རོ། །གཉིས་པ་མི་ཤེས་པ་གསལ་ཚུལ་སོ་སོར་བཤད་པ་ལ། རྩ་ཚིག་ལས། སྐུ་ཡིས་ཆེ་ཞིང་གསུང་གིས་གསལ། ས་བོན་སྦྱར་བ་ཕྱག་མཚན་ཟབ། །གླིགས་བམ་རལ་གྲི་གླེགས་རལ་གྱིས། །འཆད་དང་རྩོད་དང་རྩོམ་པའོ། །ཞེས་གསུངས་པ་ལྟར་བདུན་ལས། དང་པོ་སྐུའི་སྒོ་ནས་ཤེས་རབ་ཆེ་བ་བསྒྲུབ་ཚུལ་ནི། སླར་ཡང་ཆེ་བའི་མཁྱེན་རབ་དམར་སེར་གྱི། །བདུད་རྩིའི་རྣམ་པར་བྱུང་བས་རང་ལུས་གང་། །བདུད་རྩིའི་རྡུལ་རྣམས་རྗེ་བཙུན་འཇམ་དབྱངས་ཀྱི། །རྣམ་པར་གསལ་ལས་འོད་འཕྲོས་ཕྱོགས་བཅུ་ཡི། །རྒྱལ་དང་དེ་སྲས་ཆེ་བའི་མཁྱེན་རབ་རྣམས། །ལྷ་སྐུའི་རྣམ་པར་བསྡིམ་པའི་འོད་ཟེར་གྱིས། །བླང་དོར་གནས་ལ་སྔོངས་པའི་མུན་གསལ་ཏེ། །གཞན་དྲིང་མི་འཇོག་རླབས་ཆེན་ཤེས་རབ་ཐོབ། །ཅེས་པ་ལྟར་རོ། །གཉིས་པ་གསུང་གི་སྒོ་ནས་ཤེས་རབ་གསལ་བ་བསྒྲུབ་ཚུལ་ནི། སླར་ཡང་གསལ་བའི་མཁྱེན་རབ་དམར་སེར་གྱི། །བདུད་རྩིའི་རྣམ་པར་བྱུང་བས་རང་ལུས་གང་། །བདུད་རྩིའི་རྡུལ་རྣམས་ཨ་ར་པ་ཙ་ནའི། །རྣམ་པར་གསལ་ལས་འོད་འཕྲོས་ཕྱོགས་བཅུ་ཡི། །རྒྱལ་དང་དེ་སྲས་གསལ་བའི་མཁྱེན་རབ་རྣམས། །གཟུངས་སྔགས་རྣམ་པར་བསྡིམ་པའི་འོད་ཟེར་གྱིས། །ཀུན་བྱང་ཆ་ལ་སྔོངས་པའི་མུན་བསལ་ཏེ། །ཆེས་ཕྲའི་དོན་ཡང་གསལ་བའི་ཤེས་རབ་ཐོབ། །ཅེས་པ་ལྟར་རོ། །གསུམ་པ་ས་བོན་གྱི་སྒོ་ནས་ཤེས་རབ་མྱུར་བ་བསྒྲུབ་ཚུལ་ནི། སླར་ཡང་མྱུར་བའི་མཁྱེན་རབ་

དམར་སེར་གྱི། །བདུད་རྩིའི་རྣམ་པར་བྱུང་བས་རང་ལུས་གང་། །བདུད་རྩིའི་རྡུལ་རྣམས་ཀླིཿཡིག་དམར་སེར་གྱི། །རྣམ་པར་གསལ་ལས་འོད་འཕྲོས་ཕྱོགས་བཅུ་ཡི། །རྒྱལ་དང་དེ་སྲས་མྱུར་བའི་མཁྱེན་རབ་རྣམས། །ས་བོན་རྣམ་པར་བསྡིམ་པའི་འོད་ཟེར་གྱིས། །མ་རྟོགས་ལོག་རྟོག་ཐེ་ཚོམ་མུན་བསལ་ཏེ། །དོན་ལ་མྱུར་དུ་འཇུག་པའི་ཤེས་རབ་ཐོབ། །ཅེས་པ་ལྟར་རོ། །བཞི་པ་ཕྱག་མཚན་གྱི་སྒོ་ནས་ཟབ་པའི་ཤེས་རབ་བསྐྱེད་ཚུལ་ནི། སྔར་ཡང་ཟབ་པའི་མཁྱེན་རབ་དམར་སེར་གྱི། །བདུད་རྩིའི་རྣམ་པར་བྱུང་བས་རང་ལུས་གང་། །བདུད་རྩིའི་རྡུལ་རྣམས་གླེགས་བམ་རལ་གྲི་ཡི། །རྣམ་པར་གསལ་ལས་འོད་འཕྲོས་ཕྱོགས་བཅུ་ཡི། །རྒྱལ་དང་དེ་སྲས་ཟབ་པའི་མཁྱེན་རབ་རྣམས། །རྒྱལ་མཚན་རྣམ་པར་བསྡིམ་པའི་འོད་ཟེར་གྱིས། །ཚིག་དང་དོན་ལ་རྨོངས་པའི་མུན་བསལ་ཏེ། །ཐོགས་མེད་དཔག་དཀའ་ཟབ་པའི་ཤེས་རབ་ཐོབ། །ཅེས་པ་ལྟར་རོ། །ལྔ་པ་གླེགས་བམ་གྱི་སྒོ་ནས་འཆད་པའི་ཤེས་རབ་བསྐྱེད་ཚུལ་ནི། སྔར་ཡང་འཆད་པའི་མཁྱེན་རབ་དམར་སེར་གྱི། །བདུད་རྩིའི་རྣམ་པར་བྱུང་བས་རང་ལུས་གང་། །བདུད་རྩིའི་རྡུལ་རྣམས་འཆང་བྱའི་གླེགས་བམ་གྱི། །རྣམ་པར་གསལ་ལས་འོད་འཕྲོས་ཕྱོགས་བཅུ་ཡི། །རྒྱལ་དང་དེ་སྲས་འཆང་བའི་མཁྱེན་རབ་རྣམས། །གླེགས་བམ་རྣམ་པར་བསྡིམ་པའི་འོད་ཟེར་གྱིས། །གཞུང་དོན་འདོམས་ལ་རྨོངས་པའི་མུན་བསལ་ཏེ། །མི་ཟད་སྤོབས་ལྡན་འཆད་པའི་ཤེས་རབ་ཐོབ། །ཅེས་པ་ལྟར་རོ། །དྲུག་པ་རལ་གྲིའི་འཁོར་ལོའི་སྒོ་ནས་རྩོད་པའི་ཤེས་རབ་བསྐྱེད་ཚུལ་ནི། །སྔར་ཡང་རྩོད་པའི་མཁྱེན་རབ་དམར་སེར་གྱི། །བདུད་རྩིའི་རྣམ་པར་བྱུང་བས་རང་ལུས་གང་། །བདུད་རྩིའི་རྡུལ་རྣམས་རལ་གྲིའི་འཁོར་ལོ་ཡི། །རྣམ་པར་གསལ་ལས་འོད་འཕྲོས་ཕྱོགས་བཅུ་ཡི། །རྒྱལ་དང་དེ་སྲས་རྩོད་པའི་མཁྱེན་རབ་རྣམས། །འཁོར་ལོའི་རྣམ་པར་བསྡིམ་པའི་འོད་ཟེར་གྱིས། །ཕས་རྒོལ་འཛོམས་ལ་རྨོངས་པའི་མུན་བསལ་ཏེ། །རིག་པའི་ངར་ལྡན་རྩོད་པའི་ཤེས་རབ་ཐོབ། །ཅེས་པ་ལྟར་རོ། །བདུན་པ་གླེགས་འཁོར་གཉིས་ཀའི་སྒོ་ནས་རྩོམ་པའི་ཤེས་རབ་བསྐྱེད་ཚུལ་ནི། སྔར་ཡང་རྩོམ་པའི་མཁྱེན་རབ་དམར་སེར་གྱི། །བདུད་རྩིའི་རྣམ་པར་བྱུང་བས་རང་ལུས་གང་། །བདུད་རྩིའི་རྡུལ་རྣམས་གླེགས་བམ་འཁོར་ལོ་ཡི། །རྣམ་པར་གསལ་ལས་འོད་འཕྲོས་ཕྱོགས་བཅུ་ཡི། །རྒྱལ་དང་དེ་སྲས་རྩོམ་པའི་མཁྱེན་རབ

རྣམས། །གླིགས་འཁོར་རྣམ་པར་བསྒྲིམ་པའི་འོད་ཟེར་གྱིས། །ཚིག་སྦྱོར་སྤྲེལ་ལ་རྫོངས་པའི་མྱུན་བསལ་ཏེ། །སྐན་དངགས་ཉམས་ལྡན་རྩོམ་པའི་ཤེས་རབ་ཐོབ། །ཅེས་པ་ལྟར་རོ། །གསུམ་པ་མཇུག་གི་རིམ་པ་ལ་གསུམ། ལམ་གྱི་རིམ་པ་རྒྱུད་ལ་སྐྱེ་བར་སྨོན་ཅིང་བྱིན་རླབས་ཞུ་བ། ཚོགས་ཞིང་རང་གི་སྙིང་དབུས་སུ་བསྡུ་བ། དགེ་ཚོགས་ལ་བསྔོ་སྨོན་གྱི་རྒྱས་གདབ་པའོ། །དང་པོ་ནི། མདུན་གྱི་རྗེ་ཡབ་སྲས་གསུམ་ལ་དམིགས་ཏེ། རྒྱལ་ཀུན་མཁྱེན་པའི་རང་གཟུགས་འཇམ་དཔལ་དབྱངས། །རིགས་དྲུག་འགྲོ་ལ་སྙིང་རྗེ་པད་དཀར་ཅན། །མཐུ་སྟོབས་མངའ་བདག་རྡོ་རྗེ་འཛིན་པའི་ལྷ། །རིགས་གསུམ་སྤྲུ་འཕྲུལ་རྡོ་རྗེ་ཙོང་ཁ་པ། །མགོན་ཕྱོད་སྐུ་གསུང་ཐུགས་གསང་ལས་འོང་བའི། །བྱིན་མཐུས་རྡོ་རྗེ་གསུམ་དུ་བདག་བསྒྲུབ་ཅིང་། །དེང་ནས་བཟུམས་ཏེ་སྐྱེ་བ་ཐམས་ཅད་དུ། །མཉེས་བཞིན་རྗེས་སུ་འཛིན་པར་མཛད་དུ་གསོལ། །དལ་འབྱོར་ཡོན་ཏན་ཚང་བའི་རིན་ཆེན་ལུས། །རྣམ་དག་བསྟན་པའི་སྲོལ་དང་མཇལ་དུས་འདིར། །འགྲུབ་ཀྱང་དེ་ཡི་མོད་ལ་འདོར་དགོས་པའི། །ཆོས་བརྒྱད་སྣང་ཤས་ལྡོག་པར་བྱིན་གྱིས་རློབས། །འཆིང་དག་སྲོག་ལ་རྒོལ་བའི་ཆད་པ་དེ། །ནམ་ཡོང་ངེས་པ་མེད་པས་ཞེ་སྐྲག་ནས། །གནས་སྐབས་ཀུན་ཏུ་ཕན་ངེས་དམ་ཆོས་ལ། །བརྩོན་འགྲུས་དྲག་པོས་འབད་པར་བྱིན་གྱིས་རློབས། །མཁན་སློབ་ཡི་དམ་སྤྱན་སྔར་ཁས་བླངས་པའི། །སྡོམ་པ་གསུམ་གྱི་བཅས་མཚམས་ལ་སོགས་པ། །དཀར་ནག་ལས་རྣམས་ཕྲ་ཞིང་ཕྲ་བ་ལ། །བླང་དོར་ཚུལ་བཞིན་བྱེད་པར་བྱིན་གྱིས་རློབས། །ཐོག་མེད་ཞིག་ནས་རིགས་དྲུག་གནས་ངན་འདིར། །སྡུག་བསྔལ་འབའ་ཞིག་སྤྱོད་པའི་སྣང་ཚུལ་ལ། །གཏིང་ནས་ངེས་འབྱུང་སྐྱེ་ཤས་དྲག་པོ་ཡིས། །ཐར་པ་དོན་གཉེར་སྐྱེ་བར་བྱིན་གྱིས་རློབས། །གྲངས་མེད་སྐྱེ་བར་བདག་གི་དོན་གྱི་སླད། །སྡིག་དང་སྡུག་བསྔལ་ཟུག་རྔུས་ཆེས་མནར་བའི། །འགྲོ་རྣམས་ཕ་མར་མཐོང་ནས་སྙིང་རྗེ་དང་། །བྱང་ཆུབ་སེམས་མཆོག་འབྱོངས་པར་བྱིན་གྱིས་རློབས། །གདོད་ནས་སྤྲོས་པ་བྲལ་བའི་ཆོས་ཀྱི་དབྱིངས། །ལེགས་པར་རྟོགས་པའི་ཡང་དག་ལྟ་བ་དང་། །སྨིན་སོགས་བསོད་ནམས་རྒྱ་ཆེན་སྤྱུད་པའི་ཚོགས། །ཟུང་འབྲེལ་ཉམས་སུ་ལེན་པར་བྱིན་གྱིས་རློབས། །ལས་རླུང་ཀུན་རྟོག་སྲིད་པའི་དྲ་བ་རྣམས། །སྦྱུར་ལམ་འཁོར་ལོའི་མཚོན་གྱིས་རབ་བཅད་ནས། །ཚེ་འདི་ཉིད་ལ་ཁྱབ་བདག

རྡོ་རྗེ་འཆང་། །སྐུ་བཞིའི་དབང་ཕྱུག་ཐོབ་པར་བྱིན་གྱིས་རློབས། །ཞེས་བདུད་རྩི་འབེབས་
སྒྱུངས་དང་བཅས་རྒྱུད་དང་འདྲེས་ངེས་སུ་བསྒོམ་པའོ། །གཉིས་པ་ཚོགས་ཞིང་རང་གི་སྙིང་
དབུས་སུ་བསྡུ་བ་ནི། དཔལ་ལྡན་རྩ་བའི་བླ་མ་རིན་པོ་ཆེ། །བདག་གི་སྙིང་གར་པད་ཟླའི་
སྟེང་བཞུགས་ལ། །བཀའ་དྲིན་ཆེན་པོའི་སྒོ་ནས་རྗེས་བཟུང་སྟེ། སྐུ་གསུང་ཐུགས་ཀྱི་དངོས་
གྲུབ་སྩལ་དུ་གསོལ། །ཞེས་གསོལ་བ་བཏབ་པས་སྲས་གཉིས་རྗེ་ལ་ཐིམ་ཞིང་། རྗེ་རིན་པོ་ཆེ་
མཐེབ་སོར་ཙམ་དུ་འགྱུར་བ་རང་གི་ཚངས་བུག་ནས་དབུ་མའི་ལམ་བརྒྱུད་དེ་སྙིང་པདྨ་འདབ་
བརྒྱད་ཀྱི་ལྟེ་བར་ཟླ་གདན་ལ་བཞུགས། པད་འདབ་ཁ་ཟུམ་པའི་ནང་འོད་ཟེར་ལྷུས་ཞལ་ཞལ་
དང་། ཞྭ་ཨོཾ་ཨ་ར་པ་ཙ་ན་ཧྲཱིཿ སུ་མ་ཏི་ཀཱིརྟི་ཤྲཱི་བྷ་དྲ་ཨ་ཧཱཾ་ཧྲི་ན་ཨཧཱཾ་ཧྲི་ཏི་ཀུ་ཏནྟྲ། ཞེས་པའི་
སྔགས་འཕྲེང་གིས་བཅིངས་ནས་བརྟན་པར་བསམ་པའོ། །གསུམ་པ་དགེ་ཚོགས་ལ་བསྔོ་སྨོན་
གྱིས་རྒྱས་གདབ་པ་ནི། དེ་ལྟར་དངོས་གྲུབ་མ་ལུས་འབྱུང་བའི་གནས། །རྗེ་བཙུན་བླ་མ་
མཆོད་ཅིང་གསོལ་བཏབ་མཐུས། །སྐྱེ་བ་ཀུན་ཏུ་འཇམ་དབྱངས་བླ་མ་ཡིས། །མཉེས་
བཞིན་རྗེས་སུ་འཛིན་པ་ཉིད་གྱུར་ཅིག །རིན་ཆེན་དུ་མ་ལས་གྲུབ་དགའ་ལྡན་ཞིང་། །ངོ་
མཚར་བྱེ་བའི་དཔུས་ན་མི་ཕམ་མགོན། །ལེགས་པར་བསྒོམས་པས་རྣམ་དག་ཞིང་འགྲུབ་
ཅིང་། །ཚེ་འཕོས་མོད་ལ་གནས་དེར་སྐྱེ་བར་ཤོག །རྗེ་བཙུན་ཐུགས་ཀ་ནས་སྤྲོས་སྤྲིན་
དཀར་ཡུག །བརྒྱངས་པའི་སྟེ་མོར་བླ་མ་སྲས་དང་བཅས། །སྤྱན་དྲངས་ཡན་ལག་བདུན
གྱིས་ཚོགས་བསགས་པ། །བདག་རྒྱུད་བདེ་བླག་ཉིད་དུ་སྨིན་པར་ཤོག །དུས་གསུམ་རྒྱལ་
བའི་མཁྱེན་བརྩེ་ནུས་པ་རྣམས། །ཟུང་འཇུག་སྤྲུལ་སྐུར་ཤར་བའི་རྣམ་འདྲེན་གང་། །
རིགས་གསུམ་ངོ་བོར་ཐག་བཅད་གསོལ་བཏབ་མཐུས། །མཆོག་མཐུན་དངོས་གྲུབ་མ་ལུས་
མྱུར་ཐོབ་ཤོག །ཁྱད་པར་དག་པ་ཡེ་ཤེས་བདུད་རྩིའི་ཆུས། །སྒོ་གསུམ་སྡིག་སྒྲིབ་མི་ཤེས་
ཀུན་འབྲུང་ཅིང་། །འཆད་རྩོད་རྩོམ་སོགས་མཐའ་ཡས་ཤེས་བྱ་ལ། །བློ་གྲོས་མགོན་པོ་
འཇམ་དབྱངས་དང་མཚུངས་ཤོག །བྱང་ཤར་ངོ་མཚར་རྨད་བྱུང་བཀོད་པའི་ཞིང་། །རྣམ་
འདྲེན་སེང་གེའི་ང་རོའི་ཞབས་དྲུང་དུ། །འཁོར་གྱི་ཐོག་མར་སྐྱེས་ནས་མདོ་སྔགས་ལ། །
ཐོས་བསམ་སྒོམ་པས་རྟག་ཏུ་འདའ་བར་ཤོག །མདོར་ན་སྐྱེ་ཞིང་སྐྱེ་བ་ཐམས་ཅད་དུ། །རྗེ་
བཙུན་བློ་བཟང་གྲགས་པ་ཡབ་སྲས་དང་། །མི་འབྲལ་རྒྱལ་བའི་ཆོས་ཚུལ་ཀུན་བཟུང་

ནས། །བསྟན་དང་འགྲོ་བའི་དོན་ཆེན་ལྷུར་ལེན་ཤོག །སྟེ་སྣོད་གསུམ་དང་རྒྱུད་སྡེ་རྣམ་པ་བཞི། །གདམས་པའི་མཆོག་ཏུ་ཤར་བའི་བཤད་སྒྲུབ་ཀྱིས། །ཐུབ་བསྟན་ཕྱོགས་དུས་ཀུན་ཏུ་རྒྱས་མཛད་པ། །བློ་བཟང་གྲགས་པའི་དཔལ་གྱི་བཀྲ་ཤིས་ཤོག །ཅེས་བརྗོད་པར་བྱའོ། །གཉིས་པ་ཐུན་མཚམས་སུ་ཇི་ལྟར་བྱ་ཚུལ་ནི། དངོས་གཞིའི་ལམ་གྱི་ངོ་བོ་དང་གྲངས་ངེས་དང་གོ་རིམ་སྟོན་པའི་གཞུང་ལ་ལྟ་རྟོག་བྱེད་པ་དང་། བསྒོམ་དོན་རྒྱུད་ལ་སྐྱེ་ཕྱིར་སྔོ་སྣ་ཚོགས་ནས་བསགས་སྦྱང་ལ་འབད་པ་དང་། ཟས་གོས་གནས་མལ་ལ་ལོངས་སྤྱོད་ཚུལ་དང་འགྲོ་ཆག་ཉལ་འདུག་གི་སྤྱོད་ལམ་ཐམས་ཅད་ཁས་བླངས་པའི་དམ་སྡོམ་དང་མི་འགལ་བར་སྐྱོང་བ་དང་། ཁྱད་པར་སྣང་གྲག་རིག་གསུམ་བླ་མ་ལྷའི་གསང་གསུམ་གྱི་རྣམ་རོལ་དུ་ལྟ་བར་བྱེད་པའོ། །ཞེས་ཟབ་ལམ་བླ་མའི་རྣལ་འབྱོར་དགའ་ལྡན་ལྷ་བརྒྱ་མར་གྲགས་པའི་ཚིག་ཁྲིགས་དང་དམིགས་འབྱེད་གནད་ཀྱི་ཁོང་ཟེར་ལྟ་བུ་འདི་ཡང་དགེ་སློང་རྣམ་ཛ་དྲུས་དཀར་པོའི་ལོའི་དབོ་ཟླ་བའི་དམར་ཕྱོགས་ཀྱི་གྲལ་ཚེས་དགེ་བར་བཞད་དདུལ་ཆུའི་རི་ཁྲོད་དུ་སྦྱར་བའོ།། །།

༄༅། །ཆོས་ཀྱི་རྒྱལ་པོ་ཙོང་ཁ་པ་ཆེན་པོའི་བསྔོམ་བཟླས་བྱ་ཚུལ་དངོས་གྲུབ་ཆར་དུ་སྙིལ་བའི་སྤྲིན་ཕུང་ཞེས་བྱ་བ་བཞུགས་སོ།

༄༅། །ན་མཿ་གུ་རུ་ཧེ་རུ་ཀ་ཡ། ཐུགས་རྗེའི་བྱིན་རླབས་ཆུ་འཛིན་འཁྲིགས་པ་ལས། །འདོད་རྒུའི་དངོས་གྲུབ་ཆར་དུ་སྙིལ་མཛད་པ། །འཇམ་དབྱངས་བླ་མའི་ཞབས་ལ་གུས་བཏུད་ནས། །གང་དེའི་བསྒོམ་བཟླས་ཉམས་སུ་ལེན་ཚུལ་བྲི། །དེ་ཡང་གནས་ཁང་བྱི་དོར་བྱས་ལ་རྗེའི་སྐུ་གསུང་ཐུགས་ཀྱི་རྟེན་དགྲམ། དེའི་མདུན་དུ་དཀར་གཏོར་ཟླུམ་པོ་པད་འདབ་བཞིས་བསྐོར་བ་དང་། བདག་མདུན་གྱི་མཆོད་པ་འབུལ་ཡུལ་གྱི་གཡས་ནས་བརྩམས་པའི་ཆུ་གཉིས་སྔོན་དུ་འགྲོ་བའི་ཉེར་སྤྱོད་རོལ་མོ་སོགས་གཤམ། རང་ཉིད་སྟན་བདེ་བ་ལ་དགེ་སེམས་ཀྱིས་འཁོད་ནས། བླ་མ་ལ་སྐྱབས་སུ་མཆིའོ། །སངས་རྒྱས་ལ་སྐྱབས་སུ་མཆིའོ། །ཆོས་ལ་སྐྱབས་སུ་མཆིའོ། །དགེ་འདུན་ལ་སྐྱབས་སུ་མཆིའོ། །ཞེས་སྐྱབས་འགྲོ་ལན་གསུམ་དང་། སེམས་ཅན་གྱི་དོན་དུ་སངས་རྒྱས་ཀྱི་གོ་འཕང་ཐོབ་པར་བྱ། དེའི་ཕྱིར་དུ་ཆོས་ཀྱི་རྒྱལ་པོ་ཙོང་ཁ་པ་ཆེན་པོའི་བསྒོམ་བཟླས་ཟབ་མོ་ཉམས་སུ་བླང་བར་བྱའོ། །ཞེས་སེམས་བསྐྱེད་ལན་གསུམ་བྱ། རང་སྐད་ཅིག་གིས་རྗེ་བླ་མར་གསལ་བའི་ཐུགས་ཀའི་ཧྲཱིཿ་ཡིག་གིས་འོད་ཟེར་གྱིས་བླ་མ་དང་གཉིས་སུ་མེད་པའི་ཆོས་ཀྱི་རྒྱལ་པོ་ཙོང་ཁ་པ་ཆེན་པོ་ལ་སངས་རྒྱས་དང་བྱང་ཆུབ་སེམས་དཔའི་ཚོགས་ཀྱིས་བསྐོར་བ་མདུན་གྱི་ནམ་མཁར་སྤྱན་དྲངས། ན་མོ་གུ་རུ་བྷྱཿ ན་མཿ་གུ་རུ་ཧེ་རུ་ཀ་ས་པ་རི་ཝཱ་ར་བྷྱཿ ཞེས་ཕྱག་བྱ། ཨོཾ་གུ་རུ་སུ་མ་ཏི་ཀཱིརྟི་ས་པ་རི་ཝཱ་ར་ཨརྒྷཾ་པྲཏཱིཙྪ་ཡེ་སྭཱ་ཧཱ། པཱདྱཾ་ཏི་ཙྪ་ཡེ་སྭཱ་ཧཱ། བཛྲ་པུཥྤེ། ནས། ཤབྡ་ཨཱཿཧཱུྃ་གིས་བར་གྱིས་མཆོད། དཀོན་མཆོག་གསུམ་ལ་བདག་སྐྱབས་མཆི། ནས། སངས་རྒྱས་བྱང་ཆུབ་ཡིད་ཀྱིས་གཟུང་། ཞེས་པའི་བར་ལན་གསུམ་གྱིས་རྒྱུན་བཤགས་བྱ། སེམས་ཅན་ཐམས་ཅད་བདེ་བ་

དང་ལྡན་པར་གྱུར་ཅིག །སྡུག་བསྔལ་དང་བྲལ་བར་གྱུར་ཅིག །བདེ་བ་དང་མི་འབྲལ་བར་གྱུར་ཅིག །བཏང་སྙོམས་ལ་གནས་པར་གྱུར་ཅིག །ཅེས་ཚད་མེད་བཞི་བསྒོམ་ལ། ཚོགས་ཞིང་རྣམས་འོད་དམར་སེར་གྱི་རྣམ་པར་རང་གི་སྤྱི་མཚམས་སུ་ཐིམ་པར་གྱུར། ཨོཾ་སྭ་བྷ་ཝ་ས་རང་ཉིད་སྟོང་པར་སྒྱུར། སྟོང་པའི་ངང་ལས་རང་གི་གོ་སར་སེངྒེ་ཆེན་པོ་བརྒྱད་ཀྱིས་བཏེག་པའི་རིན་པོ་ཆེའི་ཁྲིའི་སྟེང་དུ་པཾ་ལས་པདྨ་དང་། ཨ་ལས་ཟླ་བའི་དཀྱིལ་འཁོར་གྱི་སྟེང་དུ་རང་གི་སེམས་ཉིད་ཧྲཱིཿཡིག་དམར་སེར་རིང་ཆ་ཚོག་དྲག་དང་བཅས་པ་ལས་རལ་གྲི་ཧྲཱིཿཡིག་གི་མཚན་པ། དེ་ལས་འོད་ཟེར་འཕྲོས་དོན་གཉིས་བྱས། འདུས་ཡོངས་སུ་གྱུར་པ་ལས། རང་ཉིད་རྒྱལ་བ་ཀུན་གྱི་ངོ་བོ་ཁམས་གསུམ་ཆོས་ཀྱི་རྒྱལ་པོ་ཙོང་ཁ་པ་ཆེན་པོ་སྐུ་མདོག་དཀར་གསལ་ཞལ་གཅིག་ཕྱག་གཉིས་པ། སྐུ་ལ་ཆོས་དུར་སྨྱིག་གི་མདོག་ཅན་གསུམ་མཛེས་པར་གསོལ་ཞིང་། དབུ་ལ་གསེར་གྱི་མདོག་ཅན་གྱི་པཎ་ཞྭ་རྩེ་རིང་གསོལ་བ། ཞལ་གྱི་དཀྱིལ་འཁོར་ལྷག་པར་འཛུམ་ཞིང་ཟླ་བའི་དཀྱིལ་འཁོར་ཉ་ཡོངས་སུ་གང་བ་ལྟ་བུ། ཕྱག་གཉིས་ཐུགས་ཀར་ཆོས་འཁོར་གྱི་ཕྱག་རྒྱ་མཛད་པའི་མཐེབ་མཛུབ་ཀྱིས་ཨུཏྤ་ལའི་ཡུ་བ་གཟུང་བའི་མེ་ཏོག་སྡོང་གཡས་གཡོན་གྱི་ཐད་དུ་ཁ་བྱེ་བའི་གཡས་ཀྱི་སྟེང་དུ་ཤེས་རབ་ཀྱི་རལ་གྲི་དང་། གཡོན་གྱི་སྟེང་དུ་ཤེར་ཕྱིན་གྱི་གླེགས་བམ་བསྣམས་པ། མཚན་དཔེས་མཛེས་ཤིང་དྭངས་གསལ་འོད་ཀྱི་རང་བཞིན་ཅན། སྐུ་ལས་སྐྱེས་པའི་འོད་ཀྱི་ཕུང་པོའི་དཀྱིལ་ན་ཞབས་གཉིས་རྡོ་རྗེ་སྐྱིལ་ཀྲུང་གིས་བཞུགས་པའི་སྤྱི་བོར་ཨོཾ་དཀར་པོ། མགྲིན་པར་ཨཱཿདམར་པོ། ཐུགས་ཀར་ཧྲཱིཿདམར་སེར་ཧཱུྃ་སྔོན་པོས་མཚན་པ། ཐུགས་ཀའི་ཧཱུྃ་ལས་འོད་ཟེར་འཕྲོས་པས་དགའ་ལྡན་ཆོས་ཀྱི་ཕོ་བྲང་ནས་ཆོས་ཀྱི་རྒྱལ་པོ་ཙོང་ཁ་པ་ཆེན་པོ་སྤྱན་དྲངས། ཛཿཧཱུྃ་བཾ་ཧོཿརང་དང་གཉིས་སུ་མེད་པར་གྱུར། བདག་བསྐྱེད་ཀྱི་མཆོད་པ་རྣམས་ཨོཾ་བཛྲ་ཨ་མྲྀ་ཏ་ས་བསངས། སྭ་བྷཱ་ཝས་སྦྱངས། སྟོང་པའི་ངང་ལས་བྷྲཱུྃ་ལས་རིན་པོ་ཆེའི་སྣོད་ཡངས་ཤིང་རྒྱ་ཆེ་བ་རྣམས་ཀྱི་ནང་དུ་ཨོཾ་འོད་དུ་ཞུ་བ་ལས་བྱུང་བའི་མཆོད་པ་རྣམས་ཕྱུལ་དུ་བྱུང་བའི་ལྷ་རྫས་སུ་གྱུར། ཨོཾ་ཨཱཿཧཱུྃ། ལན་གསུམ། ཨོཾ་གུ་རུ་སུ་མ་ཏི་ཀཱིརྟི་ཨརྒྷཾ་ནས་ཤབྡ་ཨཱཿཧཱུྃ་གི་བར་གྱིས་མཆོད། རྣམ་དག་གངས་རིའི་འཕྲེང་བས་ཡོངས་བསྐོར་བའི། །ཞིང་ཁམས་འདིའི་བདག་ཅག་མགོན་མེད་རྣམས་ཀྱི་མགོན། །བློ་དམན་བསམ་པའི་ངོ་དང་འཚམས་པའི་སྐུ། །སྟོན་མཛད་བླ་མ་

མཆོག་ལ་བདག་ཕྱག་འཚལ། །ཞེས་བསྟོད། རང་གི་ཐུགས་ཀར་ཟླ་བའི་དཀྱིལ་འཁོར་གྱི་དབུས་སུ་ཧྲཱིཿ ཡིག་གི་མཐར་དམིགས་བརྩེ་མའི་འཕྲེང་བས་བསྐོར་བ་ལས་འོད་ཟེར་འཕྲོས། རྒྱལ་བ་སྲས་དང་བཅས་པ་མཆོད། སེམས་ཅན་ཐམས་ཅད་རྗེ་བླ་མའི་གོ་འཕང་ལ་བཀོད། དེ་རྣམས་ཀྱི་བྱིན་རླབས་ནུས་མཐུ་ཐམས་ཅད་རྗེ་བླ་མའི་སྐུ་དང་། གསུང་དམིགས་བརྩེ་མ་དང་། ཐུགས་ཕྱག་མཚན་དང་། བདུད་རྩི་འོད་ཟེར་སོགས་ཀྱི་རྣམ་པར་བསྡུས་ཏེ་ས་བོན་དམིགས་བརྩེ་མ་དང་བཅས་པ་ལ་ཐིམ་པས། བདག་ཉིད་རྒྱལ་བ་ཀུན་གྱི་མཁྱེན་བརྩེ་ནུས་གསུམ་གཅིག་ཏུ་བསྡུས་པའི་ངོ་བོར་གྱུར་པར་བསམ་ལ། དམིགས་མེད་བརྩེ་བའི་གཏེར་ཆེན་སྤྱན་རས་གཟིགས། །དྲི་མེད་མཁྱེན་པའི་དབང་པོ་འཇམ་པའི་དབྱངས། །བདུད་དཔུང་མ་ལུས་འཇོམས་མཛད་གསང་བའི་བདག །གངས་ཅན་མཁས་པའི་གཙུག་རྒྱན་ཙོང་ཁ་པ། །བློ་བཟང་གྲགས་པའི་ཞབས་ལ་གསོལ་བ་འདེབས། །ཞེས་བཟླ་བ་ནི་སྤྱིའི་དམིགས་པ་ཙམ་དང་། ས་བོན་ཐུགས་འཕྲེང་འོད་ཟེར་དཀར་པོ་འཕྲོ་བ་ལས་ལྷ་མོ་དཀར་མོ་བདུད་རྩི་དཀར་པོས་གང་བའི་བུམ་པ་ཐོགས་པ་སྤྲོས་པས་ཧྲཱིཿ ཡིག་གི་མདུན་དུ་ཟླ་བ་དཀར་པོ་ལ་གནས་པའི་བསྒྲུབ་བྱ་ལ་ཁྲུས་བྱས་པས་ནད་གདོན་སྡིག་སྒྲིབ་ཐམས་ཅད་དག་ནས་ལུས་ཤེལ་སྒོང་དྭངས་པ་ལྟར་གྱུར་པར་བསམ་པ་ནི་ཞི་བ་དང་། གཞན་སྔར་ལྟར་ལ་འོད་ཟེར་ལྷ་མོ་བདུད་རྩི་བུམ་པ་རྣམས་སེར་པོ། ཟླ་གདན་སེར་པོ་ལ་གནས་པའི་བསྒྲུབ་བྱ་ལ་ཁྲུས་བྱས་པས་ལུས་ཀྱི་ནང་བདུད་རྩི་སེར་པོས་གང་བས་ཚེ་བསོད་ཤེས་རབ་སོགས་རྒྱས་པར་བསམ་པ་ནི་རྒྱས་པ་དང་། ས་བོན་ཐུགས་འཕྲེང་འོད་ཟེར་དམར་པོ་འཕྲོ་བ་ལས་ལྷ་མོ་དམར་མོ་ལྕགས་ཀྱུ་དང་ཞགས་པ་ཐོགས་པ་སྤྲོས་པས་དབང་དུ་བྱ་རྒྱུའི་མགྲིན་པ་ནས་ཞགས་པས་བཅིངས། ཕོའི་སྙིང་ག་དང་མོའི་སྐྱེ་གནས་ནས་ལྕགས་ཀྱུས་བཟུང་སྟེ་བཀུག་ནས་རང་དང་སྦྱིན་བདག་གི་ཕང་བའི་དྲུང་དུ་དྲན་པ་ཉམས་ཤིང་འཁྱིལ་ཏེ་དབང་དུ་འདུས་པར་བསམ་པ་ནི་དབང་དང་། ས་བོན་ཐུགས་འཕྲེང་འོད་ཟེར་ནག་པོ་འཕྲོ་བ་ལས་མཚོན་ཆ་སྣ་ཚོགས་པ་ཐོགས་ཤིང་སྐུ་ལས་མེ་དཔུང་འབར་བ། ཞལ་ནས་འཇིགས་པའི་ང་རོ་དྲག་མ་སྒྲོག་པའི་ཁྲོ་བོ་དཔག་ཏུ་མེད་པ་སྤྲོས་པས་གནོད་བྱེད་དགྲ་བགེགས་ཐམས་ཅད་ཚར་བཅད་པར་བསམ་པ་ནི་དྲག་པོ་སྟེ་གཞན་ཡང་གང་ལ་གང་དགོས་ཀྱི་དམིགས་པའི་བསྒྱུར་ཚུལ་ཤེས་པར་བྱ་ཞིང་བསྙེན་ཚད་ནི་འབུམ་ཕྲག་གཅིག་དང་

གསུམ་ལ་སོགས་པའོ། །དེ་ནས་མདུན་བསྐྱེད་ཀྱི་མཆོད་པ་སྔར་བཞིན་བྱིན་གྱིས་བརླབས་ལ། གཏོར་མ་ཨ་ཤྲི་ཏས་བསངས། སྭ་བྷཱ་ཝས་སྦྱངས། སྟོང་པའི་ངང་ལས་བྷྲཱུྃ་ལས་རིན་པོ་ཆེའི་སྣོད་ཡངས་ཤིང་རྒྱ་ཆེ་བའི་ནང་དུ་ཨོཾ་ལས་གཏོར་མ་ཟུལ་དུ་བྱུང་བའི་ལྷ་རྫས་སུ་གྱུར། ཨོཾ་ཨཱཿ ཧཱུྃ། ལན་གསུམ་གྱིས་བྱིན་གྱིས་བརླབས་ལ། རང་གི་ཐུགས་ཀའི་ས་བོན་ལས་འོད་ཟེར་འཕྲོས་པས་ཆོས་ཀྱི་རྒྱལ་པོ་ཙོང་ཁ་པ་ཆེན་པོ་ལ་སངས་རྒྱས་དང་བྱང་ཆུབ་སེམས་པའི་ཚོགས་ཀྱིས་བསྐོར་བ་མདུན་གྱི་ནམ་མཁར་སྤྱན་དྲངས། ལྗགས་འོད་ཟེར་གྱི་སྦུ་གུས་གཏོར་མའི་བཅུད་དྲངས་ཏེ་གསོལ་བར་གྱུར། ཨོཾ་གུ་རུ་སུ་མ་ཏི་ཀཱིརྟི་ས་པ་རི་ཝཱ་ར་ཨི་དཾ་བ་ལིཾ་ ཏ་ཁ་ཁ་ཁཱ་ཧི་ཁཱ་ཧི། ལན་གསུམ་གྱིས་ཕུལ། སྔར་ལྟར་མཆོད་ཅིང་བསྟོད་ལ། ཁམས་གསུམ་ཆོས་ཀྱི་རྒྱལ་པོ་ཙོང་ཁ་ཆེན་པོའི་ལྷ་ཚོགས་རྣམས་ཀྱིས་བདག་ཅག་དཔོན་སློབ་འཁོར་དང་བཅས་པ་རྣམས་ཀྱི་འགལ་རྐྱེན་བར་ཆད་མི་མཐུན་པའི་ཕྱོགས་ཐམས་ཅད་ཞི་ཞིང་མཐུན་རྐྱེན་ལེགས་ཚོགས་ཐམས་ཅད་ཡིད་བཞིན་དུ་འགྲུབ་པར་བྱིན་གྱིས་བརླབ་ཏུ་གསོལ། ཞེས་གསོལ་བ་གདབ། ཨོཾ་བཛྲ་སཏྭ་ཨཱཿ ལན་གསུམ། མ་རྙེད་ཡོས་སུ་མ་ཤེས་དང་། ཞེས་སོགས་ཀྱིས་བཟོད་པར་གསོལ། ཨོཾ་བཛྲ་ས་མ་ཡ་ཛཿ གཏོར་མགྲོན་གྱི་ལྷ་ཚོགས་རྣམས་ཆོས་ཀྱི་རྒྱལ་པོ་ཙོང་ཁ་པ་ཆེན་པོ་ལ་ཐིམས། དེ་ཉིད་མཐེབ་སོར་ཙམ་དུ་གྱུར་པ་རང་གི་ཚངས་བུག་ནས་དབུ་མའི་ལམ་བརྒྱུད་དེ་སྙིང་པདྨ་འདབ་བརྒྱད་ཀྱི་ལྟེ་བར་ཟླ་གདན་ལ་བཞུགས་པད་འདབ་ཁ་ཟུམ་པའི་ནང་འོད་ཟེར་ལྔའི་ཞལ་ཞལ་དང་། ཕྱི་དམིགས་བརྩེ་མའི་འཕྲེང་བས་བཅིངས་ནས་བརྟན་པར་གྱུར། ཅེས་བསམ་ལ། དགེ་བ་འདི་ཡིས་མྱུར་དུ་བདག །བློ་བཟང་གྲགས་པ་འགྲུབ་གྱུར་ནས། །ཞེས་སོགས་དང་། དེང་ནས་སྐྱེ་ཞིང་སྐྱེ་བ་ཐམས་ཅད་དུ། །རྗེ་བཙུན་བླ་མ་བློ་བཟང་གྲགས་པ་དང་། །མི་འབྲལ་རྒྱལ་བའི་ཆོས་ཚུལ་ཀུན་བཟུང་ནས། །བསྟན་དང་འགྲོ་བའི་དོན་ཆེན་ལྷུར་ལེན་ཤོག །ཅེས་དང་། སྡེ་སྣོད་གསུམ་དང་རྒྱུད་སྡེ་རྣམ་པ་བཞི། །ཞེས་སོགས་ཀྱིས་བསྔོ་སྨོན་ཤིས་བརྗོད་རྣམས་བྱའོ། །སྨྲས་པ། མཁྱེན་བརྩེ་ནུས་པའི་བདག་ཉིད་རིགས་གསུམ་མགོན། །གཅིག་བསྡུས་ཆོས་ཀྱི་རྒྱལ་པོ་ཙོང་ཁ་པ། །འདི་ཉིད་ཁོན་སྙིགས་དུས་བསྟན་འགྲོ་ཡི། །སླུ་མེད་སྐྱབས་ཀྱི་དམ་པ་གཅིག་ཏུ་ངེས། །ཚུལ་དེ་རྟོངས་པའི་འགྲོ་ལ་འདོམས་པའི་ཕྱིར། །སྣང་བ་མཐའ་ཡས་བསྟན་པའི་ཉི་མ་ཡིས། །རྗེ་

འདི་ལྷག་པའི་ལྷ་ཡི་གཙོར་བཞེས་ཏེ། །སྐུ་ཡི་བཀོད་པ་མི་འདྲ་གསར་དུ་མཛད། །དེ་ལྟར་ན་ཡང་རྟོག་དཔྱོད་དང་བྲལ་བའི། །མི་མཁས་མཁས་རློམ་བཏུང་བས་སྨྱོས་པ་འགའ། །བསྟན་འགྲོའི་གེགས་ཆེན་ཞི་བའི་ཐབས་ཀྱི་ཚུལ། །གཞན་དང་གཞན་གྱི་ང་རོ་ཆེར་སྒྲོག་མོད། །མཁས་དང་གྲུབ་པ་གཞན་གྱི་བསྟན་པའི་སྲོལ། །སྤྲིན་བར་ཉི་མ་འདྲ་དབུས་ཞྭ་སེར་བསྟན། །རྒྱལ་མཚན་ཏོག་ལྟར་མཐོ་བ་རྗེ་འདི་ཡི། །མཁྱེན་བརྩེ་ནུས་པའི་མཐུ་ལས་གཞན་དུ་ཅི། །དེ་ཕྱིར་རྨད་བྱུང་ལམ་འདིར་ལུས་ངག་གིས། །འབད་ལས་ཐོབ་པའི་རླབས་ཆེན་དགེ་ཚོགས་མཐུས། །ཡིད་ཅན་ཀུན་གྱིས་མཚུངས་མེད་བློ་བཟང་གྲགས། །བསླུ་མེད་སྐྱབས་ཀྱི་མཆོག་ཏུ་ངེས་རྙེད་ཤོག །ཅེས་ཆོས་ཀྱི་རྒྱལ་པོ་ཙོང་ཁ་པ་ཆེན་པོའི་བསྒོམ་བཟླས་བྱ་ཚུལ་དངོས་གྲུབ་གྲུ་ཆར་གཡོ་བའི་སྤྲིན་ཕུང་ཞེས་བྱ་བ་འདི་ཡང་། རྗེ་འདི་ལ་མི་ཕྱེད་པའི་དད་པ་བླ་མའི་དྲིན་ལས་བརྙེས་པའི་བཙུན་པ་དབྱངས་ཅན་གྲུབ་པའི་རྡོ་རྗེས་རང་གཞན་ལ་ཕན་དུ་རེ་བའི་བསམ་པས་ཉམས་སུ་བླང་བདེ་བར་ཞི་བའི་ལོ་ཟིན་བྲིས་སུ་བགྱིས་པ། སླར་ཡང་མཚར་བའི་ཕྱག་མཛོད་ཡེ་ཤེས་རྒྱལ་མཚན་ལགས་ཀྱི་ཉམས་བཞེས་སུ་འདི་ལྟ་བུ་ཞིག་དགོས་ཚུལ་ལྟར། རབ་བྱུང་གི་མགོ་ལྷའི་དཀར་ཕྱོགས་སྐྱོང་པ་དང་པོའི་ཉིན་ཞུས་དག་དང་གསར་སྣོན་ཕྲན་བུ་བཅས་བགྱིས་པ་དགེ་ལེགས་འཕེལ།། །།

༄༅། །རྗེ་བླ་མ་རིགས་གསུམ་མགོན་པོ་དབྱེར་མེད་དུ་སྒྲུབ་ཚུལ་བྱིན་རླབས་སྤྲུར་འདུག་ཅེས་བྱ་བ་བཞུགས་སོ།

༄། །རྒྱལ་ཀུན་མཁྱེན་རབ་མ་ལུས་གཅིག་བསྡུས་ནས། །སྙིགས་དུས་འགྲོ་འདྲེན་
ངུར་སྨྲིག་ཚུལ་འཛིན་པ། །ཁམས་གསུམ་ཆོས་ཀྱི་རྒྱལ་པོ་ཙོང་ཁ་པས། །བྱང་ཆུབ་བར་དུ་
ཐུགས་རྗེའི་ལྕགས་ཀྱུས་བཟུང་། །འདིར་ཁམས་གསུམ་ཆོས་ཀྱི་རྒྱལ་པོ་ཙོང་ཁ་ཆེན་པོ་རིགས་
གསུམ་མགོན་པོ་དང་ངོ་བོ་དབྱེར་མེད་དུ་སྒྲུབ་ཚུལ་ལ། གནས་ཁང་བྱི་དོར་ལེགས་པར་བྱ།
རྗེ་བླ་མའི་སྐུའི་བྲིས་འབུར་ཅི་རིགས་བཞུགས་སུ་གསོལ། །གཏོར་མ་རླུམ་གཏོར་རིལ་བུས་
བསྐོར་བ་དང་། ཆུ་གཉིས་ཉེར་སྤྱོད་སོགས་མཆོད་པ་རྒྱས་པར་བཤམ། སྐྱབས་འགྲོ་སེམས་
བསྐྱེད་སྔོན་འགྲོ་ལྟར་སྔོན་དུ་བཏང་ནས། རང་ཉིད་སྐད་ཅིག་གིས་དཔལ་རྡོ་རྗེ་འཇིགས་བྱེད་
× གྱུར་ཨོཾ་སྭ་བྷཱ་ཤས་སྟོང་པར་སྦྱངས། སྟོང་པའི་ངང་ལས་སྣ་ཚོགས་པད་ཟླའི་སྟེང་། །རང་
ཉིད་རིགས་གསུམ་མགོན་པོ་དབྱེར་མེད་པའི། །རྗེ་བཙུན་ཆོས་ཀྱི་རྒྱལ་པོ་ཙོང་ཁ་པ། །སྐུ་
མདོག་དཀར་ལ་དམར་བའི་མདངས་ཆགས་པ། །སྐུ་ལ་ཆོས་གོས་ངུར་སྨྲིག་གསུམ་གསོལ་
ཞིང་། ཕྱག་གཉིས་ཆོས་འཁོར་ཕྱག་རྒྱ་མཛད་པ་ཡིས། །ཨུཏྤལ་ཡུ་བ་ནས་བཟུང་འདབ་སྟེང་
ན། ཤེས་རབ་རལ་གྲི་ཤེར་ཕྱིན་གླེགས་བམ་བསྣམས། དབུ་ལ་པཎ་ཞྭ་གསེར་གྱི་མདོག་ཅན་
གསོལ། ཞབས་གཉིས་རྡོ་རྗེ་སྐྱིལ་ཀྲུང་གིས་བཞུགས་པའི། །སྐུ་ལས་སྐྱེས་པའི་འོད་ཟེར་སྣ་ལྔ་
ཡི། །འཇའ་ཚོན་གུར་ཁྱིམ་འཁྲིགས་པའི་དབུས་ན་བཞུགས། །དེ་ཡི་སྤྱི་བོའི་རྩ་འཁོར་
དབུས་སུ་ནི། །པད་ཟླའི་གདན་ལ་འཇམ་དབྱངས་དམར་སེར་མདོག །ཕྱག་གཡས་ཤེས་
རབ་རལ་གྲི་ཕྱག་གཡོན་ན། །ཤེར་ཕྱིན་སྟོང་ཕྲག་བརྒྱད་པའི་གླེགས་བམ་བསྣམས། །
མགྲིན་པའི་རྩ་འཁོར་དབུས་ན་པད་ཟླའི་སྟེང་། །སྤྱན་རས་གཟིགས་དབང་སྐུ་མདོག་དུང་
ལྟར་དཀར། །ཞལ་གཅིག་ཕྱག་བཞི་དང་པོ་ཐལ་མོ་སྦྱར། །འོག་མ་གཉིས་ཀྱིས་ཤེལ་ཕྲེང་

པད་དཀར་བསྣམས། །ཕྱུགས་ཀའི་རྩ་འཁོར་དབུས་སུ་པད་ཉིའི་སྟེང་། །ཕྱག་ན་རྡོ་རྗེ་ཕྱག་གཡས་རྡོ་རྗེ་འཕྱར། །གཡོན་པ་སྡིགས་འཛུབ་ཕྱུགས་ཀར་འཛིན་པ་ལ། །ཁྲོ་བོའི་རྒྱན་ཅན་བརྒྱང་བསྐུམས་སྟབས་ཀྱིས་བཞུགས། །རྗེ་བཙུན་བླ་མའི་སྤྱི་བོར་ཨོཾ་དཀར་པོ། མགྲིན་པར་ཨཱཿདམར་ཕྱུགས་དཀར་ཧཱུྃ་སྔོན་མཚན། ཧཱུྃ་ལས་འོད་འཕྲོས་བླ་མ་ཡི་དམ་དང་། སངས་རྒྱས་བྱང་སེམས་ཉན་རང་མཁའ་འགྲོ་དང་། ཆོས་སྐྱོང་སྲུང་མའི་ཚོགས་རྣམས་སྤྱན་དྲངས་ཏེ། རང་ལ་ཐིམ་པས་སྐྱབས་གནས་ཀུན་འདུས་གྱུར། །དེ་ནས་མཆོད་པ་འདོད་ཡོན་ལྔ་དང་བཅས་པ་བྱུ་རྒྱུད་ལྟར་བྱིན་གྱིས་བརླབས། སྦྱོན། རྒྱལ་བ་རྒྱ་མཚོ་མ་དང་། ཨེ་མ་མཆོད་པ་སོགས་མཆོད་སྤྲིན་དང་བཅས་པ་དང་། བསྔུན། ཨོཾ་སུམ་ཏི་ཀྲྀ་ཧེ་ས་པ་རི་ཝཱ་ར་ཨརྒྷཾ་པྲ་ཏི་ཙྪ་ཧཱུྃ་སྭཱ་ཧཱ། དེ་བཞིན་དུ། སྨན་གྱི་བར་བརྗོད་ནས་མཆོད། བསྟོད་པ་ནི། གཞོན་ནུའི་སྐུ་ལུས་འཆང་བ་པོ × ཕྱག་འཚལ་བསྟོད། སྐྱོན་གྱིས་མ་གོས × ཕྱག་འཚལ་བསྟོད། ལྗང་ལོ་ཅན་གྱི × ཕྱག་འཚལ་བསྟོད། གང་གི་མཚན་ཙམ་ཐོས་དང་དྲན་པས་ཀྱང་། །བར་ཆད་ཀུན་སེལ་དངོས་གྲུབ་ཀུན་སྩོལ་བ། བྱིན་རླབས་ཕྱུགས་རྗེའི་གཏེར་གྱུར་ཅོང་ཁ་པ། བློ་བཟང་གྲགས་པའི་དཔལ་ལ་ཕྱག་འཚལ་བསྟོད། །དེ་ནས་རང་ཉིད་རྗེ་བླ་མར་གསལ་བའི་ཕྱུགས་ཀར་རིགས་གསུམ་མགོན་པོའི་གཟུངས་སྔགས་རིམ་པ་བཞིན་དུ་བཀོད། ཨ་ར་པ་ཙ་བཟླ་སྐབས། ཧྲཱིཿཡིག་དང་ཡིག་དྲུག་བཟླ་སྐབས་ཧྲཱིཿཡིག་ཧྲཱིཿཡིག་ཏུ་བསྒྱུར། བཛྲ་པཱ་ཎི་བཟླ་སྐབས་ཧྲཱིཿཡིག་ཧཱུྃ་ཡིག་ཏུ་བསྒྱུར་ཏེ་རིགས་གསུམ་མགོན་པོའི་སྔགས་ཅི་ནུས་བཟླ། དེ་རྗེས་སྔགས་ཕྲེང་ཧཱུྃ་ཡིག་ལ་བསྡུས་ཏེ། ཕྱུགས་ཀའི་ཧཱུྃ་ཡིག་གི་མཐའ་བསྐོར་དུ་དམིགས་བརྩེ་མས་བསྐོར་བ་ལ་དམིགས་ཏེ་དམིགས་བརྩེ་མ་བརྒྱ་སྟོང་སོགས་ཅི་འགྲུབ་བཟླ། དམིགས་པ་ནི། ཧཱུྃ་ཡིག་དམིགས་བརྩེ་མ་དང་བཅས་པ་ལས་འོད་ཟེར་འཕྲོས་པའི་སྣེ་མོ་ལ་མཆོད་པའི་ལྷ་མོ་མཆོད་རྫས་ཐོགས་པ་དཔག་ཏུ་མེད་པ་འཕྲོས། རྒྱལ་བ་སྲས་བཅས་ལ་མཆོད་པ་འབུལ། སྐུ་གསུང་ཕྱུགས་ཀྱི་བྱིན་རླབས་ཐམས་ཅད་ཕྱུགས་ཀའི་ཧཱུྃ་ཡིག་དམིགས་བརྩེ་མ་དང་བཅས་པ་ལ་བསྟིམ། ཡང་འོད་ཟེར་དཔག་ཏུ་མེད་པ་འཕྲོས། སེམས་ཅན་རྣམས་ཀྱི་སྡིག་སྒྲིབ་དང་ནད་གདོན་སྡུག་བསྔལ་ཐམས་ཅད་སྦྱངས། འོད་དང་འོད་ཟེར་གྱི་རྣམ་པར་བསྡུས་ཏེ་ཧཱུྃ་ཡིག་དམིགས་བརྩེ་མ་དང་བཅས་པ་ལ་ཐིམ་པར་བསམ། ཐུན་འཇོག་ཁར་རྒྱལ་བ་སྲས་བཅས་ཀྱི་བྱིན་རླབས་ནུས་མཐུ་ཐམས་ཅད་

འཆི་མེད་ཚེའི་རང་བཞིན་འོད་ཟེར་གྱི་རྣམ་པར་སྤྱན་དྲངས་ཏེ། རང་ཉིད་ལ་ཐིམ་པས་འཆི་བ་མེད་པའི་ཚེའི་རིག་འཛིན་ཐོབ་པར་བསམ། དེ་ནས་གཏོར་མ་བྱ་རྒྱུད་ལྟར་བྱིན་གྱིས་བརླབས་ལ། རང་གི་ཐུགས་ཀའི་ཧཱུཾ་ལས་འོད་ཟེར་འཕྲོས་ཁམས་གསུམ་ཆོས་ཀྱི་རྒྱལ་པོ་སྟོང་ཁ་པ་ལ་སངས་རྒྱས་དང་བྱང་ཆུབ་སེམས་དཔའ་ཆོས་སྐྱོང་སྲུང་མའི་ཚོགས་ཀྱིས་སྐོར་བ་སྤྱན་དྲངས། མདུན་གྱི་ནམ་མཁར་བཞུགས་པར་གྱུར། ལྗགས་ཧཱུྃ་ལས་སྐྱེས་པའི་རྡོ་རྗེ་རྩེ་གཅིག་པས་གཏོར་མའི་བཅུད་ཐམས་ཅད་དྲངས་ཏེ་གསོལ་བར་གྱུར། ཨོཾ་སུ་མི་ཏི་གི་རྟི་ས་པྲ་རི་པྲ་ར་ཨི་དམ་པ་ལིཾ་ཏ་ཁ་ཁ་ཁཱ་ཧི་ཁཱ་ཧི། ལན་གསུམ་གྱིས་འབུལ། ཨོཾ་སུ་མ་ཏི་གི་རྟི་ས་པྲ་རི་པྲ་ར་ཨརྒྷཾ་སོགས་ཀྱིས་མཆོད། རྒྱལ་ཀུན་མཁྱེན་རབ་གཅིག་བསྡུས་འཇམ་པའི་དབྱངས། སྙིང་རྗེའི་གཏེར་གྱུར་འཕགས་མཆོག་སྤྱན་རས་གཟིགས། །མཐུ་སྟོབས་ནུས་པའི་མངའ་བདག་གསང་བའི་བདག །གཅིག་བསྡུས་བློ་བཟང་གྲགས་པའི་དཔལ་ལ་བསྟོད། །ཁྱེད་ལ་བསྟོད་ཅིང་གསོལ་བ་བཏབ་པའི་མཐུས། །ཞེས་སོགས་འདོད་དོན་ལ་གསོལ་བ་བཏབ། དེ་ནས་ཡིག་བརྒྱ་དང་གང་ཡང་བདག་བློ་ཞེས་སོགས་ཀྱིས་ནོངས་པ་བཟོད་པར་གསོལ། དེ་ནས་ཐལ་མོ་སྦྱར་ཏེ། རྒྱལ་བ་བློ་བཟང་གྲགས་པའི་དཔལ་གྱིས་བདག་བྱིན་གྱིས་བརླབ་ཏུ་གསོལ། །ཞེས་གསོལ་བ་བཏབ་པས་བླ་མ་འཁོར་བཅས་འོད་དུ་ཞུ་ནས་རང་གི་སྤྱི་བོ་ནས་ཞུགས། སྙིང་གར་ཐིམ་པས་བྱིན་གྱིས་བརླབས་པར་གྱུར། འདིར་བསྙེན་པའི་སྐབས་སུ་ཤ་ཆང་སྔོག་བཙོང་སོགས་ལ་འཛེམ་ཞིང་། སྤྱོད་ལམ་ལ་ཡང་ཤིན་ཏུ་གཟབ། རྗེ་བླ་མའི་སྙན་བརྒྱུད་ཐུན་མོང་མ་ཡིན་པ་ཡིན་གསུངས། སྨོན་ལམ་ནི། དགེ་བ་འདི་ཡིས་མྱུར་དུ་བདག །བློ་བཟང་གྲགས་པ་འགྲུབ་གྱུར་ཅིག །འགྲོ་བ་གཅིག་ཀྱང་མ་ལུས་པ། །དེ་ཡི་ས་ལ་འགོད་པར་ཤོག །འདི་ལྟར་བགྱིས་པའི་རྣམ་དཀར་དགེ་བ་ཡང་། །ཞེས་སོགས་དང་། དེ་ཡི་མཐུ་ལས་ཚེ་རབས་ཀུན་ཏུ་བདག །ཅེས་སོགས་དང་། ང་ཡི་བླ་མ་བློ་བཟང་གྲགས་པ་དེ། །ཞེས་སོགས་བརྗོད། ཤིས་བརྗོད་ནི། རིགས་གསུམ་གཅིག་བསྡུས་བསམ་འཕེལ་ཡིད་བཞིན་ནོར། །སྲིད་ཞིའི་དགེ་ལེགས་འདོད་དགུའི་ཆར་འབེབས་པ། ཁམས་གསུམ་ཆོས་ཀྱི་རྒྱལ་པོ་སྟོང་ཁ་པ། །བློ་བཟང་གྲགས་པའི་དཔལ་གྱིས་བཀྲ་ཤིས་ཤོག །བསྟན་པའི་དཔལ་གྱུར × ཚངས་དང་ལྷ་དབང་ཞེས་སོགས་མེ་ཏོག་གི་ཆར་དབབ་པར་བྱའོ། །དམིགས་བརྩེ་མ་འདོན་པའི་སྐབས་སུ་ཕྱི་

མཚུངས་པ་གསལ་བྱེད་དང་། ནང་ཡོན་ཏན་དེ་ལྟར། གསང་བ་ལྷག་པའི་ལྷ་དང་རྗེ་བླ་མ་ངོ་བོ་དབྱེར་མེད་དུ་གསོལ་བ་བཏབ་པ་གསུམ་ལས་འདི་ནི་ཕྱི་མ་ཡིན་ལ་དེའི་དོན་ཤེས་ཤིང་དྲན་པས་གསོལ་བ་བཏབ་ན་གསུམ་ཀ་ཚང་བས་ཕན་ཡོན་ཆེ་ཞིང་། ལྷག་པར་རྒྱལ་གདོན་གྱིས་གནོད་པ་ལ་ཤིན་ཏུ་བསྟུགས་པ་ཡིན་ནོ། །རྗེ་བླ་མ་རིགས་གསུམ་མགོན་པོ་དང་ངོ་བོ་དབྱེར་མེད་དུ་སྒྲུབ་ཚུལ་འདི་ནི་ཞུད་རད་ཐོ་ཡོན་ཏྭ་བླ་མ་དཀོན་མཆོག་ཡོན་ཏན་རྒྱ་མཚོས་བསྐུལ་བའི་ངོར། སྨྲ་མང་སློབ་དཔོན་ང་བདུན་པ་དགེ་འདུན་སྒྲིན་པས་དམ་པ་གོང་མ་རྣམས་ཀྱི་གསུང་ལས་བཏུས་ཏེ་བྲིས་པའོ།། །།

༄༅། །རྗེ་བླ་མ་ཙོང་ཁ་པ་ལ་བརྟེན་པའི་ཤེས་རབ་བློ་འཕེལ་སྒྲུབ་ཚུལ་མན་ངག་ལུགས་བློ་གྲོས་འདབ་བརྒྱ་བཞད་པའི་ཉིན་བྱེད་གཞོན་ནུ་ཞེས་བྱ་བཞུགས་སོ།

༄། །ན་མོ་གུ་རུ་མཉྫུ་གྷོ་ཥ་ཡ། རྣམ་ཀུན་མཆོག་ལྡན་བདེ་ཆེན་ལྷའི་འཁོར་ལོ། །དུ་མར་སྒྲོ་ཞིང་གཅིག་ཏུ་བསྡུ་མཛད་པ། །ཁྱབ་བདག་བླ་མ་སྐུ་བཞིའི་བདག་ཉིད་ཅན། །རྟག་ཏུ་བདེ་ཆེན་འཁོར་ལོར་རོལ་པར་མཛོད། །གང་གི་གསང་གསུམ་གངས་ཀྱི་རི་བོ་ལས། །བྱིན་རླབས་དཔལ་འགྲོའི་རྒྱུན་བཟང་འབེབས་པའི་ཕྱིར། །ཟབ་ལམ་རྣལ་འབྱོར་མཆོག་གི་ཉིན་བྱེད་དབང་། །ཡོངས་འཛིན་དམ་པའི་དྲིན་ལས་དེང་འདིར་ཤར། །དེ་ཡང་ལེགས་ཚོགས་ཐམས་ཅད་ཀྱི་རྩ་བ་རང་གི་དྲིན་ཅན་བླ་མ་དང་འཇམ་མགོན་ཆོས་ཀྱི་རྒྱལ་པོ་ཙོང་ཁ་པ་རྗེ་བོ་དབྱེར་མེད་དུ་བྱས་ནས་ཟབ་ལམ་རྣལ་འབྱོར་ཉམས་སུ་ལེན་ཚུལ་ནི། ཡིད་མཐུན་གྱི་གནས་སུ་སྟན་བདེ་བ་ལ་ཚུལ་མཐུན་གྱིས་འཁོད་དེ། རང་རྒྱུད་ལ་ལེགས་པར་བརྟག་པ་སྔོ་དགེ་སེམས་ཁྱད་པར་ཅན་གྱི་ངང་ནས་སྐྱབས་ཡུལ་དང་སྐྱབས་འགྲོའི་རྒྱུ་སོགས་དམིགས་རྣམས་མ་ཡངས་པས་སྐྱབས་སེམས་ཚད་མེད་བཞི་དང་བཅས་པ་རྒྱུད་དང་འདྲེས་ངེས་སུ་བྱ། དེ་ནས་དངོས་གཞིའི་རྣལ་འབྱོར་ཚིག་སྒྲིལ་གྱི་དམིགས་རྣམ་དང་བཅས་འདི་ལྟར། རྣམ་དག་སྦྲིས་ཀུན་ཉེར་ཞིའི་ལྷ་ལམ་ངེས། །ཀུན་བཟང་མཆོད་སྤྲིན་བཀོད་པ་འབར་བའི་དབུས། །འཛུམ་པ་ཁོང་ནས་བཞད་པའི་འདབ་བརྒྱ་པ། །ཐབས་ཤེས་ཉི་ཟླའི་གདན་བཅས་གདོང་ལྡེའི་ཁྲིར། །སྐྱབས་གསུམ་ཀུན་འདུས་དྲིན་ཅན་བླ་མ་ཉིད། །རྣམ་པ་འཇམ་མགོན་ཆོས་ཀྱི་རྒྱལ་པོའི་ཚུལ། །དཀར་དམར་མདངས་ལྡན་ཕྱག་གཡས་ཆོས་འཆད་དང་། །གཡོན་པ་མཉམ་གཞག་དྲང་སྲོང་སྣོད་མཆོག་འཛིན། །མཐེབ་མཛུབ་གཉིས་ཀྱིས་གཟུང་བའི་ཨུཏྤལ། །སྙན་ཐད་ཀྱིས་སྟེང་རལ་གྲི་གླེགས་བམ་མཛེས། །ཆོས་གོས་གསུམ་དང་གསེར་མདོག་པཎ་ཞྭ་གསོལ། །མཚན་དཔེའི་རྒྱན་དང་འོད་ཀྱི་དྲ་བས་

འབྲེལ། །རྡོ་རྗེ་སྐྱིལ་ཀྲུང་འོད་གུར་དབུས་བཞུགས་པའི། །སྤྱི་བོར་པད་ཟླའི་གདན་ལ་རྒྱལ་ཀུན་གྱི། །མཁྱེན་པའི་རང་གཟུགས་འཇམ་དཔལ་སྨྲ་མདོག་དཀར། །ཕྱག་གཡས་མཆོག་སྦྱིན་གཡོན་པའི་འཐེབ་སྲིན་གྱིས། །བཟུང་བའི་ཨུཏྤ་འདབ་བརྒྱའི་ལྟེ་བ་རུ། །སྟོང་ཕྲག་བརྒྱ་པའི་གླེགས་བམ་མངོན་པར་གསལ། །ཁྱབ་བདག་བླ་མའི་ལོངས་སྤྱོད་འཁོར་ལོའི་དབུས། །པད་ཟླར་སྒྲ་དབྱངས་ལྷ་མོ་དབྱངས་ཅན་མ། །ཟླ་ཞུན་ལྟར་པོ་ལྟར་དཀར་ཕྱག་གཉིས་ཀྱིས། །པི་ཝང་རྒྱུད་མང་སྒྲ་ལས་དམ་ཆོས་སྟོན། །ཤེས་རབ་ལྷ་མཆོག་གཉིས་ཀའང་ལྷ་རྫས་གོས། །སྣ་ཚོགས་རྒྱན་སྤྲས་རབ་མཛེས་གཞོན་ནུའི་སྐུ། །མཐའ་ཡས་འོད་ཟེར་འཁྱི་བ་ཕྱོགས་བཅུར་སྤྲོ། །བླ་མའི་ཐུགས་ཀར་པད་ཟླ་ཉི་གདན་ལ། །རྒྱལ་ཀུན་མཐུ་སྟོབས་གཅིག་བསྡུས་མི་གཡོ་མགོན། །རབ་དཀར་ཁྲོ་འཛུམ་སྤྱན་གསུམ་དམར་ལ་ཟླུམ། །ཕྱག་གཡས་རལ་གྲི་ཕྱག་གཡོན་ཐུགས་ཀ་རུ། །སྡིག་མཛུབ་མཛད་ཅིང་རིན་ཆེན་སྦྲུལ་གྱིས་བརྒྱན། །ལྷ་རྫས་ན་བཟའ་ཁྲོ་བོའི་གར་སྟབས་ཀྱིས། །གཡས་བསྐུམ་གཡོན་པའི་པུས་མོ་ཉི་གདན་ལ། །བརྟེན་ཅིང་མེ་འོད་འཁྲུགས་པའི་ཀློང་དཀྱིལ་དབུས། །བཞུགས་པའི་སྐྱབས་གསུམ་ཀུན་འདུས་བླ་མ་ལྷའི། །གནས་གསུམ་རྡོ་རྗེ་གསུམ་གྱིས་རབ་མཚན་པའི། །ཐུགས་ཀའི་འོད་ཀྱིས་གྲངས་མེད་རྒྱལ་བའི་ཞིང་། །ཡོངས་གང་མཆོག་གསུམ་དཀྱིལ་འཁོར་ལྷ་ཚོགས་རྣམས། །སྤྱན་དྲངས་ཐིམ་པས་སྐྱབས་གསུམ་འདུས་སྐུར་གྱུར། །ཞེས་རང་གི་མདུན་གྱི་ནམ་མཁར་སེང་ཁྲི་པད་ཟླ་ཉི་མའི་གདན་ལ་བླ་མ་རིན་པོ་ཆེ་ལྷག་པའི་ལྷ་མཆོག་གསུམ་དང་བཅས་པ་བསྐྱེད་ཅིང་སྤྱན་དྲངས་པའི་བླ་མ་དེ་ཉིད་མཐོང་ཐོས་དྲན་རེག་ཐམས་ཅད་འཁོར་བ་ལས་སྒྲོལ་ཞིང་མཆོག་ཐུན་དངོས་གྲུབ་གང་འདོད་སྩོལ་བའི་བདག་ཉིད་ཅན་དུ་ངེས་པ་འདྲེན་ཅིང་། དེའི་ངང་ནས་བསགས་སྦྱངས་བྱ་ཚུལ་ནི། ཇི་སྙེད་ཤེས་བྱའི་ཆོས་ཀུན་མཁྱེན་པའི་ཐུགས། །ཉོན་མོངས་ནད་བརྒྱ་དྲུང་འབྱིན་ཆོས་སྟོན་གསུང་། །རབ་འབྱམས་ཕྱོགས་བཅུའི་རྒྱལ་ཀུན་འདུས་པའི་སྐུ། །ཟླ་མེད་རྡོ་རྗེ་ཅན་ཞབས་གུས་ཕྱག་འཚལ། །བཟུང་དང་མ་བཟུང་ལྷ་རྫས་དངོས་ཀུན་དང་། །མོས་སྟོབས་ཀུན་བཟང་མཆོད་སྤྲིན་བདག་གཞན་གྱི། །དགེ་ཚོགས་འབྲས་བཅས་མགོན་ཁྱོད་ཐུན་གྱི་སྣང་། །རང་ལུས་དང་བཅས་ལྷག་བསམ་དག་པས་མཆོད། །གང་ཆེ་ཐོག་མེད་དུས་ནས་ད་ལྟའི་བར། །དུག་གསུམ་ཆང་གིས་མྱོས་པའི་སྡིག་ལྟུང་ལས། །བགྱིས་དང་བགྱིད་སྒྲུལ་ཡི་རང་ཅི

མཆིས་པ། །ཐམས་ཅད་རབ་ནོངས་འཁྲོད་པའི་སེམས་ཀྱིས་བཤགས། །རབ་མང་རྒྱལ་བ་ཀུན་གྱིས་མ་ཐུལ་བའི། །འགྲོ་ལ་ཐབས་མཁས་ཐུགས་རྗེའི་གཞན་དབང་གིས། །སྨིན་གྲོལ་མཛད་བརྒྱའི་རླབས་ཆེན་རྣམ་ཐར་ལ། །བསམ་པ་ཐག་པས་རྟག་ཏུ་ཡི་རང་ངོ་། །བདེ་ཆེན་ལྷུན་གྲུབ་ཆོས་སྐུའི་གློང་ཡངས་པོར། །བྱམས་བརྩེ་ནུས་པའི་ཆུ་འཛིན་འབུམ་དཀྲིགས་ཏེ། །མཐའ་ཡས་གདུལ་བྱའི་ཞིང་སར་གང་མཚམས་ཀྱི། །ཟབ་རྒྱས་ཆོས་ཆར་རྒྱ་མཚོ་དབབ་ཏུ་གསོལ། །མ་རིག་གཞན་དབང་གྱུར་པས་དུག་གསུམ་གྱིས། །ཉམ་ངའི་གནས་སུ་འཁྱམས་པའི་འགྲོ་འདི་དག །བཏང་སྙོམས་ཞི་བདེས་ཡལ་བར་མ་བོར་བར། །བསྐལ་པ་རྒྱ་མཚོར་བརྟན་པར་བཞུགས་སུ་གསོལ། །སྐྱབས་གསུམ་ཀུན་འདུས་བླ་མེད་རྡོ་རྗེ་འཆང་། །ཐུབ་མཆོད་ཚོགས་ཆེན་བསགས་པའི་རྣམ་དཀར་ཅ། །དཔག་ཡས་དུས་གསུམ་དགེ་ཚོགས་གཏྲ་དང་། །ལྷན་ཅིག་ཀུན་མཁྱེན་རྒྱ་མཚོའི་རྒྱུ་རུ་བསྔོ། །ས་བླའི་ནོར་འཛིན་ལྟོ་བར་བཅུད་སྨིན་པའི། །རི་གླིང་དཔལ་འགྲོ་ལྗོན་བཟང་ལྷ་མིའི་དངོས། །བདག་གཞན་དགེ་ཚོགས་ཀུན་བཟང་མཆོད་སྤྲིན་ཆེ། །སྐྱབས་མགོན་ཐུགས་རྗེ་ཅན་ལ་གསོལ་བ་འདེབས། །ཞེས་ཡན་ལག་བདུན་པ་མཎྜལ་དང་བཅས་པ་ཕུལ་སྟེ་གང་གི་ཐུགས་རྗེ་དང་བཀའ་དྲིན་ལ་མི་ཕྱེད་པའི་གདུང་ཤུགས་དྲག་པོའི་སྒོ་ནས། སྐྱབས་གསུམ་ཀུན་འདུས་ཆོས་ཀྱི་རྒྱལ་པོ་ཙོང་ཁ་པ་ཆེན་པོ་ལ་གསོལ་བ་འདེབས་སོ། །བདག་གི་ལུས་ངག་ཡིད་གསུམ་རྒྱུད་སྨིན་ཅིང་གྲོལ་བར་བྱིན་གྱིས་རློབས་ཤིག །བཅོས་མ་མ་ཡིན་པའི་ངེས་འབྱུང་གི་བསམ་པས་རྒྱུད་བསྐུལ་བས་བྱམས་སྙིང་རྗེ་བྱང་ཆུབ་ཀྱི་སེམས་དང་ཟབ་མོ་དབུ་མའི་ལྟ་བ་ལ་རིམ་པ་གཉིས་ཀྱི་རྣལ་འབྱོར་སོགས་ཉམས་སུ་ལེན་ནུས་པར་བྱིན་གྱིས་རློབས་ཤིག །དེ་ལྟར་ཉམས་སུ་བླངས་པས་ཆོས་ལམ་དུ་སོང་སྟེ། མཁའ་མཉམ་སེམས་ཅན་ཀུན་གྱི་དོན་དུ་བླ་མ་སངས་རྒྱས་ཀྱི་གོ་འཕང་མྱུར་དུ་ཐོབ་པར་བྱིན་གྱིས་རློབས་ཤིག །མདོར་ན་ཚེ་རབས་ཐམས་ཅད་དུ་བླ་མ་རིན་པོ་ཆེ་ཆོས་ཀྱི་རྒྱལ་པོ་ཙོང་ཁ་པ་ཆེན་པོས་མཉེས་བཞིན་དུ་རྗེས་སུ་བཟུང་ནས་རང་གཞན་གྱི་དོན་རྒྱ་ཆེན་པོ་འགྲུབ་ནུས་པར་བྱིན་གྱིས་རློབས་ཤིག །ཅེས་ལན་གསུམ་དང་། དངོས་གྲུབ་ཀུན་འབྱུང་ཐུབ་བདག་བློ་བཟང་གྲགས། །འཇམ་དཔལ་དཔའ་བོ་ཚངས་སྲས་མི་གཡོ་མགོན། །སྐྱབས་གསུམ་ཀུན་འདུས་རྩ་བའི་བླ་མ་ལ། །གསོལ་བ་འདེབས་སོ་མཆོག་ཐུན་དངོས་གྲུབ་སྩོལ། །ཅེས་གང་མང་བཟླས

མཐར། དེ་ལྟར་གསོལ་བ་བཏབ་པས་བླ་མ་མཆོག །རང་གི་སྤྱི་བོར་སེང་ཁྲི་པད་ཟླར་ཐིམ། །གནས་གསུམ་ལྷ་མཆོག་རྣམ་གསུམ་ཐུགས་ཀ་རུ། །རང་རང་ས་བོན་སྔགས་ཀྱི་ཕྲེང་བ་དང་། །འཇམ་མགོན་ཐུགས་ཀར་ཧྲཱིཿཡིག་དམར་སེར་བཅས། །གསལ་ལས་གསང་གསུམ་བྱིན་རླབས་དཔལ་འགྲོའི་རྒྱུན། །འོད་ཟེར་སྣ་ལྔ་དང་བཅས་རང་གཞན་གྱི། །ལུས་སེམས་ལ་ཞུགས་ཐོགས་མེད་སྡིག་སྒྲིབ་དང་། །ཆོས་ཀུན་སྣང་དོར་གནད་ལ་ལྟ་བའི་མུན། །ཁྱད་པར་བླ་མར་བརྟེན་པའི་སྡིག་ལྟུང་ལས། །ནད་གདོན་བར་གཅོད་མི་འདོད་རྐྱེན་ངན་ཀུན། །དུད་ཁུ་སོལ་ཁུ་ནག་ཁྲག་ལྷན་ལྷིན་གྱི། །རྣམ་པར་དབང་པོའི་སྒོ་ནས་ཕྱིར་ཐོན་ཏེ། །རང་ལུས་དྭངས་གསལ་འོད་ཀྱི་རང་བཞིན་གྱུར། །ཚེ་བསོད་དཔལ་འབྱོར་ལུང་རྟོགས་ཡོན་ཏན་འཕེལ། །ཆོས་རབ་རྣམ་འབྱེད་ཤེས་རབ་སྣང་བ་དང་། །བླ་མའི་གསང་གསུམ་བྱིན་རླབས་ཐོབ་པར་གྱུར། །ཅེས་མ་དག་པ་འབྲུད་པ་དང་དེ་ནས་མགོན་པོ་འཇམ་དཔལ་དབྱངས་ཀྱི་མན་ངག་ལས་འབྱུང་བའི་ཚེ་གསལ་མྱུར་ཟབ་སོགས་སྒྲུབ་ཚུལ་ནི། རྗེའི་གནས་གསུམ་གྱི་ལྷ་སོ་སོའི་ཐུགས་ཀའི་སྔགས་ཕྲེང་ལ་དམིགས་པས་རིམ་བཞིན། ཨོཾ་ཥ་ཀྲཱི་དཾ་ན་མཿ ཧྲཱིཾཿ དང་དབྱངས་གསལ། ཨོཾ་ཙཎྜ་མ་ཧཱ་རོ་ཥ་ཎ་ཧཱུཾ་ཕཊ། ཅེས་པ་རྣམས་བརྒྱ་སྟོང་སོགས་བཟླས་ཏེ་དངོས་གྲུབ་ཞུ་ཚུལ་ནི། གདུང་ཤུགས་དྲག་པོས་གསོལ་བ་བཏབ་པའི་མཐུས། །བླ་མ་འཇམ་དཔལ་དཔའ་བོའི་ཐུགས་ཀ་ནས། །བདུད་རྩི་འོད་ཟེར་དཀར་པོ་དཔག་མེད་བྱུང་། །བདུད་རྩིའི་རྡུལ་རྣམས་འཇམ་དཔལ་དཀར་པོ་ཡི། །ལྷ་སྐུའི་རྣམ་པར་གྱུར་པས་རང་ལུས་གང་། །དེ་ལས་འོད་འཕྲོས་ཕྱོགས་བཅུའི་ཞིང་ཀུན་གྱི། །རྒྱལ་བ་སྲས་བཅས་འཇམ་དཔལ་གཞོན་ནུ་ཡི། །རྣམ་པར་སྤྲུལ་དྲངས་ཐིམ་པས་རྨོངས་པའི་མུན། །ཉེར་སངས་སྣང་དོར་གནས་རྣམས་རང་སྟོབས་ཀྱིས། །འཇལ་བར་ནུས་པའི་རླབས་ཆེན་ཤེས་རབ་དང་། །རྒྱལ་ཀུན་སྐུ་ཡི་བྱིན་རླབས་ཐོབ་པར་གྱུར། །ཞེས་ཤེས་རབ་ཆེ་བ་དང་། སླར་ཡང་བླ་མ་ཚངས་སྲས་གཞོན་ནུ་མའི། །ཐུགས་ཀ་ནས་བརྒྱུད་བདུད་རྩི་འོད་ཟེར་དམར། །བདུད་རྩིའི་རྡུལ་རྣམས་སྒྲ་དབྱངས་ལྷ་མོ་ཡི། །ལྷ་སྔགས་རྣམ་པར་གྱུར་པས་རང་ལུས་གང་། །དེ་ལས་འོད་འཕྲོས་ཕྱོགས་བཅུའི་ཞིང་ཀུན་གྱི། །རྒྱལ་བ་སྲས་བཅས་དབྱངས་ཅན་ལྷ་སྔགས་ཀྱི། །རྣམ་པར་སྤྲུལ་དྲངས་ཐིམ་པས་སྣང་དོར་གནས། །མ་འདྲེས་འབྱེད་པའི་གསལ་བའི་ཤེས་རབ་དང་། །རྒྱལ་ཀུན་གསུང་གི་བྱིན་

རླབས་ཐོབ་པར་ཤོག །ཞེས་ཤེས་རབ་གསལ་བ་དང་། སླར་ཡང་འདྲེན་མཆོག་བཅོམ་ལྡན་མི་གཡོ་བའི། །ཐུགས་ཀ་ནས་བྱུང་བདུད་རྩི་འོད་ཟེར་མཐིང་། །བདུད་རྩིའི་རྡུལ་རྣམས་མི་གཡོ་མགོན་པོ་ཡི། །སྐུ་དང་ས་བོན་རྣམ་པས་རང་ལུས་གང་། །དེ་ལས་འོད་འཕྲོས་ཕྱོགས་བཅུའི་ཞིང་ཀུན་གྱི། །རྒྱལ་བ་སྲས་བཅས་མཐུ་སྟོབས་མགོན་པོ་ཡི། །སྐུ་དང་ས་བོན་རྣམ་པར་ཐིམ་པ་ལས། །མ་རྟོག་ལོག་རྟོག་ཐེ་ཚོམ་དྲ་བ་ཀུན། །སྐད་ཅིག་ཉིད་ལ་ལྷག་མ་མ་ལུས་པ། །འགོག་པར་ནུས་པའི་མྱུར་བའི་ཤེས་རབ་དང་། །རྒྱལ་ཀུན་ཐུགས་ཀྱི་བྱིན་རླབས་ཐོབ་པར་ཤོག །ཞེས་ཤེས་རབ་མྱུར་བ་དང་། སླར་ཡང་བླ་མའི་ཐུགས་ཀའི་ས་བོན་ལས། །བདུད་རྩི་འོད་ཟེར་སྔ་ལྡེ་དཔག་མེད་བྱུང་། །བདུད་རྩིའི་རྡུལ་རྣམས་འཇམ་མགོན་བླ་མ་ཡི། །ལྷ་སྐུ་ཕྱག་མཚན་རྣམ་པས་རང་ལུས་གང་། །དེ་ལས་འོད་འཕྲོས་ཕྱོགས་བཅུའི་ཞིང་ཀུན་གྱི། །རྒྱལ་བ་སྲས་བཅས་འཇམ་མགོན་ཕྱག་མཚན་གྱི། །རྣམ་པར་སྤྱན་དྲངས་ཐིམ་པས་ཟབ་མོའི་དོན། །ཤིན་ཏུ་རྟོགས་པར་དཀའ་བའི་གནས་ལུགས་ཀུན། །བདེ་བླག་འཇལ་བའི་ཟབ་པའི་ཤེས་རབ་དང་། །རྒྱལ་ཀུན་སྤྱངས་རྟོགས་ཡོན་ཏན་མཆོག་ཐོབ་ཤོག །ཅེས་ཟབ་པའི་ཤེས་རབ་དང་། སླར་ཡང་བླ་མའི་གསང་གསུམ་ལྷ་ཚོགས་ལས། །བདུད་རྩི་འོད་ཟེར་དཔག་མེད་རྒྱུན་བབས་པའི། །བདུད་རྩིའི་རྡུལ་རྣམས་གླེགས་བམ་རྣམ་པ་རུ། །གསལ་བས་ལུས་གང་དེ་ལས་འོད་འཕྲོས་ཏེ། །སྲས་བཅས་རྒྱལ་བའི་འཆད་པའི་བློ་གྲོས་ཀུན། །གླེགས་བམ་རྣམ་པར་བྱིན་ནས་ཐིམ་པ་ལས། །ཟབ་དོན་མན་ངག་གདུལ་བྱར་བྱིན་མཁས་པའི། །དཔག་ཡས་འཆད་པའི་ཤེས་རབ་ཐོབ་པར་ཤོག །ཅེས་འཆད་པའི་ཤེས་རབ་དང་། སླར་ཡང་བླ་མའི་གསང་གསུམ་ལྷ་ཚོགས་ལས། །བདུད་རྩིའི་འོད་ཟེར་དཔག་མེད་རྒྱུན་བབས་པའི། །བདུད་རྩིའི་རྡུལ་རྣམས་རལ་གྲིའི་འཁོར་ལོ་ཡི། །རྣམ་པས་ལུས་གང་དེ་ལས་འོད་འཕྲོས་ཏེ། །སྲས་བཅས་རྒྱལ་བའི་རྩོད་པའི་སྤོབས་པ་ཀུན། །རལ་གྲིའི་རྣམ་པར་སྤྱན་དྲངས་ཐིམ་པ་ལས། །སྨྲ་ངན་ལོག་རྟོག་རྒོལ་བ་ཕམ་བྱེད་པའི། །ཐོགས་མེད་རྩོད་པའི་ཤེས་རབ་ཐོབ་པར་ཤོག །ཅེས་རྩོད་པའི་ཤེས་རབ་དང་། སླར་ཡང་བླ་མའི་གསང་གསུམ་ལྷ་ཚོགས་ལས། །བདུད་རྩིའི་འོད་ཟེར་དཔག་མེད་རྒྱུན་བབས་པའི། །བདུད་རྩིའི་རྡུལ་རྣམས་གླེགས་བམ་རལ་གྲི་ཡི། །རྣམ་པས་ལུས་གང་དེ་ལས་འོད་འཕྲོས་ཏེ། །སྲས་བཅས་རྒྱལ་བའི་རྩོམ་པའི་བློ་གྲོས

ཀུན། །སྨིགས་རལ་རྣམ་པར་སྨྲུན་དྲངས་ཐིམ་པ་ལས། །ཚིག་སྦྱོར་དོན་བཟང་མཁས་རྣམས་མགུ་བྱེད་པའི། །ལེགས་བཤད་རྩོམ་པའི་ཤེས་རབ་མཆོག་ཐོབ་ཤོག །ཅེས་རྩོམ་པའི་ཤེས་རབ་བཅས་རྒྱུད་དང་འདྲེས་ངེས་བྱ། འདིའི་ཤེས་རབ་སྒྲུབ་ཚུལ་རྣམས་སྤྲིན་འདི་བཞིན་དང་། ཟླ་དུས་གོང་གི་བླ་མའི་གསང་གསུམ་བྱིན་རློབ་ཐོབ་པར་ཤོག་ཅེས་པའི་མཚམས་ནས་བཀའ་དྲིན་དྲན་པའི་གསོལ་འདེབས་འདི་ལྟར་བྱ་སྟེ། ཁྱོད་མཚན་ཡིད་ལ་དྲན་པ་ཙམ་གྱིས་ཀྱང་། །འཇིག་རྟེན་འཇིག་རྟེན་འདས་པའི་དགེ་ལེགས་ཀུན། །འབད་མེད་འདོད་རྒུར་སྩོལ་བའི་བསམ་འཕེལ་དབང་། །ཟླ་མེད་རྗེ་བཙུན་བླ་མར་གསོལ་བ་འདེབས། །གང་ཐུགས་ས་འཛིན་ལྷུན་པོའི་ལས་འབྲུངས་པའི། །རྣམ་གསུམ་ཚུལ་ཁྲིམས་མ་ལ་ཡ་ཡི་ལྗོན། །ལུས་ཅན་ཚ་གདུང་སེལ་བའི་དྲི་ངད་ཅན། །འདུལ་བ་འཛིན་པའི་གཙོ་ལ་གསོལ་བ་འདེབས། །རྣམ་དག་ཡེ་ཤེས་རྡོ་རྗེའི་མཚོན་རྣོན་གྱིས། །བདག་ལྟའི་རི་བོ་བརླིལ་དང་ལྷན་ཅིག་ཏུ། །ཆོས་ཀུན་རྗེན་པར་འཛུལ་པའི་དཔལ་ཡོན་ཅན། །གྲུབ་མཆོག་རྗེ་བཙུན་བླ་མར་གསོལ་བ་འདེབས། །བདེ་ཆེན་ཡེ་ཤེས་གྲོགས་དང་དཔུང་སྦྲེལ་བའི། །བྱང་སེམས་ལུས་རྩལ་རྫོགས་པའི་གར་མཁན་མ། །འགྲོ་ལ་ཕན་བདེ་བྱེད་པའི་གཏན་གྱི་སྐྱབས། །ཐེག་མཆོག་དགེ་བའི་བཤེས་ལ་གསོལ་བ་འདེབས། །མདོར་ན་རྒྱལ་ཀུན་མཛད་པའི་ཁུར་བཟུང་ནས། །ཐ་མལ་ཚུལ་གྱིས་མཐའ་ཡས་འགྲོ་བ་ཡི། །རླབས་ཆེན་ཚོགས་བཟུང་བདེན་སླག་བསྟུད་མཛད་པའི། །རྒྱལ་བའི་གདུང་འཚོབ་ཆེན་པོར་གསོལ་བ་འདེབས། །བསླུ་མེད་བླ་མ་ཡི་དམ་མཆོག་གསུམ་གྱི། །རང་གཟུགས་མཁྱེན་བརྩེའི་ནུས་པའི་བདག་ཉིད་ཅན། །ཁྱོད་ལས་གཞན་པའི་སྐྱབས་བཟང་མ་མཆིས་པའི། །དུས་ཀུན་བྱམས་བརྩེའི་ལྷུགས་ཀྱིས་བཟུང་དུ་གསོལ། །ལེགས་ཚོགས་རྩ་བའི་བླ་མ་མཆོག་ཉིད་ཀྱི། །རྗེས་སུ་བཟུང་ཞིང་མན་ངག་བདུད་རྩིའི་བཅུད། །གདམས་པར་ཤར་བའི་མི་རྟག་ལས་འབྲས་དང་། །སྲིད་ལ་ཞེན་ལོག་ཐར་འདོད་བློ་སྐྱེས་ཤོག །ཡང་ཡང་དྲིན་གྱིས་བསྐྱངས་པའི་འགྲོ་རྣམས་ཀྱི། །ངང་ཚུལ་བསམ་པའི་ཐེག་མཆོག་སེམས་བསྐྱེད་དེ། །སྟོང་ཉིད་ལྟ་དང་ཉེ་འབྲེལ་རྒྱུ་འབྲས་ཆོས། །ཉམས་སུ་བླངས་པས་ཟུང་འཇུག་སར་བགྲོད་ཤོག །ལྷག་པར་དུས་གསུམ་རྒྱལ་བའི་སྐུ་གཟུགས་མཆོག །གསུང་རབ་རྒྱ་མཚོར་བལྟ་བའི་མིག་གཅིག་པུ། །མགོན་ཁྱོད་གསང་བ་གསུམ་དང་བདག་ཉིད་ཀྱི། །སྒོ་གསུམ་

འདུ་འབྲལ་མེད་པར་བྱིན་གྱིས་རློབས། །དེ་ལྟར་གསོལ་བ་བཏབ་པས་བླ་མ་མཆོག །དགྱེས་བཞིན་རང་ལ་ཐིམ་པས་རང་ཉིད་ཀྱང་། །བླ་མའི་སྐུར་གྱུར་བརྟན་གཡོའི་སྣོད་བཅུད་ཀུན། །དག་པ་རབ་འབྱམས་འཁོར་ལོའི་ངོ་བོར་གྱུར། །ཅེས་དང་། ཕྱི་ན། མི་བརྗོད་པའི་གཟུངས་སྒྲུབ་ཚུལ་ནི། རང་ཉིད་བླ་མ་ལྟར་གསལ་མཁྱེན་ཐུགས་སུ། །ཧྲཱིཿ ཡིག་དམར་སེར་གསལ་ལས་འོད་འཕྲོས་ཏེ། །ཕྱོགས་བཅུའི་རྒྱལ་ཀུན་བྱིན་རླབས་ཚུར་བསྡུས་ནས། །ཧྲཱིཿ ཡིག་ལ་ཐིམ་དེ་ལས་རང་འདྲའི་ཕྲེང་། །མུ་ཏིག་རྡོག་པ་ལྟ་བུ་ལྷུང་བ་ཡིས། །ལུས་ཀྱི་ནད་གང་མི་ཤེས་མུན་པའི་ཚོགས། །ཀུན་སྤྱངས་མི་བརྗེད་དྲན་པའི་གཟུངས་ཐོབ་ཤོག །མཁྱེན་པའི་ཧྲཱིཿ ཡིག་ཐུགས་ཀར་ཐིམ་པར་གྱུར། །པར་བསམ་ལ། ཧྲཱིཿ བཀྲ་ཙ་ཐུགས་བཀྲ་ཙ་གཅིག་མན་ངག་ལྟར་བཟླས་མཐར། དེ་ལྟར་མཆོག་གསུམ་ཀུན་འདུས་བླ་མ་ལྷ། །གང་དེ་རྣལ་འབྱོར་མཆོག་གི་རྗེར་བཀོད་དེ། །བཟླས་བསྒོམ་མཆོད་བསྟོད་རྣམ་དཀར་དགེ་ཚོགས་མཐུས། །ཐུབ་བསྟན་ཡུན་དུ་གནས་པའི་རྒྱུ་རུ་བསྔོ། །དེ་ཡི་མཐུ་ལས་བདག་གཞན་འགྲོ་བ་ཀུན། །མི་ཐོམ་སྨིན་གྲོལ་དལ་འབྱོར་རྟེན་ཐོབ་སྟེ། །བསླབ་གསུམ་རིམ་གཉིས་བཤད་སྒྲུབ་ཉམས་ལེན་གྱིས། །སྤངས་རྟོགས་སྐུ་བཞིའི་གོ་འཕང་མངོན་འགྱུར་ཤོག །གནས་སྐབས་སུ་ཡང་དམ་པའི་ཞབས་བརྟན་ཅིང་། །བསྟན་འཛིན་ཁྲིམས་ལྡན་ཆོས་སྤྱོད་ཡར་ཟླར་འཕེལ། །མི་འདོད་རྐྱེན་པའི་ཕྱིན་བརྒྱ་ཐག་བསྲིང་བའི། །རྫོགས་ལྡན་བདེ་དགེའི་ཉི་མ་འབར་བར་ཤོག །སྐུ་ནི་སྣང་སྟོང་མཚན་དཔེའི་རྒྱན་གྱིས་སྤྲས། །གསུང་དབྱངས་ལེགས་བཤད་དམ་ཆོས་དབྱངས་ཟ་སྒྲོགས། །ཐུགས་ནི་བྱམས་བརྩེའི་དཔལ་གྱིས་མངོན་པར་གསལ། །དཔལ་ལྡན་བླ་མས་དུས་ཀུན་བཀའ་དྲིན་སྐྱོལ། །ཅེས་བསྟོད་སྨོན་གྱིས་མཐའ་བརྒྱན་ཅིང་། ཐུན་མཚམས་སུ་ཡང་གང་སྣང་བླ་མའི་གསང་གསུམ་གྱི་རྣམ་རོལ་དུ་འཆར་བ་ལ་བསླབ་ཅིང་། རྐྱེན་བཟང་ངན་ཅི་བྱུང་ཡང་རྣལ་འབྱོར་གྱི་གྲོགས་སུ་འཁྱེར་བས། གསོལ་འདེབས་མཚན་སྔགས་བཟླ་བ་སོགས་དལ་བ་དོན་དང་ལྡན་པར་བྱའོ། །ཞེས་རྗེ་བླ་མའི་གནས་གསུམ་དུ་ཤེས་རབ་ཀྱི་ལྷ་མཆོག་གསུམ་བཀོད་དེ་གསོལ་བ་འདེབས་པའི་རྣལ་འབྱོར་བློ་གྲོས་འདབ་བརྒྱ་བཞད་པའི་ཉིན་བྱེད་གཞོན་ནུ་ཅེས་བྱ་བ་འདི་ནི། པར་ཁམས་བསྟན་འགྲོའི་དཔལ་མགོན་ནག་བཤད་སྟག་ཕུ་མཆོག་སྤྲུལ་རིན་པོ་ཆེ་ནས་བློ་འཕེལ་གྱི་གདམས་པ་འདི་ལྟ་བུ་ཞིག་དགོས་ཞེས་ཆབ་ཤོག་གི་ལམ་ནས་བསྐུལ་བའི་བརྒྱུད་ལྡན་བླ་མ་དམ་པའི་མན་ངག་གིས་བརྒྱན་ཏེ་ཤཱཀྱའི་དགེ་སློང་གྱི་ན་པ་ངག་དབང་མཁྱེན་རབ་བསྟན་པའི་དབང་ཕྱུག་གིས་སྒེ་ཐང་དཔེན་གནས་རིན་ཆེན

གླིང་དུ་སྒྱུར་བའི་ཡི་གེ་པ་ནི་སྡེ་སྣོད་འཛིན་པ་འཇམ་དབྱངས་ཐོགས་མེད་ཀྱིས་བགྱིས་པ་འདིས་ཀྱང་འགྲོ་ཀུན་བཤེས་གཉེན་དམ་པས་རྗེས་སུ་འཛིན་པའི་རྒྱུར་གྱུར་ཅིག ། ཡེ་དྷརྨཱ་ཧེ་ཏུ་པྲ་བྷ་ཝཱ་ཧེ་ཏུནྟེ་ཥཱནྟ་ཐཱ་ག་ཏོ་ཧྱ་བད་ཏ། ཏེ་ཥཱཉྩ་ཡོ་ནི་རོ་དྷ་ཨེ་ཝཾ་ཝཱ་དཱི་མ་ཧཱ་ཤྲ་མ་ཎཿ སྭཱ་ཧཱ། ། །

༄༅། །རྒྱལ་བའི་དབང་པོ་ཐམས་ཅད་མཁྱེན་ཅིང་གཟིགས་པ་ཆེན་པོ་ལ་བརྟེན་པའི་བླ་མའི་རྣལ་འབྱོར་བྱིན་རླབས་མྱུར་འཇུག་ཅེས་བྱ་བ་བཞུགས་སོ།

༄། །ན་མོ་གུ་རུ་བཛྲ་ཛྙཱ་ན་ར་ཡ། འདིར་རྒྱལ་བའི་དབང་པོ་ཐམས་ཅད་མཁྱེན་ཅིང་གཟིགས་པ་ཆེན་པོ་ལ་བརྟེན་པའི་བླ་མའི་རྣལ་འབྱོར་བསྒོམ་པར་འདོད་པས། སྐྱབས་འགྲོ་སེམས་བསྐྱེད་ཚད་མེད་བཞི་བསྒོམ་པ་རྣམས་རྒྱུད་དང་འདྲེས་ངེས་སྔོན་དུ་འགྲོ་བ་བྱས་ནས། རང་གི་སྤྱི་བོར་སེང་ཁྲི་པད་ཟླའི་སྟེང་། །རྒྱལ་ཀུན་འདུས་ཞལ་འཛུམ་མགོན་བླམ་དང་། །དབྱེར་མེད་རྒྱལ་བའི་དབང་པོ་ཐམས་ཅད་མཁྱེན། །སྐུ་མདོག་དཀར་ལ་དམར་བའི་མདངས་ཆགས་པ། །ཞལ་གྱི་དཀྱིལ་འཁོར་ཟླ་བ་ཉ་རྒྱས་ལྟར། །རབ་ཏུ་རྒྱས་ཤིང་འཛུམ་པའི་ཉམས་ལྡན་པ། །ཕྱག་གཉིས་ཐུགས་ཀར་ཆོས་འཁོར་ཕྱག་རྒྱ་ཡི། །མཐེབ་མཛུབ་ཨུཏྤལ་ཡུ་བ་ནས་བཟུང་བའི། །འདབ་མ་གཡས་གཡོན་སྙན་གྱི་ཐད་ཀ་ནས། །ཁ་བྱེའི་གཡས་སྟེང་ཤེས་རབ་རལ་གྲི་དང་། །གཡོན་གྱི་སྟེང་ན་སྟོང་ཕྲག་བརྒྱད་པ་ཡི། །གླེགས་བམ་རང་སྒྲ་སྒྲོགས་པས་མཛེས་པར་བརྒྱན། །ཎར་སྨིག་མདངས་ལྡན་ཆོས་གོས་གསུ་གྱིས་མཆོན། །གསེར་མདོག་པཎ་ཞྭ་སྣེ་རིང་དབུ་ལ་གསོལ། །མཚན་དཔེའི་གསལ་རྫོགས་བདེ་ཆེན་ཟུང་འཇུག་སྐུ། །ཞབས་གཉིས་རྡོ་རྗེའི་སྐྱིལ་ཀྲུང་ཚུལ་གྱིས་བཞུགས། །སྐུ་ལས་འོད་ཟེར་མུ་མཐའ་མེད་པར་འཕྲོས། །དེ་ཡིས་ཞིང་ཁམས་ཐམས་ཅད་སྐུ་ལ་སྣང་། །སྐུ་ཡིས་ཞིང་ཁམས་ཁྱབ་པའི་བདག་ཉིད་ཅན། །དེ་ཡི་སྤྱི་བོར་པདྨ་ཟླ་བའི་སྟེང་། །འཇམ་དབྱངས་དམར་སེར་ཕྱག་གཡས་རལ་གྲི་དང་། །ཕྱག་གཡོན་སྟོང་ཕྲག་བརྒྱད་པའི་གླེགས་བམ་མཆན། །མགྲིན་པར་པད་ཟླའི་སྟེང་དུ་སྤྱན་རས་གཟིགས། །སྐུ་མདོག་ཨོར་བུ་ཆུ་ཤེལ་ལྟར་རབ་དཀར། །དྭངས་ཤིང་དྲི་མེད་ཞལ་གཅིག་ཕྱག་བཞི་ཡི། །དང་པོ་གཉིས་ཀྱིས་ཐུགས་ཀར་ཐལ་སྦྱར་མཛད། །དེ་འོག་གཡས

ཀྱིས་ཤེལ་ཕྲེང་གཡོན་འོག་མས། །པདྨ་དཀར་པོ་འདབ་མ་བརྒྱད་པ་འཛིན། །རི་དྭགས་ལྤགས་པས་ནུ་མ་གཡོན་པ་བཀབ། །གཉིས་ཀའང་སྐུ་སྟོད་ལྷ་རྫས་གོས་ཀྱིས་བླུབས། །སྐུ་སྨད་དར་གྱི་ཤམ་ཐབས་མཛེས་པར་གསོལ། །རིན་ཆེན་རྒྱན་སྤྲས་ཐུགས་ཀར་པད་ཉིའི་སྟེང་། །ཕྱག་ན་རྡོ་རྗེའི་སྐུ་མདོག་མཐིང་ནག་ཅན། །ཕྱག་གཡས་རྡོ་རྗེ་ཕྲག་གོང་སྟེང་དུ་འཕྱར། །ཕྱག་གཡོན་ཐུགས་ཀར་སྡིགས་མཛུབ་རིན་ཆེན་དང་། །སྦྲུལ་བརྒྱད་ཀྱིས་བརྒྱན་སྟག་ལྤགས་ཤམ་ཐབས་གསོལ། །ཞབས་གཉིས་བརྐྱངས་བསྐུམས་སྟབས་ཀྱིས་བཞུགས་པར་གྱུར། །དེ་དག་གནས་གསུམ་འབྲུ་གསུམ་རིམ་གྱིས་མཚོན། །སྐྱབས་གནས་ཀུན་འདུས་བླ་མེད་བླ་མ་ལྟར། །སྒོ་གསུམ་དད་པས་འདུད་ཅིང་ཕྱག་འཚལ་ནས། །དངོས་སུ་བཤམས་དང་ཡིད་སྤྲུལ་མཆོད་ཚོགས་འབུལ། །བདག་ཅག་འཁོར་བའི་ལས་ཉོན་གཞན་དབང་གིས། །ཐོག་མེད་ནས་བསགས་སྡིག་ལྟུང་སྒྲིབ་པའི་ཚོགས། །ནོངས་ཤིང་འགྱོད་པའི་སེམས་ཀྱིས་རབ་བཤགས་ནས། །རང་གཞན་ཀུན་གྱི་སྒོ་གསུམ་དགེ་བའི་ཚོགས། །ཕྱར་བསགས་ཀུན་ལ་རྗེས་སུ་ཡི་རང་ཞིང་། །སླར་ཡང་སྡིག་སྤོང་དགེ་སྒྲུབ་བྱིན་གྱིས་རློབས། །སྲིད་པའི་ཕྱིམཐའ་མ་རྫོགས་བར་དེ་སྲིད། །མྱ་ངན་མི་འདའ་བརྟན་པར་ལེགས་བཞུགས་ནས། །འགྲོ་རྣམས་གཏན་བདེའི་ལམ་བཟང་ལ་འགོད་ཕྱིར། །ཐར་པའི་ས་བོན་བསྐྲུན་པའི་ཟབ་རྒྱས་ཀྱི། །ཆོས་འཁོར་རྒྱུན་ཆད་མེད་པར་བསྐོར་དུ་གསོལ། །བདག་གཞན་ཀུན་གྱིས་དགེ་ཚོགསམ་ལུས་པ། །བླ་མེད་རྫོགས་པའི་བྱང་ཆེན་རྒྱུ་རུ་བསྔོ། །གང་ཡང་ཞེན་མེད་ཞིང་ཁམས་རྒྱ་མཚོ་ཡི། །བཀོད་པར་ཡིད་ཀྱིས་སྤྲུལ་ཏེ་སྒོ་གསུམ་གྱི། །གུས་པས་འདུད་དོ་རྗེ་གཅིག་འབུལ་ལགས་ན། །ཐུགས་རྗེས་བཞེས་ལ་བདག་རྒྱུད་བྱིན་གྱིས་རློབས། །ཐུགས་ཀར་ཉིམའི་དཀྱིལ་འཁོར་གྱི་སྟེང་དུ། །ཧཱུྃ ཡིག་མཐའ་རུ་མཚན་སྔགས་ཀྱིས་བསྐོར་བ། །དེ་ལས་བདུད་རྩིའི་རྒྱུན་བབས་སྤྱི་བོ་ནས། །ཞུགས་པས་ལུས་ངག་བྱིན་གྱིས་བརླབ་ཏུ་གསོལ། །ཞེསདམིགསཔདངབཅསཏེ། ཨོཾ་ཨཱཿ གུ་རུ་བཛྲ་ཧ་ར་སུ་མ་ཏི་ཀཱིརྟི་སིདྡྷི་ཧཱུཾ་ཧཱུཾ། ཨོཾ་ཨཱཿ ཛྙཱ་ཏ་ཤྲཱི་བྷ་དྲ་ཐ་གུ་རུ་བཛྲ་ཧ་ར་སུ་ཤི་ཤཱ་ས་ན་ས་མུ་དྲ་སིདྡྷི་ཧཱུཾ་ཧཱུཾ། དམིགས་མེད་བརྩེ་བའི་གཏེར་ཆེན་སྤྱན་རས་གཟིགས། །དྲི་མེད་མཁྱེན་པའི་དབང་པོ་འཇམ་པའི་དབྱངས། །གངས་ཅན་མཁས་པའི་གཙུག་རྒྱན་ཙོང་ཁ་པ། །བློ་བཟང་གྲགས་པའི་ཞབས་ལ་གསོལ་བ་

འདེབས། །ངག་དབང་བློ་གཏེར་བསྐལ་བཟང་ཐུབ་དབང་བསྟན། །རྒྱ་ཆེན་དབྱར་གྱི་མཚོ་བཞིན་སྤེལ་བའི་སླད། །འཇིགས་བྲལ་ས་གསུམ་དབང་ཕྱུག་ཕྱོགས་ཀུན་ལས། །རྣམ་པར་རྒྱལ་བའི་སྡེ་ལ་གསོལ་བ་འདེབས། །ཞེས་ཅི་འགྲུབ་བཟླས་པས་གསོལ་བ་ཕུར་ཚུགས་སུ་བཏབ། མགོན་པོ་འཇམ་པའི་དབྱངས་སྒྲུབ་པར་འདོད་ན། བླ་མའི་སྤྱི་བོའི་རྗེ་བཙུན་འཇམ་པའི་དབྱངས་ཀྱི་ཐུགས་ཀར་ཧྲཱིཿཡིག་གི་མཐའ་སྐོར་དུ་ཨ་ར་པ་ཙ་ནའི་སྔགས་བཀོད་ནས། ཨོཾ་ཨ་ར་པ་ཙ་ན་ཧྲཱིཿ ཞེས་གཟུངས་སྔགས་བཟླ་ཞིང་ཤེས་རབ་བློ་འཕེལ་གྱི་དམིགས་པ་རྣམས་བསྐྱངས། བྱམས་སྙིང་རྗེ་བྱང་ཆུབ་ཀྱི་སེམས་རྒྱུད་ལ་བསྐྱེད་ཕྱིར་མགོན་པོ་སྤྱན་རས་གཟིགས་ཀྱི་བསྒོམ་བཟླས་བྱ་བར་འདོད་ན། བླ་མའི་མགྲིན་པར་སྤྱན་རས་གཟིགས་ཀྱི་ཐུགས་ཀར་ཧྲཱིཿཡིག་གི་མཐའ་སྐོར་དུ་ཡི་གེ་དྲུག་པའི་སྔགས་ཕྲེང་བཀོད་ལ། ཨོཾ་མ་ཎི་པདྨེ་ཧཱུྃ། ཞེས་གཟུངས་སྔགས་བཟླ་ཞིང་། འོད་ཟེར་གྱི་སྤྲོ་བསྡུས་བྱམས་སྙིང་རྗེ་བྱང་ཆུབ་ཀྱི་སེམས་ཆས་ཆེར་འཕེལ་བའི་དམིགས་པ་བྱ། གདོན་བགེགས་གནོད་འཚེ་ཞི་བ་སོགས་ཀྱི་ཕྱིར་གསང་བའི་བདག་པོའི་བསྒོམ་བཟླས་བྱ་བར་འདོད་ན། བླ་མའི་ཐུགས་ཀའི་གསང་བདག་གི་ཐུགས་ཀར་ཧཱུྃ་ཡིག་གི་མཐར་བཛྲ་པཱ་ཎིའི་སྔགས་ཕྲེང་བཀོད་ལ། ཨོཾ་བཛྲ་པཱ་ཎི་ཧཱུྃ། ཞེས་བཟླ་ཞིང་འོད་ཟེར་གྱི་སྤྲོ་བསྡུས་གདོན་བགེགས་ཀྱི་གནོད་འཚེ་ཞི་བ་དང་། རྒྱུད་སྡེ་བཞི་ནས་གསུངས་པའི་གཟུངས་སྔགས་ཀྱི་ནུས་མཐུ་ཁྱད་པར་ཅན་རྣམས་མྱུར་དུ་འགྲུབ་པའི་དམིགས་པ་བྱའོ། །མགོན་ཁྱོད་དགྱེས་པའི་སྐུ་གསུང་ཐུགས་གསུམ་ལས། །བདུད་རྩིའི་འོད་ཟེར་དཀར་དམར་མཐིང་གསུམ་པོ། །རིམ་དང་གཅིག་ཅར་བྱུང་ནས་བདག་ཉིད་ཀྱི། །གནས་གསུམ་དག་ཏུ་སོ་སོར་ཐིམ་པ་ཡིས། །སྒྲིབ་བཞིའི་ཚོགས་རྣམས་རིམ་གྱིས་དག་པ་ལས། །རྣམ་དག་དབང་བཞི་ཐོབ་ཅིང་སྐུ་བཞི་ཡི། །གོ་འཕང་མངོན་གྱུར་བླ་མ་གཉིས་པ་ཞིག །དགྱེས་བཞིན་ཐིམ་པས་བྱིན་གྱིས་བརླབས་པར་གྱུར། །སླར་ཡང་མཎྜལ་ཕུལ་ཏེ། ཡོན་ཏན་ཀུན་གྱི་གཞིར་གྱུར་དྲིན་ཅན་རྗེ། །སོགས་ཀྱི་སྒོ་ནས་དོན་ཆེན་པོ་གསུམ་གྱི་གསོལ་འདེབས་མན་ངག་བཞིན་རྒྱུད་འཁུལ་ངེས་བྱ། དཔལ་ལྡན་རྩ་བའི་སོགས་ཀྱིས་སྙིང་བཞུགས་ཀྱི་མན་ངག་སྤྱི་ལྟར་བྱས་ནས། རྒྱལ་བའི་གསུང་རབ་དགོངས་དོན་ཇི་ལྟ་བར། །ལུང་རིགས་དྲི་མ་མེད་པས་མཚམས་སྦྱར་ཏེ། །ཡང་དག་དོན་གྱི་སྙིང་པོ་སྟོང་པ་ཉིད། །གཏན་འབེབས་ཀླུ་སྒྲུབ་ལྟ་བ་རྟོགས་པར་ཤོག །བདག་ཀྱང་སྐྱེ་ཞིང་སྐྱེ་བའི་ཕྲེང་བ་རུ། །ཐེག་མཆོག་དགེ་བའི་བཤེས་དང་མི་འབྲལ་ཞིང་། །མཉེས་བཞིན་རྗེས་སུ་བཟུང་ནས་བཀའ་བཞིན་དུ། །སྒྲུབ་པའི་མཆོད་པས་རྟག་ཏུ་མཉེས་པར་ཤོག །དེ་མཐུས་ངེས་འབྱུང་ཡང་དག་ལྟ་བ་ཡིས། །བདག

རྒྱུད་སྨིན་ཅིང་སྡུག་བསྔལ་རྒྱ་མཚོ་རུ། །བྱིང་བའི་མར་གྱུར་ཉམ་ཐག་འགྲོ་བ་རྣམས། །སྒྲོལ་བའི་ཁུར་ཁྱེར་ནུས་པར་བྱིན་གྱིས་རློབས། །ཀུན་མཁྱེན་རྒྱལ་བསྟན་སྤེལ་དང་འགྲོ་བའི་ཚོགས། །ཐར་པའི་གོ་འཕང་མཆོག་ལ་འགོད་པ་ཡི། །ཐབས་ཚུལ་འཛིན་ལ་འཛམ་མགོན་ཁྱེད་ཉིད་དང་། །མཚུངས་པའི་དགེ་མཚན་ཕྱོགས་བརྒྱར་རྒྱས་གྱུར་ཅིག །ཅེས་སྨོན་ལམ་གདབ་བོ། །ཐུན་མཚམས་སུ་འང་རང་སེམས་བླ་མ་ལྷའི་སྣང་བ་དང་མི་འབྲལ་ཞིང་། སྒོ་གསུམ་ལ་དྲན་པ་ཉེ་བར་བཞག་ནས་སྡོམ་པ་གསུམ་གྱི་བཅས་མཚམས་བསྲུང་བ་ལ་འབད་པར་བྱའོ། །ཞེས་པ་འདི་ནི་མཛོ་དགེ་ཉི་མ་དགའ་ལྡན་རབ་རྒྱས་གླིང་གི་རི་ཁྲོད་བླ་མ་དམ་ཆོས་རྒྱ་མཚོས་ཐམས་ཅད་མཁྱེན་པའི་སྐུ་མདུན་ནས་བསླེན་པར་ཇོགས་པས། སྐྱབས་མགོན་མཆོག་ལ་བརྟེན་པའི་བླ་མའི་རྣལ་འབྱོར་རྒྱུན་གྱི་ཁ་འདོན་དུ་ཁྱེར་བདེ་བ་འདི་ལྟར་དགོས་ཞེས་གསུང་བར་བརྟེན། རྒྱལ་བའི་དབང་པོ་ཉིད་ཀྱི་གསུང་བྱིན་རླབས་ཅན་ལ་ཅུང་ཟད་ཁ་བསྐང་སྟེ། སྒོ་སློབ་དཔོན་༧བསྟན་པ་ཆོས་འཕེལ་ནས་བྲིས་པ་དགེ། སརྦ་མངྒ་ལཾ།

༄༅། །དམིགས་བརྩེ་མའི་ཆོས་སྐོར་ལས་རིལ་བུ་སྒྲུབ་ཚུལ་བཀོད་པ་བཞུགས་སོ།

༄མ་ལུས་རྒྱལ་བའི་མཁྱེན་བརྩེའི་ཡེ་ཤེས་ནི། །སྲིད་འདིར་ངུར་སྨྲིག་གར་གྱིས་རྣམ་རོལ་བ། །སྙིགས་དུས་འགྲོ་བའི་འདྲེན་པ་ཟླ་མེད་པ། །འཇམ་མགོན་བླ་མའི་ཞབས་ལ་གུས་བཏུད་ནས། །མགོན་དེའི་ཕྱི་ནང་གསང་བའི་ཡོན་ཏན་རྣམས། །གཅིག་ཏུ་བསྡུས་ནས་གསོལ་བ་འདེབས་པའི་ཚུལ། །དམིགས་བརྩེ་མ་ཞེས་གྲགས་པ་འདི་ཉིད་ཀྱི། །བྱིན་རྟེན་རིལ་བུ་སྒྲུབ་ཚུལ་འདི་ན་བཤད། །དེ་ཡང་དང་པོ་དགེ་སེམས་ཁྱད་པར་ཅན་དང་ལྡན་པའི་ངང་ནས། སྐྱབས་འགྲོ་སེམས་བསྐྱེད་སོགས་སྔོན་འགྲོ་ལྟར་ཡིད་འཕྲུལ་ངེས་ཤེས་པ་སྔོན་དུ་བཏང་ཞིང་། སྭ་བྷཱ་ཝས་སྟོང་པར་སྦྱངས། སྟོང་པའི་ངང་ལས་སྣ་ཚོགས་པདྨ་དང་ཟླ་བའི་སྟེང་དུ། རང་གི་སེམས་ཉིད་ཧྲཱིཿ ལས་རལ་གྲི་ཧྲཱིཿ ས་མཚན་པ། དེ་ལས་འོད་འཕྲོས། དོན་གཉིས་བྱས། ཚུར་འདུས་ཡོངས་སུ་གྱུར་པ་ལས་རང་ཉིད་རྒྱལ་བ་ཙོང་ཁ་པ་ཆེན་པོ་རབ་བྱུང་གི་ཆ་ལུགས་ཅན། ཞལ་གཅིག་ཕྱག་གཉིས་པ། སྐུ་མདོག་དཀར་ལ་དམར་བའི་མདངས་དང་ལྡན་པ། ཕྱག་གཉིས་ཆོས་འཁོར་གྱི་ཕྱག་རྒྱ་མཛད་པའི་མཐེབ་མཛུབ་གཉིས་ཀྱིས་ཨུཏྤ་ལའི་ཡུ་བ་ནས་འཛིན་པའི་གཡས་ཀྱི་ཨུཏྤ་ལའི་སྟེང་ན་ཤེས་རབ་ཀྱི་རལ་གྲི་དང་། གཡོན་གྱི་ཨུཏྤ་ལའི་སྟེང་ན་ཤེར་ཕྱིན་གྱི་གླེགས་བམ་བསྣམས་པ། དབུ་ལ་པཎ་ཞྭ་གསེར་གྱི་མདོག་ཅན་དང་། སྐུ་ལ་གུར་གུམ་བཟང་པོའི་མདངས་དང་ལྡན་པའི་ཆོས་གོས་རྣམ་གསུམ་མཛེས་པར་གསོལ་ཞིང་། ཞབས་གཉིས་རྡོ་རྗེའི་སྐྱིལ་ཀྲུང་གིས་བཞུགས་པ། མཚན་དཔེས་སྤྲས་པའི་སྐུ་ལས་འོད་ཟེར་འཕྲོས་པའི་དབུས་ན་བཞུགས་པ། དེའི་སྤྱི་བོར་སྐུའི་ལྷ་འཇམ་དབྱངས་སྐུ་མདོག་དམར་སེར་ཞལ་གཅིག་ཕྱག་གཉིས་གཡས་ཤེས་རབ་ཀྱི་རལ་གྲི་ནམ་མཁར་འཕྱར་ཞིང་། གཡོན་ཤེར་ཕྱིན་གྱི་གླེགས་བམ་ཐུགས་ཀར་བསྣམས་པ། དབུ་སྐྲ་རལ་པའི་ཟུར་ཕུད་ལྔ་གཡོན་དུ་འཕྱར་བ།

རིན་པོ་ཆེའི་རྒྱན་བརྒྱད་ཀྱིས་བརྒྱན་པ། དར་གྱི་སྟོད་གཡོགས་དང་སྨད་གཡོག་གསོལ་ཞིང་། ཞབས་གཉིས་རྡོ་རྗེའི་སྐྱིལ་མོ་ཀྲུང་གིས་བཞུགས་པ། དེའི་མགྲིན་པར་གསུང་གི་ལྷ་སྤྱན་རས་གཟིགས་དཀར་པོ་ཞལ་གཅིག་ཕྱག་བཞི་པ། ཕྱག་དང་པོ་གཉིས་ཐུགས་ཀར་ཐལ་མོ་སྦྱར་བ། གཡས་འོག་མས་ཤེལ་ཕྲེང་དང་། གཡོན་འོག་མས་པདྨ་འཛིན་པ། དབུ་སྐྲ་རལ་པའི་ཐོར་ཅོག་ཅན། རིན་པོ་ཆེའི་རྒྱན་དང་དར་གྱི་ན་བཟས་ཀླུབས་ཤིང་། ཞབས་གཉིས་པད་ཟླའི་གདན་ལ་སྐྱིལ་ཀྲུང་གིས་བཞུགས་པ། ཐུགས་ཀར་ཐུགས་ཀྱི་ལྷ་ཕྱག་རྡོར་མཐིང་ནག་ཞལ་གཅིག་ཕྱག་གཉིས་པ། གཡས་གསེར་གྱི་རྡོ་རྗེ་ལྔ་པ་ཕྲག་པ་ལ་འཕྱར་ཞིང་། གཡོན་ཐུགས་ཀར་སྡིག་མཛུབ་དང་བཅས་པའི་ཞགས་པ་འཛིན་པ། དབུ་སྐྲ་དང་སྨིན་མ་སྨ་ར་རྣམས་ཁམ་སེར་རབ་ཏུ་འབར་བ། སྤྱན་གསུམ་མེ་ལྟར་འབར་ཞིང་ཁྲོ་གཉེར་ཤིན་ཏུ་བསྡུས་པ། ཞལ་རྣམ་པར་འགྱུར་ཞིང་མཆེ་བ་རྣོན་པོ་བཞི་གཙིགས་པ། སྦྲུལ་དང་རིན་པོ་ཆེའི་རྒྱན་གྱིས་བརྒྱན་ཅིང་། སྟག་གི་པགས་པའི་ཤམ་ཐབས་ཅན། ཞབས་གཡས་བསྐུམ་ཞིང་གཡོན་བརྐྱང་བའི་སྟབས་ཀྱིས་པད་ཉིའི་གདན་ལ་ཡེ་ཤེས་ཀྱི་མེ་འབར་བའི་དབུས་ན་བཞུགས་པ། དེའི་སྤྱི་བོར་ཨོཾ་དཀར་པོ × × ཐུགས་ཀའི་ཧཱུྃ་ལས་འོད་ཟེར་འཕྲོས། རང་བཞིན་གྱི་གནས་ནས་བསྒོམས་པ་དང་འདྲ་བའི་ཡེ་ཤེས་པ་སྤྱན་དྲངས། ཛཿ ཧཱུྃ་བཾ་ཧོཿ དམ་ཚིག་པ་དང་གཉིས་སུ་མེད་པར་གྱུར། ཨོཾ་སརྦ་ཏ་ཐཱ་ག་ཏ་ཨརྒྷཾ་སོགས་ཀྱིས་མཆོད། རྒྱལ་བ་ཀུན་གྱི་ཐུགས་རྗེའི་རོལ་པ་ལས། །གང་འདུལ་ཅིར་ཡང་འཆར་བའི་འཕྲུལ་ལས་མཆོག །དམིགས་མེད་འགྲོ་ལ་གཟུགས་སྐུར་ཡོངས་ཤར་བ། །རྗེ་བཙུན་བླ་མ་ཁྱོད་ལ་བདག་བསྟོད་དོ། །བུམ་སྒྲུབ་ཀྱི་མཆོད་བ་བཤམས་པ་རྣམས་ལ་དམིགས་ཏེ། སྭ་བྷཱ་ཝས་སྟོང་པར་སྦྱངས། སྟོང་པའི་ངང་ལས་རིན་པོ་ཆེའི་སྣོད་རྣམས་ཀྱི་ནང་དུ་རང་རང་གི་མིང་ཡིག་དང་པོ་ཐིག་ལས་བརྒྱན་པ་ཞུ་བ་ལས་བྱུང་བའི་མཆོད་ཡོན། ཞབས་སིལ་སོགས་དྭངས་ཤིང་ཐོགས་པ་མེད་པ་ནམ་མཁའི་མཐའ་དང་མཉམ་པར་གྱུར། ཨརྒྷཾ་ནས་ཤབྡའི་པར་ཅིན་ཀྱིས་བརླབས། བུམ་པ་ལ་དམིགས་ནས། སྭ་བྷཱ་ཝས་སྟོང་བར་སྦྱངས། རང་གི་མདུན་དུ་ཧཱུྃ་ཡིག་ལས་བྱུང་བའི། །ཡེ་ཤེས་བུམ་པ་མཚན་ཉིད་ཡོངས་རྫོགས་ཤིང་། །ཕྱི་ནི་བུམ་པའི་རྣམ་ཐར་གསལ་བ་ལ། །ནང་གི་གྲུ་བཞི་སྒོ་བཞི་གཞལ་ཡས་ཁང་། །རྟ་བབས་དང་བཅས་ཡོངས་སུ་རྫོགས་པ་ཡི། །ནང་དུ་པདྨ་ཟླ་ཉིའི་གདན་གསུམ་ལ། །ཀླིཿ ཡིག་ལས

བྱུང་རྗེ་བཙུན་ཙོང་ཁ་པ། སྐུ་མདོག་དཀར་སེར་མཚན་དཔེའི་དཔལ་གྱིས་མཛེས། །ཞལ་གཅིག་ཕྱག་གཉིས་ཞབས་གཉིས་སྐྱིལ་མོ་ཀྲུང་། །ཚུལ་གྱིས་བཞུགས་པའི་སྐུ་ཡི་ བུམ་པའི་ནང་། །ཏིལ་གྱི་གང་བུ་ལྟ་བུར་རབ་གང་བའི། །གནས་གསུམ་ཡི་གེ་གསུམ་མཚན་ཧཱུྃ་ཡིག་ལས། །འོད་འཕྲོས་ངོ་མཚར་རྨད་བྱུང་བཀོད་པ་སོགས། །རྣམ་དག་ཞིང་ནས་ཐོགས་མེད་སྤྱན་དྲངས་ཏེ། །སོ་སོའི་དམ་ཚིག་པ་དང་དབྱེར་མེད་ཐིམ། །རྒྱས་པར་སྤྱོན་སྐབས་འདིར་སྤྱན་འདྲེན་ཁྲུས་གསོལ་ཡན་ལག་བདུན་པ་རྣམས་ཀྱང་ཚིག་དང་དམིགས་པ་བསྟུན་ནས་དལ་བུས་འབུལ་ཞིང་། མཆོད་རྫས་བུམ་པའི་ནང་གི་ལྷ་རྣམས་ཀྱི། །ཐུགས་ཀར་ཟླ་གདན་ཧཱུྃཿཡི་མཐའ་བསྐོར་དུ། །བཟླ་ཕྱིའི་སྔགས་ཀྱི་ཕྲེང་བས་བསྐོར་བར་གྱུར། །རང་གི་སྙིང་གའི་སྔགས་ཀྱི་ཕྲེང་བ་ལས། །རང་འདྲ་གཉིས་པ་གཟུངས་ཐག་ལ་འཕྲིལ་ཏེ། །བུམ་ནང་ཞུགས་པའི་ལྷ་རྣམས་རྒྱུད་བསྐུལ་ནས། །དཔག་མེད་འོད་ཟེར་ཕྱོགས་བཅུར་རང་འཕྲོས་ནས། །འབྱུང་བའི་བཅུད་དང་སེམས་ཅན་ཚེ་བསོད་ནམས། །རྒྱལ་བ་སྲས་བཅས་བྱིན་རླབས་ནུས་མཐུ་སོགས། །འཇིག་རྟེན་འདས་དང་མ་འདས་དཔལ་ཡོན་ཀུན། །འོད་ཟེར་རྣམ་པར་བསྡུས་ཏེ་རབ་ཐིམ་པས། །མཐོང་ཐོས་དྲན་རེག་དོན་ལྡན་མཛད་པར་གྱུར། །ཞེས་དམིགས་བརྩེ་མ་ཅི་མང་བགྲང་ཞིང་། རྟགས་ལ་སོགས་པ་བྱུང་བྱུང་གི་བར་དུ་བསྒྲུབ་པར་བྱའོ། །འདི་ལྟར་བགྱིས་པའི་རབ་དཀར་ལེགས་བྱས་རྣམས། །ཟླ་ལྟར་དཀར་བ་གང་ཞིག་བསགས་པ་དེས། །རྒྱལ་བསྟན་སྤྱི་དང་ཀུན་མཁྱེན་ཙོང་ཁ་པའི། །རིང་ལུགས་ཡར་ངོའི་ཟླ་ལྟར་རྒྱས་པར་ཤོག །ཅེས་པ་འདི་ན་དགེ་སློང་བློ་བཟང་དར་རྒྱས་ཀྱིས་བསྐུལ་བའི་ངོར་འཆོས་སྨྲ་བའི་བཙུན་པ་དོན་ཡོད་མཁས་གྲུབ་ཀྱིས་སྦྱར་བའོ།། །།

༄༅། །རྡོ་རྗེ་བླ་མ་བརྟེན་པའི་ལས་ཚོགས་ཆར་འབེབས་སོགས་ཕྲིན་ལས་དངོས་གྲུབ་ཀུན་འབྱུང་བཞུགས་སོ།

༄༅། །ན་མོ་བཛྲ་ཌཱ་ཀི་ནཱི་ཡེ། བླ་མ་མཆོག་དང་དབྱེར་མེད་བཅོམ་ལྡན་འདས། །ཤཱཀྱའི་རྒྱལ་པོ་བྱམས་དང་འཇམ་དབྱངས་སོགས། །མཁྱེན་བརྩེའི་གཏེར་གྱུར་རྣམས་ལ་སྙིང་ནས་འདུད། །ཕྲིན་ལས་དངོས་གྲུབ་མ་ལུས་ཆར་ལྟར་ཕོབ། །སྙིགས་དུས་དམུ་རྒོད་འགྲོ་བ་འདུལ་བ་ལ། །བཀའ་དྲིན་ཟླ་མེད་རྗེ་བཙུན་བློ་བཟང་གྲགས། །སྙིང་ནས་གུས་པས་འདུད་དོ་ཐུགས་རྗེས་གཟིགས། །འགྲོ་ལ་དགེ་ལེགས་མ་ལུས་སྩོལ་བར་མཛོད། །བཀའ་སྲུང་གཙོ་བོ་སྲུར་མཛད་ཕྱག་དྲུག་པ། །གཤིན་རྗེའི་རྒྱལ་པོ་ལ་སོགས་སྲུང་མའི་ཚོགས། །ཐུགས་དམ་བསྐུལ་ལོ་མ་གཡེལ་དམ་ཚིག་སྐྱོངས། །དྲན་པ་ཙམ་གྱིས་ལས་བཞི་ཐོགས་མེད་སྒྲུབས། །དེ་ལ་འདིར་འཇམ་མགོན་ཆོས་ཀྱི་རྒྱལ་པོའི་གསང་སྒྲུབ་ཐུན་མོང་མ་ཡིན་པ་ལ་བརྟེན་ནས་ས་ཆར་འབེབ་པ་དང་། བཙའ་དང་སད་བསྲུང་བ་སོགས་ཀྱི་རིམ་པ་ལག་ཏུ་ལེན་ཚུལ་ལ། ཐོག་མར་བདག་བསྐྱེད་བསྙེན་པ་ཇི་ལྟར་བྱ་བ་དང་། ལས་ཚོགས་དངོས་གཉིས། དང་པོ་ནི་གཟའ་སྐར་འཕྲོད་སྦྱོར་དགེ་བའི་ཉིན་སྔ་དྲོ་དང་མཐུན་པར་གནས་ཁང་ཕྱི་ནང་ལེགས་པར་བྱ། རྗེ་བླ་མའི་སྐུ་བྲིས་སོགས་ལེགས་པར་བཤམས། གཏོར་མ་བླ་མ་མཆོད་པ་ལྟར་དང་། ཆུ་གཉིས་ཉེར་སྤྱོད་རོལ་མོ་སོགས་མཆོད་པ་རྒྱས་པར་བཤམས། ཐོག་མར་བགེགས་བསྐྲད་ཅིང་བསྲུང་འཁོར་བསྒོམས་པ་ནི། རང་ཉིད་སྐད་ཅིག་གིས་དཔལ་རྡོ་རྗེ་འཇིགས་བྱེད་ཞལ་གཅིག་ཕྱག་གཉིས་ཀྱིས་གྲི་གུག་དང་ཐོད་འཛིན་པ་ཡུམ་དང་བཅས་པའི་སྐུར་བཞེངས་པར་གྱུར། ཞེས་བརྗོད་ཅིང་རྡོ་རྗེ་འཇིགས་བྱེད་ཀྱི་ང་རྒྱལ་ལ་གནས་པའི་སྒོ་ནས། བགེགས་གཏོར་བཤམས་ཏེ་སྤྱི་འགྲོ་ལྟར་བྱིན་གྱིས་རླབས་ནས་བགེགས་བཀུག་སྟེ་ཞི་བས་སྦྱངས་པ་དང་། ཞི་དྲག་ཕྱེད་མ་སྦྱངས་པ་དང་། དྲག་པོ་སྦྱངས་པ་རྣམ་སྤྱད་པ་མཐུན་པར་བྱས་ཏེ་བགེགས་བསྐྲད། རང་གི་ཐུགས་ཀའི་ཧཱུྃ་ལས་འོད་ཟེར་འོག་ཏུ་འཕྲོས་པས་རྡོ་རྗེའི་ས་གཞི། ཕྱོགས་སུ་འཕྲོས་པས་རྡོ་རྗེའི་ར་བ། སྟེང་དུ་འཕྲོས་པས་རྡོ་རྗེའི་གུར། གུར་གྱི་འོག་ར་བའི་སྟེང་དུ་རྡོ་རྗེའི་བླ་བྲེ། ཐམས་ཅད་ཀྱང་

རྡོ་རྗེ་འབར་བའི་རང་བཞིན་བར་མཚམས་མེད་པར་དུམ་བུ་གཅིག་ཏུ་གྱུར་པའི་ཕྱི་རོལ་ཏུ་བསྐལ་པ་འཇིག་པའི་དུས་ཀྱི་མེ་ལྟ་བུ་ཁ་དོག་སྣ་ལྔའི་མེ་དཔུང་ཕྱོགས་བཅུར་འཕྲོ་བར་གྱུར། ཞེས་བརྗོད་ལ་བསྲུང་འཁོར་སྒོམ། དེ་རྗེས་མཚམས་ཐོ་ལས་གཤིན་དུ་བསྐྱེད་དེ་གཏོར་མ་འབུལ། དེ་རྗེས་གཞི་བདག་གཏོར་མ་སྦྱི་འགྲོ་ལྟར་ཕུལ་ཏེ་འཕྲི་ལས་བཅོལ། དེ་ནས་རྗེ་བླ་མ་རིགས་གསུམ་མགོན་པོ་ངོ་བོ་དབྱེར་མེད་དུ་སྒྲུབ་དགོས་པས། ཨོཾ་སྭ་བྷཱ་ཝ་ཞེས་སོགས་ཀྱིས་སྟོང་བར་སྦྱངས། སྟོང་པའི་ངང་ལས་སྣ་ཚོགས་པདྨ་དང་ཟླ་བའི་གདན་གྱི་སྟེང་དུ་རང་ཉིད་རིགས་གསུམ་མགོན་པོ་དང་ངོ་བོ་དབྱེར་མེད་པའི་རྗེ་བླ་མ་ཆོས་ཀྱི་རྒྱལ་པོ་ཙོང་ཁ་པ་ཆེན་པོ་སྐུ་མདོག་དཀར་ལ་དམར་བའི་མདངས་ཆགས་པ་སྐུ་ལ་ཆོས་གོས་ངུར་སྨྲིག་གི་མདོག་ཅན་གསུམ་མཛེས་པར་གསོལ་བ། ཕྱག་གཉིས་ཆོས་འཁོར་གྱི་ཕྱག་རྒྱ་མཛད་པས་ཨུཏྤ་ལའི་ཡུ་བ་ནས་བཟུང་བའི་འདབ་སྟེང་ན་ཤེས་རབ་ཀྱི་རལ་གྲི་དང་། སྟོང་ཕྲག་བརྒྱ་པའི་གླེགས་བམ་གྱིས་མཚན་པ། དབུ་ལ་པཎ་ཞྭ་གསེར་གྱི་མདོག་ཅན་གསོལ་བ། ཞབས་གཉིས་སྐྱིལ་མོ་ཀྲུང་གིས་བཞུགས་པ། སྐུ་ལས་སྐྱེས་པའི་འོད་ཟེར་སྣ་ལྔའི་འཇའ་ཚོན་གྱི་གུར་ཁྱིམ་འཁྲིགས་པའི་དབུས་མ་བཞུགས་པའི་སྤྱི་བོའི་རྩ་འཁོར་གྱི་དབུས་སུ་པད་ཟླའི་གདན་ལ་འཇམ་དབྱངས་དམར་སེར་གཡས་ཤེས་རབ་ཀྱི་རལ་གྲི་དང་། གཡོན་སྟོང་ཕྲག་བརྒྱ་པའི་གླེགས་བམ་བསྣམས་པ། མགྲིན་པའི་རྩ་འཁོར་གྱི་དབུས་སུ་པད་ཟླའི་གདན་ལ་སྤྱན་རས་གཟིགས་དབང་ཕྱུག་སྐུ་མདོག་དཀར་པོ་ཞལ་ལྟར་དྭངས་ཤིང་དྲི་མ་མེད་པ་ཞལ་གཅིག་ཕྱག་བཞི་པ། ཕྱག་དང་པོ་གཉིས་ཐུགས་ཀར་ཐལ་མོ་སྦྱར་བ། གཡས་འོག་མས་ཤེལ་ཕྲེང་དང་། གཡོན་འོག་མས་པདྨ་དཀར་པོ་འདབ་མ་བརྒྱད་པ་འཛིན་པ། ཐུགས་ཀའི་རྩ་འཁོར་གྱི་དབུས་སུ་པད་ཉིའི་གདན་ལ་ཕྱག་ན་རྡོ་རྗེ་སྔོན་པོ་གཡས་རྡོ་རྗེ་ཕྲག་གོང་དུ་འཕྱར་ཞིང་། གཡོན་སྡིགས་འཛུབ་ཐུགས་ཀར་འཛིན་པ། སྦྲུལ་བརྒྱད་དང་ཁྲོ་བོའི་རྒྱན་གྱིས་བརྒྱན་པ། སྟག་གི་པགས་པའི་ཤམ་ཐབས་ཅན་བརྐྱང་བསྐུམས་ཀྱི་སྟབས་ཀྱིས་བཞུགས་པར་གྱུར་པའི་རྗེ་བླ་མའི་སྤྱི་བོར་ཨོཾ་དཀར་པོ། མགྲིན་པར་ཨཱཿདམར་པོ། ཐུགས་ཀར་ཧཱུྃ་སྔོན་པོས་མཚན་པར་གྱུར། ཐུགས་ཀའི་ཧཱུྃ་ལས་འོད་ཟེར་འཕྲོས། ཕྱོགས་བཅུའི་བླ་མ་ཡི་དམ། སངས་རྒྱས་བྱང་སེམས། དཔའ་བོ་མཁའ་འགྲོ་ཆོས་སྐྱོང་སྲུང་མ། ཉན་རང་གི་ཚོགས་དང་བཅས་པ་ཐམས་ཅད་སྤྱན་དྲངས། རང་ཉིད་རྗེ་བླ་མར་གསལ་བ་ལ་ཐིམ་པས།

སྐྱབས་གསུམ་ཀུན་འདུས་ཀྱི་བདག་ཉིད་དུ་གྱུར། དེ་རྗེས་ཧྲཱིཿ ཧྲཱིཿ ས་སངས། སྭ་བྷཱ་ཝས་སྟོང་པར་སྦྱངས། སྟོང་པའི་ངང་ལས་བྷྲཱུྃ་ལས་རིན་པོ་ཆེའི་སྣོད་ཡངས་ཤིང་རྒྱ་ཆེ་བའི་ནང་དུ། ཨོཾ་འོད་དུ་ཞུ་བ་ལས་བྱུང་བའི་མཆོད་ཡོན། ཞབས་བསིལ་ལ་སོགས་པ་དྭངས་ཤིང་ཐོགས་པ་མེད་པ་ནམ་མཁའ་དང་མཉམ་པར་གྱུར། ཨོཾ་ཨརྒྷཾ་ནས་ཤབྡ་ཨཱཿ ཧཱུྃ་གི་བར་བརྗོད། དེ་རྗེས། ནྟུ་པ་ནས་ཤབྡ་ཨཱཿ ཧཱུྃ་གི་བར་བརྗོད་དེ། ཆུ་གཉིས་ཉེར་སྤྱོད་རོལ་མོ་འདོད་ཡོན་ལྔ་དང་བཅས་པ་བྱིན་གྱིས་རླབས་ནས་འབུལ་བ་ནི། རྒྱལ་བ་རྒྱ་མཚོའི་མཆོད་རྫས་ལས་གྲུབ་པའི། ། × × དད་པ་རྒྱ་མཚོས་འབུལ་ལོ་བཞེས་སུ་གསོལ། །ཨོཾ་སུ་མ་ཧི་ཀི་ཧྲི་ས་པ་རི་ཝཱ་ར་ཨརྒྷཾ་པྲ་ཏཱིཙྪ་ཧཱུྃ་སྭཱ་ཧཱ། དེ་བཞིན་དུ་ཞབས་སིལ་ནས་རོལ་མོའི་བར་སྦྱར་ཏེ་མཆོད། དེ་རྗེས། ཨེ་མ་མཆོད་པ་བླ་ན་མེད། །རང་འབྱུང་མཆོད་པ་ཆེན་པོ་སྟེ། །གཟུགས་ཀྱི་ལྷ་མོ་མེ་ལོང་འཛིན། །གཟུགས་ཀྱི་མཆོད་པ་སྤྱན་ལ་འབུལ། །ཨོཾ་སུ་མ་ཧི་ཀི་ཧྲི་ས་པ་རི་ཝཱ་ར་རཱུ་པ་པྲ་ཏཱིཙྪ་ཧཱུྃ་སྭཱ་ཧཱ། དེ་བཞིན་དུ། སྒྲ། དྲི། རོ། རེག་བྱ་རྣམས་སྦྱར་ནས་ཤབྡའི་བར་བརྗོད་ནས་མཆོད། དེ་རྗེས་བསྟོད་པ་ནི། གཞོན་ནུའི་སྐུ་ལུས་འཆང་བ་པོ། །ནས་ཕྱག་འཚལ་བསྟོད། །སྐྱོན་གྱིས་མ་གོས་ནས་ཕྱག་འཚལ་བསྟོད། །ལྷུང་ལོ་ཅན་གྱི་གནས་ནས་ཕྱག་འཚལ་བསྟོད། །གང་གི་མཚན་ཙམ་ཐོས་དང་དྲན་པས་ཀྱང་། །བར་ཆད་ཀུན་སེལ་དངོས་གྲུབ་ཀུན་སྩོལ་བ། །བྱིན་རླབས་ཐུགས་རྗེའི་གཏེར་གྱུར་ཙོང་ཁ་པ། །བློ་བཟང་གྲགས་པའི་ཞབས་ལ་ཕྱག་འཚལ་བསྟོད། །དེ་རྗེས་རང་ཉིད་རྗེ་བླ་མར་གསལ་བའི་ཐུགས་ཀར་རིགས་གསུམ་མགོན་པོའི་གཟུངས་རིམ་པ་བཞིན་དུ་བགོད། ཨ་ར་པ་ཙ་ན་བཟླ་སྐབས་ཧྲཱིཿ ཡིག་དང་། ཡིག་དྲུག་བཟླ་སྐབས་ཧྲཱིཿ ཡིག་ཧྲཱིཿ ཡིག་དང་། བཛྲ་པཱ་ཎི་བཟླ་སྐབས་ཧྲཱིཿ ཡིག ཧཱུྃ་ཡིག་ཏུ་བསྒྱུར་ཏེ་རིགས་གསུམ་མགོན་པོའི་སྔགས་ཐུན་རེ་ལ་བརྒྱ་ཙ་རེ་བཟླ། དེ་རྗེས་སྔགས་ཕྲེང་ཐུགས་ཀའི་ཧཱུྃ་ཡིག་ལ་བསྡུས་ཏེ་ཐུགས་ཀའི་ཧཱུྃ་ཡིག་གི་མཐའ་སྐོར་དུ་དམིགས་མེད་བརྩེ་བའི་གཏེར་ཆེན་སྤྱན་རས་གཟིགས་ཞེས་སོགས་ཀྱིས་བསྐོར་བ་ལ་དམིགས་ཏེ་བསྙེན་པ་བྱ། དམིགས་པ་ཡིད་ལ་བྱེད་པའི་ཚུལ་ནི། ཧཱུྃ་ཡིག་དམིགས་བརྩེ་མ་དང་བཅས་པ་ལས་འོད་ཟེར་འཇའ་ཚོན་བཞིན་དུ་འཕྲོས། མ་དག་པའི་སྣོད་བཅུད་ཐམས་ཅད་སྦྱངས། འོད་དང་འོད་ཟེར་གྱི་ཚུལ་དུ་བསྡུས་ཏེ་སྙིང་གའི་ཧཱུྃ་ཡིག་དམིགས་བརྩེ་མ་དང་བཅས་པ་ལ་བསྟིམ། །ཡང་འོད་ཟེར་དཔག་ཏུ་མེད་པ་འཕྲོས་པའི་སྣེ་མོ་ལ་མཆོད་པའི་ལྷ་མོ་མཆོད་ཡོན་ཐོགས་པ་ལ་སོགས་པ་ནམ་མཁའ་གང་བ་སྤྲོས། རྒྱལ་བ་སྲས་བཅས་ལ་མཆོད་པ་འབུལ། སྐུ་གསུང་ཐུགས་ཀྱི་བྱིན་རླབས་ཐམས་ཅད་དྲངས་ཏེ་ཐུགས་

ཀའི་ཧཱུྃ་ཡིག་དམིགས་བཙེ་མ་དང་བཅས་པ་ལ་བསྒོམ་ཏེ་ཐུན་རེ་ལ་དམིགས་བཙེ་མ་ཅི་འགྲུབ་བཟླ། ཐུན་འཇོག་ཁར། རྒྱལ་བ་སྲས་བཅས་ཀྱི་སྐུ་གསུང་ཐུགས་ཀྱི་བྱིན་རླབས་ཐམས་ཅད་འཆི་མེད་ཚེའི་རང་བཞིན་འོད་ཟེར་གྱི་རྣམ་པ་ཅན་སྤྱན་དྲངས་ཏེ། རང་ཉིད་ལ་ཐིམ་པས་འཆི་བ་མེད་པ་ཚེའི་རིག་འཛིན་ཐོབ་པར་བསམ། དེ་རྗེས་གཏོར་མ་བྱ་རྒྱུད་ལྟར་བྱིན་རླབས་ནས། བཛྲ་ས་མ་ཛཿ ཞེས་བརྗོད། སྐད་ཅིག་གིས་རྗེ་བླ་མ་རྒྱལ་བ་སྲས་བཅས་ཀྱིས་བསྐོར་བ་སྤྱན་དྲངས་ཏེ་མདུན་གྱི་ནམ་མཁར་བཞུགས་པར་མོས་ཏེ། ལྗགས་ཧཱུྃ་ལས་སྐྱེས་པའི་རྡོ་རྗེ་རྩེ་གཅིག་པ་དམར་པོ་འོད་ཀྱི་སྦུ་གུ་ཅན་དུ་གྱུར་པས་བདུད་རྩིའི་དྲངས་ཏེ་གསོལ་བར་གྱུར། ཨོཾ་སུ་མ་ཏི་ཀཱིརྟི་ས་པ་རི་ཝཱ་ར་ཨི་དཾ་བ་ལིཾ་ ཏ་ཁ་ཁ་ཁཱ་ཧི་ཁཱ་ཧི། དེ་རྗེས་སུ་སུ་མ་ཏི་ཀཱིརྟི་ས་པ་རཾ་ཝཱ་ར་ཨརྒྷཾ་སོགས་ཀྱིས་མཆོད། གོང་གི། གཞོན་ནུའི་སྐུ་ལུས་སོགས་ཤློ་ཀ་བཞིས་བསྟོད། གང་ཡང་བདག་བློ་སྨོངས་པ་ཡིས། །ཞེས་སོགས་ཀྱིས་ནོངས་པ་བཟོད་པར་གསོལ། དེ་རྗེས་ཐལ་མོ་སྦྱར་ཏེ། རྒྱལ་བ་བློ་བཟང་གྲགས་པ་བདག་ལ་བྱིན་གྱིས་བརླབ་ཏུ་གསོལ། ཞེས་གསོལ་བ་ལན་གསུམ་བཏབ་པས་རྗེ་བླ་མ་འཁོར་བཅས་འོད་དུ་ཞུ་ནས་རང་གི་སྤྱི་བོ་ནས་ཞུགས་སྙིང་གར་ཐིམ་པས་བྱིན་གྱིས་བརླབས་པར་བསམ། བསྙེན་པའི་ཚད་ནི་རབ་དུང་ཕྱུར། འབྲིང་བྱེ་བ། ཐ་མ་ས་ཡ། ཆར་འབེབས་སོགས་ལ་འབུམ་ཕྲག་བཞི་བཟླས་པས་ཆོག །འདིའི་བསྙེན་པའི་སྐབས་སུ་གྲིབ་དང་མི་གཙང་བ་ལ་ཤིན་ཏུ་འཛེམ་དགོས་བས། ཤ་ཆང་སྒོག་ཙོང་ཐ་མ་ཁ་སོགས་ལ་འཛེམ་པ་གལ་ཆེ་ཞིང་། སྤྱོད་ལམ་ཡང་ཤིན་ཏུ་གཟབ། རྗེ་བླ་མའི་གསང་སྒྲུབ་སྙན་བརྒྱུད་ཐུན་མོང་མ་ཡིན་པའོ། །གཉིས་པ་ལས་སྦྱོར་དངོས་ནི། དེ་ལྟར་བསྙེན་པ་འབུམ་ཕྲག་བཞི་ལ་སོགས་པ་སོང་བའི་གང་ཟག་གིས། ཆར་འབེབས། སད་བསྲུང་། ཟ་ཡིག མཚོན་བསྲུང་རྡོ་རྗེའི་གོ་ཁྲབ། གྲིབ་བསྲུང་། སྲོག་རླུང་གི་གདམས་ངག རྒྱལ་པོ་གྲི་ཐོགས་ཀྱི་ཟ་ཡིག དགྲ་རྐུན་ཇག་བསྲུང་ལྕགས་སྒྲོག་མ། ཞིང་གི་བཙའ་སྲུང་བ། ཁ་ཟས་སྟུད་བ། རང་གར་འགྲོའི་བར་ཆད་བསྲུང་བ་དང་བཅུ་གཅིག་ལས། འདིའི་གསང་སྒྲུབ་ཐུན་མོང་མ་ཡིན་པ་ལས། དམིགས་བཙེ་མ་འདོན་པའི་སྐབས་ཚིག་རྐང་དང་པོ་སྤྱན་རས་གཟིགས། གཉིས་པ་འཇམ་དབྱངས། གསུམ་པ་ཕྱག་ན་རྡོ་རྗེ། བཞི་པ་རྗེ་ཉིད་དུ་བསམ་ལ་དམིགས་བཙེ་མ་བཟླའོ། །ཞེས་གསུངས་པའི་དོན་ཤེས་དགོས་པ་གལ་ཆེ་བས། དེའི་དོན་རྗེ་བླ་མ་རིགས་གསུམ་མགོན་པོ་དང་ཐུགས་རྒྱུད་གཅིག་པའི་དོན་ཡིན་གྱི། གཞན་དག་གིས་འཆད་པ་ལྟར། སྙིང་རྗེ་ཆེ་པ་སྤྱན་རས་གཟིགས་དང་མཚུངས་པ་སོགས་ཀྱི་དོན་ཙམ་ཡིན། དེ་ཡང་མཁས་གྲུབ་ཐམས་ཅད་མཁྱེན་པས་རྗེ་བླ་མ་དང་མཇལ་བའི་སྐབས། རལ་གྲིའི་འཁོར་ལོ་རྩིབ་སྟོང་དང་ལྡན་པའི་ལྟེ་བ་དང་རྩིབས་རེ་རེའི་

སྙིང་དུ་ཉི་མའི་དཀྱིལ་འཁོར་ལ་གནས་པའི་རྗེ་བཙུན་འཇམ་པའི་དབྱངས་རེ་རེ་གཟིགས་ཤིང་། རྗེ་བླ་མ་འཇམ་དབྱངས་སུ་མཐོང་ཚུལ་ཞུས་པས། རྗེའི་ཞལ་ནས་ཁྱོད་ཀྱིས་ང་འཇམ་དབྱངས་སུ་མཐོང་བ་དོན་ལ་གནས་མོད་ཅེས་དང་། རྗེ་བླ་མ་དང་མཁན་ཆེན་ཕྱུག་རྡོར་པ་མཇལ་སྐབས་མཁན་ཆེན་པས་རྗེ་བླ་མ་འཇམ་དབྱངས་སུ་གཟིགས་པ་དང་། གཞན་ཡང་ཆོས་རྗེ་དོན་གྲུབ་རིན་ཆེན་ལ་དཔལ་རྡོ་རྗེ་འཇིགས་བྱེད་ཀྱིས་སངས་ཐོད་ལུང་པ་ཕ་གིའི་མདང་ང་ཡོང་གསུངས་པ་ཡང་རྗེ་བླ་མ་ཡིན་འདུག་པའི་རྒྱུ་མཚན་གྱིས་དྲི་མེད་མཁྱེན་པའི་དབང་པོ་འཇམ་པའི་དབྱངས་ཞེས་གསུངས་པའི་དོན་ཡང་དེ་ཡིན་པར་འདུག་ཅིང་། དེ་དང་མཚུངས་བར་རྣམ་ཐར་ལས། ཡབ་ཀྱི་མནལ་ལམ་དུ། ལྷུང་ལོ་ཅན་ནས་ཕྱག་ན་རྡོ་རྗེས་གསེར་གྱི་རྡོ་རྗེ་ཞིག་འཕངས་སམ་སླམ་པ་བྱུང་པ་ཕྱག་ན་རྡོ་རྗེ་དང་ཐུགས་རྒྱུད་གཅིག་པའི་དོན་དང་། ཡུམ་གྱི་མནལ་ལམ་དུ་ཤེལ་གྱི་ཕྲེང་བ་བྱུང་བ་ནི་སྤྱན་རས་གཟིགས་དང་ཐུགས་རྒྱུད་གཅིག་པའི་དོན་ཡིན་པ་སོགས་བླ་མ་གོང་མ་རྣམས་ཀྱིས་མང་དུ་གསུངས་ཡང་འདིར་མང་སུ་དོགས་ནས་མ་བྲིས་སོ། །རྗེ་བླ་མ་རིག་གསུམ་མགོན་པོ་དང་ངོ་བོ་དབྱེར་མེད་ཡིན་པའི་དོན་ནོ། །༄དེ་ནས་དང་པོ་ཆར་འབེབས་པ་ལ་སྦྱོར་བ་དངོས་གཞི་མཇུག་དང་གསུམ་ལས། ཐོག་མར། ཡོ་བྱད་འདུ་བྱེད་པ་ནི། གཟའ་སྐར་འཕྲོད་སྦྱོར་དགེ་བའི་ཉིན། རྫ་བུམ་གསར་པ་སོགས་གས་ཆག་མེད་པའི་བུམ་པ་ས་དཀར་སོགས་ཀྱིས་ཁ་དོག་དཀར་པོར་བསྒྱུར། ལོགས་སུ་བཀྲིས་རྟགས་བརྒྱད་བྲི། རིལ་བུ་ལ་ཀླུ་སྨན་བསྲེབ་ཕྱག་ལེན་ཡིན་པས། ཀླུ་སྨན་ནི། ག་བུར། ཛཱ་ཏི། ཙནྡ་དཀར་དམར། དབང་ལག། ཆུ་སྲིན་སྙེར་མོ། མཚལ་དཀར་དམར། དུང་གཟི། རྒྱ་དར་དམར་པོ། ཟིན་ཧྲུན་རས་སྐུད། སྙིང་ཞོ་ཤ། མཁལ་མ་ཞོ་ཤ། གླ་གོར་ཞོ་ཤ། བུ་ཤེལ་རྩི། རྨ་བྱའི་མདོངས། སྤྲུལ་གྱི་པགས་པ། ཐང་ལོ། སྤྲུག་ལོ། ཇོ་རྒྱུས། ཀུ་ཀུལ་དཀར་པོ། ག་ར་བུ་རམ། དྲི་ཞིམ་པོའི་མེ་ཏོག་སྣ་ཚོགས། ཤིང་ཐོག་དུག་རིགས་མིན་པ་སྣ་ཚོགས། རིན་པོ་ཆེ་ལྔ། རྒྱ་མཚོའི་ལྦུ་བ་ན་ག་གེ་སར། སླེ་ཏྲེས། སུ་གྨེལ། ཟིར་དཀར་ནག ཨུཏྤལ་སྔོན་པོ་ཨ་བར་སྒྲུར་གསུམ། སྤང་སྤོས། ཏིལ་དཀར་ནག ཐལ་ཀ་རྡོ་རྗེ། སོ་མ་ར་ཛ། རྒུན་འབྲུམ། ཤིང་མངར། སྤྲང་རྩི། བ་དམར་མོ་དང་ར་དཀར་མོའི་འོ་མ་མར་ཞོ། སྐྱེ་ཚེ་དང་ཤང་ཚེ་བྲ་བོ་སྤྲན་མ་རྣམས་མ་གཏོགས་འབྲུ་སྣ་སྙེད་ཚད། དུག་རིགས་ཤིང་ཀུན་གླ་རྩི་རྣམས་མ་གཏོགས་སྨན་རིགས་སྙེད་ཚད། རྫ་དང་གོས་དར་སོགས་སྣ་གང་འཛོམས་བསགས་ཏེ་ཆ་གཉིས་སུ་བྱས་པའི་ཆ་གཅིག་ཕྱེ་མར་བཏགས་པ་ཞིབ་མོར་བཏར་ཆ་གཅིག་ཀླུ་གཏོར་གཏོང་བའི་སྐབས་སུ་སྤྱན་གཟིགས་ཀྱི་ཚུལ་འཛོག དེ་ནས་གཟའ་སྐར་འཕྲོད་སྦྱོར་བཟང་པོའི་ཉིན་མཚོ་སོགས་ཀྱི་ཁར་འགྲོ་བའི་ཚེ་གཙང་སྤྲ་ལེགས་པར་བྱས་པར་སྒྲུབ་པ་པོ་གང་ཡོང་ཚོགས། སྐྱབས་འགྲོ་སེམས་བསྐྱེད་ཚད་མེད་བཞི་བསྒོམ་པ་སྔོན་དུ་བཏང་། རང་ཉིད་རིག་གསུམ་མགོན་པོ་དང་དབྱེར་མེད་པའི་རྗེ་བླ་མར་བསྐྱེད་པ་ནས་མཆོད་བསྟོད་ཀྱི་བར་བདག་བསྐྱེད་ལྟར་བྱས་ནས། དཔོན་

སློབ་ཚང་མས་དམིགས་བརྩེ་མ་བཟླ་ཞིང་འགྲོ། དེའི་ཚེ་དམིགས་པ་ཡིད་ལ་བྱེད་ཚུལ་ནི། རང་ཉིད་རྗེ་བླ་མར་གསལ་བའི་ཐུགས་ཀ་ནས་ཁྱུང་རིགས་ལྔ་སྤྲོས་ཏེ། གང་དུ་འགྲོ་བའི་མཚོ་དང་ཆུ་མིག་སོགས་ཀྱི་སྟེང་འོག་ཕྱོགས་མཚམས་ཀུན་ཏུ་བཀོད། ཀླུ་རྣམས་གཞན་ལ་མི་འགྲོ་བར་བྱ། སླར་ཡང་རང་གི་སྙིང་ག་ནས་འོད་ཟེར་ཁ་དོག་སྣ་ལྔ་འཕྲོས་ཏེ། ཀླུ་དང་ས་བདག་ལ་སོགས་པ་རྣམས་ཀྱི་ལུས་ལ་ཕོག དེ་དག་གི་ནད་གདོན་བསམ་ངན་སྦྱོར་རྩུབ་ཐམས་ཅད་ཞི་བ་དང་། ཚེ་དང་བསོད་ནམས་ཐམས་ཅད་རྒྱས་པར་བྱས་ཏེ་རང་ཉིད་ལ་དགའ་ཞིང་གུས་པའི་སྒོ་ནས་འདུག་པར་མོས་ནས་འགྲོ་ཞིང་། གནས་དེར་སོང་ནས་ཇི་ལྟར་བྱ་བའི་རིམ་པ་ལ། དེར་སློབ་མ་ཐག་ཏུ་སྐྱབས་འགྲོ་སེམས་བསྐྱེད་དང་། རང་ཉིད་རྗེ་བླ་མར་བསྐྱེད་ནས་བཟླས་པ་སོགས་ཅི་འགྲུབ་བྱ། དེ་རྗེས་ཀླུ་སྨན་བསྲེས་པའི་ཀླུ་གཏོར་བཅོས་ནས་གོང་གི་སྤྱན་གཟིགས་ཀྱི་ཚུལ་དུ་བཤམས་རྒྱུའི་སྨན་རྣམས་ཀྱང་བཀོད་པ་ཅི་མཛེས་སུ་བཤམས་ནས་ཀླུ་གཏོར་གཏོང་ཞིང་། དམིགས་པ་ནི་འཛམ་བུ་གླིང་གི་ཀླུ་ཐམས་ཅད་འདིར་འདུས་པར་མོས་ནས་བྱ། བསང་མཆོད་ཀྱང་ཟབ་རྒྱས་བྱ། དེ་རྗེས་སུ། ཀླུའི་རྒྱལ་པོ་དགའ་བོ་དང་། ཉེར་དགའ་བོ་སོགས་ཀླུ་རྒྱལ་རིགས། རྗེ་རིགས། དམངས་རིགས། གདོལ་པའི་རིགས་ལ་སོགས་པའི་ཀླུའི་རིགས་སུ་གྱུར་པ་རྣམས་ཉོན་ཅིག བདག་ཅག་ཁྱེད་རྣམས་ལ་ཡ་ཐོ་བཟུང་བ་དང་། ངོ་བསྟོ་བ་དང་། འཁོན་འཚོལ་དུ་འོངས་པ་མ་ཡིན། འཛམ་བུ་གླིང་འདིར་ཆར་དཀོན་པོ་བྱུང་བ་སློང་དུ་འོངས་པ་ཡིན་པས། ཡུལ་ཕྱོགས་འདིར་ཆར་ཆེན་པོ་མྱུར་དུ་ཕོབ་ཅིག །རྩི་བཅུད་ལོ་ཏོག་སོགས་རྒྱས་པར་མཛོད་ཅིག །ཅེས་ལན་གསུམ་བརྗོད་ལ་བཀའ་བསྒོ། གོས་དར་རམ། རས་དཀར་པོ་ལ། དམིགས་མེད་བརྩེ་བའི་གཏེར་ཆེན་སྤྱན་རས་གཟིགས། །ཞང་ཁུ་ལ། དྲི་མེད་མཁྱེན་པའི་དབང་པོ་འཇམ་པའི་དབྱངས། །དམར་པོ་ལ། གངས་ཅན་མཁས་པའི་གཙུག་རྒྱན་ཙོང་ཁ་པ། །སྔོན་པོ་ལ། བློ་བཟང་གྲགས་པའི་ཞབས་ལ་གསོལ་བ་འདེབས། །ཞེས་པ་གསེར་དངུལ་སོགས་རིན་པོ་ཆེའམ། མ་འབྱོར་ན་མཚལ་སོགས་ལ་ཀླུ་སྨན་དང་། ཀླུ་ལ་ཕོག་ཐུག་མེད་པའི་དྲི་བཟང་དང་སྦྱར་ཏེ་དབུ་ཅན་གྱི་ཡི་གེར་བྲིས་པ་བཞི་དང་། གོས་སྔོན་པོ་ལ་དམིགས་བརྩེ་མ་ཡོངས་རྫོགས་དང་། ཏདྱ་ཐཱ། ཨོཾ་ཏ་ཐཱ་ག་ཏ་ཛྙཱ་ག་ཁྱཱན། ནཱ་ག་ནཱ་ཌ་ཤྲཱི་ཡེ་ཨ་ཧཱི་ཙྪ་ན་ཨ་ཧཱི་ཙྪི་ཏེ་སྭཱཧཱ། ཞེས་དང་། ཨོཾ་ཨ་ར་པ་ཙ་ན་ཧྲཱིཿ ཨོཾ་མ་ཎི་པདྨེ་ཧཱུྃ། ཨོཾ་བཛྲ་པཱ་ཎི་ཧཱུྃ་ཕཊ། ཅེས་དང་། ཨོཾ་ན་ག་ཕུཿ བྲ་ཧི་བཛྲ་ཏུ་ནྡེ། མི་ལི་མེ་ལི། ཧཱུྃ་ཧཱུྃ་ཕཊ་ཕཊ། ཧཱ་རི་ཤ་ཡ་ཧཱ་རི་ཤ་ཡ། ཆར་དྲག་ཏུ་ཕོབ། མྱུར་དུ་ཕོབ། སྭཱ་ར་ཡ། ཧྲཱུཿ ཧྲཱུཿ ཧྲཱུཿ ཕོབ་མྱུར་དུ་ཕོབ། ཨོཾ་བཛྲ་སུ་མེ་ནི་ཏེ་མི་ལི་སྭཱཧཱ། ཆར་དྲག་ཏུ་ཕོབ།

སྒྱུར་དུ་ཐོབ། ཅེས་པ་རྣམས་སྔར་བཞིན་བྲམས་པའི་དར་ལྕོག་ལྔ་རྣམས་སྭཱ་ཕབ་སྟོང་པར་སྦྱངས། སྟོང་པའི་ངང་ལས་སྐད་ཅིག་གིས་དང་པོ་བཞི་རིམ་པ་བཞིན་ཡེ་ཤེས་ཀྱི་ཁྲུང་དཀར་པོ་གཡས་འཁོར་ལོ། །ཁྲུང་ཁྲ་བོ་གཡས་རིན་པོ་ཆེ། ཁྲུང་དམར་པོ་གཡས་པདྨ། ཁྲུང་སྔོན་པོ་གཡས་རལ་གྲི་འཛིན་ཅིང་གཡོན་པ་རྣམས་ཀྱིས་རང་རང་གི་མདོག་ཅན་གྱི་སྒྲོལ་བཟུང་ནས་ཞལ་དུ་གསོལ་བ། རྣ་དང་མཆུ་སྟེར་ཤིན་ཏུ་རྣོ་བ། སྐུ་དཀར་ཕྱོགས་རྣམས་རྗེས་སུ་འཛིན་ཅིང་ནག་ཕྱོགས་པ་རྣམས་ཚར་གཅོད་པའི་མཐུ་སྟོབས་གཟི་བརྗིད་ཕུན་སུམ་ཚོགས་པའི་བདག་ཉིད་ཅན་དུ་གྱུར་ཅིང་། དམིགས་བརྩེ་མ་ཡོངས་རྫོགས་དང་། སྔགས་བྲིས་པའི་དར་ལྕོག་སྔོན་པོ་དེ་རྗེ་རིན་པོ་ཆེ་ལ་བཅོམ་ལྡན་འདས་སྐུ་དབང་རྒྱལ་པོ་དང་རིག་གསུམ་མགོན་པོ་སོགས་སངས་རྒྱས་བྱང་སེམས་ཉན་རང་སྲུང་མའི་ཚོགས་ཀྱིས་བསྐོར་བའི་རྣམ་པ་ཅན་དུ་གྱུར་པའི་སྤྱི་བོར་ཨོཾ། མགྲིན་པར་ཨཱཿ ཐུགས་ཀར་ཧཱུྃ་གིས་མཚན་པར་གྱུར། ཐུགས་ཀའི་ཧཱུྃ་ལས་འོད་ཟེར་འཕྲོས། བསྒོམ་པ་དང་འདྲ་བའི་ཡེ་ཤེས་པ་སྤྱན་དྲངས། ཛཿ ཧཱུྃ་བཾ་ཧོཿ རང་རང་གི་དམ་ཚིག་པ་དང་གཉིས་སུ་མེད་པར་གྱུར། ཨོཾ་ཨརྒྷཾ་པྲ་ཏཱིཙྪ་ཧཱུྃ་སོགས་ཀྱིས་མཆོད། ཕྱག་བྱར་འོས་པ་ཐམས་ཅད་ལ། །ཞེས་སོགས་ཀྱིས་བསྟོད། དེ་རྣམས་ཀྱི་ཐུགས་ག་ནས་འོད་ཟེར་འཕྲོས་ཏེ་མཆོག་གསུམ་ཐམས་ཅད་ཀྱི་བྱིན་རླབས་ཐམས་ཅད་འོད་ཟེར་གྱི་རྣམ་པར་བཀུག་ནས་ཐིམ་པར་བསམ། དམིགས་བརྩེ་མ་དང་། ཏཏ་ཧྲི། ཨོཾ་ནཱ་ག་ནཱ་ཛ་ཤྭ་ར་ཞེས་སོགས་དང་། རིགས་གསུམ་མགོན་པོའི་སྔགས་དང་། ཨོཾ་པདྨོ་ཥྞཱི་ཥ། ཞེས་དང་། ཨོཾ་ནག་ཕུཿ པྲ་ཧྲི་ཞེས་སོགས་ཅི་འགྲུབ་བཟླ། མཐར་ལྷ་རྣམས་འོད་དུ་ཞུ་ནས་བྲིས་པའི་ཡིག་འབྲུའི་རྣམ་པར་བསམ། དེ་རྗེས་རྒྱང་རིང་ཐུང་འཚམ་པའི་ཕྱོགས་ཕྱོགས་སུ་གྲོ་བཞི་བརྩིགས། དེའི་ནང་དུ་ཞ་བོ་འཐིང་པོ་ལ་སོགས་པ་མི་མང་པོ་མི་ཡོང་བ་བྱེད། དེའི་ནང་རོལ་ཏུ་ཕྱོགས་བཞིར་གྲོ་བཞི་བརྩིགས་པའི་ཤར་གྱི་གྲོའི་སྟེང་དུ་དར་ལྕོག་དཀར་པོ། ལྷོའི་གྲོའི་སྟེང་དུ་དར་ལྕོག་ལྗང་གུ། ནུབ་ཀྱི་གྲོའི་སྟེང་དུ་དར་ལྕོག་དམར་པོ། བྱང་གི་གྲོའི་སྟེང་དུ་དར་ལྕོག་སྔོན་པོ། དར་ལྕོག་སྔོན་པོ་སྔགས་བྲིས་པ་དེ་ཚུ་མིག་གི་སྟེང་ཕྱོགས་བདེ་བ་ཞིག་ཏུ་བཙུགས། སློབ་པ་པོ་རྣམས་སྟན་ལ་འཁོད། རང་གི་མདུན་དུ་ལྕོག་རྩེའི་ཁར་མཆོད་གཏོར་བཤམས་ལ། རང་ཉིད་རྗེ་བླ་མའི་ང་རྒྱལ་གྱིས་མཆོད་གཏོར་སྔར་བཞིན་བྱིན་གྱིས་བརླབས། དར་ལྕོག་དཀར་པོ་སོགས་བཞི་སྔར་བཞིན་ཁྲུང་རིགས་བཞིར་བསྐྱེད་པའི་སྤྱི་བོར་ཨོཾ་× × ཐུགས་ཀའི་ཧཱུྃ་ལས་འོད་ཟེར་འཕྲོས། རང་བཞིན་གྱི་གནས་ནས་ཡེ་ཤེས་པ་སྤྱན་དྲངས། ཛཿ ཧཱུྃ་བཾ་ཧོཿ བཞིས་ཁྲུང་རིགས་བཞི་ལ་བསྟིམ། ག་རུ་ཌ་ས་པ་རི་ཝཱ་ར་ཨརྒྷཾ་

སོགས་ཀྱིས་མཆོད། སྟོང་གསུམ་གཡོ་བའི་གཞོག་སྒྲོ་ཡི། །གར་མཛད་འབར་བའི་མཆུ་སྣེར་ཅན། །དྲན་པ་ཙམ་གྱིས་གདོན་གསུམ་ཀུན། །ཚར་གཅོད་མཁའ་ལྡིང་དབང་པོར་བསྟོད། །གཏོར་མ་འབུལ་བ་ནི། ཁྱུང་རིགས་བཞིའི་ལྷགས་འོད་ཟེར་གྱི་སྤྲུ་གུས་གཏོར་མའི་བཅུད་ཐམས་ཅད་དྲངས་ཏེ་གསོལ་བར་གྱུར་པར་བསམ། ཨོཾ་ག་རུ་ཌ་ས་པ་རི་ཝཱ་ར་ཨི་དཾ་བ་ལིཾ་ཏ་ཁ་ཁ་ཁཱ་ཧི་ཁཱ་ཧི། ལན་གསུམ་བརྗོད་གཏོར་མ་འབུལ། སྔར་བཞིན་མཆོད་བསྟོད་བྱ། དེ་ནས་བཟུང་ཉིན་རེ་བཞིན་ཁྱུང་བཞི་ལ་མཆོད་གཏོར་ཕུལ་ཏེ། འཕྲིན་ལས་བཅོལ་བ་ནི། ཁྱུང་རིགས་བཞིས་ལུང་པ་འདིའི་ཀླུ་རྣམས་གཞན་དུ་མི་འགྲོ་བ་དང་། བདག་སོགས་རྣམས་ཀྱིས་ཆར་པ་འབེབས་པའི་འགྲུབ་རྐྱེན་ཐམས་ཅད་ཞི་བའི་འཕྲིན་ལས་མཛོད། ཅེས་བརྗོད། ཆུ་མིག་གི་སྟེང་དུ་བཙུགས་པའི་དར་ལྕོག་སྔོན་པོ་ཐུགས་དང་དམིགས་བཅས་མ་ཡོངས་རྫོགས་བྲིས་པ་དེ། མདུན་བསྐྱེད་ལྟར་རྗེ་བླ་མ་འཁོར་དང་བཅས་པར་བསྐྱེད། དུས་གསུམ་སངས་རྒྱས་ཐམས་ཅད་ཀྱི་ངོ་བོ་རྗེ་བཙུན་ཙོང་ཁ་པ་ཆེན་པོ། བདེ་གཤེགས་ཀླུ་དབང་རྒྱལ་པོ། འཕགས་པ་རིགས་གསུམ་མགོན་པོ་སོགས་ཡེ་ཤེས་སྤྱན་ལྡན་རྣམས་ཀྱིས་ཡུལ་ཕྱོགས་འདིར་ཆར་ཆེན་པོ་མྱུར་དུ་འབབ་པར་བྱིན་གྱིས་བརླབ་ཏུ་གསོལ། ཞེས་གསོལ་བཏབ། གཞི་བདག་ལ་དཀར་གཏོར་གཏོང་ལ། སའི་ལྷ་མོ་བསྟན་མ་སོགས་ཡུལ་ལྷ་གཞི་བདག་སྲི་དང་ཁྱད་པར་དུ་ས་ཆ་ཡུལ་ཕྱོགས་འདི་ཀུན་ན་གནས་པའི་གཞིའི་བདག་པོ་རྣམས་ཀྱིས་བདག་ཅག་གི་ཆར་འབེབས་པའི་བྱ་བ་བྱེད་པ་ལ་ཀོ་ལོང་དང་རུ་ང་ཕྲག་དོག་མ་བྱེད་པར་འགལ་རྐྱེན་བར་ཆད་ཐམས་ཅད་བཟློག་པ་དང་། མཐུན་རྐྱེན་ལེགས་ཚོགས་ཐམས་ཅད་ཡིད་བཞིན་དུ་འགྲུབ་པའི་འཕྲིན་ལས་དང་སྟོང་གྲོགས་རྒྱ་ཆེན་པོ་བསྒྲུབ་པར་མཛོད་ཅིག །ཅེས་ལས་བཅོལ། དེ་རྗེས་ཀླུ་སྨན་རྣམས་ཞིབ་མོར་བརྟར་བའི་ཕྱེ་མ་གྲོ་ཟན་དང་སྦྱར་བ་བ་དམར་མོ་དང་ར་དཀར་པོའི་འོ་མས་སྦྲུས་ཏེ་རིལ་བུ་ལུག་རིལ་ཙམ་བརྒྱ་རྩ་བརྒྱད་བྱ། རིལ་བུ་རེ་རེ་ལ་དམིགས་བཅས་མ་རབ་བརྒྱ་རྩ། འབྲིང་ལྔ་བཅུ། ཐ་མ་ཉེར་གཅིག་གྲངས་ཏེ་མཆིལ་མ་མ་ཞོར་བར་བྲུ་བཏབ། ཟངས་གཞོང་གཙང་མའི་ནང་དུ་བླུག་ཏེ། སྣེགས་མཐོན་པོའི་སྟེང་དུ་བཞག མཐའ་མཆོད་པས་བསྐོར། སྒྲུབ་པ་པོ་རྣམས་མདུན་དུ་འཁོད་ལ་སྐྱབས་འགྲོ་སེམས་བསྐྱེད་ཚད་མེད་བཞི་བསྒོམ་པ་སྔོན་དུ་བཏང་། རང་ཉིད་རྗེ་བླ་མར་བསྒོམ། རིལ་བུ་རྣམས་ལ་དམིགས་ཏེ་ཧཱུྃཿ ཧཱུྃཿ ས་བསངས། སྭ་བྷཱ་ཝས་སྦྱོང་པར་སྦྱངས། སྟོང་པའི་ངང་ལས་སྔར་བཞིན་རྗེ་བླ་མར་བསྐྱེད། ཡེ་ཤེས་སྤྱན་དྲངས་ལ་བསྟིམ། བཟང་སྤྱོད་ཀྱི་ཡན་ལག་བདུན་པ་ཕུལ། དཔལ་ལྡན་རྩ་བའི་བླ་མ་རིན་པོ་ཆེ། བདག་གི་མདུན་དུ་པདྨའི་སྟེང་བཞུགས་ལ། །

× × གསོལ། དམིགས་མེད་བརྩེ་བའི་× ཞེས་དམིགས་བརྩེ་མ་རིལ་གྲངས་བརྒྱ་རྩ་བརྒྱད་རེ་བཟླ་ཞིང་དམིགས་པ་ནི། རིལ་བུ་རྗེ་བླ་མར་གསལ་བའི་ཐུགས་ཀ་ནས་འོད་ཟེར་འཕྲོས་ཕྱོགས་བཅུའི་ཞིང་རབ་འབྱམས་ན་བཞུགས་པའི་སངས་རྒྱས་བྱང་སེམས་ཉན་རང་སྲུང་མའི་ཚོགས་ཐམས་ཅད་ལ་ཕོག དེ་རྣམས་ཀྱི་སྐུ་གསུང་ཐུགས་ཀྱི་བྱིན་རླབས་དང་ནུས་མཐུ་ཐམས་ཅད་བདུད་རྩི་དང་འོད་ཟེར་གྱི་རྣམ་པར་སྤྱན་དྲངས། རིལ་བུ་རྣམས་རྗེ་བླ་མར་གསལ་བ་ལ་ཐིམ་པར་བསམ། མཐར་རྗེ་བླ་མ་རྣམས་འོད་དུ་ཞུ་ནས་རིལ་བུའི་རྣམ་པར་གྱུར་པར་བསལ། རིན་པོ་ཆེའི་དཀར་ཡོལ་སོགས་ཀྱི་བུམ་པ་གས་ཆག་བུག་རྫོལ་མེད་པ་གཙང་མའི་ནང་དུ་བླུག ཁ་ཤིང་སོགས་གཙང་མས་བཅད་ལ་དར་དམར་གྱིས་བཏུམ། དེ་ནས་རིལ་བུའི་བུམ་པ་ཆུ་མགོའི་ནང་དུ་བརྟན་པོ་འོང་ཐབས་བྱས་ལ་ལེགས་པར་བཞག སྟེང་དུ་རྗེའི་སྐུ་རབ་གནས་ཅན་བཞུགས་སུ་བཅུག གུར་བླ་བྲེ་ཡོལ་བ་སྣན་དར་སོགས་ཀྱིས་ལེགས་པར་བརྒྱན། མཐའ་སྐོར་མདུན་ངོས་སུ་མཆོད་པ་ཟབ་རྒྱས་འབྱོར་ཚད་བཤམས། གཉིས་པ་དངོས་གཞི་ནི། སྒྲུབ་པ་པོ་རྣམས་གྲལ་ལ་འཁོད། སྐྱབས་སེམས་ཚད་མེད་བཞི་བསྒོམ་པ་སྔོན་དུ་བཏང་། རང་ཉིད་རིགས་གསུམ་མགོན་པོ་དང་དབྱེར་མེད་པའི་རྗེ་བླ་མར་བསྐྱེད་པ་ནས་མཆོད་བསྟོད་ཀྱི་བར་བྱ། མདུན་བསྐྱེད་བསྐྱེད་པ་ནི། ཧྲཱིཿ ཧྲཱིཿ ས་བསངས། སྭ་བྷཱ་ཝས་སྟོང་པར་སྦྱངས། སྟོང་པའི་ངང་ལས་ཆུ་མགོའི་སྟེང་དུ་གནས་པའི་རྗེའི་སྐུ་དང་ངོ་བོ་དབྱེར་མེད་པའི་རྗེ་བླ་མ་ཙོང་ཁ་པ་ཆེན་པོ་སྣ་ཚོགས་པད་ཟླའི་གདན་ལ་སྐུ་མདོག་དཀར་ལ་དམར་བའི་མདངས་ཆགས་ཞེས་པ་ནས་ཐུགས་ཀར་ཕྱག་ན་རྡོ་རྗེ་བསྐྱེད་པའི་བར་བདག་བསྐྱེད་བཞིན་བསྐྱེད། རྗེ་བླ་མའི་མཐའ་སྐོར་སངས་རྒྱས་ཀླུ་དབང་གི་རྒྱལ་པོ། རྒྱལ་བ་ཤཱཀྱ་ཐུབ་པ། སྨན་བླ་མཆེད་བདུན་སོགས་སངས་རྒྱས་བྱང་སེམས་ཉན་རང་ཆོས་སྐྱོང་སྲུང་མའི་ཚོགས་ཐམས་ཅད་ཀྱིས་བསྐོར་བར་གྱུར་པའི་གཙོ་འཁོར་ཐམས་ཅད་ཀྱི་སྤྱི་བོར་ཨོཾ་དཀར་པོ་× × ཐུགས་ཀའི་ཧཱུྃ་ལས་འོད་ཟེར་འཕྲོས་པས་རང་བཞིན་གྱི་གནས་ནས་རྒྱལ་བ་ཙོང་ཁ་ཆེན་པོ་ལ་ཕྱོགས་བཅུའི་སངས་རྒྱས་བྱང་སེམས་ཀྱིས་བསྐོར་བ་སྤྱན་དྲངས། ཛཿ ཧཱུྃ་བཾ་ཧོཿ ཞེས་དམ་ཚིག་པ་ལ་ཡེ་ཤེས་པ་བསྟིམ། དེ་རྗེས་མཆོད་པ་གོང་གི་བདག་བསྐྱེད་ཀྱི་སྐབས་བཞིན་བྱིན་གྱིས་བརླབས་ཏེ་གོང་གི་ཚིགས་བཅད་ཐུགས་དང་བཅས་པ་བརྗོད་དེ་བསྟོད་པའི་བར་བྱ། དེ་ནས་དེར་ཚོགས་པ་ཐམས་ཅད་ཀྱིས་དམིགས་བརྩེ་མ་རྩེ་གཅིག་ཏུ་བཟླ་ཞིང་། དམིགས་པ་ཡིད་ལ་བྱེད་པའི་ཚུལ་ནི། རང་གི་ཐུགས་ཀ་ནས་འོད་ཟེར་འཕྲོས། མདུན་གྱི་རྗེ་རིན་པོ་ཆེ་གཙོ་འཁོར་རྣམས་ལ་ཕོག དེ་རྣམས་ཀྱི་ཐུགས་ཀ་ནས་འོད་ཟེར་འཕྲོས། ཕྱོགས་བཅུའི་

སངས་རྒྱས་བྱང་སེམས་ཉན་རང་སྲུང་མའི་ཚོགས་ཐམས་ཅད་ལ་ཕོག་སྟེ། དེ་ཐམས་ཅད་ལས་འོད་ཟེར་འཕྲོས། ནམ་མཁར་སྤྲིན་གྱི་ཕུང་པོ་ཤིན་ཏུ་འཁྲིགས་པ་ལས་ཆར་གྱི་རྒྱུན་ཆེན་པོ་འབབས་ཏེ་རྩི་བཅུད་ལོ་ཏོག་སོགས་རྒྱས་པར་གྱུར་པ་དང་། ཡང་མདུན་བསྐྱེད་དང་ཕྱོགས་བཅུའི་སངས་རྒྱས་བྱང་སེམས་ཐམས་ཅད་ལས་འོད་ཟེར་འཕྲོས་ཏེ་ཀླུ་རྣམས་ལ་ཕོག་པས་ཀླུ་རྣམས་ཀྱི་ནད་དང་སྡིག་སྒྲིབ་ཐམས་ཅད་བསལ་ཏེ་ཕན་པ་དང་བྱང་ཆུབ་ཀྱི་སེམས་དང་ལྡན་པར་བྱས་ནས་ཆར་ཆེན་པོ་འབབས་ལ་བརྩོན་པར་བྱ་སྙམ་པ་དང་། ཡང་དེ་རྣམས་ལས་བདུད་རྩི་དང་འོད་ཟེར་འཕྲོས་ཏེ་བུམ་པའི་ནང་གི་རིལ་བུ་རྣམས་ལ་ཐིམ། རིལ་བུ་རྣམས་ལས་བདུད་རྩི་འོད་ཟེར་དང་བཅས་པ་དཔག་ཏུ་མེད་པ་བབས་ཏེ་གནས་དེ་དང་ཕྱོགས་བཅུའི་ཀླུ་ཐམས་ཅད་ལ་ཕོག་པས་ཀླུ་རྣམས་ཀྱི་ནད་ཀྱི་རིགས་ཐམས་ཅད་དང་སྡིག་སྒྲིབ་ཐམས་ཅད་སྦྱངས་ཏེ་ཀླུ་རྣམས་དགའ་བདེ་དཔག་ཏུ་མེད་པ་དང་ལྡན་པར་གྱུར་ནས་ཆར་ཆེན་པོ་འབེབས་པ་དང་། ཡང་དེ་རྣམས་ལས་འོད་ཟེར་འཕྲོས་ཏེ་སེམས་ཅན་ཐམས་ཅད་དང་ཁྱད་པར་ཐན་པ་འབྱུང་ཡུལ་གྱི་སེམས་ཅན་རྣམས་ལ་ཕོག་པས་དེ་རྣམས་ཀྱི་ལས་ངན་སྡིག་སྒྲིབ་སྦྱི་དང་བྱེ་བྲག་ཏུ་ཐན་པའི་འབྲས་བུ་སྨྱང་འགྱུར་གྱི་ལས་ངན་རྣམས་སྦྱངས་ཏེ་དགའ་སྐྱིད་ཕུན་སུམ་ཚོགས་པ་ལ་ལོངས་སྤྱོད་པའི་སྐལ་ལྡན་དུ་བྱས་སྙམ་པ་དང་། ཡང་དེ་རྣམས་ལས་འོད་ཟེར་འཕྲོས་ཏེ་ཆར་འབབས་པ་དང་རྩི་བཅུད་ལོ་ཏོག་སོགས་རྒྱས་པ་ལ་བར་དུ་གཅོད་ཅིང་གནོད་པ་བྱེད་པའི་སེམས་དང་ལྡན་པ་སྤྲི་དང་ཁྱད་པར་སྤྲིན་འཐར་བར་བྱེད་པའི་ཀླུང་ལྷ་རྣམས་ལ་ཕོག་པས་དེ་རྣམས་ཀྱི་བསམ་ངན་སྦྱོར་རྩུབ་ཐམས་ཅད་ཞི་བར་གྱུར་ཏེ་མཐུན་རྐྱེན་སྒྲུབ་པ་དང་། སེམས་མེད་ཀྱི་འགལ་རྐྱེན་རྣམས་ལ་ཕོག་མུན་ཁུང་ལ་སྒྲོན་མེ་བཏེག་པའི་རྩ་སྦྲུར་ལ་མེ་དཔུང་འཕྲད་པ་བཞིན་གཏན་མེད་དུ་བྱས་སྙམ་པ་དང་། ཡང་དེ་རྣམས་ཀྱི་འོད་ཟེར་གྱིས་སྤྲིན་བསྡུས་ཏེ་ནམ་མཁའི་ཁམས་ཐམས་ཅད་ཁེངས་ཤིང་ཤིན་ཏུ་སྟུག་པོར་འཁྲིགས་ཏེ་དེ་ལས་ཆར་གྱི་རྒྱུན་ཆེ་བ་འཇམ་པོས་རྩི་བཅུད་ལོ་ཏོག་སོགས་བསྐྱེད་ཅིང་འཕེལ་བར་བྱེད་པའི་ནུས་པ་ཕུན་སུམ་ཚོགས་པ་དང་ལྡན་པ་ཡིད་དང་མཐུན་པར་ཕབ་སྟེ་སྐྱེ་འགྲོ་རྣམས་དགའ་བ་དེའི་དཔལ་ལ་བཀོད་པའི་དམིགས་པ་གསལ་པོ་རེས་མོས་ཀྱི་ཚུལ་དུ་བྱེད་བཞིན་པའི་ངང་ནས་དམིགས་བཅས་མ་ཅི་མང་བཟླ། ལུང་པ་དེའི་སེར་སྐྱ་ཚང་མས་འབུམ་དང་བཀའ་འགྱུར་སྒྲོག་པ། དེར་འཚོགས་པའི་

སྒྲུབ་གྲོགས་འགའ་ཞིག་སྐབས་སྐབས་སུ་བརྒྱ་རྩ། གླུ་གཏོར། བསངས། འབྱུང་བཞི། ཆ་གསུམ། ལན་ཆགས་གཏོར་མ་གཏོང་པ། སྦྱིན་ཆེན་པོ་དང་། གཟུངས་འདུས་སྒྲོག་པ་སོགས་རྒྱབ་ཆོས་དང་། ཡི་དམ་ཆོས་སྐྱོང་ལ་མཆོད་གཏོར་འབུལ་བ་དང་། ཁྲུས་གསོལ་བྱས་ཏེ་ཆར་འབེབས་པར་གསོལ་བ་འདེབས་པ་སོགས་དང་། རླུང་གཏོན། སྦྱིན་སྲུད་སོགས་ལ་བརྩོན་པར་བྱ། སྦྱིན་སྲུད་དང་རླུང་གཏོན་བྱེད་ཚུལ་གོང་གི་དམིགས་བཙེ་མ་བཟླ་བའི་སྐབས་ཀྱི་སྦྱིན་སྲུད་ཀྱི་དམིགས་པ་བྱེད་ཚུལ་དང་། རླུང་གཏོན་ནི་སྦྱིན་འཕོར་བར་བྱེད་པའི་རླུང་ལྷ་སོགས་ལ་འོད་ཟེར་ཕོག་པས་དེ་རྣམས་ཀྱི་བསམ་ངན་སྦྱོར་རྩུབ་ཐམས་ཅད་ཞི་བའི་དམིགས་པ་བྱས་པས་འཐུས་ཤིང་ཟུར་དུ་མི་དགོས། གནས་འདིར་ཆར་འབེབས་ཀྱི་རིགས་ལ་མི་གདོན་ཅན་དང་གྲིབ་ཅན་དང་ཞ་འཕྱིང་འོན་ལོང་སོགས་མི་ཤེས་པའི་རིགས་མཚམས་ཐོའི་ནང་དུ་མི་གཏོང་། སྒྲུབ་པ་པོ་སྒྲུབ་གཡོག་དང་བཅས་པས་ཤ་ཆང་སྒོག་ཙོང་ཐ་མ་ཁ་ལ་སོགས་ཁ་ཟས་དྲི་ངན་དང་མི་གཙང་བའི་རིགས་ལ་མི་སྤྱོད། ཐམས་ཅད་ནང་མཐུན་ཞིང་ཕན་ཚུན་ཡིད་དགའ་བ་དང་བག་ཡོད་ཀྱི་སྤྱོད་པ་ལ་བརྩོན་པ་མ་གཏོགས་འཐབ་རྩོད་ཚིག་རྩུབ་ངག་འཁྱལ་སོགས་བག་མེད་ཀྱི་སྤྱོད་པ་མི་བྱ། སེམས་ཅན་སྤྱི་དང་ཡུལ་ཕྱོགས་འདིའི་ཆར་འབབས་པ་ལ་རེ་ཞིང་ལྟོས་པའི་སེམས་ཅན་རྣམས་ལ་ཕན་སེམས་དང་། དཀོན་མཆོག་སྤྱི་དང་ཁྱད་པར་རྗེ་བཙུན་ཙོང་ཁ་པ་ཆེན་པོ་ལ་ཡིད་ཆེས་ཀྱི་དད་གུས་ཤུགས་དྲག་སྒོམ་པ་རྣམས་དམ་ཚིག་ཡིན་པས་དེ་ལས་མི་འདའ་བ་གལ་ཆེ། དེ་ལྟར་རབ་ཞག་ཉེར་གཅིག འབྲིང་བདུན། ཐ་མ་ཞག་གསུམ་གྱིས་རིལ་བུ་སྒྲུབ་ན་ཆར་མྱུར་དུ་འབེབས་པར་རྗེ་བཙུན་ཙོང་ཁ་པ་ཆེན་པོས་ཞལ་གྱིས་བཞེས་པའི་གདམས་པའོ། །གསུམ་པ་ནི་ཆར་བབས་པའི་རྗེས་སུ་གྲོལ་དུས་དཀོན་མཆོག་གི་བཀའ་དྲིན་རྗེས་སུ་དྲན་པའི་སྒོ་ནས། མཆོད་གཏོར་རྒྱ་ཆེན་པོ་ཕུལ་ལ་གཏང་རག་གཏོང་། ལྷ་ཀླུ་གཞི་བདག་སྤྱི་དང་ཁྱད་པར་ཆུ་མིག་དེའི་ཀླུ་དང་ཡུལ་དེའི་གཞི་བདག་རླུང་ལྷ་དང་བཅས་པར་མཆོད་གཏོར་བསངས་སོགས་རྒྱས་པར་ཕུལ་ཏེ། འཇིག་རྟེན་ཁམས་ཀྱི་ལྷ་ཀླུ་གཞི་བདག་སྤྱི་དང་ཁྱད་པར་ཡུལ་འདིའི་ལྷ་ཀླུ་གཞི་བདག་རྣམས་ཀྱིས་ཆར་འབབས་པའི་གྲོགས་ལྡན་འཕྲིན་ལས་མཛད་པ་ལེགས་ཚོགས་སུ་གྱུར་ཅིག །སླར་ནས་ཀྱང་ཆར་ཆུ་དུས་སུ་འབབས་པ་དང་ལོ་ཕྱུག་རྟག་ཏུ་ལེགས་པའི་འཕྲིན་ལས་དང་སྟོང་གྲོགས་རྒྱ་ཆེན་པོ་མཛད་དུ་གསོལ། ཞེས་ལེགས་

སོ་བཟློད། བུམ་པའི་ནང་གི་རིལ་བུ་རྣམས་ཆུ་མགོའི་ནང་དུ་བླུག་ལ་བྱ་ཁྱི་སོགས་ཀྱིས་མི་ཟ་བར་བྱ་ཞིང་དེ་ཉིད་ཀླུ་རྣམས་ཀྱི་ནད་ཐམས་ཅད་གསོ་ཞིང་ཕྱིན་ཆད་མི་འབྱུང་བར་བྱེད་པའི་གསོས་སྨན་གྱི་བདུད་རྩིའི་རྣམ་བར་རྟག་ཏུ་གནས་པར་བསམ། དར་ལྕོག་བཞིའི་ཁྱུང་རྣམས་ཀྱི་ཡེ་ཤེས་པ་རང་བཞིན་གྱི་གནས་སུ་གཤེགས། དམ་ཚིག་པ་རང་ཉིད་ལ་བསྡུ། ཐོ་བསྐྱིལ་ཏེ། སརྗེས་མི་མཐོན་པར་བྱ། དར་ལྕོག་རྣམས་རང་གི་ཁང་པའི་སྟེང་དུ་བཙུགས་པས་འཐུས། ཀླུ་རྣམས་ཀྱིས་རང་དང་ཡུལ་ཕྱོགས་དེའི་མི་རྣམས་ལ་ཡི་དགའ་བས། དངོས་གྲུབ་སྦྱིན་པར་བསམ། དགའ་ལྡན་བཀའ་བརྒྱུད་པའི་བླ་མ་གོང་མ་རྣམས་ཀྱི་ཕྱག་བཞེས་ཁྲི་རིན་པོ་ཆེ་རྒྱ་ནག་པ་སོགས་ཀྱི་མཛད་པ་ལྟར་སྐྱ་རྡོ་རྗེ་འཆང་གིས་བཀོད་པ་ལ་ཞིབ་ཆའི་ཕྱག་ལེན་འགའ་ཞིག་མཐོང་བརྒྱུད་པས་བརྒྱན་ཏེ་བྲིས་པའོ། །༈གཉིས་པ་སད་བསྲུང་བའི་གདམས་པ་ནི། བསྐྱེད་རིམ་བླ་མའི་རྣལ་འབྱོར་གོང་བཞིན་ནོ། །གང་དུ་འདུག་པའི་གནས་སུ་རང་གི་མདུན་དུ་སྐྱེད་བུ་དཔུང་གསུམ་བཅས་དཔུང་པ་དང་པོ་སྤྱན་རས་གཟིགས། གཉིས་པ་འཇམ་དབྱངས། གསུམ་པ་ཕྱག་རྡོར། དེའི་སྟེང་དུ་ཟངས་ཆེ་ཆུང་གང་ཡིན་པ་ཆུས་བཀང་ནས་བཞག རྟེན་ཕྱིན་རླབས་ཅན་ལ་ཁྲུས་གསོལ་བྱ། ཆུ་དེ་རྣམས་དེར་བླུག ཆུའི་སྟེང་གི་བར་སྣང་ལ་འཇམ་མགོན་ཙོང་ཁ་པ་ཆེན་པོ་ལ་སངས་རྒྱས་དང་བྱང་ཆུབ་སེམས་དཔའི་ཚོགས་དང་བཅས་པས་བསྐོར་ནས་བཞུགས་པ་ལ་དམིགས་བཟླ་མའི་སྒོ་ནས་གསོལ་བ་བཏབ་པས། རྗེ་བླ་མ་འཁོར་བཅས་འོད་དུ་ཞུ་ནས་ཆུ་ལ་ཐིམ། ཆུ་དེ་ལས་སྤྲིན་དང་སྨུག་པའི་ཚོགས་ཆེན་པོ་འབྱུང་བར་མོས། ཕྱོགས་གསུམ་ནས་མེ་འབུད། དམིགས་བཟླ་མ་འདོན། ས་གཞི་ཐམས་ཅད་ལ་དྲོད་ཆེན་པོ་སྐྱེས་ནས་ནམ་མཁའི་ཁམས་ཀྱི་སྤྲིན་གྱི་ཕུང་པོར་འདུས་ནས། ཆུ་དེའི་རླངས་པ་སྤྲིན་ལ་ཐོག་འཛམ་གླིང་ཐམས་ཅད་སྨུག་པས་གང་བར་བསམས། ཆུ་དེའི་རླངས་པ་མ་ཆད་པར་མེ་འབུད། དེ་ལ་བསྐོར་བ་བྱེད་ཅིང་དམིགས་བཟླ་མ་བརྒྱ་རྩ་རེ་སོང་རྗེས་ཆུ་ལ་ཕུ་འདེབས་དེ་རྣམས་དུས་དང་བསྟུན་པའོ། །སད་ཀྱི་བདག་པོ་ལ་ཆ་གསུམ། བགེགས་གཏོར། ཡུལ་གྱི་གཞི་བདག་རྣམས་ལ་བསངས་མཆོད་སོགས་དང་། འབུམ་གསུང་སྒྲོག་སོགས་རྒྱབ་ཆོས་ཤིན་ཏུ་གལ་ཆེ། སད་ཀྱི་བདག་པོའི་སྣ་འདྲེན་དེས་རྗེ་བླ་མ་ལ་དད་གུས་དུང་དུང་བྱེད་པར་བསམ། ཡང་དམིགས་བཟླ་མ་ཅི་ཐོན་འདོན། ཐུགས་རྗེའི་ཞུས་མཐུ་སྐྱབས་པར་བསམ།

ཡང་འདོན། བྱང་ཆུབ་ཏུ་སེམས་སྐྱེད། སེམས་ཅན་ཐམས་ཅད་ཟས་ཀྱི་ལོང་སྤྱོད་དང་ལྡན་པར་བསམ། སད་བསྲུང་བའི་གདུས་པའོ། །༔གསུམ་པ་མཚོན་བསྲུང་ཟ་ཡིག་ནི། མཐིང་ནག་གཙང་མ་ལ་གསེར་ཀྱི་སྣག་གིས་དམིགས་བརྩེ་མ་གནམ་གྱིས་མི་མཐོང་བར་འདི་བཞིན་བརྩེགས་ཏེ་ཡི་གེ

དམིགས་	དྲི་	བདུད་	གངས་	བློ་
མེད་	མེད་	དཔུང་	ཅན་	བཟང་
བརྩེ་	མཁྱེན་	མ་	མཁས་	གྲགས་
བའི་	པའི་	ལུས་	པའི་	པའི་
གཏེར་	དབང་	འཇོམས་	གཙུག་	ཞབས་
ཆེན་	པོ་	མཛད་	རྒྱན་	ལ་
སྤྱན་	འཇམ་	གསང་	ཙོང་	གསོལ་
རས་	པའི་	བའི་	ཁ་པ།	བ་
གཟིགས།	དབྱངས།	བདག		འདེབས།

ཚད་ལྷག་མེད་ཅིང་སྡེབས་སྦྱོར་དག་པར་བྲིས། །དམིགས་བརྩེ་མ་སྟོང་བཟླས་ལ་ཕུ་བཏབ། ཚིག་རྐང་རིམ་བཞིན་དུ་སྤྱན་རས་གཟིགས། འཇམ་དབྱངས། ཕྱག་རྡོར། རྗེ་བླ་མ་རྣམས་སུ་བསམ། སྔགས་བརྒྱ་རྩ་རེ་བཟླ་ཞིང་ཕུ་རེ་བཏབ། འོད་དུ་ཞུ་ནས་དེ་དང་དར་གྱུར་པར་བསམ། ཞབས་ནས་རིམ་གྱིས་དྲིལ། ཡེ་རྣམ་ས་རབ་གནས་བྱ། དམིགས་བརྩེ་མའི་རྡོའི་གོ་གྲོན་པ་ཞལ་གྱིས་བཞེས་སོ། །རྫས་ནི་གུ་གུལ་དཀར་ནག་གཉིས། ཙནྡན་དཀར་དམར་གཉིས། སིནྡྷུ་ར་དེ་རྣམས་གསེར་དངུལ་གྱི་སྣོད་དུ་བླུག །དམིགས་བརྩེ་མ་བཟླས་པའི་ཕུས་ཟ་ཡིག་སྔགས། དར་སྨུག་དམར་པོའི་ཆིངས་ཀྱིས་བསྡམས། ཟ་བའི་དུས་སུ་སྒྲ་གཅན་རྒྱབ་ཏུ་བཞག །སོ་སེན་ལྔ་རྩེ་གསུམ་གྱིས་མ་རེག་པར་ཟ༔བཞི་པ་བསྲུང་བའི་རིམ་པ་ནི། བཏགས་པའི་དུས་སུ་གདན་དཀར་པོ་གཅིག་བཏིང་། དེའི་སྟེང་དུ་ནས་ཀྱིས་རྡོ་རྗེ་རྒྱ་གྲམ་བྲིས། དེའི་སྟེང་དུ་སློབ་མ་ཁ་ནུབ་ཏུ་བསྒྱུར། སློབ་དཔོན་ཁ་ཤར་དུ་བལྟས། དཀོན་མཆོག་གསུམ་ལ་སྐྱབས་སུ་མཆི། །དེའི་རྗེས་བཟླས་འདི་ལྟར་བྱའོ། །མཚོན་བསྲུང་འདི་མིག་གིས་མཐོང་ཚད། ལག་པས་བླངས་ཚད། གྲི་རལ་གྱི་ངར་བཟློག མདའ་མདུང་གི་རྩེ་རྒྱ། མཚོན་གྱི་གནོད་པ་ལས་སྲུངས་ཤིག །སྐྱེ་བོའི་ཐིབ་སྒྲིལ། མཆོག་དཀར་གྱི་གཞུ་ཆོག ཡང་

དམིགས་བཙེ་མ་འདོན། ཡང་གོང་ལྟར་མོ་ལྷུགས་ཀྱི་གཉེན་ཆོག ཕོ་ལྷུགས་ཀྱི་གྲོང་ཆོག །མགར་བ་ནག་པོའི་མདའ་གྲི་མདུང་ཐད་ཐད། ཡང་དམིགས་བཙེ་མ་འདོན། ཡང་སློབ་མ་དེས་རྡོ་རྗེའི་གོ་གྱོན་པར་བསམ། བདག་ཉིད་རྗེ་བླ་མ་ཉིད་དུ་མ་ཡེངས་པར་བསྒོམ་ཞིག་མགོ་ལ་གཡས་སྐོར་དགུ། ལག་པ་གཉིས་ལའང་དེ་ལྟར་བྱ། རྐེད་པ་རྐང་པ་གཉིས་ལའང་དེ་ལྟར་བྱའོ། །དེ་ནས་དམིགས་བཙེ་མ་ཅི་ཐོན་བཟླས། བླ་མས་མདའ་དང་གཞུ་འཛིན་ནས་རྡོ་རྗེའི་གོ་ཁྲབ་གྱོན་པར་བསམ། དམིགས་བཙེ་མའི་མཚོན་བསྲུང་ངོ་། །༔ལྔ་པ་གྲིབ་སྲུང་བའི་གདམས་པ་ནི། རྒྱ་ཤོག་སེར་པོའི་སྟེང་དུ། སྔོ་བཟང་གྲགས་པའི་ཞབས་ལ་གསོལ་བ་འདེབས། །ཞེས་པ་བྲིས་པ་ལ་མཇུག་ནས་ཡར་དྲིལ། དམིགས་བཙེ་མ་རབ་སྟོང་། འབྲིང་བརྒྱ་རྩ་བཟླས་ལ་ཕུ་བཏབ་ནས་ནང་པར་སྦ་མོ་ཟ། ལག་ལེན་དེ་ལྟར་བྱས་ནས། གངས་ཅན་མཁས་པའི་གཙུག་རྒྱན་ཙོང་ཁ་པ་ནི་ཚ་དུས། དྲི་མེད་མཁྱེན་པའི་དབང་པོ་འཇམ་པའི་དབྱངས་ནི་དྲོ་དུས། །དམིགས་མེད་བརྩེ་བའི་གཏེར་ཆེན་སྤྱན་རས་གཟིགས་ནི་དགོང་མོ་ཟ། འདིའི་རྫས་ནི། ཛྙ་ཏི། གུར་གུམ། གི་ཝང་གསུམ་རྒྱ་སྣག་གི་ནང་དུ་བླུག་ཏེ་བྲིས། དམིགས་བཙེ་མའི་གྲིབ་བསྲུང་ངོ་། །༔དྲུག་པ་སྲོག་རླུང་གི་གདམས་པ་ནི། རྫ་བུམ་གྱི་ནང་དུ། གཡུ། བྱི་རུ། སྤོས་ཤེལ་རྣམས་བླུག དམིགས་བཙེ་མ་ཅི་ཐོན་བྱས་ནས་ཕུ་བཏབ། སློབ་མ་དེ་མདུན་དུ་ཙོག་པུར་འདུག་ནས། བུམ་ཆུ་དེས་ཁྲུས་བྱས། དམིགས་པ་ནི། སློབ་མས་དམིགས་བཙེ་མའི་རྡོའི་གོ་ཁྲབ་གྱོན་པར་བསམ། སློབ་མ་དེ་དམིགས་བཙེ་མ་ཅི་ཐོན་འདོན་དུ་བཙུག །ལུས་ཀྱི་རྒྱབ་དང་མདུན་དུ་ཡི་གེ་དམིགས་བཙེ་མ་བྲིས། དེའི་རྗེས་ལ་བླ་རྗེ་དང་དགེ་སློང་གཙང་མའི་ཆུ་སྦྱར་ལ་ལུས་ཀྱི་ཡི་གེ་རྣམས་ལ་དལ་བུས་བྱུག །དེས་ནི་ངེས་པར་ཕན་པར་ཐེ་ཚོམ་མེད་དོ། །༔བདུན་པ་རྒྱལ་པོ་གྲི་ཐོགས་ཀྱི་ཟ་ཡིག་ནི། ཟ་ཡིག་དམིགས་བཙེ་མ་ཚིག་འབྲུ་བཞི་གོང་དུ་གྲིབ་བཙོས་ཀྱི་སྐབས་ལྟར་ཟ་ཞིང་། དམིགས་བཙེ་མ་ཅི་ཐོན་འདོན། ཐུགས་ཆུ་དང་སྦྱར་ནས་བླུད། རབ་གསེར་དངུལ་གྱིས་དམིགས་བཙེ་མ་ཅི་མང་བྲིས། བསྲུང་སྐུད་ཁྲ་ཁྲས་བྱེད། དེ་ལ་མཇུག་ནས་བཙམས་ཏེ་ཡར་དྲིལ་ཏེ་རྒྱབ་སྐུད་པ་དམར་པོས་བཅིང་ཏེ་བསྒོམས། དམིགས་བཙེ་མ་མང་དུ་བཟླས། གྲི་ཐོགས་ཀྱི་ནང་རྗེ་ཉིད་ཀྱིས་སེལ་བར་བསམ་མོ། །༔བརྒྱད་པ་དགྲ་རྐུན་ཇག་པ་སོགས་བསྲུང་བ་ནི། ཡུལ་བསྲུང་

བར་བྱེད་པ་དང་། དཔལ་བསྲུང་བར་བྱེད་པ་དང་། རང་བསྲུང་བར་བྱེད་པ་དང་གསུམ། དང་པོ་ནི། གོམ་པ་དགུ་བོར་བའི་འོག་ནས་ས་སྦྱར་གང་བླངས་ལ། དམིགས་བརྩེ་མ་མང་དུ་བཟླས་དེ་ལ་ཕུ་བཏབ། ཡུལ་རང་དུ་བསྲུང་རྒྱུ་ཡིན་ན། ཕྱོགས་བཞིར་ཐོ་བཞི་བརྩིགས། ཐོ་གཅིག་སྤྱན་རས་གཟིགས། གཉིས་པ་འཇམ་དབྱངས། གསུམ་པ་ཕྱག་ན་རྡོ་རྗེ། བཞི་པ་རྗེ་ཉིད་དུ་བསམ། དམིགས་མེད་ཀྱིས་དགྲ་ཇག་རྐུན་གྱི་ལྷ་ཁྱུག། དྲི་མེད་ཀྱིས་དྲག་རྐུན་གྱི་ཞ་ཆིངས། གངས་ཅན་མཁས་པས་དགྲ་ཇག་རྐུན་གྱི་ལུས་ངག་ཡིད་གསུམ་ཆིངས། བློ་བཟང་གྲགས་པའི་བྱེ་མས་བསྐོར་བ་དེ་ལྕགས་རིས་བསྐོར་བར་བསམ། དགྲ་རྐུན་ཇག་གསུམ་གང་ཡིན་ཡང་ལྕགས་ཐག་གིས་བཅིངས་པར་བསམ། འགྲོ་བའི་དུས་སུ་གོམ་པ་དགུ་བོར་བའི་འོག་ནས་ས་སྦྱར་གང་བླངས་ཏེ་གོང་ལྟར་སྔགས་ཕྱོགས་བཞིར་གཏོར། ཡང་དམིགས་བརྩེ་མ་འདོན། ཇག་པ་ཡོང་ན་རང་གུགས་ཡོང་། མེད་ན་རྐང་པ་སྒྲིད་པ་དང་ལྤྱི་བ་ཡོང་། ཇག་ཆིངས་རྐུན་ཆིངས་ལྕགས་སྒྲོག་མའོ། །༔དགུ་པ་ཞིང་བཙའ་བསྲུང་བ་ནི། དམིགས་བརྩེ་མ་གོང་ལྟར་འདྲེན། དགེ་འདུན་སྟོང་ཚོགས་པའི་ཆབ་བསིལ་གྱིས། གད་གདངས་རྙིང་བའི་ས་སྲེད་བའི་བྱེ་མ། དགེ་སློང་གཙང་མའི་དྲི་ཆུ། བུ་མོ་ལོ་བརྒྱད་ལོན་པའི་ཆུ། བུ་ལོ་བརྒྱད་པའི་ཆུ་རྣམས་བྱེ་མ་དང་བསྲེས། བྱེ་མ་ཅི་མང་བྱེད། ཁྱི་དང་བུད་མེད་ཀྱི་མགོམ་པའི་ཕུར་པ་ཅི་མང་བྱེད། ཕུར་པ་དེ་རྣམས་ལ་ཡི་གེ་བྲིས། རའི་ཤུར་བུ་གསོན་མ་ལ་ལོ་ཏོག་གི་ཕུད་བསྟུས་ལ་ལན་ཆགས་མང་དུ་བཅོས་ལ། ཕུ་དང་ལན་ཆགས་གཉིས་ར་རྐྱལ་ནང་དུ་བླུག བདེན་བདར་བྱ། རྗེ་བླ་མའི་ཐུགས་རྗེ་ལ་བརྟེན་ནས། ལོ་ཏོག་ལ་བར་དུ་གཅོད་པ་རྣམས་དེའི་ནང་དུ་ཐིམ་ཞིང་། ཡུལ་དེ་རྣམས་ཀྱི་ཞིང་མཐོང་བའི་སར་སྦྲུབ་ཁང་གུར། དཔོན་སློབ་ཇི་ལྟར་ཚོགས་ཀྱི་མདུན་དུ་རྫས་རྣམས་བསགས། ཞག་བདུན་གྱི་བར་རྫས་རྣམས་དམིགས་བརྩེམས་སྔགས། དམིགས་པ་གོང་ལྟར། །ཞག་བདུན་ནས་དཔའ་བོ་མཆོན་ཆ་ཐོགས་པ་མང་པོ་འཐོད། བྱེ་མ་ཐུ་བར་གཏུམས་ནས་ཀུ་ཧྲོ་ཟེར་ནས་མཆོན་ཆ་འདོན། བྱེ་མ་ཞིང་ལ་འདེབས་ཤིག་རྒྱུག དེ་ན་ཡོད་ཚད་ཀྱིས་དམིགས་བརྩེ་མ་ཝུར་ཝུར་འདོན། ར་རྐྱལ་ལིཙྪ་དེ་སྟག་ལོ་པའམ་གང་རུང་ཞིག་གིས་ཐག་ཏུ་བཏགས་ནས་དེ་རྣམས་ཀྱི་སྔོན་དུ་འདེད། དམིགས་བརྩེ་མ་ཚར་རེ་འདོན། བྱེ་མ་ཞིང་ལ་འཐོར། བཙའ་སོང་བཙའ་སོང་བཙའ་སོང་མ་ལུས་པ་

མཐའི་རྒྱ་མཚོའི་ཕ་རོལ་གྱི་འགྲམ་དེར་སོང་ཞིག་ཅེས་ལུང་པའི་ཚུལ་བསྒྱུར། ཀུ་ཏོ་སྭ་དི་རི་རི་མང་པོ་བྱའོ། །ཞིང་ལ་བཙའ་སད་མ་གཏོང་ཞིག་ཟེར་ནས་གཞི་བདག་ལ་བཀའ་བསྒོ་བྱེད། མཚུངས་མེད་དམ་པ་རྒྱལ་བ་ཙོང་ཁ་པའི་བཀའ་ལས་མ་འདའ་ཞིག་ཟེར་ནས་ཐོ་ཕུར་པ་ཕྱོགས་ཐམས་ཅད་དུ་བཙུགས། ཕྱོགས་བཞིར་ཐོ་བཞི་རྒྱབ། རང་ཉིད་རྗེ་བླ་མར་སྣང་ལྟར་བསྐྱེད། བཀྲིས་བྱ། རྗེ་ཉིད་ཀྱིས་ལོ་བདུན་ཐུབ་པར་ཞལ་གྱིས་བཞེས་སོ། །༈བཅུ་པ་ཁ་ཟས་འོང་བའི་མན་ངག་ནི། རང་ཉིད་ལྷ་མོ་དཀར་མོ་གཡས་ལྷུགས་ཀྱུ་དང་། གཡོན་བུམ་པ་འཛིན་པ་གཅིག་ཏུ་བསྒོམ། དམིགས་བརྗེ་མ་བཟླས། ལྷ་མོ་དེའི་བུམ་པའི་ནང་དུ་བཟའ་བཏུང་གང་མོས་འབྱུང་བར་བསམ། འགྲོ་བའི་ཁ་ཟས་དབང་དུ་སྡུད་དོ། །༈བཅུ་གཅིག་པ་རང་གར་འགྲོའི་ལམ་གྱི་བར་ཆད་བསྲུང་བ་ནི། ནང་སྔ་མོ་དཀོན་མཆོག་གི་དྲུང་དུ་ཁྲུས་གསོལ་བྱ། དམིགས་བརྗེ་མ་འདོན་ཞིང་བསྐོར་བ་གསུམ་བྱེད། ཕྱག་གསུམ་བཙལ། ཆུ་དེས་ཁྲུས་བྱེད། ཁྲུས་བྱས་པའི་ཆུ་དེ་གར་འགྲོ་བའི་ཕྱོགས་སུ་གཏོར། དམིགས་བརྗེ་མ་འདོན། གར་འགྲོ་ཡང་ནད་རིགས་བཞི་བརྒྱ་རྩ་བཞིའི་ནད་མི་འོང་བ་རྗེ་ཉིད་ཀྱིས་ཞལ་གྱིས་བཞེས་སོ། །འདི་ལྟར་བགྱིས་པའི་རྣམ་དཀར་ཕུང་པོ་དང་། །བདག་གིས་དུས་སུ་བགྱིས་པའི་དགེ་ཚོགས་ཀྱིས། །བློ་བཟང་རྒྱལ་བསྟན་ཡུན་རིང་གནས་འགྱུར་ཞིང་། །འགྲོ་ཀུན་ཕན་བདེའི་དཔལ་ལ་རྟག་སྤྱོད་ཤོག །ཅེས་རྗེ་རིན་པོ་ཆེའི་གསང་སྒྲུབ་ཐུན་མོང་མ་ཡིན་པ་ལ་བརྟེན་པའི་ལས་ཚོགས་ཇི་བཞིན་འགྲུབ་པ་རྗེ་ཉིད་ཀྱི་ཞལ་གྱིས་བཞེས་པའི་དགའ་ལྡན་བཀའ་རྒྱུད་པའི་སྙན་བརྒྱུད་ཐུན་མོང་མ་ཡིན་པ་འདི་ནི་ཡོངས་ཀྱི་དགེ་བའི་བཤེས་གཉེན་ཆེན་པོ་རྗེ་བླ་མའི་བསྟན་འཛིན་རྒྱ་ལི་མཁན་ཆེན་པས་རིན་ཆེན་ས་ལེ་སྦྲམ་སྲང་དོ་དང་། བཀྲིས་ལྷ་རྫས་དང་བཅས་བཀའི་བསྐུལ་མ་བྱུང་བ་དང་དུ་བླངས་ནས་ཁྲི་ཆེན་རྒྱ་ནག་པ་སོགས་དམ་པ་གོང་མའི་ཕྱག་བཞེས་ཇི་བཞིན་དུ་ལྷུང་སྐྱ་རྡོ་རྗེ་འཆང་བློ་བཟང་ཆོས་ལྡན་གྱིས་མཛད་པ་ལ་གཞི་བྱས། ཞབ་ཆའི་ཕྱག་ལེན་མཐོང་བ་བརྒྱུད་པ་ཞལ་ཤེས་ཀྱིས་བརྒྱན་པ་དང་བཅས་ཆར་འབེབས་དང་། སད་སྲུང་སོགས་ལས་ཚོགས་གསུམ་ཤིན་ཏུ་གསལ་བར་བཀོད་ཅིང་། ལས་ཚོགས་གཞན་རྣམས་གསང་སྒྲུབ་ཐུན་མོང་མ་ཡིན་པའི་ཚིག་རིས་ལྟར་བཀོད་པ་འདི་ནི་རྒྱལ་བ་ཐམས་ཅད་མཁྱེན་པ་དང་། པཎ་ཆེན་ཐམས་ཅད་མཁྱེན་པ། ཁྱབ་བདག་དམ་པ་འཇམ་དབྱངས་བཞད་པའི་རྡོ་རྗེ། ཁྲི་ཆེན་རྡོ་རྗེ་འཆང་དགེ་འདུན་ཕུན་ཚོགས། རྣལ་འབྱོར་གྱི་དབང་ཕྱུག་དགེ་ལེགས་རྒྱ་མཚོ། རྡོ་རྗེ་འཆང་འཇམ་དཔལ་རྒྱ་མཚོ་སོགས་དམ་པ་མང་པོའི་ཞབས་རྡུལ་གཙུག་ཏུ་བསྟེན་པའི་བཀྲིན་ལས་མདོ་རྒྱུད་ཀྱི་གཞུང་ལུགས་ཆེན་པོ་རྣམས་དང་། མན་

ངག་མང་དུ་ཐོས་པའི་ཤཱཀྱའི་དགེ་སློང་རིག་པ་འཛིན་པ་ངག་དབང་མཆོག་ལྡན་མིང་གཞན་ཞྭ་སེར་བསྟན་པའི་གསལ་བྱེད་ཨ་ཆི་ཐུ་ནོ་མེན་ཧན་ནོ་རྒྱུད་སྨད་མཁན་པོར་གྲགས་པས། རྗེ་རྒྱལ་བ་གཉིས་པའི་གསེར་ཁྲི་ར་འགྲོ་བ་ལ་མངོན་དུ་ཕྱོགས་པའི་ཚེ་འཛིན་དབང་ཕྱུག་གི་ཕོ་བྲང་ཆེན་པོ་པོ་ཏ་ལར་སྦྱར་བའི་ཡི་གེ་པ་ནི་དཔལ་འབྱོར་དར་རྒྱས་སོ།། །།

༄༅། །དམིགས་བརྩེ་མའི་ལས་ཚོགས་བརྒྱ་དང་བརྒྱད་པ་སུ་ཏིག་ཕྲེང་བ་ཞེས་བྱ་བ་བཞུགས་སོ།

༄༅། །འཇམ་མགོན་བླ་མ་པཎ་ཞྭ་སྡེ་རིང་གསོལ། །ཆོས་འཁོར་ཐུབ་རྒྱས་རལ་གྲི་གླིགས་བམ་འཛིན། །གསེར་མདོག་མ་ཡིན་གསེར་གྱི་མདོག་སྣང་ཞིང་། །འདམ་བག་མ་ཡིན་འདམ་འབབ་ཚུལ་དུ་ཤར། །བསྐལ་པ་བྱེ་བ་དུ་མར་མཇལ་དཀའ་བ། །ཁྱོད་ཞལ་ལྟ་བ་རྗེས་སུ་མ་ཟིན་ཀྱང་། །གཞན་འགྱུར་ལམ་དུ་ཅིར་ཡང་གཡོ་བ་ཡི། །དགེ་བའི་གཟུགས་བརྙན་ཡིད་ཀྱི་དཔལ་དུ་ཤར། །དེ་ཡང་སྔོན་མདུང་རྩེ་རས་པས་དམིགས་བརྩེ་མའི་ལས་ཚོགས་བརྒྱ་རྩ་བརྩམས་ཀྱང་དུས་ཀྱི་སྙིགས་མས་འཛོར་ཞིང་། དབུ་ནས་ལེ་ཚན་བཅུ་གཅིག་ཙམ་བཞུགས་སོ། །དེའི་འཕྲོ་ཁུངས་ཐུབ་ཚད་ལྡན་མ་རྙེད་ཀྱང་བཀའ་གདམས་གླེགས་བམ་ལས། རེས་འགའ་གསོལ་འདེབས་དབྱངས་ཀྱི་གཟུགས། །རེས་འགའ་ཡིག་འབྲུ་གཟུངས་ཀྱི་གཟུགས། །བསྟན་གནས་བར་དུ་ཡང་ཡང་འོང་། །ཞེས་གསུངས་པ་ལྟར་སྨན་ཁང་པའི་དག་སྣང་གི་ལས་ཚོགས་ལ་བགེགས་བསྐྲད་པ། སྡིག་པ་སྦྱོང་བ། ཆར་འབེབ། སེར་བསྲུང་། སད་བསྲུང་། རིམས་ནད་བསྲུང་བ། ཚེ་སྒྲུབ། སེར་བ་ཕབ་པ། གནོད་བྱེད་ཕན་ཚུན་འཁྲུགས་པ། བརྒྱལ་པ། བསད་པ་བཅུ་གཅིག་གསུངས། པཎ་ཆེན་དཔལ་ལྡན་ཡེ་ཤེས་ཀྱི་ཉེར་མཁོ་མན་ངག་ལས། ནད་སེལ་བ། ཚེ་སྒྲུབ། དབང་སྡུད། དགྲ་བགེགས་སེལ་བ་བཞི་གསུངས། ཕུར་བུ་ལྕོག་གི་སློབ་མ་ངག་དབང་ཡར་འཕེལ་གྱི་དམིགས་བརྩེ་མའི་ཁྲིད་ཡིག་ལས། སྙིང་འོག་བར་སོགས་ཀྱི་གདོན་གྱིས་ཟིན་པའི་ནད་རིགས་ལ་ཕན་པའི་དམིགས་སྐོར་ཡོད་གསུངས་པ་ཐུག་རྗེར་འཁོར་ཆེན་དྲག་པོ་གསུམ་འདུལ་ན་གསལ། རྗེ་བདག་ཉིད་ཆེན་པོ་ཡང་ཞིངས་ཀྱིས་རང་གི་སྤྱི་བོར་བྱོན་ནས་པད་ཟླའི་སྟེང་དུ་རང་དང་ཁ་ལྟ་ཕྱོགས་མཐུན་པར་བཞུགས་པ་ལ་དམིགས་པས་གསོལ་འདེབས་དམིགས་བརྩེ་མ་ཚར་ཇི་ལྟར་མཚམས་པ་བྱ།

དེའི་སྐབས་སུ་རྗེའི་སྐུ་གསུང་ཐུགས་ཀྱི་ཆ་ནས་བདུད་རྩི་དཀར་སེར་དང༌། དམར་སེར་དང༌། སེར་རྐྱང་རིམ་བཞིན་བབས་པ་རང་གི་གནས་གསུམ་དུ་ཐིམ་པས། རྗེ་བླ་མ་སོགས་དང་རང་ལ་ལམ་ཕྱིན་ཅི་མ་ལོག་པར་སྟོན་པའི་བླ་མ་རྣམས་ཀྱི་སྐུ་གསུང་ཐུགས་ཀྱི་དམ་ཚིག་ཉམས་ཆགས་ཐམས་ཅད་དག་ཅིང་སོར་ཆུད་བྱུང་སྙམ་པ་དང༌། རྗེའི་སྐུ་ལས་རང་འདྲ་གཉིས་པ་ཞིག་ཆད་ནས་རང་ལ་ཐིམ་པས་རང་རྗེ་རིན་པོ་ཆེའི་སྐུར་གྱུར་པར་བསམ། གཡོན་གྱི་ཕྱག་མཚན་གླེགས་བམ་ལས་དེ་འདྲ་བའི་གླེགས་བམ་གཅིག་ཆད་ནས་རང་གི་མགྲིན་པའི་ནང་དུ་ཐིམ་པས་རང་གི་ངག་གི་ངོ་བོར་གྱུར་སོང་བར་བསམ། སྐུ་གཡས་ཀྱི་རལ་གྲི་ལས་རལ་གྲི་གཅིག་ཆད་ནས་རང་གི་ཐུགས་ཀའི་ནང་དུ་སོང་བས་རང་གི་སེམས་ཀྱི་ངོ་བོར་གྱུར་སོང་བསམ་ལ། གླེགས་རལ་གཉིས་ཀྱང་རྣམ་པ་མ་དོར་བར་མེ་ལོང་ནང་གི་གཟུགས་བརྙན་བཞིན་དུ་ངག་སེམས་གཉིས་དང་ངོ་བོ་གཅིག་པར་བསམ་དགོས། ཞེས་སོ། །མཁས་པའི་དབང་པོ་དཀོན་མཆོག་རྒྱལ་མཚན་གྱི་ཁྲིད་ཡིག་ལས། འཆད་པ་ལ་བདུད་རྩི་འབེབས་སྦྱངས་གཞན་དང་འདྲ་ལ། བདུད་རྩིའི་རྫུལ་ཕྲ་རབ་ཐམས་ཅད་ སྔ་ཚོགས་རྡོ་རྗེར་བསྒོམ་པས་ལུས་གང་བར་བསམ། གཞན་ལ་ཆོས་འཆད་པའི་ཚེ། རང་གི་སྤྱི་བོར་རྗེ་བླ་མ་བསྒོམ་སྟེ་བདུད་རྩི་འབེབས་སྦྱངས་འདྲ་ལ། རང་གི་ལྕེའི་སྟེང་དུ་སྣ་ཚོགས་རྡོ་རྗེ་བསྒོམ་ཞིང༌། སྤྱི་བོའི་བླ་མའི་སྐུའི་བདུད་རྩི་འབེབ་སྦྱང་ལས་སློབ་མའི་ལུས་ཀྱང་སྣ་ཚོགས་རྡོ་རྗེས་གང་བར་བསྒོམ་པས་བཤད་བྱའི་ཆོས་ཀྱི་ཕན་ཐོགས་ཡོད་གསུངས། རྩོད་པའི་ཚེ། རང་གི་ལྕེའི་སྟེང་དུ་གཞུང་ལུར་གྱི་འཁོར་ལོ་བསྒོམ་ཞིང་འཁོར་ལོ་གཡས་དང་ཡིག་འབྲུ་གཡོན་དུ་འཁོར་བས་ཕྱིར་རྒོལ་གྱི་ལྕེ་དུམ་བུར་བཅད་ཅིང་གཏུབ་པར་མོས། གྲུབ་མཐའ་ཅན་ལ་རྩོད་པའི་སྐབས་མ་གཏོགས་གང་བྱུང་དུ་མི་བྱ་ཞིང༌། རྩོད་པ་ཕྲན་ཚེགས་ལ་གཞུང་དུ་གསལ་བའི་དམིགས་པས་ཀྱང་མཐུས་གསུངས། རྩོམ་པ་ལ་གཞུང་དུ་གསལ་བའི་དམིགས་པའི་སྟེང་དུ་གླེགས་བམ་རྣམས་གང་རྩོམ་རྒྱུའི་བརྗོད་བྱའི་ཚིག་སྙན་ངག་དང་སྡེབ་སྦྱོར་ལེགས་པ་མཁས་པའི་ཡིད་འཕྲོག་པར་ནུས་པའི་གླེགས་བམ་གྱི་རྣམ་པར་གསལ་འདེབས་པ་ཡིན་གསུང༌། སྤྱིར་ཤེས་རབ་སྒྲུབ་པའི་ཚེ་རྗེ་བླ་མའི་ཕྱག་མཚན་གྱི་གླེགས་བམ་དེ་ཉིད་དབུ་ཕར་འདུལ་མདོན་སོགས་རང་གིས་གང་ལ་ཤེས་འདོད་གཙོ་བོར་ཞུགས་ཤིང༌། ཐོས་བསམ་སྐབས་སུ་བབས་པ་དེའི་གླེགས་བམ་གྱི་ཡི་གེ་རང་སྒྲ་སྒྲོགས་པ་འོད་

དང་འོད་ཟེར་གྱི་རང་བཞིན་ཅན་དུ་གསལ་བཏབ་པས་ཤིན་ཏུ་མྱུར་ཁྱད་ཆེ་གསུང་། ཚེ་སྒྲུབ་བྱེད་ན་སྤྱི་བོའི་རྗེ་བླ་མ་ཕྱག་གཡས་ཚེས་འཆད་དང་གཡོན་མཉམ་བཞག་གི་ཕྱག་རྒྱའི་སྟེང་དུ་བདུད་རྩིས་གང་བའི་བུམ་པ་བསྣམས་པ། དེ་ལས་བདུད་རྩིའི་རྒྱུན་བབས་རང་གི་སྤྱི་བོ་ནས་ཞུགས། ཚེའི་བར་ཆད་ཐམས་ཅད་སངས་ཀྱིས་དག །འཆི་མེད་ཚེའི་དངོས་གྲུབ་འཐོབ་པར་མོས་ཏེ་དམིགས་བརྩེ་མ་བཟླ་བའམ། བུམ་ནང་དུ་ཟླ་གདན་ལ་སྔགས་ཕྲེང་བཀོད་དེ་དམིགས་བརྩེ་མ་དང་ཚེ་གཟུངས་སྤེལ་ནས་བཟླ་བའང་རུང་། ནོར་སྒྲུབ་བྱེད་ན་ཕྱག་གཡས་མཆོག་སྦྱིན་གཡོན་མཉམ་བཞག་གི་སྟེང་ན་རིན་པོ་ཆེ་བསྣམས་པ། དེ་ལས་འདོད་རྒུའི་ཆར་བབས་པས་སྒྲུབ་ཁང་ཐམས་ཅད་གང་བར་མོས་ལ། དམིགས་བརྩེ་མ་དང་མ་ཎི་སྤེལ་ནས་བཟླ། མངོན་སྤྱོད་ཀྱི་ལས་བྱ་བར་འདོད་ན། སྤྱི་བོའི་རྗེ་བླ་མའི་སྐུ་ལས་མེ་དཔུང་སྦྲོས་པས་དགྲ་བགེགས་ཐམས་ཅད་བསྲེག་པར་བསམ་པ་དང་། ཁྲོ་བོ་དང་མཚོན་ཆ་སྤྲོས་པ་སོགས་ཀྱང་བྱེད་དོ། དམིགས་བརྩེ་མ་དང་བཛྲ་པཱ་ཎི་བཟླ། བསྲུང་བའི་ཆེད་དུ་སྙིང་གའི་རྗེ་བླ་མའི་སྐུ་ལས་རྡོ་རྗེའི་མེའི་རེ་ཁ་ཕྲ་མོ་སྦྲོས་ཏེ་ལུས་ཀྱི་ཕྱི་རོལ་ཏུ་ཡེ་ཤེས་ཀྱི་མེའི་གུར་ཁང་ནག་ཕྱོགས་ཐམས་ཅད་སྐད་ཅིག་གིས་སྲེག་པར་ནུས་པ་བསྐལ་བའི་མེ་ལྟ་བུ་བསྒོམ། མདོར་ན། ཞིང་དཀར་པོ་པད་དཀར་འཛིན། །ཞེས་སོགས་དང་། རྒྱས་སེར་རལ་གྲི་གླེགས་བམ་དང་། །དབང་དམར་ཚེ་བུམ་དམར་པོ་དང་། །ཞེས་སོགས་འཇམ་དབྱངས་ཆོས་སྐྱོར་ནས་བྱུང་བའི་མན་ངག་རྣམས་འདིར་ཡང་སྦྱར་བས་ཤིན་ཏུ་ལེགས་པ་ཡིན་གསུངས་སོ། །འདི་ཡན་གྱི་ལས་ཚོགས་དགའ་ལྡན་ལྷ་བརྒྱ་མ་དང་འབྲེལ་བར་བྱེད་པ་ཡིན་ནོ། །ཞོགས་དོན་ཡོད་མཁས་གྲུབ་པས་མ་ཎིའི་རིལ་སྒྲུབ་དཔེར་བླངས་ཏེ་དམིགས་བརྩེ་མའི་རིལ་བུ་སྒྲུབ་ཚུལ་དང་། ལྷུགས་ར་ཚོས་རྗེས་ལྷ་ཐམས་ཅད་ལ་སྦྱར་ཚོག་པའི་རི་ཁྲུས་དང་། གདུགས་དཀར་གྱི་གཟུངས་རྒྱལ་མཚན་གྱི་རྩེ་མོར་བཏགས་པའི་རྗེས་སུ་འབྲང་ནས་ཁོ་བོས་རྒྱལ་མཚན་འཛུགས་ཚུལ་ཀྱང་ལས་ཚོགས་ཀྱི་འཕྲོས་དོན་ཡིན་ནོ། །འོག་གི་ལས་ཚོགས་བྱེད་པ་ལ་བསྐྱེད་རིམ་བླ་མའི་རྣལ་འབྱོར་རྗེ་རིན་པོ་ཆེ་རིགས་གསུམ་སྤྱི་སྒྲུབ་ལ་བརྟེན་པའི་དམིགས་བརྩེ་མ་དང་རིགས་གསུམ་མགོན་པོའི་ཐུགས་སྤྲེལ་མའི་བསྙེན་པ་འབུམ་ཕྲག་དྲུག་སྟོན་དུ་བཏང་། འཇམ་དབྱངས་ཆོས་སྐྱོར་ནས་གསུངས་པ། འཁོར་ལོ་ལ་བརྟེན་པའི་བསྲུང་འཁོར་ནི། སྟོང་པའི་ངང་ལས་རཾ་ལས་མེ། ཧཱུཾ་ལས་སྣ་ཚོགས་

རྡོ་རྗེའི་ལྟེ་བའི་ནང་དུ་ཨ་ལས་རལ་གྲི་འཁོར་ལོ་ཉིས་བརྩེགས་སྔོན་པོ་རྩིབས་བཅུ་པ། ལྟེ་བའི་ སྒྲུབས་སུ་རང་ཉིད་རྗེ་རིན་པོ་ཆེ་འཇམ་དབྱངས་སེམས་དཔའ་སུམ་བརྩེགས་སུ་བསྐྱེད་པའི་སྐུ་ ལམ་རེག་པ། གཡས་བསྐོར་བར་མྱུར་དུ་འཁོར་བ་དེ་རྣོ་བ་གསལ་བ་དར་དང་ལྡན་པ་ལས་ འོད་ཟེར་དགྲ་སྟ་ཞགས་པ་རལ་གྲི་མདའ་མདུང་གྲི་གུག་སོགས་མཚོན་ཆ་སྣ་ཚོགས་འཕྲོས་པས་ ཆོས་ལ་བར་དུ་གཅོད་པའི་གནོད་བྱེད་ཐམས་ཅད་བཀུག་སྟེ་མཚོན་ཆས་དུམ་བུར་བཅད་མེ་ དཔུང་གིས་སྲེག་པར་བསམ་ལ་དམིགས་བརྩེ་མ་དང་ཨ་ར་པ་ཙ་ན་བཟླ། བསྒྲུབ་བྱ་ཡོད་ན་ རང་གི་ཐུགས་ཀར་སྦྱ། བསྲུང་འཁོར་གྱི་ནང་དུ་གནོད་བྱེད་གང་ཡང་འོང་བའི་གོ་སྐབས་མེད་ པའི་དམིགས་པ་བྱའོ། །འཁོར་ལོ་ལ་བརྟེན་པའི་ཞི་བའི་ལས་སྒྲུབ་ཚུལ་ནི། རང་རྗེ་བླ་མར་ བསྐྱེད་པའི་སྙིང་གར་འཇམ་དབྱངས་ཀྱི་ཐུགས་ཀའི་རལ་གྲིའི་འཁོར་ལོ་སྔགས་ཀྱི་ཡི་གེ་གཉིས་ ཀ་དཀར་པོ་ལས་འོད་ཟེར་དཀར་པོ་འཕྲོས་ཏེ་འཇིག་རྟེན་དང་འཇིག་རྟེན་ལས་འདས་པའི་ ཡོན་ཏན་ཐམས་ཅད་བདུད་རྩི་དང་འོད་ཟེར་དཀར་པོའི་རྣམ་པས་རང་ལ་ཐིམ་པ་ནད་གདོན་ སྡིག་སྒྲིབ་ཐམས་ཅད་བ་སྤུའི་སྒོ་ནས་ཕྱིར་ཐོན་ཏེ་ལུས་ནང་ཤེལ་ཕྱིས་པ་བཞིན་དུ་དག་པར་ བསམ་ལ་གསོལ་འདེབས་དང་སྔགས་སྤེལ་ནས་བཟླ། རྒྱས་པ་ལ་འཁོར་ལོ་ཡི་གེ་འོད་ཟེར་ གསུམ་ཀ་སེར་པོས་ཡོན་ཏན་རྣམས་རིན་པོ་ཆེ་རྒྱལ་མཚན་སོགས་ཀྱི་རྣམ་པར་བཀུག་ནས་རང་ ལ་ཐིམ་པས་ལུང་རྟོགས་ཀྱི་ཡོན་ཏན་འཕེལ་ཞིང་རྒྱས་པར་བསམ། དབང་གི་ལས་ལ་གསུམ་ཀ་ དམར་པོས་ནོར་བུ་བུམ་བཟང་དཔག་བསམ་ཤིང་བཀྲ་ཤིས་རྫས་བརྒྱད་རིན་ཆེན་སྣ་བདུན བདུད་རྩིས་བཀང་བའི་བུམ་པ་ཐོད་པའི་རྣམ་པར་བཀུག་ནས་ཁམས་གསུམ་དབང་དུ་འདུ་ བར་བསམ་མོ། །འཁོར་ལོ་ལ་བརྟེན་པའི་ངག་གྲོལ་ནི། རྗེ་བླ་མ་བུམ་པ་འཛིན་པའི་ཐུགས་ ཀར་འཇམ་དབྱངས་རལ་གྲི་དང་བུམ་པ་འཛིན་པ་སྤྱན་དྲངས་ཏེ་དགའ་ལྡན་ལྷ་བརྒྱ་མས་ ཚོགས་བསགས། །རང་ནི་ལྟེ་འཁོར་ལོ་རྩིབས་དྲུག་པ་ཉིས་བརྩེགས་ཀྱི་དབུས་སུ་ཟླ་བ་ལ་ངག་གི་ ངོ་བོ་ཨཱཿདམར་པོ་དང་། མདུན་གྱི་བླ་མའི་ཐུགས་ཀར་རལ་གྲི་འཁོར་ལོ་དང་སྔགས་གསལ་ གདབ་ལ། གསོལ་འདེབས་དང་། ཨོཾ་ཨཱཿཧཱུྃ། ཨ་ར་པ་ཙ་ན། ཨ་ལི་ཀ་ལི་སྤེལ་ནས་བཟླ་ བས། བླ་མས་བུམ་པའི་བདུད་རྩིས་སྐྲུ་ཁྲུས་གསོལ་བས་ནད་གདོན་སྡིག་སྒྲིབ་དག །ལྟེའི་ ཨཱཿལ་ཧྲཱིཿའབྲུ་གསུམ་ཨ་ལི་ཀ་ལིས་བསྐོར་བ་གཡོན་དུ་འཁོར་བ་དང་འཁོར་ལོ་གཡས་སུ་

འཁོར་བ་ལས་འོད་ཟེར་དམར་པོ་འཕྲོས་ལུས་གང་སྡིག་སྒྲིབ་དག །ཕྱིས་འཕྲོས་པས་སྲས་བཅས་རྒྱལ་པའི་ཡོན་ཏན་བཀུག །ༀཿ ལ་ཐིམ་པས་ཡིག་འབྲུ་འཁོར་ལོ་ཡེ་ཤེས་ཀྱི་མེར་གྱུར་ཏེ། མཐིལ་པ་སྲེག་པས་མེའི་རང་བཞིན་དུ་གྱུར། དེ་ནས་ལུས་ཐམས་ཅད་སྲེག་པ་ལ་མེའི་རང་བཞིན་དུ་གྱུར་པས་སྡིག་སྒྲིབ་ལེགས། སྔགས་འཁོར་མེའི་རང་བཞིན་དུ་འཁོར་བས་གནོད་བྱེད་སྲེག་པར་བསམ་མོ། །རལ་གྲི་ལ་བརྟེན་ནས་གྲིབ་དང་གདོན་བསྲུང་བ་ནི། ཉི་གདན་ལ་རང་གི་ལུས་ལྷགས་བསྒྲིགས་ཀྱི་ཡེ་ཤེས་ཀྱི་རལ་གྲི་རྒྱ་ཆེ་བ་རྩེ་མོ་གྱེན་ཏུ་བསྟན་པ་ལས་མེའི་ཚ་ཚ་ཕྱོགས་བཅུར་འཕྲོས་པས་རྒྱལ་བ་ཀུན་གྱི་ཡོན་ཏན་དྲག་པོའི་ཕྱག་མཚན་གྱི་རྣམ་པར་བཀུག་ནས་རང་ལ་ཐིམ་པས་མེ་ཆེར་འབར་ནས་གནོད་བྱེད་ཐམས་ཅད་སྲེགས་པར་བསམ་ལ། གསོལ་འདེབས་དང་སྔགས་བཟླ། མཐར་མེ་ཧེ་ཆུང་དུ་སོང་ལ་དམིགས་མེད་དུ་བཞག་གོ །ཇས་སྦྱོར་རིལ་བུ་སྒྲུབ་ཚུལ་ནི། གཟའ་སྐར་བཟང་པོར་ཤུ་དག ཙ་ཨ་ཥ། མཚལ་དཀར། ཙན་དན་དཀར་པོ། ཨ་ཀ་རུ། སྤང་རྒྱན་དཀར་པོ། སྤང་སྤོས། རྒྱ་སྐྱེགས། ཁ་ཆེ་གུར་གུམ། ཨ་རུ་ར་གསེར་མདོག དབང་ལག་རྣམས་བསག་ལ་ཞིབ་བརྡུང་དང་། ཀ་ར་སྦྲང་རྩི་བ་དམར་མོ་ར་དཀར་མོའི་འོ་མ་བསྐོལ་བས་བག་ཕྱེ་བསྲེ་ལ་རིལ་བུ་སྲན་མ་ཙམ་བྱ། གྲངས་ལྔ་བཅུའམ་ལྔ་བརྒྱ་ལྔ་སྟོང་ལྔ་ཁྲི་ལྔ་འབུམ་པར་རིན་པོ་ཆེའི་སྣོད་དུ་བླུག ཧེ་བླ་མ་སུམ་བརྩེགས་སུ་བསྐྱེད། བདག་མདུན་གྱི་ཐུགས་ཀ་ནས་འོད་འཕྲོས། འཁོར་འདས་ཀྱི་ཡོན་ཏན་ཐམས་ཅད་འོད་ཟེར་ལྔ་དང་སྙིང་པོ་དང་དབྱངས་གསལ་གྱི་རྣམ་པར་བཀུག་ནས་རིལ་བུ་ལ་ཐིམ་པའི་མོས་པ་བྱ། འབུམ་ཕྲག་རེས་སྒྲུབ། གཞན་རྣམས་འཇམ་དབྱངས་ཆོས་སྐོར་ལས་ཤེས་པར་བྱ། དེ་ཟ་བས་ཤེས་རབ་འཕེལ་བར་འགྱུར་རོ། །སྲན་མའི་ལས་སྦྱོར་ནི། རྒྱ་སྲན་དཀར་པོ་དར་དཀར་པོས་དྲིལ་ནས་བ་དམར་དང་ར་དཀར་མོའི་འོ་མས་སྦང་། ཟླ་བ་གཟས་ཟིན་པའི་སྐབས་སུ་སྲན་མ་ལྡེ་འོག་ཏུ་བཅུག་ནས་ཟླ་བ་གཟས་མ་ཟིན་པའི་ཕྱོགས་སུ་ཁ་བལྟས་ཏེ། མདུན་དུ་ཧེ་བླ་མར་རྒྱལ་བ་སྲས་བཅས་ཀྱིས་བསྐོར་བ་སྤྱན་དྲངས་ལ་དགའ་ལྡན་ལྷ་བརྒྱ་མ་འདོན། དམིགས་བརྩེ་མ་དང་སྔགས་བཟླ་བས་སྙིང་ཁ་ནས་འོད་འཕྲོས་རྒྱལ་བ་སྲས་བཅས་ཀྱི་བྱིན་བརླབས་ཕྱག་མཚན་སྙིང་པོ་ཇས་བརྒྱད་ཀྱི་རྣམ་པར་སྲན་མ་ལ་ཐིམ་པར་མོས་ལ། ཟླ་བ་མ་ཐོན་གྱི་བར་བྱ། འདི་ལ་འཇམ་དབྱངས་ཆོས་སྐོར་གྱིས་ཁ་བསྐང་། སྨྱུ་གུ་ཐོན་ན་དེ་མེང་

པས་ཤེས་རབ་འཕེལ་བར་འགྱུར་རོ། །ཞི་བའི་ལས་ལ་བདུད་རྩིས་གང་བའི་བུམ་པ། རྒྱས་པ་ལ་རིན་པོ་ཆེའི་བུམ་པ། དེ་དབང་ལ་ཆེ་བུམ་དམར་པོ། དྲག་པོ་ལ་རྡོ་དྲིལ་འཛིན་པར་གསུངས། ཡོངས་སྤྱོད་འདུ་བ་ནི། རང་རྗེ་བླ་མ་གཡོན་ཡིད་བཞིན་ནོར་བུ་འཛིན་པར་བསྐྱེད་པའི་སྙིང་ཁར་འཇམ་དབྱངས་དམར་པོ་གཡས་རྒྱལ་མཚན་གྱི་རྩེ་ན་ནོར་བུ་དང་། གཡོན་བུམ་པ་འཛིན་པའི་ཐུགས་ཀར་པདྨ་དམར་པོ་ལ་ཡིད་བཞིན་གྱི་ནོར་བུའི་སྟེང་དུ་ཟླ་བ་ལ་ཧྲཱིཿདམར་སེར་མཐར་དམིགས་བརྩེ་མ་དང་། ཨོཾ་ཨ་ར་པ་ཙ་ན་ཧྲཱིཿཡོ་ག་ཤྲཱི་ཧཱུྃ། གིས་བསྐོར་བ་ལས་འོད་འཕྲོས། འཁོར་འདས་ཀྱི་ཡོན་ཏན་དཔག་བསམ་ཤིང་བུམ་པ་རིན་ཆེན་བདུན་རྫས་བརྒྱད་ཀྱི་རྣམ་པར་བཀུག་ནས་ཐིམ་པར་མོས་ལ་བཟླས་པ་བྱའོ། །འབྱུང་པོའི་གནོད་པ་ཞི་བར་བྱེད་པ་ནི། ཉི་གདན་ལ་རང་སྐད་ཅིག་གིས་རལ་གྲི་སྔོན་པོ་ཡེ་ཤེས་ཀྱི་མེ་འབར་བ་དེའི་རྩེ་མོར་ཨོཾ་དཀར་པོ། རྐེད་པར་ཨཱཿདམར་པོ། འཆང་བཟུང་ལ་ཧཱུྃ་སྔོན་པོ་མཐའ་སྐོར་དུ་སྙིང་པོས་བསྐོར་བ། དེ་དག་ལས་འོད་ཟེར་དཀར་དམར་སྔོན་པོ་འཕྲོས་པས་གཟུགས་ཀུན་འཇམ་དབྱངས་སུ་གྱུར། སྒྲ་ཀུན་སྔགས་སུ་གྱུར། འཁོར་འདས་ཀྱི་བཅུད་ཀུན་ཕྱག་མཚན་དུ་འགྱུར་བ་དེ་བཀུག་ནས་རལ་གྲི་དང་འབྲུ་གསུམ་དང་། སྔགས་འཁོར་ལ་ཐིམ་པར་མོས་ནས་དམིགས་བརྩེ་མ་དང་། ཨོཾ་ཨཱཿཧཱུྃ། ཨ་ར་པ་ཙ་ན་སྦྱར་ཏེ་བཟླས་པ་བྱའོ། །དོན་དཔྱད་ཆེ་བར་འདོད་ན། རང་ཉིད་རྗེ་བླ་མར་གསལ་བའི་གནས་ལྟེ་བ་སྤྱུའི་བུ་ག་རྩ་མདུད་རྩ་ཁ་ཐམས་ཅད་ཀྱི་སྟེང་དུ་པད་ཟླ་ལ་ཕྱག་མཚན་ས་བོན་གྱིས་མཚན་པ་ལ་དམིགས་བརྩེ་མ་སྙིང་པོ་འབྲུ་གསུམ་དབྱངས་གསལ་གྱིས་བསྐོར་བ་ལས་འོད་འཕྲོས། འཁོར་འདས་ཀྱི་ཡོན་ཏན་ཐམས་ཅད་ཕྱག་མཚན་གྱི་རྣམ་པར་བསྡུས་ནས་ཐིམ་པར་མོས་ལ་བཟླས་པ་བྱའོ། །ཚིག་འཛིན་བཟང་པར་འདོད་ན། ས་བོན་རྐྱང་པ་ལ་འབྲུ་གསུམ་སོགས་ཀྱིས་བསྐོར་ནས་ཡོན་ཏན་ཡིག་འབྲུ་ནས་འབྲུ་ཙམ་གྱི་རྣམ་པར་བཀུག་ནས་ལུས་གང་བའི་མོས་པ་བྱ། གཞན་འདྲའོ། །སྙིང་རླུང་སེལ་བ་ནི། རང་གི་སྙིང་ཁར་ཕྱག་ན་རྡོ་རྗེ་མེ་དཔུང་རབ་ཏུ་འབར་བ་ལས་འོད་ཟེར་དམར་པོ་རེག་བྱ་ཤིན་ཏུ་ཚབ་འཕྲོས་པས་སྙིང་གི་ནང་དང་ལུས་ཐམས་ཅད་གང་བར་བསམ། ཕྱིར་འཕྲོས་ཕྱོགས་བཅུའི་རྒྱལ་བ་སྐུ་མདོག་དམར་པོ་མེ་སྟག་ཤིན་ཏུ་ཚ་བ་འཕྲོ་བ་སྤྱན་དྲངས་ཏེ་ཐིམ་པས་ཡེ་ཤེས་ཀྱི་མེ་ཤིན་ཏུ་ཚ་བར་འགྱུར། མེ་འབར་བས་ལུས་ཐམས་ཅད་གང་བར་མོས་

ལ་བཟླས་པ་བྱའོ། །བད་ཀན་ལ། ཕྱག་རྡོར་སྔོན་པོ་འོད་ཟེར་བསིལ་པའི་རང་བཞིན་ཅན་འཕྲོས། ལུས་གང་རྒྱལ་ཀུན་སྔོན་པོ་ཤིན་ཏུ་བསིལ་བ་སྦྱིན་དྲངས་ཏེ་ཐིམ་པས་ནད་སེལ་བའི་མོས་པ་བྱའོ། །མཁྲིས་པ་ལ། སྙིང་ཁར་སྦྱིན་རས་གཟིགས་ཐམས་ཅད་དཀར་པོ་བསིལ་བའི་རང་བཞིན་ཅན་བྱའོ། །འཁྲོང་རྩེ་བདེ་ཆེན་རྡོ་རྗེའི་མན་ངག །གི་ཝཾ་ལ་གསོལ་འདེབས་དང་སྔགས་སྟོང་ཚ་བརྒྱད་བཏབ། སྔགས་ནི། ཨོཾ་ཧུ་ད་ཧུ་ད། ཛི་ཧུད་ད། པདྨ་ཏ་ཡོ། སྨུ་ཁྲི་དེ་ལྷ། བཛྲ་བཛྲ། ཧྲུཾ་ཧྲུཾ་ཕཊ་ཕཊ་སྭཱ་ཧཱ། གི་ཝཾ་ཆུ་ལ་སྦྱར་ནས་མིག་ལ་བྱུགས། འཐུང་ན་ཤེས་རབ་ཆེ། སྙིང་ཁར་བྱུག་ན་དྲན་པ་གསལ། དམ་པ་སངས་རྒྱས་ཀྱི་འཇམ་དབྱངས་སྨྲ་བའི་སེང་གེའི་སྒྲུབ་སྐོར་ནས། གཞན་གྱི་ངག་བཀྲུ་བ་ནི། མཁས་པ་རྣམས་ལ་བྱ་སྟེ། བསྒྲུབ་བྱའི་ལྕེའི་སྟེང་ན་པདྨ་དམར་པོ་འདབ་མ་ལྔ་པ་ཁ་ཐུར་བསྟན་སྙིང་ཁར་པདྨ་དམར་པོ་འདབ་བརྒྱད་ཁ་གྱེན་དུ་བསྟན་པ། དེ་གཉིས་ཁ་སྦྱར་བའི་ནང་དུ་ཨ་ལི་ཀ་ལིས་གང་བར་བསམ། རང་རྗེ་བླ་མར་བསྒོམ་པའི་ཐུགས་ཀའི་ཧྲཱིཿལས་འོད་དམར་པོ་འཕྲོས། རྒྱལ་བ་སྲས་བཅས་ཀྱི་བྱིན་རླབས་སྡུད་པོའི་སྙིང་ཁའི་ཨ་ལི་ཀ་ལི་ལ་ཐིམ། རང་གི་སྙིང་ཁའི་ཧྲཱིཿལས་བྱུང་བ་དམར་པོ་གྲངས་མེད་པ་འཕྲོས་པས་བསྒྲུབ་བྱའི་ཁོང་པར་ཞུགས་ནས་ཨ་ལི་ཀ་ལི་ཁྲེར་ཏེ་རང་གི་ལྕེ་ལ་ཐིམ་པར་བསམ། ངེས་པོའི་ཤེས་རབ་ཉམས་ནས་རང་གི་དྲན་པ་དང་ཤེས་རབ་སྐྱེའོ། །ཕ་རོལ་གྱི་ཤེས་པ་འཕྲོག་པ་ནི། ཤེས་རབ་ཆེ་བ་ལ་བྱ་སྟེ། བསྒྲུབ་བྱ་དེའི་རྩ་དབུ་མའི་ནང་ན་ཤེས་རབ་ཀྱི་ཨ་དམར་པོས་གང་བ། དབུ་མའི་ཡར་སྣ་སྨིན་མཚམས་སུ་ཕུག་པ། རང་གི་སྙིང་ཁའི་ཧྲཱིཿལས་འོད་འཕྲོས་ཨ་ཐམས་ཅད་རིམ་གྱིས་དྲངས་ནས་ཧྲཱིཿལ་ཐིམ། ཕོའི་དབུ་མ་སྟོང་པར་གྱུར་ཞིང་རང་གི་ལུས་ཨས་གང་བར་བསམ་མོ། །མདོན་ཤེས་འདོད་ན། མེ་ཏོག་དམར་པོ། ཨ་ཀ་རུ་ནག་པོ། སྤྲིས་དཀར་རྣམས་བ་དམར་མོའི་འོ་མས་རིལ་བུ་བྱས་ཏེ། རྗེ་བླ་མ་འཇམ་དབྱངས་སུམ་བརྩེགས་སུ་བསྐྱེད་པའི་བསྒོམ་བཟླས་ཉི་ཟླ་གཟས་ཟིན་པ་དང་མཐུན་པར་ཁྲི་ཚོ་བཟླ། རིལ་བུ་དེ་ཟོས་ན་མདོན་ཤེས་འཆར་བར་འགྱུར་རོ། །སྙིང་རླུང་སེལ་བ་ནི། རང་གི་སྙིང་ཁའི་པདྨ་འདབ་བརྒྱད་བུམ་སྐྱ་བཞིན་དུ་བསྡུས་ལ་བདུད་རྩིས་གང་བར་བསམ། མ་ཎི་བཟླ། ཨ་ལི་ཀ་ལིའི་ཐག་པས་བསྡམས་པར་བསམ་ནས་ཧྲཱིཿལ་ཐིམ་ཞིང་རོ་སྟོད་སྟོང་པར་བསྒོམ་པས་སྙིང་རླུང་སེལ། ཤེས་པ་མི་གསལ་པ་བྱུང་ན།

རང་གི་ལྟེ་བར་མེའི་རང་བཞིན་རཾ་དམར་པོ་ལས་མེ་འབར་བས་ལུས་ཐམས་ཅད་མེའི་རང་བཞིན་དུ་གྱུར་ནས་ཉོན་མོངས་པ་ཐམས་ཅད་བསྲེགས་པར་བསམ་མོ། །གཉིད་མི་ཁུག་ན། ཉལ་ཁར་སྙིང་ཁར་ཧཱུྃ་ནག་པོ་ལས་མུན་པས་གང་བར་བསམ་ཞིང་། མཐར་ཐིག་ལེ་ནག་པོ་ལ་སེམས་གཏད་པས་སེལ་བར་འགྱུར་རོ། །འཇམ་དབྱངས་ཀྱི་དཔྱད་འཕགས་པ་ལྷས་མཛད་པ་ལས། དམིགས་བརྩེ་མ་དང་ཨོཾ་ཕ་གི་ཤྭ་ར་ཧཱུྃ། སྲིལ་བའི་བསླེན་བ་སྔོན་དུ་འབུམ་སོང་ལ། ཆུ་དཔྱད་ནི། སྭ་ཧྲཱ་ཆུ་ལ་ཉེར་གཅིག་བཏབ་ནས་འཐུང་བས་ཤེས་རབ་འཕེལ། །ཉི་མའི་རྩེ་ལ་ལན་བརྒྱ་བཟླས་པ་ཡིས། །ཆུ་འཐུང་ན་ནི་བསླེན་པ་མ་བྱས་ཀྱང་། ལོ་གཅིག་གི་ནི་ཚིག་ལ་དབང་དུ་གྱུར། འོ་མའི་དཔྱད་ནི། ཟླ་བ་གཟས་ཟིན་པའི་དུས་འོ་མ་ལག་པས་དགབ་སྟེ་སྒྲུབས་པས་དབུ་བ་བྱུང་ངམ་ཞོར་གྱུར་ན་དེ་འཐུང་བས་བརྩུད་ལེན་དུ་འགྱུར་རོ། །རལ་གྲི་ནི། ཟླ་བ་གཟས་ཟིན་དུས་སྒྲུབས་ན་རིག་འཛིན་འགྲུབ་པར་འགྱུར། ཤཱཀྱ་ཧི་ཤུལ་ལྷགས་ཀྱུ་འཁོར་ལོ་དང་། །རྡོ་རྗེ་རྩ་བྱ་དེ་ཡི་མཇུག་མ་རྣམས། །རལ་གྲི་སྒྲུབ་པའི་ཚིག་བཤད་པ་བཞིན། །གསུངས། འཇམ་དཔལ་བཤེས་གཉེན་གྱིས་མཛད་པ། མདོན་ཤེས་སྒྲུབ་པ་ནི། རང་རྗེ་བླ་མ་འཇམ་དབྱངས་སུམ་བརྩེགས་སུ་བསྐྱེད་པའི་སྙིང་གར་ཟླ་དཀྱིལ་གྱི་ངོ་བོ་མེ་ལོང་ངོས་གཉིས་ཅན་གྱིན་དུ་ལངས་པ་དུས་གསུམ་གྱི་གནས་ཚུལ་ཤར་བ་གསལ་བཏབ་སྟེ་སྔགས་དང་གསོལ་འདེབས་སྲིལ་ནས་བཟླས་པ་བྱ། ཏཏྠཱ། །ཨོཾ་ཧྲཱི་པྲཛྙཱ་སྭཱཧཱ། དུས་གསུམ་སངས་རྒྱས་ཀྱི་ཞལ་བལྟའོ། །སྤྱན་རས་གཟིགས་ཀྱི་སྒྲུབ་ཐབས་བརྒྱ་རྩ་གྲུབ་ས་མཛད་པ་ལས། ཆུ་སྦྱིན་ནི། རང་རྗེ་བླ་མ་ཕྱག་གཡས་མཆོག་སྦྱིན་མཛད་པའི་སྙིང་ཁར་སྤྱན་རས་གཟིགས་བསྐྱེད། གཙོ་བོའི་ཕྱག་གཡས་པར་ཟླ་བའི་དཀྱིལ་འཁོར་ཨ་ཕྲེང་གིས་བསྐོར་བ་ལས། མིང་མེད་ཀྱི་རྩེ་ནས་བདུད་རྩིའི་རྒྱུན་འཛག་ཏེ་མཚོ་ཆེན་པོར་གྱུར། འཇུངས་པའི་མྱ་ངན་གྱིས་གདུང་པའི་ཡི་དྭགས་རྣམས་ཕྱག་གི་འོད་ཟེར་གྱིས་བཀུག་ཏེ་མདུན་དུ་གང་བར་གྱུར། ཨོཾ་ཛྙཿ ཧྲཱིཿ མཧཱ་ཀཱ་རུ་ཎི་ཀ་པྲ་སྭ་ད་སརྦ་པྲེ་ཏ་བྲ་ཧྨད་ཏ་ཤྲཱི་ཀླཱི་ཛཿ ཛཿ ཛཿ མགྲིན་པའི་མདུད་པ་བསལ་བར་གྱུར། དམིགས་བརྩེ་མ། ཨོཾ་ཛྙཿ ཧྲཱིཿ ཧཱུྃ། ཨོཾ་ཛྭ་ལ་མེ་ཧཾ་སརྦ་པྲེ་ཏ་ཧྲཱུཿ སྭཱཧཱ། ཞེས་སྔགས་ནས་བཟླ་བས་བདུད་རྩིས་ཚིམ་ནས་ཉོན་མོངས་པ་སྦྱང་གནས་འགྱུར་ཏེ་ལྷའི་ལུས་ཐོབ་པར་བསམ་མོ། །དྲི་མ་རྣམ་དག་གི་ཚིག་ནི། རང་རྗེ་བླ་མར་གསལ་པའི་སྙིང་ཁའི་མགོན་པོ་སྤྱན་རས་

གཟིགས་ཀྱི་ཐུགས་ཀའི་འོད་ཟེར་ཚ་ཞིང་རྣོ་བ་འཕྲོས། རང་དང་སེམས་ཅན་ཐམས་ཅད་ཀྱི་སྡིག་སྒྲིབ་ཀྱི་དྲི་མ་བསྲེག སླར་ཡང་བསིལ་བའི་འོད་ཟེར་འཕྲོས་དྲི་མའི་ལྷག་མ་ཁྲུས། ཡང་ཡེ་ཤེས་ཀྱི་འོད་ཟེར་འཕྲོས་ཡོངས་སུ་སྨྱུང་སྟེ་འོད་གསལ་སྟོང་པ་ཉིད་ཀྱི་རང་བཞིན་དུ་གྱུར་པ་ལ་མཉམ་པར་བཞག་གོ །ཆགས་ཉམས་གསོ་བ་ནི། རང་རྗེ་བླ་མར་གསལ་བའི་སྙིང་ཁའི་མགོན་པོ་ཡབ་ཡུམ་སྙོམས་པར་ཞུགས་པའི་བྱང་ཆུབ་ཀྱི་སེམས་དམར་པོ་བབས་པས་རང་གཞན་ཀུན་གྱི་ལུས་གང་། དམ་ཚིག་ཉམས་ཆགས་ཀྱི་དྲི་མ་ཐམས་ཅད་བསྲེག་བྱང་ཆུབ་ཀྱི་སེམས་དཀར་པོས་ཁྲུས་ཤིང་དགའ་བ་སྐྱེ་བར་བསམ་ལ། དམིགས་བརྩེ་མ་དང་ཨོཾ་ཨཱཿཧཱུཿཧཱུྃ་བཟླ། ངག་ཕྱིན་གྱིས་བརླབ་པ་ནི། རང་རྗེ་བླ་མར་གསལ་བའི་ལྕེའི་སྟེང་དུ་ཧཱུཿལས་པདྨ་འདབ་བརྒྱད་ཨ་ལས་ཟླ་བ་ཧཱུྃ་ལས་རྡོ་རྗེ། དེའི་ལྟེ་བར་ཧཱུཿམཐར་ཨ་ལི་དཀར་པོ་གཡས་བསྐོར་ཀ་ལི་དམར་པོ་གཡོན་བསྐོར་བར་བསམ། དེ་དག་ལས་འོད་ཟེར་དཀར་དམར་སྔོ་གསུམ་དྲ་བ་དྲ་ཕྱེད་དང་འཇའི་རྣམ་པར་འཕྲོས། སེམས་ཅན་མ་ལུས་པའི་ངག་གི་དྲི་མ་བསལ་ཞིང་བྱང་ཆུབ་སེམས་དཔའི་ངག་གི་མཐུ་བསྐྱེད། རྒྱལ་སྲས་ཀྱི་བྱིན་རླབས་ནུས་མཐུ་ཚུར་བསྡུས་ཏེ་སྔགས་ཕྲེང་ལ་ཐིམ། དམིགས་བརྩེ་མ་དང་། ཨོཾ་ཨཱཿཧཱུཿཧཱུྃ། དབྱངས་གསལ་སྤེལ་ནས་བཟླ། མཐར་གདན་བཅས་ལྕེ་ལ་ཐིམ་པར་བསམ་མོ། །རྨི་ལམ་ངན་པ་དང་ལྟས་ངན་པ་སེལ་བ་ནི། སྙིང་ཁའི་མགོན་པོའི་འོད་ཕྲེང་དཀར་པོ་ལས་རྡོ་རྗེ་རལ་གྲི་བེ་ཅོན་དགྲ་སྟ་ལྕགས་ཀྱུ་ཁ་ཊྭཾ་ག་དབྱུག་པ་ཞགས་པ་རེ་རེ་ལས་སྟོང་ཕྲག་སྤྲུལ་པས་འཁོར་ཡུག་བསྐོར་ཏེ་ལྟས་ངན་པ་ཐམས་ཅད་བཏུབ་བསྲེག་རྣམ་པར་བཤིག་པར་བསམ་ལ་བཟླ། བློ་གྲོས་པདྨོ་ཁ་འབྱེད་པ་ནི། རང་རྗེ་བླ་མར་གསལ་བའི་སྙིང་ཁར་པདྨ་འདབ་བརྒྱད་ཁ་སྦུབ་ཟུམ་པའི་ནང་དུ་མགོན་པོ་ཧཱུཿཡིག་བཅས་གསལ་བཏབ། ཧཱུཿཡིག་ལས་འོད་འཕྲོས་མཛོད་སྤུའི་སྒོ་ནས་ཐོན། སྐད་ཅིག་ཉིད་ལ་པོ་ཏ་ལར་ཕྱིན་སྤྱན་རས་གཟིགས་སོགས་དུས་གསུམ་རྒྱལ་བའི་བྱིན་བརླབ་ཐམས་ཅད་འོད་ཟེར་དམར་པོའི་རྣམ་པར་སྤྱན་དྲངས། པདྨ་ལ་རེག་མ་ཐག་འདབ་མ་ཁ་ཕྱེ་བར་བསམ་ལ། དམིགས་བརྩེ་མ་དང་ཨོཾ་ཨཱཿཧཱུཿཧཱུྃ་བཟླ། ཞག་བཅུ་ཕྲག་གསུམ་བསྒོམ་ན་བློ་ལྡན་ཡིད་ཀྱི་མུན་པ་སེལ་ལོ། །སྣན་གྲགས་བསྐྱེད་པ་ནི། སྟོང་པའི་ངང་ལས་པདྨའི་གདན་འདབ་མ་བརྒྱད་པའི་རྩ་བ་རྒྱ་མཚོ་ལས་འཁྲུངས་ཤིང་མཐའ་སྐོར་སྡིན་གྱི་ཕུང་པོ་འཁྲིགས་པ་

ལས་འབྲུག་གི་སྒྲ་རྒྱུན་མི་ཆད་པར་སྒྲོགས་པ། པདྨའི་ལྟེ་བར་རང་རྗེ་བླ་མ་སྤྱན་རས་གཟིགས་སྐུམ་བརྩེགས་སུ་བསྐྱེད་པའི་རྒྱབ་ཏུ་གྲགས་པའི་རྒྱལ་མཚན་འཛུགས་པ། པདྨའི་འདབ་མ་བརྒྱད་ལ་དུང་བརྒྱད་བུད་པ་མཐའ་སྐོར་དུ་ལྷའི་ཛ་ཆེན་བརྡུང་བ། ཧྲཱིཿ ལས་འོད་འཕྲོས་རྒྱལ་བ་ཀུན་གྱི་སྙན་གྲགས་བཀུག་ནས་རང་ལ་ཐིམ་པས་བྱིན་གྱིས་བརླབ་པར་བསམ་སྟེ། དམིགས་བརྩེ་མ་དང་། ཨོཾ་ཨཱཿ ཧྲཱིཿ སརྦ་པོ་ཀ་མ་མ་ཀིརྟི་ཕུ་ར་ཕུ་ར། ག་རྫ་ག་རྫ ། བྲ་ཀྲཱ་ས་བྲ་ཀ་ས། ས་མ་ཡ་ཧཱུཾ། ཞེས་བཟླ་བར་བྱའོ། །སེམས་ཅན་མགུ་བར་བྱེད་པ་ནི། ཐུགས་ཀའི་ཧྲཱིཿ ལས་འོད་འཕྲོས་ནམ་གྱི་ཚེ་སྐྱེ་བོ་བདག་གི་མིང་ཐོས་དང་། གཟུགས་མཐོང་བས་དབང་པོ་མངོན་པར་གཡོ་བའི་ཚེ། དེ་དག་གི་སྙིང་ལ་ཧྲཱིཿ དམར་པོ་བསམ་ནས་སྣ་བུག་གཡས་ནས་སྦྲིས་པའི་ས་བོན་ལ་འོད་ཀྱི་མདའ་བགྱི་བ་བསྣུན་ཏེ། དེ་ལས་བདུད་རྩིའི་རྒྱུན་ཟག་པས་ལུས་ཐམས་ཅད་ཁྱབ་པས་བདག་ལ་ཞེན་ཏུ་དགྱེས་པར་བསམ་ལ་བཟླ། རྨི་ལམ་བརྟགས་པ་ནི། སྙིང་ཁའི་པདྨའི་ཕྱོགས་བཞིའི་འདབ་མ་བཞི་ལ་ཇི་ལྟར་འདོད་པའི་དངོས་པོ་རི་མོར་བཀོད། གི་སར་རང་སེམས་མེ་ལོང་ངོ་། །དེ་ནས་བླ་མ་ལྷག་པའི་ལྷ་དྲན་པས། དམིགས་བརྩེ་མ་དང་། ཏདྱ་ཐཱ། ན་མཿ ཤྲཱི་ཨཱརྱ་ཨ་བ་ལོ་ཀི་ཏེ་ཤྭ་ར་ཡ། བོ་དྷི་ས་ཏྭ་མཧཱ་ཀཱ་རུ་ཎི་ཀ། དྷཱ་དྷཱ། བྲ་དྷཱ་བྲ་དྷཱ། སརྦ་བུདྡྷ་ཛྙཱ་ན་གརྦྷེ་ཏི་ཥྛ་ཏི་ཥྛ། མ་མ་ས་པ་ཙ་ཡོ་ཛྫ་བྲ་དྷཱ་ཧཱུཾ་ཧཱུཾ་སྭཱ་ཧཱ། ཞེས་བཟླའོ། ཡིད་ཀྱི་འགྱོད་པ་སེལ་བ་ནི། སྙིང་ཁའི་མགོན་པོའི་ཐུགས་ཀའི་ཟླ་བ་ལས་འོད་དང་བདུད་རྩིའི་ཧྲཱིཿ ལས་ཧྲཱིཿ སྣར་བའི་ཕྲེང་བ་ཕྱུང་སྟེ། བསྒྲུབ་བྱའི་སྙིང་གི་ཟེའུ་འབྲུའི་རྩེ་མོ་ནས་བཀླན་པས་ཡིད་ཀྱི་འགྱོད་པ་སེལ་བར་བསམ་ལ་བཟླ་བར་བྱའོ། །ལོངས་སྤྱོད་མི་ཟད་པ་སྒྲུབ་པ་ནི། ཧཱུཾ་ལས་རིན་པོ་ཆེ་སྣ་བཞི་ལས་གྲུབ་པའི་གཞལ་ཡས་ཁང་མཚན་ཉིད་ཚང་བ་མཚམས་བཞིར་གསེར་གྱི་བུམ་པ་བཞི་དཔག་བསམ་ཤིང་གིས་ཁ་བརྒྱན་པ། གཞལ་ཡས་ཁང་གི་དབུས་སུ་རང་རྗེ་རིན་པོ་ཆེར་བསྐྱེད་པའི་སྙིང་ཁར་སྤྱན་རས་གཟིགས་ཀྱི་ཐུགས་ཀ་ནས་འོད་འཕྲོས་པས་ནོར་གྱི་བདག་པོ་རྣམས་ཀྱིས་ནོར་བསྡུས་ཏེ་རིན་ཆེན་བདུན་དང་། འབྲུ་དང་། དོང་ཚེའི་ཆར་རྒྱུན་མི་ཆད་པར་བབས་པས་ཁང་པ་ཐམས་ཅད་ཁྱུར་བུར་གང་བའི་མོས་པ་བྱ་སྟེ། དམིགས་བརྩེ་མ་དང་། ཨོཾ་ཨཱཿ ཧྲཱིཿ ཤྲཱི་ཨཱརྱ་ལོ་ཀི་ཏ་ཤྭ་ར་མ་མ་སརྦ་སཾ་ཧྲི་ཀ་ར་རཏྣ་རཏྣེ། མཧཱ་ཙིནྟཱ་མ་ཎི་ཧྲ་ར་ཧྲ་ར་ཨཱ་ཡུ་ཡེ་ཨཛྙཱ་པ་ཏེ་སྲི་ཏེ་ཧཱུཾ། ཞེས་བཟླ་བར་བྱའོ། །དཔག་བསམ་

གྱི་ཤིང་སྒྲུབ་པ་ནི། རང་ཉིད་རྗེ་རིན་པོ་ཆེ་སྤྱན་རས་གཟིགས་སུམ་བརྩེགས་སུ་བསྐྱེད་པའི་རྒྱབ་ཏུ་དཔག་བསམ་གྱི་ཤིང་ཡལ་ག་དང་། མེ་ཏོག་དང་། འབྲས་བུ་བསམ་གྱིས་མི་ཁྱབ་པས་བརྒྱན་པ། སྤོས་ཀྱི་ངད་ཞིམ་པོ་བསུང་ཞིང་དེ་ལས་གྲུབ་པའི་སིལ་སྙན་གྱི་སྒྲས་ཆོས་ཀྱི་སྒོ་ཐམས་ཅད་ཡང་དག་པར་སྟོན་པ། གང་དག་འཛིག་རྟེན་འདི་དང་གཞན། །བཀྲ་ཤིས་རྫས་དང་ནོར་དང་འབྲུ། །མེ་ཏོག་རྒྱན་དང་མཆོད་རྫས་སྣན། །གང་ཡོད་མ་ལུས་འདིར་སྤྲུལ་བྱ། །དམིགས་བརྩེ་མ་དང་། ཨོཾ་ཨཱཿ ཧྲཱིཿ གལྤ་བྲྀཀྵ་ཧཱུཾ། ཞེས་བཟླས་པས་ཧྲཱིཿ ལས་འོད་འཕྲོས་རང་གཞན་ཀུན་གྱི་དབུལ་ཕོངས་ཀྱི་སྡུག་བསྔལ་བསལ་ལ་གང་བསམ་པའི་རེ་བ་བསྐང་ཞིང་འདོད་པ་ཐམས་ཅད་འཛོ་བར་བསམ་མོ། །བུམ་པ་བཟང་པོ་སྒྲུབ་པ་ནི། རིན་པོ་ཆེའི་བུམ་པ་རིན་པོ་ཆེ་སྣ་ཚོགས་དང་འབྲུ་སྣ་ཚོགས་ཀྱིས་གང་བར་བཤམས། རྗེ་བླ་མ་སྤྱན་རས་གཟིགས་སུམ་བརྩེགས་སུ་བསྐྱེད། དམིགས་བརྩེ་མ། ཨོཾ་ཨཱཿ ཧྲཱིཿ སརྦ་བུདྡྷ་ནི་མ་རིདྡྷི་རཏྣ་རཏྣ། ཧ་ར་ཧ་ར། ཧི་རི་ཧི་རི། ཧུ་རུ་ཧུ་རུ། བཛྲ་ཛྙཱ་ན་ཀ་རུ་ཎ་ཡེ། རཏྣ་ཧྲ་ཊ་ཧྲ་དྲ་སཾ་པུཏྲ། སུ་སཾ་པུཥྚ་ཀུ་རུ་ཡེ་སྭཱཧཱ། ཞེས་བཟླའོ། །བསྲུང་སྐུད་ཀྱི་ཆོ་ག་ནི། རང་ཉིད་རྗེར་གསལ་པ་བསྒོ་དང་། །སྲད་བུ་བསྣམས་པས་དཀྲིས་བཞུགས་ལ། །འོད་འཕྲོས་མདུད་པ་དོར་བར་བྱ། །ལུས་ངག་སེམས་གསུམ་བཅད་པ་ཡི། །རྒྱ་གསུམ་ཕྱག་རྒྱ་བསམ་པ་སྟེ། །ཏིང་ངེ་འཛིན་གསུམ་སྔགས་གསུམ་རིམ། །སློབ་དཔོན་མ་གཡེང་བཟླ་བར་བྱ། །རེ་རེའི་མགོར་ནི་དམིགས་བརྩེ་མ། །ཨོཾ་ཨཱཿ ཧྲཱིཿ ཀཱ་ཡ་བཛྲ་ཀཱ་ཡ་གུཧྱ་ཧཱུཾ། ཨོཾ་ཨཱཿ ཧྲཱིཿ ཝཱ་ཀ་བཛྲ་ཝཱ་ཀ་གུཧྱ་ཧཱུཾ། ཨོཾ་ཨཱཿ ཧྲཱིཿ ཙིཏྟ་བཛྲ་ཙིཏྟ་གུཧྱ་ཧཱུཾ། ཞེས་བཟླས་ཏེ་མགུལ་བ་དང་དཔུང་པ་བཅིངས་སོ། །ཀླུ་གསོ་བ་ནི། བུམ་པ་ལ་ཀླུ་སྨན་བླུག་ལ་རྗེ་རིན་པོ་ཆེ་གཡས་མཆོག་སྦྱིན་མཛད་པའི་སྟེང་ཁར་སྤྱན་རས་གཟིགས་བསྐྱེད། ཕྱག་མཐིལ་གྱི་ཨ་ལས་ཡེ་ཤེས་འོད་འཕྲོས་དབྱངས་དང་གསལ་བྱེད་བདུད་རྩི་ཡིག་འབྲུ་རྣམས་ཀྱིས་བརྒྱན། གསོལ་འདེབས་དང་། ཨོཾ་ཨཱཿ ཧྲཱིཿ སཾ་ནཱ་ག་པུ་ཥྚི་ཧཱུཾ་སྭཱཧཱ། ཞེས་བཟླས་པས་ཀླུ་རྣམས་ཀྱི་སྤྱི་བོ་ནས་ཞུགས་ནད་ཐམས་ཅད་གསོས། སྡིག་སྒྲིབ་ཐམས་ཅད་དག་པའི་མོས་པ་བྱའོ། །སློབ་མ་ལ་ཤེས་རབ་བསྐྱེད་པ་ནི། སྐལ་ལྡན་སྐྱེས་བུ་སློབ་མ་ཐག་དེའི་སྟེང་ཁར་པདྨ་དཀར་པོ་འདབ་མ་བརྒྱད་པའི་ལྟེ་བར་ཧྲཱིཿ སྤྱི་བོར་ཐིག་ལེ་གསུམ་བརྩེགས་ལས་བདུད་རྩི་དཀར་དམར་མཐིང་གསུམ་འབབ་དྲི་མ་བསལ། རང་རྗེ་རིན་

པོ་ཆེ་སྤྱན་རས་གཟིགས་སུམ་བརྩེགས་སུ་གསལ་བའི་ཕྱག་གཡས་ཀྱི་མཐིལ་དུ་ཧྲཱིཿ ལ་དབྱངས་གསལ་གྱིས་བསྐོར་བ་ལས། ཉི་འོད་ཚ་ཞིང་རབ་རྣོ་ཡི། །ཟེར་འཕྲོས་པས་ནི་པདྨ་དབྱེ། །ཧྲཱིཿ ལསདེ་བཞིན་ཐིག་ལེའོ། །དེ་ལས་ཐོག་མར་དཀར་ཐིག་ལེ། །ཕ་ཡི་ས་བོན་ཞུ་བར་བཤད། །དམར་པོ་མ་ཡི་ས་བོན་ཏེ། དེ་བཞིན་མཁའ་འདྲ་ཀུན་གཞིར་བཞེད། །དེ་མཐར་ཞུ་བའི་ཐིག་ལེའི་རྒྱུན། །དབྱེར་མེད་ཕན་ཚུན་རྣམ་འདྲེས་པ། །བདེ་ཆེན་འོད་གསལ་རྣམ་མི་རྟོག །བློ་གྲོས་པདྨོ་རབ་རྒྱས་གསུངས། །མིག་འབྱེད་པ་ནི། མདུན་དུ་རྗེ་རིན་པོ་ཆེ་མིག་འབྱེད་པའི་ཕྱག་རྒྱ་མཛད་པའི་ཐུགས་ཀར་སྤྱན་རས་གཟིགས་གསལ་བཏབ་པ་བྱོན་པ་ལ་དགའ་ལྡན་ལྷ་བརྒྱ་མས་ཚོགས་བསགས། མིག་ནད་སེལ་བར་གསོལ་བ་གདབ་པས། ཐུགས་ཀའི་ཧྲཱིཿ ལས་འོད་འཕྲོས་ཕྱོགས་བཅུའི་སེམས་ཅན་མིག་ལོང་བ་ཐམས་ཅད་ཀྱི་མིག་ཕྱེ། བདུད་རྩི་བབས་པས་རང་གི་མིག་ཕྱེ་བར་བསམ་སྟེ། གསོལ་འདེབས་དང་སྔགས་ཅི་མང་བཟླ། མཐར་སྤྲིན་མཛུབ་རྩེར་བཏབ། གཡོན་སྤྲིན་གྱིས་མིག་གཡོན་ལ་བྱུག །གཡས་པས་མིག་གཡས་ལ་བྱུག །མདུན་གྱི་བླ་མ་ལྷ་རང་གི་མིག་ཐིམ་པར་བསམ་མོ། །སྔགས་ནི། ཏདྱ་ཐཱ། ཧི་ལི་མི་ལི། གི་ལི་མི་ལི། ཧི་ལི་ཧི་མི་ལི། ཧུ་ཡ་ཧུ་ཡ། ཧུ་ཡ་ནི། ཧུ་ལུ་ཧུ་ལུ་ཧུ་ལུ། ཧུ་དུ་ཧུ་དུ་ཧུ་དུ། ཙཀྵུ་ཤེ་བི་ཤོ་དྷ་ནི་སྭཱཧཱ། ཞེས་རྗེ་དགེ་འདུན་གྲུབ་པས་གསུངས་པ་འདི་སྦྱར། སྔགས་ཕྲུས། ཨོཾ་མ་ཎི་པདྨེ་ཧཱུྃ། ཨོཾ་བསལ་ལེ་བསལ་ལེ་མུན་བསལ་ལེ་ཀུན་ཧྲིག་སྭཱཧཱ། བཟླ་གསུངས། སེང་གེ་སྒྲའི་ལས་ཚོགས་སུ། ངག་གྲོལ་ནི། རང་གི་མགྲིན་པའི་ནང་དུ་པདྨ་དམར་པོ་འདབ་མ་བཞི་པའི་ལྟེ་བར་ཨོཾ། ལྷོར་ཨཱཿ ནུབ་ཏུ་ཧྲཱིཿ བྱང་དུ་སཱིཾ། ཤར་དུ་ཧཱུྃ། དེ་ལས་འོད་ཟེར་དམར་པོ་འཕྲོས་ཁ་དང་མགྲིན་པ་གང་། ངག་གི་དྲི་མ་དག །འོད་དེས་ལུས་གང་བས་ཚེ་རབས་ཐོག་མེད་ནས་བསགས་པའི་ངག་གི་སྒྲིབ་པ་དག་པར་བསམ་ལ། དམིགས་བརྩེ་མ་དང་། ཨོཾ་ཨཱཿ ཧྲཱིཿ སཱིཾ་ཧཱུྃ། ཞེས་ལྔ་བརྒྱ་བཟླ། མཐར་མགྲིན་པར་ཐིམ། འདིས་གཞན་གྱིས་ངག་མནན་པ་སེལ་ལོ། །ཕྱག་ན་རྡོ་རྗེའི་ལས་ཚོགས་ནད་སེལ་བའི་བདུད་རྩི་ནི། རང་ཉིད་རྗེ་རིན་པོ་ཆེ་ཕྱག་རྡོར་སེམས་དཔའ་སུམ་བརྩེགས་སུ་བསྐྱེད། གདན་གྱི་པདྨ་ཉི་མ་དང་ཐུགས་ཀའི་ཧཱུྃ་ཡེ་ཤེས་ལྔའི་ངོ་བོ། དབུགས་ཀྱི་རླུང་གཡོ་བས་མེ་འབྲུགས་ནས། ཉི་མ་དང་། ཕྱག་རྡོར་གྱི་སྐུ་དང་། ཧཱུྃ་ལས་མེ་ཆེས་ཆེར་འབར་བས་མཐོང་དང་རེག་པའི་དུག་

སོགས་ནད་ཐམས་ཅད་སྲེགས་ཤིང་། དབུགས་འབྱུང་རྔུབ་པའི་རླུང་གིས་ལུས་ཀྱི་སྟེང་འོག་གི་ཆ་རིམ་བཞིན་བསྲེག་པར་བསྒོམ། ཡུན་རིང་བསྒོམ་ན་ངྲོད་སྐྱེ། གསོ་བར་དཀའ་བའི་ནད་སེལ་ལོ། །ལག་པ་བརྡབ་པས་འཇིགས་པའི་རྡོ་རྗེ་ནི། །རང་རྡོ་རྗེ་འཛིན་པར་གསལ་བའི་སྤྱི་བོར་རྗེ་རིན་པོ་ཆེ་གཡས་སྐྱབས་སྦྱིན་མཛད་པས་བཞུགས་པ། རང་གི་ལག་མཐིལ་ན་ཉི་ཟླའི་དཀྱིལ་འཁོར་དུ་ཧཾ་ལས་སྔ་ཚོགས་རྡོ་རྗེ་ཐུགས་བཅས་བཀོད། སོར་མོ་ལ་ཧཱུྃ་ལས་བདེ་བར་གཤེགས་པ་མེའི་ཁམས་ལ་བཞུགས་པ། མི་འོད་ལྷུགས་ཀྱུ་ཧྲ་བུས་ནད་གདོན་དུག་སོགས་ལུས་ནས་ཕྱུང་ནས་ལག་མཐིལ་བར་དུ་བཞག །དམིགས་བརྩེ་མ་དང་། ཐུགས་སྤྱིལ་ཚིག་ཅན་བཟླས་ཤིང་བསྲེག་སྦྱར། དམིགས་པ་དང་བཅས་བདེན་སྟོབས་བརྗོད་དེ་བརྡུང་བས་ལག་བརྡབ་པའི་སྒྲས་འཇིགས་པར་འགྱུར་རོ། །ཐབས་ཤེས་གཉིས་སུ་མེད་པའི་བསྲུང་པ་ནི། ཡེ་ཤེས་ལྷ་ལྡན་ཡིག་འབྲུ་ལས། །ཁ་དོག་ལྷ་ཡི་འོད་ཟེར་འཕྲོས། །ཉོན་མོངས་ལྷ་དང་གླུ་དུག་ལྷ། །རྣམ་སྨིན་ལུས་ཀྱི་ནད་ལྷ་བསྲེག །སུ་ལཱ་ཀྲཱི་ཤཱ་ར་ཀེཧེས་མཛད་པའི་བུམ་སྒྲུབ་ནས། །རྡོ་རྗེའམ་སེང་ལྡིང་ཕུར་པ་ལ། །གསོལ་གདབ་དམིགས་བརྩེ་མ་སྦྱར་པའི། །གཟུངས་ཐུགས་སྙིང་རྩ་བརྒྱད་བཟླས་ཏེ། །བསམ་གཏན་རྡོ་རྗེ་ཐོགས་པ་ཡི། །དྲག་ཐུགས་ལྷ་བཅུ་རྩ་གཅིག་བཟླས། །གཟས་པ་པོ་ལ་སྨན་གྱུར་ན། །དེས་ནི་ལས་རྣམས་ཐམས་ཅད་འགྲུབ། །སྟོང་ཉིད་ཏིང་ངེ་འཛིན་རྡོ་རྗེས་མཛད་པའི་སྒྲུབ་ཐབས་ལས། །རྒྱན་པོ་རེངས་པར་བྱེད་པ་ནི། །སོར་ལྷ་བཀྲ་བའི་ས་ལ་གསོལ་འདེབས་དང་ཐུགས་བརྒྱ་རྩ་བཟླས་ཏེ། རྒྱན་པོ་ལ་མངོན་པར་ཕྱོགས་ཏེ་གཏོར་ན་རྒྱན་པོ་རེངས་པར་བྱེད་དོ། །ཕྱུགས་ནད་ཞི་བ་ནི། བ་ལང་གི་སྐྱེའམ་རྭ་ལ་དེ་བཞིན་བཟླས་ཏེ། སྐུད་པ་སྔོན་པོ་ལ་མདུད་པ་བརྒྱ་བྱས་ནས་བཏགས་ན་ཕྱུགས་ཀྱི་ནད་ཞི་བར་འགྱུར་རོ། །ཡེ་ཤེས་དཔལ་གྱིས་མཛད་པའི་རྣམ་འཇོམས་ཀྱི་སྒོ་ནས་ལས་བཞི་སྒྲུབ་པའི་བུམ་པའི་ཆོ་ག་ནི། དངུལ་གསེར་ཟངས་ལྷུགས་ཀྱི་བུམ་པའི་ལས་མཐུན་གྱི་ཐོགས་དར་གྱིས་དཀྲིས། བུམ་པར་རྗེ་རིན་པོ་ཆེའི་སྟེང་ཁར་ལས་མཐུན་ལྷ་བསྐྱེད་དེ། ལས་མཐུན་འོད་ཟེར་འཕྲོས་འདུ་བྱ། དམིགས་བརྩེ་མ་དང་། རྣམ་འཇོམས་ཀྱི་ཐུགས་ཀྱི་མཐུག་ཏུ། ཤཱཀྐྃ་པུཥྚྃ་ཕ་ཤཾ་ནྣ་ར་ཡ་སྦྱར་ཏེ་བཟླ། ཡེ་ཤེས་རྡོ་རྗེས་མཛད་པའི་བུམ་ཆོག་ཏུ་བསྒྲུབ་བྱ་བུམ་ནང་དུ་སྦྲ་བར་བཤད་དོ། །གཞན་གྱི་རིག་ཐུགས་གཅོད་ན། རང་གི་ལུས་ཀྱི་ཡན་ལག

དང་ཉིང་ལག་པ་སྤུའི་བུ་ག་ཚུན་ཆད་རྡོ་རྗེར་བྱིན་གྱིས་བརླབ་ལ། རྡོ་རྗེ་ལས་མེ་བྱུང་བས་རིག་སྔགས་ཐམས་ཅད་སྲེག་པར་བསམ་ལ། དམིགས་བརྩེ་མ་དང་སྔགས་སྲེལ་ནས་བཟླ། སེམས་ཅན་ཚེ་ཟད་པ་བསྲིང་པའི་ཆོག་ནི། བུམ་པའི་ནང་དུ་ བླ་མ་ལྷ་བསྐྱེད་དེ། སེམས་ཅན་ཐམས་ཅད་ཀྱི་ཚེ་དང་བསོད་ནམས་བསྡུས་ཏེ་ས་བོན་ལ་ཐིམ། ཡང་འོད་ཟེར་འཕྲོས་པས་ལྷ་མོ་དཀར་མོ་ཆེའི་བུམ་པ་ཐོགས་པ་གྲངས་མེད་པ་སྤྲོས། བསྒྲུབ་བྱ་ལ་དབང་བསྐུར་བར་བསམ་ལ་བཟླ། གཟའ་ནད་སེལ་བ་ནི། བུམ་པའི་ནང་དུ་བླ་མ་ལྷ་བསྐྱེད་དེ་ཐུགས་ཀ་ནས་འོད་ཟེར་འཕྲོས། གཟའ་བཀུག་ཅིང་དབང་བསྐུར་བས་སྡིག་པ་དག་ཏེ་དགའ་བ་རྒྱས་པར་བསམ་ལ་བཟླ། ནད་སེལ་བ་ནི། ནད་ཀྱི་གཉེན་པོ་སྨན་ལ་གསོལ་འདེབས་དང་སྔགས་བཟླས་ནས་བཏབ་ན་སེལ་བ་ཡིན་ནོ། །ཟླ་བ་པའི་ལས་རིམ་ནུ་ཏིག་ཕྲེང་བ་ལས་ཚེ་སྒྲུབ་ནི། རང་རྗེ་རིན་པོ་ཆེ་ཕྱག་རྡོར་སུམ་བརྩེགས་སུ་བསྐྱེད་པའི་སྙིང་གའི་ཧཱུྃ་རྡོ་རྗེར་གྱུར་པའི་ལྟེ་བར་ཨ་དཀར་པོ་ལས་ཟླ་བ་ཁ་སྦྱར་བའི་དབུས་སུ་རང་དམ་བསྒྲུབ་བྱ་གསལ་གདབ། ཐུགས་ཀ་ནས་ལྷ་མོ་འཕྲོས་ཚེ་རྣམས་བཀུག་ཏེ། དམིགས་བརྩེ་མ་དང་། ཨོཾ་ཨ་ཡུ་ཥེ་ཧཱུྃ། བཟླ། འདི་ཡན་གྱི་ལས་ཚོགས་རིགས་གསུམ་སོ་སོར་ཕྲལ་ནས་རྗེ་རིན་པོ་ཆེ་དང་འབྲེལ་བའི་དབང་དུ་བྱས་ལ། རིགས་གསུམ་སྤྱི་དང་འབྲེལ་ན་རང་རྗེ་རིན་པོ་ཆེར་གསལ་བའི་གནས་གསུམ་དུ་རིགས་གསུམ་མགོན་པོ་བསྐྱེད། བཟླས་པ་བྱ་བའི་ཚེ་ལྷ་གསུམ་གའི་ཐུགས་ཀར་སྔགས་གསལ་གདབ་སྟེ། དམིགས་བརྩེ་མ་དང་། རིགས་གསུམ་གའི་སྔགས་སྲེལ་ནས་བཟླའོ། །འཕགས་པ་འཇམ་དཔལ་ལ་ཕྱག་འཚལ་ལོ། །དམིགས་བརྩེ་མ་དང་། ཨོཾ་ཤུབ་ས་ཤུབ་ས། སྲུཾ་སྲུཾ། སཏྭ་ནན་ཏད་སྭཱཧཱ། ཧཱུྃ་ཕཊ་ན་མ་ཤིཀྵི་ཀུ་རུ་སྭཱཧཱ། ཞེས་ལན་གསུམ་བརྗོད་དེ། རྣ་ཁ་ལ་མཆིལ་མ་བྱུགས་ན། རྡོ་དང་མཚོན་གྱི་རྣ་དང་། རྩ་ཆད་པ་དང་། གླད་པ་ཆགས་པ་རྣམས་གསོས་པར་བྱེད་དོ། །བསེ་དྲི་འདོན་པ་ནི། སྟར་བུའི་ཕྱེད་བུམ་གཉིས་ལ། དམིགས་བརྩེ་མ་དང་། ཨོཾ་བཛྲ་པཾ་ཡཀྵ་རཀྵ་ཧཱུྃ་ཕཊ། ཅེས་བཟླས་ནས། ཆུ་ཚ་མོར་སྐར་པོ་འདྲེས་ལ། གྲོ་ཞིབ་རྡོག་རྡོག་བཏང་ཆོས་བྱས་པ་ཚ་མོ་ལ་སྦྱུགས་ཅིང་། མཆན་ཁུང་ལ་འཇུག་ཏེ། ཉི་མ་འམ་ དྲུ་ཀླུ་ཐུག་པོས་གཡོགས་ནས་རྔུལ་བྱུང་ན་སེལ་ངེས་སོ། །ཐག་ཆིངས་ནི། རིན་པོ་ཆེའི་སྣོད་དུ་མིས་མ་འགོམ་པའི་རྗེའུ་དཀར་ནག་དམར་གསུམ་ལ་ཞག་གསུམ་སྔགས་བརྒྱབ། ཚགས་བྱས་ནས

དཀྲ་སྦྱང་པའི་དུས། རེའུ་དཀར་ནག་གཉིས་འཕང་ས། དམར་པོ་ཚགས་བྱས་པས་དཀྲ་པོ་འགྲོ་མི་ཤེས་སོ། །འགྲོལ་ན་རེའུ་དམར་པོ་བསྐུར་བས་འགྲོལ་ལོ། །དམིགས་བརྩེ་མ་དང་། ཨོཾ་ན་མོ་ཧྲཱ་ག་ཕ་ཏེ་ག་ནི་ཤ་ར་ཡ། མ་ཧེ་ཤ་ར་ཡ་ཧཱུྃ་ཕཊ། ཟབ་པ་ཡོད་ཉམས་སུ་ལོང་ཨྠི། སྒྲོས་པ་ལྷའི་མན་ངག་ལ། རང་ཕྱག་ན་རྡོ་རྗེར་གསལ་བའི་སྤྱི་བོར་རྗེ་བླ་མ་རིགས་བདག་ཏུ་བཞུགས་པ། ༔ཕྱག་གཡས་ཀྱི་རྡོ་རྗེ་ལས་རྡོ་རྗེའི་ཐོགས་ཕྱོགས་བཅུར་འཕྲོས་པས་གདུག་པ་ཅན་ཐམས་ཅད་ཚར་བཅད་པར་བསམ། ཕྱག་གཡོན་གྱི་བསྡིགས་མཛུབ་རྩེ་མོ་ལས་ཁྲོ་ཆུང་གི་ཚོགས་འཕྲོས་པས་བསྐལ་པའི་རླུང་བཞིན་དུ་མ་རུང་པ་ཐམས་ཅད་གཏོར་བར་བསམ། བ་སྤུའི་བུ་ག་ནས་ཡེ་ཤེས་ཀྱི་མེ་དཔུང་འཕྲོས་པས་འཇིག་རྟེན་གྱི་ཁམས་ཐམས་ཅད་མེས་བཀང་སྟེ་གནོད་བྱེད་ཐམས་ཅད་བསྲེག་པར་བསམ། སྐུ་ལ་བརྒྱན་པའི་ཀླུ་བརྒྱད་ལས་གདུག་པའི་ཁ་རླང་འཕྲོས་པས་གདུག་པ་ཅན་འདུལ། གསུང་གི་རིག་སྔགས་ཀྱི་སྒྲ་ལས་འབྲུག་གི་སྒྲ་སྒྲོགས་པས་འཇིག་རྟེན་ཁྱབ་སྟེ་གདུག་པ་ཅན་འདུལ་བར་བསམ། དེ་རྣམས་ཀྱི་སྐབས་སུ་དམིགས་བརྩེ་མ་དང་། ཕྱག་རྡོར་གྱི་སྔགས་བཟླའོ། །དེ་ལྟར་རྗེ་བླ་མའི་སྒོ་ནས་ལས་སྦྱོར་ཚུལ་ཞེ་གསུམ། འཇམ་དབྱངས་ཀྱི་སྒོ་ནས་སུམ་ཅུ། སྤྱན་རས་གཟིགས་ཀྱི་སྒོ་ནས་བཅོ་བརྒྱད། ཕྱག་རྡོར་གྱི་སྒོ་ནས་བཅུ་བདུན་ཡོད་པས། ལས་ཚོགས་བརྒྱ་རྩ་བརྒྱད་འོང་བ་ལགས། དམིགས་བརྩེ་མའི་ལས་ཚོགས་བརྒྱ་རྩའི་འཁྲོ་ཁ་བསྐང་བྲི་བ་མགོ་བརྩམས་པའི་ཚེ་རྨི་ལམ་དུ་ར་བ་རྒྱ་ཆེ་བའི་ནང་དུ་རྒུན་འབྲུམ་གྱི་ཤིང་སྡོང་བརྒྱ་ཕྲག་དུ་མ་བྱུར་བུར་བཀང་བ་སྐྱེས་ཤིང་རྒུན་འབྲུམ་ཐམས་ཅད་སྨོ་དམར་སྨིན་པ་ཞིག་རྨིས་ཏེ། དེ་ཉིད་ཀྱི་འབྲས་བུ་སྨིན་པ་ཡོང་བའི་རྟེན་འབྲེལ་གྱི་སྔ་ལྟས། གཞན་དོན་འགྲུབ་པའི་རྟེན་འབྲེལ་དུ་གོར་མཆག་གོ །དམིགས་བརྩེ་མའི་ལས་ཚོགས་བརྒྱ་དང་བརྒྱད་པ་ཟླ་ཏིག་ཕྲེང་བ་ཞེས་བྱ་བ་འདི་ནི་རྗེ་བཙུན་ཙོང་ཁ་པ་ཆེན་པོ་ལ་མི་ཕྱེད་པའི་དད་པ་ཐོབ་པ་དགེ་ལུགས་པའི་དགེ་སློང་དོན་གྲུབ་རྒྱལ་མཚན་གྱིས་ལྷ་ལྡན་ས་ཆར་སྦྱར་བའི་ཡི་གེ་པ་ནི་མཉྫུ་ཤྲཱི་ཀ་རྨའོ། ། །།དགེའོ། །

༄༅། །དམིགས་བརྩེ་མའི་ལས་ཚོགས་དངོས་གྲུབ་ཆར་འབེབས་ཞེས་བྱ་བ་བཞུགས་སོ།

༄༅། །རབ་འབྱམས་ཞིང་གི་རྒྱལ་བའི་གསང་གསུམ་ཀུན། །ཀུན་མཁྱེན་རྒྱལ་བ་གཉིས་པ་ཆོས་ཀྱི་རྗེ། །རྗེ་བཙུན་བླ་མ་བློ་བཟང་གྲགས་པའི་དཔལ། །དཔལ་ལྡན་དངོས་གྲུབ་འབྱུང་གནས་ལ་ཕྱག་འཚལ། །བླ་མེད་ཐུལ་བྱུང་རྒྱལ་བ་ཙོང་ཁ་པའི། །དམིགས་མེད་ཐུགས་རྗེ་སྨོན་ལམ་རྣམ་དག་མཐུས། །གྲངས་མེད་འགྲོ་ལ་དགོས་འདོད་རིན་ཆེན་གཏེར། །ཚད་མེད་འཕྲིན་ལས་ཕན་བདེ་མཆོག་སྩོལ་བྲི། །འདིར་ཀུན་མཁྱེན་ཙོང་ཁ་པ་གསང་བསྒྲུབ་ཀྱི་ལས་ཚོགས་ལ་འདིར་ཀུན་མཁྱེན་ཞེས་པ་ནི་བསྟན་དོར་རམ་གཟིངས་བསྟོད་པ་མིན་གྱི། རྒྱལ་བའི་གསུང་རབ་མཐའ་དག་ལ་མ་ནོར་བའི་ཕྱོགས་པ་བརྙེས་ཏེ། ཐབས་ཀྱི་ཆ་ཅན་གྱི་ཆོས་ཚུལ་གསང་བ་འདུས་པའི་སྐོར་དང་། ཤེས་རབ་ཀྱི་ཆ་མཐའ་བྲལ་དབུ་མ་ཐལ་འགྱུར་བའི་ལྟ་བ་བོད་ཡུལ་དུ་སྔོན་མ་བྱུང་བའི་རྟོགས་པ་འཁྲུངས་པས་རྣམ་ཀུན་མཁྱེན་པ་ཞེས་སོ། །ཕྱི་ནང་གསང་བའི་སྒྲུབ་ཚུལ་ལ་ལྷའི་སྐུ་མདོག་ཕྱག་མཚན་གྱིས་ཕྱེ་བ་ཡོད་ཀྱང་། འདིར་ལས་སྒྲུབ་ཚུལ་གྱིས་ཕྱེ་སྟེ། ཕྱི་སྒྲུབ་འོད་ཟེར་སྤྲོ་བསྡུ་དང་། ནང་སྒྲུབ་འོད་ཀྱི་ཁ་དོག་གིས་ཞི་རྒྱས་དབང་དྲག་གི་འཕྲིན་ལས་བཞི་སྒྲུབ་པ་དང་། ལས་ཁྱད་པར་ཅན་སྒྲུབ་པའི་སྒོ་ནས། ཆར་འབེབས་པ། སད་བསྲུང་བ། སད་བསྲུང་པའི་ཟ་ཡིག མཚོན་བསྲུང་རྡོ་རྗེའི་གོ་ཁྲབ། གྲིབ་བསྲུང་། སྲོག་རླུང་གི་གདམས་ངག །རྒྱལ་པོ་གྲི་ཐོག་གི་ཟ་ཡིག །དགྲ་རྐུན་ཇག་པ་སོགས་བསྲུང་བ་ལྕགས་སྒྲོགས་མ། ཞིང་གི་བཙའ་བསྲུང་བ། ཁ་ཟས་སྤྱད་པ། རང་གར་འགྲོའི་ལམ་གྱི་བར་ཆད་བསྲུང་བ་དང་བཅུ་གཅིག་ལས། །༈ །དང་པོ་ཆར་འབེབས་པ་ནི། སྒྲུབ་པ་པོ་གང་གིས། དགོས་པ་ཅིའི་ཕྱིར། སྒྲུབ་པ་ཇི་ལྟར་ཞེ་ན། རྣམ་གྲོལ་དོན་གཉེར་གྱི་སྐྱེས་བུས་སེམས་ཅན་ཐམས་ཅད་ཀྱི་ཕན་བདེ་སྒྲུབ་པའི་ཕྱིར་སྒྲུབ་པ་དངོས་འདི་ལྟར་བསྐྱེད་རིམ་བླ་མའི་རྣལ་འབྱོར། དང་པོ་འགྲོ་

དུས་སུ་རང་ཉིད་རྗེ་བླ་མ་ཉིད་དང་དབྱེར་མེད་པར་བསྒོམ། ཚིག་རྐང་དང་པོ་སྤྱན་རས་གཟིགས། གཉིས་པ་འཇམ་དབྱངས། གསུམ་པ་ཕྱག་ན་རྡོ་རྗེ། བཞི་པ་རྗེ་ཉིད་དུ་བསམ་ནས་དམིགས་བརྩེ་མ་བཟླའོ། །རང་གི་ཐུགས་ཀ་ནས་འོད་ཟེར་འཇའ་ཚོན་སྣ་ལྔ་ལྟར་འཕྲོ་ཞིང་། དམིགས་མེད་ནི་ཕྱུང་དཀར་པོ། དྲི་མེད་ནི་ཕྱུང་ཁྲ་བོ། གངས་ཅན་ནི་ཕྱུང་དམར་པོ། བློ་བཟང་ནི་ཕྱུང་ནག་པོར་བསྐྱེད། ཕྱུང་བཞི་ཕྱོགས་བཞིར་བསྐྱེད་ལ། ཆུ་མགོ་དེའི་ཀླུ་གར་ཡང་འགྲོ་ས་མེད་པར་བསམ། རང་ཉིད་རྗེ་བླ་མར་གསལ་བའི་ངང་ནས་དམིགས་བརྩེ་མ་བཟླ་ཞིང་། ཆུ་འགོ་དེའི་ཀླུ་ལ་འདི་སྐད། ཀླུའི་རྒྱལ་པོ་དགའ་བོ། གཙུག་ན་རིན་ཆེན། དུང་སྐྱོང་། ནག་པོ་ཆེན་པོ། ཀོ་ས་ལའི་རིགས། ཀླུ་འོན་པ་དང་། ཞ་བོ་དང་། རྨུག་པ་དང་། འཐིངས་པ་དང་། ཀླུའི་རིགས་སུ་གྱུར་པ་རྣམས་ཉོན་ཅིག་ཟེར་ནས་དུང་ལན་གསུམ་འབུད། ཁྱེད་ལ་ཡ་ཐོ་བཟུང་དུ་འོང་བ་མ་ཡིན། ངོ་བ་སྟོབ་པར་འོང་བ་མ་ཡིན། འཁོན་ཚོལ་དུ་འོང་བ་མ་ཡིན། འཛམ་བུ་གླིང་དུ་ཆར་དཀོན་པོ་བྱུང་བས། ཁྱོད་ལ་ཆར་བ་སློང་དུ་འོང་བ་ཡིན། ཆར་ཆེན་པོ་ཡུལ་ཕྱོགས་འདིར་དྲག་ཏུ་ཕོབ་ཅིག །ཅེས་ཆུ་འགོའི་ནང་འབུད། ཕྱོགས་བཞིར་ཐོ་བཞི་བརྩིགས། དམིགས་བརྩེ་མ་འདོན། ཕཊ་ལན་གསུམ་བརྗོད། ཐོ་བཞིར་ཕྱུང་བཞི་བསྐྱེད། ཡུལ་ཕྱོགས་དེའི་གཞི་བདག་ལ་དཀར་གཏོར་དང་བསང་མཆོད་བྱ། དུག་སྣ་དང་མ་འདྲེས་པའི་མེ་ཏོག་རྣམ་པ་སྣ་ཚོགས་དང་། དུག་སྣ་དང་མ་འདྲེས་པའི་སྨན་སྣ་ཚོགས་གྲོ་སྤྲིན་དང་སྦྱར་ནས། དེ་རྣམས་ལ་རིལ་བུ་ལུག་གི་རིལ་མ་ཙམ་བརྒྱ་དང་བརྒྱད་བཅོས། །མདུན་དུ་བུམ་པ་ལེགས་པ་གཅིག་བཞག །རིལ་བུ་དེ་འདྲ་རེ་རེ་ལ་དམིགས་བརྩེ་མ་རབ་བརྒྱ། འབྲིང་རང་གིས་གང་ཐོན་རིལ་བུ་ལ་ཕུ་བཏབ་ནས་བུམ་ནང་དུ་བླུག །རིལ་བུ་མ་རྫོགས་པར་དུ་དེ་ལྟར་བྱའོ། །བུམ་པའི་ཁ་དར་དམར་གྱིས་བཅིངས། ཆུ་འགོའི་ཕུགས་སུ་བཞག་གོ །དེ་ན་གང་འཚོགས་པ་རྣམས་ཀྱིས་དམིགས་བརྩེ་མ་རྒྱུན་དུ་འདོན། རྒྱུན་མྱུར་དུ་བབས་ན་ཞག་གཉིས། འབྲིང་གསུམ་སྟེ་མྱུར་དུ་འབེབ་པར་ཞལ་གྱིས་བཞེས་སོ། །ཆར་བབས་ནས་སློག་འོང་བའི་དུས་སུ་བུམ་པའི་ནང་གི་རིལ་བུ་དེ། ཆུ་འགོའི་ནང་དུ་བླུག བྱ་ཁྱིས་མི་ཟ་བར་འགེབས་པར་བྱའོ། །ཐོ་བཞི་པོ་བསྒྲིལ། ཕྱུང་རྣམས་ནམ་མཁར་གཤེགས། དམིགས་བརྩེ་མ་འདོན། བསང་དང་བཀའ་བསྒོ་སྒྲི་དང་མཐུན་པར་བྱ། གོམ་པ་གསུམ་པོར་ནས་ཕྱིར་ལྟ་

བར་བྱས་ནས་དམིགས་བརྩེ་མ་འདོན། ཀླུ་ཡོངས་སྤྱོད་དང་ལྡན་པར་བསམ། རང་ཉིད་ཡ་དངོས་གྲུབ་ཞུ། ཆར་ལྟར་བབས་པར་བསམ། དམིགས་བརྩེ་མའི་ལས་ཚོགས་ལས་ཆར་འབེབས་རླུང་ནག་འཚུབ་མ་ཨུ་ཡེ་ཧྲཱི། ཆར་འབེབས་ནི་གཞན་དོན་ལ་དམིགས་པའི་སྙིང་རྗེས་ཀུན་ནས་བླངས་ཏེ། རང་གི་དམ་ཚིག་ལ་སྒྲོན་གཏད་སམ་བྱུང་བ་ནི་ཆར་འབེབས་པའི་ཁྱད་ཆོས་ཡིན། འདིར་དམིགས་བརྩེ་མའི་ཆར་འབེབས་ལ་ཚུལ་ཁྲིམས་རྣམ་པར་དག་པ་ཞིག་ངེས་པར་དགོས་ཤིང་། དེ་ཡང་དམིགས་པ་དང་བཅས་པའི་བསྙེན་པ་འབུམ་ཐྲག་བཞི་སོགས་གང་མང་སོང་བ་ཞིག་གིས་ལས་འགྲུབ་ཀྱི། དམིགས་པ་མེད་པར་ལོ་གཅིག་བཟླས་ཡང་ཆར་འབེབས་བ་དཀའ། ཁྱད་པར་དུ་ཚེ་འདི་དོན་དུ་གཉེར་བའི་གང་ཟག་གིས་བསྐལ་པའི་བར་དུ་སྒྲུབ་ཀྱང་ཐིག་གཅིག་ཙམ་མི་འབེབ་སྟེ། པོ་ཏོ་བའི་ཞལ་ནས། ཧ་གཉིས་གཞོན་བས་བར་ལྷུང་ངོ། །དེ་བཞིན་དུ་ཚེ་འདི་དང་ཕྱི་མའི་དོན་གཉིས་ཀ་མི་འགྲུབ་བོ་ཞེས་གསུངས་པའི་ཕྱིར་རོ། །འདིར་བསྐྱེད་རིམ་ཞེས་པ་ནི། དམིགས་པ་གསལ་ཞིང་བརྟན་པོ་བྱེད་ཅེས་པའི་དོན་ནོ། །བླ་མའི་རྣལ་འབྱོར་ཞེས་པ་ནི་བསྙེན་པ་ཚད་ལྡན་སོང་བའི་དོན་ནོ། །

༈ གཉིས་པ་སད་བསྲུང་བའི་གདམས་པ་ནི། བསྐྱེད་རིམ་བླ་མའི་རྣལ་འབྱོར་གོང་ལྟར་རོ། །གང་དུ་འདུག་པའི་གནས་སུ་རང་གི་མདུན་དུ་སྐྱིད་བུ་དཔུང་གསུམ་པ་བཅས། དཔུང་བ་དང་པོ་སྤྱན་རས་གཟིགས། གཉིས་པ་འཇམ་དབྱངས། གསུམ་པ་ཕྱག་ན་རྡོ་རྗེ། དེའི་སྟེང་དུ་ཟངས་ཆེ་ཆུང་གང་ཡིན་པ་ཆུས་བཀང་ནས་བཞག རྟེན་བྱིན་རླབས་ཅན་ལ་ཁྲུས་གསོལ་བྱ། ཆུ་རྣམས་དེར་བླུག །རྗེ་བླམ་འོད་དུ་ཞུ། ཕྱོགས་གསུམ་ནས་མེ་འབུད། དམིགས་བརྩེ་མ་འདོན། ས་གཞི་ཐམས་ཅད་རྡོད་ཆེན་པོ་སྐྱེས་ནས་ནམ་མཁའི་ཁམས་ལ་སྤྲིན་གྱི་ཕུང་པོ་འདུས་ནས་ཆུ་དེའི་རླངས་པ་སྤྲིན་ལ་ཐིམ །འཛམ་བུའི་གླིང་ཐམས་ཅད་སླུག་པས་གང་བར་བསམ། ཆུ་དེའི་རླངས་པ་མ་ཆད་པར་མི་འབྱུང་། དེ་ལ་བསྐོར་བ་བྱེད་ཅིང་། དམིགས་བརྩེ་མ་འདོན། བརྒྱ་ཚོ་རེ་རེ་ཆུ་ལ་འདེབས། དེ་རྣམས་དུས་དང་བསྟུན་པའོ། །སད་ཀྱི་བདག་པོ་འམ་སྣ་འདྲེན་པ་དེས་རྗེ་བླམ་ལ་དད་གུས་དུང་དུང་བྱེད་པར་བསམ། ཡང་དམིགས་བརྩེ་མ་ཅི་ཐོན་འདོན། ཐུགས་རྗེ་ནུས་མཐུས་སྐྱོབ་པར་བསམ། ཡང་དམིགས་བརྩེ་མ་འདོན། བྱང་ཆུབ་ཏུ་སེམས་བསྐྱེད། སེམས་ཅན་ཐམས་ཅད་ཟས་ཀྱི་ལོངས་སྤྱོད་དང་ལྡན་པར་བསམ། སད་བསྲུང་བའི་གདམས་པ་ཨུ་ཡེ་ཧྲཱི། སད་བསྲུང་བ་ནི། རང་གང་ཞིང་ཁ་བཏབ་ནས་སྟོན་ཐོག་སྨིན་པའི་བར་དུ་སད་རྒྱབ་པར་དོགས་ནས་སད་བསྲུང་བྱེད་ཀྱང་བསྲུང་མི་ནུས་པའི་ངལ་བ་སྐྱུ་ཙུར་བོ་ཟེར་རོ། །སད་རྒྱབ་པས་འབྲུ་སྨིན་

གྲངས་མེད་པ་ཤི་པ་དང་མི་སེར་མང་པོ་སྟོན་ཐོག་མ་སྨིན་ན་དགོན་སྡེ་ཚོས་ཀྱི་མཐུན་རྐྱེན་སླ་བར་མ་གྲུབ་པ་སོགས་སྙིང་རྗེ་དགོས་ཤིང་དམ་ཚིག་དང་སྡོམ་པ་ལ་སྐྱོན་མ་བྱུང་ཞིང་དམིགས་པ་ཅན་ཞིག་ངེས་པར་དགོས་སོ། །༈གསུམ་པ་མཆོད་བསྲུང་པའི་ཟ་ཡིག་ནི། གཞི་མཐིང་ཤོག་གཙང་མ་ལ། གསེར་རམ་རྒྱ་སྣག་གིས་དམིགས་བརྩེ་མ་གནམ་གྱིས་མི་མཐོང་བའི་སར་ཆད་ལྷག་མེད་པར་སྤེལ་སྦྱོར་དག་པས་བརྩེགས་མར་བྲི། དམིགས་བརྩེ་མ་སྟོང་བཟླས་ལ་སྲུ་བཏབ། ཚིག་རྐང་གི་གོ་རིམ་བཞིན་སྤུན་རས་གཟིགས། འཇམ་དབྱངས། ཕྱག་རྡོར། རྗེ་བླ་མ་རྣམས་བསམ། སྔགས་བརྒྱ་རེ་བཟླས་ཤིང་སྲུ་རེ་བཏབ། འོད་དུ་ཞུ་ནས་དེ་དང་དེར་གྱུར་པར་བསམ། ཞབས་ནས་རིམ་གྱིས་དྲིལ། ཡི་ཧྲཱྀས་རབ་གནས་བྱ། དམིགས་བརྩེ་མའི་རྡོ་རྗེའི་གོ་ཆ་གྱོན་པར་ཞལ་བཞེས་སོ། །རྫས་ནི་གུ་གུལ་དཀར་ནག་གཉིས། ཙན་དན་དཀར་དམར་གཉིས། སིནྡྷུ་ར་དེ་རྣམས་གསེར་དངུལ་གྱི་སྣོད་དུ་བླུག དམིགས་བརྩེ་མ་བཟླས་པའི་སྲུས་ཟ་ཡིག་སྔགས། དར་སྐུད་དམར་པོའི་ཆིངས་གིས་བསྡམས། ཟ་བའི་དུས་སུ་སྒྲ་གཅན་རྒྱབ་ཏུ་བཞག སོ་སོན་ལྷེ་རྩེ་གསུམ་གྱིས་མ་རེག་པར་ཟ། ༀ། མཆོད་བསྲུང་བའི་ཟ་ཡིག་ནི་ཕྲར་བཞིན་མཚན་ཉིད་གསུམ་ལྡན་གྱི་བླ་མས་བྲིས་པའི་ཟ་ཡིག་ཟོས་པའམ་དཔུང་བར་འདོགས་པའི་མ་ཁང་པའི་སྒོ་སྟེང་དུ་འདོགས་ཀྱང་རུང་ངོ་། །གཟའ་རྒྱབ་ལ་བཞག་ཅེས་པ་གཟའ་སྒྲ་གཅན་ཤར་ནས་རྒྱུ་བའི་དུས་སུ་བྱི་བ་པོའི་དེ་ནུབ། རྒྱབ་ཤར་དུ་བཞག། ནུབ་ནས་རྒྱུ་བའི་དུས་ས་བྱི་བ་པོའི་ངོ་ཤར། རྒྱབ་ནུབ་ཏུ་བཞག་པ་ཡིན་ནོ། །༈བཞི་པ་མཆོད་བསྲུང་པའི་རིམ་པ་ནི། བཏགས་པའི་དུས་སུ་གདན་དཀར་པོ་གཅིག་གཏིང་། དེའི་སྟེང་དུ་ནས་ཀྱིས་རྡོ་རྗེ་རྒྱ་གྲམ་བྲིས། དེའི་སྟེང་དུ་སློབ་དཔོན་ཁ་ཤར་དུ་བལྟས། དཀོན་མཆོག་གསུམ་ལ་སྐྱབས་སུ་མཆི། །དེའི་རྗེས་བཟླས་བྱས་སོ། །མཆོད་བསྲུང་ལྡེ་མིག་གིས་མཐོང་ཚད། ལག་པས་ནླང་ཚད། གྲི་རལ་གྱི་ངར་བཟློག །མདའ་མདུང་གི་རྩེ་འཇུ་མ། མཆོན་གྱི་གནོད་པ་ལས་སྲུངས་ཤིག སྐྱེས་བུའི་འཐེ་མ་དྲིལ། མཆོག་དཀར་གྱི་གཞུ་མཆོག ཡང་དམིགས་བརྩེ་མ་འདོན། ཡང་གོང་ལྟར། མོ་ལྕགས་ཀྱི་མཉེན་མཆོག །ཕོ་ལྕགས་ཀྱི་གྱོང་ཚོག ལྕགས་སྙིང་གི་ངར་སོང་། མགར་བ་ནག་པོའི་མདའ་གྲི་མདུང་ཐད་ཐད། ཡང་དམིགས་བརྩེ་མ་འདོན། གོང་ལྟར་སློབ་དཔོན་ངེས་རྡོ་རྗེའི་གོ་ཁྲབ་གྱོན་པར། བདག་ཉིད་རྗེ་བླ་མ་ཉིད་དུ་མ་ཡེངས་པར་བསྒོམ་ཞིང་། མགོ་ལ་གཡས་བསྐོར་དགུ ལག་པ་གཉིས་པ་དེ་ལྟར་བྱ། དེ་ནས་དམིགས་བརྩེ་མ་ཅི་ཐོན་འདོན། བླ་མས་མདའ་དར་ཞུ་འཐེན་ནས་རྡོ་རྗེའི་

གོ་ཁྲབ་གྱོན་པར་བསམ། དམིགས་བརྩེ་མའི་མཚོན་བསྲུང་། ཧྲཱི། རབ་དམག་ཏུ་ཕྱིན་ནས་མདུང་གི་མདའ་དང་མོ་འདས་མི་ཕོག་པའི་དོན་ཡིན་གྱི། ཆོས་སྒྲུབ་པའི་སྐྱེས་བུ་ལ་ཇག་པས་འཇོམས་དོགས་དང་འདོགས་ནས་མཚོན་ཆ་སོགས་རྒྱབ་པ་མི་ཚུགས་པའི་ཕྱིར་དུའམ། ལམ་ཁར་ཇག་པ་ཐུག་པས་འདོགས་ནས་བྱེད་པའོ།། ༀ༎ཟློ་པ་གྲིབ་བསྲུང་བའི་གདམས་པ་ནི། རྒྱ་ཤོག་སེར་པོའི་སྟེང་དུ་བློ་བཟང་གྲགས་པའི་ཞབས་ལ་གསོལ་བ་འདེབས། །ཞེས་པ་བྲིས་ལ་མཇུག་ནས་ཡར་དྲིལ། དམིགས་བརྩེ་མ་རབ་སྟོང་། འབྲིང་བརྒྱ་རྩ་བཟླས་ནས་ཕུབ་བཏབ་སྐེ་ནང་སྦ་མོ་ཟ། ལག་ལེན་དེ་ལྟར་བྱས་ནས། གངས་ཅན་མཁས་པའི་གཙུག་རྒྱན་ཙོང་ཁ་པ་ནི་ཚ་དུས། དྲི་མེད་མཁྱེན་པའི་དབང་པོ་འཇམ་པའི་དབྱངས་ནི་ཙྭ་དུས། དམིགས་མེད་བརྩེ་བའི་གཏེར་ཆེན་སྤྱན་རས་གཟིགས་ནི་དགོང་མོ་ཟ། འདིའི་ཛས་ནི་ཧྣ་ཧི། ཀུར་ཀུམ། སྐེ་ཤང་གསུམ་རྒྱ་སྣག་གི་ནང་དུ་བླུག་ལ་དེས་བྲིས། དམིགས་བརྩེ་མའི་གྲིབ་བསྲུང་། ཧྲཱི། ། ། །

དམིགས་བརྩེ་མའི་གྲིབ་བསྲུང་ནི་སྔར་ལྟར་ཆོས་གསུམ་ལྡན་པས་བྲིས་ལ། ཟ་ཡིག་ཐོས་ཤིང་མགུལ་དུ་བཏགས་པས་གྲིབ་མི་ཕོག གལ་ཏེ་ཟླ་བ་དང་པོར་གྲིབ་རྒྱབ་ན་ལོ་གཅིག །ཟླ་བ་གཉིས་པ་ལ་ལོ་གཉིས་ནས། ཟླ་བ་བཅུ་གཉིས་པས་འཚོ་མི་ཐུབ་པས་དམིགས་བརྩེ་མའི་བྱབས་ཁྲུས། དུག་དབྱུང་སོགས་ལ་འབད་པར་བྱའོ། །མི་གཙང་བ་སོགས་ལ་ཤིན་ཏུ་འཛེམ་དམིགས་བརྩེ་མའི་བསྒོམ་བཟླས་ལ་འབད་པར་བྱའོ།། ༀ༎

དྲུག་པ་སྲོག་རླུང་གི་གདམས་པ་ནི། ཛ་ཕུམ་གྱི་ནང་དུ་གཡུ། བྱུ་རུ། སྤོས་ཤེལ་རྣམས་བླུག དམིགས་བརྩེ་མ་ཅི་ཐོན་བྱས་ནས་ཕུ་བཏབ། སློབ་མ་དེ་མདུན་དུ་ཅོག་པུར་འདུག་ཏུ་བཙུག ཕུམ་ཆུས་ངེས་ཁྲུས་བྱ། དམིགས་པ་ནི། སློབ་མས་དམིགས་བརྩེ་མའི་རྗེ་རྗེའི་གོ་ཁྲབ་གྱོན་པར་བསམ། སློབ་མ་ལ་དམིགས་བརྩེ་མ་ཅི་ཐོན་འདོན་དུ་བཅུག ལུས་ཀྱི་རྒྱབ་དང་མདུན་དུ་དམིགས་བརྩེ་མའི་ཡི་གེ་བྲིས། དེའི་ཛས་ལ་སྨྲ་རྩི། དགེ་སློང་གཙང་མའི་དྲི་ཆུ་དང་སྦྱར་ལ། ལུས་ཀྱི་ཡི་གེ་རྣམས་ལ་བལ་གྱིས་ཕྱུག དེས་ངེས་པར་ཕན་པར་ཐེ་ཚོམ་མེད་དོ། །ཨུ་ཡ་ཧྲཱི།

དཔེ་ཆ་ཏ་ཅང་མང་པོ་བློ་ལ་བཟུང་བ་དང་། ཉིན་མཚན་མེད་པར་དཔེ་ཀློགས་པས་རྐྱེན་བྱས་ནས་སྲོག་རླུང་བསླངས་ཏེ་གཉིད་མི་ཁུགས་པ་དང་། ཁྲོ་བ་དང་། ཁྲུལ་བ་སོགས་བྱུང་ན་མ་ཞིང་ཏ་འདོན་གྱི་གདམས་ངག་བསྐྱང་བས་ཀྱང་སེལ་ཏེ། སྦྱོར་བ་བྱབས་ཁྲུས་བྱས་ནས། རླུང་རོ་དགུ་ཐུགས་དང་བུམ་པ་ཅན་མདུན་བཟུང་། མདུན་གྱི་ནམ་མཁར་ཏ་ནག་པོ་གསལ་བཏབ། སྙིང་གར་ཨ་དཀར་གསལ་བཏབ་ཅིང་། སྐད་མཐོན་པོས་ཏ་ཞེས་ཆེར་བདུན་འདོན་པ་དང་མཉམ་དུ་ཨ་དཀར་པོ་ལས་འོད་འཕྲོས་ཏ་ནག་པོ་ལ་ཕོག་པས་དེ་དཀར་པོར

གྱུར་པར་བསམ་པས་སྒྲིག་པ་བྱུང་ན་སྒྲོག་ཀླུང་སེལ་བ་ཡིན་ནོ། ། ༈ །བདུན་པ་རྒྱལ་པོ་གྲི་ཐོག་གི་ཟ་ཡིག་ནི། ཟ་ཡིག་དམིགས་བརྩེ་མ་ཚིག་འབྲུ་བཞི་གོང་དུ་གྲིབ་བཙོས་ཀྱི་སྐབས་ལྟར་བྲི་ཞིང་། དམིགས་བརྩེ་མ་ཅི་མང་འདོན། ཐིགས་ཆུ་དང་སྦྱར་ནས་བླུགས། རབ་གསེར་དངུལ་གྱིས་དམིགས་བརྩེ་མ་ཅི་མང་བྲི། བསྲུང་སྐུད་ཁྲ་ཁྲས་བྱེད། དེ་ལ་མཇུག་ནས་བཅས་ཏེ་ཡར་དྲིལ། དེ་རྒྱབ་སྐུད་པ་དམར་པོས་བཅིངས་ཏེ་བསྒོམས། དམིགས་བརྩེ་མ་མང་དུ་བཟླས། གྲི་ཐོག་གི་ནད་དེ་རྗེ་ཉིད་ཀྱིས་གསོལ་བར་བསམ། ཧྲཱི། རྒྱལ་པོ་གྲི་ཐོག་ཟ་ཡིག་ལ་རྒྱལ་གདོན་ཞུགས་པ་ལ་དམིགས་བརྩེ་མ་དུས་རྒྱུན་དུ་བསྒོམ་བཟླས་བྱས་དགོས། གདོན་དེ་སེམས་ལ་འཇུག་པས་གཉིད་མ་ཁུགས། སྨྱོས་པ་སོགས་འཁྲུལ་བ་འོང་བ་ན་ཀླུང་སེམས་འཇུག་པ་གཅིག་ཡིན་པས་ཀླུང་བཟུང་པར་བྱའོ། །གསང་ཐིགས་བཟླས་པས་ཀུང་སེལ་ལོ། ། ༈ །བརྒྱད་པ་དགྲ་རྐུན་ཇག་པ་བསྲུང་བ་ནི། ཡུལ་བསྲུང་བར་བྱེད་པ་དང་། དཔལ་འབར་བསྲུང་བར་བྱེད་པ་དང་། རང་བསྲུང་བར་བྱེད་པའོ། །དང་པོ། གོམ་པ་དགུ་བོར་བའི་འོག་ནས་ས་སྨར་གང་བླངས་ལ། དམིགས་བརྩེ་མ་མང་དུ་བཟླ། དེ་ལ་ཕུ་བཏབ། ཡུལ་རང་དུ་ས་བསྲུང་རྒྱུ་ཡིན་ན་ཕྱོགས་བཞིར་ཐོ་བཞི་བརྩེགས། ཐོ་གཅིག་སྨྱིན་རས་གཟིགས། གཉིས་པ་འཇམ་དབྱངས། གསུམ་པ་ཕྱག་ན་རྡོ་རྗེ། བཞི་པ་རྗེ་ཉིད་དུ་བསམ་ནས། དམིགས་མེད་ཀྱིས་དགྲ་ཇག་ཀུན་གྱི་ལྷ་ཁུག །དྲི་མེད་ཀྱིས་དགྲ་ཇག་ཀུན་གྱི་གཉའ་ཆིངས། གངས་ཅན་མཁས་པས་དགྲ་ཇག་ཀུན་གྱི་ལུས་ངག་ཡིད་གསུམ་ཆིངས། ལྷོ་བཟང་གྲགས་པས་བྱེ་མས་བསྐོར། དེ་ལྟར་རས་བསྐོར་བར་བསམ། དགྲ་ཇག་རྐུན་གསུམ་གང་ཡིན་ཡང་ལྟགས་ཐག་གིས་བཅིངས་པར་བསམ། འགྲོ་དུས་སུ་གོང་པ་དགུའི་འོག་ནས་ས་སྨར་གང་བླངས་ནས་གོང་ལྟར་ཐིགས། ཕྱོགས་བཞིར་གཏོར། ཡང་དམིགས་བརྩེ་མ་འདོན། ཇག་པ་ཡོད་ན་འགུག་ཡོང་། མེད་ན་རྐང་པ་སྒྲིད་པ་དང་ལྕེ་བ་ཡོང་། ཇག་འཆིང་རྐུན་འཆིང་ལྟགས་སྒྲིག་མ། ཨུ་ཡ་ཧྲཱི། དགྲ་ཇག་བསྲུང་བ་ནི། རང་རྗེ་བླ་མར་གསལ་བའི་ཐུགས་ཀར་རྗེ་བཙུན་སྒྲོལ་མ × × ཡི་གེ་བཅུ་པ་བཟླས་པས་འོད་ཟེར་དཀར་པོ་འཕྲོས་ཇག་པ་ཐམས་ཅད་ལྟགས་ཐག་གིས་ཡན་ལག་ལྔ་བཅིང་། པད་ཟླའི་འོག་ལྟགས་ཀྱི་ཁང་པ་ཕུར་བུའི་རྣམ་པ་ཅན་གྱི་ཏིང་དུ་བཙུག་པར་བསམ་མོ། དམིགས་བརྩེ་མས་ཐིག་སྒྲིབ་བྱང་ཞིང་སེམས་ངན་ཞི་སྡེ་གུས་འདུད་བྱས་པར་བསམ་མོ། ། ༈ །དགུ་པ་ཞིང་གི་བཙའ་བསྲུང་བ་ནི། དམིགས་བརྩེ་མ་གོང་ལྟར། དགེ་འདུན་སྟོང་ཚོགས་པའི་ཆབ་བསིལ་གྱིས་གང་གདངས་པའི་སྙིང་བའི་ས་སྲིད་པའི་བྱེ་མ་དགེ་སློང་གཙང་མའི་དྲི་ཆུ། བུ་མོ་ལོ་

བརྒྱད་མའི་ཆུ། བུ་མོ་བརྒྱད་པའི་ཆུ་རྣམས་བྱེ་མ་དང་བསྲེས། བྱེ་མ་ཅི་མང་བྱེད་ཁྱི་དང་བུད་མེད་ཀྱིས་མ་འགྲོམ་པར་ཕུར་པ་ཅི་མང་བྱེད། ཕུར་པ་དེ་རྣམས་ལ་ཡི་གེ་བྲིས། རའི་ཤུན་བུ་གསོན་པོ་ལ་སོ་ཧོག་གི་ཕུད་བསྟུད། ལན་ཆགས་མང་དུ་བཙོས་ལ། ཕུད་ལན་ཆགས་གཉིས་ར་རྒྱལ་ནང་དུ་བླུག །བདེན་བདར་བྱ། རྡོ་རྗེ་བླ་མའི་ཐུགས་རྗེ་ལ་བརྟེན་ནས་སོ་ཧོག་འདི་ལ་བར་དུ་གཅོད་པ་རྣམས་དེའི་ནང་དུ་ཐིམ་ཞིང་། ཡུལ་དེ་རྣམས་ཀྱིས་ཞིང་མཐོང་བའི་སར། སྒྲུབ་ཁང་ངམ་གུར། དཔོན་སློབ་ཇེ་ཚོགས་ཀྱི་མདུན་དུ་རྫས་རྣམས་ལ་གོས་ནས་ཞག་བདུན་གྱི་བར་དུ་རྫས་རྣམས་ལ་དམིགས་བརྗེ་མས་སྔགས་དམིགས་པ་གོང་ལྟར་རོ། །ཞག་བདུན་ནང་དུ་དཔའ་བོ་མཚོན་ཆ་ཐོགས་པ་མང་པོ་འབོད། བྱེས་མཐུ་བར་གཏུམ་ནས་ཀུ་ཧོ་ཟེར་ཞིང་མཚོན་ཆ་འདོན། །བྱེ་མ་ཞིང་ལ་འདེབས་ཅིང་རྒྱུག དེ་ནས་ཡོད་ཚད་ཀྱིས་དམིགས་བརྗེ་མ་འུར་ལ་འདོན། ར་རྒྱལ་གྱི་ལིངྒ་དེ་སྟག་ལོ་པའམ། གང་ཟུང་གིས་ཐེ་གུས་བཏགས་ནས་དེ་རྣམས་ཀྱི་སྔོན་དུ་འདེབས། དམིགས་བརྗེ་མ་ཚར་རེ་འདོན། བྱེ་མ་ཞིང་ལ་འདོར། བཙའ་སོང་བཙའ་སོང་། བཙའ་སད་མ་ལུས་མཐའི་རྒྱ་མཚོའི་ཕ་རོལ་དེར་སོང་ཤིག ཅེས་ཀླུང་གི་ཚུལ་བསྐུར། ཀུ་ཧོ། བ་སོ་དེ་རི་རི་མང་པོ་བྱའི་ཞིང་ལ་བཙའ་སད་མ་བཏང་ཅིག ཟེར་ནས་གཞི་བདག་ལ་བཀའ་བསྒོ་བྱེད། མཚུངས་མེད་དམ་པ་རྒྱལ་བ་ཙོང་ཁ་པ་ཆེན་པོའི་བཀའ་ལས་མ་འདའ་ཅིག ཅེས་ཟེར་ནས་འཐོར། ཕུར་པ་ཕྱོགས་ཐམས་ཅད་བཙུགས། ཕྱོགས་བཞིར་ཐོ་བཞི་རྒྱབ། རང་ཉིད་རྡོ་རྗེ་བླ་མར་སྔར་ལྟར་བྱ། བཀྲ་ཤིས་བྱ། རྡོ་རྗེ་བླ་མ་ཉིད་ཀྱིས་ལོ་བདུན་ཐུབ་པར་ཞལ་གྱིས་བཞེས་སོ། །ཕྲཱིཾ། ཞིང་གི་འབྲུ་བསྲུང་བ་ལ་རྒྱུ་ནི་དཀོན་མཆོག་གི་དཀོར་ཟ་བ་རྣམས་དེར་སྐྱེས་པ་ཡིན་པས། དགེ་སློང་རྣམ་པར་དག་པས་སྨོན་ལམ་བདེན་སྟོབས་བརྗོད་དེ། དགེ་སློང་རྣམ་དག་གམ་བྱང་ཆུབ་སེམས་དཔའི་རྣམ་སྤྲུར་ཆོས་གོས་རྒྱལ་མཚན་གྱི་རྩེར་མཆོད་ན་ཕན། ། ༔ ༎བཅུ་པ་ཁ་ཟས་འོང་བའི་མན་ངག་ནི། རང་ཉིད་ལྷ་མོ་དཀར་མོ་གཡས་ལྕགས་ཀྱུ་དང་། གཡོན་བུམ་པ་འཛིན་པ། གཅིག་ཏུ་བསྒོམ། དམིགས་བརྗེ་མ་བཟླས། ལྷ་མོ་དེའི་བུམ་པའི་ནང་དུ་བཟའ་བཏུང་གང་འོས་དེ་འབྱུང་བར་བསམ། ཕྲཱིཾ། ཁ་ཟས་འོང་བ་ནི། རང་རྗེ་བླ་མར་གསལ་བའི་ཐུགས་ཀ་ནས་ལྷ་མོ་འཕྲོས་པ་ལ་ལྷ་མོའི་སྐུ་ལས་འོད་ཟེར་དམར་པོ་འཕྲོས་པས་སྐྱེ་བོ་ཐམས་ཅད་ཀྱི་ཡིད་བསྐུལ་བར་བསམ་མཆོག་ཤེས་ཡོད་ན་བཟའ་བཏུང་རང་གི་ངང་གིས་འོང་བ་ཆོས་ཉིད་ཡིན། ཆོག་ཤེས་མེད་པར་སྐྱ་སེར

ཐམས་ཅད་ཐུགས་ཀྱི་མཐུས་དབང་དུ་འདུ་བ་ངན་སོང་གི་རྒྱུ་ཡིན་ནོ། །འགྲོ་བའི་ཁ་ཟས་དབང་དུ་བསྡུད། །༄༅།།བཅུ་གཅིག་པ་རང་གར་འགྲོ་བའི་ལམ་གྱི་བར་ཆད་བསྲུང་བ་ནི། ནངས་སྔ་མོ་དཀོན་མཆོག་གི་དྲུང་དུ་ཁྲུས་གསོལ་བྱ། དམིགས་བརྩེ་མ་འདོན་ཞིང་སྐོར་བ་གསུམ་བྱེད། ཕྱག་གསུམ་བཙལ། ཆུ་དེས་ཁྲུས་བྱེད། ཁྲུས་བྱས་པའི་ཆུ་དེ་གར་འགྲོ་བའི་ལམ་གྱི་ཕྱོགས་དེར་གཏོར། དམིགས་བརྩེ་མ་འདོན། གར་འགྲོ་ཡང་ནད་རིགས་བཞི་བརྒྱ་རྩ་བཞི་གནོད་པ་མི་འོང་བ་རྗེ་ཉིད་ཀྱིས་ཞལ་གྱིས་བཞེས་སོ། །ༀ། ལམ་གྱི་བར་ཆད་བསྲུང་བ་ལ། ལམ་དུ་འགྲོ་སྐབས་རང་ཉིད་རྗེ་བླ་མར་གསལ་པའི་ཐུགས་ཀ་ནས་འོད་ཟེར་འཕྲོས་པས་འོག་རྡོ་རྗེའི་ས་གཞི། སྟེང་རྡོ་རྗེའི་གུར། ཕྱོགས་སུ་རྡོ་རྗེའི་ར་བ་ཟླུམ་པོ་གཅིག་ཏུ་གྱུར་པར་བསམ་ནས་དམིགས་བརྩེ་མ་བཟླའོ། །དུས་གསུམ་སངས་རྒྱས་ཀུན་མཁྱེན་ཙོང་ཁ་པ། །སྲིད་གསུམ་འདྲེན་མཆོག་རྗེ་བཙུན་ཙོང་ཁ་པ། །ཁམས་གསུམ་སྲིད་གནས་བདག་ཅག་འགྲོ་བ་རྣམས། །སྐུ་གསུམ་རིན་ཆེན་གླིང་དུ་འདྲེན་དུ་གསོལ། །ཆོས་འཁོར་ཟབ་དང་རྒྱ་ཆེའི་ཆར་པ་ཕོབ། །ཆོས་ཀུན་སྣང་སེམས་དབྱེར་མེད་རྟོགས་པར་ཤོག །ཆོས་མཛད་འགྲོ་ཀུན་བྱང་གྲོལ་འདི་ཆེན་ལམ། །ཆོས་དབྱིངས་ཡེ་ཤེས་རྟོགས་པར་བྱིན་གྱིས་རློབས། །འགྲོ་བའི་གདུང་བ་མཐའ་དག་ཞི་གྱུར་ཅིག །ལེགས་ཚོགས་མཐའ་དག་སྒྱུར་དུ་འགྲུབ་པར་ཤོག །ཕན་བདེ་ལམ་མཆོག་དམ་པར་བདག་གྱུར་ཅིག །འདི་ཕྱིས་དགེ་བས་སྨིན་པ་བྱང་གྱུར་ནས། །ཀུན་མཁྱེན་ཐར་པའི་གླིང་དུ་བགྲོད་གྱུར་ཅིག །རྗེ་འཇམ་དབྱངས་དགའ་བའི་བློ་གྲོས་ཀྱིས་མཛད་པར་གྲགས་པའི་དམིགས་བརྩེ་མའི་ལས་ཚོགས་རྫོགས་སོ། །མཚན་འབྲུ་ནི་དོན་གྲུབ་རྒྱལ་མཚན་གྱིས་ཕྲ་བཏབ་བྱས་པའོ།། །།

༄༅། །རྗེ་བླ་མ་ལ་བརྟེན་པའི་ཆར་འབེབས་ཆོ་ག་བཞུགས་སོ།

༄༅། །འདིར་ཁམས་གསུམ་ཆོས་ཀྱི་རྒྱལ་པོ་ཙོང་ཁ་པ་ཆེན་པོ་ཞེས་སྙན་པའི་བ་དན་དཀར་པོ་ས་གསུམ་ན་རྣམ་པར་གཡོ་བ་དེ་ཉིད་ཀྱི་གསོལ་འདེབས་དམིགས་བརྩེ་མའི་ལས་ཚོགས་ལས་ཆར་འབེབས་བྱ་ཚུལ་དམ་པ་གོང་མ་རྣམས་ཀྱི་མན་ངག་སྙན་བརྒྱུད་དང་ཕྱག་ལེན་མཐོང་བརྒྱུད་ལ་བརྟེན་ནས་ལག་ཏུ་བླང་བདེ་བ་མདོར་བསྡུས་འཁྱེར་བདེ་བར་དགོད་པ་ལ། སྦྱོར་དངོས་རྗེས་གསུམ་ལས། དང་པོ་ནི། སྒྲུབ་པ་པོ་ཁས་བླངས་པའི་ཚུལ་ཁྲིམས་དང་ལྡན་ཞིང་ཁྲུས་གཙང་ཞིང་དམིགས་བརྩེ་མ་དུང་ཕྱུར་རམ་བྱེ་བའམ་འབུམ་གཏེར་སོགས་བསྙེན་པ་སྔོན་དུ་སོང་བའི་གང་ཟག་གིས་གཞན་ཕན་ཁོ་ནའི་བསམ་པས་ཀླུ་སྨན་སོགས་ཡོ་བྱད་ཐམས་ཅད་ཚོགས་པར་བྱས་ལ། རབ་ཞག་ཉེར་གཅིག་འབྲིང་ཞག་བདུན། ཐ་མ་ཞག་གསུམ་གྱི་གོང་ནས་ཤ་ཆང་སྒོག་བཙོང་སོགས་དྲི་ང་བ་དང་མི་གཙང་བའི་ཁ་ཟས་སྤངས་ཏེ་ཤིན་ཏུ་རྩང་ཞིང་གཙང་སྦྲ་བོན་པར་བྱས་ལ་རིལ་བུར་བསྒྲིལ་བ་ཀླུའི་སྨན་རྣམས་ཞིབ་མོར་བཏར་བའི་ཕྱེ་མ་གྲོ་ཟན་དང་སྦྲུར་བ་དམར་མོ་དང་ར་དཀར་མོའི་འོ་མས་སྦྲུས་ཏེ་རིལ་བུ་ལུག་རིལ་ཙམ་བརྒྱ་རྩ་བརྒྱད་བྱ། ཟངས་གཞོང་གཙང་མའི་ནང་དུ་བླུག སྟེགས་མཐོན་པོའི་སྟེང་དུ་བཞག་མཐའ་མཆོད་པས་བསྐོར། སྒྲུབ་པ་པོ་རྣམས་མདུན་དུ་འཁོད་ལ་སྐྱབས་འགྲོ་སེམས་བསྐྱེད་ཚད་མེད་བཞི་བསྒོམ་པ་སྔོན་དུ་བཏང་། རང་ཉིད་རྗེ་བླ་མར་བསྒོམ། རིལ་བུ་རྣམས་ལ་དམིགས་ཏེ། སྭཱ་ཧཱས་སྟོང་པར་སྦྱང་། སྟོང་པའི་ངང་ལས་རྗེ་བླ་མར་བསྐྱེད། ཡེ་ཤེས་པ་སྤྱན་དྲངས་ལ་བསྟིམ། ཡན་ལག་བདུན་པ་ཕུལ། དཔལ་ལྡན་རྩ་བའི་བླ་མ་རིན་པོ་ཆེ། །བདག་གི་མདུན་དུ་པདྨའི་གདན་བཞུགས་ནས། །བཀའ་དྲིན་ཆེན་པོའི་སྒོ་ནས་རྗེས་བཟུང་སྟེ། །སྐུ་གསུང་ཐུགས་ཀྱི་དངོས་གྲུབ་སྩལ་དུ་གསོལ། །དམིགས་མེད་བརྩེ་བའི། ཞེས་སོགས་དམིགས་བརྩེ་མ་རིལ་གྲངས་ཀྱི་བརྒྱ་རྩ་བརྒྱད་རེ་བཟླ་ཞིང་དམིགས་པ་ནི། རིལ་བུ་རྗེ་བླ་མར་གསལ་བའི་ཐུགས་ཁ་

ནས་འོད་ཟེར་འཕྲོས། ཕྱོགས་བཅུའི་ཞིང་རབ་འབྱམས་ན་བཞུགས་པའི་སངས་རྒྱས་བྱང་སེམས་ཉན་རང་སྲུང་མའི་ཚོགས་ཐམས་ཅད་ལ་ཕོག དེ་རྣམས་ཀྱི་སྐུ་གསུང་ཐུགས་ཀྱི་བྱིན་རླབས་དང་ནུས་མཐུ་ཐམས་ཅད་བདུད་རྩི་དང་འོད་ཟེར་གྱི་རྣམ་པར་སྤྱན་དྲངས། རིལ་བུ་རྣམས་རྗེ་བླ་མར་གསལ་བ་ལ་ཐིམ་པར་བསམ། མཐར་རྗེ་བླ་མ་རྣམས་འོད་དུ་ཞུ་ནས་རིལ་བུའི་རྣམ་པར་གྱུར་པར་བསམ་ལ། རིན་པོ་ཆེའམ་དཀར་ཡོལ་སོགས་ཀྱི་བུམ་པ་གས་ཆག་བུག་རྫོལ་སོགས་མེད་པ་གཙང་མའི་ནང་དུ་བླུག །བ་ཤིང་སོགས་གཙང་མས་བཅད་ལ་དར་དམར་གྱིས་གཏུམས། གོས་དར་རས་རས་དཀར་པོ་ལ། དམིགས་མེད་བརྩེ་བའི་གཏེར་ཆེན་སྤྱན་རས་གཟིགས། ལྗང་གུ་ལ། དྲི་མེད་མཁྱེན་པའི་དབང་པོ་འཇམ་པའི་དབྱངས། དམར་པོ་ལ། གངས་ཅན་མཁས་པའི་གཙུག་རྒྱན་ཙོང་ཁ་པ། སྔོན་པོ་ལ་བློ་བཟང་གྲགས་པའི་ཞབས་ལ་གསོལ་བ་འདེབས། ཞེས་པ་གསེར་དངུལ་སོགས་རིན་པོ་ཆེའམ་མཚལ་སོགས་བཟང་སྨན་དང་དྲི་བཟང་སྤྲ་རྩི་སོགས་ཀྱིས་མ་གོས་པ་སྦྱར་བས་དབུ་ཅན་གྱི་ཡི་གེར་བྲིས་པ་བཞི་དང་། གོས་སོགས་སྔོན་པོ་ལ་དམིགས་བརྩེ་མ་ཡོངས་རྫོགས་དང་། ཏདྱ་ཐཱ། ཨོཾ་ཏ་ཐཱ་ག་ཏ་ཧ་ག་ཤན། ཨོཾ་ནཱ་ག་ནྡྲ་ཛེ་ཤྭ་ར་ཨ་ཧྲི་ཧྲཱི་ན་ཨ་ཧྲི་ཧྲི་ཏེ་སྭཱཧཱ། ཞེས་དང་། ཨོཾ་ཨ་ར་པ་ཙ་ན་ཧླིཿ ཨོཾ་མ་ཎི་པདྨེ་ཧཱུྃ། ཨོཾ་བཛྲ་པཱཎི་ཧཱུྃ་ཕཊ། ཅེས་དང་། ཨོཾ་ནཱ་ག་པུཿ པྲ་ཏི་བཛྲ་ཏུཏྟེ། མི་ལི། མི་ལི། ཧཱུྃ་ཧཱུྃ་ཕཊ་ཕཊ། ཧ་རི་ཤ་ཡ། ཧ་རི་ཤ་ཡ། ཆར་དྲག་ཏུ་ཕོབ། མྱུར་དུ་ཕོབ། སྣ་ར་ཡ། ཧྲཱུཿ ཧྲཱུཿ ཧྲཱུཿ ཕོབ། མྱུར་དུ་ཕོབ། ཨོཾ་བཛྲ་པུ་མེ་ནི་ཏི་མི་ལ་སྭཱཧཱ། ཆར་དྲག་ཏུ་ཕོབ། མྱུར་དུ་ཕོབ། ཅེས་པ་རྣམས་སྔར་བཞིན་བྲིས་པའི་དར་ལྕོག་ལྔ་རྣམས་སུ་ཧྣ་ཤས་སྟོང་པར་སྒྲེངས། སྟོང་བའི་ངང་ལས་སྐད་ཅིག་གིས་དང་པོ་བཞི་རིམ་པ་བཞིན་ཡེ་ཤེས་ཀྱི་ཁྱུང་དཀར་པོ་གཡས་འཁོར་ལོ། །ཁྱུང་ཁྲ་བོ་གཡས་རིན་པོ་ཆེ། ཁྱུང་དམར་པོ་གཡས་པདྨ། ཁྱུང་སྔོན་པོ་གཡས་རལ་གྲི་འཛིན་ཅིང་གཡོན་པ་རྣམས་ཀྱིས་རང་རང་གི་མདོག་ཅན་གྱི་སྦྲུལ་བཟུང་ནས་ཞལ་དུ་གསོལ་བ། རྣ་དང་མཆུ་སྤྱེར་ཤིན་ཏུ་རྣོ་བ། ཀླུ་དཀར་ཕྱོགས་པ་རྣམས་རྗེས་སུ་འཛིན་ཅིང་ནག་ཕྱོགས་པ་རྣམས་ཚར་གཅོད་པའི་མཐུ་སྟོབས་གཟི་བརྗིད་ཕུན་སུམ་ཚོགས་པའི་བདག་ཉིད་ཅན་དུ་གྱུར་ཅིང་། གཞན་རྣམས་རྗེ་རིན་པོ་ཆེ་ལ་བཅོམ་ལྡན་ཀླུ་དབང་རྒྱལ་པོ་དང་རིགས་གསུམ་མགོན་པོ་སོགས་སངས་རྒྱས་བྱང་སེམས་ཉན་རང་སྲུང་མའི་

ཚོགས་ཀྱིས་བསྐོར་བའི་རྣམ་པ་ཅན་དུ་གྱུར་པའི་སྤྱི་བོར་ཨོཾ། མགྲིན་པར་ཨཱཿ ཐུགས་ཀར་ཧཱུྃ་གིས་མཚན་པར་གྱུར། ཐུགས་ཀའི་ཧཱུྃ་ལས་འོད་ཟེར་འཕྲོས། བསྒོམས་པ་དང་འདྲ་བའི་ཡེ་ཤེས་པ་སྤྱན་དྲངས། ཛཿ ཧཱུྃ་བཾ་ཧོཿ རང་རང་གི་དམ་ཚིག་པ་དང་གཉིས་སུ་མེད་པར་གྱུར། ཨོཾ་ཨརྒྷཾ་པྲ་ཏཱི་ཙྪ་ཧཱུྃ། སོགས་ཀྱི་མཆོད། ཕྱག་བྱར་འོས་པ་ཐམས་ཅད་ལ། སོགས་ཀྱིས་བསྟོད། དེ་རྣམས་ཀྱི་ཐུགས་ཁ་ནས་འོད་ཟེར་འཕྲོས་ཏེ་མཆོག་གསུམ་ཐམས་ཅད་ཀྱི་བྱིན་རླབས་ཐམས་ཅད་འོད་ཟེར་གྱི་རྣམ་པར་བཀུག་ནས་ཐིམ་པར་བསམ་ལ། དམིགས་བརྩེ་མ་དང་། ཏདྱ་ཐཱ། ཨོཾ་ནཱ་ག་ནཱ་ཛེ་ཤྭ་ར། ཞེས་སོགས་དང་། རིགས་གསུམ་མགོན་པོའི་སྔགས་དང་། ཨོཾ་པཀྵི་སྭཱཧཱ། ཞེས་དང་། ཨོཾ་ནཱ་ག་ཕུཿ་པྲ་ཏི། ཞེས་སོགས་ཅི་འགྲུབ་བཟླ། མཐར་ལྷ་རྣམས་འོད་དུ་ཞུ་ནས་བྲིས་པའི་ཡིག་འབྲུའི་རྣམ་པར་གྱུར་པར་བསམ། ཆུ་གཟའ་ཆུ་སྐར་སོགས་འཕྲོད་སྦྱོར་བྱེད་པ་བཟང་པོ་འཛོམ་པའི་ཉིན་ཆུ་འགོའི་ཁར་འགྲོ་བའི་སྔོན་ནས་རང་རྗེ་བླ་མར་གསལ་བས་དམིགས་བརྩེ་མ་འདོན་ཞིང་འགྲོ། སླེབ་འཕྲལ་སྐྱབས་སེམས་སྔོན་དུ་འགྲོ་བས་རང་རྗེ་བླ་མར་གསལ་བཏབ་ལ་དམིགས་བརྩེ་མ་ཅི་འགྲུབ་བཟླས་ཏེ། འཇིག་རྟེན་ཁམས་ཀྱི་ཀླུ་ཐམས་ཅད་དེར་འདུས་པར་བསམ་ནས། ཀླུ་གཏོར་རྒྱས་བསྡུས་གང་ཡང་རུང་བ་བཏང་ལ། ཀླུའི་རྒྱལ་པོ་དགའ་བོ་དང་གཙུག་ན་རིན་ཆེན་དང་དུང་སྐྱོང་སོགས་རྒྱལ་རིགས་རྗེ་རིགས་བྲམ་ཟེའི་རིགས་གདོལ་བའི་རིགས་དབང་པོ་གསལ་བ་དང་ཞ་འོན་རྨུགས་འཐིབས་སོགས་དབང་པོ་མི་གསལ་བ་མདོར་ན་ཀླུའི་རིགས་སུ་གྱུར་པ་ཐམས་ཅད་ཉོན་ཅིག བདག་ཅག་ཁྱེད་རྣམས་ལ་ཡ་བོ་བཟུང་བ་དང་། ངོ་བསྟོ་བ་དང་། འཁོན་འཚོལ་དུ་འོང་བ་མ་ཡིན་གྱི། འཛམ་བུའི་གླིང་དུ་ཆར་དཀོན་པོ་བྱུང་ནས་ཆར་སློང་དུ་འོངས་པ་ཡིན་པས་ཡུལ་ཕྱོགས་འདིར་ཆར་ཆེན་པོ་སྨྱུར་དུ་ཕོབ་ལ་ཟླ་བཅུད་ལོ་ཏོག་སོགས་རྒྱས་པར་མཛོད་ཅིག །ཅེས་ལན་གསུམ་བརྗོད་ལ་བཀའ་བསྒོ། རིང་ཐུང་འཚམ་པའི་ཕྱོགས་ཕྱོགས་སུ་མཚམས་ཐོ་དང་དེའི་ནང་གི་ཕྱོགས་བཞིར་ཐོ་བཞི་བཙིགས་ལ་དར་ཅོག་དཀར་པོ་སོགས་བཞི་མདུན་ནས་གཡས་སྐོར་དུ་བཙུགས་ལ་སྟར་བཞིན་ཁྱུང་བཞིར་བསྐྱེད། མཆོད་གཏོར་ཕུལ། ཡེ་ཤེས་ཀྱི་ཁྱུང་རིགས་བཞིས་ཆུ་འགོ་འདིར་གནས་པའི་ཀླུ་གཞན་དུ་མི་འགྲོ་བ་དང་བདག་ཅག་འཁོར་དང་བཅས་པ་དང་ཀླུ་རྣམས་ཀྱིས་ཆར་འབེབས་པའི་བྱ་བ་ལ་གནོད་པར་བྱེད་པའི་བར་ཆད་མི་མཐུན་པའི་ཕྱོགས་ཐམས་ཅད

ཕྱིར་ཕྱོགས་པའི་འཕྲིན་ལས་མཛོད་ཅིག །ཅེས་འཕྲིན་ལས་བཅོལ། དར་ཅིག་གཞན་ལྷ་ཀླུ་འགོའི་སྟེང་དང་མཚམས་བཞིར་བཙུགས་ལ་ཐུར་བསྒྲུབས་པའི་སྐབས་བཞིན་གསལ་བཏབ་སྟེ། དུས་གསུམ་སངས་རྒྱས་ཐམས་ཅད་ཀྱི་ངོ་བོ་རྗེ་བཙུན་ཙོང་ཁ་པ་ཆེན་པོ། བདེ་གཤེགས་སྐུ་དབང་རྒྱལ་པོ། འཕགས་པ་རིགས་གསུམ་མགོན་པོ་སོགས་ཡེ་ཤེས་སྤྱན་ལྡན་རྣམས་ཀྱིས་ཡུལ་ཕྱོགས་འདིར་ཆར་ཆེན་པོ་མྱུར་དུ་འབབ་པར་བྱིན་གྱིས་བརླབ་ཏུ་གསོལ། །ཞེས་གསོལ་བ་གདབ། གཞི་བདག་ལ་དཀར་གཏོར་བཏང་ལ། སའི་ལྷ་མོ་བརྟན་མ་སོགས་ཡུལ་ལྷ་གཞི་བདག་སྤྱི་དང་ཁྱད་པར་དུ་ས་ཆ་ཡུལ་ཕྱོགས་འདི་ཀུན་ན་གནས་པའི་གཞིའི་བདག་པོ་རྣམས་ཀྱིས་བདག་ཅག་ཆར་འབེབས་པའི་བྱ་བ་བྱེད་པ་ལ་གོ་སྐོན་དང་བར་ཆད་ཐམས་ཅད་བཟློག་པ་དང་མཐུན་རྐྱེན་ལེགས་ཚོགས་ཐམས་ཅད་ཡིད་བཞིན་དུ་འགྲུབ་པའི་འཕྲིན་ལས་དང་སྟོང་གྲོགས་རྒྱ་ཆེན་པོ་བསྒྲུབ་པར་མཛོད་ཅིག །ཅེས་ལས་བཅོལ། བསངས་བཏང་ལ་ཆར་འབབ་པའི་འདོད་དོན་ཞུ། དེ་ནས་རིལ་བུའི་བུམ་པ་ཀླུ་འགོའི་ནང་དུ་བཏན་པོ་འོང་ཐབས་བྱས་ལ་ལེགས་པར་བཞག གྲུབ་ན་དེའི་སྟེང་དུ་རྗེའི་སྐུ་རབ་གནས་ཅན་བཞུགས་སུ་བཅུག །གུར་བླ་རེ་ཡོལ་བ་སྣན་དར་སོགས་ཀྱིས་ལེགས་པར་བརྒྱན། མཐའ་སྐོར་རམ་མདུན་ངོས་སུ་མཆོད་པ་གཟབ་རྒྱས་འབྱོར་ཚད་བཤམ། གཉིས་པ་དངོས་གཞི་ནི། སྒྲུབ་པ་པོ་རྣམས་གྲལ་ལ་འཁོད་དེ་སྐྱབས་སེམས་ཚད་མེད་བཞི་སྔོམ་པ་སྔོན་དུ་བཏང་། རང་རྗེ་བླ་མར་བསྐྱེད། ཀླུ་འགོའི་སྟེང་དུ་རྗེའི་སྐུ་ཡོད་ན་དེ་དང་དབྱེར་མེད་དང་མེད་ཀྱང་སྟེང་གི་ནམ་མཁར་རྗེ་བླ་མ་ལ་སངས་རྒྱས་བྱང་སེམས་ཉན་རང་སྲུང་མའི་ཚོགས་ཐམས་ཅད་ཀྱིས་བསྐོར་བ་གསལ་བཏབ། རང་གི་ཐུགས་ཁ་ནས་འོད་ཟེར་འཕྲོས། མདུན་གྱི་རྗེ་རིན་པོ་ཆེ་གཙོ་འཁོར་རྣམས་ལ་ཕོག དེ་རྣམས་ཀྱི་ཐུགས་ཁ་ནས་འོད་ཟེར་འཕྲོས། ཕྱོགས་བཅུའི་སངས་རྒྱས་བྱང་སེམས་ཉན་རང་སྲུང་མའི་ཚོགས་ཐམས་ཅད་ལ་ཕོག་ཏེ་ཐམས་ཅད་ལས་འོད་ཟེར་འཕྲོས། ནམ་མཁར་སྤྲིན་གྱི་ཕུང་པོ་ཤིན་ཏུ་སྟུག་པོ་འཁྲིགས་པ་ལས་ཆར་གྱི་རྒྱུན་ཆེན་པོ་བབས་ཏེ་རྩི་བཅུད་ལོ་ཏོག་སོགས་རྒྱས་པར་གྱུར་པ་དང་། ཡང་མདུན་བསྐྱེད་དང་ཕྱོགས་བཅུའི་སངས་རྒྱས་བྱང་སེམས་ཐམས་ཅད་ལས་འོད་ཟེར་འཕྲོས་ཏེ་ཀླུ་རྣམས་ལ་ཕོག་པས་ཀླུ་རྣམས་ཀྱི་ནད་དང་སྡིག་སྒྲིབ་ཐམས་ཅད་བསལ་ཏེ་ཕན་པ་དང་བྱང་ཆུབ་ཀྱི་སེམས

དང་ལྡན་པར་བྱས་ནས་ཆར་ཆེན་པོ་འབེབས་པ་ལ་བརྩོན་པར་བྱས་སྙམ་པ་དང་། ཡང་དེ་རྣམས་ལས་བདུད་རྩི་དང་འོད་ཟེར་འཕྲོས་ཏེ་ཁུམ་པའི་ནང་གི་རིལ་བུ་རྣམས་ལ་ཐིམ། རིལ་བུ་རྣམས་ལས་བདུད་རྩི་འོད་ཟེར་དང་བཅས་པ་དཔག་ཏུ་མེད་པ་བབས་ཏེ་གནས་དེ་དང་ཕྱོགས་བཅུའི་ཀླུ་ཐམས་ཅད་ལ་ཕོག་པས་ཀླུ་རྣམས་ཀྱི་ནད་ཀྱི་རིགས་ཐམས་ཅད་དང་སྡིག་སྒྲིབ་ཐམས་ཅད་སྦྱངས་ཏེ་ཀླུ་རྣམས་དགའ་བདེ་དཔག་ཏུ་མེད་པ་དང་ལྡན་པར་གྱུར་ནས་ཆར་ཆེན་པོ་འབེབས་པ་དང་། ཡང་དེ་རྣམས་ལས་འོད་ཟེར་འཕྲོས་ཏེ་སེམས་ཅན་ཐམས་ཅད་དང་ཁྱད་པར་ཐན་པ་བྱུང་ཡུལ་གྱི་སེམས་ཅན་རྣམས་ལ་ཕོག་པས་དེ་རྣམས་ཀྱི་ལས་ངན་སྡིག་སྒྲིབ་སྤྱི་དང་བྱེ་བྲག་ཏུ་ཐན་པའི་འབྲས་བུ་སྨྱོང་འགྱུར་གྱི་ལས་ངན་རྣམས་སྦྱངས་ཏེ་དགའ་སྐྱིད་ཕུན་སུམ་ཚོགས་པ་ལ་ལོངས་སྤྱོད་པའི་སྐལ་ལྡན་དུ་བྱས་སྙམ་པ་དང་། ཡང་དེ་ནམས་ལས་འོད་ཟེར་འཕྲོས་ཏེ་ཆར་འབབ་པ་དང་རྩི་བཅུད་ལོ་ཏོག་སོགས་རྒྱས་པ་ལ་བར་དུ་གཅོད་པའི་གནོད་པ་བྱེད་པའི་སེམས་དང་ལྡན་པ་སྤྱི་དང་ཁྱད་པར་སྤྲིན་འཁོར་བར་བྱེད་པའི་ལྷུང་ལྷ་རྣམས་ལ་ཕོག་པས་དེ་རྣམས་ཀྱི་བསམ་ངན་སྦྱོར་རྩུབ་ཐམས་ཅད་ཞི་བར་གྱུར་ཏེ་མཐུན་རྐྱེན་སྒྲུབ་པ་དང་། སེམས་མེད་ཀྱི་འགལ་རྐྱེན་རྣམས་ལ་ཕོག་པས་ལྷུན་ཁུང་ལ་མར་མེ་དང་རྩ་སྦུར་ལ་མེ་དཔུང་འཕྲད་པ་བཞིན་གཏན་མེད་དུ་བྱས་སྙམ་པ་དང་། ཡང་དེ་རྣམས་ཀྱི་འོད་ཟེར་གྱིས་སྤྲིན་བསྡུས་ཏེ་ནམ་མཁའི་ཁམས་ཐམས་ཅད་ཁེངས་པར་ཤིན་ཏུ་སྟུག་པོར་འཁྲིགས་ཏེ་དེ་ལས་ཆར་གྱི་རྒྱུན་ཆེ་བ་འཇམ་པ་རྩི་བཅུད་ལོ་ཏོག་སོགས་སྐྱེད་ཅིང་འཕེལ་བར་བྱེད་པའི་ནུས་པ་ཕུན་སུམ་ཚོགས་པ་དང་ལྡན་པ་ཡིད་དང་མཐུན་པར་ཕབ་ཏེ་སྐྱེ་འགྲོ་རྣམས་དགའ་བདེའི་དཔལ་ལ་བཀོད་པའི་དམིགས་པ་གསལ་བ་རི་མོས་ཀྱི་ཚུལ་དུ་བྱེད་བཞིན་པའི་ངང་ནས་དམིགས་བརྩེ་མ་བཟླ། སྐབས་ཐོགས་འགའ་ཞིག་གིས་སྐབས་སྐབས་སུ་བརྒྱ་རྩ། ཀླུ་གཏོར། བསངས། འབྱུང་བཞི་དང་། ཆ་གསུམ། ལན་ཆགས་གཏོར་མ་སོགས་གཏོང་བ་སྦྱིན་ཆེན་པོ་དང་། གཟུངས་འདུས་སྒྲོགས་པ་སོགས་རྒྱབ་ཆོས་དང་། ཡི་དམ་ཆོས་སྐྱོང་ལ་མཆོད་གཏོར་འབུལ་བ་དང་ཁྲུས་གསོལ་བྱས་ཏེ་ཆར་དབབ་པར་གསོལ་བ་འདེབས་པ་སོགས་དང་ལྷུང་གདོན། སྦྱིན་སྲུད་སོགས་ལ་བརྩོན་པར་བྱ། གནས་དེར་ཆར་འབེབས་ཀྱི་རིང་ལ་མི་གདོན་ཅན་དང་གྲིབ་ཅན་དང་ཞ་འཐེང་འོན་ལོང་སོགས་མི་ཤེས་པའི་རིགས་མཚམས་ཐོའི་ནང་དུ་མི་གཏོང་། སྒྲུབ་

པ་པོ་སྒྲུབ་གཡོག་དང་བཅས་པས་ཤ་ཆང་སྒོག་བཙོང་ཐ་མ་ཁ་སོགས་ཁ་ཟས་དྲི་ང་བ་དང་མི་གཙང་བའི་རིགས་ལ་མི་སྤྱོད། ཐམས་ཅད་ནང་མཐུན་ཞིང་ཕན་ཚུན་ཡིད་དགའ་བ་དང་བག་ཡོད་ཀྱི་སྤྱོད་པ་ལ་བརྩོན་པ་མ་གཏོགས་འཐབ་རྩོད་ཚིག་རྩུབ་ངག་འཁྱལ་སོགས་བག་མེད་ཀྱི་སྤྱོད་པ་མི་བྱ། སེམས་ཅན་སྤྱི་དང་ཁྱད་པར་ཡུལ་ཕྱོགས་དེའི་ཆར་འབབ་པ་ལ་རེ་ཞིང་ལྟོས་པའི་སེམས་ཅན་རྣམས་ལ་ཕན་སེམས་དང་། དཀོན་མཆོག་སྤྱི་དང་ཁྱད་པར་རྗེ་བཙུན་ཙོང་ཁ་པ་ཆེན་པོ་ལ་ཡིད་ཆེས་ཀྱི་དད་གུས་ཤུགས་དྲག་སྨོམ་པ་རྣམས་དམ་ཚིག་ཡིན་པས་དེ་ལས་མི་འདའ་བ་གལ་ཆེ། དེ་ལྟར་བྱས་མྱུར་དུ་ཡིད་དང་མཐུན་པར་འབབ་པ་སྐྱོང་གྲུབ་ཡིན་པས་འབད་འཚལ། གསུམ་པ་རྗེས་ནི་ཆར་བབས་པའི་རྗེས་སུ་གྲོལ་དུས་དཀོན་མཆོག་གི་བཀའ་དྲིན་རྗེས་སུ་དྲན་པའི་སྒོ་ནས་མཆོད་གཏོར་རྒྱ་ཆེན་པོ་ཕུལ་ལ་གཏང་རག་གཏོང་། ལྷ་ཀླུ་གཞི་བདག་སྤྱི་དང་ཁྱད་པར་ཆུ་འགོ་དེའི་ཀླུ་དང་ཡུལ་དེའི་གཞི་བདག་ཀླུང་ལྷ་དང་བཅས་པར་མཆོད་གཏོར་བསངས་སོགས་རྒྱས་པར་ཕུལ་ཏེ། འཇིག་རྟེན་ཁམས་ཀྱི་ལྷ་ཀླུ་གཞི་བདག་སྤྱི་དང་ཁྱད་པར་ཡུལ་འདིའི་ལྷ་ཀླུ་གཞི་བདག་རྣམས་ཀྱིས་ཆར་འབབ་པའི་གྲོགས་ལྷན་འཕྲིན་ལས་མཛད་པ་ལེགས་ཚོགས་སུ་གྱུར་ཅིང་། སླད་ནས་ཀྱང་ཆར་ཆུ་དུས་སུ་འབབ་པ་དང་ལོ་ཕྱུགས་རྟག་ཏུ་ལེགས་པའི་འཕྲིན་ལས་དང་སྐྱོང་གྲོགས་རྒྱ་ཆེན་པོ་མཛད་དུ་གསོལ། ཞེས་ལེགས་སོ་བརྗོད། བུམ་པའི་ནང་གི་རིལ་བུ་རྣམས་ཆུ་འགོའི་ནང་དུ་བླུག་ལ་བྱ་ཁྱི་སོགས་ཀྱིས་མི་ཟ་བར་བྱ་ཞིང་དེ་ཉིད་ཀླུ་རྣམས་ཀྱི་ནད་ཐམས་ཅད་གསོ་ཞིང་ཕྱིན་ཆད་མི་འབྱུང་བར་བྱེད་པའི་གསོས་སྨན་གྱི་བདུད་རྩིའི་རྣམ་པས་རྟག་ཏུ་གནས་པར་བསམ། དར་ཅོག་རྣམས་བསྐྱུ། ཐོ་བསྐྱིལ་ཏེ། ལས་རྗེས་མི་མངོན་པར་བྱ། ཀླུ་རྣམས་ཀྱིས་རང་དང་ཡུལ་ཕྱོགས་དེའི་མི་རྣམས་ལ་ཡིད་དགའ་བས་དངོས་གྲུབ་སྦྱིན་པར་བསམ་མོ། །ཞེས་པ་འདི་ནི་ཁམས་གསུམ་ཆོས་ཀྱི་རྒྱལ་པོ་ཙོང་ཁ་པ་ཆེན་པོ་རྒྱལ་ཚབ་ཁྲི་ཆེན་ངག་དབང་བློ་གྲོས་རྒྱ་མཚོ་ཕོ་བྲང་དུ་ཕྱོན་སྐབས་དམིགས་བརྩེ་མ་ལ་བརྟེན་པའི་ཆར་འབེབས་མཛད་པ་ཕྱག་ལེན་མཐོང་བརྒྱུད་དང་གསུང་གི་བདུད་རྩི་ལ་བརྟེན་ནས་ཆོས་བརྒྱུད་དང་རྣམ་གཡེང་གི་ཁོལ་པོར་གྱུར་པ། ངག་དབང་བློ་བཟང་ཆོས་ལྡན་དཔལ་བཟང་པོས་བྲིས་པ་དགེ་ལེགས་སུ་གྱུར་ཅིག ། །།

༄༅། །དམིགས་བརྩེ་མ་ལ་བརྟེན་པའི་ཆར་འབེབས་བྱ་ཚུལ་གྱི་ལྷན་ཐབས་བཞུགས་སོ།

༄༅། །རྒྱལ་ཀུན་མཁྱེན་པའི་རང་བཞིན་སྒྲུབ་པའི་གཏེར། །དགུ་རྒོད་གདུལ་དཀའི་འགྲོ་རྣམས་འདུལ་བའི་ཕྱིར། །ཏུར་སྨྲིག་གར་གྱིས་རྣམ་རོལ་ཐམས་ཅད་མཁྱེན། །རྗེ་བཙུན་ཙོང་ཁ་པ་དེར་གུས་ཕྱག་འཚལ། །མགོན་པོ་གང་དེའི་འཕྲིན་ལས་ལ་བརྟེན་ནས། །མི་བཟང་ཐན་པའི་གདུང་བ་ཀུན་སེལ་ཞིང་། །དད་ལྡན་ཞིང་པའི་ཡིད་ཀྱི་འདོད་འཛོ་བའི། །ཆར་འབེབས་ཆོ་གའི་ལག་ལེན་གསལ་བར་བྲི། །དེ་ལ་འདིར་ཁམས་གསུམ་ཆོས་ཀྱི་རྒྱལ་པོ་ཙོང་ཁ་པ་ཆེན་པོའི་གསོལ་འདེབས་དམིགས་བརྩེ་མའི་ལས་ཚོགས་ལས་འབྱུང་བའི་ཆར་འབེབས་བྱ་ཚུལ་དམ་པ་གོང་མ་རྣམས་ཀྱི་མན་ངག་བཞིན་ལག་ཏུ་བླང་བདེ་བར་འགོད་པ་ལ་སྔོན་དུ་བསྙེན་པ་ཇི་ལྟར་བྱ་བའི་ཚུལ་དང་། ལག་ལེན་ཇི་ལྟར་བྱ་བའི་ཚུལ་དང་གཉིས། དང་པོ་ནི། རབ་དམིགས་བརྩེ་མ་དུང་ཕྱུར། འབྲིང་བྱེ་བ། ཐ་མ་འབུམ་ཐེར་བཟླ་དགོས་པར་གསུངས་པས། དགའ་ལྡན་ལྷ་བརྒྱ་མའམ། མཁས་གྲུབ་ཚིག་བརྒྱད་མ་དང་། གསང་སྒྲུབ་ཀྱི་མན་ངག་གང་རིགས་ལ་བརྟེན་ནས་ཉམས་སུ་བླང་བར་བྱའོ། །གཉིས་པ་ལག་ལེན་དངོས་ཀྱི་རིམ་པ་ལ་སྦྱོར་བ། དངོས་གཞི། མཇུག་གི་ཆོ་ག་དང་གསུམ་མོ། །དང་པོ་ནི། རྟེན་གྱི་གང་ཟག་ཚུལ་ཁྲིམས་རྣམ་པར་དག་ཅིང་ལྷ་གྲུབ་གཙང་བ། དམིགས་བརྩེ་མའི་བསྙེན་པ་ཚད་ལྡན་སྔོན་དུ་སོང་བའི་སྒྲུབ་པ་པོ་གནས་གཙང་མར་རྗེ་བླ་མའི་སྐུ་སོགས་རྟེན་བཀྲམ། གླ་རྩི་སོགས་དང་མ་འདྲེས་པའི་ཀླུ་སྨན་ར་དཀར་དང་བ་དམར་གྱི་འོ་མ་གྲོ་ཟན་དང་སྦྱར་བའི་རིལ་བུ་ལུག་གི་རིལ་མ་ཙམ་བརྒྱ་རྩ་བརྒྱད་བྱས་ཏེ་མདོག་སེར་པོའམ་དམར་པོར་བསྒྱུར་ནས་ཟངས་བུམ་གྱི་ནང་དུ་བླུག དར་དམར་གྱིས་ཁ་བཅིངས་ཏེ་སྣེགས་མཐོན་པོའི་ཁར་བཞག མཐའ་མཆོད་པ་ཅི་འབྱོར་བས་བསྐོར། རབ་ཞག་ཉེར་གཅིག འབྲིང་ཞག་བདུན། ཐ་

མའང་ཞག་གསུམ་གྱི་གོང་ནས་ཤ་ཆང་སྒོག་ཙོང་སོགས་དྲི་ང་བ་དང་མི་གཙང་བའི་ཁ་ཟས་
སྤངས་ཏེ་གཙང་སྦྲ་ཐོན་པར་བྱ། དེ་ནས་སྒྲུབ་པ་པོ་རྣམས་གྲལ་ལ་འཁོད་དེ་སྐྱབས་འགྲོ་
སེམས་བསྐྱེད་ཚད་མེད་བཞི་བསྒོམ་པ་སྔོན་དུ་བཏང་ནས། བདག་བསྐྱེད་ནི། ཨོཾ་སྭ་བྷཱ་ཝ་
ཤུདྡྷཿ སརྦ་དྷརྨཱཿ སྭ་བྷཱ་ཝ་ཤུདྡྷོ་ཧཾ། སྟོང་པ་ཉིད་དུ་གྱུར། སྟོང་པའི་ངང་ལས་སྣ་
ཚོགས་པདྨ་དང་ཟླ་བའི་གདན་གྱི་སྟེང་དུ་རང་ཉིད་སྐད་ཅིག་གིས་ཁམས་གསུམ་ཆོས་ཀྱི་རྒྱལ་པོ་
བ་ཙོང་ཁ་པ་ཆེན་པོ་སྐུ་མདོག་དཀར་ལ་དམར་བའི་མདངས་ཆགས་པ་ཞལ་གཅིག་ཕྱག་གཉིས་
ཆོས་འཁོར་གྱི་ཕྱག་རྒྱ་མཛད་བས་ཡུ་བ་ནས་བཟུང་བའི་ཨུཏྤ་ལའི་སྟེང་ན་ཤེས་རབ་ཀྱི་རལ་གྲི་
དང་ཤེར་ཕྱིན་གྱི་གླེགས་བམ་བསྣམས་པ། པཎ་ཞྭ་དང་ཆོས་གོས་རྣམ་གསུམ་གསོལ་ཞིང་འོད་
ཀྱི་ཕུང་པོའི་དབུས་ན་ཞབས་རྡོ་རྗེའི་སྐྱིལ་མོ་ཀྲུང་གིས་བཞུགས་པ་བསམ། རིལ་བུ་བསྒྲུབ་པ་
ནི། རིལ་བུ་རྣམས་ཨམྲི་ཏ་ས་བསངས། སྭཱཧཱ་ཕས་སྦྱངས། སྟོང་བའི་ངང་ལས་ཧྲཱུྃ་ལས་རིན་
པོ་ཆེའི་བུམ་པ་མཚན་ཉིད་ཐམས་ཅད་ཡོངས་སུ་རྫོགས་པའི་ནང་དུ་རིལ་བུ་རྣམས་སྐད་ཅིག་
གིས་ཁམས་གསུམ་ཆོས་ཀྱི་རྒྱལ་པོ་ཙོང་ཁ་པ་ × × × སྐྱིལ་མོ་ཀྲུང་གིས་བཞུགས་པ། དེའི་སྤྱི་
བོར་ཨོཾ་དཀར་པོ། མགྲིན་པར་ཨཱཿ་དམར་པོ། ཐུགས་ཀར་ཧཱུྃ་སྔོན་པོ། ཐུགས་ཀའི་ཧཱུྃ་ལས་
འོད་ཟེར་འཕྲོས། རང་བཞིན་གྱི་གནས་ནས་ཁམས་གསུམ་ཆོས་ཀྱི་རྒྱལ་པོ་ཙོང་ཁ་པ་ལ་སངས་
རྒྱས་དང་བྱང་ཆུབ་སེམས་དཔའི་ཚོགས་ཀྱིས་བསྐོར་བ་སྤྱན་དྲངས་བཛྲ་ས་མ་ཛཿ ཛཿ ཧཱུྃ་བཾ་
ཧོཿ གཉིས་སུ་མེད་པར་གྱུར། སྒྲོན། ཇི་སྙེད་སུ་དག་མ་དང་། བསྟུ་ན། ལུས་ངག་ཡིད་
གསུམ་གུས་པས་ཕྱག་འཚལ་ལོ། །དངོས་བཤམས་ཡིད་སྤྲུལ་མཆོད་པ་མ་ལུས་འབུལ། །
ཐོག་མེད་ནས་བསགས་སྡིག་ལྟུང་ཐམས་ཅད་བཤགས། །སྐྱེ་འཕགས་དགེ་བ་རྣམས་ལ་རྗེས་
ཡི་རངས། །འཁོར་བ་མ་སྟོངས་བར་དུ་ལེགས་བཞུགས་ནས། །འགྲོ་ལ་ཆོས་ཀྱི་འཁོར་ལོ་
བསྐོར་དུ་གསོལ། །བདག་གཞན་དགེ་རྣམས་བྱང་ཆུབ་ཆེན་པོར་བསྔོ། །དཔལ་ལྡན་རྩ་
བའི་བླ་མ་རིན་པོ་ཆེ། །བདག་གི་མདུན་དུ་པདྨའི་གདན་བཞུགས་ལ། །བཀའ་དྲིན་ཆེན་
པོའི་སྒོ་ནས་རྗེས་བཟུང་སྟེ། །སྐུ་གསུང་ཐུགས་ཀྱི་དངོས་གྲུབ་སྩལ་དུ་གསོལ། །རིལ་བུ་
རྣམས་རྗེ་བླ་མར་གསལ་བའི་ཐུགས་ཀ་ནས་འོད་ཟེར་འཕྲོས། ཕྱོགས་བཅུའི་ཞིང་རབ་
འབྱམས་ན་བཞུགས་པའི་སངས་རྒྱས་བྱང་སེམས་ཉན་རང་བསྲུང་མའི་ཚོགས་ཐམས་ཅད་ལ་

ཐོབ། དེ་རྣམས་ཀྱི་སྐུ་གསུང་ཐུགས་ཀྱི་བྱིན་རླབས་དང་ནུས་མཐུ་ཐམས་ཅད་བདུད་རྩི་དང་འོད་ཟེར་གྱི་རྣམ་པར་སྤྱན་དྲངས། རིལ་བུ་རྣམས་རྗེ་བླ་མར་གསལ་བ་ལ་ཐིམ་པར་གྱུར་པར་བསམ་ལ། དམིགས་མེད་བརྩེ་བའི་གཏེར་ཆེན་སྤྱན་རས་གཟིགས། དྲི་མེད་མཁྱེན་པའི་དབང་པོ་འཇམ་པའི་དབྱངས། །གངས་ཅན་མཁས་པའི་གཙུག་རྒྱན་ཙོང་ཁ་པ། །བློ་བཟང་གྲགས་པའི་ཞབས་ལ་གསོལ་བ་འདེབས། །ཞེས་རིལ་བུའི་གྲངས་ཀྱི་བརྒྱ་རྩ་བརྒྱད་རེ་བཟླ། མཐར་རྗེ་བླ་མ་རྣམས་འོད་དུ་ཞུ་ནས་རིལ་བུའི་རྣམ་པར་གྱུར་པར་བསམ། དེ་ནས་རིལ་བུ་རྣམས་སྣོད་གཙང་མའི་ནང་དུ་བླུགས། ཁ་ཤིང་སོགས་གཙང་མས་བཅད་ལ་དར་དམར་གྱིས་གཏུམ་པར་བྱའོ། །དེ་ནས་དར་རམ། རས་དཀར་པོ་ལ། དམིགས་མེད་བརྩེ་བའི་གཏེར་ཆེན་སྤྱན་རས་གཟིགས། །ལྗང་ཁུ་ལ། དྲི་མེད་མཁྱེན་པའི་དབང་པོ་འཇམ་པའི་དབྱངས། །དམར་པོ་ལ། གངས་ཅན་མཁས་པའི་གཙུག་རྒྱན་ཙོང་ཁ་པ། །སྔོན་པོ་ལ། བློ་བཟང་གྲགས་པའི་ཞབས་ལ་གསོལ་བ་འདེབས། །ཞེས་པ་གསེར་དངུལ་སོགས་རིན་པོ་ཆེའམ། མཚལ་སོགས་ལ་བཟང་སྨན་དང་དྲི་བཟང་སྤྱར་ཏེ་དབུ་ཅན་དུ་འབྲི་ཞིང་། སླ་རྩེ་སོགས་ཀྱིས་མ་གོས་པར་བྱའོ། །ཡང་དར་རམ་རས་སྔོན་པོ་ལྷུ་ལ་དམིགས་བརྩེ་མ་ཡོངས་རྫོགས་དང་། ཧཱུྃ་ཧྲཱིཿ ཨོཾ་ཧ་ཧཱ་ག་ཧ་ཧྲ་ག་ཕཊ་སོགས་དང་། རིགས་གསུམ་མགོན་པོའི་སྔགས་དང་། ཨོཾ་ག་ན་པ་ཏ་ཡེཿ སྭཱ་ཧཱ་ཧཱུྃ་ཧྲཱིཿ་སོགས་འོག་ནས་འབྱུང་བ་ལྟར་བྲི། བསྐྱེད་པ་ནི། ཨ་ཡི་ཧ་ལ་བསངས། སྭ་ཧཱ་ཕཊ་སྦྱངས། སྟོང་པའི་ངང་ལས་སྐད་ཅིག་གིས་དར་ལྗོན་དང་པོ་བཞི་རིམ་པ་བཞིན་ཡེ་ཤེས་ཀྱི་ཁྱུང་དཀར་པོ་གཡས་འཁོར་ལོ། ཁྱུང་ཁྲ་བོ་གཡས་རིན་པོ་ཆེ། ཁྱུང་དམར་པོ་གཡས་པདྨ། ཁྱུང་སྔོན་པོ་གཡས་རལ་གྲི་འཛིན་ཅིང་གཡོན་པ་རྣམས་ཀྱིས་རང་རང་གི་མདོག་ཅན་གྱི་སྦྲུལ་བཟུང་ནས་ཞལ་དུ་གསོལ་བ། ར་དང་མཆུ་སེར་ཤིན་ཏུ་རྣོ་བ། སྐུ་དཀར་ཕྱོགས་པ་རྣམས་རྗེས་སུ་འཛིན་ཅིང་ནག་ཕྱོགས་པ་ཐམས་ཅད་ཚར་གཅོད་པའི་མཐུ་སྟོབས་གཟི་བརྗིད་ལྡན་སུམ་ཚོགས་པའི་བདག་ཉིད་ཅན་དུ་གྱུར། དར་ལྗོག་གཞན་རྣམས་རྗེ་བླ་མ་ལ་བཅོམ་ལྡན་འདས་ཀླུ་དབང་རྒྱལ་པོ་དང་། རིགས་གསུམ་མགོན་པོ་སོགས་སངས་རྒྱས་བྱང་སེམས་ཉན་རང་བསྲུང་མའི་ཚོགས་ཀྱིས་བསྐོར་བའི་རྣམ་པ་ཅན་དུ་གྱུར་པའི་སྤྱི་བོར་ཨོཾ་དཀར་པོ། མགྲིན་པར་ཨཱཿ དམར་པོ། ཐུགས་ཀར་ཧཱུྃ་སྔོན་པོས་མཚན་པར་གྱུར། ཐུགས་

ཀའི་ཧཱུྃ་ལས་འོད་ཟེར་འཕྲོས། བསྒོམ་པ་དང་འདྲ་བའི་ཡེ་ཤེས་པ་སྤྱན་དྲངས། ཛཿ ཧཱུྃ་བཾ་ཧོཿ རང་རང་གི་དམ་ཚིག་པ་དང་གཉིས་སུ་མེད་པར་གྱུར། ཨོཾ་ཨརྒྷཾ་པྲ་ཏཱིཙྪ་ཧཱུྃ་ནས། ཤབྡ་པྲ་ཏཱིཙྪ་ཧཱུྃ་གི་བར་གྱིས་མཆོད། ཕྱག་བྱར་འོས་པ་ཐམས་ཅད་ལ། །ཞིང་རྡུལ་ཀུན་གྱི་གྲངས་སྙེད་ཀྱི། །ལུས་བཏུད་པ་ཡིས་རྣམ་པ་ཀུན། །མཆོག་ཏུ་དད་པས་ཕྱག་འཚལ་ལོ། །ཞེས་བསྟོད། དེ་རྣམས་ཀྱི་ཐུགས་ཀ་ནས་འོད་ཟེར་འཕྲོས། རྒྱལ་བ་སྲས་བཅས་ལ་སོགས་པའི་བྱིན་རླབས་ཐམས་ཅད་འོད་ཟེར་གྱི་རྣམ་པར་བསྡུས་ནས་དེ་དག་ལ་ཐིམ་པར་གྱུར་པར་བསམ་ལ། དམིགས་བརྩེ་མ་དང་། ཏདྱ་ཐཱ། ཨོཾ་ཏ་ཐཱ་ག་ཏ་ཛྙཱ་ག་ཕན། ནཱ་ག་ནཱ་ཛེ་ཤུ་ར་ཨ་ཧྲི་ཧྲི་ཊ་ཨ་ཧྲི་ཧྲི་ཏེ་སྭཱ་ཧཱ། ཨོཾ་ཨ་ར་པ་ཙ་ན་ཧྲཱིཿ ཨོཾ་མ་ཎི་པདྨེ་ཧཱུྃ། ཨོཾ་བཛྲ་པཱ་ཎི་ཧཱུྃ་ཕཊ། ཨོཾ་པ་ཀྲི་སྭཱ་ཧཱ། ཨོཾ་ན་ག་ཕུཿ པྲ་ཏི་བཛྲ་ཏུ་ཏྲེ། མི་ལི་མི་ལི། ཧཱུྃ་ཧཱུྃ་ཕཊ་ཕཊ། ཛ་རི་ཤ་ཡ། ཛ་རི་ཤ་ཡ། ཆར་དྲག་ཏུ་ཕོབ། མྱུར་དུ་ཕོབ། སྣ་ར་ཡ། ཕྲོ་ཕྲོཿ ཕྲོཿ ཕོབ། །མྱུར་དུ་ཕོབ། ཨོཾ་པུ་མེ་ན་ཏི་མི་ལི་སྭཱ་ཧཱ། ཆར་དྲག་ཏུ་ཕོབ། མྱུར་དུ་ཕོབ། ཅེས་ཅི་འགྲུབ་བཟླ། མཐར་ལྷ་རྣམས་འོད་དུ་ཞུ་ནས་བྲིས་པའི་ཡིག་འབྲུའི་རྣམ་པར་གྱུར་པར་བསམ། དེ་ནས་ཚུ་གཟའ་ཚུ་སྐར་སོགས་འཕྲོད་སྦྱོར་འཛོམ་པའི་དུས་སུ་མཚོ་མགོའི་ཁར་འགྲོ་བའི་ཚེ། རང་ཉིད་རྗེ་བླ་མར་བསྒོམ་ལ་དམིགས་བརྩེ་མ་འདོན་ཞིང་འགྲོ། དེར་སླེབ་འཕྲལ་སྐྱབས་འགྲོ་སེམས་བསྐྱེད་སྔོན་དུ་བཏང་། སུམྦྷ་ཞེས་སྟོང་པར་སྦྱངས། སྟོང་པའི་ངང་ལས་སྣ་ཚོགས་པདྨ་དང་ཟླ་བའི་གདན་གྱི་སྟེང་དུ་རང་ཉིད་སྐད་ཅིག་གིས་ཁམས་གསུམ་ཆོས་ཀྱི་རྒྱལ་པོ་ཙོང་ཁ་ཆེན་པོ་སྐུ་མདོག་དཀར་ལ་དམར་བའི་མདངས་ཆགས་པ། ཞེས་པ་ནས། འོད་ཀྱི་ཕུང་པོའི་དབུས་ན་ཞབས་རྡོ་རྗེ་སྐྱིལ་ཀྲུང་གིས་བཞུགས་པར་གྱུར་པར་བསམ་ལ་དམིགས་བརྩེ་མ་ཅི་འགྲུབ་བཟླ། རང་གི་ཐུགས་ཀའི་ཧཱུྃ་ལས་འོད་ཟེར་འཕྲོས། ཀླུ་ཆེན་བརྒྱད་ལ་སོགས་པ་འཇིག་རྟེན་ཁམས་ཀྱི་ཀླུ་རིགས་ཐམས་ཅད་སྤྱན་དྲངས། ཀླུ་གཏོར་རྒྱས་བསྡུས་གང་ཡང་རུང་བ་བཏང་ལ། ཀླུའི་རྒྱལ་པོ་དགའ་བོ་དང་གཙུག་ན་རིན་ཆེན་དང་དུང་སྐྱོང་སོགས་རྒྱལ་རིགས་རྗེ་རིགས་བྲམ་ཟེའི་རིགས་གདོལ་པའི་རིགས་དབང་པོ་གསལ་བ་དང་། ཞ་འོན་རྨུག་འཐིབ་སོགས་དབང་པོ་མི་གསལ་བ་མདོར་ན་ཀླུའི་རིགས་སུ་གྱུར་པ་ཐམས་ཅད་ཉོན་ཅིག །བདག་ཅག་ཁྱེད་རྣམས་ལ་ཡ་པོ་བཟུང་བ་དང་། ངོ་བསྟོ་བ་དང་། འཁོན་ཚོལ་དུ་འོང་བ་མ་ཡིན་གྱི། འཛམ་བུའི་གླིང་དུ་ཆར་དགོན་པོ་བྱུང་

ནས་ཆར་སྙིང་དུ་འོང་བ་ཡིན་པས་ཡུལ་ཕྱོགས་འདིར་ཆར་ཆེན་པོ་མྱུར་དུ་ཕབ་ལ་རྩི་བཅུད་ལོ་ཏོག་སོགས་རྒྱས་པར་མཛོད་ཅིག ཅེས་ལན་གསུམ་བརྗོད་ལ་བཀའ་བསྒོ། རིང་ཐུང་འཚམ་པའི་ཕྱོགས་སུ་མཚམས་ཐོ་དང་། དེའི་ནང་གི་ཕྱོགས་བཞིར་ཐོ་བཞི་བརྩིགས་ལ་དར་ལྕོག་དཀར་པོ་སོགས་བཞི་མདུན་ནས་གཡས་བསྐོར་དུ་བཙུགས་ལ། ཨ་མྲི་ཏས་བསངས། སྭ་བྷཱ་ཝས་སྦྱངས། སྟོང་པའི་ངང་ལས་སྐད་ཅིག་གིས་དར་ལྕོག་དང་པོ་བཞི་རིམ་པ་བཞིན་ཡེ་ཤེས་ཀྱི་ཁྱུང་དཀར་པོ། ཞེས་པ་ནས། མཐུ་སྟོབས་གཟི་བརྗིད་ཕུན་སུམ་ཚོགས་པའི་བདག་ཉིད་ཅན་དུ་གྱུར། དེའི་སྤྱི་བོར་ཨོཾ་དཀར་པོ། མགྲིན་པར་ཨཱཿདམར་པོ། ཐུགས་ཀར་ཧཱུྃ་སྔོན་པོ། ཐུགས་ཀའི་ཧཱུྃ་ལས་འོད་ཟེར་འཕྲོས། བསྒོམ་པ་དང་འདྲ་བའི་ཡེ་ཤེས་པ་སྤྱན་དྲངས། ཛཿ ཧཱུྃ་བཾ་ཧོཿ རང་རང་གི་དམ་ཚིག་པ་དང་གཉིས་སུ་མེད་པར་གྱུར། ཨོཾ་ག་རུ་ཌ་ས་པ་རི་ཝཱ་ར་ཨརྒྷཾ་པྲ་ཏཱིཙྪ་ཧཱུྃ་སྭཱཧཱ། ཞེས་པ་ནས། ཤབྡའི་བར་གྱིས་མཆོད། རྡོ་རྗེའི་སྒྲོ་གཤོག་བསྐྱོད་པས་སྟོང་གསུམ་གཡོ། །མི་བཟད་གནམ་ལྕགས་འབར་བའི་ཆུ་སྐྱེར་གྱིས། །ནག་ཕྱོགས་གདེངས་ཅན་མ་ལུས་ཚར་གཅོད་པའི། །མཁའ་ལྡིང་རིགས་བཞིར་སྒོ་གསུམ་གུས་པས་བསྟོད། །གཏོར་མ་ཨ་མྲི་ཏས་བསངས། སྭ་བྷཱ་ཝས་སྦྱངས། སྟོང་པའི་ངང་ལས་བྷྲཱུྃ་ལས་རིན་པོ་ཆེའི་སྣོད་ཡངས་ཤིང་རྒྱ་ཆེ་བའི་ནང་དུ་ཨོཾ་འོད་དུ་ཞུ་བ་ལས་བྱུང་བའི་གཏོར་མ་ཟག་པ་མེད་པ་བདུད་རྩིའི་རྒྱ་མཚོ་ཆེན་པོར་གྱུར། ཨོཾ་ཨཱཿཧཱུྃ། ལན་གསུམ་བརྗོད་དེ་བྱིན་གྱིས་རླབས། ལྷའི་ལྗགས་འོད་ཟེར་གྱི་སྦུ་གུས་གཏོར་མའི་བཅུད་ཐམས་ཅད་དྲངས་ཏེ་གསོལ་བར་གྱུར་པར་བསམ། ཨོཾ་ག་རུ་ཌ་ས་པ་རི་ཝཱ་ར་ཨི་དཾ་བ་ལིཾ་ཏ་ཁ་ཁ་ཁཱ་ཧི་ཁཱ་ཧི། ལན་གསུམ་གྱི་གཏོར་མ་ཕུལ། མཆོད་བསྟོད་གོང་བཞིན་བྱ། ཡེ་ཤེས་ཀྱི་ཁྱུང་རིགས་བཞིས་ཆུ་མགོ་འདིར་གནས་པའི་ཀླུ་གཞན་དུ་མི་འགྲོ་བ་དང་། བདག་ཅག་འཁོར་དང་བཅས་པ་དང་། ཀླུ་རྣམས་ཀྱིས་ཆར་འབེབས་པའི་བྱ་བ་ལ་གནོད་པར་བྱེད་པའི་བར་ཆད་མི་མཐུན་པའི་ཕྱོགས་ཐམས་ཅད་ཕྱིར་བཟློག་པའི་འཕྲིན་ལས་མཛོད་ཅིག །ཅེས་འཕྲིན་ལས་བཅོལ། དེ་ནས་བཟུང་སྟེ་ཉིན་རེ་བཞིན་ཁྱུང་རིགས་བཞི་ལ་མཆོད་གཏོར་འབུལ་ཞིང་འཕྲིན་ལས་བཅོལ་བར་བྱའོ། །དར་ལྕོག་གཞན་ལྷ་ཆུ་མགོའི་སྟེང་དང་། འཚམས་བཞིར་བཙུགས་ལ། ཨ་མྲི་ཏས་བསངས། སྭ་བྷཱ་ཝས་སྟོང་པར་སྦྱངས། སྟོང་པའི་ངང་ལས་སྐད་ཅིག་གིས་རྗེ་བླ་མ་ལ་བཅོམ་ལྡན་འདས་ཀླུ་

དབང་རྒྱལ་པོ་དང་། རིགས་གསུམ་མགོན་པོ་སོགས་སངས་རྒྱས་བྱང་སེམས་ཉན་རང་བསྲུང་མའི་ཚོགས་ཀྱིས་བསྐོར་བའི་རྣམ་པ་ཅན་དུ་གྱུར་བའི་སྤྱི་བོར་ཨོཾ་དཀར་པོ། མགྲིན་པར་ཨཱཿདམར་པོ། ཐུགས་ཀར་ཧཱུྃ་སྔོན་པོས་མཚན་པར་གྱུར། ཐུགས་ཀའི་ཧཱུྃ་ལས་འོད་ཟེར་འཕྲོས། བསྒོམ་པ་དང་འདྲ་བའི་ཡེ་ཤེས་པ་སྤྱན་དྲངས། ཛཿཧཱུྃ་བཾ་ཧོཿརང་རང་གི་དམ་ཚིག་པ་དང་གཉིས་སུ་མེད་པར་གྱུར། ཨོཾ་ཨརྒྷཾ་པྲ་ཏཱི་ཙྪ་ཧཱུྃ་སོགས་ཀྱིས་མཆོད། ཕྱག་བྱར་འོས་པ་ཐམས་ཅད་ལ། །སོགས་ཀྱིས་བསྟོད། དེ་ནས་ཐལ་མོ་སྦྱར་ཏེ། དུས་གསུམ་སངས་རྒྱས་ཐམས་ཅད་ཀྱི་ངོ་བོ་རྡོ་རྗེ་བཙུན་ཙོང་ཁ་པ་ཆེན་པོ། བདེ་གཤེགས་ཟླ་དབང་རྒྱལ་པོ། འཕགས་པ་རིགས་གསུམ་མགོན་པོ་སོགས་ཡེ་ཤེས་སྤྱན་ལྡན་རྣམས་ཀྱིས་ཡུལ་ཕྱོགས་འདིར་ཆར་ཆེན་པོ་མྱུར་དུ་འབབ་པར་བྱིན་གྱིས་རླབས་པར་མཛད་དུ་གསོལ། །ཞེས་གསོལ་བ་གདབ། གཞི་བདག་ལ་དཀར་གཏོར་གཏོང་ལ། སའི་ལྷ་མོ་བརྟན་མ་སོགས་ཡུལ་ལྷ་གཞི་བདག་སྤྱི་དང་། ཁྱད་པར་དུ་ས་ཆ་ཡུལ་ཕྱོགས་འདི་ཀུན་ན་གནས་པའི་གཞིའི་བདག་པོ་རྣམས་ཀྱིས་བདག་ཅག་ཆར་འབེབ་པའི་བྱ་བ་བྱེད་པ་ལ་གོ་སྐབས་དང་རྡུང་ཕྲག་དོག་མ་བྱེད་པར་འགལ་རྐྱེན་བར་ཆད་ཐམས་ཅད་བཟློག་པ་དང་། མཐུན་རྐྱེན་ལེགས་ཚོགས་ཐམས་ཅད་ཡིད་བཞིན་དུ་འགྲུབ་པའི་འཕྲིན་ལས་དང་སྟོང་གྲོགས་རྒྱ་ཆེན་པོ་སྒྲུབ་པར་མཛད་དུ་གསོལ། །ཞེས་ལས་བཅོལ། བསང་བཏང་ལ་ཆར་འབེབ་པའི་འདོད་དོན་ཞུ། དེ་ནས་རིལ་བུའི་བུམ་པ་རྒྱ་མཚོའི་ནང་དུ་བརྟན་པོ་འོང་ཐབས་བྱས་ལ་ལེགས་པར་བཞག སྟེང་དུ་རྗེའི་སྐུ་རབ་གནས་ཅན་བཞུགས་སུ་བཅུག གུར་ གླ་རེ་ཡོལ་བ་སྣན་དར་སོགས་ཀྱིས་ལེགས་པར་བརྒྱན། མཐའ་བསྐོར་རམ་མདུན་ངོས་སུ་མཆོད་པ་གཟབ་རྒྱས་འབྱོར་ཚད་བཤམས། གཉིས་པ་དངོས་གཞི་ནི། སྒྲུབ་པ་པོ་རྣམས་གྲལ་ལ་འཁོད་དེ་སྐབས་འགྲོ་སེམས་བསྐྱེད་ཚད་མེད་བཞི་བསྒོམ་པ་སྔོན་དུ་བཏང་། ཨོཾ་སྭ་བྷཱ་ཝས་སྦྱངས། སྟོང་པ་ཉིད་དུ་གྱུར། སྟོང་པའི་ངང་ལས་སྣ་ཚོགས་པདྨ་དང་ཟླ་བའི་གདན་གྱི་སྟེང་དུ་རང་ཉིད་སྐད་ཅིག་གིས་ཁམས་གསུམ་ཆོས་ཀྱི་རྒྱལ་པོ་ཙོང་ཁ་པ་ཆེན་པོ་སྐུ་མདོག་དཀར་ལ་དམར་བའི་མདངས་ཆགས་པ། ཞེས་པ་ནས། ཞབས་རྡོ་རྗེའི་སྐྱིལ་མོ་ཀྲུང་གིས་བཞུགས་པར་གྱུར། ཅེས་རང་ཉིད་རྗེ་བླ་མར་བསྐྱེད། སྐུ་བརྟན་ཨ་ཏྲི་ཏས་བསངས། སྭ་བྷཱ་ཝས་སྦྱངས། སྟོང་པའི་ངང་ལས་སྣ་ཚོགས་པདྨ་དང་ཟླ་བའི་གདན་གྱི་སྟེང་དུ་ཁམས་

གསུམ་ཆོས་ཀྱི་རྒྱལ་པོ་ཙོང་ཁ་པ་ཆེན་པོ་སྐུ་མདོག་དཀར་ལ་དམར་བའི་མདངས་ཆགས་པ། ཞེས་པ་ནས། ཞབས་རྡོ་རྗེའི་སྐྱིལ་མོ་ཀྲུང་གིས་བཞུགས་པ། དེའི་མཐའ་བསྐོར་དུ་བཅོམ་ལྡན་འདས་ཐུབ་དབང་རྒྱལ་པོ། རྒྱལ་བ་ཤཱཀྱ་ཐུབ་པ་དང་། སྨན་བླ་མཆེད་བདུན་སོགས་སངས་རྒྱས་བྱང་སེམས་ཉན་རང་ཆོས་སྐྱོང་བསྲུང་མའི་ཚོགས་ཐམས་ཅད་ཀྱིས་བསྐོར་བར་གྱུར་པའི་གཙོ་འཁོར་ཐམས་ཅད་ཀྱི་སྤྱི་བོར་ཨོཾ་དཀར་པོ། མགྲིན་པར་ཨཱཿདམར་པོ། ཐུགས་ཀར་ཧཱུྃ་སྔོན་པོས་མཚན་པར་གྱུར། ཐུགས་ཀར་ཧཱུྃ་ལས་འོད་ཟེར་འཕྲོས་པས་རང་བཞིན་གྱི་གནས་ནས་རྒྱལ་བ་ཙོང་ཁ་ཆེན་པོ་ལ་སངས་རྒྱས་དང་བྱང་སེམས་དཔག་ཏུ་མེད་པས་བསྐོར་བ་སྤྱན་དྲངས། ངོ་མཚར་རྨད་བྱུང་བཀོད་པའི་འཇིག་རྟེན་ནས། །བདེ་གཤེགས་སེང་གེའི་ང་རོ་སྒྲོལ་པའི་སྐུ། །ཆོས་ཀྱི་རྒྱལ་པོ་ཀུན་མཁྱེན་བློ་བཟང་གྲགས། །སྙིགས་དུས་འགྲོ་བ་འདྲེན་ཕྱིར་གཤེགས་སུ་གསོལ། །རྣམ་དག་ཆོས་ཀྱི་དབྱིངས་ལས་མ་གཡོས་ཀྱང་། །ཚད་མེད་ཐུགས་རྗེས་འགྲོ་ལ་ཕྱོགས་བཅུར་གཟིགས། །རྒྱལ་བ་ཀུན་གྱི་འཕྲིན་ལས་རྒྱས་མཛད་པ། །དུས་གསུམ་བླ་མ་འཁོར་བཅས་གནས་འདིར་གཤེགས། །ཨོཾ་སུ་མ་ཏི་ཀཱིརྟི་ས་པ་རི་ཝཱ་ར་ཨེ་ཧྱེ་ཧི་བཛྲ་ས་མ་ཡ་ཛཿ ཛཿ ཛཿ ཧཱུྃ་བཾ་ཧོཿ གཉིས་སུ་མེད་པར་གྱུར། མཆོད་པ་ཨ་ཤྲི་ཏས་བསངས། སྭ་བྷཱ་ཝས་སྦྱངས། སྟོང་པའི་ངང་ལས་ཨོཾ་ལས་རིན་པོ་ཆེའི་སྣོད་ཡངས་ཤིང་རྒྱ་ཆེ་བ་རྣམས་ཀྱི་ནང་དུ་ཨོཾ་འོད་དུ་ཞུ་བ་ལས་བྱུང་བའི་མཆོད་ཡོན། ཞབས་བསིལ། མེ་ཏོག བདུག་སྤོས། སྣང་གསལ། དྲི་ཆབ། ཞལ་ཟས། རོལ་མོ་རྣམས་དྭངས་ཤིང་ཐོགས་པ་མེད་པ་ནམ་མཁའ་དང་མཉམ་པར་གྱུར། ཨོཾ་ཨརྒྷཾ་ཨཱཿཧཱུྃ། ཨོཾ་པཱདྱཾ་ཨཱཿཧཱུྃ། ཨོཾ་བཛྲ་པུཥྤེ་ཨཱཿཧཱུྃ། ཞེས་པ་ནས། ཨོཾ་ཤབྡ་ཨཱཿཧཱུྃ། ཞེས་བྱིན་གྱིས་རླབས། རྒྱལ་བ་རྒྱ་མཚོའི་མཆོད་རྫས་ལས་གྲུབ་པའི། ཞིང་ཁམས་རྒྱ་མཚོའི་མཆོད་ཡོན་རྒྱ་མཚོའི་ཚོགས། །ཡོན་ཏན་རྒྱ་མཚོའི་རྒྱལ་བ་འཁོར་བཅས་ལ། །དད་པ་རྒྱ་མཚོས་འབུལ་ལོ་བཞེས་སུ་གསོལ། །ཨོཾ་སུ་མ་ཏི་ཀཱིརྟི་ས་པ་རི་ཝཱ་ར་ཨརྒྷཾ་པྲ་ཏཱིཙྪ་ཧཱུྃ་སྭཱཧཱ། དེ་བཞིན་དུ་མཆོད་ཡོན་གྱི་གནས་སུ་ཞབས་བསིལ་ནས་རོལ་མོའི་བར་དང་། ཨརྒྷཾ་གྱི་གནས་སུ་པཱདྱཾ་ནས་ཤབྡའི་བར་བཅུག་ལ་མཆོད་པ་དབུལ། །བློ་གྲོས་ཁང་བཟང་བརྟན་གསུམ་ནོར་གྱི་ཕྱུག །བཟང་པོའི་འཕྲིན་ལས་གདུལ་བྱའི་དཔལ་དུ་ཤར། །གྲགས་པའི་འོད་ཟེར་འཛམ་གླིང་ཕྱོགས་བཅུར་འཕྲོ། །བློ་བཟང་གྲགས་པའི་ཞབས་ལ་ཕྱག་འཚལ་

ལོ། །ཞེས་བསྟོད། སྨྲ་ན། ས་གསུམ་མ་སོགས་འདོན། རང་གི་ཐུགས་ཀ་ནས་འོད་ཟེར་འཕྲོས་མདུན་གྱི་རྫེ་རིན་པོ་ཆེ་གཙོ་འཁོར་རྣམས་ལ་ཕོག་དེ་རྣམས་ཀྱི་ཐུགས་ཀ་ནས་འོད་ཟེར་འཕྲོས། ཕྱོགས་བཅུའི་སངས་རྒྱས་བྱང་སེམས་ཉན་རང་བསྲུང་མའི་ཚོགས་ཐམས་ཅད་ལ་ཕོག་དེ་ཐམས་ཅད་ལས་འོད་ཟེར་འཕྲོས། ནམ་མཁར་སྤྲིན་གྱི་ཕུང་པོ་ཤིན་ཏུ་སྟུག་པོ་འཁྲིགས་པ་ལས་ཆར་གྱི་རྒྱུན་ཆེན་པོ་བབས་ཏེ་རྩི་བཅུད་ལོ་ཏོག་སོགས་རྒྱས་པར་གྱུར་པ་དང་། ཡང་མདུན་བསྐྱེད་དང་ཕྱོགས་བཅུའི་སངས་རྒྱས་བྱང་སེམས་ཐམས་ཅད་ལས་འོད་ཟེར་འཕྲོས་ཏེ་ཀླུ་རྣམས་ལ་ཕོག་པས་ཀླུ་རྣམས་ཀྱི་ནད་དང་སྡིག་སྒྲིབ་ཐམས་ཅད་བསལ་ཏེ་ཕན་པ་དང་བྱང་ཆུབ་ཀྱི་སེམས་དང་ལྡན་པར་བྱས་ནས་ཆར་ཆེན་པོ་འབེབས་པ་ལ་བསྐུལ་བར་བྱས་སྙམ་པ་དང་། ཡང་དེ་རྣམས་ལས་བདུད་རྩི་དང་འོད་ཟེར་འཕྲོས་ཏེ་བུམ་པའི་ནང་གི་རིལ་བུ་རྣམས་ལ་ཐིམ། རིལ་བུ་རྣམས་ལས་བདུད་རྩི་འོད་ཟེར་དང་བཅས་པ་བབས་ཏེ་གནས་དེ་དང་། ཕྱོགས་བཅུའི་ཀླུ་ཐམས་ཅད་ལ་ཕོག་པས་ཀླུ་རྣམས་ཀྱི་ནད་ཀྱི་རིགས་ཐམས་ཅད་དང་སྡིག་སྒྲིབ་སྦྱངས་ཏེ། ཀླུ་རྣམས་དགའ་བདེ་དཔག་ཏུ་མེད་པ་དང་ལྡན་པར་གྱུར་ནས་ཆར་ཆེན་པོ་འབེབས་པ་དང་། ཡང་དེ་རྣམས་ལས་འོད་ཟེར་འཕྲོས་ཏེ་སེམས་ཅན་ཐམས་ཅད་དང་། ཁྱད་པར་ཐན་པ་བྱུང་ཡུལ་གྱི་སེམས་ཅན་རྣམས་ལ་ཕོག་པས་དེ་རྣམས་ཀྱི་ལས་ངན་སྡིག་སྒྲིབ་སྤྱི་དང་། བྱེ་བྲག་ཏུ་ཐན་པའི་འབྲས་བུ་སྨིན་འགྱུར་གྱི་ལས་ངན་རྣམས་སྦྱངས་ཏེ་དགའ་སྐྱིད་ཕུན་སུམ་ཚོགས་པ་ལ་ལོངས་སྤྱོད་པའི་སྐལ་ལྡན་དུ་བྱས་སྙམ་པ་དང་། ཡང་དེ་རྣམས་ལས་འོད་ཟེར་འཕྲོས་ཏེ་ཆར་འབབ་པ་དང་རྩི་བཅུད་ལོ་ཏོག་སོགས་རྒྱས་པ་ལ་བར་དུ་གཅོད་ཅིང་གནོད་པར་བྱེད་པའི་སེམས་དང་ལྡན་པ་སྤྱི་དང་། ཁྱད་པར་སྲིན་འཐོར་བར་བྱེད་པའི་ཀླུང་ལྷ་རྣམས་ལ་ཕོག་བས་དེ་རྣམས་ཀྱི་བསམ་ངན་སྦྱོར་རྩུབ་ཐམས་ཅད་ཞི་བར་གྱུར་ཏེ་མཐུན་རྐྱེན་སྒྲུབ་པ་དང་། སེམས་མེད་ཀྱི་འགལ་རྐྱེན་རྣམས་ལ་ཕོག་པས་མུན་ཁུང་ལ་མར་མེ་དང་། རྩྭ་སྤུར་ལ་མེ་དཔུང་འཕྲོད་པ་བཞིན་གཏན་མེད་དུ་བྱས་སྙམ་པ་དང་། ཡང་དེ་རྣམས་ཀྱི་འོད་ཟེར་གྱིས་སྤྲིན་བསྡུས་ཏེ་ནམ་མཁའི་ཁམས་ཐམས་ཅད་ཁེངས་པར་ཤིན་ཏུ་སྟུག་པོར་འཁྲིགས་ཏེ། དེ་ལས་ཆར་གྱི་རྒྱུན་ཆེ་བ་འཇམ་པ་རྩི་བཅུད་ལོ་ཏོག་སོགས་བསྐྱེད་ཅིང་འཕེལ་བར་བྱེད་པའི་ནུས་པ་ཕུན་སུམ་ཚོགས་པ་དང་ལྡན་པ་ཡིད་དང་མཐུན་པར་ཕབས་ཏེ་སྐྱེ་འགྲོ་རྣམས་དགའ་བདེའི་

དཔལ་ལ་བཀོད་པར་གྱུར་པར་བསམ། དེ་ལྟ་བུའི་དམིགས་པ་གསལ་པོ་རེས་མོས་ཀྱི་ངང་ནས་དམིགས་བརྩེ་མ་རྩེ་གཅིག་ཏུ་བཟླ། སྒྲུབ་གྲོགས་འགའ་ཞིག་གིས་སྐབས་སྐབས་སུ་བརྒྱ་རྩ། གླུ་གཏོར། བསང་། འབྱུང་བཞི་དང་ཆ་གསུམ། ལན་ཆགས་གཏོར་མ་སོགས་གཏོང་བ། སྦྱིན་ཆེན་པོ་དང་གཟུངས་འདུས་སྒྲོགས་པ་སོགས་རྒྱབ་ཆོས་དང་། ཡི་དམ་ཆོས་སྐྱོང་ལ་མཆོད་གཏོར་འབུལ་བ་དང་ཁྲུས་གསོལ་བྱས་ཏེ་ཆར་དབབ་པར་གསོལ་བ་འདེབས་པ་སོགས་དང་། ཀླུང་གནོན། སྦྱིན་སྲེད་སོགས་ལ་བརྩོན་པར་བྱ། དེ་ཡང་ཀླུང་གནོན་བྱེད་ཚུལ་ནི། གོས་དར་རམ། རས་སམ། ཤོག་བུ་ལ་དབུས་སུ་ཀླུང་ལྷ་གཅིག་དང་། དེའི་མཐར་ཀླུང་ལྷ་དྲུག་འོག་ནས་བྱུང་བ་ལྟར་འབྲི། དེའི་སྙིང་ཁར་ཡཾ་ཡིག་གི་མཐར། ཧྰ་ཡུ་སྟྲི་ཧྰ་ཡ་ལཾ་ནན། ཞེས་པས་བསྐོར་པ་བྲིས་ཏེ་མདུན་དུ་བཞག་ལ། ཨ་ཤྲི་ཏས་བསངས། ས་ཧྰ་ཕས་སྦྱངས། སྟོང་པའི་ངང་ལས་ཡཾ་སྟོན་པོ་བདུན་ཡོངས་སུ་གྱུར་པ་ལས་ཀླུང་ལྷ་མཆོད་བདུན་དུ་བའི་མདོག་ཅན་ཤ་བ་ནག་པོ་ལ་ཞོན་པ། ལག་པ་གཉིས་ཀྱིས་ཀླུང་རས་དྲིལ་ཏེ་འཛིན་པ། ཀླུང་ལྷ་ཤ་བ་དང་བཅས་པ་གཉིད་ལོག་པའི་རྣམ་པ་ཅན་དུ་གྱུར། རང་གི་ཐུགས་ཀའི་ཧཱུྃ་ལས་ཁྲོ་བོ་ལྕགས་ཀྱུ་དང་ཞགས་པ་ཐོགས་པ་དཔག་ཏུ་མེད་པ་སྤྲོས་ཏེ་ནུབ་བྱང་ནས་ཀླུང་ལྷ་མཆེད་བདུན་འཁོར་དང་བཅས་པ་བཀུག་ནས་གཟུགས་བརྙན་ལ་ཐིམ་པར་གྱུར། དམིགས་བརྩེ་མའི་མཇུག་ཏུ། ཧྰ་ཡུ་ཨ་ཀརྵ་ཡ་ཛཿ ཛཿ ཛཿ ཧཱུྃ་བཾ་ཧོཿ ཞེས་གང་མང་བཟླ་ཞིང་དངོས་སུ་ཁུགས་པའི་མོས་པ་བརྟན་པོ་བྱ། དེ་ནས་ཡཾ་སོ་སོ་ལ་ལྟེ་བ་ཆག་མ་ཤོར་བར་བལྟེ་བ་ལ་ནུབ་བྱང་འཚམས་སུ་དོང་གྲུ་གསུམ་བྲུས་པའི་ནང་དུ་བཞག དེའི་སྟེང་དུ་ཛྲ་ཕོར་གྱི་ནང་དུ་རི་རབ་ཧཱུྃ་སུ་མ་ཧཱུྃ་གིས་མཚན་པ་བྲིས་པས་བཀབ་པའི་སྟེང་དུ་རྡོག་ཡམ་ལས་དཀྱིལ་སེར་པོའི་དབུས་སུ་སྣ་ཚོགས་རྡོ་རྗེ་གྱེན་འགྲེང་གི་ལྟེ་བར་ལ་བྲིས་པས་མནན་ལ་སྟོང་དུ་སས་བཀང་། དེའི་སྟེང་དུ་སརྦ་སེར་པོ་རབ་གནས་ཅན་གྱིས་མནན་པས་ཀླུང་ལྷ་འཁོར་བཅས་ཐེབས་ཀྱིས་ནོན་བས་ལྡང་མི་ནུས་པར་བསམ་ལ། དམིགས་བརྩེ་མའི་མཇུག་ཏུ། ཧྰ་ཡུ་སྟྲི་ཧྰ་ཡ་སྟྲུ་ལཾ་ནད། ཞེས་བཏགས་ལ་བཟླའོ། །དེ་ལྟར་མ་ལྡོགས་ན་རང་གི་ཐུགས་ཀ་ནས་འོད་ཟེར་འཕྲོས། ཀླུང་ལྷ་མཆེད་བདུན་ལ་ཕོག་པས་དེ་རྣམས་ཀྱི་བསམ་ངན་སྦྱོར་རྩུབ་ཐམས་ཅད་ཞི་ནས་ཆར་འབེབས་པ་ལ་གྲོགས་ལྷན་མཛད་པར་བསམ་པས་འཐུས། སྦྱིན་སྲེད་ཀྱི་ཐབས་ནི། ཨོཾ་ཧྰ་ག་ཥ་ཏེ་ཤཀྱ་ཎྲ་ཎྜ་ཡ།

ཏ་ཐཱ་ག་ཏ་ཡ། ཨརྷ་ཏེ། སམྱཀྶཾ་བུདྡྷ་ཡ། ཏདྱ་ཐཱ། ཨོཾ་ཙ་ར་ཙ་ར། ཆིནྡྷ་ཆིནྡྷ། བཛྲ་ཤེ་ལ་ཏིང་ཡེ་སྭཱཧཱ། སྤྲིན་འཛིན་པའི་སྔགས་ནི། ཨོཾ་བཛྲ་ཏུཎྜེ་མི་ལི་མི་ལི་སྭཱཧཱ། ཞེས་བཟླ། དམིགས་བརྩེ་མའི་རླུས་པའི་མཇུག་ཏུ་གོང་བཞིན་མཆོད་བསྟོད་བྱ། ཚེ་རབས་ཀུན་ཏུ་རྒྱལ་བ་ཙོང་ཁ་པས། །ཞེས་སོགས་དང་། འཇིག་རྟེན་བདེ་ཞིང་ལོ་ལེགས་དང་། །འབྲུ་རྣམས་རྒྱས་ཤིང་ཆོས་འཕེལ་དང་། །བདེ་ལེགས་ཕུན་སུམ་ཚོགས་པ་དང་། །ཡིད་ལ་འདོད་པ་ཀུན་འགྲུབ་ཤོག །ལྷ་ཡང་དུས་སུ་ཆར་འབེབས་ཤིང་། །ལོ་ཏོག་ཕུན་སུམ་ཚོགས་པར་ཤོག །རྒྱལ་པོ་ཆོས་བཞིན་བྱེད་གྱུར་ཅིག །འཇིག་རྟེན་དག་ཀྱང་དར་བར་ཤོག །སྨན་རྣམས་མཐུ་དང་ལྡན་པ་དང་། །གསང་སྔགས་བཟླས་བརྗོད་འགྲུབ་པར་ཤོག །མཁའ་འགྲོ་སྲིན་པོ་ལ་སོགས་པ། །སྙིང་རྗེའི་སེམས་དང་ལྡན་གྱུར་ཅིག །ཅེས་སྨོན་ལམ་གདབ། གནས་དེར་ཆར་འབེབས་ཀྱི་རིང་ལ་མི་གདོན་ཅན་དང་། གྲིབ་ཅན་དང་། ལྟུ་གྲུབ་མི་གཙང་བ་དང་། ཞ་འཕེང་ཚོན་ལོང་སོགས་མི་ཤེས་པའི་རིགས་མཚམས་མཐོའི་ནང་དུ་མི་གཏོང་། སྦྲུབ་པ་པོ་སྦྲུབ་གཡོག་དང་བཅས་པས་ཤ་ཆང་སྒོག་ཙོང་ཐ་མ་ཁ་སོགས་དྲི་ང་བ་དང་མི་གཙང་བའི་རིགས་ལ་མི་སྤྱོད། ཐམས་ཅད་སེམས་མཐུན་ཞིང་ཡིད་དགའ་བ་དང་བག་ཡོད་ཀྱི་སྤྱོད་པ་ལ་བརྩོན་པ་མ་གཏོགས། འཐབ་རྩོད། ཚིག་རྩོད། གཤག་འགྱེད་ངག་འཁྲུལ་སོགས་བག་མེད་ཀྱི་སྤྱོད་པ་མི་བྱ། སེམས་ཅན་སྤྱི་དང་ཁྱད་པར་ཆར་འབེབས་ယུལ་གྱི་སེམས་ཅན་རྣམས་ལ་ཕན་སེམས་དང་། དཀོན་མཆོག་སྤྱི་དང་། ཁྱད་པར་རྗེ་བཙུན་ཙོང་ཁ་པ་ཆེན་པོ་ལ་ཡིད་ཆེད་ཀྱི་དད་གུས་ཤུགས་དྲག་བསྐོམ་པ་རྣམས་འདིའི་དམ་ཚིག་ཡིན་པས་དེ་ལས་མི་འདའ་བ་གལ་ཆེ། དེ་ལྟར་ཉིན་རེ་བཞིན་ཐུན་གསུམ་མམ་བཞི་བྱས་ཏེ་རབ་ཞག་ཉེར་གཅིག །འབྲིང་ཞག་བདུན། ཐ་མ་ཞག་གསུམ་གྱི་རིང་བསྒྲུབས་ན་ཆར་ཆེན་པོ་མྱུར་དུ་འབབ་པར་དམ་པ་གོང་མ་རྣམས་ཀྱིས་མྱོང་གྲུབ་ཡིན་པས་རྩེ་གཅིག་ཏུ་འབད་འཚལ། གསུམ་པ་རྗེས་ཀྱི་བྱ་བ་ནི། ཆར་བབས་པའི་རྗེས་སུ་གྲོལ་དུས་དཀོན་མཆོག་གི་བཀའ་དྲིན་རྗེས་སུ་དྲན་པའི་སྒོ་ནས་མཆོད་གཏོར་རྒྱ་ཆེན་པོ་བཤམས་ལ་ཕུལ། དེ་ཡང་མཆོད་པ་འབུལ་ཚུལ་ནི་གོང་དང་འདྲ་ཞིང་། གཏོར་མ་ནི་ཁྱུང་རིགས་བཞིའི་སྐབས་ལྟར་བྱིན་གྱིས་བརླབས། ལྷའི་ལྷགས་འོད་ཟེར་གྱི་ཕྱུ་གུས་གཏོར་མའི་བཅུད་ཐམས་ཅད་དྲངས་ཏེ་གསོལ་བར་གྱུར་པར་བསམ། ཨོཾ་སུ་མ་ཏི་ཀཱིརྟེ་ས་

པ་རི་ཤྲཱ་ར་ཨི་དཾ་བ་ལིཾ་ ཏ་ཁ་ཁ་ཁཱ་ཧི་ཁཱ་ཧི། ལན་གསུམ་གྱིས་གཏོར་མ་ཕུལ་ཏེ་གཏང་རག་གཏོང་། །ལྷ་ཀླུ་གཞི་བདག་སྤྱི་དང་ཁྱད་པར་ཆུ་མགོ་དེའི་ཀླུ་དང་། ཡུལ་དེའི་གཞི་བདག་ཀླུང་ལྷ་དང་བཅས་པར་མཆོད་བསྟོད་བསང་སོགས་རྒྱས་པར་ཕུལ་ཏེ། འཇིག་རྟེན་ཁམས་ཀྱི་ལྷ་ཀླུ་གཞི་བདག་སྤྱི་དང་། ཁྱད་པར་ཡུལ་འདིའི་ལྷ་ཀླུ་གཞི་བདག་རྣམས་ཀྱིས་ཆར་དབབ་པའི་གྲོགས་ལྡན་འཕྲིན་ལས་མཛད་པ་ལེགས་ཚོགས་སུ་གྱུར་ཅིང་། སྐད་ནས་ཀྱང་ཆར་ཆུ་དུས་སུ་འབབ་པ་དང་ལོ་ཕྱུག་རྟག་ཏུ་ལེགས་པའི་འཕྲིན་ལས་དང་སྐྱོང་གྲོགས་རྒྱ་ཆེན་པོ་མཛད་དུ་གསོལ། །ཞེས་ལེགས་སོ་བརྗོད། བུམ་པའི་ནང་གི་རིལ་བུ་རྣམས་ཆུ་མགོའི་ནང་དུ་བླུག་ལ་བྱ་ཁྱི་སོགས་ཀྱིས་མི་ཟ་བ་བྱ། དར་ལྕོག་བཞིའི་ཁྱུང་རྣམས་ཀྱི་ཡེ་ཤེས་པ་རང་བཞིན་གྱི་གནས་སུ་གཤེགས། །དམ་ཚིག་པ་རང་ཉིད་ལ་ཐིམ་པར་གྱུར། ཀ་ཤིས་བརྗོད་དེ་དར་ལྕོག་རྣམས་བསྡུ། ཐོ་བསྒྲིལ་ཏེ་རྗེས་མི་མངོན་པར་བྱ། སྨྲས་པ། སྐྱེ་དགུའི་བསོད་ནམས་མཁའ་དབྱིངས་སུ། །ཐུགས་རྗེའི་སྤྲིན་ཆེན་འཁྲིག་པ་ལས། །བདུད་རྩིའི་གྲུ་ཆར་འབབ་པ་གང་། །སྐལ་བཟང་ཞིང་པའི་དགའ་སྟོན་ཡིན། །དགེ་བས་འཇིག་རྟེན་ཁམས་རྣམས་སུ། །ཆར་ཆུ་སྙོམས་པར་འབབ་པ་ཡིས། །རྩི་ཤིང་ལོ་ཏོག་གཡུར་ཟ་ཞིང་། །ཕན་བདེའི་སྣང་བས་ཁྱབ་གྱུར་ཅིག །ཅེས་དམིགས་བརྩེ་མ་ལ་བརྟེན་ནས་ཆར་འབེབས་ཀྱི་མན་ངག་གསལ་བར་བཀོད་པ་འདི་ནི། སྐུ་འབུམ་གྱི་རབ་འབྱམས་པ་བློ་བཟང་སྨྲིན་པས་བསྐུལ་ངོར། ལྕང་སྐྱ་རོ་རྗེ་འཆང་ངག་དབང་བློ་བཟང་ཆོས་ལྡན་དཔལ་བཟང་པོས་མཛད་པའི་ཆར་འབེབས་ཀྱི་ཆོ་ག་ལ་གཞི་བྱས་ཏེ་གོ་བདེ་བར་བཙུན་པ་དཀོན་མཆོག་འཇིགས་མེད་དབང་པོས་གདན་ས་ཆེན་པོ་སྐུ་འབུམ་དུ་སྦྱར་བའོ།། །།

༄༅། །དམིགས་བརྩེ་མའི་སྒོ་ནས་ཆར་འབེབས་བྱེད་ཚུལ་གྱི་ཆོ་ག་དངོས་གྲུབ་ཀྱི་ཆར་གཡོ་བའི་སྤྲིན་ཕུང་ ཞེས་བྱ་བ་བཞུགས་སོ།

༄༅། །རྒྱལ་ཀུན་མཁྱེན་བརྩེ་ནུས་པའི་བཅུ་དྲུག་ཀ། །ཡོངས་རྫོགས་བསྟན་འཛིན་རྒྱ་སྐར་བྱེ་བའི་དབུས། །ལེགས་བཤད་འོད་ཀྱིས་མངོན་འཕགས་སྟོང་ཁ་པ། །རྗོད་དུས་མཚན་མོའི་མགོན་དེར་སྙིང་ནས་འདུད། །མགོ་ཁྱོད་རིགས་གསུམ་སྒྱུ་འཕྲུལ་རོལ་གར་དུ། །ངེས་ཉེད་གསོལ་འདེབས་འབྲུག་གི་སྒྲ་དབྱངས་ཀྱིས། །དངོས་གྲུབ་ཆར་གྱི་རྒྱུན་བཟང་བསྐུལ་བའི་ཐབས། །གོ་བདེ་ཀླག་ཚིག་ཚུལ་གྱིས་འགོད་པར་བྱ། །འདིར་རྗེ་བླ་མའི་གསང་སྒྲུབ་ཀྱི་ལས་ཚོགས་ལས་འབྱུང་བའི་ཆར་འབེབས་ཀྱི་གདམས་པ་ཉམས་སུ་བླང་བའི་ཚུལ་ལ། བསྙེན་པ། སྒྲུབ་པ། ལས་ལ་སྦྱོར་བ་དང་གསུམ་ལས། དང་པོ་ནི། སྒྲུབ་པ་པོ་རང་གིས་ཁས་བླངས་པའི་ཚུལ་ཁྲིམས་དང་ལྟ་གྲུབ་གཙང་བས་མཚམས་བཅད་དེ་ཐུན་བཞི་འམ་གསུམ་གྱི་རིམ་པས། རྗེ་བླ་མ་དང་རིགས་གསུམ་མགོན་པོ་དབྱེར་མེད་དུ་སྒྲུབ་པའི་བདག་བསྐྱེད་དམ། །བདུན་བསྐྱེད་གང་ཡང་རུང་བའི་སྒོ་ནས་དམིགས་བརྩེ་དུང་ཕྱུར་མ་བྱེ་བའམ་མ་མཐའ་འབུམ་ཕྲག་བཞིའི་བསྙེན་པ་ཟློན་དུ་འགྲོ་དགོས་ཤིང་། བསྙེན་དུས་ཀྱི་དམ་ཚིག་སོགས་བྱ་རྒྱུད་དང་མཐུན་པར་བྱ་བ་སྟེ་རྒྱས་པར་གཞན་དུ་ཤེས་པར་བྱའོ། །གཉིས་པ་ནི། དེ་ལྟར་བསྙེན་པ་སོང་བའི་གང་ཟག་གིས་གཞན་ཕན་ཁོ་ནའི་བསམ་པས། ཀླུ་སྨན་སོགས་ཡོ་བྱད་ཐམས་ཅད་ཚོགས་པར་བྱས་ལ། རབ་ཞག་ཉེར་གཅིག །འབྲིང་ཞག་བདུན། ཐ་མ་ཞག་གསུམ་གྱི་གོང་ནས་ཤ་ཆང་སྒོག་བཙོང་སོགས་དྲི་ང་བ་དང་མི་གཙང་བའི་ཁ་ཟས་སྤངས་ཏེ་ཤིན་ཏུ་རུང་ཞིང་གཙང་སྦྲ་ཐོན་པར་བྱས་ལ། གཟའ་སྐར་ཕྲོད་སྦྱོར་དགེ་བའི་ཉིན། ཀླུ་སྨན་རྣམས་ཆ་གཉིས་སུ་བྱས་ལ་རིལ་བུར་བསྒྲི་རྒྱུའི་ཀླུ་སྨན་རྣམས་ཞིབ་མོར་བཏགས་པའི་ཕྱེ་མར་བྲོ་ཟན་དང་སྦྱར་བ་བ་དམར་མོ་དང་ར་དཀར་མོའི་འོ་མས་སྦྲུས་ཏེ་རིལ་བུ་ལུག་གི་རིལ་ཙམ་བརྒྱ་རྩ་བརྒྱད་ལ་སོགས་པ་བྱ། ཟངས་གཞོང་དཀར་ཡོལ་སོགས་སྣོད་གཙང་མའི་ནང་དུ་བླུག སྟེགས་མཐོན་པོའི་སྟེང་དུ་བཞག་པའི་མཐའ་མཆོད་པས་བསྐོར། སྒྲུབ་པ་པོ་རྣམས་མདུན་དུ་འཁོད་ལ་སྐྱབས

འགྲོ་སེམས་བསྐྱེད་ཚད་མེད་བཞི་བསྒོམ་པ་སྔོན་དུ་བཏང་། སྭ་བྷཱ་ཝས་སྟོང་བར་སྦྱངས། སྟོང་པའི་ངང་ལས་སེང་ཁྲི་པདྨ་ཉི་ཟླའི་གདན་གྱི་སྟེང་དུ་ཧྲཱིཿ ལས་རལ་གྲི་ཧྲཱིཿ ས་མཚན་པ་ལས་འོད་ཟེར་འཕྲོས། དོན་གཉིས་བྱས། ཚུར་འདུས་ཡོངས་སུ་གྱུར་པ་ལས་རང་ཉིད་ཁམས་གསུམ་ཆོས་ཀྱི་རྒྱལ་པོ་ཙོང་ཁ་པ་ཆེན་པོ་རབ་བྱུང་གི་ཆ་ལུགས་ཅན། ཞི་ཞིང་འཛུམ་པའི་ཞལ་ཁྲིམ་དཀར་ལ་དམར་བའི་མདངས་ཆགས་པ། ཕྱག་གཉིས་ཆོས་འཁོར་གྱི་ཕྱག་རྒྱ་མཛད་པའི་འཐེབ་སྲིན་གྱིས་ཨུཏྤ་ལའི་ཡུ་བ་ནས་འཛིན་པའི་འདབ་མ་དཔུང་པའི་ཐད་དུ་རྒྱས་པས་ཤེས་རབ་ཀྱི་རལ་གྲི་དང་ཤེར་ཕྱིན་གྱི་གླེགས་བམ་བཏེགས་པ། པཎ་ཞྭ་གསེར་གྱི་མདོག་ཅན་གསོལ་ཞིང་། ཞབས་རྡོ་རྗེའི་དཀྱིལ་ཀྲུང་གིས་བཞུགས་པ། དེའི་སྤྱི་བོའི་རྩ་འཁོར་གྱི་དབུས་སུ། འཇམ་དབྱངས་དམར་སེར་གཡས་རལ་གྲི་འཕྱར་ཞིང་གཡོན་ཨུཏྤ་ལའི་ཡུ་པ་ནས་བཟུང་པའི་འདབ་སྟེང་ན་སྟོང་ཕྲག་བརྒྱ་པའི་གླེགས་བམ་གྱིས་མཚན་པ། རལ་པའི་ཟུར་ཕུད་ལྔ་དང་ལྡན་པ། མགྲིན་པའི་རྩ་འཁོར་གྱི་དབུས་སུ་སྤྱན་རས་གཟིགས་དཀར་པོ་རྩ་ཕྱག་གཉིས་ཐལ་མོ་སྦྱར་ཞིང་། འོག་མ་གཉིས་ཀྱིས་ཤེལ་འཕྲེང་དང་པདྨ་འཛིན་པ། རལ་པའི་ཐོར་ཚུགས་ཅན། ནུ་མ་གཡོན་པར་ཁྲི་སྣན་ས་ལའི་པགས་པ་བཀབ་པ། གཉིས་ཀའང་རིན་པོ་ཆེའི་རྒྱན་དང་དར་གྱི་ན་བཟའ་གསོལ་བ། ཞབས་རྡོ་རྗེའི་དཀྱིལ་ཀྲུང་གིས་པད་ཟླའི་གདན་ལ་བཞུགས་པ། ཐུགས་ཀའི་རྩ་འཁོར་གྱི་དབུས་སུ་པད་ཉིའི་གདན་ལ་དཔལ་ཕྱག་ན་རྡོ་རྗེ་མཐིང་ནག་གཡས་གསེར་གྱི་རྡོ་རྗེ་དང་གཡོན་སྡིགས་མཛུབ་མཛད་པ། དབུ་སྐྲ་དང་སྨ་ར་དང་སྨིན་མ་དམར་སེར་འབར་བ། རིན་པོ་ཆེ་དང་སྦྲུལ་གྱིས་སྤྲས་པ། ཞབས་གཡོན་བརྐྱང་གིས་ཡེ་ཤེས་ཀྱི་མེ་འབར་བའི་དབུས་ན་བཞུགས་པ། གླ་མའི་དཔྲལ་བར་ཨོཾ། མགྲིན་པར་ཨཱཿ ཐུགས་ཀར་ཧཱུྃ། ཐུགས་ཀའི་ས་བོན་ལས་འོད་ཟེར་འཕྲོས་པས། རྩ་བརྒྱུད་ཀྱི་བླ་མ་ཡི་དམ་སངས་རྒྱས་བྱང་སེམས་ཉན་རང་དཔའ་བོ་མཁའ་འགྲོ་ཆོས་སྐྱོངས་སྲུངས་མ་སོགས་སྐྱབས་གནས་ཐམས་ཅད་བཛྲ་ས་མ་ཛཿ ཛཿ ཧཱུྃ་བཾ་ཧོཿ གཉིས་སུ་མེད་པར་གྱུར། མཆོད་པ་ཨཱཪྒྷ་ཏས་བསང་། སྭ་བྷཱ་ཝས་སྦྱངས། སྟོང་པའི་ངང་ལས་ཨོཾ་ལས་རིན་པོ་ཆེའི་སྣོད་ཡངས་ཤིང་རྒྱ་ཆེ་བ་རྣམས་ཀྱི་ནང་དུ་ཨོཾ་འོད་དུ་ཞུ་བ་ལས་བྱུང་བའི་མཆོད་ཡོན་ནས། རོལ་མོ་རྣམས་དྭངས་ཤིང་ཐོགས་པ་མེད་པ་ནམ་མཁའ་དང་མཉམ་པར་གྱུར། ཨོཾ་ཨཱ་ཧཱུྃ་ཨཱཿ ཧཱུྃ། སོགས་ཀྱིས་བྱིན་གྱིས་བརླབས། ཨོཾ་སུ་མ་ཏི་

ཀིརྟི་ས་པ་རི་ཁྱཱ་ར་ཨཀྵོ་སོགས་ཀྱིས་མཚོན། དམིགས་མེད་བརྩེ་བའི་གཏེར་ཆེན་སྤྱན་རས་གཟིགས། །དྲི་མེད་མཁྱེན་པའི་དབང་པོ་འཇམ་པའི་དབྱངས། །བདུད་དཔུང་མ་ལུས་འཇོམས་མཛད་གསང་བའི་བདག །གངས་ཅན་མཁས་པའི་གཙུག་རྒྱན་ཙོང་ཁ་པ། །བློ་བཟང་གྲགས་པའི་ཞབས་ལ་གསོལ་བ་འདེབས། །ཞེས་བརྗོད་ཅིང་གསོལ་བ་གདབ། རང་ཉིད་རྗེ་བླ་མར་གསལ་བའི་ཐུགས་ཀའི་ཕྱག་རྡོར་གྱི་ཐུགས་ཀར་རིགས་གསུམ་མགོན་པོའི་ས་བོན་དང་། སྔགས་ཕྲེང་རིམ་པ་བཞིན་དུ་བཀོད་དེ། འོད་ཟེར་སྤྲོ་བསྡུའི་དམིགས་པ་དང་བཅས། སྔགས་གསུམ་པོ་ཅི་འགྲུབ་དང་། དམིགས་བརྩེ་མ་གང་མང་བཟླས་མཐར། དགེ་བ་འདི་ཡིས་མྱུར་དུ་བདག །བླ་མ་རིགས་གསུམ་མགོན་པོ་འགྲུབ་གྱུར་ནས། །འགྲོ་བ་གཅིག་ཀྱང་མ་ལུས་པ། །དེ་ཡི་ས་ལ་འགོད་པར་ཤོག །ཅེས་སོགས་བསྔོ་སྨོན་བྱ། དེ་ནས་རིལ་བུ་རྣམས་ལ་དམིགས་ཏེ་བསང་སྦྱངས། སྟོང་པའི་ངང་ལས་རིལ་བུ་རེ་རེ་ནས་ཧྲཱིཿ ལས་རལ་གྲི་ཞེས་པ་ནས། གཉིས་སུ་མེད་པར་གྱུར། ཞེས་པའི་བར་གོང་ལྟར་ལ་རང་ཉིད་ཅེས་པ་དོར། མདུན་བསྐྱེད་ཀྱི་མཆོད་པ་གོང་ལྟར་བྱིན་གྱིས་བརླབས་ལ། བླ་མ་མཆོད་པ་ནས་འབྱུང་བའི། མཆོད་འཕྲེང་གི་ཚིགས་བཅད་སྐབས་སུ་བབས་པ་གང་འོས་སྦྱར་བའམ། ཡང་ན་རྒྱལ་བ་རྒྱ་མཚོ་མ་ལྷ་བུའི་ཚིགས་བཅད་གོང་གི་སྔགས་དང་བཅས་པས་ཆུ་གཉིས་ཉེར་སྤྱོད་རོལ་མོ་འདོད་ཡོན་ལྔ་དང་། གཞན་ཡང་། རྒྱལ་སྲིད་སྣ་བདུན། བཀྲ་ཤིས་རྟགས་རྫས། མཎྜལ་ལ་སོགས་པ་རྒྱས་པར་འབུལ་བའམ། བྲེལ་དུས། སྔགས་རྐྱང་བས་ཆུ་གཉིས་ཉེར་སྤྱོད་རོལ་མོ་ཙམ་མམ། བཟང་སྤྱོད་ཀྱི་ཡན་ལག་བདུན་པས་ཀྱང་འཐུས། དེ་ནས་ས་གསུམ་མ། རྣམ་དག་གངས་རི་མ། ཙོང་ཁ་བརྒྱད་ཅུ། གསང་བའི་རྣམ་ཐར་སོགས་དམ་པ་གོང་མས་མཛད་པའི་གསོལ་འདེབས་བྱིན་རླབས་ཅན་གང་ཡང་རུང་བའམ། བསྟུན། བདག་བསྐྱེད་སྐབས་ལྟར་བསྟོད་ལ། དཔལ་ལྡན་རྩ་བའི་བླ་མ་རིན་པོ་ཆེ། །བདག་གི་མདུན་དུ་པད་ཟླའི་གདན་བཞུགས་ལ། །བཀའ་དྲིན་ཆེན་པོའི་སྒོ་ནས་རྗེས་བཟུང་སྟེ། །སྐུ་གསུང་ཐུགས་ཀྱི་དངོས་གྲུབ་སྩལ་དུ་གསོལ། །ཞེས་བརྗོད། རྒྱལ་བ་ཀུན་དངོས་རྗེ་བཙུན་ཙོང་ཁ་པ། གདུང་ཤུགས་དྲག་པོས་ཐུགས་རྗེའི་རྒྱུད་བསྐུལ་ན། །དམ་རྫས་རིལ་བུ་འདི་ལ་བྱིན་རླབས་ལ། །འགྲོ་ཀུན་སྨིན་ཅིང་གྲོལ་བར་མཛད་དུ་གསོལ། །ཞེས་པ་གདུང་ཤུགས་དྲག་པོས་ལན་གསུམ་མམ་བདུན་སོགས་བརྗོད་ལ། རྗེ་གཅིག་གསོལ་བ་བཏབ་པའི་བྱེད་པོ་ཡིས། །ཐུགས་ཀའི་ཧཱུྃ་ལས་འོད་ཟེར་ཚོགས་འཕྲོས་ཏེ། །རྒྱལ་བ་སྲས་བཅས་ཉན་རང་ལ་སོགས་པ། །སྐྱབས་གནས་ཀུན་གྱི་བྱིན་རླབས་ཞུས་མཐུའི་ཚོགས། །འོད་དང་འོད་ཟེར་བདུད་

རྩེའི་ཆུ་རྒྱུན་དང་། །ནླ་མའི་སྐུ་ཡི་རྣམ་པར་ཐོགས་མེད་བསྟུས། །རིལ་བུ་རྗེ་བཙུན་ནླ་མར་གསལ་པ་ལ། །ཆུ་ལ་ཆུ་བཞག་བཞིན་དུ་དབྱེར་མེད་གྱུར། །ཅེས་བརྗོད་ཅིང་བསམ་ལ། དམིགས་བརྩེ་མ་རིལ་གྲངས་ཀྱི་བརྒྱ་ཚ་བརྒྱད་རེ་བཟླ། མཐར། མཆོད་བསྟོད་མདོར་བསྡུས་བྱས་ལ། རྒྱལ་བ་ཀུན་དངོས་རྗེ་བཙུན་ཙོང་ཁ་པ། །ཞེས་པའི་མཇུག་གི། རིལ་བུ་རྗེ་བཙུན་ནླ་མར་གསལ་བ་རྣམས། །འོད་ཞུ་གཉིས་སུ་མེད་པར་བྱིན་གྱིས་རློབས། །ཞེས་གསོལ་བ་བཏབ་པས། རྗེ་ནླ་མ་རྣམས་འོད་དུ་ཞུ་ནས་རིལ་བུའི་རྣམ་པར་གྱུར་པར་བསམ། གལ་ཏེ་དམིགས་བརྩེ་མ་བྱེ་བ་ལ་སོགས་པའམ། ཞག་གྲངས་མང་པོའི་བར་དུ་སྒྲུབ་པར་འདོད་ན་ཡང་། ཐུན་གསུམ་མམ་དྲུག་གམ་བཞི་ལ་སོགས་པར་བཅད་དེ། ཆོ་ག་འདི་ཇི་ལྟར་བཞིན་ལ། ཐུན་དང་པོར་ས་བོན་ཕྱག་མཚན་སོགས་ལས་བསྐྱེད་ཅིང་། ཕྱི་མ་རྣམས་ལ་སྔར་ཡོད་གསལ་འདེབས་ཚུལ་གྱིས་བསྐྱེད། གྲོལ་ཉིན་འོད་ཞུ་བྱེད་པ་དང་། ཐུགས་རྒྱུན་བར་མ་ཆད་དུ་བྱེད་འདོད་ན། སྒྲུབ་པ་པོ་རེ་གཉིས་ཀྱིས་ཐུགས་རྒྱུན་འཛིན་པ་སོགས་རིལ་སྒྲུབ་སྤྱིའི་ལུགས་བཞིན་བྱ་ཞིང་། ནད་ལ་སོགས་པའི་གཉེན་པོར་དེ་དང་དེའི་སྨན་གྱི་རིལ་བུ་སྒྲུབ་འདོད་ན་ཡང་ཆོ་ག་འདི་བཞིན་སྒྲུབ་པས་ཆོག་གོ །གསུམ་པ་ལས་ལ་སྦྱོར་བ་ལ། སྦྱོར་བ། དངོས་གཞི། རྗེས་ཀྱི་བྱ་བ་དང་གསུམ་ལས། དང་པོ་ནི། དེ་ལྟར་ལེགས་པར་སྒྲུབ་པའི་རིལ་བུ་ནི། རིན་པོ་ཆེའམ་དཀར་ཡོལ་སོགས་ཀྱི་བུམ་པ་གས་ཆག་བུག་རྫོལ་སོགས་མེད་པ་གཙང་མའི་ནང་དུ་བླུག །ཁ་ཤིང་སོགས་གཙང་མས་བཅད་ལ་དར་དམར་གྱིས་བཏུམ། གོས་དར་རས་དཀར་པོ་ལ་དམིགས་མེད་བརྩེ་བའི་གཏེར་ཆེན་སྤྱན་རས་གཟིགས། །ལྷང་ཁྲུ་ལ། དྲི་མེད་མཁྱེན་པའི་དབང་པོ་འཇམ་པའི་དབྱངས། །དམར་པོ་ལ། གངས་ཅན་མཁས་པའི་གཙུག་རྒྱན་ཙོང་ཁ་པ། །སྔོན་པོ་ལ། བློ་བཟང་གྲགས་པའི་ཞབས་ལ་གསོལ་བ་འདེབས། །ཞེས་པ་གསེར་དངུལ་སོགས་རིན་པོ་ཆེའམ་མཚལ་སོགས་ལ་བཟང་སྨན་དང་དྲི་བཟང་ལ་གླ་རྩི་སོགས་ཀྱིས་མ་གོས་པ་སྦྱར་བས་དབུ་ཅན་གྱི་ཡི་གེ་རེ་བྲིས་པ་བཞི་དང་། གོས་སོགས་སྔོན་པོ་ལ་དམིགས་བརྩེ་མ་ཡོངས་རྫོགས་དང་། ཏདྱ་ཐཱ། ཨོཾ་ཏ་ཐཱ་ག་ཏ་ཧ་ག་ཕཊ། ཨོཾ་ནཱ་ག་ནཱ་ཛ་ཤྲཱི་ར་ཨ་ཧྲི་དྷྲ་ན་ཨ་ཧྲི་དྷྲི་ཏེ་སྭཱཧཱ། ཞེས་དང་། ཨོཾ་ཨ་ར་པ་ཙ་ན་ཧྲཱིཿ ཨོཾ་མ་ཎི་པདྨེ་ཧཱུྃ། ཨོཾ་བཛྲ་པཱ་ཎི་ཧཱུྃ་ཕཊ། ཅེས་དང་། ཨོཾ་ནཱ་ག་ཕུཿ པྲ་ཏེ་བཛྲ་ཏུཥྚེ། མི་ལི་མི་ལི། ཧཱུྃ་ཧཱུྃ་ཕཊ་ཕཊ། ཧ་རི་ཤ་ཡ། ཧ་རི་ཤ་ཡ། ཆར་དྲག་ཏུ་ཕོབ། མྱུར་དུ་ཕོབ། སྣ་ར་ཡ། ཧྲཱུཾཿ ཧྲཱུཾཿ ཧྲཱུཾཿ ཕོབ། མྱུར་དུ་ཕོབ། ཨོཾ་བཛྲ་པུ་མེ་ནི་ཏེ་མི་ལི་སྭཱཧཱ། ཆར་དྲག་ཏུ་ཕོབ། མྱུར་དུ་ཕོབ། ཅེས་པ་རྣམས་སྔར་བཞིན་བྲིས་པའི་དར་ལྷོག་ལྷ་རྣམས་སྭཱཧཱ་ཤས་སྦྱངས། སྟོང་པའི་ངང་ལས་སྐད་ཅིག་གིས་དར་ལྷོག་དང་པོ་བཞི་རིམ་པ་བཞིན་ཡེ་ཤེས་ཀྱི་ཁྱུང་དཀར་པོ་གཡས་འཁོར་ལོ། ཁྱུང་ཁྲ་པོ་གཡས་རིན་པོ་ཆེ། ཁྱུང་དམར་པོ་གཡས

པྲ྄། ཁྱུང་སྔོན་པོ་གཡས་རལ་གྲི་འཛིན་ཅིང་། གཡོན་པ་རྣམས་ཀྱིས་རང་རང་གི་མདོག་ཅན་གྱི་སྦྲུལ་བཟུང་ནས་ཞལ་དུ་གསོལ་བ། རྣ་དང་ཆུ་སྐྱེར་ཤིན་དུ་རྣོ་བ། ཞྭ་དཀར་ཕྱོགས་པ་རྣམས་རྗེས་སུ་འཛིན་ཅིང་། ནག་ཕྱོགས་པ་རྣམས་ཚར་གཅོད་པའི་མཐུ་སྟོབས་གཟི་བརྗིད་ཕུན་སུམ་ཚོགས་པའི་བདག་ཉིད་ཅན་དུ་གྱུར་ཅིང་། གཞན་རྣམས་རྗེ་རིན་པོ་ཆེ་ལ་བཅོམ་ལྡན་འདས་ཞྭ་དབང་རྒྱལ་པོ་དང་རིག་གསུམ་མགོན་པོ་སོགས་སངས་རྒྱས་བྱང་སེམས་ཉན་རང་སྲུང་མའི་ཚོགས་ཀྱིས་བསྐོར་བའི་རྣམ་པ་ཅན་དུ་གྱུར་པའི་སྤྱི་བོར་ཨོཾ། མགྲིན་པར་ཨཱཿ ཐུགས་ཁར་ཧཱུྃ་གིས་མཚན་པར་གྱུར། ཐུགས་ཀའི་ཧཱུྃ་ལས་འོད་ཟེར་འཕྲོས། བསྒོམ་པ་དང་འདྲ་བའི་ཡེ་ཤེས་པ་རྣམས་སྤྱན་དྲངས། ཛཿ ཧཱུྃ་བཾ་ཧོཿ རང་རང་གི་དམ་ཚིག་པ་དང་གཉིས་སུ་མེད་པར་གྱུར། ཨོཾ་ཨརྒྷཾ་པྲ་ཏཱིཙྪ་ཧཱུྃ། སོགས་ཀྱིས་མཆོད། ཕྱག་བྱར་འོས་པ་ཐམས་ཅད་ལ། །སོགས་ཀྱིས་བསྟོད། དེ་རྣམས་ཀྱི་ཐུགས་ཀ་ནས་འོད་ཟེར་འཕྲོས་ཏེ་མཆོག་གསུམ་ཐམས་ཅད་ཀྱི་བྱིན་རླབས་ཐམས་ཅད་འོད་ཟེར་གྱི་རྣམ་པར་བཀུག་ནས་ཐིམ་པར་བསམ་ལ། དམིགས་བརྩེ་མ་དང་། ༡༠༨ སྔ། ཞེས་སོགས་ཞྭ་དབང་རྒྱལ་པོ་དང་། རིགས་གསུམ་མགོན་པོ་དང་། ཨོཾ་པཀྵི་སྭཱཧཱ། ཞེས་ཁྱུང་སྔགས་དང་། ཨོཾ་ན་ག་ཕུཿ པྲ་ཏི། ཞེས་སོགས་ཅི་འགྲུབ་བཟླས། མཐར་ལྷ་རྣམས་འོད་དུ་ཞུ་ནས་བྲིས་པའི་ཡིག་འབྲུའི་རྣམ་པར་གྱུར་པར་བསམ། དེ་ནས་རབ་ཞྭ་ཐེབས་དང་འགྲིགས་ན་ལེགས་ཤིང་། མིན་ཀྱང་། ཆུ་གཟའ་ཆུ་སྐར་འཕྲོད་སྦྱོར་བྱེད་པ་བཟང་པོར་འཛོམ་པའི་ཉིན་ཞྭ་གནས་ངེས་པའི་མཚོའམ་ཆུ་མིག་བཟང་པོ་བཅའ་ལ། དེར་འགྲོ་བའི་སྔོན་ནས། རང་ཉིད་རྗེ་བླ་མར་གསལ་བས་དམིགས་བརྩེ་མ་འདོན་ཞིང་འགྲོ། དེའི་ཚེ་དམིགས་པ་ནི། རང་ཉིད་རྗེ་བླ་མར་གསལ་བའི་ཐུགས་ཀ་ནས་ཁྱུང་རིགས་ལྔ་སྤྲོས་ཏེ། གང་དུ་འགྲོ་བའི་མཚོའམ་ཆུ་མིག་སོགས་ཀྱི་སྟེང་འོག་ཕྱོགས་མཚམས་ཀུན་ཏུ་འཁོད་དེ། ཞྭ་རྣམས་གཞན་དུ་མི་འགྲོ་བར་བྱས། སླར་ཡང་འོད་ཟེར་ཁ་དོག་སྣ་ལྔ་སྤྲོས་ཏེ། ཞྭ་དང་ས་བདག་ལ་སོགས་པ་རྣམས་ཀྱི་ལུས་ལ་ཕོག་པས། དེ་དག་གི་ནད་གདོན་དང་བསམ་ངན་སྦྱོར་རྩུབ་ཐམས་ཅད་ཞི་བར་བྱས། དགའ་བདེ་ཟད་མི་ཤེས་པས་ཚིམ་སྟེ་རང་ཉིད་ལ་དགའ་ཞིང་གུས་པ་བྱེད་པར་བསམ་མོ། སླེབས་ཐལ་དུ་སྐྱབས་སེམས་སྔོན་དུ་འགྲོ་བས་གོང་བཞིན་རྗེ་བླ་མའི་བདག་བསྐྱེད་མཆོད་བསྟོད་ཀྱི་བར་བྱས་ཏེ། དམིགས་བརྩེ་མ་ཅི་འགྲུབ་བཟླས། ཞྭ་སྨན་རྣམས་སྨན་ཁྲོལ་སྣོད་སོ་སོར་བཤམས་པའམ། མ་

འཁྱོར་ན་ཕྱེ་མར་བཏགས་པ་ཟན་དང་བསྲེས་པ་གཏོར་མ་ཅོག་ཀླུམ་དཀར་པོ་དབུས་སུ་གཅིག་དང་མཐའ་བསྐོར་དུ་བརྒྱད་ཀྱིས་བསྐོར་བའམ། རིལ་བུ་དྲིལ་ཏེ་ཆབ་གཏོར་བྱས་ཀྱང་རུང་། ཀླུ་སྨན་བཏབ་པའི་བ་དམར་པོ་དང་། ར་དཀར་མོའི་འོ་མས་བཀང་བའི་ཁམ་ཕོར་དགུ་ལ་སོགས་པ་ཅི་འབྱོར་དང་། ཉེར་སྤྱོད་ཀྱི་མཆོད་པ་རྣམས་བཤམས་ལ། ཀླུ་གཏོར་གྱི་ཆོ་ག་རྒྱས་པའམ། ཡང་ན། ཨ་ཤྲི་ཏས་བསངས། སྭབྷཱ་ཤས་སྦྱངས། སྟོང་པའི་ངང་ལས་ཧྲཱུཾ་ལས་བྱུང་བའི་རིན་པོ་ཆེའི་སྣོད་ཡངས་ཤིང་རྒྱ་ཆེ་བའི་ནང་དུ་ཨོཾ་ཨཱཿཧཱུཾ་ཞུ་བ་ལས་བྱུང་བའི་ཀླུ་རྣམས་དགའ་བ་བསྐྱེད་པའི་ཟག་པ་མེད་པའི་བདུད་རྩིའི་རྒྱ་མཚོ་ཆེན་པོ་དང་། མཆོད་པའི་སྤྲིན་གྱི་ཕུང་པོ་བསམ་གྱིས་མི་ཁྱབ་པ་དམིགས་པར་གྱུར། ཨོཾ་ཨཱཿཧཱུཾ། ལན་གསུམ་དང་། ཨ་ཀཱ་རོ་ལན་གཅིག་བརྗོད་པས་བྱིན་གྱིས་བརླབས། འདོད་རྒྱལ་གྱི་ཕྱག་རྒྱ་བཅས་ལ། རང་གི་སྙིང་ག་ནས་འོད་ཟེར་འཕྲོས་པས་ཀླུའི་རྒྱལ་པོ་འཁོར་དང་བཅས་པ་ཐམས་ཅད་དང་། བྱེ་བྲག་ཏུ་ཀླུའི་རྒྱལ་པོ་ཚུ་ལྷ་དང་རྒྱ་མཚོ་ལ་སོགས་པ་ཆར་འབེབས་པ་ལ་མཆོག་ཏུ་དབང་བའི་ཀླུ་རིགས་ཐམས་ཅད་བཛྲ་ས་མ་ཛཿ ཨོཾ་པ་ཏ་ལི་མནྡ་བ་ཏ་ལི་ཧྲུཾ་ཧྲུཾ་ཛཿ སྭཱཧཱ། ལན་གསུམ་དང་། ཨོཾ་ཀླུ་རྒྱལ་མཐའ་ཡས་ནོར་རྒྱས་བུ། འཇོག་པོ་དང་ནི་སྟོབས་ཀྱི་རྒྱུ། །པདྨ་པདྨ་ཆེན་པོ་དང་། །དུང་སྐྱོང་དང་ནི་རིག་ལྡན་ནོ། །ལྷ་མོ་ལྷ་མོ་ཆེན་པོ་དང་། ཀླུ་བའི་སྤྱི་གཙུག་སྤྱི་གཙུག་ཆེ། །དབྱུག་འཛིན་དབྱུག་འཛིན་ཆེན་པོ་དང་། །སོག་མ་མེད་དང་ཧུ་ལུནྡ། །དགའ་བོ་དང་ནི་ཉེར་དགའ་བོ། །རྒྱ་མཚོ་རྒྱ་མཚོ་ཆེན་པོ་དང་། །ཚ་བ་ཚ་བ་ཆེན་པོ་དང་། དཔལ་གྱི་འོད་དང་འོད་པོ་ཆེ། །རིན་ཆེན་འོད་དང་གཟུགས་མཛེས་དང་། །གཟུགས་མཛེས་ཆེན་པོ་སྤྲུལ་བཟང་དང་། །ལྟོ་འཕྱེ་ཆེན་པོ་ཚེ་ལི་དང་། །ཚེ་ལི་ཆེན་པོ་རྣམས་དང་བཅས། །མཆོད་པའི་གནས་འདིར་གཤེགས་སུ་གསོལ། །ཨོཾ་ཨ་གཙྪ་ཨ་གཙྪ་ཨནྟ་ན་ག་ཧི་བ་ཏ་ཡེ་སརྦ་ཧྲུར་ཧྲུ་ཕ་ཕྲུཾ་ཕཊ྄ སྭཱཧཱ། ཞེས་པས་མདུན་དུ་བྱེད་པར་བསམ། པདྨ་ཀ་མ་ལ་ཡེ་སྟྭཾ་ཀྱིས་གདན་ཕུལ། ཨོཾ་མནྟ་ན་ག་ཨ་ཧི་བ་ཏ་ཡེ་ཧྲཱིཏྭ་དཾ་ཨརྒྷཾ་སྭཱཧཱ། དེ་བཞིན་དུ། པུཥྤེ། དྷཱུ་པེ། དི་པཾ། གནྡྷེ་རྣམས་བསྒྲུག་པས་མཆོད། ཀླུ་དགའ་བར་བྱེད་པའི་ཕྱག་རྒྱ་དང་བཅས། ཨོཾ་ཧེ་ལི་ཧེ་ལི་མནྟ་ཧེ་ལི་ཕྲུཾ་ཕཊ྄ སྭཱཧཱ། ཞེས་སེ་གོལ་ཏོག་པ་དང་བཅས་ལན་གསུམ། ཨོཾ་ཧྲ་ཀླཱ་ཡ་ཧྲ་ཀླཱ་ཡ་ས་མ་ཡ་ཧེ་ཊྲཱ་ཕྲུཾ་ཕཊ྄ སྭཱཧཱ། ཞེས་པ་ལན་གསུམ་གྱིས་གཏོར་མ་བསྔོས་ལ། སྐད་གསང་མཐོན་པོས། ཀླུའི་རྒྱལ་པོ་

དཀའ་བོ་དང་གཙུག་ན་རིན་ཆེན་དང་དུང་སྐྱོང་སོགས་རྒྱལ་རིགས་རྗེ་རིགས་བྲམ་ཟེའི་རིགས་གདོལ་བའི་རིགས་དབང་པོ་གསལ་པ་དང་། ཞ་འོན་ རྨུག་འཐིབ་སོགས་དབང་པོ་མི་གསལ་བ་མདོར་ན་ ཀླུའི་ རིགས་སུ་གྱུར་ པ་ ཐམས་ ཅད་ ཉོན་ ཅིག །བདག་ ཅག་ ཁྱེད་ རྣམས་ ལ་ ཡ་ བོ་བཟུང་བ་དང་། ངོ་བསྔོ་བ་དང་། འགྲོན་ཆོལ་དུ་འོང་བ་མ་ཡིན་གྱི། འཛམ་བུའི་གླིང་དུ་ཆར་དཀོན་པོ་བྱུང་ནས་ཆར་སློང་དུ་འོང་པ་ཡིན་པས་ཡུལ་ཕྱོགས་འདིར་ཆར་ཆེན་པོ་མྱུར་དུ་ཕབ་ལ་རྩི་བཅུད་ལོ་ཏོག་སོགས་རྒྱས་པར་མཛོད་ཅིག །ཅེས་ལན་གསུམ་བརྗོད་ལ་བཀའ་བསྒོ། ཡིག་སྙིང་དུ་ཀཾ་དུང་འབུད་ཅིང་ཕཊ༔ དྲག་པོ་རྒྱག་པར་བཤད། འདི་ནས་བཟུང་སྒྲུབ་པ་མ་གྲོན་གྱི་བར་ཀླུ་རྣམས་གཤེགས་གསོལ་མི་བྱེད་ཅིང་། །ཉིན་རེ་བཞིན་ཀླུ་གཏོར་གཏོང་ཚོ་རྒྱ་མཚོ་ཆེན་པོ་སོགས་ནས་ཀླུ་རྣམས་བཀུག་སྟེ་སྔར་གྱི་ཀླུ་རྣམས་ལ་བསྡིམ་པར་བསམ་ནས་གཏོར་མ་འབུལ་དགོས་སོ། །དེ་ནས་རྒྱང་རིང་འཕྲང་འཚམ་པའི་ཕྱོགས་ཕྱོགས་སུ་གྲོ་བཞི་བརྩིག །དེའི་ནང་དུ་ཞྭ་བོ་འཐིང་པོ་གྲིབ་ཅན་སོགས་མི་མང་པོ་མི་ཡོང་བ་བྱེད། དེའི་ནང་རོལ་དུ་ཕྱོགས་བཞིར་གྲོ་བཞི་བརྩིགས་པའི་ཤར་གྱི་གྲོའི་སྟེང་དུ་དར་ལྕོག་དཀར་པོ། ལྷོར་ལྗང་ཁུ། ནུབ་ཏུ་དམར་པོ། བྱང་དུ་སྔོན་པོ་རྣམས་བཙུགས། དམིགས་བརྩེ་མ་ཡོངས་རྫོགས་དང་ཐུགས་ཁྲིས་པའི་དར་ལྕོག་སྔོན་པོ་ལྷ་པོ་ཆུ་མགོའི་སྟེང་དང་འཚམས་བཞིར་བཙུགས། རང་གི་མདུན་དུ་ཁྲུང་ལ་འབུལ་རྒྱུའི་རླུམ་གཏོར་དཀར་པོ་མཆོད་པ་དང་བཅས་པ་བཤམས་ལ། རང་ཉིད་རྗེ་བླ་མའི་ང་རྒྱལ་གྱིས་མཆོད་གཏོར་རྣམས་གོང་དུ་བདག་མདུན་སྐབས་བཤད་པ་བཞིན་བྱིན་གྱིས་བརླབས་ལ། དར་ལྕོགས་རྣམས་བསངས་སྦྱངས། སྟོང་པའི་ངང་ལས་ཤར་དུ་ཡེ་ཤེས་ཀྱི་ཁྲུང་དཀར་པོ་གཡས་འཁོར་ལོ། ལྷོར་ཁྲུང་ཁྲ་བོ་གཡས་རིན་ཆེན། ནུབ་ཏུ་ཁྲུང་དམར་པོ་གཡས་པདྨ། བྱང་དུ་ཁྲུང་སྔོན་པོ་གཡས་རལ་གྲི་འཛིན་ཅིང་། གཡོན་པ་རྣམས་ཀྱིས་རང་རང་གི་མདོག་ཅན་གྱི་སྦྲུལ་བཟུང་ནས་ཞལ་དུ་གསོལ་བ། རྭ་དང་མཆུ་སྡེར་ཤིན་ཏུ་རྣོ་བ། ཀླུ་དཀར་ཕྱོགས་རྣམས་རྗེས་སུ་འཛིན་ཅིང་། ནག་ཕྱོགས་རྣམས་ཚར་གཅོད་པའི་མཐུ་སྟོབས་གཟི་བརྗིད་ཕུན་སུམ་ཚོགས་པའི་བདག་ཉིད་ཅན་དུ་གྱུར། དེ་རྣམས་ཀྱི་སྤྱི་བོར་ཨོཾ་དཀར་པོ། མགྲིན་པར་ཨཱཿ་དམར་པོ། ཐུགས་ཀར་ཧཱུྃ་སྔོན་པོ། དེ་ལས་འོད་ཟེར་འཕྲོས། རང་བཞིན་གྱི་གནས་ནས་ཡེ་ཤེས་པ་རྣམས་སྤྱན་དྲངས། ཛཿ ཧཱུྃ་བཾ་ཧོཿ གཉིས་སུ་མེད་པར་གྱུར། ཨོཾ་ག་རུ་ཌ་ས་པ་རི་ཝཱ་ར་ཨརྒྷཾ་སོགས་ཀྱིས་མཆོད། སྟོང་གསུམ་གཡོ་བའི་གཤོགས་སྒྲོ་ཡི། །གར་མཛད་འབར་བའི་མཆུ་སྡེར་ཅན། །དྲན་པ་ཙམ་གྱིས་གདོན་གསུམ་ཀུན། །ཚར་གཅོད་མཁའ་ལྡིང་དབང་པོར་

བསྟོད། །ཅེས་པས་བསྟོད། ཁྲུང་རིགས་བཞིའི་ལྷགས་འོད་ཟེར་གྱི་སྲུ་གུས་གཏོར་མའི་བཅུད་ཐམས་ཅད་དྲངས་ཏེ་གསོལ་བར་གྱུར། པར་བསམ་ལ། ཨོཾ་ག་རུ་ཌ་ས་པྭ་རི་ཝ་ར་ཨི་དཾ་བ་ལི་ཏ་ཁ་ཁ་ཁཱ་ཧི་ཁཱ་ཧི། ལན་གསུམ་གྱིས་གཏོར་མ་ཕུལ། སྔར་བཞིན་མཆོད་བསྟོད་བྱས་ལ། ཁྲུང་རིགས་བཞིས་ལུང་བ་འདིའི་སྐྱ་རྣམས་གཞན་དུ་མི་འགྲོ་བ་དང་བདག་སོགས་རྣམས་ཀྱིས་ཆར་བ་འབེབས་པའི་འགལ་རྐྱེན་ཐམས་ཅད་ཞི་བའི་འཕྲིན་ལས་མཛོད་ཅིག །ཅེས་བརྗོད། དར་ཕྱོགས་གཞན་ལྷ་པོ་རྡོ་རིན་པོ་ཆེ་ལ་བཅོམ་ལྡན་འདས་སྐྱ་དབང་རྒྱལ་པོ་དང་རིགས་གསུམ་མགོན་པོ་སོགས་སངས་རྒྱས་བྱང་སེམས་ཉན་རང་སྲུང་མའི་ཚོགས་ཀྱིས་བསྐོར་པའི་རྣམ་པ་ཅན་དུ་གྱུར། པར་གསལ་བཏབ་ལ། དུས་གསུམ་སངས་རྒྱས་ཐམས་ཅད་ཀྱི་ངོ་བོ་རྡོ་བཙུན་ཅོང་ཁ་པ་ཆེན་པོ། བདེར་གཤེགས་སྐྱ་དབང་རྒྱལ་པོ། འཕགས་པ་རིགས་གསུམ་མགོན་པོ་སོགས་ཡེ་ཤེས་སྤྱན་ལྡན་རྣམས་ཀྱིས་ཡུལ་ཕྱོགས་འདིར་ཆར་ཆེན་པོ་མྱུར་དུ་འབབ་པར་བྱིན་གྱིས་བརླབ་ཏུ་གསོལ། །ཞེས་གདུང་ཤུགས་དྲག་པོས་གསོལ་བ་བཏབ། གཞི་བདག་གཏོར་མ་བསང་སྦྱངས། བྱིན་གྱིས་བརླབ། ན་མཿ སརྦ་ཏ་ཐཱ་ག་ཏཱ་སོགས་ཀྱིས་བསྔོས་ལ། དེ་བཞིན་གཤེགས་པ་བཞིའི་མཚན་བརྗོད། སའི་ལྷ་མོ་བརྟན་མ་སོགས་ཡུལ་ལྷ་གཞི་བདག་སྤྱི་དང་། །ཁྱད་པར་དུ་ས་ཆ་ཡུལ་ཕྱོགས་འདི་ཀུན་ན་གནས་པའི་གཞིའི་བདག་པོ་རྣམས་ཀྱིས་མཆོད་སྦྱིན་གྱི་གཏོར་མ་རྒྱ་ཆེན་པོ་འདི་བཞེས་ལ། བདག་ཅག་ཆར་འབེབས་པའི་བྱ་བ་བྱེད་པ་ལ་ཀོ་ལོང་དུང་ཕྲག་དོག་མ་བྱེད་པར་འགལ་རྐྱེན་བར་ཆད་བཟློག་པ་དང་། མཐུན་རྐྱེན་ལེགས་ཚོགས་ཐམས་ཅད་ཡིད་བཞིན་དུ་འགྲུབ་པའི་འཕྲིན་ལས་དང་སྟོང་གྲོགས་རྒྱ་ཆེན་པོ་སྒྲུབ་པར་མཛོད་ཅིག །ཅེས་ལས་བཅོལ། བསངས་བཏང་ལ་ཆར་དབབ་པའི་འདོད་དོན་ཞུ། དེ་ནས་རིལ་བུའི་བུམ་པ་ཆུ་མགོའི་ནང་དུ་བཏན་པོ་འོང་ཐབས་བྱས་ལ་ལེགས་པར་བཞག གྲུབ་ན་སྟེང་དུ་རྡེའི་སྐུ་རབ་གནས་ཅན་བཞུགས་སུ་བཅུག གུར་ལྷ་བྲེ་ཡོལ་བ་སྣན་དར་སོགས་ཀྱིས་ལེགས་པར་བརྒྱན། མཐའ་བསྐོར་རམ་མདུན་ངོས་སུ་མཆོད་པ་གཟབ་རྒྱས་འབྱོར་ཚད་བཤམས། གཉིས་པ་དངོས་གཞི་ནི། སྒྲུབ་པ་པོ་རྣམས་བྲལ་ལ་འཁོད་དེ། སྐྱབས་སེམས་ཚད་མེད་སྔོན་དུ་འགྲོ་བས་རྡེ་བླ་མའི་བདག་བསྐྱེད་གོང་བཞིན་བྱ། ཆུའི་སྟེང་དུ་རྡེའི་སྐུ་ཡོད་ན་དེ་དང་། མེད་ཀྱང་སྟེང་གི་ནམ་མཁར་རྡེ་བླ་མ་བསྐྱེད་དགོས་པས། སྭ་བྷཱ་ཝས་སྦྱངས། སྟོང་པའི་ངང་ལས་ཀུན་བཟང་མཆོད་སྤྲིན་རྒྱ་མཚོ་འཁྲིགས་པའི་དབུས་སུ། སེང་ཁྲི་པདྨ་ཉི་ཟླའི་གདན་གྱི་སྟེང་དུ་ཧྲཱིཿ ལས་རལ་གྲི་ཡུ་བ་ལ་ཧྲཱིཿ ས་མཚན་པ་ལས་འོད་ཟེར་འཕྲོས། དོན་གཉིས་བྱས། ཚུར་

འདུས་ཡོངས་སུ་གྱུར་པ་ལས་ཁམས་གསུམ་ཆོས་ཀྱི་རྒྱལ་པོ་སྟོང་ཁ་པ་ཆེན་པོ་ཞེས་པ་ནས། ཡེ་ཤེས་ཀྱི་མེ་འབར་བའི་དབུས་ན་བཞུགས་པ། དེའི་མཐའ་བསྐོར་དུ། དེ་བཞིན་གཤེགས་པ་རྣམ་པར་སྣང་མཛད་སྤྲིན་གྱི་སྙིང་པོ་ཅན་ལ་སོགས་པ་སྤྲིན་ཆེན་པོའི་མདོ་ལས་གསུངས་པའི་དེ་བཞིན་གཤེགས་པ་རྣམས་དང་། བཅོམ་ལྡན་འདས་ཀླུའི་དབང་ཕྱུག་རྒྱལ་པོ་ལ་སོགས་པ་སངས་རྒྱས་བྱང་སེམས་ཉན་རང་སྲུངས་མའི་ཚོགས་ཐམས་ཅད་ཀྱིས་བསྐོར་བ། ༼བླ་མའི་༽ དཔྲལ་བར་ཨོཾ། ཞེས་པ་ནས། གཉིས་སུ་མེད་པར་གྱུར། ཞེས་པའི་བར་དང་། མཆོད་པ་བྱིན་གྱིས་བརླབ་དེ། རྒྱས་བསྡུས་ཅི་རིགས་པས་འབུལ་བ་དང་། ས་གསུམ་མ་སོགས་བསྟོད་པ་གསོལ་འདེབས་གང་མོས་བྱེད་པ་རྣམས་གོང་གི་རིལ་སྒྲུབ་ལྟར་བྱ། རང་གི་ཐུགས་ཀ་ནས་འོད་ཟེར་འཕྲོས། མདུན་གྱི་རྫེ་རིན་པོ་ཆེ་གཙོ་འཁོར་རྣམས་ལ་ཕོག །དེ་རྣམས་ཀྱི་ཐུགས་ཀ་ནས་འོད་ཟེར་འཕྲོས། ཕྱོགས་བཅུའི་སངས་རྒྱས་བྱང་སེམས་ཉན་རང་སྲུང་མའི་ཚོགས་ཐམས་ཅད་ལ་ཕོག་སྟེ་ཐམས་ཅད་ལས་འོད་ཟེར་འཕྲོས། ནམ་མཁར་སྤྲིན་གྱི་ཕུང་པོ་ཤིན་ཏུ་སྟུག་པོ་འཁྲིགས་པ་ལས་ཆར་གྱི་རྒྱུན་ཆེན་པོ་བབས་ཏེ་རྩི་བཅུད་ལོ་ཏོག་སོགས་རྒྱས་པར་གྱུར་པ་དང་། ཡང་མདུན་བསྐྱེད་དང་ཕྱོགས་བཅུའི་སངས་རྒྱས་བྱང་སེམས་ཐམས་ཅད་ལས་འོད་ཟེར་འཕྲོས་ཏེ་ཀླུ་རྣམས་ལ་ཕོག་པས་ཀླུ་རྣམས་ཀྱི་ནད་དང་སྡིག་སྒྲིབ་ཐམས་ཅད་བསལ་ཏེ་ཕན་པ་དང་བྱང་ཆུབ་ཀྱི་སེམས་དང་ལྡན་པར་བྱས་ནས་ཆར་ཆེན་པོ་འབེབས་པ་ལ་བརྩོན་པར་བྱས་སྙམ་པ་དང་། ཡང་དེ་རྣམས་ལས་བདུད་རྩི་དང་འོད་ཟེར་འཕྲོས་ཏེ་བུམ་པའི་ནང་གི་རིལ་བུ་རྣམས་ལ་ཐིམ། རིལ་བུ་རྣམས་ལས་བདུད་རྩི་འོད་ཟེར་དང་བཅས་པ་དཔག་ཏུ་མེད་པ་བབས་ཏེ་གནས་དེ་དང་ཕྱོགས་བཅུའི་ཀླུ་ཐམས་ཅད་ལ་ཕོག་པས་ཀླུ་རྣམས་ཀྱི་ནད་ཀྱི་རིགས་ཐམས་ཅད་དང་སྡིག་སྒྲིབ་ཐམས་ཅད་སྦྱངས་ཏེ་ཀླུ་རྣམས་དགའ་བདེ་དཔག་ཏུ་མེད་པ་དང་ལྡན་པར་གྱུར་ནས་ཆར་ཆེན་པོ་འབེབས་པ་དང་། ཡང་དེ་རྣམས་ལས་འོད་ཟེར་འཕྲོས་ཏེ་སེམས་ཅན་ཐམས་ཅད་དང་ཁྱད་པར་ཐན་པ་བྱུང་ཡུལ་གྱི་སེམས་ཅན་རྣམས་ལ་ཕོག་པས་དེ་རྣམས་ཀྱི་ལས་ངན་སྡིག་སྒྲིབ་སྤྱི་དང་བྱེ་བྲག་ཏུ་ཐན་པའི་འབྲས་བུ་སྨྱོང་འགྱུར་གྱི་ལས་ངན་རྣམས་སྦྱངས་ཏེ་དགའ་སྐྱིད་ཕུན་སུམ་ཚོགས་པ་ལ་ལོངས་སྤྱོད་པའི་སྐལ་ལྡན་དུ་བྱས་སྙམ་པ་དང་། ཡང་དེ་རྣམས་ལས་འོད་ཟེར་འཕྲོས་ཏེ་ཆར་འབབ་པ་དང་རྩི་བཅུད་ལོ་ཏོག་སོགས་རྒྱས་པ་ལ་བར་དུ་གཅོད་པའི་གནོད་པ་བྱེད་པའི་སེམས་དང་ལྡན་པ་སྤྱི་དང་ཁྱད་པར་སྤྲིན་འཐོར་བ་བྱེད་པའི་རླུང་ལྷ་རྣམས་ལ་ཕོག་པས་དེ་རྣམས་ཀྱི་བསམ་ངན་སྦྱོར་རྩུབ་ཐམས་ཅད་ཞི་བར་གྱུར་ཏེ་མཐུན་རྐྱེན་སྒྲུབ་པ་དང་། སེམས་མེད་ཀྱི་འགལ་རྐྱེན་རྣམས་ལ་ཕོག་པས་མུན་ཁུང་ལ་མར་མེ་དང་རྩ་སྤུར་ལ་མེ་དཔུང་འཕྲོད་པ་བཞིན་གཏན་

མེད་དུ་བྱས་སྐམ་པ་དང་། ཡང་དེ་རྣམས་ཀྱི་འོད་ཟེར་གྱི་སྤྲིན་བསྡུས་ཏེ་ནམ་མཁའི་ཁམས་ཐམས་ཅད་ཁེངས་པ་ཤིན་ཏུ་སྨུག་པོར་འཁྲིགས་ཏེ་དེ་ལས་ཆར་གྱི་རྒྱུན་ཆེ་བ་འཇམ་བ་སྙི་བཅུད་ལོ་ཏོག་སོགས་སྐྱེད་ཅིང་འཕེལ་བར་བྱེད་པའི་ནུས་པ་ཕུན་སུམ་ཚོགས་པ་དང་ལྡན་པ་ཡིད་དང་མཐུན་པར་ཕབ་སྟེ་སྐྱེ་འགྲོ་རྣམས་དགའ་བདེའི་དཔལ་ལ་བཀོད་པའི་དམིགས་པ་གསལ་པོ་རེ་མོས་ཀྱི་ཚུལ་དུ་བྱེད་བཞིན་པའི་ངང་ནས་གཙོ་བོར་དམིགས་བཅོ་མ་བཟླ་ཞིང་། ཐུན་མཐུག་ཏུ། ཀླུ་དབང་རྒྱལ་པོ་དང་། རིགས་གསུམ་མགོན་པོའི་སྙིང་པོ་དང་། ཁྱད་པར་དུ་ཀླུ་རྣམས་ལ་བཀའ་བསྒོ་བའི་བསམ་པས། ཨོཾ་ནཱ་ག་ཧྲཱུཿ ཕྲ་ཏི་བཛྲ་ཏུཏྟེ། མི་ལི་མི་ལི། ཧུཾ་ཧུཾ་ཕཊ་ཕཊ། ཧྲ་རི་ཤ་ཡ། ཧྲ་རི་ཤ་ཡ། ཆར་དྲག་ཏུ་ཕོབ། མྱུར་དུ་ཕོབ། ནཱ་ར་ཡ། ཧྲཱུཿ ཧྲཱུཿ ཧྲཱུཿ ཕོབ། མྱུར་དུ་ཕོབ། ཨོཾ་བཛྲ་བུ་མེ་ནི་ཏི་མི་ལི་སྭཱཧཱ། ཆར་དྲག་ཏུ་ཕོབ། མྱུར་དུ་ཕོབ། ཞེས་པའི་སྔགས་ཅི་ལྟར་རིགས་པར་བཟླའོ། །སྔགས་རྒྱུན་ནར་མ་བྱེད་འདོད་ན་རེ་གཉིས་ཀྱིས་དམིགས་བཅོ་མ་རྒྱུན་འཛིན་ཅིང་། མང་མས། གཟུངས་གཞན་རྣམས་བཟླས་པའི་མཐུག་ཏུ། དཔལ་ལྡན་ཙ་བའི་བླ་མ་རིན་པོ་ཆེ། །བདག་གི་མདུན་དུ་པདྨའི་གདན་བཞུགས་ལ། །ཞེས་སོགས་དང་། བྱང་ཆུབ་སེམས་མཆོག་རིན་པོ་ཆེ། །ཞེས་སོགས་དང་། སྐྱེ་བ་ཀུན་ཏུ་ཡང་དག་བླ་མ་དང་། །ཞེས་སོགས་དང་། ལྷ་ཡང་དུས་སུ་ཆར་འབེབས་ཤིང་། །ཞེས་སོགས་དང་། འཇིག་རྟེན་བདེ་ཞིང་ལོ་ལེགས་དང་། །ཞེས་སོགས་བརྗོད་ལ་ཐུན་གཏོང་། ཐུན་ཕྱི་མ་རྣམས་ལ། བསང་སྦྱངས་ས་བོན་ལས་བསྐྱེད་པ་སོགས་མི་བྱེད་པར། མདུན་གྱི་ནམ་མཁར་ཀུན་བཟང་མཆོད་སྤྲིན་རྒྱ་མཚོ་འཁྲིགས་པའི་དབུས་སུ། སེང་ཁྲི་པདྨ་ཉི་ཟླའི་གདན་གྱི་སྟེང་དུ་ཁམས་གསུམ་ཆོས་ཀྱི་རྒྱལ་པོ་ཙོང་ཁ་པ་ཆེན་པོ་ཞེས་སོགས་སྔར་ཡོད་གསལ་འདེབས་ཀྱི་ཚུལ་གྱིས་བསྐྱེད། བདག་བསྐྱེད་རྒྱས་པ་ཐུན་རེ་རེ་བཞིན་མ་ལྟོགས་ན། ཉིན་རེ་བཞིན་ཐུན་དང་པོའི་མགོར་ཚར་རེ་བསྒོམ་ལ། ཕྱི་མ་རྣམས་ཀྱི་སྐབས་སྐད་ཅིག་དྲན་རྫོགས་ཙམ་བྱས་པས་ཆོག །རིམ་པ་དེས་ཉིན་མཚན་ཐུན་དྲུག་ཏུ་འབད་ཅིང་ངག་མ་ཤོར་བ་དང་། གཉིད་རྨུག་སོགས་ཀྱིས་བར་མ་བཅད་པར་བྱ། སྒྲུབ་གྲོགས་འགའ་ཞིག་གིས་སྐབས་སྐབས་སུ། བརྒྱ་ཙ། ཀླུ་གཏོར། བསང་། འབྱུང་བཞི་དང་། ཆ་གསུམ། ལན་ཆགས་གཏོར་མ་སོགས་གཏོང་བ། གཟུངས་འདུས་སྒྲོགས་པ་སོགས་རྒྱབ་ཆོས་དང་། ཡི་དམ་ཆོས་སྐྱོང་ལ་མཆོད་གཏོར་འབུལ་བ་ཁྲུས་གསོལ་བྱས་ཏེ་ཆར་དབབ་པར་གསོལ་བ་འདེབས་པ་སོགས་བྱ། ཀླུང་གཏོན་དང་། སྤྲིན་བསྡུད་སོང་གི་བཟླས་པའི་སྐབས་ཀྱི་དམིགས་པ་དེ་ལས་ཟུར་དུ་མི་དགོས་པར་གསུངས་པ་ཡང་ཡོད་མེད། གལ་ཏེ་བྱེད་འདོད་ན་ཁོ་བོས་བགྱེས་པའི་རྡོ་རྗེ་འཇིགས་བྱེད་ཀྱི་སྒོ་ནས་ཆར་འབེབས་པའི་ཚོ་ག་ཕན་བདེའི་ཆར་འབེབས་ལས་འབྱུང་བ་ལྟར་བྱ། གནས་དེར་ཆར་འབེབས་ཀྱི་རིང་ལ་མི་གདོན་ཅན་དང་། དམེ་ཡུག་སོགས་གྲིབ་ཅན་དང་། ཞ་འཐེང་

འོན་ཡོང་སོགས་མི་ཤེས་པའི་རིགས་འཚམས་གྲོའི་ནང་དུ་མི་གཏོང་། སྒྲུབ་པ་པོ་སྒྲུབ་གཡོག་དང་བཅས་པས་ཤ་ཆང་སྒོག་བཙོང་ཐ་མ་ཁ་སོགས་ཁ་ཟས་དྲི་ངན་དང་མི་གཙང་བའི་རིགས་ལ་མི་སྤྱོད། ཐམས་ཅད་ནང་མཐུན་ཅིང་ཕན་ཚུན་ཡིད་དགའ་བ་དང་། བག་ཡོད་ཀྱི་སྤྱོད་པ་ལ་བརྩོན་པ་མ་གཏོགས་འཐབ་རྩོད་ཚིག་རྩུབ་ངག་འཁྲུལ་སོགས་བག་མེད་ཀྱི་སྤྱོད་པ་མི་བྱ། སེམས་ཅན་སྤྱི་དང་ཁྱད་པར་ཡུལ་ཕྱོགས་དེའི་ཆར་འབབ་པ་ལ་རེ་ཞིང་ལྟོས་པའི་སེམས་ཅན་རྣམས་ལ་ཕན་སེམས་དང་། དཀོན་མཆོག་སྤྱི་དང་ཁྱད་པར་རྗེ་བཙུན་ཙོང་ཁ་པ་ཆེན་པོ་ལ་ཡིད་ཆེས་ཀྱི་དད་གུས་ཤུགས་དྲག་སྒོམ་པ་རྣམས་དམ་ཚིག་ཡིན་པས་དེ་ལས་མི་འདའ་བ་གལ་ཆེ། དེ་ལྟར་བྱས་ན་མྱུར་དུ་ཡིད་དང་མཐུན་པར་འབབ་བར་རྗེ་བདག་ཉིད་ཆེན་པོས་ཞལ་གྱིས་བཞེད་ཞིང་དམ་པ་སྔ་མ་རྣམས་ཀྱི་མྱོང་གྲུབ་ཡིན་པར་གསུང་བས་འབད་འཚལ། རིལ་སྒྲུབ་སྔར་བཤད་པ་བཞིན་བྱེད་ཡོང་མེད་པར། །ཆར་འབེབས་གློ་བུར་དུ་དགོས་བལྟ་བུའི་ཚེ་ཆུ་མིག་གི་ཉེ་འཁོར་དུ་དར་ལྕོགས་འཛུགས་པ་སོགས་གོང་དུ་བཤད་པ་བཞིན་བྱས་ཏེ། རང་ཉིད་རྗེ་བླ་མའི་བདག་བསྐྱེད་བསྒོམ། རིལ་བུ་རྒྱ་ཙ་བརྒྱད་དྲིལ་བུ་མདུན་དུ་སྣོད་གཙང་མར་བཤམས་ལ། དམིགས་བརྩེ་མ་རིལ་གྲངས་ཀྱིས་བརྒྱ་རྩ་རེ་བཟླས་ཏེ། རིལ་བུ་ལ་མཆིལ་འཐོར་མ་སོང་བར་ཕུས་བཏབ། དེ་ཉིད་བུམ་པར་བླུག་པ་ཆུ་མིག་ཏུ་བཞག་སྟེ། སྟེང་དུ་རྗེ་བླ་མ་བསྐྱེད་པ་མན་ཆད་སྔར་བཞིན་བྱས་པས་ཆོག་གོ །གསུམ་པ་རྗེས་ཀྱི་བྱ་བ་ནི། ཆར་བབ་པའི་རྗེས་སུ་གྲོལ་དུས་མཆོད་པ་གསར་པ་ཕུན་སུམ་ཚོགས་པ་བཤམས་ཏེ། ཚོགས་ཚར་གཅིག་གཏོང་ཞིང་། དཀོན་མཆོག་གི་བཀའ་དྲིན་རྗེས་སུ་དྲན་པའི་སྒོ་ནས། མཆོད་པ་རྣམས་གཏང་རག་གི་ཚུལ་དུ་རྒྱས་པར་ཕུལ། དམིགས་བརྩེ་མ་ཅི་འགྲུབ་ཀྱིས་གསོལ་བ་བཏབ་རྗེས། འདོད་དོན་གསོལ་འདེབས་གང་འོས་བྱས་ལ། དཔལ་ལྡན་རྩ་བའི་བླ་མ་རིན་པོ་ཆེ། །བདག་གི་སྙིང་ཁར་པདྨའི་གདན་བཞུགས་ལ། །ཞེས་སོགས་ཀྱིས་མདུན་བསྐྱེད་སྙིང་གར་ཐིམ། ཆུ་མིག་དེའི་ཀླུ་ལ་གོང་དུ་བཤད་པའི་ཚོགས་ཀླུ་གཏོར་བཏང་། གཞི་བདག་གཏོར་མ་བསངས་སྦྱངས། བྱིན་རླབས། ནམཿ སརྦ་ཏ་ཐཱ་ག་ཏ་ལན་གསུམ་གྱིས་བསྔོས་ལ། དེ་བཞིན་གཤེགས་པ་བཞིའི་མཚན་བརྗོད། འཇིག་རྟེན་ཁམས་ཀྱི་ལྷ་ཀླུ་གཞི་བདག་ཀླུང་ལྷ་སྤྱི་དང་ཁྱད་པར་ཡུལ་འདིའི་ལྷ་ཀླུ་གཞི་བདག་རྣམས་ཀྱི་འཆར་འབབ་པའི་གྲོགས་ལྡན་འཕྲིན་ལས་མཛད་པ་ལེགས་ཚོགས་སུ་གྱུར་ཅིང་། སླད་ནས་ཀྱང་ཆར་ཆུ་དུས་སུ་འབབ་པ་དང་། ལོ་ཕྱུགས་རྟག་ཏུ་ལེགས་པའི་འཕྲིན་ལས་དང་སྟོང་གྲོགས་རྒྱ་ཆེན་པོ་མཛད་དུ་གསོལ། །ཞེས་ལེགས་སོ་བརྗོད། བུམ་པའི་ནང་གི་རིལ་བུ་ཡོངས་རྫོགས་སམ། ཅུང་ཟད་ཟླ་བ་མཆུ་མགོའི་ནང་དུ་བླུག་ལ་བྱ་ཁྱི་སོགས་ཀྱིས་མི་ཟ་བ་བྱ་ཞིང་། དེ་ཉིད་ཀླུ་རྣམས་ཀྱི་ནད་ཐམས་ཅད་གསོ་ཞིང་ཕྱིན་ཆད་མི་འབྱུང་བར་བྱེད་པའི་གསོས་སྨན་གྱི་བདུད་རྩིའི་རྣམ་པར་རྟག་ཏུ་གནས་པས་ཀླུ་རྣམས་རང་དང་ཡུལ་ཕྱོགས་ལ་ཡིད་དགའ་བས་དངོས་གྲུབ་སྦྱིན་

པར་བསམ། དར་ལྷོགས་བཞིའི་མདུན་དུ་མཆོད་གཏོར་བཤམས་ལ་སྔར་བཞིན་ཕུལ་བའི་རྗེས་སུ། ཡེ་ཤེས་པ་རྣམས་རང་བཞིན་གྱི་གནས་སུ་གཤེགས། དམ་ཚིག་པ་རྣམས་ཐིམ་པའི་ཐུགས་དང་དབྱེར་མེད་པར་གྱུར་པར་བསམ་སྟེ། ཐོ་རྣམས་བསྐྱིལ་ལ་རྗེས་མི་མངོན་པ་བྱ། དར་ལྷོགས་རྣམས་ཕྱིས་ཀྱང་ཉེ་བར་འཁོག་བས་ཚོགས་བའམ། རང་གི་སྒྲུབ་ཁང་སོགས་ལ་བཙུག་ཀྱང་ཆོག །ཤིས་བརྗོད་མེ་ཏོག་གི་ཆར་དང་བཅས་པས་བཀྲ་ཤིས་ཀྱི་དགེ་མཚན་རྒྱས་པར་བྱའོ། །སྨྲས་པ། འཇམ་དཔལ་དབྱངས་ཉིད་ཐ་མལ་བྱིས་པའི་གཟུགས། །གསོལ་འདེབས་དབྱངས་སོགས་ཅིར་ཡང་སྟོན་ནོ་ཞེས། །ལུང་དུ་བསྟན་དེ་རྗེ་བཙུན་བླ་མ་དང་། །དེ་ཡི་གསོལ་འདེབས་དམིག་བརྩེ་མ་ཉིད་དོ། །ཨེ་མ་ལྷ་དང་དྲང་སྲོང་གིས་བཤད་པའི། །རིགས་སྔགས་དག་ཀྱང་བསླུ་བར་མི་འགྱུར་ན། །རྒྱལ་བའི་ཡེ་ཤེས་གཟུངས་སུ་ཤར་བ་འདིས། །རེ་འབྲས་འབྱིན་ལ་སུ་ཞིག་ཡིད་གཉིས་བགྱིད། །འོན་ཀྱང་ཁྲ་ཏས་མི་གཙང་ཟོས་པའི་ཚུ། །ནོར་འཛིན་གཙང་མར་བགྱིད་པའི་ངང་ཚུལ་བཞིན། །དད་དང་དམ་ཚིག་བྲལ་བའི་རང་སྐྱོན་ལ། །ལྷ་དང་གདམས་པས་ནོངས་པར་སེམས་པ་མཐོང་། །དེ་ཕྱིར་ལེགས་ཚོགས་རྩ་བ་དད་པ་དང་། །དམ་སྔོམ་རྣམ་པར་དག་པས་གཞི་བཟུང་སྟེ། །བསྙེན་པ་ཆེད་དུ་འབྱོལ་པས་ཆོག་བཞིན། །སྒྲུབ་ན་འགྲུབ་པར་ངེས་ཀྱི་གཞན་དུ་མིན། །དགེ་ལྡན་པ་ཞེས་བོད་ཀྱིས་སྙེམས་མེད་ཀྱང་། །སྙན་བརྒྱུད་གདམས་པའི་རང་ནོར་རྣམ་གཡེངས་ཀྱི། །རྐུན་པོར་བསྐུར་ཏེ་གཞན་གྱི་མན་ངག་གི །འཆེད་བུ་འཚོལ་བའི་བསྟན་འཛིན་འགའ་ཡང་མཐོང་། །དེ་ཕྱིར་གཞན་གྱི་རྒྱུས་བཀབ་མ་ཡིན་པར། །རང་ལུགས་གསལ་ལ་འདྲིལ་བའི་ཚིག་འདི། །ཚད་ལྡན་དམ་པའི་གཞུང་དང་མན་ངག་བཞིན། །གཞན་ཕན་བསམ་པས་ཡི་གེའི་རིས་སུ་བཀོད། །དགེ་བ་དེས་ཀྱང་འབྲུལ་བྲལ་དགེ་ལྡན་པའི། །དྲི་མེད་རིང་ལུགས་ཕྱོགས་བཅུར་དར་བ་དང་། །བདག་གཞན་འགྲོ་ཀུན་རྗེ་བཙུན་ཚོང་ཁ་པས། །བྱང་ཆུབ་བར་དུ་རྗེས་སུ་འཛིན་པར་ཤོག །ཅེས་དམིགས་བརྩེ་མའི་སྒོ་ནས་ཆར་འབེབས་བྱེད་ཚུལ་གྱི་ཆོ་ག་དངོས་གྲུབ་གྲུ་ཆར་གཡོ་བའི་སྤྲིན་ཕུང་ཞེས་བྱ་བ་འདི་ནི་བློ་གྲོས་དང་ལྡན་པ་རྣམས་ལ། ལྟུང་སྐྱ་ཐམས་ཅད་མཁྱེན་པ་གོང་མས་མཛད་པའི་ཟུར་རྒྱན་ལས་ལྷག་པ་སྤྲོ་རྒྱུ་མ་མཆིས་ཀྱང་། བློ་དམན་དག་ལ་ཚིགས་འི་ངག་འདོན་སོགས་ནག་འགྲོས་སུ་བཀོད་པ་ཞིག་མེད་མི་རུང་དུ་འདུག་པས། ཅེས་ཀྱང་ཡི་གེར་འགོད་དགོས་ཞེས་དོན་གཉེར་བ་དུ་མས་སྔ་ཕྱིར་ཡང་ཡང་བསྐུལ་ཞིང་། ཁྱད་པར་དམིགས་བརྩེ་མ་བྱེ་བ་གཉིས་ལྷག་སོང་ཞིང་། དད་པ་དང་ལྷག་བསམ་མཆོག་ཏུ་དགེ་བ་ཅན། ཆོས་བཟང་རི་ཁྲོད་པ

དཀའ་བཅུ་དོན་ཡོད་མཁས་མཆོག་གིས་ལན་གྲངས་དུ་མར་འབད་པ་ཆེན་པོས་བསྐུལ་བ་ལ་བརྟེན་ནས། ཛེ་རྒྱལ་བ་གཉིས་པའི་མདོ་སྔགས་ཀྱི་ལེགས་བཤད་སྤྱི་དང་ཁྱད་པར་སྙན་བརྒྱུད་ཀྱི་གདམས་པ་མང་དུ་ཐོས་པའི་བཙུན་གཟུགས་སློམས་ལས་བ་རྣམ་བཟླ་གྱིས་སྦྱིད་ཚལ་ཡིད་དགའ་ཆོས་འཕེལ་དུ་སྦྱར་བའོ།། །། དགེ་ལེགས་འཕེལ།། །།

༄༅། །རིགས་གསུམ་སྤྱི་སྒྲུབ་ཀྱི་བླ་མའི་རྣལ་འབྱོར་ལ་བརྟེན་ནས་ཆར་འབེབས་པའི་ཆོ་ག་ལག་ལེན་གསལ་བྱེད་རྫོགས་ལྡན་སྤྲིན་གྱི་སྒྲ་དབྱངས་ཞེས་བྱ་བ་བཞུགས་སོ།

༄། །དུས་གསུམ་སངས་རྒྱས་ཐམས་ཅད་ཀྱི་མཁྱེན་བརྩེ་ནུས་གསུམ་གཅིག་ཏུ་བསྡུས་པའི་བདག་ཉིད་འཇམ་མགོན་བླ་མ་བློ་བཟང་གྲགས་པའི་དཔལ་ལ་ཕྱག་འཚལ་ལོ། །སྐྱབས་སུ་མཆིའོ། །བརྩེ་བ་ཆེན་པོས་དུས་ཐམས་ཅད་དུ་རྗེས་སུ་གཟུང་དུ་གསོལ། འདིར་རིགས་གསུམ་སྤྱི་སྒྲུབ་ཀྱི་བླ་མའི་རྣལ་འབྱོར་གྱི་སྒོ་ནས་ཆར་འབེབས་པའི་ཆོ་ག་བརྗོད་པ་ལ་སྦྱོར་དངོས་མཇུག་གསུམ་ལས། དང་པོ་སྦྱོར་བ་ལ་ཐོག་མར་རྫས་རྣམས་བསགས་ཏེ་བཅའ་གཞི་བསྒྲུབ་པ་ནི། སྒྲུབ་པ་པོ་དབང་རྣམ་པར་དག་པ་ཐོབ་ཅིང་དམ་ཚིག་དང་སྡོམ་པ་དག་པ་ལ་གནས་ནས་ལྷའི་རྣལ་འབྱོར་སྒོམ་པ་ལ་བརྩོན་ཞིང་། ལྷག་པར་རྗེ་བདག་ཉིད་ཆེན་པོ་ལ་ཡིད་ཆེས་ཀྱི་དད་པ་བརྟན་པོ་དང་ལྡན་པ། དམིགས་བརྩེ་མའི་བསྙེན་པ་སོང་བ་བཞིའམ་བརྒྱད་ལ་སོགས་པ་རྣམས་ཀྱིས་ཐོག་མར་ཤ་ཆང་སྒོག་བཙོང་སོགས་ཀླུ་ལ་གནོད་པའི་ཟས་དང་སྤྱོད་པ་རྣམས་སྤངས་ཏེ་ཁྲུས་དང་གཙང་སྦྲ་ལ་གནས་པའི་སྒོ་ནས་ཆར་འབེབས་ཀྱི་རྫས་སུ་ཀླུ་སྨན་རྣམས་བསག་པ་ནི། ག་བུར། ཙནྡ་ཏི། ཙན་དན་དཀར་དམར། དབང་ལག ཆུ་སྲིན་སྙེར་མོ། མཚལ་དཀར་དམར། དུང་། གཟི། རྒྱ་དར་དམར་པོ། ཟེ་ཏུན། རས་སྐྱུད། སྙིང་ཞོ་ཤ མཁལ་མ་ཞོ་ཤ སླ་གོར་ཞོ་ཤ། པུ་ཤེལ་རྩེ། རྨ་བྱའི་མདོངས། སྦྲུལ་གྱི་པགས་པ། ཐང་ཤོ། སྨུག་ཤོ། རྗེ་རྒྱུས། གུ་གུལ་དཀར་པོ། ག་ར། བུ་རམ། དྲི་ཞིམ་པོའི་མེ་ཏོག་སྣ་ཚོགས། ཤིང་ཐོག་དུག་རིགས་མིན་པ་སྣ་ཚོགས། རིན་པོ་ཆེ་སྣ་ལྔ། རྒྱ་མཚོའི་ལྦུ་བ། ན་ག་གེ་སར། སླེ་ཏྲེས། སུཀྨེལ། ཟེ་ར་དཀར་ནག ཨུཏྤལ་སྔོན་པོ། ཨ་བར་སྐྱུར་གསུམ། སྤང་སྤོས། ཏིལ་དཀར་ནག ཐལ་དཀར་རྡོ་རྗེ། སོ་མ་ར་ཙ། རྒུན་འབྲུམ། ཤིང་མངར།

སྲུང་རྒྱ། བ་དམར་མོ་དང་ར་དཀར་མོའི་འོ་མ་མར་ཞོ། སྐྱེ་ཚེ་ཤང་ཚེ་བྲ་བོ་སྲན་མ་རྣམས་མ་གཏོགས་འབྲུ་སྣ་གང་འཛོམས། ཁྲུང་སྲེར་ཚ་བ་གསུམ་དུག་རིགས་སླ་རྩི་ཤིང་ཀུན་རྣམས་མ་གཏོགས་སྨན་རིགས་གང་འཛོམས། ཛ་གོས་དར་སོགས་སྣ་གང་འཛོམས་བསགས་ཏེ་ཆ་གཉིས་སུ་བྱས་པའི་ཆ་གཅིག་ཕྱི་མར་བཏགས་པ་ཞིབ་མོར་བཟར། ཆ་གཅིག་ཀླུ་གཏོར་གཏོང་བའི་སྐབས་སུ་སྤྱན་གཟིགས་ཀྱི་ཚུལ་དུ་འཇོག ཀླུ་སྨན་རྣམས་ཞིབ་མོར་བཟར་བའི་ཕྱེ་མ་གྲོ་ཟན་དང་སྦྱར་བ། བ་དམར་མོ་དང་ར་དཀར་མོའི་འོ་མས་བྲུས་ཏེ་རིལ་བུ་ལུག་རིལ་ཙམ་བརྒྱ་རྩ་བརྒྱད་བྱ། བུམ་པ་རབ་རྒྱུ་རིན་པོ་ཆེ་ལས་གྲུབ་པ། དེ་མིན་དཀར་ཡོལ་ལམ། མ་ཟ་རྫའི་བུམ་པ་གས་ཆགས་བུག་རྩོལ་མེད་པ་ཚད་ལྡན་བཤམ། བུམ་པའི་ཕྱི་ས་དཀར་གྱིས་བྱུགས་ཡོགས་རྣམས་ལ་བཀྲ་ཤིས་རྟགས་བརྒྱད་འདྲི། ས་དཀར་དང་རྫོན་རྣམས་ལ་སྦྲིན་མ་འདྲེས་པར་འོ་མ་དང་ག་རས་དམ་ཚེ་བྱ། ཤ་ཆང་སྒོག་བཙོང་སོགས་ཀྱི་དྲིས་གོས་པའི་ལག་མ་རེག་པར་གཙང་སྦྲ་ཆེ་བར་བྱ། གོས་དར་རམ། རས་དཀར་པོ་ལ། དམིགས་མེད་བརྩེ་བའི་གཏེར་ཆེན་སྤྱན་རས་གཟིགས། །ལྗང་གུ་ལ། དྲི་མེད་མཁྱེན་པའི་དབང་པོ་འཇམ་པའི་དབྱངས། །དམར་པོ་ལ། གངས་ཅན་མཁས་པའི་གཙུག་རྒྱན་ཙོང་ཁ་པ། །སྔོན་པོ་ལ། བློ་བཟང་གྲགས་པའི་ཞབས་ལ་གསོལ་བ་འདེབས། །ཞེས་པ་གསེར་དངུལ་སོགས་རིན་པོ་ཆེའམ། མ་འབྱོར་ན་མཚལ་སོགས་ལ་བཟང་སྨན་དང་ཀླུ་ལ་ཕོག་ཐུག་མེད་པའི་དྲི་བཟང་དང་སྦྱར་ཏེ་ཡི་གེ་དབུ་ཅན་བྲིས་པ་བཞི་དང་། སྔོན་པོ་ལ་དམིགས་བརྩེ་མ་ཡོངས་རྫོགས་དང་། ཏཙ་ཐླ། ཨོཾ་ཏ་ཐླ་ག་ཏྲ་ཧྲ་ག་ཕན། ཨོཾ་ན་ག་ནྡྲ་ཌྷ་ཤྭ་རེ་ཨ་ཧྲི་ཊྲ་ན་ཨ་ཧྲི་ཊྲི་ཏེ་སྭཱ་ཧཱ། ཞེས་དང་། ཨོཾ་ཨ་ར་པ་ཙ་ན་དྷཱིཿ ཨོཾ་མ་ཎི་པདྨེ་ཧཱུྃ། ཨོཾ་བཛྲ་པཱ་ཎི་ཧཱུྃ་ཞེས་དང་། ཨོཾ་ན་ག་ཕུཿ པྲ་ཏི་བཛྲ་ཏུཏྟེ། མི་ལི་མི་ལི། ཧཱུྃ་ཧཱུྃ་ཕཊ་ཕཊ། ཧྲ་རི་ཤ་ཡ་ཧྲ་རི་ཤ་ཡ། ཆར་དྲག་ཏུ་ཕོབ། མྱུར་དུ་ཕོབ། ནྡྲ་ར་ཡ། ཧྲཱུཾཿ ཧྲཱུཾཿ ཧྲཱུཾཿ ཕོབ། མྱུར་དུ་ཕོབ། ཨོཾ་བཛྲ་སུ་མ་ན་ཏེ་མི་ལི་སྭཱ་ཧཱ། ཆར་དྲག་ཏུ་ཕོབ། མྱུར་དུ་ཕོབ། ཅེས་པ་རྣམས་བྲིས་པའི་དར་ལྗོག་སྔོན་པོ་གཅིག་སྟེ་དར་ལྗོག་ལྔ། རྗེ་བླ་མའི་སྐུ་རབ་གནས་ཅན་ཞིག་གིས་གཙོས་པའི་སྐུ་གསུང་ཐུགས་རྟེན་ཅི་འབྱོར་དང་། ཁྱད་པར་གཟུངས་བསྡུས་དང་སྤྲིན་ཆེན་པོའི་མདོ་གཉིས་ངེས་པར་དགོས། ཀླུ་སྨན་རིལ་བུའི་སྣོད་ཟངས་ཞོང་དམར་པོ། གཏོར་མ་བརྒྱ་རྩ། ཀླུ་གཏོར། ཆ་གསུམ་རྣམས་ཀྱི་ཡོ་བྱད་དང་།

ཁྲུས་ཆས་དང་། མཆོད་གཏོར་དང་སྒྲུབ་པ་པོ་རྣམས་ཀྱི་ཞེར་མགོའི་ཡོ་བྱད་སོགས་རྫས་རྣམས་བསགས། གང་དུ་ཆར་འབེབས་པའི་ས་ཆུ་མིག་སོགས་སུ་འགྲོ་བའི་ཚེ་རབ་ཞག་བདུན། མ་ཐ་ཉིན་གསུམ་གྱི་གོང་ནས་ཤ་ཆང་སྒོག་བཙོང་སོགས་སྤངས་ཏེ་དཀར་ཟོར་ལ་གནས་ནས། གཟའ་སྐར་འཕྲོད་སྦྱོར་ལེགས་ཤིང་ལྷག་པར་ཆུ་ནང་འཕྲད་པའི་དུས་འགོ་བརྩམ་པར་བྱ། སྦྱོར་བ་དངོས་ནི་ཆུ་མིག་སོགས་གང་དུ་ཆར་འབེབས་བྱ་བའི་གནས་དེར་སླེབས་ནས་ཇི་ལྟར་བྱ་བ་ནི། གནས་དེར་སློབ་འཕྲུལ་རྗེ་བླ་མའི་སྐུ་སོགས་རྟེན་རྣམས་ཀྱི་མདུན་དུ་ཡན་ལག་བདུན་པ་མཇལ་དང་བཅས་པ་ཕུལ་ཏེ་ཡོན་ཏན་གཞི་གྱུར་མའི་སྒོ་ནས་ལམ་ཡོངས་རྫོགས་ལ་ཤར་བསྒོམ་སྔོན་དུ་བཏང་སྟེ་བྱམས་སྙིང་རྗེ་བྱང་ཆུབ་ཀྱི་སེམས་ཤུགས་དྲག་ཏུ་གསལ་བཏབ་ལ། སངས་རྒྱས་ཆོས་ཚོགས་མ་ལན་གསུམ་གྱིས་སེམས་བསྐྱེད་བླངས། སེམས་བསྐྱེད་ཤུགས་དྲག་པོའི་ངང་ནས་གནས་དེའི་ལྷ་ཀླུ་གཞི་བདག་རྣམས་ལ་བསང་བསུར་རྒྱས་པ་བཏང་། གཞི་བདག་ལ་གཏོར་མ་བཏང་སྟེ། སའི་ལྷ་མོ་བསྟན་མ་ཚེ་རིང་མཆེད་ལྔ་བསྟན་མ་བཅུ་གཉིས་སོགས་སྐྱོང་གསུམ་གཞི་བདག་ཐམས་ཅད་དང་། ཁྱད་པར་ཡུལ་ཕྱོགས་འདིར་གནས་པའི་གཞི་བདག་རྣམས་ཀྱིས་མཆོད་སྦྱིན་གྱི་གཏོར་མ་འདི་བཞེས་ལ་བདག་ཅག་སེམས་ཅན་གྱི་དོན་དུ་ཆར་འབེབས་པའི་ཆོ་ག་བྱེད་པ་ལ་ཏུང་དང་ཕྲག་དོག་མ་མཛད་པར་མཐུན་རྐྱེན་སྐྱོང་གྲོགས་ལེགས་པར་མཛོད་ཅིག ཅེས་འཕྲིན་ལས་འཚོལ། ཀླུ་གཏོར་རྒྱས་བསྡུས་གང་རིགས་བཏང་ལ། ཀླུའི་རྒྱལ་པོ་དགའ་པོ་དང་། ཉེར་དགའ་བོ་སོགས་ཀླུ་རྒྱལ་རིགས། རྗེ་རིགས། དམངས་རིགས། གདོལ་པའི་རིགས་ལ་སོགས་པའི་ཀླུའི་རིགས་སུ་གྱུར་པ་རྣམས་ཉོན་ཅིག །བདག་ཅག་ཁྱེད་རྣམས་ལ་ཡ་བོ་བཟུང་བ་དང་། ངོ་བསྟོ་བ་དང་། འཁོན་འཚོལ་དུ་ཡོངས་བ་མ་ཡིན། འཛམ་བུའི་གླིང་འདིར་ཆར་དཀོན་པོ་བྱུང་བས་ཆར་སློང་དུ་འོངས་པ་ཡིན་པས། ཡུལ་ཕྱོགས་འདིར་ཆར་ཆེན་པོ་མྱུར་དུ་ཕོབ་ཅིག །རྩི་བཅུད་ལོ་ཏོག་སོགས་རྒྱས་པར་མཛོད་ཅིག །ཅེས་ལན་གསུམ་བརྗོད་ལ་བཀའ་བསྒོ། དེ་ནས་རྟེན་རྣམས་བཀོད་པ་མཛེས་པར་བཞུགས་སུ་གསོལ། །མཆོད་གཏོར་རྣམས་རྒྱས་པ་བཤམ། སྒྲུབ་པ་པོ་རྣམས་དང་རྒྱང་རིང་ཐུང་འཚམ་པའི་ཕྱོགས་སུ་མཚམ་ཐོ་བཞི་བརྩིག །དེའི་ནང་གི་ཕྱོགས་བཞིར་དར་ལྕོག་འཛུགས་པའི་ཐོ་བཞི་བརྩིགས་ལ་སྒྲུབ་པ་པོ་རྣམས་སྟན་ལ་འཁོད་དེ་སྐྱབས་འགྲོ་སེམས་བསྐྱེད་

ཚད་མེད་བཞི་སྒོམ་པ་རྒྱུད་དང་འདྲེས་ངེས་སྔོན་དུ་བཏང་། ཨོཾ་སྭ་བྷཱ་ཝ་ཤུདྡྷཿསརྦ་དྷརྨཱཿསྭ་བྷཱ་ཝ་ཤུདྡྷོ྅ཧཾ། རང་དང་སྣང་བ་ཐམས་ཅད་མི་དམིགས་པ་སྟོང་པ་ཉིད་དུ་གྱུར། སྟོང་པའི་ངང་ལས་སྣ་ཚོགས་པདྨ་དང་ཟླ་བའི་གདན་གྱི་སྟེང་དུ་རང་ཉིད་རིགས་གསུམ་མགོན་པོ་དང་ངོ་བོ་དབྱེར་མེད་པའི་རྗེ་བླ་མ་ཆོས་ཀྱི་རྒྱལ་པོ་ཙོང་ཁ་པ་ཆེན་པོ་སྐུ་མདོག་དཀར་ལ་དམར་བའི་མདངས་ཆགས་པ། སྐུ་ལ་ཆོས་གོས་ငུར་སྨྲིག་གི་མདོག་ཅན་གསུམ་མཛེས་པར་གསོལ་བ། ཕྱག་གཉིས་ཆོས་འཁོར་གྱི་ཕྱག་རྒྱ་མཛད་པས་ཨུཏྤ་ལའི་ཡུ་བ་ནས་བཟུང་བའི་འདབ་སྟེང་ན་ཤེས་རབ་ཀྱི་རལ་གྲི་དང་། སྟོང་ཕྲག་བརྒྱད་པའི་གླེགས་བམ་གྱིས་མཚན་པ། དབུ་ལ་པཎ་ཞྭ་གསེར་གྱི་མདོག་ཅན་གསོལ་བ། ཞབས་གཉིས་རྡོ་རྗེའི་སྐྱིལ་མོ་ཀྲུང་གིས་བཞུགས་པ། སྐུ་ལས་སྐྱེས་པའི་འོད་ཟེར་སྣ་ལྔའི་འཇའ་ཚོན་གྱི་གུར་ཁྱིམ་འཁྲིགས་པའི་དབུས་ན་བཞུགས་པའི་སྤྱི་བོར་པད་ཟླའི་གདན་ལ་འཇམ་དབྱངས་དམར་སེར་གཡས་ཤེས་རབ་ཀྱི་རལ་གྲི་དང་གཡོན་སྟོང་ཕྲག་བརྒྱད་པའི་གླེགས་བམ་བསྣམས་པ། མགྲིན་པར་པད་ཟླའི་གདན་ལ་སྤྱན་རས་གཟིགས་དབང་ཕྱུག་སྐུ་མདོག་དཀར་པོ་ཞལ་ལྷར་དྭངས་ཤིང་དྲི་མ་མེད་པ། ཞལ་གཅིག་ཕྱག་བཞི་པ་ཕྱག་དང་པོ་གཉིས་ཐུགས་ཀར་ཐལ་མོ་སྦྱར་བ། གཡས་འོག་མས་ཤེལ་ཕྲེང་དང་། གཡོན་འོག་མས་པདྨ་དཀར་པོ་འདབ་མ་བརྒྱད་པ་འཛིན་པ། ཐུགས་ཀར་པད་ཉིའི་གདན་ལ་ཕྱག་ན་རྡོ་རྗེ་གཡས་རྡོ་རྗེ་ཕྲག་གོང་དུ་འཕྱར་ཞིང་། གཡོན་ཐུགས་ཀར་སྡིགས་མཛུབ་མཛད་པ། སྒྲོལ་བརྒྱད་དང་ཁྲོ་བོའི་རྒྱན་གྱིས་བརྒྱན་པ། སྟག་གི་པགས་པའི་ཤམ་ཐབས་ཅན། ཞབས་གཉིས་བརྐྱང་བསྐུམ་གྱི་སྟབས་ཀྱིས་བཞུགས་པར་གྱུར། རྗེ་བླ་མའི་སྤྱི་བོར་ཨོཾ་དཀར་པོ། མགྲིན་པར་ཨཱཿདམར་པོ། ཐུགས་དཀར་ཧཱུྃ་སྔོན་པོས་མཚན་པ། ཐུགས་ཀའི་ཧཱུྃ་ལས་འོད་ཟེར་ཕྱོགས་བཅུར་འཕྲོས། རྒྱལ་བ་སྲས་བཅས་ཐམས་ཅད་རྗེ་བླ་མའི་རྣམ་པར་སྤྱན་དྲངས། རང་ལ་ཐིམ་པས་རང་ཉིད་སྐྱབས་གསུམ་མ་ལུས་འདུས་པའི་རྗེ་བླ་མ་དངོས་སུ་གྱུར་པར་བསྒོམས་ལ། མཆོད་པ་རྣམས་ཨ་ཀྲོ་ཏ་ས་བསངས། སྭ་བྷཱ་ཝས་སྟོང་པར་སྦྱངས། སྟོང་པའི་ངང་ལས་བྷྲཱུྃ་ལས་རིན་པོ་ཆེའི་སྣོད་ཡངས་ཤིང་རྒྱ་ཆེ་བ་རྣམས་ཀྱི་ནང་དུ་ཨོཾ་འོད་དུ་ཞུ་བ་ལས་བྱུང་བའི་ལྷ་རྫས་ལས་གྲུབ་པའི་མཆོད་ཡོན། ཞབས་བསིལ། མེ་ཏོག བདུག་སྤོས། མར་མེ། དྲི་ཆབ། ཞལ་ཟས། རོལ་མོ་ལ་སོགས་པ་རྣམས་དྭངས་ཤིང་ཐོགས་པ་མེད་པ་ནམ

མཁའ་དང་མཉམ་པ་ཟག་པ་མེད་པའི་བདེ་བ་ཁྱད་པར་ཅན་བསྐྱེད་པར་གྱུར། ཨོཾ་ཨརྒྷཾ་ཨཱཿཧཱུྃ། ཨོཾ་པཱ་དྱཾ་ཨཱཿཧཱུྃ། ཨོཾ་པུཥྤེ་ཨཱཿཧཱུྃ། ཨོཾ་དྷཱུ་པེ་ཨཱཿཧཱུྃ། ཨོཾ་ཨཱཿལོ་ཀེ་ཨཱཿཧཱུྃ། ཨོཾ་གནྡྷེ་ཨཱཿཧཱུྃ། ཨོཾ་ནཻ་ཝི་དྱ་ཨཱཿཧཱུྃ། ཨོཾ་ཤབྡ་ཨཱཿཧཱུྃ་གིས་བྱིན་གྱིས་བརླབས་ཏེ། ཨོཾ་གུ་རུ་སུ་མ་ཏི་ཀཱིརྟི་ས་པ་རི་ཝཱ་ར་ཨརྒྷཾ་ནས་ཤབྡའི་བར་གྱིས་མཆོད། གཞོན་ནུའི་ཆ་ལུགས་འཆང་བ་པོ། །ཤེས་རབ་སྒྲོན་མེས་རབ་ཏུ་བརྒྱན། །འཇིག་རྟེན་གསུམ་གྱི་མུན་སེལ་བའི། །འཇམ་པའི་དབྱངས་ལ་ཕྱག་འཚལ་ལོ། །སྐྱོན་གྱིས་མ་གོས་སྐུ་མདོག་དཀར། །རྫོགས་སངས་རྒྱས་ཀྱིས་དབུ་ལ་བརྒྱན། །ཐུགས་རྗེའི་སྤྱན་གྱིས་འགྲོ་ལ་གཟིགས། །སྤྱན་རས་གཟིགས་ལ་ཕྱག་འཚལ་ལོ། །ལྕང་ལོ་ཅན་གྱི་གནས་མཆོག་དམ་པ་ན། །གསང་སྔགས་རིག་སྔགས་ཀུན་གྱི་བདག་པོ་སྟེ། །ལོག་འདྲེན་བགེགས་ཀྱི་ཚོགས་རྣམས་འཇོམས་མཛད་པ། །བཅོམ་ལྡན་རྡོ་རྗེ་འཛིན་ལ་ཕྱག་འཚལ་ལོ། །རྒྱལ་བ་ཐམས་ཅད་གཅིག་བསྡུས་རྡོ་རྗེ་འཆང་། །གདུལ་བྱའི་དོན་དུ་བཤེས་གཉེན་ཚུལ་འཛིན་པ། །བློ་བཟང་གྲགས་པའི་དཔལ་ཞེས་ས་གསུམ་གྱི། །སྐྱེ་དགུའི་འདྲེན་པ་མཆོག་ལ་ཕྱག་འཚལ་ལོ། །ཞེས་བསྟོད། དེ་ནས། ཨོཾ་ཨཱཿགུ་རུ་སུ་མ་ཏི་ཀཱིརྟི་སིདྡྷི་ཧཱུྃ་ཧཱུྃ། ཞེས་པ་དང་། རིགས་གསུམ་མགོན་པོའི་གཟུངས་དང་། དམིགས་བརྩེ་མ་ཅི་འགྲུབ་བཟླ། དེ་ནས་རང་རྗེ་བླ་མ་རིགས་གསུམ་མགོན་པོ་དང་བཅས་པའི་ང་རྒྱལ་ལ་གནས་བཞིན་པའི་སྒོ་ནས། ཤར་གྱི་ཐོའི་སྟེང་དུ་དར་ལྕོག་དཀར་པོ། ལྷོའི་ཐོའི་སྟེང་དུ་དར་ལྕོག་ལྗང་གུ། ནུབ་ཀྱི་ཐོའི་སྟེང་དུ་དར་ལྕོག་དམར་པོ། བྱང་གི་ཐོའི་སྟེང་དུ་དར་ལྕོག་སྔོན་པོ་རྣམས་བཙུགས། དར་ལྕོག་སྔོན་པོ་དམིགས་བརྩེ་མ་དང་ཀླུ་དབང་རྒྱལ་པོ་སོགས་ཀྱི་སྔགས་བྲིས་པ་དེ་ཆུ་མིག་གི་སྟེང་ཕྱོགས་སུ་བཙུགས་ལ་དར་ལྕོག་ལྷཱུ་ཨ་ཁྲི་ཏས་བསངས། སྭ་བྷཱ་ཤས་སྟོང་པར་སྒྱུར། སྟོང་པའི་ངང་ལས་སྐད་ཅིག་གིས་ཆུ་འགོའི་དར་ལྕོག་སྔོན་པོ་སྣ་ཚོགས་པདྨ་དང་ཟླ་བའི་གདན་གྱི་སྟེང་དུ་རིགས་གསུམ་མགོན་པོ་དང་ངོ་བོ་དབྱེར་མེད་པའི་རྗེ་བླ་མ་ཆོས་ཀྱི་རྒྱལ་པོ་ཙོང་ཁ་པ། ཞེས་པ་ནས། འཇའ་ཚོན་སྣ་ལྔའི་གུར་ཁྱིམ་འཁྲིགས་པའི་དབུས་ན་བཞུགས་པ། དེའི་མཐའ་སྐོར་དུ་བདེ་གཤེགས་ཀླུ་དབང་རྒྱལ་པོ། སངས་རྒྱས་བྱང་སེམས་ཉན་རང་ཆོས་སྐྱོང་སྲུང་མའི་ཚོགས་དང་བཅས་པས་བསྐོར་བ། ཕྱོགས་བཞིའི་དར་ལྕོག་རྣམས་རིམ་བཞིན་ཡེ་ཤེས་ཀྱི་ཁྱུང་དཀར་པོ་གཡས་འཁོར་ལོ། ཁྱུང་ཁྲ་བོ་གཡས་རིན་པོ་ཆེ། ཁྱུང་དམར་

པོ་གཡས་པ་བསྣམ། ཁྲུང་སྔོན་པོ་གཡས་རལ་གྲི་འཛིན་ཅིང་། གཡོན་རྣམས་རང་རང་གི་མདོག་ཅན་གྱི་སྤྲུལ་བཟུང་ནས་ཞལ་དུ་གསོལ་བ། རྣ་དང་མཆུ་སྐྱེར་ཤིན་ཏུ་རྔོ་བ། ཀླུ་དཀར་ཕྱོགས་པ་རྣམས་རྗེས་སུ་འཛིན་ཅིང་ནག་ཕྱོགས་པ་རྣམས་ཚར་གཅོད་པའི་མཐུ་སྟོབས་གཟི་བརྗིད་ཕུན་སུམ་ཚོགས་པའི་བདག་ཉིད་ཅན་དུ་གྱུར། དར་ལྡིག་གི་ལྷ་ཐམས་ཅད་ཀྱི་སྤྱི་བོར་ཨོཾ། མགྲིན་པར་ཨཱཿ ཐུགས་ཀར་ཧཱུྃ་གིས་མཚན་པར་གྱུར། ཐུགས་ཀའི་ཧཱུྃ་ལས་འོད་ཟེར་འཕྲོས། བསྒོམས་པ་དང་འདྲ་བའི་ཡེ་ཤེས་པ་སྤྱན་དྲངས། ཛཿ ཧཱུྃ་བཾ་ཧོཿ རང་རང་གི་དམ་ཚིག་པ་དང་གཉིས་སུ་མེད་པར་གྱུར། མཆོད་པ་རྣམས་གོང་བཞིན་བསངས། སྦྱངས་བྱིན་གྱིས་བརླབས་ལ། ཨོཾ་སརྦ་ཏ་ཐཱ་ག་ཏཱ་ས་པ་རི་ཝཱ་ཨརྒྷཾ་ནས་ཤབྡའི་བར་གྱིས་མཆོད། ཕྱག་འཚལ་འོས་པ་ཐམས་ཅད་ལ། ཞེས་སོགས་ཀྱིས་བསྟོད། རྗེ་བླ་མ་གཙོ་འཁོར་རྣམས་ཀྱི་ཐུགས་ཀ་ནས་འོད་ཟེར་འཕྲོས་ཏེ་མཆོག་གསུམ་ཐམས་ཅད་ཀྱི་བྱིན་རླབས་ནུས་མཐུ་རྣམས་འོད་ཟེར་གྱི་རྣམ་པར་བཀུག་ནས་ཐིམས་པར་བསམས་ལ། དམིགས་བརྗེ་མ་དང་། ཧཱུྃ་ཕཊ། ཨོཾ་ན་ག་ནྟ་ཛ་ཤྭ་རེ། ཞེས་སོགས་དང་། རིགས་གསུམ་མགོན་པོའི་སྔགས་དང་། ཨོཾ་པདྨོ་ཥྞཱི་ཥཱ། ཞེས་དང་། ཨོཾ་ན་ག་ཕུཿ ཕྲ་ཏི། ཞེས་སོགས་ཅི་འགྲུབ་བཟླས་ལ། དུས་གསུམ་སངས་རྒྱས་ཐམས་ཅད་ཀྱི་ངོ་བོ་རྗེ་བཙུན་ཙོང་ཁ་པ་ཆེན་པོ། བདེ་གཤེགས་ཀླུ་དབང་རྒྱལ་པོ། འཕགས་པ་རིགས་གསུམ་མགོན་པོ་སོགས་ཡེ་ཤེས་སྤྱན་ལྡན་རྣམས་ཀྱིས་ཡུལ་ཕྱོགས་འདིར་ཆར་ཆེན་པོ་མྱུར་དུ་འབབ་པར་བྱིན་གྱིས་བརླབ་ཏུ་གསོལ། ཞེས་གསོལ་བ་ཤུགས་དྲག་ཏུ་གདབ་བོ། །དེ་ནས་ཕྱོགས་བཞིའི་ཁྲུང་རྣམས་ལ་མཆོད་གཏོར་ཕུལ་ཏེ་འཕྲིན་ལས་འཚོལ་བ་ནི། མཆོད་པ་གོང་ལྟར་བྱིན་གྱིས་བརླབས། གཏོར་མ་ཨཱ་ཀྲི་ཏས་བསངས། སྭ་བྷཱ་ཝས་སྦྱོང་པར་སྦྱངས། སྟོང་པའི་ངང་ལས་རིན་པོ་ཆེའི་སྣོད་ཡངས་ཤིང་རྒྱ་ཆེ་བ་རྣམས་ཀྱི་ནང་དུ་གཏོར་མ་ཟག་པ་མེད་པའི་བདུད་རྩིའི་རྒྱ་མཚོ་ཆེན་པོར་གྱུར་པར་བསམས་ལ། ཨོཾ་ཨཱཿ ཧཱུྃ། ལན་གསུམ་བརྗོད་ནས་བྱིན་གྱིས་བརླབས། ཨོཾ་ག་རུ་ཌ་ས་པ་རི་ཝཱ་ར་ཨརྒྷཾ། སོགས་ཀྱིས་མཆོད། སྟོང་གསུམ་གཡོ་བའི་གཤོག་སྒྲོ་ཡིས། །གར་མཛད་འབར་བའི་ཆུ་སྐྱེར་ཅན། །དྲན་པ་ཙམ་གྱིས་གདོན་གསུམ་ཀུན། །ཚར་གཅོད་མཁའ་ལྡིང་དབང་པོར་བསྟོད། །གཏོར་མ་འབུལ་བ་ནི། ཁྲུང་རིགས་བཞིའི་ཐུགས་འོད་ཟེར་གྱི་སྦྲུ་གུས་གཏོར་མའི་བཅུད་ཐམས་ཅད་དྲངས་ཏེ་གསོལ་བར་གྱུར། ཨོཾ་ག་རུ་

ཊ་ས་པ་རི་ཥྐ་ར་ཨི་དཾ་བ་ལིཾ་ཏ་ཁ་ཁ་ཁཱ་ཧི་ཁ་ཧི། ལན་གསུམ་གྱིས་གཏོར་མ་ཕུལ། སྔར་བཞིན་མཆོད་བསྟོད་བྱ། དེ་ནས་འཕྲིན་ལས་བཅོལ་བ་ནི། ཞིང་རིགས་བཞིས་ལུང་པ་འདིའི་སྐྱུ་རྣམས་གཞན་དུ་མི་འགྲོ་བ་དང་། བདག་སོགས་རྣམས་ཀྱིས་ཆར་འབེབས་པའི་འགལ་རྐྱེན་ཐམས་ཅད་ཞི་བའི་འཕྲིན་ལས་མཛོད། །ཅེས་བརྗོད། ཆར་འབེབས་ཀྱི་རིང་ཉིན་རེ་བཞིན་རྗེ་བླ་མ་གཙོ་འཁོར་ལ་གསོལ་བ་གདབ་པ་དང་། ཕྱོགས་བཞིའི་ཞིང་རྣམས་ལ་མཆོད་གཏོར་ཕུལ་ཏེ་འཕྲིན་ལས་འཆོལ་བ་ནན་ཏན་དུ་བྱའོ། །དེ་ནས་སྐྱུ་སྨན་རིལ་བུ་རྣམས་ཟངས་ཞོང་དུ་བཀྲམས། མཐའ་མཆོད་པས་བསྐོར། རང་ཉིད་རྗེ་བླ་མ་རིགས་གསུམ་མགོན་པོ་དང་བཅས་པའི་སྐུར་བསྒོམས་ལ་དམིགས་བརྩེ་མ་གང་འགྲུབ་བཟླ། དེ་ནས་རིལ་བུ་རྣམས་ཨ་ཐྲི་ཏས་བསངས། སྭ་བྷཱ་ཝས་སྟོངས་པར་སྦྱངས། སྟོང་པའི་ངང་ལས་རིལ་བུ་རྣམས་སྣ་ཚོགས་པདྨ་དང་ཟླ་བའི་གདན་གྱི་སྟེང་དུ་རིགས་གསུམ་མགོན་པོ་དང་ངོ་བོ་དབྱེར་མེད་པའི་རྗེ་བླ་མ་ཞེས་པ་ནས། རྗེ་བླ་མའི་རྣམ་པར་སྤྱན་དྲངས་ཞེས་པའི་བར་བདག་བསྐྱེད་ལྟར་ལ། རིལ་བུ་རྣམས་ལ་ཐིམ་པས་རིལ་བུ་རྣམས་སྐྱབས་གསུམ་མ་ལུས་འདུས་པའི་ངོ་བོ་རྗེ་བླ་མའི་རྣམ་པར་གྱུར། ཧྲི་སྙིང་སུ་དག་ཅེས་པ་ནས། རྒྱལ་བ་ཀུན་ལ་ཕྱག་འཚལ་མཆོད་པར་བགྱི། །རྒྱལ་བ་རྒྱ་མཚོའི་མཆོད་རྫས་ལས་གྲུབ་པའི། །ཞེས་སོགས་མཆོད་ཕྲེང་ཚུ་གཉིས་ཉེར་སྤྱོད་རོལ་མོ་འདོད་ཡོན་དང་བཅས་པ། ཨོཾ་སརྦ་ཏ་ཐཱ་ག་ཏ་གུ་རུ་སུ་མ་ཧྲི་ཀྲྀཧྞེ་ས་པ་རི་ཥྐ་ར་ཨཀྲྀཾ། ཞེས་སོགས་མཆོད་ཕྲེང་ཚིགས་བཅས་སྔགས་དང་བཅས་པས་མཆོད། འདོད་ཆགས་ཞི་སྡང་ཞེས་པ་ནས། ཕྱིར་བསྟོའི་བར་ཡན་ལག་བདུན་པ་ཕུལ། དེ་ནས་མཎྜལ་ཕུལ་ལ། དཔལ་ལྡན་རྩ་བའི་བླ་མ་རིན་པོ་ཆེ། །བདག་གི་མདུན་དུ་པད་ཟླའི་གདན་བཞུགས་ལ། །བཀའ་དྲིན་ཆེན་པོའི་སྒོ་ནས་རྗེས་བཟུང་སྟེ། །སྐུ་གསུང་ཐུགས་ཀྱི་དངོས་གྲུབ་སྩལ་དུ་གསོལ། །དེ་ནས་རིལ་བུའི་གྲངས་དང་མཉམ་པའི་དམིགས་བརྩེ་མ་བརྒྱ་རྩ་བརྒྱད་རེ་བཟླ་ཞིང་། དེ་ལས་མང་བ་གྲུབ་ན་ཤིན་ཏུ་ལེགས། །དམིགས་པ་ནི། རིལ་བུ་རྗེ་བླ་མར་གསལ་བའི་ཐུགས་ཀ་ནས་འོད་ཟེར་འཕྲོས། ཕྱོགས་བཅུའི་ཞིང་རབ་འབྱམས་ན་བཞུགས་པའི་སངས་རྒྱས་བྱང་སེམས་ཉན་རང་སྲུང་མའི་ཚོགས་ཐམས་ཅད་ལ་ཕོག དེ་རྣམས་ཀྱི་སྐུ་གསུང་ཐུགས་ཀྱི་བྱིན་རླབས་དང་ནུས་མཐུ་ཐམས་ཅད་བདུད་རྩི་འོད་ཟེར་གྱི་རྣམ་པར་སྤྱན་དྲངས། རིལ་བུ་རྣམས་ཏེ་བླ་མར་

གསལ་བ་ལ་ཐིམ་པར་བསམ། མཐར་རྗེ་བླ་མ་འོད་དུ་ཞུ་ནས་རིལ་བུའི་རྣམ་པར་གྱུར་པར་བསམ་ལ་རིལ་བུ་རྣམས་བུམ་པའི་ནང་དུ་གཞུག ཤིང་ངམ་རྫ་ལ་སོགས་པ་གཙང་མས་ཁ་བཅད། དར་དམར་གྱི་ཁ་གདུམས་ལ་བུམ་པ་ཆུ་འགོའི་ནང་དུ་བརྟན་པོ་འོང་ཐབས་བྱས་ལ་ལེགས་པར་བཞག སྟེང་དུ་རྗེའི་སྐུ་རབ་གནས་ཅན་བཞུགས་སུ་བཅུག གུར་བླ་རེ་ཡོལ་བ་སྣན་དར་སོགས་ཀྱིས་ལེགས་པར་བརྒྱན། མཐའ་སྐོར་རམ་མདུན་ངོས་སུ་མཆོད་པ་ཕུན་སུམ་ཚོགས་པ་བཤམ་མོ། །གཉིས་པ་དངོས་གཞི་ནི། སྒྲུབ་པ་པོ་རྣམས་གྲལ་ལ་འཁོད་དེ་སྐྱབས་སེམས་ཚད་མེད་བཞི་སྒོམ་པ་སྔོན་དུ་བཏང་། རང་ཉིད་རིགས་གསུམ་མགོན་པོ་དང་དབྱེར་མེད་པའི་རྗེ་བླ་མར་བསྐྱེད་ནས་མཆོད་བསྟོད་བཟླས་པ་དང་བཅས་པ་བྱ། མདུན་བསྐྱེད་བསྐྱེད་པ་ནི། ཨ་མྲྀ་ཏས་བསངས། སྭ་བྷཱ་ཝས་སྟོང་པར་སྦྱངས། སྟོང་པའི་ངང་ལས་ཆུ་འགོའི་སྟེང་དུ་གནས་པའི་རྗེའི་སྐུ་དང་ངོ་བོ་དབྱེར་མེད་པའི་རྗེ་བླ་མ་ཙོང་ཁ་པ་ཆེན་པོ་སྣ་ཚོགས་པད་ཟླའི་གདན་ལ་སྐུ་མདོག་དཀར་ལ་དམར་བའི་མདངས་ཆགས་པ། ཞེས་པ་ནས། ཐུགས་ཀར་ཕྱག་ན་རྡོ་རྗེ་བསྐྱེད་པའི་བར་བདག་བསྐྱེད་བཞིན་བྱ། རྗེ་བླ་མའི་མཐའ་སྐོར་དུ་སངས་རྒྱས་ཀླུ་དབང་རྒྱལ་པོ། རྒྱལ་བ་ཤཱཀྱ་ཐུབ་པ། སྨན་བླ་མཆེད་བདུན་སོགས་སངས་རྒྱས་བྱང་སེམས་ཉན་རང་ཆོས་སྐྱོང་སྲུང་མའི་ཚོགས་ཐམས་ཅད་ཀྱིས་བསྐོར་ནས་བཞུགས་པའི་གཙོ་འཁོར་ཐམས་ཅད་ཀྱི་སྤྱི་བོར་ཨོཾ་དཀར་པོ། མགྲིན་པར་ཨཱཿ དམར་པོ། ཐུགས་ཀར་ཧཱུྃ་སྔོན་པོས་མཚན་པར་གྱུར། ཐུགས་ཀའི་ཧཱུྃ་ལས་འོད་ཟེར་འཕྲོས་པས། རང་བཞིན་གྱི་གནས་ནས་རྒྱལ་བ་ཙོང་ཁ་པ་ལ་ཕྱོགས་བཅུའི་སངས་རྒྱས་བྱང་སེམས་ཀྱིས་བསྐོར་བ་སྤྱན་དྲངས། ཛཿ ཧཱུྃ་བཾ་ཧོཿ ཞེས་དམ་ཚིག་པ་ལ་ཡེ་ཤེས་པ་བསྟིམ། དེ་རྗེས་མཆོད་པ་གོང་གི་བདག་བསྐྱེད་ཀྱི་སྐབས་བཞིན་བྱིན་གྱིས་བརླབས་ཏེ་གོང་གི་ཚིགས་བཅད་སྔགས་དང་བཅས་བརྗོད་དེ་བསྟོད་པའི་བར་བྱ། དེ་ནས་དམིགས་བརྩེ་མ་རྩེ་གཅིག་ཏུ་བཟླ་ཞིང་། དམིགས་པ་ཡིད་ལ་བྱ་ཚུལ་ནི། རང་གི་ཐུགས་ཀ་ནས་འོད་ཟེར་འཕྲོས། མདུན་གྱི་རྗེ་བླ་མ་གཙོ་འཁོར་རྣམས་ལ་ཕོག །དེ་རྣམས་ཀྱི་ཐུགས་ཀ་ནས་འོད་ཟེར་འཕྲོས། ཕྱོགས་བཅུའི་སངས་རྒྱས་བྱང་སེམས་ཉན་རང་སྲུང་མའི་ཚོགས་ཐམས་ཅད་ལ་ཕོག་སྟེ་ཐམས་ཅད་ལས་འོད་ཟེར་འཕྲོས། ནམ་མཁར་སྤྲིན་གྱི་ཕུང་པོ་ཤིན་ཏུ་སྟུག་པོ་འཁྲིགས་པ་ལས་ཆར་གྱི་རྒྱུན་ཆེན་པོ་བབས་ཏེ་རྩེ་བཅུད་ལོ་ཏོག་སོགས་

རྒྱས་པར་གྱུར་པ་དང་། ཡང་མདུན་བསྐྱེད་དང་ཕྱོགས་བཅུའི་སངས་རྒྱས་བྱང་སེམས་ཐམས་ཅད་ལས་འོད་ཟེར་འཕྲོས་ཏེ་སླུ་རྣམས་ལ་ཕོག་པས་སླུ་རྣམས་ཀྱི་ནད་དང་སྡིག་སྒྲིབ་ཐམས་ཅད་བསལ་ཏེ་ཕན་པ་དང་བྱང་ཆུབ་ཀྱི་སེམས་དང་ལྡན་པར་བྱས་ནས་ཆར་ཆེན་པོ་འབེབས་པ་ལ་བརྩོན་པར་བྱས་སྙམ་པ་དང་། ཡང་དེ་རྣམས་ལས་བདུད་རྩི་དང་འོད་ཟེར་འཕྲོས་ཏེ་བུམ་པའི་ནང་གི་རིལ་བུ་རྣམས་ལ་ཐིམ། རིལ་བུ་རྣམས་ལས་བདུད་རྩི་འོད་ཟེར་དང་བཅས་པ་དཔག་ཏུ་མེད་པ་བྱུང་སྟེ་གནས་དེ་དང་ཕྱོགས་བཅུའི་སླུ་ཐམས་ཅད་ལ་ཕོག་པས་སླུ་རྣམས་ཀྱི་ནད་རིགས་ཐམས་ཅད་དང་སྡིག་སྒྲིབ་ཐམས་ཅད་སྦྱངས་ཏེ་སླུ་རྣམས་དགའ་བདེ་དཔག་ཏུ་མེད་པ་དང་ལྡན་པར་གྱུར་ནས་ཆར་ཆེན་པོ་འབེབས་པ་དང་། ཡང་དེ་ཐམས་ཅད་ལས་འོད་ཟེར་འཕྲོས་ཏེ་སེམས་ཅན་ཐམས་ཅད་དང་ཁྱད་པར་ཐན་པ་བྱུང་ཡུལ་གྱི་སེམས་ཅན་རྣམས་ལ་ཕོག་པས་དེ་རྣམས་ཀྱི་ལས་ངན་སྡིག་སྒྲིབ་སྤྱི་དང་བྱེ་བྲག་ཏུ་ཐུན་པའི་འབྲས་བུ་སྨིན་འགྱུར་གྱི་ལས་ངན་རྣམས་སྦྱངས་ཏེ་དགའ་སྐྱིད་ལུན་སུམ་ཚོགས་པ་ལ་ལོངས་སྤྱོད་པའི་སྐལ་ལྡན་དུ་བྱས་སྙམ་པ་དང་། ཡང་དེ་རྣམས་ལ་འོད་ཟེར་འཕྲོས་ཏེ་ཆར་འབབ་པ་དང་རྩི་བཅུད་ལོ་ཏོག་སོགས་རྒྱས་པ་ལ་བར་དུ་གཅོད་པའི་གནོད་པ་བྱེད་པའི་སེམས་དང་ལྡན་པ་སྤྱི་དང་། ཁྱད་པར་སྲིན་འཁོར་བར་བྱེད་པའི་ཀླུང་ལྷ་རྣམས་ལ་ཕོག་པས་དེ་རྣམས་ཀྱི་བསམ་ངན་སྦྱོར་རྩུབ་ཐམས་ཅད་ཞི་བར་གྱུར་ཏེ་མཐུན་རྐྱེན་སྒྲུབ་པ་དང་། སེམས་མེད་ཀྱི་འགལ་རྐྱེན་རྣམས་ལ་ཕོག་པས་སྨུན་ཁུང་ལ་མར་མེ་དང་རྡུ་སྦྲུར་ལ་མེ་དཔུང་ཕྲད་པ་བཞིན་གཏན་མེད་དུ་བྱས་སྙམ་པ་དང་། ཡང་དེ་རྣམས་ཀྱི་འོད་ཟེར་གྱིས་སྤྲིན་བསྡུས་ཏེ་ནམ་མཁའི་ཁམས་ཐམས་ཅད་ཁེངས་པར་ཤིན་ཏུ་སྟུག་པོར་འཁྲིགས་ཏེ། དེ་ལས་ཆར་གྱི་རྒྱུན་ཆེ་བ་འཇམ་པ་རྩི་བཅུད་ལོ་ཏོག་སོགས་བསྐྱེད་ཅིང་འཕེལ་བར་བྱེད་པའི་ནུས་པ་ཕུན་སུམ་ཚོགས་པ་དང་ལྡན་པ་ཡིད་དང་མཐུན་པར་ཕབ་སྟེ་སྐྱེ་འགྲོ་རྣམས་དགའ་བདེའི་དཔལ་ལ་བཀོད་པའི་དམིགས་པ་གསལ་བའི་མོས་ཀྱི་ཚུལ་དུ་བྱེད་བཞིན་པའི་ངང་ནས་དམིགས་བརྩེ་མ་བཟླའོ། །ཐུན་གྱི་མཇུག་ཏུ་གཏོར་མ་འབུལ་བའི་ཚུལ་ནི་གཏོར་མ་སྔར་ལྟར་བསང་སྦྱངས་བྱིན་གྱིས་བརླབས་ལ། རྗེ་བླ་མ་འཁོར་བཅས་ཀྱི་ལྗགས་འོད་ཟེར་གྱི་སྦུ་གུས་དྲངས་ཏེ་གསོལ་བས་ཐུགས་ཟག་མེད་ཀྱི་བདེ་བས་དགྱེས་པར་བསམས་ལ། ཨོཾ་གུ་རུ་ཤུ་མ་ཏི་ཀཱིརྟི་ས་པ་རི་ཝཱ་ར་ཨི་དཾ་བ་ལིཾ ཏ་ཁ་ཁ་ཁཱ་ཧི་ཁཱ་ཧི། ཞེས་

པ་ལན་གསུམ་མམ་བདུན་གྱིས་གཏོར་མ་ཕུལ། ཨཀྵོ་སོགས་ཀྱིས་མཆོད། གོང་བཞིན་བསྟོད་ལ་འདོད་དོན་ལ་གསོལ་བ་ཤུགས་དྲག་ཏུ་གདབ་བོ། །བཟླས་པའི་སྐབས་སྒྲུབ་གྲོགས་འགའ་ཞིག་གིས་སྐབས་སྐབས་སུ་བརྒྱ་རྩ། བླུ་གཏོར། བསངས། འབྱུང་བཞི། ཚ་གསུམ། ལན་ཆགས་གཏོར་མ་གཏོང་བ་སྦྱིན་ཆེན་དང་། གཟུངས་བསྡུས་སྒྲོག་པ་སོགས་རྒྱབ་ཆོས་དང་། ཡི་དམ་ཆོས་སྐྱོང་ལ་མཆོད་གཏོར་འབུལ་བ་དང་། ཁྲུས་གསོལ་བྱས་ཏེ་ཆར་དབབ་པར་གསོལ་བ་འདེབས་པ་སོགས་དང་། ཀླུང་གཉན་སྦྱིན་སྲུད་སོགས་ལ་བརྩོན་པར་བྱ། ཆར་འབེབས་ཀྱི་རིང་གནས་དེའི་ཉེ་སྐོར་དུ་ཞ་ལོང་སོགས་བཀྲ་མི་ཤིས་པ་དང་། དམ་ཉམས་དང་མཛེ་ཅན་སོགས་གྲིབ་ཅན་གྱི་རིགས་གཏན་ནས་མི་གཏོང་། སྒྲུབ་པ་པོ་སྒྲུབ་གཡོག་དང་བཅས་པས་ཤ་ཆང་སྒོག་བཙོང་ཐ་མ་ཁ་སོགས་ཁ་ཟས་དྲི་ང་བ་དང་མི་གཙང་བའི་རིགས་ལ་ལོངས་མི་སྤྱོད། ཐམས་ཅད་ནང་མཐུན་ཞིང་ཕན་ཚུན་ཡིད་དགའ་བ་དང་བག་ཡོད་ཀྱི་སྤྱོད་པ་ལ་བརྩོན་པ་མ་གཏོགས་འཐབ་རྩོད་ཚིག་རྩུབ་ངག་འཁྲུལ་སོགས་བག་མེད་ཀྱི་སྤྱོད་པ་མི་བྱ། སེམས་ཅན་སྤྱི་དང་ཁྱད་པར་ཡུལ་ཕྱོགས་དེའི་ཆར་འབབ་ལ་རེ་ཞིང་བལྟོས་པའི་སེམས་ཅན་རྣམས་ལ་ཕན་སེམས་དང་། དཀོན་མཆོག་སྤྱི་དང་ཁྱད་པར་རྗེ་བཙུན་ཙོང་ཁ་པ་ཆེན་པོ་ལ་ཡིད་ཆེས་ཀྱི་དད་གུས་ཤུགས་དྲག་བསྒོམ་པ་རྣམས་དམ་ཚིག་ཡིན་པར་གསུང་། དེ་ལྟར་ཆར་འབབ་པ་ལ་བརྩོན་པར་བྱས་ནས་ཆར་བབས་པའི་རྗེས་སུ་གྲོལ་དུས་དཀོན་མཆོག་གི་བཀའ་དྲིན་རྗེས་སུ་དྲན་པའི་སྒྲོན་ས་མཆོད་གཏོར་རྒྱ་ཆེན་པོ་ཕུལ་ལ་གཏང་རག་གཏོང་། ལྷ་ཀླུ་གཞི་བདག་སྤྱི་དང་ཁྱད་པར་ཆུ་འགོ་དེའི་ཀླུ་དང་ཡུལ་དེའི་གཞི་བདག་ཀླུང་ལྷ་དང་བཅས་པར་མཆོད་གཏོར་བསངས་སོགས་རྒྱས་པར་ཕུལ་ཏེ་འཇིག་རྟེན་གྱི་ཁམས་ཀྱི་ལྷ་ཀླུ་གཞི་བདག་སྤྱི་དང་ཁྱད་པར་ཡུལ་འདིའི་ལྷ་ཀླུ་གཞི་བདག་རྣམས་ཀྱིས་ཆར་འབབ་པའི་གྲོགས་དོན་འཕྲིན་ལས་མཛད་པ་ལེགས་ཚོགས་སུ་སྒྱུར་ཅིང་། །སླད་ནས་཈ུང་ཆར་ཆུ་དུས་སུ་འབབ་པ་དང་ལོ་ཕྱུགས་རྟག་ཏུ་ལེགས་པའི་འཕྲིན་ལས་དང་སྐྱོང་གྲོགས་རྒྱ་ཆེན་པོ་མཛད་དུ་གསོལ། །ཞེས་ལེགས་སོ་བརྗོད། བུམ་པའི་ནང་གི་རིལ་བུ་རྣམས་ལ་ཆུ་འགོའི་ནང་དུ་བླུགས་ལ་བྱ་ཁྱི་སོགས་ཀྱིས་མི་ཟ་བར་བྱ་ཞིང་དེ་ཉིད་ཀླུ་རྣམས་ཀྱི་ནད་ཐམས་ཅད་གསོ་ཞིང་ཕྱིན་ཆད་མི་འབྱུང་བར་བྱེད་པའི་གསོས་སྨན་གྱི་བདུད་རྩིའི་རྣམ་པར་རབ་ཏུ་གནས་པར་བསམ། དར་ལྕོག་བཞིའི་ཁྱུང་རྣམས་ཀྱི་ཡེ་ཤེས་པ་རང་

བཞིན་གྱི་གནས་སུ་གཤེགས། དམ་ཚིག་པ་རང་ཉིད་ལ་བསྡུ། ཐོ་བསྐྱིལ་ཏེ་རྗེས་མི་མངོན་པར་བྱ། དེ་ནས་ཡུལ་དེའི་ལྷ་ཀླུ་གཞི་བདག་རྣམས་ཀྱིས་གཙོ་བྱས་སེམས་ཅན་ཐམས་ཅད་ལ་དམིགས་པའི་བསྔོ་བ་དང་སྨོན་ལམ་བཀྲ་ཤིས་རྣམས་རྒྱས་པར་བྱའོ། །ཞེས་རིགས་གསུམ་སྤྱི་སྒྲུབ་ཀྱི་བླ་མའི་རྣལ་འབྱོར་ལ་བརྟེན་ནས་ཆར་འབེབས་པའི་ཚོ་གའི་ལག་ལེན་གསལ་བྱེད་རྫོགས་ལྡན་སྤྲིན་གྱིས་དབྱངས་ཞེས་བྱ་བ་འདི་ནི་༧གངས་ཅན་འགྲོ་བའི་མགོན་པོ་རྣམ་འདྲེན་མཚུངས་མེད་མཆོག་ནས་གངས་ཅན་སྐྱེ་འགྲོ་ཡོངས་ཀྱི་བདེ་ཐབས་སུ་རྒྱུད་སྡེ་དང་མཐུན་པའི་ཆར་འབེབས་ཀྱི་ཚོ་ག་ཁུངས་བཙུན་ཞིང་ལག་ཏུ་བླང་བདེ་བ་འདི་ལྟ་བུ་ཞིག་གྱིས་ཤིག་ཅེས་བཀའ་ལུང་སྤྱི་བོར་ཕེབས་པ་གུས་པས་མནོས་ཏེ་རྒྱལ་ཁམས་པ་དགེ་སློང་ཡེ་ཤེས་རྒྱལ་མཚན་གྱིས་འཇམ་མགོན་བསྟན་པའི་རྩ་ལག་འཇམ་དབྱངས་བདེ་བའི་རྡོ་རྗེ་དང་། ཁྲི་ཆེན་ངག་དབང་མཆོག་ལྡན་སོགས་དམ་པ་གོང་མའི་གསུང་ལ་གཞི་བྱས། དྲིན་ཅན་རྩ་བའི་བླ་མ་རྗེ་གྲུབ་པའི་དབང་ཕྱུག་ཆེན་པོ་དང་། ཁྲི་ཆེན་ནམ་མཁའ་བཟང་པོ་གཉིས་ཀྱི་ཕྱག་ལེན་མཐོང་བ་བརྒྱུད་པས་བརྒྱན་ཏེ་ཕོ་བྲང་ཆེན་པོ་པོ་ཏ་ལའི་གཟིམ་ཆུང་བདེ་བ་ཅན་དུ་སྦྱར་བའོ། །འདིས་ཀྱང་སྐྱེ་འགྲོ་ཡོངས་ཀྱི་ཕན་བདེའི་འབྱུང་གནས་རྗེ་རྒྱལ་བ་གཉིས་པའི་བསྟན་པ་རིན་པོ་ཆེ་ཕྱོགས་ཀུན་ཏུ་འཕེལ་ཞིང་རྒྱས་པར་གྱུར་ཅིག། །།

༄༅། །རིགས་གསུམ་སྤྱི་སྒྲུབ་ཀྱི་བླ་མའི་རྣལ་འབྱོར་འཇམ་མགོན་ཕྱུགས་རྗེའི་ཆར་རྒྱུན་སྐལ་ལྡན་སྨིན་གྱི་སྒྲ་དབྱངས་ཞེས་བྱ་བ་བཞུགས་སོ།

༄༅། །ན་མོ་གུ་རུ་མཉྫུ་ཤྲཱི་ཡེ། བློ་ཆེན་རྒྱལ་དང་རྒྱལ་སྲས་ཀུན་གྱི་ཐུགས་བསྐྱེད་བཟང་པོ་མ་ལུས་གཅིག་ཏུ་བསྡུས་ལ་སྤྱན་རས་གཟིགས་ཞེས་སྙན་པར་གྲགས་པ་རྗེ་བཙུན་ཐུགས་རྗེའི་གཏེར། །རྒྱལ་ཀུན་མཁྱེན་རབ་བློ་གྲོས་བཟང་པོ་མ་ལུས་གཅིག་ཏུ་བསྡུས་ལ་འཇམ་པའི་དབྱངས་ཞེས་ཕྱོགས་བཅུ་ཀུན་ཏུ་སྙན་པར་གྲགས་པ་རྗེ་བཙུན་མཁྱེན་པའི་གཏེར། །བློ་ཆེན་རྒྱལ་དང་རྒྱལ་སྲས་བཟང་པོ་ཀུན་གྱི་ཐུགས་རྗེ་ནུས་པ་གཅིག་ཏུ་བསྡུས་ལ་གསང་བའི་བདག་ཅེས་རབ་ཏུ་གྲགས་པ་མཐུ་སྟོབས་ནུས་པའི་གཏེར། །རྒྱལ་བ་ཀུན་གྱི་མཁྱེན་བརྩེ་ནུས་གསུམ་གཅིག་ཏུ་བསྡུས་པའི་གཟུགས་ལ་བློ་བཟང་གྲགས་པའི་དཔལ་དུ་མཚན་གསོལ་འཇམ་མགོན་བླ་མ་ཕྱུགས་རྗེ་ཅན་ལ་འདུད། །འདིར་རིགས་གསུམ་གཅིག་ཏུ་བསྡུས་པའི་ངོ་བོ་འཇམ་མགོན་བླ་མ་ཙོང་ཁ་པ་ཆེན་པོ་དང་རྩ་བའི་བླ་མ་དབྱེར་མེད་དུ་བྱས་ཏེ་བསྒོམ་པའི་བླ་མའི་རྣལ་འབྱོར་རིགས་གསུམ་སྤྱི་སྒྲུབ་ཏུ་གྲགས་པ་བྱིན་རླབས་ཀྱི་གཏེར་ཆེན་པོ་འདི་ཉམས་སུ་བླང་བ་ལ་གཉིས། ཐུན་དངོས་གཞི་ལ་ཇི་ལྟར་བྱ་བ་དང་། ཐུན་མཚམས་སུ་ཇི་ལྟར་བྱ་བའི་ཚུལ་ལོ། །དང་པོ་ལ་སྦྱོར་དངོས་མཇུག་གསུམ་ལས། དང་པོ་སྦྱོར་བ་ནི། རང་གང་དུ་སྒྲུབ་པ་བྱ་བའི་གནས་ཁང་དེར་ཆག་ཆག་དང་ཕྱུགས་བདར་ལེགས་པར་བྱས་ལ། རྗེ་བླ་མ་ཙོང་ཁ་པ་ཆེན་པོའི་སྐུ་རྟེན་གྱིས་གཙོས་སྐུ་གསུང་ཐུགས་རྟེན་ལེགས་པར་དགྲམ་ཅི་འབྱོར་བའི་མཆོད་པ་དང་གུས་ཆེན་པོས་བཀོད་པ་མཛེས་པར་བཤམས། རང་ཉིད་སྟན་བདེ་བ་ལ་ལུས་གནད་དང་ལྡན་པར་འཁོད་དེ་དྲན་པ་ནང་དུ་བཞག་ནས་རང་རྒྱུད་ལ་ལེགས་པར་བརྟགས་ཏེ་སེམས་ཉོན་མོངས་པའི་དབང་དུ་མ་སོང་བར་བྱས་ལ། དལ་བ་དོན་ཆེ་ཞིང་རྙེད་དཀའ་བ་དང་། ལན་ཅིག་རྙེད་པ་འདི་ཡང་རིང་དུ་མི་གནས་པར་མྱུར་དུ་འཇིག་ཅིང་ཤི་བའི་འོག་ཏུ་གར་སྐྱེ་ལ་རང་དབང་མེད་པ་དང་། ངན་འགྲོར་སྐྱེས་ན་དེའི་སྡུག་བསྔལ་བཟོད་དཀའ་བའི་ཚུལ་རྣམས་རྒྱུད་འཁྲུལ་ངེས་བསམས་ལ། ཚེ་འདི་ལ་མ

ཆགས་པར་འཛིག་རྟེན་ཕྱི་མའི་དོན་སྒྲུབ་པའི་བསམ་པ་ཤུགས་ཅན་བསྐྱེད། དེ་ནས་འཁོར་བ་སྤྱིའི་སྡུག་བསྔལ་བསམས་ལ་ཡིད་འབྱུང་ཤུགས་དྲག་པོས་འཁོར་བ་ལས་ཐར་འདོད་ཀྱི་བསམ་པ་ཤུགས་དྲག་བསྐྱེད། དེ་ནས་རང་ཉམས་ལ་དཔགས་ཏེ་མཁའ་ཁྱབ་ཀྱི་སེམས་ཅན་རྣམས་འཁོར་བའི་གནས་ན་ཉམ་ཐག་པའི་ཚུལ་དང་། འཁོར་བར་ཉམ་ཐག་པའི་སེམས་ཅན་དེ་རྣམས་རང་གི་མ་དྲིན་ཅན་ཤ་སྟག་ཡིན་ཚུལ་བསམས་ནས་བྱམས་སྙིང་རྗེ་ཤུགས་དྲག་བསྐྱེད་ལ། མ་དྲིན་ཅན་འདི་རྣམས་འཁོར་བའི་རྒྱ་མཚོ་ཆེན་པོ་ནས་སྒྲོལ་ཕྱིར་བདག་གིས་མྱུར་བ་མྱུར་བར་རྫོགས་པའི་སངས་རྒྱས་ཀྱི་གོ་འཕང་རིན་པོ་ཆེ་ཅི་ནས་ཀྱང་ཐོབ་བར་བྱའོ་སྙམ་དུ་བྱང་ཆུབ་ཀྱི་སེམས་ཤུགས་དྲག་ཏུ་བསྒོམ། དགེ་སེམས་ཁྱད་པར་ཅན་དེའི་ངང་ནས་མདུན་གྱི་ནམ་མཁར་རྒྱལ་བ་ཀུན་དངོས་རྗེ་བཙུན་ཙོང་ཁ་པ་ཆེན་པོས་གཙོས་སྐྱབས་ཡུལ་རྣམས་སྐད་ཅིག་གིས་གསལ་བཏབ་ལ་དེ་དག་གི་སྐུ་གསུང་ཐུགས་མཛད་པ་འཕྲིན་ལས་དང་བཅས་པའི་ཡོན་ཏན་རྣམས་བསམས་ལ། རང་ངོས་ནས་བློ་འགེལ་ནུས་ན་སྐྱབས་གནས་དམ་པ་འདི་དག་གིས་བདག་འཁོར་བ་དང་ངན་སོང་གི་སྡུག་བསྔལ་ལས་ངེས་པར་སྐྱོབ་ནུས་སོ་སྙམ་དུ་ཡིད་ཆེས་བརྟན་པོ་དང་། རང་དང་ཕ་མ་སེམས་ཅན་ཐམས་ཅད་འཁོར་བར་རང་དབང་མེད་པར་འཁྱམས་ཚུལ་བསམས་པས་འཇིགས་ཤིང་སྐྲག་པའི་སྒོ་ནས། བླ་མ་ལ་སྐྱབས་སུ་མཆིའོ། །སངས་རྒྱས་ལ་སྐྱབས་སུ་མཆིའོ། །ཆོས་ལ་སྐྱབས་སུ་མཆིའོ། །དགེ་འདུན་ལ་སྐྱབས་སུ་མཆིའོ། །ཞེས་རྒྱལ་པོའི་ཁྲིམས་རར་བཟུར་བའི་བཙོན་པ་རྣམས་འདོད་འབོད་པ་ལྟར་རང་དང་སེམས་ཅན་ཐམས་ཅད་ཀྱིས་མགྲིན་གཅིག་ཏུ་བརྗོད་པར་བསམས་ནས་སྐྱབས་འགྲོ་ཤུགས་དྲག་བྱ། དེ་ནས། སངས་རྒྱས་ཆོས་དང་ཚོགས་ཀྱི་མཆོག་རྣམས་ལ། །བྱང་ཆུབ་བར་དུ་བདག་ནི་སྐྱབས་སུ་མཆི། །བདག་གིས་སྦྱིན་སོགས་བགྱིས་པའི་བསོད་ནམས་ཀྱིས། །འགྲོ་ལ་ཕན་ཕྱིར་སངས་རྒྱས་འགྲུབ་པར་ཤོག །ཅེས་ལན་མང་དུ་བརྗོད་ཅིང་སེམས་བསྐྱེད་ཤུགས་དྲག་ཏུ་བསྒོམ། སེམས་ཅན་ཐམས་ཅད་བདེ་བ་དང་ལྡན་པར་གྱུར་ཅིག །སེམས་ཅན་ཐམས་ཅད་སྡུག་བསྔལ་དང་བྲལ་བར་གྱུར་ཅིག །སེམས་ཅན་ཐམས་ཅད་སྡུག་བསྔལ་མེད་པའི་བདེ་བ་དང་མི་འབྲལ་བར་གྱུར་ཅིག །སེམས་ཅན་ཐམས་ཅད་ཉེ་རིང་ཆགས་སྡང་གཉིས་དང་བྲལ་བའི་བཏང་སྙོམས་ལ་གནས་པར་གྱུར་ཅིག །ཅེས་ཚད་མེད་བཞི་རྒྱུད་དང་འདྲེས་ངེས་བསྒོམ། ཁྱད་པར་མ་སེམས་ཅན་ཐམས་ཅད་ཀྱི་དོན་དུ་མྱུར་བ་མྱུར་བར་ཡང་དག་པར་རྫོགས་པའི་སངས་རྒྱས་ཀྱི་གོ་འཕང་རིན་པོ་ཆེ་ཅི་ནས་ཀྱང་ཐོབ་པར་བྱ། དེའི་ཕྱིར་དུ་ལམ་ཟབ་མོ་བླ་མ་ལྷའི་རྣལ་འབྱོར་ཉམས་སུ་བླང་བར་བགྱིའོ། །ཞེས་ལན་མང་དུ་བརྗོད་དེ་ཁྱད་པར་གྱི་སེམས་བསྐྱེད་བསྒོམ། དེ་ནས་སྐྱབས་ཡུལ་རྣམས

འོད་དུ་ཞུ་ནས་རང་ལ་ཐིམ་པས་བྱིན་གྱིས་བརླབས་པའི་མོས་པ་བྱའོ། །གཉིས་པ་བླ་མའི་རྣལ་འབྱོར་དངོས་གཞི་སྒོམ་ཚུལ་ནི། །རང་གི་མདུན་གྱི་ཐད་དྲང་གི་ནམ་མཁའི་གནས་སུ་འཇའ་ཚོན་སྣ་ལྔའི་གུར་ཁྱིམ་གྱི་དབུས་སུ་སེང་གེ་ཆེན་པོ་བརྒྱད་ཀྱིས་གཏེག་པའི་རིན་པོ་ཆེའི་ཁྲིའི་སྟེང་དུ་ཁམས་གསུམ་ཆོས་ཀྱི་རྒྱལ་པོ་ཙོང་ཁ་པ་ཆེན་པོ་སྐུ་མདོག་དཀར་གསལ་ཞལ་འཛུམ་དགྱེས་པའི་ཉམས་ཅན། ཕྱག་གཉིས་ཐུགས་ཀར་ཆོས་འཁོར་གྱི་ཕྱག་རྒྱ་མཛད་ཅིང་ཨུཏྤ་ལའི་ཡུ་བ་བཟུང་བའི་འདབ་མ་སྙན་གྱི་ཐད་དུ་ཁ་ཕྱེ་བའི་གཡས་ཀྱི་འདབ་སྟེང་དུ་སངས་རྒྱས་ཐམས་ཅད་ཀྱི་མཁྱེན་རབ་རལ་གྲིའི་རྣམ་པར་ཤར་བ། འོད་ཀྱིས་འཇིག་རྟེན་ཐམས་ཅད་འགེངས་པར་བྱེད་པ། དྲན་པ་ཙམ་གྱིས་མི་ཤེས་པའི་རྨོངས་པ་ཐམས་ཅད་སེལ་བར་ནུས་པ། སྐུ་དཔུང་གཡོན་གྱི་ཐད་དུ་རྒྱལ་བ་ཀུན་གྱི་ཡུམ་གཅིག་པུ་ཤེས་རབ་ཀྱི་ཕ་རོལ་ཏུ་ཕྱིན་པ་སྟོང་ཕྲག་བརྒྱད་པའི་གླེགས་བམ་སེམས་བསྐྱེད་ནས་མཛད་པ་འཕྲིན་ལས་ཀྱི་བར་ས་ལམ་འབྲས་བུ་དང་བཅས་པ་ཐམས་ཅད་ཡི་གེའི་གཟུགས་སུ་ཤར་ནས་ཆོས་ཀྱི་སྒྲ་དབྱངས་ལྷང་ལྷང་སྒྲོག་བཞིན་པ། ཡིད་ལ་དྲན་པ་ཙམ་གྱིས་ཐེག་པ་ཆེན་པོའི་ལམ་ལ་བག་ཆགས་འཇོག་ནུས་པ། སྐུ་ལ་ཆོས་གོས་རྣམ་པ་གསུམ་དང་དབུ་ལ་པཎ་ཞྭ་གསེར་གྱི་མདོག་ཅན་གསོལ་ཞིང་། ཞབས་གཉིས་རྡོ་རྗེའི་སྐྱིལ་ཀྲུང་གིས་བཞུགས་པ། རྗེ་བླ་མའི་དབུའི་ནང་ན་པད་ཟླའི་གདན་ལ་རྗེ་བཙུན་འཇམ་པའི་དབྱངས་གུར་གུམ་གྱི་མདོག་ཅན་གླེགས་བམ་དང་རལ་གྲི་བསྣམས་པ་ཞིག་བཞུགས་པ། མགྲིན་པར་པད་ཟླའི་གདན་ལ་མགོན་པོ་སྤྱན་རས་གཟིགས་སྐུ་མདོག་དཀར་པོ་ཕྱག་བཞི་པ། ཕྱག་དང་པོ་གཉིས་ཐུགས་ཀའི་ཐལ་མོ་སྦྱར་བ། གཡས་གཉིས་པས་ཤེལ་དཀར་པོའི་ཕྲེང་བ་དང་། གཡོན་གཉིས་པས་པད་དཀར་བསྣམས་པ་ཞིག་བཞུགས་པ། ཐུགས་ཀར་པད་ཉིའི་སྟེང་དུ་རྗེ་བཙུན་གསང་བའི་བདག་པོ་སྐུ་མདོག་མཐིང་ནག་ཕྱག་གཡས་གསེར་གྱི་རྡོ་རྗེ་རྩེ་ལྔ་པ་འཕྱར་ཞིང་། ཕྱག་གཡོན་ཐུགས་ཀར་སྡིག་འཛུབ་མཛད་པ། ཞབས་གཡས་བསྐུམས་ཤིང་གཡོན་བརྐྱངས་པ་ཞིག་བཞུགས་པ། མགོན་པོ་འཇམ་པའི་དབྱངས་ཀྱི་ཐུགས་ཀར་ཨོཾ་དཀར་པོ། རྗེ་བཙུན་སྤྱན་རས་གཟིགས་ཀྱི་ཐུགས་ཀར་ཨཱཿ དམར་པོ། གསང་བའི་བདག་པོའི་ཐུགས་ཀར་ཧཱུྃ་སྔོན་པོ་གསལ་བཏབ། ཐུགས་ཀའི་ཧཱུྃ་ལས་འོད་ཟེར་ཕྱོགས་བཅུར་འཕྲོས། ཕྱོགས་བཅུའི་ཞིང་རབ་འབྱམས་ན་བཞུགས་པའི་རྒྱལ་བ་སྲས་བཅས་ཐམས་ཅད་རིགས་གསུམ་མགོན་པོའི་

ནམ་པར་སྨྲུན་དྲངས། རྗེ་བླ་མ་ལ་ཐིམ་པས་རྗེ་བཙུན་བླ་མ་ཙོང་ཁ་པ་ཆེན་པོ་སྐྱབས་གསུམ་མ་ལུས་འདུས་པའི་བདག་ཉིད་དུ་མོས་པ་བརྟན་པོ་བྱ། དེ་ནས་ཡན་ལག་བདུན་པ་མཎྜལ་དང་བཅས་བས་མཆོད་པ་ནི། བསགས་སྦྱོང་གཙོ་བོར་བྱ་ཕྱིར་རྒྱས་པར་བྱེད་ན་དྲིན་ཅན་རྩ་བའི་བླ་མ་ཐུབ་དབང་བརྒྱུད་པ་གསུམ་ལྡན་གྱི་བླ་མ་རྣམས་དང་བཅས་པ་ལ་ཕྱག་འཚལ་ཞིང་། ཇི་སྙེད་སུ་དག་པ་ནས། རྒྱལ་བ་ཀུན་ལ་ཕྱག་འཚལ་མཆོད་པར་བགྱི། ཞེས་པའི་བར་བརྗོད་ཅིང་ལུས་ངག་ཡིད་གསུམ་གྱིས་ཕྱག་འཚལ་བའི་དམིགས་པ་རྒྱུད་འཁྲུལ་ངེས་བྱ། དེ་ནས་མཆོད་པ་འབུལ་པ་ནི། ཤིན་ཏུ་རྣམ་དག་དྲི་མེད་ཡིད་འོང་བའི། །དག་བྱེད་བདུད་རྩིའི་མཆོད་ཡོན་ཚོགས་འདི་དག །འཇམ་མགོན་ཐུགས་རྗེའི་གཏེར་ལ་དབུལ་བར་བགྱི། །བཞེས་ནས་བདག་ལ་དངོས་གྲུབ་སྩལ་དུ་གསོལ། །ཤིན་ཏུ་རྣམ་དག × དག་བྱེད་བདུད་རྩིའི་ཞབས་བསིལ་ཚོགས་འདི་དག །འཇམ་མགོན × བཞེས་ནས × རབ་འབྱམས་ཞིང་ན་མེ་ཏོག་ཅི་མཆིས་དང་། །དངོས་སུ་བཤམས་པའི་མེ་ཏོག་ཚོགས་འདི་དག །འཇམ་མགོན × བཞེས་ནས × རབ་འབྱམས་ཞིང་ན་བདུད་སྤོས་ཅི་མཆིས་དང་། །དངོས་སུ་བཤམས་པའི་བདུག་སྤོས་ཚོགས་འདི་དག །འཇམ་མགོན × བཞེས་ནས × རབ་འབྱམས་ཞིང་ན་སྣང་གསལ × དངོས་སུ་བཤམས་པའི་སྣང་གསལ × འཇམ་མགོན × བཞེས་ནས × རབ་འབྱམས་ཞིང་ན་དྲི་ཆབ × དངོས་སུ་བཤམས་པའི་དྲི་ཆབ × འཇམ་མགོན × བཞེས་ནས × རབ་འབྱམས་ཞིང་ན་ཞལ་ཟས × དངོས་སུ་བཤམས་པའི་ཞལ་ཟས × འཇམ་མགོན × བཞེས་ནས × རབ་འབྱམས་ཞིང་ན་རོལ་མོ × དངོས་སུ་བཤམས་པའི་རོལ་མོའི × འཇམ་མགོན × བཞེས་ནས × འཇིག་རྟེན་འདི་ཡི་ཕུན་སུམ་ཚོགས་པའི་མཆོག །རིན་ཆེན་བདུན་གྱིས་ལྷ་ལམ་ཡོངས་བཀང་སྟེ། །འཇམ་མགོན་ཐུགས་རྗེའི་གཏེར་ལ་དབུལ་བར་བགྱི། །བཞེས་ནས་བདག་ལ་དངོས་གྲུབ་སྩལ་དུ་གསོལ། །དེ་ནས་སྡོམ་གསུམ་སོ་སོའི་བཤགས་པ་དང་། ལྟུང་བཤགས་བརྒྱ་ཕྱག་དང་བཅས་པ་ལ་འབད། དེ་ནས། འདོད་ཆགས་ཞེ་སྡང་གཏི་མུག་དབང་གིས་ནི། །ཞེས་ནས། ཐམས་ཅད་རྫོགས་པའི་བྱང་ཆུབ་ཕྱིར་བསྔོའོ། །ཞེས་པའི་བར་བརྗོད་ཅིང་སོ་སོའི་དམིགས་རྣམ་རྒྱུད་འཁྲུལ་པས་བྱ། དེ་ནས་མཎྜལ་ཕུལ་ལ། བཤེས་གཉེན་ལ་མ་གུས་པ་ནས་བཟུང་སྟེ་བདག་གཉིས་སུ་མཚན་མར་འཛིན་པའི་བར་གྱི་ཕྱིན་ཅི་ལོག་གི་བློ་སྣ་མཐའ་དག་འགགས་པ་དང་། བཤེས་གཉེན་ལ་གུས་པ་སོགས་ཕྱིན་ཅི་མ་ལོག་པའི་བློ་སྣ་མཐའ་དག་བདེ་བླག་ཏུ་སྐྱེ་བ་དང་། ཕྱི་ནང་གི་བར་གཅོད་ཐམས་ཅད་ཞི་བར་ཞི་བར་བྱིན་གྱིས་བརླབ་ཏུ་གསོལ། །ཞེས་དོན་ཆེན་པོ་གསུམ་གྱིས་གསོལ་འདེབས་ལན་གསུམ་བྱ། དེ་ནས། དཔལ་ལྡན་ས་གསུམ་འགྲོ་བའི་མིག་གཅིག་པུ། །ཞེས་པ

ནས། མཆོག་གི་དངོས་གྲུབ་བརྙེས་ལ་གསོལ་བ་འདེབས། །ཞེས་བའི་བར་རྣམ་ཐར་གསོལ་འདེབས་དལ་བུས་འདོན་ཞིང་ཚིག་རིས་དང་བསྟུན་ནས་རྗེ་བླ་མའི་རྣམ་ཐར་ལ་དད་གུས་ཤུགས་དྲག་ཏུ་བསྒོམ། དེ་ནས་རྗེ་བླ་མའི་ཐུགས་ཀའི་ཕྱག་རྡོར་གྱི་ཐུགས་ཀར་ཉི་མའི་སྟེང་དུ་ཧཱུཾ་ཡིག་གི་མཐར་དམིགས་བཟླ་མའི་ཡི་གེ་གསེར་བཙོ་མ་ལྟར་འབར་ཞིང་འོད་ཟེར་ཕྱོགས་བཅུར་འཕྲོ་བ། དེ་ལས་བདུད་རྩིའི་རྒྱུན་བབས་ནས་རང་གི་ལུས་ཀྱི་ནང་ཐམས་ཅད་གང་། ཐོག་མེད་ནས་བསགས་པའི་ནད་གདོན་སྡིག་སྒྲིབ་ཐམས་ཅད་སངས་ཀྱིས་དག་ནས་ལུས་དྭངས་གསལ་འོད་ཀྱི་རང་བཞིན་ཅན་དུ་གྱུར་བར་བསྒོམ། དེ་ནས། ཐུགས་ཀའི་ཧཱུཾ་དང་དམིགས་བཟླ་མའི་ཡི་གེ་རྣམས་ལས་འོད་ཟེར་ཕྱོགས་བཅུར་འཕྲོས་པས་ཕྱོགས་བཅུའི་རྒྱལ་བ་སྲས་བཅས་ཐམས་ཅད་ཀྱི་ཐུགས་རྒྱུད་བསྐུལ། བྱིན་རླབས་ནུས་མཐུ་ཐམས་ཅད་བདུད་རྩི་འོད་ཟེར་སེར་པོའི་རྣམ་པར་བཀུག་ནས་རང་གི་ལུས་སེམས་ལ་ཐིམ་པས་མི་ཤེས་པའི་རྨོངས་པ་བག་ཆགས་དང་བཅས་པ་ཐམས་ཅད་སངས་ཀྱིས་དག།ཤེས་རབ་ཆེ་བ་གསལ་བ་མྱུར་བ་ཟབ་པ་འཆད་རྩོད་རྩོམ་གསུམ་གྱི་སྤོབས་པ་ཁྱད་པར་ཅན་རྣམས་རིམ་གྱིས་ཐོབ་པར་བསམས་ལ། དམིགས་མེད་བརྩེ་བའི་གཏེར་ཆེན་སྤྱན་རས་གཟིགས། །དྲི་མེད་མཁྱེན་པའི་དབང་པོ་འཇམ་པའི་དབྱངས། །བདུད་དཔུང་མ་ལུས་འཇོམས་མཛད་གསང་བའི་བདག །གངས་ཅན་མཁས་པའི་གཙུག་རྒྱན་ཙོང་ཁ་པ། །བློ་བཟང་གྲགས་པའི་ཞབས་ལ་གསོལ་བ་འདེབས། །ཞེས་བརྒྱ་སྟོང་ཁྲི་འབུམ་སོགས་བཟླའོ། །ཤེས་རབ་བློ་འཕེལ་གྱི་མན་ངག་ཁྱད་པར་ཅན་འཇམ་དབྱངས་ཆོས་སྐོར་ནས་འབྱུང་བ་སྐུའི་སྒོ་ནས་ཤེས་རབ་ཆེ་བ་བསྒྲུབ་པ་སོགས་ཀྱང་འདིར་བླངས་ནས་བསྐྱངས་ཆོག་ཅིང་། གཞན་ཡང་འདི་ལ་མན་ངག་མང་དུ་སྣང་སྟེ། ཐོག་མར་རང་ཉིད་རྗེ་བཙུན་འཇམ་པའི་དབྱངས་སུ་བསྐྱེད་ནས་བཟླས་པ་བྱ་བ་དང་། དེ་ནས་མདུན་དུ་འབྱུང་བཞིའི་དཀྱིལ་འཁོར་གཞལ་ཡས་ཁང་དང་བཅས་བ་གསལ་བཏབ་ནས་གཞལ་ཡས་ཁང་གི་དབུས་སུ་རྗེ་བླ་མ་རིགས་གསུམ་གྱི་བདག་ཉིད་ཅན་དུ་གསལ་འདེབས་པ་དང་། དེ་ལ་མཆོད་པ་ཕུལ་ཏེ་གསོལ་བ་བཏབ་ནས་ཏིང་ངེ་འཛིན་གྱི་དབང་བཞི་བླང་བ་དང་། གཞན་ཡང་ཇོགས་རིམ་གྱི་རྟོགས་པ་ཁྱད་པར་ཅན་མྱུར་དུ་སྐྱེ་བའི་སྔོན་བྱེད་དུ་གནས་གསུམ་དུ་རྩ་འཁོར་གསལ་བཏབ་ནས་ཡི་གེ་ལས་འོད་ཟེར་གྱི་སྦྱོར་བསྡུ་བྱ་བ་དང་། ཞི་རྒྱས་དབང་དྲག་གི་ལས་སྒྲུབ་ཚུལ་སོགས་མན་ངག་མང་དུ་སྣང་བ་རྣམས་ཤེས་པར་འདོད་ན་བླ་མ་དམ་པའི་ཞལ་ལས་ཤེས་པར་བྱ་ཞིང་། མགོན་པོ་འཇམ་པའི་དབྱངས་སྒྲུབ་པར་འདོད་ན་རྗེ་བླ་མའི་སྤྱི་བོའི་རྗེ་བཙུན་འཇམ་པའི་དབྱངས་ཀྱི་ཐུགས་ཀར་ཧྲཱིཿཡིག་གི་མཐའ་སྐོར་དུ་ཨ་ར་པ་ཙ་ནའི་སྔགས་བཀོད་ནས། ཨོཾ་ཨ་ར་

ཙ་ན་ཧྲཱིཿ ཞེས་གཟུངས་སྔགས་བཟླ་ཞིང་ཤེས་རབ་སྒྲོ་འཕེལ་གྱི་དམིགས་པ་རྣམས་བསྐྱངས། བྱམས་སྙིང་རྗེ་བྱང་ཆུབ་ཀྱི་སེམས་རྒྱུད་ལ་བསྐྱེད་ཕྱིར་མགོན་པོ་སྤྱན་རས་གཟིགས་ཀྱི་བསྒོམ་བཟླས་བྱ་བར་འདོད་ན། རྗེ་བླ་མའི་མཁྱེན་པའི་སྤྱན་རས་གཟིགས་ཀྱི་ཐུགས་ཀར་ཧྲཱིཿཡིག་གི་མཐའ་སྐོར་དུ་ཡི་གེ་དྲུག་པའི་སྔགས་ཕྲེང་བཀོད་ལ། ཨོཾ་མ་ཎི་པདྨེ་ཧཱུྃ། ཞེས་གཟུངས་སྔགས་བཟླ་ཞིང་འོད་ཟེར་གྱི་སྤྲོ་བསྡུས་བྱམས་སྙིང་རྗེ་བྱང་ཆུབ་ཀྱི་སེམས་ཆེས་ཆེར་འཕེལ་བའི་དམིགས་པ་བྱ། གདོན་བགེགས་ཀྱི་འཚེ་བ་ཞི་བ་སོགས་ཀྱི་ཕྱིར་གསང་བའི་བདག་པོའི་བསྒོམ་བཟླས་བྱ་བར་འདོད་ན་རྗེ་བླ་མའི་ཐུགས་ཀའི་གསང་བདག་གི་ཐུགས་ཀར་ཧཱུྃ་ཡིག་གི་མཐར་བཛྲ་པཱ་ཎིའི་སྔགས་ཕྲེང་བཀོད་ལ། ཨོཾ་བཛྲ་པཱ་ཎི་ཧཱུྃ། ཞེས་བཟླ་ཞིང་འོད་ཟེར་གྱི་སྤྲོ་བསྡུས་བདོན་བགེགས་ཀྱི་འཚེ་བ་ཞི་བ་དང་། རྒྱུད་སྡེ་བཞི་ནས་གསུངས་པའི་གཟུངས་སྔགས་ཀྱི་ནུས་མཐུ་ཁྱད་པར་ཅན་རྣམས་མྱུར་དུ་འགྲུབ་པའི་དམིགས་པ་བྱའོ། །དེ་ལྟར་ཐུན་དངོས་གཞི་ལ་དམིགས་བརྩེ་མའི་གསོལ་འདེབས་དང་། རིགས་གསུམ་མགོན་པོའི་གཟུངས་བཟླ་བ་ལ་འབད་ནས། སླར་ཡང་རྗེ་བླ་མའི་ཐུགས་རྗེ་ཆེས་ཆེར་བསྐུལ་ཏེ་ལམ་ཡོངས་རྫོགས་མྱུར་དུ་རྒྱུད་ལ་སྐྱེ་བ་སྨོན་ལམ་གདབ་པ་ནི། སྟོབས་བཅུ་མངའ་བ་ཀུན་གྱི་ཐུགས་རྗེ་དང་། །མཁྱེན་རབ་ནུས་མཐུ་ཐམས་ཅད་གཅིག་བསྡུས་པ། རྒྱལ་ཀུན་ངོ་བོ་བློ་བཟང་གྲགས་པ་ལ། །སྒོ་གསུམ་གུས་པ་ཆེན་པོས་ཕྱག་འཚལ་ལོ། །དངོས་བཤམས་ཡིད་སྤྲུལ་མཆོད་པ་མ་ལུས་དབུལ། །ཐོག་མེད་ནས་བསགས་སྡིག་ལྟུང་ཐམས་ཅད་བཤགས། །འཇམ་མགོན་བླ་མའི་རྣམ་པར་ཐར་པ་ལ། །སྙིང་ནས་གུས་ཤིང་རྗེས་སུ་ཡིད་རང་ངོ་། །སྲིད་པ་ཉམ་ངར་མུན་འཐོམས་བདག་ཅག་ལ། །ཟབ་རྒྱས་ཆོས་ཀྱི་འཁོར་ལོ་བསྐོར་བའི་ཕྱིར། །ཇི་སྲིད་ནམ་མཁའ་གནས་པ་དེ་སྲིད་དུ། །མཚན་དཔེའི་སྐུ་ཡི་སྣང་བ་རྟག་བརྟན་གསོལ། །འདས་དང་མ་འོངས་ད་ལྟ་དུས་གསུམ་དུ། །བསགས་དང་གསོག་འགྱུར་དགེ་བ་ཅི་མཆིས་པ། །ཐུབ་དབང་གཉིས་པ་བློ་བཟང་གྲགས་པ་ཡི། །མདོ་སྔགས་བསྟན་པ་རྒྱས་པའི་ཕྱིར་དུ་བསྔོ། །སྲིད་དང་ཞི་བའི་རྣམ་དཀར་ལས་གྲུབ་པའི། །རབ་འབྱམས་ཞིང་གི་མཆོད་རྫས་ཅི་ཡོད་དང་། །ཁྱད་པར་བདག་ལུས་བྲན་དུ་འབུལ་ལགས་ན། །ནམ་མཁའ་ཇི་སྲིད་འབངས་སུ་གཟུང་དུ་གསོལ། །མགོན་མེད་ལྔ་བརྒྱ་ཐ་མའི་འགྲོ་རྣམས་ལ། །རྒྱལ་བའི་མཛད་པ་སྒྲུབ་མཛད་ཐུགས་རྗེ་ཅན། །རྗེ་བཙུན་བླ་མ་བློ་བཟང་གྲགས་པ་ལ། །གསོལ་བ་འདེབས་སོ་བདག་རྒྱུད་བྱིན་གྱིས་རློབས། །མ་རིག་མུན་འཐོམས་སྙིགས་དུས་འགྲོ་རྣམས་ལ། །ཕན་བདེའི་སྣང་བ་སྟེར་མཛད་ཐུགས་རྗེ་ཅན། །རྒྱལ་བའི་ཉི་མ་འཇམ་མགོན་བླ་མ་ལ། །གསོལ་

བ× གཉིང་མཐའ་མི་མངོན་སྲིད་མཚོར་བྱིང་བ་རྣམས། །ཐབས་མཁས་ཐུགས་རྗེའི་ལྕགས་ཀྱུས་འདྲེན་མཛད་པ། །རྗེ་བཙུན་བླ་མ་ཐུགས་རྗེའི་གཏེར་ཆེན་ལ། །གསོལ་བ× འཁོར་བའི་བརྩོན་རར་བཅིངས་པའི་ཉམ་ཐག་རྣམས། །ཐར་པའི་ཁང་བཟང་དམ་པ་འཁྲིད་མཛད་པ། །འཇམ་མགོན་བློ་བཟང་རྒྱལ་བའི་དབང་པོ་ལ། །གསོལ་བ× དུག་གསུམ་གཙོང་ནད་དྲག་པོས་ཟིན་རྣམས་ཀྱང་། །སྡུག་བསྔལ་ཟུག་རྔུ་འབྱིན་པའི་སྨན་པ་མཆོག །འཇམ་མགོན་བློ་བཟང་རྒྱལ་པའི་དབང་པོ་ལ། །གསོལ་བ× གང་ལ་གང་འདུལ་ཐབས་མཁས་སྤྲུལ་པ་ཡིས། །དམ་ཆོས་བདུད་རྩིའི་བཀའ་དྲིན་སྐྱོལ་མཛད་པ། །བླ་མ་ཀུན་འདུས་བློ་བཟང་གྲགས་པ་ལ། །གསོལ་བ× གསོལ་བ་བཏབ་ན་མཆོག་དང་ཐུན་མོང་གི། །དངོས་གྲུབ་ཐམས་ཅད་ཡིད་བཞིན་སྐྱོལ་མཛད་པ། །ཡི་དམ་ཀུན་འདུས× ཕྱོགས་བཅུའི་ཞིང་བཞུགས་རྒྱལ་བ་མ་ལུས་པའི། །མཁྱེན་བརྩེ་ནུས་པ་ཐམས་ཅད་གཅིག་བསྡུས་པ། །སངས་རྒྱས་ཀུན་འདུས× གསོལ་པ× ཆོས་ཀྱི་ཕུང་པོ་བརྒྱད་ཁྲི་བཞི་སྟོང་གི །སྙིང་པོའི་གནད་རྣམས་བསྡུས་ནས་འདོམས་མཛད་པ། །དམ་ཆོས་ཀུན་འདུས× གསོལ་བ× གདུལ་བྱའི་ཁམས་དང་བསམ་པ་ལ་གཟིགས་ནས། །ཐ་མལ་ཚུལ་གྱིས་འགྲོ་བ་འདྲེན་མཛད་པ། །དགེ་འདུན་ཀུན་འདུས× གསོལ་བ× དམུ་རྒོད་གདུལ་དཀའ་མ་རུངས་གདུག་ཅན་རྣམས། །འཕྲིན་ལས་དྲག་པོའི་སྟོབས་ཀྱིས་འདུལ་མཛད་ལ། །ཆོས་སྐྱོང་ཀུན་འདུས× གསོལ་བ× མདོར་ན་དེང་ནས་བྱང་ཆུབ་སྙིང་པོའི་བར། །སྐྱབས་གསུམ་ཀུན་འདུས་བློ་བཟང་གྲགས་པ་ལས། །ལྷག་པའི་རེ་གནས་གཞན་དུ་མི་འཚོལ་བས། །ནམ་ཡང་འབྲལ་མེད་ཐུགས་རྗེས་གཟུང་དུ་གསོལ། །མ་ནོར་ལམ་བཟང་སྟོན་པའི་དགེ་བའི་བཤེས། །སངས་རྒྱས་ཀུན་འདུས་ཉིད་དུ་ཡིད་ཆེས་ནས། །གཙོལ་མེད་མོས་གུས་རྟག་ཏུ་སྐྱེ་བ་དང་། །ཅི་གསུང་བཀའ་བཞིན་སྒྲུབ་པར་བྱིན་གྱིས་རློབས། །དལ་འབྱོར་རྙེད་དཀའ་ནམ་མཆི་ཆ་མེད་དང་། །ལས་འབྲས་བསླུ་བ་མེད་པའི་ཚུལ་བསམ་ནས། །དཀོན་མཆོག་གསུམ་ལ་སྙིང་ནས་སྐྱབས་འགྲོ་ཞིང་། །སྡིག་སྤོང་དགེ་བ་སྒྲུབ་པར× འཁོར་བའི་བརྩོན་རར་ལས་དང་ཉོན་མོངས་ཀྱི། །ཞགས་པས་བཅིངས་ཤིང་སྡུག་བསྔལ་བརྒྱུས་གཟིར་པའི། །ངང་ཚུལ་བསམས་ནས་ངེས་འབྱུང་སྐྱེ་ཤས་ཀྱིས། །ཐར་པའི་ལམ་བཟང་བསྒྲོད་པར× རང་ཉིད་ཇི་བཞིན་མཁའ་མཉམ་

སེམས་ཅན་ཀུན། །སྲིད་མཚོ་ཉམ་ང་ར་སྡུག་བསྔལ་བརྒྱུས་གཟིར་ཅིང་། །ཀུན་ཀྱང་རང་གི་
དྲིན་ཅན་མར་མཐོང་ནས། །བྱམས་དང་སྙིང་རྗེ་འབྱོངས་པར× བདག་པས་གཞན་གཅེས་
བྱང་ཆུབ་སེམས་བསྐྱེད་ནས། །རླབས་ཆེན་རྒྱལ་སྲས་སྤྱོད་ལ་སློབ་པ་ལ། །རྒྱལ་བའི་སྲས་པོ་
གཞོན་ནུ་ནོར་བཟང་ལྟར། །ཞུམ་མེད་སྙིང་སྟོབས་སྐྱེ་བར× འཇམ་མགོན་བླ་མས་གྲངས་
མེད་བསྐལ་པ་རུ། །ཉིད་ཀྱི་སྐུ་དང་སྲོག་ལའང་མ་གཟིགས་པར། །དཀའ་བས་བསྒྲུབས་
པའི་གསུང་རབ་སྙིང་པོའི་དོན། །ཟབ་མོ་དབུ་མའི་ལྟ་བ་རྟེད་པ་དང་། །བླ་མེད་རྡོ་རྗེ་ཐེག་
པའི་སྐོར་ཞུགས་ནས། །དམ་ཚིག་སྡོམ་པ་རྣམ་པར་དག་བྱེད་ཅིང་། །ཟབ་ལམ་རིམ་པ་
གཉིས་ཀྱི་རྣལ་འབྱོར་རྣམས། །མྱུར་དུ་རྒྱུད་ལ་སྐྱེ་བར× ཚེ་འདིའི་སྣང་བ་འགགས་པར
གྱུར་པའི་ཚེ། །དགའ་ལྡན་ཆོས་ཀྱི་ཕོ་བྲང་དུ་སྐྱེས་ནས། །མི་ཕམ་འཇམ་དཔལ་སྙིང་པོའི་
ཞལ་མཐོང་སྟེ། །གསུང་གི་བདུད་རྩི་ངོམས་མེད་འཐུང་བར་ཤོག །དེ་ནས་ལུས་ཀྱི་བཀོད་
པ་བགྲང་ཡས་ཀྱིས། །ཞིང་ཁམས་རྒྱ་མཚོར་རྒྱལ་བ་རྒྱ་མཚོ་ལ། །མཆོད་སྤྲིན་རྒྱ་མཚོས་
མཆོད་ཅིང་ཆོས་མཉན་ཏེ། །ཐོས་པ་རྒྱ་མཚོའི་ཕ་རོལ་ཕྱིན་གྱུར་ཅིག །རྒྱལ་སྲས་སྤྱོད་ལ་
སློབ་པའི་སྐབས་ཀུན་ཏུ། །སྙིད་ལུག་ཞུམ་པ་ནམ་ཡང་མི་སྐྱེ་ཞིང་། །མཁའ་ལྡིང་དབང་པོས
ལྷ་ཡི་ལམ་ལ་བཞིན། །སྙིང་སྟོབས་ཆེན་པོས་ས་ལམ་མྱུར་བགྲོད་ཤོག །ནམ་ཞིག་བྱམས་
མགོན་ཞིང་འདིར་བྱོན་པའི་ཚེ། །བདག་ཀྱང་འཁོར་གྱི་ཐོག་མ་ཉིད་གྱུར་ཏེ། །ཕྱག་གཡས་
མགོ་བོའི་སྟེང་དུ་ལེགས་བཞག་ནས། །བྱང་ཆུབ་ལུང་བསྟན་ངེས་པར་ཐོབ་གྱུར་ཅིག །

ཅེས་སྨོན་ལམ་གདབ་བོ། །ཡང་དེ་ཙམ་རྒྱས་པ་བྱ་བའི་ལོང་མེད་པར་མདོར་བསྡུས་བྱ་བར་འདོད་ན། དགེ་སེམས་ཁྱད་པར་ཅན་གྱི་ངང་ནས་སྐྱབས་འགྲོ་སེམས་བསྐྱེད་བྱས་ལ་ཚོགས་ཞིང་གསལ་བཏབ། སྐྱབས་གནས་མ་ལུས་འདུས་པའི་བདག་ཉིད་དུ་མོས་པ་བརྟན་པོས་དམིགས་མེད་བརྩེ་བའི་གཏེར་ཆེན་སྤྱན་རས་གཟིགས། །དྲི་མེད་མཁྱེན་པའི་དབང་པོ་འཇམ་པའི་དབྱངས། །བདུད་དཔུང་མ་ལུས་འཇོམས་མཛད་གསང་བའི་བདག །གངས་ཅན་མཁས་པའི་གཙུག་རྒྱན་ཙོང་ཁ་པ། །བློ་བཟང་གྲགས་པའི་ཞབས་ལ་ཕྱག་འཚལ་ལོ། །དངོས་བཤམས་ཡིད་སྤྲུལ་མཆོད་ཚོགས་མ་ལུས་དབུལ། །ཐོག་མེད་ནས་བསགས་སྡིག་ལྟུང་ཐམས་ཅད་བཤགས། །སྐྱེ་འཕགས་དགེ་བ་རྣམས་ལ་རྗེས་ཡི་རངས། །འཁོར་བ་མ་སྟོངས་བར་དུ་ལེགས་བཞུགས་ནས། །འགྲོ་ལ་ཆོས་ཀྱི་འཁོར་ལོ་བསྐོར་དུ་གསོལ། བདག་གཞན་དགེ་རྣམས་བྱང་ཆུབ་ཆེན་པོར་བསྔོ། །ས་གཞི་སྤོས་ཀྱིས་བྱུགས་ཤིང་མེ་ཏོག་བཀྲམ། །རི་རབ་གླིང་བཞི་ཉི་ཟླས་བརྒྱན་པ་འདི། །

སངས་རྒྱས་ཞིང་དུ་དམིགས་ཏེ་དབྱུལ་བ་ཡིས། །འགྲོ་ཀུན་རྣམ་དག་ཞིང་ལ་སྤྱོད་པར་ཤོག །དཔལ་ལྡན་ས་གསུམ་འགྲོ་བའི་མིག་གཅིག་པུ། །ཞེས་པ་ནས། མཆོག་གི་དངོས་གྲུབ་བརྩེས་ལ་གསོལ་བ་འདེབས། །ཞེས་པའི་བར་བརྗོད་ནས་དམིགས་བརྩེ་མའི་གསོལ་འདེབས་གང་འགྲུབ་བྱས་ལ། སྡིག་སྒྲིབ་སྦྱོང་བ་དང་ཤེས་རབ་བློ་འཕེལ་གྱི་དམིགས་པ་གོང་ལྟར་བསྐྱང་ངོ་། །གསུམ་པ་མཇུག་ཏུ་ཇི་ལྟར་བྱ་བ་ནི། ཐུན་བསྡུ་བའི་ཚེ་རྗེ་བླ་མ་རིགས་གསུམ་མགོན་པོ་དང་བཅས་པ་དགྱེས་བཞིན་དུ་རང་གི་སྤྱི་བོར་བྱོན། དཔལ་ལྡན་རྩ་བའི་བླ་མ་རིན་པོ་ཆེ། །བདག་གི་སྤྱི་བོར་པད་ཟླའི་སྟེང་བཞུགས་ལ། །བཀའ་དྲིན་ཆེན་པོའི་སྒོ་ནས་རྗེས་བཟུང་སྟེ། །སྐུ་གསུང་ཐུགས་ཀྱི་དངོས་གྲུབ་སྩལ་དུ་གསོལ། །ཞེས་འདུན་པ་དྲག་པོས་གསོལ་བ་བཏབ་པས་རྗེ་བླ་མ་རང་ལ་ཐིམ་ནས་རང་གི་སྒོ་གསུམ་དང་རྗེ་བླ་མའི་སྐུ་གསུང་ཐུགས་དབྱེར་མེད་གཅིག་ཏུ་གྱུར་པའི་མོས་པ་བརྟན་པོ་བྱ། དེ་ནས་བརྟམས་ཏེ་ཚེ་རབས་ཀུན་ཏུ་བདག །ཁྱོད་ཞབས་པདྨ་གུས་པས་མཆོད་པ་དང་། །ཁྱོད་གསུང་ཉན་ཅིང་སྒོ་གསུམ་བྱ་བ་ཀུན། །ཁྱད་མཉེས་འབའ་ཞིག་སྒྲུབ་པར་བྱིན་གྱིས་རློབས། གཉིས་པ་ཐུན་མཚམས་སུ་ཇི་ལྟར་བྱ་བའི་ཚུལ་ནི། དབང་པོའི་སྒོ་སྡོམ་པ་སོགས་བྱང་ཆུབ་ལམ་རིམ་ལས་ཇི་ལྟར་འབྱུང་བ་ལྟར་བྱ་ཞིང་། ཁྱད་པར་གང་སྣང་ཐམས་ཅད་རྗེ་བླ་མའི་གསང་བ་གསུམ་གྱི་རྣལ་རོལ་ཏུ་འཆར་བ་ལ་བསླབ་ཅིང་སྒོ་གསུམ་གྱི་བྱ་བ་ཅི་བྱེད་རྗེ་བླ་མ་དབང་པོར་བཞག་ནས་དྲན་ཤེས་བག་ཡོད་བརྟན་པོས་སྡོམ་པ་གསུམ་གྱི་བཅས་མཚམས་ལས་ནམ་ཡང་མི་འདའ་ཞིང་བརྒྱ་ལ་ཉུང་ཟད་འདས་ནའང་ཇི་མི་སྙམ་པར་མི་འཇོག་པར་འཕྲལ་འཕྲལ་དུ་ཕྱིར་བཅོས་ཀྱིས་དག་པར་བྱས་རྗེས་འཇམ་མགོན་བླ་མས་ཇི་ལྟར་གསུངས་པའི་ཉམས་ལེན་ལ་འབད་པ་ལྟར་བྱའོ། །གཞན་ཡང་བླ་མའི་རྣལ་འབྱོར་འདིའི་སྒོ་ནས་ཟས་ཀྱི་རྣལ་འབྱོར་དང་། ཉལ་བའི་རྣལ་འབྱོར་དང་། འཆི་བ་ལ་མངོན་དུ་ཕྱོགས་པའི་ཚེ་འཕོ་བའི་རྣལ་འབྱོར་སོགས་མན་ངག་མང་དུ་ཡོད་པ་རྣམས་བརྒྱུད་ལྡན་བླ་མ་དམ་པའི་ཞལ་ལས་ཤེས་པར་བྱའོ། །སྨྲས་པ། དུས་གསུམ་གཤེགས་པའི་རྒྱལ་བ་ཐམས་ཅད་ཀྱང་། །རྗེ་བཙུན་འཇམ་དབྱངས་ཡོངས་འཛིན་དུ་བསྟེན་ནས། །ས་ལམ་བགྲོད་པར་མཛད་པ་ཉིད་ཡིན་པས། །རྒྱལ་བ་ཀུན་གྱི་ཡབ་ཅེས་སྙན་པར་གྲགས། །རྒྱལ་ཀུན་ཡབ་གཅིག་རྗེ་བཙུན་འཇམ་པའི་དབྱངས། །རྒྱལ་བས་ལུང་བསྟན་གངས་རིའི་ལྗོངས་འདི་རུ། །རྒྱལ་བསྟན་ཡོངས་རྫོགས་ཆེས་ཆེར་སྤེལ་བའི་ཕྱིར། །རྒྱལ་བ་ཙོང་ཁ་པ་རུ་སྐུ་སྤྲུལ་ལོ། །རབ་འབྱམས་ཞིང་དུ་འབད་པས་བཙལ་བཙལ་ཀྱང་། །མགོན་པོ་ཁྱོད་ལས་ལྷག་པ་མ་མཆིས་པས། །འཇམ་མགོན་བླ་མ་ཐུགས་རྗེའི་གཏེར་ཆེན་ལ། །བྱང་ཆུབ་སྙིང་པོའི་བར་དུ་སྐྱབས

སུ་མཆི། །འཇམ་མགོན་བླ་མའི་ཐུགས་རྗེ་སྐུལ་བྱེད་པའི། །གསོལ་འདེབས་འདི་ཉིད་སྨྲར་བའི་དག་པའི་མཐུས། །འཇམ་མགོན་བླ་མའི་ལུགས་བཟང་དྲི་མེད་འདི། །ས་འདི་གནས་པ་དེ་སྲིད་གནས་གྱུར་ཅིག །ཅེས་རིགས་གསུམ་སྤྱི་སྤྲུལ་ཀྱི་བླ་མའི་རྣལ་འབྱོར་འཇམ་མགོན་ཐུགས་རྗེའི་ཆར་རྒྱུན་སྐུ་བྱེད་སྤྲིན་གྱི་སྒྲ་དབྱངས་ཞེས་བྱ་བ་འདི་ནི། ཆ་ཏར་ཁྲ་བོ་ཁྲ་ཁོའི་ཕྱོགས་འདྲུས་སྣོ་མང་གྲྭ་རིགས་དགེ་སློང་བློ་བཟང་རྒྱ་མཚོ་དང་། དགེ་སློང་དབང་ཕྱུག་རིན་ཆེན་གཉིས་ཀྱིས་ནན་ཆེན་པས་བསྐུལ་བ་ལ་བརྟེན་ནས། འཇམ་མགོན་སྙན་རྒྱུད་འཛིན་པའི་སྤང་བ་པ་དགེ་སློང་ཡེ་ཤེས་རྒྱལ་མཚན་གྱིས་ཕོ་བྲང་ཆེན་པོ་པོ་ཏ་ལའི་གཟིམ་ཚུང་བདེ་བ་ཅན་དུ་སྦྱར་བའོ། །འདིས་ཀྱང་རྒྱལ་བའི་བསྟན་པ་རིན་པོ་ཆེ་འཕེལ་ཞིང་རྒྱས་པར་གྱུར་ཅིག །

༄༅། །བླ་མ་ལྷའི་རྣལ་འབྱོར་ལ་བརྟེན་པའི་ཚར་འབེབས་དང་ཐན་སེར་བསྲུང་བ་ཁ་རྒྱུད་འདིགས་པ་སད་དང་མི་ཕྱུགས་ཀྱི་ནད་ཡམས་སོགས་ཞི་བའི་གསོལ་འདེབས་འགྲོ་ཀུན་བདེ་སྐྱིད་རབ་རྒྱས་ཞེས་བྱ་བ་བཞུགས་སོ།

༄༅། །ན་མོ་གུ་རུ་ལེ། དཀོན་མཆོག་གསུམ་ལ་སྐྱབས་སུ་འགྲོ། །སེམས་ཅན་ཐམས་ཅད་བདག་གིས་སྒྲོལ། །བྱང་ཆུབ་གནས་ལ་འགོད་པར་བགྱི། །བྱང་ཆུབ་སེམས་ནི་ཡང་དག་བསྐྱེད། །ཞེས་པས་སྐྱབས་སེམས་ནན་ཏན་བྱ། དངོས་གཞི་ནི། མདུན་གྱི་ནམ་མཁར་རིན་ཆེན་སེང་ཁྲིའི་སྟེང་། །རྩ་བའི་བླ་མ་ཐུབ་དབང་རྡོ་རྗེ་འཆང་། །བློ་བཟང་གྲགས་པ་རྡོ་རྗེ་འཛིན་པས་བྱེད་ནི། །ཞལ་ཕྱག་ཡོངས་རྫོགས་ཡུམ་དང་བཅས་པ་ཡི། །སེམས་དཔའ་སུམ་བརྩེགས་ཅན་གྱི་མཐའ་སྐོར་དུ། །དངོས་བརྒྱུད་བླ་མ་ཡི་དམ་སངས་རྒྱས་ཚོས། །བྱང་སེམས་རང་རྒྱལ་ཉན་ཐོས་དཔའ་བོ་དང་། །མཁའ་འགྲོ་ཆོས་སྐྱོང་སྲུང་མའི་ཚོགས་རྣམས་ཀྱིས། །བསྐོར་བས་ནམ་མཁའི་ཁྱོན་ཀུན་ཡོངས་སུ་གང་། །སྣང་ལ་རང་བཞིན་མེད་པར་བཞུགས་པ་ལ། །གྲངས་མེད་ལུས་སྤྲུལ་སྒོ་གསུམ་གུས་ཕྱག་འཚལ། །དངོས་བཤམས་ཡིད་སྤྲུལ་མཆོད་ཚོགས་མ་ལུས་འབུལ། །ཐོག་མེད་ནས་བསགས་སྒོ་གསུམ་སྡིག་ལྟུང་བཤགས། །སྐྱེ་འཕགས་དགེ་བ་ཀུན་ལ་རྗེས་ཡི་རང་། །འཁོར་བ་མ་སྟོངས་བར་དུ་ལེགས་བཞུགས་ནས། །འགྲོ་ལ་ཆོས་ཀྱི་འཁོར་ལོ་བསྐོར་བ་དང་། །བདག་གཞན་དགེ་ཚོགས་བྱང་ཆུབ་ཆེན་པོར་བསྔོ། །གླིང་བཞི་རི་རབ་ཉི་ཟླ་རིན་ཆེན་བདུན། །རིན་ཆེན་མཎྜལ་ཀུན་བཟང་མཆོད་པའི་ཚོགས། །བློ་ཡིས་བླངས་ནས་བླ་མ་ལྷ་ཚོགས་ལ། །འབུལ་ལོ་བཞེས་ནས་མཆོག་ཐུན་དངོས་གྲུབ་སྩོལ། །ཅེས་བརྗོད་ལ། དེ་ནས། དངོས་གྲུབ་ཀུན་འབྱུང་ཐུབ་དབང་རྡོ་རྗེ་འཆང་། །དམིགས་མེད་བརྩེ་བའི་གཏེར་ཆེན་སྤྱན་རས་གཟིགས། །དྲི་མེད་མཁྱེན་པའི་

དབང་པོ་འཇམ་དཔལ་དབྱངས། །བདུད་དཔུང་མ་ལུས་འཇོམས་མཛད་གསང་བའི་བདག །གངས་ཅན་མཁས་པའི་གཙུག་རྒྱན་བློ་བཟང་གྲགས། །སྐྱབས་གསུམ་ཀུན་འདུས་རྩ་བའི་བླ་མ་རྗེ། །རབ་འབྱོར་རྡོ་རྗེ་འཛིན་པ་ཡབ་ཡུམ་ལ། །སྒོ་གསུམ་གུས་པའི་སྒོ་ནས་གསོལ་བ་འདེབས། །རང་གཞན་སྨིན་ཅིང་གྲོལ་བར་བྱིན་གྱིས་རློབས། །མཆོག་དང་ཐུན་མོང་དངོས་གྲུབ་སྩོལ་དུ་གསོལ། །ནད་གདོན་བར་གཅོད་འགལ་རྐྱེན་ཞི་བ་དང་། །མཐུན་རྐྱེན་བསམ་དོན་འགྲུབ་པར་བྱིན་གྱིས་རློབས། །ཞེས་དམིགས་བརྩེ་མ་ཅི་ནུས་དང་བདུད་རྩི་འབེབས་སྦྱང་གི་དམིགས་པ་དང་བཅས་ཡོང་སྐབས་དང་བསྟུན། དེ་ནས། སྐྱབས་གནས་ཀུན་འདུས་བླ་མ་ལྷ་ཚོགས་ཀྱིས། །ཡུལ་འདིར་གནོད་པའི་ས་བདག་ཀླུ་གཉན་དང་། །གཞི་བདག་སོགས་ཀྱི་གདུག་རྩུབ་ཀུན་ཞི་ནས། །ཞིང་བའི་ལོ་ཐོག་དག་ལ་ཕན་ངེས་པའི། །འདོད་དགུའི་ཆར་གྱི་རྒྱུན་བཟང་དངོས་གྲུབ་རྣམས། །ད་ལྟ་ཉིད་དུ་ལེགས་པར་ཕབ་ནས་ཀྱང་། །ཐན་པའི་གནོད་པ་མ་ལུས་ཀུན་ཞི་ནས། །ཡུལ་འདིར་བཀྲ་ཤིས་ཕུན་ཚོགས་བདེ་སྐྱིད་ཀུན། །རབ་ཏུ་འཕེལ་ཞིང་རྒྱས་ལ་མཐུན་པའི་རྐྱེན། །ཆར་སྤྲིན་འདོད་དགུ་དབབ་པའི་སྤྲིན་གྱི་ཚོགས། །ཕྱོགས་བཅུ་ནས་འདུས་བར་མཚམས་མེད་པར་གཏམས། །སྙན་པའི་འབྲུག་སྒྲ་ལྡང་ལྡང་དལ་གྱིས་སྒྲོག །བདེ་སྐྱིད་འཕེལ་བའི་ཆར་གྱི་རྒྱུན་བཟང་པོ། །རིངས་པའི་ཚུལ་གྱིས་འབེབས་པའི་དངོས་གྲུབ་རྣམས། །ད་ལྟ་ཉིད་དུ་ལེགས་པར་སྩལ་ནས་ཀྱང་། །འཛད་མེད་འབྲུ་བཅུད་ལ་སོགས་འཕེལ་བར་མཛོད། །ཅེས་གསོལ་བ་ཤུགས་དྲག་ལྡན་མངྡུ་གདབ། ཐོག་སེར་དྲག་པོ་རྣམས་བཟློག་པར་འདོད་ན། རྩ་བའི་བླ་མ་ལྷ་ཚོགས་བདག་ལ་དགོངས། །བདག་ཅག་བླང་དང་དོར་བྱའི་གནས་རྣམས་ལ། །རྨོངས་པའི་དབང་གིས་བླ་མ་ལྷ་ཚོགས་དང་། །དྲང་སྲོང་ཆེན་པོ་སྐྱེ་བརྒྱད་བྲན་དང་བཅས། །འཁོར་བཅས་རྣམས་ཀྱི་ཐུགས་དང་འགལ་གྱུར་བའི། །ཉེས་པ་སོགས་ལ་བརྟེན་ནས་ཡུལ་ཕྱོགས་འདིར། །འཇིགས་པའི་འབྲུག་སྒྲ་གློག་དམར་འཁྱུག་དང་ཐོག །རྡོ་ཆར་སེར་བ་དྲག་པོ་འབབ་པ་འདི། །འཇིགས་མཛད་རྡོ་རྗེ་བླ་མ་ལྷ་ཚོགས་ཀྱིས། །ཐུགས་རྗེའི་མཐུ་དཔུང་ལེགས་པར་བསྐྱེད་ནས་ཀྱང་། །སྐུ་ལས་འོད་འཕྲོས་རང་འདྲ་མེ་འོད་ཀྱིས། །ཡུལ་དང་ས་ཕྱོགས་གཞན་སྒྲོད་ཆར་དུ་སྒྱུར། །ཡུལ་འདིར་གནོད་པའི་འབྲུག་སྒྲ་དྲག་པོ་དང་། །གློག་དམར་གནམ

ལྷགས་ཐོག་འཁྲུག་སེར་བ་སོགས། །འདི་དག་མ་ལུས་དཱ་ཧཱ་སྨུར་ཞི་ནས། །བདེ་སྐྱིད་མི་ནོར་འབྲུ་བཅུད་རྒྱས་པར་མཛོད། །ཅེས་གསོལ་བ་ཕྲུགས་དྲག་ལན་མང་དུ་འདེབས། སད་ཞི་བར་འདོད་ན། འཇིགས་མཛད་རྡོ་རྗེ་བླ་མ་ལྷ་ཚོགས་ཀྱི། །ཐུགས་ཀ་ནས་སྤྲོས་ཐུགས་རྗེའི་འོད་ཟེར་ཚོགས། །དཔག་མེད་སྤྲོས་པས་ནམ་མཁའི་དབྱིངས་ཀུན་ཁྱབ། །སྤྲིན་གྱི་ཕུང་པོ་སྤུགས་བཅུ་ནས་བསྡུས་ཏེ། །ཐོ་ཞིང་འཁྲུག་པའི་སྤྲིན་གྱིས་ནམ་མཁའི་ཁྱོན། །ཡོངས་སུ་གང་བས་ཟས་གོས་འདོད་དགུའི་ཆར། །ལྷན་ཅིག་སྐྱབས་མཆོག་རྣམས་ལས་བདུད་རྩིའི་རྒྱུན། །བབས་པས་སད་ཀྱི་བདག་པོའི་རྒྱུད་ཆེམ་ནས། །དེ་ཡི་གདུག་རྩུབ་སད་ཀྱི་གནོད་པ་སོགས། །ལྷག་མེད་ཞི་ནས་བླ་མ་ལྷ་ཚོགས་ལ། །སྐྱབས་སོང་བྱང་ཆུབ་མཆོག་ཏུ་སེམས་བསྐྱེད་དེ། །འཛམ་བུའི་གླིང་དང་ཁྱད་པར་ཡུལ་ཕྱོགས་འདིར། །དྲོད་ཀྱིས་ས་དང་བར་སྣང་ཀུན་གང་སྟེ། །ལོ་ཐོག་རྩི་བཅུད་འབྲས་བུའི་ཚོགས་རྣམས་ལ། །སད་ཀྱི་གནོད་འཚེ་འབྲུ་བཅུད་ཉམས་བྱེད་པའི། །འགལ་རྐྱེན་བར་ཆད་མཐའ་དག་ཀུན་ཞི་ནས། །མཐུན་རྐྱེན་ལེགས་ཚོགས་འབྲུ་རིགས་འབྲས་བུའི་བཅུད། །འཕེལ་ཞིང་རྒྱས་པས་ངལ་བསོའི་བང་མཛོད་བཞིན། །མཛོད་རྣམས་ཕྱུར་བུར་གང་སྟེ་འཛད་མེད་ཀྱི། །འདོད་དགུའི་དངོས་གྲུབ་ལོངས་སྤྱོད་རྒྱས་པར་མཛོད། །ཅེས་གསོལ་བ་ཕྲུགས་དྲག་ལན་མང་དུ་གདབ། དགུན་དུས་གངས་འབབས་རླུང་འཚུབ་སོགས་ཀྱི་གནོད་འཚེ་འབྱུང་བ་བཟློག་པར་འདོད་ན། འཇིགས་མཛད་རྡོ་རྗེ་བླ་མ་ལྷ་ཚོགས་ཀྱིས། །བདག་ཅག་ཡུལ་འདིར་ཁ་བའི་བུ་ཡུག་འཚུབ། །དྲག་པོའི་རླུང་གིས་བསྐྱོད་ནས་སྐྱེ་འགྲོ་ཡི། །ལུས་ལ་གྲང་བའི་རེག་བྱས་ཉེན་པ་ལ། །བརྟེན་ནས་ལུས་སེམས་སྡུག་བསྔལ་མྱོང་བ་འདི། །བསླུ་མེད་བླ་མ་ལྷ་ཡི་ཚོགས་རྣམས་ཀྱིས། །ཐུགས་རྗེའི་བྱིན་རླབས་ནུས་མཐུ་དྲག་པོ་ཡིས། །བྱམས་ཆེན་མེ་ཡིས་འདི་དག་དམིགས་མེད་དུ། །ཞི་ནས་མི་ཕྱུགས་ཀུན་ཀྱང་མཆོག་གསུམ་གྱི། །ཐུགས་རྗེས་བདེ་བ་འབའ་ཞིག་ཁོ་ནས་འཚོ། །ཕུན་ཚོགས་དགའ་བདེའི་དཔལ་ལ་རྟག་རོལ་ནས། །བདེ་མེད་སྡུག་བསྔལ་གཞི་རྩ་མི་དགེ་བཅུ། །རིང་དུ་སྤངས་ནས་བདེ་སྐྱིད་འབྱུང་བའི་སྒོ། །དཀོན་མཆོག་སྐྱབས་སོང་བསླབ་བྱ་ལས་འབྲས་ལ། །བརྩོན་པས་ཡུལ་འདིར་བཀྲ་ཤིས་མི་ནོར་རྒྱས། །དགེ་བཅུའི་བདག་འབྲས་ལོ་ནར་སྤྱོད་པར་ཤོག །ཅེས་གསོལ་བ་ཕྲུགས་དྲག་ལན་མང་དུ་འདེབས། མི་ཕྱུགས་ཀྱི་ནད་

རིམས་སོགས་ཞི་བར་འདོད་ན། འཇིགས་མཛད་རྡོ་རྗེ་བླ་མ་ལྷ་ཚོགས་ལ། །བདག་ཅག་སྐྱབས་སོང་སྟོན་ཚེ་སྨོན་པས་མཛོད། །རྒྱལ་སྲས་དཔའ་བོ་གང་དུ་བཞུགས་པ་ཡི། །གནས་དེར་ནད་མུག་འཁྲུགས་རྩོད་མི་འབྱུང་ཞིང་། །བྱུང་ཡང་མྱུར་དུ་ཞི་བར་གསུངས་པས་ན། །ཡུལ་འདིར་རྒྱལ་སྲས་བྱང་ཆུབ་སེམས་དཔའི་ཚོགས། །མང་དུ་བཞུགས་པའི་ཐུགས་བསྐྱེད་སྨོན་ལམ་གྱི། །མཐུ་ལ་བརྟེན་ནས་ནད་ཡམས་མུ་གེ་དང་། །མཐའ་དམག་འབྱུང་པོའི་འཁྲུགས་རྩོད་ནད་རིམས་སོགས། །འདི་དག་མ་ལུས་ལྷག་མེད་མྱུར་ཞི་ནས། །འགྲོ་ལ་ཕན་བདེ་རྒྱུན་དུ་འབྱུང་བར་ཤོག །གཞན་ཡང་རྒྱལ་བཙན་ཀླུ་གཉན་ས་བདག་གཟའ། །མ་མོ་འབྱུང་པོ་འདྲེ་སོགས་གདོན་བགེགས་ཀྱི། །ཉེ་བར་འཚེ་བའི་གནོད་འཚེ་མ་ལུས་ཀུན། །ལྷག་མ་མེད་པར་མྱུར་དུ་ཞི་བ་དང་། །ཁྱད་པར་ཧ་ལུག་བ་ལང་འབྲི་གཡག་སོགས། །ཕྱུགས་ལ་གནོད་འཚེའི་ནད་སོགས་ཞི་བར་མཛོད། །གཞིས་སུ་ཚེ་རིང་ནད་མེད་ལོངས་སྤྱོད་འཕེལ། །བྱེས་སུ་ལམ་འཕྲེང་ཆུ་ཆེན་འཇིགས་ལས་སྐྱོབས། །དགྲ་ཇག་ཆོམ་རྐུན་གཅན་གཟན་མིའི་འཇིགས་པ། །མ་ལུས་མྱུར་དུ་ཞི་བར་མཛད་དུ་གསོལ། །ས་གཉན་རྐོ་ཞིང་ཤིང་གཉན་གཅོད་པ་དང་། །གཉན་སར་ཁྲུ་སློག་ཆུ་དང་རྡུ་སྟོན་གྱིས། །ཕྱོགས་ཀུན་ཁེབས་པ་མ་གཏོགས་གཞིར་གཅི་འདོར། །ལ་སོགས་འདུལ་བ་ལུང་དང་འགལ་བ་ཡི། །བདག་ཅག་ཉོན་མོངས་དབང་གིས་ནོངས་པའི་ཚོགས། །མ་ལུས་བསམ་པ་ཐག་པས་བཤགས་ལགས་ན། །ཐུགས་རྗེའི་ཤུགས་ཀྱིས་སྒྲིབ་པ་ཀུན་བྱང་ནས། །མཆོག་ཐུན་དངོས་གྲུབ་མ་ལུས་སྩོལ་དུ་གསོལ། །ཞེས་འདོད་དོན་ལ་གསོལ་བ་ཤུགས་དྲག་ལན་མང་དུ་བྱས་རྗེས། ལམ་ཡོངས་རྫོགས་ཀྱི་བཤར་སྒོམ་གསོལ་འདེབས་ན། ལམ་གྱི་རྩ་བ་མཐར་ཐུག་བཤེས་གཉེན་ལ། །མཉེས་པ་གསུམ་གྱིས་ལེགས་པར་མཉེས་བྱས་ཤིང་། །དེ་ཡི་གསུང་ལས་ཇི་ལྟར་འབྱུང་བ་བཞིན། །དལ་འབྱོར་དོན་ཆེ་རྙེད་དཀར་ཤེས་པར་ཤོག །འཆི་བ་མི་རྟག་ངན་འགྲོའི་སྡུག་བསྔལ་དང་། །དཀོན་མཆོག་གསུམ་དང་སྐྱབས་འགྲོ་ལས་འབྲས་ལ། །ཡིད་ཆེས་དད་པ་བརྟན་པོ་རྙེད་པ་དང་། །འཁོར་བའི་སྡུག་བསྔལ་མ་ལུས་རིག་པར་ཤོག །དེ་ནས་རྣམ་དག་བསླབ་པ་རིན་ཆེན་དང་། །བྱང་ཆུབ་སེམས་མཆོག་ཕྱིན་དྲུག་སྤྱོད་པ་རྣམས། །ཡང་དག་ལྟ་བ་རིམ་གཉིས་ཀྱིས་ཟིན་ཏེ། །རྫོགས་སངས་གོ་འཕང་ཚེ་འདིར་ཐོབ་པར་ཤོག།དེ་ལྟར་གསོལ་བ་བཏབ་པས་ལྷ་ཚོགས་རྣམས། །

ཐམས་ཅད་འོད་དུ་ཞུ་ནས་རང་ལ་ཐིམ། །ལུས་དང་ངག་དང་ཡིད་རྣམས་མ་ལུས་པ། །རྡོ་རྗེ་གསུམ་གྱི་ངོ་བོར་གྲུབ་པར་གྱུར། །ཅེས་པ་འདི་ཡང་འགའ་ཞིག་ནས་ས་བླའི་འདྲ་ངན་ལ་ཆར་འབེབས་སོགས་འདི་ལྟ་བུའི་འདོད་གསོལ་དགོས་ཟེར་བ་རྣམས་ལ་ཡི་མུག་སྟེ། དེ་དག་དོར་ནས་ལེགས་ཚོགས་ཐམས་ཅད་ཀྱི་རྩ་བ་བླ་མ་ཁོ་ནར་གསོལ་བ་བཏབ་པ་ལས་འབྱུང་བར་མདོ་རྒྱུད་དུ་མ་ནས་ལན་ཅིག་མིན་པར་གསུངས་པ་ལྟར། འདིར་ཡང་བླ་མ་འཇིགས་མཛད་རྡོ་རྗེའི་ལྷ་ཚོགས་རྣམས་ཀྱི་བླ་མའི་རྣལ་འབྱོར་དང་འབྲེལ་བའི་སྒོ་ནས་སྐུལ་བ་པོ་རྣམས་ཀྱི་བཞེད་དོན་བསྐང་ཕྱིར༔ བླ་མ་དུ་མའི་སློབ་བུའི་ཐ་ཤལ་ཧྲི་ཥྚུ་ཤ་ཙཎྜ་ཛྙཱ་ན་བྷ་དྲའི་མིང་ཅན་གྱིས་དགེ་འཕེལ་ཐུགས་རྗེའི་ལྷ་ཁང་དུ་བསྒྲིགས་པའོ།། །།མངྒ་ལཾ།། །།

༄༅། །རྒྱལ་བ་ཀུན་གྱི་མཁྱེན་བརྩེ་ནུས་གསུམ་གྱི་བདག་ཉིད་རྗེ་བཙུན་ཙོང་ཁ་པ་ཆེན་པོ་ལ་དམིགས་བརྩེ་མའི་གསོལ་འདེབས་དང་འབྲེལ་བའི་བླ་མའི་རྣལ་འབྱོར་དགའ་ལྡན་ལྷ་བརྒྱ་མའི་འཁྲིད་ཡིག་དངོས་གྲུབ་ཀུན་འབྱུང་ཞེས་བྱ་བ་བཞུགས།

༄། །ན་མོ་གུ་རུ་མཉྫུ་གྷོ་ཥ་ཡ། སྤྲོས་བྲལ་ངང་དུ་ཞུགས་པའི་མཁྱེན་རབ་ཀྱི། །རལ་གྲིས་འཁོར་བའི་འཆིང་རྒྱ་ཀུན་བཅད་ཀྱང་། །སྲིད་འཁྲུམས་འགྲོ་ལ་བུ་གཅིག་ལྟར་འཁྱུད་པའི། །འཇམ་མགོན་ལྷག་པའི་ལྷ་ལ་ཕྱག་འཚལ་ལོ། །གངས་ཅན་ལེགས་བྱས་སྐྱ་རེངས་ཁ་ལོ་པས། །ཉེར་དྲངས་ཐུབ་བསྟན་ཡོངས་རྫོགས་སྣང་བྱེར་གྱིས། །སྲིད་ཞིའི་རྒུད་མུན་མཐར་མཛད་ཧ་ལྷང་ཅན། །བློ་བཟང་གྲགས་པས་བྱང་ཆུབ་བར་དུ་སྐྱོངས། །བློ་གྲོས་འཇམ་དབྱངས་གཞོན་ནུ་ལ་འཁྱུད་པའི། །རྗེས་ཆགས་སྙིང་རྗེའི་རང་གཟུགས་གྲུ་འཛིན་བདག །མཐུ་སྟོབས་གསང་བ་ཀུན་འཛིན་ཁྲི་རྒྱལ་གྱི། །རིགས་གསུམ་གཅིག་ཏུ་འདུས་འདི་ཁྱད་པར་ཆེས། །རྟོག་བྲལ་ཡིད་ཀྱི་མེ་ལོང་གཙང་མའི་ངོས། །མགོན་ཁྱོད་བཀའ་དྲིན་གཟུགས་ཀྱི་སྣང་རིས་གསར། །ཡང་ཡང་ཤར་བའི་ངོ་མཚར་འདི་མཐོང་ཚེ། །ཐ་མལ་འཁྲུལ་པའི་འཁོར་ལོ་ཞིག་པ་སྙམ། །དེ་ཕྱིར་སྐྱབས་ཀུན་ངོ་བོ་བླ་མ་རྗེར། །དུང་དུང་ཡིད་ཀྱིས་གསོལ་འདེབས་རྣལ་འབྱོར་རིམ། །འཁྲུལ་བྲལ་དམ་པའི་ཞལ་ལུང་བླ་ན་མེད། །མཆོག་ཐུན་དངོས་གྲུབ་ཡོངས་ཀྱི་བྱེད་པོར་སྤེལ། །དེ་ཡང་འཇམ་དཔལ་རྩ་རྒྱུད་ལས། །ང་ནི་མྱ་ངན་འདས་འོག་ཏུ། །ས་ཡི་སྙིང་འདི་སྟོངས་པ་ན། །ཁྱོད་ཉིད་བྱིས་པའི་གཟུགས་ཅན་གྱིས། །སངས་རྒྱས་མཛད་པ་བྱེད་པར་འགྱུར། །དེ་ཚེ་དགོན་ཆེན་རབ་དགའ་བ། །ཁ་བ་

ཅན་ནང་ཡོད་པ་ཡིན། །ཞེས་དུས་ཀྱི་མཐར་རྗེ་བཙུན་འཇམ་དབྱངས་ཉིད་བྱིས་པ་ཐ་མལ་པའི་གཟུགས་སུ་བསྟན་ནས་སངས་རྒྱས་ཀྱི་མཛད་པ་བྱེད་པ་དང་། དེའི་ཚེ་དགོན་པའི་མིང་དགའ་ལྡན་དུ་ཐོགས་པར་གསལ་པར་ལུང་བསྟན་པ་སོགས་མཁྱེན་བརྩེ་ནུས་གསུམ་འཕགས་པ་རིགས་གསུམ་མགོན་པོ་དང་དབྱེར་མེད་པར་ལུང་དང་རྣམ་པར་ཐར་པ་མཐའ་ཡས་པས་རྩོད་མེད་དུ་འགྲུབ་ཅིང་། མདོ་སྔགས་ཀྱི་ཐུབ་བསྟན་ཡོངས་སུ་རྫོགས་པ་ལ་མ་རྟོགས་པ་དང་། ལོག་པར་རྟོགས་པ་དང་ཐེ་ཚོམ་གྱི་དྲི་མ་མཐའ་དག་རྒྱང་རིང་དུ་བསྲིངས་ནས་སྐལ་ལྡན་ཀུན་ལ་ཚུལ་ཇི་ལྟ་བ་བཞིན་དུ་འདོམས་པར་མཛད་པས་བསྟན་པ་འདི་ལ་སྟོན་པ་གཉིས་པ་ལྟར་གྱུར་པའི་བཀའ་དྲིན་ཟླ་ན་མེད་པ་ཆོས་ཀྱི་རྒྱལ་པོ་ཙོང་ཁ་པ་ཆེན་པོ་ལ་སྐྱབས་གནས་ཀུན་འདུས་ཀྱི་བདག་ཉིད་དུ་མོས་ནས་གསོལ་བ་འདེབས་པ་དངོས་གྲུབ་ཐམས་ཅད་ཀྱི་འབྱུང་གནས་ཡིན་པ་མ་ཟད། གསོལ་འདེབས་དམིགས་བརྩེ་མར་གྲགས་པ་འདི་རྒྱུད་ཀྱི་གསང་སྔགས་ཟབ་དགུ་ལས་ཀྱང་ལྷག་པ་ལྷ་བུའི་བྱིན་རླབས་ཀྱི་ཚན་ཀ་ཆེ་ཞིང་། འདི་ལ་བརྟེན་ནས་འཕྲིན་ལས་ཀྱི་རིམ་པའང་ཇི་སྙེད་ཅིག་སྒྲུབ་ཏུ་ཡོད་པ་བཅས་གསོལ་འདེབས་འདི་དང་འབྲེལ་བའི་བླ་མའི་རྣལ་འབྱོར་ཐུན་མོང་དང་ཐུན་མོང་མ་ཡིན་པའི་རིམ་པ་སྣ་ཚོགས་པ་ལས་འདིར་སྲིད་རྒྱུད་པའི་དམ་པ་གོང་མ་མཁས་གྲུབ་ཤེ་སྟག་ཏུ་བྱིན་པ་རྣམས་ཀྱི་ཞལ་ཤེས་སྙན་བརྒྱུད་དུ་བཞུགས་པ་ལས་རིམ་གྱིས་བདག་གི་དྲིན་ཅན་རྩ་བའི་བླ་མ་ཁྱབ་བདག་རྡོ་རྗེ་སེམས་དཔའི་ངོ་བོ་ཁྲི་ཆེན་ངག་དབང་མཆོག་ལྡན་པའི་ཞལ་སྔ་ནས་ལས་ལེགས་པར་ཐོས་པའི་གདམས་པ་ཁྱད་པར་ཅན་དགའ་ལྡན་ལྷ་བརྒྱ་མར་གྲགས་པ་འདི་ཉིད་དམིགས་རིམ་སྙིང་པོར་འདྲིལ་ཞིང་ཉམས་སུ་ལེན་བདེ་བ་དང་། འདིའི་བརྒྱུད་པའི་བླ་མ་གོང་མ་འདུལ་ནག་པ་དཔལ་ལྡན་བཟང་པོས་སྲིད་ཀྱི་ནང་དུ་ཁྱིམ་བདག་ཞིག་ལ་རྒྱལ་པོ་པེ་ཧར་གྱི་གནོད་པས་མི་མང་པོ་གུམ་ཞིང་། ལྷག་པར་ཤིན་ཏུ་གཅེས་པའི་བུ་ཞིག་གི་ཁོག་ཏུ་བརླམས་ནས་གནོད་པ་བྱེད་པ་བཏུལ། དེའི་ཚེ་འདུལ་ནག་པས་བཀའ་བསྒོས་པ་བཞིན་པེ་ཧར་གྱིས་བླ་མའི་རྣལ་འབྱོར་འདི་དང་འབྲེལ་བའི་དམིགས་བརྩེ་མ་འདོན་མི་ལ་བར་གཅོད་མི་བྱེད་པར་ཁྲོ་བོར་བ་ལྟར། རྣལ་འབྱོར་འདི་དང་འབྲེལ་བར་དམིགས་བརྩེ་མ་འདོན་པ་སུ་ལའང་སྡེ་བརྒྱད་སྤྱི་དང་ཁྱད་པར་པེ་ཧར་སོགས་རྒྱལ་གདོན་གྱིས་གནོད་མི་ནུས་པར་འདུག་ཅེས་གོང་མ་རྣམས་ཀྱི་གསུང་ལས་བྱུང་བ་བཞིན་བར་གཅོད་

བཟློག་པ་སོགས་གེགས་སེལ་བོགས་འདོན་ཐམས་ཅད་ཀྱི་མཆོག་ཡིན་པས་འདི་ཉམས་སུ་ལེན་པ་ལ་སྟོན་འགྲོ། དངོས་གཞི། རྗེས་ཀྱི་རིམ་པ་གསུམ། དང་པོ་ནི། གཙང་ཞིང་ཡིད་དུ་འོང་བའི་གནས་སུ་དཀོན་མཆོག་གི་རྟེན་སྤྱི་དང་། ཁྱད་པར་རྗེ་བླ་མའི་བྱིན་འབྱུར་གྱི་སྐུ་གང་ཡང་རུང་བ་བཞུགས་པའི་སྤྱན་སྔར་མཆོད་པ་དང་མཎྜལ་སོགས་བཀོད་པས་མཛེས་པར་བཤམ། རང་ཉིད་སྟན་བདེ་བ་ལ་འཁོད་ནས་དགེ་སྦྱོར་གང་ལའང་ཀུན་སློང་གི་བསམ་པ་ལ་བརྟགས་ནས་འཚོས་པ་གལ་ཆེ་བས་ན། ཁ་ཕྱིར་བལྟས་སུ་མ་སོང་བར་ད་རེ་བདག་གིས་དལ་འབྱོར་གྱི་མི་ལུས་རང་གཞན་ཐམས་ཅད་ཀྱི་འདི་ཕྱིའི་དོན་བདེ་ བླག་ཏུ་བསྒྲུབ་པར་ནུས་པ་ཡིད་བཞིན་ནོར་བུ་ལས་ཀྱང་ལྷག་པ་འདི་རྙེད། དུད་འགྲོ་ལ་སོགས་པ་ངན་སོང་རྣམས་ལྟ་ཅི། མི་ཡི་ལུས་རྙེད་པ་ཕལ་ཆེ་བ་འདི་དག་ཀྱང་ཚེ་འདི་འབའ་ཞིག་བདེ་སྐྱིད་ཀྱི་ཐབས་ཁོ་ན་བསམས་ནས་སྡིག་པ་དང་སྤྱོད་ལམ་ལུང་མ་བསྟན་གྱི་ངང་དུ་མི་ཚེ་ཟད་ནས་མཐར་ཤི་བའི་འོག་ཏུ་ངན་སོང་མུ་མཐའ་མེད་པར་སྐྱེ་དགོས་པ་འདི་རྣམས་དང་འདྲ་བར་བདག་ཀྱང་ཚེ་འདིའི་བདེ་ཐབས་ཁོ་ན་བསམ་ན་དུད་འགྲོར་སྐྱེས་པ་དང་ཁྱད་པར་མི་འདུག་པས། རྟེན་འདི་ཆུད་མ་ཟོས་པར་འདི་ཕྱི་ཐམས་ཅད་དུ་ཕན་ངེས་པའི་དམ་པའི་ཆོས་ཀྱི་སྙིང་པོ་ལོན་པ་ཞིག་བྱ་དགོས་པར་འདུག དམ་པའི་ཆོས་བསྒྲུབ་པ་དེ་ཡང་སང་བྱ་གནང་བྱའི་ངང་དུ་ལུས་ན། ལུས་སྲོག་ལ་ཡིད་བརྟན་གང་ཡང་མེད་པས་དེ་རིང་རང་ཡང་མི་འཆི་བའི་ངེས་པ་ཅི་ཡོད། གལ་ཏེ་དེ་རིང་ལྟ་བུར་ཤི་ན་སྟོན་སེམས་ལ་བརྟན་པ་མ་ཐོབ་པས་སྡིག་པ་དེ་ཙམ་ཞིག་བསགས། དགེ་བ་བློ་བདེ་ངེས་པ་གང་ཡང་བསགས་པ་མི་དྲན་འདུག་པས་ཅི་རང་དྲགས། ཤི་བའི་འོག་ཏུ་ངན་སོང་ལོག་པའི་གནས་ཁོ་ནར་འགྲོ་བ་ལས་མ་འདས་འདུག །ད་རང་གིས་རང་སྟུག་ཏུ་མ་བཅུག་པར་ད་ལྟ་ཤི་ཡང་མི་འགྱོད་པའི་ཆོས་ཤིག་དེ་རིང་རང་ནས་བྱ་དགོས་པ་ལ། རྗེ་བཙུན་ཙོང་ཁ་པ་ཆེན་པོ་རིགས་གསུམ་གྱི་བདག་ཉིད་དུ་གསོལ་བ་འདེབས་པའི་རྣལ་འབྱོར་འདི་ཉིད་ལམ་གྱི་རྩ་བར་འདུག་པས་ཉམས་སུ་ལེན་པ་ལ་འབད་པར་བྱ་སྙམ་དུ་བསམ། དེ་ཡང་བདག་གི་འཁོས་ཀ་འདི་ལ་སྤྱིར་འཁོར་བ་ཁྱད་པར་ངན་སོང་གི་སྡུག་བསྔལ་ལས་ཐར་པ་ཞིག་གི་ནུས་པ་མ་མཆིས་པས། བདག་དང་ཉམ་ཐག་པའི་སེམས་ཅན་ཐམས་ཅད་གནས་སྐབས་ཐམས་ཅད་དུ་སྐྱོབ་ནུས་པའི་ཡུལ་ཁྱད་པར་ཅན་ཞིག་ལ་བརྟེན་དགོས་པར་འདུག དེ་ཡང་སངས་རྒྱས་སྐྱོན་ཀུན་

ཟད། ཡོན་ཏན་ཀུན་ལྡན་གྱི་མགོན་པོ་ཐུགས་རྗེ་ཉེ་རིང་མེད་པ། ཤེས་བྱ་ཐམས་ཅད་གཟིགས་པ་ཡིན་པས་བདག་ནམ་ཡང་མི་བསླུ་བར་སྐྱོབ་པར་ནུས་པས་དེ་ལ་སྐྱབས་གནས་དང་སྟོན་པ་ཞུ། བདག་གཞན་ཐམས་ཅད་སྡུག་བསྔལ་རྒྱུ་དང་བཅས་པ་ལས་གྲོལ་བར་བྱེ་པའི་ཐབས་དངོས་ནི་དམ་པའི་ཆོས་ཁོ་ནར་འདུག་པས། དེ་སྐྱབས་དངོས་སུ་བསྟེན་པ་དང་། ཆོས་དེ་བསྒྲུབ་པའི་གྲོགས་མི་བསླུ་བ་དགེ་འདུན་ཡིན་པས་དེ་ལ་ལམ་བསྒྲུབ་པའི་ཟླ་གྲོགས་ཞུས་ནས། བདག་གིས་རང་གཞན་སེམས་ཅན་ཐམས་ཅད་ཀྱི་དོན་དུ་སྐྱབས་དཀོན་མཆོག་གསུམ་ལ་བརྟེན་པར་བྱའོ་སྙམ་དུ་བསམས་ནས། མདུན་དུ་པད་མའི་སྡོང་པོ་ཡངས་ཤིང་རྒྱ་ཆེ་བའི་ལྟེ་བར་དྲིན་ཅན་རྩ་བའི་བླ་མ་དང་ངོ་བོ་དབྱེར་མེད་པའི་ཆོས་ཀྱི་རྒྱལ་པོ་ཙོང་ཁ་པ་ཆེན་པོ། གཡས་གཡོན་དུ་སྲས་ཀྱི་ཐུ་བོ་གཉིས། དེའི་མཐའ་སྐོར་དུ་དངོས་བརྒྱུད་ཀྱི་བླ་མ་ཡི་དམ་སངས་རྒྱས་བྱང་སེམས་དཔའ་བོ་མཁའ་འགྲོ་ཆོས་སྐྱོང་སྲུང་མའི་ཚོགས་ཐམས་ཅད་ཀྱིས་བསྐོར་བ་མངོན་སུམ་ལྟ་བུར་གསལ་ལེགས་པར་བཏབ། སྐྱབས་ཡུལ་དེ་རྣམས་ཀྱི་སྐུ་གསུང་ཐུགས་འཕྲིན་ལས་དང་བཅས་པའི་ཡོན་ཏན་དྲན་ནས་དད་གུས་ཤུགས་དྲག་པོ་དང་། རང་ཉིད་འཁོར་བ་སྤྱི་དང་བྱེ་བྲག་ངན་སོང་གི་སྡུག་བསྔལ་ལ་ཤིན་ཏུ་སྐྲག་པའི་བློ་དང་། སྐྱབས་ཡུལ་རྣམས་ལ་དེ་ལས་སྐྱོབ་པའི་ནུས་པ་ཡོད་པར་ཡིད་ཆེས་པའི་སྒོ་ནས་འདི་ཕྱི་བར་དོའི་གནས་སྐབས་གང་དུ་མཐོ་དམན་ཅིར་གྱུར་ཡང་བླ་མ་དཀོན་མཆོག་ཁྱེད་རྣམས་མཁྱེན་སྙམ་པ་དང་། མཐའ་སྐོར་དུ་ཕ་མ་རིགས་དྲུག་གི་སེམས་ཅན་ཐམས་ཅད་ཀྱང་འཁོད་པས་སྐྱབས་ཡུལ་རྣམས་ལེགས་པར་མཐོང་བས་རང་དང་འདྲ་བར་ཡང་ཁྱེད་ཤེས་ཀྱི་མོས་གུས་དང་འཇིགས་སྐྲག་གི་བློ་ཤུགས་དྲག་པོས་སྐྱབས་སུ་འགྲོ་བ་དང་། རང་གིས་སྐྱབས་འགྲོའི་ཚིག་འདོན་པ་དང་མཉམ་དུ་དེ་རྣམས་ཀྱིས་ཀྱང་བརྗོད་པར་མོས་ལ། བདག་དང་འགྲོ་བ་ནམ་མཁའ་དང་མཉམ་པའི་སེམས་ཅན་ཐམས་ཅད་དུས་འདི་ནས་བཟུང་སྟེ་བྱང་ཆུབ་སྙིང་པོ་ལ་མཆིས་ཀྱི་བར་དུ་དཔལ་ལྡན་བླ་མ་དམ་པ་ནམས་ལ་སྐྱབས་སུ་མཆིའོ། །རྫོགས་པའི་སངས་རྒྱས་བཅོམ་ལྡན་འདས་རྣམས་ལ་སྐྱབས་སུ་མཆིའོ། །དམ་པའི་ཆོས་རྣམས་ལ་སྐྱབས་སུ་མཆིའོ། །འཕགས་པའི་དགེ་འདུན་རྣམས་ལ་སྐྱབས་སུ་མཆིའོ། །ཞེས་པའི་སྐྱབས་འགྲོ་བཞི་སྐོར་ལན་གསུམ་ལ་སོགས་པར་བརྗོད། དེ་ནས། སེམས་ཅན་ཐམས་ཅད་རང་གི་ཚེ་རབས་སྔོན་མ་མང་པོར

ཕན་པ་ཚད་མེད་པས་བསྐྱངས་ཏེ་རང་གི་ཕྱིར་སྲོག་དོར་བའང་གྲངས་མེད་པ་ཞིག་བྱས་པའི་མ་ཡིན་ལུགས་དང་། དེའི་དྲིན་དྲན་པ་དང་དྲིན་གཟོ་བའི་བློ་སྟོན་དུ་བཏང་ནས། མ་འདི་རྣམས་བདག་ལ་དེ་ཙམ་གྱི་དྲིན་ཆེ་བ་ཡིན་པ་ལ། འཁོར་བའི་སྡུག་བསྔལ་མཐའ་དང་མུ་མེད་པས་བར་མཚམས་མེད་པར་མནར་བའི་གནས་སྐབས་འདི་འདྲ་ཤིན་ཏུ་སྙིང་རེ་རྗེ། ད་དེ་རྣམས་ཀྱི་སྡུག་བསྔལ་སེལ་བ་དང་བདེ་བ་བསྒྲུབ་པའི་ཁུར་བུ་བདག་ལ་བབས་མོད་ཀྱང་། དེ་རྣམས་སྐྱོབ་པའི་ནུས་མཐུ་གང་ཡང་མེད་པས་སྐྱོན་ཀུན་ཟད་ཡོན་ཏན་ཀུན་ལྡན་གྱི་སངས་རྒྱས་ཀྱི་གོ་འཕང་ཞིག་ཐོབ་ན། རང་དོན་ནས་སྤངས་རྟོགས་ཐམས་ཅད་མཐར་ཕྱིན་པའི་བདེ་བ་བླ་ན་མེད་པ་ཉིད་པ་དང་། སེམས་ཅན་རྣམས་ཀྱང་སྒྲོལ་ནུས་པར་འདུག་པས། ཅི་ནས་ཀྱང་སངས་རྒྱས་ཀྱི་གོ་འཕང་མྱུར་བ་མྱུར་བར་ཐོབ་པ་བྱའོ་སྙམ་པའི་བློ་ཤུགས་དྲག་པོ་བསྐྱེད་ནས། སངས་རྒྱས་ཆོས་ཚོགས་མ་ལྟ་བུའི་བྱང་ཆུབ་སེམས་གཟུང་གི་ཚིག་ལན་གསུམ་བརྗོད། དེ་ནས་སེམས་ཅན་རྣམས་བདེ་བས་ཕོངས་ལུགས་དང་སྡུག་བསྔལ་གྱིས་མནར་ཚུལ་བསམས་ནས་འདི་རྣམས་བདེ་བ་དང་བདེ་བའི་རྒྱུ་ཐམས་ཅད་དང་ལྡན་ན་ཅི་མ་རུང་། ལྡན་པར་གྱུར་ཅིག །ལྡན་པར་བདག་གིས་བྱའོ་སྙམ་པ་སོགས་ཀྱི་སྒོ་ནས། སེམས་ཅན་ཐམས་ཅད་བདེ་བ་དང་བདེ་བའི་རྒྱུ་དང་ལྡན་པར་གྱུར་ཅིག །སྡུག་བསྔལ་དང་སྡུག་བསྔལ་གྱི་རྒྱུ་དང་བྲལ་བར་གྱུར་ཅིག །སྡུག་བསྔལ་མེད་པའི་བདེ་བ་དང་མི་འབྲལ་བར་གྱུར་ཅིག །ཉེ་རིང་ཆགས་སྡང་གཉིས་དང་བྲལ་བའི་བཏང་སྙོམས་ལ་གནས་པར་གྱུར་ཅིག །ཅེས་པ་ལན་གསུམ་གྱིས་ཚད་མེད་བཞི་སྒོམ་མོ། །གཉིས་པ་དངོས་གཞི་ལ། ཚོགས་ཀྱི་ཞིང་སྤྱན་འདྲེན་པ་དང་། དེ་ལ་ཚོགས་བསགས་པ་དང་། གསོལ་བ་བཏབ་ནས་དངོས་གྲུབ་ཞུ་བ་གསུམ་ལས། དང་པོ་ནི། རི་རབ་ཀྱི་སྟེང་དུ་སུམ་ཅུ་རྩ་གསུམ་དང་། དེའི་སྟེང་གི་ནམ་མཁར་འཐབ་བྲལ། དེའི་སྟེང་གི་ནམ་མཁར་དགའ་ལྡན་གྱི་ལྷ་གནས་ཡོད་ཅིང་། དགའ་ལྡན་གྱི་ལྷ་བྱིངས་ཀྱི་གནས་ནས་གྲོང་ལས་དགོན་པ་ལྟར་འཕགས་པའི་ཆར། རྗེ་བཙུན་བྱམས་མགོན་གྱི་ཕོ་བྲང་རྒྱལ་མཚན་མཐོན་པོ་དང་། དེའི་མདུན་དུ་རྗེ་བཙུན་གྱིས་ཆོས་གསུང་སའི་ཀུན་དགའ་ར་བ་ཡིད་དགའ་ཆོས་འཛིན་ཞེས་བྱ་བ་ཡོད་པར་གསུངས་པས། རང་ཁ་རི་རབ་ལ་ཕྱོགས་པར་མོས་པའི་སྟེང་གི་ནམ་མཁར་རྗེ་བཙུན་གྱི་ཞིང་ཁམས་ས་གཞི་རིན་པོ་ཆེ་སྣ་ཚོགས་ལས་གྲུབ་པ་མནན་ན་ནེམ་དང་

བཏེགས་ན་སྤྱར་བྱེད་པའི་མཉེན་པ་ལ། མཆོ་དང་རྫིང་བུ་དང་། འབབ་ཆུ་དང་། བསམས་པ་ཙམ་གྱིས་དགོས་འདོད་ཐམས་ཅད་རང་གི་མདུན་དུ་འབྱུང་བའི་དཔག་བསམ་གྱི་ཤིང་དང་། གཞན་ཡང་ཤིང་དང་མེ་ཏོག་གི་ཚུལ་ལ་སོགས་པ་ཡིད་ལ་དྲན་པ་ཙམ་གྱིས་ཀྱང་དགའ་བ་བསྐྱེད་ནུས་པའི་དཔུས་སུ་ཁང་བཟང་རྒྱལ་མཚན་མཐོན་པོ་རིན་པོ་ཆེ་སྣ་ཚོགས་ལས་གྲུབ་ཅིང་ཉི་ཟླ་ཟིལ་གྱིས་གནོན་ནུས་པ་ལྟ་བུའི་འོད་ཟེར་འཕྲོ་བ། རིན་པོ་ཆེའི་དྲ་བ་དང་། དྲ་ཕྱེད་དང་། དྲིལ་བུ་དང་། ཟ་ཡབ་ལ་སོགས་པའི་རྒྱན་དུ་མ་འཕྱང་འཕྲུལ་དུ་གཡོ་བ། དེའི་མདུན་དུ་ཡིད་དགའ་ཆོས་འཛིན་གྱི་ཀུན་དགའ་ར་བ་གསེར་གྱི་ས་གཞི་ལ་བཻཌཱུར་ཡའི་མིག་མང་རིས་སུ་བྲིས་པ། དྲི་ཞིམ་ཞིང་རོ་མངར་གྱི་འབྲས་བུ་དང་ལྡན་པའི་ཤིང་དང་། ཁ་དོག་ཁྱད་པར་འཕགས་པའི་མེ་ཏོག་ལ་སོགས་པ་བལྟ་བས་མི་ངོམས་པའི་དཔུས་སུ་སེང་གེ་བརྒྱད་ཀྱིས་བཏེགས་པའི་རིན་པོ་ཆེའི་ཁྲི་ཡངས་ཤིང་རྒྱ་ཆེ་བའི་སྟེང་དུ་རྗེ་བཙུན་བྱམས་པ་མགོན་པོ་སྐུ་མདོག་གསེར་བཙོ་མ་ལྟ་བུ། ཉི་མ་འབུམ་དང་འདྲ་བའི་འོད་ཟེར་ཅན། རིན་པོ་ཆེའི་རྒྱན་དང་ལྷ་རྫས་ཀྱི་དར་གྱི་ན་བཟའ་གསོལ་བ་ཞབས་གཉིས་བཟང་པོའི་འདུག་སྟངས་ཀྱིས་ཞལ་རང་ལ་ཕྱོགས་པར་བཞུགས་པའི་མཐའ་སྐོར་དུ། ཇོ་བོ་ཨ་ཏི་ཤ་དང་། རྗེ་ཡབ་སྲས་ལ་སོགས་པ་ཕྱོགས་བཅུ་ནས་འདུས་པའི་དགེ་བའི་འཁོར་ཚོགས་གྲངས་མེད་པས་བསྐོར་བ་གསལ་བཏབ་ནས་རང་ཡང་གནས་དེར་སླེབ་ནས་ཞིང་གི་ཡོན་ཏན་ཐམས་ཅད་མིག་གིས་མཐོང་བ་སྙམ་བྱེད་པ་དང་། རྗེ་བཙུན་གྱི་གསུང་ཆོས་ཀྱི་སྒྲ་རྣ་བས་ལྷང་ལྷང་བར་ཐོས་པའི་མོས་པ་ཤུགས་དྲག་པོ་ཡུན་མི་ཐུང་ཙམ་བྱ་སྟེ་དགེ་བའི་ཞིང་སྐྱོད་དུ་འགྲོ་བ་དང་། ཕྱི་མར་གནས་དེར་སྐྱེ་བའི་བག་ཆགས་འཇོག་པ་སོགས་ཀྱི་དགོས་པ་ཤིན་ཏུ་ཆེ། དེ་ནས་རྗེ་བཙུན་གྱི་ཐུགས་ཀ་གསེར་གྱི་གཏན་པ་ཕྱེས་པ་ལྟ་བུ་ལ་དཔལ་བེའུའི་དྲ་མིག་ཁྲ་སེང་བའི་དཔུས་སུ་སྤྲིན་དཀར་པོ་ལྡིང་བའི་སྟེང་ན་རྗེ་བླ་མ་སྐུ་མདོག་དཀར་ལ་དམར་བའི་མདངས་ཆགས་པ་ཕྱག་གཉིས་ཐུགས་ཀར་ཆོས་འཁོར་གྱི་ཕྱག་རྒྱ་མཛད་པ་ལས་གཡས་གཡོན་དུ་ཕྱེས་པའི་ཨུཏྤ་ལའི་འདབ་མ་སྙན་གྱི་ཐད་སོར་གནས་པའི་གཡས་སྟེང་ཤེས་རབ་ཀྱི་རལ་གྲི་དང་། གཡོན་སྟེང་ཤེར་ཕྱིན་གྱི་གླེགས་བམ་བསྣམས་པ། དབུ་ལ་གསེར་མདོག་གི་པཎ་ཞྭ་དང་སྐུ་ལ་ཆོས་གོས་རྣམ་གསུམ་གསོལ་བ་ཞབས་རྡོ་རྗེའི་སྐྱིལ་ཀྲུང་གིས་བཞུགས་པའི་གཡས་ཕྱོགས་རྒྱལ་ཚབ་ཐམས་ཅད་མཁྱེན་པ་དབུ་ཙུང་ཟད་འདུད་པའི་རྣམ་པ་

དང་། གཡོན་ཕྱོགས་མཁས་གྲུབ་ཐམས་ཅད་མཁྱེན་པ་སྐུ་ཅུང་ཟད་འགྱིང་བ་ལྟ་བུ། གཉིས་ཀའང་སྐུ་མདོག་དང་ན་བཟའ་སོགས་གཙོ་བོ་དང་འདྲ་བ་ལ་ཕྱག་གཡས་ཆོས་འཆད་དང་། གཡོན་མཉམ་གཞག་གི་སྟེང་ན་གླེགས་བམ་བསྣམས་པ་ཞབས་རྡོ་རྗེའི་སྐྱིལ་ཀྲུང་གིས་བཞུགས་པ་གསུམ་གསལ་ལེགས་པར་བཏབ་ཅིང་། གཞན་ཡང་བྱམས་མགོན་གྱི་ཐུགས་ཀ་ནས་འོད་ཟེར་གྱི་སྣེ་ལ་གང་འདུལ་གྱི་སྤྲུལ་པ་སྣ་མེད་དུ་འཕྲོ་བ་དང་། སྤྱུག་པར་མཛད་པར་བསམ། དེ་ནས་རྗེ་བླ་མ་ལ་སྐུ་གསུང་ཐུགས་ཀྱི་ཡོན་ཏན་དྲན་པའི་དད་གུས་ཆེན་པོའི་སྒོ་ནས་བདག་གི་མགོན་སྐྱབས་དང་དཔུང་གཉེན་གྱི་སླད་དུ་འདིར་གཤེགས་ན་ཅི་མ་རུང་སྙམ་པའི་གདུང་ཤུགས་དྲག་པོས། དགའ་ལྡན་ལྷ་བརྒྱའི་མགོན་གྱི་ཐུགས་ཀ་ནས། །རབ་དཀར་ཞོ་གསར་སྤུངས་འདྲའི་ཆུ་འཛིན་རྩེར། །ཆོས་ཀྱི་རྒྱལ་པོ་ཀུན་མཁྱེན་བློ་བཟང་གྲགས། །སྲས་དང་བཅས་གནས་འདིར་གཤེགས་སུ་གསོལ། །ཞེས་སྤྱན་དྲངས་པས་བྱམས་མགོན་གྱི་ཐུགས་ཀ་ནས་སྤྲིན་དཀར་པོ་དར་དཀར་བརྒྱུང་པ་འདྲ་བའི་སྟེར་རྗེ་ཡབ་སྲས་གསུམ་བཞུགས་པ་རང་གི་མདུན་ཐད་ཡེར་གྱིས་བྱོན་པའི་མཐའ་སྐོར་དུ་བླ་མ་ཡི་དམ་སངས་རྒྱས་བྱང་སེམས་དཔའ་བོ་མཁའ་འགྲོ་ཆོས་སྐྱོང་སྲུང་མའི་ཚོགས་ཐམས་ཅད་ཀྱིས་བསྐོར་བ་ཁྲིམ་ཚོགས་ལྟ་བུའམ། ཡང་ན་རྗེ་ཡབ་སྲས་གསུམ་པོ་སྐྱབས་གནས་ཀུན་འདུས་ཀྱི་བདག་ཉིད་དུ་མོས་པས་ཀྱང་ཆོག་སྟེ་ཕྱི་མ་ཀུན་འདུས་ནོར་བུ་ལུགས་སོ། །དེ་ཡང་གསང་བདག་ལས་ཀྱི་རྡོ་རྗེར། ཡི་དམ་ལྷས། བྱམས་པ་ཉིད་ལ་བསླབ་བཏུས་ཞུས་ཞེས་ལུང་བསྟན་པ་ལྟར་རྗེ་ཙོང་ཁ་པར་བསླབ་བཏུས་གསན་པའི་ཚེ། གྲུབ་ཆེན་རིན་པོ་ཆེས་རྗེའི་དབུ་སྟེང་དུ་བྱམས་པ། སྐུ་དཔུང་གཡས་པར་འཇམ་དབྱངས། གཡོན་པར་ལྷ་མོ་དབྱངས་ཅན་མ་བཞུགས་པར་གཟིགས་པ་དང་། རྗེ་སྐུ་དྲུང་དུ་ཕེབས་པར་ཉེ་སྐབས། མགོན་པོ་བྱམས་པ་འབྱོན་གྱིན་ཡོད་ཟེར་བའི་ལུང་བསྟན་བྱུང་བ་སོགས་རྗེ་བླ་མ་བྱམས་པ་དང་ངོ་བོ་གཅིག་ཡིན་པ་དང་། ཐ་མལ་པའི་ངོར་སྐུ་ཚེ་དེའི་རྗེས་མ་དགའ་ལྡན་དུ་རྒྱལ་སྲས་འཇམ་དཔལ་སྙིང་པོ་ཞེས་པར་འཁྲུངས་པའི་ལུང་བསྟན་བཞིན་སྤྲུལ་པ་ཞིག་ཞིང་དེར་བྱམས་མགོན་གྱི་སྲས་ཀྱི་ཐུ་བོར་བཞུགས་པའི་ཚུལ་བསྟན་པ་སོགས་ལ་དགོངས་ནས་འདིར་རྗེ་བཙུན་གྱི་ཐུགས་ཀ་ནས་སྤྱན་འདྲེན་པར་མཛད་པ་ཡིན་ཞེས་གསུངས།

གཉིས་པ་ནི། དེ་ལྟར་བསོད་ནམས་ཀྱི་ཞིང་སྤྱན་དྲངས་པ་ལ་ཡན་ལག་བདུན་གྱིས་ཚོགས་

གསོག་པའི་ཐོག་མར་མྱ་ངན་ལས་མི་འདའ་བར་གསོལ་བ་གདབ་པ་ནི། མདུན་གྱི་ཐད་དྲང་དུ་སེང་གེའི་ཁྲི་ཡངས་ཤིང་རྒྱ་ཆེ་བ་དང་། གཡས་གཡོན་དུ་དེ་ལས་དམའ་བའི་སེང་གེའི་ཁྲིར་པདྨ་དང་ཟླ་བའི་གདན་ལ་རྗེ་ཡབ་སྲས་གསུམ་བཞུགས་པར་མོས་ནས། བདག་དང་བདག་འདྲའི་སེམས་ཅན་སྣང་དོར་གྱི་གནས་ལ་མིག་ལོང་བ་ལྟ་བུ་རྣམས་ཀྱི་ལོང་ཁྲིད་དང་། ཉོན་མོངས་པའི་ནད་ཤུགས་དྲག་པོས་གཙེས་པ་རྣམས་གསོ་བྱེད་ཀྱི་སྨན་པ་དང་སྡུག་བསྔལ་གྱི་རྒྱ་མཚོ་ཆེན་པོའི་གློང་དུ་བྱིང་བ་རྣམས་འདྲེན་བྱེད་ཀྱི་མཉན་པ་ལྟ་བུར་མགོན་མེད་སྐྱབས་མེད་དུ་ལུས་པ་བདག་ཅག་གི་སྐྱབས་གནས་ཁྱེད་ལས་གཞན་སུ་ལ་རེ་བས་བདག་ཅག་གི་མགོན་དང་། མདོ་སྔགས་ཀྱི་བསྟན་པའི་གནད་དྲི་མ་མེད་པ་རྣམས་བཤད་སྒྲུབ་ཀྱིས་དར་ཞིང་རྒྱས་པའི་སླད་དུ་བསྐལ་བརྒྱར་མི་གཡོ་བར་བཞུགས་སུ་གསོལ་ལོ་སྙམ་ནས། མདུན་གྱི་ནམ་མཁར་སེང་ཁྲི་པད་ཟླའི་སྟེང་། རྗེ་བཙུན་བླ་མ་དགྱེས་པའི་འཛུམ་དཀར་ཅན། །བདག་བློ་དད་པའི་བསོད་ནམས་ཞིང་མཆོག་ཏུ། །བསྟན་པ་རྒྱས་ཕྱིར་བསྐལ་བརྒྱར་བཞུགས་སུ་གསོལ། །ཞེས་གསོལ་བ་གདབ། འདིར་ཐོག་མར་མྱ་ངན་ལས་མི་འདའ་བར་གསོལ་བའི་ཡན་ལག་འབྱུང་བ་ནི། ཚོགས་གསོག་པའི་ཞིང་འགྲན་ཟླ་མེད་པ་ནི་བླ་མ་ཡིན་ལ། དེ་ལ་ཚོགས་གསོག་པ་ལ་ཚོགས་ཀྱི་ཞིང་དུ་བརྟན་པར་བཞུགས་པ་ཞིག་དགོས་པས་ཐོག་མར་བརྟན་བཞུགས་ཀྱི་གསོལ་བ་གདབ་པ་ཡིན་གསུངས། ཕྱག་འཚལ་བའི་ཡན་ལག་ནི། རང་གི་ལུས་ཞིང་གི་རྡུལ་གྲངས་དང་མཉམ་པར་སྤྲུལ་པ་རྣམས་དང་སེམས་ཅན་ཐམས་ཅད་ཀྱིས་ཀྱང་ལུས་ཀྱིས་ཕྱག་འཚལ་བ་དང་ངག་གིས་བསྟོད་དབྱངས་བརྗོད་པ་དང་ཡིད་ཀྱིས་དད་གུས་ཆེན་པོས་གསོལ་བ་གདབ་པར་མོས་ནས། ཤེས་བྱ་ཐམས་ཅད་རེས་འཇོག་མ་ཡིན་པར་སྐད་ཅིག་གཅིག་གིས་དུས་ཅིག་ཅར་དུ་མངོན་སུམ་དུ་གཟིགས་པའི་ཐུགས་རྣམ་པ་ཐམས་ཅད་མཁྱེན་པ་དང་བརྗོད་པ་གཅིག་ལ་ཡང་སྐལ་ལྡན་གྱི་འགྲོ་བ་རང་རང་གི་སྐད་དང་དབང་པོར་འཚམས་པའི་ཆོས་སུ་གོ་ནས་གནས་སྐབས་དང་མཐར་ཐུག་གི་དགེ་ལེགས་སྟེར་བར་མཛད་པའི་གསུང་དང་། འཁོར་ལོས་སྒྱུར་བ་དང་། ཉན་རང་དང་སོ་སྐྱེ་ཕལ་པ་ཐམས་ཅད་ཀྱི་བསོད་ནམས་བརྒྱ་འགྱུར་གྱིས་བ་སྤུ་གཅིག་འགྲུབ་པ་སོགས། བསོད་ནམས་མཐའ་ཡས་དཔག་ཏུ་མེད་པས་བསྒྲུབ་པའི་མཚན་དཔེ་གསལ་རྫོགས་ཀྱི་སྐུའི་ཡོན་ཏན་རྣམས་དྲན་པར་བྱས་ལ། ཤེས་བྱའི་ཁྱོན་ཀུན་འཇལ་བའི་བློ་

གྲོས་ཐུགས། །སྐལ་བཟང་ཐ་བའི་རྒྱན་གྱུར་ལེགས་བཤད་གསུང་། །གྲགས་པའི་དཔལ་གྱིས་ལྷམ་མེར་མཛེས་པའི་སྐུ། །མགོན་པོས་དྲན་པས་དོན་ལྡན་ལ་ཕྱག་འཚལ། །ཞེས་བརྗོད། མཆོད་པའི་ཡན་ལག་ནི། མཛེས་ཤིང་ཡིད་དུ་འོང་བས་མིག་དང་ཡིད་ལ་དགའ་བ་བསྐྱེད་ནུས་པའི་མཆོད་པའི་ལྷ་མོ་ལག་ན་མཆོད་ཡོན། ཞབས་བསིལ། ཞལ་བསིལ། བསང་གཏོར། སིལ་མ་དང་སྤོང་པོའི་མེ་ཏོག་དྲི་ཞིམ་ཞིང་ཁ་དོག་རྣམ་པར་བཀྲ་བ། བདུག་སྤོས་ཀྱི་དུད་སྤྲིན། མུན་སེལ་གྱི་སྣང་བ། བྱུག་པའི་དྲི་ཆབ། རོ་བརྒྱ་ལྡན་པའི་བཟའ་བཏུང་གི་བྱེ་བྲག །འབུད་དགྲོལ་བརྡུང་རྒྱུད་ཀྱི་རོལ་མོའི་བྱེ་བྲག་ཐོགས་པ་བསམ་གྱིས་མི་ཁྱབ་པ་དང་། གཞན་ཡང་གཟུགས་མཛེས་པ། སྒྲ་སྙན་པ། དྲི་ཞིམ་པ། རོ་མངར་བ། རེག་བྱ་འཇམ་པའི་འདོད་ཡོན་སྣ་ལྔ་དང་། རྒྱལ་སྲིད་རིན་ཆེན་བདུན། བཀྲ་ཤིས་པའི་རྟགས་རྫས་ལ་སོགས་པ་དང་། བདག་པོས་མ་བཟུང་བའི་ཆུ་མཚོ། ནགས་ཚལ་མེ་ཏོག །སྨན་གྱི་རི་བོ་སོགས་མདོར་ན་མཉེས་བྱེད་ཀྱི་མཆོད་པའི་བྱེ་བྲག་གང་ཡང་མ་ཚང་བ་མེད་པ་དང་། རྒྱལ་བ་སྲས་བཅས་ཀྱི་ཏིང་ངེ་འཛིན་གྱི་རོལ་པ་ལས་བྱུང་བའི་ཀུན་བཟང་མཆོད་སྤྲིན་གྱི་ཚོགས་ཀྱང་བློས་བླངས་ཏེ་ཕུལ་བསམས་ལ། ཡིད་འོང་མཆོད་ཡོན་སྣ་ཚོགས་མེ་ཏོག་དང་། །དྲི་ཞིམ་བདུག་སྤོས་སྣང་གསལ་དྲི་ཆབ་དང་། །དངོས་བཤམས་ཡིད་སྤྲུལ་མཆོད་སྤྲིན་རྒྱ་མཚོ་འདི། །བསོད་ནམས་ཞིང་མཆོག་ཁྱེད་ལ་མཆོད་པར་འབུལ། །ཞེས་བརྗོད་པས་མཆོད་པ་རྣམས་བདག་གིར་བཞེས་ཏེ་ཐུགས་རྒྱུད་ལ་བདེ་བ་ཁྱད་པར་ཅན་འཁྲུངས་ཏེ་མཉེས་ཤིང་ཚིམ་པར་བསམ། བཤགས་པའི་ཡན་ལག་ནི། རང་གིས་ཐོག་མེད་ནས་འཁོར་བ་འདིར་འཁྱམས་པའི་ཚེ་རབས་སུ་བསགས་པའི་སྡིག་ལྟུང་མཐའ་ཡས་པ་ཞིག་འབྲས་བུ་སྨྱུང་མ་ཟིན་པར་ཡོད་པ་རྣམས་དང་། ཁྱད་པར་ཚེ་འདིར་སྡོམ་གསུམ་དང་འགལ་བའི་བཅས་རང་གི་ཉེས་ལྟུང་ཇི་སྙེད་བསགས་པ་དྲན་པའི་ཡུལ་དུ་གྱུར་པ་རྣམས་ལ་བསྒོམ་གྲང་བྱས་ནས། འདི་དག་དང་གཞན་ཡང་དྲན་པས་མ་ཟིན་པའང་མཐའ་ཡས་པ་ཞིག་ཡོད་པས་འདི་རྣམས་ཀྱི་འབྲས་བུ་ལ་བདག་ཕྱི་མར་དམྱལ་བར་སྐྱེ་བ་སོགས་སྡུག་བསྔལ་ཚད་མེད་པ་མྱོང་དགོས་པར་མ་ཟད། ཚེ་འདི་ལ་ཡང་ཡོན་ཏན་སྐྱེ་བ་ལ་གེགས་བྱེད་པ་སོགས་ཀྱི་ཉེས་དམིགས་ཤིན་ཏུ་ཆེ་བར་འདུག་པས་ཅི་རང་དྲག་འདི་ལྟ་བུའི་སྡིག་པ་བསག་པ་ལ་ཨང་སྨམ་པའི་འགྱོད་སེམས་དུག་ཁོང་དུ་སོང་བ་ལ་འགྱོད་པ་ལྟར་

ཞུགས་དྲག་པོ་དང་། ད་ཕྱིན་ཆད་འདི་འདྲའི་སྡིག་པ་མི་བགྱིད་སྙམ་པའི་སྡོམ་སེམས་ཀྱི་སྒོ་ནས། སྐྱབས་ཡུལ་རྣམས་ཀྱི་སྤྱན་སྔར་སྡིག་པ་རྣམས་མི་འཆབ་པར། གདུང་བའི་ངོ་ནོད་ཀྱིས་བཤགས་པར་མོས་ཏེ། བདག་གིས་ཐོག་མེད་དུས་ནས་བསགས་པ་ཡི། །ལུས་ངག་ཡིད་ཀྱི་སྡིག་པ་ཅི་བགྱིས་དང་། །ཁྱད་པར་སྡོམ་པ་གསུམ་གྱི་མི་མཐུན་ཕྱོགས། །སྙིང་ནས་འགྱོད་པ་དྲག་པོས་སོ་སོར་བཤགས། །ཞེས་བརྗོད་པས། བཤགས་ཡུལ་རྣམས་ཀྱི་སྐུ་ལས་འོད་ཟེར་འཕྲོས་པ་རང་གི་ལུས་ངག་ཡིད་གསུམ་ལ་ཕོག་པས་སྡིག་སྒྲིབ་ཐམས་ཅད་མུན་ཁུང་དུ་ཉི་ཟེར་བཞུགས་པ་བཞིན་སངས་ཀྱིས་སྦྱངས་བའི་མོས་ཿཔ་བྱ་ལ། གཞན་སེམས་ཅན་ཐམས་ཅད་ཀྱི་སྡིག་སྒྲིབ་སྦྱོང་བའི་དམིགས་པ་བྱས་ནའང་ལེགས་པས་ཞིབ་པར་མན་ངག་ལས་ཤེས་པར་བྱ། བཤགས་ཡུལ་གསལ་བཏབ་པ་ལ་མོས་གུས་ཀྱིས་སྐྱབས་སུ་འགྲོ་བ་དང་། རང་འདྲའི་འགྲོ་བ་སྡིག་པའི་རྒྱུ་འབྲས་ལ་སྤྱོད་པ་རྣམས་ཀྱི་ངང་ཚུལ་བསམ་ནས་སྙིང་རྗེ་ཞུགས་ཅན་བསྐྱེད་དེ་ཉམ་ཐག་འདི་རྣམས་ཀྱི་ཕྱིར་དུ་བདག་གིས་སངས་རྒྱས་ཀྱི་གོ་འཕང་ཞིག་ཐོབ་ན་སྙམ་པའི་བྱང་ཆུབ་ཀྱི་སེམས་དུ་རེ་བ་བསྐྱེད་པ་གཉིས་ནི་རྟེན་གྱི་སྟོབས། སྔོན་ཆད་སྡིག་པ་བྱས་བ་ལ་འགྱོད་པ་རྣམ་པར་སུན་འབྱིན་པའི་སྟོབས། སླན་ཆད་མི་བྱེད་པར་སྡོམ་པ་ཉེས་པ་ལས་སླར་ལྡོག་པའི་སྟོབས། བླ་མ་ཚོགས་ཞིང་དུ་གསལ་བ་ལ་ཕྱག་འཚལ་མཆོད་འབུལ་སོགས་བགྱིས་པ་དང་། བཤགས་པའི་འཁོར་གསུམ་ལ་མི་དམིགས་པས་རྒྱས་འདེབས་པ་གཉེན་པོ་ཀུན་སྤྱོད་ཀྱི་སྟོབས་ཡིན་པས་དེ་བཞི་ཚང་བའི་སྒོ་ནས་སྡིག་པ་བཤགས་པས་ཤིན་ཏུ་སྟོབས་ཆེ་བའང་སྦྱོང་བར་ནུས་པའི་ཐབས་བླ་ན་མེད་པའོ། །རྗེས་སུ་ཡི་རང་བའི་ཡན་ལག་ནི། རྗེ་བླ་མའི་སྐུ་ཆེ་གཞན་དང་འདིར་ཕལ་པའི་བློས་དཔག་པར་མི་ནུས་པའི་གསང་བ་གསུམ་གྱི་མཛད་པ་རྣམས་ལྟ་ཅི། ཚུར་མཐོང་གི་བློ་རང་ག་བས་གཞལ་བར་ནུས་པའི་སྐུ་ཆེ་འདིའི་མཛད་པ་སྐུ་ན་ཕྲ་མོ་ནས་མདོ་སྔགས་ཀྱི་གཞུང་ཕྱོགས་རེ་བ་ཙམ་མ་ཡིན་པར་རྒྱུད་སྡེ་བཞི་དང་བཅས་ཕྱིན་ཐེག་པའི་སྡེ་སྣོད་གསུམ་ལ་འགྲེལ་བྱེད་ཚད་མར་གྱུར་པའི་མཁས་གྲུབ་རྣམས་དང་གྲུབ་མཐའ་བཞིའི་བཞེད་སྲོལ་ཕྲ་ཞིང་ཕྲ་བ་ལའང་ཕུ་ཐག་ཆོད་པར་སྦྱངས་པས་མཁས་པ་གངས་ཅན་གྱི་སྟོན་ཆེན་སུས་ཀྱང་འགྲན་ཟླ་མེད་པར་གྱུར་པ་དང་། གང་ཐོས་པ་དེ་རྣམས་ཀྱང་ཐོས་ལོ་ཙམ་མ་ཡིན་པར་གཞུང་ལུགས་ཐམས་ཅད་གདམས་ངག་ཏུ་ཤར་ནས། ཐོས་དོན་མཐའ་དག་ལ་འདོར་རྒྱུ་སྤུ་ཙམ་ཡང་

མེད་པར་སྨིན་གྲོལ་གྱི་ཐབས་ཟབ་མོར་གཟིགས་ནས་བསམ་པ་དང་བསྒོམ་པས་ཚུལ་བཞིན་སྒྲུབ་པ་ལ་བརྩོན་པ་དང་། ད་ཡང་ཆོས་བརྒྱད་ཀྱི་བསླད་པ་ཕྲ་མོ་ཙམ་ཡང་མ་ཞུགས་པར། བསྟན་པ་དང་གཞན་གྱི་དོན་ཕོ་ནར་ཐུགས་ཉམས་སུ་བཞེས་པས་མཆོག་དང་ཐུན་མོང་གི་དངོས་གྲུབ་ཐམས་ཅད་བརྙེས་ནས་རང་ཉིད་གྲུབ་པ་མཆོག་གི་སར་གཤེགས་སྐལ་ལྡན་གྱི་གདུལ་བྱ་ལ་བླ་མེད་ཀྱི་རིམ་པ་གཉིས་ལ་སོགས་པ་རྒྱུད་སྡེ་བཞིའི་ཐུན་མོང་མ་ཡིན་པ་དང་ཟབ་མོ་དབུ་མའི་ལྟ་བ་ལ་སོགས་པ་ཕར་ཕྱིན་ཐེག་པའི་ཐུན་མོང་བའི་ལམ་གྱི་གནད་ཐམས་ཅད་གསལ་ལ་རྫོགས་པ་གངས་ཅན་འདིར་སྔོན་ཅྱོན་གྱི་མཁས་གྲུབ་སུས་ཀྱང་སྟོན་པར་མ་ནུས་པའི་ལེགས་བཤད་ཀྱིས་ལྷུག་པར་བསྟན་ནས་ད་ལྟའི་བར་དུའང་མཐའ་དབུས་ཀུན་ཏུ་བསྟན་པ་ཡོངས་རྫོགས་ལ་ཕྱོགས་མཐོང་ཙམ་གྱིས་ཐོས་བསམ་བསྒོམ་པ་བྱེད་པ་འདི་ཐམས་ཅད་རྗེ་འདི་ཉིད་ཀྱི་བཀའ་དྲིན་ཡིན་པ་གཟུར་གནས་ཀྱིས་བལྟས་ན་ཤེས་པས་དེ་འདྲའི་རྣམ་པར་ཐར་པ་དྲན་པར་བྱས་ལ་སེམས་དགའ་པས་ཡི་རང་བ་དང་། བདག་གིས་ཀྱང་འདི་ལྟ་བུའི་རྣམ་ཐར་སྐྱོང་ནུས་པར་ཤོག་ཅིག་སྙམ་ནས་སྙིགས་མའི་དུས་འདིར་མང་ཐོས་སྒྲུབ་ལ་བརྩོན། །ཆོས་བརྒྱད་སྤངས་པའི་དལ་འབྱོར་དོན་ཡོད་བྱེད། །མགོན་པོ་ཁྱོད་ཀྱི་རྣམ་ཐར་ཆེན་མཛད་པ་ལ། །བདག་ཅག་བསམ་པ་ཐག་པས་ཡི་རང་ངོ་། །ཞེས་བརྗོད། ཆོས་འཁོར་བསྐོར་བར་བསྐུལ་བའི་ཡན་ལག་ནི། །རྗེ་ཡབ་སྲས་རྣམས་ཀྱི་ཐུགས་སྒྲིབ་པ་བག་ཆགས་དང་བཅས་པ་དག་པས་བདེ་སྟོང་གི་འོད་གསལ་ལས་ནམ་ཡང་གཡོ་བ་མེད་བཞིན་དུ་སྔོན་གྱི་སྨོན་ལམ་དང་ཐུགས་རྗེའི་ཤུགས་ཀྱིས་གང་འདུལ་གྱི་གདུལ་བྱ་ལ་སྐུ་གསུང་ཐུགས་ཀྱི་སྣང་བ་འབད་མེད་ལྷུན་གྲུབ་ཏུ་འཆར་བས་ན། དཔེར་ན་ནམ་མཁའ་གཡའ་དག་པ་ལ་སྤྲིན་འཁྲིགས་པ་ལས་ཆར་གྱི་རྒྱུན་ས་གཞིར་འབབ་མེད་དུ་འབབ་པ་བཞིན་ཆོས་སྐུའི་མཁའ་དབྱིངས་སུ་མཁྱེན་དང་བརྩེ་བའི་སྤྲིན་འཁྲིགས་པ་ལས་ཟབ་པ་དང་རྒྱ་ཆེ་བའི་དམ་ཆོས་ཀྱི་ཆར་བདག་ཅག་གདུལ་བྱ་རྣམས་ཀྱི་བློ་གྲོས་ཀྱི་ས་གཞིར་ཆད་མེད་དུ་དབབ་ཏུ་གསོལ་སྙམ་པས། རྗེ་བཙུན་བླ་མ་དམ་པ་ཁྱེད་རྣམས་ཀྱིས། །ཆོས་སྐུའི་མཁའ་ལ་མཁྱེན་བརྩེའི་སྤྲིན་འཁྲིགས་ནས། །ཇི་ལྟར་འཚམས་པའི་གདུལ་བྱའི་འཛིན་མ་ལ། །ཟབ་རྒྱས་ཆོས་ཀྱི་ཆར་པ་དབབ་ཏུ་གསོལ། །ཞེས་བརྗོད་ལ། འདི་དང་མྱ་ངན་ལས་མི་འདའ་བར་གསོལ་བ་གཉིས་ལ་གང་གསོལ་བ་ལྟར་ཞལ་གྱིས་བཞེས་

པའི་སྨོས་འདུན་བྱ། བསྔོ་བའི་ཡན་ལག་ནི། བདག་གིས་ལམ་ཟབ་མོ་བླ་མའི་རྣལ་འབྱོར་བསྒོམས་པ་འདིས་མཚོན་དུས་གསུམ་བསགས་དང་བསག་བཞིན་གསོག་འགྱུར་གྱི་དགེ་ཚོགས་ཇི་སྙེད་པ་ཐམས་ཅད་སྤྱིར་བསྟན་པ་རྒྱས་པ་དང་། མཁའ་ཁྱབ་ཀྱི་འགྲོ་བ་མཐའ་དག་ལ་གང་ཕན་པའི་ཐབས་དང་། ཁྱད་པར་རྗེ་བླ་མའི་མདོ་སྔགས་ལུང་རྟོགས་ཀྱི་བསྟན་པ་དྲི་མེད་འདི་ཉིད་ཕྱོགས་དུས་གནས་སྐབས་ཐམས་ཅད་དུ་མི་མཐུན་ཕྱོགས་ཀྱི་དྲི་མས་མ་གོས་པར་ཉི་མ་བཞིན་དུ་གསལ་བར་བྱེད་ནུས་པའི་རྒྱུར་གྱུར་ཅིག་སྙམ་དུ་བསམས་ནས། བདག་གིས་ཇི་སྙེད་བསགས་པའི་དགེ་བ་འདིས། །བསྟན་དང་འགྲོ་བ་ཀུན་ལ་གང་ཕན་དང་། །ཁྱད་པར་ཆོས་ཀྱི་རྒྱལ་པོ་ཙོང་ཁ་པའི། །བསྟན་པའི་སྙིང་པོ་རིང་དུ་གསལ་བྱེད་ཤོག །ཅེས་བརྗོད་ལ་འདི་ནི་དགེ་བ་ཆུང་ངུ་ཡང་རྒྱ་ཆེར་འཕེལ་ཞིང་། བྱང་ཆུབ་ཀྱི་བར་དུ་མི་མཛད་པའི་ཐབས་བླ་ན་མེད་པ་ཡིན་པར་མ་ཟད་རྒྱལ་བའི་བསྟན་པ་འཛིན་པའི་སྨོན་ལམ་འདི་ཉིད་རྒྱལ་སྲས་ཀྱི་སྨོན་ལམ་བཏབ་པ་ཇི་སྙེད་ཐམས་ཅད་དམ་ཆོས་འཛིན་པའི་སྨོན་ལམ་གྱི་ནང་དུ་འདུས་པར་གསུངས་པས་བསྔོ་པ་སྨོན་ལམ་ཐམས་ཅད་འདུས་པའི་བསྔོམས་ལྟ་བུ་མཆོག་གོང་ན་མེད་པའོ། །གསུམ་པ་གསོལ་བ་བཏབ་ནས་དངོས་གྲུབ་ཞུ་བ་ནི། དམིགས་བརྩེ་མ་ཅི་འགྲུབ་ཀྱི་སྒོ་ནས་གསོལ་བ་གདབ་པར་བྱ་ལ། དེ་ཡང་བྱང་ཆུབ་སེམས་དཔའ་ཐམས་ཅད་ཀྱི་ནང་ནས་དམིགས་པ་མེད་པའི་བརྩེ་བ་ཆེན་པོའི་གཏེར་ཆེན་པོ་མངའ་བ་ལ་འཕགས་པ་སྤྱན་རས་གཟིགས་འཇམ་ནྲ་དང་ཁྲལ་བ་དང་། ཇི་ལྟ་ཇི་སྙེད་ཀྱི་ཤེས་བྱའི་གནས་ཐམས་ཅད་ལ་དྲི་མ་མེད་པའི་མཁྱེན་རབ། བྱང་སེམས་ཐམས་ཅད་ཀྱི་ནང་ནས་འཇམ་ནྲ་དང་ཁྲལ་བ་འཇམ་དཔལ་དབྱངས་ཡིན་པ་དང་མཚུངས་པར། བོད་འདིར་སྟོན་ཕྱོན་གྱི་མཁས་པ་ཐམས་ཅད་ཀྱི་ནང་ན་མདོ་སྔགས་གང་གི་སྐབས་སུའང་གཟུ་བོའི་བློས་ཞིབ་པར་བརྟགས་ན་རྗེ་འདི་ཉིད་ཀྱི་མཁྱེན་པ་དང་མཉམ་པ་སུ་ཡང་མེད་པར་ལེགས་བཤད་རྣམས་ལས་དཔགས་ཏེ་ཤེས་ནུས་པ་བཞིན་གངས་ཅན་གྱི་མཁས་པ་ཐམས་ཅད་ཀྱི་ནང་ན་འཇམ་ནྲ་མེད་པས་གཙུག་གི་རྒྱན་དུ་གྱུར་པ་ཤར་ཕྱོགས་ཙོང་ཁའི་ཡུལ་དུ་སྐུ་འཁྲུངས་པ་བློ་བཟང་གྲགས་པའི་དཔལ་གྱི་སྐུའི་ཆ་དམའ་ཞབས་ཞབས་ཀྱི་པད་མོ་ལ་བདག་གི་སྤྱི་བོས་བཏུད་ནས་གསོལ་བ་འདེབས་སོ་བདག་ཀྱང་ཁྱེད་རང་ལྟ་བུར་མཁས་པའི་ཡོན་ཏན་ཐུལ་དུ་ཕྱིན་པ་ཐོབ་པར་བྱིན་གྱིས་བརླབ་ཏུ་གསོལ་སྙམ་དུ

སེམས་པ་ནི་ཕྱི་མཚུངས་པ་གསལ་བྱེད་ཀྱི་སྒོ་ནས་གསོལ་བ་གདབ་པ་རྗེ་བླ་མའི་ཕྱི་སྒྲུབ་ཡིན་ལ། གསོལ་བ་ནི་ཞུ་བ་དང་འདེབས་པ་ནི་འབུལ་བའི་དོན་ཏེ་ཞུ་བ་འབུལ་ཞེས་པའོ། །ཡང་དམིགས་པ་མེད་པའི་སྙིང་རྗེ་ཆེན་པོས་འགྲོ་ལ་རྟག་ཏུ་གཟིགས་པའི་ཡོན་ཏན་མངའ་བ་ལ་སྤྱན་རས་གཟིགས་དང་། བདེན་གཉིས་ཀྱི་ཤེས་བྱའི་གནས་ཐམས་ཅད་ལ་མཁྱེན་པ་དྲི་མ་མེད་པ་མངའ་བའི་དབང་པོར་གྱུར་པ་ལ་རྗེ་བཙུན་འཇམ་དཔལ་དབྱངས་དང་འདྲ་བ་སྟེ། མདོར་ན་སྙིང་རྗེ་དང་མཁྱེན་རབ། སྤྱན་རས་གཟིགས་དང་འཇམ་དབྱངས་ཀྱི་ཐུགས་རྒྱུད་ལ་ཇི་ལྟར་མངའ་བ་དེ་ལྟ་བུ་དང་ལྡན་པའི་རྗེ་ཙོང་ཁ་པ་ལ་གསོལ་པ་འདེབས་སོ། །བདག་ཀྱང་སྒྲུབ་པ་ལྟར་བླངས་ནས་རྫོགས་པའི་ཡོན་ཏན་ཁྱད་པར་ཅན་དེ་ལྟ་བུ་ཐོབ་པར་བྱིན་གྱིས་བརླབ་ཏུ་གསོལ་སྙམ་པ་ནི་ནང་ཡོན་ཏན་དེ་ལྡན་གྱི་སྒོ་ནས་གསོལ་བ་འདེབས་པ་རྗེ་བླ་མའི་ནང་སྒྲུབ་པོ། །ཡང་རྒྱལ་བ་ཐམས་ཅད་ཀྱི་བརྩེ་བ་གཅིག་ཏུ་བསྡུས་པའི་ངོ་བོ་ལྟར་ཤར་བ་ནི་འཕགས་པ་སྤྱན་རས་གཟིགས་ཡིན་ལ། རྗེ་འདི་ཡང་དེ་དང་ངོ་བོ་གཅིག་ཡིན་པས་རྒྱལ་བ་ཐམས་ཅད་ཀྱི་སྙིང་རྗེའི་བདག་ཉིད་ཡིན་ཅིང་། རྒྱལ་བ་ཐམས་ཅད་ཀྱི་མཁྱེན་རབ་གཅིག་ཏུ་བསྡུས་པའི་ངོ་བོ་ནི་རྗེ་བཙུན་འཇམ་དབྱངས་ཡིན་ལ། རྗེ་འདི་རྗེ་བཙུན་འཇམ་དབྱངས་ཉིད་མིའི་རྣམ་པར་བསྟན་པ་ཡིན་པས་རྒྱལ་བ་ཐམས་ཅད་ཀྱི་མཁྱེན་པའི་ངོ་བོ་ཡིན་པ་དང་། སངས་རྒྱས་ཐམས་ཅད་ཀྱི་མཐུ་ནུས་གཅིག་ཏུ་བསྡུས་པའི་ངོ་བོ་ལྟར་ཤར་བ་ནི་དཔལ་གསང་བའི་བདག་པོ་ཡིན་ལ། རྗེ་འདི་ཡང་དེ་དང་ངོ་བོ་གཅིག་ཡིན་པས། རྒྱལ་བ་ཀུན་གྱི་མཐུ་སྟོབས་ཀྱི་བདག་ཉིད་དུའང་གྲུབ་ལ་དེ་ལྟར་རིགས་གསུམ་གྱི་ངོ་བོ་རྗེ་ཙོང་ཁ་པ་བློ་བཟང་གྲགས་པའི་སྐུའི་ཆ་དམའ་ཤོས་ཞབས་ཀྱི་པདྨར་བདག་གི་མགོ་བོས་བཏུད་དེ་གསོལ་བ་འདེབས་སོ། །བདག་ཀྱང་ཁྱེད་རང་ལྟ་བུར་ལྷག་པའི་ལྷ་རིགས་གསུམ་མགོན་པོའི་མཁྱེན་བརྩེ་ནུས་གསུམ་གྱི་ཡོན་ཏན་ཐམས་ཅད་ཐོབ་པར་བྱིན་གྱིས་བརླབ་ཏུ་གསོལ་སྙམ་པས། དམིགས་མེད་བརྩེ་བའི་གཏེར་ཆེན་སྤྱན་རས་གཟིགས། །དྲི་མེད་མཁྱེན་པའི་དབང་པོ་འཇམ་དཔལ་དབྱངས། །བདུད་དཔུང་མ་ལུས་འཇོམས་མཛད་གསང་བའི་བདག །གངས་ཅན་མཁས་པའི་གཙུག་རྒྱན་ཙོང་ཁ་པ། །བློ་བཟང་གྲགས་པའི་ཞབས་ལ་གསོལ་བ་འདེབས། །ཞེས་བརྗོད་པ་ནི་གསང་བ་ལྷག་པའི་ལྷ་དང་ངོ་བོ་དབྱེར་མེད་དུ་གསོལ་བ་འདེབས་པ་སྟེ་རྗེ་བླ་མའི་གསང་སྒྲུབ་

ཡིན་ལ། དེ་ཡང་། བདག་ཉིད་ཆེན་པོ་འདི་མགོན་པོ་འཇམ་དབྱངས་ཡིན་པར་སྟོར་དྲངས་པའི་འཇམ་དཔལ་རྩ་རྒྱུད་ཀྱི་ལུང་བསྟན་སོགས་ལས་གསལ་བར་འགྲུབ་ཅིང་། དེ་ལྟར་ན། བཀའ་གདམས་གླེགས་བམ་ལས། འཕགས་པ་རིགས་གསུམ་མགོན་པོ་ངོ་བོ་གཅིག་པར་གསུངས་པས། རྗེ་འདི་རིགས་གཞན་གཉིས་ཀྱི་རྣམ་རོལ་ཡིན་པའང་འགྲུབ་པར་མ་ཟད་གསང་བའི་རྣམ་པར་ཐར་པར་ཟུར་ཙམ་གསལ་བས་མཚོན་ཚད་མའི་ལུང་རིགས་གཞན་གྱིས་ཀྱང་སྤྱན་རས་གཟིགས་དང་གསང་བདག་དང་ངོ་བོ་གཅིག་པར་སྒྲུབ་ཏུ་ཡོད། དེ་ནི་རྗེ་བླ་མ་རིགས་གསུམ་གྱི་བདག་ཉིད་དུ་མོས་ནས་གསོལ་བ་འདེབས་པ་ཡིན་ལ། ཡང་རྗེ་འཇམ་དབྱངས་དང་། རྒྱལ་ཚབ་སྤྱན་རས་གཟིགས། མཁས་གྲུབ་གསང་བདག་གི་ངོ་བོར་མོས་ནས་དམིགས་བརྩེ་མས་གསོལ་འདེབས་པའི་འཁྲིད་ཚུལ་ཀྱང་ཡོད་པར་གསུངས། དེ་ལྟར་གསོལ་བ་འདེབས་ཚུལ་གསུམ་གྱི་སྤྱ་མ་ནི། གཙོ་བོར་མཁས་པའམ་ལུང་གི་ཡོན་ཏན་གྱི་སྒོ་ནས་བསྟོད་པ་དང་། ཕྱི་མ་གཉིས་ནི་གྲུབ་པའམ་རྟོགས་པའི་ཡོན་ཏན་གྱི་སྒོ་ནས་བསྟོད་པ་ཡིན་ལ། དེ་རྣམས་དྲན་བཞིན་པའི་སྒོ་ནས་ལེགས་པར་གསོལ་བ་བཏབ་ན་རིགས་གསུམ་མགོན་པོ་ལ་ཡང་གསོལ་བ་གདབ་པར་འགྱུར་བ་དང་། དེ་རྣམས་ཀྱི་གཟུངས་སྔགས་ཟབ་མོ་བཟླས་པ་དང་འདྲ་བའི་ཕན་ཡོན་སོགས་ཐོབ་པར་འགྱུར་པ་གདོན་མི་ཟའོ། །ཚུལ་དེ་ལྟ་བུས་གསོལ་བ་འདེབས་བཞིན་པར་དངོས་གྲུབ་ཞུ་བའི་དམིགས་པ་བྱ་ཚུལ་ནི། མ་དག་འཁྲུད་དང་མི་ཤེས་གསལ། །སྐུ་ཡིས་ཆེ་ཞིང་གསུང་གིས་གསལ། །ས་བོན་མྱུར་བ་ཕྱག་མཚན་ཟབ། །གླེགས་བམ་རལ་གྲི་གླེགས་རལ་གྱིས། །འཆད་དང་རྩོད་དང་རྩོམ་པའོ། །ཞེས་པའི་སྡོམས་ཚིག་ལྟར། མ་དག་པ་འཁྲུད་པའི་དམིགས་སྐོར་སྔོན་དུ་བཏང་ནས་དངོས་གཞི་ལ། སྐུའི་སྒོ་ནས་ཤེས་རབ་ཆེ་བ། གསུང་གི་སྒོ་ནས་གསལ་བ། ཐུགས་ས་བོན་གྱི་སྒོ་ནས་མྱུར་བ། ཕྱག་མཚན་གྱི་སྒོ་ནས་ཟབ་པ། གླེགས་བམ་གྱི་སྒོ་ནས་འཆད་པ། རལ་གྲིའི་སྒོ་ནས་རྩོད་པ། གླེགས་རལ་གཉིས་ཀའི་སྒོ་ནས་རྩོམ་པའི་ཤེས་རབ་སྒྲུབ་ཚུལ་བདུན་ལས། དང་པོ་ནི། དེ་ལྟར་གསོལ་བ་བཏབ་པས་རྗེ་ཡབ་སྲས་གསུམ་མཉེས་ནས་ཐུགས་ཀ་ནས་འོད་དཀར་པོའི་སྦྲུ་གུ་ཕུ་དུང་ལྟ་བུ་བརྐྱང་པའི་སྣེ་མོ་གཅིག་ཏུ་གྱུར་པ་རང་གི་སྤྱི་བོའི་ཚངས་བུག་ལ་ཐུག དེའི་ནང་བརྒྱུད་ངོ་བོ་ཡེ་ཤེས་ལ་རྣམ་པ་བདུད་རྩི་དཀར་པོ་འོ་མའི་རྒྱུན་ལྟ་བུ་དཔག་ཏུ་མེད་པ་བབས། སྤྱི་བོ་ནས་

ཞུགས་ལུས་ཀྱི་ནང་ཐམས་ཅད་གང་བས་ཚེ་རབས་ཐོག་མེད་ནས་བསགས་པའི་སྡིག་སྒྲིབ་དང་མི་ཤེས་པ་ཐམས་ཅད་དུད་ཁུ་དང་སོལ་ཁུའི་རྣམ་པ། ནད་གདོན་ཐམས་ཅད་སྦྲུམ་དང་སྡིག་པ་སྦྲུལ་ལྕོང་ལ་སོགས་པའི་རྣམ་པར། ཟུ་ཆུ་ཆེན་པོས་རྡུལ་སྦུར་ལ་སོགས་པ་དེད་པ་བཞིན་དུ་བ་སྤུའི་སྒོ་ཐམས་ཅད་ནས་ཕྱིར་དེད། ལུས་ཡེ་ཤེས་ཀྱི་བདུད་རྩིས་ཁྲིག་མེར་གྱིས་གང་ཞིང་གསལ་སིང་ངེ་བར་སོང་བར་བསམ། སྐར་ཡང་གསོལ་བ་བཏབ་པས། སྤྱི་གཙུག་ནས་འོད་ཟེར་དམར་སེར་གྱི་རྒྱུན་བབས་སྤྱི་བོ་ནས་ཞུགས་པས་ལུས་ཀྱི་ནང་ཐམས་ཅད་གང་། ཁྱད་པར་བདུད་རྩིའི་རྡུལ་ཕྲ་རབ་ཐམས་ཅད་ཧཱུྃ་བཙུན་འཇམ་དབྱངས་ཀྱི་སྐུའི་རྣམ་པས་བར་མཚམས་མེད་པར་གཏམས་པ། དེ་ཐམས་ཅད་ལས་འོད་ཟེར་འཕྲོས་པས་ཕྱོགས་བཅུའི་རྒྱལ་བ་སྲས་དང་བཅས་པའི་མཁྱེན་རབ་ཐམས་ཅད་ཧཱུྃ་བཙུན་འཇམ་དབྱངས་ཀྱི་སྐུའི་རྣམ་པ་དཔག་ཏུ་མེད་པར་སྤྱན་དྲངས། བ་སྤུའི་བུ་ག་ནས་ཞུགས། ལུས་ཀྱི་ནང་གི་འཇམ་དབྱངས་རྣམས་ལ་ཐིམས་པས་ལུས་ཀྱི་ནང་ཐམས་ཅད་ལྷ་སྐུ་འོད་ཟེར་དང་བཅས་པས་གསལ་སིང་སིང་བར་བྱས་ནས། མ་རིག་པའི་མུན་པ་དང་ཁྱད་པར་བླང་དོར་གྱི་གནས་རྣམས་རང་སྟོབས་ཀྱིས་འབྱེད་པ་ལ་རྨོངས་པ་ཐམས་ཅད་བསལ། ཤེས་བྱ་ཐམས་ཅད་ལ་བློ་གྲོས་ཀྱི་སྣང་བ་རྒྱས། ཕྱི་ཐྲག་གསུང་རབ་ཀྱི་དགོངས་དོན་སོགས་བླང་དོར་གྱི་གནས་ཐམས་ཅད་རང་སྟོབས་ཀྱིས་འབྱེད་ནུས་པའི་ཤེས་རབ་ཆེན་པོ་ཐོབ་བྱུང་སྙམ་པའི་དམིགས་པ་མ་ཡེངས་པར་བྱ། གཉིས་པ་གསུང་གི་སྒོ་ནས་ཤེས་རབ་གསལ་བ་སྒྲུབ་པ་ལ། མ་དག་པ་འབྲུད་ཚུལ་སྔར་བཞིན་བྱས་ནས་གསོལ་བ་བཏབ་པས། བདུད་རྩི་དམར་སེར་གྱི་རྒྱུན་བྱུང་། ལུས་ཀྱི་ནང་ཐམས་ཅད་གང་། ཁྱད་པར་བདུད་རྩིའི་རྡུལ་ཕྲ་རབ་ཐམས་ཅད་ཨ་ར་པ་ཙ་ན་དང་། དམིགས་བརྩེ་མའི་ཡིག་འབྲུའི་རྣམ་པས་ལུས་ཀྱི་ནང་ཁྱབ། དེ་དག་ལས་འོད་ཟེར་འཕྲོས་རྒྱལ་བ་སྲས་བཅས་ཐམས་ཅད་ཀྱི་ཐུགས་རྒྱུད་ཀྱི་གསལ་བའི་ཤེས་རབ་ལ་སོགས་པའི་མཁྱེན་རབ་རྣམས། ཨ་ར་པ་ཙ་ན་དང་དམིགས་བརྩེ་མའི་ཡིག་འབྲུའི་རྣམ་པར་སྤྱན་དྲངས། ལུས་ཀྱི་ནང་གི་ཡིག་འབྲུ་རྣམས་ལ་ཐིམས་པས། ལུས་ཡིག་འབྲུ་འོད་ཟེར་དང་བཅས་པས་གང་བས་མི་ཤེས་པའི་མུན་པ་སྒྲི་བྲེ་བྲག་རྣམས་བསལ། ཀུན་བྱུང་གི་ཆ་ཤས་ཕྲ་ཞིང་ཕྲ་བ་རྣམས་ཀྱང་ཀུ་ཤའི་རྩེ་ལྟར་མ་འདྲེས་པར་ཇི་ལྟ་བ་བཞིན་འབྱེད་ནུས་པའི་ཤེས་རབ་གསལ་བ་ཐོབ་བྱུང་སྙམ་དུ་བསམ། གསུམ་པ་

ཐུགས་ས་བོན་གྱི་སྒོ་ནས་ཤེས་རབ་མྱུར་བ་སྒྲུབ་པ་ནི། མ་དག་པ་འཁྲུད་པ་དང་གཞན་ཐམས་ཅད་སྔར་བཞིན་ལ། བདུད་རྩིའི་རྫུལ་ཕྲ་རབ་རྣམས་ཧྲཱིཿཡིག་གི་རྣམ་པ་དང་། སྤྱན་དྲངས་པའི་མཁྱེན་རབ་རྣམས་ཀྱང་ཧྲཱིཿཡིག་གི་རྣམ་པར་བསྒོམ་པའི་འོད་ཟེར་གྱིས་མི་ཤེས་པ་སྒྲི་བྲེ་བྲག་སྦྱངས། མ་རྟོགས་པ་དང་ཕྱིན་ཅི་ལོག་ཏུ་རྟོག་པ་དང་ཐེ་ཚོམ་གྱི་བློ་སྐྱོན་མ་ཐག་འགོག་ནུས་པའི་ཤེས་རབ་མྱུར་བ་ཐོབ་བྱུང་སྙམ་དུ་བསམ། བཞི་པ་ཕྱག་མཚན་གྱི་སྒོ་ནས་ཟབ་པའི་ཤེས་རབ་སྒྲུབ་པ་ནི། མ་དག་པ་འཁྲུད་པ་སོགས་སྔར་བཞིན་ལ། བདུད་རྩིའི་རྫུལ་ཕྲ་རབ་རྣམས་རལ་གྲི་དང་གླེགས་བམ་གྱི་རྣམ་པ་དང་། སྤྱན་དྲངས་པའི་མཁྱེན་རབ་རྣམས་ཀྱང་གླེགས་རལ་གྱི་རྣམ་པར་ཐིམས་པ་ལས་མི་ཤེས་པ་སྦྱངས། གསུང་རབ་ཀྱི་ཚིག་དོན་གང་ལ་ཡང་ཐོགས་རྡུག་མེད་ཅིང་རིགས་པ་མཐའ་ཡས་པའི་རྣམ་པར་འབྱེད་པ་མཐུག་ནུས་པའི་ཤེས་རབ་ཟབ་མོ་ཚད་བཟུང་མེད་པ་ཐོབ་བྱུང་སྙམ་དུ་བསམ་ལྔ་པ་གླེགས་བམ་གྱི་སྒོ་ནས་འཆད་པའི་ཤེས་རབ་སྒྲུབ་ཚུལ་ནི། མ་དག་པ་འཁྲུད་པ་སོགས་སྔར་བཞིན་ལ། བདུད་རྩིའི་རྫུལ་ཕྲ་རབ་ཐམས་ཅད་གང་འཆད་རྒྱུའི་གླེགས་བམ་གྱི་རྣམ་པ་དང་། རྒྱལ་བ་སྲས་བཅས་སྤྱི་དང་བྱེ་བྲག་འཆད་པ་ལ་ཐོགས་པ་མེད་པའི་མཁས་པ་པཎྜི་ཏ་ལ་སོགས་པ་རྣམས་ཀྱི་འཆད་པའི་ཤེས་རབ་ཐམས་ཅད་སྔར་ལྟ་བུའི་གླེགས་བམ་གྱི་རྣམ་པར་སྤྱན་དྲངས་ནས་ཐིམས་པ་ལས་ལུས་ཀྱི་ནང་གླེགས་བམ་འོད་ཟེར་དང་བཅས་པས་གང་། གསུང་རབ་ཀྱི་ཚིག་དོན་ལ་རྨོངས་པའི་མི་ཤེས་པ་ཐམས་ཅད་སྦྱངས་ནས། ཚིག་དོན་ཇི་ལྟ་བ་བཞིན་ཡིད་དུ་ཆུད་ནས། གཞན་ལ་སྟོན་ནུས་པའི་ཤེས་རབ་ཐོབ་བྱུང་སྙམ་པ་བྱེད། དྲུག་པ་རལ་གྲིའི་འཁོར་ལོའི་སྒོ་ནས་རྩོད་པའི་ཤེས་རབ་སྒྲུབ་པ་ནི། གཞན་ཐམས་ཅད་སྔར་བཞིན་ལ། བདུད་རྩིའི་རྫུལ་ཕྲ་རབ་རྣམས་རལ་གྲིའི་འཁོར་ལོ་ལྟེ་བར་རལ་གྲི་སོ་གཉིས་མ་གྱེན་འགྲེང་གི་ཡུ་བ་གཡེར་ཁའི་ཁ་ལྟ་བུ་ནས་འཐོན་པའི་རལ་གྲིའི་རྩིབས་དྲུག །དབུས་ཀྱི་རལ་གྲིའི་ཡུ་བའི་མཚམས་སུ་ཟླ་གདན་ལ་ཧྲཱིཿཕྱི་ནང་གཉིས་ཀར་གསོལ་བ་དང་། རྩིབས་དྲུག་གི་སྟེང་དུ་མ་རེག་ཙམ་གྱི་ཟླ་གདན་ལ་ཨོཾ་ཨ་ར་པ་ཙ་ན་ཞེས་ཡི་གེ་རེ་རེའམ་དམིགས་བརྩེ་མ། མཚམས་རྣམས་སུ་ཟླ་གདན་ལ་ཧྲཱིཿརེ་དང་བཅས་པའི་འཁོར་ལོའི་རྣམ་པར་གྱུར་བ་དང་། སྤྱི་བྱེ་བྲག་གི་མཁྱེན་རབ་ཀྱང་དེ་ལྟ་བུའི་འཁོར་ལོའི་རྣམ་པར་སྤྱན་དྲངས་ནས་ཐིམ། འཁོར་ལོ་གཡས་སྐོར་དུ་མྱུར་བར་འཁོར་བས་ཕས་རྒོལ་གྱི་

ཡོག་རྟོག་ཐམས་ཅད་འཇོམས་པ་ལ་སྟོངས་པའི་དྲ་བ་ཐམས་ཅད་བཅད། རྟོད་པ་ལ་ཐོགས་པ་མེད་པའི་ཤེས་རབ་ཁྱད་པར་ཅན་ཐོབ་བྱུང་སྙམ་པ་བྱེད། བདུན་པ་གླེགས་རལ་གཉིས་ཀའི་སྒོ་ནས་རྩོམ་པའི་ཤེས་རབ་སྒྲུབ་ཚུལ་ནི། གཞན་སྔར་བཞིན་ལ། བདུད་རྩིའི་རྒྱལ་ཕྲ་རབ་རྣམས་གླེགས་བམ་དང་རལ་གྲིའི་འཁོར་ལོ་སྔར་ལྟ་བུའི་རྣམ་པ་དང་། སྤྱི་དང་བྱེ་བྲག་གི་མཁྱེན་རབ་ཀྱི་ཡོན་ཏན་རྣམས་ཀྱང་དེ་འདྲའི་གླེགས་རལ་གྱི་རྣམ་པར་སྤྱན་དྲངས་ནས་ཐིམས་པས་གང་རྩོམ་པ་ལ་སྟོངས་པའི་མི་ཤེས་པ་ཐམས་ཅད་སྤྱངས་ཤིང་རལ་གྲིས་བཅད། རྩོམ་པ་ལ་ཐོགས་མེད་ཀྱི་ཤེས་རབ་ཁྱད་པར་ཅན་ཐོབ་བྱུང་སྙམ་པ་བྱེད། དམིགས་སྐོར་བདུན་ལས་རང་གི་གང་སྒྲུབ་འདོད་པ་དེ་ཉིད་བྱ་བ་ལས། ཐམས་ཅད་རིམ་བཞིན་བྱ་དགོས་པ་མིན་ཞིང་། གཞན་ཡང་ནད་ཞི་བའི་ཆེད་དུ་བྱེད་ན། བད་ཀན་ལ་བདུད་རྩི་སྔོན་པོ་བསིལ་བའི་རང་བཞིན་ཅན་དང་། མཁྲིས་པ་ལ་དཀར་པོ་བསིལ་བའི་རང་བཞིན་ཅན་དུ་བསྒོམ་པ་ལྟ་བུ་ནད་སོ་སོར་བདུད་རྩིའི་ཁ་དོག་དང་རེག་བྱའི་ཁྱད་པར་བསྒྱུར་བ་དང་། མགོན་པོ་འཇམ་དབྱངས་ཀྱི་བཀའ་ལས། ཞི་བ་དཀར་པོ་པད་དཀར་འཛིན། །མཆོག་སྦྱིན་སྐྱབས་སྦྱིན་ཕྱག་རྒྱ་ཅན། །བུམ་ཆུ་མེ་ལོང་ལ་སོགས་ཏེ། །ཞེས་སོགས་གསུངས་པའི་ཁ་དོག་དང་ཕྱག་མཚན་གྱི་ཁྱད་པར་སོགས་ལས་ཞི་རྒྱས་དབང་དྲག་གི་འཕྲིན་ལས་རབ་འབྱམས་ཀྱང་སྒྲུབ་ཚུལ་ཡོད་པ་བཞིན་སྐབས་སུ་གང་བབས་ཀྱི་བསྒྱུར་ཁ་ཤེས་པར་བྱས་ནས་ཉམས་སུ་ལེན་པར་བྱས་ཆོག་སྟེ། སྔར་བཀོད་པ་དེ་དག་དང་བཅས་པ་ལ་ད་དུང་རྒྱུད་དོན་མན་ངག་ཏུ་ཤར་བའི་བླ་མ་དམ་པའི་ཞལ་ལས་ཤེས་དགོས་པའི་གནད་ཀྱི་དོན་ཀྱང་མང་དུ་ཡོད་པར་སྣང་ངོ་། །གསུམ་པ་མཇུག་གི་བྱ་བ་ནི། དེ་ལྟར་དམིགས་བརྩེ་མའི་སྒོ་ནས་གསོལ་འདེབས་ཇི་ཙམ་རིགས་པ་བྱས་རྗེས་སླར་ཡང་ལམ་གྱི་རིམ་པ་རྒྱུད་ལ་སྐྱེ་བའི་གསོལ་འདེབས་དམིགས་ཀྱིས་བསལ་བ་བྱེད་པར་འདོད་ན་འདི་ལྟར་བྱ་སྟེ། རྒྱལ་ཀུན་མཁྱེན་པའི་རང་གཟུགས་འཇམ་དཔལ་དབྱངས། །རིགས་དྲུག་འགྲོ་ལ་སྙིང་རྗེ་པད་དཀར་ཅན། །མཐུ་སྟོབས་མངའ་བདག་རྡོ་རྗེ་འཛིན་པའི་ལྷ། །རིགས་གསུམ་སྤྱི་འཕྲུལ་རྡོ་རྗེ་ཙོང་ཁ་པ། །མགོན་ཁྱོད་སྐུ་གསུང་ཐུགས་གསང་ལས་འོངས་པའི། །བྱིན་མཐུས་རྡོ་རྗེ་གསུམ་དུ་བདག་བསྒྲུབ་ཅིང་། །དེང་ནས་བཟུང་སྟེ་སྐྱེ་བ་ཐམས་ཅད་དུ། །མཉེས་བཞིན་རྗེས་སུ་འཛིན་པར་མཛད་དུ་གསོལ། །དལ་འབྱོར་ཡོན་ཏན་ཚང་བའི་

རིན་ཆེན་ལུས། །རྣམ་དག་བསྟན་པའི་སྲོལ་དང་མཇལ་དུས་འདིར། །འགྲུབ་ཀྱང་དེ་ཡི་མོད་ལ་འདོར་དགོས་པའི། །ཆོས་བརྒྱད་སྣང་ཤས་ལོག་པར་བྱིན་གྱིས་རློབས། །འཆི་བདག་སྲོག་ལ་རྒོལ་བའི་ཆད་པ་དེ། །ནམ་ཡོང་ངེས་པ་མེད་པས་ཞེ་སྐྲག་ནས། །གནས་སྐབས་ཀུན་ཏུ་ཕན་ངེས་དམ་ཆོས་ལ། །བརྩོན་འགྲུས་དྲག་པོས་འབད་པར་བྱིན་གྱིས་རློབས། །མཁན་སློབ་ཡི་དམ་སྤྱན་སྔར་ཁས་བླངས་པའི། །སྡོམ་པ་གསུམ་གྱི་བཅས་མཚམས་ལ་སོགས་པ། །དཀར་ནག་ལས་རྣམས་ཕྲ་ཞིང་ཕྲ་བ་ལའང་། །བླང་དོར་ཚུལ་བཞིན་བྱེད་པར་བྱིན་གྱིས་རློབས། །ཐོག་མེད་དུས་ནས་རིགས་དྲུག་གནས་ངན་འདིར། །སྡུག་བསྔལ་འབའ་ཞིག་མྱོང་བའི་སྣང་ཚུལ་ལ། །གཏིང་ནས་ངེས་འབྱུང་སྐྱོ་ཤས་དྲག་པོ་ཡིས། །ཐར་པ་དོན་གཉེར་སྐྱེ་བར་བྱིན་གྱིས་རློབས། །གྲངས་མེད་སྐྱེ་བར་བདག་གི་དོན་གྱི་སླད། །སྡིག་དང་སྡུག་བསྔལ་ཟུག་རྔུས་ཆེས་མནར་བའི། །འགྲོ་རྣམས་ཕ་མར་མཐོང་ནས་སྙིང་རྗེ་དང་། །བྱང་ཆུབ་སེམས་མཆོག་འཁྲུངས་པར་བྱིན་གྱིས་རློབས། །གདོད་ནས་སྤྲོས་པ་བྲལ་བའི་ཆོས་ཀྱི་དབྱིངས། །ལེགས་པར་རྟོགས་པའི་ཡང་དག་ལྟ་བ་དང་། །སྤྱིན་སོགས་བསོད་ནམས་རྒྱ་ཆེན་སྤྱད་པའི་ཚོགས། །ཟུང་འབྲེལ་ཉམས་སུ་ལེན་པར་བྱིན་གྱིས་རློབས། །ལས་རླུང་ཀུན་རྟོག་སྲིད་པའི་དྲ་བ་རྣམས། །མྱུར་ལམ་འཁོར་ལོའི་མཚོན་གྱིས་རབ་བཅད་ནས། །ཚེ་འདི་ཉིད་ལ་ཁྱབ་བདག་རྡོ་རྗེ་འཆང་། །སྐུ་བཞིའི་དབང་ཕྱུག་ཐོབ་པར་བྱིན་གྱིས་རློབས། །ཞེས་པ་རྣམས་དོན་དྲན་བཞིན་པར་བརྗོད་ཅིང་བསྟུས་སྐབས་མ་བྱུས་ཀྱང་ཆོག་གོ །དེ་ནས། དཔལ་ལྡན་རྩ་བའི་བླ་མ་རིན་པོ་ཆེ། །བདག་གི་སྙིང་གར་པདྨའི་སྟེང་བཞུགས་ལ། །བཀའ་དྲིན་ཆེན་པོའི་སྒོ་ནས་རྗེས་བཟུང་སྟེ། །སྐུ་གསུང་ཐུགས་ཀྱི་དངོས་གྲུབ་སྩལ་དུ་གསོལ། །ཞེས་གསོལ་བ་བཏབ་པས། འཁོར་གསལ་བཏབ་ཡོད་ན་དེ་རྣམས་ཡབ་སྲས་གསུམ་ལ་ཐིམ་ཞིང་། སྲས་གཉིས་གཙོ་བོ་ལ་ཐིམ། དེ་གཉིས་ཀྱིས་སེང་ཁྲི་ཡང་གཙོ་བོའི་ཁྲི་ལ་ཐིམ། དཔལ་ལྡན་རྩ་བའི་བླ་མ་རིན་པོ་ཆེ། །ཞེས་སོགས་ཀྱིས་གསོལ་བ་བཏབ་པས། རྗེ་བླ་མའི་སེང་ཁྲི་པད་ཟླ་དང་བཅས་པ་རང་གི་ལུས་ཀྱི་དབུས་དྲང་ཐད་དུ་རྩ་དབུ་མ་གསལ་བཏབ་པའི་ཡར་སྣེ་ཚངས་བུག་ཏུ་ཁ་གདངས་ངེར་ཡོད་པ་ནས་ཞུགས། དབུ་མའི་ནང་གི་སྙིང་གའི་ཐད་དུ་རང་གི་སྙིང་ཧྲོས་གྱེན་དུ་བསླང་ནས་ཚལ་པ་བརྒྱད་དུ་གྱེས་པ་ལ་

ཐིམས་པས་སྙིང་པདྨ་འདབ་བརྒྱད་ཀྱི་རྣམ་པར་གྱུར་པར་བསམ། ཡང་སྔར་བཞིན་གསོལ་བ་བཏབ་པས་རྗེ་བླ་མ་རང་དང་ཁ་བལྟ་ཕྱོགས་མཐུན་པར་སྤྱི་གཙུག་ནས་དབུ་མའི་ནང་བརྒྱུད་ཕྱིན། སྙིང་གའི་པད་སྡོང་དབུས་སུ་རང་གི་རླུང་སེམས་ལ་ཐིམས་ནས་དབྱེར་མེད་དུ་འདྲེས་པ་ལས། དེ་ཉིད་རྗེ་བླ་མའི་སྐུར་གྱུར་པར་བསམས་ནས་པད་འདབ་རྣམས་སྤྲུངས་སྐུ་ཁ་བསྡུས་པ་ལྟར་འདུས་པའི་ནང་འོད་ཟེར་སྣ་ལྔས་ཞལ་ཞལ་བྱས་པ་ལྟ་བུའི་ཕྱིར་དམིགས་བརྩེ་མ་དང་ཨ་ར་པ་ཙ་ནའི་སྔགས་ཕྲེང་གིས་བཅིངས་པར་བསམ་པའི་རྩེར་རྡོ་རྗེ་ནག་པོ་རྩེ་ལྔ་པ་ཕྱེད་པའི་ཏོག་ཐྱིབས་མནན་པར་བསམ་ཞིང་། རྡོ་རྗེ་བསྒོམ་པ་འདི་མ་བྱས་ཀྱང་རུང་ལ་མཁས་གྲུབ་རྗེར་ཆིག་བརྒྱུད་ཀྱི་ཚུལ་དུ་གནང་བའི་བླ་མའི་རྣལ་འབྱོར་ལས། རྩ་དབུ་མའི་ཡར་སྣེ་འགག་ནས། ནང་འོད་ཟེར་སྣ་ལྔས་ཞལ་ཞལ་བྱས་པའི་སོས་པ་བྱ་བར་ཡང་གསུངས། དཔལ་ལྡན་རྩ་བའི་བླ་མ་རིན་པོ་ཆེ། །ཞེས་སོགས་ཀྱི་གསོལ་འདེབས་ལན་ཅིག་ལས་མི་བྱེད་པ་ཡང་ཡོད་པས་གང་བདེ་བྱ། དེ་ནས་རྗེས་བསྔོ་བ་དང་སྨོན་ལམ་བྱ་བ་ནི། དེ་ལྟར་དངོས་གྲུབ་མ་ལུས་འབྱུང་བའི་གནས། །རྗེ་བཙུན་བླ་མ་མཆོད་ཅིང་གསོལ་བཏབ་མཐུས། །སྐྱེ་བ་ཀུན་ཏུ་འཇམ་དབྱངས་བླམ་ཡིས། །མཉེས་བཞིན་རྗེས་སུ་འཛིན་པ་ཉིད་གྱུར་ཅིག །རིན་ཆེན་དུ་མ་ལས་གྲུབ་དགའ་ལྡན་ཞིང་། །ངོ་མཚར་བྱེ་བའི་དབུས་ན་མི་ཕམ་མགོན། །ལེགས་པར་བསྒོམས་པས་རྣམ་དག་ཞིང་འགྲུབ་ཅིང་། །ཚེ་འཕོས་མོད་ལ་གནས་དེར་སྐྱེ་བར་ཤོག །རྗེ་བཙུན་ཐུགས་ཀ་ནས་འཕྲོས་སྤྲིན་དཀར་ཡུག །བརྐྱང་པའི་སྣེ་མོར་བླ་མ་སྲས་དང་བཅས། །སྤྱན་དྲངས་ཡན་ལག་བདུན་གྱིས་ཚོགས་བསགས་པས། །བདག་རྒྱུད་བདེ་བླག་ཉིད་དུ་སྨིན་པར་ཤོག །དུས་གསུམ་རྒྱལ་བའི་མཁྱེན་བརྩེ་ནུས་པ་རྣམས། །ཟུང་འཇུག་སྤྲུལ་སྐུར་ཤར་བའི་རྣམ་འདྲེན་གང་། །རིགས་གསུམ་ངོ་བོར་ཐག་བཅད་གསོལ་བཏབ་མཐུས། །མཆོག་ཐུན་དངོས་གྲུབ་མ་ལུས་མྱུར་ཐོབ་ཤོག །ཁྱད་པར་དག་པ་ཡེ་ཤེས་བདུད་རྩིའི་ཆུས། །སྒོ་གསུམ་སྡིག་སྒྲིབ་མི་ཤེས་ཀུན་འཁྲུད་ཅིང་། །འཆད་རྩོད་རྩོམ་སོགས་མཐའ་ཡས་ཤེས་བྱ་ལ། །བློ་གྲོས་མགོན་པོ་འཇམ་དབྱངས་མཚུངས་པར་ཤོག །བྱང་ཤར་ངོ་མཚར་རྨད་བྱུང་བཀོད་པའི་ཞིང་། །རྣམ་འདྲེན་སེང་གེའི་ང་རོའི་ཞབས་དྲུང་དུ། །འཁོར་གྱི་ཐོག་མར་སྐྱེས་ནས་མདོ་སྔགས་ལ། །ཐོས་བསམ་བསྒོམ་པས་རྟག་ཏུ་འདའ་བར་ཤོག །མདོར་ན་སྐྱེ་ཞིང་སྐྱེ་བ་

ཐམས་ཅད་དུ། །རྗེ་བཙུན་བློ་བཟང་གྲགས་པ་ཡབ་སྲས་དང་། །མི་འབྲལ་རྒྱལ་བའི་ཆོས་ཚུལ་ཀུན་བཟུང་ནས། །བསྟན་དང་འགྲོ་བའི་དོན་ཆེན་ལྷུར་ལེན་ཤོག །ཅེས་སོགས་བསྔོ་བ་དང་སྨོན་ལམ་རྣམ་པར་དག་པས་མཐའ་བརྒྱན་པར་བྱ། སྙིང་གའི་བླ་མའི་སྐུའི་བཀོད་པ་འཆིག་བར་དུ་མི་བསྡུ་བར་འཇོག་པས་ཐུན་རྗེས་མ་སོགས་ཀྱི་ཚེ་མདུན་གྱི་གསོལ་བ་འདེབས་ཡུལ་རིམ་གྱིས་ཐིམ་པ་སྙིང་གའི་ཐུགས་འཁྲིང་གི་ཐིག་པ་དཀྱིལ་ནས་པད་འདབ་རྣམས་ཐིར་ལྟར་གྱེས་བའི་དབུས་ཀྱི་བླ་མ་ལ་ཐིམ་པར་བསམ་ཞིང་། རྒྱུན་དུ་སྙིང་གའི་རང་སེམས་བླ་མའི་ངོ་བོར་གསལ་བ་ཡང་ཡང་དྲན་ནས་དེ་ལ་གསོལ་བ་གདབ་པ་དང་། ཁ་ཟས་ཀྱི་ཚེ་བཟའ་བཏུང་བདུད་རྩིར་མོས་ནས་སྙིང་གའི་བླ་མ་ལ་ཕུལ་ནས་མཆོད་པའི་མོས་པ་བྱ་ལ། གཞན་ཡང་ཅིར་སྣང་ཐམས་ཅད་བླ་མའི་གསང་བ་གསུམ་གྱི་ངོ་བོར་བསྒོམས་ནས་གསོལ་བ་འདེབས་པ་དང་། དེ་ཐམས་ཅད་ཀྱང་རང་གི་བློས་ཕར་བཏགས་པ་ཙམ་མ་གཏོགས་ཡུལ་གྱི་ངོས་ནས་གྲུབ་པ་རྡུལ་ཙམ་ཡང་མེད་པའི་ལྟ་བས་རྒྱས་བཏབ་སྟེ་རྨི་ལམ་དང་སྒྱུ་མ་ལྟ་བུར་ཤར་བའི་ངང་ནས་དགེ་སྦྱོར་ཐམས་ཅད་ཀྱི་མཆོག་བླ་མའི་རྣལ་འབྱོར་སྦྱོང་བ་ལ་འབད་པར་བྱའོ། །སྲས་བཅས་རྒྱལ་བའི་མཁྱེན་རབ་འཆི་མེད་བཅུད། །རིངས་པར་འཐུང་བའི་མཚན་བཟང་འདབ་བརྒྱའི་ཁ། །ལུས་ཅན་ཡོངས་ལ་མ་འདྲིས་མཛའ་བཤེས་སུ། །ཉེ་བར་འཛུམ་པའི་མགོན་གཅིག་ཙོང་ཁ་པ། །མཐའ་དང་ཐོགས་པ་ཡོངས་བྲལ་ནམ་མཁའི་དབྱིངས། །ཕྱོགས་བཅུ་གར་ཡང་མི་འཇུག་གོ་སྐབས་ཅི། །དེ་བཞིན་འཇམ་དབྱངས་བླ་མའི་འཕྲིན་ལས་ཀྱིས། །ཉེ་བར་མ་བཟུང་ལུས་ཅན་དམིགས་སུ་མེད། །འོན་ཀྱང་དངོས་གྲུབ་བླ་མེད་འདུས་པའི་ཆབ། །དག་བྱེད་གནྡྷ་གསར་པ་དེ་ཡི་སླད། །མི་ཕྱེད་དད་གུས་སྐལ་ལྡན་ཤིང་རྟ་ཡི། །བརྗོད་པའི་ཚ་ག་ལ་ལྟོས་རྟེན་འབྲེལ་མཐུ། །དེ་ཕྱིར་གསོལ་འདེབས་རྣལ་འབྱོར་བྱ་བའི་རིམ། །འདི་བཀོད་དགེ་བས་ཚེ་རབས་ཐམས་ཅད་དུ། །བློ་བཟང་གྲགས་པའི་བཤད་དང་སྒྲུབ་པའི་བསྟན། །བཟུང་ལ་སྙིང་སྟོབས་བརྩོན་པ་མི་ལྟོད་ཤོག །ཁྱད་པར་དུས་ཀྱི་མཐའ་འདིར་མདོ་སྔགས་བསྟན། །ཉན་བཤད་སྒྲུབ་པས་ཚུལ་བཞིན་གསལ་ནུས་ཤིང་། །དེ་ཡི་འགལ་རྐྱེན་མི་མཐུན་ཀུན་ཞི་ནས། །མཐུན་རྐྱེན་ལེགས་ཚོགས་ཡིད་བཞིན་ལྷུན་གྲུབ་ཤོག །།ཅེས་རྒྱལ་བ་ཀུན་གྱི་མཁྱེན་བརྩེ་ནུས་གསུམ་གྱི་བདག་ཉིད་རྗེ་བཙུན་བླ་མ་ཙོང་ཁ་པ་ཆེན་པོ་ལ་

དམིགས་བརྩེ་མའི་གསོལ་འདེབས་དང་འབྲེལ་བའི་བླ་མའི་རྣལ་འབྱོར་བྱ་ཚུལ་དགའ་ལྡན་ལྷ་བརྒྱ་མའི་གྲགས་པའི་དམིགས་སྐོར་ཉམས་སུ་ལེན་ཚུལ་དངོས་གྲུབ་ཀུན་འབྱུང་ཞེས་བྱ་བ་འདི་ནི་མཚན་བརྗོད་པར་དཀའ་བའི་དྲིན་ཅན་རྩ་བའི་བླ་མ་ཁྱབ་བདག་རྡོ་རྗེ་སེམས་མཆོག་ཁྲི་ཆེན་ངག་དབང་མཆོག་ལྡན་པའི་ཞལ་སྔ་ནས་ཀྱིས་འདིའི་འཁྲིད་ཡིག་ཅིག་རྩོམས་ཤིག་པ་བཀས་གནང་བ་དང་། བསྟན་པའི་གསལ་བྱེད་ཛ་ཡ་པཎྜི་ཏ་ཏུ་ཐོག་ཐུས་ཀྱང་བསྐུལ་མ་མཛད་པ་བཅས་རྩོམ་འདུན་གྱི་ཐོག ། ཁལ་ཁ་གཡོན་ཏུ་ཐུ་ཤེ་ཡེ་གུང་རྒྱལ་མཚན་གྱི་སོག ། ཧུ་བླ་མ་ཨེཧྟེནི་དར་ཧན་ཤེ་རྟེ་གེ་ཐུ་བློ་བཟང་བསོད་ནམས་དང་། ནངས་བློ་བཟང་བརྩོན་འགྲུས། དཀའ་བཅུ་བློ་བཟང་ཆོས་དབང་གསུམ་གྱིས་བླ་མའི་རྣལ་འབྱོར་འདི་གའི་དམིགས་རིམ་སྐྱོར་དངོས་རྗེས་གསུམ་ཚང་བའི་ཁ་གསལ་ཁྲིར་བདེ་བ་ཞིག་དགོས་ཚུལ་དོན་གཉེར་ཆེན་པོས་བསྐུལ་བ་ལ་བརྟེན་ནས་འདི་གའི་འཁྲིད་ཡིག་གྲུབ་མཆོག འཇམ་དཔལ་རྒྱ་མཚོས་མཛད་པ་ལ་གཞི་བྱས་ཏེ་རྗེ་བླ་མའི་བསྟན་པ་ལ་ཤེས་ནས་དད་པ་ཐོབ་པའི་༧ཤཱཀྱའི་དགེ་སློང་བློ་བཟང་བསྐལ་བཟང་རྒྱ་མཚོས་ཕྱག་ཕྲིས་སུ་བགྱིས་པ་འདིས་འགྲོ་བ་མཐའ་དག་ལ་ཕན་བརྒྱ་ཆེན་པོ་འགྲུབ་པར་གྱུར་ཅིག ། །།

༄༅། །རྗེ་བདག་ཉིད་ཆེན་པོས་སྲས་ཀྱི་ཐུ་བོ་མཁས་གྲུབ་སྐྱ་བའི་ཉི་མ་ལ་ཆིག་བརྒྱུད་དུ་སྩལ་བའི་བླ་མའི་རྣལ་འབྱོར་གྱི་བརྗེད་བྱང་གྲུབ་གཉིས་དགའ་སྟོན་ཞེས་བྱ་བ་བཞུགས་སོ།

༄། །ན་མོ་གུ་རུ་མཉྫུ་ནཱ་ཐ་ཡེ། མཁས་གྲུབ་ཆིག་བརྒྱུད་ཀྱི་བླ་མའི་རྣལ་འབྱོར་གྱི་ཁྲིད་ཀྱི་བརྗེད་བྱང་ནི། གཞུང་ལ་དཔྱད་པ་དང་སྟོད་པ་གཉིས་ལས་དཔྱད་པ་མཆོག་ཡིན། །དཔྱད་པ་བྱེད་པ་ལ་བདག་རྐྱེན་ལྷག་པའི་ལྷ་ཞིག་ལ་བསྟེན་དགོས། དེ་ཡང་རྗེ་བཙུན་འཇམ་པའི་དབྱངས་ལ་བརྟེན་ན་མཆོག་ཡིན་པས་དུས་གསུམ་གྱི་སངས་རྒྱས་ཐམས་ཅད་རྗེ་བཙུན་ལ་བརྟེན་ནས་སངས་རྒྱས་པ་དང་། རྒྱ་བར་འགྱུར་བས་རྒྱལ་བ་ཐམས་ཅད་ཀྱི་ཡབ་དང་ཡུམ་དང་སྲས་སུ་བཤད། ཁྱད་པར་རྗེའི་རིང་ལུགས་འདིར་བླ་མ་ཡི་དམ་ཆོས་སྲུང་ཐམས་ཅད་འཇམ་དབྱངས་ལ་བརྟེན་དགོས་པ་དང་། འཇམ་དབྱངས་ལ་སྐུའི་རྣམ་འགྱུར་མང་ཡང་ཨ་ར་པ་ཙ་ན་ཐམས་ཅད་ཀྱི་སྤྲུལ་གཞི་ཡིན་པས་འདི་བརྟེན་ན་སྤྲུལ་པ་ཐམས་ཅད་ཀྱི་བྱིན་རླབས་སྟུད་ཅིང་། ལྟ་བ་རྟོལ་བ་ལ་ལྷག་པར་གལ་ཆེ། རྗེས་མཁས་གྲུབ་སྐུ་མཆེད་ལ་གནང་བའི་བླ་མའི་རྣལ་འབྱོར་ཆིག་བརྒྱུད་གཉིས་དོན་འདྲ་ཡང་ཆིག་བརྒྱུད་བྱས་པས་བྱིན་རླབས་ཀྱི་རྟེན་འབྲེལ་ཆེ། སྔ་རྒྱུད་གོང་མ་དག་གིས་བླ་མ་ལས་མ་ཐོས་པར་གཞུང་བརྒྱ་གཤར་ཀྱང་ཚིག་སྐམ་ཡིན་གསུངས་པས་ཐོས་བསམ་སྒོམ་སྒྲུབ་ཀྱི་ཆོས་གང་ཡང་བླ་མ་ལས་ཐོས་པ་གལ་ཆེ། མན་ངག་གི་རིགས་བླ་མས་མཐའ་ཆོད་པར་མ་གསུངས་ཀྱང་གཞུང་འདི་དང་འདི་ན་ཡོད་ཅེས་ཞལ་འཕངས་མཛད་པས། དེས་གདམས་པ་ཐོབ་པའི་གོ་ཆོད་ཅེས་གསུང་རྒྱུན་ལས་འབྱུང་། ཕྱིས་སུ་སློམ་བླ་མ་མཛད་བཙུན་གར་བློ་བཟང་ལྡན་ཚོགས་ཀྱིས་ཀུན་མཁྱེན་གོང་མར་ཞུས་ནས་འདིའི་རྣལ་འབྱོར་རྩྭ་མ་ཏིའི་ཕྲེང་མཛེས་ཞེས་པ་བཀའ་སྩོམ་མཛད་དེ་ཞལ་ཤེས་ཀྱི་ཁྲིད་རྒྱས་

པར་བསྒྲལ་བ་ཟིན་བྲིས་སུ་བྱས་པའི་ཡི་གེ་རྒྱས་བསྡུས་གཉིས་ཡོད་པ་དེར་བལྟས་ན་དམིགས་རིམ་རྣམས་ཤིན་ཏུ་གསལ། ཙཎྜ་མ་ཧཱ་ཞེས་པ་ནོར་བུ་བསམ་འཕེལ་གྱི་མིང་སྟེ། མཁའ་ལྡིང་ལ་གླུ་རྒྱན་དང་བཅས་ཟ་བ་དང་མི་ཟ་བ་གཉིས་ཡོད་པས་སྔ་མ་དེ་ཐུས་ནས་རྒྱ་མཚོར་ལན་མང་པོ་ཞུགས་ཀྱང་གླུམ་ཟིན་པ་ཁོང་པ་ནས་ཕྲ་བོ་དང་སྟོག་པའི་མེ་འབར་ཏེ་ལུས་ཚིག་པའི་སྙིང་རྒྱ་མཚོར་ལོ་མང་དུ་གནས་ན་རིན་པོ་ཆེའི་མཆོག་ཙཎྜ་མ་ཧཱར་འགྱུར་ཞེས་ཀོ་ཤྲི་ངག་དབང་སྐལ་བཟང་ལས་ཐོས་པ་བདེན་པར་སྣང་སྟེ། ཀུན་མཁྱེན་གོང་མའི་ཆབ་ཤོག་ཏུའང་། སྔོངས་པའི་བྲང་འགྲོ་ཟོས་པའི་མཁའ་ལྡིང་དབང་། །སྟོག་པའི་མེས་སྦྱངས་ཙཎྜ་མ་ཧཱར་སེམས། །ཞེས་གསུངས་པས་སོ། །དེ་ཡང་བྱམས་སྙིང་རྗེ་བྱང་ཆུབ་ཀྱི་སེམས་དང་ཚུལ་ཁྲིམས་རྣམ་དག་སོགས་སྤྱོད་པ་གཙོ་བོར་བྱེད་ན་འཇམ་དབྱངས་དཀར་པོ། བདག་མེད་རྟོགས་པའི་ཟབ་མོའི་ལྟ་བ་གཙོ་བོར་བྱེད་ན་འཇམ་དབྱངས་ཨ་ར་པ་ཙ་ན། ལམ་རིམ་གཉིས་ཀྱི་རྟོགས་པ་གཙོ་བོར་བྱེད་ན་འཇམ་དབྱངས་གསང་སྒྲུབ་བརྟེན་ན་ལེགས་པ་སོགས་ཞིབ་པར་ཞི་ཁྲོ་སྲུགས་སྒྲུབ་ཀྱི་རྣམ་བཤད་དུ་གསལ། སེམས་དཔའ་སུམ་བརྩེགས་ཅན་ནི་རྗེ་བླ་མའི་ཐུགས་ཀར་ཐུབ་དབང་། དེའི་ཐུགས་ཀར་རྡོ་རྗེ་འཆང་བཀོད་པ་བླ་མ་མཆོད་པ་དང་། དགའ་ལྡན་ལྷ་བརྒྱ་མའི་སྐབས་སུའང་འབྱུང་བ་ལྟར་དང་། ཡང་རྗེའི་ཐུགས་ཀར་འཇམ་དབྱངས་བཀོད་པ་ཕྱི་སྒྲུབ། སྤྱན་རས་གཟིགས་བཀོད་པ་ནང་སྒྲུབ། གསང་བདག་བཀོད་པ་གསང་སྒྲུབ་དང་། རིགས་གསུམ་རྗེའི་གནས་གསུམ་དུ་བཀོད་པ་དང་། ཡང་འཇམ་དབྱངས་ཕྱི་ནང་གསང་གསུམ་གཅིག་གི་ཐུགས་ཀར་གཅིག་བཀོད་པ་སྐུ་ནོར་བུ་མཛོད་འཛིན། འཇམ་དབྱངས་གསུམ་དེ་ལྟར་བཀོད་པ་གསུང་ཉི་མ་སྣང་བྱེད། ཕྱག་རྡོར་ཕྱི་ནང་གསང་གསུམ་དེ་ལྟར་བཀོད་པ་ཐུགས་གསང་བ་མཛོད་འཛིན་ཏེ་ནོར་བུ་དགུ་སྐོར་ཞེས་གྲུབ་ཆེན་ཆོས་ཀྱི་རྡོ་རྗེ་དང་། རྒྱལ་བ་དབེན་ས་པ་ཆེན་པོའི་སྙན་བརྒྱུད་སོགས་གདམས་པ་མང་དུ་བཞུགས་པས། འདི་ལ་གནས་ཁང་བྱེ་དོར། སྐུ་གསུང་ཐུགས་རྟེན་བཀྲམ་ནས་མཆོད་པ་བཤམས། བདེ་བའི་སྟན་ལ་ལུས་གནད་དང་ལྡན་པས་འཁོད་ལ་ཀུན་སློང་བརྟག་སྟེ་རླུང་ཆམས་ལ་འབབ་པ་སོགས་ལམ་ཁྲིད་ལྟར་དང་། སྐྱབས་སེམས་ཚད་མེད་བཞི་བདེ་ལམ་དང་བླ་མཆོད་ལྟར་དང་། དེ་ཡང་དྲིས་ལན་བློ་བཟང་བཞད་པའི་སྒྲ་དབྱངས་ལས། བླ་མ་གང་དུ་བསྒོམ་པའི་གནས། །མདུན་དང་སྤྱི་གཙུག་སྙིང་གི་

དཀྱིལ། །རང་རང་སོས་པ་བཞིན་ཧུང་སྟེ། ཨ་ཏྲི་ཧྲུ་ནའི་རྒྱུད་ལས་ཀྱང་། །དྲིན་དང་ལྡན་པའི་བླ་མ་དེ། །ལག་པའི་མཐིལ་ལམ་སྙིང་གི་དཀྱིལ། །ལུས་ཀྱི་ཆ་ཤས་གར་བསྒོམ་ཀྱང་། །སངས་རྒྱས་སྟོང་གི་བྱིན་རླབས་ནི། །གང་ཟག་དེ་ཡི་བསྟུད་པར་བྱེད། །ཅེས་གསུངས། ཞེས་བླ་མ་བསྒོམ་པའི་གནས་མང་དུ་གསུངས་པས་རང་གི་སྤྱི་བོའི་མདུན་གྱི་ནམ་མཁར་དགོས་འདོད་འབྱུང་བའི་རིན་པོ་ཆེའི་ཁྲི། སྟོབས་དང་མི་འཇིགས་པ་མཚོན་པའི་སེང་གེ་བརྒྱད་མཇུག་མ་ནང་དང་ཁ་ཕྱིར་ཕྱོགས་ནས་ཁྲི་བཏེགས་པ། དེའི་སྟེང་པདྨ་འདམ་ལས་སྐྱེས་ཀྱང་འདམ་གྱིས་མ་གོས་པ་ལྟར་འཁོར་བའི་སྐྱོན་གྱིས་མ་གོས་པ་མཚོན་པའི་སྣ་ཚོགས་པདྨས་སེང་ཁྲི་ཁེབས་པ། དེའི་ལྟེ་བར་ཐབས་ཤེས་ཀྱི་ཡོན་ཏན་ཡོངས་སུ་རྫོགས་པ་མཚོན་པའི་ཟླ་ཉིའི་གདན་ལ་ངོ་བོ་རང་གི་དྲིན་ཅན་རྩ་བའི་བླ་མ་དེ་ཉིད་ཆོས་ཀྱི་རྒྱལ་པོ་ཙོང་ཁ་པ་དང་དབྱེར་མེད་དུ་མོས་དགོས། དེ་ལྟར་ཡིན་ཡང་ཡིན་པ་བཀའ་གདམས་གླེགས་བམ་ལས། བདག་གི་སྤྲུལ་པ་དམ་པ་ཞིག །ནས། བསྟན་གནས་པར་དུ་ཡང་ཡང་འོང་། ཞེས་མཉམ་མེད་ཇོ་བོ་ཆེན་པོས་ཞལ་གྱིས་བཞེས་པ་ལྟར་རྗེ་ཡབ་སྲས། ཀུན་མཁྱེན་བླ་མ་སྐུ་ཕྲེང་ཡབ་སྲས་རིམ་པར་བྱོན་ཏེ་བསྟན་པའི་སྲོག་བཟུང་བས་དེ་ཀུན་ཀྱང་ཇོ་བོ་དང་རྗེའི་རྣམ་འཕྲུལ་དུ་རང་རང་གི་རྣམ་ཐར་དང་མཛད་པ་ལས་དཔོག་པ་དང་། ཁྱད་པར་ཀུན་མཁྱེན་འཇམ་དབྱངས་བཞད་པ་རྗེ་རིན་པོ་ཆེ་དངོས་ཡིན་ཚུལ་ཐོག་མར་གྲྭ་སར་ཞུགས་སྐབས་རྗེ་རིན་པོ་ཆེ་ཆོས་གྲྭར་ཕེབས་གི་ཡོད་པ་རེད་ཅེས་གྲགས་པ་ཆེན་པོ་བྱུང་བས་ཁྲི་རྒྱ་ནག་པ་བློ་གྲོས་རྒྱ་མཚོས་དེ་ལུགས་ཀྱི་གསུང་སྒྲོས་ཕེབས་ཚུལ་རྣམ་ཐར་དུ། གསལ་བ་དང་། རྗེ་བདག་ཉིད་ཆེན་པོ་ཞལ་བཞུགས་རིང་དམ་ཅན་ཆོས་རྒྱལ་འཁོར་གྱི་དགེ་བཤེས་ཆེ་རིགས་པའི་རྣམ་པར་སྤྲུལ་ནས་ཕྱག་གཡོག་མཛད་ཚུལ་གྲགས་ཆེ། དེ་ཕྱིན་རྗེའི་བསྟན་པར་གེགས་ཆགས་ཆེ་སྐབས་གྲུབ་ཐོབ་སོགས་ཅི་རིགས་པའི་རྣམ་པར་འཁྲུན་བས་དེ་དུས་མཁའ་སྤྱོད་གྲུབ་ཐོབ་སངས་རྒྱས་ཆོས་འཕེལ་ཞེས་པཎ་ཆེན་བློ་བཟང་ཡེ་ཤེས་དང་ཀུན་མཁྱེན་གོང་མ་སོགས་ཀྱི་དྲུང་དུ་ཡང་ཡང་ཕེབས་པ་དེའང་དམ་ཅན་ཆོས་རྒྱལ་གྱི་སྤྲུལ་པ་ཡིན་པས་རྒྱུན་པར་མཁའ་སྤྱོད་དུ་བཞུགས་ནས་སྐབས་རེ་ཕེབས་སྲིད། ཀུན་མཁྱེན་བླ་མ་སྐུ་སྒྲུང་བའི་སྐབས་ཞིག་གྲུབ་ཆེན་གྱིས་སྒོ་མང་ལ། རྗེ་འདི་མ་བཞུགས་ན་རྗེའི་བསྟན་པར་ཤིན་ཏུ་གནོད། ཞིང་ཁམས་གཞན་དུ་འཕེན་པ་གནང་འདུག་པས་བརྟན་

བཞུགས་ནན་ཏན་ཕུལ་ཞེས་གསུངས་པས་སློ་མང་སྟེ་པ་གྲུབ་དབང་བློ་བཟང་དོན་གྲུབ་སོགས་ཀྱིས་རྒྱལ་བ་ཚངས་དབྱངས་རྒྱ་མཚོར་ཞུས་པས་རྣམ་ཐར་དུ་གསལ་བའི་ཞབས་བརྟན་ཤྲཱ་ཡོ་ག་གཅིག་དང་། དེ་ལས་རྒྱས་པ། ཤེས་རབ་སྙིང་ཉིད་ཆོས་རྣམས་ཀུན་གྱི་ཡུམ། །ཞེས་སོགས་ཀྱི་གསོལ་འདེབས་མཛད། གྲུབ་ཆེན་གྱིས་ཀྱང་རྗེ་བཙུན་ཆོས་རྒྱལ་མར་གྲགས་པ་འདི་བརྩམས་ཏེ་དེར། འཇམ་དབྱངས་སྙེམས་པའི་རྗེ་རྗེར་གསོལ་བ་འདེབས། །ཞེས་ཡོད་པར་གྲྭ་རྒན་རྣམས་གླེང་། གྲུབ་ཆེན་གྱིས། ངའི་རྨི་ལམ་དུ་དར་མོ་ཆེ་ཞིག་མཁའ་སྤྱོད་དུ་འཕྱིར་ཞེས་མཁའ་འགྲོ་མ་མང་པོས་བསྐུལ་བ་ད་དུང་འཕྱིར་མ་རན་ཅེས་བརྟན་པོར་འཛོག་པ་རྨིས་པས་ད་བླ་མ་བརྟན་པར་བཞུགས་རྒྱུ་རེད། ཁྱེད་ཚོས་གསོལ་འདེབས་ལ་རེམ། བླ་མ་འདིའི་ཡོན་ཏན་ལས་ལྷག་པ་རྒྱལ་བ་ཙོང་ཁ་བ་ལའང་མེད། དེ་ལས་ལྷག་པ་ཀླུ་སྒྲུབ་ཟླ་གྲགས་ལའང་མེད་ཅེས་གསུངས་པ་ནི་དོན་ལ་རྗེ་འདི་ཟླ་གྲགས་དང་རྗེའི་སྤྲུལ་པར་གསུངས་པ་རེད། གྲུབ་ཆེན་འདིས་སྟེ་སྲིད་ཀྱི་དྲུང་དུ་སྤྱོད་པ་སྣ་ཚོགས་མཛད་པས་ཞབས་ཞུ་འགས་ཁྲིམས་ལ་སྦྱར་བར་ལུས་དེར་བཞག་ནས་སྔར་ལྟར་ཐོགས་མེད་དུ་ཕེབས་པས་ སྨྲག་མ་རྙེད། དེ་དུས་ཀྱི་ཞབས་ཀྱི་རྗེ་ངར་གཅིག་ཀུན་མཁྱེན་བླ་མས་བཞེས་པ་འདི་ཀའི་མགོན་ཁང་ཆོས་རྒྱལ་གྱི་གཟུངས་སུ་བཞུགས་གསུངས། གང་ལྟར་ཇོ་བོ་དང་རྗེ་རིན་པོ་ཆེ་ཞེས་ཚུགས་ཐུག་ཏུ་གྲུབ་པ་ཞིག་མེད། ཆོས་སྐུ་ནམ་མཁའ་བཞིན་དུ་དབྱེར་མེད་ཀྱང་། །གཟུགས་སྐུ་འཇའ་ཚོན་བཞིན་དུ་སོ་སོར་གསལ། །ཞེས་སངས་རྒྱས་ཐམས་ཅད་ཀྱི་ཆོས་སྐུ་དབྱེར་མེད་ཀྱི་ཀློང་ནས་གང་འདུལ་གྱི་བཀོད་པ་སྣ་ཚོགས་འཆར་བས་རྗེ་བདག་ཉིད་ཆེན་པོ་དང་རང་གི་བླ་མ་དབྱེར་མེད་ཚུལ་ཆོས་སྐུ་དབྱེར་མེད་ཀྱི་ཀློང་ནས་གཟུགས་སྐུ་གང་གིས་འདུལ་བ་དེ་ལ་དེར་བསྟོན་ཚུལ་ལ་གོ་བ་རྙེད་དགོས། དེ་ལྟར་སྐུའི་རྣམ་པ་ཅིར་ཡང་སྟོན་པས་འདིར་རྣམ་པ་འཇམ་དཔལ་གཞོན་ནུར་གྱུར་པ་སྐུ་མདོག་དམར་སེར་ཞལ་གཅིག་ཕྱག་གཉིས་གཡས་ཐུགས་རྒྱུད་ཀྱི་བདག་མེད་རྟོགས་པའི་ཡེ་ཤེས་རལ་གྲིའི་རྣམ་པར་ཤར་བ་སྟོང་བའི་དབྱིངས་སུ་གདེངས་པའི་རྩེ་མོར་ཡེ་ཤེས་ཀྱི་མེ་འོད་འཕྲོ་ཞིང་། གཡོན་མཉམ་བཞག་གི་སྟེང་གླེགས་བམ་ཐུགས་ཀར་འཛིན་པ་འདི་ལ་རྟེན་འབྲེལ་གྱི་གནད་ཆེ། ཡང་ན་འཇམ་དབྱངས་ཨ་ར་པ་ཙ་ནའམ་དེ་བོད་སྐད་དུ་བསྒྱུར་བ་འགྲོ་བ་སྒྲིབ་བྱེད་སྐུ་མདོག་དམར་སེར་ཞལ་གཅིག་ཕྱག་གཉིས། གཡས་ཤེས་རབ་ཀྱི་རལ་གྲི་ནམ་མཁའ་ལ་

འཕྲུར་ཞིང་། གཡོན་ཨུཏྤ་ལའི་ཡུ་བ་ཐུགས་ཀར་བཟུང་བའི་འདབ་མ་སྟོན་གྱི་ཐད་ཀར་ཁ་ཕྱེ་བའི་སྟེང་ན་གང་ལ་ཐོས་བསམ་དང་སྒོམ་སྒྲུབ་བྱེད་པའི་གླེགས་བམ་རང་སྒྲ་སྒྲོགས་བཞིན་པ་བསྣམས་པ་བྱས་ན་ལྟ་བ་འཚོལ་བ་དང་། རྩོད་པའི་ཤེས་རབ་སྒྲུབ་པ་ལ་བཟླགས། གང་ལྟར་ཡང་དར་གྱི་སྟོད་གཡོགས་དང་སྨད་གཡོགས་གསོལ་བ། རིན་པོ་ཆེའི་རྒྱན་བརྒྱད་དང་། མཚན་དཔེས་སྤྲས་པ། རྨི་ལམ་གྱི་གཟུགས་སེམས་ཀྱི་སྣང་ཆ་ལས་ལོགས་སུ་མེད་པ་ལྟར་རང་གི་སེམས་ཀྱི་སྣང་ཆ་ལྷ་སྐུར་ཤར་བ་ལ་སྲས་བཅས་རྒྱལ་ཀུན་ཞུགས་པས་སྐྱབས་གནས་མ་ལུས་པ་འདུས་པའི་བདག་ཉིད་ཅན། དེའི་ཟླ་མཚམས་ནས་ཡར་སོར་བརྒྱད་གཞལ་བའི་སྤྱི་བོའི་ཚངས་བུག་གི་ཐད་ནས་ནང་དུ་སོང་བ་ཐ་མལ་བའི་གླད་པའི་སྟེང་གླད་རྒྱའི་འོག་ཙམ་དུ་སངས་རྒྱས་ཐམས་ཅད་ཀྱི་སྐུ་རྡོ་རྗེའི་ངོ་བོ་ཨོཾ་དཀར་པོ་གྱེན་འཕྱེང་། མགྲིན་པའི་ཨོལ་མདུད་ཀྱི་ཐད་ཀྱི་ནང་གི་དབུས་དྲང་པོར་དུས་གསུམ་གྱི་སངས་རྒྱས་ཐམས་ཅད་ཀྱི་གསུང་རྡོ་རྗེའི་ངོ་བོ་ཨཱཿ དམར་པོ་མཚལ་གྱིས་བྲིས་པ་ལྟ་བུ་རིང་ཆ་ཆེག་དྲག་དང་བཅས་པ། ནུ་མ་གཉིས་ཀྱི་དབུས་བྲང་གི་རུས་པ་སུམ་ཕྲག་གི་ཐད་ཀྱི་སྙིང་དབུས་སུ་རྒྱལ་བ་རྣམས་ཀྱི་ཐུགས་རྡོ་རྗེའི་ངོ་བོ་ཧཱུྃ་སྔོན་པོ་གསལ་འདེབས་པ་འདི་ཚེག་ཐམས་ཅད་ལ་འདྲ། སངས་རྒྱས་ཀྱི་སྐུ་དངོས་ནི་ཐུན་མོང་སྣང་ཚོད་ལའང་འདུལ་བ་ལུང་དུ་མེ་ལྕེ་མེར་གྱིས་དྲན་པ་ལྟ་བུ། མེ་ལུས་ཀྱི་དབྱིབས་སུ་འདུག་པ་ལྟ་བུ། གསེར་གྱི་མཆོད་སྡོང་ཕྱིས་པ་ལྟ་བུ་གསུངས་པ་ལྟར་འོད་དང་འོད་ཟེར་གྱི་རང་བཞིན་ཅན་དང་། གསང་བ་བསམ་གྱིས་མི་ཁྱབ་པའི་མདོར། སྐུ་ལ་ཕོ་བ་དང་ལོང་ག་རྣག་ཁྲག་སོགས་མེད་པའི་ཇམ་བུ་ཆུ་བོའི་གསེར་གྱི་གར་བུ་ལྟ་བུར་གསུངས་པས་ཤ་ཁྲག་གདོས་བཅས་ཀྱི་རྣམ་པ་གསལ་འདེབས་མི་རུང་ཡང་འཆར་བ་དེ་ཁྱད་ཐ་མལ་པའི་ལུས་ལ་ཆགས་བཞག་པ་འདི་དག་བསོད་གྲགས་རྡོ་རྗེ་འཆང་ནས་གསུངས་གསུང་། ཐུགས་ཀའི་ཧཱུྃ་ལས་འོད་ཟེར་སྤྱན་འདྲེན་པའི་བཛར་སྐེ་མོ་ལྕགས་ཀྱུ་ལྟ་བུ་ཤར་རིའི་རྩེར་ཉི་མ་ཤར་ན་གླིང་ཀུན་སྣང་ཅིག་དེ་ཉིད་ལ་གསལ་བ་ལྟར་འཕྲོས། ལམ་རིམ་གསོལ་འདེབས་ལྟར་ཟབ་མོ་ལྟ་བརྒྱུད་ཀྱི་བླ་མ་རྣམས་སྤྱན་དྲངས་ནས་ཐོག་མར་བསྐྱིམ་པ་ལྟ་བ་རྩལ་དུ་འདོན་ཆེད་ཡིན། དེ་བཞིན་དུ་རྒྱ་ཆེན་སྤྱོད་བརྒྱུད་དང་། ཉམས་ལེན་བྱིན་རླབས་བརྒྱུད། ཐུགས་རྗེ་ཆེན་པོ་བདེ་གཤེགས་རྡོ་རྗེ་འཆང་། །ཞེས་སོགས་སམ། ཡང་ན་མཁྱེན་སྲིད་མའི་མཐར་དབེན་ས་སྟོན་རྒྱུད་དང་སྲིད་

རྒྱུད་ཅི་རིགས་སྦྱོར་རམ་མི་སྦྱོར་གང་ལྟར་ཀུན་མཁྱེན་བླ་མ་སྐུ་ཕྲེང་བསྟན་ན་རང་རེའི་བྱིན་རླབས་ཉེ་རྒྱུད་དེ། དེ་ཐམས་ཅད་བསྡོམ་པས་བླ་མ་ཀུན་འདུས། རྒྱུད་སྡེ་བཞིའི་ལྷ་ཚོགས་བསྡོམ་པས་ཡི་དམ་ཀུན་འདུས། ཕྱོགས་བཅུ་དུས་གསུམ་གྱི་སངས་རྒྱས་ཐམས་ཅད་བསྡོམ་པས་སངས་རྒྱས་ཀུན་འདུས། ཉེ་སྲས་བརྒྱད་སོགས་བསྡོམ་པས་བྱང་སེམས་ཀུན་འདུས། དཔའ་བོ་མཁའ་འགྲོ་བསྡོམ་པས་མཁའ་འགྲོ་ཀུན་འདུས། བསྟན་སྲུང་རྣམས་བསྡོམ་པས་ཆོས་སྲུང་ཀུན་འདུས་སུ་བསམ་པ་ཀུན་འདུས་ནོར་བུ་ལུགས་སུ་བྱས་པས་ལྷ་གཅིག་ལ་མཆོད་བསྟོད་བགྱིས་པས་ལྷ་ཐམས་ཅད་ལ་མཆོད་སོགས་ཀྱི་ཕན་ཡོན་ཐོབ་པས་འཕྲུལ་ཆེ། མཆོད་པ་དངོས་སུ་བཤམས་ཡོད་ན་མདོ་ལྟར་དཀོན་མཆོག་གི་བདེན་སྟོབས་བརྗོད་པའམ། རང་ལྟར་གསལ་བས་སྔགས་ལྟར་བརླབས་ལ་སྙིང་ག་ནས་མཆོད་ལྷ་སྤྲོས་ཏེ་བདེ་གསང་འཇིགས་གསུམ་སོགས་ཀྱི་ཆོ་ག་ལྟར་ཚུ་བཞི། ཕྱི་ནང་གི་ཉེར་སྤྱོད་དང་འདོད་ཡོན། རྒྱལ་སྲིད་སྣ་བདུན་སོགས་ཕུལ། བསྟུ་ན་སྔགས་ཙམ་གྱིས་འབུལ། ལྷ་ཀུན་འདུས་ཡིན་པས་ས་པ་རི་ཝཱ་ར་སྦྱོར་ཆོག། སྒྲོ་ན་ཡན་ལག་བདུན་པ་ཕུལ། ལམ་རིམ་གསོལ་འདེབས་ལམ་མཆོག་སྒོ་འབྱེད། མཁྱེན་སྲིད་མ། རྟེན་འབྲེལ་བསྟོད་པ། བསྟོད་སྤྲིན་རྒྱ་མཚོ། བྱམས་བསྟོད་ཚངས་ཅོད་མ། དཔལ་ལྡན་ས་གསུམ་མ་སོགས་གང་མོས་སྐྱབས་གནས་ཀུན་འདུས་དེ་ཉིད་ལ་དམིགས་ནས་ངོན་དྲན་བཞིན་བརྗོད་ན་ལྷ་དེ་དང་དེར་མ་ཟད། སྐྱབས་གནས་ཐམས་ཅད་ལ་བསྟོད་པར་འགྱུར་བ་གཞན་ལ་འདྲ། །དེ་ནས་དམིགས་བརྩེ་མས་གསོལ་བ་བཏབ་པས་འཇམ་དབྱངས་ཀྱི་ཕྱག་གཡས་པའི་རལ་གྲིའི་ཡུ་བ་ཐུགས་ཀར་བརྟེན། རྩེ་མོ་རང་གི་ཚངས་བུག་ཏུ་གཏད་དེ། ཐུགས་ཀ་ནས་བདུད་རྩིའི་རྒྱུན་རལ་གྲི་བརྒྱུད་དེ་བབས་སྤྱི་གཙུག་ནས་ཞུགས་པས་ལུས་ཐམས་ཅད་མེར་གྱིས་གང་། །ཐོག་མེད་ནས་བསགས་པའི་སྒོ་གསུམ་གྱི་སྡིག་སྒྲིབ་དང་ཉོན་མོངས་མུན་ཐམས་ཅད་དུད་ཁུ་དང་སོལ་ཁུ་ལ་སོགས་པ་ཡིད་དུ་མི་འོང་བའི་རྣམ་པར་ཕྱི་རོལ་དུ་ཐོན། ལུས་ཤེལ་སྒོང་གཡའ་དག་པ་ལྟར་འོད་དང་འོད་ཟེར་གྱི་རང་བཞིན་དུ་གྱུར་པའི་འོད་ཀྱིས་འཇིག་རྟེན་ཐམས་ཅད་གསལ་བར་བྱས། སེམས་ལ་ཤེས་བྱའི་གནས་ཕྲ་རགས་ཐམས་ཅད་མ་འདྲེས་པར་ལམ་ཤར་བར་མོས་ནས་དམིགས་བརྩེ་མ་དང་ཨ་ར་པ་ཙ་བགྲང་། འཇམ་དབྱངས་ཆོས་སྐོར་ལྟར་ཆེ་གསལ་མྱུར་ཟབ་བཞི་དང་འཆད་རྩོད་རྩོམ་པའི་དམིགས་སྐོར་རྣམས་ཀྱང་

སྒྱུར་ན་དེ་ལས་ལྷག་པའི་ཤེས་རབ་སྒྲུབ་ལུགས་ཟབ་པ་མེད། སྤར་བླ་མ་སྤྱི་བོར་བསྒོམ་ཡོད་ནའང་སྒོམ་གྱི་སྣང་བ་རྫི་ལམ་ལྟ་བུ་ཡིན་པས་དམིགས་པ་དེ་ལྟར་བྱས་པས་ཆོག་མོད། བློ་ལ་འཆར་མི་བདེ་ན་མདུན་གྱི་ནམ་མཁར་ཞལ་ཚུར་གཟིགས་ནས་བཞུགས་པར་མོས་ཀྱང་རུང་། སངས་རྒྱས་ཐམས་ཅད་ཆོས་སྐུ་དེ་བཞིན་ཉིད་ཀྱི་དབྱིངས་སུ་རོ་གཅིག་པའི་ཀློང་ནས་མཁྱེན་རབ་འཇམ་དབྱངས། བརྩེ་བ་སྤྱན་རས་གཟིགས། མཐུ་ནུས་གསང་བདག་ཏུ་ཤར་བ་སོགས་ཕྱི་ནང་གསང་བའི་ཡོན་ཏན་དྲན་ནས་རིགས་གསུམ་དང་ངོ་བོ་དབྱེར་མེད་དུ་བྱས་ན་རིགས་གསུམ་དང་རྗེ་རྗེ་གསུམ་གྱི་སྐུའི་རྣམ་པར་ང་རྒྱལ་གསལ་སྣང་སོགས་རྒྱུད་སྡེ་གོང་འོག་གི་ཟབ་རྒྱས་ཀྱི་ཉམས་ལེན་རྫོགས་པ་དང་། མདོ་སྡེ་རྒྱན་ལས། གླིང་བཞིའི་ཆུ་སྣ་ཚོགས་སོ་སོར་འབབ་དུས་ཁ་དོག་རོ་ནུས་ཐ་དད་ཀྱང་རྒྱ་མཚོར་འདྲེས་ན་ཐམས་ཅད་གཅིག་པ་ལྟར་སེམས་ཅན་གྱི་དུས་ན་ལུང་རྟོགས་ཀྱི་ཡོན་ཏན་ཆེ་ཆུང་མི་འདྲ་ཡང་སངས་རྒྱས་ནས་ཆོས་སྐུ་དབྱེར་མེད་ཀྱི་ཀློང་དུ་འདྲེས་པ་དེའི་དབྱིངས་ནས་གང་འདུལ་བསྟན་ཀྱང་རྟོགས་པ་མཆོག་དམན་གྱི་དབྱེ་བ་མེད་པ་དང་། ལྷ་གཅིག་ཀྱང་ཀུན་འདུས་ཡིན་པ་ཆུ་ཆར་ཐམས་ཅད་འདྲེས་པའི་རྒྱ་མཚོ་ལས་ཆུ་ཐིགས་གཅིག་བླངས་ཀྱང་ཀུན་གྱི་རྒྱུན་ཡོད་པ་ལྟ་བུ་དང་། སངས་རྒྱས་སྟོང་སོགས་རྒྱུད་ཐ་དད་དང་རྗེས་རྒྱུན་ཐ་དད་པར་ཁས་ལེན་དགོས་ཀྱང་ཆོས་སྐུ་དབྱེར་མེད་ཀྱི་ཀློང་ནས་བཞེངས་པར་འདྲ་བས་རེ་རེ་དང་རྒྱུད་གཅིག་པའི་རིགས་གསུམ་མགོན་པོ་སོགས་འཛོག་དགོས། དེ་ལྟ་མིན་ན་ལྷ་དེ་དང་དེའི་གོ་འཕང་འགྲུབ་པར་སྨོན་ལམ་འདེབས་པའང་དོན་མེད་དུ་འགྱུར། མདོར་ན་མདོ་སྡེ་རྣམས་སུ་ནོར་བུ་དང་དཔག་བསམ་གྱི་ལྗོན་པ་སོགས་ལ་རྟོག་པ་མེད་ཀྱང་གང་འདོད་འབྱུང་བ་ལྟར་སངས་རྒྱས་ལའང་རྟོག་མེད་ལྷུན་གྱིས་གྲུབ་པའི་འཕྲིན་ལས་འཆར་ནུབ་དང་བྲལ་བ་འདུལ་བའི་དུས་ལས་ཡོལ་བ་མེད་པར་མངའ་བའི་ཚུལ་ལ་གོ་བ་ཆགས་པ་གལ་ཆེ། བླ་མའི་རྣལ་འབྱོར་གོང་ལྟར་སྐྱོང་མ་ནུས་ན་དགའ་ལྡན་ལྷ་བརྒྱ་མའི་ཡན་ལག་བདུན་པ་རྫོགས་རྗེས་རྗེ་ཡབ་སྲས་གསུམ་གྱི་ཐུགས་ཀར་འཇམ་དབྱངས་གསལ་འདེབས་པའམ། ཡབ་སྲས་གསུམ་འཇམ་དབྱངས་སུ་བསྒྱུར་བ་སྐབས་གནས་ཀུན་འདུས་སུ་མོས་པའི་ཕྱག་གཡས་ཀྱི་རལ་གྲི་རང་གི་ཚངས་བུག་ཏུ་གཏད་པ་ལས་བདུད་རྩིའི་རྒྱུན་བབས་པའི་དམིགས་སྐོར་རྣམས་སྐྱོང་བཞིན་དམིགས་བརྩེ་མ་དང་ཨ་ར་པ་ཙ་བཟླ། ཏིང་ངེ་འཛིན་གྱི་དབང་བཞི་ལ། དཔྲལ་བ་

ལུས་ཀྱི་གནད་ཆེ་ས་ཡིན་པས་བླ་མའི་དཔྲལ་བའི་ཨོཾ་ལས་འོད་དང་བདུད་རྩི་དཀར་པོ་བྱུང་བ་རང་གི་དཔྲལ་པར་ཐིམ། ལུས་གང་། ཐོག་མེད་ནས་བསགས་པའི་སྡིག་སྒྲིབ་སྤྱི་དང་སྲོག་གཅོད་སོགས་ལུས་ཀྱི་སྡིག་སྒྲིབ། ཀུན་སློང་ཉོན་མོངས་པ་ས་བོན་དང་བཅས་པ། བག་ཆགས་ཤེས་སྒྲིབ་ཕྲ་མོ་ཚུན་ཆད་སྦྱངས། བུམ་དབང་ཐོབ། སྐུའི་བྱིན་རླབས་ཞུགས། སྐུ་རྡོ་རྗེ་འགྲུབ་པའི་ནུས་པ་བཞག་པར་བསམ་ལ་དམིགས་བརྩེ་མ་དང་ཨ་ར་པ་ཙ་བཟླ། གསུང་དང་ཐུགས་ལ་དེའི་རིགས་འགྲེ་སྦྱོར། ཡི་གེ་གསུམ་ལས་འོད་ཟེར་དཀར་དམར་མཐིང་གསུམ་གཅིག་ཆར་བྱུང་བ་གནས་གསུམ་དུ་གཅིག་ཆར་ཐིམ། གང་སྣང་ཀུན་སྟོང་པའི་རྣམ་རོལ་དུ་འཆར་བ་ལ་སྒྲིབ་པའི་དྲི་མ་བག་ཆགས་དང་བཅས་པ་དག །དབང་བཞི་པ་ཐོབ། སྐུ་གསུང་ཐུགས་ཡོན་ཏན་འཕྲིན་ལས་ཀྱི་བྱིན་རླབས་ཞུགས། སྐུ་གསུང་ཐུགས་དབྱེར་མེད་ངོ་བོ་ཉིད་སྐུ་འགྲུབ་པའི་ནུས་པ་བཞག་པར་བསམ་ལ་དམིགས་བརྩེ་མ་བཟླ། བླ་མ་མདུན་དུ་གསལ་བཏབ་ནས་ཕྱག་མཆོད་དང་། སྤྱི་བོར་སྤྱན་དྲངས་ནས་གསོལ་འདེབས། མཐར་སྙིང་གར་སྤྱན་དྲངས་ཏེ་འབྲལ་མེད་རྗེས་འཛིན་གྱི་སྨོན་ལམ་འདེབས་པ་སྟེ། ཚོགས་བསགས་དུས་སུ་མདུན་གྱི་མཁའ། གསོལ་བ་འདེབས་དུས་སྤྱི་བོའི་གཙུག དུས་རྣམས་ཀུན་ཏུ་སྙིང་གི་དཀྱིལ། །ཞེས་པའི་ཉམས་ལེན་ཚང་བར་བྱས་ན་ལེགས་ཞེས་ཁྲི་ཆེན་བསོད་ནམས་དབང་རྒྱལ་བ་གསུངས། སྤྱིར་དབུ་མ་གསལ་འདེབས་ལུགས་སྣ་ཚོགས་ཡོད་ཀྱང་། འདིར་སྤྱི་བོ་ནས་སྙིང་གའི་བར་གྱི་སྣལ་ཚིག་ལ་ཉེ་བར་རྩ་དབུ་མ་གཏུམ་མོ་བསྒོམ་དུས་དེའི་འོད་ཀྱིས་ཁ་དོག་དམར་པོར་བཤད་ཀྱང་། འདིར་དཀར་ལ་དམར་མདངས་ཆགས་པའམ་ཕྱི་དཀར་ལ་ནང་དམར་བ་རག་དུང་བསླང་བ་ལྟ་བུ་ཡར་སྣ་ཕྲ་ཞིང་མར་སྣ་སྦོམ་པ། དེའི་མར་སྣེའི་ནང་ཙམ་དུ་རང་གི་སྙིང་གཞི་ལ་མགོ་གཡོན་དུ་བསྟན་ནས་གནས་ཀྱང་དམིགས་པས་གྱེན་དུ་བསླང་བ་པདྨ་དམར་པོ་འདབ་བརྒྱད་ཀྱི་རྣམ་པའི་དབུས་སུ་ཟླ་གདན་ལ་རང་གི་ཤིན་ཏུ་ཕྲ་བའི་རླུང་སེམས་ཀྱི་ངོ་བོ་ཧཱུྃ་གསལ་བཏབ་ཡོད་ན་དེ་ཉིད་ཧིཿ་ར་བསྒྱུར་བའམ། ཡང་ན་ཧཱུྃ་གི་ཐིག་ལེར་ཧིཿ་བསམ། བླ་མ་མདུན་དུ་གསལ་བཏབ་ཆེ། དཔལ་ལྡན་རྩ་བའི་བླ་མ་རིན་པོ་ཆེ། །བདག་གི་སྤྱི་བོར་པད་ཟླའི་སྟེང་བཞུགས་ལ། །ཞེས་སོགས་ཀྱིས་སྤྱི་བོར་སྤྱན་དྲངས། དེ་ལ་དམིགས་ནས་བླ་མ་རིན་པོ་ཆེ་བདག་གི་བློ་ཆོས་སུ་འགྲོ་བར་བྱིན་གྱིས་རློབས། །སོགས་གསོལ་འདེབས་བྱ་སྟེ།

སློ་ཆོས་སུ་འགྲོ་བ་ཆུང་ངུ་དང་ཐུན་མོང་བའི་ལམ་རིམ་དཔལ་འབྱོར་རྙེད་དཀའ་ཞིང་རིང་དུ་མི་གནས་པའི་འཆི་བ་དང་ངན་འགྲོའི་སྡུག་བསྔལ་རྗེས་སུ་དྲན་ནས་སྐྱབས་འགྲོ་ལས་འབྲས་ལ་སློབ་པ་དང་། ཆོས་ལམ་དུ་འགྲོ་བ་འདིར་མི་འདུག་པ་ཆད་དམ་གང་ལྟར་ཆོས་ལམ་དུ་འགྲོ་བའི་མ་མཐའ་འབྲིང་དང་ཐུན་མོང་བའི་ལམ་རིམ་སྟེ། སྤྱི་མ་ཆོས་ཡིན་ཀྱང་འཁོར་བའི་མངོན་མཐོ་འགྲུབ་བྱེད་འཁོར་བར་འཁོར་བྱེད་ལས་གྲོལ་བྱེད་ཀྱི་རྒྱུར་མ་སོང་། ངེས་འབྱུང་གིས་འཁོར་བ་མཐའ་དག་སྲིན་མོའི་གླིང་ལྟར་མཐོང་བའི་སྒྲོ་ཤས་ཀྱིས་དེ་ལས་ཐར་འདོད་ཤུགས་དྲག་སྐྱེས་ན་གང་བྱས་འཁོར་བ་ལས་ལྡོག་པའི་ཐབས་སུ་འགྲོ། བྱང་ཆུབ་ཀྱི་སེམས་དེ་ལས་མཐོ་བས་ཆོས་ལམ་དུ་སོང་བའི་མ་མཐའ་སྐྱེས་བུ་འབྲིང་ནས་བཞག དེ་དག་གིས་ཐེག་པ་ཆེ་ཆུང་གི་ལམ་སྤུད་པས་སྐྱེས་བུ་གསུམ་གྱི་ལམ་རིམ་ལ་གཤར་སྦྱོངས་འགྲོ། སྒྲུབ་པའི་བར་ཆད་ན་ཚ་དང་རྐྱེན་ཕྲ་མོའི་རིགས་གྲགས་ཆེ་ཡང་དངོས་ནི་རང་རྒྱུད་ལ་རྟག་པར་གནས་པའི་ངར་འཛིན་དང་གཅེས་འཛིན། དེས་བསྐྱེད་པའི་དུག་གསུམ་ནི་དགེ་བའི་བསམ་པ་རྒྱུན་ཆགས་སུ་འཇུག་པའི་བར་ཆད་དྲག་ཤོས་དང་། དེ་ལས་ཀྱང་ངོས་ཟིན་དཀའ་བ། བུ་སྟོན་ལ་ལྷུགས་སྐྱུག་གཏད་པ་དང་། ཁ་རག་སྒོམ་ཆུང་ལ་གླག་མ་རྙེད་པའི་ལོ་རྒྱུས་བདེན་པའི་ངེས་པ་ཅི་ཡོད། གང་ལྟར་བཀའ་པོད་ཀྱི་གཞུང་ལ་ཐོས་བསམ་དང་འཆད་ཉན་སོགས་བསྟན་པའི་བྱ་བ་རྒྱ་ཆེན་པོར་སྣང་བ་དག་ཀྱང་སྒྲུབ་པ་སྙིང་པོར་བྱས་ནས་ཚེ་གཅིག་ལ་སངས་རྒྱ་བའི་བར་ཆད་དུ་འགྲོ་ལུགས་ཞིག་ཀྱང་ཕལ་པ་ལ་ཡོད་པས་དེས་མཚོན་ནས་ཆོས་ཀྱི་བར་ཆད་ངོས་ཟིན་པར་བྱས་ལ་འགོག་དགོས། རྟག་འཛིན་ནས་རྒྱུན་མཐའི་ངོ་སྐལ་གྱི་སྣང་བྱ་ཕྲ་མོའི་བར་གྱི་ཕྱིན་ཅི་ལོག་གི་བློ་འགག་པ། སྣང་ཤས་ཁ་ཕྱི་བ་ནས་སྟོབས་བཅུའི་བར་གྱི་ཕྱིན་ཅི་མ་ལོག་པའི་བློ་སྐྱེ་བ། དེ་རྣམས་དུས་གཅིག་ལ་མི་ཡོང་བས་ཐོག་མར་གལ་ཆེ་བ་བྱམས་སྙིང་རྗེ་བྱང་ཆུབ་ཀྱི་སེམས་འབྱོང་ཞིང་། ཟབ་མོའི་ལྟ་བ་མ་ནོར་བ་སྐྱེ་བ་སྟེ་ལམ་ཐུན་མོང་བ་དང་། ཐུན་མོང་མ་ཡིན་པ་སྐུ་གཉིས་ཀྱི་ལག་རྗེས་འཛོག་བྱེད་མཚན་བཅས་མཚན་མེད་དང་། ལམ་རིམ་པ་གཉིས་ཀྱི་རྫོགས་པ་ཁྱད་པར་ཅན་ཚེ་འདི་ཉིད་ལ་སྐྱེ་བར་གསོལ་བ་འདེབས་པ་སྟེ། ཐུན་གཅིག་ལ་ཆོས་ཀྱི་ཕུང་པོ་བརྒྱད་ཁྲི་བཞི་སྟོང་གི་གནད་འདུས་པ་མདོ་སྔགས་ཀྱི་ལམ་གྱི་རིམ་པས་སྐྱིགས་དུས་ཀྱི་ཚེ་ཐུང་གཅིག་ལ་སངས་རྒྱས་ཀྱི་སར་བགྲོད་པའི་ལམ་ཆ་ཚང་ལ་མ་ནོར་བ་ཁྲིགས་ཆགས་སུ་ཉམས་སུ་

སླད་དུ་ཡོད་པ་འདི་འདྲ་རྗེ་བླ་མའི་བཀའ་སྲོལ་འདིའི་ཐུན་མོང་མ་ཡིན་པའི་ཁྱད་ཆོས་ཡིན་པས་ཚིག་བརྒྱུད་བྱས་པའི་གནད་དོན་ཟིན་དགོས། རང་ཚེམ་ཚོག་རྒྱུན་དུ་ཁ་ནས་འདོན་བཞིན་པ་ཡིན་ཀྱང་དོན་བློ་ལ་ཤར་ནས་སྨྱོང་བ་ཐོན་པ་གལ་ཆེ། དམ་པ་གོང་མ་རྣམས་ཚིག་ཙམ་ནི་ཙོའི་མ་ཎི་དང་། སེན་མོ་གཟེད་ཙེས་ཐུགས་མི་དགྱེས། རི་ཁྲོད་དབང་པོ་མཁས་གྲུབ་བསྟན་འཛིན་པས་བཏོན་ནས་ཅི་བྱེད། བསམ་བློ་ཐོངས་གསུངས། རི་ཁྲོད་པ་ཞིག་གིས་ང་ཆོས་བཟླས་བརྗོད་ཕྲན་བུ་བྱས་པ་འདི་ལ་ཕན་ཡོན་ཅི་ཡོད་ཞུས་པར། ངག་འཁྱལ་གྱི་ཉེས་པ་འགོག་མོད་གསུངས། བློ་ཁ་ནང་དུ་ཕྱོགས་ནས་ཞིབ་ཏུ་བསམ་པས་རྟག་འཛིན་དང་བདེན་འཛིན་གྱི་འཛིན་ཚུལ་ལ་གནོད་བྱེད་སྒོ་སྣ་ཚོགས་ནས་འབབ་པར་མཐོང་སྟེ་བློའི་འགྱུར་བ་ཐོན་ན་ལོག་འཛིན་འཕྲུལ་ལ་ཕྱོག་པས་ཉམས་ལེན་གནད་དུ་འགྲོ་བ་དེས་གཞན་ལ་རིགས་འགྲེ། དེ་ནས། དཔལ་ལྡན་རྩ་བའི་བླ་མ་རིན་པོ་ཆེ། །བདག་གི་སྙིང་གར་པད་ཟླའི་སྟེང་བཞུགས་ལ། །ཞེས་སོགས་བརྗོད་པས་བླ་མའི་སྐུ་མཐེབ་སོར་གང་ཙམ་དུ་གྱུར་པ་དབུ་མ་ནས་མར་བྱོན་ནས་རང་སེམས་ཧཱུྃ༔ར་གསལ་བ་ལ་ཐིམ། དེ་མ་ཐག་དབུ་མའི་ནང་བདུད་རྩིས་ཁྲིགས་མེར་ཏེ་གཏམས། རང་སེམས་ཧཱུྃ༔ཡིག་དང་། བླ་མ་དང་རྗེ་རིན་པོ་ཆེ་ཡི་དམ་འཇམ་དབྱངས་རྣམས་ངོ་བོ་དབྱེར་མེད་དུ་མོས་ནས་ཧཱུྃ༔ལ་མཉམ་པར་བཞག ཧཱུྃ༔ལས་རང་སེམས་འཇམ་དབྱངས་ཀྱི་སྐུར་བཞེངས་ཀྱང་ཚོག །པདྨ་ཁ་འུབ་ཀྱིས་འདུས་པ་རལ་པའི་རྩེ་དང་མཉམ་པར་སྙིང་གཟུགས་དོད་པའི་ནང་འོད་ཀྱིས་ཁྱབ་པས་སེམས་བདེ་ཆམ་ཆམ་སོང་། རང་འཇམ་དབྱངས་སུ་གསལ་བའི་ཐུགས་ཀའི་ཧཱུྃ༔ལས་འོད་འཕྲོས་པས་སྙིང་གི་རྩེ་མོར་རྡོ་རྗེ་རྩེ་ལྔ་བའི་རི་རབ་ལྟར་ལྷེ་བའི་རིག་བྱ་དང་ལྡན་པས་མནན། ཡང་ཧཱུྃ༔ལས་འོད་འཕྲོས་པས་རྡོ་རྗེའི་དབུས་རྣའི་ནང་ཧཱུྃ་ཡིག་བསམ། དེ་ལས་འོད་ཟེར་ཕྲེང་ཐག་དང་ཐུགས་ཕྲེང་རྡོག་གི་རྣམ་པར་སྙིང་གི་མགོ་ནས་མཛུག་གི་བར་དམིགས་བརྩེ་མ་དང་ཨ་ར་པ་ཙས་གཡས་སྐོར་དུ་གྲུ་གུ་ལྟར་དཀྲིས་པས་སྙིང་རླུང་སེལ་བའི་གདམས་པར་འགྱུར། རང་སེམས་རྗེ་བླ་མར་གསལ་བ་དེ་ཉིད་གསང་བ་འདུས་པར་བཞེངས་ནས་ཆོས་སྐུ་དབྱེར་མེད་ཀྱི་རྣལ་འབྱོར་སྐྱོང་བ་དང་། དུས་རྒྱུན་དུ་འང་རང་སེམས་རྗེ་བླ་མར་གསལ་བ་དེ་བྱམས་འཇམ་དབྱངས་སྤྱན་རས་གཟིགས་སོགས་གང་འདུལ་གྱི་སྐུའི་རྣམ་པར་མོས་ཚོག །བཟའ་བཏུང་བདུད་རྩིར་བྱིན་གྱིས་བརླབས་ནས་སྙིང་གའི་རྗེ་

བླ་མ་མཆོད་པ་དང་། གོས་ལྷ་རྫས་ཀྱི་གོས་སུ་བསམ་ནས་སྙིང་གའི་ལྷ་ལ་ན་བཟའ་ཕུལ། སྤྱོད་ལམ་ཐམས་ཅད་དུ་སྐད་ཅིག་ཀྱང་མ་བརྗེད་པར་རྗེ་བཙུན་འཇམ་དབྱངས་དང་དབྱེར་མེད་པའི་བླ་མ་སྙིང་གར་འབྲལ་མེད་དུ་བསྟེན་པའི་རྣལ་འབྱོར་ཉམས་ལེན་གྱི་མཐིལ་དུ་བྱས་ན། དགེ་བཤེས་ཐོག་ལྟོག་པ་རིན་ཆེན་བརྩོན་འགྲུས་ཀྱིས། སྤྱན་རས་གཟིགས་དཀར་ན་དཀར། རྗེ་བཙུན་མ་རང་དམར་ནའང་དམར། ཀྱེ་རྡོ་རྗེ་རང་སྔོ་ནའང་སྔོ། ང་ནི་བླ་མའི་སྣང་བ་དང་སྐད་ཅིག་ཀྱང་མ་བྲལ་བས་ཚེ་གཅིག་གི་སངས་རྒྱས་དེ་ད་ཡོང་ཡོང་འདྲ། གསུངས་པ་ལྟར་སྤྱོད་ལམ་ཐམས་ཅད་དོན་ལྡན་དུ་འགྲོ་ཞིང་རིང་པོ་མི་ཐོགས་པར་སངས་རྒྱས་འཐོབ་པ་རྟེན་འབྲེལ་གྱི་ཆོས་ཉིད་ཡིན་ཞེས་ཁྲི་བསོད་ནམས་དབང་རྒྱལ་པས་ཡང་ཡང་གསུངས་གསུང་། ཐོས་བསམ་སྒོམ་སྒྲུབ་གནད་དུ་འགྲོ་བ་བླ་མའི་སྣང་བ་དང་མ་བྲལ་བ་ལ་རག་ལས་པས་ཆོས་གྲྭའི་སྐུ་རིམ་གྱི་འགོར་བླ་མ་སྙིང་གར་སྤྱན་འདྲེན་པའི་ཚིགས་བཅད་ཙམ་བརྗོད་པ་བླ་མ་འཇམ་པའི་དབྱངས་ཀྱི་རྣལ་འབྱོར་དང་རྒྱུན་དུ་མ་བྲལ་བ་དགོས་པ་ཤེས་ཆེད་དང་། ཚོགས་ནས་འཇིགས་བྱེད་གསུངས་པས་ཡི་དམ་འཇམ་དབྱངས། དྲུག་ཅུ་པ་དང་གཏོར་བསྔོས་བྱས་བས་ཆོས་སྐྱོང་འཇམ་དབྱངས་དང་། སྐྱེས་བུ་གསུམ་གྱི་ལམ་གྱི་འགྲོས་དང་བསྟུན་པའི་ཆོས་སྲུང་བསྟེན་པའི་གནད་ཚང་བར་མཛད་པ་གོ་དགོས། རྫོད་པའི་ལུས་ཀྱི་རྣམ་འགྱུར་གྱི་སྟེང་ནས་ཀྱང་བླ་མ་ཡིད་མ་དྲན་པ་སོགས་ཉམས་ལེན་དུ་འཁྱེར་བའི་གནད་མང་བས་བླ་མ་ལ་གསོལ་བ་བཏབ་སྟེ་འབད་ན་ཐོས་བསམ་གོང་དུ་འཕེལ་ནས་དལ་འབྱོར་ལ་སྙིང་པོ་ལོན། ཆོས་ཀྱིས་བསྟན་པ་དང་རང་གཞན་ལ་ཕན་ཐོགས་པ་ཡོང་། དེ་ལྟར་སྙིང་དབུས་ཀྱི་བླ་མ་རང་འཆི་ཁའི་བར་དུ་མི་བསྐྱུ་ཞིང་། སྔར་བླ་མའི་རྣལ་འབྱོར་བསྐྱངས་རེས་ཀྱིས་ཐུགས་ཀྱི་དཀྱིལ་ལྡོད་དེ་སྙིང་གའི་བླ་མ་ལ་བསྟིམ་པ་དང་། ཚེ་ག་གཞན་ལ་འཇུག་ཚེ་རང་སེམས་དང་དབྱེར་མེད་པའི་བླ་མ་ལྷ་དེ་དང་དེའི་སྐུར་བཞེངས་པར་མོས། བླ་མའི་རྣལ་འབྱོར་འདིས་མཚོན་ནས་ཀུན་མཁྱེན་བླ་མས་ཕ་བོང་ཁ་བཀའ་རྩོམ་གནང་བ་རྣམས་མདོ་སྔགས་འདི་ཀའི་གདུལ་བྱའི་ཉམས་ལེན་ལ་གཙོ་བོར་དགོངས་པའི་དགོས་པ་ཅན་ཤ་སྟག་ཡིན། དེ་ལྟར་བདག་གིས་འདི་ལྟར་བཤད་པ་ཚིག་སྦྱོར་དམན་ཡང་དོན་བླ་མས་གསུངས་པ་གཞིར་བཞག་ནས་ཁྱུས་པ་ཡིན་པས་ཐམས་ཅད་ཀྱིས་བསྟན་འགྲོའི་ཕན་བདེ་ཐུགས་ལ་བཅངས་ཏེ་ཐོས་བསམ་བཤད་སྒྲུབ་ཟུང་དུ

འབྲེལ་བའི་སྒོ་ནས་དོན་གཉིས་ལྷུན་གྱིས་གྲུབ་པ་མཛོད་ཅེས་གདམས་སོ། །ཞེས་མཁས་གྲུབ་ཚིག་བརྒྱུད་ཀྱི་བླ་མའི་རྣལ་འབྱོར་གྱི་བཛྲེད་བྱང་འདི་ཡང་དམིགས་པ་མེད་པའི་ཐུགས་རྗེ་ཆེན་པོ་དང་ལྡན་པ་བཀའ་དྲིན་ཟླ་མེད་༧འཇམ་དབྱངས་བླ་མ་དཀོན་མཆོག་རྒྱལ་མཚན་དཔལ་བཟང་པོ་དང་། སྨྲ་བའི་དབང་ཕྱུག་འཇམ་དབྱངས་བླ་མ་དཀོན་མཆོག་དགྱེས་པའི་བློ་གྲོས་རྣམ་གཉིས་ལས་འདིའི་ཉམས་ཁྲིད་ལེགས་པར་ཐོབ་པའི་ཚེ་དགེ་སློང་ཤེས་རབ་རྒྱ་མཚོས་དྲན་གསོ་ཙམ་དུ་བྲིས་པའོ།། །།

༄༅། །དམིགས་བརྩེ་མའི་འཕོ་ཁྲིད་བྱམས་མགོན་ཞལ་བཟང་ལྟ་བའི་གསེར་ཐག་ཅེས་བྱ་བ་བཞུགས་སོ།

༄། །ན་མོ་མཻ་ཏྲ་ཡ། འདིར་ཞལ་ནས་ཞལ་དུ་སྙན་ནས་སྙན་དུ་བརྒྱུད་པའི་ཆེ་བ་དང་ལྡན་པ་མ་ཡིན་པ་ཐུན་མོང་མ་ཡིན་པའི་འཕོ་ཁྲིད་འཆད་པར་བྱའོ། །སྤྱིར་དག་པའི་ཞིང་ཁམས་བདེ་བ་ཅན་ལྟ་བུ་ལ་ནི་ལས་རྣམ་པར་དག་པའི་གང་ཟག་སོ་སོ་སྐྱེ་བོས་ཀྱང་སྐྱེ་སྟེ། དེར་སྐྱེ་བའི་ཐེག་དམན་ཡིན་ན་རྟེན་དེར་དགྲ་བཅོམ་པའི་འབྲས་བུ་འཐོབ་ཅིང་། ཐེག་ཆེན་པ་ཡིན་ན་ལྷ་མིའི་ལུས་རྟེན་གང་རུང་གཅིག་ལ་བརྟེན་ནས་དག་ཞིང་གི་ཆུ་འབྱུང་བ་ཤིང་ཐོག་ཟ་བ་ཙམ་གྱིས་འཆི་བ་མེད་པའི་བདུད་རྩི་འབྱུང་བ་དང་། མི་རྒས་པ་གྲུབ་པའི་བཅུད་ལེན། ལུས་རྟེན་ཡང་ཡུན་རིང་དུ་འཚོ་ཞིང་ཚེ་རིང་པོར་གནས་པས་ལུས་རྟེན་གཅིག་ལ་བསྐལ་ཆེན་གྲངས་མེད་གསུམ་དུ་ཐོས་བསམ་སྒོམ་པས་ཚོགས་གཉིས་བསགས་ཏེ་རྟེན་དེར་སྐྱེ་བ་གཅིག་ཐོགས་པའི་ས་ལ་སླེབས་པར་གསུངས་པས་ལས་མ་དག་པ་སོ་སྐྱེ་ཕལ་བས་སྐྱེ་བར་དཀའ་བ་ཡིན་ནོ། །བསྐལ་ཆེན་གཅིག་ཏུ་བར་བསྐལ་ཉི་ཤུ་གསུངས་པ་ནི་མངོན་པའི་ལུགས་ཡིན་གྱི། ཐེག་ཆེན་ལུགས་ལ་ཁྱབ་པ་མེད་དེ། བསྐལ་པ་བཟང་པོ་འདི་ཁྱུག་པ་དང་པོར་སངས་རྒྱས་བཞི་བྱོན་ཞིང་། དེའི་རྗེས་སུ་སངས་རྒྱས་དགུ་བཅུ་གོ་དྲུག་བྱོན་དགོས་པས་མངོན་པའི་ལུགས་ཀྱི་ཁྱུག་པ་བཅུ་དགུ་མི་འགྲིགས་པའི་ཕྱིར་རོ། །བདག་ཅག་ལྟ་བུ་སོ་སྐྱེ་ཕལ་པས་བདེ་བ་ཅན་གྱི་སྨོན་ལམ་གདབ་ན་བདེ་བ་ཅན་དུ་མི་སྐྱེ་བ་ཡང་མ་ཡིན་ཏེ། ཐུབ་པའི་བསྟན་པ་ལ་བསླབ་པ་གཅིག་བསྲུང་བ་ཡན་ཆད་སངས་རྒྱས་སྟོང་གི་ནང་དུ་ཐར་པ་འཐོབ་པར་གསུངས་པས་བསྐལ་པ་བཟང་པོ་གཅིག་ནི་བདེ་བ་ཅན་གྱི་ཉིན་གཅིག་གི་ཚོད་དུ་འདུག་པས། དེའི་རྗེས་སུ་ཚེ་དཔག་མེད་ཀྱི་འོད་ཟེར་གྱིས་དྲངས་ཏེ། བདེ་བ་ཅན་དུ་སྐྱེ་ཆོག་པའི་ཕྱིར། སོ་སྐྱེ་ཕལ་པས་སྨོན་ལམ་རྣམ་པར་དག་པ་གདབ་ན་དགའ་ལྡན་གྱི་ཞིང་དུ་སྐྱེ་སླ་བ་ཡིན་ཏེ། དེ་ན་ལས་དག་མ་

དག་ཀུན་གྱིས་སྐྱེ་ཚོག་པའི་ཕྱིར། དེས་ན་འདིར་དགའ་ལྡན་དུ་འཕོ་བའི་ཐབས་བརྗོད་པར་བྱ་སྟེ། འཆི་བའི་དུས་སུ་འདི་ལྟར་བསམ་པར་བྱ། སྐྱེ་བོ་མཆོག་དམན་ཐམས་ཅད་འཆི་བའི་ཆོས་ཅན་སྟོན་མ་ཞི་བར་སྡོད་པའི་སྐྱེ་བོ་སུ་ཡང་མ་བྱུང་བས་བདག་ཀུང་འཆི་བར་འོས་པ་ཡིན་ནོ། །བདག་ཅག་ཀུང་དང་པོ་སྐྱོང་པ་ཉིད་ཀྱི་ངང་ནས་སྐྱེ་བ་འདིར་འོང་བ་ཡིན་པས་མཐར་སྟོང་པ་ཉིད་ཀྱི་ངང་དུ་འགྲོ་བ་ལ་མི་འགྱོད་ཅིང་དགའ་བར་འོས་ཏེ། ཕ་ཡུལ་ནས་རིང་དུ་འཁྱམས་ཤིང་སླར་ཕ་ཡུལ་དུ་འགྲོ་བ་བཞིན་དགའ་བར་བྱའོ། །འདི་སྐད་དུ་དཀོན་མཆོག་ཏ་ལ་ལས། འཆི་བའི་དུས་སུ་སངས་རྒྱས་དྲན་བྱས་ཏེ། །དགའ་བྱེད་རྒྱལ་བའི་སྐུ་གཟུགས་བསྟན་བྱས་ཤིང་། །འཆི་ཁར་སངས་རྒྱས་སྐྱབས་སུ་བཏང་བརྗོད་པ། །སངས་རྒྱས་སྟོན་པའི་འོད་ཟེར་དེ་འཐོབ་པོ། །ཞེས་དང་། འདའ་ཀ་ཡེ་ཤེས་ལས། ཆོས་རྣམས་རང་བཞིན་རྣམ་དག་པས། །དངོས་པོ་མེད་པའི་འདུ་ཤེས་སྒོམ། །བྱང་ཆུབ་སེམས་དང་རབ་ལྡན་པས། །སྙིང་རྗེ་ཆེན་པོའི་འདུ་ཤེས་བསྒོམ། །རང་བཞིན་མི་དམིགས་འོད་གསལ་བས། །མི་དམིགས་པ་ཡི་འདུ་ཤེས་སྒོམ། །དངོས་པོ་ཐམས་ཅད་མི་རྟག་པས། །དངོས་པོ་ཅི་ལའང་མ་ཆགས་བསྒོམ། །སེམས་ནི་ཡེ་ཤེས་འབྱུང་བའི་རྒྱུ། །སངས་རྒྱས་གཞན་དུ་མ་ཚོལ་ཞིག །ཞེས་དང་། ཞང་སྟོན་ཆོས་བླ་འགྲོངས་ཁར་མགུར་གསུངས་པ། སྐྱབས་གནས་དཀོན་མཆོག་གསུམ་ལ་བློ་གཏད་བཅས། །རིན་ཆེན་བྱང་ཆུབ་མཆོག་ཏུ་སེམས་བསྐྱེད་ཅིང་། །ཟབ་ཡངས་ཆོས་ཀྱི་དབྱིངས་ལས་མི་གཡོ་བར། འཆི་བ་འདི་ནི་བསོད་ནམས་བསགས་པ་ཡིན། །ཞེས་པ་ལྟར་འཆི་བའི་དུས་ཀྱི་སེམས་ཤིན་ཏུ་མཐུ་ཆེ་བ་ཡིན་པས་གང་མངོན་དུ་གྱུར་པ་དེར་སྐྱེ་ངེས་སོ། །དགའ་ལྡན་ལ་དད་བཞིན་འཆི་བའི་དུས་སུ་དགའ་བདེ་སྐྱེ་བ་ཆོས་ཉིད་ཡིན། འདུ་ཤེས་ཀྱི་བློ་འདི་གས་འཇལ་ན་ཡང་འདྲ། ཚེ་ཕྱི་མའི་བློས་འཇལ་ན་ཡང་ཁྱད་མེད་དེ། སེམས་ཅན་ཐམས་ཅད་ཀྱི་འགྲོ་ལུགས་ཡིན་པའི་ཕྱིར་རོ། །དེས་ན་འདི་ནི་ཧི་ཀ་ཕཊ་མི་དགོས་པའི་གདམས་ངག་ཡིན་ནོ། །སྐྱེ་བ་གཅིག་ཏུ་ཧི་ཀ་གི་སྦྱོང་བསྙེན་འབུམ་ཕྲག་བྱེ་བ་བྱས་ཀྱང་མི་སླེབ། ལོ་ལྔ་བཅུར་འདག་འབྱུར་བྱས་ནས་བཙད་རྒྱ་བྱས་ཀྱང་འགྲུབ་པམ་ཡིན་ནོ། །དངོས་གཞི་ནི། ཉིན་རེ་བཞིན་ཉལ་བའི་ཁར་དགའ་ལྡན་གྱི་ཞིང་ཁམས་བཀོད་པ་རྣམ་པར་དག་པའི་ཚུལ་ཡང་དང་ཡང་དུ་ཡིད་ལ་བྱ་སྟེ། བྱམས་པའི་ཐུགས་ཀ་ནས

རྗེ་རིན་པོ་ཆེ་རང་གི་མདུན་གྱི་ནམ་མཁར་སྤྲིན་དྲངས། དགའ་ལྡན་ལྷ་བརྒྱ་མ་འདོན། དམིགས་བརྩེ་མས་གསོལ་བ་གདབ་པ་དང་མཉམ་དུ་རྗེ་རིན་པོ་ཆེའི་ཕྱག་ནས་འོད་ཟེར་དཀར་པོ་རས་ཕལ་ལྟ་བུའི་ཐག་པ་འཕྲོས་ཏེ། འཕགས་པ་ཐོགས་མེད་ཀྱིས་རྗེ་བཙུན་བྱམས་པའི་ཆོས་གོས་ཀྱི་ཟུར་ནས་བཟུང་ཞིང་དགའ་ལྡན་དུ་ཕྱིན་པ་ལྟར། རང་འོད་ཟེར་དཀར་པོའི་ཐེག་པ་ལ་བཟུང་མ་ཐག་རྗེ་རིན་པོ་ཆེས་ཡར་ནམ་མཁའ་ལ་འཕགས་བཞིན་དུ་རང་ཡང་ཡང་འཐེན་ནས་སྐད་ཅིག་གཅིག་ལ་དགའ་ལྡན་དག་ཞིང་གི་གནས་སུ་སླེབས། ཕོ་བྲང་རྒྱལ་མཚན་མཐོན་པོའི་མདུན་ཡིད་དགའ་ཆོས་འཛིན་གྱི་ནང་དུ་བྱམས་པ་མགོན་པོའི་སྤྲིན་ སྟར་ཡན་ལག་བརྒྱད་ལྡན་གྱི་མཚོ་ཡིད་དུ་འོང་བའི་དཀྱིལ་དུ་པདྨའི་སྡོང་པོའི་ རྩེར་པདྨའི་འདབ་མ་ཁ་མ་བྱེ་བའི་དབུས་སུ་རང་ཉིད་བུ་ཆུང་ལོ་བརྒྱད་པ་ཙམ་དུ་སྐྱེས་ཏེ། སློ་བུར་གཉིད་ལྕུག་པ་སད་པ་ལྟ་བུའི་བློ་ཤར་མ་ཐག་པདྨའི་སྤུབ་ཚྭ་བསིལ་རན་པ་རལ་བལ་ལྟར་འཛུམ་པ་སྦྱོང་ཞིང་ཧོག་གུ་ལ་ཉེ་མ། ཐོག་པ་ལྟར་བྱམས་མགོན་གྱི་འོད་ཀྱིས་གསལ་ཞིང་གསུང་ལྷང་ལྷང་ཐོས་བཞིན་དུ་ཡུན་མི་རིང་ ཨོཾ་མུ་ནི་དང་། མོ་ཧི་བརྒྱ་རེ་བཟླས་པ་དང་མཉམ་དུ་བྱམས་པའི་འོད་ཟེར་པདྨ་ལ་ཕོག་མ་ཐག་པདྨའི་འདབ་མ་ཁ་བྱེ་ཞིང་རྗེ་བཙུན་མི་ཕམ་མགོན་པོའི་གསེར་ཞལ་མཐོང་བར་གྱུར་ཏེ དང་པོ་ཁོ་ནར་ཉི་མའི་དཀྱིལ་འཁོར་ལ་མིག་བལྟས་པ་ལྟར་མི་བཟོད་པའི་གཟིལ་གྱིས་མནོན་ཀྱང་རེ་ཞིག་དད་པ་དང་ཧིང་ངེ་འཛིན་གྱི་མིག་གིས་བལྟས་པ་ན་ཟླ་བའི་དཀྱིལ་འཁོར་ལྟར་གསལ་བའི་སྣང་བ་ཤར་ཞིང་། རྗེ་བཙུན་བྱམས་པ་མགོན་པོ་གསེར་གྱི་ལྷུན་པོ་ལྟ་བུ་སྐུ་མཐོ་ཁྲུ་གང་བརྒྱད་ཅུ་གྱ་བཞི་སེང་གེའི་ཁྲི་ལ་བཞང་པོའི་སྟབས་ཀྱིས་བཞུགས་པ། དབུའི་གཙུག་ཏོར་ལ་བྱང་ཆུབ་མཆོད་རྟེན་གྱིས་མཚན་པ། རིན་པོ་ཆེའི་དབུ་རྒྱན། རྣ་རྒྱན། མགུལ་རྒྱན། ཕྱག་ཞབས་གདུབ་བུས་བརྒྱན་པ། དར་གྱི་གཟན་དང་ཤམ་ཐབས་གསོལ་བ། ཕྱག་གཉིས་ཐུགས་ཀར་ཆོས་འཆད་ཀྱི་ཕྱག་རྒྱ་མཛད་པ། མཐོང་མ་ཐག་ཏུ་ཕ་བུ་ཡུན་རིང་དུ་བྲལ་ནས་མཇལ་བ་ལྟ་བུའི་དགའ་བ་སྐྱེ་ཞིང་། རྩེ་གཅིག་ཏུ་དད་པ་རྣམ་པར་དག་པའི་སྒོ་ནས་བྱམས་པའི་སྨོན་ལམ་གདབ། བྱམས་མགོན་གྱི་ཞལ་ནས། ཡན་ལག་དྲུག་ཅུ་རེ་གཉིས་དང་ལྡན་པའི་གསུང་གིས་བྱམས་པས་དམ་བཅས་པའི་གཟུངས་གསུང་ཞིང་། རང་གིས་རྗེས་ཟློས་བྱས་པའི་མོས་པ་བྱ། དེ་མ་ཐག་ར་རོ་བ་དང་སྨྱོས་པས་ཀ་ལ་པིང་ཀའི་སྒྲ་དབྱངས་ཐོབ་པས་སངས་པ་ལྟར་རང་ཡིད་

ཉོན་མོངས་དང་ཤེས་བྱའི་སྒྲིབ་པ་བསལ་ཏེ་དགའ་བདེ་བསམ་གྱིས་མི་ཁྱབ་པ་སྐྱེ་བར་བསམ་མོ། །རྣམ་པར་སྨིན་འབྲིན་པའི་སྟོབས་ནི་མ་ཆོས་འཇིག་རྟེན་གྱི་སྤྱིར་བ་ཕུན་སུམ་ཚོགས་པ་དཔོན་སྟེ་ཆེན་པོའི་ཁྲི་བ་དང་། མཁན་པོའི་གོ་ས། ལྷ་དང་མཚུངས་པའི་སྐན་གྲགས་ཀྱི་མིང་བཏགས། ལྷ་མིའི་ལོངས་སྤྱོད་ཆེ་བའི་ཆེ་བ་རྙེད་བཀུར་ལ་གསང་སྤྱོད་ནང་དུ་ལྷུང་བ་ལྟར་མི་འདོད་པའི་བསམ་པ་སྙིང་ཁོང་རུས་པ་ནས་ལོ་ཡུན་རིང་དུ་བསྐྱེད་པའོ། །དཀར་པོ་ས་བོན་གྱི་སྟོབས་ནི། ཆོས་འདིར་མ་མཐའ་མ་ཉི་བགྲངས་པ་ཡན་ཆད་ཚེ་འདིའི་དྲི་མས་མ་གོས་པ་འཇིག་རྟེན་ཆོས་བརྒྱད་ཀྱི་མི་གཙང་བས་མི་འབག་པའི་དགེ་རྩ་ཛེ་སྙེད་ཅིག་བསགས་པ་དང་སྒྲིབ་པ་སྦྱང་བའོ། །གོམས་པའི་སྟོབས་ནི། དག་ཞིང་གི་བཀོད་པ་དང་བྱམས་མགོན་གྱི་སྐུ་སྐབས་ཡང་དང་ཡང་དུ་ཡིད་ལ་དྲན་ཞིང་ཡུན་རིང་དུ་འབད་པས་རྨི་ལམ་ན་ཡང་མི་འབྲལ་བའི་དང་བའི་དད་པ་བསྐྱེད་པའོ། །འཕེན་པའི་སྟོབས་ནི་དེར་སྐྱེ་བའི་འཕེན་པ་ཡང་ཡང་བཏང་ཞིང་ཡུན་རིང་འབད་པས་བྱམས་མགོན་གྱི་ཞལ་མཇལ་བ་མ་བུ་ཡུན་རིང་དུ་བྲལ་བ་ཕྲད་པ་ལྟ་བུའི་དགའ་བ་བསྐྱེད་པའོ། །སྨོན་ལམ་གྱི་སྟོབས་ནི། དགེ་རྩ་ནག་པོ་དང་འདྲེས་མ་མ་ཡིན་པ་གཅིག་ཏུ་དཀར་བའི་དགེ་བ་ཐམས་ཅད་ཕྱོགས་གཅིག་ཏུ་སྡོམ་པའི་དགེ་བའི་མཐུ་དེར་བསྔོ་བའི་སྔོ་ནས་བྱམས་པའི་སྨོན་ལམ་དོན་དྲན་བཞིན་དུ་མ་ཆད་པར་གདབ་པ་ཡིན་ནོ། །དེ་ལྟར་བྱས་ན་གདམས་ངག་ཧི་ཀ་དང་ཕན་ལ་མི་ལྟོས་པར་ཚེ་ཕྱི་མར་བྱམས་པ་མགོན་པོའི་གསེར་ཞལ་དང་མཇལ་ཏེ་ཐེག་ཆེན་གྱི་ཆོས་ཐོས་ཤིང་བྱང་ཆུབ་ཀྱི་སེམས་བསྐྱེད་དེ་རྗེ་བཙུན་དེ་ཉིད་འཛམ་གླིང་དུ་མངོན་པར་རྫོགས་པར་འཚང་རྒྱ་བ་ན་ཕྱུག་གཡས་པ་བརྐྱང་སྟེ་སྤྱི་བོར་འཇོག་ཅིང་། བླ་མེད་བྱང་ཆུབ་ཏུ་ཕྱིར་མི་ལྡོག་པར་ལུང་བསྟན་པ་ཡིན་ནོ། །སྨྲས་པ། འདབ་ཆགས་ཐུང་ལྡན་བྱ་ཡིས་ལྡིང་ནས་མི་སླེབ་སར། །སྐྱེ་བོ་ཆུང་ངུས་གོ་སའི་ཆེད་དུ་དཀའ་བཀྲུས་སླེབ། །ཉན་རང་དགྲ་བཅོམ་བསྐལ་མང་འགོག་པར་སྙོམས་ཞུགས་ཀྱང་། །མ་བརྙེས་གོ་ས་སོ་སྐྱེས་ངལ་དུབ་མེད་པར་བསྒྲུབས། །ཞེས་དམིགས་བརྩེ་མའི་སྒོ་ནས་ངེས་པའི་དོན་གྱི་འཕོ་ཁྲིད་བྱམས་མགོན་ཞལ་བཟང་ལྟ་བའི་གསེར་ཐག་ཅེས་བྱ་བ་འདི་ནི་རྒྱལ་ཁམས་སྨྱུལ་བ་དོན་མེད་ཅན་གྱིས་རང་གི་ཡིད་ལ་གོམས་ཕྱིར་སྦྱར་བའི་ཡི་གེ་པ་ནི་ཆོས་ཚུལ་ལྟ་བའི་མིག་དང་ལྡན་པ་དགེ་ཚུལ་འཇམ་དབྱངས་འཕྲིན་ལས་སོ། ། །།བཀྲ་ཤིས། །

༄༅། །རྗེ་བླ་མ་ལ་བརྟེན་པའི་རིམ་བསྒྲུབ་བསམ་འཕེལ་དབང་གི་རྒྱལ་པོ་ཞེས་བྱ་བ་བཞུགས་སོ།

༄༅། །བླ་མ་དང་རྗེ་བཙུན་འཇམ་པའི་དབྱངས་དབྱེར་མ་མཆིས་པའི་ཞབས་ལ་ཕྱག་འཚལ་ལོ། །དེ་ལ་འདིར་རྗེ་བདག་ཉིད་ཆེན་པོ་འདི་ནི་སྔོན་ཚེ། རྣམ་འདྲེན་བུ་རམ་ཤིང་པ་དེ་ཉིད་འཛམ་བུའི་གླིང་དུ་བྱོན་པའི་ཚེ་ན་སངས་རྒྱས་ལ་ཤེལ་དཀར་གྱི་འཕྲེང་བ་ཕུལ་ཞིང་སེམས་བསྐྱེད་པ་དེའི་ཚེ་ན་སངས་རྒྱས་ཀྱིས། ད་ལྟར་ང་ལ་ཤེལ་དཀར་གྱི། །འཕྲེང་བ་ཕུལ་ནས་སེམས་བསྐྱེད་པ། །མ་འོངས་དུས་ཀྱི་སྙིགས་མ་ལ། །འབྲི་དང་ལྡན་པའི་ས་འཚམས་སུ། །དགའ་ཞེས་བྱ་བའི་དགོན་པ་འདེབས། །བློ་བཟང་ཞེས་བྱའི་མཚན་ཅན་བྱུང་། །སྟོན་པའི་མདོ་བཞིན་གསུང་སྒྲོག་པ། །ལྷ་ཁང་ཀ་བ་ཤིང་ལོ་ཅན། །ང་ཡི་གཟུགས་སྐུ་རྣམ་གཉིས་ལ། །དབུ་རྒྱན་འབུལ་ཞིང་མཆོད་པར་བྱེད། །ང་ལ་གསོལ་བ་རབ་བཏབ་ནས། །བསྟན་པ་ལོ་སྟོང་བར་དུ་གནས། །འདི་ནས་འཕོས་ནས་ཤར་ཕྱོགས་ཀྱི། །ངོ་མཚར་བཀོད་མཛེས་འཇིག་རྟེན་དུ། །སེང་གེའི་ང་རོ་ཞེས་བྱར་འགྱུར། །ཞེས་ལུང་བསྟན་པ་ལྟར། སྙིགས་མའི་དུས་འདིར་ཙོང་ཁའི་ཡུལ་དུ་སྐུ་འཁྲུངས་ཏེ། དབུས་གཙང་སོགས་སུ་ཐོས་བསམ་བསྒོམ་གསུམ་ལ་སྦྱངས་ཏེ་དགའ་ལྡན་རྣམ་པར་རྒྱལ་བའི་གླིང་ལ་སོགས་པ་བཏབ། ཇོ་ཤཱཀྱ་རྣམ་གཉིས་ལ་དབུ་རྒྱན་ཕུལ་ཞིང་སྨོན་ལམ་ཆེན་མོ་བཙུགས་ནས། བསྟན་པ་རིན་པོ་ཆེ་ཡུན་རིང་དུ་གནས་པའི་སྨོན་ལམ་བཏབ་པས། རི་བོ་དགའ་ལྡན་པ་ཞེས་སྙན་པའི་གདུགས་དཀར་པོ་སྲིད་རྩེའི་བར་དུ་བསྒྲེངས་པའི་གྲིབ་བསིལ་ལ་རྒྱ་བོད་ཧོར་གསུམ་གྱི་སྐྱེས་བུ་འདུ་བཞིན་པ་ཡིན་པས། རང་ཅག་རྣམས་ཀྱིས་ཀྱང་གསོལ་བ་བཏབ་ན་ཐར་ཀྱི་ལུང་བསྟན་གྱི་འཇུག་ཏུ། དེ་ལ་དད་བྱེད་ཞིང་དེར་སྐྱེ། །ཞིང་མཆོག་དེ་ནི་ཁྱད་པར་འཕགས། །ཞེས་པ་ལྟར། ངོ་མཚར་སྙན་བྱུང་བཀོད་པའི་ཞིང་ཁམས་སུ་སྐྱེ་བ་ལ་སོགས་པ་ཕན་ཡོན་མཐའ་ཡས་པ་ཡོད་པར་མ་ཟད། ད་ལྟ་རང་ཅག་ཕལ་ཆེར་རྗེ་བདག་ཉིད་ཆེན་པོའི་བསྟན་པ་ལ་རབ་ཏུ་བྱུང་བ་དང་། དེའི་སྦྱིན་བདག་བྱས་ནས་ཡོད་པ་འདི་སྔོན་བླ་མ་འདི་དང་ལས་འབྲེལ་ཡོད་པའི་སྟབས་ཡིན་པས། ལས་འབྲེལ་ཡོད་ན་བསྒྲུབ་སླ་བ་དང་བྱིན་བརླབས་ཀྱི་ཚན་ཁ་གཞན་ལས་ཆེས་མཆོག་ཏུ་འགྱུར་བས། དེའི་ཕྱིར་རྗེ་བླ་མ་ལ་བརྟེན་ནས་དམིགས་བརྩེ་མའི་རིམ་བསྒྲུབ་བྱེད་པ་ལ་སྔོན་འགྲོ་དངོས་གཞི་རྗེས་གསུམ་ལས། དང་པོ་ནི། རིལ་བུའི་རྒྱུ་ལས། སངས་རྒྱས་ཀྱི་འཕེལ་གདུང་།

མཁས་གྲུབ་ཀྱི་བླ་མ་མཚན་ཉིད་དང་ལྡན་པ་དམ་པ་གོང་མ་རྣམས་ཀྱི་གདུང་རུས། བླ་མ་དང་དགེ་འདུན་གྱི་ཐོ་ཁྲིད་པར་ཅན་གྱིས་བསྒྲུབས་པའི་མ་ཧི་རིལ་བུ། དམ་པ་གོང་མའི་དབུ་སྐྲ་དང་ན་བཟའ་ལྷ་བྲུ་ནུས་ལྡན་སྲེགས་པའི་ཕྱེ་མ་རྣམས་ཞིབ་མོར་བདར་བ། དྲི་བཟང་གི་ཆུ་གཙང་ལ་སྦྲུངས་ཏེ། དེ་བསྲེས་པའི་དྲི་བཟང་གི་ཆུས་ཞིབ་ཆེན་ལྷ་བུའི་རྫམ་བ་སྦྱུས་ཏེ། རིལ་བུ་ཆེ་ཆུང་འཚམ་པ་ལེགས་པར་བསྒྲིལ་བ་ཀུར་གུམ་སོགས་ཀྱི་ན་བཟའ་གསོལ་ཏེ། རིལ་ཆགས་ལེགས་པར་བྱས་པ་སྐམ་ཐག་ཆོད་ངེས་བུམ་པ་བཟང་པོ་གསུམ་གསོགས་ཀྱི་སྐྱོན་མེད་པ་ཤིན་ཏུ་གཙང་བ། བསང་བདུག་ལེགས་པར་བྱས་པའི་ནང་དུ་སུམ་གཉིས་ཙམ་གང་བ་བླུག །ཁ་གོས་དར་དམར་སེར་སོགས་ཀྱིས་བརྒྱན་པ་ནས་དར་སྐུད་ཀྱིས་བསྡམས་ཏེ་རྒྱ་གདབ། བུམ་པ་ཞུགས་པའི་སྟེགས་མཐོན་པོའི་སྟེང་དུ་བུམ་པ་གཏོར་འགྲུལ་མི་ཡོང་བ་དང་། མཐར་ཆུ་གཉིས་ཉེར་སྤྱོད་སོགས་ཀྱི་མཆོད་པ་གང་མང་བཀོད་པས་མཛེས་པར་བཤམ། བུམ་པའི་སྟེང་དུ་རྗེ་བདག་ཉིད་ཆེན་པོའི་སྐུ་བྱིན་རླབས་ཅན་ཡོད་ན་ན་བཟའ་བཟང་པོ་གསོལ་ཏེ་བཞུགས་སུ་གསོལ། བུམ་པའི་ཁར་རྡོ་རྗེ་ལ་རས་བལ་གཙང་མས་བསྒྲིལ་བའི་གཟུངས་ཐག་བཏགས་པ་གཡོ་འགྲུལ་མི་ཡོང་བ་བྱས་ཏེ་བཞག །རིལ་སྒྲུབ་ཀྱི་འཚམས་ལ་ཞུགས་མཁན་བླ་མ་དང་དགེ་འདུན་རྣམས་ཞག་བདུན་གྱི་གོང་ནས་ཤ་ཆང་སྒོག་བཙོང་ཐ་མ་ཁ་སོགས་མི་གཙང་བ་དང་། དྲི་ངན་པའི་བཟའ་བཏུང་ལ་འཛེམ། དངོས་གཞི་ལ་འཇུག་པའི་གོང་དུ་འཚམས་ཀྱི་རང་གི་ཁ་ཟས་མི་རུང་བ་ལ་མི་སྤྱོད་པ་དང་། ཕན་ཚུན་རྩོད་གླེང་དང་། འཆལ་གཏམ་སོགས་བྱ་བ་ངན་པ་ལ་མི་འཇུག་པ། འཚམས་ཀྱི་ནང་དུ་མི་གདོན་ཅན་དང་གྲིབ་ཅན་སོགས་མི་གཏོགས། འཚམས་པ་རྣམས་ལ་བཟའ་བཏུང་མི་རུང་བ་དང་། གྲིབ་ཅན་མི་འདྲེན་པ། ཇ་དང་དཀར་གསུམ་སོགས་རུང་བའི་བཟའ་བཏུང་དུས་སུ་འདྲེན་པ་སོགས་ཀྱིས་ནང་ཁྲིམས་ལེགས་པར་བསྡམས། དངོས་གཞི་ལ་འཇུག་ཚེ་རིལ་བུ་ལེགས་པར་སྒྲུབ་པའི་བར་ཆད་བཟློག་པ་དང་འཕྲིན་ལས་མྱུར་དུ་འགྲུབ་ཕྱིར་མགོན་ཆོས་སོགས་ཀྱི་བསྐང་གསོལ་འདོན་མཁན་མི་ཁ་ཤས་ཀྱང་ཟུར་དུ་བཞག་གོ །

གཉིས་པ་དངོས་གཞི་ལ་བདག་བསྐྱེད་དང་མདུན་བསྐྱེད་གཉིས། དང་པོ་ནི། ཚོགས་པ་ཐམས་ཅད་ཀྱིས་ཁྲུས་དང་གཙང་སྦྲ་ལེགས་པར་བྱས་བདེ་བའི་སྟན་ལ་འཁོད་ནས། སྐྱབས་འགྲོ་སེམས་བསྐྱེད་ཚད་མེད་བཞི་སྒོམ་པ་རྣམས་སྔོན་དུ་བཏང་། ཐོག་མའི་ཉིན་ཆ་གསུམ་བགེགས་གཏོར་སོགས་བགེགས་ལ་བྱིན་ནས་བགེགས་བསྐྲད། དེ་ནས། སྭ་བྷཱ་ཝ་ཤུདྡྷ་སརྦ་དྷརྨ་སྭ་བྷཱ་ཝ་ཤུདྡྷོ྅་ཧཾ། འཁོར་འདས་ཀྱི་ཆོས་རྣམས་སྟོང་པ་ཉིད་དུ་གྱུར། སྟོང་པའི་ངང་ལས་སེང་ཁྲི་པདྨ་ཉི་ཟླའི་སྟེང་དུ་རང་གི་སེམས་ཉིད་ཧྲཱིཿ ལས་རལ་གྲི་ཡུ་བ་ཧྲཱིཿ ས་མཚན་པ་ལས་འོད་འཕྲོས་དོན་གཉིས་བྱས། ཚུར་འདུས་ཡོངས་སུ་གྱུར་པ་ལས་རང་ཉིད་རྒྱལ་བ་ཙོང་ཁ་པ་ཆེན་པོ་རབ་བྱུང་གི་ཆ་ལུགས་ཅན། ཞི་ཞིང་འཛུམ་པའི་ཞལ་ཁྲིམ་དཀར་ལ་དམར་བའི་མདངས་ཆགས་པ། ཕྱག་གཉིས་ཆོས་

འཁོར་གྱི་ཕྱག་རྒྱ་མཛད་པའི་འཐེབ་སྲིན་གྱིས་ཨུཏྤ་ལའི་ཡུ་བ་ནས་འཛིན་པའི་འདབ་མ་དབུ་བའི་ཐད་དུ་རྒྱས་པས་ཤེས་རབ་ཀྱི་རལ་གྲི་དང་ཤེར་ཕྱིན་གྱི་གླེགས་བམ་བཏེགས་པ། པཎ་ཞྭ་གསེར་གྱི་མདོག་ཅན་གསོལ་ཞིང་། ཞབས་རྡོ་རྗེ་དཀྱིལ་ཀྲུང་གིས་བཞུགས་པ། དེའི་སྤྱི་བོའི་རྩ་འཁོར་གྱིས་དབུས་སུ་པད་ཟླའི་གདན་ལ་འཇམ་དབྱངས་དམར་སེར། གཡས་རལ་གྲི་འཕྱར་ཞིང་། གཡོན་ཨུཏྤལ་ལའི་ཡུ་བ་ནས་བཟུང་བས་འདབ་སྟེང་ན་སྟོང་ཕྲག་བརྒྱ་པའི་གླེགས་བམ་གྱིས་མཚན་པ་རལ་པའི་ཟུར་ཕུད་ལྔ་དང་ལྡན་པ། མགྲིན་པའི་རྩ་འཁོར་གྱི་དབུས་སུ་པད་ཟླའི་གདན་ལ་སྤྱན་རས་གཟིགས་དཀར་པོ་རྩ་ཕྱག་གཉིས་ཐལ་མོ་སྦྱར་ཞིང་འོག་མ་གཉིས་ཤེལ་འཕྲེང་དང་པདྨ་འཛིན་པ། རལ་པའི་ཐོར་ཚུགས་དང་ནུ་མ་གཡོན་པར་ཁྲི་ཥྞ་ས་ལའི་པགས་པས་བཀབ་པ། གཉིས་ཀའང་རིན་པོ་ཆེའི་རྒྱན་དང་དར་གྱི་ན་བཟའ་གསོལ་བ། ཞབས་རྡོ་རྗེ་སྐྱིལ་ཀྲུང་གི་བཞུགས་པ། ཐུགས་ཀྱི་རྩ་འཁོར་གྱི་དབུས་སུ་པད་ཟླའི་གདན་ལ་དཔལ་ཕྱག་ན་རྡོ་རྗེ་མཐིང་ནག་གཡས་གསེར་གྱི་རྡོ་རྗེ་དང་། གཡོན་སྡིགས་མཛུབ་མཛད་པ། དབུ་སྐྲ་དང་སྨིན་མ་དམར་སེར་འབར་བ། རིན་པོ་ཆེ་དང་སྦྲུལ་གྱིས་སྤྲས་པ། ཞབས་གཡས་བསྐུམས་ཤིང་གཡོན་བརྐྱང་གིས་ཡེ་ཤེས་ཀྱི་མེ་འབར་བའི་དབུས་ན་བཞུགས་པ། དེའི་དཔྲལ་བར་ཨོཾ། མགྲིན་པར་ཨཱཿ ཐུགས་ཀར་ཧཱུྃ། ཐུགས་ཀའི་ས་བོན་ལས་འོད་ཟེར་འཕྲོས་པས། དགའ་ལྡན་ལ་སོགས་པ་ཕྱོགས་བཅུའི་ཞིང་ཁམས་མཐའ་ཡས་པ་ནས་རྗེ་བཙུན་བླ་མ་བློ་བཟང་གྲགས་པས་གཙོ་བོའི་རྩ་བརྒྱུད་ཀྱི་བླ་མ་ཡི་དམ་སངས་རྒྱས་བྱང་སེམས་ཉན་རང་དཔའ་བོ་མཁའ་འགྲོ་ཆོས་སྐྱོང་བསྲུང་མ་སོགས་སྐྱབས་གནས་ཐམས་ཅད་བཛྲ་ས་མ་ཛཿ སྤྱན་དྲངས། ཛཿ ཧཱུྃ་བཾ་ཧོཿ གཉིས་སུ་མེད་པར་གྱུར། པར་བསམ། དེ་ནས་སྐྱབས་གནས་ཀུན་འདུས་སུ་མོས་ནས། མཆོད་པ་རྒྱས་པར་སྤྲིན་འོག་ཏུ་མདུན་བསྐྱེད་ནས་འབྱུང་བ་ལྟར་བྱ། བསྟུན། ཇི་སྙེད་སུ་དག་ཕྱོགས་བཅུའི་འཇིག་རྟེན་ན། ཞེས་བ་ནས། ཐམས་ཅད་རྫོགས་པའི་བྱང་ཆུབ་ཆེན་པོར་བསྔོ། །ཞེས་བཟང་སྤྱོད་ལས་འབྱུང་བ་ལྟར་ཡན་ལག་བདུན་པ་བྱ། དེ་ནས་དམིགས་བཅས་མ་ཁ་ཤས་བགྲང་ཞིང་། འཇུག་ཏུ། ཚེ་རབ་ཀུན་ཏུ་རྒྱལ་བ་ཙོང་ཁ་པས། ཞེས་པ་ནས། སྐད་ཅིག་ཙམ་ཡང་ལྡོག་པར་མ་གྱུར་ཅིག །ཅེས་པས་སྨོན་ལམ་གདབ། གཉིས་པ་མདུན་བསྐྱེད་སྒྲུབ་པ་ནི། ཨོཾ་སྭ་བྷཱ་ཝ་ཤུདྡྷཱ་སརྦ་དྷརྨཱ་སྭ་བྷཱ་ཝ་ཤུདྡྷོ྅ཧཾ། སྟོང་པ་ཉིད་དུ་གྱུར། སྟོང་པའི་ངང་ལས་པད་ཟླའི་སྟེང་དུ་བཾ་ལས་བྱུང་བའི་རིན་

པོ་ཆེའི་བུམ་པ་དཀར་པོ། སྤོ་བ་ཆེ་བ། མགྲིན་པ་རིང་བ། མཆུ་འཕྱང་བ་ལ་སོགས་པའི་མཚན་ཉིད་ཐམས་ཅད་དང་ལྡན་པ་ཕྱི་བུམ་པའི་དབྱིབས་ཅན་ལ་ནང་གཞལ་ཡས་ཁང་གི་རྣམ་པ་ཅན་གྱི་དབུས་སུ་སེང་ཁྲི་པདྨ་ཉི་ཟླའི་སྟེང་དུ་ཧྲཱིཿ ལས་རལ་གྲི་ཡུ་བ་ཧྲཱིཿ ས་མཚན་པ་ལས་འོད་འཕྲོས། དོན་གཉིས་བྱས། ཚུར་འདུས་ཡོངས་སུ་གྱུར་པ་ལས་རིལ་བུ་རྣམས་རྒྱལ་བ་ཙོང་ཁ་པ་ཆེན་པོ་རབ་བྱུང་གི་ཆ་ལུགས་ཅན་ཞི་ཞིང་འཛུམ་པའི་ཞལ་ཁྲིམ་དཀར་ལ་དམར་པའི་མདངས་ཆགས་པ། ཞེས་པ་ནས། དགའ་ལྡན་ལ་སོགས་པ་ཕྱོགས་བཅུའི་ཞིང་ཁམས་མཐའ་ཡས་པ་ནས་རྗེ་བཙུན་བླ་མ་བློ་བཟང་གྲགས་པས་གཙོ་བོའི་རྩ་བརྒྱུད་ཀྱི་བླ་མ་ཡི་དམ་སངས་རྒྱས་བྱང་སེམས་ཉན་རང་དཔའ་བོ་མཁའ་འགྲོ་ཆོས་སྐྱོང་བསྲུང་མ་སོགས་སྐྱབས་གནས་ཐམས་ཅད་བཛྲ་སམ་ཛཿ ཞེས་སྤྱན་དྲངས། ཛཿ ཧཱུྃ་བཾ་ཧོཿ གཉིས་སུ་མེད་པར་གྱུར་པར་བསམ། བསྡུ་ན། བཟང་སྤྱོད་སོགས་ལས་འབྱུང་བའི་ཡན་ལག་བདུན་པའམ། རྒྱས་པར་སྤྲོ་ན། མཆོད་པ་རྣམས། ཨ་མྲི་ཏ་ས་བསངས། སྭ་བྷཱ་ཝས་སྦྱངས། སྟོང་པའི་ངང་ལས་ཨོཾ་ལས་རིན་པོ་ཆེའི་སྣོད་ཡངས་ཤིང་རྒྱ་ཆེ་བ་རྣམས་ཀྱི་ནང་དུ་ཨོཾ་འོད་དུ་ཞུ་བ་ལས་བྱུང་བའི་མཆོད་ཡོན། ཞབས་བསིལ། མེ་ཏོག བདུག་སྤོས། མར་མེ། དྲི་ཆབ། ཞལ་ཟས། རོལ་མོ་རྣམས་དྭངས་ཤིང་ཐོགས་པ་མེད་པ་ནམ་མཁའ་དང་མཉམ་པར་གྱུར། ཨོཾ་ཨརྒྷཾ་ཨཱཿཧཱུྃ། ནས། ཨོཾ་ཤབྡ་ཨཱཿཧཱུྃ། ཞེས་བྱིན་གྱིས་བརླབ། །རབ་འབྱམས་རྒྱ་མཚོ་དཔག་མེད་ན། །མཆོད་ཡོན་ཇི་སྙེད་ཡོད་པ་རྣམས། །བདག་གིས་གུས་པས་བཤམས་པ་འདི། །རྗེ་བཙུན་བློ་བཟང་གྲགས་པ་ལ། །འབུལ་གྱི་ལེགས་པར་བཞེས་ནས་ཀྱང་། །དངོས་གྲུབ་མ་ལུས་བསྩལ་དུ་གསོལ། །ཨོཾ་སུ་མ་ཏི་ཀཱིརྟི་ཤྲཱི་བྷ་དྲ་ཨརྒྷཾ་པྲ་ཏཱིཙྪ་ཧཱུྃ་སྭཱཧཱ། དེ་བཞིན་དུ་མཆོད་ཡོན་གྱིས་གནས་སུ་ཞབས་བསིལ་ནས་རོལ་མོའི་བར་དང་། ཨརྒྷཾ་གྱི་གནས་སུ་པཱདྱཾ་ནས་ཤབྡའི་བར་བཅུག་ལ་མཆོད་པ་དབུལ། དེ་ནས། སྐུ་གསུམ་ཡེ་ཤེས་ལྔ་ལྡན། །རབ་འབྱམས་དཀྱིལ་འཁོར་ཀུན་གྱི། །ཁྱབ་བདག་རྡོ་རྗེ་འཆང་། །དབྱེར་མེད་བློ་བཟང་གྲགས་པ། །དྲིན་ཅན་རྩ་བའི་བླ་མ། །སྙིང་ནས་གསོལ་བ་འདེབས་སོ། །ཐུགས་རྗེའི་སྤྱན་གྱིས་གཟིགས་ལ། །བདག་དང་མ་རྒན་འགྲོ་རྣམས། །འདི་དང་ཕྱི་མ་བར་དོའི། །འཇིགས་པ་ཀུན་ལས་སྐྱོལ་ལ། །མཆོག་དང་ཐུན་མོང་དངོས་གྲུབ །འདོད་དགུ་ཆར་བཞིན་ཕོབ་མཛོད། །བླ་མ་མཁྱེན་བླ་མ་མཁྱེན་བླ་མ་མཁྱེན། །བདེ་གཤེགས་གཞན་

གྱིས་སྐྱངས་པ། །རྩོད་དུས་འགྲོ་བའི་འདྲེན་མཆོག །མཉམ་མེད་ཤཱཀྱའི་རྒྱལ་པོ། །དབྱེར་མེད་× དྲིན་ཅན་× སྙིང་ནས་× ཐུགས་རྗེའི་× བདག་དང་× འདི་དང་× འཇིགས་པ × མཆོག་དང་× འདོད་དགུ × བླ་མ་མཁྱེན × བྱང་ཕྱོགས་རྫོང་སའི་སྨན་ཁྲིད། །བདག་ཅན་མགོན་མེད་རྣམས་ཀྱི། །བསླུ་མེད་མགོན་དང་སྐྱབས་གཅིག །རྗེ་བཙུན་བློ་བཟང་གྲགས་པ། །དྲིན་ཅན་རྩ་བའི་བླ་མ། །སྙིང་ནས་× × × ཕན་བདེའི་འབྱུང་གནས་བསྟན་པ། །མིང་ཙམ་ལྷག་མར་གྱུར་ཚེ། །བསླབ་གསུམ་ལུང་རྟོགས་དམ་ཆོས། །རྒྱས་མཛད་བློ་བཟང་གྲགས་པ། །དྲིན་ཅན་རྩ་བའི་བླ་མ། །སྙིང་ནས་× × × མཚན་ཙམ་ཐོས་པ་ཡིས་ཀྱང་། །མནར་མེད་དམྱལ་བའི་མེ་ལྕེ། །པདྨོའི་ཚལ་ལྟར་བསིལ་མཛད། །ཀུན་མཁྱེན་བློ་བཟང་གྲགས་པ། །བཀའ་དྲིན་གསུམ་ལྡན་བླ་མ། །སྙིང་ནས་× × × ཁྱོད་ཞབས་དྲན་པའི་མོད་ལ། །སྡུག་བསྔལ་མདའ་ཆར་དྲག་པོ། །ཕུན་ཚོགས་ནོར་བུའི་ཆར་དུ། །བསྒྱུར་མཛད་ཐམས་ཅད་མཁྱེན་པ། །རྗེ་བཙུན་རྩ་བའི་བླ་མ། །སྙིང་ནས་× × × བདག་ཅག་ཡུན་རིང་འཁོར་བ། །སྡུག་བསྔལ་རྒྱ་མཚོ་ཆེན་པོར། །འཁྲམས་ཤིང་བྱིང་དཀའི་འཕྲིན་བྱེད། །དྲིན་ཅན་བླ་མ་རྣམས་དང་། །དབྱེར་མེད་བློ་བཟང་གྲགས་པ། །སྙིང་ནས་× × × ཐོག་མེད་དུས་ནས་ད་བར། །དུག་གསུམ་ནད་ཀྱིས་གདུངས་པ། །འཚོ་མཛད་སྨན་པའི་རྒྱལ་པོ། །དྲིན་ཅན་རྩ་བའི་བླ་མ། །རྗེ་བཙུན་བློ་བཟང་གྲགས་པ། །སྙིང་ནས་× × × བླང་དོར་གནས་ལ་རྨོངས་པ། །མི་ཤེས་མུན་པའི་སྨྲིག་རུམ། །སེལ་བའི་ཡེ་ཤེས་སྒྲོན་མེ། །དྲིན་ཅན་རྩ་བའི་བླ་མ། །བློ་བཟང་རྒྱལ་བའི་དབང་པོ། །སྙིང་ནས་× × × སངས་རྒྱས་བྱང་སེམས་ཕལ་ཆར། །དག་ཞིང་གཤེགས་པའི་སྐབས་འདིར། །ཐུགས་རྗེས་རྒྱལ་བའི་མཛད་པ། །བསྒྲུབ་མཛད་དཔལ་ལྡན་བླ་མ། །བློ་བཟང་རྒྱལ་བའི་དབང་པོ། །སྙིང་ནས་× × × སངས་རྒྱས་ཀུན་གྱི་བདག་ཉིད། །ཆོས་ཕུང་བརྒྱད་ཁྲིའི་འབྱུང་གནས། །འཕགས་ཚོགས་ཀུན་གྱི་གཙོ་བོ། །སྐྱབས་གསུམ་ཀུན་འདུས་ངོ་བོ། །དྲིན་ཅན་རྩ་བའི་བླ་མ། །བློ་བཟང་རྒྱལ་བའི་དབང་པོ། །སྙིང་ནས་× × × དམྱལ་བ་ཡི་དྭགས་དུད་འགྲོ། །འཇིགས་རུང་ངན་སོང་གསུམ་གྱི། །སྒོ་འགེགས་མཐོ་རིས་ལམ་སྟོན། །དྲིན་ཅན་རྩ་བའི་བླ་མ། །བློ་བཟང་རྒྱལ་བའི་དབང་པོ། །སྙིང་ནས་× ×

× སྐྱེ་རྒ་ན་འཆིའི་སྡུག་བསྔལ། །ཐ་སྙད་འཁྲུགས་པའི་རྒྱ་མཚོའི། །ཕ་རོལ་སྒྲོལ་བའི་དེད་དཔོན། །དྲིན་ཅན་རྩ་བའི་བླ་མ། །བློ་བཟང་རྒྱལ་བའི་དབང་པོ། །སྙིང་ནས་× × × མཆོག་དང་ཐུན་མོང་དངོས་གྲུབ། །ཅི་འདོད་ཡིད་བཞིན་སྩོལ་བའི། །ཡི་དམ་སངས་རྒྱས་བྱང་སེམས། །ཀུན་འདུས་ཐམས་ཅད་མཁྱེན་པ། །དྲིན་ཅན་རྩ་བའི་བླ་མ། །བློ་བཟང་རྒྱལ་བའི་དབང་པོ། །སྙིང་ནས་× × × ནག་ཕྱོགས་བདུད་རིགས་བར་གཅོད། །དུས་མཐའི་མེ་ཡིས་ནགས་བཞིན། །སྐད་ཅིག་ཉིད་ལ་འཇོམས་མཛད། །མཁའ་འགྲོ་ཆོས་སྐྱོང་ཀུན་འདུས། །དྲིན་ཅན་རྩ་བའི་བླ་མ། །བློ་བཟང་རྒྱལ་བའི་དབང་པོ། །སྙིང་ནས་× × × ཡོངས་འཛིན་མང་པོའི་ཞལ་གྱི། །ཟབ་རྒྱས་བདུད་རྩི་འཐུངས་ཀྱང་། །སངས་རྒྱས་དངོས་སུ་མ་བལྟས། །སྐལ་ཆད་ལོག་ལྟ་མཁན་ལ། །བླ་མས་ཐུགས་རྗེས་གཟིགས་ཤིག །རྙེད་དཀའ་དལ་འབྱོར་ཐོབ་ཀྱང་། །ཚེ་འདིའི་བྱ་བས་གཡེངས་ནས། །དོན་ཆེན་ཡལ་བར་ཤོར་བའི་བའི། །འདི་ཕྱི་གཉིས་མེད་བདག་ལ། །བླ་མས་× དབུགས་འབྱུང་འགགས་པ་ཙམ་གྱིས། །ངན་སོང་གནས་སུ་ལྟུང་བའི། །ངང་ཚུལ་སྙིང་ནས་མ་དྲན། །སྙིང་མེད་སྨྱོན་པ་བདག་ལ། །བླ་མས་× སྡུག་བསྔལ་མ་འདོད་བཞིན་དུ། །སྡིག་པའི་ལས་ལ་ཟ་མས་ཤིང་། །བདེ་འདོད་དགེ་ལ་གཡེལ་བའི། །ཁྲེལ་མེད་འགལ་འདུ་མཁན་ལ། །བླ་མས་× ཀུན་གཞོན་བར་མའི་གོ་རིམ། །ངེས་མེད་འཆི་བ་མཐོང་ཡང་། །ནམ་འཆི་ངེས་མེད་མ་དྲན། །རྟག་འཛིན་ཕྱི་བཤོལ་མཁན་ལ། །བླ་མས་× རྣམ་དག་སྡོམ་གསུམ་བླངས་ཀྱང་། །དྲན་ཤེས་བག་ཡོད་སྟོང་པས། །ཉེས་ལྟུང་ཆར་བཞིན་འབབ་པ། །ངན་འགྲོའི་རྒྱུ་བསོག་བདག་ལ། །བླ་མས་× སྐྲ་བྲེག་ངུར་སྨྲིག་བགོས་ཀྱང་། །ཆགས་སྡང་གཡོ་སྒྱུས་དུས་འདའ། །ཕ་སྐྱེས་སེང་ལྤགས་གྱོན་འདྲའི། །སྡིག་ཅན་བཟང་བརྫུ་མཁན་ལ། །བླ་མས་× དགེ་སྦྱོར་བྱས་པར་རློམ་ཡང་། །བག་མེད་ལེ་ལོས་འདའ་བའི། །རོ་ཉལ་རྣམ་གཡེང་མཁན་ལ། །བླ་མས་× དེང་ནས་བྱང་ཆུབ་བར་དུ། །ཁྱོད་མིན་སྐྱབས་གཞན་མེད་པས། །འདི་ཕྱི་བར་དོ་ཀུན་དུ། །བླ་མས་ཐུགས་རྗེས་གཟིགས་ཤིག །ཐབས་མཁས་ཐུགས་རྗེས་ལྕགས་ཀྱུས། །འབྲལ་མེད་རྗེས་སུ་བཟུངས་ལ། །མཐོ་རིས་ཐར་པ་ཆེན་པོའི། །གཞལ་མེད་ཁང་དུ་དྲོངས་མཛོད། །ཅེས་པཎ་ཆེན་བློ་བཟང་ཆོས་ཀྱི་རྒྱལ་མཚན་གྱིས་གསུང་བ་འདི་ཉིད་ཀྱིས་བསྟོད། དེ་

ནས། རྗེ་བཙུན་བླ་མ་བློ་བཟང་གྲགས་པའི་ཞབས། །དེ་ལྟར་གདུང་ཤུགས་དྲག་པོས་བསྐུལ་བྱེད་ན། །དམ་རྫས་རིལ་བུ་འདི་ལ་བྱིན་གྱིས་རློབས། །འགྲོ་རྣམས་སྨིན་ཅིང་གྲོལ་བར་མཛད་དུ་གསོལ། །རྩེ་གཅིག་གསོལ་བ་བཏབ་པའི་བྱེད་པོ་ཡིས། །བླ་མའི་གནས་གསུམ་ལྷ་ལས་འོད་འཕྲོས་ནས། །རྒྱལ་བ་སྲས་བཅས་ཉན་རང་ལ་སོགས་པ། །སྐྱབས་གནས་ཀུན་གྱི་བྱིན་རླབས་ནུས་མཐུའི་ཚོགས། །འོད་དང་འོད་ཟེར་བདུད་རྩིའི་ཆུ་རྒྱུན་དང་། །བླ་མའི་སྐུ་ཡི་རྣམ་པར་ཐོགས་མེད་བསྡུས། །རིལ་བུ་རྗེ་བཙུན་བླ་མར་གསལ་བ་ལ། །ཆུ་ལ་ཆུ་བཞག་བཞིན་དུ་རོ་གཅིག་གྱུར། །ཞེས་གསོལ་བ་བཏབ་པས། རིལ་བུ་རྣམས་བླ་མར་གསལ་བའི་གནས་གསུམ་ལས་འོད་ཟེར་འཕྲོས། །ཕྱོགས་བཅུའི་སངས་རྒྱས་བྱང་སེམས་ཉན་རང་ཆོས་སྐྱོང་སྲུང་མ་སོགས་སྐྱབས་གནས་ཐམས་ཅད་ཀྱི་བྱིན་རླབས་དང་ནུས་མཐུ་ཐམས་ཅད་འོད་དང་འོད་ཟེར་དང་། །བདུད་རྩིའི་ཆུ་རྒྱུན་དང་། བླ་མའི་སྐུའི་རྣམ་པར་སྤྱན་དྲངས་ཏེ། རིལ་བུ་བླ་མར་གསལ་བ་ལ་ཐིམ་ནས། དབྱེར་མེད་རོ་གཅིག་ཏུ་གྱུར་པར་མོས་པའི་དམིགས་པ་དང་བཅས་པས་དམིགས་བཟླ་མ་བགྲང་ཛ་ཐུག་བཞེས་པ་དང་ཁམས་གསེང་སོགས་ཀྱི་ཚེ་མཆོགས་པ་ཆེན་པོ་གཉིས་སུ་བྱས་པའི་ཚན་པ་གཅིག་གིས་དམིགས་བཟླ་མ་བར་མ་ཆད་དུ་བགྲང་། ཚན་གཅིག་གིས་ཛ་ཐུགས་བཞེས་པ་དང་ཁམས་གསེང་བྱས་ནས་ཚར་བ་དང་། སླར་དེ་དག་གིས་ཐུན་བྱ་ཞིང་གཞན་མཆོས་ཛ་ཐུག་ཞེས་པ་དང་ཁམས་སེང་སོགས་བྱས་ནས་ཚོགས་པ་དང་། འཚོགས་པ་བཙན་དན་དང་ཤུག་པ་སོགས་ཀྱི་བསང་བདུག་གཏོང་། དེ་དག་གིས་ཀྱང་མཉམ་དུ་ཐུན་བྱེད་དེ་བཞིན་ཉིན་རེ་བཞིན་བྱ། ཉིན་ཐུན་ཐ་མ་གྲོལ་ནས་ཚོགས་པ་མང་མ་རང་རང་གནས་སུ་འགྲོ་ན་ཉིན་ཐུན་ཐ་མའི་མཇུག་ཏུ་ཚོགས་པ་མང་མ་རྣམས་ཀྱིས་ཐུན་འཇུག་ཏུ་རྫོར་སེམས་ཀྱི་ཡིག་བརྒྱ་བརྗོད། །ཨོཾ་སུ་མ་ཏི་ཀཱིརྟི་ཤྲཱི་བྷ་དྲ་ཨཀྵཾ་སོགས་ཀྱིས་མཆོད། །དཔལ་ལྡན་ས་གསུམ་འགྲོ་བའི་མིག་གཅིག་པུ། །ཐར་འདོད་ཡོངས་ཀྱི་བླ་ན་མེད་པའི་མགོན། །རྒྱལ་བ་ཀུན་ལས་ལྷག་པའི་ཐུགས་རྗེ་ཅན། །བླ་མེད་བླ་མ་མཆོག་ལ་ཕྱག་འཚལ་བསྟོད། །ཅེས་པས་བསྟོད་ལ། དེང་ནས་བཟུམས་ཏེ་ཚེ་རབས་ཀུན་ཏུ་བདག །ཅེས་སོགས་དང་། བཟང་སྤྱོད་སོགས་ཀྱི་བསྔོ་སྨོན་གྱིས་འཚམས་སྦྱར་བྱ། དེ་ནས་མཚན་ཐུན་སྔ་ཕྱིར་བགོས་པའི་མཚན་ཐུན་སྔ་མ་རྣམས་ཀྱིས་ཐུན་བྱ། དེ་ནས་སྔ་མ་གྲོལ་དགོས་པ་བྱུང་ཚ་མཚན་ཐུན་ཕྱི་མ་རྣམས་ཀྱིས་ཐུན་བྱས་ནས་སང་ཚོགས་པ་མང་མ་འདུས་ནས་མདུན་བསྐྱེད་ཀྱིས་དམིགས་བཟླ་མ་བགྲང་བར་དུ་ཐུན་བྱ། ནང་པར་དགེ་འདུན་མང་མ་འདུས་པ་དང་བགེགས་གཏོར་དང་ཆ་གསུམ་མི་གཏོང་བ་མ་གཏོགས་གཞན་སྐབས་འགྲོ

ནས་བདག་མདུན་འདོན་ཚུལ་གྱི་མར་ཐུན་དང་ཐུན་འཚམས་སུ་བྱེད་ཚུལ་སྔར་ཉིན་ལྟར་བྱའོ། །དེ་ལྟ་བུའི་ཚུལ་གྱིས་དམིགས་བརྩེ་མ་དུང་ཕྱུར་སོང་ནས་གྲོལ་ཉིན་ཐུན་ལ། བདག་མདུན་གྱི་ཚོགས་ཚར་གཅིག་བཏང་ནས་དམིགས་བརྩེ་མ་ཅི་འགྲུབ་བཟླས་པའི་མཐར། མཆོད་བསྟོད་རྒྱས་པ་བྱས་པའི་མཇུག་ཏུ་གོང་གི། རྗེ་བཙུན་བླ་མ་བློ་བཟང་གྲགས་པའི་ཞབས། །ཞེས་སོགས་བརྗོད་ཅིང་ཚིག་རྐང་ཐ་མ་གཉིས། རིལ་བུ་རྗེ་བཙུན་བླ་མར་གསལ་བ་རྣམས། །འོད་ཞུ་གཉིས་སུ་མེད་པར་བྱིན་གྱིས་རློབས། །ཞེས་གསོལ་བ་བཏབ་པས། རིལ་བུ་བླ་མའི་རྣམ་པར་བཞུགས་པ་འོད་དུ་ཞུ་ནས་རིལ་བུའི་རྣམ་པར་གྱུར། འདིར་ནི་གཟུགས་དང་ལྡན་ཅིག་ཏུ། །ཞེས་སོགས་དང་། སུ་པྲ་ཏི་ཥྛཱ བཛྲ་ཡེ་སྭཱཧཱ། ཞེས་བརྟན་བཞུགས་བྱ་ཞིང་། མེ་ཏོག་གཏོར་ཏེ་སྨོན་ལམ་ཤིས་བརྗོད་རྒྱས་པར་བྱའོ། །འདིར་ལྟར་ཉམས་སུ་བླངས་ན་ཕྱིར། སམ་བྷུ་ཊའི་རྒྱུད་ལས། གང་ཕྱིར་ཕྱོགས་བཅུའི་སངས་རྒྱས་དང་། བྱང་ཆུབ་སེམས་དཔའི་བསོད་ནམས་པས། །སློབ་དཔོན་བ་སྤུའི་ཁུང་གཅིག་མཆོད། །དེ་ཕྱིར་སློབ་དཔོན་མཆོད་བྱེད་པ། །སངས་རྒྱས་བྱང་ཆུབ་སེམས་དཔས་གཟིགས། །ཞེས་པ་དང་། །བསྐྱེད་རིམ་བསྒོམ་པ་མང་ལགས་ཏེ། །བླ་མ་བསྒོམ་པའི་གོང་ན་མེད། །བཟླས་བརྗོད་བྱེད་པ་མང་ལགས་ཏེ། །གསོལ་བ་འདེབས་པའི་གོང་ན་མེད། །རྒྱུན་དུ་གསོལ་བ་གདབ་པ་ན། །འབྲལ་མེད་ཉམས་མྱོང་འོང་བར་ངེས། །མོས་གུས་རབ་ལ་ཉམས་མྱོང་རབ། །མོས་གུས་འབྲིང་ལ་ཉམས་མྱོང་འབྲིང་། །དེ་ཕྱིར་མོས་གུས་ཚད་ལྡན་གོམས། །ཞེས་གསུངས་པ་ལྟར་བྱིན་རླབས་ཤིན་ཏུ་ཆེ་ལ། །ཁྱད་པར་རྗེ་བླ་མ་དང་འབྲེལ་བ་འདི་ལྟར་ཉམས་སུ་བླངས་ན་ཕན་ཡོན་ཤིན་ཏུ་ཆེ་བ་གོང་དུ་བཤད་པ་ལྟར་ཡིན་ལ། །འདི་ལྟར་བསྒྲུབ་པའི་རང་གི་དགེ་བའི་རྩ་བ་རྣམས་ཀྱང་། རྗེ་བདག་ཉིད་ཆེན་པོས། ཁྱད་པར་རང་གི་ཐོན་བྱས་དགེ་བ་ལ། །ལྷག་སེམས་བྲལ་ཏེ་དགའ་བ་ཆེར་བསྐྱེད་ན། །ཐོན་བྱས་དགེ་བ་གོང་དུ་འཕེལ་ལོ་ཞེས། །རྒྱལ་བའི་གསུངས་པའི་དོན་དེ་སྒྲུབ་ཕྱིར་དང་། །དགོས་པ་གཞན་ཡང་མང་དུ་མཐོང་བས་ན། །སེམས་ཁྱོད་དགའ་བ་འདི་ལྟར་བསྐྱེད་ན་ལེགས། །ཞེས་གསུངས་པ་ལྟར་དང་། རང་གི་བྱས་པའི་དགེ་རྩ་རྣམས་ལ། ཤེས་ཀྱི་ཁེ་འདོད་པ་དང་གྲགས་པ་དང་། །འཁོར་དང་ལོངས་སྤྱོད་རྙེད་དང་བཀུར་སྟིའི་རྒྱུར། །སྐད་ཅིག་ཙམ་ཡང་ནམ་ཡང་མི་སྨོན་པར། །བླ་མེད་བྱང་ཆུབ་ཁོ་ནའི་རྒྱུར་གྱུར་ཅིག །ཞེས་པ་ལྟར། ཁེ་འདོད་གྲགས་འདོད་སོགས་ཀྱི་བློ་སེམས་དང་བྲལ་ཏེ་བླ་མེད་བྱང་ཆུབ་ཀྱི་རྒྱུར་བསྔོས་ན། མདོ་ལས་ཇི་ལྟར་རྒྱ་མཚོའི་ནང་དུ་ཆུ་ཐིགས་ལྷུང་། །རྒྱ་མཚོ་མ་ཟད་བར་དུ་དེ་མི་འཛད། ཞེས་པ་དང་། རྗེ་བཙུན་མི་ལས་ཀྱང་། །ཐག་ལ་གནས་པའི་སྨོན་ཆེན་དང་། །ཡོན་འཆོ་བ་སྦྱོར་བའི་ཡོན་བདག་གཉིས། །འཚང་མཉམ་པོར་རྒྱ་བའི་རྟེན་འབྲེལ་ཡོད། །རྟེན་འབྲེལ་གྱི་སྙིང་པོ་བསྔོ་བ་ཡིན། ཞེས་གསུངས་པ་ལྟར། དགེ་བ་གང་དུ་འཕེལ་ཞིང་བྱང་ཆུབ

མཐོབ་ཀྱི་བར་དུ་མི་འཇོད་པ་དང་། སྒྲུབ་པ་པོ་རྣམས་སངས་རྒྱས་པ་ན་ཡོན་བདག་རྣམས་ཀྱང་འཚང་རྒྱ་བའི་རྟེན་འབྲེལ་ཡོད་པའི་རྒྱལ་བ་སྲས་བཅས་ཐམས་ཅད་ཀྱི་བསྔོ་བ་གང་མཛད་ཐམས་ཅད་འཇམ་དཔལ་དང་ཀུན་བཟང་བསྔོ་བར་འདུས་པས་ན་བཟང་པོ་སྤྱོད་པའི་བསྔོ་བ་འདི་ལ་བསྔོ་བ་བླ་ན་མེད་པའམ། བསྔོ་བའི་རྒྱལ་པོར་གསུངས་པས་གོང་དུ་བཤད་པ་ལྟར་བཟང་སྤྱོད་སོགས་ཀྱི་བསྔོ་སྨོན་གྱིས་ཟིན་པར་བྱས་ནས་དགེ་བ་རྣམས་གོང་དུ་འཕེལ་ནས་མྱུར་དུ་མངོན་པར་རྫོགས་པར་འཚང་རྒྱ་བའི་ཐབས་ལ་འབད་པར་འཚལ་ལོ། །

ཅེས་དམིགས་བརྗེ་མ་ལ་བརྟེན་པའི་རིམ་བསྒྲུབ་བསམ་འཕེལ་དབང་གིས་རྒྱལ་པོ་ཞེས་བྱ་བ་འདི་ནི་ཨ་པ་ཀ་ཏ་ཆེན་ལྷང་ཤོག་གི་ཨུ་རན་ཏན་གྱི་དད་ལྡན་མཐུན་ཚ་འཕེལ་སྐྱིད་དང་། པི་ལིག་ཐུ་དར་ཏན་ཐོ་ཡོན་བློ་བཟང་དཔལ་འབར་དང་། ཨཱརྻ་ནི་ངའི་ཆེད་ཀུན་དགའ་དོན་ཡོད། ཨཱརྻ་ནི་ཀུ་གུ་ཤྲཱི་དགེ་སློང་བློ་བཟང་བསྟན་སྐྱོང་རྣམས་ཀྱིས་གསོས་དང་མཎྜལ་བཅས་ཕུལ་ནས། ཡང་ཡང་བསྐུལ་ཆེ། ཐུ་སོར་འདི་འདྲའི་དཔེ་ཕྱོགས་འདིར་མི་བདུག་ནའང་། དམ་པ་གོང་མ་རྣམས་ཀྱི་མ་ཊི་རིམ་བསྒྲུབ་ལ་དཔེ་བླང་སྟེ། ཚིག་བསྒྱུར་དགོས་པ་རྣམས་བསྒྱུར་ཏེ། བློ་བཟང་བསྟན་པའི་ཉི་མས་མཚོ་བདུན་གྱི་དགོན་པར་སྦྱར་བའི་ཡི་གེ་པ་ནི་གསོལ་དཔོན་དགེ་ཚུལ་བློ་བཟང་སྟོབས་ལྡན་གྱིས་བགྱིས་པ་འདིས་ཀྱང་བསྟན་པ་སྤྱི་དང་ཁྱད་པར་རྒྱལ་བ་གཉིས་པའི་བསྟན་པ་རིན་པོ་ཆེ་ཕྱོགས་བཅུར་རྒྱས་པའི་རྒྱུར་གྱུར་ཅིག ། །།

༄༅། །དགེ་ལྡན་རིལ་སྒྲུབ་བྱ་ཚུལ་ལག་ཏུ་བླང་བདེ་བར་བཀོད་པ་ཕྱིན་རླབས་ཆར་འབེབས་ཞེས་བྱ་བ་བཞུགས་སོ།

༄༅། །ན་མོ་གུ་རུ་སུ་མ་ཏི་ཀཱིརྟི་ཡ། མཁྱེན་པའི་འོད་སྟོང་མདོ་རྒྱུད་པད་ཚལ་འབྱེད། །བརྩེ་བའི་ཆུ་གཏེར་སྲོག་ཆགས་ཀུན་གྱི་གཉེན། །མཐུ་སྟོབས་རྡོ་རྗེས་ནག་ཕྱོགས་ལྷ་མིན་འཇོམས། །རྒྱལ་དབང་བློ་བཟང་གྲགས་པར་སྙིང་ནས་འདུད། །དེ་ལ་འདིར་དགེ་ལྡན་རིལ་སྒྲུབ་བྱ་ཚུལ་ལག་ཏུ་བླང་བདེ་བར་བཀོད་པ་ལ། སྔོན་འགྲོ། དངོས་གཞི། རྗེས་གསུམ་ལས། དང་པོ་ནི། རིལ་བུའི་རྒྱུ་ལ་སངས་རྒྱས་ཀྱི་འཕེལ་གདུང་། མཁས་ཤིང་གྲུབ་པ་བརྙེས་པའི་དམ་པ་གོང་མ་རྣམས་ཀྱི་གདུང་རུས། བླ་མ་དང་དགེ་འདུན་གྱི་སྣེ་ཁྲིད་པར་ཅན་གྱིས་བསྒྲུབས་པའི་མ་ཆི་རིལ་བུ། བླ་མ་གོང་མ་རྣམས་ཀྱི་དབུ་སྐྲ་ན་བཟའ་ལྷ་བུ་ནུས་ལྡན་བསྲེག་པའི་ཕྱེ་མ་རྣམས་ཞིབ་མོར་བཏར་བ་དྲི་བཟང་གི་ཆུ་གཙང་ལ་སྦྱངས་པས་རྩམ་པ་སླུས་ཏེ། རིལ་བུ་ཆེ་ཆུང་འཚམས་པ་ལེགས་པར་བསྒྲིལ་བ་ལ་གུར་ཀུམ་གྱི་ན་བཟའ་གསོལ་ཏེ། རིལ་ཆག་ལེགས་པར་བྱས་ཚེས་ནས་རིན་པོ་ཆེའི་བུམ་པ་སོགས་སྐྱོན་མེད་པའི་ནང་དུ་སུམ་ཉིས་ཙམ་གང་བ་བླུགས། ཁ་གོས་དར་སྣ་ལྔ་འམ་དམར་སེར་གྱིས་བཏུམ་ནས་དར་སྐུད་ཀྱིས་བསྡམས་ཏེ་རྒྱ་གདབ། བུམ་པ་སྟེགས་མཐོན་པོའི་སྟེང་དུ་བརྟན་པོ་བཞུགས་སུ་བཙུག་ནས་མཐར་ཆུ་གཉིས་ཉེར་སྤྱོད་སོགས་ཀྱི་མཆོད་པ་མཛེས་པར་བཤམས། བུམ་པའི་སྟེང་དུ་རྗེ་རིན་པོ་ཆེའི་སྐུ་ཕྱིན་རླབས་ཅན་ཡོད་ན་བཞུགས་སུ་གསོལ། །བུམ་པའི་ཁར་གཟུངས་ཐག་རྡོ་རྗེ་བཞག །རིལ་སྒྲུབ་ལ་བཞུགས་མཁན་རྣམས་ཞག་བདུན་གྱི་གོང་ནས་ཤ་ཆང་སྒོག་བཙོང་ཐ་མ་ཁ་སོགས་དྲི་ང་བ་དང་མི་གཙང་བའི་རིགས་ལ་འཛེམ་པར་བྱ། རིལ་སྒྲུབ་ལ་བར་ཆད་མི་འབྱུང་བའི་ཆེད་དུ་ཆོས་སྐྱོང་ལ་འཕྲིན་ལས་བཅོལ་བ་དང་། གཞི་བདག་ལ་གཏོར་མ་བཏང་། གཉིས་པ་དངོས་གཞི་ནི། བདེ་བའི་སྟན་ལ་འཁོད་ནས། སྐྱབས་འགྲོ་སེམས་བསྐྱེད་ཚད་མེད་བཞི་བསྒོམ་

པ་རྣམས་སྔོན་དུ་བཏང་། སྭ་བྷཱ་ཝས་སྟོང་པར་སྦྱངས། སྟོང་པའི་ངང་ལས་སྣ་ཚོགས་པདྨ་དང་ཟླ་བའི་གདན་གྱི་སྟེང་དུ་རང་ཉིད་སྐད་ཅིག་གིས་ཁམས་གསུམ་ཆོས་ཀྱི་རྒྱལ་པོ་ཙོང་ཁ་པ་ཆེན་པོ་སྐུ་མདོག་དཀར་ལ་དམར་བའི་མདངས་ཆགས་པ། ཞལ་གཅིག་ཕྱག་གཉིས་ཆོས་འཁོར་གྱི་ཕྱག་རྒྱ་མཛད་པས་ཡུ་བ་ནས་བཟུང་བའི་ཨུཏྤ་ལའི་སྟེང་ན་ཤེས་རབ་ཀྱི་རལ་གྲི་དང་ཤེར་ཕྱིན་གྱི་གླེགས་བམ་བསྣམས་པ། པཎ་ཞྭ་དང་ཆོས་གོས་རྣམ་གསུམ་གསོལ་ཞིང་འོད་ཀྱི་ཕུང་པོའི་དབུས་ན་ཞབས་རྡོ་རྗེའི་སྐྱིལ་མོ་ཀྲུང་གིས་བཞུགས་པར་གྱུར་པར་བསམ་ལ། དམིགས་བརྩེ་མ་ཅི་འགྲུབ་བཟླ། །དེ་ནས་མདུན་བསྐྱེད་བསྒྲུབ་པ་ནི། སྭ་བྷཱ་ཝས་སྦྱངས། སྟོང་པའི་ངང་ལས་ཧཱུྃ་ལས་བྱུང་བའི་རིན་པོ་ཆེའི་བུམ་པ་དཀར་པོ། ལྟོ་བ་ཆེ་བ། མགྲིན་པ་རིང་བ། མཆུ་འཕྱང་བ་ལ་སོགས་པའི་མཚན་ཉིད་ཐམས་ཅད་ཡོངས་སུ་རྫོགས་པའི་ནང་དུ་སྣ་ཚོགས་པདྨ་དང་ཟླ་བའི་གདན་གྱི་སྟེང་དུ་རིལ་བུ་རྣམས་སྐད་ཅིག་གིས་ཁམས་གསུམ་ཆོས་ཀྱི་རྒྱལ་པོ་ཙོང་ཁ་པ་ཆེན་པོ། ཞེས་པ་ནས། ཞབས་རྡོ་རྗེའི་སྐྱིལ་མོ་ཀྲུང་གིས་བཞུགས་པར་གྱུར། ཅེས་པའི་བར་སྔར་ལྟར་བརྗོད། དེའི་སྤྱི་བོར་ཨོཾ་དཀར་པོ། མགྲིན་པར་ཨཱཿདམར་པོ། ཐུགས་ཀར་ཧཱུྃ་སྔོན་པོ། ཐུགས་ཀའི་ཧཱུྃ་ལས་འོད་ཟེར་འཕྲོས། རང་བཞིན་གྱི་གནས་ནས་ཁམས་གསུམ་ཆོས་ཀྱི་རྒྱལ་པོ་ཙོང་ཁ་པ་ཆེན་པོ་ལ་སངས་རྒྱས་དང་བྱང་ཆུབ་སེམས་དཔའི་ཚོགས་ཀྱིས་བསྐོར་བ་སྤྱན་དྲངས། །ངོ་མཚར་རྨད་བྱུང་བཀོད་པའི་འཇིག་རྟེན་ནས། བདེ་གཤེགས་སེང་གེའི་ང་རོ་སྒྲོལ་པའི་སྒྲ། །ཆོས་ཀྱི་རྒྱལ་པོ་ཀུན་མཁྱེན་བློ་བཟང་གྲགས། །སྙིགས་དུས་འགྲོ་བ་འདྲེན་ཕྱིར་གཤེགས་སུ་གསོལ། །རྣམ་དག་ཆོས་ཀྱི་དབྱིངས་ལས་མ་གཡོས་ཀྱང་། །ཚད་མེད་ཐུགས་རྗེས་འགྲོ་ལ་ཕྱོགས་བཅུར་གཟིགས། །རྒྱལ་བ་ཀུན་གྱི་འཕྲིན་ལས་རྒྱས་མཛད་པ། །དུས་གསུམ་བླ་མ་འཁོར་བཅས་གནས་འདིར་གཤེགས། །ཨོཾ་སུ་མ་ཏི་ཀཱིརྟི་ས་པ་རི་ཝཱ་ར་ཨེ་ཧྱེ་བཛྲ་ས་མ་ཡ་ཛཿ ཛཿ ཧཱུྃ་བཾ་ཧོཿ གཉིས་སུ་མེད་པར་གྱུར་མཆོད་པ་ཨ་ཤྲི་ཏས་བསངས། སྭ་བྷཱ་ཝས་སྦྱངས། སྟོང་པའི་ངང་ལས་ཨོཾ་ལས་རིན་པོ་ཆེའི་སྣོད་ཡངས་ཤིང་རྒྱ་ཆེ་བ་རྣམས་ཀྱི་ནང་དུ་ཨོཾ་འོད་དུ་ཞུ་བ་ལས་བྱུང་བའི་མཆོད་ཡོན། ཞབས་བསིལ། མེ་ཏོག། བདུག་སྤོས། སྣང་གསལ། དྲི་ཆབ། ཞལ་ཟས། རོལ་མོ་རྣམས་དྭངས་ཤིང་ཐོགས་པ་མེད་པ་ནམ་མཁའ་དང་མཉམ་པར་གྱུར། ཨོཾ་ཨརྒྷཾ་ཨཱཿཧཱུྃ། ཨོཾ་པཱདྱཾ་ཨཱཿཧཱུྃ།

ཨོཾ་པུཥྤེ་ཨཱཿཧཱུྃ། ཞེས་པ་ནས། ཨོཾ་ཤབྡ་ཨཱཿཧཱུྃ། ཞེས་བྱིན་གྱིས་བརླབས། རབ་འབྱམས་རྒྱ་མཚོ་དཔག་མེད་ན། །མཆོད་ཡོན་ཇི་སྙེད་ཡོད་པ་རྣམས། །བདག་གིས་གུས་པར་བཤམས་པ་འདི། །རྗེ་བཙུན་བློ་བཟང་གྲགས་པ་ལ། །འབུལ་གྱིས་ལེགས་པར་བཞེས་ནས་ཀྱང་། །དངོས་གྲུབ་མ་ལུས་སྩལ་དུ་གསོལ། ཨོཾ་གུ་རུ་སུ་མ་ཏི་ཀཱིརྟི་ཨརྒྷཾ་པྲ་ཏཱི་ཙྪ་སྭཱཧཱ། དེ་བཞིན་དུ་མཆོད་ཡོན་གྱི་གནས་སུ་ཞབས་བསིལ་ནས་རོལ་མོའི་བར་དང་། ཨརྒྷཾ་གྱི་གནས་སུ་པཱདྱཾ་ནས་ཤབྡའི་བར་བཅུག་ལ་མཆོད་པ་ཕུལ། བློ་གྲོས་ཁང་བཟང་བསླབ་གསུམ་ནོར་གྱིས་ཕྱུག །བཟང་པོའི་འཕྲིན་ལས་གདུལ་བྱའི་དཔལ་དུ་ཤར། །གྲགས་པའི་འོད་ཟེར་འཛམ་གླིང་ཕྱོགས་བཅུར་འཕྲོ། །བློ་བཟང་གྲགས་པའི་ཞབས་ལ་ཕྱག་འཚལ་ལོ། །ཞེས་དང་། ཕྲོ་ན། ཚོགས་གཉིས་ཆུ་གཏེར་ཐུགས་རྗེའི་རི་དབང་གིས། །བསྒྲུབས་པ་ལས་འོངས་ལུང་དང་རྟོགས་པ་ཡི། །ཆ་ཤས་ཡོངས་གང་ཐུབ་བསྟན་རྒྱ་མཚོའི་གཉེན། །སྨྲ་བའི་ཟླ་བ་བློ་བཟང་གྲགས་པར་འདུད། །གསེར་རིའི་དབུས་ན་རིན་ཆེན་ལྷུན་པོ་འདྲ། །རྒྱ་སྐར་ཁྲོད་དུ་མཚན་མོའི་མགོན་པོ་བཞིན། །རྒྱལ་སྲས་རྒྱ་མཚོའི་དབུས་ན་ལྷང་ངེ་བ། །འཕགས་མཆོག་འཇམ་དཔལ་སྙིང་པོ་བདག་ལ་དགོངས། བདག་ནི་ཚེ་རབས་ཐོག་མེད་དུས་ཉིད་ནས། །ལས་དང་ཉོན་མོངས་ཞགས་པས་དམ་བཅིངས་ཏེ། །ཡང་དག་ལམ་སྟོར་ལོག་པའི་ལམ་ཞུགས་པས། །མི་བཟད་སྲིད་པའི་འབྲོག་དགོན་ནང་དུ་འཁྱམས། །མི་ཤེས་སྨག་རུམ་འཐུག་པོས་བློ་མིག་བསྒྲིབས། །ཞེ་སྡང་གདུག་པའི་སྦྲུལ་གྱིས་ཡོངས་སུ་བཟུང་། །འདོད་ཆགས་ཆུ་ཀླུང་དྲག་པོའི་རྒྱུན་གྱིས་ཁྱེར། །བདག་འཛིན་གཅོད་རོང་ཟབ་མོའི་ནང་དུ་ལྷུང་། །སྡུག་བསྔལ་དྲག་པོས་བར་འཚམས་མེད་པར་མནར། །དེ་ལྟར་ཤིན་ཏུ་ཉམ་ཐག་གྱུར་བ་འདིར། །འཁོད་ཀྱང་ཅི་བྱ་རང་གི་ལས་ཀྱིས་བསྐྱུབ། །ལས་ཀྱིས་མནར་བ་བདག་ལ་ཐུགས་རྗེས་གཟིགས། །སྟོན་བསགས་བསོད་ནམས་མཐུ་ཡིས་སྲིད་མཚོ་ལས། །སྒྲོལ་བའི་རྟེན་མཆོག་ཉིད་པ་འདི་ཉིད་ཀྱང་། །རྣམ་གཡེང་གཉིད་དང་འདུ་འཛི་སྙོམས་ལས་དང་། །ཚོང་དང་སོ་ནམ་བྲེ་མོའི་གཏམ་ལ་སོགས། །འདོད་ལ་བརྐམ་པའི་ཚེ་འདིའི་སྣང་ཤས་ཀྱིས། །མི་དགེའི་ཕྱོགས་སུ་དྲན་བཞིན་བཀོལ་བ་ལས། །ལམ་མཆོག་སྒྲུབ་པའི་རྟེན་བཟང་ཆུད་གཟོན་པ། །བདག་ལ་མགོན་ཁྱོད་ཐུགས་རྗེས་དགོངས་སུ་གསོལ། །བརྩེ་མེད་འཆི་བདག་ཞགས་པས་ཟིན

པ་ན། །ཐམས་ཅད་དོར་ནས་འགྲོ་བར་ཐག་ཆོད་ཀྱང་། །ཚེ་འདིའི་ཕུན་ཚོགས་འབའ་ཞིག་བསྒྲུབ་པ་ཡིས། །དུས་རྣམས་གྲོན་དུ་གྱུར་པ་བདག་ལ་དགོངས། །ལྷགས་ཀྱི་ས་གཞིར་མེ་ལྕེ་འབར་བས་བསྲེགས། །གསལ་ཤིང་ལ་བསྐྱོན་ཐངས་ཞུན་ཁུ་བ་ལྷུད། །འཁྲུག་པའི་སྤྲུབས་ཚད་གྲང་བས་ཤིན་ཏུ་ཉེན། །ལུས་སྦྲུབས་ཆུ་བུར་རྡོལ་ཞིང་ཆུ་སེར་འཛག །བགྲེས་ཤིང་སྐོམ་པའི་སྡུག་བསྔལ་བཟོད་སླག་མེད། །ཟས་སྐོམ་མི་རྙེད་རྙེད་ཀྱང་སྤྱོད་མི་ནུས། །གླིན་ཞིང་གཏི་མུག་ལྷ་མིའི་གཞན་དབང་གྱུར། །ཤ་རུས་པགས་པའི་ཆེད་དུ་གསོད་པར་བྱེད། །དེ་ལྟར་མི་བཟད་སྡུག་བསྔལ་བརྣག་དཀའ་བ། །ངན་སོང་གསུམ་དུ་ལྟུང་འགྱུར་སྡིག་པའི་ལས། །ཐོག་མེད་དུས་ནས་བསགས་པའི་ཉམ་ཐག་བདག །འཇིགས་རུང་ངན་འགྲོའི་གཡང་ལས་བསྐྱབ་ཏུ་གསོལ། །མི་རུ་སྐྱེས་ཀྱང་ལོངས་སྤྱོད་ཉམས་ཀྱིས་དོགས། །ཕོངས་པར་གྱུར་ཚེ་འདོད་པདེ་འཚོལ་བས་ངལ། །ལྷ་རྣམས་འཆི་བའི་ལྟས་ཀྱིས་ཟིན་པ་ན། །ཡིད་ཀྱི་སྡུག་བསྔལ་མེ་ལྕེས་ཀུན་ཏུ་གདུངས། །གོང་མའི་གནས་སུ་སྡུག་བསྔལ་མངོན་གྱུར་དང་། །བྲལ་ཡང་འདུ་བྱེད་སྡུག་བསྔལ་མ་སྤངས་པས། །ཏིང་འཛིན་ཉམས་ཚེ་འདོད་པའི་གནས་ལྟུང་ནས། །སླར་ཡང་སྡུག་བསྔལ་ཚོར་བ་ཉམས་སུ་མྱོང་། །དེ་ཕྱིར་བདེ་འགྲོ་ལྷ་མིའི་གོ་འཕང་ནི། །བདེ་བར་སྣོམ་ཡང་སྡུག་བསྔལ་རང་བཞིན་ཉིད། །སྐྱེ་ཀ་ན་འཆིའི་རླབས་ཕྲེང་ཆེར་གཡོ་བའི། །སྲིད་པའི་རྒྱ་མཚོ་ཆེ་ལས་བསྒྲལ་དུ་གསོལ། །དེ་ལྟར་འཁོར་བའི་སྡུག་བསྔལ་མཐའ་ཡས་བ། །བདག་ཏུ་འཛིན་པའི་གཏི་མུག་ཉིད་ལས་བྱུང་། །མགོན་ཁྱོད་ཐུགས་རྗེའི་འོད་ཟེར་སྟོང་སྤྲོས་ཏེ། །ལས་ཉོན་སླག་རུམ་འཐུག་པོ་བསལ་དུ་གསོལ། །མི་དགེ་སྡིག་པའི་ལས་འདི་སྟོབས་བཙན་པས། །སྡུག་བསྔལ་ཆུ་གླུང་ཆེན་པོར་ཁྱེར་གྱུར་ན། །གཞན་ཕན་མཐུན་པའི་རླུང་དང་འགྲོགས་པ་ཡི། །ཐུགས་རྗེའི་གྲུ་ཡིས་སྒྲོལ་བར་མི་མཛད་དམ། །བདག་ནི་སྡུག་བསྔལ་དུ་མས་མནར་གྱུར་པ། །མགོན་ཁྱོད་བརྩེ་བའི་སྤྱན་གྱིས་མི་གཟིགས་སམ། །རྗེ་གཅིག་འོ་དོད་འབོད་ཅིང་གསོལ་འདེབས་ན། །སྐྱབ་མེད་ལྷ་ཡི་སྐྱན་གྱིས་མི་གསན་ནམ། །མི་བཟད་ངན་འགྲོའི་གཡང་དུ་ལྷུང་གྱུར་ན། །ཐུགས་རྗེའི་ཕྱག་གིས་འདྲེན་པར་མི་མཛད་དམ། ཉོན་མོངས་མེ་ལྕེ་དྲག་པོས་གདུངས་གྱུར་ན། །ཐུགས་རྗེའི་ཆར་གྱིས་བསིལ་བར་མི་མཛད་དམ། །ཤིན་ཏུ་ཉམ་ཐག་གནས་སྐབས་འདི་ལྟ་བུར། །ཐུགས་རྗེ་

ཆེན་པོས་སྐྱོབ་པར་མི་མཛད་དམ། །ནམ་ཞིག་རང་གིས་བཙན་ས་ཟིན་པའི་ཚེ། །མགོན་ཁྱོད་ཐུགས་རྗེར་རེ་ལྟོས་ཅི་ཞིག་འཚལ། །ཇི་ལྟ་ཇི་ལྟར་བདག་སོགས་ལུས་ཅན་ཀུན། །སྣ་ཚོགས་སྡུག་བསྔལ་དྲག་པོས་མནར་གྱུར་པ། །དེ་ལྟ་དེ་ལྟར་ཐུགས་རྗེའི་སྟོབས་བསྐྱེད་དེ། །མགོན་སྐྱབས་དཔུང་གཉེན་མཛོད་ཅིག་ཅོང་ཁ་པ། །འདི་སྐད་འགགས་ཆེ་དགའ་ལྡན་མཁའ་སྤྱོད་དུ། །པནྡིར་རྫུས་སྐྱེས་མགོན་ཁྱེད་ཞལ་མཐོང་ཞིང་། །རླབས་ཆེན་རྒྱལ་སྲས་སྤྱོད་པ་མཐར་ཕྱིན་ནས། །སྐུ་གསུམ་གོ་འཕང་བདེ་བླག་ཐོབ་གྱུར་ཅིག །ཅེས་ཁོ་བོས་སྨྲར་བ་འདིསབསྟོད་པར་བྱའོ། །རྒྱལ་བའི་སྲས་པོ་རྗེ་བཙུན་བཙོང་ཁ་པ། །གདུང་ཤུགས་དྲག་པོས་ཐུགས་རྗེའི་རྒྱུད་བསྐུལ་ན། །དམ་རྫས་རིལ་བུ་འདི་ལ་བྱིན་རློབས་ལ། །འགྲོ་རྣམས་སྨིན་ཅིང་གྲོལ་བར་མཛད་དུ་གསོལ། །རྩེ་གཅིག་གསོལ་བ་བཏབ་པའི་བྱེད་པོ་ཡིས། །རྗེ་བཙུན་ཐུགས་ཀའི་ཧཱུྃ་ལས་འོད་འཕྲོས་ནས། །རྒྱལ་བ་སྲས་བཅས་ཉན་རང་ལ་སོགས་པ། །སྐྱབས་གནས་ཀུན་གྱི་བྱིན་རླབས་ནུས་མཐུའི་ཚོགས། །འོད་དང་འོད་ཟེར་བདུད་རྩིའི་ཆུ་རྒྱུན་དང་། །རྗེ་བཙུན་སྐུ་ཡི་རྣམ་པར་ཐོགས་མེད་བསྡུས། །རིལ་བུ་འཛམ་མགོན་བླ་མའི་རྣམ་པ་ལ། །ཆུ་ལ་ཆུ་བཞག་བཞིན་དུ་རོ་གཅིག་གྱུར། །ཅེས་གསོལ་བ་བཏབ་པས་རིལ་བུ་རྣམས་རྗེ་བཙུན་ཙོང་ཁ་པ་ཆེན་པོའི་རྣམ་པ་ཅན་དུ་གྱུར་པའི་ཐུགས་ཀའི་ཧཱུྃ་ལས་འོད་ཟེར་འཕྲོས། །ཕྱོགས་བཅུའི་སངས་རྒྱས་བྱང་སེམས་ཉན་རང་ཆོས་སྐྱོང་བསྲུང་མ་སོགས་སྐྱབས་གནས་ཐམས་ཅད་ཀྱི་བྱིན་རླབས་དང་ནུས་མཐུ་ཐམས་ཅད་འོད་དང་། འོད་ཟེར་དང་། བདུད་རྩིའི་ཆུ་རྒྱུན་དང་། རྗེ་བཙུན་ཙོང་ཁ་པ་ཆེན་པོའི་སྐུའི་རྣམ་པར་སྤྱན་དྲངས་ཏེ། རིལ་བུ་རྣམས་དང་དབྱེར་མེད་རོ་གཅིག་ཏུ་གྱུར། དེ་ལྟ་བུའི་དམིགས་པ་དང་བཅས་ཏེ་དམིགས་བརྩེ་མ་འདོན། མཇུག་ཏུ། ཨོཾ་གུ་རུ་སུ་མ་ཏི་ཀཱིརྟི་ཨཀྵོཾ་སོགས་ཀྱིས་མཆོད། སྣོ་གྲོས་ཁང་བཟང་སོགས་ཀྱིས་བསྟོད། དམིགས་བརྩེ་མའི་རྒྱུན་མ་ཆད་པར་བྱེད་ན་ཛ་ཐུག་སོགས་ཀྱི་ཚེ་ཚོགས་པ་ཚན་གཅིག་གིས་དམིགས་བརྩེ་མ་བར་མ་ཆད་དུ་བགྲང་ཞིང་། ཚན་གཅིག་གིས་གོང་བཞིན་མཆོད་བསྟོད་བྱས་ཏེ་ཐུན་འཚམས་ལ་འཇུག །སླར་ཡང་ཐུན་ལ་འཇུག་ཁར་སྣོ་གྲོས་ཁང་བཟང་སོགས་ཀྱིས་བསྟོད་ནས་དམིགས་པ་དང་བཅས་པས་དམིགས་བརྩེ་མ་བཟླ། ཉིན་རེ་བཞིན་ཐོག་མར་ཚོགས་པ་མང་མས་སྔར་བཞིན་བདག་མདུན་ཚར་རེ་བསྒྲུབས། །ཚན་

གཅིག་གིས་དམིགས་བརྗེ་མ་བགྲང་བར་བྱའོ། །དེ་ལྟར་རེས་མོས་ཀྱི་ཚུལ་དུ་བྱས་ནས་དམིགས་བརྗེ་མ་རྒྱུན་མ་ཆད་པ་བྱའོ། །གསུམ་པ་མཇུག་གི་ཆོ་ག་ནི། དེ་ལྟ་བུའི་ཚུལ་གྱིས་དམིགས་བརྗེ་མ་འབུམ་ཐེར་རམ། བྱེ་བ་སོང་ནས་གྲོལ་ཉིན་སྔ་དྲོན་ལ་བདག་མདུན་གྱི་ཆོ་ག་ཚར་གཅིག་བཏང་ནས་དམིགས་བརྗེ་མ་ཅི་འགྲུབ་བཟླས་པའི་མཐར་མཆོད་བསྟོད་རྒྱས་པ་བྱས་པའི་མཇུག་ཏུ། རྒྱལ་བའི་སྲས་པོ་རྗེ་བཙུན་ཙོང་ཁ་པ། །ཞེས་སོགས་གོང་ལྟར་བརྗོད་ཅིང་། རིལ་བུ་འཇམ་མགོན་བླ་མར་གསལ་བ་རྣམས། །འོད་ཞུ་གཉིས་སུ་མེད་པར་བྱིན་གྱིས་རློབས། །ཞེས་ཚིག་རྐང་ཐམ་གཉིས་བསྒྱུར་ཏེ། གསོལ་བ་བཏབ་པས་རིལ་བུ་རྗེ་བཙུན་ཙོང་ཁ་པའི་རྣམ་པར་བཞུགས་པ་འོད་དུ་ཞུ་ནས་རིལ་བུའི་རྣམ་པར་གྱུར། ཨོཾ་སུ་པྲ་ཏིཥྛ་བཛྲ་ཡེ་སྭཱཧཱ། ཞེས་བརྟན་བཞུགས་བྱ་ཞིང་མེ་ཏོག་གཏོར་ཏེ། སྨོན་ལམ་ཤིས་བརྗོད་རྒྱས་པ་བྱ། མཚན་མོ་ཡང་རྒྱུན་མ་ཆད་པར་འདོད་ན། གོང་ལྟར་ཐུན་རེས་མོས་བྱས་ཏེ་སྒྲུབ་པ་བྱེད་པའི་རིང་གྲིབ་དང་མི་གཙང་བ་ལ་ཆེས་ཆར་འཛེམ་ཞིང་། ཁྲུས་དང་གཙང་སྦྲ་ལེགས་པར་བྱ་བ་སོགས་མཐོང་བ་བརྒྱུད་པའི་ཕྱག་ལེན་ལྟར་བསླབ། དེ་ལྟར་ཚོགས་པ་ཐམས་ཅད་ཀྱིས་རྗེ་བཙུན་བཙོང་ཁ་པ་ཆེན་པོ་ལ་དད་གུས་རྩེ་གཅིག་པའི་སྒོ་ནས་དམིགས་བརྗེ་མ་བཟླ་བ་ལ་འབད་ན། རྗེ་བཙུན་རིགས་གསུམ་མགོན་པོས་བྱིན་གྱིས་རློབས་ཤིང་། རང་གཞན་ཐམས་ཅད་ཀྱི་གནས་སྐབས་དང་མཐར་ཐུག་གི་ལེགས་ཚོགས་མཐའ་དག་འཕེལ་བར་འགྱུར་རོ། །ཞེས་དམིགས་བརྗེ་མའི་རིལ་སྒྲུབ་བྱ་ཚུལ་འདི་ནི་གདན་ས་ཆེན་པོ་སྐུ་འབུམ་གྱི་ཚོགས་ཆེན་དགེ་བསྐོས་བྲག་ཐ་དཀའ་བཅུ་ངག་དབང་རྒྱལ་མཚན་གྱིས་ཡང་དང་ཡང་དུ་ནན་ཆེར་བསྐུལ་བ་ལ་བརྟེན་ནས། །སློམས་ལས་པ་དཀོན་མཆོག་འཇིགས་མེད་དབང་པོས་དམ་པ་གོང་མའི་ལེགས་བཤད་ལ་གཞི་བྱས་ཏེ་གཡར་ཁྲལ་དུ་སྦྱར་བའི་ཡི་གེ་པ་ནི་སྟགས་རམ་པ་ཆོས་འཛིན་དར་རྒྱས་སོ།། །།

༄༅། །རྗེ་བླ་མ་ལ་བརྟེན་པའི་བླ་མའི་རྣལ་འབྱོར་གྱི་སྒོ་ནས་བྱིན་རླབས་རིལ་སྒྲུབ་བྱ་ཚུལ་དངོས་གྲུབ་ཀུན་འབྱུང་བཞུགས་སོ།

༄༅། །ན་མོ་གུ་རུ་མཉྫུ་གྷོ་ཥ་ཡ། རྒྱལ་བ་ཀུན་གྱི་མཁྱེན་བརྩེ་ནུས་པ་རྣམས། །གཅིག་བསྡུས་བྱང་ཕྱོགས་མགོན་དུ་ལེགས་ཤར་བ། །འཇམ་མགོན་བླ་མ་ཐུགས་རྗེའི་གཏེར་ཆེན་ལ། །གསོལ་བ་འདེབས་སོ་བྱིན་རླབས་དངོས་གྲུབ་སྩོལ། །དེ་ལ་འདིར་རྗེ་བླ་མ་ལ་བརྟེན་པའི་བླ་མའི་རྣལ་འབྱོར་གྱི་སྒོ་ནས་བྱིན་རླབས་རིལ་བསྒྲུབ་བྱ་ཚུལ་ལ་སྦྱོར་དངོས་མཇུག་གསུམ་ལས། དང་པོ་སྦྱོར་བ་ནི། རིལ་བུའི་རྒྱུ་ལ། སངས་རྒྱས་ཀྱི་འཕེལ་གདུང་། མཁས་གྲུབ་ཀྱི་བླ་མ་མཚན་ཉིད་དང་ལྡན་པ་དམ་པ་གོང་མ་རྣམས་ཀྱི་གདུང་རུས། བླ་མ་དང་དགེ་འདུན་གྱི་སྣེ་ཁྲིད་པར་ཅན་གྱིས་བསྒྲུབས་པའི་མ་ཎི་རིལ་བུ། ཚེ་གཟུངས་རིལ་བུ། འཇམ་དབྱངས་རིལ་བུ་སོགས་བྱིན་རྟེན་རིལ་བུ་ཁྱུངས་བཙུན་གང་འབྱོར་དང་། དམ་པ་གོང་མའི་དབུ་སྐྲ་ན་བཟའ་ལྷ་བུ་ཁྱུངས་ལྡན་བསྡོགས་པའི་ཕྱེ་མ་རྣམས་ཞིབ་མོར་བདར་བ་དྲི་བཟང་གིས་ཆུ་གཙང་ལ་སྦྲུངས་ཏེ། དེ་བསྲེས་པའི་དྲི་བཟང་གི་ཆུས་ཞིབ་ཆེན་ལྷ་བུའི་རྫམ་པ་སྤྲུས་ལ། རིལ་བུ་ཆེ་ཆུང་འཚམ་པ་ལེགས་པར་བསྒྲིལ་མཚལ་གྱི་ན་བཟའ་གསོལ་ཏེ། རིལ་ཆགས་ལེགས་པར་བྱས་པ་སྣམ་ཐག་ཚོད་ངེས་བུམ་པ་བཟང་པོ་གས་ཆག་སོགས་ཀྱི་སྐྱོན་མེད་པ་ཤིན་ཏུ་གཙང་བ། །བསང་གདུགས་ལེགས་པར་བྱས་པའི་ནང་དུ་སུམ་གཉིས་ཙམ་གང་བ་བླུགས། ཁ་གོས་དར་སྣ་ལྔའམ་དམར་སེར་གྱིས་བཏུམས་ནས་དར་སྐུད་ཀྱིས་བསྡམས་ཏེ་རྒྱ་གདབ། བུམ་པ་གཞུག་པའི་སྟེགས་མདོན་པོའི་སྟེང་དུ་བུམ་པ་གཡོ་འགུལ་མི་ཡོད་བ་དང་། མཐར་ཆུ་གཉིས་ཉེར་སྤྱོད་སོགས་ཀྱི་མཆོད་པ་གང་མང་བཀོད་པ་མཛེས་པར་བཤམས། །བུམ་པའི་སྟེང་ཕྱོགས་སམ། རྒྱབ་ངོས་སུ་རྗེ་བླ་མའི་བྲིས་འབུར་གྱི་སྐུ་གང་འོས་རབ་གནས་ཅན་བཞུགས་སུ

གསོལ། སྒྲུབ་པ་པོ་དབང་ཐོབ་དམ་ཚིག་དང་སྡོམ་པ་ལ་གནས་ཤིང་། རྗེ་བླ་མ་ལ་དད་གུས་རྩེ་གཅིག་པ་རྣམས་འཚོགས། མཚམས་ཀྱི་རིང་ལ་དགོས་པའི་ཡོ་བྱད་རྣམས་ཚགས་སུ་ཚུད་པར་བྱ། གཉིས་པ་དངོས་གཞི་ནི། སྒྲུབ་པ་པོ་རྣམས་ཁྲུས་བྱས། གོས་གཙང་མ་བགོས་ཏེ་གཙང་སྦྲ་དང་ལྡན་པའི་སྒོ་ནས་སྟན་ལ་འཁོད་ནས། བདག་དང་འགྲོ་བ་ནམ་མཁའ་དང་མཉམ་པའི་སེམས་ཅན་ཐམས་ཅད་བླ་མ་ལ་སྐྱབས་སུ་མཆིའོ། །སངས་རྒྱས་ལ་སྐྱབས་སུ་མཆིའོ། །ཆོས་ལ་སྐྱབས་སུ་མཆིའོ། །དགེ་འདུན་ལ་སྐྱབས་སུ་མཆིའོ། །ཞེས་པ་མ་མཐའ་ལན་གསུམ་གྱིས་སྐྱབས་འགྲོ་རྒྱུད་འཁྲུལ་ངེས་བྱ། སངས་རྒྱས་ཆོས་དང་ཚོགས་མཆོག་ལ། །བྱང་ཆུབ་བར་དུ་སྐྱབས་སུ་མཆི། །བདག་དང་གཞན་དོན་བསྒྲུབ་སླད་དུ། །བདག་གིས་བྱང་ཆུབ་སེམས་བསྐྱེད་དོ། །ཕྱོགས་བཅུ་དག་ན་བཞུགས་པ་ཡི། །སངས་རྒྱས་བྱང་ཆུབ་སེམས་དཔའ་གསོན། །བདག་གིས་རྫོགས་པའི་བྱང་ཆུབ་ཕྱིར། །དེང་ནས་བྱང་ཆུབ་སེམས་བསྐྱེད་དོ། །ཞེས་པ་ལན་གསུམ་གྱིས་སེམས་བསྐྱེད་ནན་ཏན་དུ་བསྒོམ། །སེམས་ཅན་ཐམས་ཅད་བདེ་བ་དང་བདེ་བའི་རྒྱུ་དང་ལྡན་པར་གྱུར་ཅིག །སེམས་ཅན་ཐམས་ཅད་སྡུག་བསྔལ་དང་སྡུག་བསྔལ་གྱི་རྒྱུ་དང་བྲལ་བར་གྱུར་ཅིག །སེམས་ཅན་ཐམས་ཅད་སྡུག་བསྔལ་མེད་པའི་བདེ་བ་དང་མི་འབྲལ་བར་གྱུར་ཅིག །སེམས་ཅན་ཐམས་ཅད་ཉེ་རིང་ཆགས་སྡང་དང་བྲལ་བའི་བཏང་སྙོམས་ལ་གནས་པར་གྱུར་ཅིག །མ་སེམས་ཅན་ཐམས་ཅད་ཀྱི་དོན་དུ་མྱུར་བ་མྱུར་བར་ཡང་དག་པར་རྫོགས་པའི་སངས་རྒྱས་ཀྱི་གོ་འཕང་རིན་པོ་ཆེ་ཅི་ནས་ཀྱང་ཐོབ་པར་བྱ། དེའི་ཕྱིར་དུ་བླ་མ་ལྷའི་རྣལ་འབྱོར་གྱི་སྒོ་ནས་བྱིན་རླབས་རིལ་སྒྲུབ་ལ་འཇུག་པར་བགྱིའོ། །ལན་གསུམ་བྱའོ། །དེ་ནས་བདག་བསྐྱེད་ནི། ཨོཾ་སྭ་བྷཱ་ཝ་ཤུདྡྷཱ་སརྦ་དྷརྨཱཿ སྭ་བྷཱ་ཝ་ཤུདྡྷོ྅ཧཾ། རང་དང་སྣང་བ་ཐམས་ཅད་མི་དམིགས་པའི་སྟོང་པ་ཉིད་དུ་གྱུར། སྟོང་པའི་ངང་ལས་སྣ་ཚོགས་པདྨ་དང་ཟླ་བའི་གདན་གྱི་སྟེང་དུ་རང་ཉིད་རྗེ་བླ་མ་ཆོས་ཀྱི་རྒྱལ་པོ་ཙོང་ཁ་པ་ཆེན་པོ་སྐུ་མདོག་དཀར་ལ་དམར་བའི་མདངས་ཆགས་པ། སྐུ་ལ་ཆོས་གོས་ངུར་སྨྲིག་གི་མདོག་ཅན་གསུམ་མཛེས་པར་གསོལ་བ། ཕྱག་གཉིས་ཆོས་འཁོར་གྱི་ཕྱག་རྒྱ་མཛད་པས་ཨུཏྤལའི་ཡུ་བ་ནས་བཟུང་བའི་འདབ་མའི་སྟེང་ན་ཤེས་རབ་ཀྱི་རལ་གྲི་དང་། སྟོང་ཕྲག་བརྒྱད་པའི་གླེགས་བམ་གྱིས་མཚན་པ། དབུ་ལ་པཎ་ཞྭ་གསེར་གྱི་མདོག་ཅན་གསོལ་བ།

ཞབས་གཉིས་རྡོ་རྗེའི་སྐྱིལ་མོ་ཀྲུང་གིས་བཞུགས་པ། སྐུ་ལས་སྐྱེས་པའི་འོད་ཟེར་སྣ་ལྔའི་འཇའ་ཚོན་གྱི་གུར་ཁྱིམ་འཁྲིགས་པའི་དབུས་ན་བཞུགས་པའི་སྤྱི་བོར་པད་ཟླའི་གདན་ལ་འཇམ་དབྱངས་དམར་སེར་གཡས་ཤེས་རབ་ཀྱི་རལ་གྲི་དང་། གཡོན་སྟོང་ཕྲག་བརྒྱད་པའི་གླེགས་བམ་བསྣམས་པ། མགྲིན་པར་པད་ཟླའི་གདན་ལ་སྤྱན་རས་གཟིགས་དབང་ཕྱུག་སྐུ་མདོག་དཀར་པོ་ཞལ་ལྷར་དྭངས་ཤིང་དྲི་མ་མེད་པ། ཞལ་གཅིག་ཕྱག་བཞི་པ་ཕྱག་དང་པོ་གཉིས་ཐུགས་ཀར་ཐལ་མོ་སྦྱར་བ། གཡས་འོག་མས་ཤེལ་འཕྲེང་དང་། གཡོན་འོག་མས་པདྨ་དཀར་པོ་འདབ་མ་བརྒྱད་པ་འཛིན་པ། ཐུས་ཀར་པད་ཉིའི་གདན་ལ་ཕྱག་ན་རྡོ་རྗེ་གཡས་རྡོ་རྗེ་ཕྲག་གོང་དུ་འཕྱར་ཞིང་། གཡོན་ཐུགས་ཀར་སྡིགས་འཛུབ་མཛད་པ། སྦྲུལ་བརྒྱད་དང་ཁྲོ་བོའི་རྒྱན་གྱིས་བརྒྱན་པ། སྟག་གི་པགས་པའི་ཤམ་ཐབས་ཅན། ཞབས་གཉིས་བརྐྱང་བསྐུམས་ཀྱི་སྟབས་ཀྱིས་བཞུགས་པར་གྱུར། རྗེ་བླ་མའི་སྤྱི་བོར་ཨོཾ་དཀར་པོ། མགྲིན་པར་ཨཱཿདམར་པོ། ཐུགས་ཀར་ཧཱུྃ་སྔོན་པོས་མཚན་པ། ཐུགས་ཀའི་ཧཱུྃ་ལས་འོད་ཟེར་ཕྱོགས་བཅུར་འཕྲོས། རྒྱལ་བ་སྲས་བཅས་ཐམས་ཅད་རྗེ་བླ་མའི་རྣམ་པར་སྤྱན་དྲངས། རང་ལ་ཐིམ་པས་རང་ཉིད་སྐྱབས་གསུམ་མ་ལུས་འདུས་པའི་བདག་ཉིད་རྗེ་བླ་མར་དངོས་སུ་གྱུར་པར་བསྒོམས་ལ། མཆོད་པ་རྣམས་ཨ་ཨྲི་ཏས་བསངས། སྭ་བྷཱ་ཝས་སྦྱོང་བར་སྦྱངས། སྟོང་པའི་ངང་ལས་བྷྲཱུཾ་ལས་རིན་པོ་ཆེའི་སྣོད་ཡངས་ཤིང་རྒྱ་ཆེ་བ་རྣམས་ཀྱི་ནང་དུ་ཨོཾ་འོད་དུ་ཞུ་བ་ལས་བྱུང་བའི་ལྷ་རྫས་ལས་གྲུབ་པའི་མཆོད་ཡོན། ཞབས་བསིལ། མེ་ཏོག། བདུག་སྤོས། མར་མེ། དྲི་ཆབ། ཞ་ཟས། རོལ་མོ་ལ་སོགས་པ་རྣམས་དྭངས་ཤིང་ཐོགས་པ་མེད་པ་ནམ་མཁའ་དང་མཉམ་པ་ཟག་པ་མེད་པའི་བདེ་བ་ཁྱད་པར་ཅན་སྐྱེད་པར་གྱུར། །ཨོཾ་ཨརྒྷཾ་ཨཱཿཧཱུྃ། ཨོཾ་པཱདྱཾ་ཨཱཿཧཱུྃ། ཨོཾ་པུཥྤེ་ཨཱཿཧཱུྃ། ཨོཾ་དྷཱུ་པེ་ཨཱཿཧཱུྃ། ཨོཾ་ཨཱཿལོ་ཀེ་ཨཱཿཧཱུྃ། ཨོཾ་གནྡྷེ་ཨཱཿཧཱུྃ། ཨོཾ་ནཻ་ཝི་དྱ་ཨཱཿཧཱུྃ། ཨོཾ་ཤབྡ་ཨཱཿཧཱུྃ། གིས་བྱིན་གྱིས་བརླབས་ཏེ། ཨོཾ་གུ་རུ་སུ་མ་ཏི་ཀཱིརྟི་ས་པཱ་རི་ཝཱ་ར་ཨརྒྷཾ་ནས་ཤབྡའི་བར་གྱིས་མཆོད། རྒྱལ་བ་ཐམས་ཅད་གཅིག་བསྡུས་རྡོ་རྗེ་འཆང་། །གདུལ་བྱའི་དོན་དུ་བཤེས་གཉེན་ཚུལ་འཛིན་པ། །བློ་བཟང་གྲགས་པའི་དཔལ་ཞེས་ས་གསུམ་གྱི། །སྐྱེ་དགུའི་འདྲེན་པ་མཆོག་ལ་ཕྱག་འཚལ་ལོ། །ཞེས་བསྟོད། དེ་ནས། ཨོཾ་ཨཱཿགུ་རུ་སུ་མ་ཏི་ཀཱིརྟི་སིདྡྷི་ཧཱུྃ་ཧཱུྃ། ཞེས་མཚན་སྔགས་དང་། དམིགས་བརྩེ་མ་ཅི་འགྲུབ་བཟླའོ། །དེ་

ནས་རང་རྗེ་བླ་མར་བསྒོམས་པའི་ང་རྒྱལ་དང་གསལ་སྣང་བརྟན་པོའི་ངང་ནས་མདུན་བསྐྱེད་རིལ་སྒྲུབ་དངོས་ནི། ཨོཾ་བཛྲ་ཨ་མྲི་ཏ་ཀུཎྜ་ལི་ཧ་ན་ཧ་ན་ཧཱུྃ་ཕཊ། ཨོཾ་སྭ་བྷཱ་ཝ་ཤུདྡྷཿ སརྦ་དྷརྨཱཿ སྭ་བྷཱ་ཝ་ཤུདྡྷོ྅ཧཾ། བུམ་པ་དང་རིལ་བུ་རྣམས་སྟོང་པ་ཉིད་དུ་གྱུར། སྟོང་པའི་ངང་ལས་པད་ཟླའི་སྟེང་དུ་བཾ་ལས་བྱུང་བའི་རིན་པོ་ཆེའི་བུམ་པ་དཀར་པོ། ལྟོ་བ་ཆེ་བ། མགྲིན་པ་རིང་བ། མཆུ་འཕྱང་བ་ལ་སོགས་པའི་མཚན་ཉིད་ཐམས་ཅད་དང་ལྡན་པ་ཕྱི་བུམ་པའི་དབྱིབས་ཅན་ལ་ནང་གཞལ་ཡལ་ཁང་གི་རྣམ་པ་ཅན་གྱི་དབུས་སུ་རིལ་བུ་རྣམས་རེ་རེ་ནས་པད་ཟླའི་སྟེང་དུ་སངས་རྒྱས་ཐམས་ཅད་ཀྱི་མཁྱེན་བརྩེ་ནུས་གསུམ་གཅིག་ཏུ་བསྡུས་པའི་ངོ་བོ་རྗེ་བླ་མ་ཆོས་ཀྱི་རྒྱལ་པོ་ཙོང་ཁ་པ་ཆེན་པོ་སྐུ་མདོག་དཀར་ལ་དམར་བའི་མདངས་ཆགས་པ། སྐུ་ལ་ཆོས་གོས་ངུར་སྨྲིག་གི་མདོག་ཅན་གསུམ་མཛེས་པར་གསོལ་བ། ཕྱག་གཉིས་ཆོས་འཁོར་གྱི་ཕྱག་རྒྱ་མཛད་པས་ཨུཏྤ་ལའི་ཡུ་བ་ནས་བཟུང་བའི་འདབ་མའི་སྟེང་ན་ཤེས་རབ་ཀྱི་རལ་གྲི་དང་། སྟོང་ཕྲག་བརྒྱད་པའི་གླེགས་བམ་གྱིས་མཚན་པ། དབུ་ལ་པཎ་ཞྭ་གསེར་མདོག་ཅན་གསོལ་བ། ཞབས་གཉིས་རྡོ་རྗེའི་སྐྱིལ་མོ་ཀྲུང་གིས་བཞུགས་པ། སྐུ་ལས་སྐྱེས་པའི་འོད་ཟེར་སྣའི་འཇའ་ཚོན་གྱི་གུར་ཁྱིམ་འཁྲིགས་པའི་དབུས་ན་བཞུགས་པའི་སྤྱི་བོར་པད་ཟླའི་གདན་ལ་འཇམ་དབྱངས་དམར་སེར་གཡས་ཤེས་རབ་ཀྱི་རལ་གྲི་དང་གཡོན་སྟོང་ཕྲག་བརྒྱད་པའི་གླེགས་བམ་བསྣམས་པ། མགྲིན་པར་པད་ཟླའི་གདན་ལ་སྤྱན་རས་གཟིགས་དབང་ཕྱུག་སྐུ་མདོག་དཀར་པོ་ཞལ་ལྷར་དྭངས་ཤིང་དྲི་མ་མེད་པ། ཞལ་གཅིག་ཕྱག་བཞི་པ་ཕྱག་དང་པོ་གཉིས་ཐུགས་ཀར་ཐལ་མོ་སྦྱར་བ། གཡས་འོག་མས་ཤེལ་ཕྲེང་དང་། གཡོན་འོག་མས་པདྨ་དཀར་པོ་འདབ་མ་བརྒྱད་པ་འཛིན་པ། ཐུགས་ཀར་པད་ཉིའི་གདན་ལ་ཕྱག་ན་རྡོ་རྗེ་གཡས་རྡོ་རྗེ་ཕྲག་གོང་ན་འཕྱར་ཞིང་། གཡོན་ཐུགས་ཀར་སྡིག་འཛུབ་མཛད་པ། སྦྲུལ་བརྒྱད་དང་ཁྲོ་བོའི་རྒྱན་གྱིས་བརྒྱན་པ། སྟག་གི་པགས་པའི་ཤམ་ཐབས་ཅན། ཞབས་གཉིས་བརྐྱང་བསྐུམ་གྱི་སྟབས་ཀྱིས་བཞུགས་པར་གྱུར། རྗེ་བླ་མའི་སྤྱི་བོར་ཨོཾ་དཀར་པོ། མགྲིན་པར་ཨཱཿ དམར་པོ། ཐུགས་ཀར་ཧཱུྃ་སྔོན་པོས་མཚན་པ། ཐུགས་ཀའི་ཧཱུྃ་ལས་འོད་ཟེར་ཕྱོགས་བཅུར་འཕྲོས། རྒྱལ་བ་སྲས་བཅས་ཐམས་ཅད་རྗེ་བླ་མའི་རྣམ་པར་སྤྱན་དྲངས། མ་ལུས་སེམས་ཅན་ཀུན་གྱི་མགོན་གྱུར་ཅིང་། །བདུད་སྡེ་དཔུང་བཅས་མི་བཟད་འཇོམས་མཛད་ལྷ། དངོས་རྣམས་མ་ལུས

ཡང་དག་མཁྱེན་གྱུར་པའི། བཅོམ་ལྡན་འཁོར་བཅས་གནས་འདིར་གཤེགས་སུ་གསོལ། །ཛཿ ཧཱུྃ་བཾ་ཧོཿ གཉིས་སུ་མེད་པར་གྱུར། མཆོད་པ་རྣམས་ཨ་ཡྀ་ཏས་བསངས། སྭ་བྷཱ་ཝ་ས་སྟོང་པར་སྦྱངས། སྟོང་པའི་ངང་ལས་བྷྲཱུྃ་ ལས་རིན་པོ་ཆེའི་སྣོད་ཡངས་ཤིང་རྒྱ་ཆེ་བ་རྣམས་ཀྱི་ནང་དུ་ཨོཾ་འོད་དུ་ཞུ་བ་ལས་བྱུང་བའི་ལྷ་རྫས་ལས་གྲུབ་པའི་མཆོད་ཡོན། ཞབས་བསིལ། མེ་ཏོག བདུག་སྤོས། མར་མེ། དྲི་ཆབ། ཞལ་ཟས། རོལ་མོ་ལ་སོགས་པ་རྣམས་དྭངས་ཤིང་ཐོགས་པ་མེད་པ་ནམ་མཁའ་དང་མཉམ་པ་ཟག་པ་མེད་པའི་བདེ་བ་ཁྱད་པར་ཅན་བསྐྱེད་པར་གྱུར། ཨོཾ་ཨརྒྷཾ་ཨཱཿ ཧཱུྃ། ཨོཾ་པཱ་དྱཾ་ཨཱཿ ཧཱུྃ། ཨོཾ་པུཥྤེ་ཨཱཿ ཧཱུྃ། ཨོཾ་དྷཱུ་པེ་ཨཱཿ ཧཱུྃ། ཨོཾ་ཨཱཿ ལོ་ཀེ་ཨཱཿ ཧཱུྃ། ཨོཾ་གནྡྷེ་ཨཱཿ ཧཱུྃ། ཨོཾ་ནཻ་ཝི་དྱ་ཨཱཿ ཧཱུྃ། ཨོཾ་ཤབྡ་ཨཱཿ ཧཱུྃ། ཨོཾ་རཱུ་པ་ཨཱཿ ཧཱུྃ། ཨོཾ་ཤབྡ་ཨཱཿ ཧཱུྃ། ཨོཾ་གནྡྷེ་ཨཱཿ ཧཱུྃ། ཨོཾ་ར་ས་ཨཱཿ ཧཱུྃ། ཨོཾ་སྤརྴ་ཨཱཿ ཧཱུྃ། གིས་ཆུ་གཉིས་སྦྱིད་རོལ་མོ་འདོད་ཡོན་དང་བཅས་པ་བྱིན་གྱིས་བརླབས། ཡན་ལག་བརྒྱད་ལྡན་ལྷ་ཡི་གང་གཱ་སོགས། །ཕྱོགས་དུས་ཀུན་ན་མཆོད་ཡོན་ཅི་མཆིས་པ། །འཇམ་མགོན་བླ་མ་འཁོར་བཅས་མཉེས་ཕྱིར་འབུལ། །བཞེས་ནས་བདག་ལ་དངོས་གྲུབ་སྩལ་དུ་གསོལ། །ཨོཾ་གུ་རུ་སུ་མ་ཏི་ཀཱིརྟི་ས་པ་རི་ཝཱ་ར་ཨརྒྷཾ་པྲ་ཏཱིཙྪ་ཧཱུྃ་སྭཱཧཱ། ཤིན་ཏུ་རྣམ་དག་དྲི་མེད་ཡིད་འོང་བའི། །ཕྱོགས་དུས་ཀུན་ན་ཞབས་བསིལ× འཇམ་མགོན× བཞེས་ནས× ཨོཾ་གུ་རུ་སུ× པཱ་དྱཾ× འདབ་སྟོང་རབ་རྒྱས་པདྨ་དཀར་པོ་སོགས། །ཕྱོགས་དུས་ཀུན་ན་མེ་ཏོག× འཇམ་མགོན× བཞེས་ནས× ཨོཾ་གུ་རུ× པུཥྤེ× མ་ལ་ཡ་ཡི་ཙན་དན་དྲི་ལ་སོགས། །ཕྱོགས་དུས་ཀུན་ན་བདུག་སྤོས× འཇམ་མགོན× བཞེས་ནས× ཨོཾ་གུ་རུ× དྷཱུ་པེ× མུན་པ་ཀུན་སེལ་རྩེ་བརྒྱུད་སྒྲོན་མེ་སོགས། །ཕྱོགས་དུས་ཀུན་ན་སྣང་གསལ× འཇམ་མགོན× བཞེས་ནས× ཨོཾ་གུ་རུ× ཨཱ་ལོ་ཀེ× ཙན་དན་གུར་གུམ་དྲིས་བསྒོས་སྤོས་ཆུ་སོགས། །ཕྱོགས་དུས་ཀུན་ན་དྲི་ཆབ× འཇམ་མགོན× བཞེས་ནས× ཨོཾ་གུ་རུ× གནྡྷེ× དཀར་གསུམ་མངར་གསུམ་བདུད་རྩིའི་ཟས་ལ་སོགས། །ཕྱོགས་དུས་ཀུན་ན་ཞལ་ཟས× འཇམ་མགོན× བཞེས་ནས× ཨོཾ་གུ་རུ × ནཻ་ཝི་དྱ× ཡན་ལག་དྲུག་ལྡན་ལྷ་ཡི་སིལ་སྙན་སོགས། །ཕྱོགས་དུས་ཀུན་ན་རོལ་མོ× འཇམ་མགོན× བཞེས་ནས× ཨོཾ་གུ་རུ× ཤབྡ× གཟུགས་བརྙན་ཀུན་གསལ་རིན་ཆེན་བཻཌཱུར་སོགས× ཕྱོགས་དུས་ཀུན་ནས་གཟུགས་མཆོག× འཇམ་མགོན× བཞེས་ནས×

ཨོཾ་གུ་རུ× རཱུ་པ× དཔག་བསམ་ལས་བྱུང་བརྗོད་བྲལ་དབྱངས་ལ་སོགས། །ཕྱོགས་དུས་ཀུན་ན་སྒྲ་སྙན× འཛམ་མགོན× བཞེས་ནས× ཨོཾ་གུ་རུ× ཤབྡ× ཡི་འོང་ཙན་དན་དཀར་པོའི་དྲི་ལ་སོགས། །ཕྱོགས་དུས་ཀུན་ན་དྲི་མཆོག× འཛམ་མགོན× བཞེས་ནས× ཨོཾ་གུ་རུ× གནྡྷེ× སྟོང་གསུམ་སྙིང་པོ་ཚངས་གནས་བདུད་རྩི་སོགས། །ཕྱོགས་དུས་ཀུན་ན་རོ་མཆོག× འཛམ་མགོན× བཞེས་ནས× ཨོཾ་གུ་རུ× ར་ས× སྲབ་འཛམ་པཎྜུ་ལི་ཀའི་གོས་ལ་སོགས། །ཕྱོགས་དུས་ཀུན་ན་རེག་མཆོག× འཛམ་མགོན× བཞེས་ནས× ཨོཾ་གུ་རུ× སྤརྴ× འཛིག་རྟེན་འདི་ཡི་ཕུན་སུམ་ཚོགས་པའི་མཆོག །རིན་ཆེན་བདུན་གྱིས་ལྷ་ཡི་ལམ་བཀང་སྟེ། །འཛམ་མགོན་བླ་མ་འཁོར་བཅས་མཉེས་ཕྱིར་འབུལ། །བཞེས་ནས་བདག་ལ་དངོས་གྲུབ་སྩལ་དུ་གསོལ། །ཨོཾ་གུ་རུ་སུ་མ་ཏི་ཀཱིརྟི་ས་པཱ་རི་ཝཱ་ར་མཎྜ་སཔྟ་རཏྣ་པྲ་ཏིཙྪ་ཧཱུྃ་སྭཱ་ཧཱ། ཞེས་མཆོད་ལ་གསོལ་བ་གདབ་པ་ནི། དཔལ་ལྡན་ས་གསུམ་འགྲོ་བའི་མིག་གཅིག་པུ། །ཞེས་པ་ནས། མཆོག་གི་དངོས་གྲུབ་བརྩེས་ལ་གསོལ་བ་འདེབས། །ཞེས་པའི་བར་དད་གུས་ཆེན་པོས་བརྗོད་ཅིང་གསོལ་བ་བཏབ་ལ། གཟུངས་ཐག་བྲིམས་ཏེ་ལག་པ་གཡོན་པས་སྙིང་གར་གཟུངས་ཐག་བཟུང་། གཡས་པས་ཕྲེང་བ་དབབ་ཅིང་། དམིགས་མེད་བརྩེ་བའི་གཏེར་ཆེན་སྤྱན་རས་གཟིགས། །དྲི་མེད་མཁྱེན་པའི་དབང་པོ་འཛམ་དཔལ་དབྱངས། བདུད་དཔུང་མ་ལུས་འཇོམས་མཛད་གསང་བའི་བདག །གངས་ཅན་མཁས་པའི་གཙུག་རྒྱན་ཙོང་ཁ་པ། །བློ་བཟང་གྲགས་པའི་ཞབས་ལ་གསོལ་བ་འདེབས། །ཞེས་ཕྲེང་སོ་གསུམ་གྱི་རྣལ་འབྱོར་དང་ལྡན་པས་བཟླ་ཞིང་། དེའི་ཚེ་དམིགས་པ་ནི། རང་དང་མདུན་བསྐྱེད་ཀྱི་རྗེ་བླ་མ་གཉིས་ཀའི་ཐུགས་ཀ་ནས་འོད་ཟེར་འཕྲོས། ཕྱོགས་བཅུའི་རྒྱལ་བ་སྲས་བཅས་ཐམས་ཅད་ཀྱི་ཐུགས་རྒྱུད་བསྐུལ་ཏེ་དེ་དག་གི་བྱིན་རླབས་ནུས་མཐུ་ཐམས་ཅད་རྗེ་བླ་མའི་སྐུའི་རྣམ་པ་དང་། བདུད་རྩི་འོད་ཟེར་གྱི་རྣམ་པར་སྟེང་འོག་ཕྱོགས་མཚམས་ཀུན་ནས་ཚུར་བསྡུས་རིལ་བུ་རྗེ་བླ་མར་གསལ་བ་རྣམས་ལ་ཐིམ་པས་ཆུ་ལ་ཆུ་བཞག་པ་བཞིན་རོ་གཅིག་ཏུ་གྱུར། ཅེས་བརྗོད་ཅིང་ད་ལྟར་དུ་དམིགས་པ་བརྟན་པོ་བྱ། སླར་ཡང་མདུན་གྱི་རྗེ་བླ་མའི་ཐུགས་ཀ་ནས་འོད་ཟེར་ཕྱོགས་བཅུར་འཕྲོས། སངས་རྒྱས་བྱང་སེམས་ཉན་རང་དཔའ་བོ་དཔའ་མོ་ཆོས་སྐྱོང་སྲུང་མ་ཐམས་ཅད་ཀྱི་ཐུགས་ཀར་ཕོག དེ་དག་གི་བྱིན་རླབས་

ནུས་མཐུ་ཐམས་ཅད་དང་། དྲང་སྲོང་བདེན་ཚིག་གྲུབ་པ་རྣམས་ཀྱི་བདེན་མཐུ་དང་འབྱུང་བ་བཞིའི་བཅུད་རྣམས་ཀུང་ཚུར་བསྡུས་རིལ་བུ་རྗེ་བླ་མར་གསལ་བ་ལ་ཐིམ་ནས་དབྱེར་མེད་རོ་གཅིག་ཏུ་གྱུར་པར་མོས་ལ་དམིགས་བརྩེ་མ་བཟླ། མཇུག་ཏུ་སངས་རྒྱས་ཐམས་ཅད་ཀྱི་སྙིང་པོ་ཨོཾ་ཨཱཿཧཱུྃ་གང་འགྲུབ་བཟླའོ། །སྒྲུབ་ཞག་ཇི་ཙམ་བྱེད་ཀྱི་རིང་ལ་སྟགས་རྒྱུན་མ་ཆད་པ་དགོས་པས་ཇ་ཐུག་བཞེས་པ་དང་ཁམས་སེང་སོགས་ཀྱི་ཚེ་ཚོགས་པ་ཚན་པ་གཉིས་སུ་བྱས་པའི་ཚན་པ་གཅིག་གིས་དམིགས་བརྩེ་མ་བར་མ་ཆད་དུ་བགྲང་། ཚན་པ་གཅིག་གིས་ཐུན་མཚམས་བྱེད། ཐུན་པས་ལངས་ཁར་ཡིག་བརྒྱ་རེ་བཟླས་ལ་ཕྲེང་བ་རང་རང་གི་འདུག་གནས་སུ་འཛོག ཚུར་འདུ་བ་དང་མཉམ་དུ་སྟན་ལ་འཁོད་ནས་ཡིད་ཀྱིས་མཆོད་བསྟོད་བྱས་ལ་དམིགས་བརྩེ་མ་བཟླ། ཞོགས་པར་ཁ་ཤས་ཀྱིས་བཟླས་པ་བྱ་བཞིན་དུ་ཚོགས་པ་བྱིངས་ཀྱིས་མདོན་རྟོགས་བསྐྱེད་ཆོག་དང་སྐབས་སྐབས་སུ་ཁྲུས་གསོལ། དགོངས་ཐུན་ལ་གཏོར་འབུལ་མ་ཆག་པ་བྱེད། ཡང་རྗེ་བླ་མ་ལ་ཐུགས་རྗེ་བསྐུལ་བའི་གསོལ་འདེབས་ཤུགས་དྲག་བྱ་བར་འདོད་ན། སྟོབས་བཅུ་མངའ་བ་ཀུན་གྱི་ཐུགས་རྗེ་དང་། །མཁྱེན་རབ་ནུས་མཐུ་ཐམས་ཅད་གཅིག་བསྡུས་པ། །རྒྱལ་ཀུན་ངོ་བོ་བློ་བཟང་གྲགས་པ་ལ། །སྒོ་གསུམ་གུས་པ་ཆེན་པོས་ཕྱག་འཚལ་ལོ། །དངོས་བཤམས་ཡིད་སྤྲུལ་མཆོད་པ་མ་ལུས་འབུལ། ཐོགས་མེད་ནས་བསགས་སྡིག་ལྟུང་ཐམས་ཅད་བཤགས། །འཇམ་མགོན་བླ་མའི་རྣམ་པར་ཐར་པ་ལ། །སྙིང་ནས་གུས་ཤིང་རྗེས་སུ་ཡི་རང་ངོ་། །སྲིད་པ་ཉམས་ངར་མུན་འཐོམས་བདག་ཅག་ལ། །ཟབ་རྒྱས་ཆོས་ཀྱི་འཁོར་ལོ་བསྐོར་བའི་ཕྱིར། །ཇི་སྲིད་ནམ་མཁའ་གནས་པ་དེ་སྲིད་དུ། །མཚན་དཔེའི་སྐུ་ཡི་སྣང་བ་རྟག་བརྟན་གསོལ། །འདས་དང་མ་འོངས་ད་ལྟ་དུས་གསུམ་དུ། །བསགས་དང་གསོག་འགྱུར་དགེ་བ་ཅི་མཆིས་པ། །ཐུབ་དབང་གཉིས་པ་བློ་བཟང་གྲགས་པ་ཡི། །མདོ་སྔགས་བསྟན་པ་རྒྱས་པའི་ཕྱིར་དུ་བསྔོ། །སྲིད་དང་ཞི་བའི་རྣམ་དཀར་ལས་གྲུབ་པའི། །རབ་འབྱམས་ཞིང་ན་མཆོད་རྫས་ཅི་ཡོད་དང་། །ཁྱད་པར་བདག་ལུས་བྲན་དུ་འབུལ་ལགས་ན། །ནམ་མཁའ་ཇི་སྲིད་འབངས་སུ་གཟུང་དུ་གསོལ། །མགོན་མེད་ལྷ་བརྒྱ་ཐ་མའི་འགྲོ་རྣམས་ལ། །རྒྱལ་བའི་མཛད་པ་སྒྲུབ་མཛད་ཐུགས་རྗེ་ཅན། །རྗེ་བཙུན་བླ་མ་བློ་བཟང་གྲགས་པ་ལ། །གསོལ་བ་འདེབས་སོ་བདག་རྒྱུད་བྱིན་གྱིས་རློབས། །མ་རིག་མུན་འཐོམས་སྙིགས་དུས་འགྲོ་རྣམས

ལ། །ཕན་བདེའི་སྣང་བ་སྟེར་མཛད་ཐུགས་རྗེ་ཅན། །རྒྱལ་བའི་ཉི་མ་འཇམ་མགོན་བླ་མ་ལ། །གསོལ་བ་འདེབས་སོ་བདག་རྒྱུད་བྱིན་གྱིས་རློབས། །གཉིང་མཐའ་མི་མངོན་སྲིད་མཚོར་བྱིང་བ་རྣམས། །ཐབས་མཁས་ཐུགས་རྗེའི་ལྕགས་ཀྱུས་འདྲེན་མཛད་པ། །རྗེ་བཙུན་བླམ་ཐུགས་རྗེའི་གཏེར་ཆེན་ལ། །གསོལ་བ་འདེབས་སོ་བདག × འཁོར་བའི་བཙོན་རར་བཅིངས་པའི་ཉམ་ཐག་རྣམས། །ཐར་པའི་ཁང་བཟང་དམ་པར་འཁྲིད་མཛད་པ། །འཇམ་མགོན་བློ་བཟང་རྒྱལ་བའི་དབང་པོ་ལ། །གསོལ་བ་འདེབས × དུག་གསུམ་གཙོང་ནད་དྲག་པོས་ཟིན་རྣམས་ཀྱིས། །སྡུག་བསྔལ་ཟུག་རྔུ་འབྱིན་པའི་སྨན་པ་མཆོག །འཇམ་མགོན་བློ་བཟང་རྒྱལ་བའི་དབང་པོ་ལ། །གསོལ་བ་འདེབས × གང་ལ་གང་འདུལ་ཐབས་མཁས་སྤྲུལ་བ་ཡིས། །དམ་ཆོས་བདུད་རྩིའི་བཀའ་དྲིན་སྩོལ་མཛད་པ། །བླ་མ་ཀུན་འདུས་བློ་བཟང་གྲགས་པ་ལ། །གསོལ་བ་འདེབས་ × གསོལ་བ་བཏབ་ན་མཆོག་དང་ཐུན་མོང་གི །དངོས་གྲུབ་ཐམས་ཅད་ཡིད་བཞིན་སྩོལ་མཛད་པ། །ཡི་དམ་ཀུན་འདུས་བློ་བཟང་གྲགས་པ་ལ། །གསོལ་བ་འདེབས × ཕྱོགས་བཅུའི་ཞིང་བཞུགས་རྒྱལ་བ་མ་ལུས་པའི། །མཁྱེན་རྩེ་ནུས་པ་ཐམས་ཅད་གཅིག་བསྡུས་པ། །སངས་རྒྱས་ཀུན་འདུས་བློ་བཟང་གྲགས་པ་ལ། །གསོལ་བ་འདེབས × ཆོས་ཀྱི་ཕུང་པོ་བརྒྱད་ཁྲི་བཞི་སྟོང་གི །སྙིང་པོའི་གནད་རྣམས་བསྡུས་ནས་འདོམས་མཛད་པ། །དམ་ཆོས་ཀུན་འདུས་བློ་བཟང་གྲགས་པ་ལ། །གསོལ་བ་འདེབས × གདུལ་བྱའི་ཁམས་དང་བསམ་པ་ལ་གཟིགས་ནས། །ཐ་མལ་ཚུལ་གྱིས་འགྲོ་བ་འདྲེན་མཛད་པ། །དགེ་འདུན་ཀུན་འདུས་བློ་བཟང་གྲགས་པ་ལ། །གསོལ་བ་འདེབས་སོ × དམུ་རྒོད་གདུལ་དཀའ་མ་རུངས་གདུག་ཅན་རྣམས། །འཕྲིན་ལས་དྲག་པོའི་སྟོབས་ཀྱིས་འདུལམཛད་པ། །ཆོས་སྐྱོང་ཀུན་འདུས་བློ་བཟང་གྲགས་པ་ལ། །གསོལ་བ་འདེབས་སོ་བདག་རྒྱུད་བྱིན་གྱིས་རློབས། །མདོར་ན་དེང་ནས་བྱང་ཆུབ་སྙིང་པོའི་བར། །སྐྱབས་གསུམ་ཀུན་འདུས་བློ་བཟང་གྲགས་པ་ལས། །ལྷག་པའི་སྐྱབས་གནས་གཞན་དུ་མི་འཚོལ་བས། །ནམ་ཡང་འབྲལ་མེད་ཐུགས་རྗེས་གཟུང་དུ་གསོལ། །མ་ནོར་ལམ་བཟང་སྟོན་པའི་དགེ་བའི་བཤེས། །སངས་རྒྱས་ཀུན་འདུས་ཉིད་དུ་ཡིད་ཆེས་ནས། །བཅོས་མིན་མོས་གུས་རྟག་ཏུ་སྐྱེ་བ་དང་། །ཅི་གསུང་བཀའ་བཞིན་སྒྲུབ་པར་བྱིན་གྱིས་རློབས། །དཔལ་འབྱོར་རྙེད་

དཀའ་ནམ་འཆི་ཆ་མེད་དང་། །ལས་འབྲས་བསླུ་བ་མེད་པའི་ཚུལ་བསམས་ནས། །དཀོན་མཆོག་གསུམ་ལ་སྙིང་ནས་སྐྱབས་འགྲོ་ཞིང་། །སྡིག་སྤོང་དགེ་བ་སྒྲུབ་པར་བྱིན་གྱིས་རློབས། །འཁོར་བའི་བརྩོན་རར་ལས་དང་ཉོན་མོངས་ཀྱི། །ཞགས་པས་བཅིངས་ཤིང་སྡུག་བསྔལ་བརྒྱས་གཟིར་བའི། །ངང་ཚུལ་བསམས་ནས་ངེས་འབྱུང་སྐྱེ་ཤས་ཀྱིས། །ཐར་བའི་ལམ་བཟང་བསྒྲོད་པར་བྱིན་གྱིས་རློབས། །རང་ཉིད་ཇི་བཞིན་མཁའ་མཉམ་སེམས་ཅན་ཀུན། །སྲིད་མཚོ་ཉམ་ངར་སྡུག་བསྔལ་བརྒྱས་གཟིར་ཞིང་། །ཀུན་ཀྱང་རང་གི་དྲིན་ཅན་མར་མཐོང་ནས། །བྱམས་དང་སྙིང་རྗེ་འབྱོངས་པར་བྱིན་གྱིས་རློབས། །བདག་པས་གཞན་གཅེས་བྱང་ཆུབ་སེམས་བསྐྱེད་ནས། །རླབས་ཆེན་རྒྱལ་སྲས་སྤྱོད་ལ་སློབ་པ་ལ། །རྒྱལ་བའི་སྲས་པོ་གཞོན་ནུ་ནོར་བཟང་ལྟར། །ཞུམ་མེད་སྙིང་སྟོབས་སྐྱེ་བར་བྱིན་གྱིས་རློབས། །འཇམ་མགོན་བླ་མས་གྲངས་མེད་བསྐལ་བ་རུ། །ཉིད་ཀྱི་སྐུ་དང་སྲོག་ལའང་མ་གཟིགས་པར། །དཀའ་བས་བསྒྲུབས་པའི་གསུང་རབ་སྙིང་པོའི་དོན། །ཟབ་མོ་དབུ་མའི་ལྟ་བ་ཉིད་པ་དང་། །བླ་མེད་རྡོ་རྗེ་ཐེག་པའི་སྒོར་ཞུགས་ནས། །དམ་ཚིག་སྡོམ་པ་རྣམ་པར་དག་བྱེད་ཅིང་། །ཟབ་ལམ་རིམ་པ་གཉིས་ཀྱི་རྣལ་འབྱོར་རྣམས། །མྱུར་དུ་རྒྱུད་ལ་སྐྱེ་བར་བྱིན་གྱིས་རློབས། །ཚེ་འདིའི་སྣང་བ་འགགས་པར་ཕྱོགས་པའི་ཚེ། །དགའ་ལྡན་ཆོས་ཀྱི་ཕོ་བྲང་དུ་སྐྱེས་ནས། །མི་ཕམ་འཇམ་དཔལ་སྙིང་པོའི་ཞལ་མཐོང་སྟེ། །གསུང་གི་བདུད་རྩི་ངོམས་མེད་འཐུང་བར་ཤོག །དེ་ནས་ལུས་ཀྱི་བཀོད་པ་བགྲང་ལས་ཀྱིས། །ཞིང་ཁམས་རྒྱ་མཚོར་རྒྱལ་བ་རྒྱ་མཚོ་ལ། །མཆོད་སྤྲིན་རྒྱ་མཚོས་མཆོད་ཅིང་ཆོས་མཉན་ཏེ། །ཐོས་པ་རྒྱ་མཚོའི་ཕ་རོལ་ཕྱིན་གྱུར་ཅིག །རྒྱལ་སྲས་སྤྱོད་ལ་སློབ་པའི་སྐབས་ཀུན་དུ། །སྙིང་ལུག་ཞུམ་པ་ནམ་ཡང་མི་སྐྱེ་ཞིང་། །མཁའ་ལྡིང་དབང་པོས་ལྷ་ཡི་ལམ་ལ་བཞིན། །སྙིང་སྟོབས་ཆེན་པོས་ས་ལམ་མྱུར་བགྲོད་ཤོག །ནམ་ཞིག་བྱམས་མགོན་ཞིང་འདིར་བྱོན་པའི་ཚེ། །བདག་ཀྱང་འཁོར་གྱི་ཐོག་མ་ཉིད་གྱུར་ཏེ། །ཕྱག་གཡས་མགོ་བོའི་སྟེང་དུ་ལེགས་བཞག་ནས། །བྱང་ཆུབ་ལུང་བསྟན་ངེས་པར་ཐོབ་གྱུར་ཅིག །ཅེས་རྗེ་བླ་མའི་རྣམ་ཐར་ལ་མི་ཕྱེད་པའི་དད་པ་བརྟན་པོས་གསོལ་འདེབས་དང་། །ལམ་ཡོངས་རྫོགས་རྒྱུད་ལ་སྐྱེ་བའི་སྨོན་ལམ་ཤུགས་དྲག་ཏུ་གདབ་བོ། །གསུམ་པ་མཇུག་གི་ཚིག་ནི། དེ་ལྟ་བུའི་ཚུལ་གྱིས་ལྷའི་རྣལ་འབྱོར་དང་

མ་བྲལ་བའི་ངང་ནས་རིལ་བུ་ལེགས་པར་བསྒྲུབས་ནས་གྲོལ་བའི་ཉིན་གཏང་རག་གི་མཆོད་པ་ལེགས་པར་བཤམས་ལ་སྔ་ཐུན་ལ་བདག་མདུན་གྱི་ཆོ་ག་བཟླས་པ་དང་བཅས་པ་ཚར་གཅིག་བཏང་ནས་དམིགས་བརྗེ་མ་ཅི་འགྲུབ་དང་འབྲུ་གསུམ་བཟླས་པའི་མཐར་མཆོད་བསྟོད་རྒྱས་པར་བྱས་པའི་མཇུག་ཏུ། དེང་ནས་བརྩམས་ཏེ་ཚེ་རབས་ཀུན་ཏུ་བདག །ཅེས་སོགས་སྨོན་ལམ་ཤུགས་དྲག་ཏུ་བཏབ་ལ་ཡིག་བརྒྱ་གང་མང་བཟླས་ཏེ་ལག་ཏུ་མེ་ཏོག་ཐོགས་ནས། མ་རྙེད་ཡོངས་སུ་མ་ཤེས་དང་། །གང་ཡང་ནུས་པ་མ་མཆིས་པས། །འདིར་ནི་བྱ་བ་གང་བགྱིས་པ། །དེ་ཀུན་ཁྱེད་ཀྱིས་བཟོད་མཛད་རིགས། །ཞེས་ནོངས་པ་བཟོད་པར་གསོལ། བདག་ལ་དངོས་གྲུབ་མཆོག་སྩོལ་ལ། །ཏིང་འཛིན་ཀུན་གྱི་འབྲས་བུ་སྩོལ། །སེམས་ཅན་ཀུན་ལ་ཅི་འདོད་པའི། །དངོས་གྲུབ་བླ་ན་མེད་པ་སྩོལ། །ཞེས་བརྗོད་ལ་རིལ་བུ་རྗེ་བླ་མར་གསལ་བ་རྣམས་བགྲེས་བཞིན་དུ་འོད་དུ་ཞུ་ནས་བྱིན་རླབས་རིལ་བུའི་རྣམ་པར་གྱུར་ཅེས་བརྗོད་ལ་ཤེས་པ་བརྗོད་ཅིང་མེ་ཏོག་གི་ཆར་དབབ། ཞེས་རྗེ་བླ་མ་ལ་བརྟེན་པའི་བླ་མ་རྣལ་འབྱོར་གྱི་སྒོ་ནས་བྱིན་རླབས་རིལ་སྒྲུབ་བྱ་ཚུལ་དངོས་གྲུབ་ཀུན་འབྱུང་ཞེས་བྱ་བ་འདི་ནི་འབའ་ཆོས་སྨྲ་དགའ་ལྡན་ཕན་བདེ་གླིང་གི་གྲྭ་རིགས་རབ་འབྱམས་པ་དགེ་ལེགས་རིན་ཆེན་གྱིས་མདོ་སྨད་ཕྱོགས་སུ་རྗེ་བླ་མ་ལ་བརྟེན་པའི་བྱིན་རླབས་རིལ་སྒྲུབ་འདི་བཞིན་དང་ཆ་ཆེ་ཡང་ཆོས་ཁུངས་བཙུན་ཞིག་མི་འདུག་སྐབས་སྦྱོར་དངོས་རྗེས་གསུམ་ཚང་བའི་ཆོ་ག་ཁུངས་བཙུན་འདི་ལྟ་བུ་ཞིག་དགོས་ཞེས་ནན་གྱིས་བསྐུལ་བ་ལ་བརྟེན་ནས་རྗེ་བླ་མའི་གསང་སྒྲུབ་ཀྱི་ལས་ཚོགས་དཔེན་ས་སྨན་རྒྱུད་དང་སྲིད་རྒྱུད་གཉིས་ཀ་ནས་འབྱུང་བ་ལྟར་འཇམ་མགོན་སྨན་རྒྱུད་ཀྱི་མན་ངག་འཛིན་པ་དགེ་སློང་༧ཡེ་ཤེས་རྒྱལ་མཚན་གྱིས་ཕོ་བྲང་ཆེན་པོ་པོ་ཏ་ལའི་གཟིམ་ཆུང་བདེ་བ་ཅན་དུ་སྦྱར་བའོ། །འདིས་ཀྱང་འཇམ་མགོན་བླ་མའི་བསྟན་པ་ཕྱོགས་ཀུན་ཏུ་འཕེལ་ཞིང་རྒྱས་པར་གྱུར་ཅིག། །།

༄༅། །དགེ་ལྡན་རིལ་བསྒྲུབ་འདོན་ཆ་བྱུར་བཀོད་བཞུགས་སོ།

༄༅། །སྐྱབས་འགྲོ་སེམས་བསྐྱེད་ཚད་མེད་བཞི་བསྒོམ་པ་རྣམས་སྔོན་དུ་བཏང་། སྭ་བྷཱ་ཝས་སྟོང་པར་སྦྱངས། སྟོང་པའི་ངང་ལས་སྣ་ཚོགས་པདྨ་དང་ཟླ་བའི་གདན་གྱི་སྟེང་དུ་རང་ཉིད་སྐད་ཅིག་གིས་ཁམས་གསུམ་ཆོས་ཀྱི་རྒྱལ་པོ་ཙོང་ཁ་པ་ཆེན་པོ་སྐུ་མདོག་དཀར་ལ་དམར་བའི་མདངས་ཆགས་པ་ཞལ་གཅིག་ཕྱག་གཉིས་ཆོས་འཁོར་གྱི་ཕྱག་རྒྱ་མཛད་པས་ཡུ་བ་ནས་བཟུང་པའི་ཨུཏྤ་ལའི་སྟེང་ན་ཤེས་རབ་ཀྱི་རལ་གྲི་དང་ཤེར་ཕྱིན་གྱི་གླེགས་བམ་བརྣམས་པ། པཎ་ཞྭ་དང་ཆོས་གོས་རྣམ་གསུམ་གསོལ་ཞིང་འོད་ཀྱི་ཕུང་པོའི་དབུས་ན་ཞབས་རྡོ་རྗེའི་སྐྱིལ་མོ་ཀྲུང་གིས་བཞུགས་པར་གྱུར་པར་བསམ་ལ། དམིགས་བརྟེ་མ་ཅི་འགྲུབ་བཟླ། དེ་ནས་མདུན་བསྐྱེད་བསྒྲུབ་པ་ནི། སྭ་བྷཱ་ཝས་སྦྱངས། སྟོང་པའི་ངང་ལས་ཧཱུྃ་ལས་བྱུང་བའི་རིན་པོ་ཆེའི་བུམ་པ་དཀར་པོ་སྟོ་བ་ཆེ་བ། མགྲིན་པ་རིང་བ། མཆུ་འཕྱང་བ་ལ་སོགས་པའི་མཚན་ཉིད་ཐམས་ཅད་ཡོངས་སུ་རྫོགས་པའི་ནང་དུ་སྣ་ཚོགས་པདྨ་དང་ཟླ་བའི་གདན་གྱི་སྟེང་དུ་རིལ་བུ་རྣམས་སྐད་ཅིག་གིས་ཁམས་གསུམ་ཆོས་ཀྱི་རྒྱལ་པོ་ཙོང་ཁ་པ་ཆེན་པོ། །ཞེས་པ་ནས། ཞབས་རྡོ་རྗེའི་སྐྱིལ་མོ་ཀྲུང་གིས་བཞུགས་པར་གྱུར། ཅེས་པའི་བར་སྔར་ལྟར་བརྗོད། དེའི་སྤྱི་བོར་ཨོཾ་དཀར་པོ། མགྲིན་པར་ཨཱཿདམར་པོ། ཐུགས་ཀར་ཧཱུྃ་སྔོན་པོ། །ཐུགས་ཀར་ཧཱུྃ་ལས་འོད་ཟེར་འཕྲོས། རང་བཞིན་གྱི་གནས་ནས་ཁམས་གསུམ་ཆོས་ཀྱི་རྒྱལ་པོ་ཙོང་ཁ་པ་ཆེན་པོ་ལ་སངས་རྒྱས་དང་བྱང་ཆུབ་སེམས་དཔའི་ཚོགས་ཀྱིས་བསྐོར་བ་སྤྱན་དྲངས། ཛ་མཚར་ཆད་བྱུང་བཀོད་པའི་འཇིག་རྟེན་ནས། །བདེ་གཤེགས་སེང་གེའི་ང་རོ་སྒྲོལ་པའི་སྐུ། །ཆོས་ཀྱི་རྒྱལ་པོ་ཀུན་མཁྱེན་བློ་བཟང་གྲགས། །སྙིགས་དུས་འགྲོ་བ་འདྲེན་ཕྱིར་གཤེགས་སུ་

གསོལ། །རྣམ་དག་ཆོས་ཀྱི་དབྱིངས་ལས་མ་གཡོས་ཀྱང་། །ཚད་མེད་ཐུགས་རྗེས་འགྲོ་ལ་ཕྱོགས་བཅུར་གཟིགས། །རྒྱལ་བ་ཀུན་གྱི་འཕྲིན་ལས་རྒྱས་མཛད་པ། །དུས་གསུམ་བླ་མ་འཁོར་བཅས་གནས་འདིར་གཤེགས། །ཨོཾ་སུ་མ་ཏི་ཀཱིརྟི་ས་པ་རི་ཝཱར་ཨེ་ཧྱེ་ཧི་བཛྲ་ས་མ་ཡ་ཛཿ ཛཿ ཛཿ ཧཱུྃ་བཾ་ཧོཿ གཉིས་སུ་མེད་པར་གྱུར། མཆོད་པ་ཨ་མྲྀ་ཏས་བསངས། སྭ་བྷཱ་ཝས་སྦྱངས། སྟོང་པའི་ངང་ལས་ཨོཾ་ལས་རིན་པོ་ཆེའི་སྣོད་ཡངས་ཤིང་རྒྱ་ཆེ་བ་རྣམས་ཀྱི་ནང་དུ་ཨོཾ་འོད་དུ་ཞུ་བ་ལས་བྱུང་བའི་མཆོད་ཡོན། ཞབས་བསིལ། མེ་ཏོག། བདུག་སྤོས། སྣང་གསལ། དྲི་ཆབ། ཞལ་ཟས། རོལ་མོ་རྣམས་དྭངས་ཤིང་ཐོགས་པ་མེད་པ་ནམ་མཁའ་དང་མཉམ་པར་གྱུར། ཨོཾ་ཨརྒྷཾ་ཨཱཿ ཧཱུྃ། ཨོཾ་པཱདྱཾ་ཨཱཿ ཧཱུྃ། ཨོཾ་པུཥྤེ་ཨཱཿ ཧཱུྃ། ཞེས་པ་ནས། ཨོཾ་ཤབྡ་ཨཱཿ ཧཱུྃ། ཞེས་བྱིན་གྱིས་བརླབས། རབ་འབྱམས་རྒྱ་མཚོ་དཔག་མེད་ན། །མཆོད་ཡོན་ཇི་སྙེད་ཡོད་པ་རྣམས། །བདག་གིས་གུས་པར་བཤམས་པ་འདི། །རྗེ་བཙུན་བློ་བཟང་གྲགས་པ་ལ། །འབུལ་གྱིས་ལེགས་པར་བཞེས་ནས་ཀྱང་། །དངོས་གྲུབ་མ་ལུས་སྩོལ་དུ་གསོལ། །ཨོཾ་གུ་རུ་སུ་མ་ཏི་ཀཱིརྟི་ཨརྒྷཾ་པྲ་ཏཱིཙྪ་སྭཱཧཱ། དེ་བཞིན་དུ་མཆོད་ཡོན་གྱི་གནས་སུ་ཞབས་བསིལ་ནས་རོལ་མོའི་བར་དང་། ཨརྒྷཾ་གྱི་གནས་སུ་པཱདྱཾ་ནས་ཤབྡའི་བར་བཙུག་ལ་མཆོད་པ་ཕུལ། བློ་གྲོས་ཁང་བཟང་བསྟན་གསུམ་ནོར་གྱིས་ཕྱུག །བཟང་པོའི་འཕྲིན་ལས་གདུལ་བྱའི་དཔལ་དུ་ཤར། །གྲགས་པའི་འོད་ཟེར་འཛམ་གླིང་ཕྱོགས་བཅུར་འཕྲོ། །བློ་བཟང་གྲགས་པའི་ཞབས་ལ་ཕྱག་འཚལ་ལོ། །རིལ་བུ་རྣམས་རྗེ་བཙུན་ཙོང་ཁ་པ་ཆེན་པོའི་རྣམ་པ་ཅན་དུ་གྱུར་པའི་ཐུགས་ཀའི་ཧཱུྃ་ལས་འོད་ཟེར་འཕྲོས། ཕྱོགས་བཅུའི་སངས་རྒྱས་བྱང་སེམས་ཉན་རང་ཆོས་སྐྱོང་སྲུང་མ་སོགས་སྐྱབས་གནས་ཐམས་ཅད་ཀྱི་བྱིན་རླབས་དང་ནུས་མཐུ་ཐམས་ཅད་འོད་དང་། འོད་ཟེར་དང་། བདུད་རྩིའི་ཆུ་རྒྱུན་དང་། རྗེ་བཙུན་ཙོང་ཁ་པ་ཆེན་པོའི་སྐུའི་རྣམ་པར་སྤྲུན་དྲངས་ཏེ། རིལ་བུ་རྣམས་དང་དབྱེར་མེད་རོ་གཅིག་ཏུ་གྱུར། དེ་ལྟ་བུའི་དམིགས་པ་དང་བཅས་ཏེ་དམིགས་བརྩེ་མ་འདོན། མཇུག་ཏུ། ཨོཾ་གུ་རུ་སུ་མ་ཏི་ཀཱིརྟི་ཨརྒྷཾ་སོགས་ཀྱིས་མཆོད། བློ་གྲོས་ཁང་བཟང་སོགས་ཀྱིས་བསྟོད། མཇུག་ཏུ། རིལ་བུ་

ཛེ་བཙུན་ཙོང་ཁ་པའི་རྣམ་པར་བཞུགས་པ་འོད་དུ་ཞུ་ནས་རིལ་བུའི་རྣམ་པར་གྱུར། ཨོཾ་སུ་པྲ་ཏི་ཥྛ་བཛྲ་ཡེ་སྭཱ་ཧཱ། ཞེས་བརྟན་བཞུགས་བྱ་ཞིང་མེ་ཏོག་གཏོར་ཏེ། སྨོན་ལམ་ཤིས་བརྗོད་རྒྱས་པར་བྱ། ཞེས་པ་འདི་ནི་ཨ་བ་གཉིད་ཚང་རུ་ཐོག་ཐུས། ཚོགས་ཆེན་དུ་དགེ་ལྡན་རིལ་སྒྲུབ་བྱེད་སྐབས་འདོན་ཆའི་རིམ་པ་ཟུར་དུ་བཀོལ་ཏེ་གུང་ཐང་བསྟན་པའི་སྒྲོན་མེས་སྤེལ་བའོ།། །།

༄༅། །བརྗོད་བྱང་།

རྒྱལ་བ་ཀུན་གྱི་མཁྱེན་བརྩེ་གཅིག་བསྡུས་པ། །རིགས་ཀུན་བདག་པོ་ཀུན་མཁྱེན་ཙོང་ཁ་པའི། །
རིང་ལུགས་འཛིན་པའི་སྐྱེས་ཆེན་དུ་མ་ཡིས། །མཛད་པའི་ལེགས་བཤད་རིན་ཆེན་གསེར་གྱི་ཕྲེང་། །
དེ་ཡི་ནང་ནས་ཆེས་ཆེར་མངོན་མཐོ་བའི། །མན་ངག་བདུད་རྩིའི་གཟེགས་མ་རེ་རེས་ཀྱང་། །
སྲིད་ཞིའི་རྒུད་པ་མ་ལུས་དྲུངས་འབྱིན་པ། །གསེར་གྱི་ཡང་ཞུན་ལྷ་བུའི་དམིགས་བརྩེ་མའི། །
ཆོས་སྐོར་ཕྱོགས་གཅིག་བསྒྲིགས་ནས་པར་སྐྲུན་གྱི། །མཐུ་ལས་དགེ་རྩ་ཇི་སྙེད་མཆིས་པ་རྣམས། །
ཐུབ་བསྟན་རིན་ཆེན་ཕྱོགས་བཅུར་རྒྱས་པ་དང་། །དེ་འཛིན་སྐྱེས་བུ་དམ་པའི་ཞབས་པད་བརྟན། །
ཁྱད་པར་རྒྱལ་ཁམས་སྤྱི་དང་གངས་ལྗོངས་འདིར། །མི་ཤིས་མཚན་ངན་མིང་ཡང་མི་གྲགས་ཤིང་། །
དཔལ་འབྱོར་མངའ་ཐང་ལོངས་སྤྱོད་དབྱར་མཚོ་ལྟར། །འཕེལ་ཞིང་རྒྱས་ལ་ཡུན་རིང་གནས་གྱུར་ཅིག །
ལྷག་བསམ་དག་པའི་རྒྱུ་འབྱོར་སྦྱིན་བདག་དང་། །ལྷག་པར་སློབ་མ་ངག་དབང་སྦྱིན་པ་སོགས། །
མཁའ་མཉམ་འགྲོ་བ་སེམས་ཅན་མ་ལུས་པ། །ཟུང་འཇུག་སྐུ་བཞིའི་གོ་འཕང་མྱུར་ཐོབ་ཤོག །
ཚེ་རབས་ཀུན་ཏུ་རྒྱལ་བ་ཙོང་ཁ་པས། །ཐེག་མཆོག་བཤེས་གཉེན་དངོས་སུ་མཛད་པའི་མཐུས། །
རྒྱལ་བས་བསྔགས་པའི་ལམ་བཟང་འདི་ཉིད་ལས། །སྐད་ཅིག་ཙམ་ཡང་ལྡོག་པར་མ་གྱུར་ཅིག །

ཅེས་པ་འདི་ནི་སེར་སྐྱ་ཆོས་མཛད་དུ་འབོད་པ་ཤཱཀྱའི་དགེ་སློང་ངག་དབང་བཟོད་པ་རྒྱ་མཚོས་རང་ལོ་དོན་གསུམ་སྟེ་རབ་བྱུང་བཅུ་བདུན་པའི་ལྕགས་ཡོས་ལོར་ས་ག་ཟླ་བའི་ཡར་ཚེས་བཅོ་ལྔ་ཉིན་ལན་ཀྲོའུ་རྗེ་སྐུ་ལུང་བྲག་ཡེར་བསམ་གཏན་གླིང་གཟིམས་ཤག་ཏུ་སྦྱར་བའི་ཡི་གེ་པ་ནི་ལྷ་ཁ་གོང་དཀར་བཤད་སྒྲུབ་གླིང་གི་དགེ་སློང་ངག་དབང་བསྟན་འཛིན་ནོ། །སརྦ་མངྒ་ལཾ། །

༄༅། །དམིགས་བརྩེ་མའི་ཆོས་སྐོར་དངོས་གྲུབ་ཀུན་འབྱུང་ཡིད་བཞིན་ནོར་གྱི་བང་མཛོད།

〔སྟོད་ཆ〕

རྩོམ་པ་པོ། འཇམ་དབྱངས་བདེ་བའི་རྡོ་རྗེ་སོགས།

བསྡུ་བསྒྲིགས་པ། ཆོས་མཛད་ངག་དབང་བཟོད་པ་རྒྱ་མཚོ།

ལེན་ཀྲོའུ་རྡོ་སྐྱ་ལུང་བྲག་ཡེར་བསམ་གཏན་གླིང་ནང་བསྟན་དཔེ་རྙིང་འཚོལ་བསྡུ་ཁང་གི་ལས་བྱེད་མི་སྣ།

ཚུལ་ཁྲིམས་རྒྱ་མཚོ། སྦྱིན་པ་རྒྱ་མཚོ། འཇིགས་མེད་རྒྱ་མཚོ། འཕྲིན་ལས་རྒྱ་མཚོ།

བསྟན་འཛིན་བཟོད་པ། བློ་བཟང་སྦྱིན་པ། ངག་དབང་བློ་གྲོས།

ཡིག་འཇུག་པ། འཇིགས་མེད་རྒྱ་མཚོ། བློ་བཟང་སྦྱིན་པ། བློ་བཟང་བསྟན་པ། ངག་དབང་བློ་གྲོས།

ངག་དབང་འཕྲིན་ལས། ངག་དབང་དམ་ཆོས། ངག་དབང་མཁས་བཙུན།

དགེ་བསྙེན་མཁས་བཙུན། ཨ་སྒྲོན།

ཞུ་དག་པ། ཚུལ་ཁྲིམས་རྒྱ་མཚོ། འཕྲིན་ལས་རྒྱ་མཚོ། བསྟན་འཛིན་བཟོད་པ།

བྲག་ཡེར་བསམ་གཏན་གླིང་ནང་བསྟན་དཔེ་རྙིང་འཚོལ་བསྡུ་ཁང་གིས།

དཔར་ཡོན་གཏོང་བ། ཀྲུའུ་ཧེའི་ངག་དབང་སྦྱིན་པ། ངག་དབང་སྒྲོལ་མ།

བོད་རབ་བྱུང་བཅུ་བདུན་པའི་ལྕགས་ཡོས་ལོར་ས་ག་ཟླ་བའི་ཡར་ཚེས་༡༥སྐྱེ་

སྤྱི་ལོ་༢༠༡༡ཟླ་༥ཚེས་༡༥ལ